ENCYCLOPÉDIE
MÉTHODIQUE,

OU

PAR ORDRE DE MATIÈRES;

PAR UNE SOCIÉTÉ DE GENS DE LETTRES, DE SAVANS ET D'ARTISTES;

Précédée d'un Vocabulaire universel, *servant de Table pour tout l'Ouvrage, ornée des Portraits de MM.* DIDEROT *&* D'ALEMBERT, *premiers Éditeurs de l'*Encyclopédie.

ENCYCLOPÉDIE MÉTHODIQUE.

JURISPRUDENCE,

DÉDIÉE ET PRÉSENTÉE

A Monseigneur HUE DE MIROMESNIL, Garde des Sceaux de France, &c.

TOME SEPTIÈME.

A PARIS,

Chez PANCKOUCKE, Libraire, hôtel de Thou, rue des Poitevins.

A LIÈGE,

Chez PLOMTEUX, Imprimeur des États.

M. DCC. LXXXVII.

Avec Approbation, et Privilège du Roi.

PROBANTE, adj. se dit d'une pièce qui prouve quelque chose : on dit d'une obligation qu'elle est en forme *probante* & authentique, quand elle est sur papier ou parchemin timbré & signée des notaires. *Voyez* FORME. (*A*)

PROBATION, s. f. (*Jurisp. canonique.*) est l'épreuve que l'on fait des dispositions de ceux qui postulent pour être admis dans quelque ordre religieux.

Le temps de *probation* est le temps du noviciat. *Voyez* COUVENT, MONASTÈRE, NOVICE, PROFESSION, RELIGIEUX, RELIGIEUSE, VŒUX. (*A*)

PROCÉDURE, s. f. est l'instruction judiciaire d'un procès, soit civil, soit criminel. Ce terme comprend tous les actes qui se font, soit par le ministère d'un huissier, ou par celui d'un procureur, tant pour introduire la demande, que pour établir le pouvoir du procureur, les qualités des parties, donner la communication respective des titres, pièces & *procédures ;* enfin, pour l'établissement des moyens, & pour parvenir à un jugement, soit définitif, ou du moins préparatoire ou interlocutoire.

Ainsi les exploits de demande ou ajournement, les cédules de présentation, les actes d'occuper, les exceptions, défenses, répliques, sommations de procureur à procureur, & autres actes semblables, sont des *procédures.*

Les jugemens par défaut ne sont même quelquefois considérés que comme de simples *procédures*, lorsqu'ils sont susceptibles de l'opposition, à cause qu'ils peuvent être détruits par cette voie.

La matière du procès, & les moyens qui établissent le droit des parties, sont ce que l'on appelle le *fond ;* au lieu que la *procédure* s'appelle la *forme*, & comme il est essentiel de bien instruire un procès, parce que la négligence d'une partie ou de ceux qui instrumentent pour elle, & les vices qui se glissent dans la *procédure*, peuvent opérer la déchéance de l'action ; c'est ce qui fait dire que *la forme emporte le fond.*

Tout procès, & entre toutes sortes de personnes, sans en excepter les communautés, peuvent être terminés par trois voies principales ; l'accommodement volontaire entre les intéressés, l'arbitrage & la *procédure* judiciaire, soit qu'une partie soit attirée devant le juge, ou qu'elle veuille y attirer l'autre.

Les deux premières voies étant rarement suffisantes, & les procès étant plutôt assoupis pour quelque temps que décidés par leur moyen, il faut qu'il y ait dans tout état bien réglé des tribunaux & un ordre judiciaire. Mais comme cet ordre ne peut être destiné qu'à faire connoître la vérité, en donnant lieu aux parties de la montrer, & d'établir leurs droits, la manière simple & naturelle de l'exercer, se borneroit à faire venir les parties devant le juge, pour expliquer le fait de leurs différends, afin que les ayant entendues, il leur rendît sur le champ la justice qu'elles méritent.

Personne n'ignore cependant, combien il s'en faut que la justice ne s'administre d'une manière aussi abrégée. La chose est même impraticable dans les états policés, à l'égard d'une infinité de différends, comme nous le verrons dans la suite. Mais le mal consiste en ce qu'au lieu de s'en tenir à ce qu'il y a d'essentiel dans l'ordre judiciaire, on y a mêlé beaucoup de choses vicieuses & superflues, qui laissent le champ libre à la malignité, au mensonge, à toutes les espèces d'injustices qu'on voit se multiplier dans les procès. Les choses en sont venues au point que les gens sensés ont eu les procès en horreur, & ont souvent mieux aimé faire des pertes considérables, que de s'engager dans un labyrinthe sans issue. Mais avec tout cela, comme il n'y a, & ne peut y avoir que les souverains qui jouissent du droit de se rendre justice à eux-mêmes, il reste une infinité de cas où la voie de recours au juge est d'une nécessité indispensable.

Cette voie est donc devenue odieuse, comme nous venons de l'insinuer, & cela principalement à cause de l'extrême longueur des procès. Il en résulte une foule d'inconvéniens également dommageables, & aux citoyens, que les procès regardent immédiatement, & à tout l'état. Telles sont les inquiétudes & les agitations qui bouleversent l'ame des plaideurs ; l'animosité qui naît, se fomente & se perpétue entre les parties ; les frais ruineux, qui absorbent le plus clair des biens litigieux ; les établissemens manqués par quantité de personnes, qui auroient pu se pousser, dans toutes sortes d'états & de professions, si leur fortune n'avoit pas dépendu de la décision d'un procès ; enfin, l'extrême peine que les étrangers ont à venir s'établir dans des contrées où les procès sont fréquens & traînent en longueur.

Tant de maux réunis, & procédant d'une même source, méritoient assurément qu'on cherchât à y apporter des remèdes. Il est même surprenant que dans les états les mieux policés de l'Europe, on n'ait trouvé jusqu'à présent aucun moyen efficace à cet égard. Ce n'est pas dans l'abolition entière des procès qu'il faut le chercher ; la chose, avons-nous dit, est impossible ; mais c'est dans l'accourcissement des procédures. Il s'agit uniquement de prescrire une forme convenable, qui laisse, d'un côté à la vérité, tous les secours nécessaires pour se faire connoître, & pour établir ses droits ; mais qui détourne de l'autre l'effet de tant de ruses &

d'artifices, que les hommes ennemis de la justice & de l'ordre ont inventés, pour obscurcir les affaires, en les embarrassant de longueurs, & pour éluder des jugemens qu'ils craignent de subir.

Cet immense assemblage de difficultés & d'échappatoires a formé le monstre de la chicane, & fait haïr la procédure, qui n'a été introduite que pour l'instruction respective des parties litigantes, & pour instruire réguliérement les juges de ce qui fait l'objet du procès.

Chez les anciens, la forme de l'administration de la justice étoit beaucoup plus simple; mais si la *procédure* ou instruction étoit moins dispendieuse, & l'expédition de la justice plus prompte, elle n'en étoit pas toujours plus parfaite; le bon droit étoit souvent étouffé, parce qu'il n'y avoit point de règles certaines pour le faire connoître, & que l'expédition dépendoit du caprice des juges.

C'est pour remédier à ces inconvéniens, que les *procédures* ont été inventées.

En effet, il n'y a aucun acte dans l'ordre de la *procédure* qui n'ait son objet particulier, & qui ne puisse être nécessaire, soit pour donner à une partie le temps de se défendre, soit pour faire renvoyer l'affaire devant les juges qui en doivent connoître, soit pour procurer aux parties les éclaircissemens dont elles ont besoin, soit pour instruire la religion des juges; & si l'on voit souvent des *procédures* inutiles & abusives, c'est un vice qui ne vient pas de la forme que l'on a établie, mais plutôt de l'impéritie ou de la mauvaise foi de quelques parties ou praticiens qui abusent de la forme, pour empêcher le cours de la justice.

On ne peut douter qu'il y avoit des formes judiciaires établies chez les Grecs, puisque l'on en trouve chez les Romains dans la loi des douze tables, dont les dispositions furent empruntées des Grecs.

Ces formes étoient des plus singulières; par exemple, la première que l'on observoit avant de commencer les *procédures* civiles, étoit que les parties comparoissoient devant le préteur; là, dans la posture de deux personnes qui se battent, elles croisoient deux baguettes qu'elles tenoient entre les mains: c'étoit-là le signal des *procédures* qui devoient suivre. Ce qui a fait penser à Hotman que les premiers Romains vuidoient leurs procès à la pointe de l'épée.

Indépendamment de ce qui étoit porté par la loi des douze tables, pour la manière d'intenter les *procédures* civiles ou criminelles, on introduisit beaucoup d'autres formules, appellées *legis actiones*, qui étoient la même chose que ce que la *procédure* & le style sont parmi nous. On étoit obligé d'observer les termes de ces formules avec tant de rigueur, que l'omission d'un seul de ces termes essentiels faisoit perdre la cause à celui qui l'avoit omis.

Ces anciennes formules furent la plupart abrogées par Théodose le jeune; cependant plusieurs auteurs se sont empressés d'en rassembler les fragmens; le recueil le plus complet est celui que le président Brisson en a donné sous le titre *de formulis & solemnibus populi Romani verbis*. Ces formules regardent non-seulement les actes & la *procédure*, mais aussi la religion & l'art militaire.

A mesure que les anciennes formules tombèrent en non-usage, on en introduisit de nouvelles plus simples & plus claires; il y avoit des appariteurs qui faisoient les actes que font aujourd'hui les sergens & huissiers, des procureurs *ad lites*, que l'on appelloit *cognitores juris*, & des avocats. Ainsi, l'on ne peut douter qu'il n'y ait eu toujours chez les Romains des formes judiciaires pour procéder en justice.

La *procédure* usitée chez les Romains dut probablement être pratiquée dans les Gaules, lorsqu'ils en eurent fait la conquête, vu que tous les officiers publics étoient romains, & que les Gaulois s'accoutumèrent d'eux-mêmes à suivre les mœurs des vainqueurs.

Lorsque les Francs eurent à leur tour conquis les Gaules sur les Romains, il se fit un mélange de la pratique romaine avec celle des Francs. C'est ainsi qu'au lieu des preuves juridiques on introduisit en France l'épreuve du duel, coutume barbare qui venoit du Nord.

Dans ces premiers temps de la monarchie, la justice se rendoit militairement; il y avoit pourtant quelques formes pour l'instruction, mais elles étoient fort simples, & en même temps fort grossières. Il y avoit des avocats & des sergens; mais on ne se servoit point du ministère des procureurs *ad lites*; il étoit même défendu de plaider par procureur; les parties étoient obligées de comparoître en personne.

Ce ne fut que du temps de saint Louis que l'on commença à permettre aux parties de plaider par procureur en certains cas, en obtenant à cet effet des lettres du prince.

Ces permissions devinrent peu-à-peu plus fréquentes, jusqu'à ce qu'enfin il fut permis à chacun de plaider par procureur, & que l'on établit des procureurs en titre.

Depuis qu'il y eut des procureurs *ad lites*, les *procédures* furent beaucoup multipliées, parce que l'instruction se fit plus réguliérement.

La plus ancienne ordonnance que nous ayons, où l'on trouve quelques règles prescrites pour l'ordre de la *procédure*, ce sont les établissemens faits par saint Louis en 1270.

Les principales ordonnances qui ont été faites depuis sur le même objet, sont celles de 1493, de 1535, de 1536, 1539, 1560, 1563, 1566, 1573, 1667, 1669, 1670, 1673, & les ordonnances de 1737 sur les évocations & le faux.

Les traités de *procédure* ne sont point à négliger, puisque la *procédure* fait aujourd'hui un point capital dans l'administration de la justice. On trouve dans les anciens praticiens divers usages curieux,

& l'on y voit l'origine & les progrès de ceux que l'on observe présentement. On peut voir sur cette matière, le style du parlement, Imbert, Papon, Ayrault, Masuer, Gastier, Lange, Gauret, Ferrieres, *&c.*

Nous n'entreprendrons pas de tracer ici les règles propres à chaque espèce de *procédure;* on en trouvera les notions principales sous chaque terme auquel elles appartiennent, tels que AJOURNEMENT, ASSIGNATION, ARRÊT, DÉFENSES, DUPLIQUES, ENQUÊTES, EXCEPTION, EXPLOIT, PROCÈS-VERBAL, OPPOSITION, REQUÊTE, RÉPLIQUE, SIGNIFICATION, SENTENCE, SOMMATION.

PROCÉDURE CIVILE, est celle qui tend à fin civile, c'est-à-dire, qui ne tend qu'à faire régler quelque objet civil, comme le paiement d'un billet, le partage d'une succession, à la différence de la *procédure* criminelle, qui a pour objet la réparation de quelque délit.

On peut néanmoins, pour raison d'un délit, prendre seulement la voie civile, au lieu de la voie criminelle.

Toute *procédure civile* commence par un exploit d'assignation, ou par une requête à fin de permission d'assigner ou de saisir, ou de faire quelque autre chose.

La *procédure civile* renferme divers actes, tels que les exploits de demande, de saisie, & autres, les requêtes, les exceptions, défenses, moyens de nullité, répliques, sommations, les inventaires de production, les avertissemens, contredits de production; les productions nouvelles, contredits, salvations, actes d'appel, griefs, causes & moyens d'appel, réponses & autres écritures, tant du ministère d'avocat, que de celui des procureurs; les significations des jugemens, les actes d'opposition, d'appel & de reprise, les interventions, demandes en garantie, *&c.*

Les règles de la *procédure civile* sont répandues dans plusieurs anciennes ordonnances, & ont été résumées & réformées par l'ordonnance de 1667.

PROCÉDURE CIVILISÉE, est celle qui étant d'abord dirigée au criminel, a été depuis convertie en procès civil; ce qui arrive lorsque les informations ont été converties en enquêtes, & les parties reçues en procès ordinaires; mais la *procédure* n'est pas civilisée, lorsque les parties sont seulement renvoyées à l'audience.

PROCÉDURE CRIMINELLE, est celle qui a pour objet la réparation de quelque délit; elle commence par une dénonciation ou par une plainte. Lorsque l'objet paroît mériter une *procédure criminelle*, le juge permet d'informer, & sur le vu des charges, il décrète l'accusé, soit de prise de corps, soit d'ajournement personnel, ou d'assigné pour être oui; ou bien il renvoie à l'audience, selon que le cas le requiert; quelquefois après l'interrogatoire de l'accusé, le juge ordonne que le procès se poursuivra par récolement & confrontation; sur quoi il intervient un jugement définitif, qui absout ou qui condamne l'accusé. Après la condamnation, le criminel obtient quelquefois des lettres de graces; en ce cas, il faut les faire entériner: tel est, en petit, le tableau d'une *procédure criminelle.*

Les règles de cette *procédure* sont fixées par l'ordonnance de 1670; on en trouvera ici les principales notions aux mots PLAINTE, DÉNONCIATION, AJOURNEMENT PERSONNEL, DÉCRET, INFORMATION, RÉCOLEMENT, CONFRONTATION, *&c.*

PROCÉDURE EN ÉTAT, c'est lorsqu'une partie a satisfait de sa part à ce qu'elle étoit obligée de faire; par exemple, à l'égard du défendeur lorsqu'il a fourni des défenses. C'est la même chose que quand on dit que le procès est en état; ceci signifiant que le procès est instruit de la part d'une partie, ou même de la part des deux parties; & qu'il est en état de recevoir sa décision.

PROCÉDURE EXTRAORDINAIRE, est celle qui se fait en matière criminelle lorsque le procès est réglé à l'extraordinaire, c'est-à-dire, lorsque le juge a ordonné que les témoins seront récolés & confrontés.

PROCÉDURE FRUSTRATOIRE, est celle qui est inutile & sans aucun autre objet que de multiplier les frais.

PROCÉDURE NULLE, est celle qui est vicieuse dans sa forme, & qui ne peut produire aucun effet; cependant une *procédure* n'est pas nulle de plein droit; il faut qu'elle ait été déclarée telle.

PROCÉDURE PÉRIE, est celle qui est tombée en péremption par une discontinuation de poursuites pendant trois ans. *Voyez* PÉREMPTION.

PROCÉDURE RÉCRIMINATOIRE, se dit en matière criminelle, de celle que le premier accusé fait contre l'accusateur lorsqu'il rend plainte contre lui; en ce cas, on commence par juger lequel des deux plaignans demeurera accusé ou accusateur; ordinairement c'est le premier plaignant. Cela peut néanmoins arriver autrement par quelques circonstances, comme quand on voit que la première plainte n'a été rendue que pour prévenir celui qui avoit véritablement sujet de rendre plainte. *Voyez* PLAINTE & RÉCRIMINATION. (*A*)

PROCÈS, s. m. (*Droit civil & crim.*) on appelle *procès* en général toute contestation portée devant un juge, en vertu d'une demande formée régulièrement.

Il y a deux espèces de *procès*, les *procès* civils, & les *procès* criminels.

Les *procès* civils sont ceux qui ont pour objet de déterminer un droit ou une propriété, & qui s'instruisent par la voie civile.

Les *procès* criminels sont ceux qui ont pour but la réparation & la punition d'un délit.

Un *procès* civil commence par une assignation ou par une requête, suivie d'une ordonnance du juge, en vertu de laquelle on assigne.

L'instruction d'un *procès* civil consiste, suivant les circonstances, en exceptions, défenses, repliques, requêtes verbales, avenir, *&c.* Le *procès* étant en état de recevoir sa décision, change alors de nom, on l'appelle *cause.*

La *cause* est portée à l'audience, où elle reçoit un jugement définitif, ou seulement interlocutoire. Lorsque la cause n'est pas susceptible de l'audience, soit par la complication des procédures, soit par la nature des questions, alors les juges ordonnent un délibéré ou un appointement. Dans ce dernier cas, la cause reprend alors le nom de *procès*, & est appellée *procès* par écrit. *Voyez* APPOINTEMENT.

Ce sont ces détails fastidieux qui faisoient dire à notre philosophe Montagne (*liv. 3, chap. 10*) « à combien de fois me suis-je fait une bien évidente injustice, pour fuir le hasard de la recevoir encore pire des juges, après un siècle d'ennuis & d'ordes & viles pratiques, plus ennemies de mon naturel que n'est la géhenne & le feu! *Convenit à litibus quantum licet, & nescio an paulò plus etiam quàm licet, adhorrentem esse. Est enim non modo liberale, paululum non nunquam de jure suo decedere, sed interdum etiam fructuosum.* Cicér. *de off. lib.* 2. Si nous étions bien sages, nous devrions nous resjouir & vanter, ainsi que j'ouis un jour bien naifvement, un enfant de grande maison, faire feste à chacun de quoi sa mère venoit de perdre un *procez* : comme sa toux, sa fièvre, ou autre chose d'importune garde, les faveurs mesmes, que la fortune pouvoit m'avoir données, parentés & accointance, envers ceux qui ont souveraine authorité en ces choses-là : j'ai beaucoup fait selon ma conscience, de fuir instament de les employer au préjudice d'autruy, & de ne monter par-dessus leur droite valeur mes droicts. Enfin j'ay tant fait par mes journées, à la bonne heure le puisse-je dire que me voici encore vierge de *procès*, qui n'ont pas laissé de se convier plusieurs fois à mon service par bien juste titre, s'il m'eut pleu d'y entendre, & vierge de querelles : j'ai sans offense de poids, passive ou active escoulé tantost une longue vie! & sans avoir oui pis que mon nom : rare grace du Ciel. Nos plus grandes agitations ont des ressorts & des causes ridicules. Combien encourut de ruines notre dernier duc de Bourgogne, pour la querelle d'une charette de peaux de moutons! &c. »

On peut conclure de l'opinion de Cicéron, & de celle de Montagne, que les plus brillans succès dans les tribunaux ne peuvent que bien difficilement compenser les ennuis d'un *procès*, & qu'il est infiniment plus sage de faire des sacrifices, que de courir les dangers & les hasards d'un combat judiciaire.

Les frais d'une contestation quelconque sont très-considérables de nos jours : mais ils étoient ruineux du temps de Montagne, par la multiplicité incroyable des procédures qu'il falloit faire & subir avant d'obtenir un jugement sur la contestation la plus simple. Il vit cependant les commencemens d'une heureuse réforme ; car l'ordonnance de 1539 simplifia beaucoup l'instruction, qui a été réduite de nouveau par l'ordonnance de 1667, & qui auroit besoin de l'être encore.

Heureux les peuples dont les *procès* sont aussi simples que les mœurs, & qui peuvent obtenir une justice aussi prompte que facile : la Suisse nous en offre l'exemple. « Le petit conseil de Schaffhouse juge définitivement les causes civiles, & les appels interjettés des sentences des baillis : mais dans les affaires criminelles, il ne peut prononcer une peine capitale. Si le délit l'a encourue, la connoissance en appartient au grand-conseil. L'un & l'autre de ces conseils ne s'assemblent qu'au besoin, & les *procès* n'étant point fréquens, cela ne leur arrive guère que tous les huit jours. On a remarqué, comme une chose inouie, qu'en 1776 le conseil a siégé quatre-vingt fois ; il est vrai que c'étoit relativement aux affaires de la république avec la France.

» Les *procès* civils se plaident par les parties elles-mêmes, qui n'ont pas la permission d'écrire leurs moyens, fût-ce pour soulager leur mémoire ; cependant elles ont le droit de prier un des conseillers de quitter son siège pour les assister & suppléer à leur ignorance ou à leur timidité, pourvu toutefois que ce soit sans préparation & à l'audience même. Les frais d'un *procès*, quelque considérable qu'il soit, ne passent pas 7 liv. 10 sous tournois ». *Lettres de* M. William Coxe *sur l'état politique, civil & naturel de la Suisse, tome* 1, *pag.* 7, *note du traducteur.*

Un *procès* criminel commence ordinairement par une plainte du ministère public ou d'un simple citoyen qui prétend avoir été lésé dans sa personne ou dans ses biens ; en tout cas le ministère public se joint toujours à la partie plaignante.

Cette plainte ne produit contre l'accusé qu'une permission d'informer des faits qui en sont l'objet, & de l'information résulte un décret qu'il est de la prudence du juge de proportionner à la gravité du délit & à la qualité des personnes ; les ordonnances du royaume lui en imposent même l'obligation expresse.

Lorsque le coupable a été surpris en flagrant délit, son emprisonnement précède le décret. Un ordre du roi prévient quelquefois les inconvéniens qu'entraîneroient les délais nécessaires de l'information ; délais dont indubitablement plus d'un accusé profiteroit pour s'évader. On en use de même à l'égard de ceux dont la conduite est tellement suspecte, qu'il est important de s'assurer au plutôt de leur personne.

L'accusé ayant été décrété, doit être interrogé, & le *procès* réglé à l'extraordinaire, ou renvoyé à l'audience.

Dans les matières infiniment légères, le juge ne permet même pas d'informer ; il permet seulement d'assigner.

Si le *procès* est réglé à l'extraordinaire, on procède au récolement & à la confrontation des témoins avec l'accusé, & le tout est communiqué au procureur du roi, à l'effet de donner ses conclusions. Le *procès* est ensuite distribué à l'un des juges, qui en fait son rapport. L'accusé subit alors un dernier interrogatoire en présence de tous ses juges, & on prononce sur son sort.

On sent bien que nous ne pouvons donner ici que des notions très-sommaires, & qu'il ne nous est pas permis de nous livrer à tous les détails de la procédure. Il est nécessaire, pour les connoître, de recourir aux livres élémentaires, qui ne laissent rien à desirer à cet égard.

L'instruction des *procès* criminels étoit autrefois publique en France, ainsi qu'elle l'est encore aujourd'hui en Angleterre (1). « Les duels, dit » *M. de Montesquieu*, avoient introduit une forme » de procédure publique; l'attaque & la défense » étoient également connues. Les témoins, dit » *Beaumanoir*, doivent dire leur témoignage devant » tous.

» Le commentateur de *Boutillier* dit avoir appris » d'anciens praticiens & de quelques vieux *procès* » écrits à la main, qu'anciennement en France les » *procès* criminels se faisoient publiquement & en » une forme, non guère différente des jugemens publics des Romains. Ceci étoit lié avec » l'ignorance de l'écriture, commune dans ces » temps-là. L'usage de l'écriture arrête les idées » & peut faire établir le secret: mais quand on » n'a point cet usage, il n'y a que la publicité de » la procédure qui puisse fixer ces mêmes idées.

» Et comme il pouvoit y avoir de l'incertitude » sur ce qui avoit été jugé par les hommes, ou » plaidé devant hommes, on pouvoit en rappeller la mémoire toutes les fois qu'on tenoit » la cour, par ce qui s'appelloit *la procédure par* » *record*, (c'est-à-dire, en prouvant par témoins » ce qui s'étoit passé, ou ce qui avoit déjà été » dit ou ordonné en justice); & dans ce cas, » il n'étoit pas permis d'appeller *les témoins au* » *combat*; car les affaires n'auroient jamais eu » de fin.

» Dans la suite, il s'introduisit une forme de » procéder secrète; tout étoit public, tout devint » caché, les interrogatoires, le récolement, la confrontation, les conclusions de la partie publique; » & c'est l'usage aujourd'hui. La première forme de » procéder convenoit au gouvernement d'alors, » comme la nouvelle étoit propre au gouvernement qui fut établi depuis.

» Le commentateur de Boutillier fixe à l'ordonnance de 1539 l'époque de ce changement; je » crois qu'il se fit peu-à-peu, & qu'il passa de » seigneurie en seigneurie, à mesure que les » seigneurs renoncèrent à l'ancienne pratique de » juger, & que celle des établissemens de saint » Louis vint à se perfectionner. En effet, Beaumanoir dit que ce n'étoit que dans les cas où » on pouvoit donner des gages de bataille, qu'on » entendoit publiquement les témoins; dans les » autres, on les oyoit en secret, & on rédigeoit » leurs dépositions par écrit. Les procédures devinrent donc secrètes lorsqu'il n'y eut plus de » gages de bataille ».

Le commentateur de Boutillier, ainsi que le remarque Montesquieu, s'est évidemment trompé sur l'époque à laquelle l'instruction criminelle est devenue secrète en France; & ce n'est pas à l'ordonnance de 1539 qu'il faut attribuer ce changement. Le plus remarquable que cette loi ait produit dans la procédure criminelle concerne le conseil que les accusés avoient la liberté d'avoir, & par la bouche duquel ils pouvoient répondre; liberté dangereuse, comme le remarqua le célèbre Pussort lors de la rédaction de l'ordonnance de 1670, parce que le conseil qui étoit donné se faisoit honneur & se croyoit permis en toute sûreté de conscience de procurer par toutes voies l'im-

---

(1) J'ai suivi avec admiration, dit le savant M. Grosley dans son ouvrage intitulé : *Londres, tom. 4, pag. 15*, une des instructions criminelles, qui, pendant mon séjour à Londres, se faisoient au banc du roi, en présence d'un grand-juré qui entroit en fonction pour Middelsex : placés sur une espèce d'amphithéâtre, d'où ils pouvoient tout voir & tout entendre, ces jurés paroissoient composés d'artisans & de laboureurs; après qu'ils eurent pris leurs places, un des grands-juges leur adressa un long discours, où il leur dit que la loi qui les appelloit au jugement de leurs pairs remontoit à des siècles, où, avec l'ignorance, régnoient la simplicité, la franchise & la bonne-foi; que la confiance en ces heureuses qualités avoit offert aux législateurs une ressource alors nécessaire; que depuis les hommes s'étant éclairés, la loi avoit été cependant maintenue par la présomption que les passions respecteroient l'exercice le plus auguste que l'homme puisse faire de ses lumières en devenant arbitre de la vie & de la mort de ses semblables; que quoique les temps eussent changé, le motif de la loi étoit toujours le même, *&c.* Ce discours finit par une exhortation aux jurés de joindre dans la fonction pour laquelle ils étoient assemblés, la simplicité, la franchise, la bonne-foi de leurs ancêtres, aux lumières qui s'étoient répandues sur les siècles suivans; enfin, d'opposer ces lumières à la fausse pitié, & l'antique franchise à tous les mouvemens que peuvent exciter les passions.

L'accusé fut ensuite présenté; après un discours que lui fit le même juge, parurent les fermiers, qui jurèrent en tenant à la main une petite bible, placée sur le bureau. L'accusé reprocha quelques témoins qui se retirèrent. A chaque fait que déposoient ceux qui furent retenus, l'accusé interpelloit le témoin, nioit le fait, l'expliquoit, & le témoin ou y persistoit, ou le diminuoit, ou l'aggravoit. Pendant ces dialogues, le juge & les jurés, interpellant les témoins & l'accusé quand bon leur sembloit, prenoient des notes sur chaque fait. Chaque témoin ainsi recolé & confronté par ce seul acte & sans écriture juridique, & l'accusé retiré, le juge donne de bouche aux jurés le résumé de l'accusation & des charges résultantes des dépositions; ensuite il lève le siège, & les jurés passent dans la chambre du conseil, sans boire ni manger, sans feu & sans lumière; jusqu'à ce que le juge, averti de leur part, revienne sur son tribunal, prendre leur témoignage unanime sur l'innocence ou non innocence de l'accusé.

punité à l'accusé. *Voyez* ACCUSÉ, APPOINTEMENT, CAUSE, CONCLUSIONS, CRIME, CRIMINEL. *Voyez* aussi *les différens ouvrages cités dans cet article.* (*Article de M.* BOUCHER D'ARGIS, *conseiller au châtelet, de l'académie de Rouen, Châlons-sur-Marne*, &c.)

PROCÈS DE COMMISSAIRES AU PARLEMENT, sont ceux qui, se trouvant de longue discussion pour être rapportés aux heures ordinaires de rapport, sont vus par des commissaires qui s'assemblent extraordinairement. Il y a des *procès* de grands-commissaires, & d'autres de petits-commissaires.

Les premiers sont les *procès* & affaires où il y a au moins six chefs de demande au fond, & plusieurs titres à voir; les *procès* & instances d'ordre & de distribution de deniers procédans de la vente d'immeubles, & les instances de contributions d'effets mobiliers entre les créanciers; les instances de liquidation de fruits, de dommages & intérêts, de débats de compte, d'opposition à fin de charge & de distraire, de taxes de dépens excédans dix croix ou apostilles.

Il faut en outre, pour former un *procès* de grands-commissaires, que l'objet soit de plus de 1000 liv.

Les grands-commissaires s'assemblent au nombre de dix dans la chambre du conseil avec un président; ils ont le pouvoir de juger sans en référer à la chambre.

Les *procès* de petits-commissaires sont ceux où il y a au moins trois demandes ou six actes à examiner: lorsqu'il a été arrêté par plus des deux tiers des voix, sur le rapport sommaire qui a été fait de l'affaire, qu'elle sera vue de petits-commissaires, quatre conseillers qui sont députés par la cour suivant l'ordre du tableau & de leur réception, s'assemblent chez un président de la chambre avec le rapporteur pour examiner l'affaire, mais ils ne la jugent pas; le rapporteur en fait ensuite son rapport à la chambre où elle est jugée.

L'édit du mois de juin 1683 contient un réglement pour les *procès* qui peuvent être jugés de grands-commissaires au grand-conseil (*A*)

PROCÈS CONCLU, est un *procès* par écrit, dans lequel on a passé l'appointement de conclusion. *Voyez* APPOINTEMENT & CONCLURE. (*A*)

PROCÈS-VERBAL, (*Pratique.*) la plûpart des grammairiens, qui ont voulu définir ce que c'est qu'un *procès-verbal*, n'en ont donné qu'une notion fausse & incomplette. Furetière, par exemple, dit, qu'un *procès-verbal* est un acte dressé & attesté par des officiers de justice, qui contient ce qui s'est passé en une capture, descente ou commission particulière. La définition de l'ancienne édition de l'Encyclopédie est plus exacte, & nous l'adopterons.

« Un *procès-verbal* est la relation de ce qui s'est » fait & dit en présence d'un officier public & de » ce qu'il a lui-même fait en cette occasion ».

Le droit de dresser des *procès-verbaux*, appartient à un grand nombre d'officiers & notamment aux juges, commissaires, subdélégués des intendans, notaires, huissiers, sergens; aux experts, aux commis des fermes, qui ont prêté serment pardevant le juge des traites, &c.

On donne le nom de *procès-verbal* à une prodigieuse quantité d'actes; on le donne par exemple aux saisies-exécutions, aux saisies-réelles, aux rapports que font les experts, aux actes de capture, aux oppositions & levées des scellés, à ceux qui constatent des rebellions & des contraventions, à la rédaction des adjudications faites à l'encan par un huissier-commissaire-priseur, &c.

La qualification de *procès-verbal* convient également à plusieurs actes du ministère du juge; les interrogations, les informations, les récolemens & confrontations, &c. sont autant des *procès-verbaux* de ce qui s'est dit & fait en leur présence & de ce qu'ils ont eux-mêmes fait & dit.

Toutes les loix, ainsi que l'a très-bien observé l'auteur de la collection de Jurisprudence, tous les réglemens qui ordonnent des *procès-verbaux*, ne laissent point à la mémoire des hommes le soin de conserver les faits & d'en remettre la description à un temps postérieur à celui auquel ils en ont été témoins; ils veulent que les *procès-verbaux* soient rédigés sur les lieux & à l'instant, à moins qu'une rebellion ou autre empêchement légitime n'apporte un obstacle invincible à leur rédaction. La coutume de Paris présente, même article 185, une disposition expresse & relative aux rapports des experts, *& sont tenus lesdits jurés ou experts, & gens connoissans, faire & rédiger par écrit, & signer la minute du rapport sur le lieu, & par avant qu'en partir*, &c.

Pour la validité des *procès-verbaux* dressés par les commis des fermes, il faut,

1°. Que les commis aient prêté serment pardevant le juge des traites, ou autre juge connoissant les droits de la ferme:

2°. Qu'ils contiennent la date des mois, jour & an, & qu'ils portent la mention si c'est avant ou après-midi.

3°. Qu'ils soient faits à la requête de l'adjudicataire des fermes, & contiennent élection de domicile, ensemble les noms, qualités & demeures de ceux qui les ont dressés ou signés.

4°. Qu'ils énoncent les causes pour lesquelles les saisies sont faites.

C'est ce qui résulte de l'article 11 du titre 11 de l'ordonnance des fermes du mois de février 1687, & d'un arrêt du conseil du 26 octobre 1719.

Les *procès-verbaux* des commis font foi en justice jusqu'à l'inscription de faux & doivent être affirmés par eux, à moins qu'ils n'aient été faits en présence d'un officier de l'élection ou d'un autre juge à qui il appartient d'en faire de semblables.

L'affirmation de ces *procès-verbaux*, devoit, conformément à l'article 7 du titre 5 de l'ordonnance de 1680, être faite devant l'un des élus, dans la quinzaine au plus tard, à l'égard des élections composées de cent paroisses & au-dessus, & dans la huitaine pour les autres élections; mais par deux déclarations du roi des 4 octobre 1723 & 25 septembre 1732, il a été ordonné qu'elle pourroit être faite valablement pardevant les juges des lieux, ou les plus prochains juges, soit royaux, soit des seigneurs & que lesdits officiers seroient tenus de mettre l'acte d'affirmation au pied du *procès-verbal*, & de signer sans frais le tout dans les délais prescrits par les ordonnances & réglemens & sans aucune attribution de jurisdiction qui demeurera toujours réservée aux juges auxquels elles appartiennent.

Les *procès-verbaux* des commis des fermes doivent être dressés au moment même où la fraude est découverte, à moins, comme on l'a déja dit dans cet article, qu'il n'y ait rebellion ou autre obstacle légitime; auquel cas il en doit être fait mention. *Voyez* les arrêts du conseil des 21 mai 1726 & 25 mars 1727. On suit cependant un autre usage dans le ressort de la cour des aides de Rouen: comme les droits de détail y sont plus multipliés que partout ailleurs, & que la perception en peut être souvent troublée par les redevables, il auroit été difficile aux commis & même quelquefois dangereux de donner le temps & l'attention nécessaires pour dresser leurs *procès-verbaux* sur le lieu & à l'instant de la découverte de la fraude; c'est pourquoi ils ont été autorisés à les faire où ils jugeroient à propos, en laissant toutefois aux prévenus un billet sommaire qui fixe l'objet & le genre de la fraude sur laquelle le *procès-verbal* doit être rapporté. Voyez *Billet sommaire*, tant dans ce dictionnaire, que dans le répertoire universel de jurisprudence publié par M. Guyot. On trouve dans ce dernier ouvrage, *tom.* 2, *edit. in*-4°. la formule de ces billets.

La rédaction des *procès-verbaux* EN MATIERE CRIMINELLE, est de la plus grande importance, parce que c'est elle qui doit éclairer le juge sur la nature & sur les circonstances du crime: ce sont ces *procès-verbaux* qui établissent le corps de délit, lorsqu'il a été de nature à laisser des traces comme dans les cas d'homicide, d'incendie, de viol, de vol avec effraction & autres que les auteurs appellent *delicta facti permanentis*; les titres 4 & 5 de l'ordonnance de 1670, ont déterminé de quelle manière les juges devoient procéder dans ces circonstances.

Suivant ces titres, un corps de délit peut être constaté de deux manières, ou par un *procès-verbal* que le juge dresse sur les lieux, ou par un *rapport* des médecins & chirurgiens.

Le juge doit en général dresser *procès-verbal* dans tous les cas qui sont susceptibles de vérification, mais sur-tout dans ceux où il peut prendre connoissance par lui-même de l'état des choses & des circonstances du délit.

Ce *procès-verbal* doit, aux termes de l'article premier du titre 4 de l'ordonnance, être dressé sur le champ & sans déplacer: il doit contenir une mention expresse du jour & de l'heure à laquelle il est rédigé, du lieu où le délit a été commis, de l'état dans lequel a été trouvé le blessé ou le cadavre, s'il s'agit de blessure ou d'homicide, & généralement enfin de tout ce qui peut produire la preuve du crime & tendre à la décharge ou à la conviction de l'accusé.

Conformément à l'article 2 du même titre, les *procès-verbaux* doivent être remis au greffe dans les vingt-quatre heures, ensemble les armes, meubles & hardes qui peuvent servir à la preuve & faire pièce de l'instruction.

Les juges ne sont pas les seuls qui puissent dresser ces *procès-verbaux*, ce droit appartient également à tous officiers de maréchaussée & même aux simples cavaliers, lorsqu'ils en sont requis, ou lorsqu'avertis par la clameur publique, ils se transportent sur le lieu d'un délit.

Les *procès-verbaux* de visite de médecins & chirurgiens doivent avoir lieu toutes les fois qu'il s'agit de blessures ou d'homicide, & que le crime est de nature à ne pouvoir être constaté que par les gens & suivant les règles de l'art.

Ils peuvent être ordonnés ou d'office par le juge, ou à la requête du procureur du roi, ou à la requête du blessé, ou enfin à la requête des parens de l'homme qui a été tué.

Lorsqu'il s'agit de blessures, le rapport doit en présenter les détails par longueur, largeur & profondeur; les médecins & chirurgiens doivent indiquer sur quelle partie du corps elles sont faites, si elles sont mortelles ou non & de quelles armes elles sont l'effet, si le blessé en demeurera estropié, quelle espèce de remèdes lui est convenable, & combien de temps il sera obligé de garder le lit ou la chambre sans pouvoir vaquer à ses travaux ou à ses affaires.

Lorsqu'il s'agit de la visite d'un cadavre, le rapport doit mentionner en quel lieu il a été trouvé, quel est son sexe, sa stature, quel âge il annonce, quels sont ses vêtemens; quels coups il paroît avoir reçus; quelle est l'arme dont le meurtrier paroît s'être servi; enfin quelle a été la cause immédiate de sa mort.

Lorsque les *procès-verbaux* de visite contiennent quelque nullité, le juge doit en ordonner de nouveaux, comme aussi lorsqu'il a quelque motif pour soupçonner la bonne-foi des experts. Ces rapports doivent être affirmés quand ils n'ont pas été dressés par des médecins & chirurgiens sermentés, comme sont ceux du châtelet & de quelques autres tribunaux, qui ont des officiers de santé érigés en titre d'office.

Nous ne nous étendrons pas davantage sur cette matière: nous réserverons pour le mot RAPPORT, l'extrait d'un ouvrage allemand qui a paru depuis quelques années sur la médecine & la chirurgie judiciaire. *Voyez* RAPPORT. (*Art. de M.* BOUCHER D'ARGIS, *conseiller au châtelet, de l'académie royale des sciences, belles-lettres & arts de Rouen, &c.*)

PROCLAMATION, s. f. est l'action de faire crier quelque chose à haute voix pour la rendre notoire & publique; on *proclame* certaines loix & réglemens de police au son du tambour ou à son de trompe, afin que le peuple en soit mieux instruit.

On se sert aussi du terme de *proclamation* pour exprimer la nomination publique qui a été faite de quelqu'un à une haute dignité; comme quand on dit qu'un tel prince fut *proclamé* roi ou empereur. *Voyez* CRI PUBLIC, PUBLICATION. (*A*)

PROCUPIENTE PROFITERI, (*Droit canon.*) ces mots latins font partie d'une clause insérée dans les rescrits de cour de Rome, par lesquels le pape accorde à un ecclésiastique séculier, un bénéfice régulier, sous la condition expresse de faire profession dans l'ordre ou la maison dont dépend le bénéfice, & nous nous en servons pour exprimer l'effet de cette clause. *Voyez* BÉNÉFICE, *sect. IV.*

PROCURATION, MANDAT, *ou* MANDEMENT, s. f. (*Jurisprudence.*) est un acte par lequel celui qui ne peut vaquer lui-même à ses affaires, soit pour cause d'absence, indisposition ou autre empêchement, donne pouvoir à un autre de le faire pour lui, comme s'il étoit lui-même présent.

On appelle *mandataire* ou *procureur constitué* celui qui est fondé de la *procuration* d'un autre pour faire quelque affaire pour lui.

L'engagement du mandataire ou procurateur se forme par l'acceptation ou par l'exécution qu'il fait de la *procuration*, & de ce jour il y a hypotheque sur ses biens, pour sûreté de ce qu'il pourra devoir par la suite.

On peut donner pouvoir à quelqu'un, soit par une *procuration* en forme, soit par une simple lettre ou billet, ou par une personne tierce, qui fasse savoir l'ordre, mandement ou commission que l'on donne au mandataire.

La *procuration* peut être pure & simple, & contenir un pouvoir indéfini, ou bien elle peut être conditionnelle, & donnée seulement avec de certaines restrictions, & le pouvoir du mandataire limité.

Il y a des *procurations* générales, d'autres spéciales: les premieres s'étendent à toutes les affaires du constituant; les autres n'ont d'effet que pour l'affaire qui y est exprimée. Les *procurations* générales ne s'appliquent ordinairement qu'aux actes d'administration; & il y a des cas dans lesquels il faut une *procuration* spéciale, comme pour transiger ou aliéner, prendre la voie de la restitution en entier, *&c.*

Le mandat ou *procuration* est, de sa nature, gratuit, à moins qu'il n'y ait convention expresse ou tacite au contraire, comme quand on donne pouvoir à un homme d'affaires à gages, ou à un procureur *ad lites*. *Voyez* MANDAT.

PROCURATION *ad resignandum*, en matiere civile, est un acte par lequel le titulaire d'un office donne pouvoir de le résigner ou de le remettre entre les mains du roi, ou de M. le chancelier. *Voyez* OFFICE.

En matiere ecclésiastique, la *procuration ad resignandum* est pareillement l'acte par lequel le possesseur actuel d'un bénéfice, donne pouvoir de le remettre entre les mains du pape ou autre collateur. *Voyez* RÉSIGNATION.

PROCUREUR, s. m. (*Droit public & civil.*) est celui qui a pouvoir d'agir pour autrui. On en distingue deux especes, la premiere à laquelle on donne le nom de *procureur ad negotia*, la seconde celui de *procureur ad lites*.

Le *procureur ad negotia*, est celui qui est fondé de la procuration d'un autre pour faire quelque chose pour lui. Nous en avons parlé sous les mots MANDAT & PROCURATION.

Le *procureur ad lites*, qu'on appelle aussi *procureur postulant*, ou simplement *procureur*, est un officier public, dont la fonction est de comparoître en jugement pour les parties, d'instruire leurs causes, instances & procès, & de défendre leurs intérêts.

On les appelloit chez les Romains *cognitores juris seu procuratores*: cependant Asconius distingue entre *procurator & cognitor*; selon lui, *procurator* étoit celui qui se chargeoit de la défense d'un absent, au lieu que *cognitor* étoit celui qui se chargeoit de la cause d'une personne en sa présence, & sans aucun mandat ou procuration.

On les appelloit aussi *vindices*, *quasi qui alterius causam vindicandam suscipiebant.*

En françois on les nommoit *attournés*: ce terme se trouve dans l'ancienne coutume de Normandie; mais on n'entendoit par *attourné*, que celui qui avoit une procuration spéciale pour une certaine cause.

Les anciennes ordonnances les appellent procureurs généraux, *procuratores generales*, parce qu'ils peuvent occuper pour toutes sortes de personnes, à la différence du procureur-général du roi, lequel ne peut occuper pour des particuliers, & que par cette raison on appelloit autrefois *procureur du roi* simplement, & non *procureur-général.*

On les a depuis appellés quelquefois *procureurs aux causes*, ou *procureurs postulans*, & quelquefois *postulans* simplement, *postulantes*, parce que leur fonction est de requérir & postuler pour les parties.

Présentement on les appelle *procureurs* simplement, ou si l'on ajoute à ce titre quelque autre qualification, c'est pour désigner le tribunal où ils sont *procureurs*, comme *procureurs* au parlement, ou *procureurs* de la cour, *procureurs* au châtelet, & ainsi des autres.

Par l'ancien droit romain, il n'étoit permis qu'en trois

trois cas d'agir par *procureur*; savoir, pour le peuple, pour la liberté, & pour la tutèle.

La loi *hostilia* avoit en outre permis d'intenter l'action de vol au nom de ceux qui étoient prisonniers de guerre, ou qui étoient absens pour le service de l'état, ou qui étoient sous leur tutèle.

Mais comme il étoit incommode de ne pouvoir agir, ni de défendre par autrui, on commença à plaider par le ministère d'un *procureur* ou mandataire *ad negotia*, de même qu'il étoit permis au mineur de plaider par son tuteur ou curateur, ce qui fut confirmé par Justinien en ses institutes, *de iis per quos agere possumus*.

Il y eut un temps sous les empereurs où les orateurs étoient seuls chargés de l'instruction des affaires & de la plaidoirie.

Dans la suite on introduisit l'usage des *procureurs ad negotia*, qui comparoissoient en justice pour la partie: leur ministère étoit d'abord gratuit; mais comme il s'établit des gens qui faisoient profession de solliciter les affaires pour les parties, on leur permit de convenir d'un salaire.

Ces *procureurs* n'étoient point officiers publics, c'étoient des mercénaires tirés d'entre les esclaves, qui faisoient seulement la fonction de solliciteurs auprès des juges, & qui instruisoient les parties de ce qui se passoit, c'est pourquoi il ne faut pas s'étonner si les empereurs ont parlé de cette fonction comme d'un ministère vil, cela n'a point d'application aux *procureurs* en titre, dont la fonction est totalement différente de celle de ces *procureurs* ou mandataires, qui n'étoient vraiment que des serviteurs & solliciteurs à gages.

Les formalités judiciaires s'étant multipliées, il y eut des personnes versées dans le droit & dans la pratique qui s'adonnèrent seulement à instruire les affaires; & pour les distinguer des procureurs mandataires, agens ou solliciteurs, on les appella *cognitores juris*, comme qui diroit *experts* en droit & en matière de causes, & par abréviation on les appella *cognitores* simplement; on les qualifioit aussi de *domini litium*, comme étant les maîtres de l'instruction d'une affaire, ceux qui président à l'instruction.

En France l'usage a varié plusieurs fois par rapport à la faculté de plaider par *procureur*.

Suivant la loi des Ripuariens, *tit. 58*, *art. 20*, il étoit permis à tout le monde de plaider par *procureur*. Cela n'étoit défendu qu'aux serfs; *servi autem regis vel ecclesiarum, non per actores, sed ipsi pro semetipsis in judicio respondeant*.

Il paroît que l'usage étoit changé du temps de Marculphe, qui vivoit vers l'an 660, & que l'on suivoit alors l'ancien droit romain, & que quand on n'étoit point dans quelqu'un des cas exceptés par la loi, il falloit une dispense pour comparoître en jugement pour autrui; c'est ce que l'on connoît par la 21e formule du *liv. II* de Marculphe.

Cet usage continua sous la seconde race, & encore long-temps sous la troisième.

On trouve qu'en l'année 1208 l'université de Paris avoit demandé au pape Innocent III, la grace de plaider par *procureur*; & quoique, selon ce pape, ce qu'elle demandoit fût de droit commun (ce qui doit s'entendre des cours ecclésiastiques), il ne laissa pas de l'accorder pour étendre son pouvoir.

Les établissemens de S. Louis que l'on fait être de l'année 1270, nous instruisent des cas & de la manière dont on plaidoit alors par *procureur*. Le *chap. cij* porte que si un homme vieux, infirme ou malade étoit cité en justice, & que ne venant pas, il mandât l'exoine de sa maladie, sa partie devoit attendre huit jours & huit nuits; que si le plaignant pressoit pour avoir justice, le juge devoit envoyer vers le malade & lui faire dire de mettre un autre pour défendre en sa place; & qu'en ce cas le fils devoit venir pour le père, & à défaut d'enfans son héritier présomptif.

Le *chap. viij* de la seconde partie de ces mêmes établissemens, qui est intitulé *de l'office al procurateur*, traite de la fonction des *procureurs* ou mandataires; ces *procureurs* faisoient pourtant aussi fonction de *procureurs ad lites*; car cette ordonnance déclare que nul *procureur* n'est reçu en cour laïe, si ce n'est de personne authentique, comme d'évêque, baron ou chapitre; ou si ce n'est pas pour la cause d'une ville ou université, ou du consentement des personnes, il falloit envoyer les lettres à son adversaire.

Les particuliers pouvoient cependant aussi plaider par *procureur* pour contremans ou en cas d'exoine.

Beaumanoir, *chap. iv* de ses coutumes de Beauvoisis qu'il écrivoit en 1283, dit qu'en demandant nul étoit oui pour *procureur*; & l'auteur du grand coutumier, qui vivoit sous Charles VI, dit qu'au *procureur* du demandeur en pays coutumier faut grace.

Mais lorsqu'il s'agissoit de plaider en défendant, chacun pouvoit constituer *procureurs*: gentilshommes, religieux, clercs, femmes, tous le pouvoient faire en défendant; mais l'homme de *poote* ou serf ne le pouvoit en aucun cas, ce qui revenoit à la loi des ripuariens.

Quand celui qui avoit été semons avoit juste raison pour ne pas comparoir, il faisoit proposer son exoine; il étoit permis de la débattre; & si l'empêchement étoit de nature à durer trop long-temps, on obligeoit le défendeur à constituer *procureur*.

Tel étoit l'usage qui s'observoit en cour laïque; car en cour d'église, il étoit libre à chacun de plaider par *procureur*, soit en demandant ou en défendant.

La faculté de plaider par *procureur* n'avoit d'abord lieu que dans les justices royales; mais peu de temps après, en 1298, Boniface VIII exhorta tous les seigneurs temporels de souffrir que les choses se passassent ainsi dans leurs justices à l'égard des religieuses, abbesses & prieures, afin qu'elles n'eussent aucun prétexte pour quitter leur clôture.

On obligea pendant long-temps les parties de comparoître en personne au parlement; les princes, les rois même étoient obligés d'y comparoître comme les autres; on voit en effet que, dans l'arrêt célèbre de 1283, rendu au sujet des apanages entre Philippe-le-Hardi & le roi de Sicile, le parlement assigna un jour aux deux rois, pour être présens à la prononciation du jugement.

On accordoit cependant quelquefois des dispenses pour comparoître par *procureur;* ce fut ainsi que Louis, fils de Philippe-Auguste, plaida au parlement par un chevalier qu'il avoit établi son *procureur;* le légat plaida en personne, il s'agissoit de la couronne d'Angleterre.

Dans la suite, les dispenses pour plaider par *procureur* devinrent de style commun: on accorda même des dispenses générales à certaines personnes, comme firent les établissemens de saint Louis, & l'ordonnance de 1290, qui permirent aux évêques, barons, chapitres, cités & villes de comparoître par *procureurs;* on excepta seulement les causes délicates, & celles où leur présence pouvoit être nécessaire; c'est de-là qu'au grand criminel il faut encore comparoître en personne.

La dispense accordée aux ecclésiastiques fut bientôt étendue à tout le monde.

Les laïques qui plaidoient en demandant, eurent d'abord besoin de lettres de chancellerie scellées du grand sceau, pour lesquelles on payoit six sols parisis à l'audiencier: le défendeur n'avoit pas besoin de lettres pour plaider par *procureur.*

Cet usage continua long-temps sous la troisième race; il falloit renouveller les lettres à chaque séance du parlement, ce qui apportoit un grand profit aux secrétaires du roi.

Le droit d'accorder ces lettres de grace à plaider par *procureur* fut mis au nombre des droits de souveraineté; c'est ce qu'on lit dans l'instruction donnée en 1372 pour la conservation des droits de souveraineté & de ressort, & autres droits royaux dans la ville & baronnie de Montpellier, cédées par Charles V à Charles I, dit *le mauvais*, roi de Navarre & comte d'Evreux. Cette instruction, *article vj*, porte qu'au roi seul appartient donner & octroyer sauve-garde, & graces à plaidoyer par *procureur* & lettres d'état, de nobilitation & de légitimation.

Pour éviter aux parties le coût de ces lettres qu'il falloit renouveller à chaque séance, le parlement prorogeoit lui-même gratuitement toutes ces dispenses par un arrêt qu'il rendoit à chaque rentrée du parlement, sur une requête qui lui étoit présentée par tous les *procureurs.*

Les procurations & dispenses étoient ainsi prorogées d'année en année, sans qu'il fût besoin de nouvelles lettres du prince.

Cela fut ainsi observé jusqu'en 1400, que Charles VI, par des lettres du 3 novembre, défendit de plaider au parlement par *procureur* en demandant, sans en avoir obtenu la permission par des lettres de chancellerie: il ordonna la même chose pour les *procureurs* au châtelet, le 15 novembre 1407.

Mais la nécessité de prendre de telles lettres fut abrogée par l'ordonnance du roi François I de 1518, par laquelle il autorisa toutes les procurations tant qu'elles ne seroient point révoquées, & déclara que les *procureurs* pourroient ainsi occuper sans qu'il fût besoin de requérir d'autre autorisation.

Les *procureurs* n'ont même plus besoin de procuration depuis qu'ils ont été établis en titre. La remise des pièces leur tient lieu de pouvoir. Ils n'en ont besoin d'un nouveau que pour interjetter un appel, ou pour former de nouvelles demandes, & tout ce qu'ils font est valable jusqu'à ce qu'ils soient désavoués par leur partie, & le désaveu jugé valable.

Il est pourtant encore de maxime que l'on ne plaide point en France par *procureur*, c'est-à-dire, que le *procureur* ne plaide pas en son nom, mais au nom de sa partie; c'est toujours elle qui est en qualité dans les procédures & dans les jugemens.

Il y a pourtant quelques personnes exceptées de cette règle; savoir, le roi & la reine qui plaident chacun par leur *procureur*-général; tous les seigneurs justiciers plaident dans leur justice sous le nom de leur *procureur*-fiscal; les mineurs sous le nom de leur tuteur ou curateur; les commandeurs de l'ordre de Malte plaident sous le nom du *procureur*-général de leur ordre, comme prenant leur fait & cause, lorsqu'il s'agit du fonds d'un bien ou droit appartenant à l'ordre; mais lorsqu'il s'agit de simple administration, les commandeurs plaident en leur nom. Les capucins plaident au nom de quelque personne de considération, qui est leur protecteur & syndic, & que l'on condamne à payer pour eux; il est de même des autres ordres mendians, qui ne plaident qu'assistés de leur père temporel.

Dans les îles & dans les tribunaux maritimes, il est assez commun de voir les commissionnaires plaider en leur nom pour les intérêts de leur commettant; ce qui n'a lieu sans doute qu'à cause de l'absence du commettant, & que l'on ne connoît que le commissionnaire, sauf à lui son recours.

Les premiers qui s'adonnèrent en France à faire la fonction de *procureurs*, n'étoient point personnes publiques, mais il paroît qu'il y en avoit d'établis en titre dès le temps que le parlement fut rendu sédentaire à Paris.

Il y en avoit pour le châtelet en particulier dès 1327, comme il paroît par des lettres de Philippe VI du mois de février, qui défendent qu'aucun soit tout ensemble avocat & *procureur*, & ordonnent que si l'avocat, *procureur*, notaire, sergent étoit repris parjure, il sera privé du châtelet à toujours & de tous offices.

Il y avoit des *procureurs* au parlement dès 1341, il falloit même que leur établissement fût plus ancien; car on trouve qu'en cette année ils instituèrent entre eux une confrairie de dévotion, qui a sans doute servi de fondement à leur communauté; ils étoient au nombre de vingt-sept, lesquels firent un traité avec le curé de Sainte-Croix en la cité, dans l'église duquel ils étoient apparemment convenus d'établir leur confrairie.

Dans les statuts qu'ils dressèrent eux-mêmes, ils se qualifient *les compagnons-clercs & autres procureurs & écrivains, fréquentans le palais & la cour du roi notre sire à Paris & ailleurs;* & le roi en confirmant ces statuts, les qualifie de même *procureurs & écrivains au palais de notre sire le roi à Paris & ailleurs en la cour & en l'hôtel dudit seigneur.*

Ces expressions font connoître que la fonction des *procureurs* étoit d'écrire les procédures nécessaires, qu'ils faisoient leurs expéditions au palais à Paris, comme cela se pratique encore à Rouen. Les *procureurs* au parlement de Paris se regardoient encore comme ambulatoires à la suite de la cour, sans doute parce qu'il n'y avoit pas long-temps que le parlement avoit commencé à être sédentaire à Paris.

Le réglement fait par la cour le 11 mars 1344, contient plusieurs dispositions par rapport aux *procureurs* des parties qu'il qualifie de *procureurs-généraux*. Il veut entre autres choses que leurs noms soient mis par écrit après ceux des avocats, & qu'ils prêtent serment, & qu'aucun ne soit admis à exercer l'office de *procureur*-général qu'il n'ait prêté ce serment & ne soit écrit *in rotulis*, c'est-à-dire, sur les rouleaux ou rôles des *procureurs*, auxquels depuis ont succédé les listes imprimées.

Il n'étoit donc plus permis à personne d'exercer la fonction de *procureur ad lites*, sans être reçu en cette qualité; les aspirans étoient présentés par ceux qui exerçoient cette profession. Quand il vaquoit une place, c'étoit ordinairement la récompense de ceux qui avoient employé leur jeunesse à servir de clercs dans les études de *procureurs*, ou dans celles des conseillers, ou dans les greffes. Le récipiendaire présentoit requête pour être reçu; elle étoit communiquée aux gens du roi qui s'informoient diligemment des vie & mœurs du récipiendaire; & s'il n'y avoit point d'empêchement, il étoit examiné & reçu au serment autant qu'il fût trouvé capable, ainsi que cela se pratique encore présentement.

Mais depuis long-temps il est d'usage constant au palais, qu'aucun ne peut être reçu en un office de *procureur* au parlement qu'il n'ait été inscrit sur les registres de la communauté des *procureurs*, & sur ceux de la bazoche du palais, pour justifier des dix années de cléricature au palais.

Le nombre des *procureurs* de chaque siège n'étoit point limité, le juge en recevoit autant qu'il jugeoit à propos; on se plaignit au châtelet que le nombre des *procureurs* étoit excessif; c'est pourquoi Charles V, par des lettres du 16 juillet 1378, ordonna que le nombre de ces officiers seroit réduit à quarante: il donna commission aux gens du parlement pour révoquer tous ceux qui exerçoient alors, & voulut qu'en appellant avec eux le prévôt de Paris & quelques-uns de ses conseillers, ils en choisissent quarante des plus capables pour être *procureurs*-généraux du châtelet, & que quand il vaqueroit un de ces offices, le prévôt de Paris, assisté de quelques conseillers, y nommeroit.

Mais Charles VI, par des lettres du 19 novembre 1393, ordonna que le nombre des *procureurs* du châtelet ne seroit plus fixé à 40, & que tous ceux qui voudroient exercer cet emploi pourroient le faire, pourvu que trois ou quatre avocats notables de cette cour certifiassent au prévôt de Paris qu'ils en étoient capables.

Le nombre des *procureurs* au parlement s'étoit aussi multiplié à tel point, que Charles VI, par des lettres du 13 novembre 1403, donna pouvoir aux présidens du parlement de choisir un certain nombre de conseillers de la cour avec lesquels ils diminueroient celui des *procureurs*: il leur ordonna de retrancher tous ceux qui n'auroient pas les qualités & capacités requises; mais il ne fixa point le nombre de ceux qui devoient être conservés.

Louis XII, en 1498, ordonna pareillement que le nombre des *procureurs* au parlement seroit réduit par la cour, & que les autres juges feroient la même chose chacun dans leur siège.

Il n'y avoit eu jusqu'alors au parlement que 80, 100, ou au plus 120 *procureurs*; mais en 1537, il y en avoit plus de 200. C'est pourquoi la cour ordonna par un arrêt du 18 décembre, que dorénavant il n'y seroit plus reçu de *procureurs* en si grand nombre que par le passé, jusqu'à ce que la cour eût avisé à réduire le nombre qui étoit alors existant.

François I voyant que l'ordonnance de son prédécesseur n'avoit pas été exécutée, ordonna, le 16 octobre 1544, que dans ses cours de parlemens, bailliages, sénéchaussées, prévôtés, sièges y ressortissans, & autres jurisdictions royales quelconques, aucun ne seroit reçu à faire le serment de *procureur*, outre ceux qui étoient alors en exercice, jusqu'à ce qu'il en eût été autrement par lui ordonné.

Il déclara néanmoins le premier novembre suivant, qu'il n'avoit entendu par-là déroger aux prérogatives accordées à son parlement de Paris, & aux autres cours souveraines, baillis & autres juges royaux; de pourvoir aux états & charges de *procureurs*; qu'il feroit lever les défenses par lui faites, après que le nombre des *procureurs* auroit été réduit d'une manière convenable.

L'édit des présidiaux de l'année 1551, annonce que le roi avoit toujours pour objet de réduire le nombre des *procureurs* de chaque siège, suivant ce qui seroit arrêté par l'avis des juges & officiers.

François II défendit encore, le 29 août 1559, de recevoir aucun *procureur* dans ses cours & jurisdictions royales, jusqu'à ce qu'il en eût été autrement ordonné, après que le nombre des *procureurs* seroit diminué & trouvé suffisant.

Mais tous ces projets de réduction ne furent point exécutés, le nombre des *procureurs* augmentoit toujours, soit parce que les juges en recevoient encore malgré les défenses, soit parce qu'une infinité de gens sans caractère se mêloient de faire la profession de *procureur*.

Il arriva peu de temps après un grand changement à leur égard.

Henri II avoit, par des lettres du 8 août 1552, permis aux avocats d'Angers d'exercer l'une & l'autre fonction d'avocat & de *procureur*, comme ils étoient déjà en possession de le faire. Cet usage étoit particulier à ce siège; mais l'ordonnance d'Orléans étendit cette permission à tous les autres sièges; elle ordonna même (*art. 58*) qu'en toutes matières personnelles qui se traiteroient devant les juges des lieux, les parties comparoîtroient en personne, pour être ouies sans assistance d'avocat ou de *procureur*.

Depuis, Charles IX considérant que la plupart de ceux qui exerçoient alors la fonction de *procureur* dans ses cours & autres sièges, étoient des personnes sans caractère, reçues au préjudice des défenses qui avoient été faites, ou qui avoient surpris d'Henri II des lettres pour être reçus en l'état de *procureur*, quoiqu'ils n'eussent point les qualités requises, par un édit du mois d'août 1561, il révoqua & annulla toutes les réceptions faites depuis l'édit de 1559; il défendit à toutes ses cours, & autres juges, de recevoir personne au serment de *procureur*, & ordonna qu'advenant le décès des *procureurs* anciennement reçus, leurs états demeureroient supprimés, & que dès-lors les avocats de ses cours, & autres jurisdictions royales, exerceroient l'état d'avocat & de *procureur* ensemble, sans qu'à l'avenir il fût besoin d'avoir un *procureur* à part.

L'ordonnance de Moulins, *art. 84*, prescrivit l'observation des édits & ordonnances faites pour la suppression des *procureurs*, portant défenses d'en recevoir aucuns, tant dans les cours souveraines, que dans les sièges inférieurs; & le roi révoqua dès-lors toutes les réceptions faites depuis ces édits, même depuis celui fait en l'an 1559, interdisant aux *procureurs* reçus depuis ces édits, l'exercice desdites charges, sur peine de faux.

Par un édit du 22 mars 1572, il annonça qu'il étoit toujours dans le dessein de réduire le nombre excessif des *procureurs*, & dans cette vue il révoqua & annulla toutes les réceptions faites dans les cours & autres sièges royaux, depuis la publication de l'ordonnance de Moulins, défendant sur peine de faux, à ceux qui auroient été reçus depuis cette ordonnance, de faire aucune fonction dudit état.

Enfin, par un autre édit du mois de juillet 1572, pour rendre tous les *procureurs* égaux en qualité & titre, & afin de les pouvoir réduire à l'avenir à un nombre certain & limité, il créa en titre d'offices formés tous *procureurs*, tant anciens que nouveaux, postulans & qui postuleroient ci-après, dans ses cours de parlement, grand-conseil, chambres des comptes, cours des aides, des monnoies, bailliages, sénéchaussées, sièges présidiaux, prévôtés, élections, sièges & jurisdictions royales du royaume, à la charge de prendre de lui des provisions dans le temps marqué, sans que les parlemens & autres juges pussent les en dispenser; & qu'au lieu des *procureurs* anciens & nouveaux, il en seroit pourvu d'autres de prud'hommie & suffisance requise.

Et comme dans quelques bailliages, sénéchaussées, sièges présidiaux & royaux, les avocats prétendoient que de tout temps, & notamment suivant l'ordonnance d'Orléans, il leur étoit permis de faire la charge d'avocat & de *procureur*, & que dans ces sièges il n'y avoit eu ci-devant aucuns *procureurs* postulans qui eussent fait séparément ladite charge; Charles IX permit aux avocats qui voudroient continuer la charge de *procureur*, d'en continuer l'exercice, en prenant de lui des provisions.

Ce même prince, pour engager davantage à lever ces offices, donna, le 22 du même mois, des lettres, par lesquelles il permit à ceux qui seroient pourvus de ces sortes d'offices de les résigner à personnes capables, en payant le quart-denier en ses parties casuelles, comme ses autres officiers.

Cependant l'édit de 1572 ne fut exécuté que dans quelques-unes des provinces du royaume; il ne le fut même point pleinement en aucun endroit. Les états assemblés à Blois en 1579, ayant fait des remontrances sur cette création de charges, l'article 241 de l'ordonnance dite *de Blois*, révoqua les édits précédens, par lesquels les charges de *procureur* avoient été érigées en titre d'offices formés, tant dans les cours souveraines, qu'autres sièges royaux, voulant à l'avenir que quand il y auroit lieu d'en recevoir, il y seroit pourvu de personnes capables, comme avant ces édits; & néanmoins que les ordonnances touchant la suppression & réduction du nombre des *procureurs*, seroient gardées & observées.

La révocation de l'édit de 1572, fut encore confirmée par celui du mois de novembre 1584.

Mais par une déclaration du mois d'octobre 1585,

l'édit de 1584 fut révoqué, & le roi ordonna l'exécution de celui de 1572, qui avoit créé les *procureurs* en charge.

Cet édit de 1572 n'ayant point été exécuté dans les provinces d'Anjou, Maine, duché de Beaumont, haut & bas Vendômois, où les avocats, & même les notaires des lieux exerçoient en même temps la fonction de *procureur*, Henri IV, par un édit du mois de janvier 1596, créa de nouveau, dans ces provinces, des offices de *procureurs* dans tous les siéges royaux, pour être tenus & exercés séparément d'avec la fonction d'avocat; mais cet édit fut révoqué à l'égard de la province d'Anjou, par une déclaration du 7 septembre 1597, qui permit aux avocats de cette province de continuer à faire aussi la fonction de *procureur* : ce qui a encore lieu dans cette province, ainsi que dans celle du Maine.

Pour ce qui est des autres provinces, l'exécution de l'édit de 1572 fut ordonnée à leur égard, par divers arrêts du conseil, entre autres deux du dernier juin 1597, & 22 septembre 1609.

Nonobstant tous ces édits, déclarations & arrêts, il y avoit toujours des *procureurs* qui étoient reçus par les juges sans provisions du roi, & comme cela multiplioit le nombre des *procureurs*, & donnoit lieu à des abus, Louis XIII, par un édit du mois de février 1620, déclara qu'au roi seul appartiendroit dorénavant le droit d'établir des *procureurs* dans toutes les cours & jurisdictions royales, & en tant que besoin seroit, il créa de nouveau, en titre d'office, toutes les charges de *procureurs* postulans, tant dans les cours, sénéchaussées, bailliages, prévôtés, vigueries, & autres jurisdictions royales, que dans les élections & greniers à sel.

L'exécution de cet édit éprouva aussi plusieurs difficultés; les juges continuoient toujours à recevoir des *procureurs* sans provisions du roi.

Le nombre de ceux du parlement de Paris fut réduit à 200, par un arrêt du conseil du dernier septembre 1621.

Depuis, par une déclaration du 23 juin 1627, il fut fixé à 300; & il fut ordonné qu'il seroit expédié des provisions à ceux qui exerceroient alors, jusqu'à concurrence de ce nombre; & à l'égard des présidiaux, bailliages, sénéchaussées, & autres jurisdictions inférieures du ressort, qu'il seroit délivré des provisions en nombre égal à celui qui subsistoit en 1620 : cet édit fut vérifié, le roi séant en son parlement.

Cependant l'exécution de cette déclaration, & de l'édit même de 1620, fut d'abord sursise à l'égard du parlement de Paris seulement, sur ce qui fut remontré que l'établissement des *procureurs* en titre d'office étoit contraire à l'usage ancien de ce parlement; & depuis, par l'édit du mois de décembre 1635, le roi révoqua celui de 1620, en ce qui concernoit le rétablissement des *procureurs* postulans au parlement de Paris, & autres cours & jurisdictions étant dans l'enclos du palais; & pour tenir lieu de la finance qui devoit revenir des offices de *procureurs*, il fut créé divers offices, entre autres trente offices de tiers-référendaires, & huit offices de contrôleurs des dépens, pour le parlement de Paris, & pour les cours & jurisdictions de l'enclos du palais.

Mais le roi, ayant tiré peu de secours de la création de ces offices, résolut, par une déclaration du 8 janvier 1629, de créer 400 *procureurs* pour le parlement de Paris, pour la chambre des comptes, cours des aides, & autres cours & jurisdictions de l'enclos du palais; &, par un autre édit du mois de mai suivant, il unit & incorpora les offices de tiers-référendaires à ceux des *procureurs* qu'il créa & érigea derechef.

Tel est le dernier état par rapport aux offices de *procureur*; il faut seulement observer,

1°. Que les *procureurs* de la chambre des comptes, & ceux de l'élection, sont des offices différens de ceux des *procureurs* au parlement. *Voyez* COMPTES & ELECTION.

2°. Que les *procureurs*, tant des parlemens que des bailliages, sénéchaussées & autres siéges royaux possèdent en même temps plusieurs autres offices qui ont été unis à leurs communautés, tels que ceux de tiers-référendaire, taxateur des dépens, ceux de greffiers-gardes-minutes & expéditionnaires des lettres de chancellerie.

3°. Que le nombre des *procureurs* du parlement de Paris a été réduit à . . par . . . . .

Les *procureurs* sont donc présentement établis par-tout en titre d'office, excepté dans les jurisdictions consulaires, où il n'y a que de simples praticiens, qu'on appelle *postulans*, parce qu'ils sont admis pour postuler pour les parties, encore ne sont-elles pas obligées de se servir de leur ministère.

Il en est à-peu-près de même dans les justices seigneuriales, les *procureurs* n'y sont point érigés en titre d'office formé; ils n'ont que des commissions révocables à volonté; & les parties ne sont pas obligées de constituer un *procureur*.

Pour être reçu *procureur*, il faut être laïque, ce qui est conforme à une ancienne ordonnance donnée au parlement de la Toussaints en 1287, qui restraignit aux seuls laïques le droit de faire la fonction de *procureur*.

Il faut avoir travaillé pendant dix ans en qualité de clerc chez quelque *procureur*, & pour cet effet s'être inscrit sur les registres de la basoche, & en rapporter un certificat.

Les fils des *procureurs* sont dispensés de ce temps de basoche.

Ceux qui sont reçus avocats, & qui sont inscrits sur deux tableaux différens, sont pareillement dispensés de l'inscription à la basoche, & du temps de cléricature.

Tout aspirant à l'état de *procureur* doit être âgé

de 25 ans, à moins qu'il n'ait des lettres de dispense d'âge.

Les *procureurs* ne sont reçus qu'après information de leurs vie & mœurs, & après avoir été examinés par le juge sur leur capacité; au parlement de Paris les récipiendaires sont examinés par les *procureurs* de communauté & anciens en la chambre des anciens, dite *de la sacristie*.

Les ordonnances requièrent dans ceux que l'on admet à cet état, beaucoup de prud'hommie & de capacité. Les lettres de Charles VI, du 13 novembre 1403, disent, en parlant des *procureurs* du parlement, qu'il est essentiel que ce soient des personnes fidelles, sages & honnêtes, gens lettrés & experts en fait de justice, & sur-tout versés dans la connoissance des ordonnances & du style de la cour.

Charles VII, dans son ordonnance de 1446, *art. 47*, veut que nul ne soit reçu *procureur*, qu'il ne soit trouvé suffisant & expert en justice, & de bonne & loyale conscience.

Il étoit d'autant plus nécessaire qu'ils fussent lettrés, que tous les actes de justice se rédigeoient alors en latin, ce qui n'a cessé que par les ordonnances de François I, de 1536 & 1539.

Lorsque François I ordonna en 1544, que le nombre des *procureurs* seroit réduit, il spécifia que les gens de bien & suffisans seroient retenus, & les insuffisans rejettés.

Henri II, en 1549, dit, en parlant des *procureurs*, qu'il desire que les causes de ses sujets soient traitées & conduites par gens de bien, experts & ayant serment, *&c.*

Henri IV, en 1596, dit que pour le bon ordre de la justice, les charges d'avocat & de *procureur* ont été séparées, ne pouvant le *procureur* faire celle d'avocat, ni l'avocat celle de *procureur*.

Enfin, il n'y a pas une ordonnance qui, en parlant de l'établissement des *procureurs*, ou des qualités & capacités nécessaires pour cet état, n'annonce que cette profession a toujours été regardée comme très-importante, & comme une partie essentielle de l'administration de la justice.

En effet, le *procureur* est, comme on l'a dit, *dominus litis*; c'est lui qui introduit la contestation & qui fait l'instruction, & souvent le bon succès dépend de la forme.

Le serment que les *procureurs* prêtent à leur réception, & qu'ils renouvellent tous les ans à la rentrée, est de garder les ordonnances, arrêts & réglemens.

L'ancienne formule du serment qu'ils prêtoient autrefois, & à laquelle se réfère le serment qu'ils prêtent aujourd'hui, fait voir la délicatesse que l'on exige dans ceux qui exercent cette profession. Cette formule est rapportée tout au long dans le recueil des ordonnances de la troisième race, *tome 2*, à la suite de l'ordonnance de Philippe de Valois, du 11 mars 1344.

Les principaux engagemens des *procureurs* que l'on exprimoit autrefois dans la formule du serment qu'on leur faisoit prêter, sont sous-entendus dans le serment qu'ils prêtent aujourd'hui de garder les ordonnances, arrêts & réglemens de la cour.

De-là vient que dès 1364 il étoit déjà d'usage que les *procureurs* fussent présens à la lecture des ordonnances qui se fait à la rentrée du parlement. On en fait aussi la lecture à la communauté lors de la rentrée.

Les *procureurs* ont le titre de *maîtres*, & le prennent dans leurs significations.

Leur habillement pour le palais est la robe à grandes manches & le rabat; ils portoient aussi autrefois la soutane & la ceinture, & étoient obligés d'avoir leurs chaperons à bourlet pour venir prêter serment; mais depuis long-temps ils ont quitté l'usage de ces chaperons; & leur habillement de tête est le bonnet quarré.

Du temps de François I, ils portoient encore la longue barbe, comme les magistrats, cela faisoit partie de la décence de leur extérieur; on trouve même dans un arrêt de réglement du 18 décembre 1537, que les *procureurs* au parlement se plaignoient que divers solliciteurs portant grande barbe, s'ingéroient de faire leur profession, ensorte qu'il ne restoit plus aux *procureurs* que le chaperon. Peu de temps après on quitta l'usage des longues barbes.

Le rang des *procureurs* est immédiatement après les avocats, & avant les huissiers & notaires reçus dans le même siège.

Aux sièges des maîtrises particulières, élections, greniers à sel, traites foraines, conservations des privilèges des foires, aux justices des hôtels & maisons de ville & autres jurisdictions inférieures, & dans toutes les justices seigneuriales, les parties ne sont point obligées de se servir du ministère des *procureurs*, quoiqu'il y en ait d'établis dans plusieurs de ces jurisdictions, les parties sont ouies en l'audience, vingt-quatre heures après l'échéance de l'assignation, & jugées sur-le-champ; mais comme la plupart des parties ont besoin de conseil pour se défendre, elles ont ordinairement recours à un *procureur*, lors même qu'elles ne sont pas obligées de le faire.

Dans tous les autres tribunaux, le demandeur doit coter un *procureur* dans son exploit, & le défendeur qui ne veut pas faire défaut, doit aussi en constituer un de sa part.

Les *procureurs* doivent avoir un registre pour enregistrer les causes & faire mention par qui ils sont chargés.

Ils sont aussi obligés d'avoir des registres séparés en bonne forme pour y écrire toutes les sommes qu'ils reçoivent de leurs parties, ou par leur ordre, & les représenter & affirmer véritables toutes les fois qu'ils en sont requis, à peine contre ceux qui n'auront point de registres, ou qui refuseront de les représenter & affirmer véritables, d'être déclarés non-recevables en leurs demandes & prétentions de leurs frais, salaires & vacations.

Le ministère des *procureurs* consiste à postuler pour les parties, c'est-à-dire, à occuper pour elles; en conséquence, ils se constituent pour leur partie par un acte qu'on appelle *acte d'occuper*; ils se présentent au greffe pour leur partie, ils fournissent pour elle les exceptions, fins de non-recevoir, défenses, répliques & requêtes; ils donnent copies des pièces nécessaires, font les sommations pour plaider, font signifier les qualités, lèvent les jugemens, les font signifier; & en général ce sont eux qui font toute la procédure, & qui font entre eux toutes les significations qu'on appelle *expéditions de palais*, ou de *procureur* à *procureur*; ce qui se fait avec tant de bonne-foi au parlement de Paris, que l'on se contente de mettre la signification sur l'original.

A l'audience, le *procureur* assiste l'avocat qui plaide la cause de sa partie.

L'usage a aussi introduit que les *procureurs* peuvent plaider sur les demandes où il s'agit plus de fait & de procédure, que de droit.

Dans les instances & procès ce sont eux qui mettent au greffe les productions qui font les productions nouvelles & autres écritures de leur ministère.

Les *procureurs* ont chacun un banc au palais, c'est-à-dire, un lieu où ils s'arrêtent, *stationes*. Ils étoient autrefois obligés d'être dès cinq heures du matin à leur banc, & y travailloient à la lumière. Chaque *procureur* avoit son banc à part; mais le nombre des *procureurs* s'étant multiplié, ils se mirent deux dans un même banc, & ensuite un plus grand nombre; & pour indiquer le lieu où chacun se mettoit, leurs noms étoient écrits en grosses lettres au-dessus de leurs bancs; mais depuis l'usage des listes imprimées, on a cessé de faire écrire les noms au-dessus des bancs.

Dans quelques tribunaux, comme à Lyon, leurs clercs signent pour eux en leur absence; à Paris, ils sont obligés, suivant les réglemens, d'avoir chacun deux de leurs confrères pour substituts, lesquels signent pour eux en cas d'absence ou autre empêchement.

Outre ces substituts, ils ont chez eux des clercs, qui sont de jeunes élèves qui les aident dans leurs expéditions, & qui viennent ainsi apprendre chez eux la pratique du palais. L'étude des *procureurs* est l'école où viennent se former presque tous les jeunes gens destinés à remplir des offices de judicature, ou qui se destinent au barreau, ou à la profession de *procureur* ou autre emploi du palais.

Les *procureurs* ne sont garans de la validité de leur procédure que dans les décrets seulement, & cette garantie ne dure que dix ans.

Dans les autres matières, s'ils excèdent leur pouvoir, ils sont sujets au désaveu.

S'ils font quelque procédure contraire aux ordonnances & réglemens, on la déclare nulle, sans aucune répétition contre leur partie.

Un *procureur* est obligé d'occuper pour sa partie jusqu'à ce qu'il soit révoqué.

Quand la partie qui l'avoit chargé vient à décéder, son pouvoir est fini; il lui faut un nouveau pouvoir des héritiers pour reprendre & occuper pour eux.

Lorsque c'est le *procureur* qui décède pendant le cours de la contestation, on assigne la partie en constitution de nouveau *procureur*.

Ils ont hypothèque du jour de la procuration.

Lorsque leur partie obtient une condamnation de dépens qu'ils ont avancés, ils peuvent en demander la distraction; & dans ce cas, les dépens ont la même hypothèque que le titre.

Suivant la jurisprudence du parlement de Paris, il est défendu aux *procureurs* de retenir les titres & pièces des parties, sous prétexte de défaut de paiement de leurs frais & salaires; mais on ne peut les obliger de rendre les procédures qu'ils ne soient entièrement payés.

La déclaration du 11 décembre 1597, porte que les *procureurs*, leurs veuves & héritiers ne pourront être poursuivis ni recherchés directement, ni indirectement pour la restitution des sacs & pièces dont ils se trouveront chargés cinq ans auparavant l'action intentée contre eux, lesquels cinq ans passés, l'action demeurera nulle, éteinte & prescrite; l'arrêt d'enregistrement du 14 mars 1603, porte qu'ils seront pareillement déchargés, au bout de dix ans, des procès indécis & non jugés, & de ceux qui sont jugés, au bout de cinq ans, & que leurs veuves ou autres ayant droit d'eux, seront déchargés au bout de cinq ans après le décès des *procureurs*, des procès, tant jugés qu'indécis.

Les procédures qui sont dans l'étude d'un *procureur*, forment ce que l'on appelle *sa pratique*; c'est un effet mobilier que les *procureurs*, leurs veuves & héritiers peuvent vendre avec l'office, ou séparément.

Les *procureurs* ne peuvent être cautions pour leurs parties; ils ne peuvent prendre de bail judiciaire, ni se rendre adjudicataires des biens dont ils poursuivent le décret, à moins qu'ils ne soient créanciers de leur chef & poursuivans en leur nom, suivant le réglement du parlement du 22 juillet 1690.

On tient communément qu'ils ne peuvent recevoir aucune donation universelle de la part de leurs cliens pendant le cours du procès; il y a cependant quelques exemples que de telles libéralités ont été confirmées; cela dépend des circonstances qui peuvent écarter les soupçons de suggestion.

Il y a à ce sujet un arrêt mémorable, qui est celui du 22 juin 1700, qui confirma un legs universel fait au profit de Me François Pillon, *pro-*

cureur au châtelet, par la dame du Buat, sa cliente. C'étoit par un testament olographe que la testatrice, trois ans avant sa mort, avoit déposé entre les mains de Me Pillon; on prétendoit que le legs étoit de valeur de plus de 150,000 liv. Après la prononciation de l'arrêt, M. le premier président de Harlay dit que la cour avertissoit le barreau, qu'en confirmant la disposition faite au profit de Pillon, elle n'entendoit point autoriser les donations faites au profit de personnes qui ont l'administration des affaires d'autrui; que la décision de ces causes dépend des circonstances du fait; que ce qui déterminoit la cour dans l'espèce particulière à confirmer le legs, étoit la probité & le désintéressement de François Pillon reconnus dans le public.

Les *procureurs* font, en certains cas, des fonctions qui approchent beaucoup de celles des juges, comme quand ils taxent les dépens en qualité de tiers, & qu'ils règlent les difficultés qui se présentent à ce sujet en la chambre des tiers.

Ils exercent une jurisdiction en leur chambre de la postulation contre ceux qui, sans qualité, s'ingèrent de faire la fonction de *procureur*.

Ils ont aussi une supériorité sur le tribunal de la bazoche, les *procureurs* de communauté étant appellés pour juger les requêtes en cassation qui sont présentées contre les arrêts de ce tribunal.

La cour leur fait souvent l'honneur de renvoyer devant eux des incidens de procédure pour donner leur avis, auquel cas cet avis est ordinairement reçu par forme d'appointement.

Enfin, ils exercent entre eux une espèce de jurisdiction économique pour maintenir une bonne discipline dans le palais.

La profession de *procureur* demande donc beaucoup de droiture & de savoir; elle est importante par elle-même; & loin que les fonctions de *procureur* aient quelque chose de vil, elles n'ont rien que d'honorable, puisque l'emploi des *procureurs* est de défendre en justice les droits de leurs cliens, de soutenir la vérité & l'innocence, & d'instruire la religion des juges.

Les princes & princesses du sang ont admis dans leurs conseils plusieurs *procureurs*.

Défunt Me Jean-Baptiste Vernier étoit *procureur* de S. A. R. M. le duc d'Orléans, régent du royaume; il étoit aussi l'un des conseillers du conseil de S. A. R. & de feu S. A. S. M. le duc d'Orléans, son fils; ce sont des titres avec provisions du prince, & scellées en la chancellerie, avec prestation de serment entre les mains de son chancelier.

Le même Me Vernier, après le décès de M. le duc d'Orléans, régent, eut l'honneur d'être nommé, par arrêt du parlement, tuteur des princesses, ses filles.

Feu M. le duc de Bourbon, par son testament, a nommé Me Jean-Baptiste Maupassant, son *procureur* au parlement, l'un des conseillers de la tutèle de M. le prince de Condé, son fils.

Me Louis Formé, *procureur* au parlement, & de S. A. S. monseigneur le duc d'Orléans, premier prince du sang, a eu aussi l'honneur d'être l'un des conseillers au conseil de S. A. S., avec provisions scellées en sa chancellerie, & prestation de serment entre les mains de son chancelier; & pour cet office il étoit employé sur l'état du roi à la cour des aides, comme les commensaux de la maison du roi; il avoit aussi l'honneur d'être admis aux conseils de LL. AA. SS. monseigneur le comte de Clermont, de monseigneur le prince de Conti, de madame la princesse de Conti, de mademoiselle de Charolois & de mademoiselle de Sens, princes & princesses du sang.

On ne conçoit pas comment quelques auteurs ont avancé que la profession des *procureurs* dérogeoit à la noblesse. Il est évident qu'ils se sont fondés sur ce qui est dit, en droit, que la profession des *procureurs* est vile; mais il n'est question en cet endroit que des *procureurs ad negotia*; de simples agens ou solliciteurs, lesquels, comme on l'a déjà observé, étoient ordinairement des esclaves & des mercenaires; ce qui n'a rien de commun avec les *procureurs ad lites*, que les loix appellent *cognitores juris*, *domini litium*, titres qui suffisent seuls pour justifier que l'on avoit de ces *procureurs* une idée toute différente de celle que l'on avoit des *procureurs ad negotia*, ou *gens d'affaires*.

On doit sur-tout distinguer les *procureurs* des cours souveraines, de ceux qui exercent dans les jurisdictions inférieures.

L'article 15 du réglement du 18 décembre 1537, défend aux *procureurs* au parlement de faire commerce, de tenir hôtellerie, ni de faire aucun acte dérogeant à l'état & office de *procureur* en cour souveraine, mais de préférer l'honneur de leur état à leur profit particulier; prohibition qui est commune à tous ceux qui vivent noblement.

Les ordonnances leur donnent droit de *committimus*.

Ils ont été appellés par la cour aux cérémonies publiques après les avocats, notamment en 1463, au convoi de Marie d'Anjou, femme de Charles VII. Le 2 juin 1483, la cour les manda avec les avocats pour l'accompagner en habit décent, & aller au-devant de madame la dauphine. Le 26 du même mois, à la procession qui se fit pendant trois jours à Saint-Denis. Le 30 juin 1498, & le 13 novembre 1504, aux entrées de Louis XII & d'Anne de Bretagne, sa femme, à Paris. Les 8 & 12 février 1513, quand la cour alla recevoir le corps d'Anne de Bretagne, qu'on apportoit de Blois à Paris; ils assistèrent aussi aux funérailles. Le 16 mars 1530, à l'entrée d'Eléonore d'Autriche, seconde femme de François I. Le 18 août 1534, à la procession que la cour fit pour la tante de Clément VII. Le 12 novembre 1537, à celle que la cour fit faire pour la prospérité de François I. Le 5 juin 1538, ils allèrent avec la cour à la procession de la sainte Chapelle à Notre-Dame. Le premier janvier 1539, ils allèrent avec les avocats à cheval à la suite de la cour, qui vint saluer & haranguer Charles-Quint, arrivant à Paris.

La Rocheflavin dit qu'aux entrées & obsèques des rois, les *procureurs*, comme membres & officiers du parlement, y assistent avec leurs robes & chaperons après les avocats, & qu'ils sont placés comme eux par les huissiers. Il rapporte à ce sujet deux délibérations de la cour, l'une de 1533, sur l'ordre qui devoit être observé à l'entrée de François I; l'autre du 4 avril 1541, pour les obsèques de ce prince. En 1559, pareil arrêt pour les funérailles de Henri II. Les *procureurs* étoient immédiatement après les avocats. Le même ordre fut observé aux obsèques de Charles IX, Henri III & Henri IV. Le 12 juillet 1562, les *procureurs* eurent rang à la procession que la cour fit à saint Médard. On en usa de même à leur égard aux parlemens de Toulouse & de Bordeaux, aux entrées de Charles IX & de la reine sa mère, en 1564 & 1565; les *procureurs* y étoient en robe & chaperon à bourrelet. L'édit du mois de mai 1639, leur donne rang immédiatement après les avocats.

Enfin, nos meilleurs auteurs tiennent tous que les *procureurs* des cours souveraines ne dérogent pas.

Tel est le sentiment de Balde & de Budée, de Tiraqueau, de Pithou, sur la coutume de Troyes, de Loisel en ses *mémoires*.

Tel est aussi le sentiment de Zypæus, en sa *notice du droit belgique, n°. 4;* de Christinæus, *vol. II, décis. cxviij, n°. 8;* de Ghewiet, en son *institution au droit belgique, pag. 453.*

Guypape est de même avis; & Ferrerius sur cet auteur, tient que l'office de *procureur* dans les cours de parlement est honorable; que si un *procureur* acquiert quelque chose à l'occasion de son office, ce gain lui tient lieu de pécule, *quasi castrense*. C'est ce que dit aussi Boutaric, en ses *institutes, liv. II, titre ix, §. 1.*

Les *procureurs* de la chambre des comptes de Paris, ont obtenu, le 6 septembre 1500, une déclaration portant qu'ils ne dérogent point à la noblesse.

Ce privilège est commun aux *procureurs* des autres cours souveraines.

En effet, ils ont toujours été compris comme les autres notables bourgeois, dans les élections, aux places d'administrateurs des hôpitaux, de marguilliers, d'échevins, jurats, consuls, & notamment dans les villes où la fonction d'échevin ou jurat donne la noblesse.

M. de la Rocheflavin, qui a traité fort au long cette matière, rapporte une foule de preuves qu'à Toulouse les *procureurs* au parlement ne dérogent point; que quand on refit au palais de Toulouse, en 1566, la ceinture du nom des *procureurs*, il avoit d'abord été ordonné que l'on ôteroit la préposition *de*, qui étoit devant le nom Buzens, *procureur;* mais qu'ayant justifié qu'il étoit noble, il lui fut permis de s'inscrire *de* Buzens. Il ajoute qu'ils sont souvent nommés au capitoulat; qu'il y en eut un en 1526; qu'il y en a eu plusieurs autres depuis. La même chose est encore attestée par un acte de notoriété, que les capitouls de Toulouse en donnèrent le 4 mai 1750.

Un autre acte semblable du 20 avril de la même année, donné par les maire, lieutenant de maire, & jurats de la ville de Pau, porte pareillement que les *procureurs* au parlement de Navarre, séant à Pau, exercent leur charge sans déroger à la noblesse; qu'ils sont élus jurats comme les autres notables: & ils en citent plusieurs exemples, tant anciens que récens.

Le parlement de Bordeaux, par un arrêt qui fut rendu en faveur de Me Valcarset, noble d'extraction, & *procureur* en ce parlement, a pareillement jugé qu'il n'avoit point dérogé à sa noblesse.

On juge aussi la même chose au parlement de Bretagne, ainsi que l'atteste M. de la Rocheflavin; il cite même un arrêt rendu au profit de Me Pierre Lorgeril, *procureur* en ce parlement.

Aussi M. de la Rocheflavin observe-t-il que plusieurs personnes nobles n'ont point fait difficulté d'exercer la fonction de *procureur:* il cite à cette occasion un *procureur* au parlement de Bordeaux qui étoit de l'illustre maison de Pic de la Mirandole en Italie, & qui en portoit le nom, & exerça la charge de *procureur* tant qu'il vécut.

Jean de Dormans, *procureur* au parlement, qui vivoit en 1347, fut en telle considération, que ses enfans parvinrent aux premières dignités: l'aîné fut évêque de Beauvais, peu après cardinal, ensuite chancelier de France, enfin, légat du pape Grégoire XI, pour travailler à la paix entre Charles V & le roi d'Angleterre. Le second fils de Jean de Dormans fut d'abord avocat-général au parlement, & ensuite chancelier: celui-ci ayant plusieurs enfans, dont un eut aussi l'honneur d'être chef de la justice.

Etienne de Noviant étant *procureur* au parlement, fut ordonné & substitué pour le roi en 1418, par Jean Aguenin, *procureur*-général, pour faire la fonction de *procureur* du roi en la chambre des comptes; il exerçoit encore cette charge en 1436 & 1437.

Etienne de Noviant, deuxième du nom, & fils du précédent, lui succéda, & fut reçu le 30 octobre 1449. Cette charge de *procureur* du roi ayant été établie en titre pour la chambre & le trésor, par l'article 49 de l'ordonnance de Charles VII, du 23 décembre 1454, il prêta serment de nouveau pour ladite charge, le 21 janvier 1454,

& lui fut donné lettres pour disposer de ses causes jusqu'à Pâques 1455.

Sous le même règne de Charles VII, on nomma un *procureur* au parlement pour faire la fonction de *procureur*-général.

La même chose arriva sous le règne de Charles IX & la régence de Catherine de Médicis.

Jean-Baptiste Dumesnil, avocat-général, étoit fils d'un *procureur* de la cour.

Jacques Capel, avocat-général en 1535, fit son frère *procureur* au parlement.

Julien Chauveau, *procureur*, eut un fils, qui, d'avocat, devint curé de saint Gervais, puis évêque de Senlis.

Il y avoit, en 1639, deux frères *procureurs* nommés *Pucelle*, dont l'un fut père de Pucelle, avocat, gendre de M. de Catinat, conseiller.

Enfin, M. l'avocat-général Talon, qui fut depuis président à mortier, dans une harangue qu'il fit à la rentrée, dit, en parlant des *procureurs*, que plusieurs grandes familles de la robe en tiroient leur origine, & ce magistrat ne rougit point d'avouer qu'il en descendoit lui-même.

Nous finirons cet article en observant que parmi ceux qui ont fait la profession de *procureur*, il s'est trouvé beaucoup de gens d'un mérite distingué, & dont quelques-uns étoient fort versés dans la connoissance du droit & dans l'usage des belles-lettres.

Tel fut un Hilaire Clément, dont Nicolas le Mée a fait mention, lequel étoit également profond dans la connoissance du droit françois & du droit romain.

Tel fut encore Pierre le Mée, dont nous avons plusieurs opuscules forenses écrits en latin, d'un style très-pur, qui ont été données au public par Nicolas le Mée, son fils, avocat.

En 1480, Jean Martin, *procureur*, rédigea par écrit, la police & réglement du grand bureau des pauvres de Paris.

Enfin, sans parler des auteurs vivans, nous pourrions aussi faire mention de plusieurs bons traités de pratique faits par des *procureurs*; tels que le *style de la cour* par Boyer, qui renferme plusieurs choses curieuses, & dont Etienne Cavet, docteur ès droits, donna, en 1615, une nouvelle édition, enrichie de notes, & la dédia à *M. Pierre Fortin, très-vertueux & très-digne procureur de la cour de parlement de Paris*, qui étoit son ami.

Nous avons aussi le *style* de Me René Gastier, *procureur* au parlement, dédié à M. le premier président de Lamoignon, dont il y a eu quatre éditions : la dernière est de 1666.

Enfin, le *recueil* des arrêts & réglemens concernant les fonctions des *procureurs*, appellé communément *le code Gillet*, du nom du célèbre Pierre Gillet, qui en est l'auteur, lequel mourut étant doyen de la communauté.

Voyez le *recueil* des ordonnances de la troisième race; Joly, Fontanon, Néron, Chenu, le *code* Gillet, le *traité de la noblesse* par de la Roque. (*A*)

Procureur des ames, *procurator animarum seu anniversariorum*, est le préposé à la recette des revenus assignés pour payer les anniversaires. Il en est parlé dans des lettres de Charles VI du mois de novembre 1408, *tome VIII* des ordonnances du Louvre. *Voyez* aussi Ducange, au mot *Procurator anniversariorum.* (*A*)

Procureur-avocat, est un officier qui exerce conjointement les deux fonctions, d'avocat & de *procureur*, ce qui n'a lieu que dans quelques bailliages & sénéchaussées. *Voyez* ce qui en a été dit ci-devant à l'article Procureur *ad lites*, & le mot Avocat. (*A*)

Procureur de César, *procurator Cæsaris*; c'étoit un magistrat romain que l'on mettoit dans chaque province pour conserver les droits de l'empereur contre les entreprises des particuliers ou des traitans. Il en est parlé au code, *liv. III, titre xxvj.* Il faisoit à-peu-près la même fonction que font présentement les *procureurs* du roi dans les bailliages & sénéchaussées. (*A*)

Procureur de communauté, est un *procureur ad lites* choisi par sa compagnie pour administrer & régler les affaires communes. *Voyez* ce qui a été dit ci-devant de ces *procureurs*, au *mot* Communauté des Avocats et Procureurs. (*A*)

Procureur constitué, est celui qui est établi par quelqu'un pour le représenter.

On entend aussi quelquefois par-là un *procureur ad lites*, lorsqu'il s'est constitué en vertu du pouvoir à lui donné, c'est-à-dire, qu'il a fait signifier un acte d'*occuper*, par lequel il déclare qu'il est *procureur* pour un tel, & qu'il a charge d'occuper. (*A*)

Procureur des consuls, qu'on appelle aussi *postulant*, est un simple praticien admis aux consuls pour faire la postulation pour les parties qui ne peuvent ou ne veulent pas plaider par elles-mêmes. Le ministère de ces sortes de *procureurs* n'est point nécessaire. *Voyez* Consuls. (*A*)

Procureur de la cour *ou* en la cour, est un *procureur* de cour souveraine, comme un *procureur* au parlement. *Voyez* ce qui est dit ci-devant des *procureurs* de la cour, au *mot* Procureur. (*A*)

Procureur *cum libera*, on sous-entend *facultate.* On appelle ainsi en Bretagne un fondé de procuration qui a un pouvoir indéfini pour agir dans quelque affaire ou administration. *Voyez* Dufail, en ses *arrêts*, *liv. II*, *ch. xiv.* (*A*)

Procureur-fiscal, est un officier établi dans une justice seigneuriale, pour y défendre & soutenir les intérêts du public & du seigneur, & pour y faire toutes les fonctions que remplissent les *procureurs* du roi dans les justices royales.

Procureur-général, on donnoit autrefois cette qualité à tous les procureurs *ad lites*; on les surnommoit généraux pour les distinguer du *pro-*

cureur du roi, lequel n'employoit son ministère que dans les causes où le roi, le public & l'église avoient intérêt, au lieu que les procureurs *ad lites* peuvent postuler pour toutes les parties qui ont recours à eux.

Dans la suite le titre de *procureur-général* a été adapté seulement au *procureur* du roi au parlement; il a aussi été communiqué aux *procureurs* du roi dans les autres parlemens, & même à ceux des autres cours souveraines.

Le roi ne plaide point en son nom, il agit par son *procureur-général*, comme la reine agit par le sien.

Le *procureur-général* peut porter lui-même la parole dans les affaires où son ministère est nécessaire; mais ordinairement ce sont les avocats généraux qui parlent pour le *procureur général* du roi, lequel se réserve de donner des conclusions par écrit dans les affaires criminelles, dans les affaires civiles qui sont sujettes à communication au parquet.

Ses substituts lui font au parquet le rapport des procès dans lesquels il doit donner des conclusions.

Les enregistremens d'ordonnances, édits, déclarations & lettres-patentes, ne se font qu'après avoir oui le *procureur-général*; & c'est lui qui est chargé par l'arrêt d'enregistrement d'en envoyer des copies dans les bailliages & sénéchaussées, & autres sièges du ressort de la cour.

Dans les matières du droit public, le *procureur général* fait des requisitoires à l'effet de prévenir ou faire réformer les abus qui viennent à sa connoissance.

Les *procureurs* du roi des bailliages & sénéchaussées n'ont vis-à-vis de lui, d'autre titre que celui de ses substituts; il leur donne les ordres convenables pour agir dans les choses qui sont de leur ministère, & pour lui rendre compte de ce qui a été fait.

Aux rentrées des cours, c'est le *procureur-général* qui fait les mercuriales tour-à-tour avec le premier avocat général. *Voyez à l'article du* PARLEMENT DE PARIS, ce qui est dit du *procureur-général*, & les *mots* CONCLUSIONS, MERCURIALES, GENS DU ROI, PARQUET, SUBSTITUTS. (*A*)

PROCUREUR-GÉNÉRAL DES PRINCES, le frère du roi a ordinairement un *procureur-général*; François de France, duc d'Anjou, en avoit un; Monsieur, frère du roi Louis XIV, en avoit aussi un. Ces princes peuvent plaider par leur *procureur-général*, c'est-à-dire, donner des requêtes sous le nom de leur *procureur-général* pour éviter de dire eux-mêmes: *supplie humblement*; mais ce *procureur-général* est obligé de constituer un *procureur*, ainsi que les autres parties; leur avocat-général n'a pas, en plaidant, d'autres prérogatives ni d'autre place que celles des autres avocats. *Voyez* Despeisses, *tome II, pag. 567*; Brillon, au mot *Procureur-général*, 101. (*A*)

PROCUREUR-GÉNÉRAL DE LA REINE, est un officier qui est chargé de veiller pour les intérêts de la reine, sur tous les officiers des seigneuries qui lui sont assignées, tant pour son douaire que pour remplacement de sa dot, & en don & bienfait.

Ce *procureur-général* a, dans l'étendue de ces seigneuries, le même pouvoir que le *procureur-général* a dans le ressort du parlement où il est établi pour ce qui concerne le roi & l'ordre public.

L'office de *procureur-général de la reine* fut institué par Henri II en faveur de Catherine de Médicis, son épouse, par édit du mois de novembre 1549. Ce prince ayant délaissé à la reine le gouvernement, administration & entière disposition de tous ses pays, terres & seigneuries; on fit, à cette occasion, difficulté au parlement de laisser plaider la reine par *procureur*; c'est pourquoi Henri II, par son édit, ordonna que la reine seroit reçue à plaider au parlement par son *procureur*, comme le roi par le sien; ce qui a lieu également à la cour des aides & dans toutes les autres cours & jurisdictions.

Cet édit fut enregistré sans autre modification, sinon que le *procureur-général de la reine* seroit tenu d'inscrire d'abord son nom propre avant sa qualité de *procureur-général de la reine*, à la différence du *procureur-général du roi*, qui ne met que sa qualité de *procureur-général*. Jean du Luc fut le premier pourvu de cet office.

Le *procureur-général de la reine* prête serment entre les mains du chancelier de la reine; il est aussi reçu en la cour des aides, & y prête serment.

Charles IX, par un édit du 25 mai 1566, ordonna que les officiers des bailliages & sénéchaussées, & les *procureurs* du roi dans l'étendue des seigneuries dont jouissoit la reine sa mère, seroient tenus de répondre, communiquer au *procureur-général de la reine* de toutes les affaires de la justice, finances & domaines. Il accorda au *procureur-général de la reine*, séance sur le banc des baillis & sénéchaux, & ordonna que le *procureur-général* du roi prêteroit aide, faveur & support aux affaires de la reine & à son *procureur-général* en ce qu'il seroit par lui requis.

Le *procureur-général de la reine* n'a guère de fonctions que pendant les viduités & régences des reines.

La reine a aussi son avocat-général. *Voyez* du Luc, en ses arrêts, le code Henri, & les notes de Caron, la Rocheflavin, Fontanon, du Tillet, Joly.

PROCUREUR NÉ, est une personne qui a, de droit, qualité & pouvoir pour agir pour une autre; par exemple, le mari est *procureur né* de sa femme.

PROCUREUR D'OFFICE, est celui qui fait les

fonctions du ministère public dans une moyenne ou basse justice seigneuriale.

On l'appelle *procureur d'office*, parce qu'il peut agir *ex officio*, c'est-à-dire, d'office & de son propre mouvement, sans aucune instigation ni requisition de partie.

On ne lui donne pas le titre de *procureur fiscal* comme aux *procureurs* des seigneurs hauts-justiciers, parce que les seigneurs qui n'ont que la moyenne & basse-justice, n'ont pas droit de fisc : par un arrêt du 20 mars 1629, rapporté dans Bardet, il fut défendu au *procureur d'office* du moyen & bas-justicier, de prendre la qualité de *procureur-fiscal*.

PROCUREUR *plus ancien des opposans*, est celui qui est le plus ancien en réception entre les *procureurs* des créanciers opposans à une saisie-réelle ou à un ordre. Il a le privilège de représenter seul tous les créanciers opposans, & de veiller pour eux ; ce qui a été ainsi établi pour diminuer les frais. Il n'y a que le *procureur* poursuivant & le *procureur plus ancien des opposans* auxquels les frais faits légitimement soient alloués ; si les autres créanciers veulent avoir leur *procureur* en cause, & débattre les titres des autres parties, ils le peuvent faire, mais c'est à leurs dépens. *Voyez* POURSUITE, POURSUIVANT, DÉCRET, ORDRE.

PROCUREUR POSTULANT, est un *procureur ad lites*. On l'appelle *postulant*, parce que sa fonction est de postuler en justice pour les parties, comme celle des avocats est de patrociner ; on les surnomme *postulans* pour les distinguer des *procureurs ad negotia*, ou mandataires.

Tous *procureurs ad lites* sont *procureurs postulans* ; il y a néanmoins quelques tribunaux où les *procureurs* prennent la qualité de *procureurs postulans*.

PROCUREUR POURSUIVANT, est un *procureur ad lites* qui est chargé de la poursuite d'une instance de préférence ou de contribution, d'une saisie-réelle, d'un ordre entre créanciers, d'une licitation, *&c. Voyez* POURSUITE, POURSUIVANT.

PROCUREUR DU ROI, est un officier royal qui a le titre de conseiller du roi, & qui remplit les fonctions du ministère public dans une jurisdiction royale, soit bailliage ou sénéchaussée, prévôté, viguerie, ou autre.

L'établissement des *procureurs du roi* est fort ancien. Il y en avoit dès le treizième siècle ; ainsi qu'on le peut voir dans les registres du parlement.

En entrant en charge, ils devoient prêter serment de faire justice aux grands & aux petits, & à toutes personnes, de quelque condition qu'elles fussent, & sans aucune acception ; qu'ils conserveroient les droits du roi sans faire préjudice à personne ; enfin, qu'ils ne recevroient or ni argent, ni aucun autre don, tel qu'il fût, sinon des choses à manger ou à boire, & en petite quantité ; de manière que, sans excès, tout pût être consumé en un jour.

A chaque cause qu'ils poursuivoient, ils devoient prêter le serment appellé en droit *calumniæ*.

Lorsqu'ils prenoient des substituts, c'étoit à leurs dépens.

Ils ne pouvoient pas occuper pour les parties, à moins que ce ne fût pour leurs parens.

Philippe V, par son ordonnance du 18 juillet 1318, supprima tous les *procureurs du roi*, à l'exception de ceux des pays de droit écrit ; & il ordonna que dans le pays coutumier, les baillis soutiendroient ses causes par bon conseil qu'ils prendroient.

Le *procureur du roi* ne devoit faire aucune poursuite pour délits & crimes, qu'il n'y eût information & sentence du juge.

Il ne pouvoit pas non plus se rendre partie dans quelque cause que ce fût, à moins qu'il ne lui fût ordonné par le juge en jugement, & parties ouies.

Les *procureurs du roi* qui quittoient leur charge étoient tenus de rester cinquante jours depuis leur démission, dans le lieu où ils exerçoient leurs fonctions, pour répondre aux plaintes que l'on pouvoit faire contre eux.

Il y a présentement des *procureurs du roi*, non-seulement dans tous les siéges royaux ordinaires, mais aussi dans tous les siéges royaux d'attribution & de privilège.

Ils sont subordonnés au *procureur*-général de la cour supérieure à laquelle ressortit le tribunal où ils sont établis ; c'est pourquoi, quand on parle d'eux dans cette cour, on ne les qualifie que de *substituts du procureur-général*, quoique la plupart d'entre eux aient eux-mêmes des substituts, mais dans leur siège ils doivent être qualifiés de *procureurs du roi*.

Le *procureur du roi* poursuit, à sa requête, toutes les affaires qui intéressent le roi ou le public ; il donne ses conclusions dans les affaires appointées qui sont sujettes à communication aux gens du roi. *Voyez* COMMUNICATION, CONCLUSIONS, GENS DU ROI, PARQUET. (*A*)

PROCUREUR DU ROI EN COUR D'ÉGLISE, c'est-à-dire, *en l'officialité*, étoit proprement un promoteur séculier.

Ces sortes d'officiers furent établis pour arrêter les entreprises que faisoient les officiaux sur la jurisdiction séculière.

L'ordonnance du roi Charles VIII, de l'an 1485, enjoint au *procureur du roi en cour d'église* à Paris, d'aller par chaque semaine, les mercredis & samedis, & autres jours plaidoyables, aux auditoires des évêques, officiaux, archidiacres & chapitre de Paris, pour ouir les matières qui s'y traitoient ; ce qui fut confirmé par le réglement de François I, de l'an 1535, fait pour le pays de Provence, & par un autre réglement fait pour la Normandie, en 1540: on lit dans le procès-verbal de l'ancienne coutume de Paris, rédigée en 1510, que Nicolas Charmolue, *procureur du roi en cour d'église*, comparut.

L'office de *procureur du roi dans les cours ecclésiastiques* de la prévôté & vicomté de Paris, fut réuni à celui de *procureur du roi* du châtelet, par édit du mois de novembre 1583.

Il paroît qu'il en fut depuis désuni, puisqu'il y fût encore uni par édit du mois de septembre 1660. En effet, au mois de septembre 1660, Armand-Jean de Riants, *procureur du roi* au châtelet, obtint des lettres-patentes, portant que lui & ses successeurs en la charge de *procureur du roi* au châtelet, exerceront celle de *procureur du roi en cour d'église*, & pourront, en conséquence, assister en l'officialité de Paris & par-tout ailleurs, y porter la parole pour le roi, & y défendre les droits & privilèges de l'église gallicane toutes fois & quantes que bon leur semblera. Ces lettres furent enregistrées au parlement le 3 juin 1661, & le même jour le sieur de Riants y fut reçu dans l'office de *procureur du roi en cour d'église*.

Il obtint encore au mois de juin 1661, d'autres lettres-patentes, portant confirmation des droits, honneurs, fonctions, prééminences & prérogatives attribuées par les édits, arrêts & réglemens, à la charge de *procureur du roi* au châtelet & en *cour d'église*. Ces lettres furent enregistrées au parlement le premier août 1661. Ces sortes d'offices ont depuis été supprimés. *Voyez* le *traité de l'abus* par Fevret. (*A*)

PROCUREUR DU ROI DE POLICE, est celui qui fait les fonctions du ministère public au siège de la police; en l'absence du juge, c'est lui qui siège. *Voyez* l'édit du mois de novembre 1699, & la déclaration du 6 août 1701, vers la fin. *Voyez aussi* POLICE & PROCUREUR DU ROI SYNDIC. (*A*)

PROCUREUR DU ROI SYNDIC, c'est ainsi qu'on appelle à Nantes celui qui fait la fonction de *procureur du roi* au siège de la police, pour le distinguer du *procureur du roi* au siège du bailliage (*A*).

PROCUREUR SUBSTITUÉ, est celui auquel un fondé de procuration délègue le pouvoir d'agir en sa place; ce qui ne se peut faire valablement, à moins que la première procuration ne contienne le pouvoir de substituer. *Voyez* MANDAT, MANDATAIRE & PROCURATION. (*A*)

PROCUREUR-SYNDIC, est une charge dont la fonction consiste à gérer les affaires de quelque communauté. Les *procureurs-syndics* ont été établis en titre d'office dans la plupart des communautés; mais par un édit postérieur, ces offices ont été réunis aux communautés, lesquelles, par ce moyen, choisissent leur syndic, comme elles faisoient avant la création de ces offices. (*A*)

PROCUREUR-TIERS, on sous-entend *référendaire*, *taxateur des dépens*, est un *procureur ad lites*, qui est choisi par les parties ou par leurs *procureurs*, pour régler les contestations qui surviennent entre eux dans la taxe des dépens. *Voyez* ce qui a été dit *ci-devant au mot* PROCUREUR, & *ci-après* TIERS-RÉFÉRENDAIRE. (*A*)

PRODIGALITÉ, s. f. PRODIGUE, s. m. (*Droit civil.*) La *prodigalité* est une vaine profusion, qui dépense pour soi, ou qui donne avec excès, sans raison, sans connoissance & sans prévoyance. Le *prodigue* est celui qui porte le dérangement dans ses affaires, par une dépense insensée, suite ordinaire du luxe & de la corruption des mœurs.

La *prodigalité* est une espèce de démence; c'est pourquoi les *prodigues* sont de même condition que les furieux; ils sont incapables, comme eux, de se gouverner & de régir leurs biens, ni d'en disposer, soit entre vifs ou par testament.

Mais il y a cette différence entre l'incapacité qui procède du vice de *prodigalité*, & celle qui provient de la fureur ou imbécillité, que celle-ci a un effet rétroactif au jour que la fureur ou imbécillité a commencé, au lieu que l'incapacité résultante de la *prodigalité* ne commence que du jour de l'interdiction.

Pour faire interdire un *prodigue*, il faut que quelqu'un des parens ou amis présente requête au juge du domicile; &, sur l'avis des parens, le juge prononce l'interdiction, s'il y a lieu. Si les faits de dissipation ne sont pas certains, on ordonne une enquête.

Les Aréopagistes punissoient la *prodigalité*, & en plusieurs lieux de la Grèce, les *prodigues* étoient privés du sépulcre de leurs ancêtres. Suivant les loix romaines, le père peut grever son fils ou sa fille *prodigue* d'une substitution exemplaire.

Il n'y a point de règles précises sur le degré auquel doit être porté le dérangement, pour provoquer l'interdiction proprement dite. D'Argentré, sur l'article 491 de l'ancienne coutume de Bretagne, & Perchambault, sur l'article 518 de la nouvelle, font entendre que l'usage de cette province est d'interdire tout homme qui a dissipé follement le tiers de son patrimoine. Mais cet usage, s'il existe encore, est purement local, & par-tout ailleurs c'est à la prudence du juge à arbitrer, d'après les circonstances, si la personne qu'on lui défère comme *prodigue*, doit être regardée comme telle dans le sens de la loi.

En général, on peut dire qu'en cette matière la dissipation ne doit pas être aussi grande lorsqu'elle est jointe à une certaine foiblesse d'esprit, que lorsqu'elle forme le seul titre de la demande en interdiction.

Il est pareillement certain que les excès auxquels il faut qu'elle soit portée, pour déterminer la justice à priver un homme de sa liberté, doivent être moins considérables de la part d'un père de famille, que d'un simple particulier. Celui-ci est, dans toute l'énergie de ce mot, maître de tout ce qu'il possède; il ne doit rien à ses collatéraux, point d'alimens pendant sa vie, point de succession après sa mort. Aussi a-t-il été un temps où ils étoient non-recevables à poursuivre son interdiction. Il y en a un arrêt du 2 août 1600, rapporté par le Grand, sur l'art. 95 de la coutume de Troies. La condition d'un père de famille est bien différente ; son patrimoine n'est proprement pas à lui, la nature & la loi le destinent à ses enfans, elles les regardent en quelque sorte comme ses co-propriétaires ; & à sa mort c'est moins une succession qu'une continuation de propriété qu'elles leur défèrent. S'il méconnoît les obligations sacrées que lui impose le titre de père, s'il sacrifie les intérêts de ses enfans à ses passions, il n'y a point à balancer, le juge doit prononcer son interdiction, & lui dire, comme faisoit anciennement le préteur romain : *Quandò tua bona paterna avitaque nequitiâ tuâ disperdis, liberosque tuos ad egestatem perducis, ob eam rem tibi eâ re commercioque interdico.* Pauli *recept. sent.* lib. 3, tit. 4, n°. 7. *Voyez* INTERDICTION.

PRODUCTION, s. f. (*terme de Pratique.*) c'est tout ce qui est mis pardevers le juge, pour instruire une instance ou procès par écrit.

Chaque partie produit ses titres & ses procédures. Il est d'usage de les assembler par cotes, qui sont chacune marquées d'une lettre.

Pour la conservation de ces pièces, le procureur fait un inventaire de *production*, dans lequel les pièces sont comprises sous la même lettre que l'on a mis sur la cote : on y tire aussi les inductions des pièces.

On appelle *production* principale, celle qui a été faite devant les premiers juges ; & quand on a de nouvelles pièces à produire devant le juge d'appel, on fait par requête une *production* nouvelle.

Les *productions* que l'on fournit dans les appointés à mettre, doivent être faites dans trois jours.

Dans les appointemens en droit ou en conseil, on doit produire dans huitaine, & contredire dans le même délai.

Faute de contredire les *productions* dans les délais de l'ordonnance, on en demeure forclos.

Un arrêt du 3 septembre 1667, servant de réglement général pour les procédures qui se poursuivent dans le ressort du parlement de Paris, porte « que toutes les *productions* des parties passeront par le greffe, & seront remises au greffier garde-sacs, qui sera tenu de les enregistrer sur un registre sur lequel chaque officier des sièges présidiaux, bailliages & autres justices royales, même des justices subalternes, s'en chargera, & mettra sa signature à côté de l'enregistrement du sac, qui sera rayée lorsque le rapporteur l'aura remise au greffe ; & que le greffier en demeurera chargé, s'il n'appert que quelque officier en soit chargé sur le registre par sa signature, qu'il aura apposée ».

Cette nécessité de produire par la voie du greffe a lieu, non-seulement dans les appointemens de conclusions, mais aussi dans les appointemens en droit & au conseil, & même dans les appointemens à mettre, du moins dans les cours. Mais lorsque les procès appointés à mettre se distribuent nommément à un des juges présens, nommé par la sentence d'appointement, ainsi que cela se pratique dans les bailliages & sénéchaussées, on ne les produit point au greffe, on les remet au rapporteur nommé par le jugement.

Au reste, ce qui vient d'être dit ne regarde que les *productions* principales, & non les *productions* nouvelles : car il suffit de produire ces dernières entre les mains du rapporteur. Il en est de même des écritures qui se font depuis que le procès est distribué ; ces procédures ne se remettent point au greffe, mais au rapporteur chargé du procès.

PRODUIT, (*acte de*) on appelle ainsi, *en terme de palais*, l'acte qu'on fait signifier, pour déclarer qu'on a mis sa production au greffe. *Voyez* PRODUCTION.

PROESME, *ou* PROME, *ou* PRÈME, sont de vieux mots françois qui viennent du latin *proximus*, & qui sont usités dans quelques coutumes, comme Artois, pour exprimer le plus proche parent du défunt ou du vendeur. *Voyez* RETRAIT LIGNAGER & SUCCESSION. (*A*)

PROFECTICE, adj. se dit, *en droit*, de ce qui provient d'ailleurs ; on le joint toujours avec le mot *pécule*, & tous les deux signifient les gains qu'un fils de famille fait avec l'argent ou les biens dont son père lui a confié l'administration. *Voyez* PÉCULE.

PROFÈS, s. m. (*Jurisprud. canonique.*) est celui qui a fait ses vœux de religion, soit dans quelque ordre régulier, tel que l'ordre de Malte, soit dans quelque monastère ou congrégation de religieux ou de chanoines réguliers ; les religieux *profès* sont les seuls qui aient voix en chapitre ; ils sont morts civilement du jour de leur profession. *Voyez* PROFESSION *en religion.* (*A*)

PROFESSEUR, s. m. (*Droit public.*) est celui qui professe, qui enseigne quelque science, quelque art dans une université, dans un collège.

Les *professeurs*, dans nos universités, enseignent la grammaire & les humanités, en expliquant de vive voix les auteurs classiques, & en donnant à leurs écoliers des matières de composition, soit en vers, soit en prose, qu'ils corrigent, pour leur montrer l'application des règles. Ceux de philosophie, de droit, de théologie & de médecine, dictent des traités que copient leurs auditeurs, auxquels ils les expliquent ensuite.

Dans l'université de Paris, après un certain nombre d'années d'exercice, les *professeurs* sont honorés du titre d'*émérite*, & gratifiés d'une pension, qu'ils touchent même après avoir quitté leurs chaires ; récompense bien juste, & propre à exciter l'émulation.

Il n'y a pas encore long-temps que les *professeurs* étoient payés par leurs écoliers ; mais en l'année 1719, le feu roi a assigné aux *professeurs* des honoraires fixes, & a, par ce moyen, procuré à ses sujets l'instruction gratuite, du moins dans l'université de Paris. *Voyez* COLLÈGE, UNIVERSITÉ.

PROFESSION, s. f. (*Droit public.*) état, condition, métier qu'on embrasse, dont on fait son apprentissage, son étude, & son exercice ordinaire.

L'industrie humaine se porte ou à l'acquisition des choses nécessaires à la vie, ou aux fonctions des emplois de la société qui sont très-variées. Il faut donc que chacun embrasse de bonne heure une *profession* utile & proportionnée à sa capacité; c'est à quoi l'on est généralement déterminé par une inclination particulière, par une disposition naturelle de corps ou d'esprit, par la naissance, par les biens de la fortune, par l'autorité des parens, quelquefois par l'ordre du souverain, par les occasions, par la coutume, par le besoin, *&c.* car on ne peut se soustraire sans nécessité à prendre quelque emploi de la vie commune.

Il y a des *professions* glorieuses, des *professions* honnêtes, & des *professions* basses ou déshonnêtes.

Les *professions* glorieuses, qui produisent plus ou moins l'estime de distinction, & qui toutes tendent à procurer le bien public, sont la religion, les armes, la justice, la politique, l'administration des revenus de l'état, le commerce, les lettres & les beaux-arts. Les *professions* honnêtes sont celles de la culture des terres, & des métiers qui sont plus ou moins utiles. Il y a en tous pays des professions basses ou déshonnêtes, mais nécessaires dans la société; telles sont celles des bourreaux, des bouchers, de ceux qui nettoient les retraits, les égouts, & autres gens de néant; mais comme le souverain est obligé de les souffrir, il est nécessaire qu'ils jouissent des droits communs aux autres hommes. Térence fait dire, dans une de ses pièces, à un homme qui exerçoit une *profession* basse & souvent criminelle :

Leno sum, fateor, pernicies communis adolescentium,
Perjurus, pestis; tamen tibi à me nulla est orta injuria. Adelph. *act. II, sc. j. v.* 34 & 35.

Je l'avoue, je suis marchand d'esclaves, la ruine commune des jeunes gens, une peste publique; cependant, avec tous ces titres, je ne vous ai fait aucun tort.

Enfin, chaque *profession* a son lot. « Le lot de » ceux qui lèvent les tributs est l'acquisition des » richesses, dit l'auteur de l'*esprit des loix*. La gloire » & l'honneur sont pour cette noblesse, qui ne » connoît, qui ne voit, qui ne sent de vrai bien » que l'honneur & la gloire. Le respect & la consi- » dération sont pour ces ministres & ces magistrats, » qui, ne trouvant que le travail après le travail, » veillent nuit & jour pour le bonheur de l'em- » pire ».

Dans le choix d'une *profession* & d'un genre de vie, les enfans font très-bien de suivre le conseil de leur père tendre, sage & éclairé, qui n'exige d'eux rien qui soit déraisonnable, & qui leur fournit les dépenses nécessaires pour l'emploi auquel il les destine. Mais il seroit également injuste & ridicule de les forcer à prendre un parti contraire à leur inclination, à leur caractère, à leur santé & à leur génie. Ce seroit, à plus forte raison, une tyrannie odieuse de vouloir les engager à embrasser une *profession* déshonnête.

Mais on demande quelquefois, s'il est bon, s'il est avantageux, dans un état, d'obliger les enfans à suivre la *profession* de leur père? Je réponds que c'est une chose contraire à la liberté, à l'industrie, aux talens, au bien public. Les loix qui ordonneroient que chacun restât dans sa *profession*, & la fît passer à ses enfans, ne sauroient être établies que dans les états despotiques, où personne ne peut ni ne doit avoir d'émulation. Qu'on ne nous objecte pas que chacun fera mieux sa *profession*, lorsqu'on ne pourra pas la quitter pour une autre; c'est une idée fausse que l'expérience détruit tous les jours. Je dis tout au contraire que chacun fera mieux sa *profession*, lorsque ceux qui y auront excellé espéreront, avec raison, de parvenir à une autre *profession* plus glorieuse. (*D. J.*)

PROFESSION EN RELIGION, (*Droit ecclés.*) qu'on appelle aussi simplement *profession*, est l'acte par lequel un novice s'engage à observer la règle que l'on suit dans quelque ordre religieux.

On la définit aussi, l'émission des vœux simples ou solemnels qui lie celui qui l'a fait, à une religion approuvée.

On distingue, dans le droit canonique, deux espèces de *professions*, l'une tacite, l'autre expresse.

Pour avoir une idée exacte de la *profession* tacite, il faut avoir recours aux décrétales de Boniface VIII. On y verra les différentes voies par lesquelles on peut se trouver lié à un ordre monastique, sans avoir fait de *profession* expresse. Voici comme Innocent IV s'exprime, *capit.* 1, *de regul. in* 6°. : *is qui monasterium antè* 14 *annum ut monachus efficiatur ingreditur, nisi eo completo, professionem faciat in sequenti, vel habitum religionis suscipiat qui dari profitentibus consuevit, seu professionem à se priùs factam ratam expressè habeat: liberè potest intra sequentem annum ad sæculum remeare. Quod si per totum sequentem annum in monasterio permanserit, ubi professorum & novitiorum sunt habitus indistincti, professionem per hoc fecisse, vel si quam priùs fecerat, ratam habuisse videatur: nisi tanta indistinctio ibi habitus habeatur, quod & professi & novitii, ac etiam alii communem vitam cum eis ducentes simili penitùs habitu induantur. Qui verò post* 14 *annum, habitum religionis assumpserit, si per annum illum gestaverit, ex tunc religionem assumptam præsumitur veraciter esse professus: ubi professi à novitiis dissimilitudine habitus minimè distinguntur, etiamsi alii degentes cum eis similibus vestibus contantur: quoniam cum jam hic ad discretionis annos pervenerit, quid agat agnoscit: & ideo, susceptum discretionis tempore ordinem, (postquam hunc anni probaverit spatio.) intelligitur firmiter approbasse.*

Secus autem in illo qui ante discretionis annos habitum induit regularem : cum eorum quæ nunc agit plenum non habeat intellectum. Distinctos quoque suo dissimiles intelligimus esse habitus ; sive novitiis sive professis dissimiles vestes dentur : sive benedicantur, cum profitentibus conceduntur : sive etiam aliquid aliud fiat per quod novitiorum à professorum habitu, discernatur. Telles sont les règles établies par les papes, & selon lesquelles une *profession* est censée tacite, & produire les mêmes effets qu'une *profession* expresse. Le concile de Trente a fait quelques changemens à ces règles, mais ne paroît pas avoir abrogé l'usage des *professions* tacites. Il exige seulement une année complette de probation, c'est-à-dire, de noviciat.

Nous n'avons point adopté en France l'usage des *professions* tacites. Personne n'est engagé irrévocablement dans un ordre monastique, à moins qu'il n'ait contracté cet engagement d'une manière expresse. Quelqu'un eût-il, pendant quarante années, porté l'habit de religieux profès, les nœuds qui l'attachent au siècle & à la société civile ne seroient pas brisés pour cela ; c'est dans ce sens qu'il faut entendre la maxime *habitus non facit monachum.* Rien ne peut suppléer une *profession* expresse.

Ces notions préliminaires établies, la première question qui se présente est de savoir quels sont ceux qui peuvent faire *profession* monastique.

La *profession* dans un ordre religieux, formant un engagement irrévocable & pour toute la vie, il étoit naturel que les loix fixassent l'âge auquel on pouvoit le contracter. Les loix canoniques admettoient à la *profession* ceux qui ont acquis l'âge de 14 ans. L'article 10 de l'ordonnance d'Orléans avoit pris des époques bien différentes ; il avoit fixé l'âge pour faire *profession* à vingt-cinq ans pour les mâles, & à vingt pour les filles. Le concile de Trente rendit les personnes des deux sexes capables de faire *profession* à 16 ans. L'ordonnance de Blois adopta ce réglement, & il a subsisté parmi nous jusqu'à l'édit du mois de mars 1768. Louis XV crut qu'il étoit de sa sagesse, en se réservant d'expliquer encore ses intentions après dix années, d'éprouver un terme mitoyen entre ceux qui avoient été successivement prescrits, & qui ne fût ni assez reculé pour éloigner du cloître ceux qui y seroient véritablement appellés, ni assez avancé pour y admettre ceux qu'un engagement téméraire pourroit y conduire. En conséquence, « aucun de nos sujets ne pourra, à compter du premier avril 1769, » s'engager par la *profession* monastique ou régulière, s'il n'a atteint, à l'égard des hommes, » l'âge de vingt-un ans accomplis ; à l'égard des » filles, celui de dix-huit ans pareillement accomplis, nous réservant, après le terme de dix années, d'expliquer de nouveau nos intentions à » ce sujet ». *Art. 1.*

L'édit, par son article 2, déclare nulle toute *profession* qui seroit faite avant l'âge prescrit par l'article 1. « Voulons que les *professions* qui seront faites » avant ledit âge soient déclarées nulles & de nul » effet, par les juges qui en doivent connoître, » même déclarées par nos cours de parlement nullement & abusivement faites, sur les appels comme d'abus qui pourroient être interjettés en cette » matière par les parties intéressées, ou par nos » procureurs-généraux : voulons que ceux ou celles » qui feroient lesdites *professions* avant ledit âge, » soient & demeurent capables de succession, ainsi » que de tous autres effets civils ».

Cette loi, qui n'étoit que provisoire, est devenue une loi perpétuelle, par les lettres-patentes du 17 janvier 1779. Ainsi, parmi nous, l'âge requis pour faire *profession* est de vingt-un ans accomplis pour les mâles, & de dix-huit ans également accomplis pour les filles. Toute *profession* faite avant cet âge est radicalement nulle, & il n'y a point de consentement tacite qui puisse la valider.

Mais ce seroit en vain que l'on auroit acquis l'âge prescrit par la loi pour faire *profession*, si d'ailleurs on ne jouissoit de toutes ses facultés intellectuelles. La fureur, la démence, l'imbécillité, pendant qu'elles subsistent, forment des obstacles invincibles à l'engagement monastique, comme à tout autre engagement. Il n'en est pas de même de la simple foiblesse d'esprit; dès qu'elle n'est pas poussée au point de mériter l'interdiction, & qu'elle ne rend point incapable des effets civils, elle ne vicie point la *profession.* Ainsi jugé en la grand-chambre du parlement de Paris, le 16 avril 1764, sur les conclusions de M. l'avocat-général de Saint-Fargeau, dans la cause du sieur Lelievre, religieux Génovéfain.

Si la fureur, la démence, & l'imbécillité rendent une *profession* nulle, c'est que celui qui émet des vœux dans de pareilles circonstances, ne jouit pas de la liberté, sans laquelle il ne peut y avoir ni véritable contrat, ni véritable engagement ; de-là il suit que toute autre cause qui priveroit quelqu'un de sa liberté, influeroit sur la *profession*, & l'empêcheroit d'être valable. La violence, les mauvais traitemens, les menaces, la crainte, lorsque ces motifs sont capables d'ébranler une personne constante, produiroient cet effet. Il n'y a de difficulté que pour déterminer jusqu'à quel degré ils ont pu gêner ou anéantir la liberté. « Pour connoître, dit d'Hericourt, si la crainte a pu rendre » un vœu nul, il faut considérer quel est l'objet » de cette crainte, la qualité de la personne menacée, son âge, son sexe, la foiblesse ou la » force de son esprit. La crainte de la mort, & » de quelque traitement cruel, peut ébranler les » personnes les plus constantes. Une crainte moins » forte peut émouvoir des personnes plus foibles, » & rendre leur *profession* en quelque sorte involontaire. Si une mère répète souvent à sa fille » qu'elle l'a destinée pour le cloître ; si elle lui » fait des reproches & des menaces, parce qu'elle

» n'embrasse

» n'embrasse pas l'état religieux; si elle lui donne » les marques d'une indignation qui ne se passe » point, jusqu'à ce qu'elle soit entrée dans le mo» nastère; si dans le cours du noviciat elle lui fait » sentir qu'elle la rendra malheureuse en cas qu'elle » rentre dans le monde, il n'y a rien qu'une fille » ne fasse pour éviter les combats continuels qu'il » faut qu'elle soutienne contre sa mère; & l'envie » d'éviter cette contrainte l'engage à faire des vœux » sans la liberté nécessaire, pour le choix d'un » état, sur les obligations duquel on ne sauroit » trop faire de réflexions, même quand on l'em» brasse par un sentiment de piété ».

Ces principes, que la raison & la religion adoptent également, ont été consacrés par la jurisprudence des arrêts. Tous ceux rendus au sujet des sous-diacres, qui ont été relevés de leur engagement, parce qu'ils avoient été forcés, par des menaces ou autrement, à recevoir cet ordre sacré, doivent s'appliquer à la *profession* monastique. Nous ne citerons ici que celui du 3 septembre 1759, qui a déclaré n'y avoir point abus dans une sentence de l'official de Paris, qui admettoit le sieur Bouret à prouver, tant par titres que par témoins, les menaces & les mauvais traitemens, qu'il soutenoit avoir été employés par son père pour le faire entrer dans les ordres sacrés. Les parties étant revenues, après l'arrêt, à l'officialité, & les preuves s'étant trouvées concluantes, l'ordination fut déclarée nulle, & le réclamant remis dans son premier état, par sentence contradictoire du 9 février 1760, rendue sur délibéré.

Mais il ne suffit pas d'articuler des menaces, des faits de violence, des mauvais traitemens, pour être admis à en faire la preuve; il faut nécessairement un commencement de preuve par écrit. La preuve testimoniale, disoit M. de Saint-Fargeau, lors de l'arrêt de Lelievre ci-dessus cité, toujours suspecte à la justice, n'est point admise dans les questions d'état, sans un commencement de preuve par écrit. On ne la permet que pour achever d'établir une vérité qui a déjà une base fixe, & à laquelle il ne manque qu'un développement plus complet. *Defende causam tuam, instrumentis & argumentis quibus potes: soli enim testes ad ingenuitatis probationem non sufficiunt. L. 2, cod. de testib.* Cette loi reçue dans nos mœurs, comme raison écrite, n'est pas moins susceptible de s'appliquer aux questions sur l'état religieux, qu'aux questions sur l'état civil, & les unes & les autres sont trop importantes, pour en abandonner la décision à la foi des témoins; dans les unes comme dans les autres, la preuve testimoniale seroit trop périlleuse à autoriser sans un commencement de preuve par écrit. A plus forte raison doit-on la rejetter dans les unes comme dans les autres, quand on veut s'opposer aux actes. C'est aux actes établis pour constater l'état des hommes & des religieux, qu'il appartient d'en décider, quand d'autres actes ne balancent point leur autorité; il y a moins d'inconvéniens de compter peut-être trop sur la foi des actes, que de trop hasarder sur la foi des témoins.

Il faut donc en général un commencement de preuve par écrit, pour être admis à prouver qu'une *profession* n'a pas été libre de la part de celui qui réclame: & ce commencement de preuve par écrit devient plus nécessaire, lorsque les faits articulés sont combattus par des actes authentiques.

Ceux qui sont sous la puissance de leur père ou de leur mère, tuteurs ou curateurs, ont-ils besoin de leur consentement pour faire valablement *profession* dans quelque ordre religieux? Cette question a été agitée très-souvent; les partisans des deux opinions contraires ne manquent pas de motifs pour les faire valoir, & citent de part & d'autre des arrêts en leur faveur. Mais leurs motifs & les arrêts cités, quelque contradictoires qu'ils paroissent, peuvent aisément se concilier, en faisant, avec d'Hericourt, une distinction qui applanit bien des difficultés. « Les enfans ne doivent point » embrasser l'état religieux sans le consentement » de leur père & mère; & cependant si un jeune » homme ou une jeune fille, étant parvenus à » un âge mûr, comme de vingt ou vingt-deux ans, » vouloient s'engager dans un monastère, sans qu'il » parût aucune séduction de ceux qui le gouver» nent, on n'auroit point d'égard à l'opposition » des parens, qui n'ont point le droit d'empêcher » leurs enfans de se consacrer au seigneur.... Le » seul moyen de concilier les arrêts, qui sont » justes chacun dans leur espèce, est d'admettre » cette distinction ».

Ainsi, tant qu'il y a à craindre la séduction ou l'illusion, l'autorité paternelle subsiste dans toute sa force, le droit de surveillance, de protection & de direction que la nature accorde aux pères sur leurs enfans, & dont ils ne sont jamais présumés abuser pour empêcher leur bien, ne cesse pas parce qu'ils se seroient jettés dans un cloitre, & se seroient couverts de l'habit religieux. Nous avons cru devoir modérer la rigueur de cette ancienne maxime, que la ferveur des premiers chrétiens rendoit peut-être excusable, *per calcatum perge patrem, per calcatam perge matrem.* Nous avons cru que les passages de l'évangile, *si quis venit ad me & non odit patrem & matrem, & uxorem, & filios, & fratres, imo & animam suam, non potest discipulus meus esse*, & autres semblables, ne pouvoient pas avoir une application directe aux enfans mineurs qui embrasseroient la vie monastique, malgré les oppositions des auteurs de leurs jours. Nous croyons qu'obéir à la voix de Dieu est le premier devoir d'un chrétien; mais nous pensons en même temps qu'il faut de fortes preuves pour établir que Dieu parle, lorsque celui qui est son image aux yeux de la religion comme de la nature, tient un langage contraire. Il n'est pas sans doute d'autorité qui émane plus immédiatement de Dieu que l'autorité paternelle. Mille textes de l'écriture prescrivent impérieusement l'obéissance & le respect filial ; & il importe trop à la société de maintenir ces règles sacrées, pour permettre d'y faire des exceptions sans les plus fortes raisons.

Ajoutons que, dans les premiers siècles de l'église, la vie monastique n'étoit pas, quant à ses effets, ce qu'elle est aujourd'hui. On ne connoissoit point alors les vœux solemnels qui privent de la vie civile, & font cesser presque absolument d'être membre du corps social. Alors un mouvement d'enthousiasme, de ferveur exaltée, ne produisoit point les effets que produit actuellement la *profession* monastique ; on peut en juger par la novelle 123 de Justinien, qui, après avoir défendu aux parens de faire sortir des monastères ceux de leurs enfans qui avoient embrassé la vie monastique, ajoute que le refus des enfans de rentrer dans le monde, ne sera point une cause d'exhérédation, parce qu'on ne peut pas regarder comme une désobéissance la résistance louable d'un fils dans une matière aussi importante. De ce qu'on pouvoit alors choisir la vie monastique sans le consentement des pères, il ne s'ensuit donc pas qu'on le doive aujourd'hui, que les choses ne sont plus dans le même état.

N'est-il pas bien raisonnable qu'un mineur, qui est incapable de contracter pour les plus petits objets, qui ne peut pas même recevoir une donation sans le consentement de son père, ne puisse pas, sans le même consentement, disposer de lui-même, & pour toute sa vie? Un mineur est-il censé se connoître assez, être assez sûr de son tempérament, de son caractère, de ses passions, pour n'avoir pas besoin des avis salutaires & du consentement éclairé de ceux que la nature rend si attentifs à son bonheur? Ne soyons donc point étonnés de l'arrêt du parlement d'Aix, du 11 avril 1680, qui fait inhibitions & défenses à tous les supérieurs & supérieures des ordres religieux de son ressort, de donner l'habit de novice à l'avenir à aucun fils de famille, sans l'autorité & consentement de ses père & mère..... à peine de saisie de leur temporel.

C'est dans le même esprit que le châtelet de Paris, par sentence du 30 août 1760, a non-seulement admis l'opposition formée par un père, à l'émission des vœux de sa fille, âgée de vingt-trois ans, qui vouloit se faire cordelière, & qu'il revendiquoit ; mais a ordonné à cette fille de retourner chez lui, avec défenses d'en sortir avant l'âge de vingt-cinq ans, & a condamné le couvent aux dépens.

Il ne faut cependant pas conclure des jugemens cités & des motifs que l'on vient d'exposer, que le défaut de consentement des père & mère soit un empêchement dirimant à la *profession* monastique. Si d'un côté on a cru devoir conserver, vis-à-vis des mineurs qui voudroient embrasser la vie religieuse, les droits de la puissance paternelle, on n'a pas cru, d'un autre côté, qu'elle pût, dans toutes les circonstances, être un obstacle invincible à un genre d'état que la religion considère comme le plus parfait de tous.

Si un mineur, parvenu à l'âge requis par la loi, entre dans un monastère, y remplit son temps de probation, & fait des vœux, sans que ses père & mère, qui ont connu toutes ses démarches, y aient formé opposition, ce consentement tacite de leur part suffira, & ils sont non-recevables à venir ensuite attaquer la *profession*. Leur silence prouve qu'ils ont adhéré à tout ce qu'a fait leur enfant, ou du moins suppose une indifférence qui les rend, pour ainsi dire, indignes de réclamer contre l'état qu'il a choisi.

Leur opposition formée dans un temps utile n'est pas encore un obstacle que la persévérance de l'enfant ne puisse surmonter. La loi, dans ce cas, cherche à s'assurer de sa vocation ; & lorsqu'on n'en peut plus douter, on lui laisse la liberté d'embrasser l'état auquel il paroît que le ciel l'appelle. Quelquefois, dit d'Hericourt, on ordonne que la novice sera tirée du couvent, & mise, par forme de sequestre, en un lieu où ses parens pourront la visiter..... On a même poussé sur ce point la jurisprudence jusqu'à ordonner que des filles qui étoient entrées dans des monastères du consentement de leurs parens, & qui avoient fait *profession* au préjudice des défenses du juge laïque, obtenues par leurs pères ou par leurs mères, qui avoient changé de dessein, seroient mises dans une maison bourgeoise, & entendues par des personnes nommées à cet effet, avant de prononcer sur l'appel comme d'abus interjetté de la *profession*.

On trouve, dans Chopin & dans le journal du palais, des arrêts qui ont jugé dans ces principes. Le plus célèbre est celui rendu au parlement de Paris, le 12 mai 1685, au sujet de mademoiselle d'Epernon, qui vouloit se faire religieuse dans le prieuré royal de Haute-Brière, malgré ses père & mère qui la redemandoient : la cour ordonna qu'avant faire droit au principal sur les demandes des parties, la demoiselle d'Epernon seroit transférée du prieuré de Haute-Brière dans cette ville de Paris, en la communauté séculière de la dame de Miramion, par M. de Longueil, doyen de la chambre, assisté de deux plus proches parens de la fille ; pour demeurer dans cette communauté par forme de sequestre pendant six mois, pendant lequel temps ses père & mère la pourront voir.

Denisard en rapporte un du 18 mai 1722, rendu sur les conclusions de M. d'Aguesseau, alors avocat-général, par lequel il fut ordonné que le sieur Mol, qui vouloit se faire religieux Bénédictin malgré son père, se retireroit pendant six mois dans une communauté séculière ou régulière, qui seroit convenue dans trois jours, passé lequel temps la cour nommeroit une maison, & que le père y paieroit la pension de six mois ; après quoi le fils seroit libre de prononcer ses vœux sans nouvel arrêt.

C'est ainsi que les tribunaux françois concilient

les droits de l'autorité paternelle & ceux de la religion. Les premiers ne doivent jamais être méconnus; mais les seconds doivent l'emporter, lorsque la vocation est assurée autant qu'elle peut l'être. La religion elle-même ne peut qu'applaudir à ce tempérament : elle n'a jamais eu en vue de briser tous les liens par lesquels la nature attache un fils à son père, puisqu'elle autorise un religieux à abandonner son cloître & voler au secours de ses père & mère, qui, tombés dans l'indigence, n'auroient que lui pour soutien de leur vieillesse, & pour ressource dans leur misère.

Une contestation jugée au parlement de Paris, le 19 décembre 1769, a fait naître la question de savoir, si l'engagement d'un soldat dans les troupes du roi est un obstacle à la validité de la *profession* religieuse. Le sieur Quoinat s'étant engagé pour la troisième fois, déserta, & entra, en 1748, au couvent des Prémontrés de la rue Haute-Feuille à Paris; il y fit *profession* le 3 juillet 1749; il obtint son congé le 18 août suivant, & la remise de la peine attachée à la désertion. Le 17 avril 1753, il fit à Rouen un acte de protestation contre sa *profession*. Il fut ensuite arrêté, en vertu d'une lettre de cachet, & conduit à Saint-Venant en Artois, d'où il ne sortit que pour interjetter appel de l'émission de ses vœux; il fit intimer sur cet appel le sieur Quoinat son père, le prieur & les religieux de l'abbaye de Dilo, à laquelle il avoit été incorporé, le procureur-général de l'ordre des Prémontrés, & le sieur Quoinat, lieutenant-général du bailliage de Mantes.

Par l'arrêt rendu sur les conclusions de M. Séguier, avocat-général, il fut dit qu'il y avoit abus dans l'émission & l'admission des vœux du sieur Quoinat; son père fut condamné à lui rendre compte de la communauté qui avoit existé entre lui & la feue dame Quoinat sa femme; il fut condamné en outre, solidairement avec les religieux de Prémontré, en dix mille livres de dommages & intérêts envers le sieur Quoinat fils; l'arrêt déclaré commun avec le sieur Quoinat, lieutenant-général du bailliage de Mantes; & sur les conclusions du procureur-général, il fut fait défenses à tous supérieurs de maisons religieuses de plus à l'avenir recevoir au noviciat & admettre à la *profession* aucune personne engagée au service du roi.

Cet arrêt a-t-il jugé que l'engagement au service du roi est un empêchement dirimant à la *profession* religieuse? L'auteur de l'article *Profession*, dans le Répertoire universel de jurisprudence, première édition, soutient la négative. Il paroît que les rédacteurs du journal des causes célèbres ont embrassé l'opinion contraire : la question mérite certainement d'être approfondie.

Le sieur Quoinat faisoit valoir quatre moyens contre sa *profession*; le premier étoit que l'ordre de Prémontré n'avoit pas en France une existence légale; c'étoit une erreur; le second consistoit à dire que le sieur Quoinat n'avoit fait que quatorze mois de noviciat, tandis que les constitutions des Prémontrés en exigent deux années. On répondoit que les constitutions particulières des Prémontrés n'ayant point été enregistrées, ne dérogeoient point aux loix générales du royaume, qui ne demandent qu'une année de noviciat avant d'être admis à la *profession*; & que d'ailleurs ces mêmes constitutions permettent au général de dispenser de tout ce qu'elles prescrivent, & que c'est un usage que le général abrège les deux années de noviciat, lorsqu'il le juge à propos. Le troisième étoit fondé sur la qualité de soldat du sieur Quoinat, qui ne lui permettoit pas de faire *profession* pendant la durée de son engagement au service du roi. Le quatrième enfin, la crainte dont étoit agité le sieur Quoinat, d'être poursuivi par son régiment, & condamné à la peine de mort, infligée au crime de désertion. Ces deux derniers moyens étoient les seuls qui méritassent attention.

Cinq des plus célèbres jurisconsultes du barreau de Paris, MM. Cellier, Lambon, Boudet, Gerbier & Tronchet, combattirent, dans une consultation, le troisième moyen du sieur Quoinat, & soutinrent que l'engagement dans les troupes du roi ne formoit point un obstacle de nature à rendre la *profession* religieuse radicalement nulle, & l'on ne peut se dissimuler que leurs motifs sont capables de faire la plus grande impression.

Le premier étoit, à proprement parler, une fin de non-recevoir, tirée de ce qu'il n'y avoit que le roi qui eût droit de se plaindre des vœux émis par un soldat pendant son engagement, & que d'ailleurs ces droits restoient dans tout leur entier, malgré la *profession* du soldat, parce que le soldat, quoique religieux, n'étoit point soustrait à la peine de désertion; & qu'on pouvoit même, en lui faisant grace de la peine, le forcer à remplir son temps de service, l'état religieux n'étant incompatible avec l'état militaire que par des loix de discipline ecclésiastique, auxquelles le roi pouvoit déroger s'il le jugeoit à propos. Les consultans ajoutoient, qu'aucune loi n'a déclaré l'engagement dans les troupes être un empêchement dirimant à la *profession* religieuse, qu'aucune loi n'a déclaré nulle cette *profession*; la peine même infligée à la désertion n'opère pas cette nullité; le soldat, devenu religieux, pourra être mis à mort comme déserteur; mais il n'en mourroit pas moins religieux. Le sieur Quoinat ne pouvoit pas craindre d'éprouver ce sort, puisque le roi lui avoit accordé son congé & sa grace; son engagement ne pouvoit produire qu'un empêchement positif, dont il n'étoit pas recevable à exciper, parce qu'il n'étoit relatif qu'au roi, qui avoit consenti à n'en pas faire usage.

L'auteur que nous avons cité trouve ces raisons si péremptoires, qu'il affirme, sans balancer, que si le sieur Quoinat n'eût eu d'autre moyen que sa qualité de soldat, il eût perdu sa cause : mais, ajoute-t-il, il en avoit un quatrième, qui seul étoit victorieux ; il étoit évident que la crainte de subir le supplice attaché au crime de désertion avoit dicté ses vœux ; dès-lors sa *profession* n'avoit point été libre ; ce qui la rendoit radicalement nulle.

Si un soldat, en faisant *profession* dans un ordre religieux, ne s'étoit pas déjà rendu coupable du crime de désertion, peut-être seroit-il vrai de dire que l'engagement au service du roi ne rendroit pas sa *profession* radicalement nulle : mais ce sont deux choses inséparables dans l'état actuel du service militaire ; quiconque abandonne ses drapeaux sans congé, encourt la peine de mort, ou du moins une peine capitale ; s'il se refugie dans un cloître, ce n'est que pour éviter le châtiment qu'il a mérité : ses vœux ne sont donc que l'effet de la crainte, & non pas d'un consentement libre & volontaire : dès-lors ils sont radicalement nuls.

Il nous paroît que toute la difficulté vient de ce qu'on pose mal l'état de la question. On examine si un soldat peut, pendant son engagement, faire des vœux, & il faudroit examiner si un soldat déserteur peut valablement prononcer des vœux. Cette question ainsi posée, donnera lieu à celle-ci, qui n'est que secondaire ; un déserteur qui fait des vœux, n'est-il pas conduit par la crainte de la peine qu'il a encourue, & par le desir de s'y soustraire ? & cette question n'en peut pas être une.

On ne peut comparer l'engagement militaire, tel qu'il existe aujourd'hui, avec le service que les vassaux étoient obligés autrefois de rendre à leurs seigneurs, & les seigneurs de fiefs à leurs suzerains. La guerre se déclaroit-elle entre deux seigneurs particuliers, les vassaux étoient obligés de prendre les armes ; si elle se déclaroit entre deux souverains, chaque seigneur de fief étoit obligé de conduire ses vassaux : mais ces guerres étoient de courte durée ; le service militaire n'étoit dû que pour tant de mois ; on ne le devoit souvent que dans une certaine étendue de pays ; c'étoit un devoir de fief & de la glèbe, plus que de la personne ; la peine de mort naturelle ou civile n'étoit point attachée à l'infraction de ce devoir ; on perdoit seulement, si on ne le remplissoit pas, son fief ou sa terre qui étoient confisqués. Ce service détournoit, à la vérité, de l'état ou de la *profession* qu'on avoit embrassé : mais bientôt la cessation des hostilités, ou l'expiration du terme fixé au service, vous rendoit à vos foyers & à vos occupations. Il n'est donc pas étonnant que, dans un temps où tout homme qui avoit deux bras étoit soldat dès qu'il possédoit un pouce de terre, les moines comme les clercs séculiers fussent obligés de prendre les armes, & de marcher sous la bannière de leurs seigneurs ; ils étoient alors soldats accidentellement & momentanément ; leur engagement personnel à la religion ne les délioit pas de l'engagement réel qui existoit entre eux & leurs seigneurs, & dont la possession des terres & des fiefs faisoit la base : en un mot, le service militaire n'étoit point un état comme l'est aujourd'hui celui de soldat. On ne peut donc pas les comparer, & conclure de ce qu'autrefois l'un étant compatible avec la *profession* religieuse, l'autre le soit également.

Du moment qu'il est engagé, le soldat n'est plus maître de sa personne ; elle appartient au prince pendant tout le temps que dure son engagement ; il ne peut en disposer, & contracter aucune obligation qui puisse l'empêcher de faire son service ; s'il manque à son engagement, il se soumet à la peine de mort, & cette peine, d'après les loix militaires, est une des conditions du contrat qu'il passe avec le roi ; il ne peut certainement en être de plus obligatoire. Comment, d'après cela, pourroit-il valablement, & au mépris d'un pareil engagement, prononcer des vœux par lesquels il disposeroit de sa personne, & contracteroit des obligations incompatibles avec celles d'un soldat ?

On dit que le soldat, devenu religieux, peut être puni comme déserteur, & qu'il n'en mourra pas moins comme religieux : mais il ne peut être puni comme déserteur que parce que ses engagemens comme soldat subsistent encore ; & si ces engagemens comme soldat subsistent, comment a-t-il pu devenir religieux ? On ne peut être tout à la fois aux ordres d'un général d'armée & d'un général d'ordre : cela est inconciliable dans l'état actuel des choses.

On demande où est la loi qui déclare l'état de soldat être incompatible avec la *profession* religieuse, & y former un empêchement dirimant ? Cette loi existe dans la nature des choses, dans le contrat que le soldat a passé avec le roi, dans la peine de mort qui lui est imposée s'il déserte, & il ne peut se faire religieux sans devenir déserteur. C'est cette double qualité de soldat & de déserteur qu'il ne faut pas séparer, & qui annulle nécessairement la *profession*. L'engagement en lui-même ôte au soldat la faculté de disposer de sa personne, la crainte occasionnée par la peine imposée à la désertion, le précipite dans le cloître, & le dépouille de la liberté d'esprit nécessaire pour faire des vœux solemnels. Sous quelque point de vue qu'on envisage donc la *profession en religion*, faite par un soldat, elle doit être regardée comme nulle.

Mais l'arrêt du 19 décembre 1769 a-t-il jugé cette question *in terminis* ? C'est ce que nous n'oserons pas affirmer. Il paroît que le sieur Quoinat avoit été induit en erreur par son père & par les religieux Prémontrés qui lui avoient fait regarder sa *profession* comme le seul moyen pour se soustraire à la peine de mort qu'il avoit encourue par sa désertion. C'est, sans doute, pourquoi l'arrêt condamne le sieur Quoinat père & les religieux Prémontrés solidairement en 10,000 de dommages & intérêts envers le sieur Quoinat fils. Les défenses faites sur les conclusions du ministère public, à tout supérieur de monastère de recevoir au noviciat & d'admettre à la *profession*, aucune personne engagée au service du roi, nous paroissent un préjugé très-fort contre l'opinion de ceux qui prétendent que la *profession* d'un soldat n'est point radicalement nulle. Ce préjugé prend une nouvelle force, quand on fait attention que M. Séguier, qui porta la parole dans cette cause, insista particuliérement sur ce que l'engagement que le soldat contractoit avec le roi & l'état, étoit absolu, impassible de tout autre engagement, exigeant même obéissance à tout autre supérieur; que par conséquent tant que le premier engagement du soldat subsistoit, c'étoit un empêchement dirimant pour en contracter en même temps un second, inconciliable dans nos mœurs & dans la hiérarchie actuelle de l'église, avec le premier.

Les comptables envers le roi sont incapables de recevoir les ordres sacrés, jusqu'à ce qu'ils aient rendu leurs comptes & obtenu leurs décharges. Doivent-ils être également incapables d'être admis à la *profession religieuse?* Nous ne connoissons aucune loi qui l'ait statué. Il seroit très-imprudent aux supérieurs des monastères de recevoir au noviciat & d'admettre à la *profession* de pareils comptables. Certainement l'émission de leurs vœux ne les soustrairoit point à l'obligation de rendre des comptes, & ne feroit point échapper au châtiment que leur mériteroit une administration infidelle, & la dissipation des deniers royaux. S'il étoit prouvé que la crainte du châtiment & le desir de s'y soustraire avoient été les motifs de leur entrée en religion, leurs vœux n'étant pas libres, seroient dans le cas d'être annullés, & déclarés abusifs, sur les conclusions du ministère public.

Il est des règles, comme celle de saint François, suivant lesquelles celui qui a des dettes dans le siècle, ne peut pas être admis à la *profession.*

Les oppositions des créanciers ne forment point obstacle à la *profession religieuse.* C'est ce qui paroît avoir été jugé par un arrêt du parlement de Rouen du 6 février 1643, rapporté par Basnage sur l'article 278 de la coutume de Normandie.

Cependant, si malgré l'opposition des créanciers, les religieux passoient outre à l'admission des vœux du débiteur, & qu'ils perdissent par-là tout espoir de recouvrer de légitimes créances, il nous paroîtroit bien naturel de soumettre les religieux qui auroient ainsi agi au mépris de leur opposition, à les indemniser & garantir des pertes qu'ils leur auroient occasionnées.

L'homme chargé de dettes qui se jette dans un cloître, n'annonce pas une vocation bien respectable. Le premier pas à faire pour entrer dans le chemin de la perfection, est d'être juste & de ne causer aucun tort à personne.

D'ailleurs, l'émission des vœux ne déchargeroit point de la contrainte par corps.

Un édit du mois de janvier 1681, défend à tous supérieurs de maisons religieuses, tant d'hommes que de filles, de recevoir à l'avenir des novices, & d'admettre aucuns religieux ou religieuses pour demeurer dans leurs monastères, qui ne soient sujets du roi, sous telle peine qu'il appartiendra; & veut, en outre, que l'on ne puisse choisir, ni commettre aucuns séculiers ou réguliers, pour gouverner les monastères des filles, qui ne soient pareillement sujets de sa majesté.

L'édit du mois de mars 1768 a renouvellé, & même étendu les dispositions de celui de 1681, qui sembloit être tombé en désuétude. Par l'article 3, le roi a défendu à tous supérieurs des ordres, congrégations & communautés régulières du royaume, d'admettre à la *profession* aucuns étrangers non naturalisés, même de leur accorder des places monachales, de les agréger ou affilier à leur ordre, congrégation ou communauté; le tout sans avoir préalablement obtenu des lettres de naturalité, duement enregistrées, dont il sera fait mention dans les actes de *profession*, réception, agrégation, ou affiliation, à peine de nullité & de correction arbitraire des supérieurs.

Il est en outre défendu par le même article de recevoir dans aucunes maisons religieuses, ceux des sujets du roi qui auroient fait *profession* dans des monastères situés hors des pays de son obéissance.

L'arrêt d'enregistrement de cet édit au parlement de Douai, porte que l'article 3, en ce qui concerne la nécessité d'obtenir des lettres de naturalité, ne pourra être exécuté à l'égard des religieux & religieuses des maisons uniquement fondées pour les étrangers dans le ressort de la cour, jusqu'à ce qu'il ait plu au roi de déclarer définitivement sa volonté à ce sujet.

La vie religieuse, considérée comme un des états les plus parfaits du christianisme, exige, sans doute, la réunion de toutes les qualités morales, sans lesquelles on n'est chrétien que de nom. Cependant le défaut de ces qualités n'annulle point la *profession.*

Les règles & constitutions de quelques ordres, défendent d'y admettre des personnes attaquées de certaines maladies, telles que l'épilepsie ou mal caduc. Malgré ces statuts, plusieurs arrêts ont déclaré valables les vœux des religieux qui avoient le malheur d'y être sujets. Nous nous contenterons de citer celui que d'Héricourt rapporte en ces termes: « frère le Couturier, religieux Dominicain, ayant obtenu un bref qui le » relevoit de ses vœux, sous prétexte d'épilepsie; » ceux qui avoient intérêt d'empêcher qu'il ne » rentrât dans le siècle, interjettèrent appel comme » d'abus de ce bref. On fit voir, en plaidant sur » cet appel, qu'il n'y avoit point de canons ni » de loix qui mettent l'épilepsie au nombre des » moyens qui rendent la *profession* nulle, quoi» qu'il y ait des ordres réguliers, dans lesquels » il est défendu par les statuts, de recevoir des » épileptiques; l'arrêt qui intervint le 30 août » 1706, dit qu'il avoit été mal, nullement, abu» sivement impétré & exécuté ».

L'on ne peut être bon religieux sans être appellé à cet état. C'est pour s'assurer, autant qu'il est possible, de la vocation de ceux qui l'embrassent, qu'on les soumet au noviciat, c'est-à-dire, qu'on les éprouve pendant un temps déterminé. Les loix canoniques & civiles ne se contentent pas de cette épreuve, pour les personnes du sexe qui veulent se consacrer à l'état monastique; elles exigent encore qu'elles soient examinées par des supérieurs, avant qu'elles puissent prononcer leurs vœux. La déclaration du 10 février 1742, fixe parmi nous le dernier état des choses à ce sujet, & détermine positivement quels sont les supérieurs qui doivent procéder à cet examen; ce que n'avoient pas fait les loix précédentes. L'article 1 de la déclaration porte: « aucunes filles ou veuves, » ne pourront être admises à la *profession* & à » l'émission des vœux solemnels, même dans les » monastères exempts ou se prétendant tels, sans » avoir auparavant été examinées par les arche» vêques ou évêques diocésains, ou par des per» sonnes commises de leur part, sur la vocation » desdites filles ou veuves, sur la liberté & les » motifs de l'engagement qu'elles sont sur le point » de contracter; faisons très-expresses inhibitions » & défenses à tous supérieurs ou supérieures, » de quelque monastère que ce puisse être, d'en » admettre aucune à la *profession*, sans qu'il ait été » procédé audit examen, ainsi qu'il a été dit ci» dessus ».

La *profession* forme entre celui qui la fait & l'ordre & le monastère qui la reçoivent, un contrat sinallagmatique, duquel résulte des obligations respectives. Le religieux devenu profès, devient membre de l'ordre & du monastère; de-là naissent les relations qui existent nécessairement entre les membres & le corps. Mais on ne peut devenir membre d'un corps qui n'existeroit pas. D'où il résulte que pour que la *profession* soit valable, il est nécessaire que l'ordre dans lequel on entre & le monastère dans lequel on est reçu, aient une existence légale & dans l'église & dans l'état. Sœur Elizabeth le Roux, religieuse de la Présentation de la ville d'Aire, avoit quitté sa maison & apostasié. Elle attaquoit sa *profession*. Un de ses moyens étoit que le monastère de la Présentation d'Aire, ne rapportoit point les titres de son établissement. Il fut dit, par arrêt, qu'avant faire droit sur l'existence légale des religieuses de la Présentation, il étoit enjoint à la sœur le Roux de se retirer dans un monastère qui lui seroit indiqué par l'évêque de Saint-Omer, jusqu'à ce qu'autrement il en fût ordonné.

Par la même raison, il faut que celui qui reçoit la *profession* soit un supérieur légitime, ou duement commis, & qui ait la faculté d'engager son ordre & sa communauté. Il ne le peut sans le consentement de la plus grande partie du chapitre conventuel. La règle ordinaire, dit Brillon, s'il n'y a statut particulier du contraire, est que l'abbé ne peut recevoir la *profession* d'un religieux sans l'avis & consentement des autres. Cet auteur cite entre autres arrêts qui ont ainsi jugé, celui du grand-conseil du 10 décembre 1657, qui ordonne que l'abbé de Montierneuf admettra les novices à *profession*, après que, par délibération capitulaire, il aura été résolu de les y admettre à la pluralité des voix.

Des statuts particuliers peuvent faire exception à cette règle générale. *Si ad solum abbatem pertineat creatio monachorum, eo defuncto, nequibit novus monachus à conventu creari; alias poterit si eorum creatio spectat insimul ad utrumque.* Un arrêt du 5 février 1598, rapporté par Bouchel, a jugé que l'abbé de Saint-Jean-des-Vignes de Soissons n'avoit pas besoin du consentement de ses religieux pour admettre les novices à la *profession*.

Si le supérieur commet & délègue quelque religieux pour recevoir la *profession*, sa commission doit être par écrit. Il doit en être fait mention dans la cédule du profès & dans l'acte qui est inscrit au registre. L'original de la commission doit être annexé à la cédule pour être gardé dans le dépôt ordinaire du couvent. C'est ce qui a été ordonné par une sentence de l'official de Paris du 11 août 1700, & par un arrêt du parlement du 7 mars 1701, qui déclara n'y avoir abus dans la sentence de l'official. Il s'agissoit d'un religieux Feuillant qui vouloit faire annuller sa *profession*, sous prétexte que le général des Feuillans n'avoit point donné un pouvoir par écrit au prieur de la Maison des Anges. Ce pouvoir se trouvoit cependant annoté dans le registre du général, dans lequel son secrétaire écrivoit tout ce qui se passoit dans l'ordre pendant son administration. Le religieux réclamant ne fut point écouté. Mais l'official & le parlement de Paris crurent devoir enjoindre aux Feuillans de prendre pour l'avenir des mesures plus certaines pour assurer les pouvoirs de ceux qui seroient par la suite délégués par les supérieurs pour recevoir la *profession* des novices.

Le supérieur qui reçoit la *profession* doit jouir de toute l'intégrité de son état. S'il étoit interdit de ses fonctions, la *profession* seroit nulle. Il seroit incapable de former le contrat sinallagmatique, qui lie l'ordre au profès, comme le profès se lie à l'ordre. Un arrêt du 28 juin 1641, a mis hors de cour sur l'appel comme d'abus d'une sentence qui l'avoit ainsi jugé.

Nous avons dit au commencement de cet article que nous ne connoissions plus en France les *professions* tacites. La seule *profession* solemnelle peut engager irrévocablement un religieux. Pour déterminer ce qui est nécessaire pour la solemnité de la *profession* & pour en établir la preuve, nous ne pouvons mieux faire que de rappeller ici les dispositions de la déclaration du 9 avril 1736. Cette loi a étendu & confirmé les anciennes loix promulguées à ce sujet, & notamment l'ordonnance de Moulins & celle de 1667.

L'article 25 porte: « dans les maisons religieuses, » il y aura deux registres en papier commun,

» pour inscrire les actes de vêture, noviciat & » *profession*, lesquels registres seront cotés par premier & dernier, & paraphés sur chaque feuillet par le supérieur ou la supérieure; à quoi » faire ils seront autorisés par un acte capitulaire » qui sera inséré au commencement dudit registre ».

» Tous les actes de vêture, noviciat & *profession*, seront inscrits en françois sur chacun » desdits deux registres, de suite & sans aucun » blanc, & lesdits actes seront signés sur lesdits deux » registres par ceux qui les doivent signer, le » tout en même temps qu'ils seront faits; & en » aucun cas, lesdits actes ne pourront être inscrits sur des feuilles volantes ». *Art. 26.*

» Dans chacun desdits actes, il sera fait mention du nom & surnom & de l'âge de celui ou » de celle qui prendra l'habit ou qui fera *profession*, des noms, qualités & domicile de ses » père & mère, du lieu de son origine, & du » jour de l'acte, lequel sera signé sur lesdits registres, tant par le supérieur ou la supérieure, » que par celui ou celle qui prendra l'habit ou » fera *profession*, ensemble par l'évêque ou autre » personne ecclésiastique qui aura fait la cérémonie, » & par deux des plus proches parens ou amis » qui y auront assisté ». *Art. 27.*

» Lesdits registres serviront pendant cinq années » consécutives, & l'apport au greffe s'en fera; » savoir, pour les registres qui seront faits en » exécution de la présente déclaration, dans six » semaines après la fin de l'année 1741, ensuite » de cinq ans en cinq ans: sera au surplus observé tout le contenu aux articles 17 & 18 ci-» dessus sur l'apport des registres, & la décharge » qui en sera donnée au supérieur ou supérieure ». *Art. 28.*

» Il sera au choix des parties intéressées de » lever des extraits desdits actes sur le registre » qui sera au greffe, en payant au greffier le salaire porté par l'article 19, ou sur le registre » qui restera entre les mains du supérieur ou supérieure, qui seront tenus de délivrer lesdits » extraits, dans vingt-quatre heures après qu'ils » en seront requis, sans aucun salaire ni frais ». *Art. 29.*

» Les grands-prieurs de l'ordre de saint Jean » de Jérusalem seront tenus, dans l'an & jour de » la *profession* faite par nos sujets dans ledit ordre, » de faire enregistrer l'acte de *profession*; & à » cette fin, enjoignons au secrétaire de chaque » grand-prieuré, d'avoir un registre dont les » feuillets seront cotés par premier & dernier, » & paraphés sur chaque feuillet par le grand-prieur ou par celui qui en remplira les fonctions en cas d'absence ou autre empêchement » légitime, pour y être écrite la copie des actes » de *profession* & leur date, & l'acte d'enregistrement signé par le grand-prieur, ou par celui » qui en exercera les fonctions; le tout à peine » de saisie du temporel ». *Art. 31.*

Telles sont les précautions que la loi a cru devoir prendre pour assurer l'état des religieux; elle n'a pas voulu qu'il pût rester dans l'incertitude, ou qu'il pût dépendre de preuves fragiles en elles-mêmes, ou faciles à soustraire. Ainsi, toutes les fois qu'il s'agira de prouver l'existence & la solemnité d'une *profession*, on ne pourra le faire qu'au moyen de registres tenus dans la forme prescrite. La preuve par témoins seroit inadmissible. La possession d'état ne la suppléeroit pas, parce qu'on en pourroit seulement induire une *profession* tacite que nous ne reconnoissons point. Il n'y auroit que le cas d'incendie ou autres de cette espèce, prévus par l'ordonnance de 1667, qui pût autoriser un autre genre de preuve que celle des registres.

On auroit tort d'opposer à ces principes quelques arrêts qui ont confirmé des *professions*, dont la preuve n'étoit point faite par des registres en bonne forme. Ces arrêts sont antérieurs à la déclaration de 1736. Il y avoit d'ailleurs des preuves écrites des *professions*; & les mêmes arrêts ont en même temps ordonné, que les couvens tiendroient des registres des vêtures & *professions* des religieux, & particuliérement de faire signer ces actes par les novices, les supérieurs, & par deux parens & autres personnes qui auront été présentes aux vêtures & aux *professions*. Tel est l'arrêt de 1701 déjà cité & rendu pour les Feuillans de Paris, & celui du 11 janvier 1706 pour les Augustins de Reims.

Cependant quelques auteurs, & notamment la Combe, soutiennent que toutes les fois que des actes de vêture ou de *profession* se trouvent n'avoir pas été signés par le religieux qui a pris l'habit & fait *profession*, lorsqu'on ne peut pas répandre d'équivoque & de soupçon de fraude sur sa *profession*, comme il arrive lorsqu'elle a été suivie d'une possession qui assure l'état du religieux, on ne doit point l'admettre à réclamer, sous ce vain prétexte, contre son état, & à se dégager contre la foi de son engagement; s'il en étoit autrement, disent-ils, les monastères & les religieux seroient les maîtres de porter le trouble dans les familles, quand bon leur sembleroit.

Cette question de savoir si le défaut de signature de la part du religieux annulle la *profession*, a été agitée dans la fameuse affaire de Balthazard Castille, jugée au grand-conseil le 7 septembre 1763.

Dans le fait, Castille étoit entré le 16 juillet 1713, au noviciat de l'abbaye d'Orval, ordre de Clairvaux, diocèse de Luxembourg. Le 29 octobre de la même année, il avoit pris l'habit, & l'on prétendoit qu'il avoit prononcé ses vœux le 1 novembre 1714. Il étoit prouvé par écrit que Castille étoit resté dans l'abbaye d'Orval, comme religieux profès, jusqu'en 1725. On produisoit pour preuve de sa *profession* un parchemin écrit en entier de sa main, mais non signé, qu'il avoit dû dépofer fur l'autel, fuivant l'ufage de l'abbaye d'Orval; on ajoutoit que cet acte étoit infcrit fur les regiftres de l'abbaye.

Malgré le parchemin écrit de fa main, malgré fon féjour pendant dix années dans l'abbaye d'Orval, en qualité de religieux-profès, Caftille quitta l'abbaye, vint s'établir à Paris, y travailla avantageufement dans le commerce, & fe maria le 6 octobre 1744, avec Catherine-Michelle Penchet. Il en eut une fille.

En 1750, l'abbé de Clairvaux réclama Caftille, le fit arrêter par un ordre du roi, & conduire à l'abbaye d'Orval, où il mourut dans un cachot, le 27 mars 1751. Son époufe fut en même temps enlevée & mife à fainte Pélagie où elle refta pendant trois ans. Sortie de cette maifon, elle époufa en fecondes noces un fieur de Launay. Le 10 avril 1762, elle attaqua les abbé & religieux de la filiation de Clairvaux, & les fit affigner au châtelet de Paris en la perfonne de leur procureur-général. L'abbé de Clairvaux, comme fupérieur immédiat de l'abbaye d'Orval, fe préfenta fur cette affignation, & fit évoquer la caufe au grand-confeil. Toute la queftion fe réduifit à favoir fi Caftille étoit réellement religieux-profès de l'abbaye d'Orval. S'il l'étoit, l'ordre de Cîteaux avoit eu droit de le réclamer, & Catherine Penchet n'étoit pas fon époufe légitime. Dans le cas contraire, l'ordre de Cîteaux avoit commis un abus d'autorité qui ne pouvoit être toléré; il s'étoit rendu coupable de la vexation la plus horrible, tant envers Caftille, qu'envers fon époufe.

L'abbé de Clairvaux foutint que Caftille étoit religieux de fon ordre. Il prétendit le prouver par le parchemin écrit de fa main, contenant l'émiffion de fes vœux, par les regiftres de l'abbaye, par la poffeffion d'état de religieux-profès, dont Caftille avoit joui pendant dix années.

Les fieur & dame de Launay répondoient que le parchemin que l'abbé de Cîteaux produifoit, étoit une pièce informe & non probante; qu'il n'étoit figné, ni de Caftille, ni de perfonne; que la date, qui étoit en chiffre, paroiffoit avoir été altérée, & le parchemin gratté dans cet endroit; qu'un acte non figné ne pouvoit engager Caftille, quand même il feroit écrit tout entier de fa propre main; que toutes les loix canoniques exigeoient que ces fortes d'actes fuffent fignés par le novice qui faifoit *profeffion*; que la règle de faint Benoît, qui étoit celle de Clairvaux, l'ordonnoit ainfi; que le décret du chapitre-général de Cîteaux de l'année 1672, avoit renouvellé ce fage réglement; & de plus, vouloit qu'il foit tenu dans chaque maifon un regiftre, fur lequel feroient portées toutes les *profeffions* qui feroient foufcrites en outre de l'abbé, ou autre qui les reçoit, des parens & des témoins.

M. l'avocat-général de la Briffe donna à ces moyens le plus grand développement, & les mit dans leur plus grand jour. Nous regrettons que les limites qui nous font prefcrites nous empêchent de rapporter les morceaux les plus frappans de fon plaidoyer. Nous nous bornerons à dire que par fon arrêt, rendu le 7 feptembre 1763, après huit audiences & un délibéré, le grand-confeil condamna l'abbé de Clairvaux en 30,000 livres de dommages & intérêts envers Catherine-Michelle Penchet; le condamna en outre en pareille fomme de 30,000 liv. de dommages & intérêts envers Renée-Michelle Caftille (c'étoit la fille née du mariage de Caftille & de Catherine-Michelle Penchet), de laquelle fomme feroit fait emploi au profit de ladite Renée-Michelle Caftille. Faifant droit fur les conclufions du procureur-général du roi, ordonne que l'abbé de Clairvaux & tous les fupérieurs de l'ordre de Cîteaux feront tenus de faire exécuter le décret du chapitre-général dudit ordre de 1672, au fujet des fignatures fur les regiftres & au bas des actes d'émiffion des vœux, tant du novice que du fupérieur qui reçoit les vœux, & des témoins: ordonne pareillement que les actes d'émiffion des vœux qui feront mis fur l'autel par les novices, feront écrits fur papier, & non fur parchemin; & que les dates des jours, mois & ans, feront écrites en toutes lettres, & non en chiffres. Permet l'impreffion de l'arrêt, & condamne l'abbé de Clairvaux aux dépens.

En vengeant ainfi les outrages & les cruautés dont Caftille avoit été la victime, & que fa femme avoit partagés, le grand-confeil a jugé que Caftille n'avoit point été religieux-profès de l'abbaye d'Orval, & que, par conféquent, un acte d'émiffion de vœux, quoiqu'écrit tout entier de la main d'un novice, mais non figné de lui, étoit infuffifant pour établir la preuve d'une *profeffion* valable. Nous avouons cependant qu'outre le défaut de fignature, on oppofoit encore à l'acte produit par l'abbé de Clairvaux, des vices confidérables, tel que d'être en parchemin, d'être feulement daté en chiffres, & de paroître avoir été altéré. Mais il paroît également que le défaut de fignature fut un des motifs de l'arrêt; autrement il n'eût pas ordonné, fur les conclufions du miniftère public, l'exécution du décret de 1672, qui veut que les novices fignent leur acte de *profeffion*.

Au refte, la queftion eût encore moins fouffert de difficulté, fi l'abbaye d'Orval étoit fituée en France, & fi la prétendue *profeffion* de Caftille eût été poftérieure à la déclaration de 1736. Nous penfons, malgré l'opinion de la Combe, que cette loi eft trop précife pour qu'on puiffe regarder un acte de *profeffion* non figné par le novice, quoique fuivi de la poffeffion d'état, autrement que comme une *profeffion* tacite.

Nous avons déjà dit qu'on ne reconnoiffoit plus en France les *profeffions* tacites. Le principe eft vrai. Cependant, une *profeffion* tacite peut quelquefois produire des effets, foit par rapport au au religieux, soit par rapport à son ordre ou à son couvent.

Si une communauté, après avoir éprouvé un novice pendant le temps prescrit par les loix, le garde dans son sein, & le laisse jouir pendant de longues années de l'état & des droits de religieux-profès, elle contracte avec lui un engagement qui ne lui permet plus de le rejetter du cloître, quoiqu'il ne puisse produire en sa faveur les preuves d'une *profession* expresse. C'est l'espèce de l'arrêt rendu au parlement de Paris sur les conclusions de M. d'Aguesseau, alors avocat-général. La question étoit de savoir si Julien Coutard, qui justifioit par écrit avoir porté pendant dix-neuf années l'habit de frère convers dominicain sans faire de *profession* solemnelle, pouvoit être expulsé de sa communauté.

M. d'Aguesseau rendit hommage aux principes. L'intérêt public, dit-il, doit, à la vérité, faire rejetter les *professions* tacites : mais aussi le même intérêt ne demande-t-il pas qu'une communauté qui a reçu un homme, qui lui a donné l'habit de sa religion, qui l'a fait passer par l'épreuve du noviciat, puisse être contrainte, non pas à le regarder comme véritable profès, mais à lui accorder la grace d'une religion solemnelle ? Sera-t-il juste qu'il ait essuyé toutes les rigueurs du noviciat, qu'il ait eu la persévérance d'aller jusqu'à la fin de ce terme, & qu'ensuite après avoir demeuré dans un ordre, sur la foi des constitutions qui lui accordent une *profession* tacite, il puisse être exclus, sans aucune raison qui ait précédé ou accompagné son noviciat, par un pur caprice & par le seul changement de volonté de la part de ses supérieurs ?

Il faut observer que les statuts des dominicains portent, *completo autem anno probationis, si nulla facta sit protestatio, nec ipse exire, nec religio potest eum expellere.*

D'ailleurs, les loix canoniques ordonnent qu'aussi-tôt après l'année du noviciat révolue, on reçoive le novice ou qu'on le renvoie. Dumoulin, sur la clémentine *eos qui*, distingue bien précisément le monastère, du novice; il établit que toute *profession* tacite, *est odiosa, est strictè interpretenda, respectu ipsius ingressi.* Mais par rapport à la communauté, il convient que la maxime du droit canonique peut être exécutée : *transeat respectu eorum qui permittunt habitum indistinctùm, ut non possint expellere quem sic admiserunt.*

Sur ces motifs, l'arrêt déclara n'y avoir point d'abus dans la sentence de l'official dont les dominicains étoient appellans, & qui leur ordonnoit de recevoir le frère Coutard à la *profession* solemnelle après un second noviciat. Il semble même que la cour, en confirmant la sentence, n'exigea point une nouvelle *profession* : elle enjoignit aux dominicains de la ville du Mans, de recevoir Coutard & de le traiter charitablement, ainsi que les frères laïques, sans néanmoins que ledit Coutard puisse ci-après prétendre à aucune succession & partage, ni intenter d'action pour aucuns effets civils. En même temps la cour enjoignit aux provinciaux & supérieurs des monastères de l'ordre de saint Dominique, de recevoir à la *profession* ceux qui en auront été jugés capables, & de renvoyer de leurs maisons ceux que l'on n'aura pas estimé devoir être reçus après l'année de noviciat, faite selon les saints décrets & constitutions canoniques. Il fut aussi ordonné que l'arrêt seroit signifié à tous les provinciaux & supérieurs des couvens situés dans le ressort de la cour, à la requête du procureur-général du roi.

Cet arrêt prouve qu'il est des circonstances, où une *profession*, quoique tacite, engage le couvent & l'ordre dans lequel le religieux a joui paisiblement & publiquement de l'état de profès. Il prouve en même temps qu'elle peut produire des effets civils, puisqu'il y est dit que Coutard ne pourra prétendre à aucune succession & partage, ni intenter d'action pour aucuns effets civils. Des arrêts antérieurs, qu'on trouve dans Chopin, Papon & Bouchel, avoient déjà jugé la même chose, soit pour prévenir le trouble qu'apporteroient dans les familles des hommes que l'on avoit eu raison de croire morts civilement; soit parce que ceux qui prétendoient n'avoir point fait de *profession*, avoient eux-mêmes écrit plusieurs fois le contraire à leurs parens; soit enfin parce qu'on les avoit ordonnés prêtres à titre de pauvreté & en qualité de religieux.

Il semble que, selon l'esprit de ces arrêts, on peut établir en principe, que quiconque après avoir embrassé de plein gré, sans violence de la part de ses parens, & sans aucune espèce de réclamation de sa part, l'état religieux, en avoir porté l'habit pendant un long espace de temps, avoir passé dans le public pour avoir fait une *profession* solemnelle, avoir autorisé cette opinion par sa conduite & ses écrits, seroit non-recevable à rentrer tout-à-coup dans le sein de sa famille, à demander sa portion dans les biens de ses père & mère, déjà partagés, ou dans toute autre succession échue. Il est évident que ce seroit porter le trouble & le désordre dans les familles, détruire les arrangemens qui y auroient été pris dans la confiance de sa mort civile, confiance qu'il auroit lui-même autorisée par sa possession d'état; confiance qui étoit fondée sur la foi publique. C'est alors que des parens pourroient réclamer les effets de la *profession* tacite, & sans s'opposer à la rentrée dans le siècle de ce religieux, jusqu'alors cru tel, & qui, nouveau Lazare, sortiroit, pour ainsi dire tout-à-coup du tombeau, demander qu'il fût déclaré non-recevable à exercer des actions civiles auxquelles il avoit lui-même renoncé dans le fait par une possession d'état entièrement volontaire de sa part. Ici, l'on peut appliquer le principe de la Combe, cité ci-dessus, & dire avec lui : s'il en étoit autrement, les monastères & les religieux seroient les maîtres de porter le trouble dans les familles quand bon leur sembleroit.

La *profession* tacite, quoiqu'elle ne soit plus admise parmi nous, peut donc néanmoins produire certains effets. Elle peut lier tellement le monastère, qu'il ne soit pas en droit d'expulser, sans raison, celui qu'il auroit laissé porter pendant de longues années, l'habit de profès, & être regardé comme profès dans l'opinion publique. Il n'est ni naturel ni juste, qu'un homme qui auroit consommé sa jeunesse & une grande partie de sa vie au service d'un ordre religieux, qui auroit perdu toutes ses relations dans le monde, qui, le plus souvent, seroit même incapable d'y exercer aucun état, fût tout-à-coup rejetté de ce même ordre, & fût exposé à finir ses jours dans la misère & l'indigence.

Mais, d'un autre côté, ce même homme cru mort civilement, ne seroit pas recevable à reparoître dans sa famille pour y réclamer des droits dont ses parens se seroient mis en possession, dans la confiance qu'ils leur étoient échus légitimement par son entrée en religion. De même qu'il est fondé à dire à ses supérieurs: si j'eusse pu prévoir que vous m'opposeriez un jour le défaut de *profession* solemnelle, & qu'il ne me suffisoit pas d'une longue possession de mon état, ou je vous aurois forcés à m'admettre à la *profession*, ou j'aurois formé un autre établissement; de même ses parens peuvent lui dire : vous nous avez induit en erreur, nous avons cru que vous étiez réellement religieux; c'est dans cette persuasion, qui est votre propre ouvrage, que nous avons fait nos partages, que nous avons assuré des douaires à nos femmes, que nous avons doté nos filles. Faut-il donc que les transactions, les contrats de mariage, les testamens sur lesquels reposent l'existence & la paix de notre famille soient aujourd'hui anéantis, parce qu'il vous plaît d'abandonner le monastère dans lequel vous avez vécu si long-temps comme religieux-profès? Si votre *profession* tacite ne vous lie pas irrévocablement à la religion que vous aviez embrassée, du moins elle vous rend non-recevable à exercer des droits que vous avez publiquement abandonnés, & que la plus légitime de toutes les prescriptions doit nous assurer.

Tels sont les effets que doit produire la *profession* tacite, effets qu'une *profession* expresse, mais infectée de vices essentiels, ne produiroit peut-être pas.

La *profession* solemnelle lie irrévocablement le religieux au monastère, & le monastère au religieux. Elle frappe le religieux-profès d'une espèce de mort civile, & le dépouille de tous ses biens & de toutes ses propriétés, & ouvre sa succession en faveur de ses héritiers naturels, à moins qu'il n'en ait disposé par donation entre-vifs ou par testament avant l'émission de ses vœux. Elle fait vaquer, de droit, les bénéfices, même ceux que l'on tient en commende, quoique dépendans de l'ordre dans lequel on entre : elle rend incapables de donations entre-vifs ou par testament; le religieux-profès est cependant susceptible de legs modiques & par forme d'alimens. Il ne peut ester en justice sans y être autorisé par son supérieur : il ne peut contracter valablement : il ne peut servir de témoins dans les actes civils.

Mais ce que les religieux ne peuvent comme particuliers, ils le peuvent comme corps, parce que les couvens & les ordres forment des corps dans l'état, & que les corps sont capables des effets civils. Les engagemens contractés avec eux sont valables autant qu'ils ne sont pas prohibés par la loi. De-là il résulte qu'un religieux, quoique profès, peut, lorsqu'il représente sa communauté, & qu'il y est duement autorisé, l'engager & l'obliger.

Quoique morts au monde & civilement, les religieux ne sont cependant pas retranchés du corps social. Ils restent toujours soumis à l'inspection des loix & ont toujours droit à leur protection. La *profession religieuse* peut donner quelques nuances particulières au caractère d'homme & de citoyen que chacun de nous apporte en naissant, mais elle ne peut l'effacer entiérement. C'est pourquoi les tribunaux séculiers sont toujours ouverts aux plaintes des religieux qui éprouveroient de la part de leurs supérieurs, de ces injustices & de ces mauvais traitemens que l'humanité & la religion s'accordent à proscrire. De semblables abus d'autorité ne peuvent être trop réprimés. Ils sont sans doute contraires à l'esprit & à la lettre de toutes les constitutions monastiques, dictées par une piété éclairée. Ces constitutions ne peuvent avoir des protecteurs plus puissans que les tribunaux qui, par leur enregistrement & leur homologation, leur ont donné l'existence dans l'état. Toutes les fois qu'un religieux opprimé en réclame l'exécution, il est sûr d'être favorablement écouté. C'est alors un citoyen qu'il faut venger & secourir.

Il nous reste à examiner à quel juge il appartient de connoître de la validité ou de la nullité de la *profession*; dans quel délai & dans quelle forme le religieux doit se pourvoir. Ces questions viendront plus naturellement au mot RÉCLAMATION DE VŒUX, auquel nous renvoyons. *Voyez* aussi MONASTÈRE, NOVICE, RELIGIEUX & VŒUX. (*M. l'abbé* BERTOLIO, *avocat au parlement.*)

PROFIT DE FIEF, on appelle ainsi les droits utiles que les fiefs produisent aux seigneurs quand il y a changement de vassal. Tels sont les lods & ventes, le relief ou rachat, le quint & requint, *&c.* *Voyez ces différens mots.*

PROFITABLES-HOMMES. *Voyez* HOMME.

PROGRAMME, s. m. signifioit anciennement une lettre scellée du sceau du roi. *Voyez* LETTRE.

PROHIBÉ, part. PROHIBITION, s. f. *Prohibé* se dit de ce qui est défendu par la loi ou par quelqu'un qui a autorité. *Prohibition* signifie défense de faire quelque chose.

Il y a diverses sortes de *prohibitions* prononcées par la loi ; les unes contre certains mariages ; d'autres pour empêcher de donner certains biens, ou de les donner à certaines personnes, ou de disposer de ses biens au-delà d'une certaine quotité, ou, en général, de les aliéner. *Voyez* DONATION, LEGS, MARIAGE, MINEUR, PROPRE, TESTAMENT, *&c.* (*A*)

PROLATIO RERUM, (*Droit romain.*) ces deux mots latins signifient proprement suspension des affaires. *Res prolatæ* étoient opposées à *res actæ*, c'est-à-dire, au temps où le sénat s'assembloit, & où l'on rendoit la justice. *Prolatio rerum* étoit la même chose que *justitium indicere*, suspendre les affaires.

Il y avoit deux sortes de *prolatio rerum* ; l'une ordinaire, qui étoit le temps fixé pour les vacations ; & l'autre extraordinaire, qui n'avoit lieu que dans les grandes extrémités, dans des temps de tumulte & de guerre civile ; alors le sénat, *res proferebat*, ou *justitium indicebat*, formule qui signifie que le sénat ordonnoit que toutes les affaires civiles cessassent, & qu'on ne rendît point la justice, jusqu'à ce que la tranquillité fût rétablie. C'est ainsi qu'il en usa, lorsqu'il apprit que César étoit entré avec son armée en Italie. Comme nous n'avons rien dans nos usages qui réponde au *rerum prolatio* des Romains, on ne peut le rendre en françois que fort difficilement ; mais il faut toujours savoir le sens de cette expression pour entendre les auteurs latins. (*D. J.*)

PROMESSE, s. f. (*Droit naturel & civil.*) est un engagement que l'on contracte, soit par parole, soit par écrit : ainsi, il y a des *promesses* verbales, & d'autres par écrit.

Chez les Romains, les *promesses* verbales n'étoient obligatoires que quand elles étoient revêtues de la solemnité de certaines paroles ; mais parmi nous toutes *promesses* verbales, en quelques termes qu'elles soient contractées, sont valables, pourvu qu'elles soient avouées, ou que l'on en ait la preuve par témoins, & que ce soit pour sommes qui n'excèdent pas 100 livres, sauf néanmoins les cas où la preuve par témoins est admissible au-dessus de 100 livres, suivant l'ordonnance.

Les *promesses* par écrit peuvent être sous seing-privé, ou devant notaire ; mais les *promesses* proprement dites, ne s'entendent que de celles qui sont sous seing-privé ; on les appelle aussi *billets* : au lieu que quand elles sont passées devant notaire, on les appelle *obligations* ou *contrats*, selon la forme & les clauses de l'acte.

La *promesse* de payer ne peut être éludée.

Il en est de même de la *promesse* de donner ou d'instituer, faite par contrat de mariage : une telle *promesse* vaut donation ou institution, même en pays coutumier, où toute institution d'héritier, faite par testament, est nulle quant à l'effet de faire un héritier. La raison pour laquelle ces sortes de *promesses* sont valables, est que les contrats de mariage sont susceptibles de toutes sortes de clauses qui ne sont pas contraires au droit public ni aux bonnes mœurs. *Voyez* DONATION & INSTITUTION CONTRACTUELLE, CONTRAT DE MARIAGE.

Mais il n'en est pas de la *promesse* de faire quelque chose, comme de la *promesse* de payer. La *promesse* de faire quelque chose se résout en dommages & intérêts, lorsque celui qui l'a faite ne veut pas la tenir.

Ainsi, la *promesse* de vendre ou de louer, lorsqu'elle est indéterminée, n'est point une vente ni une location, & se résout en dommages & intérêts.

Pour que la *promesse* de vendre vaille une vente, il faut que quatre circonstances concourent ; qu'elle soit rédigée par écrit, & qu'il y ait *res*, *pretium* & *consensus* ; car en ce cas la vente est parfaite, & la *promesse* de passer contrat n'a d'autre objet que de procurer l'hypothèque & l'exécution parée.

Les *promesses* causées pour valeur en argent, sont nulles, à moins que le corps du billet ne soit écrit de la main de celui qui l'a signé, ou du moins que la somme portée au billet ne soit reconnue par une approbation écrite en toutes lettres aussi de sa main. La déclaration du 22 septembre 1733, qui l'a ainsi ordonné, excepte néanmoins les *promesses* faites par des banquiers, négocians, marchands, manufacturiers, artisans, fermiers, laboureurs, vignerons, manouvriers, & autres de pareille qualité.

Une *promesse* de passer contrat de constitution, & cependant de payer l'intérêt du principal, est valable. Elle ne diffère du contrat même qu'en ce qu'elle ne produit pas hypothèque, & n'est point exécutoire jusqu'à ce qu'elle soit reconnue en justice ou pardevant notaire. Si celui qui a promis de passer contrat refuse de le faire, on peut obtenir contre lui sentence, laquelle vaut contrat.

Par rapport aux *promesses* de mariage, & singuliérement pour les *promesses* par paroles de présent, il faut voir ce qui en a été dit aux mots EMPÊCHEMENT, MARIAGE, OFFICIAL, PAROLES DE PRÉSENT.

Sur les *promesses* de passer une lettre-de-change, de faire ratifier quelqu'un, de fournir & faire valoir, *voyez* CHANGE, LETTRES DE CHANGE, RATIFICATION, FOURNIR & FAIRE VALOIR. *Voyez* aussi les mots BILLET, CONTRAT, ENGAGEMENT, OBLIGATION. (*A*)

PROMOTEUR, (*Droit ecclésiast.*) c'est l'officier qui exerce les fonctions du ministère public dans les officialités. On l'appelloit autrefois *procureur-fiscal* ; mais comme l'église n'a point de fisc, on a estimé qu'il étoit plus convenable de lui donner le nom de *promoteur* à *promovendo*, parce qu'il est comme l'œil de l'évêque dans son diocèse, pour y découvrir les désordres & les abus qui s'y commettent.

Les chambres diocésaines & souveraines du

clergé, ont aussi leurs *promoteurs*. Mais nous ne parlerons ici que du *promoteur* des officialités.

Les évêques nomment les *promoteurs*, comme les seigneurs justiciers nomment les procureurs-fiscaux.

Dans les métropoles, il y a deux *promoteurs*; l'un pour l'officialité ordinaire; l'autre pour l'officialité métropolitaine: & si le métropolitain est primat, il y en a un troisième pour l'officialité primatiale.

Les *promoteurs* peuvent être destitués *ad nutum*. Il n'est pas nécessaire qu'ils soient gradués, du moins aucune loi ne l'ordonne. Dénisart prétend qu'ils peuvent être choisis parmi les laïques: la raison qu'il en donne, c'est que les procureurs des officialités remplacent & substituent les *promoteurs* en cas d'absence ou de vacance. Cette raison ne nous paroît pas péremptoire. Un procureur, ou même un simple praticien dans les justices seigneuriales, peut remplacer le juge; on ne pourroit pas en conclure pour cela, qu'il n'est pas nécessaire d'être gradué pour être juge. S'il n'y a point de loi civile qui ordonne que les *promoteurs* seront ecclésiastiques, il y a un décret du concile de Tours, tenu en 1583, qui a décidé qu'il falloit qu'ils fussent prêtres; l'usage y est conforme, & il semble que la nature de leurs fonctions demande qu'elles ne soient pas confiées à des laïques.

On a agité la question de savoir si les religieux peuvent être *promoteurs*. Le concile de Trente leur permet, *cum superioris licentiâ, alicujus prælati se subjicere obsequio*. De-là quelques auteurs ont prétendu qu'ils étoient capables d'exercer les fonctions de *promoteur*. Guy-Pape, conseiller au parlement de Grenoble, a embrassé ce sentiment. Il prouve, par plusieurs textes du droit canonique, que les abbés & autres moines qui sont chargés d'administrations, peuvent être officiaux, & par conséquent *promoteurs*, mais qu'un simple religieux ne le peut sans le consentement de son supérieur, ou de l'évêque auquel il est immédiatement soumis; il prétend que de son temps, un moine qui étoit prieur, fut official de Vienne, ensuite de Lyon.

Fevret, Mornac & Chorrier tiennent l'opinion contraire. Ce dernier écrit que l'archevêque de Vienne ayant pourvu de la charge d'official, un moine de l'ordre de saint Benoît, dispensé par le pape, les provisions d'official & la bulle furent déclarées abusives, par arrêt de 1613. Le parlement de Paris, par arrêt rendu le 18 février 1616, sur un appel comme d'abus, interjetté par le procureur-général, la commission d'official, donnée à un religieux de l'ordre de saint Augustin, fut dite être nulle & abusive, quoiqu'il fût prêtre, & actuellement pourvu d'une cure.

Ces arrêts, donnés pour des officiaux, peuvent être appliqués aux *promoteurs*. Les mêmes raisons qui excluent les religieux des places d'official, doivent les exclure également de celles de *promoteurs*. Ils ne sont cependant pas incapables de les remplir, lorsque leurs monastères ont territoire & jouissent de la jurisdiction contentieuse. Les bénédictins de la congrégation de saint Maur, exercent cette jurisdiction dans le territoire de l'abbaye de Saint-Martin-de-Séez, dans celui de l'abbaye de Corbie, & dans d'autres lieux. Mais les religieux qui remplissent les fonctions d'official, sont obligés de prendre des degrés dans une des universités du royaume.

Par une transaction de 1692, passée entre M. de Harlay, archevêque de Paris, & les religieux de Saint-Denis-en-France, le supérieur régulier de cette maison a la faculté de nommer un official, un vice-gérent, & par conséquent un *promoteur* pour la ville de Saint-Denis, de la qualité requise par l'ordonnance. La transaction n'explique pas si ces officiers seroient pris parmi les religieux. Mais les prieurs ont continué d'en nommer, comme avant la transaction. Il paroît qu'il en est de même à Fecamp. Le parlement de Rouen a jugé la question le 12 mars 1683, en faveur de l'abbaye, contre le curé de Fontaine-le-Bourg, appellant comme d'abus d'une sentence rendue par l'official de l'abbaye, qui étoit un de ses membres.

Depuis les ordonnances d'Orléans & de Blois, il est défendu aux officiers du roi, tant dans les cours souveraines que dans les tribunaux inférieurs, d'accepter la place d'official ou de *promoteur*. L'archevêque de Reims ayant nommé official de son diocèse, le sieur Coquault, conseiller-clerc au présidial de Reims, le parlement de Paris, par arrêt du 30 avril 1717, ordonna que cet officier seroit tenu, dans trois mois, d'opter de la fonction d'official, ou de la charge de conseiller, sinon que sa charge, après cette époque, seroit déclarée vacante & impétrable, conformément aux ordonnances.

L'établissement des *promoteurs* est fort ancien; ils ont été institués pour faire toutes les requisitions qui concernent l'ordre & l'intérêt publics; pour maintenir les droits, libertés, & immunités de l'église, conserver la discipline ecclésiastique, & faire informer contre les clercs qui ont de mauvaises mœurs, afin qu'on les corrige. Ils sont obligés de poursuivre tous les délits dont se rendent coupables les ecclésiastiques qui fréquentent les cabarets ou les lieux de débauche, qui mènent une vie déréglée, ou qui négligent de se conformer à ce que prescrivent les rituels du diocèse pour l'instruction des peuples, l'administration des sacremens & la célébration de l'office divin.

L'article 28 de l'ordonnance de 1629, avoit ordonné que les *promoteurs* des sièges ecclésiastiques, tant inférieurs que supérieurs, poursuivroient le jugement des causes criminelles qui se présenteroient dans leurs sièges, & qu'ils les poursuivroient jusqu'à jugement définitif, quand même il n'y auroit aucune partie civile: mais, par arrêt du 1 mars 1704, le parlement a enjoint au *pro-*

moteur de l'officialité de Paris, de ne rendre plainte contre les ecclésiastiques que pour la correction des mœurs seulement.

Suivant la déclaration du 15 juin 1697, le *promoteur* peut poursuivre & faire assigner devant l'évêque & avec sa permission, les personnes vivant ensemble sans avoir été mariées du consentement de leur curé, pour représenter l'acte de célébration de leur mariage, & leur être enjoint de le réhabiliter. *Voyez* MARIAGE.

Le *promoteur* ne doit point être présent aux actes d'instruction, ni aux jugemens des procès criminels. Fevret cite, dans son traité de l'abus, un arrêt, par lequel le parlement de Paris a déclaré nulle la procédure d'un official, parce qu'elle avoit été faite en présence du *promoteur*.

Lorsque les délits des ecclésiastiques sont secrets & cachés, il est de la prudence du *promoteur* de ne point former d'accusation, sans avoir un dénonciateur qui puisse répondre des dommages & intérêts de l'accusé, s'il vient à être renvoyé absous; autrement il pourroit lui-même être condamné à ces dommages & intérêts, si l'accusation se trouvoit mal fondée.

Après un jugement favorable à l'accusé, le *promoteur* est tenu de lui nommer son dénonciateur, s'il l'exige; le juge d'église ne pourroit pas l'en dispenser sans abus.

Lorsque le *promoteur* est seule partie, l'évêque doit fournir les frais des procès criminels poursuivis d'office, sauf à avoir, après le jugement, son recours contre le condamné.

En cas d'appel, le transport du prisonnier à l'official supérieur, & le port des charges & informations doit se faire aux frais de l'évêque dans l'officialité duquel le procès a été intenté; & si l'official décernoit, à la requête du *promoteur*, un exécutoire contre l'accusé, pour raison de ses frais, il y auroit abus.

Le *promoteur* qui succombe dans ses poursuites ne doit point être condamné à l'amende ni aux frais, si ce n'est dans le cas d'accusation calomnieuse.

L'article 43 de l'édit du mois d'avril 1695, concernant la jurisdiction ecclésiastique, porte: « à l'égard des ordonnances & jugemens que lesdits » prélats, ou leurs officiaux auront rendus, & » que leurs *promoteurs* auront requis dans la juris- » diction contentieuse, ils ne pourront pareille- » ment être pris à partie, ni intimés en leur propre » & privé nom, si ce n'est en cas de calomnie » apparente, & lorsqu'il n'y aura aucune partie » capable de répondre des dépens, dommages & » intérêts, qui ait requis ou qui soutienne leurs » ordonnances & jugemens; & ne seront tenus » de défendre à l'intimation, qu'après que nos » cours l'auront ainsi ordonné en connoissance de » cause ».

Jousse, en expliquant ces mots de l'article: *si ce n'est en cas de calomnie apparente*, dit: par exemple, s'il y a de la passion, du dol, de la fraude ou de la concussion dans le jugement rendu par l'évêque ou son official, comme s'ils avoient informé contre leurs pénitens, ou sans avoir de plainte ni accusation; si le *promoteur* avoit accusé un ecclésiastique sans avoir un dénonciateur; si un évêque ou un official avoient continué d'informer & de suivre une procédure, au mépris d'un appel comme d'abus & d'un arrêt de défenses; s'ils avoient jugé dans des affaires qui ne seroient pas de leur compétence; s'il y avoit, de leur part, un déni de justice, *&c.* Dans tous ces cas & autres semblables, les évêques ou les officiaux qui ont rendu le jugement, ou les *promoteurs* qui l'ont requis, peuvent être pris à partie.

Mais cette prise à partie ne peut avoir lieu que lorsque les cours l'auront ainsi ordonné: ce qui est conforme aux arrêts de réglement du parlement de Paris, des 4 juin 1699, & 18 août 1702, qui font défenses à tous juges du ressort de prendre aucun juge à partie, sans en avoir obtenu la permission par arrêt de la cour.

Si l'évêque, continue Jousse, *loc. cit.*, ou son official ou le *promoteur* sont mal pris à partie, on les déclare follement intimés & mal pris à partie; si, au contraire, ils sont bien pris à partie, on juge qu'il a été mal, nullement, & abusivement procédé, & on les condamne aux dépens, & quelquefois en des dommages & intérêts.

Gibert, sur le même article de l'édit, observe que les ordonnances précédentes ne permettoient de prendre l'official & le *promoteur* à partie, qu'en cas de calomnie manifeste, au lieu que l'édit le permet dans le cas de calomnie seulement apparente. On pourroit avoir espéré, dit cet auteur, en faisant ce changement, que le juge de l'église seroit plus sur ses gardes dans les affaires où le *promoteur* seul seroit partie, si on permettoit de le prendre à partie en cas de calomnie même apparente: & il est à croire que c'est-là le motif de la disposition de l'édit, semblable, en ce point, à celle de l'article 7 du titre 3 de l'ordonnance criminelle. On y condamne aux dépens, dommages & intérêts les dénonciateurs qui se sont déclarés parties, ou qui s'étant rendus parties, s'en sont désistés, si leurs plaintes sont jugées calomnieuses, sans exiger que la calomnie soit manifeste.

D'après toutes ces observations, il est facile de sentir avec quelle prudence & quelles précautions le *promoteur* doit agir. Il est tenu, comme les procureurs du roi & les procureurs-fiscaux, d'avoir un registre pour y écrire les dénonciateurs. Il peut assister à l'audience du juge royal pour la conservation des droits de la jurisdiction ecclésiastique, & y demander le renvoi des causes qui appartiennent à son tribunal.

On peut être *promoteur* & titulaire d'un bénéfice sujet à résidence. Mais il faut que le bénéfice soit dans la ville épiscopale, ou dans celle où l'officialité est établie, autrement il y auroit incompatibilité. C'est ce qui a été jugé le 27 juin 1686, entre l'évêque du Mans, qui avoit choisi pour *promoteur*, un curé qui résidoit hors de la ville, & le chapitre de sa cathédrale.

Les *promoteurs* qui sont chanoines sont tenus présens aux offices.

En cas d'absence ou empêchement du *promoteur*, ou du vice-*promoteur*, leurs fonctions sont dévolues au plus ancien praticien du siège : ou bien il faut commettre un *promoteur ad causam vel ad litem*, dont la commission n'a pas même besoin d'être insinuée, ainsi qu'il a été jugé par les arrêts du 27 août 1701 & du 17 juin 1702. Dans l'un & dans l'autre, l'official avoit commis un *promoteur*, qui n'avoit pas même prêté serment ; il fut jugé qu'il n'y avoit point d'abus, par la raison qu'un *promoteur* n'est point juge, mais partie, à l'effet de requérir pour l'intérêt public, comme la partie pour son intérêt particulier.

Un arrêt du conseil du 30 octobre 1670, rendu sur les remontrances du clergé, décharge du droit de contrôle les exploits qui seront faits dans les officialités, à la requête des *promoteurs*.

Il est d'un usage presque général d'établir des vice-*promoteurs* dans les officialités. Dans le cas d'absence, récusation, maladie ou autre empêchement du *promoteur*, il est nécessaire qu'il ait un substitut pour le représenter. (*M. l'abbé* BERTOLIO, *avocat au parlement.*)

PROMULGATION, s. f. est la même chose que *publication*. Le terme de *promulgation* est principalement usité en parlant de la publication des loix nouvelles. On dit qu'une loi a été *promulguée*, c'est-à-dire, qu'elle a été publiée. *Voyez* LOI, PUBLICATION.

PRONONCÉ, s. m. *en terme de Pratique*, se dit par abréviation pour ce qui a été prononcé. Le *prononcé* d'une sentence, ou arrêt d'audience, est ce que le juge a prononcé. Quand le greffier ne l'a pas recueilli exactement, on dit que le plumitif n'est pas conforme au *prononcé*, & l'on se retire pardevers le juge pour qu'il veille à faire réformer le plumitif. (*A*)

PROPINE, s. f. (*terme de chancell. rom.*) est un droit que l'on paie au cardinal protecteur pour tous les bénéfices qui passent par le consistoire, & pour toutes les abbayes taxées au-dessus de soixante-six ducats deux tiers ; ce droit se paie en proportion de la valeur du bénéfice. (*D. J.*)

PROPORTION, s. f. *en droit*, signifie l'ordre qu'un sage gouvernement doit suivre dans l'administration de la justice.

Les anciens, qui affectoient souvent des mystères, établissoient cette *proportion* sous la figure des nombres. Platon vouloit qu'un état fût gouverné par la *proportion* géométrique, dont le semblable dirige les raisons, & d'où il faisoit dériver la justice distributive. Xénophon, son rival, tenoit pour la *progression* arithmétique, fondée sur l'égalité, & qui produit la justice commutative. Aristote soutenoit une troisième opinion, composée des deux autres ; il prétendoit que l'on devoit user de la justice arithmétique ou égale, quand il s'agissoit de régler la quantité de la fortune de chacun, ou de la punition des fautes ; & de la géométrique ou semblable, dans le partage des terres conquises, eu égard à la différence du mérite ou des actions. C'étoit simplement employer les deux *proportions* séparément, en appliquant chacune à des objets différens.

La *proportion* arithmétique est celle dont les raisons sont constamment les mêmes, augmentant toujours du même nombre 3, 9, 15, 21, 27 ; où l'on voit que la progression n'est autre chose que d'ajouter continuellement au dernier nombre le nombre 6 ou tel autre toujours égal.

La *proportion* géométrique est celle qui a ses raisons seulement semblables 3, 9, 27, 81 ; c'est-à-dire, dont la progression va croissant par la multiplication du dernier nombre par le premier 3 : elle est uniforme sans être égale.

Pour simplifier les idées de ce langage mystérieux, il suffit de dire que Xénophon, en préférant la *proportion* arithmétique, vouloit que la justice publique, comme la privée, c'est-à-dire, celle qui fait les loix, qui ordonne des biens en général, des dignités & des récompenses, fût réglée par une égalité absolue : l'état populaire est le mot de l'énigme.

Platon, sous son emblème, désignoit le gouvernement aristocratique. Cet état, de même que la *proportion* géométrique, associe les semblables, mais séparément dans deux ordres, dont la règle constante est l'inégalité. Aristote faisoit un mêlange ; il appliquoit la *proportion* géométrique à la justice publique ; & l'arithmétique plus particulièrement à la privée.

Mais laissons de côté les mystères de ces *proportions* numérales, & disons qu'en général on doit proportionner les peines à la nature des fautes, & à la qualité des personnes, autant qu'il est possible, si on veut approcher de l'infaillibilité de la justice.

Les peines pécuniaires ne doivent jamais être égales, excepté dans la démocratie, où tous les citoyens sont supposés égaux. La fixation des amendes que le juge ne peut augmenter ni modérer, ne devroit pas être du ressort des autres gouvernemens. Il faut supposer une égalité de biens pour y reconnoître la justice.

Le riche, qui veut vexer & persécuter son voisin, ne sera pas arrêté par la crainte de payer une somme, tandis que cette crainte empêchera le pauvre de demander ce qu'il croira lui appartenir.

On ne sauroit, d'un autre côté, les laisser à l'entière discrétion du magistrat ; on l'obligeroit de s'instruire des facultés de chacun ; il ne pourroit autrement observer les *proportions* : cette pratique est impropofable.

Les loix somptuaires, toutes les loix de défenses qui portent des amendes certaines, renferment la même injustice & le même inconvénient. Cherchons des moyens pour les rendre moindres, s'il est possible.

Philippe-le-Bel avoit fait une ordonnance sur la superfluité des banquets : elle fixoit une amende pour les ducs, les comtes & les prélats ; une moindre pour les simples gentilshommes, les doyens & les prieurs, ainsi de suite. On voit dans cet ordre, une *proportion* qui pourroit être imitée, & la peine ne seroit pas regardée comme un simple épouvantail. La peine est semblable pour tous, elle n'est égale que pour les égaux ; c'est la *proportion* harmonique. On n'y retrouve pas, à la vérité, la justesse du calcul scrupuleux ; on en approche autant que les circonstances & les positions le permettent.

Cet usage seroit le même que celui qu'on observe pour la taxe des dépens de voyage & de séjour ; on y suit la *proportion* des rangs certains & des facultés supposées. Le téméraire plaideur ne supporte pas précisément la dépense qu'il a occasionnée, mais celle qui convenoit à l'état de celui auquel il a intenté un procès mal-à-propos. Une justice plus exacte rencontreroit des difficultés insurmontables dans la pratique.

La même *proportion* que l'on peut établir pour les peines, doit avoir lieu dans les récompenses. Les arts libéraux, les professions nobles peuvent exiger un salaire relatif à la personne qui exerce, & à celle qui en reçoit l'avantage. La même opération de chirurgie doit être plus récompensée par le riche que par le pauvre, & doit valoir plus ou moins, à *proportion* de l'habileté de celui qui opère. Il en devroit être de même du jurisconsulte.

Un service rendu par celui duquel on n'a aucun droit d'en exiger, mérite plus ou moins de libéralité, selon l'état & la qualité de celui qui l'a reçu.

Les juges auxquels les réglemens d'un état permettent de prendre un salaire, doivent se régler sur des *proportions*. Il est ignoble, sur-tout à ceux du premier ordre, de se taxer selon leur travail & leur temps, comme de vils mercenaires. Si l'usage & la vénalité des charges veulent que l'on s'abaisse, on peut mettre quelque dignité dans l'abaissement même.

La mesure du temps peut encore être injuste en elle-même ; elle conduit à faire absorber par des frais, la valeur de ce que la justice donne à celui qui la réclame. C'est sur cette valeur que le juge doit proportionner l'émolument que l'on veut qu'il reçoive, ou sur la fortune de ceux qu'il a jugés, lorsque la chose litigieuse n'a qu'une valeur arbitraire, comme les honneurs, en observant aussi leur importance.

Le grand nombre pense que la justice devroit être rendue gratuitement. C'est une vérité qui ne doit souffrir aucun doute dans la spéculation. Seroit-elle avantageuse dans la pratique ? La chicane ou l'amour des procès est une passion ; elle est de toutes, la plus à charge au repos de la société. Si elle n'étoit point réprimée par la crainte de la dépense & le défaut de pouvoir y fournir, elle deviendroit trop importune, même insupportable au genre humain. On prétendra plus, à mesure qu'il en coûtera moins pour prétendre ; on disputera tout, s'il en coûte peu pour disputer : il ne seroit plus permis d'être possesseur tranquille.

On pourroit peut-être retrancher de la dépense, la gratification que les juges perçoivent ; mais ce seroit toujours un mal de retrancher ; il faut tout dire : aucune considération ne doit faire taire une vérité décisive. On doit craindre du côté des juges comme du côté des plaideurs. Souvent la justice ne seroit pas expédiée, si son expédition n'étoit suivie d'une récompense. Si on pèse attentivement ces raisons, il en résultera que l'on doit tolérer un inconvénient, lorsqu'il est léger en comparaison des maux qui seroient la suite du parti contraire.

Les *proportions* conduisent à la justice, parce qu'elles tendent à l'inégalité essentielle. Le même genre de mort n'est pas égal pour tous les hommes. Le supplice auquel l'opinion a attaché plus d'infamie, ajoute au déshonneur qui suit le crime, le déshonneur du genre de la mort. Il ôte doublement ce que l'opinion a appellé *l'honneur*.

Ainsi, par-tout où l'égalité sera absolue, il est inutile de chercher des *proportions*. Justinien, dans ses loix des usures, ordonne que les nobles prendront cinq pour cent ; les marchands, huit ; les corps & colléges, dix ; & le reste des citoyens, six. Ces loix sont injustes, parce que les hommes, en qualité de prêteurs ou bien d'emprunteurs, sont entiérement égaux, & que la valeur de l'argent est égale pour tous. Les *proportions* dès-lors deviennent une injustice.

Si le noble prête au marchand, celui-ci profitera de huit sur la chose qui ne produira que cinq à celui auquel elle appartient. Si le noble emprunte du marchand, il paiera huit, tandis que d'autres marchands, ses débiteurs, ne lui donneront que cinq.

Cette loi faite en faveur des marchands, blesseroit aujourd'hui le commerce. Si le noble ne peut retirer que cinq, & le roturier six, tout autant que l'un & l'autre auront à prêter, le négociant ne pourra faire valoir ses fonds qu'en marchandises ; & tout autant qu'il trouvera à prêter, il ne fera plus d'autre commerce. Il est juste que l'on trouve dans ses propres besoins le même avantage que l'on procure, lorsqu'on soulage ceux des autres.

Les conventions introduisent une égalité parfaite entre les personnes qui s'engagent, eu égard à l'objet de l'engagement respectif. C'est par cette raison que le noble & le riche ne doivent pas plus de salaire à l'ouvrier, au domestique, que le moins noble & le moins riche, quoiqu'ils doivent plus de libéralité au service qui n'est pas stipulé.

PROPOSITION D'ERREUR, s. f. (*Procédure.*) étoit une voie pour faire réformer un arrêt quand il avoit été rendu sur une erreur de fait, soit que le juge eût erré par hasard ou faute d'instruction.

Par les anciennes ordonnances, le seul moyen de se pourvoir contre un arrêt du parlement, étoit d'obtenir du roi la permission de proposer qu'il y avoit des erreurs dans cet arrêt.

Mais comme on obtenoit souvent, par importunité, des lettres pour attaquer des arrêts sans proposer des erreurs, & que ces lettres portoient même que l'exécution des arrêts seroit suspendue jusqu'à un certain temps, & que les parties plaignantes se pourvoiroient pardevant d'autres juges que le parlement : Philippe de Valois ordonna en 1331, que dans la suite, la seule voie de se pourvoir contre les arrêts du parlement, seroit d'impétrer du roi des lettres pour pouvoir proposer des erreurs contre ces arrêts ; que celui qui demanderoit ces lettres donneroit par écrit les erreurs qu'il prétendoit être dans l'arrêt, aux maîtres des requêtes de l'hôtel ou aux autres officiers du roi qui ont coutume d'expédier de pareilles lettres, lesquels jugeroient sur la simple vue s'il y avoit lieu ou non de les accorder ; que si ces lettres étoient accordées, les erreurs proposées signées du plaignant, & contre-scellées du scel royal, seroient envoyées avec ces lettres aux gens du parlement, qui corrigeroient leur arrêt, supposé qu'il y eût lieu, en présence des parties, lesquelles préalablement donneroient caution de donner une double amende au roi, & les dépens, dommages & intérêts à leurs parties adverses, en cas que l'arrêt ne fût pas corrigé.

Il ordonna en même temps que ces *propositions d'erreur* ne suspendroient pas l'exécution des arrêts ; que cependant s'il y avoit apparence qu'après la correction de l'arrêt, la partie qui avoit gagné son procès par cet arrêt, ne fût pas en état de restituer ce dont elle jouissoit, en conséquence, le parlement pourroit y pourvoir ; enfin, que l'on n'admettroit point de *propositions d'erreur* contre les arrêts interlocutoires.

Ceux auxquels le roi permettoit de se pourvoir par *propositions d'erreur* contre un arrêt du parlement, devoient, avant que d'être admis à proposer l'erreur, donner caution de payer les dépens & les dommages & intérêts, & une double amende au roi en cas qu'ils vinssent à succomber.

L'ordonnance de 1339, *art. 135*, ordonne que les *propositions d'erreur* ne seroient reçues qu'après que les maîtres des requêtes auroient vu les faits & inventaires des parties.

L'article 136 de la même ordonnance règle que les proposans erreur seroient tenus de consigner 240 liv. parisis dans les cours souveraines.

L'article 46 de l'édit d'ampliation des présidiaux vouloit que l'on consignât 40 liv. aux présidiaux ; mais l'ordonnance de Moulins, *art. 18*, défendit de plus recevoir les *propositions d'erreur* contre les jugemens présidiaux.

Il falloit, suivant les articles 136 & 138 de l'ordonnance des présidiaux, mettre l'affaire en état dans un an, & la faire juger dans cinq, après quoi on n'y étoit plus reçu ; mais la déclaration du mois de février 1549, donna cinq ans pour mettre la *proposition d'erreur en état.*

Ces sortes d'affaires devoient, suivant l'ordonnance de 1539, être jugées par tel nombre de juges qui étoit arbitré par les parties ; l'ordonnance d'Orléans prescrit d'appeller les juges qui avoient rendu le premier jugement, & en outre pareil nombre d'autres juges, & même deux de plus aux présidiaux ; il en falloit au moins treize.

L'ordonnance de Blois régla que celui qui auroit obtenu requête civile ne seroit plus reçu à proposer erreur, & que celui qui auroit proposé erreur, ne pourroit plus obtenir requête civile.

Enfin, l'ordonnance de 1667, *tit. 35*, *art. 62*, a abrogé les *propositions d'erreur* ; il y a néanmoins quelques parlemens où elles sont encore en usage, au lieu des requêtes civiles, & particuliérement dans le parlement de Flandres, où on les emploie sous le nom de *révision*. *Voyez* CASSATION, REQUÊTE CIVILE, RÉVISION. (*A*)

PROPRE, s. m. (*Droit coutumier.*) on entend par ce terme un bien qui n'a point été acquis par le dernier possesseur, mais qui lui a été transmis par ses parens à titre de succession, ou par une autre voie qui l'imite, & qui, par cette raison, est affecté à sa famille en général, ou à une ligne par préférence à l'autre.

On dit quelquefois un bien ou un héritage *propre* ; quelquefois on dit un *propre* simplement.

Dans quelques coutumes, au lieu de *propre* on dit *héritage*, ou *ancien*, *biens avitins*, *&c.*

Les Romains n'ont pas connu les *propres* tels qu'ils sont en usage parmi nous, ils en ont pourtant eu quelque idée ; & il n'y a guère de nation qui n'ait établi quelques régles pour la conservation des biens de patrimoine dans les familles.

En effet, quelque étendue que fût chez les Romains la liberté de disposer de ses biens, soit entre-vifs ou par testament, il y avoit dans les successions *ab intestat* quelque préférence accordée aux parens d'un côté ou d'une ligne, sur l'autre côté ou sur une autre ligne.

Aussi plusieurs tiennent-ils que la règle *paterna paternis*, *materna maternis*, que l'on applique aux *propres*, tire son origine du droit.

M. Cujas, sur la novelle 84, pense qu'elle vient de la loi *de emancipatis, cod. de leg. hæred.* qui défère aux frères du côté du père les biens qui procèdent de son côté, & aux frères du côté de la mère, ceux qui procèdent du côté de la mère seulement; & telle est l'opinion la plus commune de ceux qui ont écrit sur cette règle.

M. Jacques Godefroi en tire l'origine de plus loin; elle descend, selon lui, du code théodosien, sous le titre *de maternis bonis & materni generis, & cretione sublatâ.* Par la loi 4 de ce titre, l'empereur établit (contre la disposition de l'ancien droit) que si l'enfant qui a succédé à sa mère ou à ses autres parens maternels, vient à décéder, son père, quoique cet enfant fût en sa puissance, ne lui succède pas en ce genre de biens, la loi les défère *ad proximos;* ce qui marque que ce n'est pas seulement aux frères, suivant la loi *de emancipatis*, mais que cela comprend aussi les collatéraux plus éloignés.

Dans le cas où l'enfant auroit succédé à son père & à ses autres parens du côté paternel, la loi ordonne la même chose en faveur des plus proches du côté du père.

Ces dispositions établissent bien la distinction des lignes; & ce qui peut encore faire adopter cette origine pour les *propres*, c'est qu'il est certain que le code théodosien a été pendant plusieurs siècles le droit commun observé en France.

Pontanus, sur la coutume de Blois, *ad tit. de success.* croit que cette manière de partage, qui défère les héritages *propres* aux collatéraux des enfans à l'exclusion de leurs pères, s'est introduite parmi nous à l'exemple de ce qui se pratiquoit pour les fiefs. Il est constant que l'ancienne formule des investitures étoit qu'on donnoit le fief au vassal pour lui & ses descendans, au moyen de quoi le père en étoit exclus, & à défaut d'enfans du vassal, le fief passoit aux collatéraux; & comme dans le pays coutumier la plupart des héritages sont possédés en fief, il ne seroit pas étonnant que le même ordre de succéder qui étoit établi pour les fiefs eût été étendu à tous les *propres* en général, soit féodaux ou roturiers.

M. Charles Dumoulin, au contraire, tient que l'usage des *propres* est venu des Francs & des Bourguignons, & qu'il fut établi pareillement chez les Saxons par une loi de Charlemagne.

Il est certain en effet que l'héritage appellé *alode* ou *aleu* dans la loi salique, n'étoit autre chose qu'un ancien bien de famille, *alode* signifiant en cette occasion *hereditas avita.*

Dans la loi des Frisons, l'aleu est nommé *proprium; tit. viij, liv. II.*

Les anciennes constitutions de Sicile distinguent les *propres* des fiefs.

Les établissemens de saint Louis en 1270, & les anciennes coutumes de Beauvoisis, rédigées en 1283, font mention des *propres* sous le nom d'*héritages.* On voit que dès-lors la disposition de ces sortes de biens étoit gênée. Au commencement on ne pouvoit pas les vendre sans le consentement de l'héritier apparent, si ce n'étoit par nécessité jurée; dans la suite, celui qui vouloit les vendre, après être convenu du prix avec l'acheteur, devoit les offrir à ses proches parens, lesquels pouvoient les prendre pour le prix convenu; mais le vendeur n'étoit pas obligé de faire ces offres aux absens.

On reconnoît dans cet ancien droit le germe de nos *propres*, des réserves coutumières, du retrait lignager, sur lesquels la plupart de nos coutumes contiennent diverses dispositions.

La qualité de *propre* procède de la loi ou de la convention & disposition de l'homme; elle peut être imprimée à toutes sortes de biens, meubles & immeubles, avec cette différence que les immeubles sont les seuls biens qui deviennent *propres* réels, auxquels la loi imprime cette qualité; au lieu que les meubles ne deviennent *propres* que par fiction, & seulement par convention ou disposition, & cette fiction n'a pas un effet aussi étendu que la qualité de *propre* réel.

Ce ne sont pas seulement les maisons, terres, prés, vignes & bois qui sont susceptibles de la qualité de *propres réels*, mais aussi tous les immeubles incorporels, tels que les rentes foncières & les offices, dans plusieurs coutumes les rentes constituées, & dans celles d'Anjou, du Maine & de Touraine, les contrats pignoratifs, qu'elles autorisent.

La qualité de *propre* est opposée à celle d'*acquêts* ou de *conquêts.*

Lorsque la qualité d'un bien est incertaine, dans le doute on doit le présumer acquêt, parce que la disposition de ces sortes de biens est plus libre.

Les biens sont acquêts avant de devenir *propres.*

Les acquêts immeubles, qu'ailleurs on appelle *conquêts*, deviennent *propres* réels en plusieurs manières; savoir par succession directe ou collatérale, tant en ligne ascendante que descendante, par donation en ligne directe descendante, par subrogation & par accession ou consolidation.

Tout héritage qui échet par succession directe ou collatérale, ou par donation en ligne, devient *propre* naissant; & lorsque de celui qui l'a ainsi recueillie elle passe par succession à un autre, c'est ce que l'on appelle *faire souche;* & alors ce *propre* acquiert la qualité d'*ancien propre.* Ainsi le premier degré de succession fait un *propre* naissant, & le second un *propre* ancien.

Dans quelques coutumes on ne distingue point les *propres* anciens des *propres* naissans; il y a même des coutumes où les biens ne deviennent *propres* que quand ils ont fait souche. On compte dans cette dernière classe les coutumes de Marsan, Saint-Sever, Bayonne, Sole, Labour & Béarn.

La succession entre conjoints, en vertu de l'édit *undè vir & uxor*, forme-t-elle des *propres?* Pothier, *dans son traité des propres*, soutient avec raison, qu'on ne doit donner la qualité de *propres* qu'aux immeubles qui nous viennent de la succession de nos parens ; que si quelques coutumes ont défini les *propres* les héritages que nous possédons à titre successif, sans ajouter de nos parens, c'est que les successions ont lieu à titre de parenté, & que selon la coutume des jurisconsultes, les définitions ne se font que sur ce qui est ordinaire. D'ailleurs, la loi ne donne la qualité de *propres* aux héritages qui nous viennent de succession, que pour les conserver au côté & ligne de notre famille, d'où ils nous sont venus ; cette raison ne se rencontre plus dans la succession d'entre le mari & la femme ; c'est un étranger qui succède à défaut de parens du défunt ; il n'y a plus, par conséquent, de famille du côté d'où l'héritage est venu, à qui il puisse être conservé, &, par conséquent, on lui donneroit en vain la qualité de *propre*.

Il y a plusieurs cas, dans lesquels des acquêts deviennent *propres* par subrogation, c'est-à-dire, lorsqu'ils prennent la place d'un *propre*.

Par exemple ; lorsqu'on échange un *propre* contre un acquêt, cet acquêt devient *propre*. *Cout. de Paris, art.* 143.

De même, suivant l'article 94, les deniers provenans du remboursement d'une rente constituée qui appartenoit à des mineurs, conservent la même nature qu'avoit la rente, & ce jusqu'à la majorité des mineurs.

Dans les partages, un bien paternel mis dans un lot au lieu d'un bien maternel, devient *propre* maternel. Il en est de même lorsque l'héritier des *propres* a pris dans son lot un *propre* d'une autre ligne.

Un héritage *propre*, échu à un cohéritier par licitation ou à la charge d'une soute & retour de partage, lui est *propre* pour le tout.

Quand on donne à rente un héritage *propre*, la rente est de même nature.

Les deniers provenans du réméré d'un *propre* appartiennent à l'héritier qui auroit recueilli ce *propre*.

Enfin, il y a subrogation quand un *propre* est vendu pour le remplacer par un autre bien, & qu'il en est fait mention dans le contrat de vente & dans celui de la nouvelle acquisition, que ces deux contrats se sont suivis de fort près, & qu'il est bien constant que la nouvelle acquisition a été faite des deniers provenans du prix du *propre* vendu. *Voyez* SUBROGATION.

Un acquêt est fait *propre* par accession & consolidation, lorsque sur un héritage *propre* on a construit une maison ou fait quelques augmentations, réparations, embellissemens & autres impenses ; de même lorsqu'une portion d'héritage est accrue par alluvion au corps de l'héritage, elle devient de même nature.

Quand un fief servant est réuni au fief dominant suivant la condition de l'inféodation, ou que l'héritage qui avoit été donné à titre d'emphytéose revient en la main du bailleur, soit par l'expiration du bail, soit par la résolution de ce bail faute de paiement, l'héritage reprend la même nature qu'il avoit au temps de la concession.

Mais dans le cas de la confiscation pour cause de désaveu ou félonie, ou pour autre crime, dans le cas de succession par déshérence ou bâtardise, l'héritage échet au seigneur comme un acquêt. Il en est de même quand le seigneur achète le fief de son vassal, ou qu'il le retire par retrait féodal.

Toute donation d'immeubles en ligne directe descendante forme des *propres*, soit qu'elle contienne la clause d'avancement d'hoirie ou non, soit qu'elle ait lieu par acte entre-vifs ou par testament, parce que ces immeubles nous sont acquis par droit de sang & de famille. Cette règle s'étend même aux donations faites par l'aïeul à son petit-fils, du vivant de son fils, & à celles qui sont faites aux puînés, dans les coutumes où les aînés sont seuls héritiers. A l'égard des donations faites par des collatéraux à leurs héritiers présomptifs, le droit commun les regarde comme acquêt dans la personne du donataire, parce que n'y ayant point d'obligation naturelle de laisser notre succession à des collatéraux, une pareille donation ne peut être regardée comme une succession anticipée. Cependant, il existe quelques coutumes qui leur donnent la qualité de *propres*, mais cette disposition doit être bornée à leur territoire.

L'héritage *propre* retiré par retrait lignager, est *propre* au retrayant : mais dans sa succession, l'héritier des *propres* doit, dans l'an & jour du décès, rendre le prix de ce *propre* à l'héritier des acquêts. *Coutume de Paris, art.* 139. Mais il n'en est pas de même de l'acquisition d'un *propre*, faite par un parent de la ligne dont il provient. Il ne peut être considéré dans sa succession que comme un acquêt, puisqu'il n'est pas venu en sa possession par le droit du sang & de la famille.

Lorsqu'on a cessé de posséder un héritage *propre*, le recouvrement qu'on en fait dans la suite, lui rend-elle la qualité de *propre*? Il faut distinguer si ce recouvrement a pour cause un nouveau titre d'acquisition, ou la résolution de l'aliénation qui en avoit été faite. Dans la première hypothèse, on ne considère plus l'ancien titre, & l'héritage tient nature de pur acquêt : dans la seconde, il reprend la qualité qu'il avoit avant de sortir du patrimoine, parce que l'aliénation qui en a été faite, est regardée comme non avenue, & qu'il n'intervient point de nouveau titre d'acquisition. C'est ce qui a lieu lorsque le vendeur d'un héritage *propre* y rentre, soit par l'entérinement de lettres de rescision, soit par l'action du réméré, s'il a été vendu sous cette condition. *Voyez* ACQUÊT, RÉMÉRÉ.

Dans les successions *ab intestat*, les *propres* appartiennent à l'héritier des *propres* à l'exclusion de l'héritier des meubles & acquêts, quoique celui-ci fût plus proche en degré que l'héritier des *propres*.

En ligne directe, les *propres* ne remontent point, c'est-à-dire, que les enfans & petits-enfans du défunt, & même les collatéraux, sont préférés à ses père & mère; ceux-ci succèdent seulement par droit de retour aux choses par eux données.

En ligne directe descendante, les enfans ou petits-enfans par représentation de leurs pères ou mères, succèdent à tous les *propres*, de quelque côté & ligne qu'ils viennent. Ainsi, la règle *paterna paternis*, *materna maternis*, n'est d'aucun usage pour la ligne directe.

Il n'en est pas de même en collatérale; pour succéder au *propre*, il faut être le plus proche parent du côté & ligne d'où le *propre* lui est avenu & échu. *Voyez* PATERNA PATERNIS.

La disposition des *propres* est bien moins libre que celle des acquêts; il n'y a guère de coutumes qui ne contiennent quelque limitation sur la disposition des *propres*.

La plupart permettent bien de disposer entre-vifs de ses *propres*, mais par testament elles ne permettent d'en donner que le quint: d'autres ne permettent d'en donner que le quart, d'autres le tiers, d'autres la moitié.

Quelques-unes défendent toute disposition des *propres* par testament, & ne permettent d'en donner entre-vifs que le tiers.

On ne peut même, dans quelques coutumes, disposer de ses *propres* sans le consentement de son héritier apparent, ou sans une nécessité jurée.

Nous avons aussi des coutumes, telles que celles d'Anjou, du Maine & de Poitou, qui subrogent les acquêts aux *propres*, & les meubles aux acquêts, c'est-à-dire, qu'au défaut de *propres* elles défendent de disposer des acquêts au-delà de ce qu'il est permis de faire pour les *propres*, & de même pour les meubles au défaut d'acquêts.

Nous avons dit, sous le mot ACQUÊT, qu'anciennement dans ces coutumes, il suffisoit qu'un testateur laissât dans sa succession quelques *propres*, pour disposer librement de ses acquêts & de son mobilier, mais que depuis un arrêt de 1668, la jurisprudence avoit changé à cet égard, & qu'il étoit nécessaire que le testateur possédât des *propres* pour une valeur proportionnée à ses autres biens.

Mais depuis, on nous a appris que ce changement de jurisprudence n'étoit pas certain, au moins dans les coutumes d'Anjou & du Maine; que la question s'étant présentée à Angers en 1752, une sentence du 27 juin avoit entériné un legs universel d'un mobilier considérable, quoiqu'il n'y eût qu'une rente de vingt sous, constituée au principal de vingt livres, dans le dessein seulement de faire valoir le don des meubles.

Que le 8 janvier 1759, une sentence des mêmes juges avoit entériné le don fait par Perrine Brunet à Mathurin Delaunay, son mari, d'un mobilier de plus de 6000 liv., quoiqu'il n'y eût entre eux qu'un conquêt d'un morceau de vigne, acheté 36 liv.; de sorte qu'un immeuble de 12 liv. de fonds qui restoit aux héritiers collatéraux, fut regardé suffisant pour pouvoir disposer de 6000 liv. de mobilier, parce qu'il suffit d'avoir un immeuble *idque in qualitate non in quantitate*; qu'une sentence du sénéchal de Mayenne avoit décidé, le 26 juin 1761, que Madeleine Brochon avoit pu donner au sieur Dallé, son mari, un mobilier de 26,199 liv., quoiqu'elle ne laissât pour immeuble qu'un acquêt de 48 liv., & la moitié dans un conquêt de 460 liv., & que ses héritiers, à qui elle ne laissoit que 186 livres de tous biens immeubles, avoient été privés d'un mobilier de 26,199 liv.; que sur l'appel de la sentence, les héritiers avoient fait les plus grands efforts pour accréditer le systême de proportion, & avoient fait imprimer une consultation de MM. de Lambon, Mallard & Guillen, dans laquelle les consultans vouloient rappeller le systême de la proportion, & leur sagacité y donnoit de nouvelles apparences.

Que de son côté, le donataire leur avoit opposé un arrêt de la première chambre des enquêtes, rendu au rapport de M. Bertin, qui avoit décidé la question *in terminis*, le premier février 1763.

Que l'arrêt rendu en la troisième chambre des enquêtes, au rapport de M. Mongodefroi, le 14 août 1763, avoit confirmé la sentence du siège de Mayenne. Qu'ainsi, deux arrêts dans la même année, l'un à la première, l'autre à la troisième chambre des enquêtes, avoient jugé dans les termes les plus précis, que dans les coutumes d'Anjou & du Maine, il suffisoit de laisser des immeubles *in qualitate non in quantitate* pour pouvoir disposer librement de ses meubles.

La portion des *propres* que les coutumes défendent de donner, soit entre-vifs ou par testament, est ce que l'on appelle *la réserve coutumière des propres*; c'est une espèce de légitime coutumière qui a lieu, non-seulement en faveur des enfans, mais aussi en faveur des collatéraux.

On peut pourtant vendre ses *propres* au préjudice de cette légitime, à moins que la coutume ne le défende.

Comme les *propres* sont les biens qui ont le plus mérité l'attention des coutumes, elles ont aussi exigé un âge plus avancé pour disposer des *propres* que pour disposer de ses meubles & acquêts; car pour les biens de cette espèce, il suffit communément d'avoir vingt ans, au lieu que pour tester de ses *propres*, il faut avoir vingt-cinq ans.

Les dispositions des coutumes qui limitent le pouvoir de disposer des *propres*, sont des statuts prohibitifs, négatifs, qu'il n'est pas permis d'éluder.

La quotité des *propres* que les coutumes ordonnent de réserver doit être laissée en nature, tant en propriété qu'en usufruit; il ne suffit pas de laisser l'équivalent en autres biens.

Pour fixer la quotité des *propres* dont on peut disposer par testament, on considère les biens en l'état qu'ils étoient au jour du décès du testateur.

Tous héritiers peuvent demander la réduction du legs ou de la donation des *propres*, lorsque la disposition excède ce que la coutume permet de donner ou léguer, encore que l'héritier ne fût pas du côté ou de la ligne d'où procède le *propre*.

Les héritiers des *propres*, même ceux qui n'ont que les réserves coutumières, contribuent aux dettes comme les autres héritiers & successeurs à titre universel, à proportion de l'émolument.

Outre les *propres* réels & ceux qui sont réputés tels, il y a encore une autre sorte de *propres* qu'on appelle *propres fictifs* ou *conventionnels*; on les appelle aussi quelquefois *propres de communauté*, lorsque la convention par laquelle on les stipule *propres*, a pour objet de les exclure de la communauté.

Ces stipulations de *propre* ont différens degrés; savoir, *propre* au conjoint, *propre* à lui & aux siens, *propre* à lui & aux siens de son côté & ligne. La première clause n'a d'autre effet que d'exclure les biens de la communauté; la seconde opère de plus que les enfans se succèdent les uns aux autres à ces sortes de biens; la troisième opère que les biens sont réputés *propres* jusqu'à ce qu'ils soient parvenus aux collatéraux.

Ces stipulations de *propres* n'empêchent pas les conjoints & autres qui recueillent ces *propres* fictifs; d'en disposer selon qu'il est permis par la coutume, à moins que l'on eût stipulé que la qualité de *propre* aura son effet, même pour les donations & dispositions.

Toutes ces stipulations sont des fictions qu'il faut renfermer dans leurs termes; elles ne peuvent être étendues d'une personne à une autre; ni d'un cas à un autre, ni d'une chose à une autre.

On ne peut faire de telles stipulations de *propres* que par contrat de mariage, par donation entre-vifs ou testamentaire, ou par quelque autre acte de libéralité.

Les conjoints ou leurs père & mère peuvent faire ces sortes de stipulations par contrat de mariage.

Les stipulations ordinaires sont suppléées en faveur des mineurs, lorsqu'elles ont été omises dans leur contrat de mariage, & qu'ils en souffrent un préjudice notable.

Les effets de la stipulation de *propres* cessent, 1°. par le paiement de la somme stipulée *propre*, fait au conjoint, ou à ses enfans majeurs; 2°. par la confusion qui arrive par le concours de deux hérédités dans une même personne majeure; 3°. par la cession ou transport de la somme ou de la chose stipulée *propre*, faite au profit d'une tierce personne, car la fiction cesse à son égard; enfin, elle cesse par l'accomplissement des divers degrés de stipulation, lorsque la fiction a produit tout l'effet pour lequel elle avoit été admise. *Voyez* AMEUBLISSEMENT.

Les *propres* reçoivent encore différentes qualifications, que l'on va expliquer dans les subdivisions suivantes.

PROPRE AMEUBLI, est celui que l'on répute meuble par fiction, pour le faire entrer en la communauté. *Voyez* AMEUBLISSEMENT & COMMUNAUTÉ.

PROPRE ANCIEN, est un immeuble qui nous vient de nos ancêtres, & qui a déjà fait souche dans la famille, c'est-à-dire, qui avoit déjà la qualité de *propre* avant qu'il échût à celui qui le recueille en cette qualité; le *propre ancien* est opposé au *propre* naissant. *Voyez* PROPRE NAISSANT.

PROPRE AVITIN, est la même chose que *propre ancien.*

PROPRE DE COMMUNAUTÉ, est tout bien mobilier ou immobilier qui appartient à l'un des conjoints, & qui n'entre pas dans la communauté de biens; on l'appelle *propre*, parce que relativement à la communauté, cette fiction opère le même effet que si le bien étoit véritablement *propre;* tous les biens que l'on stipule, qui n'entrent point en communauté, ou qui sont donnés aux conjoints à cette condition, sont *propres de communauté*, c'est-à-dire, que la communauté n'y a aucun droit, mais ils ne deviennent pas pour cela de véritables *propres* de succession & de disposition. *Voyez* PROPRES DE DISPOSITION & DE SUCCESSION.

PROPRE CONTRACTUEL, est celui qui tire cette qualité d'un contrat. *Voyez* PROPRE CONVENTIONNEL.

PROPRE CONVENTIONNEL, est un bien mobilier ou immobilier que les futurs conjoints stipulent *propre* par leur contrat de mariage, quoiqu'il ne le soit pas en effet; les *propres conventionnels* ne sont donc que des *propres* fictifs & des *propres* de communauté, c'est-à-dire, qu'ils le sont relativement à la communauté.

PROPRE DE CÔTÉ ET LIGNE, est un *propre* réel de succession & de disposition qui est affecté à toute une famille, comme du côté & ligne maternelle, ou du côté paternel.

On stipule aussi quelquefois par contrat de mariage, qu'un bien qui n'est pas réellement *propre* sera & demeurera *propre* au conjoint, & même quelquefois à lui & aux siens de son côté & ligne. Cette stipulation de *propre* renferme trois degrés, le premier *propre* à lui n'a d'autre effet que d'exclure le bien de la communauté; le second degré *propre* aux siens a deux effets; l'un d'exclure le bien de la communauté; l'autre est que le bien est tellement affecté & destiné aux enfans & autres descendans du conjoint qui a fait la stipulation de *propre*, qu'arrivant le décès de quelques-uns des enfans & autres descendans, ils se succèdent les uns aux autres en ces sortes de *propres*, à l'exclusion de l'autre conjoint leur père, mère, aïeul ou aïeule, *&c.*; de manière que ceux-ci n'y peuvent rien prétendre tant qu'il y reste un seul enfant ou autre descendant.

Le troisième degré de stipulation de *propre* qui est *à lui, aux siens de son côté & ligne*, outre les deux effets dont on vient de parler, en produit encore un troisième, qui est qu'au défaut des enfans & autres descendans du conjoint qui a fait la stipulation, le bien est affecté aux héritiers collatéraux du même conjoint, à l'exclusion de l'autre conjoint & de ses héritiers; mais ces *propres* fictifs ne deviennent pas pour cela de vrais *propres* de succession ni de disposition; de manière que le conjoint qui fait la stipulation peut en disposer comme d'un acquêt, & que dans sa succession ils ne sont pas affectés aux héritiers des *propres*, mais au plus proche parent, comme sont les meubles & acquêts. *Voyez* PROPRE DE COMMUNAUTÉ, PROPRE FICTIF.

PROPRE DE DISPOSITION, est celui dont on ne peut disposer que suivant qu'il est permis par la coutume; c'est une qualification que l'on donne aux *propres* réels pour les distinguer des *propres* fictifs, lesquels sont réputés *propres*, à l'effet d'y faire succéder certaines personnes, mais ne sont pas *propres de disposition*.

PROPRE D'ESTOC ET LIGNE, sont ceux qui sont venus à quelqu'un de l'estoc ou souche dont il est issu; dans les coutumes souchères on distingue les *propres d'estoc* des *propres de ligne*; dans les autres coutumes, ces termes sont synonymes. *Voyez* CÔTÉ & LIGNE, COUTUMES SOUCHÈRES & ESTOC.

PROPRE FICTIF, est un bien meuble ou immeuble qui n'est *propre* que par fiction & seulement pour empêcher qu'il n'entre dans la communauté de biens, & que l'un des conjoints ou ses héritiers ne puissent en profiter, soit pour moitié soit pour le tout. *Voyez* PROPRE DE COMMUNAUTÉ.

PROPRE DE LIGNE, est celui qui est affecté à une certaine ligne d'héritiers, comme à la ligne paternelle ou à la ligne maternelle, ou à ceux qui sont parens du défunt du côté & ligne du premier acquéreur de ce bien devenu *propre*. *Voyez* CÔTÉ & LIGNE.

PROPRE SANS LIGNE, est un bien qui vient d'une succession collatérale, ou qui est donné par quelqu'un, autre qu'un ascendant, à condition qu'il sera *propre* au donataire; un tel bien ne peut devenir *propre* de ligne qu'après avoir fait souche en directe.

PROPRE A LUI, cela se dit en parlant d'un bien qui est stipulé *propre* pour le conjoint; on ajoute quelquefois ces mots: *& aux siens de son côté & ligne*, dont on a donné l'explication au mot PROPRE DE COMMUNAUTÉ.

PROPRE MATERNEL, est celui qui vient du côté de la mère de celui *de cujus*; dans les coutumes de simple côté, on ne distingue les *propres* qu'en paternels & maternels; dans les coutumes de côté & ligne il ne suffit pas d'être parent du côté d'où vient le *propre*, il faut aussi être parent du côté & ligne du premier acquéreur.

PROPRE NAISSANT, est celui qui est possédé pour la première fois comme *propre*; le bien qui étoit acquêt en la personne du défunt, devient *propre naissant* en la personne de l'héritier. *Voyez* PROPRE ANCIEN.

PROPRE NATUREL, est un immeuble qui acquiert naturellement la qualité de *propre*, à la différence de celui qui ne l'est que par fiction & par convention.

PROPRE ORIGINAIRE, est celui qui tire cette qualité de son origine, & non de la convention des parties.

PROPRE PATERNEL, est celui qui vient du côté du père *Voyez* PROPRE MATERNEL.

PROPRE PAPOAL *ou* DE PAPOAGE, est la même chose que *patrimoine*, que le bien qui vient de nos pères. Ce terme est usité dans les coutumes d'Acqs, Saint-Sever, & Solle.

PROPRE RÉEL, est un immeuble qui a acquis, par succession ou par donation, le caractère de *propre*.

PROPRE DE RETRAIT, est un immeuble qui est *propre* à tous égards, & même sujet au retrait lignager en cas de vente: on appelle ainsi ces sortes de *propres* pour les distinguer de certains immeubles qui sont susceptibles de la qualité de *propres de succession* & *de disposition* sans être *propres de retrait*, comme sont les offices & les rentes constituées.

PROPRE AUX SIENS, c'est un bien que l'un des conjoints exclut de la communauté de biens, & qu'il stipule *propre*; de manière que ses enfans & descendans doivent se succéder les uns aux autres à ce bien, à l'exclusion de l'autre conjoint.

PROPRE DE SUCCESSION, est celui qui, dans la succession de quelqu'un, doit passer comme *propre* à certaines personnes: ces sortes de *propres* ont trois caractères distinctifs; le premier, d'être affectés à la ligne dont ils procèdent; le second, qu'il n'est permis d'en disposer qu'avec certaines limitations réglées par les coutumes; le troisième, d'être sujet au retrait lignager: les *propres* réels ou réputés tels sont *propres de succession*; les *propres* fictifs sont aussi, en quelque manière, *propres de succession*, en ce que la qualité de *propre* que l'on y a imprimée, y fait succéder certaines personnes, qui, sans cette qualité, n'y auroient pas succédé; mais ils ne sont pas vraiment *propres*, n'étant pas affectés aux héritiers des *propres*, plutôt qu'aux héritiers des acquêts.

PROPRE DE SUCCESSION ET DE DISPOSITION, est un *propre* réel dont on ne peut disposer que suivant qu'il est permis par la coutume, & qui, dans la succession de celui auquel il appartient, se règle comme *propre*.

PROPRIÉTAIRE, s. m. (*Droit naturel & civil.*)

est celui qui a le domaine d'une chose mobiliaire ou immobiliaire, corporelle ou incorporelle, qui a droit d'en jouir & d'en faire ce que bon lui semble, même de la dégrader & détruire, autant que la loi le permet, à moins qu'il n'en soit empêché par quelque convention ou disposition qui restreigne son droit de propriété.

Le droit du *propriétaire* est bien plus étendu que celui de l'usufruitier; car celui-ci n'a que la simple jouissance, au lieu que le *propriétaire* peut *uti & abuti re suâ quatenùs juris ratio patitur.*

Ainsi le *propriétaire* d'un héritage peut changer l'état des lieux, couper les bois de haute-futaie, démolir les bâtimens, en faire de nouveaux, & fouiller dans l'héritage si avant qu'il juge à propos, pour en tirer de la marne, de l'ardoise, de la pierre, du plâtre, du sable, & autres choses semblables.

Le *propriétaire* d'un héritage jouit, en cette qualité, de plusieurs privilèges vis-à-vis ses fermiers & locataires. *Voyez* BAIL, *& ci-après* PROPRIÉTÉ.

PROPRIÉTÉ, s. f. (*Droit naturel & civil.*) est le droit que chacun des individus, dont une société civile est composée, a sur les biens qu'il a acquis légitimement.

En vertu de ce droit, le propriétaire peut disposer comme il lui plaît de la chose qui lui appartient. Il peut en changer les formes, la vendre, la donner, la détruire, *&c.* pourvu toutefois qu'il ne donne aucune atteinte aux loix ni aux droits d'autrui.

Mais, quoique le droit de *propriété* renferme les droits dont nous venons de parler, le propriétaire peut être empêché de les exercer, soit par quelque défaut dans sa personne, soit parce qu'il y a quelque imperfection dans son droit de *propriété.*

Les défauts qui, dans la personne, peuvent être un obstacle à l'exercice du droit de *propriété*, sont la minorité, la démence, l'interdiction, l'état d'une femme qui est sous la puissance de son mari. Ainsi, quoique ces sortes de propriétaires aient le fonds des droits que donne la *propriété*, l'exercice de ces droits appartient au tuteur du mineur, au curateur de l'interdit, & au mari qui a la femme sous sa puissance.

Les cas dans lesquels la *propriété* est imparfaite, ont lieu lorsqu'elle doit se résoudre au bout d'un certain temps, ou par l'événement d'une certaine condition, ou que la chose est chargée de droits réels envers d'autres personnes que le propriétaire.

On conçoit que celui qui n'a qu'une *propriété* résoluble est privé d'une partie des droits que renferme la *propriété* parfaite. Il ne peut point, par exemple, changer la forme des héritages au préjudice de la personne à qui ils doivent appartenir à titre de substitution; il ne peut pas non plus les aliéner, ni y céder des droits pour plus long-temps que ne doit durer sa *propriété.* Pareillement, le propriétaire d'un héritage chargé d'un usufruit ou de quelque droit réel, ne peut rien faire dans cet héritage au préjudice de ces droits.

Quoique le propriétaire qui a une *propriété* parfaite, puisse, en général, user de sa chose comme bon lui semble, il ne peut néanmoins pas en faire ce que les ordonnances lui défendent d'en faire. Ainsi, un marchand de bled ne peut pas transporter son bled hors du royaume, lorsqu'il y a une loi qui défend l'exportation de cette denrée; & le propriétaire d'un héritage ne peut pas y planter du tabac, parce que la culture de cette plante est interdite aux particuliers.

Les manières d'acquérir la *propriété* d'une chose par le droit naturel & des gens, se réduisent à trois, qui sont l'occupation, l'accession & la tradition.

On acquiert, par l'occupation, la *propriété* d'une chose qui n'appartient à personne, en s'en emparant.

Les choses qui n'appartiennent à personne sont, par exemple, l'air, l'eau qui coule dans les rivières, les cailloux propres à être taillés qu'on trouve sur les rivages de la mer & des fleuves, les différentes sortes de coquillages qu'on ramasse sur le bord de la mer, *&c. Voyez* OCCUPATION.

Indépendamment de ce droit d'occupation, il y en a un autre qui est du droit des gens, par lequel le souverain & ceux auxquels il communique son droit, acquièrent la *propriété* des choses prises sur l'ennemi. Telles sont les conquêtes, le butin, les prises sur mer, & en général tout ce que le vainqueur enlève au vaincu.

On acquiert par l'accession la *propriété* des choses qui s'unissent à celles qu'on possédoit déjà. Ainsi les fruits que produisent les arbres, les agneaux que font les brebis, appartiennent à celui qui a la *propriété* de ces arbres, de ces brebis. *Voyez* ACCESSION.

On acquiert par la tradition la *propriété* d'une chose dont quelqu'un, qui a le droit de l'aliéner, transfère à quelque autre la possession. *Voyez* TRADITION.

La *propriété* des choses se transmet aussi par le droit civil en plusieurs cas, sans tradition ni prise de possession, soit à titre universel, soit à titre singulier.

Elle se transmet, par exemple, à titre universel dans le cas d'une succession: le défunt est censé avoir, lors de sa mort, transféré à ses héritiers la *propriété* qu'il avoit des choses dont sa succession se trouve composée, même avant qu'ils aient eu connoissance de cette mort: c'est ce qui est établi par cette règle du droit françois, *le mort saisit le vif, son plus prochain héritier habile à lui succéder.*

La *propriété* se transmet à titre singulier par le droit civil, dans le cas d'un legs, aussi-tôt que le testateur est mort, & avant qu'il y ait aucune tradition de la chose léguée.

Une adjudication qui se fait en justice est encore une maniere d'acquérir par le droit civil. Elle transfère de plein droit à l'adjudicataire la *propriété* qu'avoit l'ancien propriétaire sur la chose adjugée. *Voyez* ADJUDICATION.

La prescription est pareillement une maniere d'acquérir la *propriété* par le droit civil. *Voyez* PRESCRIPTION.

Une personne perd la *propriété* des choses qui lui appartiennent, ou volontairement, ou sans son consentement, & malgré elle.

Elle perd cette *propriété* volontairement, lorsqu'étant capable d'aliéner la chose, elle en fait la tradition à quelqu'un.

Elle peut aussi perdre la *propriété* d'une chose par un simple abandon de la chose, qui, dans ce cas, appartient au premier occupant.

Remarquez, à ce sujet, que ceux qui, pour alléger un vaisseau dans une tempête, jettent à la mer les marchandises qu'il contient, n'ayant nulle intention de perdre la *propriété* de ces marchandises, la conservent; c'est pourquoi si, par la suite, elles viennent à être retirées de la mer ou jettées sur le rivage, ils ont droit de les revendiquer en payant les frais.

Une personne perd, sans son consentement, la *propriété* des choses qui lui appartiennent, lorsque ses créanciers les ayant saisies, les font vendre.

Elle perd aussi, malgré elle, la *propriété* des choses dont les ennemis l'ont dépouillée à la guerre.

Elle perd de même, sans son consentement, la *propriété* d'une chose qui lui appartient, lorsque celui qui possède cette chose vient à l'acquérir par droit de prescription.

On peut demander si la *propriété* est de droit naturel proprement dit? Je répondrai que si on prend ces mots de *droit naturel*, pour un précepte exprès de la loi naturelle, qui ordonne de faire telle ou telle chose, il est certain que le droit de *propriété* n'en provient pas; mais si on entend par ces termes, ce que la droite raison conseille d'établir pour l'avantage de la société humaine en général, il est vrai de dire que la *propriété* est de droit naturel. En effet, les hommes étant faits de telle maniere, qu'ils n'auroient pu, sans la *propriété* des biens, vivre ensemble dans une société honnête & paisible, depuis qu'ils se sont multipliés, & qu'ils ont inventé divers arts pour rendre la vie plus commode & plus agréable, la constitution des choses humaines, & le but du droit naturel demandoient alors un tel établissement.

La *propriété* n'est pas une qualité physique & inhérente à la substance des choses, mais une qualité morale qui tire son origine de l'institution humaine, qui suppose la société établie, & un fait humain, en vertu duquel, les choses qui auparavant n'étoient à personne, sont devenues propres à quelqu'un en particulier. Ce fait humain est la prise de possession, c'est-à-dire, cet acte par lequel on s'empare d'une chose qui n'est encore à personne, dans le dessein d'en acquérir la *propriété*.

Pour comprendre comment la prise de possession a pu produire la *propriété*, il faut d'abord remarquer que Dieu ayant destiné les biens de la terre aux besoins & aux commodités des hommes, tous les hommes, en vertu de cette destination du créateur, ont naturellement le droit de se servir de ces biens, de la maniere qu'ils le jugent à propos en suivant les règles de la prudence & de la sociabilité.

Cela supposé, il s'ensuit nécessairement qu'aussitôt que quelqu'un s'est emparé d'une chose, qui n'étoit encore à personne, dans l'intention de se l'approprier pour la faire servir à ses besoins, il acquiert par cela même un droit exclusif sur cette chose, & qu'aucun autre ne peut, dans la suite, l'en déposséder, ou s'en servir malgré lui, sans injustice. C'est-là un effet naturel de l'intention du créateur. La prise de possession est une espèce d'acceptation de la destination que Dieu a fait des biens de la terre aux hommes. Il n'en faut donc pas davantage pour produire un droit de *propriété*, & pour mettre tous les autres hommes dans l'obligation de respecter ce droit.

Puffendorf, *liv. iv*, *chap. iv*, §. 4, explique la chose un peu autrement, & il suppose que la prise de possession ne produit la *propriété* qu'au moyen de quelque convention, ou expresse ou tacite, là-dessus. Il fonde son sentiment sur ce que tous les hommes ayant originairement un droit égal sur toutes choses, il faut, de nécessité, une convention, une espèce de renonciation à ce droit commun, afin qu'une chose puisse appartenir à quelqu'un exclusivement à tout autre.

Grotius, *liv. ij*, *chap. ij*, §. 2, *n. 10*, est du même avis, de même que plusieurs autres jurisconsultes. Je trouve, au reste, que la raison alléguée par Puffendorf est sans replique. Car autrement la *propriété* des biens n'auroit jamais pu s'introduire. En effet, tant que la communauté négative subsistoit, un homme n'étoit pas le maître de s'emparer d'un bien qui appartenoit aux autres tout comme à lui. Et quel droit auroit-il eu le lendemain d'en exclure celui qui venoit pour y ramasser sa subsistance? Le jour auparavant, il jouissoit du droit que le créateur lui avoit accordé; droit que personne ne pouvoit lui contester: aujourd'hui, il se trouve déchu de ce droit: & pourquoi? Parce qu'un autre s'en est emparé: par quel droit? Parce qu'il l'a occupé, c'est-à-dire, parce qu'il s'en est emparé. Ainsi, dire qu'on acquiert le droit de *propriété* d'une chose parce qu'on l'occupe, c'est la même chose dans le fond, que dire qu'on acquiert le droit d'une chose parce qu'on s'en empare. Répondre qu'on s'en empare parce qu'elle n'est à personne, c'est ne faire point de cas de la communauté primitive, quoique négative. Il est vrai que les fonds, dans cette communauté, n'appartenoient à personne en particulier, mais l'usufruit appartenoit également & à ceux qu'on en veut exclure, & à celui qui s'en est emparé; or, dès qu'on s'approprie le fonds, on en refuse l'usufruit; ce qui demande nécessairement une convention ou expresse ou au moins tacite.

Il est, au reste, fort difficile de trouver des traces de la *propriété*, proprement ainsi nommée, avant l'établissement des sociétés civiles, & que les hommes se fussent assez dégrossis pour appercevoir la différence qu'il y a entre le pouvoir physique & le pouvoir moral, suite du droit. Dans les deux premiers âges de la vie, lorsque les hommes étoient chasseurs ou pasteurs, on avoit à peine l'idée de *propriété* sur les fonds de terre, les hommes ignorant entiérement l'agriculture, ignorant également l'art de bâtir, si ce n'étoit des cabanes, qu'ils construisoient & détruisoient en un clin-d'œil, n'avoient point d'habitations fixes; mais rassemblés en hordes, ou tribus, ils erroient de côté & d'autre pour trouver des endroits où leurs troupeaux pussent paître. Tant que les hommes menèrent cette vie vagabonde, ils usèrent des fonds de terre & de leurs productions, comme de l'air ou de l'eau. Un pâturage étoit regardé comme appartenant à une horde, ou tribu, tant qu'elle en étoit en jouissance, parce que personne d'autre n'en réclamoit l'usage: il en étoit de même de l'air qu'ils respiroient, & de l'eau dont ils buvoient. Du moment où ils alloient s'établir ailleurs, il ne restoit plus aucun rapport entre eux & le champ qu'ils abandonnoient. Ce champ étoit ouvert aux nouveaux venus, qui avoient droit de s'en emparer & d'en jouir, comme s'il n'eût pas été anciennement occupé. On peut donc conclure de-là, que tant que les hommes menèrent la vie de pasteurs, sans former une société civile, il n'y eut entre eux & les fonds de terre point de rapport formé d'une manière assez distincte pour que ce rapport pût être appellé une vraie *propriété*. *Voyez*, sur ce sujet, la *description* que donne Thucydide au commencement de son *histoire* du premier état de la Grèce.

L'agriculture, que nous pouvons regarder comme le troisième âge de la vie sociale, produisit le rapport de *propriété* des fonds de terre. Un homme qui s'est donné des peines pour préparer un champ par la culture où il a employé le secours de l'art, le faisant valoir par-là, suivant le calcul de Locke, *gouvernement civil, chap.* 4, $\frac{99}{100}$ au-dessus de ce qu'abandonné à la nature il auroit produit, cet homme, dis-je, se forme dans son esprit l'idée d'un rapport intime avec ce champ. Il contracte par degrés une affection singulière pour ce morceau de terre, qui, en quelque façon, est l'ouvrage de ses mains. Il préfère de vivre sur cette terre plutôt que par-tout ailleurs, & souhaite d'y déposer ses os. Cette terre est un objet qui affecte son imagination, & s'en occupe, soit qu'il reste sédentaire, ou qu'il soit hors de chez lui. Après une campagne, ou une guerre de plusieurs années en pays étrangers, il revient dans sa maison & dans sa terre avec empressement, pour y passer son temps dans la joie & l'abondance. Ces expériences développent par degrés le rapport de la *propriété*, ce rapport est distingué de la possession; & la vive perception de la *propriété* relativement à un objet si considérable, contribue principalement à cette distinction. S'il arrive qu'un propriétaire soit dépossédé en son absence, tout le monde sent & reconnoît l'injustice qui lui est faite, parce que lorsqu'il a commencé à travailler cette terre, tout le monde, tacitement au moins, a consenti à la lui accorder; ainsi, on ne voit qu'avec peine qu'un autre la lui enlève. Suivant l'opinion généralement admise, il continue donc d'être propriétaire, & l'action réelle lui sera donnée contre le possesseur, à qui la *propriété* ne peut être transférée par un acte contraire aux bonnes mœurs. Il y a donc toute apparence que l'origine & les progrès de la *propriété* proprement dite ne sont pas différens de ceux des sociétés civiles & de l'agriculture; car la *propriété* des biens immobiliers demandoit une vie fixe & permanente; état qu'on doit attribuer à l'établissement des sociétés civiles, & aux progrès de l'agriculture.

Il reste encore une question à examiner; savoir, si l'établissement de la *propriété* des biens est avantageux au genre humain, ou s'il auroit mieux valu pour les hommes qu'ils demeurassent dans la communauté primitive? Je réponds, que depuis la multiplication du genre humain, l'établissement de la *propriété* des biens étoit absolument nécessaire au bonheur des particuliers, au repos & à la tranquillité publique. Car, 1°. une communauté universelle de biens, qui auroient pu avoir lieu entre des hommes parfaitement équitables & libres de toute passion déréglée, ne sauroit être qu'injuste, chimérique, & pleine d'inconvéniens entre des hommes faits comme ils le sont; 2°. dans une communauté de toutes choses, chacun étant obligé de rapporter à la masse commune tout le fruit de son industrie & de son travail, il y auroit des disputes sans nombre sur l'égalité du travail, & de ce que chacun consumeroit pour son usage; 3°. si chacun pouvoit trouver dans le fonds commun ce qu'il lui faut pour sa subsistance, la plupart des hommes, comptant sur le travail d'autrui, se livreroient à la paresse & à l'oisiveté; & ainsi on manqueroit bientôt du nécessaire & de l'utile; 4°. si tout étoit commun, il n'y auroit plus de besoins; & s'il n'y a plus de besoins, il n'y aura plus d'arts, plus de sciences, plus d'inventions; 5°. supposez au contraire la *propriété*, chacun prend soin de ce qui lui appartient; tous sont excités au travail, & les avantages que chacun retire de son

son application & de son industrie, donnent la naissance aux arts, aux sciences, aux inventions les plus utiles & les plus commodes; 6°. enfin, la communauté produisant une égalité de possessions & de richesses, elle établit aussi une égalité entière dans les conditions. Mais cela banniroit toute subordination, réduiroit les hommes à se servir d'eux-mêmes, & à ne pouvoir être secourus les uns des autres. Ainsi tariroit la principale source du commerce mutuel d'offices & de services; & les hommes se trouveroient dans une telle indépendance les uns des autres, qu'il n'y auroit presque plus de société entre eux.

La *propriété* produit encore un plus grand avantage, je veux dire celui de nous mettre à portée de satisfaire les plus nobles affections de l'ame. Si les dons de la fortune étoient communs, quelle occasion la générosité, la bienfaisance, la charité auroient-elles de se signaler? Les nobles principes manquant d'objets sur lesquels ils pussent s'exercer, resteroient à jamais dans l'inaction. Or, que seroit l'homme sans eux? Une vile créature, distinguée, à la vérité, des brutes par sa conformation extérieure, mais d'une nature peu relevée au-dessus de celle de ces mêmes brutes. La reconnoissance & la compassion pourroient agir quelquefois; mais dans l'état présent des choses, ces sentimens ont beaucoup plus d'activité. Les principes de l'homme sont adaptés avec une sagesse infinie aux circonstances extérieures de sa condition, & ces principes réunis forment une constitution régulière, où l'harmonie règne dans toutes les parties.

Rien n'étoit donc plus conforme à la droite raison, & par conséquent au droit naturel, que l'établissement de la *propriété* des biens, puisque sans cela il auroit été impossible que les hommes vécussent dans une société paisible, commode & agréable.

Malgré toutes ces raisons, Platon, Thomas Morus & Thomas Campanelle ont voulu introduire la communauté des biens, quoiqu'ils pensassent à une communauté positive : le premier, dans sa république; le second, dans son utopie; & le troisième, dans sa république du soleil. Mais il est facile d'imaginer & de supposer des hommes parfaits : la question est d'en trouver de tels qui existent réellement. On a beau dire que le mien & le tien sont la cause de toutes les guerres; il est certain, au contraire, que le mien & le tien ont été introduits pour éviter les contestations. D'où vient que Platon lui-même appelle la pierre qui marque les limites du champ, *une chose sacrée qui sépare l'amitié & l'inimitié, de leg. lib. viij.* Mais ce qui donne lieu à une infinité de querelles & de divisions, c'est l'avarice & l'avidité des hommes, qui les portent à franchir sans retenue les bornes du mien & du tien, réglées ou par des conventions particulières, ou par des loix.

PRORATA, sont deux mots latins que l'on écrit comme s'ils n'en faisoient qu'un, & qu'on a adoptés dans le style de pratique françois; pour signifier *à proportion*, on sous-entend le mot *parte*; c'est en ce sens que l'on dit des héritiers, donataires & légataires universels, qu'ils contribuent entre eux aux dettes chacun au *prorata* de l'émolument.

PROROGER, v. act. & PROROGATION, s. f. signifie, en général, *extension d'une chose.*

Prorogation d'un délai pour défendre ou faire quelque autre chose, veut dire qu'on continue le délai, qu'on recule le terme où il doit finir.

La prorogation du réméré, c'est lorsque l'acheteur, qui a acquis sous faculté de rachat jusqu'à un certain temps, après ce temps fini, consent de prolonger encore le délai.

La prorogation d'un compromis, est l'extension du temps fixé aux arbitres par le compromis, pour décider un différend.

Le temps du compromis ne peut être *prorogé* que par les parties, ou par leur fondé de procuration spéciale, ou par les arbitres eux-mêmes, supposé que le pouvoir leur en ait été donné par le compromis.

La peine portée par le compromis n'auroit pas lieu après la *prorogation*, si en continuant ainsi le compromis, on ne rappelloit pas aussi expressément la clause qui contient la peine. *Voyez* COMPROMIS, DÉLAI, RACHAT, RÉMÉRÉ. (*A*)

PROSCRIT, s. m. on entendoit quelquefois par-là chez les Romains celui dont la tête étoit mise à prix, mais plus communément ceux qui étoient condamnés à quelque peine, emportant mort naturelle ou civile. Le *tit. 49*, *lib. 2* du code est intitulé *de bonis proscriptorum. Voyez* CONFISCATION.

Parmi nous, on regarde comme *proscrit* tout homme qui est noté d'infamie, & qui est banni du commerce des honnêtes gens. (*A*)

PROSTITUTION, s. f. (*Code crim. & de police.*) la *prostitution* est le dévouement absolu d'une femme ou d'une fille à une impudicité publique. Il est impossible de se figurer une débauche plus odieuse & plus révoltante.

Toutes les nations ont eu des femmes publiques : mais ce qu'on auroit peine à se persuader, si les monumens de l'histoire ne l'attestoient, c'est qu'il y a eu des peuples chez lesquels la *prostitution* étoit érigée en précepte de religion.

On distinguoit chez les Grecs quatre sortes de femmes publiques; 1°. les prostituées communes, logées dans des maisons écartées, & que les hommes alloient voir secrétement; 2°. les filles dressées à la *prostitution* par le *mastropos* ou *lenon*, qui les avoit achetées, dont elles étoient les esclaves, qui les louoit ou les vendoit au public; 3°. les prêtresses consacrées à Vénus, qui offroient chaque jour à la déesse un sacrifice analogue à son culte; il y avoit un de ces temples de Vénus à Corinthe; 4°. enfin, ces fameuses courtisannes, dont quelques noms sont parvenus jusqu'à nous, les *Laïs*, les *Phriné*.

C'est encore une tradition commune, que les filles de l'île de Cythère, appellée aujourd'hui *Curgo* ou *Cerigo*, se prostituoient aux étrangers sur le bord de la mer, près du temple de Vénus, & alloient porter sur l'autel de la déesse le prix de leurs complaisances.

Les femmes de Babylone s'abandonnoient une fois dans leur vie à l'homme qui leur plaisoit davantage. Par la suite elles se prostituèrent aux étrangers, qu'elles invitoient elles-mêmes de la voix & du geste; elles se tenoient toujours assises auprès du temple de *Nilita* ou Vénus, & consacroient à la pompe du culte de la déesse les présens qui leur étoient faits.

Les Juifs eux-mêmes n'ont pas été exempts des femmes publiques; la bible en offre différentes preuves; on en trouve aussi dans les prophètes: *il n'est point de prostituée*, dit Ezéchiel, *qui n'exige son paiement.*

Les Romains ont eu aussi des lieux de *prostitution*, appellés *Lupanaria.* Pétrone, qui vraisemblablement les fréquentoit beaucoup, nous en a conservé une description très-détaillée. Les maisons où logeoient les femmes publiques étoient dans un quartier très-éloigné, & qui les séparoit en quelque sorte du reste des citoyens: c'étoit près des murs de la ville, ainsi que le prouve une épigramme de Martial.

In custoditis & apertis Lesbia semper
Liminibus peccas, nec tua furta tegis;
Et plus spectator quam te delectat adulter,
Nec sunt grata tibi gaudia, si qua latent:
At meretrix abigit vestem, veloque seraque
Raraque summœni rima patet.

. . . .
. . . .
. . . .

Nous avons rapporté, au mot MAQUERELLAGE, différentes loix romaines, qui ont eu pour objet de bannir la *prostitution*, & de punir ces femmes viles, qui faisoient ainsi le trafic le plus honteux d'elles-mêmes & de leurs semblables.

Tous nos législateurs ont fait les mêmes efforts que les empereurs, pour bannir la *prostitution* de leurs états. Un capitulaire de Charlemagne, de l'an 800, enjoint à tous les officiers du palais de faire la recherche des femmes publiques & des maquerelles qui pourroient s'y introduire, & d'en donner avis au roi. Plus loin il ordonne qu'elles soient conduites au marché pour y être fouettées publiquement. *Ut unusquisque ministerialis palatinus, diligentissimâ inquisitione discutiat, primo homines suos & postea pares suos, si aliquam inter eos vel apud vos, ignotum hominem, vel meretricem latitantem invenire possit. Et si inventus homo aliquis, aut fœmina hujusmodi fuerit, custodiatur, ne fugere possit, usque dum nobis adnuntietur!......*

Le maître de la maison où une femme publique avoit été trouvée, étoit regardé comme son complice, & devoit partager son ignominie; il étoit obligé de la porter sur son dos jusqu'au marché où elle devoit être fouettée, & en cas de refus il étoit fouetté lui-même. *Similiter de godalibus & meretricibus, volumus ut apud quemcumque inventæ fuerint, ab eis portentur usque ad mercatum ubi flagellandæ sunt.*

S. Louis, par son ordonnance de 1254, entreprit d'expulser les femmes de mauvaise vie de son royaume. *Expellantur publicæ meretrices tam de campis quam de villis: & factis monitionibus & prohibitionibus earum bona per locorum judices capiantur, vel eorum autoritate à quolibet occupentur, etiam usque ad tunicam, vel pelliceam, qui verò domum publicæ meretrici scienter locaverit, volumus quod ipsa domûs incidat in commissum.*

Cependant ce prince religieux fut obligé de se relâcher de la sévérité de cette ordonnance. Le sire de Joinville annonce dans ses mémoires qu'il en fit publier une seconde, par laquelle il se contenta d'ordonner que les femmes de mauvaise vie seroient séparées des autres, d'interdire aux propriétaires la faculté de louer leurs maisons, pour commettre & entretenir le péché de luxure, & de défendre à tous baillis, prévôts, maires, juges & autres, de fréquenter les mauvais lieux.

Le même Joinville, qui accompagna S. Louis dans son voyage d'outre-mer, raconte que « dans la ville » de Césarée un chevalier ayant été trouvé au » bordeau, fut condamné par condition, ou que » la ribaude avec laquelle il avoit été trouvé, le » meneroit parmi l'armée en chemise, ayant une » corde liée à ses génitoires, laquelle la ribaude » tiendroit d'un bout; ou s'il ne vouloit souffrir » telle chose, qu'il perdroit son cheval & harnois, & qu'il seroit chassé & forbanni de l'armée » du roi: le chevalier dit qu'il aimoit mieux perdre » son cheval & armure, & quitta l'armée ». S. Louis avoit donc reconnu qu'il n'étoit pas possible d'extirper entièrement ce vice, non plus que d'anéantir les femmes publiques, puisqu'en réformant l'ordonnance de 1254, il s'étoit contenté de séparer les femmes de mauvaise vie des autres.

Ses successeurs annoncèrent cette triste vérité d'une manière encore plus authentique. Ils entreprirent de donner des loix à la débauche même.

On ne verra pas, sans le plus grand étonnement, ces lieux de *prostitution* qualifiés d'abbayes par les souverains, & les supérieures de ces maisons infames qualifiées d'abbesses.

Jeanne première, reine de Naples, & comtesse de Provence, publia le statut suivant, pour le bon ordre & la discipline du lieu public de débauche d'Avignon. Ce monument, dont nous avons déjà eu occasion de parler ailleurs, est trop extraordinaire pour que nous ne le rapportions pas ici en son entier.

Anciens statuts du lieu public de débauche d'Avignon.

« 1. L'an 1347, & le huitième jour d'août, notre

» bonne reine Jeanne a permis un lieu public de » débauche dans Avignon ; & elle défend à toutes » les femmes débauchées de se tenir dans la ville, » ordonnant qu'elles soient renfermées dans le lieu » destiné pour cela, & que pour être connues, » elles portent une aiguillette rouge sur l'épaule » gauche.

» 2. *Item*, si quelque fille qui a déjà fait faute » veut continuer de se prostituer, le porte-clefs » ou capitaine des sergens l'ayant prise par le » bras, la menera par la ville au son du tambour, » & avec l'aiguillette rouge sur l'épaule, & la » placera dans la maison avec les autres ; lui dé- » fendant de se trouver dehors dans la ville, à » peine du fouet en particulier pour la première » fois, & du fouet en public & du bannissement » si elle y retourne.

» 3. *Item*, notre bonne reine ordonne que la » maison de débauche soit établie dans la rue *du* » *Pont troué*, près la maison des Augustins jusqu'à » la porte *Peiré* (de pierre) & que du même côté » il y ait une porte par où tous les gens pourront » entrer, mais qui sera fermée à la clef, pour » empêcher qu'aucun homme ne puisse aller voir » les femmes sans la permission de l'*abbesse* ou bail- » live, qui tous les ans sera élue par les con- » suls. La baillive gardera la clef, & avertira la » jeunesse de ne causer aucun trouble, & de ne » faire aucun mauvais traitemens ni peur aux filles » de joie ; autrement, s'il y a la moindre plainte, » ils n'en sortiront que pour être conduits en » prison par les sergens.

» 4. *Item*, la reine veut que tous les samedis la bail- » live, & un chirurgien préposé par les consuls, » visitent chaque courtisanne ; & s'il s'en trouve » quelqu'une qui ait contracté du mal provenant » de paillardise, qu'elle soit séparée des autres pour » demeurer à part, afin qu'elle ne puisse point s'aban- » donner, & qu'on évite le mal que la jeunesse » pourroit prendre.

» 5. *Item*, si quelqu'une des filles devient grosse, » la baillive prendra garde qu'il n'arrive à l'enfant » aucun mal, & elle avertira les consuls qu'ils pour- » voient à ce qui sera nécessaire pour l'enfant.

» 6. *Item*, la baillive ne permettra absolument » à aucun homme d'entrer dans la maison le ven- » dredi saint, ni le samedi saint, ni le bienheu- » reux jour de Pâques, & cela à peine d'être cassée » & d'avoir le fouet.

» 7. *Item*, la reine défend aux filles de joie d'avoir » aucune dispute ni jalousie entre elles ; elle ordonne » au contraire qu'elles vivent ensemble comme » sœurs ; que s'il arrive quelque querelle, la bail- » live les accordera, & chacune s'en tiendra à ce » que la baillive aura décidé.

» 8. *Item*, que si quelqu'une a dérobé, la bail- » live fasse rendre à l'amiable le larcin ; & si celle » qui en est coupable refuse de le rendre, qu'elle » soit fouettée dans une chambre par un sergent ; » mais si elle retombe dans la même faute, qu'elle » soit fouettée par la main du bourreau de la » ville.

» 9. *Item*, que la baillive ne permette à aucun » juif d'entrer dans la maison ; & s'il arrive que » quelque juif, s'y étant introduit en secret ou » par finesse, ait eu à faire à quelqu'une des » courtisannes, qu'il soit mis en prison, pour avoir » ensuite le fouet par tous les carrefours de la » ville ».

Nous n'osons garantir l'authenticité de ces statuts ; en y réfléchissant, on y trouve quelques invraisemblances, & notamment sur la visite ordonnée par l'article 4. Le Nouveau-Monde n'étoit point découvert à l'époque de 1347, dont on leur donne la date ; & ce poison, qui doit au moins servir de frein à la débauche de ceux qui n'en connoissent point d'autre, étoit encore inconnu dans nos climats.

On peut ajouter plus de foi aux lettres que Charles VI accorda, en 1389, aux filles de joie de la ville de Toulouse, & où il qualifie leur maison d'*abbaye* : elles sont dans le recueil des ordonnances des rois de la troisième race, *tome 7, page 317*.

« Charles VI, *&c.* savoir faisons à tous présens » & à venir, que oye la supplication qui faite nous » a été de la partie des filles de joye du bordel » de notre grande ville de Thoulouse, dite *la grant* » *abbaye*, contenant que pour cause de plusieurs » ordonnances & deffenses à elles faites par les » capitoux & autres officiers de notre dite ville, » sur leurs robes & autres vestures, ils ont souffert » & soutenu plusieurs injures, vitupères & dom- » mages, seuffrent & soustiennent de jour en jour, » & ne se peuvent pour ce vestir ni asseynier à » leur plaisir, pour cause de certains chaperons » & cordons blancs, à quoi elles ont été estraintes » par icelles ordonnances, sous nostre grace & li- » cence, requerrans que nous leur veuillons à notre » joyeux advenement que faict avons presentement » en nostre dicte ville, leur faire grace & les mettre » hors d'icelle servitude ; pourquoi nous, attendu » les choses dessus dictes, desirans à chacun faire » grace, & tenir en franchise & liberté, les ha- » bitans conversans & demourans en notre royau- » me, avons, à nostre dict advenement, fait en » nostre dicte ville, ordonné & ordonnons, & » par ces présentes de grace espéciale & de nostre » auctorité royale, avons octroyé & octroyons » aux dictes suppliantes, que doresnavant elles & » leurs successeurs *en ladicte abbaye* portent & puis- » sent porter telles robes & chaperons, & de » telles couleurs comme elles vouldront vestir & » porter parmi (moyennant) ce qu'elles seront » tenues de porter entour l'un de leurs bras, une » ensaingne ou difference d'un jarretier ou lisiere » de drap, d'autre couleur que la robe qu'ils au- » ront vestue ou vestiront, *&c.* Si donnons en man- » dement, *&c.* ».

En 1424, Charles VII prit sous sa protection spéciale cette même maison de Toulouse, qui étoit appellée *le Chatelvert*, & fit une loi expresse pour y rétablir le bon ordre & la tranquillité qu'une jeunesse inconsidérée troubloit souvent. Les capitouls, qui avoient le plus grand intérêt à l'y rétablir, adressèrent au roi des représentations, dans lesquelles ils lui exposèrent, que depuis très-long-temps ils possédoient à bon droit & juste titre *quoddam hospitium vulgariter vocatum bordelum sive hospitium commune in quo hospitio à longuo tempore, citra moratæ fuerunt seu morari consueverunt mulieres vocatæ mulieres publicæ, sive* LAS FILLAS COMMUNES, dans laquelle maison, les capitouls, ou leur trésorier, recevoient tous les ans des filles publiques, & de ceux qui venoient les visiter, un impôt qui étoit employé pour l'utilité de ladite ville (1). *In quo quidem hospitio dicti domini de capitulo seu eorum thesaurarius recipiebant quolibet anno à dictis mulieribus seu arrendatoribus, commodum magnum quod convertebatur ad utilitatem dictæ villæ.* Ils ajoutèrent, que quelques mauvais sujets qui fréquentoient cette maison le jour & la nuit, la rendoient inabordable par le bruit qu'ils y faisoient & les violences qu'ils y exerçoient; qu'en conséquence, la recette de leur droit étoit réduite à rien; pourquoi ils supplioient le roi de vouloir bien y pourvoir.

Nous ne rapporterons point ces lettres en leur entier, pour ne point fatiguer, par de trop longues citations, l'attention de nos lecteurs; on les trouve dans l'histoire de Toulouse par la Faille, & dans le recueil des ordonnances des rois de la troisième race, *tome 13, page 75*; nous ne pouvons cependant nous empêcher d'observer qu'elles offrent le constraste le plus bisarre de la débauche protégée & de la dévotion la plus ingénue: il y est dit que ces jeunes ribauds causoient tout ce désordre dans la maison commune, en cassant les portes & les fenêtres sans aucune crainte de Dieu, *non verentes Deum.*

On voit également, par l'acte des communes de Narbonne, *que le consul & les habitans avoient l'administration de toutes les affaires de police, & le droit d'avoir, dans la jurisdiction du vicomte*, UNE RUE CHAUDE, *c'est-à-dire, un lieu de* prostitution.

Les femmes publiques formoient aussi à Paris une espèce de corps; on leur avoit assigné des rues où il leur étoit permis de demeurer, & non pas ailleurs. Ces rues étoient celles qu'on appelloit alors Froimentel (aujourd'hui Fromenteau), Pavie, Glatigny, Tiron, Clopin, Tire-Boudin, du Renard, du Hurleur, de la vieille Bouclerie, de l'Abreuvoir, Mâcon, Champfleury & Transnonain: plusieurs de ces rues, sans s'être trop écartées de leur étymologie, ont néanmoins diminué quelque chose de la grossiéreté de leurs noms primitifs; la rue Transnonain étoit autrefois nommée Trasse-p..... & ensuite Trousse-Nonain; la rue Tire-Boudin avoit un nom plus scandaleux encore; Marie Stuard, reine d'Ecosse, & femme de François II, passant un jour dans cette rue, en demanda le nom, & quoiqu'elle n'eût pas les oreilles infiniment chastes, elle ne put s'empêcher de rougir à la prononciation de la dernière syllabe, qui en conséquence fut changée.

Ces femmes publiques avoient, dans chacune de ces rues, un *clapier*, où elles étoient obligées de se rendre à dix heures du matin, & dont elles sortoient à l'instant où on sonnoit le couvre-feu; c'est-à-dire, à six heures du soir en hiver, & entre huit & neuf en été; il leur étoit défendu d'exercer leur métier ailleurs, même chez elles. Il y avoit encore une maison de prostitution dans la rue Brise-Miche, dont le nom a été aussi changé en 1387. Le curé de S. Merry, trouvant indécent qu'elles fussent logées aussi près de son église, se pourvut devant le prévôt de Paris, pour les obliger de s'éloigner; celui-ci rendit en effet une ordonnance, qui les chassoit de la rue Brise-Miche; mais quelques bourgeois entreprirent de maintenir les femmes publiques dans la possession très-ancienne où elles étoient d'habiter dans cette rue: le parlement admit provisoirement leur opposition, par arrêt du 21 janvier 1388, & renvoya les parties sur le fond au premier lundi de carême: nous ignorons quelles ont été les suites de cette contestation.

La tolérance accordée aux femmes publiques avoit fait sentir en même temps la nécessité de leur ouvrir un asyle, lorsque le remords les rameneroit à la vertu; en conséquence, dès 1226, S. Louis avoit fondé les Filles-Dieu, *pour y retirer les pécheresses qui toute leur vie avoient abusé de leurs corps, & à la fin étoient en mendicité.*

En 1497, un cordelier institua les Filles pénitentes, dont la qualification indique assez l'objet; il est encore plus développé dans leurs statuts, que Simon de Champigny, évêque de Paris, rédigea lui-même. Saint-Foix les trouve singuliers; il pouvoit les caractériser autrement, & nous n'hésitons pas à y reconnoître le sceau de la sagesse; en effet, il eût été dangereux de ne pas exiger une conformité parfaite dans la situation des femmes qui se présentoient pour être admises dans cette maison; il falloit prévenir tout parallèle désavantageux, tout objet d'orgueil, & par conséquent tout sujet de discorde.

« On ne recevra, *portent ces statuts*, aucune religieuse malgré elle, aucune qui n'ait mené au moins, pendant quelque temps, une vie dissolue; & pour que celles qui se présenteront ne puissent pas tromper à cet égard, elles seront visitées en présence des mères, sous-mères & discrète, par des matrones nommées exprès, & qui feront serment sur les saints évangiles de faire bon & loyal rapport.

« Afin d'empêcher les filles d'aller se prostituer pour

(1) On a vu précédemment que la même chose s'observoit à Rome, & que cet impôt étoit également employé aux embellissemens de la ville.

être reçues, celles qu'on aura une fois visitées & refusées seront exclues pour toujours.

» En outre, les postulantes seront obligées de jurer, sous peine de damnation éternelle, entre les mains de leur confesseur & de six religieuses, qu'elles ne s'étoient point prostituées à dessein d'entrer un jour dans cette congrégation, & on les avertira que si l'on vient à découvrir qu'elles s'étoient laissé corrompre à cette intention, elles ne seront plus réputées religieuses de ce monastère, fussent-elles professes, & quelques vœux qu'elles aient faits.

» Pour que les femmes de mauvaise vie n'attendent pas trop long-temps à se convertir, dans l'espérance que la porte leur sera toujours ouverte, on n'en recevra aucune au-dessus de l'âge de trente ans ».

L'objet de ces maisons n'est plus le même aujourd'hui; on n'y admet que des filles d'une naissance & d'une conduite également honnête; elles ont été remplacées, à cet égard, par les Filles du Bon-Pasteur, fondées en 1698, par madame de Combé.

Il étoit défendu jadis aux femmes publiques de porter certains habillemens réservés *aux demoiselles*. Le commissaire Lamare rapporte, *tome 1, liv. 3, tit. 5, p. 524*, deux ordonnances du prévôt de Paris, des 8 janvier 1415 & 6 mars 1419, & un arrêt du parlement, du 17 avril 1426, rendus à ce sujet. Lorsqu'elles étoient trouvées en contravention, elles étoient emprisonnées, & leurs habillemens étoient confisqués & vendus au profit du roi; on en lit la preuve dans les registres de la chambre des comptes.

Extrait du compte du domaine de Paris, de l'an 1428. « De la valeur & vendue d'une houpelande de draps pers fourrée par le collet de penne de gris, dont Jehannette, veuve de feu Pierre Michel, *femme amoureuse*, fut trouvée vêtue & ceinte d'une ceinture sur un tissu de soye noire à boucle mordant, & huit clous d'argent, pesant en tout deux onces, auquel état elle fut trouvée allant à valla-ville, outre & par dessus l'ordonnance & deffense sur ce faits, & pour ce fut emprisonnée, & ladite robe & ceinture déclarée appartenir au roi par confiscation, en suivant ladite ordonnance; & délivrée en plein marché le 10 juillet 1427, c'est à savoir, ladite robe le prix de 7 liv. 12 sols, & ladite ceinture 2 l. parisis, qui font 9 l. 12 s. parisis, dont les sergens qui l'emprisonnèrent eurent le quart, partant pour le surplus, *&c. &c.* »

Nous nous contenterons de cet article pour éviter une surcharge de citations: d'ailleurs, toutes ces dénominations d'habillemens nous sont aujourd'hui étrangères, comme leurs formes nous sont absolument inconnues.

Enfin, il fut arrêté aux états d'Orléans que tous lieux de *prostitution* seroient fermés, & l'article 101 de l'ordonnance de 1560, appellée communément l'ordonnance d'Orléans, défendit *tous bordeaux*, &c. enjoignit aux juges de poursuivre ceux qui les tiendroient, *& de les punir extraordinairement, à peine de privation de leurs offices.*

« Cette abolition générale fut exécutée avec autant d'exactitude que de vigilance; tous les lieux publics de débauche furent fermés dans tout le royaume: la rue du Huleu (aujourd'hui Hurleur) à Paris en avoit été tellement infectée, qu'elle avoit pris son nom des avanies que faisoit la populace à ceux ou à celles qu'elle en voyoit sortir; ce fut aussi celle qui en fut purgée la dernière, l'un de ces mauvais lieux y tint bon encore près de cinq ans; les intéressés eurent la hardiesse de demander d'y être maintenus; le procès fut jugé contre eux au châtelet; ils en appellèrent, & refusèrent d'obéir; les habitans de la rue eurent recours au roi, qui leur accorda des lettres-patentes le 12 février 1565; elles sont adressées au prévôt de Paris ou son lieutenant, & portent que la sentence du châtelet sera exécutée nonobstant toutes oppositions faites ou à faire, dont le roi se réserve la connoissance, & à son conseil privé, & enjoint à son procureur au châtelet d'en faire les diligences. Ces lettres furent publiées & enregistrées au châtelet le 24 mars 1565; la même sentence, qui en ordonne l'enregistrement, fait défenses à tous les habitans de la ville & fauxbourgs de Paris de souffrir en leurs maisons aucun bordeau secret ou public, sur peine, pour la première contravention, de 60 l. parisis d'amende, pour la seconde, de six vingt livres, & pour la troisième, de confiscation des maisons. Cette sentence fut publiée, par le juré-crieur, aux deux bours de la rue du Huleu, le 27 du même mois de mars, & ce mauvais lieu fut à l'instant fermé; ce qui mit fin dans Paris à cette tolérance, après trois siècles de son établissement ».

Nous ne nous étendrons pas davantage sur cet article; il nous suffira de dire que les défenses de loger les femmes & les filles de mauvaise vie ont été renouvellées par un très-grand nombre de sentences, de réglemens & d'arrêts, dont le détail nous entraîneroit dans des répétitions aussi fastidieuses que superflues, & néanmoins il y en a, dit-on, à Paris plus de vingt mille.

S'il est impossible de les anéantir, il seroit à desirer au moins que l'administration voulût bien s'occuper des moyens propres à les empêcher de révolter journellement les yeux du public, par le désordre de leur habillement, leurs gestes lascifs, & leurs invitations, dont l'impudence étonne sans cesse, malgré la longue expérience qu'on en acquiert, sur-tout dans la capitale. Que de maris, séduits par un instant de foiblesse, reviennent ensuite souiller la couche nuptiale! Que de jeunes gens enlevés à la fleur de leur âge, par l'effet de ce venin contagieux, dont sont infectées presque toutes les femmes publiques! Peut-être n'auroient-ils jamais couru de hasards aussi funestes, s'ils n'avoient été arrêtés vingt fois sur leurs passages par ces créatures effrontées, qui se font un jeu cruel d'exciter des desirs qu'elles n'éprouvent point, & d'offrir des jouissances que leur abrutissement les empêche de partager.

On se contente aujourd'hui d'arrêter les femmes publiques, lorsqu'il arrive quelque désordre chez elles, ou lorsque les voisins & gens de leur quartier en portent quelque plainte; elles sont conduites chez un commissaire, qui les envoie à la prison de Saint-Martin, d'où elles sont transférées tous les mois au châtelet, & amenées à l'audience publique que M. le lieutenant de police y va tenir; & sur le rapport que les commissaires lui font des plaintes & procès-verbaux de capture, ce magistrat ordonne qu'elles seront rasées & renfermées à l'hôpital-général pendant un temps qu'il proportionne au trouble & au scandale qu'elles ont causés, & qui communément n'est pas moindre de trois mois. Quelquefois aussi les propriétaires ou principaux locataires des maisons dans lesquelles elles ont été arrêtées, sont condamnés en 100 l. d'amende, même en plus forte somme s'il y a récidive; & dans ce cas la sentence est imprimée & affichée.

M. le lieutenant-général de police exerce cette jurisdiction, concurremment & par préférence, avec M. le lieutenant-criminel, en vertu d'une déclaration du roi du 26 juillet 1713.

Il y a deux réglemens, l'un de 1648, l'autre de 1684, & des lettres-patentes de la même année 1684, qui fixent la police, la nourriture, le vêtement & le traitement des femmes renfermées à lhôpital-général pour cause de débauche.

Voyez *les Epigrammes de Martial; Pétrone; les Capitulaires de Baluze, anno 800; l'Ordonnance de S. Louis, en 1254; l'Histoire de S. Louis, par le sire de Joinville; l'Histoire de Toulouse, par la Faille; les Ordonnances des rois de la troisième race, tome 7, page 327, & tome 13, p. 75; les Actes des coutumes de Narbonne; les Essais sur Paris, par Saint-Foix, tome 1, p. 101 & suiv. p. 326 & suiv.; Sauval; le Traité de la Police, tome 1, liv. 3, tit. 5; l'Ordonnance d'Orléans, article 101; les Réglemens & Lettres-patentes de 1648 & 1684*, &c. &c. *Voyez aussi* MAQUERELLAGE. (*Cet article est de M.* BOUCHER D'ARGIS, *conseiller au châtelet, de l'académie royale des sciences, belles-lettres & arts de Rouen*, &c. &c.)

PROTESTANT. *Voyez* CALVINISME.

PROTESTATION, f. f. (*Droit civil & can.*) est une déclaration que l'on fait par quelque acte contre la fraude, l'oppression ou la violence de quelqu'un, ou contre la nullité d'une procédure, jugement ou autre acte; par laquelle déclaration on proteste que ce qui a été fait ou qui seroit fait au préjudice d'icelle, ne pourra nuire ni préjudicier à celui qui proteste, lequel se réserve de se pourvoir en temps & lieu contre ce qui fait l'objet de sa *protestation*.

Les *protestations* se font quelquefois avant l'acte dont on se plaint, & quelquefois après.

Par exemple, un enfant que ses père & mère contraignent à entrer dans un monastère, pour y faire profession, peut faire d'avance ses *protestations*, à l'effet de réclamer un jour contre ses vœux.

On peut aussi protester contre toute obligation que l'on a contractée, soit par crainte révérencielle, soit par force ou par la fraude du créancier.

La *protestation*, pour être valable, doit être faite aussi-tôt que l'on a été en liberté de la faire, ou que la fraude a été connue.

Une *protestation* qui n'est que verbale, ne sert de rien, à moins qu'elle ne soit faite en présence de témoins.

Les *protestations* que l'on fait chez un notaire, & que l'on tient secrètes, méritent peu d'attention, à moins qu'elles ne soient appuyées de preuves qui justifient du contenu aux *protestations*.

On regarde comme inutiles celles qui sont faites par quelqu'un qui avoit la liberté d'agir autrement qu'il n'a fait.

Par une suite du même principe, toute *protestation*, & réserve contraire à la substance même de l'acte où elle est contenue, n'est d'aucune considération. (*A*)

PROTÊT, f. m. (*Commerce.*) ce terme semble être un diminutif de *protestation*; & en effet, c'est une sommation faite par un notaire, sergent ou huissier, à un banquier, marchand ou négociant, d'accepter une lettre-de-change tirée sur lui; ou bien quand le temps du paiement est échu, & que celui qui l'a acceptée est refusant de la payer, le *protêt* est alors une sommation qu'on lui fait de l'acquitter; & dans l'une ou l'autre sorte de *protêt*, on déclare & on proteste que faute d'acceptation, ou faute de paiement de la lettre-de-change dont il s'agit, on la rendra au tireur, que l'on prendra de l'argent à change & rechange pour le lieu d'où la lettre a été tirée; qu'on rendra la lettre au tireur & donneur d'ordre; enfin, que l'on se pourvoira ainsi que l'on avisera bon être. *Voyez* BILLET, LETTRE-DE-CHANGE, & le *Dictionnaire de Commerce*.

PROTOCOLE, f. m. (*Droit public.*) étoit chez les Romains une certaine formule écrite à la tête de la première page du papier, dont les tabellions de Constantinople étoient obligés de se servir pour écrire leurs actes. Ce *protocole* devoit contenir le nom du comte des sacrées largesses, *comes sacrarum largitionum*, qui étoit comme nos intendans des finances. On marquoit aussi, dans ce *protocole*, le temps où le papier avoit été fabriqué, & quelques autres choses semblables. Il étoit défendu aux tabellions, par la *novelle* 44, de couper ces *protocoles*, & enjoint à eux de les laisser en leur entier.

En France, on entend par *protocole* les registres dans lesquels les notaires transcrivoient leurs notes ou minutes.

Dans une ordonnance de Philippe-le-Bel, du mois de juillet 1304, il paroît qu'alors les notaires, lorsqu'ils recevoient les conventions des parties, en faisoient leurs notes, qu'ils transcrivoient ensuite dans leur cartulaire ou *protocole*. L'*article premier* leur enjoint, lorsqu'ils ont reçu l'acte dans le lieu de leur résidence, de le transcrire sur-le-champ dans leur *protocole*; que s'ils ont reçu l'acte ailleurs, ils le rédigent à l'instant par écrit, & ensuite le transcrivent dans leur *protocole* le plutôt qu'ils pourront. La grosse ou autres expéditions étoient tirées sur ce *protocole*. L'*article 4.* leur enjoint de faire ces cartulaires ou *protocoles* en bon papier, avec des marges suffisantes; de ne laisser qu'un modique espace entre les lignes d'écriture, afin qu'on ne puisse rien écrire entre-deux, & de n'en laisser aucun entre la fin d'un acte & le commencement d'un autre. Les *protocoles* du notaire qui changeoit de domicile, devoient rester au lieu de sa première résidence; & quand un notaire décédoit, ses *protocoles* restoient à son successeur; mais celui-ci devoit donner la moitié de l'émolument aux enfans de son prédécesseur.

L'ordonnance de 1539, *articles 173, 174* & *175*, enjoint aux notaires de faire registre de tous contrats & autres actes.

Celle d'Orléans, *article 83*, ordonne aussi qu'ils seront tenus de signer leurs registres, & qu'après leur décès, il en sera fait inventaire par les juges des lieux, & que ces registres seront mis au greffe, pour être les contrats & actes grossoyés, signés & délivrés, par le greffier, aux parties qui le requerront.

Mais cette disposition n'est pas observée à Paris, ni dans plusieurs autres endroits. Les notaires n'y font plus de *protocoles* ou registres de leurs minutes; & le notaire, qui achète la pratique d'un autre, garde les minutes, & délivre sur icelles les expéditions que les parties en demandent.

On entend quelquefois par *protocole* des notaires, un droit que le roi prend en certains endroits, comme en Bourbonnois, Forez & Beaujolois, sur les registres des notaires décédés, lesquels sont vendus au plus offrant & dernier enchérisseur. Le roi a les trois quarts du prix de cette vente, & l'autre quart appartient aux veuves & héritiers. Pour la vérification de ce droit, il faut rapporter l'adjudication qui a été faite des registres par les officiers des lieux, en présence du procureur du roi.

Enfin, on appelle aussi *protocole*, mais improprement, les styles & modèles d'actes de pratique. *Voyez* MINUTE *&* NOTAIRE. (*A*)

PROTONOTAIRE, s. m. (*Jurisprud.*) signifie proprement le premier des notaires ou secrétaires d'un prince ou du pape. C'est ainsi qu'on appelloit autrefois le premier des notaires des empereurs. Au parlement de Paris, le greffier en chef a conservé le titre de *protonotaire*, parce qu'il étoit anciennement le premier des notaires ou secrétaires du roi.

Les *protonotaires* apostoliques sont des officiers de cour de Rome, qui ont un degré de prééminence sur les autres notaires ou secrétaires de la chancellerie romaine; ils furent établis par le pape Clément I, pour écrire la vie des martyrs. Il y a un collège de douze *protonotaires*, qu'on appelle *participans*, parce qu'ils participent aux droits des expéditions de la chancellerie; ils sont mis au rang des prélats, & précèdent même tous les prélats non consacrés: mais Clément II régla qu'ils n'auroient rang qu'après les évêques & les abbés; cependant les notaires participans ont rang devant les abbés; ils assistent aux grandes cérémonies, & ont rang & séance en la chapelle du pape; ils portent le violet, le rochet & le chapeau, avec le cordon & bord violet; ils portent sur leur écu le chapeau, d'où pendent deux rangs de houpes de sinople une & deux. Leur fonction est d'expédier, dans les grandes causes, les actes que les simples notaires apostoliques expédient dans les petites, comme les procès-verbaux de prise de possession du pape; ils assistent à quelques consistoires, & à la canonisation des saints, & rédigent par écrit ce qui se fait & se dit dans ces assemblées; ils peuvent créer des docteurs & des notaires apostoliques, pour exercer hors de la ville. Ceux qui ne sont pas du corps des participans portent le même habit, mais ne jouissent pas des mêmes privilèges.

En France, la qualité de *protonotaire* apostolique n'est qu'un titre sans fonction, que l'on obtient assez aisément par un rescrit du pape.

Il y a aussi un *protonotaire* de Constantinople, qui est aussi le premier des notaires ou secrétaires du patriarche. *Voyez le Glossaire* de Ducange, au mot *Notarius*. (*A*)

PROTONOTAIRE DE DAUPHINÉ *ou* DELPHINAL, étoit le premier des notaires ou secrétaires du dauphin; cette charge fut créée par Humbert II, revenant de Naples, sur l'idée de celle qui s'y exerçoit sous le même titre. Amblart de Beaumont est le seul que l'on trouve avoir exercé cette charge; sa fonction étoit d'écrire les lettres du dauphin, & de faire ses réponses; ainsi il ne se passoit rien de considérable dont il ne fût instruit; sa fonction ressembloit assez à celle des secrétaires d'état; aussi exigeoit-on, à sa réception, un serment particulier de garder inviolablement le secret. Humbert, pour donner plus de lustre à cette charge, recommande à celui qui en étoit pourvu, de ne paroître en public qu'avec des habits ornés de fourrures.

Cet officier tenoit un registre de toutes les lettres qu'il écrivoit ou qu'il recevoit pour le dauphin; il avoit un rôle des seigneurs, gentilshommes, & de tous les vassaux & officiers publics, pour leur adresser les ordres du dauphin.

Il faisoit aussi les expéditions de tous les actes qui pouvoient intéresser le dauphin, & les remettoit entre les mains du chancelier, qui les plaçoit dans les archives.

Ne pouvant suffire à tout, on lui donna un adjoint, qu'on appella *vice-protonotaire*, pour le soulager, & pour suppléer en son absence. *Voyez l'histoire du Dauphiné*, par Valbonay, *& le recueil des ordonnances de la troisième race, tome VII, p. 380 & 388.* (*A*)

PROTUTEUR, s. m. (*Jurisprud.*) est celui qui, n'étant pas tuteur d'un pupile ou mineur, a géré & administré ses affaires en qualité de tuteur, soit qu'il crût être chargé de la tutèle, ou qu'il sût ne l'être pas.

Celui qui épouse une veuve tutrice de ses enfans, devient leur *protuteur.*

Cette *protutèle* produit les mêmes actions respectives que la tutèle.

PROVINCIAL, subst. m. (*Droit ecclésiast.*) c'est le nom que, dans la plupart des ordres religieux établis depuis le douzième siècle, on donne au premier supérieur de plusieurs maisons du même ordre & soumises à la même règle; il a paru nécessaire dans ces ordres, pour en rendre le gouvernement plus facile & la correspondance plus aisée, d'y établir plusieurs degrés de supériorité & une espèce de hiérarchie. Chaque maison devoit avoir son supérieur local; mais il y auroit eu beaucoup d'embarras, si pour toutes les affaires qui se feroient présentées entre le supérieur & ses inférieurs, ils avoient été obligés de recourir aux généraux d'ordres, souvent très-éloignés, la plupart d'entre eux résidant à Rome, & toujours trop occupés pour pouvoir répondre ou juger aussi promptement que le bien le demandoit. On a donc pris sagement le parti de réunir différentes maisons pour en former de grandes divisions du corps entier, & on a donné à ces maisons ainsi réunies le nom de provinces, parce qu'elles sont à-peu-près dans les ordres religieux, ce que sont les provinces dans les grands états; en conséquence, on a donné le nom de *provincial* au religieux qui est mis à la tête de chacune de ces divisions. La manière de les élire, leurs fonctions, leur autorité, varient selon les règles & les constitutions des ordres. Nous ne pouvons entrer ici dans ce détail, il nous faudroit analyser les règles de tous les ordres admis dans l'église & dans l'état. Nous devons nous borner à renvoyer aux articles qui traitent de chaque ordre en particulier. (*M. Bertolio, avocat au parlement.*)

PROVISION, s. f. (*Droit civil & crim.*) signifie en général un *acte* par lequel on pourvoit à quelque chose; on l'adjuge à une partie, en attendant le jugement définitif, & sans préjudice des droits réciproques au principal.

Provision se prend quelquefois pour *possession*, comme quand on dit que l'on adjuge la *provision* à celui qui a le droit le plus apparent, c'est-à-dire, que la possession que l'on adjuge n'est pas irrévocable, mais seulement en attendant que le fond soit jugé.

Provision se prend aussi pour exécution provisoire, comme quand on dit que la *provision* est due au titre, c'est-à-dire, qu'entre deux contendans; celui qui est fondé en titre doit, par *provision*, être maintenu, sauf à juger autrement en définitive, si le titre est contesté.

Provision est aussi une somme de deniers que l'on adjuge à quelqu'un pour servir à sa subsistance, & pour fournir aux frais d'un procès, en attendant que l'on ait statué sur le fond des contestations.

Pour obtenir une *provision*, il faut être fondé en titre ou qualité notoire.

Par exemple, une veuve qui plaide pour son douaire, peut obtenir une *provision.*

Il en est de même en cas de partage d'une succession directe; un héritier qui n'a encore rien reçu, soit entre-vifs ou autrement, est bien fondé à demander une *provision*, lorsque le partage ne peut être fait promptement.

Un enfant qui est en possession de sa filiation peut aussi demander une *provision* à celui qui refuse de le reconnoître pour son père.

Un tuteur qui n'a pas encore rendu compte étant réputé débiteur, peut de même être condamné à payer une *provision* à son mineur, lorsque le compte n'est pas prêt.

Une femme qui plaide en séparation, peut demander une *provision* sur les biens de son mari, une partie saisie, sur les biens saisis réellement; une personne blessée en obtient aussi sur un rapport en chirurgie, pour ses alimens & médicamens; mais on ne peut pas en accorder aux deux parties.

Un religieux poursuivi criminellement par son supérieur, une femme que son mari poursuit pour adultère, sont autorisés à demander une *provision*, qui leur est d'autant plus nécessaire, qu'elle a pour objet leur nourriture, & de subvenir aux frais que leur défense exige.

Dans les cas de grossesse, on accorde une *provision*, pour pourvoir aux frais de couche & à la nourriture de l'enfant; on en donne aussi quelquefois dans le cas d'homicide, à la veuve & aux enfans de celui qui a été tué, soit pour leurs alimens, soit pour subvenir aux frais du procès contre l'accusé.

Quand il y a plusieurs accusés contre lesquels la *provision* est demandée, ils doivent être condamnés solidairement à la payer, sauf le recours de celui qui paie contre ses coaccusés.

Divers arrêts rendus au parlement de Paris ont jugé que le lieutenant-criminel ou autre juge chargé de l'instruction d'un procès criminel, pouvoit seul adjuger les *provisions*. L'article 48 de l'édit donné au mois de septembre 1697, pour les présidiaux de Franche-Comté, porte que le lieutenant-criminel donnera seul les sentences de *provision* dans tous les cas, lorsqu'elles seront demandées avant le jugement de compétence; mais que si, après ce jugement, on en demande une nouvelle, elle sera adjugée en la chambre du conseil: cependant, par un arrêt du conseil du 25 février 1681,

1681, il a été ordonné que le lieutenant-criminel de Coutances ne pourroit adjuger aucune *provision* que par l'avis du siège, conformément à l'arrêt de réglement rendu au parlement de Normandie le 12 mars 1608.

Lorsque l'accusé forme opposition au jugement qui accorde une *provision*, l'opposition doit être jugée par la compagnie.

Une *provision* peut être demandée en tout état de cause, même en cas d'appel; cependant on ne doit point l'accorder, quand le procès est en état d'être jugé définitivement, ni même après le réglement à l'extraordinaire, à moins qu'il ne survienne des circonstances qui exigent une seconde *provision*.

Les *provisions* sont à l'arbitrage du juge; elles doivent être proportionnées aux besoins, aux qualités & aux facultés des parties : au surplus, on ne doit en accorder aucune, qu'autant que le corps du délit est constant, & qu'il y a un commencement de preuve contre l'accusé. Il y a des cas où l'on peut en obtenir plusieurs successivement; cela dépend des circonstances.

Il faut, en matière criminelle, avant d'accorder une *provision*, que l'état du plaignant soit constaté par un rapport de médecins ou chirurgiens, *&c.* & qu'il y ait un décret contre l'accusé. C'est ce qui résulte d'un arrêt du 20 octobre 1714, rendu contre le juge de Nogent-le-Roi. En effet, on n'est regardé comme accusé que quand on est décrété : aussi voit-on que, dans l'ordonnance criminelle le titre des *provisions* est précédé par le titre des décrets. Au reste, c'est assez que le décret soit signifié avant la *provision*, il n'est pas nécessaire d'attendre l'échéance du délai.

Suivant l'article premier du titre 12 de l'ordonnance criminelle, les *provisions* doivent être adjugées sans conclusions de la partie publique, parce qu'elles ne regardent que l'intérêt particulier de ceux qui les demandent.

Suivant l'article 4, les sentences de *provision* ne peuvent être sursises ni jointes au procès par les juges qui les ont données, à peine de suspension de leurs charges, & de tous dépens, dommages & intérêts.

L'article 2 défend, sous pareilles peines, aux mêmes juges d'accorder des *provisions* à l'une & à l'autre des parties. Ainsi quand, par exemple, les deux parties litigantes ont été blessées dans une batterie, & que l'une & l'autre demandent une *provision*, le juge doit l'adjuger à celle qui paroît la moins coupable, à moins qu'il ne trouve à propos de surseoir à faire droit à cet égard.

Si les plaintes des parties litigantes ont été portées devant différens juges, & que chacune d'elles ait obtenu une *provision*, on doit se pourvoir devant le juge supérieur, pour faire régler à qui la *provision* doit être adjugée.

Suivant l'article 3, les juges peuvent accorder une seconde *provision*, lorsqu'elle est jugée nécessaire; mais il faut qu'il y ait un délai de quinzaine au moins entre la première & la seconde, & il ne doit être perçu aucune sorte d'émolument pour cet objet, ni pour les incidens qui peuvent en résulter.

Il faut remarquer que cette seconde *provision* doit être adjugée par la compagnie, & non par le juge d'instruction seul.

Les deniers adjugés pour *provision* ne peuvent être saisis ou consignés pour frais de justice, ni pour quelque autre cause ou prétexte que ce soit, & les sentences de *provision* s'exécutent, tant par saisie des biens du condamné, que par emprisonnement de sa personne, sans donner caution. C'est ce qui résulte des articles 5 & 6 du titre cité.

L'article 7 veut que les sentences de *provision*, rendues par les baillis ou autres juges ressortissans nuement aux cours, s'exécutent nonobstant l'appel & sans y préjudicier, lorsqu'elles n'excèdent pas 200 livres. Il doit en être de même des sentences de *provision* rendues par les autres juges royaux, lorsqu'elles n'excèdent pas 120 livres, & de celles des juges seigneuriaux, lorsqu'elles n'excèdent pas 100 liv.

L'article 8 défend aux cours & autres juges de surseoir ni de défendre l'exécution des sentences de *provision*, sans avoir vu les charges & informations, ainsi que les rapports des médecins & chirurgiens, & que le tout n'ait été communiqué aux procureurs-généraux; & les défenses ou surséances ne peuvent avoir aucun effet à l'égard de la *provision*, si cela n'est expressément ordonné par l'arrêt, pour lequel il ne doit point être pris d'épices.

Lorsque les *provisions* sont pour alimens, elles se prennent par préférence à toutes autres créances. Dans les anciennes ordonnances, & dans quelques coutumes, les *provisions* alimentaires sont appellées *provisions de corps*.

PROVISIONS DES BÉNÉFICES, (*Droit can.*) ce sont les lettres d'un collateur, par lesquelles il déclare qu'il confère à un tel un tel bénéfice, vacant de tel genre de vacance.

Les *provisions* peuvent donc être considérées par rapport au collateur, par rapport au bénéfice, & par rapport au genre de vacance.

On connoît parmi nous trois sortes de collateurs, l'ordinaire, le pape & le roi.

Les bénéfices sont ou séculiers ou réguliers. *Voyez* BÉNÉFICES RÉGULIERS, COMMENDE.

La vacance peut être par mort, par démission, par résignation en faveur, par permutation, par incapacité, indignité, ou incompatibilité. *Voyez ces différens articles.*

Nous ne considérerons donc ici les *provisions* qu'en elles-mêmes, & par rapport aux différens collateurs.

Observons préliminairement, que relativement aux bénéfices à charge d'ames, il ne faut pas confondre les *provisions* avec l'institution proprement dite.

Plusieurs de nos canonistes distinguent deux institutions par rapport à ces bénéfices ; ils appellent l'une institution collative, & l'autre institution autorisable. Ils soutiennent que la première peut être donnée par toutes sortes de collateurs, même laïques, & que la seconde est réservée aux supérieurs ecclésiastiques. Sur quoi l'auteur des mémoires du clergé remarque qu'il est difficile d'expliquer ce qu'on veut dire, si on entend autre chose par celle qu'on appelle collation du titre, que l'institution pour le bénéfice, & par l'autorisation, celle qui regarde l'office. Il ajoute qu'on parleroit plus exactement, si on disoit institution civile & institution canonique.

Van-Espen considéroit l'institution canonique comme l'investiture des fiefs : *quemadmodum hæc investitura civilis, licet vassalum non constituat possessorem, necessario tamen præmitti debet, eaque per ipsum à domino directo accipi, ut queat corporalem feudi possessionem ingredi seu apprehendere ; ita pariter quemquam clericus per investituram, quam institutionem canonicam dicimus, non adipiscatur corporalem beneficii possessionem, eam tamen non potest apprehendere seu adipisci, nisi etiam priùs per institutionem canonicam titulum beneficii acceperit.*

Sans avoir recours à la distinction de l'auteur des mémoires du clergé, ni à la comparaison peut-être plus ingénieuse que juste de Van-Espen, on peut donner une idée exacte de l'institution collative ou canonique, & de l'institution autorisable.

La première est le titre que l'ordinaire accorde aux sujets présentés par les patrons, ou aux gradués & autres expectans sur leur requisition.

Les lettres que les pourvus des bénéfices à charge d'ames, par le roi & par les collateurs inférieurs, obtiennent de l'évêque diocésain, à l'effet de pouvoir administrer les sacremens, & exercer les autres fonctions ecclésiastiques des bénéfices qui leur ont été conférés, constituent l'institution autorisable.

D'après ces définitions, on voit que toute *provision* forcée de l'ordinaire est une institution collative ou canonique, & que l'institution autorisable n'a lieu que pour les bénéfices à charge d'ames conférés par le roi, ou par des collateurs inférieurs ; l'une est le complément d'un droit acquis, mais encore imparfait ; l'autre n'est que l'autorisation pour exercer un droit acquis, parfait en lui-même, mais à l'exercice duquel le non-consentement de l'évêque feroit un obstacle. De-là il suit que toute *provision* renferme l'institution collative, & que par rapport aux bénéfices à charge d'ames, il n'y a que les *provisions* de l'évêque diocésain qui renferment l'institution autorisable. Ces notions établies, revenons aux *provisions* considérées relativement aux collateurs. Nous examinerons ensuite leurs effets, & quelles sont celles qui doivent l'emporter dans le cas de concours.

Provisions des ordinaires. Quand on les considère dans leur forme, on voit qu'elles sont ordinairement composées de sept parties.

1°. La salutation & l'adresse. Dans la salutation doivent se trouver le nom, surnom, qualités du collateur, & principalement celle en vertu de laquelle il dispose du bénéfice. L'usage présent est que les *provisions* soient adressées à la personne à laquelle le bénéfice est conféré.

2°. La cause de la collation. Ici, l'on doit exprimer le genre de vacance du bénéfice, le droit que le collateur a d'en disposer, & les qualités de celui en faveur de qui il en dispose.

Quant au genre de vacance du bénéfice, l'erreur qui se commettroit à ce sujet, pourroit être réparée dans les *provisions des ordinaires* par la clause *aut aliquovis modo vacet.* C'est l'opinion de Dumoulin sur la règle *de public. resign.*, *n.* 200, & celle de tous nos canonistes modernes. Cette clause donne un effet utile à la *provision* en faveur du collataire ; elle prouve l'intention du collateur de lui conférer le bénéfice, quel que soit le genre de sa vacance.

Il est essentiel d'exprimer dans les *provisions*, le droit que le collateur a de disposer du bénéfice. Il faut désigner si c'est sur la présentation d'un patron, sur la requisition d'un gradué, d'un indultaire, d'un brévetaire ; si c'est de plein droit & librement, *pleno jure & liberè* ; si c'est pour cause de dévolution ; si c'est par le titre de la fondation, ou à raison de la dignité dont on est revêtu.

Quant aux qualités du pourvu, les formules varient. Mais il faut au moins que la *provision* porte une reconnoissance de sa suffisance & capacité, ce qui s'exprime ordinairement par ces termes : *sufficienti, capaci & idoneo.* On doit aussi marquer le nom, le surnom, le diocèse, l'ordre, les degrés du collataire. On prétend que l'omission du nom de baptême n'opéreroit point une nullité. En général, il suffit que le collataire soit désigné de manière à ce qu'il ne puisse pas y avoir d'incertitude sur sa personne.

3°. La collation & l'investiture. La collation renferme la désignation de la véritable qualité du bénéfice, qui est nécessaire à peine de nullité. Le collateur en outre, exprime qu'il confère le bénéfice avec tous ses droits, honneurs, profits & revenus, circonstances & dépendances. Les termes, dont il se sert, sont ordinairement : *contulimus, donavimus, conferimus, donamus & providemus.*

L'investiture, qui est bien différente de la prise de possession, est une cérémonie qui n'est pas fort en usage dans le royaume ; elle se fait ordinairement par la seule tradition des lettres de *provisions.* Il y a des lieux où l'on fait venir les pourvus à qui l'on fait prêter un serment à genoux. Le collateur leur met un bonnet quarré sur la tête & leur dit : *& ego autoritate investio te capellania N. in nomine patris, &c.* Cela s'appelle l'investiture, *per pilei quadrati traditionem* : cette investiture réelle ou fictive est énoncée dans quelques *provisions* par ces termes. *C'est pourquoi il l'en revêt & l'institue pour en jouir, &c.*

4°. La quatrième partie des *provisions* contient la commission de mettre en possession. Cette commission se donne par ces expressions : *mandantes... quatenus te vel legitimum procuratorem,... in possessionem realem & actualem, &c.* Elle est ordinairement adressée au premier prêtre, ou notaire apostolique ou royal de ce requis. *Primo præsbytero, seu notario apostolico vel regio super hoc requirendo.*

5°. La date & la signature du collateur. Ce sont deux choses essentielles. La date doit être du jour & de l'année. Si les provisions émanent de l'évêque, elles doivent être signées de lui; & contresignées de son secrétaire. Si les collateurs inférieurs qui sont obligés de se servir du ministère d'un notaire apostolique, ne peuvent pas signer, il faut que le notaire en fasse mention.

6°. Les témoins. Selon toutes nos ordonnances, depuis l'édit de 1550, toutes présentations ou collations des patrons & collateurs ordinaires, doivent être faites en présence de deux témoins connus, domiciliés, non parens, ni alliés au degré de cousin-germain, ni domestiques du patron ou collateur, lesquels signeront la minute, à peine de nullité. On ne dispense de la présence de deux témoins, que dans le cas où l'acte de *provisions* est passé & signé par deux notaires. Il est facile de sentir que nos loix ont exigé la présence de deux témoins outre le notaire, ou le concours de deux notaires, pour obvier aux fraudes. *Non admittuntur*, dit Rebuffe, *collationes episcoporum nec aliorum collatorum sine testibus conscriptæ senatusconsulto dictante, ut fraudes vitentur.*

C'est encore pour éviter les fraudes, que l'on a établi que les actes de *provisions* seroient reçus par des notaires, & qu'il en resteroit minute. Mais cette nécessité de recourir au ministère des notaires, ne peut regarder que les collateurs inférieurs aux évêques qui ne sont ni chefs, ni membres des églises cathédrales, collégiales ou conventuelles, parce que ni les évêques ni ces trois différentes espèces de chapitres, n'ont point été compris dans l'édit de 1550, ni dans celui de 1691. *Voyez* PRÉSENTATION.

7°. La prestation de serment. Il y a quelques collateurs qui sont dans l'usage de faire prêter un serment à leurs collataires. Mais il faut que cet usage soit bien établi; le collateur ne pourroit pas l'exiger de sa seule autorité.

Tel doit être le méchanisme, si nous pouvons nous servir de cette expression, des *provisions des bénéfices*, délivrées par les collateurs ordinaires. Elles ne varient que par rapport à l'espèce de collation; une collation forcée est exprimée d'une autre manière qu'une collation libre. Les *provisions* d'un collateur inférieur qui est obligé de recourir au ministère d'un notaire, a une autre forme que la collation de l'évêque, quoique dans la substance elle renferme les mêmes clauses. *Voyez* ces différentes formules dans le *Notaire apostolique* de Brunet, & dans le dictionnaire de droit canon de Durand de Maillane.

Toutes *provisions* des ordinaires doivent, à peine de nullité, être enregistrées dans le mois de leur date, au greffe de l'insinuation ecclésiastique du diocèse où est situé le bénéfice. Si elles ont été expédiées dans un autre diocèse, elles doivent, dans le mois, y être insinuées, & deux mois après dans celui de la situation du bénéfice. C'est la disposition des articles 14 & 15 de l'édit du mois de décembre 1691.

Cependant, malgré les dispositions précises de cet édit, on ne le considère aujourd'hui au palais que comme une loi bursale, & le défaut d'insinuer dans le délai qu'elle prescrit, ne vicie pas tellement l'acte, qu'il le rende absolument nul en toutes circonstances : ce défaut ne fait impression sur l'esprit des juges, qu'autant qu'il donne lieu à une présomption de fraude ou de faux. Si on ne peut pas en soupçonner le pourvu qui aura négligé de faire insinuer ses *provisions* dans le mois, son compétiteur, en cas de complainte, ne parviendra pas à les faire annuller sur cette omission; & elles seront à l'abri de toute attaque, pourvu qu'elles soient insinuées avant le jugement définitif.

Les lettres de *provisions* ne sont point sujettes au contrôle. Elles en ont été déchargées par l'arrêt du conseil du 30 août 1740, rendu en forme de réglement. « Les institutions canoniques, les visa, » & généralement tous les actes qui sont de la » jurisdiction gracieuse & volontaire des évêques, » lors même qu'ils seront faits & donnés par les » chapitres pendant la vacance du siège, seront » & demeureront à toujours exempts du droit de » contrôle, lors même qu'ils seront produits en » justice. Faisant, sa majesté, très-expresses inhi» bitions & défenses aux fermiers du contrôle, » ses procureurs, commis & préposés, d'exiger » aucun droit de contrôle desdits actes, à peine » de concussion & de restitution du quadruple de » ce qui se trouveroit avoir été par eux exigé » au préjudice du présent article ». Il faut cependant convenir que cet article de l'arrêt de réglement de 1740, ne parle que des *provisions* des évêques & des chapitres pendant la vacance du siège, & non pas des *provisions* données par les collateurs inférieurs.

Quelques canonistes ont prétendu qu'un collateur peut conférer de vive voix; que l'écriture n'est point essentielle à une *provision*, & qu'elle sert seulement à la prouver. *Littera non est de substantia gratiæ, sed probationis*, dit Rebuffe. Mais cette doctrine est rejettée parmi nous dans la pratique, & la preuve par témoins, qu'un collateur a disposé d'un bénéfice en faveur de telle personne, est certainement inadmissible.

Provisions du pape, ou de cour de Rome. Les bénéfices que le pape confère, & pour lesquels il donne des *provisions*, sont ou consistoriaux ou ou non consistoriaux. Les *provisions* des premiers s'expédient par bulle. *Voyez* ci-dessous PROVISIONS DU ROI. Les seconds s'expédient par simples signatures, & voici, d'après Pérard Castel, les formalités à remplir pour que les signatures soient parfaites. Il faut avouer que l'imagination des officiers de cour de Rome a été bien féconde lorsqu'ils les ont créées. Nous supposerons ici que la date est déjà retenue.

Le correspondant du banquier françois dresse alors sa supplique avec l'intitulation qui lui convient, selon le genre d'impétration. Il la porte en cet état à la daterie, où le sous-dataire met au bas, vers le coin, à sa droite, *ad ordinariam extendatur consensum*, ou simplement *ad ordinariam*; selon que la grace doit être signée par le pape, *concessum in presentia*, ou accordée en son absence, *fiat ut petitur.*

De la daterie, la supplique est portée chez le préfet de la signature de grace, qui y appose le *concessum*. Cette formalité commence à donner à la supplique, le nom & la forme de signature.

La supplique en cet état est remise au premier réviseur, qui revoit, corrige, augmente, diminue & réduit la grace aux termes des règles de chancellerie. C'est pourquoi l'on voit souvent des signatures raturées, qui n'en sont pas moins véritables & en bonne forme. Ce réviseur met la première lettre de son nom au bas de la marge de la signature, après avoir corrigé la supplique.

Après cette révision, le banquier en cour de Rome met au bas & à l'extrémité de la signature, l'indication de la date. Il la porte ensuite au substitut de l'officier des petites dates; celui-ci vérifie sur la date retenue & qui étoit restée entre ses mains, si la signature contient la même matière que celle qui est dans le mémoire de la date retenue. Après cette collation, ce substitut met de sa main la petite date, à quelque distance des clausules, au-dessous de l'endroit où le sous-dataire met la grande date *in extensum*. Il met ensuite au bas de la supplique, à l'extrémité du coin gauche, *Ra*. Le solliciteur porte, après cela, la signature chez le dataire, qui, y voyant la date apposée par le substitut dont il connoît la main, fait l'extension de cette date, au-dessus de celle qui a été mise en abrégé par le substitut.

La signature ainsi datée, passe au second réviseur, qui, après avoir corrigé, met la première lettre de son nom auprès de celle du premier réviseur. La signature en cet état est rapportée à la daterie pour y mettre la grande date, *in extensum*. Lorsqu'elle est ainsi expédiée, elle passe à l'office *de missis*, & ensuite au registre, où le clerc met au dos & sur le bord, par un simple chiffre ou numéro, le jour où elle a été apportée. Ce même clerc la distribue à un des registrateurs, au choix du banquier. Le clerc & le registrateur y mettent leur nom.

La signature une fois enregistrée passe entre les mains du maître du registre, qui la collationne avec le registre. Pour marquer qu'il l'a collationnée, il met au dos une grande *R* qui remplit toute la page. En haut de cette lettre, il met la première lettre de son nom, & au bas, son nom entier.

Après cette collation, le secrétaire des prélats de la chancellerie, la présente au régent, ou à quelque autre prélat référendaire, suivant la nature de la supplique. Le régent, ou le prélat y met son surnom & la première lettre de son nom, à droite, immédiatement au-dessus de la grande date.

On distribue ensuite la signature à un des prélats de la chancellerie, qu'on appelle *de majori parco*, qui, pour marque de cette distribution, y met son nom en ajoutant: *pro reverendissimo D. vicecancellario.* C'est de la chancellerie que le solliciteur va retirer la signature pour l'envoyer à son commettant.

Pour qu'une signature ou *provisions d'un bénéfice* non consistorial, soit envoyée parfaite de Rome en France, il faut donc qu'elle passe,

1°. Au sous-dataire, pour y mettre *ad ord. extend. consens.*

2°. Au *concessum.*

3°. Au premier réviseur.

4°. Au consens.

5°. Aux petites dates.

6°. Au second réviseur.

7°. Au sous-dataire, pour étendre la date.

8°. A l'office *de missis.*

9°. Au registre.

10°. A la chancellerie.

Toutes ces formalités n'ont pas rassuré les François sur les fraudes qui pouvoient se commettre par les officiers de la cour de Rome, dans l'expédition des signatures ou *provisions des bénéfices*. Ils ont cru devoir prendre des précautions particulières; en conséquence, toute signature doit être cotée du nom du banquier de Rome & du nom du banquier de France qui en a sollicité l'expédition, ensemble du numéro de l'article de son registre où est inscrit l'envoi dont il a été chargé. L'expéditionnaire de France doit en outre mettre au dos de la signature, son *tradita*, c'est-à-dire, son certificat, comme c'est lui qui l'a fait expédier & délivrer à Rome. Et ce certificat doit encore être signé d'un de ses confrères.

Telle est la forme selon laquelle les signatures sont expédiées à Rome pour les bénéfices non consistoriaux. Voyons comment s'expédient les *provisions* des autres bénéfices qui sont à la nomination du roi.

Provisions des bénéfices à la nomination du roi. Lorsque quelque bénéfice, auquel le roi doit nommer, d'après les clauses du concordat, est vacant, sa majesté fait expédier un brevet signé de sa main & contre-signé par un secrétaire d'état, par lequel elle fait don du bénéfice à la personne qui y est nommée.

Lorsque le brevet est expédié, le roi écrit trois lettres en faveur de l'ecclésiastique qu'il a nommé. L'une est adressée au pape pour le prier d'accorder des *provisions* : les deux autres sont pour le cardinal, protecteur des affaires de France, & pour l'ambassadeur de sa majesté à Rome.

Le nommé par le roi doit, pour parvenir à l'obtention de ses *provisions*, faire faire une information de sa vie & de ses mœurs, & de l'état du bénéfice. C'est par les évêques des lieux où ceux qui ont obtenu des brevets de nomination, ont résidé cinq ans auparavant, & par les chapitres & les monastères des églises vacantes, que les ordonnances & réglemens veulent que les informations se fassent. Cependant on tolère que le nonce du pape remplisse cette formalité, quoiqu'il n'ait aucune jurisdiction en France. Cette tolérance est, dit-on, fondée sur un accord fait entre Louis XIV & le pape. Cet accord ne pouvant pas être considéré comme une loi du royaume, on déclareroit abusif le refus que feroit la cour de Rome d'accorder des *provisions*, s'il n'avoit d'autre fondement que d'avoir fait faire l'information par l'ordinaire au lieu du nonce.

Le solliciteur commis par l'ecclésiastique que le roi nomme au bénéfice vacant, ou, pour mieux dire, par un banquier expéditionnaire de France, présente les lettres de nomination à l'ambassadeur du roi, qui fait mettre au dos son attache, qu'on appelle *expediatur*, & la signe avec son secrétaire. L'ambassadeur fait remettre ensuite au pape & au cardinal protecteur, les lettres qui leur sont adressées. On met entre les mains de l'auditeur du cardinal protecteur, l'information sur les qualités du nommé, & sur l'état de l'église vacante.

Le cardinal protecteur annonce dans le conclave prochain, qu'il proposera dans celui qui suivra, telle église vacante pour telle personne qui y est nommée par le roi très-chrétien.

Si le pape consent à la proposition, le cardinal protecteur fait examiner par son auditeur, l'information & les autres titres du nommé. Si tout est en règle, il met son approbation au pied du procès-verbal. Cette espèce de certificat est ensuite présentée aux cardinaux chefs d'ordre, pour qu'ils la souscrivent; après quoi on dresse des mémoriaux qui doivent être remis au pape & aux cardinaux la veille du consistoire. Ces mémoires sont au nom du cardinal protecteur, & rédigés par son auditeur.

Le solliciteur fait en même temps deux cédules. Par la première, il s'engage à payer le droit de propine ou d'épices au cardinal protecteur; & par la seconde, de payer les droits du sacré collège & des clercs de la chambre apostolique. C'est une condition *sine quâ non*. Sans cela, le cardinal ne proposeroit point le nommé par le roi.

Au consistoire marqué, le cardinal protecteur propose; les autres cardinaux donnent leurs suffrages, & après que le cardinal proposant a conclu, le pape prononce, *fiat in nomine patris & filii & spiritus sancti*. Dès ce moment, la grace est accordée, & le vice-chancelier en enregistre le décret dans le livre des matières consistoriales.

Après le consistoire, le cardinal proposant envoie au vice-chancelier une cédule, dans laquelle il explique la grace accordée par le pape, sur la nomination du roi, ainsi que les clauses & les conditions de la nomination; ce qui est nécessaire, parce que tout se passe de vive voix au consistoire. Sur cette cédule, le vice-chancelier en dresse une autre, appellée *contre-cédule*, scellée de son sceau, & contre-signée de son secrétaire. La minute des bulles qui sont datées du jour que le pape a accordé la grace dans le consistoire, est dressée sur cette contre-cédule par l'abréviateur du grand-parquet qui se trouve en tour. Cette minute est revue & examinée par un autre abréviateur qui juge si tout y est régulier & conforme à la contre-cédule : de-là on la donne à un scripteur des bulles.

Lorsque les bulles sont écrites, elles sont portées en chancellerie : elles passent par les mains de tous les officiers qui prennent chacun leurs droits. Ensuite le substitut de l'abréviateur les collationne avec la minute, & les remet à l'abréviateur pour les juger. De-là elles vont au plomb ou au sceau, & ensuite au registre. Des mains du scripteur du registre, elles viennent au notaire de la chambre, qui examine par la signature ou marque de tous les officiers, si tous les droits sont fidellement payés; & après avoir eu soin de percevoir les siens, il remet les bulles au solliciteur pour les faire parvenir à son commettant.

Pour un évêché, les bulles sont au nombre de sept. La première, qui est la principale, est la bulle des *provisions*. La seconde, est une commission pour sacrer le pourvu. Quelquefois elle est adressée à certains prélats en particulier, mais ordinairement elle laisse au pourvu la liberté de se choisir un consécrateur & ses assistans. Elle contient encore une délégation pour recevoir le serment de fidélité que le pourvu doit au pape. La troisième bulle oblige le pourvu de se transporter chez le nonce, ou chez un autre délégué, pour y renouveller sa profession de foi; ce dont on dresse un procès-verbal. La quatrième n'est qu'une recommandation que fait au roi le saint-père, pour qu'il accorde sa protection royale au nouvel évêque. La cinquième est adressée au métropolitain, si la *provision* est d'un évêché, ou au suffragant, si elle est d'une métropole. Dans le premier cas, elle n'est qu'une recommandation faite au métropolitain en faveur de son nouveau suffragant. Dans le dernier, le pape mande aux suffragans d'obéir à leur nouveau métropolitain, comme les membres à leur chef.

La sixième bulle est adressée au chapitre, clergé & peuple du diocèse. Elle ne contient que des exhortations aux uns & aux autres pour remplir tous leurs devoirs à l'égard de leur nouveau pasteur.

La septième enfin, est adressée aux vassaux du diocèse, & leur enjoint de recevoir l'évêque avec tout l'honneur qu'ils lui doivent, de lui prêter les sermens accoutumés, & de lui rendre les services ordinaires; le pape déclare que dans le cas de rébellion de leur part & d'une juste sentence lancée contre eux par l'évêque, le saint siège soutiendra l'évêque jusqu'à ce qu'il ait obtenu satisfaction.

Pour les prélatures du second ordre, c'est-à-dire, les abbayes & prieurés, autrefois électifs-confirmatifs, auxquels le roi nomme, les *provisions* se demandent en cour de Rome comme celles des évêchés, & s'expédient également par la voie du consistoire, & par bulles. Le nommé doit d'abord faire sa profession de foi entre les mains de l'official, qui lui en donne une attestation signée de lui, contre-signée par son greffier, & scellée du sceau de l'évêque. Le même official fait ensuite une enquête sommaire, composée de trois ou quatre témoins, sur la naissance, bonnes mœurs, réputation, conduite & capacité du nommé: il en dresse un procès-verbal, signé, contre-signé & scellé, comme l'attestation de la profession de foi. Le banquier expéditionnaire envoie ces pièces à Rome à son correspondant, avec le brevet de nomination, & on y suit l'expédition des bulles, comme pour les évêchés.

Les bulles contenant la *provision* sont adressées à l'official du diocèse où la prélature est située. C'est à lui à les mettre à exécution en les fulminant. *Voyez* FULMINATION.

On suit les mêmes formalités pour les abbayes & prieurés de moniales à la nomination du roi. L'official se transporte au parloir du couvent où la religieuse nommée fait sa demeure pour recevoir sa profession de foi & procéder à l'information de vie & de mœurs. *Voyez* ABBAYE DE FILLES, CONCORDAT, NOMINATION. Ce seroit ici le moment de rendre compte de l'événement de la contestation élevée au sujet de l'ancienne abbaye de Clairmarais, entre la dame de la Ville, qui l'a impétrée en cour de Rome, la dame de Mandols, qui y a été nommée par le roi, & l'abbaye de Clairvaux, à laquelle elle est unie depuis des siècles. Mais cette affaire intéressante n'est pas encore jugée. Nous tiendrons l'engagement que nous avons contracté, à l'article NOMINATION, en traitant le mot UNION, pourvu cependant qu'elle soit jugée lorsque nous le livrerons à l'impression.

Sur les obligations des nommés par le roi aux bénéfices consistoriaux, leur âge, leurs qualités, le temps dans lequel ils doivent prendre possession, comment ils doivent se pourvoir en cas de refus de *provisions* de la part de la cour de Rome, *voyez* COMMENDE, CONCORDAT, EVÊQUE, NOMINATION.

Provisions émanées du roi & des collateurs laïques particuliers. Le roi confère des bénéfices dans le royaume à plusieurs titres. Il en confère en vertu du droit de régale, comme fondateur, & à titre de garde & de litige dans la province de Normandie. On sent que la formule de ses *provisions* doit varier selon les titres en vertu desquels il confère. Toutes les *provisions* émanées de lui sont des brevets qu'il signe & qui sont contre-signés par un secrétaire d'état. Ces brevets ne sont jamais adressés aux pourvus; ils le sont tantôt aux évêques, tantôt aux officiers qui doivent les mettre à exécution.

Les collateurs laïques donnent des *provisions*, qu'ils adressent tantôt au pourvu, tantôt au premier notaire royal ou autre ayant à ce pouvoir. Ils ne peuvent user du terme *mandons*, si le rang & la naissance ne leur donnent ce droit. Ils doivent se servir de la formule, *prions & requérons le premier notaire, auquel il plaira à vous, ou à votre procureur vous adresser;* ou autre semblable.

Les pourvus par le roi ou par les collateurs laïques, de bénéfices à charge d'ames, ne peuvent se mettre en possession avec leurs *provisions* seules; ils sont tenus en outre d'obtenir de l'évêque l'institution autorisable, c'est-à-dire, de prendre la mission de la puissance ecclésiastique pour exercer les fonctions spirituelles. *Voyez* ce que nous avons dit ci-dessus à ce sujet.

Effets des provisions. Lorsque les *provisions* sont en règle & valables, le pourvu se trouve titulaire du bénéfice; de manière qu'il fait réellement impression sur sa tête, & qu'il n'a plus besoin que d'en prendre possession pour en jouir incommutablement. Les fruits doivent lui appartenir, à compter même du décès de son prédécesseur, suivant l'ancien principe, *fructus futuro successori servantur;* mais *voyez* DÉPORT, FRUITS. Si les *provisions* acceptées par le pourvu le rendent véritable titulaire, il s'ensuit que le collateur a exercé tout le droit qui lui étoit ouvert par la vacance du bénéfice. S'il l'exerce mal & abusivement, il ne lui est pas permis de se réformer lui-même, son droit passe, pour cette fois, à son supérieur. C'est une espèce de peine infligée par les loix canoniques à l'infraction d'un devoir aussi essentiel que celui de pourvoir aux bénéfices vacans. Peu importe que la nullité des *provisions* vienne du collateur ou du collataire: le pouvoir de conférer le bénéfice qui reste vacant de droit au moyen de la nullité de la *provision*, est dévolu au supérieur, quelle que soit la cause de la nullité. *Voyez* DÉVOLUT, DÉVOLUTION, VARIATION.

Concours de provisions. Des *provisions* peuvent concourir, ou parce qu'elles ont été données par le même collateur à différens pourvus, ou parce qu'elles sont données par plusieurs collateurs qui prétendent avoir droit de conférer.

Il y a deux espèces de concours; l'un, dans lequel il s'agit simplement de décider quelles *pro-*

visions doivent l'emporter ; l'autre, lorsque les *provisions* étant émanées du même collateur, le même jour, pour le même bénéfice, & sur le même genre de vacance, on ne peut distinguer celui des deux pourvus qu'il a eu intention de gratifier. C'est pour ce concours qu'on a établi la maxime, *mutuo concursu sese destruunt.*

La première espèce de concours peut avoir lieu entre l'ordinaire & son grand-vicaire, ayant pouvoir spécial de conférer. On demande quel est celui des deux pourvus qui doit l'emporter dans le cas où l'un & l'autre auroient donné des *provisions.*

Si les *provisions* ne sont pas du même jour, celles qui sont antérieures en date doivent l'emporter. Si elles sont du même jour, le pourvu par l'évêque doit être préféré, à moins que le pourvu par le grand-vicaire n'ait pris possession le premier. On rapporte en faveur de ce sentiment, un arrêt du parlement de Paris, du 29 juillet 1519 : & il a été embrassé par Papon, Rebuffe & Gonzales. Carondas & plusieurs autres sont d'un avis contraire, & prétendent que malgré que le pourvu par le grand-vicaire ait pris possession le premier, le pourvu par l'évêque doit l'emporter.

La même espèce de concours peut se trouver entre l'ordinaire qui néglige de conférer pendant les six mois qui lui sont accordés par la loi, & son supérieur dans l'ordre hiérarchique. Les *provisions* qui sont antérieures en date doivent l'emporter. *Voyez* DÉVOLUTION. Mais si le supérieur & l'ordinaire confèrent le même jour, *quid juris*, les *provisions* données *jure devolutionis* doivent-elles l'emporter sur celles données *jure ordinario*? Nous serions portés à croire que dans ce cas, le pourvu par l'ordinaire devroit être préféré. Les loix de la dévolution ont été établies, non pas pour dépouiller les ordinaires de leurs droits de collation, mais seulement pour exciter leur vigilance. Après les six mois qui leur sont accordés, les supérieurs exercent un droit qu'on peut considérer comme un droit de prévention ; & il n'y a rien de plus opposé à la prévention que le concours. La collation du supérieur, lorsque la dévolution est ouverte, n'annulle pas celle de l'ordinaire, qui lui est antérieure. Il nous paroît qu'elle ne doit pas plus l'annuller, lorsqu'elle concourt avec elle.

Il ne peut jamais y avoir de concours entre les *provisions* du pape & celles de l'ordinaire. Si elles ne sont pas du même jour, les plus anciennes en date sont préférées ; si elles sont du même jour, celles de l'ordinaire l'emportent. *Voyez* PRÉVENTION. Il en est de même de celles du vice-légat d'Avignon. Il faut cependant excepter la *provision* expédiée à Rome sur résignation, le même jour que l'ordinaire en a accordé une *per obitum*. La *provision* du pape l'emporte alors sur celle de l'ordinaire. Elles ne sont pas données sur le même genre de vacance ; ce qui est nécessaire pour qu'il y ait concours. *Voyez* RÉSIGNATION.

Mais la véritable espèce de concours a, le plus souvent, lieu entre les *provisions* émanées de la cour de Rome. Il arrive très-souvent que les impétrans retiennent date le même jour, & comme, suivant le privilège des François, *date retenue, grace accordée*, les *provisions* ; c'est-à-dire, les signatures, portent la même date, par conséquent, elles concourent. Tous nos auteurs conviennent que dans ce cas, les *provisions* sont nulles, *mutuo concursu sese destruunt.* La raison qu'on en apporte, c'est que le pape ne peut avoir intention de pourvoir à la fois, deux ou plusieurs personnes, du même bénéfice.

C'est donc dans la qualité de collateur forcé, que le concours des *provisions* du pape prend son origine. Il ne peut refuser les bénéfices que les François lui demandent ; la grace leur est accordée du jour de leur demande. De-là il résulte qu'une date simplement obtenue, produit le même effet qu'une date poussée au registre, & sur laquelle on fait expédier des *provisions*. De-là il résulte encore qu'une simple date concourt avec une *provision*, quoique expédiée, & par conséquent la détruit.

Ainsi le concours a lieu, non-seulement entre deux *provisions* du même jour, mais même entre une simple date & une *provision*, toutes deux aussi du même jour.

Du même principe, *date retenue, grace accordée*, il résulte encore qu'une date, quoiqu'elle n'ait pas été poussée au registre dans l'année, & que même elle ne puisse plus l'être, n'en concourt pas moins avec une *provision* du même jour. Quoiqu'un des deux impétrans n'ait pas voulu profiter de sa date, la grace ne lui en étoit pas moins accordée. Il ne peut, par son silence ou sa négligence, valider la grace accordée à l'autre impétrant. Les deux graces ont été frappées d'une nullité absolue, dès qu'elles ont été accordées à deux personnes à la fois dans le même instant. Ainsi, elles sont nécessairement caduques. C'est pourquoi, quand même un des pourvus renonceroit à son droit, ou le céderoit à l'autre, celui qui demeureroit sans compétiteur, ne pourroit posséder le bénéfice en vertu de ses *provisions*. Il est évident que l'un & l'autre étant réputés n'y avoir point de droit, la cession d'un des deux ne peut rendre meilleur le droit de l'autre.

Tels sont les principes généraux qui sont suivis en France sur le concours des dates & des *provisions* en cour de Rome. Nous avons rejetté les distinctions imaginées par les papes pour faire cesser ce concours. Nous n'avons jamais reçu le chapitre *duobus de rescriptis in-6°* de Boniface VIII, ni celui *si à sede apostolicâ* du même pape, ni la trente-unième règle de chancellerie *de concurrentibus in datâ*, ni la quinzième, qui veut que l'on préfère la *provision per fiat* à celle qui n'est que par *concessum*. M. Bignon paroît être le premier qui ait développé ces principes. « Il n'y a rien, » disoit ce magistrat à l'audience du grand-con- » seil le 21 octobre 1624, de si contraire à la » nature même que le concours : impossible que » deux hommes occupent le même bien; aussi, » suivant le droit, que *duo sint ejusdem rei in so- » lidum domini*, & se rencontrent tels concours, » *mutuò sese extollunt*, *L. duo sunt Titii de test tutel.* » où le jurisconsulte dit : *non jus deficit sed pro- » batio*, auquel on adjugera plutôt qu'à l'autre, ce » que l'on doit plus étroitement observer pour les » bénéfices qui n'admettent ni section ni division : » les chapitres *si à sede*, & *cum duobus*, *de præbend.* » *in-6°.* y sont formels, & les règles de chan- » cellerie 31 & 15 montrent combien on a cherché » d'exceptions pour empêcher le concours reçu » & approuvé en France, comme nous l'apprenons » d'un arrêt du parlement de Paris, prononcé » en robes rouges en 1552, contre lequel on ne » peut appliquer la distinction, *an per concessum » an verò per verbum fiat*, *facta sit provisio*. Celui- » ci n'ayant pas plus de force que celui-là, à cause » du privilège des François, en faveur desquels on » expédie & on date les *provisions* du jour de » l'arrivée du courrier à Rome, concours qui » produit une nullité essentielle des *provisions*, » telle qu'elle ne peut être couverte par la taci- » turnité d'un des pourvus, bien qu'il ne se plaigne » point ».

Ces motifs ainsi développés par M. Bignon ont reçu, pour ainsi dire, une nouvelle force, par la défaveur de la prévention, & même par la haine qu'on lui a toujours portée. On a vu, dans la nullité des dates ou des *provisions* de cour de Rome, opérée par le concours, un moyen, sinon de l'anéantir, du moins d'en restreindre beaucoup les effets. Par-là, les ordinaires ont moins ressenti le joug d'un droit exorbitant qu'on ne tolère qu'avec peine; & il arrive en effet très-souvent que leurs *provisions* sont valides, parce que des dates retenues, ou des *provisions* obtenues en cour de Rome se détruisent par l'effet du concours.

C'est encore la haine de la prévention qui a donné lieu à la maxime, *qu'une provision ou même simple date radicalement nulle, fait concours avec une autre provision ou date du même jour.* « C'est une » maxime certaine, disoit M. Talon en 1661, » que deux *provisions* du même bénéfice en même » jour à deux diverses personnes, *mutuo concursu » se impediunt*; c'est la disposition du chapitre » *duobus de rescript. in-6°*, confirmée par les arrêts; » & le concours doit avoir lieu, nonobstant que » l'une des *provisions* se trouve nulle, parce que » le concours vient *ex parte pontificis*, à l'égard » duquel la *provision* est toujours une *provision*, » qui n'est nulle que par le fait de l'impétrant, » comme au fait particulier où la *provision* n'étoit » nulle que parce que l'on avoit envoyé à Rome, » du vivant du titulaire; mais cette *provision* se » trouvant du même jour avec une autre, elles » faisoient concours & se détruisoient mutuelle- » ment ».

La raison paroît répugner à faire concourir une date ou une *provision* radicalement nulle, avec une date ou une *provision* valable. Aucune loi ne l'a décidé; & nos anciens auteurs ne pensoient pas ainsi. Brodeau, sur Louet, assure comme une règle certaine, qu'une *provision* nulle ne donne point lieu au concours, parce que ce qui est nul ne produit aucun effet. Rebuffe avance aussi que si un des deux pourvus est inhabile à posséder le bénéfice, cette *provision* ne fait point concours, & n'empêche pas que celui qui est habile ne soit bien pourvu, *sicut testamentum nullum, non revocat validum.*

Cependant l'opinion contraire est admise par nos auteurs modernes. « Si la grace, dit M. Piales, » est accordée par la seule rétention de la date, » il n'importe que l'un des rétentionnaires soit » atteint *de quelque incapacité* qui rende la date » radicalement nulle : cette nullité n'empêche pas » l'effet du concours. La date nulle anéantit la » date légitime, par la raison que la volonté du » pape devient sans efficace quand elle se multiplie » dans le même instant, en accordant deux graces » incompatibles, & qu'il est, par conséquent, » impossible de laisser subsister ».

Il paroît par ce passage de M. Piales, que l'on ne fait concourir une date nulle avec une date légitime, que lorsque la nullité provient de l'incapacité de l'impétrant; ce qui est déjà une limitation à la maxime générale : *une date nulle concourt avec une date valide*; & la restreint à la date nulle par l'incapacité de l'impétrant. De sorte que si la nullité provenoit d'un vice inhérent à la date même, alors il n'y auroit point de concours.

La raison que donne M. Piales avec la pluralité de nos auteurs, qu'une date nulle par l'incapacité de l'impétrant, concourt avec une date valide, c'est que la volonté du pape devient sans efficace quand elle se multiplie dans le même instant en accordant deux graces incompatibles, & qu'il est par conséquent impossible de laisser subsister.

Ne pourroit-on pas répondre avec le rédacteur des mémoires du clergé, que la concession du pape suppose cette condition, *si l'impétrant est en règle*; & qu'on ne peut pas présumer que le pape ait voulu donner le bénéfice à celui qui l'a demandé, par exemple, sur une course ambitieuse? Le pape ne peut donc pas alors être supposé avoir voulu accorder la même grace à deux personnes à la fois; on ne peut pas dire, dans ce cas, que sa volonté se multiplie, puisqu'il est impossible qu'il veuille gratifier un indigne ou un incapable. L'axiôme des François, *date retenue, grace accordée*, ne peut lui-même s'appliquer qu'à l'impétrant qui est capable de la recevoir. L'article 47 de nos libertés, d'où cet axiôme est tiré, après avoir établi que le pape étoit collateur forcé, ajoute,

sauf

sauf à disputer par après de la validité ou invalidité pardevant les juges du roi, auxquels la connoissance en appartient. Il ne faut donc pas toujours conclure de la rétention de la date, à la concession de la grace; la date retenue emporte nécessairement la concession de la signature ou *provision;* mais celle-ci n'accorde la grace que conditionnellement, *sauf à disputer par après de sa validité ou de son invalidité.*

Nous osons dire que la doctrine du concours d'une date radicalement nulle avec une date valable & légitime, n'est fondée que sur deux sophismes. Il n'est pas vrai que toute rétention de date entraîne nécessairement la concession de la grace, parce qu'il ne faut pas confondre la signature ou la *provision* avec la grace; la première n'est qu'un parchemin stérile, lorsque celui à qui on l'expédie est incapable de la féconder. Il n'est pas plus vrai que le pape ait la volonté de gratifier un incapable ou un indigne; lorsqu'il lui fait expédier une signature, il ne fait qu'obéir à une loi impérieuse qui le rend, pour ainsi dire, passif; & si sa volonté est enchaînée lorsqu'il confère à un sujet digne & capable, il n'en a point du tout lorsqu'il accorde une signature à celui à qui il la refuseroit certainement s'il agissoit en liberté & en connoissance de cause. Ainsi, point de grace accordée à un incapable, point de volonté dans le pape de la lui accorder. Donc point de concours entre une date ou *provision* radicalement nulle, & une date ou *provision* légitime ou valable. D'ailleurs, comment ce qui est nul en lui-même, pourroit-il produire quelque effet?

Mais, nous dira-t-on, votre systême favorise la prévention. Nous répondrons: attaque-t-il la raison, blesse-t-il quelque loi? La prévention existe; il seroit peut-être mieux qu'elle n'existât pas. Mais tant qu'elle existera, on ne sera pas dispensé pour cela d'être conséquent; & c'est la plus grande des inconséquences, de faire produire à une date radicalement nulle, les mêmes effets qu'à une date valable. Le même motif, la défaveur de la prévention, avoit fait adopter dans toute sa généralité, la maxime *provisio etiam nulla impedit preventionem:* on l'a cependant réduite dans ses justes bornes par la distinction des nullités absolues & des nullités relatives. Pourquoi ne pas appliquer la même distinction aux dates, lorsqu'il s'agit de leurs concours? Si la défaveur de la prévention n'a pas empêché de l'introduire pour les *provisions* de l'ordinaire, elle ne doit pas plus l'empêcher pour les dates; & la saine raison veut qu'on l'admette pour les unes & pour les autres. Il nous paroît que M. de Tourny, avocat-général au grand-conseil, fit un pas vers notre opinion, lorsqu'il établit, en 1752, qu'il n'étoit pas certain dans le droit, que des dates retenues par un homme coupable du crime de recelé de corps, pussent opérer le concours avec des dates retenues par d'autres impétrans. Nous n'ignorons pas que M. de Tourny proposa à ce sujet des vues tirées du bien public, qui demande que les recelés de corps soient punis; ce qui n'arriveroit pas, ou du moins rarement, si les dates de celui qui s'en est rendu coupable opéroient le concours. Il en sera de même de tous les autres crimes ou délits, qui produisent l'incapacité ou l'indignité pour posséder des bénéfices; & alors la maxime *qu'une date nulle opère le concours*, recevra des exceptions selon le genre d'incapacité ou d'indignité des impétrans. Concluons donc qu'elle n'est rien moins que certaine, & qu'elle sera réduite dans ses justes limites, lorsqu'il se trouvera des jurisconsultes assez logiciens pour exposer clairement des principes, & assez courageux pour résister au torrent des auteurs, & discuter une jurisprudence qui n'est peut-être pas aussi bien établie qu'on le prétend. On ne cite en effet que deux arrêts du parlement de Paris de 1661, & du 27 mars 1725, & un du grand-conseil du 29 janvier 1745. On en citoit bien davantage autrefois pour prouver qu'une collation radicalement nulle empêchoit la prévention. Cependant on tient aujourd'hui le contraire. On en citoit encore un bien plus grand nombre pour prouver que les indultaires du parlement étoient sujets à la prévention; cependant aujourd'hui ils en sont affranchis.

Jusqu'à présent, nous n'avons examiné le concours des dates ou *provisions* de cour de Rome, que dans l'hypothèse où le pape est collateur forcé vis-à-vis de tous les impétrans. Il arrive quelquefois qu'il est collateur libre. Il l'est toutes les fois qu'on lui demande un bénéfice qu'on ne peut posséder qu'avec une dispense, qu'il est le maître de ne pas accorder. Un bâtard, par exemple, supplie pour un bénéfice, & demande en même temps la dispense d'illégitimité; un séculier demande en commende ou avec la clause *pro cupiente profiteri*, un bénéfice régulier qui vaque en règle; dans tous ces cas ou autres semblables, la rétention de la date n'opère pas nécessairement l'obtention du bénéfice. Le pape peut refuser; il peut, à plus forte raison, faire dater les *provisions*, s'il en accorde, d'un autre jour que celui de la date retenue; on ne peut pas alors invoquer la maxime, *date retenue, grace accordée.*

Ces sortes de dates seules & indépendamment des *provisions* qui en sont ordinairement la suite, ne peuvent jamais opérer de concours, parce qu'elles ne donnent par elles-mêmes aucun droit au bénéfice demandé. Il n'y a que la *provision* qui puisse l'opérer, soit avec une autre *provision*, ou avec une simple date du même jour. Si, par exemple, trois impétrans demandent un bénéfice en commende, & que les trois *provisions* soient datées du même jour, il y a alors concours, & les trois *provisions* sont nulles. Si, au contraire, elles sont datées de différens jours, la première en date l'emportera. Peu importe que les trois suppliques aient été présentées le même jour. Elles ne rendent point le pape collateur forcé, &, par conséquent ne l'obligent point à accorder des *provisions* du jour même de la demande.

Souvent le pape est, tout-à-la-fois, collateur libre & collateur forcé. Cela arrive lorsque le même jour deux personnes retiennent date pour le même bénéfice, & que l'une a besoin d'une dispense, dont l'autre n'a pas besoin. A l'égard du premier impétrant, le pape est collateur libre, puisqu'il peut lui refuser la dispense. Il est collateur forcé à l'égard du second; alors la rétention des deux dates ne forme point de concours, parce qu'en général, pour que les dates concourent, il faut qu'on puisse leur appliquer la maxime, *date retenue, grace accordée*, & qu'on ne peut pas l'appliquer à celle de l'impétrant qui a besoin d'une dispense. Mais s'il plaît au pape d'accorder des *provisions* à l'impétrant qui a besoin de dispense, & qu'il les fasse dater du jour de la rétention de la date, alors il y aura concours, soit que l'autre impétrant fasse pousser sa date au registre & expédier sa signature, soit qu'il ne le fasse pas. La raison en est, comme on l'a déjà dit, qu'à l'égard de l'impétrant qui n'a pas besoin de dispense, la date vaut *provision*. Il doit donc y avoir concours entre une simple date retenue & une *provision* libre du pape, &, à plus forte raison, entre une *provision* forcée & une *provision* libre.

Il faut observer ici que ces principes ne sont pas applicables aux *provisions* données par l'ordinaire. Ses *provisions*, comme collateur forcé, ne concourent point avec ses *provisions* comme collateur libre. Un gradué requiert un bénéfice vacant dans un mois de grade, l'évêque le lui confère en qualité de gradué, & non autrement. Le même jour il le confère à un autre ecclésiastique, *jure libero*. Les deux *provisions* ne concourent point & ne se détruisent point. Si le gradué est en règle, & n'a en lui-même aucune incapacité, il l'emportera sur le pourvu *jure libero*; dans le cas contraire, ce dernier sera préféré. Deux *provisions* de l'ordinaire, comme collateur forcé, ne concourent pas plus entre elles qu'une *provision* libre & une *provision* forcée. *Voyez* VARIATION.

La preuve du concours des dates entre elles, ou d'une date avec une *provision*, ne seroit pas facile à faire, si on étoit pour cela obligé de recourir aux officiers de la cour de Rome. La rétention des dates non poussées au registre est même impossible à établir, après l'année révolue, puisqu'on est dans l'usage à Rome de brûler chaque année les mémoriaux ou les mémoires remis à la daterie. Pour parer à ces inconvéniens, on a établi en France des officiers publics, du ministère desquels on est forcé de se servir pour toutes sortes d'impétrations en cour de Rome. Les banquiers expéditionnaires sont obligés de tenir des registres, dans lesquels ils doivent inscrire, non-seulement les commissions dont ils sont chargés, mais le jour de l'arrivée des courriers à Rome, & la rétention réelle des dates. C'est dans ces registres qu'on puise la preuve du concours des dates simplement retenues, & de celles qui sont poussées au registre. Pour que nos tribunaux puissent ajouter foi à ces registres, l'on a promulgué des réglemens qui enjoignent aux banquiers expéditionnaires de cour de Rome, d'être exacts à y marquer, tant les mémoriaux qu'ils envoient à Rome, que les réponses qu'ils en reçoivent. *Voyez* BANQUIERS EXPÉDITIONNAIRES.

Les certificats des banquiers expéditionnaires forment la preuve ordinaire de la rétention des dates. Ces certificats ne sont autre chose que des extraits de leurs registres. Le secret qui doit régner dans leurs opérations, & les loix que leur impose la confiance qu'on met en eux, ne leur permettent pas de les délivrer indifféremment à toutes sortes de personnes. Celles qui ont intérêt à se les procurer, ne le peuvent que par le moyen des compulsoires. Alors les banquiers sont obligés d'obéir à justice. Un arrêt du 11 juillet 1721, fut plus loin. Il ordonna à un banquier de faire lever à Rome des *provisions* sur des dates qu'il avoit eu commission de retenir, par un ecclésiastique qui n'étoit pas en cause, & cela sur la demande d'un impétrant qui avoit intérêt à prouver que les dates de son compétiteur concouroient avec d'autres dates.

Nous n'admettons point en France la preuve de la rétention des dates par les *perquiratur*. Ces actes ne sont signés par aucun officier de la daterie, mais seulement par un banquier expéditionnaire. Nous ne reconnoissons que ce qui émane immédiatement du pape, ou de l'un des officiers qu'il autorise. C'est, dit M. Piales, la doctrine constante de MM. les avocats-généraux.

Concours de provisions du roi & des patrons laïques. Voyez COLLATEUR, COLLATION, NOMINATION, VARIATION.

Provisions, pro cupiente profiteri. Voyez SECULARIA SECULARIBUS, REGULARIA REGULARIBUS.

Voyez aussi, sur plusieurs questions qui peuvent avoir rapport au mot *provisions*, SIGNATURE, VISA. (*M. l'abbé* BERTOLIO, *avocat au parlement.*)

PROVISIONS DE CHARGES ET OFFICES, sont des lettres-patentes par lesquelles le roi, ou quelque autre seigneur, confère à quelqu'un le titre d'un office pour en faire les fonctions.

Avant que les offices eussent été rendus stables & permanens, il n'y avoit que de simples commissions, qui étoient annales; ensuite elles furent indéfinies; mais néanmoins toujours révocables *ad nutum.*

On n'entend donc, par le terme de *provisions*, que les lettres qui confèrent indéfiniment le titre d'un office.

On mettoit cependant autrefois dans les *provisions* cette clause, *quandiu nobis placuerit*, pour tant qu'il nous plaira; mais depuis que Louis XI eut déclaré que les offices ne seroient révocables que pour forfaiture, les *provisions* sont regardées comme un titre perpétuel.

Pour les offices royaux, il faut obtenir des *provisions* du roi, qui s'expédient au grand sceau.

Pour les offices des justices seigneuriales, c'est le seigneur qui donne des *provisions* sous son scel particulier : mais ces *provisions* ne sont proprement que des commissions toujours révocables *ad nutum*.

Ce ne sont pas les *provisions* du roi qui donnent la propriété de l'office, elles n'en confèrent que le titre, de manière qu'une autre personne peut en être propriétaire ; & dans ce cas, celui qui a des *provisions* du roi est ce qu'on appelle l'*homme du-roi*.

Le sceau des *provisions* accordées par le roi, ou par un prince apanagiste, purge toutes les hypothèques & privilèges qui pourroient être prétendus sur l'office par les créanciers du résignant, quand il n'y a pas eu d'opposition au sceau avant l'obtention des *provisions*.

On forme aussi opposition au titre de l'office, pour empêcher qu'il n'en soit scellé aucunes *provisions* au préjudice de l'opposant qui prétend avoir droit à la propriété de l'office. *Voyez* OFFICE, OPPOSITION AU SCEAU, OPPOSITION AU TITRE. (*A*)

PROVISIONNEL, adj. (*en terme de Pratique*) se dit de ce qui est relatif à quelque chose de provisoire, comme un partage *provisionnel*, une sentence *provisionnelle*. *Voyez* PARTAGE, PROVISOIRE & SENTENCE.

PROVISOIRE, adj. (*en terme de Palais*) se dit des choses qui requièrent célérité, & qui doivent être réglées par provision ; les alimens, les réparations sont des matières *provisoires*. On se sert aussi de ce terme substantivement, & on dit quelquefois un *provisoire* simplement, pour exprimer une matière *provisoire*. *Voyez* CAUSE ET MATIÈRE SOMMAIRE.

PROXENETE, s. m. est celui qui s'entremet pour faire conclure un marché, un mariage, ou quelque autre affaire.

Chez les Romains, celui qui s'entremettoit pour faire réussir un mariage, ne pouvoit pas recevoir pour son salaire au-delà de la vingtième partie de la dot & de la donation à cause de noce.

Parmi nous, on ne peut faire aucune paction pour un pareil sujet, & les *proxenètes* en fait de mariage, ne peuvent recevoir que ce qu'on veut bien leur donner. *Voyez* COURTIER.

PROXIMITÉ, s. f. on se sert, *en droit*, de ce terme pour exprimer, en fait de parenté, la position de quelqu'un qui est plus proche qu'un autre, soit du défunt, s'il s'agit de sa succession, soit du vendeur, s'il s'agit de retrait lignager, dans les coutumes où le plus proche parent est préféré. *Voyez* DEGRÉ, LIGNE, PARENTÉ, RETRAIT, SUCCESSION.

PRUDHOMMES, ou, comme il est écrit dans quelques coutumes, *PREUDHOMMES*, en latin *prudentes homines* ou simplement *prudentes seu probi homines, vel boni homines*.

Ce sont, en général, & suivant la traduction littérale, tous les hommes recommandables par leur bonté, leur prudence, leurs vertus, leurs talens, &c.

On accordoit autrefois ces titres dans les différentes classes de la société, à ceux qui jouissoient plus particuliérement de l'estime & de la confiance publique.

Les anciens chevaliers étoient qualifiés de *preux*, *quasi prudentes*, comme pour exprimer qu'ils unissoient la prudence à toutes les vertus guerrières.

Dans l'administration de la justice, on a appellé *prudhommes* ceux qui, étant versés dans la connoissance des loix & des usages, servoient d'assesseurs & de conseil aux magistrats ; les termes *bonus*, *probus* & *prudens* étoient alors regardés comme synonymes, & également propres à caractériser un homme de bien, un homme sage & instruit des loix.

Marculfe, qui vivoit au milieu du seizième siècle, a recueilli, comme on le sait, les formules usitées de son temps. La trente-huitième du livre second de son ouvrage, est celle d'une procuration pour faire insinuer une donation. Le défenseur de la cité auquel on s'adresse pour cet objet y est qualifié *vir laudabilis*, &, dans le même acte aussi, *bone defensor*, expression qui annonce quelles étoient ou devoient être la probité & la sagesse du défenseur de la cité.

Cette formule porte que la donation est souscrite par plusieurs gens de bien : *bonorum hominum manibus roborata atque signata* ; ceux qui sont appellés en cet endroit *boni homines*, ne sont point les curiaux ou conseillers du défenseur de la cité, ce sont littéralement de bonnes gens, d'honnêtes gens, des citoyens recommandables & dignes de foi, qui attestent la vérité de la donation.

Dans les formules d'un auteur incertain, les curiaux ou assesseurs du comté (formule 5) sont appellés *rachinburgi* ; ce qui veut dire juges ; mais, dans les formules 21 & 22, ces assesseurs du comté sont qualifiés *boni homines* ; ils attestent l'acte passé en leur présence.

Dans les formules anciennes, *formulæ veteres*, les actes qu'on fait attester & signer par des témoins, sont dits : *bonorum hominum manibus roborata*.

La trentième de ces formules est un modèle de procès-verbal & d'information, relativement à un homicide. Il y est dit que le juge s'est transporté sur les lieux, *una cum bonis hominibus* ; ce qui, dans la circonstance, ne peut s'entendre que de ses assesseurs ordinaires ; le juge ordonne à celui qui est soupçonné de l'homicide, de se purger par serment, & de faire également affirmer son innocence par trente-six autres personnes, *manu suâ trigesimâ-septimâ apud homines visores & cognitores*. Ces hommes *visores & cognitores*, ne sont ici ni des juges, ni des experts, mais des témoins.

Dans la formule 32, les gens qualifiés *boni homines*, ne sont point des juges; mais des arbitres qui avoient facilité une transaction sur une accusation de rapt : *sed, intervenientibus bonis hominibus, taliter eis convenit ut*, &c.

C'est principalement dans les chartres des communes, des villes, bourgs, *&c.* qu'on trouve fréquemment les titres de *boni homines*, *prudentes homines*, ou simplement *prudentes*, & en françois *prudhommes.* Ces titres désignent alors les officiers municipaux des lieux. Ils y sont ainsi qualifiés comme étant choisis entre les citoyens les plus vertueux, les plus sages & les plus expérimentés en fait d'administration & de justice.

L'usage n'étoit cependant pas uniforme à ce sujet; dans les lettres de la coutume de Laon (en 1108) les officiers municipaux sont nommés *major & jurati*, le maire & les jurés, & ailleurs, *homines pacis*; le mot *pax* exprime ici la justice.

Dans les lettres pour les priviléges de la commune de Mantes de 1150, ils sont nommés les pairs de la commune, *pares communitatis.*

Par des lettres de l'année 1180, Philippe-Auguste permet aux habitans de Château-neuf d'élire dix bourgeois pour gouverner leurs affaires communes; & il veut que ces représentans de la commune soient *prudhommes*, *decem burgenses probos homines.*

Le législateur ordonne que ces *prudhommes* seront élus tous les ans, que les autres bourgeois feront serment de leur obéir en toutes choses, que les jeunes gens, parvenus à un certain âge, & les étrangers même, lorsqu'ils viendront s'établir dans la ville, seront tenus de prêter un pareil serment. Que, de leur côté, ces *prudhommes* promettront & jureront de rendre à tous leurs concitoyens une justice exacte, sans distinction ni acception de personne; enfin, que si quelqu'un refuse de leur obéir, ils pourront lui instruire son procès. Les différentes chartres qui parlent de ces *prudhommes*, entrent dans plus ou moins de détail sur leurs pouvoirs, leurs fonctions & leurs priviléges.

On a aussi attribué le titre de *prudhommes* à ceux qui étoient préposés à la garde & inspection des gens d'une même profession ou d'un même métier.

On en trouve un exemple dès l'an 1296, dans une délibération du conseil de la ville de Paris, où il est dit, « qu'à l'avenir on donnera le service de » prendre garde que ceux qui font les chaussées, » (c'est-à-dire le pavé) fassent bonnes journées » & suffisantes à un *prudhomme* qui sera déchu de » son état par fortune; & pour le choix, il est » dit qu'on ne regardera point au lignage, ni au » service qu'il auroit fait au prévôt ou aux échevins; mais seulement qu'il ait été *prudhomme &* » *de bonne vie* ».

La même délibération porte qu'on élira vingt-quatre *prudhommes* de Paris, qui seront tenus de venir au parloir aux bourgeois, au mandement du prévôt & des échevins, qui conseilleront les bonnes-gens, & iront avec le prévôt & les échevins chez les maires, le roi ou ailleurs, à Paris ou dehors, pour le profit de la ville.

Ces *prudhommes*, qui alloient avec le prévôt des marchands & les échevins faire la visite chez les maîtres, peuvent être regardés comme l'origine des gardes & jurés qui ont été établis depuis dans chaque communauté d'arts & métiers; ils avoient, dans le principe, quelque jurisdiction sur les gens de leur état, pour le fait de la marchandise dont ils commerçoient, ou du métier qu'ils exerçoient; mais, depuis long-temps, cette jurisdiction est réduite à une simple administration des affaires de la communauté, & à une certaine inspection sur ses membres. Lorsqu'il est question de quelque acte de rigueur, ils sont obligés de se servir du ministère d'un huissier, & même de requérir l'assistance d'un commissaire, suivant l'exigence des cas, & de s'adresser aux tribunaux ordinaires pour la suite des procès-verbaux qui ont été dressés.

On a donné aussi le titre de *prudhommes* à ceux qui, étant expérimentés sur une matière quelconque, sont choisis par les parties, ou nommés par le juge pour faire la visite, le rapport, la prisée & l'estimation d'une chose quelconque; & dans ce sens, le terme de *prudhomme* est synonyme d'expert.

La coutume de Paris, *article 13*, ordonne que les récompenses que l'aîné devra à ses puînés pour raison de l'enclos attenant le château, & excédant un arpent, seront acquittés en autres terres ou héritages de la succession, à dire de *preudhomme. Preudhomme*, dans le sens de cet article, veut dire expert.

La même chose se rencontre *articles 17 & 47*, & dans plusieurs autres coutumes.

Celle d'Anjou, *article 450*, & celle du Maine, *article 472*, disent *preudes-gens*, au lieu de *prudhommes.*

En parcourant l'histoire de notre législation, on trouve encore, & même à une époque très-éloignée de celle où Marculfe recueilloit ses formules, des *prudhommes* remplissant des fonctions de juges. C'est ce qui résulte d'un édit du roi Louis XI, donné à Nogent-le-Roi, le 29 avril 1464, portant pouvoir aux conseillers, bourgeois, manans & habitans de la ville de Lyon, de commettre un *prudhomme* suffisant & idoine, pour régler les contestations qui pourroient arriver entre les marchands fréquentant les foires de la ville de Lyon.

La ville de Bourges étoit autrefois administrée par quatre *prudhommes* : cet ordre a subsisté jusqu'en 1474, qu'il est intervenu un édit, donné à Senlis le 27 mai, portant qu'au lieu de quatre *prudhommes*, la ville de Bourges seroit dorénavant gouvernée par un maire & douze échevins. Voyez Chenu, des priviléges de la ville de Bourges, *p. 32*, la Thaumassière, histoire du Berri, *&c.* (*Article de M. Boucher d'Argis.*)

Il existe à Marseille une jurisdiction pour la pêche, dont les juges sont appellés *prudhommes.* Ils sont au nombre de quatre, & ils sont élus annuellement par les pêcheurs, qui les choisissent entre eux. Aussi-tôt que ces quatre *prudhommes* ont prêté serment, ils sont juges souverains pour tout ce qui concerne la police de la pêche.

Ils exercent leur jurisdiction d'une manière aussi singulière que sommaire. C'est le dimanche, à deux heures de relevée, qu'ils donnent audience. Le pêcheur qui a quelque plainte ou demande à former contre son confrère, au sujet de la pêche, lui fait donner assignation par le garde de la communauté, & met pour cela deux sous dans une boîte.

Le dimanche suivant, le défendeur, avant de plaider, met aussi deux sous dans cette boîte, & ce sont-là toutes les épices des juges. Ensuite les deux parties, sans être assistées ni d'avocat ni de procureur, disent leurs raisons, & les prudhommes prononcent en conséquence un jugement qui doit s'exécuter sur le champ, sinon le garde va saisir la barque & les filets de la partie condamnée, qui ne peut obtenir main-levée, qu'en payant la somme ou l'amende énoncée dans la condamnation.

Si l'exécution d'un jugement rendu par les *prudhommes*, étoit empêchée par voie de fait, le sousviguier seroit tenu de faire lever l'obstacle par ses sergens sur la réquisition des *prudhommes*, à peine de 500 liv. d'amende.

Cette singulière jurisdiction a été établie en 1452 par le roi René, comte de Provence. Elle a depuis été confirmée par différentes lettres-patentes des rois Louis XII, François I, Henri II, Charles IX, Louis XIII, Louis XIV & Louis XV, & enfin par un arrêt du conseil du 16 mai 1738.

Cet arrêt a été rendu au sujet du refus que les pêcheurs catalans, fréquentant les mers de Marseille, avoient fait de reconnoître la jurisdiction des *prudhommes*, en s'adressant à l'amirauté de Marseille, & sur l'appel au parlement d'Aix, pour être dispensés de contribuer aux charges de la communauté des pêcheurs : l'arrêt cité a cassé & annullé la sentence rendue par l'amirauté le 9 décembre 1735, & tout ce qui s'en étoit suivi, & a maintenu les *prudhommes* dans leur droit de jurisdiction souveraine, avec défense à tous juges de connoître des causes soumises à leur décision, à peine de nullité, de 1500 liv. d'amende, & de tous dépens, dommages & intérêts.

Il faut néanmoins observer, 1°. que le droit accordé aux *prudhommes* pêcheurs de connoître des contraventions commises par les pêcheurs contre la police de la pêche, n'empêche pas que le procureur du roi de l'amirauté ne puisse poursuivre les contrevenans, non-seulement au criminel, lorsqu'il y a lieu d'instruire une procédure extraordinaire, mais encore par action civile, lorsque la contravention n'a pas été déférée aux *prudhommes*, ou qu'ils ne l'ont pas punie.

2°. Que le droit qu'ont les *prudhommes* de connoître des contestations qui s'élèvent entre les pêcheurs au sujet de leur profession, ne les affranchit ni de la jurisdiction de l'amirauté, ni de celles des juges ordinaires, dans les affaires indépendantes de leur profession.

3°. Que ce droit des *prudhommes* n'empêche pas qu'ils ne soient, ainsi que tous les pêcheurs, sujets à la police de l'amirauté, soit pour la visite de leurs filets & la confiscation de ceux qui se trouvent prohibés, soit pour les contraventions qu'ils peuvent commettre contre les ordonnances & réglemens concernant la pêche.

P U

PUBERTÉ, s. f. (*Droit naturel & civil.*) signifie l'âge auquel on est capable de contracter mariage.

Avant Justinien, la *puberté* des filles avoit été déterminée par leur âge ; mais on n'estimoit celle des garçons que par l'inspection de leurs corps. Cette méthode parut à Justinien un abus qui blessoit la pudeur, & qui, par cette raison, devoit être corrigé. Il fixa, par une loi générale, l'âge de la *puberté* à quatorze ans accomplis pour les mâles, & à douze ans pour les filles. Le droit ecclésiastique a adopté à-peu-près la même décision ; on dit à-peu-près, parce que les décrétales ne s'expliquent pas aussi positivement que les instituts.

Une observation essentielle, c'est que la fixation de la *puberté* n'est qu'une présomption de droit. L'âge n'est déterminé que comme une règle générale, qui peut souffrir des exceptions suivant les différens sujets. Si le mari, qui n'a pas encore atteint l'âge fixé par la loi, a cependant consommé le mariage, on ne pourra pas le dissoudre sous prétexte du défaut d'âge, parce qu'il a rempli le vœu & le but principal du mariage. C'est ce qui a été jugé par un arrêt rapporté par Bouguier, à l'égard d'une jeune veuve d'onze ans & neuf mois. Les héritiers du mari avoient attaqué de nullité son mariage, comme fait avant l'âge, & lui avoient contesté toutes ses conventions matrimoniales ; la jeune veuve ayant prouvé qu'elle étoit grosse, il fut jugé que le mariage étoit valable, & qu'elle devoit en conséquence jouir de son douaire & de ses autres conventions matrimoniales.

La décision de cet arrêt est conforme à celle du pape Alexandre III (1).

PUBLIC, adj. pris quelquefois subst. Comme adjectif, il signifie ce qui appartient, ce qui concerne tout un peuple. Pris substantivement, il signifie le corps politique que forment entre eux tous les sujets d'un état, quelquefois il ne se réfère qu'aux citoyens d'une même ville.

Le bien *public* ou l'intérêt *public* est la même

(1) *Si ita fuerint ætati proximi, quòd potuerint copulâ carnali conjungi, minoris ætatis intuitu separari non debent, cùm in eis ætatem suppleuisse malitia videtur.*

chose que si on disoit l'intérêt du *public*, ce qui est avantageux au *public* ou à la société; comme quand on dit que le *public* a intérêt que les villes soient remplies d'une race légitime.

Lorsque l'intérêt *public* se trouve en concurrence avec celui d'un ou de plusieurs particuliers, l'intérêt *public* est préférable. Ainsi, lorsque le bien *public* demande que l'on dresse un chemin, & que pour le faire il faut abattre la maison de quelque particulier, cette maison doit être abattue de l'autorité du souverain, de quelque utilité que cette maison pût être à celui qui en étoit propriétaire; sauf néanmoins à l'indemniser s'il y échet.

La conservation de l'intérêt *public* est confiée au souverain & aux officiers qui, sous ses ordres, sont chargés de ce dépôt.

Dans les affaires qui intéressent le *public*, il faut des conclusions du ministère *public*; autrement, & s'il n'y en avoit point eu dans un arrêt rendu en pareil cas, ce seroit un moyen de requête civile. *Ordonn. de 1667, tit. 34, art. 35.*

Ce terme *public* est aussi quelquefois joint à d'autres termes, pour désigner des choses qui ont rapport au *public*; comme un chemin *public*, un dépôt *public*, le ministère *public*, un officier *public*, un passage *public*, une place *publique*.

On appelle lieux *publics*, ceux où tout le monde a le droit d'aller, comme les églises, les marchés, les foires, les promenades, *&c.*

On appelle personnes *publiques*, celles qui sont revêtues de l'autorité *publique*, qui exercent quelque emploi, quelque magistrature sous l'autorité du prince; & charges *publiques*, les impositions que tout le monde est obligé de payer pour subvenir aux dépenses & aux besoins de l'état.

PUBLICATION, s. f. (*Droit public & particulier.*) est l'action par laquelle on rend une chose publique & notoire, & on la notifie à haute voix dans les assemblées & lieux publics, afin qu'elle soit connue de tous ceux qui peuvent y avoir intérêt.

Les loix & les réglemens dont on veut donner connoissance au public doivent être publiés & enregistrés dans les principaux sièges royaux, tels que les bailliages, sénéchaussées, *&c.*

Quand des édits, déclarations & lettres-patentes n'ont pas été vérifiés ni enregistrés dans les cours auxquelles ils sont adressés, ils ne peuvent pas être publiés ni enregistrés dans les sièges qui ressortissent à ces cours.

On publie une substitution pour en donner connoissance à ceux qui peuvent y avoir intérêt. Les biens des mineurs ne peuvent être vendus valablement qu'après avoir été publiés. Les immeubles des majeurs le sont sur trois *publications*, lorsqu'ils sont trop modiques pour supporter les frais d'un décret.

Les curés ne sont assujettis à publier au prône que les bans de mariage, les monitoires, les prises de possession de bénéfices, ainsi que ce qui a rapport aux affaires ecclésiastiques, & l'édit du mois de février 1556 concernant les déclarations que doivent faire les filles enceintes.

Les *publications* que les curés sont obligés de faire au prône, ne doivent être contrôlées dans aucun cas; mais il en est autrement des *publications* qu'ils font volontairement sans y être assujettis : les actes qu'ils en donnent sont considérés comme des certificats de personnes privées dont il ne peut être fait usage en justice avant qu'ils aient été contrôlés. *Voyez* LOI, ORDONNANCE, SUBSTITUTION, MONITOIRE, BANS DE MARIAGE.

PUBLICITÉ DE L'AUDIENCE, la question de savoir si les affaires criminelles devoient ou ne devoient pas être plaidées & jugées publiquement comme elles le sont en Angleterre, est devenue si importante, elle occupe dans ce moment tant d'esprits, que nous avons cru devoir, malgré ce qui a été déjà dit à l'article AUDIENCE, revenir sur un sujet qui ne peut être trop éclairci, & sur lequel cependant il ne devroit plus rester de doutes.

L'usage de rendre publiquement la justice, a, suivant toute apparence, pris naissance dans le desir de prouver à tous les citoyens, à tous les sujets d'un empire, que les jugemens prononcés sur leurs demandes, sur leurs différends, étoient si conformes à l'équité & aux loix, qu'ils pouvoient être entendus de la multitude, sans avoir rien à craindre de sa censure.

Nos rois, en imposant à ceux qui les représentent dans une des plus belles fonctions de la souveraineté, la nécessité de tenir leur auditoire ouvert au public, ont voulu les environner de témoins, les placer entre l'équité & la perte de toute considération, donner au foible un appui dans l'assemblée qui entend sa cause, & qui peut la juger intérieurement avant les magistrats.

La *publicité de l'audience* retient non-seulement le juge dans les bornes de l'équité, donne plus de confiance au défenseur du malheureux, elle relève encore les fonctions de la magistrature, en leur communiquant l'éclat & la dignité d'une représentation plus auguste. Aussi a-t-on remarqué, qu'en général, les affaires portées à l'audience étoient mieux jugées que celles qui se décident obscurément sur de simples rapports & dans des chambres où les juges seuls sont admis.

Malheureusement il est beaucoup d'affaires qui ne peuvent pas se juger à l'audience, soit parce que leur décision dépend de l'examen des titres qui doivent passer sous les yeux même des magistrats, & dont la lecture emporteroit trop de momens; soit parce qu'elles sont si compliquées, qu'elles exigent un recueillement & des éclaircissemens qui ne peuvent se concilier avec la présence du public. Mais, dans ce cas, il seroit bon, pour ne pas perdre l'avantage qui résulte de la *publicité* des jugemens, qu'à l'heure qui précède celle des audiences, & à laquelle les parties ou leurs défenseurs seroient appellés, la cour, après avoir nommé un magistrat chargé du rapport de l'affaire, annonçât publiquement le prononcé de l'arrêt.

Si la crainte très-raisonnable que les injustices ou les négligences ne fussent plus fréquentes dans le silence & l'obscurité qu'au grand jour, a déterminé à rendre les audiences publiques, c'étoit principalement de l'importance & de la grandeur des intérêts à discuter que devoit dépendre cette *publicité*. Ainsi, par exemple, dans un état où l'on fait plus de cas de l'honneur que de l'argent, il étoit nécessaire de porter à l'audience publique, plutôt les causes qui intéressoient l'honneur, que celles qui intéressoient seulement la fortune. Comme aux yeux de l'homme rien n'est plus précieux que sa vie ou sa liberté, il étoit encore d'une nécessité plus absolue que les affaires du jugement desquelles l'une ou l'autre dépendoit, fussent défendues & jugées publiquement, de préférence à toutes autres. Mais malheureusement les hommes font presque toujours le contraire de ce que leur intérêt bien éclairé sembleroit leur prescrire; en conséquence, il est arrivé que toutes les fois qu'une affaire appartenoit à ce que l'on nomme *le grand criminel*, c'est-à-dire, qu'il pouvoit en sortir une condamnation qui mît la partie accusée en péril de perdre l'honneur, la liberté ou la vie, cette affaire étoit écartée de l'audience publique, tandis que s'il étoit bien reconnu qu'il n'en pût résulter ni peine afflictive ni peine infamante, elle étoit renvoyée à l'audience, pour y être défendue & jugée sous les yeux du public.

Cette inconséquence n'a pas laissé que d'exciter des réclamations de la part de plusieurs auteurs qui ont écrit sur les matières criminelles; notre ouvrage sur le même sujet, & dont on a pu voir dans celui-ci quelques fragmens relatifs aux articles que nous y avons traités, nous a nécessairement conduits à l'examen d'une question aussi intéressante que celle de savoir si l'instruction des procès criminels devroit être publique, ou rester dans les ténèbres; s'il seroit avantageux de permettre à l'accusé de lutter au grand jour & sous les regards d'une nombreuse assemblée, contre l'accusateur, contre les témoins qui mettent son honneur ou sa vie en péril; ou, s'il vaut mieux, pour la conviction du crime, pour la tranquillité de l'innocence, que l'accusé ne puisse se défendre que dans l'ombre d'un cabinet solitaire, & sous la protection d'un seul juge.

Un jurisconsulte très-estimé, & un jeune magistrat, qui ont récemment jetté quelques idées sur le vaste sujet auquel nous nous sommes consacrés, sont, quant à ce point, d'un avis bien opposé.

Le premier, après avoir, dans son *essai sur les réformes à faire dans notre législation criminelle*, donné un nouveau développement à ce que nous avons dit sur la manière d'interroger les accusés, sur la nécessité de leur accorder plus de facilité de se justifier, & de ne pas leur refuser le secours d'un conseil qui éclaire leur ignorance ou soutienne leur foiblesse, veut « qu'aussi-tôt que le procès » aura été réglé à l'extraordinaire, l'instruction » devienne publique, que les témoins soient » obligés de confirmer, modifier ou rétracter leurs » témoignages en pleine audience; que l'accusé » puisse, assisté de son conseil, les reprocher ou » les réfuter publiquement, après avoir entendu » la lecture de leurs dépositions ».

Le second, dans *ses observations sur les loix criminelles*, soutient qu'il naîtroit beaucoup d'abus de cette *publicité*; que ce seroit d'abord « exposer » au mépris un homme qui peut être injustement » accusé; qu'un citoyen ne paroîtroit pas plutôt » devant son juge, que sa captivité seroit publique, » son honneur anéanti, & son crédit ruiné; qu'en » vain il seroit souvent absous par un jugement » solemnel; une impression première laisseroit des » traces que le temps n'efface jamais qu'imparfaitement, au lieu qu'en conservant le secret de » la *pratique criminelle*, si son innocence est reconnue, ou si sa faute est regardée assez légère » pour ne pas mériter une longue détention, il » peut au moins faire illusion à ceux qui l'ont » ignorée ».

Le même écrivain prétend « que la justice seroit » en danger de voir journellement arracher de » ses mains les coupables dont la société attend » la punition; que dans le cas où le criminel révéleroit à ses juges le lieu où il auroit déposé » ses vols, un des spectateurs pourroit sortir » promptement & enlever la somme ou les effets » dont il est essentiel que la justice se saisisse, » pour les représenter aux témoins & à l'accusé; » enfin, que cette *publicité*, en avertissant les complices que les regards de la justice sont fixés sur » eux, les détermineroit à s'évader ».

Je ne pense pas que de pareils motifs soient de nature à entrer en balance avec les avantages qui résulteroient pour l'innocence accusée, de l'éclat d'une défense publique.

Combien il est facile d'applanir ces obstacles que l'on oppose à l'exercice du plus beau ministère! Vous, qui voulez que nos tribunaux ne retentissent jamais que des cris des orateurs qui s'animent, qui s'enflamment pour des intérêts souvent méprisables, & qui condamnez au silence les voix protectrices de la liberté & de la vie des citoyens; vous, qui craignez pour l'accusé qu'il ne soit d'abord enveloppé du mépris public, lorsque, paroissant aux yeux d'une nombreuse assemblée, on lira en pleine audience les différens chefs de plaintes données contre lui, êtes-vous bien sûrs qu'il partage avec vous cette crainte que vous semblez éprouver? Peut-être que l'espoir de dissiper entièrement les soupçons que son décret & son emprisonnement ont élevés contre lui, joint à la douceur de confondre son accusateur, l'emporte de beaucoup sur l'apparente humiliation de se justifier publiquement.

Admettons cependant que, retenu par ce sentiment que vous lui supposez, il préfère d'être jugé dans l'ombre du mystère; ne pourroit-on pas lui laisser la liberté de demander que son affaire fût plaidée à l'audience ou défendue à *huis clos?*

Vous objecterez qu'en le faisant paroître en personne à l'audience, il seroit à craindre que le temple de la justice ne devînt une arène dans laquelle ses ministres seroient obligés de descendre eux-mêmes, pour empêcher que les coupables ne fussent arrachés de leurs mains.

Mais vous n'ignorez pas que, dans plusieurs parlemens du royaume, l'usage est que les accusés assistent en personne à l'audience, lorsqu'on y plaide sur l'appel de leurs décrets; y voit-on des parens, des amis, des complices assez téméraires pour s'exposer à perdre la vie par un acte de violence aussi criminel que celui que vous redoutez? Au milieu de la fermentation qu'avoit excitée dans le parlement de Bordeaux l'affaire des sieurs de Queyssac, pas un militaire ne fut tenté de s'opposer à ce que ces trois officiers ne redescendissent dans leur prison à la fin de chaque audience, où ils avoient été présens.

Vous ajoutez que, dans le cas où l'accusé auroit révélé le lieu du dépôt de ses vols, un des spectateurs pourroit sortir promptement & aller enlever la somme ou les effets dont il est essentiel que la justice se saisisse, pour les représenter aux témoins & à l'accusé. Comment présumer que cet homme, qui est à l'audience pour combattre son accusateur, pour reprocher les témoins qu'on lui oppose, ou réfuter leurs dépositions, choisira précisément ce moment pour révéler à haute voix le lieu où il a déposé ses vols, & détruire par cet aveu tout espoir de se sauver?

Quant aux complices qui disparoîtront, selon vous, parce que la *publicité* de l'instruction les aura avertis de prendre la fuite, j'avoue qu'il en pourroit résulter ce dangereux effet, si cette *publicité* avoit lieu avant l'emprisonnement & l'interrogatoire de l'accusé; mais lorsqu'il sera amené à l'audience pour y défendre sa cause, les complices, que ses aveux ou que les dépositions des témoins auroient indiqués, auront déjà été arrêtés.

Tout en réfutant le système opposé à celui du jurisconsulte qui veut que l'instruction soit publique, à partir du moment où le procès est réglé à l'extraordinaire, je suis bien éloigné d'adopter le sien sans restriction.

Si l'on ne doit pas toujours croire l'accusé coupable, on doit encore moins toujours soupçonner l'accusateur de calomnie, & les témoins de corruption.

Dans des matières aussi importantes, si la prudence humaine permettoit de donner quelque chose au hasard, on pourroit conjecturer que sur dix accusés il y en a huit de coupables. Il résulte de ce calcul, qu'on courroit le risque, en donnant trop de désavantage à l'accusateur & aux témoins, d'humilier, de décourager premiérement huit personnes honnêtes, qui auroient dénoncé un fait vrai qu'il étoit intéressant de connoître, & ensuite toutes celles qui, en ayant été témoins, auroient obéi à la justice en lui déclarant la vérité.

Admettons, pour un moment, le système de l'auteur des *réformes à faire sur notre législation criminelle*, & introduisons un accusé réellement coupable dans l'enceinte du tribunal, pour y défendre sa cause *en présence de son accusateur & des témoins qu'il pourra reprocher & réfuter publiquement.* S'il a de l'énergie & de l'audace, il réunira toutes les forces de son esprit, toute la chaleur de son ame, pour combattre & terrasser ceux dont la déposition & le témoignage mettent sa vie en péril.

Il n'y aura point d'efforts qu'il n'emploie pour les rendre suspects & même odieux; les mensonges, les injures, les calomnies couleront de sa bouche à grands flots; peut-être réussira-t-il à attirer sur lui l'intérêt général, à soulever l'indignation de ses auditeurs contre ceux qui n'ont dit que la vérité, & que leur respect pour la justice obligera de dévorer en silence l'outrage & la diffamation.

Si ses adversaires veulent lui répondre, moins animés, moins hardis que lui, peut-être se troubleront-ils à l'aspect du public; leur modestie, leur difficulté de s'énoncer, seront prises pour l'embarras du mensonge. S'ils ont le malheur d'hésiter sur une question qui leur sera faite, quel parti l'accusé ne tirera-t-il pas sur le champ de leur incertitude? Comme il cherchera à les déconcerter par des interpellations précipitées! S'il leur échappe une apparente contradiction, il s'empressera de la faire écrire, pour détruire leurs dépositions entières.

Cependant ces témoins, simples & honnêtes, se voyant ainsi fatigués par l'audace & l'artifice, éprouveront un vif regret de s'être gratuitement livrés à une lutte si humiliante; & il n'y aura pas un de ceux qui y auront assisté, qui ne se promette bien de ne jamais s'exposer à jouer un rôle aussi désagréable, & de garder le silence sur ce qu'il pourroit avoir vu ou entendu.

Défions-nous d'un faux amour de l'humanité. Parce que nos ordonnances sont trop défavorables à l'accusé, ne tombons pas dans un excès contraire, en lui donnant trop d'ascendant sur ses accusateurs & sur les témoins; ne perdons pas de vue que ceux-ci sont tout-à-la-fois les fléaux du crime & les lumières de la justice; que si on les décourage, ils resteront tous muets, lorsqu'il seroit de la plus grande importance qu'ils voulussent bien parler avec assurance; & que, par une suite de cette dangereuse retenue, il n'y aura bientôt plus que désordre & impunité.

Ne donnons point d'abord trop d'éclat à l'instruction

truction des procès criminels; ne livrons pas l'accusé à l'ignorance ou à la prévention d'un seul homme; qu'il ne puisse jamais être décrété que sur l'avis de trois juges au moins. Combien il seroit à desirer qu'il ne fût interrogé & confronté qu'en présence du nombre des juges suffisant pour l'absoudre ou le condamner; que l'accusé & les témoins n'aient jamais à redouter que l'ascendant de la vérité sur l'imposture, soutenu également par la sagesse & l'impartialité, qui peseront leurs paroles, qui réprimeront leurs emportemens, & les rameneront toujours aux points qu'il est important d'éclaircir; qu'ils n'aient d'autres craintes que celle de tromper la justice & d'être surpris en mensonge !

Lorsque l'instruction du procès sera achevée, il n'y a plus de motifs raisonnables pour la tenir secrète; elle ne peut, au contraire, recevoir trop de lumières, ni être trop amplement développée sous les yeux de l'accusé & de son conseil. Il faut que tous deux puissent voir clairement ce que renferme la plainte de l'accusateur, ce que les témoins ont déposé, s'ils ont varié, soit au récolement, soit à la confrontation; si les faits justificatifs, fournis par l'accusé, sont assez discutés & suffisamment établis pour détruire les dépositions qui lui sont contraires. Enfin, si l'on a eu égard aux reproches proposés par lui, & pourquoi on a laissé subsister des témoignages qu'il prétendoit avoir le droit d'écarter. Tant que l'on fera à l'accusé & à son conseil un mystère de la procédure, ni l'un ni l'autre ne pourront combattre le mensonge & faire triompher la vérité; ils seront tous deux, si l'on peut se servir de cette comparaison, comme deux voyageurs qui, au milieu d'une nuit épaisse, se trouvent environnés par des ennemis redoutables dont ils ne peuvent parer les coups qu'au hasard, parce qu'ils ne distinguent ni la main d'où ils partent, ni le nombre de ceux qui les leur portent. Mais, dira-t-on, les brigands que la justice a surpris chargés de leurs vols ou teints encore du sang qu'ils ont versé, seront-ils tous admis indistinctement à venir s'écrier en pleine audience, qu'ils sont innocens, qu'ils vont mourir victimes de l'erreur ou de l'iniquité? Les tribunaux retentiront alors tous les jours de la voix des scélérats ou de celles des avocats qui ne rougiront pas d'être leurs défenseurs.

Je sens toute la force de cet abus, j'en découvre toute l'étendue, & néanmoins je ne dissimulerai pas que je préférerois de faire perdre beaucoup de momens à la justice, plutôt que d'enlever, même à un criminel, un seul moyen de défendre sa vie contre la loi qui a le glaive levé sur lui. Mais, tout en plaidant la cause de l'humanité, il faut savoir faire des sacrifices.

Je souscrirois donc à refuser la faveur de l'audience aux accusés qui auroient déjà été *repris de justice* & punis de peines afflictives; aux vagabonds, aux voleurs, aux assassins pris en *flagrans délits*, & qui, dans leurs interrogatoires, auroient fait l'aveu de leurs crimes : mais je la réclame pour le citoyen, pour le père de famille condamné à la mort ou à l'esclavage par un premier jugement.

Le gentilhomme a le privilège de ne pouvoir être jugé que par la grand-chambre assemblée, pourquoi n'accorderoit-on pas au domicilié celui de ne pouvoir être condamné à perdre la vie ou la liberté qu'après avoir été défendu à l'audience?

Pour ne pas compromettre la dignité de son ministère, le défenseur de l'accusé se présenteroit devant les magistrats, & leur exposeroit les faits tels que son client les auroit lui-même déclarés; il feroit valoir les moyens de défense & de justification que lui auroit fournis la lecture du procès; il n'apporteroit dans cette discussion ni chaleur ni emportement; il y feroit régner la simplicité d'un homme vrai, qui, en servant d'organe au malheur ou à la foiblesse, n'auroit pas pour objet de faire illusion à la justice, & encore moins d'encourager le crime par l'exemple de l'impunité.

Il ne s'identifieroit pas avec l'accusé, & paroîtroit moins comme son défenseur, que comme celui de la loi & de la vérité. Lorsqu'il ne pourroit pas justifier son client, au lieu d'avoir recours ou à de faux raisonnemens ou à des dénégations absurdes, il se contenteroit de solliciter l'indulgence des juges pour les fautes qu'il ne pourroit dissimuler, & dont il auroit même la franchise de faire l'aveu, si elles étoient prouvées. Autant il seroit glorieux pour lui d'avoir sauvé un innocent, autant il seroit digne de sa justice d'avoir laissé condamner un coupable.

Si ce plan de réforme étoit adopté, on n'auroit à craindre ni débat, ni scandale dans les audiences; l'accusateur, les témoins, ne seroient point outragés en face par un criminel qui n'a plus rien à perdre, & auquel les mensonges, les calomnies ne doivent rien coûter. Représenté par son conseil, on pourroit même le dispenser d'assister en personne à l'audience, toutes les fois que la justice ne le croiroit pas nécessaire.

Mais, nous demandera-t-on, peut-être, qui procurera des défenseurs à tous les accusés dont l'innocence incertaine se cache souvent sous les apparences de la misère & du crime? Trouveront-ils toujours des orateurs assez généreux pour leur sacrifier des momens qu'ils pourroient employer à des affaires plus utiles pour eux? L'auteur des *observations sur les loix criminelles*, qui a cru voir naître de-là une difficulté, invite non-seulement le souverain « à ordonner que la communication des » procès criminels soit faite à ses frais, mais en» core à établir un certain nombre de jurison» sultes *qui soient les patrons des accusés* ».

Je réunis mes vœux à ceux de cet écrivain, pour obtenir de la bonté du prince cette communication gratuite, & qu'il seroit d'autant plus juste d'accorder indistinctement à tous les accusés, que le secret de la procédure n'existe, comme on l'a très-sagement remarqué, que pour le pauvre; tandis que le riche, qui peut faire le sacrifice de quelque argent à la loi, obtient facilement ce qui est constamment refusé au malheureux. Mais je pense que ce seroit faire injure à l'ordre des avocats, & rendre bien peu de justice aux sentimens qui animent ses membres, que de douter qu'il ne s'en trouvât un grand nombre parmi eux disposés à répandre généreusement sur l'indigence une lumière bienfaisante. Ce seroit risquer de blesser leur délicatesse & d'étouffer l'émulation, que de restreindre exclusivement à quelqu'un d'entre eux l'exercice d'un si honorable ministère.

Ainsi donc nous pouvons résumer toutes les idées éparses dans cet article en peu de mots. Toutes les fois que l'accusé ne sera pas dans le cas d'être renvoyé absous ou avec une peine légère, les juges, immédiatement après lui avoir fait subir son dernier interrogatoire (non sur la sellette, dont la seule vue lui donne d'affreux pressentimens, & doit nécessairement le troubler dans le moment même où il a le plus besoin de son courage & de sa raison, mais sur une chaise commune à tous les accusés), feroient porter les pièces du procès au bâtonnier des avocats, qui distribueroit l'affaire à l'un de ceux qui suivent ordinairement le barreau. (*Cet article est de M. DE LA CROIX, avocat au parlement.*)

PUISNÉ, f. m. est le nom qu'on donne en droit à tous les enfans qui sont nés après le premier, qu'on appelle *aîné*. Pour ce qui concerne les droits des *puisnés*, *voyez* AVANTAGE, FIEF, PART, PARTAGE, PRÉCIPUT, QUINT DATIF, QUINT NATUREL.

PUISSANCE, f. f. (*Droit naturel, politique & civil.*) est, en général, le pouvoir accordé par les loix à quelqu'un sur la personne & les biens d'autrui. Dans cette acception, les deux mots *puissance* & *pouvoir* sont synonymes, & c'est dans ce sens qu'on dit indifféremment *pouvoir* ou *puissance* paternelle, *pouvoir* ou *puissance* maritale, *pouvoir* ou *puissance* souveraine, *pouvoir* ou *puissance* législative, *&c.*

On entend aussi par *puissance*, la somme des forces d'un état ou d'une société politique, relativement aux états avec lesquels il a des rapports. Nous ne traiterons pas ici de la *puissance* sous ce point de vue; on trouvera cet objet discuté dans le *dictionnaire d'économie polit. & diplom.* Nous nous bornerons à parler de la *puissance* comme supériorité morale d'une personne sur une ou plusieurs autres.

Toute *puissance* sur la terre a été établie de Dieu pour maintenir chaque chose dans l'ordre où elle doit être. Ce principe ne doit cependant s'entendre que de la *puissance* établie conformément à la nature de l'homme, & aux loix naturelles; car celle qui ne doit son commencement qu'à la force, & qui ne subsiste que par la force, ne peut être censée émaner de Dieu, ni conférer un titre légitime, jusqu'à ce qu'elle ait été consolidée par le consentement des hommes qui y sont soumis.

On distingue deux sortes de *puissances*, la spirituelle ou ecclésiastique, & la temporelle ou séculière.

La *puissance* spirituelle est celle qui s'étend sur les personnes relativement aux choses purement spirituelles, telles que les sacremens. Celles-ci appartiennent aux ministres de l'église, lesquels n'ont, pour se faire obéir, que les armes spirituelles. *Voyez* CENSURE, ÉGLISE, EXCOMMUNICATION, INTERDIT.

Outre cette *puissance* spirituelle, le clergé jouit chez les nations chrétiennes, d'une *puissance* qu'on appelle *ecclésiastique*, qui comprend celle que les princes ont donnée à l'église dans certaines matières qui ont quelque rapport aux choses spirituelles. *Voyez* JURISDICTION ECCLÉSIASTIQUE.

La *puissance* temporelle est celle qui s'étend sur les personnes & les biens relativement à des intérêts temporels. On la divise en *puissance* publique & particulière.

La *puissance* particulière se subdivise en plusieurs espèces, telles que la *puissance* paternelle & la *puissance* maritale, celle des tuteurs, curateurs, gardiens, & autres administrateurs; celle des maîtres sur leurs esclaves & domestiques: ces diverses sortes de *puissances* particulières sont les plus anciennes de toutes: le gouvernement domestique étant aussi plus ancien que le gouvernement politique.

L'union de l'autorité avec les forces forme ce que l'on appelle *puissance publique.*

La *puissance* souveraine ou publique est celle qui a le gouvernement d'un état; elle se subdivise en *puissance* monarchique, *puissance* aristocratique & *puissance* démocratique. *Voyez dans les dictionnaires de jurisprudence & d'économie polit. & diplom.* MONARCHIE & ROYAUME, ARISTOCRATIE, ÉTAT & DÉMOCRATIE.

L'objet de toute *puissance* publique est de procurer le bien de l'état au-dedans & au-dehors.

Les droits de la *puissance* publique consistent dans tous les droits de souveraineté.

Dans tous les états, celui ou ceux en qui réside la *puissance* publique, ne pouvant seuls en remplir tous les devoirs, ils sont obligés de se décharger sur différentes personnes d'une partie des fonctions attachées à cette *puissance*; tous les ordres émanent médiatement ou immédiatement de la *puissance* publique; ainsi, ceux qui exercent quelque portion du gouvernement militaire, ou de celui de justice ou de finances, sont autant de dépositaires d'une partie de la *puissance* publique, & agissent au nom de cette *puissance*.

Le devoir de tous ceux qui ont quelque part

à la *puissance* publique, est de maintenir le bon ordre, de faire rendre à chacun ce qui lui appartient; d'empêcher les abus qui peuvent troubler l'harmonie politique. *Voyez dans les dictionnaires ci-dessus cités* ÉTAT, GOUVERNEMENT, SOUVERAIN, SOUVERAINETÉ.

PUISSANCE DE CENS, (*Droit féodal.*) Ragueau dit que ces mots : *puissance de fief ou de cens*, se trouvent dans l'article 294 de la coutume de Bretagne. Mais on ne les voit ni dans l'ancienne, ni dans la nouvelle coutume. *Voyez* PUISSANCE DE FIEF. (*G. D. C.*)

PUISSANCE DE FIEF, (*Droit féodal.*) est le droit que le seigneur du fief dominant a sur le fief servant, tant pour le saisir féodalement, faute d'homme, droit & devoirs non faits & non payés, que pour les reprendre par droit de retrait féodal, en cas d'aliénation de la part du vassal. *Voyez* FIEF, RETRAIT FÉODAL, SAISIE FÉODALE, SEIGNEUR, VASSAL. (*A*)

PUISSANCE LÉGISLATIVE, EXÉCUTRICE ET DE JUGER. On nomme *puissance* dans un état la force établie entre les mains d'un seul ou de plusieurs, & on en distingue trois sortes, savoir : la *puissance législative* ou celle de faire des loix, la *puissance exécutrice* des choses qui dépendent du droit des gens, autrement dit, la *puissance exécutrice* de l'état, & la *puissance exécutrice* de celles qui dépendent du droit civil.

Par la première, le prince ou l'état fait des loix pour un temps ou pour toujours, corrige ou abroge celles qui sont faites. Par la seconde, que quelques auteurs appellent *puissance confédérative*, il fait la paix ou la guerre, envoie ou reçoit des ambassades, établit la sûreté, & prévient les invasions. Par la troisième, il punit les crimes, ou juge les différends des particuliers; c'est pourquoi nous l'appellons la *puissance de juger*.

La *puissance législative* est établie par la première loi positive de tous les états, parce que la grande fin que les hommes se sont proposée, en formant une société civile & politique, est de jouir de leurs propriétés en sûreté & en repos, & que le seul moyen qu'on puisse y employer, est d'établir des loix qui tendent à la conservation de la société, &, autant que le bien public peut le permettre, à celle de chaque membre & de chaque personne qui la compose.

Cette *puissance*, qui est le droit suprême de l'état, est sacrée, & ne peut être ravie à ceux à qui elle a été une fois remise. Mais elle ne peut être absolument arbitraire sur la vie & les biens du peuple; elle n'a pas droit d'agir par des décrets arbitraires & formés sur le champ; elle est tenue au contraire de dispenser la justice, & de décider des droits des sujets par les loix publiées & établies, & par des juges connus & autorisés; elle n'a pas le droit de se saisir d'aucune partie des biens propres d'un particulier, sans son consentement. Car la conservation de ce qui appartient en propre à chacun, étant la fin du gouvernement, & ce qui engage à entrer en société, ceci suppose nécessairement que les biens propres du peuple doivent être sacrés & inviolables : autrement il faudroit supposer que des gens entrant dans une société, auroient perdu par-là leur droit à ces sortes de biens, quoiqu'ils y fussent entrés dans la vue d'en pouvoir jouir avec plus de sûreté & de commodité. L'absurdité d'une pareille opinion est si grande, qu'il n'y a personne qui ne la sente.

L'autorité législative ne peut remettre en d'autres mains le pouvoir de faire des loix. Car cette autorité n'étant qu'une autorité confiée par le peuple, ceux qui l'ont reçue, n'ont pas droit de la remettre à d'autres. Le peuple seul a pu établir la forme de l'état, c'est-à-dire, faire résider la *puissance législative* dans les personnes qu'il lui a plu, & de la manière qu'il l'a jugé à propos; & quand le peuple a dit : nous voulons être soumis aux loix de tels hommes, & en telle manière, aucune autre personne n'est en droit de proposer à ce peuple des loix à observer, puisqu'il n'est tenu de se conformer qu'aux réglemens de ceux qu'il a choisis & autorisés pour cela. *Voyez le dictionn. d'écon. polit. & diplom.*

PUISSANCE DES MAITRES SUR LEURS DOMESTIQUES, est l'autorité que les maîtres ont sur ceux qui les servent pour leur commander ou défendre de faire quelque chose.

Les domestiques doivent avoir de la soumission & du respect pour leur maître, & ceux qui s'en écartent sont punis de la peine du carcan, ou autres plus sévères, selon la qualité du délit. Les maîtres ne doivent point maltraiter leurs domestiques; lorsqu'ils en reçoivent quelque sujet de mécontentement, ils ont seulement le droit de leur faire une réprimande, de leur ordonner de faire leur devoir : ils peuvent aussi les congédier quand bon leur semble, même rendre plainte contre eux, s'il y échet; mais ils ne peuvent pas se faire justice eux-mêmes.

Les domestiques sont aussi libres de quitter leurs maîtres, lorsqu'ils le jugent à propos, sauf les dommages-intérêts du maître, au cas qu'ils se fussent loués pour un certain temps, & que par l'inexécution de la convention, le maître souffrît un dommage réel. *Voyez* DOMESTIQUE.

La *puissance des maîtres* sur les esclaves est plus étendue que celle qu'ils ont sur de simples domestiques. *Voyez* AFFRANCHISSEMENT, ESCLAVE, MANUMISSION.

PUISSANCE MARITALE, est celle que le mari a sur la personne & les biens de sa femme.

La femme est naturellement & de droit divin dans la dépendance de l'homme : *sub viri potestate eris, & ipse dominabitur tui. Genèse, c. iij, vers. 16.*

Cette dépendance étoit telle chez les Romains, que la fille qui n'étoit plus sous la *puissance* paternelle & qui n'étoit pas encore mariée, demeuroit toujours sous la tutèle, soit de ses proches, soit des tuteurs qui lui avoient été donnés par le juge; telle étoit la disposition de la loi des douze tables.

La loi *Attilia* ordonnoit que le préteur & les tribuns donnassent des tuteurs aux femmes & aux pupilles.

Mais il y avoit cette différence entre les tuteurs des pupilles & ceux des filles ou femmes pubères, que les premiers avoient la gestion des biens, au lieu que les tuteurs des femmes interposoient seulement leur autorité.

Or, de même que la femme non mariée étoit en la *puissance* d'un tuteur, la femme mariée étoit en la *puissance* de son mari; cela s'appelloit *être en la main du mari, venir en la main du mari, in manum convenire*; & cette *puissance maritale* s'établissoit en la forme indiquée par Ulpien, *tit. de his qui in manu sunt*.

La manière la plus solemnelle & la plus parfaite de contracter mariage étoit celle où la femme passoit en la main de son mari; elle étoit appellée *mater familias*, parce qu'elle étoit réputée de la famille de son mari, & y tenir la place d'héritier; au lieu que celle qui étoit mariée autrement, étoit seulement qualifiée de matrone, *matrona*. On voit par ce qui vient d'être dit, que la *puissance maritale* ne différoit pas alors de la *puissance* paternelle.

Mais le dessein de faciliter le mariage, ou plutôt la liberté du divorce, ayant fait peu-à-peu tomber en non usage les formalités par lesquelles la femme venoit en la main de son mari, la *puissance maritale* fut grandement diminuée.

Tout ce qui est resté de l'ancien droit romain, dans les provinces du royaume qui en suivent les dispositions, c'est que le mari est le maître de la dot, c'est-à-dire, qu'il en a l'administration & qu'il fait les fruits siens; car du reste il ne peut aliéner ni hypothéquer le fonds dotal, même du consentement de sa femme, si ce n'est dans le ressort du parlement de Paris, suivant l'édit du mois d'avril 1664, qui permet l'hypothèque & l'aliénation des biens dotaux, quand elle se fait par la femme conjointement avec son mari. La femme y est seulement maîtresse de ses paraphernaux.

Les effets ordinaires de la *puissance maritale* en pays coutumier, sont, 1°. que la femme ne peut passer aucune obligation ni contrat, sans l'autorité expresse du mari; elle ne peut même accepter sans lui une donation, quand même elle seroit séparée de biens; 2°. elle ne peut pas ester en jugement sans le consentement de son mari, à moins qu'elle ne soit autorisée, ou par justice au refus de son mari, ou qu'elle ne soit séparée de biens, & la séparation exécutée; 3°. le mari est le maître de la communauté; de manière qu'il peut vendre, aliéner ou hypothéquer tous les meubles & conquêts immeubles, sans le consentement de sa femme, pourvu que ce soit au profit de personne capable & sans fraude. *Voyez* COMMUNAUTÉ, CONQUÊTS, DOT, MARI, FEMME, PARAPHERNAL, PROPRES, REMPLACER, VELLEIEN. (*A*)

PUISSANCE PATERNELLE, est le droit & jurisdiction accordés, par la loi naturelle & civile, au père ou autre ascendant mâle & du côté paternel, sur la personne & les biens de leurs enfans & petits-enfans nés en légitime mariage, ou qui ont été légitimés, soit par mariage subséquent, ou par lettres du prince.

On entend quelquefois par *puissance paternelle* le droit de supériorité & de correction que les pères ont sur leurs enfans; droit qui appartient également aux mères, avec cette différence seulement que l'autorité des mères est subordonnée à celle des pères, à cause de la prééminence du sexe masculin. En effet, quoique les mots *puissance paternelle* semblent constituer tout le pouvoir sur les enfans dans la personne des pères, cependant, si nous consultons la raison, nous trouverons que les mères ont un droit & un *pouvoir* égal à celui des pères; car les obligations imposées aux enfans tirent semblablement leur origine de la mère comme du père, puisqu'ils ont également concouru à les mettre au monde. Aussi les loix positives de Dieu, touchant l'obéissance des enfans, joignent sans nulle distinction le père & la mère; tous deux ont une espèce de domination & de jurisdiction sur leurs enfans, non-seulement lorsqu'ils viennent au monde, mais encore pendant leur enfance.

La puissance des pères & des mères sur leurs enfans dérive de l'obligation où ils sont d'en prendre soin durant l'état imparfait de leur enfance. L'homme en naissant est si foible de corps, & sa raison est encore enveloppée de tant de nuages, qu'il est nécessaire que les pères & mères aient autorité sur leurs enfans, pour veiller à leur conservation, & pour leur apprendre à se conduire. Ils sont obligés de les instruire, de cultiver leur esprit, de régler leurs actions, jusqu'à ce qu'ils aient atteint l'âge de raison; mais lorsqu'ils sont parvenus à cet état, qui a rendu leur père & mère des gens libres, ils le deviennent à leur tour.

Il résulte de-là que tout le droit & tout le pouvoir des pères & mères sont fondés sur cette obligation, que Dieu & la nature ont imposée aux hommes aussi-bien qu'aux autres créatures, de conserver ceux à qui ils ont donné la naissance, jusqu'à ce qu'ils soient capables de se conduire eux-mêmes. Ainsi nous naissons libres aussi-bien que raisonnables, quoique nous n'exercions pas d'abord actuellement notre raison & notre liberté; l'âge qui amène l'une amène aussi l'autre, & par-là nous voyons comment la liberté naturelle, & la sujétion aux parens, peuvent subsister ensemble, & sont fondées l'une & l'autre sur le même principe.

La *puissance paternelle* n'est point arbitraire, & elle appartient si peu au père & à la mère par quelques droits particuliers de la nature, qu'ils ne l'ont qu'en qualité de gardiens & de gouverneurs de leurs enfans ; de sorte que lorsqu'ils les abandonnent, en se dépouillant de la tendresse paternelle, ils perdent leur pouvoir sur eux, qui étoit inséparablement annexé aux soins qu'ils prenoient de les nourrir & de les élever, & qui passe tout entier au père nourricier d'un enfant exposé, & lui appartient autant qu'appartient un semblable pouvoir au véritable père d'un autre.

De cette manière, la *puissance paternelle* est plutôt un devoir qu'un *pouvoir;* mais pour ce qui regarde le devoir d'honneur de la part des enfans, il subsiste toujours dans son entier, rien ne peut l'abolir ni le diminuer, & il appartient si inséparablement au père & à la mère, que l'autorité du père ne peut déposséder la mère du droit qu'elle y a, ni exempter son fils d'honorer celle qui l'a porté dans ses flancs. Cet honneur, ce respect, tout ce que les Latins appellent *piété*, est dû indispensablement aux pères & aux mères durant toute la vie, & dans toutes sortes d'états & de conditions, quoiqu'il soit vrai qu'un père & une mère n'ont aucune domination proprement dite sur les actions de leurs enfans à un certain âge, ni sur leurs propres biens. Cependant il est aisé de concevoir que dans les premiers temps du monde, & dans les lieux qui n'étoient guère peuplés, des familles venant à se séparer, & à occuper des terres inhabitées, un père devenoit le prince de sa famille, le gouverneur & le maître de ses enfans, non-seulement dans le cours de leurs premières années, mais encore après que ces enfans avoient acquis l'âge de discrétion & de maturité.

Il ne faut pas conclure de-là que la *puissance paternelle* soit l'origine du gouvernement d'un seul, comme la plus conforme à la nature; car outre que la mère partage ici la jurisdiction, si le pouvoir du père a du rapport au gouvernement d'un seul, le pouvoir des frères après la mort du père, ou celui des cousins-germains, après la mort des frères, ont du rapport au gouvernement de plusieurs; enfin, la puissance politique comprend nécessairement l'union de plusieurs familles.

Une chose plus vraie, c'est que le gouvernement des pères & mères est fondé sur la raison; leurs enfans sont une portion de leur sang; ils naissent dans une famille dont le père & la mère sont les chefs; ils ne sont pas en état, pendant leur enfance, de pourvoir eux-mêmes à leurs besoins, à leur conservation, à leur éducation; toutes ces circonstances demandent donc une juste autorité des pères & mères sur les enfans qu'ils ont mis au monde.

Cette autorité est de toutes les puissances celle dont on abuse le moins dans les pays où les mœurs font de meilleurs citoyens que les loix; c'est la plus sacrée de toutes les magistratures, c'est la seule qui ne dépende pas des conventions, & qui les a même précédées.

Mais ce n'est pas seulement le droit naturel qui accorde aux pères & mères une certaine *puissance* sur leurs enfans, elle a été également admise par le droit des gens; il n'est point de nation qui n'accorde aux pères & mères quelque autorité sur leurs enfans, & une autorité plus ou moins étendue, selon que les peuples se sont plus ou moins conformés à la loi naturelle.

Le droit divin est venu fortifier en nous ces principes; le Décalogue apprend aux enfans qu'ils doivent honorer leurs pères & mères, ce qui annonce que ceux-ci ont autorité sur leurs enfans.

Mais comme les enfans ne restent pas toujours dans le même état, & que l'homme a ses différens âges, l'autorité des pères & mères a aussi ses différens degrés.

On doit, relativement à la *puissance paternelle*, distinguer trois âges.

Dans le premier, qui est celui de l'enfance, où l'homme n'est pas encore capable de discernement, les pères & mères ont une autorité entière; & cette *puissance* est un pouvoir de protection & de défense.

Dans le second âge, que l'on peut fixer à la puberté, l'enfant commence à être capable de réflexion; mais il est encore si volage, qu'il a besoin d'être dirigé: la *puissance* des pères & mères devient alors un pouvoir d'administration domestique & de direction.

Dans le troisième âge, qui est celui où les enfans ont coutume de s'établir, soit par mariage, soit en travaillant pour leur compte particulier, ils doivent toujours se ressouvenir qu'ils doivent à leurs père & mère la naissance & l'éducation; ils doivent conséquemment les regarder toute leur vie comme leurs bienfaiteurs, & leur en marquer leur reconnoissance par tous les devoirs de respect, d'amitié & de considération dont ils sont capables: c'est sur ce respect, & sur l'affection que les enfans doivent avoir pour leurs pères & mères, qu'est fondé le pouvoir que les pères & mères conservent encore sur leurs enfans dans le troisième âge.

Le droit naturel, le droit des gens & le droit divin ne donnent point aux pères & mères d'autre *puissance* sur leurs enfans que celle qu'on vient d'expliquer; tout ce qui est au-delà provient de la disposition des hommes, & est purement arbitraire.

Ainsi, ce que l'on entend en droit par *puissance paternelle*, en tant que cette *puissance* attribue au père certains droits singuliers sur la personne & les biens des enfans, est une prérogative émanée du droit civil, & dont l'exercice plus ou moins étendu dépend des loix de chaque pays.

C'est par cette raison que Justinien observe que la *puissance* que les Romains avoient sur leurs enfans étoit particulière à ce peuple, parce qu'en effet il n'y avoit aucune autre nation où les pères eussent un pouvoir aussi étendu.

Ce qui étoit de particulier aux Romains n'étoit pas l'autorité en général que les pères ont sur leurs enfans, mais cette même autorité modifiée & étendue telle qu'elle avoit lieu parmi eux, & que l'on peut dire n'avoir ni fin, ni bornes, du moins suivant l'ancien droit.

Elle n'avoit point de fin, parce qu'elle duroit pendant toute la vie du fils de famille.

Elle n'avoit point de bornes, puisqu'elle alloit jusqu'au droit de vie & de mort, & que le père avoit la liberté de vendre son enfant jusqu'à trois fois.

Le père avoit aussi le droit de s'approprier tout ce que son fils acquéroit, sans distinction.

Ces différens droits furent dans la suite restreints & mitigés.

On ôta d'abord aux pères le droit de vie & de mort, & celui de vendre & aliéner leurs enfans; il ne leur demeura à cet égard que le droit de correction modérée.

Le droit même d'acquérir par leurs enfans, & de s'approprier tout ce qu'ils avoient, fut beaucoup restreint, par l'exception que l'on fit en faveur des fils de famille de leurs pécules *castrenses*, *quasi castrenses*, & autres semblables. *Voyez* PÉCULE.

La *puissance paternelle*, telle qu'elle étoit réglée, suivant le dernier état du droit romain, a encore lieu dans tous les pays du droit écrit, sauf quelques différences qu'il y a dans l'usage des divers parlemens.

Le premier effet de la *puissance paternelle*, est que ceux qui sont soumis à cette *puissance*, & qu'on appelle *enfans de famille*, ne peuvent point s'obliger pour cause de prêt, quoiqu'ils soient majeurs; leurs obligations ne sont pas valables, même après la mort de leur père. *Voyez* FILS DE FAMILLE & SÉNATUS-CONSULTE MACÉDONIEN.

Le second effet, est que les enfans de famille ne peuvent tester, même avec la permission de leur père, & leur testament n'est pas valable, même après la mort de leur père; on excepte seulement de cette règle les pécules *castrenses & quasi castrenses*.

Le troisième effet, est que le père jouit des fruits de tous les biens de ses enfans étant en sa *puissance*, de quelque part que leur viennent ces biens, à l'exception pareillement des pécules *castrenses & quasi castrenses*.

Il y a aussi des cas où il n'a pas l'usufruit des biens adventifs; savoir, 1°. lorsqu'il succède conjointement avec ses enfans, à quelqu'un de ses enfans prédécédés, il ne jouit pas de l'usufruit des portions de ses enfans, parce qu'il a une virile en propriété; 2°. lorsqu'il refuse d'autoriser ses enfans pour accepter une succession, donation ou legs; 3°. il en est de même des biens donnés ou légués à ses enfans, à condition qu'il ne jouira pas des fruits.

Le quatrième effet de la *puissance paternelle*, est que tout ce que le fils de famille acquiert du profit des biens qu'il avoit en ses mains, appartenant au père, est acquis au père, non-seulement en usufruit, mais aussi en pleine propriété, sur-tout si le fils faisoit valoir ce fonds aux risques du père.

Le cinquième effet, est que le père ne peut faire aucune donation entre-vifs & irrévocable, aux enfans qu'il a sous sa *puissance*, si ce n'est par le contrat de mariage du fils de famille.

Le sixième effet, est que le père qui marie son fils étant en sa *puissance*, est responsable de la dot de sa belle-fille, soit qu'il la reçoive lui-même, ou que son fils la reçoive.

Le septième effet est que le père, pour prix de l'émancipation de son fils, retient encore quelque droit sur ses biens. Suivant la loi de Constantin, il avoit le tiers des biens en propriété; Justinien, au lieu de ce tiers, lui donne la moitié en usufruit.

Enfin, le huitième effet, est que le père a droit de jouir en usufruit d'une portion virile des biens qui échéoient à ses enfans par le décès de la mère, après leur émancipation. Les docteurs sont d'avis qu'il en est de même des biens qui échéoient d'ailleurs aux enfans.

Le père ne peut pas renoncer en fraude de ses créanciers, à l'usufruit qu'il a par droit de *puissance paternelle*; mais ses créanciers ne peuvent l'empêcher d'émanciper ses enfans sans aucune réserve d'usufruit.

L'émancipation est un des moyens qui font finir la *puissance paternelle*. *Voyez* ÉMANCIPATION.

Les autres moyens qui la font finir, sont la mort naturelle ou civile du père ou du fils, la profession religieuse de l'un ou de l'autre, les grandes dignités. Suivant le droit romain, il n'y avoit que la dignité de patrice qui exemptoit de la *puissance paternelle*, celle de sénateur n'avoit pas cet effet.

En France, les premières dignités de l'épée & de la cour émancipent, & dans la robe celles de président, procureur & avocats-généraux.

A l'égard des dignités ecclésiastiques, il n'y a que l'épiscopat qui fasse cesser la *puissance paternelle*; les dignités d'abbé, de prieur, de curé, n'émancipent point.

L'habitation séparée ne fait pas seule finir la *puissance paternelle*, si ce n'est dans quelques endroits où il y a un usage singulier.

Pour ce qui est du mariage, il émancipe dans les pays de droit écrit du ressort du parlement de Paris, & dans toutes les coutumes, mais non pas dans les parlemens de droit écrit.

M. de Laurière, *sur la règle 37* de Loisel, emploie de bonnes autorités pour prouver que dans toute la France coutumière, les pères avoient anciennement une telle *puissance* sur leurs enfans, qu'ils pouvoient les vendre; mais que cette barbarie s'étant abolie peu à peu sous les rois de la troisième race, les enfans furent traités avec tant de douceur, qu'Accurse, qui vivoit vers l'an 1200, écrit que de son temps ils étoient en France comme affranchis de la *puissance paternelle*, *ut prorsus absolutos*.

Quelques auteurs, qui ont mal entendu ces termes d'Accurse, ont cru qu'il avoit nié que les François admissent la *puissance paternelle*, quoiqu'il ait seulement voulu dire qu'elle y étoit extrêmement mitigée.

Loisel, parlant de l'usage du pays coutumier, dit que le droit de *puissance paternelle* n'a lieu.

Coquille, en son *institution*, dit qu'elle n'est que *superficiaire* en France, & que nos coutumes en ont retenu quelques petites marques avec peu d'effet.

Dumoulin, §. 2 *de l'anc. cout. gloss.* 2, dit que les François en usent en quelque sorte seulement *quadamtenus tantum*, & dans ses *commentaires* sur Décius, il ne fait consister cette *puissance* qu'en honneur dû au père, & dans le droit d'assister ses enfans, & de les autoriser pour agir & pour contracter.

Il est évident que cet auteur n'a entendu parler que de ce que la qualité de père opère plus communément parmi nous.

En effet, nous avons vu plusieurs coutumes qui admettent expressément un droit de *puissance paternelle*, en vertu duquel le père fait siens les fruits du bien de ses enfans.

Cette *puissance*, telle qu'elle a lieu présentement dans les pays de coutume, est un composé du droit des gens & du droit romain, dont les peuples, suivant leur goût, ont emprunté plus ou moins; c'est un mêlange de la tutèle & du droit de garde.

Par exemple, dans la coutume de Berri, les enfans sont sous la *puissance paternelle*; mais cette *puissance* ne dure que jusqu'à 25 ans, quand les enfans ne sont pas mariés, & finit plutôt, quand ils sont mariés avant cet âge. Les seuls effets de cette *puissance* sont que les enfans qui y sont encore soumis, ne peuvent ester en jugement, agir ni disposer. Du reste, ce n'est de la part du père qu'un droit de protection, & une tutèle naturelle; car il ne gagne pas les fruits des biens de ses enfans, si ce n'est après le décès de sa femme, pendant qu'il est légitime administrateur. Mais cette administration, qui est commune à la mère, n'est proprement qu'un droit de garde; elle ne dure que jusqu'à 18 ans pour les mâles, & 14 pour les filles, au lieu que la *puissance paternelle* dure jusqu'à 25 ans, quand les enfans ne sont pas mariés.

Dans la coutume de Montargis, les enfans sont en la *puissance* de leur père; mais cette *puissance* cesse à 20 ans & un jour, & même plutôt si les enfans sont mariés, ou si le père ou la mère meurt; alors les enfans tombent en garde, & s'ils sont nobles, la garde emporte perte de fruits; cette *puissance* n'est encore qu'un droit d'autorité & de protection.

Les coutumes de Châlons & de Reims sont plus mêlangées. Leurs dispositions sont émanées de différentes sources; les enfans y sont en la *puissance* de leur père, ce qui est du droit des gens; mais ils cessent d'être en cette *puissance* dès qu'ils ont l'âge de 20 ans, ou qu'ils sont mariés, ou qu'ils tiennent maison & feu à part, au vu & au su de leur père: ceci est du droit coutumier. Si pendant que cette *puissance* dure, on donne à l'enfant quelque héritage, les fruits en appartiennent au père: ceci est du droit romain. Si la mère meurt, la *puissance* du père est convertie en tutèle, ce qui est conforme au droit commun.

Les dispositions de la coutume de Bretagne sur la *puissance paternelle*, tiennent plus du droit romain. Le fils y est en la *puissance* du père, fût-il âgé de 60 ans; il n'y a que le mariage contracté du consentement du père, ou une émancipation expresse, requise par l'enfant âgé de 20 ans, qui puisse l'en faire sortir. Tout ce que l'enfant acquiert appartient au père de plein droit; mais pour les autres biens des enfans, le père n'en jouit qu'à la charge de rendre compte quand ils ont atteint l'âge de 25 ans.

Dans la coutume de Poitou, la *puissance paternelle* dure tant que le fils n'est point marié, pourvu que le père lui-même ne se remarie point; ensorte qu'un fils non marié, âgé de 30, 40 & 50 ans, est toujours sous la *puissance* du père, lequel gagne les fruits des biens patrimoniaux de ses enfans jusqu'à ce qu'ils aient 25 ans, au cas qu'ils soient mariés, & indéfiniment lorsqu'ils ne le sont pas.

Mais les enfans, quoique en la *puissance* de leur père, peuvent acquérir; & même s'ils ont alors 25 ans, le père n'a rien dans ces acquêts; s'ils acquièrent au-dessous de 25 ans, les meubles appartiennent au père avec l'usufruit des acquêts immeubles jusqu'à 25 ans.

L'enfant qui est en *puissance*, peut dans cette même coutume, disposer par testament; savoir, pour les immeubles, les garçons à 20 ans, les filles à 18; & pour les meubles, les garçons à 17, & les filles à 15 ans accomplis, à moins qu'ils ne soient mariés plutôt.

La coutume d'Auvergne tient beaucoup du droit romain sur cette matière, ainsi que sur plusieurs autres. Le fils de la famille y est sous la *puissance* du père; mais à 25 ans il peut ester en jugement, tant en demandant qu'en défendant, sans l'autorité ou licence du père; mais le jugement ne porte aucun préjudice au père pour les droits qu'il a sur les biens de ses enfans; car le père est administrateur légitime de leurs biens maternels & adventifs, & fait les fruits siens, & cette jouissance dure nonobstant que l'enfant décède avant son père.

Pour jouir de la *puissance paternelle*, il falloit, suivant les loix romaines, avoir le droit de cité; par la même raison, nous exigeons que le père soit régnicole, & participe à tous les effets de la vie civile: ainsi celui qui est banni à perpétuité hors du royaume, ne peut exercer cette *puissance*, soit sur les enfans dont la naissance a précédé sa condamnation, soit sur ceux qui naissent depuis.

Il est encore de principe, que l'on ne peut avoir ses enfans sous sa *puissance*, lorsqu'on est encore assujetti à la *puissance* d'un autre : ainsi dans les pays où le mariage n'émancipe pas, le fils n'a pendant la vie de son père aucune autorité sur ses propres enfans.

Nous avons remarqué au commencement de cet article, que le droit accordoit à la mère comme au père une espèce de domination & de jurisdiction sur ses enfans ; mais les loix civiles ne lui ont pas accordé cette *puissance*, & cette autorité particulière qu'elles ont accordée au père. On trouve néanmoins quelques coutumes, qui, en conservant la plupart des effets que la *puissance paternelle* produisoit chez les Romains, la rendent absolument commune au père & à la mère, de manière cependant que le père l'exerce seul, & que la mère ne commence à en jouir réellement, qu'à l'instant où elle devient veuve. Telles sont les chartres générales du Hainaut, les coutumes du chef-lieu de Mons, du chef-lieu de Valenciennes, de Liège, de Gorze en Lorraine, de Courtrai, de Bailleul, *&c.* la mère en se remariant ne perd pas cette autorité ; mais elle la transfère à son nouvel époux.

Le statut de la *puissance paternelle*, en tant qu'il met le fils de famille dans une incapacité d'agir, de contracter & de tester, est un statut personnel, dont l'effet se règle par la loi du lieu où le père avoit son domicile au temps de la naissance du fils de famille, & ce statut étend son empire sur la personne du fils de famille, en quelque lieu que le père ou le fils aillent dans la suite demeurer.

Mais ce même statut, en tant qu'il donne au père la jouissance des biens du fils de famille, est un statut réel, qui n'a conséquemment de pouvoir que sur les biens de son territoire. *Voyez* FILS DE FAMILLE, PERE, PÉCULE, SENATUS-CONSULTE MACÉDONIEN.

PUITS, s. m. est un trou creusé de main d'homme, ordinairement revêtu de pierres en dedans, & destiné à donner l'eau nécessaire aux besoins d'une maison. La coutume de Paris, *art. 191*, exige un mur de trois pieds d'épaisseur entre deux *puits* voisins, & un de quatre pieds entre un *puits* & une fosse d'aisances. Celui qui, en faisant creuser un *puits* sur son terrein, cause du dommage aux bâtimens voisins, est tenu de le réparer, sauf son recours contre l'entrepreneur : s'il le fait faire contre un mur mitoyen, il est obligé de faire construire un contre-mur d'un pied d'épaisseur.

PULTURE, s. f. (*Jurisprud.*) dans quelques livres de droit, est une épreuve qu'on faisoit subir aux postulans pour l'état monastique, avant que de les admettre dans le cloître ; cette épreuve étoit ainsi appellée, parce que jusqu'à leur admission, ils frappoient aux portes pendant plusieurs jours, *pulsabant ad fores*.

PULVERAGE, (*Droit feodal.*) les auteurs sont partagés sur l'interprétation de ce mot. M. Houart dit dans son *Dictionnaire de Droit normand*, « que » c'est un droit que les seigneurs levoient sur les » pieds poudreux, & qu'il en est parlé, *chap. 120* » des loix des bourgs, *p. 443*, 2ᵉ. *vol. des Traités* » *Normands* ».

Mais il suffit de recourir à l'endroit cité pour voir qu'il n'y est point question du droit de *pulverage*. Il est dit, que si les marchands forains, qu'on appelloit aussi *pieds-poudreux*, prévariquent hors des portes de leur bourg, lorsqu'ils vaqueront à leur commerce, ils seront jugés le soir même, suivant la loi des marchands : « si Burgenses mercatores & *pede pulverosi*, quandò » exeunt extrà quatuor portas burgorum suorum in » merchandisiis suis agendis, malè egerint, extrà » ipsas quatuor portas, vel in aliquâ baroniâ ; ha» bebunt sinè conditione legem mercatorum in » horâ diei crastinâ, seu tertiam horam diei prout » communiter dicitur hora causarum ».

C'étoit-là un privilège particulier des marchands, pour lesquels on avoit aussi établi en Angleterre une jurisdiction sommaire qu'on appelloit *la cour des pieds-poudreux*. On peut consulter à cet égard le chap. 4 du liv. 3 des commentaires du feu chevalier Blackstone, qui paroît néanmoins s'être écarté mal-à-propos de l'opinion commune sur l'origine de cette dénomination.

Quoi qu'il en soit, le droit de *pulverage* ne paroît guère avoir été connu que dans nos provinces méridionales. M. Salvaing observe à cette occasion qu'on a nommé autrefois *pulveraticum* ou *pulveragium*, 1°. le salaire qu'on donnoit aux arpenteurs, *qui solebant quandòque rationem abaci sui in pulvere conficere*, suivant l'explication qu'en donne Alciat, *lib. 2, parergon juris, cap. 26, &c.*

2°. Le présent que les gouverneurs des provinces exigeoient des villes qu'ils visitoient, & qui fut aboli par la novelle de Léon & Majorian, *de curialibus*.

3°. L'engagement qu'on donnoit aux serfs qui s'enrôloient dans la milice, suivant la loi 16, *cod. theod. de tironibus*.

4°. Une espèce de péage ou d'impôt, dont parlent les capitulaires & les anciennes chartres.

Le droit de *pulverage* qui subsiste aujourd'hui en Dauphiné, se rapporte à cette dernière espèce : « ce n'est autre chose, suivant M. Salvaing, qu'un » droit que les seigneurs fondés de titres ou de » possession immémoriale, ont accoutumé de » prendre sur les troupeaux de moutons qui passent » dans leurs terres, à cause de la poussière qu'ils » y excitent, comme Pline dit en son histoire » nat., *liv. 12, chap. 1*, que les Romains prenoient » un tribut pour l'ombre des arbres ».

M. Salvaing observe à cette occasion « qu'il n'y » a point d'élément que les seigneurs n'aient tâché » de s'approprier pour assujettir de toutes parts » les habitans de leurs terres contre la loi de na» ture ».

» ture ». Il ajoute : « que le même droit se lève » en Provence, sous le nom de *passage*, comme » il se voit dans ses statuts, *pag. 387* de l'impres» sion de 1642, quoique par les anciens statuts » du comte Bérenger, de l'an 1355, il y eût » défense de l'exiger ».

Cependant ce droit subsiste toujours en Provence, où il paroît même qu'il est vu d'un œil assez favorable : un arrêt rapporté par Boniface, *tome 4, liv. 3, tit. 7, chap. 3*, confirma une sentence qui maintenoit le seigneur au droit de *pulvérage*, & n'eut aucun égard aux fins de l'appellant, qui demandoit que le seigneur justifiât de son titre ou de sa possession immémoriale. L'arrêt fut fondé, dit l'auteur, sur le statut de Provence, qui dit qu'il est dû au seigneur droit de passage des brebis qui montent ou descendent des montagnes.

Le feu roi avoit, à la vérité, supprimé ce droit lors de la vérification des péages qui se lèvent dans le royaume. Mais il le rétablit sur la représentation des syndics des possédans fiefs en la province. Ils exposèrent « qu'on ne devoit point » confondre le *pulvérage* avec les péages; que ce » droit n'est autre chose qu'une espèce d'abon» nement convenu pour le bien de la province, » entre les propriétaires des troupeaux, qui font » une des principales parties de son commerce, » & les seigneurs de fiefs; qu'étant indispensable » de conduire ces troupeaux tous les étés dans » les montagnes de la Haute-Provence, pour les » y faire subsister jusqu'à l'hiver, il a fallu trouver » le moyen de les nourrir pendant un trajet de » 30 à 40 lieues qu'ils font à travers les terres » gastes ou incultes, dans lesquelles ils trouvent » leur nourriture, & que c'est pour indemniser » ces seigneurs de ce passage & de cette nourri» ture qui s'y prend à leurs dépens, que le droit » très-modique dont il s'agit a été établi & payé » jusqu'à présent, sans aucune difficulté ».

Sur ces représentations, le roi, après avoir entendu les procureurs du pays & les seigneurs, & pris tous les éclaircissemens qu'elles pouvoient mériter, ordonna, par des lettres-patentes du 16 janvier 1764 « que le statut de la Provence con» cernant le droit de *pulvérage*, seroit exécuté; » en conséquence, maintient les seigneurs possé» dant fiefs dans ladite province, dans le droit » & possession de percevoir chacun dans l'étendue » de leur territoire, ledit droit sur les troupeaux » d'average, ou de moutons, brebis, chèvres & » chevreaux passant par leurs terres gâtes, sui» vant les bornes qui y ont été placées à cet » effet, pour aller dans les montagnes, ou pour » en revenir; & ce à raison de 6 deniers en » allant & autant en revenant, par chaque tren» tenier de bêtes d'average, sans toutefois que » ledit droit puisse être exigé sur les bœufs, vaches, » chevaux, mulets, ânes ou cochons, passant par » les chemins desdites seigneuries ». Voyez les *statuts de Provence* par Julien, *tome 1, pag. 387 & suivantes*.

Un arrêt du parlement de Dauphiné, donné à la requête du procureur-général le 2 mai 1458, & rapporté par Salvaing, prouve aussi que le *pulvérage* n'est dû dans cette province que pour le menu bétail qu'on fait passer dans une seigneurie pour les mener paître dans les montagnes. Il fixe le droit dû à cette occasion, *pour le passage, pulvérage & dommage qu'il peut causer*, à 8 gros pour chaque matale, composée de 3000 chefs, tant pour l'allée que pour le retour, *&c.* pour une lieue de chemin, & ainsi du reste à proportion.

Cet arrêt contient d'ailleurs diverses règles pour la police du bétail durant leur passage. Il a été confirmé par un autre arrêt du 2 mai 1551.

Au reste, les additionnaires de du Cange, qui paroissent croire avec lui, que le *pulvérage* n'étoit rien autre chose qu'un droit de péage, assurent que, suivant d'anciennes chartres, il se percevoit aussi sur les bœufs, les cochons, & les autres bestiaux. (*G. D. C.*)

PUNITION, s. f. (*Jurisprud. civ. & crim.*) est l'action de punir quelqu'un. La *punition* des crimes & délits appartient au juge criminel; celle des faits de police aux officiers de police, celle des contraventions à la loi, en matière civile, appartient aux juges civils.

On appelle *punition exemplaire* celle qui emporte quelque peine sévère qui s'exécute en public pour servir d'exemple. *Voyez* PEINE. (*A*)

L'histoire fait mention d'une peine usitée autrefois chez les Francs & les Suèves, qui consistoit à faire porter par le coupable un chien sur ses épaules la longueur de plusieurs milles.

L'empereur Frédéric, dans une cour tenue à son retour de Rome, condamna à cette peine Arnold, archevêque de Mayence, & Herman, comte palatin, avec leurs complices; mais touché de la vieillesse du prélat, & par respect pour son caractère, il le dispensa de cette ignominie; mais le comte l'essuya avec dix seigneurs de son parti, pour avoir autorisé des désordres dans le palatinat, XIIe. siècle.

Le P. Barre, *Hist. d'Allemagne*, tom. V in-4°. 1748, en rapportant ce trait, ajoute que cette peine militaire étoit pour les nobles : quant aux autres on leur faisoit porter tête nue une selle de cheval : il remarque qu'un comte de Châlons subit cette peine.

PUPILLAIRE, adj. se dit en droit, de ce qui appartient à un pupille, comme des deniers *pupillaires*. *Voyez* DENIERS & TUTEURS.

Substitution *pupillaire*. *Voyez* SUBSTITUTION.

PUPILLARITÉ, s. f. est l'état d'un pupille; cet état dure depuis la naissance jusqu'à l'âge de puberté, qui est de quatorze ans pour les mâles & douze ans pour les filles. *Voyez ci-après* PUPILLE.

PUPILLE, s. f. suivant le droit romain, est un

fils ou une fille de famille qui n'a pas encore atteint l'âge de puberté, & qui est en tutèle.

Dans les pays de droit écrit, on distingue conformément au droit romain, les *pupilles* d'avec les mineurs. On n'entend par ceux-ci que les enfans qui ont passé l'âge de puberté; mais qui n'ont pas encore atteint celui de majorité.

Une autre différence essentielle entre les *pupilles* & les mineurs, en pays de droit écrit, c'est que les *pupilles* ne pouvant se conduire à cause de la foiblesse de leur âge, sont nécessairement sous la puissance d'un tuteur qui a autorité sur leur personne & sur leurs biens, au lieu que les mineurs pubères n'ont point de tuteurs; la tutèle en pays de droit écrit, finissant à l'âge de puberté, on leur donne seulement un curateur pour gérer & administrer leurs biens, encore faut-il qu'ils le demandent, car ils peuvent gérer leurs biens eux-mêmes, & n'ont besoin du curateur que pour ester en jugement, ou lorsqu'il s'agit de faire quelque acte qui excède la simple administration, & qui touche le fonds.

En pays coutumier on confond les *pupilles* avec les mineurs; & les uns & les autres sont ordinairement désignés sous le nom de *mineurs*, & sont en tutèle jusqu'à l'âge de majorité, à moins qu'ils ne soient émancipés plutôt.

Le tuteur ne peut pas épouser sa *pupille*, ni la faire épouser à son fils, si ce n'est du consentement du père de la *pupille*; cette prohibition faite par rapport au mariage des *pupilles*, s'entend aussi du mariage des mineures.

Au surplus, toutes les incapacités de s'obliger, de vendre ou aliéner qui se trouve en la personne des mineurs, à cause de la foiblesse de leur âge, ont lieu à plus forte raison en la personne des *pupilles*, puisqu'ils sont dans un âge encore plus tendre que les mineurs. *Voyez* les loix citées dans le *trésor* de Brederode, au mot *Pupilla* & *Pupillus*, & les *mots* CURATEUR, EMANCIPATION, MINEUR, TUTEUR. (*A*)

PUR, (*en terme de Pratique.*) signifie *absolu* & sans restriction, comme un billet pur & simple; c'est-à-dire, celui dont l'obligation ne dépend d'aucun événement ni condition; de même une quittance *pure* & simple, est celle qui est donnée sans réserve ni protestation. Une main-levée *pure* & simple est celle qui est accordée sans aucune condition. Une chose qui demeure en *pure* perte pour quelqu'un, c'est lorsqu'il n'en retire rien & qu'il n'a point de recours. *Voyez* BILLET, MAIN-LEVÉE, QUITTANCE, *&c.* (*A*)

PUR (*à*), ce mot a été employé pour *immédiatement*. Ainsi, la somme rurale dit, au *liv. 1*, *tit. 3*, *pag. 16* de l'édition in-4°. de 1621, qu'une terre est tenue *à pur* & sans moyen du roi, pour indiquer qu'elle est mouvante du roi directement & en plein fief, sans relever d'autre seigneur. (*G. D. C.*)

PUR FÉAGE, (*Droit féodal.*) c'est une inféodation pure & simple. L'article 312 dit qu'il ne doit point y avoir de *premesse*, c'est-à-dire, de retrait lignager *en pur féage noble*, ou, comme le dit l'article 298 de l'ancienne coutume, *en pur féage de noble fief*. La raison qu'en donne le chapitre 220 de la très-ancienne coutume, est « que » les cousins aux bailleurs ni ses parens ne lui » feroient pas les servitudes (*le service du fief*) » comme gens étranges, & qu'ainsi les seigneurs » seroient déçus à qui les devoirs devroient être ». (*G. D. C.*)

PURGATION, (*Jurisprud. civ. crim. & can.*) on entend par ce terme, les différentes formes dont on usoit anciennement pour se justifier de quelque fait dont on étoit prévenu.

Il y avoit deux sortes de *purgation*, celle qu'on appelloit *purgation vulgaire*, & la *purgation canonique*.

La *purgation* vulgaire consistoit en des épreuves superstitieuses, par l'eau froide, par l'eau bouillante, par le feu, par le fer ardent, par le combat en champ clos, par la croix, l'eucharistie, par le pain d'orge & le fromage de brebis; l'ignorance & la crédulité des peuples fit introduire ces preuves, & les juges peu éclairés eux-mêmes les adoptèrent; elles acquirent tant d'autorité, qu'on les appella *jugemens de Dieu*. *Voyez* COMBAT EN CHAMP CLOS, DUEL & EPREUVE.

La *purgation* canonique fut ainsi appellée, parce qu'elle étoit autorisée par les canons.

PURLIEU, s. m. (*terme de Jurisprudence angloise*), composé, comme l'on voit, des deux mots françois *pur* & *lieu*, est un morceau de terre contigu à une forêt royale, à laquelle il avoit été joint par ordonnance d'un roi, mais de laquelle un autre roi postérieur l'a démembré, pour en faire jouir ceux à qui il en a octroyé la possession franchement & librement, & sans être assujettis aux loix & ordonnances concernant les forêts.

On définit le *purlieu* un espace de terre joignant une forêt, déterminé par des bornes invariables qui servent simplement de monument de ce qu'il a été autrefois; lequel autrefois a fait partie de la forêt voisine, mais en a été depuis séparé après un acte de bornage préalablement fait pour distinguer la nouvelle forêt d'avec l'ancienne.

Voici comment s'introduisirent les *purlieux*: Henri II, roi d'Angleterre, à son avénement à la couronne, prit tant de goût pour les forêts, que, non content de celles qu'il trouva toutes plantées, quoiqu'en assez grand nombre & assez vastes, il commença à en agrandir plusieurs, & y enclava les terres de ses sujets qui y étoient contigues. *Voyez* ENFORESTER.

Richard I, son successeur, bien loin de rétablir les forêts de son domaine dans leurs anciennes limites, leur donna encore plus d'étendue; & les choses restèrent dans ce dernier état jusqu'à l'an 17 du roi Jean, que, la lésion étant notoire & indisposant toute la nation, les nobles & les plus notables sujets le supplièrent de désenforester toutes les terres que ses prédécesseurs, que nous venons de nommer, & lui-même avoient enclavées dans leurs forêts; & le roi, après beaucoup de sollicitations & d'instances, prit enfin sur lui de signer & de sceller les articles qu'on lui demandoit touchant la liberté des terres, lesquels se trouvent, la plupart, dans l'ordonnance des forêts.

En conséquence, on fit choix de plusieurs nobles, au nombre de vingt-cinq, pour veiller à ce que l'octroi desdites franchises accordées & confirmées par le roi, sortît son plein & entier effet.

Les choses étoient dans cet état lorsque le roi Jean mourut. Henri III lui ayant succédé, on lui fit les mêmes instances qu'à son prédécesseur. Henri, pour terminer cette affaire, nomma des commissaires à l'effet de distraire les nouvelles forêts d'avec les anciennes; il en fut dressé un état, & en conséquence beaucoup de bois & de terres furent désenforestées, avec faculté aux propriétaires de les convertir en terres labourables. *Voyez* DÉSENFORESTER.

Cette ordonnance rendue, on arpenta quelques-unes des terres nouvellement enforestées, & l'on dressa des procès-verbaux à l'effet de constater à perpétuité quelles terres étoient d'anciennes forêts, & quelles étoient des forêts neuves. Cependant il paroît que la plupart des terres nouvellement enforestées subsistèrent en cet état pendant tout le règne de Henri III.

Sous Edouard I, nouvelles supplications furent faites; & le nouveau roi nomma trois évêques, trois comtes & trois barons, à l'effet de faire & continuer les visites & recherches nécessaires, & en faire ensuite leur rapport à la cour de chancellerie, pour être en conséquence les anciennes forêts distinguées & fixées par des bornes invariables, à l'effet de constater pour toujours leur ancienneté.

Le roi fit aussi séparer des anciennes forêts les bois & les terres nouvellement enforestées, & en fit rapporter à la chancellerie un état par tenans & aboutissans, à l'effet de constater aussi à perpétuité la qualité de ces dernières.

Voilà donc quelle a été l'origine des *purlieux*; car tous les bois & les terres qui avoient été enforestés par Henri II, Richard I, & le roi Jean, & qui, par un bornage, furent ensuite distingués des anciennes forêts, commencèrent à s'appeller *purlieux*, c'est-à-dire, lieux séparés des forêts anciennes par le bornage.

Mais, quoique les terres nouvellement enforestées fussent distraites des anciennes forêts par le bornage, & rendus *purlieux*, elles ne l'étoient pas à l'égard de toutes les personnes; car, en vertu de l'ordonnance des forêts, si le roi avoit enforesté les bois ou les terres de quelques-uns de ses sujets au préjudice des propriétaires, ces terres devoient être désenforestées sans délai, c'est-à-dire, seulement en ce qui concernoit ceux à qui appartenoient les bois & les terres, lesquels pourroient, comme propriétaires, couper & abattre leurs bois selon leur bon plaisir, & sans en obtenir la permission du roi; comme aussi convertir leurs prés & leurs pâturages en terres labourables, &, en un mot, en faire & disposer de la manière qu'ils jugeroient la plus avantageuse; ils peuvent même chasser sur ces terres jusqu'à la forêt. Mais cette permission de chasser sur les *purlieux* étoit accordée au propriétaire seul, & exclusivement à tout autre; & rien ne l'empêchoit de laisser subsister son *purlieu* en bois: c'est même le parti que la plupart ont jugé le plus expédient, parce qu'au moyen de ce ils ont la jouissance de la forêt, qui, autrement leur seroit interdite. Si donc les bêtes s'échappent de la forêt du roi dans le *purlieu*, elles n'en appartiennent pas moins au roi exclusivement à tout autre, si ce n'est au propriétaire, à qui elles appartiennent aussi *ratione soli*, & qui peut lâcher ses chiens dessus, & les poursuivre jusqu'à la forêt, le tout sans fraude & sans surprise.

Outre cette première différence entre la forêt & le *purlieu*, il y en a encore une autre, qui est que tous les bois & les terres qui sont enclavés dans la forêt en font partie, & sont sujets aux mêmes loix, aussi bien pour le propriétaire même que pour toute autre personne: car, qui que ce soit ne peut, dans l'étendue de ce pourpris, couper son bois ou améliorer sa terre en la changeant de nature, sans la permission du roi ou de son grand-maître des eaux & forêts. Personne ne peut même chasser sur sa propre terre ainsi enclavée, sans y être autorisé par le roi ou par son grand-maître des eaux & forêts.

Mais ceux dont les terres sont des *purlieux*, ne sont pas assujettis à ces servitudes; cependant leurs bois & leurs terres, quoique *purlieux*, ne sont pas absolument francs de toute sujétion en ce qui concerne les bêtes égarées de la forêt, qui y ont établi leur repaire; mais ils restent toujours, du moins à cet égard, dans l'assujettissement où ils étoient lorsqu'ils faisoient partie de la forêt royale.

Le propriétaire du *purlieu* a titre & qualité pour chasser sur son *purlieu*, mais néanmoins avec quelques réserves.

Aux termes de l'ordonnance de Richard II, pour avoir droit de chasser sur son *purlieu*, il faut posséder en franc-fief dans le *purlieu* au moins pour quarante chelins de revenu, de bois ou autres terres.

Aux termes de l'ordonnance de Jacques I, il faut avoir, en fonds patrimoniaux, au moins dix livres de revenu, ou des terres en franc-fief jusqu'à concurrence de 30 livres de rente, ou avoir en biens-fonds 290 livres de rente, ou être

L 2

fils de chevalier, ou baron, ou d'un rang distingué, ou être fils & héritier présomptif d'un écuyer.

Mais, par une ordonnance postérieure de Charles II, personne ne peut avoir des levriers dans un *purlieu* ou autre terre dans toute l'étendue de l'Angleterre ou de la province de Galles, s'il n'en a une permission expresse du roi, ou s'il n'est seigneur de fief, ou ne possède, soit de son chef, soit de celui de sa femme, 40 livres de revenu clair & liquide, toutes charges déduites, en terres seigneuriales; ou, s'il n'a au moins de revenu, en autres terres, soit de son chef, ou de celui de sa femme pour tout le temps de sa vie, ou de celle de l'un & l'autre, 80 livres, toutes charges déduites, ou la valeur de 400 livres en fonds de terres ou habitations.

Le droit de *purlieu* appartient donc exclusivement aux personnes que nous venons de désigner, & non à d'autres; car le propriétaire d'un *purlieu* qui n'a pas quelqu'une des qualités que je viens de dire, peut bien, s'il trouve des bêtes de la forêt dans son *purlieu*, lâcher dessus de petits chiens domestiques, mais il ne lui est pas permis de les pourchasser avec des levriers ou autres chiens de chasse.

Et celui même qui a droit de chasse dans son *purlieu*, ne peut l'exercer qu'avec quelques restrictions & réserves: car,

1°. Il faut que le gibier se soit levé sur sa terre; & quoique, *ratione soli*, il ait un droit exclusif à l'égard de toute autre personne que le roi sur le gibier qui se lève sur sa terre, ce droit se réduit à pouvoir lâcher ses chiens dessus, & le tuer tant qu'il est sur sa terre, mais non lorsqu'il est une fois sauvé dans la forêt. Dès que la bête a mis le pied dans la forêt, elle rentre dans la propriété de la forêt, ou du propriétaire, quel qu'il soit, à qui elle appartient.

Mais, quand le propriétaire des terres comprises dans un *purlieu* a fait lever une bête dans l'étendue de son fief, il la peut poursuivre sur toutes les terres voisines comprises dans le *purlieu*, pourvu qu'il n'entre pas dans la forêt.

2°. Si celui qui possède des terres dans un *purlieu* commence sa chasse sur la terre d'un voisin, que ses chiens atteignent la bête avant qu'elle soit rentrée dans la forêt, mais qu'elle les y entraîne & qu'ils l'y tuent, leur maître n'est pas en droit pour cela d'entrer dans la forêt & d'y prendre la bête que ses chiens ont tuée, parce que sa chasse étoit contre les règles dès le commencement, & que, par conséquent, il ne peut prétendre aucune propriété sur la bête, *ratione soli*.

3°. Celui qui a droit de *purlieu*, ne peut y mener ou y envoyer chasser d'autres personnes que ses domestiques.

4°. Les ordonnances des forêts lui défendent de chasser sur ses propres terres plus de trois jours la semaine, desquels le dimanche est excepté.

5°. Personne ne doit poursuivre un cerf, quoiqu'il le rencontre dans son *purlieu*, dans les quarante jours après que le roi a fait une chasse générale dans la forêt voisine; parce qu'en ce cas le gibier n'est pas venu de lui-même dans le *purlieu*, mais qu'il y a été poussé par les chasseurs, effrayé par leurs clameurs & par le son du cor, & ne s'y est retiré que comme en un lieu de refuge.

6°. Personne ne pourra chasser plus près de la forêt qu'à sept milles de distance, même dans son *purlieu*, dans les quarante jours après que le roi aura déclaré qu'il a dessein de faire une chasse générale dans la forêt.

Ainsi, les *purlieux* étant, à cet égard, demeurés en partie sujets aux ordonnances des forêts, il a fallu établir des officiers pour veiller à la conservation du gibier qui pourroit s'échapper de la forêt dans les *purlieux*; faute de quoi, les réglemens faits pour les *purlieux* seroient demeurés sans exécution, & les forêts auroient été bientôt détruites par les propriétaires des *purlieux*.

C'est pourquoi on établit des maîtres de venaison, qui, sans être proprement forestiers, ne laissoient pas d'avoir quelque office dans la forêt; car les forestiers ont inspection tout-à-la-fois sur les arbres & la venaison de la forêt, au lieu que le maître de venaison n'en a point sur les arbres, mais seulement sur le gibier qui passe de la forêt dans le *purlieu*. Son office est de le faire rentrer dans la forêt. *Voyez* MAITRE DE VENAISON.

Cet officier reçoit ses provisions du roi, ou du grand-maître des eaux & forêts, & a d'appointemens 20, 30 ou 40 livres, ou plus, lesquelles lui sont payées à la cour de l'échiquier, sans compter un droit qu'il a sur chaque cerf ou daim de la forêt.

Son emploi consiste à faire rentrer les bêtes dans la forêt, tout autant de fois qu'elles en sont sorties; de dresser procès-verbaux des délits commis en matière de chasse, soit dans les *purlieux*, soit dans la forêt même, & d'en faire son rapport à la plus prochaine gruerie ou cour forestière.

Les maîtres de venaison ne sont établis que pour les terres, qui, ayant été enforestées autrefois, & désenforestées depuis, sont ainsi devenues des *purlieux*. C'est pourquoi, comme il y a des forêts en Angleterre qui n'ont jamais été agrandies aux dépens des terres voisines, & autour desquelles par conséquent il ne s'est pas formé de *purlieux*, les maîtres de venaison n'y ont que faire.

PUTATIF, adj. se dit, *en droit*, de celui qui

est réputé avoir une qualité qu'il n'a pas réellement : ainsi, un père *putatif* est celui que l'on croit être le père d'un enfant, quoiqu'il ne le soit pas en effet.

PUTURE, s. f. *terme de Jurisprudence angloise*, est un droit que prétendent les gardes des forêts, & quelquefois les baillis des hundreds sur les habitans & propriétaires des terres dans l'enceinte de la forêt ou de l'hundred, & qui consiste à en exiger qu'ils les nourrissent, eux, leurs chevaux & leurs chiens. *Voyez* PURLIEU.

Il y a déjà long-temps qu'on a échangé ce droit à Knaresbourg, en une redevance de quatre sous. La terre chargée de cette servitude s'appelle *terra puturata*, terre de *puture*.

PUY, PEC, POU, POY, PUECH, PUEY, *ou* PEU, en latin barbare, *podium*. Ce mot a été & est encore employé dans plusieurs provinces pour désigner une montagne, une colline, & quelquefois un pâturage en montagne. C'est delà que tant de lieux, comme le *Puy* en Velay, le *Puy* Notre-Dame, *&c.* tirent leur dénomination. *Voyez* du Cange & dom Carpentier *au mot Podium 3 & 4.*

Il semble, d'après le premier de ces deux auteurs, qu'on a aussi quelquefois entendu par-là une maison, un édifice. (*M. GARRAN DE COULON, avocat au parlement.*)

Q, Dix-septième lettre de l'alphabet françois, forme la marque distinctive des monnoies fabriquées à Perpignan.

QUADRIENNAL, adj. est la qualification par laquelle on désigne les offices qui ne s'exercent que de quatre ans en quatre ans. Les besoins de l'état ont souvent engagé nos rois à créer plusieurs titres du même office, pour être exercé successivement par les différens titulaires. Delà les offices alternatifs, dont les titulaires exerçoient les fonctions d'une année l'une, les triennaux de trois ans en trois ans, les *quadriennaux* de quatre en quatre ans. On appelle aussi exercice *quatriennal* l'année où s'exerce un office *quadriennal*. La plupart de ces offices ont été réunis aux anciens, & sont exercés par le même titulaire.

QUADRUGÉE, *quadrugecta terra*, dans quelques anciens titres, signifie autant de terre que quatre chevaux en peuvent labourer en un jour.

QUAIGE, s. m. (*Droit féodal.*) est un droit qui se perçoit sur les marchandises que l'on décharge sur les quais; on le nomme en Normandie, *caisse & havre*.

QUALIFICATEUR, s. m. (*Droit canon.*) est un théologien, préposé pour qualifier ou déclarer la qualité des propositions qui ont été déférées à quelque tribunal ecclésiastique, & singuliérement à celui de l'inquisition.

Les *qualificateurs* ne sont point juges, ils ne font que dire leur sentiment sur les propositions qu'on leur a donné à examiner; ce sont les inquisiteurs qui jugent. *Voyez* INQUISITION.

QUALITÉ, s. f. (*en Droit*), signifie ordinairement un titre personnel qui rend habile à exercer quelque droit: par exemple pour intenter une action, il faut avoir *qualité*, c'est-à-dire, avoir droit de le faire. *Voyez* ACTION.

On prend *qualité* dans une succession en se portant héritier ou légataire, ou donataire ou douairier.

Il y a des *qualités* qui sont incompatibles entre elles, comme celles d'héritier & de légataire dans la coutume de Paris. *Voyez* HÉRITIER.

On entend aussi par *qualité* les titres qu'une personne prend à cause de sa naissance, de sa charge, de sa dignité, la naissance ou les titres donnent la *qualité* de noble. La *qualité* des femmes est la même que celle de leurs maris.

Les réglemens défendent aux propriétaires des terres de se qualifier barons, comtes ou marquis, s'ils n'y sont autorisés par des lettres-patentes duement vérifiées; aux gentilshommes de prendre la *qualité* de messire & de chevalier, sinon en vertu de titres légitimes, & aux roturiers de prendre la *qualité* d'écuyer, à peine d'amende. Il y a sur cet objet dans le *Journal des audiences* un arrêt de réglement du parlement de Paris, du 13 août 1663.

Les *qualités* d'une sentence ou d'un arrêt, sont les noms des parties plaidantes avec leurs demandes & défenses que l'on énonce avant le vu & le dispositif du jugement.

Le procureur qui veut lever un jugement d'audience, fait signifier à son confrère des *qualités*: si celui auquel il les signifie y trouve quelque chose à réformer, il peut former opposition aux *qualités*, & alors on plaide sur cet incident avant que le greffier expédie le jugement. *Voyez* ARRÊT, SENTENCE, GREFFIER, DISPOSITIF. (*A*)

QUAMDIU SE BENE GESSERIT, (*terme de Jurisprudence angloise*), clause ordinaire dans les lettres-patentes, ou les concessions d'offices, qui en assure la possession à l'impétrant, tant qu'il ne s'en rendra pas indigne par quelque prévarication.

Cette clause, par exemple, est exprimée dans les lettres que le roi d'Angleterre donne aux barons de l'échiquier: elles portent expressément qu'ils jouiront de leur office aussi long-temps qu'ils se conduiront bien, ce qui s'entend simplement des devoirs de leur charge, & ne signifie autre chose, sinon qu'elle leur est donnée pour la vie, s'ils continuent jusqu'à la fin de s'en bien acquitter.

Ainsi pour l'ordinaire, une concession où se trouve cette clause est une concession à vie.

QUARANTAINE, s. f. signifie l'espace de quarante jours. Ce mot s'emploie quelquefois pour signifier le temps du carême, parce qu'il est effectivement composé de quarante jours de jeûne.

QUARANTAINE (*Code maritime.*) est le séjour que ceux qui viennent du Levant ou de tout autre pays infecté ou soupçonné de contagion, sont obligés de faire dans un lieu séparé de la ville où ils arrivent. On prend cette précaution, pour éviter que les équipages ou passagers ne rapportent d'Orient l'air des maladies contagieuses & pestilentielles qui y sont fort fréquentes; & l'on a donné à cette épreuve le nom de *quarantaine*, parce qu'elle doit durer quarante jours. Cependant, lorsqu'on est sûr que les marchandises & les passagers ne viennent point des lieux ou suspects ou infectés de contagion, on abrège ce terme, & l'on permet le débarquement, tant des personnes que des marchandises; mais on dépose les uns & les autres dans un lazaret où on les parfume. Le temps qu'elles y demeurent, se nomme toujours *quarantaine*, quoiqu'il ne soit souvent que de huit ou quinze jours, & quelquefois de moins. Ce langage n'est pas exact, mais l'usage l'a confirmé.

Par arrêt du conseil d'état du roi du 14 octobre

1762, il a été fait défense de faire *quarantaine* dans aucun autre port ou lazaret, que ceux de Marseille ou de Toulon.

QUARANTAINE, *en terme de Jurisprudence angloise*, est un bénéfice accordé à la veuve d'un propriétaire d'une terre, en vertu duquel elle est maintenue pendant quarante jours après la mort du défunt, dans l'habitation du chef-lieu, ou principal manoir, pourvu que ce ne soit pas un château.

Si quelqu'un entreprend de l'en expulser, elle a à opposer l'action de *quarantenâ habendâ*.

QUARANTAINE (*Enchère de*), *voyez* ENCHERE.

QUARANTAINE LE ROI, (*Jurisprud. ancienne.*) étoit une trève de quarante jours, qui fut établie par Philippe-Auguste, ou, selon d'autres, par Philippe-le-Hardi, & renouvellée par S. Louis en 1245. Cette ordonnance fut appellée elle-même *la quarantaine le roi*; elle porte que depuis les meurtres commis ou les injures faites, jusqu'à quarante jours accomplis, il y avoit de plein droit une trève de par le roi, dans laquelle les parens des deux parties seroient compris; que cependant le meurtrier ou l'agresseur seroit arrêté & puni; & que si dans les quarante jours marqués, quelqu'un des parens se trouvoit avoir été tué, celui qui auroit commis le crime seroit réputé traître & puni de mort. (*A*)

QUARTE, s. f. se dit, *en droit*, de la quatrième partie de quelque chose. Il y a plusieurs sortes de *quartes*, que nous allons faire connoître suivant leur ordre alphabétique. Suivant le droit romain, la *quarte* étoit la légitime de droit, & elle étoit ainsi appellée, parce qu'elle consistoit en la quatrième partie de la succession, ce qui depuis a été changé. *Voyez* LÉGITIME.

QUARTE CANONIQUE *ou* FUNÉRAIRE, est ce qui est dû au curé du défunt lorsque celui-ci meurt sur sa paroisse, & se fait enterrer ailleurs.

L'usage de presque toutes les églises de France, est que le curé qui a conduit le corps de son paroissien, dans l'église d'un monastère où le défunt a élu sa sépulture, partage le luminaire par moitié avec les religieux.

Il y a néanmoins des églises où l'on ne donne que la quatrième partie du luminaire au curé; cette discipline est ancienne & autorisée par des conciles généraux, & entre autres par celui de Vienne; c'est ce qu'on appelle la *quarte funéraire*; quelques arrêts sont conformes à cette discipline.

Le concile de Vienne veut même que l'église paroissiale du défunt ait aussi la quatrième partie des donations qu'il fait au monastère où il veut être inhumé.

La glose sur le canon *in nostrâ* fixe la portion du curé au tiers: le synode de Langres en 1404, la fixe, tantôt à la moitié, tantôt à la quatrième partie des frais funéraires; ce même concile ajoute qu'il est dû de droit pour toutes les sépultures faites chez les mendians, non-seulement la quatrième partie des frais funéraires, mais encore *de omnibus relictis ad quoscunque usus certos vel incertos*.

Les monastères bâtis avant le concile de Trente, & qui quarante ans avant n'ont point payé de *quarte funéraire*, n'en doivent point; mais elle est due par ceux qui sont établis depuis. Il faut néanmoins en cela se conformer à l'usage. *Voyez* les *Mém. du clergé*.

QUARTE DU CONJOINT PAUVRE, *ou* DE L'AUTHENTIQUE PRÆTEREA. On appelle ainsi dans les provinces de droit écrit, la portion qu'un conjoint survivant peut, en certains cas, demander sur la succession de son conjoint prédécédé.

C'est à l'empereur Justinien que cette faculté doit son introduction. *Les novelles 53, 74 & 117*, dont Irnerius a composé l'authentique *præterea*, C. *unde vir & uxor*, portent, que lorsque le conjoint survivant a été marié sans dot, & que le prédécédé a laissé des biens considérables, le premier doit avoir le quart des biens du second, s'il n'y a que trois héritiers, & une part afférente, s'il s'en trouve un plus grand nombre. Elles ajoutent que, dans l'un & l'autre cas, le survivant n'est qu'usufruitier de cette portion, si les héritiers sont des enfans communs, mais qu'il en est propriétaire lorsque le défunt n'a laissé pour héritiers que des étrangers ou des enfans d'un autre mariage.

Ces loix sont fondées sur ce qu'il convient, que celle qui a porté avec dignité le nom & la qualité d'épouse durant la vie de son mari, qui a partagé son état & a participé à tous ses avantages, tombe tout-à-coup dans une honteuse pauvreté, parce qu'elle n'a apporté dans la communauté des biens que des vertus & du mérite. Si les bienséances sont choquées par cette indigne dégradation, la justice ne l'est pas moins. Un homme qui épouse une femme dont il connoît l'indigence, n'ayant égard qu'à ses qualités personnelles, ne contracte-t-il pas l'obligation de pourvoir pour toujours à sa subsistance? Que ceux qu'un nœud si saint, autorisé par toutes les loix, a unis, & d'une union si parfaite qu'ils n'ont plus qu'un même nom & ne sont plus qu'une même chair, n'aient aussi qu'un même état & qu'une même fortune. Si pendant la vie le mari rompt cette harmonie en refusant à sa femme son entretien, tous les tribunaux s'élèvent pour l'y contraindre. La mort du mari ne doit pas réduire cette femme au comble de la misère. Parce que le ciel lui a ravi celui qui faisoit son appui & son bonheur, faudra-t-il que les hommes la dépouillent de tous les autres biens, & ajoutent à une condition malheureuse, l'extrême pauvreté, plus dure & plus odieuse que la mort; à cet égard plus à plaindre dans son état qu'une mercénaire, qui trouve au moins dans son épargne une ressource après la mort de ses maîtres?

Les docteurs élèvent sur l'authentique *præterea* différentes questions qu'il est important d'examiner.

D'abord, on demande ce que l'on doit entendre

ici par *conjoint pauvre*. Justinien semble avoir pris ce mot dans sa signification précise, & avoir fait de l'extrême pauvreté une condition sans laquelle le survivant n'a point de *quarte* à prétendre. C'est ce qu'annoncent ces termes de la novelle 53 : *Videmus autem quosdam cohærentes mulieribus indotatis, deindè morientes; mulieres autem licet in statu legitimæ conjugis manserint, attamen eo quòd non sit facta neque dos, neque antenuptialis donatio, nihil habere valentes, sed in novissimâ viventes inopiâ; propterea sancimus providentiam fieri etiam harum.* On remarque le même esprit dans la *novelle 117 : hæc autem dicimus*, porte-t-elle, *si mulier quæ dotem non habet, laboret inopiâ.*

Cependant, comme dans l'ordre moral on ne met aucune différence entre rien & presque rien, les interprètes sont d'avis que, quand la loi parle d'une femme pauvre & qui n'a point eu de dot, elle entend aussi parler d'une femme qui n'a eu qu'une très-petite dot. Ce sont les termes de le Brun; & l'on trouve plusieurs arrêts du parlement de Toulouse qui ont confirmé cette opinion.

Le mari pauvre peut-il, ainsi que la femme, demander sur les biens de sa femme prédécédée la *quarte de l'authentique?* Si on s'attache à la disposition des loix romaines, il faudroit répondre négativement. En effet, le *chap. 5* de la *nov. 117*, a dérogé à la *novelle 53*, qui avoit accordé au mari pauvre sur les biens de sa femme, le droit égal; cette loi porte : *virum in talibus casibus quartam secundùm priorem legem, ex substantiâ mulieris accipere, modis omnibus prohibemus.* Mais elle n'est pas observée dans les pays de droit écrit, & on y tient communément, que le mari pauvre peut exercer les droits qui lui sont attribués par la *novelle 53*. C'est ce qu'enseignent Accurse, Dumoulin, Despeisses, & M. Boucher d'Argis en son traité *des gains nuptiaux, chap. 15.*

Pour juger, si le survivant de deux conjoints est dans le cas d'exiger la *quarte*, faut-il considérer l'état de sa fortune au moment précis de la mort du prédécédé? Peut-on la refuser à une femme qui, s'étant trouvée pauvre au premier instant de sa viduité, est ensuite devenue riche? Doit-on au contraire la donner à une femme qui jouissoit à la même époque, d'un bien suffisant pour son entretien, & qui ensuite a tout perdu? Dumoulin & Lebrun distinguent le cas où le changement de fortune a suivi de près la mort du prédécédé, de celui où il n'est survenu que long-temps après. Si la femme qui étoit pauvre au moment de la mort, dit le Brun, recueille une ample succession peu de jours après, il ne lui est point dû de *quarte*. Si au contraire paroissant assez bien dans ses affaires lors du décès, elle vient à être ruinée quelque temps après, par un incendie ou par un naufrage, elle peut demander la *quarte*. Que si ces changemens arrivent long-temps après la mort du mari, il faut laisser les choses dans l'état qu'elles sont.

QUARTE FALCIDIE, qu'on appelle aussi *falcidie* simplement, est le quart que les loix romaines autorisent l'héritier testamentaire à retenir sur les legs excessifs.

La loi des douze tables avoit laissé aux testateurs la liberté de léguer de leurs biens autant qu'ils le jugeoient à propos.

Mais comme cette liberté indéfinie parut sujette à plusieurs inconvéniens, elle fut restrainte par plusieurs loix.

D'abord la loi *Furia* défendit de léguer à quelqu'un plus de mille écus d'or, *mille aureos*, à peine de restitution du quadruple contre le légataire qui auroit reçu davantage.

Cette précaution n'étant pas suffisante pour l'héritier, la loi *Voconia* défendit de donner au légataire plus qu'il ne resteroit à l'héritier, & à tous ceux qui étoient compris dans le dénombrement du peuple, d'instituer pour héritier aucune femme ou fille pour plus du quart de leurs biens.

Mais comme il étoit encore facile de frauder cette loi, Caius Falcidius, tribun du peuple du temps du triumvirat d'Auguste, fit une loi qui fut appellée de son nom *Falcidia*, par laquelle tout le patrimoine d'un défunt fut divisé en douze onces ou parties; & il fut défendu à tout testateur de léguer à quelqu'un *ultrà drodantem*, c'est-à-dire, plus de neuf onces, faisant les trois quarts de la succession, soit qu'il n'y eût qu'un héritier, ou qu'il y en eût plusieurs; de manière que le quart des biens demeurât toujours aux héritiers, & que ceux-ci ne fussent tenus d'acquitter les legs que jusqu'à concurrence du surplus.

L'objet de cette loi fut d'empêcher la répudiation des hérédités testamentaires. Un héritier institué, qui voyoit toute la succession absorbée par les legs, se soucioit peu d'accepter un testament qui ne lui assuroit aucun profit, & ne lui donnoit réellement que les fonctions de simple exécuteur. De-là ces renonciations si fréquentes, qui, suivant les principes de l'ancien droit, faisoient crouler toutes les dispositions des testamens, & privoient de tout les légataires que l'on avoit voulu trop avantager. Ainsi la loi *Falcidia* favorisoit à la fois les testateurs, les héritiers & les légataires; les premiers, en ce qu'ils regardoient comme un honneur de laisser après leur mort des héritiers choisis par eux-mêmes; les seconds, en ce que la détraction de la *quarte falcidie* étoit toujours pour eux un gain assuré; les troisièmes, en ce que cette détraction engageoit les héritiers à accepter les testamens, & par conséquent à faire valoir les legs qui y étoient portés. On peut ajouter que la loi *Falcidia* avoit encore pour but l'intérêt du public: car les Romains regardoient l'exécution des testamens comme un objet important à l'état; *publicè expedit suprema hominum judicia exitum habere*, dit la loi 5, D. *testamento quemadmodùm aperiantur.*

Les parties de la France qui sont restées sous l'empire des loix romaines, & que l'on appelle, par cette raison, pays de droit écrit, n'ont pas manqué

manqué de conserver l'usage de la falcidie; mais elle est tout-à-fait inconnue dans les pays coutumiers, comme l'observe Dumoulin sur la coutume de Paris, titre *des fiefs*, §. *15*, *glose 4*, *n. 10*; & Bacquet, *du droit de bâtardise*, *chapitre 5*, *n. 22*.

La *falcidie* se prend sur tous les legs & fidéicommis généraux & particuliers, sur les donations à cause de mort, même sur un legs d'usufruit, & sur les prélegs, dont un testateur gratifie quelquefois un de ses héritiers. La qualité de légataire ne l'en affranchit pas: les legs faits au souverain, au public, aux communautés d'habitans, y sont également sujets. Quoique les legs pieux en soient exempts, suivant la loi *49*, *c. de epis. & cler.* Cette exception n'a plus lieu en France, vis-à-vis les héritiers qui ont droit de légitime. L'ordonnance des testamens de 1735, *art. 78*, veut que toutes ses dispositions soit sur la forme, soit sur le fond des testamens, codicilles & autres actes de dernière volonté, soient exécutées, encore que les dispositions, de quelque espèce qu'elles soient, eussent la cause pie pour objet.

La *falcidie* n'a point lieu dans le legs que fait un testateur à un tiers, de titres, papiers & documens concernant un bien dont celui-ci est propriétaire. La loi 15, C. *ad legem falcidiam*, le décide ainsi, & cela est fondé sur l'équité même; car le retranchement que l'on feroit dans un legs de cette espèce, ne profiteroit aucunement à l'héritier, & ne feroit que nuire au légataire.

Le legs que fait un mari à sa femme de la dot qu'elle lui a apportée & qu'il est obligé de lui restituer; celui que fait un débiteur à son créancier de la chose qu'il lui doit, sont pareillement affranchis de toute détraction, lorsqu'ils ne contiennent rien de plus que ce qui est véritablement dû aux légataires, parce que, dans ce cas, ce ne sont point des libéralités, mais leur propre bien que ceux-ci reçoivent de la main du testateur. Mais si ces sortes de legs procuroient quelque avantage aux créanciers, ils seroient soumis, jusqu'à cette concurrence, au retranchement de la *falcidie*. Le §. 2, de la loi 81, *ff. ad leg. falcid.* exempte encore de la *falcidie* le legs que fait un mari à sa femme des choses qu'il avoit achetées pour son usage: *quæ uxoris causâ emptæ, aut paratæ essent.* Ce texte remarque même que la loi *falcidia* en contenoit une disposition expresse, *nominatim ipsâ falcidiâ lege expressum est.*

L'héritier testamentaire n'est pas le seul qui ait le droit de distraire la *falcidie* des legs qui absorbent la succession; la loi 18 au digeste *ad leg. falc.* tirée d'une constitution de l'empereur Antonin, accorde le même privilège à l'héritier *ab intestat*; & cette disposition a été confirmée par l'ordonnance de 1735, *art. 57 & 58.*

L'héritier qui décède avant d'avoir distrait lui-même la *falcidie*, transmet le droit de le faire à ses héritiers & ayans cause; ensorte que le fisc qui lui succède par droit de déshérence ou de confiscation, use de cette faculté comme l'héritier, & il en est de même de l'acquéreur ou du donataire d'une hérédité; mais l'héritier fidéicommissaire n'a pas le même droit, soit sur les legs dont il est chargé personnellement, soit sur ceux dont le fiduciaire lui a transmis le fardeau, en lui restituant l'hérédité. Les légataires n'ont également aucun droit de détraction sur les arrière-legs dont ils sont chargés.

Suivant le droit des Pandectes, on ne pouvoit pas prohiber à l'héritier la détraction de la *falcidie*, mais cela a été permis par les loix du code, & a été confirmé par l'ordonnance de 1735, *art. 60.* Le testateur peut également prohiber de cumuler la *falcidie*, & la trébellanique, ou l'une de ces deux *quartes* avec la légitime. Mais il faut que ces prohibitions soient expresses, une défense tacite ne suffiroit pas.

L'héritier ne peut retenir la *falcidie* que lorsqu'il a fait un inventaire légitime de la succession du défunt, autrement il est tenu de payer les legs indéfiniment. On prétend néanmoins qu'il s'est introduit un usage contraire en Provence, d'après la disposition d'un édit perpétuel, du 14 décembre 1456; & Denisard rapporte un arrêt du 7 février 1752, qui confirme cette disposition.

Lorsque l'héritier en connoissance de cause, ou par erreur de droit, a payé en entier un ou plusieurs legs, sur lesquels il y avoit lieu à la détraction de la *falcidie*, il n'est pas recevable à répéter contre ceux qui les ont reçus, ce qu'il leur a donné de trop.

L'héritier a différens moyens de parvenir à la distraction de la *falcidie*. Tant qu'il possède les choses qui y sont sujettes, il peut user du droit de rétention jusqu'à due concurrence, si la chose léguée est divisible, & si elle ne l'est pas, il peut la retenir en entier; jusqu'à ce que le légataire lui offre en estimation la partie à laquelle est taxée sa contribution pour la *falcidie*. Si au contraire la chose léguée est en la possession du légataire, il a contre lui une action réelle & personnelle, pour se faire rendre la portion qui lui appartient.

L'héritier n'impute sur la *falcidie*, que ce qu'il a eu du défunt en qualité d'héritier, & non ce qu'il a eu à d'autres titres, comme legs, prélegs ou fidéicommis, pour la portion qu'il en reçoit de ses cohéritiers; car pour celle qu'il prend sur lui-même, il la possède à titre successif, & par conséquent il est tenu d'en faire l'imputation.

Pour régler la détraction de la *falcidie* on forme une masse de tous les biens qu'avoit le testateur au moment de son décès, tout ce qui survient depuis en augmentation, ou en diminution, est pour le profit ou la perte de l'héritier.

Lorsque l'on a déterminé l'état des biens sur lesquels doit se faire la détraction de la *falicidie*, il faut en déduire les dettes du défunt, même celles dont il est redevable à son héritier, la légitime des enfans, les frais funéraires, & les dépenses qu'ont néceſſitées la confection de l'inventaire, l'ouverture & la publication du teſtament, & la vente des effets. Tous ces objets doivent être prélevés avant la *falcidie*, qui a lieu alors, ſi les legs excèdent le quart des biens.

Pour qu'il ne ſe gliſſe dans la fixation des biens du défunt, aucune fraude préjudiciable aux légataires, l'héritier eſt tenu de leur donner communication de tous les titres, papiers & documens de la ſucceſſion, & de faire eſtimer par un arbitre convenu, ou nommé par les juges, les choſes héréditaires. Cette eſtimation ſe fait au prix commun, & ſuivant la valeur ordinaire & intrinſèque, ſans conſidérer ce qu'on appelle communément prix d'affection; en un mot il ne faut avoir égard ni à une cherté, ni à une vilité de prix purement accidentelle & momentanée; mais faire attention à la valeur ordinaire des choſes.

QUARTE TREBELLIANIQUE, eſt la quatrième partie de la ſucceſſion que l'héritier inſtitué a droit de retenir, lorſqu'il eſt grevé de fidéicommis, ſoit pour la totalité, ſoit pour partie de l'hérédité. Elle eſt différente de la *quarte falcidie*, en ce que celle-ci regarde les legs & les fidéicommis particuliers de certaines choſes. Elle tire ſon nom du ſenatus-conſulte Trebellien, donné l'an 814 de Rome, ſous le conſulat de L. Anneus Senèque, & de Trébellius Maximus.

Ce qui y donna lieu, fut que l'hérédité étoit ſouvent abandonnée par l'héritier inſtitué, lorſqu'il voyoit que la ſucceſſion étoit embarraſſée, & qu'il n'y avoit point de profit pour lui. Cette abdication de l'héritier entraînoit l'extinction des fidéicommis.

Il fut pourvu à cet inconvénient d'abord par le S. C. Trébellien, qui ordonna qu'après que la ſucceſſion auroit été reſtituée en vertu d'un fidéicommis, toutes les actions que l'héritier pourroit intenter, ou que l'on pourroit intenter contre lui, paſſeroient à celui ou contre celui, auquel la reſtitution de l'hérédité auroit été faite; mais que ſi l'héritier étoit chargé de rendre moins des trois quarts de la ſucceſſion, les actions ſeroient dirigées tant contre l'héritier grevé, que contre le fidéicommiſſaire, chacun à proportion des leurs émolumens.

On s'apperçut bientôt de l'inſuffiſance de ce réglement, & pour engager l'héritier inſtitué à accepter le teſtament, le ſenatus-conſulte Pégaſien lui donna le droit de retenir le quart: avec cette différence ſeulement, que s'il avoit accepté la ſucceſſion volontairement, on interpoſoit des ſtipulations pour le faire contribuer aux charges à proportion de l'émolument; ſi c'étoit comme contraint, tout le bénéfice & les charges paſſoient au fidéicommiſſaire.

Juſtinien, pour ſimplifier les choſes, donna toute l'autorité au ſenatus-conſulte Trébellien, qu'il amplifia, en ordonnant que l'héritier grevé de fidéicommis, ſoit qu'il eût le quart, plus ou moins, ſuivant le teſtament, auroit toujours le quart, ou ce qui s'en défaudroit, & que les actions des créanciers ſe dirigeroient contre lui & contre le fidéicommiſſaire au prorata de l'émolument.

La *quarte trébellianique* contribue donc aux dettes; mais elle ne contribue pas aux legs & fidéicommis particuliers.

La détraction de cette *quarte* ſe fait ſur le fidéicommis univerſel, & non ſur les legs & fidéi-commis particuliers.

Du reſte la trébellianique ſe retient ſur tous les corps héréditaires, à moins que le teſtateur n'ait aſſigné à l'héritier grevé un corps certain pour ſa trébellianique, ou que cela n'ait été convenu entre l'héritier & le fidéicommiſſaire, auxquels cas il doit ſe contenter de cet effet, pourvu qu'il ſoit ſuffiſant pour le remplir du quart des biens, les dettes payées.

L'héritier ne peut pas retenir la *quarte trébellianique*, ſur ce que le défunt a deſtiné pour être employé ès œuvres pies, ni ſur les choſes qu'il a défendu d'aliéner.

Celui qui a détourné des effets, n'y prend point la *quarte trébellianique*.

Il n'en eſt pas dû non plus à celui qui n'a accepté l'hérédité, que comme contraint, & aux riſques, périls & fortunes du fidéicommiſſaire.

Le défaut d'inventaire n'empêche pas l'héritier de retenir la *quarte trébellianique*.

Il peut la retenir avec la falcidie, & même avec la légitime du droit; mais le teſtateur peut défendre de cumuler ces différens droits, pourvu que la prohibition ſoit expreſſe.

Quoiqu'il y ait pluſieurs degrés de ſubſtitutions établis par le teſtament, la *quarte trébellianique* ne ſe retient qu'une ſeule fois.

Tout ce que l'héritier grevé tient du défunt à titre d'héritier, s'impute ſur la trébellianique.

La *quarte trébellianique* n'a pas lieu dans les pays coutumiers, ſi ce n'eſt dans les coutumes qui deſirent une inſtitution d'héritier pour la validité du teſtament, ou qui ſe réfèrent au droit écrit pour les cas non exprimés. *Voyez* FIDEICOMMIS, HÉRITIER, SUBSTITUTION, TESTAMENT. (*A*)

QUARTELAGE, ſ. m. eſt le nom ſous lequel on trouve déſignée une vexation des ſeigneurs, qui enlevoient aux habitans de leurs domaines, la quatrième partie de ce qu'ils avoient recueilli.

QUARTENIER, ſ. m. (*Police*.) eſt un officier royal & municipal qui eſt prépoſé ſur un des quartiers de la ville de Paris, pour y faire exécuter les ordonnances & mandemens du bureau de la ville, & y exercer certaines fonctions de police.

Le titre de *quartenier* vient de *quartier*, & de ce qu'anciennement la ville de Paris n'étoit diviſée qu'en quatre parties ou quartiers; & néanmoins lorſque le nombre de ces diviſions a été augmenté, on leur a conſervé le nom primitif de *quartier*, & à l'officier prépoſé ſur chaque diviſion, le titre de *quartenier*.

L'établissement des *quarteniers* de la ville de Paris est conforme à l'usage de toutes les nations policées qui ont toujours eu l'attention de diviser ainsi les villes en plusieurs régions ou *quartiers*, & de préposer sur chacun certains officiers pour y maintenir le bon ordre, & y faire exécuter les mandemens du magistrat : tel étoit l'usage des Hébreux, des Grecs & des Romains.

Rome & les autres villes qui en dépendoient, étoient divisées en plusieurs régions; & ceux qui étoient préposés sur chacune de ces divisions s'appelloient *curatores regionum*, *adjutores præfecti urbis*, ce qui revient très-bien aux *quarteniers*, lesquels sont aussi des aides du prévôt des marchands, dont l'office a beaucoup de rapport à celui que les Romains appelloient *préfet de la ville*.

On tient que ce fut du temps des Romains que la ville de Paris commença à être partagée en différentes régions, pour y faciliter l'exercice de la police, & que ce partage fut d'abord fait en quatre parties ou quartiers; telle est l'opinion de l'auteur des annales de Paris, dans le parallele qu'il fait de cette ville avec les plus célèbres villes du monde; c'est aussi le sentiment de Loiseau, en son *traité des Offices, liv. V, ch. vij. des offices des villes*. Ce dernier auteur pense que les diverses régions de Paris sont appellées *quartiers*, soit parce qu'anciennement il n'y en avoit que quatre, ou parce qu'à présent il y en a quatre fois quatre, de même qu'à Rome il n'y eut au commencement que trois tribus, puis trois fois trois; mais la premiere étymologie paroît la meilleure.

En effet, depuis le premier accroissement de la ville de Paris & jusqu'à la nouvelle enceinte qui fut faite sous Philippe-Auguste, toute la ville n'étoit encore divisée qu'en quatre quartiers, dont l'un comprenoit & comprend encore toute l'ancienne cité renfermée dans l'île du palais; les trois autres qui étoient dans la ville au nord de la cité, étoient exactement bornés; c'étoient le quartier de saint Jacques de la Boucherie, celui de la Verrerie, & celui de la Grève; ensorte qu'il ne devoit y avoir alors que quatre *quarteniers*.

Depuis le second accroissement de la ville de Paris, qui fut entrepris par Philippe-Auguste en 1190, & achevé l'an 1211, Paris fut augmenté de quatre nouveaux quartiers; savoir, du côté du nord, ceux de sainte Opportune & de saint Germain de l'Auxerrois; & du côté du midi, les quartiers de saint André & de la place Maubert. Il y a lieu de croire que le nombre des *quarteniers* augmenta comme celui des quartiers; qu'ainsi depuis 1211 ils étoient au nombre de huit.

Paris ayant reçu un troisième accroissement qui fut commencé par Charles V & achevé sous Charles VI en 1383, cette ville se trouva encore augmentée de huit nouveaux quartiers; savoir, ceux de saint Antoine, saint Gervais, sainte Avoie, saint Martin, saint Denis, les halles, saint Eustache & saint Honoré; de sorte que la ville se trouvant par ce moyen divisée en seize quartiers, le nombre des *quarteniers* fut pareillement mis à seize, afin qu'il y en eût toujours un préposé sur chaque quartier.

Ils furent tous supprimés par des lettres-patentes de Charles VI du 27 janvier 1382, portant abolition de la prévôté des marchands de la ville de Paris, & union d'icelle à la prévôté du Châtelet de cette ville. Le roi défend par l'article 4 de ces lettres, que dorénavant il y ait dans cette ville aucuns *quarteniers*, cinquanteniers, ou dizainiers, établis pour la défense de cette ville ou autrement; & il déclare qu'en cas de besoin ou nécessité, par la puissance de ses ennemis ou autrement, il y pourvoira & fera garder ladite ville & les bourgeois de toute oppression, de telle manière qu'aucuns inconvéniens ou dommages ne pourront s'ensuivre, ou à aucun des bourgeois.

Ce changement fut occasionné par la faction du duc de Bourgogne; en 1388, la prévôté des marchands fut séparée de la prévôté de Paris; mais on ne voit pas que les *quarteniers* aient été dès-lors rétablis; ils ne le furent, à ce qu'il paroît, qu'en 1411, suivant des lettres de Charles VI du 20 avril de ladite année, dans lesquelles le roi dit que pour la garde & sûreté de sa bonne ville de Paris, & pour aucunes nouvelles qui étoient survenues, il avoit par délibération du conseil, ordonné que l'on feroit guet & garde de jour aux portes de la ville de Paris, & de nuit dans les rues de ladite ville; & qu'afin que cela fût plus diligemment exécuté & avec un meilleur ordre, il avoit établi pour cet effet des *quarteniers* & cinquanteniers, pour ordonner ledit guet.

Pendant les guerres civiles, sous le règne de Charles VI, la nuit du 28 au 29 mai 1418, Perrinet le Clerc, fils d'un *quartenier* de la ville, prit sous le chevet du lit de son père les clefs de la porte de Bussy, & l'ouvrit aux troupes du duc de Bourgogne. Ces troupes, auxquelles se joignit la plus vile populace, pillèrent, tuèrent, ou emprisonnèrent tous ceux qui étoient opposés à la faction de ce prince, & qu'on appelloit *Armagnacs*. Le 12 juin le carnage recommença avec encore plus d'horreur; la populace courut aux prisons, & se les fit ouvrir; les plus notables bourgeois, deux archevêques, six évêques, plusieurs présidens, conseillers & maître des requêtes, furent assommés ou précipités du haut des tours de la conciergerie & du grand châtelet; on les recevoit en bas sur la pointe des piques & des épées; le corps du connétable Bernard d'Armagnac, & du chancelier Henry de Marle, après avoir été traînés dans les rues, furent jettés à la voirie.

Depuis le rétablissement des *quarteniers*, il arriva en 1642 un changement dans la division des quartiers de Paris; celui de saint André qui étoit devenu très-considérable, fut divisé en deux, & l'on en détacha un nouveau quartier qui fut celui du fauxbourg saint Germain; ce qui forma un dix-septième quartier, du moins à l'égard des commissaires du châtelet; mais la division des quartiers demeura toujours la même par rapport aux *quarteniers*.

Quant à la place de *quarteniers*, ce n'étoient jusqu'alors que des commissions à vie, auxquelles le bureau de la ville nommoit sous le bon plaisir du roi, & suivant l'élection qui étoit faite du nouveau *quartenier* par les cinquanteniers & dizainiers de son quartier, & par deux notables bourgeois de chaque dizaine, qui étoient élus entre ceux que chaque dizainier avoit mandés pour cet effet.

Ceux qui vouloient se démettre de cette place, ne pouvoient le faire qu'en personne & entre les mains du prévôt des marchands & échevins, de même que plusieurs autres officiers de police dépendans du bureau de la ville.

Louis XIII ayant reconnu les inconvéniens qu'il y avoit pour ces officiers d'être obligés de se transporter ainsi en personne au bureau de la ville pour y faire leurs résignations entre les mains des prévôt des marchands & échevins, par un édit du mois de février 1623, les dispensa de faire ces résignations en personne dans l'hôtel-de-ville, & leur permit de les faire devant des notaires ou tabellions, ainsi qu'il se pratique pour les autres officiers, en payant par eux par chacun an une somme modérée aux prévôt des marchands & échevins pour cette dispense.

Mais l'exécution de cet édit fut différée; & par un autre du mois d'octobre 1633, le roi ordonna que, conformément au précédent édit, tous ces officiers pourroient résigner leurs *offices* pardevant notaires ou tabellions, sans être tenus de faire, si bon ne leur sembloit, leurs résignations en personne à l'hôtel-de-ville, en payant par eux, pour une fois seulement, pour cette dispense, la finance qui seroit taxée au conseil, & encore à l'avenir par chacun an en l'hôtel-de-ville, ès mains du receveur d'icelle, une redevance annuelle, telle qu'elle seroit arbitrée, pour dédommager lesdits prévôts des marchands & échevins, procureur & greffier de la ville, de la faculté qu'ils avoient de pourvoir à ces offices, vacation arrivant d'iceux, que le tiers de cette redevance seroit employé par les prévôt des marchands & échevins, au paiement des rentes dues par la ville, & autres nécessités d'icelle, & que les deux autres tiers leur appartiendroient comme droits & émolumens de leurs charges.

Les *quarteniers* ayant été nommés dans cet édit de 1633 cumulativement avec plusieurs autres officiers de police, que cet édit concernoit aussi, se firent admettre au paiement de la finance qui avoit été réglée, & de la redevance annuelle. Ils prétendirent en conséquence que leurs places avoient été créées en titre d'office par cet édit du mois d'octobre 1633, & qu'ils les possédoient en titre de propriété; ces prétendus offices entrèrent même dans le commerce.

Mais le roi ayant été informé de cette nouveauté, par arrêt de son conseil du 11 juillet 1679, en interprétant l'édit de 1633, déclara que le procureur de la ville, le receveur & le greffier, les conseillers de ville, les *quarteniers*, & quelques autres qui sont dénommés dans cet arrêt, n'avoient point été créés & érigés en titre d'office par l'édit de 1633; que les quittances de finances, provisions & installations faites à l'hôtel-de-ville en vertu de cet édit, étoient nulles, ainsi que tous actes & ordonnances donnés par les prévôt des marchands & échevins à quelques-uns de ces officiers, pour être reçus au droit annuel de l'hôtel-de-ville. Sa majesté fit défenses aux prévôt des marchands & échevins d'admettre à l'avenir aucunes résignations faites en leur faveur par les conseillers & *quarteniers*, & autres officiers dénommés dans cet arrêt, ni de procéder à l'élection des offices de cette qualité, que huitaine après le décès des officiers, ordonnant qu'avant leur installation, les prévôt des marchands & échevins présenteroient à sa majesté les actes de l'élection, pour agréer celui qui auroit été élu, si tel étoit le plaisir de sa majesté.

Depuis, sur les remontrances des prévôt des marchands & échevins, conseillers de ville, *quarteniers* & autres officiers, le roi par l'édit du mois de juillet 1681, registré au parlement le 15 du même mois, & à la cour des aides le 29, créa en titre d'offices formés, entre autres vingt-six conseillers du roi en l'hôtel-de-ville, dont dix seroient possédés par des officiers des cours & compagnies & par des secrétaires du roi du grand collège, & seize par des notables bourgeois & marchands de la ville de Paris. Il créa aussi en titre d'office les seize *quarteniers*, auxquels il attribua le titre de ses conseillers; ensorte que présentement ces offices sont tout-à-la-fois offices royaux & municipaux.

Ces offices furent créés aux mêmes honneurs, autorités, pouvoirs, fonctions, prérogatives, prééminences, droits & privilèges dont les possesseurs de ces charges avoient joui jusqu'alors.

Le roi admit à ces offices, ceux qui en faisoient alors l'exercice, auxquels il fut expédié pour cette première fois seulement des provisions scellées du grand sceau, en payant aux parties casuelles du roi, la finance qui avoit été taxée, & il fut ordonné qu'ils les feroient enregistrer au greffe de l'hôtel-de-ville, sans qu'ils fussent tenus de prêter un nouveau serment.

Il leur fut permis de résigner leurs offices devant notaires, à personnes capables, sans que les résignataires fussent tenus de prendre des provisions du roi, mais seulement d'observer le même ordre qui s'étoit pratiqué jusqu'alors, c'est-à-dire que les résignations sont admises par sentence du bureau de la ville, où le nouveau pourvu prête serment entre les mains du prévôt des marchands. Suivant l'édit de 1681, les *quarteniers* sont tenus de payer chacun annuellement au receveur du domaine de la ville, pour forme de droit annuel, & pour la faculté de résigner leurs offices, les sommes pour lesquelles ils seroient compris dans l'état que le roi en feroit mettre au greffe de la ville.

Par édit du mois de décembre 1701, le roi créa plusieurs offices de ville, entre autres quatre nouveaux offices de conseillers du roi *quarteniers* ; ces quatre offices furent levés aux parties casuelles du roi par divers particuliers.

Le 14 janvier 1702, le roi rendit en son conseil un arrêt, portant une nouvelle division de la ville de Paris en vingt quartiers, dans chacun desquels les commissaires au châtelet seroient distribués; il ordonna aussi que pareille distribution seroit faite des vingt *quarteniers* dans les mêmes quartiers par les prévôt des marchands & échevins, pour y faire leurs fonctions, à l'effet de quoi toutes lettres-patentes seroient expédiées.

Cette nouvelle division de la ville de Paris en vingt quartiers, fut confirmée à l'égard des commissaires au châtelet, par une déclaration du 12 décembre 1702; on a même depuis ajouté un vingt-unième quartier.

Mais ces changemens n'étant relatifs qu'aux commissaires du châtelet, les *quarteniers* qui s'en étoient toujours tenus à l'ancienne division de la ville en seize quartiers, obtinrent du roi le 3 février 1703, la réunion à leur compagnie des quatre nouveaux offices de *quarteniers*, à la charge de rembourser ceux qui en étoient pourvus.

Le roi leur permit néanmoins de les désunir, & d'en disposer au profit de personnes capables, qui seroient pourvues sur leur nomination par les prévôt des marchands & échevins, même d'en faire pourvoir quatre d'entre eux qui en pourroient jouir & faire les fonctions sans incompatibilité avec leurs autres offices, & sans qu'il fût besoin d'obtenir du roi de nouvelles provisions; mais les *quarteniers* ont laissé ces offices réunis à leur compagnie, au moyen de quoi il n'y a toujours que seize *quarteniers* en titre, qui ont chacun leur quartier, suivant l'ancienne division.

Ces seize quartiers, suivant l'ordre du département, qui est renouvellée dans le courant du mois de septembre de chaque année, sont ceux de l'hôtel-de-ville, de la place royale, du Marais, de saint Martin, de saint Denis, des saints Innocens, des halles, de saint Eustache, du palais royal, du Louvre, de saint Germain-des-prés, du Luxembourg, de Sorbonne, de sainte Geneviève, de l'île Notre-Dame & de la cité.

Il y a pour chaque quartier un *quartenier*, qui a sous lui quatre cinquanteniers & seize dizainiers.

Les *quarteniers* ne sont point obligés de demeurer dans le quartier qui leur est distribué. L'ancienneté qu'ils acquièrent dans leur compagnie, ne leur donne pas non plus le droit de changer de quartier, & si par une prédilection pour un quartier plutôt que pour un autre, ils en vouloient changer, ils ne le pourroient faire que de gré à gré, & en vertu d'une sentence du bureau de la ville, qui autoriseroit l'accord qu'ils auroient fait entre eux à ce sujet.

Les *quarteniers*, suivant leur première institution, étoient plutôt officiers d'épée que de robbe: car quoiqu'ils aient toujours eu certaines fonctions de police, ils étoient anciennement chacun les capitaines, ou plutôt les colonels de leur quartier, dont ils commandoient la milice bourgeoise dans le temps que les Parisiens étoient armés, & qu'ils se gardoient eux-mêmes.

Les lettres de Charles VI des 27 janvier 1382, & 20 avril 1411, justifient que leur principale fonction étoit de commander dans leur quartier, qu'ils étoient établis pour la garde, sûreté & défense de la ville, & pour faire faire guet & garde aux portes & sur les murs de la ville.

L'ancienne formule du serment qu'ils prêtoient à leur réception, étoit de bien & loyalement exercer l'état & charge de *quartenier*, d'obéir aux commandemens des prévôt des marchands & échevins, présens & à venir, de mettre à exécution promptement, les mandemens qui leur seront envoyés par eux; de faire bon guet & garde aux portes & sur les murs de la ville, toutes les fois que besoin seroit, & que s'ils savoient chose qui fût contre & au préjudice du roi, de la ville, de la chose publique, ils en viendront incontinent avertir le prévôt des marchands ou échevins, ou le procureur du roi de la ville.

Ils avoient chacun spécialement la garde d'une des portes de la ville; mais il n'y a pas toujours eu autant de portes que de *quarteniers*, le nombre des portes ayant varié selon les temps. Ils ont encore actuellement chacun inspection sur une des portes ou entrées de la ville; mais plusieurs de ces portes se trouvent abattues, comme les portes saint Honoré & de la Conférence; ceux qui ont dans leur département une porte encore existante, disposent du logement qui se trouve au-dedans de cette porte: ce logement, dans l'origine, étant destiné pour loger le portier, qui, sous les ordres du *quartenier*, avoit soin d'ouvrir & fermer les portes.

Les cinquanteniers commandoient sous leurs ordres à cinquante hommes de milice bourgeoise, & les dizainiers à dix hommes; de sorte que chaque *quartenier* ayant sous lui anciennement deux cinquanteniers, & dix dizainiers, il en résulte que le *quartenier* étoit le capitaine d'une compagnie de cent hommes. Présentement ils ont sous eux quatre cinquanteniers & seize dizainiers.

Les lettres-patentes de Louis XIII du mois de février 1618, portant confirmation des privilèges des *quarteniers*, font mention que c'est en considération des recommandables services rendus par leurs prédécesseurs à l'état & à la couronne, sous le règne des rois Jean & Charles VII & par les impétrans au feu roi Henri IV & au roi Louis XIII lui-même, durant les derniers mouvemens qu'il y avoit eu à Paris; & pour leur donner moyen de continuer ces services à l'avenir, avec autant de soin, vigilance & travail de jour & de nuit, qu'ils avoient fait par le passé, dont Louis XIII témoigne qu'il est grandement satisfait.

Il y eut seulement un temps où les *quarteniers* légitimement pourvus par la ville, furent troublés dans leurs fonctions. Ce fut pendant le temps funeste de la ligue, où les capitaines des quartiers furent nommés par une faction qui se forma à Paris en 1589, & que l'on nomma les *seize*. Les principaux de cette faction étoient au nombre de quarante; ce fut un bourgeois de Paris nommé la Roche-le-blond, qui commença cette ligue particulière, pour s'opposer aux desseins du roi Henri III, lequel favorisoit, dit-on, les Huguenots, & pour empêcher que le roi de Navarre ne succédât à la couronne de France.

La Roche-le-blond eut d'abord une conférence secrette avec deux curés de Paris, & un chanoine de Soissons qui prêchoit à Paris; peu de jours après ces quatre personnes en attirèrent huit autres dans leur parti; ces douze séditieux furent les fondateurs de la ligue particulière de Paris : elle fut bientôt augmentée de nouveaux confédérés, gens d'église, de palais & de boutique, dont les principaux, au nombre de quarante, formèrent entre eux un conseil pour délibérer sur les affaires publiques.

Ce conseil, pour garder quelque ordre dans cette conspiration, choisit seize des séditieux, auxquels il distribua les seize quartiers de la ville de Paris, afin d'observer ce qui s'y feroit, & d'y exécuter les ordres du conseil; c'est de-là que cette faction fut nommée *les seize*, ou *le conseil de seize*.

Cette faction se joignit à la grande ligue commencée à Péronne. Cependant elle eut aussi ses intérêts particuliers, & les seize ne secondèrent pas toujours les intentions du duc de Guise, ni celles du duc de Mayenne, auquel ils préférèrent le roi d'Espagne.

On sait toutes les insolences & les désordres que commirent à Paris les seize, avec quelle audace Bussy-le-Clerc, l'un d'eux, conduisit le parlement prisonnier à la Bastille, & comment les seize firent périr ignominieusement le docte président Brisson, & deux conseillers qui s'opposoient à leurs desseins.

Mais autant cette faction fut aimée du duc de Guise, autant elle fut haïe du duc de Mayenne, son frère, qui fut après lui le chef de la ligue; il en condamna lui-même neuf à mort en 1591, dont quatre furent pris & exécutés; les cinq autres, du nombre desquels étoit Bussy-le-Clerc se sauvèrent: le duc de Mayenne envoya une abolition au parlement pour les autres coupables : il défendit toutes assemblées privées, sous peine de la vie & du rasement des maisons où elles se feroient; c'est ainsi que cette faction des seize fut déshonorée & ruinée par le duc de Mayenne.

Les *quarteniers* légitimement pourvus, étant par ce moyen rentrés dans leurs fonctions, rendirent, comme on l'a déjà observé, des services essentiels au roi Henri IV & ensuite au roi Louis XIII, outre ceux dont il fait mention dans les lettres de 1618. On voit qu'ils furent encore employés pour son service en 1636, suivant un ordre qu'il envoya le 6 août aux prévôt des marchands & échevins, portant, que comme il ne pouvoit fournir à ce qui étoit nécessaire pour l'équipage & attirail de son artillerie, ou pour monter sa cavalerie, s'il n'étoit secouru & assisté de ses bons sujets dans une si pressante nécessité, il ordonnoit aux prévôt des marchands & échevins de Paris, de députer aucuns des *quarteniers*, colonels & capitaines, en chacun des quartiers, pour faire la levée des chevaux dont sa majesté avoit besoin; savoir, un cheval de chaque personne ayant carrosse, avec lequel on enverroit un laquais ou cocher pour en avoir soin, *&c.*

Les lettres-patentes du mois de mars 1663, obtenues par les cinquanteniers & dizainiers, pour l'autorisation de leurs statuts, portent entre autres choses, que quiconque prétendra à la charge de cinquanteniers & dizainiers de Paris, sera tenu de certifier au *quartenier* de son quartier, par les cinquanteniers & dizainiers, ou autres bourgeois du même quartier, ses bonnes vie, mœurs, religion catholique, apostolique & romaine, & de son affection pour le service du roi.

Le *quartenier* doit présenter aux prévôt des marchands & échevins le nouveau cinquantenier ou dizainier, lequel doit faire serment d'obéir aux mandemens du prévôt des marchands & échevins, & de son *quartenier*, & de garder exactement en tout l'ordre qu'ils lui auront prescrit.

Les cinquanteniers & dizainiers doivent exécuter en personne les mandemens des prévôt des marchands & échevins & de leurs *quarteniers*, sinon en cas d'excuse légitime, & pour lors ils y peuvent commettre des personnes dont ils répondent, mais il faut qu'elles soient agréées par les *quarteniers*.

Les statuts portent encore, qu'afin que la tranquillité de la ville soit religieusement gardée, les cinquanteniers & dizainiers iront aux maisons des *quarteniers* prendre les clefs des portes de la ville en temps de guerre, pour les ouvrir & les fermer lorsque les capitaines de leurs dizaines iront en garde, *&c.*

Il est dit aussi qu'ils feront les rôles des personnes résidantes dans leurs dizaines, par noms, surnoms, & qualités, pour les délivrer aux *quarteniers* selon l'ordre que l'on leur pourra enjoindre, & sans qu'ils puissent donner copie de ces rôles à qui que ce soit que par l'ordre des *quarteniers*.

Que pour maintenir le repos de la ville ils veilferont inceſſamment que l'on ne faſſe aucunes aſſemblées générales ou particulières, ni qu'il y ait amas de gens de guerre qui puiſſent tendre à ſédition, dont en ce cas ils feront leurs procès-verbaux qu'ils porteront aux *quarteniers* pour y être pourvu par les prévôt des marchands & échevins.

Ils doivent prendre garde que les rues ſoient bien garnies de chaînes de fer avec leurs rouets & autres fermetures néceſſaires pour les ſoutenir, à les faire tendre dans les déſordres, tumultes, & ſéditions lorſqu'ils en reçoivent l'ordre de la part des prévôt des marchands & échevins ou des *quarteniers.*

Pour faire que la milice ſoit exactement obſervée parmi les bourgeois, il eſt dit qu'ils porteront aux *quarteniers* les rôles des colonels, capitaines, lieutenans, enſeignes, & autres officiers qui décéderont dans leurs dizaines, ou qui changeront de demeure, afin que ſur le rapport que les *quarteniers* en feront aux prévôt des marchands & échevins, il ſoit procédé à la nomination de nouveaux officiers, *&c.*

Ils ſont tenus d'avertir les bourgeois de prêter leurs ſecours lorſque le feu prend dans quelque maiſon, & de faire fournir les ſeaux, crocs & outils qui ſont tant à l'hôtel-de-ville que chez les *quarteniers*, *&c.*

Ils délivrent aux *quarteniers* des certificats de ceux qui deſirent obtenir droit & lettres de bourgeoiſie, comme ils contribuent aux charges ordinaires de la ville, & ſont actuellement réſidans dans l'étendue de leurs dizaines, & ſur le certificat du dizainier, le *quartenier* donne le ſien, par lequel il certifie à meſſieurs de la cour des aides & à tous qu'il appartiendra, qu'un tel eſt demeurant depuis tant de temps à Paris dans une telle rue, en une telle maiſon, ſiſe dans l'étendue de ſon quartier, & en la dizaine du ſieur tel.... en laquelle celui auquel il donne ce certificat contribue à toutes les charges de ville pour la police, comme boues, pauvres, & lanternes, ainſi que font les autres bourgeois de Paris.

Les cinquanteniers & dizainiers peuvent réſigner leurs offices en appellant leur *quartenier*, & les réſignataires ſont préſentés par le *quartenier* aux prévôt des marchands & échevins, pour être admis en la manière accoutumée.

Telles ſont les diſpoſitions de ces ſtatuts des cinquanteniers & dizainiers qui ont rapport aux *quarteniers.*

On a vu ci-devant que les *quarteniers* étoient comme les capitaines ou colonels de leurs quartiers; mais il paroît que dès avant 1663, les prévôt des marchands & échevins commettoient dans chaque quartier des capitaines & autres officiers pour commander la milice bourgeoiſe ſous les ordres des *quarteniers* du bureau de la ville.

Louis XIV ayant, par édit du mois de mars 1694, créé dans toutes les villes des colonels, majors, capitaines, lieutenans & enſeignes des bourgeois, il en excepta la ville de Paris, dans laquelle il maintint les capitaines & autres officiers nommés & établis ſous les ordres des prévôt des marchands & échevins dans toutes leurs fonctions, droits & privilèges; mais comme ils y étoient tous les jours troublés ſous prétexte qu'ils n'exerçoient qu'en vertu de ſimples commiſſions des prévôt des marchands & échevins, Louis XIV, par édit du mois de ſeptembre 1703, regiſtré au parlement le 3 octobre ſuivant, révoqua toutes les commiſſions qui pouvoient avoir été accordées, ſoit par les gouverneurs de Paris, ou par les prévôt des marchands & échevins, des capitaines, majors, lieutenans & enſeignes de bourgeoiſie, & il créa en même temps en titre d'office formé en chacun des ſeize quartiers de Paris, un lieutenant-colonel, un major, un capitaine, un lieutenant, & un enſeigne pour chacune des 133 compagnies de milice bourgeoiſe, qui étoient alors établies à Paris.

Il ordonna que du nombre de huit bourgeois & notables habitans que chaque *quartenier* choiſit tous les ans dans ſon quartier pour l'élection des échevins, il en ſeroit pris deux dans le nombre des officiers créés par cet édit pour donner leur voix au ſcrutin, pour l'élection de deux échevins entrans, à peine de nullité de l'élection... & qu'aucun bourgeois de Paris ne pourroit poſſéder aucun office de conſeiller de ville, *quartenier*, dizainier, ni cinquantenier, qu'il n'eût poſſédé, ſavoir, le conſeiller ou *quartenier*, l'une des charges de lieutenans-colonels, majors ou capitaines, & les dizainiers & cinquanteniers l'un deſdits offices, ou ceux de lieutenans ou enſeignes.

Ces officiers de milice, à leur réception, ſont conduits chez M. le prévôt des marchands par le *quartenier* auquel ils ſont ſubordonnés, conjointement avec les autres officiers de la même compagnie, & préſentés au bureau de la ville, après en avoir donné avis au colonel, s'il y en a un, qui peut le préſenter lui-même conjointement avec le *quartenier.*

Un des plus beaux droits des *quarteniers* eſt d'avoir part à l'élection des prévôt des marchands & échevins; on trouve des preuves qu'ils jouiſſoient de ce droit dès l'an 1438, ainſi qu'il paroît par un procès-verbal du 23 juillet de ladite année, qui eſt rapporté à la fin du recueil des ordonnances de la ville, édition de 1644.

Pour cet effet chaque *quartenier*, après avoir reçu un mandement du bureau de la ville, pour faire aſſembler les officiers de ville & bourgeois au ſujet de cette élection, va lui-même en manteau & en rabat, inviter des notables bourgeois de ſon quartier, de tout état, tant officiers du roi & de milice, qu'anciens échevins, eccléſiaſtiques, magiſtrats, & autres gens de robe, gentilshommes, marchands non méchaniques, demeurant dans l'enceinte de la ville & non dans les fauxbourgs, de ſe trouver en ſon hôtel au jour & heure qu'il leur indique, qui est ordinairement le 14 du mois d'août, sur les quatre heures de relevée, pour entendre la lecture d'un mandement à lui envoyé par la ville au sujet de l'élection des nouveaux prévôt des marchands & échevins au lieu & place de ceux qui ont fait leur temps. Anciennement on mandoit six notables; depuis, le nombre en fut fixé à huit, présentement le *quartenier* n'en mande ordinairement que quatre. Quand il ne trouve pas les notables chez eux, il laisse pour eux une lettre ou billet qui les instruit du sujet de sa visite.

Il envoie aussi à chacun de ses cinquanteniers un mandement, à l'effet par eux de faire avertir les dizainiers étant sous leur charge, de se rendre avec eux en l'hôtel du *quartenier*, au jour & heure par lui indiqués.

Lorsque la compagnie est assemblée chez le *quartenier*, il fait donner un fauteuil à celui qu'il a destiné pour présider à ladite assemblée, il le fait placer au bout du bureau & lui donne la droite; il fait ensuite placer les autres mandés, puis leur fait la lecture du mandement; & le serment étant pris par le président de l'assemblée, chacun des mandés donne sa voix.

Le *quartenier* dresse du tout son procès-verbal, & marque les noms des quatre d'entre les mandés qui ont eu le plus de voix; il enjoint à ceux-ci de se trouver en leur maison le 16 du mois jusqu'après 11 heures du matin; que deux d'entre eux seront mandés en l'hôtel-de-ville pour procéder à l'élection des nouveaux prévôt des marchands & échevins; le *quartenier* signe ce procès-verbal avec ses mandés & en remet un double signé de lui au bureau de la ville.

Le jour de l'élection venu, & tous ceux qui doivent y avoir part étant assemblés, les *quarteniers* sont appellés par le greffier de la ville, chacun en leur rang, avec leurs deux mandés appellés pour l'élection; ils les conduisent vers les scrutateurs, entre les mains du premier desquels ils prêtent tous trois serment, & donnent leur bulletin pour l'élection.

Les *quarteniers* ont eux-mêmes l'avantage de parvenir à l'échevinage.

On ne connoît ceux qui ont rempli les places de *quarteniers* que depuis l'an 1500, suivant l'armorial que la ville a fait faire en 1729, où Jean Croquet est le premier qui soit marqué; il étoit *quartenier* en 1500, & fut échevin en 1502, & remis en 1510. On voit parmi ceux qui suivent, qu'il y en eut nommés échevins dans chacune des années 1504, 1506, 1507, 1509, 1510, 1512, 1514, 1516, 1518; & que Jean Bazanier, qui avoit été élu en 1514, fut remis en 1520.

Dans le rôle des prévôt des marchands & échevins qui est à la fin du recueil des ordonnances de la ville, édition de 1644, on trouve que le 16 août 1525, il fut élu trois nouveaux échevins, dont le dernier devoit achever seulement le temps d'un qui étoit décédé. Sire Jean Turquant, *quartenier* & bourgeois de Paris, est nommé le second entre les trois qui furent élus; c'est le premier de cette liste qui soit désigné avec la qualité de *quartenier*.

Dans toute la suite de cette liste, les *quarteniers* qui n'avoient point d'autre qualité, ou qui y joignoient seulement celle de bourgeois de Paris, sont qualifiés de ce titre, *sire* tel, comme on qualifie encore les consuls; ceux qui avoient quelque autre fonction publique, sont qualifiés *maîtres*.

Au surplus, on remarque encore dans cette même liste, qui va jusqu'en 1643, que les *quarteniers* qui furent élus échevins, furent nommés, tantôt premier échevin & tantôt le second: il s'en trouve de nommés de deux années l'une, & quelquefois il y a eu de plus long intervalle; en 1525, sire Jean Turquant, *quartenier*, bourgeois de Paris, est élu second échevin: en 1528, sire Claude Maciot, premier échevin; en 1532, sire Jean Barthelemi second; en 1534, Me Guillaume Quinette, receveur des généraux des aides sur le fait de la justice, premier échevin.

En 1538, on prit pour échevins deux *quarteniers*, sire Jean Croquet & Guillaume Danes.

En 1540 & en 1542, deux *quarteniers* furent élus seconds échevins; en 1546 le *quartenier* fut le premier, en 1548 il fut le second, en 1552 il fut le premier.

Mais depuis long-temps il est d'usage d'élire alternativement un conseiller de ville & un *quartenier*; & ces officiers sont toujours premiers échevins.

Par un édit du mois de mai 1554, il fut ordonné qu'un *quartenier* qui voudroit accepter l'échevinage, seroit tenu de se démettre de l'état de *quartenier*, sans pouvoir même ensuite reprendre ledit état; mais présentement l'office de *quartenier* n'est plus incompatible avec la fonction d'échevin.

Les *quarteniers* ont une chambre en l'hôtel-de-ville où ils s'assemblent pour leurs affaires particulières.

Ils s'assemblent aussi avec les conseillers de ville pour les affaires qui sont communes aux deux compagnies.

Enfin ils sont du corps de ville, & en cette qualité ils sont appellés aux assemblées générales qui sont convoquées par le bureau de la ville.

Ils sont aussi propriétaires en corps de plusieurs autres offices qui ont été unis à leurs offices de *quarteniers*, savoir:

1°. De l'office de conseiller-lieutenant du prévôt des marchands, lequel leur appartient & aux conseillers de ville. Cet office fut créé une première fois par édit du mois de mai 1690, & uni par édit du mois d'août suivant au corps des conseillers *quarteniers*, moyennant finance, & les fonctions de cet office étoient faites, conformément

ment à cet édit, par l'un des conseillers & *quarteniers* qui en étoient pourvus, & étoient reçus audit office au bureau de la ville, alternativement chaque année; il fut de nouveau créé par édit du mois de mai 1702; mais par une déclaration du 10 juillet 1703, ce nouvel office fut éteint & supprimé, & le roi ordonna que celui qui avoit été créé en 1690, & qui avoit été uni au corps des conseillers & *quarteniers*, continueroit d'être par eux exercé, comme ils avoient fait jusqu'alors, & il les maintint dans les droits de cet office. Présentement c'est le premier échevin qui fait la fonction de lieutenant.

2°. Ils sont aussi propriétaires conjointement avec les conseillers de ville des quatre offices de conseillers de ville intendans & commissaires des fontaines, regards, aqueducs & conduites publiques dépendantes de la ville de Paris, créés au lieu des conseillers de ville, qui en faisoient auparavant les fonctions; de l'office de conseiller du roi syndic général des communautés d'officiers dépendant de l'hôtel-de-ville, & de l'office de conseiller du roi trésorier des deniers destinés à l'entretenement des hôtels des deux compagnies de mousquetaires du roi. Ces différens offices furent créés par l'édit du mois de novembre 1706; mais par un autre édit du mois de décembre 1707, ils furent réunis au corps des conseillers & *quarteniers*, pour en faire par eux les fonctions; savoir, que deux offices de commissaires-intendans des fontaines, seroient exercés par les conseillers de ville, & deux par les *quarteniers* alternativement les uns après les autres, l'office de trésorier par les *quarteniers* aussi alternativement, & celui de syndic en vertu de commission des prévôt des marchands & échevins sur la présentation qui leur en sera faire par les conseillers & *quarteniers*.

Outre ces fonctions, les *quarteniers* en ont encore d'autres, & notamment quelques-unes qui ont rapport à la police.

Lors de l'établissement du grand bureau des pauvres, c'étoient quatre conseillers au parlement & quatre *quarteniers* qui en avoient la direction & administration.

Ils ont chacun sous l'entrée de leur maison vingt-quatre seaux de ville, & des crocs pour les incendies, de l'usage desquels ils ordonnent en cas de besoin, ainsi qu'il est dit dans une ordonnance du prévôt des marchands du 31 juillet 1681.

Ils sont obligés, de même que les cinquanteniers & dizainiers, dès qu'un crime est commis, & qu'il est venu à leur connoissance, d'en avertir le commissaire du quartier.

En temps de peste ils doivent veiller pour empêcher les progrès de la contagion; le réglement fait le 13 septembre 1533 par la chambre ordonnée par le roi François I, au temps des vacations, concernant la police de la ville & fauxbourgs de Paris, pour obvier aux dangers de la peste, *art. 18*, enjoint aux *quarteniers*, dizainiers & cinquanteniers de donner aux commissaires renfort & aide, & de les avertir des transgressions & fautes qui viendront à leur connoissance; afin que les *quarteniers* & autres soient plus enclins à faire les dénonciations, la chambre ordonne qu'ils auront le tiers des amendes qui pour ce seront adjugées.

L'*art. 33* du même réglement enjoint par provision à tous ceux qui connoîtront quelqu'un entaché ou soupçonné de peste, de le révéler incontinent au *quartenier*, cinquantenier ou dizainier, sans aucune personne excuser ni exempter, fussent-ce mari, femme, serviteurs, maîtres ou maîtresses, pour en avertir le commissaire du quartier, pour y pourvoir selon l'ordonnance, auxquels la chambre enjoint d'y pourvoir incontinent & sans délai, sur peine de privation de leurs offices & amende arbitraire.

Suivant une ordonnance de François I du mois de novembre 1539, pour tenir la ville de Paris nette & bien pavée, il est enjoint aux *quarteniers*, dizainiers & cinquanteniers de répondre de ceux de leur quartier qui auront fait quelque contravention au contenu de ce réglement, à peine de suspension de leurs fonctions pendant un an pour la première fois, & pendant trois ans pour la seconde, & pour la troisième, d'être privés & déclarés inhabiles à posséder tous autres états & offices.

Il est encore enjoint expressément aux *quarteniers*, par cette ordonnance, de donner avis au commissaire du quartier des maisons qui n'ont point de fosses ou retraits, & de veiller que personne ne nourrisse aucuns cochons, oisons, lapins, pigeons & autres volailles.

Enfin la même ordonnance enjoint très-étroitement aux commissaires de faire observer ce réglement en général, & aux *quarteniers*, dizainiers & cinquanteniers d'y vaquer & entendre, & de donner confort & aide aux commissaires, de leur révéler les transgressions & fautes; & afin de rendre ces officiers plus soigneux, le roi leur a accordé le quart des amendes qui seront adjugées.

Dans le temps de trouble, & lorsqu'il y a dans la ville des personnes suspectes, ils doivent concourir avec les commissaires à faire les recherches nécessaires; c'est ainsi que par arrêt du parlement du 6 septembre 1567, c'étoit le temps des troubles causés par les religionnaires, la cour enjoignit aux commissaires du châtelet, *quarteniers*, dizainiers & cinquanteniers de Paris de faire les recherches accoutumées, ordonnées, & d'y procéder en toute diligence, donnant aide & confort les uns aux autres, selon l'exigence des cas, & que la nécessité le requerroit.

Lorsque la capitation fut établie pour la première fois en 1695, il fut ordonné par un arrêt du conseil du 27 février de ladite année, que les propriétaires qui habitoient leurs maisons à Paris, ou les principaux locataires, donneroient aux *quarteniers* qui en feroient la visite, une déclaration de toutes les personnes qui habitoient dans lesdites maisons, de leur état & qualité, à peine de répondre de la taxe des personnes omises, & du double de la taxe à laquelle ils seroient sujets contre ceux qui déguiseroient leurs qualités.

Par des lettres-patentes du 23 mars suivant, données sur un arrêt du conseil du 12 du même mois, il fut ordonné que les *quarteniers* de la ville de Paris feroient chacun, dans l'étendue de son quartier, la recette & recouvrement en détail des taxes de la capitation générale faite sur les bourgeois & autres habitans de ladite ville, ils furent dispensés par ces mêmes lettres de donner caution & de compter à la chambre des comptes, il fut seulement ordonné qu'ils compteroient au bureau de la ville; mais la capitation ayant été supprimée après la paix de Riswick, & ensuite remise par l'édit du 12 mars 1701, les *quarteniers* n'ont plus été chargés de la recette.

Le roi, ayant par déclaration du 3 décembre 1743, ordonné le rachat de la taxe des boues & lanternes, les *quarteniers* furent appellés avec les commissaires pour donner leur avis sur l'imposition de la taxe ou rachat sur chaque maison; & à cette occasion ils assemblèrent chacun dans leur hôtel les principaux propriétaires des maisons de leur quartier, pour entendre leurs observations sur la répartition de la taxe sur chaque maison.

Enfin les conseillers de ville assistent au nombre de quatre, & les *quarteniers* au nombre de deux, aux assemblées qui se font pour le tirage des loteries royales. C'est ainsi que cela fut réglé par un arrêt du conseil d'état du 6 décembre 1718, à l'occasion de la loterie qui avoit été établie en 1717, pour le remboursement des billets de l'état, le roi ayant ordonné que cette loterie seroit tirée chaque mois en présence du prévôt des marchands & échevins, & de six conseillers de ville, sans aucune désignation précise des *quarteniers*; sa majesté déclara que son intention n'avoit point été de les exclure de ces assemblées; & pour ne pas diminuer leurs droits, sans néanmoins augmenter le nombre des personnes en présence desquelles la loterie devoit se tirer, le roi ordonna qu'au lieu de six conseillers de ville, il n'y en auroit que quatre, & qu'il y auroit deux *quarteniers*, ce qui a depuis toujours été observé de même au tirage des autres loteries royales.

Les *quarteniers* jouissent encore de plusieurs autres droits, privilèges, franchises & exemptions; ils ont entre autres droits celui de *committimus*, aux requêtes de l'hôtel & du palais à Paris, suivant un arrêt du conseil du 19 février 1688, & lettres-patentes sur icelui.

Ils ont aussi droit de franc-salé.

Ils sont exempts du logement des gens de guerre, suivant une déclaration du 15 mars 1655, qui leur accorde cette exemption dans leurs maisons sises tant dans la ville & fauxbourgs de Paris, que dans toute l'étendue du royaume.

Enfin ils participent en général à tous les droits & exemptions qui ont été accordés au corps des officiers de la ville de Paris.

Indépendamment des différens édits, déclarations, lettres-patentes & arrêts qui ont confirmé les privilèges de tous les officiers qui composent le corps-de-ville en général, les privilèges des *quarteniers* ont été confirmés en particulier par un édit du mois de janvier 1505, par des lettres-patentes du mois de mai 1567, par d'autres lettres du mois de juillet 1607, & encore d'autres lettres du mois de février 1618, une déclaration du 15 janvier 1655, un édit du mois de mars 1669, un arrêt du conseil du 10 juillet 1707.

Il faut encore remarquer que les *quarteniers* ont la nomination de trois lits à l'hôtel-dieu de Paris; comme il résulte de trois délibérations du bureau de cet hôtel-dieu, en date des 9 juin 1708, 3 juillet 1726, & 3 juin 1747, par lesquelles, en considération de ce que M. le prévôt des marchands & échevins ont donné & concédé audit hôtel-dieu deux pouces d'eau, & aussi de ce que les conseillers de ville & *quarteniers* ont remis en faveur des pauvres, les droits qui leur étoient dus pour cette concession, le bureau de l'hôtel-dieu leur a accordé neuf lits à perpétuité dans les salles de l'hôtel-dieu, pour coucher un malade seul dans chaque lit, la nomination de trois desquels appartiendra à messieurs du bureau de la ville, trois autres à la compagnie des conseillers de ville, & les trois autres à celle des *quarteniers*, à condition qu'ils nommeront des malades de la qualité requise à l'hôtel-dieu. (*A*)

QUARTENIER, (*Droit féodal.*) dom Carpentier dit dans son *Glossaire françois*, que c'est ce qui est dû à raison du droit appellé *quarte*. Cet auteur renvoie en preuve au mot *quartenerœ partes* du *Glossaire* de Ducange. Mais on ne voit sous ce mot qu'une chartre de l'an 1300, où Jean Doublie reconnoît devoir à l'abbaye de saint Vandrille trois boisseaux *quarteniers* de froment, avec deux chapons de rente; & une autre chartre en latin de l'an 1236, où il est dit que le même abbé est chargé d'acquitter un particulier de deux parts quartenières (*de duabus partibus quarteneris*), deux gélines & un tournois.

On voit que ces *quarteniers* ne peuvent guère s'appliquer à la prestation du droit de quarte, qui est une espèce de dîme & de terrage. *Voyez* le même Ducange au mot *Quarta 6.* Aussi dom Carpentier dit-il encore, dans son *Glossarium novum*, que ces mots *quartenerœ partes* désignent ce que l'on paie pour le droit de quartage; mais cette explication ne paroît guère mieux justifiée que la précédente, puisque le droit de quartage est aussi un droit de terrage ou de complant au quatre, comme on peut encore le voir dans Ducange.

A l'occasion de ce droit de quartage, & de celui de quartelage, dont on a omis de parler plus haut, j'observerai que Laurière a confondu ces deux droits dans ce qu'il dit de ce dernier en son

Glossaire du droit françois. Le quartelage dont parle l'ancienne coûtume de Troy en Berry, est une simple rente en grains & en argent, & rien n'annonce qu'elle provienne d'un droit de terrage; rien ne prouve non plus que ce droit soit une usurpation des seigneurs, comme Laurière le prétend, d'après ce que Ducange dit, avec tout aussi peu de fondement, du droit de quartage.

La chartre du monastère de Nanteuil, que Laurière invoque pour cette opinion, contient bien un réglement sur des exactions que faisoient les receveurs du droit de quartelage, indépendamment de la levée de ce droit; mais elle ne contient ni réglement, ni plaintes sur le droit de quartelage.

Laurière paroît aussi se fonder sur ce que dit la coutume de Troye, que le seigneur a droit de carrelage par ladite coutume & droit prescrit de temps immémorial; mais cette expression si fréquente dans nos anciennes coutumes, n'indique point une usurpation, ni une prescription, mais seulement une possession dont on ne connoît pas l'origine à cause de son extrême ancienneté; on l'applique souvent aux droits les plus légitimes.

Ducange cite bien une autre chartre de l'an 1319, où Guillaume le Maire, évêque d'Angers, se plaint de ce qu'on avoit voulu assujettir les biens de son église au quartage; mais c'est-là sans doute une de ces réclamations que le clergé n'a cessé de faire, pour conserver sa franchise prétendue.

Sans doute on a trop fait d'usurpations sur le peuple; mais il ne faut pas en imputer sans preuve aux seigneurs; le quartage & le quartelage peuvent avoir une origine tout aussi légitime que nos rentes foncières. (*G. D. C.*)

QUARTERE & QUINTÈRE, (*Droit féodal.*) dom Carpentier & les additionnaires de Ducange, disent qu'on appelloit ainsi des terres dont on rendoit la quatrième ou la cinquième partie des fruits. Ils se fondent pour cela sur une chartre de l'an 1293 de l'abbaye de Noaillé, qui se trouve au *tom. 3 manuscrit des Antiquités Poitevines* du père Etiennot, *p. 946;* ils ajoutent qu'on appelle aussi *quinteria* en Espagne, un héritage qui paie le cinquième des fruits au seigneur.

Covarruvias enseigne à-peu-près la même chose dans son *Trésor de la Langue castillane;* & le *Dictionnaire de l'Académie espagnole* ne paroît pas s'éloigner de son interprétation dans ce qu'elle dit aux mots *Quinta* & *Quinteria*. (*G. D. C.*)

QUARTERON, (*Droit féodal.*) c'est le labourage, ou, comme le dit la coutume de Poitou, *la gaignerie* d'un bœuf, qui forme la moitié d'une borderie, ou le *quart* d'une masure. Une chartre donnée par Charles-le-Chauve, le 14 des calendes de février 854, aux religieux de saint Philbert de Noirmoustier, se sert du mot latin *quarta* dans le même sens. Voyez *l'Histoire des comtes de Poitou, par Besly, p. 8 & 170.*

On a aussi dit *quarteron*, pour désigner une mesure de vin, & une mesure de terre, qui forme le quart d'un arpent, comme on peut le voir dans les additionnaires de Ducange aux mots *Quarteria*, & *Quartonus 4*, & dans le *Glossaire françois* de dom Carpentier; mais on ne doit pas confondre ce quartier avec le *quarteron*, dont parle la coutume de Poitou, comme l'a fait dom Carpentier.

Au reste on voit dans l'art. 37 de la coutume de Bordeaux, qu'on appelle aussi *quarterons* ou *carterons* en Guienne les quatre termes ou les quartiers d'un loyer de maison. (*G. D. C.*)

QUART-HOMMAGE, QUARTE-FOI, *ou* QUARTE-MUTATION, on appelle ainsi dans la coutume de Poitou l'avantage qui a lieu, en faveur de l'aîné ou de l'aînée, dans les fiefs d'une succession roturière, lorsque ces fiefs sont parvenus à la quatrième mutation à titre successif. Le terme employé par la coutume, est *quarte-mutation*; mais celui de *quart-hommage* est plus usité dans la province. Le mot de *quarte-mutation* présente effectivement quelque ambiguité, en paroissant exclure l'acquéreur du nombre de quatre possesseurs, exigés par la coutume.

On a douté autrefois si le droit de *quart-hommage* ne devoit pas aussi avoir lieu dans l'Angoumois, la Saintonge & l'Aunis, dont les usages sur les fiefs ont beaucoup de rapport avec ceux du Poitou. Il paroît même qu'on trouve des exemples de *quart-hommage*, dans les anciens partages des fiefs de ces provinces; mais comme leurs coutumes n'ont aucune disposition à ce sujet, il n'est pas douteux aujourd'hui que le *quart-hommage* n'y est pas admis.

On voit combien le droit de *quart-hommage* a de rapport avec celui de tierce-foi, qui subsiste dans les coutumes d'Anjou, du Maine, de Touraine, de Loudunois & dans quelques autres. On renverra par cette raison au mot TIERCE-FOI, les questions qui sont communes aux droits de *quart-hommage* & de *tierce-foi*, & l'on se contentera d'exposer ici ce que la coutume de Poitou a de particulier à ce sujet.

Ces particularités peuvent se rapporter à trois chefs: qui sont, 1°. les successions où le *quart-hommage* peut avoir lieu: 2°. les biens qui sont sujets à ce droit: 3°. la manière dont les domaines nobles tombent en *quart-hommage*.

§. I. *Des successions où le quart-hommage peut avoir lieu.* La coutume de Poitou, comme plusieurs coutumes voisines, règle le partage des biens nobles sur la qualité de la succession. Les successions nobles se partagent avec avantage pour l'aîné; les roturières se partagent également.

Mais comme la possession des fiefs annoblissoit autrefois, lorsqu'elle étoit continuée pendant un certain nombre de générations, ils se partageoient noblement, quand ils y étoient parvenus. On peut voir des preuves de ce fait au mot TIERCE-FOI.

Quoique la possession des fiefs n'annoblisse plus aujourd'hui, quel que soit le temps durant lequel elle se perpétue dans la même famille, la coutume de Poitou a conservé l'usage de partager noblement les fiefs qui se trouvoient à la quatrième mutation dans une succession roturière. C'est ce que dit l'*art. 280*, qui contient les principes du droit de *quart-hommage*: « entre roturiers, soit en meubles ou héritages & aussi entre les nobles, au » regard des héritages roturiers, n'y a aucune » différence, soit en succession directe ou colla- » térale, soient fils ou filles : car tous succèdent » par tête, *excepté que si aucun héritage noble ou no- » blement tenu, avoit été trois fois hommagé & seroit » venu à la quarte-mutation, par droit de succession, » la foi de l'acquéreur comptée, ledit héritage se di- » visera comme entre nobles* ».

Il résulte de-là qu'il ne peut y avoir lieu au droit de *quart-hommage*, qu'autant qu'il s'agit d'une succession entre roturiers. Les domaines nobles se partagent noblement, dans les successions entre nobles, quel que soit le nombre de mutations par lesquelles ils ont passé.

Mais que doit-on entendre par ces mots *entre nobles ?* Faut-il que ce soit le défunt ou ses héritiers qui soient nobles, pour que le partage noble ait lieu indistinctement & indépendamment du nombre des mutations ? Il n'est pas douteux que c'est la noblesse du défunt & non pas celle de ses héritiers, que la coutume considère pour régler la forme du partage.

Cette règle se trouve dans l'*art. 286* de la coutume, & elle est confirmée par l'exception même que la fin de cet article y apporte : « Si aucun ro- » turier, y est-il dit, prend femme noble, & » si le noble prend femme roturière, les enfans » succéderont à celui qui sera noble & parti- » ront la succession venant de son branchage, » comme nobles ; & aux successions venant du » branchage roturier, succéderont & partiront » comme roturiers, encore que la chose fût noble : » *& quant aux acquêts & meubles d'entre eux, si le » père est noble, ils succéderont comme nobles, & s'il » est roturier, succéderont comme roturiers*, encore que » la femme fût noble ».

Il est évident ici, que si les conquêts faits par un père noble, marié avec une roturière, ne se partagent pas roturièrement pour la portion qui appartient à la femme ou à ses héritiers, c'est afin de ne pas faire le partage de ces biens de deux manières, & de prévenir les difficultés qui pourroient se présenter à cet égard, en conséquence des opérations qui peuvent se faire après la dissolution de la communauté, ou même parce que les conquêts sont censés provenir entièrement du père en sa qualité de chef de la communauté : tout le surplus de l'article établit bien clairement que le partage noble ou roturier suit la personne de celui dont la succession est ouverte ; & ces mots même *si le père est noble*, prouvent que la forme du partage des conquêts dérive aussi du même principe.

Comme l'*art. 286* ne fait mention que des successions en ligne directe, les commentateurs ont conclu que ce qu'il disoit du partage de la succession d'une femme noble, mariée à un roturier, contenoit un privilège particulier, en faveur des *enfans*, & qu'en général, suivant l'*art. 289*, le partage noble, hors le cas du *quart-hommage*, ne pouvoit avoir lieu qu'autant que les héritiers & la personne, à qui l'on succède, sont également nobles ; mais on peut raisonnablement douter que ce soit là le sens de la coutume. L'*art. 289* ne dit point ce qu'on lui fait dire, il décide seulement que l'aîné prend le préciput *entre nobles, au regard des choses nobles, tant en succession directe que collatérale* : ces derniers mots, *tant en succession directe que collatérale*, annoncent au contraire que la coutume règle les successions collatérales, sur le même pied que les successions directes.

L'*art. 280*, qui parle du *quart-hommage*, dit plus positivement encore la même chose, comme on vient de le voir ; « *entre roturiers*, soit en meubles » ou héritages, & aussi entre nobles, au regard » des héritages roturiers, il n'y a aucune diffé- » rence, *soit en succession directe ou collatérale* ; soient » fils ou filles ; excepté que si aucun héritage noble » ou noblement tenu, avoit été trois fois hom- » magé, & seroit venu à la *quarte-mutation*, par » droit de succession, la foi de l'acquéreur com- » prise, ledit héritage se divisera comme entre » nobles ». On voit que c'est toujours une seule & même règle pour les successions directes & collatérales. Ces mots *entre roturiers* doivent donc uniquement s'entendre de la succession d'un roturier, même en ligne collatérale, parce qu'ils ne peuvent pas s'entendre autrement en ligne directe.

§. II. *Des biens qui sont sujets au droit de quart-hommage.* L'aîné ne peut avoir le droit de *quart-hommage* que sur les biens qui se partageroient noblement, dès la première mutation, dans la succession d'un noble : ce sont, dit l'*art. 280*, *les héritages nobles, ou noblement tenus.*

L'art. 99 explique ce que l'on doit entendre par-là. On doit, dit-il, réputer nobles, les domaines qui *sont tenus par hommage lige, ou plain, en parage, ou part-prenant, ou part-mettant, ou en gariment, ou autres devoirs nobles selon la coutume & usage des lieux où ils sont assis.*

L'*art. 106.* met dans la même classe les *autres devoirs nobles abonnés sans foi & hommage.*

Il n'y a donc pas de difficulté dans la coutume de Poitou, à assujettir au *quart-hommage*, les domaines dont la foi a été abonnée pour un devoir annuel, lorsqu'ils sont venus à la quatrième mutation, quoiqu'on n'en ait pas fait & qu'on n'en ait pas dû faire hommage.

§. III. *De la manière dont les domaines nobles tombent en quart-hommage.* L'*art. 280* de la coutume de Poitou s'explique d'une manière si claire à cet égard, qu'il ne peut plus guère subsister de difficulté sur ce point, « & est entendu, y est-il dit, la chose » être venue en *quarte-mutation*, comme si auc n

» roturier acquiert aucune chose, l'hommage qu'il » en fait est compté pour la première mutation, » & l'hommage qu'en fait son fils ou héritier, est » compté pour la seconde, & l'hommage qu'en fait » son neveu en droite ligne (c'est-à-dire son » petit-fils) ou autre son héritier, est compté » pour la tierce, & après la mort dudit neveu ou » autre son héritier, les enfans d'icelui, s'il n'a- » voit neveu ou autres héritiers, qui doivent » faire pour la *quarte-mutation*, foi & hommage, » se départira comme noble; & le pareil doit » être gardé en succession collatérale; mais en » ce ne sont comptées les mutations qui vien- » nent par la mort ou mutation du seigneur, » duquel la chose est tenue par hommage, ou au- » trement noblement; car il pourroit avenir qu'un » roturier en feroit en son temps l'hommage trois » fois ou plus à son seigneur ».

La coutume de Poitou met néanmoins une exception importante aux règles générales de cette matière. Lorsque le domaine noble n'est pas tenu à foi & hommage, *mais à aucun devoir noble, ou en gariment, ou en parage*, ce n'est pas sur les mutations du possesseur du domaine qu'on doit se régler pour compter les mutations, mais sur celles du chemier, ou de celui qui garantit le possesseur sous son hommage.

C'est la disposition des articles 281, 282 & 283. L'art. 281, dit qu'il faut que le chemier soit *mort ou changé par trois fois*.

L'art. 283 ajoute, « que pour départir ledit hé- » ritage noble, & noblement tenu, comme dit » est, il suffit qu'il soit venu à la *quarte-mutation* » du chemier, dont l'acquéreur soit compté le » premier, & ceux qui le veulent diviser soient » comptés pour la *quarte-foi* ».

Cette expression de l'article 281, *mort ou changé*, prouve qu'il est indifférent que la mutation du chemier soit arrivée par mort ou par aliénation; Constant, Lelet & Boucheul décident néanmoins le contraire: ils prétendent que la particule *ou*, forme ici une copulative & non pas une alternative & une disjonctive. Constant l'a même ainsi jugé avec plusieurs autres arbitres, dans une affaire qui leur avoit été renvoyée par arrêt, *d'autant*, dit-il, *qu'on n'avoit pu comprendre en la cour cette difficulté de notre coutume.* Il ajoute que, si le chemier, après trois mutations, aliénoit sa portion à un tiers, il faudroit recommencer les mutations en la personne de l'acquéreur, nouveau chemier.

Il est certain au contraire que l'aliénation de la portion du chemier faisant cesser le parage, chaque portion précédemment tenue en parage forme un fief distinct. Il semble donc qu'on a droit de conclure qu'après cette aliénation, ce sont les mutations qui arrivent du chef des possesseurs des portions ci-devant tenues en parage, qu'on doit considérer pour savoir s'il y a lieu au *quart-hommage* à l'avenir. Constant lui-même & Liége paroissent adopter cette distinction dans ce qu'ils disent sur l'art. 107 de la coutume, quoiqu'il faille avouer que ce dernier auteur s'est expliqué là-dessus avec beaucoup d'obscurité.

Enfin Constant, Filleau & Boucheul, reconnoissent encore ailleurs que les aliénations du chemier ne préjudicient point aux parageurs ou aux part-prenans pour le droit de *quart-hommage*, puisqu'ils disent que ces aliénations ne changeroient pas la nature du partage noble qui se feroit entre eux, si dès auparavant la portion du chemier étoit parvenue à la quatrième mutation. (M. GARRAN DE COULON.)

QUARTIER, (*Droit féodal.*) c'est, dit Fabert, sur la coutume de Lorraine, *tit. 6*, §. *97*, « une » maison ou héritages donnés à cens ou rente » par le seigneur en laquelle autre que celui qui » réside à la maison ne peut prendre portion, parce » qu'ils ne se peuvent démembrer ni aliéner à » autre qu'au sujet, ni délaisser à autre qu'aux en- » fans: & se doivent bien entretenir & payer le » cens, à peine de confiscation. Tout ceci se » voit aux titres de Rion-au-bois, le Peyrées, » & autres ».

Fabert ajoute avec raison, qu'on trouve des exemples de cette espèce de tenure, qui approche beaucoup de la main-morte, dans les auteurs qui ont écrit sur d'autres coutumes, & que suivant Basmaison, sur celle d'Auvergne, le seigneur qui rentre dans ce domaine, n'est tenu d'aucunes charges, ni hypothèque. (*G. D. C.*)

QUARTOIER, (*Droit féodal.*) dom Carpentier dit que c'est un droit seigneurial, provenant de la mesure appellée *quarte*. Cet auteur cite à ce sujet, une chartre de Louis, comte de Nivernois, de 1312, où il est dit: « *Item*, le *quartoïer* prisié » huit sols neuf deniers tournois chascun an de » rente ». Mais il se peut que ce mot lui-même, n'indique là qu'une mesure de grains. (*G. D. C.*)

QUARTOYEMENT. *Voyez* TIERCOYEMENT.

QUASI-CONTRAT. *Voyez* CONTRAT (*quasi.*)

QUASI-DÉLIT, s. m. (*Cod. criminel. Police.*) on appelle *quasi-délit*, tout acte qui cause quelque préjudice à une personne, qui cependant n'a pas été commis par dol ou méchanceté, mais seulement par une imprudence qu'on ne doit pas excuser, & qui approche du véritable délit.

Justinien dans ses institutes, *liv. 4*, *tit. 5*, rapporte quatre espèces de *quasi-délit*. Le premier exemple est d'un juge qui a rendu un jugement injuste, sans aucune prévarication, mais par ignorance. Il n'a, dit-il, ni commis un délit, ni enfreint un contrat, cependant il est censé coupable; il l'est par son ignorance seule; c'est un *quasi-délit*, & il doit supporter une peine telle que le juge l'arbitrera dans sa conscience.

Nous devons remarquer sur ce premier exemple, que le *quasi-délit* suppose une faute réelle, mais légère. Un juge est coupable d'ignorer ou de violer la loi; car en se chargeant de cette fonction, il a promis les qualités nécessaires pour la bien remplir, comme le dit fort bien un ancien jurisconsulte : *Eo ipso quòd acceptat officium, videtur se asserere sufficientem & peritum.* Mais il ne faut pas entendre par *imprudence* dans le juge, une inhabilité absolue; car alors sa faute seroit plus qu'un *quasi-délit;* il suffit qu'il se soit écarté de ces règles, dont le bon sens ordinaire doit garantir un magistrat.

Le second exemple d'un *quasi-délit*, est celui des accidens qui arrivent par une chose jettée d'une maison, ou suspendue dans un passage public; celui-là, dit Justinien, est aussi obligé par un *quasi-délit*, de la maison duquel on a jetté ou répandu quelque chose, & cela, soit que la maison lui appartienne, soit qu'il l'ait à loyer, ou sans loyer. Il n'est point en cela coupable d'un délit proprement dit, car le plus souvent il n'est en ce cas garant que de la faute d'un autre, c'est-à-dire, de ses enfans ou de ses esclaves. Il en est de même de celui qui a mis ou suspendu quelque chose au-dessus d'un lieu de passage, laquelle venant à tomber, peut nuire à quelqu'un, & cette imprudence est punie par une amende de dix écus d'or. Quand quelque chose a été ainsi jettée ou répandue, on a une action pour réclamer le double du dommage. Si un homme libre a été tué par un tel accident, l'amende est de cinquante écus d'or : si la personne n'en meurt pas, si elle est seulement blessée, elle a une action pour obtenir ce que le juge arbitrera; & le juge doit avoir égard, dans cette appréciation, aux honoraires des médecins, à toutes les dépenses d'un malade & à toutes les pertes que pourra souffrir cette personne en conséquence de sa maladie.

Dans ce second exemple, il y a une imprudence caractérisée. Qui ne peut concevoir en effet qu'une chose jettée ou suspendue dans un lieu fréquenté, peut causer une foule d'accidens ? Il y a donc une faute réelle; mais il est bien étrange que la peine de cette faute soit fixée dans deux cas, & arbitraire dans un autre. Il y a ici un délit de police; car ce fait, trop à craindre, est ordinairement défendu par des loix positives : la peine de ce délit de police peut être fixée, & doit l'être. Mais comment déterminer la réparation des pertes qui peuvent être occasionnées par cet accident ? Y a-t-il une valeur commune pour les diverses choses ou pour les diverses personnes ? Comment la loi avoit-elle pu évaluer la destruction d'une chose quelconque à dix écus d'or, & la mort d'un homme libre, quoi qu'il fût à cinquante écus d'or ? On croit lire une disposition des codes des nations barbares, qui avoient un tarif pour tous les crimes. Cependant la même loi qui vient de statuer sur la valeur de la vie d'un homme libre, se sent impuissante pour apprécier les dommages-intérêts d'un homme blessé : cette loi présente donc une contradiction, après une mauvaise disposition.

Nous n'avons pas adopté cette loi; les dommages-intérêts, dans ces cas, sont incertains & dépendent des circonstances. L'amende pour la contravention aux réglemens de police est souvent arbitraire aussi; & c'est un mal, car elle peut très-bien être fixée.

Le troisième exemple d'un *quasi-délit* est relatif aux fils de famille qui vivent séparés de leur père, telle en est l'espèce : si un fils de famille habite sa maison particulière, & si quelque chose, capable de causer un accident ou un malheur, est jettée de cette maison, ou y a été suspendue; le jurisconsulte Julien a décidé qu'on n'avoit aucune action contre le père, & qu'on ne pouvoit se pourvoir que contre le fils. Il faut dire la même chose du fils de famille, qui, dans la fonction de juge, a mérité de répondre de son jugement.

En France, tant en pays coutumier qu'en pays de droit écrit, le père n'est pas tenu des délits ni des *quasi-délits* de son fils. Il faut s'adresser au fils & le faire condamner : & la condamnation ne peut être exécutoire que sur les biens du fils. On ne peut s'adresser au père, en pays coutumier, que pour lui faire rendre compte de ce qu'il pourroit devoir à son fils, comme détenteur des biens de la mère défunte, ou à quelque autre titre; mais en pays de droit écrit, le père peut être poursuivi en conséquence de la condamnation portée contre le fils, pour les biens profectices & pour l'usufruit des adventices. C'est ce que remarque Ferrière sur cet article des *Institutes*, *tom. 5, pag. 365* de la nouvelle traduction des *Institutes*.

Le quatrième exemple d'un *quasi-délit* concerne les maîtres des lieux où l'on reçoit en garde des effets appartenans à des étrangers.

Celui qui fait valoir pour son intérêt un vaisseau, ou qui tient une hôtellerie, est obligé par un *quasi-délit* à la réparation du dommage ou du larcin qui est fait, quoiqu'il n'en soit pas coupable, mais seulement quelqu'un employé par lui sur le vaisseau ou dans l'hôtellerie; il en est tenu par un *quasi-délit*, parce que cette action ne provient ni d'un délit ni d'un contrat, & parce qu'il est en quelque façon coupable de se servir de serviteurs infidèles. Cette action que l'on a contre lui s'appelle *actio in factum;* elle se transmet à l'héritier, mais elle ne passe pas contre l'héritier, de celui qui en est tenu.

C'est un principe généralement reçu en France, tant en pays coutumier qu'en pays de droit écrit, que les maîtres des navires, cabarets ou hôtelleries, sont responsables des faits de tous ceux qu'ils emploient pour le service de leur navire ou de leur hôtellerie, & de ceux de toutes les personnes qu'ils y reçoivent : ils doivent s'imputer de ne pas connoître les personnes qu'ils admettent à leur service ou qu'ils consentent à recevoir, & de n'avoir pas pris d'assez bonnes précautions contre leurs mauvais desseins. Mais notre jurisprudence est à cet égard différente en plusieurs points de celle des Romains.

1°. Les maîtres des navires ne sont pas condamnés, parmi nous, au double de l'estimation des hardes ou marchandises; comme ils l'étoient chez les Romains; ils sont condamnés uniquement au dédommagement de la personne volée, c'est-à-dire, à la restitution de la chose, ou au paiement de sa valeur.

2°. L'action qui peut être intentée en ce cas contre les maîtres des navires ou hôtelleries, n'est point pénale parmi nous; elle ne tend qu'à l'effet civil d'obtenir la réparation de la perte; & non-seulement elle passe aux héritiers de la personne volée, mais encore elle a lieu contre les héritiers du maître du navire ou de l'hôtellerie.

Observons bien à quoi s'étend la garantie légale des maîtres de navires & d'hôtelleries: elle n'a lieu que pour les personnes logées chez eux ou employées à leur service. Ils ne sont pas responsables des cas fortuits ou des faits des passans. *Non tenetur de casibus fortuitis, nec tenetur viatorum mores cognoscere.* Ainsi, si une troupe de voleurs venoit fondre sur une hôtellerie, le maître ne pourroit être condamné à indemniser les voyageurs logés chez lui, de rien de ce qui leur auroit été enlevé. On a jugé plusieurs fois que tous les vols faits avec effraction par des gens du dehors, n'étoient pas à la charge du maître.

Domat a consacré un long chapitre de ses loix civiles, à la matière des *quasi-délits*; il y a combiné toutes les décisions des loix romaines, relatives à ces objets dans quatre sections.

La première traite de ce qui est jetté d'une maison, ou de ce qui peut tomber & causer du dommage. Elle a rapport au second exemple proposé dans les institutes. Il observe qu'il faut ici distinguer deux sortes de peines; l'amende qui naît de la contravention aux loix de la police; & la réparation due à celui qui a souffert un dommage.

Il décide un cas fort embarrassant, qui peut souvent se rencontrer dans cette matière: si plusieurs personnes, dit-il, habitent le même lieu, d'où quelque chose a été jettée ou répandue, chacun sera tenu solidairement de tout le dommage, si ce n'est qu'on puisse connoître qui l'a causé ou des maîtres ou des personnes dont chacun doit répondre. Mais si l'habitation est séparée, chacun sera tenu de ce qui sera jetté des lieux qu'il occupe.

La seconde section traite du dommage causé par des animaux; la troisième du dommage qui peut arriver de la chûte d'un bâtiment, ou par les constructions & démolitions. Nous en avons traité sous le mot ACCIDENS. La dernière traite de toutes les espèces de dommages causés par des fautes sans crime ni délit.

Toutes les pertes & tous les dommages qui peuvent arriver par le fait de quelque personne, soit imprudence, légéreté ou ignorance de ce qu'on doit savoir, doivent être réparées par celui dont la faute, quelle qu'elle soit, y a donné lieu. On ne regarde pas ici à l'intention, mais à la réalité de la perte. Ainsi celui qui, en s'amusant à quelque jeu dans un lieu public, viendroit à blesser un passant, seroit tenu de pourvoir à la guérison du blessé, & de le dédommager de tout le préjudice que le blessé auroit reçu de cet accident.

L'inexactitude à remplir un engagement est aussi une faute qui peut donner occasion à des dommages-intérêts. Ainsi un vendeur qui est en retard de délivrer ce qu'il a vendu, un dépositaire qui diffère de remettre un dépôt, un héritier qui retient une chose léguée, & tous ceux qui, ayant en leur possession une chose qu'ils doivent délivrer, refusent ou diffèrent, sont tenus non-seulement des dommages intérêts que leur retard aura pu occasionner, mais de la valeur même de la chose, si elle périt: cet événement auroit pu ne pas arriver, si la chose avoit été entre les mains du maître, soit que le changement du lieu ait suffi pour la garantir de l'accident, soit qu'elle eût été déjà vendue ou employée à quelque usage qui l'auroit consommée utilement pour le maître.

S'il arrive quelque dommage par une suite imprévue d'un fait innocent, sans qu'on puisse imputer de faute à l'auteur de ce fait, il ne sera pas tenu de cette suite; car cet événement aura quelque autre cause qui s'est jointe à ce fait, soit l'imprudence de celui qui aura souffert le dommage, soit quelque cas fortuit; & c'est ou à cette imprudence ou à ce cas fortuit que le dommage doit être imputé: tel seroit, par exemple, celui qui va traverser un jeu de mail public pendant qu'on y joue; le fait innocent de celui qui a poussé la boule, ne le rend pas responsable d'un événement qui n'a d'autre cause que l'imprudence de celui qui en est la victime s'il savoit qu'il y avoit là un jeu de mail, ou un cas fortuit si ce fait lui étoit inconnu.

Ceux qui font quelques ouvrages ou quelques travaux d'où il peut suivre quelque dommage, en seront tenus, s'ils n'ont usé des précautions nécessaires pour le prévenir. Ainsi les maçons & les charpentiers, & les autres ouvriers, qui, dans leur travail, peuvent mettre la vie des citoyens en danger, doivent avertir ceux-ci de s'écarter du lieu de leur travail, à peine de répondre de tout ce qui en peut arriver.

Il faut mettre au nombre des dommages causés par des fautes, ceux qui arrivent par l'ignorance des choses que l'on doit savoir. Ainsi, lorsqu'un artisan, pour ne pas savoir ce qui est de sa profession, fait une faute qui cause quelque dommage, il en sera tenu.

Comme les incendies n'arrivent presque jamais que par quelque imprudence, ceux qui sont convaincus de cette imprudence sont exposés à des dommages-intérêts.

Il arrive quelquefois qu'un fait volontaire produit un dommage, sans que l'auteur de ce fait puisse en être responsable. Ainsi, par exemple, si un coup de vent jette un vaisseau sur les cordes des ancres d'un autre vaisseau, & que le maître du vaisseau jetté par le vent ne puisse se dégager sans couper ces cordes, il ne sera pas tenu de ce dommage, qu'un cas fortuit a rendu nécessaire. C'est ici un exemple & une décision formelle dans la loi 29, *ff. ad leg. Aquil.* Il en est de même de ceux qui, dans un incendie, abattent une maison pour arrêter le progrès des flammes; ils ne doivent pas de dommages-intérêts pour la destruction de cette maison.

Ceux qui pouvoient empêcher un dommage & qui ne le font pas, peuvent, dans quelques circonstances, être condamnés à le réparer : ce principe a lieu sur-tout lorsque ces personnes avoient une sorte de mission pour prévenir ou arrêter un pareil dommage. Par exemple, un maître qui voit & qui souffre un dommage causé par son domestique, s'en rend responsable.

C'est une question de savoir ce que l'on doit décider dans un cas où le dommage est arrivé par un cas fortuit, mais où le cas fortuit a été précédé de quelque fait qui a pu donner lieu au cas fortuit; tout dépend du plus ou du moins de liaison entre le fait & entre le dommage. Expliquons-nous par un exemple. Un tuteur ou un autre administrateur a reçu une somme d'argent pour celui dont les affaires sont entre ses mains; il pouvoit faire un emploi utile de cet argent, soit en faisant une acquisition, soit en payant des dettes; mais il conserve cet argent. « L'argent est à la fin enlevé par » des voleurs. On demande si cet administrateur » est tenu de rembourser cet argent ». Il doit en être tenu, s'il ne peut alléguer aucune raison suffisante qui l'ait déterminé à garder cet argent; mais la grande difficulté sera de savoir qu'est-ce qui peut être réputé ici une raison suffisante : il nous semble que tout motif qui peut rendre la conduite de cet administrateur excusable, doit être admis; & cela dépend trop des circonstances pour recevoir une règle fixe & déterminée.

Si le cas fortuit est une suite d'un fait illicite, & qu'il en arrive quelque dommage, l'auteur de ce fait illicite en sera tenu. Ainsi, par exemple, si un créancier se met en possession sans autorité de justice & sans le consentement du débiteur, d'un meuble ou d'un immeuble de ce débiteur, & que ce meuble ou cet immeuble vienne à périr entre ses mains, il doit être condamné à en restituer la valeur.

Il résulte de la définition que nous avons donnée des *quasi-délits*, qu'il n'y a que les personnes qui ont l'usage de la raison qui en soient capables.

Car il y a essentiellement dans le *quasi-délit* une imprudence; or, une imprudence est un oubli ou un écart de la raison; & pour oublier la raison, ou s'en écarter, il faut l'avoir.

On ne peut pas fixer précisément l'âge où les enfans commencent à avoir la raison; cela ne peut se connoître que par l'espèce des motifs qui les dirigent, & cela dépend absolument des circonstances. Dès qu'on apperçoit dans un fait qui a causé quelque préjudice, de la réflexion, des vues & des desseins, on peut juger que l'auteur de ce fait, savoit ce qu'il faisoit, & il doit être jugé coupable, & le fait devient un délit. Une imprudence est plus difficile à constater, parce qu'elle n'est ordinairement que la suite d'un défaut de réflexion, & que ce défaut de réflexion n'est un *quasi-délit*, qu'autant que la personne étoit capable de cette réflexion, qu'elle n'a pas faite.

Quoique l'ivresse fasse perdre l'usage de la raison, une personne ne laisse pas d'être obligée à la réparation du mal qu'elle a fait dans l'ivresse; car c'est sa faute de s'être mise dans cet état.

Il n'est pas douteux qu'un interdit pour cause de prodigalité ne soit tenu du tort qu'il a causé par des *quasi-délits*, quoiqu'il ne puisse plus contracter aucune obligation. La raison de cette différence est évidente : ceux qui auroient contracté avec lui, étoient avertis du danger qu'ils couroient par son interdiction, qui étoit publique. Mais on ne peut rien imputer à ceux qui sont devenus les victimes de ses *quasi-délits*, & ils ne doivent pas souffrir de son interdiction.

Il faut observer que ceux qui sont tenus d'un *quasi-délit* commis par une autre personne, en sont tenus différemment de l'auteur du délit. Celui-ci est condamnable par corps pour la réparation à laquelle il a été condamné, lorsque le *quasi-délit* est de nature à donner lieu à la contrainte par corps. Mais les personnes qui sont seulement responsables du délit, ne le sont que civilement, & ne peuvent être contraintes que par saisies de leurs biens.

QUASI-POSSESSION. *Voyez* POSSESSION.

QUASI-PUPILLAIRE, *en Droit*, se dit de ce qui approche de la nature des choses relatives à un pupille; ainsi on appelle *substitution quasi-pupillaire* ou *exemplaire*, celle qui est faite par les parens à leurs enfans furieux, imbécilles & dépourvus de jugement. *Voyez* SUBSTITUTION EXEMPLAIRE. (*A*)

QUASTOYÉS. *Voyez* TIERCOYEMENT.

QUATORZAINE, *terme de pratique*, se dit de l'intervalle qui doit se trouver entre deux criées d'un immeuble vendu par décret : comme elles se font de dimanche en dimanche, on doit après une criée, laisser passer un dimanche, & attendre le suivant pour faire l'autre criée; ce qui forme la *quatorzaine*. *Voyez* CRIÉE, DÉCRET, SAISIE-RÉELLE.

QUAYAGE. *Voyez* QUAÏGE.

QUAYLANIE, QUAILANIE, QUEYLANIE, ou CAYLANIE, c'est une espèce de droit de guet & garde, connu dans le Languedoc, tel que le sauvement & le droit de vingtain du Dauphiné.

On le nomme en latin barbare *castania*, & quelques auteurs pensent, d'après sa signification, que c'est un abrégé du mot *castellania*, châtellenie.

On

On l'appelle aussi *droit de paix* ou *la pas* en langage du pays, dans quelques endroits de la baronnie de Mayrevis, & sur-tout en celui qu'on nomme de *Causse-nègre*, parce que les seigneurs se le faisoient payer en reconnoissance de la protection qu'ils accordoient à leurs sujets pour les garantir eux & leurs biens des incursions des seigneurs du voisinage. Au reste, le mot de *quaylanie*, quelle que soit son origine, paroît avoir plus d'une signification.

Quoique le droit de guet & garde, & celui de pacage n'aient rien de commun, on voit pourtant dans plusieurs reconnoissances de la province du Languedoc, notamment dans celles des baronnies d'Alez & d'Anduze, que le droit de *quaylanie* ne suppose qu'une cense ou redevance due pour la faculté de faire dépaître. Il est bien évident que, dans ce cas, le droit de *quaylanie* ne peut pas être la même chose que le droit de guet & garde.

Graverol, qui a fait cette observation, ajoute qu'en examinant les anciens actes qui parlent du droit de *quaylanie* pris pour droit de guet & garde, il a remarqué que ce n'est pas toujours un droit général & universel pour tous les habitans d'un lieu, & qu'à tout le moins on peut le présumer ainsi, parce que ces actes portent que le seigneur prend telle redevance de divers hommes de la paroisse, pour certaines possessions qu'ils y ont; & que c'est ainsi entre autres qu'est conçu l'acte de l'assiette du 10 janvier 1307, faite par Philippe-le-Bel à Guillaume de Plésian, seigneur de Vezenobre.

Enfin, Graverol remarque encore que la quantité de l'usage & de la prestation étant souvent différente, ce n'est pas par conséquent une redevance qui se paie par tête ou par chefs de famille, à moins qu'elle ne soit réglée, *pro modo facultatum*. *Voyez* le traité des droits seigneuriaux de la Rocheflavin, *titre 27*, *art. 9*. *Voyez* aussi COMMUN DE PAIX, SAUVEMENT, VINGTAIN, *&c.* (*M. GARRAN DE COULON, avocat au parlement.*)

QUE

QUÉAGE, (*Droit féodal.*) ce mot se trouve dans le cartulaire de saint Vandrille, *tom. 1*, *p. 581*. *Voyez* le *Glossarium novum* de dom Carpentier, au mot *Cayagium* sous *Caya*.

Le *quéage* est un droit sur les quais. *Voyez* CAIAGE. (*G. D. C.*)

QUENAICE, s. m. est, dit Ragueau dans son indice, un droit connu dans la Bretagne, par lequel un seigneur féodal retire l'héritage roturier, après la mort du détenteur décédé sans hoirs de son corps.

QUENAISE, (*Droit féodal.*) Ragueau dit que c'est un droit qui a lieu, « quand la terre & le fief » roturier tournent (c'est-à-dire retournent) au » seigneur après la mort du détenteur, décédé » sans hoirs de son corps ».

Il ajoute « qu'il en est fait mention au *Recueil* » *des arrêts de Bretagne*, *liv. 1 & 3*, sous le mois » d'octobre 1568, & au *liv. 2* du 21 1575 ».

Il y a erreur dans ces citations, qui ont pour objet le recueil de Dufail; & c'est peut-être aussi une faute d'impression d'avoir écrit *quénaise* au lieu de *quevaise;* ce dernier mot a été rétabli dans l'édition augmentée par Sauvageau. *Voyez* néanmoins l'article QUEVAISE.

J'observerai encore qu'on doit lire 1568, & non pas 1668, dans la date de l'arrêt cité dans ce *chap. 275*. (*G. D. C.*)

QUERELLE D'INOFFICIOSITÉ, est la même chose que plainte d'inofficiosité. *Voyez* INOFFICIOSITÉ, LÉGITIME, *& les mots* PLAINTE, PRÉTÉRITION, TESTAMENT.

QUERELLE (*Sergent de la*). *Voyez* SERGENT.

QUERELLES-FIEFFAUX, (*Droit féodal.*) c'est une contestation féodale. Il en est question dans le grand coutumier de Normandie, *chap. 48 & 92*. (*G. D. C.*)

QUERELLER, (*en Droit.*) signifie *débattre*, *attaquer*, *se plaindre*.

QUERRELLEUR, s. m. se dit dans quelques coutumes & provinces, pour exprimer celui qui intente la querelle ou plainte d'inofficiosité, ou qui intente complainte, ou qui attaque un arrêt ou autre jugement, un testament ou autre acte. *Voyez* COMPLAINTE, INOFFICIOSITÉ, TESTAMENT. (*A*)

QUÉRIMONIE, s. f. du mot latin *querimonia*, qui signifie *plainte*, est usité dans les tribunaux ecclésiastiques, pour exprimer la plainte que l'on rend au juge d'église, à l'effet d'obtenir permission de publier monitoire. (*A*)

QUÉRIR, (*Droit féodal.*) dom Carpentier dit dans son *Glossaire françois*, que c'est lever une taille, un impôt, & toute espèce de droit. Il se fonde pour cela sur l'extrait suivant, d'une chartre donnée en 1378, par Louis, comte d'Etampes, laquelle est tirée du cartulaire de l'abbaye de saint Chéron : « Donnons & octroyons... aux religieux, » prieur & frères de ladite église de saint Germain (de Dourdan), la queste des bleds & autres grains moulables, en nos villes de la Forest-le-Roy, Authon, Bechier-Ville, *&c.* & » que ladite queste & molages puissent faire » *quérir* esdites villes & paroisses, par les fermiers » de leurdit moulin ;... ainsi & par la manière » qu'il appartient à faire la queste de moulin ».

Mais toutes les expressions de cette chartre même, annoncent que la *quête* dont il est question, n'est rien autre chose que la chasse des meûniers, c'est-à-dire, le droit que la chartre leur attribue, d'envoyer chercher le bled des habitans des paroisses qui y sont dénommées, pour le faire moudre par les fermiers de leurs moulins. Le mot *quérir* ne signifie non plus rien autre chose, que faire cette recherche. On l'emploie encore quelquefois aujourd'hui dans ce sens, & l'on voit dans dom

Carpentier, au mot *Quærere 2*, qu'on s'en est servi au lieu de celui de *rechercher*, en parlant de quelqu'un prévenu d'un crime. (*G. D. C.*)

QUERRIE. *Voyez* GUERRIE.

QUESTA. On nomme ainsi dans nos provinces méridionales, 1°. le droit de questalité, ou cette espèce de main-morte qui constitue l'état des *questaux*; 2°. la taille à volonté que les *questaux* doivent à leur seigneur.

Le mot *questa* se trouve en la première de ces acceptions dans les anciennes coutumes de Bordeaux, publiées par MM. de la Mothe, §§. *131*, *132*, *189* & *235*; l'article 3 du titre 53, *de questaux*; des fors de Béarn l'emploie dans la seconde acception. La coutume d'Acs, *tit. 9*, *art. 12*, *15* & *18*, donne le nom de *queste*, à une taille abonnée. *Voyez* QUESTALITAT & QUESTAUX. (*G. D. C.*)

QUESTABLES, (*Droit féodal.*) la coutume de Nivernois, *chap. 8*, *art. 7*, donne ce nom aux main-mortables, parce qu'ils sont sujets à la taille seigneuriale, qui est aussi connue sous le nom de *quête*, ou parce que le seigneur peut les poursuivre & les aller querir hors de sa seigneurie.

C'est dans le même sens que la coutume de Saint-Sever, *tit. 9*, *art. 1* & *4*, dit *condition questale & serve*. (*G. D. C.*)

QUESTALE, *Voyez* la fin de l'article QUESTABLES.

QUESTALITAT, l'art. 11 du titre 53, *de questaux*, de la coutume de Béarn, donne ce nom à cette espèce de terre de main-morte, qui est habitée par les questaux. Voyez *ci-dessous l'article* QUESTAUX. (*G. D. C.*)

QUESTAUX, *ou* QUESTAUS, (*Droit féodal.*) on nomme ainsi dans la Guienne, suivant Ragueau, des mains-mortables qui ne peuvent disposer de leurs personnes & de leurs biens, sans le consentement de leurs seigneurs, & qui ne peuvent pas en laisser la terre pour aller demeurer ailleurs. Mais cette définition ne convient qu'aux *questaux* du Béarn, qu'il ne faut pas confondre avec ceux de la coutume de Saint-Sever, ni avec ceux de la coutume de Bordeaux. On va parler de ces trois espèces de *questaux*, dans autant de paragraphes différens. On y en joindra un quatrième relatif au droit de quête, dont parle la coutume d'Acs.

§. I. *Des questaux de la coutume de Béarn.* Leur état est réglé par le *chap. 53* des fors de Béarn, qui porte pour titre *de questaus*. Il y est dit qu'ils ne peuvent laisser la terre de la questalité, sans la volonté du seigneur, pour en aller habiter une autre; mais que s'ils n'ont pas assez de terre pour labourer, le seigneur leur en doit bailler, & que la queste, c'est-à-dire, la taille que le seigneur lève sur eux, ne doit pas être si grosse, que pour la payer, il faille vendre leurs bœufs, & les bestiaux consacrés au labourage.

L'article 8 du titre 3 de *Cort mayor*, met les questions relatives à l'état des personnes; ou, comme elle dit encore, celles qui ont pour objet le chef d'un homme (*cap d'homi*), & où il est question de savoir si on est *questau* ou libre, au nombre des cas, dont la cour majeure, qui est aujourd'hui le parlement de Pau, connoît par appel. Mais l'article précédent ajoute que cette cour connoît aussi par prévention du *cap d'homi*, & qu'elle peut en juger, à moins que les parties ne consentent *en jugement d'autrui*.

L'article 7 du titre 18 *de Judgeament*, &c. va plus loin encore: il dit que les gentilshommes qui ont baéle, jurés & court, peuvent connoître de *cap d'homi*, c'est-à-dire, si on est *ceisau* ou *questeau*, pourvu que toutes les parties soient soumises à leur cour, & qu'elles y consentent, mais que si l'une d'elles n'y consent pas, on doit les renvoyer devant le sénéchal. Ainsi c'est cet officier qui a la véritable jurisdiction en cette matière.

Voyez aussi l'*art. 33 du chap. 58*, *de las taxas deus salaris d'instrumentz*.

Au reste, l'opposition que les fors de Béarn mettent entre les *questaux* & les ceisaux, prouve que les ceisaux sont des personnes franches, ou, comme le dit Laurière, de simples censitaires, *censuales homines*. C'est à-peu-près la même chose que les hommes *ruraux*, que le for de Bigorre appelle indifféremment *censuales rustici vel liberi*. On lit dans ce for, qui se trouve dans l'*Histoire de Béarn*, par M. de Marca, *liv. 9*, *chap. 6*, *censuales rustici*, *vel liberi*, *non in expeditionem comitem sequantur*.

Au reste, le droit d'empêcher les *questaux* de quitter la seigneurie, ne subsiste plus depuis l'édit des mains-mortes, donné en 1779. *Voyez* MAIN-MORTE.

§. II. *Des Questaux dans la coutume de Saint-Sever.* La questalité de la coutume de Saint-Sever, est à bien des égards plus rigoureuse que celle de Béarn, quoiqu'elle ne soit relative qu'aux biens seuls des *questaux*. On en trouve les règles dans le titre 9 *de la condition des mains-mortes*, qui contient les quatre articles suivans.

I. En la vicomté de la Vigner & baronnie de Faget, le seigneur a plusieurs hommes appellés *questaux* & de condition serve, lesquels ne peuvent tester ne disposer des biens qu'ilz possèdent par testament ou contratz entre vifz, en aucune manière: car leurs biens & héritages sont de condition *questale* & serve, & sont au seigneur & non auxditz hommez *questaux*, sinon quant à la seule administration.

II. Et les peut, ledit seigneur, prendre, ensemble tout leurdit bien, quand il lui plaît.

III. Et les peut ledit seigneur, affranchir, & par les affranchissemens sont dits & tenuz hommes francs & non serfs ne *questaux*.

IV. Et ceux qui descendent & sortent desdits *questaux*, sont de condition *questale* & serve, s'ilz ne sont affranchiz.

§. III. *Des Questaux dans la coutume de Bordeaux.* On peut juger, disent MM. de la Mothe dans leur commentaire sur l'art. 97 de la coutume de Bordeaux, de la dureté de l'état ou condition des anciens *questaux*, par la nature & l'étendue des obligations qui leur furent imposées en quelques endroits, lors de leur affranchissement. Voici ce qui en est dit dans les arrêts notables prononcés en robe rouge, par M. le premier président de Nesmond, *art.* 4. Il est question des habitans de la paroisse de Sainte-Magne ou Saint-Manne en Médoc, qui avoient été affranchis en 1291, par Bertrand de Podensac, leur seigneur : « par la chartre d'affranchissement, les terres qu'ils possédoient au » temps de leur questalité & servitude leur furent » données à fief nouveau, ô, (c'est-à-dire avec) la » charge de quelque devoir d'esporle à muance de » seigneur, de certains cens annuels, en grains, » deniers; & de la dîme de tous les fruits, & de la » taille aux 4 cas : ô la charge que les habitans » & leurs hoirs tiendroient feu vif & feroient leurs » habitations ordinaires aux étages ou maisons » qu'ils avoient à Saint-Manne, en tout tems & » continuellement ». Il est question de ces mains-mortables dans les §§. 130, 131, 189 & 225 des anciennes coutumes de Bordeaux, que MM. de la Mothe ont publiées.

Suivant ces trois articles, le *questau* ne pouvoit pas marier sa fille hors de la terre de la queste, sans la volonté du seigneur. Il pouvoit néanmoins lui donner en mariage de son mobilier, ou de la terre questale, pourvu qu'il la mariât à un *questau* du même seigneur. Les fils du *questau* partageoient bien entre eux la terre questale de leur père. Mais si l'un d'eux mouroit sans hoirs, c'est-à-dire, sans enfans, les autres frères n'y succédoient pas, elle retournoit au seigneur. La fille même du *questau*, mariée hors de la queste, ne prenoit aucune part aux biens *questaux* sans le consentement du seigneur, quoique ses sœurs restées avec leur père en héritassent.

Il paroît bien qu'il restoit encore des *questaux* ou des personnes qu'on prétendoit telles, dans la coutume de Bordeaux, du moins dans la seigneurie de Candalle, lors de la réformation de 1520. Mais la coutume actuelle ne contient aucune disposition pour en régler l'état. Voici ce que contient à cet égard le procès-verbal & l'art. 97 : *& après a été lu certain article concernant les droits que les seigneurs ont contre les questaux, & ledit seigneur de Candalle, par l'organe de maistre Jehan-André, a requis que fust arresté par coutume qu'il ait tels droits qu'est contenu ez dicts articles, & aultres, qu'il nous a baillez. Avons apoincté, qu'en ferons mention en notre procès-verbal, & que les seigneurs, &c.*

« *Item.* Et les seigneurs jouiront sur leurs *questaux* de tels droicts qu'ils ont accoustumé, & » qu'est contenu en leurs instruments, sauf si les » *questaux* viennent alléguer aucune chose à ce » contraire dedans deux mois, (les orrons.) ».

MM. de la Mothe ajoutent, dans leur commentaire sur cet article, que « conformément à cette » disposition de la coutume, qui fait dépendre les » droits de *questalité* de l'expression des titres des » seigneurs, on trouve quelques arrêts insérés des » Autom. *n.* 5, & celui de M. le premier président de Nesmond, du 7 avril 1610 ».

§. IV. *De la queste dans la coutume d'Acs.* Il y a lieu de croire que la questalité subsistoit autrefois dans la coutume d'Acs, avec des règles peu différentes de celles qu'on vient de tracer, & que l'affranchissement de cette servitude a été l'origine de la taille connue sous le nom de *queste*, qui est due aux seigneurs par plusieurs communautés, & du droit de perpris qui appartient à tous ceux qui contribuent à cette taille. Rien n'est plus commun dans les chartres d'affranchissement que de voir le seigneur y laisser subsister des restes de la main-morte, concéder, ou y confirmer aux habitans en corps, la propriété des terres vaines & vagues à titre de communes, & se réserver une taille fixe à la charge de la communauté qui la répartit annuellement sur les habitans.

La coutume d'Acs confirme ces idées dans tout ce qu'elle dit du droit de quête & des perprises. Il en est question dans divers articles du titre 9 *des présentations.* Les articles 15 & 16, en expliquant ce que c'est que le *queste*, défendent aux tenanciers de démolir leurs maisons pour aller bâtir ailleurs : « queste, y est-il dit, c'est une rente » générale, uniforme, communément payée pour » raison de toute une paroisse, ou de tous les » tenemens & terres d'une baronnie par les habitans d'icelle, pour le paiement de laquelle » chacun des habitans entre eux contribue, pour » la quantité des terres qu'il a prins ou autrement » tient.

» Tous seigneurs généralement peuvent empêcher les tenanciers de leurs maisons nobles de » démolir leurs maisons pour aller bâtir ailleurs » hors de leurs jurisdictions ».

Les articles 18 & suivans ajoutent « qu'ès vicomté de Marenne, baronnies de Marensin, » Grosse, Senhans & autres lieux qui paient queste » & aubergade aux seigneurs, & usent de perprison (qu'est prendre de propre auctorité terres » communes), ne paient aucuns loz ou ventes ».

Les articles suivans contiennent des dispositions presque semblables pour d'autres seigneuries. Ils parlent aussi de quelques seigneuries où le droit de queste ne donne pas celui de perprison, & de la baronnie de Maiesc, où le droit de quête n'exempte pas de la présentation au seigneur & de la rétention, ou retrait seigneurial. *Voyez* MAIN-MORTE, QUÊTE & TAILLE SEIGNEURIALE. (*M. GARRAN DE COULON.*)

QUESTE, (*Droit féodal.*) on écrivoit ainsi autrefois le mot *quête*. *Voyez* QUESTAUX, QUESTA, QUESTALITAT, QUÊTE; *&c.*

On ajoutera ici que les coutumes de Beauvoisis,

par Beaumanoir, *chap.* 2 *p.* 19, *ligne* 11, emploient ce mot pour celui d'*acquêt*. (*G. D. C.*)

QUESTE (*cens à*), la Thaumassière dit, dans le petit glossaire qu'il a joint aux assises de Jérusalem & aux coutumes de Beauvoisis, qu'on appelle *cens à queste*, *le cens quérable*, c'est-à-dire, celui que le seigneur est tenu d'envoyer chercher. (*G. D. C.*)

QUESTEAU. *Voyez* la fin du §. I de l'article QUESTAUX.

QUESTER, l'article 4 du titre 8 *des servitudes & tailles* de la coutume de Nivernois, porte « que » les seigneurs qui, par convenance ou prescrip- » tion suffisante, ont plus ample droit de taille » qu'une fois l'an, sur les hommes & femmes » serfs, de tailler deux ou trois fois l'an, & de » *quester* leurs gens de trois ans en trois ans, ou » autres semblables temps, & d'avoir sur eux » corvées, en useront ainsi qu'il est convenu ou » qu'ils ont accoutumé d'ancienneté ».

Coquille n'explique point ce que signifie ce mot *quester*. Il paroît que c'est lever une taille à volonté. (*G. D. C.*)

QUESTES. *Voyez* QUÊTE.

QUESTEUR, f. m. (*Jurisprudence rom.*) les Romains donnoient ce titre à des magistrats chargés de la garde du trésor public & de plusieurs autres fonctions. Il y en avoit pour la ville même, d'autres pour les armées, où ils servoient comme officiers généraux; d'autres pour les provinces, où ils avoient une grande autorité sous les préteurs & les proconsuls.

La questure étoit le premier degré pour parvenir aux honneurs; la fidélité de la questure, la magnificence de l'édilité, l'exactitude & l'intégrité de la préture, frayoient un chemin sûr au consulat.

On ne pouvoit être *questeur* qu'à l'âge de vingt-cinq ans, & lorsqu'on avoit exercé cette charge, on pouvoit venir dans le sénat, quoique l'on ne fût pas encore sénateur. Elle fut abolie & rétablie plusieurs fois sous les empereurs. Auguste créa deux préteurs pour avoir soin du trésor public; mais l'empereur rendit cette fonction aux *questeurs*, qui l'étoient pendant trois ans. Dans la suite on établit une autre espèce de *questeurs*, qu'on appella *candidats du prince*. Leur fonction étoit de lire les ordres de l'empereur dans le sénat. Après eux vinrent les *questeurs* du palais, charge qui se rapporte à celle de chancelier parmi nous, & à celle de *grand logothète* sous les empereurs de Constantinople.

Questeur se dit, dans l'université de Paris, d'un officier de l'université chargé de recevoir les deniers communs & de les distribuer à qui ils sont dus.

QUESTION, f. f. *en terme de Pratique*, signifie un point sur lequel on n'est pas d'accord, & qui est soumis à la décision du juge.

On appelle *question agitée*, celle qui est débattue par les auteurs ou par les parties.

Question appointée, est lorsque dans une cause d'audience les parties ont été appointées à écrire & produire.

Question controversée, est celle sur laquelle les parties, les juges, ou les auteurs sont partagés.

Question départagée, est celle où il y a eu partage d'opinions entre les juges, lesquels ont depuis pris un parti à la pluralité des voix.

Question de droit, est celle qui roule sur un point de droit, comme quand il s'agit d'expliquer le sens d'une loi dont on fait l'application à la cause, ou de déterminer quel est le droit d'une partie dans telle ou telle circonstance.

Question de droit public, est celle où le public se trouve intéressé, & qui doit se décider par les principes du droit public.

Question d'état, est celle qui concerne l'état d'une personne, c'est-à-dire, sa liberté, les droits de sa naissance, tels que sa filiation, sa légitimité, la validité de son mariage.

Question étrangère, est celle qui n'a point de rapport à celle qui fait le véritable objet de la contestation.

Question de fait, est celle dont la décision ne dépend que de la discussion des faits.

Question indécise, est celle qui est encore pendante devant le juge, & soumise à sa décision.

Question majeure, est celle qui intéresse directement ou indirectement beaucoup de personnes; on l'appelle *majeure*, parce qu'elle est plus importante que les questions ordinaires.

Question mixte, est celle qui naît de la contrariété des loix, coutumes, statuts & usages de deux pays différens; par exemple, lorsque la coutume du domicile répute un homme majeur à 20 ans, & que celle du lieu où les biens sont situés ne répute majeur qu'à 25 ans; dans ce cas, il s'agit de savoir si on doit se régler par la coutume du domicile, ou par celle de la situation des biens : c'est une *question mixte*, parce qu'il se trouve deux loix différentes, qui sont, pour ainsi dire, mêlées ensemble. sur les *questions mixtes*, *voyez* Dumoulin, Dargentré, Stockmans, Voet, Rodemburg, Burgundus, Froland, Boulenois.

Question mue, est celle qui est déjà élevée, à la différence de celle qui n'est pas encore née.

Question partagée, est celle sur laquelle les opinions des auteurs ou des juges sont partagées; de manière qu'il s'en trouve autant pour soutenir un parti que pour l'autre. *Voyez* QUESTION DÉPARTAGÉE.

Question pendante, est celle qui est actuellement soumise à la décision du juge.

Question de pratique, est celle qui ne roule que sur quelque point d'usage de la pratique judiciaire.

Question problématique, est celle sur laquelle il y a des raisons & des autorités pour & contre, tellement que l'on est embarrassé à la décider.

Question de procédure, est celle qui ne touche que l'ordre de la procédure & l'instruction.

Question triviale, est celle qui est déjà rebattue, & dont la décision est notoire & connue de tout le monde. *Voyez* CAUSE, CONTESTATION, INSTANCE, PROCÈS. (*A*)

QUESTION *ou* TORTURE, (*Code criminel.*) la *question* est une torture à laquelle nos ordonnances, & notamment celle de 1670, permettoient aux juges de faire appliquer les accusés, pour les forcer de dire la vérité. Ce moyen si dangereux pouvoit autrefois être employé dans deux circonstances différentes : la première, lorsqu'il existoit contre les accusés de fortes preuves d'un crime *digne de mort*, mais qui n'étoient pas cependant suffisantes pour opérer cette certitude absolue & juridique qui doit précéder une condamnation à mort. La *question* que l'on ordonnoit dans ce cas, se nommoit *question préparatoire* ; c'est celle que la déclaration du roi, donnée le 24 août 1780, & enregistrée le 5 septembre suivant, a abolie (1).

La seconde circonstance dans laquelle il est encore permis de faire subir la *question* à un accusé, est celle où les juges, bien convaincus qu'il a commis le crime pour lequel il est condamné, présument qu'il a eu des complices qu'il est important de connoître & qu'il s'obstine à ne pas vouloir révéler. Cette *question* se nomme *préalable*, & on n'en fait souffrir les douleurs à l'accusé qu'après que son jugement de mort a été rendu.

Plusieurs écrivains célèbres se sont, avant nous, élevés contre ce moyen employé par la force pour faire sortir la vérité du sein des tourmens.

Le peu de succès qu'ont eu d'éloquens discours, de touchantes réflexions, ne nous a point découragés : persuadés que la vérité se fait jour tôt ou tard, nous nous sommes efforcés de démontrer (2)

(1) *Voici cette loi non moins intéressante pour la gloire du monarque que pour la sécurité de ses sujets.*

LOUIS, *&c.* Salut. Les anciennes ordonnances des rois nos prédécesseurs avoient toujours adopté l'usage d'appliquer à la *question* l'accusé d'un crime constant, & auquel la loi réservoit la peine de mort, lorsque les indices étant considérables contre l'accusé, la preuve ne se trouvoit cependant pas être suffisante pour lui faire subir cette peine. Par l'article premier du titre 19 de l'ordonnance du mois d'août 1670, tous juges ont été autorisés à ordonner cette *question*, dénommée *question préparatoire*. Par l'article 2, ils ont été même autorisés à arrêter que, nonobstant la condamnation à cette *question*, les preuves subsisteroient en leur entier, pour pouvoir condamner l'accusé à toutes sortes de peines pécuniaires ou afflictives, excepté toutefois celle de mort, à laquelle l'accusé qui auroit souffert la *question* sans rien avouer, ne pourroit être condamné, si ce n'est qu'il survînt de nouvelles preuves depuis la *question*. La faculté laissée aux juges d'ordonner, suivant les circonstances, la *question* préparatoire, avec ou sans réserve de preuves, a rendu nécessaire de déterminer la place que chacune de ces condamnations devoit occuper dans l'ordre des peines, d'autant plus que les jugemens, soit définitifs, soit d'instruction, devant passer à l'avis le plus doux en matière criminelle, si le plus sévère ne prévaut d'une voix dans les procès qui se jugent à la charge de l'appel, & de deux dans ceux qui se jugent en dernier ressort, il étoit indispensable de régler entre ces deux manières de prononcer, laquelle étoit la plus douce ou la plus sévère. C'est d'après ces considérations que, par l'article 13 du titre 25 de la même ordonnance, qui détermine l'ordre des peines, après la peine de la mort naturelle, la *question*, avec la réserve des preuves en leur entier, a été marquée comme la plus rigoureuse, & que la question, sans réserve des preuves, n'a été rangée qu'après celle des galères perpétuelles & du bannissement perpétuel, comme étant moins rigoureuse. Nous nous sommes fait rendre compte des motifs qui avoient déterminé à autoriser d'une manière aussi précise l'usage de la *question* préparatoire, & nous avons été informés que, lors des conférences tenues préalablement à la rédaction de l'ordonnance du mois d'août 1670, des magistrats recommandables par une grande capacité & par une expérience consommée, s'étant expliqués sur ce genre de *question*, auroient déclaré qu'elle leur avoit toujours semblé inutile ; qu'il étoit rare que la *question* préparatoire eût tiré la vérité de la bouche d'un accusé, & qu'il y avoit de fortes raisons pour en supprimer l'usage ; & il nous paroît que l'on n'a cédé pour lors qu'à une sorte de respect pour son ancienneté : nous sommes bien éloignés de nous déterminer trop facilement à abolir les loix qui sont anciennes & autorisées par un long usage ; il est de notre sagesse de ne point ouvrir des facilités pour introduire en toutes choses un droit nouveau qui ébranleroit les principes & pourroit conduire par degrés à des innovations dangereuses : mais après avoir donné toute notre attention à l'usage dont il s'agit, avoir examiné tous ses rapports & tous ses inconvéniens, & les avoir balancés avec les avantages que la justice en a pu tirer & qui pourroient en résulter par la suite pour la conviction & pour la punition des coupables, nous ne pouvons nous refuser aux réflexions & à l'expérience des premiers magistrats, qui nous laissent entrevoir plus de rigueur contre l'accusé dans ce genre de condamnation, que d'espérance pour la justice, de parvenir, par l'aveu de l'accusé, à compléter la preuve du crime dont il est prévenu ; nous ne pensons donc pas devoir différer de faire cesser un pareil usage, & d'annoncer en même temps à nos peuples, que si, par un effet de notre clémence naturelle, nous nous relâchons en cette occasion de l'ancienne sévérité des loix, nous n'entendons pas toutefois restreindre leur autorité par rapport aux autres voies qu'elles prescrivent pour constater les délits & les crimes, & pour punir ceux qui en seront duement convaincus ; nous sommes d'ailleurs bien assurés que nos cours, qui sont dépositaires de cette autorité, continueront, à notre exemple, de protéger toujours l'innocence & la vertu. A ces causes, & autres à ce nous mouvant, de l'avis de notre conseil, & de notre certaine science, pleine puissance & autorité royale, nous avons aboli & abrogé, & par ces présentes signées de notre main, abolissons & abrogeons l'usage de la *question* préparatoire. Défendons à nos cours & autres juges de l'ordonner, avec ou sans réserve des preuves, en aucun cas & sous quelque prétexte que ce puisse être. Et sera notre présente déclaration, à compter du jour de sa publication, exécutée selon sa forme & teneur dans toute l'étendue de notre royaume, pays, terres & seigneuries de notre obéissance, nonobstant toutes coutumes, loix, statuts, réglemens, styles & usages à ce contraires, auxquels nous avons dérogé & dérogeons. Si donnons en mandement, *&c.*

(2) *Voyez* le chapitre 6 des réflexions philosophiques sur la civilisation & sur les moyens de remédier aux abus qu'elle entraîne.

combien il étoit de la justice du législateur de préserver l'innocence d'un danger d'autant plus effrayant pour elle, qu'en sortant victorieuse des épreuves auxquelles on l'avoit soumise, il n'étoit pas possible aux hommes qui la justifioient, de faire disparoître, avec leurs funestes soupçons, les douloureux ressentimens dont elle étoit long-temps après la victime.

S'il est, disions-nous, d'une bonne législation que le crime ne soit pas impuni, elle ne peut être parfaite, qu'autant que ceux qui vivent sous l'empire des loix sont à l'abri de toutes vexations, & encore plus de toutes peines, à moins qu'il ne s'élève contre eux une certitude plus que morale, qu'ils ont mérité de les éprouver. Dans ces temps de barbarie, où l'on n'avoit pas même d'idée du respect attaché aux premières propriétés de l'homme, il n'étoit pas étonnant que ceux qui attaquoient si légérement sa liberté & sa vie, ne se fissent pas un scrupule de le livrer à la douleur sur un simple soupçon, pour le forcer à s'avouer coupable du crime dont il étoit accusé. Un moyen aussi étrange de découvrir la vérité, n'a dû être suggéré que par la nécessité de connoître l'auteur d'un forfait qui intéressoit la société entière, tel qu'un régicide, une conspiration ou un incendie. Plus les accusés montrèrent de courage & de fermeté dans les tourmens, plus on inventa de cruautés pour surmonter leur constance & pour la terrasser par la douleur. Quelques coupables, qui, après avoir d'abord résisté aux premières attaques de la torture, finirent par s'avouer criminels & par révéler tout ce que l'on vouloit apprendre de leur bouche, persuadèrent aux inventeurs de la *question* qu'ils avoient fait une découverte bien heureuse. Ils s'applaudirent de l'avoir emporté sur la profonde dissimulation du coupable; ils regardèrent ses aveux comme une victoire sur le crime; ils ne soupçonnèrent même pas qu'ils avoient commencé par commettre une grande injustice, en livrant à la douleur un homme dont le forfait ne leur étoit pas encore démontré, ou qui n'en étoit peut-être pas l'auteur; ils ne sentirent pas qu'en forçant un père, vaincu par les souffrances, à livrer son propre fils aux bourreaux, ou un frère à dénoncer sa sœur, ils mettoient la nature elle-même à la *question*; qu'il valoit mieux ne pas découvrir un coupable caché, que de se le rendre soi-même, & ignorer à jamais un crime incertain, que d'en commettre un qui ne le fût pas.

Aveuglés par la vengeance & une prévention insurmontable, ils ne virent pas que cette lutte de la cruauté ardente contre la patience silencieuse, offroit aux yeux de l'équitable raison un spectacle révoltant. A mesure que les peuples sont sortis de l'abaissement où une férocité stupide les avoit plongés, ils ont compris combien il y avoit loin de l'apparence à la réalité, & qu'il étoit déjà trop malheureux qu'aucun individu ne fût à couvert du soupçon que le hasard pouvoit faire naître, sans qu'il en résultât encore contre lui des condamnations réservées pour le crime même.

Quoique l'ordonnance de 1670 ait encore autorisé les juges à faire usage de la torture contre les accusés, on ne peut pas se dissimuler que les restrictions que le législateur a cru devoir marquer, n'aient été indiquées par un sentiment de justice susceptible de perfection. Depuis le siècle de Louis XIV, qui étoit encore plus celui de la bravoure que celui de l'humanité, plus celui des arts que celui de la philosophie, il s'est élevé un cri universel contre un usage qui exposoit l'innocence à d'affreux tourmens, les juges à de fatales erreurs, & ne faisoit souvent qu'ajouter d'inutiles souffrances à celles au milieu desquelles devoit expirer un accusé, qui, quoique jugé criminel, avoit encore des droits à la pitié de ses semblables.

L'éloquence, en mêlant sa voix imposante à cette réclamation générale, a produit un effet salutaire; car ce n'est plus que dans des circonstances bien rares que les juges se permettent d'user d'un moyen que le législateur leur a laissé, mais qu'une raison éclairée semble leur interdire. Cependant, jusqu'à ce qu'une loi positive l'ait absolument proscrit, il est essentiel de développer le véritable sens de celle qui existe, afin que, dans quelques tribunaux éloignés, les juges, en l'interprétant mal, ne se rendent pas encore plus cruels qu'elle ne l'est effectivement.

D'après ces réflexions préliminaires, nous avions marqué les limites que le législateur avoit cru lui-même devoir mettre à l'usage de la *question* préparatoire & préalable; nous avions assigné les différences qui existent entre ces deux genres de *question*, & celle que l'on nomme *question avec réserves de preuve*. Ces distinctions sont devenues superflues depuis que Louis XVI a honoré son règne par la déclaration que nous venons de transcrire.

Que la France, que l'humanité rendent à jamais grace au souverain qui a effacé de notre législation criminelle ce sujet d'épouvante; & si les réflexions qu'il nous a fournies, si les exemples que nous avons rassemblés, ont, comme nous avons eu plusieurs fois la douceur de nous l'entendre dire, accéléré une réforme aussi salutaire; que cette idée nous console de toutes les peines, de toutes les contradictions que nous pourrions essuyer dans la carrière que nous parcourons.

Avant de parler de la *question* préalable, que le législateur a cru devoir encore laisser subsister, nous ne devons pas oublier de dire, pour l'honneur de notre nation, qu'elle n'a fait qu'adopter une invention de l'antiquité. Et en effet, Aristote nous apprend qu'elle existoit chez les Grecs; le code & le digeste ne nous permettent pas de douter qu'elle n'ait été souvent mise en usage chez les Romains; il paroît même qu'elle étoit plus cruelle, & qu'elle avoit des effets plus terribles que celle employée dans le ressort du parlement de Paris.

C'est ce qui a fait dire à Cicéron : *dolorem fugientes multi in tormentis ementiti per sæpe sunt, morique maluerunt falsum fatendo, quàm inficiendo dolore.*

Ce fut sur-tout contre les premiers chrétiens qu'elle se déploya avec le plus de cruauté. Le fanatisme & l'esprit de persécution les livroient à des tortures dont le récit fait frémir, pour leur en arracher l'aveu qu'ils conspiroient contre l'état ou contre la vie des empereurs.

L'article 3 du titre 19 de l'ordonnance de 1670, prononce, « que par le jugement de mort il pourroit être ordonné que le condamné sera préalablement appliqué à la *question*, pour avoir révélation des complices ».

L'intention du législateur est claire; ce n'est plus ici pour avoir un nouveau degré de certitude, relativement à la vérité de l'accusation, qu'il autorise le juge à ordonner que l'accusé *sera préalablement appliqué à la question*; c'est seulement pour parvenir à lui faire révéler le nom de ses complices. Avant de le condamner à cette *question*, il faut donc que le juge ait une certitude si physique que l'accusé est criminel & qu'il a mérité la mort, qu'il lui soit indifférent qu'il en fasse l'aveu ou qu'il ne le fasse pas : peut-être devroit-il, par respect pour la loi & pour son propre jugement, ne pas l'exiger & le presser seulement de révéler le nom de ses complices. Jousse observe à cet égard très-judicieusement, qu'on ne doit jamais condamner un accusé à la *question* préalable, à moins qu'il n'y ait apparence *qu'il a des complices & que le crime n'a pu être commis par une personne seule.* Et en effet, s'il paroît excusable d'aggraver les douleurs d'un assassin déjà condamné à mort, afin de connoître les meurtriers qui ont, de concert avec lui, attenté à la vie des hommes; si la crainte, très-raisonnable, que ces brigands ne commettent de nouveaux meurtres, semble autoriser à ne pas épargner un homicide que la loi a déjà dévoué au dernier supplice, il y a une inhumanité révoltante à ajouter, sans cet objet, de nouvelles souffrances à celles que doit endurer le criminel avant d'expirer.

Il y a sans doute des moyens plus efficaces que ceux de la torture, pour tirer de la bouche d'un criminel le nom de ses complices. Lorsqu'il est intimement convaincu qu'il va mourir, il est bien rare qu'il reste dans son ame quelque sentiment d'affection pour ceux qui l'ont excité au meurtre, ou l'ont aidé à le commettre. Pour peu que le juge emploie de douceur & de persuasion, pour peu d'adoucissement qu'il lui promette, il parvient plus sûrement à connoître ce qu'il lui importe de savoir. Si la vue du ministre de la justice, au lieu d'ouvrir à la confiance l'ame de ce condamné, ne le fait frémir que de haine & de rage; bientôt les exhortations du ministre de sa religion, le seul consolateur qu'il lui reste, le seul qui daigne encore s'occuper de lui, & dans les bras duquel il puisse se jetter, parviennent à le calmer, & le déterminent presque toujours à se concilier avec le Dieu de vérité, & à ne pas immoler les espérances qu'on lui donne d'un avenir heureux, au stérile avantage de conserver la vie à des complices qui ne peuvent plus rien pour lui, & auxquels il ne doit pas être lié par un sentiment trop délicat pour prendre naissance dans le cœur des scélérats.

Si l'on pouvoit douter de l'insuffisance de la *question* dans certains cas, & de son danger dans d'autres, il suffiroit de se rappeller que *Desrues*, le criminel *Desrues*, quoique d'une complexion foible, résista aux efforts du questionnaire, & ne cessa de prendre Dieu à témoin de son innocence, dans le moment même où il étoit tout couvert des preuves de ses meurtres & de ses noirceurs, tandis que des accusés véritablement innocens, plus occupés de se délivrer de la douleur présente, que des suites de leurs fausses déclarations, se sont hâtés de s'avouer coupables de crimes qu'ils n'avoient pas commis, & d'en désigner de prétendus complices. C'est ce qui a fait dire à Ulpien, en la loi 1, *de quæstionibus : res est fragilis & periculosa, & quæ veritatem fallit, nam plerique patientia sive duritia tormentorem, ita & tormenta contemnant, ut exprimi eis veritas nullo modo possit, alii tanta sunt impatientia ut quid vis mentiri quàm pati tormenta malent.*

L'article de l'ordonnance de 1670, qui veut que les jugemens de mort soient exécutés le même jour qu'ils auront été prononcés aux accusés, se concilie quelquefois difficilement avec ce qu'exige la révélation que leur a arrachée la *question* préalable, par la raison que l'on a toujours prononcé l'arrêt de mort à ce criminel avant de lui faire subir cette *question*. Si donc il vient à dénoncer pour complices des vagabonds errans dans des lieux inconnus, ou domiciliés à une distance très-éloignée, il n'est pas possible de les lui amener à la confrontation le même jour où son jugement doit être exécuté; c'est aux juges auxquels le commissaire fait le rapport de cet incident, à peser l'importance du crime, à examiner si ce ne seroit pas le desir si naturel de retarder le moment de l'*exécution* qui auroit porté le criminel à controuver des complices éloignés; & enfin si la confrontation est absolument nécessaire pour constater la complicité.

Quoique l'accusation faite par un homme condamné à mort, ne doive pas être d'un grand poids, lorsqu'elle n'est pas appuyée d'autres indices, on n'hésite pas néanmoins à décréter de prise-de-corps celui sur qui elle tombe, à moins qu'il n'ait une existence très-supérieure au soupçon du crime. Il seroit plus juste & plus raisonnable de ne pas faire dépendre le repos & la liberté d'un honnête domicilié, de la simple accusation d'un criminel familier avec le mensonge, & que le dessein de prolonger ses jours de quelques instans, ou de satisfaire sa vengeance, peut porter à la calomnie. Si le criminel qui va périr n'a pas de motifs assez puissans pour préférer de souffrir plutôt que de révéler ses véritables complices, la force de la douleur peut aussi contraindre à en dénoncer d'imaginaires, lorsqu'il n'en a point de réels à nommer. Que risque-t-il à calomnier? Cette considération déterminera peut-être un jour le législateur à abolir même la *question* préalable.

Des réglemens sages défendent de jamais condamner à la *question* l'adolescent, le vieillard décrépit, l'homme valétudinaire, la femme enceinte, les sourds, les muets & les insensés. Mêlange étonnant d'humanité & de barbarie, de raison & d'erreur !

Il n'est pas permis aux juges, sous prétexte de vouloir surmonter la résistance du criminel, de lui faire subir une torture différente de celle usitée dans le ressort des parlemens où leurs tribunaux sont situés. Comme l'usage est, dans le parlement de Paris, de donner la *question* en faisant souffrir aux membres une extension douloureuse, ou en froissant les jambes avec des brodequins, il fut, le 18 janvier 1697, ordonné aux juges du bailliage d'Orléans de ne plus donner celle de l'*estrapade*, qui étoit en usage dans leur tribunal, & de n'employer que celle usitée à Paris. Depuis, il a été envoyé par ordre de la cour, dans tous les sièges de son ressort, un mémoire instructif sur cette matière (1).

La manière de donner la *question* est différente dans presque tous les parlemens du royaume; dans celui de Bretagne, on attache le patient sur une chaise de fer, on lui fait présenter ses jambes nues au feu, en les en approchant par degrés.

Au parlement de Rouen, on serre le pouce ou un autre doigt, ou une jambe de l'accusé avec une machine de fer, pour la *question* ordinaire; on lui comprime les deux pouces pour la *question* extraordinaire.

Au parlement de Besançon, on la donne à l'estrapade; on lie les bras au patient derrière le dos, & on l'enlève en l'air par le moyen d'une corde attachée à ses bras, qu'on tire à l'aide d'une poulie & d'un tour; pour la *question* extraordinaire, on lui attache de plus un gros poids de fer à chaque pied, & ces poids demeurent suspendus lorsqu'on élève l'accusé.

Dans d'autres royaumes où la *question* n'est pas encore abolie, on a imaginé diverses tortures dont la description nous coûteroit autant à faire qu'elle seroit pénible à lire. Augeras, dans son traité *de quæstionibus, seu tormentis, chap.* 4, *n°.* 8, rapporte toutes les espèces de *questions* usitées en Allemagne. Il paroît que celle dont les Romains se servoient étoit le chevalet, *æquuleus*. Sénèque, au *liv.* 22 de ses épîtres, fait mention d'une autre espèce de *question* qu'ils employoient.

O hommes! il n'y avoit donc déjà pas assez de souffrances attachées à votre malheureuse condition;

---

(1) *Ce mémoire est ainsi conçu :*

Il y aura dans tous les sièges présidiaux & autres sièges royaux ressortissant au parlement, où les juges ont pouvoir de juger en dernier ressort, & dans les justices auxquelles la cour renvoie l'exécution de ses arrêts, une chambre destinée pour la *question*. Dans cette chambre, il y aura une sellette sur laquelle l'accusé condamné sera mis & interrogé par le rapporteur du procès, assisté d'un des juges du nombre de ceux qui auront jugé le procès.

Il y aura pareillement un bureau pour le greffier, & un petit tableau de l'évangile, sur lequel il sera fait prêter serment à l'accusé de dire vérité.

Si la *question* est préparatoire, après que l'accusé aura été interrogé & que lecture aura été faite de son interrogatoire, signé de lui, ou déclaré qu'il ne sait signer, lecture lui sera faite de son jugement de condamnation à la *question*, après laquelle il sera vu & visité par un médecin & deux chirurgiens, si tous se trouvent dans le lieu, pour savoir si l'accusé n'a point quelque descente ou autre infirmité qui le met hors d'état de souffrir l'extension.

Que si le médecin & les chirurgiens le trouvent ainsi, il en sera fait mention dans le procès-verbal; & sur le champ, le rapporteur & le conseiller qui assistent, en donneront avis aux juges qui auront jugé le procès, & sera ordonné que la *question* des brodequins lui sera donnée.

Si la *question* est jointe à une condamnation de mort, sera fait lecture à l'accusé, étant à genoux, de la condamnation de mort & de la *question* préalable. Ensuite il sera lié par l'exécuteur & mis sur la sellette, & interrogé comme dessus, délié pour signer, pareillement visité, ainsi qu'il a été dit; & de tout sera fait mention.

Si la *question* est donnée avec de l'eau, l'accusé sera dépouillé, & en chemise, attaché par le bras entre ses jambes.

Si c'est une femme ou une fille, lui sera laissé une jupe avec sa chemise, & sera la jupe liée aux genoux.

Si la *question* est celle des brodequins, l'accusé sera déchaussé, nu-jambes; ce qui sera fait après l'interrogatoire & la visite du médecin & chirurgiens.

La *question* de l'eau ordinaire, avec extension, se donnera avec un petit tréteau de deux pieds de hauteur, & quatre coquemars d'eau de deux pintes & chopine, mesure de Paris.

La *question* ordinaire & extraordinaire, avec extension, se donnera avec le même petit tréteau & quatre pareils coquemars d'eau; puis on ôtera le petit tréteau & sera mis en sa place un grand tréteau de trois pieds quatre pouces, & se continuera la *question* avec quatre autres coquemars, pareillement de deux pintes & chopine chacun; lesquels coquemars d'eau seront versés dans la bouche de l'accusé lentement & de haut.

A cet effet, sera l'accusé lié par les poignets, & iceux attachés & liés entre deux cordes d'une grosseur raisonnable, à deux anneaux qui seront scellés dans le mur de la chambre, de distance de deux pieds quatre pouces l'un de l'autre; & à trois pieds au moins de hauteur du plancher par bas de ladite chambre.

Seront pareillement scellés deux autres grands anneaux au bas du plancher, à douze pieds au moins dudit mur, lesdits anneaux, l'un à la suite de l'autre, & éloignés d'environ un pied, dans lesquels anneaux seront passés des cordages assez gros, avec lesquels les pieds de l'accusé

vos corps, si sensibles, n'étoient donc pas déjà livrés par la nature à des douleurs assez aiguës? Vous avez voulu en inventer de nouvelles. Vous avez mis plus d'art & de recherches pour créer des maux étrangers à votre existence, que pour la soulager de ceux qui en sont inséparables. Vous avez calculé les degrés de la sensibilité humaine avec un sang-froid barbare; vous avez recueilli ses cris; vous les avez comparés, afin de pouvoir marquer précisément le terme où votre férocité devoit s'arrêter pour ne pas perdre sa victime.

Pour rendre l'homme plus foible contre les efforts de la *question*, il y avoit des justices où on la faisoit subir à jeun à l'accusé. Il y a eu même des criminalistes qui n'ont pas craint de mettre en principe, *qu'il falloit laisser ces misérables un jour sans manger*, afin de pouvoir triompher plus aisément de leur foiblesse. Le réglement que nous venons de citer ne prescrivant pas de surcroît de tourment, les juges doivent absolument l'interdire; il est même de leur prudence de le faire, car ils s'exposeroient à être punis, si, en prolongeant trop les tortures, ou en ne les faisant pas suspendre à propos, l'accusé expiroit à la *question*.

Chez les Romains, on appliquoit quelquefois les témoins à la *question*, pour déclarer ce qu'ils avoient pu voir ou entendre; c'étoit-là le comble de l'injustice & de la tyrannie des empereurs, qui, d'un autre côté, pour se ménager l'attachement & le zèle des soldats contre les simples citoyens, avoient accordé aux gens de guerre le privilège de n'être jamais mis à la *question*. En France, la loi n'en exempte que ceux que nous avons désignés.

La marquise de Brinvilliers fut condamnée à la *question* par un arrêt du 26 juillet 1676.

L'abbé de Saint-Jean-d'Angely, accusé, en 1571, d'être l'auteur de la mort de Charles de France, duc de Guienne, fut appliqué à la *question*.

En 1385, on y avoit condamné le baron d'Argentone, qui réclama en vain les privilèges attachés à son titre de baron.

Jacques Stuart, parent de la reine Marie Stuart,

---

seront liés, chacun séparément, au-dessus des chevilles des pieds. Lesdits cordages tirés à force d'homme, noués, passés & repassés les uns sur les autres, ensorte que l'accusé soit bandé le plus fortement qu'il se pourra. Ce fait, le questionnaire fera glisser le petit tréteau le long des cordages, le plus près desdits anneaux des pieds qu'il se pourra, l'accusé sera interpellé de déclarer la vérité. Un homme, qui sera avec le questionnaire, tiendra la tête de l'accusé un peu basse & une corne dans la bouche, afin qu'elle demeure ouverte. Le questionnaire prenant le nez de l'accusé, le lui serrera, & le lâchant néanmoins pour lui laisser la liberté de la respiration, & tenant le premier coquemar haut, il versera lentement dans la bouche de l'accusé; le premier coquemar fait, il le comptera au juge, & ainsi des trois autres; lesquels pareillement finis, sera, pour l'extraordinaire, mis un grand tréteau de trois pieds de hauteur, à la place du petit, & les quatre autres coquemars d'eau donnés ainsi que les premiers; à chacun desquels le juge interpellera l'accusé de dire la vérité; & de tout ce qui se passera lors de ladite *question* en sera fait une très-exacte mention. Sera mis une grande chaudière sous l'accusé pour recevoir l'eau qui tombera.

Si pendant les tourmens l'accusé vouloit reconnoître la vérité, & que le juge trouvât à propos de le faire soulager, sera mis sous lui le tréteau, dont sera pareillement fait mention; & ensuite sera l'accusé remis au même état qu'il étoit avant d'avoir été soulagé, & la *question* continuée ainsi que dessus, sans néanmoins qu'il puisse être délié qu'après la *question* finie, après laquelle il sera détaché, mis sur un matelas près du feu, & interpellé de nouveau par le juge de dire la vérité. Lecture lui sera faite de tout ce qui se sera passé depuis la lecture de l'interrogatoire avant d'être appliqué à la *question*; &, s'il peut signer, sera le procès-verbal de *question* signé de lui, sinon sera fait mention de son refus & de la raison dudit refus.

Voici ce que le même mémoire contient relativement à la question qui se donne avec les brodequins.

L'accusé, après l'interrogatoire sur la sellette, signé de lui, sera mis nu-jambes, &, étant assis sur la sellette, lui sera mis quatre planches de bois de chêne entre les jambes, depuis les pieds jusqu'au-dessus des genoux, deux en-dedans, & une à chaque jambe en-dehors, de deux pieds de hauteur chacune, & d'un pied de largeur, qui excèdent le haut du genou de quatre doigts ou environ; lesquelles planches enfermeront les pieds, les jambes & les genoux en-dedans & dehors, & seront percées de quatre trous chacune, dans lesquels seront passées de longues cordes que le questionnaire serrera très-fortement; & après tournera lesdites cordes autour des planches, pour les tenir plus serrées; & avec un marteau ou mailler, il poussera à force sept coins de bois, l'un après l'autre, entre les deux planches qui seront entre les jambes, à l'endroit des genoux, & le huitième aux chevilles des pieds en-dedans, à chacun desquels le juge fera des interpellations à l'accusé, derrière lequel il y aura un homme pour le soutenir; s'il tomboit en défaillance, lui sera donné du vin. Lesdits coins finis, sera délié & mis sur le matelas, ainsi qu'il a été dit ci-dessus.

Il paroît que les magistrats ont regardé la question aux brodequins comme plus dangereuse par ses effets que la question avec de l'eau; car il est dit au mémoire que nous rapportons, que si la *question* de l'eau étoit préparatoire, & que le froid ne permît pas que l'accusé pût la soutenir, il sera différé jusqu'à ce que le temps fût adouci, *sans qu'il soit permis de donner les brodequins*, lesquels ne se donneront *que dans le cas que l'accusé, par quelque incommodité, ne puisse soutenir l'extension*. Si le temps n'est pas fort froid, on fera un peu chauffer l'eau dans la chambre de la *question*, dans laquelle il y aura absolument une cheminée & du feu pendant tout le temps de la *question* & que l'accusé reste sur le matelas.

Si l'accusé est condamné à mort & préalablement appliqué à la *question*, & qu'il ne puisse souffrir celle de l'eau avec extension, soit par la rigueur du temps ou par quelque incommodité, lui sera donnée sur le champ la *question* des brodequins, attendu que c'est un corps confisqué, & que les exécutions de mort ne se peuvent différer.

Le même réglement porte, que les médecins & chirurgiens resteront dans la chambre de la *question* tant que la *question* durera, pour veiller soigneusement à ce qu'il *ne vienne faute de l'accusé*, & qu'ils resteront encore dans ladite chambre quelque temps après que l'accusé sera sur le matelas, pour lui donner le soulagement nécessaire, & même le saigner s'il étoit besoin.

fut, en 1559, exposé au même supplice, sur l'accusation d'assassinat du président Minard.

Nous voyons, dans le journal de Henri III, que le comte de Montgomeri subit, en 1574, la *question* extraordinaire.

En 1645, Cinqmars, grand écuyer de France, éprouva le même tourment avant de subir son jugement.

Le sieur Despréaux, chevalier de Malte, accusé de crime de lèse-majesté, & condamné à mort en 1674, subit également la *question* préalable.

Les recueils de la jurisprudence criminelle nous offrent une multitude d'exemples de cette égalité effrayante pour les grandeurs & les dignités.

L'article XI de l'ordonnance de 1670, veut qu'après que l'accusé aura été tiré de la *question*, « il soit sur le champ & derechef interrogé sur » ses déclarations & sur les faits confessés ou » déniés ».

L'intention du législateur a été, que les faits avoués ou niés par l'accusé dans l'égarement de la douleur, ne pussent nuire ni au patient ni à ceux qu'il auroit faussement déclarés ses complices, à moins qu'il ne persistât dans les mêmes déclarations lorsqu'il auroit été remis en liberté.

Cependant, si malgré les rétractations du criminel détaché de la *question*, il résultoit des circonstances & des détails de son aveu, de fortes présomptions que ceux qu'il auroit accusés de complicité eussent réellement eu part à ses crimes, le juge n'en seroit pas moins fondé à approfondir la vérité des faits avoués & déniés; mais ces tergiversations rendant l'accusateur moins croyable, elles devroient également rendre les décrets moins sévères, & inspirer plus de réserve en faveur des accusés.

Lorsqu'une fois l'accusé a été délivré des entraves de la *question*, il ne peut, sous quelque prétexte que ce soit, y être exposé de nouveau. L'article 11 de l'ordonnance le défend expressément.

En voilà trop sans doute sur un mot dont nous perdrons un jour, avec le temps, jusqu'au souvenir. (*Cet article est de M.* DE LA CROIX, *avocat au parlement.*)

QUESTRON, QUOISTRON & COESTRON, c'est un bâtard, ou même, enfant d'une femme publique. *Voyez* dom Carpentier, dans son *glossarium novum*, au mot *Quæstuarius* 2.

Suivant cet auteur & du Cange, ce mot provient de celui de *quæstuariæ*, qu'on donnoit aux femmes publiques, *quia quæstu corporis vivunt*. (*G. D. C.*)

QUETAIGNE, (*Droit féodal.*) dom Carpentier dit, dans son glossaire françois, que c'est une sorte de droit, peut-être celui du cinquième dans les fruits d'une terre.

Cet auteur renvoie au *mot Quintana* 2 du glossaire de du Cange, où les additionnaires de ce dernier auteur citent une ancienne chartre, tirée du cartulaire de Saint-Vandrille, où il est dit: « chauves » (c'est-à-dire, sauf) toutes les rentes & redevanches qui devant lors en étoient dues, & » sauf droit *quetaigne* & tout autre droit ».

Il faut avouer que ce passage ne suffit pas pour donner une notion tant soit peu plausible de la signification du mot *quetaigne*. Mais il peut servir de point de comparaison pour d'autres titres; & voilà pourquoi on n'a pas cru le devoir omettre. (*G. D. C.*)

QUÊTABLES. *Voyez* QUESTABLES & QUÊTE, *n°. 1.*

QUÊTE, s. f. (*Droit Eccl.*) est le nom qu'on donne à la cueillette qu'on fait pour les pauvres, ou pour d'autres œuvres pies.

Par arrêt du 13 août 1739, rendu sur le requisitoire de M. le procureur-général, le parlement a confirmé les anciens réglemens rendus sur les *quêtes*, & notamment ceux des 26 mars 1559, 18 juin 1639, 25 mai 1641, & 23 décembre 1672; en conséquence a ordonné que tous bourgeois, marchands & artisans de cette ville & fauxbourgs, seront tenus de faire par leurs femmes ou filles, s'ils en ont, sinon par des personnes de condition égale à la leur, les *quêtes* des paroisses lorsqu'elles y rendent les pains bénis; leur fait inhibitions & défenses d'y envoyer leurs servantes ou domestiques, ou celles d'autrui, à peine de dix livres d'amende, applicable auxdits pauvres; a enjoint aux marguilliers de chacune desdites paroisses d'y tenir la main; lesquelles *quêtes* pour lesdits pauvres seront faites devant toutes autres, pour quelques causes qu'elles y eussent été ordonnées; a fait itératives défenses à toutes personnes, conformément auxdits arrêts, & notamment à celui du 25 mai 1641, de faire ni permettre aucunes *quêtes*, sinon les privilégiées, sans ordonnance & permission des commissaires du grand bureau des pauvres, lesquels, si aucunes *quêtes* se font autrement, pourront lesdits commissaires se saisir des deniers, pour les mettre dans les troncs desdits pauvres; a fait en outre inhibitions & défenses à tous supérieurs des maisons régulières & séculières, sacristains, prêtres, religieux mendians ou autres, de troubler directement ou indirectement, en quelque sorte & manière que ce puisse être, les femmes portant des boîtes, établies par lesdits commissaires & administrateurs des pauvres du grand bureau, pour quêter dans les églises & paroisses, le tout à peine de trois cens livres d'amende, applicable auxdits pauvres.

Par d'autres arrêts des 31 janvier & 6 mars précédent, la même cour a permis de quêter dans toutes les églises de Paris, pour les hôpitaux de la Trinité & des Enfans rouges, ainsi que pour les prisonniers; & il a été fait défense aux marguilliers, supérieurs de maison, & à toute autre personne, de troubler & empêcher ces *quêtes*, à peine de 300 livres d'amende, *&c.*

Les évêques ont le pouvoir de donner la permission de faire des *quêtes* dans les églises paroissiales de leur diocèse sans que les marguilliers puissent s'y opposer. C'est ce qui résulte de divers réglemens, & particuliérement d'un arrêt du 15 juin 1534, rendu contre les marguilliers de l'église de saint Paul d'Orléans.

Suivant deux arrêts rendus au parlement de Rennes les 12 mars 1712 & 4 décembre 1717, les recteurs & les prêtres habitués des paroisses de Bretagne, ne peuvent, sous peine de concussion, faire aucune *quête* d'argent, de bled, de beurre ni d'autres denrées, pour la célébration des messes qui se disent dans ces paroisses.

Les évêques ne peuvent pas empêcher les religieux mendians de faire les *quêtes* ordinaires, suivant les titres de leur établissement. Henrys, *tom. 1, liv. 1, chap. 3, quest. 46*, rapporte un arrêt rendu au parlement de Paris, le 26 avril 1646, qui l'a ainsi jugé.

Par un autre arrêt rendu au conseil privé du roi, le 16 juillet 1658, il a été ordonné que les récollets & les autres mendians du diocèse de Sarlat, pourroient faire les *quêtes* ordinaires, sauf à se pourvoir pardevant M. l'évêque pour les *quêtes* extraordinaires.

La connoissance des contestations relatives à la *quête*, appartient au juge séculier, & non au juge d'église. Boniface rapporte deux arrêts rendus au parlement de Provence, les 31 janvier 1667 & 28 novembre 1672, qui l'ont ainsi jugé.

Le procureur-général du roi au parlement de Paris, ayant été informé que les personnes qui étoient à la tête de certaines confrairies se répandoient dans des paroisses du ressort de la cour, & exigeoient, de gré ou de force, du bled des cultivateurs; il est intervenu, le 14 avril 1780, sur la requête de ce magistrat, un arrêt de réglement qui a fait défense à toutes sortes de personnes de faire aucune *quête* pour des confrairies, ailleurs que dans les églises de paroisses où l'exercice de ces confrairies se fait sous l'inspection des curés & des marguilliers, sans que ceux qui sont chargés de faire ces *quêtes*, en puissent faire dans les maisons ni dans les paroisses circonvoisines, à peine de cent livres d'amende contre chacun des contrevenans, même d'être poursuivis extraordinairement suivant l'exigence des cas.

QUÊTE, (*Droit féodal.*) ce mot a au moins deux acceptions dans notre droit féodal. Dans l'une & dans l'autre, il paroît dériver du latin *quærere*, qui a produit notre mot françois *quérir*.

1°. Plusieurs de nos coutumes appellent *quête* ou *queste*, la taille due au seigneur, soit par ses mains-mortables actuels, soit par ceux sur lesquels il a réservé ce droit en les affranchissant. On appelloit les premiers hommes de *quête*, *questaux*, *questables* ou *quêtables*, &c. parce que le seigneur pouvoit les suivre & les aller chercher (les *quérir*) pour les ramener dans sa terre, lorsqu'ils en sortoient, ou peut-être à cause de cette taille qui étoit quérable.

Quelques coutumes de nos provinces méridionales, disent *questa* dans le même sens, & l'on y appelle aussi *quête*, la taille que les anciens souverains du pays levoient sur tous leurs sujets, pour les cas impériaux. Voyez les *Statuts de Provence* par Julien, *tit. des Tailles, & les articles* QUESTA & QUESTAUX.

Il y a différentes espèces de *quêtes* : telles sont la queste ou taille annuelle, qui est la plus commune; la *quête* de trois ans en trois ans, dont parle la coutume de Nivernois, *chap. 8, art. 7;* la *quête*, aux quatre cas, dont parle celle de Bourbonnois *art. 343, & suiv.* & la *quête* courant. La coutume de la Marche assujettit les propriétaires des héritages serfs, à cette dernière espèce de *quête*, quoiqu'ils doivent aussi la *quête* annuelle & celle aux quatre cas.

Toutes ces *quêtes* ou tailles, peuvent être plus ou moins modifiées par les titres & la possession. Elles peuvent être abonnées ou à volonté. *Voyez les articles* QUESTAUX, TAILLE SEIGNEURIALE, QUÊTE COURANT, MAIN-MORTE, *&c.*

2°. On appelle *quête*, en parlant des meûniers, les excursions qu'ils font avec leurs bêtes de charge pour aller chercher les grains qu'ils font moudre à leur moulin & rapporter les farines que ces grains ont produites. C'est ce qu'on appelle aussi *chasse-meunée*, ou simplement *chasse*.

Le seigneur qui a un moulin bannal, peut, sans difficulté, empêcher les meûniers voisins de venir quêter dans l'étendue de la bannalité, puisque leur *quête* ne peut guères avoir d'autre objet que d'y porter atteinte. C'est la décision de plusieurs coutumes & la jurisprudence des cours paroît constante sur ce point; on ne leur permet pas même d'aller dans les marchés des lieux sujets à la bannalité, acheter & charger des bleds, pour les transporter hors du marché.

Quelques auteurs avoient, à la vérité, enseigné le contraire. C'étoit en particulier le sentiment d'Harcher, dans son *Traité des fiefs*, sur la coutume de Poitou, *chap. 11, sect. 1*, §. 29; mais la question s'étant présentée entre M. le comte d'Eu, prenant le fait & cause du fermier de ses moulins bannaux d'Aumale, & la veuve Gautier, propriétaire du moulin de Villers, près Aumale, elle fut jugée en faveur de M. le comte d'Eu. Dans l'espèce de cet arrêt, le fermier des moulins bannaux d'Aumale avoit fait saisir les grains & les bêtes de charge de la veuve Gautier, trouvés sur le marché; la saisie avoit été déclarée valable par la sentence du juge d'Aumale, qui fut confirmée par arrêt du 5 août 1761, rendu au rapport de M. Severt.

Autre chose seroit, si le marché d'une ville non bannale dans sa généralité, étoit situé dans un canton sujet à une bannalité particulière. Un arrêt du 19 mars 1764, rendu au rapport de M. de Brétigneres, l'a ainsi jugé pour le marché de Melun, qui se tient dans la paroisse de Saint-Aspais, sujette à la bannalité du moulin Poignet. Cet arrêt, en maintenant le fermier dans la bannalité, fait défenses aux meûniers étrangers à la paroisse de Saint-Aspais de quêter dans le marché de Melun les grains des habitans de cette paroisse, & permet au meûniers voisins de chasser & *quêter* librement dans ledit marché les grains & bleds, appartenans à toutes personnes non domiciliées dans l'étendue de la paroisse de Saint-Aspais. *Voyez* le nouveau *Denisart*, au *mot* BANNALITÉ, §. 5, *n°. 11.*

Il sembleroit d'abord que cette prohibition faite aux meûniers de *quêter* dans les terres des seigneurs voisins ne devroit pas avoir lieu dans les seigneuries où le seigneur n'a que des moulins non-bannaux. La liberté naturelle & les avantages qui doivent résulter de la concurrence, soit pour un service prompt & commode, soit pour la modicité du prix, soit enfin pour une meilleure mouture, paroissent décider la question contre les seigneurs; cependant la jurisprudence contraire a prévalu depuis plus de trente ans.

Voici les raisons qui paroissent l'avoir déterminée.

Suivant les principes de notre droit public, les eaux courantes n'appartiennent pas aux propriétaires des héritages, entre lesquels elles coulent, mais bien au seigneur du territoire. On a conclu de-là que le seigneur avoit le droit exclusif de construire des moulins, ou d'en permettre la construction dans son territoire.

Il importe d'ailleurs que des machines aussi utiles, &, pour ainsi dire, de premier besoin, soient soumises à la jurisdiction & à la police immédiate du seigneur; leur construction ne peut donc pas être laissée à la discrétion des particuliers.

Ces vastes machines ne sont pas moins coûteuses, qu'utiles, & la construction d'un ou de plusieurs nouveaux moulins, pourroit souvent ruiner tout à la fois, le seigneur, qui en auroit un plus ancien, & les particuliers qui en construiroient de nouveaux.

Mais si les meûniers voisins avoient la liberté de venir *quêter* dans la seigneurie, les frais considérables que coûte la construction des moulins, & leur entretien, seroient souvent en pure perte pour les seigneurs. Cette facilité rendroit presque inutile le droit exclusif qui lui appartient d'avoir un moulin, & la police même de sa jurisdiction.

Enfin, l'expérience a prouvé que la liberté indéfinie qu'on laissoit aux meûniers de chasser les uns sur les autres, donnoit lieu à des voies de fait & à des querelles perpétuelles.

Aussi la seule des coutumes du royaume qui ait prévu la question, l'a-t-elle décidée en faveur des seigneurs : l'art. 16 de la coutume de Péronne, porte : « semblablement ne peuvent lesdits meûniers ou leurs serviteurs, aller, ne » envoyer charger grains ès villages des sei- » gneurs..... haut-justiciers, ayant moulins en » iceux, ni y mener farine, encore que lesdits » seigneurs n'aient droit de bannage en leursdits » moulins ».

A la vérité quelques auteurs ont été d'une opinion contraire, & d'anciens arrêts paroissent l'avoir accueillie : « les seigneurs, dit le Grand, qui » n'ont aucun droit de bannalité, ne peuvent em- » pêcher les meûniers circonvoisins, de chasser ou » *quêter* du bled en leur terre sur leurs justiciables. » Jugé par arrêt de l'an 1560, transcrit par Le- » vest, *arrêt 70*; Pithou, dans ses *Notes* sur la » coutume de Troyes; Charondas, Chopin & » autres; & par un autre arrêt du 28 juin 1597, » donné au rapport de M. Louet, & par lui re- » marqué, *lett. M*, *som. 17*, il a été permis à un » vassal d'envoyer *quêter* du bled à moudre sur la » terre & seigneurie de son seigneur féodal, qui » n'avoit point de bannalité. *Voyez* Mornac, » Tronçon, Joannes Faber ».

On lit aussi dans le *Répertoire universel*, au mot *Moulin*, §. 30, « que le parlement de Normandie » a jugé la même chose par arrêt du 14 août 1765, » cité dans le *Dictionnaire* de M. Houard, au mot » *Bannalité* ».

La manière dont s'est expliqué M. Houard, semble effectivement annoncer que telle a été la décision de cet arrêt; mais il s'en faut de beaucoup qu'il ait jugé de cette manière. M. le Royer de la Tournerie en rend un compte tout différent dans son *Traité des fiefs* à l'usage de la Normandie, *liv. 1*, *chap. 10*, *sect. 1*, §. 3, « il a été jugé, dit-il, » par cet arrêt, que quand un seigneur a un mou- » lin bannal dans une paroisse, il peut empêcher » un autre meûnier, de la même paroisse, dont » le moulin n'est point bannal, d'aller chercher, » ni reporter les poches de qui que ce soit, *quand* » *même ce seroient les poches des particuliers non* » *banniers* ».

On voit que cet arrêt est bien plus favorable que contraire aux seigneurs des moulins, qui ne sont pas bannaux.

Quoi qu'il en soit, la jurisprudence du parlement de Paris, contre les meûniers étrangers qui viennent *quêter* dans le territoire d'un seigneur voisin, qui a un moulin non bannal, est consacrée par une multitude d'arrêts.

Le premier de tous qui se trouve avec quelques autres dans le *Recueil* de Denisart, au *mot Meûnier*, a été rendu à la grand-chambre, le 11 août 1752; il a maintenu le meûnier de Lesquielle, près Guise en Picardie, coutume de Ribemont, dans le droit d'empêcher les meûniers voisins de venir *quêter* mouture dans la paroisse de Lesquielle où son moulin est bâti.

Deux autres arrêts semblables des 16 décembre 1754 & 16 avril 1755, sont indiqués dans une affaire, dont les mémoires m'ont passé sous les yeux.

Denisart ajoute que le défenseur de M. le comte d'Eu, dans l'affaire des moulins d'Aumale, dont on vient de parler, cite un quatrième arrêt conforme, du 16 avril 1755, rendu sur les conclusions de M. le procureur-général, plaidans Mes Paporet & Babille.

Suivant le même auteur, un cinquième arrêt rendu au rapport de M. l'abbé Terray, le 9 mars 1761, pour la coutume de Vermandois, entre la plupart des meûniers de Guise & plusieurs autres meûniers du même canton, a fait les mêmes défenses aux meûniers étrangers, quoique la plupart des meûniers qui les provoquoient n'eussent point de bannalité, ni même de justice.

Voici d'autres arrêts qui sont, ou imprimés, ou annoncés dans ceux qui le sont, & dans les mémoires imprimés.

Un sixième est intervenu pour la Thiérache au rapport de M. Severt, le 4 mai 1763.

En voici l'espèce : les trois villages d'Hannappe, Bossu & Lagny, appartiennent à trois seigneurs différens, & ont chacun un moulin; mais ils ne forment qu'une seule paroisse & une seule communauté. De tout temps les meûniers chassoient concurremment dans les trois villages; mais celui d'Hannappe n'ayant plus voulu souffrir cette concurrence, se pourvut au bailliage de Rumigny, & quoique son moulin ne fût pas bannal, il obtint contre les meûniers de Bossu & Lagny une sentence qui leur fit défenses de chasser meûnée à Hannappe, & qui fut confirmée en la cour.

Un septième arrêt a été rendu au rapport de M. Lambelin, le 29 août de la même année 1763, en faveur de l'abbaye de Nory & ses meûniers de Saulx-le-Bois, contre le nommé Wartier, meûnier du moulin de Sévricourt.

Un huitième, du 31 janvier 1763, avoit fait défenses à Nicolas Lamoureux & à tous autres meûniers, sauf ceux du domaine d'Etampes, & ceux qui auroient été abonnés avec les seigneurs, de *quêter*, chasser & enlever aucuns grains de la ville d'Etampes, sauf aux habitans à les conduire eux-mêmes à leurs moulins avec leurs propres chevaux & voitures.

Un neuvième & un dixième arrêts ont été rendus sur les conclusions de M. l'avocat-général Séguier, le 5 mars 1766, en faveur de M. le duc d'Orléans, contre les nommés Leterme & Rimbault.

Il faut convenir toutefois, que cette jurisprudence avoit paru s'ébranler en 1767. Un arrêt du 17 juillet de cette année, avoit permis aux meûniers du marquis de Champigny, d'aller *quêter* mouture à Montargis, dont les moulins ne sont pas bannaux; mais M. le duc d'Orléans, seigneur apanagiste de Montargis, s'étant pourvu au conseil, l'arrêt de 1767 y fut cassé, & la *quête* des meûniers voisins, prohibée à Montargis.

Un onzième arrêt est intervenu le 6 septembre 1782, en faveur de M. le duc de Penthièvre, pour la ville d'Eu. Une partie de cette ville est à la vérité sujette à la bannalité ; mais le surplus, & particuliérement toutes les maisons du fief de la Chaussée n'y sont pas soumises. En 1778, les meûniers de la ville saisirent les farines & les bêtes de charge de Bovin, meûnier voisin, qui rapportoit cette farine chez le nommé Carpentier, dont la maison paroît être dans la mouvance du fief de la Chaussée.

Sur la demande de Bovin, en restitution des choses saisies, il intervint le 6 février 1779, une sentence qui, en ordonnant l'exécution des sentences du siège, & arrêts de la cour, *qui font défenses aux meûniers de quêter & chasser meûnée hors de leur arrondissement*, déclare la saisie valable, & condamne Bovin à payer aux meûniers de la ville d'Eu, pour leur tenir lieu de dommages-intérêts, la somme de 600 liv. à quoi avoient été estimées les choses saisies : « & faisant droit » sur les conclusions du procureur-général-fiscal, » réitère les défenses ci-devant faites aux meû- » niers de *quêter* & chasser meûnée, soit par eux, » leurs gardes-moulins, enfans, *&c.* hors de leurs » paroisses & arrondissemens respectifs... le tout à » peine de dommages-intérêts, saisie & confisca- » tion, *&c.* ».

Bovin interjetta appel de ce jugement; il offrit de prouver que la maison de Carpentier, où les farines avoient été saisies, étoit assise dans l'étendue du fief de la Chaussée, non sujet à la bannalité des moulins de la ville; l'arrêt qui fut imprimé & affiché, n'eut aucun égard à ces offres : il confirma la sentence, avec amende & dépens.

Le dernier arrêt, dont j'ai une copie entière, avec celle des mémoires respectifs, est le plus remarquable de tous. Il a aussi été rendu pour le comté d'Eu, le 26 août 1783, dans les circonstances suivantes.

Le village de Guerville, qui est très-considérable, étoit ci-devant dans la mouvance de ce comté, auquel il a été réuni il y a environ un siècle. Il n'y a jamais eu de moulin bannal & il n'y a plus même de moulin depuis très-long-temps. Le moulin le plus voisin est celui de Longroy, baronnie mouvante du comté d'Eu, & appartenante au comté de Rouault. Il n'est éloigné de Guerville que d'une demi-lieue.

Jusqu'en 1773 le meûnier de ce moulin, & ceux du voisinage, avoient été librement *quêter* à Guerville; mais M. le duc de Penthièvre avoit un moulin bannal à Grandcour, autre baronnie dépendante du comté d'Eu. Quoique ce moulin fût à cinq quarts de lieue de distance de Guerville, dont les habitans ne sont point sujets à la bannalité, les meûniers qui l'avoient affermée, obtinrent deux sentences contre le nommé Gaudon, meûnier de Longroy, qui lui défendoient d'aller *quêter* & chasser à Guerville. La dernière, qui est du 29 avril 1778, le condamne de plus en 300 livres de dommages-intérêts envers le meûnier de Grandcour & en 100 livres d'amende envers le prince.

Gaudon interjetta appel au parlement ; il y demanda acte par une requête du 2 juin 1780, de l'aveu fait par Lasnier (fermier du prince), dans une autre requête du 4 avril précédent : « que la paroisse de Grandcour est libre & fran- » che, qu'elle n'est assujettie à aucuns droits de » bannalité, qu'elle peut faire moudre son bled, » par qui bon lui semble ».

Les deux seigneurs intervinrent : M. le duc de Penthièvre soutint que Guerville devoit être de l'arrondissement de Grandcour, quoique plus éloigné, parce qu'il en étoit le seigneur.

Le comte de Rouault de son côté, soutenoit que le village de Guerville, n'ayant aucun moulin, devoit être compris dans l'arrondissement de son moulin de Longroy, attendu la proximité, s'il n'étoit ouvert à tous les meûniers indistinctement. Il observoit que le moulin de Grandcour n'avoit pas été construit pour les habitans de Guerville, puisqu'il existoit avant la réunion de la baronnie de Grandcour au comté d'Eu ; que dans cet état de chose, celui de Longroy auroit dû avoir la préférence, & que l'acquisition du prince ne devoit rien changer à ses droits ; enfin, il offroit de prouver que ses meûniers étoient en possession immémoriale d'aller *quêter* à Guerville. & il rapportoit un certificat qui constatoit que c'étoit-là le vœu des habitans.

Malgré toutes ces raisons, l'arrêt rendu sur les conclusions de M. le procureur-général au rapport de M. le Lefevre d'Amecourt, confirma les sentences.

Le même arrêt maintient & garde ledit Lasnier, « dans le droit & possession de chasser & *quêter* ; » faire chasser & *quêter* meûnée, exclusivement à » tous autres meûniers, dans la paroisse de Guer- » ville, sous telles peines qu'il appartiendra..... » condamne ledit de Rouault, & ledit Gaudon, » chacun à leur égard, en tous les dépens ». (*M. Garran de Coulon.*)

Quête de bled. *Voyez* Quête (*Droit féodal.*) n°. 2.

Quête, (*Cens à*) *Voyez* Queste, (*Cens à*).

Quête courant, (*Droit féodal.*) la coutume de la Marche donne ce nom à une espèce de taille que les seigneurs laïques peuvent imposer de deux années l'une, au lieu du double d'août, sur leurs serfs, c'est-à-dire, sur ceux qui tiennent d'eux des héritages serfs. L'assiette générale de cette taille ne peut pas monter à plus que le double d'août pour la totalité de la seigneurie ; mais elle peut être répartie différemment sur les contribuables.

Cette taille doit être imposée & demandée en justice dans l'an qu'elle doit être imposée, sinon elle est prescrite pour cette fois. Elle ne peut pas non plus se lever dans les années où l'on a droit de percevoir la taille aux quatre cas, quoique le seigneur puisse lever le double d'août. Les gens d'église ne peuvent exiger aucune de ces tailles, lors même qu'ils ont acquis le droit des seigneurs laïques qui les levoient. Mais si la seigneurie retourne dans la main des laïques, ces tailles revivent. *Voyez les articles 126, 127, 129, 141, 157 & 164 de la coutume de la Marche. Voyez aussi* Taille seigneuriale, Main-morte (*Droit féodal*), Double d'aout & Vinade.

Au reste, Couturier de Fournoue observe sur l'article 127, « qu'il n'y a plus d'usage de ces » sortes de devoirs de double d'août ou *quête cou-* » *rant.* » (*G. D. C.*)

Quête des meuniers. *Voyez* Quête, (*Droit féodal.*) n°. 2.

QUEVAGE, *ou* Quiefvage, (*Droit féodal.*) ce droit est énoncé, sans autre explication, à la fin du procès-verbal de la coutume de Péronne. Ragueau convient dans son indice, qu'il en ignore la signification. Il ajoute seulement, « qu'aucuns » l'entendent pour müage ou forage, une queue, » un muids ». Mais cette interprétation n'est point fondée.

Laurière fait voir dans son *Glossaire*, d'après Lafond sur la coutume de Vermandois ; Brodeau sur celle de Paris ; Galland, dans son *Traité du franc-aleu*, & Ducange, que le *quevage* est même chose que le *chevage*. Les Picards disent *quief* ou *kief*, au lieu de *chef*.

Cet auteur s'est néanmoins mépris, en confondant dans le même article le chevage avec le *chef-cens*. Le chef-cens est un droit réel ; c'est le véritable cens dû au seigneur par les domaines roturiers, en reconnoissance de sa directe, tandis que le chevage est un droit personnel, une espèce de capitation fixe & immuable, due au seigneur par ceux qui demeurent dans sa seigneurie.

Il paroîtroit, par ce que dit Buridan, sur l'art. 7 de la coutume de Vermandois ; & Bacquet, dans son *Traité du droit d'aubaine*, *chap. 5*, que dans le Vermandois, le chevage consistoit dans une taille de 12 deniers parisis, qu'on levoit annuellement sur chaque *chef* des bâtards, des aubains ou étrangers, qui étoient mariés ou veufs ; mais il y a des seigneuries où ce droit est dû, indistinctement par tous ceux qui y sont domiciliés.

Le même Buridan dit qu'il a vu depuis peu quelques fermiers faire telle recherche & au lieu de 12 deniers parisis, demander quatre sous parisis ; mais que ce droit devroit être aboli, étant grandement préjudiciable au repos des familles, en donnant lieu de rechercher & révéler la turpitude des défunts. Il ajoute que le S. archevêque de Rheims s'étoit virilement opposé à ceux qui venoient faire telles recherches. Enfin d'autres auteurs assurent que la perception de ce droit de chevage est présentement par-tout aboli.

Cela peut être vrai pour l'espèce particulière de

chevage, qui est dû au roi dans le Vermandois; diverses loix bursales, & notamment la déclaration du 27 juillet 1697, parlent néanmoins de ces droits de chevage & de formariage sur les étrangers, comme subsistant, pour fonder la demande qu'on faisoit aux étrangers & aux bâtards d'un droit de confirmation de leurs lettres de naturalité & de légitimation; mais si ces loix paroissent être tombées dans une heureuse désuétude, il y a encore plusieurs seigneuries, soit dans le Vermandois, soit dans la Champagne, ou ailleurs, où le droit de chevage subsiste toujours à un taux plus ou moins haut. La taille seigneuriale ou quête annuelle, n'est elle-même qu'une espèce de chevage. (*G. D. C.*)

QUEVAISE ou QUEVESE, (*Droit féodal.*) ce mot se trouve dans l'art. 32 de l'usement de Cornouaille, qui en donne l'explication. Cet article est ainsi conçu: « vers Corlay, il y a une usance, » & telle qui se pratique en quelques endroits du » duché; savoir, est le droit de *quevese*, auquel le » dernier né, soit fils ou fille, demeure seigneur » de tout l'héritage, les seuls meubles étant partables entre les autres enfans, auxquels derniers » nés, mourans sans hoirs de leurs corps, succèdent les seigneurs fonciers ».

L'article 33 ajoute: « ès terres dépendantes de » l'abbaye du Rellec, l'on observe même usance » qu'audit Corlay; savoir, est le droit de *quevese*, » qui journellement s'altère en droit convenancier ».

L'usement de Cornouaille écrit *quevese*. Hevin & Sauvageau dans ses notes sur Dufail, portent *quevaise*. Mais on lisoit *quenaise* dans la première édition de Dufail. On peut croire que c'étoit une faute d'impression, puisqu'on a rétabli *quevaise*, dans l'édition augmentée par Sauvageau, à l'exception du dernier alinea du *chapitre 150 du liv. 3*, où l'on a laissé subsister le mot *quenaise*.

Cependant on voit dans le *Glossaire du droit françois*, que, « selon quelques-uns, ce mot vient » de *quenais*, qui signifie en Breton *va dehors*, » parce qu'en vertu de ce droit, le plus jeune » des enfans chasse les autres ». Cette observation » se retrouve dans les notes d'Hévin, sur les coutumes locales de Bretagne. Mais, ajoute Laurière, le mieux est de dire qu'il vient de *capitagium*, *cavagium* & *quevagium* ».

Il faut néanmoins avouer qu'il n'y a guère de rapport, entre le droit de *quevage* ou *chevage*, & celui de *quevaige*; & la prononciation picarde, qui a fait introduire le mot *quevage*, ne peut guère avoir eu d'influence en Bretagne.

Sauvageau, dans ses *Notes sur Dufail*, *livre 1*, *chap. 275*, donne au mot *quevaise*, une autre origine, qui ne paroît pas beaucoup s'éloigner de celle que Laurière a rejettée: « le mot de *quevaise*, dit-il, ne signifie autre chose, sinon *congéable*, qui est le mot adjectif de *convenant*, que » l'on appelle *à domaine congéable*, lequel adjectif a » été usurpé comme propre aux *quevaises*, pour ce » que les *quevaises* ont quelque chose de plus ancien en leur origine que les autres convenans congéables, de tous lesquels chacun sait qu'il n'y » a aucune loi certaine & uniforme, à raison de » quoi ils sont appellés convenans, comme dépendans de conventions & congéables, ou de » *quevaise*, pource qu'originellement tous les domaines ont été & sont pour la plupart congéables: car *quevaise* est dit de *quayevais*, qui signifie *va dehors*, ou de *quen-mais*, qui signifie » tenue champêtre, au même sens que le mot de » *Meix*, est usurpée en la coutume de Bourgogne, au *tit. de main-morte*, §. 4, & autres suivans, & le mot de *Mas* en Dauphiné, comme » il se remarque dans le plaidé 16 de M. Expilly, » & au sens du mot de *Mansus*, dans les *liv. des* » *Feudes*, §. *Si quis de Mans.*, *tit. de feudo fuer.* » *contr.* comme étant ce mot de la langue ancienne Celtique ».

Quoi qu'il en soit de cette étymologie, Furic, dans ses notes sur l'usement de Cornouailles, s'est beaucoup récrié, non pas contre la réversion attribuée au seigneur en cas de décès du dernier né, lorsqu'il ne laisse pas d'enfans, mais contre ce privilège du dernier né. Il prétend que la loi doit en être abrogée comme mauvaise. « Il » n'y a rien, dit-il, de plus contraire à la nature, » que ce prétendu usement qui dépouille l'aîné » pour en revêtir le cadet... Mais le consentement du peuple ne peut point obliger, même » civilement, ni dans le for extérieur à une coutume, qui est contraire à la loi de Dieu, qui a » toujours donné les avantages du bien à celui » qui avoit reçu ceux de la naissance... & nous » croyons pouvoir dire sans témérité, que si » Damon fut autrefois banni d'Athènes, pour sa » sagesse, les auteurs de ces loix fantasques n'eussent jamais couru le même risque, comme destitués du principe, qui donna cause à la rigueur » de l'ostracisme ».

Cependant, si le partage égal des biens entre les enfans, n'étoit pas l'indication de la nature, on pourroit soutenir que le droit de *quevaise* est plus raisonnable en soi que celui d'aînesse, lors du moins qu'il ne s'exerce qu'entre des roturiers, & non pas entre nobles, pour lesquels on peut alléguer la nécessité de soutenir la dignité du chef de la famille. Le plus jeune des enfans, ayant coûté moins d'entretien à ses père & mère, & ayant moins de ressources pour subsister, a plus besoin de biens que son aîné. Aussi le droit du plus jeune a-t-il été adopté dans plusieurs pays. *Voyez* MARQUETTE & MAINETÉ.

On voit bien dans Dufail, que le droit de *quevaise*, ayant été prétendu par l'abbé de Reterre ou du Relecq, sur ses sujets, l'affaire fut appointée au conseil; mais il ne s'agissoit dans cette affaire que du droit de réversion prétendu par le seigneur; Dufail ajoute même, que par arrêt du

11 octobre 1568 ou du 27 avril 1569, la sentence du juge des lieux qui condamnoit les sujets de l'abbé d'employer tel devoir en leur tenue, fut confirmée. Arrêts du parlement de Bretagne, *liv. 1, chap. 275; & liv. 3, chap. 150.*

Sauvageau a fait sur le texte de Dufail, la note suivante, qu'on trouve aussi dans le coutumier général de Richebourg, au *chap. 9* des *Usages locaux* joints à la coutume de Bretagne: « l'abbé » du Relec présenta & fit vérifier en la cour des » lettres obtenues du roi en 1575, pour la conver- » sion du bail à *quevaise*, en bail à cens & rachat... » & néanmoins l'ancienne *quevaise* a toujours sub- » sisté en la plus grande partie des terres dépen- » dantes de cette abbaye; & ledit sieur Hevin a » rapporté ensuite de la coutume & des arrêts sur » icelle, *ad calcem*, des plaidoyers de Me Sebastien » Frain, de l'édition de 1659, *fol. 328*, au pied de » l'usement de *quevaise*, deux arrêts, l'un de 1642, » l'autre de 1648, par lesquels la cour en a con- » firmé le droit pour la commanderie du Paraclet » & les religieux de l'abbaye de Begare ».

L'extrait de ces lettres-patentes & de l'arrêt d'enregistrement est donné d'une manière plus détaillée au *chap. 495 du liv. 2* de Dufail.

Enfin on trouve à la suite de la coutume générale de Bretagne, que Hevin a fait imprimer en 1682, *pag. 363*, & au *chap. 9* des *Usages locaux de Bretagne*, joints à la coutume générale de cette province, dans le coutumier général de Richebourg, un texte particulier, qui explique avec beaucoup d'étendue le droit de *quevaise*, tel qu'il est dû à l'abbaye du Relec. Mais plusieurs de ces articles ne sont relatifs qu'à des droits de corvée & à d'autres droits qu'on ne doit pas étendre aux autres seigneuries où le droit de *quevaise* est établi. Aussi Hevin dit-il qu'il les a extraits des titres des religieux de Bégare.

Ajoutons encore que Sauvageau dit dans ses *Notes* sur Frain, *liv. 3, chap. 150*, « que la repré- » sentation en ligne directe & collatérale a lieu » au droit de *quevaise*, suivant un arrêt du 26 » juin 1596, rapporté par Belordeau, *liv. 106, con- » trov. 7, vol. 2* ». Cela ne doit s'entendre apparemment que de certaines seigneuries. *Voyez* au surplus les articles MOTE, QUESTAUX & MAINMORTE, (*Droit de*). (*G. D. C.*)

QUEVESE. *Voyez* QUEVAISE.

QUEVREFEU, ce mot se trouve pour *couvre-feu*, dans les anciennes coutumes de Berry, recueillies par la Thaumassière, *p. 338*. (*G. D. C.*)

QUEYLANIE. *Voyez* QUAYLANIE.

QUI, pronom relatif qui sert à rappeller l'idée des personnes ou des choses dont on a déjà parlé; ce qu'il fait tantôt par forme d'explication, tantôt par forme de restriction; ensorte qu'il est explicatif ou limitatif.

Il est explicatif, quand les mots qui le suivent & qui en dépendent, ne font que développer ce qui étoit enfermé dans l'idée des noms ou pronoms auxquels le *qui* se rapporte, sans y rien changer.

Il est limitatif, quand on s'en sert pour restreindre & déterminer la signification des noms ou pronoms auxquels il se rapporte.

Mais comment, dans la pratique, distinguera-t-on les deux cas l'un d'avec l'autre? Les grammairiens & les jurisconsultes nous tracent là-dessus différentes règles qu'il est important de rappeller ici.

Première règle. Toutes les fois que l'idée renfermée dans les mots placés après le relatif, convient & peut se rapporter dans toute son étendue à l'*antécédent*, alors le relatif n'est & ne peut être qu'explicatif. Telle est cette phrase: « les hommes » *qui* sont créés pour connoître & pour aimer » Dieu ».

Deuxième règle. Quand l'antécédent d'une proposition est tellement déterminé par lui-même, qu'il n'est plus susceptible d'aucune détermination ultérieure, comme lorsqu'il représente un individu unique, soit dans son genre ou dans son espèce, & qu'on ne peut pas restreindre à une espèce plus particulière; dans ce cas encore le pronom relatif, qui unit cet antécédent à une période suivante, ne fait qu'expliquer ce qui le concerne, sans le restreindre ou le déterminer. En voici des exemples sensibles: « je viens de quitter » ma femme *qui* alloit à la messe. Je lègue cent » écus à mon frère cadet, *qui* m'a rendu de grands » services. J'institue pour mon héritier universel » mon fils unique, *qui* porte le nom de Pierre ».

Troisième règle. Quand l'antécédent d'une proposition est vague & indéterminé, ou que du moins il peut être susceptible d'une détermination ultérieure, & que l'idée renfermée dans les mots qui lui sont unis par le relatif, ne peut, par la nature des choses, lui convenir & s'y rapporter généralement & dans toute son étendue, alors le relatif est nécessairement restrictif ou déterminatif. Par exemple, si je dis: « j'institue pour mon héritier » la personne *qui* m'appartient dans le degré le » plus proche »; comme en ce cas, l'antécédent *personne* présente une idée générale qui peut être restreinte à des idées & des classes beaucoup plus particulières, & que par conséquent les termes, *qui m'appartient dans le degré le plus proche*, peuvent, par la nature des choses, convenir & se rapporter à cet antécédent dans toute son étendue, il est évident que le *qui* est nécessairement restrictif ou déterminatif, c'est-à-dire, qu'il restreint l'antécédent général, *personne*, à celui qui est mon plus proche parent.

Quatrième règle. Quand l'antécédent, quoique suffisamment déterminé par lui-même pour pouvoir être reconnu sans indication ultérieure, peut cependant recevoir une détermination plus spéciale; quand, d'un autre côté, l'idée unie à cet antécédent par le relatif qui le suit, peut s'y rapporter ou ne s'y rapporter pas dans toute son étendue, selon ce ce qu'a voulu ou n'a pas voulu celui qui a parlé; & quand on doute en conséquence si les mots qui ont été unis à cet antécédent par le relatif, y ont été ajoutés pour le restreindre & y changer quelque chose, ou uniquement pour l'expliquer ou pour désigner quelque chose qui peut y avoir rapport, sans cependant y rien changer; dans ces cas, la question de savoir si le relatif a été employé par forme de restriction ou par forme d'explication, est purement de fait, & dépend absolument des circonstances, de la construction de la clause, des indices qui peuvent faire connoître la volonté, *&c.*

Par exemple : « je lègue à Titius toutes mes » vignes *qui* sont en Champagne ». Il est certain que dans cette phrase le *qui* sera limitatif, si j'ai des vignes dans plusieurs provinces, & qu'au contraire il ne sera qu'explicatif si toutes les vignes que j'ai, se trouvent en Champagne.

Autre exemple : « j'institue pour mon héritier » le plus proche de mes parens *qui* demeure à » Paris ». Dans cette espèce, le testateur a voulu appeller, ou son plus proche parent sans distinction, ou le plus proche de ceux d'entre ses parens qui demeuroient à Paris. Dans le premier cas, le *qui* est simplement explicatif; il ne sert, avec les mots dont il est suivi, qu'à la désignation de l'endroit où le testateur croyoit que son plus proche parent demeuroit; & par conséquent, s'il s'étoit trompé sur cet endroit, l'institution seroit toujours valable, *falsa demonstratio non vitiat legatum.* Dans le second cas, au contraire, le *qui* est limitatif : pourquoi ? Parce que, dans l'idée du testateur, comme dans la vérité du fait, l'expression, *qui demeure à Paris*, ne peut convenir à l'antécédent, *mon plus proche parent*, pris dans sa signification absolue; & que cet antécédent, quoique suffisamment individué par lui-même, pouvoit cependant être restreint par le testateur au plus proche d'entre les parens qu'il avoit à Paris.

Donnons un troisième exemple. « J'institue mon » plus proche parent, *qui* paiera après ma mort une » pension de cent écus à mon domestique Pierre ». Cette clause ne présente encore qu'une question de fait : car si le testateur a entendu instituer le plus proche d'entre ceux qui paieroient à Pierre une pension de cent écus, le *qui* sera déterminatif; mais si son intention a été d'appeller individuellement le plus proche de tous ses parens & de le charger d'une pension de cent écus, le *qui* sera explicatif, c'est-à-dire, ne fera qu'expliquer une chose que doit faire le plus proche parent.

Mais comment distinguer, dans ces différentes espèces; quelle a pu être la volonté du testateur ? Le moyen le plus simple de parvenir à cette distinction dans la pratique, est de répéter après le relatif *qui*, l'antécédent entier qui le précède. Si cette répétition n'apporte dans la construction, ni barbarisme, ni contre-sens, & rend au contraire plus sensible & plus certaine l'idée de celui qui parle, il y a tout lieu de croire que le relatif n'est employé que par forme d'explication : dans le cas contraire, on doit communément le regarder comme déterminatif.

Ainsi dans cette phrase, « j'institue mon plus » proche parent, *qui* paiera cent écus de pension » à mon domestique Pierre », le *qui* doit être considéré comme simplement explicatif, parce qu'au lieu de commettre un barbarisme en disant, « j'institue mon plus proche parent, lequel mon » plus proche parent paiera, *&c.* »; je ne fais au contraire qu'éclaircir davantage l'idée qu'a voulu exprimer le testateur.

Il en seroit autrement dans la phrase suivante : » je lègue à Titius tous les tonneaux qui sont dans » ma cave ». Ce seroit certainement choquer l'oreille que de dire : « je lègue à Titius tous les » tonneaux, lesquels tous les tonneaux sont dans » ma cave ». Cette répétition de l'antécédent, *tous les tonneaux*, ne présenteroit qu'un barbarisme qui ne feroit qu'embrouiller l'esprit; elle offriroit même plutôt un sens faux qu'une explication plus exacte; & par conséquent le *qui* ne pourroit, dans une telle clause, être considéré que comme limitatif.

Ajoutons une observation importante sur le cas où le relatif est employé par forme d'explication.

Cette explication peut n'être qu'une simple démonstration, & il peut en résulter une condition. Cela dépend du temps par lequel elle se fait.

Si on l'exprime par le présent ou le passé, elle ne forme qu'une démonstration. Telles sont ces phrases : « je lègue Stichus, *qui* m'appartient. Je » lègue cent écus à Pierre, *qui* a épousé ma sœur » aînée ». Ces expressions, *qui m'appartient*, *qui a épousé*, *&c.* ne présentent que l'idée d'une démonstration dont la fausseté ne vicie pas le legs. La loi 85, D. *de legatis* 3°., y est on ne sauroit plus précise.

Mais si l'explication se fait par le futur, elle forme une condition. Ensorte que quand je dis : » je lègue Stichus, *qui* m'appartiendra au temps » de ma mort, *ou* je lègue cent écus à Pierre, » *qui* épousera ma sœur aînée », je suis censé dire : « je lègue Stichus, s'il m'appartient au temps » de ma mort; je lègue cent écus à Pierre, s'il épouse » ma sœur aînée ». C'est ce que décident expressément la *loi 6*, D. *de legatis* 1°.; la *loi 85*, D. *de legatis*, 3°.; la *loi 34*, §. 1, D. *de conditionibus & demonstrationibus*, & c'est de-là que les interprètes (1) ont formé la règle, *relativum qui adjectum verbo futuri temporis facit conditionem & perindè est atque si dictum fuisset SI.*

On sent la raison de cette différence. L'objet de la démonstration n'est que d'indiquer d'autant mieux la personne ou la chose dont on parle. Or, ce seroit la désigner mal, que de le faire par une

(1) Mornac, *ad l.* 75, *de legatis* 10.; Mean, *ad jus civile Leodiensium*, *observ.* 449; Leoninus, *consil.* 97; d'Argentré sur Bretagne, *art.* 221, *gl.* 4, *n.* 7.

qualité future qu'elle n'aura peut-être jamais. Il n'est donc pas probable qu'en employant une qualité de cette espèce, on ne se propose pas un autre objet, que d'ajouter à ce qu'on dit un nouveau degré d'évidence, un caractère plus marqué; & cet autre objet ne peut être que de faire dépendre la disposition que l'on écrit, de la qualité future, que l'on témoigne vouloir exister dans la personne du légataire, ou dans la chose léguée.

QUIDAM, s. m. terme purement latin adopté dans la pratique du palais, pour exprimer une certaine personne inconnue & que l'on ne peut nommer; on fait ordinairement le signalement d'un *quidam*, en le désignant par les traits de son visage, la couleur de ses cheveux, par sa taille, par ses habits & autres choses qui peuvent servir à le faire reconnoître.

On rend plainte contre un *quidam*, & l'on permet aussi d'informer contre lui; on le décrète & on fait contre lui toute la procédure nécessaire, & finalement on le juge par contumace & on le condamne s'il y a lieu, & l'exécution se fait contre lui, de même que contre les autres contumax. *Voyez* CONTUMAX. (*A*)

QUIEFVAGE. *Voyez* QUEVAGE.

QUIENNEZ, (*Droit féodal.*) ce mot, qui est une corruption de celui de *chef-meix*, est employé par la coutume de Rue en Ponthieu, *art. 33*, pour désigner un chef-lieu, un principal manoir. (*G. D. C.*)

QUIENNE D'AVOINE, (*Droit féodal.*) le *Glossaire du droit françois* rapporte sur ce mot l'extrait d'un compte de l'ordinaire de Boulogne, des années 1513 & suivantes, où l'on porte une recette au terme de saint-Remy, de deux polquins de *quienne-avoine*, payés par Jean de Thubeauville, pour sa terre de Pinquethen. C'est une redevance due en avoine pour la nourriture des chiens du seigneur.

Les Picards disent *quienne* pour *chienne*. *Voyez* QUIÉVAGE, CHIENS D'AVOINE & PART DE CHIENS. (*G. D. C.*)

QUINQUENELLE, s. f. du mot latin *quinquennale*, *seu quinquennium*, signifioit un répi de cinq ans, que l'on accordoit à un débiteur qui étoit hors d'état de payer, & qui vouloit néanmoins éviter de faire cession de biens. Ce répi s'obtenoit par des lettres du petit sceau adressées au juge royal; elles étoient entérinées du consentement du plus grand nombre des créanciers, sans avoir égard à la qualité des dettes. L'ordonnance d'Orléans, *art. 61*, a défendu d'expédier de pareilles lettres. *Voyez* CESSION, RÉPI. (*A*)

QUINQUENNIUM, mot latin que nous avons adopté pour signifier l'espace de temps que les écoliers emploient à faire le cours d'étude nécessaire, pour obtenir des lettres de nomination d'une université sur les collateurs ecclésiastiques. Le terme de *quinquennium* annonce que ce cours d'étude est de cinq ans, qui sont le plus ordinairement composés de deux années de philosophie & de trois années dans l'une des facultés supérieures de théologie, droit ou médecine.

On appelle aussi *quinquennium* le certificat que les universités accordent aux gradués. Le réglement du 28 mai 1663, les oblige d'y marquer le temps où a commencé & fini le cours d'étude. *Voyez* GRADUÉ, UNIVERSITÉ.

QUINT, (*Droit seigneurial.*) nous avons sous le mot *lods & ventes*, présenté les principes généraux de cette matière. Nous avons sur-tout essayé de déterminer les droits auxquels la vente des immeubles grevés de la servitude féodale, donne ouverture. Mais nous avons laissé une multitude de questions sans examen. Nous allons en discuter quelques-unes, celles sur-tout qui nous paroissent devoir renaître plus souvent; nous commencerons par ce qui concerne les résolutions des contrats.

§. I. *Des résolutions volontaires des contrats & notamment de celles qui ont pour cause le défaut du paiement du prix.* Ce qui concerne la résolution volontaire des contrats, & les droits qui en résultent, est peut-être la partie de la jurisprudence féodale, sur laquelle on a le plus écrit. Tous les auteurs s'en sont occupés; & c'est ce qui en rend l'intelligence encore plus difficile par les diverses opinions qu'ils ont cru devoir embrasser.

Cependant, si on examine avec attention ce qu'ils ont dit, on voit que cette théorie se réduit à des idées fort simples, & notamment à quatre points, que l'on peut regarder comme les principes de cette matière.

1°. Lorsque le contrat est résolu purement & simplement, avant la tradition dans un bref intervalle, comme de huit ou quinze jours, il n'est dû aucun droit au seigneur, ni pour la *vente*, ni pour la résolution.

2°. Si la tradition a suivi la vente, & qu'elle soit résiliée, faute par l'acquéreur d'en payer le prix, on distingue : il n'y a pas de terme pour le paiement, ou le contrat en renferme un : dans le premier cas, il n'est rien dû, ni pour la vente, ni pour la résolution; dans le second, le *quint* ou les lods sont dus à raison de la vente; mais la résolution ne donne ouverture à aucun droit, pourvu néanmoins qu'elle soit pure & simple; & pour nous servir de l'expression des auteurs, *per viam meri distractus*.

3°. Dans le même cas, c'est-à-dire, si faute de paiement, la *vente* est résolue après plusieurs années de jouissance, mais de manière que la résolution forme un nouveau contrat; par exemple, si le vendeur s'est fait donner une indemnité, s'il a repris l'immeuble pour un prix inférieur au prix originaire; alors il est dû double droit au seigneur, un premier pour la *vente*, un deuxième pour la résolution.

Ainsi trois gradations dans cette théorie; il est des cas où la résolution ne donne ouverture aucun droit au profit du seigneur; d'autres où il peut en demander un; d'autres enfin, où il est en droit d'en exiger deux.

De ces trois décisions, la dernière n'a jamais fait aucune difficulté; tous les auteurs sont d'accord que, lorsque la résolution du contrat ne se fait pas *mero distractu*, pour nous servir de leurs expressions, c'est-à-dire, purement & simplement, il est dû au seigneur deux droits de *quint* ou de *lods*, l'un pour la *vente*, l'autre pour la rétrocession.

La question de savoir si, lorsque la résolution est faite avant la tradition, & dans un bref délai, il n'est dû aucun droit au seigneur, a fait autrefois quelques difficultés; mais aujourd'hui tout le monde est d'accord que le seigneur n'a rien à prétendre, ni pour la *vente*, ni pour la résolution.

Le cas où il s'agit d'un contrat avec terme, résilié après plusieurs années d'exécution, mais sans convention nouvelle, *mero distractu*, peut être regardé comme plus problématique.

Non pas que l'on ait mis en question, si le seigneur est fondé à demander les *lods* à raison du contrat; tous les auteurs conviennent qu'il en a le droit: mais peut-il également les exiger pour la résolution? Voilà le point de discordance: il y a des auteurs qui lui donnent cette double prérogative, qui prétendent que les *lods* sont dus & pour le contrat, & pour la résolution; mais il y en a d'autres, & ce sont les plus célèbres, qui soutiennent que le contrat seul est assujetti aux *lods*, & que la résolution en est affranchie.

D'abord il n'existe aucune loi qui assujettisse aux droits seigneuriaux les résolutions faute de paiement; & dans le nombre des coutumes, il en est une, & d'une grande autorité, qui les en affranchit textuellement; c'est celle d'Orléans, qui dit, *art. 112*, « si l'acheteur d'un héritage censuel, » qui n'a payé le prix de la vente, se déporte de » son achat, & le vendeur reprend ledit héritage » en l'acquit dudit prix, au seigneur censier en » sont dues les ventes de la première vendition » seulement ».

Nous venons de dire que les jurisconsultes les plus célèbres sont pour l'affranchissement; & en effet, à la tête de ceux qui tiennent cette opinion, nous voyons Dumoulin. Il se propose la question de savoir si la résolution volontaire d'un contrat de vente, donne ouverture à un nouveau droit au profit du seigneur. Sa réponse est qu'il faut distinguer. La vente étoit ou n'étoit pas consommée par la tradition de la chose & *le paiement du prix*. Dans le premier cas, il est dû au seigneur deux droits de lods, l'un pour la vente, l'autre pour la résolution. Mais dans le second la chose est bien différente.

Secundo vero casu quando contractus non erat hinc inde impletus, puta pretium non erat solutum, licet res realiter esset tradita, & tunc quamvis non possint penitere nec distrahere etiam per actus retrò similes in præjudicium juris jam formati, & acquisiti patrono: tamen respectu juris futuri & quærendi ex novo contractu possunt penitere; non de novo contrahendo sed distrahendo, & recedendo à primâ venditione per actum retro similem videlicet retraditionem rei, animo distrahendi: ita quod ex hoc distractu dominus directus nulla jura utilia de novo prætendere poterit. Dumoulin décide, comme l'on voit, de la manière la plus affirmative, que, même après la tradition de l'immeuble, la résolution volontaire du contrat ne donne ouverture à aucun profit, toutes les fois que le prix n'étoit pas payé, & que le résiliement se fait sans convention nouvelle, *mero distractu*.

Après avoir ainsi présenté son opinion, Dumoulin en donne deux motifs également solides: 1°. avant l'entière perfection des actes, les loix permettent de les résilier: 2°. le résiliement n'est pas un nouveau contrat; mais, & rien de plus, un désistement du premier. Et il n'y a qu'un véritable contrat de vente qui puisse donner ouverture aux lods. *Ad hoc moveor quia jura permittunt mutuo consensu distrahere nedum re omnino integrâ, sed etiam re secuta ab alterâ parte, dummodo non sit utrimque impletum, & dummodo interveniant actus retro similes.... ibi non sunt duo contractus, quia actus ultimus non est novus contractus, sed discessio à primo contractu à jure permissa. Solus primus contractus dicitur contractus, & secundus dicitur penitentia, & non debetur nisi una gabella.* Sur l'art. 22, *hodie 33*, de la coutume de Paris, *n. 20*.

D'Argentré fait une distinction. Le vendeur a donné un terme pour le paiement, ou le contrat ne renferme aucune stipulation à cet égard. Dans le premier cas, la vente est parfaite; dans le second, il n'y a pas de vente, même après la tradition, parce qu'une vente sans terme est censée faite sous la condition de payer comptant. En conséquence, continue d'Argentré, si le vendeur rentre dans la chose, faute du paiement du prix, il n'est dû aucun droit au seigneur, ni pour le résiliement, ni même à raison de la vente: *quare tali casu fallente emptore, nec pecuniam solvente, dominium nullum transfertur nec igitur laudimia ulla debentur. De laudimiis*, §. 2.

Cette distinction est juste; & en effet, elle a été accueillie; mais tous les auteurs n'ont pas également bien saisi la décision de d'Argentré. Quelques-uns lui ont fait dire, que si le seigneur ne peut demander aucun droit, lorsque le contrat est sans terme, il est fondé à en exiger deux, toutes les fois que le vendeur a suivi la foi de l'acquéreur.

Mais d'Argentré ne va pas jusques-là; des deux espèces qu'il propose, il ne décide que la seconde; & à l'égard des contrats avec terme, il ne dit pas si leur résolution faute de paiement donne ou ne donne pas ouverture aux lods.

C'est ce qu'a très-bien remarqué Berroyer, celui de tous les auteurs qui, avec Dumoulin & d'Argentré, a le plus approfondi cette question.

Voici ses termes : « dans le second cas, lorsque » le vendeur a donné terme, d'Argentré décide » que le défaut de paiement ne peut pas donner » lieu à la résolution du contrat qui a été parfait, » présupposant la tradition, & qu'il ne reste au » vendeur que l'action *ex empto*, *c'est-à-dire*, *que son* » *sentiment est de donner au seigneur les simples lods* » *de ventes*. Mais on ne trouvera pas qu'il ait ja- » mais tenu que le seigneur les puisse prétendre » doubles, si le vendeur rentre dans son héritage : » car il ne propose uniquement la question que » pour les simples droits seigneuriaux ».

Berroyer continue : « le contrat de vente avec » terme pour le paiement du prix, suivi de tra- » dition, est parfait, & ne peut pas être anéanti, » ni résolu comme s'il n'avoit jamais été fait : » tout le monde convient de cette proposition. » Mais la conséquence n'est pas bonne, que le » seigneur doive avoir de doubles lods & ventes, » si le vendeur rentre dans son héritage faute de » paiement du prix..... Dire qu'un vendeur qui » a donné terme pour le prix, rentrant en son hé- » ritage à défaut de paiement, devra de seconds » droits seigneuriaux, c'est ce qui résiste à tous » les principes & à l'équité naturelle ». Note sur Bardet, *liv.* 2, *chap.* 96.

Basnage pense de même : « le vendeur, dit-il, » ne doit pas un nouveau droit pour reprendre » la possession de son fief. Cette reprise de pos- » session ne doit pas être considérée comme une » revente, mais comme la dissolution de toutes » ventes ». *Sur l'art.* 171 *de Normandie.*

Même décision dans l'introduction au traité des fiefs de la coutume d'Orléans par M. Pothier : « après la tradition, tant que le contrat n'est pas » exécuté de la part de l'acheteur, *par le paiement* » *entier du prix*, les parties peuvent bien se dé- » sister du contrat de vente, mais seulement pour » l'avenir. C'est pourquoi le profit auquel il avoit » donné lieu continue d'être dû ; mais il n'en est » pas dû un nouveau pour le désistement ». *N°.* 131.

La question s'étant élevée dans le dernier siècle, le parlement l'a jugée conformément à ces principes. En 1616, Claudine Laïr avoit vendu un immeuble, moyennant 18,000 liv. *payables au terme de Noël de la même année.* L'acquéreur avoit payé les lods de son acquisition, & s'étoit mis en possession de l'héritage. Mais assigné pour payer le prix convenu, il avoit déclaré n'avoir moyen de le faire. Et sur cette déclaration, sentence qui avoit résilié le contrat. Demande d'un second droit de lods de la part du seigneur, *qui soutient que c'est une nouvelle acquisition.* La défenderesse, au contraire, que c'est un simple délaissement & abandonnement des héritages par elle vendus, faute de paiement du prix de l'acquisition. Le premier juge accueille ce moyen, & déboute le seigneur de sa demande. Sur l'appel, la sentence a été confirmée par arrêt du 8 janvier 1627. Bardet, recueil d'arrêts, *liv.* 2, *chap.* 96.

A cet arrêt on en oppose un postérieur de 1672 ; mais quelle différence entre la question qu'il juge & celle qui nous occupe. Il s'agissoit d'un vendeur qui s'étoit rendu adjudicataire de l'immeuble par lui aliéné, & cela moyennant un prix inférieur à celui du premier contrat. « Il ne faut donc » pas s'étonner, dit Berroyer, *loco citato*, si ce » vendeur adjudicataire a été condamné de payer » de seconds droits seigneuriaux ; car c'étoit une » véritable vente qui se faisoit à son profit. Il ne » rentroit pas dans son héritage, *per viam distractus*, » en déchargeant l'acquéreur du prix, en se con- » tentant de reprendre la chose en l'état qu'elle » étoit : mais il se présente comme un étranger & » se rend adjudicataire à une somme, bien en- » tendu qu'il se réservoit son action pour l'excédent » du prix de la vente, contre son acquéreur & sur » ses autres biens ».

Il faut donc mettre à l'écart cet arrêt de 1672, & reconnoître que la raison, la jurisprudence & les principes se réunissent pour affranchir des lods, la résolution des contrats faute de paiement du prix, lors même que le vendeur a donné terme, & que l'acquéreur s'est fait ensaisiner.

Cependant, si l'acquéreur a possédé pendant un espace de temps assez considérable, & s'il a fait l'hommage au seigneur, il nous semble qu'après le résiliement, le vendeur doit de nouveau entrer en foi, & que s'il ne le fait pas, le seigneur est fondé à saisir féodalement. La vente étoit parfaite. On peut dire conséquemment que la résolution a opéré une mutation nouvelle.

A la règle qui affranchit du *quint* & la vente, & la résolution lorsque le contrat est sans terme, l'annotateur de Boutaric met une modification qui nous paroît très-juste. « Lorsque j'ai dit que quand » le prix a été payable comptant & qu'il n'a pas » été payé, il n'est pas dû de lods, même pour » le contrat, cela souffre une exception ; lorsque » le vendeur a laissé l'acquéreur jouir paisiblement » pendant un intervalle assez long, parce qu'alors » il est censé avoir abandonné la rigueur de la pre- » mière stipulation, & avoir tacitement accordé » un terme ». Sur le traité des droits seigneuriaux de Boutaric, *titre des lods*, §. 11, *n.* 10.

Voilà le droit commun ; mais il n'est pas universel. Dans quelques coutumes, la résolution n'est affranchie des lods que lorsqu'elle se fait dans un espace de temps déterminé. Par exemple, dans le délai d'une année, Montargis, *titre des cens*, *art.* 26, il faut suivre ces coutumes, & ne pas les étendre ; leurs dispositions sont trop rigoureuses, trop contraires aux saines maximes, & sur-tout à l'équité, pour en faire la règle des coutumes muettes. C'est la décision de Dumoulin, *transeat in dictis locis, quia sic ibi receptum, non est rationabile. Quid enim durius quàm venditorem ab emptore delusum pretio & effectu venditionis, & ad initium novi emptoris inveniendi redactum laudimia pendere de venditione invalida ex qua nihil nisi sumptus & damna referat.* Sur l'article 55 *hodie* 78, *gl.* 1, *n.* 39.

§. 2. *De la résolution faute par l'acquéreur d'avoir fourni la quantité d'arpens de bois ou de terre énoncée dans le contrat.* La question de savoir si la résolution d'une vente donne ouverture aux lods; ou si le seigneur n'est pas même obligé de rendre les droits qu'il a perçus à raison de la vente, est subordonnée à la distinction suivante.

La cause de la résolution est inhérente ou étrangère au contrat. Dans le premier cas, point de lods, ni pour la vente, ni pour le résiliement; dans le second, le seigneur peut en exiger deux.

Cette distinction établie par Dumoulin, accueillie par tous ceux qui ont écrit depuis, est aujourd'hui universellement reçue. Duplessis la présente en ces termes : « dans la question du contrat de » vente entiérement résolu, on distingue :

« *Aut resolvitur ex causâ antiquâ*, auquel cas il » n'est point dû du tout de droits seigneuriaux; » *aut resolvitur ex novâ causâ*, auquel cas il est dû » double droit.

» *Resolvi ex antiquâ causâ dicitur*, quand la cause » est dans le contrat, ou antécédente; comme » minorité, lésion, *nullité du contrat*, &c. En ce » cas, il n'est point dû de droits seigneuriaux, ni » pour le contrat, ni pour sa résolution : & même » *les ventes ayant été payées au seigneur, elles peuvent* » *être répétées par l'acquéreur* ». Des censives, *liv.* 2, *chap.* 2, *sect.* 1.

Ces principes réduisent la difficulté qui nous occupe, à un point très-simple. Le défaut de mesure est-il une cause de résolution inhérente au contrat?

Que cette cause soit dans le contrat de vente, c'est ce qui ne peut pas faire le moindre doute. Puisque c'est dans cet acte que le vendeur a promis livrer telle quantité, & que l'acquéreur a contracté l'engagement d'en payer le prix. Mais ce défaut de mesure est-il une cause de résolution?

On peut dire pour la négative : la vente étant parfaite par le consentement, le paiement & la tradition, il ne reste à l'acquéreur qu'une action en indemnité; une déduction sur le prix stipulé dans le contrat, est tout ce qu'il peut prétendre. Lorsqu'au lieu de demander cette déduction, il offre l'immeuble & que le vendeur l'accepte; ou bien, lorsqu'il donne le choix du résiliement ou d'une indemnité; & que de ces deux alternatives le vendeur s'arrête à la première, la résolution est donc bien moins l'effet de la fausse énonciation du contrat, que de la volonté des parties contractantes.

Or, il est de principe que la résolution volontaire d'une vente parfaite & consommée est assujettie aux lods, & à plus forte raison, que le seigneur doit conserver ceux qu'il a perçus à raison de la vente.

On répond :

1°. Non-seulement la vente n'est pas parfaite, mais il n'y a pas de vente.

En effet, trois choses constituent l'essence du contrat de vente, *res, pretium & consensus.* Le consentement se forme du concours des deux volontés du vendeur & de l'acquéreur, & ce consentement doit également porter sur la chose & sur le prix. Toutes les fois que sur l'un ou sur l'autre il y a erreur, défaut d'accord, défaut de concours des deux volontés, il n'y a donc pas de vente. Or, ce défaut de concours manque ici, puisque des deux contractans, l'un n'a pas vendu ce qu'il avoit annoncé devoir faire l'objet de la vente, & que l'autre n'a pas acheté ce qu'il avoit intention d'acquérir; puisque le motif de détermination ayant changé par l'inexistence d'une partie de la chose vendue, le consentement de l'acquéreur se trouve être un effet sans cause.

2°. Mais quand même il seroit possible de voir une vente dans un contrat de cette espèce, seroit-il vrai que sa résolution est purement volontaire? Sans doute elle n'est pas d'une nécessité absolue. Mais la rescision pour cause de lésion d'outre-moitié, n'est pas de même absolument nécessaire, puisque l'acquéreur a la faculté de donner le supplément du prix. Dans ce cas cependant, & la vente & la rescision sont également stériles pour le seigneur; & pourquoi? C'est parce que le principe de résiliement est dans le contrat; & que si l'acquéreur a le choix de délaisser l'immeuble ou d'en parfaire le prix, il est possible que l'état de ses affaires ne lui laisse pas la liberté d'opter, & rende le résiliement, sinon d'une nécessité absolue, au moins très-avantageux pour lui.

Ici, mêmes motifs de décider. La cause de la résolution, l'erreur dans la quantité vendue est écrite dans le contrat; & l'acquéreur peut dire, sur-tout lorsque le *deficit* est considérable : j'ai entendu acquérir une terre de cette étendue & de tel prix, des bois, des prés, & non des terres labourables; j'y étois même obligé par des motifs que je ne dis pas : c'est le secret de mes affaires. Ainsi, point d'indemnité, point de déduction sur le prix. Que ferois-je de cette modique somme? Rendez-moi celle que je vous ai donnée, & reprenez un immeuble qui n'est pas celui que j'ai eu intention d'acquérir.

A ces motifs on réplique : le défaut de quantité ne donne lieu qu'à une action en diminution du prix, *in fundo vendito, cum modus pronontiatus deest, sumitur portio de pretio, l.* 69, §. *ult. ff. de evict.* Ainsi, toutes les fois que l'acquéreur offre de rendre l'immeuble, & que le vendeur en accepte le délaissement, il est vrai de dire que la résolution est volontaire; par conséquent, le seigneur doit conserver les lods qu'il a perçus à raison de la vente; & même dans la rigueur des principes, il est fondé à les exiger pour la résolution.

On ne peut pas se le dissimuler; voilà des raisons qui militent avec une force à-peu-près égale pour & contre les droits seigneuriaux.

Il nous semble que ces deux manières de voir sont également bonnes ; & qu'il ne s'agit que de l'application.

Lorsque le *deficit* est assez considérable pour former un vice redhibitoire, que l'acquéreur a demandé la nullité de la vente, & que le juge l'a prononcée; comme dans ce cas il est jugé qu'il n'y a pas eu de vente, il est clair qu'il ne peut pas y avoir ouverture aux lods, & que si le seigneur en a perçu, il doit les restituer.

Mais si l'acquéreur a offert l'alternative du résiliement ou d'une déduction sur le prix, quoique le vendeur, en vertu du choix que lui déféroit le jugement intervenu sur ces offres, ait accepté le délaissement; alors les lods sont dus à raison de la vente. En effet, l'acquéreur a jugé lui-même que le *deficit* ne formoit pas un vice redhibitoire, puisqu'il s'est soumis à conserver l'immeuble ; il a jugé lui-même qu'il existoit une vente, puisqu'il a offert de l'exécuter ; & cette vente, ce n'est pas la sentence qui l'a déclarée nulle. Sa résolution est purement du fait des deux contractans. Mais un résiliement volontaire, sans effet rétroactif, n'opère que pour l'avenir. Il sera donc toujours vrai qu'il a existé une vente & une vente parfaite : or, toutes les fois qu'il y a vente, les lods sont dus.

Mais à l'égard de la résolution, la chose est bien différente. Trois circonstances se réunissent pour l'affranchir des lods ; 1°. quoique l'on puisse la regarder comme volontaire, cependant, il faut reconnoître qu'elle n'est pas uniquement l'effet d'un changement de volonté de la part des parties contractantes, puisqu'elle procède d'une cause inhérente au contrat ; 2°. le vendeur n'ayant pas livré tout ce qu'il avoit promis, la vente n'étoit pas consommée ; 3°. cette résolution n'est pas un nouveau contrat, mais un simple désistement du premier. *Non est novus contractus, sed merus distractus.*

Nous disons que ces trois circonstances affranchissent ce désistement du droit des lods. Effectivement, il n'y a ouverture aux lods que lorsqu'il existe une véritable vente ; & la résolution ne peut être regardée comme une seconde vente, comme l'unique effet du changement de la volonté des parties, que lorsque la vente étoit consommée, entièrement exécutée de part & d'autre; ou bien lorsqu'elle forme un nouveau contrat, c'est-à-dire, lorsqu'elle est faite moyennant un prix nouveau & sous des conditions nouvelles.

Un arrêt de la grand-chambre, rendu sur une discussion très-approfondie, vient de juger conformément à cette théorie. Voici l'espèce.

M. Bouret de Valroche mourut le 15 juin 1776, laissant dans sa succession la terre de Croissy, & pour héritière la comtesse de Villerean, sa fille, qui prit des lettres de bénéfice d'inventaire.

La comtesse de Villerean fit abandon de cette terre de Croissy aux créanciers de son père, à l'effet de la vendre aux meilleures conditions possibles. Affiches, enchères, enfin adjudication ; moyennant 890,600 liv. à M. de Crisnois, adjudicataire, qui s'en mit en possession, paya les droits de *quint* aux différens seigneurs, & notamment 70,033 liv. au receveur-général des domaines.

Les affiches portoient 1570 arpens de bois en coupe réglée, 50 arpens de prés ; & vérification faite, M. de Crisnois ne trouva que 910 arpens de bois & 18 à 20 de prés, *deficit* qui, d'après la ventilation du contrat, lui faisoit éprouver une perte de 338,795 liv.

M. de Crisnois se pourvut, & donna aux créanciers de la comtesse de Villerean, l'alternative de déduire sur le prix cette somme de 338,795 liv., ou de reprendre la terre en lui rendant les sommes par lui payées, faux-frais, droits seigneuriaux, *&c.*

Le 1 septembre 1780, arrêt qui donne acte à M. de Crisnois de ses offres, & ordonne que, dans le délai de quatre mois, les créanciers feront leur option : « & au cas de non remboursement » dans ledit délai de quatre mois, ils seront tenus » d'avouer ou contester la quotité du *deficit* allégué » par le sieur de Crisnois. En cas de contestation, » ordonne qu'il sera procédé au mesurage & arpentage..... Comme aussi ordonne que le sieur » de Crisnois sera remboursé du prix de chaque » arpent de pré & de bois qui se trouveront en » *deficit*, sur le pied de la ventilation portée au » contrat ».

La comtesse de Villerean, à laquelle les créanciers avoient remis les pouvoirs qu'ils en avoient reçus ; préféra le résiliement, rendit à M. de Crisnois, toutes les sommes qu'il avoit déboursées, notamment les 70,033 liv. pour le droit de *quint*, & demanda la restitution de cette somme à l'administration des domaines.

Cette prétention éleva la question de savoir si les lods perçus doivent être restitués lorsque, sur les offres de l'acquéreur, la vente est résiliée faute par le vendeur d'avoir fourni les quotités énoncées dans l'acte.

L'administration des domaines auroit pu aller jusqu'à prétendre un second lods, à raison du résiliement ; mais elle eut la sagesse de se faire justice à cet égard, & se contenta de soutenir qu'elle devoit conserver celui qu'elle avoit reçu.

Cette affaire, comme nous venons de le dire, fut, de part & d'autre, défendue avec le plus grand soin. M. Mouricault, avocat de la comtesse de Villerean, déploya dans sa défense toutes les ressources du savoir & de la sagacité ; cependant sa prétention fut rejettée par arrêt du 13 juillet 1784, au rapport de M. Titon.

Mais cet arrêt fit beaucoup de difficulté ; la comtesse de Villerean avoit pour elle les conclusions du parquet & l'avis du rapporteur, & précédemment le ministre de la finance ayant consulté l'un des inspecteurs-généraux du domaine, cet officier avoit répondu que la vente ayant été résolue par *deficit* dans la quotité, cette vente devoit être regardée comme n'ayant jamais existé, & conséquemment que le roi devoit rendre les 70,033 liv. qu'il avoit reçues.

§. 3. *Des ventes résolues pour cause de lésion.* Lorsqu'un vendeur prend & fait entériner des lettres de rescision pour cause de lésion, il est libre à l'acquéreur de conserver l'immeuble en suppléant le juste prix. La sentence lui en laisse la faculté. Lorsqu'il préfère de remettre l'immeuble à son vendeur, ce délaissement peut donc être regardé comme volontaire de sa part. On peut donc mettre en doute si cette espèce d'aliénation, comme toutes les aliénations volontaires, ne donne pas ouverture aux lods.

Ce doute est depuis long-temps résolu. Les ventes ainsi résiliées sont incontestablement affranchies des lods. « On a vu que ce pouvoir de suppléer le » juste prix n'étoit qu'une faculté, tandis que le » fond tend à faire ordonner que le contrat soit » rescindé, & la chose rendue, & l'on a vu qu'il » falloit plutôt se régler par la substance de l'ac- » tion, en vertu de laquelle le vendeur obtient » la cassation du contrat que sur la considération » de cette faculté, dont l'acquéreur n'a pas usé ». L'annotateur de Boutaric, *pag. 20.*

Cette citation dispense d'en rapporter d'autres. En effet, on y voit tout-à-la-fois & la décision & le motif de décider.

§. 4. *Le déguerpissement d'un fief grevé de rentes foncières donne-t-il ouverture au droit de quint?* Cette question en renferme deux. Y a-t-il ouverture au *quint* lorsque le déguerpissement se fait, 1°. entre les mains du bailleur; 2°. entre les mains d'un tiers, cessionnaire ou acquéreur de la rente?

Du déguerpissement entre les mains du bailleur. Le déguerpissement n'est pas un nouveau contrat, mais une simple résolution du bail. Cet acte ne renferme pas une cession, un transport proprement dit; le preneur se désiste, & rien de plus. D'ailleurs, le déguerpissement est sans prix, se fait sans bourse déliée; & les lods ne sont autre chose qu'une portion du prix. Il ne peut donc pas y avoir la moindre difficulté à décider que le déguerpissement pur & simple est affranchi des lods.

Et à cet égard, point de différence entre le bail à rente foncière non rachetable, & le bail à rente rachetable. En effet, les motifs d'affranchissement militent avec la même force dans les deux cas. Que le preneur ait ou n'ait pas la faculté de racheter la rente, il est également vrai que le déguerpissement n'est que la résolution du bail; il est également vrai qu'il n'y a pas de deniers déboursés.

C'est l'avis de Loiseau. Nous allons le rapporter. On verra qu'il ne met aucune différence entre les rentes rachetables & les non rachetables, différence cependant qu'il connoissoit très-bien. « La » vérité est que le déguerpissement induit une » résolution & privation de droit de celui qui » déguerpit, & non pas une translation. Car en » effet celui qui déguerpit ne prétend autre chose, » sinon se priver & dépouiller du droit qu'il a en » l'héritage, afin que n'en étant plus détenteur, » il ne soit plus tenu de la rente dont l'héritage » est chargé. Ce n'est donc pas une cession de » l'héritage, mais un simple abandonnement ». Loiseau, *du déguerp. liv. 5, n. 9.*

Après avoir ainsi développé la nature du déguerpissement, Loiseau s'occupe du point de savoir s'il est productif de quelques droits au profit du seigneur. Et il décide dans les termes les plus absolus, que le seigneur n'a rien à prétendre. « Il » faut, à mon avis, distinguer si après le déguer- » pissement le seigneur accepte l'héritage, ou s'il » le laisse ès mains d'un curateur pour être décrété. » Au premier cas, il est certain que pour les hé- » ritages censuels il n'est point dû de lods & ventes » pour ce qu'il n'y a point de bourse déliée ».

Notre auteur se demande ensuite, si du moins pour les fiefs le seigneur n'est pas fondé à demander un droit de relief: « la vérité est qu'il n'en est » pas dû. Car le déguerpissement n'opère pas une » translation de la propriété de l'héritage, mais » une extinction & résolution du droit de celui qui » déguerpit. Et de ce que le seigneur de la rente » est fait propriétaire de l'héritage quand il le veut » accepter, n'est pas que le droit du rentier lui soit » transféré; mais c'est pour ce que le bail à rente » étant résolu & terminé par le déguerpissement, » il rentre, *ipso jure*, en son ancienne propriété » de l'héritage; tout ainsi que le donateur après » la donation révoquée pour cause d'ingratitude » ou par survenance d'enfans ». *Idem, liv. 6, ch. 5, n. 11.*

Du déguerpissement entre les mains d'un tiers-acquéreur de la rente foncière. Lorsque la rente est perpétuelle, nul doute que le déguerpissement entre les mains de l'acquéreur jouit de la même franchise que s'il étoit fait au profit du bailleur originaire.

C'est encore l'avis de Loiseau, *idem, n. 13.* « Je » veux encore, dit-il, approfondir une autre petite » question, *quid*, si ce n'est pas le premier bail- » leur de l'héritage à qui le déguerpissement est » fait, mais à un acquéreur de la rente foncière, » ou un héritier collatéral, comme il arrive le » plus ordinairement, il est bien certain qu'il faut » renouveller la foi. Mais n'est-il point dû de relief » à cause de la mutation du fief en sa personne? » J'estime, en un mot, que non ».

Loiseau, comme l'on voit, décide que le relief n'est pas même dû; à plus forte raison, n'y a-t-il pas lieu aux lods & ventes.

Aux raisons puisées dans la nature du déguerpissement, s'en joint encore une très-bonne, tirée de la circonstance, que dans toutes les coutumes, la vente de la rente foncière perpétuelle est productive du droit de lods. Mais la rente représente le fonds grevé. Lorsque ce fonds rentre par le déguerpissement dans les mains de l'acquéreur de la rente, il peut donc soutenir qu'il en a payé les lods.

Mais ce moyen manque à l'acquéreur de la rente rachetable. Dans la coutume de Paris, dans la très-majeure partie des coutumes, la vente de la rente rachetable ne donne ouverture à aucun droit au profit du seigneur. Si le déguerpissement n'est pas assujetti aux lods lorsqu'il est fait entre les mains de cet acquéreur, il se trouvera propriétaire de l'immeuble sans en avoir payé aucun profit. Cependant il aura acquis cet immeuble moyennant des deniers; car le prix qu'il a donné de la rente peut être regardé comme le véritable prix du fonds grevé.

D'ailleurs, quelle facilité de frauder le seigneur? Lorsque depuis le bail à rente, l'immeuble auroit acquis une valeur considérable; celui qui voudroit l'acquérir commenceroit par acheter la rente, ensuite le propriétaire du fonds en feroit le déguerpissement, moyennant une indemnité convenue.

A la vérité, le seigneur n'auroit eu rien à prétendre, si le preneur eût déguerpi entre les mains du bailleur originaire. Mais ce privilège est personnel au bailleur, & l'acquéreur de la rente ne peut pas l'invoquer, parce qu'il ne lui a pas été transmis. En effet, cet affranchissement a sa cause dans l'ancienne propriété du vendeur, dans la circonstance qu'il a été le vassal ou le censitaire du seigneur, dans le fait que c'est son ancien droit qui revit, & non pas un nouveau qu'il acquiert.

Or, en vendant sa rente, le preneur n'a pu transmettre ni ce droit primitif, ni sa qualité d'ancien propriétaire, ni celle de censitaire ou de vassal du seigneur.

Dumoulin, §. *55*, *n. 58*, *59*, examine une question très-analogue, & la décide au profit du seigneur. Cet auteur suppose un héritage vendu avec faculté de réméré & avec réserve de la mouvance & l'imposition d'un cens sur l'héritage vendu; & il demande s'il est dû des droits, soit pour la vente, soit lors de l'exercice de la faculté. Sa réponse est qu'il faut distinguer: la faculté est réservée au profit du vendeur, ou bien au profit d'un tiers. Dans le premier cas, point de droits; dans le second, il en est dû pour la vente & pour l'exercice de la faculté. *Secus si alii, videlicet ut tertius infra quinquennium redimere possit, tunc enim non prodest retentio investituræ & census, quin statim laudimia & jura debeantur de venditione, & rursus nova jura de redemptione, si tertius ille etiam in instrumento comprehensus in vim contractus redimat.*

La raison qu'il donne de sa décision est, que ce n'est pas l'ancien propriétaire qui rentre; c'est un nouvel acquéreur, c'est une nouvelle vente. *Cum enim non sit vetus dominus utilis, non potest vere dici redimere, sed de novo acquirere pro ut in veritate est tertius novus acquisitor.*

Au nombre suivant, il compare le cas de la cession du réméré, faite à un étranger qui l'exerce, à celui où le vendeur exerce le réméré & revend l'héritage à un tiers, *quemadmodum si venditor prius pro se redemerit, mox Titio vendiderit, nova laudimia de hac secunda venditione debentur, ambo enim casus in idem recidunt.*

Enfin, si l'on se prévaut pour l'acquéreur de la rente rachetable, de l'affranchissement dont il jouiroit si cette rente étoit perpétuelle; on répondra pour le seigneur qu'il y a bien de la différence entre ces deux espèces de rentes, que la rente perpétuelle représente l'héritage; & que la rente rachetable ne représente que le prix.

Voilà les motifs qui militent pour l'assujettissement aux lods. Mais ils ne sont pas, à beaucoup près, sans réponse.

D'abord, quant à la fraude possible, ce n'est qu'une considération. Et des considérations ne suffisent pas pour donner ouverture aux droits seigneuriaux. Il faut, ou des loix, ou des titres.

A la vérité, le déguerpissement entre les mains de l'acquéreur de la rente, opère un véritable changement de propriétaire; mais ce n'est pas la mutation en général qui donne ouverture aux lods, c'est la qualité de la mutation, c'est le contrat de vente ou équipollent à vente. Or, ici point de vente ni réelle ni par équipollente. Il y a, & rien de plus, la résolution d'un contrat antérieur.

La circonstance que l'acquéreur de la rente en a donné un prix & n'en a pas payé les lods, est étrangère à la difficulté. L'affranchissement dont jouit l'aliénation de la rente, n'est pas un motif d'assujettir le déguerpissement. Ces deux actes sont indépendans, & n'ont absolument rien de commun. Le premier ne doit rien, parce que telle est la règle; le second doit jouir de la même franchise, parce que ce n'est pas une vente, parce que ce n'est pas même un contrat; mais un simple résiliement, & un résiliement qui a son principe dans le bail à rente.

A l'égard de la décision de Dumoulin, très-bonne pour le cas du réméré, elle est sans application au bail à rente. L'action résultante de la faculté de réméré n'est qu'une action personnelle, *actio ad rem*; & l'action qui naît du bail à rente est une action réelle, *jus in re.*

Que l'acquéreur de l'action en réméré soit, après l'avoir exercé, assujetti aux lods, cela est juste; puisque auparavant il étoit entiérement étranger à l'immeuble; puisqu'il n'avoit aucun droit dans cet immeuble. *Quia*, dit d'Argentré, *de laudimiis*, §. *10*, *cessio nihil aliud est quam translatio actionis ad rem. Quæ per se fundum non attingit, nec contractat; quod est laudimiorum objectum.*

Mais avant le déguerpissement, le cessionnaire de la rente foncière étoit dans une position bien différente. Il avoit un droit très-réel dans l'immeuble grevé; il étoit le co-propriétaire du preneur; en un mot, il avoit, *jus in re.*

Enfin, dire que si la rente perpétuelle représente l'héritage, la rente rachetable ne représente

que

que le prix; c'est-là supposer que la faculté de rachat dénature la rente foncière, & la place dans la classe des rentes constituées. Mais cette faculté n'est qu'une action personnelle, & même qui se prescrit par 30 ans; ce n'est donc qu'un accident, qu'une modification qui ne change pas la nature de la rente. Quoique rachetable, cette rente conserve donc toutes les qualités, tous les attributs des rentes foncières; elle donne donc au propriétaire de l'héritage grevé, le même droit que la rente perpétuelle.

Ces raisons nous paroissent au moins balancer les raisons contraires. Cependant, ce ne sont pas les seules que l'on peut invoquer pour l'affranchissement.

Il nous semble que la solution de cette difficulté est principalement subordonnée au point de savoir si le droit de rentrer dans l'héritage est un privilège personnel au bailleur, ou si ce droit est attaché à la rente & dérive de sa nature.

Il ne faut pas beaucoup de réflexion pour sentir que ce n'est pas à la personne du bailleur de fonds, mais à la rente foncière, que ce droit est attaché.

La rente foncière est un droit de propriété dans l'héritage. Voilà son essence. Aussi plusieurs coutumes, & différens auteurs lui donnent-ils la dénomination *de fonds de terre, quasi solarium. Les charges foncières*, dit Loiseau, *ne produisent pas une action personnelle, mais seulement une action réelle & une vendication sur la chose.* C'est sur cette raison qu'est fondée la double faculté donnée au preneur de déguerpir, & au propriétaire de la rente de se mettre en possession de l'héritage abandonné.

Ainsi, rien de personnel au bailleur de fonds. Le déguerpissement, ses effets, ses prérogatives, tout est attaché à la rente foncière; en un mot, tout est réel. Ainsi, la rente doit produire les mêmes effets, dans quelques mains qu'elle se trouve; car les droits réels sont indépendans de la qualité du propriétaire.

Puisque la rente auroit procuré au bailleur l'avantage de rentrer dans l'héritage déguerpi sans payer aucun droit au seigneur, elle doit donc donner le même résultat au profit du cessionnaire.

Aussi a-t-on vu dans le passage de Loiseau que nous avons transcrit plus haut, que l'acquéreur de la rente est affranchi, même du relief, sans distinguer si la rente est perpétuelle ou rachetable.

§. 5. *Est-il dû un double droit de quint lorsque celui qui n'est seigneur que d'une partie du fief dominant, retire la totalité du fief servant; lorsque, par composition & après la demande en retrait féodal, l'acquéreur abandonne au seigneur retrayant, non-seulement le fief mouvant de lui, mais des objets qui relèvent d'autres seigneurs?*

Ces deux questions présentent peu de difficulté; cependant, il y a sur la seconde des raisons de douter, dont l'examen conduit en même temps à la décision de la première.

Ces raisons de douter sont au nombre de trois.

1°. L'acte par lequel l'acquéreur consent l'exécution du retrait, n'est pas un nouveau contrat, une seconde vente. Cet acte opère, & rien de plus, la subrogation du nom du retrayant.

2°. Cet acte n'est pas un contrat proprement dit, mais un désistement du premier, un délaissement des droits qu'il donnoit à l'acquéreur; délaissement qui s'opère sans nouveau prix, sans convention nouvelle; en un mot, *per actum retro-similem.*

La troisième raison de douter résulte de la manière dont Dumoulin décide l'espèce suivante.

Ce jurisconsulte suppose que le fief dominant du fief vendu appartient à plusieurs propriétaires, dont un seul juge à propos de retirer féodalement. L'acquéreur, libre de forcer le seigneur à retirer la totalité du fief, ou à se contenter d'une portion proportionnelle à celle qu'il possède dans le fief dominant, s'arrête à la première de ces deux alternatives. Y a-t-il ouverture à un second droit de *quint*, à raison d'une partie de ce fief, ainsi abandonné en entier à ce seigneur partiaire? Telle est la question que se fait Dumoulin.

Il semble, dit-il, que l'affirmative est sans difficulté; en effet, le seigneur étant, en quelque sorte, étranger à une partie de ce fief, *tanquam extraneus*, l'abandon qui lui est fait de cette partie étant volontaire de la part de l'acquéreur, cet abandon doit être regardé comme une seconde vente, *& sic videtur bis vendita*. Cependant, continue Dumoulin, c'est le contraire qu'il faut décider. Le seigneur retrayant ne doit à ses co-seigneurs pour les portions de leur mouvance, qu'un seul droit de lods. Cout. de Paris, *art. 13, hodie 20, gl. 1, n. 52 & 53.*

Suivant Dumoulin, la circonstance que le seigneur est étranger à une partie des objets vendus, & que l'abandon est volontaire de la part de l'acquéreur, n'est donc pas un motif suffisant pour donner ouverture à un second droit.

Voilà les raisons qui militent pour le seigneur retrayant. Il ne faut pas beaucoup de réflexion pour en sentir la foiblesse.

De ces trois raisons, la première n'est qu'une pétition de principes. Sans doute l'acte d'adhésion au retrait n'est pas une seconde vente; par conséquent, ne donne pas lieu à un second droit de lods. Mais dans l'espèce que nous examinons, la difficulté est précisément de savoir s'il y a un retrait, s'il y a un acte d'adhésion au retrait, si l'abandon que fait l'acquéreur n'est pas plutôt une véritable vente; dire qu'il n'est pas dû un second lods parce que cet abandon n'est pas une vente, mais une simple adhésion à un retrait féodal, c'est donc décider la question par la question.

A l'égard du second motif, il arrive souvent en effet que le désistement *per actum retro-similem*, est affranchi des lods; mais, comme on le verra dans un instant, il faut que le désistement soit accompagné de circonstances qui ne se rencontrent pas ici.

En effet, quelle différence entre l'espèce que Dumoulin décide & celle que nous examinons.

Dans la première, le seigneur, comme propriétaire en partie du fief dominant, a sur le fief servant un droit qui, à la vérité, ne peut se réaliser que sur une portion du fief servant, mais qui néanmoins s'étend sur la totalité. Aussi, dans l'objection qu'il se fait, Dumoulin ne va-t-il pas jusqu'à dire que le seigneur est étranger à une partie du fief vendu, mais seulement qu'il est, en quelque sorte, étranger, *tanquam extraneus?* Ici, le retrayant est absolument étranger aux objets qui ne sont pas sous sa mouvance.

Dans l'espèce que Dumoulin examine, il n'est pas libre au seigneur de ne retirer qu'une portion du fief servant, proportionnelle à ce qu'il possède dans le fief dominant, il doit tout prendre si l'acquéreur l'exige. Ainsi, le retrait de la totalité n'est pas un acte volontaire de la part du seigneur, il est nécessaire; & cette nécessité sort de la nature même du contrat.

Or, il est de principe que toutes les fois qu'un acte est résolu purement & simplement, *per actum retro-similem*, & par une cause inhérente au contrat, ou qui sort de sa nature, le résiliement ne donne pas ouverture à un second lods.

Ainsi, deux choses absolument nécessaires pour l'affranchissement du second droit, un désistement pur & simple, & une cause inhérente au contrat.

De ces deux circonstances, nous n'en avions qu'une seule dans notre espèce. En effet, point de nécessité, point de cause inhérente au contrat, puisque à l'égard des objets mouvans d'autres seigneurs, il étoit également libre au seigneur d'en rejetter l'abandon, & à l'acquéreur, de ne pas déférer à la demande en retrait.

Disons mieux, relativement à ces objets, il n'y avoit pas de retrait féodal, il ne pouvoit pas y en avoir, puisque pour retirer féodalement il faut avoir la mouvance de l'immeuble vendu.

Il faut donc écarter & les considérations que nous venons de faire valoir, & toute idée de retrait, & par conséquent d'adhésion au retrait; mais alors que reste-t-il? Une cession, à la vérité, pour le prix de l'acquisition, mais une cession absolument libre, qui n'a d'autre cause que la volonté des parties, & qui est faite à un tiers absolument étranger à l'objet cédé. Or, comment ne pas voir une véritable vente, une seconde vente dans une cession de cette espèce? Où pouvoit donc être la difficulté de l'assujettir à un second droit de lods?

§. 6. *De la vente des droits & actions.* J'ai, ou je crois avoir sur tel immeuble, une action en délivrance, en revendication, ou une faculté de réméré, & je vends ce droit à un tiers. Cette vente est-elle à l'instant productive du droit de lods?

Il faut attendre l'événement. Comme l'aliénation d'un immeuble féodal ou censuel donne seule ouverture aux lods, & que ce n'est pas un immeuble, mais une simple action que j'ai vendu, le droit du seigneur demeure en suspens, jusqu'à ce que mon acquéreur ait mis cette action en activité; jusqu'à ce qu'une convention ou un jugement l'ait déclaré propriétaire de l'immeuble.

Si avant d'être réalisée, l'action est vendue une seconde fois, & le passage de cette action dans la main du premier acquéreur, & la vente au second, sont également stériles pour le seigneur. Il faut encore qu'il attende l'événement.

En un mot, & ce mot comprend tout, le droit du seigneur ne s'ouvre qu'au moment où l'immeuble prend, dans la main de l'acquéreur, la place de l'action.

Quant à la quotité du droit de lods, il n'y a pas de difficulté lorsqu'il s'agit d'une action en revendication ou en délivrance. Le prix de l'action est, relativement aux parties contractantes, le véritable prix de l'immeuble.

A l'égard des facultés de réméré, on élève une question. On suppose la faculté vendue moyennant un prix, outre l'obligation de rembourser à l'acquéreur ce qu'il a payé. Et l'on demande si les lods sont dus à raison des deux sommes. Cette question n'est pas difficile à résoudre. Ces deux sommes forment, pour l'acquéreur de la faculté qui les a payées, le véritable prix du fief. Conséquemment c'est sur le prix qu'il doit les lods & ventes.

§. 7. *De la vente des droits successifs.* Les ventes de droits successifs à des étrangers peuvent se faire de plusieurs manières.

Tous les co-héritiers peuvent vendre collectivement tous leurs droits successifs. De ces différens co-héritiers, un seul peut aliéner ce qui lui appartient dans la succession.

Cette première aliénation peut être suivie d'une seconde, qui, de même, est susceptible de plusieurs modifications.

Il est possible que cet étranger vende à un tiers. Il est également possible qu'il se réunisse aux héritiers pour aliéner conjointement avec eux.

Enfin, cette aliénation peut comprendre tous les droits successifs; comme il est possible qu'elle ne renferme que l'un des immeubles de la succession.

Lorsque tous les co-héritiers vendent l'universalité de la succession, si cette succession renferme des immeubles féodaux ou censuels, l'acquéreur doit les lods & ventes. L'acte ne parle, à la vérité, que de droits & actions, & les actions ne sont pas assujetties aux servitudes féodales. Mais ce raisonnement, que l'on trouve dans quelques auteurs, est plus subtil que solide; disons mieux, il n'est que subtil. Quoique l'hérédité soit métaphysiquement quelque chose de distinct des corps héréditaires, néanmoins la vente de l'hérédité renferme tous les immeubles de la succession. Il est donc vrai de dire que ces immeubles changent de main par vente; conséquemment, une aliénation de cette espèce donne ouverture aux lods.

Il y a, du moins au premier coup-d'œil, plus de difficulté, lorsque la vente n'est pas l'ouvrage de tous les héritiers, mais d'un seul, de deux ou de trois qui cèdent à un étranger tous leurs droits dans la succession. On peut dire pour le seigneur, d'après la règle, *le mort saisit le vif*: cet héritier étoit propriétaire d'une partie des immeubles de la succession, du tiers, du quart, suivant le nombre de ses co-héritiers; en cédant tous ses droits, il a donc bien réellement vendu ce tiers, ce quart. Voilà donc des portions d'immeubles qui ont changé de main par vente. Le seigneur est donc fondé à exiger un droit de lods.

L'acquéreur répond : ce n'est pas à tel & tel individu, parent du défunt, qu'appartiennent les immeubles qui composent sa succession. C'est au corps des héritiers, collectivement pris. Quant à chacun d'eux, il n'a sur chaque objet qu'un droit éventuel, & contre la masse, qu'une action en partage.

Ainsi, continue l'acquéreur étranger, le partage n'étant pas encore fait, je n'ai qu'une action à fin de l'exiger, & des droits éventuels qui peuvent se réaliser sur le mobilier, & même se résoudre en une somme pécuniaire. Le point de savoir si j'ai acquis tel immeuble, si jamais j'en serai propriétaire, est donc subordonné à un événement incertain. Mais ce n'est que des ventes réelles, des mutations effectives, que la loi donne les lods aux seigneurs.

De ces deux manières de voir, la seconde nous paroît mériter la préférence. Jusqu'au partage, il est impossible de dire que tel immeuble appartient à l'un ou à l'autre des co-héritiers. Il est même incertain si tel d'entre eux aura une portion dans les immeubles. Le cessionnaire n'a donc bien réellement acheté qu'un droit éventuel; & c'est un principe incontestable, qu'une mutation réelle & effective peut seule donner ouverture aux lods.

Les partages ne sont que déclaratifs. Lorsqu'un partage aura donné l'immeuble de la succession à l'un des héritiers, il sera donc vrai, & la loi elle-même le dira, que ses co-héritiers, que l'étranger cessionnaire n'ont jamais été propriétaires de cet immeuble. L'événement peut donc seul décider si une cession de droits successifs est ou n'est pas assujettie aux droits seigneuriaux. Ces droits seront dus, si le fief tombe dans le lot du cessionnaire; dans le cas contraire, le seigneur n'aura rien à prétendre. Autrement, on verroit une chose très-bizarre; il y auroit un lods payé, & cependant point d'immeuble vendu.

Cette décision est néanmoins susceptible d'une difficulté. Les co-propriétaires peuvent reculer arbitrairement l'époque qui fera cesser l'indivision. Et cependant le cessionnaire partage les fruits du fief; il en jouit, & cela moyennant un prix.

C'est un inconvénient : fût-il sans remède, il n'en faudroit pas moins s'attacher à la règle. On écarteroit la réclamation du seigneur par cette maxime : *non oportet ab inconvenientibus metiri regulas.* Mais dans ce cas, le seigneur a une indemnité très-raisonnable. Lorsque la jouissance du cessionnaire a duré pendant plusieurs années, il peut exiger un droit de relief ou demi-lods dans les provinces où ce droit est établi.

Lorsque l'étranger, acquéreur de l'un des héritiers, juge à propos de revendre à un tiers, ses droits dans la succession, jusqu'à l'événement du partage, les mêmes motifs d'affranchissement militent en faveur de ce second cessionnaire. Cela ne peut pas faire la moindre difficulté, puisque étant également possible que l'immeuble ne tombe pas dans son lot, il est également incertain s'il a acquis cet immeuble, si jamais il en sera propriétaire.

Mais si tous les propriétaires, si les héritiers & l'étranger cessionnaire de l'un d'eux se réunissent pour vendre conjointement; dans ce cas, au moins, cet étranger ne sera-t-il pas assujetti aux lods pour l'acquisition qu'il avoit faite d'une partie des droits de la succession? Jusqu'à présent, l'incertitude du partage a répondu à toutes les difficultés. Mais ici, plus de partage à faire, plus d'événement à attendre. Tout est consommé.

Cette aliénation renferme tous les droits successifs, l'universalité de la succession; ou bien elle ne comprend que l'immeuble ou l'un des immeubles qui composent l'hérédité.

Dans le premier cas, il nous semble que la décision doit être la même que dans les précédens; & que l'étranger ne doit rien, si ce n'est un relief ou un demi-lods dans le cas où sa jouissance auroit duré pendant plusieurs années.

Tous les co-propriétaires ayant vendu, il n'y a plus, à la vérité, de partage à faire. Mais l'événement de ce partage, si l'on y eût procédé, n'en est pas moins un problême; & l'on pourra toujours dire : nous ignorons dans quel lot l'immeuble de la succession seroit tombé. Cependant, une mutation réelle & effective peut seule donner ouverture au droit de lods; pour le devoir, il faut être ou avoir été propriétaire d'un immeuble.

Pourquoi la vente des droits successifs de l'un des co-héritiers à un acquéreur étranger, ne donne-t-elle pas à l'instant ouverture aux lods, à raison des immeubles qui composent la succession? C'est parce que le cessionnaire n'a réellement acquis qu'une action en partage, & un droit éventuel sur les immeubles. Mais l'aliénation qu'il a faite, conjointement avec les héritiers, n'a pas changé son titre, n'a rien ajouté à sa propriété; depuis, comme avant cette aliénation, il est donc également vrai de dire qu'il n'a jamais eu qu'une action en partage, & un droit éventuel sur les immeubles de la succession. Et nous le répétons, pour devoir un droit de lods, il faut être, ou avoir été bien réellement propriétaire d'un héritage féodal ou censuel.

Mais lorsque ce n'est pas l'universalité de la succession qui est vendue, lorsque les co-propriétaires n'ont aliéné que l'immeuble, ou l'un des immeubles qu'elle renferme, la chose nous paroît très-différente. Dans cet acte, les héritiers, l'étranger, tous ont parlé, ont agi en vrais propriétaires. Car vendre est l'acte le plus éminent de la propriété. Ce n'est pas seulement un droit éventuel sur l'immeuble que l'étranger a transféré à l'acquéreur; comme ses co-propriétaires, c'est une portion même de cet immeuble qu'il a vendu. Une aliénation de cette espèce peut donc être regardée comme l'équivalent d'un partage *sectione corporis*; ainsi, plus de doute à résoudre, plus d'événement à attendre, en un mot, plus d'incertitude. La division matérielle qu'un partage auroit pu faire, les parties sont censées l'avoir faite. En effet, puisque chacun a vendu comme propriétaire, il faut bien que chacun ait eu, au moins par convention tacite, une portion dans la propriété de l'immeuble. Conséquemment, l'étranger doit les lods, à raison de ce qui lui appartient dans le prix de la vente.

§. 8. *Les donations à la charge de payer les dettes du donateur, donnent-elles ouverture aux lods?* Il faut distinguer.

Il s'agit d'une donation particulière & grevée de certaines dettes; ou bien la donation est universelle, & à la charge de payer toutes les dettes du donateur.

Dans le premier cas, les lods sont dus, par la raison que le contrat est un véritable contrat de vente, jusqu'à la concurrence des dettes à payer.

Au contraire, lorsque la donation est universelle, point de lods; & cela par deux motifs: 1°. parce que le donataire universel tient lieu d'héritier, & que l'héritier n'est pas assujetti aux lods à raison des dettes de son auteur: 2°. parce que cette clause de payer les dettes, n'est pas une charge imposée au donataire par le donateur, mais une obligation de droit, & que la donation ne renferme réellement que ce qui excède les dettes de celui qui donne. *Bona non intelliguntur nisi deducto ære alieno.*

§. 9. *Des donations à la charge d'une rente viagère au profit du donateur.* La question de savoir si les donations de cette espèce donnent ouverture aux lods, a partagé les auteurs.

Les uns prétendent que cette charge n'est productive d'aucun droit au profit du seigneur. C'est l'avis de Sudre, dans ses *Notes* sur Boutaric, des lods, §. 7, *n.* 10, qui cependant n'examine la question que dans l'espèce d'une donation par le père à son fils.

D'Argentré pense bien différemment, après avoir cité Tiraqueau, Chasseneuz, Guipape & Sanson, qui décident indistinctement qu'il y a ouverture aux lods, toutes les fois que la donation est grevée de charges réductibles en argent, même dans le cas d'une pension alimentaire réservée par le donateur; il termine sa dissertation par ces mots: *hic standum*, sur l'article 73 de Bretagne, *note* 3.

Guyot est du même avis: « je ne distingue pas, » dit-il, si le contrat est conçu en terme de donation ou de vente à rente viagère: l'un & l'autre contrat portent un prix, dont le montant seul est incertain, parce que la vie du donateur, ou du vendeur est incertaine ».

On ne peut rien de plus décisif; mais peut-être ces auteurs ne se seroient-ils pas exprimés d'une manière aussi absolue, s'ils avoient fait une réflexion, qui, quoique très-simple, ne paroît pas s'être présentée à leur esprit.

Les rentes de cette espèce peuvent être de deux sortes. Elles excèdent le produit annuel de l'immeuble: elles sont égales, ou même inférieures à ce produit.

Dans le premier cas, la donation est une véritable vente; on ne peut pas s'y méprendre; l'excédent des fruits est le prix que le donataire ou plutôt l'acquéreur donne de l'immeuble qu'il reçoit. Ainsi dans un arrangement de cette espèce; *res, pretium & consensus.*

Mais lorsque la rente-viagère est inférieure au produit de l'héritage, ou que, déduction faite des frais de culture, elle n'excède pas ce produit, qu'est-ce qu'une rente de cette espèce? Peut-on dire que c'est le prix de la chose? Non; en effet, le donataire ne débourse rien, ne paie rien, en un mot il ne lui en coûte rien; c'est l'immeuble même qui lui fournit ce qu'il remet au donateur. C'est donc sa propre chose que le donateur s'est réservée & qu'il reçoit.

Ainsi la donation, à la charge de cette rente, n'est dans la réalité qu'une donation sous réserve d'usufruit.

Or, c'est un principe incontestable, que la donation, avec réserve d'usufruit, est affranchie du droit de lods.

Nous croyons que Livoniere, *Traité des fiefs*, *liv.* 3, *chap.* 5, *sect.* 4, est le premier qui ait fait cette distinction; mais si elle sort de la nature des choses, elle n'est rien moins que nouvelle.

Cette opinion réunit le suffrage des jurisconsultes qui ont écrit depuis Livonière, du moins, des plus distingués.

Pothier s'exprime en ces termes: *du contrat de vente*, *n.* 615.

« On doit distinguer à l'égard de cet acte, si » la rente viagère est une rente qui excède notablement le revenu de l'héritage, ou si elle » ne l'excède pas.

» Lorsqu'elle excède notablement le revenu » de l'héritage, de manière qu'elle peut paroître

» former le prix de l'héritage, l'acte n'a en ce cas » que le nom de donation : c'est un contrat semblable au contrat de vente qui produit les mêmes obligations, & qui donne pareillement lieu » au retrait & aux profits seigneuriaux ».

» Lorsque la rente viagère est à-peu-près égale » au revenu de l'héritage, la donation à rente » viagère en ce cas est une vraie donation, la » rente viagère paroissant être plutôt le prix de » la jouissance de l'héritage, que le donateur » pouvoit se réserver par la donation, que le prix » de l'héritage même ; c'est pourquoi le donataire, » en cas d'éviction, ne peut prétendre autre chose » que d'être quitte à l'avenir de la rente, ou pour » le total, ou pour partie, suivant que l'éviction » est du total ou d'une partie, & il ne peut prétendre aucuns dommages & intérêts contre le donateur ».

Dans le *Traité des lods & ventes*, de M. Defonmaur, ouvrage rempli d'érudition, & dans lequel la matière est envisagée sur toutes ses faces, nous lisons, *n. 468*, « en prenant un parti mitoyen, » Livonière & Pothier ont admis une distinction » pleine de justice & de raison. Si la rente excède » le revenu de l'héritage, ensorte qu'il paroisse » qu'elle tient lieu du prix, c'est une vente sujette » aux lods & au retrait. Si au contraire la rente » n'excède pas le revenu du bien donné, elle conserve les caractères d'une donation, puisqu'elle est » le représentatif de la jouissance, que le donateur » pouvoit se réserver & qu'il n'y a point de vente » sans prix.... On peut ramener à cette doctrine » l'avis bien étendu de Dumoulin, sur l'article 58, » *hodie* 83 de la coutume de Paris, *n. 59* ».

§. 10. *Lorsqu'un fief est vendu sous une condition suspensive, de quel jour s'ouvrent les droits seigneuriaux ?* La décision de cette difficulté est écrite dans tous les ouvrages sur la matière. Tous les feudistes sont d'accord que dans ce cas les droits seigneuriaux ne s'ouvrent qu'après l'événement de la condition, & que jusques-là le seigneur n'a rien à prétendre. Sur l'article 55 de l'ancienne coutume de Paris, *gl. 1., n°. 40, in venditione conditionali* ; dit Dumoulin (*de conditione propria scilicet suspensiva*), *non incipiunt deberi laudimii nisi conditione extincta.... etiamsi pendente conditione procedatur ad traditionem & translationem dominii*.

D'Argentré examine la même question, celle de savoir, de quel jour une vente conditionnelle donne ouverture aux droits seigneuriaux ; voici sa décision : *interim dum in incerto est actus, validitas pendet & in incerto est, sive quo ad contrahentes, sive quo ad dominos feudorum, ideoque nulla interim jura dominii debentur.*

Il seroit facile d'accumuler les autorités ; mais que reste-t-il à desirer lorsque l'on trouve sur un point de jurisprudence féodale, Dumoulin & d'Argentré réunis ?

Au surplus, qu'est-il nécessaire de recourir à des autorités sur cette question ? Le principe est aussi certain que familier, c'est le changement de propriétaire, la transmission du fief d'une main à une autre, qui seule donne ouverture au *quint* ; ce droit n'écheoit donc qu'à l'instant où cette transmission s'opère : & dans les ventes ou donations sous une condition suspensive, le fief ne change de main qu'au moment où la condition se réalise.

§. 11. *Du Quint dans les coutumes qui assujettissent au rachat toutes les mutations par mort, même en ligne directe.* Ces coutumes sont au nombre de dix. Paris pour les fiefs du Vexin, Senlis également pour les fiefs du Vexin. Mantes & Meulan, Chartres pour le Perche-Gouet, Châteauneuf, Dreux, Bretagne, Poitou, Normandie, & Clermont en Beauvoisis, pour les fiefs mouvans des châtellenies de Bulle & Conty. Ces coutumes se nomment coutumes de relief à toutes mains.

Ces coutumes sont très-dures : cependant il faut s'y conformer, & peut-être les regarder comme des restes précieux du régime primitif : en effet, dans l'origine le fief du père ne passoit au fils, que lorsque le seigneur vouloit bien l'en investir ; libre de refuser cette investiture, le seigneur étoit le maître d'y mettre le prix qu'il jugeoit à propos.

D'un autre côté, la rigueur de cette disposition est adoucie par l'affranchissement des lods, en cas de vente. En général, de quelque manière que le fief change de main, il n'est dû au seigneur qu'un simple droit de relief. *Nota, quod more illo Vulquecini relevium semper est uniforme, quia etiam in casu venditionis non solvitur quintum vel sub quintum pretii, sed simplex relevium.* Dumoulin, sur l'art. 2 de l'anc. cout. art. 3 ; de la nouvelle, *gl. 6, n. 1.*

Tel est en effet le vœu de la majeure partie de ces coutumes ; & pour qu'on ne puisse pas s'y méprendre, après avoir assujetti au relief les mutations en directe, elles ont soin d'ajouter que les mutations par vente seront affranchies des lods.

1°. Senlis, *article 116*, veut que les fiefs du Vexin se relèvent *de toutes mains & mutations* ; cette même coutume, *art. 244*, déclare que *lors de la vente* des fiefs du Vexin, il n'est dû que *relief*.

2°. Paris, *article 3*, dit que les fiefs du Vexin se relèvent de toutes mains & mutations, & il porte textuellement, qu'*aussi ne sont dus quints* ;

3°. La coutume de Mantes & Meulan, *art. 12*, porte : « *en mutation de fief, soit par vendition en* » *succession en ligne collatérale ou autrement, est dû* » *rachat par le vassal.* « Article 16, *quint & requint* » *n'ont lieu, & en est quitte le vassal en payant le droit* » *de rachat comme dessus, soit par vendition, aliénation* » *à prix d'argent ou autre contrat que ce soit* ».

4°. La coutume de Chartres porte, *art. 2*, que le relief est dû dans le Perche-Gouet & les cinq baronnies, *à toutes mutations*. Art. 19. : *en vente de fiefs est dû rachat, de même qu'en succession collatérale*.

5°. La coutume de Châteauneuf, porte, *art. 23*, *en acquisition est dû rachat*.

6°. La coutume de Dreux, porte, *art. 14; en vente de fief est dû rachat.*

Les coutumes de Bretagne, Poitou & Normandie, beaucoup plus dures, cumulent les deux prestations. L'acquéreur est assujetti aux lods, quoique le fils paie le rachat.

A la vérité, dans la Normandie le relief est peu considérable. Il est encore vrai que la coutume de Poitou ne grève pas du relief en directe, généralement tous les fiefs (*Voir l'art. 148*); mais dans celle de Bretagne la règle est sans exception. Suivant l'art. 67 : « quand aucun meurt, en quel- » que âge que soient ses héritiers, le prince ou » autre ayant droit de rachat, prendra & levera » par un an les fruits & issus des terres, *&c.* ». & l'art. 52, porte : « si aucune chose tenue en » fief est vendue, les ventes en appartiennent au » prochain seigneur ».

Ainsi, dans cette coutume la plus rigoureuse de toutes, tous les fiefs sont assujettis aux lods toutes les fois qu'ils changent de main par vente & au relief à toutes les mutations par mort, même en ligne directe.

Cet usage de la Bretagne a son origine dans un concordat de l'an 1275, entre le duc Jean & plusieurs de ses barons.

Des dix coutumes de relief à toutes mains, neuf, comme l'on voit, ont des dispositions formelles sur le droit de lods, six en affranchissent les ventes, trois les y assujettissent.

Celle de Clermont en Beauvoisis, pour les fiefs mouvans des châtellenies de Bulle & Conty, rédigée avec moins de précision, présentoit une difficulté sérieuse.

Cette difficulté vient de s'élever entre l'administration des domaines & le comte du Roure, au sujet de la vente de la seigneurie de Condé-Rochy, mouvante du roi à cause de son château de Bulle.

L'administration demandoit le *quint* de cette vente; le comte du Roure prétendoit ne devoir qu'un simple droit de relief.

L'art. 74 de la coutume de Clermont, est conçu en ces termes : « les seigneuries de Bulle & » Conty, ensemble tous les fiefs, & arrière- » fiefs qui en sont mouvans, sauf & réservé la terre » & châtellenie du Milly, mouvante dudit Bulle » par ladite coutume, se relèvent de toutes mains » & de toutes mutations, soit en ligne directe ou » collatérale & autrement ».

La seigneurie de Bulle & les fiefs & arriere-fiefs qui en sont mouvans, disoit le comte du Roure, sont donc sujets au droit de rachat dans tous les cas indistinctement. Ils le doivent *de toutes mains & de toutes mutations*; & par conséquent en cas de vente, comme en cas de succession, donations, legs ou échange.

A l'art. 74, l'administrateur opposoit l'art. 80, qui porte : « quand un fief, ou arrière-fief mou- » vant dudit Clermont, ou de quelque autre sei- » gneurie sont vendus & transportés, le vendeur » doit.... payer le *quint* denier. Rien de plus indéfini que cette disposition. Elle assujettit aux lods toutes les ventes de tous les fiefs régis par la coutume de Clermont, ceux mouvans de Bulle & Conty comme les autres.

Quant à ces mots de l'art. 74 *& autrement*, ils ne désignent, continuoit l'administration, que les mutations par don, legs, ou échange & sans prix en deniers. La preuve résulte des anciennes coutumes de Beauvoisis, par Beaumanoir, qui s'exprime en ces termes, *chap. 27.*

« En fief qui vient à hoir, en descendant de » père & de mère, de ayol ou de ayole, ou de » plus haut degré, més qu'il viegne en descen- » dant n'a point de rachat, *fors ez fiefs & arrière-* » *fiefs, mouvans de Bules & Conty*, més *en quelque* » *manière* que icils fiefs de Bules & Conty viegnent » *de mains en autres*, soit en *descendant* ou de » *écheoite*, ou par *échange*, ou par *don*, ou par » *lais*, il i a rachat ».

Pour connoître, disoient enfin les administrateurs, le véritable sens des art. 73 & 74 de la nouvelle de Clermont, il ne faut que les rapprocher de ce texte de l'ancienne coutume.

1°. Dans l'une comme dans l'autre, il est dit généralement qu'il n'est point dû relief en ligne directe : 2°. dans l'ancienne coutume, comme dans la nouvelle, il y a une exception, & cette exception frappe sur les fiefs & arrière-fiefs de Bulles & Conty : 3°. dans l'ancienne il est dit : » mais *en quelque manière* que icils fiefs de Bulles » & Conty *viengnent de mains à autres.* Dans la nouvelle il est dit, *se relèvent de toutes mains & mutations*; certainement les expressions *de toutes mains & mutations*, sont équivalentes à celles-ci, *en quelque manière qu'icils fiefs viengnent de mains à autres*: 4°. l'ancienne coutume porte, *soit en descendant ou de échoite*; la nouvelle dit, *soit en ligne directe ou collatérale*. La conformité est parfaite jusqu'à présent : 5°. la nouvelle coutume, après avoir spécifié les mutations par succession en ligne directe ou collatérale, ajoute *& autrement*; l'ancienne, plus positive, portoit ou par *échange*, ou par *don*, ou par *legs*; l'administrateur des domaines a donc eu raison de dire, que l'expression *& autrement* n'indiquoit que des mutations *sans prix pécuniaire*, telles que l'*échange*, la *donation*, & *legs*, l'attention avec laquelle on a spécifié dans l'ancienne coutume tous les cas de mutation qui donnent ouverture au rachat, sans y comprendre *la vente*, prouve qu'elle n'y étoit pas comprise, & que dans la nouvelle les mots *& autrement* substitués à l'énumération de toutes les mutations sans prix, ne peuvent comprendre *le cas de vente.*

Ce systême n'a pas été accueilli par arrêt de la grand'chambre du 6 avril 1786, après plusieurs plaidoiries, & sur les conclusions de M. l'avocat-général Jolly de Fleury, l'administration des domaines a été déboutée de sa demande, afin de paiement du droit de *quint*. Et le comte du Roure, condamné, suivant ses offres, à payer le rachat.

Au moyen de cet arrêt, il ne reste plus de difficulté, relativement aux lods, dans les dix coutumes de relief à toutes mains.

§. 12. *Le seigneur est-il recevable à attaquer les jugemens rendus entre des tiers sur le motif qu'ils nuisent à la perception de ses droits?* En général les jugemens n'ont de force que contre ceux avec lesquels ils ont été rendus; mais cette règle reçoit une exception à l'égard des seigneurs & relativement aux droits seigneuriaux.

Comme le droit de lods ne donne au seigneur dans les contestations qui ont pour objet la rescision des actes qu'un droit secondaire & subordonné, les parties ne sont pas obligées de le mettre en cause. Le jugement a autant de force contre lui, que contre celui qu'il condamne: il est obligé de subir la loi qu'il impose, & on ne lui permet pas de l'attaquer, soit par l'appel, soit par l'opposition.

Mais cette règle n'est pas absolue, l'équité la restreint au cas où le jugement est sérieux & contradictoire; s'il est rendu par défaut & de concert, il est sans autorité contre le seigneur, & *il en faut revenir à prouver avec lui que le contrat étoit réellement nul & cassable*: cette décision est de l'annotateur de Boulaire, *pag. 206*; même décision dans le le *Traité de lods & ventes* de M. de Fonmaur, *n. 707*.

C'est Dumoulin qui a fixé les principes de cette matière. Voici ses termes: *utrum dominus directus admissibilis sit ad probandum contra actum ab utraque parte approbatum? Respondeo: aut quæritur de transactione & omninò dicendum quod sic, cum sit actus voluntarius & idem in sententia voluntaria, sine consensu rei lata, nec tenebitur appellare. Aut verò quæritur de verâ sententiâ, & re judicatâ & sic lata in judicio contradictorio, in quo actor declaratus est dominus rei controversæ, & tunc puto quod dominus directus impugnare non potest cum sit lata solemniter & cum legitimo contradictore, & ideo si velit allegare & probare jus condemnati & non appellantis, puto quod non sit admittendus.* Dumoulin, sur l'art. 22 de l'ancienne coutume de Paris, *n°. 68*.

§. 13. *De la ventilation.* Il arrive souvent qu'un contrat de vente renferme des meubles & des immeubles, ou seulement des immeubles; mais sous la mouvance de différens seigneurs.

Chaque seigneur n'ayant le droit de lods que sur ce qui relève de lui, il est clair qu'il ne peut pas l'exiger à raison de la totalité du prix écrit dans le contrat, puisque ce prix couvre des objets auxquels il est étranger.

D'un autre côté le droit de *quint* étant, non une partie de la chose, mais une portion du prix, il est également clair que chaque seigneur ne peut pas demander une évaluation par experts de l'objet assis sous sa directe, parce qu'il pourroit arriver que les différentes évaluations réunies, excédassent la somme écrite dans le contrat.

Ces différens seigneurs, ou s'il n'y en a qu'un seul, mais que le contrat renferme des meubles, ne peuvent donc demander qu'une portion du prix proportionnelle à la valeur de l'immeuble mouvant d'eux; mais ils ont droit d'exiger que cette proportion soit établie de la manière la plus exacte.

Pour y parvenir, on a établi ce que l'on appelle *la ventilation*, opération qui se fait par la combinaison de la valeur de chaque objet à raison du prix total de l'acquisition.

On commence par distinguer les domaines mouvans de chaque seigneurie, ou les meubles des immeubles; on estime chacun d'eux à sa véritable valeur; & si le prix total excède celui du contrat, on répartit ce prix du contrat au sol la livre proportionnellement au taux de l'estimation; & ce qui est attribué par cette répartition à chaque seigneur, forme la ventilation.

Comme c'est la circonstance que le contrat renferme plusieurs objets, ce qui nécessite la ventilation, & que cette circonstance est du fait de l'acquéreur, non-seulement c'est lui qui doit faire cette opération, mais il doit supporter les frais qu'elle occasionne.

L'acquéreur peut faire la ventilation dans le contrat ou par un acte séparé.

Quelque parti qu'il prenne à cet égard, le seigneur a le droit de blâmer la ventilation & de demander qu'il en soit fait une nouvelle par des experts.

La plus légère réflexion fait sentir la justesse & la nécessité de cette règle; s'il en étoit autrement, les seigneurs seroient à la merci de leurs vassaux; celui qui acquiert des meubles & des immeubles, porteroit la majeure partie du prix sur les meubles; de même lorsque les objets relèvent de différens seigneurs, l'acquéreur favoriseroit celui d'entre eux qu'il jugeroit à propos.

Cependant cette faculté d'exiger une seconde ventilation, est modifiée de manière que des seigneurs difficiles ne peuvent pas en abuser pour vexer les acquéreurs. Si la seconde ventilation est conforme à celle présentée par l'acquéreur, c'est le seigneur qui en supporte les frais.

Ces règles sortent tellement de l'équité & de la nature des choses, qu'il semble superflu de les appuyer d'autorités. Cependant nous transcrirons ici un passage de Vaslin, moins pour appuyer que pour développer ce que nous venons de dire.

« Lorsque des biens vendus par un même contrat, dit cet auteur, relèvent de différens seigneurs... il y a nécessité de faire la ventilation, » & il est de la prudence que l'acquéreur la fasse par » le même contrat. Non que les seigneurs soient » obligés de se tenir à cette ventilation..... mais » l'avantage que trouve l'acquéreur à faire la ventilation par le contrat, c'est que si le seigneur,

» sans y avoir égard, demande, *comme il en a le* » *droit*, qu'elle soit faite par experts, & que par » l'événement la ventilation portée par le con» trat se trouve juste, ou qu'elle ne diffère de » celle des experts que d'assez peu de choses, » c'est le seigneur qui supporte les frais de la ven» tilation des experts; comme ayant eu tort de » la requérir ». *Sur l'art. 3 de la coutume de la Rochelle, n. 234 & 235.*

Dumoulin parle des ventilations; mais d'une manière assez obscure. Cependant on entrevoit qu'il pensoit que les frais de cette opération devoient être supportés par le seigneur. Cette opinion n'a pas été suivie, & par de très-bons motifs.

Lorsque le seigneur a inféodé ou accensé tel immeuble, il ne l'a fait qu'à la condition qu'il auroit aux mutations par vente, telle partie du prix sans aucune diminution, ou l'immeuble par retrait féodal, en rendant le prix écrit dans le contrat sans aucune espèce d'augmentation. Cette convention est pour les parties une loi inviolable; le seigneur & le vassal sont également dans l'impuissance, l'un de rien exiger au-delà du prix, l'autre d'ajouter à la somme à laquelle il a été fixé. Ainsi toute espèce d'augmentation qui est du fait du vassal, doit retomber sur lui. Le seigneur n'est pas obligé de lui en tenir compte.

Or, la ventilation, & par conséquent les frais qu'elle occasionne, sont du fait de l'acquéreur. C'est parce qu'il lui a plu d'acheter plusieurs objets à la fois & par le même acte; c'est parce qu'il a négligé de mettre dans le contrat un prix particulier à chacun d'eux, ou que la répartition qu'il a faite du prix total n'est pas exacte, que la ventilation est devenue nécessaire.

§. 14. *Est-il nécessaire, à peine de nullité, qu'un acte de dépri soit fait double?* Cette formalité est essentielle dans tous les contrats sinalagmatiques : à cet égard, nulle difficulté; mais il n'en est pas de même de ceux qui n'obligent que l'une des parties contractantes, tels par exemple que la promesse de payer une somme, ou d'en faire remise si la personne envers laquelle on s'engage, fait telle chose; alors le promettant est obligé par la seule signature ou la seule reconnoissance judiciaire d'une promesse verbale de sa part. Le dépri est évidemment un contrat de ce genre; par cet acte le seigneur s'engage à faire une remise sur le prix de la terre; mais celui qui se propose d'acquérir, ne s'oblige à rien; il n'en est pas moins libre de ne pas acheter. A la vérité l'acquisition consommée, il est obligé; mais ce n'est pas en vertu du dépri. C'est par l'autorité de la loi, dont la disposition lui imposant des conditions plus dures que le dépri, contient nécessairement celles que cet acte renferme. En un mot l'acquéreur, toujours plus grevé par la coutume que par le dépri, ne s'en sert & ne peut s'en servir que comme d'une exception : or, jamais on n'a prétendu que des lettres de privilège & d'exception dussent être signées des deux parties. Effectivement, celui qui ne fait que recevoir ne s'oblige à rien.

Aussi voyons-nous que l'art. 21 de la coutume de Paris, parle du dépri sans l'assujettir à aucune espèce de formalités, on n'exige pas même qu'il soit rédigé par écrit.

Tel est l'usage : les dépris, pour l'ordinaire, ne sont revêtus que de la seule signature du seigneur; l'on en n'exige pas davantage, & même l'on se contente de moins. Lorsque l'acquéreur a déprié verbalement, il peut demander l'affirmation du seigneur, & qu'il soit interrogé sur faits & articles. Si le seigneur convient qu'il a promis telle ou telle remise, il est obligé de la faire : tel est le droit commun.

§. 15. *L'acquéreur perd-il le bénéfice du dépri si son contrat n'a pas été passé dans le délai fixé par cet acte?* Tout est de rigueur en matière de droits seigneuriaux. Il n'y a pas un délai qui ne soit fatal, pas une omission qui ne soit punie par une peine; & cette peine, loin de pouvoir être réputée comminatoire, est encourue *ipso facto*, à l'instant même de l'expiration du terme fixé par la loi.

Si la question proposée devoit se juger par la loi des fiefs, il faudroit, comme l'on voit, se décider pour l'affirmative, & dire que l'acquéreur n'ayant pas rempli la condition à lui imposée par l'acte de dépri, est, de plein droit, privé du bénéfice de cet acte.

Mais les loix féodales sont ici sans autorité; il s'agit au contraire d'une dérogation à ces mêmes loix, dérogation qui dérive d'une convention purement civile. La question est donc subordonnée aux règles ordinaires des conventions.

Sous ce point de vue, la clause que nous examinons appartient à la classe des conditions que les jurisconsultes nomment *résolutoires*.

Dans la sévérité des principes, le contrat devroit être résolu par le seul fait de l'inexécution de la condition sous laquelle les parties se sont engagées. Mais des motifs de considération & d'équité ont déterminé les jurisconsultes & les tribunaux à s'écarter de cette règle primitive. Ces conditions, quels que soient les termes dans lesquels elles sont conçues, sont réputées purement comminatoires. Il ne suffit pas pour la résolution de l'acte que le délai qui le détermine soit expiré, il faut en outre une sentence du juge qui déclare l'acte résolu. *Quod omne ad judicis arbitrium remittendum est.* C'est la décision des loix romaines.

Nous lisons dans Domat : « si dans une conven» tion il est dit qu'elle sera résolue en cas que » l'un des contractans manque d'exécuter quelque » engagement, le défaut d'exécution ne résout » pas la convention de plein droit...... quand il » seroit même convenu que la résolution sera » encourue par le seul fait & sans ministère de » justice ». Loix civiles, *liv. 1, tit. 1, fol. 5 & 6.*

Enfin, Pothier, dans son traité des obligations, *n. 636*, dépose que telle est la jurisprudence actuelle. « Dans notre pratique françoise, il est d'usage

» d'usage de faire une sommation avec assignation » devant le juge, pour voir prononcer la nullité » de l'engagement ». (*Article de M.* Henrion, *avocat au parlement.*)

Quint datif, *ou* Quint d'aumône, les coutumes d'Artois, d'Amiens, de Ponthieu, de Boulonnois, de Montreuil & de Péronne, distinguent deux sortes de *quints*, l'un *naturel*, l'autre *datif* ou d'*aumône*. Le premier est la portion que ces coutumes accordent elles-mêmes aux puînés dans les biens qu'elles laissent aux aînés. Le second est celle dont elles permettent aux testateurs de disposer.

Nous parlerons du *quint naturel* sous ce mot; il ne s'agit ici que du *quint datif:* sur quels biens peut-il avoir lieu? à qui peut-il être donné? dans quelle forme doit être conçu l'acte qui en contient la disposition? quels en sont les effets utiles? quelles en sont les charges? Telles sont les questions que nous avons à discuter dans cet article.

§. 1. *Des biens dont on peut distraire le quint datif.* Les biens sujets aux réserves coutumières sont les seuls à l'égard desquels il puisse être question de *quint datif*: les autres étant entiérement disponibles, il importe peu que l'on en lègue le *quint*, ou le quart, ou la totalité.

On voit par-là que les questions relatives au *quint datif* sont indifférentes aux meubles & acquêts, même dans la coutume de Ponthieu, où l'aîné est seul héritier de ces sortes de biens.

Les propres sont donc les seuls objets sur lesquels puissent tomber les contestations touchant le *quint datif*.

Toutes les coutumes citées autorisent la disposition du *quint* des propres féodaux (1).

Celle d'Amiens permet la même chose à l'égard des propres roturiers: « n'est loisible de disposer par testament & dernière volonté de ses » propres héritages, soit féodaux ou cotiers, » venus & échus de ses prédécesseurs, sinon du » *quint* seulement, & par forme de *quint* viager » ou héréditaire, selon qu'il veut donner ». Ce sont les termes de cette coutume, *art. 57*.

On remarque la même disposition dans l'article 25 de la coutume de Ponthieu: « un chacun de » franche & libérale volonté peut & lui loît, » sans le consentement de son héritier & à qui » il lui plaît, soit par un testament ou dernière » volonté, donner & léguer le *quint* de tous ses » héritages, ou partie d'iceux, & par forme de » *quint*; & ne peut une personne quinter deux » fois ses héritages ».

L'article 100 de la coutume de Montreuil décide également « qu'un chacun peut donner un » *quint* de son héritage par forme de *quint datif*, » à qui il lui plaît, sans consentement ne octroi » d'hoir, ne sans quelque solemnité ».

La coutume de Péronne ne parle du *quint datif* que relativement aux propres féodaux; mais c'est parce qu'elle étend plus loin la disponibilité des propres roturiers. Voici comme elle s'explique, art. 165: « il est loisible à toutes personnes capa» bles, de disposer par testament.... du *quint* des » propres féodaux & tiers des propres censuels: » & où la disposition excéderoit, doit être réduite » auxdits *quint* & tiers ».

La coutume d'Artois, *article 91*, ne comprend que les fiefs dans la permission qu'elle accorde d'en léguer le *quint*: « il est permis à chacun donner » par disposition dernière & non autrement, au » desçu & sans le consentement de son héritier, » un *quint* de tous ses fiefs, par don d'aumône, » pour par le légataire en jouir paisiblement, » comme de sa chose ».

Bauduin prétend sur cet article, qu'il faut l'étendre *aux coteries ou autres biens patrimoniaux.* Mais son opinion est combattue par Maillart, & rejettée par l'usage. Voici les termes de Maillart: « comme cet article contient une dérogation à » l'article 76, il faut prendre tout ce qui y est dit » pour limitatif & restrictif; & non pas pour dé» monstratif seulement: de sorte que dans cette » coutume il n'est pas permis de disposer du *quint* » des rotures patrimoniales, quoiqu'il y soit per» mis de disposer de celui des propres féodaux ».

La coutume de Boulonnois n'est pas aussi claire: elle porte, *article 88*, que l'on peut disposer « du *quint* de tous ses héritages féodaux, qui se » nomme vulgairement *quint datif*, & se lève de» vant le *quint* naturel, sur tous héritages féodaux » & patrimoniaux ». Cette disposition laisse douter si l'on peut en Boulonnois, donner ou léguer le *quint* des propres censuels, comme celui des propres féodaux. M. le Camus d'Houlouve soutient la négative en son commentaire sur la coutume de cette province. Voici la substance de ses raisons.

L'article 124 porte expressément, que « nul ne » peut donner son héritage à lui venu de ses pré» décesseurs, si ce n'est, quant à matière de don, » par le consentement exprès de son héritier ap» parent »; & suivant l'article 92, « un chacun » peut donner son héritage venu de ses prédéces» seurs, à telles personnes que bon lui semble, » & autres que son héritier apparent, par le » consentement dudit héritier apparent, autrement » le don ne doit sortir aucun effet ». Ces articles sont conçus en termes prohibitifs & négatifs, & si la coutume n'y eût apporté aucune exception, il est sensible qu'en Boulonnois on n'auroit pu disposer de la moindre portion de ses propres.

L'article 88 est le seul qui contienne cette exception. Il permet de donner entre-vifs ou par testament, sans le consentement de l'héritier pré-

(1) Artois, *article 91*; Amiens, *article 57*; Ponthieu, *article 25*; Boulonnois, *article 88*; Montreuil, *article 100*; Péronne, *article 165*.

somptif, le *quint* des héritages féodaux; & comme l'article 62 réserve aux puînés, en succession de père & de mère, un *quint* de ces mêmes héritages, l'article 88 ajoute, que pour distinguer de ce *quint* celui dont il autorise la disposition, ce dernier sera appellé *quint datif*, *& sera levé devant le quint naturel, sur tous héritages féodaux & patrimoniaux.*

Ces derniers termes ne veulent pas dire que la coutume permet de disposer généralement du *quint* de tous les propres, soit féodaux, soit roturiers; si telle eût été l'intention des rédacteurs, après les dispositions des articles 92 & 124, ils n'eussent pas borné l'exception au *quint* des propres féodaux, comme on le voit dans l'article 88. Les premiers termes de ce texte doivent nécessairement servir à l'interprétation des subséquens. Ceux-ci n'étant que la conséquence des autres, on ne peut leur donner un autre sens que celui qui leur convient, & qui résulte tant du texte que de l'esprit de cette disposition. Si la coutume, après avoir permis de disposer du *quint* de tous les *héritages féodaux* sans le consentement de l'héritier apparent, ajoute que ce *quint* se lève *sur tous héritages féodaux & patrimoniaux*, c'est qu'en général le mot *héritage* signifiant un immeuble, & les immeubles se divisant en propres & acquêts, elle a voulu que l'on ne pût se méprendre sur la qualité des héritages féodaux dont elle permettoit de donner ou léguer le *quint*; c'est dans cette vue qu'elle a ajouté aux mots *héritages féodaux*, celui de *patrimoniaux*, avec une conjonctive qui les lie, & par-là elle a désigné les fiefs propres.

On prétend que les rotures sont comprises sous le mot *patrimoniaux*; mais cette expression, parfaitement synonyme avec *propres*, ne convient pas plus aux rotures qu'aux fiefs; & la coutume a si peu entendu parler des propres roturiers, que d'un côté elle n'a pas permis de disposer d'un *quint* de tous les biens féodaux & roturiers, mais seulement d'un *quint* des fiefs; & que d'un autre côté, en disant que ce *quint* se lève avant celui qui est réservé aux enfans puînés, le *quint* des puînés ne se levant que sur les biens féodaux, celui qui doit être levé avant le leur ne peut être pris que sur la même nature de biens.

On oppose que l'article 68 accorde aux enfans puînés, en succession de père & mère nobles, la valeur d'un *quint* des héritages censuels. Mais cet article n'a aucune espèce de rapport avec les articles 29, 124 & 88; il ne contient qu'une réserve coutumière en faveur des puînés nobles, & non une faculté de disposer. Il est même restreint dans des bornes très-étroites, puisqu'il n'a lieu que dans une espèce de succession.

Enfin, on se prévaut de quelques arrêts qui ont appliqué aux propres roturiers la disposition de l'article 88. Mais, 1°. nous pouvons opposer à ces arrêts celui de la grand'chambre du 15 mars 1712, rendu entre la demoiselle Campaigno & le sieur Delattre, notaire à Boulogne, qui déboute la première de sa demande en délivrance du legs du *quint* des propres roturiers du Boulonnois, & la réduit au *quint* des propres féodaux: 2°. ces arrêts n'ont point formé de jurisprudence en Boulonnois; les juges & avocats de cette province ne peuvent en adopter la décision; & il y a plusieurs exemples récens de légataires universels qui n'ont pas osé demander le *quint* des propres roturiers, quoique compris nommément dans leurs legs.

Telles sont les raisons de M. le Camus d'Houlouve. Pesons maintenant celles qu'y opposent ses antagonistes.

L'article 52 de l'ancienne coutume permet de donner le *quint de ses héritages féodaux, patrimoniaux*. Les deux expressions sont distinguées par une virgule, & cela pour marquer que la coutume embrasse à la fois l'espèce, qui sont les héritages féodaux, & le genre qui comprend toute sorte de biens patrimoniaux. Le sens de cet article est donc que la coutume, en laissant une liberté générale de disposer du *quint* des biens patrimoniaux génériquement, a commencé par déclarer que cette liberté s'appliquoit même à l'espèce particulière, réservée aux héritiers du sang par le vœu général des coutumes. A plus forte raison n'a-t-elle pas entendu exclure de cette liberté les héritages roturiers, à l'égard desquels les coutumes, par un droit commun, laissent un pouvoir plus ample de disposer.

Ainsi ce n'est pas pour exclure les autres héritages patrimoniaux que l'ancienne coutume a désigné d'abord les héritages féodaux; mais parce qu'elle a cru que les fiefs avoient besoin d'une expression textuelle pour être compris dans la faculté qu'elle accorde, *indigebant speciali notâ*; & afin que l'on ne pût pas en conclure que les autres biens patrimoniaux, tels que les coteries, n'étoient pas de libre disposition, elle les comprend après les fiefs sous le terme générique d'héritages patrimoniaux. Elle a placé d'abord l'espèce particulière des biens féodaux; elle a ajouté ensuite, par une virgule, *patrimoniaux*, qui est le genre de tout bien propre; & ce genre renferme en soi la roture comme le fief.

Cet article de l'ancienne coutume a été conservé dans la nouvelle. On ne voit pas dans le procès-verbal, que les réformateurs y aient proposé aucun changement: on remarque seulement qu'ils ont eu attention de faire connoître que le *quint datif* devoit s'appliquer à toute espèce d'héritages patrimoniaux. L'ancienne coutume, en expliquant que le *quint datif* se levoit avant le *quint naturel*, ne portoit que ces mots, *sur tous les héritages féodaux & patrimoniaux*. La nouvelle a ajouté la particule *&*, & porte *sur tous les héritages féodaux & patrimoniaux*. La conjonctive *&* montre que la disposition ne comprend pas seulement l'espèce particulière des biens féodaux, mais encore le genre de tous biens patrimoniaux.

Telle est au reste l'interprétation qu'ont donnée à cet article, & les auteurs qui ont écrit, & les arrêts qui ont été rendus sur cette coutume. Ricard, aux mots *& patrimoniaux*, a ajouté cette note, *tant féodaux que roturiers; jugé par arrêt en l'audience de la grand'chambre, le mardi 21 janvier 1670, suivant les conclusions de M. l'avocat-général Talon.*

Boudot de Richebourg, dernier éditeur du coutumier général, observe aux mots *quint datif*, que « c'est la portion des héritages féodaux ou roturiers, desquels il est permis de disposer ».

Le Roy de Lozembrune, qui a commenté la coutume de Boulonnois, après avoir exercé avec distinction l'office de lieutenant-général en la sénéchaussée de Boulogne, s'explique ainsi sur l'article 88 : « quoique l'expression de la disposition » du *quint* des héritages féodaux, semble, en » quelque façon, en exclure les héritages cotiers » & roturiers, néanmoins par un arrêt solemnel » rendu en notre coutume le 21 janvier 1641, » la donation faite par Charles Bredoul du *quint* » de ses propres, tant féodaux que cotiers, a » été confirmée ». Il ajoute que cet arrêt ayant été ensuite attaqué par requête civile, « par arrêt » du 21 janvier 1670, ouï sur ce M. l'avocat-» général Talon, après trois audiences entières » de plaidoyer, la dame de Turgot fut déboutée » de sa requête ».

Sérieux, en ses notes sur le Brun, dit « qu'il » y a eu encore arrêt conforme, rendu le 6 avril » 1743 en la quatrième chambre des enquêtes, » qui a adjugé aux légataires du sieur de Belle-» dame, de la ville de Montreuil-sur-Mer, les » deux *quints*, tant sur les rotures que sur les fiefs». » La même chose a été jugée, continue cet » auteur, par arrêt du 26 juillet 1764, rendu en » faveur des demoiselles de Bedonastre, & le » sieur Bonnet, leur curateur & tuteur, contre » le sieur de Tutil de Camy, tuteur de son fils » mineur, & mari d'une feue demoiselle de Be-» donastre, aînée, au rapport de M. le Prestre » de Lezonnet, conseiller de grand'chambre. Me » Maucler, avocat, écrivoit pour les puînés, qui » ont réussi : cet arrêt a même adjugé aux puînés » le *quint* naturel dans la coutume locale de Bou-» lonnois ».

M. le Camus d'Houlouve convient lui-même, « qu'il y a un arrêt semblable du 30 avril 1751, » rendu en la seconde chambre des enquêtes, au » rapport de M. Brisson, entre les héritiers du » sieur de Belledame & la demoiselle Marie-Ma-» delaine Bocquelet, sa légataire universelle, le-» quel a infirmé une sentence du bailliage de Mon-» treuil, en ce qu'elle n'avoit adjugé à la demoi-» selle Bocquelet que le *quint* des fiefs propres » sis en Boulonnois, & émendant quant à ce, » lui a adjugé le *quint* des propres, tant féodaux » que roturiers, sis en cette coutume ».

Il a été rendu depuis peu un arrêt qui met à cette jurisprudence le sceau de l'invariabilité. L'appel étoit d'une sentence de la sénéchaussée de Boulogne du 13 février 1775, qui avoit renvoyé le sieur d'Héricault, héritier des propres du sieur d'Escaut, du chef de conclusion des sieur & dame de Torsy, légataires universels, *tendant à avoir le* quint datif *sur les rotures, comme étant ledit chef de conclusion contraire au texte de la coutume & à l'usage constamment suivi dans ce siège & la province.* Cette sentence contenoit, comme l'on voit, un acte de notoriété bien précis pour l'opinion de M. le Camus d'Houlouve; mais cet auteur nous avertit lui-même, par une addition imprimée à la fin de son commentaire, qu'elle a été infirmée « par arrêt rendu en la grand'chambre, au rapport » de M. Pasquier, le 22 avril 1777, en ce qu'elle » n'avoit pas adjugé aux sieur & dame de Torsy, » elle légataire universelle du feu sieur d'Escaut, » le *quint* des propres roturiers de ce défunt : » émendant quant à ce, la cour a fait délivrance » aux sieur & dame de Torsy du *quint* des mêmes » propres roturiers, & a ordonné que son arrêt » seroit inscrit sur les registres de la sénéchaussée » de Boulonnois.

» Peu après ce jugement, continue M. le Camus » d'Houlouve, j'ai prié M. Pasquier de m'en dire » les motifs; si la cour s'étoit déterminée par ses » précédens arrêts sur la même question, ou quels » moyens des sieur & dame de Torsy elle avoit » adoptés. Ce magistrat m'a répondu que les pré-» cédens arrêts n'avoient point influé sur la déci-» sion de la contestation; que l'affaire avoit été » jugée de nouveau; que la cour avoit pensé que » l'article 88 de la coutume de Boulonnois parois-» soit faire la distinction de deux natures de biens » différens, du *quint* desquels il permettoit éga-» lement de disposer; & qu'au surplus la cou-» tume d'Amiens permettant la disposition du » *quint* de tous les propres, soit féodaux, soit ro-» turiers, cette coutume de la capitale de la Pi-» cardie pouvoit servir d'interprétation à celle » du Boulonnois ».

§. 2. *Des personnes au profit desquelles on peut disposer du* Quint datif. Tous ceux qui sont en général capables de recevoir des legs ou des donations, peuvent être donataires ou légataires du *quint datif.* C'est ce que la coutume de Ponthieu décide fort clairement, *article 25* : « un chacun... » peut *à qui il lui plaît.....* donner & léguer le » *quint* de tous ses héritages ». On a remarqué plus haut, que l'article 100 de la coutume de Montreuil en dispose de même; & tel est l'usage constant & uniforme de toutes les autres coutumes de *quint datif.*

La seule difficulté qu'il y ait à cet égard, si c'en est une, dérive du mot *quint d'aumône*, dont se servent quelques-unes de ces loix, & particulièrement celle d'Artois.

« La commune notion que l'on a du mot *aumône*, dit Maillart, *art. 91*, *n. 33*, donneroit » lieu d'inférer ici que l'on ne peut pas léguer » le *quint datif* à des personnes notoirement aisées, » puisqu'on ne fait l'aumône qu'aux pauvres.

» Cependant, continue cet auteur, le legs du » *quint* des fiefs est constamment valable, sans » avoir égard à la qualité du légataire ».

C'est ce qu'enseigne aussi Bauduin sur les mots *par don d'aumône* : « l'usage commun, dit-il, ne » s'arrête à la qualité de cette clause, & si n'a » égard si le légat est fait à ung riche ou à ung » pauvre ».

M. Cuvelier, en ses arrêts du grand-conseil de Malines, *pag. 353*, rapporte des jugemens qui confirment cette interprétation : « par sentence rendue » premiérement en la gouvernance d'Arras, le » 26 janvier 1598, confirmée au conseil d'Artois » le 12 juillet 1602, & par arrêt de la cour du » 15 octobre 1604, sur le procès entre messire » Paul de Noyelles, chevalier, seigneur dudit » lieu, père & tuteur légitime de demoiselle Anne » de Noyelles, légataire d'un *quint datif* de deux » parts de cinq de la terre de Wimy, d'une part, & » la dame princesse de Ligne, héritière de dame » Hélène de Melun, comtesse de Berlaymont, » sa sœur, a été connu & décidé que le *quint* » *datif*, qu'on dit *aumône*, peut se léguer aussi bien » au riche qu'au pauvre, d'autant que l'aumône » ne se considère point à l'égard du donataire, » mais à la volonté du testateur, & se peut l'au- » mône faire au riche & au pauvre ».

Maillart s'étend beaucoup sur les raisons qui ont fait admettre cette jurisprudence. Il prouve que « le nom d'*aumône* a appartenu d'abord aux legs » faits aux églises & aux lieux pieux. De-là vint, » ajoute-t-il, qu'on donna le nom d'*aumôniers* aux » testateurs, puis aux exécuteurs testamentaires, » ensuite à ceux qui étoient légataires : de-là vint » que l'*aumônier* étoit opposé par nos anciens, au » *parçonnier* ou partageant, c'est-à-dire, le léga- » taire à l'héritier. De-là le principe établi dans » les coutumes de prohibition d'avantages entre » les co-héritiers, *on ne peut être aumônier & par-* » *çonnier*, (coutume de Lille, *chap. 1*, *art. 7*); » & parce que les églises ne pouvoient pas elles- » mêmes faire valoir tous les héritages qu'on leur » laissoit, elles les donnoient en fief ou en roture » à des particuliers : l'on appelloit ces inféodations » ou ces baux à rentes, des aumônes, des au- » môneries, & les possesseurs, des aumôniers (1). » A l'exemple de cela, les seigneurs particuliers » donnèrent aussi le nom d'aumôneries aux con- » cessions féodales ou roturières qu'ils firent; & » le nom d'aumôniers appartint aussi, par ce » moyen, à leurs vassaux & tenanciers (1). D'où » il suit que, par le mot d'*aumône*, nos anciens » ont, à la fin, entendu non-seulement la libé- » ralité faite aux églises ou aux pauvres, mais » encore celle qui étoit exercée envers toutes » sortes de personnes; de telle manière que par » *aumône*, ils ont entendu le *bienfait* & la *largesse* » des Latins ».

Les puînés, à qui la coutume défère *ab intestat*, le *quint* naturel des fiefs de leur père, peuvent-ils encore être donataires ou légataires du *quint datif?* L'affirmative n'est susceptible d'aucun doute, deux arrêts l'ont consacrée. Le premier est rapporté en ces termes par l'annotateur de Ricard sur la coutume d'Amiens, *art. 57*.

« Par arrêt du 24 mars 1683, il a été jugé en » la troisième des enquêtes, en faveur du sieur » Nicolas de Lestoc, qu'un père avoit pu disposer, » au profit des puînés, du *quint* des propres, » quoiqu'ils eussent en même temps le *quint* na- » turel, & qu'ainsi ils pouvoient avoir ensemble, » & le *quint datif* & le *quint* naturel; l'un par » succession, & l'autre comme légataires, quoi- » qu'il n'y ait pas d'article en cette coutume qui » admette les prélegs en ligne directe, & encore » que le testament n'ait pas expliqué la volonté » du défunt : mais on a eu égard aux grands avan- » tages des aînés ».

Le second arrêt est du 26 juillet 1764; nous l'avons rapporté ci-devant d'après l'additionnaire de le Brun. *Voyez* les articles PRÉLEGS, HÉRITIER, & LÉGATAIRE.

§ 3, *De la forme dans laquelle on doit disposer du quint datif.* I. Il y a, en général, deux manières de disposer à titre gratuit, la donation entre-vifs & le testament. Peut-on employer indifféremment l'une ou l'autre pour le *quint datif?*

Cette question est inutile pour les coutumes d'Amiens & de Péronne, qui ne mettent aucune borne à la faculté de donner entre-vifs; mais elle est importante pour celles d'Artois, de Boulonnois, de Ponthieu & de Montreuil, où l'on ne peut généralement disposer de ses propres que par l'une des trois voies dont nous avons parlé à l'article NÉCESSITÉ JURÉE.

Ces quatre coutumes ne s'accordent pas sur notre question. La première ne permet de disposer du *quint datif* que par un acte de dernière volonté; dans les trois autres, il est indifférent que la donation en soit faite entre-vifs ou à cause de mort.

On se rappelle les termes de la coutume d'Artois : « il est permis à chacun donner *par disposi-* » *tion dernière & non autrement*.... un *quint* de tous » ses fiefs par don d'aumône ». Ces mots *& non autrement* sont décisifs, sur-tout si on les rapproche

(1) Nivernois, *chapitre 1, articles 9 & 13*; Coquille, *ibid.*; du Cange aux mots *Eleemosyna libera*.

(1) Voyez le traité du franc-aleu de Galand, *leges comitis Mentisfortis*; l'article *Tenure par aumône*, dans le glossaire du droit françois; Altaserra ou Hauteserre, *dissert. can. lib. 3, cap. 10*.

de l'article 76, qui ne met aucune exception à la défense qu'il fait de disposer entre-vifs sans l'une des trois voies. Aussi Me Roussel de Bouret, dernier commentateur de cette coutume, remarque-t-il, *tome 2, pag. 96*, qu'elle « permet encore » moins de disposer des propres par donation entre- » vifs que par testament ».

Nous avons dit que les coutumes de Boulonnois, de Ponthieu & de Montreuil, permettent aussi bien de donner entre-vifs que de léguer par testament la portion de propres dont il s'agit ici. C'est en effet ce qu'établissent nettement l'article 88 de la première, les articles 19 & 25 de la seconde, & l'article 100 de la troisième.

II. Pour disposer valablement & avec effet du *quint datif*, faut-il que le donateur ou testateur déclare expressément qu'il le fait par forme de *quint*? L'article 4 de l'ancienne coutume d'Amiens l'exigeoit ainsi en termes exprès. Voici comme il étoit conçu : « mais il ne pourroit disposer par » testament & dernière volonté de ses propres » héritages..... sinon du *quint* seulement, & par » forme du *quint* viager ou hérédital, selon ce » qu'il veut donner, qui est à entendre que le » testateur, en le faisant, doit user de ce mot, » *quint* par exprès, qui se nomme *quint datif* ».

La nouvelle coutume d'Amiens & celles d'Artois, de Ponthieu & de Montreuil, ne contiennent pas une disposition aussi étendue; elles portent seulement que l'on peut donner ou léguer le *quint par forme de quint ou par don d'aumône* : mais cela ne suffit-il pas pour que l'on regarde l'expression du *quint* comme essentielle à la disposition que l'on en veut faire? Le procès-verbal de la réformation de la coutume d'Amiens fortifie cette opinion; l'on y voit que les mots de l'ancienne coutume, *qui est à entendre que le testateur, &c.* n'ont été rayés que parce qu'on les a considérés *comme superflus & de nul effet*; ce qui semble annoncer que les rédacteurs ont trouvé l'explication des termes, *par forme de quint*, inutile & suffisamment renfermée dans ces termes même.

Cependant les commentateurs rejettent unanimement cette opinion, & il paroît qu'elle est également proscrite par la jurisprudence & l'usage. Ecoutons Deheu sur l'article 57 de la coutume d'Amiens : « notre coutume ne permet la dispo- » tion des propres, sinon du *quint* seulement, & » par forme de *quint* viager ou hérédital, telle- » ment que l'on pourroit dire qu'il faut précisé- » ment observer la forme qui nous est proposée, » autrement l'acte demeure nul & sans effet; mais » il ne faut prendre le texte à la lettre, & suffit, » pour satisfaire à la coutume, que la disposition » n'excède le *quint* des propres, cette dernière » clause ayant été ajoutée pour vous montrer » qu'il y a deux formes & manières de donner le » *quint*, savoir, par forme d'usufruit, & hérédi- » tablement & à toujours; & ainsi en terme ex- » près sur l'interprétation de cet article, a été décidé » par arrêt solemnellement prononcé en robes » rouges par feu M. le président Brisson, le pre- » mier jour de juin 1582, par lequel damoiselle » Marguerite Dault, femme autorisée par justice, » & Pierre Dault, ont été tenus & décrétés de » droit sur une maison sise à Amiens, pour sûreté » de vingt écus de rente à eux légués par testa- » ment de défunte Marie Dault, passé le 8 août » 1570, & ce jusques à la concurrence d'un *quint* » des propres d'icelle défunte, nonobstant le con- » tredit de Nicolas aux Couteaux, son héritier, » qui soutenoit ledit legs être nul, parce que » lesdits vingt écus étoient propres à ladite dé- » funte, & n'avoient été donnés par forme de » *quint*; de fait avoit obtenu sentence à son » profit du bailli d'Amiens, qui a été infirmée par » ledit arrêt ».

Duchesnes, sur l'article 19 de la coutume de Ponthieu, dit pareillement « qu'il n'est pas néces- » saire, pour faire valoir la donation du *quint* » d'un héritage, que l'acte contienne ces mots, » *par forme de quint*, dont la coutume se sert ». C'est ce qu'il prouve par deux enquêtes par turbes des 12 septembre & 13 octobre 1499 ou 1599.

Telle est aussi la doctrine de Maillart sur l'article 91 de la coutume d'Artois, *n. 23* : « Si le » testateur, dit-il, ne lègue pas, à la vérité, le » *quint datif*, mais une somme d'argent qui ne » puisse pas être perçue sur les meubles, ni sur » les acquêts, ni sur les biens de libre charge, » soit parce qu'il n'y en a pas dans la succession, » soit parce qu'il n'y en a pas assez; pour lors, » l'héritier des propres sera tenu, ou de payer » ce legs, ou ce qui s'en défandra, ou bien d'aban- » donner au légataire le *quint datif*, parce que ce » *quint* étant de libre disposition, à cause de mort, » au testateur, il est sujet à l'accomplissement de » ses dernières volontés. Le testateur est, en ce » cas, censé avoir voulu léguer ce qui lui étoit » libre, & n'avoir pas parlé du *quint*, afin d'ex- » citer l'héritier des propres à ne pas souffrir le » démembrement de son fief ».

Maillart ajoute, *n. 79*, qu'il a été jugé suivant son opinion, « par arrêt du 7 septembre 1690, » rendu au rapport de M. Gaudart, à la première » des enquêtes, lequel déclara que le légataire de- » voit avoir distraction du *quint d'aumône* sur une » terre d'Artois, encore que le testateur n'en eût » pas fait mention ».

C'est ce qui a encore été jugé, selon le même auteur, par trois autres arrêts rendus pareillement dans la coutume d'Artois, les 4 juin 1699, 22 juillet 1701, & 31 juillet 1702.

§. 4. *Quels sont les droits du donataire ou légataire d'un quint datif?* I. On a vu ci-devant, que le legs ou donation du *quint datif* n'empêche point la distraction du *quint* naturel au profit des enfans puînés du testateur ou donateur, & telle est la disposition expresse de l'article 57 de la coutume d'Amiens : mais dans quel ordre se prennent-ils en ce cas l'un & l'autre ? quel est celui des deux qui doit être levé le premier ? & le second doit-il être liquidé eu égard à la distraction que le bien a déjà soufferte ? Les auteurs ne s'accordent pas sur ces questions.

Deheu soutient, sur l'article 57 de la coutume d'Amiens, que le *quint datif* doit se prendre avant le *quint* naturel, & que celui-ci ne doit être levé que sur ce qui reste après la distraction de celui-là. « Je suppose, dit-il, que les fiefs de la succession soient de la valeur de 2500 écus ; le » légataire aura pour son *quint* 500 écus, & sur » les 2000 écus restans, les puînés prendront un » *quint*, qui se monte à 400 écus, le surplus » demeurant à l'aîné pour sa prérogative d'aînesse. » Que si l'on dit le *quint* des puînés n'être pareil » & si grand que celui du légataire, la raison est » pour ce qu'il prend le *quint* même du *quint* des » puînés ».

Maillart dit la même chose : « lorsque le *quint* » féodal datif est légué, il faut que le *quint* na» turel y contribue avec les quatre *quints* de l'aî» nesse ; & pour cet effet, il convient faire l'o» pération suivante ; il faut diviser la totalité » féodale en vingt, dont $\frac{5}{20}$ seront attribués au » *quint datif* ; $\frac{4}{20}$ au *quint* naturel, & $\frac{11}{20}$ à l'aî» nesse ».

Me Roussel de Bouret tient également, *tome 1, pag. 343*, « que quand le *quint datif* des fiefs » patrimoniaux est légué à un étranger, comme » il est permis par l'article 91 de la coutume » d'Artois, les puînés doivent prendre, en ce cas, » leur *quint* sur les quatre *quints* restans ».

Ricard est d'une opinion toute différente. Il ne prétend pas, à la vérité, que le *quint* naturel doit être pris avant le *quint datif* ; mais il soutient qu'ils doivent tous deux se prendre ensemble, & sans que l'un puisse diminuer l'autre. Voici comme il s'explique sur l'article 57 de la coutume d'Amiens : « Le legs que fait le testateur du *quint* de ses fiefs, » ne préjudicie pas au *quint* coutumier des puînés : » de sorte que si un père a pour 25,000 livres de » fiefs, & qu'il en lègue le *quint* à un de ses » puînés ou autre, le légataire aura 5000 livres » pour son *quint*, les puînés autres 5000 pour leur » *quint* coutumier, & l'aîné les 15,000 l. restantes. » Deheu, sur cet article, est d'autre avis, & que » le *quint datif* étant levé, les quatre *quints* du » surplus appartiennent à l'aîné, & le *quint* restant, » aux puînés, qui n'auroient, par ce moyen, » que 4000 liv. Mais ce seroit diminuer le *quint* » coutumier & naturel des puînés, que cet article » veut leur être réservé plein & entier, & même, » quand il y auroit quelque ambiguïté, il seroit » bien juste, en cette rencontre, de répondre en » faveur des puînés, vu le désavantage qu'ils ont » au partage des fiefs, qui est le fondement de » cet article, & la raison pour laquelle il a voulu » que le *quint* destiné par la coutume pour les » puînés, leur demeurât sans diminution ».

Dans cette diversité d'opinions, il nous paroît d'abord qu'il faut distinguer la coutume d'Amiens d'avec la coutume de Boulonnois. Celle d'Amiens veut que le legs du *quint datif* s'exécute *sans déroger au quint naturel & coutumier appartenant aux enfans puînés*. Ces termes semblent insinuer que la distraction du *quint datif* ne doit pas diminuer le *quint* naturel, & confirment par conséquent l'avis de Ricard.

A l'égard de la coutume de Boulonnois, elle adopte expressément l'opinion de Deheu : on a vu ci-devant l'article 88 de cette loi décider que le *quint datif se lève devant le quint naturel* « par » cette raison, dit le Roy de Lozembrune, que » les enfans cadets succédant au *quint* naturel par » la disposition de la même coutume, comme l'aîné » fait aux autres quatre *quints*, il est juste qu'ils » souffrent, à proportion de leur hérédité, la di» minution du *quint datif*, lorsque le testateur en » a disposé ».

C'est cette raison qui a porté Maillart à étendre à la coutume d'Artois la disposition de celle de Boulonnois.

On pourroit cependant appuyer le sentiment de Ricard de raisons assez plausibles. La coutume d'Artois ne donnant les fiefs aux aînés qu'à la charge d'en délivrer un *quint* aux puînés, il ne paroît pas juste d'en distraire quelque chose qui puisse diminuer ce *quint*, & il ne doit, ce semble, être question que de connoître la valeur de la totalité des fiefs, pour déterminer ce qui doit revenir aux puînés. D'un autre côté, le *quint datif* devant également être pris sur chaque fief, il ne faut qu'apprécier la valeur ou fixer l'étendue de ce fief, pour savoir en quoi il doit consister. Il ne s'ensuit pas de-là, que le *quint* naturel paie le *quint datif*, ni que le *quint datif* paie le *quint* naturel ; non, mais seulement qu'il y a deux droits différens sur la même succession, & que le fief qui doit le *quint* naturel, doit aussi le *quint datif* ; en quoi il n'y a certainement rien de déraisonnable.

II. Le *quint datif* peut être laissé en propriété ou en usufruit ; & lorsque le donateur ou testateur ne s'est pas expliqué sur ce point, on présume qu'il a voulu le laisser en propriété. L'article 57 de la coutume d'Amiens en a une disposition formelle : « & si ledit *quint* est donné simplement, « sans addition de viager ou hérédital, icelui *quint*, » en ce cas, est tenu & réputé hérédital ». Duchesne établit la même chose sur l'article 19 de la coutume de Ponthieu.

III. On verra à l'article QUINT NATUREL, que la coutume d'Amiens excepte de la liquidation de ce droit dans chaque fief, le *manoir, pourpris & accint d'icelui*. Cette exception peut-elle s'appliquer au *quint datif* ? Dufresne établit l'affirmative : « Il faut observer, dit-il, que dans le *quint* des » propres féodaux dont la coutume permet ici de

» disposer par testament, ne sont compris les *quints* » des principaux manoirs, bien qu'ils n'en soient » exceptés par cet article; car ce point a été jugé » premiérement par une sentence du bailli d'A» miens, du 12 décembre 1625, entre Me Antoine » Vaillant, tuteur des enfans du premier lit de » défunt Me Antoine Scourion, Joachim Dorchies, » & Adrienne Scourion sa femme, d'une part; » & Me Pierre Liepart, tuteur des enfans du se» cond lit dudit sieur Scourion, d'autre part, tou» chant le principal manoir du fief de Beugeudet. » Et depuis, par une autre sentence du neuviéme » juillet 1636, confirmée par arrêt donné à la » cinquième chambre des enquêtes, le 16 mai 1637, » par un nommé Pierre Pièce, marchand de la » ville d'Amiens, pour lequel j'avois écrit au » procès; contre Me Nicolas Dourlens, avocat » audit bailliage, & Jeanne Hémart sa femme; » lequel arrêt sera inséré à la fin de cet ouvrage, » pour servir de preuve en cette maxime. Bien » que la difficulté ne fût pas petite, en ce que la » coutume ayant ordonné en l'article 72, qu'au » *quint* naturel & coutumier qu'elle réserve *ab* » *intestat* aux puînés, ne seroient compris les *quints* » des principaux manoirs, pourpris & accints des » fiefs, & qu'ils demeureroient aux aînés entié» rement, n'a point fait une pareille exception à » l'égard des *quints datifs*, & qu'au contraire elle » en permet la disposition indéfiniment; qu'ainsi » il sembloit que l'estimation d'iceux en devoit du » moins appartenir aux légataires: mais la consi» dération des aînés des familles & des principaux » manoirs qui leur sont affectés ès fiefs, par pré» ciput, sans exception, comme par une loi géné» rale du royaume, l'a emporté justement contre » cette foible présomption résultante de ce que la » coutume n'en a point parlé ».

IV. Le légataire du *quint datif* des fiefs peut-il demander qu'on le lui fournisse en nature, ou dépend-il de l'héritier féodal de lui donner en estimation? Tous les auteurs qui ont traité cette question se réunissent pour le dernier parti. Voici comme s'explique Maillart sur la coutume d'Artois, *art. 91*, *n. 28* : « la faveur de la conserva» tion des fiefs en leur entier est si grande, que » le propriétaire des quatre *quints* d'un fief n'est » pas obligé de délivrer en espèce le *quint datif*; » le légataire doit se contenter du prix en argent » comptant, & non pas en autres immeubles, parce » qu'il n'est pas obligé de prendre une autre es» pèce de fonds ». Me Roussel de Bouret dit la même chose, *tome 2*, *pag. 222*.

Cette opinion souffre d'autant moins de difficulté pour les fiefs, qu'elle doit même avoir lieu pour les rotures, parce que le legs d'un *quint* est un legs de quote, & que l'héritier chargé d'une disposition de cette espèce a toujours le choix de l'acquitter en nature ou en estimation. *Voyez* la loi 26, §. 2, *D. de legatis 1°*.

La coutume d'Amiens a, sur ce point, une disposition particulière; voici ce qu'elle porte, *art. 59*.... : « tout *quint* héréditál donné par entre» vifs ou par testament, sur aucun héritage, peut » être racheté par le seigneur des quatre parts, » à la raison du denier vingt, dedans l'an que » ledit *quint* aura été demandé ».

V. Dans les coutumes qui limitent au *quint* la faculté de donner entre-vifs, comme celle de disposer à cause de mort, telles que Boulonnois & Ponthieu, le légataire de ce *quint* est-il obligé d'imputer & de moins prendre ce que le défunt a donné par acte entre-vifs, soit à lui, soit à un tiers? Il ne peut y avoir aucun doute sur l'affirmative; elle résulte nécessairement de la défense que fait expressément la seconde de ces coutumes, *art. 25*, & que suppose l'article 88 de la première, de *quinter* plus d'une fois *ses héritages*.

VI. L'article 81 de la coutume d'Amiens, & l'article 175 de celle de Péronne décident, par rapport au *quint* naturel, que la part des puînés qui, après l'avoir appréhendée, décèdent sans enfans ou sans en avoir disposé, *accroît aux autres puînés qui la veulent appréhender, & non à l'aîné*. Cette décision peut-elle être appliquée au *quint datif?* Brodeau, *lettre D*, §. *13*, répond, d'après trois arrêts des 14 mars 1630, 12 juillet 1631, & 14 janvier 1633, qu'elle « doit avoir lieu, » non-seulement au *quint* héréditál, mais aussi au » *quint datif* ».

Cette résolution paroît au premier coup-d'œil porter directement sur la question que nous venons de proposer : mais Brodeau prouve lui-même le contraire, par l'explication qu'il donne aux mots *quint datif;* voici comme il s'exprime : « c'est-à» dire, en ce qui a été donné par les pères & » mères à leurs puînés, prévenant l'office de la » coutume, au lieu & jusques à concurrence de » leur *quint*, comme étant subrogé au lieu du *quint* » héréditál, & sujet aux mêmes règles & maximes; » & comme la provision & disposition de l'homme » fait cesser celle de la loi & de la coutume, en » ce qui ne choque point le droit public; ainsi, » lorsque le particulier fait un acte ou un contrat » relatif à la coutume, il fera le même effet que » feroit la coutume, cessant sa disposition, comme » a singuliérement décidé Dumoulin sur la cou» tume de Tours, *art. 268* ».

On voit que Brodeau donne ici aux mots *quint datif* une signification toute différente de celle qu'on leur attribue communément. C'est ce qu'observe Ricard sur l'article 81 de la coutume d'Amiens, où il fait en même temps sentir la différence qu'il y a, par rapport au droit d'accroissement, entre le *quint* naturel & le *quint datif* : « il est néces» saire, dit-il, d'observer que dans l'usage de cette » coutume d'Amiens, aussi-bien que dans celle » de Mondidier, le *quint datif* n'est pas proprement » celui qui est donné pour tenir lieu du *quint* hé» réditál, mais le *quint* que les pères & mères

» peuvent donner à leurs puînés par leurs testamens, outre & par-dessus le *quint* hérédital. » Ce qu'étant supposé, il paroît que les arrêts » rapportés par le sieur Brodeau n'ont pas jugé » la question touchant le *quint* proprement datif, » à l'égard duquel même j'estime que la décision » doit être contraire, & que les puînés ne peuvent » pas le prétendre par droit d'accroissement, au » préjudice de leur aîné; mais que l'un des puînés » venant à décéder, la part qu'il avoit dans les » fiefs, à cause du *quint datif*, doit appartenir » entiérement à l'aîné, en vertu des articles 84 » & 85, d'autant que cet article 81 n'ayant introduit cette prérogative particulière en faveur » des puînés, que pour le *quint* hérédital, il ne » peut pas être étendu au-delà de ses limites, ni » avoir lieu à l'égard du *quint datif*, dont cet » article ne parle point, lequel conséquemment » doit être gouverné par la disposition générale » des autres articles, & le surplus des successions ».

§. 5. *Des charges du quint datif.* Les charges d'un legs de *quint datif* sont les mêmes que celles d'un autre legs de quotité. Ecoutons Maillart sur l'article 91 de la coutume d'Artois, *n. 21* : « le légataire du *quint datif*, quand même il seroit héritier » du *quint* naturel, doit payer les dettes à proportion de ce *quint datif*, parce que c'est un » legs universel partiaire, lequel est sujet aux » dettes; au lieu que le legs particulier n'y est » pas sujet : mais ce légataire immobilier partiaire aura son recours proportionnel contre l'héritier des meubles, à raison de l'émolument; » car, en Artois, le mobilier, les acquêts & le » *quint datif* acquittent les dettes ».

Telle est en effet la jurisprudence actuelle de la province d'Artois; elle a été fixée par un arrêt du 7 juillet 1737, rapporté par le même auteur sur l'article 187, qui ordonne que les immeubles disponibles, contribueront aux dettes avec les meubles.

Cette jurisprudence est contraire sur un point à celle qui est reçue dans la coutume de Péronne, & sur un autre, aux principes admis, tant dans cette même coutume, que dans celles d'Amiens, de Ponthieu, de Boulonnois & de Montreuil.

1°. L'article 198 de la coutume de Péronne fait entendre très-clairement que les immeubles disponibles ne contribuent aux dettes qu'au marc la livre, avec les réserves coutumières. On ne peut donc pas dire en cette coutume, comme dans celle d'Artois, que l'héritier des quatre *quints* soit exempt des dettes, relativement au légataire du *quint datif*.

2°. Les coutumes de Péronne, d'Amiens, de Boulonnois, de Ponthieu & de Montreuil, ne chargent les immeubles, même disponibles, du paiement des dettes du défunt, que lorsque la succession mobilière se trouve entiérement épuisée. Le légataire du *quint datif* n'est donc pas tenu, dans ces coutumes, comme dans celle d'Artois, de contribuer aux dettes avec l'héritier ou légataire universel des meubles : celui-ci est, au contraire, obligé de le garantir contre tous les créanciers de la succession.

Duchesne, sur l'article 19 de la coutume de Ponthieu, observe que « si les biens libres du » défunt ne suffisoient pas pour l'acquit des dettes, » le *quint* des héritages donnés par entre-vifs seroit » tenu d'acquitter les quatre autres *quints* de l'héritier ».

La mutation qui s'opère par le legs du *quint datif*, donne-t-elle ouverture aux lods & ventes envers le seigneur? L'article 58 de la coutume d'Amiens établit la négative, & n'en excepte que le cas où le testateur a chargé le légataire de fournir, soit à l'héritier, soit à un tiers, une somme quelconque de deniers. Voici les termes de ce texte : « & entre le légataire en la jouissance dudit » legs, en payant simple relief & chambellage » seulement, ainsi que dessus, sinon qu'il y eût » argent par lui déboursé & baillé ».

On suit une jurisprudence toute différente dans les coutumes d'Artois, de Ponthieu & de Boulonnois; on y distingue si le legs du *quint datif* est fait à un héritier apparent, ou à un autre : dans le premier cas, on l'affranchit des droits seigneuriaux, mais on l'y soumet dans le second.

Voyez QUINT NATUREL, LEGS, LÉGATAIRE, TESTAMENT, RÉSERVES COUTUMIÈRES, TIERS, *&c.* (*Article de M.* MERLIN, *avocat au parlement de Flandres.*)

QUINT, DEMI-QUINT & PEINES DE LETTRES, termes particuliers à la province de Hainaut : ils désignent les amendes que doivent au roi ou aux seigneurs les particuliers qui sont traduits en justice pour le paiement des dettes qu'ils sont en retard d'acquitter.

Cette matière présente trois questions à examiner : 1°. pour quelles espèces de dettes les amendes dont il s'agit sont-elles exigibles? 2°. Dans quels cas ces dettes y donnent-elles lieu? 3°. Quelles sont les jurisdictions où il faut que la connoissance de ces mêmes dettes soit portée, pour qu'il y ait ouverture à ces sortes de condamnations? Reprenons ces trois objets.

1°. A ne considérer que le texte des chartres générales de Hainaut, toutes les espèces de dettes ordinaires que l'on est en retard d'acquitter, soumettent ceux qui en sont redevables aux peines pécuniaires dont nous parlons.

On dit : *toutes les espèces de dettes ordinaires*, car il en est autrement à l'égard des dettes privilégiées, c'est-à-dire, des frais funéraires, des mises de justice, des loyers de maisons, des gages de domestiques, des honoraires de médecins, des salaires de chirurgiens, des états d'apothicaires, des créances fiscales, des tailles, *&c.* Toutes ces dettes, dans les cas où elles sont privilégiées, ou, ce qui est la même chose, dans les cas déterminés par les sept premiers articles du chapitre 75 des chartes générales

générales de Hainaut, ne sont pas régulièrement sujettes aux *quint*, *demi-quint* & *peines de lettres*. L'article 8 du même chapitre en contient une disposition expresse, & en même temps y apporte une exception qu'il est important de remarquer. Voici comme il est conçu : « pour lesquelles demandes privilégiées ne sera pris par justice » quelque *demi-quint* sur l'une ni l'autre des » parties, soit qu'il y ait opposition ou non : » mais si tels demandeurs faisoient traite (c'est-à-dire, saisissoient) en vertu de lettres, la » peine contenue en icelles sera levée sur le débiteur ».

Les dettes qui n'ont d'autre cause que des condamnations à des amendes de police, sont aussi exceptées de l'assujettissement aux peines dont il est ici question. L'article 16 du chapitre 22 porte, que « le jugement des loix vaudra & sera entendu » en essence d'obligation, pour en faire poursuite » par tout notredit pays, sans pour ce payer » quelque *demi-quint* ». *Voyez* à l'article JUGEMENT DE LOI, ce qu'on entend en Hainaut par ce mot.

Ces peines affectent-elles les dettes que l'on appelle en Hainaut, *dettes à connoître*, c'est-à-dire, qui ne sont constatées par aucune reconnoissance authentique ou sous seing-privé ? L'affirmative ne peut souffrir le moindre doute, d'après l'article 2 du chapitre 111 des chartres générales, qui est conçu en ces termes : « si au contraire advenoit » qu'aucun fût poursuivi pour dette à connoître » faite & accrue, ou reconnue par lui-même, » dont le poursuivant, sur opposition, parvien» droit à sa demande, icelui opposant, avec la » satisfaction de la dette & dépens, sera tenu de » payer le *demi-quint* servi à justice, à la décharge » du poursuivant; & si ledit défendeur avoit cause » légitime de retour, audit cas son garant sera » tenu & sujet de lui restituer le principal, aussi » le *demi-quint* & dépens, en cas de sommation » préalable en temps dû ».

Cet article n'excepte, comme l'on voit, aucun cas de sa disposition ; cependant nous voyons, dans des notes manuscrites, qu'elle doit être restreinte, en fait de *dettes à connoître*, à celles dont on poursuit le paiement dans les justices royales : « les » seigneurs, portent ces notes, ne perçoivent plus » le droit de *demi-quint* pour les dettes à connoître, » parce qu'ils y ont renoncé par une requête au » roi, pour empêcher leurs vassaux de se pour» voir directement en la cour de Mons, où ces » droits ne sont pas dus ».

2°. La question de savoir en quels cas il y a lieu aux peines pécuniaires en question, est assez clairement décidée par différens textes des chartres générales.

L'article 14 du chapitre 75 déclare que « pour » toutes les demandes & poursuites qui se feront » par ajournement, soit qu'il y ait procès pour » la dette ou non, sera pris & levé le droit de » *demi-quint* comme du passé, à la charge du dé» biteur, moyennant l'interpellation & sommation » précédente, sauf qu'en cas de renvoi sur le » procès, ledit *demi-quint* sera à la charge du pour» suivant ».

L'article 15 ajoute : « mais pour le regard d'une » dette demandée & payée sur *requête du créditeur* » *à l'office, ayant en gouverne par traite ou au*» *trement les biens du débiteur* (1), ne sera dû quelque » droit de *quint* ni *demi-quint*, puisqu'il n'y auroit » quelque traite donnée ».

Il résulte de la combinaison de ces articles, que les amendes dont nous parlons ne sont jamais dues qu'en conséquence de demandes formées par requêtes ou exploits signifiés aux débiteurs, & que celles que l'usage du Hainaut permet d'adjuger sans entendre les parties, n'y donnent point ouverture.

Le premier de ces articles nous apprend encore deux points importans ; l'un est que les amendes dont il s'agit ne sont dues que lorsque le débiteur, avant d'être poursuivi en justice réglée, a été sommé extrajudiciairement de satisfaire à son obligation ; l'autre, que si le demandeur qui se prétendoit créancier vient à succomber dans ses poursuites, c'est à sa charge que retombe l'amende. Ces deux points sont encore établis par l'art. 1 du « chap. 112 : tous débiteurs contraints par justice » seront tenus d'ici en avant payer le *demi-quint* » & tous dépens, soit qu'ils s'opposent ou non, » *& en seront déchargés les créditeurs, moyennant qu'ils* » *en aient fait demande avant la traite* ».

Ces derniers termes font voir que le créancier est tenu personnellement de l'amende, lorsqu'il a négligé la sommation extrajudiciaire, & que par-là il en a affranchi le débiteur. C'est ce que prouve aussi l'article 39 du chapitre 69, qui, en même temps, contient sur le même objet deux dispositions très-remarquables. En voici les termes : « & » comme jusques à présent a été entendu & pra» tiqué, qu'un débiteur poursuivi par justice se » pouvoit exempter du droit de *quint*, *demi-quint* » *& peines de lettres*, en payant le prétendu de son » trayant ou créditeur sans opposition, chose dure » & illégitime ; nous ordonnons que dorénavant » tels droits de *quint* & peine se paieront en tous » cas par le débiteur poursuivi, pourvu néanmoins » qu'il apparoisse y avoir eu sommation, inter» pellation ou autre demande extrajudiciaire, sauf » quand le jour du paiement est limité, auquel » cas n'est besoin de sommation ni d'autre inter» pellation, ni semblablement pour simple ren» charge après traite donnée ».

L'article 11 du même chapitre nous présente encore quelques décisions qui trouvent naturellement ici leur place. « Les sergens ne pourront

(1) C'est-à-dire, sur requête présentée par le créancier au juge, sous l'autorité duquel les biens du débiteur sont tenus en saisie. *Voyez* CLAIN & MAIN-MISE.

» saisir ni vendre plus de biens-meubles, ou, en » faute de meubles, plus d'immeubles, que jusques à la concurrence de la dette du trayant, » avec les mises de justice & le service du *quint*, » *demi-quint*, ou autre peine : si ne se devra prendre » des deniers dudit vendage par exécution le *quint* » ou *demi-quint*, que si avant qu'ils feront payer » leurs trayans de leurs traites & dus ; mais si » tels trayans étoient renvoyés de leurs traites, » ou en fissent appointement sans le su de justice, » iceux trayans devront néanmoins payer le service tel qu'ils l'auroient donné, dont lesdits » officiers feront l'exécution, à savoir desdits *quint*, » *demi-quint* ou *peine*, sans quelque déport ou prolongation ».

3°. Voyons maintenant en quelles jurisdictions il faut que la connoissance des dettes soumises aux *quint*, *demi-quint* & *peines de lettres*, soit portée, pour qu'il y ait ouverture à ces sortes d'amendes.

On a déjà remarqué que les poursuites dans une justice seigneuriale suffisent régulièrement pour opérer cet effet; l'article 15 du chapitre 64 met ce point dans un nouveau jour; il ajoute même qu'il n'en faut pas excepter le cas où une cause entamée devant les officiers d'un seigneur, seroit ensuite évoquée par le tribunal supérieur, & qu'alors le *quint*, le *demi-quint* & les *peines de lettres* sont toujours dus au seigneur, comme si la contestation s'étoit terminée dans sa justice. Voici les termes de cet article : « à tous seigneurs vassaux » appartiendront les peines, *quints* & *demi-quints* » des traites qui se donneront & se feront par » leurs officiers, sans avoir égard si la matière » pour obligation étoit évoquée en notredite cour, » pour par eux les lever après le procès vuidé, » ou que les parties se seroient trouvées d'accord par appointement ».

L'article premier du chapitre 133 des chartres générales, exempte de ces peines les demandes formées devant le bailli des bois du Hainaut : « notre bailli des bois, porte ce texte, aura la » judicature & connoissance des trois franches forêts de notredit pays; à savoir, de Mormal, » Vicogne & Brocqueroyes, & de tous nos autres » bois & forêts en icelui; semblablement nos » vassaux & sujets connoîtront des leurs en leurs » seigneuries, si l'on ne se trait à l'office de notredit bailli, lequel devra faire justice sans prendre » quelque *demi-quint* ».

Cette disposition s'applique naturellement aux maîtrises des eaux & forêts de Valenciennes & du Quesnoy, qui représentent, chacune dans son département, l'ancien bailli des bois du Hainaut.

L'article 21 de l'édit du mois de janvier 1718, portant création de la chambre consulaire de Valenciennes, décide que les demandes qui seront « portées dans cette jurisdiction, les défenses qui » y seront fournies & les jugemens qui y seront » rendus, seront affranchis du droit de *quint*, *demi-quint* & autres *peines de lettres* ».

L'article 54 du chapitre 2 des chartres générales, renferme la même disposition par rapport à la cour souveraine de Mons; mais elle excepte le cas où le débiteur se seroit soumis expressément à ces amendes par le titre de son obligation; il ne sera pas inutile d'en transcrire ici les termes : « de toutes poursuites qui se » feront en notredite cour, ne seront dus, comme » aussi n'ont été de tout temps, aucuns *quints*, » *demi-quints*, ni autres peines, si les lettres ne » le contiennent pas exprès ».

Le changement de domination survenu dans une grande partie du Hainaut, depuis la rédaction des chartres générales, a fait de cette disposition, la matière d'une difficulté qui a occupé successivement le bureau des finances de Lille, le parlement de Flandres & le conseil d'état. Il s'agissoit de savoir si les justices royales, établies par Louis XIV dans le Hainaut françois, devoient être assimilées sur cet objet à la cour souveraine de Mons. Cette question a été décidée par un arrêt du conseil d'état du 5 novembre 1726, dont voici le dispositif : « le roi en son conseil, ayant égard à ladite » requête, a ordonné & ordonne que les articles » 15 du chapitre 64 des nouvelles chartres & » coutumes de Hainaut du 5 mars 1619, 11 & » 39 du chapitre 69, 14 du chapitre 75, 2 du » chapitre 111, & 1 du chapitre 112 de ladite » coutume, l'ordonnance du sieur le Pelletier, » intendant & commissaire départi en Flandres, » du 6 mai 1682, & le jugement des trésoriers » de France à Lille, du 29 novembre 1723, seront » exécutés selon leur forme & teneur; & en conséquence, sans avoir égard aux arrêts du parlement de Flandres des 9 mai, 26 novembre » & 24 décembre 1725, que sa majesté a cassés » & annullés, ordonne que les amendes de *quint*, » *demi-quint* & *peines de lettres*, seront payées conformément auxdits articles des coutumes, pour » les contraintes & demandes introduites devant » les officiers du bailliage de Bouchain & des » autres justices & jurisdictions royales du Hainaut, tant par commissions expédiées au greffe, » que par main-mises ou apostilles desdits officiers » sur les requêtes qui leur seront présentées par » les créanciers contre les débiteurs, encore que » lesdites contraintes & demandes soient de la » nature de celles qui auroient pu être portées » en la cour de Mons par exclusion ou par prévention aux autres juges, & seront lesdits Beghin, » Broux & consorts, redevables desdites amendes, » contraints, chacun pour ce qui les regarde, au » paiement de celles par eux dues, nonobstant » & sans avoir égard à leurs nouvelles requêtes » des 26 octobre & 24 décembre 1725, & les » autres débiteurs desdites amendes pareillement » contraints au paiement des sommes par eux dues, » après qu'il leur aura été fait sommation préalable, » & ce par provision & nonobstant toutes oppositions, sauf à eux, audit cas d'opposition, à se

» pourvoir au bureau des finances de Lille en première instance; décharge sa majesté ledit Lange » des condamnations contre lui prononcées, lui » fait main-levée de toutes saisies & oppositions » faites sur ses biens; & ne pourront les officiers » du bailliage de Bouchain & autres juges accorder » aucune main-mise ou permission de saisir & contraindre par apostille sur requête, ni les parties » s'en servir, ni les huissiers les mettre à exécution, qu'elles n'aient été enregistrées par le » greffier sur le registre qu'il tiendra, pour en » être les droits, dus au domaine, perçus par le » receveur des amendes, le tout à peine de nullité, cassation de procédures, & de trois cens » livres d'amende contre les parties qui s'en seront » servi & les huissiers qui les auront mises à exécution sans qu'elles aient été enregistrées; & sera » le présent arrêt exécuté nonobstant toutes oppositions, dont, si aucunes n'interviennent, sa » majesté s'est réservé la connoissance, & icelle » interdite à toutes ses cours & autres juges ». (*Article de M. Merlin, avocat au parlement de Flandres.*)

Quint denier, (*Droit féodal*) plusieurs coutumes, & celle de Paris même, dans les articles 21 & 23, *&c.* se servent de ce mot pour désigner le droit de *quint.*

D'autres coutumes disent dans le même sens, *quart denier*, pour exprimer la quatrième partie du prix d'une vente ou d'un autre contrat. Ainsi les articles 49 & 105 de la coutume de Boulonnois, attribuent au seigneur le *quart denier du prix ou de l'estimation en matière de vendition, donation ou aliénation* d'héritages entiers, si mieux n'aime le seigneur prendre le relief. Quant aux héritages féodaux, il en est dû dans cette coutume le *quint denier* du prix ou de l'estimation, avec un relief, sans chambellage. Mais il n'y a point de requint ou de requart, encore que la vente soit faite francs deniers.

Au reste, malgré la généralité de ce mot d'*aliénation*, le quart denier n'est pas dû au seigneur, en cas d'échange fait but-à-but sans soute & sans fraude. Il ne lui est dû que le relief. Mais *Voyez* Echange, (*droits d'*).

Il en est de même de la donation faite en avancement d'hoirie à l'héritier présomptif. Mais la femme qui prend un douaire préfix excédant le douaire coutumier, doit le quart ou *quint denier*, au prorata de l'excédent. (*G. D. C.*)

Quint en montant, (*Droit féodal.*) il en est question dans l'article 21 du titre *des fiefs* de la coutume de Nivernois. Il y est dit « qu'en vente » & autre aliénation de fief régulièrement, & » sauf ès cas dessous déclarez, le seigneur a droit » de *quint* denier du prix, quand il y a vente ou » transport en & pour paiement de deniers, ou » de la valeur de la chose vendue, quand c'est » autre aliénation, Et le *quint en montant*, savoir, » est de 20 liv., cent sols tournois : & de plus, » plus, & de moins, moins ».

Voici l'explication que Coquille donne de cette dénomination & de la manière de compter qui y a donné lieu : « on estime que le prix de la chose » est tout ce que la chose coûte à l'acquéreur » pour en devenir propriétaire, ores que ce ne » soit le sort principal, *l. debet D. de edil. edicto.* » *l. fundi D. de contrah. empt.* Selon cette coutume » *infra* de retrait lignager, *art.* 12, le *quint* denier » du seigneur féodal est compté pour faire portion du prix principal, de vrai étant ainsi que » le seigneur direct est seigneur, *l. si domus* §. *de* » *legat.* 1. Il doit avoir sa part du prix de la vente. » Cette part est comptée pour faire portion principale du prix. Doncques si l'héritage est estimé de » par soi valoir cent escus, le seigneur féodal » aura vingt escus, & le seigneur util quatre-vingt » escus. Et si le vassal en vendant a estimé son » droit de propriété valoir quatre-vingt escus, *eo* » *ipso*, il a estimé que l'héritage en soy compris » le droit du seigneur, vaut cent escus. C'est ce » que l'article dit *en montant;* c'est-à-dire, que le » droit du seigneur est un augment du prix. Il » a été dit ci-dessus qu'en aucunes coutumes le » vendeur paie le *quint*, pour ce que, selon la » grande antiquité, le vassal ne pouvoit vendre » sans le congé du seigneur, & pour avoir ce » congé, il falloit marchander au seigneur : & » au lieu de ce marché, qui étoit à faire selon » le gré du seigneur, on a estably la composition » générale, qui est du *quint* denier, que les autres » coutumes disent être le *quint* de ce que le vendeur doit recevoir : & notre coutume faisant » un seul prix & amas de ce que le vendeur & » le seigneur doivent recevoir, dit que de ce total » le seigneur prend le *quint*, c'est-à-dire, que ce » que le seigneur prend est (compris dans) le » total ». (*G. D. C.*)

Quint naturel, on appelle ainsi dans les coutumes d'Artois, des châtellenies de Lille & de Bailleul, de la gouvernance de Douai, de Cassel, de Tournai, d'Amiens, de Péronne, de Chauny, de Boulonnois, de Ribemont, de Coucy, de Noyon, de Saint-Quentin & de Ponthieu, la portion que ces coutumes accordent aux puînés dans les biens qu'elles laissent en totalité aux aînés.

Le *quint naturel* est *héréditaire* ou *viager:* il est héréditaire, c'est-à-dire déféré aux puînés en toute propriété, dans les onze premières coutumes citées; il est viager, & conséquemment borné à un simple droit d'usufruit dans les cinq autres.

I. Des seize coutumes qui parlent du *quint naturel*, il y en a quatorze qui ne lui donnent lieu que sur les fiefs, & toutes, à l'exception de celles de Bailleul & de Cassel, y soumettent les fiefs acquêts comme les fiefs propres. Mais celles-ci portent, *rubrique* 7, *article* 4 & *article* 67 : » Après la mort d'un homme de fief, son enfant

» aîné, héritier féodal, emportera tous les fiefs » *qui auront fait souche*, sauf que les enfans puînés » en emporteront & profiteront du cinquième ».

Les deux coutumes qui étendent le *quint* hors des successions féodales, sont celles de Boulonnois & de Ponthieu.

L'article 91 de la coutume de Boulonnois soumet au *quint naturel* tous les propres tenus en roture; en voici les termes: « chacun peut, par » don d'entre-vifs ou en dernière volonté, donner » en avancement d'hoirie à son héritier apparent » au jour dudit transport, ses héritages à lui venus » de la succession de ses prédécesseurs, sans le » consentement de ses autres enfans, parens & » amis, *à la charge toutefois du quint naturel aux* » *puînés* ». Mais cette disposition n'a lieu que pour les nobles: c'est ce qui résulte du procès-verbal de rédaction où les commissaires s'expriment ainsi: « quant au soixante-neuvième (article de » l'ancienne coutume), après avoir par nous re- » montré qu'il étoit fort rude & contre tout droit » que les puînés ne prennent aucune chose aux » rotures & cotières, auroient les nobles accordé » que le frère aîné seroit tenu bailler auxdits puînés » la juste valeur du *quint* desdites rotures en de- » niers ou rente rachetable au denier seize, les- » quels deniers lesdits puînés seroient tenus em- » ployer en héritages sortissans pareille nature & » condition; ce qui auroit été empêché par les » gens du tiers-état. Et après avoir ouï les raisons » d'une part & d'autre, aurions ordonné que ledit » article demeureroit comme devant, & depuis... » a été accordé par tous les nobles, ayant égard » aux remontrances par nous faites sur le soixante- » neuvième article, aura lieu, & sera dorénavant » gardé & observé entre tous les nobles ».

Il est sans doute bien étonnant que le tiers-état se soit opposé à l'introduction du *quint* sur les rotures, tandis qu'il l'a laissé subsister sur les fiefs. Mais la loi est portée; &, quelque peu judicieuse qu'elle soit, il faut s'y conformer.

A l'égard de la coutume de Ponthieu, où l'aîné est seul héritier de toutes les espèces de biens, elle semble décider, par l'article 3, que les puînés n'ont pas de *quint* à prétendre dans les meubles ni dans les acquêts. Voici comme il est conçu: « *Item*, quand aucun va de vie à trépas *intestat*, » délaissés aucuns meubles & héritages situés en » ladite comté, & aucun héritier en ligne directe, » il n'y a qu'un héritier en Ponthieu qui succède » au trépassé en l'universel droit des meubles & » acquêts d'icelui trépassé ».

L'article 59 paroît confirmer cette idée, en n'assujettissant au *quint naturel* que les *héritages*, c'est-à-dire, les biens qui étoient venus au défunt à titre héréditaire, & par conséquent les propres. Ce texte porte: « par la coutume générale de la- » dite comté, quand aucune personne jouissant & » possédant aucuns héritages situés en ladite comté » va de vie à trépas, délaisse aucuns enfans, » autres que l'héritier auquel appartient la succes- » sion, le *quint* viager desdits héritages appartient » aux autres enfans ».

Duchesne, en son commentaire sur cette coutume, observe que « cet article semble ne donner » le *quint* viager que sur les héritages, comme » on le jugeoit autrefois. Mais, ajoute-t-il, » l'article premier paroît le donner sur tous biens » meubles & immeubles, comme on le juge à » présent ».

Voici en effet ce que porte l'article 1: « quand » aucune personne jouissant & possédant d'aucuns » biens, meubles ou immeubles, choses foncières, » réelles & propriétaires, situées en ladite comté, » soit qu'elles soit tenues noblement & en fief, » ou cotièrement, & qu'elles soient de l'acquêt » ou héritage du trépassé, s'il décède *intestat*, & » qu'il délaisse en ligne directe plusieurs de ses » enfans, soient mâles ou femelles, à l'aîné mâle » d'iceux appartient la succession, supposé qu'il y » eût femelles aînées dudit mâle; & si la succes- » sion échet entre femelles, sans qu'il y ait mâle » aussi prochain qu'elles au défunt, à l'aînée d'i- » celles femelles appartient la succession, sauf » que les autres enfans du trépassé y ont un *quint* » viager seulement, si appréhender le veulent ».

On voit qu'il n'est guère possible de restreindre aux propres la distraction du *quint* ordonnée par cet article; ce seroit forcer en quelque sorte les termes de la coutume, & assurément elle est déjà assez injuste envers les puînés, pour que l'on interprète ses dispositions à leur avantage.

Au reste, l'usage est constant sur ce point. « Il » y a, dit l'annotateur de Duchesne, *article 59*, » un arrêt de 1573, qui infirme la sentence du » sénéchal de Ponthieu, & adjuge à Gabrielle » Coulon, fille puînée, son *quint* viager sur les » acquêts & sur les meubles ». Le même auteur rapporte, sous l'article 3, un acte de notoriété du 28 juillet 1682, qui atteste pareillement cet usage.

Les puînés, en Ponthieu, prennent-ils le *quint* sur la réserve de l'édit des secondes noces? L'affirmative est regardée comme une maxime constante. « Elle est établie, dit Duchesne, *article 1*, » par une sentence du 10 mars 1660, entre » François & Nicolas Panchet, enfans du nommé » Panchet, boulanger. Cette sentence décide que » ce qui avoit été donné par Panchet à sa femme, » qui s'étoit remariée, appartenoit, après sa mort, » à l'aîné des deux frères, sauf un *quint* viager » au cadet.

» C'est ainsi, ajoute l'annotateur de cet inter- » prète, *article 59*, qu'il faut entendre la note » de M. Boudot de Richebourg sur l'article pre- » mier, où il cite deux arrêts, l'un de 1597, » l'autre de 1682, qui jugent que le fils ou la » fille aînés succèdent seuls à l'avantage fait par » la première femme du père commun qui con- » vole, & qui par-là perd la propriété de cet avan- » tage; ensorte que si l'aîné du premier lit a des

» puînés du même lit, le *quint* viager leur ap-» partient ».

Les biens dont un père ou une mère ont disposé entre-vifs, sont-ils soumis, dans leur succession, à la distraction du *quint* des puînés? Cette question a été prévue par trois coutumes, & elles l'ont unanimement décidée pour la négative.

La première est celle de la châtellenie de Lille, *titre 3, article 10*: « *quint* n'est dû sur fiefs possessés & appréhendés à titre particulier; ains seulement sur fiefs appréhendés & possessés à titre » universel ».

La seconde est celle de la gouvernance de Douai, *chap. 3, art. 2*: elle est conçue dans les mêmes termes que la première.

La troisième est celle de Ponthieu; voici ce qu'elle porte, *article 60*: « quand aucun ayant » plusieurs enfans donne à l'un d'iceux, par don » d'entre-vifs, aucuns immeubles & héritages par » le consentement de son héritier apparent, ou » quand le don est fait audit héritier apparent en » avancement d'hoirie & succession, & le dona-» teur s'en dessaisit & en fait saisir le donataire; » en cette forme tous les autres enfans sont pri-» vés de jamais y demander aucun droit & por-» tion de *quint naturel* ».

Duchesne fait sur ce texte une remarque importante: « quoiqu'il soit, dit-il, porté par cet » article que le *quint* viager ne peut être pris sur » les biens donnés entre-vifs, il faut néanmoins » distinguer; car lorsque les biens qui restent » dans la succession ne sont pas suffisans pour » fournir le *quint* viager des puînés, qui se règle » eu égard à tous les biens du défunt donnés entre-» vifs, cette règle cesse; ensorte que cet article » n'a lieu que lorsqu'il y a assez de biens dans » l'hérédité pour le fournissement du *quint* viager, » à raison des biens donnés & existans ». Duchesne ajoute qu'il a été ainsi jugé en la sénéchaussée d'Abbeville par quatre sentences qu'il rapporte, l'une sans date, la seconde de 1614, la troisième de juin 1621, la quatrième du 13 septembre 1640.

« Cette jurisprudence, dit son annotateur, est » encore attestée par un acte de notoriété du 14 » juillet 1724 ».

» Mais, continue-t-il, les donataires entre-vifs » ne sont tenus de contribuer au fournissement du » *quint* viager qu'après l'épuisement des biens qui » restent dans la succession du donateur, de la » même manière qu'on le pratique à l'égard de la » légitime. Cet usage est appuyé sur plusieurs ju-» gemens, particulièrement sur une sentence de » 1614, qui infirme celle du bailli de Waben, & » sur un arrêt de 1642, confirmatif d'une sentence » de cette sénéchaussée ».

II. Il y a deux coutumes où le *quint* a lieu en collatérale comme en directe; ce sont Chauny & Coucy. La première est plus générale que l'autre; en voici les termes, *article 78*: « en ligne colla-» térale droit d'aînesse a lieu comme en ligne di-» recte, & y ont les puînés nobles droit de *quint* » héréditai ».

La seconde est ainsi conçue, *article 7*: « entre » nobles en ligne collatérale, emporte l'aîné tous » les fiefs, à la charge de *quint* à vie; mais s'il n'y » a que filles, elles partiront également ».

Dans les autres coutumes, les successions directes sont les seules qui soient sujettes à la distraction du *quint naturel*. L'article 9 du chapitre 2 de celle de la gouvernance de Douai en contient une disposition textuelle: « tous fiefs & nobles té-» nemens indifféremment en ligne collatérale, » succèdent, appartiennent & échéent à l'aîné » mâle en pareil degré, ou bien, en faute de » mâle, à l'aînée femelle aussi en pareil degré, » sans quelque charge ou droit de *quint* aux con-» sanguins & lignagers en pareil degré ».

C'est aussi ce que porte l'article 99 de la coutume d'Artois: « en succession de fiefs échéant » en ligne collatérale à l'aîné mâle en pareil de-» gré, ou, en défaut de mâle, à l'aînée femelle, » appartiennent iceux fiefs & sans charge de » *quint* ».

La coutume de Tournai, *chapitre 11, article 12*, décide pareillement qu'il « n'est dû aucun *quint* en » succession collatérale ». Ces dispositions forment le droit commun de toutes les coutumes semblables.

Il faut même remarquer qu'il y a plusieurs de ces coutumes où le *quint* n'a lieu, dans les successions directes, qu'en faveur des enfans au premier degré. Telle est celle d'Artois, dont l'article 95 déclare « que fief ne se quintient, sinon en » succession de père & de mère, & non en suc-» cession de grand-père ou grande-mère, ni au-» trement ».

Telle est encore celle de la gouvernance de Douai, *chapitre 2, article 7*: « que le droit de » *quint* des fiefs écheft seulement en ligne directe » descendante du père & de la mère aux enfans, » & non en autres ne plus loingtains degrés ».

Celle de Boulonnois doit être mise dans la même classe: « entre neveux ou nièces (dit-elle » *article 76*), desquels les père & mère sont » morts, prétendant la succession de leur grand-» père ou mère, l'aîné mâle d'iceux neveux suc-» cède *entièrement* en tous les héritages de sesdits » grand-père ou mère; & s'il n'y a point de mâle, » la nièce aînée y succède, & n'y ont tous les » autres neveux ou nièces *aucune* part ou por-» tion ».

On trouvera sans doute qu'il faut placer sur la même ligne la coutume de la châtellenie de Bailleul, celle de la châtellenie de Cassel, & celle de la châtellenie de Lille. Voici les termes de la première, *rubrique 7, article 7*, & de la seconde, *article 69*: « personne ne pourra demander le sus-» dit cinquième, que les frères ou sœurs, & du » décès du père ou de la mère *seulement* ». La troisième porte, *titre 3, article 1* : « appartient *seulement* ledit droit de *quint* aux enfans par le trépas de père ou de mère ».

Le mot *seulement*, employé dans ces trois articles, est par lui-même trop restrictif, pour que l'on puisse appliquer ici l'axiome que l'aïeul est compris sous le nom du père. D'ailleurs, le *quint* est peu favorable relativement aux fiefs; il en opère le démembrement, comme on le verra ci-après : aussi Maillart remarque-t-il qu'on ne l'a introduit qu'avec peine dans les coutumes où il est maintenant reçu.

Il est vrai que Bauduin, sur l'article 65 de l'ancienne coutume d'Artois, portant que *fiefs ne se quintient sinon en succession de père & de mère*, est d'avis, que « quoique les praticiens veulent calidiner, la raison naturelle requiert que autant soit à la succession de l'aïeul ou l'aïeule, & que par ces mots ne soit excluse que la succession collatérale ». Mais, 1°. l'ancienne coutume d'Artois ne se servoit pas du mot *seulement* qui se trouve dans celles des châtellenies de Lille, de Cassel & Bailleul : 2°. une preuve que l'interprétation de Bauduin n'étoit pas conforme à l'esprit des coutumes qui limitent expressément l'exercice du droit de *quint* aux successions des père & mère, c'est que l'on ne s'y est point arrêté lors de la réformation de la coutume d'Artois, & qu'on l'a au contraire rejettée par une disposition formelle.

La coutume de Tournai déclare, *chapitre 11, article 12*, que « le droit de *quint* a lieu entre frères & sœurs seulement, sans représentation ». Ce texte prouve bien clairement qu'il faut appliquer à cette coutume ce que nous venons de dire de celles de la châtellenie de Lille, de Bailleul & de Cassel. En effet, il limite en termes exprès l'exercice du droit de *quint* au cas où les frères & sœurs concourent à une même succession; de-là cette conséquence, qu'il le rejette dans le cas où les enfans d'un fils succèdent à un aïeul avec les enfans d'un autre fils; & si le droit de *quint* n'a point lieu en ce cas dans la succession d'un aïeul, pourquoi y seroit-il admis lorsque ce sont tous petits-enfans d'une même souche qui succèdent? Assurément il n'y a point de raison pour mettre entre l'une & l'autre hypothèse une différence plausible. Il faut donc tenir pour constant, que le *quint* est restreint, par cette coutume, comme par celles précédemment citées, à la succession des pères & mères.

III. Cette restriction paroît avoir son principe dans l'exclusion que font toutes ces coutumes de la représentation, tant en ligne directe qu'en ligne collatérale. De-là en effet il résulte qu'elles n'ont pu étendre à la succession des aïeuls & aïeules l'exercice d'un droit qu'elles n'avoient établi que pour celle des pères & mères. Car quel pourroit être le fondement de cette extension? Il n'y en auroit point d'autre qu'une fiction par laquelle les petits-enfans seroient censés succéder, non-seulement à la place de leurs père ou mère; mais encore à leurs père ou mère même, comme si ceux-ci avoient recueilli avant eux & leur avoient transmis les biens de l'aïeul ou aïeule. Or, cette fiction ne peut avoir lieu dans les coutumes qui excluent toute représentation. Conséquemment point de *quint* dans les successions que les aïeuls ou aïeules laissent dans ces coutumes.

Cette conséquence en amène deux autres bien intéressantes. La première, que Duchesne s'est trompé, en avançant, d'après une sentence rendue à Abbeville le 21 juillet 1713, que dans la coutume de Ponthieu, où la représentation n'est pas admise, « les petits-enfans étant compris sous le nom d'enfans, il faut donner aux cadets & cadettes des petits-enfans, un *quint* viager dans les biens de leur aïeul ». Cet auteur auroit sans doute pensé différemment, s'il avoit fait attention à la connexité qu'il y a en cette matière entre l'exclusion du droit de représentation en ligne directe, & la disposition des coutumes citées plus haut, qui n'admettent le *quint naturel* que dans les successions de père & de mère; connexité qui résulte, comme on vient de le voir, de la nature même de la représentation, & se prouve d'ailleurs par les décisions uniformes des coutumes qui rejettent ce droit. Au reste, la sentence sur laquelle se fonde Duchesne, mérite d'autant moins d'égards, que lui-même est forcé de convenir qu'elle est contraire, sur un antre point, à l'article 15 de la coutume de Ponthieu.

L'autre conséquence que nous avons annoncée, est relative à la coutume d'Artois. L'article 93 de cette loi municipale porte, que « représentation n'a lieu en matière de succession »; & c'est de-là que dérive, suivant ce que nous venons de dire, l'exclusion qu'elle fait du droit de *quint* dans les successions des aïeuls ou aïeules. Mais par un édit du mois d'août 1775, que l'on trouvera au mot REPRÉSENTATION, cet article a été restreint, par rapport aux fiefs, aux successions des personnes nobles. Ainsi, depuis ce temps, le *quint* doit avoir lieu dans les successions des aïeuls & aïeules roturiers, comme dans celles des pères & mères. Nous n'oserions pas assurer que cette conséquence soit déjà universellement adoptée en Artois; mais elle nous a paru l'être par de très-habiles jurisconsultes de cette province, & il y a tout lieu de croire que tôt ou tard elle sera érigée en maxime.

On nous a objecté ce que dit Maillart par rapport à la représentation conventionnelle, la seule qui fût admise en Artois lorsque cet auteur écrivoit; & nous ne pouvons disconvenir qu'il ne soit d'un sentiment opposé au nôtre. Voici de quelle manière il s'explique, *article 95, n. 5 & 6* : « quand, en conséquence du rappel, les petits-enfans viennent à la succession de leurs aïeuls, concurremment avec leurs oncles ou tantes, la succession est pour lors partagée au premier

» degré, puisque ces oncles ou tantes sont les » fils ou les filles de cet aïeul ; l'on ne fait que » donner pour lors la part du décédé, qui étoit » aussi au premier degré, aux enfans du second » degré. Ainsi les fiefs sont alors quintés entre » les oncles, tantes & les représentans : mais » comme entre ceux-ci c'est effectivement une » succession d'aïeul qui est partagée, il n'y a pas » lieu au *quint* entre eux; parce que les repré- » sentans succèdent à leur aïeul, & non pas au » représenté ».

Il seroit bien difficile d'accorder entre elles les deux parties de cette proposition. D'abord Maillart convient que la représentation donne à un petit-fils le droit de quinter à l'encontre de son oncle, frère aîné de son père prédécédé : conçoit-on, d'après cela, comment il pourroit n'avoir pas le même droit vis-à-vis de son cousin-germain, fils de cet oncle ? Conçoit-on comment plusieurs petits-enfans d'une même branche, qui, par représentation de leur père, auroient pris un *quint* à l'encontre d'un enfant du premier degré, ne devroient pas le partager entre eux comme venant de la succession de leur père même ? Sans doute en ce cas c'est à l'aïeul que l'on succède & non pas au père ; mais que signifie cette maxime, si ce n'est qu'il ne faut point être héritier de celui-ci, pour exercer ses droits dans la succession de celui-là ? En est-il moins constant que l'on est censé, par la représentation, prendre de la main de l'un ce que l'on recueille des biens de l'autre ? Si la représentation infinie en ligne collatérale fait qu'entre les héritiers d'une même branche qui ont pris part à la succession d'un frère, d'un oncle ou d'un cousin, la subdivision se règle de la même manière que si leur auteur commun avoit recueilli lui-même cette part, & qu'il s'agit de la diviser entre eux dans sa propre succession ; pourquoi ne produiroit-elle pas cet effet en ligne directe, & ne feroit-elle pas également considérer les biens d'un aïeul entre les mains de ses petits-enfans, comme venant de leur père même ?

IV. Il y a, à la vérité, des coutumes, telles que Noyon, Saint-Quentin & Ribemont, où la représentation est admise, sans que le droit de *quint* y ait lieu relativement aux successions des aïeuls & aïeules ; mais c'est par une raison qui leur est tout-à-fait particulière ; c'est parce qu'elles exceptent ce droit même de la représentation qu'elles adoptent d'ailleurs indéfiniment. Ainsi l'a jugé un arrêt du 13 mars 1700, dont l'espèce est rapportée dans le *Répertoire universel & raisonné de Jurisprudence*, sous le mot QUINT-NATUREL.

V. L'article 9 du titre 3 de la coutume de la châtellenie de Lille, porte, « qu'une personne, » pour quelque générale renonciation qu'elle fasse » de succession & hoirie, n'est pourtant privée » de son droit de *quint*, si par exprès elle n'y a » renoncé, ou qu'elle en soit vaillablement dé- » boutée ».

VI. C'est une question dans la même coutume, si les filles doivent avoir un droit de *quint* sur les fiefs qui sont déférés aux mâles à leur exclusion, ou si elles ne peuvent en jouir que dans le cas où ce sont d'autres filles, au défaut des mâles, qui recueillent la succession féodale. Deux arrêts du parlement de Flandres des 20 avril 1767, & 7 juillet 1743, ont fixé la jurisprudence sur cet objet, & ont adjugé aux filles le *quint* des fiefs auxquels leurs frères succèdent.

Le fils ou la fille puînée, qui a fait profession religieuse après la mort de son père, peut-il encore demander le *quint* des fiefs dévolus précédemment à son aîné ? La négative ne souffre aucune difficulté par rapport au *quint* héréditaire ; & c'est pourquoi l'article 10 du titre 11 de la coutume de Tournai, où le *quint* est de cette nature, porte, que « si aucuns des mainés décèdent ou entrent en » religion professe sans avoir demandé leur part » dudit *quint*, il s'éteint au profit de l'aîné ». Il paroît qu'il en est autrement à l'égard du *quint* viager ; écoutons Duchesne sur l'article 1 de la coutume de Ponthieu ; « M. de Hanchie a dit qu'il » avoit été autrefois jugé que le *quint* viager d'une » fille cadette ne s'éteignoit pas par sa profession » en religion, parce que le produit de ce *quint* sert » pour son entretien pendant sa vie. Cela étant, » il faut entendre le mot *trépas*, seulement de la » mort naturelle. Il y a des arrêts qui ont jugé de » même pour le douaire des veuves qui entroient » en religion ».

VII. Il a été un temps où les fiefs ne pouvoient se quinter qu'à certains intervalles. C'est ce qu'assure Maillart sur l'article 94 de la coutume d'Artois. « L'on ne quintoit pas autrefois, dit-il ; dans » la suite le *quint* fut viager, & même il ne se » levoit que de soixante ans en soixante ans ; il » y a un arrêt du 11 août 1408, rendu à l'occa- » sion de la terre d'Oisy, laquelle a toujours été » de l'Artois ».

Bouteiller atteste la même chose, *titre 76, article 7* : « si peux & dois savoir qu'un fief par cou- » tume locale ne doit être quintié qu'une fois au » vivant de souvenans, lequel vivant est entendu, » selon l'opinion d'aucuns, dedans soixante ans » une fois ; car si plus souvent pouvoient être » quintiés, dedans brief temps tous les fiefs vien- » droient à si petites parchons de quintage, qu'à » la fin ne feroient rien en valeur ».

Cette jurisprudence est abolie dans la plupart des coutumes de *quint* ; mais il en est quelques-unes qui l'ont conservée, à l'intervale près qu'elles ont abrégé. Telle est celle de Tournai, *chap. 11, art. 11* : « & n'est aucun fief plutôt quintiable que » de quarante ans en quarante ans ».

Celle de la châtellenie de Lille contient la même disposition ; voici comme elle s'explique, *titre 3, article 4* : « un fief ne se doit quintier que » de quarante ans en quarante ans, au cas qu'en » dedans ledit temps icelui droit de *quint* ait été

» éclissé réellement, ou soit courant par appré-
» hension ou consentement, *& n'empêche si ledit*
» *quint a été baillé par estimation ou récompense pé-*
» *cunielle* ».

On voit par ces derniers termes, qu'il n'y a que la délivrance d'un *quint* en nature qui empêche d'en demander un nouveau dans les quarante années suivantes; en sorte que quand l'aîné a usé de la faculté dont on verra ci-après qu'il jouit, de récompenser ses frères & sœurs en deniers, le paiement qu'il a fait de cette récompense n'apporte aucun obstacle à la demande d'un autre *quint*, soit dans sa succession, soit dans celle de son ayant-cause, avant le laps des quarante ans. C'est ce qui a été jugé par l'arrêt du 20 avril 1747, rapporté ci-devant, n°. 6.

Cette interprétation s'applique d'elle-même à la coutume de la gouvernance de Douai, qui est à cet égard parfaitement conforme à celle de la châtellenie de Lille; voici ce qu'elle porte, *chap.* 2, *article 8* : « fiefs ne se quintent & ne se peuvent » quinter & éclipser que de quarante ans en quarante ans, & ne sont tenus pour quintés par » récompense d'autres héritages ni par autre voie, » & convient nécessairement, pour profiter du » laps de temps de quarante ans, qu'effectivement » & réellement le droit de *quint* ait été divisé, » éclipsé & séparé des quatre parts du fief venu » de succession directe ».

VIII. Presque toutes les coutumes qui parlent du *quint*, le soumettent à la nécessité de la délivrance, & ce n'est que du moment que l'on s'est mis en règle à cet égard, qu'elles en accordent les fruits aux puînés, parcequ'elles ne le leur adjugent que sous la condition, *si appréhender le veulent*.

Ce point est assez important pour mériter quelques détails ; plaçons ici les propres termes des coutumes dont il s'agit.

« Si aucuns des puînés délaissent à appréhender » leur part & portion du *quint*, telle part non » appréhendée demeure au gros du fief ». *Artois article 103*.

« Droit de *quint* n'est dû, s'il n'est appréhendé » judiciairement ou consenti par l'héritier; & se » prend en tel état que lors sont lesdits fiefs ou » fief ». *Châtellenie de Lille*, *titre 3*, *article 2*.

« Pour par lesdits puînés pouvoir aucunement » avoir, appliquer & percevoir les fruits, levées » & profits de leur droit de *quint*, ils sont tenus » & soumis en faire relief ou autre appréhension » judiciaire ». *Gouvernance de Douai*, *chapitre 2*, *article 4*.

« Après le trépas de l'aîné, ses frères & sœurs, » s'il y en a mainés, tant qu'ils soient vivans, » peuvent demander ledit *quint*, à l'encontre de » l'enfant ou héritier dudit aîné, n'étoit que icelui » aîné fût mort délaissant plusieurs enfans, & que » les mainés d'iceux eussent demandé ledit droit » du *quint*, à l'encontre de leurdit frère aîné, avant » que les frères & sœurs mainés de leur père ou » mère en eussent fait demande. — Auquel cas » iceux frères & sœurs mainés de leur père ou » mère viendroient à tard : & en seroient fourclos par la demande dudit *quint* juridiquement » faite par leurs neveux & nièces ». *Tournai*, *titre 11*, *articles 13 & 14*.

« La part des puînés qui s'abstiennent d'appré» hender ledit *quint*.... accroît aux autres puînés » qui le veulent appréhender, & non à l'aîné ». *Amiens*, *article 81*.

« Les puînés doivent faire limiter & séparer » leursdits *quints* & portions de *quints* à leurs dépens, pour le prendre & avoir héréditablement » selon ledit partage. Et aussi par la coutume les » puînés ne doivent avoir quelque fruit ou profit » èsdites portions de *quints*, tant qu'ils les ont » duement relevés & appréhendés envers ceux desquels ils les doivent relever & appréhender ». *Montreuil*, *article 9*.

« En succession de père & de mère, en héritages féodaux, au fils aîné appartiennent iceux » héritages, à la charge du *quint* dû aux autres » enfans èsdits fiefs, si appréhender le veulent, » en faisant l'appréhension & limitation à communs » dépens ». *Boulonnois*, *article 62*.

« L'on n'a rien audit *quint* de vivre naturel qui » ne l'appréhende; & perd-on les levées échues » jusqu'à ce qu'on l'appréhende duement par » mise de fait tenue & décrétée de droit, faite » par autorité de justice ou par consentement de » l'héritier, & que le seigneur dont l'immeuble » est tenu soit évoqué ». *Ponthieu*, *article 60*.

Cette disposition a-t-elle lieu contre les mineurs? Duchesne dit qu'on l'observe contre eux à la lettre, & son annotateur confirme cette assertion par des autorités très-précises. « Le mineur, dit-il, » dont le tuteur auroit négligé de demander le » décret au *quint* viager, est le garant de cette omission : c'est à lui, & non pas à l'héritier, que ce » mineur lézé doit s'adresser pour la répétition » des fruits de son *quint* viager. Arrêt de 1657, » confirmatif d'une sentence de ce siège du 18 » mars 1655, au profit d'Alexandre Bouteiller ».

C'est sur l'article 60 que cet auteur s'explique de la sorte. Sur l'article 3, il rapporte un acte de notoriété de la sénéchaussée d'Abbeville du 28 juillet 1682, qui atteste, « que les puînés mineurs » non décrétés dans le *quint* viager, en perdent » les fruits, sauf leur recours contre leur tuteur; » & que les majeurs coutumiers les perdent sans » retour, s'ils négligent de se faire décréter ».

Cette jurisprudence est bien rigoureuse. Maillart, sur l'article 103 de la coutume d'Artois, « estime que si, lors de l'ouverture de la succes» sion, le puîné étoit mineur de vingt-cinq ans, » soit qu'il eût un tuteur ou un curateur, ou qu'il » fût majeur coutumier, il pourroit, dans les » trente-cinq années de sa naissance, prendre des » lettres contre l'omission d'avoir appréhendé sa » portion de *quint* ; qu'en conséquence il en auroit

» les

» les fruits du jour de l'ouverture, & non pas » seulement du jour de l'appréhension, ou de la » demande, ou de la prise de possession ».

Nous trouvons dans le recueil de M. Cuvelier un arrêt du grand-conseil de Malines, qui confirme cette opinion. « Le *quint* non appréhendé, dit ce » magistrat, demeure au gros du fief en Artois, » ensorte que les fruits n'en sont pas dus; néanmoins les puînés *restituuntur ex justâ causâ*, contre la faute de telle appréhension. Jugé par sentence du conseil d'Artois, confirmée par arrêt » la veille de Noël 1605, en la cause de Saint-Vaast, contre les veuve & enfans de Pierre de » Saint-Vaast ».

Au reste, ce n'est pas là le seul point sur lequel les usages d'Artois diffèrent de ceux du Ponthieu.

Maillart assure qu'en Artois le puîné gagne les fruits de son *quint*, du jour qu'il en a fait la demande ou qu'il en a lui-même pris possession de son autorité privée.

En Ponthieu, au contraire, la jouissance des puînés, au vu & su de leur aîné, n'équivaut point à l'appréhension que la coutume exige de leur part pour qu'ils puissent gagner les fruits. Il y a à ce sujet des actes de notoriété des 17 & 23 juin 1741.

« Cependant, remarque l'annotateur de Duchesne, si cette jouissance avoit été précédée » d'un partage verbal, alors les puînés deviendroient favorables. On les a admis à la preuve » d'un pareil partage par sentence du 23 février » 1703 ».

En général, dans le Ponthieu comme ailleurs, « le moindre acte entre l'aîné & le puîné emporte » délivrance. Il a été jugé par sentence du 23 » janvier 1703, que l'aîné ayant comparu au contrat de mariage de son puîné, qui portoit son » *quint* viager, cela portoit décret ».

Si le défaut d'appréhension du *quint* ôte aux puînés le droit d'en recueillir les fruits, à plus forte raison doit-il les empêcher d'en faire aucune disposition; c'est ce qui a été jugé le 30 juin 1632 par une sentence arbitrale de M. Léon de Brulard, doyen des conseillers d'état, rendue de l'avis de trois avocats célèbres, & dont l'exécution a été ordonnée par arrêts des 7 septembre 1645 & 28 juillet 1685. L'espèce en est rapportée dans le répertoire universel & raisonné de jurisprudence, sous le mot *Quint naturel*.

Il y a quelques coutumes où l'on est débarrassé de toutes ces discussions, par la saisine légale qu'elles accordent aux puînés dans le *quint*. L'article 73 de celle de Chauny porte que l'aîné noble, en ligne directe, « doit avoir & emporter entièrement tous lesdits fiefs, à la charge d'un *quint* » héréditai aux puînés fils & filles, qu'ils doivent » partir également entre eux, & duquel ils seront » saisis du jour du décès desdits père & mère » contre leurdit frère aîné ».

L'article 76 de la coutume de Ribemont nous offre la même disposition: « les puînés, pour le » *quint* viager, peuvent former complainte & eux » en dire saisis, tant à l'encontre de leur aîné, » que contre tous autres qui les troubleront ».

L'article 36 de celle de Saint-Quentin est à-peu-près conçu dans les mêmes termes: « tous lesdits » héritiers puînés, tant mâles que femelles, ont » autant chacun audit *quint* des fiefs l'un que l'autre: » sont & se peuvent dire lesdits puînés saisis de » leur droit & part, & former complainte, tant » contre leurdit frère aîné qu'autres ». On voit que les puînés sont ici qualifiés d'héritiers par rapport au *quint*; c'est ce qui est encore exprimé, mais d'une manière plus formelle, dans l'article 33: « lesdits héritiers puînés ont èsdits cas, & leur » appartient, comme héritiers, un *quint* à vie en » chacun desdits fiefs ».

Il paroît que l'on doit placer sur la même ligne les coutumes des châtellenies de Bailleul, *rubrique 7, article 4*, & de Cassel, *article 67*: celle-ci porte, « qu'après le décès d'un homme de fief, l'aîné » de ses enfans mâles emportera tous les fiefs qui » ont fait souche, excepté que les enfans puînés » auront entre eux tout le cinquième pour leur » part ». L'autre est conçue dans des termes semblables.

IX. La question de savoir quels sont les droits des puînés relativement au *quint naturel*, peut être considérée sous trois faces différentes, 1°. par rapport aux puînés entre eux; 2°. par rapport à l'aîné; 3°. par rapport aux seigneurs de qui relèvent les fiefs soumis à la distraction de ce *quint*.

On a déjà vu plusieurs coutumes décider expressément que les puînés entre eux partagent également, & sans prérogative d'âge ni de sexe, le *quint naturel* qu'elles leur défèrent, soit en propriété, soit en usufruit; & tel est le droit commun sur cette matière. La coutume de Coucy est la seule qui s'en soit écartée; elle porte, *art. 5*, que dans le *quint* viager, « ont deux filles autant » qu'un fils, & prend un fils autant que deux » filles ».

On demande comment doit se faire, dans les coutumes où la représentation a lieu pour le *quint*, la subdivision de cette part entre les petits-enfans d'une souche qui sont venus à la succession de leur aïeul, concurremment avec leur oncle, frère aîné de leur père. Ricard répond que l'aîné des petits-enfans doit exercer droit d'aînesse dans ce *quint*, comme dans les fiefs qui se seroient trouvés dans la succession du père.

En effet, dit-il dans une consultation qui est à la suite de son traité de la représentation, « il est » constant que les petits-enfans venant à la succession de leur aïeul par représentation & par » souche, n'ont point d'autre droit que celui de » leur père.... Les puînés de la souche ne peuvent » pas objecter que leur oncle, aîné de la famille, » a pris dans la succession de leur aïeul les avantages que la coutume donne à l'aîné dans chaque

» succession, & qu'il seroit absurde d'admettre un » double droit d'aînesse dans une même succession, » contre la disposition de la coutume, qui n'en » donne qu'un. Cette objection seroit bonne, si » dans la succession de l'aïeul il n'y avoit que les » enfans d'un degré qui y fussent appellés, ou » que les enfans & les petits-enfans partageassent » par têtes & en vertu d'un même droit : mais » y venant tous au moyen de la représentation, » en vertu de droits distincts & séparés, & les » petits-enfans y étant appellés pour succéder par » souches au lieu de leur père, il faut nécessai- » rement qu'il se fasse une seconde division entre » les enfans de chaque souche, comme d'une se- » conde succession dans laquelle ils ne peuvent » prendre d'autre règle ni modèle que la succession » paternelle, puisqu'ils ont succédé aux droits de » leur père, & comme le représentant. Ce raison- » nement est le plus favorable qui puisse être fait » en faveur des puînés, d'autant qu'ayant, par » nécessité, un partage à faire avec leur aîné, d'un » héritage féodal qui leur est échu à titre suc- » cessif, il faut que cette division se fasse indis- » pensablement comme en directe ou collatérale, » la coutume ne reconnoissant point d'autre sorte » de partage. Or, dans la collatérale les puînés » n'y prendroient aucune part; si bien qu'ils ne » peuvent choisir que le partage de la directe, » qui est en effet le plus convenable pour l'espèce » qui se présente, soit que l'on considère la per- » sonne du père, ou que l'on ait égard à celle » de l'aïeul ».

En seroit-il de même si l'oncle, aîné de la famille, avoit usé de la faculté, dont on parlera ci-après, de retenir le *quint* en récompensant les puînés, soit en argent, soit en rotures? Ricard soutient l'affirmative, « parce que ce qui s'est » trouvé dans la succession de l'aïeul pour les » puînés, a été un *quint* de fief, & non point de » l'argent : de sorte que ce qui leur a d'abord » appartenu, a été leur part dans un fief, & ce » qui s'est passé dans la suite est une vente forcée » que les puînés ont faite d'un héritage qui leur » appartenoit par un droit de bienséance que la » coutume a introduit pour la réunion des fiefs. » Et ainsi, comme le partage se fait des biens de » la succession de la manière que se trouvent les » choses au temps de son échéance, il n'y a point » de doute que la subdivision des deniers doit » être faite comme d'un fief dont ils sont le prix, » n'étant pas au pouvoir de l'aîné de la famille » de changer, par son fait, l'état d'une succession, » & d'ôter aux aînés des autres souches un droit » qui leur est acquis par la coutume ».

Ces principes ne pourroient pas s'appliquer à la coutume de Cassel; car, après avoir établi par l'article 69 que la représentation n'a point lieu dans le *quint*, elle ajoute, *art. 70* : « & quand le susdit » cinquième sera rempli & délivré en héritages » ou en biens-meubles, la représentation aura lieu » à l'égard des mêmes héritages ou des biens » mobiliaires »; preuve sensible que dans cette coutume il dépend de l'aîné *de changer, par son fait, l'état d'une succession.*

X. Quels sont les droits des puînés à qui il est dû un *quint* vis-à-vis de l'aîné qui doit le fournir? Cette question embrasse plusieurs objets qu'il faut discuter séparément.

1°. La coutume d'Amiens, *art. 72*, décide que l'on ne doit pas comprendre dans la liquidation du *quint* le principal manoir du fief : « auquel » *quint* héréditał (ce sont ses termes) n'est com- » pris le principal manoir, pourpris & accint dudit » fief, ains demeure entiérement à l'aîné, & n'y » prennent rien les puînés ».

On a douté si cette disposition devoit s'entendre de chacun des fiefs trouvés dans la succession, ou s'il ne falloit l'appliquer qu'à un seul. Le premier parti est adopté par Dufresne & Deheu en leurs commentaires sur l'article cité. Voici comme s'explique le premier : « quant à ce que l'article » ajoute, le principal manoir, pourpris & accint » dudit fief, cela s'entend de chacun fief, puis- » que la coutume donne tous les fiefs de la suc- » cession aux aînés par préciput, à la charge seu- » lement d'un *quint* héréditał aux puînés, auquel » n'est compris le principal manoir; ce que l'ar- » ticle 97 confirme aussi très-expressément, por- » tant en plurier, que les châteaux des terres, » qui sont les principaux manoirs, les donjons & » forteresses, l'artillerie qui est en iceux, & les » ornemens des chapelles, appartiennent à l'hé- » ritier principal, & que les puînés n'y prennent » rien; il a été ainsi trouvé par une enquête par » turbes, faite au bailliage & en la prévôté d'A- » miens, au procès qui étoit lors à juger en la » cour pour un semblable différend, entre messire » Charles de Belleforière, d'une part, & le sieur » Caveron, d'autre, conformément à laquelle en » est intervenu arrêt ».

La coutume de Péronne excepte pareillement du *quint le châtel & principal manoir & pourpris d'icelui*, mais elle le fait d'une manière qui annonce qu'elle restreint cette exception au manoir d'un seul fief. Voici ce qu'elle porte, *art. 169* : « entre nobles, en succession directe, le fils aîné, » où il y a fils, & s'il n'y a fils, la fille aînée » succède aux fiefs, & n'ont les autres puînés » fils & filles ensemble, qu'un *quint* héréditał » èsdits fiefs, sans y comprendre le châtel & prin- » cipal manoir & pourpris d'icelui, auquel les » puînés ne prennent rien, ains appartient entié- » rement à l'aîné ».

Le Caron observe sur cet article, que « s'il y » avoit plusieurs maisons en une coutume, l'aîné » n'en a qu'une à son choix; Péronne, Montdi- » dier & Roye doivent passer pour une seule cou- » tume, n'y ayant qu'un bailli-lieutenant-général, » comme il se voit par le procès-verbal de la ré- » daction ».

Au reste, ni la disposition de la coutume d'Amiens, ni la disposition de celle de Péronne, ne forment le droit commun des pays où l'on connoît le *quint naturel*. L'aîné est déjà assez avantagé par le préciput des quatre *quints*, & il faut une loi expresse pour l'autoriser à excepter le manoir de la liquidation de la part qu'il doit fournir à ses frères & sœurs.

Il y a même des coutumes qui, loin de lui accorder ce droit, le lui ôtent formellement. Celle de Saint-Quentin, *art. 40*, déclare que « lesdits » puînés ont & doivent avoir, à cause de leurdit » *quint*, la cinquième partie de chacun desdits fiefs, » pour le regard de ce qui en échoit audit aîné, » tant en terres, *maisons*, rentes, prés, bois & » héritages ».

2°. Les droits honorifiques ne doivent point entrer dans la liquidation du *quint*. L'annotateur de Duchesne en rapporte un acte de notoriété de la sénéchaussée d'Abbeville, du 28 juillet 1682; & telle est la disposition expresse de plusieurs coutumes. Celle de Saint-Quentin, *art. 40*, & de Ribemont, *art. 70*, disent que « *le droit de cham-* » *bellage appartient à l'aîné seul*, parce que, comme » l'observe Buridan sur ce dernier texte, il est » plus honorable que profitable, & se paie à raison » de l'admission du vassal à foi & hommage, qui » n'appartient qu'à l'aîné ».

C'est dans le même esprit que l'article 73 de la coutume d'Amiens laisse « entièrement à l'aîné » la provision & institution des officiers, fruits » & émolumens de la justice, & présentation aux » bénéfices ». Cet article demande quelques explications.

Deheu remarque que « sous ce mot d'*officiers*, » sont entendus en ce lieu les ministres de justice » seulement, encore que généralement toute sorte » de ministère puisse être dit office : en cette » signification limitée, ajoute-t-il, notre coutume » use souvent de ce terme, comme quand elle » dit, *art. 137*, que tous contrats demeurent purs » personnels s'ils ne sont reconnus pardevant les » seigneurs féodaux ou leurs *officiers*; ce qui ne » se peut entendre, sinon des officiers de justice; » de même en ce lieu, parce qu'il est certain que » l'aîné ne peut commettre tel receveur que bon » lui plaît à la part de ses puînés, ni pourvoir » aux autres charges qui ne concernent l'exercice » de la justice ».

Les mots *fruits & émolumens de la justice*, ne présentent pas un sens bien déterminé. Voici de quelle manière les explique l'auteur que nous venons de citer : « ce sont les profits que peut apporter l'administration de la justice, comme si » l'aîné la veut exercer en personne; ce qui » procédera des saisines & investitures & autres » émolumens qui s'acquièrent à cause dudit exercice, lui appartiendront privativement aux autres: » ou si le greffe est baillé à ferme, il en profitera » seul, comme il doit faire des amendes adjugées » par ladite justice, d'autant qu'elles sont comprises » sous les fruits & émolumens d'icelle ».

Mais c'est une question, si l'on doit ranger sur la même ligne les confiscations qui ont été adjugées à l'aîné comme seigneur, avant que la distraction du *quint* ait été faite. Dufresne la traite pour & contre, & se détermine pour la négative.

3°. Nous avons dit ci-devant, que l'aîné peut retenir le *quint* des fiefs, en fournissant aux puînés une récompense proportionnée à cette portion. C'est en effet ce que décident la plupart des coutumes dont nous parlons.

« Sauf pourtant que ledit aîné hoir aura la fa- » culté de retenir les susdits fiefs, au dire & sui- » vant l'estimation des gens de partage, ou d'autres » prud'hommes, en donnant aux hoirs puînés, » au lieu du susdit cinquième des fiefs, des héri- » tages ou des meubles jusques à la valeur du » même cinquième ». Cassel, *art. 67*.

« Bien entendu que le susdit héritier féodal » pourra retenir sondit fief entier, en donnant par » lui à ses frères & sœurs, au lieu du cinquième, » de l'argent, des héritages, ou autres biens mo- » biliers, jusques à la valeur du même cinquième » ou en le retirant & fournissant de son fief, au » moindre préjudice; le tout à l'estimation de » gens à ce connoissans ». Bailleul, *rubrique 7, article 5*.

« Peut ledit aîné, si bon lui semble, récompenser » ses puînés audit *quint* héréditai en autres terres » de la succession de pareille valeur & estimation, » s'il y en a pour ce faire. — Et s'il n'y a terres, » le peut racheter à raison du denier vingt. » — Pour ledit rachat ne sont dus aucuns profits » seigneuriaux au seigneur dont le fief est mou- » vant. — Si l'aîné rachète ou récompense ledit » *quint*, il est réuni au principal, pour être un » seul fief, & non deux ». Amiens, *articles 74, 75, 77 & 78*.

« Et néanmoins ledit fils ou fille peut retirer » de ses puînés ledit *quint*, en les récompensant » en autres héritages roturiers de la succession, » s'il y en a assez en la succession pour ce faire; » & s'il n'y en a assez, ou qu'il n'y en ait point » du tout, peut ledit aîné les récompenser en » argent, à raison du denier vingt pour ce qui » est situé du côté du Vermandois & Artois, & » du denier vingt-cinq, pour ce qui est du côté » de France, au-delà de la rivière de Somme; » — pour laquelle récompense ainsi faite, n'est dû » aucun profit au seigneur féodal dont les choses » sont tenues & mouvantes ». Péronne, *articles 170 & 172*.

« Leurdit frère aîné pourra ravoir & retirer à » soi le *quint* dans cinq ans, à compter du jour » du décès de celui duquel lesdits fiefs provien- » dront & seront échus; récompensant iceux » puînés, & leur baillant des terres féodales ou » autres de la même succession, si faire se peut, » sinon le prix & valeur dudit *quint* en deniers

» comptans, selon le dire & estimation d'experts » & prud'hommes ». Chauny, *article 73*.

Les coutumes de la châtellenie de Lille & de la gouvernance de Douai annoncent clairement que tel est aussi leur esprit. L'article 4 du titre 3 de la première, & l'article 8 du chapitre 2 de la seconde, y sont formels; les termes en sont rapportés ci-devant.

Il y a une coutume qui défère aux puînés même, l'option que les autres accordent à l'aîné : c'est celle de Tournai; voici comme elle s'explique là-dessus, *chap. 11, art. 9* : « lequel *quint* se doit esclicher » & mettre hors de la totalité, ou en recevoir » l'estimation, si bon semble aux quintians, à di» viser entre eux également en chacun cas ».

Des coutumes qui laissent cette option à l'aîné, il y en a qui ne fixent point le terme dans lequel il doit l'exercer, & sans doute elles sont censées ne la lui permettre qu'autant que les choses sont entières, c'est-à-dire, qu'autant que le partage n'est point fait & l'éclissement consommé.

On vient de voir que celle de Chauny limite à cinq ans l'exercice de cette faculté : celles d'Amiens & de Péronne la bornent à trois années : « laquelle » récompense se doit faire trois ans après la succes» sion échue, si lesdits fils ou fille aînés sont majeurs » de vingt-cinq ans; & s'ils sont mineurs, ledit » temps de trois ans doit courir du jour de la » majorité seulement, & lequel temps de trois » ans passé, ledit aîné ou aînée n'est plus reçu à » faire ladite récompense ». Ce sont les termes de la coutume de Péronne, *art. 171*. L'article 75 de celle d'Amiens renferme à-peu-près la même disposition, mais il laisse indécises deux questions que la coutume de Péronne a tranchées : la première est de savoir si le terme de trois ans n'est fixé que pour la récompense en deniers, & si la récompense en héritages peut se faire en tous temps. La seconde, de quel jour court ce terme, si c'est de l'ouverture de la succession, ou du partage.

Sur la première question, la raison de douter résulte des articles 74 & 75. L'article 74 porte, en général, que l'aîné peut récompenser ses puînés en terres censuelles; l'article 75 ajoute que s'il n'y a point de terres, la récompense pourra être faite en deniers, « & ce en dedans trois ans après que » ledit aîné sera parvenu à l'âge de vingt-cinq » ans; & ledit temps passé, n'y sera plus reçu ». Il semble, comme l'on voit, que la coutume ne fait tomber la fixation du terme de trois ans que sur le cas où l'aîné veut récompenser en argent.

Cependant, il y a lieu de croire que ce n'est point-là l'esprit de cette loi municipale : suivant l'article 76, « pendant le temps de faculté de rachat, » lesdits puînés sont tenus user dudit *quint*, comme » bons pères de famille, sans rien démolir, ni » couper les bois de haute futaie ». Cet article, dit Dufresne, « présuppose & fait connoître que » le temps que la coutume a aussi entendu donner » à l'aîné pour récompenser ledit *quint* en terres, » doit être de peu de durée, & ne peut excéder » trois ans au plus, afin que les puînés, inconti» nent iceux expirés, puissent user de leurs por» tions de *quint*, comme propriétaires incommu» tables, y démolir & couper pour leur demeure » & établissement, ou le faire ès lieux de récom» pense qui leur seroient baillés par leur aîné ou » autrement, comme ils aviseroient : à quoi ils » ne pourroient jamais parvenir, ains au contraire » mener une vie vagabonde, s'ils n'étoient assurés » de leur portion de *quint*, ou de leur récom» pense en autres terres dans les trois ans, lesquels » la coutume a requis & exprimé au rachat en » deniers, comme le dernier cas pour tous les » deux, afin de n'user deux fois de la même ex» pression ».

Sur la seconde question, nous trouvons au journal des audiences un arrêt du 20 décembre 1638, qui a jugé que « quand l'aîné est majeur lors de la » succession échue, les trois ans courent du jour » du décès du père, & non du partage seulement, » encore qu'il fût représenté que la réunion du » *quint* des fiefs aux fiefs entiers étoit favorable, » & que l'aîné n'étoit pas en état de pouvoir user » du bénéfice de rachat & de réunion introduite » en sa faveur, jusqu'à ce que, par le partage » fait avec ses frères, il eût connu les forces de » son bien, & la commodité ou incommodité de » la réunion par le moyen des situations des terres. » Mais aussi fut allégué que ce seroit un motif » & un expédient très-propre pour obliger les » aînés, qui ont déjà de très-grands avantages en » Picardie, à faire partage facilement à leurs puînés, » pour discerner par l'événement d'icelui l'état des » terres échues en leur *quint* ».

On vient de voir que quand l'aîné est mineur au temps de l'ouverture de l'hérédité, les trois ans ne courent, soit dans la coutume d'Amiens, soit dans celle de Péronne, que du jour qu'il a atteint l'âge de majorité. Ricard propose à ce sujet une question : « *quid*, dit-il, si l'aîné venant à » mourir en minorité, délaissant un enfant mineur, » les trois ans courront-ils pendant cette seconde » minorité? Il faut dire que non, répond-il, pour » pareille raison; comme aussi si l'aîné avoit été » prisonnier de l'ennemi pendant ces trois ans, & » en tout autre cas de nécessaire & invincible » empêchement ». De la Villette établit la même chose pour le cas où l'aîné majeur vient à mourir dans les trois ans & laisse des enfans mineurs. Il assure même que son opinion a été suivie par une sentence du bailliage de Péronne, rendue sur productions en faveur d'une partie pour laquelle il avoit écrit. Il ajoute, qu'entre autres moyens, il avoit employé l'apostille de Dumoulin sur l'article 215 de la coutume de Bourbonnois, dont voici les termes : *si non plenè & perfectè jus quæsitum, & medium inhabile interveniat quòd impediat extremorum conjunctionem, tunc extrema non conjunguntur*.

Cet auteur enseigne aussi, comme Ricard, que les trois ans ne courent pas contre un majeur que des obstacles légitimes empêchent d'exercer la faculté du rachat. « Nous en avons, dit-il, un » exemple dans la personne de la demoiselle de » Gacourt, ma nièce, qui, plus de huit ans après » la succession du feu sieur de Chiremont, son » père, fut reçue à récompenser ses puînées de » la part qu'elles avoient en la terre de Chiremont, » par arrêt contradictoirement rendu en la grand'- » chambre, sur ce qu'elle fit voir qu'elle n'avoit » pu plutôt y entendre, à cause des procès qu'elle » avoit eus avec l'une de ses sœurs, concernant » la validité du testament de leur père en forme » de partage ».

4°. L'aîné peut-il céder à un tiers la faculté de rachat que lui accorde la coutume? De la Villette répond qu'elle « est incessible & non communi- » cable, parce qu'autrement ce seroit se jouer de » la coutume, en la faisant servir à démembrer » une chose qu'elle veut être conservée en son » entier ».

Dufresne va même jusqu'à dire que l'aîné ne peut pas stipuler qu'il possédera à part & comme un fief distinct, le *quint* dont il fait le rachat, « parce que la coutume n'autorise la dépossession » des puînés en faveur de l'aîné, que pour la » réunion & lui donner moyen d'augmenter & » améliorer son fief. C'est pourquoi, conclut Du- » fresne, j'estime que s'il avoit fait une telle dé- » claration, les puînés pourroient demander à » rentrer dans leur premier droit, c'est-à-dire, » d'être remis en la propriété & jouissance de leurs » portions de *quint* à eux attribué par la coutume, » comme la cause & la fin du rachat n'ayant point » sorti effet par l'empêchement de l'aîné, & que » *causâ finali non secutâ, cessare debet effectus* ».

5°. Lorsque l'aîné ne prend point le parti de la récompense en rotures ou en deniers, les puînés peuvent-ils demander que leur *quint*, au lieu d'être distrait de chacun des fiefs de la succession, soit assigné sur un seul? Dufresne soutient qu'ils ne le peuvent pas, « cela étant, dit-il, décidé par l'ar- » ticle 170 de la coutume de Péronne, joint que, » par arrêt donné au profit de Me Antoine Tru- » daine & consorts, contre le sieur de Lusières, » il a été jugé qu'un puîné ne peut prétendre » une seule terre pour tous les *quints* de plusieurs » fiefs de la succession ».

6°. Une autre question est de savoir qui doit supporter les frais du partage des fiefs entre l'aîné & les puînés. La coutume de Boulonnois décide, *article 62*, qu'ils doivent être supportés en commun, c'est-à-dire par l'aîné pour quatre *quints*, & par les puînés pour le *quint* restant. Celle de Montreuil veut au contraire, *article 9*, que ceux-ci « fassent limiter & séparer leursdits *quints* ou por- » tions de *quints* à leurs dépens ». Celle de la châ- » tellenie de Lille porte également, *titre 3*, *article 3* : « droit de *quint* se doit éclisser, quand bon » semble, au principal héritier dudit fief, aux dé- » pens de celui qui l'appréhende ». Telle est aussi la disposition de la coutume de la gouvernance de Douai, *chapitre 2*, *article 5* : « & est tenu le » frère ou sœur aîné, seigneur de quatre parts, » leur consentir partage, éclissement & séparation » de leur droit de *quint*, part & portion de *quint* » appréhendé & relevé aux dépens desdits puînés, » & sans ses frais en sorte aucune ». Ces trois coutumes dérogent, comme l'on voit, aux principes généraux des partages; aussi ne doit-on pas les étendre hors de leurs territoires. L'article 62 de celle de Boulonnois est plus juridique.

7°. Les puînés sont-ils tenus de contribuer, à proportion de leur *quint*, au paiement des dettes de la succession? On a vu ci-devant, que la coutume de la châtellenie de Lille les en décharge totalement. Celle d'Amiens a une disposition différente : « ledit *quint*, dit-elle, *article 80*, » est tenu aux charges & dettes de la succession, » *pro ratâ* de l'émolument tant seulement ».

Cette disposition a été étendue par l'usage & la jurisprudence à la coutume de Péronne, Roye & Mont-Didier. L'annotateur de Ricard, sur l'article que nous venons de transcrire, s'explique ainsi : « on tient en la coutume de Mont-Didier, que » ces mots de l'article 198, *sur les terres & meubles*, » doivent faire répandre les dettes non mobi- » lières sur tous les biens, & qu'ils établissent » une proportion eu égard à ce que chacun a dans » les mêmes biens; il a été jugé en conséquence » par arrêt du 30 août 1625, entre les sieurs de » Bournonville, que les dettes seroient payées » entre l'aîné & les puînés à proportion de l'émo- » lument, même pour les fiefs où l'aîné prend les » quatre *quints* ».

La coutume de Ribemont décide, *article 71*, que les puînés « sont tenus pour portion de leur *quint*, » contribuer aux charges ». La coutume de Saint-Quentin en dispose de même, *article 40* : « & sont » aussi tenus iceux puînés contribuer pour leur » part & portion aux charges anciennes & autres » qui étoient dues sur lesdits fiefs ès jours des » trépas de leursdits père & mère respectivement, » & dont lesdits fiefs où ils prennent ledit *quint* » sont chargés, & aux menues réparations, entre- » tenemens nécessaires des héritages & gages des » officiers ».

Le mot *charges* peut-il, dans ces deux dernières coutumes, s'entendre des dettes? Non, il doit être restreint aux charges réelles : la seconde des loix dont il s'agit le témoigne très-clairement, & cela résulte pour l'autre, du principe qu'un usufruitier ne doit supporter aucune dette personnelle ni même hypothécaire du défunt; car le *quint*, dans la coutume de Ribemont comme dans celle de Saint-Quentin, est purement viager.

C'est par le même principe, que l'article 174 de la coutume de Péronne, après avoir établi que « le *quint* héréditaL n'a lieu ès duchés, marqui-

» fats & comtés, esquels les puînés n'ont en» semble qu'un seul *quint* viager, » ajoute qu'ils prennent & possèdent ce *quint franc & quitte de dettes.*

XI. Quelle est, par rapport à la mouvance, la condition des puînés qui ont appréhendé leur *quint?* Le relèvent-ils de leur aîné, ou du seigneur supérieur? C'est en quoi les coutumes ne s'accordent pas.

Celle d'Artois porte, *article 102*, que « le *quint* » ou portion de *quint* se droiture à pareil relief & » droiture, comme le fief principal ». Ces termes ne décident pas nettement notre question; mais l'*article 101* est plus précis: *pour acquérir droit réel & de propriété en héritages succédés & échus, il est requis les relever ou appréhender, soit le gros du fief, ou le* quint, *ou portion d'icelui, & les droiturer* DES SEIGNEURS *dont ils sont tenus & mouvans.* « Et non » des aînés, dit Maillart, parce que notre cou» tume n'est pas de parage, comme sont partie » des coutumes du royaume.... de sorte qu'on suit » présentement en Artois l'ordonnance faite par » Philippe-Auguste le 1 mai 1209, en présence » des comtes de Boulogne & de Saint-Pol, feu» dataires d'Artois, laquelle décide que les por» tions démembrées des fiefs doivent être relevées » des seigneurs d'où relève le gros du fief ».

Cette interprétation est confirmée par l'article 3 de la coutume locale de Montreuil, conçu en ces termes: « en ce qui est en la comté d'Artois, les » puînés sont tenus de relever leur *quint* ou por» tion de *quint* du seigneur duquel tout le fief » est tenu. En la coutume de Boulonnois, les » puînés sont tenus de relever leurs portions de » *quint* de leurs frères & sœurs aînés, seigneurs de » quatre parts ».

Ce que dit cet article par rapport au Boulonnois, est conforme à l'article 62 de la coutume de cette province: « ne payeront lesdits puînés » aucun relief à leur aîné pour leur portion dudit » *quint;* mais venus en âge, seront tenus faire la » foi & hommage à leurdit aîné ou autre seigneur » des quatre parts: & avenant la mort desdits puî» nés, leurs héritiers seront tenus de relever dudit » seigneur des quatre parts, de relief, tel que le » corps principal du fief duquel ledit *quint* est tenu ».

La disposition de la coutume d'Artois paroît adoptée par celle de Chauny: les articles 73 & 75, obligent les aînés à laisser aux puînés un *quint héréditai*, & l'article 76 ajoute: « sera ledit fils » aîné ou fille tenue relever & droiturer pour » *tous lesdits fiefs des seigneurs dont ils sont tenus* ».

La coutume d'Amiens a pris un milieu entre les deux partis. « Le puîné, porte-t-elle, *article 79*, » relève ledit *quint* de son aîné pour la première » fois, & ne paye pour icelle aucun droit de re» lief, mais par après, ledit *quint*, & chacune por» tion d'icelui se doit relever du seigneur, dont le » total du fief est tenu ».

L'article 163 de la coutume de Péronne contient la même disposition: « ledit fils ou fille aînés » doivent relever du seigneur féodal ledit *quint* » des puînés, & les acquitter de ce qu'ils pour» roient devoir à cause de leurdit *quint* pour la » première fois. Et lesdits puînés, chacun pour » leurdite part & portion, doivent relever de l'aîné » pour icelle première fois. Et mutation advenant » en la personne desdits puînés, leurs successeurs » & ayans-cause d'eux entrent en foi envers le » le seigneur du fief comme devant ».

Il paroît qu'anciennement on prenoit un autre tempérament, c'est-à-dire, qu'on laissoit aux puînés le choix de tenir leur *quint* de leur aîné ou du seigneur supérieur. C'est du moins ce qu'enseignoit Bouteiller en sa *Somme rurale, titre 76, article 6*: « & si c'étoit en pays où la coutume souffre que » le fief soit esclisché de autant que le *quint* peut » valoir, sçachez que l'esclichement sera tenu aussi » hautement que le propre fief; car s'il a haute » justice, aussi l'aura celui qui en sera esclisché; & » le relevera & le tiendra le frère à qui ce sera » esclisché, du seigneur de qui le fief sera tenu, si » il lui plaît, ou de son aîné frère, s'il lui plaît; » & l'un pris & choisi, il ne peut jamais retourner » à l'autre ».

Cet ancien droit s'est conservé dans plusieurs coutumes qu'il est important de connoître.

« Lesdits puînés & chacun d'eux peuvent & ont » la faculté & choix d'appréhender & relever leurs» dits droits de *quints*, part & portion de *quint*, » de leur frère aîné ou sœur aînée, par faute de » mâle, seigneur ou dame des quatre parts, *si au* » *gros du fief y a seigneurie vicomtiere*, en payant » ledit droit de relief que seront tenus faire & payer » à tel hommage que les autres hommes des fiefs » d'icelle seigneurie, ou appréhender & relever » du seigneur duquel tout ledit fief seroit tenu & » mouvant, à tel droit de relief, foi & hommage » que doit le seigneur des quatre parts d'icelui » fief. — L'héritier de *quint* ou portion de *quint* » séparé d'un fief, *non ayant justice de vicomte*, le » doit tenir du seigneur duquel le principal fief » est tenu, & à semblable relief ». *Gouvernance de Douai, chapitre 2, article 5, & chapitre 3, article 1; châtellenie de Lille, titre 3, article 7.*

« Peuvent les quintians tenir leurs parts esclichées du seigneur dont tel fief quintié est tenu » mouvant, ou du même fief duquel ledit *quint* » seroit esclisché ». *Tournai, chapitre 11, article 9.*

« Les enfans puînés pourront partager & diviser » également ledit cinquième en autant de por» tions qu'ils sont d'enfans; & chacun restera pro» priétaire de sa portion & homme de fief rele» vant de la cour dont le fief du frère est tenu, » ou du fief du frère aîné, à son option ». *Châtellenie de Cassel, article 68.*

« Lesdits enfans pourront démembrer & par» tager le susdit cinquième également entre eux, » en autant de parts qu'ils sont d'enfans; & cha» cun demeurera propriétaire de sa portion &

» homme de fief du susdit héritier féodal, *si tant » est qu'il ait le pouvoir d'arrière-fief*; sinon de la » cour dont le fief dudit héritier féodal est tenu ». *Châtellenie de Bailleul*, *rubrique 7*, *article 6*.

Le passage de Bouteiller que nous avons cité, prouve que le *quint* démembré étoit, du temps de cet auteur, considéré comme *tenu aussi hautement que le propre fief*. Cette jurisprudence subsiste encore dans la coutume de la châtellenie de Lille, suivant laquelle, *titre 3*, *article 6*, « l'héritier d'un » *quint* de fief éclissé a telle justice que l'héritier » du principal fief ».

C'est d'après cet ancien droit que l'article 79 de la coutume d'Amiens déclare qu'il « se fait semblable » service pour ledit *quint* & chacune portion » d'icelui, que devoit le total dudit fief ». Dufresne conclut de ce texte, que « les puînés devenant » vassaux du seigneur supérieur, auront » pareille seigneurie & justice, c'est-à-dire, haute, » moyenne & basse en leurs portions que les seigneurs » supérieurs dont elles sont tenues & mouvantes » se trouveront avoir, & leurs petits fiefs » réputés nobles & tenus en plein hommage, » d'autant que l'article 25 le présuppose & induit » nécessairement, & par conséquent auront droit » d'établir officiers, faire édifier colombier, à » pied, *&c*. ».

La coutume d'Artois porte également, *article 101*, que « le *quint* ou portion de *quint* se droiture » à pareil relief & droiture que le fief principal, » & est chacune portion tenue à pareille prérogative, » comme le principal ».

Maillart en rend cette raison: « puisque la partie » démembrée est chargée des même droits & devoirs » que le total du fief, il est bien juste qu'elle » ait les mêmes prérogatives ».

Ainsi il faut sous-entendre la même disposition dans les coutumes qui soumettent le *quint* au même relief & aux mêmes devoirs de vassal que le gros du fief. Ces coutumes sont celles de la gouvernance de Douai, *chap. 2*, *art. 5*; de Boulonnois, *art. 62*, *&c*.

XII. Lorsque l'un des puînés renonce à sa portion dans le *quint*, ou meurt, soit après l'avoir appréhendée, soit sans appréhension préalable, accroît-elle aux autres puînés, ou se réunit-elle au gros du fief? Cette question est très-compliquée; on peut cependant en général distinguer les coutumes où le *quint* est viager, de celles où il est héréditaire.

Dans les premières, il y a toujours lieu au droit d'accroissement, lorsque le puîné renonce ou décède avant d'avoir appréhendé sa portion. C'est ce qu'établit Duchesne sur la coutume de Ponthieu, *article 1*. « Un puîné, dit-il, est en droit » d'appréhender le *quint* viager en entier, lorsque » les autres n'appréhendent point leur part, parce » qu'ils y sont tous appellés *in solidum*, & que » *solo consensu fiunt partes* ».

Le même auteur ajoute: « s'il arrive qu'un cadet » succède à son frère aîné avant que d'avoir demandé » sa part du *quint* viager, il ne laisse pas » de la conserver & confondre en sa personne, » par la raison que ce sont deux droits différens, » qui se prennent en deux successions différentes (1).

» Si au contraire, dit l'annotateur de cet interprète, » un puîné décède sans avoir appréhendé » sa part de *quint* viager, cette part n'accroît point » à l'aîné, mais elle retourne aux autres puînés, » *jure non decrescendi* ».

Cette doctrine est conforme à l'article 37 de la coutume de Saint-Quentin. « Si aucun ou aucuns » desdits héritiers puînés se sont fait maintenir & » garder audit *quint* desdits fiefs, & non les autres; » celui ou ceux qui auront ce fait, jouiront » seuls dudit *quint*, & non les autres: mais quand » ils s'y feront maintenir & garder, ils en jouiront » comme leurs cohéritiers; & partiront ledit » *quint* également ».

Mais l'accroissement a-t-il lieu lorsque l'un des puînés décède après avoir appréhendé sa part? L'affirmative paroît incontestable, d'après le principe, qu'en matière d'usufruit l'acceptation n'est point censée faire part, & que le survivant de plusieurs co-usufruitiers appellés par une même disposition, doit jouir par accroissement des portions de ses prédécesseurs. C'est aussi ce que décident expressément les coutumes de Saint-Quentin & de Ribemont. « A mesure qu'ils (les puînés) » décèdent accroît ledit *quint* au survivant jusqu'au » dernier ». Ce sont les termes de la première, *article 37*. La seconde dit, *article 74*: « aussi » ne retourne à l'aîné & ne lui accroît le *quint* » viager, lequel, par le décès d'aucuns puînés, » accroît aux autres puînés & successivement; » mais la propriété retourne audit aîné après la » mort desdits puînés, le dernier vivant tenant le » tout ».

La coutume de Ponthieu en dispose tout autrement; mais il est évident qu'elle doit être renfer-

(1) Nous ne transcrivons ici cette proposition que pour établir en général, que le droit d'accroissement est admis en Ponthieu; car elle paroît fausse, & elle est combattue par l'annotateur de Duchesne. « Il doit demeurer pour » certain (ce sont ses termes), que dans cette hypothèse » le puîné devenu aîné avant que d'avoir obtenu le décret » à sa part de *quint*, la perd, & qu'elle retourne à ses » frères puînés, *jure non decrescendi*. Les deux successions » se trouvent, en quelque sorte, identifiées en la personne » de ce puîné devenu aîné. La plénitude de l'hérédité » a toujours résidé entre les mains de l'aîné, tant » qu'on n'a point demandé de décret. La loi n'a saisi » que lui seul. Au décès de l'aîné, celui qui lui succède » recueille donc l'hérédité entière du père, & c'est à lui » que les autres puînés doivent s'adresser pour avoir » délivrance. Il doit être, quant à ses frères puînés, » dans la même position que s'il fût décédé sans avoir » formé sa demande en décret, puisqu'il est vrai qu'il » ne peut point la former sur lui-même, par une suite » de la maxime, *nemo potest esse sibi debitor & creditor* ». *Voyez* ci-après, *n. XIII*.

mée dans son territoire ; voici ce qu'elle porte, *article 1* : « si aucun ou aucuns desdits enfans puînés va de vie à trépas après l'appréhension par » lui faire dudit *quint*, sa part & portion retourne » à l'héritier, & non en rien aux autres enfans ». Ainsi il faut, dans cette coutume, bien distinguer le cas où le puîné est mort avant l'appréhension de sa part, de celui où il est décédé après. Cette distinction est fondée, comme le remarque Duchesne, sur l'article 1, dont on vient de lire les termes, & sur l'article 60, portant que l'on n'a rien au *quint* viager sans l'avoir appréhendé. « Il » semble en effet, dit cet auteur, qu'un puîné » venant à mourir sans appréhension, on doive le » regarder comme n'y ayant jamais eu de part ; » ce qui fait qu'il ne peut s'en faire aucun retour » au profit de l'aîné ».

On a prétendu que la minorité d'un puîné décédé en bas âge devoit suppléer au défaut d'appréhension, & qu'en conséquence sa part devoit accroître à l'aîné, comme si elle eût été appréhendée : mais ce systême a été proscrit par une sentence de la sénéchaussée d'Abbeville du 3 novembre 1639, rapportée par le commentateur que nous venons de citer.

A l'égard des coutumes où le *quint* est héréditaire, il y en a qui rejettent le droit d'accroissement, d'autres qui l'admettent, & quelques-unes qui n'en parlent nullement.

Celles qui le rejettent sont la châtellenie de Lille, la gouvernance de Douai, Tournai, & Artois. Voici comme elles sont conçues :

« Quand celui à qui ledit *quint* ou portion d'i» celui est échu, finit ses jours sans l'avoir judiciai» rement appréhendé, ou lui avoir été consenti par » l'héritier, icelui droit est éteint & consolidé dès » l'instant dudit trépas au gros du fief, au profit » de l'héritier d'icelui ». *Châtellenie de Lille*, *titre 3*, *article 5*.

« Que si lesdits puînés ou aucun d'eux termi» nent de vie par trépas sans avoir appréhendé, » relevé & droituré leur part du droit de *quint*, » leurs parts ou part échéent au profit de l'aîné & » se réunissent aux quatre parts & gros des fiefs, » sans que en après leurs enfans ou héritiers y » puissent plus avoir, & n'y ont aucun droit ». *Gouvernance de Douai*, *chapitre 2*, *article 6*.

« Si aucuns des mainés décèdent ou entrent en » religion professe sans avoir demandé leur part » & portion dudit *quint*, il se éteint au profit de » l'aîné ». *Tournai*, *chap. 11*, *art. 10*.

« Si aucuns des puînés délaissent à appréhender » leur part & portion de *quint*, telle part non » appréhendée demeure au gros du fief ». *Artois*, *art. 103*.

Dumoulin a laissé sur ce dernier texte une note conçue en ces termes : *scilicet quandò* POST ACCEPTATIONEM *non utuntur vel sine liberis moriuntur, quia tunc fecerunt partem ; secùs si repudiarunt vel inhabiles fuerint, quia tunc partem non faciunt ; reliquis secundo genitis, quibus, ut satis habilibus & acceptantibus, totum* quintum *jure non decrescendi remanet*.

On voit que Dumoulin distingue le cas où le puîné n'appréhende pas son droit de *quint* après l'avoir accepté, de celui où il le répudie expressément, & que dans le premier il donne lieu au droit d'accroissement, contre la lettre de la coutume. Mais cette distinction est dénuée de tout fondement : combattue par le texte littéral de l'article 103, *délaissent à appréhender*, elle ne pourroit être défendue que par des inductions tirées de l'esprit de la même loi, ou par un usage ancien, constant & uniforme ; or l'esprit de la coutume ne présente rien qui puisse la favoriser, & l'usage nous paroît la contrarier absolument.

Les coutumes qui admettent en termes exprès le droit d'accroissement au profit des puînés, sont celles d'Amiens & de Péronne ; & ce qu'il y a de remarquable, elles ne l'admettent pas seulement pour le cas où l'un des puînés vient à mourir sans avoir appréhendé sa part, mais encore lorsqu'il en a fait une appréhension réelle & en bonne forme avant son décès. Voici les termes de ces loix : « la » part des puînés qui s'abstiennent d'appréhender » ledit *quint*, ou l'ayant appréhendé, décèdent sans » enfans ou sans en avoir autrement disposé, » accroît aux autres puînés qui la veulent appré» hender, & non à l'aîné : mais si tous étoient dé» cédés sans enfans & sans en avoir disposé, les» dites portions retournent & sont réunies au fief » dont elles sont parties, pour être un seul fief, » & non plusieurs ». *Amiens*, *art. 81*.

« Ledit *quint* héréditai baillé aux puînés accroît » entre iceux puînés, frères & sœurs, s'il n'y a » enfans du décédé, comme aussi fait le viager, » lequel, avec ledit *quint* héréditai, ne revient à » l'aîné que les puînés ne soient décédés ». *Péronne*, *art. 175*.

Les coutumes muettes sur le droit d'accroissement par rapport au *quint* héréditaire, sont Boulonnois, Chauny, Tournai, Cassel & Bailleul.

Il paroît sans difficulté que l'accroissement doit être reçu en faveur des puînés, dans le cas où la mort de l'un n'a point été précédée de sa part d'une acceptation ou appréhension de son droit de *quint*. En effet, il est de principe que l'accroissement doit se faire au profit des héritiers appellés collectivement *eodem jure*, & que ce n'est qu'à défaut de ceux-ci qu'il peut opérer en faveur de ceux qui succèdent *diverso jure*. Or, les puînés sont appellés en nom collectif, *& eodem jure*, au *quint* des fiefs de leurs père & mère ; l'aîné, au contraire, ne trouve dans la loi de vocation qu'aux quatre *quints* ; ainsi l'on peut dire, lorsqu'il prend le cinquième *quint*, qu'il le fait par un droit tout différent de celui qu'ont ses frères & sœurs, *diverso jure*. L'accroissement doit donc opérer en leur faveur plutôt qu'en la sienne, lorsqu'il peut y avoir lieu à ce droit ; ce qui arrive toujours dans les dispositions conjonctives, quand l'un des appellés

appellés meurt sans avoir accepté sa portion, & par conséquent sans avoir consommé son droit, ou, en d'autres termes, sans avoir fait part.

Il en est tout autrement lorsque le puîné, dont il s'agit de déférer la portion, l'a acceptée ou appréhendée avant de mourir, parce qu'alors il a fait part, & que, suivant les maximes généralement adoptées en cette matière, il ne peut y avoir lieu dans cette espèce au droit d'accroissement en faveur des coappellés; ce qui amène nécessairement la conséquence, que l'aîné doit prendre la portion de son frère à titre d'héritier collatéral, titre qui, dans les coutumes dont nous parlons, lui assure tout ce qui se trouve de féodal dans l'hérédité.

XIII. Les dispositions des coutumes d'Amiens & de Péronne donnent encore lieu à plusieurs questions importantes. La première est de savoir si le puîné qui succède à son frère aîné, & par-là devient lui-même aîné, doit abandonner la portion qu'il avoit prise avec ses autres puînés dans le *quint* des fiefs, & si en conséquence cette portion doit accroître à ceux-ci. L'article 176 de la coutume de Péronne le décide pour l'affirmative: « Et si ledit aîné décède sans hoirs de sa chair, » l'aîné d'après lui succède auxdits fiefs entièrement; & en ce cas la portion qu'il avoit audit » *quint* héréditat ou viager, avec lesdits puînés, » ou en la récompense qu'il a eue en icelui, accroît aux autres puînés par égale portion ».

Il s'est tenu au bailliage d'Amiens, le 20 novembre 1625, une enquête par turbes sur la question de savoir si cette disposition devoit y être étendue; « mais, dit Dufresne, elle n'a rien préjugé pour la diversité d'avis des turbiers, & il » ne s'en est ensuivi d'arrêt ».

Les partisans de la négative, ajoute cet auteur, se fondent sur deux raisons: « 1°. sur ce que ce » sont deux divers droits & de différentes successions qui ne sont incompatibles; 2°. que l'accroissement des portions de *quint* aux autres » puînés n'est introduit qu'en deux cas; savoir, » lorsqu'aucuns des puînés s'abstiennent d'appréhender ledit *quint*, ou, l'ayant appréhendé, décèdent sans enfans & sans en avoir disposé, » & non point lorsque l'un des puînés devient » aîné ».

» Néanmoins (c'est toujours Dufresne qui » parle) il faut tenir l'affirmative; car l'article 81 » bien entendu, contient implicitement la même » disposition que l'article 176 de la coutume de » Péronne, d'autant que, par une conjonction légale *re & verbis*, il introduit un accroissement » perpétuel aux puînés entre eux de leurs portions » de *quint*, *sans*, porte l'article, *que lesdites portions puissent retourner à l'aîné, sinon après tous les puînés décédés sans enfans & sans en avoir disposé, pour alors icelles être réunies au fief dont elles sont parties, pour être un seul fief & non plusieurs.* » Et cela se confirme par trois raisons fort considérables.

» La première, que l'accroissement introduit » par cet article est une fiction que la coutume fait » que les puînés succèdent l'un à l'autre ès portions de *quint*, comme en ligne directe & non » en collatérale, parce qu'elle conjoint les deux » cas exprimés en l'article, savoir, les puînés qui » s'abstiennent d'appréhender, & l'autre des puînés qui, ayant appréhendé, décèdent sans enfans. C'est pourquoi, par la même fiction, lorsque l'aîné vient à décéder, & que le plus âgé » des puînés entre en son lieu, on doit présumer » en ce qui regarde le fief & la portion de *quint* » qu'a ce puîné de son chef, que c'est encore un » effet de la succession directe, & partant qu'il la » doit quitter à ses autres puînés.

» La seconde raison est qu'arrivant le décès d'aucuns des autres puînés, leurs parts & portions » de *quint* ne pourroient plus accroître au puîné » devenu aîné, mais seulement aux autres puînés » survivans, attendu que le premier en seroit incapable à cause du droit d'aînesse résidant en sa » personne. Et de fait, j'ai appris qu'il a été ainsi » jugé au bailliage d'Amiens... par sentence du 10 » juillet 1624. Ainsi il arriveroit que les portions » de *quint* desdits puînés décédés accroîtroient non » au total du *quint*, mais seulement aux portions » des puînés devenus survivans; & non point à » la portion possédée par ledit puîné devenu aîné; » ce qui seroit un accroissement pour partie, » contre la teneur de l'article 81, & contre l'individuité du droit de *quint*, introduite par icelui » tant qu'il y a des puînés.

» La troisième raison est que, comme le puîné » devenu aîné ne succéderoit point aux portions » de *quint* des puînés qui viendroient à décéder » en laissant encore d'autres, il s'ensuivroit par » pareille raison, que ce puîné devenu aîné venant » à décéder, sa portion de *quint* ne devroit accroître à ses autres puînés, par la maxime *quod quisque juris in alterum statuerit, ipse eodem utatur*, » & que *eadem est ratio activi quæ passivi & contrà.* » Tellement que ladite portion de *quint* écherroit « avec les quatre *quints* au puîné suivant, qui deviendroit aîné. Et ainsi l'accroissement introduit » & tant recommandé par cet article 81, seroit » encore violé & renversé, au détriment des autres puînés, auxquels la coutume a voulu pourvoir par cette voie, pour modérer en quelque » sorte les droits de l'aîné ».

XIV. Ce qu'un père assigne à ses enfans puînés pour leur tenir lieu de *quint*, est-il sujet au droit d'accroissement comme le *quint* même? L'article 83 de la coutume d'Amiens adopte l'affirmative dans le cas où l'assignat consiste dans une rente héritière: « quand père ou mère donnent à aucuns de » leurs enfans puînés rente héréditale pour leur » portion de *quint*, encore qu'elle ne soit réalisée & » hypothéquée, elle est réputée héritage, & de telle » nature & condition qu'eût été le *quint* des fiefs

» de père & mère qui fût avenu audit puîné par » leur décès ».

Dufresne demande si l'on peut appliquer à une somme de deniers ce que décide cet article par rapport à une rente, & si en conséquence les puînés doivent succéder par droit d'accroissement aux deniers que leur sœur a reçus en mariage, au lieu de sa portion de *quint*. « Il faut tenir l'affirmative, » dit-il, pour plus grande équité, d'autant que » comme la fille puînée avantagée en deniers ne » laisse de succéder à ses frères puînés en leurs » portions de *quint* (comme on l'établira ci-après), » aussi est-il juste & raisonnable que sesdits frères » lui succèdent réciproquement aux deniers de » récompense qui lui ont été donnés au lieu de » sa portion de *quint*; *ut sit eadem ratio passivi quæ activi*, puisqu'en cela il n'y a rien du fait des puînés, & que c'est une différente façon que les » père & mère peuvent choisir pour avantager » une puînée, & en sa personne, en cas de décès » sans enfans, les autres puînés par forme d'accroissement de portion de *quint*, à l'exclusion » de leur aîné, toujours assez avantagé par la coutume ».

L'article 176 de la coutume de Péronne décide la même chose que le 83 de celle d'Amiens, mais d'une manière plus générale; il assujettit à l'accroissement *la récompense* que le puîné *a eue en icelui*, c'est-à-dire, dans le *quint*, &, comme l'on voit, il ne distingue pas si la récompense a été fournie en rentes, ou en deniers, ou en héritages. « Il y » en a pourtant, dit la Villette, qui tiennent que » la récompense s'étant faite en argent, il n'y a » lieu à l'accroissement, à cause que les meubles » n'ont pas de suite : mais l'arrêt du petit Hangest (rendu en forme de réglement le 22 juin » 1630) semble au contraire, aussi bien que l'*article 176* ».

Quelques plaideurs aveugles ont voulu méconnoître, même dans les immeubles assignés en récompense de *quint*, la subrogation que les deux coutumes dont nous venons de parler établissent par rapport au droit d'accroissement. Mais leur prétention a été rejettée, dit Brodeau, « par arrêt » provisionnel du jeudi 14 mars 1630... touchant » la terre & seigneurie de Querieu, donnée à tous » les puînés pour leur *quint* héréditai par leur » mère, & depuis par l'arrêt définitif donné en la » grand'chambre, au rapport de M. Camus, le » 12 juillet 1631 (sur un appel du bailliage d'Amiens). Le même jugé en la coutume de Péronne sur l'interprétation de l'*article 175*, encore que le père, par les contrats faits avec ses » puînés, leur eût baillé à chacun, au lieu de leur » *quint*, un fief entier à part & divis, de sorte » qu'ils n'avoient rien possédé en commun & par » indivis, par arrêt du mardi matin 4 janvier 1633... » conformément aux conclusions de M. l'avocat-général Talon ».

XV. Les puînés peuvent-ils, après la mort de leur frère, prendre par droit d'accroissement la portion de *quint* dont il n'a point disposé, sans se rendre héritiers de sa personne? Ricard « estime » que, pour résoudre cette question, il faut distinguer, & dire, que si quelques-uns des puînés » renoncent, leurs parts appartiennent aux autres » puînés par droit d'accroissement ou de non décroissement; ce qui n'importe sans qu'ils soient » obligés de se porter héritiers de ceux qui renoncent, attendu que par le moyen de leur renonciation ils sont réputés n'avoir jamais rien eu au » *quint* dont il s'agit. Mais si tous les puînés acceptent, & qu'ensuite quelques-uns d'entre eux » viennent à décéder sans enfans & sans avoir » disposé des portions qu'ils avoient au *quint*, je » ne fais pas de difficulté que les survivans ne » peuvent rien y prétendre qu'en se portant héritiers des puînés prédécédés, & qu'il faut dire » que les portions accroissent en ce cas par droit » de succession *ab intestat*, d'autant que l'accroissement en matière de propriété n'a jamais lieu » seul & sans le bénéfice de la succession, que » quand quelques-uns de ceux qui étoient appellés conjointement à la chose, n'y ont jamais » pris aucune part; & ce droit cesse dès le moment que la chose a appartenu à plusieurs. Aussi » l'article 81 de la coutume d'Amiens suppose-t-il » assez que les survivans ne trouvent ces portions » que dans les successions des prédécédés, en ce » qu'il ne les leur donne qu'en cas que les prédécédés n'en aient pas disposé. Et d'ailleurs il s'en-suivroit autrement, si ces portions appartenoient » aux survivans par droit d'accroissement ou de » non décroissement, que les prédécédés n'auroient été que simples usufruitiers; ce qui est » contraire à l'intention de la coutume ».

Il y a de la subtilité dans ces raisons, mais elles nous paroissent peu solides. La coutume d'Amiens déclare expressément que la portion des puînés prédécédés, lors même qu'ils en ont joui, *accroît* aux puînés survivans; c'est donc par droit d'*accroissement*, & non à titre d'hérédité, qu'elle la défère à ceux-ci. On ne peut s'écarter du texte littéral d'une loi, que lorsqu'il est combattu par l'esprit même de cette loi; & certainement il n'y a rien dans la coutume dont il s'agit, qui tende à obliger les puînés survivans de se porter héritiers de leurs frères, en recueillant leur portion de *quint*. On sait bien que, dans l'exactitude des principes, le droit d'accroissement doit cesser dès que la chose est entrée dans le patrimoine de chacun des coappellés; mais la coutume d'Amiens a pu déroger à ces principes en faveur des puînés; & la preuve qu'elle l'a fait, résulte des termes dont elle s'est servie : si elle eût voulu d'ailleurs qu'il fût question du titre d'héritier à l'égard des portions de *quint* que la mort de quelques-uns des puînés laisseroit vacantes, elle ne les eût point données aux puînés survivans, mais à l'aîné qu'elle a déclaré unique héritier féodal en ligne collatérale. Enfin, la coutume de Péronne qui, en cette matière, doit, au besoin, interpréter celle d'Amiens, ne permet pas de douter qu'elle ne rejette l'opinion de Ricard, puisque, comme on l'a vu plus haut, elle fait accroître aux puînés la portion qu'avoit dans le *quint* un autre puîné devenu aîné par la mort du plus âgé des frères; accroissement qui ne peut, sans contredit, se faire à titre d'hérédité, puisque l'on ne peut être héritier d'un homme vivant, *viventis non est hæreditas.*

XVI. Le droit d'accroissement se défère-t-il par représentation, & le fils d'un puîné prédécédé peut-il, en l'exerçant lors du décès de son oncle aussi puîné, empêcher la réunion de la portion de *quint* qui se trouve vacante, aux quatre *quints* du fief dont elle a été démembrée? Cette question a été jugée pour l'affirmative par l'arrêt du 25 mai 1700, que nous avons déjà cité. Voici quels étoient les moyens du marquis de Mailloc.

« Il n'y a nulle difficulté dans la coutume d'Amiens, parce qu'elle décide, dans l'article 81, » que le *quint* ne revient à l'aîné qu'après le décès » de tous les puînés sans enfans, en ces termes: » *mais si tous les puînés étoient décédés sans enfans,* » *les portions de quint retournent & sont réunies au* » *fief dont elles sont parties, pour être un seul fief* » *& non plusieurs.* D'où il suit, que dans cette » coutume, le droit d'accroissement appartient aux » enfans & descendans des puînés à l'infini, à » l'exclusion de l'aîné même, hors le cas de re- » présentation.

» Ainsi la question se réduit naturellement au » *quint* des terres sises en la coutume de Péronne, » échu au demandeur par accroissement après le » décès de la dame sa mère. Ce qui fait le doute » dans cette coutume, est que, dans l'article 175, » elle ne parle que des puînés frères & sœurs, » en ces termes: *le quint héréditał baillé aux puînés* » *accroît entre iceux puînés frères & sœurs, s'il n'y* » *a enfans du décédé; comme aussi fait le viager,* » *lequel, avec ledit héréditał, ne revient à l'aîné que* » *les puînés ne soient décédés.* Il est aisé de montrer » que les enfans des puînés sont aussi appellés par » cet article à l'accroissement de *quint* à l'exclu- » sion de l'aîné. Deux moyens l'établissent indu- » bitablement.

» 1°. L'article 81 de la coutume d'Amiens doit » servir à interpréter l'article 175 de celle de » Péronne. Ce sont deux coutumes voisines, con- » çues dans le même esprit, rédigées par les » mêmes commissaires à quatre jours l'une de » l'autre, avec cette différence que la coutume » de Péronne a été rédigée la première; ainsi, » celle d'Amiens s'étant expliquée plus nettement, » il est à présumer que les commissaires l'ont fait » pour ôter l'obscurité qui pouvoit naître de l'ar- » ticle 175 de la coutume de Péronne....

» 2°. L'article 195 de la coutume de Péronne » admet la représentation en ligne collatérale jus- » ques aux enfans des frères & sœurs inclusive- » ment.... Ainsi l'article 175, qui défère l'ac- » croissement de *quint*, à l'exclusion de l'aîné, » aux puînés frères & sœurs, est censé, sous ces » termes, le donner aussi aux enfans des puînés » venans par représentation. — Ce n'est point » étendre ce droit d'accroissement, c'est donner » à la coutume une interprétation qui déclare seu- » lement sa décision, *interpretatio comprehensiva,* » *non extensiva;* c'est expliquer la coutume par la » coutume même, l'article 175 par le 195; c'est » se conformer à son esprit, c'est suivre son in- » tention. — Si l'on refusoit aux enfans des puînés » venans par représentation, ce droit d'accroisse- » ment, ce seroit faire violence à ces deux articles, » renfermer le droit de représentation & le droit » d'accroissement dans des bornes plus étroites que » celles qui lui sont prescrites; ce seroit ôter l'équité » de la loi: elle n'a introduit l'accroissement de » *quint* que comme un tempérament pour adoucir, » en faveur des cadets, la rigueur de la coutume: » c'est un droit très-favorable; bien loin de le » restreindre, il doit être étendu aux coutumes » qui n'en parlent point, lorsqu'elles contiennent » la raison qui l'a fait introduire. — En effet, il » est si vrai que le droit d'accroissement du *quint* » appartient aux enfans des puînés venans par » représentation, que dans le cas d'un puîné qui » décède sans enfans & qui laisse une sœur survi- » vante, & les enfans d'un autre puîné prédécédé, » il est certain que les enfans de ce puîné par- » tagent par représentation avec leur tante, à » l'exclusion de l'aîné, l'accroissement de *quint* échu » par le décès du puîné mort sans enfans: ainsi » l'article 175 de la coutume de Péronne doit être » indubitablement expliqué par le 195, qui admet » la représentation ».

La renonciation d'une fille dotée, faite par contrat de mariage, à la succession de son père, l'exclut-elle de l'accroissement du *quint?* Cette question a été jugée en faveur de la fille par un arrêt du 25 mai 1700. La mère du marquis de Mailloc avoit renoncé, par son contrat de mariage, à la succession de Jean-Baptiste de Créquy son père; il s'agissoit de savoir si son fils pouvoit, nonobstant cette renonciation, profiter de l'accroissement du *quint* qu'avoient laissé le baron de Combon & les demoiselles Françoise & Marguerite de Créquy, frère & sœurs de la dame de Mailloc. Il soutenoit l'affirmative, sur le principe qu'une renonciation faite par une fille dotée à la succession directe de son père, ne l'exclut pas des successions collatérales de ses frères & sœurs, auxquelles elle n'a point renoncé expressément; & l'arrêt cité a jugé en sa faveur.

QUINTABLES. *Voyez* QUINTAINS.

QUINTAGE, (*Droit feodal.*) Bouteiller emploie ce mot au lieu de celui de *quintement*, en parlant de la succession des fiefs. Voyez *la somme rural, liv. 1, tit. 76, p. 446 & 447 de l'édition* in-4°. *de 1621*, & QUINTEMENT. (*G. D. C.*)

QUINTAINE, (*Droit féodal.*) est un exercice du corps ou jeu que certaines personnes sont obligées de faire pour le divertissement du seigneur.

Balzamon prétend que ce jeu a été ainsi appellé parce qu'un nommé *Quintus* en fut l'inventeur, ce qui paroît appuyer sur la loi 1, au *code de aleatoribus.*

Pancirole 1, *var. cap. iv*, prétend qu'il a été ainsi nommé *à quintanâ viâ quæ castris romanis in quintanam portam exibat.*

Ducange, en sa dissertation sur Joinville, tient que ce terme vient de ce que ce devoir s'acquittoit dans les banlieues appellées *quintes* ou *quintaines*, parce qu'elles s'étendoient à 5000 pas hors de la ville.

On plaçoit ordinairement vers l'extrêmité de la banlieue un pal ou poteau que l'on appelloit *le pal de la quintaine*, & ce pal servoit pour le jeu ou exercice dont il s'agit, qui a aussi été appellé la *quintaine*, du nom de la banlieue où il se faisoit, & du pal de la banlieue qui y servoit.

En la coutume locale de Mezières en Touraine, les meûniers demeurant en la baronnie & châtellenie de Mezières, sont tenus une fois l'an, frapper par trois coups le pal de la *quintaine* en la plus proche rivière du châtel du seigneur, baron ou châtelain, ou autre lieu accoutumé, & s'ils *se feignent* rompre leurs perches, ou défaillent au jour, lieu & heures accoutumés, il y a 60 sous d'amende au seigneur.

De même à Mehun-sur-Eure en Berry, les hommes mariés dans l'année, sont tenus, le jour de la Pentecôte, tirer la *quintaine* au-dessous du château, & trois fois frapper de leurs perches un pan de bois, qui est piqué & planté au milieu du cours de l'eau.

En la châtellenie de Mareuil, ressort d'Issoudun en Berry, les nouveaux mariés tirent aussi la *quintaine* sur la rivière d'Amon.

Il y a de pareils exercices en Vendomois, Bourbonnois & ailleurs.

Il est fait mention de ce droit de *quintaine*, au *liv. 2, du Recueil des arrêts de Bretagne.*

En quelques lieux, à chaque mutation de seigneur ou de vassal, le vassal doit courir la *quintaine* de service féodal. *Voyez le Glossaire* de Laurière, au mot *Quintaine, & ci-après* QUINTE. (*A*)

Un arrêt du 19 septembre 1572, a déclaré les libraires, parcheminiers & bedeaux de l'université de Nantes, exempts de fouage, subside, emprunts, droits de *quintaine.*

Je ne sais sur quel fondement Renauldon a dit » que, comme ce divertissement se prenoit autre» fois sous les fenêtres du château, les jeunes sei» gneurs laïques ou ecclésiastiques se mêloient » dans la foule & prenoient, sans façon, sur-tout » avec les jeunes filles & les jeunes mariées, des » libertés publiques, que la décence des mœurs » a proscrites dans la suite ».

M. d'Olive dit expressément que le droit de *quintaine* est insolite; mais qu'il n'est pas contre les bonnes mœurs, *quest. notables, liv. 2, chap. 1, notes 22.*

Ces divertissemens amusoient le peuple en exerçant son adresse. Ils pouvoient l'attacher au lieu de sa demeure. Peut-être méritoient-ils quelque faveur par cette raison-là. Il est certain du moins qu'on accouroit en foule à ces exercices. On en faisoit en France, en Italie, en Angleterre aux grandes fêtes. Des seigneurs se firent payer un droit sur le vin qu'on vendoit à cette occasion, & c'est probablement à cela que fait allusion un acte d'hommage de l'an 1328. « *Item*, y est-il dit, » chacun an sur les *quintaines* de la S. Jean, un » sestier de vin ».

Dom Carpentier, qui rapporte cet extrait au mot *Quintaine*, soupçonne seulement que c'étoit un droit qu'on payoit pour vendre du vin pendant un certain temps.

Ragueau dit aussi qu'on appelloit les *quintaines* « le ban de non vendre vin en détail & à broche » à Châlons, par certains jours par les particuliers, » mais par le roi, évêque, ou chapitre seulement, » comme durant *quinze jours* ». Mais alors on auroit dit *quinzaine* & non pas *quintaine*.

On peut au surplus consulter sur l'origine & les diverses acceptions de ce mot & de son correlatif latin *quintana*, le *Dictionnaire Etymologique* de Menage, le nouveau de Ducange, & *l'art.* QUINTE. (*M.* GARRAN DE COULON.)

QUINTAINS, (*Droit féodal.*) ce mot est indiqué dans le *Glossaire du droit françois*, comme se trouvant dans l'article 8 du titre des fiefs de la coutume de Tournai, en parlant du droit de quintement. Mais c'est là sans doute une faute d'imprimerie. L'article cité ne parle pas même du quintement des fiefs. Ce sont les articles suivans, qui disent *quintié*, pour *quinte*, *quintiable*, pour *quintable*, ou sujet au quintement; & *quintians*, mais non pas *quintains*, pour quintans, c'est-à-dire, pour désigner les puînés qui quintent. *Voyez* QUINTEMENT. (*G. D. C.*)

QUINTANS. *Voyez* QUINTAINS.

QUINTE, *en terme de pratique*, signifie *cinquième.* On appelle *quinte*, une cinquième & surabondante criée, que l'on ordonne quelquefois, outre les quatre criées ordinaires, pour suppléer à ce qui pourroit manquer à quelqu'une de ces criées. *Voyez* CRIÉES, SAISIE-RÉELLE.

QUINTE, (*Droit féodal.*) il est bien certain qu'on a ainsi nommé dans le Poitou, l'Angoumois, l'Anjou & le Maine la banlieue d'une ville. On peut en voir des preuves pour l'Angoumois dans Ducange au mot *Quinta*, & pour le Poitou dans plusieurs passages du savant Besly, que Laurière a recueillis dans son *Glossaire.*

Les *quintes* d'Angers & du Mans, dont il est aussi parlé dans Ducange & Laurière, sont assez connues. Les premières sont même rappellées dans l'article 35 de la coutume d'Anjou, & l'on trouve dans Chopin des lettres d'amortissement de la Garenne de la *quinte* d'Angers; mais les auteurs ne sont pas d'accord sur l'origine de cette dénomination.

Laurière dit que les Poitevins & les Angevins donnoient aux banlieues de leurs villes, l'espace de cinq mille pas, d'où ils les appelloient *quintes*. Il rapporte en preuve une chartre de l'abbaye de Noaillé, où Guillaume, duc d'Aquitaine, accorde aux moines de saint Cyprien, l'église de saint Pierre, fondée *infrà quintum milliare ab urbe Pictaviâ*, *in ipsâ vicariâ* & plusieurs autres qui disent *in pago pictavo*, *in vicariâ*, *infrà quintam ipsius civitatis*.

Touraille, sur l'article 35 de la coutume d'Anjou, dérive le mot de *quinte* de celui de *quintaine*; « ce jeu, dit-il, a pris son origine d'un nommé » *Quintus*, qui premier l'inventa; il est fait mention de ce jeu en la loi première, au code *de aleator. & aleæ usu*, où il est coté entre les jeux » permis. L'étendue de la jurisdiction du juge de » la prévôté se nomme *quinte*, d'autant qu'il a » droit d'y faire tirer la *quintaine*, d'où l'on nomme » toute l'étendue de sa jurisdiction. Ce qui me fait » dire que ce droit est plutôt de jurisdiction que » de fief; car si c'étoit un droit féodal, le juge-» prévôt n'en connoîtroit ».

Mathieu Paris dit effectivement, sous l'année 1253 de son histoire, que les jeunes-gens de Londres ayant mis un paon pour prix, exercèrent leurs forces & l'agilité de leurs chevaux dans la course qu'on appelle *quintaine*, *ad stadium quod vulgariter quintana dicitur*.

Caseneuve donne la même étymologie au mot *quintaines*, d'après la loi 1, au code *de aleatoribus*. Mais Menage observe que c'est le traducteur latin, qui a ajouté cette étymologie au texte grec. Il remarque néanmoins que Balsamon sur le Nomocanon de Photius, *tit. 13*, fait effectivement ce *Quintus* inventeur du jeu de quintaine.

Quoi qu'il en soit, le même Ménage nous apprend qu'en Anjou, l'on a dit *quinte* pour banlieue, à cause des cinq châtellenies qui composent la jurisdiction du prévôt d'Angers, comme on appelle *septaine* le territoire du prévôt de Bourges à cause des sept villages qui composoient autrefois ce territoire, lequel nom lui est toujours demeuré, quoiqu'il comprenne aujourd'hui 28 villages; la tenue des assises d'Anjou, imprimée au-devant des coutumes de cette province, porte en effet, « la ville & *quinte* d'Angers, » le dernier samedi, lesquelles *quintes* sont cinq, » Brain, la Haye-Joulain, la Membrale, Saint-» George & la Ville ».

Chopin dit aussi dans une apostille sur l'article 35 de la coutume d'Anjou, que l'église d'Angers conserve des lettres données par saint Louis en 1229, qui exemptent des assises royaux de cette ville, les clercs qui résident dans la *quinte*.

Mais, quoique Ragueau paroisse aussi avoir adopté la même origine, elle peut souffrir bien de la difficulté. *Voyez* au surplus l'art. SEPTAINE. (*M. GARRAN DE COULON.*)

QUINTEMENT, (*Droit féodal.*) 1°. on appelle ainsi dans les coutumes d'Artois, de Flandres & dans quelques autres, le droit qu'ont les puînés de demander à leur aîné le quint des fiefs, & dans quelques pays, ceux des autres biens que l'aîné est obligé de leur laisser dans les successions de ligne directe, & même en quelques coutumes dans celles de ligne collatérale.

2°. On donne aussi le même nom à l'usage que fait un propriétaire de ces mêmes biens de la faculté que lui accorde la coutume d'en disposer pour un autre quint. Ces deux espèces de quint forment ce qu'on appelle *quint naturel* & *quint datif*. *Voyez ces mots.*

On dit, dans les mêmes sens, *quinter* ou *quintier*, pour prendre le quint naturel, ou disposer du quint datif. *Voyez aussi l'art.* QUINTAINS.

Ces *quintemens* produisent ce que les coutumes appellent *éclichement*, ou *éclissement de fief*. La portion ainsi éclichée est tenue aussi noblement que le surplus du fief. Elle a la même justice, elle est chargée du même relief, & il dépend de celui qui la prend de reconnoître pour seigneur, le propriétaire de ce surplus, ou le seigneur dominant de tout le fief.

C'est du moins là ce que Bouteiller enseignoit, il y a plus de trois siècles. Mais il n'y a plus guère que la coutume de la châtellenie de Lille où cet ancien droit subsiste encore, suivant les *art. 3 & 6 du tit. 3.*

Quelques autres coutumes néanmoins, telles que celle de la gouvernance de Douai, & la châtellenie de Cassel, accordent toujours aux puînés l'option de relever leur portion de leur aîné, ou du seigneur de tout le fief. Celle de Bailleul, *rubrique 7*, *art. 6*, dit que les puînés releveront de l'héritier féodal, *si tant est qu'il ait le pouvoir d'arrière-fief*. Celles d'Amiens & de Péronne chargent les puînés de relever de leur aîné pour la première fois & du seigneur à l'avenir. Celle de Chauny, les oblige à relever incontinent du seigneur de l'aîné. Il paroît que c'est ainsi qu'on le pratique dans les coutumes muettes, d'après la défaveur qu'éprouvent le parage & l'empirement des fiefs.

Le même Bouteiller ajoute, qu'un fief ne doit être quinté qu'une fois de mémoire d'hommes, ce qui doit s'entendre « selon l'opinion d'aucuns, de-» dans 60 ans une fois. Car si plus souvent pou-» voient estre quintiez, dedans brief temps, tous » les fiefs viendroient à si petites parchons (por-» tions) de quintage, qu'en la fin ne seroient riens » en valeur ». *Somme rurale*, *liv. 1*, *tit. 76*, *p. 446*, *de l'édition* in-4°. de 1621.

Encore aujourd'hui la coutume de Tournai, porte dans l'*art. 11* du *chap. 11. des fiefs* qu'aucun fief n'est plutôt quintiable que de 40 ans en 40 ans.

3°. Les coutumes d'Angoumois, de la Rochelle & de Saint-Jean-d'Angely, accordent au contraire à l'aîné le droit de *quintement*, ou le quint des fiefs pour son préciput. L'article 89 de la coutume d'Angoumois ne lui attribue nommément que le *quint du revenu de la succession.* Mais l'usage & l'esprit de la coutume paroissent d'accord pour lui assurer ce quint à titre de propriété, sur les biens nobles. Quant aux biens roturiers, l'aîné n'y a aucun avantage, malgré la généralité de cette expression, parce que le commencement de l'article annonce que ce privilège n'a lieu qu'entre nobles, & en noble succession, c'est-à-dire, dans celle des fiefs. *Voyez* aussi les articles suivans de la même coutume. (*M. GARRAN DE COULON.*)

QUINTER LES FIEFS. *Voyez* QUINTEMENT.

QUINTERE. *Voyez* QUARTÈRE.

QUINTIABLE. *Voyez* QUINTAINS.

QUINTIÉ. *Voyez* QUINTAINS.

QUINTOYEMENT. *Voyez* QUINTOÏER & TIERCOYEMENT.

QUINTOIER ou QUINTOYER, (*Droit féodal.*) Ce mot a été employé dans deux significations différentes. Dans l'une il est synonyme de *quinter*, c'est-à-dire, prendre le quint d'un domaine; dans l'autre, il veut dire prendre le quint en sus.

On trouve des exemples de l'une & de l'autre acception dans l'article *Quintum 4*, du *glossarium novum* de dom Carpentier.

Une chartre de l'an 1342 porte que, « la comtesse de Ponthieu.... a droit de douaire & le quint hérétablement...., en toutes ses terres dessus dites qui *quintoyer* se doivent ».

Une autre chartre de l'an 1336 dit également: « *item*, gros cens, appellez *les cens perier*, à Chasteau-Renart, receus le lendemain de la saint Remy, six solz huit deniers, quintoyez, valent huit sols quatre deniers. *Item*, gros cens receus à Chasteau-Renart, la veille de la saint Denis, pour cause de vaulardie, quarante & cinq solz qui se quintoient ». *Voyez* TIERCOYEMENT. (*G. D. C.*)

QUITTANCE, s. f. se dit *en droit* d'un acte par lequel le créancier tient son débiteur quitte de quelque chose qu'il lui devoit, soit en argent ou en grains, volailles ou autres prestations que le débiteur étoit obligé de faire.

Une *quittance* suppose ordinairement le paiement, cependant le créancier peut valablement donner *quittance* sans avoir reçu; il peut, sans exprimer aucune cause, déclarer qu'il tient son débiteur quitte de ce qu'il lui devoit; en quoi la *quittance* diffère de l'obligation, laquelle est nulle s'il n'y a une cause exprimée.

Le terme de *quittance* semble annoncer que le créancier tient son débiteur entiérement quitte; il y a cependant des *quittances* qui ne sont qu'à compte, & d'autres qui sont finales.

Une *quittance* peut être donnée sous seing privé, ou pardevant notaire. Celle qui est sous seing privé, libère aussi bien que celle qui est devant notaire, si ce n'est que la *quittance* devant notaire est authentique, & fait plus pleinement foi, surtout lorsque le paiement est fait à la vue des notaires & témoins.

Il y a même des cas où une *quittance* est valable & fait foi, sans qu'elle ait été passée devant notaire, & même sans être signée du créancier. Par exemple, si vous écrivez sur votre journal, les paiemens que votre débiteur vous a faits, il est certain que ce que vous aurez écrit sans y avoir ajouté votre signature, fera foi contre vous au profit de votre débiteur.

Comme la *quittance* reste entre les mains du débiteur, & que le créancier a quelquefois intérêt de justifier le paiement qui lui a été fait, soit pour empêcher une prescription ou pour quelque autre cause; en ce cas, si la *quittance* est sous seing privé, le créancier peut se faire donner une contre-quittance, c'est-à-dire, un écrit par lequel le débiteur reconnoît qu'il a payé; si la *quittance* est devant notaire, le créancier peut en faire délivrer une expédition; & s'il n'y en a pas de minutes, on la peut faire en brevet double.

Les *quittances* énoncent la somme payée, sans exprimer la cause de la dette; ou elles énoncent la cause de la dette, sans exprimer la somme payée; ou elles n'énoncent ni la somme payée, ni la cause de la dette; ou elles énoncent l'une & l'autre.

Si la *quittance* est, par exemple, ainsi conçue: *J'ai reçu de Pierre.... Fait à Paris ce....* & qu'elle n'énonce que la somme payée, sans exprimer la cause de la dette, le débiteur peut l'imputer sur la dette qu'il lui importe le plus d'acquitter.

Si la *quittance* n'énonce que la cause de la dette, sans exprimer la somme payée, elle fait foi du paiement de tout ce qui étoit dû auparavant pour la cause énoncée. C'est pourquoi une *quittance* qui seroit ainsi conçue: *j'ai reçu de Pierre.... ce qu'il me devoit pour le bled que je lui ai vendu*, feroit foi du paiement de la totalité de ce bled.

Quand la dette, dont la cause est énoncée dans la *quittance*, consiste en arrérages, loyers ou fermages, elle prouve le paiement de tout ce qui a couru jusqu'au dernier terme d'échéance antérieur à la date de la *quittance;* mais elle ne prouve pas le paiement de ce qui a couru postérieurement à ce terme jusqu'à cette date. Par exemple: si je vous ai loué un appartement dont vous devez me payer le loyer le premier avril de chaque année, la *quittance* ainsi conçue: *j'ai reçu de Pierre.... ce qu'il me doit pour loyers. Fait à Rouen ce 15 juillet 1780*, sera valable pour tous les loyers échus le premier avril 1780; mais elle ne s'étendra pas à ce qui a couru postérieurement.

Mais que faudroit-il décider si une telle *quittance* n'étoit pas datée? Comme en pareil cas le débiteur ne peut pas prouver que la *quittance* s'étend au-delà du premier terme échu, il ne peut l'employer que pour un terme. Si toutefois elle avoit été donnée par l'héritier du créancier, elle vaudroit pour tous les termes échus durant la vie du défunt.

Quand une quittance n'énonce ni la somme payée, ni la cause de la dette, & qu'elle est, par exemple, ainsi conçue : *j'ai reçu de Pierre..... ce qu'il me doit. Fait à Paris ce premier mai 1780;* elle s'étend à tout ce que pouvoit alors exiger du débiteur le créancier qui l'a donnée; mais elle ne s'applique pas aux dettes qui n'étoient pas exigibles au temps de la date de la *quittance*. Cette exception est fondée sur ce que les termes *ce qu'il me doit*, ne s'appliquent qu'à ce qui peut s'exiger, & dont le terme de paiement est échu. C'est pourquoi on dit vulgairement, *qui a terme ne doit rien*. D'ailleurs, on ne présume pas qu'un débiteur paie avant le terme.

Une telle *quittance* ne s'étend pas non plus aux capitaux des rentes dues par le débiteur : elle ne doit s'appliquer qu'aux arrérages échus antérieurement à la date de la *quittance*. Elle ne s'étend pas non plus aux dettes dont le créancier n'avoit probablement, lorsqu'il l'a donnée, aucune connoissance.

Les *quittances* des trois dernières années d'arrérages d'une rente emportent la libération des précédentes années, quand même on n'en rapporteroit pas de *quittance*. Mais cette présomption n'exclut pas le créancier du droit de prouver que les anciens arrérages lui sont dus, & que postérieurement aux *quittances* des trois dernières années, le débiteur a reconnu devoir les anciens arrérages.

La loi 14, au code *de non numeratâ pecuniâ*, ne donne au créancier que 30 jours pour se plaindre du défaut de numération du contenu en la *quittance*.

La novelle 100 donne dix ans pour proposer l'exception *non numeratæ pecuniæ* contre la *quittance* de dot donnée par le mari.

Cette exception est reçue dans les parlemens de droit écrit & dans quelques coutumes ; mais dans l'usage commun elle n'a pas lieu. *Voyez* DOT & EXCEPTION *NON NUMERATÆ PECUNIÆ*.

On peut, pendant trente ans, obliger un adjudicataire ou ses héritiers de rapporter la *quittance* de consignation.

Pour qu'une *quittance* soit valable, il faut qu'elle soit donnée par le véritable créancier, & qui ait droit de recevoir, ou par son fondé de procuration.

Un mineur ne peut donner *quittance* d'un remboursement, ou du prix de la vente d'un fonds, sans être assisté de son tuteur ou curateur.

Une femme mariée ne peut, en pays coutumier, donner *quittance* sans être autorisée de son mari, à moins qu'elle ne soit marchande publique, ou qu'elle ne soit séparée de biens d'avec son mari, & qu'il ne soit question que de sommes mobilières ; mais quand il s'agit de dettes immobilières, la femme, quoique séparée, ne peut donner *quittance* valable, sans être autorisée de son mari, ou par justice à son refus.

Toute *quittance* donnée en fraude d'un tiers, ou au préjudice de quelque opposition faite entre les mains du débiteur, est nulle.

Il faut que la *quittance* soit signée du créancier, quand il sait & peut signer; autrement, il faut qu'elle soit donnée devant notaire; une *quittance* sous seing-privé non signée ne feroit pas une preuve suffisante du paiement, mais le débiteur seroit admis à le prouver par témoins, s'il s'agissoit d'une somme au-dessous de 100 liv.

L'effet d'une *quittance* est d'éteindre l'obligation, tellement que le créancier ne peut pas obliger le débiteur d'affirmer; cependant, s'il y avoit des faits de dol & de violence allégués de la part du créancier, il dépend de la prudence du juge d'en admettre la preuve, & d'ordonner l'affirmation. *Voyez* OBLIGATION, REMBOURSEMENT, INSCRIPTION DE FAUX. (*A*)

QUITTANCE DE FINANCE, est celle que le préposé du roi donne pour les deniers qu'un particulier paie pour acquérir du roi une rente, un office, un domaine. *Voyez* DOMAINE, OFFICE, RENTE. (*A*)

QUITTANCÉ, adj. se dit de quelque acte obligatoire, comme une promesse ou billet sur lequel on a donné quittance, soit au dos ou au bas du billet. *Voyez* BILLET, OBLIGATION, PROMESSE, QUITTANCE. (*A*)

QUITTE, se dit de celui qui est libéré de quelque charge ou dette. Le créancier, en recevant son dû, tient le débiteur *quitte*. *Voyez* QUITTANCE.

Dans les contrats de vente, le vendeur déclare ordinairement l'héritage *franc & quitte* du passé jusqu'à ce jour, c'est-à-dire, qu'il n'est dû aucuns arrérages de cens, rentes ou autres charges. *Voyez* ARRÉRAGES, CENS, CHARGES, FRANC ET QUITTE.

Un homme qui se marie, ou qui s'oblige, se déclare aussi quelquefois lui-même *franc & quitte* : ce qui signifie qu'il ne doit rien. (*A*)

QUITTEMENT, s. m. (*Jurisprud.*) signifie quelquefois *décharge*, quelquefois il signifie *délaissement*, comme le délaissement d'un héritage. *Voyez* DÉLAISSEMENT, DÉGUERPISSEMENT, DÉSISTEMENT. (*A*)

QUITTUS ou *QUICTUS*, adj. est un terme de la basse latinité, qui signifie *quitte*. Il est usité à la chambre des comptes du roi, & vient de l'ancien usage de la chambre, du temps que l'on y faisoit les expéditions en latin; on mettoit à la fin du dernier compte, *quictus hic receptor*; on se sert encore à la chambre de ce terme *quittus*, pour exprimer la décharge finale que l'on donne au comptable. Aucun officier comptable n'est reçu à résigner son office, qu'il n'ait son *quittus*.

QUOISTRON. *Voyez* QUESTRON.

QUOT ou COT, (*Droit féodal.*) c'est, suivant dom Carpentier, une taille qu'on impose pour payer les messiers, qui gardent les moissons & les vignes à raison de la quotité de terre que chacun a.

Cet auteur renvoie en preuve au mot *Cotus* 1 du glossaire de du Cange, qui dit à son tour, qu'on appelloit *cotus*, le garde des jardins, des vignes & des champs. Mais ces deux explications sont également défectueuses. Les textes cités par du Cange prouvent seulement qu'on appelloit *cotus* tant le gardiage ou la banlieue que l'amende qu'on y payoit pour se dégager, quand on étoit pris en délit. Cette amende se nommoit *gage* par cette raison, ou droit de *quot* ou *cot*, peut-être à cause de sa fixation.

C'est ce qu'on voit dans l'article 13 des premières coutumes de Bragerac, qui se trouve à la *pag. 1009 du tome 4 du coutumier général.* « *Item*, y » est-il dit, *quod in castro & in castellaniâ Brageriaci*, » *sit cotus sive guardiagium*. . . . ., *cujus quidem coti* » *seu gardiagii erit gagium 4 solidorum & infrà*, *secundùm consuetudinem villæ prædictæ in quibus damnum dans tenebitur ratione gagii*, *& ultrà hoc* » *emendare damnum passo : ità quod prò dicto coto de* » *cætero infrà dictos terminos gagium novem nec sex* » *solidorum quod consuevit exigi seu levari de cætero* » *non levetur. Cognitio tamen dicti coti*, *si super ipso* » *quæstio oriatur, sit dicti domini seù ejus bajuli, qui bajulus debebit cognoscere & judicare de dicto coto seu* » *gagio*, *vocato semper uno vel duobus consulibus*, *per* » *alios consules ad hoc specialiter deputandis* ».

Ce mot de *gagium* est ce qui a induit dom Carpentier & les additionnaires de du Cange en erreur, comme on peut le voir au mot *Gagium* 4. Il est manifeste qu'il s'agit ici, non pas de gages fixes qu'on paie à un gardien, mais d'une amende payée au gardiage par les délinquans.

Ces coutumes ajoutent dans les deux articles suivans, que l'émolument dudit *cot* sera reçu par un homme notable qui sera élu par le seigneur ou son bailli, & les consuls; que cet émolument appartiendra au seigneur & aux consuls, chacun pour une moitié, jusqu'auxdits quatre sous, & pour le surplus, au seigneur, s'il y avoit lieu d'exiger un gage plus fort; enfin, que la communauté de Bragerac tiendra en fief du seigneur, l'émolument qui proviendra du *cot*, avec le poids, la maison & le sceau commun, dont les consuls lui paieront une coupe du poids d'un marc d'argent, le jour de leur confirmation.

Aussi la traduction des coutumes de Bragerac, faite par M. Trelier, conseiller au parlement de Bordeaux, qu'on trouve dans le coutumier général, rend-elle le mot *gagium* par celui d'*amende*, & le mot *gardiagium* par celui de *gardiage*, & non pas de *garde*.

Ces coutumes elles-mêmes, dans l'article 99, appellent *cotier*, *cotarius*, le garde du *cot*, ou gardiage. (*G. D. C.*)

QUOTE *ou* QUOTE-PART, du latin *quota pars*, signifie la part & portion que chacun doit supporter de quelque charge; on dit & on écrit *quote-part* des dettes; en matière de tailles, on dit & on écrit *quote* simplement, ce qui vient aussi, par corruption, de *quote-part*. (*A*)

QUOTISATION, s. f. que l'on écrit aussi *quotisation*, signifie l'imposition de quelqu'un pour raison d'une somme dont il doit payer sa quote-part, comme la *quotisation* au rôle des tailles. *Voyez* RÔLE, TAILLES, IMPOSITION, SUBSIDES, *&c.* (*A*)

QUOTITÉ, s. f. signifie la proportion dans laquelle on doit régler quelque chose, comme à la moitié, au tiers ou au quart d'une certaine somme ou d'une certaine quantité de grains, ou autre espèce. *Voyez* QUOTE. (*A*)

RAB

R, dix-huitième lettre de l'alphabet françois; la monnoie d'Orléans s'en sert pour marquer les monnoies qu'elle fabrique.

RABAIS, s. m. *terme de Pratique*, qui signifie *diminution* de prix & de valeur, & qui est opposé à *enchères*. On appelle *adjudication au rabais* celle où les offres se font, non pas par enchères, mais au *rabais*; par exemple, l'un a offert de faire ce dont il s'agit pour 20,000 livres, un autre offre de le faire pour 18,000 livres, un troisième pour 15,000 livres; l'adjudication se fait à celui qui offre de faire la chose à meilleur compte; c'est ce que l'on appelle *adjudication au rabais*. Ces sortes d'adjudications sont usitées pour les étapes, fourrages, munitions & fournitures des troupes du roi, pour l'entreprise des travaux publics, & dans certains pays, pour l'entretien des mineurs dont on fait un bail au *rabais*. *Voyez* ADJUDICATION, BAIL, BATIMENT, ETAPE, DEVIS, RÉPARATION, *&c.*

On appelle aussi *rabais des monnoies*, la diminution que le souverain fait du prix pour lequel la monnoie a cours.

RABATTEMENT DE DÉCRET, (*terme de Procédure.*) est une espèce de regrès ou rachat introduit en faveur de celui dont les biens ont été vendus par décret: le droit romain accordoit deux ans à la partie évincée pour exercer ce rachat, & regardoit cette faculté comme très-favorable, ainsi qu'on le voit en la loi dernière au code *de jure dominii impetrando*.

Cette restitution contre les décrets n'est pourtant point généralement admise, il y a même trois de nos coutumes qui la rejettent formellement; savoir Auvergne, la Marche & Bourbonnois; & dans le droit commun, la lésion d'outre-moitié, ni même la lésion énorme, ne font point un moyen de restitution contre un décret.

Quelques auteurs, tels que Dumoulin, Gouget & Brodeau, ont prétendu qu'il seroit de l'équité dans ces cas d'admettre la restitution, mais la jurisprudence est contraire.

L'ordonnance de 1629 a fait une exception pour les mineurs, & sa disposition est suivie au parlement de Dijon & dans quelques autres parlemens, dans lesquels on juge même qu'une lésion considérable suffit pour faire restituer le mineur, mais cela n'a pas lieu au parlement de Paris.

Les statuts de Bresse donnent aux parties saisies six mois pour rentrer dans leurs biens subhastés, en remboursant à l'acquéreur le prix principal & les frais.

Mais le *rabattement* de décret, proprement dit, n'a lieu que dans le Languedoc: ce rachat ou regrès y est fondé sur le droit romain, mais le parlement de Toulouse en a prorogé la durée jusqu'à dix ans.

Quand le bien avoit été adjugé par un arrêt, & quand sur la demande en *rabattement* il étoit intervenu un arrêt qui permettoit à la partie d'exercer l'action en *rabattement*, cette action pouvoit être exercée pendant trente années, comme étant personnelle: la jurisprudence n'étoit pas bien certaine sur cette matière, mais elle a été fixée par une déclaration du roi du 16 janvier 1736.

Suivant cette loi, il n'y a que les propriétaires des biens décrétés ou leurs descendans qui puissent se pourvoir en *rabattement de décret*. Cette action ne dure que dix ans, en quelque jurisdiction que le décret ait été fait; le délai ne court que du jour de la mise en possession; il court contre les pupilles & les mineurs, sauf leur recours, s'il y échoit, contre les tuteurs ou curateurs. La demande en *rabattement* ne peut être formée qu'au parlement de Toulouse ou à la cour des aides de Montpellier, chacun pour ce qui les concerne, quoique les décrets aient été faits devant les juges inférieurs: le demandeur doit faire des offres réelles à l'adjudicataire, & en cas de refus, consigner au greffe, les loyaux-coûts se remboursant suivant la liquidation reçue. Les fruits des biens décrétés appartiennent à celui qui a obtenu le *rabattement* du décret du jour que le prix a été reçu par l'adjudicataire, ou qu'il a été consigné, mais il doit aussi payer les intérêts des loyaux-coûts: l'adjudicataire ne peut même être dépossédé qu'en lui payant la somme liquidée pour les loyaux-coûts & les intérêts, à moins qu'il n'y eût retardement affecté de la part de l'adjudicataire, auquel cas on peut se pourvoir pour faire cesser les intérêts, & même condamner l'adjudicataire au délaissement, sauf à lui à se pourvoir pour la liquidation.

Le parlement de Toulouse a jugé, par arrêt du 31 juillet 1743, que dans le cas où les biens d'un même débiteur ont été vendus par différentes adjudications, à un seul adjudicataire, on ne pouvoit rabattre une partie des adjudications, sans les rabattre toutes. *Voyez* DÉCRET, SAISIE-RÉELLE.

RABATTRE, v. act. en terme de palais, signifie *lever*, *supprimer*: ce mot n'est usité qu'en parlant d'un défaut, ou sentence par défaut prise à l'audience, lorsque le défaillant ou son défenseur se présente avant que l'audience soit levée; dans ce cas, il peut demander à celui qui préside, de *rabatire* le défaut, & ordinairement on prononce en ces termes *le défaut rabattu*: mais s'il y avoit de l'affectation de la part du défaillant, & qu'il laissât toujours prendre un défaut, & vînt ensuite à la fin de l'audience seulement pour faire *rabattre* le défaut, &, par ce moyen, éluder de plaider contradictoirement; il dépendroit de la prudence du juge, dans ce cas, de ne point *rabattre* le défaut,

& alors on ordonne que le défaut tiendra, ou, s'il est encore temps, que les parties plaideront.

Quand le défaut n'est pas *rabattu*, il n'y a plus que la voie d'opposition, si le défaut n'est pas fatal; ou s'il est fatal, la voie d'appel.

Il est parlé du *rabattement* des défauts dans quelques anciennes ordonnances, telles que celle de Louis XII, en 1498, & celle de François I, en 1539.

RABINES, (*Droit féodal.*) on trouve l'explication de ce mot dans la cent quatrième consultation d'Hevin. « Par le mot *rabines*, dit-il, dont » la coutume générale de la province fait mention » dans l'*art.* 555 (1), la haute-Bretagne entend » deux ou plusieurs rangs d'arbres plantés à la li- » gne pour orner l'avenue d'une maison ; mais la » basse-Bretagne étend la signification de ce mot » même à un simple rang d'arbres ».

Cet habile jurisconsulte examine la question, si le convenancier ou domanier, c'est-à-dire, le preneur d'un domaine congéable est tenu d'employer dans la déclaration qu'il rend au seigneur les *rabines* & les jeunes plants de chênes qui sont sur les fossés. Il observe d'abord que l'usage de ces déclarations détaillées, qui rapportent les dimensions de bâtimens jusqu'aux pieds & aux pouces & comptent les pieds d'arbres, n'a été introduit que depuis peu, mais qu'il est autorisé par les arrêts. Il ajoute ensuite que les chênes sont des arbres fonciers, propres à la décoration & à la réparation des maisons, à laquelle le seigneur les réserve, & qu'il en est de même des hêtres, frênes & ormeaux dans l'usement des brouvères, sans que le colon en puisse disposer par pied.

Hevin conclut de-là, que « si le seigneur fon- » cier, par le bail à convenant, n'a point trans- » porté au domanier la jouissance du fonds, dans » lequel est planté la *rabine*, & s'il ne la possède » point, il ne peut être tenu de la mettre dans sa » déclaration, non plus que tout autre domaine » propre de son seigneur, ou le champ de son » voisin, la déclaration du colon ne devant con- » tenir que ce qu'il a reçu à titre de convenant » par la baillée que lui en fait le seigneur fon- » cier ».

Quant aux jeunes plants de chênes qui sont sur les fossés ou au dedans, Hevin décide encore, que le colon n'est pas tenu de les déclarer, du moins jusqu'à ce qu'ils soient parvenus à une grosseur considérable & au-dessus de celle des essieux de charrette. Autrement ils seroient exposés à être coupés par le premier charretier qui en a besoin, & les colons qui se verroient garans d'une plantation que rien ne les obligeoit de faire, négligeroient de faire les améliorations pour l'utilité du seigneur foncier. (*G. D. C.*)

RAC, (*Droit féodal.*) on a nommé *quac & rac*, un droit appartenant aux seigneurs de Pecquigny en Picardie. Il n'est connu que par une chartre de Garnier, abbé de Corbie, de l'an 1300, qui est tirée du cartulaire 23 de ce monastère. Il y est dit : « ils ont le droit de avoir en leurs terres *quac &* » *rac* ».

Dom Carpentier qui rapporte cet extrait au mot *Quactum* de son *Glossarium novum*, n'en donne point l'explication. On voit seulement au mot *Racha 3*, du même ouvrage, qu'on a appellé *racha*, une espèce de taille due à la saint Martin par les bourgeois, ou étagers de la seigneurie, nommée en latin *de furano*, & rach, ou racheau, des troncs d'arbres. (*G. D. C.*)

RACHAPT. *Voyez* RACHAT.

RACHAPTER DU SEIGNEUR FEUDAL, quelques coutumes, telles que celles de Melun, *art. 60*; de Montargis, *chap. 1, art. 46*; de Châteauneuf, *art. 27*, & du Grand-Perche, dans les *art. 7, 15, 25, 39, 49, 53, 62 & suivans*, emploient cette expression pour celle de payer le rachat au seigneur. (*G. D. C.*)

RACHAT, s. m. *en droit*, signifie en général l'action de racheter quelque chose. Il y a deux principales espèces de *rachat*, le *rachat* ou réméré, & le *rachat* ou *relief de fief*: nous en traiterons séparément.

RACHAT ou *réméré*, se dit en cas de vente d'un héritage ou autre immeuble, de l'action que le vendeur se réserve de rentrer dans le bien qu'il a vendu, pendant un certain espace de temps fixé par le contrat.

Le domaine du roi, lorsqu'il est aliéné, est sujet à *rachat* perpétuel; cette faculté est même toujours sous-entendue dans les contrats d'aliénation que le roi fait, & elle est imprescriptible, de même que le domaine.

Dans les contrats de vente des biens des particuliers, la faculté de *rachat* n'a point lieu si elle n'est stipulée par une clause expresse, dans laquelle le vendeur se réserve le droit de rentrer dans l'héritage vendu, en remboursant à l'acheteur le prix qu'il en a reçu.

La condition du *rachat* fait que l'acquéreur n'est point propriétaire incommutable tant que dure la faculté de *rachat*; dans ce cas la vente n'est que conditionnelle; c'est pourquoi l'acquéreur d'une maison ne peut expulser les locataires : il peut néanmoins dès le moment de son contrat, commencer à prescrire les hypothèques de son vendeur, & elle est entiérement résolue & comme non faite, lorsque le vendeur rentre dans la chose en payant le prix; c'est pourquoi il la reprend libre & franche de toutes les charges que l'acheteur auroit pu y imposer.

Quand le temps de faculté de *rachat* n'est pas déterminé par le contrat, elle se prescrit comme toute action personnelle par 30 ans.

Il en est de même lorsque la faculté de *rachat* est

(1) Il faut lire 255.

stipulée indéfiniment, elle ne dure toujours que 30 ans.

Lorsque le délai du *rachat* est fixé par le contrat, il faut se conformer à la convention; néanmoins lorsque ce délai est fixé au-dessous de 30 ans, si à l'expiration du terme l'acquéreur ne fait pas déchoir le vendeur de la faculté de *rachat*, elle se proroge jusqu'à 30 ans. Pour empêcher cette prorogation, & purger le *rachat*, il faut obtenir un jugement qui déclare le vendeur déchu de la faculté de *rachat* : c'est ce que l'on appelle un *jugement de purification*.

Cette prorogation de la faculté de *rachat* n'a pas lieu néanmoins, quand la faculté est stipulée par contrat de mariage, en donnant en dot une maison ou autre immeuble.

Le temps du *rachat* ayant commencé contre le vendeur majeur, continue à courir contre le mineur, sans espérance de restitution, sauf son recours contre son tuteur.

En cas d'exercice de la faculté de *rachat*, le vendeur gagne les fruits du jour de la demande.

Lorsque le *rachat* ou *réméré* est exercé dans le temps porté par le contrat, la vente ne produit point de droits au profit du seigneur. *Voyez* RÉMÉRÉ.

Rachat, ou remboursement d'une rente ou pension, est l'acte par lequel on éteint cette rente ou pension en remboursant le sort principal de cette rente ou pension.

Le *rachat* n'a pas lieu ordinairement pour les rentes ou pensions viagères, à moins que cela ne soit réglé autrement par le titre ou par convention entre les parties intéressées.

Mais on peut toujours racheter les rentes constituées à prix d'argent; cette faculté de *rachat* ne se prescrit point.

A l'égard des rentes foncières, elles sont non-rachetables de leur nature, à moins que le contraire ne soit stipulé dans le contrat.

Mais la faculté qui est donnée par le contrat, de racheter des rentes de bail d'héritage, assises sur des maisons de la ville & fauxbourgs de Paris ou autres villes, est imprescriptible ; ce qui a été ainsi établi pour la décoration des villes, & afin que les maisons ne soient pas abandonnées ; on excepte néanmoins de cette règle, les rentes qui sont les premières après le cens. Coutume de Paris, *article* 121 ; Orléans, 271. *Voyez* OFFRES, PRINCIPAL, REMBOURSEMENT ; RENTE.

RACHAT, *ou* RELIEF, *en matière féodale*, pris dans son véritable sens, signifie l'action de racheter du seigneur un fief qui étoit éteint; mais dans l'usage présent, il signifie le droit que le nouveau vassal paie au seigneur pour les mutations qui sont sujettes à ce droit.

Dans quelques coutumes singulières, telles que la Rue-d'Indre, *art.* 9, le droit de vente en héritage s'appelle aussi *rachat*, & est de 20 deniers pour livre ; mais communément quand on parle de *rachat* ou relief, cela ne s'entend qu'en matière féodale.

L'origine & l'étymologie du mot *rachat* vient de ce que les fiefs, dans leur première institution, n'étoient point héréditaires, mais seulement pour la vie de celui qui en avoit été investi ; de manière qu'à la mort du vassal, ce fief servant étoit éteint à son égard, & retournoit au seigneur dominant, à moins qu'il n'en fît une nouvelle inféodation en faveur de quelqu'un des héritiers.

Le fief ainsi éteint, étoit censé tombé en la main du seigneur; & c'est pourquoi, lorsque ce seigneur dominant le rétablissoit en faveur d'un nouveau vassal, cela s'appelloit *relever le fief*, & l'acte par lequel on le rétablissoit ainsi, s'appelloit le *relief*, ou comme qui diroit le *relevement* du fief qui étoit tombé ou devenu caduc : le terme de *relief* est employé en ce sens dans plusieurs coutumes, telles que Péronne, Auxerre, Hesdin, *&c.*

Pour obtenir du seigneur un relief ou relevement du fief, on composoit avec lui à une certaine somme pour laquelle on rachetoit de lui le fief, & cette composition s'appelloit le *rachat*, ou droit de *rachat*, c'est-à-dire, ce que l'on payoit pour le *rachat*. De sorte qu'anciennement le *rachat* étoit différent du relief. On entendoit par *relief*, le rétablissement du fief ; & par le terme de *rachat*, l'on entendoit la finance qui se payoit pour ce rétablissement.

Mais bientôt on confondit le *rachat* avec le relief; de manière que ces deux termes furent réputés synonymes, quoiqu'ils ne le soient pas en effet; car le relief du fief est constamment différent du *rachat*, ou droit qui se paie pour le relief, ou pour relever le fief. Néanmoins, dans l'usage on confond tous ces termes : *relief*, *droit de relief*, *rachat*, *droit de rachat* ; & l'on se sert indifféremment des termes *relief & rachat*, tant pour exprimer l'investiture accordée au nouveau vassal, que pour désigner la finance qui se paie en ce cas au seigneur pour le relief du fief, c'est-à-dire, pour en obtenir la prorogation.

Les fiefs étant devenus héréditaires, ce qui n'étoit d'abord qu'une grace de la part du seigneur, passa en coutume, & devint un droit. Il ne dépendit plus des seigneurs d'accorder ou refuser le relief du fief. Ils conservèrent seulement le droit d'exiger le *rachat* pour ce relief dans les mutations sujettes au *rachat*.

Le droit de *rachat* ou relief est inconnu dans la plupart des pays de droit écrit. Les fiefs y sont simplement d'honneur ; mais il y a des lods & mi-lods, qui sont une espèce de *rachat* ou relief pour les rotures.

En Lorraine, ce droit se nomme *reprise de fief* ; en Dauphiné, *placitum vel placimentum* ; en Poitou, *rachat*, ou plutôt, qui est un droit moins fort que le *rachat*, mais qui a lieu à toute mutation de vassal. En d'autres pays, on l'appelle *mutagium*; en Languedoc, on l'appelle *à capto*, *arrière-capte*; & en Bourbonnois, *murciage*, une espèce de *rachat* qui se paie pour les rotures; celle d'Orléans appelle ce *rachat* des rotures, *relevoisons à plaisir*; & celle de Reims, *essoignes*.

On ne connoît point le *rachat* ou relief en Bourgogne.

Quelques coutumes ne l'admettent que de convention; telles sont les coutumes de Nevers, la Rochelle, Aunis & Auvergne.

Le droit de relief ou *rachat* n'a pas toujours été fixé; les seigneurs l'exigeoient, suivant leur autorité ou leurs besoins, ainsi que l'observe Galand; en son traité du franc-aleu, *chap. vj.* Presque toutes les coutumes n'étoient encore que des usages non écrits & fort incertains; mais Charles VII, ayant ordonné, en 1453, qu'elles seroient mises par écrit, la rédaction des coutumes mit un frein aux exactions des seigneurs, en fixant ce qu'ils pourroient prétendre pour les profits des fiefs. (*A*)

Les principes de cette matière seront présentés sous le mot RELIEF; on y trouvera aussi les principales questions auxquelles ce droit peut donner lieu.

RACHAT DE RENCONTRE. *Voyez* RACHAT & RELIEF.

RACHAT RENCONTRÉ. *Voyez* RACHAT & RELIEF.

RACHETABLE, adj. se dit de ce qui est sujet au rachat, comme le domaine du roi, ou un domaine particulier, en vertu de la faculté de rachat. Une rente constituée est *rachetable* de sa nature, & la rente foncière l'est par convention. *Voyez* RACHAT, RÉMÉRÉ, DOMAINE, RENTE. (*A*)

RACHETER, v. act. signifie quelquefois *reprendre*, comme *racheter* un fief, ou payer le droit de rachat ou relief; on dit aussi *racheter* une rente, une pension, c'est-à-dire, la rembourser. *Voyez* REMBOURSEMENT.

RADIATION. On entend par ce mot le retranchement qu'un corps ou qu'un ordre assemblé fait d'un de ses membres, d'après des motifs de prévarication, d'inconduite ou de mécontentemens particuliers.

Les conséquences qui résultent de ces jugemens privés, les réclamations qu'ils ont récemment fait naître, exigent que nous donnions quelque étendue à cet article.

La société est subdivisée en différentes associations particulières, séparées les unes des autres, & qui toutes ont leurs statuts, leurs principes, leurs maximes, on pourroit presque dire leurs mœurs & leurs vertus. Plus les fonctions qui leur sont attribuées sont délicates, plus l'honneur en est le mobile. Lorsque ce ressort s'affoiblit, bientôt le corps qu'il faisoit mouvoir, s'énerve, se dégrade, & se corrompt. Ce généreux enthousiasme qui échauffoit toutes ses parties, une fois éteint, il n'y a plus que langueur, que découragement: la cupidité, l'intrigue, prennent la place du désintéressement & du zèle pour les droits de l'humanité.

Cette malheureuse révolution, qui en annonce une plus funeste encore, n'a déjà que trop bouleversé tous les corps. Il n'en est point qui n'aient beaucoup perdu de leur pureté antique; mais il en est pourtant qui ont fait plus d'efforts pour se préserver d'une dégradation totale; & ce sont ceux-là qui jouissent encore de l'estime & de la considération publiques.

Le moyen qui est le plus propre pour conserver dans un corps l'intégrité des principes qui en constituent l'honnêteté & la vertu, c'est d'user d'une sévérité salutaire envers tous les membres qui s'en écartent. Ainsi, par exemple, comme le courage, la franchise, sont les vertus premières de l'état militaire, un officier convaincu de lâcheté ou de fourberie, devroit être impitoyablement chassé de son corps par l'indignation générale de ses camarades, & il y auroit un grand danger à s'opposer à ce libre exercice d'un pouvoir qui repose sur l'honneur. Si l'on disoit à ces juges: l'officier que vous forcez de sortir d'un régiment dans lequel le roi l'a placé, ne tient pas son grade de vous; de quel droit prétendez-vous lui faire perdre un emploi qui lui a été conféré par votre souverain? Attendez, pour le séparer de vous, que le prince l'ait jugé indigne de le servir. Un murmure général s'éleveroit contre un pareil discours; les braves défenseurs de la patrie, ne pouvant se résoudre à n'être plus que des machines meurtrières, préféreroient une humble oisiveté, à la honte de souffrir une confusion humiliante.

Il en est de même de tous les états où dominent l'honneur & l'estime de sa profession: pas un de ceux qui y sont agrégés ne veut tenir à un être avili ou méprisé; & le plus grand malheur qui pourroit arriver, ce seroit qu'ils y fussent indifférens; l'avilissement ne tarderoit pas à devenir général.

Mais autant il est avantageux que les corps puissent exercer cette police intérieure, autant il est à desirer qu'elle soit exempte de prévention, de jalousie, de faux préjugés, & sur-tout d'une aveugle précipitation. Dirigée par l'esprit de confraternité, elle doit calculer les suites funestes d'une exclusion qui, en déshonorant un citoyen, le rend presque nul pour la société, & condamne souvent à l'indigence, pour le reste de ses jours, un père de famille que des circonstances malheureuses ont entraîné au-delà des bornes de son devoir.

Une des plus grandes crises pour l'honneur, c'est d'être placé entre d'austères principes & le besoin, entre la faim & la délicatesse: voilà pourquoi il seroit à desirer que ceux qui se dévouent à exercer une profession dont l'honneur soit le premier fruit, où l'on doive attendre la reconnoissance sans jamais la solliciter, eussent au moins le nécessaire. Mais, d'un autre côté, si l'on écartoit les jeunes gens qui se présentent sans fortune pour suivre une carrière ouverte à l'éloquence, on risqueroit d'en éloigner le véritable talent. On n'a que trop souvent l'occasion de remarquer que l'aisance assoupit les facultés morales de l'homme, & le fixe dans la médiocrité, tandis que l'amour de la gloire le tient éveillé, lui inspire un noble dédain pour la fortune, & réduit presque à rien ses besoins.

Si les sentimens de la confraternité existoient réellement, peut-être y auroit-il moins d'inégalité entre les facultés pécuniaires; peut-être le travail seroit-il plus également réparti : on s'enquerroit davantage des causes de la mélancolie qui consume un jeune confrère qui voit ses belles années s'écouler dans l'obscurité ou l'indigence.

Au lieu de l'humilier en faisant retentir ses succès, en étalant à ses yeux des occupations multipliées, on iroit à son secours, on lui fourniroit les moyens de tirer sa subsistance du travail dont on le chargeroit. La reconnoissance formeroit alors un lien de plus : mais pour s'obliger réciproquement, il faut se connoître, & dans une grande ville où les membres d'un même corps sont épars, ils n'ont pas toujours l'occasion de se rapprocher. Il seroit donc avantageux d'établir des points de réunion, où ils pussent se communiquer leurs idées, s'inspirer mutuellement de l'intérêt par le rapport de leurs idées & de leurs goûts.

L'ordre des avocats semble séparé en trois divisions; la première, qui est celle des consultans, voit rarement celle qui s'adonne à la plaidoirie; la troisième, occupée à composer des écritures ou des mémoires, s'ensevelit dans des cabinets, & y demeure presque inconnue aux deux autres. Comment pourroient exister, parmi des hommes ainsi séparés par le genre de leurs occupations, cette confiance, cette intimité, & sur-tout cette disposition à s'entr'aider qui écarte les besoins particuliers, & fait le bonheur & la force de tous?

Tant qu'il n'y aura point de rapprochement, il n'y aura pas de véritable confraternité, & alors point d'indulgence pour les fautes légères, point de secours mutuel contre l'injustice. L'égoïsme isolant tous les individus dans les affaires publiques, chacun cherchera à rendre sa condition meilleure, sans s'embarrasser du sort des autres, comme cela est arrivé en 1770.

De tout temps, l'ordre des avocats a été en possession d'exercer sa discipline sur ses membres; il a toujours eu le droit de les réprimander, de les suspendre, & même de les exclure : cependant, en 1775, la *radiation* d'un homme célèbre qui a appellé à lui l'intérêt public, & a fait retentir la grand'chambre de ses plaintes, a répandu pendant quelques instans, des doutes sur un pouvoir qui depuis a été reconnu & confirmé solemnellement par le parlement, dont l'arrêt, rendu à ce sujet, écartera à jamais tout avocat qui seroit tenté de se soustraire à l'empire de son ordre (1).

Plus l'homme est censé tenir à l'état qu'il a embrassé par choix, & auquel sont attachées son existence & sa considération, plus il doit trouver de moyens de se garantir des effets de la haine ou de la prévention. Aussi a-t-il été arrêté que l'avocat rayé par cette chambre, que l'on nomme *la députation*, & qui est instituée pour recevoir les dénonciations, entretenir une police toujours active, admettre ou rejetter les jeunes gens qui se présentent pour être inscrits sur le tableau, avoit la faculté d'appeller de son jugement à l'ordre assemblé.

Placé au milieu de ses pairs, c'est à lui à se disculper, s'il le peut, des chefs d'accusations élevés contre lui. Ce qui prouve la sagesse de ce réglement, c'est que la plupart des avocats qui ont eu recours à l'autorité de leurs confrères, convoqués pour les juger souverainement, ont été rétablis dans leurs fonctions par l'ordre dont la présence suspendoit les pouvoirs de ses députés.

Il est bien à desirer que ceux-ci, usant toujours avec sagesse & modération du pouvoir qui leur est confié, n'exposent point légérement un homme honnête & délicat, à l'humiliation de se présenter à ses confrères sous les apparences d'un homme déjà jugé indigne de rester parmi eux. Il en est plus d'un qui préféreroient de faire en silence le sacrifice de leur état, plutôt que de dévorer cette honte. Moins l'ordre entier s'assemble, plus il étoit nécessaire que ceux qui le représentent, portassent son véritable vœu & ses vraies intentions. Il existoit un abus très-contraire à ce point important, & qui vient heureusement d'être réformé par la nouvelle distribution de l'ordre, actuellement divisé en colonnes égales, au lieu d'être partagé *en bancs inégaux*. Au moyen de ce changement, les députés sont les représentans d'un même nombre d'individus; ils portent à la chambre de la députation la même quantité de suffrages, & peuvent conséquemment faire connoître le vœu général de l'ordre, au lieu qu'autrefois on ne connoissoit que le vœu général *des bancs*.

Comme il y a une très-grande distance entre les égaremens de l'imagination & les fautes qui proviennent de l'altération des sentimens, il ne seroit pas juste de punir de la même peine tous ceux qui ont élevé contre eux quelques sujets de plainte : aussi, dans plusieurs cas, se contente-t-on de réprimander avec plus ou moins de sévérité, ou de suspendre pour un temps plus ou moins long, l'avocat qui s'est écarté de ses devoirs. La

(1) Le 29 mars 1775, le parlement déclara le sieur.... non-recevable, tant dans son opposition à l'arrêt du 5 février précédent, qui avoit confirmé sa *radiation*, que dans les demandes portées dans ses requêtes; ordonna que lesdites requêtes seroient biffées, & fit défenses à tout procureur d'en signer à l'avenir de semblables, & à tout huissier de les signifier, à peine d'interdiction.

radiation est réservée pour ceux qui se sont déshonorés eux-mêmes par leurs actions, ou qui l'ont été par des jugemens publics.

L'ordre des avocats n'est pas le seul corps auquel le parlement ait reconnu le droit de se séparer d'un membre indigne de lui rester attaché.

Nous avons vu, en 1777, la faculté de médecine bannir de son sein un de ses docteurs, auquel elle reprochoit, non-seulement d'avoir annoncé au public la découverte d'un *préservatif* contre cette maladie qui se cache sous l'attrait des plaisirs, mais d'avoir fait lui-même l'épreuve de ce remède sous les regards de plusieurs spectateurs.

Le médecin rayé appella des décrets de la faculté; prétendit que tout son crime étoit de s'être occupé d'étouffer jusques dans sa racine, un mal destructeur de l'espèce humaine. La faculté soutint que l'appellant avoit blessé les mœurs; qu'il étoit contrevenu aux réglemens de la faculté, en s'annonçant pour être le distributeur d'un remède secret, & qu'elle avoit justement usé du pouvoir qu'elle avoit d'exclure un membre déshonoré à ses yeux. Le parlement confirma, par arrêt du 13 août 1777, les décrets de la faculté de médecine, par lesquels il étoit ordonné *que le nom du sieur Guilbert de Préval seroit rayé du catalogue des docteurs de ladite faculté, & fait défenses audit Préval de vendre aucun remède par lui-même*. Depuis ce moment, le sieur de Préval n'a plus vu son nom sur la liste des médecins.

La même faculté a, par arrêt du mois d'avril 1781, fait juger contre M. le procureur-général, qu'en déposant ses décrets au greffe de la cour, elle ne pourroit pas *être tenue d'en déclarer les motifs.*

Enfin, le parlement a depuis confirmé l'autorité de la faculté de médecine sur ses membres, en approuvant le décret par lequel elle a supprimé de sa liste, un médecin qui a persisté, avec obstination, dans le systême du magnétisme. En vain le docteur rayé a-t-il prétendu que nulle puissance ne devoit commander à l'opinion; que rien n'étoit plus libre que la pensée. Comme sa pensée a paru publiquement contraire à la véritable doctrine, & qu'elle étoit suivie de procédés jugés dangereux, elle a entraîné la rupture du lien qui l'attachoit au corps dont il devoit respecter la décision, s'il vouloit n'en pas être séparé.

La difficulté que l'on avoit d'abord paru faire de reconnoître le droit que les avocats ont de suspendre ou de cesser toute communication avec celui d'entre eux qu'ils ont jugé avoir mérité cette peine, a déterminé un avocat très-estimé à discuter & approfondir cette question vraiment importante. Il est difficile de rien dire de plus sage que ce qui se trouve dans l'écrit qu'il publia sous le titre *de la censure*. « S'il existe, dit l'auteur de cette brochure, un corps particulier dont les caractères » soient tels, que la censure y soit exercée avec » fruit, non-seulement laissez-lui, sans jalousie, » son utile discipline, mais encouragez l'honneur, » à proportion qu'il est plus rare.

» Par exemple, je suppose un corps de citoyens » voués à des fonctions utiles & honorables; un » corps dans lequel il faille des lumières & de la » probité, où le travail soit payé par l'honneur » & rapporte peu d'argent, où de laborieuses » veilles & des études fatigantes ne puissent être » adoucies que par le sentiment intérieur d'une » considération méritée; je suppose un corps qui » n'existe que par la confiance publique, dont les » membres soient dans une relation continuelle, » entretenue de même par une confiance réciproque; je suppose un corps dans lequel chacun » soit, sous la foi publique, dépositaire des plus » grands intérêts, des titres les plus précieux, » des secrets les plus importans, de la vie, de » l'honneur & de la fortune des citoyens; dans » lequel une fraternité mutuelle établisse des communications nécessaires, des confidences sans » précaution, des rapports indispensables & multipliés; où le ministère habituel soit de s'attaquer sans animosité, de se ménager sans prévarication, de se pénétrer des intérêts des autres, » sans s'abandonner à leurs emportemens; de juger » froidement ce qu'il faut défendre avec chaleur, » d'interposer un zèle éclairé, une raison active » entre les passions & la justice; de nourrir une » concorde mutuelle au sein des combats journaliers; d'être enfin toujours rivaux, jamais ennemis; toujours zélés, jamais colères; toujours » sages, jamais défians: un tel corps, s'il existoit, » auroit, si je ne me trompe, des caractères particuliers qu'il faudroit bien se garder de confondre » avec ceux des autres corps.

» Si l'honneur lui étoit cher, il faudroit l'en » combler; s'il alloit jusqu'à la fierté, il faudroit » la relever encore; s'il aimoit la liberté, il faudroit rompre toutes ses chaînes; s'il étoit libre, » il faudroit le rassurer contre toute entreprise. » Quand ses prétentions auroient quelque chose » de chimérique, c'est une belle chimère que » celle qui conduit à l'honneur; elle ne peut blesser » que l'orgueil; & comme elle n'est pas nuisible, » elle est toujours salutaire; il entre nécessairement dans la constitution d'un tel corps d'avoir » la censure de ses membres; comme citoyens, » ils sont soumis à toutes les loix de l'état; comme » membres du corps, ils ne doivent dépendre que » de sa police. Tout est confiance dans leurs fonctions; la confiance publique leur apporte des » secrets, des titres, des actes originaux, des intérêts de tout genre, auxquels est attaché souvent le sort de la vie de ceux qui les approchent; » la confiance mutuelle établit entre eux une communication qui n'a que l'honneur seul pour garant. » La paix, la concorde & la considération réciproque doivent cimenter leurs relations nécessaires. Eux seuls peuvent s'inspecter les uns les » autres, se connoître, se suivre dans les moindres

» détails, prononcer sur le plus ou moins de délicatesse de leur conduite. Dans un corps ainsi composé, le rapport entre les membres doit être dégagé de toute inquiétude, de toute alarme, de tout soupçon d'infidélité ou de turbulence. Aux yeux de l'honneur, une tache sur un seul membre doit être la tache du corps entier; les vertus y sont solidaires; les fautes sont communes, s'il ne les réprime pas; en un mot, nulle autre compagnie n'est plus essentiellement disposée à rendre nécessaire le droit de censure. En tout ce qui ne tient pas à la fonction qui les distingue, ils ne sont que citoyens; en tout ce qui intéresse cette fonction, ils sont soumis à la discipline du corps. Le corps doit avoir le droit de les admettre, de les avertir, de les réprimander, de les exclure.

» Si cette censure est nécessaire, les moyens par lesquels elle s'exerce ne le sont pas moins. C'est sur le caractère, le génie, la délicatesse, la conduite entière, qu'elle doit s'exercer; c'est la personne qui est soumise à l'opinion: il n'y a point d'instruction possible, si ce n'est celle que se prescrivent l'honneur & la probité. C'est l'ensemble des faits qui dirige l'opinion, ce n'est souvent aucun acte particulier; la censure a tous les caractères de l'estime; elle est libre, elle est sévère, elle est un résultat d'impressions successives; rarement, au milieu de la vie, un seul acte la fait naître ou mourir.

» Si ce corps présente de temps en temps au public la liste des membres qui le composent, elle n'est, & ne peut être autre chose que la liste d'un certain nombre d'hommes qui ont l'un pour l'autre une confiance mutuelle, & que le corps présente à la société comme étant dignes de la sienne. En la publiant, le corps semble dire aux citoyens: ne craignez rien; portez vos droits à soutenir, vos intérêts à ménager, vos secrets à garder, vos titres à faire valoir, votre confiance pleine & sans réserve, dans les demeures de ces hommes laborieux & purs, qui se sont consacrés au soin pénible de votre défense; ils méritent d'être abordés sans inquiétude, & de devenir les dépositaires de vos pensées les plus intimes. Quel que soit l'adversaire qu'on vous oppose, on le choisira dans cette liste. Ce sera un noble ennemi qui ne confondra point la violence avec le zèle, les injures avec l'énergie, l'astuce avec une adresse légitime, le fiel & l'amertume avec la force & la vigueur. Cette fraternité, que vos démêlés ne doivent point éteindre, rapprochera les deux champions; vos titres passeront des mains qui les tiennent dans celles qui doivent vous combattre; ils y passeront sans autre caution que la bonne-foi & la droiture. Mais ne tremblez pas; l'honneur se nourrit par la confiance; c'est un gage plus assuré que toutes les signatures; & depuis cinq cens ans, graces à notre vigilance, il n'a jamais trompé personne. Un seul exemple connu a été suivi d'une justice rapide, & la réparation ne s'est pas fait attendre. Votre abandon sans réserve sera payé de la même générosité. Vous sere maîtres de donner ou de refuser des marques de reconnoissance; & si vous êtes assez injustes pour oublier les services rendus par le zèle, jamais votre injustice ne retentira dans les tribunaux ni aux oreilles du public. Voilà les loix de la confédération que nous avons formée pour le triomphe de la vérité & de la justice.

» C'est par l'honneur que se maintient l'honneur. Tout ce qui blesse la délicatesse est un crime à nos yeux: ce qui est permis aux autres ordres de citoyens doit être interdit à celui-ci. Signer une lettre-de-change, prendre une procuration, gérer des affaires, exiger de l'argent, sont choses permises, mais qui engendrent des tentations périlleuses, ou mettent dans la dépendance une ame qui ne doit dépendre que de l'honneur & de son devoir. Nous les regardons comme des fautes graves; & ceux à qui cette sévérité paroîtra excessive ou ridicule, ne savent pas que si la loi retient avec des chaînes, c'est avec des fils que l'honneur gouverne les hommes; & que telle est la différence des moyens qu'emploient les jugemens de la censure.

» S'il faut que la censure s'astreigne à des formes prescrites & exige des preuves rigoureuses; si le corps qui l'exerce n'est pas libre dans sa police, comme fut libre dans le choix de son état celui qui s'y fit adopter, il n'y a plus de censure; le corps ne sera pas plus pur que le siècle; les membres ne craindront plus que la loi: s'ils ne sont pas criminels, ils seront assez vertueux; les bassesses ou les violences aviliront ou agiteront l'association; on se croira fort en répandant le fiel; courageux, en affectant l'audace; adroit, en se permettant le mensonge; intelligent, en préférant le riche, l'homme en crédit ou à la mode; sage, en mettant la confiance à contribution, en vendant les fureurs, en se faisant un patrimoine des passions les plus viles: le goût du luxe, du faste, des fantaisies, pénétrera dans les ames avides & corrompues; le corps sera divisé en sujets flétris par la misère ou dépravés par la cupidité; la gloire ne sera plus que l'orgueil, & un mépris trop juste humiliera, sans corriger, des hommes à qui, comme à tant d'autres, la chimère de l'honneur ne paroîtra plus que ridicule ».

Ce que nous venons de citer de cet excellent ouvrage, nous dispense de répondre à plusieurs objections qui ont été faites par des gens du monde, & même par des magistrats, sur l'abus d'un pouvoir qui, au premier coup-d'œil, peut paroître arbitraire. Les avocats auront toujours une considération particulière à faire valoir en faveur de l'exercice de leur discipline. Lorsqu'un d'eux est inscrit sur le tableau, il ne tient son admission que de ses confrères; on n'exige de celui qui se présente, que la durée d'un stage & le suffrage de ceux qui le connoissent.

Dans les autres corps, au contraire, ceux qui les composent n'y ont été agrégés qu'après avoir ou donné une finance ou obtenu des lettres du prince. L'existence de l'avocat ne reposant que sur l'estime de ses confrères, une fois qu'il a eu le malheur de la perdre, il ne doit pas se plaindre que son état croule, puisqu'il en a lui-même brisé la base.

Mais, dira-t-on, celui qui aura blessé les yeux de la jalousie par des talens transcendans, en marchant d'un pas rapide à la célébrité, & en attirant vers lui la foule des cliens, pourra donc être immolé sans défense par l'envie; il ne tiendra donc qu'à d'obscurs rivaux d'abreuver de dégoûts un orateur distingué, & de l'enlever à la société? Peut-être une basse jalousie a-t-elle quelquefois pris dans l'ame de quelques individus, la place de cette noble émulation qui, seule, devroit animer des hommes dévoués à de sublimes fonctions; mais elle n'a jamais dégradé que quelques ames vulgaires. On a souvent eu lieu de remarquer que les véritables talens, loin de blesser le grand nombre d'avocats qu'un mérite modeste retient dans une espèce d'obscurité, les flattoient, en relevant à leurs yeux une profession dont l'éclat semble se répandre sur tous ceux qui l'exercent.

S'il est arrivé à des jeunes gens qui ont eu un début glorieux, d'éprouver quelques contradictions, d'essuyer quelques dégoûts, ils en ont été bientôt dédommagés par les témoignages d'estime & de considération de leurs anciens confrères: si l'on pouvoit douter de ce que nous disons, nous invoquerions le souvenir des Cochin, des le Normant, des Aubri, des Degênes, qui n'ont cessé de jouir, pendant le cours glorieux de leur vie, de la distinction la plus flatteuse dans leur ordre.

Ce seroit donc vraiment calomnier les avocats, que de prétendre que le mérite distingué est une cause de persécution parmi eux. Si le public pouvoit pénétrer dans les motifs qui ont dicté les jugemens de *radiation* dont il a quelquefois murmuré, il seroit convaincu qu'ils n'ont jamais frappé que des sujets qui avoient obscurci leurs talens, ou par des vices, ou par des injustices, ou par des contraventions aux austères principes de l'ordre.

Par exemple, celui qui, après avoir défendu avec chaleur, avec éloquence, un client dont il auroit gagné la cause, exigeroit ses honoraires d'une manière opposée à l'esprit de générosité & de désintéressement, qui est un des plus beaux attributs de sa profession, encourroit la peine de la *radiation*.

L'avocat qui, sous le voile de l'amitié, auroit l'imprudence de se charger d'une *procuration*, & de rendre des services au-dessous de son ministère, s'exposeroit au même jugement.

On useroit de la même sévérité envers celui qui seroit convaincu de s'intéresser dans des entreprises, dans des affaires incompatibles avec son état, ou qui contracteroit des engagemens qui mettroit sa liberté en péril.

Un des plus grands dangers auxquels un avocat soit exposé, c'est celui qui naît de la vivacité de son imagination, ou de l'excessive confiance qu'il donne à un client aveuglé sur sa cause, ou faux dans ses récits.

S'il anime son plaidoyer ou ses écrits par trop d'emportement, par un ton satyrique & injurieux, ou par des reproches déplacés, il court les risques de voir son nom retranché de la liste des défenseurs publics. Cependant, si l'on reconnoissoit qu'il a été lui-même trompé, qu'il étoit de bonne-foi, & que son zèle l'a emporté au-delà des bornes d'une sage modération, l'ordre ne le priveroit pas tout-à-coup de son état; ce ne seroit qu'autant qu'il se montreroit absolument incorrigible, que l'on se détermineroit avec regret à se séparer de lui.

Le ministère de l'avocat, comme on l'a très-sagement observé dans une consultation *sur la discipline des avocats*, n'est pas seulement nécessaire dans les tribunaux, où les droits des citoyens ne peuvent être défendus que par des hommes consacrés à l'étude des loix; la justice desire encore qu'il y ait des médiateurs entre elles & la partie, afin que le langage des passions n'y trouble pas la paix de son sanctuaire, & que les causes y soient présentées avec la décence qu'il convient d'observer dans les lieux où la majesté du prince ne cesse point de résider.

Lorsqu'un avocat met sur ses yeux le bandeau qui couvre ceux de sa partie, lorsqu'il ne se place entre le peuple & ses juges, que pour prêter aux haines, aux ressentimens de ses cliens, l'énergie de l'expression & la vivacité des images, il se rend indigne d'un ministère sacré; ses talens même deviennent un titre qui l'en écarte.

Quand on se connoît une imagination trop facile à s'enflammer & à épouser des passions étrangères, il faut s'abstenir des fonctions d'un état qui exige une circonspection sévère, plutôt que de courir le risque de faire à un honnête homme des blessures qui saigneront encore après que la justice aura rendu l'oracle qui le justifie.

Ces réflexions, aussi justes que noblement exprimées, ne peuvent être trop méditées par tous ceux qui se consacrent au barreau.

Quoiqu'il n'entre pas dans les principes de l'ordre de se livrer à des recherches trop exactes sur les mœurs privées des avocats, il n'en est pas moins vrai que celui qui se dégraderoit aux yeux du public par des habitudes viles & honteuses, devroit s'attendre, s'il étoit indocile aux réprimandes qui lui seroient faites, à être rayé du tableau. Cette *radiation* seroit plus prompte, s'il s'étoit déshonoré en contractant une alliance réprouvée par les mœurs.

Nous avons vu, il n'y a pas encore bien des années,

années, un avocat rayé du tableau, pour avoir essayé de combattre, dans une consultation, l'opinion fixée par nos loix sur la profession de comédien.

Le tableau des avocats étant, ou du moins devant être une liste de citoyens purs, laborieux, dignes de la confiance des plaideurs; l'avocat qui veut y voir son nom conservé, doit éviter tout ce qui peut compromettre son honneur & sa réputation : il ne peut pas apporter trop de soins dans le choix de ses liaisons & même de ses amusemens.

Une vertu sévère sied bien au défenseur de l'opprimé : elle dispose ses auditeurs à l'attention, elle rend ses efforts plus puissans, & communique une sorte de dignité à ses talens. *Voyez* FACTUM D'AVOCAT. (*Cet article est de M.* DE LA CROIX, *avocat au parlement.*)

RADVEU, (*Droit féodal.*) l'article 1 de la coutume de la salle de Lille, au titre *des actions & exceptions en matières personnelles*, donne ce nom à l'aveu qu'on fait de son seigneur, pour être renvoyé en sa jurisdiction, lorsqu'on est appellé dans une autre cour, en matière personnelle, & que le seigneur, son juge ou son fondé de procuration revendique la cause.

Ce privilège étoit très-important autrefois, puisqu'il avoit lieu même en matière criminelle. Mais l'article 35 de l'ordonnance de Moulins, de 1566, qui a été confirmé par les loix postérieures, règle que la « connoissance des délits appartiendra aux » juges des lieux où ils auront été commis, nonobstant que le prisonnier ne soit pris en flagrant » délit ». *Voyez* l'article JURÉE.

Au reste, la coutume de la salle de Lille exige, pour la validité du renvoi, qu'il soit demandé au nom du seigneur & par son justiciable tout-à-la-fois, avant la litis-contestation & la prise d'un délai péremptoire. Mais la nécessité de l'aveu de la part du justiciable, est contraire au droit commun & au principe de la patrimonialité des justices, suivant lequel le seigneur peut revendiquer ses justiciables & en obtenir le renvoi, quand même ils s'y opposeroient.

La coutume de la salle de Lille dit aussi *radveuer* ou *radvouer* pour faire l'aveu qu'elle exige. (*G. D. C.*)

RADVOUER. *Voyez* RADVEU.

RAFFÉAGER, c'est donner de nouveau, à titre d'afféagement, le domaine ci-devant afféagé, qui étoit rentré dans la main du seigneur. *Voyez* les articles AFFÉAGE & FÉAGÉ, & les observations de Hévin sur Frain, *arrêt 133, n. 3.* (*G. D. C.*)

RAGLORE, (*Droit féodal.*) en latin barbare, *raglorius*. Ce mot a été employé dans le droit anglo-normand, pour désigner un sénéchal ou prévôt, le juge d'une seigneurie. Des lettres données par Henri, prince de Galles, en faveur de son valet-de-chambre Guillaume Malbon, en 1408, & recueillies par Rymer, portent : « avons » donné & granté à l'avant-dit William, l'office » de *raglore* de les commotes de Generglyn & » Hannynyok, deinz notre comté de Cardygan, » & avoir à l'avant-dit William, ledit office pour » terme de sa vie, oresque les fées, gages & » profits, à l'avant-dit office d'ancien temps duez, » accustumez ».

Les Gallois ont dit *rhaglaw* dans le même sens, suivant Spelmann. *Voyez* du Cange au mot *Raglorium*. (*G. D. C.*)

RAIS, (*Droit féodal.*) ce mot se trouve au chap. 4 pour désigner le chef de la jurisdiction civile & ordinaire, que Godefroy de Bouillon conserva aux Syriens, pour juger les différends qui surviendroient entre eux. Il y est dit : « le » chevetaine d'icelle court est appellé *rais* en lor » langage arabic, & les autres jurés; & en aucuns » lieux dou royaume (de Jérusalem) a jurés de la » court des Suriens, & ni a point de *rais*. Mais » le bailli de la fonde de ce lieu est com *rais*, » & les plais des Suriens des querelles devant » dites viennent devant lui & sont déterminées » par les voies de celle court, enci comme devant » *le rais, qui vaut autant à dire en ce cas, com* » *visconte* ». *Voyez* au mot VICOMTE, ce qu'on dira des juges de ce nom.

Encore aujourd'hui, les Turcs appellent *rais* ou *reis effendi*, un magistrat dont l'office revient à celui de chancelier. (*G. D. C.*)

RAISON, s. f. (*en terme de Jurisprud.*) signifie quelquefois *un droit qui appartient à quelqu'un*, comme quand on dit, *noms, raisons & actions* : quelquefois *raison* est pris pour *justice*, comme quand on dit, *demander raison, faire raison*. Souvent *raison* est pris pour *compte*, c'est en ce sens que les marchands appellent *livres de raison*, ceux qui contiennent l'état de tout leur commerce, tant pour eux que pour leurs associés. *Voyez* ACTION, COMPTE, DROIT, JOURNAUX, LIVRES, MARCHAND, OBLIGATION. (*A*)

RALONGEMENT DE VILLE, (*Droit féodal.*) ce mot se trouve dans la coutume de Boulonnois. Il y désigne l'enclos joint à une maison de campagne. L'article 171 de cette coutume dit luimême *enclos ou ralongement de ville ou de jardins*. L'article 172 dit, dans le même sens, en ralongeant ladite ville.

On appelloit autrefois *ville* (*villa*) une maison de campagne. (*G. D. C.*)

RAMAGE, (*droit de*) on a ainsi nommé une redevance qu'on payoit au seigneur pour pouvoir prendre ou ramasser les branches d'arbres ou rameaux de ses bois.

On a aussi nommé *ramagium* en latin barbare, cette espèce d'usage dans les bois, & *ramageurs* les gardes des bois qui percevoient ce droit.

Enfin, la coutume de Bretagne donne le nom de *ramage* au *lignage* ou à la parenté, & une ordonnance de l'an 1301, rapportée au *tome 1* des preuves de l'histoire de cette province, a aussi employé ce mot pour désigner le parent lui-même. *Voyez* du Cange au mot *Ramagium*, dom Carpentier au même mot & au mot *Rameragium*.

On peut ajouter à ce qu'ont dit ces auteurs, que le mot de *ramage* a désigné la redevance qu'on payoit pour l'usage le plus étendu dans les bois, & non pas seulement pour celui des branches d'arbres. La chartre des libertés de Boesses, de l'an 1239, porte : « *& omnia nemora mea aperta* » *caperepoterunt*, ad omnia necessaria *sua facienda*, *ità* » *quod pro eisdem ramagium consuetum reddere tene-* » *buntur* ». *Voyez* cette chartre dans les anciennes coutumes de Berry par la Thaumassière, *pag.* 85. (*G. D. C.*)

RAMILLES, s. f. (*en terme d'Eaux & Forêts.*) signifie les menues branches d'arbres qui restent dans une vente, après qu'on en a tiré le bois de corde & les cotterets. Ces menues branches ne sont bonnes qu'à mettre dans les fagots ou bourrées.

RANDABLETÉ, (*Droit féodal.*) on a désigné par-là l'obligation de rendre ou de remettre un château ou une forteresse au seigneur à sa volonté. Le testament fait par Hugues, duc de Bourgogne, en 1314, porte que s'il meurt sans enfans, il remet à son cousin Odart, seigneur de Montaigu, « la jurableté & *randableté* dou chasteuil de Mon- » tagu ». *Voyez* dom Carpentier au mot *Reddibilitas* & l'article JURABLE.

RANSOURE, (*Droit féodal.*) dom Carpentier dit que ce mot est synonyme de *ressort*, & qu'il désigne l'étendue du domaine ou de la jurisdiction. Il cite en preuve au mot *Ressortum* de son *glossarium novum* l'extrait suivant d'une chartre de l'an 1256 pour la Champagne : « vinz livrées de terres qu'il » tient an som demoyne & *ransoures* & as appar- » nances ». (*G. D. C.*)

RAPINE, (*Droit féodal.*) c'est une espèce de droit qui n'est connu que par le passage suivant d'une chartre donnée en 1247, par Isabelle, comtesse de Chartres : *dedi etiam dictis monialibus* (Romorentinis) *quandam costumam quæ vocatur* la rapine, *quam habeo in eodem territorio, cum omni jure & dominio quæ ibi habui, retenta tamen mihi & hæredibus meis altâ justiciâ in eodem.*

Cette chartre se trouve parmi les preuves du tome 8 du *Gallia christiana*, *col.* 534. (*G. D. C.*)

RAPPEL, s. m. ce terme, *en droit*, a plusieurs significations différentes, & il y a diverses sortes de *rappels*.

Rappel de ban, c'est lorsque quelqu'un qui a été banni d'un lieu, y est rappellé, & qu'il a permission d'y revenir; ce *rappel* se fait par lettres du prince, qui ne peuvent être scellées qu'en la grande chancellerie; l'arrêt ou jugement de condamnation doit être attaché sous le contre-scel des lettres, faute de quoi les juges ne doivent y avoir aucun égard; ces lettres doivent être entérinées sans examiner si elles sont conformes aux charges & informations, sauf aux cours à représenter ce qu'elles jugeront à propos : si c'est un gentilhomme qui obtient de telles lettres, sa qualité de gentilhomme doit y être exprimée nommément, afin que les lettres soient adressées à qui il convient. *Voyez le titre 16 de l'ordonnance criminelle*, & le mot BANNISSEMENT.

Rappel par bourse, en Normandie, c'est le retrait lignager qui se fait d'un héritage en remboursant le prix à l'acquéreur; cette dénomination vient sans doute de ce que, pour parvenir au retrait, il faut faire offre de bourse, deniers, *&c.* c'est pourquoi l'on dit : rappeller par bourse l'héritage. *Anc. cout. de Normandie, ch. cxvj.*

Rappel de cause, ou plutôt *réappel*, est un second appel que le juge fait faire d'une cause à l'audience, soit que les parties ou leurs défenseurs ne se soient pas trouvés à l'audience lorsque la cause y a été appellée la première fois, ou que la cause ne fût pas en état; quand une cause est appellée sur le rôle & qu'elle n'est pas en état, on ordonne qu'elle sera réappellée sur le rôle dans le temps qui est indiqué. *Voyez* RÔLE.

Rappel de galères, est lorsqu'un homme condamné aux galères a permission de quitter & de revenir. Cette grace s'accorde par des lettres de grande chancellerie, de même que le *rappel* de ban, & ces lettres sont sujettes aux mêmes formalités. *Voyez rappel de ban* & le mot GALÈRES.

Rappel extra terminos, on sous-entend *juris*, est un *rappel* à succession qui est fait hors les termes de droit, c'est-à-dire, qui rappelle à une succession quelqu'un qui est hors les termes de la représentation. *Voyez* ci-après *rappel à succession.*

Rappel intra terminos, ou *intra terminos juris*, est un *rappel* à succession qui est fait dans les termes de droit, c'est-à-dire, qui n'excède point les termes de la représentation. *Voyez* ci-après, *rappel à succession.*

Rappel ou *réappel sur le rôle*. *Voyez* ci-devant *rappel de cause.*

Rappel à succession, est une disposition entre-vifs ou testamentaire, par laquelle on rappelle à la succession quelqu'un qui n'y viendroit pas sans cette disposition.

On distingue quatre sortes de *rappels* en fait de succession; savoir celui qui se fait dans le cas de l'exclusion coutumière des filles dotées; celui qui se fait dans le cas de la renonciation expresse des filles dotées; celui qui répare le défaut de représentation; enfin celui qui relève les enfans de leur exhérédation.

I. Le *rappel* qui se fait dans le cas de l'exclusion coutumière des filles dotées, est d'autant plus favorable que cette exclusion n'étant fondée que sur une présomption de la volonté de celui qui a doté, dès qu'il y a preuve qu'il a ordonné le contraire, sa volonté fait cesser la présomption de la loi.

Suivant la loi salique & la loi des ripuaires, le droit commun des François, regardoit les filles, comme inhabiles à succéder, tant qu'il y avoit des mâles. *De terrâ salicâ nulla portio cedit mulieri, sed ad sexum virilem tota terræ hæreditas pervenit.* Cependant dans ces temps-là même, la réclamation de la nature engageoit les pères à s'écarter de la disposition de la loi, & à rappeller leurs filles à leur succession. Ce fait nous est attesté par Marculphe, qui, dans ses formules, *liv.* 2, *chap.* 12, nous a conservé les clauses d'un acte par lequel un père en rappellant sa fille, traite la loi salique d'impie.

Aujourd'hui l'exclusion légale des filles à la succession de leur père & mère est bornée aux coutumes de Normandie, Auvergne, la Marche, Bourbonnois, Poitou, Touraine, Loudunois, le Maine, Anjou, Toulouse, Nivernois, Bretagne, Bourgogne & quelques autres. Mais toutes ces coutumes ne sont pas uniformes dans leurs dispositions.

En général le *rappel* doit être fait par les père, mère, aïeul, ou aïeule, étant les seuls qui soient obligés de doter leurs filles, & qui puissent les exclure des successions en les dotant, ce qui a été ainsi établi en faveur des mâles; il y a cependant des coutumes qui permettent aux frères de rappeller leur sœur qu'ils ont dotée, telle que la coutume d'Auvergne. Quelques-unes, comme celle du Maine, ne permettent pas le *rappel* à la mère, parce qu'elles ne lui donnent pas le pouvoir d'exclure sa fille en la dotant. Celle de Normandie autorise le père qui marie ses filles, à les réserver tant à sa succession qu'à celle de leur mère; mais celle-ci n'a pas le même pouvoir, & ne peut les rappeller qu'à sa propre succession.

Quand le père & la mère ont doté, soit conjointement ou séparément, & qu'il n'y a que l'un des deux qui fait le *rappel*, en ce cas ce *rappel* n'a d'effet que pour la succession de celui qui l'a ordonné.

Dans quelques coutumes, telles que Auvergne, Bourbonnois, le Maine & la Marche, ce *rappel* ne peut être fait que par le premier contrat de mariage de la fille; si c'est par quelque autre acte, il ne peut être fait que du consentement des mâles; dans les autres coutumes on peut faire le *rappel* par tel acte que l'on juge à propos, & sans le consentement des autres héritiers.

Le *rappel* de la fille vaut une institution contractuelle, de manière qu'en cas de prédécès de cette fille, il se transmet à ses enfans, quoiqu'ils ne soient pas aussi rappellés nommément.

Dans les coutumes où la seule dotation de la fille opère son exclusion des successions paternelles & maternelles, si le père mariant sa fille, lui donne en avancement d'hoirie, il est censé la réserver à succession; & lorsqu'en la dotant, il l'a fait renoncer aux successions directes, sans parler des successions collatérales, la fille n'est point exclue de celles-ci, parce que l'exclusion générale prononcée par la loi n'a plus lieu, dès que le père a parlé autrement.

L'effet du *rappel* des filles est différent dans ces mêmes coutumes d'exclusion, selon l'acte par lequel il est fait: si la réserve de la fille est parfaite par son premier contrat de mariage, la fille vient *per modum successionis*; mais la réserve faite par tout autre acte, n'opère pas plus qu'un simple legs, à moins que les frères n'aient consenti au *rappel*.

Le *rappel* est irrévocable dans les coutumes où il doit être fait par contrat de mariage, comme dans celles d'Auvergne & de Bourbonnois; au lieu que dans les coutumes où les filles mariées ne sont pas exclues de plein droit, le *rappel* est toujours révocable par quelque acte que ce soit.

Il y a dans les coutumes d'exclusion, une autre sorte de *rappel*, qu'on peut appeller *légal*, qui a lieu en faveur des filles qui étoient exclues, par le prédécès des mâles, ou lorsque les mâles ayant survécu, ont renoncé à la succession; il en est parlé dans l'article 309 de la coutume de Bourbonnois.

Pour ce qui est du *rappel* qui se fait dans le cas de la renonciation expresse des filles dotées, rien n'est plus favorable, puisque c'est un retour au droit commun, & que le *rappel* rétablit l'égalité entre tous les enfans.

Quelque autorité que le père ait dans sa famille, & que le mari ait sur sa femme, il ne peut pas faire pour elle le *rappel*: ce seroit faire pour elle un testament.

Par quelque acte que la mère rappelle ses filles à sa succession, elle n'a pas besoin de l'autorisation de son mari, parce que c'est une disposition qui touche sa succession. Il faut seulement excepter les coutumes qui requièrent expressément cette formalité, comme celles du duché de Bourgogne, de Nivernois & de Normandie.

Le consentement des frères n'est pas nécessaire, si ce n'est dans les coutumes d'exclusion qui requièrent ce consentement dans le cas d'une renonciation tacite, telles que Bourbonnois, Auvergne & la Marche; à plus forte raison est-il nécessaire dans ces coutumes, lorsque la renonciation est expresse.

II. Le *rappel* d'une fille qui n'est exclue qu'en conséquence d'une renonciation expresse, peut être fait par les père & mère qui ont stipulé la renonciation, soit par acte entre-vifs ou par testament & même par toutes sortes d'actes, parce qu'il n'exige aucune forme particulière. Les père & mère n'ont pas même besoin du consentement des frères, quoiqu'on pût dire en leur faveur, qu'ayant acquis par la renonciation de leur sœur, le droit de l'exclure des successions paternelle & maternelle, il ne devroit pas être au pouvoir des père & mère de la rappeller sans leur consentement. Cependant leur consentement est nécessaire, ainsi que nous l'avons dit plus haut, dans les coutumes d'exclusion légale, telles que Bourbonnois, Auvergne & la Marche, qui ne permettent le *rappel* que par contrat de mariage.

Les frères peuvent eux-mêmes faire le *rappel*, même avant que la succession du père commun soit ouverte. Mais dans ce cas, il n'est valable qu'autant qu'il est ratifié par le père, & il ne subsiste qu'autant que le père ne révoque pas le *rappel* par lui fait. Si au contraire le *rappel* fait par les frères n'a point été approuvé par le père, on le regarde comme contraire aux bonnes mœurs, & par conséquent comme nul.

Lorsque la fille a renoncé aux successions de ses collatéraux, ceux-ci peuvent sans contredit la rappeller eux-mêmes, ils n'ont pas besoin de l'intervention du père & de la mère, quoiqu'ils aient stipulé la renonciation : c'est ce qui a été jugé au parlement de Bordeaux par arrêt du 29 mars 1673, rapporté par la Peyrère.

La fille ainsi rappellée, vient à la succession de ses père & mère, comme héritière, & non comme simple légataire; en effet, le *rappel* levant l'obstacle qui l'empêchoit d'y venir, elle rentre dans ses droits, & elle est au même état que si elle n'avoit jamais renoncé, ce qui doit avoir lieu, soit que la fille ait renoncé purement & simplement, soit qu'elle ait renoncé au profit d'un frère; car le père qui peut stipuler une renonciation à la succession des frères même, peut bien rappeller d'une renonciation qui est faite à sa propre succession, quoiqu'en faveur des frères. Il est maître absolu sur sa famille, ou pour ôter, ou pour rendre à sa fille tout ce qui doit lui revenir de ses biens directement ou indirectement : c'est ce que décident les coutumes de Berri, *tit. 19*, *art. 35*; & d'Etampes, *art. 114*.

Ce principe a même lieu dans les coutumes, telles que Vitry, Nivernois, Meaux & Chaumont, qui interdisent l'institution d'héritier, au point qu'elle n'a pas même l'effet d'un legs; parce que, 1°. le *rappel* n'est point une institution; 2°. que la défense de ces coutumes ne concerne que les institutions testamentaires au profit des étrangers principalement, & non un *rappel* au profit d'une fille qui a renoncé.

III. Une troisième sorte de *rappel* est celui qui a pour objet de réparer le défaut de représentation. Pour savoir dans quelles coutumes il a lieu, il faut distinguer celles d'entre elles qui admettent la représentation, celles qui n'en font aucune mention, & celles qui la rejettent.

Dans les coutumes, telles que Paris & autres, qui admettent la représentation à l'infini en directe & en collatérale au profit des enfans des frères succédans avec leurs oncles frères du défunt, le *rappel* est inutile, n'ayant pas plus d'effet qu'un simple legs.

Le *rappel* est pareillement inutile dans les coutumes telles que celle de Valois, qui admettent la représentation entre les cousins-germains; car si on veut étendre la représentation au-delà, le *rappel* ne vaut que *per modum legati*.

Il seroit encore plus inutile de faire un *rappel* dans les coutumes qui admettent la représentation à l'infini, tant en directe que collatérale, puisque la loi même a pourvu à ce que l'on ordonneroit par le *rappel*.

Mais le *rappel* peut être utile dans les coutumes qui ne font aucune mention de la représentation en collatérale, comme celle de Meaux, & il est sur-tout usité dans celles qui rejettent formellement la représentation en collatérale, comme Senlis, Clermont, Blois, Montargis.

Enfin celles où il est le plus nécessaire, ce sont les coutumes où la représentation n'a lieu ni en directe, ni en collatérale, comme dans les coutumes de Ponthieu, Boulenois, Artois, Hainaut, Lille & Saint-Omer.

Ce *rappel* peut être fait par toutes sortes d'actes, lorsqu'il est *intrà terminos juris*, c'est-à-dire, lorsqu'il est dans les termes ordinaires de la représentation; mais quand il est *extra terminos*, il ne peut être fait que par testament, ou par le contrat de mariage des enfans du premier degré.

Le consentement des héritiers n'y est pas nécessaire, si ce n'est dans les coutumes qui le requièrent expressément; mais il faut toujours le consentement de celui *de cujus*; les héritiers ne pourroient pas autrement rappeller l'un d'entre eux à la succession.

Le *rappel* n'est pas sujet à acceptation, lors même qu'il est conçu en forme de donation entre-vifs; car c'est toujours une disposition à cause de mort.

Quand le *rappel* est fait par contrat de mariage d'un des enfans au profit des enfans qui naîtront du mariage, il profite aux enfans d'un autre fils, & de même celui d'un des petit-fils profite à tous les autres, parce que l'égalité est tellement favorable en directe, que l'on présume que le père ou aïeul qui l'a ordonné pour l'un, a eu aussi intention qu'elle auroit lieu pour tous, pourvu qu'il n'ait rien ordonné de contraire, lors du *rappel* qu'il a fait, ou depuis.

Mais cette communication de *rappel* n'a pas lieu en collatérale, à moins qu'il n'y ait quelque chose dans l'acte qui dénote que telle a été l'intention de celui qui disposoit.

Le *rappel intrà terminos* donne la qualité d'héritier; celui qui est *extrà terminos* ne fait qu'un legs, quand même il seroit fait par donation entre-vifs. De-là résultent deux conséquences, en faveur du rappellé *intrà terminos*, l'une qu'il est saisi de plein droit, & n'est pas obligé de demander à ses oncles & tantes la délivrance de sa portion; la seconde que le *rappel* n'est pas borné aux biens dont l'aïeul pouvoit disposer, soit entre-vifs, soit par testament, & qu'il s'étend à toute sa succession, même aux propres, quoiqu'inaliénables & indisponibles. Il y a même plus; la qualité d'héritier, que le *rappel* donne à celui en faveur de qui il est fait, le rend ce qu'il seroit dans les coutumes où la représentation a lieu, & par cette raison le rappellé doit profiter dans la succession de son aïeul du droit d'aînesse, qui auroit appartenu à son père, s'il eût survécu.

Le rappellé *extrà terminos* n'étant que simple légataire de la portion que le testateur lui a assignée, il n'en est point saisi, & il doit en demander la délivrance à l'héritier, qui peut même, en se tenant aux réserves coutumières, le restreindre aux biens dont la loi permet de disposer à cause de mort.

Le *rappel* est irrévocable, lorsqu'il a été stipulé dans un contrat de mariage, mais s'il a été fait par un testament, rien n'en empêche la révocabilité. Il est également révocable, lorsqu'il est contenu dans un acte entre-vifs, même dans une donation revêtue de toutes ses formalités, parce qu'un pacte sur une succession future n'est point obligatoire, & que ce principe ne souffre d'exception qu'en faveur des contrats de mariage, & de quelques autres actes dont nous avons parlé sous le mot INSTITUTION CONTRACTUELLE.

IV. Une quatrième espèce de *rappel* est celui qui a pour objet de relever les enfans de l'exhérédation. Son effet est de les rétablir dans la qualité d'héritier. Il peut être exprès ou tacite. Le *rappel* exprès se fait par testament, le tacite par tout acte où le père déclare, qu'il pardonne à son enfant qu'il avoit exhérédé. La réconciliation de l'enfant avec le père, suffit même pour opérer un *rappel* tacite. Mais le père en rappellant son fils, peut mettre quelques limitations au *rappel*. *Voyez* DONATION, EXHÉRÉDATION, HÉRITIER, LEGS, REPRÉSENTATION, TESTAMENT.

RAPPORT, s. m. (*en terme de Palais.*) signifie l'exposé que fait un juge ou un commissaire, soit en pleine chambre, soit devant un comité, d'une affaire ou d'un procès par écrit qu'on lui a donné à voir & à examiner. Cette partie est d'un usage bien plus fréquent, & a beaucoup plus d'étendue que n'en a aujourd'hui l'éloquence éteinte du barreau; puisqu'elle embrasse tous les emplois de la robe, & qu'elle a lieu dans toutes les cours souveraines & subalternes, dans toutes les compagnies, dans tous les bureaux, & dans toutes les commissions. Le succès de ces sortes d'actions, attire autant de gloire qu'aucun plaidoyer, & il est d'un aussi grand secours pour la défense de la justice & de l'innocence. Comme on ne peut traiter ici cette matière que très-légèrement, je ne ferai qu'en indiquer les principes sans les approfondir.

Je sais que chaque compagnie, chaque jurisdiction a ses usages particuliers pour la manière de rapporter les procès; mais le fond est le même pour toutes, & le style qu'on y emploie, doit par-tout être le même. Il y a une sorte d'éloquence propre à ce genre de discours, qui consiste à parler avec clarté, avec précision, & avec élégance.

Le but que se propose un rapporteur, est d'instruire les juges ses confrères, de l'affaire sur laquelle ils ont à prononcer avec lui. Il est chargé, au nom de tous, d'en faire l'examen, Il devient dans cette occasion, pour ainsi dire, l'œil de la compagnie. Il lui prête & lui communique ses lumières & ses connoissances; or, pour le faire avec succès, il faut que la distribution méthodique de la matière qu'il entreprend de traiter, & l'ordre qu'il mettra dans les faits & dans les preuves, y répandent une si grande netteté, que tous puissent, sans peine & sans effort, entendre l'affaire qu'on leur rapporte. Tout doit contribuer à cette clarté, les pensées, les expressions, les tours, & même la manière de prononcer, qui doit être distincte, tranquille & sans agitation.

J'ai ajouté qu'à la netteté il falloit y joindre de l'élégance, parce que souvent pour instruire, il faut plaire. Les juges sont hommes comme les autres, & quoique la vérité & la justice intéressent par elles-mêmes, il est bon d'y attacher encore plus fortement les auditeurs par quelque attrait. Les affaires, obscures pour l'ordinaire, & épineuses, causent de l'ennui & du dégoût, si celui qui fait le *rapport* n'a soin de les assaisonner d'un sel pur & délicat, qui sans chercher à paroître, se fasse sentir, & qui par une certaine grace réveille & pique l'attention.

Les mouvemens, qui sont ailleurs la plus grande force de l'éloquence, sont ici absolument interdits. Le rapporteur ne parle pas comme avocat, mais comme juge: en cette qualité, il tient quelque chose de la loi, qui, tranquille & paisible, se contente de démontrer la règle & le devoir; & comme il lui est commandé d'être lui-même sans passions, il ne lui est pas permis non plus de songer à exciter celles des autres.

Cette manière de s'exprimer, qui n'est soutenue ni par le brillant des pensées & des expressions, ni par la hardiesse des figures, ni par le pathétique des mouvemens, mais qui a un air aisé, simple, naturel, est la seule qui convienne aux *rapports*, & elle n'est pas si facile qu'on se l'imagine.

J'appliquerois volontiers à l'éloquence du rapporteur ce que dit Cicéron de celle de Scaurus, laquelle n'étoit pas propre à la vivacité de la plaidoirie, mais convenoit extrêmement à la gravité du sénateur, qui avoit plus de solidité & de dignité que d'éclat & de pompe; on y remarquoit avec une prudence consommée, un fond merveilleux de bonne-foi, qui entraînoit la créance. Ici la réputation d'un juge fait partie de son éloquence, & l'idée qu'on a de sa probité, donne beaucoup de poids & d'autorité à son discours.

Ainsi l'on voit que pour réussir dans les *rapports*, i lfaut s'attacher à bien étudier le premier genre d'eloquence, qui est le simple, en bien prendre le caractère & le goût, & s'en proposer les plus parfaits modèles, être très-réservé & très-sobre à faire usage du second genre, qui est l'orné & le tempéré, n'en emprunter que quelques traits & quelques agrémens, avec une sage circonspection, dans des occasions rares; mais s'interdire très-sévérement le troisième style; qui est le sublime.

Si les exercices des colléges étoient habilement dirigés, ils pourroient servir beaucoup aux jeunes-gens pour les former à la maniere de bien faire un *rapport*. Après l'explication d'une harangue de Cicéron, apprendre de bonne heure l'art d'en rendre compte, d'en exposer toutes les parties, d'en distinguer les différentes preuves, & d'en marquer le fort ou le foible, seroit un excellent apprentissage. On peut l'étendre à toutes sortes de sciences, & c'est un des moyens des plus utiles pour rendre un compte judicieux de bouche ou par écrit, de toutes sortes d'ouvrage. Un journaliste est un rapporteur des ouvrages des autres; la bonté & la fidélité de son *rapport* font son mérite. *Voyez* RAPPORTEUR. (*D. J.*)

RAPPORT, *en droit*, ce terme s'applique à différens actes, que nous allons indiquer.

Rapport d'ajournement, voyez *Rapport d'exploit*.

Rapport d'un appointement, c'est l'exposition du fait & des moyens d'une instance appointée, que le rapporteur fait aux autres juges. *Voyez* APPOINTEMENT, APPOINTÉ A METTRE, INSTANCE, PROCÈS, DÉLIBÉRÉ.

Rapport d'assignation, voyez *Rapport d'exploit*.

Rapport à la barre de la cour, voyez ci-après *rapport de cause*.

Rapport de cause, c'est le récit qu'un huissier fait à la cour, qu'il a appellé à la barre de la cour une telle partie & son procureur. Cela se pratique dans les causes qui sont au rôle, lorsqu'une partie demande un défaut à tour de rôle contre le défaillant. Celui qui préside avant d'accorder le défaut, dit: *faites appeller & rapporter:* alors on donne à l'huissier le sac ou dossier pour appeller le défaillant; l'huissier va à la barre extérieure de la cour, c'est-à-dire hors de la chambre, & appelle à haute voix le défaillant & son procureur. Il vient ensuite à la barre de la cour ou entrée du parquet, fait son *rapport*, en disant qu'il a appellé un tel & son procureur. Après quoi le président prononce: *la cour, après que la cause a été appellée & rapportée sur le rôle, a donné défaut*, &c.

Rapport en Chirurgie, voyez ci-après RAPPORT *de médecins & chirurgiens*.

Rapport de clerc ou *de greffier*, c'est l'analyse qu'un greffier fait d'un compte qu'il a examiné. Il en est parlé dans la coutume de Hainaut, *chap. 68*.

Rapport d'un délibéré, est l'exposition qu'un juge fait aux autres des faits & moyens d'une cause, dans laquelle on a ordonné un délibéré sur les pieces. *Voyez* DÉLIBÉRÉ.

Rapport d'enquête, est la remise de la minute d'un procès-verbal d'enquête, qui est faite au greffe & en la jurisdiction du juge de la cause, par l'enquêteur ou commissaire, pour le fait des enquêtes qui ont été ordonnées. *Voyez* ENQUÊTE.

Rapport en essence, ou *en espèce*, voyez ci-après *Rapport à succession*.

Rapport d'experts, est le procès-verbal dans lequel des experts font la relation de ce qu'ils ont vu & observé, & où ils donnent leur avis. *Voyez le mot* EXPERT.

Rapport d'exploit, c'étoit la relation que l'huissier ou sergent faisoit au juge de l'ajournement qu'il avoit donné. Le demandeur alloit devant le juge, & lui présentoit sa requête, le juge donnoit commission à l'huissier pour assigner; & celui-ci après avoir ajourné en faisoit son *rapport* verbal au juge. Ce *rapport* verbal de l'exploit se pratique encore dans les cas où les assignations verbales sont autorisées; telles que celles données par les sergens verdiers & les sergens *dangereux*, par les messiers, par les gardes-chasses dans les plaisirs du roi. *Voyez* ASSIGNATION & AJOURNEMENT.

En quelques lieux, comme à la Rochelle, on appelle encore l'exploit *le rapport de l'assignation*, parce qu'en effet cet exploit est le procès-verbal & le *rapport* de ce que l'huissier a fait près du défendeur, avec cette différence que ce *rapport* est par écrit, au lieu qu'anciennement il n'étoit que verbal.

Rapport ex post facto, est un *rapport* à succession qui n'a pas été fait dans le temps du partage, & qui se fait après coup, à cause d'un événement qui a fait cumuler à l'héritier des qualités incompatibles. *Voyez ci-après* RAPPORT A SUCCESSION.

Rapport de gardes-chasses, de garde d'eaux & forêts, de messiers, &c. est un procès-verbal fait par ces sortes de préposés, des délits qu'ils ont trouvés dans leur district. *Voyez* GARDE-CHASSE, GARDE DES EAUX ET FORÊTS, *&c*.

Rapport d'huissier ou *sergent*, voyez ci-devant *Rapport d'exploit*.

Rapport & hypothèque d'héritage, est une déclaration que l'on fait en justice de celui auquel l'héritage doit appartenir après le décès de celui qui en est actuellement possesseur, & ce pour la sûreté de quelque dette; ce que la coutume de Lille appelle *hostigement*. Voyez *la coutume de Cambray*, & *le gloss*. de Laurière, au mot *Rapport*.

Rapport des jurés est la même chose que *rapport d'experts*. Les jurés sont ici des experts; on les appelle *jurés*, parce qu'ils prêtent serment à justice. On pourroit aussi quelquefois entendre par ces termes *rapport de jurés*, les procès-verbaux que les jurés de quelque communauté font lors de leurs visites; mais c'est le commissaire ou l'huissier dont ils sont assistés qui fait le procès-verbal, & l'on ne se sert pas ordinairement du terme de *rapport* pour désigner cet acte.

Rapport en justice se dit de la représentation que quelqu'un est obligé de faire de certaines pieces devant les juges.

Rapport pour la légitime, est un *rapport* que les derniers donataires sont obligés de faire en faveur des enfans qui n'ont pas leur légitime. Ce *rapport* se fait jusqu'à concurrence de la légitime, & suivant l'ordre des donations, en épuisant d'abord la derniere, & remontant successivement aux autres. *Voyez* DONATION, LÉGITIME, RAPPORT A SUCCESSION.

Rapport de main pleine, dans la coutume d'Orléans, c'est lorsque l'on garnit la main de justice d'effets suffisans pour répondre de l'objet de la saisie, afin d'avoir la main-levée de ce qui étoit saisi. Ce terme est usité dans certaines coutumes, comme Orléans, *article 438*; Montargis, *chap. 18, article 2.*

Rapport de maître écrivain, est un *rapport* ou procès-verbal qui se fait par un maître écrivain nommé par justice à l'effet de vérifier quelque écriture ou signature. *Voyez* COMPARAISON D'ÉCRITURE, EXPERT.

Rapport des matrônes, est le procès-verbal que font les sages-femmes nommées par justice à l'effet de visiter quelque femme, fille ou enfant, & de reconnoître son état. *Voyez* MATRONE & SAGE-FEMME.

Rapport à la masse est la remise que l'on fait à la masse d'une succession, des effets que l'on a reçus en avancement d'hoirie. *Voyez* RAPPORT A SUCCESSION.

Rapport de médecins & chirurgiens, est le procès-verbal que des médecins & chirurgiens font ensemble ou séparément de l'état où ils ont trouvé un corps humain, vivant ou mort.

L'article premier du titre 5 de l'ordonnance criminelle du mois d'août 1670, a autorisé les personnes blessées à se faire visiter par les médecins & chirurgiens, qui sont tenus d'affirmer leur *rapport* véritable, & ce *rapport* doit être joint au procès.

Dans la suite, il a été créé, par édit du mois de février 1692, un médecin ordinaire du roi, & des chirurgiens jurés dans toutes les villes du royaume, pour faire, à l'exclusion de tous autres, les *rapports* qui doivent avoir lieu, tant en conséquence d'ordonnance de justice que de dénonciation des corps morts ou blessés.

Comme les acquéreurs de ces offices prêtent un serment de réception, ils sont dispensés d'affirmer la vérité de leur *rapport*; mais dans les endroits où la création de ces offices n'a point eu lieu, la vérité des *rapports* que peuvent faire les médecins ou chirurgiens ordinaires, doit nécessairement être affirmée.

Ces *rapports* sont indispensables dans les cas de blessures, de personnes trouvées mortes, de femmes accusées d'avoir défait leurs enfans, de viol, de poison, & d'autres crimes de pareille qualité.

Lorsqu'il s'agit de la grossesse d'une femme ou d'une fille, la visite en doit être faite par une matrône ou sage-femme. C'est ce qui résulte de l'article 23 du titre 25 de l'ordonnance criminelle.

Les médecins & les chirurgiens doivent rédiger leur *rapport* d'une manière claire & intelligible, & ne rien omettre de ce qui peut charger ou décharger l'accusé.

Les juges peuvent d'office, ou sur la requisition des parties, nommer des médecins ou chirurgiens pour procéder à un nouveau *rapport*, lorsque la matière y est disposée.

Un nouveau *rapport* s'ordonne assez souvent avant de statuer sur une seconde provision demandée par le plaignant, afin que les juges puissent la décerner en connoissance de cause.

On ordonne aussi un nouveau *rapport* pour constater l'état d'une personne blessée, qui est devenue dangereusement malade depuis le premier *rapport*, où il avoit été déclaré qu'elle seroit guérie dans peu de jours.

L'accusé peut aussi demander qu'il soit fait une nouvelle visite & un nouveau *rapport*, quand il craint que la première visite qui a eu lieu sans ordonnance de justice, n'ait été faite par un chirurgien suspect ou trop favorable au plaignant. Cette seconde visite ne peut pas être refusée, mais elle doit être faite aux dépens de celui qui la demande.

Le *rapport* doit être dressé & signé sur le champ, pour être remis au greffe & joint au procès, sans qu'il puisse être dressé aucun procès-verbal, à peine de cent liv. d'amende contre le juge, moitié envers le roi, & moitié envers la partie, ainsi qu'il résulte de l'article 2, titre 5 de l'ordonnance de 1670.

Rapport en moins prenant, est un *rapport* fictif qui se fait à la masse d'une succession, sans y remettre réellement l'effet que l'on rapporte, mais seulement en précomptant sur sa part ce que l'on a reçu. *Voyez* RAPPORT A SUCCESSION.

Rapport en mont commun se dit en Flandres pour *rapport* à la masse d'une succession. *Voyez* l'institution au droit belgique de Ghawiet, *pag. 247.*

Rapport de montrée & vue dans la coutume de Bretagne, signifie le *rapport* des experts qui ont visité un héritage ou quelque autre objet.

Rapport en nature est la même chose que *rapport en espèce* ou *en essence*, à la différence du *rapport* qui se fait en précomptant ou moins prenant. *Voyez* ci-devant, *rapport en espèce*, & ci-après, RAPPORT A SUCCESSION.

Rapport à partage, est la remise effective que l'on fait d'un bien à la masse, ou le compte que l'on en tient à la succession. *Voyez* RAPPORT A SUCCESSION.

Rapport de pièces, est la représentation que l'on fait des pièces que l'on doit communiquer ou remettre à quelqu'un.

Rapport de procès, est l'exposition que l'un des juges qui a été nommé rapporteur, fait aux autres juges, des procédures & pièces d'une instance ou procès. *Voyez* RAPPORT & RAPPORTEUR.

Rapport de sergent, est la relation qu'un sergent fait dans un exploit ou procès-verbal. *Voyez* l'édit de François I, en 1539, *art. 9*; les coutumes de Bourbonnois, Poitou, & autres, & le gloss. de Laurière, au mot *Rapport.*

Rapport solemnel. Quelques coutumes appellent

ainsi le procès-verbal qui est fait devant les gens de loi, pour la dessaisine ou le devêt qui est fait par le possesseur & propriétaire d'un immeuble, à l'effet qu'un autre qui l'a acquis de lui en soit vêtu & saisi. *Voyez* RAPPORT A LOI.

RAPPORT, (*Droit féodal.*) c'est le droit de suite en matière de dîme ou de terrage. Une chartre de l'an 1348, tirée du cartulaire 21 de l'abbaye de Corbie, *fol.* 325, porte : « lesquels religieux » ont leur droit d'avoir & emporter, ou faire » emporter la moitié de le disme des camps dessus » dits......., à cause de *rapport* qu'ils y ont, » touteffoys & quanteffoys qu'elles (*les terres*) » seront ahanées par les habitans de la ville de » Villers ».

On a dit *raportus*, *reportagium* & *reportus*, en latin barbare, dans le même sens. *Voyez* le *glossarium novum* de dom Carpentier sous ces différens mots. (*G. D. C.*)

RAPPORT & DÉNOMBREMENS, (*Droit féodal.*) on nomme ainsi, dans une partie de la Flandres, de la Picardie & dans l'Artois, les aveux & dénombremens des vassaux, & même quelquefois les déclarations que les hommes tenans en mainferme ou en coterie, sont obligés de fournir à leur seigneur. *Voyez* le glossaire du droit françois, où il faut lire *Boulonnois*, *art.* 51, & non pas *Bourbonnois*, *art.* 52. (*G. D. C.*)

RAPPORT A LOI, est un terme usité dans les coutumes d'Artois, de la châtellenie de Lille, de Hainaut & de Cambresis, pour désigner un acte de dessaisine, désléritance ou devêt.

L'article 175 de la coutume d'Artois indique trois manières d'acquérir hypothèque sur un bien-fonds, la mise de fait, la main-assise & le *rapport*. Nous avons parlé des deux premières sous les mots MISE DE FAIT & MAIN-ASSISE; ce que nous avons dit de la troisième sous les mots DEVOIR DE LOI & NANTISSEMENT, suffit pour en donner une idée complette, relativement à la province d'Artois.

Suivant l'article premier du titre 22 de la coutume de la châtellenie de Lille, on pouvoit hypothéquer les biens-fonds pour toute espèce de dettes & de rentes, par la voie de dessaisine, qu'il qualifie de *rapport & hostigement*. On pouvoit également hypothéquer les meubles par la même voie, mais pour de simples dettes; & dans ce cas, l'hypothèque n'avoit lieu qu'autant que les meubles se trouvoient en la possession du débiteur. Mais cet article n'est presque plus en usage, depuis le placard du 10 septembre 1591, par lequel Philippe II, roi d'Espagne, a attribué au scel du bailliage de Lille, la vertu d'hypothéquer généralement tous les biens des personnes obligées par contrats revêtus de son empreinte.

On connoît en Hainaut deux sortes de *rapports à loi*; l'un pour les meubles; l'autre pour les immeubles. Le *rapport* des meubles a été subrogé au nantissement, qui avoit lieu dans cette province avant la réformation des chartres.

Il faut pour le rendre valable, 1°. que le débiteur fasse connoître, en présence de trois gens de loi, ou échevins, déclare & montre à l'œil & au doigt, les meubles & les bestiaux qu'il rapporte; 2°. que le débiteur affirme par serment, que le rapport est fait à bonne & juste cause, léalement & sans fraude, & non pour frauder aucun tiers de ses droits ou créances; & que le créancier de son côté affirme qu'il ne connoît ni dol, ni fraude de la part du débiteur, & que si-tôt qu'il sera payé de tout ce qui lui est dû, il se désistera du *rapport*, & n'y prétendra plus rien.

Quoique dans le Hainaut, la manière la plus ordinaire d'acquérir hypothèque soient les œuvres & devoirs de loi, qui se reçoivent par les juges fonciers de la situation des biens, on s'y sert aussi du *rapport* d'héritages; mais la nature & les effets de cette hypothèque dépendent de la forme dans laquelle on passe les devoirs de loi.

Si le débiteur se déshérite simplement, & qu'en conséquence il n'intervienne de la part du bailli ou maïeur qu'une seule *conjure* ou *semonce*, pour faire déclarer, par les hommes de fiefs, échevins ou francs-alloëtiers, que la déshéritance est en règle; en ce cas, les devoirs de loi forment ce qu'on appelle proprement *rapport*.

Mais si après que le débiteur s'est déshérité, le créancier prend adhéritance ou saisine du bien, & que le bailli ou maïeur fasse deux *semonces*; l'une pour la validité de la déshéritance; l'autre pour la validité de la saisine; alors ce n'est plus un *rapport*, c'est une *hypothèque* proprement dite.

Ce n'est point que dans les deux cas le créancier n'acquière également un droit d'hypothèque sur l'héritage; mais il y a cette différence entre l'un & l'autre, que dans le premier l'hypothèque n'est considérée dans la personne du créancier que comme une espèce de *jus ad rem*, ou du moins comme un droit qui l'autorise seulement à se pourvoir sur le fonds même de l'héritage pour le paiement de sa dette; au lieu que dans le second cas, le créancier est réputé propriétaire de l'héritage jusqu'à concurrence de ce qui lui est dû, & y possède un véritable *jus in re*.

De cette différence, qui, pour être singulière n'en est pas moins constante, il en naît une seconde très-remarquable; c'est que dans le cas où le créancier n'a qu'un simple *rapport*, sa dette conserve sa personnalité, demeure mobilière, ne prend en un mot aucune teinte de droit réel; & que dans le second, au contraire, elle acquiert toute la réalité du bien-fonds, & devient non-seulement immeuble comme lui, mais encore féodale s'il est fief, mainferme s'il est tenu en censive, & allodiale s'il est tenu en franc-aleu.

La forme dans laquelle le créancier doit se pourvoir en cas de défaut de paiement, nous présente une troisième différence entre le *rapport à loi* & l'hypothèque l'hypothèque proprement dite. Dans le cas du *rapport*, la dette conservant la personnalité, quoique le débiteur l'ait assurée par l'affectation d'un immeuble, il est clair que le créancier doit avoir le choix d'agir par action réelle sur l'héritage rapporté, ou par action personnelle contre le débiteur. La loi 8, *C. de pignoribus*, & la loi 14, *C. de obligationibus & actionibus*, en contiennent des dispositions expresses, & elles sont suivies en Hainaut. Il en est tout autrement dans le cas d'hypothèque constituée par déshéritance & adhéritance : l'action du créancier est alors absolument réelle, & il ne peut la diriger que contre l'héritage même. C'est ce qu'ont jugé une foule d'arrêts, entre lesquels on remarque celui qui a été rendu au conseil souverain de Mons, le 7 octobre 1671, entre la veuve Bossu & Martin Sigault.

Il y a, dans la forme même de l'action réelle, une quatrième différence entre le *rapport* & l'hypothèque proprement dite. Dans tout le Hainaut, c'est par la *plainte d'exécution* ou par la *main-mise*, que l'on se pourvoit sur un héritage rapporté. L'une & l'autre voie est également ouverte en cas d'hypothèque, lorsqu'il s'agit d'un fief, d'un francaleu, ou de tout autre immeuble situé hors du chef-lieu de Mons. Mais s'il est question d'une main-ferme, régie par la coutume de ce dernier district, le créancier ne peut agir que par *main-mise*, ou par *plainte de rendue à nouvelle loi*.

La coutume de Cambresis distingue deux *rapports*, le simple & le composé. Pour entendre cette distinction, il faut savoir que le *rapport* peut avoir trois objets; 1°. la vente, l'échange, la donation d'un héritage; 2°. de l'hypothéquer; 3°. d'en disposer à cause de mort.

Dans le premier cas, le *rapport* est *composé*, parce qu'il faut, pour sa validité, non-seulement que le vendeur, échangiste ou donateur, se déshérite de son bien, mais encore que l'acheteur, le contre-échangiste, le donataire, en prennent adhéritance, ou soit censé l'avoir prise, pour avoir laissé passer quarante jours si c'est un fief, & un an si c'est une main-ferme.

Dans le second & le troisième cas, le *rapport* est simple, parce qu'il n'y intervient qu'un acte de déshéritance, & cela de la part du débiteur qui veut hypothéquer son bien, ou du testateur qui veut en disposer.

Le *rapport* d'hypothèque, qui par-tout ailleurs ne sert, en matière de rente, qu'à en assurer le paiement, est, en Cambresis, d'une nécessité indispensable pour la validité. Sans *rapport* & hypothèque spéciale, la rente est nulle, & les deniers qui ont été payés à titre d'arrérages, *se peuvent tourner en diminution & en paiement des deniers principaux*. Ce sont les termes de l'article 8 du titre 11.

Cette jurisprudence, dont l'origine est retracée au mot Rente, a introduit en Cambresis un *rapport* connu sous l'épithète de *subsidiaire*, & distingué par-là de celui que l'article 8 du titre 11 appelle *spécial*. On est parti, pour cela, de deux principes; l'un que les droits seigneuriaux ne se prennent que sur la valeur du fonds rapporté, lorsqu'elle est inférieure au capital de la rente; l'autre que ces droits ne peuvent être dus que pour le *rapport* spécial, le seul essentiellement requis par la coutume. En conséquence, dit M. Pollet, « on a inventé de donner pour hypothèque spéciale un fonds de petite valeur, & on donne » en *rapport subsidiaire* d'autres fonds suffisans pour » assurer pleinement la rente ». Par ce moyen, les droits seigneuriaux, qui ne se prennent point sur le *rapport subsidiaire*, sont considérablement diminués, & la condition du débiteur en est beaucoup moins à plaindre.

A l'égard de la seconde espèce de *rapport* simple qui a lieu pour les dispositions à cause de mort, c'est une maxime dans le Cambresis, que l'on ne peut disposer d'un immeuble sans le rapporter par déshéritance entre les mains des juges fonciers du lieu de sa situation. L'article 1 du titre 13 de la coutume de cette province y est formel.

On ne connoît qu'une exception à cette règle; c'est qu'un père & une mère n'ont pas besoin de *rapport à loi* pour disposer de leurs main-fermes entre leurs enfans : dès qu'ils le font conjointement, par forme de partage & en présence des échevins de leur domicile, l'acte est valable, même à l'égard des biens *situés en autres seigneuries*. C'est la décision expresse de l'article 4 du titre 14.

On a demandé si l'on pouvoit étendre cette exception aux fiefs; M. Desjaunaux, sur l'article que l'on vient de citer, est d'avis qu'on ne le peut pas; & son opinion a été confirmée par un arrêt du 5 avril 1705, qu'il a inséré dans son recueil, *tome 3*, §. *12*.

Il n'y auroit qu'un cas où la disposition testamentaire que des père & mère feroient d'un fief, pourroit avoir son effet; ce seroit celui où les enfans l'auroient approuvée; car, dit l'article 2 du titre 14, « quand un avis de père ou de mère, » est fait & accepté par les enfans, n'est besoin » en faire autres devoirs de réalisation ».

Une particularité remarquable dans les *rapports à loi* qui ont pour objet des dispositions de dernière volonté, est que les personnes au profit desquelles ils sont faits, sont obligées de prendre adhéritance des biens rapportés, *en dedans l'an après le trépas des rapportans; & qu'autrement, après ledit terme passé, tels rapports cessent & ne portent plus d'effet*. Il faut cependant en excepter les mineurs & les absens pour le service de l'état qui peuvent être relevés du défaut d'avoir pris adhéritance dans le terme que l'on vient de marquer.

La coutume s'est occupée particuliérement de la question de savoir si le droit résultant d'un *rapport à loi*, qui a pour objet une disposition à cause de mort, se transmet aux héritiers de la personne au profit de laquelle est fait ce *rapport*;

lorsqu'elle décède avant le testateur. Voici ce que décident là-dessus les articles 2, 3, 4 & 5 du titre 20 : « quand un simple *rapport* d'héritage est » fait par deux conjoints en main de loi, pour, » après leurs deux décès & du dernier vivant » d'iceux, appartenir à l'un ou aucuns particuliers » de leurs hoirs par avantage ou à quelques autres ; » si celui ou aucuns d'iceux au profit de qui est » fait tel *rapport*, viennent à décéder après le trépas » du premier mourant, & devant le trépas du dernier décédant desdits rapportans, délaissant enfans légitimes, iceux ne transmettent point le » droit dudit *rapport* à leurs hoirs.

» Mais si tel *rapport* est fait par deux conjoints » au profit de tous leurs enfans, & que l'héritage » rapporté soit acquêt commun desdits deux conjoints, les enfans qui ne survivent que l'un desdits conjoints, transmettent droit à leurs enfans » audit héritage en la moitié.

» Et si l'héritage ainsi rapporté par deux conjoints au profit de tous leurs enfans, est patrimoine ou acquêt seulement de l'un d'iceux conjoints, il suffit, pour avoir acquis en icelui par » les enfans plein droit & transmissible, de survivre leur père & mère, de qui ledit héritage » vient.

» Car par la vertu d'un *rapport* fait par deux » conjoints d'héritage patrimonial, ou acquêt de » l'un d'iceux, pour après leurs deux décès & » du dernier vivant d'eux deux appartenir à tous » leurs enfans, ou l'un ou aucun d'iceux, ou » quelque autre personne ; le survivant, de qui » ne vient pas tel héritage, ne doit jouir sa vie » dudit héritage, fors seulement aussi avant que » droit de ravestissement peut avoir lieu ». *Voyez* Entravestissement, Conditionner un héritage, Déshéritance, Devoir de loi, Mise de fait, Nantissement.

Rapport a succession, est la remise réelle ou fictive qu'un héritier fait à la masse, de quelque effet qu'il avoit reçu en avancement d'hoirie, pour être mis en partage.

Le *rapport à la succession*, à la masse ou au partage, n'est qu'une seule & même chose.

L'obligation de *rapport* a pour objet de maintenir l'égalité entre les héritiers, & sous ce point de vue, elle est très-favorable.

Cependant cette loi si équitable n'a pas toujours été pratiquée de même, & n'est pas encore partout uniforme.

Suivant la loi des douze tables, le *rapport* n'avoit point encore lieu : il ne fut introduit que par le droit prétorien, à l'occasion des enfans émancipés ; ceux-ci conservoient ce qu'ils avoient acquis, au lieu que les acquisitions faites par les enfans étant en la puissance du père, faisoient partie de sa succession, & conséquemment les enfans émancipés y avoient leur part. Le préteur, pour rendre la condition de tous les enfans égale, obligea les enfans émancipés qui viendroient à la succession du père avec ceux qui seroient en sa puissance, de rapporter leurs acquisitions. C'est la disposition de la loi première, au digeste *de collationibus*.

Mais les enfans émancipés n'étoient obligés à ce *rapport* que quand les enfans étant en la puissance du père auroient été lésés sans *rapport* : de sorte qu'il n'avoit pas lieu entre deux émancipés, quoique partagés inégalement, ni entre deux enfans étant en la puissance du père.

C'étoit encore un point de l'ancien droit, que l'enfant émancipé ne laissoit pas d'être tenu au *rapport*, quoique l'enfant étant en la puissance du père vînt à la succession à un titre différent, comme si l'émancipé demandoit la possession des biens *contra tabulas*, & que l'autre enfant institué héritier se tînt à cette qualité.

Les dots des filles n'étoient pas non plus sujettes à *rapport*, mais elles y furent assujetties par un édit de l'empereur Antonin-le-Pieux, inséré en la loi première, au digeste *de collat. dotis*.

L'empereur Léon ordonna la même chose pour la donation à cause de noces.

Par le dernier droit, tous les enfans qui se portent héritiers, ou qui obtiennent la possession des biens, sont obligés au *rapport*, soit que les émancipés viennent entre eux, soit qu'ils viennent avec d'autres enfans qui sont sous la puissance du père, soit que le partage se fasse entre des enfans qui soient tous sous la puissance du père ; mais l'enfant émancipé ne rapporte plus que les biens profectices, & non les biens adventices, si ce n'est quant à l'usufruit ; le père ne gagnant plus que l'usufruit de ces biens adventices sur les enfans qui sont en sa puissance.

Enfin, par l'ancien droit, le *rapport* ne se faisoit que dans les successions *ab intestat*, & non entre les enfans héritiers institués, à moins que le père ne l'eût ordonné par son testament, parce que le *rapport* ne se fait point entre étrangers, & que les enfans institués héritiers succédoient comme des étrangers ; mais par la novelle 18, les enfans rapportent toujours, soit qu'ils viennent *ab intestat*, ou en vertu du testament, à moins que le père n'ait expressément défendu le *rapport*, ou qu'on ne puisse induire le prélegs des termes du testament.

Telle est, sur cette matière, le dernier état de la jurisprudence romaine ; & les provinces du royaume qui se gouvernent par le droit écrit, s'y sont conformées sans difficulté ni restriction, & elles ne connoissent point d'autres loix sur le *rapport*, que les règles qu'elles y ont puisées.

Pour ce qui est des coutumes, leurs dispositions ne sont pas uniformes sur cette matière.

Celles de la gouvernance de Douai, d'Artois & de Valenciennes rejettent entiérement le *rapport*. On peut mettre dans la même classe, celle du Hainaut, quoiqu'elle n'ait à cet égard aucune disposition précise ; mais tel est son esprit & l'usage constant de la province.

Les états d'Artois ont demandé l'abrogation de l'article 148 de leur coutume, qui rejettoit le *rapport*, & par édits des mois de mars 1774, & août 1775, le roi a ordonné qu'à l'avenir dans toute l'étendue de cette province, nuls enfans & petits-enfans ne pourroient venir à la succession de leurs pères, mères, aïeuls & aïeules, ou autres ascendans, qu'en rapportant ce qu'ils auroient eu ou reçu en avancement d'hoirie ou autrement, ou en prenant moins, si lesdits pères & mères, aïeuls & aïeules, ou autres ascendans n'avoient expressément disposé au contraire par l'acte de donation ou par testament.

Quelques coutumes, comme celles de Nivernois, Bourbonnois & Berry, permettent au père de défendre le *rapport*: de sorte que dans ces coutumes, quand la donation est faite entre-vifs, par préciput & avec dispense de *rapport*, le donataire ne laisse pas de venir à la succession sans rapporter.

D'autres coutumes, comme celle de Laon, portent que le *rapport* ne peut être défendu.

Dans les coutumes qu'on appelle *coutumes d'égalité parfaite*, telles qu'Anjou & Maine, le renonçant même est obligé au *rapport*.

Enfin, il y a d'autres coutumes qui sont aussi d'égalité, mais non pas d'égalité parfaite, comme celle de Paris, où les enfans venant à succession, sont obligés au *rapport*, quand même le père les en auroit dispensés par la donation. Mais dans ces coutumes, l'enfant peut demeurer donataire entre-vifs, ou être légataire, quoiqu'il ait plus que sa part afférente; il peut aussi demeurer donataire, & être légataire jusqu'à concurrence de ce qu'il est permis de disposer: le tout sauf la légitime des autres enfans.

Ainsi, les enfans qui ne viennent à la succession qu'en vertu d'un testament, ne sont point obligés de rapporter entre eux, à moins que ce ne fussent des enfans rappellés à la succession dans les cas où le rappel donne la qualité d'héritier. *Voyez* RAPPEL.

L'obligation de rapporter n'a lieu qu'en directe, & non en collatérale, si ce n'est dans quelques coutumes singulières, comme Chauny, Maine, Anjou, Touraine & Bourbourg. Quoique la coutume de Normandie ne contienne point de disposition semblable, on y juge cependant que le *rapport* doit avoir lieu en collatérale: c'est ce que nous apprend Basnage sur l'article 434 de cette coutume.

Celle de la Rochelle ordonne le *rapport* en ligne collatérale, mais seulement pour des biens particuliers, tels que les propres.

Nous venons de dire que par le droit commun, le *rapport* n'a lieu qu'en *ligne directe*, mais doit-on entendre par ces termes que les ascendans sont obligés de rapporter à la succession de leurs enfans, les donations qu'ils en ont reçues? Les coutumes qui admettent le *rapport* n'ont aucune disposition à cet égard, & l'on décide, d'après les loix romaines, que le *rapport* n'est dû que dans la ligne directe descendante; & que les ascendans n'y sont point obligés.

Dans les cas où on succède par souches, & non par têtes, comme cela a toujours lieu en directe, le *rapport* se fait aussi par branches; de manière que si, dans une branche composée de plusieurs petits-fils, quelques-uns qui sont donataires entre-vifs renoncent à la succession, & si les autres se portent héritiers, ces derniers sont obligés de rapporter pour les renonçans; ce qui paroît un peu dur, puisqu'on leur fait rapporter ce qu'ils n'ont pas reçu; mais aussi la part des renonçans accroît à leur profit, & ils doivent prendre le bénéfice avec les charges.

Les créanciers, le fisc, & le seigneur haut-justicier qui succède par déshérence ou autrement, ne peuvent pas obliger au *rapport*, attendu qu'ils ne peuvent pas opposer l'incompatibilité des qualités d'héritier & de légataire ou donataire.

§. 1. *Des avantages sujets à rapport.* On doit regarder comme une règle générale sur cette matière, que tout ce qui s'impute sur la légitime, est sujet à *rapport*. Ainsi, toute dot constituée par un ascendant à sa fille ou à sa petite-fille, y est sujette; il en est de même de toute donation gratuite, directe ou indirecte, expresse ou tacite, en meubles ou immeubles, sous quelque forme qu'elle ait été faite, même une donation faite à une personne interposée pour la rendre au fils, pourvu que l'interposition soit prouvée par l'acte, ou par un concours de circonstances propres à la faire présumer.

On soumet également au *rapport* tous les avantages qu'un père fait à son fils par tout autre acte que celui de donation. Ainsi, quand le père a fait à son fils une vente à vil prix, ou qu'il a payé pour lui le prix de quelque acquisition, qu'il a exercé pour lui un retrait, qu'il a fait des impenses & améliorations sur les biens de son fils, tout cela est sujet à *rapport*. Il en est de même lorsque le père passe à son fils une reconnoissance simulée, lorsque par une transaction sur un compte de tutèle, il se reconnoît débiteur d'une somme qu'il ne doit pas effectivement, lorsqu'un père marié deux fois, par le partage de sa première communauté, sacrifie en faveur des enfans du premier lit, des reprises qu'il avoit droit d'exercer à leur charge.

Il faut cependant remarquer que tous les actes d'un père ou d'une mère, dont quelqu'un de leurs enfans ressent quelque avantage, ne sont pas sujets à *rapport*; il n'y a que ceux pour lesquels les père & mère font passer quelque chose de leurs biens à quelqu'un de leurs enfans par une voie couverte & indirecte. C'est ce qui résulte de l'idée même que renferme le terme de *rapport*; car *rapporter* signifie remettre à la masse des biens du donateur quelque chose qui en est sorti; on né-

peut pas y remettre, y rapporter ce qui n'en est pas sorti; donc il ne peut y avoir lieu au *rapport*, que lorsqu'un père ou une mère ont fait sortir quelque chose de leurs biens, qu'ils ont fait passer à quelqu'un de leurs enfans. Ce principe est conforme à la loi 5, §. 13, *D. de donationibus inter virum & uxorem*, qui décide que le mari qui renonce à une succession pour la faire passer sur la tête de sa femme, soit comme substituée vulgairement, soit comme héritière *ab intestat*, ne contrevient pas à la prohibition des avantages entre conjoints, & cela, dit-elle, parce qu'il ne donne rien, & qu'il omet seulement d'acquérir. Ainsi, lorsqu'une mère renonce à la succession d'un frère unique, dans laquelle il y a beaucoup de fiefs, & que, par ce moyen, ses enfans mâles excluent les filles, les mâles ne seront point obligés envers leurs sœurs, lors du décès de leur mère, au *rapport* de cet avantage indirect, parce que la mère ne leur a rien donné de son patrimoine, que la la succession à laquelle elle a renoncé ne lui a jamais appartenu, & que ce n'est point d'elle, mais de leur oncle, que ses enfans la tiennent.

Peut-on appliquer le même principe à l'avantage que ressentent les enfans d'un second lit, de la renonciation faite par leur mère à une communauté opulente qui existoit entre elle & leur père?

Brodeau, sur Louet, *lettre C*, §. 30, rapporte un arrêt du 27 janvier 1618, qui a préjugé pour l'affirmative, en décidant « qu'une mère ne pouvoit pas être contrainte par ses enfans du premier lit, d'accepter la communauté de son second mari, quoique riche & opulente, & qu'ils offrissent bailler bonne & suffisante caution de l'acquitter & indemniser de l'acceptation, soutenant que c'étoit un avantage indirect qu'elle vouloit faire à ses enfans du second lit, à leur préjudice ».

Brodeau regarde cet arrêt comme décisif sur cette question, & en conclut que la gratification dont il s'agit n'est point un avantage indirect, réprouvé par la coutume.

Pothier avoit pensé de même dans ses notes sur la coutume d'Orléans, *tome 3, section 6, art. 3*, §. 1. « Les enfans du second lit, disoit-il, sont censés tenir de leur père le total des biens de cette communauté; leur mère, qui y a renoncé, est censée n'y avoir jamais eu aucune part; d'ailleurs, la femme, en ce cas, use du droit qu'elle a de choisir le parti de l'acceptation ou de la renonciation à la communauté. On doit présumer que le parti qu'elle prend, est celui qu'elle juge lui convenir le mieux, plutôt que de supposer en elle la volonté d'avantager ses enfans du second lit; & ce seroit donner lieu à des procès, si les enfans du premier lit étoient admis à discuter les forces de la deuxième communauté, & l'intention qu'a pu avoir leur mère en y renonçant ».

Mais, dans son traité des successions, il trouve beaucoup de difficulté à décider contre le *rapport*; & il faut convenir que ses nouvelles raisons combattent bien avantageusement celles dont il appuyoit sa première opinion. « On peut dire (ce sont ses termes) que la femme avoit un vrai droit en la communauté, qui, par sa renonciation, a passé d'elle à ses enfans; que le mari, en contractant communauté avec sa femme, a contracté l'obligation de lui accorder part dans tous les biens de la communauté lors de sa dissolution; que ses biens sont passés à ses enfans *cum eâ causâ*, avec cette obligation; qu'il en résultoit un droit au profit de la femme contre les enfans; que la femme, en renonçant à la communauté, leur a fait passer ce droit par la remise qu'elle leur en a faite, & que c'est par conséquent un avantage sujet à *rapport*, comme l'est celui qu'un père créancier de son fils feroit à son fils en lui remettant ce qu'il lui doit. La femme qui renonce à la communauté ressemble, en quelque façon, à un associé en commandite qui abandonne sa part dans la société, pour être quitte des dettes. Certainement si un père associé en commandite avec son fils lui abandonnoit sa part dans une société manifestement opulente, on ne pourroit pas disconvenir que ce ne fût un avantage sujet à *rapport*; on doit dire de même que l'abandon que fait la mère à ses enfans de sa part en une communauté avantageuse, par la renonciation qu'elle a faite à la communauté, est un avantage sujet à *rapport*. Cette espèce-ci est bien différente de la précédente; lorsque le père, co-légataire d'un héritage avec son fils, répudie le legs, on ne peut pas dire qu'il fasse passer à son fils la remise d'un droit qui lui appartient; car on ne peut remettre qu'à son débiteur; ce n'étoit pas son fils, son co-légataire, qui étoit son débiteur de l'héritage qui lui a été légué. Mais dans cette espèce-ci les enfans sont comme débiteurs envers leur mère de sa part dans les biens de la communauté de leur père; en renonçant à leur communauté, elle leur fait passer le droit qu'elle avoit en leur en faisant remise ».

Doit-on regarder comme avantage sujet à *rapport*, celui que fait une femme à ses enfans du second lit, en acceptant la communauté du second mariage, quoique mauvaise, & se privant par-là de la reprise de son apport? Cette question dépend des mêmes principes que la précédente, dont elle est l'inverse : aussi Pothier, dans son commentaire sur la coutume d'Orléans, avoit-il décidé contre le *rapport*, « parce que la mère ne pouvant avoir le droit de reprendre son apport qu'au cas de renonciation à la communauté, n'y ayant pas renoncé & l'ayant au contraire acceptée, elle n'avoit jamais eu ce droit; que, ne l'ayant jamais eu, on ne pouvoit pas dire qu'elle en eût libéré ses enfans, qu'elle leur en eût fait passer la libération; & que par conséquent ne leur ayant fait passer aucune chose, il ne pouvoit y avoir lieu au *rapport* ».

Mais dans son traité des successions, Pothier oppose à cet avis des raisons de douter qui rendent la question très-difficile. « La femme, dit-il, a véritablement eu cette créance de reprise de son apport, quoiqu'elle dépendît de la condition de sa renonciation à la communauté qui n'a pas existé; car cette condition étant une condition potestative, il ne tenoit qu'à elle qu'elle existât, & par conséquent il ne tenoit qu'à elle d'exercer cette reprise; elle en avoit donc le droit; & c'est, en quelque sorte, une remise qu'elle a faite de ce droit à ses enfans, en faisant volontairement manquer la condition par son acceptation d'une communauté évidemment mauvaise ».

Les pensions, alimens & entretien fournis aux enfans, ni les livres, & ce qui a été dépensé pour leur instruction & éducation, tout cela n'est point sujet à *rapport*; mais une bibliothèque le seroit.

On ne rapporte pas non plus les habits nuptiaux, frais de noces, mais seulement le trousseau de la fille.

Les étrennes & petits présens, les deniers donnés au mineur qui les a dissipés, ceux même que le père a donnés au majeur pour le jeu, ne sont pas rapportables.

Les offices vénaux, soit de judicature ou de finance, sont sujets à *rapport*, & à plus forte raison les offices domaniaux; mais ceux de la maison du roi ne se rapportent pas, parce qu'ils sont considérés comme des graces personnelles, & non comme des biens héréditaires, à moins que le père n'ait déboursé quelque chose pour en faire pourvoir son fils.

On ne peut pas obliger l'enfant de rapporter l'office même, il suffit qu'il en rapporte le prix.

L'enfant est aussi obligé de rapporter ce qui a été dépensé pour lui donner un état, comme pour le faire promouvoir aux ordres, le faire recevoir docteur dans quelque faculté, ou avocat, ou pour le faire recevoir maître dans quelque métier. Il en est de même de ce que le père auroit payé, soit pour la rançon de son fils, prisonnier de guerre, soit pour une amende ou réparation civile, à laquelle il auroit été condamné.

Il est constant que les dispositions de dernière volonté ne se rapportent pas à la succession de celui qui les a faites. En effet, ou la coutume autorise le concours des qualités d'héritier & de légataire, ou elle le défend. Au premier cas, on rentre dans le droit romain, qui dispense formellement les legs, prélegs & autres libéralités testamentaires de la loi du *rapport*: dans le second, les dispositions de dernière volonté sont anéanties par l'acceptation que fait l'héritier de la succession du testateur, & ne peuvent conséquemment faire la matière d'un *rapport* quelconque, à moins qu'il ne s'agisse d'un legs fait par un aïeul à son petit-fils, parce que le père doit tenir compte à ses co-héritiers, de ce que son fils reçoit de la succession.

Les obligations à titre onéreux, & les actes de commerce que le fils passe avec son père, ne donnent ouverture au *rapport* que lorsqu'il s'y trouve, de la part du second, une intention expresse ou tacite d'avantager le premier, & qu'en même temps il sort par ce moyen, quelque chose du patrimoine de l'un, pour entrer dans celui de l'autre. Ainsi, si un fils se met en société avec son père, & tire de-là un profit quelconque, il ne sera pas tenu de le rapporter.

C'est un principe général, que l'avantage dont le fils est redevable à la disposition de la loi, quoiqu'occasionné par le fait du père, n'est point sujet à *rapport*. Ainsi, lorsqu'un père, après la mort de sa seconde femme, néglige de faire inventaire, & demeure par conséquent en continuation de communauté avec ses enfans de deuxièmes noces, il est bien certain qu'il leur fait en cela un avantage; mais outre que par-là il ne leur fait rien passer de ce qui lui appartient, & omet seulement de faire sien le total des choses qu'il acquiert en commun avec eux, on voit clairement que cet avantage est moins un bienfait de sa part, qu'une peine de sa négligence, & dès-lors on ne peut obliger les enfans qui en profitent, à le rapporter. Brodeau sur M. Louet, *lettre C*, §. 30, rapporte deux arrêts qui l'ont ainsi jugé. Il ne date point le premier; mais le second est du 2 mai 1626.

Suivant le même principe, lorsqu'un père fait commuer en censive des terres qu'il tenoit en fief, quoique cette commutation produise un avantage pour ses puînés & rende leur portion dans ces terres plus considérable qu'elle n'auroit été, si elles eussent conservé leur nature féodale, néanmoins on ne peut pas dire qu'ils soient obligés de rapporter cet avantage à leur aîné; & réciproquement, si des rotures ont été commuées en fief par le père, l'aîné en profite sans charge de *rapport*. Le père peut, de son vivant, faire de ses biens tout ce qu'il lui plaît; l'état où ils se trouvent à sa mort, est le seul auquel on doit faire attention pour en régler le partage; si les changemens qu'ils ont éprouvés rendent meilleure la condition d'un des enfans, c'est à la loi seule qu'il doit cet avantage, & il ne peut être tenu de le rapporter.

Il en est de même, à plus forte raison, si le père, au lieu d'acheter des rotures, d'acquérir des rentes, ou de conserver son argent dans ses coffres, fait des acquisitions en fiefs, & par ce moyen augmente la portion héréditaire de son aîné.

§. 2. *A quelle succession le rapport doit-il être fait?* Cette question est simple, & elle se décide d'un seul mot. Le *rapport* tend à établir l'égalité entre les héritiers de celui qui a donné, ainsi c'est à la succession du donateur qu'il doit se faire.

Par-là se résout une difficulté assez fréquente. Lorsqu'un père a donné à l'un de ses enfans un effet de la communauté qui existoit entre lui & sa femme, mère du donataire, est-ce à sa succession seule que doit s'en faire le *rapport*? Il faut distinguer si la femme a parlé dans la donation, & conséquemment si elle a donné conjointement avec son mari, ou non.

Au premier cas, la donation doit être rapportée, moitié à la succession du père, & moitié à celle de la mère. Il n'importe alors que la femme accepte la communauté, ou qu'elle y renonce: dans une hypothèse comme dans l'autre, il est vrai de dire qu'elle a donné, & cela suffit pour nécessiter le *rapport* à son égard. La chose est d'ailleurs d'autant plus sensible, qu'elle est obligée, en renonçant à la communauté, de tenir compte à son mari de la moitié de ce qu'ils ont donné conjointement.

Dans le second cas, le mari donne comme chef de la communauté, & par conséquent la femme est censée donner avec lui jusqu'à concurrence de la part qu'elle a dans la chose. Aussi le donataire sera-t-il tenu d'en rapporter la moitié à sa succession, si elle accepte la communauté. Mais par la raison contraire, si la femme renonce, elle sera censée n'avoir rien donné; la communauté seule sera considérée comme donatrice; & comme elle appartiendra en totalité au mari, ce sera à la succession du mari seul que la chose donnée devra se rapporter.

Supposons qu'au lieu d'un effet de la communauté, on ait donné un bien propre à l'un des conjoints; dans ce cas, si le bien appartenoit au mari, & que le mari ait parlé seul dans la donation, il est évident qu'il doit être considéré comme seul donataire, & que le *rapport* doit se faire pour le total à sa succession; mais si le mari & la femme ont donné conjointement, le *rapport* se fera pour moitié à la succession de l'un, & pour moitié à la succession de l'autre: car, dit Pothier, le mère est censée avoir donné comme le mari, & elle lui doit pour cela la moitié du prix de l'héritage qu'il a fourni pour la donation qu'ils se proposoient de faire en commun.

Pareillement, continue le même auteur, lorsque la donation consiste dans un héritage propre de la mère; si c'est elle seule, autorisée de son mari, qui l'a donné, le *rapport* doit s'en faire pour le total à sa succession: si c'est son mari & elle qui ont donné, le *rapport* s'en fera pour moitié à chaque succession, & le mari sera débiteur envers sa femme de la moitié du prix de l'héritage que la femme a fourni pour la donation qu'ils ont faite en commun.

Cette doctrine est incontestable dans la théorie; mais elle présente dans la pratique, des inconvéniens qui doivent la faire modifier un peu. Le Brun distingue fort judicieusement le cas où la mère décède la première, de celui où le mari survit à sa femme.

Lorsque la mère est décédée la première, & que, commençant par un partage de communauté, on a fait valoir à la succession de la mère le remploi de la moitié du propre qu'elle avoit donné, il est clair, d'après le principe de Pothier, que le donataire ne doit rapporter à cette succession que l'autre moitié de ce même propre. Mais si la succession de la mère n'a point été récompensée, le *rapport* doit y être fait en totalité, parce que, dit le Brun, « il n'est pas juste d'obliger des co-héritiers de » poursuivre un remploi, tandis que l'un d'eux » a dans ses mains le propre de la succession. Et » de fait, si le père étoit insolvable, il seroit vrai » de dire, qu'encore que le père & la mère eussent donné conjointement, néanmoins toute » donation se trouveroit faite aux dépens de la » mère.... Et quoique le père soit solvable, il est » encore de l'ordre, que les biens du côté du » père suivent la succession du père, & ceux du » côté de la mère, celle de la mère, pourvu que » ces biens soient existans, c'est-à-dire, qu'ils soient » dans la succession, ou dans les mains des héritiers qui sont tenus de les rapporter: car ce » sont toujours des biens du côté de la mère ». Nous trouvons même six coutumes; savoir, Sens, *article 88*; Bar, *article 134*; Auxerre, *article 245*; Troyes, *article 142*; Vermandois, *article 93*; & Nivernois, *chapitre 27*, *article 10*, qui décident généralement, que si la chose donnée étoit du propre des père ou mère, elle se rapportera entièrement en la succession de celui duquel elle procède. Il ne paroît cependant pas que l'on doive prendre ce texte à la lettre; la raison veut qu'on les restreigne au cas où la succession de la mère n'a pas été récompensée: les étendre plus loin, ce seroit donner lieu à des circuits d'actions & de recours inutiles; d'ailleurs, ils ne peuvent être mieux interprétés que par l'article 318 de la coutume de Reims, qui confirme positivement notre distinction. En voici les termes: « si l'héritage » donné est du naissant de la mère, & elle en est » récompensée, se rapportera tel héritage, moitié » à la succession du père, & moitié à la succession de la mère; & si elle n'a été récompensée, » ledit héritage se rapportera à la succession de la » mère seulement ».

Si le père est décédé le premier, nul doute que le donataire ne doive rapporter à sa succession la moitié du propre maternel. La raison en est, dit le Brun, que le remploi de la mère, dont le propre a été aliéné, prévient en ce cas le *rapport* qui doit être fait un jour à sa succession. J'estime même, continue cet auteur, qu'il en doit être ainsi dans les coutumes de Sens, d'Auxerre, de Troyes, de Laon, de Bar & de Nivernois, & que leur disposition doit s'entendre au cas que celui dont procède le propre, prédécède; car s'il survit, & qu'il récupère par son remploi la moitié de son propre, quelle apparence de ne pas obliger la fille donataire de rapporter la moitié de la valeur du propre à la succession échue, qui a payé cette moitié, ou qui la doit acquitter actuellement en payant le remploi dû au survivant?

Le petit-fils doit-il rapporter à la succession de son père la donation qui lui a été faite par son aïeul paternel? Si l'on s'attachoit au principe que le *rapport* est dû à la succession de celui qui a donné, il ne pourroit y avoir aucun doute sur la négative. Mais il faut distinguer : ou le père, lorsque s'est ouverte la succession de l'aïeul, avoit des cohéritiers, ou il n'en avoit point.

Dans le premier cas, il est clair (au moins dans les coutumes où le père rapporte à la succession de l'aïeul ce que celui-ci a donné aux petits-enfans) que le fils doit à la succession du père le *rapport* de la donation faite par l'aïeul, puisque le père, en rapportant lui-même à la succession de l'aïeul, est censé l'avoir prise sur son compte & être devenu donateur à la place de l'aïeul.

Il ne faut pas même excepter indistinctement de cette décision le cas où le père renonceroit à la succession de l'aïeul; car si la renonciation n'étoit motivée que par la crainte de rapporter la donation faite à l'un de ses enfans, & le desir de la conserver à celui-ci, il est constant que le fils seroit obligé de la rapporter lui-même à la succession du père.

Dans le second cas, c'est-à-dire lorsque le père dont le fils a reçu quelque libéralité de son aïeul paternel, n'a point de cohéritiers pour entrer en partage avec lui dans la succession de ce dernier, le fils conserve par préciput la donation qui lui a été faite, & ne peut être forcé par ses frères d'en faire le *rapport* à la succession du père. Cette doctrine, qui a souffert autrefois beaucoup de difficultés, est aujourd'hui sans contradicteurs. Deux arrêts des 16 mars 1596 & 23 février 1632, l'ont affermie, & Brodeau qui nous les retrace, *lettre D.* §. 38, les fonde sur une raison péremptoire : pour faire que le *rapport* ait lieu, dit-il, il faut de toute nécessité qu'il y ait des co-héritiers en la succession de celui qui a fait le don, & en laquelle il doit être rapporté; autrement, si le père de celui qui a été avantagé est seul & unique héritier, le *rapport* qu'il ne peut pas faire à lui-même demeure confus & l'action éteinte, quand même le don lui auroit été fait; laquelle action ne peut pas revivre après le décès, parce que le petit-fils avantagé ne vient point & n'est jamais venu à la succession de son aïeul, mais bien à celle de son père qui ne lui a fait aucun don ou avantage; & conséquemment le *rapport* ne peut pas être fait à la succession du père.

§. 3. *A qui le rapport est-il dû?* Le but de l'introduction du *rapport* étant de rendre égaux les cohéritiers entre lesquels il a lieu, il est clair qu'il ne peut être dû qu'aux cohéritiers. Ainsi les créanciers d'une succession acceptée sous bénéfice d'inventaire ne peuvent forcer l'héritier à leur rapporter les avantages particuliers qu'il a reçus du défunt.

Par la même raison, quoique les renonçans rapportent, dans les coutumes du Maine, d'Anjou, de Tours & de Loudun, ce n'est jamais au profit des créanciers de la succession. Il a été ainsi jugé par arrêts des 4 août 1605, 27 août 1616, 24 mars 1662, 5 septembre 1663, & 27 mars 1673. Le rédacteur du journal du palais, qui les retrace tous, *tome 1*, *pages 6* & *380*, en rend une raison bien lumineuse : ou, dit-il, les créanciers sont antérieurs à la donation, ou ils sont postérieurs : si antérieurs, ils ont leur hypothèque qui les met en sûreté; si postérieurs, ils ne doivent pas prétendre une hypothèque stipulée & légale sur des biens qui n'étoient plus en la possession de leur débiteur quand ils ont contracté avec lui.

Un père a deux enfans, il fait à l'un d'eux une donation entre-vifs, & il institue un étranger légataire universel pour un tiers. Ce légataire prendra-t-il part aux biens donnés entre-vifs dont le *rapport* se fera à la succession? Non, répond Pothier; il n'aura que le tiers des biens qui se sont trouvés lors du décès; ceux donnés entre-vifs à l'un des enfans se partageront entre les deux enfans; car le *rapport* n'est dû qu'aux cohéritiers.

Doit-on inférer du même principe, qu'une belle-mère à qui son mari a fait donation d'une part d'enfant, ne peut pas, en partageant la succession du donateur avec un enfant du premier lit, faire précompter à cet enfant les choses qui lui ont été données par son père? Il sembleroit du premier abord, que cette conséquence fût indubitable; elle est cependant fausse, mais par une raison étrangère à la matière du *rapport*. La mesure de la donation faite à la belle-mère, dit Pothier, est la quantité de ce que l'enfant a eu des biens de son père, à quelque titre qu'il les ait eus, soit de donation, soit de succession; par conséquent ce qui lui a été donné doit être compté avec ce qu'il prend en la succession. Sans cela, il seroit au pouvoir du mari d'anéantir en entier la donation faite à sa femme, en faisant des donations entre-vifs ou des legs à son fils, & ne laissant presque plus rien à la succession.

Les créanciers d'un héritier présomptif qui a renoncé à la succession, peuvent-ils, en se faisant subroger à ses droits, demander le *rapport* d'une donation faite à l'un des héritiers? Le Brun, Basnage & Pothier soutiennent l'affirmative; mais le premier en excepte, relativement aux coutumes d'*égalité parfaite*, le cas où le donataire a renoncé à la succession. « Je n'estime pas, dit-il, que les » créanciers d'un des cohéritiers puissent, dans » ces coutumes d'égalité, obliger le renonçant à » rapporter, parce que la disposition de ces cou- » tumes est exorbitante & doit être restreinte au- » tant qu'il est possible : & c'est en ce cas qu'il » faut dire que le *rapport* du renonçant n'ayant » lieu précisément que pour l'égalité, il ne doit » point être faite à un créancier ».

Ces motifs d'équité ne touchent pas Pothier. « Puisque le droit de faire rapporter le renonçant, » dit-il, est acquis à l'héritier à qui les créanciers sont » subrogés, pourquoi ne pourroient-ils pas l'exercer?

» N'est-ce pas un droit pécuniaire, estimable, & » qui est *in bonis*? Des créanciers n'ont-ils pas » droit de se venger sur tout ce qui est *in bonis* » de leur débiteur »?

Voici ce que l'on répondoit à cette raison, lors d'un arrêt du 20 avril 1674, qui a adopté l'avis de le Brun, en confirmant une sentence du juge de Mayenne. « Les créanciers ne peuvent représenter » leurs débiteurs que dans les droits acquis à ces » mêmes débiteurs. Or, que les biens des pères » vivans soient acquis à leurs enfans, cela n'a ja- » mais été avancé en bonne jurisprudence : au » contraire, nous avons une maxime toute op- » posée, *vivant n'a point d'héritier*. De sorte que les » pères & mères peuvent disposer de leur bien » comme bon leur semble, & leur imposer telle » loi qu'il leur plaît, pourvu que deux conditions » se rencontrent; la première, que la légitime » soit sauve; la seconde, que l'égalité ne soit » point blessée entre les co-héritiers ».

Si, dans les coutumes dont il s'agit, le renonçant ne rapporte pas aux créanciers d'un héritier, on doit bien croire qu'il ne rapporte pas non plus à un autre renonçant. Néanmoins le cas s'en étant présenté dans la coutume du Maine, on prétendit, suivant le Brun, que le *rapport* se pouvoit demander par droit de filiation, & que la coutume ordonnant que ceux qui renoncent ne laissent pas d'être obligés au *rapport*, c'est assez s'expliquer qu'elle veut une égalité absolue entre les enfans, & cela en tout événement, & soit qu'ils acceptent la succession, soit qu'ils y renoncent. D'un autre côté, l'on soutint qu'il n'y avoit que les héritiers à qui l'on fût tenu de rapporter, & que, pour mériter le *rapport*, il falloit honorer le défunt, se déclarer son héritier, & non pas laisser vaquer sa succession, & que c'étoit le sentiment de Rouille, le plus ancien commentateur de la coutume du Maine, sur l'article 378. Sur cette contestation, il y eut arrêt qui ordonna une enquête par turbes; mais les parties transigèrent, & la question demeura indécise : néanmoins la plupart des turbiers alloient à exclure le *rapport*, qui n'est dû qu'à celui que la coutume saisit de la succession; c'est-à-dire, au plus proche héritier, ce *rapport* devant augmenter la masse des biens.

§. 4. *En quoi consiste l'obligation du rapport.* Pour résoudre cette question dans tous ses points, il faut distinguer si les choses sujettes à *rapport* sont ou des héritages, ou des rentes, ou des effets mobiliers, ou des offices.

I. L'article 305 de la coutume de Paris, qui forme à cet égard le droit commun, explique parfaitement en quoi consiste l'obligation de rapporter un héritage. En voici les termes : « si le donataire, » lors du partage, a les héritages à lui donnés en » sa possession, il est tenu de les rapporter en » essence & espèce, ou moins prendre en autres » héritages de la succession de pareille valeur & » bonté : & faisant ledit *rapport* en espèces, doit » être remboursé par ses co-héritiers des impenses » utiles & nécessaires qu'il aura faites pour l'aug- » mentation desdits héritages. Et si lesdits co-hé- » ritiers ne veulent rembourser, est tenu rapporter » seulement l'estimation desdits héritages, eu égard » au temps que division & partage est fait entre » eux, déduction faite desdites impenses ».

Il résulte clairement de cette disposition, que le donataire n'est pas seulement obligé au *rapport* du prix de l'héritage qui lui a été donné, mais qu'il doit être considéré comme débiteur de l'héritage même, tel qu'il se trouve à l'instant du partage. En effet, le *rapport* n'ayant d'autre objet que d'établir l'égalité entre co-héritiers, cette égalité ne subsisteroit plus, si un enfant pouvoit conserver de bons héritages, pendant que les autres n'auroient que de l'argent, dont ils ont souvent de la peine à faire un bon emploi.

Le donateur peut-il déroger à cette règle, & laisser par une clause particulière le donataire maître de rapporter la chose ou le prix à son choix? L'affirmative est incontestable dans les coutumes où il est permis, conformément au droit romain, d'interdire & de modifier le *rapport* de ce que l'on donne. Mais il en est autrement dans les coutumes d'égalité : le *rapport en essence & espèce*, dit Pothier, étant ordonné par la loi pour établir cette égalité, il s'ensuit qu'il ne doit pas plus être au pouvoir du donateur de permettre à l'enfant donataire de retenir l'héritage en rapportant seulement la valeur, que de le dispenser entièrement du *rapport*.

On doit répondre par la même distinction à la question de savoir si un héritage qui a été estimé par le contrat de donation, doit être rapporté en essence, ou si le donataire a le choix de n'en rapporter que l'estimation, telle qu'elle a été faite lors de l'acte.

Du principe qu'en général le donataire est obligé de rapporter l'héritage en essence, il résulte que cet héritage est aux risques de la succession, & que s'il est péri ou détérioré sans le fait ni la faute du donataire, c'est la masse de la succession qui doit en souffrir : pourquoi? Parce qu'il est de maxime que le créancier répond de la perte de l'*espèce* qui lui est due, & que cette perte libère le débiteur; maxime qui fortifie bien, comme l'on voit, l'assertion ci-dessus établie, que l'héritage doit être rapporté dans l'état où il se trouve au temps du partage.

Ceci demande des explications & des détails que l'on peut rapporter à trois points de vue différens : ou l'héritage est amélioré, ou il est déprécié, ou il est aliéné & passé en mains tierces.

Au premier cas, il faut distinguer si les augmentations qui se trouvent dans l'héritage au temps du *rapport*, sont naturelles ou industrielles, c'est-à-dire, si elles n'ont rien coûté au donataire, ou si elles sont le fruit des dépenses qu'il a faites.

Si elles sont naturelles, comme s'il s'est fait sur l'héritage l'héritage une alluvion, une accrue de bois, *&c.* c'est un pur gain pour la succession, & c'est elle qui en profite.

Si elles sont industrielles, elles appartiennent également à la succession; mais comme il n'est permis à personne de s'enrichir aux dépens d'autrui, le donataire qui les a faites doit en être indemnisé, non pas précisément sur le pied de ce qu'elles lui ont coûté, mais jusqu'à concurrence du profit qu'en tire la succession, eu égard au temps du partage.

Pour cet effet, il faut distinguer entre les impenses nécessaires, utiles, de pur entretien, ou de simple agrément. Le rapportant doit être indemnisé de toutes les impenses nécessaires, quand bien même la succession à laquelle il rapporte, n'en profiteroit pas. Si on suppose, par exemple, qu'un enfant ait fait reconstruire sur une métairie qui lui avoit été donnée, une grange qui tomboit en ruine, & que depuis, cette grange ait été consumée par le feu du ciel, la succession à laquelle il fera le *rapport* de cette métairie, doit lui faire raison de ce qu'il lui a coûté, parce qu'il suffit que l'impense ait été utile & nécessaire dans le temps qu'elle a été faite, quoique son effet n'ait point été durable.

A l'égard des impenses simplement utiles, le donataire qui les a faites doit en être indemnisé, non pas précisément sur le pied qu'elles lui ont coûté, mais jusqu'à concurrence du profit que la succession en tire, eu égard au temps du partage. La succession ne doit rien au donataire pour les impenses de pur entretien ou d'agrément: les premières sont des charges de la jouissance qui lui a appartenu; les secondes ne produisent qu'une action à ce qu'il soit permis au donataire d'enlever & d'emporter la chose, en rétablissant l'héritage dans l'état où il étoit lors de la donation. *Voyez* IMPENSES.

Au second cas, c'est-à-dire, lorsque l'héritage est diminué ou déprécié, si c'est par le fait ou la faute du donataire, celui-ci doit en faire raison à l'hérédité; si c'est par cas fortuit, c'est l'hérédité qui doit en souffrir.

Au troisième cas, ou, si l'on veut, lorsque le donataire a aliéné l'héritage, il faut distinguer si l'aliénation a été forcée ou volontaire de sa part.

Si l'aliénation a été forcée; par exemple, si le donataire a été obligé, par arrêt du conseil, de vendre pour la construction d'une place publique, la maison qui lui a été donnée, ou si on lui avoit donné une portion d'un héritage par indivis avec un tiers qui, par la licitation, auroit été adjugé en entier à ce co-propriétaire, en ces cas & autres semblables, son obligation de rapporter la chose en essence & espèce, se convertiroit en celle de rapporter les sommes de deniers qu'il a perçus à sa place.

Si l'aliénation a été volontaire, il ne suffit pas & l'on n'est pas même obligé de rapporter le prix que l'on en a tiré. Si l'héritage est augmenté, il faut l'estimer dans l'état où il est au moment du partage, & obliger le donataire de le rapporter, non pas, à la vérité, en espèce, puisqu'il ne l'a plus, mais sur le pied de cette estimation, par la raison que, d'un côté, il n'a pu dépendre de lui de changer par une vente volontaire l'objet de son obligation, & que, d'un autre côté, toute obligation qui consiste en un fait devenu impossible, se résout toujours en dommages-intérêts.

Si l'héritage est dégradé par la faute du donataire ou de son acheteur, le *rapport* doit embrasser & l'estimation de l'héritage, & celle des dommages-intérêts résultans des dégradations.

Si, au contraire, les dégradations proviennent d'un cas fortuit, les co-héritiers doivent se contenter du *rapport* de la valeur de l'héritage considéré dans l'état où il se trouve lors du partage, & ils ne peuvent exiger celui de la somme que le donataire a pu tirer de son aliénation.

Par la même raison, si l'héritage étoit entièrement péri après l'aliénation, sans la faute du tiers-acquéreur, le donataire seroit absolument déchargé de l'obligation du *rapport*, & profiteroit de tout le prix que la vente lui auroit procuré.

II. Le *rapport* des rentes, soit foncières, soit constituées, se règle par les mêmes principes que celui des héritages. Les rentes doivent donc, comme héritages, être rapportées en espèces, & elles sont, comme eux, aux risques de la succession, mais sous la garde du donataire.

Ainsi, que le roi anéantisse ou réduise une rente par un édit, ce ne sera point le donataire, mais la succession, qui en souffrira.

Mais que le donataire laisse prescrire une rente, ce sera lui qui en répondra à la succession, & il faudra qu'il en rapporte l'estimation.

Par la même raison, si le donataire accepte le rachat d'une rente irrédimible, ou laisse déguerpir un débiteur qui n'avoit point la faculté de le faire, il demeurera toujours soumis à l'obligation de rapporter en espèces, &, faute de pouvoir la remplir, il rapportera l'estimation de ce que la rente vaudroit au temps du partage, si elle existoit encore.

Mais si la rente dont il a reçu le remboursement étoit rachetable, soit de sa nature, soit en vertu d'une clause particulière, il ne sera tenu qu'au *rapport* de la somme qu'il a touchée; & si, dans l'intervalle du remboursement au partage, il survient une loi qui, diminuant le taux des rentes pour l'avenir, empêche la succession de faire de cette somme un emploi aussi avantageux que celui qui est éteint par le rachat, on ne pourra pas, pour cela, forcer le donataire de faire raison à ses co-héritiers de cette diminution.

Ce que fait à cet égard le remboursement d'une rente constituée, le déguerpissement le fait aussi dans les rentes foncières: si ceux qui les doivent déguerpissent les héritages sur lesquels elles sont assises, le donataire ne peut plus être tenu de rapporter les rentes; l'obligation qui lui en étoit imposée dans le principe, se convertit en celle de rapporter les héritages même, & elle est tellement de rigueur, qu'il ne pourroit pas retenir ces héritages en offrant de continuer à la succession des rentes semblables à celles qui lui avoient été données. En effet, dit Pothier, étant devenu une fois débiteur de l'héritage à la place de la rente, par la conversion qui s'est faite de la rente en l'héritage, il ne doit pas être en son pouvoir de changer son obligation; les augmentations qui sont survenues en l'héritage déguerpi, dont le *rapport* est dû à la succession, doivent être au profit de la succession; de même que, s'il étoit diminué & dépéri, elle en auroit souffert la perte: le *rapport* doit remettre les choses en l'état qu'elles seroient si la rente n'avoit pas été donnée: or, si elle ne l'avoit pas été, le déguerpissement auroit été fait au donateur, & l'héritage déguerpi se trouveroit en sa succession; il doit donc y être rapporté.

Il résulte de tout ce que nous venons de dire, que le *rapport* des héritages doit s'effectuer en espèce; mais l'article 303 de la coutume de Paris y met une exception, dans le cas où il se trouve dans la succession, des héritages de pareille valeur & bonté, c'est-à-dire, à-peu-près égaux en bonté & qualité à celui que le donataire doit rapporter, & en quantité suffisante pour que chacun de ses co-héritiers puisse à-peu-près s'égaler à lui.

III. Le *rapport* des meubles a, suivant la plupart des auteurs, des règles toutes différentes de celui des héritages. Il ne doit jamais, selon Pothier, se faire en essence, mais toujours sur le pied de la somme que valoient les meubles lorsqu'ils ont été donnés.

Ainsi, dit le même auteur, le donataire d'un meuble n'est point débiteur du *rapport* de la chose, mais bien du prix, & par conséquent le meuble est à ses risques.

Duplessis, *liv. 3*, *chap. 6*, *sect. 3*, pense un peu différemment. Quand les meubles, dit-il, sont de nature à ne point périr par l'usage, comme les perles & les diamans, le *rapport* doit s'en faire en espèce; & si le donataire ne les a plus, il en rapportera la valeur, estimée relativement à l'époque du partage. Mais quand les meubles dépérissent avec le temps, il faut en rapporter l'estimation, eu égard à ce qu'ils pourroient valoir au temps du partage, s'ils étoient encore aussi bien conditionnés qu'au moment de la donation. Tel est aussi l'avis de le Brun.

Ferrière, sur l'article 305 de la coutume de Paris, « soutient au contraire que dans l'un & dans l'autre cas l'estimation des meubles doit se faire eu égard au temps du partage, ou que le donataire peut les rapporter en espèce, parce qu'il a eu droit de s'en servir pendant la vie du donateur; car s'il a pu faire son profit des autres biens à lui donnés, & n'en rapporter les fruits que du jour du décès du donateur, suivant l'article 309; il a pu aussi se servir des meubles qui lui ont été donnés, sans qu'il soit tenu du dépérissement d'iceux par l'usage qu'il en a pu faire ».

On trouve peu de préjugés sur cette question; sans doute parce qu'il arrive rarement que la différence du *rapport* en espèce, d'avec le *rapport* en estimation, soit dans une donation de meubles un objet assez important pour motiver une contestation. Le seul arrêt qui nous ait paru vraiment décisif, est celui que Basnage retrace en ces termes: « Dupont, en mariant Pierre Dupont, son fils aîné, » lui donna, par avancement, le tiers d'un navire » dont il feroit son profit comme sien. Ce navire » ayant été pris, fut racheté par le père, qui en » fit son profit; & enfin ce navire ayant péri » dans un naufrage, les frères demandoient aux » enfans de leur frère aîné qu'ils lui tinssent compte » de ce tiers de navire; ce qu'ayant fait juger... » par arrêt du 9 décembre 1653, on mit sur l'appel » hors de cour ». Cet arrêt adopte, comme l'on voit, l'opinion embrassée par Pothier.

La coutume d'Anjou contient là-dessus une singularité remarquable, & qui élude la question: elle porte, *art. 243*, qu'une donation de meubles faite à une fille en la mariant, n'est sujette à *rapport* que quand il a été stipulé que le mari seroit tenu de l'employer en héritage.

Au reste, lorsque la donation consiste en argent comptant, il ne peut y avoir aucune difficulté: Ferrière, sur l'article 305 de la coutume de Paris, dit qu'il a été jugé, par arrêt du 2 avril 1588, qu'une somme donnée par contrat de mariage en écus d'or, se devoit rapporter au prix que valoient les écus lors du mariage, & non au temps de la succession échue, quoiqu'ils fussent augmentés.... parce qu'en général le débiteur est quitte en rendant *tantumdem*, & n'est tenu rendre *idem*, eu égard encore à la valeur des espèces lors de l'emprunt.

Il y a sur le *rapport* de la dot mobilière une question bien intéressante; c'est de savoir si la fille est obligée de la rapporter ou seulement de céder à la succession l'action qu'elle a contre son mari pour faire restituer cette dot. La loi 1, §. 6, *D. de collatione bonorum*, se déclare pour ce dernier parti, & le chapitre 6 de la novelle 97, confirme sa décision, en ajoutant néanmoins qu'il en seroit autrement si la femme avoit négligé de poursuivre son mari lorsqu'elle a vu ses affaires dérangées. C'est ce que jugent encore tous les parlemens de droit écrit, & celui de Rouen. Mais le parlement de Paris s'est fait là-dessus une jurisprudence différente. Il y en a un arrêt du 30 avril 1605, intervenu dans la coutume de Paris; M. Louet, qui l'a inséré en son recueil, *lettre R*, §. 54, dit qu'il a été rendu en la cinquième des enquêtes, après que la question eut été proposée à la grand-chambre.

IV. Les offices doivent-ils être rapportés en essence & espèce? Il est évident que non: quelle indécence en effet n'y auroit-il pas à déposséder un officier ? Quel tort même n'en résulteroit-il pas souvent pour le public ? C'est donc à une estimation qu'il faut recourir : mais cette estimation, sur quel pied doit-elle être faite ? Quelques-uns ont pensé qu'il falloit, en cela, avoir égard au temps du partage, & il en a été ainsi jugé par arrêt du parlement de Bretagne, du 19 octobre 1554, & par un autre du parlement de Normandie du 20 décembre 1599.

D'autres ont imaginé que l'on devoit prendre un certain milieu entre la valeur du temps de la donation, & celle du temps du partage. Ce tempérament a été adopté par un arrêt du parlement de Paris, du 15 mai 1649, rapporté au journal des audiences.

Mais la plupart des auteurs ont soutenu pour les offices ce que soutient Pothier pour les meubles, c'est-à-dire, qu'ils ne sont soumis au *rapport* que relativement à leur valeur au temps de la donation qui en a été faite. Ce sentiment paroît aujourd'hui universellement reçu; il est appuyé sur un arrêt du 14 avril 1603, rendu pour un office de commissaire au châtelet; sur un autre du 5 août 1631, rapporté par Auzanet sur l'article 304 de la coutume de Paris; sur un troisième du 31 août 1696, inséré dans le journal des audiences. La même chose a été jugée au parlement de Bordeaux par arrêt du 4 mai 1665; c'est la Peyrere qui nous l'a conservé, *lettre R*, *n. 21*. Basnage, sur l'article 434 de la coutume de Normandie, en retrace trois semblables, intervenus au parlement de Rouen les 25 février 1669 ..... février 1679, & 7 mars de la même année.

De cette jurisprudence, qui est sûrement bien établie, résulte que le donataire d'un office n'est point debiteur d'un *rapport* en essence, mais d'un *rapport* en estimation; & cette conséquence en amène plusieurs autres.

1°. Si l'office est diminué de valeur depuis la donation, le donateur ne peut le rapporter en essence pour se dispenser d'en rapporter le prix.

2°. L'office est aux risques du donataire; ainsi, quand le souverain en ordonneroit la suppression, le donataire n'en devroit pas moins rapporter le prix qu'il valoit lorsque la donation lui en a été faite. Ricard, sur l'article 306 de la coutume de Paris, nous en fournit un arrêt du 2 décembre 1610.

3°. Par la même raison, le donataire ne peut pas obliger ses co-héritiers à lui tenir compte des taxes qu'il a été obligé de payer pour son office ayant l'ouverture de la succession.

Il est nécessaire de remarquer que les fruits des objets sujets à *rapport*, sont dus du jour de l'ouverture de la succession, & que l'hypothèque pour leur restitution, est acquise aux co-héritiers sur les biens de la succession, le jour qu'elle est échue, & sur les biens de celui qui est obligé au *rapport*, à compter seulement du moment du partage.

§. 5. *Des effets du rapport.* Les effets du *rapport* sont, 1°. que l'objet qui est rapporté est censé faire partie de la succession du moment qu'elle est ouverte; 2°. que si l'enfant qui rapporte ne conserve pas dans son lot l'effet qu'il a rapporté, les hypothèques de ses créanciers passent sur les autres biens qui lui sont assignés pour sa part. La raison en est que le partage n'est que déclaratif, & que les héritiers sont censés n'avoir jamais eu aucun droit aux biens qu'ils rapportent; leurs créanciers ne peuvent même se plaindre de cette translation d'hypothèque, ayant dû connoître l'état de leur débiteur; leur hypothèque sur ces biens n'étoit proprement que conditionnelle, au cas qu'ils demeurassent définitivement à leur débiteur.

Il y a même plus, c'est que si le lot du donataire n'étoit formé que de meubles, d'argent comptant & d'obligations actives; en ce cas, les créanciers perdroient entiérement leurs hypothèques, sans pouvoir même les faire revivre par l'action *pauliane* ou révocatoire, parce que, dit le Brun, des co-héritiers qui entrent en partage avec un d'eux, dont ils ne savent pas les affaires, sont en bonne-foi, & on ne leur peut imputer d'avoir partagé d'une manière plutôt que d'une autre. Aussi, en pareil cas, la femme du donataire perd le douaire qu'elle avoit sur ces héritages, selon d'Argentré sur l'article 433 de la coutume de Bretagne, *glose 2*, *n. 1 & 2*.

Du reste, il est bien aisé à un créancier de prévenir ces inconvéniens, en intervenant au partage; il est même à propos, de crainte que l'on n'y procède sans lui, qu'il le prévienne, soit par une opposition aux scellés, soit par une protestation signifiée aux co-héritiers de les rendre responsables de ses dommages & intérêts, en cas que sans son intervention ils passent outre à la formation ou distribution des lots.

RAPPORTEUR, s. m. (*Jurisprud.*) on appelle ainsi le juge chargé de l'examen d'un procès civil ou criminel, & de résumer les faits, les demandes, les moyens ou les preuves. De toutes les fonctions du magistrat, il n'en est point de plus importante sans doute, puisque la fortune, l'honneur & la vie même des hommes dépendent souvent de la manière dont elle est remplie. Nous avions recueilli quelques idées sur cette matière & nous nous proposions de les placer ici; mais que pourrions-nous offrir à nos lecteurs de plus intéressant, que l'extrait des mercuriales de l'immortel d'Aguesseau ? Après avoir invité tous les ministres de la justice à cette attention scrupuleuse que les parties sont en droit d'exiger de chacun de leurs juges, il s'adresse en particulier à celui qui doit leur servir d'interprète dans le sanctuaire des loix, à celui qui doit être le guide des autres magistrats, le flambeau destiné à éclairer la lumière du sénat : « quelle fidélité, lui dit-il, n'exige pas de vous » un si saint ministère, avant le jugement, dans » le jugement même, & après le jugement!

» Malheur à celui qui ne commence d'être at-

» tentif que lorsqu'il approche du moment fatal » de la décision ! Pendant que le magistrat dort, » la fraude & l'artifice veillent pour le surprendre; » il se réveille enfin, mais il est effrayé du chan- » gement qui se présente à ses yeux après un » sommeil trop favorable à l'iniquité. A peine » reconnoît-il quelques traits de la première image » du différend des parties. Des préliminaires in- » nocens en apparence sont devenus des préludes » d'injustice. Il découvre, en tremblant, des pièges » que, sans le savoir, il a creusés lui-même sous » ses pas.

» Il se flatte, à la vérité, de pouvoir réparer » les surprises qu'on a faites à sa facilité, & nous » présumons en effet qu'elles seront encore répa- » rables : mais qu'il y a de différence entre prévenir » le mal & y remédier ! Le plaideur la sent bien » cette extrême différence; & plût au ciel que le » magistrat pût toujours l'envisager avec les yeux » du plaideur !

» Non qu'il doive imiter ces magistrats impa- » tiens, qui voient croître les procès sous leurs » yeux avec une attention inquiète, & qui, se » laissant emporter à l'ardeur dévorante de leur » génie, se hâtent de cueillir & de présenter au » public les fruits encore amers d'une justice pré- » maturée. Le magistrat instruit de ses devoirs, » sait qu'il y a quelquefois plus d'inconvénient » à précipiter la décision qu'à la différer : égale- » ment éloigné de ces deux extrémités, il ne » voudra ni prévenir par impatience, ni laisser » échapper par négligence, ce point de maturité » dans lequel seul le plaideur peut recueillir avec » joie ce qu'il a semé avec douleur.

» Pourroit-il donc abandonner ce moment cri- » tique à la discrétion d'un subalterne qui met » souvent à prix sa lenteur ou sa négligence, & » qui, peut-être d'intelligence avec le plaideur » riche ou puissant, possède l'art dangereux d'avan- » cer ou de retarder l'expédition à son gré ! Le » foible & l'indigent, dont cet agent inférieur a » rebuté cent fois la pauvreté, aura-t-il la dou- » leur de le voir disposer souverainement des » heures de la justice, & devenir, par la négli- » gence du magistrat, le maître du magistrat » même ?

» Disons-le avec autant de vérité que de sim- » plicité, le magistrat n'est souvent trompé que » parce qu'il veut bien l'être; s'il étoit plus at- » tentif, il n'auroit qu'à ouvrir les yeux. Un seul » de ses regards dissiperoit ces mystères d'iniquité. » Le jugement commenceroit par la maison du » juge; loin d'être le dernier instruit d'un abus » qui le déshonore, il préviendroit les plaintes » du plaideur, & le public ne seroit pas quelquefois » réduit à desirer qu'il voulût au moins l'écouter.

» Enfin, après une longue attente, le temps de » la patience du pauvre est accompli, l'heure de » la justice est venue, & le moment de la déci- » sion, si craint d'un côté, si desiré de l'autre, » est sur le point d'arriver. Les plaideurs inquiets » attendent avec frayeur l'arrêt irrévocable qui » doit fixer pour toujours leur destinée. Le ma- » gistrat qui doit le plus contribuer à former cet » arrêt, sera-t-il seul tranquille, & portera-t-il sa » redoutable sécurité jusques dans le sanctuaire ? » Cet œil, par qui la justice devoit tout voir, » n'aura-t-il rien vu lui-même ? Ou croira-t-il avoir » tout vu, parce qu'il aura parcouru rapidement » cette ébauche imparfaite du différend des plai- » deurs, qu'une main ignorante, & quelquefois » infidelle, en aura tracé grossiérement au ma- » gistrat. Cependant, sur la foi de cette lecture » superficielle, il ne craindra peut-être pas d'ex- » poser témérairement aux yeux du sénat, la pro- » duction encore brute & informe de sa première » appréhension.

» Que deviendroit alors la destinée des parties » & la sûreté des jugemens, si tous ceux qui » l'écoutent & qui rougissent peut-être pour lui » de sa négligence, ne mettoient la main à son » ouvrage pour donner à cette masse indigeste, » une forme plus régulière; & si, pour sauver » l'honneur de la justice, ceux qu'il devoit éclairer » ne l'éclairoient lui-même & ne devenoient les » conducteurs de leur propre guide ?

» Celui qui aura su prévoir de loin le temps » de la décision, & le prévenir par une prépa- » ration religieuse, n'éprouvera jamais une disgrace » aussi humiliante. Prodigue de son application, » il saura ménager celle des autres juges, prendre » tout le travail sur lui, & ne leur laisser presque » que le plaisir de suivre la pure lumière de la » vérité; connoître la différente mesure des esprits, » & par un juste discernement, se mettre égale- » ment à la portée de tous ceux qui l'écoutent, » ne rien dire d'obscur pour les foibles, ni d'inu- » tile pour les plus forts; se faire suivre par les » uns sans peine, & se faire écouter par les autres » sans ennui.

» Plus la préparation aura été longue, plus le » compte qu'il en rendra sera court ».

Telle est la haute idée que M. le chancelier d'Aguesseau avoit des devoirs d'un *rapporteur*. Ces devoirs, qui doivent être gravés dans le cœur de tous les bons magistrats, se trouvent d'ailleurs écrits dans les anciennes ordonnances du royaume. *Voyez* celle de Charles VII du mois d'avril 1453, *art. 112, 113 & 114;* celle de Louis XII donnée à Blois au mois de novembre 1507, *art. 53, 54, 55 & 56;* celle de François I du mois d'octobre 1535, *chap. 1, art. 46;* & celle de 1629, *art. 83, 84 & 86.*

L'article 112 de celle de 1453, mérite sur-tout d'être connu. « Pour donner ordre convenable à » ceux qui dorénavant, auront à rapporter les » procès en notre cour, en quelque chambre que ce » soit; voulons & ordonnons que nul ne s'ingère » dorénavant à rapporter lesdits procès séans, sans » avoir duement sur iceux fait son extrait, de lettres, » témoins, ou productions des parties, & coté

» duement ses articles & points, pour iceux appliquer convenablement ésdites productions, & » soit ledit extrait écrit de la main dudit *rapporteur* ou autres nos conseillers & greffiers, sans » communiquer les secrets de notredite cour au » serviteur de nosdits conseillers, ou autres hors » de notredite cour, & enjoignons à nos conseillers qu'ils soient curieux de voir & visiter » les arrêts anciens de notredite cour, & les styles » & observances d'icelle; de savoir & connoître » la forme de dicter & ordonner lesdits extraits, » & si aucuns étoient de tout point incurieux de » ce, que nosdits présidens les admonestent & » induisent à ce faire, ou, si besoin est, nous » en avertissent, pour y donner provision telle » qu'il appartiendra par raison & sans faveur ou » acception de personnes ». L'article 1 du titre 25 de l'ordonnance de 1667, enjoint à tous les juges tant des cours que des autres jurisdictions royales ou seigneuriales, de procéder incessamment au jugement des causes, instances & procès qui sont en état d'être jugés, à peine de répondre en leur nom des dommages & intérêts des parties.

On a beaucoup controversé la question de savoir s'il étoit plus utile de taire aux parties le nom de leur *rapporteur*, que de le leur faire connoître. Les partisans du premier système y voient un moyen de prévenir les sollicitations, les brigues & les subornations; l'opinion contraire est fondée sur le besoin que les parties ont souvent d'éclairer les juges sur des faits peu détaillés dans le procès, ou noyés dans une procédure compliquée, de répondre à leurs objections, & souvent même de réparer par de nouvelles discussions des principes, les omissions d'une première défense. Les anciennes ordonnances défendoient que le nom du *rapporteur* fût connu. L'article 2 d'une ordonnance de 1327, l'article 109 de l'ordonnance de 1453, en contiennent la prohibition expresse.

L'ordonnance du châtelet de 1485, *titre 3, art. 2*, porte que les procès du châtelet seront si secrètement baillés par le prévôt de Paris à visiter aux conseillers, que les parties ne puissent savoir à qui le procès sera baillé à visiter, & que si le conseiller y trouve quelque défaut, il le dira secrètement au prévôt ou au clerc de la prévôté, & non point à la partie, & que les conseillers ne recevront de la main de la partie, aucune pièce pour joindre au procès; mais qu'il sera joint ce qu'il faudra par le prévôt ou ses clercs de prévôté.

Nous ne terminerons point cet article sans parler de l'obligation tacite & morale que contractent les *rapporteurs* d'indemniser les parties des pertes que peuvent causer leurs négligences ou leurs erreurs, indépendamment de l'obligation légale, dont ils sont quelquefois tenus quand leurs juges supérieurs ont accordé la prise-à-partie contre eux.

On cite quelques anecdotes qui font honneur aux magistrats dont la délicatesse n'a pu supporter l'idée d'une injustice, commise involontairement.

Des Barreaux, si connu par le sonnet qui atteste en même temps l'irréligion dans laquelle il avoit long-temps vécu, & le repentir que ses réflexions avoient amené, payoit aux plaideurs la valeur des procès qu'il avoit négligé de rapporter. M. de Saveuse & M. Pajot de Malzac, conseillers au parlement de Paris, l'un à la fin du siècle dernier, l'autre au commencement de celui-ci, ayant reconnu l'erreur dans laquelle l'infidélité d'un secrétaire les avoit entraînés, se condamnèrent eux-mêmes à la réparation des torts que trop de confiance dans leurs secrétaires avoit occasionnés, & indemnisèrent les parties : l'un de ces faits a donné lieu à l'épisode si intéressante qu'on trouve dans la comédie de la Gouvernante, par la Chaussée. (*Cet article est de M. BOUCHER D'ARGIS, conseiller au châtelet de Paris, des académies de Rouen, Châlons-sur-Marne, &c.*)

RAPPROPRIER A SA TABLE, (*Droit féodal.*) c'est réunir à la seigneurie un héritage qui en est tenu. Ce mot se trouve dans l'article 52 de la coutume de Boulonnois, qui permet de faire cette réunion des rotures avec les formalités requises *par faute d'hommes, ou pour trois années d'arrérages non payés.* (*G. D. C.*)

RAPT, f. m. (*Code criminel.*) est l'enlèvement que quelqu'un fait, de son autorité privée, d'une personne qu'il conduit ou fait conduire & détenir dans un lieu autre que celui où elle faisoit sa demeure ordinaire, soit dans la vue de corrompre cette personne, ou de l'épouser, ou de lui faire contracter quelque autre engagement.

Ce crime se commet en enlevant une fille, une femme ou une veuve de la maison de son père, de son mari, ou de la sienne propre, ou de celle de son tuteur ou curateur, ou même de tout autre endroit, ou en enlevant une religieuse de son couvent.

C'est aussi un *rapt* que d'enlever un mineur ou un fils de famille que l'on soustrait à la puissance de ses père, mère, tuteur ou curateur, pour lui faire contracter mariage à l'insu & sans le consentement de ceux à la prudence desquels il est soumis.

On distingue deux sortes de *rapt* : l'un qui se fait par violence & malgré la personne ravie, & celui-là est le *rapt* proprement dit; l'autre, qu'on appelle *rapt de séduction*, est celui qui se fait sans aucune résistance de la part de la personne ravie, & qui a lieu lorsque par artifice, promesses ou autrement, on séduit des fils ou filles mineurs & qu'on les fait consentir à leur enlèvement; on l'appelle aussi *raptus in parentes*, parce qu'il se commet contre le gré des parens. Ce *rapt* fut puni par Solon encore plus sévèrement que celui qui étoit commis par violence.

L'enlèvement des filles & femmes a toujours été suivi de grands malheurs, & a même souvent occasionné des guerres sanglantes; tel fut l'enlèvement de Dina, fille de Jacob, qui porta Siméon & Lévi ses frères à massacrer les Sichimites ; tel fut encore l'enlèvement de la belle Hélène, qui fut cause de la destruction de Troye.

Il y avoit une loi à Athènes que quelques-uns attribuent à Solon, d'autres à Dracon, qui condamnoit le ravisseur à épouser celle qu'il avoit ravie, ou à subir la mort.

Les Romains furent d'abord peu délicats sur le *rapt*, témoin l'enlèvement des Sabines. Dans la suite, ils établirent des peines, mais assez légères pour un si grand crime. La loi *Julia de vi publicâ*, au ff. ne prononçoit que l'interdiction de l'eau & du feu, à laquelle succéda la déportation.

Ces peines furent changées & augmentées dans la suite, à mesure que le crime de *rapt* devint plus fréquent. On peut voir dans le *code théodosien* les constitutions faites sur ce sujet par les empereurs Constantin, Constance, Majorien & Jovien.

Justinien a refondu toutes ces loix dans la loi unique, au code *de raptu virginum & viduarum ;* il ordonne par cette loi que tous les ravisseurs des vierges ou femmes mariées seront, ainsi que leurs complices, punis de mort ; & leurs biens confisqués, lorsque les personnes ravies sont de condition libre ; & si le ravisseur étoit de condition servile, il y avoit contre lui peine du feu : il déclare que le consentement de la personne ravie, ni celui de ses père & mère, donné depuis l'enlèvement, ne pourront exempter le ravisseur de cette peine ; que les père & mère qui, dans ce cas, garderont le silence, ou qui s'accommoderont à prix d'argent, subiront eux-mêmes la peine de la déportation : il permet aux père & mère, tuteurs & curateurs, frères & sœurs, maîtres & parens de la personne ravie, de tuer le ravisseur & ses complices qu'ils surprendroient dans l'acte même de l'enlèvement ou dans leur fuite ; il ne veut pas que le ravisseur puisse s'aider de la prescription ni de la voie de l'appel, ni qu'il puisse jamais épouser la personne ravie quand même elle ou ses parens y consentiroient.

La loi *Raptores*, cod. *de episcop. & cleric.* qui concerne le *rapt* des religieuses & des diaconesses, porte qu'outre la peine de mort, les biens seront confisqués au profit du monastère des religieuses ou de l'église à laquelle la personne ravie étoit attachée ; elle permet aussi au père & autres parens, tuteurs & curateurs de tuer le ravisseur surpris en flagrant délit.

La novelle 123 prononce la même peine de mort contre le ravisseur & ses complices, soit que la religieuse ait consenti ou non ; & au cas qu'elle ait consenti, la loi veut qu'elle soit punie sévèrement par la supérieure du monastère.

Par rapport à la confiscation, les novelles 143 & 150, décident qu'elle appartiendra au fisc & non à la personne ravie, ni à ses parens qui s'en sont rendus indignes pour n'avoir pas veillé suffisamment à la garde de leurs enfans.

L'église, outre la peine de l'excommunication, défendoit autrefois au ravisseur de jamais épouser la personne ravie, même de son consentement.

Mais, par le droit nouveau, l'on a permis le mariage lorsque la fille ayant été remise en liberté, persiste à consentir au mariage.

Le concile de Trente ordonne la même chose, & veut de plus que le ravisseur dote la personne ravie, à l'arbitrage du juge.

Les anciennes loix des Francs, telles que la loi gombette & la loi salique, ne prononçoient contre le ravisseur qu'une amende plus ou moins forte, suivant les circonstances.

Mais les dernières ordonnances ont avec raison prononcé des peines plus sévères.

Celle de Blois, *art. 42*, veut qu'en cas de *rapt* de filles ou fils mineurs qui sont attirés par blandices à épouser sans le gré & consentement de leurs père & mère, le ravisseur soit puni de mort sans espérance de rémission & de pardon, & nonobstant tout consentement que les mineurs pourroient alléguer par après avoir donné audit *rapt ;* elle veut aussi que l'on procède extraordinairement contre tous ceux qui auront participé au *rapt.*

La déclaration du 26 novembre 1639, veut pareillement que les ravisseurs de fils, filles ou veuves soient punis de mort & leurs complices, sans que cette peine puisse être modérée.

Elle déclare même les filles, veuves, mineures de vingt-cinq ans, qui après avoir été ravies contracteront mariage contre la teneur des ordonnances, notamment de celle de Blois, privées par le seul fait, & les enfans qui en naîtront, de toutes successions directes & collatérales, & de tous droits & avantages qui pourroient leur être acquis par mariage, testamens, dispositions de coutume, même de la légitime, voulant que le tout soit confisqué & employé en œuvres pies.

Cette même loi déclare les mariages faits avec les ravisseurs pendant que la personne ravie est en leur possession, non valablement contractés, sans qu'ils puissent être confirmés par le temps ni par le consentement des père & mère, tuteurs & curateurs ; & s'ils sont faits après que la personne ravie a été remise en liberté, ou qu'étant majeure elle ait donné un nouveau consentement pour le mariage, les enfans qui naîtront de ce mariage, sont déclarés indignes & incapables de légitime & de toute succession, & les parens qui auroient favorisé ces mariages sont aussi déclarés incapables de succéder aux personnes ravies, & défenses sont faites à toutes personnes de solliciter pour eux des lettres de réhabilitation.

L'ordonnance de 1670 met le crime de *rapt* au nombre de ceux qui ne sont pas susceptibles de lettres de grace ; mais elle n'entend parler que du *rapt* fait par violence & non du *rapt* de séduction.

Toutes ces dispositions ont encore été confirmées par la déclaration du 22 septembre 1730, par laquelle il est défendu d'exempter de la peine de mort le ravisseur qui consentoit d'épouser la personne ravie, comme cela se pratiquoit en Bretagne & dans quelques autres provinces.

En effet, suivant l'article 497 de la coutume de Bretagne, ceux qui étoient convaincus d'avoir suborné des enfans mineurs de 25 ans, tant filles que garçons, sous prétexte de mariage ou autrement, sans le consentement exprès de leurs parens ou tuteurs, devoient être punis de mort.

Cette disposition avoit fait confondre, dans cette province, tout commerce illicite avec le *rapt* de séduction, & l'on y donnoit un si grand avantage à un sexe sur l'autre, que la seule plainte de la fille & la preuve d'une simple fréquentation y étoient regardées comme un motif suffisant pour faire condamner l'accusé au dernier supplice.

Cet excès de rigueur étoit suivi d'un excès d'indulgence, quand la fille demandoit à épouser celui qu'elle nommoit son suborneur: en effet, si celui-ci, comme il arrivoit toujours, préféroit le mariage à la mort, un commissaire du parlement le conduisoit à l'église les fers aux mains; &, sans publication de bans, sans le consentement du propre curé, & même sans la permission de l'évêque, on procédoit au mariage par la seule autorité des juges séculiers.

Cette jurisprudence qui donnoit souvent lieu d'appliquer la peine de la séduction à celui qui avoit été séduit, & la récompense à la séductrice, a été abolie par la déclaration dont nous venons de parler, qui, en prononçant la peine de mort contre ceux & celles qui seront convaincus du crime de *rapt* de séduction, défend d'ordonner qu'ils subiront cette peine, s'ils n'aiment mieux épouser la personne ravie, & veut que les juges ne puissent permettre la célébration des mariages avant ou après la condamnation, pour exempter l'accusé de la peine prononcée par les ordonnances, quand même la personne ravie, ou son père & la mère requerroient expressément le mariage.

L'article 3 de cette déclaration porte aussi, que les personnes majeures ou mineures, qui, n'étant pas dans les circonstances du *rapt* de séduction, se trouveront seulement coupables d'un commerce illicite, seront condamnées à telle peine qu'il appartiendra, selon l'exigence des cas, sans néanmoins que les juges puissent prononcer contre elles la peine de mort, à moins que, par l'atrocité des circonstances, par la qualité & l'indignité des coupables, le crime ne paroisse mériter le dernier supplice.

C'est en conformité de ces loix, que par arrêt rendu au parlement de Dijon, le 10 février 1738, le marquis de Tavannes-Mirebel a été condamné à avoir la tête tranchée, pour avoir enlevé la demoiselle de Brun sa cousine, quoiqu'elle y eût consenti, & l'avoir ensuite conduite hors du royaume: que par un autre arrêt rendu au parlement de Paris le 20 avril 1758, Louis la Bruyère de Maillac, dit Dubois, a été condamné, pour crime de *rapt* de séduction, commis envers une fille mineure, à être pendu & étranglé.

Il faut néanmoins convenir que dans l'usage le plus commun les juges ne punissent de mort le coupable de *rapt* de séduction, que quand il se trouve de condition fort inférieure, ou qu'on étoit obligé d'avoir confiance en lui.

C'est ainsi que, par arrêt du 29 janvier 1709, le parlement commua en un bannissement de 9 ans la peine de mort prononcée par les premiers juges contre le sieur la Garrigue, qu'on avoit trouvé couché avec une demoiselle qu'il avoit enlevée & séduite, mais sans violence: M. l'avocat-général le Nain observa à ce sujet que le *rapt* de cette espèce ne devoit point être puni de mort, & que l'article 42 de l'ordonnance de Blois & les loix postérieures n'avoient eu d'exécution que contre des domestiques qui avoient enlevé des filles de leurs maîtres, ou contre des tuteurs qui avoient abusé de leurs pupilles, ou contre des maîtres qui avoient abusé de leurs écolières, *&c.*

Quant au *rapt* de violence, on le punit toujours du dernier supplice.

Le crime de *rapt* fait vaquer de plein droit les bénéfices dont le ravisseur est titulaire. Le parlement de Paris l'a ainsi jugé par arrêt du 15 juillet 1726, en faveur du sieur le Roi, qui avoit obtenu des provisions par dévolut du bénéfice d'un chanoine du diocèse de Chartres, accusé de *rapt*.

L'action qui résulte du *rapt* de séduction peut être intentée, tant par la personne ravie que par ses proches parens & par son tuteur ou curateur: mais si une mère, après s'être plaint du *rapt* de sa fille, avoit ensuite consenti qu'elle épousât le ravisseur, un autre parent, tel qu'un frère, ne seroit pas fondé à reprendre l'instance du *rapt* abandonnée par la mère.

L'action pour *rapt* peut aussi être poursuivie d'office; & même il est enjoint par les déclarations de 1639 & de 1730, aux procureurs-généraux & à leurs substituts, de faire toutes les poursuites nécessaires contre les ravisseurs & leurs complices, lors même qu'il n'y a point de partie civile.

Ce crime peut être poursuivi, tant devant le juge de l'enlèvement que devant les juges des différens lieux par où le ravisseur a conduit la personne ravie.

Le *rapt* de violence est d'ailleurs un cas royal dont l'article 11 du titre premier de l'ordonnance de 1670 a attribué la connoissance aux baillis, sénéchaux & juges présidiaux, privativement aux autres juges royaux & à ceux des seigneurs. *Voyez* MARIAGE.

RATIFICATION, s. f. (*Grammaire & Jurisprudence.*) on appelle *ratification*, en terme de grammaire, l'approbation qu'un homme donne à ce qui a été fait pour lui hors sa présence. On appelle *ratification*, en termes de droit, l'acte par lequel un homme consent la validité & l'exécution d'un acte qu'un autre a souscrit pour lui.

Si un homme a donné une procuration pour agir ou pour traiter, les actes souscrits par le fondé de procuration n'ont besoin d'être ratifiés qu'autant que le mandataire a excédé les bornes de ses pouvoirs; mais si celui qui a agi ou traité pour un autre étoit sans pouvoirs ou a excédé ceux qui lui avoient été donnés, il faut alors que les actes par lui souscrits soient ratifiés par celui qu'ils intéressent, autrement ils seroient nuls à son égard.

Si l'acte ratifié étoit nul dans son principe, comme la vente d'un immeuble qui appartiendroit à un tiers, ou l'aliénation qu'un mari feroit des biens de sa femme sans son consentement, l'hypothèque qui résulteroit de l'acte de *ratification* n'auroit point d'autre date que celle de la *ratification* même, parce que dans ce cas la *ratification* ne peut avoir d'effet rétroactif.

RATIFICATION (*Lettres de.*) sont des lettres du grand sceau, que l'acquéreur d'une rente sur le roi obtient pour purger les hypothèques que son auteur pourroit avoir constituées sur la rente.

Elles ont pour ces rentes le même effet que le décret avoit pour les héritages par rapport aux hypothèques.

L'édit du mois de mars 1623 a créé des conservateurs des hypothèques pour recevoir les oppositions de ceux qui prétendent quelque droit sur les propriétaires de ces rentes.

Les acquéreurs, à quelque titre que ce soit, ne sont tenus, suivant cet édit, pour se procurer leur sûreté, que de prendre au grand sceau des *lettres de ratification*; & s'il ne se trouve point d'opposition au sceau de ces lettres, toutes hypothèques sont purgées.

Mais ces lettres ne purgent pas les douaires & substitutions non encore ouvertes, non plus que les décrets.

Elles ne purgent pas non plus l'hypothèque du roi sur les rentes des comptables, le roi n'étant jamais censé accorder de privilège contre lui-même.

Le seul moyen d'acquérir sûrement des rentes qui appartiennent à des comptables, en suivant la déclaration du 4 novembre 1680, est de communiquer le contrat au procureur-général de la chambre des comptes & d'obtenir son consentement pour s'assurer que le comptable n'est plus redevable envers le roi.

A l'exemple de ces lettres, il en a été établi d'autres pour purger les hypothèques des immeubles, tant réels que fictifs, par l'édit du mois de juin 1771, qui a abrogé la formalité des décrets volontaires.

Ces lettres diffèrent, quant à la forme, des décrets volontaires, mais au fond elles produisent les mêmes effets; & quoiqu'elles paroissent convenir avec le sceau des offices, elles renferment néanmoins des différences essentielles.

Voyons d'abord en quoi elles conviennent avec les décrets volontaires, qu'on ne peut bien connoitre sans entrer dans l'examen sommaire des motifs qui ont donné naissance à la solemnité des décrets forcés, dont ils étoient l'image.

Un débiteur, en s'obligeant, oblige tous ses biens; de-là cette maxime, qu'il n'y a de biens que ce qui reste après les dettes payées. Un débiteur ne peut se regarder comme possédant tranquillement, puisqu'à chaque instant ses créanciers peuvent le dépouiller. Il n'est pas du sujet que l'on traite, d'entrer dans le détail des conditions qu'un créancier doit remplir; mais seulement de pénétrer les raisons qui ont fait établir les décrets & les formalités qu'ils renferment.

Faute de paiement, le créancier fait saisir réellement les immeubles de son débiteur; on établit un commissaire au régime de ces biens, on en fait des baux; la justice les tient sous sa main, & les possède pour la sûreté des créanciers jusqu'à l'adjudication. Lors de l'adjudication, la justice vend pour le débiteur; elle fait ce qu'il devroit faire lui-même pour payer ses dettes.

La justice vendant pour le débiteur, il semble qu'elle ne devroit pas transporter à l'acquéreur plus de droit que le débiteur, s'il eût vendu lui-même. Mais le décret annonce que le débiteur penche vers sa ruine, & qu'on ne doit plus avoir confiance en lui. Si la vente par décret ne mettoit les acquéreurs à l'abri de toute éviction, il ne se présenteroit personne pour acquérir; ou s'il se présentoit quelqu'un, il ne se détermineroit qu'autant qu'il trouveroit dans la vilité du prix de quoi s'indemniser des hasards qu'il consentiroit à courir, ce qui causeroit un préjudice notable aux débiteurs & aux créanciers.

Il a donc fallu pour l'intérêt public mettre les adjudicataires à l'abri de toute éviction; mais d'un autre côté, il falloit ménager les intérêts de ceux qui avoient des droits dans ces biens; ce qui a donné lieu aux criées, dont le but est d'annoncer au public que les héritages du particulier dénommé sont à vendre par décret; de faire connoître ces héritages, & d'avertir ceux qui ont quelque intérêt de veiller à la conservation de leurs droits. Les criées faisoient donc une des principales formalités des décrets. Ces criées demandoient la plus grande attention; la moindre omission pouvoit faire annuller toute la procédure.

L'édit du mois de février 1771 a établi une règle beaucoup plus simple, & qui remplit le même objet.

Par l'article 8, il est dit: « sera tenu l'acquéreur, avant le sceau desdites lettres de *ratification*, de déposer au greffe du bailliage ou sénéchaussée, dans le ressort duquel seront situés les héritages vendus, le contrat de vente d'iceux; comme aussi le greffier dudit bailliage & sénéchaussée sera tenu, dans les trois jours dudit dépôt, d'insérer dans un tableau qui sera à cet » effet

» effet placé dans l'auditoire, un extrait dudit » contrat, quant à la translation de propriété seulement, prix & condition d'icelle, lequel restera exposé pendant deux mois, & avant l'expiration de ce délai ne pourront être obtenues sur ledit contrat aucunes lettres de *ratification* ».

On voit que si les solemnités pour parvenir à l'obtention des lettres de *ratification*, diffèrent, quant à la forme, de celles des décrets, elles remplissent le même objet. L'exposition du contrat portant aliénation, annonce aux créanciers que les biens sujets à leur hypothèque sont vendus, & les avertit de veiller à la conservation de leurs droits. Cette publicité équivaut à une interpellation: elle met les créanciers hypothécaires en demeure; elle fait présumer qu'ils ont eu connoissance de la vente; ils ne peuvent plus prétexter de cause d'absence, ni d'ignorance; & lorsqu'ils ont négligé de former opposition au sceau des lettres de *ratification*, ils sont censés avoir remis leurs droits par une présomption *juris & de jure*. Leur négligence est comparée à la fraude, & l'ignorance qu'ils allégueroient est, aux yeux de la loi, si crasse, qu'elle est intolérable (1).

On peut obtenir des lettres de *ratification* sur toutes sortes de contrats translatifs de propriété, comme vente, échange, inféodation, accensement, bail à rente, emphytéose, donation, dation en paiement.

Cette faculté est accordée à tous les acquéreurs à titre particulier; mais elle est inutile aux acquéreurs à titre universel. L'héritier ne peut pas purger les hypothèques sur les biens dépendans d'une succession qui lui est échue, par la raison qu'il est obligé personnellement, & qu'il représente le défunt. En cela il n'y a pas de différence entre l'héritier pur & simple, & l'héritier par bénéfice d'inventaire; parce que tant que l'héritier bénéficiaire tire du profit d'une succession, & qu'il n'a pas rendu compte, il est considéré comme héritier pur & simple. Mais si un héritier bénéficiaire a acquis un héritage dépendant de la succession, il peut, comme tout autre étranger, obtenir des lettres de *ratification* sur son acquisition. Il est évident que cette question ne peut naître que quand il a acquis par licitation; car s'il est seul, il ne peut se vendre à lui-même; & s'il a acquis en vertu d'un décret forcé, il n'a pas besoin de lettres de *ratification*.

Il est indifférent que la licitation ait été faite à l'amiable entre les co-héritiers seulement, ou que les étrangers aient été admis à enchérir; car dans l'un & dans l'autre cas, les raisons sont les mêmes. A la vérité, l'héritier qui s'est rendu adjudicataire étoit vendeur pour la part qu'il avoit par indivis dans l'immeuble vendu; mais la vente étoit forcée. Toutes les fois qu'on possède par indivis un immeuble qui ne peut se partager sans détérioration, un des propriétaires peut forcer ses co-propriétaires à le vendre par licitation. Le prix dépend toujours de la volonté de tiers-intéressés; & la circonstance qu'on a admis des étrangers à enchérir, ne change rien à la nature de l'acte. L'héritier bénéficiaire, adjudicataire par licitation, possède en vertu d'un titre particulier, il peut donc purger les hypothèques sur son acquisition; & dans le cas où il est tenu de rendre compte, il n'est obligé de rapporter que la portion du prix dont il a profité.

Ce qu'on vient de dire de l'héritier bénéficiaire s'applique également au légataire universel. Ils ont cela de commun, que ni l'un ni l'autre ne sont tenus des dettes au-delà des forces de la succession. Ils diffèrent seulement en ce que l'héritier n'a ce privilège que par une exception qui déroge à la nature de son titre, au lieu que le légataire universel a ce privilège par sa qualité seule, parce que son titre procède de la libéralité du défunt, & qu'il répugne à l'idée d'une libéralité qu'elle puisse être à charge à celui qui en est l'objet.

La veuve ne peut avoir recours aux lettres de *ratification* pour purger les hypothèques des immeubles qu'elle possède comme commune, parce qu'en cette qualité, elle est obligée personnellement, jusqu'à concurrence de ce qu'elle profite de la communauté; mais rien n'empêche qu'elle n'en obtienne pour purger les hypothèques de ceux qui lui ont été abandonnés en paiement de ses reprises.

Les lettres de *ratification* s'obtiennent, à l'égard des immeubles réels & des rentes foncières, dans les chancelleries établies près les bailliages & les sénéchaussées, dans le ressort desquels les immeu-

(1) *Si eo tempore quò prædium distrahebatur, programmate admoniti creditores, cùm præsentes essent, jus suum executi non sunt; possunt videri obligationem pignoris amisisse.* L. 6, cod. *de remissione pignoris.*

Les lettres de ratification ont un rapport très-intime avec les appropriances par bannies, établies par la coutume de Bretagne, & on peut appliquer aux lettres de ratification ce que d'Argentré a dit des appropriances.

Les solemnités des bannies, dit cet auteur, ont été inventées en faveur des acquéreurs, & pour qu'ils ne fussent pas dupes, ignorant les droits que des tiers pourroient avoir dans les biens qu'ils ont acquis.

Les bannies tirent leur force des publications répétées... d'où l'on infère le consentement de celui qui les a laissé faire sans s'y opposer; il est convaincu par-là d'une ignorance crasse & intolérable; car avoir méprisé l'autorité de la loi, c'est avoir consenti à la remise de son droit, ou avoir commis un délit qui ne doit pas tourner au préjudice de l'acquéreur, qui a fait tout ce qui dépendoit de lui.

Repertæ hæ rationes quibus emptoribus & acquirentibus succurreretur.... ne ignorantia fraudari acquirentes contingeret... appropriamentum per bannimenta, quod edictale placet appellare, quia edictis constet.... vim accipit & repertitis edictis & monitionibus.... unde consensus patientis colligitur aut supina ignorantia ideoque intoleranda convincitur.... contempsisse igitur consuetudinis autoritatem, est contempsisse, aut flagitium fecisse in re propria; nec acquirenti fraudi esse debet, si post tot solemnia litem recusat... quia negligentia cujusquam fraudi esse non debet & justissima ejus excusatio qui fecit quod in se fuit, quominùs impendentis perpetuò saxi metum sustineret.

bles sont situés, & à l'égard des rentes constituées, dans les chancelleries des justices où les vendeurs sont domiciliés.

Et pour que les acquéreurs puissent être assurés du domicile de celui qui a vendu la rente constituée, l'édit du mois de juin 1771 veut, *article 11*, qu'il soit tenu de justifier de son domicile, pendant les trois dernières années qui auront précédé la vente, & de faire certifier ce domicile, soit par le contrat de vente, soit par un acte séparé passé devant notaires, & signé de deux témoins connus & domiciliés.

Lorsque les immeubles ou les héritages sujets aux rentes foncières sont situés dans le ressort de différens bailliages ou sénéchaussées, il faut déposer un extrait du contrat d'acquisition au greffe de chacune des jurisdictions où ressortissent ces immeubles, & obtenir des lettres de *ratification* dans chacune des chancelleries qui y sont établies; faute de quoi les acquéreurs seroient sujets aux hypothèques des créanciers des vendeurs, à cause des immeubles qui se trouveroient situés dans l'étendue des bailliages ou sénéchaussées où les lettres de *ratification* n'auroient pas été scellées. Il faut excepter de cette règle les fiefs, à l'égard desquels il suffit d'obtenir des lettres dans la chancellerie établie près la jurisdiction où ressortit le chef-lieu.

L'effet des lettres de *ratification* est de purger les hypothèques de ceux qui ont négligé de former opposition au sceau, de même que le sceau des provisions purge les hypothèques sur les offices. Nous observerons cependant que, quoique le sceau des lettres de *ratification* soit comparé à celui des provisions des offices, ils diffèrent essentiellement l'un de l'autre.

Les immeubles réels & les rentes sont dans le commerce; la propriété s'en transmet en vertu du contrat passé entre le vendeur & l'acquéreur, & par la volonté seule des contractans; les lettres de *ratification* n'opèrent rien quant au contrat en lui-même; il n'a pas besoin de confirmation pour être valable; il se soutient par sa propre force; les lettres ne font qu'en assurer l'exécution & garantir l'acquéreur des troubles que des créanciers hypothécaires pourroient apporter à sa jouissance. Les créanciers sont mis en demeure par la publicité qu'on a donnée au contrat, & les lettres sont le complément des formalités requises pour opérer la libération des héritages.

Il n'en est pas de même des offices. Le roi peut refuser la démission du titulaire, quand il juge ses services nécessaires pour le bien public; car un office est une charge publique; & le refus du roi est plus honorable qu'il ne cause de chagrin à celui qui l'éprouve. Le roi peut aussi refuser des provisions à celui qui a traité; car quoiqu'on ne puisse obtenir des provisions qu'après le traité, il faut que celui qui se présente soit jugé par le roi capable de remplir les fonctions qui doivent lui être confiées. Les offices ne sont donc pas proprement dans le commerce. Le titulaire qui veut vendre, remet son office dans la main du roi. L'office y rentre comme dans sa source & sa cause primitive. Le roi le confère au résignataire ou à tout autre, seulement à condition par le nouveau pourvu, d'accomplir le traité fait avec le résignant & à la charge des oppositions s'il y en a au sceau. Mais le résignant ne transfère pas la propriété à son résignataire, comme dans la vente des immeubles le vendeur la transfère à l'acquéreur.

Dans la vente des offices, ce sont les provisions qui rendent le titulaire propriétaire, au lieu que les lettres de *ratification* ne transfèrent pas de propriété à l'acquéreur; elles effacent seulement les impressions de l'hypothèque sur les biens qu'il a acquis.

Les lettres de *ratification* purgent les hypothèques de toutes personnes, des mineurs, des interdits, des absens, des gens de main-morte, des femmes en puissance de mari, sauf le recours de ces personnes contre les tuteurs, curateurs, les administrateurs ou les maris qui ont négligé de former opposition au sceau.

Elles ne purgent pas les droits qui ne sont pas ouverts comme le douaire, pendant la vie du mari, ni l'hypothèque du substitué, pendant la vie du grevé.

Elles ne purgent pas non plus la propriété ni les autres vices qui peuvent se rencontrer dans l'aliénation; ainsi on peut, après le sceau des lettres, intenter contre les acquéreurs toute action en revendication, demander la nullité & la rescision des contrats.

Comme le roi n'est pas censé accorder de privilège contre lui-même, les lettres de *ratification* ne purgent pas les hypothèques qu'il a sur les biens des comptables, à moins que les contrats d'acquisition n'aient été signifiés aux procureurs-généraux des chambres des comptes, dans le ressort desquelles les immeubles vendus sont situés, & que les acquéreurs n'aient obtenu leur consentement par écrit sur la grosse du contrat sur lequel les lettres de *ratification* doivent être expédiées, & les procureurs-généraux ne peuvent donner leur consentement à l'expédition des lettres de *ratification*, qu'après qu'il leur a été justifié de l'apurement des comptes du vendeur.

Pour empêcher l'effet des lettres de *ratification*, il est nécessaire de former opposition au sceau entre les mains du conservateur des hypothèques. L'opposition doit contenir les noms de baptême, de famille, la qualité & la demeure du créancier opposant & du débiteur, avec élection de domicile dans le lieu où est situé le bureau du conservateur des hypothèques. Cette élection de domicile ne cesse pas par le décès du procureur chez lequel il a été élu, & ne peut être changée que par une nouvelle dans le même lieu.

Le conservateur des hypothèques doit avoir un

registre en papier timbré, dont les feuillets doivent être cotés par premier & dernier, & paraphés à chaque page par le lieutenant-général du siege, ou autre officier suivant l'ordre du tableau; il doit y inscrire, sans aucun blanc ni interlignes, toutes les oppositions qui sont formées entre ses mains, à peine de faux, de 1500 livres d'amende, & de tous dépens, dommages & intérêts des parties.

L'opposition doit être datée & visée par le conservateur, qui doit faire mention si elle est faite avant ou après midi. En cas de changement de domicile, la nouvelle élection doit être enregistrée à la marge de l'opposition, & visée par le conservateur, de même que l'opposition, à peine de nullité.

Les conservateurs sont tenus de délivrer à toute réquisition, des extraits de leurs registres, contenant le jour & la date des oppositions, le registre, ainsi que le feuillet où elles auront été enregistrées, & s'il n'y a pas d'opposition, d'en donner un certificat.

Avant de présenter au sceau les lettres, les conservateurs des hypothèques doivent faire mention, sur le repli, s'il y a des oppositions; en ce cas, les lettres sont scellées à la charge des oppositions subsistantes; & s'il y avoit quelques oppositions subsistantes avant le sceau, dont les conservateurs n'auroient pas fait mention, ils en seroient responsables envers l'opposant qui n'auroit pas été colloqué utilement dans l'ordre jusqu'à concurrence de la valeur de l'immeuble mentionné aux lettres.

En cas de vente par décret forcé, les oppositions faites entre les mains des conservateurs des hypothèques valent comme si elles étoient faites au décret, & les saisissans sont obligés de dénoncer au moins un mois avant l'adjudication, leur saisie réelle aux opposans, aux domiciles par eux élus, à peine de nullité de la procédure du décret vis-à-vis d'eux, & de tous dépens, dommages & intérêts.

Les syndics des créanciers unis faisant en leur qualité opposition au sceau, conservent les droits de tous les créanciers.

L'acquéreur est-il obligé de s'opposer au sceau pour la conservation des hypothèques résultantes de son contrat d'acquisition? Cette question a été agitée plusieurs fois avant l'édit du mois de février 1771, qui a abrogé les décrets volontaires; & il a été jugé par différens arrêts que l'acquéreur n'étoit pas obligé de former opposition au décret qu'il faisoit poursuivre sur lui. Cette jurisprudence s'applique également aux *lettres de ratification* dont nous parlons.

Avant l'édit de 1771, les créanciers délégués par le contrat d'acquisition qui donnoit lieu au décret volontaire, étoient dispensés d'y former opposition pour venir en ordre d'hypothèque sur le prix de l'immeuble décrété, par la raison que l'acquéreur connoissant nécessairement leurs créances, l'acte qui lui transmettoit l'immeuble, l'obligeoit en même temps à les conserver. Après l'édit de 1771, plusieurs jurisconsultes ont pensé que les créanciers délégués devoient former leur opposition au sceau, parce que l'article 15 oblige à la former tous ceux qui prétendent droit de privilège ou d'hypothèque; mais deux arrêts du parlement de Paris, des 21 juin & 6 juillet 1779, ont fixé la jurisprudence sur ce point, & ont jugé que la délégation dans le contrat valoit opposition.

L'opposition au sceau a l'effet de la demande en déclaration d'hypothèque où de l'action d'interruption; elle arrête celui du sceau; elle empêche que l'hypothèque ne soit purgée à l'égard de l'opposant qui demeure conservé dans tous ses droits.

L'article 9 de l'édit du mois de juin 1771 accorde à tous créanciers légitimes du vendeur le droit de se présenter au greffe, pour y faire recevoir une soumission d'augmenter le prix de la vente, au moins d'un dixième du prix principal, & dans le cas de surenchère par un autre créancier du vendeur, d'un vingtième en sus du prix principal par chaque surenchérisseur, ensemble de restituer à l'acquéreur les frais & loyaux coûts, & du tout donner bonne & suffisante caution, qui doit être reçue pardevant le lieutenant-général ou autre officier du siège, suivant l'ordre du tableau. Cette loi accorde pareillement la faculté à l'acquéreur de conserver l'objet vendu, en parfournissant le plus haut prix auquel il a été porté.

Les décrets volontaires devenoient forcés, comme personne ne l'ignore, lorsqu'un créancier surenchérissoit; mais un décret volontaire étoit une vente forcée simulée, que la surenchère rendoit réelle, & le créancier qui surenchérissoit devenoit acquéreur. L'édit du mois de février, en changeant la forme, a conservé la chose. Le créancier qui enchérit, exerce une espèce de retrait sur l'acquéreur; & comme ce retrait a pour fondement son hypothèque sur la chose, & qu'il n'enchérit que pour avoir son paiement, l'édit accorde à l'acquéreur la faculté de conserver son acquisition en parfournissant le plus haut prix. Cette disposition est fondée sur les principes de la matière hypothécaire & de l'équité naturelle; car le créancier ayant un droit dans la chose vendue, le débiteur n'a pas pu, en l'aliénant au-dessous de sa valeur, préjudicier à son créancier.

Il n'y a que les créanciers hypothécaires ou privilégiés qui soient reçus à enchérir, parce qu'il n'y a qu'eux qui aient le droit de suivre la chose en quelques mains qu'elle passe. Les chirographaires n'ont pas le même droit, puisqu'ils n'ont pas pris les mêmes précautions pour se procurer leur sûreté. Si tous les créanciers indistinctement étoient admis à enchérir, comme l'article 9 de l'édit du mois de février 1771, pris dans toute l'étendue des termes, semble l'annoncer, la prévoyance de l'acquéreur qui a cherché à se procurer une jouissance paisible tourneroit contre lui-même; car s'il n'eût pas pris de *lettres de ratification*, les créanciers chirographaires ne pourroient pas le troubler dans sa jouissance, ni soutenir que la vente a été faite à vil prix, à moins que le débiteur ne fût en banqueroute & qu'on ne prouvât la fraude.

Les créanciers hypothécaires qui veulent enchérir, doivent faire leur soumission au greffe avant le sceau des *lettres de ratification*; car à l'égard des créanciers, les lettres confirment la vente dans tout son contenu.

Lorsque l'aliénation est faite à titre de vente, & que le prix est payable aussi-tôt après le sceau des *lettres de ratification*, les oppositions au sceau équivalent à une saisie-arrêt entre les mains de l'acquéreur.

Mais si l'aliénation n'est pas faite moyennant un prix, que ce soit à titre d'échange, de donation, d'inféodation ou de bail à rente foncière, ou si elle est faite moyennant un prix pour lequel l'acquéreur a constitué une rente, il faut de deux choses l'une, ou que les lettres ne soient scellées qu'après avoir obtenu les mains-levées des opposans, ce qui paroît plus régulier, ou si les lettres sont scellées à la charge des oppositions, que les créanciers soient conservés dans leurs droits, & puissent intenter l'action hypothécaire, comme s'il n'y eût pas eu de *lettres de ratification*.

Il n'est pas prudent d'en obtenir dans ce dernier cas, avant d'avoir eu la main-levée des oppositions, parce que ces lettres n'empêcheroient pas que le donataire ne fût évincé, & il courroit risque de perdre les frais que l'obtention de ces lettres lui auroit occasionnés.

Le créancier d'une rente constituée, opposant au sceau des *lettres de ratification*, peut-il exiger son remboursement? On peut dire que, suivant la nature des rentes constituées, le débiteur ne peut pas être forcé à en faire le remboursement; que le créancier est conservé dans son hypothèque au moyen de son opposition au sceau, & qu'il ne risque rien, puisqu'il a deux obligés au lieu d'un. Cependant il faut convenir que la condition du créancier est changée; qu'on la rendroit par-là plus pénible, puisqu'il faudroit qu'il veillât à la fois sur plusieurs débiteurs, & qu'on n'a pu lui en donner un autre malgré lui; enfin que, suivant l'édit du mois de février 1771, le sceau des *lettres de ratification* doit produire le même effet que le sceau des provisions des offices: or c'est un point constant que le sceau à l'égard des offices, fait que le remboursement est forcé, & que cela s'observoit de même lors des décrets volontaires.

Entre les créanciers opposans au sceau, les privilégiés sont les premiers payés sur le prix de la vente. Après les privilégiés, les hypothécaires sont colloqués suivant l'ordre & le rang de leurs hypothèques; & s'il reste des deniers après l'entier paiement des créanciers privilégiés & hypothécaires, la distribution s'en fait entre les créanciers chirographaires opposans, par préférence aux créanciers privilégiés & hypothécaires qui ont négligé de faire opposition.

On observera ici, que quand dans une discussion de biens on a fait l'ordre avant la contribution, on ne laisse pas de faire entrer fictivement dans la contribution les créanciers hypothécaires utilement colloqués pour le montant de leurs créances, & l'on distribue la somme qui leur revient aux créanciers hypothécaires, sur lesquels les fonds provenans du prix des immeubles ont manqué.

Cette jurisprudence est fondée sur ce qu'anciennement le créancier étoit obligé de discuter les meubles du débiteur avant de saisir réellement ses immeubles; que la nécessité de discuter les meubles n'a été abrogée par l'ordonnance de 1539, qu'en faveur des créanciers, & pour ôter aux débiteurs l'occasion de faire une multitude de chicanes; & sur ce que, quand un homme est en faillite, & qu'il y a déconfiture, les droits des créanciers sont immeubles à l'instant de la faillite. Or dans cet instant tous les créanciers ont un droit égal sur le mobilier; tous devroient donc entrer dans la contribution, & les créanciers hypothécaires prennent d'autant moins dans le prix des immeubles. Quand on a suivi une autre marche, & qu'on a commencé par l'ordre, on donne aux créanciers hypothécaires, sur lesquels les fonds manquent, & qui souffriroient par conséquent de cette interversion, la part que les premiers auroient prise dans la contribution, & l'on répare par-là le préjudice que les derniers souffriroient.

RATURE, s. f. on entend par-là ce qui est effacé dans un écrit soit authentique ou sous seing-privé.

Un acte dans lequel il se trouve quelques *ratures* qui tombent sur des choses qui peuvent être de quelque conséquence, est nul, à moins que les *ratures* ne soient approuvées par les parties, & par les notaires & témoins, si c'est un acte passé devant notaire.

Les greffiers & autres officiers publics doivent pareillement approuver les *ratures* qui se trouvent dans leurs minutes & expéditions.

Pour approuver valablement une *rature*, il faut compter le nombre de mots & de lignes qu'elle contient, & exprimer que l'on approuve la *rature* de tant de lignes & tant de mots. *Voyez* APOSTILLE, INTERLIGNE, RENVOI, PARAPHE. (*A*)

RAUDE, (*Droit féodal.*) ce mot se trouve dans des lettres de grace de l'an 1399. Il y est dit: « laquelle Lorence, qui avoit desjà chassié & em- » mené lesdits oyes, jusques en la *raude* dudit » village ».

Dom Carpentier, qui rapporte cet extrait au mot *Rodium* de son *Glossarium novum*, pense que le mot *raude* signifie un territoire, district; peut-être désigne-t-il seulement un rideau, c'est-à-dire, une petite levée ou monticule, qui sépare deux villages, comme dom Carpentier lui-même paroît ailleurs le soupçonner. (*G. D. C.*)

RAVESTISSEMENT. *Voyez* ENTRAVESTISSEMENT.

RAVOIR SA COUR, (*Droit féodal.*) Desfontaines s'est servi de cette expression, au chapitre 31 de son conseil à la reine Blanche, au lieu de celle-ci, *obtenir le renvoi en sa cour. Voyez* le *Glossaire que la Thaumassière a joint aux coutumes de Beauvoisis.* (*G. D. C.*)

RAVOIRER, c'est-à-dire *r'avoir.* On trouve ce mot dans les article 71, 74 & 85 de la coutume d'Orléans, du moins dans l'édition faite dans cette ville en 1570. D'autres éditions disent *ravoir*, & quelques-unes mal-à-propos *ravir.* C'est saisir le fief du vassal, en le réunissant pour le moment à la table du seigneur. La coutume elle-même dit *exploiter ou ravoirer. Voyez* le *glossaire du Droit françois.* (*G. D. C.*)

R E

RÉACAPTE, (*Droit féodal.*) C'est la même chose que l'arrière-capte. *Voyez* ACAPTE & *le glossaire du droit françois.* (*G. D. C.*)

RÉAGGRAVE, s. m. (*Jurisp. canon.*) *iterata aggravatio* : quelques-uns disent *aggrave*; Fevret dit *réaggravation*; mais dans l'usage présent, on dit *réaggrave*: c'est la troisième des monitions canoniques; que l'on emploie pour contraindre quelqu'un à faire quelque chose, comme pour l'obliger de venir à révélation des faits dont on veut avoir la preuve. La première monition s'appelle *monitoire* ou *monition* simplement. Ce premier monitoire prononce la peine d'excommunication; le second qu'on appelle *aggrave*, prive celui qui est réfractaire aux monitions, de tout usage de la société civile; le troisième qu'on appelle *réaggrave*, défend publiquement à tous les fidèles d'avoir aucune sorte de commerce avec l'excommunié, que l'église annonce comme un objet d'horreur & d'abomination. Les aggraves & *réaggraves* se publioient autrefois au son des cloches & avec des flambeaux allumés, qu'on éteignoit ensuite, & qu'on jettoit par terre. *Voyez* AGGRAVE, MONITOIRE, EXCOMMUNICATION. (*A*)

RÉAGGRAVATION. *Voyez* RÉAGGRAVE.

RÉAJOURNEMENT, s. m. (*terme de Pratique*) est un ajournement réitéré, une nouvelle assignation que l'on donne à celui qui n'a pas comparu au premier ajournement, & contre lequel on a pris défaut.

L'usage des *réajournemens* a été aboli en matière civile par l'article 2 du titre 5 de l'ordonnance de 1667; l'usage s'en est néanmoins conservé dans quelques jurisdictions consulaires, & notamment dans celle de Paris, qui y a été confirmée par arrêt du conseil du 24 décembre 1668.

Il a encore lieu en matière criminelle, comme on peut le voir dans l'ordonnance de 1670, *tit. 17.* Il est suivi en Lorraine, conformément à l'ordonnance du duc Léopold de 1707. Les *réajournemens* prescrits dans certains cas, par les coutumes, ne sont pas abolis par l'ordonnance.

RÉALISATION, s. f. RÉALISER, v. neutre. Ces termes qui, dans le sens littéral, désignent l'action de rendre réel & effectif ce qui n'étoit d'abord que projet, ont au barreau plusieurs significations particulières.

On dit *réaliser* des offres, c'est-à-dire, accompagner des offres labiales d'une somme de deniers, ou de quelque autre chose mobilière, de l'exhibition ou présentation de cette somme ou autre chose, à l'effet que celui à qui les offres sont faites, puisse recevoir ce qui lui est offert.

On *réalise* aussi les deniers dotaux d'une femme, lorsqu'on en fait emploi pour sûreté de la dot.

Dans les pays de nantissement, on *réalise* un contrat ou une rente, lorsqu'on en reconnoît le titre devant le seigneur dont l'héritage est tenu, ou devant les officiers de sa justice, afin d'acquérir droit réel & hypothèque, & pour être nanti.

On *réalise* encore des deniers ou des meubles, lorsque dans un contrat de mariage on les stipule propres, & qu'on les immobilise, soit simplement pour les exclure de la communauté, soit pour leur faire suivre une succession toute contraire à celle que la loi leur prescrit. *Voyez* AMEUBLISSEMENT, DOT, OFFRES, PROPRE FICTIF, NANTISSEMENT, SAISINE.

REATU, être *in reatu*, terme usité dans la pratique criminelle, lequel vient du latin *reatus*, qui signifie l'état de celui qui est accusé de quelque crime; on comprend dans cette classe tout accusé qui est dans les liens d'un décret de prise de corps ou d'ajournement personnel, parce qu'on le répute coupable jusqu'à ce qu'il se soit justifié, *scelus est accusari.*

Les suites de cet état sont, 1°. que celui qui est *in reatu*, ne peut faire aucune disposition de ses biens en fraude des réparations civiles qui peuvent être adjugées contre lui par l'événement, ni de la confiscation s'il y a lieu.

2°. Il demeure interdit de plein droit de toutes fonctions publiques, & de tous honneurs; & si c'est un ecclésiastique, il ne peut pareillement faire aucune fonction de son état.

Du reste, celui qui est *in reatu* conserve tous ses autres droits, & n'est pas censé mort civilement, quand même, par l'événement, il seroit condamné à mort; car le jugement qui emporte mort civile n'a point d'effet rétroactif, si ce n'est pour l'hypothèque des réparations civiles qui remonte au jour du délit. *Voyez* Accusé, Crime, Décret, Délit, Réparation civile. (*A*).

REBELLION A JUSTICE, (*Code criminel.*) est la résistance que quelqu'un apporte à l'exécution d'un jugement, ou à quelque exploit ou autre acte de justice, & en général à tout ce qui est émané de la justice ou de ses ministres, en vertu du pouvoir qu'ils tiennent d'elle, à l'exécution des mandemens émanés du roi ou de ses officiers préposés pour l'administration de la justice.

Les ordonnances mettent ce crime au nombre des cas royaux.

Il se commet principalement lorsque l'on outrage & excède les magistrats & autres officiers de judicature, & les huissiers & sergens exerçant quelque acte de justice; dans ce cas la rebellion est punie de mort sans espérance d'aucune grace. Telle est la disposition de l'ordonnance de Moulins, *art. 34*, & de celle de Blois, *art. 190*, renouvellée par l'*art. 4 du titre 16* de l'ordonnance de 1670; & s'il arrive que le coupable soit tué en faisant *rebellion* à force ouverte, le procès doit être fait à son cadavre ou à sa mémoire, suivant l'article 1 du titre 22 de l'ordonnance de 1670.

Ceux qui se louent ou s'engagent pour retirer des mains de la justice un prisonnier pour crime, commettent une autre espèce de *rebellion*, pour laquelle l'ordonnance de 1670, *tit. 16*, *art. 4*, défend aussi d'accorder des lettres de grace.

Il y a d'autres cas où la *rebellion* à justice n'est pas punie si sévérement: ce qui dépend des circonstances. Ces cas sont:

1°. Lorsque quelqu'un refuse d'ouvrir les portes à un commissaire ou autre personne chargée de l'exécution d'un jugement, & qu'il se tient *fort* dans sa maison ou château, pour résister à celui qui est porteur des pièces. La peine de ce délit est seulement corporelle ou pécuniaire, selon les circonstances; il emporte aussi la démolition de la maison ou château, & la confiscation des fiefs & justices. C'est la disposition de l'article 2 de l'édit de Charles IX, donné à Amboise en janvier 1572.

2°. Ceux qui s'emparent par violence des fruits & revenus des biens saisis par autorité de justice, ne doivent aussi être punis que d'une peine corporelle ou pécuniaire, à l'arbitrage du juge, suivant l'article 5 du même édit; il ordonne, à la vérité, dans ce cas, la confiscation des biens saisis, mais on ne prononce plus cette peine.

3°. Celui qui donne retraite à ceux que la justice poursuit pour les arrêter, doit, suivant l'article 193 de l'ordonnance de Blois, être puni de la même peine que méritoit l'accusé; mais cela ne s'observe pas à la rigueur, & la peine est modérée, suivant les circonstances du crime, & le motif qui y a donné lieu, comme si c'est par commisération, ou qu'il y ait parenté entre l'accusé fugitif & celui qui lui a donné retraite.

Enfin, ceux qui favorisent l'évasion des accusés des mains de la justice ou des prisons, doivent, suivant l'édit de François I, du mois d'août 1525, *art. 15*, être punis aussi sévérement que s'ils avoient rompu les prisons, & ôté les prisonniers des mains de la justice; mais présentement on distingue: si celui qui a favorisé l'évasion, avoit le prisonnier à sa garde, comme un geolier, un guichetier ou sentinelle, en ce cas, la peine est des galères, suivant l'article 19 du titre 13 de l'ordonnance de 1670; à l'égard des autres personnes, on modère la peine, suivant les circonstances, comme on l'a dit ci-devant.

Quoiqu'un huissier ou autre officier de justice excède son pouvoir, il n'est pas permis de lui faire résistance à cause du respect dû à la justice même, dont il exécute les mandemens; on a seulement la voie de se plaindre, & d'appeller de ce qui a été fait.

En cas de *rebellion*, les huissiers ou autres officiers chargés de mettre à exécution quelque ordonnance de justice, doivent en dresser leur procès-verbal signé d'eux & de leurs recors, & des voisins & autres assistans, si faire se peut, & remettre ce procès-verbal entre les mains du juge, pour y être pourvu, & en envoyer une expédition à M. le procureur-général, sans néanmoins que l'instruction & le jugement de la *rebellion* puissent être retardés.

Ceux qui ont fait *rebellion*, sont décrétés d'ajournement personnel sur la seule signature de l'huissier & de ses recors. Si la *rebellion* est grave, le procès-verbal sert de plainte; & quoiqu'il n'y ait qu'un ajournement personnel contre les dénommés au procès-verbal de l'huissier, on informe contre eux, & s'il y a charge, le juge peut décréter de prise-de-corps.

Les gouverneurs, lieutenans-généraux des provinces & villes, baillis, sénéchaux, maires & échevins sont obligés, par les ordonnances, de prêter main-forte en cas de *rebellion* à l'exécution des décrets & de toutes les ordonnances de justice; la même chose est enjointe aux prévôts des maréchaux, vice-baillis, vice-sénéchaux, leurs lieutenans & archers, à peine de radiation de leurs gages en cas de refus, dont il doit être dressé procès-verbal par le juge, huissier ou autre qui éprouve ce refus; & l'on envoie ce procès-verbal au procureur-général du ressort.

Quoique la *rebellion* arrive pour l'exécution d'un jugement rendu en matière civile, c'est le lieutenant-criminel qui en doit connoître.

Au reste, tous juges, à l'exception des juges & consuls, & des bas & moyens justiciers, peuvent connoître des *rebellions* à l'exécution de leurs jugemens. (*A*)

Des lettres-patentes du 4 mai 1723, registrées en la cour des aides le 12 juin suivant, autorisent les commis des fermes à emprisonner, sans permission de justice, les contrevenans qui leur font *rebellion*, & il est défendu à tout juge de mettre en liberté les coupables & complices de *rebellion*, avant qu'il ne soit intervenu un jugement définitif, & , en cas d'appel de la part du fermier, un jugement sur l'appel, à peine de répondre par les juges, en leur propre & privé nom, des dépens, dommages & intérêts du fermier, même des amendes & confiscations encourues par les fraudeurs.

Suivant la déclaration du roi du 20 janvier 1714, il doit être procédé extraordinairement contre les fraudeurs qui ont fait violence & *rebellion*, sans qu'on puisse poursuivre les commis, lorsqu'en se défendant ils viennent à tuer quelques-uns d'eux ou de leurs complices.

Les fraudeurs nocturnes sont dans le cas de sédition & de *rebellion*, & il doit être procédé extraordinairement contre eux. C'est ce qui résulte de l'article 4 de la même déclaration.

L'article 5 veut que les maîtres de maison, ainsi que les pères & les mères, soient responsables civilement & solidairement des condamnations prononcées pour fraude, violence ou *rebellion*, ou pour complicité, contre leurs domestiques & enfans de famille mineurs & demeurant avec eux.

Des lettres-patentes du 26 novembre 1719, enregistrées à la cour des aides de Paris le 12 décembre suivant, ont enjoint aux geoliers de tenir la main à ce que les commis ne fussent point troublés dans les exercices qu'ils faisoient dans les prisons, à peine, en cas de *rebellion* de la part des prisonniers, d'une amende de 500 livres contre les geoliers, laquelle ne pourroit être modérée sous prétexte d'absence ou autrement. Il a en même temps été ordonné qu'à défaut par le geolier condamné de consigner, entre les mains du fermier, cette amende dans le mois du jour de la signification de la sentence, la peine en seroit convertie en celle des galères pour cinq ans, par les juges qui auroient rendu cette sentence; & cela sur la simple requête du fermier, sans que le condamné pût être reçu appellant, que l'amende n'eût été préalablement consignée, à peine de nullité, & sans préjudice de plus grande peine, le cas échéant.

Lorsqu'il est arrivé des *rebellions* dont l'impunité auroit pu avoir des suites dangereuses, soit par l'indisposition des premiers juges, soit par la longueur des procédures ordinaires, le conseil a différentes fois évoqué les instances commencées sur ces *rebellions*, & a commis les intendans des provinces pour les juger souverainement. C'est ce que prouvent divers arrêts des 22 juillet 1721, 14 janvier 1722, 9 août 1723, 28 novembre 1724, 17 juin 1727, 25 août 1739, 12 janvier 1740, *&c.*

Plusieurs autres arrêts, tant du conseil que de la cour des aides, ont condamné à l'amende honorable, aux galères & à d'autres peines afflictives, des particuliers qui avoient fait *rebellion* & usé de voies de fait contre les commis dans le cours de leurs exercices.

REBENIR, v. act. (*Jurisp. can.*) c'est donner une nouvelle bénédiction, soit à une église qui a été polluée, ce qu'on appelle aussi *réconciliation*, soit à quelque vase sacré, qui est devenu profane à cause que l'ouvrier y a mis le marteau. *Voyez* BÉNÉDICTION.

REBLANDIR. *Voyez* REBLANDISSEMENT.

REBLANDISSEMENT, (*Droit féodal.*) c'est une réclamation respectueuse. On a dit *blandir*, en latin, *blandiri*, pour flatter, caresser.

Nos coutumes & nos anciennes chartres font diverses applications de ce mot *reblandissement*.

Ainsi, celles de Mante, *art. 15*; de Montfort, *art. 7*; & de Reims, *art. 108*, disent que le vassal doit, quarante jours après avoir donné l'aveu à son seigneur, « retourner pardevers ledit seigneur » féodal, le *reblandir* & savoir s'il veut débattre » ledit aveu & dénombrement »; c'est-à-dire, lui demander respectueusement, s'il y a des blâmes à fournir contre l'aveu.

Celles de Poitou, *art. 75 & 78*; de Tours, *art. 18, 22, 25, 30 & 31*; de Loudun, de Dourdan, *&c.* se servent du mot *reblandir* ou *reblandissement*, en parlant de la réclamation du bétail saisi en âgat, que le propriétaire vient faire au seigneur ou à son juge, *&c.*

C'est enfin dans le même sens que des lettres de grace de 1463, citées par dom Carpentier au mot *Reblandimentum*, portent: « Jehan Cousturier, » huissier de notre court de parlement de Tou- » louse....... sans reblandir (c'est-à-dire, sans » en prévenir), le suppliant (seigneur haut-justi- » cier du lieu), appellé & requis seulement le » baille du lieu, qui ne scet ne lire, ne écrire, » print Hugues de Bousen, homme & subject du » suppliant ».

Au reste, dom Carpentier ajoute qu'on a appellé *reblandimentum* en latin, une espèce de droit payé au seigneur pour en obtenir la confirmation de sa possession. Il cite en preuve l'extrait suivant d'une chartre de l'an 1197: *irrevocabiliter per acaptum & acquisitionem trado ad habendum & perhenniter possidendum, sine inquietudine &* reblandimento *ullius personæ...... unam pectam terræ cum omni suâ ripariâ & cum omni suo complanto.* Mais il paroît que le mot *reblandimentum* ne signifie encore ici que réclamation. (*G. D. C.*)

REBRECHER *ou* REBRICHER, terme ancien, qui signifie *répéier*, *récoler*. On trouve dans quelques anciennes coutumes, *rebrecher* une requête, c'est-à-dire, en faire le récolement. *Voyez le ch. 60* des anciennes coutumes de Bourges, publiées par la Thaumassière, *p. 265*.

Quelquefois *rebrecher* signifie *débattre* ou *repliquer*; dans quelques provinces, les *rebreches* sont des repliques aux soutenemens d'un compte.

On entend quelquefois par *rebreches*, toutes sortes d'écritures, ce qui paroît venir de ce que le titre de ces écritures étoit écrit en lettres rouges, ce qui les faisoit appeller *rubriches* ou *rubriques*, &, par corruption, *rebriches*, d'où l'on a fait *rebrecher*.

& rebricher. *Voyez* Beaumanoir en ses coutumes de Beauvoisis, *ch. 6*, & *le gloss. de* Lauriere. (*A*)

RECEANT. *Voyez* RESSEANT.

RECEIT, RECEPT & RECET, (*Droit féodal.*) on a ainsi appellé autrefois le droit qu'un seigneur avoit d'être reçu, c'est-à-dire, de loger & d'être nourri chez son vassal. C'est ce qu'on nomme aussi *gîte* & *procuration*. *Voyez* ces mots.

On a donné les mêmes noms à l'abonnement qu'on a fait de ce droit, en une prestation payable en argent ou en denrées, *&c.* *Voyez* le glossaire de du Cange, au mot *Receptum*, & l'article RECET. (*G. D. C.*)

RECELÉ & DIVERTISSEMENT, (*Code civil & crimin.*) ces deux mots sont ordinairement réunis, & signifient l'action par laquelle on détourne, on cache les effets d'une succession, d'une communauté entre mari & femme, d'une société, *&c.*

Suivant le droit romain, celui qui détournoit quelques effets d'une succession, pouvoit être poursuivi par l'action *expilatæ hæreditatis*.

A l'égard de la femme qui avoit soustrait quelques effets appartenans à son mari ou à sa succession, on ne donnoit point contre elle, par bienséance, l'action de vol, mais l'action *rerum amotarum*, qui revient à notre action de *recelé*.

Parmi nous, on peut, pour le *recelé*, prendre la voie civile ou la voie criminelle, même obtenir monitoire contre des étrangers; on peut également & saisir & revendiquer les choses *recelées*; les étrangers peuvent même être punis de la peine de vol, ou de quelque autre, selon la qualité du fait & des circonstances.

Mais entre co-héritiers, ou contre la veuve, l'action extraordinaire n'a pas lieu, à moins que la déprédation ne soit énorme, ou qu'elle n'ait été commise depuis la renonciation à la succession ou à la communauté.

L'héritier présomptif, même mineur, étant convaincu de *recelé*, est réputé héritier pur & simple, sans pouvoir jouir du bénéfice d'inventaire, quoiqu'il rapportât les effets *recelés*; & si d'autres que lui y ont intérêt, il est privé de sa part dans les effets *recelés*.

Quand la femme qui a détourné quelque chose du vivant de son mari le rapporte à la succession, elle n'encourt aucune peine; mais si elle dénie d'avoir commis aucun *recelé*, & qu'il soit prouvé, elle perd sa part dans les effets *recelés*; & si elle a disposé des effets, elle en doit la récompense.

Si elle a commis le *recelé* depuis la mort de son mari, & qu'elle accepte la communauté, elle est pareillement privée de sa part dans les effets *recelés*, & même de l'usufruit qu'elle auroit eu de l'autre moitié de ces effets comme donataire mutuelle.

Si elle renonce à la communauté, mais qu'elle ait commis le *recelé* avant sa renonciation, elle est réputée commune nonobstant sa renonciation, à cause de l'immixion.

Le mari doit, de même, tenir compte des effets qu'il auroit détournés pendant le mariage; & s'il a commis le *recelé* depuis la mort de sa femme, il perd sa part dans les effets *recelés*.

L'héritier ou le survivant qui a *recelé*, n'en est pas quitte pour rapporter la chose, il doit aussi rapporter les fruits & les intérêts.

En matière de *recelés*, la preuve testimoniale est admise, à quelque somme que l'objet se monte. Le témoignage des domestiques est reçu; & un fils peut faire informer contre sa mère, sauf, après l'information faite, à la convertir en enquête.

L'action du *recelé* se prescrit par vingt ans, à compter du jour de l'ouverture de la succession, & du prétendu recelé commis. Cette prescription peut être opposée, même dans le cas où l'action a été intentée par la voie civile. Le parlement de Paris l'a ainsi jugé le 15 juin 1752, en faveur de la veuve Bastide, contre François Vidalesme, dans une affaire civile, où le *recelé* avoit été allégué & prouvé par une enquête, vingt-un ans après qu'il avoit été commis. *Voyez* COMMUNAUTÉ, EXPILATION D'HÉRÉDITÉ, SUCCESSION, VOL.

RECELEMENT, s. m. semble être la même chose que *recelé*; cependant, on en fait une différence : le recelé s'entend toujours des choses, au lieu que le *recelement* s'entend le plus souvent des personnes.

Recelement de la personne de l'accusé, est lorsqu'on lui donne retraite, & qu'on le cache pour le soustraire aux poursuites de la justice. L'ordonnance de Blois, *art. 193*, veut que ceux qui recèlent l'accusé, subissent la même peine que celui-ci méritoit; mais on modère cette peine selon les circonstances.

Le *recelement* des corps morts des bénéficiers, est lorsqu'on cache la mort d'un bénéficier pour avoir le temps d'impétrer ses bénéfices; le droit canonique prononce dans ce cas la peine d'excommunication. L'ordonnance de 1539, confirmée par celle de Blois, & par la déclaration du 9 février 1657, registrée au grand-conseil le 30 mars 1662, prononce la confiscation du corps & des biens contre les laïques qui le commettent, & la privation à l'égard des ecclésiastiques, de tout droit & possession qu'ils pourroient prétendre sur les bénéfices vacans, avec une amende à l'arbitrage du juge. La déclaration veut, que pour parvenir à la preuve de ce *recelement*, le premier juge sera tenu, sur la requisition des évêques & autres collateurs, de se transporter avec eux en la maison du bénéficier, pour se faire représenter le malade ou son corps, dont il dressera procès-verbal; & qu'en cas de refus de la part des parens ou domestiques, les évêques & collateurs pourront pourvoir aux bénéfices, comme vacans.

Recelement de grossesse, est lorsqu'une fille ou femme cèle sa grossesse pour supprimer ensuite le part

part. *Voyez* PART, & l'article SUPPRESSION DE PART.

Recèlement de choses volées, est lorsque quelqu'un reçoit & garde sciemment des choses qui ont été volées par un autre. Ce *recelement* est considéré comme un vol, & ceux qui le commettent ne sont pas moins punissables que les voleurs même, parce qu'ils les favorisent. *Voyez* ci-après RECELEUR. (*A*)

RECELEUR, s. m. (*Code criminel.*) est celui qui retire chez lui une chose qu'il sait avoir été volée.

On dit communément que s'il n'y avoit point de *receleurs*, il n'y auroit point de voleurs, parce que les *receleurs* les entretiennent dans l'habitude de voler.

Les *receleurs* sont ordinairement punis de la même peine que les voleurs, si ce n'est lorsqu'il s'agit de vol avec effraction, ou sur les grands chemins, & autres semblables, pour lesquels les voleurs sont condamnés à la roue, au lieu que les *receleurs* sont seulement condamnés à la potence, & quelquefois même à une simple peine corporelle, lorsque les *receleurs* sont des proches parens du voleur, comme père, mère, frères & sœurs.

Au reste, on ne regarde comme *receleurs* que ceux qui retirent une chose qu'ils savent avoir été volée; car ceux qui ont acheté de bonne-foi & d'une personne connue une chose qui se trouve avoir été volée, ne sont pas regardés comme *receleurs*, ils ne sont tenus qu'à la restitution de la chose volée, & peuvent même en répéter le prix contre celui qui la leur a vendue. (*A*)

RECENS, (*Droit féodal.*) on donne ce nom aux livres de recette, ou papiers cueillerets. (*G. D. C.*)

RECENSEMENT, s. m. est un terme usité en droit, pour signifier la répétition & l'audition de témoins qui ont révélé devant un curé, en conséquence d'un monitoire publié par une ordonnance du juge laïque. Cette répétition & audition se fait devant lui, & non devant le juge d'église, parce que le monitoire ayant été publié de l'autorité du juge laïque, n'attribue aucune jurisdiction au juge d'église. *Voyez* MONITOIRE, RÉPÉTITION, RÉVÉLATION, TÉMOINS. (*A*)

Ce mot est aussi usité en quelques endroits dans le même sens que récolement. *Voyez* RÉCOLEMENT.

RECEPAGE, s. m. (*Eaux & Forêts.*) est l'action de couper au pied des bois taillis, ou des souches mal abattues, afin qu'ils puissent donner un plus beau recru. *Voyez* ABROUTIS.

RÉCÉPISSÉ, s. m. terme emprunté du latin, & adopté dans la pratique judiciaire pour exprimer un acte sous signature privée, par lequel on reconnoît avoir reçu des pièces de quelqu'un pour en prendre communication.

Un procureur qui retire une instance ou un procès de chez le rapporteur, en donne son *récépissé*. (*A*)

RECEPT. *Voyez* RECEIT.

RÉCEPTION, s. f. ce terme, *en droit*, s'applique à plusieurs objets différens. Il y a *réception* en foi & hommage, *réception* de caution, *réception* d'enquête, *réception* d'officiers.

RÉCEPTION DE CAUTION. *Voyez* CAUTION.

RÉCEPTION D'ENQUÊTE. *Voyez* ENQUÊTE.

RÉCEPTION EN FOI. *Voyez* FOI ET HOMMAGE.

RÉCEPTION D'OFFICIER, est l'action par laquelle quelqu'un est reçu à une charge, ou admis à un office.

Tout particulier qui a obtenu les provisions d'un office doit se faire recevoir, & il n'a le caractère d'officier qu'après avoir prêté son serment devant les juges à qui il appartient de procéder à sa *réception*, & auxquels ses provisions sont adressées.

Par arrêt du premier décembre 1666, rapporté au journal des audiences, le parlement de Paris a ordonné qu'avant de procéder à la *réception* d'aucun officier, les lieutenans-généraux & procureurs du roi donneroient des certificats qui justifieroient que les officiers à recevoir n'ont, dans le siège, aucun parent au degré prohibé par les ordonnances, ou qui coteroient les degrés de parenté s'il y en avoit.

Suivant les loix du royaume, on ne peut être reçu dans un office de judicature, qu'après avoir justifié qu'on est catholique romain & qu'on a de bonnes mœurs. Ces deux qualités se constatent par une information à laquelle il doit être procédé à la requête du procureur du roi, en vertu de l'ordonnance du juge à qui il appartient de recevoir le pourvu. Pour cet effet, on fait comparoître devant le commissaire qui procède à l'information, le curé du pourvu, pour déposer de sa catholicité, & au moins deux autres témoins pour déposer de ses bonnes vie & mœurs. L'ordonnance de Blois veut que les témoins soient produits par le procureur du roi, & qu'on n'entende comme tels que des personnes dignes de foi & hors de tout soupçon, faveur & alliance.

Il y a des officiers qui ne doivent être reçus qu'après avoir prouvé leur capacité. Cette preuve se fait par l'examen que doit subir le pourvu devant les juges à qui il appartient de le recevoir.

La *réception* des officiers de justice ordinaire surtout, doit toujours être précédée d'un examen, conformément à l'ordonnance d'Orléans, & cet examen doit se faire sur le droit & sur la pratique.

A l'égard des officiers des justices extraordinaires, tels que les maîtres particuliers des eaux & forêts, les élus, les grenetiers, *&c.* il suffit de les examiner sur les ordonnances & sur la pratique.

Suivant l'ordonnance de Moulins, les pourvus d'offices dans les cours souveraines & dans les bailliages ou sénéchaussées, doivent être examinés à l'ouverture des livres de droit, sans donner aucune loi ni thême particulier à ceux qui se présentent.

Et l'ordonnance de Blois veut que les examens qui ont lieu dans les cours souveraines se fassent le matin & non l'après-midi, & que les récipiendaires répondent dans trois jours sur la loi qui leur est donnée.

Les *réceptions* se font aujourd'hui à la pluralité des voix, contre la disposition de l'ordonnance de Moulins, qui exigeoit que le récipiendaire eût les deux tiers de voix. Et suivant l'ordonnance du mois d'août 1546, il devoit en avoir les quatre cinquièmes.

On reçoit les juge-consuls sans examen & sans information de vie & de mœurs, parce qu'on présume, sur la foi de ceux qui les ont nommés, qu'ils ont les lumières & les talens nécessaires pour remplir leurs fonctions.

On ne prend point d'épices au parlement de Paris pour les *réceptions d'officiers*, & ils ne paient que le coût de l'arrêt. Cela est conforme à l'article 118 de l'ordonnance de 1629, qui a défendu d'exiger de l'argent ou autre chose pour *réception d'officiers*, en quelque justice que ce fût, souveraine ou subalterne, sous peine de concussion & de privation des charges des contrevenans. Mais cette loi n'est pas suivie par-tout.

Les juges de seigneurs doivent être reçus pardevant les juges royaux où ressortissent leurs appellations. C'est ce qui résulte de différentes loix, & particuliérement de l'édit du mois de mars 1693.

Ce n'est pas du jour de leur *réception*, mais du jour de leur installation, que les officiers ont rang entre eux.

L'ordonnance d'Abbeville veut qu'il y ait dans chaque siège un registre particulier, pour y enregistrer les *réceptions* & institutions d'officiers.

Et suivant l'arrêt de réglement rendu au parlement de Paris le premier décembre 1666, les procureurs du roi doivent envoyer tous les six mois au procureur-général les provisions des officiers reçus dans leurs sièges.

RECET, *ou* RECHET (*Droit féodal.*) ce mot a signifié, 1°. un droit de gîte ou de procuration. *Voyez* RÉCEIT.

2°. Un lieu de retraite & de défense, une forteresse, un château, une tour. *Voyez* Ducange au mot *Réceptaculum*. (*G. D. C.*)

RECEVABLE, adj. *en terme de Pratique*, se dit de ce qui est admissible; *non-recevable*, de ce qui n'est pas admissible. On dit de quelqu'un qu'il est non-*recevable* dans sa demande, lorsqu'il y a quelque fin de non-recevoir qui s'élève contre lui. *Voyez* FINS DE NON-RECEVOIR. (*A*)

RECEVOIR *quelqu'un intervenant dans une cause ou une instance*, ou *recevoir* son intervention; c'est admettre un tiers à contester pour son intérêt dans une cause ou instance commencée avec deux autres parties. *Voyez* INTERVENANT & INTERVENTION.

Recevoir quelqu'un à foi & hommage; c'est, de la part d'un seigneur, recevoir d'un vassal la soumission que celui-ci doit à raison du fief dont il a acquis la propriété. *Voyez* FOI.

RECEVEUR, s. m. est en général celui qui est chargé de faire une recette, soit en deniers, soit en denrée. Il existe un grand nombre d'offices aux titulaires desquels on donne le titre de receveurs; nous ne traiterons d'aucuns, parce qu'on trouvera dans le *Dictionnaire des finances*, les loix qui les ont établis, la nature de leurs fonctions & les droits qui leur sont attribués. Si quelques-uns d'entre eux ont un rapport plus direct avec la jurisprudence, tels que les *receveurs* des consignations & des décimes, on doit avoir recours, pour les questions qui peuvent naître à leur sujet, aux mots CONSIGNATION & DÉCIME.

RECHERCHE, (*en terme de Pratique.*) signifie *perquisition*, & quelquefois *poursuite*.

Recherche d'une personne pour crime, c'est lorsque la justice poursuit quelqu'un prévenu de quelque délit.

Recherche de la noblesse, c'est lorsque le roi commet des juges pour faire des perquisitions contre ceux qui usurpent le titre de *noble*.

Recherche de procès & instance, est la répétition que l'on en fait contre ceux qui en font chargés. *Voyez* JUGES, AVOCATS, PROCUREURS.

Recherche d'un acte est la perquisition que l'on en fait dans un greffe ou dans l'étude d'un notaire, lorsque l'on ne sait pas au juste la date de cet acte; on paie en ce cas un droit de *recherche*, c'est-à-dire, pour la *recherche*. (*A*)

RECHERCHES PERPÉTUELLES, (*Jurisprudence romaine.*) c'étoit des perquisitions que le sénat ordonnoit de faire suivant les conjonctures pour les crimes capitaux & d'état; ces perquisitions & le jugement en étoient commis par le peuple à des magistrats particuliers, qu'on nommoit *questeurs du parricide*, ou à des préteurs.

Les perquisitions ou *recherches* qu'ils faisoient à cette occasion furent appellées *quæstiones perpetuæ*, soit parce qu'elles avoient une forme prescrite qui étoit certaine & invariable, ensorte qu'elles n'avoient pas besoin d'une nouvelle loi comme autrefois, soit parce que les magistrats faisoient ces *recherches perpétuellement* & durant toute l'année de leur exercice, & que le peuple, comme ci-devant, ne nommoit plus des édiles pour faire ces sortes d'informations.

L'objet des premières *recherches perpétuelles* furent les concussions, les crimes d'ambition, ceux d'état & de péculat. Sylla y joignit le crime de faux, ce qui renfermoit le crime de fabrication de fausse monnoie, le parricide, l'assassinat, l'empoisonnement; on y ajouta encore comme une suite la prévarication des juges & les violences publiques & particulières. Cependant le peuple &

même le sénat connoissoient quelquefois par extraordinaire de ces crimes, & nommoient des commissaires pour informer, ainsi qu'il arriva dans le procès de Silanus, accusé de concussion dans l'affaire de Milon, touchant le meurtre de Clodius, & dans celle de ce Clodius même qui avoit profané le culte de la bonne déesse. On ordonnoit alors une information *de pollutis sacris*, sur-tout lorsqu'il s'agissoit d'une vestale accusée d'avoir eu commerce avec un homme, & d'autres crimes semblables; à l'égard de l'assassinat, le peuple faisoit le procès aux coupables dans des comices assemblés par centuries.

Lorsque le sénat avoit ordonné les *recherches* ou informations, les préteurs tiroient entre eux au sort le procès qui devoit leur échoir; car les comices ne fixoient point l'attribution des causes. Quelquefois les deux préteurs travailloient au même procès, sur-tout quand il s'agissoit d'un grand nombre de complices. Quelquefois un seul préteur connoissoit de deux affaires. Le préteur étranger connut pendant un certain temps du crime de concussion; & même le préteur de la ville, par un décret du sénat, informoit sur les affaires de l'état : cependant cela est douteux, puisque Verrès contrevint aux loix, lorsque dans sa préture il voulut juger d'un crime d'état. Enfin on vit quelquefois les deux préteurs joints ensemble pour juger de la même affaire (*D. J.*)

RÉCIDIVE, s. f. est la rechûte dans une même faute. La *récidive* est punie plus rigoureusement que le délit qui est commis pour la première fois.

Dans les jugemens qui se rendent en matière d'injures, rixes & autres excès, on fait défenses aux parties de *récidiver*, sous plus grande peine, ou sous telle peine qu'il appartiendra. (*A*)

RÉCIPIENDAIRE, s. m. est celui qui se présente pour être admis dans quelque état ou office. *Voyez* RÉCEPTION D'OFFICIER.

RÉCLAMATION, s. f. ce terme, *en droit*, a plusieurs acceptions. Il signifie quelquefois *revendication*, comme quand on dit la *réclamation* d'un meuble ou autre effet, d'un serf fugitif de la part de son maître ou de son seigneur. *Voyez* REVENDICATION.

Il signifie encore *plainte*, *protestation*, *action*, comme lorsqu'on dit qu'il faut réclamer contre un acte dans les dix ans. *Voyez* RESCISION, RESTITUTION.

On l'emploie en matière bénéficiale, pour signifier la protestation d'un religieux contre l'émission de ses vœux. Nous allons traiter de cette espèce de *réclamation* sous un des mots suivans.

RÉCLAMATION DU SEIGNEUR, (*Droit féodal.*) c'est, dans son acception la plus générale, la demande que fait un seigneur. La coutume de Montargis, *tit. 7*, *art. 1*, s'en sert en parlant de mainsmortables. Elle veut que s'ils viennent demeurer dans leur territoire, « & ils sont résidens eux & » leurs enfans, 20 ans, sans *réclamation* de leurs » seigneurs, ils acquièrent ample liberté de leurs » personnes & biens acquis & possédés au pays » de ladite coutume, sans plus pour ce être in- » quiétés en personne ni en biens ».

Quoique cette disposition n'ait d'autre défaut que d'exiger la prescription pour l'acquisition d'une liberté que donne la nature, c'étoit au moins une chose douteuse qu'elle s'observât avant le bel édit de Louis XVI sur les main-mortes, parce que la loi de la main-morte étoit réputée un statut personnel, qui suivoit la personne main-mortable en quelque lieu qu'elle allât s'établir.

Ainsi d'autres coutumes, qui se servent dans le même sens de l'expression, *réclamer son homme corps*, telles que Troyes, *art. 6*; Vitry, *art. 115*, décident au contraire que les serfs sont de poursuite, où qu'ils aillent demeurer, soit en lieu franc ou non. La raison qu'en donne cette dernière coutume, « c'est que tels hommes & femmes » de corps sont censez & reputez partie du pied » de la terre & se baillent en aveu & dénombre- » ment par les vassaux, avec leurs autres terres ».

Ces loix si dures ne subsistent plus. *Voyez* MAIN-MORTE, *droit féodal.* (*M. GARRAN DE COULON.*)

RÉCLAMATION CONTRE LES VŒUX DE RELIGION, (*Droit ecclés.*) est la protestation qu'un religieux fait contre l'émission de ses vœux & la demande qu'il forme ensuite pour faire annuller ces mêmes vœux.

Il y a autant de causes de *réclamation*, que de causes qui peuvent rendre nulle la profession religieuse. Les plus ordinaires sont lorsque le profès n'a point fait le temps nécessaire de noviciat; lorsqu'il a prononcé ses vœux avant l'âge prescrit par la loi; qu'il les a faits par crainte, par violence, ou dans un temps auquel il n'avoit pas son bon sens; ou si la profession n'a point été reçue par un supérieur légitime, ou qu'elle n'ait pas été faite dans un ordre approuvé par l'église. *Voyez* PROFESSION.

Toute personne de l'un ou de l'autre sexe, qui veut faire déclarer ses vœux nuls, pour quelque cause que ce soit, doit avoir proposé ses moyens de nullité au supérieur ou à la supérieure & à l'ordinaire du lieu où le monastère est situé, dans les cinq ans, à compter du jour de la profession : on ne doit point écouter celui ou celle qui n'a point rempli cette formalité.

La disposition du concile de Trente est conforme à ce qui vient d'être dit, pour la nécessité de réclamer dans les cinq ans.

En France on n'admet point ce qu'on appelle ailleurs la profession tacite. La *réclamation* doit y être faite dans les cinq ans, non en vertu du concile de Trente, mais en vertu d'un ancien usage, qui est fondé sur la disposition de droit, *ne de statu defunctorum post quinquennium quæratur* : c'est ainsi qui s'en explique M. Talon, lors de l'arrêt du 4 mars 1627, qui est au journal des audiences. *Voyez* PROFESSION.

Ainsi parmi nous le laps de cinq ans sans *réclamation*, ne répare rien; il n'opère qu'une fin de non-recevoir qui empêche d'admettre & d'écouter les plaintes contre l'émission des vœux; au lieu que dans les pays où la profession tacite est admise, le laps de cinq ans sans *réclamation*, est une nouvelle profession tacite, qui ratifie la première & en répare tous les défauts.

On accorde quelquefois à Rome une dispense de laps de cinq ans depuis la profession, sans aucune déclaration faite au supérieur & à l'ordinaire: mais pour qu'une telle dispense ne soit point abusive, il faut que celui qui l'a obtenue, n'ait point eu la liberté de proposer dans les cinq ans ses moyens de *réclamation*.

Quelques religieux, avant de donner la requête en *réclamation*, obtiennent un bref de la cour de Rome à cet effet, ce qui n'est cependant pas nécessaire, ne s'agissant pas en cette occasion de dispenser & relever le religieux de ses vœux, mais seulement de juger si l'émission des vœux a été faite valablement.

Le religieux qui veut réclamer contre ses vœux n'est pas obligé de faire des poursuites à cet effet dans les cinq ans. Il suffit que dans ce délai il ait protesté & proposé ses moyens au supérieur & à l'ordinaire, pourvu au moins que depuis les cinq ans, il n'ait pas encore laissé écouler l'espace de dix années, parce qu'un temps si considérable feroit présumer qu'il a abandonné tacitement sa *réclamation*.

Quand la cause de la *réclamation* vient de ce que la personne étant déjà liée, ne pouvoit s'engager dans l'état religieux; en ce cas, cette personne peut réclamer après les cinq ans, tant que le même empêchement subsiste. Ainsi, un homme marié doit toujours retourner avec sa femme, & *vice versâ*, la femme doit retourner avec son mari, quand il y auroit plus de 20 ans que l'un ou l'autre se seroit engagé dans la vie religieuse.

Celui qui réclame contre ses vœux doit être revêtu des habits de son ordre, & demeurer actuellement dans son monastère: telle est la disposition du concile de Trente; & si le religieux se présentoit autrement, loin de l'écouter, on le traiteroit comme un apostat.

La demande en *réclamation de vœux* ne peut être portée que devant le juge d'église, cette matière étant réputée purement spirituelle; ce qui est conforme à l'ordonnance de 1539, & à l'édit du mois d'avril 1695. De sorte que quand il y a appel comme d'abus au parlement, d'une sentence de l'official en cette matière, le parlement juge seulement s'il y a abus, & pour le fond, renvoie les parties devant l'official.

Le religieux qui réclame, doit faire assigner devant l'official, le supérieur du monastère, & ceux qui ont intérêt à s'opposer à sa restitution au siècle. Si les faits articulés par le religieux, paroissent pertinens, on l'admet à la preuve; & si elle se trouve concluante, le juge, par sa sentence, déclare nulle la profession de celui qui réclame, & lui permet de rentrer au siècle.

Le religieux qui veut réclamer contre ses vœux, ne peut pas se contenter de faire preuve de ses faits devant l'official, & ensuite se pourvoir en cour de Rome, & y obtenir un rescrit qui déclare ses vœux nuls. Cette procédure seroit contraire à la pragmatique & au concordat, qui veulent que les causes ecclésiastiques soient jugées sur les lieux.

Il est défendu, sous peine de mort, aux personnes de l'un & l'autre sexe qui ont intenté leur action en *réclamation*, ou obtenu des rescrits pour être relevées de leurs vœux, de se marier avant que le rescrit soit fulminé, ou le procès jugé. La même peine doit avoir lieu contre ceux & celles qui épousent sciemment de telles personnes. (*A*)

La peine de mort ne paroît avoir été infligée dans ce cas, par aucune loi du prince. L'auteur de cet article dans l'ancienne Encyclopédie, n'en rapporte aucune; nos canonistes, qui avancent la même doctrine, l'appuient sur un arrêt du parlement de Paris du 9 juillet 1668, dont le dispositif est ainsi conçu: « fait la cour très-expresses inhibitions & défenses à toutes personnes de contracter mariage à l'avenir avec des personnes qui auront fait des vœux & obtenu des rescrits pour les déclarer nuls, qu'auparavant lesdits rescrits n'aient été entérinés, à peine de la vie contre l'un & l'autre des contrevenans ». En supposant que le parlement de Paris ait le pouvoir de porter une loi pénale de cette espèce, elle ne pourroit avoir d'effet que dans son ressort.

Nous croyons, pour entrer dans le plan de cette nouvelle Encyclopédie, devoir faire quelques additions à l'article de l'ancienne que l'on vient de lire.

Il paroît que, selon l'ancien droit, on n'avoit qu'un an pour réclamer contre une profession en religion. C'est ce que l'on infère d'un décret du concile de Mayence, de l'année 813, auquel Charlemagne assista. *Si intrà annum non reclamaverint ad principem, aut ad proprium episcopum aut ad missum dominicum, in clericatu permaneant*; on applique à la profession religieuse, ce décret qui n'a été porté que pour la cléricature.

Le concile de Trente a introduit un nouveau droit, en réglant à cinq ans, à compter du jour de la profession, le temps que l'on a pour réclamer contre des vœux solemnels en religion. *Quicumque regularis prætendat per vim aut metum ingressum esse religionem, aut etiam dicat ante ætatem debitam professum fuisse aut quid simile, velitque habitum dimittere quacumque de causâ, aut etiam cum habitu discedere sine licentia superiorum, non audiatur, nisi intrà quinquennium tantum à die professionis, & tunc non aliter, nisi causas quas prætenderit, deduxerit coram superiore suo & ordinario*, sess. 25, chap. 19, *de reform*.

Les évêques assemblés sous Charles IX, traduisirent mot pour mot dans leurs cahiers, ce décret du concile de Trente, & en demandèrent l'exécution dans le royaume; ce qui leur fut accordé par des lettres-patentes du 22 janvier 1574, qui n'ont été enregistrées en aucune cour.

Les magistrats chargés du ministère public, ont toujours soutenu que la prescription de cinq ans qui est admise parmi nous contre la *réclamation des vœux*, ne l'avoit pas été en vertu du décret du concile de Trente. On vient de voir ce que disoit à ce sujet M. Talon en 1627. M. l'avocat-général de Saint-Fargeau tenoit le même langage dans la cause de René Lelièvre, dont nous avons parlé au mot *Profession en religion*: il semble, disoit ce magistrat, qu'elle (la prescription de cinq ans) ait été introduite à l'exemple d'une loi romaine, qui défendoit après cinq ans d'élever des questions sur l'état des morts: les religieux, dès le moment de leur profession, étant censés morts au monde, on a pensé qu'au moins après cinq ans, ils ne devoient plus être libres de sortir des tombeaux où ils se sont ensevelis pour mettre le trouble dans la société dont ils sont disparus ».

On peut ajouter, à ce qu'ont dit ces célèbres magistrats, que la prescription dont il s'agit étoit établie en France long-temps avant le concile de Trente. L'auteur des *Mémoires du clergé* en convient.

Si l'on s'en tenoit à la lettre du concile de Trente, il faudroit décider que les cinq années, après lesquelles on ne peut plus réclamer contre la profession en religion, doivent courir du jour même de la profession, *tantùm à die professionis*. Barbosa & Flaminius-Parisius ont soutenu cette opinion, & ils l'ont appuyée sur plusieurs décisions de la congrégation établie pour l'interprétation du concile. La cour de Rome, pour mitiger en quelque sorte cette doctrine, trop rigoureuse en bien des circonstances, avoit adopté l'usage d'accorder des rescrits qui restituoient contre le laps de cinq ans, & même contre celui de dix ans, ceux qui n'avoient point eu la liberté de réclamer. Si l'on pouvoit regarder comme une loi générale du royaume, le tarif arrêté au conseil des finances, le 25 mai 1675, il faudroit dire que l'usage de ces rescrits a été approuvé en France, puisque ceux qui restituent contre le laps de cinq ans sont fixés par ce tarif à 150 livres, & les autres à 200 livres.

Dans notre jurisprudence actuelle, les cinq ans pour réclamer, donnés à ceux à qui l'on a fait violence pour les obliger d'entrer dans un monastère, sont cinq ans utiles, c'est-à-dire, pendant lesquels ils ont pu agir pour se faire restituer, & qui, par conséquent, ne peuvent être comptés que du jour que la violence a cessé. Parmi les motifs qui sont le fondement de cette jurisprudence, il suffit d'en rapporter un qui est bien décisif; c'est qu'aucune prescription ne peut courir contre celui qui ne peut agir, *contra non valentem agere non currit præscriptio*. Or, tant que dure la violence qui a forcé à faire des vœux, l'impossibilité de réclamer existe. L'infortuné qui en est la victime, est toujours aussi lié que le jour même où sa bouche a prononcé un engagement que son cœur détestoit. Il y auroit de l'inhumanité à faire résulter contre lui une fin de non-recevoir, d'un silence qu'il n'a pas été en son pouvoir de rompre. Et plus cet état d'oppression a été long, plus la loi doit être empressée à venir à son secours.

Des arrêts récens du parlement de Paris, rapportés par Denisart, ont jugé dans ces principes. L'un a été rendu dans l'affaire de la demoiselle de Lusignan, qui n'avoit protesté que le 18 février 1744, quoiqu'elle eût fait profession le 10 février 1727; l'autre, du 11 juillet 1755, a été rendu en la grand'chambre, sur les conclusions de M. l'avocat-général Joly de Fleury, dans l'affaire de la demoiselle la Mare, qui avoit fait profession à Longchamp, le 30 janvier 1736, & qui n'avoit présenté sa requête en nullité de vœux que le 2 septembre 1752.

Voilà donc un premier point sur lequel nous nous sommes écartés du décret du concile de Trente. Les cinq années données pour réclamer contre des vœux solemnels en religion, ne courent contre ceux qui y ont été forcés, que du jour qu'a cessé la violence qui les leur avoit fait prononcer, & l'on n'a pas besoin d'un rescrit de cour de Rome pour être restitué contre le laps de temps.

Mais si on laisse écouler ces cinq ans, alors le terme est fatal, & on est absolument non-recevable dans sa *réclamation*. On seroit également non-recevable, si, après avoir réclamé en temps utile, on en laissoit écouler un considérable sans donner suite à sa *réclamation*, & sans en poursuivre le jugement. C'est ce qu'a jugé le parlement de Toulouse au mois d'avril 1665. La dame Dumas de Castellane avoit fait profession, en 1641, & duement réclamé en 1643. Son père, qu'elle avoit fait assigner pour voir déclarer ses vœux nuls, étoit mort en 1747. Jusques-là elle n'avoit fait aucune poursuite ultérieure: elle garda encore le silence pendant neuf ou dix ans. Au bout de ce temps, elle obtint sentence qui la restitua au siècle; mais sur l'appel comme d'abus interjetté de ce jugement, le parlement de Toulouse le déclara abusif. M. de Catelan rapporte assez au long les motifs de l'arrêt. Il en est plusieurs que nous aurions de la peine à regarder comme décisifs, sur-tout dans les principes actuels. Par exemple, pour établir qu'un silence de cinq ans non interrompu, de quelque violence & de quelque plainte qu'il ait été précédé, est la plus forte ratification tacite, il dit « qu'on ne peut en juger autrement, après » que le concile a dit que la profession même faite » avant l'âge ou par force, est confirmée par le » seul silence de cinq ans, & que l'ordonnance

» de 1629, *art. 29*, a voulu que l'habit de religieux, porté dans le monastère pendant cinq » ans, tînt lieu de profession. Et comment, si » l'habit porté en silence, supplée à des vœux, » & les fait présumer faits, le même habit porté » dans un pareil silence durant autant de temps, » ne les fera-t-il pas présumer ratifiés »? Si l'on prenoit à la lettre le raisonnement de M. de Catelan, il s'ensuivroit que le décret du concile de Trente doit faire loi parmi nous, & qu'il faudroit également admettre les provisions tacites, d'après un article d'une ordonnance qui si elle n'est pas abrogée en entier, l'est au moins dans son article 29; conséquences qui sont également fausses.

Lorsqu'une profession est faite avec toutes les solemnités requises, la loi la regarde comme valable. Si elle est vicieuse par l'absence d'une volonté libre de la part du profès, c'est un vice interne qui, tant qu'il subsiste, la rend nulle. Cette nullité est moins de droit positif que de droit naturel. Mais comme par le droit naturel, tout contrat est nul, tant qu'il est involontaire; de même par le droit naturel, tout contrat devient valable lorsqu'il devient volontaire. C'est un de ces vices qu'il dépend de la partie de réparer, parce que rien ne lui défend de vouloir aujourd'hui ce qu'elle n'a pas voulu hier. Ainsi, une profession, revêtue d'ailleurs de toutes les formalités, & accompagnée de toutes les circonstances exigées par les loix ecclésiastiques & civiles, & qui ne pèche que par le défaut de volonté dans celui qui l'a faite, peut, ce défaut de volonté cessant, devenir valable, sans qu'on doive la regarder comme une profession tacite. Le défaut de volonté disparoît lorsque le profès pouvant réclamer, laisse écouler cinq ans sans se plaindre, ou qu'ayant réclamé, il diffère pendant le même espace de temps à donner des suites à sa *réclamation*. Alors il est présumé avoir enfin consenti à vivre dans un état qu'il n'avoit pas embrassé librement. Cette présomption devient une preuve aux yeux de la loi. Si, d'un côté, elle veille à ce que l'on ne laisse pas contracter les citoyens malgré eux; d'un autre côté, elle ne doit pas permettre que leur état puisse varier au gré de leur inconstance ou de leur caprice. Il ne faut donc recourir ni au concile de Trente, ni à l'ordonnance de 1629, pour justifier la jurisprudence selon laquelle un religieux est non-recevable à alléguer que c'est par violence qu'il a prononcé ses vœux, lorsque pouvant réclamer il a laissé écouler cinq ans sans le faire, ou lorsqu'ayant réclamé en temps utile, il reste dans l'inaction pendant de longues années, sans donner de suites à sa *réclamation*. Il faut observer que les cinq ans courent contre ceux qui n'ont point atteint la majorité légale, c'est-à-dire, leur vingt-cinquième année; c'est ce qui a été jugé au parlement de Paris, le 25 mai 1778, contre frère Bellavoine, religieux Feuillant, qui avoit pris des lettres de requête civile contre un précédent arrêt qui avoit déclaré n'y avoir abus dans sa profession. Son motif étoit que lors de cet arrêt, il étoit mineur; qu'il n'avoit point eu de tuteur, & qu'il n'avoit point été valablement défendu. Mais il fut déclaré non-recevable, parce que tout religieux doit être réputé majeur à l'égard de sa profession.

Une autre question non moins importante, est de savoir si les cinq années courent du jour de la profession : contre ceux qui ont prononcé des vœux avant l'âge prescrit par les loix, ou si cette prescription ne doit commencer que du jour qu'ils ont atteint cet âge.

Le concile de Trente semble avoir décidé que dans ce cas, les cinq années courent du jour de la profession : *aut etiam dicat ante ætatem debitam professum fuisse, non audiatur, nisi infra quinquennium tantum à die professionis*. Quelques auteurs ont suivi à la lettre le décret du concile : d'autres ont pensé qu'il ne falloit compter les cinq ans que du jour que le profès avoit atteint l'âge auquel il pouvoit valablement s'engager. Il est évident, disent-ils, que ce n'est point le dessein du concile de refuser aux enfans engagés à dix ans, la liberté de réclamer contre leurs vœux après cinq ans, du jour de leur profession; d'où ils concluent que la disposition du concile doit être expliquée de cinq ans utiles dans leurs *réclamations*, fondées sur le défaut d'âge, comme dans celles qui ont pour fondement la violence dont on a usé pour les engager dans le monastère.

Si l'on suivoit à la lettre la disposition du concile de Trente, il pourroit arriver quelquefois, qu'on se trouveroit irrévocablement lié avant même l'âge prescrit par les loix. Supposons, par exemple, qu'un jeune homme ait fait ses vœux à quinze ans, si les cinq ans courent du jour de sa profession, à vingt ans il ne pourra plus réclamer. Cependant, dans l'état actuel des choses, il ne peut valablement s'engager qu'à vingt-un-ans. Il nous paroît donc qu'il faut adopter les sentimens de ceux qui soutiennent que les cinq ans ne doivent courir, dans le cas supposé, que du jour que le profès a atteint l'âge prescrit par les loix pour pouvoir prononcer valablement ses vœux.

Nous serions portés à aller plus loin, & à soutenir que le défaut d'âge dans celui qui a fait profession, ne devroit se couvrir par aucun laps de temps. Il n'en est pas de ce défaut comme de celui de la violence. Le défaut d'âge est, parmi nous, un empêchement dirimant à la profession religieuse, établi non pas seulement par les loix de l'église, mais par des loix civiles qui font partie de notre droit public. Or, il ne peut pas y avoir d'abus plus grand que l'infraction de pareilles loix, & l'on sait que jamais l'abus ne se couvre. En vain dira-t-on que l'entrée en religion ayant été conforme à l'inclination du profès, on en présume la ratification par la persévérance volontaire dans cet état, après l'âge requis pour les vœux solemnels. Nous répondrions qu'il ne dépend pas des particuliers de rendre sans effets des loix publiques, semblables à celles qui ont fixé l'âge pour entrer en religion, & que ce qui est nul, d'une nullité prononcée par nos ordonnances, ne peut jamais devenir valable : *quod ab initio nullum est ex post facto convalescere nequit.* Cet axiome doit particuliérement s'appliquer aux actes infectés d'une nullité textuellement prononcée par la loi. Ajoutons que ce n'est pas seulement l'intérêt des particuliers qui a dicté nos ordonnances sur l'âge requis pour entrer en religion, mais l'intérêt général de la société.

L'objection qui nous paroîtroit la plus forte contre cette opinion, seroit de dire que l'intérêt de la société exige qu'un religieux qui auroit gardé le silence longtemps après sa profession, ne puisse plus réclamer contre ses vœux, même pour le défaut d'âge, & que si on lui accordoit indéfiniment cette faculté, ce seroit permettre de porter le trouble dans les familles, & bouleverser l'ordre qui se seroit établi dans les successions, dans la supposition d'une profession qu'un silence de plusieurs années de la part du profès autorisoit à regarder comme valable.

Cette objection seroit susceptible de plusieurs réponses. Il est difficile qu'un jeune homme fasse profession avant l'âge prescrit par la loi, sans que sa famille en soit instruite. Elle doit donc être supposée avoir connu le défaut radical de l'engagement contracté par un de ses membres ; c'est alors à elle à s'imputer les suites d'une infraction à la loi, qu'il n'a tenu qu'à elle d'empêcher. Mais ce qui trancheroit la difficulté, c'est que de ce qu'on accueilleroit dans ce cas la *réclamation* d'un religieux, il ne s'ensuivroit pas pour cela qu'on dût donner à son retour au siècle des effets rétroactifs, & le déclarer capable de succéder. En prononçant que ses vœux sont nuls, ou plutôt n'ont jamais existé, on satisferoit à la loi, & en le privant du droit de succéder, on maintiendroit la tranquillité dans les familles. Le religieux ainsi rendu au siècle n'auroit point à se plaindre. On donneroit à sa profession, quoique nulle, les mêmes effets qu'à la profession tacite, suivie d'une longue possession d'état, qui, comme nous l'avons fait voir à l'article PROFESSION, peut, dans certains cas, rendre incapable des effets civils.

Cependant, cette privation des effets civils dans le cas d'une profession faite avant l'âge requis par la loi, & suivie d'une longue possession de l'état de religieux, nous paroît encore susceptible de difficulté, à la vue de l'article 2 de l'édit du mois de mars 1768, rendu perpétuel par les lettres-patentes du 17 janvier 1779. Voulons, y est-il dit, que ceux ou celles qui feroient lesdites professions avant ledit âge, *soient & demeurent capables de succession, ainsi que de tous autres effets civils.* Ces expressions *soient & demeurent capables*, nous paroissent annoncer dans le législateur une volonté déterminée de frapper toute profession faite avant l'âge qu'il prescrit, d'une nullité tellement radicale, que rien ne puisse jamais la couvrir.

Sous quelque point de vue que l'on envisage donc la nullité de la profession par défaut d'âge, il est toujours certain que l'on ne suit point le décret du concile de Trente, qui fait courir les cinq ans donnés pour réclamer, à partir du jour de la profession.

Le même décret du concile veut que pendant ces cinq ans, le religieux propose ses moyens de nullité à son supérieur & à l'ordinaire. Cette disposition, que l'auteur de cet article de l'ancienne Encyclopédie dit être suivie, ne l'est cependant pas. Elle seroit même souvent impraticable. Souvent un religieux qui se conduiroit ainsi, ne feroit qu'aggraver le poids de ses chaînes, & augmenter la difficulté de les rompre. Il suffit donc d'un acte de protestation quelconque, dont la date soit constante & à l'abri de tout soupçon.

C'est devant les juges d'église que se portent directement les *réclamations* contre la profession religieuse, & les demandes en nullité de vœux. Il n'est pas nécessaire d'obtenir de la cour de Rome un rescrit qui commette l'official, ou qui restitue contre le laps de temps. Cela est certain pour les parlemens de Paris & de Rouen. Quelques auteurs assurent que cet usage, qui subsistoit autrefois, s'est conservé dans le ressort des parlemens de Toulouse & de Bordeaux. Cette jurisprudence est contraire aux vrais principes, ainsi qu'à la pragmatique & au concordat, qui établissent que les causes seront terminées par les juges des lieux qui doivent en connoître, à l'exception des causes majeures que le droit réserve au saint siège. *Omnes quæcumque causæ, exceptis majoribus in jure expressè numeratis, apud illos judices in partibus, qui jure aut de consuetudine præscriptâ vel privilegio, cognitionem habent, terminentur & finiantur.* Or, aucune loi canonique, pas même les décrétales, n'ont réservé au saint siège le droit de juger à Rome de la validité des vœux solemnels de religion. Il n'y a pas plus de raison pour lui porter ces causes, que celles qui concernent la validité des mariages.

Les supérieurs d'ordre n'ont pas le droit de prononcer seuls sur la validité de la profession de leurs religieux. Plusieurs arrêts ont déclaré ces sortes de jugemens nuls & abusifs, & ont ordonné à ceux au sujet desquels ils avoient été rendus, de se retirer dans leurs monastères, sauf à eux à se pourvoir contre la nullité de leurs vœux. Cependant on en cite quelques-uns qui ont renvoyé devant les supérieurs majeurs, lorsque les nullités dont la profession étoit arguée, n'étoient pas des nullités d'ordonnance, mais seulement des nullités établies par les constitutions de l'ordre. Mais dans l'espèce de ces arrêts, c'étoient les communautés ou quelques religieux qui s'élevoient contre la profession, & non pas le profès même qui réclamoit. Ces arrêts ne doivent donc pas servir de règle générale.

Les supérieurs réguliers ne doivent pas assister

comme juges dans ces sortes de cause, ils doivent au contraire y être assignés comme parties. La procédure seroit nulle, si elle n'étoit pas contradictoire, ou au moins par défaut avec eux, & les autres parties intéressées, telles que les parens les plus proches du réclamant. L'auteur des mémoires du clergé observe judicieusement à cette occasion, que « c'est un sentiment commun en France que dans » les causes de cette nature, le supérieur du mo» nastère doit y être appellé plutôt pour défendre » l'intérêt qu'il peut y avoir, & afin que le fait » soit pleinement instruit, que pour y faire la » fonction du juge. On est persuadé que diffé» rentes raisons peuvent le rendre suspect, & que » l'intérêt de l'ordre & souvent le sien particu» lier, à cause de la part qu'il a eue à la récep» tion de celui qui demande que sa profession » soit déclarée nulle, ne lui laissent pas toute l'in» différence qu'on demande dans un juge pour les » prétentions des parties, & qu'il ne convient » pas que des enfans qui réclament contre leurs » vœux aient pour juge le supérieur d'un mo» nastère qu'ils accusent d'avoir favorisé la vio» lence ou les autres mauvaises voies dont les » parens ont usé pour les obliger d'entrer dans » le monastère, & l'on croit qu'il est injurieux » au concile de Trente de prétendre qu'il l'a or» donné ». Des arrêts de 1621 & de 1633 ont jugé conformément à ces principes.

C'est donc à l'évêque ou à son official que le réclamant doit présenter sa requête. Si elle est présentée à l'évêque, il la renvoie à son official, parce qu'il s'agit alors d'une matière contentieuse, dont les évêques, suivant l'usage général, ne connoissent point. Cette requête présentée, on assigne le supérieur du monastère, auquel le religieux est attaché, ainsi que ses plus proches parens, & c'est avec eux que s'instruit la procédure.

Les tribunaux séculiers sont incompétens pour connoître de la validité de la profession religieuse. C'est la disposition de l'ordonnance de 1539 & de l'édit du mois d'avril 1695. Cependant, aux termes de ce dernier édit, les cours souveraines peuvent en connoître par la voie de l'appel comme d'abus, & lorsqu'il s'agit d'une succession ou autres effets civils, à l'occasion desquels on traite de l'état des personnes décédées ou de leurs enfans.

Quelques auteurs, & celui de cet article dans l'ancienne Encyclopédie, prétendent que les cours souveraines sont tellement restreintes en cette matière, au seul pouvoir de dire qu'il y a ou qu'il n'y a pas abus, qu'elles ne peuvent, en confirmant de cette manière une profession, enjoindre au religieux dont elles proscrivent la *réclamation*, de se retirer dans son couvent. D'Héricourt a aussi embrassé cette opinion, & on peut citer en sa faveur l'arrêt du 11 janvier 1706, rapporté par Augeard, & lors duquel M. le président de Harlay dit que l'édit de 1695, concernant la jurisdiction ecclésiastique, ne donnoit pouvoir aux juges laïques que de juger l'abus, & qu'il falloit se pourvoir devant le juge ecclésiastique pour obliger le religieux à rentrer dans son cloître.

Cependant sept mois après cet arrêt, & le 30 août 1706, le parlement de Paris ordonna à un religieux de retourner dans la maison où il avoit fait profession pour y vivre sous l'obéissance de son supérieur & suivant la règle. Un autre arrêt du 13 juin 1744, après avoir déclaré qu'il y avoit abus dans une sentence de l'official de Meaux, a renvoyé le réclamant dans son couvent, pour y vivre sous l'obéissance de ses supérieurs, avec injonction au gardien de le recevoir, sauf au supérieur majeur à indiquer un autre couvent s'il le jugeoit à propos. En 1764, & le 16 avril, un semblable arrêt, après avoir dit qu'il n'y avoit abus dans la profession du frère Lelievre, génovéfain, lui enjoint de se retirer dans le lendemain de la signification de l'arrêt, dans l'intérieur de la maison régulière de sainte Geneviève de Paris, pour y vivre dans l'observance de la règle & sous l'autorité de ses supérieurs, à la charge par eux, suivant leurs offres, de le traiter charitablement & fraternellement, d'en certifier la cour de trois mois en trois mois, & de ne le point transférer dans une autre maison, jusqu'à ce que, par la cour, il en eût été autrement ordonné. Un quatrième arrêt, du 6 septembre 1770, a pareillement ordonné au frère Bellavoine, feuillant, dont nous avons déjà parlé, de se retirer dans son monastère. La jurisprudence du parlement de Paris est donc constante à cet égard; & l'arrêt du 11 janvier 1706 ne peut, comme on le voit, tirer à conséquence.

Cependant, lorsque l'appel comme d'abus ne porte que sur une sentence d'instruction, par exemple, sur une sentence par laquelle l'official auroit admis à la preuve des faits articulés par le réclamant; dans ce cas, les cours, après avoir prononcé qu'il y a, ou n'y a pas abus, renvoient sur le fond pardevant le juge d'église. Mais si la sentence dont est appel est définitive, les cours prononcent également définitivement; si elles déclarent y avoir abus, elles enjoignent au réclamant de rentrer dans son cloître; si elles déclarent n'y avoir point abus, alors la sentence de l'official reçoit sa pleine & entière exécution, & le religieux est totalement rendu au siècle.

Les motifs qui autorisent à réclamer contre la profession religieuse, autorisent également à réclamer contre la promotion aux ordres sacrés. Mais on ne suit pas, pour cette seconde espèce de *réclamation*, les mêmes règles que pour la *réclamation* de vœux. On ne connoît, à cet égard, aucune loi écrite. Il n'y a donc point de prescription à opposer à celui qui demande la nullité des engagemens qu'il a contractés en recevant les ordres sacrés. Mais si le réclamant a reçu l'ordre de prêtrise, il ne peut plus être écouté.

Il paroîtra peut-être étonnant qu'un religieux qui

qui laisse écouler cinq ans sans demander à être restitué contre des vœux involontaires, ne le puisse plus après ce laps de temps, & qu'un ecclésiastique engagé malgré lui dans les ordres sacrés ait toujours cette faculté. On veut qu'un silence de cinq ans soit, dans la personne d'un religieux, une ratification d'un acte nul en lui-même par défaut de volonté, & on ne veut pas que ce silence produise le même effet à l'égard de l'ecclésiastique. M. Talon, lors de l'arrêt de 1656, cherchoit à donner une raison de disparité entre les deux cas, en disant qu'il faut le consentement de l'évêque qui confère, & de celui qui reçoit l'ordre. Sur quoi Lacombe observe que cette raison s'applique aussi-bien à la profession religieuse qu'à l'ordination, & ajoute qu'il vaut mieux dire qu'il y a une loi pour le premier cas, & qu'il n'y en a pas pour le second.

Durand de Maillane, d'après Ducasse, assure que pour se pourvoir contre la promotion aux ordres sacrés, il faut recourir au pape par voie de dispense. Tel est, dit-il, l'usage du royaume. Il en est de cette procédure, comme de celle qu'on fait pour la fulmination des rescrits contre la profession religieuse. Il s'y agit de prouver devant l'official, la force & la violence qui ont été faites à l'impétrant. Il faut y ajourner tous ceux qui peuvent y avoir intérêt, les père & mère, de la violence desquels on se plaint : & s'ils sont morts, il faut assigner les plus proches parens ; & auparavant il faut que l'impétrant soit interrogé sur les fonctions qu'il a faites de ces ordres sacrés, combien de fois il les a exercées ; si ç'a été par force ou de son propre consentement, & s'il connoissoit ou non, qu'autant de fois il en exerçoit les fonctions, il ratifioit les engagemens qu'il avoit pris.

Nous sommes d'accord avec l'auteur cité sur la procédure dont il trace la marche. Mais nous ne voyons pas pourquoi il seroit nécessaire de recourir au rescrit de cour de Rome. La connoissance des *réclamations* contre les ordres sacrés n'est pas plus réservée au saint siège que celle des *réclamations* contre la profession religieuse, & l'auteur avoue lui-même que, selon l'opinion générale, le rescrit n'est pas nécessaire lorsqu'il s'agit de ces dernières. L'official doit être juge aussi compétent, *autoritate ordinariâ*, pour les unes, que pour les autres. (*M. l'abbé* BERTOLIO, *avocat au parlement.*)

RÉCLAMER L'ÉPAVE, (*Droit féodal.*) c'est demander à la justice, en qualité de propriétaire, la délivrance d'une chose qu'on alloit adjuger au seigneur, comme étant égarée & n'ayant pas de maître connu. Pour que cette réclamation soit écoutée, il faut qu'on prouve sa propriété, & offrir *les frais de justice raisonnables.* Le terme de cette réclamation varie beaucoup, suivant les coutumes. *Voyez* celle de Cambray, *tit.* 24, *art.* 2 ; de Chaumont, *art.* 93 ; de Meaux, *art.* 104, *& l'article* ÉPAVE. (*G. D. C.*)

RÉCLAMER SON HOMME. *Voyez* RÉCLAMATION DU SEIGNEUR.

RÉCOLEMENT DE BOIS, (*Eaux & Forêts.*) est le procès-verbal de visite que font les officiers des eaux & forêts pour vérifier si une coupe de bois a été faite conformément aux ordonnances.

Suivant l'article 10 du titre 4, & l'article premier du titre 16 de l'ordonnance du mois d'août 1669, les *récolemens* des ventes des bois du roi doivent être faits pour le plus tard six semaines après le temps de vuidange expiré, par le maître, en présence du procureur du roi, du garde-marteau, du greffier, du sergent de la garde, de l'arpenteur qui a fait l'assiette, & du soucheteur qui a vaqué au premier souchetage, s'il y en a eu, & du lieutenant, si bon lui semble. Mais ce dernier ne peut percevoir aucun droit, si ce n'est en l'absence du maître.

L'article 7 du titre 6 veut que le procureur du roi fasse toutes les instances & poursuites nécessaires pour parvenir au *récolement.*

Les adjudicataires doivent, conformément à l'article premier du titre 16, être mandés huitaine avant le *récolement*, pour convenir du jour, ainsi que de nouveaux arpenteurs & soucheteurs pour faire un nouvel arpentage & souchetage des ventes.

Le défaut de cette formalité feroit déclarer nul le *récolement*, comme l'ont décidé divers arrêts du conseil des 21 octobre 1704, 15 octobre 1706, premier septembre 1708, & 13 août 1709.

Le procureur du roi doit, de sa part, nommer un arpenteur & soucheteur : si le marchand refuse d'en nommer, il doit être passé outre par ceux que le procureur du roi a nommés, & le rapport réputé contradictoire. Telles sont les dispositions de l'article 3 du titre 16.

La première opération du *récolement* est de procéder à la reconnoissance des pieds-cormiers, parois, arbres de lisière & baliveaux, sur la représentation des procès-verbaux d'assiette & martelage.

La seconde, de visiter la vente dans toutes ses parties, afin de reconnoître si elle a été bien usée, vuidée & nettoyée.

La troisième est de faire le souchetage aux environs & dans les réponses des ventes, & dresser procès-verbal des délits qui y ont été commis pendant l'exploitation. C'est ce qui résulte des articles 2 & 4 du même titre.

L'article 5 veut que le procès-verbal du second souchetage soit répété sur le premier, s'il y en a eu un, conformément aux dispositions de l'article 50 du titre 15, & que la différence qui se trouve entre l'un & l'autre soit marquée en détail, afin de connoître de quels délits l'adjudicataire est obligé de répondre, s'il n'en a été fait aucun rapport dans le temps fixé par l'ordonnance.

Suivant l'article 6 du même titre 16, le procès-verbal de réarpentage doit contenir précisément la quantité d'arpens & de perches qu'il y a dans la vente récolée ; & s'il se trouve quelque entreprise ou outrepasse au-delà des pieds-cormiers, l'arpenteur doit la mesurer & la spécifier dans le plan figuratif de la vente.

L'article 7 avoit ordonné qu'après que le procureur du roi auroit pris communication des procès-verbaux faits par les officiers arpenteurs & soucheteurs, il donneroit ses conclusions par écrit sur ce qui en résulteroit, en les faisant signifier aux marchands, qui seroient tenus d'y répondre aussi par écrit dans trois jours, pour le tout être mis au greffe & jugé à la première audience par le maître particulier, le lieutenant & garde-marteau. Mais, par arrêt du conseil du 10 août 1734, il a été décidé que quand il n'y auroit point de contestation de la part des adjudicataires, ni de requisitions de la part du procureur du roi, les procès-verbaux de *récolement* seroient jugés sur le parterre, du consentement du procureur du roi, & signés sur le champ, tant par les officiers présens que par les adjudicataires, sans qu'il fût nécessaire de renvoyer à l'audience.

Lorsque, par les procès-verbaux de *récolement*, il se trouve de la surmesure entre les pieds-cormiers, le marchand doit être condamné à la payer proportionnément au prix principal & aux charges de la vente qui lui a été faite ; & s'il y a du moins, ce qui manque doit être diminué dans la même proportion sur le prix de son adjudication, ou remboursé en argent sur les ventes de l'année suivante, sans qu'il soit permis de donner aucune récompense en bois, ni de faire compensation de la surmesure avec la moindre mesure. Telles sont les dispositions de l'article 8.

L'article 9 veut que quand il se trouve quelque outrepasse ou entreprise au-delà des pieds-cormiers, le marchand soit condamné à payer le quadruple, à raison du prix principal de son adjudication, si les bois qui ont été l'objet de l'outrepasse étoient de même essence que ceux de la vente ; mais s'ils étoient de meilleure qualité & plus âgés, il doit être condamné à l'amende & à la restitution au pied le tour.

Quand l'adjudicataire ne représente pas les baliveaux, arbres de lisière, parois, tournans & pieds-cormiers laissés à sa garde, l'article 10 veut qu'il soit condamné à les payer, conformément à l'article 4 du titre 32, c'est-à-dire, les baliveaux, parois, arbres de lisières à raison de cinquante livres ; les pieds-cormiers, marqués du marteau du roi, cent livres, lorsqu'ils ont été abattus ; & deux cens livres, s'ils ont été arrachés & déplacés.

Les bois qui se trouvent dans les ventes après le temps de coupe & de vuidange expiré, doivent, suivant l'article 47 du titre 15, être confisqués au profit du roi, & le gissant transporté sans délai hors de la forêt.

Lorsqu'en jugeant le procès-verbal de *récolement*, on accorde le congé de cour à l'adjudicataire, le procureur du roi en doit faire délivrer copie au garde-marteau, afin qu'il remette la vente sous la garde du sergent ; & si le jugement prononce des peines pécuniaires contre l'adjudicataire ou contre d'autres, le procureur du roi en doit faire délivrer des expéditions à ceux qui sont chargés du recouvrement, & poursuivre l'exécution des condamnations, à peine d'en répondre en son propre & privé nom. Cela est ainsi ordonné par l'article 12 du titre 16.

Les *récolemens* des bois dans lesquels le roi est intéressé, tels que les bois tenus en gruerie, grairie, tiers & danger, ou à titre de douaire, concession, engagement & usufruit, doivent être faits par les officiers des maîtrises avec les formalités prescrites par l'ordonnance pour les autres bois appartenans à sa majesté. C'est ce qui résulte de l'article 7 du titre 22, & de l'article 10 du titre 23.

Il a été jugé par arrêt du conseil du 11 avril 1690, que les *récolemens* des ventes des bois faites dans l'étendue des grueries royales, pourroient être faits par les officiers des maîtrises où elles ressortissoient, sans la participation des officiers de ces grueries.

Les *récolemens* des bois appartenans aux ecclésiastiques doivent être faits par les grands-maîtres, en présence des officiers des maîtrises, avec les mêmes formalités que pour les *récolemens* des bois du roi. Cela est ainsi réglé par l'article 6 du titre 24 de l'ordonnance des eaux & forêts.

L'article 9 du même titre, veut que l'adjudicataire fasse procéder à ce *récolement* aussi-tôt que le terme de la vuidange est expiré, à peine d'amende arbitraire & de demeurer chargé des délits qui peuvent se commettre dans la vente & dans les réponses, sans recours ni modération.

Les *récolemens* des bois des communautés, doivent, suivant l'article 10 du titre 25, être faits par l'arpenteur juré de la maîtrise, à peine de nullité, de cinq cens livres d'amende, & d'interdiction contre le juge qui auroit contrevenu à cette disposition.

L'article 15 du titre 3 veut que les grands-maîtres fassent des *récolemens* par réformation le plus souvent qu'il leur est possible, pour reconnoître si les officiers des maîtrises ont dissimulé, remis ou trop légérement puni les délits commis par les marchands, auquel cas ils peuvent condamner ces derniers aux peines qu'ils ont encourues.

RÉCOLEMENT D'INVENTAIRE, est la vérification qui se fait des meubles, ou des titres & papiers compris dans un inventaire, pour reconnoître ceux qui se trouvent encore en nature & marquer ceux qui sont en *deficit*.

Il y a trois cas où l'on ne fait que récoler les meubles & autres effets.

1°. Quand ils ont déjà été inventoriés & qu'ils se trouvent encore en nature, du moins pour la plus grande partie.

2°. Quand une femme séparée de biens, ou quelque autre personne justifie par des actes authentiques que les meubles lui appartiennent.

3°. Lorsque les meubles ont été saisis, & que le saisissant a droit de faire valoir sa saisie.

Dans ces différens cas le *récolement* tient lieu d'inventaire. Cette manière de procéder a deux objets, l'un d'éviter les frais, l'autre d'empêcher que les effets réclamés ne soient confondus parmi ceux de la succession, ou de conserver le privilège spécial que celui qui réclame les meubles peut y avoir. *Voyez* INVENTAIRE.

RÉCOLEMENT DE TÉMOINS, (*Code criminel.*) est une formalité usitée dans les procès criminels, qui consiste à relire à chaque témoin sa déposition & à l'interpeller de déclarer s'il y persiste, ou s'il veut y ajouter ou diminuer, dont on dresse un acte que l'on appelle *le procès-verbal de récolement.*

Cette formalité qui étoit inconnue dans le droit romain, a été introduite parmi nous pour s'assurer d'autant mieux de la vérité des dépositions; elle n'a lieu que dans les procès qui sont réglés à l'extraordinaire, & il faut qu'il y ait un jugement qui ordonne que les témoins ouis aux informations, & autres qui pourront être ouis de nouveau, seront récolés en leurs dépositions, & si besoin est, confrontés à l'accusé. Ce jugement est le premier acte qui règle la procédure à l'extraordinaire.

Néanmoins les témoins fort âgés, malades, valétudinaires, prêts à faire voyage ou dans quelque autre nécessité urgente, peuvent être répétés avant qu'il y ait un jugement qui l'ordonne; mais la répétition ou *récolement* du témoin ne vaut pour confrontation contre l'accusé contumace, qu'après qu'il a été ainsi ordonné par le jugement de contumace.

En tout procès réglé à l'extraordinaire, les témoins doivent être récolés, quand même ils auroient été ouis devant un conseiller de cour souveraine.

Les témoins doivent être assignés pour le *récolement*; s'ils font défaut, on les condamne à l'amende, & en cas de contumace, le juge peut ordonner qu'ils seront contraints par corps.

Ils doivent être récolés chacun séparément; & après serment par eux prêté & lecture faite de la déposition, on interpelle le témoin de déclarer s'il veut y ajouter ou diminuer; & s'il y persiste, on en fait mention & on écrit ce qu'il ajoute ou diminue; on lui lit ensuite le *récolement*, lequel doit être paraphé & signé dans toutes ses pages par le juge & par le témoin, si celui-ci sait ou veut signer, sinon on doit faire mention de son refus.

Le *récolement* ne se réitère point, encore qu'il eût été fait pendant l'absence de l'accusé, & que le procès ait été instruit en différens temps, ou qu'il y eût plusieurs accusés.

Le procès-verbal de *récolement* doit être mis dans un cahier séparé des autres procédures.

Lorsqu'il a été ordonné que les témoins seront récolés & confrontés, la déposition de ceux qui n'ont pas été confrontés ne fait point de preuve, à moins qu'ils ne soient décédés pendant la contumace de l'accusé.

En procédant au jugement d'un procès-criminel, s'il s'agit d'un crime auquel il puisse échoir peine afflictive & que les charges soient fortes, les juges peuvent ordonner le *récolement* & la confrontation des témoins, quoique cela n'ait pas été fait précédemment.

Dans la visite du procès on fait lecture de la déposition des témoins qui vont à la décharge, quoiqu'ils n'aient point été récolés ni confrontés, pour y avoir par les juges tel égard que de raison.

Les témoins qui depuis le *récolement* rétractent leurs dépositions, ou les changent dans des circonstances essentielles, sont poursuivis & punis comme faux témoins.

Les *récolemens* doivent être faits dans le lieu où se rend le juge, & non à l'hôtel du juge. Le parlement de Paris l'a ainsi jugé par arrêt du 31 décembre 1711, rapporté au journal des audiences, qui a enjoint au lieutenant-criminel de Civray de faire, non-seulement les interrogatoires & les confrontations, mais aussi tous les *récolemens* & autres instructions dans la chambre de la geole ou dans celle du conseil, ou dans l'auditoire, *&c.* & lui a fait défense de procéder à ces sortes d'actes dans sa maison, à peine de nullité & de répondre, en son nom, des dépens, dommages & intérêts. Il y a néanmoins une exception à cette règle dans le cas où il y a transport du juge. Il peut alors procéder par-tout, même dans une auberge, au *récolement* & à la confrontation.

Lorsqu'un accusé en a chargé un autre dans son interrogatoire, ou qu'ils se sont chargés réciproquement, on doit les récoler; mais ce *récolement* ne peut pas avoir lieu en vertu du jugement qui règle le procès à l'extraordinaire & ordonne que les témoins seront récolés & confrontés; il faut que le *récolement* des accusés soit ordonné d'une manière expresse; on ne peut pas suppléer cette disposition. C'est ce qui résulte de deux arrêts rendus au parlement de Paris le 28 mai 1696 & le 10 février 1711. Le premier, en cassant & annullant une procédure faite par le juge du comté de Lyon, lui a enjoint, entre autres choses, de ne point récoler les accusés dans leurs interrogatoires ni de les confronter les uns aux autres, qu'au préalable cela n'ait été ordonné par un jugement. Le second a fait une semblable injonction au maïeur de la ville de Péronne.

RECOMMANDARESSE, s. f. (*Police de Paris*) femme qui a des lettres du lieutenant de police, portant permission de tenir une espèce de bureau d'adresse, où les particuliers peuvent aller chercher des servantes & des nourrices. La déclaration du roi enregistrée au parlement le 14 février 1715, avoit établi à Paris quatre bureaux pour les *recommandaresses*, & dans chaque bureau, qui étoit sous l'inspection d'un des commissaires du châtelet, il devoit y avoir un registre paraphé par le lieutenant-général de police.

Mais cette loi ne remplissant pas entiérement l'objet qui y avoit donné lieu, le roi, par une déclaration du 24 juillet 1769, a supprimé les quatre anciens bureaux, & a établi un bureau général pour la ville de Paris, sous la direction de deux directeurs & de deux *recommandaresses*, préposés par le lieutenant-général de Paris. Cette déclaration qui contient dix-huit articles, règle les fonctions des directeurs & des *recommandaresses*, & les soins qu'ils doivent prendre vis-à-vis les enfans qui leur sont confiés, les nourrices & les meneurs ou meneuses.

RECOMMANDATION, s. f. *terme de Pratique*, signifie une opposition que l'on fait à l'élargissement d'un prisonnier, pour une cause différente de celle pour laquelle il a été constitué prisonnier.

Le procès-verbal de *recommandation* doit contenir les mêmes formalités que le procès-verbal d'écroue; il doit être précédé d'un commandement fait au prisonnier amené entre les deux guichets, & le lendemain l'huissier doit le faire revenir au même lieu pour faire son procès-verbal de *recommandation*, comme s'il le constituoit de nouveau prisonnier; il doit y exprimer les causes de la *recommandation*, & les arrêts, jugemens & autres actes en vertu desquels la *recommandation* est faite. On y doit aussi exprimer le nom, surnom & qualité du prisonnier, & ceux de la partie qui le fait recommander, & le domicile qui doit être élu par cette partie, au lieu où la prison est située: le tout à peine de nullité.

Ce procès-verbal doit aussi être signifié, & copie laissée au prisonnier en parlant à sa personne, & l'huissier doit faire mention du tout dans son procès-verbal, à peine de nullité.

La *recommandation* peut être faite sur un homme emprisonné pour dettes, ou sur un homme détenu pour crime. Chaque *recommandation* vaut un emprisonnement, & il ne peut être élargi qu'en vertu d'un jugement rendu avec toutes les parties intéressées: en matière criminelle, les décrets qu'on peut décerner contre un accusé déjà prisonnier, deviennent des *recommandations*.

Celui qui est emprisonné pour dettes, peut être recommandé pour d'autres dettes, & par d'autres créanciers, mais il ne peut être recommandé pour crime *& vice versâ*. Celui qui est emprisonné pour crime, ne peut être recommandé pour dette civile. Néanmoins, lorsque le prisonnier qui a eu quelque administration se trouve condamné pour crime capital, s'il est recommandé pour une dette qui dérive du fait de son administration, on diffère l'exécution jusqu'à ce qu'il ait rendu compte.

Un prisonnier détenu pour crime, peut être recommandé pour d'autres crimes, & dans ce cas on préfère la *recommandation* qui est faite pour le crime le plus grave.

Quand l'emprisonnement pour dettes est déclaré nul par quelque défaut de forme, cela emporte aussi la main-levée des *recommandations*; mais quand l'emprisonnement est valable en la forme, les *recommandations* tiennent leur effet, quoique l'élargissement du prisonnier ait été ordonné par le mérite du fond sur le premier emprisonnement.

Quand quelqu'un a été emprisonné en vertu d'une lettre de cachet, on ne reçoit aucune *recommandation* contre lui, à moins que le roi ne l'ait permis.

Quoiqu'il n'y ait que les gardes du commerce qui puissent, à Paris, emprisonner pour dettes, néanmoins, suivant l'art. 8 de l'édit de juillet 1778, les *recommandations* peuvent être faites par toutes sortes d'huissiers. *Voyez* ECROUE, EMPRISONNEMENT, ELARGISSEMENT, PRISONNIER, PRISON. (*A*)

RECOMMANDATION AU SEIGNEUR, (*Droit féodal.*) on a ainsi nommé l'acte par lequel un vassal, ou un homme libre s'offroit à un seigneur pour recevoir de lui un fief, à l'effet d'obtenir les avantages qui résultoient de cette espèce de tenure. Cette *recommandation* est peut-être le fait qui a le plus influé sur la constitution actuelle de l'Europe, & l'un des moyens les plus heureux que les souverains aient imaginés pour augmenter ou soutenir leurs prérogatives. *Voyez* les *Origines feudales* de Thomascius, & l'article IGRIE.

Au reste, M. Houard dit qu'on appelloit dans le droit Anglo-saxon, *recommandation*, (*commendationem*) l'espèce de jurisdiction dont jouissoit le dixenier dans son décanat; mais qu'on a aussi donné le même nom à l'hommage dans les actes postérieurs à l'établissement des fiefs. *Voyez* les loix Anglo-normandes, *tom. I. p. 228 & 232.* (*G. D. C.*)

RECOMMANT, (*Droit féodal.*) ce mot est un dérivé, & en le prenant littéralement, un synonyme de *recommandation*. Dom Carpentier dit au mot *Recommendisia*, qu'on a nommé *recommant* le droit qu'on payoit à un seigneur pour en être protégé.

Il a en preuve l'extrait suivant d'une chartre de l'an 1244, tirée du grand cartulaire de l'abbaye de Corbie: « li *recommant* & les loix d'aout sont à l'é» glise, dont mesires Jehan fait tort à l'église ». (*G. D. C.*)

RÉCOMPENSE, s. f. ce terme, *en droit*, est synonyme de celui d'*indemnité*, & l'on s'en sert pour signifier ce que l'on donne à quelqu'un pour lui tenir lieu de quelque autre chose qu'il devoit avoir. Il est particuliérement employé en fait de communauté conjugale, pour désigner l'indemnité qui est due à l'un des conjoints, par l'autre qui a profité des deniers de la communauté. C'est principalement sous ce rapport que nous allons en traiter.

Cette *récompense* peut avoir lieu en six cas différens: 1°. lorsqu'un bien propre à l'un des conjoints a été aliéné pendant la communauté: 2°. lorsque l'un des conjoints a acquitté les deniers de la communauté une dette qui lui étoit propre : 3°. lorsqu'il a été tiré de la communauté des sommes pour l'acquisition, recouvrement ou conservation d'un bien propre à l'un des conjoints : 4°. lorsqu'il a été fait, pendant la communauté, des impenses & améliorations sur les propres de l'un des conjoints : 5°. lorsque les enfans des conjoints ont été dotés des deniers de la communauté : 6°. lorsque le mari débourse, pendant la communauté, quelque somme pour conserver un office, ou pour en acquérir un qu'il retient à la dissolution du mariage.

I. Toute aliénation faite pendant la communauté, d'un bien propre à l'un des conjoints, donne à celui-ci une action en reprise des deniers qui en sont provenus, puisque par-là la communauté s'est trouvée grossie aux dépens du conjoint à qui le bien appartenoit. Cette action se nomme plus communément *remploi*. Nous en parlerons plus amplement sous ce mot. Mais il y a des coutumes où elle est expressément qualifiée de *récompense* : telles sont toutes celles de la Flandre flamande, d'Auxerre, de Bretagne & de Bourbonnois.

II. Toutes les fois qu'un conjoint s'est enrichi aux dépens de la communauté, il lui en doit *récompense*. Ainsi, lorsqu'il a payé des deniers communs, une dette qui lui étoit propre, il doit en donner l'indemnité. On sent en effet que le conjoint s'enrichit en acquittant sa dette propre, & qu'il s'enrichit aux dépens de la communauté dans laquelle il puise l'argent qu'il paie. Il y a cependant une différence essentielle entre les dettes de sommes une fois payées, & les rentes passives.

Lorsqu'un conjoint acquitte des deniers de la communauté une simple dette dont il étoit seul tenu, soit en vertu d'une séparation de dettes, stipulée par le contrat de mariage, soit parce qu'elle n'étoit point de nature à entrer en communauté, c'est de la somme même qu'il a payée que la *récompense* est due, & il est obligé de la rendre en especes.

Mais lorsque la dette qu'il a acquittée des deniers de la communauté, étoit une rente passive, on ne peut pas lui demander précisément la somme qu'il a tirée de la communauté pour la racheter; il n'est débiteur que de la continuation d'une rente.

Cela résulte du principe, que la *récompense* ne doit pas excéder le profit que le conjoint a fait aux dépens de la communauté; car, dans l'espèce dont il s'agit, le conjoint n'a été libéré aux dépens de la communauté que d'une rente, & par conséquent il ne peut être tenu envers la communauté que de la continuation d'une pareille rente.

C'est la disposition de l'article 244 de la coutume de Paris : « quand aucune rente due par l'un des » conjoints par mariage, ou sur ses héritages pa» ravant leur mariage, est rachetée par lesdits » deux conjoints, ou l'un d'eux, constant ledit » mariage, tel rachat est réputé conquêt ». La coutume du Maine, *art. 302 & 312*; celle d'Anjou, *art. 286 & 298*; celle de Sens, *art. 278*; Melun, *art. 220*, & Montfort-l'Amaury, *art. 136*, décident la même chose.

De la maxime que le rachat d'une rente due par l'un des conjoints forme un conquêt pour la communauté, il faut conclure, avec l'article 245 de la coutume de Paris, que l'héritier du conjoint débiteur *est tenu de continuer la moitié de ladite rente, & de payer les arrérages du jour du décès jusqu'à l'entier rachat*.

Nous venons de dire que le conjoint à la charge duquel étoit la rente dont on a fait le rachat pendant la communauté, ne doit la continuer à l'autre conjoint que jusqu'à concurrence de la moitié; & en cela nous avons supposé, avec l'article 245 de la coutume de Paris, qu'il n'y avoit point de renonciation à la communauté. Dans cette hypothèse, en effet, le conjoint qui devoit la rente est propriétaire de la moitié des biens de la communauté; conséquemment il confond en lui-même la moitié de ce qu'il doit à la communauté, & par une conséquence ultérieure, il n'est tenu de continuer la rente à l'autre conjoint que pour la moitié.

Mais, par la raison contraire, si la femme débitrice de la rente renonçoit à la communauté, elle seroit tenue de continuer la rente en entier au profit des héritiers du mari.

Par une conséquence du même principe, si la rente étoit due par le mari, & que la femme renonçât à la communauté, les héritiers du mari confondroient en eux-mêmes la totalité de la rente, & il n'y auroit lieu ni à l'article 244, ni à l'article 245 de la coutume de Paris.

Nous avons dit, d'après le premier de ces articles, que le rachat de la rente due par l'un des conjoints, *est réputé conquêt*. Mais comment doit-on entendre ces termes ? Il y a là-dessus deux opinions différentes.

La première est que la rente rachetée des deniers de la communauté, tient, dans la communauté, la même nature que dans les mains du créancier à qui on l'a remboursée; qu'elle n'a fait que changer de maître, & que la communauté est censée l'avoir acquise par voie de transport.

On fonde cette interprétation sur les termes de l'article 245 de la coutume de Paris, *& est tenu l'héritier continuer .... la moitié de ladite rente*. La coutume, dit-on, ne décide pas que l'héritier devra continuer la moitié *de pareille rente*; mais elle veut qu'il continue la *moitié de ladite rente*, c'est-à-dire, de la même rente qui a été rachetée des deniers de la communauté : donc elle entend que la rente rachetée ne fait que changer de créancier, & qu'elle est, pour la communauté, ce qu'elle étoit pour celui qui en a reçu le remboursement. C'est ainsi que raisonne le Brun.

Pothier ajoute que l'on peut encore argumenter pour cette opinion, des termes cités de l'article 245, *& est tenu l'héritier ou détenteur de l'héritage sujet à la rente, continuer, &c.* « La coutume, dit-il, en » décidant par cet article, que lorsque la rente que » le conjoint a racheté des deniers de la commu- » nauté, étoit une rente foncière dont son héri- » tage propre étoit chargé; c'est le détenteur de » cet héritage, celui qui succède à cet héritage, » qui en est le principal débiteur & qui la doit » continuer; elle décide manifestement que c'est » la même rente foncière qui subsiste au profit de » la communauté; car si la rente, dont la conti- » nuation est due, étoit une nouvelle rente que » le conjoint fût censé avoir constituée à la com- » munauté pour le prix des deniers qu'elle a fournis » pour le rachat, ce seroit une rente personnelle » qui seroit due par tous les héritiers de ce con- » joint, & non pas précisément par le détenteur » de l'héritage qui étoit chargé de celle qui a été » rachetée ».

La seconde opinion est que la rente dont le conjoint devient débiteur envers la communauté, n'est pas la même rente en nature qu'il a rachetée, mais une nouvelle rente qu'il est censé avoir constituée au profit de la communauté pour le prix de la somme qu'il en a tirée.

On dit, en faveur de ce sentiment, que la principale intention du conjoint, en rachetant des deniers de la communauté une rente dont il est débiteur, est d'éteindre la rente, & non de l'acquérir pour le compte de la communauté. On ajoute que pareillement l'intention du créancier à qui l'on fait le remboursement, n'est pas de vendre la rente, mais d'en recevoir le capital. Donc, conclut-on, ce n'est plus la même rente qui subsiste, puisqu'elle a été éteinte par le consentement mutuel du débiteur qui l'a rachetée & du créancier qui en a reçu le rachat. C'est une nouvelle rente que le conjoint, débiteur de l'ancienne, constitue à la communauté pour le prix des deniers qu'elle lui a fournis, & cette nouvelle rente est semblable à celle que l'on constitueroit à un tiers qui eût avancé les deniers du rachat.

Ces raisons ne manquent ni de justesse ni de solidité, & nous ne doutons nullement qu'elles ne fassent triompher la seconde opinion dans toutes les coutumes qui n'ont pas sur ce point les mêmes dispositions que celle de Paris. Mais elles sont sans force dans le ressort de cette dernière loi municipale; son texte est clair, & il faudroit quelque chose de plus que des raisons de droit commun, pour en détruire ou modifier la lettre. Dire que, dans la vérité, la rente a été éteinte, ce n'est rien prouver; la coutume a pu, par une fiction de droit, la faire revivre, & la considérer comme encore existante au profit de la communauté, & c'est ce qu'elle a fait par les termes rapportés ci-dessus.

Il y a d'ailleurs un arrêt du 7 septembre 1662, qui a ainsi jugé la question. Cet arrêt, dit Ferriere sur l'article 244 de la coutume de Paris, « rendu » en la grand'chambre, au rapport de M. de Saveuse, a décidé que la rente devoit être con- » tinuée au cas de cet article, suivant le denier » de la constitution, & non point simplement » suivant le denier qui étoit en usage au temps du » rachat ou au jour de la dissolution de la com- » munauté ».

Il est sensible que l'on eût jugé tout autrement, si la rente dont la continuation étoit due à la communauté, eût été considérée comme une nouvelle rente, & qu'on l'eût regardée comme fictivement constituée au profit de la communauté pour le prix des deniers qu'elle avoit fournis lors du rachat de l'ancienne.

Les coutumes de Hainaut, de Cambresis, de Bourgogne & de Normandie, contiennent des dispositions contraires à celle de Paris; & le paiement fait par l'un des conjoints d'une rente qu'il devoit seule, ne forme pas de conquêt de communauté.

La première de ces loix ne contient pas là-dessus de disposition précise; mais comme elle n'admet point de *récompense* entre conjoints, il est clair qu'il seroit contre son esprit de regarder le simple rachat d'une rente comme un conquêt. Elle porte d'ailleurs, *chap. 96, art. 6 & 7*, que toute rente s'éteint par la réunion qui se fait, soit dans la main d'un célibataire, soit dans celle d'un homme marié, de sa propriété à celle du bien sur lequel elle est assise, & cette décision générale, qui, bien sûrement, exclut toute idée de conquêt, n'est limitée que par une exception relative aux droits réciproques des enfans de plusieurs lits dans la succession du père.

La coutume de Cambresis est plus expresse; elle déclare, *tit. 11, art. 19*, que « rachat ou remboursement de rente due sur héritages patrimoniaux, ne tient point nature d'acquêt, mais tel rachat est réputé décharge & extinction de la rente, & tient tout l'héritage ainsi déchargé semblable nature que devant, s'il n'est expressément divisé autrement ». Cette disposition ne dérive pas de la même source que la maxime reçue en Hainaut sur ce point; car il a été jugé par plusieurs arrêts, que la *récompense* a lieu en Cambresis; mais que la coutume, *tit. 7, art. 19*, en excepte les améliorations: *deux conjoints par mariage*, dit-elle, *ne peuvent directement ou indirectement avancer l'un l'autre, fors que.... par mélioration des héritages de l'un d'eux.* Le rachat ou remboursement d'une rente, observe M. Desjaunaux, fait l'héritage meilleur...... & cette mélioration tourne au seul profit de celui dont l'héritage est propre, si l'on ne convient expressément du contraire.

La coutume de Bourgogne, *tit. 4, art. 25*, nous offre le même esprit: la femme, porte-t-elle, ne » participe point ès héritages qui sont rachetés » par son mari constant leur mariage, lesquels » héritages auroient été vendus ou baillés à rachat, » ou qui se peuvent racheter par sondit mari ou

» ses prédécesseurs à réachat, & ne peut ladite » femme, après le décès de son mari, ni aussi » les héritiers d'icelle femme, aucune chose que- » reller ou demander ès deniers du prix desdits » rachats, ne semblablement ès rentes ou cens, » ou autres charges réelles dont l'héritage de sondit » mari seroit déchargé; & pareillement sera fait » des héritages, cens ou rente de ladite femme, » rachetés par sondit mari ou par elle ».

L'article 396 de la coutume de Normandie, décide pareillement que, « si le mari, constant » le mariage, décharge les héritages à lui appar- » tenans lors de ses épousailles, ou bien à lui échus » en ligne directe constant son mariage, de rentes » hypothéquées & foncières ou autres charges » réelles.... ne sont lesdits racquits & décharges » réputés conquêts, pour y prendre droit par la » femme ou ses héritiers ».

Cette disposition, quoique bornée littéralement à la femme, est commune aux deux conjoints. On tient en Normandie, que si le mari libère l'héritage de sa femme des dettes dont il étoit chargé, ni lui ni ses héritiers ne peuvent en demander *récompense*; car, dit Basnage, jouissant des biens de sa femme, il est réputé avoir fait ces racquits, des fruits qu'il en avoit perçus, ou de leur bon ménage & de leur mutuelle collaboration.

Cependant, ajoute Basnage, cette présomption cesse lorsqu'il se trouve que le mari a consommé ses propres ou qu'il a contracté des dettes: en ce cas, la femme est obligée d'en faire raison, & ses enfans ne peuvent (suivant un arrêt du parlement de Rouen du 19 mars 1685) avoir leur tiers coutumier, qu'en contribuant & au remploi des propres aliénés & à l'acquit des dettes qu'il a contractées. Ce seroit un moyen fort aisé à un mari, de faire à sa femme un avantage indirect, contre la disposition de la coutume, s'il lui étoit permis d'aliéner ou de dissiper ses propres, en contractant de nouvelles dettes pour acquitter celles de sa femme.

III. Il est dû *récompense* à la communauté toutes les fois que l'un des conjoints en a tiré des deniers pour acquérir, recouvrer ou conserver un bien qui lui est propre.

Ainsi, 1°. lorsque l'un des conjoints exerce, pendant le mariage, le retrait d'un bien provenant de son côté & ligne, point de doute qu'il ne doive récompenser la communauté des deniers qu'elle lui a fournis pour le faire.

2°. Un homme achète un héritage, &, après en avoir pris possession, il se marie. Pendant le mariage, il paie, des deniers de la communauté, le prix de son acquisition: devra-t-il remettre ce prix dans la caisse de la communauté? L'affirmative est incontestable, & on la suit même dans la coutume du duché de Bourgogne, qui, néanmoins, exempte de la *récompense* le conjoint qui a exercé, aux dépens de la communauté, le retrait conventionnel d'un bien que lui ou ses auteurs avoient aliéné avant son mariage, avec la faculté de réméré.

3°. Si le père de l'un des conjoints, après lui avoir promis, en le mariant, une certaine somme en dot, lui a donné à la place un immeuble durant la communauté, cet immeuble sera propre au donataire; mais comme il en devient propriétaire aux dépens de la communauté dans laquelle seroit entrée la créance de la somme promise en dot, il doit indemniser son conjoint de la perte qui en résulte pour celui-ci.

Il en est autrement lorsque le père a promis alternativement une somme ou un immeuble, soit à son choix, soit à celui du donataire. En ce cas, l'immeuble que l'on choisit pendant la communauté, est propre sans *récompense*, parce que la qualité de créance de la dot dépendoit du choix qui devoit être fait, & que ce choix étant tombé sur un héritage, la créance de la dot est censée avoir toujours été immobilière, & n'avoir, par conséquent, jamais appartenu à la communauté.

4°. Un conjoint reçoit pendant le mariage une donation qui lui tient nature de propre, mais à la charge de payer une certaine somme à un tiers. Il est clair que s'il tire cette somme de la communauté, il est tenu de l'en récompenser.

Si la charge imposée à la donation étoit une rente, il ne seroit dû aucune *récompense* de tous les arrérages payés pendant la communauté.

5°. Un conjoint avoit été gratifié, avant son mariage, d'une somme de deniers qu'il a été obligé, durant la communauté, de rapporter à la succession du donateur. Doit-il récompenser la communauté, de l'argent qu'elle lui a fourni pour faire ce rapport? Il faut distinguer: si, par le partage de la succession, il n'est échu dans son lot que des immeubles, point de doute qu'il n'y ait lieu à la *récompense*. Mais s'il y a eu du mobilier dans sa part, il ne doit remettre dans la caisse de la communauté la somme qu'il en a tirée, que sous la déduction des deniers ou effets qui y sont entrés à la place.

Il ne seroit point du tout question de *recompense*, si la somme dont le conjoint a fait le rapport lui avoit été donnée pendant le mariage; parce qu'alors il ne l'auroit fait entrer en communauté que sous la même charge du rapport sous laquelle il l'eût reçue, & qu'ainsi ce seroit sur la communauté même que tomberoit l'obligation de la rapporter.

6°. L'un des conjoints rentre, pendant le mariage, dans la propriété d'un immeuble que lui ou ses auteurs avoient aliéné, soit avec clause de réméré, soit d'une manière qui emportoit une lésion suffisante pour faire rescinder l'acte. Dans l'un & l'autre cas, le bien lui retourne avec sa qualité de propre de communauté; mais l'autre conjoint a une action en *récompense* des sommes qui ont été déboursées pour en faire le recouvrement.

7°. L'un des conjoints avoit vendu, avant de se marier, un héritage dont le prix ne lui avoit pas été payé. Pendant le mariage, il est convenu avec l'acheteur de lui faire remise du prix & de reprendre son bien. Doit-il, à ce sujet, une *récompense* à la communauté? Sans doute. La créance qu'il avoit en se mariant, pour le prix de l'héritage, étoit entrée en communauté, il n'a donc pas pu l'en faire sortir & y substituer un bien qui lui est propre, sans indemniser l'autre conjoint.

8°. L'un des conjoints a acheté avant son mariage un bien-fonds, pour lequel le vendeur s'est pourvu contre lui durant la communauté, du chef de lésion d'outre-moitié. Si, au lieu de résilier la vente & de reprendre son argent, le conjoint use de la faculté qu'il a de retenir le bien en suppléant ce qui manque au juste prix, il doit rapporter à la communauté la somme qu'il en a tirée pour faire ce supplément.

9°. Il y a encore lieu à la *recompense*, si l'un des conjoints, poursuivi en déclaration d'hypothèque sur un héritage qui lui est propre, satisfait le créancier & éteint l'hypothèque. Par-là, en effet, il évite le délaissement de son bien, & c'est à la communauté qu'il doit cet avantage. Il en est de même lorsque, par une transaction sur un procès tendant à lui faire abandonner un de ses héritages, l'un des conjoints donne au demandeur une somme de deniers moyennant laquelle celui-ci renonce à ses prétentions.

IV. Il est dû *récompense* à la communauté par le conjoint qui a fait des impenses ou améliorations sur ses propres, autres cependant que celles de simple entretien, car elles font partie des charges de la communauté, & par conséquent, elles ne peuvent donner lieu à aucune *récompense*.

Mais sur quel pied doit-on estimer les améliorations pour en régler la *récompense?* Il faut distinguer si les *impenses* qui les ont procurées sont *nécessaires* ou *utiles*, ou simplement *voluptuaires*. Dans le premier cas, elles s'estiment toujours sur le pied de ce qu'elles ont coûté; dans le second, elles s'évaluent à concurrence de l'augmentation qui se trouve lors du partage de la communauté, dans le prix du bien sur lequel on les a faites; dans le troisième, elles n'engendrent point d'action directe en *récompense*, & mettent seulement le conjoint dont elles ont embelli l'héritage, dans l'alternative d'en rembourser le prix, ou de souffrir que l'on enlève les choses dans lesquelles ces impenses consistent, pour être vendues au profit de la communauté.

C'est encore améliorer un héritage, que de racheter une servitude dont il est chargé. Aussi y a-t-il lieu à la *récompense* lorsqu'il se fait un pareil rachat pendant la communauté, & que le fonds libéré par ce moyen, est propre à l'un des conjoints. Elle consiste alors dans la restitution que l'on fait à la communauté, de la somme de deniers qui a été donnée pour le rachat.

V. Par rapport aux dots fournies par la communauté aux enfans des conjoints, il ne faut pas confondre le cas où l'enfant doté appartient à l'un des conjoints qui l'a eu d'un mariage précédent, avec le cas où l'enfant est commun aux deux conjoints.

Dans le premier cas, il n'est point douteux que le conjoint à qui appartient l'enfant, ne doive, à la communauté, *récompense* de la dot qu'il en tire. Mais ne doit-on pas excepter de cette décision, la dot qui, dans le contrat de mariage, est déclarée fournie par la mère & le beau-père, ou le père & la belle-mère conjointement? Cela dépend de la faculté ou de la défense des avantages entre le mari & la femme. S'ils sont autorisés par la coutume, point de *récompense*. S'ils sont défendus, & que la prohibition s'étende jusqu'aux enfans de chacun des conjoints, la *récompense* est due.

Si, dans cette dernière hypothèse, le beau-père a parlé seul à la dotation de la femme, il a bien le droit de répéter contre celui-ci les choses qu'il lui a données en dot, mais il ne peut en demander *récompense* à sa femme, à moins qu'on ne se trouve dans un pays tel que le ressort du parlement de Flandre, où les père & mère sont obligés, conformément au droit romain, de doter leurs enfans lorsqu'ils sont en âge de se marier.

Dans le second cas, c'est-à-dire, lorsque c'est un enfant commun aux deux conjoints qui a été doté, il faut sous-distinguer, & voir de quelle manière la dot a été constituée. Il peut, à cet égard, se présenter neuf espèces différentes; mais avant de les parcourir & de les discuter, il faut établir, avec Pothier, quelques maximes qui servent à toutes, de principes de décision.

1°. Les dots des enfans communs sont, dans notre jurisprudence, une dette naturelle de l'un & de l'autre des conjoints. Le droit civil n'imposoit cette charge qu'au père; mais nos mœurs y ont dérogé, & cette dérogation a même lieu dans les Pays-Bas. C'est ce qu'atteste M. Stokmans, *décision 48*, & c'est ce qu'a jugé un arrêt du parlement de Flandre, du 30 juillet 1695, rapporté dans le recueil de M. Desjaunaux.

2°. Quoique l'obligation de doter les enfans soit une dette naturelle de l'un & de l'autre conjoint, elle n'est cependant pas une dette de leur communauté. Bien différente des alimens & de l'éducation, dont les frais doivent se prendre sur les revenus des biens des conjoints dont la communauté est composée, il faut souvent, pour la remplir, que les père & mère entament chacun leur patrimoine, &, par conséquent, c'est plutôt une dette propre de chacun d'eux, qu'une dette de leur communauté.

En général, il est vrai de dire qu'il est dû *récompense* à la communauté pour les dots qu'elle a fourniès aux enfans communs aux deux conjoints. Cependant, comme la dot peut être constituée de différentes manières, il faut distinguer les diverses espèces pour savoir en quels cas la *récompense* est due, & en fixer la quotité.

Premier cas. Un père & une mère dotent conjointement un enfant de deniers ou effets qu'ils prennent dans leur communauté, & n'expriment pas pour quelle part chacun d'eux entend contribuer à la dotation. En ce cas, ils sont censés tous deux le faire chacun pour moitié; & si la femme vient par la suite à renoncer à la communauté, elle est obligée d'y remettre, par forme de *récompense*, la moitié de ce qui en a été tiré pour former la dot.

Deuxième cas. Un père & une mère avoient doté conjointement leur fille d'une somme de 100,000 livres, tirée de leur communauté; il étoit dit par le contrat, que sur cette dot le mari donnoit 94,000 livres, & la femme 6000. Par arrêt du 30 août 1677, il a été jugé que la veuve ayant accepté la communauté, la succession du père lui devoit la moitié de la somme de 88,000 livres que celui-ci en avoit tirée de plus qu'elle pour la dot.

Troisième cas. Lorsqu'il est dit par le contrat de mariage d'un enfant, que le père & la mère lui ont donné en dot un héritage qui est propre de l'un d'eux, celui qui n'a rien fourni pour sa part doit *récompense* à l'autre de la moitié du prix de l'héritage, parce qu'en dotant conjointement, chacun a reconnu qu'il étoit tenu de contribuer pour sa part à cette dot; & celui qui n'a rien fourni pour cela, est censé avoir donné charge à l'autre de doter pour les deux: ainsi il est donc obligé *actione mandati contrariâ*, de rembourser le prix de la moitié de l'héritage qui a été donné pour lui.

Quatrième cas. Un père & une mère, en mariant leur enfant, déclarent le doter, l'un de telles choses, l'autre de telles choses. Peuvent-ils se demander respectivement quelque *récompense* pour cette dotation? L'affirmative est inconteſtable, lorsque parmi les choses que l'un des conjoints a déclaré donner pour sa part dans la contribution à la dot, il y a des effets de la communauté. C'est la conséquence des décisions établies ci-dessus pour le premier & deuxième cas. Cette circonstance à part, il ne peut échoir de *récompense* dans l'espèce dont il s'agit; chacune des parties est censée n'avoir voulu contribuer à la dot que pour les objets qu'elle a déclaré donner; celle qui a donné plus, n'a donc pas payé pour celle qui a donné moins, elle n'a fait qu'acquitter sa propre dette.

Cinquième cas. Un père & une mère donnent à leur enfant une dot qu'ils composent, tant d'effets de la communauté que d'héritages dont les uns sont propres au premier, & les autres propres à la seconde; mais par le contrat ils ne distinguent ni les choses que chacune des parties donne, ni la part pour laquelle chacune d'elles contribue à la dot. En ce cas, les père & mère sont censés avoir doté chacun pour moitié, & celui des deux qui a fourni moins, est soumis à une *récompense* envers celui qui a fourni plus.

Sixième cas. Le mari a donné en dot à un enfant commun des effets de la communauté, & a parlé seul au contrat de dotation: doit-il, lors du partage de la communauté, remettre à la femme la moitié de ce qu'il a donné?

Il ne peut y avoir de doute raisonnable sur la négative, quand il ne paroît pas que l'intention du mari a été de doter seul & sur sa seule part. Alors en effet il est censé l'avoir fait en sa qualité de chef de la communauté; & par conséquent tout ce qu'il a tiré à cette fin de la communauté, il est réputé l'avoir donné tant pour sa femme que pour lui; ce qui, suivant la quatrième maxime, n'excède nullement son pouvoir.

Il en est autrement lorsqu'il paroît par les circonstances que le mari, en parlant seul au contrat de dotation, n'a pas eu intention de donner en sa qualité de chef de la communauté, mais en son propre nom & seulement de sa part. C'est ce qui se présume, par exemple, lorsqu'il est dit dans l'acte que le mari donne en *avancement de sa succession* ce qui forme la dot qu'il fournit.

Septième cas. Le père parlant seul au contrat de dotation, y promet une somme de deniers à prendre sur la communauté, mais ne la paie pas; il est clair, d'après ce qu'on vient de dire, que s'il ne paroît pas que le mari a eu intention de doter en son nom seul, la promesse doit lier la femme autant que lui, & que la première ne peut, en acceptant la communauté, se dispenser d'en acquitter la moitié.

Huitième cas. Le père parle seul au contrat de dotation & y donne un de ses propres; en ce cas, il n'est pas douteux, suivant les principes du droit françois, qu'il dote seul, & que la femme ne lui doit aucune *récompense*.

Neuvième cas. La mère a parlé seule au contrat de dotation, & elle a promis une certaine somme, qu'elle a fournie en effets de la communauté, & le mari, de son côté, n'est intervenu à l'acte que pour autoriser sa femme. Doit-elle *récompense* au mari? La négative est insoutenable dans les principes du droit commun françois. En effet, on ne peut pas dire en ce cas que le mari ait doté; car le mari peut bien, en sa qualité de chef de la communauté, sans le consentement de sa femme, disposer de la part de sa femme dans les effets de la communauté qu'il donne en dot à un enfant commun; mais la femme ne peut pas *vice versâ*, disposer de la part de son mari sans le consentement de son mari; c'est pourquoi on ne peut pas dire en ce cas que le mari ait en rien contribué à la dot; c'est la femme seule qui a doté; c'est en conséquence elle seule qui est débitrice de la dot; & ce qu'elle a tiré de la communauté pour la dot, doit lui être précompté sur sa part en la communauté, & en cas de renonciation, sur ses propres.

VI. Lorsque le mari paie des deniers de la communauté une taxe qui a été imposée pendant le mariage sur un office qui lui étoit propre, pour savoir s'il en est dû *récompense* ou non, il faut distinguer si le paiement de cette taxe a procuré à l'office de nouveaux droits & émolumens ; ou s'il est tourné en pure perte.

Dans le premier cas, il est dû *récompense* ; mais s'il a été permis par la création des nouveaux droits & émolumens, de les désunir de l'office, le mari doit avoir le choix de les retenir en récompensant la communauté, ou de les lui abandonner pour le prix qu'elle en a payé.

Dans le second cas, dit Pothier, le mari qui ne profite pas du paiement des taxes, n'en doit pas *récompense* à la communauté qui les a payées ; c'est une perte survenue durant la communauté, qui est à la charge de la communauté.

Par la même raison, si le mari ne s'est fait recevoir dans son office qu'après la célébration du mariage, il ne doit aucune *récompense* à la communauté de ce qu'il en a tiré pour les frais de provision & de réception ; car ces frais ne l'ont pas enrichi personnellement : & n'ont pas amélioré l'office ; ils sont tombés en pure perte ; ou plutôt ils tournent au profit de la communauté, par les revenus & les honneurs de l'office dans lesquels la femme a part.

Il faut mettre sur la même ligne le centième denier qui a été payé pendant le mariage ; à la vérité, il a procuré la conservation de l'office, mais il ne forme qu'une charge annuelle de la jouissance de l'office ; & puisque la communauté profite du revenu qu'il rapporte, elle doit aussi acquitter les charges qui y sont attachées.

A l'égard de l'office acquis pendant la communauté & dans lequel le mari s'est fait recevoir, il a droit de le retenir, en rendant aux héritiers de la femme la moitié du prix qui a été tiré de la communauté, pour en payer l'acquisition seulement, & il importe peu que la valeur de l'office ait augmenté ou diminué, la *récompense* est la même dans l'un & l'autre cas. Il faut néanmoins observer que ce que nous venons de dire a lieu à l'égard seulement des offices qui constituent l'état de la personne qui en est revêtue : la *récompense* des offices domaniaux, & des offices de finances est due sur le pied de leur valeur intrinsèque au temps de la dissolution de communauté.

VII. Après avoir traité de la *récompense* due à la communauté, il est nécessaire de dire un mot de deux autres espèces de *récompenses*, l'une due par le frère aîné à ses puînés, l'autre par l'héritier aux légataires.

La première espèce est due par le frère aîné à ses puînés, quand il retient tout l'enclos ou jardin joignant le château ou manoir qui contient plus d'un arpent de terre. Cette *récompense* doit être fournie en terres du même fief, quand il y en a, sinon en d'autres terres ou héritages de la même succession, à la commodité des puînés, le plus que faire se peut, au dire de prudhommes, ainsi qu'il est porté par l'article 13 de la coutume de Paris.

Celle d'Etampes, *art. 10*, porte, qu'à défaut d'héritages, la *récompense* sera fournie en deniers ou autrement ; que pour raison de ce, il n'est dû au seigneur aucun quint ni rachat.

La seconde espèce de *récompense* est due au légataire, lorsque le testateur lui ayant laissé plus que le quint des propres, l'héritier ne veut lui abandonner que le quint, & que cet héritier trouve dans la succession d'autres biens libres en meubles & acquêts ; mais s'il n'y avoit pas d'autres biens, le légataire n'auroit point de *récompense* à prétendre. *Voyez* COMMUNAUTÉ, PROPRES, REMPLOI, PRÉCIPUT, LEGS, QUINT DES PROPRES.

RÉCONCILIATION d'une église, se dit de l'action de rebénir une église à cause qu'elle avoit été profanée par quelque effusion de sang, ou autre scandale. (*A*)

RECONDUCTION, s. f. est le renouvellement d'un louage ou d'un bail à terme ; on l'appelle aussi quelquefois *relocation*, sur-tout dans les contrats pignoratifs, où le créancier reloue au débiteur son propre bien. *Voyez* CONTRAT PIGNORATIF & RELOCATION.

La *reconduction* en général, est expresse ou tacite ; expresse lorsqu'elle se fait par écrit ou même verbalement par paroles expresses entre les parties.

La tacite *reconduction* est, lorsque le locataire ou fermier continue de jouir de ce qui lui a été loué après la fin de son bail, sans que le propriétaire s'y oppose ; le silence de celui-ci, & le fait du locataire ou fermier font présumer un consentement de part & d'autre pour la continuation du bail.

Cette *reconduction* tacite n'a lieu que pour les baux conventionnels, & non pour les baux judiciaires, ni pour les baux emphytéotiques ; elle se fait aux mêmes prix, charges & conditions : mais les cautions de l'ancien bail sont déchargées, & l'hypothèque tacite qui a lieu pour cette continuation de bail, ne remonte point au jour de l'ancien bail au préjudice des créanciers intermédiaires.

Suivant le droit romain, la tacite *reconduction* se présume par le séjour que le preneur fait dans l'héritage depuis l'expiration du bail, sans déterminer le temps que doit durer ce séjour. Mais pour qu'il y ait lieu à cette présomption, il faut que le séjour du preneur ait assez duré pour que le bailleur eût eu le temps de le sommer de laisser l'héritage libre, dans le cas où il n'auroit pas jugé à propos de renouveller le bail. Ce temps s'estime selon les coutumes ou l'usage des lieux.

La coutume d'Orléans décide qu'il y a lieu à la tacite *reconduction*, quand le locataire d'une maison y est resté huit jours depuis l'expiration du bail ; sans que le bailleur l'ait sommé d'en déloger.

La tacite *reconduction* se présume relativement aux biens de campagne, quand, depuis l'expiration du bail pour les bâtimens, le fermier y, a continué sa résidence, ou qu'après l'expiration de la dernière année, il a commencé les façons & labours de l'année suivante. Cependant comme il peut arriver que le fermier fasse ces travaux à l'insu du bailleur, celui-ci peut empêcher la tacite *réconduction*, en faisant défense, dans un temps convenable au fermier de les continuer. Ce temps doit être arbitré par le juge, lorsque l'usage ou les coutumes ne l'ont pas fixé. Les coutumes de Lille & de la salle de Lille, accordent au propriétaire jusqu'à la fête de la Purification pour sommer le fermier de cesser son exploitation, à la charge de lui offrir le remboursement de ce qu'il lui en a coûté pour ensemencer les terres depuis l'expiration du bail.

Dans quelques coutumes, la tacite *reconduction* se présume de ce qu'aucune des parties n'a notifié à l'autre, avant la fin du bail, qu'elle n'entendoit plus le continuer. C'est une disposition de la coutume de Bourbonnois. Au reste, il suffit pour empêcher la tacite *reconduction*, que cette notification se fasse, dans la coutume dont il s'agit, le dernier jour du terme. Il en est de même dans les coutumes qui ne fixent aucun temps pour cette notification.

Pour empêcher la tacite *reconduction* dans la coutume de Saint-Flour, il faut que la notification dont on vient de parler, précède de six mois l'expiration du bail. A Auxerre, elle ne doit précéder que de quinze jours.

La tacite *reconduction* ne se présumeroit pas si les parties étoient expressément convenues par le bail, qu'elle n'auroit pas lieu. Ainsi, dans le cas où il auroit été stipulé pour un bail à ferme, *qu'il finiroit dans un tel temps, sans que le fermier pût prétendre à la* reconduction *tacite, quand même depuis l'expiration du bail, il auroit continué d'exploiter la ferme*; rien n'empêcheroit qu'en vertu de cette clause, le fermier, qui, après l'expiration du bail, auroit ensemencé les terres, ne pût être expulsé, à la charge du remboursement de ses labours & semence

Il faut cependant remarquer qu'une clause telle que celle dont on vient de parler, n'exclut que les tacites *reconductions* fondées sur une continuation d'exploitation qui a pu échapper à l'attention du propriétaire; c'est seulement un obstacle aux surprises: mais cela n'empêche pas l'effet d'une tacite *reconduction* qui résulte de la volonté manifeste des parties. En effet, elles n'ont pas eu dessein, par la clause dont il est question, de se priver de la liberté d'y déroger. Ainsi, dans le cas où, en vertu de cette clause, le propriétaire voudroit expulser le fermier à la veille d'une récolte abondante, il faudroit le déclarer non recevable dans sa prétention.

Au reste, la clause dont il s'agit n'est censée être intervenue qu'en faveur du bailleur; d'où il suit qu'elle ne peut être opposée par le preneur. En effet, il est évident que le fermier qui continue d'exploiter après l'expiration de son bail, a l'intention de demeurer fermier.

Chez les Romains, la tacite *reconduction* des biens de campagne n'avoit lieu que pour un an, à compter depuis l'expiration du bail; & à l'égard des maisons de ville, elle n'avoit lieu que pour le temps que le locataire avoit occupé les lieux, du consentement du bailleur.

Il en est autrement parmi nous: quand le locataire d'une maison est resté en jouissance, la tacite *reconduction* a lieu pour une année entière, si c'est dans une ville où il soit d'usage de louer les maisons pour une ou plusieurs années. Mais dans les villes où l'usage est de faire les baux pour six mois, ou pour trois mois, comme à Paris, la tacite *reconduction* ne dure que six mois, ou trois mois, selon l'usage des lieux.

A l'égard de la tacite *reconduction* des biens de campagne, il faut distinguer: s'il s'agit d'une ferme dont les terres sont distribuées en plusieurs portions, qu'on appelle *soles* ou *saisons*, la tacite *reconduction* doit durer autant d'années qu'il y a de saisons. Ainsi dans la Beauce & dans la Picardie, où les terres sont distribuées en trois saisons, dont l'une se repose tandis que les deux autres sont ensemencées, l'une en bled, & l'autre en mars, la tacite *reconduction* doit durer trois ans.

Dans le Val de Loire où les terres sont partagées en deux saisons, dont l'une est cultivée & l'autre se repose, la tacite *reconduction* dure deux ans.

Quant aux vignes, aux prés, & aux autres terres qui ne se divisent point en saisons, le temps de la tacite *reconduction* est d'un an.

Il résulte de la tacite *reconduction* les mêmes actions que celles auxquelles le bail pouvoit donner lieu, parce que les engagemens respectifs du bailleur & du preneur sont les mêmes dans l'un & dans l'autre cas. Mais cette règle ne s'applique qu'aux actions ordinaires, & non à celles qui sont extraordinaires. Ainsi, la contrainte par corps qui a été stipulée par le bail, ne pourroit être exercée sur le fondement de la tacite *reconduction*, attendu qu'on ne présume pas qu'une personne se soit soumise à cette sorte de contrainte, quand cela n'est point exprimé. Par la même raison, les cautions du prix du bail ne le sont pas des loyers échus pendant la tacite *reconduction*, parce que leur engagement finit avec le bail.

Une déclaration du roi, du 20 juillet 1764, registrée au parlement le 9 août suivant, fait défenses aux fermiers des généralités de Soissons, Amiens & Châlons, de se perpétuer dans l'exploitation de leurs fermes, sous le prétexte d'une tacite *reconduction*, sans le consentement des propriétaires. Une autre déclaration du 11 juin 1779, registrée le 20 juillet suivant, a également défendu la tacite *reconduction* dans le Barrois, relativement aux terres & héritages situés à la campagne.

En louage de meubles, la tacite *reconduction* a lieu pour le temps que le preneur les a gardés du consentement du bailleur. Ainsi, supposez qu'un tapissier m'ait loué des meubles pour six mois, moyennant six cens livres, & que je les aie gardés sept mois de son consentement, j'aurai joui durant un mois par tacite *reconduction*, & je serai tenu de payer cent livres pour cette jouissance.

Il y a cette différence entre la tacite *reconduction* des meubles & celle des maisons, que la premiere peut finir en tout temps par la volonté de l'une des parties, & que la seconde doit durer jusqu'au temps où il est d'usage de commencer les baux des maisons.

La tacite *reconduction* a pareillement lieu relativement aux services des domestiques & des ouvriers. Mais à l'égard du temps qu'elle doit durer, il faut distinguer entre les domestiques dont il est d'usage que le temps du louage commence & finisse à certains jours de l'année, & entre ceux qui se louent en quelque temps que ce soit.

Quant aux premiers, tels que sont les domestiques destinés aux ouvrages de la campagne, lorsqu'ils ont continué de servir quelque temps depuis le temps de leur louage, la tacite *reconduction* doit avoir lieu jusqu'au terme suivant.

A l'égard des ouvriers & des autres domestiques, tels que ceux des villes, qui se louent en quelque temps que ce soit, la tacite *reconduction* n'a lieu que pour le temps qu'ils ont continué de servir, & elle doit cesser quand ils jugent à propos de quitter leur maître, ou que celui-ci veut les renvoyer. *Voyez* BAIL, DOMESTIQUE, LOUAGE.

RECONFRONTATION, s. f. RECONFRONTER, v. act. (*Jurisprud. crimin.*) est une seconde représentation faite à l'accusé des témoins qui ont déposé contre lui, ou une seconde représentation des complices l'un à l'autre, lorsqu'ils se sont accusés mutuellement, ou qu'ils se sont contrariés dans leurs réponses. *Voyez* CONFRONTATION.

RECONNOISSANCE, s. f. *en terme de Jurisprudence*, signifie, en général, un acte par lequel on reconnoît la vérité de quelque point de droit, ou de quelque fait. Ce mot se prend aussi pour une cédule ou billet, par lequel on reconnoît, ou devoir une somme à quelqu'un, ou être obligé à faire quelque chose. *Voyez* BILLET.

Nous connoissons en droit trois especes de *reconnoissances*, celle d'aîné & principal héritier, celle des écritures privées, & celle d'héritages.

RECONNOISSANCE D'AINÉ ET PRINCIPAL HÉRITIER, est une déclaration que des peres & meres ou autres ascendans, font par le contrat de mariage d'un de leurs enfans, par laquelle ils font en sa faveur, une espece d'institution contractuelle des biens qu'ils possedent actuellement, & s'obligent à les conserver à cet enfant, qu'ils reconnoissent en qualité d'aîné, pour leur principal héritier. L'effet de ces sortes de *reconnoissances* est réglé différemment par les coutumes. *Voyez* AINÉ, INSTITUTION CONTRACTUELLE.

RECONNOISSANCE D'ÉCRITURE PRIVÉE, est l'acte par lequel on reconnoît la vérité d'une écriture ou signature privée. Elle se fait devant notaire ou en justice.

Pour opérer la *reconnoissance* devant notaire, il faut qu'il en soit passé un acte, faisant mention de ladite *reconnoissance*.

Elle se fait en justice lorsque le porteur d'une promesse ou autre écriture privée assigne celui qui l'a écrite ou signée, à comparoir devant un juge compétent, pour reconnoître ou dénier l'écriture ou signature, & en cas de dénégation, être procédé à la vérification de cette écriture par experts.

Tout juge devant lequel les parties se trouvent en instance est compétent pour la *reconnoissance* & vérification d'une promesse ou autre écriture privée; mais pour le principal, il faut se pourvoir devant le juge naturel des parties.

Les *reconnoissances* & vérifications des écritures privées se font, partie présente ou duement appellée, devant le rapporteur; ou, s'il n'y en a point, devant l'un des juges qui sera commis sur une simple requête, pourvu que la partie contre laquelle on prétend se servir des pieces, soit domiciliée ou présente au lieu où l'affaire est pendante, sinon la *reconnoissance* doit être faite devant le juge royal ordinaire du domicile de la partie, laquelle doit être assignée à personne ou domicile; & s'il échet de faire quelque vérification, elle se fait devant le juge où est pendant le procès principal. Ordonnance de 1670, *tit. 12*, *art. 5*.

L'édit du mois de décembre 1680 porte que, par l'exploit de demande, on peut déclarer que dans trois jours le défendeur sera tenu de reconnoître ou dénier l'écriture, sinon qu'elle demeurera tenue pour reconnue; que si le défendeur dénie l'écriture, on procede à la vérification sur des écritures publiques & authentiques.

La *reconnoissance d'une écriture privée* faite devant notaire ou en justice, emporte hypotheque, à compter de ce jour.

On procede aussi, en matiere criminelle, à la *reconnoissance des écritures privées* & signatures.

Celles qui peuvent servir à l'instruction & à la preuve de quelque crime, doivent être représentées aux accusés; & après serment par eux prêté, on les interpelle de déclarer s'ils les ont écrites ou signées, & s'ils les reconnoissent véritables.

Si l'accusé reconnoît les pieces pour véritables, elles font foi contre lui sans autre vérification; s'il les dénie, on les vérifie sur pieces de comparaison.

La procédure que l'on doit observer dans cette matiere est prescrite par l'ordonnance de 1670, *tit. 8*, & par l'ordonnance du faux. (*A*)

RECONNOISSANCE, (*Droit feodal.*) 1°. on appelle ainsi, sur-tout dans les pays de droit écrit, les titres nouveaux, par lesquels les tenanciers ou emphytéotes déclarent tenir un héritage censuel de telle ou telle seigneurie. C'est la même chose que *déclaration censuelle*. *Voyez* ce mot & *le chapitre* 1 *du* traité des droits seigneuriaux de Boutaric, avec les notes de Sudre.

2°. La coutume d'Artois donne le nom de *reconnoissance* à une redevance dans l'article 46. L'article 45 dit que le seigneurs ne sont tenus d'accorder les arrentemens des fiefs tenus d'eux, lorsque ces fiefs n'ont aucune justice & seigneurie, vicomtière ou foncière. L'article suivant ajoute : « mais si » lesdits arrentemens sont faits d'héritages cotiers, » lesdits seigneurs sont tenus les accorder, en leur » baillant quelque gracieuse *reconnoissance* annuelle, » pour la rente que le bailleur retient à son profit; » & a, audit cas, le seigneur duquel lesdits héri- » tages arrentés sont tenus, deux hommes, tenans » de lui, pour un; à savoir, le bailleur, pour la » rente qu'il retient, & le preneur, pour le fonds » desdits héritages arrentés : & devra, l'homme » de la rente, pareil relief & droit, que l'homme » du fonds ».

Cette décision est, comme on le voit, bien vague, puisqu'elle ne détermine point la quotité de cette *reconnoissance* annuelle qu'on doit donner au seigneur pour lui faire réaliser la rente, ni la relation qu'elle doit avoir avec la rente, ou les héritages dont la rente est le prix.

Heureusement, comme le dit Maillard, les seigneurs n'ont pas de peine à agréer les baux à rente foncière; car cela leur donne, & plus de tenanciers, & plus de droits.

Cette *reconnoissance* annuelle, ajoute Maillard, n'est pas de l'essence de la mouvance. Ainsi, quoiqu'elle soit seigneuriale, elle est sujette à prescription. Elle doit être stipulée par l'acte de réalisation du surcens; elle ne le peut pas être depuis, malgré le bailleur : parce que le cens ne peut être imposé que dans la tradition de la chose qu'on en charge. De sorte que, si dans l'acte de réalisation, le seigneur n'a pas réservé de redevance annuelle, la rente devra pareille redevance annuelle à celle que le fonds doit. (*G. D. C.*)

RECONSOLIDATION DE FIEF, ce mot est en usage dans l'Artois pour désigner la réunion de deux fiefs qui n'en faisoient originairement qu'un seul, lequel avoit été divisé en plusieurs par un partage, ou autrement.

Dans la coutume d'Artois, l'aîné prend les quatre quints des fiefs; les puînés n'ont, entre eux, que l'autre quint, qui forme autant de fiefs séparés, qu'il y en a de portions divisées entre les mains des puînés. Chacune de ces portions est tenue du seigneur dominant de tout le fief; & suivant l'article 102, « elle se droiture à pareil relief & droi- » ture comme le relief (fief) principal, & est » chacune portion tenue à pareille prérogative, » comme le principal ».

C'est d'après cela que l'article 104 ajoute, « que si le quint ou portion de quint, relevé ou » appréhendé, succède à l'aisné comme à l'héri- » tier du puisné, mort sans hoir, en ligne directe; » icelui quint ou portion de quint, ne se recon- » solide au gros du fief; mais demeurent fiefs nou- » veaux, comme ils étoient ès mains du puisné, » à pareils droits & reliefs ».

Maillard observe, dans son commentaire sur cet article, 1°. que cette *reconsolidation* n'a lieu ni de plein droit, ni par déclaration formelle de l'héritier, le seigneur ayant intérêt que les fiefs érigés de nouveau dans sa mouvance subsistent, à cause qu'il lui est dû autant de reliefs qu'il y a de fiefs.

2°. Que quand bien même l'aîné auroit obtenu le consentement du seigneur pour la *reconsolidation*, sa déclaration ne peut obliger ses enfans du premier degré à ne prendre qu'un quint dans tout ce fief, tant gros que réuni, qu'autant qu'ils seront héritiers des biens libres, parce que ces héritiers sont tenus du fait du défunt. Mais que si les héritiers du premier degré n'étoient qu'héritiers des propres, ils auroient un quint dans le gros du fief, & un dans chaque fief réuni, c'est-à-dire, dans chaque quint ou chaque portion de quint réunie, parce que les héritiers patrimoniaux des biens d'Artois, ne sont pas tenus des faits du défunt, contractés sans l'observation de l'une des trois voies, qui sont : le consentement de l'héritier apparent, le remploi en pareils héritages, & la nécessité jurée. (*G. D. C.*)

RECONSTITUTION, s. f. est le nom que l'on donne à une constitution de rente faite à prix d'argent, lors de laquelle celui qui emprunte, s'oblige d'employer la somme à lui prêtée, au remboursement d'une rente par lui due, & subroge le nouveau créancier aux hypothèques & privilèges de l'ancien. *Voyez* RENTE.

RECONVENIR, v. act. RECONVENTION, s. f. (*termes de Pratique.*) la *reconvention* est une action que le défendeur intente pour se parer de celle que le demandeur a intentée contre lui.

Toute action intentée par le défendeur contre le demandeur, n'est pas une *reconvention*; ce n'est qu'autant qu'elle tend à empêcher l'effet de l'action du demandeur, ou à opérer une compensation. Ainsi, la *reconvention* est, en matière civile, ce que la récrimination est en matière criminelle.

La *reconvention* étoit admise en droit, comme il paroît par la loi 6, au code *de compensationibus*, & en la loi 1, §. *dernier*, *quæ sententiæ*.

La coutume de Paris, *art. 106*, & un grand nombre d'autres coutumes, portent que *reconvention* n'a lieu en cour laie, si elle ne dépend de l'action, c'est-à-dire, si la demande en *reconvention* n'est la défense naturelle contre l'action premiérement intentée; & en ce cas, le défendeur peut, par ses défenses, se constituer incidemment demandeur.

Ainsi, dans notre usage, la *reconvention* n'est admise que lorsque la demande que forme le défendeur est vraiment incidente & connexe à la demande principale; de sorte que si la demande formée par le défendeur est indépendante de la première, elle est regardée comme une demande principale qui doit être formée à domicile, & jugée séparément.

Les canonistes tiennent que la *reconvention* a lieu en cour ecclésiastique, c'est-à-dire, que dans ces tribunaux on admet plus aisément le défendeur à former toutes sortes de demandes, quoiqu'elles ne dépendent pas de la première; mais il faut toujours que le juge soit compétent d'en connoître, eu égard à la matière, & que ces demandes incidentes tendent à opérer une compensation; car si ces demandes ne paroissoient formées que pour embarrasser l'affaire, on ne croit pas que le juge d'église se portât à les joindre à la première. *Voyez* COMPENSATION. (*A*).

RECORD, s. m. (*Jurisprud.*) signifie quelquefois récit, témoignage, attestation d'un fait; quelquefois il signifie le témoin même qui certifie ce qui s'est passé en sa présence.

RECORD *d'un jugement ou d'un contrat*, se faisoit anciennement lorsque l'acte n'avoit pas été rédigé par écrit; on faisoit une enquête pour prouver ce qui avoit été jugé ou stipulé entre les parties ou leurs auteurs; on en usoit de même pour constater un ajournement qui n'avoit été fait que verbalement.

Cette forme de procéder est encore usitée dans les coutumes de Hainaut, Valenciennes & Cambresis, & c'est ce qu'on y appelle *record de loi.* Suivant leurs dispositions, les actes doivent être rédigés par écrit; mais si l'une des parties a perdu sa grosse, ou si la minute a été perdue, dans ce cas, à la semonce du maïeur, parties à ce appellées, on dresse un acte, par lequel des officiers publics attestent que telles personnes ont passé en leur présence, un contrat par lequel elles ont stipulé telles choses.

RECORD *exécutoire*, est un terme consacré dans la coutume de Valenciennes, à l'expression d'une formalité inconnue par-tout ailleurs, & dont l'objet est de donner à un acte écrit & signé des parties, ainsi que des officiers publics qui l'ont reçu, le caractère d'authenticité, dont l'exécution parée est la suite ordinaire. Cette formalité consiste à faire reconnoître l'acte devant le maïeur & sept échevins; le motif de cette disposition est que les actes, passés à Valenciennes, par deux échevins ou jurés de Cattel, ne reçoive aucun scel ni autre marque de l'autorité souveraine, qui puisse les rendre authentiques & exécutoires, & que par conséquent, il faut, pour leur assurer l'une & l'autre qualité, que les parties les fassent reconnoître en justice.

RECORD *dans un exploit*, est un des témoins dont l'huissier se fait assister; ces témoins ont été appellés *records*, parce que dans le temps que les exploits n'étoient pas rédigés par écrit, leur témoignage servoit à recorder ou rappeller ce qui avoit été fait & dit par l'huissier ou sergent. L'ordonnance de 1667, *tit.* 2, *art.* 2, veut que les huissiers dans tous leurs exploits, se fassent assister de deux *records* qui signent avec eux l'original & la copie des exploits, sans qu'ils puissent se servir de *records* qui ne sachent écrire, ni qui soient parens, alliés ou domestiques de la partie; mais depuis l'établissement du contrôle des exploits, le ministère des *records* n'est plus nécessaire que dans certains exploits de rigueur, tels que les saisies-réelles & les commandemens recordés, faits pour parvenir à ces sortes de saisies. On s'en sert aussi dans les exploits de saisie mobilière, mais cet usage paroît avoir particuliérement pour objet, de donner main-forte à l'huissier en cas d'insulte, ou de rebellion à justice. Il est encore d'usage à Paris, que les exploits en matière de retrait lignager, soient recordés de témoins; un arrêt de réglement du parlement de Rouen, du 17 janvier 1731, prescrit d'employer des *records* pour ces sortes d'exploits. Comme l'arrêt de réglement du 2 juillet 1708, n'exige que l'âge de vingt ans dans les témoins des actes, plusieurs pensent qu'il suffit que les *records* aient atteint cet âge; mais d'autres veulent qu'ils soient âgés de vingt-cinq ans, ainsi qu'il est prescrit par l'article 22 d'un édit du mois de janvier 1728, portant établissement d'une jurisdiction consulaire à Valenciennes. Au reste, dans tous les exploits, où la présence des *records* est nécessaire, il faut qu'ils soient réellement présens, & que leur présence soit constatée par l'exploit, à peine de nullité.

RECORDÉ, adj. se dit de ce qui est muni de la présence & attestation de deux records ou témoins. Ce terme n'est guère usité qu'en matière d'exploits & de commandemens; il y a certains exploits & commandemens qui doivent être *recordés*. *Voyez* AJOURNEMENT, EXPLOIT, SAISIE-RÉELLE. (*A*)

RECOURS, s. m. signifie, *en droit*, l'action récursoire & de garantie que l'on exerce contre quelqu'un afin d'être déchargé ou indemnisé de la demande ou prétention d'un tiers. *Voyez* GARANTIE, CAUTION. (*A*)

RECOURS AU PRINCE, on entend par ces termes, dans les Pays-Bas, la même chose que ce que nous appellons en France *appel comme d'abus.* Le *recours au prince* est la manière de se pourvoir contre les attentats des juges ou ministres de l'église, sur les droits du prince, son autorité, sa justice temporelle, la jurisdiction de ses tribunaux; & les principes du droit public. Cette voie n'est plus usitée que dans les Pays-Bas autrichiens, elle a été abolie au parlement de Flandre, par une déclaration du 8 janvier 1719, qui porte que les appels comme d'abus seront reçus, & auront lieu dans le ressort du parlement de Flandre, en la forme & manière qu'ils se pratiquent dans les autres parlemens, & notamment dans celui de Paris.

RECOURS, est employé dans les chartres générales du Hainaut, & dans les coutumes de Valenciennes & de Mons, comme synonyme d'*adjudi-*

cation à l'enchère : elles s'en servent, tant pour les ventes, que pour les baux à rentes ou à loyer qui, dans cette province, doivent, en un grand nombre de cas, se passer avec cette formalité.

RECOUSSE, s. f. (*Droit civil & criminel.*) signifie en général l'action de recouvrer quelque chose.

Dans quelques coutumes on appelle *recousse* ou *for-gage*, la faculté que celui dont les meubles ont été vendus par justice, a de les retirer dans un certain temps.

Les coutumes de Tours, Angers & quelques autres appellent le retrait lignager *recousse* simplement ; & *recousse par grace*, le réméré ou rachat conventionnel ; & les rentes rachetables, *rentes à recousse*, comme si l'on rachetoit l'héritage qui étoit chargé de la rente.

Dans les anciennes ordonnances, *recousse* d'un prisonnier signifie *l'enlevement* qui pourroit en être fait, comme dans l'édit de Melun, *art. 21*, où il est dit, que les ordinaires ne pourront être contraints à bailler vicariats, sinon ès causes criminelles où il y auroit crainte manifeste de *recousse* du prisonnier.

La *recousse*, ou délivrance des prisonniers, en général, doit être punie de la même peine que méritoit le prisonnier qu'on a délivré. Un arrêt du parlement de Paris du 10 octobre 1582, a condamné le nommé Duval à être pendu, pour avoir aidé à faire la *recousse* de Claude Chouard d'Etampes, qui avoit été condamné à la même peine.

On punit du dernier supplice la *recousse* de ceux qui sont attachés à la chaîne des galères. Trois particuliers convaincus de ce crime ont été condamnés à être rompus vifs par arrêt rendu au parlement de Paris le 3 juin 1681.

Quant aux personnes arrêtées pour dettes civiles, ceux qui en font la *recousse* doivent non-seulement être condamnés à payer la dette, mais encore à une peine arbitraire, pour raison du trouble inféré à justice. Papon rapporte un arrêt du parlement de Grenoble de l'an 1461, par lequel un gentilhomme qui avoit fait échapper des mains des sergens un marchand de Lyon arrêté pour dettes, a été condamné à une amende de trente livres, & à payer le créancier.

Il y a néanmoins des cas où la *recousse* est excusable jusqu'à un certain point : tels sont ceux où par exemple, un fils, par un mouvement de tendresse, use de violence pour tirer son père ou sa mère des mains de la justice ; une femme pour sauver son mari ; un frère pour sauver son frère, &c. La peine d'une pareille *recousse* n'est ordinairement que pécuniaire. Un arrêt rendu au parlement de Paris le 7 septembre 1607, n'a condamné qu'à une amende un particulier qui avoit tiré des mains de la justice son cousin-germain prévenu de crime. *Voyez* REBELLION.

RECRÉANCE, s. f. (*terme de Procédure.*) qui signifie la possession d'une chose adjugée par provision, en attendant le jugement du fond.

Quelques coutumes appellent toute provision *recréance* ; mais communément ce terme n'est usité qu'en matière béneficiale.

La *recréance* dans ces matières est la possession d'un bénéfice que l'on accorde par provision à celui des contendans qui a le droit le plus apparent, & qui paroît le mieux fondé ; sauf aux autres contendans à contester ensuite sur la pleine maintenue.

Le jugement qui accorde cette possession provisoire, s'appelle *jugement de recréance.*

En matière de régale, la *recréance* s'appelle *état.*

Quand les droits & titres des parties sont si douteux qu'il n'y a pas lieu d'adjuger la maintenue à l'un ou à l'autre, le juge n'ordonne guère aujourd'hui le sequestre ; il doit, suivant les articles 57 & 58 de l'ordonnance de 1539, faire droit sur le possessoire, & adjuger la *recréance* au possesseur, sauf à juger dans la suite l'instance possessoire par jugement de pleine maintenue, sans user à cet égard de renvoi pardevant le juge de l'église sur le pétitoire. Au grand-conseil l'on ordonne plus communément le sequestre.

En adjugeant la *recréance* à celui qui a le droit le plus apparent, on lui adjuge aussi les fruits & revenus du bénéfice du jour de ses provisions, & l'on condamne l'autre contendant à rendre ceux qu'il a perçus.

Les sentences de *recréance* sont exécutoires nonobstant l'appel, suivant l'ordonnance de 1667, pourvu qu'elles soient rendues par des juges royaux ressortissans sans moyen ; qu'ils aient assisté du moins au nombre de cinq qui soient nommés dans la sentence ; & si c'est sur l'instance, ils doivent signer la minute de la sentence.

Quand la *recréance* est accordée par arrêt, celui qui l'obtient n'est pas tenu de donner caution ; mais si c'est seulement par sentence, il doit faire au greffe les soumissions en tel cas requis, & l'élection de domicile.

La caution que donne le recrédentiaire est pour la restitution des fruits, au cas que la sentence de *recréance* soit infirmée.

Le jugement de *recréance* doit être exécuté avant qu'il soit procédé sur la pleine maintenue.

Lorsqu'il échet de juger séparément la provision avec le fond, il n'est pas permis aux juges de cumuler l'un & l'autre & de prononcer par un même jugement sur la *recréance* & sur la pleine maintenue, parce que cela se feroit en fraude de l'appel, qui est une voie de droit : on ne pourroit plus demander la provision après le jugement de la pleine maintenue, de sorte que la provision ne seroit pas exécutée nonobstant l'appel.

Le dévolutaire peut prendre la possession de droit, mais il ne peut pas la prendre de fait avant qu'il ait obtenu une sentence de *recréance* ou de maintenue, suivant l'ordonnance de Henri II. *Voyez* COMPLAINTE. (*A*)

RECRÉDENTIAIRE, s. m. (*Jurisprud.*) est celui qui demande la récréance ou provision d'un bénéfice, ou auquel la possession en a été adjugée provisoirement, comme ayant le droit le plus apparent. *Voyez* RECRÉANCE. (*A*)

RECRIMINATION, s. f. (*Code criminel.*) est l'accusation que celui qui est déja accusé fait lui-même contre son accusateur.

Quand la *récrimination* porte sur le même fait, il faut d'abord juger laquelle des parties demeurera l'accusé & l'accusateur. La plainte qui est la dernière dans l'ordre des dates, est ordinairement regardée comme *récriminatoire*, à moins que par les circonstances & par le vu des charges, il ne paroisse que le dernier plaignant est véritablement la partie souffrante.

La *récrimination* se fait quelquefois par l'accusé en accusant l'accusateur d'un autre délit; mais cette espèce de *récrimination* n'est point reçue en France, quand il ne s'agit que d'un délit égal ou plus léger. La même chose s'observoit chez les Romains, suivant la loi 19, cod. *qui accusari possunt vel non*; & autrement il n'y a point de coupable qui ne s'efforçât par une accusation fausse ou véritable, d'éluder celle qui a été intentée contre lui.

Il en seroit autrement si la plainte *récriminatoire* étoit pour un délit beaucoup plus grave que celle qui faisoit l'objet du premier plaignant. *Voyez* ACCUSATEUR, ACCUSÉ, CRIME, DÉLIT, PLAINTE. (*A*)

RECTEUR, s. m. est un titre commun à plusieurs sortes de personnes.

Le chef des universités est qualifié de *recteur*; il a le pouvoir d'ordonner ce qu'il estime convenable pour le progrès des études, & pour la police des collèges & de tous ceux qui sont au nombre des suppôts de l'université. Sa fonction ne dure, dans la plupart des universités, que trois mois; mais quelquefois il est continué. Dans l'université de Paris, il préside au tribunal de l'université, établi par le roi en 1600. Il a pour conseillers les doyens des quatre facultés, & les procureurs des quatre nations qui composent la faculté des arts. Le procureur-syndic y assiste comme partie publique avec le greffier & le receveur. Ce tribunal se tient chez le *recteur* le premier samedi du mois, & toutes les fois qu'il y a des contestations à juger entre les suppôts de l'université. L'appel des sentences de ce tribunal se relève au parlement. *Voyez* COLLÈGE, FACULTÉ, UNIVERSITÉ.

Dans quelques académies, celui qui préside est aussi qualifié de *recteur*: par exemple, dans l'académie royale de peinture & sculpture, la dignité de *recteur* est réunie dans quatre *recteurs*, qui l'exercent chacun par quartier, avec le conseil des trois autres. *Voyez* ACADÉMIE.

En quelques provinces, comme en Bretagne, on appelle *recteurs* ceux que l'on appelle communément ailleurs *curés*, & l'on y donne aux vicaires le titre de *curés*. (*A*)

RECTO, *terme de Palais*; ce terme est fréquemment employé au palais, quand on cite la page d'un ancien registre ou d'un ancien livre. *Recto* est la page d'un livre ouvert qui se présente d'abord à la droite du lecteur; c'est l'opposé du *verso*, qui est la page qu'on trouve après avoir tourné le feuillet. Au mot *recto* & *verso*, on ajoute communément *folio*, *folio recto*, *folio verso*. Ce passage, cette loi se trouve *folio 30 recto*, ou *folio 30 verso*. Cela vient de ce que anciennement chaque feuillet n'avoit qu'un chiffre au premier côté de la page. (*D. J.*)

RECTORAT, s. m. ce terme signifie la qualité du recteur d'une université. *Voyez* RECTEUR.

RÉCUSABLE, adj. se dit d'un juge ou autre officier, ou témoin qu'une partie est fondée à ne pas reconnoître. *Voyez* RÉCUSATION. (*A*)

RÉCUSATION, s. f. est une exception par laquelle on refuse de reconnoître un juge ou autre officier, ou un expert, ou même un témoin.

Un juge peut être récusé, tant en matière civile que criminelle; mais il faut pour cela qu'il y ait juste cause. Ces causes sont:

1°. Si le juge est parent ou allié de l'une des parties; savoir, en matière civile, jusqu'aux enfans de cousin issu de germain, qui sont le quatrième degré inclusivement, & en matière criminelle, jusqu'au cinquième.

Ces degrés se comptent suivant le droit canonique, & les degrés d'alliance se comptent comme ceux de parenté.

En outre, en matière criminelle, si le juge porte le nom & les armes, & qu'il soit de la famille de l'accusateur ou de l'accusé, il est obligé de s'abstenir, en quelque degré de parenté ou alliance qu'il soit.

La *récusation* a aussi lieu, quoique le juge soit parent ou allié des deux parties.

La parenté ou alliance du juge avec la femme de l'une des parties, dans les degrés ci-dessus expliqués, donne aussi lieu à la *récusation*, supposé que la femme soit vivante, ou qu'il y ait des enfans.

Mais si la femme est décédée sans enfans, il est seulement défendu au beau-père, aux gendres & aux beaux-frères d'être juges des parties.

2°. Le juge est récusable lorsqu'il est prouvé par écrit, qu'il a un différend semblable à celui des parties.

3°. S'il a donné conseil, ou s'il a connu auparavant du différend comme juge arbitre, ou s'il a sollicité ou recommandé l'affaire, s'il a ouvert son avis hors la visite & jugement du procès; mais dans tous ces cas, il est cru à sa déclaration, à moins qu'il y ait preuve par écrit au contraire.

4°. Si le juge a un procès en son nom dans un tribunal où l'une des parties est juge.

5°. S'il a menacé une des parties verbalement ou par écrit, depuis l'instance, ou dans les six mois qui ont précédé la *récusation*, ou s'il a eu inimitié capitale.

6°. Si le juge ou ses enfans, son père, ses frères, oncles, neveux, ou ses alliés en pareil dégré, ont obtenu quelque office, bénéfice ou autre emploi de l'une des parties, pourvu que la nomination ait été volontaire & non forcée.

7°. Si le juge est protecteur, chef ou syndic de l'ordre, corps, college ou communauté contre lequel on plaide.

Il en est de même s'il est tuteur honoraire ou onéraire, subrogé tuteur ou curateur, héritier présomptif ou donataire, ou domestique de l'une des parties.

Enfin il peut y avoir encore d'autres causes de *récusation*, quoique non prévues par l'ordonnance, lesquelles se tirent des moyens de fait & de droit; par exemple, s'il étoit prouvé que le juge est en grande familiarité avec l'une des parties. Un arrêt de réglement du parlement de Toulouse du 22 juin 1701, donne aussi pour cause de *récusation*, si le juge a mangé chez la partie, ou la partie chez le juge, depuis que le procès est intenté; mais elle n'a pas lieu, si le juge & la partie ont mangé ensemble en maison tierce, sans aucune affectation, ni dessein prémédité.

Un juge ne peut être récusé dans les causes des communautés régulières, sous prétexte de parenté ou alliance avec des personnes qui sont membres de ces communautés. Mais il peut l'être dans les procès des communautés ecclésiastiques séculières, s'il est père ou frère de l'un de leurs membres.

Le juge qui est dans le cas de *récusation* doit se récuser lui-même sans attendre que la *récusation* soit proposée.

Si le juge ne se récuse pas lui-même, la partie qui a quelque moyen de *récusation* doit le proposer aussi-tôt qu'il est venu à sa connoissance, & dans la huitaine de la déclaration du juge ou de la partie, la *récusation* doit être formée.

Toute cause de *récusation* doit être proposée avant contestation en cause, si ce n'est que la cause soit survenue depuis, ou qu'elle ne soit venue à la connoissance de la partie que depuis que la cause a été contestée.

L'ordonnance permet aux parties de renoncer aux moyens de *récusation* contre un juge, & il peut rester leur juge, lorsqu'elles y consentent par écrit; mais cette permission ne s'étend pas aux affaires criminelles: le consentement des parties, même celui du ministere public, ne peut couvrir les moyens de *récusation*, & les juges sont obligés d'y déférer, aussi-tôt qu'ils en ont connoissance.

Si l'on veut récuser un juge commis pour faire une descente, il faut le faire trois jours avant son départ, pourvu que le transport ait été signifié huit jours auparavant, quand bien même la cause de *récusation* seroit survenue depuis, sauf à la faire valoir après la descente.

Les causes de *récusation* doivent être spécifiées dans la requête.

Le juge qui est récusé ne doit point être présent au jugement de la *récusation*.

Pour juger une *récusation*, les juges doivent être au nombre de cinq, ou du moins au nombre de trois, s'il y a moins de six juges dans le siège. A défaut de juges en nombre suffisant pour juger la *récusation*, on prend des avocats ou praticiens du siège.

Les jugemens qui interviennent en matière de *récusation* sont exécutoires, nonobstant opposition ou appellation, si ce n'est qu'il s'agisse de descente, information ou enquête, auquel cas le juge récusé ne peut passer outre, & il doit être procédé à l'acte qui est à faire par un autre juge ou praticien du siège, à moins que l'intimé ne déclare qu'il veut attendre le jugement de l'appel.

Les juges présidiaux jugent sans appel les *récusations* dans les matières dont la connoissance leur est attribuée, pourvu qu'ils soient au nombre de cinq.

Dès qu'un juge est récusé, il doit s'abstenir de paroître au siège, soit à l'audience ou au conseil; il ne lui est même pas permis de solliciter pour ses parens, ou autres personnes dont il prend les intérêts.

Quand la *récusation* est déclarée impertinente & inadmissible, la partie qui l'a proposée doit être condamnée en l'amende; le juge peut même demander réparation des faits qui ont été proposés contre lui; mais il ne peut pas non plus assister au jugement de la réparation.

L'ordonnance de 1667, *tit.* 21, *art.* 9 & 11, permet de récuser les experts, comme les juges. On récuse aussi les témoins, mais cette *récusation* se fait par forme de reproche. *Voyez* EXPERT, REPROCHE, TÉMOIN.

REDEVANCE, (*Droit féodal.*) ce mot désigne généralement toute espèce de rente, ou charge annuelle. On l'emploie particuliérement pour les devoirs, dont les héritages censuels ou autres sont chargés envers le seigneur, soit féodal, soit justicier. *Voyez* le *Glossaire du droit françois sous ce mot*, & *les articles*, DROITS SEIGNEURIAUX, CENS, CHAMPART. (*G. D. C.*)

REDEVOIR, (*Droit féodal.*) la coutume de Montargis, *titre* 3, *art.* 7, donne ce nom à un *devoir* ou redevance seigneuriale.

Quelques éditions de la coutume de Montargis, & particuliérement celle de la Thaumassiere, portent *le devoir*, au lieu du mot *redevoir*. (*G. D. C.*)

REDEVANCIER, s. m. signifie *en droit*, vassal, ou tenancier d'héritage sujet à redevance.

REDHIBITION, s. f. (*Droit civil.*) est une action intentée par l'acheteur d'une chose défectueuse, pour faire casser la vente, lorsqu'il y a eu du dol & de la mauvaise foi de la part du vendeur,

& que la chose vendue se trouve atteinte de quelque vice redhibitoire que le vendeur a caché.

Cette action tire son origine du droit romain, ainsi qu'on le peut voir au digeste, titre *ædilitio edicto*.

L'acheteur, en concluant à la nullité de la vente, & à ce que le vendeur soit tenu de reprendre la chose qu'il a vendue, demande en même temps la restitution du prix qu'il a payé.

On appelle *vices redhibitoires* ceux qui sont tels qu'ils rendent la vente nulle; tels sont la pousse, la morve & la courbature dans la vente des chevaux: dans ce cas, il faut que l'action redhibitoire soit intentée dans les neuf jours.

Il y a pareillement lieu à la *redhibition* en fait de vente de marchandise vendue par un marchand ou artisan, lorsque la marchandise ne se trouve pas de la qualité requise par les statuts & réglemens de leur communauté; & dans ce cas, l'action doit être intentée aussi-tôt que l'acheteur a eu connoissance du vice de la chose vendue; néanmoins il n'y a point de temps fixe pour cela.

La *redhibition* peut même avoir lieu dans la vente d'un fonds, lorsqu'il s'y trouve quelque vice qui étoit inconnu à l'acheteur, & qui en rend l'usage inutile, comme s'il exhale de ce fonds des vapeurs contagieuses.

Si la chose vendue ne se trouve pas de la qualité portée par le contrat, c'est encore une cause de *redhibition*.

Au lieu de l'action redhibitoire l'acheteur peut user d'une autre action appellée *actio quanti minoris*; celle-ci ne tend pas à résoudre la vente, mais seulement à obliger le vendeur de faire raison à l'acquéreur de ce qu'il a payé de trop; eu égard aux défauts de la chose vendue, & qu'il auroit probablement payé de moins s'il eût connu ces défauts.

La *redhibition* ni l'action *quanti minoris* n'ont pas lieu dans les ventes qui se font par autorité de justice, parce que la justice n'est jamais présumée avoir voulu tromper personne.

Les juges-consuls connoissent de l'action redhibitoire pour marchandises vendues entre marchands. *Voyez les loix civiles, liv. I, tit. ij, sect. 11*; Loisel, *institut. liv. I, tit. iv, reg. 17*; Basnage, sur l'*article* 40 de la coutume de Normandie, & ci-devant le *mot* GARANTIE. (*A*)

REDHIBITOIRE, adj. *terme de Jurisprudence*, se dit de ce qui tend à la redhibition ou résolution d'une vente à cause de quelque vice que l'on a caché à l'acheteur.

Les vices ou causes *redhibitoires* sont les défectuosités qui donnent lieu à la redhibition.

L'action *redhibitoire* est celle que l'acheteur intente contre le vendeur pour parvenir à la redhibition. *Voyez* REDHIBITION. (*A*)

REDISTRIBUTION D'INSTANCE *ou* PROCÈS, (*terme de Pratique*) est une nouvelle distribution qui s'en fait à un conseiller, au lieu & place d'un autre, qui avoit été nommé rapporteur.

Ces *redistributions* ont lieu en plusieurs cas; savoir, quand le rapporteur est récusé justement, ou qu'il se déporte lui-même du rapport, soit pour prévenir une récusation, ou pour cause de maladie, ou autre empêchement: elles ont aussi lieu lorsque pendant la poursuite du procès le rapporteur se démet de sa charge, ou qu'il vient à décéder.

Pour faire ordonner une *redistribution*, la partie qui veut aller en avant fait remettre le procès au greffe par le secrétaire de celui qui étoit rapporteur; il présente ensuite un placet au président, lequel ordonne la *redistribution* à un autre rapporteur.

Quand la *redistribution* est faite, le procureur de la partie qui l'a obtenue le fait signifier au procureur de l'autre partie. *Voyez* DISTRIBUTION, INSTANCE, PROCÈS, RAPPORTEUR. (*A*)

RÉELENGHE. *Voyez* REENENGHE.

RÉELLEMENT, adj. qui a, *en droit*, plusieurs acceptions. Il se dit quelquefois de ce qui se fait effectivement, à la différence de certaines opérations qui ne sont que fictives & simulées; comme quand on offre *réellement* une somme à deniers découverts, à la différence des offres qui ne sont que labiales.

Quelquefois *réellement* signifie *corporellement*, comme prendre *réellement* possession d'une chose ou d'un héritage.

Saisir *réellement* un immeuble, c'est en saisir le fonds; à la différence des saisies mobiliaires qui ne tendent qu'à arrêter les revenus. *Voyez* OFFRES RÉELLES, POSSESSION, SAISIE RÉELLE. (*A*)

RÉENENGHE, RÉELENGHE *ou* RENENGHELE, (*Droit féodal.*) ces mots & le latin-barbare *Relanga*, *Relangia*, *Relenga*, *Relengla*, ou *Renengha*, signifient littéralement un compte. Ils ont été employés en Flandres pour désigner le domaine du prince, & la jurisdiction qui en connoît, ou les séances de ce tribunal. On a aussi nommé *reneurs*, les officiers de cette jurisdiction.

Une chartre de Philippe-le-Bel, de l'an 1303, porte: « six cent livres de parisis.... à prendre » sur les *réelenghes* de Flandres ».

Une autre chartre du même prince de l'an 1290, dit également: « donnons & octroïons héritablement & perpétuellement à icelui monsieur Jehan » de Haveskerke...... six cenz livres parisis de » rente par an à prendre & à recevoir chascun » an perpétuellement à tousjours, à Berghes, sur » le *renenghe* de celui lieu, ou sur le *réenenghe* du » receveur de Flandres ».

Une dernière chartre de Louis comte de Flandres, de l'an 1331, dit enfin, « nous avons » mandé.... à tous nos reneurs.... qu'ils planaissent » & ostassent de nos gros briefs de *renenghe*, *ljv* » *livres*.... *Item*, nos gens des comptes qui tenoient » notredite *réenenghe*, ont ôté & plané de notre » *renenghe* ès rentes, hors *renenghe*, xxxjjj livres » parisis de rente, *&c.* ».

Dom Carpentier, qui donne ces extraits au mot *Relengha*, en rapporte plusieurs autres latins, qu'on peut consulter sur le même objet. (*G. D. C.*)

RÉENFORESTER, v. a. (*Jurisprud. angloise.*) c'est réunir aux forêts royales une terre qui en avoit été séparée, après y avoir été unie une première fois. *Voyez* ENFORESTER, DÉSENFORESTER, PURLIEU.

REEVE, *ou* RÊVE, (*Droit féodal.*) 1°. on a donné ce nom en Angleterre, sur-tout dans les comtés occidentaux, aux baillis ou prévôts d'une seigneurie, qui en sont les receveurs. *Voyez* la *section* 79 des *institutes* de Littleton.

2°. On a donné le même nom dans le Languedoc, la Provence & les pays voisins, à une espèce de droit de traite ou de péage, dû par les marchandises étrangères, ou pour celles qu'on transporte dans les pays étrangers.

Les lettres du roi Jean, données à Londres le 16 septembre 1358, & rapportées au *tome* 3 des *Ordonnances du Louvre*, portent: « *Item* que » nulles toiles, peaux lanues, moutons, brebis » ne soient traites ou menées hors dudit royau- » me, sinon par certains ports & passages..... » auxquels ports & passages se doit payer..... » sept deniers pour livre pardessus les quatre de- » niers par la *rêve* ».

Ducange pense que ce mot provient du latin *roga*, qui signifie *demande*. Il prouve fort bien qu'on a dit autrefois *reuver* ou *ruever*, pour *demander*.

Dom Ménard, cité par dom Carpentier au même mot, pense au contraire dans ses notes sur le *tome* 2 de l'*Histoire de Nemours*, *p.* 10, qu'on a ainsi appellé ce droit d'un nommé *Pierre la Rêve*, qui le percevoit en 1300, suivant des reçus de cette année-là.

Quoi qu'il en soit, on appelle encore aujourd'hui *rêves*, en provençal, *revas*, *rievas & resvas*, les impositions sur les fruits, denrées & marchandises, que les communautés de Provence peuvent établir pour payer leurs charges. *Voy. les Statuts de Provence, avec les Commentaires de* Morgues, *& ceux de* Julien, *tome* 1, *p.* 336 *& suivantes.* (M. GARRAN DE COULON.)

REFAICTURE. *Voyez* REFECTURE.

REFECTION, ce terme, en matière de visite de bâtimens & autres ouvrages, signifie *reconstruction. Voyez* BATIMENT, RÉPARATION.

REFECTURE; *ou* REFAICTURE, (*Droit féodal.*) on a donné ce nom, tant au droit de prendre du bois dans une forêt, pour rétablir des bâtimens, qu'à la redevance qu'on payoit pour jouir de ce droit. Une chartre de l'an 1311, rapportée par dom Carpentier au mot *Refacta* de son *Glossarium novum*, porte: « les rentes que le roy avoit à » Puchay..... un pain à Noël, feugages de ses » pors, se il les a, & sept deniers de *refectures* du » bois, se ils l'ont.... un boissel d'aveine & demi- » boissel de bernage, dix oefs, un pain à Noël, » le feugage & la *refaicture* ». (*G. D. C.*)

REFELLON *ou* REFELLON DE VINAIGE, (*Droit féodal.*) dom Carpentier dit, au mot *Refello*, que c'est une redevance qui se payoit en argent, pour tenir lieu d'une redevance en vin due suivant une certaine mesure qu'on appelloit vinage, *pensitatio pecuniaria, vice præstationis certæ vini mensuræ quæ vinagium dicebatur.*

Cet auteur donne pour preuve de son interprétation l'extrait suivant du registre *bel* de la chambre des comptes: « un boissel de fourment *lesbaige* » *des landes & le refellon du vinaige* ».

Peut-être ne doit-on entendre par le *refellon du vinaige*, que le marc de la vendange, ou un droit de pressurage, littéralement un droit pour le *foulage* de la vendange. *Voy.* les *Glossaires* de Ducange & de dom Carpentier, *aux mots Follare*, *Vinagium & Vinatium*, *&c.* & l'article VINAGE.

Il se pourroit bien encore qu'il y eût une faute dans le texte cité par dom Carpentier, & qu'il fallût lire *refellon*, ou *refoul du vivier*, au lieu de *refellon de vinage*. Le même dom Carpentier, au mot *Refollum*, dit fort bien qu'on appelle *refoul* le lieu de la décharge d'un moulin, d'un canal, ou d'un étang. Il rapporte à cette occasion, 1°. l'extrait suivant du registre de Saint-Just de la chambre de comptes, *Item vivarium* & le refoul *vivarii*; 2°. Cet autre extrait d'une chartre de l'an 1306: *concessimus..... quinquaginta acras domaniorum & pratorum falcabilium..... herbagium landarum & refollum vivarii.* On voit combien ce dernier titre a de rapport avec celui où il est parlé du *refellon du vinaige*. (*G. D. C.*)

REFENTE, s. f. *dans la coutume de Touraine*, est une réformation que les puînés peuvent faire du partage qui leur est offert par l'aîné. Celui-ci doit avoir les deux tiers, & les deux puînés l'autre. Si les puînés ne sont pas contens de la tierce-partie qu'il leur a assignée par le partage, l'article 273 porte qu'ils sont tenus de faire deux portions des deux tiers retenus par l'aîné, hormis le droit d'aînesse, desquelles portions l'aîné en prendra une avec la tierce partie qu'il avoit présentée aux puînés. Cette division que les puînés font des deux tiers que l'aîné avoit retenus pour lui, est ce que l'on appelle *faire la refente* du partage. Le terme de *fente* en Anjou & Touraine signifie *partage*, & *refente* signifie *subdivision d'un lot en deux.* (*A*)

RÉFÉRÉ, s. m. (*terme de Pratique.*) tiré du latin *referre*, qui signifie *rapporter*; on appelle *référé* le rapport qui est fait au juge, en son hôtel, de certaines difficultés qui surviennent dans le cours des actes de justice, comme dans les appositions de scellé, confection d'inventaire, procès-verbaux de saisie, & exécution; l'officier qui est arrêté par quelque opposition ou autre difficulté sur laquelle il ne se croit pas autorisé à passer outre, ordonne qu'il en sera *référé*, & en conséquence on assigne les parties à comparoir à bref délai en l'hôtel du juge, lequel rend son ordonnance sur la difficulté qui a donné lieu au *référé*. (*A*)

RÉFÉRENDAIRE, s. m. est le nom qu'on donne à certains officiers de chancellerie, lesquels font le rapport des lettres qui sont de leur ministère. Dans la chancellerie de Rome il y a des *référendaires* qui ont part à l'expédition des lettres pour les bénéfices.

En France, sous la première race de nos rois, on donnoit quelquefois le titre de *référendaire* à celui qui étoit dépositaire du sceau du roi, dont il scelloit les lettres.

On a depuis donné le nom de *référendaires* à des officiers des petites chancelleries qui font le rapport des lettres de justice.

Anciennement c'étoit douze anciens avocats qui exerçoient les fonctions de *référendaires* en vertu d'un brevet qui leur étoit donné à cet effet.

Mais François I, par édit du mois de février 1522, les créa en titre d'office, & leur donna la qualité de *conseillers rapporteurs & référendaires*; il y en a douze en la chancellerie du palais.

Les *référendaires* jouissent du droit de *committimus* & des mêmes privilèges que les autres officiers des chancelleries.

On nomme, parmi les procureurs, *tiers-référendaires*, celui qui est appellé en tiers pour la taxe des dépens. (*A*)

REFIÉ, *ou* REREFIÉ, (*Droit féodal.*) on a ainsi nommé autrefois un arrière-fief. *Voyez* le *Glossarium novum* de dom Carpentier, au *mot Refeudum*. (*G. D. C.*)

REFONDER *ou* REFONDRE, v. a. du latin *refundere*, qui signifie verser, se dit, en terme de pratique, de l'action de rembourser les dépens. Celui qui, appellé en justice, ne comparoît pas, & laisse prendre défaut contre lui, ne peut être reçu opposant au jugement par défaut, qu'après avoir refondu les frais de contumace, c'est-à-dire, avoir payé au demandeur ce qu'il lui en a coûté pour obtenir & lever le défaut. *Voyez* CONTUMACE, DÉPENS, FRAIS.

REFORMARIER, (*Droit féodal.*) il paroît que ce mot se trouve dans l'ancienne coutume de Laon, suivant ce que dit Ragueau dans son indice. Mais il y a nécessairement erreur dans la citation de cet auteur. Sans doute cette coutume entendoit par *reformariage*, un formariage fait pour la seconde fois. *Voyez* FORMARIAGE. (*G. D. C.*)

RÉFORMATION, s. m. (*Eaux & Forêts.*) en général ce terme se dit de ce qui est ordonné pour prévenir quelques abus, ou pour les réprimer. Mais il est principalement usité en matière d'eaux & forêts, pour signifier la recherche & la punition des abus & malversations qui se commettent dans cette partie.

La *réformation* des eaux & forêts a deux objets: le premier est la punition des abus & malversations qui peuvent avoir été commis, soit par les officiers même, soit par des particuliers: le second consiste à gouverner & aménager les eaux & forêts du roi, même celles des communautés & des particuliers en plusieurs cas, & à rétablir l'ordre nécessaire pour la conservation des bois, ainsi que pour celle des rivières, gibier, poisson, & autres choses appartenantes à la matière des eaux & forêts.

Pour parvenir à remplir le premier de ces deux objets, les grands-maîtres & autres officiers des maîtrises doivent s'attacher à connoître exactement, soit par des procès-verbaux de mesurage, soit par des lettres-patentes, contrats d'acquisitions & autres titres, la juste étendue des terres & bois de leur ressort, pour se mettre en état de juger, dans leurs visites, s'il y a eu entreprise ou usurpation, afin de remédier au mal, soit par la punition des coupables, soit en rendant ou faisant rendre à ce sujet quelque ordonnance de réglement. Tel est l'objet des articles 4, 5, 6, 7, 8 & suivans du titre 3, ainsi que des articles 6 & 11 du titre 4, & de la plus grande partie des articles des autres titres de l'ordonnance de 1669, & notamment des titres 19, 20, 22, 24, 26, 27, 30 & 32.

Pour parvenir au rétablissement & à la conservation des eaux & forêts, qui fait le second objet de la *réformation*, il y a deux choses essentielles à considérer; la première est de régler les coupes de bois & le temps où elles doivent être faites à l'avenir, eu égard à la qualité & étendue de la forêt, ainsi que le nombre des baliveaux & autres arbres qu'il convient de réserver; & aussi de réduire les droits des usagers à ce que les bois en peuvent comporter. La seconde est de visiter les rivières, afin de remédier aux entreprises qui pourroient être nuisibles à la navigation; de faire réparer les turcies & levées, & les chemins qui sont le long de ces rivières; & d'empêcher tout ce qui peut nuire à la pêche & tendre à la destruction du poisson, *&c.*; ce qui fait l'objet des articles 23 du titre 3, 6 du titre 4, & d'une grande partie des articles des titres 27, 28, 29, 31 & 32 de l'ordonnance.

Les *réformations* générales se font ordinairement par des commissaires du conseil.

Les grands-maîtres des eaux & forêts sont autorisés, par l'ordonnance de 1669, à faire dans leurs visites toutes sortes de *réformations*, & à connoître de tous les délits commis dans leur département, soit par les officiers, soit par d'autres personnes.

Ils doivent même, chaque année, faire la visite générale de deux maîtrises de leur département, pour s'informer de la conduite des officiers, arpenteurs, gardes, usagers, riverains, marchands ventiers; & préposés au soin des chemins, rivières, canaux & fossés publics: ils sont pareillement obligés d'examiner les registres des procureurs du roi, gardes-marteaux, arpenteurs, sergens à garde & greffiers, ainsi que les procès-verbaux, rapports, informations & autres, concernant les délits & contraventions, tant à l'égard des bois que des pêches & chasses, pour, sur le tout, pourvoir selon les circonstances.

Tous les actes faits par les grands-maîtres dans leurs *réformations*, doivent être délivrés par les greffiers commis dans chaque département pour être à leur suite.

Les officiers des tables de marbre ne peuvent entreprendre de *réformations*, qu'autant qu'ils en ont la commission du roi ou du grand-maître, à moins qu'il ne s'agisse d'un cas pressant, & que le grand-maître ne soit éloigné de plus de dix lieues du siège où le désordre a lieu : dans cette circonstance, les officiers des tables de marbre peuvent, après avoir pris l'attache du grand-maître, procéder à l'instruction & rendre les jugemens interlocutoires; mais le jugement définitif ne doit intervenir qu'en présence du grand-maître.

Ces dispositions de l'ordonnance ont été confirmées par plusieurs arrêts du conseil. Il y en a un, entre autres, du 3 juin 1633, qui a cassé un arrêt des juges en dernier ressort à la table de marbre de Paris, par lequel le lieutenant-particulier de ce siège avoit été commis pour faire une descente dans la forêt de Lière, & informer de prétendus délits, *&c.*; & il a été fait défense à ces juges de commettre pour aucune *réformation*, *&c.*

Par un autre arrêt du 4 novembre 1681, le conseil a cassé un arrêt des mêmes juges du 6 septembre précédent, portant commission pour faire informer devant le lieutenant-particulier, des malversations prétendues, commises par les bénéficiers de l'étendue du bailliage de Langres, dans leurs bois, *&c.* Et il a été fait défense à ces juges de donner de pareils arrêts à l'avenir, & de commettre pour aucune *réformation*, *&c.*

Par un autre arrêt du premier août 1682, le conseil a fait de pareilles défenses aux officiers de la table de marbre de Dijon, & a cassé un arrêt du parlement de Bourgogne, en ce qu'il ordonnoit que les officiers de la table de marbre pourroient, en fait de *réformation*, prendre l'attache du siège sous le nom du grand-maître du département.

Par un autre arrêt du 25 juillet 1752, le conseil a fait défense à la table de marbre de Metz, d'entreprendre ni ordonner aucune *réformation*, sous quelque prétexte que ce fût, sans commission du roi ou du grand-maître du département. *Voyez* GRAND-MAITRE.

RÉFORME, s. f. (*Droit canon.*) est le rétablissement de l'ancienne discipline dans un ordre religieux. Les nouvelles *réformes* dans les monastères sont assujetties aux mêmes formalités que les nouveaux établissemens, c'est-à-dire, qu'il faut également le consentement de l'évêque diocésain, celui des religieux des monastères que l'on veut réformer, & des lettres-patentes du roi enregistrées & exécutées par des commissaires nommés ou approuvés par la cour de parlement.

REFOUL. *Voyez* REFELLON.

REFUS DE PROVISIONS, (*Droit ecclésiast.*) lorsque l'évêque ou tout autre ordinaire, est collateur forcé, il ne peut refuser des provisions, sans donner ses motifs. S'il se contentoit de répondre vaguement, son *refus* seroit dans le cas d'être déclaré abusif par les cours souveraines, auxquelles on le dénonceroit par la voie de l'appel comme d'abus. Les principes sur les *refus de provisions* se trouveront à l'article VISA.

REFUS DE SACREMENS, (*Droit ecclésiast. & civ.*) pour traiter cet article comme il le mérite, il faudroit développer quelle est l'autorité du magistrat civil sur l'administration des sacremens. Pour ne pas morceler, s'il est permis de parler ainsi, une matière de cette importance, nous nous réservons à la discuter dans son ensemble au mot SACREMENS : nous espérons que nos lecteurs n'y perdront rien. *Voyez* SACREMENS.

RÉFUSION, s. f. *terme de Pratique*, qui se dit du paiement des frais de contumace, auquel le défaillant est obligé, lorsqu'il demande à être reçu opposant au jugement par défaut obtenu contre lui.

REFUTATA, plur. n. mot latin, dont on se sert dans les chancelleries, & que les référendaires mettent sur les lettres, lorsqu'elles sont rejettées, soit parce qu'elles sont mal dressées, soit parce qu'elles contiennent quelque chose de contraire aux ordonnances. (*D. J.*)

REGAIN, s. m. (*Code rural. Police.*) est la seconde herbe qui revient dans un pré, après que la première a été coupée.

Dans les pays où les possesseurs ont la disposition absolue de leurs domaines, des loix sur les *regains* seroient superflues; le bien de l'agriculture exige que l'industrie du propriétaire puisse user de la fécondité du sol, au gré de son industrie. Mais dans une partie de la France, les détenteurs des fonds n'ont qu'une propriété restreinte & subordonnée aux droits de la communauté des habitans du territoire, soit que telle ait été la condition expresse du partage primitif des patrimoines, soit que l'usage immémorial suffise pour suppléer cette convention qu'il fait présumer.

La légitimité de ce droit des communautés est consacrée par un grand nombre de nos coutumes, qui autorisent l'usage immémorial des habitans des communautés, de faire pâturer, après les récoltes, leurs troupeaux sur les héritages en friche ou destinés aux cultures, & sur les prairies, & qui ôtent aux propriétaires la liberté de faire du *regain* dans leurs prés.

En général, dans les coutumes qui admettent la vaine pâture des prés, la prohibition est absolue, les coutumes autorisant la vaine pâture aussitôt après la fenaison ou la première dépouille des prairies. Mais il en est plusieurs où cette prohibition reçoit des exceptions ou restrictions.

En premier lieu, celles d'Auxerre, *art.* 263;

de Melun, *art. 304;* de Sens, *art. 149;* de Dourdans, *art. 72*, & d'Orléans, *art. 147*, fixent les commencemens de la vaine pâture à la saint Remi, premier octobre. Dumoulin, dans son apostille sur l'article 122 de la coutume de Vitry, prétend que les prés ne sont ouverts à la vaine pâture qu'après la fenaison de la seconde herbe, c'est-à-dire, qu'après le *regain;* mais cette décision ne peut faire une règle générale, lorsque l'usage ou les expressions des coutumes sont contraires. De Laitre, sur la coutume de Chaumont, observe avec raison que cette apostille n'y doit pas être suivie : & la disposition de l'article 354 de la coutume de la Marche, doit être regardée au contraire comme un principe général : « toutefois, pour ce qu'en plusieurs lieux l'on a accoutumé faire paître les prés incontinent après que le foin en est hors, *l'on usera comme l'on est accoutumé* ».

En second lieu, quelques coutumes exceptent, dans certains cas, de la prohibition du *regain*, les domaines du seigneur, les héritages nobles. Par exemple, la coutume de Normandie, *art. 68*, & celle de Bretagne, *art. 395*, portent que le domaine du seigneur, où y a si grande étendue qu'autre n'a que quérir environ, combien qu'il soit déclos, est toujours défensable; & peut le seigneur, pour le bétail qui y seroit trouvé, demander l'assise, ou des dommages à son choix.

Le chapitre 4, article premier de la coutume de Montargis; l'article 144 de celle d'Orléans, veulent qu'en quelque temps que ce soit, on ne puisse mener pâturer des bêtes ès héritages tenus en fief, qui sont joignans au manoir tenu en fief, dont ils sont domaines; mais que s'ils sont séparés dudit manoir, ils suivent la nature des héritages roturiers, quant aux pâturages. Mais ces dispositions ne peuvent être étendues aux coutumes muettes. Et Fréminville rapporte plusieurs arrêts du parlement de Bourgogne, qui ont condamné les seigneurs à déboucher les prés de leur seigneurie, après la récolte de la première herbe, pour en laisser jouir les habitans.

En troisième lieu, dans la plus grande partie du royaume, l'usage de clorre les prés & prairies, procure aux propriétaires la liberté de faire du *regain*, que les anciennes loix sur la vaine pâture ne leur avoient pas donnée. Quelques coutumes portent, comme l'article 147 de celle d'Orléans, qu'au regard des prés qui sont clos à haies ou fossés, on n'y peut mener pâturer bestial en aucune saison, sans permission.

En vertu des édits donnés, depuis 1766, pour les trois évêchés, la Lorraine, la Franche-Comté, la Champagne, le Barrois mouvant, le Mâconnois, l'Auxerrois & le bailliage de Bar-sur-Seine, il est libre aux cultivateurs, soit propriétaires ou fermiers de ces provinces, de faire des *regains* dans leurs héritages, en les faisant clorre. *Voyez* CLÔTURE.

Dans les coutumes qui admettent la vaine pâture après la première faux, & qui n'ont point été abrogées, un propriétaire n'a pas la liberté de clorre son héritage pour y faire du *regain*, au préjudice de la vaine pâture, qui appartient à la communauté. L'article 3, chapitre 14 de la coutume de Nivernois, décide même que l'on ne peut *de nouveau* mettre pré en *revivre*, sinon que le seigneur fasse une maison audit pré, & qu'il y tienne feu & lieu continuellement; & que s'il se départ de ladite maison, ledit pré retournera en son même état.

Ainsi, un arrêt du parlement de Bourgogne du 7 décembre 1739, a ordonné que les habitans de Thil-la-Ville continueroient de faire paître leur gros bétail dans toute la prairie dudit lieu, depuis la première herbe levée jusqu'à la Notre-Dame de mars, à la charge néanmoins que ce seroit sous la garde d'un seul pâtre; & a fait défense au sieur Joly, qui avoit enclos un pré dans la prairie des habitans, de boucher ni tenir clos son pré après la première herbe levée.

Quelques années après, les habitans & communauté d'Aiguay-le-Duc, prétendirent que la seconde herbe des prés que la veuve de Jean Chauveau avoit mis en réserve, leur appartenoit. Sur cette contestation, sentence intervint en la justice des lieux, qui adjugea à la communauté cette seconde herbe ou *regain;* sur l'appel, sentence du bailliage au profit de la veuve Chauveau. La cause portée au parlement de Dijon; arrêt de cette cour, le 22 avril 1744, qui confirma la sentence du premier juge.

Saligny prétend, sur l'article 122 de la coutume de Vitry, que quand un pré a été tenu fermé & clos pendant trois ans, il est censé *de regain* pour toujours, & il cite un arrêt du 16 mars 1616; mais Fréminville observe très-judicieusement qu'un pareil arrêt n'a été rendu que sur des circonstances particulières qui n'ont point été rapportées : il n'est pas possible de penser qu'un particulier qui a un pré sujet à la commune, puisse, en trois ans de temps, prescrire un droit imprescriptible, dans un espace de temps aussi court; il faudroit au moins quarante ans, & peut-être contradiction.

En quatrième lieu, les loix favorables à la vaine pâture sont quelquefois suspendues par les arrêts des parlemens, qui permettent aux habitans des communautés de mettre en réserve une partie des prairies de leur ban, pour y faire du *regain*.

Plusieurs arrêts des parlemens de Bourgogne, de Franche-Comté & de Lorraine, ont fait de pareils réglemens.

La jurisprudence des cours n'est point uniforme sur le partage des *regains* qui proviennent de pareilles réserves.

En Lorraine, une ordonnance du premier juillet 1615, qui permettoit de mettre la totalité des prairies en réserve, vouloit que le *regain* en fût partagé entre les propriétaires des fonds & les corps de communautés. Des réglemens faits pour les années 1719, 1723, 1729, 1731, 1741, 1744 & 1766, ordonnent que l'amende de l'infraction du ban sera le double de celle des mesus ordinaires. Ces réglemens veulent que dans le partage des *regains*, le tiers soit donné par le sort au seigneur haut-justicier ayant troupeau de bêtes rouges à part, le surplus partagé, à proportion des bêtes rouges, entre les habitans; les seigneurs qui n'ont point de troupeau à part, ne jouissent que d'une double portion d'habitans par bêtes; leur tiers accroît aux habitans : ces réglemens défendent aux communautés & habitans de vendre les *regains* qui leur seront ainsi échus, & leur ordonnent de les faire consommer par leurs bestiaux.

En Bourgogne, les arrêts du parlement de Dijon, notamment celui du 16 juillet 1751, rendu sur la requête du syndic des états de la province, ordonnent que la seconde herbe mise en *regain* appartiendra aux communautés, & sera vendue à leur profit pardevant les juges locaux, au plus offrant & dernier enchérisseur; & les deniers déposés entre les mains, soit du greffier, soit d'une personne solvable qui doit être proposée par lesdits officiers, pour être la somme provenue de la vente, distribuée à chacun des habitans ayant du bétail, au sou la livre & à proportion de ce que chacun des habitans aura de têtes de gros bétail.

En Franche-Comté, l'arrêt du parlement de Besançon du 9 juin 1750, déclare que lesdits *regains* céderont au profit des propriétaires, s'il n'y a convention entre eux & leurs fermiers, & en ce qui concerne les communautés, si elles n'ont un droit acquis sur les prés des particuliers pour lesdits *regains*.

Ces réglemens font défense à toutes personnes de faucher les prés & landes, de même que les grains qui y croîtront, ni d'y envoyer leurs bestiaux pendant le temps fixé pour la réserve.

Il ne faut pas confondre, comme fait Fréminville, ces réserves générales, autorisées dans quelques circonstances par les arrêts des cours, pour la conservation du *regain*, avec les réserves particulières, qui sont connues en Lorraine sous le nom d'*embannie*.

L'embannie, bannie, ou bannon, est la réserve que les communautés font d'une partie de leur ban, après les fenaisons & récoltes, pour servir exclusivement à la nourriture des bêtes tirantes dans le temps des semails ou labours. Ces cantons, ainsi enlevés au vain pâturage, ne sont point destinés à faire du *regain*, mais à procurer une nourriture plus grasse & plus abondante aux animaux qui partagent les cultures de l'homme, dans un temps où, dans les cantons exposés à la vaine pâture, les herbages ont été consommés par la fréquentation des bestiaux. *Voyez* PARCOURS.

REGAIRE, (*Droit féodal.*) on appelle ainsi, dans la Bretagne, la seigneurie & la jurisdiction temporelle des évêques de Bretagne.

Sauvageau, dans ses annotations sur Dufail, *liv. 1, chap. 146*, observe, d'après d'autres auteurs, qu'Albert-le-Grand a voulu dériver ce mot de la langue bretonne, mais que cela n'est pas vraisemblable. Il ajoute « que la jurisdiction des » *regaires* des évêchez de Bretagne ressortit au » parlement, par privilège des rois, qui leur ont » donné le temporel, fief & jurisdiction, d'où » vient le mot de *regaire*..... ; que la coutume » locale de Therouenne use du mot de *régale*, » d'autant que l'évêque de Therouenne en est » seigneur temporel & y a toute justice, en amor» tissement royal ».

Du Cange pense que cette dénomination provient uniquement de ce que les sentences émanées des juges des évêques, ressortissoient nuement à la cour du *roi*, c'est-à-dire, au parlement (de Paris) dès le temps du duc Jean, dit *Mauclerc*.

Dom Carpentier dit, dans son *glossarium novum*, qu'on a aussi donné le nom de *regaire*, au droit de régale, que le roi a sur les évêchés; mais dans le texte qu'il cite, ce mot peut aussi-bien s'entendre des profits des *regaires* de Nantes, dont il paroît seulement que le roi jouissoit en vertu du droit de régale. Il y est dit : « tous les fruits, » rentes & revenus du *regaire* de Nantes d'une » année, commencée au premier jour de juillet » derain passé, tant en spiritualité que en tem» poralité.... ; à cause dudit *regaire* & de la levée » qu'il a faite des fruits & revenu dudit évesché » depuis ladite vacation ». (*G. D. C.*)

RÉGAL DE MARIAGE. *Voyez* MARIAGE, (*mets de*)

RÉGALE, s. f. (*Droit ecclésiast. & civil.*) en général signifie un droit qui appartient au roi.

On distingue deux sortes de *régales*; la spirituelle & la temporelle.

La *régale* spirituelle, qu'on appelle aussi simplement *régale par excellence*, est le droit qui appartient au roi, de conférer tous les bénéfices non cures, dépendans de l'évêché ou archevêché vacant, lorsque ces bénéfices se trouvent vacans ou qu'ils viennent à vaquer de fait ou de droit, pendant la vacance du siège épiscopal ou archiépiscopal.

La *régale* temporelle est le droit que le roi a de jouir de tous les fruits & revenus de l'évêché ou archevêché qui est vacant en *régale*.

Les auteurs sont partagés sur l'origine de ce droit. Quelques-uns le font remonter jusqu'à la loi divine, & tiennent qu'il dérive de cette noble prérogative qu'avoient les rois de Juda, d'être oints & sacrés, & en conséquence de faire les fonctions de grand-prêtre; & lorsqu'il étoit absent, d'établir des officiers & de donner les places & les dignités du temple, ainsi qu'il se voit dans le chap. 1 des paralipomènes, & dans le vingt-quatrième des rois; qu'à l'exemple des rois de Juda, nos rois sont oints & sacrés comme eux; qu'aussi ne les regarde-t-on pas comme des personnes profanes & purement laïques, mais comme personnes mixtes, c'est-à-dire, qui sont tout-à-la-fois ecclésiastiques & laïques; que c'est de-là qu'ils ont la faculté de tenir des prébendes, & qu'ils sont même premiers chanoines dans plusieurs églises de leur royaume; ce qui a fait dire à un célèbre avocat-général, que c'est la véritable source de la *régale* spirituelle; ainsi, son véritable fondement est, *sacra unctio concurrens cum fundatione & protectione.*

La *régale* est, en quelque chose, semblable au droit de patronage, en ce qu'elle attribue au roi le droit de nommer aux bénéfices vacans pendant l'ouverture de la *régale;* mais elle donne un droit bien plus étendu que le simple droit de patronage. Car le roi conférant un bénéfice vacant en *régale*, n'a pas seulement la nomination & présentation, mais la pleine & entière collation. On verra même dans la suite de cet article, qu'à certains égards, le pouvoir du roi dans la *régale*, est plus étendu que celui de l'ordinaire.

M. Bignon, avocat-général, réunit quatre sources d'où procède la *régale*, lesquelles, jointes ensemble, en forment les fondemens; savoir, la souveraineté du roi, sa qualité de fondateur des églises, sa qualité de seigneur féodal des biens qui en composent les revenus; enfin, sa qualité de gardien, avocat, & défenseur des droits & prérogatives des églises de ses états.

Probus, Buzée & quelques autres, tiennent que la *régale* vient du concile d'Orléans, tenu sous le roi Clovis I, à qui la nomination des évêchés fut donnée, comme une récompense de la victoire mémorable que ce roi avoit remportée contre Alaric, roi des Visigoths; que cette faculté fut donnée à l'empereur Charlemagne par le pape Adrien, pour avoir exterminé les Ariens.

D'autres prétendent que la *régale* n'a été établie que par le concordat fait entre Léon X & François I.

Mais d'autres encore, que le concordat n'a fait que renouveller un droit que les rois de France avoient possédé dès le commencement de la monarchie.

En effet, Grégoire de Tours, Aimoin, & nos anciens historiens, sont pleins d'exemples qui prouvent que nos rois de la première race disposoient des évêchés. Ils en parlent en ces termes: *talis episcopus ordinatus est jussu regis*, ou *assensu regis*, ou *decreto regis.*

Le même ordre s'observoit sous la seconde race; puisque Loup, abbé de Ferrières, rapporte que le roi Pepin obtint le consentement du pape Zacharie, pour nommer aux grandes dignités ecclésiastiques, ceux qu'il en jugeroit les plus capables pour le bien de son état.

Hincmar, archevêque de Reims, parle aussi de ces nominations.

On en trouve aussi la preuve dans le second concile d'Aix-la-Chapelle, sous Louis-le-Débonnaire.

Les successeurs de Hugues-Capet en usoient aussi de même.

Fulbert, évêque de Chartres, qui vivoit dans le onzième siècle, sous le roi Robert, témoigne la même chose dans ses épîtres.

Dans le douzième siècle, plusieurs papes disposèrent seuls des grands bénéfices.

Mais sous Philippe-Auguste, vers le commencement du treizième siècle, les élections furent en usage, de manière néanmoins que le roi les autorisoit.

Enfin, le concordat accorde au roi le droit de nomination aux bénéfices consistoriaux, quoiqu'on tienne que ce droit appartient au roi en vertu de sa souveraineté, parce que le choix des prélats est une chose importante pour le bien de l'état, & que le roi, comme on l'a déjà dit ci-devant, est le premier patron & le protecteur des églises de son royaume; & c'est de ce droit de nomination aux grands bénéfices, que dérive le droit de *régale.*

Mais il n'est pas facile de rapporter des preuves que la *régale*, telle qu'elle se pratique présentement, étoit déjà établie dès le commencement de la première race.

Ce que l'on trouve de plus certain sur ce point, c'est qu'il est fait mention de ce droit de *régale* dans le testament de Philippe-Auguste, en forme d'ordonnance, de l'an 1190; dans une bulle du pape Innocent III, de l'an 1210; en l'ordonnance du roi Philippe-le-Bel, de l'an 1302, *art. 3 & 4;* dans celle de Philippe de Valois, de l'an 1334; de Charles VII, de l'an 1453, *art. 5 & 76;* de Louis XII, en 1499, *art. 11 & 12.*

Il y a ouverture à la *régale* par la vacance de l'évêché ou archevêché, savoir:

1°. Par mort.

2°. Par la promotion de l'évêque ou archevêque au cardinalat; ce qui vient de ce que le prélat promu à cette dignité étant attaché d'une manière plus particulière à l'église de Rome, attachement que l'on regardoit comme incompatible avec le service & la résidence que le prélat doit à son diocèse, on regardoit l'évêché comme vacant. La promotion au cardinalat, *sub expectatione tituli*, opère le même effet; mais la *régale* n'a lieu, par la promotion au cardinalat, en général, que du jour que l'évêque a accepté.

3°. La *régale* est ouverte par la démission simple entre les mains du roi, & par la résignation en faveur ou permutation, du jour que la résignation ou permutation est admise par le pape.

4°. Par la translation de l'évêque à un autre évêché, du jour du serment de fidélité, prêté pour l'église à laquelle l'évêque a été transféré.

5°. Il y auroit aussi ouverture à la *régale*, par la rebellion publique & notoire de l'évêque. Ce seroit une espèce de commise, semblable à celle qui a lieu contre le vassal, pour cause de félonie.

Un bénéfice est dit vaquer en *régale*, lorsqu'il se trouve vacant au moment que la *régale* s'ouvre dans un évêché, ou qu'il vient à vaquer depuis l'ouverture de la *régale.*

On

On distingue trois sortes de vacances par rapport à la *régale*, savoir, 1°. la vacance de droit, qui arrive quand le pourvu a pris possession en personne sur un titre nul & vicieux ; 2°. la vacance de fait, quand celui qui est pourvu par un titre canonique n'a pris possession que par procureur ; car, en matière de *régale*, la prise de possession faite par procureur, quoique fondé de procuration spéciale, n'empêche pas que le bénéfice ne soit réputé vacant, si ce n'est un bénéfice à charge d'ames ; 3°. la vacance de fait & de droit, quand un clerc possède un bénéfice sans titre canonique, & sans avoir pris possession en personne ; dans tous ces différens genres de vacances, le roi dispose des bénéfices qui vaquent en *régale*.

Le litige fait aussi vaquer en *régale* les bénéfices qui se trouvent contestés pendant qu'elle est ouverte ; mais il faut que l'affaire soit au moins problématique, & que l'un des contendans ne soit pas évidemment mal fondé.

Néanmoins, si l'un des contendans avoit seulement pour lui le bon droit, & que l'autre fût en possession actuelle, le bénéfice contesté entre eux, vaqueroit en *régale*, parce que pour empêcher la vacance en *régale*, il faut que le bénéfice soit rempli de fait & de droit par la même personne ; & dans ce cas, on réserveroit à celui qui auroit droit, son action en dommages & intérêts contre l'injuste possesseur.

Le seul litige injuste ne fait pas vaquer le bénéfice en *régale*, à moins que la possession de fait & de droit ne soit divisée entre les colitigans.

Pour faire vaquer un bénéfice en *régale* à cause du litige, une simple assignation ne suffit pas ; il faut, suivant la déclaration du roi du 1 février 1673, qu'il y ait contestation en cause, six mois avant le décès des évêques & archevêques. Cependant, s'il étoit certain que le litige fût sérieux & de bonne-foi, il feroit vaquer le bénéfice en *régale*, quoiqu'il n'y eût pas encore six mois depuis la contestation en cause.

La grand'chambre du parlement de Paris, est le seul tribunal qui ait droit de connoître de la *régale* dans toute l'étendue du royaume.

Quand le pourvu en *régale* trouve un autre en possession du bénéfice, il doit former verbalement sa demande en la grand'chambre, par le ministère de son avocat, & requérir permission de faire assigner tous les contendans.

On adjuge toujours l'état, c'est-à-dire, la provision, au régaliste, en attendant le jugement du fond.

En matière de *régale*, la cour connoît du pétitoire des bénéfices : c'est pourquoi elle ne se sert pas du terme de *maintenue ;* elle adjuge le bénéfice à celui qui y a droit.

Le régaliste ne peut pas, au préjudice du roi, se désister de son droit au profit d'un pourvu par le pape, ou par l'ordinaire : mais un régaliste peut céder son droit à un autre régaliste.

Entre plusieurs pourvus en *régale*, celui dont le brevet est le premier, est préféré, à moins que le second ne fût pourvu sur le véritable genre de vacance. Si les brevets se trouvent de même date, il faut s'adresser au roi, pour savoir quel est le pourvu qu'il veut préférer.

La *régale* a lieu en Bretagne dans les mois du pape, jusqu'à ce que l'évêque ait satisfait aux formalités nécessaires pour la clôture de la *régale*.

La *régale* est ouverte jusqu'à ce que le nouveau prélat ait fait au roi le serment de fidélité ; qu'il en ait fait enregistrer l'acte en la chambre des comptes de Paris, & les lettres-patentes de main-levée de la *régale ;* enfin, qu'il ait levé l'arrêt de la chambre des comptes, & qu'il l'ait fait signifier avec l'attache & le mandement des auditeurs, aux commissaires nommés pour la perception des fruits, aux substituts de M. le procureur-général, & aux officiers, à la requête desquels la saisie des fruits a dû être faite, quand même il n'y auroit pas eu de saisie du temporel, ni d'économe constitué.

Lorsque le roi veut bien recevoir le serment de fidélité d'un nouvel évêque, par procureur, & lui accorder la délivrance des fruits, la *régale* n'est pas close pour la collation des bénéfices, à moins que la dispense accordée par le roi, n'en contienne une clause formelle.

Le nouvel évêque qui a fait ses diligences pour prêter le serment de fidélité, & qui ne peut le prêter à cause de la guerre, ne doit plus être privé de ses droits pour la *régale ;* il doit avoir main-levée de son temporel, & pourvoir aux bénéfices dépendans de son évêché, à l'exclusion des régalistes.

Dans la collation en *régale*, le roi exerce le droit des évêques de la même manière dont ils ont coutume d'en user avec leurs chapitres. Son pouvoir est même plus étendu que celui de l'ordinaire, car il use du droit épiscopal tel qu'il étoit anciennement lorsque les évêques avoient le pouvoir de conférer pleinement & librement, toutes sortes de bénéfices : il peut d'ailleurs admettre les résignations en faveur, & n'est point sujet à la prévention du pape.

La dévolution n'a pas lieu non plus au préjudice du roi, quoique l'évêque dont l'évêché est ouvert en *régale* eût perdu son droit, & qu'il fût dévolu au métropolitain.

Quelques églises ont prétendu être exemptes de la *régale*, & Henri IV déclara lui-même, par l'édit de 1606, qu'il n'entendoit pas qu'elle fût étendue aux églises exemptes.

Mais nonobstant cette déclaration, il intervint arrêt le 24 avril 1608, sur les conclusions de M. l'avocat-général Servin, qui déclara que la *régale* avoit lieu dans l'église de Bellay, comme dans tous les autres évêchés & archevêchés du royaume.

En conséquence, le roi usa de la *régale* dans

les églises du Dauphiné, de la Provence & du Languedoc, qui jusqu'alors avoient passé pour exemptes.

La Sainte-Chapelle de Paris, à laquelle la *régale* temporelle avoit été cédée, fit saisir les revenus des évêchés vacans dans ces provinces. Elle jouissoit ainsi de la *régale* en vertu d'une concession de 1542, qui fut d'abord à temps, & puis continuée par les rois successeurs pendant leur vie. Enfin, par un édit de 1641, elle lui fut ôtée, & le roi lui donna, comme une espèce d'indemnité, la mense abbatiale de Saint-Nicaise de Reims.

Le clergé s'étant plaint de ce qu'on avoit étendu la *régale* dans des églises où le roi n'en avoit point usé par le passé, Henri IV, par des lettres-patentes du 26 novembre 1609, évoqua au conseil tous les procès pendans au parlement, sous prétexte de provisions accordées en *régale*, au préjudice de l'édit de 1606.

Il y eut, en 1615, 1624 & 1636, divers contrats entre Louis XIII & le clergé, par lesquels le roi promit de ne rien innover aux droits de l'église.

Cependant, comme il y eut encore des provisions en *régale*, & des saisies de la part de la Sainte-Chapelle, le clergé renouvella ses plaintes : ce qui donna lieu à un arrêt interlocutoire, portant que les évêques du Dauphiné, de la Provence & du Languedoc, enverroient au greffe du conseil, les titres en vertu desquels ils se prétendoient exempts de la *régale*.

Enfin, le 10 février 1673, intervint une déclaration, par laquelle le roi déclara que la *régale* lui appartenoit dans tous les évêchés de son royaume, à l'exception seulement de ceux qui en seroient exempts à titre onéreux.

Il y a eu depuis, plusieurs arrêts conformes à cette déclaration, & notamment un du 20 mars 1727, pour l'église d'Arras.

Les églises de Lyon & d'Autun sont exempets de la *régale*, parce que pendant la vacance d'une de ces deux églises, c'est l'évêque de l'autre qui a l'administration de l'église vacante, mais l'archevêque de Lyon ne jouit pas du temporel d'Autun.

Le roi confère en *régale* tous les bénéfices qui auroient été à la disposition de l'évêque, si le siège eût été rempli, à l'exception des cures, dont la disposition appartient au chapitre.

Si la cure est unie à un canonicat, ou autre bénéfice simple, le roi la confère aussi en *régale* ; il en seroit autrement, si c'étoit le bénéfice simple qui fût uni à la cure, l'accessoire devant suivre le sort du principal.

Mais les prieurés-cures ne vaquent point en *régale*, excepté les prieurés-cures réguliers, où les religieux ont cessé de faire les fonctions curiales dont ils se sont déchargés sur les vicaires perpétuels.

Le roi confère pendant la *régale* les bénéfices qui sont en patronage, soit ecclésiastique ou laïque, mais seulement sur la présentation du patron ; & si celui-ci négligeoit de présenter dans le temps qui lui est accordé pour cet effet, le roi conféreroit librement : il y a encore cela de particulier pendant la *régale*, que le pape ne peut prévenir le patron ecclésiastique qui doit présenter au roi.

Dans les églises ou cathédrales, où le chapitre confère les dignités & les prébendes, le roi ne les confère pas en *régale* ; mais s'il y a collation alternative, le roi confère dans le tour de l'évêque ; & si la collation se fait conjointement par l'évêque & par le chapitre, le roi, pendant la *régale*, nomme un commissaire pour conférer avec le chapitre ; enfin, si le chapitre présente, & que l'évêque confère, la présentation du chapitre doit être faite au roi, lequel donne les provisions.

Lorsqu'une abbaye se trouve vacante tandis que la *régale* est ouverte, le roi confère en *régale* les bénéfices dépendans de cette abbaye, quand même ils vaqueroient en commende ; ensorte qu'il jouit indirectement de la *régale* sur les abbayes.

Les bénéfices nouvellement érigés sont sujets, comme les autres, à la *régale*.

Le roi peut aussi conférer en *régale* ceux qui ont été unis depuis cent ans, à moins que l'union n'ait été faite en vertu de lettres-patentes duement homologuées.

Il peut aussi conférer en *régale* à des séculiers, les bénéfices réguliers dépendans des abbayes vacantes, lorsque les bénéfices sont situés dans les diocèses où la *régale* est ouverte, & que les trois derniers titulaires ont été pourvus en commende.

Tant que la *régale* est ouverte, le pape ne peut admettre aucune résignation en faveur, démission pure & simple, ni permutation ; il ne peut pas même conférer les bénéfices vacans *in curiâ*.

La résignation d'un bénéfice ne peut être admise par le pape durant l'ouverture de la *régale* ; c'est un droit qui n'appartient qu'au roi seul.

La règle de chancellerie, *de verisimili notitiâ obitus*, n'a pas lieu pour les provisions en *régale*.

Les provisions en *régale* doivent être signées d'un secrétaire d'état, & sont sujettes à l'insinuation, ainsi que les prises de possession. (*A*)

Cet article de l'ancienne Encyclopédie est rédigé avec beaucoup de précision, & renferme, en abrégé, la majeure partie des principes admis parmi nous en matière de *régale*. Cependant, il laisse à desirer la connoissance de plusieurs loix, sur lesquelles ces principes sont fondés. Ce n'est peut-être pas un défaut dans le plan de l'ancienne Encyclopédie ; mais c'en seroit un dans celui de la nouvelle, qui doit faire connoître tout ce qui est essentiel à chaque matière qui y est traitée. Nous croyons devoir le faire ici avec d'autant plus de raison, que cela nous donnera lieu d'examiner quelques questions importantes qui ont été omises dans l'ancien article.

Les loix citées ci-dessus depuis Philippe-Auguste jusqu'à Louis XII, servent plutôt à établir l'existence & l'ancienneté du droit de *régale*, en général, que son exercice. Si on veut consulter ces titres respectables, & par leur origine, & par leur ancienneté, on en trouve la collection dans le tome 11 des mémoires du clergé.

L'article 11 de l'ordonnance donnée par Louis XII, à Blois, au mois de mars 1498, porte : « statuons » & ordonnons, qu'ès collations en *régale*, qui, » par nous, dorénavant seront faites, sera déclaré » le temps de l'ouverture d'icelle ; & si auparavant » trente ans l'ouverture avoit été, que l'on ne » dépêche lesdites collations & dons en *régale* ; & » si, par inadvertence ou autrement, lesdites collations avoient été dépêchées, que les juges à » icelles n'aient aucun égard, lesquelles audit cas » déclarons dès-à-présent nulles & de nul effet & » valeur ».

D'après cette ordonnance, on ne pouvoit opposer à l'exercice du droit de *régale*, d'autre prescription que celle de trente ans. Il en résultoit que des possesseurs paisibles & pourvus canoniquement, pouvoient être évincés après une possession de vingt ans & plus. Cela donnoit occasion à des recherches qui troubloient les titulaires des bénéfices & les exposoient à des procès dispendieux. C'étoit un inconvénient ; & il sembloit exiger de la sagesse de nos monarques, qu'ils voulussent bien eux-mêmes se soumettre à une prescription d'un moindre temps que celle de trente ans. C'est ce que fit Henri IV, par l'article 27 de l'édit du mois de décembre 1606. Cet article fait connoître les motifs qui déterminent le législateur : « étant » duement informés de plusieurs désordres avenus, » à cause qu'ès vacations en *régale*, le droit d'y » pourvoir qui nous appartient a été pratiqué par » nos prédécesseurs & par nous jusqu'à trente ans ; » & par ce moyen, les possesseurs qui en avoient » joui à autre titre pendant plusieurs années, en » étoient évincés par celui qui étoit pourvu de » nouveau en vertu de ladite *régale* ; voulant faire » cesser lequel abus & désordres, à la diminution » même de nos droits, ordonnons que les titulaires qui auront été pourvus canoniquement, » & joui paisiblement trois ans entiers & consécutifs desdits bénéfices, ne pourront après être » inquiétés sous prétexte desdites provisions en » *régale*, que déclarons en ce cas être de nul effet » & valeur ; n'entendons aussi jouir du droit de » *régale*, sinon en la même forme que nos prédécesseurs & nous avons fait, sans l'étendre » plus avant, au préjudice des églises exemptes ».

Cette disposition de l'ordonnance de 1606 a été renouvellée par l'article 16 de celle de 1629 : « nous entendons jouir du droit de *régale*, qui » nous appartient à cause de notre couronne, ainsi » que par le passé. Voulons néanmoins que celui qui » aura été pourvu d'un bénéfice, par le collateur » ordinaire, & joui d'icelui paisiblement l'espace » de trois ans, du jour de la prise de possession, » ne puisse être troublé ni inquiété en vertu de » notre collation ; le tout suivant l'édit sur ce » fait par notre très-honoré seigneur & père, en » l'an 1606, au mois de décembre ».

La possession paisible & triennale peut donc être opposée au régaliste par celui qui tient des provisions du collateur ordinaire. Mais cette prescription triennale n'opère rien en faveur de ceux qui ont été pourvus pendant que la *régale* étoit ouverte. La raison qu'on en apporte, est que les bénéfices vacans pendant ce temps, étant à la seule collation du roi, les provisions de tout autre collateur sont absolument nulles, & ne peuvent pas former un titre coloré, attendu qu'il ne peut y avoir de plus grand vice dans une provision, que d'émaner de quelqu'un qui n'a pas le droit de l'accorder. Nous avons rapporté au mot POSSESSION, plusieurs arrêts du parlement de Paris qui l'ont ainsi jugé. Il faut avouer que la jurisprudence a établi à cet égard une distinction que la loi n'a pas faite. L'ordonnance de 1606 dit : ordonnons *que les titulaires qui auront été pourvus canoniquement & joui paisiblement trois ans entiers & consécutifs, ne pourront après être inquiétés*. Elle ne distingue pas, si c'est pendant l'ouverture ou après la clôture de la *régale*, que les titulaires auront été pourvus. Il en est de même de celle de 1629 : *voulons que celui qui aura été pourvu d'un bénéfice par le collateur ordinaire & joui d'icelui paisiblement l'espace de trois ans, ne puisse être troublé ni inquiété*. C'est ainsi que dans ces sortes de matières, on risqueroit de s'égarer avec la loi, si l'on ne consultoit en même temps la jurisprudence des arrêts. Nous ajouterons que lors de l'enregistrement de l'ordonnance de 1606, le parlement de Paris ne mit d'autre modification à l'article 27, que celle-ci : *sera observé pour l'avenir, sans préjudice des procès intentés & droits acquis aux parties*.

La prescription contre l'exercice du droit de *régale* est donc fixée par les deux loix que nous venons de rapporter, & par l'interprétation que la jurisprudence des arrêts y a donnée. Mais ces deux articles ne décidoient pas une autre question importante, qui est de savoir si la *régale* doit s'étendre sur toutes les églises du royaume. Par l'ordonnance de 1606, le roi avoit déclaré qu'il n'entendoit jouir du droit de *régale*, sinon en la même forme que ses prédécesseurs & lui avoient fait, sans l'étendre plus avant, au préjudice des églises exemptes. Par celle de 1629, Louis XIII s'étoit contenté de dire : nous entendons jouir du droit de *régale*... ainsi que par le passé. Le clergé crut devoir faire des remontrances à ce sujet, & il demanda qu'on ajoutât à ces mots, *ainsi que par le passé*, ces autres mots : *& ès lieux où nous avons joui & où le droit est établi*. Le conseil rejetta cette addition. Mais ses motifs ne tranchoient pas la question. « On n'a rien ajouté à cet article, dit- » il dans sa réponse, d'autant que quand le roi » dit, ainsi que par le passé, il déclara ne vou- » loir jouir de la *régale*, ès lieux où il n'en a

» pas joui par le passé, joint aussi que l'article » renvoie à l'édit de 1606, où l'intention du clergé » est à plein déclarée ». Cette réponse sembloit entrer dans les vues du clergé, & supposer que la *régale* doit être considérée plutôt comme établie par l'usage, qu'un droit inhérent à la couronne de France.

Pendant que le conseil du roi tergiversoit ainsi avec le clergé, le parlement de Paris soutenoit, par ses arrêts, les vrais principes de la matière. Dès 1607, il déclara l'église d'Angoulême sujette à la *régale*, malgré la prétendue exemption accordée par Louis VII, & sa prétendue possession dans cette exemption. Après la prononciation de l'arrêt, M. le premier président de Harlai dit, en pleine audience, que personne ne devroit plus douter que la *régale* n'eût lieu par tout le royaume, dont toutefois sont exceptées les églises qui se sont exemptées de ce droit à titre onéreux, comme il y en a quelques-unes en ce royaume. M. le Bret, qui rapporte ces paroles de M. de Harlai, ajoute, & c'est la restriction que la cour a faite sur les déclarations que le clergé a depuis obtenues.

L'année suivante, & le 24 avril 1608, la cour déclara le roi avoir droit de *régale* en l'église de saint Jean de Bellay, comme en toute autre de son royaume.

Malgré ces arrêts, plusieurs évêques, & notamment ceux des provinces du Dauphiné, Provence, Languedoc & Guienne continuoient à se prétendre exempts de la *régale*. Mais le gouvernement ayant acquis sous Louis XIV, plus de fermeté que sous le règne de ses prédécesseurs, la déclaration du 8 février 1673, décida textuellement la question en faveur du roi : « nous avons » dit & déclaré, disons & déclarons le droit de » *régale* nous appartenir universellement dans tous » les archevêchés & évêchés de notre royaume, » terres & pays de notre obéissance, à la réserve » seulement de ceux qui en sont exempts à titre » onéreux ». Le clergé, après bien des débats, a obtempéré à cette déclaration, & l'étendue du droit de *régale* ne souffre plus de difficulté en France.

La déclaration de 1673 décida une seconde question par rapport à l'ouverture de la *régale*, opérée par le litige. On avoit établi en maxime, que tant qu'il y a procès présumé sérieux & avec fondement pour le titre d'un bénéfice sujet à la *régale*, s'il vient ouverture à la *régale* dans le diocèse, le roi y pourvoit par droit de *régale*. L'application de cette maxime ainsi énoncée par M. le Bret, souffroit des difficultés en ce qu'il falloit déterminer ce qui constituoit un litige sérieux & avec fondement. La déclaration de 1773 a voulu obvier à ces difficultés en disant : « & ne pourra » le litige donner à l'avenir aucune ouverture à » la *régale*, s'il n'est formé & s'il n'y a entre les » parties contestation en cause, six mois auparavant le décès des archevêques & évêques ».

Le rédacteur des mémoires du clergé, en rapprochant la maxime de M. le Bret, de la déclaration de 1673, dit : « depuis que M. le Bret a » écrit, le roi Louis XIV a donné une déclaration » au mois de février 1673, par laquelle il ordonne » que le litige ne pourra donner lieu à la *régale* » & contestation en cause six mois avant le décès » de l'archevêque ou évêque, par la mort duquel » la *régale* est ouverte. Ce réglement a été fait » pour obvier aux fraudes des plaideurs de béné» fices, lesquels voyant un évêque dangereusement » malade, intentoient des procès aux titulaires des » bénéfices qui vaqueroient en *régale*, s'il en arri» voit ouverture, le litige qui a commencé six » mois avant que la *régale* soit ouverte, est pré» sumé sérieux. S'il étoit évident d'ailleurs que » le litige est sérieux & de bonne-foi, il donne» roit ouverture à la *régale*, quoiqu'il n'eût pas » été intenté six mois avant le décès de l'évêque. » La question a été jugée au parlement de Paris, » depuis cette déclaration, pour un canonicat de » l'église de Bordeaux ».

A suivre la déclaration de 1673 à la lettre, il n'y a d'autre litige qui puisse donner ouverture à la *régale*, que celui qui est formé & suivi de contestation en cause, six mois avant le décès des archevêques ou évêques. La loi est très-claire, & cependant, selon l'auteur des mémoires du clergé, on juge, au parlement de Paris, que s'il est évident que le litige soit sérieux, il n'est pas nécessaire qu'il soit intenté à l'époque prescrite par la déclaration. Voilà donc encore les arrêts, pour ainsi dire, en opposition avec la loi. Mais, comme l'auteur cité n'appuie son opinion que sur un seul arrêt, nous ne croyons pas qu'il y ait une jurisprudence assez constante à ce sujet, pour déroger à la loi ; & nous pensons qu'on seroit fondé à soutenir, d'après la déclaration de 1673, que toutes les fois que le litige n'est pas intenté six mois avant le décès de l'évêque ou archevêque, il n'est pas réputé sérieux à l'effet de faire tomber le bénéfice en *régale*. Quant à ce qui constitue le litige, *voyez* POSSESSION.

La déclaration de 1673 contient une troisième disposition non moins importante que les deux précédentes : « voulons & nous plaît que les ar» chevêques & évêques soient tenus, dans deux » mois, du jour du serment de fidélité qu'ils nous » prêteront, d'obtenir nos lettres-patentes de main» levée, & de les faire enregistrer en notre chambre » des comptes de Paris, & que ceux qui nous ont » prêté ci-devant serment de fidélité, & n'ont pas » obtenu nos lettres de main-levée, soient tenus » de les obtenir & de les faire enregistrer dans » deux mois, en notredite chambre des comptes, » & faute d'y satisfaire dans ledit temps, & icelui » passé, les bénéfices sujets au droit de *régale* dé» pendans de leur collation à cause desdits arche» vêchés & évêchés, seront déclarés vacans & » impétrables en *régale* ».

Ces principes sur la clôture de la *régale*, érigés en loi par la déclaration de 1673, n'étoient pas nouveaux. Ils forment la quinzième maxime du chapitre 16 de la souveraineté du roi, par M. le Bret. En voici le développement. Quatre choses sont nécessaires pour la clôture de la *régale*.

1°. Il est nécessaire que le nouvel archevêque ou évêque ait, en personne, prêté serment de fidélité au roi.

2°. Après le serment de fidélité prêté, il doit obtenir des lettres-patentes contenant main-levée des fruits de l'évêché ou archevêché, dans lesquelles on insère la preuve de la prestation en personne du serment de fidélité.

3°. Il est nécessaire, suivant la déclaration de 1673, que les lettres-patentes soient enregistrées en la chambre des comptes de Paris.

4°. Il faut notifier au substitut de M. le procureur-général sur les lieux, la prestation de serment de fidélité, les lettres-patentes contenant main-levée des fruits, & l'arrêt d'enregistrement de ces lettres : cet officier a dû faire saisir au nom du roi, les fruits de l'archevêché ou évêché vacant. On fait aussi notifier ces lettres à l'économe qui a été commis pour la régie de ces fruits.

Cette quatrième condition pour la clôture de la *régale*, n'est point exigée par la déclaration de 1673. Elle n'en est cependant pas moins indispensable. Et les archevêques & évêques ne peuvent y faire trop attention.

La question vient d'être agitée au parlement de Paris, au sujet du prieuré de Munaux, dépendant de l'abbaye de Saint-Vannes, réuni à l'évêché de Verdun depuis 1572. Le sieur Fournier de la Burgere en avoit été pourvu en *régale*. Il avoit pour compétiteurs deux religieux bénédictins de la congrégation de Saint-Vannes, dom François & dom Pierron : le premier avoit obtenu des provisions en cour de Rome dès 1768, mais n'avoit pris possession qu'en 1783 ; le second avoit des provisions de M. l'évêque de Verdun de la fin de 1784.

Le sieur de la Burgere disoit : la *régale* a été ouverte en 1770 dans l'évêché de Verdun ; le prieuré de Munaux étoit alors vacant. Il est donc tombé en *régale*, & le roi a pu en disposer tant que la *régale* n'a pas été close. Or, elle ne l'étoit pas à l'époque du brevet en *régale*, antérieur d'ailleurs à la prise de possession de dom Perrier, & aux provisions de dom Pierron.

La preuve que la *régale* n'étoit point fermée à l'époque du brevet en *régale*, se tiroit de ce que M. l'évêque de Verdun n'avoit point fait signifier aux officiers royaux de Verdun, son serment de fidélité, ses lettres-patentes de main-levée & l'arrêt d'enregistrement de la chambre des comptes de Paris. Ce point de fait étoit prouvé par un certificat des officiers royaux de Verdun, qui attestoit qu'il ne leur avoit été rien signifié de la part de MM. les évêques de Verdun depuis 1770.

D'après cela, voici comme raisonnoit le sieur de la Burgere.

Un arrêt solemnel portant réglement, rendu le 15 mars 1677, a ordonné l'exécution de nos anciennes loix, & prescrit de nouveau la nécessité de la signification dont il s'agit. Cet arrêt porte, qu'il sera lu, publié & enregistré dans tous les bailliages & sénéchaussées du royaume.

Ce n'étoit pas une formalité nouvelle qu'introduisoit ce réglement. M. Talon, qui le fit rendre, démontra que tel avoit été, dans tous les temps, l'usage du royaume, fondé sur le texte précis de nos anciennes loix. En vain les adversaires de la *régale* observoient-ils alors, que cet usage n'avoit jamais eu lieu dans le diocèse de Toulouse, dans lequel étoient situés les bénéfices contentieux : l'ignorance ou le mépris des règles ne pouvoit pas altérer les droits du roi : les bénéfices n'en furent pas moins déclarés avoir vaqué en *régale*.

Qu'on ne dise pas que cette disposition fut la suite du défaut de prise de possession personnelle de la prélature par M. l'archevêque de Toulouse, rien ne seroit moins exact. « On a prétendu, dit » Rousseau de la Combe, *verbo Régale*, *sect. 8*, » en parlant de ce réglement, qu'il falloit que » l'archevêque ou évêque eût pris possession per- » sonnelle ; M. Talon semble être de ce sentiment. » Cependant, sa requisition ni le réglem[illegible] n'en » parlent point. En effet, la maxime que [illegible] » de possession par procureur ne suffit pas e[illegible]- » tière de *régale*, n'a d'application qu'aux pourvus » de bénéfices à la collation des archevêques & » évêques, & non aux archevêques & évêques ».

Les bénéfices qui donnoient lieu à la cause jugée en 1677, ne furent donc déclarés avoir vaqué en *régale*, que par la seule raison que le prélat n'avoit rien fait signifier aux officiers royaux, quoiqu'on prétendît que les archevêques de Toulouse étoient dans l'usage de ne faire faire aucune signification, & afin que personne ne pût, à l'avenir, alléguer de pareils usages contraires à nos loix, il fut enjoint aux substituts de M. le procureur-général, aussi-tôt la vacance des archevêchés & évêchés, d'en faire saisir les revenus, & il leur fut défendu de souffrir que les nouveaux pourvus se mettent en possession jusqu'à ce qu'il leur ait apparu des lettres de main-levée & du serment de fidélité, duement enregistrées en la chambre des comptes à Paris, suivant l'ordre & l'usage.

Il est vrai que le roi faisant ordinairement la remise des fruits, aux nouveaux pourvus, la formalité de la saisie de la part des substituts de M. le procureur-général, devient assez indifférente. Aussi n'est-elle pas toujours exactement pratiquée ; mais cela ne dispense pas les évêques de la nécessité de la signification pour clorre la *régale*. « Quoiqu'il n'y ait pas eu de saisie du temporel, » dit Rousseau de la Combe, *verbo Régale*, *sect. 8*, » ni d'économe pour la perception des fruits » de l'évêché, cette signification au substitut de

» M. le procureur-général, sur les lieux & aux » officiers, ne laisse pas d'être nécessaire pour » clorre la *régale ;* & en ce cas, elle n'est point » fermée par l'arrêt d'enregistrement sans signi- » fication. Arrêt du 11 mars 1691, *au journal des audiences ;* arrêt du 29 mars 1696, dans » Duperray, *Moyens canoniques*, *tome 4*, *chap. 22*, » *nomb. 4* ». On pourroit citer encore une foule d'autres autorités, mais elles seroient superflues.

Chercher à se faire un moyen, de ce que M. l'évêque de Verdun est possesseur paisible & public de son évêché depuis douze ans, sans avoir rempli cette formalité, c'est prétendre qu'on peut prescrire contre la loi, en ne l'exécutant pas pendant douze ans. On sait bien que quelques évêques négligent de clorre la *régale*, ou pour se mettre à couvert des expectatives des gradués & des indultaires, ou par d'autres raisons ; mais on n'en peut pas tirer la conséquence, qu'après douze ans le vœu de la loi est éludé & le droit du roi anéanti.

On n'opposera pas avec plus de succès l'usage prétendu des évêchés de Metz, Toul, Nanci & Saint-Dié. Les prélats de ces diocèses doivent se conformer à nos loix, comme tous les prélats du royaume ; & s'ils avoient négligé de le faire jusqu'à ce jour, ce seroit une raison de plus pour consacrer avec éclat les principes que l'on vient d'établir. On prétendoit aussi en 1677, que tous les évêques du Dauphiné, de la Guienne, du Languedoc & de la Provence, étoient en possession de ne faire aucune signification aux officiers royaux ; & l'on s'écrioit, comme on le fait dans cette cause : quelle immense quantité de bénéfices qui se trouvera avoir vaqué en *régale !* Mais toutes ces déclamations ne purent pas prévaloir sur la règle ; elles prévaudront encore moins aujourd'hui, qu'il n'est plus permis d'ignorer des vérités consignées dans tous les livres.

Sur ces moyens, qui furent développés par Me Treilhard, à l'audience, & dans un mémoire imprimé, intervint arrêt le 24 janvier 1785, qui déclara le prieuré de Munaux avoir vaqué en *régale*, & l'adjugea au sieur Fournier de la Burgere, régaliste.

Le clergé de France, obligé de se conformer à la déclaration de 1673, malgré les réclamations de quelques évêques soutenus par la cour de Rome, se restreignit à demander que le roi voulût bien lui-même fixer par une loi, la manière dont il entendoit exercer le droit & la possession en laquelle il étoit de succéder aux archevêques & évêques, pour la collation des bénéfices, autres que les cures, pendant la vacance des sièges.

Le clergé se plaignoit que le parlement de Paris entreprenoit sur la jurisdiction ecclésiastique, en autorisant les pourvus en *régale* de doyennés, archidiaconés, pénitenceries, théologales & autres bénéfices auxquels sont attachées des fonctions spirituelles, à ne prendre aucune institution canonique ni mission des prélats. Il se plaignoit encore de ce qu'on avoit donné trop d'étendue à l'usage du droit de *régale*, en le faisant porter sur des bénéfices qui n'étoient point à la disposition des archevêques & évêques, mais à celle des chapitres. C'est ce qui est exposé dans le rapport fait par l'archevêque de Reims à l'assemblée du clergé, le 11 décembre 1681, & d'après lequel il fut délibéré de demander au roi,

1°. Que nul ne seroit pourvu par sa majesté, en *régale*, des archidiaconés, pénitenceries, théologales & autres bénéfices dont les titulaires ont droit particuliérement, & en leur nom, d'exercer quelque jurisdiction spirituelle & ecclésiastique, s'il n'a l'âge, les degrés, ou autre capacité prescrite par les saints canons & les ordonnances.

2°. Que ceux qui seroient pourvus par sa majesté, de ces bénéfices, seroient tenus de se présenter aux vicaires-généraux établis par les chapitres, si les églises sont encore vacantes, ou aux prélats, s'il y en a de pourvus, pour obtenir d'eux l'approbation & mission canonique, avant d'en pouvoir faire aucune fonction ; sauf à sa majesté d'en choisir d'autres en cas d'incapacité canoniquement reconnue dans la personne des premiers pourvus.

3°. Que dans les églises cathédrales & collégiales, où les chapitres sont en possession de conférer toutes les dignités & toutes les prébendes, ils continueront de les conférer pendant la vacance des sièges.

4°. Que dans celles où il y a des prébendes affectées à la collation des évêques, & d'autres à la collation des chanoines ; dans celles où les évêques & les chanoines les confèrent à tour de semaine, de mois ou autrement ; dans celles où le tour est réglé par les vacances ; dans celles où les prébendes d'un côté du chœur sont affectées à la collation de l'évêque, & celles de l'autre côté à la collation des chanoines ; l'alternative, les tours & l'affectation seront gardés & entretenus durant l'ouverture de la *régale*, tout ainsi qu'ils le sont pendant que le siège est rempli.

5°. Que pour les églises où la collation des prébendes appartient à l'évêque & au chapitre conjointement, ou dans lesquelles l'évêque a droit d'entrée & voix au chapitre, pour présenter, comme chanoine, & conférer ensuite en qualité d'évêque sur la présentation du chapitre, il sera député par sa majesté, un commissaire qui assistera en son nom à l'assemblée du chapitre, pour conférer avec ledit chapitre, si la collation en appartient à l'évêque & au chapitre par indivis ; ou pour présenter avec le chapitre, si l'évêque, comme chanoine, y a voix pour faire la présentation, & qu'en ce cas la présentation sera adressée au roi, pour la provision être expédiée au nom de sa majesté, en la même forme qu'elle l'est par l'évêque seul : le tout ensorte que le roi n'exerce pendant la vacance des églises cathédrales & métropolitaines de son royaume, les droits de leurs prélats, qu'ainsi & en la même forme qu'ils ont accoutumé d'en user à l'égard des chapitres.

Louis XIV, avant de rien décider sur ces demandes du clergé, crut devoir consulter son procureur-général & ses deux avocats-généraux au parlement de Paris, qui donnèrent leurs avis séparément & par écrit.

M. de Lamoignon, alors premier avocat-général, après avoir observé que les demandes du clergé sont tout-à-fait contraires aux usages jusqu'alors reçus, & aux arrêts du parlement, continue en disant : « quoique les raisons soient très-» puissantes pour ne point accorder au clergé ce » qu'il demande, & qu'il puisse être dans les siècles » à venir, d'une conséquence très-dangereuse; que » pendant que la cour de Rome veut contester au » roi un droit dont il est en possession, des députés du » clergé de France disputent sur le droit & l'agitent » comme une chose douteuse; néanmoins la mo-» dération du roi est si grande, & sa piété connue » envers l'église par tant d'expériences, que nous » devons croire, que puisqu'il nous fait l'honneur » de nous demander notre sentiment sur le mé-» moire que le clergé lui a présenté, si sa ma-» jesté veut bien remettre, à la prière des prélats » de son royaume, quelque chose des droits dont » elle jouit maintenant, elle peut le faire, pourvu » que le relâchement ne diminue rien de sa gloire, » ni des droits fondamentaux de son royaume ».

Examinant ensuite les différentes demandes du clergé, M. de Lamoignon ne voit aucune raison bien décisive pour ne pas les lui accorder. Au sujet des institutions canoniques pour certains bénéfices, il observe : « quoique nos rois ne doivent » point être considérés comme des simples laïques, » puisque, par l'onction qu'ils reçoivent dans leur » sacre, ils sont élevés à un degré bien plus ex-» cellent, & que l'on puisse leur appliquer, plus » légitimement qu'aux empereurs Romains, les » titres glorieux que les conciles généraux leur » donnoient autrefois; nous aurions peine à sou-» tenir qu'ils puissent donner à un pénitencier, » le pouvoir d'absoudre, à un théologal, celui de » prêcher & d'annoncer l'évangile, non plus qu'à » un archidiacre celui de suspendre & d'excom-» munier, si l'on n'avoit jugé avant nous cette » question ».

Passant ensuite à la proposition de laisser jouir les chapitres de leur droit de collation, soit entière, soit alternative ou par tour, pendant l'ouverture de la *régale*, comme pendant le temps que le siège est rempli, il s'explique de cette manière : « On peut dire aussi que l'usage dans lequel on » est maintenant, que le roi succédant à l'évêque, » ne soit pas obligé d'exercer son droit ainsi que » l'évêque l'auroit fait, paroît contraire à l'usage » ancien, puisque le roi n'a de droit que celui de » l'évêque, que l'usage est son titre, & qu'ainsi » il doit suivre celui qui est établi, lorsqu'il n'est » point contraire aux bonnes mœurs ni à la dis-» cipline de l'église. Il est même très-certain que » nous ne voyons pas d'anciens arrêts qui aient » jugé comme on juge aujourd'hui, & que ce » n'est que depuis l'année 1608; que le même » arrêt qui décide que la *régale* avoit lieu par » tout le royaume, prononce que le bénéfice dont » il s'agissoit, qui étoit le doyenné de l'église » de Bellay, n'avoit point vaqué en *régale*, parce » qu'il étoit à la collation de l'évêque, conjoin-» tement avec le chapitre ».

M. de Lamoignon fait voir ensuite qu'il n'y a ni inconvénient, ni indécence, à ce que le roi n'exerce pendant la vacance des sièges, les droits des prélats, que de la même manière dont ils l'exercent avec leurs chapitres. Il ne pense pas que sa majesté perde rien de ses droits en consentant à ne donner aucune dispense pour lever les incapacités des personnes qu'elle pourvoira en *régale*. Il finit ainsi son avis :

« Si, dans la suite du temps, le clergé, abu-» sant de la grace que le roi lui feroit, vouloit, » au lieu d'une simple mission, donner des pro-» visions à ceux qui seroient pourvus par sa ma-» jesté, & qu'il se persuadât que, sous prétexte » de les examiner, il lui fût permis de les refuser » indifféremment & sans raison, ou qu'il voulût » contester quelque autre point de l'exercice du » droit de *régale*, ce que nous ne devons pas pré-» sumer qui puisse arriver; alors les officiers du » roi trouveroient les moyens convenables pour » remédier à ces inconvéniens, & remettre les » choses dans l'état qu'elles devroient être aux » termes des déclarations. C'est pourquoi nous » croyons que si le roi accorde les choses qui » sont contenues dans le mémoire du clergé qui » nous a été communiqué, il ne fera rien de » contraire aux droits de la couronne, & nous » sommes persuadés qu'il donnera à la postérité, » un exemple semblable à ceux que l'on ne trou-» vera que dans sa propre vie, que son pouvoir & » son autorité n'ayant point eu de bornes, sa mo-» dération & sa piété l'ont fait relâcher de plu-» sieurs droits que l'usage lui avoit acquis ».

L'avis de M. de Harlay, procureur-général, fut que les droits du roi ne seroient pas blessés, en ne faisant choix que d'ecclésiastiques qui auroient acquis auparavant toute la capacité nécessaire pour satisfaire aux obligations de leur ministère.

Il approuve très-fort la proposition d'obliger, par la suite, les pourvus en *régale* de certains bénéfices, à prendre la mission des prélats ou des chapitres pendant la vacance des sièges. « On ose même dire » que c'est un moyen pour décharger encore plus » la conscience de sa majesté, dans le choix qu'elle » a droit de faire de ces ministres de Dieu, sans » perdre aucune chose des prérogatives de sa cou-» ronne, pourvu que l'on y apporte deux pré-» cautions; l'une d'obliger les prélats en donnant » des *visa* sur les provisions du roi, à donner

» seulement la mission ou les autres facultés né» cessaires à ceux qui seront pourvus, sans con» férer le bénéfice, comme ils le font dans les » autres *visa*, afin que les provisions du roi ne » deviennent pas de simples présentations; la » seconde, à donner par écrit les causes du refus » qu'ils pourront faire, afin que ceux qui auront » été refusés, aient la liberté de se pourvoir » pardevant les supérieurs ecclésiastiques, ou par » appel comme d'abus, pardevant les officiers du » roi, suivant les ordonnances & l'usage observé » dans le royaume ».

Quant aux collations des chapitres, M. de Harlay ne pense pas qu'on doive faire, à cet égard, une loi générale. Les chapitres qui sont fondés dans ce droit, y seront maintenus par le parlement, comme l'ont été ceux de Châlons-sur-Marne, de Frejus & de Saintes. Le clergé doit se contenter de la justice que ces chapitres ont reçue, dans l'assurance que les chapitres qui auront les mêmes droits en recevront une semblable, sans demander une loi générale qui ne lui est pas nécessaire, & dont on pourroit tirer des conséquences préjudiciables aux droits du roi dans les autres cas.

Pour les collations partielles, alternatives, ou par tour, dont les chapitres sont en possession, comme beaucoup sont des usurpations sur les archevêques ou évêques, & que la plupart ne sont fondées que sur une possession sans titres; M. de Harlay pense qu'il est très-difficile de faire une déclaration sur ce sujet, qui établisse des règles générales touchant la qualité de ces titres & de ces possessions, sans blesser les droits du roi en quelques occasions.

M. l'avocat-général Talon fut plus décisif & plus tranchant. Il s'éleva avec force contre les demandes du clergé. Il commença par entrer dans des détails très-intéressans sur l'origine & l'étendue du droit de *régale*; il fit voir que, sans examiner si la *régale* vient, dans son principe, du droit de garde que les souverains exercent sur toutes les églises principales de leur domination; si elle appartient aux rois, comme fondateurs des églises cathédrales; si c'est un droit de patronage & de protection; ou si enfin elle dérive, en quelque sorte, des devoirs & des redevances féodales: l'on peut dire que la *régale* est quelque chose de plus grand, un droit plus auguste, une prérogative singulière de la monarchie françoise, qui comprend éminemment tous les titres différens de garde, de fondation & de protection, & dont le but principal est de soumettre & d'attacher les évêques au roi par le serment de fidélité; les autres effets de la *régale* n'étant que les accessoires de ce premier droit, il ne faut donc plus se persuader que la *régale* ait besoin de l'approbation des papes & des conciles, moins encore que ces droits aient été confirmés & limités à l'égard de nos rois par le concile de Lyon.

Après avoir développé ces grandes idées, il vient aux demandes & aux propositions du clergé; & continue ainsi: « la première réflexion que l'on » peut faire sur ces propositions, c'est que la *régale* » étant un droit sacré de la couronne, l'on ne » sauroit la conserver avec trop de soin dans toute » son étendue; & qu'il est d'autant plus dange» reux d'y donner atteinte, que si elle souffre » une fois la moindre brèche, il est à craindre » qu'on n'en tire des conséquences pour l'abolir » insensiblement. La grace que le feu roi fit aux » évêques en leur remettant libéralement les fruits » qui se perçoivent pendant la vacance du siège » épiscopal, a commencé à donner quelque at» teinte à la *régale*; & après en avoir rendu » l'effet inutile dans un article très-essentiel, l'on » veut aujourd'hui arracher au roi la meilleure » partie de ce qui lui reste du droit honorifique » de la *régale*, & cela pour des mêlanges & des » partages qui ne conviennent point à la majesté » royale. Les déclarations de 1673 & 1675, étoient » inutiles; elles n'attribuent au roi aucuns droits » nouveaux; elles contiennent beaucoup de dis» positions favorables aux évêques, & elles res» treignent la *régale*, au cas de litige, dans des » bornes très-étroites..... Il seroit à souhaiter » que les déclarations n'eussent jamais paru & » que l'on se fût contenté de renvoyer au parle» ment les causes de la *régale*, qui, par un abus » contraire à toutes les ordonnances anciennes & » modernes, avoient été introduites au conseil ».

M. Talon, entrant ensuite dans l'examen de chacune des demandes du clergé, prouve qu'il n'y a aucune raison pour les lui accorder. Il y propose des modifications dans le cas où le roi voudroit restreindre lui-même ses droits de *régale*, & il termine son avis en disant:

« Mais tout ce qui vient d'être dit, n'est pas » dans la pensée d'approuver les demandes du » clergé, & l'on ne sauroit trop répéter qu'on » les croit très-préjudiciables à l'autorité du roi » & aux droits de la couronne; & il n'en faut pas » d'autres preuves que ce que publient tous ceux » qui composent l'assemblée qui se tient à Paris: » que si l'on accorde le contenu en leur mémoire, » leur condition sera meilleure qu'elle n'étoit avant » la déclaration du roi de 1673; que la *régale*, » au lieu d'être étendue, se trouve renfermée dans » des bornes très-étroites, & que par-là, la puis» sance du roi, portée dans toute autre chose à » son dernier période, souffrira une notable di» minution; & l'on ne sauroit dissimuler que ce » n'est peut-être pas sans mystère que le mémoire » du clergé ne porte point d'approbation expresse » de la déclaration de 1673, en ce qu'ils se ré» servent à renouveller une autre fois cette ques» tion, en ce qu'ils veulent capituler avec le roi. » Est-ce sa justice ou sa grace, qu'ils implorent? » Sa justice, ils la recevroient dans son parlement » par le ministère de ses officiers; sa grace doit » avoir ses bornes, & il ne faut pas que, pour » enrichir

» enrichir l'église, il se dépouille d'une des » principales prérogatives attachées à son sceptre. » Si l'on s'étoit contenté d'insister que le roi » s'abstînt de pourvoir aux prébendes des chapitres » réguliers, tant qu'ils ne seront point sécularisés, » ou qu'il ne les confère qu'à des religieux, il » n'y auroit pas beaucoup d'inconvénient d'ex- » cepter de la *régale* des places monachales, & » d'abolir par-tout, même dans les provisions de » Rome, la liberté, pour ne pas dire la licence, » de donner les bénéfices qui sont en règle, à » un séculier qui promet de faire profession, ce » qu'on appelle la clause *pro cupiente profiteri*; enfin, » l'on ne sauroit mieux finir que par cette re- » marque, qu'il est de la grandeur du roi & de » cette profonde sagesse dont il donne tous les » jours des marques si certaines, de ne pas déférer » de telle sorte aux sollicitations & aux importu- » nités des évêques, qu'il renverse par une seule » déclaration, les maximes que son parlement a » établies depuis tant de siècles. Il peut vaincre » nos remontrances par la plénitude de sa puis- » sance; mais il écoutera, sans doute, la voix de » son parlement: quand tout le monde demeure- » roit dans le silence, les voûtes de la grand- » chambre parleroient contre un si grand change- » ment, & notre zèle n'ayant pour but que le » service du plus grand monarque de l'univers, » il est impossible que nos raisons ne soient tôt » ou tard écoutées; la chaleur qui anime les prélats » assemblés par ordre du roi, à défendre ce qu'ils » appellent *l'intérêt de l'église*, & à procurer des » avantages à leurs chapitres, mérite sans doute » des éloges; & si, d'un côté, on ne sauroit avoir » trop de respect pour leur caractère, ni trop » d'estime pour leur mérite, leur suffisance, & » pour leur piété, quelque déférence & quelque » soumission que l'on doive à leurs sentimens dans » les matières de la foi, comme la doctrine que » nos pères nous ont enseignée sur tout ce qui » regarde la *régale*, n'est ni schismatique, ni sus- » pecte d'hérésie, nous ne pouvons pas nous ré- » soudre à la retrancher par une lâche complai- » sance ».

Louis XIV ne fut point ébranlé par le dévelop- pement des grands principes que M. Talon lui avoit remis sous les yeux. Il donna la préférence au sentiment de M. de Harlay, & le 24 janvier 1682, il rendit une déclaration qui accordoit au clergé, à peu de chose près, tout ce qu'il demandoit.

Par une première disposition, le roi ordonne que « nul ne puisse être pourvu dans les églises » cathédrales & collégiales du royaume, des » doyennés & autres bénéfices ayant charge d'ames » qui pourront vaquer en *régale*, ni des archidia- » conés, pénitenceries & autres bénéfices, dont » les titulaires ont droit particuliérement, & en » leur nom, d'exercer quelque jurisdiction & fonc- » tion spirituelle & ecclésiastique, s'il n'a l'âge, » les degrés & autres capacités prescrites par les » canons & par nos ordonnances ».

Il est dit, par une seconde disposition: « vou- » lons que ceux qui seront pourvus par nous de » ces bénéfices se présentent aux vicaires-géné- » raux établis par les chapitres, si les églises sont » encore vacantes, & aux prélats, s'il y en a eu » de pourvus, pour en obtenir l'approbation & » mission canonique, avant que d'en pouvoir faire » aucune fonction. Ordonnons qu'en cas de refus, » lesdits vicaires-généraux ou prélats, en expli- » queront les causes par écrit pour être pourvu » par nous d'autres personnes, si nous le jugeons » à propos, ou pour se pourvoir par ceux qui » seront ainsi refusés pardevant les supérieurs ec- » clésiastiques, ou par les autres voies de droit » observées en notre royaume ».

Le roi explique ensuite sa volonté sur la ma- nière dont il entend exercer son droit de *régale*. « N'entendons conférer à cause de notre droit de » *régale*, aucuns des bénéfices qui peuvent y être » sujets par leur nature, si ce n'est ceux que les » archevêques & évêques sont en bonne & légi- » time possession de conférer ». C'est le principe que le clergé défendoit avec tant de vivacité, & auquel M. Talon s'opposoit avec tant de force. Voici l'application que le roi en fait:

« Voulons pour cet effet, que dans les églises » cathédrales & collégiales où les chapitres sont » en possession de conférer toutes les dignités & » prébendes, ils continuent de les conférer pen- » dant la vacance des sièges; que dans celles où » il y a des prébendes affectées à la collation de » l'évêque, & d'autres à celle des chanoines; » dans celles où l'évêque & les chanoines les » confèrent par tour de semaine, de mois ou autre » temps; dans celles où le tour est réglé par les » vacances; dans celles où les prébendes d'un » côté du chœur sont affectées à la collation de » l'évêque, & celles de l'autre côté à la colla- » tion des chanoines, l'alternative, les tours, & » l'affectation soient gardés & entretenus durant » l'ouverture de la *régale*, tout ainsi qu'ils le sont » pendant que le siège est rempli: & ce faisant, » qu'il n'y ait point d'autres bénéfices réservés » à notre provision, que ceux qui sont spéciale- » ment affectés à la collation de l'évêque, qui » vaqueront dans son tour, ou du côté que la » collation des prébendes lui est affectée; & pour » les églises où la collation des prébendes appar- » tient à l'évêque ou au chapitre conjointement, » où, dans lesquelles l'évêque a droit d'entrée » & de voix dans le chapitre, pour présenter, » comme chanoine, & conférer ensuite en qua- » lité d'évêque sur la présentation du chapitre, » il sera par nous député un commissaire qui as- » sistera en notre nom à l'assemblée du chapitre, » pour conférer avec le chapitre les prébendes, si » la provision en appartient à l'évêque & au cha- » pitre par indivis, ou pour présenter avec le

» chapitre, si l'évêque, comme chanoine, y a » voix pour faire la présentation; & en ce cas, » la présentation du chapitre nous sera adressée, » pour, la provision, en être expédiée en notre » nom, en la même forme qu'elle l'est par l'évêque » seul; notre intention n'étant d'exercer, pendant » la vacance des églises métropolitaines & cathé- » drales de notre royaume, les droits de leurs » prélats, qu'ainsi & en la même forme qu'ils ont » accoutumé d'en user à l'égard de leur chapitre».

M. Talon avoit observé que cette façon de s'énoncer & de restreindre les droits du roi, précisément à la manière dont les prélats exerçoient les leurs, pourroit faire tirer des conséquences très-dangereuses. Les évêques, avoit-il dit, ne confèrent les prébendes des églises cathédrales, que quand elles vaquent par mort, & non quand elles auront été résignées ou permutées, & ce n'est pas moins un privilège de la *régale* de n'admettre, ni alternative, ni partage, que d'exclure les résignations en faveur & les permutations qui se font à Rome ou en la vice-légation d'Avignon. De ces observations & de beaucoup d'autres, M. Talon avoit conclu que dans le cas où le roi accorderoit quelque grace au clergé, il falloit mettre dans la déclaration qui en seroit expédiée, les clauses nécessaires pour empêcher qu'on n'en tire de mauvaises conséquences, & que pour tout le reste le roi exerce la *régale* comme il a fait jusqu'à présent, & que le parlement continue d'être le juge de tous les différends qui naîtront sur cette matière.

Il semble que la déclaration de 1682 ait eu en vue ces observations de M. Talon, puisqu'elle finit par cette clause essentielle: « sans préjudice » au surplus de notre droit de *régale*, dont nous » entendons jouir en la même manière que les » rois nos prédécesseurs & nous, l'avons fait jus- » qu'à présent ».

Il paroît résulter de cette clause, que la déclaration faite par le roi, qu'il n'entend conférer à cause de son droit de *régale*, aucun des bénéfices qui y sont sujets par leur nature, si ce n'est ceux que les archevêques & évêques sont en bonne & légitime possession de conférer, ne doit s'appliquer qu'aux bénéfices à la collation ou présentation des chapitres, & qu'elle ne doit avoir aucune influence sur ceux qui sont en patronages laïques & ecclésiastiques, ou qui sont à l'entière disposition des collateurs inférieurs. Cette observation nous conduit naturellement à examiner les droits du roi pendant l'ouverture de la *régale*, sur ces sortes de bénéfices.

Quant aux bénéfices en patronages ecclésiastiques, M. le Bret a établi purement & simplement la maxime, le roi peut pourvoir en *régale*, *spreto patrono ecclesiastico*. M. Bignon, dans la cause jugée en 1638, développa la maxime, & y donna des modifications qui paroissent bien raisonnables. « Il » ne faut pas dire qu'en *régale*, le roi ne peut » pourvoir à un bénéfice qui est en patronage » ecclésiastique; il le peut *quovis modo*, ou *jure* » *ordinario*, comme l'évêque l'eût pu *non conquerente patrono*, ne présentant point dans les six » mois, *aut jure devoluto*, *scilicet tempore elapso*, » ou si le patron a mal présenté, & à celui au- » quel il ne devoit pas présenter, & qui n'avoit » pas le droit de pourvoir ». Il paroît, dit l'auteur des mémoires du clergé, qu'en 1638, la *régale* étant ouverte, les patrons ecclésiastiques pouvoient présenter au roi, & que le roi vouloit bien donner des provisions sur leur présentation. On a établi depuis que c'est un droit du roi pendant la *régale*, de conférer pleinement & librement, *spreto patrono ecclesiastico*, les bénéfices en patronage ecclésiastique: on a fondé ce droit sur ce que les patronages, au moins pour la plus grande partie, viennent des concessions des évêques, auxquelles le roi ne doit point avoir égard, parce qu'il ne succède pas aux droits des évêques en l'état où ils ont été réduits, mais à leurs droits dans toute l'étendue qu'ils avoient avant les concessions & traités par lesquels ils ont été aliénés. Le procès-verbal de l'assemblé générale du clergé de 1665, atteste que tel étoit l'usage de ce temps-là, & ajoute que c'étoit une extension que l'on avoit donnée à la *régale*. Il n'est point fait mention des patronages ecclésiastiques dans l'édit de 1682: c'est le fondement des cours séculières de prétendre que par cet édit le roi n'a rien changé à l'usage observé auparavant dans la disposition des bénéfices en patronage ecclésiastique qui sont à la collation de l'évêque. Il ne paroît pas que depuis cette ordonnance, on en ait fait une question, & qu'à cet égard la jurisprudence ait changé; nous n'avons point de loi, d'arrêt, ni de réglement qui l'ait ordonné. Telles sont les observations des mémoires du clergé sur cette question.

La jurisprudence que l'on suppose établie en faveur de la *régale*, contre les patrons ecclésiastiques, n'a, dit-on, d'autre fondement que la défaveur de cette espèce de patronage. On suppose qu'il n'est que l'effet des concessions des évêques qui se sont volontairement dépouillés d'une partie de leurs droits, sans pouvoir, en cela, nuire à ceux du roi. Nous osons dire que la supposition est souvent gratuite; il est une foule de bénéfices à patronage ecclésiastique, qui n'ont jamais été à la libre disposition des évêques; tels sont la plupart des prieurés dépendans des abbayes, qui n'étant dans leur origine, que des granges ou des fermes, ne sont devenus des bénéfices en titre que par la possession ou l'usage, & dont les abbés ou les religieux ont au moins conservé la présentation. Dans le temps où l'on donnoit le plus d'extension à la *régale*, le parlement a conservé à quelques chapitres, la collation des prébendes pendant la vacance de l'évêché, parce que ces chapitres avoient en leur faveur, ou des titres, ou une possession qui ne pouvoit être suspecte d'usurpation; pour quoi n'en seroit-il pas de même de beaucoup de patrons ecclésiastiques qui ont des droits à la présentation de certains bénéfices, aussi bien fondés que ceux des chapitres, à la collation de leurs prébendes ?

Il paroît que ces motifs de justice ont prévalu dans l'usage sur la jurisprudence qu'on a voulu établir depuis 1638. Il paroît que la volonté du roi est de rétablir les patrons ecclésiastiques dans l'exercice de leurs patronages pendant que la *régale* est ouverte, puisque sa majesté veut bien recevoir leurs présentations, & fait expédier en conséquence des brevets en *régale* à leurs présentés. Les mémoires du clergé rapportent des modèles de ces provisions.

La question n'a pas souffert tant de difficultés quant aux patrons laïques. On a toujours regardé leur droit de présentation, comme *jus patrimoniale quod facit partem dominii*, *non ex merâ gratiâ laicis concessum*, & comme *lex & conditio apposita à patrono in traditione rei suæ* : M. Briquet, avocat-général, résumoit ainsi les principes, lors d'une cause jugée en 1642 : « toute la question est de » savoir si, par l'ouverture de la *régale*, le roi » peut prévenir le patron laïque & pourvoir sans » sa présentation ; difficulté qui n'est pas considé- » rable, attendu que le roi n'a que le pouvoir » qu'auroit l'ordinaire auquel il succède ; de sorte » qu'il n'est pas vrai de dire absolument, que la pro- » vision du roi soit nulle absolument, mais bien que » *venit annullanda conquerente patrono laico*. Et bien » que le droit de *régale* soit auguste & éminent, il » n'ôte pas pourtant le droit qui appartient aux pa- » trons par le titre de la fondation des bénéfices ; » ainsi estime qu'il y a lieu de maintenir & garder » le défendeur en la possession de la chapelle con- » tentieuse ». La cour, sans s'arrêter à la demande en *régale*, a maintenu & gardé le défendeur au bénéfice dont est question & sans dépens.

Ainsi, en partant du principe de M. Briquet, les bénéfices à patronage, soit laïque, soit ecclésiastique, tombent en *régale*. Si le roi y pourvoit sans la présentation du patron, ses provisions ne sont pas nulles. Mais elles sont annullables, si le patron se plaint & confère en temps utile. Cette maxime paroît certaine pour les patrons laïques. Le parlement de Paris ne l'admettroit probablement pas pour les patrons ecclésiastiques. Il est donc de leur plus grand intérêt, de ne pas se laisser prévenir par le roi, & de se hâter de lui faire leur présentation, sur laquelle il ne refuse point de donner des provisions.

Mais les uns & les autres doivent présenter au roi ; le bénéfice une fois tombé en *régale*, ne peut plus être conféré que par sa majesté. Si le patron, quel qu'il fût, soit laïque, soit ecclésiastique, présentoit au chapitre ou même à l'évêque, sa présentation seroit radicalemeet nulle, ainsi que la collation qui en seroit la suite, & le roi conféreroit *jure devoluto*. Cela a été jugé plusieurs fois, & notamment au mois de février 1701, sur les conclusions de M. Joly de Fleury, avocat-général. Dans cette espèce, un bénéfice à patronage laïque avoit vaqué pendant que la *régale* étoit ouverte : le patron présenta à l'évêque, après la clôture de la *régale*, & l'évêque donna des provisions. Les six mois du patron ecclésiastique étant écoulés, un particulier obtint du roi des provisions en *régale*, soutenant que le patron étoit toujours tenu de présenter au roi ; que la provision donnée par l'évêque étoit nulle, & que le roi ayant été collateur, son droit de conférer ne passe point à l'évêque.

On ajouta que si le roi veut bien conserver au patron le droit de présenter, ce n'est pas pour anéantir son droit de collation en *régale*. Ce droit du roi ne fait point de préjudice au patron ; il doit lui être indifférent de présenter au roi ou à l'évêque ; sur ces fondemens, on a soutenu qu'il n'y avoit point de raison de transférer à l'évêque ce droit acquis au roi, non plus que les autres droits de la *régale*, & le parlement l'a ainsi jugé.

Plusieurs auteurs ont prétendu que le droit de *régale* devoit s'exercer, non-seulement sur les archevêchés & évêchés, mais encore sur les abbayes. Me François Pinson a fait un mémoire pour établir ce point de doctrine, & il a été inséré dans le nouveau commentaire des libertés de l'église gallicane de M. Durand de Maillane. Mais ce jurisconsulte n'a point fait changer l'usage, qui est que le roi ne confère point les bénéfices dépendans des abbayes pendant la vacance du siège abbatial. De tous les titres rapportés en faveur de l'opinion de Pinson, il n'en est pas un qui parle de la collation des bénéfices dépendans des abbayes. On y voit seulement que leurs revenus étoient mis en la garde du roi, pour être ensuite remis aux abbés successeurs. Ce droit de garde ne doit pas être confondu avec ce qu'on appelle aujourd'hui *régale*. Il faut encore observer que dans aucune des pièces rapportées pour établir la *régale* sur les abbayes, il n'est point fait mention de la disposition des bénéfices qui en dépendent.

Mais si le roi n'exerce point, quant à la disposition des bénéfices, directement la *régale* sur les abbayes, on ne lui conteste point le droit de l'exercer indirectement dans deux cas. Le premier, c'est lorsque l'abbé ou les religieux ont laissé écouler six mois sans présenter ou conférer. Alors, si la *régale* s'ouvre ou est ouverte, le roi confère par droit de dévolution, comme l'évêque auroit eu droit de le faire.

Le second cas où le roi exerce indirectement la *régale* sur les bénéfices dépendans des abbayes, a été réglé par la déclaration du 30 août 1735. Le législateur, après avoir décidé par les articles 1, 2 & 3, que les archevêques & évêques n'auroient droit de conférer pendant la vacance des abbayes, que les bénéfices qui sont à la collation de l'abbé seul, ajoute dans l'article 4 : « pendant

» la vacance des archevêchés & évêchés, les bénéfices dont la collation doit appartenir aux archevêques ou évêques, suivant ce qui est porté » par les articles premier & second des présentes, » tomberont en *régale*, & il y sera par nous pourvu » en la manière accoutumée ».

Suivant cet article de la déclaration de 1735, les bénéfices à la collation des abbayes, c'est-à-dire, des prieurs & religieux, ne peuvent point tomber en *régale* pendant les six premiers mois de la vacance, parce que, dans quelque hypothèse que ce soit, ils ne sont point, pendant les six mois, à la collation de l'évêque diocésain. Quant à ceux qui sont à la collation de l'abbé seul, il faut la réunion de deux circonstances, pour qu'ils tombent en *régale*: il faut que la vacance du siège abbatial concoure avec la vacance du siège épiscopal. C'est la disposition de l'article de la déclaration de 1735, rapporté ci-dessus. Le seul cas où ce concours de vacances ne soit pas nécessaire, est celui de la dévolution, comme nous venons de le dire.

Drapier, qui a écrit avant la déclaration de 1735, s'exprime ainsi dans ses décisions sur les matières bénéficiales, *tome 2*, *pag. 126* de l'édition de 1732 : « le roi confère les bénéfices dépendans » d'une abbaye pendant la vacance du siège abbatial, si l'abbaye se trouve vacante en même » temps que l'évêché. Arrêts du 14 juillet 1713, » du 29 avril 1716, & du 19 janvier 1725; d'où » il suit que le roi a une *régale* indirecte sur les » abbayes. En effet, comme nous venons de le » dire, si une abbaye vient à vaquer pendant que » le siège épiscopal est vacant, & qu'un prieuré » dépendant de cette abbaye vienne à vaquer, le » roi le confère, quand même il vaqueroit en » commende, ce que l'évêque n'auroit pu faire; » il auroit seulement pu le conférer en titre. » Mais si l'abbaye n'est pas vacante en même temps » que l'évêché, le roi ne confère pas les bénéfices dépendans de l'abbaye pendant la vacance » du siège abbatial ».

La déclaration de 1735 a consacré ces principes en les restreignant aux bénéfices qui sont à la collation de l'abbé seul : d'Héricourt, dans ses loix ecclésiastiques, *pag. 481* de l'édition de 1771, dit : « le » droit de *régale* reste, aux termes des édits & déclarations, renfermé dans les églises cathédrales, » sans que le roi prétende conférer les bénéfices » dépendans d'une abbaye, pendant la vacance du » siège abbatial, à moins que l'abbaye ne se trouve » vacante en même temps que l'évêché; car en ce » cas, le roi qui est à la place de l'évêque, peut, » en vertu du droit de *régale*, disposer des bénéfices non cures, de la même manière que » l'évêque pourroit en disposer si le siège épiscopal étoit rempli ».

Gohard, *tom. 2*, *p. 618*, décide de même que les bénéfices dépendans des abbayes ne sont sujets à la *régale* que quand l'abbaye vaque en même temps que l'évêché, dans le territoire duquel elle est située, parce que le roi tenant alors lieu de l'évêque, il fait ce qu'il auroit dû faire si le siège avoit été rempli. Cet auteur cite à l'appui de ses principes, deux arrêts de 1713 & 1715, & finit par dire qu'il ne reste plus de difficulté sur ce point depuis la déclaration du 30 août 1735.

Le droit de *régale* ne se borne point à la collation des bénéfices qui y sont sujets. Plusieurs jurisconsultes, d'accord avec les cours séculières, disent que pour le temporel, elle est proprement une main-mise féodale, en vertu de laquelle sa majesté jouit de l'évêché vacant, jusqu'à ce que le nouveau prélat lui ait fait la foi & hommage, & en ait fait les fruits siens.

Dans l'état actuel des choses, les fruits des évêchés qui viennent à vaquer, se partagent pour l'année dans laquelle ils vaquent, entre les héritiers du dernier titulaire & les collecteurs de la *régale* ou économes, *pro rata temporis*. On en délivre aux héritiers *pro eâ parte anni* que le dernier titulaire a desservi. *Voyez* FRUITS DES BÉNÉFICES. Mais il est assez rare que la succession des évêques, comme celle des autres titulaires des bénéfices consistoriaux, soit profitable à leurs héritiers. Nous sommes bien éloignés de dire par-là qu'ils meurent insolvables. Il suffit presque toujours des procédures & des frais des économats, pour absorber ce qu'ils laissent de plus liquide à leur décès. Il est bien à desirer que le gouvernement veuille s'occuper efficacement de cette partie essentielle de l'administration des biens de l'église. Il y a long-temps qu'on se plaint que les économats institués pour leur conservation, opèrent souvent un effet contraire à leur destination.

Il y a, pour la *régale*, des procédures particulières qui sont tracées par le titre 15 de l'ordonnance de 1667. (*M. l'abbé* BERTOLIO, *avocat au parlement.*)

RÉGALE, (*Droit féodal.*) ce mot signifie littéralement *royale*. Il désigne un droit dépendant de la souveraineté. C'est ce qu'on appelle aussi *droits régaliens*.

On peut néanmoins observer que plusieurs des droits auxquels on donne ce nom, dérivent plutôt de la constitution féodale que de la nature de la royauté. La plupart ont même effectivement été concédés à des seigneurs. C'est ce qui a fait introduire la distinction des grandes & des petites *régales*, *majora & minora regalia*.

Les premières sont tellement réputées un attribut de la souveraineté, qu'on les tient pour incommunicables. Tels sont les droits de faire des loix, de rendre ou faire rendre la justice en dernier ressort, de créer de nouveaux offices, de faire la guerre ou la paix, de traiter par des ambassadeurs, de donner des saufs-conduits & des lettres de marque ou représaille, de battre monnoie, d'établir des impôts, de donner des graces ou des lettres d'abolition pour crime, & généralement de dispenser de la rigueur des loix, de naturaliser des étrangers, d'annoblir, de légitimer les bâtards, de donner des lettres de grace, d'amortir des héritages tombés en main-morte, de fonder des corporations, d'ériger des foires & marchés.

Les petites *régales* sont communicables; tels sont les grands chemins, les bords de la mer, les grandes rivières, les péages, les droits de leyde, les salines, les trésors, les confiscations, le droit d'avoir château avec creneaux, forteresses, & divers autres attributs des jurisdictions, *&c.*

Mais ces distinctions ont varié, & varient encore, suivant les temps & les lieux, même dans les royaumes où l'autorité royale est la mieux affermie. Les grands vassaux de France jouissoient autrefois de toutes, ou presque toutes les *régales* majeures ou mineures.

Un des derniers exemples des concessions les plus étendues de cette sorte, est rapporté par Pasquier, dans ses recherches, *liv. 6, chap. 2.*

« Le duc de Berry, dit-il, fut lieutenant pour » le roi, dans les provinces de Berry, Auvergne, » Poitiers & Guienne, avec pouvoir d'instituer » & destituer tous officiers, de quelque qualité » qu'ils fussent, donner lettres de grace, de justice, d'état, de répi, sauve-garde, sauf-conduit » aux ennemis, lettres d'abolition, même pour » crime de lèse-majesté, créer des notaires royaux, » les destituer, amortir lettres des églises, conférer » les bénéfices étant à patronage royal, permettre » aux roturiers de posséder des fiefs, mettre oblats » & autres personnes aux abbayes, ordonner des » hôpitaux-maladreries, avec pouvoir tel que le » roi ». Mais on voit que cette concession n'étoit qu'à temps.

Les lettres d'établissement de plusieurs compagnies de commerce leur ont aussi attribué un grand nombre de ces droits de souveraineté dans nos colonies.

Plusieurs des seigneuries qui jouissoient d'une partie de ces *régales* dans ce siècle même, ont été acquises par le roi. Telle est la vicomté de Turenne, vendue au roi en 1738. Mais, indépendamment de la ville d'Avignon, du Comtat Venaissin & de la république de Mulhausen, qui font de véritables souverainetés enclavées dans le royaume, il reste encore de grandes seigneuries, sur-tout dans nos provinces les plus reculées, qui jouissent de plusieurs des *régales* majeures.

En Franche-Comté, il y a aussi des justices appartenantes aux ecclésiastiques qui ont la connoissance des cas royaux. On peut voir plus de détails à ce sujet dans Loiseau, Bodin, les autres publicistes, dans la jurisprudence de la Touloubre, *tome 1, tit. 1, 5 & suiv.*, & dans le chapitre 2 des observations de Dunod, sur la coutume de Bourgogne. (*G. D. C.*)

RÉGALE SEIGNEURIALE, (*Droit féodal.*) c'est un droit très-rigoureux & particulier à la coutume d'Artois, en vertu duquel le seigneur peut s'approprier les fruits des héritages situés dans sa mouvance, lorsqu'ils n'ont pas été relevés dans le temps prescrit.

Dans notre droit féodal, le seigneur conserve le domaine direct du fief, dont le vassal ou le censitaire n'a que le domaine utile. On tenoit autrefois assez généralement que l'acquéreur ou l'héritier ne pouvoit avoir de possession qu'après avoir été investi ou ensaisiné par le seigneur.

La maxime, *le mort saisit le vif*, a depuis généralement prévalu, même contre le seigneur. Elle ne souffre d'exception que dans les coutumes où les fiefs sont de danger, & dans celle d'Artois.

Suivant l'article 71 de cette dernière coutume, pour acquérir un droit réel dans les héritages, à quelque titre que ce soit, il faut en faire appréhension de fait. Si on les acquiert à titre de succession, il faut les relever des seigneurs dont ils sont mouvans. Si c'est à un autre titre, par exemple, à titre d'achat, d'échange, de don, *&c.* il faut, en évoquant ceux que cela regarde, les appréhender « par dessaisine & saisine faite devant » les hommes & en la cour du seigneur, dont » les héritages sont tenus, ou par mise de fait » par la justice du seigneur, ou autre souveraine » & compétente, tenue & décrétée de droit; » autrement, sans appréhension par relief, mise » de fait, ou par dessaisine & saisine, nul ne » peut valablement par succession ni autrement, » transmettre ni transporter héritage de son chef » en autre personne ».

On a parlé de la dessaisine-saisine & de la mise de fait dans des articles particuliers de ce dictionnaire. La nécessité de relever du seigneur les héritages auxquels on succède, est le fondement du droit de *régale*, qui est établi par l'article 20 de la coutume d'Artois. Il y est dit : « que si les » héritages ne sont relevez & droiturez en dedans » les jours pour ce introduits, à savoir le fief en » dedans 40 jours, & les cotteries & mains-fermes » en dedans sept jours, ils reviennent, *de plein droit*, » à la table du seigneur dont ils sont tenus, qui » a droit de régaler, prendre & appliquer à son » profit, les profits d'iceux ».

On pourroit conclure de ces mots *de plein droit*, que les fruits de l'héritage non relevé appartiennent tellement au seigneur, qu'il n'a pas même besoin de les faire recueillir à son profit, pour acquérir la propriété de ceux qui seront perçus avant le relief. Mais cette interprétation étoit trop rigoureuse pour être admise relativement à un droit aussi peu favorable.

On a même voulu soutenir que le seigneur ne pouvoit pas plus en Artois que dans le droit commun, appliquer les fruits à son profit, sans une saisie préalable. Il est certain que la coutume de Saint-Pol, locale d'Artois, le décide ainsi dans l'article 4 du titre 1, ainsi que celle de Senlis. *Voyez* la fin du présent article.

On voit dans Brunel, qu'on avoit voulu faire de cette coutume locale de Saint-Pol, le droit commun de la province, & que cet usage avoit même été confirmé par un jugement du conseil d'Artois, & attesté par des actes de notoriété. Mais il étoit trop manifestement contraire au texte de la coutume pour être soutenu, & Brunel nous apprend encore que la sentence du conseil d'Artois fut confirmée au parlement.

Indépendamment de ces mots *de plein droit*, dont se sert l'article 20, on peut fonder cette prérogative exorbitante sur l'article 23, qui n'impose au seigneur la nécessité de la saisie que dans le cas particulier où il a laissé l'héritier jouir par an & jour des héritages non relevés. Dans ce cas, « *pour duement procéder à la régale d'iceux*, il convient & est requis qu'il les saisisse préalablement, » & icelle saisine signifier à l'occupeur des héri- » tages ».

Quelle est donc la manière dont le seigneur doit s'y prendre pour user du droit de *régale* dans le cas ordinaire? Est-il nécessaire qu'il se fasse autoriser par la justice, ou du moins qu'il notifie ses intentions à celui qui occupe les lieux? ou suffit-il qu'il envoie des gens de sa part, pour faire la récolte, sans aucune espèce de formalités?

Toutes ces opinions ont eu leurs partisans. Mais il faut avouer que la dernière est la plus conforme au texte de la coutume, quoiqu'elle puisse entraîner de très-grands inconvéniens. La loi est mauvaise. Mais il faut la suivre, tant qu'elle ne sera pas changée.

Aussi le conseil d'Artois l'a-t-il jugé de cette manière, par une sentence rendue en forme d'arrêté, le 17 janvier 1710, les deux chambres assemblées, & sur l'appel qui en a été interjetté au parlement, elle y a été confirmée par arrêt du 6 avril 1716.

Cependant la sentence n'avoit pas passé tout d'une voix, & la question s'étant représentée au conseil d'Artois un an avant l'arrêt, il fut *jugé & résolu* le 22 mai 1715, dit Brunel, que pour parvenir au droit de *régale*, il faut que le seigneur fasse signifier sa volonté par quelque acte signifié à l'occupant ou à l'héritier du défunt.

Brunel propose une distinction. Il pense que la signification de la volonté du seigneur est nécessaire dans le cas où les héritages soumis à la *régale* sont affermés, mais non pas lorsque l'héritier les occupe par lui-même. Quelque équitable que puisse paroître cette distinction, elle peut souffrir des difficultés d'après le peu d'ambiguité du texte de la coutume; Brunel cite néanmoins un jugement du conseil d'Artois du 31 juillet 1595, qui l'a adoptée.

On allègue aussi pour cette opinion, un arrêt du 2 avril 1718, qui a décidé « que la *régale* n'at- » tribuoit pas au seigneur, les fruits échus avant » la notification de la *régale* au fermier, dont la » possession servoit au propriétaire ou héritier ».

Mais cet arrêt, qui est ainsi indiqué par Maillard, n'a probablement jugé rien autre chose, si ce n'est que le seigneur qui a laissé récolter les fruits par l'héritier ou par son fermier, ne peut pas les redemander en vertu du droit de *régale*. Tel pouvoit être l'esprit de l'article 23 de la coutume; & c'est d'ailleurs une suite de la maxime, *tant que le seigneur dort le vassal veille*. (Gosson, sur l'article 22, *n.* 5; Maillart, *art.* 20, *n.* 11).

Lorsque le temps fixé par la coutume pour le relief est expiré, si l'héritier se met en possession de l'héritage, le seigneur peut, avant la récolte, intenter complainte contre l'héritier. Maillart observe dans ses notes sur Gosson, *art.* 20, *n.* 11, qu'un arrêt du 21 août 1674 a déclaré la complainte valable en pareil cas, quoiqu'il ne s'agît que d'une rente foncière, parce que les rentes foncières sont de véritables immeubles coutumiers sujets au relief.

Un jugement du 25 avril 1706 a même jugé que les fruits étoient acquis au seigneur de plein droit pour toute l'année, après une déclaration extraordinaire, signifiée à l'occupeur de la part du seigneur, à la veille de la récolte, & que le vassal n'étoit pas recevable à purger sa demeure, en faisant des offres réelles, & même la consignation du droit de relief. Mais ce jugement, contraire au droit commun, a excité beaucoup de réclamations.

Gosson dit, en effet, sur l'article 20, *n.* 5, qu'on doit sous-entendre dans cet article, la clause suivante : *jusqu'à ce que l'héritier se représente pour faire le relief.*

Le même auteur enseigne que le délai pour relever ne court qu'à compter du jour où l'héritier a eu ou dû avoir connoissance du décès de son auteur, & qu'il ne court point contre celui qui est arrêté par quelque légitime empêchement. On peut argumenter pour cette opinion de l'article 161 de la coutume, qui dit que le délai de 40 jours pour renoncer à la communauté, ne court contre la femme qu'à compter du jour du décès ou de la *sceute*, c'est-à-dire, de la connoissance qu'elle a eue de la mort du mari.

Au reste, la nécessité où l'article 23 met le seigneur d'user de saisie féodale pour profiter du droit de *régale*, après l'an & jour, n'a lieu qu'autant que l'héritier a effectivement possédé pendant cet an & jour, soit par lui, soit par son fermier; si l'héritier n'a pas cette possession, le seigneur peut user de la *régale* après an & jour, comme auparavant, parce que c'est cette possession qui peut seule porter atteinte à la saisine légale que la coutume lui attribue.

La coutume n'accorde le droit de *régale* au seigneur que dans le cas où les héritages *ne sont relevés & droiturés en dedans les jours pour ce introduits*. Bauduin conclut de-là que ce droit qu'il appelle *une perception assez barbare & incivile*, doit être restreint au défaut de paiement des seuls droits de relief & devoir qui sont de la nature du fief, tels, que les reliefs ordinaires, tellement que s'il étoit dû au seigneur quelque autre chose, comme une rente annuelle, il n'y auroit pas lieu d'user de *régale* ou saisie à défaut de paiement, quand bien même cette rente auroit été établie par le contrat d'inféodation.

Au reste, le droit de *régale* n'étant introduit qu'au profit du seigneur, aucun autre ne peut s'en prévaloir, & l'héritier peut se dire saisi envers & contre tous de l'héritage qu'il n'a pas relevé.

Si la succession est abandonnée, le curateur nommé à la requête des créanciers peut & doit relever le fief & « faire, au lieu de l'héritier, tous devoirs » vers le seigneur; & si ledit curateur différoit » ce faire, ou qu'il ne fût encore créé, le créan- » cier du défunt, pour éviter la *régale*, pourra » faire lesdits devoirs vers ledit seigneur, & de » ce qu'il aura déboursé, il aura son recouvrier, » (c'est-à-dire, son recours ou la répétition) » préalablement sur les biens de la curatelle ». (*Art. 25.*)

On doit enfin ajouter que le droit de *régale* subsistoit aussi pour les fiefs, 40 jours après le décès du vassal, dans l'ancienne coutume de Valois, & que le seigneur y pouvoit même saisir le fief avec perte de fruits, incontinent après la mutation, toutes les fois qu'elle avoit lieu autrement que par mort, comme on le voit par le procès-verbal de la coutume actuelle, qui abolit ces droits rigoureux.

Encore aujourd'hui, le mot de *régaler* se trouve aussi employé dans les articles 159, 205, 245 & 253 de la coutume de Senlis, pour jouir, de la part du seigneur, du fief de son vassal, par faute d'homme, droits & devoirs non faits dans les 40 jours. Mais la coutume elle-même n'assure au seigneur ce droit de *régale*, qu'autant qu'il y a eu une saisie féodale, que le seigneur peut faire à toutes fins incontinent après le décès du vassal.

L'article 245 permet néanmoins au seigneur d'asseoir en sa main & régaler simplement les fiefs dans la prévôté de Compiegne, en cas de vente, 40 jours après la dessaisine, sans saisie préalable. (*M. Garran de Coulon, avocat au parlement.*)

RÉGALEMENT, s. m. *en terme de Pratique*, signifie ce que l'on fait pour égaler des personnes qui se trouvoient partagées inégalement. Ce *régalement* a lieu sur-tout dans les successions lorsque des enfans ont reçu des dots inégales, ou que les uns ont été dotés, & que les autres ne l'ont pas été. *Voyez* DOT, PARTAGE, SUCCESSION. (*A*)

RÉGALER. *Voyez* RÉGALE SEIGNEURIALE.

RÉGALES, au pluriel, ou *droits régaliens*, sont tous les droits qui appartiennent au roi à cause de sa souveraineté.

On distingue deux sortes de *régales*, les grandes & les petites.

Les grandes *régales*, *majora regalia*, sont celles qui appartiennent au roi, *jure singulari & proprio*, & qui sont incommunicables à autrui, attendu qu'elles ne peuvent être séparées du sceptre, étant des attributs de la souveraineté, comme de se qualifier par la puissance de Dieu, de faire des loix, de les interpréter ou changer, de connoître en dernier ressort des jugemens de tous magistrats, de créer des offices, faire la guerre & la paix, traiter par ambassadeurs, faire battre monnoie, en hausser ou baisser le titre ou la valeur, mettre des impositions sur les sujets, les ôter ou en exempter certaines personnes, donner des graces & abolitions pour crimes, accorder d'autres dispenses de la rigueur des loix, naturaliser les étrangers, faire des nobles, ériger des ordres de chevalier & autres titres d'honneur, légitimer les bâtards, donner des lettres d'état, amortir les héritages tombés en main-morte, fonder des universités, ériger des foires & marchés publics, instituer des postes & couriers publics, assembler les états-généraux ou provinciaux, *&c.*

Les petites *régales*, *minora regalia*, sont celles qui, n'étant point nécessairement inhérentes à la couronne, peuvent en être séparées, au moyen de quoi elles sont communicables & cessibles; telles sont les grands chemins, les grandes rivières, les péages & autres droits semblables. (*A*)

REGARD *ou* REGARS (*Droit féodal*) c'est une redevance annuelle, qui a été principalement connue dans la Normandie, & dont il est question dans les glossaires de du Cange & de dom Carpentier, aux mots *Regardum* & *Reguardium.*

Ces auteurs ne disent point quelle est la nature de cette redevance & l'origine de sa dénomination. Il paroît, en comparant les textes qu'ils citent, que c'est ce qu'on appelle aujourd'hui dans la même province des *faisances* & ailleurs des *menus suffrages*, c'est-à-dire, des redevances en volailles, ou menues denrées, dues outre le prix annuel du bail à fieffe, ou autre bail.

Un cartulaire de l'abbaye de la Sainte Trinité de Caen porte: *summa* regardorum *ccccclxxxiv*, *tam capones quam gallinæ.*

Un autre cartulaire du prieuré de Saint-Fromond porte également: *vendidi & concessi conventui S. Fromondi j boissel. Frumenti.... j gallinam ad natale domini & x ova ad pascha..... Ego verò prædictus Henricus & hæredes mei tenemur dictum boissellum frumenti cum regardis antè dictis præfatis religiosis annuatim reddere, garantizare* &c.

On lit plus bas dans le même cartulaire: *vendidi & dimisi...... conventui S. Fromondi iij. boiss. frum. capiendos ad festum S. Michaelis in septembri & ij. panes & ij. gallinas ad natale domini & xx ova ad pascha, quod frumentum &* regarda *debebat mihi annuatim, feodaliter & per homagium Gaufridus dictus Bailleul de quadam pecia terræ.*

Une autre chartre de l'an 1340 porte: « Item » jjc. de regars deus à Noël, tant en capons que » en gelines ».

Enfin on lit dans des lettres de grace de l'an 1409: « Une pièce de terre où est assis un quar-

» tonnier de froment, avec un denier pour *regard* à » Noël ».

Du Cange paroît croire que ce droit de *regard* étoit la même chose que celui de respect. Mais on verra, sous ce dernier mot, que le respect étoit ordinairement un droit personnel dû à l'église, quoiqu'on ait aussi quelquefois donné ce nom à un droit réel.

Il faut avouer néanmoins qu'une chartre de l'an 1238, tirée du polyptique de Fécamp, paroît attacher à ce mot un sens qui peut indiquer un droit approchant de celui de respect. Il y est dit : *unum par pannorum in dorso & regardium sufficiens, quotiens dictum Bernardum vel suos hæredes contigerit maritare.*

Au reste, on a appellé autrefois *regarder*, ou *regardeur* un officier de forêts, une espèce de garde verdier. (*G. D. C.*)

REGARDER. *Voyez* REGARD.

REGARDEUR. *Voyez* REGARD.

REGARS. *Voyez* REGARD.

RÉGENCE, s. f. RÉGENT, s. m. du mot latin *regere*, régir, gouverner. Ce mot a plusieurs acceptions.

On appelle *régent*, celui qui enseigne à lire, à écrire les langues & les sciences, dans une école publique, dans un collège ou université. *Voyez* les mots UNIVERSITÉ, FACULTÉ, ECOLE, PROFESSEUR, COLLÈGE.

On appelle à Rome, *régent de la chancellerie*, un prélat *de majori parco*, qui vient immédiatement après le vice-chancelier. C'est lui qui donne & qui signe les commissions pour les résignations, cessions & autres matières béneficiales qui doivent être distribuées à ceux du collège des prélats *de majori parco*. Sa marque se met à la marge du côté gauche de la signature, au-dessus de l'extension de la date, en cette manière, N. *Regens*. C'est lui qui corrige les erreurs qui peuvent être dans les bulles expédiées & plombées : pour marquer qu'elles ont été corrigées, il met de sa main en haut, au-dessus des lettres majuscules de la première ligne de la bulle réformée : *corrigatur in registro prout solet*, & signe son nom N. *regens*.

Si l'on veut avoir un plus grand détail des fonctions & des droits du *régent de la chancellerie romaine*, on le trouvera dans la soixante-neuvième règle de la chancellerie, intitulée *de potestate reverendissimi domini vice-cancellarii, & cancellariam regentis*, & dans la pratique béneficiale de Corrad, *de dispensat lib. 3. cap. 3. n. 14.*

La ville d'Amsterdam est gouvernée par une *régence*, qui consiste en un collège de trente-six sénateurs ou conseillers de la ville, un grand bailli, quatre bourg-mestres, & neuf échevins. C'est la seule des villes de Hollande dont le gouvernement municipal soit aristocratique.

Le corps germanique a eu pendant quelques années des *conseils de régence*, qu'on appelloit aussi *régimens*. On substitua ces régimens aux diètes.

La paix de Munster, conclue en 1648, a donné à la France une partie de l'Alsace ; & en 1697, le traité de Riswick lui a assuré la possession du reste de cette province.

Avant cette dernière époque, le prince-évêque de Strasbourg, souverain dans ses domaines d'Alsace, comme il l'est encore aujourd'hui dans ceux qu'il a au-delà du Rhin, s'est soumis volontairement à Louis XIV, pour les possessions qu'il avoit en deçà de ce fleuve. Cette soumission libre est rappellée dans les lettres-patentes de 1723 & de 1780, qui confirment le prince-évêque dans ses droits, privilèges & prérogatives.

Précédemment aux deux traités de paix qui viennent d'être cités, l'Alsace qui faisoit partie de l'empire d'Allemagne, étoit partagée entre plusieurs états indépendans les uns des autres, mais tous vassaux de l'empire, & dont celui du prince-évêque de Strasbourg étoit le plus considérable. Chacun de ces états avoit ses tribunaux pour rendre la justice dans son territoire d'Alsace. Ces tribunaux subsistent encore actuellement, & sont connus sous les dénominations de *régences*, magistrats, directoires, *&c.*

La *régence* de l'évêque de Strasbourg, autrement nommée *conseil de la régence*, a siégé de tout temps à Saverne, résidence des princes-évêques. Avant la soumission volontaire de ces princes, cette *régence* exerçoit souverainement sa jurisdiction civile & criminelle sur les sujets de l'évêché, comme elle l'exerce encore aujourd'hui sur la partie des domaines de l'évêché qui sont situés au-delà du Rhin, dans tous les cas déterminés par les constitutions de l'empire germanique pour les *régences* des princes ses membres.

Après la soumission des princes-évêques à la domination françoise, le dernier ressort de la *régence* de l'évêché avoit été fixé à 500 livres, & la provision à 1000 livres. Ce dernier ressort a été étendu jusqu'à 15000 liv., & la provision à 3000 livres, dans les matières civiles ; pour les rentes, à 60 liv. & à 180 livres, par provision pour les amendes au petit criminel, à 50 livres, & à 150 liv. par provision.

Quant au criminel, les seigneurs de cette *régence* sont sujets à l'appel au conseil souverain d'Alsace siégeant à Colmar.

Du reste, la *régence* de l'évêché a toujours été considérée comme un tribunal distingué dans l'ordre civil ; & sous ce rapport, quoique siège seigneurial, elle a toujours connu des matières qui sont réservées par-tout ailleurs aux juges royaux, telles que les affaires de dîmes & autres de cette nature. C'est aussi devant elle que l'on a toujours publié les substitutions, de quelque espèce qu'elles fussent.

Les archiducs d'Autriche de la branche d'Inspruck, qui possédoient des domaines considérables dans la Haute-Alsace, avoient leur *régence* à Ensinheim, petite ville située dans la partie supérieure

rieure de cette province. On l'appelloit la chambre d'Ensinheim. Le conseil souverain d'Alsace a succédé à ce tribunal, qui avoit cessé d'exister à l'époque où le traité de Munster fit passer ce domaine autrichien sous la domination françoise.

Le conseil d'Alsace est une cour souveraine qui réunit toutes les distinctions & toutes les prérogatives des cours de parlement. On ne peut se pourvoir contre ses arrêts que par la voie de la cassation ; mais il a été un temps où, simple cour supérieure, ses jugemens ressortissoient au parlement de Metz.

M. le landgrave de Hesse d'Armstadt, qui a succédé en Alsace à la maison éteinte des comtes de Hanau, a aussi une *régence*. Elle siége à Bouxviller ; mais comme tous ses membres sont luthériens, elle n'a pas de dernier ressort. Tous ses jugemens, de quelque nature qu'ils soient, ressortissent par appel au conseil souverain d'Alsace.

Elle ne connoît d'aucune matière criminelle, pas même en première instance. Les procès de cette espèce sont instruits par les baillis du landgrave, & portés directement d'eux au conseil souverain d'Alsace.

Au contraire, dans l'étendue du ressort de la *régence* de l'évêché, les affaires criminelles, instruites par ses baillis, passent par la *régence* avant de parvenir au conseil souverain.

Ces baillis sont des juges de première instance qui n'ont point de dernier ressort.

Il y a cependant des affaires qui, franchissant ce premier tribunal, sont directement portées à la *régence* ; telles sont les causes de certains corps, de certaines communautés, & de quelques personnes distinguées dans l'ordre civil, qui ont acquis par l'usage le droit de committimus à la *régence*.

M. le duc de Deux-Ponts a obtenu récemment des lettres-patentes, par lesquelles le roi lui permet d'établir une *régence* à Bischwiller ; mais elle doit être toute composée de membres catholiques ; & son dernier ressort ne sera que de 500 livres. D'ailleurs, elle jouira presque des mêmes prérogatives qui distinguent la *régence* de l'évêché. Mais il paroît que M. le duc de Deux-Ponts ne desiroit que la permission d'établir une *régence*, & que sa création n'est nullement prochaine.

On appelle à Rouen, *régence du palais*, la jurisdiction des clercs de procureur, connue à Paris sous le nom de *Bazoche*.

Quant à la *régence* du royaume, *voyez* le *Dictionnaire d'économie, politique & diplomatique*.

RÉGENS SEPTENAIRES. *Voyez* SEPTENAIRES.

RÉGICIDE, *voyez* LÈSE-MAJESTÉ.

RÉGIE, s. f. signifie en général, *administration*. On dit que les fermes sont en *régie*, lorsque le roi ou quelque autre seigneur fait lui-même exploiter ses biens par des préposés & receveurs, & non par des fermiers. On donne le nom de *régie* générale à l'une des trois compagnies établies par l'arrêt de réglement rendu au conseil, le 9 janvier 1780, pour faire la perception & le recouvrement des droits & revenus du roi. *Voyez* le *Dictionnaire des finances*.

REGISTRATA, s. m. est l'extrait de l'arrêt d'enregistrement que l'on met sur le repli des édits & autres lettres de chancellerie, quand elles ont été vérifiées & registrées. Cet extrait s'appelle *registrata*, parce qu'anciennement quand les actes se rédigeoient en latin, on mettoit *registrata, audito & requirente procuratore generali regis*, &c. Présentement on met, *registré en parlement, oui & ce requérant le procureur-général du roi*, &c. (*A*)

REGISTRATEUR, s. m. signifie celui qui tient un registre, c'est-à-dire qui y inscrit les actes. On donnoit anciennement ce titre à ceux qu'on appelle aujourd'hui *greffiers*. Voyez *le recueil des ordonnances de la troisième race, tome II*.

Il y a encore des *registrateurs* en la chancellerie romaine, lesquels sont au nombre de vingt ; leur fonction consiste à transcrire dans les cahiers qui leur sont donnés, les suppliques distribuées, au dos desquelles ils mettent, *libro..... tali, folio..... tali*.

Le *registrateur* secret de cette chancellerie est celui qui enregistre toutes les graces expédiées par voies secrettes. (*A*)

REGISTRATION. *Voyez* REGISTRE (*droit de*).

REGISTRE, s. m. est un livre public qui sert à garder des mémoires, des actes & minutes, pour y avoir recours dans l'occasion, pour servir de preuves dans des matières de fait.

Ménage fait venir ce mot de *regestum*, dont les Latins se sont servis dans la même signification ; *regestum*, dit-il, *quasi iterum gestum*. D'autres le font venir du vieux mot françois *gîter*, être au lit.

Une méthode qu'on observe en Ecosse, a servi à y rendre la discussion des procès tout-à-fait facile ; c'est d'y tenir un *registre* exact de toutes les ventes & acquisitions de terres que font les particuliers.

Il y a en Ecosse deux sortes de *registres* pour cet usage ; l'un est le général qui est gardé à Edimbourg, sous la direction d'un officier qu'on y appelle *lord register*, qui avant l'union étoit le cinquième officier de l'état, & avoit rang en qualité de greffier au parlement, au trésor, à l'échiquier & aux sessions.

L'autre est celui qui se tient dans les comtés, sénéchaussées & siéges royaux particuliers. Les teneurs d'iceux sont obligés de les communiquer au *register* ou greffier-général pour les porter sur le grand *registre*, où ils sont enregistrés avec un tel ordre, qu'on peut du premier coup-d'œil y trouver tous les actes dont la loi ordonne l'enregistrement, & ceux même que les contractans ont été bien aises d'y faire inscrire pour leur plus grande sûreté.

Ce fut sous le règne de Jacques VI que le pre-

lement établit la tenue de ces *regiſtres*, au grand avantage de tous les ſujets.

On ne put plus poſſéder aucun bien nouvellement acquis, que l'acte d'acquiſition d'icelui n'eût été enregiſtré dans les quarante jours de la paſſation du contrat; au moyen de quoi on obvia à toutes les conventions ſecrètes & clandeſtines.

En France toutes les cours de juſtices ſéculières ou eccléſiaſtiques, doivent tenir des *regiſtres* pour y inſcrire les jugemens, ſentences, arrêts, délibérations, réceptions d'officiers, *&c.*

Les curés tiennent des *regiſtres* mortuaires, de baptême & de mariage, paraphés par les juges des lieux, pour enregiſtrer les morts, baptêmes & mariages. La déclaration du 9 avril 1736, exige qu'il y ait deux *regiſtres* dans chaque paroiſſe, l'un tenu en papier timbré, dans les pays où l'uſage en eſt preſcrit, l'autre en papier commun.

Les actes de baptêmes, mariages & ſépultures, doivent être inſcrits ſur chacun de ces deux *regiſtres*, de ſuite & ſans aucun blanc, & ſignés par ceux qui les doivent ſigner, au moment même où ils ſont enregiſtrés.

Dans les actes de baptême, il doit être fait mention du jour de la naiſſance, du nom donné à l'enfant, de celui de ſon père & de ſa mère, parrain & marraine; & l'acte doit être ſigné ſur les deux *regiſtres*, tant par celui qui a adminiſtré le baptême, que par le père, s'il eſt préſent, le parrain & la marraine; & à l'égard de ceux qui ne ſavent ou ne peuvent ſigner, il doit être fait mention de la déclaration qu'ils en font.

Ces mêmes formalités ſont requiſes pour les ondoiemens.

A l'égard des actes de célébration de mariage, on doit y inſcrire les noms, ſurnoms, âge, qualité & demeure des contractans, & marquer s'ils ſont enfans de famille, en tutèle ou curatèle, ou en la puiſſance d'autrui. On doit auſſi y faire mention de la préſence, des noms, qualités & demeures des témoins, & chaque acte de mariage doit être ſigné ſur les deux *regiſtres*, tant par celui qui a célébré le mariage, que par les contractans & les témoins.

Dans les actes de ſépulture, il doit être fait mention du jour du décès, du nom & de la qualité de la perſonne décédée; ce qui doit même être obſervé à l'égard des enfans de quelque âge que ce ſoit; l'acte doit être ſigné ſur les deux *regiſtres*, tant par celui qui a fait la ſépulture, que par deux des plus proches parens ou amis qui y ont aſſiſté, s'il y en a qui puiſſent ſigner; ſinon, il doit être fait mention de la déclaration qu'ils font de ne ſavoir ſigner.

Par ſentence rendue au châtelet de Paris le 30 mars 1775, il a été fait défenſe aux curés & aux autres eccléſiaſtiques des égliſes paroiſſiales de cette ville, de recevoir relativement aux noms, âges, qualités & demeures des perſonnes décédées, aucune déclaration de la part des foſſeyeurs ou particuliers deſtinés au ſervice des convois funèbres.

Dans ſix ſemaines au plus tard après l'expiration de chaque année, les curés, vicaires, deſſervans, chapitres, ſupérieurs des communautés ou adminiſtrateurs des hôpitaux, ſont tenus de porter ou envoyer ſûrement un de leurs *regiſtres* au greffe du bailliage, ſénéchauſſée ou ſiège royal qui a la connoiſſance des cas royaux dans le territoire où l'égliſe eſt ſituée.

Lors de l'apport du *regiſtre* au greffe, s'il y a des feuillets qui ſoient reſtés vuides, ou s'il s'y trouve d'autre blanc, ils doivent être barrés par le juge; & il doit être fait mention par le greffier, ſur ce *regiſtre*, du jour de l'apport. Le greffier en doit donner ou envoyer une décharge en papier commun, aux curés, vicaires, deſſervans, chapitres, ſupérieurs ou adminiſtrateurs.

Il eſt au choix des parties intéreſſées de lever des extraits des actes de baptêmes, mariages ou ſépultures, ſoit au greffe du ſiège royal, ſoit entre les mains des curés, vicaires, deſſervans, chapitres, ſupérieurs ou adminiſtrateurs. Il ne peut être pris par les greffiers, curés & autres, que dix ſous pour les extraits des *regiſtres* des paroiſſes établies dans les villes où il y a parlement, évêché ou ſiège préſidial; huit ſous pour les extraits des *regiſtres* des paroiſſes des autres villes, & cinq ſous pour les extraits des *regiſtres* des paroiſſes des bourgs ou villages, le tout y compris le papier timbré. Il eſt défendu d'exiger ni recevoir plus grande ſomme, à peine de concuſſion.

Dans les maiſons religieuſes, il doit y avoir deux *regiſtres* en papier commun, pour inſcrire les actes de vêture, noviciat & profeſſion. Ces *regiſtres* doivent être cotés & paraphés ſur chaque feuillet par le ſupérieur ou la ſupérieure, en conſéquence de l'autoriſation donnée à cet effet par acte capitulaire inſéré au commencement de chacun deſdits *regiſtres*.

Tous les actes de vêture, noviciat & profeſſion doivent être inſcrits en françois ſur chacun deſdits deux *regiſtres*, de ſuite & ſans aucun blanc, & leſdits actes doivent être ſignés ſur leſdits deux *regiſtres* par ceux qui les doivent ſigner, le tout en même temps qu'ils ſont faits.

Dans chacun deſdits actes, il doit être fait mention du nom & ſurnom, & de l'âge de celui ou celle qui doit prendre l'habit ou faire profeſſion; du lieu de ſon origine; des noms & qualités ou domicile du père & de la mère; du jour de l'acte, lequel doit être ſigné ſur leſdits deux *regiſtres*, tant par le ſupérieur ou la ſupérieure, que par celui ou celle qui prendra l'habit ou fera profeſſion, enſemble par l'évêque ou autre perſonne eccléſiaſtique qui aura fait la cérémonie, & par les deux plus proches parens ou amis qui y auront aſſiſté.

En cas que par les cours ou par les autres juges compétens il ſoit ordonné quelque réforme ſur les actes qui ſe trouvent dans les *regiſtres* de baptêmes ; mariages & sépultures, vêtures, noviciat ou professions, cette réforme doit être faite sur les deux *registres*, & ce en marge de l'acte qu'il s'agit de réformer, sur laquelle le jugement doit être transcrit en entier ou par extrait. Il est enjoint à tous curés, vicaires, supérieurs ou autres dépositaires desdits *registres*, de faire ladite réforme sur lesdits deux *registres*, s'ils les ont encore en leur possession, sinon sur celui qui sera resté entre leurs mains, & aux greffiers, de la faire pareillement sur celui qui aura été déposé au greffe.

Les arrêts n'ont jamais permis que cette réforme pût être faite par l'autorité du juge ecclésiastique.

Cette même déclaration porte, qu'il sera tenu aux archevêchés & évêchés, des *registres* pour les tonsures & ordres mineurs & sacrés, lesquels doivent être cotés & paraphés sur chaque feuillet par l'archevêque ou évêque.

Il est permis, par l'article 33 de cette même déclaration, à toutes personnes qui auront droit de lever des actes, soit de baptêmes, de mariages ou sépultures, soit de vêture, noviciat, profession ou enregistrement des professions dans l'ordre de saint Jean de Jérusalem, soit de tonsures & ordres mineurs ou sacrés, de faire compulser les *registres* entre les mains de ceux qui en seront dépositaires ; lesquels sont tenus de les représenter, pour en être pris des extraits, à quoi ils peuvent être contraints, nonobstant tous privilèges & usages contraires ; à peine de saisie du temporel, & de privation des droits, exemptions & privilèges à eux accordés.

Tous les officiers des eaux & forêts, excepté les maîtres particuliers & les lieutenans, sont obligés de tenir *registres* des actes qu'ils font dans l'exercice de leurs charges.

Le grand-maître doit tenir *registre* des ventes, adjudications, visites, provisions, commissions, institutions & destitutions d'officiers, instructions, jugemens, ordonnances & autres actes faits dans le cours de ses visites & réformations, &c.

Le procureur du roi est tenu d'avoir trois *registres* séparés ; le premier, pour marquer l'état des oppositions qu'il a formées & de celles qui lui ont été signifiées, pour quelque cause que ce soit, les appellations des jugemens rendus en son siège, avec le nom des parties, les jours de la signification & de l'envoi qu'il en a fait au procureur-général ; le second, pour enregistrer toutes les conclusions préparatoires & définitives qu'il a données ; & le troisième pour marquer tout ce qu'il a fait par rapport aux bois sur lesquels sa majesté a droit, & à ceux des ecclésiastiques & communautés qui sont sous le ressort de la maîtrise.

Ces *registres* doivent être cotés & paraphés par le maître particulier, ou par le lieutenant en l'absence du maître.

Le garde-marteau doit avoir un *registre* pour inscrire tous les rapports & procès-verbaux, les martelages, &c.

Ce *registre* doit être coté & paraphé du maître & du procureur du roi.

Chaque garde doit avoir un *registre* pour inscrire ses procès-verbaux de visite, rapports, exploits & autres actes de sa charge, les extraits des ventes ordinaires & extraordinaires, l'état & la valeur des chablis, & généralement tout ce qui se fait pour ou contre le service du roi.

Ce *registre* doit être coté & paraphé du maître & du procureur du roi.

L'arpenteur à la suite du grand-maître, doit tenir un *registre* des assiettes, arpentages, mesurages, récolemens, plans, figures, assiettes & reconnoissances des bornes, & généralement de tous les actes de sa profession, *&c.*

Les arpenteurs ordinaires de la maîtrise sont également obligés de tenir *registre* des assiettes & récolemens, des procès-verbaux de visite des fossés, bornes & arbres de lisière fermant les forêts du roi, & autres dans lesquels sa majesté a intérêt, *&c.*

Les six corps des marchands & toutes les communautés des arts & métiers de la ville & fauxbourg de Paris, ont des *registres* paraphés par les officiers de police ou par le procureur du roi du châtelet, pour y écrire & enregistrer non-seulement leurs délibérations, mais encore les élections de leurs maîtres, gardes, syndics, jurés, ou autres officiers & administrateurs, les réceptions à la maîtrise, enfin tout ce qui concerne la police de ces corps ou communautés.

Les inspecteurs des manufactures, les gardes des halles & magasins, les receveurs, contrôleurs visiteurs & autres commis de douane, bureau des fermes & recettes des deniers royaux aux entrées & sorties du royaume, se servent aussi de *registres* pour y écrire journellement, les uns le paiement des droits, les autres la réception des marchandises dans leur dépôt ; ceux-ci, le nombre & la qualité des étoffes auxquelles ils apposent les plombs ; ceux-là, la visite des balles, ballots, caisses, *&c.*, qui passent par leurs bureaux, les acquits à cautions, & autres tels actes qu'on leur présente, ou qu'ils délivrent aux marchands & voituriers.

Les commis des fermes ne doivent laisser aucun blanc dans leurs *registres* : l'édit du mois de mars 1693 & la déclaration du 14 juillet 1699 le défendent expressément aux contrôleurs des actes, à peine de 200 livres d'amende pour chaque contravention, & de plus grande peine le cas échéant. Par arrêt du 19 avril 1720, le conseil a prononcé une interdiction contre le sieur Duclos, commis au bureau de Saint-Pater, élection du Mans, & l'a condamné à une amende de 500 l., pour avoir laissé un blanc d'environ un tiers de page dans le *registre* du centième denier.

Pour prévenir & empêcher les antidates, on

arrêt de réglement rendu au conseil le 6 mars 1725, a ordonné que les commis à la perception des droits de contrôle des actes & des insinuations laïques, seroient tenus d'arrêter leurs *registres* à la fin de chaque jour, immédiatement après le dernier enregistrement, & de signer & répéter cet arrêté chaque jour, quand même ils n'auroient fait aucun enregistrement depuis le dernier arrêté, sous peine de 300 livres d'amende pour chaque omission.

Le conseil avoit déjà ordonné la même chose par arrêt de réglement du 21 mars 1676, relativement au *registre* du contrôle des exploits, sous peine de 100 livres d'amende pour chaque contravention.

Les *registres* destinés uniquement à l'insinuation des donations doivent être déposés tous les ans aux greffes des sièges royaux, près desquels est établi le bureau des insinuations. Cela est ainsi prescrit par la déclaration du roi du 17 février 1731.

Les *registres* de contrôle des actes & de petit-scel, ne peuvent être communiqués qu'en vertu d'ordonnance de justice, rendue avec les parties intéressées, sans que les commis, dépositaires de ces *registres*, puissent être mis en cause pour le faire ordonner avec eux; mais les *registres* des insinuations & du centième denier sont publics; & la communication n'en peut être refusée à ceux qui la requièrent.

Toutes ces communications ne se peuvent faire que dans le bureau & par le moyen du commis; on ne doit pas communiquer les *registres* aux parties, pour y faire elles-mêmes des recherches; le jugement qu'elles obtiennent à l'égard du contrôle, doit indiquer les actes dont elles veulent avoir connoissance, & le commis ne doit leur faire voir ni leur délivrer des extraits, que de l'enregistrement de ces actes : il en doit être usé de même pour les *registres* de l'insinuation, à la seule différence qu'il ne faut point de jugement. C'est ce qui résulte de différentes loix, & particuliérement de l'édit du mois de mars 1693, de la déclaration du 29 septembre 1722, de l'arrêt du conseil du 6 février 1725, de l'ordonnance du mois de février 1731, *&c.*

Il y a des cas où les juges peuvent, pour l'instruction d'une affaire criminelle en matière de faux, ordonner que les *registres* du contrôle des actes seront déposés au greffe, pour être remis au bureau après le jugement du procès. C'est ce qui résulte d'une déclaration du roi du 28 décembre 1734.

Par arrêt du 29 décembre 1761, la cour des aides a débouté le contrôleur au grenier à sel de Doulens, de sa demande en communication des *registres* du receveur de ce grenier, qu'il prétendoit, suivant un ancien abus, devoir lui être confiés, chez lui, pour en porter les enregistremens sur son *registre*; & sur les conclusions du procureur-général, elle a ordonné que, conformément à l'article 3 du titre 6 de l'ordonnance de 1684, il seroit tenu par les officiers du même grenier à sel, quatre *registres*; savoir, un par le grenetier, un par le contrôleur, un par le greffier, & un par le receveur, lesquels quatre *registres* seroient arrêtés, signés & paraphés par ces officiers chaque jour de vente, sur le champ & dans le grenier.

On appelle *registre des gros fruits*, celui qui se tient par le greffier de la justice ordinaire des villes & bourgs où il y a marché, des rapports qui se font toutes les semaines par les marchands de grains ou les mesureurs, de l'estimation ou valeur desdits grains; ce qui a été ordonné, tant par les anciennes ordonnances que par celle de 1667, *art. 6, 7 & 8 du titre 30.*

Ces rapports contiennent ordinairement trois sortes de prix, le plus haut prix, le moyen & le plus bas. Par exemple, en un tel marché le setier du meilleur froment a été vendu quinze livres, & le setier du médiocre douze livres, & le setier du moindre neuf livres.

Cela sert beaucoup pour la liquidation des fruits, car en y procédant on fait un prix commun, eu égard à ce qu'une espèce de grains a valu aux quatre saisons d'une année : sur le pied de ce prix commun, on évalue & on liquide les fruits de chacune des années, dont la restitution se doit faire.

REGISTRE, (*droit de*) ce mot se trouve dans l'article 1 de la coutume de Vimeu, locale d'Amiens. C'est un droit d'*enregistrement*, consistant en quatre deniers dus au seigneur pour l'ensaisinement de l'héritage cotier.

Le style de Liège dit *droit de registration* dans un sens fort approchant, pour désigner le droit d'insinuation en justice d'un transport d'héritage, de cens ou rente, ou pour l'approbation d'une saisine. *Voyez* le *glossaire du droit françois.* (*G. D. C.*)

RÈGLE, s. f. signifie maxime, loi, enseignement, & généralement tout ce que l'on doit observer, soit dans ses mœurs & dans sa conduite, soit dans ses dispositions & dans la forme des actes que l'on passe.

En droit, on applique principalement ce mot à certains réglemens de la chancellerie romaine, & aux loix particulières de chaque ordre monastique. Nous allons en traiter sous ces deux rapports.

RÈGLES DE LA CHANCELLERIE, (*Droit ecclésiast.*) on appelle *règles de chancellerie*, ou *règles de la chancellerie romaine*, certains réglemens que les papes ont établis pour être observés dans la disposition des bénéfices ecclésiastiques, l'expédition des provisions & le jugement des procès en matière bénéficiale.

Jean XXII est, à ce que l'on prétend, le premier qui ait fait de ces réglemens.

Ses successeurs en ont ajouté de nouveaux.

Chaque pape, après son couronnement, renouvelle celles de ces *règles* qu'il juge à propos de conserver, ou les étend & restreint, suivant les circonstances & les inconvéniens que l'on a reconnus sous ses prédécesseurs.

En général, elles ne durent que pendant le pontificat du pape qui en est l'auteur, à l'exception de celles qui sont reçues dans le royaume, lesquelles subsistent toujours, étant devenues, par leur vérification, une loi perpétuelle du royaume.

Comme ces *règles* sont établies pour l'ordre d'une chancellerie dont la France ne connoît point l'autorité, si ce n'est pour y obtenir certaines provisions bénéficiales, dispenses, & dans quelques autres matières semblables, lesquelles sont ensuite traitées devant les juges du royaume, elles n'y ont point lieu; à moins qu'elles n'aient été vérifiées au parlement, lequel ne les reçoit qu'autant qu'elles se trouvent conformes aux libertés de l'église gallicane; &, comme dit Dumoulin, elles ne sont reçues en France que comme un remède politique contre les fraudes; de sorte qu'il n'y en a que trois qui soient expressément reçues; savoir, la *règle de infirmis resignantibus*, ou *de viginti diebus*; celle *de publicandis resignationibus*, & celle *de verisimili notitiâ*.

Il y a encore quelques autres de ces *règles* qui sont suivies dans le royaume, non pas comme *règles* de chancellerie, mais comme des *règles* d'équité établies par nos ordonnances, ou par la jurisprudence des arrêts; telles sont les *règles de non tollendo alteri jus quæsitum; de non impetrando beneficia viventium; de idiomate*.

Il y a encore la *règle de mensibus & alternativâ*; celle *de triennali possessore* ou *de pacificis possessoribus*, & celle *de vero valore exprimendo*, qui sont observées à certains égards en France.

On va parler successivement de chacune de ces *règles*.

La *règle de infirmis resignantibus* ou *de viginti diebus*, en françois, la *règle* des vingt jours, porte que si un ecclésiastique résigne son bénéfice étant malade, il faut, pour que la résignation soit valable, que le résignant survive vingt jours après qu'elle aura été admise en cour de Rome; autrement, & s'il meurt dans les vingt jours, la résignation est nulle, & le bénéfice dont il s'est démis, est censé vaquer par mort, & non par résignation.

Anciennement on n'observoit d'autre *règle* que celle des vingt jours, laquelle ne distinguoit point si le résignant étoit malade ou non; il falloit indistinctement que le résignant survécût vingt jours: ce fut Boniface VIII, qui, en 1298, fit la *règle de infirmis resignantibus*, &c.

Cette *règle* a succédé à celle des vingt jours; on l'appelle aussi indifféremment *règle de vingt jours*, quoique ces deux *règles* ne soient pas entièrement semblables.

Ces deux *règles* ont été établies successivement pour empêcher l'abus qui se pratiquoit dans les résignations. Ceux qui vouloient assurer leur bénéfice à un parent ou à un ami, sans néanmoins s'en dépouiller dès-lors, résignoient secrètement en sa faveur, & gardoient les provisions, afin que si le résignataire mouroit avant le résignant, celui-ci, n'étant pas encore dépouillé de son bénéfice, le pût donner à un autre parent, & que si le résignant mouroit le premier, le résignataire fût assuré du bénéfice, & en pût prendre possession après le décès du résignant.

Trois conditions sont requises pour que la *règle de infirmis resignantibus* ait lieu : 1°. que le résignant soit malade; 2°. qu'il décède de cette maladie; 3°. qu'il décède dans les vingt jours.

Cette *règle* n'a pas lieu lorsque les médecins & chirurgiens attestent que la maladie dont le résignant étoit atteint lors de la résignation, n'étoit pas mortelle, & qu'il est mort de quelque accident provenu d'ailleurs que de cette maladie. Au reste, quand le titulaire résigne étant malade, & qu'il décède dans les vingt jours, on présume qu'il est mort de cette maladie; c'est au résignataire à prouver le contraire, s'il y a lieu.

Les vingt jours se comptent du jour du consens, qui est une petite note que l'on fait à la chancellerie romaine, portant qu'un tel procureur constitué par la procuration à l'effet de résigner, a consenti à la résignation & à l'expédition de la signature de cour de Rome, & que l'original de la procuration est demeuré à la chancellerie ou à la chambre apostolique. Ce consens est daté du jour même de la provision : mais comme à Rome on donne aux François la date du jour de l'arrivée du courrier, on compte aussi les vingt jours depuis cette arrivée.

Il faut que ces jours soient francs, c'est-à-dire, que l'on ne compte ni le jour de l'admission de la résignation, ni celui du décès du résignant.

La *règle de infirmis resignantibus*, n'a pas lieu à raison des provisions des collateurs ordinaires; elle a seulement lieu pour celles du pape; mais il y déroge si facilement, que cela est devenu comme de style dans les résignations en faveur & permutations, & que pour obtenir cette dérogation, on ne va plus à la componende.

Le pape ne peut cependant y déroger au préjudice des cardinaux; mais il y peut déroger au préjudice des indults extraordinaires accordés à des particuliers, quand il y auroit la clause *liberè & licitè*.

La *règle de publicandis resignationibus*, veut que le résignataire pourvu en cour de Rome, publie sa résignation dans six mois; & prenne possession du bénéfice dans le même temps, & que si, ce temps passé, le résignant meurt en possession du bénéfice, les provisions du résignataire soient nulles.

Cette même *règle* veut aussi que si la résignation est admise par l'ordinaire ou par le légat, la publication se fasse dans un mois, & que dans ce même mois le résignataire prenne possession, à peine de nullité des provisions, en cas que le résignant meure en possession après ce mois. Cela a été ainsi établi à l'égard des résignations pures & simples, afin que l'on connoisse quel est le véritable possesseur du bénéfice, & pour empêcher le légat & les ordinaires de suivre l'intention du résignant, qui est souvent de perpétuer le bénéfice dans sa famille.

La *règle de publicandis* fut enregistrée au parlement en 1493; il y a eu depuis cinq additions à cette *règle*, mais elles n'ont pas été reçues en France; cependant, celle de Pie V, qui explique que le mot *obitus* doit s'entendre de la mort civile aussi-bien que de la mort naturelle, est suivie en France en certains cas, comme dans le cas du mariage, de la profession religieuse, & autres où il y a vacance de droit & de fait.

On ne publie plus les résignations dans les marchés & places publiques, comme le prescrivoit l'édit de 1550; il suffit, pour les cures, prieurés, chapelles, *&c.* de prendre possession publiquement un jour de fête ou de dimanche, à l'issue de la messe paroissiale ou de vêpres, en présence du peuple, & que le notaire fasse signer l'acte par quelques-uns des principaux habitans.

Le temps accordé pour faire cette publication, court du jour de l'admission de la résignation, à moins qu'il n'y ait quelque empêchement légitime.

Les bénéfices consistoriaux ne sont pas sujets à cette *règle*, attendu qu'elle n'en fait pas mention.

La *règle de verisimili notitiâ*, veut qu'entre le décès du défunt bénéficier & les provisions qui ont été obtenues de son bénéfice, il y ait un temps suffisant pour que cette mort soit venue à la connoissance de l'impétrant, & qu'on ait eu le temps d'aller ou d'envoyer vers les collateurs; autrement l'impétrant est présumé avoir couru le bénéfice, du vivant du dernier titulaire, & cette présomption est si forte, qu'elle rend les provisions nulles.

Quoique le décret de Jean XXIII, duquel est tirée cette *règle*, ne fasse mention que des provisions du saint siège, cette *règle* a paru si favorable, qu'on l'a étendue jusqu'aux provisions des ordinaires.

Le temps se compte du jour de la mort, & non pas seulement du jour du bruit public de la mort.

Il n'est pas absolument nécessaire que le genre de vacance, en vertu duquel on a obtenu la provision, soit venu à la connoissance du collateur; il suffit que cela ait pu y venir.

Le pape peut déroger à la *règle de verisimili notitiâ*, en mettant la clause disjonctive, *aut aliàs quovis modo*, *etiam per obitum*, que l'on insère dans les provisions de cour de Rome sur ces résignations. Cette clause est même toujours sous-entendue dans les provisions qui sont pour les François.

La dérogation à cette *règle*, par le moyen de la clause *sive per obitum*, ne se met point dans les provisions expédiées sur résignation en faveur pour la Bretagne, à cause du partage des mois entre le pape & les ordinaires de cette province, & aussi parce que cette clause pourroit opérer une prévention contre l'ordinaire, laquelle n'a pas lieu en Bretagne.

La *règle de non tollendo alteri jus quæsitum*, est une *règle* suivant laquelle on ne peut point enlever à quelqu'un le droit qui lui est déjà acquis sur un bénéfice; mais cette *règle* n'est point particulière à la chancellerie romaine, c'est une *règle* générale & une maxime tirée du droit naturel & commun, reçue également par-tout; c'est pourquoi elle est suivie en France.

La *règle de non impetrando beneficia viventium*, est une *règle*, suivant laquelle celui qui obtient du pape des provisions d'un bénéfice du vivant du titulaire, encourt l'indignité & l'inhabileté de posséder le bénéfice dont il a obtenu les provisions, de quelque manière que le bénéfice vienne à vaquer dans la suite.

On excepte néanmoins le cas où l'ordinaire confère le bénéfice d'un titulaire décédé malade, & que ses parens ou domestiques ont celé pendant sa dernière maladie; car si l'ordinaire a fait une sommation de le représenter, & qu'il y ait un procès-verbal de refus, le bénéfice est censé vacant de ce jour-là.

Cette *règle* diffère de celle *de verisimili notitiâ*, en ce que celle-ci ne rend pas l'impétrant incapable de jamais posséder le bénéfice; il n'en est déchu que pour cette fois, au lieu que l'inhabilité prononcée par la *règle de non impetrando*, est aussi pour les autres vacances qui pourroient arriver dans la suite au même bénéfice.

Pour encourir cette indignité, il suffit d'avoir couru le bénéfice du vivant du titulaire, quand même on ne l'auroit pas obtenu de son vivant.

Pour juger s'il y a eu une course ambitieuse, ce n'est pas l'arrivée du courrier à Rome que l'on considère, mais son départ.

La *règle de idiomate* déclare nulles toutes provisions données pour une église paroissiale, à moins que le pourvu n'entende la langue du lieu où est située l'église.

La *règle de mensibus & alternativâ*, est une *règle* suivant laquelle les papes se sont réservé la collation des bénéfices qui vaquoient pendant huit mois de l'année; savoir, en janvier, février, avril, mai, juillet, août, octobre & novembre, ne laissant aux collateurs ordinaires que les mois de mars, juin, septembre & décembre. La *règle* de l'alternative est une exemption de celle des mois en faveur des évêques résidans dans leur diocèse, auxquels les papes ont permis, en faveur de la résidence, de conférer alternativement & également avec le saint siège, à commencer par le mois de janvier pour le pape, février pour les évêques résidens, & ainsi consécutivement. On tient que cette *règle* fut projettée par quelques cardinaux après le concile de Constance, pour conserver la liberté des collateurs ordinaires, au moins pendant quelques mois de l'année. Martin V en fit une loi de chancellerie, & ses successeurs l'adoptèrent : ce fut Innocent VIII, qui, en 1484, établit l'alternative pour les évêques en faveur de la résidence.

Cette *règle* n'a point été reçue en France, si ce n'est dans les provinces de Bretagne, Provence & Roussillon, qui, dans le temps, n'étoient pas réunies à la couronne. Elle n'a plus lieu depuis long-temps en Provence. *Voyez* FLANDRES, FRANCHE-COMTÉ, LORRAINE.

La *règle de triennali possessore*, ou *de pacificis possessoribus*, a été reçue parmi nous par la pragmatique-sanction, & même par le concordat. Elle est autorisée & suivie dans toutes les cours souveraines du royaume.

L'effet de cette *règle* est que celui qui a joui paisiblement d'un bénéfice pendant trois ans avec un titre juste ou coloré, ne peut plus être valablement troublé, soit au possessoire ou au pétitoire.

La *règle de vero valore exprimendo*, ordonne d'exprimer, dans les provisions, la véritable valeur des bénéfices, à peine de nullité. On n'exprime en France la véritable valeur que des bénéfices taxés dans les livres de la chambre apostolique ; pour ce qui est des autres, leurs fruits sont également exprimés de la valeur de vingt-quatre ducats. (*M. l'abbé* BERTOLIO, *avocat au parlement.*)

RÈGLE DES RELIGIEUX, c'est un recueil de loix & de constitutions, suivant lesquelles les religieux d'une maison sont obligés de se conduire, & qu'ils font vœu d'observer en entrant dans l'ordre. *Voyez* RELIGIEUX, MONASTÈRE, VŒU.

Toutes les *règles* monastiques ont besoin d'être approuvées par le pape pour être valides. Il faut également qu'elles soient reçues dans l'état pour y être exécutées. L'article 5 de l'édit du mois de mars 1768, a renouvellé, à ce sujet, les anciennes dispositions de nos loix. Il ordonne « que par les » chapitres desdits ordres & congrégations qui » seront, à cet effet, assemblés, soient prises telles » mesures & délibérations qu'il appartiendra, pour » réunir en un seul corps les constitutions, statuts » & réglemens desdits ordres & congrégations, à » l'effet d'être, s'il y échet, approuvés par le saint » siège & muni, si fait n'a été, de notre autorité, » suivant les formes usitées en notre royaume, » & sans qu'autrement, il puisse y être fait aucun » changement ». (*M. l'abbé* BERTOLIO, *avocat au parlement.*)

RÉGLEMENT, s. m. on comprend sous ce terme tout ce qui est ordonné pour maintenir l'ordre & la règle ; tels sont les ordonnances, édits & déclarations, & les arrêts rendus en forme de *réglement ;* tels sont aussi les statuts particuliers des corps & communautés laïques ou ecclésiastiques. *Voyez* les mots ARRÊT, DÉCLARATION, ÉDIT, ENREGISTREMENT, LETTRES-PATENTES, LOI, ORDONNANCE.

On entend aussi quelquefois par le terme de *réglement*, un appointement ou jugement préparatoire qui règle les parties pour la manière dont elles doivent procéder, notamment les appointemens en droit, au conseil, ou de conclusion.

On dit encore plaider en *réglement* de juges, pour dire plaider, afin de faire décider à quel tribunal une affaire doit être portée : & l'on dit dans le même sens, instance en *réglement* de juges. Les cas où il y a lieu de plaider en *réglement* de juges, & la forme d'y procéder, sont réglés par les titres 2 & 3 de l'ordonnance du mois d'août 1737, que l'on doit consulter sur cet objet.

RÈGNE, (*Droit féodal.*) il paroît qu'on a donné ce nom à une espèce de droit qui n'est connu que par l'extrait suivant d'une chartre de l'an 1281, d'Ingerram, évêque de Cambrai : « en » manoirs, en prés, en terres, eniawes, en » rentes, en capons, en cens, en *règnes*, en » reliés, en signerie, en justice & en quecumque » autre chose ».

Cet extrait est rapporté par dom Carpentier, au mot *Regnum 3* de son *glossarium novum*. Peut-être doit-on y lire *reilhe* au lieu de *règne*. *Voyez* REILHE. (*G. D. C.*)

REGNICOLE, s. m. (*Droit public.*) ce terme, pris dans son étroite signification, ne présente d'autre idée que celle d'une personne qui demeure dans le royaume.

Néanmoins dans l'usage on a attaché une autre idée au terme de *regnicole ;* & l'on entend par-là celui qui est né sujet du roi.

Cette qualité de *regnicole* est opposée à celle d'*aubain* ou étranger.

Pour être *regnicole* dans le sens où l'on prend ordinairement ce terme, il ne suffit pas de demeurer dans le royaume ; le séjour que l'on y feroit, quelque long qu'il fût, ne donneroit pas la qualité de *regnicole* à celui qui seroit aubain.

La naissance est le seul moyen par lequel on peut devenir vraiment *regnicole :* car on n'est *regnicole* que quand on est naturel du pays, & que l'on est né sujet du roi.

On distingue donc celui qui est sujet & citoyen d'un pays, de celui qui n'en est simplement qu'habitant, & l'on donne ordinairement pour principe de cette distinction la loi 7 au code *de incolis*, qui porte que *cives origo, domicilium incolas facit.*

Les Romains appelloient donc *citoyens*, ceux que nous appellons *regnicoles ;* mais ils avoient des idées différentes des nôtres sur ce qui constitue un homme citoyen ou *regnicole.*

La naissance faisoit bien le citoyen, mais cette qualité de citoyen ne dépendoit pas du lieu où l'enfant étoit né, soit que sa naissance dans ce lieu fût purement accidentelle, soit que ses père & mère y eussent constitué leur domicile ; le fils étoit citoyen du lieu d'où le père tiroit lui-même son origine : *filius civitatem ex quâ pater ejus naturalem originem ducit, non domicilium sequitur*, dit la loi *adsumptio*, §. *filius*, ff. *ad municip. & de incol.*

Pour connoître l'origine du fils on ne remontoit pas plus haut que le lieu de la naissance du père : autrement, dit la glose, il auroit fallu remonter jusqu'à Adam.

La naissance de l'enfant dans un lieu ne le rendoit donc pas pour cela citoyen de ce lieu ; il étoit citoyen du lieu où son père étoit né, & ce père tiroit lui-même son origine, non du lieu où il étoit né, mais de celui de la naissance de son père ; de sorte que le fils étoit citoyen romain si son père étoit né à Rome, & celui-ci étoit citoyen de Milan, si son père étoit né à Milan.

Le domicile du père dans un lieu au tems de la naissance de l'enfant, n'entroit point en considération pour rendre l'enfant citoyen de ce lieu-là ; parce que, comme dit la loi 17, ff. *ad municip. in patris personâ, domicilii ratio temporaria est* : le domicile actuel étoit toujours regardé comme purement accidentel & momentané.

En France la qualité de *regnicole* s'acquiert par la naissance, & ce n'est point le lieu de l'origine ni du domicile du père, que l'on considère pour déterminer de quel pays l'enfant est citoyen & sujet, c'est le lieu dans lequel il est né ; ainsi toute personne née en France, est sujette du roi & *regnicole*, quand même elle seroit née de parens demeurans ailleurs, & sujets d'un autre souverain.

Les droits attachés à la qualité de *regnicole*, sont les mêmes que les droits de cité : ils consistent dans la faculté de plaider en demandant sans donner la caution *judicatum solvi*, à pouvoir succéder & disposer de ses biens par testament, posséder des offices & des bénéfices dans le royaume.

Au contraire les aubains ou étrangers sont privés de tous ces avantages, à moins qu'ils n'aient obtenu des lettres de naturalité ; auquel cas ils deviennent *regnicoles*, & sont réputés naturels françois. *Voyez* AUBAIN, AUBAINE, ETRANGER, NATURALISATION, NATURALITÉ. (*A*)

REGRÈS, s. m. (*Matière bénéficiale*) c'est le retour à un bénéfice que l'on a resigné ou permuté.

Le canon *quoniam causâ 7. quest.* 1. nous apprend qu'autrefois l'église désapprouvoit fort ces sortes de *regrès* ; & c'étoit de là que l'église rejettoit aussi alors toutes les démissions ou les résignations qui se faisoient par les titulaires dans l'espérance qu'ils avoient de rentrer dans leurs bénéfices.

Dans la suite il a été admis par l'église en certains cas & singuliérement en faveur de ceux qui ont resigné étant malades.

Cependant en France les *regrès* n'étoient point admis anciennement, lorsque la résignation avoit eu son plein & entier effet en faveur du résignataire.

Cette jurisprudence ne changea que du temps de Henri II à l'occasion du sieur Benoît, curé des SS. Innocens, qui avoit résigné au nommé Semelle son vicaire, ladite cure & celle de Pouilly, diocèse de Sens, lequel n'avoit payé ce bienfait que d'ingratitude. Henri II ayant pris connoissance de cette affaire, rendit un arrêt en son conseil le 29 avril 1558, par lequel ledit Semelle fut condamné à remettre les deux bénéfices ès mains de l'ordinaire, pour les conférer & remettre audit Benoît ; & il fut dit que cet arrêt seroit publié & enregistré dans toutes les cours pour servir de loi sur cette matière.

Depuis ce tems, le *regrès* est admis parmi nous & l'on en a distingué de trois sortes.

Le premier est le *regrès* tacite, qui a lieu en cas de résignation & de permutation. Quand on ne peut pas jouir du bénéfice donné par le copermutant, on rentre de plein droit dans le sien sans qu'il soit besoin de nouvelles provisions.

Le second est le *regrès* que l'on admet *humanitatis causâ*, comme dans le cas d'une résignation faite *in extremis*. Ces sortes de résignations sont toujours réputées conditionnelles.

On regarde aussi comme telles, celles que l'on fait dans la crainte d'une mort civile.

Dans le cas d'une résignation faite *in extremis*, le résignant revenu en santé, est admis au *regrès*, quoique le résignataire ait obtenu des provisions, & même qu'il ait pris possession & soit entré en jouissance.

Au grand-conseil, la maladie du résignant n'est point regardée comme un moyen pour être admis au *regrès*, à moins que le résignant ne prouve qu'il étoit en démence, ou qu'il a résigné par force ou par crainte, ou parce qu'il a cédé aux importunités du résignataire.

La réserve d'une pension n'empêche point le *regrès*, à moins que la pension ne soit suffisante, ou qu'il n'y ait des circonstances de fraude.

La minorité seule n'est pas un moyen pour parvenir au *regrès*, puisque les bénéficiers mineurs sont réputés majeurs à l'égard de leurs bénéfices. Mais les mineurs sont admis au *regrès*, quand ils ont été induits à résigner par dol & par fraude, & que la résignation a été faite en faveur de personnes suspectes & prohibées. Dumoulin tient même que dans cette matière, les mineurs n'ont pas besoin de lettres de restitution en entier, & que la résignation est nulle de plein droit.

Les majeurs même sont aussi admis au *regrès*, quand ils ont été dépouillés par force, crainte ou dol.

Le novice qui rentre dans le monde après avoir résigné, rentre aussi dans son bénéfice.

Le résignant revenu en santé qui use du *regrès*, n'a pas besoin de prendre de nouvelles provisions, nonobstant l'édit de contrôle qui ordonne d'en prendre, l'usage contraire ayant prévalu.

Le *regrès* dans le cas où il est admis, a lieu quand même le résignataire auroit pris possession réelle & actuelle du bénéfice résigné, & qu'il en auroit joui paisiblement pendant quelque temps; il auroit même encore lieu, quoique le bénéfice eût passé à un second ou troisième résignataire.

Mais si le résignataire avoit joui paisiblement pendant trois ans depuis que le résignant est revenu en santé, cette possession triennale empêcheroit le *regrès*: il suffiroit même pour cela qu'il y eût un an de silence du résignant depuis sa convalescence, ou quelque autre approbation de la résignation.

Celui qui a su l'indignité de son résignataire ne peut ni rentrer dans son bénéfice, ni exiger la pension qu'il s'étoit réservée.

Quoique le *regrès* soit une voie de droit, ce sont de ces choses qu'il n'est pas convenable de prévoir ni de stipuler, de sorte que la résignation seroit vicieuse si la condition du *regrès* y étoit exprimée.

Pour parvenir au *regrès*, il faut présenter requête au juge royal, & y joindre les pièces justificatives des causes sur lesquelles on fonde le *regrès*.

Le résignant peut faire interroger sur faits & articles son résignataire, ou demander à faire entendre des témoins, quand il y a un commencement de preuves par écrit. (*A*)

Solier sur Pastor rapporte huit cas dans lesquels il prétend que le *regrès* doit être admis.

Primus casus quo datur regressus resignanti, est cùm beneficio permutato evincitur.

Secundus, quando secundum est incompatibile, tum enim jus datur revertendi ad primum.

Tertius, ob non solutam pensionem.

Quartus, quando minor unicum & simplex resignat pro cujus resignatione non exoneratur, ut in curato, sed damnificatur ut in prœbenda.

Quintus, cum resignatio per vim & metum fuit extorta.

Sextus, cum provisus ex causâ resignationis antè captam possessionem juri suo cedit, nam tunc deficiente conditione, résignans potest beneficium repetere.

Septimus, quando quis resignat in favorem coram ordinario, quia resignatio est nulla, sive beneficium fuerit collatum nominato, sive alteri & resignans redit ad beneficium quia autoritas superioris eum excusat.

Octavum adjiciam, cum resignatum fuit spetro patrono laico, tunc enim locus est regressui secutâ prœsentatione & institutione, juxta placitum senatûs Parisiensis de die 30 maii 1647, relatum in causarum peroratarum diario tom. 1, lib. 5, cap. 9.

Sur la première de ces maximes de Solier, il faut observer que si l'éviction du bénéfice copermuté vient du propre fait du copermutant évincé, il n'y a pas lieu au *regrès*.

Sur la seconde maxime de Solier, qui donne pour cause au *regrès* l'incompatibilité des bénéfices, Vaillant observe que celui qui donne une démission pure & simple de son bénéfice, ne peut y rentrer par la voie du *regrès*, qu'autant qu'il a eu la précaution de protester, dans le temps de cette démission, qu'il ne le faisoit que parce qu'il y étoit contraint par l'incompatibilité des bénéfices. Mais M. Piales dit que comme les pourvus de bénéfices incompatibles ont une année pour opter, & que cette année ne commence à courir que du jour de la paisible possession du second bénéfice, les résignans sont rarement dans le cas de faire la protestation dont parle Vaillant; & encore plus rarement exposés à demander les *regrès* pour cause d'éviction: parce que les pourvus de plusieurs bénéfices sont assez avisés pour ne résigner le premier qu'après la paisible possession du second.

La troisième cause du *regrès*, selon Solier, est *ab non solutam pensionem.* Ainsi il admet l'ancienne maxime *aut cede aut solve.* Drapier, *tome 2, p. 84*, dit à ce sujet: « les loix du royaume permettent » de contraindre le résignataire, au défaut de » paiement, de quitter le bénéfice. Ce *regrès* » s'appelle *regrès* de droit, & il est permis en » France. Mais si cette clause étoit exprimée, » elle rendroit le concordat vicieux: *quædam enim* » *expressa nocent, licet tacita non noceant.* Nous » avons un arrêt du mois de mars 1586, qui a » jugé que la pension n'étoit pas vicieuse par la » clause du *regrès*: mais nonobstant cet arrêt, il » est constant que le *regrès* conventionnel n'est » point reçu en France, parce qu'il est contraire » aux anciens canons qu'elle reçoit, & qui défendent de se démettre d'un bénéfice pour un » temps, de le mettre comme en dépôt, & d'introduire la succession dans les bénéfices, de » même que dans les héritages & sous semblables » conditions. Si le rescrit de Rome contenoit une » excommunication contre le résignataire, à faute » de payer dans le temps convenu, cette clause » seroit abusive, parce que les François ne sont » point sujets aux excommunications, *per modum* » *pœnæ, aut in defectum solutionis temporalis.*

» Le pensionnaire, ajoute le même auteur, ne » peut pas rentrer dans son bénéfice à faute de » paiement de la pension, à moins qu'il n'y ait » une sentence après la contumace du débiteur ».

Gibert, dans ses instituts, *tome 2, p. 370*, & quelques autres auteurs désapprouvent fort cette voie de rentrer dans les bénéfices que l'on a résignés. C'est, disent-ils, réduire les résignations faites avec réserve de pension, à la condition des contrats profanes, lesquels sont résolubles faute de paiement.

On peut dire, répond Gohard, *tome 3, p. 614*, que c'est une suite nécessaire de la liberté que l'église accorde aux bénéficiers, de résigner en faveur & de retenir des pensions. Forget, Brodeau sur Louet, & Boniface, rapportent plusieurs arrêts de différens parlemens, qui ont accordé le *regrès* dans ce cas, sans égard à la longue possession des résignataires. On en voit chez le premier, deux du parlement de Rouen, rendus en l'année 1549 & au mois de mars 1589, pour le doyen de la cathédrale d'Evreux, & le curé de Tremblay, auxquels on peut ajouter celui du 7 septembre 1628 pour un canonicat de Quimpercorentin, qui, faute de paiement de plusieurs années d'arrérages, renvoya le résignant en possession, vingt ans après sa résignation ; & un plus récent du grand-conseil, qu'on lit chez Brillon, qui l'a jugé de même. Forget ajoute, & avec raison, continue Gohard, que cette jurisprudence a lieu, non-seulement contre le premier résignataire, mais encore contre le second, troisième & quatrième, bien entendu cependant que la pension ait été réalisée.

Le même auteur met cependant une exception au principe *aut cede aut solve*. Si la résignation avoit eu pour fondement une infirmité bien réelle, qui met le résignant hors d'état de servir le bénéfice, on ne devroit pas lui accorder le *regrès* faute de paiement de sa pension ; car il seroit visible qu'il ne le demanderoit qu'afin de pouvoir le résigner à un autre, ce qui ne s'accorde pas avec la pureté d'intention que demande l'église, de ceux qui entrent dans les bénéfices : en ce cas, il faudroit le réduire simplement à la voie de la saisie des revenus du bénéfice, dont il ne peut cependant pas user en vertu de sa seule signature ou provision, laquelle n'est pas, par elle-même, exécutoire, jusqu'à ce qu'elle ait été déclarée telle par le juge royal.

La Combe, *verbo* Pension, combat cette dernière opinion qu'il avoit d'abord embrassée, d'après le dernier annotateur de Fevret. « J'ai, dit-il, » adopté l'observation de cet auteur, dans mes » nouvelles remarques sur Louet & Brodeau, » *lettre P*, *som.* 30. Mais y ayant depuis réfléchi » plus attentivement, je pense que la maxime » doit avoir lieu à l'égard de celui qui a résigné » pour cause d'infirmité, quoiqu'il ne soit pas en » état de faire les fonctions du bénéfice résigné ; » parce que la réserve de pension pour cause d'in» firmité étant plus favorable que dans tous les » autres cas, & étant très-canonique & conforme » à l'ancienne discipline de l'église, il ne con» vient pas de traiter un tel résignataire plus » mal que ceux qui se réservent des pensions pour » autres causes qui ne sont pas si favorables, ni » si canoniques. Il peut, après être rentré, ré» signer à un autre avec réserve de pension ; ou » l'on peut, en privant le résignataire ingrat & » perfide, du bénéfice résigné, ordonner que le » collateur ne pourra le conférer qu'à la charge » de la même pension au profit du résignant, qui » sera homologuée en cour de Rome : ce qui n'a » rien que de conforme aux anciens canons ».

L'autorité des arrêts & des auteurs qui viennent d'être cités, ne nous empêche pas d'adopter le sentiment de Gibert. Admettre le *regrès* sur la maxime *aut cede aut solve*, c'est mettre les résignations sur la même ligne que les contrats purement profanes ; ce seroit supposer que le bénéfice résigné avec réserve de pension, réside toujours conditionnellement sur la tête du résignant, quoiqu'il en ait été entiérement dépossédé, & qu'il soit devenu la chose propre du résignataire ; ce seroit laisser les titres des bénéfices toujours en suspens. Par la résignation effectuée, le résignant est entiérement dépouillé du bénéfice ; par la création de la pension, il est devenu créancier du bénéfice : c'est à quoi se réduisent tous ses droits. Il a des moyens efficaces pour les faire valoir. S'il n'est pas payé à l'échéance du premier terme convenu, il peut faire saisir les revenus du bénéfice, & par ce moyen, il sera sûrement payé, d'autant plus que quand il y auroit d'autres créanciers du résignataire, il leur seroit préféré, comme créancier privilégié. Si le pensionnaire n'est pas payé, on peut donc dire que c'est par sa faute. Mais il seroit encore bien plus répréhensible, s'il laissoit accumuler plusieurs années d'arrérages. L'autoriser dans ce cas à exercer le *regrès*, ce seroit lui permettre indirectement de révoquer un acte irrévocable par sa nature. En effet, un résignant qui se repentiroit d'avoir quitté son bénéfice, resteroit plusieurs années sans exiger sa pension. Lorsque les arrérages formeroient une somme considérable, & au-dessus des forces du résignataire, il exerceroit le *regrès* en disant : *aut solve aut cede*. Il seroit assuré de réussir, parce qu'il auroit réduit, par une négligence affectée, son résignataire, à l'impossibilité de le payer.

Ainsi, ou il n'y a qu'un terme, une année de la pension qui n'a pas été payé, & alors ce n'est pas le cas d'exercer un moyen aussi extraordinaire que le *regrès* ; il y en a de plus simples, & entre autres celui de la saisie des fruits du bénéfice : ou il y a plusieurs années d'arrérages qui se sont accumulés, & alors il y a une négligence impardonnable de la part du résignataire, & cette négligence ne doit pas être pour lui un titre pour rentrer dans un bénéfice qu'il a totalement abdiqué. Dans l'un & l'autre cas, le résignataire doit donc être déclaré non-recevable à exercer le *regrès*, sauf à lui à se pourvoir par les voies de droit.

La raison d'ingratitude ne nous paroît pas nécessiter le *regrès*. Nous savons qu'on peut comparer une résignation en faveur à une donation entre-vifs, révocable pour cause d'ingratitude. Mais, 1°. le non paiement d'une pension réservée sur un bénéfice, est-elle une preuve de cette ingratitude monstrueuse, capable de faire révoquer une donation ? ne peut-il pas être, & n'est-il pas souvent l'effet de circonstances étrangères au résignant ? des événemens malheureux, imprévus, ne peuvent-ils pas avoir mis le résignataire malgré lui en retard ? 2°. En supposant le non paiement de la pension accompagné de circonstances qui caractérisassent une ingratitude punissable, nous n'admettrions pas encore le *regrès*, sur-tout lorsque le résignataire seroit depuis long-temps en possession. Nous préférerions dans ce cas, l'expédient que propose la Combe de déclarer le bénéfice vacant, & d'ordonner qu'il ne pourroit être conféré qu'à la charge de la pension, qui n'auroit pas même besoin d'être homologuée de nouveau en cour de Rome, si elle avoit déjà été revêtue de toutes les formalités requises pour la rendre une charge réelle du bénéfice. Nous croyons cette opinion conforme aux véritables principes selon lesquels on a toujours regardé le *regrès* comme très-défavorable.

Les arrêts rapportés ne nous arrêtent point. Ils ne sont pas infiniment nombreux, ni bien récens. Il n'y en a qu'un d'une chambre des enquêtes du parlement de Paris de 1628. D'ailleurs, dans ces sortes de matières où il n'y a point de loi précise, les tribunaux peuvent toujours juger selon ce qui leur paroît de plus conforme à la raison & aux principes; c'est pourquoi on trouve une si grande variété de jurisprudence sur la plupart des questions bénéficiales.

Au reste, il faut bien remarquer avec Duperray, que tous les jugemens qui ordonnent le *regrès* faute de paiement des arrérages d'une pension, ne sont regardés que comme comminatoires, quoiqu'ils soient signifiés à la partie; de sorte que si le résignataire purge sa demeure en faisant des offres à deniers découverts, le résignant ne peut plus l'exercer. Un arrêt du parlement de Paris du 4 mai 1697, l'a ainsi jugé, non-seulement contre un pensionnaire qui s'étoit fait renvoyer en possession, mais encore contre un tiers, auquel il avoit fait une seconde résignation, & qui étoit déjà même en possession.

Les partisans de la maxime *aut cède aut solve*, conviennent encore que, quand le résignant est rentré dans son bénéfice, il ne peut plus exiger les arrérages des années antérieures, durant lesquelles son résignataire a joui, parce qu'alors celui-ci paieroit, & néanmoins demeureroit privé du bénéfice.

Les cinquième, sixième & septième causes du *regrès* rapportées par Solier, ne nous paroissent pas susceptibles d'aucune observation. Il n'en est pas de même de la huitième. *Cum resignatum fuit, spreto patrono laico, tunc locus est regressui, secuta præsentatione & institutione juxta placitum senatûs Parisiensis de die 30 martis 1647.*

Drapier, *tome 2, p. 14*, traite ainsi la question : « on demande si une résignation d'un bénéfice, » faite en cour de Rome en faveur, se trouve » nulle pour avoir été faite *spreto patrono laico*, » il y a lieu au *regrès*? On répond que nous avons » un arrêt qui a jugé qu'en ce cas il y avoit lieu » au *regrès*. Arrêt du 30 mars 1647. *Journal des* » *audiences*. Et ce en vertu de la clause *non alias*. » Il y a cependant un arrêt du 24 avril 1651, » qui a jugé le contraire; d'ailleurs le grand-con- » seil, par arrêt du 2 décembre 1669, jugea qu'un » curé de l'ordre de Malte, qui avoit résigné sa » cure en faveur d'un autre prêtre, sans le con- » sentement du grand-maître, ne pouvoit de- » mander le *regrès*, le résignataire ayant pris pos- » session; le grand-maître conféra la cure comme » vacante par l'abdication du résignant, & par la » nullité de la résignation, en ce que les statuts » de l'ordre de Malte portent que ses cures ne » pourront se résigner sans le consentement du » grand-maître. Il paroît donc que cet arrêt a jugé » que, si un titulaire s'est démis de son bénéfice » au profit d'une personne que l'on connoissoit » incapable, ou si la résignation étoit nulle d'une » nullité de droit qui lui étoit connue, le rési- » gnant ne seroit pas reçu au *regrès*, le résigna- » taire ayant pris possession. Il est vrai que cet » arrêt peut être aussi une suite de la jurispru- » dence du grand-conseil, qui rejette les *regrès* » comme odieux ».

La Combe, qui a examiné la même question, *verbo Regrès, sect. 5*, s'exprime ainsi : « quand la » résignation en faveur est faite en cour de Rome, » *spreto patrono laico*, il y a lieu au *regrès in vim* » de la clause, *non aliàs*, *nec aliter*, *nec alio quovis-* » *modo*, nonobstant la prétention du pourvu par » l'ordinaire. Ainsi jugé par arrêt du 30 mai 1647... » On oppose contre ce qui a été jugé par cet » arrêt, un autre arrêt du 24 avril 1651, rendu » sur les conclusions de M. Bignon, avocat-gé- » néral, par lequel on prétend, suivant l'intitulé » de l'arrêt, qu'il a été jugé qu'une cure en pa- » tronage laïque étant résignée en cour de Rome, » sans le consentement du patron, vaque par la » nullité de la résignation : mais par la lecture » des faits & des moyens, tels que Dufresne les » rapporte, on ne voit point, du moins claire- » ment, qu'il s'agit de *regrès* de la part du rési- » gnant. Il paroît seulement qu'on a jugé deux » questions; l'une que la résignation faite *spreto* » *patrono laico*, étoit nulle; l'autre que sur la » contestation entre deux se prétendant patrons, » l'un ecclésiastique, l'autre laïque, on doit se » déterminer par provision, par le dernier état. » Ainsi, il faut s'en tenir à l'arrêt du 30 mai 1647, » qui a nettement jugé la question, & qui est » conforme aux principes fondés sur la clause, » *nec aliàs*, *nec aliter* ».

Gohard, *tome 3, p. 569*, est de l'avis de Drapier, & cherche à concilier les arrêts cités par la Combe : « on refuse le *regrès* lorsque le béné- » fice est en patronage laïque, & que la résigna- » tion s'est faite sans le consentement du patron, » pourvu néanmoins que le résignant se soit laissé » dépouiller par la prise de possession de son ré- » signataire : c'est l'espèce de l'arrêt du 24 avril » 1651, auquel le grand-conseil s'est conformé » dans celui qu'il a rendu le 2 décembre 1669, » à l'occasion d'une cure appartenante à l'ordre » de Malte, qui jouit des privilèges attachés » aux patrons laïques. Le grand-maître ayant ap- » pris que le titulaire en avoit disposé, sans avoir » pris l'agrément des officiers de l'ordre, la con-

» sera comme vacante par son abdication, à un » tiers qui y fut maintenu. On en voit pourtant » un autre au journal des audiences, rendu sur » les conclusions de M. l'avocat-général Talon & » dans des circonstances toutes semblables, qu'il » n'est pas aisé de concilier avec ceux-ci. Ce savant » magistrat y appuya fort sur la clause *non aliàs* » *nec aliter*, qui, n'ayant point été exécutée, met» toit le résignant en droit de le retenir, ou d'y » rentrer. Peut-être que le dernier résignant avoit » ignoré qu'en résignant sans le consentement du » patron, il se dépouilloit, & étoit, par cette » ignorance, excusable, au lieu que les deux pre» miers l'avoient su, auquel cas, leur mauvaise » foi méritoit qu'on leur refusât le *regrès*; c'est du » moins la distinction à laquelle Flaminius Parisius » a recours, après Rebuffe, pour décider la ques» tion ».

L'auteur des mémoires du clergé, *tome 10*, *pag. 1712*, propose la question en ces termes: « un résignant dépossédé en vertu d'une résigna» tion nulle, s'il doit être admis au *regrès* »? Après avoir cité l'arrêt de 1647, il ajoute: « il » est vrai néanmoins qu'en certains cas on peut » douter si le résignant dépossédé en vertu d'une » résignation nulle, seroit admis au *regrès*. S'il » s'étoit démis de son bénéfice au profit d'une » personne qu'il en connoissoit incapable, ou si » la résignation étoit nulle d'une nullité de droit » qui lui étoit connue: il cite ensuite l'arrêt du » grand-conseil du 2 décembre 1669, & finit cepen» dant par dire avec Drapier, que cet arrêt peut » être une suite de la jurisprudence de ce tribunal, » qui rejette le *regrès* comme odieux ».

M. Piales, dans son traité des résignations en faveur, *tome 2*, *chap. 3*, examine la question, si dans le cas de la résignation faite en faveur d'un incapable, le résignant doit être admis au *regrès*? Ce canoniste justement célèbre, commence par convenir que la question n'est pas sans difficulté. Il distingue ensuite l'incapacité du résignataire en notoire & secrète. Si elle est secrète, le résignant doit être admis au *regrès*; si elle est notoire, il fait une seconde distinction; ou le résignant a réclamé promptement, & alors, dit M. Piales, cette prompte réclamation de sa part feroit aisément présumer que la résignation n'a pas été faite avec toute la liberté nécessaire; qu'il y a eu du dol & de la surprise. Et il établit ensuite que, contre un dévolutaire, & même contre un pourvu par l'ordinaire, la résignation doit être censée non avenue, & le résignant demeurer titulaire de son bénéfice.

« Mais, continue M. Piales, si le résignant se » laisse déposséder, sans aucune réclamation, par » son résignataire incapable, alors il perd tout » droit au bénéfice, il en abandonne également » & le titre & la possession. La résignation est » consommée de sa part; & quoique le bénéfice » ne soit pas légitimement rempli par le résigna» taire, le résignant n'est pas moins déchu de » tout droit; parce que toutes les conditions sous » lesquelles il avoit résigné sont accomplies. Si » dans ces circonstances, un dévolutaire qui a » impétré le bénéfice sur le résignataire se pré» sente, inutilement le résignant formeroit sa de» mande en *regrès* pour empêcher l'effet du dé» volut, elle ne seroit point écoutée, parce qu'elle » est destituée de tout fondement; il ne peut pré» tendre que le bénéfice n'ayant pas passé sur la » tête de son résignataire, a dû nécessairement » continuer de reposer sur la sienne. Il y a un » milieu entre ces deux alternatives: il est vrai » que le bénéfice n'a pas fait impression sur la » tête du résignataire, mais il ne s'ensuit pas qu'il » ait toujours continué à reposer sur celle du » résignant. Il a pu y reposer jusqu'au moment » de la possession, parce que, jusques-là tout étoit » en suspens en vertu de la clause *non aliàs*. La » démission, qui n'étoit que conditionnelle, est » devenue absolue par l'accomplissement de la con» dition. Le titre du bénéfice a cessé de reposer » sur sa tête. Il est devenu vacant *ipso jure*, & » cette vacance a donné lieu au dévolut ».

Après avoir développé ces principes si lumineux, M. Piales ajoute: « mais si le résignataire n'est » atteint d'aucune incapacité inhérente à sa per» sonne, & que néanmoins la résignation soit nulle, » ou qu'elle vienne à être annullée par quelque » défaut de formalité, le résignant peut, en cer» tains cas, réclamer la faveur de la clause *non* » *aliàs*; Dufresne en rapporte deux arrêts assez » singuliers ». Et sans développer davantage son opinion particulière, M. Piales se contente de rapporter l'arrêt du 30 mai 1647, & un extrait des moyens de M. Talon.

On voit, par les passages rapportés de ces différens auteurs, que la cause de *regrès* que nous examinons ici, est encore susceptible de difficulté. Il nous paroît cependant qu'à la lumière des principes établis par M. Piales, on peut décider la question d'une manière satisfaisante. Si celui qui a résigné *spreto patrono laico*, réclame avant que son résignataire ait pris possession, sa réclamation doit être écoutée. Si ce n'est au contraire qu'après qu'il a été dépossédé, & seulement pour empêcher qu'un pourvu par l'ordinaire sur la présentation du patron, n'entre en possession du bénéfice qu'il a illégalement résigné, nous pensons qu'alors il ne doit point être admis au *regrès*. En vain le résignant opposeroit la clause *nec aliàs*. On lui diroit: cette clause a reçu toute l'exécution qu'elle pouvoit recevoir. Vous pouviez l'invoquer jusqu'au moment où votre résignataire vous a dépossédé: jusqu'à ce moment, le bénéfice a reposé sur votre tête; jusques-là tout étoit en suspens en vertu de la clause *non aliàs*. Votre démission, qui n'étoit que conditionnelle, est devenue absolue par l'accomplissement de la condition: le titre du bénéfice a cessé de résider sur votre tête. Il est devenu vacant *ipso jure*, & le patron laïque, au mépris duquel vous avez résigné & laissé accomplir votre résignation, a eu droit d'y présenter, & par conséquent, l'évêque de le conférer. Ce raisonnement répond suffisamment au moyen tiré de la clause *nec aliàs*, qui étoit le principal qu'employoit M. Talon en 1647. Ajoutons que le résignant dans cette espèce seroit justement puni d'avoir entrepris de dépouiller de ses droits, le patron laïque qui doit être considéré comme son bienfaiteur.

Les cours, dans certaines circonstances, ont adjugé à des résignataires des pensions sur les bénéfices résignés par eux, en les déclarant cependant non-recevables dans leurs demandes en *regrès*. Mais il n'y a que les cours souveraines qui puissent créer ainsi des pensions sur les bénéfices, les tribunaux inférieurs excéderoient leurs pouvoirs, s'ils entreprenoient d'en accorder.

Le résignant qui exerce le *regrès* doit rembourser tous les frais légitimes que sa résignation a occasionnés au résignataire. Il faut cependant excepter le cas où la résignation n'auroit été que l'effet du dol, de la fraude & de la violence.

Le résignant qui rentre dans son bénéfice par la voie du *regrès*, reprend son rang, & conserve toutes les prérogatives dues à l'ancienneté, comme s'il n'avoit jamais résigné. Ainsi jugé par deux arrêts de 1637 & de 1652; lors de celui de 1637, la cour ajouta au dispositif, *néanmoins sans tirer à conséquence*.

On demande si, le résignant ayant intenté le *regrès* vient à décéder dans le cours de l'instance, le bénéfice vaque par mort? Il paroît qu'il faut distinguer l'état dans lequel sont les choses, lorsque le résignant intente le *regrès*. Si c'est avant la prise de possession du résignataire, le décès du résignant fait vaquer le bénéfice par mort, pourvu d'ailleurs que la demande en *regrès* soit fondée. Si le résignataire a pris possession sans opposition de la part du résignant, & que celui-ci n'ait formé sa demande en *regrès* que depuis cette prise de possession; dans ce cas, le décès de ce résignant qui arriveroit dans le cours de l'instance, ne feroit pas vaquer le bénéfice par mort. Ainsi jugé par arrêt de la grand'chambre du parlement de Toulouse, rendu le 3 mars 1684, après partage porté en la première des enquêtes. Les circonstances qui accompagnent les résignations peuvent beaucoup influer sur la décision de ces sortes de questions. (*M. l'abbé* BERTOLIO, *avocat au parlement.*)

REGULARIA REGULARIBUS, SECULARIA SECULARIBUS, (*Droit canon. & bénéfic.*) cette maxime signifie que les bénéfices réguliers doivent être conférés aux réguliers, & les séculiers aux clercs séculiers. Les gradués de l'une & l'autre classe sont resserrés dans cette option; c'est principalement à eux que s'applique la maxime: *jure concordatorum regularia beneficia regularibus, secularia secularibus sunt conferenda quod graduatorum est introductum, paragrapho* volumus *in verbo prætextu cujus vis dispensationis. Si igitur seculari graduato ad regularia beneficia obtinenda legitimè à sede apostolicâ dispensato regulare sit collatum beneficium, nullam erit collatio*.

Elle ne remonte qu'au douzième siècle, & par conséquent est bien postérieure à l'établissement des bénéfices réguliers; elle comprend toutes sortes de bénéfices simples ou sacerdotaux, *à lege & fundatione*.

On la regarde comme une règle de discipline qui tend à conserver l'ordre de la hiérarchie, & qui empêche le mélange des religieux avec les ecclésiastiques séculiers.

Elle est conforme à l'équité, qui veut que l'intention des fondateurs soit exécutée; & si, d'un côté, il répugne que des bénéfices qui ne se sont formés que des biens des monastères, puissent être possédés par des ecclésiastiques qui leur sont étrangers, il semble répugner, de l'autre, que des religieux qui restent soumis à leur monastère, qui peut les faire rentrer sous le joug de la règle, possèdent des bénéfices qui en sont indépendans.

C'est sous ce coup-d'œil que l'on va continuer de l'envisager; mais d'autres motifs ont concouru à son établissement. Tant que la vertu fut le partage du clergé des deux états, l'œil ne fut point rebuté de ce mélange; on ne songea point à faire aucune distinction des bénéfices réguliers & séculiers; les évêques prenoient indistinctement des clercs séculiers pour gouverner des monastères, & des réguliers pour administrer des cures: mais lorsque, d'un côté, l'esprit de licence se fut glissé dans le cloître, & que les cures furent envisagées par les religieux comme un moyen d'en secouer le joug; & que, de l'autre, l'esprit de cupidité ayant corrompu le clergé séculier, fit servir au luxe & à la débauche les biens des religieux dont on lui confioit l'administration, on sentit la nécessité & de concentrer le religieux dans le cloître & d'ôter aux séculiers des richesses devenues dans leurs mains un objet de dissipation & de scandale. Alors on eut recours à cette distinction énergiquement exprimée par la maxime *secularia secularibus, regularia regularibus*: « tant que les papes & les » évêques (dit l'auteur des loix ecclésiastiques), » en conférant des bénéfices réguliers à des séculiers, n'ont eu en vue que le bien de l'église » & l'avantage des monastères, les pères & les » conciles n'ont point condamné cet usage; mais » la vanité, l'avarice & l'ambition ont fait rechercher à des ecclésiastiques les biens des monastères, non pas pour s'en regarder comme les » fidèles dispensateurs, mais pour avoir lieu de » satisfaire plus facilement leurs passions. Quand » on a vu, par les commendes, les bâtimens négligés & détruits, le service divin abandonné, » les religieux dans le besoin, sans chef, & quelquefois sans religion, l'église s'est élevée, non » pas contre les commendes en elles-mêmes; mais » contre les abus auxquels les commendes don-

» noient lieu; & c'est dans ces circonstances qu'elle » a ordonné qu'on ne conféreroit plus les abbayes » qu'à des réguliers ».

Ces commendes ont toujours continué, & c'est une voie d'exception par laquelle les séculiers échappent à la rigueur de la maxime : aussi ce judicieux auteur a-t-il observé que cette maxime, envisagée comme salutaire, n'a guère servi, & qu'elle est au contraire une source intarissable de procès entre les séculiers & les réguliers.

La maxime *secularia secularibus* fut d'abord introduite par l'usage, & bientôt les conciles en firent une loi; elle est consignée dans la pragmatique & le concordat.

« Les bénéfices réguliers (porte le chapitre 10 » du concile de Trente *de reformatione*) dont on » a coutume de pourvoir en titre les religieux » profès, lorsqu'ils viendront à vaquer par le décès » de celui qui les tient en titre, par la résignation » ou autrement, ne seront conférés qu'à des reli- » gieux du même ordre ou à des personnes qui » sont absolument obligées de prendre l'habit & » de faire profession, afin que la laine ne soit pas » mêlée avec le lin ». *Regularia beneficia, in titulum regularibus professis provideri consueta, cùm per obitum aut resignationem vel aliàs illa in titulum obtinentis vacare contigerit religiosis tantùm illius ordinis, vel iis qui habitum* OMNINO *suscipere teneantur & non aliis, ne vestem lino lanâque contestam induant, conferantur.* Cap. 10 *de reformatione.*

La pragmatique, au §. *illi verò*, au titre *de collationibus*, veut que tout collateur des bénéfices réguliers qui néglige de les conférer à des religieux, soit repris & puni. *Illi verò ad quos beneficiorum regularium spectat collatio seu dispositio prætermissis indignis, ex religiosis idoneis conferant & assignent, quòd si aliter fecerint per eorum superiores & capitula provincialia, corrigantur & debitè puniantur.* §. *Illi verò de collationibus.*

Le concile de Trente & la pragmatique semblent, dans les passages cités, avoir éloigné les ecclésiastiques séculiers des bénéfices réguliers, & non pas les réguliers des bénéfices séculiers. Mais il est certain qu'elle a toujours été entendue dans les deux sens. Le §. *volumus & insuper* du concordat l'établit d'une manière à ne laisser aucun doute. *Volumus & insuper quòd tam graduati simplices, quàm nominati beneficia in mensibus eis assignatis vacantia petere & consequi possint secundùm propriæ personæ condecentiam & conformitatem* VIDELICET SECULARES SECULARIA, ET RELIGIOSI REGULARIA *beneficia ecclesiastica, ità quòd secularis nominatus beneficia regularia in mensibus deputatis vacantia* PRÆTEXTU CUJUSVIS *dispensationis apostolicæ & contra religiosus secularia beneficia, petere aut consequi possint.* Concord. §. *volumus.*

Ce paragraphe ne contient en cela rien que de conforme à l'ancien droit, & particuliérement à celui qu'établit le concile de Vienne en 1311. « Les prélats réguliers (porte ce concile) à qui » appartient la nomination des bénéfices, prieurés » ou autres administrations, y nommeront, ou, » à leur défaut, les ordinaires; savoir, des sécu- » liers aux bénéfices ou prieurés séculiers, & des » réguliers aux bénéfices qui ne peuvent être con- » fiés qu'à des réguliers ».

Il seroit superflu de rapporter les autres autorités qui établissent cette maxime; elle n'éprouve plus de contradiction, & même, depuis son origine, elle a toujours été regardée comme de droit commun.

On remarque dans le concordat une disposition qui n'est point suivie à la rigueur, & qui a besoin d'interprétation; le paragraphe cité porte qu'il n'est pas permis de s'écarter de la maxime, même avec dispense du pape, *prætextu cujusvis dispensationis apostolicæ.*

Nous tenons, conformément à l'opinion de Rebuffe, que toutes les fois que la volonté du roi y est conforme, la dispense du pape doit avoir son effet : l'usage alors est d'obtenir un indult & des lettres-patentes confirmatives que le pourvu fait enregistrer.

C'est ce qui fut pratiqué à l'occasion du prieuré de Saint-Blin, diocèse de Toul, dépendant de l'abbaye de Dijon, ordre de saint Benoît.

Ce prieuré a donné lieu à un arrêt du conseil qui rétablit les principes que l'on avoit essayé d'ébranler.

Ce bénéfice étoit régulier, & cette qualité ne lui étoit pas contestée; l'abbé Chauvelin, qui le possédoit en commende, étant décédé en juin 1770, deux réguliers l'avoient requis en vertu de leurs grades, de M. l'évêque de Troies, comme abbé de Saint-Benigne.

Dom de Preigné & dom Mancel étoient ces réguliers; le premier ayant cédé ses droits au second, au moyen d'une pension de 3000 livres, celui-ci sembloit n'avoir plus de contradicteur à craindre. Ce fut alors que se présenta l'abbé Borde de Charmois, avocat au parlement, prédicateur du roi, déjà pourvu de cinq chapelles, pensionnaire d'une cure qu'il avoit résignée, & par conséquent peu favorable.

Il étoit gradué séculier, comme dom Mancel étoit gradué régulier, & le bénéfice avoit vaqué dans un mois de grade. Ayant requis, à ce titre, l'évêque de Troies de lui en donner la provision, il l'obtint le 21 mai 1770, quoique le prélat l'eût conféré à dom Mancel peu de temps auparavant. L'évêque avoit un indult de prorogation de commende du 17 septembre 1768, des lettres-patentes du 13 mai 1769 sur cet indult, & qu'il avoit fait enregistrer le 3 juin. La contestation fut jugée le 3 avril 1772, en faveur de l'abbé Borde, au parlement de Paris, dans l'intérim de cette cour, contre l'avis de nos meilleurs canonistes, entre autres de M. Laget.

Ce jugement fut cassé par l'arrêt du conseil, rendu contradictoirement en 1773, non sur le fondement du *prætextu cujusvis*, *&c.* dont on reconnoissoit, en ce cas, la validité, mais parce que le bénéfice étoit régulier, & qu'il est de principe rigoureux, que tout ecclésiastique doit posséder en titre tout bénéfice qu'il requiert en vertu de ses grades. *Voyez* GRADES.

Si l'on a douté de la validité de cette dispense ainsi revêtue de lettres-patentes, c'étoit dans les temps du trouble qu'excita le concordat. On sait que ce monument de la sagesse & de l'autorité de François I & de Léon X s'éleva, en quelque sorte, sur les ruines de la pragmatique, à laquelle le clergé étoit d'autant plus attaché, ainsi que les cours séculières, que tous les corps de l'état y avoient participé. La pragmatique avoit elle-même consacré la maxime, & n'avoit pas même supposé la possibilité de cette dispense : mais aujourd'hui que plusieurs siècles se sont écoulés depuis ces réclamations qu'excita le concordat, & que les parlemens ont mis cet ouvrage au nombre des loix de l'état par la voie de l'enregistrement, on ne doute pas de la validité de cette dispense; mais il faut le concours de l'autorité du pape & de celle du roi, le concordat étant une loi pour l'un & pour l'autre, & dont ils ne peuvent s'écarter qu'en commun. Mais la dispense & les lettres-patentes doivent être enregistrées en connoissance de cause.

C'est toujours dans ce sens que l'on a entendu la prohibition exprimée par ces mots *prætextu*, *&c.* Le concordat (disoit Me Nouet en 1682, dans l'affaire des abbayes de Chézal-Benoît, pour la congrégation de Saint-Maur) est un droit nouveau qui peut recevoir sa dissolution par les mêmes voies qu'il a reçu son autorité; le pape & le roi peuvent y déroger par un consentement mutuel, & c'est ce qu'ils font journellement lorsqu'ils le jugent à propos pour l'utilité de l'église.

Le *prætextu cujusvis*, *&c.* dit Boutaric, n'est point particulier aux gradués; il s'étend à tous les ecclésiastiques; l'intention des deux puissances est qu'elles ne puissent, ni l'une ni l'autre *séparément*, rendre un régulier habile à posséder un bénéfice séculier, *& vice versâ.*

La nature du bénéfice se prouve par sa fondation, & dans l'incertitude on présume qu'il est séculier, toutes les fois qu'il s'agit d'une cure ou des dignités des églises cathédrales ou collégiales : il en est autrement lorsqu'il s'agit d'un prieuré, on présume alors qu'il est régulier.

Il arrive tous les jours qu'un bénéfice séculier devient régulier, & qu'un bénéfice régulier devient séculier : il est essentiel d'expliquer comment se fait ce changement.

Il s'opère par la prescription; si le bénéfice est possédé pendant quarante ans par un régulier, on admet qu'il est régulier; & s'il est possédé par un séculier, on admet qu'il est séculier, quelle que fût sa qualité dans l'origine.

Mais plusieurs conditions sont requises pour que l'on puisse opposer cette prescription, ainsi qu'on aura soin de l'expliquer. Observons sur-tout que les règles pour prescrire contre un séculier, ne sont pas les mêmes que pour prescrire contre un régulier; ces règles contiennent des différences qu'il est essentiel de saisir.

Il y en a qui tiennent pour maxime, qu'en France il est nécessaire qu'il y ait trois collations avec effet. La jurisprudence du parlement de Toulouse y est conforme; mais il en est autrement de celle du parlement de Paris. Un arrêt du 14 février 1630, rapporté par Bardet, *tome 1*, *liv. 3*, *chap. 89*, juge qu'il suffit que le bénéfice ait été desservi par des ecclésiastiques séculiers pendant le temps de la prescription. Il faut cependant observer que M. Bignon portant la parole, dit qu'il n'y avoit point de preuve que la cure de Trépigny, dont il s'agissoit au procès, fût un bénéfice régulier, & qu'il y avoit preuve, au contraire, qu'elle avoit été *long-temps* desservie par des prêtres séculiers; que dans le doute, la présomption étoit pour la sécularité, *leur première origine ayant été telle.*

Le mot *long-temps*, dont se sert ici M. Bignon, laisse dans l'incertitude quel temps est nécessaire pour acquérir cette prescription. Le chapitre *cùm benef. de præbend. in 6°.* de Boniface VIII, peut servir à l'interpréter.

Cùm de beneficio ecclesiastico, porte ce chapitre, *consueto clericis secularibus assignari*, *provideri mandamus*, *de illo debet intelligi quòd tantopere ab uno vel pluribus clericis institutis rectoribus extitit continuè & pacificè gubernatum*, *ut præscriptio legitima sit completa; etiamsi ante vel post religiosi quandoque ministrarint in eodem.*

Suivant la loi générale du royaume, concernant la prescription contre les biens de l'église, *legitima præscriptio*, dont se sert Boniface VIII, ne peut s'entendre que de la prescription de quarante ans. Bouchel est d'avis que ce temps est nécessaire en général *pour prouver que le bénéfice est régulier ou séculier.*

La possession triennale n'est d'aucune considération : un régulier pourvu d'un bénéfice séculier par le pape même, ne pourroit s'en faire un titre. Cette opinion est fondée sur un arrêt du mois de septembre 1613, rapporté par Montholon, *chap. 122.* Cet arrêt adjuge le bénéfice au dévolutaire, quoique le dépourvu eût joui sans trouble pendant dix-huit ans.

Nous avons exposé que cette prescription dépend de plusieurs conditions; la première, que le bénéfice ait été conféré avec la qualité que prétend lui donner celui qui veut s'aider de la prescription. « Est requis (dit Bouchel dans sa *Somme bénéficiale*) que celui qui confère ait eu l'intention de changer & imprimer une autre qualité » au bénéfice, &, en conférant, il doit dire au » régulier, *confero beneficium regulare*, & au séculier, *confero seculare*, encore qu'il ne soit pas » de cette qualité ».

Comme la commende est une voie de conserver la qualité du bénéfice, *titulus conservatorius*, loin de servir à la prescription, elle l'interrompt; un bénéfice régulier ainsi possédé pendant une longue suite d'années, ne perdroit pas cette qualité.

Il en est de même lorsque le bénéfice est possédé au moyen d'une dispense, ou qu'il est dit dans le titre de possession, qu'il dépend d'un monastère, ou que c'est un office régulier dépendant d'un bénéfice séculier; *alors*, dit Bouchel, *la qualité contraire ne se pourroit prescrire.*

Il faut que le séculier qui a possédé le bénéfice régulier, ait été institué; il ne suffit pas qu'il l'ait possédé de fait; ce qui doit s'entendre autant que la qualité du bénéfice est d'ailleurs certaine. Autrement il suffiroit de montrer que le dernier possesseur étoit séculier, sans considérer le temps qu'il l'auroit possédé. Tel est l'esprit de l'arrêt du 14 février 1630, rendu sur les conclusions de M. Bignon, & dont nous avons fait mention plus haut.

Lorsqu'il y a preuve de part & d'autre, on a égard au dernier état du bénéfice.

Pour que la prescription ait lieu, on exige encore la bonne-foi. « Si les clercs, dit Bouchel, » avoient joui d'un bénéfice régulier, contre le » commandement & la défense du pape, ils ne » pourroient prescrire ».

Le sentiment des modernes, concernant la bonne-foi, est conforme à celui de cet auteur.

La question de la possibilité de prescrire la qualité du bénéfice, a fixé l'attention de M. Durand de Maillanne: « la possession de quarante ans, dit-il, » avec une seule collation, doit suffire pour faire » déclarer le bénéfice séculier, lorsque d'ailleurs » toutes choses sont égales & que le dernier état » du bénéfice est pour la sécularité ».

Cet auteur suppose qu'il y a preuve que le bénéfice étoit régulier dans l'origine.

C'est une distinction essentielle & qu'il ne faut jamais perdre de vue.

On demande si la condition du régulier est semblable à celle du séculier, c'est-à-dire, s'il peut, comme lui, prescrire par quarante ans un bénéfice séculier.

M. Durand de Maillanne, qui a traité la question, est d'opinion contraire; il veut que le régulier qui entend prescrire, joigne des titres à la possession, ou que cette possession *soit si longue & si constante, qu'elle fasse présumer ces titres.*

Il fonde son sentiment pour établir cette différence, sur la présomption de droit, qui fait regarder comme séculier tout bénéfice dont la qualité est incertaine.

Il fait cependant une distinction qui paroît très-judicieuse. Si le bénéfice dont l'état est contesté, est du nombre de ceux que leur nature fait présumer réguliers, il veut que la faveur du retour au premier état soit pour le religieux, & qu'il puisse alléguer la possession quarantenaire, quand même le bénéfice auroit été possédé pendant un espace intermédiaire par des séculiers en titre.

Il embrasse l'opinion pour laquelle nous nous sommes déclarés d'après Bouchel; il rejette toute possession qui est accompagnée de la mauvaise-foi, ou que l'on ne peut regarder que comme une usurpation, ou enfin quand elle n'a été que précaire & non en titre.

Au surplus, on ne doute pas, en général, qu'un bénéfice de collation laïque ne puisse perdre son état par la possession de quarante ans, lorsque cette possession est accompagnée de trois collations; un arrêt du 3 mars 1753 a jugé qu'il n'étoit pas nécessaire de rapporter ces collations, & qu'il suffisoit de justifier qu'elles avoient existé avec effet.

Nous disons en général, car il est des congrégations qui tiennent pour maxime qu'un bénéfice séculier ne peut jamais perdre cette qualité; la congrégation de Notre-Sauveur en fit la déclaration solemnelle dans la cause qu'elle perdit en 1765 contre le clergé séculier; cause fameuse qui dura trente audiences, & dont nous parlerons dans la suite de cet article. « Les cures régulières (dit » M. Rheyne qui porta la parole pour cette con- » grégation, & à qui on ne reprochera pas le » succès contraire qu'éprouvèrent les chanoines) » peuvent cesser de l'être par la prescription, au » lieu que les cures séculières ne peuvent devenir » régulières par cette voie: nous demandons acte » de cette déclaration ».

Le séculier n'ayant besoin que d'une collation jointe à cette possession, on voit que la jurisprudence le regarde comme favorable.

Il suit des principes que nous avons établis & des autorités que nous avons citées, que c'est au religieux qui revendique le bénéfice, à prouver qu'il est régulier. Sur quoi il faut observer que s'il est lui-même en possession de ce bénéfice réputé régulier, il ne pourra être troublé dans sa possession, sous prétexte du défaut de représentation du titre primitif. Il lui suffit, au défaut de ce titre primitif, d'en rapporter un qui constate qu'elle appartient à l'ordre dont il l'a reçu. C'est ce que juge un arrêt du premier juin 1734, à l'occasion d'une cure possédée par les chanoines réguliers de l'ordre des prémontrés.

On a contesté aux chanoines réguliers le droit de nommer un de leurs religieux aux cures de leur ordre, une fois qu'elles avoient été possédées par des clercs séculiers, excepté dans les deux cas de mort ou de démission du curé. Un arrêt du 21 janvier 1761 a confondu cette prétention; M. l'avocat-général de Pomereu, qui porta la parole, fit voir que les chanoines réguliers devoient être distingués des autres religieux: destinés par leurs instituts à tous les devoirs de l'ordre hiérarchique & à tous les travaux du sacerdoce, joignant la cléricature à la vie religieuse, ils n'ont pu être confondus avec les autres moines, qui, uniquement

uniquement occupés de leur propre salut, passent leurs jours dans le silence d'une vie édifiante, mais purement contemplative.

Après avoir justifié toute la faveur que prétendent les chanoines réguliers de l'ordre de saint Augustin, & particuliérement l'ordre des Prémontrés, par des services rendus à la religion, aux sciences & à l'état; M. l'avocat-général de Pomereu écarte la prétention de ceux qui veulent resserrer le droit des supérieurs de cet ordre dans deux seuls genres de vacances : « pour prouver, » dit-il, que lorsque ces cures ont été une fois » possédées par des séculiers, les Prémontrés ne » peuvent y nommer leurs religieux que lorsque » le bénéfice est vacant par mort ou démission, » on se fonde sur ce passage de la bulle donnée » en 1310 par Clément V : *ecclesias autem parochiales vicarias vestras hujusmodi conferre poteritis* » *secularibus personis, post quarum obitum seu resignationem licitè vestris conferatur canonicis.* Le mot » *résignation*, a-t-on dit, doit s'entendre de la » démission pure & simple, & non de la résignation en faveur inconnue de Clément V; donc » on suppose que dans le cas de la résignation en » faveur, faite par le séculier titulaire, les cha- » noines Prémontrés ne peuvent y nommer un » religieux; mais, ajoute le magistrat, pour dé- » truire cette supposition & se convaincre que le » pape a étendu le privilège à tous les genres de » vacances possibles, il suffit de rapprocher de ce » passage les termes qui le précèdent & ceux qui » le suivent. *Impetrationem ecclesiarum & vicariarium* » ad vestram collationem *spectantem à nobis & nostris* » *successoribus per seculares personas fieri inhibemus.* » Voilà les résignations en faveur prévues; le » pape se lie les mains ainsi qu'à ses successeurs : » il défend aux séculiers d'impétrer les bénéfices » qui sont à la collation des Prémontrés; & en » permettant aux chanoines réguliers de donner » leurs cures à des séculiers, & d'y substituer en- » suite des religieux de leur ordre, il ajoute : *toties* » *& quandò videbitur expedire*, toutes les fois & » quand il paroîtra convenable. Le privilège n'est » donc point restreint à deux seuls genres de va- » cances; il les comprend toutes ».

Il ne suffit pas d'être régulier pour posséder un bénéfice régulier; il faut encore être profès, & profès de l'ordre dont dépend le bénéfice : ces deux conditions sont essentielles, & l'une ne seroit d'aucune considération sans l'autre. Ce principe est suivi dans toute la rigueur : une provision accordée à un novice avant sa profession, seroit nulle de plein droit; le bénéfice seroit adjugé au dévolutaire, quand même celui-ci ne l'auroit requis qu'après sa profession. Aussi ne manque-t-on pas de mettre au nombre des titres & des preuves de capacité que l'on exige d'un religieux pourvu d'un bénéfice régulier, les actes de vêture, tels qu'ils sont prescrits par l'ordonnance.

Quant à ce qu'il faut être du même ordre dont dépend le bénéfice, ce principe est aussi rigoureusement observé. De Lacombe cite un arrêt du mois de septembre 1613, qui juge qu'un religieux de l'ordre de saint Augustin, pourvu d'un bénéfice non dépendant de son ordre, *suppressâ qualitate*, & sans dispense de son supérieur, ne peut s'aider du décret *de pacificis possessoribus*, quoique ce religieux eût joui de la cure pendant dix-sept ans; parce que, dit cet auteur, la régularité est imprescriptible; ce qui doit s'entendre de la régularité du religieux, & non de celle du bénéfice. Cette dernière est prescriptible, nous l'avons démontré de manière à ne rien laisser à desirer.

On sent la raison de cette distinction; la qualité du religieux est toujours certaine; dès cet instant il ne peut la prescrire; elle ne cesse jamais de réclamer. Mais il ne peut rester de doute sur la possibilité de prescrire la qualité du bénéfice, & Me de Lacombe l'établit lui-même : « la nature » d'un bénéfice (dit-il à ce mot), d'un bénéfice » de séculier ou de régulier se prouve par sa » fondation, ou s'il a été possédé par quarante » ans, ou par des séculiers ou des réguliers ».

On pourroit citer plusieurs arrêts qui ont consacré cette jurisprudence. Papon en rapporte un du 24 février 1534. Le sentiment des canonistes y est conforme : c'est ce qu'ils entendent par ces expressions du §. *volumus & insuper*, du concordat *secundùm propriæ personæ condecentiam & conformitatem.*

« En quoi, dit Bouchel, la conformité & bien- » séance est encore requise. Car, par exemple, » à un religieux de l'ordre de saint Augustin il » est bienséant de conférer les bénéfices de cet » ordre & religion; & aux religieux de saint Benoît » les bénéfices du même ordre; & aux églises où » les moines portent un habit noir, il est bien » à propos d'en pourvoir un qui porte l'habit noir, » de même à celui qui porte l'habit blanc : car il » est écrit, *non arabis in bove & asino*; c'est-à- » dire, tu n'accoupleras pas en un même office » deux hommes de différentes conditions.

» Si cependant il n'y avoit pas de moine noir, » on pourroit conférer le bénéfice à un moine » blanc ou à des chanoines réguliers ».

Le chap. *cùm sing. prohibemus*, défend aux collateurs de conférer les bénéfices dépendans d'un monastère, aux religieux d'un autre monastère, sans une dispense du saint siège; *nisi canonicè transferantur ab ipsâ*, à peine d'être privé pour cette fois de l'exercice du droit de collation & de dévolution au supérieur.

Mais ce chapitre n'est pas suivi sur ce point, &, pour satisfaire au saint siège, le pourvu se présente au supérieur du monastère dont le bénéfice dépend; encore n'est-ce qu'une pure déférence; le supérieur ne peut s'y refuser qu'infructueusement; le pourvu prend sa possession indépendamment de sa volonté. Il en faut cependant excepter les bénéfices qui sont particuliérement affectés à certains monastères par la volonté évidente des fondateurs. Telle est alors la faveur de ces bénéfices, que, non-seulement les religieux de l'ordre, mais même les religieux de la congrégation dont dépend le monastère auquel les bénéfices sont affectés, ne peuvent les posséder. On tient même pour maxime qu'un séculier ne peut les posséder en commende, ni un gradué les requérir en vertu de ses grades.

Lorsque l'on dit qu'un séculier ne peut posséder un bénéfice régulier, cela ne signifie autre chose qu'il ne peut le posséder en titre; mais il peut le posséder en commende perpétuelle, qui, comme on le voit à ce mot, diffère peu du titre. Mais un régulier peut-il posséder un bénéfice séculier par ce même moyen? Cette question est traitée en général au mot COMMENDE.

On a démontré à cet article, que la commende n'étant qu'une *commission temporelle*, un *titre dispensatoire* de régularité, pour être capable de posséder un bénéfice régulier, il n'étoit pas possible de supposer qu'elle pût s'étendre au régulier pour posséder un bénéfice séculier.

Ainsi le régulier n'a aucun moyen d'échapper à la règle *secularia secularibus*.

Le séculier a encore la voie des impétrations *cum voto profitendi*: cette voie, qui est une espèce de fiction, par laquelle la loi s'accomplit, sert au religieux profès d'un ordre, pour posséder un bénéfice dépendant d'un autre ordre.

Rien de plus contraire à l'esprit de l'église que cette voie; elle répugne au texte même des canons *statuit sancta synodus* (concile de Toulouse en 1058) *ut si quis clericorum adipiscendæ abbatiæ, gratiâ monachus effectus fuerit, in abbatiâ quidem monachus permaneat, sed ad ipsum honorem ad quem aspirabat nullatenùs accedat. Quòd si præsumpserit, excommunicetur.*

L'impétration *cum voto* est le contraire absolu de ce canon. Le séculier, à la faveur de la clause *pro cupiente profiteri*, qui s'insère dans les provisions, obtient le bénéfice régulier. Cette clause signifie que le pape accorde le bénéfice à condition que l'impétrant fera profession dans l'ordre dont ce bénéfice dépend: elle vient du mot *cupit sancta synodus*, employé dans le vingt-unième chapitre du concile de Trente, des réguliers & des moniales. L'impétration s'appelle *pro cupiente*, & la supplique *cum voto*.... « Les monastères (est-il » dit dans ce chapitre) qui sont présentement en » commende, ne seront conférés qu'à des régu- » liers; & à l'égard des monastères qui sont chefs » ou premiers des ordres, seront obligés ceux *qui* » *les tiennent présentement en commende, de faire pro-* » *fession solemnelle dans six mois*, de la religion » propre & particulière desdits ordres, ou de s'en » défaire; autrement lesdites commendes seront » estimées vacantes de plein droit ».

L'état fâcheux où se trouvoit l'église, ne permit pas au concile de Trente de faire exécuter ce qui avoit été arrêté dans les conciles précédens, & notamment dans celui de Toulouse; les pères crurent devoir céder aux circonstances (*verùm adeò dura difficillimaque temporum conditio*); & prévoyant les difficultés & l'impossibilité peut-être d'obliger les séculiers à se défaire de leurs bénéfices, ils leur imposèrent pour condition, d'embrasser la règle. L'anathême lancé par le concile de Toulouse cessa à ce moyen. Les séculiers qui possédoient les bénéfices dont fait mention ce chapitre, embrassèrent la règle des ordres dont ils dépendoient; & l'on fait aujourd'hui, pour avoir ces bénéfices, ce que l'on faisoit alors pour les conserver.

Le concile ne prescrit rien au pape, & le laisse maître d'en user suivant *sa piété & sa prudence*. C'est de ce pouvoir qui lui est donné par le concile, qu'il jouit seul du droit de donner des provisions *pro cupiente profiteri*, dans le royaume. On croit qu'il pourroit la donner à ses légats, & même aux collateurs ordinaires. C'est l'opinion de M. de Maillanne. Il se fonde sur ce que nous reconnoissons à cet égard les provisions du vice-légat d'Avignon, & particuliérement sur ce que les collateurs de l'ordre de Malte, dont tous les bénéfices sont réguliers, ont ces mêmes pouvoirs.

On remarque trois différences essentielles entre les pourvus *pro cupiente profiteri* de la cour de Rome, & ceux qui le sont ainsi par les collateurs de l'ordre de Malte.

La première consiste en ce que les pourvus en cour de Rome sont assurés du bénéfice, une fois qu'ils l'ont impétré, lorsque d'ailleurs ils sont capables d'en posséder. Si on refuse de leur donner l'habit de l'ordre dont dépend le bénéfice, & de recevoir leur profession, ils ont droit de se pourvoir contre ce refus. Le pourvu de l'ordre de Malte, au contraire, doit se présenter au chapitre provincial, qui le refuse ou l'admet, & nul tribunal ne peut réformer la décision de ce chapitre.

La seconde, en ce que l'année pendant laquelle tout pourvu en général doit entrer en religion, commence, à l'égard de celui qui l'est en cour de Rome de la date de ses provisions ou du jour qu'il les a reçues du banquier; au lieu que l'année de celui qui tient ses provisions des collateurs de l'ordre de Malte, ne commence que du jour qu'il est cité à comparoître devant le chapitre provincial, pour être admis à prendre l'habit de l'ordre.

La troisième, en ce que les pourvus en cour de Rome perdent leur bénéfice sans sentence de déclaration; au lieu que les pourvus par les collateurs de Malte ne peuvent en être privés que par un décret du chapitre provincial, qui déclare le bénéfice vacant, soit parce qu'ils ne se sont pas présentés pour faire profession dans les délais, soit parce que, s'étant présentés, ils ont été jugés indignes d'être admis à la profession religieuse.

Le chapitre provincial, par le même décret où il déclare le bénéfice vacant, permet aux patrons

& aux collateurs de l'ordre de disposer des bénéfices de leur collation ou patronage, sans que jusqu'à ce temps ils puissent y nommer.

Les autres patrons ou collateurs, au contraire, ont une entière liberté de pourvoir aux bénéfices qui vaquent du même genre de vacance, dès le moment que les pourvus *pro cupiente*, en cour de Rome, ont laissé expirer le terme fatal sans faire profession.

Les bénéfices de l'ordre de Malte ont une affectation particulière, qui rend plus sévère à leur égard la maxime *regularia regularibus;* c'est cependant moins cette maxime qui les gouverne, que ses propres statuts. Le titre 14 porte, que tous les bénéfices dont la présentation ou collation lui appartient, seront pour les seuls profès de l'ordre, sans qu'aucun autre puisse en être pourvu.

Cette affectation particulière des bénéfices de Malte au profès de cet ordre, a été confirmée par plusieurs bulles revêtues de lettres-patentes enregistrées au grand-conseil, constitué protecteur & conservateur des droits & des privilèges de cet ordre.

La bulle de Paul III, confirmée par celle de Pie IV, porte que les bénéfices de l'ordre qui se trouvent conférés à des séculiers, ou chargés de pension en leur faveur, ne sont que des graces accordées à condition de faire profession dans l'ordre. Cette bulle leur enjoint d'abandonner ces bénéfices & ces pensions, ou de prendre l'habit de l'ordre dans six mois, à compter du jour qu'ils seront cités à cet effet, & de faire profession dans six autres mois. Et faute par les possesseurs de résigner ou de faire profession, le pape déclare ces bénéfices vacans.

L'article 37 du chapitre général de 1063, veut que les chapelains déjà pourvus soient contraints, par les commandeurs de l'ordre, de prendre l'habit dans les temps portés; & dans le cas où les commandeurs négligeroient de satisfaire à cet article, les prieurs & les châtelains peuvent disposer de ces bénéfices.

La jurisprudence du parlement & du grand-conseil sont conformes aux bulles des papes & aux statuts de l'ordre. Plusieurs arrêts des deux cours ont jugé que la possession triennale, ni toute autre plus longue, ne pouvoit dispenser de cette obligation.

Ces bénéfices diffèrent de ceux des autres ordres, en ce que la régularité en est imprescriptible. Et nous avons observé à l'article MALTE, que toutes les fois qu'on les confère à un séculier, c'est toujours avec la condition expresse ou tacite qu'il fera profession.

Quoique le pape doive donner, *pro suâ pietate & prudentiâ*, les provisions *pro cupiente*, c'est cependant une dispense qui est devenue grace ordinaire, d'où plusieurs sont d'opinion qu'il est collateur forcé. M. de Lacombe est d'opinion différente, parce qu'il considère le droit & non pas le fait. Il la regarde comme une pure grace que le pape peut accorder ou refuser, & dater du temps qu'il veut. La jurisprudence n'est point encore fixée sur la plainte que pourroit former l'impétrant contre la date qui ne seroit pas celle de l'arrivée du courrier. M. Piales cite l'arrêt du 9 mars 1722; mais cet arrêt, suivant sa remarque à lui-même, n'a pas jugé précisément la question. Les officiers de la cour de Rome n'avoient refusé les provisions que sur le défaut du certificat d'idonéité, que nous ne regardons pas comme essentiel.

Un clerc séculier peut être pourvu sur résignation d'un bénéfice régulier, à charge de faire profession; mais on a douté s'il pouvoit obtenir des provisions *cum voto*, sur une vacance de plein droit: les arrêts ont jugé l'affirmative; & telle est l'opinion des jurisconsultes les plus justement accrédités. M. Piales rapporte, dans son traité des commendes, l'arrêt du grand-conseil du 19 février 1695, qui est au nombre de ceux qui ont fixé cette jurisprudence.

Le pourvu sous la condition de se faire religieux, doit la remplir dans les délais qui lui sont fixés par les provisions. Le temps est ordinairement, dans notre usage, de six mois pour la prise d'habit, & d'un an pour la profession. Ce temps se compte du jour où le pourvu reçoit ses provisions des mains du banquier, ou au moins du jour de sa prise de possession; celui qui laisse passer ce délai, est privé de son droit, le bénéfice est vacant & impétrable. Ainsi jugé par arrêt du grand-conseil le 30 août 1741, à l'occasion du prieuré régulier de Saint-Etienne de Meyras, diocèse de Riviers. Cet arrêt, rapporté *tome 12 des mémoires du clergé*, décide que la vacance est acquise de droit dès que le séculier n'a pas pris l'habit dans l'année.

La jurisprudence, en établissant cette règle, y a admis deux limitations; la première est lorsque le pourvu a fait ses diligences pour parvenir à sa profession, & qu'il y a trouvé des obstacles de la part des religieux, autant cependant qu'il aura pris les voies de droit pour les faire cesser. L'évêque est juge des causes du refus; & il examine dans le sujet, moins ses dispositions à pratiquer la règle, que sa capacité pour posséder le bénéfice.

La seconde limitation consiste en ce que, quoique la condition de prendre l'habit soit accompagnée d'un décret irritant, on doit l'interpréter suivant l'usage du royaume. Suivant cet usage, il suffit, lorsque le bénéfice est contesté, que le pourvu fasse profession, ou qu'il se mette en devoir de la faire dans l'année de la paisible possession.

Cependant ces provisions *pro cupiente* ne sont pas nécessaires pour tous les bénéfices: c'est ce qui résulte du chapitre du concile de Trente, que nous avons rapporté. Ces impétrations ne s'entendent que des abbayes & des autres bénéfices réguliers qui sont chargés de quelque administration.

Les ordinaires usent de ces collations, & le

féculier fatisfait au concile en fe faifant religieux.

Voici une queftion qui a fixé l'attention des jurifconfultes : un féculier pourvu d'un bénéfice régulier *pro cupiente*, après l'avoir gardé plus d'un an fans faire profeffion, le permute contre un bénéfice régulier, duquel il obtient des provifions en commende, fans expofer au pape qu'il a été pourvu *pro cupiente*, du bénéfice qu'il donne en permutation, & qu'il n'y a pas fatisfait. Un régulier obtient des provifions par dévolut, & foutient la nullité de la permutation, 1°. fur ce qu'un féculier pourvu *pro cupiente* ne peut tirer avantage de cette claufe, qu'il n'ait accompli le décret qui l'oblige de faire profeffion; 2°. fur ce que ce permutant n'ayant pas expofé qu'il étoit pourvu de ce bénéfice *pro cupiente*, fans s'être mis en état de fatisfaire, c'eft une provifion furprife : ce que l'on fonde fur cette claufe ordinaire dans les permutations, *fi per diligentem examinationem conftiterit quòd quilibet permutantium jus habeat in beneficio per ipfum refignato*.

La décifion de cette queftion dépend de favoir fi le pourvu *pro cupiente*, qui n'a pas fatisfait à la condition, eft regardé comme ayant ou n'ayant plus un titre qui lui donne la faculté de réfigner ou de permuter. On eftime que le pourvu a cette faculté, & qu'il peut en ufer validement, pourvu qu'il réfigne ou permute avant que le dévolutaire l'ait troublé. On appuie cette opinion de l'exemple de ceux qui font pourvus de bénéfices facerdotaux *à lege*, qui peuvent réfigner ou permuter même après l'année, quoiqu'ils ne fe foient pas mis en état. La réfignation ou la permutation, en ce cas, eft valable, fi elle eft faite avant la fignification du dévolut, & l'affignation donnée au dévoluté. On cite pour fecond exemple, celui d'un pourvu de bénéfices incompatibles, dont le premier vaque après l'année de poffeffion paifible accordée pour faire l'option; mais dont le dévolutaire eft rejetté fi la réfignation ou la permutation a précédé la fignification du dévolut.

On demande fi les chanoines réguliers font refferrés dans les liens de cette incapacité comme les autres religieux.

Ils ont plufieurs fois foutenu l'affirmative, & il eft vrai de dire qu'ils n'ont manqué ni de raifons, ni de partifans, ni de défenfeurs.

Leurs moyens font, qu'ils ont fait choix de la vie active dans l'églife; qu'ils fe vouent, par leur inftitution, au fervice de l'autel & aux fonctions de la cléricature; qu'ils font confacrés à ce fervice; qu'ils font appellés à ces fonctions par leurs loix, leur engagement & leur pratique conftante; qu'enfin ils font clercs dans l'origine; que les vœux qui les rapprochent des autres moines font purement accidentels; que ces vœux fuppofent l'état préexiftant, & qu'ils ne le font pas; que ces vœux tendent à les diftinguer parmi les clercs, & non pas à les en féparer; qu'ils ne les font que pour tendre à une plus grande perfection, & non pas pour s'éloigner des fonctions de la hiérarchie; que la bulle d'Urbain VIII, en 1626, leur affigne toutes les fonctions du miniftre, fans leur donner d'autres fins ni limites que les ftatuts de leur congrégation; qu'étant deftinés aux fonctions de la cléricature, ils ne peuvent y renoncer fans renoncer à leur état; que la bulle *quod infcrutabili*, de Benoît XIV, donnée en 1747, ayant été donnée *proprio motu*, n'eft ni contradictoire, ni irrévocable; que le *proprio motu* eft abufif dans nos mœurs; que d'ailleurs elle ne regarde & n'intéreffe que les chanoines réguliers d'une congrégation particulière, c'eft-à-dire, les chanoines réguliers de faint Jean-de-Latran; que cette bulle ne peut être regardée que comme tendante à augmenter les revenus de la chancellerie romaine, puifqu'au moyen de l'indult ils peuvent poffeder les cures féculières; que Benoît XIV y reconnoît avoir dérogé à la conftitution d'Innocent III fur le chapitre *quod Dei timorem*, & aux autres conftitutions apoftoliques, même à des conciles; que cette bulle n'étoit qu'une loi d'un fouverain, n'étant point fortie des états du pape, & n'ayant été envoyée qu'aux congrégations de Latran & de Saint-Sauveur de Bologne, qui n'avoient rien à oppofer à une volonté abfolue; que d'ailleurs cette bulle avoit été, en quelque forte, rétractée par la bulle *apoftolici præcepti* du même pape, donnée en 1757, & où les mêmes chanoines de faint Jean-de-Latran font regardés comme faifant partie du clergé féculier, *qui* (eft-il dit dans cette bulle), *faifant une portion du clergé féculier, reçoivent des cures, des canonicats, &c.*; qu'on ne peut leur oppofer leur indépendance des évêques; que cette indépendance ne les tireroit pas de la claffe du clergé féculier, puifque les chanoines des cathédrales & des collégiales font tellement indépendans des évêques, qu'ils ne les admettent point aux chapitres s'ils n'y ont une prébende & s'ils n'y ont été reçus en qualité de chanoines, mais que leur indépendance n'eft que fuppofée; que s'ils dépendent de leurs fupérieurs de Rome, ce n'eft que pour leur police particulière, & qu'ils n'en font pas moins foumis à la police générale du diocèfe; que quand ils fe difpofent à entrer dans le miniftère, ils en dépendent abfolument; que les évêques s'affurent de leurs mœurs; qu'ils font juges de leur fcience & de leur doctrine, avant de leur donner la tonfure, les moindres, le fous-diaconat & les autres ordres, fans aucune diftinction des clercs du clergé féculier; que ce n'eft point avoir une jufte idée des cures féculières, que de les regarder comme le patrimoine du clergé féculier, ou l'aliment des prêtres indigens; que les cures en général ne font pas le patrimoine des eccléfiaftiques; qu'elles ne font pas faites pour les clercs, & que les clercs font faits pour elles; que l'évêque & tout collateur, dans la diftribution des cures, doit avoir pour objet, non pas de nourrir des clercs dans le befoin, mais de donner aux peuples des pafteurs remplis de charité, de zèle, & capables de les soulager & de les instruire; que si l'on veut suivre les canons, il n'y aura point de pauvres prêtres, & que les laïques pauvres seront soulagés; que des clercs préparés au ministère pendant un temps considérable passé dans la retraite & employé à l'étude, à l'exercice & aux fonctions de la hiérarchie, sont plus propres à un gouvernement, à un ministère aussi saint, que des ecclésiastiques, qui, à beaucoup près, ne subissent pas les mêmes épreuves; que l'église ne peut craindre aucun abus d'un curé surveillé par ses supérieurs & par ses confrères, qui sont, en quelque sorte, responsables de sa conduite personnelle, & sont intéressés à le faire rentrer dans le monastère, si sa conduite ne répond pas à ses devoirs; qu'il est d'usage de convoquer les abbés, chanoines réguliers, au synode général, droit où ne peuvent prétendre ni aspirer les autres abbés religieux; que leur concurrence aux cures séculières tend à étendre les droits des collateurs, qui, à ce moyen, ont un plus grand nombre de sujets; que l'on ne peut leur opposer le défaut de réciprocité refusée aux prêtres séculiers pour posséder des cures régulières, parce que, comme eux, ils sont clercs par état, au lieu que les prêtres séculiers ne sont pas, comme eux, membres des congrégations auxquelles les cures séculières ont été affectées; qu'on ne peut leur opposer le desir d'enrichir leurs maisons du patrimoine de ces cures, puisque jamais ils ne prétendent rien à la mort des chanoines réguliers qui les ont possédées.

Tels sont les moyens que les chanoines réguliers des différentes congrégations ont fait valoir en différentes circonstances pour posséder des cures séculières. On ne peut disconvenir qu'ils ne soient d'un très-grand poids; il en est un sur-tout qui sembloit devoir décider en leur faveur, celui qui consiste à dire qu'ils sont une portion du clergé séculier: à ce moyen, la loi *secularia secularibus* sembloit conforme à leurs prétentions. Cependant il est de jurisprudence certaine & même de droit commun dans toute la France, que les chanoines réguliers des différentes congrégations sont incapables de posséder des cures séculières; &, à l'exception du parlement de Metz & de celui de Nancy, cette incapacité ne peut être levée par la dispense du pape ou de l'évêque.

Ce qui semble avoir déterminé contre eux, c'est qu'étant déjà doués d'un riche patrimoine, leurs différentes congrégations ont assez de cures pour employer leurs religieux.

Nous avons fait une distinction des deux parlemens de Metz & de Nancy: les chanoines réguliers de Notre-Sauveur, situés dans le ressort de celui-ci, sont les derniers qui aient soutenu que leur ordre en général avoit cette capacité, & particuliérement les congrégations établies en Lorraine. Ce fut en 1765 que se termina, à leur désavantage, cette question fameuse, qui, comme l'atteste leur dernier mémoire, fut agitée dans trente audiences. La cure de Sainte-Paule, où le roi avoit nommé un chanoine régulier de Notre-Sauveur, en fournit le sujet. L'évêque de Toul avoit refusé de donner des institutions au chanoine régulier. Le clergé des deux états étoit partagé pour & contre; aussi doit-on regarder la question comme irrévocablement décidée: elle fut soutenue par le dépouillement de l'histoire ecclésiastique, l'examen des bulles des différens siècles & de celui des constitutions des instituteurs & des réformateurs de cet ordre. A l'appui d'une infinité de monumens qui sembloient s'élever en faveur des congrégations régulières établies en Lorraine, M. Rheyne, leur défenseur, se présentoit avec une liste de trente chanoines réguliers qui ont possédé des cures & des dignités séculières depuis la réforme: il cite, dans ses mémoires, deux arrêts, l'un de 1729, l'autre de 1731: le premier, qui maintient un chanoine régulier dans une cure séculière; le second, qui, en rejettant la demande d'un chanoine régulier concernant la cure de Vittonville, contre un séculier, sous prétexte qu'elle étoit unie (cette union étoit effacée par une prescription de quatre-vingt-douze ans), déclare que *c'est sans préjudice au droit du collateur, qui, le cas de la vacance arrivant, pourra nommer à ladite cure un chanoine régulier.* Tels sont les moyens accumulés que fit valoir M. Rheyne dans cette affaire célèbre, & qui ne purent assurer aux chanoines réguliers le succès sur lequel ils avoient compté. D'ailleurs, le traité de Vienne assure à la Lorraine la conservation & la forme de son gouvernement: celui de Meudon la maintient dans la possession de ses loix & de ses usages. Le concordat n'y est point reçu. Cette province est pays d'exception; & c'est ce que ne manquèrent pas de faire valoir les chanoines réguliers. « Ce n'est pas, disoient-» ils, dans les canonistes françois ou étrangers, » ni dans les maximes reçues en France ou en » Italie, qu'on doit chercher la solution de la » question, mais dans la jurisprudence & les mœurs » de la province, dans nos usages & dans les loix » ecclésiastiques, qui n'y sont pas contraires ».

La cour de Nancy, en prononçant comme elle fit, rapprocha le droit de la province au droit commun de la France.

Ce droit ne diffère plus du nôtre que dans un point, en ce que le pape peut accorder, ou même l'évêque, une dispense, & que même un simple *visa* de l'ordinaire tiendroit lieu de cette dispense. Le clergé séculier ne contestoit point ce droit à l'évêque. « Si, disoit à ce sujet le défenseur des » chanoines réguliers, la maxime *conferendo dis-» pensat* pouvoit avoir lieu, notre capacité dépen-» droit donc de l'évêque? notre état seroit donc » arbitraire? nos adversaires croient donc que » l'évêque peut nous dispenser? *&c.* ».

Cette réflexion n'a pas la solidité des autres moyens; ce droit ne répugne pas à la dignité épiscopale, & ne pourroit être regardé comme une usurpation. L'évêque, juge naturel de tous les ecclésiastiques de son diocèse, & même, dans l'origine, collateur de tous les bénéfices, doit examiner les cas & les circonstances où il doit permettre à un religieux de sortir du cloître pour administrer des cures; ce ne seroit donc qu'un retour au droit ancien, droit qui n'a pu cesser que dans les pays où le concile de Trente a été reçu, à moins que l'on n'y ait dérogé par des loix particulières. « L'évêque, dit d'Héricourt, seul collateur alors (avant le douzième siècle) de tous » les emplois ecclésiastiques de son diocèse, y » établissoit les hommes qu'il y connoissoit les plus » propres, & souvent il les prenoit dans le monastère, du consentement des abbés ».

Ce qui semble avoir déterminé dans cette affaire particulière à la Lorraine, est l'aveu que les chanoines réguliers faisoient, que par un article de leurs statuts, ils s'étoient soumis à prendre un indult; ils prétendoient, il est vrai, avoir aboli ce statut en 1756.

Quant à la jurisprudence du parlement de Metz, on cite un arrêt de cette cour, rendu en 1661, en faveur d'un chanoine régulier pourvu de la cure séculière de sainte Segolene de Metz. Le séculier qui attaqua ce régulier par dévolut, fut condamné à l'amende; mais on y reconnoît l'usage de l'indult ou de la dispense de l'ordinaire.

Ainsi, pour résumer cet article, il en résulte, 1°. que la maxime *regularia regularibus, secularia secularibus* est de droit commun; 2°. que le roi & le pape peuvent déroger à cette maxime, non pas séparément, mais concurremment: savoir, du côté du pape, par un indult enregistré, & du côté du roi, par des lettres-patentes également enregistrées; 3°. que la régularité certaine du bénéfice se prescrit par quarante ans, si, dans cet intervalle, on montre un titre qui puisse faire présumer la bonne-foi; & que quand cette régularité est incertaine, il n'est besoin ni de ce titre, ni des quarante-ans, & qu'il suffit que le dernier possesseur fût séculier; 4°. qu'on y déroge de plein droit, au moyen de la commende; 5°. qu'on y satisfait par fiction, au moyen de l'impétration *cum voto profitendi*; 6°. que la sécularité d'un bénéfice ne peut se prescrire que par quarante ans, encore lorsque dans l'intervalle il y a eu trois collations avec effet; 7°. que cette loi comprend les chanoines réguliers comme les autres religieux; que les uns & les autres ont besoin du secours des deux puissances pour faire cesser en eux cette incapacité, excepté dans les parlemens de Metz & de Nancy, où les chanoines réguliers peuvent posséder des cures séculières, au moyen de l'indult, ou même seulement de la dispense de l'ordinaire.

On a contesté aux religieux de l'abbaye de sainte Geneviève, mieux connus sous le nom de chanoines réguliers de la congrégation de France, la qualité de chanoines réguliers; on a prétendu qu'il ne leur en étoit dû d'autre que celle *de religieux vivant en l'entière & exacte observance de la règle de saint Augustin*. Et par une conséquence fausse, on leur a contesté la capacité pour posséder les cures de l'ordre de saint Augustin, & même celles qui dépendoient particuliérement de leur congrégation. Ce systême fut développé dans une consultation de M. de la Ville, du mois d'août 1772, & fut réfuté dans une autre de M. Piales, du même mois. L'existence de cette congrégation avec le titre de chanoines réguliers, étoit appuyée sur tant de titres, ainsi que la possession des bénéfices dépendans de leur congrégation, que cette question attacha moins par le doute auquel toute question doit donner lieu, que par la singularité: elle fut abandonnée, & il n'y eut point d'arrêt.

RÉGULIER, adj. se dit, *en droit*, de ce qui est conforme aux règles. Un acte est *régulier*, lorsqu'il est rédigé suivant ce qui est permis & ordonné par les réglemens; une procédure est *régulière*, lorsqu'elle est conforme à l'ordonnance & aux arrêts & réglemens des cours. *Voyez* ACTE, FORME, FORMALITÉ, PROCÉDURE.

RÉGULIER, s. m. (*Droit can.*) ce terme est générique; il convient à tout ecclésiastique qui a fait vœu de vivre sous une règle dans un ordre approuvé: il diffère du mot *religieux*, en ce que celui-ci s'applique plus particuliérement aux moines, & en ce qu'il ne déroge point à la cléricature.

On cite ordinairement, pour faire sentir la différence qui règne entre l'un & l'autre, le passage de M. Fleury, où cet historien célèbre dit: « qu'il » y a deux sortes de religieux, les uns clercs & » les autres laïques.... Les clercs vivant en commun, imitoient la vie monastique, pour se précautionner contre la tentation de la vie active & » la fréquentation avec les séculiers ».

On appelle *chanoines réguliers*, ceux d'entre ces clercs qui se sont voués à l'observance étroite des canons. Les noms de *chanoine* & de *régulier* sont cependant pris souvent dans un sens différent.

« Il est certain, dit le père Thomassin, que les » réformateurs de la piété cléricale s'efforcèrent de » porter tous les clercs à vivre en chanoines, c'est-à-dire, en *réguliers*: car, quoique le terme de » *régulier*, ou de chanoine *régulier*, ne fût pas » encore en usage, on comprenoit fort bien que » le mot de *canon* & celui de *règle* signifioient la » même chose, aussi-bien que celui de *chanoine* & » celui de *régulier* ».

« Le nom de *régulier*, dit encore le même auteur, » ne vient que de la règle des clercs, distinguée » de celle des moines ».

Lorsque l'on parle des *réguliers* en général, on entend les chanoines *réguliers*; & ce sont eux qui sont l'objet de cet article.

Il s'est trouvé des auteurs qui ont contesté aux *réguliers* l'antiquité de leur origine, & qui ont prétendu leur assigner le onzième siècle pour époque; mais une foule de monumens s'élèvent pour les faire remonter aux premiers temps de l'église; & sans qu'il soit nécessaire de les faire passer tous en revue, il suffit du témoignage d'Urbain VIII, que l'on n'accusera ni de partialité ni d'ignorance : ce pontife donne, à cet ordre, toutes les qualifications qui peuvent le distinguer du côté de l'antiquité, de la sainteté, & de son utilité dans l'église. *Considerantes* (dit-il dans une bulle en 1628) *sanctissimum illud institutum canonicorum regularium, in felicibus primitivæ ecclesiæ incunabilis plantatum ac posteà ab eodem magno patre sancto Augustino doctrinâ & divinis regulis irrigatum, auctum & decoratum, tùm ab illo ad hæc nostra tempora à variis Dei servis cultum & propagatum, insignes pietatis fructus in ecclesiâ Dei semper protulisse.*

On voit que ce pape place l'origine des chanoines *réguliers* dans le berceau même de l'église, & qu'il regarde saint Augustin comme ayant donné un nouveau lustre à cet ordre, & comme l'ayant enrichi de sa doctrine.

Pie IV, en terminant, en 1563, cette contestation fameuse qui s'éleva pour la préséance entre les chanoines *réguliers* & les moines du Mont-Cassin, si célèbres par tant de privilèges, s'explique de cette sorte :

« Après avoir oui les deux parties, dit-il, » savoir, les chanoines *réguliers* & les moines du » Mont-Cassin; après avoir oui les cardinaux qui » ont pesé les moyens pour & contre, tout considéré, nous décidons, nous prononçons que » les chanoines *réguliers* doivent avoir en tout » temps & en tous lieux la préséance sur les » moines du Mont-Cassin, parce qu'ils sont clercs ».

C'est ainsi qu'il s'exprimoit dans cette bulle; voici le bref confirmatif du 18 janvier 1564 :

« Nous avons (porte ce bref) adjugé la préséance aux chanoines *réguliers* sur les moines » du Mont-Cassin, parce que leur qualité de clerc » la leur donne, & parce que nous avons jugé » que tout ce qui est dit dans le rapport des cardinaux sur cette clause, étoit conforme à la vérité » & au droit commun, notamment ce qu'ils nous » ont rapporté, que les chanoines *réguliers* ont été » & sont de ces clercs institués par saint Augustin, » &, pour mieux dire, par les apôtres, & que les » chanoines devoient précéder les moines du Mont-Cassin, non-seulement à raison de l'antiquité » de leur institut, mais encore à raison de la » dignité cléricale dont ces chanoines doivent être » décorés dès qu'ils ont prononcé la profession » régulière; c'est pourquoi nous avons aussi porté » notre sentence en faveur des chanoines *réguliers*, & nous avons imposé silence à toutes les » parties ».

Cette préséance leur a encore occasionné, dans le dernier siècle, une discussion avec les bénédictins de Saint-Epvre & de Saint-Manvi. A la célébrité des parties, Patru joignit celle de son nom. La cause avoit d'abord été jugée à Toul, où siégeoit alors le parlement de Metz, & la préséance leur avoit été adjugée. Les bénédictins ayant pris requête civile contre cet arrêt, & ayant fait évoquer, au moyen du prince de Conti, leur abbé commendataire, la contestation fut renvoyée du conseil privé au grand-conseil, & ce fut alors que Patru déploya toutes les richesses d'une véritable éloquence dans un des plaidoyers qu'il nous a conservés. Les chanoines *réguliers* furent maintenus, & sont encore en possession de cette préséance.

On peut voir dans ce plaidoyer, prononcé contre les chanoines *réguliers*, la pureté de leur institution & de leurs mœurs, & comment ils se sont établis, tant en Orient qu'en Occident. « Les évêques, dit-il, retirèrent, dans leur maison épiscopale ou aux environs, tous leurs ecclésiastiques, » dont ils formèrent un corps. Là, ces hommes, » consacrés au ministère de l'autel, vivoient en » commun, & ne se gardoient rien de propre. » Là, dégagés de tous les empêchemens du siècle, » loin de tout commerce profane, ils s'exerçoient » à la prière, au jeûne, à la psalmodie, & s'instruisoient à loisir de toutes les fonctions cléricales. Saint Basile fut le premier qui, dans » l'Orient, introduisit cette discipline dans son » clergé. Nous lisons dans Sozomene, que vers » ce temps-là ce célèbre évêque de Rhinocere » en Egypte suivit l'exemple de saint Basile. Et, » pour quitter l'Orient, tant s'en faut que dans » l'église latine saint Augustin ait été l'instituteur » de cette sainte observance. Saint Ambroise, dont » il ne fut à cet égard que le disciple, nous apprend qu'Eusebe de Verceilles fut le premier » des évêques occidentaux qui l'établit dans sa » cathédrale; de sorte qu'il y avoit long-temps » qu'elle étoit connue dans l'Italie, lorsque ce » divin néophyte la porta depuis à Hyppone, » & qu'enfin elle passa dans la France, dans l'Espagne, dans l'Allemagne, même en l'Angleterre & dans toutes les parties du monde chrétien. Tout ce que saint Augustin fit en cela de » particulier, c'est que, n'étant encore que prêtre, » il institua une congrégation d'ecclésiastiques qui » vivoient tous avec lui en communauté; & c'est » ce que nous lisons dans son histoire, *qu'aussitôt qu'il eut reçu l'ordre de la prêtrise, il bâtit un* » *monastère, où lui & quelques autres serviteurs de* » *Dieu menoient une vie toute conforme aux exemples*, » à la doctrine que les apôtres nous ont laissée ».

C'étoit de cette manière que parloit des chanoines *réguliers* un orateur chargé de défendre les intérêts de leurs adversaires, à la tête desquels étoit un grand prince, Armand de Bourbon, prince de Conti, leur abbé.

Patru, décrivant ensuite leur vie privée, nous les représente comme n'ayant qu'une même table & une même maison; de-là viennent, dit-il, les cloîtres que nous voyons encore aujourd'hui en la plupart des églises cathédrales ou collégiales : il observe qu'ils ne firent d'abord aucun des trois vœux de religion, & que cependant ils les pratiquoient tous les trois, ne se mariant pas, donnant tout leur patrimoine aux pauvres ou à l'église, ne sortant que rarement, & jamais sans congé; étant présidé en l'absence de l'évêque par un prêtre qui veilloit sur les actions des uns & des autres : leurs repas & leurs mets étoient réglés. Outre le soin des ames & le service divin, qui faisoient leur occupation principale, ils avoient leurs dévotions particulières, & des heures pour vaquer à leurs études, pour s'instruire dans les livres ou par la bouche des vieillards. « Voilà, s'écrie l'orateur, la manière » dont vivoient ces hommes, dignes véritable» ment de la pureté & de l'innocence des siècles » qui les ont portés. Mais parce que cette heu» reuse vie a beaucoup de choses semblables en » apparence à la vie des religieux; de-là vient » que Possidonius, que saint Augustin lui-même; » de-là vient que les conciles, que les pères, tant » Grecs que Latins, nomment *monastères* les mai» sons où ces ecclésiastiques étoient comme ren» fermés. C'est pour cela que saint Ambroise, dit » d'Eusebe de Verceilles, qu'il avoit joint la con» tinence & la discipline religieuse, à la dignité » & à la puissance du sacerdoce; c'est enfin pour » cette raison que les ennemis de saint Augustin » & de saint Basile leur reprochent que, contre » la disposition des canons, ils appelloient des » religieux à l'administration des choses saintes ».

Nous ne nous étendrons pas davantage sur cet article; ce que nous pourrions en dire étant réparti dans différens autres de ce recueil; ce qui pourroit avoir été omis se trouvera aux mots RELIGIEUX & VŒUX.

Il suffit de rapporter deux déclarations; la première du 22 août 1770; l'autre du 6 août 1774, qui ont érigé en loi plusieurs points de jurisprudence contenus dans différens articles de ce recueil, concernant les bénéfices à charge d'ames dépendans des ordres ou congrégations de l'ordre de saint Augustin, les provisions de ces bénéfices, la révocation des chanoines *réguliers* actuellement pourvus, leur pécule, la visite des presbytères & des bâtimens dépendans de l'ordre & de l'observation de l'édit de 1773, rapporté au mot ORDRE RELIGIEUX.

« Louis, *&c.* Salut. Ayant ordonné, par l'article » 5 de notre édit du mois de mars 1768, aux » ordres & congrégations religieuses de notre » royaume, de réunir en un seul corps leurs » statuts, réglemens & constitutions; nous avons » jugé nécessaire de faire connoître nos intentions » sur quelques articles relatifs à l'administration » des cures par les chanoines *réguliers*, afin qu'il » fût plus facile aux ordres & congrégations desdits » chanoines *réguliers*, de parvenir à la rédaction » de leurs constitutions, & d'en obtenir l'autori» sation : & nous avons cru devoir en même » temps faire cesser, par une jurisprudence uni» forme, les contestations que pouvoient occa» sionner les successions desdits chanoines *réguliers* » curés, afin qu'au moyen de ces différentes dis» positions, les droits & la possession réciproques » des différens ordres & congrégations puissent » être conservés, & la desserte des paroisses con» ciliée avec l'accomplissement des vœux de re» ligion, l'intérêt des paroissiens avec celui des » ordres & congrégations, & l'obéissance due aux » supérieurs religieux, avec celle qui est due aux » archevêques & évêques, supérieurs ordinaires » & imprescriptibles de tous les curés de leurs dio» cèses. A ces causes & autres à ce nous mouvant; » de l'avis de notre conseil, & de notre certaine » science, pleine puissance & autorité royale, » nous avons dit, déclaré & ordonné, disons, » déclarons & ordonnons, voulons & nous plaît » ce qui suit :

» ARTICLE I. Les bénéfices à charge d'ames, » dépendans des ordres ou congrégations de l'ordre » de saint Augustin, ne pourront être possédés à » l'avenir, ou obtenus par des chanoines *réguliers* » qui n'auroient pas fait profession dans les ordres » ou congrégations dont dépendent les bénéfices à » charge d'ames, à peine de nullité.

» II. Les chanoines *réguliers* desdits ordres ou » congrégations ne pourront accepter les provisions » d'aucun bénéfice à charge d'ames, sans avoir » préalablement obtenu le consentement par écrit » de leur supérieur général, dont ils feront apparoir » à l'archevêque ou évêque diocésain, le tout à » peine de nullité. Et dans le cas où un chanoine » *régulier* n'auroit obtenu ou ne pourroit obtenir » le consentement de son supérieur général pour » accepter une cure à laquelle il auroit été pré» senté, dans ce cas, le présentateur pourra faire » choix d'un autre sujet, sans que la nouvelle » présentation puisse être regardée comme une » variation de sa part.

» III. Les chanoines *réguliers* qui sont actuelle» ment pourvus, ainsi que ceux qui seront pourvus » à l'avenir d'aucuns bénéfices à charge d'ames, » pourront en être révoqués & retirés par leur » supérieur général, du consentement, & non » autrement, des archevêques & évêques dans » le diocèse desquels seront situés lesdits béné» fices, dérogeant à cet effet à la disposition de » notre édit du mois de janvier 1686.

» IV. Le pécule des chanoines *réguliers* qui dé» céderont pourvus de cures, vicaireries perpé» tuelles, ou autres bénéfices à charge d'ames, » appartiendra à l'ordre ou congrégation dont dé» pendent lesdits bénéfices à charge d'ames, sans » qu'il puisse, en aucun cas, être réclamé par » les paroissiens & habitans; à la charge toutefois » par les ordres ou congrégations de tenir les » presbytères ou bâtimens dépendans en bon état, » & d'y faire faire toutes les réparations & re» constructions qui y seront nécessaires, & de

» fournir

» fournir au successeur les meubles convenables à » son état. Si donnons en mandement, &c. ».

Les articles 2 & 3 de cette déclaration ont été étendus à tous les religieux du royaume, par l'article 21 de l'édit de 1773.

Le roi ayant craint qu'il ne s'élevât encore quelque difficulté sur l'interprétation de cette déclaration, en a donné une seconde. Celle-ci est du 6 août 1774. Voici quelle en est la teneur :

« Louis, &c. Salut. Les supérieurs des ordres » & congrégations des chanoines *réguliers* de l'ordre » de saint Augustin, nous ont fait représenter que » le feu roi, notre très-honoré seigneur & aïeul, » auroit, par l'article 4 de sa déclaration du 22 » août 1770, attribué le pécule des chanoines *réguliers* qui décéderont pourvus de cures, vicai» reries perpétuelles, ou autres bénéfices à charge » d'ames, aux ordres ou congrégations dont dé» pendront lesdits bénéfices, aux clauses, charges » & conditions énoncées audit article; mais que » l'exécution de ces dispositions pouvoit donner » lieu à quelques contestations qu'il seroit de notre » bonté de prévenir. C'est dans ces circonstances, » qu'après nous être fait rendre compte desdites » représentations, nous avons jugé d'autant plus » convenable d'expliquer nos intentions à ce sujet, » que nous serons toujours empressés de donner » auxdits ordres & congrégations, des preuves de » notre attention à tout ce qui peut les intéresser, » soit par rapport au maintien de la régularité, » soit par rapport à la conservation & la bonne » administration de leur temporel. A ces causes, &c.

» Article I. L'article 4 de la déclaration du » mois d'août 1770 sera exécuté selon sa forme » & teneur; & en conséquence, le pécule des » chanoines *réguliers* qui décéderont pourvus de » cures, vicairies perpétuelles, ou autres bé» néfices à charge d'ames, continuera d'appartenir » à l'ordre ou congrégation dont dépendront lesdits » bénéfices à charge d'ames, sans qu'il puisse, en » aucun cas, être réclamé, soit par les paroissiens » & habitans, soit par les abbés commendataires » des maisons dépendantes desdits ordres & con» grégations, & ce nonobstant une transaction » particulière ou traité de partage, auxquels nous » avons dérogé pour ce regard seulement.

» II. Voulons pareillement que le pécule des » chanoines *réguliers*, lesquels auroient été pour» vus, avant la déclaration du 22 août 1770, de » bénéfices dépendans d'une maison, ordre ou » congrégation où ils n'auroient pas fait profes» sion, appartienne à l'ordre ou congrégation dont » lesdits chanoines *réguliers* seront profès, à la » charge par lesdits ordres ou congrégations, de » remettre le presbytère en bon état de répara» tions, à l'ordre, congrégation ou maison d'où » dépend ledit bénéfice auquel il doit appartenir.

» III. Il sera libre aux supérieurs généraux des » ordres & congrégations, comme aux supérieurs » particuliers des maisons desdits ordres & con» grégations dont dépendent lesdits bénéfices à » charge d'ames, de visiter & faire visiter une » fois l'an les presbytères & bâtimens en dépen» dans, & de contraindre ceux qui en seront » pourvus, d'y faire les réparations dont ils sont » tenus.

» IV. Les chanoines *réguliers* pourvus desdits » bénéfices, seront tenus de se conformer aux » dispositions des articles 16 & 17 de notre édit » de 1773; & en conséquence, ils ne pourront » entreprendre aucune reconstruction ou répara» tion, que celle d'entretien, ni faire aucun em» prunt de deniers, qu'aux clauses & conditions » énoncées auxdits articles, & sous les peines » portées par lesdits articles. Si donnons, &c. ».

(*M. l'abbé* Bertolio, *avocat au parlement.*)

RÉHABILITATION, s. f. Réhabiliter, v. a. (*Gramm. & Jurisprud.*) la *réhabilitation* est, proprement, le rétablissement d'une personne dans son premier état. Ce terme signifie aussi l'acte par lequel s'opère la *réhabilitation*, c'est-à-dire, celui par lequel le roi remet en sa bonne fame & renommée, quelqu'un qui auroit été condamné à quelque peine infamante. Cette *réhabilitation* s'opère par des lettres du grand-sceau, par lesquelles le roi veut que, pour raison des condamnations qui étoient intervenues contre l'impétrant, il ne lui soit imputé aucune incapacité ou note d'infamie, & qu'il puisse tenir, posséder & exercer toutes sortes d'offices. *Voyez le titre 16 de l'ordonnance de 1670.*

On trouve, dit M. le président Hénault, un fait bien singulier dans des lettres du 20 juin 1383, qui sont au registre 123 du trésor des chartres, *pièce 2.* Le roi (Charles VI) voulant *réhabiliter* un coupable, nommé *Jean Mauclerc*, habitant de Senlis, à qui le poing avoit été coupé pour avoir frappé un Flamand nommé *Jean le Brun*, lui permit de remplacer ce poing par un autre, fait de la matière qu'il voudra.

On peut aussi faire *réhabiliter* ou purger la mémoire d'un défunt, en appellant de la sentence rendue par contumace; ou si c'est un jugement en dernier ressort, il faut se pourvoir devant les mêmes juges; mais si le défunt est décédé après les cinq ans de la contumace, on n'est point reçu à purger sa mémoire sans lettres du grand-sceau.

L'arrêt ou le jugement en dernier ressort, qui a condamné l'impétrant, doit être attaché sous le contre-scel des lettres de *réhabilitation*, sinon elles ne produisent aucun effet. Mais les juges, même ceux des cours souveraines, sont tenus d'entériner les lettres de *réhabilitation* qui leur sont adressées, sans examiner si elles sont conformes aux charges & informations, sauf à eux à représenter au roi ce qu'ils jugent à propos.

Réhabilitation de noblesse, est l'acte qui fait revivre la noblesse que quelqu'un avoit perdue, par quelque jugement qui l'en avoit déclaré déchu, lui ou ses ancêtres, ou bien lorsqu'elle avoit été perdue par quelque acte dérogeant.

Cette *réhabilitation* s'opère aussi par des lettres qui doivent être régistrées au parlement, en la chambre des comptes & en la cour des aides. *Voyez* Bacquet, *des francs-fiefs.*

Réhabilitation de mariage, est une nouvelle célébration de mariage que l'on fait pour réparer le vice d'un premier mariage.

Cet acte est qualifié improprement de *réhabilitation;* la nouvelle célébration de mariage est le seul acte que l'on considère, & elle n'a point l'effet de valider le premier mariage, qui étoit nul.

Le parlement ordonne quelquefois qu'un mariage sera réhabilité lorsqu'il ne pèche que par quelque défaut de forme, & que les parties consentent de demeurer unies; mais le juge d'église ne peut ordonner une telle *réhabilitation.*

REILHAGE. *Voyez* REILHE.

REILHE, (*Droit féodal.*) 1°. ce mot paroît avoir été employé autrefois pour *relief.* Une chartre de l'an 1316, tirée d'un cartulaire de l'église de Langres, & citée par dom Carpentier au mot *Relevagium* sous *Relevare*, porte: « je Alis de Joinville, » dame de Beaufort...., je soie entrée en la féauté » & en l'omaige de..... l'évêque de Langres, » de la terre de Chacenay......; & il me demandast avant la reprise, que je l'y donnasse » pleiges & seurté dou *reilhe* & dou rachat de ladite » terre ». *Voyez* RÈGNE.

2°. Brillon dit, au mot *Dixme reilhe* que, suivant la Rocheflavin, *liv. 2, tit. 5, art. 4, p. 70*, » le droit de *reilhe* est une espèce de dîme que » les curés exigent en certains lieux dans les paroisses voisines à cause des cultures que les » paroissiens y font durant toute l'année, & que » le curé d'Encauste au diocèse de Comminges, » y fut maintenu provisoirement contre le curé » de Raigade, par arrêt du parlement de Toulouse du 21 septembre 1673, quoique les dîmes » personnelles soient abrogées ». Mais je n'ai rien trouvé de semblable dans les deux titres *des dîmes* qui sont dans le recueil de la Rocheflavin, du moins dans l'édition de 1682, augmentée des notes de Graverol, que j'ai sous les yeux.

Il est certain néanmoins que l'article 330 de la coutume de la Marche appelle *suite de reilhage*, le droit qu'a le décimateur de la paroisse où les bœufs couchent & paissent, de partager la dîme avec celui du village où le champ est situé.

Couturier de Fournoue dit, d'après Callet, « qu'on prétend que le terme de *suite de reilhage*, » employé dans cet article, vient du mot de *règle*, » ainsi dit vulgairement entre les laboureurs, ce qui » signifie le soc de la charrue ».

On a dit effectivement *relha* pour soc de charrue en latin barbare, & les Espagnols disent encore aujourd'hui *reja* dans le même sens. Mais on peut aussi dériver ce mot des raies que forme le soc de la charrue, comme le veut Lauriere. *Voyez le dictionnaire de l'académie espagnole & le glossaire du droit françois au mot* Reilhage. (*G. D. C.*)

RÉINTÉGRANDE, s.-f. (*terme de Procédure.*) est une action possessoire par laquelle celui qui a été déjetté & spolié par violence de la possession d'un immeuble, se peut pourvoir dans l'an & jour de cette spoliation, afin d'être remis & réintégré en sa possession.

Elle a été ainsi appellée quasi-réintégration, *seu restitutio in integrum*, parce qu'elle tend à remettre les choses dans leur entier, c'est-à-dire, dans l'état où elles étoient avant le trouble.

Cette action tire son origine de l'interdit ou action possessoire qui étoit usité chez les Romains, appellé *interdictum unde vi.*

La *réintégrande* a pour fondement cette maxime tirée, tant du droit civil que du droit canonique, *spoliatus ante omnia restituendus est:* ce qui s'observe indistinctement, quand même celui qui a été spolié, n'auroit aucun droit à la chose, parce qu'il n'est permis à qui que ce soit de se faire à soi-même justice, ni de dépouiller, de son autorité privée, quelqu'un d'un bien dont il est en possession.

On comprend quelquefois la *réintégrande* sous le terme général de *complainte;* elle ne diffère en effet de la complainte proprement dite qu'en ce que la complainte est pour le cas d'un simple trouble sans dépossession; au lieu que la *réintégrande* est pour le cas où il y a eu expulsion violente.

On peut poursuivre la *réintégrande* civilement ou criminellement.

Elle se poursuit par action civile, quand celui qui a été expulsé, fait simplement ajourner le détenteur, ou celui qui l'a expulsé, pour voir dire qu'il sera réintégré dans sa possession.

La *réintégrande* se poursuit criminellement, lorsque celui qui a été expulsé, rend plainte de cette violence, & qu'il demande permission de faire informer.

Celui qui a intenté cette action au civil, ne peut plus prendre la voie extraordinaire; mais quand il a pris d'abord la voie criminelle, les juges peuvent, en connoissance de cause, renvoyer les parties à fins civiles.

L'action de *réintégrande* doit, comme la complainte, être intentée dans l'an & jour du trouble.

On peut intenter la *réintégrande* devant tous juges, même non royaux, pourvu qu'il n'y ait point de port d'armes; mais MM. des requêtes n'en peuvent connoître au criminel, à moins qu'elle ne soit incidente à un procès qui étoit déjà pendant pardevant eux pour le même héritage.

Si le défendeur à la *réintégrande* dénie le trouble qu'on lui impute, on appointe les parties à faire preuve de leurs faits.

On ne peut former aucune demande au pétitoire jusqu'à ce que la *réintégrande* ait été jugée, & le jugement exécuté, tant en principal que restitution de fruits, dépens, dommages & intérêts, si aucuns ont été adjugés.

Cependant, si le demandeur étoit en demeure de faire liquider tous ces accessoires, le défendeur à la *réintégrande* pourroit poursuivre le pétitoire, en donnant caution de payer le tout après la taxe & liquidation qui en sera faite.

Les sentences qui interviennent dans cette matière, sont exécutoires par provision, nonobstant l'appel. *Voyez* COMPLAINTE, NOUVELLETÉ, POSSESSION, PÉTITOIRE, POSSESSOIRE, SPOLIATION. (*A*)

RÉINTÉGRER, v. act. (*terme de Pratique.*) signifie rétablir quelqu'un dans la possession d'un bien dont il avoit été évincé. *Voyez* RÉINTÉGRANDE.

Quand un locataire enlève ses meubles en fraude sans payer les loyers, le propriétaire ou principal locataire demande, pour sa sûreté, permission de faire *réintégrer* les meubles, c'est-à-dire, de les faire remettre dans les lieux dont on les a enlevés.

C'est dans le même sens qu'on dit *réintégrer* un prisonnier: ce qui se fait lorsqu'un prisonnier qui s'étoit évadé, est pris & constitué de nouveau dans les prisons.

Enfin, on réintègre un officier qui avoit été interdit, lorsqu'on le rétablit dans ses fonctions. (*A*)

RELATION, *en jurisprudence*, signifie quelquefois *témoignage* ou *rapport* d'un officier public; comme quand on dit que le notaire en second ne signe les actes qu'à la *relation* de celui qui reçoit la minute.

Relation signifie aussi le *rapport* & la *liaison* qu'il y a entre deux termes ou deux clauses, ou deux parties différentes d'un acte. (*A*)

RELAXATION, s. f. *en terme de Pratique*, signifie la délivrance & la sortie d'un prisonnier qui se fait du consentement de celui qui l'a fait écrouer.

Dans quelques provinces on dit *relaxation de la demande*, pour décharge de la demande. (*A*)

RÉLÉGATION, s. f. (*Code crimin.*) est lorsque le prince envoie quelqu'un, ou lui ordonne d'aller dans un lieu qu'il lui désigne pour y rester jusqu'à nouvel ordre.

On appelloit la *rélégation* chez les Romains, ce que nous appellons communément *exil.*

La *rélégation* différoit de la *déportation*, en ce que la première n'ôtoit pas les droits de cité, & n'emportoit pas confiscation; il y a aussi parmi nous la même différence entre la *rélégation* & le bannissement à perpétuité hors du royaume.

C'est ordinairement par une lettre de cachet que le roi relègue ceux qu'il veut éloigner de quelque lieu; quelquefois c'est par un simple ordre intitulé *de par le roi*, & dans lequel il est enjoint au sieur un tel de se retirer à tel endroit pour y demeurer jusqu'à nouvel ordre.

Plusieurs édits & déclarations ont fait défenses à ceux qui sont relégués, de sortir sans permission, du lieu de leur exil, notamment l'édit du mois d'août 1669, la déclaration du mois de juillet 1682: celle du 24 juillet 1705, a prononcé dans ce cas la peine de confiscation de corps & de bien. *Voyez* BANNISSEMENT, DÉPORTATION, EXIL, LETTRES DE CACHET. (*A*)

RELEVAGE, (*Droit féodal.*) on a dit autrefois ce mot pour *relief*. *Voyez* le *glossarium novum* de dom Carpentier au mot *Relevagium* sous *Relevare.* (*G. D. C.*)

RELEVÉE, s. f. *en terme de Pratique*, signifie le temps d'après-midi.

Ce terme vient de ce qu'autrefois en France on faisoit la méridienne à l'imitation des Romains qui en avoient introduit l'usage dans les Gaules.

L'étymologie de ce terme peut aussi venir de ce que les juges s'étant levés après la séance du matin, se relèvent une seconde fois après la séance du soir.

En effet, on dit *lever l'audience* pour dire *clorre & finir l'audience*, *la faire retirer*; & l'audience d'après-midi s'appelle *audience de relevée.*

Quand la cour lève l'audience avant l'heure ordinaire pour aller à quelque cérémonie, il n'y a point ce jour-là d'audience de *relevée*, d'où est venu ce *dictum* de palais, que, *quand la cour se lève matin, elle dort l'après-midi.*

On ne doit point juger les procès criminels de *relevée*, quand les conclusions des gens du roi vont à la mort, ou aux galères, ou au bannissement. *Voyez* l'ordonnance de 1670, *titre 25, article 19.*

On donne des assignations pour se trouver en un greffe, ou chez un notaire, commissaire ou autre officier public, à deux ou trois heures de *relevée.* (*A*)

RELEVEMENT, (*Droit féodal.*) 1°. on appelle ainsi, dans plusieurs seigneuries de Lorraine, une espèce de droit de relief, ou d'ensaisinement, payé à chaque mutation de censitaire. La coutume de cette province dit, dans l'article 9 du titre 16, « que les *relevemens* & revêtemens seront suivis ès » lieux où ils sont dus & ont eu lieu par ci- » devant ».

Fabert observe, dans ses notes sur cet article, « que ces *relevemens* & revêtemens se font au » lieu où les seigneurs ont ce droit à toute mu- » tation de détempteur, soit par succession directe, » collatérale, ou titre singulier: & consistent en » argent, grain, ou autre redevance, & en cer- » taines recognoissances au seigneur direct ».

Cet auteur paroît croire que le *relevement* entraîne le droit de commise. Mais une peine si rigoureuse ne doit pas être admise, à moins que le bail à cens, ou, à son défaut, les déclarations des censitaires ne le portent expressément.

2°. La coutume de Metz emploie le mot de *relevement* dans un autre sens. Suivant l'article 22 du titre 4 de cette coutume, qui eſt, à cet égard, conforme au droit commun, le détenteur d'un héritage hypothéqué au paiement d'un cens ou rente, eſt tenu perſonnellement des arrérages échus depuis ſa détention, & hypothécairement des arrérages antérieurs. Mais il peut « ſe décharger » des arrérages précédens & à l'avenir en *aſſurant* l'héritage qu'il poſſède »; c'eſt-à-dire, en le déguerpiſſant.

Après cet aſſurement, le créancier doit, dans l'an & jour, ſe faire mettre par juſtice, en poſſeſſion de l'héritage aſſuré, pour en dépoſſéder le débiteur de la rente, que le ſeul aſſurement ne dépoſſède pas. Mais s'il y a des créanciers poſtérieurs en hypothèque au premier, ils peuvent auſſi demander à être mis en poſſeſſion du domaine ainſi aſſuré, en payant ce qui eſt dû au créancier antérieur, avec l'amende que cette coutume établit à défaut de paiement, & qu'elle appelle *adras*. S'il y a des créanciers plus récens encore en hypothèque, ils peuvent uſer du même droit contre ceux qui en ont uſé contre le créancier originaire, en obſervant la même choſe. Cette ſubrogation des derniers créanciers à ceux qui les précèdent, eſt ce que la coutume de Metz appelle *relevement*.

D'après cette explication, rien n'eſt plus facile que d'entendre l'article 31 du titre 4 de la coutume qui parle de ces *relevemens* : « *relevement*, y » eſt-il dit, préſuppoſe aſſurement & doit celui » qui veut relever contre un autre auquel l'hé» ritage a été aſſuré, payer les arrérages & la » peine du défaut appellé *adras*, pour raiſon de » quoi l'aſſurement lui a été fait, depuis le jour » du *relevement*; mais ſi on relève contre celui » qui eſt déjà entré en l'héritage par droit de » *relevement*, il faut rendre tous les arrérages & » adras payez en faiſant le *relevement*, en comp» tant priſes & miſes ».

3°. Ce mot a encore un autre ſens dans le reſſort du parlement de Metz, & ſur-tout dans la coutume de l'évêché de cette ville. Suivant cette coutume, les biens adjugés par décret, ſont ſujets, non pas au retrait ſeigneurial qui y eſt inconnu, mais au retrait lignager; & de plus, à deux autres eſpèces de retrait.

La première a été introduite en faveur du débiteur, qui peut l'exercer, ſoit ſur l'adjudicataire, ſoit ſur le lignager qui a déjà retiré. C'eſt ce qu'on appelle *retrait perſonnel*.

La ſeconde a lieu en faveur des créanciers de l'acquéreur, qui, lorſqu'ils ont formé oppoſition au décret, peuvent uſer du retrait, tant ſur l'adjudicataire que ſur les lignagers & ſur le débiteur lui-même. C'eſt ce qu'on appelle *relevement*. Cette faculté appartient ſucceſſivement à tous les créanciers du propriétaire ſur qui l'adjudication a été faite.

La coutume dit qu'en cas de concurrence, le » débiteur eſt préférable, & après lui le créan» cier; mais on comprend aſſez, dit M. Dilange, » que cette préférence n'a lieu en faveur du dé» biteur, que lorſque le créancier eſt ſatisfait. » Autrement, ce dernier pourroit ſaiſir de nou» veau, le bien dans lequel le premier ſeroit rentré » par la voie du retrait perſonnel ».

Tous ces retraits doivent être exercés dans l'an & jour de la priſe de poſſeſſion. Ils n'aſſujettiſſent le retrayant qu'au rembourſement du prix & des loyaux-coûts.

Cette dernière règle reçoit néanmoins une exception. Si l'adjudicataire eſt créancier de la partie ſaiſie, il peut, au moment même de ſon décret & ſans attendre que l'inſtance d'ordre ſoit jugée, relever ce prix des immeubles à lui adjugés, & pour cet effet, comparoître au greffe & y mettre un acte ſur le regiſtre portant qu'il *relève* & ſurenchérit ces immeubles d'une certaine ſomme à prendre & déduire ſur celles à lui dues, tant en principal qu'intérêts, offrant outre ce, de conſigner le prix de ſon adjudication dans le temps de l'ordonnance, ſi déjà fait n'étoit.

Après cette précaution à laquelle on ne manque jamais, pour peu que le marché ſoit bon, l'adjudicataire ne peut être évincé, ni par un lignager, ni par le débiteur ſaiſi, ni même par un créancier, à moins qu'il ne ſoit rembourſé, non-ſeulement du prix de ſon adjudication & de tous frais & loyaux-coûts, mais auſſi de la ſomme à laquelle il a porté ſon *relevement*.

Les créanciers qui font un *relevement* peuvent auſſi y inſérer une ſemblable ſurenchère.

Au reſte, il ſubſiſte des uſages peu différens dans la coutume de Lorraine.

Voyez le commentaire de M. Dilange *ſur l'art. 4 du titre 9 de la coutume de l'évêché de Metz*.

Il n'eſt pas beſoin de dire que ces *relevemens* ne ſont plus auſſi en uſage depuis l'édit ſur la purgation des hypothèques, enregiſtré au parlement de Metz le 8 juillet 1771. (*G. D. C.*)

RELEVER, v. act. ſe dit, au palais, de pluſieurs choſes.

Relever ſon appel, c'eſt obtenir des lettres de chancellerie, ou un arrêt, pour être autoriſé à faire intimer quelqu'un ſur l'appel que l'on interjette de la ſentence rendue avec lui; l'origine des reliefs d'appel vient de ce que anciennement il falloit appeller *illico*, ſur le champ; ſuivant l'ancien ſtyle du parlement, *chap. xx*, §. 2, il falloit appeller avant que le juge ſortît de l'auditoire; en pays de droit écrit, il ſuffiſoit de dire *j'appelle*, ſans en donner d'acte par écrit; mais dans les dix jours ſuivans il falloit faire ſignifier ſon acte d'appel contenant les motifs. Ordonnance de la troiſième race, *tome 2*, *pag. 212*.

Faute d'avoir appellé *illico*, l'on n'étoit plus recevable à le faire; & ce fut pour être relevé de l'*illico*, c'eſt-à-dire, de ce que l'appel n'avoit pas été interjetté sur le champ, que l'on inventa la forme des reliefs d'appel.

Au parlement, l'appel doit être relevé dans trois mois, à la cour des aides, dans quarante jours, & dans pareil temps, aux bailliages & sénéchaussées, pour les sièges inférieurs qui y ressortissent: faute par l'appellant d'avoir fait *relever* son appel dans le temps, l'intimé peut faire déclarer l'appel désert. *Voyez* APPEL, ANTICIPATION, DÉSERTION D'APPEL, INTIMATION, RELIEF D'APPEL.

Relever se dit aussi en parlant d'une jurisdiction qui ressortit par appel à une autre jurisdiction supérieure; par exemple, les appellations des duchés-pairies se relèvent au parlement.

Se faire relever d'un acte, c'est obtenir des lettres du prince pour être restitué contre cet acte, & les faire entériner. *Voyez* LÉSION, MINORITÉ, RESCISION, LETTRES DE RESCISION, RESTITUTION EN ENTIER. (*A*)

RELEVER, (*Droit féodal.*) c'est faire la foi & hommage au seigneur, & lui payer les droits de *relief* ou autres qui lui sont dus pour l'acquisition qu'on a faite, à quelque titre que ce soit, d'un fief, ou même d'une roture dans les coutumes & dans les seigneuries où elles sont sujettes au relief.

On a dit aussi *relever* pour user du relevement. *Voyez* RELEVEMENT, *n. 2 & 3.* (*G. D. C.*)

RELEVOISONS, (*Droit féodal.*) signifioit anciennement une espèce de rachat ou relief, qui se payoit de droit commun pour les rotures, auxquelles il y avoit mutation de propriétaire.

Il est parlé des *relevoisons*, comme d'un usage qui étoit alors général, dans le *deuxième livre des établissemens* de saint Louis, *chap. xviij*, où il est dit que le seigneur peut prendre les jouissances du fief de son nouveau vassal, s'il ne traite avec lui du rachat & aussi des *relevoisons*; mais que nul ne fait *relevoisons* de bail, c'est-à-dire, de garde, ni de douaire, ni de frérage ou partage.

Dans la suite, le droit de *relevoisons* ne s'est conservé que dans la coutume d'Orléans; les cahiers de cette coutume en 1509, disoient simplement que des censives étant au droit de *relevoisons*, il étoit dû profit pour toutes les mutations; ce qui avoit induit quelques-uns à croire, que le changement des seigneurs censuels faisoit ouverture aux *relevoisons*, & ce fut par cette raison qu'en l'article 116 de la coutume réformée en 1509, on déclara que les profits n'étoient acquis que pour les mutations précédentes du côté des personnes au nom duquel le cens étoit payé.

Lorsqu'on procéda à la réformation de la dernière coutume, beaucoup de gens demandèrent qu'il fût statué que des censives étant au droit de *relevoisons*, il ne fût dû profit, pour mutation arrivée en ligne directe par succession, don & legs; mais tout ce qu'ils purent obtenir, fut que l'on arrêta que les femmes n'en paieroient plus pour leur premier mariage.

Suivant la nouvelle coutume d'Orléans, réformée en 1583, le droit de *relevoisons* n'a lieu que pour les maisons situées dans la ville, en-dedans des anciennes barrières; il est dû pour toute mutation de propriétaire, soit par mort, vente, ou autrement.

Il y a *relevoisons* à plaisir, *relevoisons* au denier six, & *relevoisons* telles que le cens.

Les premières ont été ainsi appellées, parce qu'elles se payoient *ad bene placitum domini*, au plaisir & volonté du seigneur; présentement elles consistent dans le revenu d'une année.

Les *relevoisons* au denier six, sont celles où l'on paie six deniers pour chaque denier de cens.

Celles qu'on appelle *tel cens, telles relevoisons*, sont le double du cens à la censive ordinaire.

Il n'est jamais dû qu'une sorte de *relevoisons* pour chaque mutation; mais on peut stipuler un droit pour une telle sorte de mutation, & un autre droit pour une autre sorte de mutation. *Voyez* la coutume d'Orléans, *titre des relevoisons à plaisir*. La Lande, *sur ce titre*. *Voyez* LODS ET VENTES, RACHAT, RELIEF, TREIZIÈME. (*A*)

Outre les trois sortes de *relevoisons* dont on vient de parler, d'après la coutume, il y en a plusieurs aux environs de Meung & de Beaugency qui sont au denier quatre, c'est-à-dire, pour lesquelles il est dû à chaque mutation, quatre fois autant que le cens annuel.

Ces quatre espèces de *relevoisons* ont des règles communes qu'on va d'abord exposer. On passera ensuite à celles qui concernent particuliérement les *relevoisons* à plaisir, qui sont les plus importantes de toutes.

I. *Quant aux relevoisons en général*, le profit en est dû comme le relief de certaines coutumes, & le droit d'acapte de la Guienne & du Languedoc, à toutes mutations, même en ligne directe descendante, quelle qu'en soit la cause. Cela ne doit s'entendre néanmoins que des mutations qui surviennent du chef du censitaire.

Ce profit n'est pas même dû, suivant l'art. 127, pour le premier mariage des filles, soit par elles, soit par leurs maris, mais seulement pour les seconds mariages & les autres qu'elles pourroient contracter dans la suite.

Suivant le même article, le décès des premiers, seconds, ou autres maris, n'y donne pas non plus lieu.

Un arrêt du 15 juin 1607 a aussi jugé qu'il n'étoit pas dû de *relevoisons* pour les donations faites par les ascendans à leurs enfans, mais qu'il falloit attendre le décès de l'auteur de la donation, parce que ce n'est qu'à cette époque que la donation acquiert une entière solidité, les enfans étant obligés d'en faire le rapport à la succession, s'ils se rendent héritiers, & quelquefois même en cas de renonciation à la succession. On peut appuyer cette décision sur le texte de la coutume, qui déclare sur ce fondement, dans l'article 273, « que sont telles donations censées » & réputées en avancement d'hoirie & succes» sion, pour raison desquelles donations ne sont » dus aucuns profits de fief ou censuels, ou *autres » droits seigneuriaux* ».

L'article 127 exempte pareillement des droits de *relevoisons*, les échanges faits but-à-but sans tournes, si les héritages sont dans une même censive. Ainsi les droits dus pour ces sortes d'échanges en vertu des édits de 1673, 1674 & 1696, sont dus au domaine & non pas au seigneur, à moins qu'il n'ait acquis du domaine les droits d'échanges.

S'il y a tournes, les *relevoisons* sont dues à raison des tournes seulement, c'est-à-dire, comme l'enseigne Pothier, dans la proportion que la tourne aura avec la valeur de l'héritage. Si la tourne est du dixième de sa valeur, il sera dû le dixième du profit.

Pothier cite, sur l'article 126, une sentence rendue au bailliage d'Orléans en 1698, qui a jugé qu'un bail à rente pour vingt ans ne donnoit pas ouverture aux *relevoisons*. Cette décision peut faire bien des difficultés.

L'article 129 porte : « que pour plusieurs muta» tions qui pourroient advenir *par mort* une même » année, n'est dû qu'une *relevoison* ». Mais il est au moins très-douteux qu'on dût décider la même chose pour plusieurs mutations qui arriveroient autrement que par mort, ou même, si l'une des deux mutations arrivoit d'une autre manière, quoique Guyot le décide ainsi pour toutes les mutations arrivées par cas fortuit. *Voyez les notes de* Pothier *sur l'article 17*.

Les gens de main-morte, propriétaires d'héritages sujets aux *relevoisons* y sont sujets, comme les laïques, à la mutation du bénéficier, si le bénéfice a un titulaire particulier. Si le bénéfice est possédé par une communauté, elle doit fournir au seigneur censier un vicaire, c'est-à-dire, un homme vivant & mourant. C'est la décision des articles 118, 119, 120 & 128. *Voyez* au surplus *la note 5* de M. Pothier *sur le premier de ces quatre articles*.

Suivant l'article 135, l'héritage sujet au droit de cher cens n'est sujet ni aux *relevoisons*, ni aux lods & ventes, & par conséquent à aucun droit de mutation. Mais on ne répute cher cens que celui qui excède 10 sous tournois *pour une seule prise*, c'est-à-dire, pour un terme, s'il n'y a titre au contraire.

Il en est de même, suivant l'article 143, de celui qui est sujet au champart pour tout devoir annuel.

II, *Quant aux relevoisons à plaisir*, la coutume suppose telle, dans l'article 124, « toute censive » étant à droit de *relevoisons* en la ville & faux» bourgs d'Orléans, au-dedans des anciennes bar» rières », à moins que le censitaire n'établisse le contraire par un titre dérogatoire à la coutume, ou par la prescription.

L'article 136 permet aussi aux seigneurs de prouver par titre, convention, ou prescription suffisante, que les censives assises hors la ville & ses anciennes barrières sont sujettes aux *relevoisons* à plaisir.

Il est assez difficile aujourd'hui de déterminer quelle est la partie de la ville qui étoit comprise dans ces anciennes barrières, & même quelles sont les barrières que la coutume a voulu désigner sous ce nom d'*anciennes*, celles d'Orléans ayant été reculées plusieurs fois. La Lande pense qu'on doit entendre par-là les plus anciennes de toutes, « parce que les droits seigneuriaux sont sujets à » une étroite interprétation, comme en une ma» tière odieuse & rigoureuse, qui doit être res» treinte quand l'occasion s'en offre, joint qu'en » chose obscure & ambiguë, il faut incliner à la » décharge & à la libération des débiteurs ». Enfin cet auteur, qui entre dans beaucoup de détails sur l'enceinte formée par ces anciennes barrières, rapporte deux actes de 1419 & 1441, où il en étoit déjà fait mention.

Brodeau parle aussi dans sa note sur l'art. 124, insérée au coutumier général, d'une enquête par turbes, faite à Orléans en 1570, à ce sujet. Il observe que cette enquête, qui est gardée dans les archives de l'hôtel-de-ville d'Orléans, sert de règle, & qu'une sentence des requêtes du palais de 1644, ayant aussi ordonné une enquête par turbes, on en interjetta appel en la cour.

Dans l'enceinte même des anciennes barrières, on ne répute pas sujettes de plein droit aux *relevoisons* à plaisir, les censives qui sont générales. « Ces censives, suivant l'article 131, sont seule» ment à droit de *relevoison* du denier six, ou de » tels cens, telles *relevoisons*, ou à droit de ventes; » sinon que le seigneur censier en informe par » titres valables au contraire, *sans préjudicier au » droit des ecclésiastiques* ».

Pothier observe que cette dernière restriction conservoit aux ecclésiastiques le droit de prouver par témoins leur possession à cet égard, au moyen de ce que tous leurs titres avoient été brûlés dans les guerres, mais que ceci ne doit plus avoir lieu aujourd'hui, & qu'ils ont eu depuis, le temps de faire passer des reconnoissances.

Les mutations qui peuvent donner lieu au profit de *relevoisons* à plaisir, peuvent être dues du chef des propriétaires actuels ou de ceux des anciens propriétaires qui se sont réservé le droit d'acquitter les cens, en vertu de leur domaine direct. L'article 126 de la coutume paroît vouloir qu'on ne suive à cet égard, d'autre règle que l'usage.

Pothier remarque encore à cet égard, que plusieurs baux à rentes de maisons sujettes à ce droit, faits avant 1509 (époque d'une première réformation de la coutume d'Orléans), portent la clause que le cens continuera à être payé au nom du bailleur. Il paroît que l'usage de ces conventions a cessé depuis; & M. Martin, qui a donné, en

1711, des notes assez estimées, pense même que depuis 1509, on ne peut plus faire de baux où la charge du cens demeure vers le bailleur. M. Pothier critique cette opinion, qui paroît néanmoins conforme aux principes de notre jurisprudence actuelle sur les baux à rentes, si elle ne dérive pas du texte de la coutume, comme l'a cru M. Martin.

Quoi qu'il en soit, l'usage de compter les mutations pour les *relevoisons* à plaisir du chef des créanciers de rente foncière, avoit entraîné un très-grand inconvénient, lorsque les rentes appartenoient à des bénéficiers particuliers. Les fréquentes mutations que les permutations des bénéfices occasionnoient, obligeoient plusieurs propriétaires des maisons chargées de ces rentes à les laisser tomber en ruine, comme on le voit dans l'article 135 de l'ancienne coutume. Pour y remédier, les rédacteurs de 1509 firent, à cet égard, une dérogation à la règle générale. Ils décidèrent que les mutations de ces bénéficiers ne donneroient ouverture au droit de *relevoisons* à plaisir, que jusqu'à concurrence de la rente foncière, qui leur étoit due; mais pour désintéresser les seigneurs, ils ordonnèrent aussi que les mutations qui arriveroient de la part des propriétaires donneroient ouverture au même droit pour le surplus de ce dont le revenu de la maison excéderoit la rente, ou, comme le dit l'article 138, *pour la mélioration & seigneurie utile*. Cet article assujettit en conséquence « lesdits seigneurs utiles, » ou ceux qui paient ledit cens à eux nommer audit » seigneur censier, quand ils paient ledit cens ».

Dans tous les autres cas, & même lorsque la rente foncière est due à une communauté, la *relevoison* à plaisir n'est ouverte que par la seule mutation du propriétaire, ou du créancier, suivant l'usage, c'est-à-dire, par la mutation de l'homme vivant & mourant, lorsque le cens se paie du chef d'une communauté créancière de rente foncière. C'est la différence qui subsiste entre le droit de *relevoisons* & celui de lods & ventes qui est dû pour les aliénations de la rente & pour celles de l'héritage qui y est sujet. (Pothier, traité des cens, *sect. 5*, *art. 3*.)

Mais, soit que les mutations se comptent du chef du créancier, ou de celui du propriétaire de la maison, la *relevoison* est due tant par le possesseur que par le créancier de rente foncière, & même par les créanciers *des rentes arrière-foncières*, *sur-foncières*, *ou sortissant nature de rentes foncières*, c'est-à-dire, par les créanciers des rentes secondes, & autres rentes imposées après la première de toutes, & même par ceux des rentes auxquelles on a donné la qualité de foncières, en les constituant par des dons ou legs pieux, conformément à l'article 271 de la coutume.

Telle est la décision de l'article 130 : chacun de ces créanciers contribue à la *relevoison* à plaisir pour une année de sa rente, & le possesseur paie le surplus de ce que vaut la maison au-delà des rentes. Mais comme le seigneur a un droit réel dans l'héritage, il peut exiger tout le profit du possesseur, sauf son recours contre les créanciers des rentes foncières ou réputées telles, à chacun desquels il retient une année d'arrérages de leurs rentes.

L'article 132 dit, au contraire, que dans les *relevoisons* au denier six, on a coutume de payer « six deniers pour chacun denier dudit cens, & » *n'en encourent les rentes foncières* ».

Guyot n'a pas entendu cet article, lorsqu'il dit que, d'après ces derniers mots, « le seigneur censier » ne perçoit la *relevoison* du denier six que de la » mélioration de l'héritage; *id est* que de ce que » peut valoir l'héritage pendant un an, déduction » faite des rentes foncières qui se paient aux » créanciers d'icelui; enfin que ces termes *n'en* » *encourent les rentes foncières*, sont opposés à ceux » de l'article 130, qui dit que les rentes encourent » & sont exploitées pour lesdites *relevoisons* ». (Du droit de relief, *chap. 15*, *n. 6*.)

L'article 130 parle des *relevoisons* à plaisir, où le profit consistant dans une année du revenu, peut croître & diminuer, & doit être payé proportionnellement par tous ceux qui participent au profit annuel de l'héritage. L'article 132, au contraire, parle des *relevoisons* au denier six, où le profit n'a aucun rapport au revenu annuel de l'héritage. Il consiste dans le sextuplement des cens seuls; il est évident que ce profit ne peut ni croître, ni diminuer, & que pour le régler on ne doit pas plus avoir égard à la plus value du domaine au-delà des rentes dont il est chargé, qu'à ces rentes même.

Il faut en dire autant des *relevoisons* au denier quatre, & de celles qui sont *à tel cens*, *telles relevoisons*.

Au reste, on a expliqué au mot GUEVEMENT, la manière dont se perçoivent les *relevoisons* à plaisir. *Voyez* ce mot & l'article OBSTACLE. (*M.* GARRAN DE COULON, *avocat au parlement.*)

RELEVOISON A PLAISIR. *Voyez* RELEVOISONS, *n. II.*

RELHEU, l'article 10 de la rubrique 58 *de las taxas deus salaris d'instrumentz*, des fors & coutume de Béarn, taxe un sou morlais, *per charta de relheu & garantia*.

Laurière, dans son glossaire du droit françois, dit que le mot de *relheu* signifie *relief*, ce qui n'apprend pas grand-chose, ce terme de *relief* se prenant dans diverses acceptions.

On voit du moins dans la table jointe à l'édition de ces coutumes faites à Pau en 1715, par des Baratz, que la chartre dont il s'agit ici est mise au nombre des moindres actes, *actiones minimas*. (*G. D. C.*)

RELIÉ, *ou* RELIER, on a quelquefois écrit ainsi le mot de *relief*. *Voyez* dom Carpentier au mot *Relevagium* sous *Relevare*. (*G. D. C.*)

RELIEF, (*Jurisprudence féodale.*) on appelle *relief* le droit qui appartient aux seigneurs, *dans certaines circonstances*, de percevoir pendant le cours d'une année les fruits des fiefs mouvans d'eux.

Quelles sont ces circonstances ?

Toutes les fois qu'un fief change de main, autrement qu'en ligne directe, il s'ouvre au profit du seigneur un droit seigneurial.

Ce droit est, ou le *relief* ou le quint.

En général de toutes les mutations une seule est productive du droit de quint, les autres ne sont grevées que du droit de *relief*.

L'espèce de mutation assujettie au quint est celle qui s'opère par vente ou par acte équipollent à vente.

Mutatio manus & relevium ; venditio & quintum pretii.

Cette règle que Dumoulin avoit établie, comme l'une des bases de la jurisprudence féodale, est érigée en loi par l'art. 33 de la coutume de Paris qui porte : « *en toutes mutations de fief* est dû droit » de rachat ou *relief*, fors & excepté celles qui se » font par vendition ou par bail à rente rachetable & esquels est dû par l'acheteur ou preneur à » rente le quint denier, & pour celles qui se font » par succession, ou donation en ligne directe, n'est » rien dû.

Un changement effectif du propriétaire peut donc seul donner ouverture au droit de *relief*.

Le propriétaire d'un fief meurt sans héritiers, ou ceux qui le sont répudient sa succession. Le fief étant ouvert, le seigneur peut saisir féodalement. Le fisc vient ensuite qui s'empare de cette succession vacante ; alors il y a changement de vassal, & dès cet instant le *relief* est dû au seigneur. Si le fisc lui-même rejette cette succession, à cause des dettes dont elle est chargée, le fief restant ouvert, le seigneur jouira de tous les fruits en vertu de la saisie, mais les créanciers pourront le forcer à donner main-levée en lui présentant la foi par le ministère d'un curateur à la chose abandonnée. L'admission de ce curateur en foi ne donnera pas lieu au *relief*, parce qu'elle n'opère pas un véritable changement de main. Mais lorsque dans la suite le fief sera vendu sur le curateur, passant alors en de nouvelles *mains*, il y aura ouverture aux droits féodaux. Avec ces principes on peut décider une infinité de questions.

Un fief a été donné ou échangé ; les parties ont ensuite résilié l'acte de donation ou d'échange ; le seigneur, malgré ce résiliement, peut-il exiger le droit de *relief* ? D'après ce que nous venons de dire, il est clair que le fief n'ayant pas changé de main, le seigneur n'est pas en droit d'exiger le *relief*, parce qu'il ne lui est pas acquis par l'ouverture du fief, mais seulement par le changement de vassal ; & c'est en quoi la vente diffère essentiellement des contrats qui donnent lieu au *relief*.

Si-tôt la vente, le droit de quint ou de retrait est ouvert, par cela seul qu'il y a un contrat de vente, avec cette modification cependant, que jusqu'à la tradition les parties peuvent résilier au préjudice du seigneur ; pourvu néanmoins que celui-ci n'ait pas précédemment formé sa demande ; car cette demande une fois formée, les droits sont acquis au seigneur, & il ne peut plus être frustré par aucune convention de la part des parties contractantes. Au contraire les actes de donations, d'échange, ne donnent lieu aux droits féodaux, que lorsque la tradition a suivi l'ouverture du fief ; encore faut-il distinguer si la tradition est réelle ou feinte. Lorsque la tradition est réelle, les parties ne peuvent plus résilier au préjudice du seigneur à moins que ce ne soit à l'instant même du contrat. Lorsqu'il n'y a qu'une tradition feinte, quoique cette espèce de tradition opère un véritable changement de vassal, cependant je pense que si le seigneur n'a encore formé aucune demande de ses droits, l'acte peut être anéanti à son préjudice, parce que la tradition feinte ne consistant que dans le consentement des parties, peut-être annullée par un consentement contraire.

Le seigneur peut-il exiger double droit lorsque la vente est résiliée, les choses n'étant plus entières ? Il faut distinguer la vente des autres contrats : dans le cas de vente, si l'acte est résilié en vertu d'une convention insérée au contrat, ou qui y ait été ajoutée *rebus integris*, il n'est dû au seigneur que les droits résultans de la première mutation. Il est vrai que le vendeur rentre dans son fief en quelque sorte par une vente nouvelle ; mais cette rétrocession est moins un nouveau contrat, que l'exécution du premier. Ce premier contrat doit donc donner seul ouverture aux droits féodaux. Si au contraire, c'est uniquement par un changement de volonté que la vente est résiliée, alors il est dû au seigneur deux droits de quint, ou après avoir exigé le quint pour la première vente, il peut user du retrait à raison de la rétrocession ; pourvu cependant que la vente ait été consommée par la tradition, & le paiement du prix, & qu'il se soit écoulé quelque temps entre la vente & la résiliation. Car c'est bien assez de payer un droit de quint pendant l'espace d'une année. Il en seroit autrement si la vente n'étoit pas entièrement consommée, si l'acquéreur n'avoit pas encore payé le prix, quoiqu'il fût déjà en possession du fief. Comme lorsque les choses sont encore entières, on permet aux parties de résilier la vente au préjudice des droits acquis au seigneur par cette vente ; à plus forte raison lorsque les choses ne sont pas entiérement consommées, les parties peuvent-elles frustrer le seigneur des droits qui ne sont point encore échus. D'ailleurs ce n'est pas une véritable vente, c'est une simple rétrocession, qui remet le fief entre les mains du vendeur ; le seigneur ne pourra rien prétendre à raison de ce second contrat, & les parties

parties ne seront obligées qu'à lui donner le quint du prix de la première vente. Il faut convenir que cette rétrocession opère un changement de vassal; cependant je pense qu'elle ne donne point lieu au *relief*. A la vérité la coutume déclare qu'il est dû au seigneur toutes les fois que le fief change de main. Cette disposition ne doit point être prise à la rigueur, mais modifiée par les tempéramens que l'équité exige.

Passons au second membre de notre division. Si le contrat résilié n'est pas un acte de vente, il n'est point dû de *relief* au seigneur, lorsque la résiliation s'opère en vertu d'une clause inhérente au contrat, & d'une manière qui annulle l'acte comme s'il n'avoit jamais existé. Il est vrai que le fief a changé de mains, mais ces mutations sont anéanties, aucune n'a été efficace: le seigneur ne peut donc exiger aucun droit de *relief* à raison de ces mutations. Au contraire lorsque le contrat est résilié par la seule volonté des parties, par une cause qui ne l'anéantit point; comme il y a réellement deux mutations, il est dû au seigneur deux droits de *relief*, un pour la donation, un second pour la rétrocession.

Mais toutes les fois que l'aliénation est déclarée nulle, il n'est dû au seigneur ni *relief*, ni quint; ainsi lorsqu'un mineur a fait donation & que devenu majeur il l'a fait anéantir, le seigneur ne peut rien exiger, ni pour la transmission de la chose au donataire, ni pour sa réversion au donateur; si les droits résultans de cette prétendue donation lui avoient été payés, il seroit obligé de les restituer après l'entérinement des lettres de rescision: quand même les droits lui auroient été offerts, & payés sans qu'il les eût demandés, quand même la donation auroit été faite avec toutes les formalités prescrites pour l'aliénation des biens des mineurs. Toutes ces décisions ont également lieu pour les ventes, pour les échanges, & généralement pour tous les contrats, & pour tous les cas où l'acte d'aliénation est anéanti, & les parties remises au même état où elles étoient avant l'aliénation. Il en seroit autrement si la rescision n'avoit point d'effet rétroactif, encore qu'elle eût sa cause dans le contrat même; comme lorsqu'il contient une convention de revendre. *Pactum de retro vendendo*. Dans ce cas la première vente n'étant point anéantie, le seigneur ne seroit point obligé de rendre les droits auxquels elle auroit donné ouverture.

S'il s'agissoit d'un échange annullé pour cause de lésion, seroit-il dû au seigneur deux droits de *relief*? pourroit-il au moins en exiger un? le co-permutant lésé ne peut pas être obligé de recevoir en argent le supplément de la valeur de la chose, parce que c'est un immeuble, & non des deniers qu'il a voulu avoir en place de son fief. La résiliation absolue de l'acte est donc nécessaire; la réversion du fief à la partie lésée s'opère donc par la nature même du contrat; le seigneur ne peut donc prétendre aucun droit, ni pour l'échange, ni pour la résiliation; & même il doit restituer ceux qu'il pourroit avoir reçus. Cependant il faut restreindre cette décision, au cas où la rescision a lieu peu de temps après l'échange; s'il s'étoit écoulé plus d'une année, comme le nouveau vassal auroit fait les fruits siens pendant cet intervalle, alors, dit Dumoulin, le *relief* seroit dû au seigneur; mais il ne pourroit exiger un nouveau droit pour le changement opéré par la rescision.

La même décision a lieu à l'égard de la vente annullée pour cause de lésion. Si l'acquéreur prend le parti de rendre le fief, & qu'il ne se soit pas encore écoulé un an depuis la vente, il ne sera dû aucun droit, ni pour la restitution, ni pour la vente; & si le seigneur a déjà reçu le quint, il sera obligé de le rendre. Il est vrai que l'acquéreur pouvoit suppléer en argent, mais il avoit aussi la faculté de restituer, & même cette restitution est d'obligation à défaut de supplément du prix. Le contrat a donc été anéanti par une cause nécessaire, par une cause inhérente au contrat. La chose seroit un peu différente si la rescision n'avoit lieu que plusieurs années après la vente. Comme la bonne-foi de l'acquéreur l'auroit rendu propriétaire des fruits, il seroit dû au seigneur un droit; non pas à la vérité le quint, parce que la vente seroit anéantie, mais le *relief*, parce qu'il y auroit eu réellement un changement de vassal, & que la nullité de la vente n'empêcheroit pas que le changement n'eût effectivement existé. Remarquez que l'acquéreur & le co-permutant ne sont obligés de payer le *relief*, même après plusieurs années de jouissance, que lorsqu'ils ne sont pas tenus de restituer les fruits; s'ils étoient condamnés à cette restitution, la mutation seroit entièrement inefficace, quelque longue qu'eût été leur jouissance; & ils pourroient même se faire rendre le quint ou le *relief*, s'ils les avoient payés.

Dans les coutumes où la représentation n'a point lieu, lorsqu'un vassal décède laissant un frère & un neveu; si le frère après s'être porté héritier, fait donation au neveu de ses droits successifs, celui-ci doit un double *relief*, l'un du chef de son donateur, l'autre pour la mutation arrivée en sa personne. Il en seroit de même si le frère du défunt étoit décédé sans avoir accepté ni répudié sa succession, le neveu se portant héritier du dernier décédé, & prenant en cette qualité le fief vacant par le premier décès, devroit un *relief* pour la transmission du fief en sa main, & un autre pour la mutation que la loi suppose s'être opérée de la personne du premier décédé en celle du second. Si au contraire le neveu se contente de la succession ouverte par le premier décès, il est clair qu'il n'est dû au seigneur qu'un seul droit de *relief*. Si le neveu avoit donné une somme d'argent à son oncle pour lui céder la succession du défunt, l'oncle en recevant cette somme & en cédant ses droits, est censé avoir fait acte d'héritier, & il est dû au seigneur un double *relief*; mais si au lieu de céder, l'oncle avoit répudié sa succession, quoiqu'il en eût reçu l'équivalent en deniers, le neveu venant de son chef il n'y auroit qu'une transmission, & conséquemment qu'un droit de *relief*. Cette décision a lieu dans tous les cas, pourvu que la répudiation se fasse au profit de tous les héritiers appellés par la loi, au défaut de l'oncle. Il est vrai que cette tournure prive le seigneur du droit de *relief*. Mais il est libre aux propriétaires de choisir entre les manières d'aliéner, celle qui leur est plus avantageuse, pourvu qu'il n'y ait point de simulation, & qu'ils ne cherchent point à dérober la nature de l'acte sous la forme d'un autre. D'ailleurs les droits féodaux ne sont dus au seigneur que sous la condition que les fiefs changeront réellement de main; lorsque cette condition n'arrive pas, les seigneurs n'ont rien à prétendre.

On ne peut pas dire qu'il y ait une double mutation lorsqu'un fief passe au légataire : il est vrai qu'à l'instant de la mort du défunt, l'héritier est saisi de la totalité de la succession, mais ce fief est moins un effet qu'une charge de la succession. L'héritier n'a donc jamais été propriétaire; le légataire le tient donc immédiatement du défunt, il ne doit donc qu'un seul droit de *relief*. Il n'y a pareillement qu'une mutation, lorsque le donataire d'un fief sans tradition cède à un tiers l'action qui résulte de la donation faite en sa faveur, après que le donataire a obtenu la délivrance de la chose, il en est quitte en payant un droit de *relief* au seigneur; parce qu'il n'y a réellement qu'une mutation, & que c'est le changement du vassal qui seul donne ouverture au *relief*. Cette décision auroit lieu quand même le premier acte de donation contiendroit une tradition feinte, *nec sufficit ficta & inefficax translatio*.

Le seigneur peut pareillement exiger deux droits de *relief*, lorsque le legs est à certain jour ou sous certaines conditions, & que l'héritier a joui dans l'intervalle du décès du testateur à l'événement de la condition. Cet événement n'a point d'effet rétroactif, il n'anéantit pas la jouissance de l'héritier, il ne fait point remonter la propriété du légataire au décès du testateur. Cette propriété a donc reposé sur la tête de l'héritier avant de passer sur la sienne : il y a donc eu deux mutations ?

Telle est la règle générale. Voici quelques exceptions que l'équité nous oblige d'y apporter: 1°. pour que l'héritier soit tenu du *relief*, il faut qu'il ait joui pendant l'espace de deux ou trois ans, de manière que le *relief* déduit, sa jouissance lui soit utile; ensorte que s'il n'avoit possédé que pendant le cours d'une année, il ne devroit rien, parce que le *relief* absorbant tout le produit du fief, il ne l'auroit pas possédé efficacement, & que les coutumes ne grèvent le vassal de cette charge, que lorsqu'il possède effectivement & utilement. Il en seroit de même, si la condition n'étoit arrivée que plusieurs années après le décès du testateur, mais que toutes ces années eussent été stériles : 2°. il ne seroit dû qu'un seul *relief*, si la condition avoit été apposée en faveur du légataire, & non en faveur de l'héritier : si le testateur avoit ordonné qu'à l'événement de la condition, le fief sera donné au légataire avec tous les fruits échus depuis l'ouverture de la succession : 3°. même décision, si immédiatement après le décès du testateur, l'héritier avoit fait la délivrance du legs, quoique le jour, la condition ne fussent point encore arrivés; quoiqu'ils ne dussent arriver de dix ou même vingt ans. Cette condition est toujours censée en faveur de l'héritier, & il est de règle qu'il est permis à chacun de renoncer à ses avantages.

Le décès de l'un des cohéritiers avant le partage, donne-t-il ouverture au droit de relief ?

Le droit de *relief* ou rachat est dû toutes les fois que le fief passe des mains d'un propriétaire en celles d'un autre par la voie de la succession collatérale.

Lorsque le défunt étoit saisi du fief, si par son décès le fief passe à un de ses parens collatéraux, certainement il y a changement de vassal, & cette transmission s'opère par la voie de la succession collatérale, il y a donc ouverture au *relief*.

En thèse générale cette conséquence est à l'abri de toute critique.

Mais en est-il de même lorsque le frère, lors de son décès, jouissoit indivisément avec ses cohéritiers ? voilà le point de la difficulté.

Elle résulte de ce qui se pratique dans les partages dans le cas de la renonciation & dans celui de la licitation.

Lorsque par l'événement d'un partage entre frères, le fief appartient en entier à l'un d'eux, il ne paie pas de *relief* à raison des parts dont ses frères étoient saisis en leur qualité d'héritiers, mais quel en est le motif ? C'est que par l'effet résolutif & rétroactif du partage il est vrai de dire que jamais les cohéritiers n'ont eu part au fief; ici rien de pareil, le décès du frère ne résout pas les droits qu'il avoit; il ne fait pas remonter la propriété de ses cohéritiers à l'instant du décès de leur père commun, il sera toujours vrai de dire qu'il a été propriétaire de partie des fiefs qui composent la succession.

Quant à la renonciation, on tient à la vérité que la portion de l'enfant qui renonce accroît à celle de ses frères & sœurs sans charge de *relief*: c'est la disposition de l'article 6 de la coutume de Paris, qui porte : « n'est aussi dû droit de *relief* par » la renonciation faite par aucuns des enfans à » l'hérédité de leur père & mère, encore que par » ladite renonciation il y ait accroissement au pro» fit des autres enfans.

Mais sur quels motifs cette disposition est-elle fondée ? « C'est, dit Brodeau, parce que le renon-

» cant n'a jamais eu aucuns droits ni part dans » la succession non appréhendée, parce que la re» nonciation qu'il fait n'est point à une hérédité » appréhendée & acquise, mais à celle qui est » simplement ouverte & déférée ».

Ainsi la coutume suppose que le renonçant n'avoit pas fait acte d'héritier, & c'est dans cette hypothèse qu'elle prononce l'affranchissement du *relief*: rien de plus juste, parce qu'alors les *autres enfans*, comme le remarque Pothier dans son commentaire sur l'article 39 de la coutume d'Orléans, *tiennent cet accroissement du défunt & non de leur frère renonçant qui est censé n'y avoir jamais rien eu*.

Au contraire, dans l'espèce que nous examinons, impossible de supposer que le frère décédé *n'a jamais rien eu dans la succession du père*; puisqu'il en a joui, puisqu'il est mort saisi des portions que les coutumes lui déféroient. Quant à ces portions ce n'est donc pas au père, mais à lui que ses frères succèdent.

A l'égard des licitations, quelle différence encore! Le propriétaire par indivis qui acquiert par cette voie, continue de posséder en vertu du même titre; titre qui lui donnoit un droit de propriété sur la totalité de l'objet commun : ici deux titres bien distincts.

Le fils tient une partie de l'immeuble de sa qualité d'héritier de son père, & le surplus lui appartient comme héritier de son frère.

Aucun des motifs qui ont fait prononcer l'affranchissement dans le cas de la renonciation de la licitation & du partage, ne s'applique donc à l'espèce que nous examinons.

Dans cette espèce, il faut donc reconnoître qu'il y a transmission du frère décédé au frère survivant; conséquemment mutation en collatérale; conséquemment ouverture au droit de *relief*.

C'est l'avis de Ferriere dans son commentaire sur l'art. 6 de la coutume de Paris. Voici ses termes : « la disposition de cet article n'auroit pas » lieu si un des enfans étoit décédé après la mort » de son père ou de sa mère, car sa portion hé» réditaire n'appartiendroit pas à ses frères & sœurs, » *jure accrescendi*, dans les biens de leur père ou » de leur mère, ce seroit une nouvelle succes» sion en collatérale à partager entre eux.

On retrouve la même décision dans la nouvelle collection de jurisprudence. On y lit, n°. 43 : « si l'un des enfans décède avant le partage, sans » avoir déclaré s'il acceptoit ou renonçoit à la » succession, sa part passe à ses frères & sœurs, » non à titre d'accroissement, mais à titre de » succession; & cette succession étant collatérale, » le droit de *relief* est dû pour la portion du dé» funt. Il ne leur serviroit de rien de dire qu'en » qualité d'héritiers de leur frère & sœur, ils re» noncent pour lui à la succession paternelle & » qu'ils l'acceptent seulement de leur chef, parce » que ce détour, qui seroit condamné comme frau» duleux s'il s'agissoit de l'intérêt des créanciers » ou des légataires de leur frère, le doit être de » même lorsqu'il s'agit de l'intérêt du seigneur, » qu'il n'est permis de frustrer de ses droits par une » pareille subtilité.

Du relief par mariage. Lorsqu'une femme possédant un fief se marie, il s'ouvre au profit du seigneur un droit de *relief*, à moins que le contrat de mariage ne renferme une clause expresse d'exclusion de communauté, avec pouvoir à la femme d'administrer ses biens.

Ce *relief* a un caractère particulier qui le distingue du *relief* par mort, par donation.

Le *relief* par mort est une charge réelle du fief, le seigneur peut le demander au propriétaire tel qu'il soit; & si le propriétaire lui est inconnu, *il peut se prendre à la chose* comme le dit l'art. 24 de la coutume de Paris.

Le *relief* par mariage est bien différent, ce n'est ni le fief ni la femme propriétaire qui le doivent. C'est le mari seul. C'est une dette personnelle du mari.

Le fief n'est pas même hypothéqué à l'acquit de cette dette. Cela est sensible, l'action hypothécaire n'est que l'accessoire de l'action personnelle; pour qu'un immeuble soit hypothéqué au paiement d'une dette, il faut donc nécessairement qu'il ait appartenu au débiteur personnel : or le mari débiteur du rachat n'a jamais été propriétaire du fief.

Si l'on oppose à cette décision l'art. 24 de la coutume de Paris que nous venons de citer : « il » faut répondre, dit Poquet dans son traité des » fiefs, *liv. 4*, *chap. 4*, *sect. 1*, que cette ma» xime que les profits sont réels, doit être limi» tée au cas d'une mutation effective & véritable, » arrivée dans la personne du propriétaire du » fief, & n'a pas d'application à notre espèce » dans laquelle le mari est *réputé* un nouveau » vassal *par pure fiction*, parce qu'il fait la foi & » hommage & fait les fruits siens, quoique néan» moins il ne se fasse point de mutation dans la » propriété, puisque la femme continue d'être » propriétaire de ses fiefs pendant le mariage » comme auparavant; *& comme le mari ne doit le ra» chat qu'à cause de la perception des fruits*, *cette » obligation est renfermée dans sa personne*, ne tou» che que *sur les fruits* que le mari a droit de re» cueillir, *& n'affecte point le fonds & la propriété* ».

Poquet de Livonière va encore plus loin; après avoir ainsi établi que pour son droit de rachat par mariage, le seigneur n'a ni action personnelle contre la femme, quoique sa vraie vassale, ni action réelle sur les fonds hommagés, dont elle ne cesse pas d'être propriétaire; il prouve encore que le seigneur n'a pas même, à ce sujet, l'action hypothécaire : les raisons qu'il en donne sont sensibles.

Ce n'est pas seulement Poquet de Livonière qui établit cette doctrine, elle est consacrée par le suffrage de tous les jurisconsultes. On observe, dit Pothier (*Introduction au titre des fiefs de la coutume d'Orléans*, *n. 208*), « que c'est le mari » qui doit *personnellement le rachat*, auquel le mariage donne ouverture; & comme il n'est pas » le propriétaire du fief de sa femme, & qu'il ne » peut l'engager, ce fief n'est pas, après la dissolution du mariage, affecté à la dette de ce » rachat ». Arrêt du 16 avril 1707, *au supplément du septième volume du journal des audiences.*

Du cas où il y a deux mutations dans la même année. Deux mutations dans la même année ne donnent ouverture qu'à un seul droit. Mais cette exception à la règle générale reçoit une restriction très-importante; l'affranchissement du second n'a lieu que lorsque les deux mutations se sont opérées par une cause nécessaire, telle que la mort ou le mariage.

Quod si fortè intra annum à morte vassali moriantur successivè plures & gradatim succedentes, &c. unicum relevium. Ce sont les termes de Dumoulin sur l'article 22 de l'ancienne coutume de Paris. Ce jurisconsulte, comme l'on voit, n'a réduit le seigneur à un seul droit de relief que dans le cas où les différentes mutations se sont opérées par la voie de la succession, c'est-à-dire, par le décès des différens propriétaires.

Même décision dans la coutume d'Orléans: *si, en une année, un même fief tombe en plusieurs rachats* PAR MORT *envers même seigneur, ne sera dû qu'un seul rachat.*

Cet article ne parle que des mutations par mort. Il n'affranchit donc du double droit que les successions, que les transmissions de propriété à titre héréditaire.

Des terres substituées. Est-ce par le rapport qui se trouve entre l'appellé & l'auteur de la substitution, qu'il faut décider si le relief est ou n'est pas dû? L'affirmative avoit autrefois des partisans, entre autres le jurisconsulte Ricard; & en effet, cette opinion est spécieuse, puisqu'elle semble n'être autre chose que la conséquence naturelle de cette grande maxime: *substitutus capit à gravante non à gravato.*

Mais ce systême, plus ancien que Dumoulin, & déjà proscrit par lui, l'a été définitivement par un arrêt de l'année 1727, dont voici l'espèce: le marquis d'Effiat avoit eu la terre de Chilly par donation de l'aïeule maternelle de M. le duc de la Milleraye, avec substitution au profit de M. le duc de la Milleraye. Après la mort du marquis d'Effiat, M. le duc de la Milleraye se mit en possession de la terre de Chilly; le receveur du domaine lui demanda le *relief*, comme succédant à un collatéral. M. le duc de la Milleraye répondit qu'il ne tenoit point la terre de Chilly du marquis d'Effiat, son collatéral; qu'il la prenoit en vertu du testament de son aïeule; & qu'ainsi il rencontroit dans la ligne directe l'auteur de la substitution. La cause portée à la chambre du domaine, intervint sentence qui condamna M. de la Milleraye au paiement du *relief*. Le 10 mai 1727, arrêt en la grand'chambre, sur les conclusions de M. d'Aguesseau, qui confirme la sentence du domaine. Cet arrêt a été imprimé: il est de réglement, & porte qu'il sera lu & publié par-tout où besoin sera. Guyot nous a conservé un extrait du plaidoyer de M. d'Aguesseau; on le trouve dans son *traité du relief.*

Un arrêt aussi solemnel suffiroit pour fixer irrévocablement les idées. Cependant, pour donner encore plus de sanction à cette jurisprudence, & sur-tout pour la rendre commune à tout le royaume, le législateur l'a consacrée par une loi si précise, qu'il n'est plus permis de douter, ni même de raisonner sur cette question; c'est l'article 56 de l'ordonnance du mois d'août 1747, dont voici les termes: « lorsqu'il y aura des biens féodaux » ou censuels compris dans une substitution, elle » ne pourra nuire ni préjudicier aux seigneurs dont » les biens sont mouvans; & en conséquence il » en sera usé à l'égard de chaque nouveau possesseur des biens substitués, ainsi que s'il avoit » pris la place du dernier possesseur desdits biens, » par la voie de la succession ordinaire ou d'une » donation; ensorte que dans tous les pays & » dans tous les cas où les héritiers naturels & légitimes, ou les donataires sont sujets, dans les » mutations, au paiement du droit de *relief*, ou » autre droit seigneurial, chaque substitué soit pareillement obligé d'acquitter les mêmes droits; » & réciproquement lorsque les héritiers naturels » & légitimes ou les donataires n'en sont pas » tenus, les substitués en seront pareillement » exempts ».

Les donations avec réserve d'usufruit donnent-elles ouverture au relief? Les raisons de douter se trouvent dans *Dumoulin*, exprimées avec sa force ordinaire. Premièrement, il ne paroît pas que la mutation ait été effective ni suivie de tradition réelle: le fief est resté dans la main du donateur. Secondement, le *relief* doit se payer sur les fruits par le nouvel acquéreur; & comment l'offrira-t-il, lui qui ne jouit d'aucuns fruits? Troisièmement, l'hommage d'un possesseur même de mauvaise foi couvre le fief: pourquoi en seroit-il autrement de l'ancien vassal resté possesseur? Le fief est toujours servi, le seigneur a toujours son homme: *Dumoulin* répond à tout cela, que le fief est véritablement ouvert; qu'il a changé de main, & cela par le fait de l'ancien vassal; que la rétention d'usufruit est une clause étrangère au seigneur, qui ne sauroit lui faire tort, ni empêcher l'exécution des loix féodales; que l'usufruitier n'est que détenteur, & non possesseur; qu'il n'a que la possession naturelle & non la civile; que celle-ci a passé avec la nue propriété, sur la tête du nouvel acquéreur; qu'il y a donc eu mutation réelle, & par conséquent ouverture au droit de *relief*, malgré la rétention d'usufruit.

Telle étoit l'opinion de Dumoulin. Il pensoit, comme l'on voit, que le *relief* étoit ouvert à l'instant de la donation, lors même que le donateur s'étoit réservé l'usufruit. *Quovis modo transferatur dominium retento usufructu locus, est aperturæ & relevio, nec retentio usufructûs impedit quin statim feudum prehendi & jura feudalia exigi possent.* Ce sont les termes de Dumoulin sur l'article 22 de l'ancienne coutume de Paris, *n. 154*.

Cette décision réunit & la sanction des coutumes & le suffrage des auteurs modernes comme des anciens.

La coutume du grand-Perche, *art. 63*, porte : « que le rachat est dû pour donation, encore que » le donateur ait retenu l'usufruit des choses » données, dès l'instant de la donation acceptée, » sans attendre la solidation ».

Même décision dans le commentaire de Pontanus sur l'article 87 de la coutume de Blois. *Simul atque donatio cum usufructûs retentione facta est, illa intelligitur purè atque irrevocabiliter perfecta, & consequentur in eodem instanti ac momento jus rachatus fundi domino acquisitum.*

Enfin, si nous passons des auteurs anciens aux modernes, nous voyons Livonière & Guyot tenir la même opinion. « L'avis que nous estimons le plus » raisonnable, dit Livonière, *liv. 4, chap. 2*, est » que le rachat est dû dès le moment de la do- » nation avec réserve d'usufruit ».

Guyot s'exprime dans les mêmes termes. Les voici : « je me tiens ferme aux principes, & je » conclus que dans les cas d'une donation entre- » vifs, avec rétention d'usufruit, le *relief* est dû » *in instanti* par le donataire, & perceptible *in* » *instanti* ».

Guyot a raison de dire que tel est le vrai principe. Cette décision n'est effectivement que la conséquence nécessaire de ces deux grandes maximes; la première, qu'en matière féodale les fruits sont comptés pour rien; que la propriété seule est grevée au profit du seigneur. La seconde, que toutes les fois que la propriété change de main, il y a ouverture aux droits seigneuriaux, si ce n'est dans les cas formellement exceptés par la loi. C'est ce qui a fait dire à Loiseau : *les profits féodaux se règlent aux mutations en la personne du propriétaire, & non de l'usufruitier.* De la distinction des rentes, *liv. 1, chap. 10*.

Or, dans une donation, que le donateur se réserve, ou ne se réserve pas l'usufruit, il est également vrai que la propriété change de main. Dans les deux cas, il y a donc également ouverture au rachat, & dans les deux cas, il doit s'ouvrir à la même époque, être exigible au même instant, puisque dans l'un comme dans l'autre, il dérive de la même cause, le changement de la propriété.

Cependant il y a, ou du moins il paroît y avoir variété dans la jurisprudence. On cite trois arrêts contraires des années 1593, 1604 & 1735. Les deux premiers sont mal ou peu connus, le troisième l'est beaucoup mieux. Mais il y a deux observations à faire sur cet arrêt.

1°. Guyot qui, dit-il, *a lu tout au long les mémoires*, assure que *la question ne fut point agitée*.

2°. On voit par le récit de Guyot, que la question s'élevoit dans une de ces coutumes qui grèvent les donations, non d'un simple *relief*, mais du droit de quint ou de lods. Et que l'arrêt, en jugeant que la donation avoit donné ouverture aux lods, décida que moitié seroit payée à l'instant, & l'autre moitié à la consolidation de l'usufruit.

Pour peu qu'on réfléchisse sur cet arrêt, on ne peut qu'être très-étonné de la méprise des auteurs qui le citent comme contraire au principe que nous venons d'établir.

En effet, de quelle manière doit-on déterminer la quotité du droit de lods, ouvert par une donation ? C'est par la valeur de ce que le donataire a reçu.

Lorsque le donataire n'a reçu que la nue propriété, il ne doit donc les lods que sur le prix de cette nue propriété; & quant à l'usufruit, il faut attendre qu'il en jouisse pour en payer les droits.

Et voilà ce qu'a fait l'arrêt de 1735. Il juge, à la vérité, que le donataire ne paiera les lods de l'usufruit que lorsqu'il en jouira; mais il juge aussi qu'à l'égard de la propriété, il en doit les lods du jour de la donation.

Cet arrêt décide donc bien clairement que la donation de la nue propriété donne ouverture aux droits seigneuriaux. Loin de contredire notre principe, cet arrêt le confirme donc. On pourroit donc dire tout au plus qu'il le modifie, en ordonnant que le droit sera partagé. Mais dans cette espèce, il s'agissoit d'un droit considérable & indivisible. Mais le *relief*, qui ne consiste que dans le revenu d'un an, est bien moins onéreux; & d'un autre côté, comment le partager ? Le seigneur jouiroit donc pendant moitié de l'année; mais quelle moitié lui assigneroit-on ? Il faut donc renfermer l'arrêt de 1735 dans l'espèce qu'il juge, c'est-à-dire, dans le cas où la donation donne ouverture aux lods; & toutes les fois que c'est le *relief* qui est dû, s'en tenir au principe, & dire que le donataire le doit à l'instant de la donation, lors même que le donateur s'est réservé l'usufruit.

En quoi consiste le relief, & de la manière dont le seigneur doit jouir du fief de son vassal. Suivant l'article 47 de la coutume de Paris, *le droit de relief est le revenu du fief d'un an, ou le dire de preud'hommes, ou une somme pour une fois offerte de la part du vassal, au choix & élection du seigneur féodal.*

Cet article ne dit pas si le seigneur qui veut exploiter lui-même les fruits du fief, peut déposséder le fermier dans le cas où le fief seroit affermé. Mais la question est décidée par les articles 55, 56 & 57 de la même coutume.

Il résulte de leurs dispositions, que le seigneur jouissant d'un fief à titre de *relief* n'en peut pas aujourd'hui déposséder le fermier; mais qu'il peut en recueillir les fruits, si c'est le vassal qui l'exploite par lui-même, *toutefois en lui rendant les labours & semences.*

Les labours & semences donnent lieu à une question que Dumoulin agite sur cet article. Il suppose qu'après la saisie, après l'expulsion du vassal, il survienne une grêle ou autre cas fortuit, qui enlève tout l'espoir de la récolte; & il demande si le seigneur qui ne recueille rien sera cependant obligé de rendre tous les frais de labours & semences? Oui, sans doute, il sera obligé à cette restitution; c'est une dette qu'il a contractée à l'instant où il a déclaré qu'il vouloit jouir par lui-même; dette dont la grêle & les orages n'ont certainement pas pu le libérer. D'ailleurs, ayant voulu avoir le bénéfice de la récolte, n'est-il pas juste qu'il supporte les accidens qui en peuvent diminuer le profit? Il savoit que ces événemens pouvoient arriver; c'est volontairement, & par choix, qu'il s'y est exposé. Enfin, s'il n'eût pas pris ce parti, le vassal auroit peut-être vendu sa récolte, & se seroit mis par-là, à l'abri de tous les cas fortuits. Nonobstant ces raisons, notre auteur décide que le seigneur qui ne recueille rien, n'est point obligé de tenir compte des frais d'exploitation; parce qu'il ne les doit qu'en considération de l'avantage qu'il retire des fruits : lorsqu'il n'en perçoit point, cette raison n'a plus lieu. L'effet doit cesser avec la cause, *puto eum non teneri ad restitutionem aliquorum sumptuum, etiam erga præfatum bonæ fidei colonum, quia patronus non obligatur ad eos sumptus nisi re ipsa, sive rei interventu, videlicet perceptione fructuum, & sic, hâc causâ, deficiente nulla subest obligatio*, n. 3 & 4.

Ce qui reçoit néanmoins beaucoup de difficulté, dit Brodeau, parce que ce péril entier du cas fortuit & de la force majeure, tombe sur le seigneur, soit avant la récolte ou depuis, étant le vrai maître & propriétaire des fruits. Sur l'article 56 de Paris, *n. 14.*

Brodeau doute sans raison du sentiment de Dumoulin. Ce sont les termes de Ferrière, sur l'article 56 de Paris, *gl. 2, n. 4.*

Quoi qu'il en soit, ce n'est qu'après la récolte que le seigneur est obligé à ce remboursement; il y a eu sentence des requêtes du palais, du 19 mars 1611, passée en force de chose jugée : d'où il suit que le seigneur n'est point obligé de laisser les terres au même état qu'il les a prises, tout étant récompensé par le remboursement. Duplessis, *liv. 4, chap. 3.*

Cette décision est puisée dans Dumoulin. *En rendant les labours*, porte l'article 56, suivant la doctrine de cet auteur, le gérondif *importat tantum actum futurum & modum, & non conditionem.* Sur l'article 22 de Vitry.

De la nécessité où est le seigneur de rembourser les frais de labour, Ragueau, sur l'article 44 de la coutume de Berri, *tit. 5*, tire la conséquence que le seigneur doit laisser sur le lieu, les fourrages, ainsi que tout ce que l'on a coutume de consommer, pour être converti en fumier & amandement de l'année suivante. Cette décision est fondée sur plusieurs textes de coutume. Sur la loi 12, *ff. de fund. legat.* qui met au nombre des objets faisant partie de la métairie, *fenum & stipulæ*; & Basnage, sur l'article 506 de Normandie, cite un arrêt du parlement de Rouen du 17 juin 1649, qui a jugé que *les foins, pailles & fumiers* doivent être délaissés à l'adjudicataire du fonds. « Le seigneur » qui jouit du *relief* en essence, ne peut trans» porter les pailles ». La Combe, *verbo Relief*; Legrand, sur Troyes, *art. 26, gl. 2.*

Le seigneur percevant par lui-même les fruits du fief, ne peut faire qu'une récolte de chaque espèce des fruits : ce qui s'entend des fruits qui n'ont coutume de se recueillir qu'une fois par an. Duplessis, *des fiefs, liv. 4, chap. 2.*

Avant Duplessis, Brodeau avoit mis cette restriction à la règle générale; ce qui doit se restreindre, dit-il, aux fruits naturels & ordinaires, dont régulièrement on ne fait qu'une seule & unique cueillette en une année, & d'une sorte, comme de grain, vin & autre : donc, si en une même année on fait deux cueillettes de deux sortes, espèce & nature de fruit sur un même héritage, comme il est ordinaire des légumes, ils appartiennent au seigneur. Il en est de même des herbages & des foins, à l'égard des prés qui portent deux herbes dans une même année. Brodeau, sur l'article 49 de Paris, *n. 11*; Ferrière, sur Paris, *art. 49*; & la Combe, *verbo Relief*, pensent de même.

Dans l'énumération que la coutume de Paris fait des objets qui tombent dans le *relief*, elle ne parle point des garennes & colombiers. Les auteurs décident que le seigneur en peut jouir, pourvu néanmoins que ce soit avec modération; en conséquence, il ne doit point enlever tous les pigeonneaux, mais laisser certaine volée pour la multiplication; par exemple, la volée de mars. Suivant la remarque de Dumoulin sur l'article 1, *gl. 8*, il doit également conserver certain nombre de jeunes lapins pour entretenir les garennes. *Voyez* Livonière, *des fiefs, liv. 4, chap. 6, sect. 7*; Chopin, sur l'article 29 de la coutume d'Anjou; M. de Saint-Yon, sur les ordonnances des eaux & forêts, *liv. 2, tit. 5*; Boucheuil, sur l'article 158 de Poitou.

L'Hoste, sur l'article 8 du titre 1 de la coutume de Montargis; & la Thaumassière, sur le même titre, *article 70*, distinguent les animaux qui sont mis, par destination, pour faire partie du fonds, comme pigeons en colombier, lapins en garennes, *&c.* des bœufs, vaches, brebis & autres de cette nature; parce que le profit de ce bétail *est à fundo separatus* : cette distinction peut servir à décider bien des questions. Il seroit trop long de suivre les commentateurs dans les détails auxquels ils se sont livrés. Je vais passer à ce qui concerne le fermier du fief tombé en rachat.

La coutume de Paris, qui oblige le seigneur d'entretenir le bail fait par son vassal, & se contenter de la redevance, comme étant très-juste & très-équitable, a été étendue aux autres coutumes qui n'en décident rien, *etiam* à l'égard des baux à moitié. Brodeau, sur l'article 56 de Paris, *n. 8. Voyez* les arrêts rapportés par M. Louet, *lettre R, chap. 34;* par l'Hommeau, sur la coutume d'Anjou, *liv. 1, art. 122;* Coquille, *quest. 23;* Ferrière, sur l'article 56 de Paris.

Non-seulement le seigneur doit se contenter du prix auquel le fief est affermé, mais il ne peut même l'exiger qu'aux termes portés par le bail. C'est l'avis de Duplessis & des autres commentateurs.

Si le fermier a payé par avance le prix de sa ferme au propriétaire, même avant l'ouverture du *relief*, nonobstant sa bonne-foi, Coquille, *inst. tit. 5*, décide qu'il doit payer de nouveau le seigneur, si mieux il n'aime lui abandonner les fruits du fief. L'article 101 de la coutume de Reims en a une disposition expresse. C'est aussi la décision de Ricard sur l'article 56 de Paris; de Maichin, sur Saintonge, *tit. 4, chap. 12, art. 18;* de Ferrière, sur l'article 56 de Paris.

Le vassal est-il garant envers le seigneur de la solvabilité du fermier? Brodeau & Ferrière, sur l'article 56 de la coutume de Paris, tiennent l'affirmative. Voici la raison qu'en rend ce dernier: parce que, dit-il, quand le seigneur prend le revenu du fief d'une année pour son *relief*, le vassal est son débiteur pour ce revenu; c'est la faute du vassal, d'avoir fait bail à un homme insolvable, que le seigneur ne peut pas changer. *Idem*, Auzanet.

De la même manière que le seigneur ne peut pas déposséder le fermier, ainsi le fermier ne peut quitter, au préjudice de son bail, sous prétexte de ce changement. Duplessis, *des fiefs, liv. 4, chap. 3.* C'est la décision de Dumoulin, sur l'article 58 de Paris, *n. 7;* de Brodeau, sur l'article 57, *n. 2;* de Ferrière, sur l'article 56; de Boucheuil, sur Poitou, *art. 155.*

« Puisque le seigneur, dit Ferrière, est tenu » d'entretenir le bail de son vassal, en prenant » la redevance, il s'ensuit qu'il est aussi tenu des » charges & clauses portées par icelui, au cas » qu'elles puissent diminuer la redevance portée » par le bail ». Sur l'article 56 de Paris, *gl. 1.*

Le seigneur qui jouit à titre de relief, présente-t-il aux bénéfices & aux offices? « Le seigneur présente » aux bénéfices qui viendront à vaquer pendant » l'an du *relief*, aussi-bien que pendant la saisie » féodale, n'y ayant aucune différence à faire pour » ce regard entre ces deux jouissances ». Brodeau, sur Paris, *art. 47, n. 18.*

« Le seigneur dominant a droit de présenter aux » bénéfices pendant l'an du *relief* ». La Combe, *voyez Relief, sect. 1; idem* le Maître, sur Paris. Charondas, sur Paris, *art. 47;* Ferrière, *idem, gl. 1;* Brodeau, sur l'article 124 du Maine; Duplessis, *des fiefs, liv. 4, chap. 2*, tiennent l'avis contraire. Nous nous rangeons de leur opinion, dit Livonière, *des fiefs, liv. 4, chap. 6, sect. 8*, parce que le droit de patronage n'est point un droit ordinaire & annuel; quoiqu'il soit mis au nombre des fruits, son exécution s'étendant beaucoup au-delà de l'année du rachat.

Bonorum appellatione, non continetur jus patronatûs. Balde, *liv. 1, cons. 32.*

« Je tiens que, quoiqu'on dise, *præsentatio est in* » *fructu*, le vassal dont le fief est en rachat, doit » présenter ». Guyot, *du relief, chap. 13, n. 12.*

Quid des offices? *Il peut mettre tous officiers*, porte l'article 154 de Poitou, cela s'entend, vacation avenant pendant l'année du rachat, dit Boucheuil sur cet article; *idem* Berault, *chap. 16, n. 4.*

Thevenaut, en sa conclusion 7, *des rachats*, prétend néanmoins que le seigneur peut, pendant l'année de son *relief*, changer tous les officiers, & d'après lui Constant, Lelet & Filleau estiment que, pendant cette année, le seigneur peut faire exercer par les officiers de sa justice, celle de son vassal. Boucheuil rejette cette décision, parce que, dit-il, pour destituer les officiers, il faut être propriétaire incommutable. On trouve en effet, dans le traité des offices de Loiseau, *liv. 5, chap. 5, n. 44*, deux arrêts qui jugent que les tuteurs & gardiens ne peuvent destituer les anciens officiers. (*Article de M.* HENRION, *avocat au parlement.*)

RELIEF, outre le *relief* dont on vient de parler, on connoît encore au palais les *reliefs d'adresse, d'appel, &c.* que nous allons faire connoître sous les mots suivans.

RELIEF D'ADRESSE, ce sont des lettres de chancellerie, par lesquelles le roi mande à quelque cour de procéder à l'enregistrement d'autres lettres dont l'adresse n'étoit pas faite à cette cour. *Voyez* ADRESSE & *le style des chancelleries*, par Dusault.

RELIEF D'APPEL, ce sont des lettres qu'un appellant obtient en la petite chancellerie, à l'effet de relever son appel, & de faire intimer sur icelui les parties qui doivent défendre à son appel. *Voyez* APPEL, ILLICO, INTIMATION, RELEVER. (*A*)

RELIEF D'HOMME, étoit une amende de cent sous un denier, que le plège ou caution étoit obligé de payer, faute de faire représenter l'accusé qui avoit été élargi moyennant son cautionnement, & moyennant cette amende le plège en étoit quitte; c'est ainsi que ce *relief* est expliqué dans le *chap. civ des établissemens* de saint Louis en 1270: il en est encore parlé dans le *chap. cxxj.*

RELIEF d'*illico*, c'étoient des lettres qu'un appellant obtenoit en la petite chancellerie pour être relevé de l'*illico*, c'est-à-dire, de ce qu'il n'avoit pas interjetté son appel au moment que la sentence avoit été rendue.

Présentement, il n'est plus nécessaire d'appeller *illico*, ni d'obtenir des lettres de *relief d'illico*; mais on obtient des lettres de *relief* d'appel, ou un arrêt pour relever l'appel; ce qui tire toujours son origine de l'usage où l'on étoit d'obtenir des lettres d'*illico*, ou de *relief d'illico*. *Voyez* ci-devant APPEL, APPELLATION, RELIEF D'APPEL.

RELIEF DE LAPS DE TEMPS, ce sont des lettres de chancellerie par lesquelles le roi relève quelqu'un de ce qu'il a manqué à faire ses diligences dans le temps qui lui étoit prescrit, & lui permet d'user de la faculté qu'il avoit, comme s'il étoit encore dans le temps. Ces lettres sont de plusieurs sortes, selon les objets auxquels elles s'appliquent. Il y a des lettres de *relief* de temps de prendre possession de bénéfice; d'autres appellées *relief de temps sur rémission*, lorsqu'un impétrant de lettres de rémission ne s'est pas présenté dans le temps pour faire entériner ses lettres; & ainsi de plusieurs autres.

RELIEF DE MONNOYER *ou* MONNOYEUR, ce sont des lettres de chancellerie par lesquelles le roi mande à une cour des monnoies de recevoir quelqu'un en qualité de monnoyeur, encore que son père ne se soit pas fait recevoir en ladite qualité; étant nécessaire, pour être reçu dans ces sortes de places, d'être issu de parens monnoyeurs. *Voyez* MONNOIES & MONNOYEUR.

RELIEF DE NOBLESSE, ce sont des lettres du grand-sceau, par lesquelles le roi rétablit dans le titre & les privilèges de noblesse quelqu'un qui en étoit déchu, soit par son fait, ou par celui de son père ou de son aïeul. *Voyez* RÉHABILITATION.

RELIEF DE SURANNATION, sont des lettres de chancellerie par lesquelles sa majesté valide & permet de faire mettre à exécution d'autres lettres surannées; c'est-à-dire, dont l'impétrant a négligé de se servir dans l'année de leur obtention. *Voyez* CHANCELLERIE, LETTRES DE CHANCELLERIE, SURANNATION. (*A*)

RELIEF ABONNÉ, (*Droit féodal.*) est celui qui est fixé à une certaine somme, par un accord fait avec le seigneur; on dit plus communément *rachat abonné*. *Voyez* RACHAT. (*A*)

RELIEF DE BAIL, (*Droit féodal.*) il en est question dans les coutumes d'Artois, *art. 26 & 158*; d'Amiens, *art. 14 & 16*; de Clermont en Beauvoisis, *art. 87 & 89*; de Ponthieu, *art. 27 & suivans*, & dans quelques autres coutumes voisines, telles que Chauny, Montreuil, Saint-Omer, Senlis, *&c.*

Ce mot y désigne deux espèces de *reliefs*, dont une seule a été expliquée dans le glossaire du droit françois.

1°. On entend par-là le *relief* qui est dû par le tuteur ou gardien des mineurs. Dans les coutumes d'Artois & de Ponthieu, & dans une partie de celle de Clermont en Beauvaisis, le décès de celui qui fait tomber le mineur en garde acceptée, dit Maillard, donne lieu à deux reprises de fief, & par conséquent à deux droits de *relief*, au droit de *relief* de propriété, lequel est dû à cause du changement de propriétaire; & au droit de *relief* d'usufruit temporaire, dû à cause du bail accepté par le baillistre.

Il paroît même que le *relief de bail* est dû par le simple tuteur pour son mineur dans la coutume de Ponthieu, suivant l'article 27 & le commentaire de Duchesne & de Legorgue.

Il n'en est pas ainsi de la coutume d'Artois, le *relief* n'y a lieu qu'en cas de *bail* ou de garde avec profit.

Au reste, il n'y a pas lieu au *relief de bail*, quand l'aîné des mineurs a atteint la majorité féodale. Il peut relever la totalité des fiefs. Cela paroît résulter de l'article 62 de la coutume de Ponthieu.

2°. La plupart des coutumes citées, & quelques autres, appellent aussi *relief de bail*, celui qui est dû pour le fief de la femme par le mari qui en jouit en qualité de gardien ou de baillistre. Ce droit, comme le précédent, étoit autrefois général. *Voyez* le glossaire du droit françois, au mot *Bail* (*relief de*). Il subsiste encore dans la coutume de Paris & dans le droit commun pour les seconds mariages & autres mariages subséquens: mais il est aboli dans la plupart des coutumes pour les premiers mariages.

De ce que le mari doit ce *relief* à cause de sa jouissance, & comme gardien de sa femme, il s'ensuit, dit Laurière, que s'il décède sans l'avoir payé, sa veuve, qui a renoncé à la communauté, n'en doit rien; & qu'en ce cas, contre la règle générale, *le seigneur ne se peut prendre à la chose pour le profit de son fief*, ainsi que Beaumanoir le décide en termes exprès dans le cas du bail de mineur, *chap. 15*, *pag. 90 & 91*.

Il s'ensuit encore que le *relief* du bail n'est point dû quand la femme a stipulé par son contrat de mariage, qu'il n'y auroit point de communauté, & qu'elle auroit la disposition & l'administration de ses biens, parce qu'en ce cas, ses biens ne tombent point en bail. *Voyez* Brodeau sur l'article 37 de la coutume de Paris, *n. 24 & 29*.

Il n'est dû qu'un seul *relief* pour les domaines qui adviennent à la femme durant le mariage, parce que dans ce cas il n'y a point eu de mutation de la personne de la femme à celle du mari. Mais la coutume de Ponthieu adjuge aussi un *relief* au seigneur en cas de viduité, pour l'administration de la veuve. C'est ce qu'on y appelle *relief de débail*, ou *relief de viduité*.

Enfin, cette coutume, comme toutes les autres, accorde encore un nouveau *relief* au seigneur pour le second mariage & pour sa seconde viduité, & ainsi des autres mariages ou viduités. Ce *relief* pour le second ou autre mariage après le premier, est même de droit commun. *Voyez l'article 36 de la coutume de Paris*.

Tous ces *reliefs* sont, comme on le voit, bien rigoureux. Ils le seroient bien plus encore, si les *reliefs*

reliefs n'étoient pas communément abonnés dans les pays où ils ont lieu. Il y a néanmoins des seigneuries dont les *reliefs* sont dus à merci, c'est-à-dire, consistent dans une année du revenu. Cependant Maillard dit que dans ces seigneuries, lorsqu'il échoit deux *reliefs* dans une année, l'un nécessaire ou forcé pour la propriété, l'autre volontaire pour le bail de mineurs, on estime qu'ils sont également dus au seigneur, sans que l'un puisse faire cesser l'autre. Cet auteur convient qu'il faudroit dire le contraire, s'il arrivoit deux mutations forcées dans une année; la première mutation ne donneroit les fruits de l'année, que jusqu'à l'ouverture de la seconde. (*G. D. C.*)

RELIEF DE BAIL DE MINEURS *ou* DE GARDE, (*Droit féodal.*) est celui qui est dû par le gardien pour la jouissance qu'il a du fief de son mineur. (*A*) *Voyez* RELIEF DE BAIL.

RELIEF DE BOUCHE, (*Droit féodal.*) c'est lorsque le vassal ou tenant cotier, reconnoît tenir son héritage de quelque seigneur. *Voyez* la coutume d'Herly, *art. 1 & 2.* (*A*)

Le mot de *relief* a un triple sens dans les coutumes de Picardie & d'Artois. Il désigne, 1°. la reprise même du domaine noble ou roturier fait par le nouveau possesseur qui s'en fait investir ou ensaisiner par le seigneur ou ses officiers; 2°. l'acte qu'on dresse de cette reprise; 3°. le droit qui est dû au seigneur pour cette reprise. Dans la coutume d'Herly, locale de Boulogne, il n'est dû aucun droit pour la reprise des héritages cotiers. Il n'y a qu'une simple reconnoissance que le nouveau possesseur doit faire au seigneur de vive voix; & c'est ce qu'on appelle *relief de bouche. Voyez* RELIEF DE FIEF. (*G. D. C.*)

RELIEF DE CHAMBELLAGE, (*Droit féodal.*) est celui que le mari doit, lorsque durant le mariage il échet un fief à sa femme. *Voyez* l'ancienne coutume de Beauquesne, *art. 19.* (*A*)

RELIEF DE CHEVAL ET ARMES, (*Droit féodal.*) est celui pour lequel il est dû au seigneur un cheval de service & des armes. *Voyez* la coutume de Cambrai, *tit. 1, art. 50 & 51.* (*A*)

Ce *relief* est encore dû en nature dans une partie du Cambresis pour les *fiefs nobles & liges*, tenus à *relief de cheval & armes*, ou *de 60 sous cambresis.* L'option du *relief* en nature appartient au seigneur, lorsque le vassal avoit cheval & armes.

Il n'est dû que le simple cheval sans armes, lorsque le vassal n'avoit pas d'armes & *vice versâ*, suivant Desjauneaux.

Lorsque le fief vient par les femmes, il n'est dû que 60 sous pour le *relief*, & autant pour le chambellage, sans doute parce que les femmes ne pouvant pas faire le service militaire par elles-mêmes, ne sont pas censées avoir un cheval & des armes.

Lorsque le vassal tenoit du même seigneur plusieurs fiefs nobles & liges à *relief de cheval & armes*, comme il n'avoit besoin que d'un seul cheval & d'une seule armure pour le servir, ce *relief* en nature n'est dû que pour un seul fief. Le seigneur ne peut exiger pour les autres qu'un *relief* de 60 sous, & un chambellage de même valeur.

Au reste, les chartres générales du Hainaut attribuent aussi au seigneur le *relief de cheval & armes* en nature. Elles entrent, à ce sujet, dans beaucoup de détails qu'on peut consulter dans le chapitre 100. (*G. D. C.*)

RELIEF DU CHER DENIER, (*Droit féodal.*) on appelle ainsi une espèce de droit de mutation, dû par les domaines roturiers. Il consiste, le plus souvent, dans le doublement de la censive. Comme l'acapte & l'arrière-capte, il est dû à toute mutation du tenancier, même en ligne directe, & quelquefois, même à mutation de seigneur. *Voyez* le traité des lods & ventes de Molière-Fonmaur, *n. 12*, & les articles ACAPTE, DOUBLAGE, DOUBLE CENS, MARCIAGE, PLAIT SEIGNEURIAL, RELEVOISONS, *&c.* (*G. D. C.*)

RELIEF DE DÉBAIL *ou* DE VIDUITÉ, (*Droit féodal.*) on appelle ainsi, dans la coutume de Ponthieu, le *relief* qui est dû par la femme quand elle sort hors du bail de son mari par viduité. On pourroit donner aussi le nom de *relief de débail* à celui qui est dû par le mineur quand il sort de bail. *Voyez* l'article RELIEF DE BAIL.

Suivant un acte de notoriété de la sénéchaussée de Ponthieu, du 13 novembre 1687, il n'y a que la mort réelle du mari qui donne ouverture au *relief de viduité*, & ce *relief* est simple, tant pour les fiefs que pour les rotures. *Voyez* les notes de Legorgue sur le commentaire de Duchesne, *art. 27.* (*G. D. C.*)

RELIEF DOUBLE, (*Droit féodal.*) c'est, comme le nom l'indique, un *relief double* du *relief* simple. *Voyez* RELIEF SIMPLE. (*G. D. C.*)

RELIEF DE FIEF, c'est lorsque le vassal relève en droiture son fief, c'est-à-dire, qu'il reconnoît son seigneur, & lui fait la foi & hommage pour la mutation de seigneur ou de vassal qui faisoit ouverture au fief.

Il est parlé de ce *relief de fief* dans Froissart & dans les coutumes de Péronne, Auxerre, Cambrai, Lille, Hesdin, style de Liège. *Voyez* le glossaire de Laurière au mot *Relief.* (*A*)

On appelle aussi *relief de fief*, l'acte qu'on dresse de cette reconnoissance du nouveau vassal. *Voyez* RELIEF DE BOUCHE. (*G. D. C.*)

RELIEF DE GARDE, (*Droit féodal.*) est celui qui est dû par le gardien pour la jouissance qu'il a du fief de son mineur. *Voyez* RELIEF DE BAIL & RELIEF SIMPLE. (*A*)

RELIEF D'HÉRITIER, (*Droit féodal.*) est celui qui est dû au seigneur par le nouveau vassal pour la propriété à lui échue par succession collatérale; & même dans plusieurs coutumes, par succession directe; c'est la même chose que le *relief* de propriétaire ou de propriété. *Voyez* la coutume de Saint-Pol, & ci-après Relief-propriétaire. (*A & G. D. C.*)

Relief d'homme, (*Droit féodal.*) étoit une amende de cent sols un denier, que le plège ou caution étoit obligé de payer faute de faire représenter l'accusé qui avoit été élargi sur son cautionnement; moyennant cette amende, le plège en étoit quitte; c'est ainsi que ce *relief* est expliqué dans le *chap. 104 des établissemens* de saint Louis en 1270: il en est encore parlé dans le *cxxj.* (*A*)

Le *relief d'homme*, suivant le chapitre 104 *des établissemens*, n'étoit dû par le plège de l'accusé non représenté, que lorsque le titre de l'accusation étoit un meurtre ou une trahison.

Suivant le chapitre cxxj, le propriétaire de la bête qui avoit tué un homme, devoit le même *relief*, sous le même nom, outre la confiscation de la bête; mais il falloit, pour en être quitte à si bon marché, qu'il affirmât n'avoir eu aucune connoissance du vice de sa bête. S'il avouoit qu'il en connoissoit le vice, il étoit impitoyablement pendu.

La loi d'Angleterre étoit plus humaine que les établissemens de saint Louis. *Voyez* Déodand. (*G. D. C.*)

Relief de majorité. *Voyez* Relief de bail, *n. 1.*

Relief de mariage, (*Droit féodal.*) est celui que le mari doit pour la jouissance du fief de sa femme; c'est la même chose que le *relief de bail.*

Quelques coutumes affranchissent le premier mariage de ce droit, comme la coutume de Paris, *art. 36;* d'autres l'accordent au seigneur pour tous les mariages indistinctement, comme la coutume d'Anjou. *Voyez* ci-devant Relief de bail, & Guyot, en son traité des fiefs, *tome 2*, *du relief*, *chap. 5.* (*A*)

Relief a merci, (*Droit féodal.*) est le nom que l'on donne, en quelques lieux, au revenu d'un an, que le nouveau vassal est tenu de payer au seigneur; il a été ainsi appellé, parce qu'il étoit à la volonté du seigneur, & non pas qu'il fût *ad mercedem. Voyez* la coutume locale de Saint-Piat & de Seclin-sous-Lille. (*A*) *Voyez* aussi la fin de l'article Relief de bail & Plait a merci. (*G. D. C.*)

Relief de minorité. *Voyez* Relief de bail & Relief de bail de mineurs.

Relief de plume, (*Droit féodal.*) c'est un droit de rachat ou rente seigneuriale, qui ne consiste qu'en une prestation de poule, geline ou chapon. *Voyez* la coutume de Térouane, *art. 9*, & le glossaire de M. de Laurière au mot *Plume.* (*A*) *Voyez* ci-dessus Plume.

Relief précis, on donne ce nom en Hainaut à des lettres de chancellerie, dont l'objet est de relever l'impétrant de la forclusion contre lui prononcée. *Voyez* le chapitre 79 des chartres de cette province. (*G. D. C.*)

Relief principal, (*Droit féodal.*) est celui qui est dû pour le fief entier. Il est ainsi appellé, lorsqu'il est question de distinguer le *relief* dû par chaque portion du fief. *Voyez* la coutume d'Artois, *art. 102.* (*A*)

Maillard croit, avec beaucoup de vraisemblance, qu'il faut lire *fief principal* au lieu de *relief principal* dans cet article 102. *Voyez* Quintement. (*G. D. C.*)

Relief-propriétaire, *ou* de propriétaire, *ou* Relief de propriété, (*Droit féodal.*) est celui qui est dû au seigneur par le nouveau propriétaire du fief, à la différence du *relief* de bail & du *relief* de mariage, qui sont dus pour la jouissance qu'une personne a du fief sans avoir la propriété. *Voyez* l'ancienne coutume d'Amiens; celles de Saint-Omer, Montreuil, & le style des cours du pays de Liège, & les articles Relief de bail, Relief de mariage. (*A*)

Relief rencontré. *Voyez* Rachat rencontré & Rachat.

Relief de rente, (*Droit féodal.*) Ragueau dit, dans le glossaire du droit françois, que c'est celui qui est dû au seigneur par la mort du tenant cotier, suivant l'article 11 de la coutume de Térouane, locale de Saint-Omer (ancienne rédaction).

Mais il n'y a point de *relief* qui porte ce nom dans la coutume de Térouane. Elle décide seulement, dans l'article 9, que le *relief* du bail pour les héritages cotiers, est le double de la rente, ou devoir annuel dû par l'héritage, suivant la maxime *telle rente, tel relief*, sauf pour les rentes en plume, où le *relief* n'est pas dû, à moins que cette rente ne soit le seul devoir assis sur l'héritage.

L'article 11 ajoute que dans la seigneurie de Leblée, appartenante à l'évêché, il est dû, à la mort du tenancier cotier, pour *relief*, le double de la rente, outre l'arrérage annuel de cette rente, *le double relief de la rente, & la rente aussi.* (*G. D. C.*)

Relief simple, (*Droit féodal.*) dans les coutumes de Ponthieu, d'Artois, & quelques autres voisines, il est dû *relief*, tant pour les fiefs que pour les rotures ou coteries, chaque fois que le domaine change de main, à quelque titre que ce soit; celui qui réunit la propriété à la jouissance, doit le *relief* de propriété; celui qui jouit au nom d'autrui, comme le mari, le baillistre & le tuteur, doit le *relief* de bail.

Dans la coutume d'Artois, le *relief* de bail & le *relief* de propriété sont égaux. Mais dans celle de Ponthieu, le *relief* de bail est double de celui de propriété. Ainsi, dans cette coutume, le *relief simple* est le *relief* de propriété, & le *relief* double est le *relief* de bail.

Suivant l'article 30 de la même coutume, le simple *relief* est abonné à 60 sous pour les fiefs. Pour les coteries, c'est une année du cens, outre l'arrérage de cette année-là, suivant la règle *tel cens, tel relief.*

Le *relief* de bail ou double *relief* est de deux

tois 60 sous pour les fiefs, & du double de la censive pour les coteries.

M. de Legorgue cite deux actes de notoriété de la sénéchaussée de Ponthieu des 9 juillet 1709, & ...... 1728, qui portent qu'il n'y a point de chambellage en *relief* de bail, & que ce *relief* peut être plus ou moins fort, selon les titres des seigneurs.

Ce dernier point ne peut pas faire de difficulté. Mais l'article 30 ne paroît exempter le *relief* du chambellage que lorsque ce dernier droit a été déja une fois payé. Or, il peut y avoir des cas où le *relief* de bail soit dû & payé avant le *relief* de propriété, lors, par exemple, que le domaine écheoit à un mineur, dont le tuteur n'est tenu de payer que le *relief* de bail, & non pas celui de propriété, qu'on peut attendre à payer lors de la majorité coutumière du mineur. *Voyez* l'article 28 avec les notes de Duchesne, & les articles 79 & 158 de la coutume d'Artois. (*G. D. C.*)

RELIEF DE SUCCESSION, (*Droit féodal.*) est celui qui est dû pour mutation d'un fief par succession collatérale, ou même par succession directe dans les coutumes auxquelles il est dû *relief* à toutes mutations, comme dans le Vexin françois. (*A*)

RELIEF DE VIDUITÉ. *Voyez* RELIEF DE BAIL, *n.* 2, & RELIEF.

RELIEFS, (*Droit féodal.*) on appelle ainsi dans la coutume d'Herbaut, locale de Tours; dans celles de Blois, de Chartres, &c. un droit de mutation ou de rachat dû par les censives. *Voyez* le chapitre 9 de la coutume de Blois, & les articles RELIEF DU CHER DENIER, RELEVOISONS, &c. (*G. D. C.*)

RELIER. *Voyez* REILHE, RELIÉ & RELIEF.

RELIF, (*Droit féodal.*) ce mot se trouve pour *relief* dans une chartre de Philippe, comte de Flandres, de l'an 1167, citée par dom Carpentier au mot *Relevagium* sous *Relevare feudum.* Peut-être n'est-ce qu'une faute de copiste. (*G. D. C.*)

RELIGIEUX, RELIGIEUSE. *Voyez le Dictionnaire de théologie* & les mots DOT DES RELIGIEUSES, NOVICIAT, PRISE D'HABIT, PROBATION, PROFESSION, VŒU & RÉCLAMATION DE VŒUX, &c.

RELIQUAT, *terme latin*, adopté dans le langage du palais, pour exprimer ce qui reste dû par la clôture & arrêté d'un compte, toute déduction faite de la dépense & des reprises.

Suivant l'article 1 du titre 29 de l'ordonnance de 1667 de la reddition des comptes, tous tuteurs, protuteurs, curateurs, fermiers judiciaires, sequestres, gardiens, & autres qui ont administré le bien d'autrui, sont réputés comptables, encore que leur compte soit clos & arrêté, jusqu'à ce qu'ils aient payé le *reliquat*, s'il en est dû, & remis toutes les pièces justificatives. *Voyez* ADMINISTRATEUR, COMPTE, COMMUNAUTÉ, CURATÈLE, TUTÈLE. (*A*)

RELIQUATAIRE, s. m. *en droit*, est celui qui se trouve redevable d'un reliquat de compte. *Voyez* ci-devant RELIQUAT.

RELOCATION, s. f. signifie en général l'acte par lequel on reloue une chose à quelqu'un.

Ce terme de *relocation* peut s'appliquer en plusieurs cas; savoir,

1°. Lorsque le propriétaire d'une chose la loue de nouveau à celui auquel il l'avoit déja louée.

2°. Lorsqu'un principal locataire reloue à d'autres, c'est-à-dire, sous-loue ce qu'il tient lui-même à loyer.

3°. Le sens le plus ordinaire dans lequel on prend le terme de *relocation*, c'est en matière de contrats pignoratifs mêlés de vente, dont la *relocation* ou reconduction est le principal caractère. Le débiteur vend à son créancier un héritage pour l'argent qu'il lui doit, avec faculté perpétuelle de rachat; & cependant, pour ne point déposséder le vendeur, l'acheteur lui fait une *relocation* de ce même héritage moyennant tant de loyer par an, lequel loyer tient lieu au créancier des intérêts de son principal; c'est ce que l'on appelle *relocation* ou *reconduction*.

Lorsque la faculté de rachat, stipulée par un tel contrat, est fixée à un certain temps, à l'expiration du terme on ne manque pas de la proroger, ainsi que la *relocation*. *Voyez* ANTICHRÈSE, CONTRAT PIGNORATIF, ENGAGEMENT, LOCATION, LOUAGE, RECONDUCTION. (*A*)

RELODS, (*Droit féodal.*) ce mot se trouve dans les coutumes de la châtellenie de Provins, & de la châtellenie de Montereau, locale de celle de Meaux. Il signifie littéralement le lods du lods. C'est donc, comme le requint, une espèce de *droit du droit* qui est dû par l'acheteur, lorsque le vendeur doit avoir son argent *franc*, & que l'acquéreur se charge de payer les droits seigneuriaux dont le vendeur est naturellement tenu dans ces coutumes. Mais il y a une différence importante entre le requint & le *relods*, du moins dans la coutume locale de Montereau.

Le requint a la même proportion avec le quint, que ce dernier droit a avec le prix principal; il est le quint du quint. Mais le *relods* est dans une proportion plus forte relativement au lods, que ne l'est ce droit de lods avec le prix principal. Suivant l'article 1 de la coutume locale, le droit de lods & ventes est de 3 sous 4 den. tournois pour chacun franc, ce qui fait 40 deniers par livre, ou le sixième du prix principal. L'article 9 répete la même chose. Mais il ajoute que le *relods* est de 10 deniers par livre, outre & pardessus lesdits 3 sous 4 deniers; ce qui forme le quart du droit de lods & ventes.

La coutume de Lagny-sur-Marne, qui est aussi locale de Meaux, est encore plus rigoureuse. Elle fixe le droit de lods & ventes, comme celle de Montereau, à 3 sous 4 deniers par livre, c'est-à-dire, au sixième. Mais lorsque l'héritage est vendu francs-deniers, elle veut que l'on paie en outre une espèce de *relods*, qu'elle appelle *ventetrolle*, & qui est de vingt deniers tournois, c'est-à-dire, la moitié du droit de lods & ventes.

Il est difficile de trouver la raison de cette singularité, à moins qu'on ne veuille dire que les coutumes ont voulu empêcher plus efficacement par-là qu'on ne diminuât les droits seigneuriaux par cette clause de *franc & quitte*. Il n'y a pas à craindre effectivement que dans ces coutumes on soit tenté de charger les acquéreurs de payer les droits de lods. Ils y trouveroient trop mal leur compte.

Au reste, la coutume de Melun admet dans l'article 117 un droit assez approchant sous le nom de *reventons*, & Champy, dans son commentaire sur cet article, dit qu'on appelle aussi plus proprement ce droit du nom de *relods* dans l'usage. Mais il est essentiel d'observer que ce dernier droit de *reventons* ou de *relods*, est relativement au droit de lods dans la même proportion où le lods est avec le prix principal, & qu'il n'a même pour objet que la moitié du droit de mutation. Car la coutume de Melun distingue le droit de lods d'avec celui de vente. Elle charge le vendeur de payer le premier, & l'acquéreur d'acquitter le second. Lors donc qu'on met dans le contrat la clause de *franc-argent*, ou *francs-deniers*, il est évident que cette clause ne peut porter que sur le droit de lods, & non pas sur celui de ventes, qui est dû de plein droit par l'acquéreur, & par conséquent que le droit du droit ne doit avoir lieu que sur les lods seulement, & non pas sur les ventes. (*G. D. C.*)

RELOT, (*Droit féodal.*) quelques coutumes locales de celle de Meaux écrivent *relot* pour *relods*, comme elles écrivent *lòt* pour *lods*. *Voyez* RELODS. (*G. D. C.*)

REMAIGNANT. *Voyez* REMAISANCE, *n.* 2.

REMAISANCE, (*Droit féodal.*) ce mot dérive du latin *remanere*, demeurer, rester. On le trouve employé dans nos anciens titres en deux ou trois acceptions, au moins, qui proviennent toutes de cette signification primitive.

1°. Des lettres d'Etienne de Chitry, abbé de Saint-Germain d'Auxerre, de l'an 1367, rapportées au tome 7 des ordonnances du Louvre, donnent ce nom à un droit que payoient au seigneur ceux qui venoient demeurer dans sa terre.

Une chartre latine de Guillaume, archevêque de Sens, de l'an 1259, dit dans la même acception : *& si aliquis de novo venire voluerit moraturus apud S. Julianum..... ipse solvet nobis.... duos solidos turonenses pro remasentiâ suâ, & quindecim denarios quolibet anno pro suâ Burgesiâ.*

2°. On a donné le même nom au bois ou aux copeaux qui restent dans une forêt après qu'on en a tiré le bois de charpente & le bois de corde, ou même au bois mort trouvé dans une forêt. Une chartre latine de l'an 1310, porte : *gentes nostræ dicebant quod idem Robertus usagio, quod idem habebat in dictâ forestâ à parte de Tunchebray ad cimeyas branchias & remasencias taliter abusus fuerat, quod perpetuò amittere debebat usagium suum.*

L'article 14 d'un réglement de l'an 1376, rapporté au tome 6 des ordonnances du Louvre, *pag. 221*, dit aussi : « que se ils treuvent ou temps » à venir bois abattu, soit eschappée, ou entier, » ou autres *remaisances*, *&c.* ».

On trouve dans d'autres chartres les mots *remessances*, *remasons*, *remaisons*, *remoisons*, *remaignant* & *resquez*, employés dans le même sens.

3°. Enfin, on a appellé de cette manière, en françois, ou du moins du nom de *remanentia* en latin, non pas précisément le droit de déshérence, comme le dit dom Carpentier, mais celui d'échûte ou de main-morte. *Voyez* cet auteur aux mots *Remaisancia*, *Remanentia*, *Remasentia*, *&c.* (*G. D. C.*)

REMAISONS. *Voyez* REMAISANCE, *n.* 2.

REMANENS, (*Eaux & Forêts.*) on donne ce nom aux copeaux & branchages qui restent des arbres abattus & façonnés pour le compte du roi. Suivant l'article 5, titre 21 de l'ordonnance du mois d'août 1669, les *remanens* doivent être vendus au siège de la maîtrise, avec les formalités prescrites pour la vente des chablis, sans que les bûcherons puissent en disposer, sous quelque prétexte que ce soit, à peine d'amende arbitraire & de restitution du double, dont l'entrepreneur est pareillement responsable.

REMARIER (*se*), ce terme s'entend quelquefois de la réhabilitation que l'on fait d'un mariage auquel il manquoit quelques formalités, mais plus souvent il se dit d'un second, troisième, ou autre mariage.

REMASONS. *Voyez* REMAISANCE, *n.* 2.

REMBANNISSEMENT, f. m. terme usité dans la ville & chef-lieu de Valenciennes : il est à-peu-près synonyme de celui de *consignation*. L'article 99 de cette coutume porte : au maïeur que commettons en notredite ville, appartient d'avoir en dépôt & garde tous deniers venans de vendage d'héritages & rentes héritières, par l'espace de quinze jours, ou autres à ce ordonné.

REMBRE, v. act. ancien terme de droit, synonyme de *rédimer*, par lequel on entendoit retirer un héritage par faculté de rachat.

REMÈDE DE DROIT, *terme de palais*; on entend par ces mots, toutes les voies de se pourvoir contre des jugemens dont on prétend avoir reçu quelque grief; tels sont l'appel, l'opposition, la requête civile.

On peut aussi appeller *remèdes de droit*, les manières de se pourvoir contre des actes par lesquels on a été lésé. *Voyez* RESCISION & RESTITUTION.

En terme de monnoie, on appelle *remède*, la quantité de poids & de fin que le roi permet aux directeurs de ses monnoies, d'employer de moins dans la fabrication des espèces. Le *remède* qui concerne le poids s'appelle *remède de poids*, celui qui concerne le fin s'appelle *remède de loi*. *Voyez* MONNOIE.

RÉMÉRÉ, s. m. est l'action par laquelle un vendeur rentre dans l'héritage par lui vendu, en vertu de la faculté qu'il s'en étoit réservée par le contrat. C'est la même chose que la faculté de rachat. *Voyez* RACHAT.

REMESSANCE. *Voyez* REMAISANCE, *n.* 2.

REMISE, s. f. d'une dette, est lorsque le créancier voulant bien faire grace à son débiteur, le tient quitte en tout ou en partie, soit du principal, soit des intérêts & frais.

Remise, en fait d'adjudication par decret & de baux judiciaires, est lorsqu'au lieu d'adjuger définitivement, on remet à le faire à un autre jour. *Voyez* ADJUDICATION, BAIL JUDICIAIRE, CRIÉES. DÉCRET.

Remise de la cause à un tel jour, c'est lorsque la cause est continuée ou renvoyée à un autre jour. (*A*)

RÉMISSION, (*Code criminel.*) est l'acte par lequel le prince remet à un accusé la peine due à son crime, & singuliérement pour ceux qui méritent la mort.

On obtient pour cet effet des lettres de *rémission* ou de grace.

Ces lettres sont différentes des lettres d'abolition & de pardon. *Voyez* le titre 16 de l'ordonnance de 1670, & les mots ABOLITION, GRACE, LETTRES DE GRACE ET DE RÉMISSION, LETTRES DE PARDON & le mot PARDON. (*A*)

RÉMISSIONNAIRE, s. m. est celui qui a obtenu des lettres de rémission ou de grace. *Voyez* ci-devant RÉMISSION.

REMONTRANCE, s. f. *en droit*, est l'action de remontrer ou représenter quelque chose à quelqu'un.

Les cours souveraines ont la liberté de faire des *remontrances* au roi, lorsqu'elles trouvent quelque difficulté sur les ordonnances, édits & déclarations qui leur sont envoyées pour enregistrer. Les autres tribunaux n'ont point la même prérogative de faire directement leurs *remontrances* au roi; s'ils ont quelques observations à faire, ils doivent donner leur mémoire à M. le chancelier.

Quelquefois après de premières & d'itératives *remontrances*, les cours font de très-humbles représentations lorsqu'elles croient devoir encore insister sur les objets de leurs *remontrances*.

Remontrance est aussi une représentation que l'avocat ou le procureur d'une partie fait à l'audience, soit pour demander la remise de la cause qui n'est point en état, soit pour faire ordonner quelque préparatoire.

Remontrances sont aussi le titre que l'on donne en certaines provinces aux écritures que l'on intitule ailleurs *avertissemens*. (*A*)

REMPLACEMENT, s. m. est, *en terme de palais*, l'action de mettre une chose à la place d'une autre, comme quand on fait un nouvel emploi de deniers dont on a reçu le remboursement, ou que l'on acquiert un immeuble pour tenir lieu d'un autre que l'on a aliéné. *Voyez* ci-après REMPLOI, & SUBROGATION. (*A*)

REMPLAGE, s. m. suivant la chartre de Louis XII, de décembre 1511, *mém.* 9, *fol.* 1, ce qui manque de fonds des épices des comptes doit être employé dans les autres comptes qui peuvent le mieux supporter, c'est ce que l'on appelle *remplage*; mais le roi ayant défendu de prendre des épices plus que le fonds de ses états, à commencer de l'année 1666, il n'y a plus eu de fonds destiné aux *remplages*. On ne laisse pas de commettre toujours au commencement de chaque semestre, un des messieurs pour le *remplage*. (*A*)

REMPLI, adj. se dit de celui qui est satisfait de ce qui lui est dû. Un héritier ou une veuve sont *remplis* de leurs droits lorsqu'ils ont des fonds ou des meubles, & deniers suffisans pour acquitter ce qui leur revenoit.

On dit aussi qu'un gradué est *rempli*, lorsqu'il a obtenu, en vertu de ses degrés, des bénéfices de la valeur de 400 livres de revenu, ou qu'il a 600 livres de revenu en bénéfices obtenus autrement qu'en vertu de ses degrés. *Voyez* GRADUÉ & RÉPLÉTION. (*A*)

REMPLOI, s. m. est le remplacement d'une chose qui a été aliénée ou dénaturée, comme le *remploi* d'une somme mobilière que l'on a reçu, le *remploi* d'un immeuble que l'on a aliéné, d'un bois de futaie que l'on a abattu & consumé.

Le *remploi* se fait de deux manières, savoir réellement en subrogeant un bien au lieu d'un autre, avec déclaration que ce bien est pour tenir lieu du *remploi* de celui qui a été aliéné ou dénaturé; ou bien il se fait fictivement, en payant la valeur du bien aliéné à celui auquel le *remploi* en étoit dû.

Dans les contrats de mariage qui se passent en pays de droit écrit, on stipule le *remploi* de la dot de la femme, en cas d'aliénation.

En pays coutumier on stipule ordinairement dans le contrat de mariage, le *remploi* des propres qui pourront être aliénés, soit du mari ou de la femme.

Anciennement ce *remploi* des propres n'étoit dû qu'autant qu'il étoit stipulé; c'est pourquoi quand il ne l'étoit pas, on disoit communément que le mari ne pouvoit se lever trop matin pour vendre les propres de sa femme.

Mais suivant l'article 232 de la coutume de Paris, qui a été ajouté lors de la dernière réformation, ce *remploi* est de droit, quand même il ne seroit pas stipulé; & cela a paru si juste, que la même disposition a été adoptée dans les coutumes qui ont été réformées depuis celle de Paris, & que la jurisprudence a étendu cet usage aux autres coutumes qui n'en parlent pas.

Le *remploi* étant dû de ce qui est entré dans la communauté par l'aliénation des propres du conjoint, il s'ensuit que ce n'est ni le prix auquel les propres ont été estimés par le contrat de mariage, ni celui qu'ils valoient lorsqu'ils ont été aliénés, mais précisément celui pour lequel ils ont été vendus, en y ajoutant tout ce qui est accessoire de ce prix, comme épingles, pots-de-vin, *&c.* Quant aux intérêts du prix de la vente, ils ne sont dus au conjoint que du jour de la dissolution de la communauté, attendu qu'ils représentent les fruits dont elle auroit profité, si les propres n'eussent pas été aliénés.

Le *remploi* des propres aliénés se prend sur la communauté; & si les biens de la communauté ne suffisent pas pour le *remploi* des propres de la femme, le surplus se prend sur les propres du mari; mais le *remploi* des propres du mari ne se prend jamais sur ceux de la femme.

Lorsqu'il a été aliéné un propre de l'un des conjoints; qu'il a été acquis un autre bien, avec déclaration que c'est pour tenir lieu de *remploi* du propre aliéné, le conjoint, dont le propre a été ainsi remplacé, ne peut pas demander d'autre *remploi*. Mais s'il s'agit du *remploi* du propre d'une femme, elle doit paroître dans l'acte de *remploi*, le signer ou le ratifier durant le mariage. Quand les choses se sont passées autrement, l'acquisition est réputée faite pour le compte de la communauté, & le droit de la femme n'est qu'une hypothèque, ou, si l'on veut, un privilège sur les biens acquis.

Un arrêt du conseil du 19 juillet 1720, a obligé les femmes & leurs héritiers d'accepter les *remplois* faits par leurs maris, en rentes créées sur les aides & gabelles par édit du mois de juin de la même année, quoique les femmes n'eussent pas été présentes à ces *remplois*; mais cette disposition n'a point été étendue aux autres rentes créées par le roi. Un arrêt du 12 août 1745 a jugé que madame de Breteuil n'étoit point obligée d'accepter, en paiement du *remploi* de ses propres, les contrats sur la ville que son mari avoit acquis avec une partie de sa dot.

Quoique le *remploi* ait souvent pour objet le remplacement d'un immeuble qui a été aliéné, & que l'action de *remploi* soit elle-même ordinairement stipulée propre, comme l'étoit le bien même dont elle tend à répéter la valeur, cette qualité de propre imprimée à l'action de *remploi*, n'est relative qu'à la communauté, & cela n'empêche pas que, dans la succession du conjoint auquel le *remploi* est dû, l'action ne soit réputée mobilière, & n'appartienne à son héritier mobilier.

Les gens de main-morte sont autorisés, dans certains cas, à faire le *remploi* des biens dont ils sont évincés, ou des rentes qui leur sont remboursées, sans être tenus de payer un nouveau droit d'amortissement. Mais d'après les arrêts du conseil des 11 juillet 1690, 21 janvier 1738, 13 avril 1741, & la déclaration du 24 août 1780, il faut que les biens dont ils sont évincés, & les rentes dont ils sont remboursés, aient été amortis avec finance. L'exemption d'un nouvel amortissement ne s'étend même que jusqu'à concurrence de ce qui a été amorti.

De-là il suit que si la main-morte qui a reçu une somme de 12,000 livres pour le remboursement d'une rente foncière ou rachetable, dont l'amortissement a été payé à raison du sixième, emploie cette somme à acquérir un fonds noble, dont l'amortissement est dû sur le pied du cinquième, elle sera tenue de payer un droit d'amortissement égal à la différence qui se trouve entre le cinquième & le sixième.

Au reste, les formalités nécessaires pour le *remploi* des biens ou rentes des gens de main-morte, sont, en premier lieu, d'après les dispositions de l'édit d'août 1749, & une déclaration du 24 août 1780, d'être autorisés à faire le *remploi* par des lettres-patentes duement enregistrées; 2°. d'exprimer dans l'acquisition qui sert de *remploi*, l'objet de l'acquisition, & d'où proviennent les deniers destinés à la payer, annexer à l'acte d'acquisition, la grosse des rentes ou des acquisitions dont ils ont été dépossédés, copie de l'acte de remboursement, & la preuve que le droit d'amortissement avoit été payé; 3°. de faire faire sur la minute des remboursemens, mention par le notaire du *remploi* qu'on en fait, & des sommes qu'on y a appliquées; 4°. de rapporter à l'administration des domaines un extrait de cette mention, certifié par le notaire.

REMUAGE. *Voyez* MUAGE, MILODS & REMUEMENT, & du Cange, au mot *Mutagium* sous *Muta.*

REMUEMENT, (*Droit féodal.*) on appelle ainsi dans la coutume de Nivernois, un droit de mutation qui est simplement énoncé dans l'article 58 du titre *des fiefs*, & dans l'article 16 du titre *des bordelages* de cette coutume.

Le premier de ces deux articles dit que les droits de quint-denier, lods, ventes, tiers-deniers, *remuemens*, sont dus au seigneur dès que le contrat est passé & arrêté.

L'autre article porte que le détenteur du bordelage peut délaisser, c'est-à-dire, déguerpir la chose bordelière, pourvu qu'elle soit en bon état, « en payant les arrérages, tiers-deniers & *remuemens*, si aucuns sont dus ».

Guyot dit, dans ses institutes féodales, *ch. 8, n. 4*, « que le *remuement* est le droit de mutation » autrement que par vente ». Mais il n'explique point quelle est la fixation de ce droit.

La coutume de Germigny, locale de Bourbonnois, admet aussi les bordelages, sans parler des *remuemens*. Mais l'article 500 de la coutume de Bourbonnois donne au seigneur pour toute espèce de transport fait de l'héritage bordelier, même à titre d'échange ou de donation: « le tiers-denier » en montant, qui est la moitié de la chose totale » de l'achat ou estimation de la chose changée, » ou dudit héritage, s'il est donné ».

J'ignore s'il y a une règle générale pour ce droit en Nivernois. Galland dit bien, dans le glossaire du droit françois, que le mi-lods est le droit dû pour le *remuement*, c'est-à-dire, pour la mutation autre que par vente dans le Lyonnois, le Forez & le Beaujolois. Mais rien ne prouve que ce *remuement* soit un mi-lods dans le Nivernois. (*G. D. C.*)

REMUEMENT DE SEIGNORAGE, (*Droit féodal.*) Laurière & la Thaumassière disent, dans leurs glossaires, sans donner d'autres détails, que ce mot se trouve dans Beaumanoir. L'un cite le chapitre 66, l'autre le chapitre 67. Je ne l'ai trouvé dans aucun de ces deux chapitres. (*G. D. C.*)

REMUNÉRATOIRE, se dit, *en droit*, de ce qui est donné pour récompense de services, comme une donation ou un legs *remunératoire*. Ces sortes de dispositions ne sont pas considérées comme de vraies libéralités lorsque les services étoient tels que celui qui les avoit rendus, pouvoit en exiger le salaire. *Voyez* DONATION. (*A*)

RENCHARGE PERSONNELLE *ou* RÉELLE, ces termes sont employés fréquemment dans les Pays-Bas; le premier est synonyme de *recommandation*, & désigne l'opposition formée par quelqu'un à la sortie & mise en liberté d'un prisonnier; le second est synonyme à *opposition à fin de conserver*.

Les coutumes de Douai, Tournai & Bruges, prescrivent les *rencharges personnelles*, avant que la personne renchargée n'ait été déchargée du premier arrêt. Mais celle de Bruges ajoute néanmoins que la *rencharge* a son effet, lorsque le premier arrêtant y acquiesce, ou qu'il est satisfait de sa créance.

Les *rencharges réelles* ont, en Hainaut, un effet remarquable, c'est qu'elles donnent au créancier qui les fait faire, le droit d'être colloqué avant les créanciers de la même classe, qui n'ont renchargé qu'après lui.

RENCONTRÉ. (*rachat*) *Voyez* RACHAT.

RENDABLE. *Voyez* RANDABLE & JURABLE.

RENDABLETÉ. *Voyez* RENDABLE & JURABLE.

RENDAGE, *ou* RENDAIGE, (*Droit féodal.*) c'est le produit ou revenu annuel d'une terre, ce qu'elle *rend* annuellement au propriétaire. C'est dans ce sens que la coutume de Liège, *chap. 6, art. 11*, & plusieurs autres, disent que le *rendage* passe louage, c'est-à-dire, que le droit du propriétaire acquéreur l'emporte sur celui du locataire.

Pinault des Jaunaux, sur les coutumes de Cambresis, *tit. 25, art. 11, pag. 433*, à la fin, appelle encore ainsi le prix de ferme.

Il paroît aussi que ce mot a été pris quelquefois pour *rente*. C'est dans ce sens que la même coutume de Liège, *chap. 5, art. 13*, appelle *rente créée par rendage*, les rentes foncières qui ont été réservées lors de l'aliénation du fonds, à la différence de celles qui ont été constituées à prix d'argent. *Voyez* aussi l'article 15.

Enfin Boisard, dans son traité des monnoies, dit qu'on a donné ce nom au droit de seigneuriage. *Voyez* aussi du Cange & dom Carpentier au mot *Renda 2*, & le glossaire du droit françois. (*G. D. C.*)

RENDIER. *Voyez* RENTAL.

RENDRE LA COUR, (*Droit féodal.*) c'est rendre à ses vassaux la connoissance d'une affaire qui leur appartient, leur renvoyer la cause & les parties. *Voyez* Beaumanoir, *chap. 10.* (*G. D. C.*)

RENENCHE. *Voyez* RENENGHE.

RENENGHELE. *Voyez* RENENGHE.

RENFORCEMENT DE COUR, on appelle ainsi dans le Hainaut, l'assemblée des deux chambres du conseil & des prélats, pairs nobles & autres féodaux de la province. L'article 39 des chartres du comté de Hainaut, porte que lorsqu'au conseil (de Hainaut) il sera question d'interpréter quelque point des chartres, droits, franchises & privilèges de ce pays, telles matières seront vues & décidées en cour renforcée & non autrement, soit que les parties, ou l'une d'elles le demandent ou non.

Il paroît que cette disposition de la coutume ne s'observe point. (*G. D. C.*)

RENFORT DE CAUTION, est un supplément de caution que l'on donne lorsque la caution principale n'est pas suffisante.

Le *renfort de caution* est différent du certificateur de la caution. Celui-ci ne répond que de la solvabilité de la caution, & ne peut être poursuivi qu'après discussion faite de la caution, au lieu que le *renfort de caution* répond de la solvabilité du principal débiteur, & peut être attaqué en même temps que la caution principale. *Voyez* CAUTION, CAUTIONNEMENT, CERTIFICATEUR, DISCUSSION, FIDÉJUSSEUR, FIDÉJUSSION. (*A*)

RENOMMÉE (*commune*), est l'opinion que le public a d'une chose, c'est le bruit public. *Voyez* PREUVE *par commune renommée*.

RENONCIATION, s. f. se dit de tout acte par lequel on renonce à quelque droit.

On distingue, *en droit*, plusieurs sortes de *renonciations*. Une femme renonce à la communauté de biens qui a existé entre elle & son mari, un héritier, à la succession à laquelle il est appellé, un fils ou une fille dotés par leur père & mère à leurs successions futures, une femme mariée au senatus-consulte velléien, *&c.*

Nous traitons de la plupart de ces *renonciations* sous les mots qui leur sont propres; mais nous devons parler ici de la *renonciation* à la communauté, que nous avons remise à traiter en cet endroit.

La *renonciation* à la communauté est l'acte par lequel une femme ou ses héritiers, après la dissolution de la communauté, renoncent à leur part des biens dont elle est composée, afin d'être déchargés des dettes dont elle est tenue.

L'origine de cette faculté se rapporte au temps des croisades. Elle fut accordée d'abord aux femmes des nobles, qui contractoient alors des dettes considérables pour les voyages d'outre-mer, & on l'étendit ensuite à toutes les veuves. Il étoit d'usage que la femme qui renonçoit à la communauté, quittât sa ceinture sur le tombeau de son mari, & y déposât les clefs de la maison, pour prouver qu'elle n'y prétendoit aucune part, & qu'elle n'en avoit rien détourné.

Cette faculté accordée à la femme, est fondée sur ce que le mari ayant seul, durant la communauté, le droit d'en disposer & de la charger de dettes, sans la participation de sa femme, il n'est pas juste qu'il puisse la ruiner par ses dissipations & ses prodigalités, en l'obligeant de payer des dettes auxquelles elle n'a pas consenti.

Quoique les coutumes, en parlant du droit de *renonciation* de la femme, n'aient exprimé que le cas du décès du mari, on ne doit pas douter qu'elle n'ait pareillement lieu du vivant du mari, lorsque la communauté se dissout par un jugement de séparation de biens.

Les héritiers de la femme ont, comme elle, le droit de renoncer à la communauté. La coutume d'Orléans en a une disposition expresse, qui forme le droit commun de toutes celles qui n'ont rien dit à cet égard.

Ce droit de *renonciation* est tellement acquis à la femme, qu'elle ne peut y renoncer par son contrat de mariage, 1°. parce qu'il seroit contre le bon ordre d'autoriser une convention qui laisseroit le mari maître de dissiper le bien de sa femme; 2°. parce que le mari n'a aucun intérêt à cette *renonciation*, puisque dans le cas d'acceptation de la part de sa femme ou de ses héritiers, il est tenu de les indemniser des dettes qu'ils ont pu payer au-delà de ce qu'ils ont tiré de la communauté.

Nous avons déjà remarqué qu'anciennement la femme qui renonçoit, déposoit les clefs de la maison sur le tombeau de son mari; la coutume de Meaux prescrit cette formalité pour les veuves, soit nobles, soit roturières; celles de Vitry-le-François & de Bourgogne n'y assujettissent que les veuves roturières. Mais les commentateurs nous assurent que cela ne s'observe plus aujourd'hui.

Quelques coutumes exigent que la femme fasse sa *renonciation* judiciairement en personne, ou par un fondé de procuration spéciale. D'autres lui prescrivent de promettre par affirmation judiciaire, de mettre en évidence tous les effets de la communauté. Quelques-unes exigent que l'héritier, s'il est présent, soit appellé à la *renonciation*, sinon qu'elle se fasse en présence du procureur du roi. Il faut suivre à cet égard les dispositions de chaque coutume. Quant à celles qui n'ont rien statué sur les formalités de la *renonciation*, il suffit de passer pardevant notaires, un acte par lequel la femme ou ses héritiers déclarent qu'ils renoncent à la communauté.

Les coutumes varient aussi sur les délais accordés à la femme pour renoncer. Quelques-unes veulent que la *renonciation* se fasse dans la huitaine; d'autres accordent vingt jours; d'autres quarante. Mais cette variété n'est plus d'aucune considération depuis l'ordonnance de 1667, qui accorde à la veuve trois mois pour faire inventaire, & quarante jours pour délibérer. Au reste, ce délai n'est point fatal, c'est-à-dire, que la femme ou ses héritiers ont toujours la liberté de renoncer à la communauté, tant qu'ils ne l'ont pas acceptée, ou qu'ils ne sont pas poursuivis.

Mais si un créancier vient à diriger contre eux ses poursuites, & que les délais accordés par l'ordonnance ne soient pas expirés, la veuve ou ses héritiers peuvent l'arrêter, en lui opposant qu'ils sont encore dans les délais: si au contraire ils sont expirés, il faut qu'ils déclarent s'ils acceptent la communauté, ou s'ils y renoncent. Faute par eux de rapporter l'acte de leur *renonciation*, ils ne peuvent éviter d'être condamnés à payer la dette qu'on leur demande. Cependant, si le jugement qui les y oblige a été rendu par un juge dont on peut appeller, ils peuvent encore être déchargés des condamnations prononcées contre eux, en produisant sur l'appel, l'acte de leur *renonciation*, à l'exception néanmoins des dépens faits jusqu'au jour du rapport de cet acte. Mais si le jugement qui les a condamnés est en dernier ressort, ils sont tenus de payer le créancier qui a obtenu la condamnation. Cependant, il faut observer que ce jugement ne les rend pas communs, & n'empêche pas qu'ils ne puissent opposer un acte de *renonciation* à d'autres créanciers, par la raison qu'un jugement ne peut acquérir de droit qu'à celui qui l'a obtenu.

Pour que la femme puisse user de la faculté que lui accorde la coutume de renoncer à la communauté, il faut que les choses soient entières, c'est-à-dire, qu'elle ne l'ait accepté ni expressément, ni tacitement. Cependant, si elle étoit mineure lorsqu'elle l'a accepté, & que son acceptation lui fût préjudiciable, elle peut prendre des lettres de rescision, & renoncer à la communauté après leur entérinement.

Lorsque la dissolution de la communauté a lieu par le prédécès du mari, & que la femme demeure avec lui, la coutume de Paris exige qu'elle fasse faire un bon & loyal inventaire, avant d'être admise à la faculté de renoncer. Cette disposition est fondée sur ce que la femme étant dans la possession de tous les effets de la communauté, il importe qu'elle justifie qu'elle n'en retient aucun. Mais si la femme ne demeuroit pas avec son mari, & que les héritiers de celui-ci se soient mis en possession des effets qui composent la communauté, elle est dans le cas de renoncer valablement sans inventaire. Il en est de même dans le cas d'une

séparation

séparation de biens, parce qu'alors ce n'est point elle, mais le mari, qui possède les effets de la communauté. Cette décision doit s'appliquer également aux héritiers de la femme, lorsque c'est par son décès que la communauté se dissout.

Il n'est pas nécessaire dans la coutume de Paris, que l'inventaire soit clos & affirmé en justice, pour que la *renonciation* de la femme soit valable. Cette formalité n'est exigée que pour empêcher la continuation de communauté.

La *renonciation* de la femme à la communauté produit plusieurs effets. Le premier est qu'elle la prive de tous les biens de la communauté. Ainsi, lorsque par le contrat de mariage il a été stipulé sur les biens de la communauté un préciput en faveur du conjoint survivant, la femme qui renonce n'y peut rien prétendre, à moins qu'il n'ait été également stipulé qu'elle auroit ce préciput, même en cas de *renonciation*.

Au reste, dans le premier cas, la femme qui renonce peut conserver un habillement complet. Les coutumes de Bourbonnois & de Chauny portent que l'habillement que la femme peut retenir en renonçant, ne doit être ni le meilleur, ni le moindre. Celle de Bar lui accorde l'habillement qu'elle portoit les jours de fête. Celle de Tours lui donne une de ses meilleures robes, & une autre moyenne, tant d'hiver que d'été, avec un lit garni, ses heures & patenôtres.

Le second effet est que la femme ou ses héritiers qui renoncent, sont déchargés du paiement des dettes de la communauté, à l'exception néanmoins de celles qui procèdent du chef de la femme, ou auxquelles elle s'est obligée par écrit, en son propre nom, sous l'autorisation de son mari. Mais cette dernière obligation n'a lieu que vis-à-vis du créancier, & la femme ou ses héritiers en doivent être indemnisés par le mari ou ses héritiers.

Ce seroit en vain qu'on allégueroit contre la femme, qu'elle a profité des choses dont résulte la créance, telles, par exemple, que les dettes contractées avec le boucher, le boulanger, le marchand qui a fourni ses habits, *&c.* parce que la femme est censée avoir payé à son mari tout ce qu'elle a consommé de ces sortes de fournitures, par la jouissance qu'il a eu de la dot qu'elle lui a apportée. Cette décision a même lieu, quand bien même la femme auroit fait les emplettes, ou arrêté les mémoires des créanciers, parce qu'elle est censée n'avoir agi que pour son mari.

La *renonciation* de la femme ne l'empêche pas, jusqu'à la fin de l'inventaire, de vivre des provisions qui se sont trouvées dans la maison après le décès de son mari, & les héritiers de celui-ci n'ont rien à répéter contre elle pour cet objet.

Il est assez d'usage de stipuler dans les contrats de mariage, que si la femme ou ses enfans renoncent à la communauté, qu'ils pourront répéter la dot de la femme, & tout ce qui lui sera échu pendant la communauté par succession, donation, legs ou autrement : dans ce cas, la femme ou ses enfans retirent, sans aucune contribution aux dettes, tout ce qui lui est advenu : mais si cette faculté n'est point énoncée dans le contrat de mariage, la femme ou ses enfans en cas de *renonciation*, ne peuvent répéter que les propres, & perdent tout ce qui est entré dans la communauté du chef de la femme.

RENTAGE, (*Droit féodal.*) du Cange dit, au mot *Rentagium*, que c'est une redevance, une rente. Il y a même lieu de croire que ce mot a pu être pris dans les mêmes acceptions que celui de *rendage*.

Quoi qu'il en soit, il paroît qu'on a aussi donné ce nom au *terrage*, comme le pense dom Carpentier. Cet auteur cite au même mot *Rentagium*, l'extrait suivant des lettres de grace de l'an 1413 : « quant ledit ablay fut moissonné & prest d'amener, » Pierre de Sainte-Beuve ala au lieu accoustumé, » faire le devoir du *rentage*, & pour appeller ceulx » ou celles à qui en appartenoit le droit; lors vint » Guerard Portebos à lui, disant que à lui appar- » tenoit le droit dudit *rentage*. Adonc lui renta ledit » Pierre de Sainte-Beuve ledit ablay ».

La fin de cette chartre paroît indiquer qu'on a dit aussi *renter* pour *terrage*. Une chartre de l'an 1391, tirée d'un cartulaire de l'abbaye de Corbie, & citée par le même auteur, porte encore : « & » ne porra ledit Jehan ne ses hoirs rien oster des » ablais qui croisteront auxdits camps, que l'église » ne soit payée de se disme & terrage anchois ; » & est & sera tenus ledit Jehan.... de appeller » les gens desdits religieux ou leur censsier de » Wailly, pour renter les ablais qui seront èsdites » terres chascun an ». (*G. D. C.*)

RENTAL, (*Droit féodal.*) dom Carpentier dit que ce mot signifie une chose chargée d'une rente ou devoir annuel. Il cite en preuve l'extrait suivant d'une déclaration féodale de l'an 1330 : « poet peskier en chacune euwe *rentale* de toute » ledit poesté ».

Il paroît qu'on a dit aussi *renteux* pour censuel, ou sujet à des cens & rentes, suivant cet extrait cité par le même auteur des lettres de grace de l'an 1379 : « comme Aleaumes voisin ait obligié » le tressons & propriété d'un lieu & terre ren- » teuse, séant près Lille, *&c.* ».

On a enfin nommé *rentier* ou *rendier*, les fermiers, comme il résulte d'une chartre de l'an 1308, dont l'extrait est encore rapporté par dom Carpentier, au mot *Rentarius*. Le bail à rente n'est effectivement qu'une ferme à perpétuité. (*G. D. C.*)

RENTE, s. f. est un revenu, soit en argent, grain, volaille, ou autre chose qui est dû chaque année à quelqu'un par une autre personne.

Il y a plusieurs sortes de *rentes*, ainsi qu'on va l'expliquer dans les articles suivans.

RENTES *sur les aides & gabelles*, est celle dont le paiement est assigné par le roi sur la ferme des aides & gabelles. Ces *rentes* se paient au bureau de la ville, de même que les autres *rentes* assignées sur les revenus du roi. (*A*)

Rente annuelle, est celle qui est payable chaque année, à la différence de certaines redevances ou prestations qui ne seroient dues que tous les deux ou trois ans. Il y a des *rentes* payables en un seul terme, d'autres en deux ou en quatre termes; la division du paiement en plusieurs termes n'empêche pas que la *rente* ne soit annuelle, il suffit, pour cela, qu'elle soit due chaque année. (*A*)

Rente *à l'appréci*, est une *rente* en grain, payable néanmoins en deniers, mais seulement à certain jour, de laquelle l'appréciation se fait selon les marchés qui ont précédé le jour auquel l'appréci ou appréciation a accoutumé de se faire. *Voyez* la coutume de Bretagne, *art.* 267. (*A*)

Rente *arrière-foncière*, est une seconde *rente* imposée sur le fonds depuis la première, comme il arrive lorsque celui qui tient un bien à *rente foncière*, le donne lui-même en tout ou partie à un tiers, à la charge d'une *rente foncière* plus forte qu'il stipule à son profit. *Voyez* la coutume d'Orléans, *art.* 122, & le mot Surcens. (*A*)

Rente *en assiette* ou *par assiette*, c'est quand on promet donner des héritages jusqu'à la valeur de tant de *rente* ou revenu actuel, comme de cent livres par an ou autre somme.

Quelques-uns appellent aussi *rente par assiette* quand on vend un héritage à faculté de rachat, avec clause de reconduction ou contrat pignoratif; la redevance que paie le vendeur est ce que l'on appelle *rente en assiette* ou *par assiette*. *Voyez* Loiseau, *traité des rentes*, *liv.* 1, *chap.* 7. (*A*)

Rente *par assignat* ou *par simple assignat*, est lorsqu'une *rente* constituée à prix d'argent est constituée & assignée nommément sur un certain héritage, qui est destiné particuliérement pour le paiement annuel de cette *rente*, comme si je constitue cent livres de *rente* à prendre sur une terre ou maison à moi appartenante. *Voyez* Assignat.

Rentes censuelles, Féodales & Seigneuriales, toutes les prestations réelles & annuelles dont les immeubles peuvent être chargés, sont connues sous la dénomination générique de *rentes foncières*.

Ces *rentes* se divisent en plusieurs classes, dont chacune est distinguée par des caractères particuliers. On les nomme *cens* proprement dit, *rentes premières & directes*, *rentes seigneuriales*, *rentes nobles* ou *féodales*, *rentes censuelles*, *rentes purement foncières*.

On connoît encore deux sortes de prestations qui ont les caractères extérieurs de *rentes* foncières; savoir, les *rentes par don & legs*, dont il n'est pas question ici : on peut appeller les autres *rentes foncières conventionnelles*; nous en parlerons dans la suite.

Le caractère général des *rentes* foncières, c'est d'être établies *in traditione fundi*. Il n'y a de charges vraiment réelles que celles qu'on a réservées lors de la tradition de l'héritage sur lequel elles sont assises. *Reditus fundiarius non per emptionem sub pecunia, sed per concessionem & traditionem fundi ab initio.* Dumoulin, sur l'article 208 de la coutume de Tours.

Ce principe, qui sort de la nature des choses, s'applique singuliérement aux droits seigneuriaux; leur essence est d'être attachés à un domaine direct, domaine qui suppose nécessairement la concession d'une propriété utile. Cette règle, fondamentale en cette matière, est reconnue, adoptée, consacrée par tous les auteurs. Dumoulin la présente à la tête de son commentaire sur les droits seigneuriaux, comme la base inébranlable de toutes ses décisions. *Apud nos contractus censualis est, quandò dominium utile certi fundi transfertur sub annuâ & perpetuâ pensione nomine censûs, retento dominio directo & juribus dominicalibus, & ita generaliter accipitur & usitatur in toto hoc regno.*

Arrêtons-nous un instant ici. Celui qui réclame une *rente* comme foncière, doit donc prouver qu'originairement propriétaire de l'héritage grevé, il en a fait l'aliénation sous la charge de cette *rente*. Cette preuve ne suffit pas, s'il prétend que cette *rente* est seigneuriale, *jus dominicale*; il faut qu'il établisse, du moins qu'on puisse présumer que, lors de l'aliénation de l'héritage, il s'en est réservé le domaine direct, *dominium directum*; & telle est, dit l'oracle de cette matière, la loi de tous les pays, la règle de tous les tribunaux : *& ita generaliter accipitur & usitatur in hoc regno.*

Ce que Dumoulin appelle droit seigneurial, *jus dominicale*, se divise en deux espèces : le cens, qui consiste, pour l'ordinaire, en une prestation modique, plus honorifique qu'utile, & ce qu'on nomme *rentes seigneuriales*.

Ces *rentes* reçoivent encore une seconde division; on les distingue en *rentes premières & directes*, & en *rentes seigneuriales* proprement dites.

Les prestations, soit en argent, soit en bled, tels que le champart, le complan, *&c.* se nomment *rentes premières & directes*, lorsqu'elles sont les seules dont l'héritage est grevé au profit du seigneur; qu'elles lui sont dues *in recognitionem dominii*; en un mot, lorsqu'elles tiennent lieu de cens.

Les *rentes* particuliérement connues sous la qualification de *rentes seigneuriales*, sont également dues au seigneur, également récognitives de la directe; mais elles diffèrent des *rentes* premières, en ce qu'elles ne sont pas seules, en ce qu'elles sont jointes & unies à un cens proprement dit. Par exemple, le bail à cens a été fait *moyennant dix sous par arpent, & dix livres de cens & rentes.* Comme dans cette espèce les deux prestations sont établies par le même acte, pour la même cause, & sur-tout comme il est impossible de distinguer bien positivement à laquelle des deux sommes s'applique la dénomination *de cens* ou celle *de rente*, cette confusion, suivant quelques auteurs, emporte l'identité de la redevance, & communique à la *rente* la prérogative du cens: on la juge récognitive de la directe comme le cens lui-même; en conséquence on la désigne sous le nom de *rente seigneuriale*.

Au contraire, cette même *rente*, quoique due au seigneur, quoique établie par le même acte que le cens, est rejettée dans la classe des *rentes* foncières, lorsqu'elle est distinguée du cens, lorsqu'elle forme ce que les jurisconsultes appellent *onus separatum per se*; par exemple, si l'acte porte *dix sous de cens & dix livres de rente*.

Cette théorie si simple, & cependant si féconde, nous la puisons dans Dumoulin sur l'article 51 de l'ancienne coutume de Paris (73 de la nouvelle), *nombres 15, 16 & 17, glose 2*. Rien de plus précieux que les termes de ce jurisconsulte: *aut secundum onus est appositum in augmentum primi, & utrumque est unus & idem census... aut verò secundum onus est appositum tanquam separatum per se, & tunc verè non est census, sed reditus fundiarius, &c.*; & plus bas, *cùm unum jugerum terræ conceditur ad unum denarium capitalis aut minuti censûs, & ad decem solidos gravis, aut secundi censûs denarius est verus, proprius census; sed decem solidi non sunt nisi reditus fundiarius, & jus reale in genere, non autem jus dominicum.*

Telle est donc la distinction de Dumoulin: il n'y a de *rentes seigneuriales*, *jus dominicale*, que celles qui sont jointes & unies au cens, qui ne forment avec lui qu'une seule & même prestation. Au contraire, toutes les fois que le cens & la *rente* forment deux objets distincts, *onus separatum per se*, quoique due au seigneur, quoique établie par le bail à cens, la *rente* est purement foncière, elle n'a rien de seigneurial; c'est, & rien de plus, une charge réelle: *jus reale in genere, non autem jus dominicum.*

La dénomination générique de *rente foncière* en comprend encore de deux sortes, qu'on désigne sous le nom de *rentes nobles* & *rentes censuelles*. Quoique cette nomenclature appartienne à l'idiôme féodal, ces deux espèces de *rentes* n'ont cependant rien de commun avec le cens, les *rentes* directes & seigneuriales.

Ces *rentes* nobles & censuelles ne sont autre chose que de simples *rentes* foncières, auxquelles le seigneur de l'héritage assujetti a jugé à propos d'imprimer le caractère de la nobilité; cela se développe en deux mots.

La *rente* foncière diminue la valeur de l'héritage sur lequel elle est assise. Désormais, cet immeuble se vendra moins souvent & moins bien; par conséquent, diminution dans le quint & les lods.

D'un autre côté, la perpétuité des *rentes* foncières les a fait considérer, moins comme des charges du fonds grevé, que comme une partie de ce même fonds; de manière qu'on regarde le créancier comme propriétaire jusqu'à concurrence de l'immeuble assujetti; la *rente*, dans ses mains, représente une portion de cet immeuble.

Ces deux considérations ont conduit à la conséquence très-juste, que le seigneur de l'immeuble sur lequel la *rente* est assise, peut exiger du créancier, non-seulement une reconnoissance, mais le relief, toutes les fois que cette *rente* change de mains par succession, & le quint ou les lods aux aliénations par vente.

Ces droits lui appartiennent en effet, & par forme d'indemnité, & par la raison que la *rente* foncière se confond avec l'héritage sur lequel elle est assise, s'imprégne de toutes ses qualités, & représente, dans la main du créancier, une partie de ce même héritage.

Cela est écrit dans l'article 87 de la coutume de Paris: « de toutes *rentes* foncières non rachetables, » vendues à autres, ou délaissées par rachat, » d'icelles *rentes* sont dues ventes, tout ainsi que » si l'héritage ou partie d'icelui avoit été vendu ».

Si le seigneur use du bénéfice de cette loi, s'il exige une reconnoissance du créancier de la *rente*, & les droits seigneuriaux aux mutations, la *rente* alors se nomme *inféodée*, & se subdivise en deux espèces, noble & censuelle.

La *rente* est noble, si c'est un fief qui la doit; elle est censuelle, si elle est assise sur un tenement roturier.

Ces *rentes* existent sous deux rapports très-différens & très-distincts; elles forment des fiefs en l'air relativement au seigneur de l'héritage grevé; relativement au propriétaire de cet héritage, elles conservent le caractère de *rentes* purement foncières, parce que c'est celui que le titre de leur établissement leur imprime.

Ainsi, le débiteur ne doit qu'une *rente* foncière; ce n'est qu'une *rente* foncière que le créancier a droit d'exiger. Mais cette *rente*, une fois dans sa main, devient une espèce de fief sous la dépendance du seigneur de l'héritage assujetti.

Telles sont les différentes espèces de *rentes* foncières, directes, seigneuriales, nobles, censuelles, & foncières proprement dites; on n'en connoît point d'autres. Pour compléter cette théorie, il ne nous reste plus qu'à parler de celles que nous avons annoncées sous le nom impropre de *rentes foncières par convention*. Cela exige quelques développemens.

Vers le treizième siècle on s'apperçut enfin de la nécessité de fixer, par une loi, l'intérêt de l'argent: rien n'étoit plus sage, &, en apparence, plus facile; cependant, on rencontra un obstacle dans la puissance spirituelle. On n'étoit pas encore assez avancé pour réduire à sa juste valeur une pareille opposition; il fallut paroître céder; il fallut plier la loi civile à des loix d'un ordre tout-à-fait différent: en conséquence, on imagina de rendre le créancier de la *rente* constituée, en quelque sorte propriétaire jusqu'à concurrence du capital des fonds qui lui étoient hypothéqués; & les intérêts qu'on faisoit produire à ce capital furent regardés comme tenant lieu au créancier des fruits de l'héritage de son débiteur; héritage dont il étoit censé devenu propriétaire jusqu'à concurrence. A la faveur de cette modification, Martin V approuva la constitution de *rente* par la fameuse extravagante *regimini* de l'an 1425. Cependant le système de la communication de la propriété fit des progrès au point que, vers le milieu du seizième siècle, Pie VI déclara illégitime tout prêt à intérêt fait à des personnes qui n'avoient pas de fonds de terres. Quelque temps auparavant on étoit allé jusqu'à admettre des lignagers au retrait de pareilles *rentes*.

Par une suite de cette erreur, on assimiloit ces *rentes* à celles que nous appellons *foncières*, & on les regardoit comme non rachetables; il étoit même d'usage de stipuler dans les contrats qu'elles ne pourroient être rachetées.

Tel étoit l'état des choses, lorsque Dumoulin écrivit son traité *de usuris*; il reconnut au premier coup-d'œil que cet usage portoit sur un faux principe; il le démontra.

L'autorité de ce jurisconsulte ne tarda pas à prévaloir : par arrêt du 12 mars 1552, une *rente* de cette espèce fut déclarée rachetable; cet arrêt fut confirmé par un autre beaucoup plus solemnel de l'an 1559.

Il ne manquoit plus, pour abolir entièrement l'ancien usage, que la sanction du législateur; elle ne tarda pas à intervenir. En 1565, Charles IX donna un édit qui fixa la jurisprudence d'une manière invariable. Dans le préambule, le législateur déclare « qu'il a reçu plusieurs grandes plaintes de » tous les endroits du royaume, des énormes lé» sions & déceptions qui se font faites & se font » ordinairement en l'achat des *rentes* constituées, » qu'on appelle *volantes*, dont la valeur du bled » a monté, & quelquefois excédé les deniers du » principal pour lequel elles avoient été constituées. » L'édit ajoute, pour à quoi donner ordre........ » ordonnons que toutes *rentes* constituées en bled, » de quelque temps & à quelque prix que ce soit, » seront réduites à prix d'argent, à raison du denier » douze, tant pour les arrérages qui peuvent être » dus, que pour le paiement qui s'en fera à l'avenir, » sans que les créanciers en puissent demander » autre chose, sous peine du quadruple, & d'être » punis par la rigueur des ordonnances faites contre » les usuriers ».

Telles sont les *rentes* que nous avons nommées *foncières par convention* : essentiellement *rentes* constituées, mais, dans l'origine, placées, par les préjugés d'alors, dans la classe des *rentes* foncières non rachetables; les débiteurs ont le droit de les racheter depuis l'an 1565; mais une très-grande partie ayant négligé d'user de cette faculté, & le temps ayant détruit les titres primordiaux, à défaut d'autres preuves, on se détermine par les caractères extérieurs, & toutes ces *rentes* sont aujourd'hui regardées comme réellement foncières.

Voilà toutes les espèces de *rentes* foncières connues; encore une fois, il n'en existe pas d'autres.

Ces différentes définitions nous ont conduit loin mais ce développement étoit nécessaire pour donne des idées nettes & précises sur les *rentes* qu'on nomme *seigneuriales*.

Il est de principe que la redevance foncière, sous quelque dénomination qu'elle soit désignée, de quelque manière qu'on en fasse le paiement, soit en argent, soit en nature, lorsqu'elle est due au seigneur de l'héritage, & qu'elle est la seule & la première imposée sur cet héritage, est un véritable cens, en a tous les attributs, tous les privilèges, & qu'elle est conséquemment imprescriptible.

Cette maxime est l'une des plus certaines de toute la jurisprudence féodale; c'est un des élémens de la matière; il y a sur ce point des autorités sans nombre : en voici quelques-unes.

La première *rente* constituée sur un héritage allodial, s'appelle *rente foncière*, & emporte droit de directe seigneurie & de lods & ventes. Coutume de Bourbonnois, *art. 392.*

Cette disposition de la coutume de Bourbonnois, est puisée dans l'ancien coutumier de France. On y lit, *livre 2, titre du champart* : « le seigneur à » qui est dû champart, ne doit avoir lods ni ventes » des terres qui lui doivent champart, si icelui » n'est chef seigneur, c'est-à-dire, seigneur foncier; » mais les aura le seigneur foncier : & au cas où » il n'y auroit autre chef seigneur & foncier, » celui à qui le champart est dû auroit les lods & » ventes ».

Loiseau, après avoir parlé des différentes espèces de *rentes* en argent, bled & plumes, & sous différentes dénominations, ajoute : « or, tous ces » droits sont seigneuriaux & emportent lods & » ventes, quand celui auquel ils appartiennent est » le chef seigneur ou le seigneur foncier, c'est-» à-dire, premier & plus ancien seigneur & bail» leur de fonds ». De la distinction des *rentes*, *liv. 1, chap. 5, n. 9.*

Enfin Chopin, sur la coutume d'Anjou, rapporte un arrêt de réglement qui consacre ce principe; il date cet arrêt du 23 février 1577.

Ainsi, toutes les fois qu'il s'agit de déterminer si une *rente* foncière est seigneuriale, si elle tient lieu du cens & en partage les prérogatives, deux choses uniquement sont à considérer; 1°. cette *rente* est-elle due au seigneur de l'héritage? 2°. est-elle la première imposée sur ce même héritage? Toutes les fois que ces deux circonstances se trouvent réunies, la *rente* est un véritable cens.

En général, le débiteur d'une *rente* foncière a le droit de retenir le vingtième, lorsqu'il paie cette *rente* à son créancier. Mais il y a une exception à cette règle. Il y a des *rentes* affranchies de cette retenue; il est important de les bien connoître.

Un arrêt du conseil des finances du 13 octobre 1750, porte : « que tous les débiteurs de cens, » *rentes seigneuriales*, soit en argent, soit en grains, » seront tenus les payer sans aucune retenue du

» dixième ni du vingtième, & que les seigneurs » auxquels lesdits droits seigneuriaux sont dus, » continueront d'être imposés dans les rôles du » vingtième, pour raison desdits droits seigneu- » riaux ».

Ce jugement porte, comme l'on voit, & rien de plus, *que les cens & rentes seigneuriales seront payés sans retenue, &c.* Toutes les rentes indéfiniment ne sont donc pas affranchies, la disposition de l'arrêt ne frappe donc que sur une seule espèce, *les cens & rentes seigneuriales*, c'est-à-dire, les prestations récognitives de la seigneurie directe, celles qui sont dues au seigneur de l'héritage grevé, au seigneur territorial. Inutilement voudroit-on abuser du mot *rente*; il résulte de la copulative *&*, qui l'unit au mot *cens*, que l'arrêt ne parle que des *rentes* qui tiennent lieu du cens proprement dit, ou qui, par leur identité avec le cens, ne forment avec lui qu'une seule & même prestation. Au surplus, cela est écrit dans l'arrêt; on y lit, après la clause que nous venons de transcrire: *les seigneurs auxquels lesdits droits seigneuriaux sont dus, continueront d'être imposés dans les rôles du vingtième, pour raison desdits droits seigneuriaux.* Ce même arrêt ayant été imprimé pour être envoyé aux commissaires départis dans les différentes provinces, l'intitulé en est ainsi conçu: *arrêt qui ordonne que les cens & rentes seigneuriales seront payés aux seigneurs, sans retenue du vingtième, de la part des censitaires.*

Les seuls censitaires sont donc obligés de payer sans retenue: les cens, ou les *rentes* qui en tiennent lieu, sont donc les seuls que l'arrêt affranchit. D'un autre côté, cet arrêt ne parle que des seigneurs; c'est pour eux seuls que l'exception est établie. Pour pouvoir en réclamer le bénéfice, il faut donc être seigneur de l'héritage grevé, il faut donc avoir le domaine direct de cet héritage. En un mot, aux termes de l'arrêt, pour qu'une *rente* soit affranchie de la retenue du vingtième, le concours de trois circonstances est absolument nécessaire; il faut que la *rente* soit seigneuriale & récognitive de la directe; que le débiteur soit le censitaire du créancier; enfin, que le créancier ait la seigneurie directe de l'héritage grevé. (*Article de M.* HENRION, *avocat au parlement.*)

RENTES *sur le clergé*, sont celles que le clergé de France a constitué au profit de divers particuliers, pour raison des emprunts que le clergé a faits d'eux, pour payer au roi les dons gratuits & autres subventions que le clergé paie de temps en temps.

On appelle *rentes sur l'ancien clergé*, celles qui sont de l'époque la plus ancienne. (*A*)

RENTE CONSTITUÉE, ou *constituée à prix d'argent*, qu'on appelle *rente volante*, ou *hypothécaire*, ou *personnelle*, est celle qui est constituée pour une somme d'argent dont le principal est aliéné.

Ces sortes de *rentes* étoient inconnues aux Romains, parce que le prêt d'argent à intérêt étoit permis chez eux, sauf quelques tempéramens qui y furent apportés.

On trouve cependant en la loi 2, au *cod. de debitorib. civit.* & en la novelle 160, que les deniers prêtés à intérêts par les villes n'étoient point exigibles en principal, mais que le débiteur pouvoit les racheter quand il vouloit; ce qui revient à nos *rentes constituées*.

Le rapport du contrat de *rente constituée* avec le prêt à intérêt, a fait douter autrefois si ces *rentes* étoient licites; mais elles ont été approuvées par les papes Martin V & Clément III, dans les *extravagantes regimini 1 & 2 de empt. vend.* L'ancien préjugé fait cependant que quelques-uns les regardent encore comme odieuses, & seulement tolérées par la nécessité du commerce.

C'est de-là qu'on y a apposé plusieurs restrictions: la première, qu'elles ne peuvent excéder le taux de l'ordonnance: la seconde, qu'elles ne peuvent être constituées que pour de l'argent comptant, & non pour autre marchandise ou espèce quelconque; comme aussi qu'elles ne peuvent être dues qu'en argent, de crainte que si elles étoient payables en autres effets, elles ne fussent fixées à trop haut prix: la troisième, qu'elles sont toujours rachetables de leur nature, sans que le débiteur puisse être contraint au rachat: la quatrième que, suivant l'ordonnance de Louis XII de l'an 1510, on ne peut demander que cinq années d'arrérages.

Le taux des *rentes constituées* a beaucoup varié. Il a d'abord été permis de se les faire constituer sur le pied du denier dix, c'est-à-dire, qu'on pouvoit acquérir une *rente* de trois livres pour trente francs. L'ancienne coutume d'Orléans, rédigée en 1509, défend d'acheter aucune *rente* à moindre prix. Leur taux fut réduit sous Charles IX au denier douze, sous Henri IV au denier seize, sous Louis XIII au denier dix-huit, & sous Louis XIV au denier vingt. Louis XV avoit donné, en 1764, une déclaration pour le réduire au denier vingt-cinq, mais il a été obligé de la révoquer afin de rétablir la circulation de l'argent, qui se trouvoit interrompue, & le denier vingt est encore aujourd'hui le taux des *rentes*.

On ne peut excéder, dans une constitution de *rente*, le taux fixé par la loi, ni rien exiger de plus du débiteur. Par exemple, si on y avoit stipulé que le créancier auroit, jusqu'au rachat, ou pendant un temps déterminé, la jouissance d'un héritage, en compensation des arrérages de la *rente*, cette convention n'empêcheroit pas le débiteur de demander au créancier compte de sa jouissance, & de lui faire restituer ce qu'elle auroit produit au-delà des arrérages. Par la même raison, on ne peut stipuler que la *rente* sera payée sans rétention des dixièmes & vingtièmes, à moins qu'elle n'ait été constituée pour le prix d'un héritage vendu, & que la stipulation n'ait été faite par le même contrat. La raison de cette différence est que cette clause est censée faire partie du prix de la vente

Aucun laps de temps ne peut couvrir le vice d'un contrat de constitution qui contient une contravention formelle à la loi qui règle le taux des *rentes*, & le débiteur est toujours fondé à en demander la nullité, parce que l'usure ne se couvre jamais. Mais il n'en est pas de même de la répétition qu'il a droit de faire de l'excédent des arrérages qu'il a payés contre la disposition de la loi. Il ne peut redemander que l'excédent des trente dernières années, parce que cette répétition est sujette à prescription, comme toutes les autres actions.

Il faut, pour la validité d'un contrat de constitution de *rente*, que le sort principal soit aliéné, c'est-à-dire, que le créancier ne puisse exiger la somme pour laquelle il a acquis la rente. Cette règle ne reçoit d'exception que dans le cas où la *rente* a été constituée pour le prix d'un héritage, ou pour un retour de partage, parce qu'une telle stipulation est réputée clause de la vente ou du partage. On peut même quelquefois obliger le débiteur d'une *rente constituée* à la racheter, ce qui a lieu lorsqu'il n'a pas accompli les conditions imposées par le créancier pour acquérir la *rente*; par exemple, lorsque le débiteur n'a point employé les deniers de la constitution, ainsi qu'il avoit promis de le faire, lorsqu'il a faussement déclaré que l'héritage qu'il hypothéquoit à la rente, étoit franc de toute autre hypothèque. *Voyez* STELLIONAT.

Le débiteur d'une *rente constituée* a, en tout temps, la faculté de la rembourser, & cette faculté est tellement imprescriptible, qu'elle est toujours sous-entendue dans un contrat de constitution, quand même elle n'y seroit pas exprimée, & que le contrat seroit nul, si on y avoit inséré une clause qui refusât au débiteur la faculté de se libérer.

Comme les *rentes constituées* renferment une espèce d'aliénation, le tuteur ne peut en constituer une sur les biens de son mineur, sans y avoir été autorisé par le juge en conséquence d'un avis de parens. De même un mineur émancipé ne peut en constituer une sur ses biens, à moins que ce ne soit pour juste cause, & par autorité du juge. Cependant, si les deniers empruntés avoient été employés utilement aux affaires du mineur, comme à acquérir un héritage d'un revenu plus fort, ou au moins égal à la *rente*, à faire des réparations urgentes & nécessaires, à empêcher la ruine ou la saisie de ses biens, le mineur ne seroit pas fondé à se faire restituer contre cette constitution.

Les coutumes de Blois, Reims, Troies, Lorraine, *&c.* ont rangé les *rentes constituées* dans la classe des meubles; celles de Paris, Orléans & autres les réputent immeubles; & tel est le droit commun qu'on observe dans celles qui n'ont aucune disposition à cet égard. Cette qualité d'immeubles subsiste jusqu'à ce que le sort principal de la *rente* soit remboursé. Cependant, comme une *rente constituée* n'est pas un droit réel établi sur un héritage, mais une créance personnelle, il s'ensuit qu'elle n'a aucune situation, & qu'elle se régit par le domicile de celui à qui elle est due, & que c'est elle qui règle si on doit la réputer meuble ou immeuble. Il suit encore de là qu'elle change de nature lorsque le propriétaire, domicilié sous une coutume qui la répute immeuble, transfère son domicile sous une autre coutume qui la range dans la classe des meubles. Mais ce changement dans la nature de la *rente* ne porte aucun préjudice aux créanciers du propriétaire, qui avoient acquis dessus un droit d'hypothèque. Ils le conservent, quoiqu'elle soit devenue meuble à tout autre égard.

Ce que nous venons de dire par rapport à la situation des *rentes*, reçoit une exception à l'égard de celles qui sont censées avoir une situation dans le lieu du bureau où le paiement est établi. De ce genre sont les *rentes* dues par le roi sur l'hôtel-de-ville de Paris, qui sont censées avoir leur domicile à Paris, & sont, en conséquence, régies par la coutume de cette ville. Il en est de même des *rentes* créées par le roi sur les tailles des différentes provinces, & pour lesquelles il y a un bureau de paiement établi à Paris. Mais si ce bureau étoit établi dans la ville capitale de la province, les *rentes* seroient censées y avoir leur situation. Quant aux *rentes* dues par les états de certaines provinces, la jurisprudence ne leur attribue aucune situation, & elles sont régies par la loi du domicile du créancier. On doit dire la même chose des *rentes* diocésaines, dues par le clergé des différens diocèses.

Les quittances de trois années consécutives des arrérages d'une *rente constituée*, forment une présomption du paiement des années antérieures, & opère une fin de non-recevoir contre la demande qu'en feroit le créancier. D'un autre côté, lorsque le créancier laisse accumuler plus de cinq années d'arrérages, il ne peut exiger que les cinq dernières. *Voyez* ARRÉRAGES.

Le rachat est la manière la plus ordinaire d'éteindre les *rentes constituées*. Non-seulement le débiteur & ses héritiers peuvent obliger le créancier à l'accepter, mais encore tous ceux qui sont tenus de la *rente* pour quelque cause que ce soit, tels que les cautions du débiteur, & les détenteurs d'héritages hypothéqués à la *rente*. Un créancier hypothécaire postérieur au propriétaire d'une *rente*, peut aussi forcer celui-ci à en recevoir le remboursement, pour assurer son hypothèque; & par la même raison, si le créancier antérieur veut conserver sa *rente*, il a également le droit de racheter celle du créancier postérieur.

Le remboursement d'une *rente* n'est valable, qu'autant qu'il est fait au créancier qui a la libre disposition de ses biens, ou à son fondé de procuration. Ainsi, les *rentes* dues à un mineur ou à une femme sous puissance de mari, doivent être remboursées au tuteur ou curateur du mineur, au mari de la femme, sans même que la présence de la femme y soit nécessaire. Lorsque la femme est séparée de biens, elle a besoin, pour recevoir un remboursement, de l'autorisation de son mari, qui doit veiller à l'emploi des deniers; &, sur son refus, elle doit être autorisée par le juge, qui, en ce cas, ordonne le dépôt des deniers entre les mains d'un notaire ou autre sequestre, jusqu'à ce qu'on ait trouvé à les employer.

Le remboursement des *rentes* dues à des corps & communautés, se fait valablement entre les mains de ceux qui en administrent les biens.

Lorsque la propriété d'une *rente* appartient à une personne & l'usufruit à une autre, il faut, pour la validité du remboursement, que le débiteur qui a connoissance de l'usufruit, y appelle l'usufruitier; autrement celui-ci pourroit exiger la continuation de la *rente*, sauf au débiteur son recours contre le propriétaire. De même lorsqu'un créancier du propriétaire d'une *rente* l'a fait saisir & arrêter entre les mains du débiteur, celui-ci ne peut la rembourser sans appeller le saisissant; autrement la *rente* seroit censée subsister relativement à lui.

Dans l'un & l'autre cas, l'usufruitier & le saisissant appellés au remboursement, peuvent exiger que les deniers restent, par forme de dépôt, entre les mains du débiteur, ou chez un notaire, jusqu'à ce qu'ils soient employés à l'acquisition d'un héritage ou d'une autre *rente*, qui doivent être assujettis aux mêmes droits d'usufruit & d'hypothèque.

Le propriétaire d'une *rente* ne peut être obligé d'en recevoir le remboursement par partie, à moins qu'il n'y ait consenti par une clause du contrat de constitution, ou par une convention postérieure. Ainsi, quoique les héritiers du débiteur ne soient tenus chacun des arrérages d'une *rente*, que pour la part pour laquelle ils sont héritiers, aucun d'eux ne peut forcer le créancier à accepter le remboursement de sa portion. Mais si le principal devient exigible par la faillite de l'un d'eux, il ne le devient que pour la part dont le failli étoit tenu, parce qu'il n'y a que la faculté qu'a le débiteur de forcer le créancier à recevoir son remboursement qui soit indivisible; mais l'obligation de la *rente*, tant en principal qu'en arrérages, dans le cas où elle devient exigible, est une obligation divisible : de même que toutes celles qui ont pour objet une somme d'argent.

Les *rentes constituées* à prix d'argent n'étant immeubles que par fiction, il en faut conclure qu'elles ne sont sujettes ni aux droits seigneuriaux, ni à celui de centième denier, quoiqu'elles soient assignées sur tous les biens du débiteur, ou sur un fonds particulier, parce qu'elles ne produisent qu'une obligation personnelle, & une simple hypothèque générale ou spéciale sur les biens qui y sont affectés.

RENTE CONTREPANNÉE *sur fief* ou *aleu*, signifie, dans la coutume du Hainaut, une *rente* assignée ou hypothéquée sur un fief ou aleu.

Anciennement dans cette province, un homme ne pouvoit constituer une *rente* sur lui-même; & elle étoit nulle si l'assignat n'en étoit fait sur un fonds déterminé. Cet assignat identifioit, en quelque sorte, la *rente* avec le fonds; elle étoit censée exister au même endroit, être régie par la même coutume, & être soumise aux mêmes droits de relief & de lods & ventes. On y trouve encore des vestiges de cette jurisprudence.

Il est permis aujourd'hui d'y créer des *rentes* purement personnelles; mais on y suit, à l'égard des *rentes* hypothéquées, la plupart des anciens principes. Elles prennent la nature des biens sur lesquels elles sont hypothéquées, & sont tenues, comme lui, en fief, en aleu ou en censives; elles sont assujetties aux mêmes droits de lods & ventes; elles sont sujettes au retrait lignager; elles se confondent & s'éteignent lorsque le propriétaire du fonds l'acquiert, ou que le créancier de la *rente* fait lui-même l'acquisition du fonds.

La coutume de Valenciennes a été rédigée dans le même esprit que les chartres du Hainaut. Elle identifie également la *rente* avec le bien sur lequel elle est hypothéquée, & elle lui donne la même situation. C'est ce qu'a pareillement fait la coutume de la sénéchaussée de Saint-Pol. Les usages de Brabant & de Normandie font aussi dépendre la nature des *rentes*, du genre & de la situation des hypothèques; mais il y a, sur ce point, une différence essentielle entre ces deux provinces. Dans celle-ci, l'usage dont nous parlons n'a lieu, qu'autant que la personne du créancier & le fonds hypothéqué sont soumis à la coutume de Normandie.

RENTE COURANTE, on appelle quelquefois ainsi la *rente* constituée à prix d'argent, sans aucun assignat, soit parce qu'elle court sur tout le patrimoine du débiteur, ou plutôt parce que c'est une *rente* usitée & au cours ordinaire des intérêts. *Voyez* Loiseau, *du déguerpissement, liv. 1, chap. 9.*

RENTE COUTUMIÈRE, c'est le nom que quelques coutumes donnent au cens ordinaire dont les héritages sont chargés envers le seigneur.

RENTE *au denier dix, au denier vingt, ou autre denier*, c'est-à-dire, qui produit le dixième, ou le vingtième du fonds pour lequel elle a été constituée. *Voyez* DENIER & les mots INTÉRÊT, TAUX.

RENTE *sur le domaine de la ville*, est celle que le corps d'une ville a constitué sur ses propres revenus, à la différence des *rentes* créées sur les revenus du roi, qu'on appelle *rentes sur la ville*, parce qu'elles se paient au bureau de la ville.

RENTE *de don & legs*, est celle qu'un donateur ou testateur crée sur ses biens au profit de son donataire ou légataire. Ces sortes de *rentes* sont irrégulières, c'est-à-dire, qu'elles ne sont ni de la nature des *rentes* constituées à prix d'argent, ni vraiment foncières, n'étant pas créées en la tradition d'un fonds; elles ont néanmoins plus de rapport aux *rentes* foncières qu'aux constituées, en ce qu'elles ne sont point sujettes aux quatre restrictions apposées aux *rentes* constituées. *Voyez*

Loiseau, *du déguerpissement, liv. 1, chap. 7*, & ci-devant Rente constituée. (*A*)

Rente emphytéotique, est le canon ou redevance annuelle due par le preneur à bail emphytéotique. *Voyez* Bail emphytéotique & Emphytéose.

Rentes ensaisinées, sont celles qui sont assignées ou imposées sur des fonds en roture, & desquelles les créanciers ou propriétaires ont été ensaisinés par les seigneurs censuels de qui les fonds chargés sont tenus. *Voyez* les coutumes de Senlis, Valois & Clermont. (*A*)

Rente espéciale, est celle qui est constituée à prix d'argent, mais dont le paiement est assigné spécialement sur un certain héritage. Ces sortes de *rentes* sont ainsi appellées en la coutume de Montargis, *tit. 2, art. 37*. (*A*)

Rentes *sur les états de Bourgogne, Bretagne, Languedoc ou autres*, sont celles que les états de ces provinces créent pour les sommes qu'elles empruntent à constitution. Ces sortes de *rentes* suivent la loi du domicile du créancier. (*A*)

Rente féodale *ou* feudale, ainsi qu'elle est appellée dans quelques coutumes, est celle qui est due au seigneur direct à cause de son fief, sur l'héritage tenu de lui à cens & *rente*. *Voyez* Rente censuelle. (*A*)

Rente foncière, est le droit de percevoir tous les ans sur un fonds, une redevance fixe en fruit ou en argent, qui doit être payée par le détenteur.

De ce droit naît l'action réelle foncière contre le détenteur, pour le paiement de la redevance.

La *rente foncière* ou réelle se constitue directement & principalement sur le fonds, & n'est proprement due que par le fonds, c'est-à-dire, qu'elle n'est due par le possesseur qu'à cause du fonds, à la différence de la *rente* constituée, qui est due principalement par la personne qui la constitue, ce qui n'empêche pas qu'elle ne puisse être hypothéquée sur un fonds.

Il y a deux moyens en général pour créer une *rente foncière*; l'un, quand le propriétaire aliène son fonds à la charge d'une *rente*; l'autre, quand sans aliéner son fonds, il le charge d'une *rente*, soit par voie de don ou de legs, ce qui forme une *rente* de libéralité qui est semblable, en beaucoup de choses, aux véritables *rentes foncières*.

A l'égard de celles qui sont réservées lors de la tradition du fonds, lesquelles sont les véritables *rentes foncières*, les coutumes marquent trois sortes d'actes par lesquels elles peuvent être établies; savoir, le bail à cens, le partage & la licitation: de manière néanmoins que la *rente* réservée par le partage ou par la licitation, n'est foncière qu'autant qu'elle fait directement le prix de la *rente*, de la licitation, ou la soute du partage; car si l'on commençoit par convenir d'une somme d'argent pour le prix ou pour la soute, & qu'ensuite pour cette somme on constituât une *rente*, elle seroit réputée constituée à prix d'argent, & non pas foncière.

Il y a deux sortes de *rentes foncières*; savoir, celles qui sont seigneuriales, & les *rentes* simples foncières.

Les *rentes foncières* seigneuriales sont celles qui sont dues au seigneur pour la concession de l'héritage, outre le cens ordinaire.

Toutes *rentes foncières* sont, de leur nature, non rachetables, à moins que le contraire ne soit stipulé par l'acte de création de la *rente*.

Elles sont aussi dues solidairement par tous ceux qui possèdent quelque partie du fonds sujet à la *rente*; sans qu'ils puissent opposer la discussion, c'est-à-dire, exiger que le créancier de la *rente* discute préalablement le premier preneur ou ses héritiers.

Pour se décharger de la *rente foncière*, le détenteur peut déguerpir l'héritage; le preneur même ou ses héritiers peuvent en faire autant en payant les arrérages échus de leurs terres; encore qu'ils eussent promis de payer la *rente*, & qu'ils y eussent obligé tous leurs biens, à moins qu'ils n'eussent promis de fournir & faire valoir la *rente*, ou de faire quelques améliorations dans l'héritage, qui ne fussent pas encore faites.

Il en est de même du tiers-détenteur lorsqu'il a eu connoissance de la *rente*; & même dans les coutumes de Paris & d'Orléans, lorsqu'il ne déguerpit qu'après contestation en cause, il doit les arrérages échus de son temps, quand même il n'auroit pas acquis à la charge de la *rente*, & qu'il l'auroit ignorée; ce qui est une disposition particulière à ces deux coutumes.

Le créancier de la *rente foncière* peut, faute de paiement des arrérages, saisir les fruits de l'héritage chargé de la *rente*, en vertu de son titre, & sans qu'il ait besoin d'obtenir d'autre condamnation; il peut aussi, faute de paiement de la *rente*, évincer le détenteur, & rentrer dans son héritage, sans être obligé de le faire saisir réellement, ni de se le faire adjuger par décret. (*A*)

Les *rentes foncières*, quoique droits incorporels, sont, à tous égards, considérées comme des immeubles réels qui affectent l'héritage même sur lequel elles sont dues, & qui sont réputées en faire partie. Lorsqu'elles sont non rachetables, la plupart des coutumes les déclarent sujettes aux droits seigneuriaux, tant pour les cessions & transport qui en sont faits, que pour l'extinction qui en est accordée au débiteur. Ces droits appartiennent aux seigneurs, & par forme d'indemnité, & par la raison que la *rente foncière* se confond avec l'héritage sur lequel elle est assise, s'imprègne de toutes ses qualités, & représente dans la main du créancier, une partie de ce même héritage. C'est la disposition textuelle de l'article 87 de la coutume de Paris.

Quoiqu'en général le débiteur d'une *rente foncière* ne puisse obliger le créancier à en recevoir le le rachat, l'intérêt public a donné atteinte à cette règle, relativement aux *rentes foncières* dont les maisons des villes sont chargées. La première loi portée sur cet objet, est une ordonnance de Charles VII de l'an 1441, qui déclare rachetables au denier douze, les *rentes* dues sur les maisons de la ville & fauxbourgs de Paris. Un édit du mois de mai 1553 & une déclaration du mois de février suivant, ont étendu ce privilège à toutes les villes du royaume.

Mais il paroît que ces loix n'ont pas été entièrement observées, & qu'elles ont reçu quelques modifications. L'article 121 de la coutume réformée de Paris, & le 276 de celle d'Orléans, en permettant le rachat des *rentes* créées sur les maisons, ne le permettent pas pour toutes les *rentes* indistinctement, car ils ajoutent, *si elles ne sont les premières après le cens & fonds de-terre.* De-là on peut conclure que la jurisprudence avoit apporté cette modification à l'édit de 1553, & que la disposition des coutumes de Paris & d'Orléans doit s'étendre sur toutes les coutumes qui ne se sont pas expliquées sur le rachat des *rentes foncières*.

Une déclaration du dernier août 1566, & l'article 20 de l'édit de décembre 1606, ont excepté du rachat les *rentes foncières* dues à l'église, quoique sur des maisons de ville. Mais cette disposition n'a pas lieu dans les coutumes de Paris & d'Orléans, parce que les gens d'église ayant comparu à leur réformation, sont censés avoir consenti au rachat de leurs *rentes foncières*.

Pour qu'une *rente* soit réputée la première après le cens, & soit en conséquence comprise dans l'exception, & non sujette au rachat, il faut, quand elle a été créée, que la maison ne se soit trouvée chargée d'aucune autre redevance que du cens; autrement, c'est-à-dire, si elle s'étoit trouvée chargée d'une autre *rente* dont le créancier eût volontairement reçu le rachat, la *rente* postérieure à cette dernière ne seroit que la seconde, quoique devenue la première par le rachat de celle-ci, & en conséquence elle continueroit d'être sujette au rachat, comme elle y étoit sujette dans l'origine.

La faculté de racheter les *rentes foncières* dues sur les maisons de ville, étant fondée sur l'intérêt public, est imprescriptible, & les particuliers ne peuvent y déroger par leurs conventions, suivant la maxime, *privatorum pactio juri publico non derogat*: ainsi, quand le bail à *rente* porteroit qu'elle ne seroit pas rachetable, le débiteur n'en auroit pas moins le droit de la racheter.

RENTE *à fonds perdu*, est une *rente* viagère, dont le fonds s'éteint avec la *rente*. *Voyez* FONDS PERDU & RENTE VIAGÈRE.

RENTE GÉNÉRALE, on appelle ainsi, dans la coutume de Saintonge, les *rentes* constituées à prix d'argent sans assignat, parce qu'elles regardent généralement tout le patrimoine du débiteur. *Voyez* RENTES ESPÉCIALES.

RENTE GROSSE *ou* GROSSE RENTE, est la *rente* seigneuriale ou foncière, qui tient lieu du revenu de l'héritage, à la différence des menues *rentes* ou cens qui ne sont réservés que pour marque de la directe seigneurie. *Voyez* ci-après RENTE MENUE.

RENTE HÉRÉDITABLE *ou* HÉRÉDITALE, est la même chose que *rente héréditaire*; la coutume d'Amiens la nomme *héréditaire*; & celle de Mons, *héréditable*.

RENTE HÉRÉDITAIRE, on qualifie ainsi certaines *rentes* qui ne sont ni perpétuelles, ni viagères. Elles sont héréditaires sans être perpétuelles, parce qu'elles ne sont pas créées pour avoir lieu à perpétuité, & que le remboursement en est indiqué par l'édit même de leur création.

RENTE HÉRITABLE, est la même chose que *rente héréditaire*. Elles sont ainsi appellées dans les coutumes de Mons, Saint-Paul, Namur. *Voyez* ci-devant RENTE HÉRÉDITAIRE, & ci-après RENTE VIAGÈRE.

RENTE A HÉRITAGE, est celle qui est due sur le domaine du roi, au lieu des héritages censuels ou roturiers qui ont été retirés & unis au domaine. *Voyez* le glossaire de M. de Laurière.

RENTE D'HÉRITAGE, en la coutume de Bar, *tit.* 5, *art.* 57, est celle qui est constituée nommément sur un certain héritage.

RENTE HÉRITIÈRE, est celle dont la propriété est transmissible, non-seulement par succession, mais aussi que l'on peut céder à un étranger, & qui se perpétue à son profit, à la différence de la *rente* viagère, qui ne se transmet point par succession, & dont la durée est réglée sur la vie de celui sur la tête duquel elle est constituée. Ces *rentes héritières* sont ainsi appellées dans les coutumes des Pays-Bas, & sont la même chose que ce que l'on appelle ailleurs *rente héréditaire*.

RENTE HYPOTHÉCAIRE, est celle pour laquelle on n'a qu'une simple hypothèque sur un fonds, telles que sont toutes les *rentes* constituées à prix d'argent, à la différence des *rentes* foncières, pour lesquelles le créancier a un droit réel sur l'héritage.

RENTES HYPOTHÈQUES, en Normandie on donne quelquefois ce nom aux *rentes* constituées à prix d'argent, avec faculté perpétuelle du rachat. On les appelle ainsi, parce qu'elles consistent en simple hypothèque sans assignat, & que l'hypothèque en fait la plus grande sûreté. *Voyez* l'article 395 de la coutume de Normandie, & Loiseau, *du déguerpissement, liv.* 1, *chap.* 9.

RENTE *de libéralité*, est celle qui est donnée ou léguée à quelqu'un à prendre sur une maison ou autre héritage. Ces sortes de *rentes* tiennent, à certains égards, de la nature des *rentes* foncières, quoiqu'elles ne le soient pas véritablement, n'ayant pas été créées lors de la tradition du fonds. *Voyez* Loiseau, *traité du déguerpissement*, & ci-devant RENTE FONCIÈRE.

RENTE, (*menue*) se prend ordinairement pour le cens ou censive qui se paie en reconnoissance de la directe seigneuriale. On l'appelle *menue rente*, parce que le cens ne consiste ordinairement qu'en une redevance modique, qui est réservée par honneur & pour marque de la seigneurie, plutôt que pour tirer le revenu de l'héritage, à la différence des *rentes grosses*, qui sont les *rentes* seigneuriales & foncières qui sont réservées pour tenir lieu du revenu de l'héritage.

Cette distinction des *rentes* grosses & menues, est usitée principalement en Artois & dans les Pays-Bas; on peut voir le placard du dernier octobre 1587, & le réglement du 29 juillet 1661, qui nomment *menues rentes*, celles qui n'égalent point le quatorzième du revenu de l'héritage qui en est chargé. *Voyez* Maillart, *sur Artois*, *article 16*, & ci-devant Rente grosse.

Rente nantie, est celle pour sûreté de laquelle on a pris la voie du nantissement dans les pays où cette formalité est en usage pour constituer l'hypothèque sur l'héritage. *Voyez* Nantissement.

Rente perpétuelle, est celle qui doit être payée à perpétuité, c'est-à-dire, jusqu'au rachat, à la différence de la *rente* viagère, qui ne dure que pendant la vie de celui au profit de qui elle est constituée.

Il y a des *rentes* héréditaires sur le roi, qui ne sont pas qualifiées de *perpétuelles*, parce que le remboursement doit être fait dans un certain temps qui est indiqué par l'édit même de leur création.

Rente personnelle, est celle qui est due principalement par la personne & non par le fonds, encore bien qu'il soit hypothéqué à la *rente*; telles sont les *rentes* constituées à prix d'argent, que par cette raison l'on qualifie quelquefois de *rentes personnelles*, pour les distinguer des *rentes* foncières, qu'on qualifie de *rente réelle*, parce qu'elles sont dues principalement par le fonds, & non par la personne. *Voyez* ci-devant Rente constituée & Rente foncière, & ci-après, Rente réelle.

Rente *sur les postes*, est celle dont le paiement est assigné par le roi sur la ferme des postes & messageries de France.

Rente première, après le cens est la première *rente* foncière imposée outre le cens sur un héritage par le propriétaire qui l'a mis hors de ses mains à la charge de cette *rente*. Suivant l'article 121 de la coutume de Paris, les *rentes* de bail d'héritage sur maisons assises en la ville & fauxbourgs de Paris, sont à toujours rachetables, si elles ne sont les premières après le cens & fonds de terre.

Rente *à prix d'argent*. *Voyez* Rente constituée.

Rente *à promesse d'hypothèque*, dans la coutume de Valenciennes, on distingue deux sortes de *rentes* constituées, les *rentes à promesse d'hypothèque* seulement, & les *rentes* hypothéquées. Les premières sont celles que l'on a promis d'assigner & hypothéquer par bons devoirs de loi sur les héritages main-fermes, mais qui ne sont pas encore hypothéquées. Les *rentes* de cette espèce sont meubles, suivant l'article 29, & purement personnelles, & les arrérages ne se prescrivent que par trente ans, suivant l'article 94.

Rente propriétaire, est la redevance foncière due par le propriétaire de l'héritage pour la concession qui lui en a été faite à la charge de la *rente*. *Voyez* les coutumes de Senlis & de Clermont, où les *rentes* foncières sont ainsi appellées, pour les distinguer des *rentes* constituées à prix d'argent, qu'on y appelle *rente non propriétaire*.

Rente rachetable, est celle dont le sort principal peut être remboursé au créancier; les *rentes* constituées sont toujours rachetables de leur nature; il y a des *rentes* foncières qui sont stipulées rachetables, & quelques-unes dont il est dit que le rachat ne pourra être fait que dans un certain temps, ou en avertissant quelque temps d'avance. *Voyez* Rachat, Remboursement.

Rente non rachetable, est celle qui ne peut point être remboursée par le débiteur; les *rentes* foncières sont non rachetables de leur nature; on les peut cependant stipuler rachetables. On ne peut pas stipuler qu'une *rente* constituée sera non rachetable, parce qu'il doit toujours être permis à un débiteur de se libérer. *Voyez* Rente rachetable.

Rente réalisée *ou* réelle, est une *rente* constituée à prix d'argent, dont l'hypothèque est réalisée sur un fonds par la voie de la saisine, réalisation, ou nantissement dans les coutumes où cela est d'usage, pour constituer l'hypothèque. *Voyez* Nantissement.

Rente réelle, se prend aussi souvent pour *rente* foncière; on l'appelle *réelle*, parce qu'elle est due principalement par le fonds qui en est chargé; au lieu que les *rentes* constituées à prix d'argent sont dues principalement par la personne; c'est pourquoi on les appelle *personnelles*. *Voyez* ci-devant Rente constituée & Rente personnelle.

Rente rendable, c'est ainsi que dans les coutumes d'Auvergne & de la Marche, & quelques autres, on appelle les *rentes* constituées à prix d'argent; on l'appelle *rendable*, parce qu'elle est toujours rachetable de sa nature, & que le fonds peut en être remboursé, à la différence des *rentes* foncières, qui sont non rachetables de leur nature.

Rente requérable, est celle dont le paiement doit être demandé sur les lieux, comme le champart; au lieu que le cens est une *rente* portable au seigneur.

Rente roturière, est celle dont un fief est chargé, mais qui n'a point été inféodée par le seigneur dominant. *Voyez* ci-devant Rente inféodée. *Voyez* aussi les coutumes de Laon, Chaunes, Tours & Loudunois.

Rente sèche, c'est ainsi que quelques coutumes appellent les *rentes* constituées à prix d'argent, parce qu'elles ne produisent point de droits au créancier; à la différence des *rentes* censuelles & seigneuriales, qui produisent des profits aux mutations du tenancier. *Voyez* les coutumes de la Marche, d'Acqs, de Saint-Sever & de Bayonne.

Rente surfoncière, est celle qui est imposée sur le fonds outre & pardessus la première *rente* foncière; on l'appelle aussi *arrière-foncière. Voyez* la coutume d'Orléans, *art. 122*, & le mot RENTE ARRIÈRE-FONCIÈRE.

RENTE *sur les tailles*, est celle dont le paiement est assigné sur la recette des tailles d'une telle élection.

RENTE TOLÉRABLE, dans le style du pays de Normandie, & dans deux ordonnances de l'échiquier, des années 1462 & 1501, signifie une *rente* ancienne & non sujette à rachat, tellement que l'on est obligé de la supporter & continuer.

RENTE VIAGÈRE, est celle dont la durée est bornée au temps de la vie d'une ou de plusieurs personnes. Elle s'acquiert par une des parties, moyennant une certaine somme, pour laquelle le débiteur s'oblige de payer une *rente* annuelle, qui ne doit durer que le temps de la vie de l'acquéreur, ou de la personne désignée dans le contrat.

Ce contrat est du nombre des contrats intéressés de part & d'autre, dans lequel chacune des parties entend recevoir l'équivalent de ce qu'elle donne, soit en réalité, soit en risque, soit en espérance. Il est aussi du nombre des contrats aléatoires. En effet, lorsque la personne sur la tête de laquelle la *rente* a été constituée, meurt peu de temps après le contrat, le constituant a donné, en équivalent du prix de la constitution, le risque qu'il a couru de payer long-temps la *rente*; & pareillement, quand l'acquéreur de la *rente* a reçu beaucoup au-delà du principal & des intérêts de la somme, qu'il a donnée pour la constitution, il est censé avoir reçu cet excédent, comme l'équivalent du risque qu'il a couru de perdre cette somme, si lui, ou toute autre personne sur la tête de laquelle la *rente* a été constituée, fût décédée immédiatement après le contrat.

La constitution d'une *rente viagère* n'est parfaite que par le paiement de la somme convenue, & ce n'est que du jour de ce paiement que la *rente* commence à courir.

Cette espèce de *rente* se constitue ordinairement sur la tête de la personne au profit de qui elle est constituée, quelquefois néanmoins elle se constitue sur la tête de quelque autre. Mais comme il faut qu'il y ait nécessairement une personne sur la tête de laquelle elle soit constituée, il est évident que si je vous constitue une *rente viagère* sur la tête de votre frère, dont vous ignoriez la mort, la constitution sera nulle de plein droit, & vous serez fondé à répéter la somme que vous m'avez délivrée. De même, si la personne sur la tête de qui la *rente* est constituée, étoit, dans le temps du contrat, attaquée d'une maladie dangereuse, ignorée des contractans, & dont elle est morte peu de temps après, on doit décider que le contrat est nul, parce que l'erreur annulle toute convention, lorsqu'elle tombe sur la chose, ou sur la qualité de la chose que les contractans ont eu principalement en vue. Or, on conçoit bien que si les contractans eussent eu connoissance de la maladie de la personne sur la tête de laquelle on se proposoit d'acquérir la *rente*, l'acquisition n'auroit point eu lieu, puisqu'une *rente* sur la tête d'un moribond n'est d'aucune valeur.

Les règles que nous avons établies ci-dessus pour les *rentes* constituées, doivent s'appliquer aux *rentes viagères*. Ainsi, dans l'une & l'autre espèce, l'acquéreur de la *rente* peut en répéter le prix, toutes les fois que le constituant n'a pas satisfait aux conditions du contrat de vente. Mais on n'exige pas, dans la constitution d'une *rente viagère*, toutes les conditions requises pour la validité de la constitution d'une *rente* perpétuelle. Celle-ci ne peut se faire que sous la faculté du rachat; cette faculté n'a pas lieu dans l'autre. La loi a fixé le taux des *rentes* perpétuelles; il n'y en a aucun pour la constitution des *rentes viagères*. La raison en est que ces dernières sont le prix du risque que courent les parties de perdre ou de gagner, suivant l'événement incertain de la mort. Les *rentes* perpétuelles ne peuvent être constituées qu'en argent, au lieu que les *rentes viagères* peuvent l'être en une certaine quantité de grains ou d'autres denrées.

On stipule quelquefois dans un contrat de *rente viagère*, qu'elle sera continuée après la mort de l'acquéreur, à un tiers pendant sa vie; cette clause doit être exécutée, quand même le tiers n'auroit point été présent au contrat. Mais si ce tiers étoit une personne à qui la loi défend à l'acquéreur de donner, les héritiers de celui-ci seroient fondés à demander que ce tiers fût déclaré déchu de l'avantage qui lui a été fait, & que pendant sa vie la *rente* leur fût continuée.

Les *rentes viagères* sont meubles; elles doivent être réglées par la loi du domicile du créancier à qui elles appartiennent. Il faut cependant en excepter les *rentes viagères* créées sur l'hôtel-de-ville de Paris, qui sont censées avoir leur assiette en cette ville, & qui sont, en conséquence, régies par la coutume de Paris.

Les *rentes viagères* créées à prix d'argent, peuvent être saisies par les créanciers du propriétaire, quand même il auroit été stipulé dans le contrat qu'elles ne pourroient pas l'être. Car cette clause n'est pas plus valable que celle par laquelle l'acquéreur d'un héritage auroit déclaré l'avoir acheté, à la charge qu'il ne pourroit l'hypothéquer pour les dettes qu'il contracteroit par la suite. Mais il en est autrement de celles qui sont créées par don ou par legs. Le testateur ou donateur peut valablement ordonner que la *rente viagère* qu'il lègue ou donne, ne pourra être saisie par aucun créancier du légataire ou donataire, parce que celui qui fait une libéralité, peut la faire sous telle condition qu'il juge à propos. On ne peut pareillement saisir les arrérages des *rentes viagères* créées par le roi, quand les édits de création les ont déclarées insaisissables.

Les *rentes viagères* s'éteignent le plus ordinairement par la mort naturelle de celui sur la tête duquel elles ont été constituées; ensorte que les arrérages cessent d'en courir depuis ce jour, & que ceux qui sont échus antérieurement sont dus au créancier ou à ses héritiers. Mais la mort civile ne les éteint pas : c'est pourquoi, si le propriétaire d'une *rente viagère* fait profession dans un monastère, ou est condamné à un bannissement perpétuel hors du royaume, les arrérages de la *rente* qui lui appartenoit, sont dus pendant sa vie à ses héritiers, ou au seigneur confiscataire, si la confiscation des biens du condamné a lieu.

Elles peuvent aussi s'éteindre par le rachat volontaire que le créancier a permis qu'on en fît, ou par la remise qu'il en fait au débiteur, ou par la novation, ou par la confusion.

Le débiteur d'une *rente viagère* peut exiger qu'on lui justifie par un certificat en bonne forme, que la personne sur la tête de qui elle a été créée, étoit vivante au temps jusqu'auquel on en demande les arrérages. Mais si cette personne avoit été long-temps absente, sans donner de ses nouvelles, & qu'après plus de trente années d'absence elle reparût, le créancier seroit bien fondé à demander tous les arrérages, sans qu'on pût lui opposer la prescription de trente ans, parce qu'elle n'a pas couru pendant le temps de l'absence de cette personne, attendu que le créancier, faute de pouvoir justifier qu'elle étoit vivante, n'a pu demander la *rente* pendant tout ce temps; ce qui est conforme à la maxime de droit, *præscriptio non currit contra non valentem agere*.

Une déclaration du 26 juin 1763, registrée au parlement le 5 septembre suivant, oblige les propriétaires de *rentes viagères*, créées sur le roi, de rapporter un certificat signé d'eux, qui contienne la déclaration expresse de leur existence, leurs noms, surnoms, qualités ou profession, leur domicile & le jour de leur naissance; s'ils ne savent ou ne peuvent signer, mention en doit être faite par le juge du lieu, de même que s'ils ont changé de domicile ou de profession depuis le dernier certificat. Ces certificats doivent être délivrés par le premier juge royal du domicile du rentier, ou, en son absence, par celui qui le remplace. A défaut de juge royal, dans l'endroit où demeure le rentier, les certificats peuvent être délivrés par les juges seigneuriaux, pourvu que cet endroit soit éloigné au moins de trois lieues du siège royal.

Dans le cas où les rentiers sont atteints de maladies ou d'infirmités qui les empêchent de se transporter chez le juge, ils peuvent se faire délivrer un certificat, même par les notaires; mais il faut y joindre une attestation d'un médecin ou chirurgien, & à leur défaut, du curé de la paroisse, qui établisse la vérité des faits, & le tout doit être légalisé par le plus prochain juge royal.

Les certificats des rentiers qui demeurent hors du royaume, doivent contenir les mêmes choses, & être délivrés par les ambassadeurs, résidens, consuls, ou autres personnes chargées des affaires de la France, & s'il n'y en a point dans l'endroit de leur domicile, ou dans les trois lieues aux environs, ils peuvent être expédiés par notaires ou autres personnes publiques, en présence de deux témoins qui attestent connoître les rentiers, & ils doivent être légalisés par les juges des lieux.

RENTE *sur la ville*, est celle qui, étant assignée sur les revenus du roi, se paie au bureau de la ville.

RENTE VOLAGE *ou* VOLANTE, est la même chose que la *rente* constituée à prix d'argent. Elle est ainsi nommée dans quelques anciennes ordonnances, à cause qu'elle n'est point établie sur un fonds comme la *rente* foncière; elle est appellée de même dans les coutumes de Sens, Chaumont, Blois, Bordelois, Auxerre, Cambrai, Bar. *Voyez* RENTE CONSTITUÉE. (*A*)

RENTEUX. *Voyez* RENTAL.

RENTIER, est celui auquel il est dû une rente; ceux qui ont des rentes assignées sur les revenus du roi sont appellés *rentiers*.

En fait de rentes seigneuriales & foncières, ou constituées sur particuliers, on entend ordinairement par *rentiers* ceux qui doivent les rentes.

Dans la coutume de Bretagne, le *rentier* est le rôle des rentes du seigneur, comme le terrier est le rôle des terres qui en relèvent; on dit le *rôle rentier*. (*A*)

RENTIER. *Voyez* RENTAL.

RENTRER, (*Jurisprud.*) dans un bien, c'est en récupérer la possession.

Rentrer dans ses droits, c'est y être remis & rétabli, soit en vertu de quelque clause conditionnelle, soit en vertu de lettres du prince & d'un jugement qui les entérine, ou enfin en vertu de quelque accord ou transaction.

La rentrée des tribunaux, est le temps où ils recommencent leurs séances, lorsque les vacations sont finies. (*A*)

RENVOI, s. m. *en droit*, ce mot a plusieurs significations.

RENVOI, dans un acte, est une marque apposée à la suite de quelque mot, & qui se réfère à une autre marque semblable, qui est en marge ou au bas de la page, où l'on a ajouté ce qui avoit été omis en cet endroit dans le corps de l'acte. Les *renvois* doivent être approuvés des parties contractantes & des notaires & témoins, ainsi que des autres officiers dont l'acte est émané, à peine de nullité. On ne signe pas ordinairement les *renvois*, mais on les paraphe. *Voyez* APOSTILLE, INTERLIGNE, PARAPHE, RATURE.

RENVOI, en fait de *jurisdiction*, est l'acte par lequel un juge se départ de la connoissance d'une affaire pendante pardevant lui, & prescrit aux parties de se pourvoir devant un autre juge qu'il leur indique, auquel la connoissance de l'affaire appartient naturellement.

Il n'y a que le juge supérieur qui puisse user de *renvoi* à l'égard d'un juge qui est son inférieur;

le juge qui est inférieur à un autre, ou qui n'a point de supériorité sur lui, ne peut pas user à son égard du terme de *renvoi*; il ordonne seulement que les parties se pourvoiront pardevant les juges qui en doivent connoître.

La partie qui n'est point assignée devant son juge, peut demander son *renvoi* pardevant le juge de son domicile, ou autre auquel la connoissance de l'affaire appartient.

Celui qui a droit de *committimus* peut faire renvoyer devant le juge de son privilège, l'assignation qui lui est donnée devant un autre juge : l'huissier fait lui-même le *renvoi* en vertu des lettres.

L'ordonnance de 1667, *tit. 6*, *art. 1*, enjoint aux juges de renvoyer les parties pardevant les juges qui doivent connoître de la contestation, ou ordonner qu'elles se pourvoiront, à peine de nullité des jugemens; & en cas de contravention, il est dit que les juges pourront être intimés & pris à partie : mais cela n'a lieu que quand le juge a retenu une cause qui, notoirement n'étoit pas de sa compétence. L'article 3 du même titre enjoint aux juges de juger les *renvois*, sommairement, à l'audience, sans appointer les parties, ni réserver & joindre au principal pour y être préalablement ou autrement fait droit.

RENVOI *devant un ancien avocat*, est un jugement qui enjoint aux parties de se retirer devant un ancien avocat qui leur est indiqué, pour en passer par son avis.

La cour *renvoie* aussi certaines affaires au parquet des gens du roi, pour en passer par leur avis.

On *renvoie* encore les parties devant un notaire, ou devant un expert calculateur pour compter. (*A*)

RENVOI DE BIENS, est une expression particulière du Hainaut, qui désigne une substitution faite au profit d'une autre personne que l'héritier légal. Suivant les chartres générales de cette province, il y a une différence singulière entre les fiefs ou les autres biens, par rapport à la faculté de les grever de substitution. On peut y substituer les biens roturiers par avis de père & de mère; mais à l'égard des fiefs, toute clause de *renvoi* ou de substitution y est défendue, si elle intervertit l'ordre de la succession légale. Cette défense prend sa source dans l'article dernier du chapitre 34 de ces mêmes loix, qui interdit généralement toute disposition conditionnelle relativement aux biens de cette nature.

RÉPARATION, s. f. ce terme signifie les ouvrages que l'on fait ou qu'il faut faire pour mettre un bâtiment en état de servir aux usages auxquels il est destiné.

On distingue plusieurs sortes de *réparations*. Les grosses, qui sont à la charge du propriétaire, lesquelles consistent dans la réfection des quatre gros murs, des poutres, voûtes & couvertures en plein.

Les *réparations* viagères & d'entretenement sont toutes les *réparations* autres que les grosses *réparations* dont on vient de parler; on les appelle *viagères*, parce qu'elles sont à la charge de l'usufruitier, & non du propriétaire; & *réparations* d'entretenement, parce qu'elles comprennent tout ce qui est nécessaire pour entretenir l'héritage, mais non pas la reconstruction.

Les menues *réparations*, qu'on appelle aussi *réparations locatives*, sont celles dont les locataires sont tenus, comme de rendre les vitres nettes en quittant la maison, de faire rétablir celles qui sont cassées, faire raccommoder les clefs & serrures & les carreaux qui ne sont pas en état, & autres choses semblables.

Lorsque le fermier judiciaire d'un bien saisi réellement veut faire faire quelques *réparations*, il faut auparavant qu'il en fasse constater la nécessité par un procès-verbal d'experts. On ne peut employer en *réparations*, que le tiers du prix du bail quand il est de 1000 livres, la moitié quand il est au-dessus, & le quart quand il est au-dessous. *Voyez* BAIL, USUFRUIT, *&c.* (*A*)

RÉPARATIONS ET RECONSTRUCTIONS DES ÉGLISES ET AUTRES BATIMENS DÉPENDANS DES BÉNÉFICES. La matière que l'on se propose de traiter ici est hérissée de difficultés; il en est peu qui ait donné lieu à plus de procès. Les questions qui les font naître ne sont point, pour la plupart, décidées par nos ordonnances ou par les constitutions canoniques reçues dans le royaume; il faut nécessairement avoir recours aux loix civiles & à la jurisprudence des cours souveraines, qui souvent n'est pas uniforme : & avant de les juger, il faut presque toujours des procès-verbaux, des descentes de juges, des rapports d'experts, ce qui entraîne des procédures longues & dispendieuses.

Toutes ces difficultés prennent leur origine dans deux sources différentes. La première est la négligence des titulaires à faire, pendant leur jouissance, les *réparations* auxquelles ils sont soumis; la seconde est la division qui s'est opérée, par la suite des temps, dans les biens des bénéfices. Il est arrivé que les biens ont cessé d'appartenir au titulaire; les dîmes, par exemple, qui, dans leur origine, n'étoient destinées qu'aux évêques & aux curés, ont servi à doter des monastères, des chapitres & des séminaires; souvent même elles appartiennent à des bénéfices simples auxquels est resté le titre de curés primitifs. L'usage de la commende a aussi opéré une autre division dans les biens des monastères. Tous les biens chargés des *réparations* des églises, de celles des bâtimens nécessaires aux ministres & à l'exploitation des fonds, de leur entretien, de la fourniture des ornemens, livres & vases sacrés, ayant été ainsi partagés, les charges ont dû en être divisées entre les différentes personnes qui les possèdent. C'est ce qui fait naître tous les jours tant de procès entre les curés & les décimateurs, entre les monastères & les abbés, entre les nouveaux titulaires & les héritiers de leurs prédécesseurs.

Pour mettre de l'ordre dans une matière aussi importante, nous examinerons d'abord qui est-ce qui a action pour faire faire les *réparations* des églises & des bâtimens qui en dépendent; quelle est la nature & la durée de cette action, & devant quels juges elle doit se porter. Ces questions, pour ainsi dire préliminaires, une fois discutées, nous entrerons dans les détails des *réparations* de chaque bénéfice; nous les diviserons en trois classes; dans la première, nous mettrons les *réparations* des bénéfices consistoriaux, ce qui donnera lieu de discuter les droits des évêques & des chapitres, des monastères & des abbés commendataires; dans la seconde, on traitera des *réparations* des bénéfices simples, & on y comprendra les collégiales; enfin, dans la troisième, se trouveront les églises paroissiales & leurs annexes.

§. I. *Qui est-ce qui a action pour faire faire les réparations des églises & des bâtimens qui en dépendent?* Depuis que l'église a été reçue dans l'état, elle a formé un corps capable de posséder & d'acquérir des immeubles. Les fidèles, excités par une foule de motifs qu'il est inutile de rapporter ici, s'empressèrent de lui donner des marques de leur piété & de leur générosité; bientôt elle se trouva dans un état d'opulence, & la faveur qu'on lui accorda fut si grande, qu'en lui permettant d'acquérir & de recevoir des biens, les aliénations lui furent défendues : majeure pour accepter & acquérir, elle fut déclarée mineure pour vendre & aliéner.

La prohibition d'aliéner & la faculté d'acquérir étoient également contraires à l'intérêt public. Ces deux privilèges tendoient à mettre hors du commerce la majeure partie de nos propriétés. Les législateurs civils ont cru parer à une partie de ces inconvéniens, en défendant à l'église les nouvelles acquisitions; c'est notamment le but principal de l'édit de 1749.

Si l'église en corps est propriétaire de tous les biens qui lui ont été donnés, elle n'en jouit point en corps; ce sont ses membres qui en ont la jouissance. Ils ne sont pas propriétaires; ils ne sont qu'usufruitiers; mais ce sont des usufruitiers d'une espèce particulière.

En général, on distingue trois espèces de *réparations*, les menues ou locatives, les usufruitières ou d'entretien, & les grosses, qui comprennent les réédifications & reconstructions. On ne se propose point ici d'entrer dans le détail de ces différentes espèces de *réparations*; on peut consulter à ce sujet, les loix des bâtimens, *part. 2, pag. 6 & suivantes.* Ce qui nous suffit dans le moment, c'est de dire que les *réparations* usufruitières & locatives sont à la charge des usufruitiers ordinaires, & que les grosses *réparations* sont toujours à la charge des propriétaires.

Il n'en est pas de même des bénéficiers; quoiqu'ils ne soient, à proprement parler, que des usufruitiers, ils sont cependant tenus de toutes les *réparations* des bâtimens dépendans de leurs bénéfices, de quelque nature qu'elles soient. La raison en est bien simple; c'est que, quoique le corps de l'église soit vraiment propriétaire, il ne peut cependant jamais arriver que l'usufruit soit consolidé à la propriété; il doit toujours en être séparé. La propriété étant un droit absolument stérile pour l'église en corps, elle ne peut être chargée d'aucune espèce de *réparations.*

C'est sans doute cette raison, & la nécessité en même temps de pourvoir à l'entretien des biens, qui avoient déterminé à établir un économe, qui, au nom de l'église, percevoit tous ses revenus dans chaque diocèse. Les revenus étoient partagés en quatre portions. La première étoit distribuée aux évêques; la seconde au clergé; la troisième aux pauvres; & la quatrième étoit destinée aux *réparations.*

Mais depuis la division & le partage des menses, depuis l'établissement des monastères, des collégiales, des cures en titre & des bénéfices simples, les choses ont changé. Les revenus ecclésiastiques ont été destinés, un tiers pour les titulaires des bénéfices, un tiers pour les pauvres, & le dernier tiers pour les *réparations.*

Cette destination, prescrite par les nouvelles loix canoniques, n'est pas toujours exactement remplie; on ne voit que trop souvent les bénéficiers approprier à leur usage particulier la totalité de leurs revenus, & oublier également & les pauvres & les *réparations.*

Mais comme la dégradation des églises & des bâtimens dépendans des bénéfices est une espèce d'aliénation, on a cru devoir prendre des précautions pour forcer les bénéficiers à faire les *réparations*; nos loix ont commis à cet effet les procureurs-généraux dans les parlemens, & leurs substituts dans les bailliages & sénéchaussées ressortissant nuement en ces cours. On se contentera de rapporter ici l'article 23 de l'édit de 1695, qui est la loi la plus récente à ce sujet : « si aucuns » prélats ou autres ecclésiastiques qui possèdent » des bénéfices à charge d'ames, manquent à y » résider pendant un temps considérable, ou si les » titulaires des bénéfices ne font pas acquitter le » service & les aumônes dont ils peuvent être » chargés, & *entretenir en bon état les bâtimens* qui » en dépendent, nos cours de parlement, nos baillis » & sénéchaux ressortissant nuement en nosdites » cours, pourront les avertir & en même temps » leurs supérieurs ecclésiastiques; & en cas que » trois mois après ledit avertissement, ils négligent » de résider sans en avoir des excuses légitimes, » ou de faire acquitter le service & les aumônes, » *& de faire les réparations* particulièrement aux » églises, nosdites cours & les baillis & sénéchaux » pourront seuls, à la requête de nos procureurs-» généraux, ou de leurs substituts, faire saisir jus-» qu'à concurrence du tiers du revenu desdits

» bénéfices, pour être employé à l'acquit du service & des aumônes, *à la réparation des bâtimens*... Enjoignons à nos officiers & procureurs » de procéder auxdites saisies avec toute la retenue » & la circonspection convenables, & par la seule » nécessité de faire observer les saints décrets, de » faire exécuter les fondations, *& de conserver les » églises & bâtimens* qui dépendent desdits bénéfices. Et à l'égard des archevêques & évêques, » voulons que de tous nos juges & officiers nos » seules cours de parlement en prennent connoissance, & qu'elles donnent avis à notre très-cher » & féal chancelier de tout ce qu'elles estimeront » à propos de faire à cet égard, pour nous en » rendre compte ».

De cet article important, il résulte, 1°. que quant aux *réparations* des archevêchés & évêchés, les seules cours de parlement peuvent en prendre connoissance, non pas pour les ordonner, mais pour instruire M. le chancelier de ce qu'elles croient devoir être fait à cet égard; le roi seul peut prononcer sur le rapport qui lui est fait par le chef de la magistrature. Cette distinction faite par la loi, est afin de conserver le respect dû au caractère épiscopal.

2°. Relativement à tous les autres bénéfices, les cours souveraines, les baillis & sénéchaux y ressortissant nuement, peuvent, sur la requête des procureurs-généraux ou de leurs substituts, en faire saisir les revenus jusqu'à concurrence du tiers, pour être employé aux *réparations*. Les ordonnances rendues à ce sujet doivent l'être sur la requête du ministère public; & celui-ci ne pourroit procéder à la saisie, sans avoir auparavant obtenu une ordonnance du juge, & avoir sommé le bénéficier de faire les *réparations*. Ainsi jugé contre le procureur du roi du bailliage de Sens, par arrêt du premier septembre 1635.

3°. Les procureurs du roi ne peuvent faire saisir pour les *réparations* que le tiers des revenus des bénéfices, parce que, comme on l'a déja dit, il n'y a que le tiers destiné à cet usage; ils ne peuvent pas non plus faire saisir le patrimoine du bénéficier vivant; ce n'est qu'après sa mort que l'église peut exercer l'hypothèque qu'elle a sur ce patrimoine.

M. Piales, *traité des réparations*, *tom. 1*, *pag. 226*, rapporte des arrêts qui ont ordonné de saisir pour les *réparations*, la moitié, les deux tiers, & même la totalité des revenus des bénéfices. Ces arrêts sont rendus dans des circonstances particulières. Les cours s'y sont déterminées par l'énormité des *réparations* occasionnées par l'inconduite des bénéficiers, qui d'ailleurs étant opulens, pouvoient se passer, pendant quelques années, des revenus d'un bénéfice. Le principe qu'on ne peut saisir, pour les *réparations*, le patrimoine du bénéficier vivant, souffre des exceptions. Si un bénéficier consommoit en dépenses folles & inutiles son patrimoine & les revenus de l'église, sans faire aucune *réparation* à son bénéfice, on pourroit saisir même son patrimoine. C'est ce qui a été jugé contre le sieur Chery, par un arrêt du premier août 1715, rapporté par M. Piales, dans son *traité des réparations*, *tom. 1*, *pag. 240*. Dans ce cas, on laisse au bénéficier de quoi vivre, *deducto ne egeat*. Au reste, M. Piales convient que cet arrêt est rigoureux & ne doit point être tiré à conséquence.

4°. Il n'y a que le tiers des revenus à échoir qui peut être saisi pour les *réparations*; on ne peut forcer le bénéficier, quoiqu'il les ait négligées, à rapporter la portion de ses revenus qui y étoit destinée. Lorsque le tiers des revenus ne suffit pas pour les *réparations* urgentes, on fait un emprunt à la charge de ce tiers jusqu'au parfait remboursement.

Si l'article 23 de l'édit de 1695 étoit exactement observé, les bénéficiers seroient forcés de faire, pendant leur vie, les *réparations* des églises & des bâtimens dépendans de leurs bénéfices; cette observation est d'autant plus importante, qu'il n'y a que les procureurs du roi qui aient action pendant la vie des bénéficiers, pour contraindre d'employer, conformément à la loi, le tiers de leurs revenus.

Cette règle générale reçoit cependant une exception: c'est lorsque y ayant eu un partage entre les religieux & l'abbé ou prieur commendataire, celui-ci néglige de faire les *réparations* qui sont à la charge du tiers-lot dont il jouit. Alors les religieux peuvent saisir ce tiers-lot à leur requête; mais ce doit être après une sommation préalable & avec l'ordonnance du juge.

L'obligation où sont les bénéficiers d'entretenir & de réparer les bâtimens dépendans de leurs bénéfices, subsiste après leur mort; elle est alors à la charge de leurs successions & de leurs héritiers. Les procureurs du roi ont encore action contre eux: chargés de veiller sur l'administration des bénéfices, ils ne doivent pas les abandonner lorsqu'ils sont vacans; ou quand il s'agit de fixer les obligations du nouveau titulaire, ils doivent empêcher qu'il ne prenne avec les héritiers de son prédécesseur, des arrangemens particuliers, préjudiciables à l'église. On a vu souvent des héritiers passer des transactions avec de nouveaux titulaires, & obtenir d'eux une décharge des *réparations*, moyennant une somme convenue. C'est un abus: ces conventions particulières ne sont que le fruit d'une connivence illicite, prohibée par les loix, & qui n'opère point la décharge des héritiers d'un bénéficier. On a sagement établi qu'ils pouvoient être recherchés & appellés en garantie, tant que les *réparations* auxquelles ils étoient obligés n'avoient point été faites & reçues judiciairement.

L'économe a aussi action après la mort des bénéficiers, pour les *réparations* des bénéfices sujets à l'économat. *Voyez* ce qu'on a déjà dit à l'article ECONOME.

Celui qui a le plus grand intérêt à exiger des

héritiers d'un bénéficier les *réparations*, c'est son successeur au bénéfice. Du moment qu'il en prend possession, il devient chargé, non-seulement de celles qui surviendront pendant sa jouissance, mais de celles qui existent à l'instant où le bénéfice fait impression sur sa tête. Le tiers de ses revenus est également affecté aux unes & aux autres; précaution sage, qui force le nouveau titulaire à se pourvoir contre la succession de son prédécesseur.

Son premier soin doit donc être de présenter requête au juge royal, par laquelle il demandera permission de faire assigner les héritiers de son prédécesseur, pour voir ordonner que par experts dont les parties conviendront, ou qui seront pris & nommés d'office, les lieux seront vus & visités, parties présentes ou duement appellées, à l'effet d'être dressé procès-verbal, article par article, de l'état des *réparations* utiles ou nécessaires qui sont à faire aux bénéfices & lieux en dépendans. Sur cette requête, on obtient ordinairement une ordonnance qui adjuge les conclusions y portées. Quelquefois il est utile de demander permission de faire saisir tout ce qui est dû à la succession du défunt. Deux sortes d'experts sont commis pour ces visites; les uns ecclésiastiques, & les autres laïques. Les experts ecclésiastiques font la visite des tabernacles, linges, livres & ornemens, & dressent procès-verbal de leur état. Les *réparations* & reconstruction des bâtimens, l'état des terres & des bois, forment l'objet du rapport des experts laïques. On suit, dans cette procédure, tout ce qui est prescrit par le titre 21 de l'ordonnance de 1667.

Si l'héritier contre lequel on agit ne conteste aucun des articles des procès-verbaux, il n'a plus aucune raison pour se refuser aux *réparations* qui y sont désignées. S'il conteste, cela fait une instance qui doit être portée aux juges royaux, comme on l'établira ci-après.

Lorsque les *réparations* à faire sont constatées, on en fait faire un devis par des experts; & on les adjuge publiquement au rabais, pour être faites dans un temps fixé. Les paiemens s'en font un tiers d'avance, un tiers à la moitié des ouvrages, & le dernier tiers après leur réception. On adjuge ordinairement ces sortes de *réparations* à la charge par les adjudicataires de les faire recevoir à leurs frais six mois après la confection des ouvrages.

Pour parvenir à cette réception, il faut présenter requête, afin de faire ordonner que les ouvrages seront vus & visités par des experts. Si leur rapport constate que tout est en bon état, & que les ouvrages sont recevables, on entérine ce rapport. Dans le cas contraire, on ordonne que les *réparations* seront faites d'une manière convenable, aux dépens des adjudicataires, & subsidiairement à ceux des héritiers du bénéficier. Ces précautions sont également nécessaires, & pour le nouveau titulaire, & pour les héritiers du dernier, qui ne sont déchargés des *réparations* que par la réception des ouvrages en justice.

Il arrive quelquefois qu'un nouveau titulaire n'a point à agir contre des héritiers, mais contre son prédécesseur lui-même, soit qu'il se soit démis purement & simplement, soit qu'il ait résigné. Ce dernier cas a fait agiter la question de savoir si un résignataire a action contre son résignant pour le forcer à faire les *réparations* qui sont de son temps. Il s'est trouvé beaucoup d'auteurs qui ont soutenu que le résignataire ne pouvoit attaquer son résignant. Ils prétendent qu'il y auroit de l'ingratitude de sa part; qu'ayant accepté la résignation purement & simplement, il est présumé avoir reçu le bénéfice en l'état où il étoit, & s'en être contenté; que, selon les principes du droit, il est tenu des faits de son résignant, qui lui a transmis tous ses droits, actifs & passifs; enfin, ils comparent le résignant à un donataire, qui, ayant été gratifié d'une maison ou d'un autre domaine, seroit non-recevable à agir contre son donateur pour les dégradations & les détériorations que celui-ci auroit commises dans les lieux qu'il auroit donnés. Ces auteurs vont même jusqu'à dire que le résignant peut insérer dans sa procuration *ad resignandum*, la clause qu'il ne sera recherché ni inquiété pour les *réparations*; & à l'appui de cette doctrine, ils citent Forget, qui, dans son *traité des personnes & des choses ecclésiastiques*, avance que cette jurisprudence est suivie au parlement de Normandie.

Mais cette doctrine est certainement contraire aux véritables principes; elle tendroit à introduire les abus les plus considérables; elle ouvriroit la porte à la simonie. Le résignataire, en exigeant de son résignant les *réparations* à sa charge, ne se rendroit pas coupable d'ingratitude. On n'est point ingrat quand on obéit à la loi, & quand on ne remet pas une dette qu'il ne dépend pas de nous de remettre. Or, la loi oblige tout nouveau possesseur d'un bénéfice, de faire constater l'état des bâtimens qui en dépendent; elle le rend responsable des *réparations* à y faire: dès-lors elle ne peut pas lui interdire l'action contre son prédécesseur, fût-il résignataire; ce seroit le forcer à remettre une dette qui n'est pas la sienne, mais celle de l'église. Ce seroit autoriser les bénéficiers à dégrader & à détériorer les biens de leurs bénéfices, puisqu'en les résignant sur la fin de leur vie, ils seroient à l'abri de toute recherche, eux & leurs héritiers. Il n'est pas exact de dire qu'un résignataire est tenu de tous les faits de son résignant, parce qu'il lui a transmis tous ses droits actifs & passifs. Supposer qu'un résignataire est tenu des dettes de son prédécesseur, c'est introduire la simonie: payer les dettes de quelqu'un, ou lui donner une somme d'argent, c'est exactement la même chose? Il n'y a point de différence entre dire: payez-moi telle somme, ou faites telles *réparations* qui sont à ma charge. Si la résignation emportoit tacitement une pareille condition, elle deviendroit

deviendroit alors une vente dans toute la force du terme; il y auroit *res, pretium & consensus.* Le prix seroit les sommes nécessaires aux *réparations* dont le résignataire se trouveroit libéré; ce seroit une donation en paiement, qui équivaut à une vente, *datio in solutum, venditionis locum obtinet;* ce seroit enfin un contrat de la nature de ceux *do ut des*, contrat dont les choses spirituelles ne peuvent certainement être l'objet; enfin, c'est vouloir faire illusion, que de comparer la résignation à une donation d'un immeuble quelconque. Le donateur d'un immeuble est un véritable propriétaire; il avoit, *jus utendi & abutendi.* Rien ne l'obligeoit de l'entretenir en bon état; le donataire doit le recevoir tel qu'il est. Mais un bénéficier n'est qu'un administrateur; il n'a joui qu'à la charge des *réparations*, rien ne peut l'en exempter: c'est une dette qu'il a contractée avec l'église, & qui s'est renouvellée autant de fois, pour ainsi dire, qu'il a joui d'années, de mois ou de jours. Cette dette, exigible au moment où il a résigné, ne peut passer à son résignataire, qui ne contracte avec l'église que du jour de sa prise de possession; en un mot, le propriétaire d'un immeuble a pu le laisser dépérir à sa volonté: au contraire, un bénéficier a toujours dû entretenir en bon état les bâtimens de son bénéfice. Une donation est un contrat susceptible de toutes les conditions auxquelles le donataire veut se soumettre: la résignation en faveur, au contraire, doit être un acte purement gratuit de la part du résignant, *gratis accepistis, gratis date.*

Il est facile de répondre à l'autorité de Forget. Un arrêt du 4 juillet 1719 prouve que le parlement de Rouen ne suit pas la jurisprudence que cet auteur lui suppose. Il condamne un résignant à faire les *réparations* du bénéfice qu'il avoit résigné. M. de Menibus, avocat-général, s'éleva avec force contre l'opinion qu'un résignataire ne peut pas attaquer son résignant pour dettes des *réparations.* « Si la maxime, dit ce magistrat, dont on a voulu » se servir, qu'un bénéficier qui a reçu un bénéfice par résignation d'un autre, étoit non-recevable à lui demander des *réparations*, que deviendroient les bénéfices? Il n'y auroit point de vieil » abbé que sa famille n'obligeât de résigner ses » bénéfices avec des grosses pensions, à des gens » sans bien, afin que la famille fût déchargée des » *réparations* de leurs bénéfices qu'ils auroient laissés » dans une ruine entière & totale ».

Un arrêt du grand-conseil, du 20 mai 1744, rendu contradictoirement entre Pierre-Toussaint Hognant, chanoine régulier de l'ordre de saint Augustin, qui avoit résigné le prieuré-cure de Dammartin en faveur du F. Malisolles, chanoine régulier de la congrégation de saint Antoine, sous la réserve d'une pension de seize cens livres franche & quitte de toute imposition, prouve que non-seulement un résignant peut attaquer son résignataire pour les *réparations* arrivées de son temps, mais qu'il peut même saisir entre ses mains sa pension jusqu'à concurrence du tiers, pour subvenir à ces *réparations.*

On a cru devoir entrer dans ces détails, pour détruire une opinion appuyée de l'autorité de plusieurs auteurs graves.

Quelque peu de temps qu'ait joui un titulaire, pourvu que le bénéfice ait fait impression sur sa tête, son successeur a action pour lui demander les *réparations*, soit qu'elles aient eu lieu de son temps, soit qu'elles lui soient antérieures: ainsi jugé contre M. Daquin, qui n'avoit été évêque de Séez que pendant quatre mois. En vain il offrit les *réparations* de son temps, & d'abandonner les revenus qu'il avoit perçus; la rigueur des principes l'emporta. C'est le dernier possesseur qui est chargé des *réparations;* il a son recours contre son prédécesseur immédiat; mais ce n'est que contre lui que le nouveau titulaire a action.

M. Daquin ne s'étoit point mis en règle; il n'avoit point fait faire de visite d'experts, ni de procès-verbal de l'état des lieux; dès-lors il étoit censé avoir pris sur lui les *réparations* qui étoient à la charge de son prédécesseur.

§. II. *De la nature & de la durée de l'action en réparations.* Après avoir vu quelles sont les personnes qui ont action pour faire faire les *réparations*, on va examiner quelle est la nature & la durée de cette action.

L'église acquiert une hypothèque sur tous les biens du bénéficier, du jour de sa prise de possession. Cette hypothèque est semblable à celle d'une femme pour sa dot sur les biens de son mari, & à celle d'un mineur pour son compte de tutèle sur les biens de son tuteur. C'est la doctrine du glossateur sur le chapitre *ex litteris*, au mot *Obligata de pignorib. apug. greg.;* de Guimier, sur la pragmatique sanction, §. *nam ecclesiarum;* de Rebuffe, dans son commentaire sur les ordonnances, *titre de constitut. redit., art. 1, gl. 14, n. 30.*

Cette hypothèque se contracte tacitement par la seule force de la loi; elle est en même temps jointe à l'action personnelle, de sorte que l'église ou ceux qui la représentent, peuvent agir personnellement & hypothécairement pour les *réparations*, contre le bénéficier qui en est tenu.

Il faut remarquer que l'hypothèque sur les biens du bénéficier, remonte, pour les *réparations*, au jour de sa prise de possession.

Cette hypothèque s'étend sur les fermages & loyers dépendans du bénéfice, & même sur les fruits & grains recueillis, pour la portion qui en revient à l'ancien titulaire; ce qui n'a lieu cependant que lorsque les créanciers privilégiés sur ces choses ont été payés. Quant aux autres meubles du bénéficier, l'église ne vient que par contribution avec les créanciers, à l'exception des pays où le prix des meubles se distribue par ordre d'hypothèque.

Si un bénéficier possède plusieurs bénéfices, les

hypothèques ne concourent point; le premier dont il a pris possession conserve sa priorité d'hypothèque, chacun vient à la date de la prise de possession, sauf la contribution sur le prix des meubles.

Pour les *réparations* des bénéfices réguliers, l'église n'a d'action que contre la cote-morte du religieux titulaire; ce recours est presque toujours infructueux. La cote-morte ne peut être composée que de meubles & de deniers, & se partage ordinairement au marc la livre entre les créanciers. La Combe remarque judicieusement que c'est ce qui rend les juges royaux plus inexcusables, quand ils ne veillent pas, du vivant du titulaire religieux, pour le forcer à faire les *réparations* jusqu'à concurrence du tiers de son bénéfice.

Mais quelle est la durée de l'action de l'église, pour les *réparations*, contre les anciens titulaires des bénéfices ou contre leurs héritiers? Cette question est fort difficile & divise tous nos auteurs. Les uns bornent l'action en *réparations* des bénéfices à un an, & par grace à trois; les autres la portent à trente; il en est enfin qui l'étendent jusqu'à quarante.

Castel, dans ses questions de matières bénéficiales, *tome 1*, *question 5* de la *réparation* des églises, *n. 27*, *pag. 41*, dit que le nouveau titulaire doit intenter son action dans l'année de sa paisible possession, du moins dans les trois ans. Forget, dans son traité des personnes & des choses ecclésiastiques, *chap. 9*, *pag. 21*, prétend que la poursuite doit se faire dans l'an de la paisible possession du pourvu, ou du moins dans les trois ans depuis le décès du dernier titulaire. Mais l'action annale est la seule que ces auteurs regardent comme l'action de la loi: l'unique fondement sur lequel ils s'appuient, c'est l'usage de la Normandie, de ne donner à la femme, pour la répétition de son douaire, qu'un an contre les héritiers de son mari.

Quelque respectable que soit l'autorité de ces deux auteurs, on ne croit cependant pas que leur opinion doive être suivie.

Les prescriptions annales sont de rigueur; il faut qu'elles soient établies par une loi claire & positive; il n'est pas permis de les étendre par interprétation & sous prétexte de similitude. L'article 227 de la coutume de Paris, établit la prescription annale contre les drapiers, merciers, épiciers, *&c.* La coutume de Normandie & beaucoup d'autres ont de semblables dispositions; mais cela n'a aucun rapport aux *réparations* des bénéficiers. Les prescriptions annales dont on vient de parler sont des exceptions à la règle générale, exceptions introduites pour le bien & l'utilité du commerce: encore, dans l'usage, admet-on les marchands compris dans les dispositions des coutumes, à exiger, même après l'année révolue, le serment de ceux qu'ils actionnent pour marchandises fournies, comme ils les ont réellement payées.

Pourquoi adapteroit-on cette prescription extraordinaire aux *réparations* des bénéfices, lorsque la loi ne la leur applique pas? Pourquoi éteindre par un si court délai une action favorable en elle-même? Les loix publiques du royaume & les canons, semblent avoir pris, de concert, toutes les précautions possibles pour assurer les *réparations* des bénéfices, en destinant un tiers des revenus à cet usage; la prescription annale détruiroit ces vues si sages. Un titulaire prend possession d'un bénéfice où il y a pour vingt mille livres de *réparations* à faire; il le posséderoit pendant trois ans ou même pendant quinze ou vingt mois; il ne répareroit rien & n'actionneroit point son prédécesseur ou ses héritiers; il décéderoit insolvable; son successeur ne pourroit, dans ce cas, attaquer son prédécesseur médiat, qui le repousseroit avec la prescription annale ou triennale. Il seroit injuste de charger le nouveau titulaire de *réparations* considérables qui ne sont ni de son fait, ni de son temps; il faudroit donc recourir à des emprunts onéreux aux bénéficiers; de pareilles conséquences doivent nécessairement faire rejetter le principe d'où elles dérivent.

Le parlement de Rouen, sur la jurisprudence duquel on voudroit s'étayer pour établir la prescription annale en fait de *réparations* des bénéfices, ne l'admet pas, à en juger par son arrêt du 4 juillet 1719, que l'on trouve dans Duperray, traité sur le partage des fruits des bénéfices, *pag. 468*. Cet arrêt a décidé qu'un résignant peut être attaqué pour les *réparations* d'un bénéfice qu'il a résigné même après l'année de la paisible possession de son résignataire. M. de Ménibus, avocat-général, qui porta la parole dans cette affaire, s'éleva avec force contre la prétendue maxime établie en Normandie, qu'un bénéficier ne peut être inquiété pour les *réparations* d'un bénéfice qu'il a quitté, un an après la paisible possession de son successeur; ce magistrat qualifia la proposition de ridicule: « il est vrai, » ajouta-t-il, que par notre coutume les femmes » douairières n'ont plus d'action contre les héri» tiers de leurs maris pour faire mettre leur lot à » douaire en *réparation*, après qu'elles ont laissé » passer une année sans le demander; mais cela » a-t-il quelque application aux bénéfices »? L'arrêt qui intervint décida que non.

On ne peut donc pas borner l'action en *réparation* à un an; il seroit également téméraire de la borner à trois ou cinq ans, parce qu'il n'y a ni loi, ni ordonnance, ni coutume, qui lui fixe un de ces termes.

Il faut donc s'en tenir aux principes généraux sur la durée des actions; celle en *réparation* des bénéfices est constamment une action personnelle: or, toute action personnelle dure trente ans. Tant qu'il n'y aura point de loi qui fasse une exception, l'action en *réparations* ne peut être éteinte par une prescription d'un moindre temps.

Il est vrai qu'il y a des arrêts, & notamment un du grand-conseil, qui a jugé non-recevable un abbé qui intentoit une action en *réparations* cinq ans après sa prise de possession. Ce ne fut pas parce que son action étoit prescrite par le laps de cinq années, mais parce que les experts avoient rapporté qu'ils ne pouvoient distinguer les *réparations* du temps de l'ancien titulaire, d'avec celles survenues depuis sa mort. Cet arrêt, qui depuis a été rétracté par la voie de la requête civile, sous prétexte de quelques formalités omises, ne détruit point le principe que nous avons posé; il prouve seulement qu'un bénéficier prudent ne doit point laisser écouler de longues années avant de se pourvoir pour les *réparations* contre son prédécesseur ou ses héritiers, parce que pendant un espace de temps considérable, il peut arriver des événemens qui rendent inutiles la science & la sagacité des experts pour distinguer les anciennes & les nouvelles *réparations*, ce qui forme contre lui une fin de non-recevoir insurmontable.

Mais l'action en *réparations* des bénéfices ne doit-elle pas être prorogée jusqu'à quarante ans? C'est une question sur laquelle nos jurisconsultes actuels ne sont pas d'accord.

Dans l'action en *réparations*, l'action personnelle se trouve jointe à l'action hypothécaire. Plusieurs de nos coutumes prorogent jusqu'à quarante ans ces sortes d'actions. Une foule d'arrêts, tant anciens que nouveaux, ont jugé conformément aux dispositions de ces coutumes, qui ont été puisées dans la fameuse loi, *cùm notissimi*, au septième livre du code, *tit. 39*, *loi 7*.

Cette loi a été vivement critiquée par plusieurs auteurs, & sur-tout par d'Argentré. Ils ont trouvé absurde que l'hypothèque pût proroger l'action personnelle au-delà de trente ans. L'hypothèque, disent-ils, qui n'est point en elle-même une action, mais la sûreté d'une action, n'a d'autre base & d'autre fondement que l'action personnelle; elle n'en est, pour ainsi dire, que l'accident ou l'accessoire; l'action personnelle ne dure que trente ans; après cet espace de temps elle est éteinte. Comment l'hypothèque peut-elle encore subsister, ou, pour mieux dire, comment peut-elle commencer alors à exister? Car l'action n'est prorogée jusqu'à quarante ans que parce que l'action personnelle, qui ne dure que trente ans, étant finie, on fait alors commencer l'hypothèque qui dure dix ans, ce qui forme l'espace de quarante ans: faire commencer l'hypothèque lorsque l'action personnelle est éteinte, c'est supposer que les qualités accidentelles ne commencent à avoir de l'être que lorsque le sujet n'existe plus; que le fidéjusseur ne commence à devoir que lorsque le principal débiteur a éteint son obligation.

Mais si le parlement de Paris & plusieurs autres tribunaux de ce royaume ont prorogé jusqu'à quarante ans l'action personnelle accompagnée de l'hypothécaire, ce n'est que quand l'hypothèque est conventionnelle, & non pas quand elle n'est que tacite ou légale. C'est ainsi que le mineur, & la femme pour son douaire, n'ont que trente ans pour se pourvoir, l'un contre son tuteur, & l'autre contre la succession de son mari; l'hypothèque est, dans ces deux cas, jointe à l'action personnelle: cependant l'action ne dure que trente ans, parce que l'hypothèque n'est pas conventionnelle; elle n'existe que par la force de la loi.

Quand on adopteroit donc la loi *cùm notissimi*, il faudroit la restreindre aux actions personnelles auxquelles l'hypothèque conventionnelle est jointe; tous les auteurs conviennent qu'elle n'a point parmi nous d'application, lorsque l'hypothèque est seulement tacite ou légale.

D'après ces principes, il est impossible de proroger jusqu'à quarante ans l'action en *réparations* des bénéfices; elle est personnelle, accompagnée, à la vérité, de l'hypothèque; mais cette hypothèque n'est que tacite & légale; elle est de la nature de celle de la femme pour son douaire, du mineur pour l'administration de la tutèle. Telles sont les raisons de ceux qui prétendent que l'action en *réparations* des bénéfices ne peut durer au-delà de trente ans.

Ceux qui ont embrassé l'opinion contraire, répondent que l'action hypothécaire n'ajoute rien ici à l'action personnelle, parce que l'action personnelle elle-même dure quarante ans pour les *réparations*. Cette action, disent-ils, appartient à l'église, & non au bénéficier. Celui-ci, comme administrateur, exerce l'action de l'église pour les *réparations*; mais cette action est une action réelle pour le rétablissement du bénéfice : c'est l'intérêt de l'église, & non du bénéficier qui agit. Prescrire contre l'action en *réparations*, c'est donc prescrire contre l'église. Or, on ne prescrit contre l'église que par quarante ans; donc l'action en *réparations* doit durer quarante ans. Ce n'est pas parce que l'action hypothécaire est jointe à la personnelle; mais c'est parce que l'action personnelle elle-même étant à l'église, étant un droit réel de l'église, ne peut se prescrire que par quarante ans. M. Piales paroît avoir adopté cette dernière opinion; mais la question n'a été décidée par aucune loi, ni jugée par aucun arrêt; & l'on peut dire que *adhuc sub judice lis est*.

§. III. *Devant quels juges l'action en réparations des bénéfices doit-elle se porter?* Les juges d'église sont incompétens pour connoître des *réparations* des bénéfices, même entre ecclésiastiques. En vain diroit-on que cette action est purement personnelle; ce seroit une erreur : elle est mixte, partie réelle & partie personnelle; & c'est une maxime constante en France, que les tribunaux ecclésiastiques ne sont pas compétens pour connoître des actions qui participent de la réalité.

Les contestations relatives aux *réparations* des églises & des bâtimens qui en dépendent, ont pour objet les fruits & les revenus des bénéfices, qui sont des choses temporelles & sous la jurisdiction naturelle & immédiate de la puissance civile.

Nos rois sont les défenseurs & les protecteurs de l'église; ils ont toujours veillé d'une manière particulière sur la conservation de ses biens; ils ont, dans tous les temps, rendu des ordonnances à ce sujet. L'exécution de ces ordonnances a toujours été confiée à leurs juges; & il seroit facile de prouver, par une longue suite d'arrêts, que les juges royaux ont toujours connu en France des *réparations* des bénéfices.

Cependant plusieurs auteurs célèbres, & entre autres Dumoulin, ont soutenu que les juges seigneuriaux pouvoient connoître des *réparations* des bénéfices qui étoient à la pleine collation des seigneurs. Ils citent même des arrêts à l'appui de cette opinion; mais elle ne peut plus être suivie depuis l'édit de 1695, qui déclare seuls compétens pour ces sortes de matières, les parlemens & les sénéchaux & baillis y ressortissans nuement. Les premiers juges royaux, connus sous le nom de châtelains, vicomtes, viguiers, prévôts, ne peuvent pas même en connoître.

Les officiers chargés du ministère public auprès des cours de parlement, & dans les bailliages & sénéchaussées, sont principalement chargés de veiller aux *réparations* des bénéfices. On en a déjà parlé lorsqu'on a examiné quels sont ceux qui ont action pour y contraindre les titulaires ou leurs héritiers; on ajoutera ici, que lorsque ces officiers font saisir les fermages des bénéfices, ils ne peuvent forcer les fermiers de remettre entre leurs mains les sommes dont ils sont redevables; ils doivent les faire déposer, sur une ordonnance du juge, entre les mains du receveur du domaine du roi, ou d'un notable bourgeois; ainsi jugé par l'arrêt du premier septembre 1635, contre le sieur de Faudriac, procureur du roi au bailliage de Sens.

Lorsque les visites des lieux sont faites par les juges royaux à la requête du procureur du roi, leur ministère doit être purement gratuit. Le lieutenant-général & le procureur du roi du bailliage de Chinon, s'étant taxé des vacations pour des visites qu'ils avoient faites d'office, des lieux dépendans de la prévôté de l'abbaye de Bourgueil, le prévôt appella de cette taxe. Sur son appel intervint arrêt du parlement de Paris le 15 juillet 1632, qui l'en déchargea, fit défenses au lieutenant-général & à tous autres, de prendre aucuns salaires pour lesdites visites; leur ordonna de faire icelles visitations & descentes sans frais, à peine de concussion. Cet arrêt est rapporté dans les mémoires du clergé, *tom. 3*, *pag. 110*.

D'après l'édit de 1695, les juges royaux doivent encore faire mettre à exécution les ordonnances sur les *réparations* des églises que les archevêques & évêques rendent pendant le cours de leurs visites.

§. IV. *Des réparations des bénéfices consistoriaux.* On appelle en France bénéfices consistoriaux, ceux qui sont à la nomination du roi, en vertu du concordat, soit qu'ils soient taxés dans les livres de la chambre apostolique à soixante-six florins & deux tiers, soit qu'ils le soient au-dessous; c'est-à-dire, soit que les provisions de cour de Rome, sur la nomination du roi, soient expédiées par la voie du consistoire ou par celle de la daterie.

Sous ce point de vue, non-seulement les archevêchés & évêchés, les abbayes en commende sont des bénéfices consistoriaux, mais même les prieurés en commende qui sont à la nomination du roi, parce qu'ils ont été autrefois électifs-confirmatifs.

Le clergé de chaque diocèse jouissoit autrefois en commun de tous les revenus attachés à l'église; l'administration & la perception en étoient confiées à un économe. Mais depuis la formation des chapitres, tels que nous les voyons, on a fait cesser cette communauté de biens; on les a partagés; on en a formé deux menses, l'une pour les évêques, & l'autre pour les chapitres. Dans ce partage, on a ordinairement attaché quelques fonds pour l'entretien de la cathédrale, & c'est ce qu'on appelle *les revenus de la fabrique*.

Les revenus des fabriques des cathédrales sont donc destinés à l'entretien de l'église & à la fourniture des ornemens, livres & vases sacrés. Mais il n'arrive que trop souvent que ces revenus sont insuffisans: lorsqu'ils sont épuisés, sur qui doit tomber la charge des *réparations* & de l'entretien de la cathédrale? De droit commun, les évêques & les chapitres doivent conjointement les supporter, chacun au prorata des revenus de sa mense; de sorte que si la mense épiscopale est double de celle du chapitre, elle doit contribuer doublement. La raison en est bien simple; l'entretien de l'église étant une charge réelle des revenus qui y sont attachés, le partage qu'on a pu en faire n'a rien changé à leur affectation primitive, & ils n'ont passé, soit entre les mains des évêques, soit entre les mains des chapitres, qu'avec la charge des *réparations*. Cette charge y est tellement inhérente, que le partage même n'a pu détruire la solidité entre les copartageans. Les chapitres ne doivent donc pas négliger, à chaque mutation d'évêque, de faire constater l'état de la cathédrale, & de faire décider avec les héritiers du dernier évêque quelles sont les *réparations* à la charge de la succession. Les *réparations* faites, il doit faire juger *le parfait* avec le nouvel évêque, c'est-à-dire, qu'il doit faire juger avec lui que la cathédrale est en bon état de toutes *réparations*. Lorsque les chapitres se sont mis ainsi en règle, les nouveaux évêques n'ont plus aucune raison pour éluder de contribuer, au prorata du revenu de leurs menses, aux *réparations* qui surviennent à la cathédrale pendant la durée de leur épiscopat.

On a dit que, de droit commun, les évêques & les chapitres doivent, après l'épuisement de la fabrique, contribuer aux *réparations* de la cathédrale; mais cette règle souffre des exceptions. Il y a des chapitres qui en sont seuls chargés, soit en vertu des conditions apposées dans le partage des menses, soit par des transactions postérieures. Une longue possession de la part des évêques de ne pas contribuer aux *réparations* des cathédrales, fait supposer en leur faveur un de ces deux titres.

Les *réparations* des bâtimens dépendans des biens des menses épiscopales & capitulaires, sont à la charge de chaque mense. Lorsque les prébendes n'ont point de revenus distincts & séparés, les *réparations* des fermes, granges, *&c.* doivent être faites par le chapitre en corps. Lorsque les prébendes sont distinctes & séparées, le possesseur de la prébende est tenu seul de réparer les bâtimens qui en dépendent. Quant aux maisons canoniales qui ne sont affectées à aucune prébende en particulier, les chanoines qui en jouissent ne doivent que les *réparations* locatives & d'entretien. Les grosses sont à la charge du chapitre : les chanoines, dans ce cas, ne sont que de simples usufruitiers. A leur décès, le chapitre rentre en possession des maisons & les revend aux enchères.

Depuis que la commende a été introduite parmi nous, les abbés commendataires se sont conduits avec les religieux des monastères, comme les évêques avec leurs chapitres. On a procédé à des partages des biens dépendans des abbayes, avec cette différence qu'on en laisse le tiers, qu'on nomme *tiers-lot*, pour les *réparations*. Souvent les abbés jouissent de ce tiers-lot, & se soumettent par conséquent aux charges auxquelles il est affecté. Il n'arrive que trop que les revenus du tiers-lot ne sont point employés conformément à leur destination; c'est aux héritiers de l'abbé à faire alors les *réparations*.

Il est nécessaire d'observer que les héritiers d'un abbé commendataire sont tenus de toutes les *réparations* de l'abbaye, quand même l'abbé n'auroit pas joui du tiers-lot, sauf leur recours contre ce tiers lot. On en donne pour raison, que les partages faits entre un abbé & ses religieux, ne détruisent point l'obligation solidaire de l'abbé de contribuer aux *réparations*. Dans ce cas, les héritiers n'ont point à se plaindre, puisqu'ils ont leur recours contre le tiers-lot.

Ce n'est pas seulement pour les *réparations* des bâtimens que l'on a action contre la succession d'un abbé commendataire ou de tout autre bénéficier : s'il a commis d'autres dégradations, par exemple, s'il a fait abattre, sans permission & sans emploi, des bois de haute-futaie, ses héritiers doivent être condamnés, pour dommages & intérêts, à une somme proportionnée à la valeur des bois, dont on fait emploi au profit du bénéfice. On les condamne également à des dommages & intérêts, dans le cas où il auroit laissé perdre ou prescrire des droits dépendans du bénéfice; mais il faut pour cela une négligence caractérisée & impardonnable, *crassa negligentia, quæ dolo æquiparatur.*

Souvent les abbés commendataires ou leurs héritiers prétendent que les bâtimens que l'on a laissé périr étoient parfaitement inutiles; ils allèguent aussi la vétusté, & s'appuient d'une déclaration de Charles IX, enregistrée au parlement de Paris le 22 novembre 1572.

Quant à la vétusté, on n'y a point d'égard. La déclaration de Charles IX n'a été donnée que pour les destructions occasionnées par les guerres civiles; & heureusement nous sommes bien loin de ces temps désastreux. Ce n'est donc uniquement que l'utilité que l'on considère. Dès qu'il est prouvé qu'un bâtiment est utile, on en ordonne la reconstruction : par une raison contraire, lorsqu'il est entièrement inutile, on laisse subsister les choses dans l'état, parce que les bâtimens inutiles sont une charge pour l'église. Mais si, non content de laisser dépérir, le titulaire a fait démolir, & qu'il ait appliqué à son profit les démolitions, dans ce cas on condamne les héritiers à des dommages & intérêts que l'on applique à l'augmentation du bénéfice.

De ces principes incontestables, on doit conclure qu'un titulaire n'est point tenu d'entretenir ou de réparer des bâtimens qui n'auroient d'autre objet que l'agrément & le plaisir.

Si un titulaire a fait commencer de son bon gré un bâtiment ou une plantation, & qu'il vienne à décéder, ses héritiers seront-ils obligés à achever les bâtimens ou les plantations par lui commencés? Aucun arrêt n'a jugé cette question. Ceux qui tiennent l'affirmative argumentent de la novelle 131 de Justinien, *chap. 7. Si semel cœperit, aut novam ædificare basilicam aut veterem renovare; modis omnibus compellatur à beatissimo locorum episcopo aut œconomis ejus & civili judice eam explere, & si is distulerit, hoc moriente hæredes ejus incoatum opus adimpleant.* Cette décision de Justinien a pour base la faveur que les Romains accordoient aux monumens publics : depuis que la religion chrétienne eut été admise dans l'empire, les églises & les monastères furent mis dans cette classe. C'est ce qui détermina le législateur à ordonner que celui qui auroit commencé à bâtir une église ou un monastère, seroit obligé de conduire cet ouvrage à sa perfection, soit par lui-même, soit par ses héritiers, parce que, l'ayant entrepris, il étoit censé avoir contracté un engagement solemnel avec l'église & avec le public; engagement que rien ne pouvoit dissoudre.

Mais ces principes ne peuvent être appliqués aux bâtimens des bénéfices, tels qu'un logement abbatial ou prieural; ils ne peuvent pas non plus s'appliquer à des plantations de vignes ou autres choses de cette nature : c'est ce qui a été décidé par trois sentences arbitrales, rendues par les plus célèbres jurisconsultes du parlement de Paris. M. de Vassé, abbé de saint Serge d'Angers, avoit fait rétablir un plant de vignes de son abbaye qui avoit été gelé. M. de Cour, son successeur, vouloit obliger ses héritiers de l'achever; ils en furent déchargés par une sentence arbitrale de 1709 : pareille sentence arbitrale par MM. Nouet, Duhamel & Guerin de Richeville, pour la succession de M. de Noailles, évêque de Châlons, contre M. de Tavannes, son successeur. M. de Bussy-Rabutin, évêque de Luçon, auparavant doyen de Tarascon, avoit fait élever un nouveau bâtiment dans le logement du doyen: après sa nomination à l'évêché de Luçon, qui le força à se démettre de son doyenné pour raison d'incompatibilité, il fut question de savoir si son successeur pouvoit l'obliger d'achever le bâtiment qu'il avoit commencé. MM. Tartarin, Duhamel & Chevalier, avocats choisis pour arbitres, prononcèrent, le 2 juillet 1727, en faveur de M. de Bussy-Rabutin.

Les bénéfices consistoriaux, après le décès des derniers titulaires, restent ordinairement vacans pendant quelque temps, soit parce que le roi ne juge pas à propos d'y nommer sur le champ, soit à cause des formalités à remplir pour obtenir des provisions de cour de Rome, pour prendre possession & pour fermer la régale. L'administration en est alors confiée à un économe sequestre; c'est à lui à faire apposer les scellés chez le dernier titulaire, pour la conservation des droits du bénéfice. Il doit, en présence de ses héritiers, ou eux duement appellés, faire dresser un procès-verbal de l'état des bâtimens. Les procureurs du roi ni autres officiers de justice ne doivent point assister à ces procès-verbaux; ce seroit augmenter les frais inutilement.

Les héritiers ont un légitime contradicteur dans la personne de l'économe, qui est l'homme de la loi. Ils peuvent, après avoir rempli les formalités ordinaires, faire recevoir avec lui les *réparations*, consigner entre ses mains les deniers nécessaires, & en obtenir une décharge: mais, pour plus grande sûreté, il est bon de faire homologuer, avec le successeur à l'évêché ou à l'abbaye, la sentence qui a prononcé cette décharge.

Cette dernière observation est d'autant plus importante, que si le successeur au bénéfice ne veut point s'en tenir aux procédures & aux procès-verbaux faits avec l'économe, il peut demander une nouvelle visite: mais il faut qu'il avance les frais, qu'il ne peut répéter qu'au cas que, par l'événement du nouveau procès-verbal, il soit constaté que les *réparations* n'ont pas été bien faites. S'il laissoit écouler un long laps de temps sans se plaindre, il seroit non-recevable à demander une nouvelle visite, non pas que l'action en *réparations* puisse se prescrire par moins de trente ans, mais parce qu'après plusieurs années il est impossible de distinguer les anciennes d'avec les nouvelles *réparations*.

Au reste, il seroit à desirer qu'une nouvelle loi abrégeât des formalités multipliées, qui absorbent presque toujours les successions les plus opulentes des bénéficiers. Les assujetir à faire les *réparations* à mesure qu'elles surviennent, seroit sans doute le parti le plus sûr & le moyen le plus efficace pour prévenir les désordres dont on se plaint avec raison. Nos ordonnances sont même précises à ce sujet; mais on a toujours trouvé, & on trouvera malheureusement toujours des facilités pour les éluder: ne seroit-il pas avantageux aux abbés commendataires & à leurs héritiers, de charger les communautés de religieux de toutes les *réparations*, en annexant à leurs menses la totalité ou une portion du tiers-lot? Par ce moyen, les abbés auroient un revenu fixe & libre, & leur succession ne se trouveroit point embarrassée. Les religieux qui sont sur les lieux veilleroient eux-mêmes aux *réparations*, & il y a tout lieu de croire que les bâtimens seroient toujours en bon état.

Ce réglement, il est vrai, ne préviendroit pas les abus qui se commettent dans les biens dépendans des archevêchés & évêchés; mais il est certainement des moyens de les arrêter. La sagesse du législateur les lui dictera, lorsqu'il voudra bien s'occuper de cet objet important.

§. V. *Des réparations des bénéfices simples.* La majeure partie des principes & des règles que l'on vient d'établir, s'appliquent aux bénéfices simples. Leurs titulaires contractent avec l'église, quant aux *réparations*, les mêmes obligations que les archevêques, évêques & autres bénéficiers. L'église & ses représentans ont contre eux & sur leurs biens la même action & la même hypothèque; les procureurs-généraux & leurs substituts, dans les bailliages & sénéchaussées, peuvent aussi veiller à la conservation & à l'entretien des bâtimens des bénéfices simples. La seule différence qu'il y ait entre eux & les bénéfices consistoriaux; c'est que l'économe sequestre n'a aucun droit pour agir contre les héritiers des derniers titulaires. Les contestations ne s'élèvent donc ordinairement qu'entre les nouveaux titulaires & les héritiers de leurs prédécesseurs; &, pour se mettre en règle, les uns & les autres sont soumis à toutes les formalités & à toutes les procédures que l'on a détaillées ci-dessus.

Les titres des bénéfices simples sont attachés à des églises particulières ou à des églises publiques, telles que les paroisses, les cathédrales ou les collégiales: dans le premier cas, l'entretien & les *réparations* sont à la charge du titulaire seul; dans le second, il y a plusieurs distinctions à faire.

Lorsque le titre d'un bénéfice simple est attaché à une chapelle située dans une église, le chapelain n'est point tenu d'entretenir les gros murs & la couverture, si la chapelle a été bâtie avec le corps de l'église; mais si elle en est séparée & qu'elle fasse un corps de bâtiment distinct, toutes les *réparations* sont à sa charge. Arrêt du 18 avril 1688, cité par Duperrai sur l'édit de 1655, *tom. 1, p. 508. Voyez* aussi Goupi, *loix des bâtimens, pag. 75, à la note.* C'est toujours au chapelain à entretenir l'autel.

Mais si une chapellenie est seulement desservie

à l'autel d'une église paroissiale, le chapelain n'est point tenu des *réparations* du corps de la partie de l'église sous laquelle cet autel se trouve placé. Ainsi jugé par arrêt du 2 juillet 1723, cité par M. Piales, *traité des réparations, tom. 2, pag. 252.*

Nous avons en France plusieurs collégiales qui étoient autrefois des abbayes régulières de l'ordre de saint Augustin, & qui, dans les derniers siècles, ont été sécularisées, comme celles d'Aurillac en Auvergne, de Moissac en Quercy, de Congues en Rouergue, & une infinité d'autres.

Les chefs de ces églises portent la qualité d'*abbé* ou autre équivalente. Depuis la sécularisation on a fait un partage des biens entre l'abbé & la communauté ou chapitre; ce qui forme deux menses séparées, mais qui sont toujours demeurées obligées solidairement aux *réparations* de l'église. Lorsque dans les bulles de sécularisation on a réglé pour quelle portion l'abbé & le chapitre contribueroient à ses *réparations*, ces bulles sont la loi qu'il faut suivre, parce que les titres de sécularisation ont la même force que les titres de fondation.

Il y a de ces sortes de collégiales où l'on a destiné des fonds pour les *réparations*; il ne peut naître de difficulté à ce sujet que lorsque ces fonds sont épuisés.

Quelquefois la contribution aux *réparations* a été réglée entre l'abbé & le chapitre par des transactions. Lorsqu'elles ont été homologuées dans une cour souveraine, ou qu'elles ont été exécutées pendant plusieurs siècles, il faut s'y conformer.

Mais si la contribution aux *réparations* n'est déterminée par aucune espèce de titre, ni par l'usage & la possession, il faut alors recourir au droit commun. Au défaut de la fabrique, chaque titulaire, soit abbé, soit chanoine, doit contribuer à proportion des revenus qu'il retire de son abbaye ou de sa prébende.

On suit les mêmes règles pour les collégiales ordinaires, c'est-à-dire, que chaque titulaire doit contribuer à raison du produit de sa prébende, si chaque chanoine en a une séparée, comme dans les églises de Normandie & dans un grand nombre d'autres. Si les revenus sont possédés & administrés en commun, il faut prélever sur la masse ce qui est nécessaire aux *réparations* & autres charges.

§. VI. *Des réparations des églises paroissiales.* L'entretien & les *réparations* des églises paroissiales étoient autrefois entièrement à la charge des décimateurs ou des titulaires. Ce n'est que vers le douzième siècle que les *réparations* ont été partagées entre les décimateurs & les paroissiens; ce n'est que depuis cette époque que l'on a établi la distinction du chœur & de la nef. On prétend qu'elle a été inventée en Angleterre.

La jurisprudence du royaume sur la distinction du chœur & de la nef, n'étoit pas encore fixée irrévocablement dans le seizième siècle; on en peut juger par l'ordonnance de Blois: l'article 52 suppose bien, à la vérité, que les *réparations* des églises paroissiales sont en partie à la charge des paroissiens; mais il ne décide point pour quelle portion ils doivent y contribuer: il en est de même de la déclaration de 1661.

Cette distinction n'a été autorisée & fixée que par l'édit de 1695: l'article 21 porte: « les ecclé- » siastiques qui jouissent des dîmes dépendantes des » bénéfices dont ils sont pourvus, & subsidiaire- » ment ceux qui possèdent des dîmes inféodées, » seront tenus de réparer & entretenir en bon état » *les chœurs* des églises paroissiales dans l'étendue » desquelles ils lèvent lesdites dîmes, *&c.* ».

L'article 22 est conçu en ces termes: « seront » tenus pareillement les habitans desdites paroisses » d'entretenir & de réparer la nef des églises & » la clôture des cimetières, & de fournir aux curés » un logement convenable ».

D'après cette loi, on ne peut donc plus douter que les décimateurs ne soient tenus de réparer & d'entretenir les chœurs des églises paroissiales dans lesquelles ils perçoivent des dîmes, & que la nef ne soit à la charge des habitans.

Nous avons en France quelques provinces dans lesquelles l'ancien droit sur les *réparations* des églises paroissiales s'est conservé. Dans la Flandre & dans l'Artois, les gros-décimateurs les doivent toutes supporter; ainsi jugé pour la Flandre par un arrêt du conseil d'état, rendu en 1698 sur les représentations du parlement de Tournai, au sujet des articles 21 & 22 de l'édit de 1695; dans le Roussillon, ce sont les fabriques qui sont tenues de toutes les *réparations* des chœurs & cancels.

On n'examinera point ici quelles sont les règles que les décimateurs, soit ecclésiastiques, soit inféodés, doivent observer entre eux pour leur contribution aux *réparations* des églises paroissiales; nous renvoyons pour cet objet aux articles DIME & DÉCIMATEUR: on se contentera d'établir les maximes générales pour connoître ce qui est à la charge des décimateurs ou des habitans pour les *réparations*.

La distinction de la nef & du chœur détermine les obligations des décimateurs & des habitans: quand ils sont de différente structure, & que l'on s'apperçoit au premier coup-d'œil, que, lors de la construction, telle partie de l'édifice a été destinée pour le chœur, & telle autre pour la nef, il ne peut y avoir de difficulté. Les décimateurs sont obligés d'entretenir & de réparer la partie qui forme le chœur, & les habitans celle qui forme la nef. On ne considère point l'égalité ou l'inégalité de ces parties; la construction & la forme des anciens bâtimens est la seule règle que l'on suive; on n'a point d'égard aux changemens qui ont pu être faits pour la commodité des habitans ou pour la décence du service divin. Si l'on avoit agrandi le chœur par le retranchement d'une partie de la nef, la charge des décimateurs n'augmenteroit point, de même que si l'on avoit diminué le chœur pour donner plus d'étendue à la nef, les habitans ne feroient point chargés des *réparations* de la portion prise sur le chœur : ainsi jugé par deux arrêts; l'un du parlement de Paris, du 4 janvier 1642; l'autre du parlement de Dijon, du 11 février 1708.

Si l'église paroissiale étoit en forme de chapelle, la difficulté seroit plus grande. M. Piales pense que dans ce cas il faudroit se déterminer par la possession; qu'au défaut de titres & d'actes possessoires, il faudroit s'en tenir à l'état actuel du chœur, & que dans le doute il faudroit se déterminer pour les habitans, dont la cause est presque toujours plus favorable que celle des décimateurs.

On qualifie de cancel les murs & grilles, soit en bois, soit en fer, qui séparent le chœur d'avec la nef. Les gros décimateurs doivent réparer ces grilles & ces murs, quand même, comme cela se trouve quelquefois, ils monteroient jusqu'aux voûtes des églises. Il y a ordinairement au-dessus du cancel un crucifix; les décimateurs sont aussi chargés de l'entretenir & de le réparer.

Si les décimateurs sont tenus de réparer le cancel & le chœur, à plus forte raison le sont-ils de réparer le sanctuaire, qui est la partie la plus distinguée & la plus respectable du chœur. L'autel, les marches qui y conduisent, la balustrade qui, dans quelques églises, sépare le sanctuaire de la partie inférieure du chœur destinée au chant & à la psalmodie; les fenêtres & les vitres, les stales sont à leur charge; il en est de même du retable, c'est-à-dire, de la décoration qui est au-dessus & à côté du maître-autel, & qui consiste ordinairement en tableaux, pilastres, frontons, ceintures & autres ornemens; c'est un accessoire du maître-autel.

Quoiqu'il ne dépende pas d'un décimateur de diminuer les ornemens & les décorations du chœur d'une église, pour diminuer ses dépenses; cependant si un retable de construction ancienne venoit à tomber, on ne l'obligeroit point à le rétablir dans la même forme, on l'assujettiroit seulement à en faire faire un convenable à l'église & suivant le goût moderne; c'est la raison & la convenance qui, dans ces sortes de cas, doivent servir de guide.

Les décimateurs étant chargés des *réparations* & reconstructions des chœurs, le sont-ils également des bas-côtés? Pour décider cette question, il faut faire une double distinction : ou les collatéraux du chœur ont été construits en même temps que le chœur, ou ils ne l'ont été que depuis; dans le dernier cas, il est incontestable qu'ils ne sont point à la charge des décimateurs. Dans le premier cas, il faut faire une seconde distinction : ou ils sont sous la même voûte & sous le même toit que le chœur, ou ils ont des voûtes & des toits différens.

Lorsque les collatéraux ont même voûte & même toit que le chœur, c'est aux décimateurs à les entretenir & à les réparer; dans le cas contraire, les habitans en sont chargés.

On a recours aux mêmes principes pour déterminer quels sont ceux qui sont tenus des *réparations* & de l'entretien des sacristies. Si elles sont derrière le chœur, si elles font un même corps de bâtiment avec le chœur, si elles sont sous la même voûte & sous le même toit, il est indubitable qu'elles sont à la charge des gros décimateurs de la paroisse : mais lorsqu'elles ne sont point pratiquées dans l'intérieur des églises & qu'elles en forment un corps séparé, c'est aux habitans à les entretenir & à les réparer : lorsqu'elles sont construites dans un des bas-côtés du chœur ou dans une chapelle qui y est collatérale, leur entretien est à la charge de ceux des habitans ou des décimateurs qui sont tenus des *réparations* & reconstructions de ces bas-côtés & chapelles.

Quant aux tables, armoires & autres choses nécessaires dans une sacristie pour la conservation des linges, ornemens & vases sacrés; c'est aux fabriques à les fournir, & à leur défaut, aux gros décimateurs : ces tables, armoires, *&c.* sont comme un accessoire des ornemens & vases sacrés. L'accessoire doit être fourni & réparé par celui qui est tenu de la fourniture & de la *réparation* du principal. Or, les gros décimateurs au défaut des fabriques, doivent fournir & réparer les ornemens & vases sacrés; donc ils doivent également, à leur défaut, fournir les armoires, tables, *&c.* nécessaires dans les sacristies.

C'est encore sur les mêmes principes que l'on décide si les clochers sont à la charge des habitans ou des décimateurs : lorsqu'ils se trouvent posés sur le chœur, personne ne doute qu'ils ne doivent être entretenus & réparés par les décimateurs; s'ils sont appuyés moitié sur le chœur, moitié sur la nef, les *réparations* s'en font moitié entre les décimateurs & les habitans; lorsqu'ils sont entièrement sur la nef, c'est aux habitans seuls à les réparer.

Quelquefois le clocher forme un édifice séparé de l'église, quelquefois il est adossé à la nef ou au chœur : lorsqu'il est entièrement séparé de l'église, les habitans sont tenus d'en faire les *réparations*; ils en sont pareillement tenus lorsqu'il est adossé aux murs de la nef.

Si la tour ou clocher est à côté du chœur, de manière que les deux édifices aient une muraille commune & ne paroissent former qu'un même corps de bâtiment, les décimateurs doivent réparer & entretenir le clocher; toute la difficulté consiste à déterminer si le clocher & le chœur ne font qu'un même bâtiment. Si cependant le clocher étoit appuyé de deux côtés sur le cimetière & sur un mur des habitans, la moitié, ou au prorata, du nombre des piliers sont à la charge des habitans.

Il résulte des principes que l'on a établis au sujet des bas-côtés ou collatéraux des chœurs, que les clochers qui y sont appuyés ou adossés, ne sont font à la charge des décimateurs que lorsque ceux-ci sont tenus des *réparations* & de l'entretien des bas-côtés ou collatéraux.

Un arrêt du 3 mars 1690 a jugé que c'est aux habitans à fournir les cloches & à les faire refondre à leurs dépens lorsqu'elles viennent à se casser. Il en est de même du beffroi, c'est-à-dire, de la charpente qui soutient les cloches; des arrêts des 15 mai 1734 & 12 décembre 1744 ont décidé que les beffrois de Château-Landon & de Bord étoient à la charge des habitans seuls, quoique le clocher de Château-Landon fût moitié sur le chœur & moitié sur la nef, & que celui de Bord fût entiérement sur le chœur. Le grand-conseil a jugé la même chose par son arrêt du 18 mars 1746.

Il y a des clochers sur lesquels on a élevé des flèches; si ces flèches sont abattues par la foudre ou par un ouragan, les gros décimateurs qui sont tenus des *réparations* & entretien des clochers, seront-ils obligés à faire rétablir les flèches? En général, les décimateurs sont déchargés de faire reconstruire tout ce qui n'est que de décoration & d'ornement purement extérieur. *Receptum est*, dit Van-Espen, *decimatores non teneri ad extructionem aut restaurationem turris...... turris enim præcipuè elatior, magis ad ornatum quàm ad necessitatem est.* Ces principes ont été adoptés par l'arrêt du grand-conseil du 29 mars 1758, qui a déchargé les bénédictins de Mortagne, de la reconstruction de la flèche du clocher de cette ville, abattue par la foudre. C'est donc la nécessité & l'utilité qu'il faut consulter dans ces sortes d'occasions: *restauratio*, dit encore Van-Espen, *decimatoribus aliisque quibus incumbit, ita exigenda ut necessitati & honestæ populi commoditati ecclesia sufficere possit; at ea quæ ornatum potiusquàm necessitatem & honestam commoditatem spectant, requiri non potest.* Il n'est donc pas étonnant de trouver des arrêts qui aient condamné les gros décimateurs à rétablir les clochers des paroisses, détruits par des cas fortuits, dans l'état où ils avoient toujours été, parce que l'utilité & la commodité des habitans l'exigeoient; c'est dans cette espèce qu'a été rendu celui du 9 mai 1668, contre le chapitre de Senlis, gros décimateur de la paroisse de saint Waast, qui le condamne à rétablir le clocher de cette paroisse dans son ancien état.

Si les églises paroissiales sont, pour les chœurs & cancels, à la charge des décimateurs, & pour les nefs, à celle des habitans, doit-il en être de même pour les succursales? Cette proposition générale & isolée doit être décidée pour l'affirmative. Les dîmes d'une paroisse ne sont pas moins affectées aux *réparations* des chœur & cancel de la succursale, qu'à celles des chœur & cancel de l'église matrice. Quoique l'édit de 1695, *article 21*, ne parle point des succursales, elles sont comprises sous les mots génériques, *églises paroissiales*, puisque le service paroissial se fait dans les succursales.

Cependant ce principe général reçoit des exceptions; il y a des succursales à l'érection desquelles les gros décimateurs n'ont consenti qu'à condition que les habitans seroient seuls chargés des *réparations* de toute l'église & de la portion congrue du desservant. Dans le dernier siècle, les églises de Passy & de Vincennes, près Paris, furent érigées en paroisses, à condition que les décimateurs demeureroient déchargés de toutes les *réparations* des chœurs & cancels; ce qui se pratiqua alors pour les paroisses, peut se pratiquer & se pratique quelquefois pour les succursales.

Lorsque le titre d'érection est représenté, il doit faire loi: si ce titre est revêtu de toutes les formalités requises, si toutes les parties intéressées ont été entendues ou duement appellées, si la nécessité ou une grande utilité ont été les motifs de l'établissement de la succursale, les décimateurs doivent réparer & entretenir les chœur & cancel. Si, au contraire, on n'a observé aucune formalité, si la simple commodité des habitans a fait changer, par la suite des temps, une chapelle castrale ou champêtre en succursale, s'ils l'ont toujours réparée & entretenue, ils seroient non-recevables à exiger des décimateurs les *réparations* des chœur & cancel. C'est dans cette espèce particulière qu'a été rendu l'arrêt du grand-conseil du 22 décembre 1759, en faveur des religieux de l'abbaye de Notre-Dame de Montdidier, gros décimateurs de la paroisse du Fretoy, contre les habitans du Tronquoi, hameau de la même paroisse.

Si le titre d'érection de la succursale ne paroît point, la seule possession où seroient les décimateurs de n'en pas entretenir les chœur & cancel, ne suffiroit pas pour les en exempter. On ne prescrit point contre le droit public; & il est de droit public que les dîmes sont affectées à la subsistance des ministres & à l'entretien des temples.

Mais si à cette possession les décimateurs joignoient la preuve que la succursale n'a pu être érigée que pour la seule commodité des habitans, sans aucune nécessité, les habitans ne devroient pas être écoutés dans leurs demandes contre les décimateurs.

Ce que l'on vient de dire sur les églises paroissiales de la campagne, s'applique aussi aux paroisses des petites villes qui ont un territoire dans leurs environs où des décimateurs perçoivent la dîme. Mais il n'en est pas de même pour les paroisses des grandes villes, où il n'y a ni dîme, ni décimateur, ni même ordinairement de curés primitifs. Dans ces villes, ce sont les fabriques qui sont chargées non-seulement des ornemens, vases sacrés & linges, mais même des *réparations* de l'église, sans distinction de chœur ni de nef. Au défaut des fabriques, ce sont les habitans. Les fabriques des paroisses des villes sont, pour la plupart, riches, soit par les fonds qui leur ont été donnés, soit par les offrandes qu'elles partagent souvent avec les curés. C'est ce qui leur a fait imposer des charges auxquelles ne sont point soumises les fabriques des paroisses de campagne, dont les revenus ne sont destinés, par les ordonnances, qu'à la fourniture & à l'entretien des ornemens, linges & vases sacrés.

Il y a des paroisses qui sont desservies dans des cathédrales, dans des collégiales & dans des églises de monastères : on demande si les habitans sont tenus des *réparations* de ces églises, comme dans les paroisses ordinaires.

Il ne peut pas y avoir beaucoup de difficulté en ce qui concerne les cathédrales. L'obligation de réparer est une suite du droit de propriété. Or, les habitans des paroisses desservies dans les cathédrales, ne sont point propriétaires des nefs de ces églises; ils ne peuvent y disposer de rien; ils y sont comme dans une église étrangère & d'emprunt. Les chapelles, les bancs, le droit de sépulture appartiennent à l'évêque & au chapitre; leur fabrique, leurs ornemens, leurs livres, leurs linges, leurs vases sacrés sont séparés de ceux du chapitre. Le service paroissial se fait ordinairement dans une chapelle à un autel particulier; & tout ce qu'on pourroit exiger des paroissiens, c'est d'entretenir & de réparer cet autel.

Les cathédrales sont ordinairement des édifices somptueux & magnifiques, élevés, non pour la nécessité & la commodité du peuple de la ville épiscopale, mais pour honorer la chaire de l'évêque & sa dignité : l'entretien en est énorme; il doit être à la charge de ceux pour lesquels elles ont été construites, & qui d'ailleurs ont des revenus considérables & proportionnés à la grandeur & à la magnificence de leurs églises. Exiger du peuple une partie de ces *réparations*, tandis que les évêques & les chapitres nagent dans l'abondance, ce seroit une injustice.

Au surplus, si dans les églises cathédrales où l'on a conservé un titre de cure, il y a des conventions particulières ou des transactions entre le chapitre & la communauté des paroissiens, au sujet des *réparations* & autres charges, on doit les exécuter; mais, à leur défaut, on doit suivre le droit commun, qui charge ceux qui jouissent du patrimoine d'une église, à l'entretenir en bon état de *réparations*, & à la fournir de tout ce qui est nécessaire au culte divin.

En doit-il être de même des églises qui sont tout-à-la-fois collégiales & paroissiales? L'usage à ce sujet est infiniment varié. Il y a de ces sortes d'églises où toutes les *réparations* sont à la charge du chapitre; d'autres où elles sont à celle de la fabrique, &, à son défaut, à celle des habitans. Quelquefois le chapitre est tenu de réparer le chœur, & les paroissiens la nef. Il en est enfin où la contribution des uns & des autres est réglée par des transactions particulières. La diversité de ces usages vient principalement de la diversité d'origine, soit des cures, soit des chapitres.

Mais, quelle que soit cette origine, il y a des règles générales que l'on doit suivre à défaut de titres ou de transactions.

Si la paroisse a un territoire dans la campagne, cultivé en fruits décimables, c'est alors au décimateur, quel qu'il soit, à entretenir le chœur & le cancel.

Il faut ensuite examiner à qui appartient la propriété de l'église; si elle appartient au chapitre seul, il est seul tenu de toutes les *réparations*; si elle appartient aux habitans, c'est à eux à la réparer & à l'entretenir; si elle est commune au chapitre & à la paroisse, les *réparations* doivent être faites en commun. Il y a des exemples de tous ces cas.

Quant aux cures qui sont desservies dans des églises conventuelles, soit prieurales, soit abbatiales, les habitans ne sont tenus d'aucune *réparation* : la raison en est simple; c'est que ni le chœur, ni la nef de ces églises ne leur appartiennent. Les abbayes ou prieurés en sont incontestablement propriétaires; d'ailleurs, ils jouissent ordinairement des meilleurs fonds de la paroisse, & la cure est censée n'avoir été érigée que pour les domestiques & les colons des religieux.

Autrefois les gros décimateurs & les titulaires des églises paroissiales étoient seuls chargés de les entretenir & de les réparer. Le logement des curés & des vicaires étant considéré comme l'accessoire des églises, étoit également à leur charge; mais depuis qu'ils sont parvenus à faire retomber sur les habitans l'entretien des nefs, ils les ont aussi soumis à fournir & à entretenir les maisons curiales. Le plus ancien monument de l'église gallicane, qui constate ce changement, est un décret du synode tenu à Langres en 1455; les conciles de Rouen de 1581, & de Bourges de 1584, firent des réglemens qui prouvent que l'usage de faire réparer & construire les presbytères par les paroissiens, étoit établi dans le seizième siècle.

Mais ces réglemens, émanés de l'autorité ecclésiastique & portant sur des objets temporels, ne pouvoient avoir force de loi sans la sanction du prince. L'article 52 de l'ordonnance de Blois, & le troisième de l'édit de Melun, supposent que les paroissiens doivent quelque contribution pour les *réparations* de l'église, du presbytère, & pour la fourniture des ornemens; mais les dispositions de ces articles sont si vagues, qu'il est difficile d'en faire résulter, pour les habitans, l'obligation de fournir & d'entretenir seuls les maisons curiales. Les remontrances du clergé, présentées à Henri III en 1583, prouvent qu'il y avoit quelques lieux où les ecclésiastiques étoient parvenus à imposer cette charge aux habitans, mais que, selon l'usage le plus ordinaire, elle leur étoit commune avec les curés & les fabriques.

En 1655, le clergé fit de nouveaux efforts. Il obtint de Louis XIV, au mois de février 1657, une déclaration qui portoit, « que les paroissiens » seroient obligés de rétablir les presbytères & » maisons d'habitation des curés, démolis par l'in» jure des guerres civiles ou par caducité ». Mais cette déclaration n'a été vérifiée dans aucune cour, & est restée sans effet.

Il parut une nouvelle déclaration au mois de juillet 1661 ; elle fut enregistrée au parlement de Paris. Elle ordonnoit que les évêques ou leurs grands-vicaires & officiaux, en cas d'empêchement légitime, visiteroient les églises & maisons presbytérales de leurs diocèses, & pourvoiroient promptement, les officiers des lieux appellés, à ce qu'elles fussent bien & duement réparées, même lesdites maisons presbytérales bâties aux lieux où il n'y en avoit pas..... A quoi faire ils feroient contraindre les décimateurs, marguilliers, paroissiens & autres, suivant qu'ils en pouvoient être tenus, même les curés, pour telle part & portion qui seroit par eux arbitrée, s'ils jugeoient que le revenu de leur cure le pût commodément porter, *&c.*

Cette déclaration ne décidoit point la question des maisons presbytérales contre les paroissiens; elle ne les chargeoit pas seuls de les bâtir & de les entretenir. Le clergé en fut si persuadé, qu'il sollicita une nouvelle déclaration, qu'il obtint en 1666; mais elle eut le même sort que celle de 1657.

Tandis que le législateur balançoit à charger les paroissiens seuls de la construction & de l'entretien des maisons curiales, il s'étoit introduit une jurisprudence favorable aux prétentions du clergé. Le parlement de Paris, par un arrêt rendu en forme de réglement le 30 juin 1567, condamna les habitans de Lonjumeau, non-seulement à rebâtir & à entretenir la maison presbytérale, mais même à faire meubler de meubles & ustensiles convenables, & avec telle décence que ledit demandeur (le curé), sa qualité, & de ceux qu'il doit retirer au presbytère, le requièrent, & à l'avenir tenir ledit demandeur clos & couvert.

Cette jurisprudence n'étoit point particulière au parlement de Paris. On trouve dans Frain, *tom. 1, chap. 9*, un arrêt du parlement de Bretagne, du 19 juillet 1605, qui condamna les habitans de la paroisse de Plouerdivi, diocèse de Saint-Paul-de-Léon, « à réparer & remettre en bon état la » maison presbytérale, & la meubler de meubles » & ustensiles de bois, parce que ledit recteur » entretiendra ladite maison, fors de grosses *répa-* » *rations*, & rendra par état les meubles qui lui » auront été délivrés ».

Expilly, *chap. 133 & 147*, rapporte deux arrêts du parlement de Grenoble de 1605 & 1609, qui condamnent les habitans de Paladru & de Pommiers, à réédifier & à entretenir seuls les maisons curiales de leurs paroisses.

Enfin, l'article 22 de l'édit de 1695, a consacré cette jurisprudence, en ordonnant que les habitans seroient tenus de *fournir aux curés un logement convenable.*

Nous avons donc une loi qui ordonne que les habitans fourniront à leurs curés un logement convenable : mais que faut-il entendre par logement convenable ? L'usage l'a déterminé. Une maison curiale, *dans un village*, doit être composée d'une cuisine & d'une salle au rez-de-chaussée, de deux chambres au premier étage, d'un grenier & d'une cave ; les habitans ne sont obligés qu'aux grosses *réparations ;* les curés doivent faire les usufruitières & les locatives. Si leur négligence à les faire occasionnoit de grosses *réparations*, elles seroient à leurs charges.

Lorsqu'il n'y a point de presbytère dans une paroisse, les habitans sont obligés de louer une maison dans laquelle le curé puisse décemment habiter. Ils sont les maîtres de lui payer annuellement une somme, pour qu'il puisse se loger luimême. On la fixe ordinairement à quarante livres pour la campagne, & à quatre-vingts livres pour les petites villes; dans les grandes, la fixation dépend des circonstances & de la cherté des loyers.

Un curé peut faire des augmentations à la maison que les habitans lui ont fait bâtir ; mais il est tenu de les entretenir & de les réparer.

Sur la manière dont doivent se faire les impositions pour la construction & réédification des maisons presbytérales, on peut consulter la déclaration du mois d'avril 1683, l'arrêt du conseil d'état de 1684, & l'instruction imprimée pour la généralité de Tours.

Les habitans sont aussi obligés de loger les vicaires, s'ils ne peuvent l'être commodément dans la maison presbytérale : ils doivent également loger les desservans des annexes & succursales.

L'édit de 1695 n'a point dérogé aux usages particuliers de quelques provinces, où les constructions & *réparations* des presbytères sont à la charge des décimateurs, soit en totalité, soit en partie. En Flandres & dans les Pays-Bas, les curés y sont obligés, lorsque leurs revenus sont considérables, &, à leur défaut, les gros décimateurs. En Provence, on contraint les gros décimateurs à contribuer pour un tiers, aux *réparations* & reconstructions des églises paroissiales & des logemens des curés, sans distinction du chœur & de la nef: les deux autres tiers sont supportés par les habitans & bien tenans.

Suivant l'ancienne jurisprudence des arrêts, les habitans étoient obligés, non-seulement de fournir & d'entretenir les presbytères, mais encore d'entretenir les granges, écuries & étables nécessaires pour l'exploitation des fonds & des dîmes dépendans de la cure. Depuis l'édit de 1695, cette jurisprudence a changé. On a pris à la rigueur cette expression *logement*, employée par la loi. On ne la fait porter que sur la maison curiale, & quant aux granges & autres accessoires, on en a déchargé les habitans : c'est aux curés qui en ont besoin à les réédifier & à les entretenir.

M. Piales observe cependant, *traité des réparations, tom. 2, pag. 332*, que si un curé à portion congrue avoit besoin d'un cheval pour aller porter les sacremens & exercer les autres fonctions curiales dans des hameaux écartés de sa paroisse, les habitans seroient obligés de lui fournir une écurie, & de l'entretenir de grosses *réparations*.

Les cimetières appartiennent aux habitans; c'est à eux à les faire clorre & à en entretenir les murs. S'ils produisent quelque revenu, soit en fruits, soit en foin, il doit être versé dans la caisse de la fabrique. (*M. l'abbé* BERTOLIO, *avocat au parlement.*)

RÉPARATION CIVILE, est une somme de deniers qui s'adjuge à la partie civile, pour la dédommager du tort que le crime ou le délit lui a causé. Elle participe de la nature d'une dette & d'une peine : d'une dette, en ce qu'elle consiste dans une somme exigible; d'une peine, en ce qu'elle est une punition qui naît du crime ou du délit. Elle se prononce au profit de l'accusé comme de l'accusateur : au profit de l'accusé, si l'accusateur succombe dans son accusation; au profit de l'accusateur, s'il réussit à la justifier.

Elle étoit inconnue chez les Romains; parmi eux, le supplice de l'accusé tenoit lieu de tout. Dans notre ancienne jurisprudence, elle étoit connue sous la dénomination d'*amende*, de même que celle qui se prononce au profit du roi. Imbert en rapporte pour preuve un arrêt de 1306.

M. Muyard de Vouglans, *dans son traité des loix criminelles*, prétend que la *réparation civile* est différente des dommages & intérêts qui se prononcent en faveur de l'une des parties, qu'elle est une peine infamante par elle-même, & qu'elle est toujours accessoire à d'autres peines infamantes. Il se fonde sur ce qu'elle est toujours la suite d'un délit grave, & souvent capital, & qu'elle ne se prononce jamais que par des jugemens rendus ensuite d'une instruction extraordinaire.

Nous croyons qu'il se trompe : l'amende, en matière criminelle, & l'aumône, en matière civile, sont les seules peines pécuniaires qui emportent note d'infamie. La Combe, dans *son traité des matières criminelles*, & Jousse, dans *son commentaire sur l'ordonnance de 1670*, ne mettent point la *réparation civile* au nombre des peines. Jousse la regarde seulement comme une peine du condamné. Le nom d'*amende*, que lui ont ôté les ordonnances, annonce même que le législateur a voulu exempter cette condamnation de toute note d'infamie. La qualité du délit n'en change pas le caractère; il la rend seulement plus ou moins forte, suivant qu'il est plus ou moins grave; & s'il est de nature à mériter l'infamie, le juge y joint une autre condamnation, telle que l'amende, le blâme ou autre, qui emporte avec elle note d'infamie.

La *réparation civile* est due à tout accusateur qui parvient à prouver l'accusation qu'il a intentée contre celui qu'il a accusé.

Elle est due au contraire à l'accusé contre l'accusateur, s'il parvient à justifier son innocence.

L'accusateur peut être de bonne-foi dans l'accusation; il peut avoir été trompé & avoir pris les apparences de la preuve pour la preuve elle-même : cette erreur le soustrait aux recherches du ministère public, mais ne l'excuse pas aux yeux de l'accusé. Cette erreur est son fait, il doit réparer le tort qu'elle a causé à l'innocent dont il a exposé l'honneur & la vie.

L'accusé n'a point à examiner quel dessein a conduit son accusateur; il doit se borner à se justifier & à prouver que l'accusation est fausse ou téméraire : dès que cette justification est opérée sur l'un de ces points, la *réparation* lui est due; il ne doit entrer dans la discussion des motifs qui ont déterminé son accusateur, qu'autant que l'évidence de ces mêmes motifs serviroit à accélérer sa justification ou la mettre dans un plus grand jour.

La calomnie de l'accusation n'intéresse que la partie publique, qui doit déployer la sévérité de son ministère, & requérir une peine, suivant que les faits sur lesquels porte cette calomnie sont plus ou moins graves.

L'accusé, pour obtenir cette *réparation*, doit dissiper tous les nuages qui couvrent son innocence; il doit détruire l'ensemble de la preuve; tant que cette preuve laisse un doute, il ne peut prétendre à cette satisfaction.

L'accusateur, en ce cas, en est également privé. L'innocence & le crime doivent être dans un même degré d'évidence.

Mais il faut observer que le défaut de preuve opère de droit la justification de l'accusé, & que l'accusateur est condamné par cela même qu'il manque de preuve.

Ces principes, dictés par la raison, ont été adoptés par l'ordonnance. L'article 7 du titre 3 de celle de 1670, en contient la disposition précise. D'après cet article, il suffit que l'accusateur ou *le denonciateur soit mal fondé*, pour que l'un ou l'autre soit condamné aux dépens, *dommages & intérêts des accusés, & à plus grande peine s'il y échet.*

Ici M. Jousse est en opposition avec ce texte qu'il a commenté. Il semble vouloir obliger l'accusé à faire preuve de la calomnie de l'accusation; & rien n'est plus contraire à l'esprit & à la lettre de l'ordonnance, comme rien n'est plus contraire à la tranquillité des citoyens & à l'ordre public.

Ce commentateur prive de toute *réparation*, l'accusé qui fait tomber l'accusation par des reproches contre les témoins. Si ces reproches sont fondés, & que ces dépositions une fois écartées, il ne reste plus aucune preuve, la *réparation* est due. C'est à l'accusateur ou au dénonciateur à s'assurer des faits qu'il dépose dans le sein de la justice, ainsi que de la confiance que méritent les témoins qu'il entend lui administrer.

L'ordonnance n'astreint l'accusé à faire preuve de la calomnie que contre l'accusateur ou le dénonciateur qui s'est désisté; & cette distinction qu'elle introduit n'est que pour les dépens & les dommages-intérêts que pourroit prétendre l'accusé, à raison du préjudice qu'il auroit souffert & des frais qu'il auroit faits depuis ce désistement; mais non pas les dommages-intérêts résultans du préjudice qu'il reçoit de la plainte ou de la dénonciation par elle-même.

Le titre de l'accusé est la plainte ou la dénonciation; il lui est dû des dommages & intérêts qui sont plus ou moins considérables, suivant que l'accusateur ou le dénonciateur s'est désisté ou qu'il a persévéré.

Telle est l'expression même de l'article 5 du titre 3 de l'ordonnance de 1670. L'article 7 établit une distinction : si l'accusateur qui s'est désisté est de bonne-foi, il ne doit de *réparations* que relativement au tort qu'il a occasionné par le fait de sa plainte; si, au contraire, cette plainte est calomnieuse, il doit cette *réparation* pour le préjudice que l'accusé a souffert dans tout le cours de l'instruction. Et rien de plus équitable ni de plus juste dans l'esprit de l'ordonnance. D'un côté, il falloit rassurer les citoyens contre la légéreté ou l'inconséquence des dénonciateurs, en leur infligeant une peine; de l'autre, mettre un frein à la méchanceté, en augmentant cette même peine contre eux; & puisque l'ordonnance n'accorde aucun recours à l'accusé contre le ministère public, soit pour la *réparation*, soit pour les dépens, il étoit juste de lui accorder cette *réparation* & ces dépens contre le calomniateur convaincu d'avoir armé ce même ministère.

Quoique l'ordonnance ne fasse mention que des accusateurs & des dénonciateurs, expressions qui ne conviennent qu'à des particuliers qui ont fait un acte judiciaire; cependant tous ceux qui peuvent être convaincus d'avoir instigué une accusation ou d'y avoir participé, peuvent être recherchés & poursuivis en *réparation*.

La signature sur le registre, à laquelle le dénonciateur est obligé par l'article 6 du titre 3 de l'ordonnance, est une précaution qu'elle prend pour dispenser l'accusé d'une recherche difficile; & cette précaution d'ailleurs inspire la confiance au juge, qui ne doit pas présumer qu'un homme veuille le tromper, lorsqu'il s'offre pour garant de la certitude du crime qu'il lui dénonce.

Cette précaution ne doit donc pas être regardée comme une fin de non-recevoir en faveur de l'instigateur d'une accusation contre un accusé.

De même, rien ne sert à un accusateur de rendre plainte contre des particuliers sans les nommer; en les désignant, par exemple, par la dénomination de *quidams*, si ces particuliers viennent à être décrétés & qu'il leur fasse signifier le décret, il est tenu des *réparations civiles* si ces particuliers parviennent à se justifier. Tous ces principes sont fondés sur l'ordonnance & la jurisprudence des arrêts.

Le ministère public, c'est-à-dire, les procureurs du roi ou fiscaux, s'exposent à la *réparation* que peut exiger l'accusé, si, contre les dispositions de l'article 6 du titre 3 de l'ordonnance de 1670, ils forment leur accusation sans avoir de dénonciateurs, à moins qu'ils n'y soient nécessités par le bruit public; ou si, se conformant plus à la lettre qu'à l'esprit de cet article, ils prennent pour dénonciateurs des hommes dont l'insolvabilité ou l'infamie soit notoire. Les procureurs du roi & ceux des seigneurs s'exposent encore à cette *réparation*, si, contre les dispositions de l'article 2 du titre 10 de cette ordonnance, ils provoquent des décrets contre des domiciliés, sans des preuves concluantes, au moins en apparence, ou pour des délits qui ne sont point de nature à asseoir un décret. Le juge lui-même, en ce cas, s'expose aux réclamations de l'accusé contre lui. Enfin, les uns & les autres s'exposeront, si, lorsque l'instruction ayant dissipé l'illusion de ces preuves, ils prononcent un jugement qui fasse connoître évidemment qu'ils ont été guidés par un esprit de dol ou de vexation.

La manière d'arbitrer la *réparation civile* varie suivant les circonstances, & il seroit bien difficile, pour ne pas dire impossible, de donner des règles certaines pour la fixer; elle dépend entiérement de la prudence des juges.

Elle s'arbitre suivant l'état de l'offensé & la profession qu'il exerce. Si c'est un artisan qui subit l'injure de la prison, comme ses espérances ne s'étendent pas plus loin que ses bras, & que le travail d'un jour assure à peine son existence pendant ce jour-là même, il ne recevra pas une *réparation* aussi considérable qu'un négociant qui, dans un seul jour, perd par ce seul fait, tout le fruit de ses travaux passés & toutes les espérances d'une longue vie. C'est par la même raison que s'il s'agissoit de la perte d'un bras, ce négociant, à qui son nom suffit, auroit une *réparation* moins forte qu'un artiste dont le nom ne se soutient que par des chefs-d'œuvre qu'il ne peut faire que par lui-même.

La *réparation* ne s'adjuge pas toujours dans cette juste proportion; elle est quelquefois modérée en considération de celui qui a commis le délit. Si ce délit mérite une condamnation qui entraîne mort civile, & qu'elle soit prononcée, elle se règle sur le préjudice qu'a reçu l'offensé; mais si le délit n'est point de nature à mériter cette sorte de condamnation, on a égard aux facultés de celui qui l'a commis : l'intérêt de l'offensé, quelque légitime qu'il puisse être, se trouve balancé par une raison d'équité qui ne permet pas de réduire à l'impuissance d'exister, un citoyen que les loix n'en ont point jugé indigne. L'intérêt de la société balance, en ce cas, celui de l'offensé; cet intérêt s'oppose à ce qu'on réduise le condamné à un état où il lui seroit à charge à elle-même.

La *réparation civile*, les intérêts civils ou les dommages & intérêts qui s'adjugent par *forme de réparation civile* ou d'*intérêts civils*, produisent, de droit, la contrainte par corps; il en est de même des dépens en matière criminelle, pourvu qu'ils soient aussi adjugés par forme de *réparation civile* ou d'*intérêts civils.*

Le condamné insolvable est obligé de rester en prison. Si cependant il demande son élargissement, en donnant une caution quelconque, le juge est le maître de l'ordonner; mais il faut pour cela que son insolvabilité soit notoire. On tient pour maxime, qu'il n'est point admis à la cession de ses biens.

Cette contrainte par corps, résultante de la *réparation civile*, ou des dommages-intérêts qui s'adjugent par forme de *réparation civile*, & même des dépens qui s'adjugent dans cette forme, est, de droit, contre toute personne de tout sexe & de tout âge. Les septuagénaires y sont soumis, de même les femmes mariées.

La jurisprudence a dégénéré à cet égard de son ancienne rigueur. La partie civile n'étoit tenue à rien envers celui contre qui elle les avoit obtenus; mais aujourd'hui elle est obligée à consigner les alimens par avance : elle n'a pas, en ce cas, plus de droit que le receveur du domaine, qui est obligé de les consigner pour les amendes & les aumônes.

Les *réparations civiles* sont dues de préférence à l'amende adjugée au roi sur les biens du condamné; la cour l'a ainsi jugé le 28 février 1681, en la grand'chambre. Il s'agissoit des biens de la femme du commissaire Desclaircins, exécutée à mort pour avoir fait assassiner son mari. La contestation étoit entre la mère du commissaire & le fermier du domaine.

Le privilège qui permet à celui qui obtient la *réparation* de retenir le condamné en prison, a fait agiter la question de savoir s'il le pouvoit au préjudice du bannissement prononcé par le même arrêt.

On distingue s'il est à temps ou à perpétuité hors du royaume; dans le premier cas, les prisons doivent être ouvertes au condamné. Le parlement de Bordeaux a rendu deux arrêts conformes qui sont rapportés dans le journal du palais, à la date du 12 & du 15 septembre 1671 : tous deux ont été rendus dans le principe, que la peine afflictive, qui regarde l'intérêt public, est préférable à la satisfaction d'un particulier; la cour, en prononçant, réserva le droit de la partie civile, pour l'exercer après l'expiration du ban, si les accusés n'y satisfaisoient avant son expiration.

Lorsque le bannissement est perpétuel & hors du royaume, la *réparation civile* doit être acquittée avant que le prisonnier soit élargi. La raison de cette différence est sensible : cette condamnation seroit illusoire; & c'est un principe, que quand les cours rendent un jugement, elles entendent en assurer elles-mêmes l'exécution. Une fois banni hors du royaume, il n'y auroit pas de moyen pour l'obliger à payer la *réparation*. Desmaisons rapporte un arrêt conforme à cette opinion, sous la date du 20 mars 1660.

Le condamné ne peut opposer la compensation; ce seroit porter atteinte au principe qui ne permet en aucun cas que l'action qui naît de la *réparation* puisse jamais être confondue parmi les autres biens de celui en faveur de qui elle a été prononcée : elle est tellement attachée à sa personne, qu'aucun événement ne peut en empêcher ni en suspendre l'application. Les mêmes motifs ont fait admettre que la *réparation* n'est pas saisissable.

Lorsque plusieurs personnes sont accusées du même crime, la *réparation* est adjugée contre tous solidairement, sauf leur recours les uns contre les autres, pour répéter sur chacun d'eux la part de cette *réparation*. Il n'est pas nécessaire que cette solidité soit énoncée dans l'arrêt; elle est de droit.

La *réparation civile* adjugée pour l'homicide du mari appartient par moitié à la femme & aux enfans; la femme n'est pas privée de sa part, quoiqu'elle se remarie, & qu'elle renonce à la communauté.

Si l'homicide n'a point de femme ni d'enfans, la *réparation civile* appartient au père, &, à son défaut, aux autres héritiers plus prochains.

Pour avoir part à cette *réparation*, il faut avoir poursuivi la vengeance de la mort du défunt. Les enfans n'en seroient cependant pas privés, si c'étoit leur indigence qui les eût empêchés de poursuivre. *Voyez* ACCUSATEUR, CALOMNIATEUR, *&c.*

RÉPARATION D'HONNEUR, (*Jurisprud.*) est une déclaration que l'on fait de vive voix ou par écrit, pour rétablir l'honneur de quelqu'un que l'on avoit attaqué.

Comme il n'y a rien de plus cher que l'honneur, tout ce qui y donne la plus légère atteinte, mérite une satisfaction.

Mais on la proportionne à la qualité de l'offensé, & à la qualité de l'injure, & aussi à celle de l'accusé.

Quelquefois la *réparation* se fait par un simple acte que l'on met au greffe.

Lorsqu'on veut la rendre plus authentique, on ordonne qu'elle se fera en présence de certaines personnes, même en présence d'un des juges commis à cet effet, & qui en fait dresser procès-verbal.

Quoique l'on ordonne cette *réparation*, on prononce aussi quelquefois en outre une amende & des dommages & intérêts : ce qui dépend des circonstances. *Voyez* AMENDE, DOMMAGES ET INTÉRÊTS, INJURE.

REPAS, (*droit de*) plusieurs seigneurs ont droit d'exiger des *repas*, ou certains mets, soit lorsqu'ils arrivent dans leurs terres, soit dans d'autres occasions; par exemple, quand leurs vassaux ou censitaires se marient; ces droits n'ayant rien de contraire aux bonnes mœurs, ont été maintenus par divers arrêts, lorsque les seigneurs qui les demandoient étoient fondés en titres.

Le roi avoit aussi ce droit sur des vassaux laïques, ou ecclésiastiques; Galland cite, au mot *Repas* du glossaire du droit françois, des lettres-patentes de l'an 1283, données sur un échange entre Thibaud, évêque de Dol, & Simon de Clermont, seigneur de Nesle, où le roi quitte *8 libras reditus pro uno mengerio. Voyez* MARIAGE (*mets de*), PAST, PROCURATION, *&c.* (*G. D. C.*)

REPENTAILLES, s. f. plur. est un mot de notre ancienne jurisprudence, qui signifioit, 1°. l'amende que l'on faisoit payer par celui qui vouloit rompre un mariage convenu à l'autre partie; 2°. l'aumône que l'on faisoit payer aussi dans ce cas à l'église.

RÉPERTOIRE, s. m. (*terme de Pratique.*) est un inventaire, un recueil, dans lequel les choses & les matières sont arrangées dans un ordre qui en facilite la recherche.

Les notaires sont obligés d'avoir un *répertoire* de tous les actes qu'ils reçoivent, soit qu'ils les remettent en minutes aux parties, soit qu'ils les gardent pour leur en délivrer des expéditions.

Il ne doit être laissé aucun blanc dans les *répertoires*, les actes doivent y être enregistrés de suite, par extrait contenant la nature de l'acte, le sommaire des dispositions qu'il renferme, sa date, ainsi que les noms, qualités & demeure des parties. Les testamens doivent y être enregistrés, comme les autres actes; mais les notaires n'y doivent pas faire mention des dispositions des testateurs, lorsqu'ils sont encore vivans; il suffit d'y énoncer que tel jour ils ont reçu, ou il leur a été remis un testament ouvert ou clos, & d'expliquer le nom & la demeure du testateur. Si celui-ci vient ensuite à retirer son testament, le notaire doit en prendre une décharge à la date courante du *répertoire*, & en faire mention en marge de l'article où ce testament étoit enregistré.

L'obligation de tenir des *répertoires* a été imposée aux notaires avant l'établissement du contrôle, comme un moyen d'empêcher les antidates & de prévenir la soustraction des actes. On substitua les *répertoires* aux registres & protocoles que les notaires devoient tenir, suivant les ordonnances de Louis XII & de François I, des années 1512 & 1539.

Un arrêt du 27 février 1655, rendu au parlement de Paris, enjoignit aux notaires de signer les actes en présence des parties, & d'en tenir un bon & fidèle *répertoire* qui seroit paraphé tous les six mois par un des syndics des notaires.

L'ordonnance du mois de juin 1680 a voulu que ces *répertoires* fussent en papier timbré, & cette disposition a été réitérée par l'article 15 de la déclaration du roi du 19 juin 1691.

Après l'établissement du contrôle des actes par l'édit de mars 1693, un arrêt du conseil du 21 juillet de la même année enjoignit aux notaires d'enregistrer dans leurs *répertoires* tous leurs actes sans exception, d'y faire mention du contrôle & du droit payé, & de les communiquer au fermier des droits de contrôle à toute requisition, ainsi que leurs minutes & liasses, à peine de deux cens livres d'amende pour chaque contravention.

Cependant, comme la plupart des notaires ne portoient sur leurs *répertoires* que les actes dont ils conservoient les minutes, & que le fermier ne pouvoit avoir connoissance des autres, pour vérifier s'ils avoient été contrôlés & si les droits en avoient été perçus, il fut ordonné par un autre arrêt du 21 juin 1695, que les notaires, tabellions & autres seroient obligés de tenir des *répertoires* de tous les actes qu'ils passeroient, soit qu'ils les délivrassent en minutes, ou qu'ils les gardassent pour en expédier des grosses.

Suivant la déclaration du roi du 19 mars 1696, les notaires doivent énoncer dans leurs *répertoires* les noms des contrôleurs & des bureaux où leurs actes ont été contrôlés, ainsi que les sommes payées pour le contrôle.

Ces dispositions ont été renouvellées par les déclarations des 14 juillet 1699 & 20 mars 1708, qui ont enjoint aux notaires, tabellions & autres de donner communication de leurs *répertoires* au fermier des droits de contrôle & d'insinuation & à ses préposés, & même de leur en fournir des expéditions à toute requisition; à peine, pour chaque contravention, d'une amende de deux cens livres qui seroit encourue sur le simple procès-verbal du commis. Ces réglemens ont été confirmés par plusieurs arrêts du conseil.

RÉPÉTITION, s. f. signifie en général l'action de demander en justice quelque chose qui nous appartient, ou qui nous est dû. Mais quelquefois aussi ce terme signifie la *réitération* d'un acte ou d'un fait.

Répétition de retrait qui a lieu dans quelques coutumes, est lorsque le lignager le plus éloigné qui a été évincé dans son acquisition par le lignager plus prochain, retire à son tour l'héritage sur l'étranger, auquel le lignager plus prochain l'a vendu. *Voyez* RETRAIT LIGNAGER.

Répétition de témoins, est une nouvelle audition de témoins qui ont déjà été entendus dans la même affaire; ce qui arrive lorsque ayant déposé dans une enquête, le procès civil est converti en procès criminel; car comme on ne convertit point les enquêtes en informations, quoique les informations puissent être converties en enquêtes, on fait entendre dans l'information les témoins qui ont été entendus dans l'enquête; ce qui s'appelle *répéter les témoins*. (*A*)

RÉPIT, s. m. est une surséance accordée au débiteur, pendant laquelle on ne peut le poursuivre.

Ces sortes de surséances étoient usitées chez les Romains; elles étoient accordées par un rescrit de l'empereur; leur durée étoit ordinairement de cinq ans; c'est pourquoi elles sont appellées en droit *induciæ quinquennales*.

Il est parlé des lettres de *répit* dans plusieurs de nos coutumes, ainsi qu'on le peut voir dans le glossaire de M. de Lauriere.

En quelques endroits de ces coutumes, le terme de *répit* signifie *souffrance;* mais dans l'usage ordinaire, *répit* signifie *surséance* aux poursuites, ou délai de payer.

Anciennement en France les juges accordoient des lettres de *répit*, mais nos rois se sont réservé ce privilège; il fut pourtant défendu en 1560, aux officiers de chancellerie, d'expédier aucunes lettres de *répit;* mais on est depuis revenu à l'ordonnance de François I de 1535, qui veut que ces lettres émanent du prince.

L'ordonnance de 1667 a défendu de nouveau à tous juges d'accorder aucun *répit* ni surséance, sans lettres du roi; elle permet seulement aux juges, en condamnant au paiement de quelque somme, de donner trois mois de surséance, sans que ce délai puisse être prorogé; néanmoins dans l'usage on accorde quelquefois différens termes pour le paiement.

Les lettres de *répit* sont considérées comme un secours que nos rois ont cru, par un principe d'équité, devoir accorder aux débiteurs qui, par des accidens fortuits & imprévus, sans fraude & sans aucune mauvaise conduite, se trouvent hors d'état de payer leurs dettes, dans le temps qu'ils sont poursuivis par leurs créanciers, & qui ayant plus d'effets que de dettes, n'ont besoin que de quelque délai pour s'acquitter par la vente de leurs biens & le recouvrement de ce qui leur est dû.

Les lettres de *répit* ne s'expédient qu'au grand sceau, & ne doivent être accordées que pour causes importantes, dont il faut qu'il y ait quelque commencement de preuve authentique.

L'adresse de ces lettres se fait au juge royal du domicile de l'impétrant, à moins qu'il n'y ait instance pendante devant un autre juge, avec la plus grande partie des créanciers hypothécaires, auquel cas l'adresse des lettres se fait à ce juge.

Les lettres de *répit* donnent six mois à l'impétrant pour en poursuivre l'entérinement avec faculté aux juges de lui accorder un délai raisonnable pour payer, lequel ne peut être de plus de cinq ans, si ce n'est du consentement des deux tiers des créanciers hypothécaires.

La surséance octroyée par les lettres de *répit* court du jour de la signification d'icelles, pourvu qu'elle soit faite avec assignation, pour procéder à l'entérinement.

L'appel des jugemens rendus en cette matière, ressort nuement au parlement.

Les co-obligés, cautions & certificateurs ne jouissent pas du bénéfice des lettres de *répit* accordées au principal débiteur.

On n'accorde point de *répit* pour pensions, alimens, médicamens, loyers de maison, moisson de grain, gages de domestiques, journées d'artisans & mercenaires, maniemens de deniers publics, lettres-de-change, marchandises prises sur l'étape, foire, marché, halles, ports publics, poisson de mer frais, sec & salé, cautions judiciaires, frais funéraires, arrérages de rentes foncières, & redevances de baux emphytéotiques.

Un débiteur n'est pas exclus de pouvoir obtenir des lettres de *répit*, sous prétexte qu'il y auroit renoncé.

Pour en accorder de secondes, il faut qu'il y ait des causes nouvelles, & l'on ne doit pas en accorder de troisièmes.

Les lettres de *répit* sont présentement peu usitées; les débiteurs qui se trouvent insolvables, prennent le parti d'atermoyer avec leurs créanciers, ou de faire cession. *Voyez* l'ordonnance de 1669, *titre des répits*, la déclaration du 23 décembre 1699, & les mots ABANDONNEMENT, ATERMOYER, CESSION, FAILLITE, LETTRES D'ÉTAT. (*A*)

RÉPLÉTION, s. f. c'est un moyen péremptoire contre la demande d'un gradué, qui, possédant un bénéfice suffisant aux termes du concordat, en requerroit un autre en vertu de ses grades.

Plusieurs papes desirant animer le goût des études par l'espoir des récompenses, accordoient un certain nombre de mandats apostoliques aux universités, pour faire pourvoir leurs sujets de bénéfices par les collateurs ordinaires. Celle de Paris, célèbre entre toutes les autres, paroît avoir été la plus favorisée : elle envoyoit tous les ans à Rome des rôles qui contenoient les noms de ceux de ses suppôts auxquels elle desiroit que le pape accordât des mandats; mais ce n'étoient que des graces, dont la source pouvoit être interrompue, & dont la cour de Rome pouvoit abuser, pour attirer dans son parti un corps que le mérite & la science rendoient puissant dans l'église. Le concile de Bâle en fit un droit indépendant du souverain pontife, en affectant aux gradués le tiers de tous les bénéfices. Les décrets de ce concile furent confirmés par la pragmatique-sanction & par le concordat, qui prescrivirent les règles & la forme de l'exécuter.

Ce droit, une fois établi, auroit pu devenir un sujet de scandale pour l'église, en ouvrant la porte à la cupidité & à l'ambition, si l'on n'y eût mis un frein. Autant il est nécessaire, pour se livrer tout entier à l'étude, que l'esprit soit libre de tout soin & de toute inquiétude du côté des besoins physiques, autant l'opulence peut mettre d'obstacle à ses progrès, en fournissant trop de moyens de dissipation. La pragmatique & le concordat y pourvurent sagement. Les dispositions de ces deux loix ne different, pour ainsi dire, que dans les termes.

Le concordat veut que si un des gradués simples ou nommés se trouve pourvu au temps de la vacance d'un bénéfice, dans l'un des mois qui leur

leur sont affectés, de deux prébendes dans des églises cathédrales, métropolitaines ou collégiales, d'une dignité ou prébende, d'un ou d'autres bénéfices dont les fruits, revenus & produits, y compris les distributions pour la résidence & l'assistance au service divin, montent ensemble à la somme de deux cens florins d'or de la chambre, il ne puisse, en vertu de ses grades & de sa nomination, requérir le bénéfice vacant. *Si quis verò ex dictis qualificatis, graduatis, simplicibus aut nominatis, tempore vacationis beneficii in mensibus eis deputatis vacantis, duas obtineat prœbendas in cathedralibus etiam metropolitanis, aut collegiatis, seu dignitatem vel prœbendam, vel aliud seu alia beneficium seu beneficia quorum insimul vel cujus fructus, redditus & proventus tempore residentiœ & horis divinis interessendo ad summam ducentorum florenorum auri de camerâ, assenderent beneficium in vim gradûs seu nominatis hujusmodi tunc petere seu consequi non possit.* Concord. §. 9, de Repletione.

Quòd si quis ex dictis qualificatis, tempore vacationis prœbendœ seu dignitatis hujusmodi, alias duas obtineat prœbendas seu dignitatem & prœbendam, vel aliud seu alia beneficium aut beneficia, quod vel quœ, residendo in altero ipsorum, & horis divinis interessendo, valerent seu valeret usque ad summam seu œstimationem ducentorum florenorum camerœ; similiter quicunque duas prœbendas cathedrales obtinuerit nullatenus in ipsâ tertiâ parte includi seu comprehendi censeatur. Pragmat. sanct. §. 16, de Repletione grad.

Depuis long-temps on s'étoit écarté de la règle qui défend de cumuler plusieurs bénéfices; cette règle, prise trop à la rigueur, auroit tourné au détriment de l'église; il falloit, ou qu'elle abandonnât ceux d'une trop médiocre valeur pour fournir à la subsistance d'un seul titulaire, ou qu'elle permît d'en posséder plusieurs à la fois. Le mal n'étoit donc pas dans la chose même, mais dans l'abus qu'on en pouvoit faire, & qui en est effectivement résulté. On y a apporté différens remèdes, en établissant l'incompatibilité de différens bénéfices, en obligeant les impétrans en cour de Rome à déclarer la valeur des bénéfices dont ils se trouvoient pourvus, sous peine d'être déchus de l'avantage de leurs provisions, comme infectées du vice de subreption. Mais de quoi n'abuse-t-on pas? Cette règle, si sage dans son principe, fournissoit à la cour de Rome un moyen d'augmenter son fisc; c'est pourquoi l'on a souffert dans les tribunaux, qu'elle tombât en désuétude, & on ne l'observe que pour la forme.

Le même esprit qui avoit fait imposer aux impétrans en cour de Rome la condition d'exprimer la valeur des bénéfices dont ils étoient pourvus, fit insérer dans la pragmatique & dans le concordat, que les lettres de nomination accordées par les universités, exprimeroient, à peine de nullité, les bénéfices possédés par les gradués nommés, & leur véritable valeur. *Volumus autem quòd nominati litteras nominationis ab universitatibus in quibus fluduerint obtinentes, in nominationum litteris beneficia per eos possessa & eorum verum valorem exprimere teneantur; alioquin litterœ nominationis hujusmodi eo ipso nullœ sint & esse censeantur.* Concord. tit. 18, de benefic. exprimend.

Duperrai observe que l'expression des bénéfices n'est requise que dans les lettres de nomination, & non pas dans les degrés ni dans les certificats de temps d'étude. La raison en est, que les lettres de nomination n'étant accordées que sur la requisition des gradués, ce sont de véritables expectatives.

L'omission de cette expression emporte la nullité de la nomination & de la collation faite en conséquence, comme il a été jugé par un arrêt du 18 mars 1731 : lors de cet arrêt, M. Talon, avocat-général, observa que la faveur & le privilège n'étant accordés aux gradués que pour leur donner un moyen de vivre, cette faveur & ce privilège cessent quand ils ont suffisamment à cet effet. Or, pour savoir ce point plus facilement, & pour ne pas donner le pain des pauvres à ceux qui n'en ont pas besoin, il a été jugé expédient que le gradué qui se fait nommer, déclare & exprime lui-même les bénéfices dont il jouit, étant vraisemblable que s'il en a suffisamment, aux termes du concordat, pour s'entretenir, l'université lui refusera ses lettres de nomination; & quand elle les lui accorderoit, cela pourroit toujours servir aux autres gradués, pour tirer la preuve de la *réplétion* de ceux contre qui ils contesteroient quelque bénéfice. Cette formalité, requise par le concordat, subsiste dans toute sa vigueur.

On n'est obligé d'exprimer dans les lettres de nomination, que les bénéfices, & non les commissions de messes, d'obits, prestimonies & chapelles laïcales, qui n'ont pas été décrétés par l'évêque & qui ne sont pas de vrais bénéfices en titres, parce que ces sortes de commissions étant révocables, ne peuvent être considérées comme faisant un état certain & assuré à ceux qui les ont obtenues.

Un gradué est donc rempli lorsqu'il possède un revenu montant à 200 florins d'or de la chambre; mais l'estimation du florin a donné lieu à des difficultés. Un arrêt du parlement du 14 février 1595, paroît avoir fixé la valeur du florin à trois livres de notre monnoie, en jugeant qu'une prébende de saint Aignan d'Orléans, que l'on estimoit quatre cens livres de rente ou à-peu-près, n'étoit pas un revenu suffisant pour remplir un gradué.

L'édit du mois de décembre 1606, a fixé la valeur des deux cens florins d'or à la somme de quatre cens livres; il porte, *art. 30* : « Les gradués ayant été pourvus de bénéfices en vertu » de leur degré; savoir, le séculier, de quatre » cens livres de rente & revenu annuel, & les » réguliers de bénéfice, de quelque revenu que » ce soit, ne seront recevables ci-après à requérir » autre bénéfice en vertu de leur degré, s'ils ne » montrent qu'ils en ont été évincés par un juge-

» ment contradictoirement donné sans fraude ni » collusion; & où, pour raison desdits bénéfices, » lesdits gradués auroient composé & reçu quelque » récompense, elle leur tiendra lieu de *réplétion*, » sans considérer la valeur & le revenu du bé- » néfice ».

Suivant cet article, un ecclésiastique qui a obtenu, en vertu de ses grades, un bénéfice de la valeur de quatre cens livres, ou qui, pouvant l'obtenir, a composé, est censé rempli, & ne peut plus requérir comme gradué; mais la difficulté reste toujours à l'égard de celui qui a obtenu le bénéfice autrement qu'en vertu de ses grades.

Les auteurs attestent qu'au parlement de Paris les gradués qui ont obtenu, par les voies ordinaires, ne sont censés remplis, qu'autant que le bénéfice produit un revenu de six cens livres. Cette distinction n'est cependant pas solidement établie par les arrêts, comme l'observoit, dans une consultation, M. Nouet, nommé par M. d'Aguesseau l'oracle en matière canonique. Les auteurs nous attestent aussi que, suivant la jurisprudence du grand-conseil, un bénéfice de valeur de quatre cens livres opère la *réplétion*, de quelque manière qu'il ait été obtenu.

Il s'est élevé une autre question, qui étoit de savoir ce qu'on devoit faire entrer dans la supputation du revenu. Dans les campagnes, on n'y fait pas entrer le casuel du curé, parce que ce revenu est toujours incertain. Il n'en seroit pas de même d'une cure dans une ville; la décision de la question pourroit dépendre des circonstances. Les obits & fondations, qui forment un revenu certain, entrent dans le produit de la cure, ainsi que les dîmes & le gros.

A l'égard des distributions qui se font aux chanoines, il ne peut y avoir de difficulté: on doit, aux termes du concordat, comprendre dans l'estimation tous les fruits & revenus qui s'acquièrent par la résidence & par l'assistance aux offices.

Il faut déduire les charges ordinaires; ensorte que, suivant Rebuffe, dans son *traité des nominations*, celui qui se trouveroit pourvu d'un bénéfice de deux cens florins d'or & au-delà, mais auquel, déduction faite des charges & impenses, il n'en resteroit que cent, ne seroit pas rempli, & pourroit requérir en vertu de ses grades.

Les décimes sont regardées comme une charge ordinaire; mais le don gratuit a fait difficulté. La Combe, dans son recueil de jurisprudence canonique, au mot *Gradué*, rapporte deux arrêts contraires: dans l'espèce du premier, un canonicat de l'église de Chartres étant venu à vaquer dans le mois de janvier, le sieur Semen, qui avoit déjà obtenu, en vertu de ses grades, la cure à portion congrue de Jussiers, requit ce canonicat, en prit possession, & obtint une sentence de pleine maintenue au bailliage de Chartres, contre un jeune gradué qui appella de cette sentence. Le curé disoit que le revenu de la cure de Jussiers consistoit en trois cens livres de portion congrue, & en cent trente-deux livres dix sous, qu'il prenoit du bassin des trépassés; sur quoi il falloit déduire les décimes ordinaires & extraordinaires, avec trois livres dix sous pour les droits de visite; il ne lui restoit par conséquent que trois cens quatre-vingt-neuf livres par an, ce qui ne suffisoit pas pour le remplir. L'arrêt du 27 août 1727, rendu en la quatrième chambre des enquêtes, infirma la sentence du bailliage de Chartres, & maintint le jeune gradué en possession du canonicat.

Par cet arrêt, dit la Combe, la cour jugea que les décimes extraordinaires ne devoient pas être déduites; au moyen de quoi, le revenu de la cure de Jussiers se trouvoit excéder les quatre cens livres. M. de l'Epine de Grainville, qui rapporte le même arrêt, en tire une conséquence différente. Le voici tel qu'il se trouve dans le recueil des arrêts de la quatrième chambre des enquêtes; &, ce qui est à remarquer, l'auteur faisoit partie des juges.

Le sieur Semen & le sieur Crosnier, tous deux gradués, demandoient la pleine maintenue d'un canonicat de Chartres. M. l'évêque de Chartres avoit accordé des provisions à l'un & à l'autre. Le sieur Semen avoit déjà obtenu par ses grades une cure: le sieur Crosnier prétendoit qu'elle étoit plus que suffisante pour le remplir, & que par conséquent, il avoit consommé son droit. Ils ne s'accordoient ni sur le fait, ni sur le droit. A l'égard du droit, le sieur Semen prétendoit, en premier lieu, que pour juger si un gradué est rempli, il falloit estimer le bénéfice qu'il avoit déjà, selon sa valeur lorsqu'il lui avoit été conféré, & non celle qu'il avoit lorsqu'il requéroit le second bénéfice. En second lieu, que le prix des fondations que le gradué étoit obligé d'acquitter, ne devoit pas faire partie des quatre cens livres; & troisièmement, qu'il falloit que ces quatre cens livres fussent franches & quittes de toutes charges ordinaires & extraordinaires. Le sieur Crosnier soutenoit les trois propositions contraires; ainsi, il étoit nécessaire, pour faire un calcul juste & pour savoir si le gradué étoit rempli, de décider les questions de droit.

Sur la première, on a jugé que l'on devoit avoir égard à la valeur actuelle du premier bénéfice, dans le temps que l'on opposoit la *réplétion*, & non à celle qu'il avoit lorsqu'il avoit été conféré au gradué.

Il est vrai que cette opinion paroît contraire à tous les principes de cette matière. Un gradué est le créancier d'un collateur; il le force à acquitter son titre de créance. Mais lorsqu'on lui a conféré un bénéfice qui est de valeur suffisante, & qui par conséquent le remplit, il est payé; il ne peut exiger un second paiement; son droit est consommé. Il profite seul des hasards qui augmentent son bénéfice; s'il avoit le droit d'être garanti, aux dépens des gradués, de ceux qui le diminuent, leur droit en souffriroit; ils ne seroient jamais certains de leur sort; il dépendroit toujours de l'événement qui diminueroit le bénéfice, ou de la fraude qui le feroit paroître moindre. Ces réflexions touchèrent beaucoup; mais la jurisprudence étoit contraire, & on jugea qu'elle étoit trop certaine pour ne pas s'y conformer. Si elle paroît contraire aux principes généraux, il faut cependant avouer qu'elle ne préjudicie point au droit des autres gradués, puisque s'ils souffrent lorsque le bénéfice est diminué depuis qu'il a été conféré, ils profitent aussi lorsqu'il est augmenté; & il leur est égal d'exclure un gradué qui étoit rempli par un premier bénéfice, mais qui ne l'est plus lorsqu'on lui oppose la *réplétion*; ou d'exclure celui qui ne l'étoit pas par un premier bénéfice, mais qui l'est devenu par une augmentation survenue à ce même bénéfice. L'un peut arriver aussi souvent que l'autre.

Sur la seconde, on a jugé que l'honoraire fixe, destiné pour acquitter les fondations, fait partie des quatre cens livres. Il est vrai que le gradué ne se trouvera plus rempli s'il est malade & s'il ne peut, par cette raison, acquitter les fondations; & il vrai aussi que les fondations ne font pas partie des sommes données aux curés pour leur portion congrue : c'est la disposition des déclarations de 1686 & de 1690, qui donnent aux curés, outre leur portion congrue, les offrandes & autres casuels, & les fonds chargés d'obits & fondations. Mais on répondoit que la jurisprudence des arrêts avoit établi que les rétributions fixes, données pour acquitter les fondations, faisoient partie des quatre cens livres pour la *réplétion* : on en rapportoit deux arrêts, l'un du 3 décembre 1681, l'autre, du 5 mai 1723, au rapport de M. Mengui, & cette jurisprudence est fondée sur le concordat, où il est dit que le profit pour l'assistance au service divin, se compte dans le revenu. La différence établie en ce cas entre les gradués, relativement à la *réplétion*, & les curés, relativement à la portion congrue, peut avoir pour principe la grande faveur des curés contre les gros décimateurs.

Sur la troisième question, on a jugé qu'un bénéfice, pour remplir un gradué, devoit produire la somme de quatre cens livres, outre & pardessus les charges. On opposoit qu'un curé est bien plus favorable qu'un gradué; qu'il soutient tout le poids du ministère, & que cependant on ne lui donne que trois cens livres, & que sur cette somme il est obligé de payer les charges. Il est certain cependant que les quatre cens livres du gradué doivent être franches de toutes charges; c'est la jurisprudence : la différence établie en ce cas entre le curé & le gradué, peut être fondée sur ce que les curés, outre leur portion congrue, jouissent du casuel & des rétributions ordinaires & fondées; au contraire, tout ce qui est fixe, comme fondations, est compté dans les quatre cens livres du gradué.

Par l'établissement de ces principes & par l'examen du fait, on trouva que la cure du sieur Semen rapportoit quatre cens livres cinq sous. Quelques-uns de MM. pensoient qu'il étoit déjà trop dur de juger un gradué rempli, parce que son bénéfice excédoit de cinq sous la valeur nécessaire; que le calcul même n'avoit été porté à la somme de quatre cens livres, qu'en comptant à la rigueur toutes les différentes portions qui la composoient; que tôt ou tard on seroit obligé de fixer une somme plus considérable, tant pour les portions congrues que pour la *réplétion* des gradués. Mais on fut moins touché de ces réflexions, que de l'obligation où sont les juges d'ordonner l'exécution de la loi, jusqu'à ce qu'elle soit révoquée : ne l'étant point & établissant un point fixe, on ne doit point s'en écarter.

En se renfermant dans les principes, on ne peut regarder comme bénéfice que ce qui reste après les charges déduites : le don gratuit peut être considéré comme une charge extraordinaire en ce sens, que le clergé le paie comme un secours pour subvenir aux besoins de l'état, plutôt que comme une charge à laquelle il soit assujetti : cependant depuis très-long-temps ce secours est devenu ordinaire : il peut être plus ou moins considérable; mais il n'est pas à présumer que, pour se dispenser de le payer entiérement, le clergé fasse jamais valoir les immunités qu'il tient de la munificence de nos rois, & qu'il refuse absolument de contribuer aux charges de l'état, dont il recueille les avantages comme tous les autres citoyens. Les décimes & le don gratuit n'ont qu'une même cause & un même objet; ils ne doivent par conséquent pas être distingués : ce sont des charges qui diminuent la valeur des bénéfices, & dont on doit, par cette raison, faire déduction dans l'estimation des revenus, pour connoître si un gradué est rempli.

Suivant l'édit de 1606, un gradué est rempli, non-seulement lorsqu'il a été pourvu en vertu de ses grades d'un bénéfice de quatre cens livres de revenu, toutes charges ordinaires déduites, mais encore lorsqu'il a résigné ce bénéfice ou composé à son sujet. S'il a requis, doit-il soutenir un procès? A-t-il à craindre qu'on lui oppose la *réplétion*, s'il n'a pas eu la précaution de se faire évincer par un jugement? L'objet de l'édit, suivant la Combe, a été d'empêcher que les bénéfices ne demeurassent incertains, d'obvier aux fraudes & aux collusions, & non pas d'obliger les ecclésiastiques à soutenir une mauvaise cause. Il n'en est pas en cette matière de même que dans les autres actions. On entre en instance sans connoissance de cause, & l'on n'examine les lettres des contendans qu'après que l'action est intentée; ainsi, ce seroit une chose injuste d'obliger une partie à plaider, lorsque, par l'insuffisance de ses titres & la validité de ceux de son contendant, elle reconnoît qu'elle ne peut réussir dans sa prétention. Un gradué donc qui auroit consenti un jugement qui lui enleveroit la possession d'un bénéfice qu'il auroit obtenu en vertu de ses grades, ne seroit pas non-recevable à en requérir un autre, s'il étoit en état de justifier qu'il a agi sans fraude. On en trouve un exemple dans un arrêt rendu au mois de février 1736.

Dans l'espèce de cet arrêt, il s'étoit élevé contestation entre le sieur de Saint-Clair & le sieur Bertault, tous deux gradués & pourvus de la cure de Gemricourt. Le sieur de Saint-Clair opposoit au sieur Bertault qu'il avoit déjà obtenu deux bénéfices en vertu de ses grades, la cure de Puisieux & celle de Joufreville; qu'à l'égard de celle de Puisieux, il avoit consenti sentence au bailliage de Chaumont, au profit du sieur de Nauroy, qui étoit son compétiteur, par laquelle, de son consentement, la pleine maintenue avoit été adjugée au sieur de Nauroy sans autre examen de ses titres. Par rapport à la cure de Joufreville, il y avoit eu deux contendans, l'un nommé Lesieur, l'autre le sieur Ducoudray. On objectoit à Lesieur quelque incapacité dans ses titres; au sieur Ducoudray qu'il étoit rempli, & au sieur Bertault qu'il n'avoit fait notifier ses titres que trois mois après la vacance du bénéfice. La récréance avoit été adjugée à Lesieur par sentence du bailliage d'Audilly; par autre sentence, le sieur Bertault avoit été débouté de ses moyens de nullité contre le sieur Lesieur, & il avoit été nommé des experts pour examiner si les bénéfices que possédoit le sieur Ducoudray étoient suffisans pour le remplir. Le sieur Bertault avoit acquiescé à ces sentences: celui-ci répondoit qu'il avoit donné son désistement de la cure de Puisieux, parce qu'il n'avoit aucune incapacité à opposer au sieur de Nauroy; & par rapport à la cure de Joufreville, il avoit acquiescé aux sentences, parce que la contestation à son égard étoit évidemment insoutenable.

Par un premier arrêt, rendu au mois de février 1736, il fut ordonné, avant faire droit, que le sieur Bertault feroit décider la pleine maintenue de la cure de Joufreville, & la pleine maintenue ayant été adjugée au sieur Ducondray, qui ne se trouvoit pas rempli par les bénéfices qu'il possédoit, le sieur Bertault fut maintenu dans la cure de Gemricourt par arrêt du 3 septembre 1736; cet arrêt décide équitablement que le désistement d'un gradué ne peut lui préjudicier, quand on ne peut lui opposer ni fraude, ni collusion.

Jusqu'à présent on n'a examiné la question que par rapport au gradué qui a obtenu en vertu de ses grades. Que doit-on décider par rapport à celui qui a été pourvu par les voies ordinaires? Il est certain, aux termes du concordat, que celui qui se trouve pourvu d'un bénéfice de la valeur de deux cens florins d'or, ne peut en requérir un autre en vertu de ses grades; mais s'il avoit résigné avant la vacance, il ne seroit pas censé rempli. La raison de différence est palpable: le concordat a affecté aux gradués les bénéfices qui viendroient à vaquer pendant quatre mois de l'année; ceux qui ont rempli les formalités prescrites par cette loi, ont droit à ces bénéfices; c'est une espèce de créance qu'ils sont libres de faire valoir & d'exercer quand il leur plaît. Ont-ils retenu, ont-ils obtenu en vertu de leurs grades? La créance est éteinte. Au contraire, celui qui a obtenu un bénéfice par les voies ordinaires, a profité d'une bonne fortune; son droit n'en subsistoit pas moins: n'ayant pas fait usage de ses grades, on ne peut pas dire que la collation qui lui a été faite ait éteint sa créance; il peut même arriver qu'il ait été pourvu du bénéfice avant d'avoir obtenu aucun grade; & l'on ne pourroit pas présumer que le collateur eût voulu acquitter une obligation qui ne subsistoit pas, & qui pouvoit ne jamais exister: en se démettant de son bénéfice, rien n'empêche qu'il ne fasse valoir son droit & ne requière comme gradué; aussi l'édit de 1606 ne parle que de ceux qui ont obtenu en vertu de leurs grades.

Les bénéfices situés hors du royaume opèrent-ils la *réplétion?* Des raisons très-fortes militent en faveur de l'affirmative. La piété des fidèles a établi les bénéfices pour l'exercice de la religion, & non pour l'utilité particulière de ceux qui les desservent. L'esprit de l'église & la règle générale sont que chaque titulaire soit attaché à son titre, qu'il ne jouisse des revenus qu'en remplissant les devoirs qui y sont attachés. Si l'on s'est écarté de cette règle, ce n'est pas dans l'intention de favoriser la cupidité ni l'avarice des particuliers, mais pour l'avantage de l'église, lorsque le bénéfice n'exige pas un service personnel ni une résidence assidue. Il ne doit donc être permis de déroger à la règle & de cumuler deux bénéfices, que quand l'église peut en retirer quelque avantage, & quand un seul n'est pas suffisant pour fournir les alimens à celui qui le dessert. Tel est le motif qui a dicté les dispositions de la pragmatique & du concordat. On a permis de cumuler plusieurs bénéfices à ceux qui s'appliqueroient à l'étude & qui y feroient des progrès, à cause de l'avantage que l'église doit en retirer: non-seulement on leur a permis de cumuler, mais on leur a affecté le tiers de tous les bénéfices jusqu'à ce qu'ils soient parvenus à se procurer une honnête subsistance. Lorsqu'ils ont obtenu cette subsistance, dont on a réglé la valeur à deux cens florins, le but de la pragmatique & du concordat se trouve rempli; la dette que l'église a volontairement contractée envers les gradués est acquittée, & la règle doit reprendre tout son empire.

Quand donc un gradué a obtenu un revenu de deux cens florins, il devroit être indifférent d'examiner dans quel pays les bénéfices qui le lui procurent sont situés. La disposition du concordat est générale; Léon X & François I n'avoient aucun intérêt à y mettre de restriction. La pape, comme le père commun des fidèles, n'avoit sûrement d'autre intention que de procurer le bien de l'église en général; & quelle apparence que le roi s'opposât à ce que ses sujets consommassent dans le royaume les revenus de bénéfices situés en pays étrangers?

Objectera-t-on que le concordat est un traité particulier qui ne peut avoir lieu qu'en France & sur les bénéfices situés dans le royaume? Cette objection ne seroit que la question même; car de quoi s'agit-il ici? De l'exécution du concordat en France. Il est certain qu'un gradué françois ne pourroit pas se faire un titre du concordat, pour requérir un bénéfice en pays étranger. Il est certain de même qu'un étranger ne pourroit pas requérir, comme gradué, un bénéfice situé en France : mais tout cela est indifférent pour la question que nous traitons. Nous supposons un François capable d'ailleurs de requérir s'il n'est pas rempli : or, pour être rempli, il suffit d'avoir, sans distinction, un bénéfice qui produise deux cens florins de revenu. Le droit de requérir & de forcer le collateur à conférer au requérant, est un privilège particulier qui combat à la fois & la règle que personne ne doit s'ingérer de soi-même dans le ministère, & celle qui ne permet pas de cumuler deux bénéfices. C'est une exception qui n'est favorable qu'autant qu'on se renferme dans les limites étroites où elle est circonscrite. Veut-on en sortir? les maximes générales s'y opposent, & doivent avoir l'avantage.

Malgré ces raisons, l'opinion la plus générale est qu'un bénéfice situé en quelque pays étranger, de quelque valeur qu'il soit, n'opère pas la *réplétion.* On se fonde sur ce que la pragmatique & le concordat sont des loix particulières au royaume, qui par conséquent ne peuvent avoir d'application qu'aux bénéfices situés dans le royaume, comme elles ne peuvent obliger que les sujets du roi, chaque souverain ne pouvant faire des loix que pour les pays & les peuples soumis à sa domination. Cette opinion est consacrée par un arrêt du 17 août 1606.

Les bénéfices de collation laïque, quelle que soit leur valeur, n'opèrent pas la *réplétion;* ce sont des bénéfices d'un genre particulier & qui se règlent par des loix qui leur sont propres. Plusieurs coutumes disposent de leur collation comme d'un bien patrimonial aux collateurs : ils ne sont pas soumis aux règles générales du droit canonique, comme l'atteste M. d'Aguesseau dans son quarante-huitième plaidoyer; ils ne pouvoient par conséquent pas être compris dans le tiers des bénéfices que la pragmatique a affecté aux gradués, ni dans la réserve des quatre mois de l'année établie par le concordat.

Les places des principaux de collèges, & les bourses qui y sont fondées, sont à-peu-près de même nature que les bénéfices de collation laïque; ce sont plutôt des administrations séculières & perpétuelles que des bénéfices; elles ne peuvent par cette raison opérer la *réplétion.* C'est ce qui a été jugé par un arrêt rendu en 1678 pour la place de principal d'un collège.

Un gradué est-il censé rempli par des pensions sur des bénéfices? A cet égard, il faut distinguer trois cas : 1°. si le gradué a obtenu un bénéfice en vertu de ses grades, & s'en est démis ou a abandonné ses droits moyennant une pension; 2°. s'il a été pourvu d'un bénéfice par les voies ordinaires, & qu'il l'ait résigné moyennant une pension; 3°. si le gradué a obtenu du roi une pension sur des bénéfices consistoriaux. Le premier cas n'est pas difficile à résoudre; il est décidé par l'article 30 de l'édit de 1606 dont on a rapporté plus haut les dispositions. Le gradué qui a obtenu en vertu de ses grades, est rempli, à moins qu'il n'en ait été évincé par jugement contradictoire, sans fraude ni collusion. Dans les deux autres cas, les pensions n'opèrent pas la *réplétion*, parce qu'il n'y a aucune loi qui l'ait ordonné. Le concordat ne parle que de bénéfices, & les pensions ne peuvent être regardées comme des bénéfices, quoiqu'elles soient distraites de leurs revenus. Il faut cependant excepter les réguliers, qui sont remplis par quelque bénéfice que ce soit, & même par des pensions, parce que tout revenu ecclésiastique est incompatible avec un revenu ecclésiastique en la personne des réguliers; c'est pourquoi l'usage est de les obliger d'exprimer dans leurs lettres de nomination, non-seulement les bénéfices, mais encore les pensions dont ils jouissent sur les bénéfices.

La différente jurisprudence des tribunaux sur la fixation de la valeur des deux cens florins, a donné lieu à la question de savoir laquelle on devoit suivre, lorsqu'un gradué déjà pourvu d'un bénéfice situé dans le ressort d'un parlement dont la jurisprudence est de fixer la valeur des deux cens florins à six cens livres, en requiert un autre situé dans le ressort d'un parlement où un bénéfice de quatre cens livres est suffisant.

Voici l'espèce qui s'est présentée : le prieuré de Floriac, diocèse de Cahors, ayant vaqué au mois d'avril 1758, mois affecté aux gradués, mais pendant lequel le collateur est libre de favoriser ceux d'entre eux qu'il lui plaît de choisir; M. l'évêque de Tulles, qui en étoit collateur, en gratifia le sieur Leyx, gradué. Deux autres gradués, l'un professeur septenaire du collège de la Marche, l'autre nommé de l'université de Cahors, requirent le même bénéfice. Ces deux compétiteurs opposoient au sieur Leyx qu'il étoit rempli pour la cure de Pandrigne, qu'il avoit obtenue en vertu de ses grades & dont il avoit donné sa démission pure & simple dans la même année. Une sentence du châtelet avoit ordonné l'estimation par des experts du revenu de cette cure, & que le curé lors actuel de Pandrigne seroit entendu. L'estimation faite, les experts se trouvèrent divisés : la cure de Pandrigne, dont le sieur Leyx avoit été pourvu, étoit située dans le ressort du parlement de Bordeaux, où l'édit de 1606 n'a pas été enregistré, & dont la jurisprudence est qu'un gradué n'est censé rempli que par un bénéfice de six cens livres de revenu. Le prieuré de Floirac, contentieux, étoit situé dans le ressort du parlement de Toulouse, qui a enregistré l'édit de 1606, & qui juge en conséquence qu'un revenu de quatre cens livres suffit; la cause étoit évoquée au châtelet en vertu du privilège du professeur septenaire. Il étoit question de savoir quelle jurisprudence on devoit suivre pour décider la contestation, si c'étoit celle du parlement de Bordeaux, ou celle du parlement de Toulouse, ou de celui de Paris, où le procès étoit pendant.

On disoit que le privilège de l'évocation, accordé au professeur septenaire de l'université de Paris, ne pouvoit pas influer sur les droits des contendans au bénéfice, & que la complainte devoit être jugée par les mêmes principes que s'il n'y avoit pas eu d'évocation. Pour le prouver, on citoit l'article 46 du titre premier de l'ordonnance de 1669, & l'article 92 du titre premier de l'ordonnance du mois d'août 1737.

Dans l'ordonnance de 1669, il est dit : « les » procès évoqués seront jugés par les juges par» devant lesquels le renvoi a été fait, suivant les » coutumes des lieux d'où les procès auront été » évoqués, à peine de nullité & cassation des juge» mens & arrêts qui auront été rendus, pour » raison de quoi les parties pourront se pourvoir » en notre conseil ».

Celle de 1737 porte : « les causes & procès » seront jugés par les cours auxquelles le renvoi » en aura été fait, suivant les loix, coutumes & » usages des lieux d'où ils auront été évoqués, » à peine de nullité des jugemens & arrêts qui » seroient rendus au contraire, pour raison de » quoi les parties pourront se pourvoir pardevers » nous en notre conseil ».

Ces loix, disoit-on, ne permettent pas de penser que la jurisprudence du parlement de Paris doive décider du sort des trois prétendans au bénéfice contentieux. S'il est un cas où le tribunal d'évocation doive se conformer à la jurisprudence particulière du parlement qui auroit décidé du sort des parties, c'est quand il s'agit d'un droit qui existoit avant l'évocation : or, le gradué qui a reçu, en vertu de ses grades, un bénéfice qui ne le remplissoit pas suivant la jurisprudence du parlement du ressort, a toujours conservé son expectative; son droit n'a pu se perdre par la seule circonstance qu'un collateur a voulu lui conférer un second bénéfice pour lequel il s'élève des contestations qui donnent lieu à une évocation dans un tribunal qui a une jurisprudence différente de celle du parlement dans le ressort duquel est le premier bénéfice. On ne peut opposer à un gradué la *réplétion*, pour le priver d'un bénéfice, que quand elle est consommée avant les provisions de celui dont on lui conteste le titre; mais elle ne peut être consommée avant les provisions du second bénéfice, quand le premier est situé dans le ressort d'un parlement qui exige un revenu plus considérable pour opérer la *réplétion*.

En vain voudroit-on distinguer entre l'évocation & l'attribution. 1°. Quand l'attribution est personnelle, ce n'est qu'un privilège d'évocation qui doit se régler par les principes établis par les ordonnances des évocations.

2°. Quand l'attribution seroit relative à sa matière, le tribunal d'attribution ne devroit pas suivre sa jurisprudence particulière, quand le droit auroit été acquis avant l'événement qui auroit donné lieu à la contestation pour laquelle le droit d'attribution a été exercé.

Il peut y avoir plus de difficulté par rapport à la jurisprudence du parlement de Toulouse. On pourroit dire en faveur des adversaires du sieur Leyx, que si les ordonnances de 1669 & de 1737, décident que le tribunal d'évocation ne doit pas se déterminer par sa jurisprudence particulière; elles portent qu'il faut suivre celle du tribunal où la contestation auroit été jugée sans l'évocation, d'où il paroît qu'on pourroit conclure que c'est la jurisprudence du parlement de Toulouse qu'il faut consulter pour la *réplétion* du sieur Leyx; & que ce parlement ayant enregistré l'édit de 1606, le sieur Leyx doit être réputé rempli, si les revenus de la cure de Pandrigne, dont il a été pourvu en 1738 en vertu de ses grades, excèdent la somme de quatre cens livres : mais cette conséquence ne seroit pas juste. Les ordonnances de 1669 & 1737 n'ont d'autre objet que de ne pas faire perdre un droit acquis avant l'évocation; la question de la jurisprudence qui doit être suivie, n'y est décidée que relativement au juge naturel & au juge d'attribution : ces ordonnances n'ont rien réglé relativement à la jurisprudence qui doit être suivie par le juge naturel, quand il n'est pas dépouillé par une attribution; or, il est certain que le juge naturel doit se conformer aux usages & aux loix particulières des objets pour lesquels la contestation s'élève devant lui. Par exemple, une succession s'ouvrant dans le ressort d'un juge, c'est ce juge qui doit connoître de toutes les contestations relatives au partage; mais comme elles peuvent concerner des biens situés en différens endroits, le juge naturel doit suivre, relativement à chaque espèce de biens, les loix & usages particuliers des biens situés hors de son ressort, & même hors du ressort du parlement dont il relève, parce que les droits réels se règlent par les loix des lieux où les biens, sur lesquels ils s'exercent, sont situés. Le droit des gradués forme une espèce de légitime due aux gens de lettres; il doit par conséquent se régler par la situation des biens sur lesquels cette légitime s'exerce. Il est vrai que les gradués ont un droit général sur tous les collateurs assujettis au concordat; mais quand un gradué possède ou a possédé un bénéfice qui peut lui être imputé à *réplétion*, ce droit général est affecté particuliérement sur ce bénéfice; c'est un droit qui s'est réalisé & qui doit alors se décider par les principes des droits réels; il doit par conséquent se régler par les loix & par les usages particuliers où le bénéfice imputé à *réplétion* est situé. Il faut donc suivre la jurisprudence du parlement dans le ressort duquel le bénéfice se trouve.

La collation du bénéfice imputé à *réplétion*, est un paiement ou intégral, ou fait à compte de cette légitime. On ne peut savoir si la dette a été entiérement acquittée, qu'en consultant quelle a été la valeur de l'effet donné en paiement dans le lieu où le paiement a été fait. Un gradué est créancier de tous les collateurs; c'est une dette, au paiement de laquelle tous les collateurs sont tenus solidairement; & comme le gradué peut agir contre chacun d'eux, jusqu'à ce que sa créance soit entiérement acquittée, le paiement fait par l'un d'eux sert à tous les co-débiteurs; ensorte que si l'un d'eux acquitte entiérement la créance, elle ne subsiste plus vis-à-vis des autres : ce qui se fait par l'un opère la libération des autres. Par la même raison, si un collateur qui a conféré un bénéfice n'est pas libéré par les provisions qu'il a accordées, il n'a pu acquitter la dette solidaire de tous les collateurs, quand il ne l'a pas acquittée pour son compte particulier : or, la dette n'est pas acquittée, si le gradué pouvoit refuser le bénéfice, comme incapable de le remplir; & il étoit en droit de le refuser, si, suivant la jurisprudence du parlement où le bénéfice étoit situé, le revenu n'étoit pas suffisant pour opérer la *réplétion*. La contestation n'auroit pu être portée que dans le ressort de ce parlement, c'est la jurisprudence de ce parlement qui auroit fait la loi.

Comment un bénéfice qui n'auroit pas six cens livres de revenu, & qui est situé dans le ressort du parlement de Bordeaux, auroit-il pu remplir le sieur Leyx, quand le parlement de Bordeaux juge que le florin d'or de la chambre est de trois livres, & n'a pas enregistré l'édit de 1606, qui remplit les gradués par un bénéfice de quatre cens livres, obtenu en vertu des grades? Le bénéfice qui ne produit pas six cens livres, ne pouvoit être donné ni obtenu à Bordeaux que comme étant inférieur en revenu aux deux cens florins d'or de la chambre, nécessaires pour opérer la *réplétion*; c'est le lieu du paiement qui détermine la valeur de l'effet, c'est la valeur admise dans le pays où le paiement est fait, qui forme l'engagement des parties qui ont contracté. On ne connoît à Bordeaux le florin que sur le pied de trois livres; c'est relativement à cette valeur usitée dans le pays, que le débiteur a payé & le créancier a reçu.

Telles étoient les raisons que développoit dans une consultation M. de Joui, pour prouver qu'on devoit suivre la jurisprudence du parlement dans le ressort duquel étoit situé le bénéfice dont on vouloit faire résulter la *réplétion* du gradué.

La requisition d'un gradué non suivie de provisions opère-t-elle seule la *réplétion*, lorsque le gradué l'abandonne sans aucune collusion avec l'ordinaire, & sans aucune intention de nuire aux gradués pour favoriser les non gradués? Cette question s'est présentée au parlement de Paris dans l'espèce suivante.

Le sieur de la Croix, gradué nommé de l'université de Paris sur l'évêché de Troye, avoit requis la cure de Bonneval, vacante par mort au mois de juillet. M. l'évêque de Troye refusa des provisions, & motiva son refus, en disant que le bénéfice étoit rempli, & qu'il l'avoit conféré au sieur Harand, autre gradué nommé, conformément à la liberté que lui donnoit la déclaration de 1745, de choisir entre les gradués qui avoient jetté leurs grades sur son évêché.

Le sieur de la Croix interjetta appel comme d'abus de ce refus. Son moyen d'abus étoit que le sieur Harand n'avoit pu être pourvu de la cure de Bonneval comme gradué, ses grades ayant été remplis. Il établissoit la *réplétion*, en prouvant que le sieur Harand avoit requis deux ans auparavant la cure de Soulene; qu'il en auroit certainement obtenu les provisions s'il avoit voulu donner suite à sa requisition; que l'ayant abandonnée de son propre mouvement, ou par collusion avec M. l'évêque de Troye, il étoit rempli, parce que, dans le droit, il n'y a aucune différence entre une véritable & réelle possession, & une possession qu'il n'a dépendu que de nous réaliser. A l'appui de ce principe, il invoquoit l'autorité de Boutaric, de Gohard, de Durand de Maillane, du rédacteur des mémoires du clergé, de M. Piales, qui tous pensent que la requisition, quoique non suivie de provisions, vaut *réplétion*, lorsque le gradué ne s'est pas fait évincer contradictoirement.

On répondoit pour le sieur Harand, ou, pour mieux dire, pour le sieur des Jardins, pourvu de la cure de Bonneval par M. l'évêque de Troye sur la démission pure & simple du sieur Harand, qu'il n'y avoit aucun abus dans le refus de M. l'évêque de Troye; qu'entre deux gradués nommés, il avoit pu choisir celui qu'il avoit jugé à propos, conformément à la déclaration de 1745, qui abolit les mois de rigueur pour les cures; qu'il n'y avoit eu aucune fraude, aucune collusion entre le collateur & le sieur Harand; que du moins le sieur de la Croix ne la prouvoit pas, & qu'elle ne se présume jamais; qu'il n'y avoit aucune loi qui décidât que la requisition seule opère la *réplétion*; que le concordat & l'édit de 1606 sembloient décider le contraire, en ce que l'un & l'autre exigeoient l'obtention & la possession du bénéfice, pour que le gradué fût rempli.

M. l'avocat-général Séguier dit que cette question étoit neuve & n'avoit été décidée par aucune loi, ni par aucun arrêt de la cour. Il conclut à ce qu'il fût déclaré n'y avoir abus dans le refus de M. l'évêque de Troye. Mais en même temps il requit qu'il fût fait un réglement, en vertu duquel la requisition, quoique non suivie de provisions, opéreroit, pour l'avenir, la *réplétion.* La cour, par arrêt du 19 juin 1775, déclara n'y avoir abus dans le refus de provisions de M. l'évêque de Troye, & ne fit point droit sur les conclusions prises d'office par M. l'avocat-général. Cet arrêt a jugé que la requisition seule n'opère point la *réplétion*, lorsque le gradué l'abandonne sans aucune collusion avec le collateur, ou patron, & qu'il n'a point eu en vue de nuire aux gradués. Il est d'autant plus important à connoître, que sa décision est contraire à l'opinion de plusieurs auteurs accrédités.

REPLIQUE, s. f. (*terme de Palais.*) est ce que le demandeur répond aux défenses du défendeur.

L'ordonnance de 1667 abroge les dupliques, tripliques, *&c.*

A l'audience on appelle *replique* ce que le défenseur du demandeur ou de l'appellant répond au plaidoyer du défendeur ou de l'intimé. Cette *replique* est de grace, c'est-à-dire, qu'il dépend du juge de l'accorder ou de la refuser, selon que la cause lui paroît être entendue. C'est pourquoi à la grand'chambre du parlement, l'avocat de l'appellant qui plaide en *replique*, n'est plus au barreau d'en-haut, mais dans le parquet où il descend pour conclure. (*A*)

RÉPONDANT, s. m. *en terme de droit*, est celui qui répond ou s'engage pour un autre. *Voyez* CAUTION & GARANT. Le *répondant* est tenu du dommage causé par celui pour lequel il a répondu.

Il y a quatre ordonnances de nos rois qui défendent expressément aux bourgeois de prendre des domestiques qui n'aient des *répondans* par écrit. *Répondant*, dans cette dernière phrase, se prend pour l'acte même, par lequel quelqu'un s'est engagé à répondre de la fidélité d'un domestique. Mais cet usage d'exiger des valets des *répondans*, est tout-à-fait négligé.

RÉPONSE, s. f. en terme de palais, se dit de ce qui est repliqué verbalement à quelque interrogation, ou par écrit à quelque demande, dire ou autre procédure.

RÉPONSE CATHÉGORIQUE, est celle qui se rapporte précisément à l'interrogation.

RÉPONSES *à causes d'appel*, sont les écritures que l'intimé fait en repliques à celles de l'appellant dans une instance appointée au conseil.

RÉPONSE PAR *credit vel non*, c'étoit une ancienne manière de répondre de la part des témoins qui se contentoient de dire qu'ils croyoient ou ne croyoient pas telle chose; l'article 36 de l'ordonnance de 1539, abroge ces sortes de *réponses.*

RÉPONSES DE DROIT, *responsa prudentum*, sont les décisions des anciens jurisconsultes, auxquels il étoit permis de répondre sur les questions qui leur étoient proposées.

RÉPONSE A GRIEFS, est une pièce d'écriture que l'intimé fait contre les griefs fournis par l'appellant.

RÉPONSE DE VÉRITÉ, est celle qui est précise & affirmative, & non faite par *credit vel non. Voyez* l'ordonnance de Roussillon, *art. 6.* (*A*)

RÉPONSE DE VENTE, est, *en terme d'Eaux & Forêts*, une certaine étendue de terrein dans le voisinage d'une vente, & qu'on a ainsi appellé, parce que l'adjudicataire est responsable des délits qui s'y commettent, à moins que lui ou ses facteurs n'en aient rapporté procès-verbal.

L'article 51 du titre 15 de l'ordonnance des eaux & forêts du mois d'août 1669, a fixé cette étendue à cinquante perches dans les bois de cinquante ans, & à vingt-cinq perches dans ceux qui ont moins de cinquante ans.

L'article 5 du titre 7 de la même ordonnance, veut que le garde-marteau visite tous les quinze jours les ventes ouvertes avec leurs *réponses*, & en dresse des procès-verbaux qu'il doit faire signer par les sergens à garde, & par les facteurs & gardes-ventes.

REPORTAGE, c'est le droit d'*emporter* la moitié ou telle autre portion de la dîme d'un territoire. Ce droit a sur-tout lieu dans bien des endroits, en faveur du décimateur, lorsque le laboureur qui est domicilié dans sa dîmerie, va cultiver des terres dans une autre paroisse ou dans une autre dimerie.

Les additionnaires de du Cange, au mot *Reportagium*, citent entre autres autorités sur cet objet, une chartre donnée en 1243, par le prieur de Saint-Martin-des-Champs, où l'on voit le droit de *reportage* fort bien expliqué. Il y est dit qu'il subsistoit entre ce prieur, gros décimateur à Clamart, & l'abbaye de Saint-Germain, qui avoit aussi la grosse dîme à Meudon. Le prieur & l'abbaye y renoncent respectivement.

On voit que ce *reportage* est la même chose que la suite de dîmes dont parle la coutume de Nivernois dans les trois premiers articles du chapitre 12. On le nomme aussi quelquefois *dîme de rapport. Voyez* les décisions de Brunet sur les dîmes, *tom. 1, chap. 7.*

Il paroît néanmoins que le droit de *reportage* ou de partage de dîme, n'étoit pas toujours réciproque, mais que certaines églises le prétendoient exclusivement par un privilège particulier. Deux chartres de Théodoric, évêque d'Amiens, des années 1150 & 1172, citées par du Cange, parlent d'une moitié de dîme que l'église d'Amiens réclamoit *ex antiquo dignitatis suæ privilegio*, sur les territoires de Choisy & ailleurs, lorsqu'ils étoient cultivés par des paroissiens. (*G. D. C.*)

REPRENDRE UN FIEF, c'est relever un fief qu'on a recueilli par le décès ou l'aliénation de l'ancien vassal, en en rendant l'hommage ou en payant

payant le droit de relief, pour en être mis en possession par le seigneur dominant. *Voyez* la coutume de Nivernois, *art. 55 du titre des fiefs*, avec *le commentaire de* Coquille, & *le glossaire du droit françois*. (*G. D. C.*)

REPRÉSENTATION, f. f. signifie, en général, l'action de montrer une seconde fois la même chose. *En droit*, ce mot s'emploie en divers sens, & c'est la nature des objets auxquels on l'applique, qui en détermine la signification.

On le dit des actes, des choses & des personnes, & sous ce dernier rapport, la *représentation* d'une personne est, ou l'action de la faire paroître dans un lieu où il faut qu'elle se trouve, ou la subrogation d'une personne vivante à une personne morte, pour en exercer les droits. Cette dernière espèce de *représentation* a lieu en matière de succession.

Nous allons traiter de la *représentation* sous ces quatre différens aspects.

REPRÉSENTATION DES ACTES, est l'exhibition qu'on en fait. Cette matière est discutée dans les loix romaines, sous les titres du digeste & du code *de edendo* & *de tabulis exhibendis*.

Pour connoître quelles sont les personnes qui sont tenues de représenter les actes qu'elles ont en leur possession, il faut distinguer entre les particuliers & les officiers publics.

Les notaires & les tabellions ne peuvent se dispenser de représenter les actes dont ils sont dépositaires, soit aux parties qui les ont passés, soit à leurs héritiers ou ayans cause. Mais il en est autrement à l'égard des personnes tierces : non-seulement ils ne doivent pas, mais même à la rigueur, ils ne peuvent absolument leur communiquer aucun acte, à moins qu'elles ne les y aient fait autoriser ou contraindre par ordonnance de justice. C'est la disposition précise de l'article 277 de l'édit de 1539, dont on trouve même le germe dans le droit romain, & notamment dans les loix 6, §. 2, & 9, §. 3, *ff. de edendo*, qui imposent à ceux qui demandent à un officier public la *représentation* d'un acte, l'obligation d'affirmer par serment de calomnie qu'ils y ont un véritable intérêt.

Il y a cependant une exception à cette règle, par rapport aux préposés à la régie des domaines & recette des deniers royaux. Plusieurs loix obligent les notaires & les tabellions de leur communiquer tous leurs registres, liasses, minutes & répertoires, à cause de la nécessité de constater les contraventions aux réglemens fiscaux, & d'assurer le recouvrement des droits de mutation qui peuvent être dus au roi.

L'ordonnance de 1667, *tit. 20, art. 18*, permettoit à toutes personnes qui *auroient besoin* des actes des baptêmes, mariages, sépultures, tonsures, ordres, vêtures, noviciats ou professions, de faire compulser tous les registres entre les mains des dépositaires, lesquels seroient tenus de les représenter pour en être pris des extraits, & à ce faire contraints, nonobstant tous privilèges & usages contraires, à peine de saisie de leur temporel, & de privation de leurs droits, exemptions & privilèges.

Cette disposition mettoit, par les mots *auront besoin*, une certaine différence entre les dépositaires dont elle parle, & les notaires & tabellions; mais elle a été corrigée à cet égard par l'article 33 de la déclaration de 1736, qui, en renouvellant la permission accordée par l'ordonnance de 1667, la borne expressément aux personnes qui *auront droit de lever des actes des baptêmes*, *&c.* Car ce n'est point assez, dit M. Sallé sur cet article, d'avoir besoin d'un acte, pour forcer le dépositaire à le délivrer, il faut encore avoir droit de le faire, & pour cela être l'une des parties intéressées dans l'acte, ou son représentant, ou être autorisé par justice à le demander.

On a douté si un notaire pouvoit refuser la communication d'un contrat à l'une des parties entre lesquelles il l'avoit passé, sous prétexte que cet acte étoit contre les bonnes mœurs. Par arrêt du parlement de Bretagne du 29 avril 1608, le notaire qui soutenoit l'affirmative fut condamné à donner la communication requise. C'est, dit Brillon en rapportant cet arrêt, parce que le contrat est contre les bonnes mœurs, que l'on a intérêt de se pourvoir, pour empêcher son exécution.

Un arrêt du parlement de Dijon du 9 décembre 1566, rapporté par Bouvot, a jugé que l'on peut, sur une copie donnée par un notaire, demander l'exhibition de la minute, sans s'inscrire en faux. Mais si, outre l'exhibition, on demandoit le dépôt au greffe, on seroit non-recevable. C'est ce qui résulte d'un arrêt du 13 avril 1722, par lequel le parlement de Paris a fait défenses aux officiers du bailliage de Gien, d'ordonner aucun dépôt en leur greffe des minutes des actes passés pardevant notaires, s'ils ne sont argués de faux.

Un notaire de Paris avoit été condamné, par sentence du châtelet, à représenter le brouillard sur lequel il avoit dressé un testament. Mais sur l'appel, par arrêt du 21 février 1558, la cour mit l'appellation & ce dont étoit appellé au néant; & en émendant le jugement, il est dit que les notaires seront tenus d'exhiber seulement leurs registres, sans qu'ils soient tenus de garder les mémoires ou brouillards sur lesquels ils ont fait lesdits registres. Ce sont les termes de Bouchel, au mot *Notaires*.

Il y a même des cas où les notaires & tabellions ne peuvent être contraints de représenter les actes que leur demandent les parties qui prétendent y être intervenues. Le premier est lorsqu'on ne leur indique pas la date précise de ces actes. C'est ce qui a été jugé par arrêt du 5 juin 1736, rendu en faveur de Me Gervais, notaire à Paris, & rapporté dans les recueils de Denisart, de Rousseau de Lacombe & de Langlois. Le second est lorsqu'ils prouvent que les actes dont on leur demande la *représentation* sont perdus ou anéantis par des accidens qu'ils n'ont pu ni prévoir, ni prévenir. Il faut même observer, à cet égard, qu'ils ne sont tenus d'aucune preuve, & que leur affirmation suffit, lorsqu'il est question d'actes reçus par leurs prédécesseurs.

Les particuliers ont, sur cette matière, des règles toutes différentes des officiers publics : pour savoir s'ils sont tenus d'exhiber les pièces qu'ils ont ou sont présumés avoir en leur possession, on distingue s'ils sont ou demandeurs, ou défendeurs, ou tiers désintéressés.

Un demandeur est obligé d'exhiber & produire toutes les pièces dont il fait emploi, pour la justification de sa demande. La loi 1, §. *3*, *ff. de edendo*, & les deux dernières loix du code, au même titre, en contiennent des dispositions expresses. Mais en est-il de même des pièces dont le demandeur fait mention dans sa requête, sans les employer ? Un arrêt du parlement de Grenoble du 18 mars 1584, rapporté par Expilly, a jugé qu'en ce cas le défendeur doit supporter les frais de la communication qu'il requiert : mais cela ne décide pas si le demandeur peut refuser absolument cette communication : Voet est d'avis qu'il ne le peut pas.

Le même auteur soutient qu'un demandeur est tenu de représenter les pièces énoncées dans un titre qu'il a produit. Cette décision ne souffre aucune difficulté dans le cas où le demandeur tire des inductions de ces pièces : mais que seroit-ce s'il déclaroit ne pas vouloir s'en servir ? La question, en ce cas, reviendroit à celle de savoir si un demandeur peut être contraint, par sa partie adverse, de représenter généralement toutes les pièces qu'il a en sa possession, soit qu'il les emploie ou non. Il y a dans Brillon un arrêt du grand-conseil, qui préjuge pour la négative.

Si cependant les pièces dont le défendeur requiert l'exhibition lui étoient propres ou communes avec le demandeur, point de doute que celui-ci ne fût tenu de les représenter. C'est ce qui résulte de la loi 4, §. *1*, *ff.* & de la loi 7, *C. de edendo*. De-là vient qu'un créancier est obligé de représenter au débiteur à qui il demande paiement, le registre dans lequel il a annoté sa créance & les à-compte qu'il peut en avoir reçus. Les loix 5 & 8, *C. de edendo*, le décident formellement ainsi, par la raison qu'un registre de cette espèce est, en quelque sorte, commun entre le créancier & le débiteur, ou que du moins il concerne à la fois l'utilité du premier dans l'annotation qu'il contient de la dette, & la décharge du second dans le détail qu'il renferme des paiemens qui ont été faits.

Ces loix ont été modifiées par les articles 9 & 10 du titre 3 de l'ordonnance de 1673, conçus en ces termes :

« La *représentation* ou communication des livres, » journaux, registres ou inventaires, ne pourra » être requise ni ordonnée en justice, sinon pour » succession, communauté & partage de société, » en cas de faillite.

» Au cas néanmoins qu'un négociant ou un » marchand voulût se servir de ses livres, jour- » naux & registres, ou que la partie offrît d'y » ajouter foi, la *représentation* pourra être ordon- » née, pour en extraire ce qui concerne le dif- » férend ».

Le demandeur qui agit comme cessionnaire d'une personne tierce, doit représenter au défendeur toutes les pièces dont le cédant n'auroit pu refuser la communication. Le sénat de Chambéry l'a ainsi jugé par arrêt du 9 novembre 1594, inséré dans le code du président Favre, *liv. 2*, *tit. 1*.

Voilà ce qui concerne le demandeur. A l'égard du défendeur, il est d'abord certain qu'il doit communiquer toutes les pièces sur lesquelles il appuie sa défense ; c'est ce qui résulte de la maxime *reus excipiendo fit actor*, combinée avec celle qui oblige le demandeur à produire tout ce dont il fait emploi pour justifier ses prétentions.

En second lieu, il est pareillement hors de doute, que de toutes les pièces qu'un défendeur peut avoir en sa possession, il doit exhiber celles qui appartiennent à son adversaire ou qui ont été faites pour lui. C'est par cette raison que le préteur, chez les Romains, obligeoit les officiers connus sous le nom d'*argentarii*, à représenter aux particuliers pour lesquels ils avoient travaillé, les comptes & notices qu'ils avoient tenus. C'est sur ce fondement que la loi 9, *ff. de edendo*, & la loi 46, §. *5*, *ff. de administratione tutorum*, imposent au tuteur la nécessité d'exhiber à son pupille les registres & papiers qui contiennent les détails de sa gestion.

Troisiémement, la loi 7, *C. de edendo*, fait entendre très-clairement que le défendeur est obligé de représenter les titres communs entre lui & le demandeur. De-là le droit qu'ont les légataires de demander l'exhibition de tous les titres & papiers du défunt, lorsque l'héritier veut, sous prétexte d'insuffisance de la succession, faire sur leurs legs la détraction d'une quarte falcidie. La loi pénultième, §. *dernier*, *ff. ad legem falcidiam*, est formelle sur ce point. De-là l'obligation de l'héritier de représenter au légataire tous les titres & documens dont il peut avoir besoin pour déterminer l'étendue de son legs, comme le prouve la loi 29, §. 2, & la loi 91, §. *3*, *ff. de legatis* 3°. De-là enfin le droit qu'ont le seigneur & le vassal de se faire réciproquement exhiber leurs titres respectifs.

Hors les cas dont on vient de parler, la règle générale est qu'un défendeur n'est pas tenu de représenter à son adversaire les titres qu'il a en sa possession, quoiqu'ils puissent servir à l'appui des prétentions de celui-ci. La loi 7, *C. de testibus*, & la loi dernière, *C. de edendo*, sont formelles sur ce point ; & l'on trouve dans Papon, *liv. 8*, *tit. 1*, *n. 6*, un arrêt du parlement de Paris du 9 juillet 1560, qui l'a ainsi jugé.

Peut-on forcer un tiers à représenter un acte qui lui appartient, en prouvant que l'on en a besoin pour justifier une prétention que l'on soutient en justice? Voet prétend qu'on ne le peut pas; mais cet auteur n'a point fait attention à la loi 22, *C. de fide instrumentorum*, qui établit pour règle générale que l'on peut être contraint d'exhiber des pièces dont on est propriétaire, comme de rendre témoignage d'un fait dont on a connoissance. *Cæterùm illi codices vel instrumenta proferre cogantur, qui & testimonium dicere adversùs aliquem coguntur.*

Il n'y a que deux exceptions à cette règle; l'une, qu'on n'est point obligé à l'exhibition dont il s'agit, lorsque l'on affirme qu'on ne pourroit le faire sans se préjudicier : *jusjurandum præstet quòd existimando se fidei suæ detrimentum pati propter instrumenti exhibitionem, eam ipsam ob causam proferre chartam recuset.* L'autre est, que l'on n'est pas tenu d'exhiber des pièces à une partie qui voudroit s'en servir contre des personnes dans la cause desquelles on ne pourroit pas être forcé de déposer : *in quas personas invitus qui testimonium non dicit, adversùs easdem nec codices, nec instrumenta, vel aliud quid tale proferre cogitur.*

On a demandé si un débiteur dont on avoit décrété les biens, étoit obligé de délivrer à l'adjudicataire ses titres de propriété & de possession, ou seulement de les lui exhiber pour en tirer des extraits. La Rocheflavin rapporte un arrêt du parlement de Toulouse du 24 octobre 1591, qui a jugé pour ce dernier parti.

Représentation des choses, dans le sens des loix romaines, c'est les exhiber, les montrer, les mettre en évidence; de manière que la partie qui y prétend quelque droit puisse exercer efficacement son action. *Exhibere est facere in publico potestatem, ut ei qui agit experiundi sit copia*, dit la loi 2, *ff. ad exhibendum.*

Cette *représentation* se demandoit chez les Romains par une action que l'on appelloit *ad exhibendum.* Le titre du digeste que nous venons de citer, en contient toutes les règles. Les loix 1 & 6 portent qu'elle n'est point principale, mais préparatoire. En effet, elle n'est, comme nous l'avons fait entendre, que le prélude d'une autre action. La loi 3, §. 3, la met au rang des actions personnelles; mais elle ajoute que l'on doit cependant la réputer *in rem scripta*, ensorte qu'elle peut s'intenter contre tous possesseurs de la chose qui en est l'objet, soit que l'on ait contracté avec eux, ou non. Le §. 9 de la même loi en limite l'usage aux choses mobilières, par la raison que les immeubles se montrent assez d'eux-mêmes; & il l'accorde à tous ceux qui ont un intérêt quelconque à l'exercer, pourvu que cet intérêt soit fondé sur une cause honnête & probable. Ainsi, on peut demander l'exhibition d'une chose sur laquelle on prétend un droit de propriété, de possession, d'usufruit ou d'hypothèque.

Lorsqu'un testateur m'a légué une chose à choisir entre plusieurs d'une même espèce, je puis agir non-seulement contre l'héritier, mais aussi contre tous ceux qui détiennent les effets entre lesquels j'ai droit d'opter, pour les forcer à me les représenter. Les §. 6 & 10 de la loi 3, & le §. 2 de la loi 12, en contiennent des dispositions expresses. S'il est tombé dans votre héritage des fruits d'un arbre planté dans le mien, j'ai contre vous une action *ad exhibendum*, pour me faire représenter ces fruits. La loi 9, §. 1, le décide formellement ainsi; mais elle n'est pas suivie exactement dans nos mœurs. *Voyez* l'article Arbres.

Un huissier saisit des meubles & y établit des gardiens. Il est sans difficulté que ceux-ci sont obligés de les lui représenter à sa requisition; mais s'ils ne le font pas, l'huissier peut-il les emprisonner après un simple commandement? Il y a dans le journal des audiences, un arrêt du 28 août 1676, qui juge pour la négative, en confirmant une sentence du bailliage de Château-Thierry, « & faisant droit sur les conclusions du procureur-» général du roi, fait défenses aux huissiers & » sergens, & tous autres, d'emprisonner les gar-» diens établis aux saisies de meubles, faute de » les représenter en conséquence du commande-» ment à eux fait, qu'en vertu de sentences & » jugemens des juges auxquels la connoissance en » appartient ».

On ne peut demander la *représentation* d'une chose, sans la désigner clairement par les différentes marques ou qualités qui la distinguent des autres; c'est la disposition de la loi 3 du titre cité.

Représentation des personnes. On représente une personne en l'exhibant, en la faisant paroître dans le lieu où il est nécessaire ou convenable qu'elle se trouve.

Celui qui, par une espèce de plagiat, a soustrait un homme libre, peut être forcé à le représenter. On peut voir, à ce sujet, les titres du digeste & du code, *de homine libero exhibendo, de liberis exhibendis, &c.*

En matière criminelle, un accusé, quoique décrété de prise-de-corps, peut être élargi, sous caution de se représenter, lorsqu'il en sera requis. Les arrêtés de M. le premier président de Lamoignon, contiennent, sur le cautionnement de représenter un accusé, trois maximes que nous croyons devoir insérer ici.

Ceux, dit-il, qui ont promis de représenter une personne dans un certain temps, demeureront déchargés de plein droit, si la personne est décédée avant le terme; mais si le décès est arrivé après le terme, la caution & le certificateur sont tenus des dommages & intérêts.

Caution qui a promis de représenter trois personnes sous une certaine peine, après la *représen-*

tation de deux personnes, doit la peine entière, à faute de représenter la troisième.

L'obligation de représenter un prisonnier demeure éteinte du jour de la première comparution par lui faite en justice, pourvu qu'elle ait été notifiée à celui qui l'a fait arrêter; & s'il est derechef élargi aux cautions par lui baillées, les premières cautions ne sont point obligées sans nouvelles commissions.

Un père est-il obligé de représenter son fils accusé d'homicide, sinon de payer les dommages-intérêts de la partie civile? Carondas rapporte un arrêt du 10 mars 1569, qui a jugé pour la négative.

Ceux qui procurent l'évasion, ou qui laissent échapper un prisonnier pour dettes, qu'ils ont en leur garde, doivent être condamnés à le représenter, ou à dédommager le créancier. Soefve rapporte un arrêt du 19 février 1647, qui a ordonné qu'un procureur seroit tenu de représenter dans deux mois un prisonnier élargi par surprise sur une requête signée de lui; sinon, & le temps passé, condamné au paiement de cinq cens livres envers le créancier, & dès à présent en tous les dépens.

Par un autre arrêt du 23 janvier 1549, inséré dans le recueil de Papon, un particulier convaincu d'avoir procuré l'évasion d'un décrété que l'huissier alloit arrêter, fut condamné entre autres choses, à tenir prison jusqu'à ce que celui qu'il avoit fait évader se fût représenté.

Bérault, sur l'article 56 de la coutume de Normandie, fait mention d'un arrêt du grand-conseil du 11 mars 1596, par lequel il a été jugé que le premier huissier ayant laissé échapper un prisonnier obligé pour dette civile, à lui baillé en sa garde, & ayant été condamné par arrêt précédent de le représenter, combien qu'il eût représenté l'autre coobligé *in solidum*, n'étoit point recevable en la requête civile par lui obtenue contre ledit arrêt; & faute d'avoir représenté ledit prisonnier, fut condamné à payer la somme totale.

En matière bénéficiale, le mot *représentation*, appliqué aux personnes, désigne l'acte qui se fait par l'archidiacre, dans les diocèses où ce n'est pas à l'évêque, mais à lui que les patrons présentent immédiatement les personnes qu'ils nomment aux bénéfices de leur patronage. Cet acte consiste, de la part de l'archidiacre, à représenter à l'évêque la personne dont la présentation lui a été faite, & à requérir pour elle l'institution qui lui est nécessaire.

Représentation *en matière de succession*, est lorsque quelqu'un succède au lieu & place de son père, qui est décédé avant que la succession fût ouverte. Elle diffère de la transmission en ce que pour transmettre une succession, il faut y avoir eu un droit acquis, & avoir été héritier, le représentant au contraire succède au lieu du représenté, quoique celui-ci n'ait point été héritier.

La *représentation* proprement dite étoit inconnue dans l'ancien droit civil. La loi des douze tables appelloit d'abord les héritiers *siens*, après eux les *agnats*, & ensuite les *gentils*, & dans chacune de ces trois classes, on ne pouvoit être admis à une succession que de son propre chef, jamais par *représentation* d'une personne décédée avant le défunt.

La loi des douze tables faisoit cependant venir le petit-fils à la succession de son aïeul, concurremment avec ses oncles & tantes; mais ce n'étoit point par *représentation*, c'étoit en conséquence de ce droit de *suite*, qui déféroit la succession d'une personne à tous ceux qui, au moment de son décès, se trouvoient sous sa puissance dans un degré immédiat. En effet, dès que le fils mouroit ou sortoit de la famille par émancipation, le petit-fils tomboit sous la puissance immédiate de son aïeul, & par-là devenoit héritier sien de son chef: la *représentation* y avoit si peu de part, que le petit-fils né de la fille, qui n'étoit pas *sien*, ne pouvoit succéder qu'au défaut des agnats & des gentils.

La première trace que l'on trouve de la *représentation* proprement dite, est dans l'édit du préteur intitulé *undè liberi*. Par ce réglement, le fils émancipé devoit concourir avec ses frères & sœurs héritiers siens; & en cas qu'il prédécédât laissant des enfans qui ne fussent pas sous la puissance de son père, ils devoient jouir des mêmes droits que lui.

Les empereurs Valentinien, Théodose & Arcade ont étendu cette faveur aux petits-fils nés des filles; mais, pour conserver à leur égard quelques restes de l'ancien droit, ces législateurs ont voulu qu'en cas de concours avec des enfans du premier degré, ils prissent un tiers moins que leur portion virile; & que si au contraire ils se trouvoient les seuls héritiers en ligne directe, ils fussent tenus d'abandonner un quart de la succession aux agnats collatéraux.

Justinien a laissé subsister dans son code la première de ces restrictions, mais il a abrogé la seconde par la loi 12 du titre *de suis & legitimis hæred.*

Jusques-là, le droit de *représentation* étoit imparfait pour la ligne directe, & nul pour la collatérale; mais la novelle 118 de Justinien a introduit à l'égard de l'une & de l'autre un nouvel ordre de succession, dans lequel ce droit, créé pour celle-ci, & perfectionné pour celle-là, produit des effets très-importans.

Le chapitre 1 de la novelle 118 veut que la succession d'un ascendant soit partagée entre tous ses enfans, en quelque degré qu'ils soient, sans distinction des mâles d'avec les femelles, ni des *siens* d'avec les émancipés, & que ce partage se fasse entre eux par têtes s'ils sont au premier degré, & par souches s'ils viennent à titre de *représentation* d'un fils ou d'une fille décédés avant celui à qui il est question de succéder.

Le chapitre 2 appelle les ascendans au défaut de tous les descendans. Il n'y a point de *représentation* à leur égard, quant à la proximité: le père exclut l'aïeul, celui-ci, le bisaïeul, *&c.*; mais lorsqu'il s'en trouve plusieurs au même degré, il y a entre eux une espèce de *représentation* en vertu de laquelle les ascendans paternels prennent la moitié de la succession, & les ascendans maternels l'autre moitié, quoique le nombre soit plus petit d'un côté que de l'autre. Boutaric & la Peyrère attestent que cette disposition est observée aux parlemens de Toulouse & de Bordeaux.

Le chapitre 3 introduit la *représentation* en ligne collatérale, mais il ne lui donne pas une étendue indéfinie, comme en ligne directe descendante; il la borne au contraire à deux cas.

Le premier est, lorsque celui de la succession duquel il s'agit, a laissé pour héritiers des frères, des sœurs, & des enfans d'autres frères ou sœurs prédécédés. Ces enfans, à la vérité, sont plus éloignés d'un degré que leurs oncles ou tantes; mais ils entrent, par l'effet de la *représentation*, au lieu & place de leur père ou mère, & exercent, dans la succession du défunt, les mêmes droits que leur père ou mère y auroit exercés, c'est-à-dire, qu'ils prennent une portion virile à l'encontre de leurs oncles & tantes, & que même ils les excluent tout-à-fait lorsqu'ils ont sur eux l'avantage du double lien.

Le second cas est lorsque le défunt a laissé des neveux & des oncles. Quoiqu'ils soient tous au même degré, c'est-à-dire, au troisième, les neveux ne laissent pas d'exclure les oncles par la *représentation* de leur père qui étoit au second degré. Telle est du moins l'opinion la plus commune, & elle paroît dériver du texte même de la novelle 118. Voici ce que porte cette loi : puisque nous avons accordé aux neveux le privilège de représenter leur père ou mère, & par ce moyen de succéder, quoiqu'au troisième degré, avec ceux qui sont au deuxième, il est clair qu'ils doivent être préférés aux oncles & tantes, soit paternels, soit maternels, du défunt, quoiqu'ils soient, comme eux, au troisième degré. *Quandoquidem igitur fratris aut sororis filiis tale privilegium dedimus, ut in propriorum parentum succedentes locum, licet in tertio constituti gradu, cum iis qui in secundo gradu sunt, ad hæreditatem vocentur, illud palàm est quod thiis defuncti masculis & feminis, sive à patre, sive à matre, præponantur, etiamsi illi tertium cognationis similiter obtineant gradum.*

Cette disposition est assez claire, & l'authentique *post fratres*, qui en a été extraite, en représente le sens d'une manière qui l'éclaircit encore davantage. En voici les termes : « après les frères » germains & leurs enfans, on admet les demi-» frères & demi-sœurs, & les enfans de ceux » d'entre eux qui sont décédés; & comme ces » enfans de frères ont les mêmes droits que les » frères même, ils sont préférés sans difficulté aux » oncles & autres semblables. *Post fratres autem ex* » *utroque parente & eorum filios, admittuntur ex uno* » *latere fratres sororesve; cum quibus & filii eorum,* » *si qui ex eis jam decesserint. Hi autem fratrum filii,* » *cum pares sint defuncti fratribus, præferuntur procul* » *dubio ejusdem defuncti patruis, & aliis similibus* ».

L'usage des pays de droit écrit est conforme à ces dispositions. Dans ces provinces, dit M. le président Espiard en ses observations sur le Brun, le neveu est préféré à l'oncle dans la succession du défunt..... La maxime passe pour certaine. M. de Catelan en rapporte un arrêt rendu au parlement de Toulouse en mars 1657. M. Grivel nous en a conservé deux autres du parlement de Dole, des 15 juillet 1593 & ..... juillet 1606. Automne, en sa conférence sur l'authentique *cessante*, assure que l'on juge de même au parlement de Bordeaux. M. le président Favre, en son code, *liv. 6, tit. 31*, atteste que telle est aussi la jurisprudence du sénat de Chambéry.

La novelle 127 a ajouté un troisième cas où la *représentation* doit avoir lieu. Le chapitre 3 de la novelle 118 avoit établi que lorsqu'il se trouvoit à la fois des ascendans & des frères ou sœurs germains, ils devoient tous venir à la succession & la partager par têtes, & n'avoit pas porté plus loin sa prévoyance; mais, par la novelle 127, Justinien a déclaré que, lorsque avec les ascendans & les frères germains, il se trouve des enfans d'un frère germain prédécédé, ceux-ci doivent succéder avec ceux-là, & prendre la part qu'auroit eue leur père s'il eût survécu.

Les coutumes du royaume n'ont point de dispositions uniformes sur la *représentation* : les unes l'excluent absolument, tant en ligne directe que collatérale; les autres l'admettent en directe, & l'excluent en collatérale : la plus grande partie l'ont adoptée dans les termes du droit romain : un grand nombre l'ont admise à l'infini dans l'une & l'autre ligne; d'autres l'étendent, en collatérale au-delà des termes du droit, sans cependant la porter à l'infini comme en directe : quelques-unes l'admettent à l'infini en ligne directe, lui donnent en collatérale, plus d'étendue pour certaines espèces de biens que pour d'autres : enfin, il y en a plusieurs qui ne l'admettent que pour certaines personnes, ou pour des biens d'une nature particulière.

Des coutumes qui rejettent absolument la représentation. Ce sont celles de Ponthieu, de Boulonnois, de la gouvernance de Lille, de Saint-Amand & de Mortagne en Tournaisis. L'ancienne coutume d'Artois avoit la même disposition, mais des lettres-patentes du mois d'avril 1773, renouvellées & modifiées par un édit du mois d'août 1775, ont changé le droit ancien de cette province, à commencer du premier janvier 1774.

Suivant cette loi, les dispositions des articles 93 & 118 de la coutume n'ont plus lieu qu'à l'égard des biens-fiefs possédés par les personnes nobles, & de ce qui en dépend : à l'égard de tous les autres biens, la *représentation* a lieu à l'infini en ligne directe, & en ligne collatérale aux termes de droit.

Nous avons parlé sous les mots HÉRITIER, INSTITUTION CONTRACTUELLE & RAPPEL, des moyens que peuvent employer les père & mère pour remédier à la rigueur des coutumes qui composent cette première classe.

Des coutumes qui admettent la représentation en ligne directe, & la rejettent en collatérale. On compte parmi elles, celles de Senlis, Clermont, Blois, Montargis, de la ville de Lille, de la ville de Douai, d'Orchies, Valenciennes, Chimai, Namur & Meaux.

Des coutumes qui admettent la représentation aux termes de droit. Telles sont celles de Paris, Orléans, Melun, Sens, Auxerre, Etampes, Montfort, Mantes, Dourdan, Chartres, Châteauneuf, Dreux, Troyes, Chaumont, Vitry, Châlons, Vermandois, Noyon, Saint-Quentin, Ribemont, Péronne, Calais, Chauny, Amiens, bailliage d'Aire, bailliage de Bapaume, pays de Lalloeu, Arras, Han en Artois, Levroux, Selles, locale de Blois, Chabri, Bourbonnois, Berri, la Marche, la Rochelle, Luxembourg, Liège, Metz-Evêché, Sedan, Bouillon, Bar, Gorze, Bassigny, comté de Bourgogne & comté d'Eu.

Les effets de la *représentation* ne sont pas les mêmes dans les coutumes qui l'admettent. Dans celle de Paris & de plusieurs semblables, le représentant en ligne directe jouit des mêmes avantages & prérogatives que celui qu'il représente. Ainsi, le fils ou la fille du fils aîné, appellés à la succession de leur aïeul par *représentation* de leur père, prennent, au préjudice de leurs oncles, la même portion avantageuse dans les fiefs, que leur père auroit pris.

Celles de Melun, Auxerre & autres n'accordent ce préciput à la fille représentant le fils aîné, que dans le cas où elle concoure à la succession de son aïeul avec des tantes, sœurs aînées ou puînées de son père; mais si elle a des oncles puînés, le droit d'aînesse appartient à l'aîné d'entre eux.

La coutume de Troyes & les autres de la province de Champagne, accordent également le droit d'aînesse au fils représentant son père, mais elles ne donnent à la fille qu'une portion héréditaire, égale à celle d'un puîné, nonobstant que deux filles ne prennent ordinairement qu'autant qu'un fils.

Il n'y a pas de doute que l'on doit suivre, dans chacune de ces coutumes, les dispositions qu'elles ont réglées pour les effets de la *représentation*: mais quelle règle suivra-t-on dans celles qui ne se sont pas expliquées à cet égard? L'usage & la jurisprudence des arrêts ont fait admettre dans les coutumes muettes, les principes établis par la coutume de Paris. La raison en est, que toutes les coutumes qui, lors de leur réformation, ont adopté la *représentation*, l'ont admise conformément au droit romain, & que d'après le texte du chapitre 3 de la novelle 118, la *représentation* a deux effets, celui de rapprocher le représentant du degré de la personne représentée, & celui de lui en attribuer toutes les prérogatives.

En succession collatérale des fiefs, les coutumes se partagent en deux classes différentes; les unes les donnent en tout, ou en partie, à l'aîné des mâles, & à leur défaut, à l'aînée des filles; les autres les partagent également entre tous les mâles, & s'il n'y en a point, entre les filles.

Dans celles de la première classe, telles qu'Amiens, Péronne & Artois, le neveu ou la nièce qui viennent par *représentation* de leur père, à la succession de leur oncle, conjointement avec d'autres oncles ou tantes, emportent les fiefs à leur exclusion.

Dans les autres, le neveu, fils d'un frère, succède dans les fiefs avec un frère survivant, & il doit exclure les sœurs survivantes, à l'exception des coutumes de Paris, Reims, Vermandois & Orléans, qui ont une disposition contraire. Mais le neveu, fils d'une sœur, ne succède point avec les frères, parce que sa mère auroit été exclue par eux, & qu'il doit subir le même sort.

Des coutumes qui admettent la représentation infinie, tant en ligne directe qu'en collatérale. On compte parmi elles, celles de Tours, Anjou, Maine, Grand-Perche, Auvergne, Poitou, Saintonge, Saint-Sever, Acs, Tournehem, Epinal, le Gorgue, Wodeque, Audrewicq, locale de Saint-Omer, Bretagne & duché de Bourgogne.

L'effet de cette *représentation* infinie est d'étendre à tous les degrés de la ligne collatérale, le droit que l'empereur Justinien avoit limité au second, de venir à une succession du chef des personnes à qui on doit le jour, ensorte que tous les parens indistinctement, doivent aller, en remontant, chercher le chef & l'auteur de leur ligne, jusqu'à celui en la personne duquel les lignes se sont séparées la dernière fois. Mais cette *représentation* n'a lieu qu'entre les descendans d'une même souche, qui a produit des lignes différentes, & non entre les descendans de différentes souches, parce qu'on ne doit pas faire remonter la *représentation* plus haut que sa source.

Ainsi, tous les descendans de frères ou de sœurs sont appellés à la succession d'un frère, avec ses frères & sœurs vivans. S'il ne se trouve ni frères, ni sœurs, ni aucuns descendans de frères ou de sœurs, alors la succession est déférée de la même manière aux oncles & tantes du défunt, & à tous les descendans des différens oncles & différentes tantes prédécédés du défunt, qui viennent de même chacun par *représentation* de la personne prédécédée dont ils sont issus. S'il n'y a aucuns oncles ni tantes du défunt, ni aucuns descendans d'oncles & de tantes, la succession est déférée aux grands-oncles & grandes-tantes, & à toute la descendance & postérité des grands-oncles & grandes-tantes de la même manière. S'il n'y a aucune postérité des grands-oncles ni grandes-tantes, la succession est déférée à la descendance & postérité des grands-oncles & grandes-tantes, c'est-à-dire, des frères & sœurs des bisaïeuls ou bisaïeules du défunt, *& sic in infinitum*, tant qu'on peut découvrir lignage.

Mais quoique la *représentation* infinie ne soit pas bornée entre les descendans des frères, il ne faut pas croire que les descendans des oncles ou grands-oncles puissent l'exercer concurremment avec eux. Pothier & M. Bouhier ne leur supposent le droit de venir à la succession qu'au défaut des frères, des sœurs, & des descendans de frères ou de sœurs, & cela est conforme aux principes universellement reçus en cette matière. Guyné établit pour règle générale, que la *représentation* n'a lieu qu'entre les héritiers qui procèdent d'une même souche qui a produit des lignes différentes, & non pas entre les descendans de différentes souches. Il en établit les principes dans tout son ouvrage, & il ne cesse de répéter que l'avantage de la *représentation* infinie ne consiste qu'à *donner aux héritiers de chaque ligne le droit d'aller en remontant chercher le chef & l'origine de sa ligne jusques au lieu où elle a fourché la dernière fois, pour exercer tous ses droits.* Ce qui revient à cette autre règle qu'il nous donne encore, que l'on ne doit pas faire remonter la *représentation* plus haut que sa source; car cette source, dit M. Bouhier, dérive toujours du dernier fourchage, qui a fait un tronc entre les deux successibles, d'où sont sortis les chefs de chacune des deux lignes collatérales, desquelles on exerce les droits par *représentation.*

Des coutumes qui étendent la représentation en collatérale au-delà des termes de droit, sans cependant la porter à l'infini comme en directe. Ces coutumes sont celle d'Epte, locale de Normandie, de Valois & de Metz.

L'article 1 des usages locaux des vingt-quatre paroisses qui sont au-delà de la rivière d'Epte, porte qu'en ligne directe *représentation* a lieu en quelque degré que ce soit; & en ligne collatérale jusqu'au second degré inclusivement. Ce texte isolé & considéré à part, ne peut être censé admettre la *représentation* au-delà des termes de droit; mais, rapproché de la coutume générale, il présente un autre sens. Il y a dans Basnage, un arrêt du 11 avril 1631, par lequel on a admis, en conséquence de sa disposition, l'arrière-neveu avec le neveu à la succession de l'oncle, comme étant l'arrière-neveu au second degré de la *représentation*, quoiqu'il soit au troisième degré de parenté : autrement, cet article de l'usage local n'eût rien dit davantage que la coutume générale. En effet, le frère ne représente personne; il est de son chef au premier degré; & le neveu, bien qu'il vienne à la succession de son chef, néanmoins comme il ne peut être réputé aussi proche parent que le frère du défunt, qu'en feignant qu'il représente son père, il est le premier qui a besoin du secours de la *représentation*; ainsi il fait le premier degré, & l'arrière-neveu le second.

La coutume de Valois porte, *art. 87* : désormais *représentation* aura lieu en ligne directe *in infinitum*, & quant à la ligne collatérale, jusques aux enfans des frères & sœurs inclusivement, lesquels représenteront leur père ou mère, pour venir à la succession de leurs oncles ou tantes, & de leurs cousins ou cousines-germains.

Ces termes, *jusques aux enfans des frères & sœurs inclusivement*, semblent faire entendre que la *représentation* est limitée par cette coutume au même degré que par celle de Paris & la novelle 118; mais les termes suivans, *pour venir à la succession de leurs cousins ou cousines-germains*, prouvent bien clairement que l'intention des rédacteurs a été de l'étendre un degré de plus, c'est-à-dire, de la faire valoir entre les enfans des frères & sœurs, non-seulement pour succéder à leurs oncles ou tantes, mais aussi dans leurs successions réciproques. C'est ainsi que l'usage a interprété cette coutume. Il y en a même deux arrêts précis; l'un du 7 avril 1562, rapporté par le Vest; l'autre du 18 avril 1616, rendu en forme de réglement.

Des coutumes qui, en admettant la représentation à l'infini en ligne directe, lui donnent, en collatérale, plus d'étendue pour certaines espèces de biens que pour d'autres. Ces coutumes sont celles de Reims, de Normandie & de Saint-Jean-d'Angely. Celle de Reims, *art. 309*, admet la *représentation*, tant en directe qu'en collatérale, infiniment quant aux rotures; mais à l'égard des fiefs, elle la restreint en collatérale aux termes de droit; ce qui a également lieu pour les successions mobilières.

En Normandie, la *représentation* a lieu, aux termes de droit, en ligne collatérale, pour les meubles, acquêts & conquêts immeubles; à l'égard des propres, elle a lieu jusqu'au septième degré, & la succession s'en partage par souches & non par têtes, même en ligne collatérale, soit que les héritiers se trouvent en pareil ou inégal degré.

On pourroit conclure de l'article 104 de la coutume de Saint-Jean-d'Angely, que la *représentation* y a lieu à l'infini, tant en collatérale qu'en directe. Il y est dit effectivement, qu'elle a lieu tant que le lignage se peut montrer & compter. Mais on trouve dans la Peyrère un arrêt du parlement de Bordeaux, du 20 juin 1695, qui a jugé qu'elle n'a lieu que pour les propres, & qu'elle est renfermée pour les meubles & acquêts, dans les termes de droit.

Des coutumes qui n'admettent la représentation que pour certaines personnes, ou pour des biens d'une nature particulière. Elles se subdivisent en deux classes.

Celles qui font dépendre la *représentation* de la qualité des personnes, sont Vatan & Artois. La première, en admettant la *représentation* à l'infini en directe & en collatérale, aux termes de droit, la restreint entre roturiers seulement. La seconde, ou, pour mieux dire, l'édit de 1775, qui l'a réformée à cet égard, contient la même disposition, mais la limite aux fiefs, & se conforme au droit commun pour les autres biens.

Les coutumes qui font dépendre la *représentation* de la nature des biens, sont de plusieurs sortes. Celle de Nivernois l'admet aux termes de droit pour les immeubles, tant féodaux que roturiers, & la rejette absolument pour les meubles. Celle de la châtellenie de Lille, au contraire, exclut la *représentation* des immeubles, & l'admet pour les meubles, mais seulement en ligne directe.

Celle de Clermont en Argonne porte que, *représentation* a lieu en ligne directe infiniment, tant en fief que roture; & elle ajoute : en ligne & succession collatérale, *représentation* a lieu jusques aux enfans des frères & sœurs inclusivement, quant à la ligne & naissant; mais quant aux meubles & acquêts & conquêts, a été tenu pour coutume que *représentation* n'avoit lieu, & que le plus prochain en excluoit le plus remot.

La coutume de Saint-Mihiel est encore plus bizarre. Après avoir établi, *tit. 5, art. 2*, qu'en ligne directe *représentation* a lieu *in infinitum*, en toutes sortes de biens; elle décide, par les articles 14 & 15 du même titre, qu'à l'égard de la ligne collatérale, la *représentation* infinie a pareillement lieu pour les *héritages de ligne, terre de pote;* mais que dans les fiefs, meubles, dettes, gagières, acquêts & conquêts faits hors ligne en terre de pote, il n'y a pas de *représentation*, même aux termes de droit.

Un grand nombre de coutumes de la Flandre ont adopté la *représentation* infinie, tant en directe qu'en collatérale, pour les meubles & les rotures, & l'ont exclue entièrement de l'une & de l'autre ligne pour les fiefs. Telles sont celles de Bourbourg, Berghes-Saint-Winock, cour féodale de Berghes-Saint-Winock, cour féodale de Bruges, pays du Franc, Furnes, cour féodale de Furnes, Cassel, Nieuport, Ostende, Eecloo, Bouchaute, Assenede, Etaires, Poperingue, Bailleul, Gand, Courtrai, cour féodale de Courtrai, Audenarde, Alost, Ninove, Termonde, & pays de Waes.

D'autres coutumes ont admis la *représentation* infinie, tant en ligne directe qu'en ligne collatérale; mais avec cette différence que dans l'une, elles n'en exceptent aucune espèce de biens, & que dans l'autre, elles la rejettent absolument pour les fiefs. Telles sont celles de Lessine & de Bruxelles, comme il résulte de l'article 278 de la coutume de l'échevinage, combiné avec l'article 33 de la coutume féodale.

Les coutumes de la châtellenie d'Ypres & de la ville du même nom, ont cela de commun, qu'elles n'admettent ni l'une ni l'autre aucune *représentation* dans les fiefs; c'est ce que prouve l'article 1 du chapitre 228 de la première, qui fait loi à cet égard dans la seconde : mais elles diffèrent entre elles par rapport aux autres biens, en ce que celle-ci, *rubrique 10, art. 24*, admet la *représentation* en collatérale jusqu'au huitième degré civil inclusivement, & que celle-là, *chap. 209*, ne l'admet que jusqu'au quatrième.

Celle de Malines admet la *représentation* en directe pour les fiefs comme pour les meubles & les rotures. Mais en collatérale elle ne l'admet aux termes de droit que pour ces deux dernières espèces de biens.

Dans les coutumes de Renaix, de Nivelle, de la ville de Saint-Omer, du bailliage de Saint-Omer, la *représentation* n'a pas lieu pour les fiefs, même en directe; mais ces quatre coutumes l'ont reçue aux termes de droit dans l'une & l'autre lignes pour les meubles & les rotures. Dans celle de Tournai, la *représentation* a lieu en ligne directe, excepté ès fiefs, mais point en ligne collatérale.

Les chartres générales de Hainaut, *chap. 90, art. 5*, décident que la *représentation* n'a lieu en succession de fiefs, non plus en ligne directe que collatérale. Mais elles l'admettent en ligne directe pour des francs-aleux; &, ce qu'il y a de singulier, elles veulent que les petits-enfans partagent ces biens entre eux par têtes, lorsqu'il ne se trouve point d'enfans du premier degré.

Ces loix ne contiennent aucune disposition sur les meubles & les rotures ou main-fermes; mais les coutumes des différens chefs-lieux du Hainaut y ont pourvu. 1°. Celles de Valenciennes, de Chimai & de Cambresis admettent la *représentation* en directe & l'excluent en collatérale. 2°. Celle de Vermandois l'a adoptée dans les deux lignes. On doit dire la même chose de celle de Binch, quoiqu'elle soit muette sur cette matière, parce qu'elle renvoie, *article 102, à la disposition du droit écrit*, tous les cas qu'elle n'a ni prévus, ni décidés. 3°. Celle de la Bassée répute meubles, tous les biens qui lui sont soumis; & comme elle est locale de la coutume de la châtellenie de Lille, il faut lui appliquer l'article 10 du titre 2 de celle-ci, portant que la *représentation* n'a lieu en succession, sauf en ligne directe, pour biens-meubles, & réputés pour meubles seulement. 4°. La coutume de Mons est la plus bizarre de toutes; elle admet la *représentation* pour les main-fermes, mais seulement en ligne directe, & elle la rejette absolument à l'égard des meubles : c'est ce qu'établit Dumées en sa jurisprudence du Hainaut.

La *représentation* a lieu principalement dans les successions *ab intestat;* néanmoins, en matière de fidéi-commis conditionnels, au défaut de la transmission on avoit coutume d'appeller au secours la *représentation*, pourvu qu'il n'y eût aucun terme dans le testament qui marquât une intention contraire. Mais l'ordonnance de 1747, *tit. 1, art. 21*, défend d'admettre dans les substitutions, la *représentation*, à moins qu'elle n'ait été ordonnée par une disposition expresse, ou qu'il n'ait été dit que la substitution seroit déférée suivant l'ordre des successions légitimes.

Elle a pareillement lieu pour le douaire & pour la légitime, & pour la présentation à un bénéfice. Quelques coutumes l'admettent aussi pour le retrait qui est accordé au lignager plus prochain.

Pour représenter, il faut être habile à succéder, c'est-à-dire, qu'il ne faut pas seulement être parent du du défunt, mais il faut de plus n'avoir en sa personne aucun vice qui puisse donner l'exclusion.

On ne représente point un homme vivant : ainsi les enfans de celui qui a renoncé à la succession ne peuvent venir par *représentation*, quand ils seroient en même degré que ceux qui sont héritiers.

On peut représenter une personne décédée, sans se porter son héritier.

La *représentation* a son effet, quoique le représenté fût incapable de succéder, parce que c'est moins la personne même que l'on représente que le degré. Mais cette règle doit s'entendre des incapacités personnelles, &, pour ainsi dire, accidentelles du représenté, telles, par exemple, celles qui résultent de la profession religieuse, de l'exhérédation, *&c.* mais les incapacités originaires & perpétuelles du représenté écartent son représentant, c'est par cette raison qu'en succession collatérale de fiefs, les enfans de la fille ne peuvent y prétendre, par rapport à l'incapacité de leur mère qui en est exclue.

L'effet de la *représentation* est, 1°. d'empêcher que le plus proche en degré n'exclue le plus éloigné; 2°. qu'au lieu de partager par têtes, on partage par souche.

REPRÊT, (*Droit féodal.*) c'est ainsi qu'on appelle en Franche-Comté, l'acte par lequel une fille main-mortable, qui se marie & quitte la maison de ses père & mère pour suivre son mari, peut conserver avec eux la communauté à laquelle est attaché le droit de succession.

Cette communauté se dissout naturellement par cette séparation. Mais l'article 8 de la coutume de Bourgogne-Comté, au titre *des mains-mortes*, a mis une exception à la règle. Il porte : « qu'en lieu » de main-morte, la fille mariée en son partage, » peut retourner pour avoir & recouvrer son par» tage, *pourvu qu'elle retourne gésir la première nuit* » *de ses noces, en son meix & héritage* ». C'est cette formalité, ou tout autre acte qui en tient lieu, qu'on appelle *reprêt*.

On dit *tout autre acte qui en tient lieu*, parce que la rigueur de la coutume & la défaveur du droit de main-morte ont fait interpréter si largement cette disposition de la coutume, qu'on peut dire qu'elle ne s'observe pas. Pour conserver la communauté & le droit de succession, qui en est la suite, il suffit de tout autre acte de fait ou de paroles, par lequel la fille témoigne qu'elle veut conserver la communauté. Quand c'est par des faits, la preuve en peut même être faite par témoins.

La raison qu'on en donne est que l'ordonnance n'exige pas une preuve par écrit des faits, mais seulement des conventions. M. Jobelot dit qu'en cette occasion, le parlement a toujours eu plus d'égard à l'intention qu'à la manière de la marquer. Il cite divers arrêts qui l'ont ainsi jugé.

D'autres arrêts ont également jugé que le *reprêt* pouvoit être fait le lendemain des noces, ou même plusieurs jours après. Dunod pense qu'on doit être admis à le faire dans l'an & jour, parce qu'on requiert ordinairement cet intervalle, quand l'intention de rompre la communauté dès l'instant de l'habitation séparée, ne paroît pas bien certaine.

On peut voir une multitude d'autres exemples, & beaucoup de questions sur cet objet, dans le traité des mains-mortes de cet auteur, *chap. 3, sect. 4.* Il y observe que le *reprêt* n'a point lieu en faveur des filles de franche condition. Un arrêt du 19 février 1633, l'a ainsi jugé entre des personnes de Saint-Claude, contre une fille de condition franche, qui, en se mariant, avoit fait le devoir de la coutume, & qui prétendoit en conséquence succéder aux biens de main-morte de sa mère. La raison de cette décision est que la coutume ne parlant que des personnes de main-morte, & que s'agissant d'une fiction qui a été nommément introduite en leur faveur, on ne doit pas l'étendre à d'autres cas; la fille de condition franche est d'ailleurs censée dédommagée par la succession aux meubles & aux biens francs, qu'ont ordinairement les personnes de cette condition, lesquelles succèdent même aux biens de main-morte, sans être communières ou réputées telles. (*G. D. C.*)

REPRISE, s. f. ce terme, *en droit*, a plusieurs significations.

Reprise *d'instance*, est l'acte par lequel un héritier ou autre successeur à titre universel, reprend la poursuite d'une contestation qui étoit pendante avec la personne à laquelle il succède.

La *reprise d'instance* se fait communément au greffe par une déclaration qu'on reprend l'instance, pour procéder sur les derniers erremens. Cependant, il n'est pas absolument nécessaire qu'elle se fasse au greffe; il suffit que la partie qui veut reprendre, le déclare aux autres parties de l'instance par un simple acte qui vaut alors *reprise*. Après cela cette partie peut procéder sur l'instance suivant les derniers erremens.

Si la partie adverse prétend qu'il n'y a pas lieu à la *reprise d'instance* de la part des parties qui ont repris, elle peut former opposition à l'acte de *reprise*, & porter la cause à l'audience, comme cela se pratique à l'égard de tous les incidens qui concernent l'instruction.

Lorsque les parties qui doivent reprendre l'instance négligent de le faire, il faut les assigner en *reprise;* mais on ne peut suivre l'ancienne instance, à moins qu'elle n'ait été reprise volontairement, ou qu'il ne soit intervenu un jugement qui eût ordonné qu'elle demeureroit pour *reprise*. On instruit sur l'assignation en *reprise* comme sur toutes les autres demandes, & dans les mêmes délais.

Lorsque des héritiers sont mineurs & n'ont point de tuteur, il faut commencer par leur en faire donner un par le juge, & ensuite agir contre le tuteur, pour la *reprise d'instance*, en la maniere ordinaire.

Un cessionnaire ou autre successeur à titre singulier, ne peut pas réguliérement reprendre l'instance au lieu de celui dont il a les droits; il ne peut qu'intervenir, & son cédant doit toujours rester partie, quand ce ne seroit que pour faire prononcer avec lui sur les frais.

On reprend quelquefois une cause, instance ou procès dans lequel on étoit déjà partie, lorsque dans le cours du procès on acquiert quelque nouvelle qualité en laquelle on doit procéder: par exemple, une fille majeure qui procédoit en cette qualité, si elle se marie, doit reprendre avec son mari, comme femme mariée; & si ensuite elle devient veuve, elle doit encore reprendre en cette qualité.

L'action en *reprise d'instance* se prescrit par trente ans, comme toutes les autres actions. *Voyez* Cause, Instance, Procès, Procédure, Héritier, Veuve, Cessionnaire.

Reprise, *en fait de compte*, est ce que le comptable a droit de reprendre sur la dépense. Les comptes ont ordinairement trois sortes de chapitres; ceux de recette, ceux de dépense, & ceux de *reprise*. Pour l'ordre du comptant, le rendant se charge en recette de certaines sommes, quoiqu'il ne les ait pas reçues, ou qu'il n'en ait reçu qu'une partie; & dans le chapitre de *reprise*, il fait déduction de ce qu'il n'a pas reçu; c'est ce qu'on appelle *reprise*. *Voyez* Compte.

Reprise de fief, est la *reprise* de possession d'un fief que fait l'héritier du vassal qui est décédé, laquelle possession il reçoit du seigneur en faisant la foi & hommage & lui payant ses droits, s'il en est dû. Cette prise de possession s'appelle *reprise de fief*; parce qu'anciennement les fiefs n'étant concédés par les seigneurs que pour la vie du vassal, l'héritier qui vouloit reprendre le fief que tenoit le défunt, ne le pouvoit faire sans en être investi par le seigneur.

La coutume de Hainaut appelle aussi *reprise de fief* dans le chapitre 95, le retrait féodal. Elle ne l'admet que pour opérer la réunion féodale. (*G. D. C.*)

Reprise, (*fief de*) on a ainsi appellé les fiefs qui ne procédoient pas originairement de la concession des seigneurs, mais qui étoient des aleux, & qui ayant été cédés par les propriétaires à des seigneurs, ont été aussi-tôt repris d'eux pour être tenus à foi & hommage. *Voyez* le mot Fief. (*A*)

On peut voir un exemple de ces sortes d'inféodation, en 1220, dans l'usage général des fiefs de Brussel, *liv. 1, chap. 14, pag. 116 & 117.* (*G. D. C.*)

Reprises, au pluriel, signifie ce que la femme a droit de reprendre sur les biens de son mari. On joint ordinairement les termes de *reprises* & *conventions matrimoniales*; les *reprises* & conventions ne sont pourtant pas absolument la même chose, & il semble que le terme de *reprises* a une application plus particulière aux biens que la femme a apportés, & qu'elle a droit de reprendre, soit en nature ou en argent, comme la dot en général, & singuliérement les deniers stipulés propres réels, & les remplois des propres aliénés, & que sous le terme de *conventions matrimoniales*, on entend plus volontiers ce que la femme a droit de prendre en vertu du contrat, comme son préciput, sa part de la communauté, son douaire & autres avantages qui peuvent lui avoir été faits par le contrat: néanmoins dans l'usage on comprend souvent le tout sous le terme de *réprises*, ou sous celui de conventions matrimoniales.

La femme a hypothèque pour ses *reprises*, du jour du contrat de mariage. On peut aussi comprendre sous le terme de *reprises*, la faculté qui est stipulée par le contrat de mariage en faveur de la femme & de ses enfans, ou autres héritiers, de renoncer à la communauté, & en ce faisant, de reprendre franchement & quittement tout ce qu'elle a apporté en communauté. *Voyez* Communauté, Dot, Douaire, Femme, Préciput, Renonciation a la communauté, Propres.

REPRINSE. *Voyez* Reprise.

REPROCHABLE, adj. se dit, *en droit*, d'un témoin contre lequel on a des sujets de reproches à proposer. *Voyez* Reproche.

REPROCHE, s. m. signifie, *en droit*, les moyens ou raisons que l'on propose contre des témoins entendus dans une enquête ou dans une information, pour empêcher que le juge n'ajoute foi à leur déposition, soit en matière civile ou criminelle; comme quand on oppose que les témoins sont proches parens de la partie adverse, ou qu'ils sont ses amis, ou ses domestiques; qu'ils sont ennemis capitaux de celui contre lequel ils ont déposé; que ce sont gens de mauvaises mœurs, déjà repris de justice & corrompus par argent.

En matière civile, les *reproches* se proposent par un dire, & doivent l'être dans la huitaine du jour de la signification du procès-verbal d'enquête. Ce délai passé, ils ne doivent plus être admis, à moins qu'ils ne soient justifiés par écrit.

Ils doivent être pertinens & circonstanciés, autrement on n'en doit pas admettre la preuve; & si la preuve en ayant été admise, ils ne sont pas prouvés, on n'y a point d'égard. Les faits sont même réputés calomnieux, s'ils ne sont justifiés avant le jugement du procès.

Celui qui a fait faire l'enquête, peut fournir de réponse par écrit aux *reproches*; cette réponse doit être signée de lui ou de son procureur, en vertu d'une procuration *ad hoc*; & la réponse doit être signifiée à l'autre partie.

Les juges ne doivent point appointer les parties à informer sur les faits contenus dans les *reproches* & dans les réponses, à moins que les *reproches* ne paroissent pertinens & admissibles.

Les *reproches* doivent être jugés avant le fonds; & s'ils se trouvent fondés, la déposition des témoins qui ont été valablement reprochés, ne doit pas être lue.

Dans les procès criminels, si l'accusé a des *reproches* à fournir contre les témoins, il le doit faire lors de la confrontation, & le juge doit l'avertir qu'il n'y sera plus reçu, après avoir oui la lecture de la déposition. Néanmoins les *reproches* sont entendus en tout état de cause, quand ils sont prouvés par écrit.

Quand l'accusé propose quelque *reproche*, le greffier le rédige par écrit, & la réponse du témoin. Si le *reproche* n'est pas suffisamment justifié, le juge peut en ordonner la preuve, tant par titre que par témoins, l'accusé doit les nommer sur le champ, & les faire entendre dans un bref délai que le juge lui fixe.

Les *reproches* fournis par un des accusés servent aux autres, quoiqu'ils n'en aient pas proposé, à moins qu'ils ne soient en contumace, parce que le refus qu'ils font d'obéir à justice, les fait déchoir du bénéfice de toutes exceptions.

Il en est de même de l'accusé, qui après avoir subi la confrontation, s'évade des prisons; car sa fuite fait une présomption contre lui, qui est telle que l'on ne lit pas les *reproches* par lui proposés.

Celui qui a fait entendre des témoins à sa requête, ne peut pas les reprocher dans une autre affaire où ils déposent contre lui, à moins qu'il ne prouve que depuis son enquête, ils sont devenus ses ennemis, ou qu'ils ont été convaincus de crime, ou corrompus par agent.

L'ordonnance de 1539 veut que les *reproches* calomnieux soient punis par amende, ou de plus grande peine, à l'arbitrage du juge, & la partie qui les a proposés mal-à-propos, est tenue de l'action d'injures envers le témoin, contre lequel elle les a proposés.

Les juges, en voyant le procès, doivent suppléer d'office les *reproches* contre les témoins, lorsque ces *reproches* sont notoires, ou qu'ils résultent des actes du procès. *Voyez* Enquête, Information, Témoin.

REPROCHER L'AVEU, (*Droit féodal.*) c'est la même chose que blâmer un aveu & dénombrement. Cette expression se trouve dans l'article 361 de la coutume de Bretagne. (*G. D. C.*)

RÉPUDIATION, s. f. *en droit*, ce terme s'applique à deux objets différens.

On dit *répudier* une femme, c'est-à-dire, l'abandonner & rompre l'engagement de mariage que l'on avoit contracté avec elle, en un mot, faire divorce avec elle; ce qui n'est point admis dans l'église romaine, laquelle tient le lien du mariage pour indissoluble.

La séparation de corps & de biens n'est point un véritable divorce, ni une *répudiation*, n'opérant pas la dissolution du mariage. *Voyez* Divorce, Mariage, Séparation.

Répudier une succession, c'est y renoncer. Ce terme est sur-tout usité en pays de droit écrit; dans les pays coutumiers on dit plus volontiers renoncer à une succession. *Voyez* Succession, Renonciation. (*A*)

REQUART, (*Droit féodal.*) c'est le quart du quart, comme le requint est le quint du quint. Il en est fait mention dans l'article 49 de la coutume de Boulonnois, mais c'est pour le proscrire. *Voyez* Quart.

Ce droit est néanmoins admis dans quelques seigneuries particulières. (*G. D. C.*)

REQUÉRABLE, adj. se dit, *en terme de Pratique*, de ce qui se doit demander, & qui n'est pas portable; comme quand on dit que le champart est *requérable* ou *quérable*, c'est-à-dire, qu'il faut aller le chercher sur le lieu. (*A*)

REQUÉRIR, v. a. dans le style des jugemens & des lettres de chancellerie, signifie former une demande, ou conclure à quelque chose. (*A*)

REQUÊTE, s. f. *terme de Procédure*, signifie *demande* ou *requisition*; un exploit fait à la *requête* d'un tel, c'est-à-dire, à sa requisition.

Requête pris pour *demande*, est un acte de procédure par lequel une partie demande quelque chose au juge, ou forme une demande judiciaire.

La *requête* commence par l'adresse, c'est-à-dire, par le nom du juge auquel elle est adressée, comme à *nosseigneurs de parlement*, après quoi il est dit, *supplie humblement un tel*; on expose ensuite le fait & les moyens, & l'on finit par les conclusions qui commencent en ces termes, *ce* considéré, *nosseigneurs*, il vous plaise, ou bien, *messieurs*, selon le tribunal où l'on plaide, & les conclusions sont ordinairement terminées par ces mots, *& vous ferez bien*, ou *ferez justice*.

La plupart des procès commencent par une *requête*; cependant on peut commencer par un exploit, la *requête* n'est nécessaire que quand on demande permission d'assigner, ou de saisir. En Lorraine, les procès commencent toujours par une *requête*, d'après la disposition du titre 1, article 1 de l'ordonnance du duc Léopold, donnée en 1707.

La *requête* introductive étant répondue d'une ordonnance, on donne assignation en vertu de la *requête* & de l'ordonnance.

On peut dans le cours d'une cause, instance ou procès, donner de part & d'autre plusieurs *requêtes*.

Lorsque la partie adverse a procureur en cause, les *requêtes* se signifient à son procureur; on peut cependant aussi les signifier au domicile de la partie.

Il n'est pas nécessaire que les *requêtes* soient signées par la partie, il suffit qu'elles le soient par le procureur; cependant quand elles sont importantes, & qu'elles contiennent des faits graves, le procureur doit pour son pouvoir & sa sûreté, les faire signer par sa partie, pour ne pas s'exposer à un désaveu.

L'original d'une *requête* s'appelle *la grosse*, & la copie s'appelle *la minute*, parce qu'elle est ordinairement copiée d'une écriture beaucoup plus minutée, c'est-à-dire, plus menue que la grosse.

REQUÊTE D'AMPLIATION, est celle que présente une partie, à l'effet de pouvoir se servir de nouveaux moyens qu'elle a découverts depuis l'obtention de ses lettres de *requête* civile. *Voyez* REQUÊTE CIVILE.

REQUÊTE EN CASSATION, est celle qui est présentée au conseil, pour demander la cassation d'un arrêt. *Voyez* ARRÊT & CASSATION.

REQUÊTE CIVILE, est une voie ouverte pour se pourvoir contre les arrêts & jugemens en dernier ressort, lorsqu'on ne peut pas revenir contre par opposition.

Quelquefois par *requête civile* on entend les lettres que l'on obtient en chancellerie pour être admis à se pourvoir contre l'arrêt ou jugement en dernier ressort; quelquefois aussi l'on entend par-là la *requête* que l'on donne pour l'entérinement des lettres de *requête civile*, & aux fins de faire rétracter l'arrêt ou jugement que l'on attaque par la voie de là *requête civile*.

Cette *requête* est appellée *civile*, parce que comme on se pourvoit devant les mêmes juges qui ont rendu l'arrêt ou jugement en dernier ressort, on ne doit parler des juges & de leur jugement qu'avec le respect qui convient, & que cela se fait sans inculper les juges.

Quelques-uns tiennent que les *requêtes civiles* tirent leur origine de ce qui se pratiquoit chez les Romains à l'égard des jugemens rendus par le préfet du prétoire; comme il n'y en avoit pas d'appel, parce que *vice sacrâ principis judicabat*, on pouvoit seulement se pourvoir à lui-même par voie de supplication pour obtenir une révision du procès.

Parmi nous, les révisions d'arrêts n'ont plus lieu en matière civile depuis que les propositions d'erreur ont été abrogées; il n'y a plus que deux voies pour se pourvoir contre un arrêt ou jugement en dernier ressort lorsqu'il n'est pas susceptible d'opposition ou de tierce-opposition, savoir la cassation & la *requête civile*. *Voyez* CASSATION.

Pour pouvoir obtenir des lettres de *requête civile* contre un arrêt ou jugement en dernier ressort, il faut y avoir été partie.

Les ordonnances défendent d'avoir égard aux *requêtes* qui seroient présentées contre les arrêts, si l'on n'a à cet effet obtenu en chancellerie des lettres en forme de *requête civile* dont il faut ensuite demander l'entérinement par *requête*.

Pour obtenir les lettres de *requête civile*, il faut joindre au projet des lettres une consultation signée de l'avocat de la partie, & de deux anciens avocats, dans laquelle soient exposées les ouvertures & moyens de *requête civile*; on les énonce aussi dans les lettres.

L'on ne reçoit point d'autres ouvertures de *requête civile* à l'égard des majeurs que celles qui suivent, savoir :

1°. Le dol personnel de la partie adverse.

2°. Si la procédure prescrite par les ordonnances n'a pas été observée.

3°. S'il a été prononcé sur des choses non demandées ou non contestées.

4°. S'il a été plus adjugé qu'il n'a été demandé.

5°. S'il a été omis de prononcer sur l'un des chefs de demande.

6°. S'il y a contrariété d'arrêt ou jugement en dernier ressort entre les mêmes parties, sur les mêmes moyens, & en mêmes cours & jurisdictions.

7°. Si dans un même arrêt il y a des dispositions contraires.

8°. Si dans les affaires qui concernent sa majesté ou l'église, le public ou la police, l'on n'a point communiqué à messieurs les avocats ou procureurs-généraux.

9°. Si l'on a jugé sur pièces fausses ou sur des offres ou consentemens qui aient été désavoués, & le désaveu jugé valable.

10°. S'il y a des pièces décisives nouvellement recouvrées qui aient été retenues par le fait de la partie adverse.

Les ecclésiastiques, communautés & mineurs, sont encore reçus à se pourvoir par *requête civile*, s'ils n'ont pas été défendus, ou s'ils ne l'ont pas été valablement.

A l'égard du roi, il y a encore ouverture de *requête civile*, si dans les instances & procès touchant les droits de la couronne ou domaine, où les procureurs-généraux & les procureurs de sa majesté sont partie, ils ne sont pas mandés en la chambre du conseil avant que l'instance ou procès soit mis sur le bureau, pour savoir s'ils n'ont point d'autres pièces ou moyens, & s'il n'est pas fait mention dans l'arrêt ou jugement en dernier ressort qu'ils aient été mandés.

Les arrêts & jugemens en dernier ressort doivent être signifiés à personne ou domicile, pour en induire les fins de non-recevoir contre la *requête civile*, si elle n'est pas obtenue & la demande formée dans le délai prescrit par l'ordonnance.

Ce délai pour les majeurs est de six mois, à compter de la signification de l'arrêt à personne ou domicile; à l'égard des mineurs, le délai ne se compte que de la signification qui leur a été faite de l'arrêt à personne ou domicile depuis leur majorité.

Les ecclésiastiques, les hôpitaux & communautés, & ceux qui sont absens du royaume pour cause publique, ont un an.

Le successeur à un bénéfice, non résignataire, a pareillement un an, du jour que l'arrêt lui est signifié.

Quand la *requête civile* est fondée sur ce que l'on a jugé d'une pièce fausse, ou qu'il y a des pièces nouvellement recouvrées, le délai ne court que du jour que la fausseté a été découverte, ou que les pièces ont été recouvrées.

Les *requêtes civiles* se plaident dans la même chambre qui a rendu l'arrêt; mais aux parlemens où il y a une grand'chambre ou chambre du plaidoyer, on y plaide toutes les *requêtes civiles*, même celles contre les arrêts rendus aux autres chambres; & si elles sont appointées, on les renvoie aux chambres où les arrêts ont été rendus.

Quoiqu'on prenne la voie de la *requête civile*, il faut commencer par exécuter l'arrêt ou jugement en dernier ressort, & il ne doit être accordé aucunes défenses ni surséances en aucun cas.

En présentant la *requête* à fin d'entérinement des lettres de *requête civile*, il faut consigner 300 livres pour l'amende envers le roi, & 150 livres pour la partie; si l'arrêt n'est que par défaut, on ne consigne que moitié.

Lorsque la *requête civile* est plaidée, on ne peut juger que le rescindant, c'est-à-dire, le moyen de nullité contre l'arrêt, & après l'entérinement de la *requête civile* il faut plaider le rescisoire, c'est-à-dire, recommencer à plaider le fond.

Celui qui est débouté de sa *requête civile*, ou qui, après en avoir obtenu l'entérinement, a ensuite succombé au rescisoire, n'est plus recevable à se pourvoir par *requête civile*.

Pour revenir contre les sentences présidiales rendues au premier chef de l'édit, on n'a pas besoin de lettres de *requête civile*, il suffit de se pourvoir par simple *requête* même présidiale.

Les délais pour présenter cette *requête* ne sont que de moitié de ceux que l'ordonnance fixe pour les *requêtes civiles*; du reste, la procédure est la même.

La voie de la *requête civile* n'a point lieu en matière criminelle, il n'y a que la voie de la révision.

REQUÊTE CIVILE (*petite*), terme employé au parlement de Flandre & dans tous les tribunaux des Pays-Bas, hors ceux d'Artois, pour désigner des lettres royaux que l'on obtient en chancellerie, à fin d'être relevé de certaines fautes commises dans l'instruction d'un procès.

La *requête civile*, prise en ce sens, a beaucoup de rapport avec ce qu'on appelle en Hainaut *relief précis*: quelques-uns même les confondent, & il paroît que les chartres générales de cette province ne mettent entre l'une & l'autre aucune différence sensible : il y en a cependant une, s'il en faut croire M. Petit, mort président du conseil souverain de Mons, en ses notes manuscrites sur le chapitre 79 des loix citées. Le relief précis, dit-il, se rapporte précisément aux défauts glissés dans les procédures; par exemple, aux contumaces & forclusions, dont le relief s'accorde sur simple apostille sur l'exposition du suppliant. La *requête civile* se rapporte aux défauts plus importans dont le relief ne s'accorde pas si légérement ni sans *communicetur*: par exemple, quand on demande d'être admis à poser & vérifier faits nouveaux, de faire des productions & enquêtes nouvelles, d'être relevé de quelque aveu ou confession erronément faite au procès, & autres semblables points.

Quelques praticiens s'imaginent que l'on peut revenir par *requête civile*, d'un contrat ou quasi-contrat; c'est une erreur insoutenable. Il n'est pas nécessaire de *requête civile*, pour alléguer en cause d'appel des moyens de droit que l'on avoit omis en première instance. C'est ce qu'a jugé un arrêt du 23 janvier 1696, rapporté dans le recueil de Desjauneaux. Elle est pareillement inutile lorsqu'on répète par l'action appellée en droit, *condictio indebiti*, un paiement que l'on a fait par méprise & sans être débiteur.

REQUÊTES (*droit de*), on a ainsi appellé une espèce de relief ou de droit de confirmation, qui paroît avoir été dû à mutation de seigneur, à la différence du relief ordinaire, qui est dû à mutation de vassal.

C'est du moins ce que l'on doit présumer d'une chartre latine de l'an 1181, donnée par le chapitre de Saint-Quentin en Vermandois. Il y est dit : *prædictam silvam ex omni exactione liberam in perpetuum possideat; ita tamen ut in constitutione novi abbatis tres solidos jam dictæ monetæ* (Sancti-Quintini) *nobis præfata persolvat ecclesia, de illâ consuetudine quæ vulgò* requestus *vocatur*.

Cet extrait se trouve dans le *glossarium novum* de dom Carpentier, au mot *Requestus* 2. On trouve plusieurs autres titres latins ou françois qui parlent de ce droit, tant dans cet ouvrage que dans celui de du Cange au mot *Requesta* 2, & dans le glossaire du droit françois; mais ils n'expliquent pas, comme le passage qu'on vient de citer, en quoi consistoit le droit de *requête*. On doit néanmoins ajouter qu'on a aussi donné le même nom à une redevance annuelle, qui n'étoit peut-être qu'une commutation du premier droit. C'est ce qui paroît résulter de l'extrait suivant d'une autre chartre : *præfatum hospitale tenetur solvere annuatim quinque solidos cameracensis monetæ in natali domini* pro requæstu sive pro relevamine *quinque mencaldatarum terræ*. (*G. D. C.*)

REQUÊTES DE L'HÔTEL DU ROI, (*Droit public.*) qu'on appelle aussi *requêtes de l'hôtel* simplement, sont une jurisdiction royale, exercée par les maîtres des *requêtes de l'hôtel du roi*, lesquels y connoissent de certaines affaires privilégiées qui leur sont attribuées par les ordonnances.

Sous le nom de *requêtes de l'hôtel du roi*, on entend aussi le tribunal même où s'exerce cette jurisdiction.

On ne rappellera point ici ce qui a été dit ci-devant touchant les maîtres des *requêtes*, tant au mot CONSEIL DU ROI, qu'au mot MAÎTRES DES REQUÊTES, & au mot PARLEMENT; on se renfermera dans ce qui concerne singuliérement la jurisdiction des *requêtes de l'hôtel*.

Cette jurisdiction tire son origine de celle qu'on appelloit les *plaids de la porte ;* comme anciennement la justice se rendoit aux portes des villes, des temples, & des palais des seigneurs, nos rois se conformant à cet usage, tenoient aussi leurs plaids à la porte de leurs hôtels, c'est-à-dire, qu'ils y rendoient la justice en personne, ou qu'ils l'y faisoient rendre par quelques personnes de leur conseil qu'ils commettoient à cet effet, & cette jurisdiction s'appelloit les *plaids de la porte*, on sous-entendoit *de la porte de l'hôtel du roi.*

Le sire de Joinville, en la *vie de saint Louis*, fait mention de ces plaids de la porte, en disant que ce prince avoit coutume de l'envoyer avec les sieurs de Nesle & de Soissons, pour ouir les plaids de la porte, qu'ensuite il les envoyoit querir & leur demandoit comment tout se portoit, s'il y avoit aucuns qu'on ne pût dépêcher sans lui, & que plusieurs fois, selon leur rapport, il envoyoit querir les plaidoyans & les contentoit les mettant en raison & droiture.

Philippe III, dit *le Hardi*, dans une ordonnance qu'il fit sur le fait & état de son hôtel & de celui de la reine au mois de janvier 1285, établit M. maître Pierre de Sargine, Gillet de Compiegne, & Jean Mallieres pour ouir les plaids de la porte.

A ces plaids succédèrent les *requêtes de l'hôtel*, c'est-à-dire, les *requêtes* que ceux de l'hôtel du roi présentoient pour demander justice.

Ceux qui étoient commis pour recevoir ces *requêtes* & pour y faire droit, étoient des gens du conseil, suivans ou poursuivans le roi, c'est-à-dire qui étoient à la suite de la cour. Pour les distinguer des autres gens du conseil ou poursuivans, on les appella les *clercs des requêtes*, non pas qu'ils fussent ecclésiastiques, mais parce qu'ils étoient lettrés & gens de loi. Cependant par la suite les *requêtes de l'hôtel* furent quelquefois tenues par deux, trois, quatre des poursuivans le roi, les uns clercs, les autres laïques, comme qui diroit les uns de robe & les autres d'épée.

Philippe-le-Bel, par une ordonnance de l'an 1289, régla que des poursuivans avec lui, c'est-à-dire des personnes de son conseil qui étoient à sa suite, il y en auroit toujours deux à la cour & non plus, qui seroient continuellement aux heures accoutumées en lieu commun pour ouir les *requêtes*, & qu'ils feroient serment qu'à leur pouvoir ils ne laisseroient passer chose qui fût contre les ordonnances, & que de toutes les *requêtes* qui leur seroient faites, qui appartiendroient à la chambre des comptes, au parlement, ou autres lieux où il y auroit gens ordonnés, ils ne les ouiroient point, mais les renverroient au lieu où elles appartiendroient, si ce n'étoit du fait de ceux qui auroient dû les délivrer, c'est-à-dire les expédier.

Cette ordonnance fait connoître que les plaids de la porte avoient pris le nom de *requêtes de l'hôtel*, & que ces *requêtes* ne se jugeoient plus devant la porte de l'hôtel du roi, mais dans quelqu'autre lieu commun, c'est-à-dire qui étoit ouvert au public.

Miraulmont fait mention d'une ordonnance donnée par Philippe le long, à Lorris en Gâtinois, l'an 1317, portant que de ceux qui suivront le roi pour les *requêtes*, il y aura toujours à la cour un clerc & un lai.

Quelques années après, ces *requêtes* ou plaids furent appellées les *requêtes de l'hôtel du roi*, & ceux qui étoient députés pour ouir ces *requêtes*, *les maîtres des requêtes de l'hôtel du roi ;* on en trouve des exemples dès l'an 1317, & dans les années suivantes ; ils faisoient droit tant sur les *requêtes* de la langue françoise que sur celles de la langue d'oc, c'est pourquoi ils devoient être versés en l'une & l'autre langue.

Cette jurisdiction étoit d'abord ambulatoire, à la suite du roi, & se tenoit dans les différens palais ou châteaux dans lesquels nos rois faisoient leur séjour.

Mais dès le temps de Philippe VI, dit de Valois, cette jurisdiction avoit son siège à Paris, ainsi qu'il paroît par une ordonnance du prince de l'an 1344, sur le fait des maîtres tenant les *requêtes* en son palais royal à Paris ; & depuis ce temps elle s'est toujours tenue dans l'enclos du palais. Le bâtiment où s'exerce cette jurisdiction, a son entrée par la grande salle du palais près de la chapelle, & s'étend jusqu'auprès de la tour de l'horloge du palais ; il a été reconstruit à neuf après l'incendie du palais arrivé en 1618.

Du temps de Philippe V, en 1318, plusieurs sujets du roi s'étant plaints qu'ils étoient souvent traduits mal-à-propos devant les maître des *requêtes*, il ordonna que les maîtres des *requêtes* de son hôtel ne pourroient faire ajourner personne devant eux ni en tenir cour, c'est-à-dire audience, que quand il y auroit débat pour un office donné par le roi, ou en cas de demande pure personnelle contre quelques officiers de l'hôtel ; ce qui fut ainsi établi afin de ne pas distraire les officiers de leur service, mais ils ne devoient pas connoître des causes des autres personnes de l'hôtel du Roi, il leur étoit enjoint de les renvoyer devant leur juge naturel ; il leur fut aussi défendu de condamner à aucune amende, à moins que ce ne fût en présence du roi, lorsqu'il tiendroit lui-même ses *requêtes* générales.

Quand le parlement ne tenoit pas, ils délivroient les lettres de justice, & en tout temps ils examinoient toutes les lettres auxquelles on devoit apposer le grand sceau ; ils envoyoient les *requêtes* signées au chancelier lequel y faisoit mettre le sceau s'il n'y avoit rien qui en empêchât. Les maîtres des *requêtes* ne pouvoient cependant pas connoître des causes, & sur-tout du principal, ni des causes qui avoient été portées au parlement ou devant les baillifs & sénéchaux, mais si une partie s'opposoit à la *requête*, pour empêcher qu'il ne fût délivré lettre de justice au contraire, ils pouvoient bien connoître & ouir les parties sur le point de savoir s'il y avoit lieu ou non de délivrer les lettres de justice qui étoient demandées, & quand ils trouvoient trop de difficultés à decider sur cette contestation, ils devoient consulter le parlement.

Les écuyers d'écuries du roi ayant surpris de Charles VI des lettres qui leur attribuoient la jurisdiction sur les valets de l'écurie du roi; sur les représentations du procureur-général des *requêtes* de l'hôtel, Charles VI révoqua ces lettres le 19 septembre 1406, & dans les lettres de révocation il est dit, que la cour & jurisdiction des *requêtes* de l'hôtel, est grande & notable jurisdiction ordinaire, fondée de très-grande ancienneté, & une des plus notables jurisdictions ordinaires du royaume après le parlement; & que par les ordonnances du royaume il n'y a aucuns officiers de l'hôtel du roi, de quelque état qu'ils soient, qui puissent en l'hôtel du roi tenir aucune jurisdiction ordinaire, excepté ses amés & féaux conseillers les maîtres des *requêtes*, auxquels par les ordonnances appartient la connoissance des causes personnelles des officiers de l'hôtel du roi en défendant, la punition & correction des cas par eux commis & perpétrés, & la connoissance des cas qui chaque jour adviennent en l'hôtel du roi, sur lesquels ils convient asseoir forme de procès, & aussi la connoissance des causes touchant les débats des offices royaux, & que lesdits maîtres des *requêtes* sont généraux réformateurs, quelque part où soit sa majesté.

Il n'y a point d'autres juges aux *requêtes* de l'hôtel, que les maîtres des *requêtes*, lesquels y servent par quartier.

Les autres officiers de ce tribunal sont un procureur-général, lequel a droit d'assister au sceau, un avocat-général, un substitut du procureur-général, un greffier en chef, un principal commis du greffe, un greffier garde-scel ordinaire des *requêtes* de l'hôtel, six huissiers.

Les maîtres des *requêtes*, dans leur tribunal des *requêtes* de l'hôtel, exercent deux sortes de jurisdictions, l'une à l'extraordinaire ou au souverain, l'autre à l'ordinaire.

Ils jugent souverainement & en dernier ressort au nombre de sept.

1°. Les causes renvoyées par arrêt du conseil, & toutes sortes d'instances qui s'intentent en exécution d'arrêts du conseil privé.

2°. Les causes touchant la falsification des sceaux des grandes & petites chancelleries, comme aussi l'instruction du faux incident aux instances pendantes au conseil, lorsque les moyens de faux y ont été déclarés admissibles.

3°. Les demandes des avocats au conseil pour leurs salaires, & les désaveux formés contre eux.

4°. L'exécution des lettres du sceau, portant privilège ou permission d'imprimer.

5°. Les appellations des appointemens & ordonnances que les maîtres des *requêtes* ont données pour l'instruction des instances du conseil, & les appels de la taxe & exécution des dépens adjugés au conseil.

Ils connoissoient aussi au souverain des propositions d'erreur qui s'intentoient contre les arrêts des cours souveraines, mais cela n'a plus lieu depuis que les propositions d'erreur ont été abrogées par l'ordonnance de 1667.

On ne peut faire ajourner aux *requêtes* de l'hôtel pour juger en dernier ressort, qu'en vertu d'arrêt du conseil ou commission du grand sceau.

Lorsque les maîtres des *requêtes* jugent au souverain, ils prononcent *les maîtres des requêtes, juges souverains en cette partie*, &c. & leurs jugemens sont qualifiés d'arrêts.

L'on ne peut se pourvoir contre ces arrêts des *requêtes* de l'hôtel à l'extraordinaire, que par *requête* civile ou opposition, ainsi que contre les arrêts des autres cours supérieures.

Les *requêtes de l'hôtel* connoissent en première instance & à l'ordinaire dans toute l'étendue du royaume, de toutes les causes personnelles, possessoires & mixtes de ceux qui ont droit de *committimus* au grand & au petit sceau.

Il est au choix de ceux qui ont droit de *committimus*, de plaider aux *requêtes de l'hôtel* ou aux *requêtes du palais*, excepté les maîtres des *requêtes* & officiers des *requêtes de l'hôtel* & leurs veuves, qui ne peuvent plaider en vertu de leur privilège, qu'aux *requêtes* du palais, comme *vice versâ*, les présidens, conseillers & autres officiers des *requêtes du palais*, & leurs veuves, ne peuvent plaider, en vertu de leur privilège, qu'aux *requêtes de l'hôtel*.

L'appel des sentences rendues aux *requêtes de l'hôtel* à l'ordinaire, ressortit au parlement. (*A*)

La forme de procéder aux *requêtes de l'hôtel* & du palais, a été réglée par des lettres-patentes du 24 mai 1770, enregistrées au parlement le 31 du même mois.

REQUÊTE D'EMPLOI, est celle qui est employée, soit pour tenir lieu d'autres écritures ou de production, comme pour servir d'avertissement de griefs, causes & moyens d'appels, réponses, contredits, salvations, *&c.*

REQUÊTE D'INTERVENTION, est celle par laquelle quelqu'un qui n'étoit pas encore partie dans une cause, instance ou procès, demande d'y être reçue partie intervenante. *Voyez* INTERVENTION.

REQUÊTE INTRODUCTIVE, est celle que l'on a d'abord présentée pour former son action, soit en demandant permission d'assigner ou d'être reçu partie intervenante. *Voyez* AJOURNEMENT, ASSIGNATION, EXPLOIT.

REQUÊTE JUDICIAIRE, est celle qui est formée verbalement & sur le barreau, soit par la partie ou par son procureur, ou par l'avocat assisté de la partie ou du procureur. *Voyez ci-après* REQUÊTE VERBALE.

REQUÊTES DU PALAIS, *Voyez* ce qui en est dit *au mot* PARLEMENT.

Requête de production nouvelle, est celle pour laquelle on produit de nouvelles pièces dans une instance ou procès. *Voyez* Production nouvelle.

Requête de qu'il vous plaise, est une *requête* qui ne contient que les qualités & des conclusions, sans aucun récit de faits ni établissement de moyens qui précèdent les conclusions; on l'appelle *requête de qu'il vous plaise*, ou un *qu'il vous plaise* simplement, parce que les conclusions de ces sortes de *requêtes* commencent par ces mots *qu'il vous plaise, supplie humblement tel*, .. *qu'il vous plaise*, &c.

Requête répondue, c'est celle au bas de laquelle le juge a mis son ordonnance.

Requête verbale *ou* judiciaire, est celle que l'on fait verbalement à l'audience.

Cependant au châtelet de Paris, & aux *requêtes* du palais, on donne le nom de *requête verbale* à des *requêtes* qui sont rédigées par écrit; on les appelle *verbales*, parce que dans l'origine elles se faisoient à l'audience; au châtelet elles commencent par ces mots : *à venir plaider par Me tel... sur la requête de tel;* & aux *requêtes* du palais elles commencent par ces mots: *sur ce que Me tel, procureur, a remontré;* & à la fin il est dit, *sur quoi la cour ordonne*, & *& soit signifié;* ces *requêtes verbales*, usitées aux *requêtes* du palais, ont la forme d'une sentence sur *requête*, & sont comme des especes d'appointemens que l'on offre sur ce qui concerne l'instruction.

REQUÊTÉ, (*Droit féodal.*) ce mot signifie littéralement réclamé, revendiqué (*requis.*) Il se trouve dans l'article 10 du titre 6 de la coutume de Lorraine, qui emploie aussi le mot *requêtement* pour *revendication.* Il y est dit que les délinquans pris en flagrant délit sont justiciables du lieu où ils ont délinqué lorsque le délit n'emporte pas la peine corporelle ou le bannissement. S'il est assez grave pour mériter ces peines, « le délinquant étant » avoué & reconnu homme d'autre justice, & » *requêté* par le seigneur d'icelle, il lui doit être » rendu chargé de ses charges, pour en faire faire » la justice, en satisfaisant préalablement aux dé» pens, tant de la détention du prévenu que con» fection de son procès, auparavant le requête» ment ».

Ce renvoi n'a été introduit, suivant Fabert, que pour favoriser le droit de confiscation, qui appartient au seigneur haut-justicier, en cas de mort civile. On a craint que le juge du lieu du délit ne pouvant pas espérer les biens du délinquant par un jugement rigoureux, n'aimât mieux obtenir la réputation de juge doux & clément aux dépens du seigneur justicier du domicile.

Quoi qu'il en soit, cette distinction a été abolie par l'ordonnance de Lorraine, comme par celle de France, non pas dans des vues d'humanité, comme le vouloit Fabert, mais afin d'avoir une preuve plus facile du crime, & de rendre l'exemple plus utile en poursuivant le crime & punissant le coupable dans le lieu même. (*G. D. C.*)

REQUÊTEMENT. *Voyez* Requêté.

REQUINT, est la cinquieme partie du quint dû au seigneur pour une mutation par vente.

Le *requint* n'est pas de droit commun, & n'a pas lieu dans toutes les coutumes où le quint est dû, mais seulement dans les coutumes qui l'accordent expressément, comme celle de Meaux; dans celle de Péronne, de Montdidier & Roye, il n'est dû que quand le contrat porte *francs deniers au vendeur.* Tel étoit autrefois le droit commun, suivant l'ancienne coutume de Paris. *Voyez* au surplus les articles Quint, Droit du droit, Relods, Requart, Reventons, Ventes-roles, *&c.* & le *traité des lots & ventes*, n°. 26. (*G. D. C.*)

REQUINTS. *Voyez* Requint.

REQUISITION, s. f. *en terme de palais*, signifie demande. Il est usité dans les procès-verbaux où les parties font des dires & prennent des conclusions : par exemple, dans un procès-verbal de scellé, une partie demande qu'un écrit soit paraphé, on fait mention qu'il a été paraphé à la *requisition.*

Requisition, *en matiere bénéficiale*, signifie la demande qu'un gradué, un brévetaire, un indultaire fait au patron ou collateur d'un bénéfice vacant, qu'il croit lui être dû à cause de son expectative.

Les gradués nommés & les autres expectans qui veulent lier les mains aux patrons & aux collateurs, doivent requérir dans les six mois du jour de la vacance, les bénéfices qui leur sont affectés, sinon ils perdent leur droit sur ces bénéfices; & les provisions données par le collateur ordinaire à un clerc qui n'avoit point d'expectative, deviennent irrévocables : mais la *requisition* d'un expectant dans les six mois annulle de plein droit les provisions données à celui qui n'a point d'expectative.

La *requisition* doit être faite par l'expectant en personne, ou par un procureur, soit clerc ou laïque, fondé de procuration spéciale.

Les gradués simples n'ont point de réitération à faire, ni même de *requisition*, quand la vacance arrive dans un mois de faveur, attendu que l'évêque choisit celui qu'il juge à propos parmi ceux qui lui ont fait signifier leurs lettres : mais il faut que cette signification ait été valablement faite avant la vacance. Au surplus, l'évêque doit nécessairement conférer à un gradué duement qualifié, simple ou nommé, dans les six mois; s'il conféroit à un non gradué ou à un gradué non duement qualifié, le bénéfice appartiendroit au gradué qui le premier en auroit fait la *requisition.* Quelques-uns ont prétendu qu'en pareil cas le bénéfice devroit appartenir au gradué le plus ancien : mais Dumoulin a soutenu qu'on devoit le conférer au plus diligent, & cette opinion a été confirmée

confirmée par arrêt rendu au parlement de Paris le 7 avril 1764, en faveur du sieur de Lanazeule.

Lorsqu'un bénéfice est en patronage, c'est au patron que la *requisition* doit être faite; & en ce cas, si le patron requis accorde au gradué ses lettres de présentation en bonne forme, tout est accompli de sa part; c'est au présenté à faire les devoirs nécessaires, qui consistent à notifier au collateur l'acte de présentation dans les six mois de la vacance, sinon il demeure privé de son droit. Si le patron refusoit ses lettres de présentation à l'expectant, il faudroit que celui-ci se pourvût dans les six mois, à compter du jour du refus, au collateur ordinaire, pour en obtenir des provisions, par une espèce de dévolution qui a lieu en ce cas du patron au collateur.

Les gradués sont libres de requérir ou de ne pas requérir les bénéfices qui viennent à vaquer: mais quand la *requisition* d'un bénéfice a été faite, le requérant ne peut plus le refuser sans perdre son droit.

La *requisition* faite par un gradué décrété de prise-de-corps ou même d'ajournement personnel, seroit considérée comme nulle. Il y a au journal du palais un arrêt du 4 mars 1673, par lequel le grand-conseil l'a ainsi jugé contre maître Jean Casaré, qui avoit requis, en vertu de ses grades, l'archiprêtré de Gradignan au diocèse de Bordeaux.

L'édit du mois de décembre 1691 a prononcé la nullité des *requisitions* non insinuées dans le mois de leur date, avec défense aux juges d'y avoir égard. *Voyez* Gradué, Insinuation.

REQUISITOIRE, f. m. *en terme de palais*, signifie une demande faite par le ministère public, à ce que telle ou telle chose soit faite.

REREFIÉ. *Voyez* Refié.

RÉREFIEF, c'est l'arriere-fief, comme le *rere-vassal* est l'arrière-vassal. Ces deux mots se trouvent dans la coutume de Montargis, *chap.* 1, *art.* 67, & dans plusieurs autres. *Voyez le glossaire du droit françois.* (*G. D. C.*)

RERE-GUET. *Voyez* Riéreguet.

REREVASSAL, (*Droit féodal*), c'est l'arrière-vassal. *Voyez le glossarium novum* de dom Carpentier, *au mot Retrovassor* & Rerefief. (*G. D. C.*)

RERE-VASSEUR. *Voyez* Rere-vassal & Rerefief.

RESCARE, *ou* Rescart de four. Ce mot se trouve dans l'art. 3 de la coutume d'Herly, locale de Bourbonnois. M. le Camus d'Houlouve nous apprend que c'est la bannalité du four. (*G. D. C.*)

RESEANCE. *Voyez* Resséantise.

RESÉANDISE. *Voyez* Resséantise.

RESÉANTISE. *Voyez* Resséantise.

RESCINDANT, adjectif, pris substantivement, signifie, *en terme de procédure*, le moyen qui sert à rescinder un acte ou un jugement; il signifie aussi la cause sur le point de forme, comme le rescisoire est la cause sur le fond.

RESCINDER, v. a. signifie annuller un acte ou un jugement.

RESCISION, f. f. est lorsque l'on annulle en justice un contrat ou autre acte. Ce terme vient du latin *rescindere*, qui, dans cette occasion, est pris pour *resecare*, couper en deux: ce terme a été appliqué aux actes que l'on déclare nuls, parce qu'anciennement la façon d'annuller un acte, étoit de le couper en deux; ce qui s'appelloit *rescinder*.

On dit aussi quelquefois la *rescision* d'un arrêt, pour exprimer la restitution qui est accordée à une partie contre cet arrêt par la voie de la requête civile; & dans cette espèce de *rescision*, on distingue le rescindant & le rescisoire, c'est-à-dire la forme & le fond. *Voyez* Requête civile, Rescindant & Rescisoire.

Il y a des actes que les coutumes & les ordonnances déclarent nuls, & dont on peut faire prononcer en justice la nullité, sans qu'il soit besoin de prendre la voie de *rescision*, parce que ce qui est nul est censé ne pas exister, & conséquemment n'a pas besoin d'être rescindé.

Mais à moins que la nullité d'un acte ne soit ainsi déclarée par la loi, un acte n'est pas nul de plein droit, quoiqu'on ait des moyens pour le faire annuller; c'est pourquoi l'on dit que les voies de nullité n'ont pas lieu en France; il faut prendre la voie de la *rescision*, &, pour cet effet, obtenir du roi des lettres de petite chancellerie, qu'on appelle *lettres de rescision*, c'est-à-dire, qui autorisent l'impétrant à prendre la voie de la *rescision*, & le juge à rescinder l'acte, si les moyens sont suffisans.

L'usage de la *rescision* ou de la restitution en entier nous vient des loix romaines.

Cette restitution produit son effet, non-seulement contre ceux qui ont passé l'acte, mais aussi contre les tiers-possesseurs.

Elle peut être demandée par l'héritier du chef du défunt.

Si c'est un fondé de procuration qui demande la *rescision* ou restitution sous le nom de son commettant, il faut qu'il soit fondé de procuration spéciale.

Celui qui a ratifié un acte en majorité, n'est plus recevable à demander d'être restitué contre cet acte.

L'effet de la *rescision* est que les deux parties sont remises au même état qu'elles étoient avant l'acte; de manière que celui qui est restitué doit rendre ce qu'il a reçu.

Si la lésion ne portoit que sur une partie de l'acte dont le surplus fût indépendant, la restitution ne devroit être accordée que contre la partie de l'acte où il y auroit lésion.

Dans l'ancien droit, le bénéfice de restitution devoit être obtenu dans un an utile depuis la majorité.

Justinien, par la loi dernière, *cod. de temp. in*

integr. rest., a étendu ce terme jusqu'à quatre ans continus.

Louis XII, par une ordonnance faite à Lyon en juillet 1510, a prorogé le temps de la restitution jusqu'à dix ans, tant en pays de droit écrit qu'en pays coutumier.

François I, par une autre ordonnance faite à Ys-sur-Til, en octobre 1535, a ordonné qu'aucune *rescision* de contrat ne pourroit avoir lieu après dix ans.

Par une autre ordonnance faite à Villers-Cotteret, au mois d'août 1539, *art. 134*, ce prince a ordonné qu'après trente-cinq ans accomplis, les mineurs, sous prétexte de minorité, ne pourroient plus demander la cassation des contrats par lettres de *rescision*, ou autrement par voie de nullité, pour aliénation d'immeubles faite sans décret ni autorité de justice.

Depuis ces ordonnances, on a tenu pour maxime générale en France, que les mineurs ont dix ans depuis leur majorité pour obtenir des lettres de *rescision*.

Mais dans les provinces réunies à la couronne depuis ces ordonnances, on observe encore la disposition du droit qui n'accorde que quatre ans pour obtenir le bénéfice de restitution; savoir, à l'égard des mineurs depuis leur majorité, à l'égard des majeurs depuis la passation des contrats.

Il y a aussi diversité de jurisprudence à l'égard des actes passés entre le mineur devenu majeur, & son tuteur.

Autrefois le parlement de Paris jugeoit qu'en ce cas le mineur avoit trente ans du jour de sa majorité pour se faire restituer contre de semblables actes.

Dans la suite, on a distingué entre les transactions faites *visis tabulis*, & celles qui étoient faites *non visis tabulis* : ces dernières étoient nulles; ainsi, on pouvoit les attaquer pendant trente ans. Quant aux autres, il falloit les attaquer dans les dix ans. On distinguoit aussi entre les transactions & les simples quittances ou décharges : dans le premier cas, le temps de la restitution étoit limité à dix ans; & dans le second cas, il duroit trente ans.

Aujourd'hui la jurisprudence de cette cour est que le mineur qui veut faire rescinder les actes, de quelque nature qu'ils soient passés entre lui & son tuteur, doit se pourvoir dans les dix ans de sa majorité.

Maynard, d'Olive & Catelan attestent que le parlement de Toulouse a toujours jugé & juge encore que le mineur a trente ans pour faire rescinder les actes passés avec son tuteur, même les transactions faites *visis tabulis*. Dans les autres cas, ce parlement n'accorde que dix ans du jour de l'acte ou de la majorité.

Par l'article 79 de l'arrêt de réglement que le parlement de Rouen a fait au sujet des tutèles, en 1673, il a ordonné que le tuteur ne pourroit transiger avec son pupille qu'après le compte rendu & approuvé.

Suivant l'article 80, le tuteur ne peut transiger qu'un an après la majorité du mineur, & en présence de deux des parens nommés pour cet effet par les autres parens qui ont procédé à l'élection de la tutèle; & l'article 81 veut que la remise des pièces soit faite en présence des mêmes parens, pour valider la transaction.

L'article 39 du réglement du 6 avril 1666, veut que celui qui a contracté avant l'âge de vingt ans accomplis, puisse se faire restituer dans la trente-cinquième année de son âge. Ainsi, en Normandie, on a quinze ans pour obtenir des lettres de *rescision* contre les actes passés en minorité.

Quoiqu'on se porte plus facilement à relever les mineurs que les majeurs, cependant la minorité n'est pas seule un moyen de restitution, il faut que le mineur soit lésé; mais aussi on le relève de toutes sortes d'actes où il souffre la moindre lésion, soit qu'il s'agisse de prêts d'argent ou autres conventions, soit qu'il soit question de l'acceptation d'un legs ou d'une succession, ou que le mineur y ait renoncé : on lui accorde même la restitution pour les profits dont il a été privé, ainsi que des demandes qu'il a formées, ou des consentemens qu'il a donnés à son préjudice dans les procès.

Si deux mineurs traitant ensemble, l'un se trouve lésé, il peut demander la restitution.

L'autorisation du tuteur n'empêche pas que le mineur n'obtienne la restitution; on la lui accorde même contre ce qui a été fait par son tuteur, quand il y a lésion.

Si l'on a vendu un immeuble du mineur sans nécessité ou sans utilité évidente, ou que les formalités n'aient pas été observées, telles que l'estimation préalable, les affiches & publications, le mineur en peut être relevé, quand il ne souffriroit d'autre lésion que celle d'être privé de ses fonds, qui est ce qu'on appelle *la lésion d'affection*.

Les moyens de restitution à l'égard des majeurs, sont la force, la crainte, le dol. Il faut pourtant qu'il y ait lésion; mais la lésion seule ne suffit pas.

Néanmoins, dans les partages des successions, la lésion du tiers au quart suffit pour donner lieu à la restitution, à cause de l'égalité qui doit régner entre des cohéritiers. Le parlement de Normandie juge même que pour obtenir cette restitution, il suffit que la lésion soit du quart au quint.

Le vendeur peut aussi être restitué contre la vente d'un fonds, s'il y a lésion d'outre-moitié du juste prix.

On demande si, dans les ventes à faculté de réméré, les dix ans pour obtenir des lettres de *rescision*, doivent commencer du jour du contrat, ou du jour du terme de la faculté expirée?

Au parlement de Paris, on juge que le temps de la restitution ne commence à courir que du jour de la faculté expirée.

Aux parlemens de Toulouse & de Bordeaux, le temps de la restitution commence à courir du jour du contrat. C'est ce qu'attestent Maynard, le Féron & la Peyrère.

Par l'article 110 du réglement du 6 avril 1666, le parlement de Rouen a ordonné que pour se faire restituer contre une vente à faculté de réméré, il falloit se pourvoir dans les dix ans, à compter du jour du contrat de vente, & non de l'expiration de la faculté de réméré.

Basnage remarque que cette cour n'admet point la restitution pour cause de lésion en matière d'échange.

Le parlement de Toulouse n'admet point non plus de restitution dans ce cas, comme le prouve un arrêt cité par Cambolas, *liv. 2*, *chap. 10*.

Au parlement d'Aix, on donne le choix ou de rendre l'héritage, ou de fournir le supplément du prix.

Bouvot atteste que cette faculté de fournir le supplément de la valeur de l'héritage, n'est point accordée au parlement de Dijon.

Védel sur Catelan observe que le parlement de Toulouse admet les créanciers à poursuivre l'entérinement des lettres de *rescision* obtenues par leur débiteur; mais cette cour juge qu'ils ne peuvent pas obtenir eux-mêmes de pareilles lettres. *Voyez* Dol, Lésion, Mineur, *&c.*

RESCISOIRE, adj. (*Jurisprud.*) est le moyen au fond, ou la cause même considérée au fond, par opposition au rescindant qui ne touche que la forme. Dans une requête civile, par exemple, le dol personnel de la partie adverse est le rescindant, & le mal jugé au fond est le *rescisoire*. *Voyez* Rescision, Requête civile. (*A*)

RESCRIPT, s. m. du mot latin *rescriptum*, signifie en général, une réponse qui est faite par écrit à quelque demande qui a été aussi faite par écrit.

Ce terme n'est guère usité que pour désigner certaines lettres ou réponses des empereurs romains & des papes.

Les *rescripts* des empereurs étoient des lettres qu'ils écrivoient en réponse aux magistrats des provinces, ou même quelquefois à des particuliers qui prioient le prince d'expliquer ses intentions sur des cas qui n'étoient pas prévus par les loix que l'on observoit.

L'empereur Adrien fut le premier qui fit de ces sortes de *rescripts*.

Ils n'avoient pas force de loi, mais ils formoient un grand préjugé, par la raison qu'ils concernoient seulement des cas particuliers, & qu'ils ne statuoient que sur la demande de l'impétrant.

Quand les questions que l'on proposoit à l'empereur paroissoient trop importantes pour être décidées par un simple *rescript*, l'empereur rendoit un décret.

Quelques-uns prétendent que Trajan ne donna point de *rescripts*, de crainte que l'on ne tirât à conséquence, ce qui n'étoit souvent accordé que par des considérations particulières; il avoit même dessein d'ôter aux *rescripts* toute leur autorité.

Cependant Justinien en a fait insérer plusieurs dans son code, ce qui leur a donné plus d'autorité qu'ils n'en avoient auparavant. Au reste, les *rescripts* n'avoient d'autorité qu'autant que l'exposé en étoit vrai, & qu'ils n'étoient contraires ni au bien public, ni au droit acquis à un tiers.

Nous suivons les mêmes règles en France à l'égard des lettres de grace ou de justice que les particuliers obtiennent dans les chancelleries, & qu'on peut comparer aux *rescripts* des empereurs romains. On y insère communément une clause qui enjoint aux juges à qui elles sont adressées, de s'informer de la vérité des faits, & l'on y ajoute souvent, sauf le droit d'autrui & le nôtre. *Voyez* Constitution, Décret.

Rescripts *des papes*, sont des lettres apostoliques, par lesquelles le pape ordonne de faire certaines choses en faveur d'une personne qui l'a suppliée de lui accorder quelque grace.

On en distingue deux sortes, ceux de grace & ceux de justice; les premiers dépendent de la volonté du pape; les autres dépendent plus de la disposition du droit, que de la volonté de celui qui les accorde. On regarde cependant comme mixtes, ceux qui sont accordés pour dispense de mariage, pour réclamation de vœux, pour sécularisation. Ils sont de grace dans leur principe, mais comme ils ne peuvent être exécutés sans une procédure qui tient du contentieux & de l'administration de la justice, on peut aussi les regarder comme de justice.

Les *rescripts* concernent, ou les bénéfices, ou les procès, ou la pénitencerie en toute matière; ils doivent être *restreints* & réduits dans les termes des saints décrets & constitutions canoniques, & en France ils ne sont reçus & exécutés, que sans préjudice de nos libertés.

Les *rescripts* contiennent trois parties; savoir, la supplique ou requête, la souscription du pape ou de celui qui est commis de sa part, & la déclaration de ce que le pape accorde.

Le *rescript* de grace est ordinairement accordé par ces mots: *fiat ut petitur*, *concessum ut petitur*; & celui de justice par le mot *placet*, qui n'emporte pas la grace, mais qui montre la volonté de l'accorder selon la justice.

Tous les *rescripts* sont censés contenir la clause, *si preces veritate nitantur*, parce que les papes ne veulent pas qu'on exécute leurs *rescripts* quand ils contiennent des dispositions contraires à l'équité ou aux loix ecclésiastiques.

Il y a cette différence entre les *rescripts* de grace & les *rescripts* de justice, que les premiers sont perpétuels ou pour le temps qu'il a plu au pape de déterminer; les autres ne servent que pour un an. Les *rescripts* de justice n'attribuent aucun nouveau droit à la chose, ils n'ont pour objet que de commettre la connoissance ou le jugement du droit qui est acquis; au lieu que les *rescripts* de grace donnent droit à la chose de la part du pape, même avant la vacance. La subreption, même par ignorance, annulle le *rescript* de grace, & tout ce qui s'ensuit, & n'annulle point le *rescript* de justice, parce que ce dernier ne donne aucun droit qui puisse nuire à un tiers. On n'enregistre point les *rescripts* de justice comme les *rescripts* de grace. On considère, relativement aux *rescripts* de justice, le temps où ils ont été présentés, parce que ce n'est que du jour de la présentation que le juge délégué est fondé en jurisdiction. A l'égard des *rescripts* de grace, où il n'y a point de condition, on considère le temps de la date qu'ils ont.

Celui qui a obtenu deux *rescripts* pour le même sujet, sans qu'il soit fait mention du premier dans le second, est privé de l'effet de l'un & de l'autre. Si le second parle du premier, celui-ci doit être exhibé, sans quoi le second est nul. Mais il n'est pas nécessaire que le premier *rescript* soit rappellé, si le sujet est différent, si le premier est resté inconnu sans signification, si le premier n'étant que général, le second est spécial; si enfin le premier étoit suranné quand le second a été accordé.

Les brefs ou *rescripts* de Rome ne peuvent être enregistrés dans les parlemens sans lettres-patentes du roi, comme on le remarque dans les mémoires du clergé, *tome 6*, *pages 347 & 348*.

Conformément à l'esprit & à la disposition du concile de Trente, l'exécution des *rescripts* de justice ou mixtes doit être commise aux ordinaires des lieux. C'est une ancienne jurisprudence des parlemens du royaume, de déclarer abusive l'exécution des *rescripts* délégatoires par lesquels le pape commet des juges hors du ressort du parlement dont les parties sont justiciables. *Voyez* BREF, BULLE, FULMINATION, DÉLÉGUÉ.

RESCRIPT se dit aussi, en quelques endroits, pour le rapport ou relation que l'huissier ou sergent fait dans son exploit. (*A*)

RÉSERVATION, s. f. est un ancien terme qui signifie la même chose que réserve; il n'est guère usité qu'en matière de bénéfices & de pensions sur bénéfices. *Voyez* RÉSERVES APOSTOLIQUES, (*Droit canon.*)

RÉSERVE, s. f. (*Droit civil.*) signifie, en général, exception, restriction, au moyen de laquelle une chose n'est pas comprise, soit dans la loi, ou dans un jugement ou autre acte.

Dans les jugemens préparatoires ou interlocutoires, le juge réserve souvent les dépens, dommages & intérêts, c'est-à-dire, qu'il remet à y faire droit après qu'on aura fait quelque instruction plus ample. *Voyez* DÉPENS.

Le juge, en rendant un jugement, *réserve* à faire droit, lorsqu'il remet la décision du fond, ou de quelque branche d'une affaire, après qu'on aura fait quelque instruction qui doit précéder.

On appelle *réserve de servitudes*, la clause par laquelle, en vendant une maison ou autre héritage, le vendeur se *réserve* les servitudes & droits qu'il a sur cet héritage, soit pour lui personnellement, soit pour l'utilité de quelque autre héritage à lui appartenant, & voisin de celui qu'il vend. *Voyez* SERVITUDE.

Une *réserve* d'usufruit est, lorsqu'en vendant ou donnant la propriété d'un bien-meuble ou immeuble, on en retient à son profit l'usufruit. *Voyez* USUFRUIT.

RÉSERVE, (*Eaux & Forêts.*) s'entend des arbres ou parties de bois qui ne doivent être ni vendus ni coupés.

Les arbres de *réserve* sont ceux de lisières, les pieds-corniers & parois, les baliveaux anciens & modernes, les baliveaux sur taillis. Ils sont tous réputés faire partie du fonds des forêts, sans que les engagistes des bois du roi, les douairières & les usufruitiers des bois particuliers y puissent rien prétendre, ni aux amendes qui en proviennent.

Ceux qui abattent les arbres de *réserve*, encourent l'amende de cinquante livres, & sont condamnés en pareille somme de restitution.

On appelle *quart de réserve*, la partie des bois des gens de main-morte qui a été marquée & réservée pour croître en futaie. On lui a donné le nom de *quart*, parce que l'ordonnance du mois d'août 1669, veut que la quatrième partie au moins des bois dépendans des évêchés, abbayes, prieurés, bénéfices, commanderies & communautés ecclésiastiques & laïques, soit toujours en nature de futaie.

Le *quart de réserve* doit être séparé du reste du taillis, & le triage des bois à réserver doit être fait par le grand-maître ou par les officiers de la maîtrise sur sa commission. Les gens de main-morte ne peuvent y toucher qu'en vertu de lettres-patentes bien & duement enregistrées, à peine d'amende arbitraire envers le roi, & de restitution du quadruple de la valeur des bois coupés ou vendus.

Si cette restitution excède cinq cens livres, elle doit être employée en fonds pour le bénéfice, collège, commanderie ou autre communauté, & le revenu doit en être appliqué à l'hôpital des lieux durant la vie des bénéficiers, commandeurs ou administrateurs contrevenans; mais si elle ne va pas à cinq cens livres, elle doit appartenir en entier à l'hôpital.

RÉSERVES APOSTOLIQUES, (*Droit canon.*) on appelle ainsi un droit que les papes s'étoient arrogé, en vertu duquel ils disposoient, exclusivement à tout autre collateur, de certains bénéfices lorsqu'ils viendroient à vaquer. Ce prétendu droit différoit des mandats, en ce que par ceux-ci le pape ordonnoit à un collateur de conférer à la personne qu'il désignoit, tel bénéfice lorsqu'il vaqueroit, & que par les *réserves*, le pape lioit les mains au collateur, sans désigner le titulaire, en se réservant de le nommer au temps où le bénéfice seroit vacant.

Les *réserves* furent une suite des mandats & la conséquence naturelle de cette maxime, qui a causé tant de maux à la religion, que le pape, comme ordinaire des ordinaires, est le maître de toutes les églises & de tous les bénéfices du monde chrétien. Les mandats étant en vigueur, il n'y eut plus qu'un pas à faire pour établir les *réserves*. C'est en effet à-peu-près la même chose, ou d'obliger un collateur à conférer à telle personne, tel bénéfice qui viendra à vaquer, ou de se réserver à soi le soin de cette collation.

Clément IV, qui fut élevé sur la chaire de saint Pierre en 1265, est le premier qui ait établi en loi, les *réserves apostoliques*. Son décret à ce sujet a été inséré dans le sexte, *cap.* 2, *de præbend. In curia licet ecclesiarum personatuum, dignitatum, aliorumque beneficiorum ecclesiasticorum, plenaria dispositio ad Romanum noscatur pontificem pertinere, ita quòd non solum ipsa, cum vacant, potest de jure conferre, verum etiam jus in ipsis tribuere vacaturis collationem: tamen ecclesiarum personatuum, dignitatum & beneficiorum apud sedem apostolicam vacantium, specialius cæteris antiqua consuetudo romanis pontificibus reservavit.*

Les successeurs de Clément IV ne manquèrent pas d'adopter ce systême, & firent tant de *réserves* générales & particulières, qu'il ne restoit presque plus aucun bénéfice à la collation des ordinaires.

Le pape Jean XXII poussa les choses plus loin par sa constitution *execrabilis*. Il se réserva la collation de tous les bénéfices dont seroient obligés de se démettre ceux qui seroient pourvus d'autres bénéfices incompatibles. Benoît XII, successeur de Jean XXII, autorisé par ces exemples, & singulièrement par la doctrine contenue dans la décrétale de Clément IV, rapportée ci-dessus, se réserva non-seulement la provision de tous les bénéfices qui vaqueroient *in curiâ*, mais aussi de tous ceux qui viendroient à vaquer par la privation des bénéficiers, ou par leur translation à d'autres bénéfices; de tous les bénéfices des cardinaux, légats, nonces, trésoriers des terres de l'église romaine, & des clercs qui, allant à Rome pour affaires, mourroient en allant ou en revenant, ou à environ deux journées de cette cour; & enfin de tous les bénéfices qui vaqueroient à cause que leur possesseur en auroit reçu quelque autre.

Le concile de Lyon, tenu en 1274, ne crut pas devoir arrêter les prétentions des papes sur les *réserves in curiâ*, qui sont l'origine de toutes les autres. Il se contenta d'ordonner que si le pape ne conféroit pas ces bénéfices dans le mois de la vacance, les collateurs ordinaires pourroient les conférer.

Les prétentions extraordinaires de Jean XXII & de Benoît XII eurent leur effet en France, parce que les papes de ce temps-là étoient François & résidoient à Avignon. L'abus poussa des racines encore plus fortes pendant le grand schisme d'Occident. Le concile de Constance ne put y remédier. Martin V crût faire un grand sacrifice en faveur des collateurs ordinaires, en les déclarant exempts des *réserves*, expectatives & mandats pendant quatre mois de l'année, d'où est née la règle *de mensibus. Voyez* ALTERNATIVE.

Enfin, le concile de Bâle, qui a moins ménagé les prétentions de la cour de Rome que les précédens, abolit les *réserves* dans les termes les plus précis. *Ipsas omnes reservationes tam generales quam speciales, sive particulares, de quibuscumque ecclesiis & beneficiis, quibus tam per electionem quam collationem aut aliam dispositionem, provideri solet, sive per extravagantes ad regimen & execrabilis, sive per regulas cancellariæ aut alias constitutiones apostolicas introductas, hæc sancta synodus abolet, statuens ut de cætero nequaquam fiant: reservationibus in corpore juris expresse clausis, & his quas in terris romanæ ecclesiæ ratione directi seu utilis domini mediatè vel immediatè subjectis fieri contigerit, dumtaxat exceptis.* Sess. 23, cap. 6.

La cour de Rome n'a pas jugé à propos de se conformer à ce décret. L'usage des *réserves* s'y est toujours conservé. Les neuf premières règles de la chancellerie expriment dans le plus grand détail, les bénéfices dont on prétend à Rome que la disposition appartient privativement au pape, quand ils viennent à vaquer autrement que par résignation. Les ultramontains appuient sur deux motifs les *réserves* qu'ils attribuent au pape, 1°. sur sa souveraineté, tant temporelle que spirituelle, dans toute l'église; 2°. sur un principe de bien public, pour éviter, d'une part, les abus & les simonies des élections & collations; & de l'autre, pour avoir le moyen de donner aux ecclésiastiques pauvres, une subsistance honnête, & aux personnes de mérite ou d'une haute naissance, les bénéfices dont les fonctions n'en demandent point d'autres. Nous ne nous arrêterons point à réfuter ces raisons. Nous nous contenterons de donner une idée de la manière dont les canonistes conçoivent les *réserves*.

Il y a d'abord les *réserves* mentales. Elles ont été condamnées par le concile de Trente, & la cour de Rome a souscrit à cette condamnation. On distingue ensuite les *réserves* générales & les spéciales. Les premières sont ainsi appellées, ou parce qu'elles s'étendent sur tous les bénéfices d'un tel pays, ou parce qu'elles sont établies par une disposition générale qui fait le droit commun. Les spéciales sont celles qui portent sur un bénéfice désigné, ou en faveur d'une personne dénommée.

Plusieurs canonistes distinguent encore quatre sortes de *réserves*, respectivement aux lieux, aux personnes, au bénéfice & au temps, *ratione loci, personæ, beneficii & temporis*.

La *réserve ratione loci*, comprend particuliérement les bénéfices vacans *in curiâ*, c'est-à-dire, en cour de Rome. C'est la seule qu'on appelle *in corpore juris clausa*, parce qu'elle se trouve dans l'ancien livre des décrétales. Elle n'a point été abolie par le concile de Bâle. Elle est admise parmi nous avec des modifications. *Voyez* NOMINATION, VACANCE *in curia*.

La *réserve ratione personæ*, regarde les personnes de qui le pape s'est voulu réserver les bénéfices, comme de ses familiers, & de ceux des cardinaux & autres officiers de la cour de Rome qui se trouveroient absens.

Celle *ratione beneficii* doit avoir lieu, lorsque les bénéfices sont si importans que, soit pour éviter les brigues, soit pour ne les conférer qu'à des personnes d'un mérite distingué, le pape a voulu s'en réserver la collation.

La dernière *réserve ratione temporis*, est celle par laquelle les papes ont ôté aux ordinaires la disposition des bénéfices en certains temps de l'année, en prenant pour eux les deux tiers ou la collation alternative. *Voyez* ALTERNATIVE, BRETAGNE, CONCORDAT.

De toutes les *réserves*, il n'y a, comme nous venons de le dire, que celle *in curiâ* qui soit admise dans tout le royaume sous certaines modifications. Les pays d'obédiences reconnoissent celle qui est la suite de l'alternative ou de la règle *de mensibus*.

L'abolition des *réserves* & des mandats a fait cesser les voyages de Rome, que la cupidité des clercs leur faisoit entreprendre pour obtenir des bénéfices. La stérilité de ces courses a été le frein le plus puissant qu'on ait pu opposer à leur ambition. On a pourvu, d'un autre côté, aux besoins, & récompensé le mérite des ecclésiastiques qui se livrent à l'étude, en établissant l'expectative des gradués. (*M. l'abbé* BERTOLIO, *avocat au parlement.*)

RÉSERVES COUTUMIÈRES, est le nom qu'on donne aux biens ou portions de biens que les coutumes ont rendus indisponibles, & ont réservés aux héritiers naturels.

La loi des douze tables permettoit à chaque citoyen romain de consommer toute sa fortune en donations entre-vifs, ou en libéralités testamentaires. La seule restriction apposée à cette liberté indéfinie, consistoit à obliger le testateur de laisser une légitime à ses enfans, ou à ses ascendans, ou à ses frères & sœurs, lorsqu'il leur préféroit des personnes viles & infames.

Cette liberté de disposer a passé de Rome dans les Gaules, & paroît avoir subsisté dans les premiers temps de notre monarchie. C'est du moins ce que font présumer quelques-unes des formules de Marculphe. Elle s'est même conservée dans presque tous les pays de droit écrit, & elle est autorisée par quelques coutumes des Pays-Bas, par celles d'Artois & de Bourgogne; mais les autres, quelques-unes même de certains pays de droit écrit, l'ont restreinte dans des bornes plus ou moins étroites.

Les unes ne soumettent à ces *réserves* que les biens propres, les autres les appliquent indifféremment aux propres & aux acquêts; quelques-unes y assujettissent jusqu'aux meubles; d'autres enfin les étendent aux meubles & acquêts, à défaut de propres. Mais dans toutes, sous le nom de propres, on n'entend que les biens auxquels la loi imprime cette qualité, tels que les héritages, les offices & les rentes, & non les objets qui ne sont propres que par stipulation, telles que les sommes mobilières, stipulées propres dans les contrats de mariage.

Parmi les coutumes de la première classe, les unes, à la tête desquelles se trouve celle de Paris, ne permettent de disposer par testament & ordonnance de dernière volonté, que de la cinquième partie des héritages propres. D'autres, telles que celles de Péronne, Chauny & Saint-Quentin, distinguent les héritages féodaux d'avec les roturiers, & fixent la *réserve* des premiers aux quatre quints, & celles des autres aux deux tiers. Celle de Montargis & quelques autres, réservent en faveur de l'héritier, les trois quarts des biens roturiers.

Les coutumes de Lille, Metz, Tournai, Bruxelles & autres, forment la seconde classe. Elles permettent de disposer par testament & ordonnance de dernière volonté, des biens-meubles, catteux & héritages réputés meubles, mais elles déclarent que les fiefs & héritages immeubles, soit propres, soit acquêts, ne se peuvent donner, fors seulement les profits & revenus d'iceux de trois ans, en usant par exprès de ces mots, *profits & revenus de trois ans*; qu'autrement lesdites charges, dons & dispositions sont nulles, sauf cependant, que père & mère, grand-père & grand-mère, ou l'un d'iceux, peuvent faire partage & division, tant de leurs fiefs comme d'autres héritages par testament ou autrement, comme bon leur semble.

On peut ranger dans la même classe les coutumes de Valenciennes, Hainaut, Mons, Cambresis, Liège & Namur, qui font dépendre de l'état des propriétaires, les *réserves* auxquelles elles soumettent les biens propres & acquêts. *Voyez* CONDITIONNER, DÉVOLUTION COUTUMIÈRE, MAINBOURNIE.

Les coutumes de la troisième classe doivent se subdiviser en trois espèces. Celles de Bourbonnois & Auvergne ne permettent de disposer par acte de dernière volonté que du quart des biens, & exigent que les trois quarts restent à l'héritier, francs & quittes de toutes charges & legs, même des frais de funérailles.

Celles de la Marche & de la Flandre autrichienne, permettent de disposer par testament du tiers des biens, compris les funérailles & les legs, & elles exigent que les deux autres tiers restent franchement & quittement à l'héritier *ab intestat.* A l'égard des donations entre-vifs, la plupart autorisent ceux qui n'ont pas d'enfans, à donner, suivant leur volonté, soit à leurs parens, soit à des étrangers, leurs biens-meubles & conquêts immeubles; mais ils ne peuvent disposer ainsi de leurs immeubles propres que par contrat de mariage, & en faveur du mariage.

Les coutumes de Normandie & de Labour, distinguent sur ce point les propres des acquêts, & les acquêts des meubles. Celle de Normandie n'accorde au testateur âgé de seize ans, & mineur de vingt, que la disposition du tiers de ses meubles; celui qui est âgé de vingt ans peut disposer de la totalité; mais s'il est marié & qu'il ait des enfans, il ne peut disposer que du tiers, cependant cette prohibition cesse en sa faveur, s'il n'a que des filles, qu'elles soient mariées, & qu'il soit quitte de leurs mariages.

Toute disposition des acquêts est interdite, lorsqu'il y a des enfans; mais s'il n'en existe aucun, il est permis de disposer par testament ou donation à cause de mort, du tiers des acquêts & conquêts immeubles, pourvu toutefois que ce ne soit pas en faveur de la femme du testateur ou des héritiers d'icelle, que le testament ou donation soit faite trois jours avant le décès, & qu'il n'ait disposé dudit tiers entre-vifs.

Les propres sont totalement indisponibles, soit pour la propriété, soit pour l'usufruit, à moins que le testateur ne dispose de l'usufruit pour récompense de ses serviteurs, ou autres causes pitoyables.

Les donations entre-vifs peuvent comprendre tout le mobilier, & le tiers des immeubles, propres ou acquêts du donateur, soit qu'il ait des enfans ou non.

La coutume de Labour porte, que chacun peut disposer de ses acquêts à son plaisir & volonté, par testament ou autre acte de dernière volonté, pourvu que, s'il y a enfans, il laisse à chacun d'eux quelque chose desdits acquêts, si peu soit-il, sans que les enfans puissent autre chose demander. Mais l'on ne peut tester des biens-avitins, que du consentement de celui qui doit succéder.

Les coutumes de la quatrième classe sont au nombre de treize; savoir, celles de Touraine, Anjou, le Maine, Loudunois, Poitou, Angoumois, la Rochelle, Saintonge, Bretagne, Bar-le-Duc, Sens, Abbeville & Rue en Picardie. Elles permettent de disposer des meubles & acquêts ou de partie d'iceux; mais lorsqu'il n'y a point de propres, elles réservent aux héritiers une partie des acquêts, & au défaut de propres & d'acquêts, elles veulent que les meubles représentent les propres. Il faut, à cet égard, consulter la disposition de chaque coutume. *Voyez* ACQUÊT, AMEUBLISSEMENT, HÉRITIER, LEGS, LÉGATAIRE, LÉGITIME, NÉCESSITÉ JURÉE, PROPRE, RÉCOMPENSE, SUCCESSION, TESTAMENT.

RÉSIDENCE, s. f. (*Droit civil & canon.*) est, en général, la demeure fixe que quelqu'un a dans un lieu; mais ce terme s'entend particulièrement du séjour actuel & perpétuel d'un officier ou bénéficier, dans le lieu de sa charge ou de son bénéfice.

On ne reçoit pour caution qu'une personne réséante, c'est-à-dire, résidente & domiciliée dans le lieu.

Tous les officiers & employés sont naturellement obligés à *résidence* dans le lieu où se fait l'exercice de leur office ou emploi, du moins lorsqu'il exige un service continuel ou assidu; cependant cette obligation n'est pas remplie bien exactement par la plupart des officiers.

Un arrêt du conseil du 12 février 1671, a ordonné que les maîtres particuliers des eaux & forêts seroient tenus de résider dans leurs maîtrises, pour y faire leurs fonctions suivant l'ordonnance, à défaut de quoi il seroit commis à leur place.

L'article 3 du titre 5 de l'ordonnance du mois d'août 1669, veut que le lieutenant d'une maîtrise réside dans la ville où est le siège de cette maîtrise, sans pouvoir en désemparer, particulièrement aux jours & heures d'audience, sous peine de privation de ses gages, sinon après avoir averti le maître ou le garde-marteau, afin qu'ils suppléent en son absence à l'administration de la justice, de manière que le siège soit toujours rempli.

Les sergens à garde doivent demeurer près de leurs gardes, dans la distance d'une demi-lieue tout au plus, & ne peuvent s'absenter que pour cause légitime, & après en avoir obtenu permission du maître & du procureur du roi, qui doivent substituer à leur place le plus prochain garde ou autre, ainsi qu'ils le jugent à propos.

Les officiers des maîtrises ne peuvent jouir des droits de glandée & de chauffage, qu'autant qu'ils font un service & une *résidence* actuels, dont ils doivent apporter aux receveurs-généraux les certificats des grands-maîtres.

Les gruyers doivent avoir un lieu fixe dans l'exercice de leur jurisdiction, & résider dans le ressort de leur gruerie, le plus près des bois qu'il est possible, à peine de privation de leurs gages & d'interdiction.

La *résidence* est un devoir non moins indispensable pour les bénéficiers. Dans les premiers siècles de l'église, tous les clercs demeuroient attachés à leur titre: ils ne pouvoient le quitter, & encore moins passer d'un diocèse à un autre sans la permission de leur évêque, sous peine d'excommunication contre eux, & même contre l'évêque qui les recevoit. Mais depuis que l'on a fait des ordinations sans titre, les clercs ainsi ordonnés se sont crus dispensés de résider dans le lieu de leur ordination.

La pluralité des bénéfices s'étant ensuite introduite, les bénéficiers auxquels on a permis de posséder à la fois plusieurs bénéfices, se sont trouvés dans l'impossibilité de remplir par-tout l'obligation de la *résidence*; on en a même vu qui ne résidoient dans aucun de leurs bénéfices, s'occupant de toute autre chose que des devoirs de leur état.

C'est de-là que le concile d'Antioche, en 347, défendit aux évêques d'aller à la cour sans le consentement & les lettres des évêques de la province, & principalement du métropolitain.

Le concile de Sardique défendit aux évêques de s'absenter de leurs églises plus de trois ans sans grande nécessité, & ordonna à tous les évêques d'observer leurs confrères quand ils passeroient dans leur diocèse, & de s'informer du sujet de leur voyage, pour juger s'il devoit communiquer avec eux & souscrire aux lettres de congé qu'ils portoient.

Alexandre III, en 1179, condamna à la *résidence* tous les bénéficiers à charge d'ames; on ajouta depuis les dignités, canonicats & autres charges dans une église. La *résidence* n'ayant pas été ordonnée aux autres bénéficiers nommément, ils s'en crurent dispensés.

Ce fut sur-tout pendant le temps des croisades qu'il y eut le plus d'abus en ce genre, on permettoit aux clercs de recevoir sans résider, les fruits de leur bénéfice pendant un temps considérable, comme de trois ans.

Les voyages de Rome qui étoient alors fréquens pour solliciter des procès ou des graces, furent encore des occasions de se soustraire à la *résidence*.

La translation du saint-siège à Avignon y donna encore bien plus lieu, les cardinaux & les papes eux-mêmes donnant l'exemple de la non-*résidence*.

Les papes ne firent point difficulté d'accorder des dispenses de résider, même de donner des indults pour en dispenser à perpétuité, avec faculté néanmoins de recevoir toujours les fruits du bénéfice.

Le motif de ces *dispenses* fut que ceux auxquels on les accordoit servoient l'église ou le public aussi utilement, quoique absens du lieu de leur bénéfice; ce fut par le même principe que l'on accorda une semblable *dispense* aux ecclésiastiques de la chapelle du roi & aux officiers des parlemens; mais l'édit de Melun ordonna que les chantres de la chapelle du roi, après qu'ils seroient hors de quartier, seroient tenus d'aller desservir en personne les prébendes & autres bénéfices sujets à *résidence* dont ils seroient pourvus, qu'autrement ils seroient privés des fruits de leurs prébendes & bénéfices sujets à *résidence*.

Le concile de Trente ne permet aux évêques de s'absenter de leur diocèse que pour l'une de ces quatre causes, *christiana charitas, urgens necessitas, debita obedientia, evidens ecclesiæ vel reipublicæ utilitas*. Il veut que la cause soit approuvée par écrit & certifiée par le pape ou par le métropolitain, ou en son absence, par le plus ancien évêque de la province. Le concile leur enjoint particuliérement de se trouver en leurs églises au temps de l'Avent, du Carême, des fêtes de Noël, Pâque, Pentecôte & de la Fête-Dieu, à peine d'être privés des fruits de leur bénéfice à proportion du temps qu'ils auront été absens.

On agita alors si l'obligation de résider étoit de droit divin, comme quelques auteurs l'ont soutenu: les avis furent partagés, & l'on se contenta d'ordonner la *résidence*, sans déclarer si elle étoit de droit divin ou seulement de droit ecclésiastique.

Ce réglement fut adopté par le concile de Bordeaux en 1583.

Il est encore dit par le concile de Trente que les évêques qui, sans cause légitime, seront absens de leur diocèse six mois de suite, perdront la quatrième partie de leurs revenus; que s'ils persistent à ne point résider, le métropolitain ou le plus ancien suffragant, si cela regarde le métropolitain, en avertira le pape qui peut pourvoir à l'évêché.

Le concile de Rouen, tenu en 1581, ordonne aux chapitres des cathédrales d'observer le temps que leur évêque est absent de son diocèse & d'en écrire au métropolitain, ou si le siège métropolitain est vacant, au plus ancien évêque de la province ou au concile provincial.

Pour les curés & autres bénéficiers ayant charge d'ames, le concile de Trente leur défend de s'absenter de leur église, si ce n'est avec la permission par écrit de l'évêque; & en ce cas, ils doivent commettre à leur place un vicaire capable & approuvé par l'évêque diocésain, auquel ils assigneront un entretien honnête. Ce concile défend aussi aux évêques d'accorder ces dispenses pour plus de deux mois, à moins qu'il n'y ait des causes graves; & il permet aux évêques de procéder par toutes sortes de voies canoniques, même par la privation des fruits contre les curés absens qui, après avoir été cités, ne résideront pas.

Quant aux chanoines, le concile de Trente leur défend de s'absenter plus de trois mois en toute l'année, sous peine de perdre, la première année, la moitié des fruits, & la seconde, la totalité.

Les conciles provinciaux de Bourges & de Sens en 1528, & celui de Narbonne en 1551, avoient ordonné la même chose; ceux de Reims en 1564, de Rouen en 1581, de Bordeaux en 1583, Aix en 1585, Narbonne en 1609, Bordeaux en 1624, & l'assemblée de Melun en 1579, le réglement spirituel de la chambre ecclésiastique des états en 1614 ont renouvellé le même réglement. Le concile de Bordeaux en 1583, veut de plus que le collateur ne confère aucun bénéfice sujet à *résidence*, sans faire prêter au pourvu le serment qu'il sera exact à résider.

Les ordonnances du royaume ont aussi prescrit la *résidence* aux évêques, curés & autres bénéficiers, dont les bénéfices sont du nombre de ceux qui, suivant la présente discipline de l'église, demandent *résidence*: telle est la disposition de l'ordonnance de Châteaubriant en 1551, de celle de Villers-Cotterets en 1557, de celle d'Orléans en 1560, de l'édit du mois de mai de la même année, de de l'ordonnance de Blois, *art. 14*, de celle du mois de février 1580, de celle de 1629, *art. 11*. Le parlement défendit même, en 1560, aux évêques, de prendre le titre de *conseillers du roi*, comme étant une fonction incompatible avec l'obligation de résider dans leur diocèse; le procureur-général Bourdin faisoit saisir le temporel des évêques qui restoient plus de quinze jours à Paris.

L'édit de 1695, qui forme le dernier état sur cette matière, porte, *art. 23*, que si aucuns bénéficiers qui possèdent des bénéfices à charge d'ames manquent à y résider pendant un temps considérable, le juge royal pourra les en avertir, & en même temps leurs supérieurs ecclésiastiques; & en cas que, dans trois mois après ledit avertissement, ils négligent de résider sans en avoir des excuses légitimes, il pourra, à l'égard de ceux qui ne résident pas, & par les ordres du supérieur ecclésiastique, faire saisir jusqu'à concurrence du tiers du revenu desdits bénéfices au profit des pauvres des lieux, ou pour être employé en autres œuvres pies, telles qu'il le jugera à propos.

Suivant notre usage, on appelle *bénéfices simples*, ceux qui n'ont point charge d'ames, & n'obligent point d'assister au chœur, ni conséquemment à *résidence* : tels sont les abbayes ou prieurés tenus en commende, & les chapelles chargées seulement de quelques messes que l'on peut faire acquitter par autrui.

Quant aux chanoines, quoiqu'en général ils soient tenus de résider, l'observation plus ou moins étroite de cette règle dépend des statuts du chapitre, pourvu qu'ils ne soient pas contraires au droit commun. A Hildesheim en Allemagne, évêché fondé par Louis-le-Débonnaire, un chanoine qui a fait son stage, qui est de trois mois, peut s'absenter pour six ans, savoir deux années *peregrinandi causâ*, deux autres *devotionis causâ*, & encore deux *studiorum causâ*.

Les chanoines qui sont de l'oratoire & chapelle du roi, de la reine & autres employés dans les états des maisons royales, les conseillers-clercs des parlemens, les régens & étudians des universités sont dispensés de la *résidence* tant que la cause qui les occupe ailleurs subsiste.

Deux bénéfices sujets à résidence sont incompatibles, à moins que celui qui en est pourvu n'ait quelque qualité ou titre qui le dispense de la *résidence*. (*A*)

RÉSIDENS, dans plusieurs anciennes coutumes, sont des tenanciers qui étoient obligés de résider sur les terres de leur seigneur, & qui ne pouvoient se transporter ailleurs. Le vassal assujetti à cette *résidence*, s'appelloit *homme levant & couchant*, & en Normandie, *resséant du fief*.

RÉSIGNATION, s. f. (*Droit canon.*) on distingue trois sortes de *résignations*, les démissions simples, les démissions pour cause de permutation, & les démissions en faveur, que l'on appelle ordinairement *résignations*. Nous avons traité les deux premières espèces de *résignations* aux articles DÉMISSION, PERMUTATION. Celui-ci sera uniquement consacré aux *résignations* en faveur.

On appelle *résignation en faveur*, l'acte par lequel un titulaire renonce à son bénéfice entre les mains du supérieur, à la charge qu'il en disposera au profit de celui qu'il lui nomme, faute de quoi il entend que sa renonciation demeure nulle & sans effet.

On trouve dans l'histoire ecclésiastique, des exemples de plusieurs grands & saints personnages qui ont désigné leurs successeurs dans les évêchés que leur grand âge ou leurs infirmités ne leur permettoient plus d'occuper. C'est ainsi que saint Alexandre nomma saint Athanase pour son successeur dans le siège d'Alexandrie, & que saint Athanase choisit saint Pierre pour remplir le même siège après lui. Saint Augustin fut choisi par l'évêque Valere, non-seulement pour lui succéder, mais même pour gouverner conjointement avec lui l'église d'Hyppone. Saint Augustin lui-même dit à son peuple assemblé avec son clergé : je veux que le prêtre Eraclius soit mon successeur; les notaires de l'église écrivent comme vous voyez; en un mot nous faisons un acte ecclésiastique. Car je veux que cela soit ainsi assuré, autant qu'il se peut, devant les hommes. Je ne veux cependant pas qu'on fasse pour lui ce qu'on a fait pour moi : ce que le concile de Nicée a défendu. Mon père Valere vivoit encore lorsque je fus ordonné évêque, & je tins ce siège avec lui : mais nous ne savions pas ni lui ni moi là-dessus la défense du concile. Je ne veux donc pas qu'on reprenne dans Eraclius ce qu'on a repris dans moi. Il demeurera prêtre comme il est, & sera évêque quand il plaira à Dieu.

Ce langage de saint Augustin à son clergé & à son peuple, paroîtroit étonnant, si on n'en connoissoit les motifs. Je sais, dit-il, combien les églises sont ordinairement troublées après la mort des évêques, & autant que je puis, je dois empêcher que ce malheur n'arrive à celle-ci; je vous déclare donc à tous ma volonté que je crois être celle de Dieu.

Si tous les évêques eussent été & eussent toujours dû être des saints Augustins, il n'y auroit sans doute point eu d'inconvéniens à leur laisser le libre choix de leurs successeurs. Cela eût prévenu les brigues dans les élections; mais, d'un autre côté, on eût donné aux évêques ambitieux la facilité de transmettre leur siège, comme par droit héréditaire, à ceux qu'ils affectionnent, & particulièrement à leurs neveux. Pour parer à cet abus, & maintenir la liberté des élections, le concile d'Antioche, de l'an 341, défendit aux évêques, par son vingt-troisième canon, de se donner des successeurs. *Episcopo non licet post se alterum successorem sibi constituere, licet ad exitum vitæ perveniat. Quod si tale aliquid factum fuerit, irrita sit hujusmodi ordinatio. Custodiri autem oportet ecclesiastica constituta, quæ se ita continent non posse aliter episcopum fieri nisi in concilio, & consensu episcoporum eorum dumtaxat, qui post obitum ejus qui præcessit habuerint potestatem eum qui dignus fuerit provehendi.*

On voit que dès le cinquième siècle, les simples prêtres s'efforçoient de transmettre leurs bénéfices à des personnes de leur choix. Dans un concile tenu à Rome en 465, le pape Hilaire se plaignit de ce que, *plerique sacerdotes in mortis confinio constituti, in locum suum alios designatis nominibus subrogant, ut scilicet non legitima expectetur electio, sed defuncti gratificatio pro populi habeatur assensu, credentes sacerdotium sicut res caducas atque mortales legali aut testamentario jure posse dimitti.* Tous les pères du concile s'écrièrent unanimement, *hæc præsumptio nunquam fiat: quæ Dei sunt, ab homine dari non possunt.*

L'église s'est toujours fortement opposée à ce que ses bénéfices devinssent héréditaires. Il seroit trop long de rapporter ici toutes les loix qu'elle a portées à ce sujet. Nous nous contenterons de citer le premier concile général de Latran. *Autoritate prohibemus apostolicâ, ne quis ecclesias, præposituras, capellanias, aut aliqua ecclesiastica officia, hæreditario jure valeat vindicare, aut expostulare præsumat; quod si quis improbus, aut ambitionis reus attentare præsumpserit, debitâ pœnâ mulctabitur, & postulatis carebit.*

On ne doit donc point être étonné de ne trouver dans le corps du droit canon, rien qui ait un rapport direct avec les *résignations* en faveur, telles qu'elles ont lieu aujourd'hui. Comment ont-elles donc pu s'établir, & pousser des racines aussi profondes? Le père Thomassin observe à cet égard, que pour purger plus facilement l'église des crimes de simonie & d'incontinence dont le débordement étoit alors presque universel, les papes & les évêques se déterminoient assez aisément à conférer les bénéfices dont les titulaires coupables de ces crimes, se démettoient, à ceux qu'ils proposoient, pourvu qu'ils fussent d'ailleurs de bons sujets. Si c'est-là l'origine des *résignations*, il faut avouer qu'elles ne sortent pas d'une source bien pure.

Le savant oratorien qu'on vient de citer, convient cependant, comme tous nos canonistes, qu'on ne trouve aucun exemple formel & précis des *résignations* en faveur, comme elles se font présentement à Rome, ni dans les décrétales, ni dans le sexte.

En effet, ce n'est qu'à la fin du quatorzième siècle, ou au commencement du quinzième, que l'on a commencé d'insérer dans les démissions, des prières ou des recommandations en faveur de celui que le résignant affectionnoit; ce qui n'imposoit aucune obligation au collateur, qui avoit toujours la liberté de conférer à qui il jugeoit à propos. Jusqu'en 1520, ou environ, dit M. Piales, la *résignation* avoit été pure & simple quant à la forme: elle étoit seulement accompagnée d'une prière en faveur du résignataire: on ajouta alors à cette prière, *non aliàs*.

En 1549, on retrancha tout ce qui pouvoit caractériser une démission pure & simple: on n'employa plus les prières: on se contenta de mettre dans les procurations, *ad resignandum in manus, &c. in favorem tamen.* On y ajouta ensuite la formule suivante, *& non aliàs, aliter, nec alio modo intendens resignationem sortiri in sui præjudicium effectum, donec & quousque dictus N. per se vel per suum procuratorum, dicti beneficii possessionem acceperit, actualem, realem & corporalem suum animum de illâ acceptandâ declarando.* Mais cette clause *non intendens* n'a plus été en usage depuis que l'on a regardé comme un principe incontestable, que le résignant n'est dessaisi de son titre, que par la prise de possession du résignataire. La condition *non aliàs nec aliter*, suffit pour assurer l'effet de la *résignation*. Elle est devenue tellement de droit, qu'on la suppléeroit, quand même elle seroit omise dans la procuration *ad resignandum.*

Les *résignations* ne sont donc pas bien anciennes dans l'église. Elles sont même contraires à l'esprit & à la lettre des loix canoniques. Elles sont cependant devenues, presque tout-à-coup, de droit ordinaire. C'est ce que nous apprend M. Louet, *ad reg. de infirm. n. 3, antiquis autem patrum decretis hæ resignationes rejiciebantur, quia ordo cum beneficio conferebatur, & deponebantur ministri qui in locis in quibus ordinati fuerant non perseverabant. Hodie verò resignationes in favorem favore summo amplectuntur: sunt veluti juris ordinarii.*

M. l'Escalopier, avocat-général au grand-conseil, disoit, dans une cause jugée en 1733, & dont nous parlerons dans la suite de cet article: « nous » croyons que la faveur que les *résignations* ont » acquise n'a point purifié leur source, & que » l'indulgence qui les a permises, qui les a sou- » tenues, n'obtiendra jamais qu'elles fassent une » partie du droit commun. Fruits de la discipline » ordinaire, on les a opposées à des abus qui se » glissoient dans l'église. Des collateurs avares » différoient de pourvoir aux bénéfices & tou- » choient les revenus: les deux puissances se sont » réunies, & le bien du gouvernement a intro- » duit les *résignations* en faveur ».

Dumoulin, sur la règle *de infirm. resign. n. 101*, donne trois motifs qui doivent rendre odieuses les *résignations* en faveur. *Triplici odio seu vitio laborant. Primò simoniæ canonicæ, ut dictum est, ut opus sit quâdam dispensatione implicitâ summi pontificis, quæ etiam tam odiosa est, ut eam nec legatus quidem à latere facere possit, nisi specialiter ei & in individuo seu nominatim concessum sit, ut tenent omnes canonistæ. Secundò propter successionem hereditariam. Tertiò, propter præjudicium quod olim indebitè fiebat clero & populo, & hodie ipsi ordinario in jure liberæ collationis & ecclesiæ suæ: quia privari non debet, præsertim quanto major subest præsumptio fraudis, ut in infirmo resignante.*

La France ne vit qu'avec regret l'introduction des *résignations* en faveur. Elle chargea ses ambassadeurs au concile de Trente, d'en demander la suppression. On voit dans les instructions qui leur furent données : *resignationes in favorem extinguantur omnino, est enim à sacris canonibus institutum ne quisquam sibi sui officii quærat aut eligat successorem.* Le concile n'eut point d'égard à cette demande.

Quel que soit l'odieux ou la défaveur que puissent mériter les *résignations* en faveur, elles existent parmi nous. Il seroit peut-être dangereux de les abolir, à moins qu'on n'y substituât des moyens canoniques & légitimes pour parvenir aux bénéfices sans protections, sans cabale & sans intrigue. Les réflexions que nous avons faites au sujet de la prévention, peuvent également s'appliquer aux *résignations* en faveur. Combien de bons sujets n'auroient peut-être jamais été placés, s'ils n'eussent trouvé dans la bienveillance & dans l'amitié, des ressources que ne leur offroient ni les collateurs ordinaires, ni les patrons ecclésiastiques?

Après avoir donné ces notions sur l'origine des *résignations*, & sur la manière dont elles sont considérées parmi nous, nous allons examiner, 1°. quel supérieur peut admettre les *résignations*; 2°. quels bénéficiers peuvent résigner; 3°. quels bénéfices peuvent être résignés; 4°. comment se font les *résignations*, quelles formes doivent y être employées, & à quels réglemens elles sont assujetties.

§. I. *Quel supérieur peut admettre les résignations en faveur.* Les *résignations*, comme on vient de le voir, sont ouvertement contraires aux SS. canons : elles sont une dérogation aux décrets des conciles : elles contiennent un pacte ou une convention entre les parties, qui est réprouvée en matière spirituelle, par toutes les loix de l'église. Mais il n'y a que le pape qui, par l'autorité éminente dont il jouit, puisse dispenser de l'exécution des canons & des loix ecclésiastiques. D'où on a conclu qu'il n'y a que lui seul qui puisse admettre les *résignations* en faveur. De ces maximes réunies, M. Pithou a formé l'article 56 des libertés de l'église gallicane : « *résignations* portant clause *in favorem certæ personæ, & non aliàs, nec aliter, nec alio modo,* » sont censées illicites & de nulle valeur, comme » ressentant simonie; & ne tiennent même au » préjudice des résignans, encore que les colla- » tions eussent été faites par le légat *à latere*, en » vertu de ses facultés. Toutefois celles faites par » le pape même, s'exceptent de cette règle & » maxime ».

La conséquence nécessaire de cet article de nos libertés, est que les collateurs ordinaires ne peuvent admettre les *résignations* en faveur; par une autre conséquence également nécessaire, toute collation faite par l'ordinaire sur une pareille *résignation*, doit être nulle. Cependant Boutaric fait une distinction; il dit que si le collateur ordinaire confère à celui en faveur de qui la démission est faite, il y a nullité dans le titre, & que le bénéfice est impétrable. C'est l'avis de Rebuffe & de Vaillant : *licet*, dit ce dernier, *collatores ordinarii possint aliquando conferre consanguineis aut benemeritis cedentis, tamen id fieri debet sine ullo pacto & res debet totaliter referri arbitrio collatoris, alioquin illicita conventio titulum inficit.* Mais, continue Boutaric, si le collateur ordinaire rejette la condition sous laquelle la démission est faite, & qu'il confère à tout autre qu'à celui dénommé dans l'acte de démission, je ne vois pas par quel endroit le titre pourroit être déclaré nul.

Si le résignant ne se plaint point, & qu'il se laisse déposséder par le nouveau titulaire, il paroît difficile qu'un dévolutaire pût attaquer avec succès le titre fait en conséquence de la *résignation*. Il ne seroit pas fondé à exciper de la condition portée dans la *résignation*, puisqu'elle ne seroit pas exécutée. Mais le résignant pourroit former opposition à la prise de possession du nouveau pourvu, fondé sur ce que sa démission étant conditionnelle, il ne peut être dépouillé de son bénéfice que par l'accomplissement de la condition.

Quoique l'ordinaire ne puisse pas accepter des *résignations* sous condition, rien n'empêche cependant le titulaire qui lui donne sa démission, d'user de prières & de recommandation en faveur de quelqu'un. *Potest tamen*, dit Rebuffe, *sic resignans, sine simoniæ labe, rogare ordinarium ut conferat tali.*

Nous ne doutons pas cependant en France, que l'évêque ne puisse admettre les *résignations* en faveur, qui ont pour fin, non l'intérêt d'un particulier, mais le bien de l'église, comme dans un cas d'union ou de permutation. Lorsqu'il s'agit d'union, l'évêque peut, par le droit naturel de sa jurisdiction, non-seulement admettre les *résignations* en faveur, si les bénéfices qu'il est question d'unir sont à sa collation, mais il peut ordonner que les *résignations* soient admises par ceux à qui la disposition en appartient, & même donner son consentement & autoriser la création d'une pension, à l'effet de dédommager le résignant. C'est la doctrine de Dumoulin sur la règle *de public. resign. n. 175. Et hic est specialis casus in quo potest ordinarius admittere resignationem in favorem, etiam conditionalem : quia hic nulla simonia, nulla suspecta aut vetita nundinatio versatur, sed ecclesiæ jurisque communis favor, cap. sicut. unire de. eccessib. prælat. ubi specialiter ad episcopum diœcesanum spectat hujusmodi uniones facere & his authorari : consequenter ad hoc requisita & dependentia expedire, ut resignationes in eumdem favorem, si ad eum collatio spectet ; vel decernere & jubere in eum favorem admitti, & his, vel etiam creationi & constitutioni pensionis compensatoriæ authorari ; nec opus est recurrere ad papam aut legatum, quia hic nulla labes, nullus quæstus privatus versatur nec suspicatur prout nihil fit privatorum pactionibus, sed publica conventione & publico decreto, velut legitima conventio.*

L'article 56 des libertés de l'église gallicane que nous avons rapporté ci-dessus, refuse aux légats *à latere* la faculté d'admettre des *résignations* en faveur, « encore que les collations eussent été » faites par le légat *à latere* en vertu de ses pou- » voirs ». Dumoulin, sur la règle *de infirm. resign. n. 184*, développe parfaitement nos maximes à ce sujet. *Certum est quod quanquam legatus etiam de latere habeat mandatum expressum conferendi vacantia per resignationem sive simplicem, sive causâ permutationis aut aliàs quomodo libet, non tamen habet potestatem admittendi resignationem in favorem, nisi specialiter & nominatim concessum fuerit: hæc enim simoniaca est & prohibita & novum genus dispensationis exigens. Igitur gratia & facultate speciali opus est: nec transit cum clausulis quantumvis generalibus & ita practicatur. Nunquam vidi qui hujusmodi facultatem admittendi & conferendi in favorem haberet, & practicaret, nisi unum ad breve tempus legatum missum archiepiscopum Barrensem circa annum XDXXV. fuerunt quidam alii paris Facultatis, sed senatus noster nunquam voluit admittere, nisi sub hac restrictione, ne posset in favorem admittere & bene.*

Pour qu'un légat *à latere* eût la faculté d'admettre les *résignations* en faveur, il faudroit donc, 1°. que cette faculté fût expressément mentionnée dans ses bulles; 2°. que le parlement qui les enregistre, permît qu'elles fussent exécutées en ce point, ce qu'il ne permet jamais, *& bene*.

On convient généralement que le vice-légat d'Avignon n'a pas le pouvoir de recevoir les *résignations* en faveur dans l'étendue de sa légation. Il ne peut admettre que les démissions simples ou les permutations. Mais, dans le fait, les *résignations* faites à Avignon produisent le même effet que les *résignations* en faveur que l'on envoie à Rome. Quand on a recours au vice-légat, on s'exprime dans la procuration *ad resignandum*, comme dans un acte de démission pure & simple, & ce n'est ensuite que par l'indication qui se fait d'une personne par le procureur sur les lieux, & qui est infailliblement suivie de la grace, que l'on parvient aux effets d'une véritable *résignation* en faveur. Le vice-légat ne manque jamais de conférer à la personne qui lui est désignée. Il y est trop intéressé. S'il ne déféroit pas à la demande particulière du fondé de procuration, sa daterie seroit bientôt déserte.

On souffre, dit Gohard, *tome 3, pag. 440*, du moins au parlement d'Aix, l'usage qui s'y est introduit depuis plusieurs années en la vice-légation d'Avignon, que le résignant faisant sa démission, lui recommandé nommément & par le même acte, celui qu'il desire avoir pour successeur, sans néanmoins y employer la clause *nec aliter nec aliàs*. Dans une affaire portée en 1696 à la quatrième des enquêtes du parlement de Paris, on produisit un certificat de MM. les gens du roi du parlement d'Aix, qui atteste que les provisions expédiées en cette forme y sont reçues, pourvu que les lettres du vice-légat lui donnent le pouvoir d'admettre les démissions, & qu'elles aient été duement enregistrées, parce qu'une pareille recommandation ne lie point les mains du collateur, & ne rend point sa collation nécessaire. On en produisit, au contraire, un autre des avocats du parlement de Grenoble, qui assure qu'elles y sont rejettées comme nulles, conformément au sentiment de Dumoulin.

Le clergé ne s'est pas plaint de la jurisprudence du parlement d'Aix, dans son assemblée de 1748; après avoir exposé au roi que l'usage s'est introduit depuis plusieurs années dans la légation d'Avignon, d'accorder toujours le bénéfice au porteur de la procuration *ad resignandum simpliciter*, ou à celui qui l'envoie, ce qui équivaut à une *résignation* en faveur, & préjudicie aux droits des ordinaires & à ceux des expectans des provinces soumises au vice-légat; il s'est contenté de demander que les *résignations* fussent assujetties à l'insinuation prescrite par l'article 18 de l'édit de 1691, également comme celles qui se font devant les ordinaires, lesquelles y sont déclarées nulles, à moins que les provisions expédiées sur icelles n'aient été insinuées deux jours francs avant le décès du titulaire; ce qui lui a été accordé par l'article 1 de la déclaration du mois de novembre 1748.

Pendant l'ouverture de la régale, le roi admet exclusivement à tout collateur, les *résignations* des bénéfices qui tomberoient en régale, s'ils venoient à vaquer. On prétend même qu'il peut conférer le bénéfice à un autre qu'au résignataire.

Les bénéfices qui sont à la pleine collation des laïques étant affranchis des règles canoniques, ne peuvent être résignés qu'entre les mains des seigneurs collateurs, qui sont les maîtres d'admettre ou de rejetter les *résignations*.

De tout ce qui vient d'être exposé, il suit, qu'à proprement parler, & suivant l'usage généralement reçu, il n'y a que le pape qui puisse admettre les *résignations* en faveur. Mais dans ce cas, comme dans celui de la vacance par mort, il est collateur forcé. On applique au résignataire comme au préventionnaire, la maxime *date retenue, grace accordée*.

§. II. *Quels sont les bénéficiers qui peuvent résigner, & à quelles personnes peuvent-ils résigner?* Une *résignation* en faveur est consentie par le titulaire, ou en santé ou en état de maladie, *in infirmitate constitutus*. Dans le premier cas, on compare la *résignation* à une donation entre-vifs; & dans le second, à une donation à cause de mort. Les principes généraux sur les donations & les testamens, peuvent donc être appliqués aux *résignations*; d'où il suit que toutes les causes qui vicient les donations & les testamens, doivent vicier les *résignations*.

La liberté étant la base de ces actes, doit également régner dans les *résignations*. Si un résignant prouvoit qu'on a usé de dol, de surprise & de violence pour obtenir sa procuration *ad resignandum*, il n'est pas douteux qu'il la seroit déclarer nulle. M. Piales observe que quand la surprise ou la violence viennent de la part du résignataire, il n'est pas nécessaire, pour leur attribuer l'effet d'annuller une *résignation*, qu'elles soient poussées au même degré qui seroit requis pour faire annuller un acte civil, tel qu'un contrat de vente ou d'échange, *&c.* parce que, d'un côté, la *résignation* est une espèce de donation qui doit être entiérement libre de la part du donateur; & que, de l'autre, le résignataire, par sa cupidité & par son ambition, se rend indigne aux yeux de Dieu, du bénéfice auquel il aspire; & il s'en rend indigné aux yeux des hommes, lorsque, pour y parvenir, ses passions l'aveuglent au point de lui faire employer des voies criminelles pour tromper le résignant ou pour l'intimider.

Tous les tribunaux ont une telle horreur de ces moyens illicites, que dans tous les cas où il est vérifié qu'une *résignation* a été extorquée par artifice ou par violence, non-seulement on admet le résignant au regrès, sans qu'il soit besoin de lettres de rescision, mais on déclare nul tout ce qui a été fait en conséquence de la violence, & on punit sévérement ceux qui l'ont exercée.

Autrefois tous les résignans qui vouloient rentrer dans leurs bénéfices qu'ils n'avoient résignés que par surprise ou par crainte, avoient recours aux lettres de rescision. Depuis que les vrais principes ont été mieux connus, on a cru que ces lettres étoient inutiles, parce qu'il ne s'agissoit pas de faire annuller, mais seulement de faire déclarer nulle, une *résignation* qui est essentiellement vicieuse.

Il faut donc regarder en principe, une *résignation* comme nulle d'une nullité radicale, toutes les fois que le résignant n'a pas joui d'une pleine & entière liberté, quel que soit le moyen qui l'en ait dépouillé. D'où il résulte que le pourvu sur la *résignation* d'un imbécille, d'un insensé, d'un furieux ou d'un frénétique, n'a pas de titre même coloré. Le bénéfice vaquera par la mort du résignant, & si le résignataire s'en trouve en possession, il pourra être impétré sur lui par dévolut.

Duperrai a soutenu que le curateur d'un bénéficier interdit pour cause de démence ou d'imbécillité, pouvoit, du consentement des parens de l'interdit, résigner son bénéfice. Mais il a changé d'avis depuis l'arrêt dont nous allons rapporter l'espèce, d'après les mémoires du clergé. L'abbé le Coq, pourvu en commende du prieuré de Basinville, étoit tombé en démence depuis plusieurs années. Quoique le prieuré soit un bénéfice simple & sans service personnel, néanmoins quelques parens de l'abbé le Coq signèrent un acte pardevant notaire, en forme d'avis de parens, pour prier le sieur le Coq, son neveu & son curateur, de résigner ce bénéfice en faveur du sieur d'Azi, sous la réserve d'une pension de la moitié des fruits; & en conséquence de cet acte, qui n'avoit pas même été homologué en justice, le sieur le Coq, en qualité de curateur, passa procuration *ad resignandum* en faveur du sieur d'Azi, lequel obtint des provisions en cour de Rome le 29 mars 1719, & prit possession. L'abbé le Coq étant décédé en 1723, le sieur le Brasseur requit le prieuré de Basinville en qualité d'indultaire, comme vacant par mort, & forma complainte au grand-conseil pour faire déclarer nulle la *résignation*.

Deux questions furent agitées dans cette cause. 1°. Si le sieur le Coq, en qualité de curateur de son oncle, tombé dans l'imbécillité, avoit pu valablement résigner le prieuré de Basinville; 2°. si les provisions obtenues en cour de Rome sur cette *résignation*, pouvoient servir de titre coloré, ensorte que le sieur d'Azi, résignataire, fût en droit de se prévaloir de la paisible possession. Par arrêt rendu au grand-conseil, le 21 mai 1726, l'indultaire fut maintenu, & le résignataire condamné à la restitution des fruits, à compter du jour de la prise de possession de l'indultaire.

L'incapacité pour résigner s'étend-elle au mineur? Si la *résignation* est considérée comme une donation, il paroît que le mineur ne peut pas valablement résigner. C'est une aliénation contre laquelle la loi lui permet de réclamer tant que la prescription n'est point acquise contre lui. La question devroit être ainsi décidée, si les bénéficiers devoient être mis sur la même ligne que les propriétaires temporels & profanes. Mais les loix civiles & canoniques ont envisagé bien différemment les bénéficiers: elles ont cru que leur minorité ne les empêchant point de recevoir un bénéfice sans le consentement de leurs tuteurs ou curateurs, elle n'étoit point un obstacle à ce qu'ils y renonçassent sans le même consentement: ou, pour mieux dire, les canons & les ordonnances n'admettent point de minorité pour les bénéficiers en ce qui concerne leurs bénéfices; elles les réputent tous majeurs. *Si annum quartum decimum tuæ peregisti ætatis, beneficialibus & aliis causis spiritualibus, necnon & dependentibus ab eisdem, ac si major 25 annorum existeres ad agendum & deffendendum per te vel procuratorem quem ad hoc constituendum decreveris, admitti debebis.* Cap. 3, si annum, tit. de judiciis in-6°. L'ordonnance de 1667, *tit. 15, art. 14*, déclare les mineurs de 25 ans qui seront pourvus de bénéfices, capables d'agir en justice, sans l'autorité & assistance d'un tuteur ou curateur, tant en ce qui concerne le possessoire, que pour les droits, fruits & revenus du bénéfice.

En thèse générale, il est donc vrai de dire qu'un bénéficier mineur a la faculté de résigner son bénéfice. Cependant ce principe reçoit des exceptions qui se tirent de la facilité qu'il y a d'abuser de la foiblesse & de l'inexpérience d'un mineur. Comme cette facilité est en proportion de l'âge du mineur, moins il approche de la majorité, plus la surprise & le dol se présument.

Dumoulin, sur la règle *de public. resign. n. 241*,

établit d'abord le principe général. *In his non restituitur minor nisi ex quibus causis etiam majori subveniretur, puta metus vel doli;* il vient ensuite à l'exception & la développe en ces termes : *nisi quod leviores causæ, puta fictæ persuasiones, sufficiunt in minore idque quanto magis minor vel imbecillior est, sic facilius in eo vel extorta vel simoniaca renuntiatio ex parte extorquentis, & sic nulla censetur & per inde etiam per judicem secularem redintegrari potest minor. Nec opus est restitutione vel rescripto papæ, ut imperiti putant.* Dumoulin cite à l'appui de ces principes deux arrêts; l'un du conseil privé, du 2 janvier 1542; & le second du parlement de Bordeaux, du 25 juin 1544.

M. Louet a entièrement embrassé le sentiment de Dumoulin. Comme lui, il établit le principe général, & comme lui, il admet les exceptions; *possunt minores sua resignare beneficia, ut in profanis de castrensi peculio disponere. Ut hic probat Molineus, facilius minoribus, in beneficiorum suorum resignationibus subveniri ex specialitate facti : puta si unum tantùm habuerint beneficium, si sint impuberes, dolose si sit facta resignatio, vel ætatis nimia fragilitate...... advertere tamen debet judex an in hoc casu minor sit graviter læsus. Quid enim si habebat plura beneficia & ex uno potest vivere? Circumstantiæ ad amussim enucleari debent.*

Les présomptions de fraude & de surprise acquièrent le degré de certitude, lorsque les mineurs ont résigné à leurs maîtres, précepteurs ou pédagogues. Nous reviendrons dans un instant sur l'incapacité de ces sortes de personnes.

Ces présomptions ont encore la même force, lorsque le bénéficier résignant n'a pas atteint l'âge de puberté, ou est, ce qu'on appelle dans le pays de droit écrit, en pupillarité. Il faut alors, pour dissiper tout soupçon de fraude & de dol, faire intervenir le consentement des parens. Il est même des circonstances où ce consentement n'est point une preuve que la *résignation* ait été faite sans fraude avec entière liberté & en pleine connoissance de la part du mineur résignant. M. Piales rapporte, d'après Soefve, un arrêt du 15 janvier 1666, qui l'a ainsi jugé, & a annullé une *résignation* faite par un mineur âgé seulement de quatorze ans & demi, quoique faite du consentement de son père & avec réserve de pension.

La *résignation* étant une espèce de donation, soit entre-vifs, soit à cause de mort, il est indispensable que le résignant soit tellement titulaire du bénéfice, qu'il puisse en disposer. Les usurpateurs & les intrus ne peuvent donc pas résigner, puisque le bénéfice qu'ils résignent n'a jamais fait impression sur leur tête. La maxime qu'il faut être muni d'un titre qui donne *jus in re* pour pouvoir résigner, quoique indubitable, reçoit cependant des exceptions.

Une provision de cour de Rome *in formâ dignum*, forme-t-elle un titre suffisant pour que le pourvu puisse résigner avant même d'avoir obtenu son *visa* & pris possession? La décision de cette question dépend de la manière dont on considère les provisions *in formâ dignum*. Sont-elles de véritables provisions qui donnent le *jus in re*, ou ne sont-elles que de simples mandats *de providendo?* L'une & l'autre opinions ont leurs partisans, & la jurisprudence des tribunaux françois n'est pas uniforme sur ce point. Flaminius Parisius, Gonzales, Gartias & plusieurs autres anciens canonistes, soutenoient que les provisions *in formâ dignum*, n'étoient point de véritables provisions; d'où il résulte que celui qui en est porteur n'a point un titre suffisant pour résigner. Dumoulin a embrassé l'opinion contraire. Il s'exprime ainsi sur la règle *de public. resign. n. 207. Solo verbo gratia perfecta est & ex supplicatione resignatâ, statim verum jus quæsitum est. Statim emisso verbo vivæ vocis, gratia perfecta est quantum ad quiditatem & substantiam gratiæ; adeo ut non expiret nec morte concedentis, litteris non confectis, nec morte impetrantis, sed vacet per ejus obitum, licet bullis non confectis decedat : & ita practicari semper vidi.*

Pastor, *jur. can. lib. 3 de renunciat. n. 18*, adopte les principes de Dumoulin & les applique aux *résignations* comme à toutes les autres signatures de cour de Rome. *Qui verò signaturam obtinuit de beneficio vacante de jure & de facto, per cessum vel decessum, matrimonium, aut professionem vitæ religiosæ : ante examen & adeptam possessionem beneficii, resignare potest jure vel in favorem, & resignatarius utiliter subrogatur in jus illius; nam gratia per solam signaturam & verbum fiat perficitur : & clausula illa quâ examen committitur ordinario, non facit gratiam conditionalem quo ad substantiam, sed quoad ejus effectum : nec provisus possit frui de beneficio nisi dignus repertus fuerit, & resignatario vitium, aut incapacitas, vel nullitas tituli resignantis objici non potest nam jus illius à collatore pendet principaliter, & juste possidet qui prætore autore possidet.*

La conséquence nécessaire de ces principes, c'est qu'une simple signature de cour de Rome forme un titre suffisant pour pouvoir résigner le bénéfice qui en est l'objet. Cela a paru si certain à d'Héricourt, qu'il a avancé affirmativement & comme une maxime certaine, que « celui qui n'a » qu'une simple expectative sur un bénéfice, ne » peut résigner son droit, qui ne consiste que » dans une espérance; mais l'ecclésiastique qui a » en sa faveur une signature de cour de Rome, » ayant un droit réel sur le bénéfice, peut le » résigner, quoiqu'il n'ait point pris possession, » ni même obtenu de *visa* de l'ordinaire ».

Une autre conséquence nécessaire des mêmes principes & de la maxime, *date retenue, grace accordée*, c'est qu'un refus de la cour de Rome n'empêcheroit pas celui à qui les provisions auroient été refusées, de résigner en faveur. Le certificat du banquier expéditionnaire, lui serviroit alors de titre. Un arrêt du parlement de Paris, du 24 mai 1696, a jugé valable une *résignation* faite par un particulier auquel le pape avoit refusé la signature, & qui n'avoit d'autre titre que l'arrêt qui l'avoit envoyé en possession.

Les principes que nous venons d'exposer sont adoptés par la jurisprudence du parlement de Paris. On ne peut pas en dire de même du parlement de Toulouse, qui ne considère point les signatures *in formâ dignum*, comme de véritables provisions. *Voyez* SIGNATURE, VISA.

Gohard dit qu'il pourroit y avoir de la difficulté par rapport à la jurisprudence du grand-conseil, qui estime que le résignant n'est dépouillé de son titre que par la prise de possession de son résignataire, & semble par conséquent ne pouvoir le transmettre à un autre avant que de l'avoir acquis. Il résulteroit de-là qu'un résignataire qui n'auroit que des provisions de cour de Rome, sans *visa* & sans prise de possession, ne pourroit résigner. Mais il ne devroit pas en être de même d'un préventionnaire ou d'un pourvu de toute autre manière que sur une procuration *ad resignandum*. Les canonistes, tant anciens que modernes, se réunissent pour penser qu'il n'est pas nécessaire d'avoir pris possession pour pouvoir résigner, & qu'il suffit d'avoir accepté la collation, parce que c'est par cette acceptation que le pourvu acquiert le titre du bénéfice & le *jus in re*. Flaminius Parisius l'établit en ces termes. *Quæro an beneficium possit resignari, etiam ad favorem, litteris expeditis, ante tamen apprehensam possessionem? Respondeo affirmativam opinionem à doctoribus communiter recipi. Ratio est quia per collationem & acceptationem ex communi, ille cui confertur consequitur jus in re, ac titulum beneficii, ut est communis opinio.*

Il faut, avons-nous dit avec tous les canonistes, pour la validité d'une *résignation*, que le bénéfice résigné ait fait impression sur la tête du résignant. A suivre le principe dans toute son étendue, il s'ensuivroit qu'un séculier pourvu d'un bénéfice régulier avec la clause *pro cupiente profiteri*, ne peut pas le résigner avant d'avoir accompli la condition sous laquelle il a été pourvu. Cependant, l'usage est contraire. Mais pour que la *résignation* dans ce cas ait son effet, il est nécessaire qu'il n'y ait aucun pourvu par le pape ou par l'ordinaire antérieurement à l'admission de la *résignation*. Voici comme M. Piales explique cette espèce de contradiction entre les principes & l'usage. La *résignation* d'un pourvu avec la clause *cum voto profitendi*, n'est point, à proprement parler, une véritable *résignation*, c'est une répudiation qui, reportant les choses à la vacance du bénéfice, fait qu'il vaque encore *ut priùs*. Le pourvu avec la clause *cum voto*, n'a jamais rempli le bénéfice, puisqu'il n'a jamais exécuté la condition sous laquelle il lui a été conféré. Lorsqu'il donne sa démission, il renonce absolument à l'exécution de cette condition. Si la démission étoit pure & simple, elle n'opéreroit pas un nouveau genre de vacance, & elle ne l'opère pas davantage, quoiqu'elle soit en faveur. Elle est, à proprement parler, la renonciation à la grace qui lui avoit été accordée, & par laquelle il lui étoit fixé un délai pour faire profession & devenir véritable titulaire. Cette renonciation remet le bénéfice au même état où il étoit au moment de l'expédition des provisions *cum voto profitendi*, & fait qu'il vaque *ut priùs*. Le pape le confère sur la *résignation*, mais avec la clause *per obitum vel quovis alio modo vacet*. Cette provision vaut, non pas comme provision sur *résignation*, mais comme provision sur l'ancien genre de vacance. Elle suppose qu'un tiers n'a aucun droit acquis au bénéfice ainsi conféré. C'est pourquoi il est nécessaire que l'admission de cette *résignation* improprement dite, précède toute autre provision donnée par l'ordinaire ou par le pape lui-même. C'est dans ce seul sens que l'on dit que le pourvu avec la clause *cum voto profitendi* peut résigner dans les délais qui lui sont donnés pour prononcer ses vœux dans l'ordre dont dépend le bénéfice. Ainsi, cette *résignation* a son effet en vertu de la clause *per obitum vel quovis alio modo*, & elle ne peut l'avoir qu'autant qu'un tiers n'a point acquis de droit au bénéfice dans l'intervalle qui s'écoule entre la *résignation* & l'admission. Le résignataire tiendra son droit, non pas du résignant, mais du collateur, selon la maxime *jus à collatore non à resignante*.

Les mêmes principes serviront à décider une autre question aussi difficile & très-controversée. Les coupables de crimes qui méritent la peine de déposition, ou qui emportent la privation de plein droit, peuvent-ils résigner? On répond d'abord que le bénéficier coupable de ces crimes peut valablement résigner s'il n'a pas encore été accusé, & s'il n'a pas été encore mis en cause par quelque dévolutaire. Jusques-là la question ne souffre point de difficulté. On suppose que le bénéficier coupable soit juridiquement accusé. L'accusation intentée contre lui le rend-elle incapable de résigner? Nos anciens canonistes ne pensoient pas que l'accusation seule produisoit cette incapacité. Dumoulin s'est élevé contre cette opinion avec sa force & son énergie ordinaires. *Malè, sine jure & ratione vulgò putant accusatum vel inquisitum de crimine privatione beneficii digno, posse resignare beneficium coram quolibet aliàs habente potestatem admittendi; pejus dicunt & consulunt hanc esse cautelam ad eludendum judicem & evitandum infamiam. Pessimè sentiunt hunc in favorem etiam, simul retenta pensione, in manibus papæ resignare posse. Ut ergo inveterato errore profligato partes discurram sic dico, &c. de infirm. resign. n.* 372. Malgré tous les efforts de Dumoulin, son opinion n'a pas prévalu. Les auteurs qui sont venus après lui ont été plus loin, & ont accordé au bénéficier, même après une première sentence qui le condamne, la faculté de résigner, pourvu qu'il en ait interjetté appel, & qu'il ne soit pas encore intervenu de jugement en dernier ressort. C'est ce que nous apprend M. Louet : *potentes, magnique nominis adversarios suæ sententiæ oppugnatores habet Molineus. Hoc in senatu Parisiensi observatur ante sen-*

tentiam, & etiam post sententiam, si modo ab ea fuerit appellatum; hæc enim appellatio suspendit judicatum; nec ab ea resolutione recedere vellem quidquid in contrarium dicetur. Probus, Boerius, Rebuffe, Vaillant, Tournet & tous nos auteurs ont suivi l'opinion de M. Louet. Vaillant fait une exception, *nisi crimen ab eo perpetratum inducat vacationem ipso facto.* Tournet dit aussi, « sinon que le crime & le délit » fût si grand & si abominable, qu'il fît vaquer » le bénéfice *de jure & facto* qui rendît le titre » nul de plein droit ».

Ces auteurs, comme l'on voit, distinguoient les crimes qui font vaquer les bénéfices de plein droit, & ceux qui ne les font vaquer qu'en vertu du jugement. Les premiers leur paroissoient produire l'incapacité de résigner; & les seconds ne la produire que lorsque le jugement étoit prononcé.

Cette distinction paroît être fondée en principe & en raison. Pour se démettre d'un bénéfice, soit purement & simplement, soit en faveur, il faut en être véritable titulaire, y avoir un droit réel. Or, celui qui a commis un crime qui fait encourir une privation *ipso facto*, n'est plus titulaire du bénéfice, cesse d'y avoir un droit réel. Donc il ne peut valablement s'en démettre, & sur-tout en faveur d'un tiers. Ainsi raisonnoient nos anciens canonistes.

Cependant nous ne suivons pas ces principes en France : nous admettons comme valables les *résignations* en faveur faites par des coupables de crimes qui emportent la vacance des bénéfices *ipso facto.* Il est indifférent que l'accusation soit intentée juridiquement, qu'il y ait même une première sentence rendue, pourvu que l'accusé s'en soit porté appellant. Dans tous les cas, la *résignation* sera valable, à moins qu'avant sa démission, l'ordinaire n'ait conféré, ou qu'un dévolutaire n'ait mis en cause le résignant. Telle est notre jurisprudence. Voici sur quoi elle est fondée.

Les termes de *résignation* & de *démission*, dit M. Piales, peuvent être pris dans un sens plus étendu qu'on ne les prend ordinairement, & s'entendre de tout acte par lequel on déclare que l'on renonce au droit vrai & prétendu que l'on peut avoir au bénéfice : en un mot, que l'on consent que le collateur le confère ou à la personne que l'on désigne, si c'est une *résignation* en faveur, ou à quiconque il jugera à propos si c'est une démission pure & simple.

Pour faire un acte de cette qualité, il n'est pas essentiel d'être titulaire légitime d'un bénéfice; un usurpateur, un intrus, & tout possesseur injuste le peuvent faire. Quel est l'effet de cet acte? Si celui qui l'a passé étoit véritable titulaire du bénéfice, le consentement du supérieur intervenant, il en opère la vacance. Si le démettant ou le résignant n'avoit aucun droit au titre du bénéfice, soit qu'il ait perdu par le crime celui qu'il avoit, soit que le titre du bénéfice n'eût jamais fait impression sur sa tête : par cet acte, qualifié de démission pure & simple, ou de *résignation* en faveur, le possesseur lève tous les obstacles que la possession paroissoit former à la collation du bénéfice.

Dans l'un & l'autre cas, le collateur peut disposer du bénéfice, & la collation qu'il en fait est valable, parce qu'il suffit pour la validité de la collation que le bénéfice soit certainement vacant. Si c'est le pape qui confère sur une prétendue *résignation* en faveur, la provision sera valable, au moins à titre de prévention. Si c'est le collateur ordinaire qui confère sur une *résignation* pure & simple, il ne peut y avoir de difficulté. Il n'y en auroit que dans le cas où, avant l'admission de la *résignation* pure & simple par l'ordinaire, ou avant l'admission de la *résignation* en faveur par le pape, un tiers auroit obtenu des provisions du bénéfice résigné postérieurement.

A ces premiers motifs, M. Piales en ajoute un autre qui n'est pas moins frappant que les précédens. En France nous comptons peut-être un plus grand nombre de cas qui opèrent une vacance de plein droit, que par-tout ailleurs : & cependant nous n'admettons point de vacance de plein droit proprement dite, laquelle dépouille absolument le bénéficier du titre; ensorte qu'il ne lui reste aucun droit. Dans nos usages, le bénéficier qui a commis un crime, par exemple, un assassinat qui a fait encourir au coupable la privation de son bénéfice *ipso facto*, conserve toujours quelque droit au titre même du bénéfice. Il peut le résigner & s'en démettre; il n'a, à cet égard, les mains liées, que du jour qu'il est mis en cause ou assigné par un dévolutaire.

La vacance de droit opérée par le crime, telle que nous l'admettons, donne bien lieu à l'impétration par dévolut; mais cette impétration n'a d'effet & n'acquiert à l'impétrant droit au bénéfice, qu'autant que le possesseur dévoluté se trouve au jour de l'assignation saisi de fait & du titre & de la possession du bénéfice.

Nous jetterons un plus grand jour sur cette matière difficile, en rapportant ce que disoit en 1694, M. de Lamoignon, avocat-général, dans une cause où il s'agissoit de la *résignation* d'un bénéficier prévenu d'un crime qui faisoit vaquer son bénéfice *ipso facto.* Les auteurs conviennent qu'un accusé peut faire une démission de ses bénéfices ès mains du collateur ordinaire. Me Charles Dumoulin a été de ce sentiment, & quoiqu'il ait entendu que l'accusé ne pouvoit pas résigner en cour de Rome, néanmoins son opinion n'a pas été reçue, & l'usage & la jurisprudence des arrêts ont condamné cette opinion : parce que le pape n'a pas moins de pouvoir à l'égard d'un bénéfice que les collateurs ordinaires, puisque non-seulement il concourt avec eux, mais même il les peut prévenir; si le collateur ordinaire a le pouvoir d'admettre une démission, une abdication d'un titulaire accusé & même condamné, s'il y a appel de la condamnation, le pape peut pareillement admettre

admettre la *résignation*, quand même le bénéfice seroit vacant de plein droit en la personne du résignant; parce qu'en matière de bénéfice, le droit & le titre dérivent du collateur, & non pas du résignant, comme l'on dit ordinairement, *jus à collatore, non à resignante.*

Ce qu'il y a de particulier dans cette affaire, ajouta M. l'avocat-général, est que la *résignation* a été admise & consommée avant qu'il y eût aucune accusation contre le possesseur, & avant que le dévolutaire eût obtenu aucune provision : de manière que le dévolut ne peut pas être appliqué au possesseur, puisqu'il n'avoit plus aucun droit au bénéfice, & qu'il s'en étoit dépouillé par une *résignation.* Il peut encore moins être appliqué au résignataire à qui l'on ne reproche aucune incapacité. Il n'y a donc aucune difficulté à débouter le dévolutaire. Il le fut effectivement par l'arrêt qui intervint le 17 juillet 1694.

La jurisprudence du parlement de Paris à cet égard n'est pas douteuse; Gohard cite une foule d'arrêts qui ont jugé comme celui de 1694, rendu sur les conclusions de M. de Lamoignon. En 1696, M. d'Aguesseau, alors avocat-général, avança comme une maxime constante, établie par les arrêts, que ni la provision, ni la prise de possession d'un dévolutaire n'ôtent point au possesseur la liberté de résigner; qu'il n'y a que la demande en complainte capable de lui lier les mains; & que c'est du jour qu'elle est formée qu'on peut dire que le droit est acquis au dévolutaire.

La jurisprudence du parlement de Toulouse, diffère de celle du parlement de Paris, en ce que le premier juge que le droit est acquis au dévolutaire dès l'instant de sa provision, si bien, qu'indépendamment de toute diligence de sa part, elle met le coupable hors d'état de résigner à son préjudice. C'est ce que M. Catelan établit, *liv. 1, ch. 63,* sur trois arrêts de cette cour qui l'ont ainsi décidé. *Voyez* DÉVOLUT.

Concluons de cette discussion & de ces autorités, qu'il n'y a qu'un seul cas où un bénéficier coupable de crimes atroces qui font encourir de plein droit la privation du bénéfice, ne puisse résigner, soit purement & simplement entre les mains de l'ordinaire, soit en faveur entre les mains du pape. Ce cas est celui où le coupable auroit été prévenu & mis en cause par un dévolutaire.

Il est quelques auteurs qui, ayant embrassé l'opinion contraire, citent en leur faveur des arrêts du parlement de Paris, qui ont maintenu des dévolutaires contre des résignataires de bénéficiers coupables de crimes qui font vaquer les bénéfices *ipso facto.* Mais ces arrêts ne contredisent point la doctrine que nous venons d'exposer. S'ils ont maintenu des dévolutaires, c'est que leurs droits étoient acquis avant l'admission des *résignations.* M. Piales, qui a discuté ces arrêts, le prouve, & notamment pour ceux de 1625 & de 1626. Dans l'un, le titulaire coupable avoit été mis en cause par le dévolutaire avant la *résignation;* & dans l'autre, avant l'admission de la *résignation.*

Pour qu'une *résignation* soit valable, il ne suffit pas que rien n'y mette obstacle de la part du résignant, il faut encore qu'il n'y en ait aucun de la part du résignataire. Nous ne parlons point ici de ces obstacles généraux qui empêchent les bénéfices de faire impression sur la tête de ceux qui en sont pourvus; nous entendons seulement ces obstacles qui naissent des relations particulières qui existent entre le résignant & le résignataire.

Tous les canons défendent aux pères de résigner directement ni indirectement leurs bénéfices à leurs enfans, soit naturels, soit légitimes, *ne sanctuarium domini contra sacrorum statuta canonum jure hæreditario possideri videatur.* Constamment ils ne peuvent résigner directement. Ils ne le peuvent pas non plus indirectement, parce que ce seroit éluder des dispositions si sages, que de permettre à un père de procurer à son fils, par l'échange du bénéfice qu'il possède avec un autre bénéfice qu'on donneroit à son fils. C'est dans ces principes qu'a été rendu au grand-conseil, le 2 septembre 1684, l'arrêt en faveur d'un religieux de Cluni, pourvu par dévolut du prieuré de Larcy-le-Bourg, contre le sieur Galito, pourvu en commende du même bénéfice. Mémoire du clergé, *tome 12, p. 1031 & suiv.*

A l'égard des enfans naturels, *voyez* BATARDS.

Les maîtres, précepteurs, pédagogues, sont incapables de recevoir des *résignations* de la part de leurs élèves, sur-tout s'ils sont mineurs. Un arrêt du parlement de Paris, du 18 juin 1554, leur défend, ainsi qu'à toutes personnes qui ont charge d'enfans ou écoliers, d'extorquer d'eux ou accepter aucunes *résignations* qui seroient faites en leur faveur, directement ou indirectement, sous peine de nullité, de telles *résignations* & des provisions qui ensuivroient, d'amende arbitraire, & de telle peine qu'il appartiendroit; ordonné que l'arrêt seroit lu & publié en la première congrégation & assemblée qui se feroit par le recteur en l'université de Paris, & par-tout ailleurs où besoin seroit, à ce qu'aucun n'en pût prétendre cause d'ignorance.

Par le même arrêt, Barthelemi Violier, qui avoit séduit son écolier & son pensionnaire, fut condamné à faire amende honorable au parquet de la grand'chambre de la cour, l'audience tenante, nue tête & à genoux avec une torche ardente à la main; & là, dire & proférer à haute voix, que malicieusement & par circonvention, il a induit & suborné ledit Longuet fils, étant son écolier & son pensionnaire, à passer lesdites procurations, dont il se repent & en demande pardon à Dieu, & au roi & à justice. Et pour plus ample réparation, condamné en cent livres d'amende envers le roi, en autres cent livres envers lesdits Longuet père & fils, & en pareilles sommes envers les pauvres de l'hôpital, & à tenir prison jusqu'à plein paiement desdites sommes, amendes & condamnations, *&c.*

Cet arrêt a été le fondement d'une foule d'autres, rendus dans le même esprit. M. Piales, d'après Duperrai, cite celui du 15 juin 1697, qui est remarquable en ce qu'ayant annullé la *résignation* d'un mineur en faveur de son précepteur, il a déclaré valable une seconde *résignation* en faveur d'un tiers & du consentement de sa famille.

Ce dernier arrêt vient à l'appui du principe que nous avons établi ci-dessus; savoir, que la minorité ne produit point l'incapacité de résigner, & qu'il n'y a que la surprise, la séduction & le dol qui vicient les *résignations* faites par les mineurs.

Les tuteurs & curateurs doivent être mis dans la classe des précepteurs. Cependant rien n'empêcheroit qu'un mineur, devenu majeur, ne témoignât sa reconnoissance à ses tuteurs ou précepteurs, en leur résignant un bénéfice qu'il ne voudroit ou ne pourroit plus conserver.

On a mis aussi les médecins & leurs enfans dans la classe des personnes qui sont incapables de recevoir des *résignations* de la part de ceux qu'ils traitent, & sur-tout lorsqu'elles sont faites en état de maladie. La question fut jugée au parlement de Paris, le 26 avril 1695. Mais cet arrêt, que tous les auteurs citent comme ayant jugé la question générale, ne l'a cependant jugée que dans une espèce particulière. On peut en croire M. de Lamoignon, sur les conclusions duquel l'arrêt fut rendu. Il dit qu'il étoit à propos d'étendre en ce cas la prohibition de donner par les malades à leurs médecins; qu'à l'égard des biens qui sont dans le commerce, cela ne faisoit point de difficulté, suivant la disposition des ordonnances, des coutumes & arrêts; que la même prohibition devoit être étendue aux bénéfices, parce qu'un malade en cet état donnoit aussi-bien un bénéfice que toute autre chose; que si ce médecin avoit été son ami ancien, ou qu'il y eût quelque considération favorable d'ailleurs, cela pourroit faire de la difficulté, & que l'on pourroit s'écarter de cette règle: mais que cela n'étoit point; que le médecin n'étoit connu du malade que depuis peu d'années, & ne l'avoit guère vu que dans sa dernière maladie; qu'ainsi il y avoit lieu de croire que le malade avoit été engagé à cela par sollicitations, dans le besoin qu'il avoit de son médecin. La cour, suivant les conclusions de M. l'avocat-général, maintint en possession du bénéfice le pourvu en cour de Rome, *per obitum.*

Que conclure de cet arrêt? Qu'un médecin qui n'a aucun rapport, aucune liaison avec un malade qu'en qualité de médecin, est incapable de recevoir de lui, directement ni indirectement, aucune donation, aucun legs, & par conséquent un bénéfice. Dans une semblable position, le médecin est présumé, comme dit M. de Lamoignon, avoir engagé à cela par sollicitations, le malade; & la jurisprudence des arrêts a rendu cette présomption de droit. Mais il ne faut pas croire que la qualité de médecin seule, imprime sur celui qui en est revêtu, une telle incapacité, qu'elle détruise à son égard les liens de l'amitié, de la reconnoissance & du sang. Un médecin qui a la confiance d'un malade, non-seulement comme médecin, mais encore comme ami, peut recevoir de ce malade des marques de son amitié & de son attachement: autrement il faudroit aller jusqu'à dire, que la loi ne veut pas que les qualités d'ami & de médecin puissent résider dans une même personne, & que le malade qui voudra disposer de son bien en tout ou en partie, en faveur de son ami qui sera médecin, ne pourra pas, s'il veut le traiter en ami, lui donner sa confiance comme médecin. Ce n'étoit pas la doctrine de M. de Lamoignon dans la cause de 1695. Ou il y a, disoit ce grand magistrat, une liaison, soit de parenté, soit d'amitié bien établie entre le médecin & le résignant, ou ce n'est que la nécessité & le besoin du malade qui a fait recourir à lui. Dans le premier cas, la *résignation* doit être autorisée, à moins que celui qui la combat ne prouve qu'elle est l'effet de la suggestion; dans le second cas il faut la rejetter. Disons donc avec M. de Lamoignon, qu'il n'y a que la présomption de suggestion & de captation qui rende le médecin incapable de *résignation*, & que cette incapacité disparoît toutes les fois qu'il est établi que le résignant avoit pour résigner, des motifs honnêtes & légitimes, étrangers à la qualité de médecin.

Il en est de même des confesseurs; le premier cri de tous les auteurs est que la *résignation* qui lui est faite par son pénitent est nulle. Elle ne l'est cependant point, si le résignant n'a pas été séduit. La présomption de séduction est bien forte dans cette occasion. Car qui est-ce qui a plus d'ascendant sur l'esprit d'un malade, que son confesseur? Cependant, il y a des arrêts qui ont déclaré valables des *résignations* faites à des confesseurs par leurs pénitens malades. En voici un assez récent.

L'abbé Boistard, vieillard octogénaire, peu de temps avant sa mort, avoit résigné à l'abbé Asselin, son confesseur, la chapelle de Notre-Dame de l'Aurore à Amiens. L'abbé Mimerel fut pourvu par l'ordinaire, de la même chapelle, comme vacante *per obitum.* La cause s'étant engagée entre le résignataire & l'obituaire, M. l'avocat-général Séguier, qui porta la parole, fit valoir avec tous les talens qu'on lui connoît, l'incapacité des confesseurs, fondée sur l'ascendant qu'ils ont sur l'esprit d'un pénitent à l'heure de la mort; dans ce moment où, convaincu de la certitude de son état, & où uniquement occupé du terrible passage de cette vie dans l'autre, il est beaucoup plus souple à recevoir les impressions du confesseur, médecin spirituel de son ame, qu'il regarde comme son protecteur & son soutien, & dont il attend le bonheur éternel, par l'absolution & les prières.

Frappé par ces grands motifs, M. l'avocat-général conclut contre l'abbé Asselin en faveur de l'abbé Mimerel, à ce que la *résignation* faite par l'abbé Boistard fût déclarée nulle : il conclut en outre à ce que l'arrêt fût rendu en forme de réglement, & déclarât pareillement nulles les *résignations* qui seroient par la suite faites par des pénitens à leurs confesseurs.

Ces conclusions ne furent point suivies : l'arrêt rendu en la grand'chambre, le 12 mars 1777, confirma la *résignation* faite en faveur de l'abbé Asselin, & condamna l'abbé Mimerel aux dépens. La Combe en cite un semblable du 1 avril 1724, au rapport de M. de Paris, conseiller de grand'chambre, en faveur du sieur Bernard, résignataire de la cure de sainte Opportune de Paris, du sieur Macé, dont il étoit confesseur, parce qu'on ne doit pas introduire un empêchement canonique qui n'est pas prévu par les canons ni par les ordonnances. La même raison milite certainement en faveur des médecins.

On applique aux bénéfices l'article 54 de l'ordonnance d'Orléans, qui défend à tous juges d'accepter directement ou indirectement, aucun transport ou cession des procès & droits litigieux ès cours, sièges ou ressorts où ils seroient officiers. Ainsi jugé au grand-conseil dans l'espèce suivante.

M. de Thomassin, évêque de Sisteron, avant sa promotion à l'épiscopat, étoit titulaire des prieurés de Grand-Bois & de Zars, qu'il avoit seulement exprimés par une clause générale dans la cédule consistoriale. Deux particuliers, informés de ce prétendu défaut, impétrèrent ces deux bénéfices par dévolut, & pendant l'instance en complainte, pendante au parlement d'Aix, ils firent une cession de leurs droits en faveur des deux fils de M. le président de Coriolis. M. l'évêque de Sisteron y présenta requête contre M. de Coriolis, comme ayant pris, en faveur de ses enfans, cession de droits litigieux dans son ressort, dont même il avoit pris connoissance comme juge.

L'affaire ayant été évoquée au conseil, & renvoyée au grand-conseil; par un premier arrêt du 12 mars 1701, il a été enjoint à M. de Coriolis père, de garder & observer les ordonnances : il lui a été fait défenses de prendre & recevoir cessions de droits litigieux pour lui & pour ses enfans, directement ou indirectement, & condamné en 300 livres de dommages & intérêts envers M. l'évêque de Sisteron, & en tous les dépens de la procédure extraordinaire, sans préjudice des dépens, dommages & intérêts solidaires, pour raison de la complainte des deux bénéfices, sur laquelle il fut réservé de faire droit à l'audience.

Et par le second arrêt du 18 février 1702, les deux fils de M. de Coriolis furent déclarés déchus & privés des droits par eux prétendus sur les deux prieurés en question, & M. l'évêque de Sisteron maintenu; les sieurs de Coriolis fils, condamnés chacun en 300 livres de dommages & intérêts, & en tous les dépens : l'arrêt déclaré commun avec M. de Coriolis père, qui fut condamné aux dépens à son égard, & solidairement en tous les dommages & intérêts & dépens adjugés par l'arrêt.

Malgré cet arrêt, M. Piales, d'après les mémoires du clergé, paroît penser, 1°. qu'un conseiller au parlement ou tout autre magistrat ou juge, ne sont pas, par leur qualité, personnes incapables de recevoir, par la voie d'une *résignation* en faveur, les droits litigieux d'un bénéfice.

2°. Que ces sortes de *résignations* ne sont prohibées qu'autant qu'elles sont accompagnées de circonstances qui donnent lieu de présumer de la fraude ou de la violence de la part du résignataire.

3°. Que les officiers de justice doivent être très-attentifs à ne pas accepter de semblables *résignations*, parce que la fraude se présume aisément, sur-tout en matière bénéficiale, & lorsque la contestation doit être portée au tribunal dont le résignataire est membre.

On met aussi les procureurs au nombre des personnes qui ne peuvent être résignataires, lorsque les résignans sont leurs cliens. Ils ont, dit-on, autant d'ascendant sur l'esprit de ceux dont ils défendent les procès, que les médecins en ont sur les malades dont ils prennent soin. S'il leur étoit permis de devenir leurs résignataires, il en pourroit résulter de très-grands inconvéniens. Il seroit aisé à un procureur de persuader à sa partie de lui céder ou à son fils, le droit qu'elle a à un bénéfice qui lui est contesté. C'est pour prévenir les fraudes, que l'on a mis les procureurs au nombre des personnes prohibées, ou incapables d'être valablement pourvues sur la *résignation* de ceux qui se reposent sur eux pour la défense de leurs intérêts.

Au reste, toutes ces prohibitions & ces incapacités qui ne sont établies par aucune loi, ni canonique, ni civile, mais seulement par la jurisprudence des arrêts, & sur des raisons de convenance, dépendent beaucoup des circonstances dans lesquelles se trouvent les résignans & les résignataires. La séduction, la fraude, le dol, en sont la base. Toutes les fois que ces vices ne sont point prouvés, ou ne peuvent être présumés légalement, la *résignation* doit être déclarée bonne & valable.

§. III. *Quels bénéfices peuvent être résignés.* De droit commun, tout bénéfice de collation ou de patronage ecclésiastique, peut être résigné. Il n'y a que les bénéfices consistoriaux, ceux en patronage laïque & mixte, & ceux affectés par la fondation à certaines personnes qui ne peuvent pas l'être. Il faut cependant convenir que la *résignation* de ces trois espèces de bénéfices, n'est pas nulle dans toutes les circonstances. Les bénéfices consistoriaux peuvent être résignés en faveur lorsque le roi le permet. Le consentement des patrons laïques ou mixtes rend valable la *résignation* des bénéfices qui dépendent de leur patronage. Enfin, les bénéfices affectés à certaines personnes peuvent être résignés, pourvu que la *résignation* soit faite en faveur d'une personne de la qualité requise par la fondation, par le statut ou autre titre qui a établi cette affectation.

Sur la nullité des *résignations* des bénéfices à patronage laïque, *voyez* REGRÈS, PRÉVENTION. Nous nous contenterons de rappeller ici, que c'est une des maximes de l'église gallicane, que le pape ne peut déroger aux droits des patrons laïques; & qu'il y dérogeroit si les *résignations* de leurs bénéfices faites entre ses mains, pouvoient être valables sans leur consentement. Quant au patronage mixte, il jouit des mêmes prérogatives que le patronage laïque. Mais si le patronage est alternatif entre un patron ecclésiastique & un patron laïque, le bénéfice pourroit-il être résigné dans le tour du patron ecclésiastique? Il faut d'abord remonter à l'origine de l'alternative. Si elle n'est que l'effet de conventions particulières & postérieures à la fondation, & que le partage alternatif n'ait été établi que pour faciliter l'exercice du patronage, il nous paroît que dans ce cas, la *résignation* en faveur ne devroit pas être autorisée, parce que les conventions faites entre les patrons n'ont pas détruit la nature du patronage, qui est d'être mixte. Ces conventions ne portant que sur l'exercice du droit, n'empêchent pas la solidité entre les copatrons. Si l'un d'eux présentoit, quoique ce ne fût pas son tour, sa présentation ne seroit pas radicalement nulle; elle feroit obstacle à la prévention. L'alternative qui ne doit son origine qu'à une convention telle que nous la supposons, ne changeant rien à la nature du patronage, qui reste toujours mixte, la *résignation* sans le consentement des patrons, nous paroît radicalement nulle.

Est-elle également nulle, si l'alternative est portée par la fondation? La question est de savoir si dans ce cas le patronage doit être considéré comme mixte, lors même que c'est le tour du patron ecclésiastique à présenter. Duperrai & M. Piales, qui ont traité la question, ne l'ont point examinée sous ce point de vue. L'un & l'autre se contentent de rapporter un arrêt du parlement de Paris, du 28 mars 1681, dont voici l'espèce telle qu'elle se trouve dans Duperrai.

La chapelle de Notre-Dame des Vertus, fondée en l'église collégiale de saint Honoré, étoit à la présentation alternative de M. de Bezons & du chapitre. Il y avoit eu une *résignation* admise en cour de Rome au tour du chapitre. Cette *résignation* avoit eu son effet. Le résignataire étant mort, le chapitre disoit que n'ayant point usé de son droit lors de la précédente vacance, il devoit le consommer en celle-ci. On lui répliquoit que le pape ayant conféré cette chapelle, il avoit prévenu le patron ecclésiastique, & s'étoit mis à sa place. On ajoutoit que si la prétention du chapitre avoit lieu, le patron laïque ne seroit jamais en état de présenter: M. Talon observa que les patrons laïques ne s'étoient jamais soumis aux préventions; que si les *résignations* de cour de Rome ne faisoient pas tour, les droits des laïques ne pourroient jamais s'exercer: il prit des conclusions à ce que le chapitre fût reçu partie intervenante; & que faisant droit sur son intervention, on ne pourroit plus à l'avenir, résigner la chapelle en question, ni la permuter, sans le consentement du chapitre. M. Piales ajoute qu'il intervint arrêt conforme aux conclusions.

Duperrai & M. Piales n'entrent point dans le détail des motifs qui déterminèrent M. Talon à conclure à ce que la chapelle dont il s'agissoit ne pourroit plus à l'avenir être résignée ou copermutée sans le consentement du chapitre, patron alternatif ecclésiastique. Ainsi l'arrêt du 28 mars ne nous paroît pas avoir décidé la question d'une manière assez précise pour qu'on puisse établir en principe que les bénéfices à patronage alternatif, laïque & ecclésiastique, ne peuvent pas être résignés dans le tour des patrons ecclésiastiques.

Les bénéfices qui, en vertu de la fondation ou de statuts homologués, doivent être conférés à certaines personnes, ou avec certaines formalités, ne peuvent être résignés en faveur au préjudice de ces personnes ou de ces formalités: ce principe, qui est fondé sur la grande maxime, que le pape ne peut déroger aux loix de la fondation ou à des statuts qui, par l'homologation, ont reçu force de loi, jette beaucoup de lumière sur une question très-controversée entre les canonistes; savoir, si les bénéfices électifs-confirmatifs peuvent être résignés en faveur.

Nous avons observé plusieurs fois dans le cours de cet ouvrage, que depuis le concordat, on ne connoît presque plus en France de bénéfices vraiment électifs-confirmatifs, parce que tous ceux qui l'étoient réellement sont devenus à la nomination du roi. Il est certain qu'on doit entendre par bénéfices électifs-confirmatifs, non pas ceux auxquels on pourvoit par élection sujette à la confirmation du supérieur, mais ceux dont les titulaires étant les époux de leurs églises, les laissent veuves par leur décès ou par leur démission. C'est pour ceux-là seuls qu'ont été établies les formalités prescrites par le chapitre *quia propter*. Il est vrai que l'usage ou des statuts particuliers ont adopté ces formalités pour des bénéfices d'une autre nature, telles que les dignités des chapitres, des cathédrales ou des collégiales. Dès-lors on les a appellés électifs-confirmatifs, & on a voulu leur attribuer les prérogatives de ceux qui l'étoient par leur nature. L'attachement à la pragmatique & la haine du concordat firent peut-être accueillir cette idée; & les anciens auteurs, fondés sur quelques arrêts qu'ils crurent favorables à leur opinion, décidèrent que les dignités électives-confirmatives ne pouvoient être résignées en faveur. De ce nombre sont Boerius & Chopin. D'Héricourt lui-même a embrassé cette opinion. Les papes, dit-il, *pag. 560 de l'édition de 1771*, ayant déclaré, dans le temps que les mandats étoient en usage, qu'ils ne prétendoient pas y assujettir les dignités vraiment électives, c'est-à-dire, électives-confirmatives, pour ne point donner atteinte à cette ancienne manière de pourvoir aux bénéfices dans les lieux où elle s'est conservée, on en a conclu qu'on ne devoit point admettre à Rome les *résignations* en faveur, de ces dignités, au préjudice des électeurs.

Duperrai a observé sur ce passage de d'Héricourt, que la maxime n'est pas certaine comme l'auteur le rapporte, ce qui mériteroit une trop grande dissertation. Mais, ajoute-t-il, le lecteur doit y avoir attention... La maxime est constante que la *résignation* s'en peut faire.

Dans les éditions suivantes de d'Héricourt, on a répondu à la note de Duperrai. On a défendu la doctrine de d'Héricourt. On a soutenu qu'elle étoit conforme aux vrais principes exposés par Boerius & Chopin, & adoptés par la jurisprudence des arrêts. On prétend qu'on ne peut douter de celle du parlement de Paris, d'après l'arrêt rendu pour le doyenné de saint Marcel, rapporté par l'auteur des additions au recueil de Papon; que c'est ce qui a fait dire à Van-Espen, qu'en France on n'admet point les provisions de cour de Rome pour les bénéfices électifs-confirmatifs, à moins que ceux qui ont droit d'élire n'aient laissé passer le temps qui leur est accordé par les canons pour procéder à l'élection. L'auteur de la note en réponse à Duperrai va même jusqu'à entreprendre de prouver que dans la jurisprudence moderne on suit l'opinion de d'Héricourt, & on cite plusieurs arrêts, dont le plus moderne est du parlement de Besançon, du 9 août 1709 pour le doyenné de l'église collégiale de Champlette.

Gohard convient que l'ancienne jurisprudence est conforme à l'opinion de d'Héricourt, mais il convient en même temps que la moderne y est absolument contraire, & il cite une foule d'arrêts, & notamment ceux rapportés par Duperrai. A ces autorités il ajoute celle de l'usage qui s'observe dans un grand nombre de cathédrales & de collégiales. Celui des cathédrales de Noyon, Orléans, Sens, Troye, Soissons, Bellay & autres, est justifié par MM. de Sainte-Marthe, dans leur *Gallia christiana*, où ils ont donné la liste des doyens résignataires de ces églises. On ne peut pas plus douter de cet usage pour les collégiales de Saint-Nicolas-du-Louvre, aujourd'hui saint Louis, à Paris, saint Denis de Beaune, saint Emilien de Bordeaux, qui, quoique très-jalouses de leurs droits, ont admis les résignataires de leurs doyennés pourvus par le pape. De toutes ces autorités, Gohard conclut que Duperrai est bien fondé à dire que, suivant l'usage présent, toutes les dignités, quoique électives, peuvent se résigner en faveur, même dans les églises de fondation royale, à moins que le titre de la fondation ne le défende.

On demande, dit Drapier, *tome 2*, *pag. 524*, si on peut résigner en faveur les dignités électives-confirmatives? On répond que les auteurs sont partagés sur cette question. Ceux qui tiennent pour l'affirmative, citent en leur faveur l'arrêt du 19 décembre 1650, rapporté au journal des audiences pour le doyenné de Bar, qui est électif-confirmatif. Un autre arrêt du parlement de Dijon du 1 mars 1651, & encore un autre du parlement de Paris de 1691 : ils s'appuient aussi sur l'autorité de Rebuffe, de Brodeau & de Fevret. Ceux qui tiennent pour la négative, rapportent aussi plusieurs arrêts qui ont jugé qu'on ne peut pas résigner en faveur, les dignités électives-confirmatives, comme l'arrêt du conseil du 14 juillet 1685, du grand-conseil de l'année 1691, du parlement de Besançon du 9 août 1709. Il paroît, ajoute Drapier, qu'il faut s'arrêter à ce dernier sentiment.

Dans ce conflit d'auteurs & d'arrêts, quel parti faut-il prendre? La Combe, *verbo Resignation*, *sect. 2*, *n. 3*, va nous l'indiquer. « Les bénéfices » électifs-collatifs des chapitres qui ne sont point » à la nomination du roi, & qui ne sont point » en patronage laïque, sont demeurés dans le droit » commun & peuvent être résignés : il en est de » même des bénéfices électifs-confirmatifs : arrêt » du 3 février 1567, pour le doyenné du chapitre de Chartres : arrêt du 19 décembre 1630 » pour le doyenné de Bar. Il y a un pareil arrêt » pour la dignité de préchantre dans l'église de » Sens. Mais quand le bénéfice est électif-confirmatif par le titre de sa fondation, il n'est point » sujet à *résignation*. Arrêt solemnel du parlement » de Besançon, du 9 août 1709. C'est la distinction qu'il faut faire contre l'auteur des loix ecclésiastiques. Par arrêt du parlement de Paris, » du 3 août 1728, sur les conclusions de M. d'Aguesseau, avocat-général, il a été dit qu'il y avoit » abus dans la *résignation* du doyenné de l'église » collégiale de Moulins, qui est électif par le chapitre, & confirmatif par le prieur de Savigny, » à cause d'une chapelle qu'il avoit cédée originairement aux ducs de Bourbonnois pour composer un chapitre dont tous les canonicats sont » à leur collation ».

La distinction faite par la Combe, & adoptée par M. Piales, fait évanouir la contradiction qui paroît exister entre les arrêts cités par les partisans des deux opinions. « A l'égard de la question générale, dit M. Piales dans une note du traité des » *résignations*, *tome 1*, *pag. 280*, de savoir si les » bénéfices électifs-confirmatifs peuvent être résignés en cour de Rome, on n'en peut plus » douter, après les arrêts intervenus, tant au parlement de Paris, qu'au grand-conseil, pour les » doyennés de saint Germain-l'Auxerrois, de saint » Marcel au fauxbourg de Paris, de saint Emilien » dans le diocèse de Bordeaux, de saint Etienne » de Troye, qui sont tous électifs-confirmatifs ».

M. Piales, partant ensuite de la distinction faite par la Combe, dit qu'elle est d'autant plus importante, qu'elle est nécessaire pour concilier la jurisprudence des arrêts & les différens sentimens des auteurs. D'un côté, on trouve un grand nombre d'arrêts qui ont confirmé des *résignations in favorem* de dignités électives-confirmatives ; d'un autre côté, on en trouve plusieurs qui ont déclaré pareilles *résignations* abusives ; qui ont maintenu les élus par les chapitres, confirmés par le supérieur, contre les pourvus en cour de Rome sur *résignation*. Dans le premier cas, les *résignations* ont été approuvées, parce que le bénéfice résigné n'avoit pas d'autre loi que le droit commun. Or, suivant le droit commun aujourd'hui en usage, tout bénéfice peut être résigné en faveur. Dans le second cas, les *résignations* ont été réprouvées, parce que les bénéfices résignés ont une loi particulière qui règle la manière d'y pourvoir.

Pour mieux faire sentir combien sont justes les décisions de la Combe & de M. Piales, examinons rapidement les arrêts cités par les partisans de l'opinion contraire. Par exemple, ceux cités par Drapier.

L'arrêt du conseil d'état du 14 juillet 1685, daté par M. Piales du 14 juin, a cassé celui du parlement de Tournai, qui avoit confirmé la *résignation* du doyenné du chapitre d'Avesnes, qui est électif-confirmatif. Gohard nous apprend qu'il a dû être cassé, parce qu'il étoit contraire au titre de la fondation.

L'arrêt du grand-conseil de 1691 a rejetté la *résignation* du doyenné de la sainte chapelle de Dijon, qui est électif-confirmatif. Mais M. Piales a très-bien démontré que le motif de cet arrêt fut puisé dans la nature même du bénéfice, qui, dans son origine, étoit de collation laïque & appartenant aux ducs de Bourgogne, qui avoient cédé l'exercice de leurs droits au chapitre, sans, pour cela, rien changer à la nature du bénéfice.

Enfin, celui du 9 août 1709, rendu par le parlement de Besançon au sujet du doyenné de Champlette, est dans le cas des précédens, puisque le bénéfice est électif-confirmatif par le titre de sa fondation, loi particulière à laquelle le pape ne peut pas déroger.

Si l'on veut faire attention aux autres arrêts cités par les auteurs qui prétendent que les dignités électives-confirmatives ne peuvent pas être résignées en faveur, on verra qu'ils sont tous rendus dans des circonstances & par des motifs qui forment une exception à la règle générale, mais qui ne la détruisent pas.

Il faut donc tenir avec le grand nombre de nos anciens canonistes, & avec Duperrai, Gohard, la Combe, Piales, contre d'Héricourt, Drapier & quelques autres, qu'en thèse générale, les bénéfices électifs-confirmatifs sont susceptibles d'être résignés en faveur, & qu'il n'y a d'exception à cette règle générale que pour ceux qui sont régis par les loix particulières de leur fondation, ou par des statuts duement homologués.

Nous avons fait voir qu'un pourvu de cour de Rome, quoiqu'il n'ait pas encore obtenu de *visa*, ni pris possession, peut résigner. Cette règle peut-elle s'appliquer aux bénéfices qui sont en litige? Un des prétendans droit au bénéfice peut-il le résigner *pendente lite?* Flaminius ne le pense pas, à moins que la *résignation* ne fût faite en faveur de la partie colitigante. Nous n'avons point, en France, adopté cette opinion. Tous les jours des pourvus résignent pendant le cours de l'instance sur le possessoire du bénéfice. L'effet de la provision sur *résignation* dépend alors de l'événement du procès. Si le droit de celui des colitigans qui a résigné est jugé le meilleur, la *résignation* sera exécutée : si, au contraire, il est décidé que le résignant n'avoit aucun droit au bénéfice, il le sera en même temps qu'il n'a pu résigner, & la *résignation* sera caduque. Mais tant qu'il demeure incertain quel est celui des colitigans qui a le meilleur droit au bénéfice contentieux, chacun d'eux a, suivant nos usages, la liberté de résigner. L'ordonnance de 1667 trace la procédure que doit tenir le résignataire d'un bénéfice en litige.

Rien n'empêche un séculier pourvu en commende libre d'un bénéfice régulier, de le résigner, soit en règle en faveur d'un religieux de l'ordre dont dépend le bénéfice, soit en commende en faveur d'un séculier. Le pape ne peut se dispenser d'admettre ces *résignations ;* s'il le refuse, il y a lieu de se pourvoir contre le refus par la voie de l'appel comme d'abus. Le pape ne peut refuser de continuer les commendes lorsqu'elles sont libres. *Voyez* COMMENDE.

Si le bénéfice est possédé en commende décrétée, le titulaire peut le résigner en faveur de personnes capables de le posséder, c'est-à-dire, en règle. Il peut encore le résigner en faveur d'un séculier. Mais dans ce dernier cas, le pape n'est pas collateur forcé. Il lui est libre de refuser des provisions au résignataire séculier. *Voyez* COMMENDE, PROVISION. Il ne les refuse pas ordinairement. Mais il est indispensable, à peine de nullité des provisions, d'exprimer la clause *cedente aut decedente*, ou le décret irritant de retour en règle. Ainsi jugé par plusieurs arrêts du parlement de Paris & du grand-conseil. Celui rendu par ce dernier tribunal le 22 décembre 1735, est remarquable en ce que le premier président, après l'avoir prononcé, avertit le barreau que le conseil s'étoit déterminé sur le défaut d'expression de retour en règle, qui avoit annullé les provisions du résignataire, & que c'étoit la jurisprudence du conseil, dont il ne se départiroit jamais. Le prieuré de Guerchy, au sujet duquel cet arrêt fut rendu, en occasionna encore un semblable du 15 juin 1742.

Le bénéfice, sous le titre duquel on a reçu les ordres sacrés, peut-il être résigné? Le concile de Trente défend ces *résignations*. *Id verò beneficium resignare non possit nisi facta mentione quod ad illius beneficii titulum, sit promotus, neque ea resignatio admittatur, nisi constituto quod aliunde vivere commodè possit & aliter facta resignatio nulla sit.* Sess. 21 de reform. cap. 2. Les auteurs sont partagés sur cette question. Les uns disent qu'il faut suivre la disposition du concile, & que le résignant doit faire mention de l'affectation du bénéfice, & qu'il faut qu'il ait de quoi vivre d'ailleurs. D'autres disent que ce réglement n'est point suivi en France : ils citent un arrêt du parlement de Paris, du 16 avril 1592. Ils ajoutent que cet usage est fondé sur ce que l'ordonnance d'Orléans, qui déclare le titre patrimonial inaliénable, ne défend pas de se démettre du titre du bénéfice, & que la permission de résigner étant accordée de droit commun en France, il faudroit une loi précise reçue dans le royaume pour ôter cette faculté au clerc qui a été ordonné sous le titre du bénéfice. C'est au résignant, disent-ils, à examiner de quelle manière il subsistera après qu'il se sera dépouillé de son titre.

D'Héricourt a embrassé cette dernière opinion. Le concile de Trente, dit-il, défend de résigner le bénéfice, sous le titre duquel un clerc a reçu les ordres sacrés. Quoique ce réglement ait été fait avec beaucoup de sagesse, pour empêcher qu'un clerc qui a été ordonné sous le titre du bénéfice, ne soit à charge à son diocèse, il n'est point cependant observé en France.

Duperrai, dans ses observations, a critiqué cette décision; selon lui, comme on ne peut aliéner le patrimoine qui a servi pour la cléricature, de même on ne peut résigner un bénéfice sur lequel on a pris les ordres; à moins que d'avoir quelque chose d'équivalent; & si on en faisoit l'expression, on ne la recevroit pas à Rome, où l'on suit le concile de Trente. D'Héricourt a répondu, en citant, en faveur de son opinion, les autorités d'Anne Robert, de Solier, de Bengy, de Pinson, & d'autres; l'arrêt de 1592, le silence de l'ordonnance d'Orléans, & le droit commun actuel.

M. Piales a embrassé l'opinion de d'Héricourt. Si un évêque n'est pas fondé, dit-il, *traité des résignations, tome 1, pag. 52*, à demander que la *résignation* d'un bénéfice, qui tenoit lieu au résignant de titre clérical, soit déclarée nulle, un père le sera encore moins : c'est ce qui fut jugé par arrêt du parlement de Paris, rendu le 22 avril 1649, pour une prébende de l'église de Meaux. Le même arrêt jugea aussi que la provision sur *résignation* du bénéfice, qui avoit servi de titre sacerdotal au résignant, étoit bonne & valable. *Voyez* TITRE SACERDOTAL.

De droit commun, disent nos auteurs, tout bénéfice peut être résigné en faveur, pourvu que le résignataire soit personne capable. Cette règle s'applique aux bénéfices réguliers comme aux bénéfices séculiers. Il est cependant des ordres qui se trouvent dans l'exception, & dans lesquels le vœu d'obéissance forme un obstacle à l'exercice libre de la faculté de résigner. Ce sont ceux où des statuts particuliers revêtus des formalités nécessaires pour leur donner force de loi, défendent d'accepter des bénéfices, ou d'en disposer sans le consentement des supérieurs.

Lorsque la réforme s'introduisit dans la congrégation de Saint-Maur, il fut permis à ses religieux d'accepter les *résignations* des bénéfices dépendans, non-seulement des maisons réformées, mais encore de tout l'ordre de saint Benoît & de la congrégation de Cluni. Il fut en même temps défendu aux titulaires de les résigner ou de s'en démettre sans la permission des supérieurs majeurs de la congrégation, en faveur d'autres personnes que de ses religieux.

Ces privilèges exorbitans, qui n'avoient pour but que de favoriser une réforme précieuse à l'église, donnèrent naissance à une foule d'abus que la nature de cet ouvrage ne nous permet pas de détailler ici. L'édit de novembre 1719 fut donné pour y remédier. Entre autres dispositions, il ordonne que les religieux de la congrégation de Saint-Maur & des autres congrégations, puissent, suivant le droit commun, & sans le consentement de leurs supérieurs, résigner & disposer de leurs bénéfices en faveur de personnes capables. Ainsi, la congrégation de Saint-Maur est rentrée dans le droit commun, & ses bénéfices peuvent être résignés en faveur. Les Bénédictins anglois ont voulu s'attribuer le même privilège dont jouissoit la congrégation de Saint-Maur. Deux arrêts du grand-conseil, des 12 mars & 3 août 1745, rapportés par M. Piales, forment deux préjugés considérables contre cette prétention, qui n'est d'ailleurs appuyée sur aucun titre qui puisse être opposé à l'édit de 1719, qui veut que les religieux de la congrégation de Saint-Maur & des autres congrégations, puissent résigner suivant le droit commun.

L'abbé de Cîteaux, fondé sur d'anciennes bulles, prétend aussi que les religieux de sa filiation ne peuvent faire aucune démission, *résignation* & acceptation de bénéfices sans sa participation & son agrément. Ces bulles n'ont été enregistrées dans aucun tribunal, & nous ne voyons aucun arrêt qui en ait ordonné ou défendu l'exécution.

M. Piales rapporte le plaidoyer de M. de l'Escalopier, avocat-général au grand-conseil, sur lequel a été rendu un arrêt du 23 décembre 1733, qui juge qu'un chanoine régulier de la congrégation de France, ne peut résigner un prieuré-cure dépendant de la même congrégation, sans le consentement du supérieur général. Il paroît, d'après le plaidoyer de M. de l'Escalopier, que le principal motif de l'arrêt a été, que les religieux de la congrégation de France, quoique curés, sont toujours soumis à la volonté de leur général; que comme ils ne peuvent accepter de bénéfices sans son consentement, ils ne peuvent non plus s'en démettre sans ce même consentement. « Un collateur choisit un chanoine régulier, il » le propose au supérieur, & desire lui donner » une cure; il ne demande point la volonté ni » l'acceptation du chanoine régulier. Il n'en a » point : mais il sollicite le consentement du supé-

» rieur, qui imprime le titre du bénéfice sur la » tête du chanoine régulier. Le chanoine régulier » songe à quitter sa cure, à la résigner : la même » volonté qui la lui a commise doit la remettre » au collateur. La *résignation* du frère Bernapré » n'est pas modelée sur ces maximes invariables. » Elle nous fait connoître la volonté d'un homme » qui n'en a point : elle dispose d'un bénéfice qui » ne lui appartenoit point : elle donne la cure de » Marcillé, que la volonté de son supérieur lui » avoit confiée, & que la volonté de son supé» rieur pouvoit seule remettre. Il n'est pas un vice » plus grand chez les jurisconsultes, que celui qui » naît du défaut de pouvoir : il rend nuls tous » les actes : la *résignation* du frère Bernapré en est » infectée : il a résigné, mais il ne le pouvoit : » il n'avoit ni volonté, ni bénéfice : sa *résignation* » est donc nulle; & son résignataire ne sauroit » prétendre aucun droit à la cure de Marcillé-la-» Ville ».

Ces mêmes motifs devroient sans doute s'appliquer aux religieux des autres congrégations de chanoines réguliers, qui, comme ceux de la congrégation de France, ne peuvent accepter des cures sans le consentement de leurs supérieurs, & qui, quand ils en sont pourvus, peuvent être rappellés dans leurs cloîtres, si les évêques y consentent. Les Prémontrés sont dans ce cas. Les lettres-patentes du 9 août 1700, y sont formelles. Tout devroit donc être égal pour les *résignations* des cures des deux congrégations, ainsi que de celles de tout l'ordre de saint Augustin. Cependant, la Combe paroît mettre les prémontrés, quant à la faculté de résigner, sur la même ligne que les religieux de la congrégation de Saint-Maur. « Arrêt » du grand-conseil, du 5 mai 1735. Sans s'arrêter » à l'intervention de l'abbé de Prémontré, dont » il fut débouté, le sieur le Berruyer, résignataire » *cum voto profitendi*, fut maintenu & gardé dans » la possession du prieuré cure de Blay, diocèse » de Bayeux, avec restitution des fruits & dépens, » à la charge de satisfaire à la clause de ses pro» visions, contre un précédent arrêt du 23 décembre » 1733, rendu dans le semestre d'hiver. M. l'abbé » de Prémontré s'est pourvu au conseil en cassa» tion contre l'arrêt de 1735. Mais par arrêt du..... » 1736, au rapport de M. Barantin, il a été mis » néant sur la requête ».

L'arrêt du 23 décembre 1733 dont parle la Combe, est celui rendu pour la congrégation de France, conformément aux conclusions de M. de l'Escalopier. Comment se peut-il que les principes qui avoient prévalu en 1733, aient été méconnus au même tribunal, en 1735? Cela prouve qu'en matière bénéficiale, lorsqu'une loi précise ne parle point, la décision des questions qui s'élèvent, dépend le plus souvent de la manière de voir des juges, qui, n'étant pas toujours les mêmes, ne se croient pas liés par les arrêts rendus par leurs prédécesseurs ou leurs collègues.

Les cures de l'ordre de Malte ne peuvent être résignées sans le consentement de l'ordre, ou du moins du commandeur au patronage duquel elles sont. La Combe rapporte trois arrêts du grand-conseil qui l'ont ainsi jugé dans le siècle dernier. M. Piales, dans ses additions au traité des *résignations*, en rapporte un de ce tribunal du 10 janvier 1719.

Les bénéfices dont l'union est ordonnée, peuvent-ils être résignés en faveur? Voici l'opinion de Pastor sur cette question. *Licet beneficium ante vacationem impetrari non possit, uniri potest sine præjudicio possessoris. Sed executio unionis differtur in tempus vacationis, ne fiat præjudicium possessoris, nisi possessor consentiat, & cedat reservatâ sibi pensione annuâ. Et si possessor non cesserit jure suo dum vivit, idem beneficium resignare potest in manibus papæ, ex causa permutationis aut aliter in favorem, expresso decreto unionis, cui papa semel derogare potest, postulante resignatario : nam parum refert ipse possideat, an resignans; citra tamen præjudicium decreti, cujus executio differtur in tempus mortis resignatarii, ex sententia flaminii : & ita judicatum fuit arresto senatus contra œconomum sancti Poncii provinciæ occitaniæ, appellantem ab abusu executionis rescripti provisionis concessæ à papa, resignatario, cum derogatione pro illa vice clausulæ reservationis beneficii capitulo uniendi, mense martio anno 1651.* Pastor, de benefic. eccl. lib. 1, tit. 4, n. 8.

Védal, sur Catelan, adopte ce sentiment. Il paroît à M. Piales que c'est celui auquel on doit s'attacher, sur-tout lorsque le titulaire dont le bénéfice a été uni, n'a pas été entendu.

La Combe rapporte, au mot *Union*, le sentiment de Pastor & des autres auteurs qui, comme lui, ont pensé que le titulaire qui n'a pas consenti à l'union, n'est pas privé du droit de *résignation in favorem*, ou permutation en cour de Rome, avec l'expression de l'union à laquelle, selon eux, il peut déroger pour cette fois. Il ajoute : « mais la » formalité des lettres-patentes pour l'union, » comme elle est à présent requise, rendroit la » provision du pape abusive : d'ailleurs, on peut » parer à cette difficulté, en appellant le titulaire, » & même en l'assignant pour déduire les moyens, » si aucuns il y a à proposer contre l'union ».

Ces observations de la Combe paroissent présenter la véritable solution de la question. Si l'union a été faite avec toutes les formalités requises, si le titulaire y a été appellé, si elle a été revêtue de lettres-patentes duement enregistrées, alors la *résignation* du bénéfice uni ne peut plus avoir lieu. L'union au moyen des lettres-patentes est devenue une loi de l'état, à laquelle le pape ne peut plus déroger; ainsi l'expression du décret d'union dans les provisions du résignataire seroit abusive. Mais si le titulaire n'avoit point été appellé dans la procédure faite pour parvenir à l'union, il ne seroit point privé de la faculté de résigner. Les lettres-patentes ne seroient pas même un obstacle à la *résignation*. Le résignataire pourroit y former opposition au nom du résignant, comme tiers non oui. Et il seroit difficile de ne point confirmer la *résignation* pour cette fois, sauf à la prohiber pour l'avenir. *Voyez* UNION.

Les bénéfices patrimoniaux, c'est-à-dire, ceux qui sont affectés à une famille, aux naturels d'un lieu, d'un pays particulier, ne peuvent être résignés qu'à ceux auxquels ils sont affectés par la fondation.

Les bénéfices manuels dont les pourvus peuvent être destitués *ad nutum*, ne faisant pas une véritable impression sur la tête des titulaires, ne sont pas susceptibles de *résignation*. Tels sont les bénéfices dépendans de la maison de Saint-Victor à Paris, qui sont affectés aux religieux de la maison : telles sont encore les chapelles castrales qui ne sont que des commissions amovibles pour acquitter des fondations.

Des arrêts du grand-conseil & du parlement de Toulouse ont jugé que les places monachales ne pouvoient être résignées en faveur. Le motif de ces arrêts, selon M. de Catelan, est que le religieux qui se démet ou qui résigne, seroit toujours religieux du monastère, & religieux sans place; ce qui ne peut être ainsi dans les monastères où les places sont ou doivent être comptées, & où il faut qu'il n'y ait ni plus ni moins de religieux que de places.

§. IV. *Fondement des résignations : formalités qu'on doit y observer. Réglemens auxquels elles sont assujetties.* La procuration *ad resignandum* est le fondement de toute *résignation* ; elle doit porter tous les caractères d'un acte fait avec connoissance de cause, avec maturité & réflexion, & avec une entière liberté. C'est pour lui assurer ces caractères essentiels, que nos rois ont publié différentes ordonnances sur les procurations *ad resignandum*. La dernière est la déclaration du 24 février 1737. Nous ne pouvons mieux traiter cette matière qu'en remettant sous les yeux de nos lecteurs, les six articles de cette déclaration, en ajoutant à chacun quelques observations sommaires.

ART. I. « Les procurations pour résigner des » bénéfices ne pourront être faites que par des » actes passés en présence de deux notaires, ou » en présence d'un notaire avec deux témoins au » moins, de la qualité qui sera ci-après marquée : & il » sera fait mention dans lesdits actes, de l'état de » santé ou de maladie dans lequel sera le résignant; » le tout à peine de nullité ».

Cet article ne décide pas quels seront les notaires qui recevront les procurations *ad resignandum*. Il n'impose pas la nécessité qu'ils soient notaires apostoliques. Du moins l'expression générale *notaires* ne paroît pas l'indiquer. Mais la déclaration n'ayant point dérogé à l'édit du mois de décembre 1691, il n'est pas douteux que les procurations *ad resignandum* ne doivent être reçues par des notaires royaux & apostoliques. Cependant, nous observerons avec Gohard, que comme cet édit ne porte point, dans son article premier, la peine de nullité contre les actes ecclésiastiques dont il y est fait mention, & qui seroient reçus par d'autres notaires que les apostoliques, il n'est pas bien certain qu'une procuration *ad resignandum* reçue par deux notaires royaux ou un notaire royal & deux témoins, fût nulle par cette seule raison. On considère l'édit de décembre 1691 comme bursal dans beaucoup de ses dispositions. En ajoutant à cela le silence de la déclaration de 1737 sur la qualité des notaires qui recevront les procurations *ad resignandum*, il paroîtra peut-être encore plus difficile de prononcer la nullité de ces procurations lorsqu'elles ne seroient reçues que par de simples notaires royaux. Au reste, il est plus prudent & plus sûr de se servir, dans ces occasions, du ministère des notaires apostoliques, & s'il n'y en avoit point sur les lieux, il faudroit en faire mention dans l'acte qu'on passeroit devant les notaires royaux. *Voyez* NOTAIRES APOSTOLIQUES.

L'obligation imposée aux notaires qui reçoivent les procurations *ad resignandum*, de faire mention de l'état de santé ou de maladie dans lequel est le résignant, est fondée sur la qualité de l'acte que la déclaration considère comme un acte à cause de mort, parce que le plus souvent les titulaires ne résignent que dans la pensée de la mort. La mention de l'état du résignant est fort importante. Si la *résignation* étoit contestée par un obituaire, par un dévolutaire, ou par le résignant lui-même qui voudroit exercer le régrès, la connoissance de l'état du résignant dans le temps de la procuration, peut jetter le plus grand jour sur les moyens de nullité qui seroient allégués contre la *résignation*.

ART. II. « Lesdits notaires ou l'un d'eux écriront » l'acte de procuration suivant la déclaration que » le résignant leur fera de ses intentions, & lui » en feront ensuite la lecture, de laquelle il sera » fait mention expresse : après quoi l'acte sera signé, » tant par le résignant que par les deux notaires, » ou par le notaire & les témoins; & en cas que » le résignant déclare qu'il ne peut signer, il en » sera aussi fait mention : le tout à peine de » nullité ».

L'édit de 1550, *art. 3*, porte : « lesquels témoins » seront tenus, sous peine de nullité de ladite » procuration, signer la scède & note d'icelle, au » cas que le résignant fût en telle disposition qu'il » ne pût les signer; dont les notaires seront tenus » faire mention, & de la raison & cause pour » laquelle ledit résignant ne l'aura pu signer ».

En comparant cet article de l'édit de 1550 avec le second de la déclaration de 1737, on voit que le dernier veut que les témoins signent dans tous les cas, au lieu que l'édit n'exige leur signature que dans celui où le résignant ne pourroit pas signer, & en cela la déclaration ajoute à l'édit. D'un autre côté, la déclaration n'ordonne point au notaire de faire mention de la raison pour laquelle le résignant ne peut pas signer, & l'édit l'ordonne expressément. L'intention du législateur n'ayant point été d'abroger les formalités prescrites par les anciennes ordonnances, mais seulement d'y ajouter & d'y suppléer, il faut en conclure que les notaires, depuis la déclaration, comme auparavant, sont tenus de faire mention de la raison pour laquelle le résignant ne peut pas signer.

Art. III. « Ne pourront être pris pour assister » auxdits actes, que des témoins connus & domi- » ciliés, qui soient âgés au moins de vingt ans » accomplis, & qui ne soient ni parens ou alliés » du résignant ou du résignataire, jusqu'au degré » de cousin-germain inclusivement; ni serviteurs » ou domestiques de l'un ou de l'autre. Voulons en » outre, conformément aux articles 40, 41, 42 » & 44 de notre ordonnance concernant les testa- » mens, qu'il ne puisse être admis dans lesdits » actes que des témoins qui sachent & puissent » signer, & qui soient mâles, régnicoles & ca- » pables d'effets civils; sans que les réguliers, » novices ou profès, de quelque ordre que ce » soit, ni les clercs, serviteurs ou domestiques » du notaire qui recevra la procuration, puissent » être pris pour témoins; le tout à peine de » nullité ».

Par cet article sur les témoins nécessaires dans les procurations *ad resignandum*, le législateur a beaucoup ajouté aux anciennes ordonnances. C'est une suite du point de vue principal sous lequel il envisage les *résignations*. En les considérant comme des donations à cause de mort ou testamens, il étoit naturel de les assujettir aux mêmes formalités que les actes de dernière volonté. Cet article est exécuté à la rigueur, & doit l'être, puisqu'il prononce la peine de nullité. *Voyez* Malte.

Art. IV. « Voulons, conformément à l'article » 48 de notredite ordonnance, que ceux desdits » notaires ou témoins qui auront signé lesdites » procurations, sans avoir vu le résignant & l'avoir » entendu prononcer & expliquer ses intentions, » soient poursuivis extraordinairement à la requête » de nos procureurs, comme pour crime de faux ».

L'ordonnance des testamens, par son article 48 qui est ici rappellé, porte la peine de mort contre les notaires qui auroient signé des testamens sans avoir vu & entendu le testateur prononcer ses dispositions. A l'égard des témoins, la loi laisse à la prudence des juges à déterminer la peine afflictive ou infamante qu'il appartiendra.

Art. V. « Il restera minute desdites procura- » tions, à peine de nullité ».

Rien de plus sage que cet article, dont l'essence se retrouve dans les ordonnances précédentes. Il empêche les fraudes qui se commettoient communément avant l'édit de 1550, appellé *des petites dates*, & rendoient inutiles la règle *de publicandis resignationibus*. Les titulaires qui vouloient disposer de leurs bénéfices, & cependant les conserver jusqu'à leur mort, faisoient des *résignations* tous les six mois, & les tenoient secrètes. Lorsqu'ils mouroient, on ne faisoit paroître que la dernière. Il étoit facile d'user de cette fraude, parce qu'il ne restoit aucune trace des procurations *ad resignandum*, les notaires n'en conservant point de minutes. On verra bientôt les autres précautions prises, en France, pour détruire entièrement cet abus.

Art. VI. « La disposition des quatre articles » précédens aura lieu pareillement pour les pro- » curations & actes qui se font à l'effet de per- » muter des bénéfices, & pour les actes de dé- » mission pure & simple. N'entendons au surplus » rien innover par ces présentes, sur les règles, » conditions & formalités établies par l'édit de » 1550 & autres ordonnances, édits & déclara- » tions postérieures : toutes lesquelles loix conti- » nueront d'être exécutées selon leur forme & » teneur, *&c.* ».

Après avoir fait connoître ce qui est nécessaire pour que la procuration *ad resignandum* soit en règle, voyons les formalités dont elle doit être suivie. La première est celle de l'insinuation. Voici comme est conçu l'article 11 de l'édit du mois de décembre 1691, qui est la loi la plus récente en cette matière : « toutes procurations pour résigner en faveur » ou pour permuter, seront insinuées auparavant » d'être envoyées en cour de Rome, ès greffes » des diocèses dans lesquels les notaires les auront » reçues : & si elles avoient été passées hors les » diocèses où les bénéfices résignés sont situés, » les pourvus desdits bénéfices sur icelles seront » en outre tenus de les faire registrer dans le » greffe des insinuations du diocèse au-dedans » duquel les bénéfices seront assis, dans trois mois » après l'expédition de leurs provisions; le tout » à peine de nullité ».

Après avoir lu cet article de l'édit de 1691, n'a-t-on pas lieu d'être étonné de voir nos auteurs mettre en question, si le défaut d'insinuation de la procuration *ad resignandum*, avant son envoi à Rome, produit dans la provision un vice essentiel & radical? Cette question a cependant été & est encore très-agitée, quoique l'article cité exige cette insinuation, à peine de nullité. Ce qui doit encore augmenter l'étonnement, c'est de voir des arrêts qui jugent conformément à l'article, & d'autres qui n'y ont aucun égard.

L'édit de 1691 n'est pas, parmi nous, la première loi qui ait ordonné l'insinuation des actes concernant la disposition des bénéfices. La plus ancienne que l'on connoisse en cette matière, est l'édit des insinuations donné par Henri II. Il paroît que cet édit fut mal accueilli du public. On le regarda comme une loi purement bursale. Dumoulin, qui a si fortement influé sur notre jurisprudence, tant civile que canonique, l'attaqua avec force, & lui donna les qualifications les plus odieuses. *Corrodendæ pecuniæ causâ factum, justè spernitur, à bonis judicibus nisi sicubi sit præsumptio falsi vel fraudis, quæ degenerat contra non insinuantem.* Cette décision de Dumoulin fit la plus grande impression sur les esprits, & l'on n'eut aucun égard au défaut d'insinuation, à moins qu'il ne fût accompagné de présomption de dol, & de fraude.

En vain l'édit de 1637 & la déclaration de 1646 ordonnèrent de nouveau, à peine de nullité, l'insinuation des procurations *ad resignandum* avant leur envoi à Rome, & celle des autres actes concernant les bénéfices, l'opinion de Dumoulin prévalut toujours malgré la loi qui fut encore renouvellée par une déclaration du mois de janvier 1651, qui ordonna de plus fort l'insinuation des procurations *ad resignandum* avant leur envoi à Rome. Le parlement de Paris enregistra la nouvelle déclaration, « à la charge que les pourvus de » bénéfices sur procuration seront tenus & obligés » de faire registrer icelles dans les greffes des insi- » nuations des diocèses au-dedans desquels les » bénéfices sont situés, dans trois mois après l'ex- » pédition des provisions desdits bénéfices ».

Malgré toutes ces loix si fréquemment renouvellées, une foule d'arrêts maintint des résignataires, même contre des pourvus par l'ordinaire, quoique leurs procurations *ad resignandum* n'eussent point été insinuées avant leur envoi à Rome. Il est vrai, disoit-on dans une cause jugée en 1675 en faveur du résignataire, que l'ordonnance de 1651 veut que les procurations *ad resignandum* soient insinuées, à peine de nullité. Mais la cour n'a jamais eu beaucoup d'égard à ces moyens; ses arrêts en sont fréquens. Le seul cas où le défaut d'insinuation peut être objecté, est lorsqu'il y a présomption de fraude. Mais quand tout s'est passé dans la bonne-foi, comme au fait particulier dont il s'agit, où le résignataire n'a point caché sa *résignation*, ni le banquier retardé l'expédition des provisions, il est certain que l'ordonnance des insinuations n'est pas une loi qui puisse décider la contestation des parties. Et l'on citoit à l'appui de ces principes, deux arrêts; l'un du parlement de Paris, du 15 juin 1655; & l'autre du grand-conseil de 1653, qui avoient maintenu des résignataires, encore moins favorables que celui dont il s'agissoit en 1675, puisqu'ils n'avoient pas fait lever leurs provisions du vivant des résignans.

On trouve beaucoup d'autres arrêts semblables dans le dernier siècle; & si quelques résignataires ont été déboutés à cause du défaut d'insinuation, ce fut parce que les pourvus par les collateurs ordinaires justifioient que les *résignations* étoient frauduleuses.

Telle étoit la jurisprudence des cours avant l'édit du mois de décembre 1691. Cet édit l'a-t-il changé? M. Piales convient qu'elle a dû l'être, si on ne fait attention qu'au préambule de l'édit; mais il ajoute que c'est le dispositif, & non le préambule, qui fait la loi. Or, le dispositif est conçu dans les mêmes termes que les anciens édits à l'égard des articles principaux qui en sont extraits, & notamment par rapport à la nécessité de faire insinuer les procurations *ad resignandum* avant de les envoyer en cour de Rome. Aussi ne voit-on pas que le nouvel édit ait apporté aucun changement notable dans la jurisprudence en ce qui concerne l'insinuation des procurations pour résigner. On trouve depuis 1691, comme auparavant, des arrêts qui ont déclaré nulles & sans effet des procurations & des provisions non insinuées: on en trouve d'autres qui les ont déclarées bonnes & valables, quoiqu'elles n'eussent pas été insinuées, ou qu'elles ne l'eussent été qu'après le temps qui est prescrit: c'est-à-dire, que les magistrats se sont déterminés par les circonstances; d'où il faut conclure de deux choses l'une, ou que la peine de nullité portée par les différens édits, ne doit pas s'entendre d'une nullité radicale & essentielle qui vicie la substance de l'acte, ou que l'usage a modéré cette rigueur.

M. Piales, après avoir discuté différens arrêts, rendus depuis 1691, dit qu'il n'est plus permis de douter, 1°. que la possession triennale ne couvre entièrement le vice qui se seroit glissé dans des provisions par le défaut d'insinuation; 2°. que ce défaut n'empêche point que les provisions où il se rencontre, n'aient l'apparence d'un titre coloré, & même qu'elles ne soient valables, quoique défectueuses; 3°. que ce défaut ne puisse communément être réparé avant le jugement, même au préjudice des ordinaires & de leurs pourvus *per obitum.*

D'Héricourt ne paroît pas être de l'avis de M. Piales: « il est vrai, dit-il, que la nécessité » de l'insinuation pour les actes qui concernent » les bénéfices, n'avoit d'abord été établie que » pour empêcher les fraudes, & qu'on a long- » temps jugé que le défaut d'insinuation n'em- » portoit point de nullité, quand il n'y avoit point » de présomption de fraude. Mais il n'est pas pos- » sible de prévoir toutes les fraudes que l'esprit » de l'homme peut inventer, & au lieu d'entrer » dans le détail, elle a introduit une formalité » qu'elle a cru capable d'empêcher le soupçon & » l'effet des fraudes ».

Duperrai a observé sur ce passage de d'Héricourt, que l'auteur, après avoir parlé de la nécessité de faire insinuer la procuration *ad resignandum* avant l'envoi en cour de Rome, auroit dû ajouter la suite de l'article 11 de l'édit de 1691. Cet article, continue Duperrai, est de rigueur, tant dans le premier que dans le second cas; y ayant eu des arrêts en très-grand nombre qui ont jugé en conformité, contre celui qui n'avoit pas fait insinuer la procuration dans le diocèse où le bénéfice est situé, cela induiroit en erreur.

En convenant, jusqu'à un certain point, de la justesse de l'observation de Duperrai, d'Héricourt termine ainsi sa réponse: « en ajoutant cependant » qu'au grand-conseil, on n'ose pas même pro- » poser comme une nullité, le défaut d'insinuation

» dans le diocèse où le bénéfice est situé, quand » les procurations ont été d'ailleurs insinuées avant » l'envoi en cour de Rome. On s'est même relâché » quelquefois au parlement de l'observation rigou- » reuse de cet article. M. Capon m'en a cité » un exemple dans une affaire dans laquelle il » avoit travaillé contre M. Favier ». Ici d'Héri-court paroît se rapprocher de l'avis de M. Piales. L'annotateur de d'Héricourt s'en rapproche encore beaucoup, en disant : « il faut encore » ajouter ici qu'un dévolut qui seroit jetté sur un » paisible possesseur triennal, & qui ne seroit » fondé que sur un défaut d'insinuation, seroit » certainement rejetté. Le dévolutaire qui n'auroit » pas d'autre défaut à opposer à un possesseur » paisible, ne seroit pas même écouté. Il ne le » seroit pas non plus, si l'insinuation avoit été » faite après l'envoi à Rome, mais avant la de- » mande du dévolutaire ».

La Combe, *verbo Insinuation*, décide d'abord que les articles 10 & 11 de l'édit des insinuations de 1691, concernant l'insinuation des procurations *ad resignandum* avant l'envoi en cour de Rome; les articles 12 & 13 qui regardent les démissions ou permutations, & l'article 18 qui regarde les degrés, s'exécutent à la rigueur; il ajoute ensuite qu'il y a néanmoins quelques exemples d'arrêts contraires, rendus dans des circonstances singulières, & que tous les autres sont arbitraires & dépendent des circonstances du fait & de la faveur des pourvus & des collateurs.

Drapier est plus tranchant, *tome 1, pag. 542*: « l'arrêt du 24 février 1675, qui a jugé que le » défaut d'insinuation n'étoit pas considérable, » lorsque la fraude n'est pas manifeste, ne peut » servir de préjugé : la force de la loi demeure » dans toute sa vigueur; cet arrêt étant antérieur » à l'édit des insinuations de 1691 ».

Gohard, *tome 3, pag. 481*, s'explique d'une manière absolument contraire au systême de M. Piales. « Quoique le roi, dans le préambule de ses édits, » déclare que la peine de nullité demeurera encou- » rue, indépendamment de tout soupçon de fraude, » il faut pourtant convenir que comme ils sont, » du moins en partie, bursaux, les cours ne les » exécutent pas au pied de la lettre, & à la ri- » gueur, quand ils n'en apperçoivent aucune, & » qu'à l'exception des articles 12 & 13 de celui » de 1691, qui concernent les démissions & les » permutations, le dix-huitième qui regarde les » degrés, *& sur-tout les 10 & 11 qui concernent les* » *procurations qu'on envoie en cour de Rome, sur les-* » *quels les juges ne se sont jamais écartés de la règle*, » ils se déterminent ordinairement par les cir- » constances du fait & la faveur des pourvus ».

Le même auteur fait ensuite une observation bien importante; c'est qu'on ne suit point à la lettre les dispositions de l'édit de 1691, quand elles se contentent d'assujettir les actes à l'insinuation, sous peine de nullité, sans ajouter, *dans les délais marqués*, & que les parties ont satisfait aux droits des fermiers avant de les porter en justice, ou que la cause ait été jugée.

C'est sans doute un mal qu'il soit permis aux tribunaux de s'écarter des loix ou de les interpréter, lorsqu'elles sont claires & précises. Il en résulte que tout est livré à l'arbitraire, & que l'on est obligé de flotter dans l'incertitude. C'est ce qui est arrivé par rapport à l'édit de décembre 1691. Dans l'état où sont les choses, il est certain que les juges peuvent prononcer comme bon leur semble. S'ils se conforment à l'édit, on ne peut rien leur reprocher, s'ils ne s'y conforment pas, la jurisprudence des arrêts sera leur excuse.

Quoi qu'il en soit, les principes développés par M. Piales, & dont nous avons donné un extrait, paroissent ceux qui sont actuellement suivis. Le seront-ils toujours, & ne reviendra-t-on pas un jour à l'exécution littérale de la loi? C'est ce que nous n'oserions pas assurer. Mais le plus prudent est de remplir, autant que l'on peut, toutes les formalités de l'insinuation. On évitera par-là des contestations dont l'événement est toujours incertain.

Il ne suffit pas que la procuration *ad resignandum* soit passée pardevant notaire, & insinuée avant son envoi, il faut encore qu'elle soit à Rome au moment même où la date s'y prend. L'édit de 1550 le prescrit expressément, & sa disposition a été renouvellée par l'article 4 de la déclaration de 1646 : « défendons aux banquiers, sous peine de » 3000 liv. d'amende, d'envoyer des mémoires & » donner charge d'obtenir date sur *résignation*; si, » par le même courrier & dans le même paquet, » ils n'envoient les procurations. Et pour connoître » si les procureurs avoient alors leurs procurations » entre les mains, ordonnons que les pourvus » feront apparoir de leur procuration duement » extraite des registres du banquier, contenant » ledit extrait, le temps que la procuration aura » été envoyée, & la réponse que ledit banquier » aura reçue de son solliciteur; laquelle réception » lesdits banquiers feront enregistrer fidellement ».

C'est encore une des précautions qu'on a cru devoir prendre pour obvier aux inconvéniens des petites dates. En envoyant à Rome un mémoire sans procuration, on y retenoit date; on envoyoit ensuite, lorsqu'on le jugeoit à propos, la procuration, & on faisoit expédier les provisions du jour de la rétention de la date. On multiplioit ainsi les dates à volonté, sans que personne pût le prouver, parce qu'il ne restoit aucune minute des procurations chez le notaire, & qu'on ne tient point à Rome registre des dates sans procuration. Par ces moyens, les résignans pouvoient effectuer leurs *résignations*, ou les anéantir à leur gré, ou même prendre des arrangemens pour qu'elles ne parussent qu'après leur mort. Les loix que nous venons de citer rendent actuellement ces manœuvres impraticables. Elles sont exactement observées dans le royaume, dit Gohard, ainsi que nous l'apprenons de l'arrêt du 8 août 1678, qui adjugea la cure de Chartres au pourvu par l'ordinaire, sur la présentation de l'abbé de Marmoutiers; & en débouta le résignataire, parce que son banquier voulant profiter du départ d'un courrier extraordinaire qui partoit pour Rome, s'étoit contenté de lui remettre un simple mémoire, adressé à son correspondant, & que celui qui portoit la procuration n'y étoit arrivé qu'après que le bénéfice eut été donné sur les lieux.

Il n'y a pas encore long-temps, continue le même auteur, qu'un autre banquier ayant envoyé par un courrier ordinaire une procuration *ad resignandum*, fut obligé d'en faire partir deux jours après un extraordinaire, & le chargea de prendre, en arrivant, date pour le résignataire; d'où il arriva qu'elle fut effectivement prise quelque temps avant que la procuration fût arrivée, ce qui causa un procès dans lequel la *résignation* fut déclarée nulle.

L'article de la déclaration de 1646 que nous venons de citer, renouvelle aussi la disposition de l'édit de 1550, qui défend de faire expédier des provisions sur des procurations *ad resignandum* qui seroient surannées : « défendons à tous lesdits banquiers de faire expédier aucunes provisions en cour de Rome sur bénéfices non consistoriaux, sur procurations surannées, à peine de nullité ».

Malgré cette disposition très-précise de la loi que Gohard assure être observée très-exactement, M. Piales ne regarde pas la nullité produite par le suran, comme une nullité radicale; il la compare à celle qui résulte du défaut d'insinuation de la procuration avant l'envoi à Rome; d'où il conclut, 1°. que la possession paisible & triennale d'un résignataire pourvu sur une procuration surannée, ne pourroit être troublé par un dévolutaire, à moins qu'il n'articulât quelque paction simoniaque; & alors on s'arrêteroit au fait de simonie plus qu'au défaut de la procuration; 2°. que quand le possesseur n'auroit point encore acquis la possession triennale, le dévolutaire ne devroit point encore être écouté, parce qu'il faudroit qu'il prouvât que le suran a empêché le bénéfice de faire impression sur la tête du résignataire, & qu'il est demeuré vacant de plein droit. Or, dit M. Piales, les ordonnances qui établissent la peine de nullité, ne déclarent point le bénéfice vacant de plein droit. Nous avons de la peine à concevoir comment un titre qui est déclaré nul par la loi, peut faire impression & empêcher la vacance de plein droit; 3°. que, si au lieu d'un dévolutaire, on suppose un obituaire qui attaque le résignataire, il faut distinguer si le résignataire a dépossédé le résignant avant sa mort, ou s'il n'a pris possession du bénéfice que depuis son décès ou dans le temps de sa maladie. Dans le dernier cas, il faut s'attacher à la lettre de la loi, parce que le résignataire est légitimement suspect d'un concert frauduleux & criminel avec son résignant. Dans le premier cas, il faudroit user d'indulgence, parce que la dépossession du résignant prouve la bonne-foi entre lui & le résignataire.

C'est ainsi que dans les matières bénéficiales, on explique & commente la loi; c'est ce qui suscite tous les jours tant de procès, & rend si volumineux les ouvrages des canonistes.

L'édit de 1550 veut encore que l'on n'expédie point de provisions sur procurations générales & non spéciales & particulières, pour les bénéfices dénommés esdites provisions. Cette disposition, qui est très-simple, a donné, comme les autres, lieu à de longs commentaires; on a demandé ce qu'il falloit entendre par la procuration spéciale dont parle la loi. La réponse se trouve dans la loi même, *pour les bénéfices dénommés esdites provisions*. Ainsi, les procurations *ad resignandum* doivent être spéciales & particulières, en ce qu'elles doivent contenir l'expression du bénéfice, dont le fondé de procuration est chargé de se démettre au nom du résignant. Peu importe aux yeux de la loi que le procureur soit laïque ou ecclésiastique. Mais, dit-on, la *résignation* doit-elle être spéciale quant à la personne du résignataire, le choix peut-il en être laissé au fondé de procuration? Si celui-ci est ecclésiastique, nos auteurs ne voient point de difficulté dans cette question. Il n'y en a que dans le cas où le procureur seroit laïque. Dumoulin croit un laïque aussi capable de choisir le résignataire, qu'un ecclésiastique. Vaillant & Duperrai sont d'un avis contraire. M. Louet a pris un milieu. Il reconnoît que les procurations où le procureur laïque est chargé de choisir le résignataire, sont communément suspectes & dangereuses; mais en même temps il les reconnoît valables, lorsqu'il n'y a d'ailleurs ni preuve, ni soupçon de fraude. Et il y en a toujours lorsque le procureur est un parent, & que la *résignation* est faite en faveur d'un parent.

Le résignant peut révoquer sa procuration *ad resignandum*, tant que les choses sont encore entières, *rebus adhuc integris*. Mais quand cessent-elles d'être entières? Est-ce du jour que le courrier est arrivé à Rome, & que la date a été retenue? ou bien n'est-ce que du jour où le pape a réellement accordé la grace? M. Talon, dans une cause jugée le 21 juillet 1731, a entièrement adopté ce dernier sentiment. M. Piales, *traité des résignations, tome 1, pag. 444*, paroissoit avoir déféré à l'autorité de ce grand magistrat & à celle de l'arrêt qui a été rendu conformément à ses conclusions. Mais dans les additions qui se trouvent au tome 3 de son traité des commendes, ce profond canoniste est revenu sur ses pas, a reconnu que l'arrêt de 1631, dans les circonstances où il a été rendu, pouvoit n'avoir pas jugé la question selon les principes de M. Talon, qui ébranleroient, si on les admettoit, les fondemens de la jurisprudence de tous les tribunaux du royaume sur plusieurs points importans & du plus grand usage.

Il faut donc, dit M. Piales, tenir pour maxime inviolable qu'un résignant n'a la liberté de révoquer sa procuration *ad resignandum* que jusqu'au jour que le courrier, porteur de cette procuration, est arrivé à Rome; parce que dans le moment même de l'arrivée du courrier dans cette ville, l'impétration est faite, la grace est accordée, le droit est acquis à l'impétrant, tout est consommé; il ne reste que l'expédition des provisions à faire; ce qui est l'ouvrage des officiers de la daterie.

C'est à cette opinion qu'il faut s'arrêter, quoi qu'en puissent dire quelques auteurs qui se sont laissés subjuguer par l'autorité de M. Talon.

Toutes provisions sur *résignation* postérieures à la révocation, sont radicalement nulles; pourvu cependant que la révocation soit revêtue des formalités prescrites, & qui sont au nombre de trois.

La première est que cet acte soit passé pardevant deux notaires apostoliques, ou un notaire & deux témoins. C'est la disposition de l'article 1 de l'édit de décembre 1691, portant création des notaires apostoliques.

La seconde est que la révocation de la procuration soit signifiée à la personne de celui en faveur duquel la *résignation* étoit faite, ou au procureur constitué. Cette signification est réservée aux seuls notaires royaux & apostoliques par l'édit de leur création.

La troisième est que la révocation & sa signification soient insinuées dans le mois au greffe des insinuations du diocèse.

Toutes ces formalités doivent-elles être observées à peine de nullité? Question aussi délicate que la plupart de celles que l'on vient de traiter. Il paroît que dans l'usage, toutes les fois que le résignataire est suffisamment instruit de la révocation, il ne peut pas poursuivre l'exécution de la procuration *ad resignandum*. On en peut juger par deux arrêts cités par la Combe; l'un du 1 août 1735; l'autre du 21 mars 1736. Dans l'espèce de ces deux arrêts, les révocations avoient été passées pardevant des notaires apostoliques : mais elles n'avoient été signifiées aux résignataires que par le ministère d'un huissier, & la signification déposée chez le même notaire qui avoit reçu la révocation. Cependant on jugea qu'il y avoit de la mauvaise foi dans les deux résignataires, d'avoir, au préjudice de ces révocations signifiées, en parlant à leurs personnes, avant même qu'ils eussent pu charger un banquier de l'envoi, fait expédier des provisions sur des procurations révoquées. Que devient alors la nécessité de la signification par les notaires, & de l'insinuation? On lit dans M. de Catelan, un arrêt du parlement de Toulouse, qui paroît encore bien plus difficile à concilier avec nos loix. En voici l'espèce. Le sieur d'Arles résigne au sieur Pons, qui obtient des provisions au mois de février, & se met en possession au mois d'août suivant, trois ou quatre jours avant la mort du résignant, qui avoit, par acte en scède volante, révoqué sa *résignation* avant qu'elle fût admise. Après la mort de ce résignant, l'ordinaire fait titre de ce bénéfice comme vacant par le décès du sieur d'Arles, & le confère au sieur Delponis. Le pourvu sur *résignation* prétendoit que ses provisions devoient avoir leur effet, nonobstant la révocation nulle, suivant l'article 28 de la déclaration de 1646, qui veut que les révocations soient enregistrées sur le registre du notaire, à peine de nullité. Le pourvu par l'ordinaire répondoit, que cela n'étoit ainsi ordonné que pour empêcher les fraudes qui pourroient, par cet endroit, être pratiquées contre les collateurs ordinaires; & que ce qui avoit été établi en leur faveur ne pouvoit point tourner à leur préjudice. Cette raison décida en faveur du pourvu par l'ordinaire.

Selon Rebuffe, il suffiroit de faire signifier la révocation au notaire qui auroit reçu la procuration *ad resignandum*, s'il n'en avoit pas encore délivré d'expédition.

Un résignant peut rétracter sa révocation, en déclarant qu'il entend que sa *résignation* sorte son plein & entier effet, comme s'il ne l'avoit jamais révoquée. Mais il faut que cette rétractation soit antérieure à l'admission de la *résignation* en cour de Rome. Il est prudent de l'accompagner de toutes les formalités prescrites pour les révocations. Cependant, plusieurs auteurs pensent que cela n'est pas nécessaire, & citent des arrêts en faveur de leur opinion.

Une démission pure & simple, faite entre les mains de l'ordinaire, ne sauroit produire une révocation suffisante d'une procuration *ad resignandum*. La Combe dit que cette question fut ainsi décidée au grand-conseil, par arrêt du 4 février 1736. M. Piales rapporte cet arrêt dans ses additions au tome 2 du traité des *résignations*. La démission avoit été acceptée par l'ordinaire, mais il n'y en avoit d'autres traces que dans les provisions qu'il avoit fait expédier. Dans le fait, cet acte existoit. Mais on se garda bien de le produire. Il étoit simoniaque; l'ancien titulaire, après avoir résigné, avoit vendu son bénéfice pour la somme de 4000 livres, & étoit ensuite parti pour la Turquie, dans le dessein, prouvé par ses lettres, d'y prendre le turban. Le pourvu sur démission n'étoit pas, comme on le voit, bien favorable. Aussi le résignataire fut-il maintenu. A bien examiner les défenses du résignataire dans cette cause, on ne voit point que l'arrêt ait jugé notre question. Si une démission pure & simple étoit antérieure à l'admission de la procuration à Rome, reçue par un notaire, insinuée & signifiée à la personne du résignataire, avant l'arrivée du courrier chargé de la procuration *ad resignandum*, il y auroit certainement alors de la difficulté.

Il est une autre voie que la révocation, par laquelle un résignant peut empêcher l'effet de la *résignation* par lui consentie; c'est le regrès. *Voyez* cet article.

L'article 20 de l'édit de 1637 veut que si le résignant a laissé passer trois ans sans prendre possession, le résignant ne pourra plus lui résigner le même bénéfice, ni directement, ni indirectement. Urbain VIII avoit déjà prohibé la réitération des *résignations* par son réglement de 1634, par lequel il avoit ordonné qu'on inséreroit dans toutes les provisions sur *résignation*, la clause, *dummodo super resignatione prædicti beneficii, aliàs data capta aut consensus extensus non fuerit, aliàs præsens gratia nulla sit*. La déclaration de 1646 a renouvellé, en termes exprès, les mêmes défenses : « entendons que le décret, ou règle de chancellerie apostolique, faite par le défunt pape Urbain VIII, de l'année 1634, par lequel il est ordonné qu'à la fin de toutes les signatures de *résignations*, sera inséré le décret *dummodo*, *&c.* qui sert, non-seulement pour abolir les petites dates, mais aussi pour empêcher la multiplicité des *résignations*, soit étroitement gardé, ainsi que les règles *de publicandis* & *de infirmis* & autres, qui servent de loi èsdites matières ».

Ces loix sages sont devenues presque inutiles. Le grand-conseil, en enregistrant l'édit de 1637, a mis à la clause qui concerne la réitération des *résignations*, la modification suivante : « la défense n'aura point lieu quand le résignataire n'aura pas accepté la *résignation*, & on pourra en faire une seconde en sa faveur, pourvu que ce soit sans fraude ». Gohard rapporte ainsi la modification apposée à l'article 20 de l'édit de 1637, par l'enregistrement du grand-conseil. Cependant on ne voit dans l'arrêt du 13 août 1638, que ces expressions qui aient rapport à la réitération des *résignations* : « & quant à la multiplicité & diversité des *résignations*, lès arrêts seront exécutés selon leur forme & teneur ».

Nos auteurs, se livrant à leurs raisonnemens, & laissant de côté les loix, établissent en principe que les secondes *résignations* en faveur de la même personne ne sont pas nulles, même après les trois ans ; mais ils veulent bien soumettre ces *résignations* à trois conditions : 1°. que la première *résignation* ait été répudiée par le résignataire ; 2°. que cet acte de répudiation ait été signifié & insinué ; 3°. qu'il y ait dans les provisions sur la seconde *résignation*, dérogation à la clause *dummodo*, avec expression de la première *résignation*. Lorsque toutes ces conditions se trouvent réunies, il ne peut y avoir lieu à la fraude & à la collusion, & par conséquent à l'application des loix qui prohibent la réitération des *résignations* en faveur des mêmes personnes.

L'auteur des mémoires du clergé observe judicieusement sur cette question, que la jurisprudence du grand-conseil n'est pas sans difficulté, & que celle du parlement n'en souffre pas moins.

Un titulaire qui a résigné en maladie, ne peut pas résigner une seconde fois le même bénéfice, lorsqu'il est revenu en convalescence, sans préalablement avoir formé la demande en regrès, ou avant que cette demande lui ait été adjugée. Arrêt du parlement de Toulouse, du 6 mai 1678, qui paroît l'avoir ainsi jugé. *Voyez* M. de Catelan & M. Piales.

Les *résignations*, comme on l'a vu dans les différentes loix que nous venons de citer, sont assujetties parmi nous, aux règles *de infirmis resignantibus* & *de publicandis resignationibus*.

Nous avons traité de la première au mot INFIRME ; il suffira de rappeller ici qu'elle exige que le résignant *in infirmitate constitutus*, survive vingt jours après l'admission de la *résignation*, c'est-à-dire, après l'arrivée à Rome du courrier, porteur de la procuration *ad resignandum*. Le pape est dans l'usage de déroger à cette règle ; cette dérogation est non-seulement tolérée en France, mais même elle est devenue de droit ; & si on l'omettoit à Rome, cette omission seroit déclarée abusive, & on la regarderoit comme non avenue. Il n'y a que quelques privilégiés, tels que les cardinaux, contre lesquels la dérogation n'auroit aucun effet.

Mais il est au moins nécessaire que le résignant soit en vie le jour même que la procuration *ad resignandum* est admise à Rome. S'il décède avant ce jour, la *résignation* est caduque. Cependant, dans ce cas, le résignataire n'est pas encore sans espoir ; s'il a eu soin de faire demander au pape le bénéfice, non-seulement à raison de la *résignation* consentie en sa faveur, mais encore avec la clause, *sive per obitum & quovis alio modo vacet*, & que l'ordinaire n'ait conféré que postérieurement à la date des provisions de cour de Rome, alors le résignataire obtiendra le bénéfice, non pas en vertu de sa *résignation*, mais en vertu de la clause *sive per obitum*, qui produit le même effet que la prévention, ou, pour mieux dire, qui fait que le pape a prévenu l'ordinaire.

On a regardé depuis très-long-temps cette doctrine comme n'étant pas douteuse. Cependant, il s'est récemment élevé à ce sujet, une contestation très-sérieuse, dont nous allons rendre compte.

Le 16 juin 1681, l'abbé de Bon résigna le prieuré de Notre-Dame de Montarnaud, à l'abbé Bourguignon de Saint-Martin, son neveu. L'abbé de Bon décéda le 17 juin ; le courrier de l'abbé de Saint-Martin n'arriva à Rome que le 24 du même mois de juin. Les provisions sur *résignation* furent expédiées avec la clause *sive per obitum*, conformément à la supplique.

Le 29 juin, & six jours après les provisions du pape, M. l'évêque de Montpellier conféra à l'abbé de Saint-Souplet, le prieuré de Montarnaud, comme vacant par le décès de l'abbé de Bon, dernier titulaire. La contestation s'engagea entre les deux pourvus, au parlement de Toulouse ; l'abbé de Saint-Martin soutint que le bénéfice devoit lui appartenir, non pas en vertu de la *résignation* faite en sa faveur par l'abbé de Bon, mais en vertu de la clause *sive per obitum*, insérée dans ses provisions, qui opéroit la prévention, les provisions du pape étant antérieures de neuf jours à celles de M. l'évêque de Montpellier.

L'abbé de Saint-Martin fut maintenu par arrêt du parlement de Toulouse. L'abbé de Saint-Souplet s'étant pourvu au conseil du roi contre cet arrêt, les parties furent renvoyées au parlement de Paris, où la cause a été solemnellement plaidée & instruite.

Les moyens de l'abbé de Saint-Souplet consistoient à soutenir que la clause *per obitum*, insérée dans les provisions de l'abbé de Saint-Martin, étoit contraire aux deux règles de chancellerie, *de impetrantibus beneficia viventium* & *de verisimili notitiâ obitus*, qui, toutes deux, sont reçues dans le royaume, & que par conséquent les provisions étoient abusives. Il invoquoit en outre le suffrage de Dumoulin & la jurisprudence des parlemens de Paris & de Toulouse.

L'abbé de Saint-Martin, par le ministère & l'organe de M. Treilhard, démontra que les règles de chancellerie citées n'avoient aucune application à l'espèce; qu'elles n'avoient point pour motif d'empêcher qu'un résignataire autorisé à demander un bénéfice sur une *résignation* faite en sa faveur, ne le demandât en même temps subsidiairement *per obitum;* que dans ce cas, on ne pouvoit l'accuser d'avoir demandé le bénéfice d'un homme vivant; qu'il n'y avoit dans cette demande, pas même l'ombre d'une course ambitieuse; qu'au surplus ces deux règles n'étant point des loix françoises, ne tiroient leur force que de l'exécution que nous leur avions donnée, & que pour connoître cette exécution, il falloit consulter notre usage à cet égard.

Or, disoit l'abbé de Saint-Martin, cet usage ne peut être attesté que par deux autorités, le suffrage des auteurs & des arrêts.

Quant aux auteurs, il n'en est pas un seul qui n'ait donné à la clause *sive per obitum*, insérée dans les provisions d'un résignataire, l'effet de la prévention. L'abbé de Saint-Martin en cita dix-sept, & finit ses citations par ce passage de d'Héricourt.

« Lorsqu'un ecclésiastique envoie à Rome pour » obtenir un bénéfice sur une *résignation* faite en sa » faveur par le titulaire, & que ce titulaire décède » avant que la date soit retenue pour la *résignation*, » la signature, qui est nulle comme *résignation*, » peut valoir comme prévention, en vertu de la » clause insérée dans les signatures par laquelle » le pape confère le bénéfice, non-seulement sur » la *résignation*, mais encore sur tout autre genre » de vacance; dans ce cas, il n'y a pas de course » ambitieuse, parce que le pourvu avoit, par la » *résignation*, un sujet légitime de demander des » provisions en cour de Rome, & qu'il n'a point » eu intention de dépouiller un bénéficier contre » les règles de l'église ».

Il ne fut pas difficile de faire voir que c'étoit à tort que l'abbé de Saint-Souplet vouloit s'étayer du suffrage de Dumoulin. L'usage de la clause *per obitum* dans les provisions sur *résignation*, étoit incontestablement reçu de son temps. Il l'atteste lui-même : *ita dudum receptum est, & notoriè & inconcussè practicatur non solùm in hoc nostro senatu, sed etiam in toto hoc regno.* Il examine, à la vérité, dans son commentaire sur la règle *de verisimili notitiâ*, les motifs qui portent à décider que l'impétration *per obitum* est valable de la part du résignataire. Il présente ensuite les motifs qui pourroient faire adopter l'opinion contraire, il semble se complaire à leur donner la force & l'énergie qui le caractérise, mais il finit par dire : non pas qu'il faut rejetter l'opinion commune, mais qu'il faut la limiter. *Opinio dictæ glossæ limitanda est omnino dummodo resignatarius non solùm doceat de legitimo mandato ad resignandum, sed etiam de traditione voluntate resignantis factâ, & dummodò sit tempus sufficiens ad verisimilem notitiam non solùm inter datam instrumenti & collationis, sed etiam inter præfatam traditionem instrumenti & collationem.*

Dumoulin ne rejette donc pas l'opinion commune : *& si Molinæi mentem*, dit M. Louet, *attente consideres, non discedit à communi opinione, sed tres limitationes adjicit.* François Pinson n'a pas entendu autrement Dumoulin. *Verum & illorum omnium autorum & testimoniorum autoritatem & rationes refellere tentat Molinæus...... sed tandem rationum pondere obrutus non concludit, sed transit ad limitationem resignationis :* c'est ainsi qu'on a toujours entendu Dumoulin. Son suffrage est favorable au résignataire, & par conséquent l'unanimité des auteurs est entière contre le sieur de Saint-Souplet.

Les canonistes ne se seroient pas réunis pour soutenir une doctrine contraire à la jurisprudence des arrêts. Aussi cette jurisprudence n'est point douteuse. Elle a pour base, quant au parlement de Paris, un célèbre arrêté, daté par Papon du mois d'avril 1512. « Il est retenu *in mente curiæ*, » par manière de provision, & jusqu'à ce qu'autrement il en soit ordonné, que la cour n'aura » point d'égards aux dérogations du pape, ni de » feu messire George d'Amboise, cardinal-légat, » contre la règle de la chancellerie apostolique, » *de verisimili notitiâ*, sinon ès cas où il y auroit » procuration passée, par vertu de laquelle le bénéfice auroit été résigné, & collation & provision » ensuivie, *cum clausula etiamsi per obitum :* car en » ce cas jaçoit qu'il n'y eût temps vraisemblable » depuis la mort jusqu'à la date de ladite collation ou provision, pourvu toutefois qu'il y ait » temps vraisemblable depuis le temps que celui » qui auroit porté la procuration est parti jusqu'à » la date de la provision ou collation, cessant dol » ou fraude, on aura égard à la dérogation, & » entend ladite cour ce que dit est, tant pour le » passé que pour l'avenir ».

Cet arrêté de 1512 a été suivi jusqu'à nos jours. On ne s'est pas même permis depuis long-temps d'élever la question. Elle fut jugée au rapport de M.

M. Louet, en faveur de la clause *per obitum*, en 1589, *consultis classibus & multis dissentientibus*, ce qui prouve qu'elle fut sérieusement examinée. Pinson en rapporte deux des 31 mars 1653 & 26 février 1654, qui jugent que même un dévolutaire obtient valablement le bénéfice par la clause subsidiaire *per obitum*, si le titulaire meurt avant l'arrivée du courrier à Rome.

Le sieur de Saint-Souplet opposoit à ces autorités, trois arrêts: le premier, de 1544; le second, de 1613; & le troisième, de 1765. On lui répondit que l'on ne connoissoit point l'espèce de celui de 1554, dont M. Louet fait seulement mention en rapportant celui de 1589, qui, rendu après le plus mûr examen, *& consultis classibus*, ne permet plus de citer celui de 1544.

Il ne s'agissoit pas dans la question jugée en 1613, que des effets de la clause *sive per obitum*, insérée dans des provisions sur *résignation*. Voici le titre qu'il porte dans le livre 4 des décisions notables de M. le Bret, « sur la préférence de deux provisions d'un bénéfice, faites en même jour par » le pape & l'ordinaire ». M. le Bret rend ensuite compte de l'affaire en ces termes: « cette question » s'étant présentée à l'audience, laquelle des deux » provisions expédiées en même jour pour un » même bénéfice, devoit prévaloir, ou celle de » M. l'archevêque de Reims, qui portoit expressément avoir été faite, le 3 février, mais devant » midi; ou celle du pape, qui portoit simplement » avoir été signée le même jour 3 février; je dis, » pour le roi, que s'il paroissoit laquelle des deux » provisions avoit été expédiée la première, il » n'y auroit aucune difficulté en cette cause, parce » qu'en telle matière, la priorité du temps, quand » ce ne seroit que d'un moment, emporte la préférence ». D'après cet exposé de la question jugée par l'arrêt de 1613, il ne fut pas difficile à l'abbé de Saint-Martin, de prouver que cet arrêt n'avoit aucun trait à sa cause.

L'abbé de Saint-Souplet avoit cité avec la plus grande confiance, l'arrêt du 13 août 1765. Il paroissoit avoir effectivement jugé que la clause *sive per obitum* étoit abusive dans des provisions sur *résignation*. Mais après un examen réfléchi, il fut reconnu par le sieur de Saint-Souplet lui-même, que la clause n'avoit été déclarée abusive, que parce que dans la supplique sur laquelle les provisions avoient été expédiées au résignataire, on n'avoit point demandé le bénéfice comme vacant par mort. Ainsi, le pape avoit accordé plus qu'on ne lui avoit demandé; & c'est dans cette espèce d'*ultra petita*, que consistoit l'abus.

Ainsi, concluoit l'abbé de Saint-Martin, il ne peut y avoir aucune difficulté sur la jurisprudence du parlement de Paris, qui a toujours donné à la clause *sive per obitum*, régulièrement insérée dans des provisions sur *résignation*, tous les effets de la prévention.

Mais la question actuelle ne s'est pas élevée dans le ressort du parlement de Paris; c'est dans celui du parlement de Toulouse, d'où elle a été évoquée. Il faut donc consulter la jurisprudence du parlement de Toulouse; elle n'est pas moins constante en faveur de la clause *per obitum*, que celle du parlement de Paris.

Dans cette partie de la cause, le sieur de Saint-Souplet vouloit tirer avantage de trois arrêts du parlement de Toulouse. Le premier, de 1579, est rapporté par M. Menard, *liv. 1, chap. 59*. Cet auteur pose ainsi la question: « qui des deux pourvus » est préférable, ou celui qui l'est par *résignation* » depuis la mort du résignant, mais avec ces mots: » *aut aliàs quovismodo*; ou celui qui, postérieurement, est pourvu par mort »? Voici la décision. « Jugé pour le second, ces mots ne pouvant se » rapporter au cas de la mort, & si rapportable » à quelque chose, ce n'étant qu'aux cas qui peuvent » arriver du vivant du résignant ».

Il ne s'agissoit donc pas alors, disoit-on de la part de l'abbé de Saint-Martin, de savoir quels devoient être les effets de la clause *etiamsi per obitum*, mais si la clause générale *aut aliàs quovismodo* renfermoit tellement celle *per obitum*, qu'elle pût la suppléer; telle étoit certainement la question. On en sera convaincu en suivant les détails que donne l'arrêtiste. « Sur le possessoire d'une chanoinie en » l'église de Notre-Dame d'Avignon, le 12 septembre 1579, il fut douté entre autres choses, » si une provision faite par *résignation vel aliàs* » *quovismodo*, se peut étendre à la vacance par » mort du résignant..... Il fut passé & jugé au » contraire, parce que quand telle clause seroit » rapportable à quelques effets, ce seroit *ad casus* » *similes, ut si vacaret beneficium per incapacitatem* » *renuntiantis, vel per ejus matrimonium, non autem* » *ad casum mortis, qui longè est diversus à renuntiatione* ». L'arrêt de 1579 a donc jugé que la clause *aut aliàs quovismodo*, n'embrassoit pas la vacance par mort. Mais cette espèce n'a rien de commun avec l'espèce actuelle.

Le second arrêt, rendu au rapport de M. de Catelan, ne pouvoit pas être plus favorable à l'abbé de Saint-Souplet. Il a été rendu dans l'espèce d'une procuration *ad resignandum*, révoquée par le résignant: alors, sans doute, le résignataire sollicite le bénéfice d'un homme vivant, & malgré lui; alors cessent les motifs légitimes de courir à Rome, & c'est le cas d'appliquer la règle *de verisimili notitiâ obitûs*. L'arrêt ne peut donc pas s'appliquer à l'espèce actuelle. M. de Catelan, qui en avoit été le rapporteur, & qui nous l'a transmis, établit, à l'occasion de ce même arrêt, des principes absolument contraires à ceux de l'abbé de Saint-Souplet. « La règle *de verisimili notitiâ obitûs*, » dit-il, n'a pas lieu sans doute à l'égard du résignataire, qui a demandé *etiamsi per obitum*, le bénéfice dont la *résignation* a été admise en cour » de Rome, après la mort du résignant, & avant

» le temps de la règle, à compter de cette mort.
» La raison de la maxime est aussi connue que
» la maxime même. Le résignataire a eu d'ailleurs
» en ce cas un sujet légitime d'envoyer à Rome;
» &, pour me servir des termes usités en cette
» matière, *habuit justam causam arripiendi itineris* ».

L'abbé de Saint-Souplet n'étoit pas plus heureux dans la citation de l'arrêt du 20 mars 1781. L'espèce en étoit simple. Le sieur Couturiant, curé de Cirac, résigne sa cure en faveur du sieur Gelede, son vicaire, le 27 novembre 1778. Il révoque sa procuration *ad resignandum*, le 2 décembre, avant l'arrivée du courrier à Rome, & fait une démission pure & simple entre les mains de M. l'évêque de Lombez. Ce prélat, le 4, confère la cure au sieur Gelede, qui en prend possession le même jour, & qui, par plus grande précaution, fait expédier à Rome des provisions sur la *résignation* faite en sa faveur. Ces provisions sont du 16 décembre.

Un sieur Mocari dévolute la cure de Cirac; le sieur Gelede lui oppose ses provisions de l'ordinaire, & celles qu'il a obtenues à Rome sur *résignation*.

Par l'arrêt du 20 mars 1781, le parlement de Toulouse a maintenu le sieur Gelede, en vertu des provisions de M. l'évêque de Lombez, du 4 décembre; sur la démission du sieur Couturiant, & a en même temps déclaré abusives les provisions de Rome du 16 décembre, données sur une procuration *ad resignandum* qui avoit été révoquée, & postérieure d'ailleurs de douze jours, à la collation de l'ordinaire. La clause *sive per obitum* ne pouvoit avoir lieu, soit parce que la procuration *ad resignandum* avoit été révoquée, soit parce que les provisions de cour de Rome étoient postérieures à celles de l'ordinaire.

Mais il ne suffisoit pas à l'abbé de Saint-Martin de repousser les arrêts du parlement de Toulouse que son adversaire lui opposoit, il falloit encore qu'il établît que la jurisprudence de ce tribunal étoit de considérer comme légitime la clause *sive per obitum*, insérée dans des provisions de cour de Rome sur *résignation*. Il le prouva par l'autorité de M. de Catelan, déjà citée, & par celle de Boutaric. Il ajouta qu'à l'occasion de l'arrêt de 1781 que l'on vient de rapporter, M. de Resseguier, avocat-général, qui porta la parole dans cette cause, ayant cru remarquer des inconvéniens dans l'usage de la clause *per obitum*, donna un requisitoire tendant à faire des défenses aux banquiers de l'insérer dans leurs impétrations sur *résignation*. Le parlement nomma des commissaires, & le résultat de l'examen & du travail de ces magistrats a été d'attacher encore plus fortement le parlement de Toulouse à sa jurisprudence. Il a encore jugé le 30 mai 1785, comme il avoit fait en 1782, en faveur de l'abbé de Saint-Martin.

Enfin, l'abbé de Saint-Martin rapportoit sur la jurisprudence du parlement de Toulouse, une attestation de tout ce qu'il y a de célèbre & de connu au barreau de Toulouse, avec l'adhésion de M. l'avocat-général de Catelan, & il défioit le sieur de Saint-Souplet de trouver dans tous les auteurs de ce parlement, qui sont en grand nombre, un seul mot dont il pût induire que cette jurisprudence a varié un seul instant.

Il est donc incontestable, disoit-il, qu'à Toulouse comme à Paris, l'usage de la clause *per obitum* est notoire & légitime; que jamais la règle *de verisimili notitiâ*, n'a été appliquée à l'espèce de la *résignation*; & comme cette règle ne nous lie que par l'adoption que nous en avons faite, & que notre usage est par conséquent notre seule loi, il est impossible de juger autrement qu'on ne l'a fait jusqu'à ce jour, tant qu'il n'aura pas été fait une loi nouvelle.

Qu'on ne cherche pas, continuoit l'abbé de Saint-Martin, à effrayer par le sort qu'a éprouvé l'arrêt du parlement de Toulouse (qui a été cassé au conseil); l'autorité de l'arrêt de la cour, du mois d'août 1765, qui avoit, disoit-on, réformé l'ancienne jurisprudence, a peut-être beaucoup influé sur ce qui s'étoit passé. Si l'espèce de cet arrêt avoit été connue, comme elle l'a été depuis, il est vraisemblable que celui du parlement de Toulouse subsisteroit encore. Quoi qu'il en soit, il est impossible qu'on ait voulu juger au conseil qu'une règle de chancellerie romaine est une loi du royaume: il est impossible qu'on n'y ait pas senti que cette règle n'a d'autorité que par l'adoption que nous en avons faite; & si elle tire toute sa force de cette adoption, c'est l'usage qui est notre loi.

Sur ces moyens développés par M. Treilhard à l'audience & dans un mémoire imprimé, est intervenu, le 9 mars 1786, arrêt qui dit n'y avoir abus dans les provisions sur *résignation* de l'abbé de Saint-Martin, & le maintient dans la possession du prieuré de Notre-Dame de Montarnaud.

D'après cet arrêt, on ne peut douter que la jurisprudence du parlement de Paris, ainsi que celle du parlement de Toulouse, ne soit de considérer comme légitime, la clause *sive per obitum* insérée sur la demande du résignataire, dans des provisions sur *résignation*, & de lui faire produire les effets de la prévention, lorsque les provisions de Rome sont antérieures à celles de l'ordinaire *per obitum*.

La dérogation, dans ce cas, à la règle *de verisimili notitiâ obitûs*, continuera-t-elle à avoir lieu parmi nous? C'est ce que nous n'osons assurer. On nous a dit que l'arrêt du parlement de Paris dont nous venons de rendre compte, avoit été cassé au conseil, comme l'avoit déjà été celui du parlement de Toulouse. Nous ne connoissons point les motifs du conseil. Le législateur auroit-il intention de rendre à la règle *de verisimili notitiâ*, toute la force qu'a dû lui donner son enregistrement en 1493? Nous l'ignorons. Nous avons cru devoir instruire nos lecteurs de l'état actuel des choses sur un point important de notre jurisprudence canonique. Ajoutons que deux arrêts du grand-conseil, rapportés par Denisart, paroissent établir que ce tribunal a une jurisprudence différente de celle des parlemens de Paris & de Toulouse.

Deux choses sont nécessaires pour l'exécution des provisions de cour de Rome, expédiées sur une procuration *ad resignandum*: la première est le *visa* de l'ordinaire, si les provisions sont *in formâ dignum*, ou s'il s'agit d'un bénéfice à charge d'ames. *Voyez* FORME, VISA. La seconde est la publication de la *résignation* & la prise de possession, qui sont prescrites par la règle *de publicandis resignationibus*, & par les ordonnances du royaume.

Innocent VIII est l'auteur de la règle *de publicandis resignationibus*; elle a pour but d'empêcher les pactions illicites & les confidences qui se commettoient entre les résignans & les résignataires. Depuis la promulgation de la règle *de infirmis*, on n'attendoit plus qu'un titulaire fût malade pour l'engager à résigner, mais on le déterminoit à le faire en santé, en prenant des arrangemens avec lui pour que la *résignation* restât secrète pendant sa vie, & qu'il continuât à posséder le bénéfice jusqu'à sa mort. C'est pour arrêter ces désordres que fut faite la règle *de publicandis*. *Item dominus noster statuit & ordinavit quod quæcumque beneficia ecclesiastica, sive in curiâ romanâ, sive extrà eam resignata (nisi de illis factæ resignationes si in curiâ romanâ infrà sex menses, si extrà dictam curiam factæ sunt infrà mensem ex tunc ubi dicta beneficia consistunt publicatæ & possessio illorum ab eis quod id contigit petita fuerit) si resignantes ista postmodum in eorumdem resignatorum possessione decesserint, non per resignationem, sed per obitum ejusmodi vacare censeantur, collationes quoque de illis tanquam per resignationem vacantibus factæ & indè secutæ, nullius sint roboris vel momenti.*

Dumoulin & les autres commentateurs de cette règle, observent qu'elle est difficile à entendre; & qu'elle est conçue d'une manière obscure & embarrassée. Gohard propose de la réduire en ces termes. *Ordinavit quod quæcumque beneficia ecclesiastica sive in romanâ curiâ, sive extrà eam resignata, si resignantes ea postmodum in possessione decesserint, non per resignationem sed per obitum vacare censeantur, nisi de illis factæ resignationes si in curiâ romanâ, infrà sex menses, si extrà dictam curiam facta sint, intrà mensem ex tunc ubi dicta beneficia consistunt publicatæ & possessio illorum ab eis ad quos id contingit petita fuerit.*

De quelque manière que soit conçue la règle, son sens est très-déterminé parmi nous. Ou le résignant meurt dans les six mois de sa *résignation*, ou il meurt après. S'il meurt avant que les six mois soient expirés, le défaut de publication de la *résignation* ne porte aucun préjudice au résignataire, qui est encore à temps, après le décès, de satisfaire à la règle.

Si le résignant meurt après les six mois, & avant que la *résignation* ait été publiée, le résignataire encourt la peine portée dans la règle; il est privé de son droit, la *résignation* est annullée, le bénéfice résigné est réputé vaquer par la mort du résignant: & le collateur ordinaire peut le conférer avec la même liberté que s'il n'y avoit pas eu de *résignation*. Mais quoique les six mois soient expirés, le résignataire est toujours à temps de satisfaire à la règle, pourvu que ce soit du vivant de son résignant, & son droit subsiste pendant trois ans. Ce que l'on vient de dire de la publication de la *résignation*, doit s'entendre aussi de la prise de possession, parce que la règle fait marcher l'un & l'autre sur la même ligne.

Le délai fixé par la règle court du jour de l'admission de la *résignation*, c'est-à-dire, du jour de l'arrivée du courrier à Rome, parce que les provisions doivent être datées de ce jour.

Le pape ne peut déroger à cette règle, laquelle a été enregistrée au parlement de Paris, selon Rebuffe, le 25, & selon M. Louet, le 27 août 1493. Outre cet enregistrement, elle a été adoptée par l'édit de 1550, *art. 13*, & formellement renouvellée par l'édit de 1637, *art. 17*, en ces termes: « Et d'autant que nos juges se sont souvent trouvés » embarrassés sur l'interprétation de la règle *de* » *publicandis*. . . . nous déclarons nulles & de nul » effet & valeur, les *résignations* pures & simples, » en faveur & pour cause de permutation, qui » seront ci-après faites en cour de Rome, en la » légation, ou pardevant les ordinaires; si les » résignataires ou permutans pourvus par le pape, » ayant différé leur prise de possession plus de six » mois, & les pourvus en la légation ou par » l'ordinaire plus d'un mois, ne prennent ladite » possession, & icelle font contrôler & enregistrer » au plus tard deux jours auparavant le décès du » résignant, sans que le jour de la prise de possession, contrôle & enregistrement d'icelle, & » celui de la mort du résignant, soient compris » dans ledit temps de deux jours; & à faute d'avoir » pris ladite possession, & icelle fait contrôler & » enregistrer deux jours avant ledit décès, voulons lesdits bénéfices être déclarés, comme par » ce présent édit nous les déclarons, vacans par » la mort du résignant, quand bien ladite possession auroit été prise, contrôlée & enregistrée, » ledit résignant étant en bonne santé ».

Le grand-conseil ayant enregistré l'édit, suivoit à la lettre cet article. Le parlement, qui ne l'avoit pas enregistré, s'en tenoit uniquement à la règle *de publicandis*, sans exiger que le résignataire eût pris possession deux jours avant le décès du résignant. L'édit de 1691 a rendu la jurisprudence uniforme à ce sujet. Son article 12 porte: « si les » résignataires ou permutans pourvus par le pape » ont différé leur prise de possession plus de six » mois, & les pourvus par démission ou permutation en la légation ou par les ordinaires, plus » d'un mois, ils seront tenus de prendre ladite » possession, & icelle publier & insinuer conjointement avec la provision au plus tard deux jours

» auparavant le décès du résignant ou copermu-» tant, sans que le jour de la prise de possession, » publication & insinuation d'icelle, & celui de » la mort du résignant, soient compris dans ledit » temps de deux jours; & à faute d'avoir pris » ladite possession & icelle avoir fait publier & » insinuer deux jours avant le décès, voulons lesdits » bénéfices être déclarés, comme par ce présent » édit nous les déclarons, vacans par la mort du » résignant ».

Cet article de l'édit de 1691 est exécuté à la rigueur; nous nous contenterons d'en citer un exemple. Le sieur Castel résigna la cure de saint Crespin, saint Crispinien, de Briançon en Vexin, en faveur du sieur Castel d'Armajoux, son neveu. La *résignation* fut admise à Rome le 7 octobre 1747. Le résignataire crut devoir différer sa prise de possession. Il n'obtint son *visa* que le 18 avril 1748. Il prit possession le 19, & le lendemain 20, le résignant décéda. Les provisions de Rome & les lettres de *visa* furent insinuées le 18, un jour avant le décès du résignant; la prise de possession ne le fut que le 21, lendemain du jour que le résignant étoit décédé. Un gradué requit la cure comme vacante *per obitum*, & obtint des provisions de l'ordinaire. La complainte s'étant engagée entre les deux pourvus : arrêt de la grand'chambre du parlement de Paris, du 17 janvier 1750, sur les conclusions de M. le Bret, qui maintint le gradué possession du bénéfice contentieux.

Le gradué avoit en sa faveur l'esprit & la lettre de la loi, puisque le résignant étoit décédé après les six mois, & qu'il n'y avoit eu qu'un jour d'intervalle entre son décès & l'insinuation des provisions de son résignataire, & que d'ailleurs la prise de possession n'avoit pas été insinuée avant le décès.

La règle *de publicandis*, ainsi que nos ordonnances, distinguent la prise de possession & la publication de la *résignation*, en exigeant également l'une & l'autre; *seront tenus de prendre ladite possession, & icelle faire publier conjointement avec la provision.* De-là il faut conclure que la publication d'une *résignation*, sans prise de possession, ne met pas le résignataire à couvert. Les loix veulent impérieusement que si le résignant meurt en possession du bénéfice résigné, six mois après sa *résignation*, le bénéfice soit censé vaquer *per obitum.* Il n'y a, à proprement parler, que la prise de possession qui dépouille entièrement le résignant, & apporte, si l'on peut parler ainsi, le complément aux droits acquis au résignataire par ses provisions.

D'après le texte de la loi, la prise de possession, sans la publication, paroît encore inutile. Mais en quoi consiste la publication de la *résignation?* L'édit de 1550 avoit prescrit les solemnités nécessaires pour cette publication. Elles étoient fort simples quant aux bénéfices des églises cathédrales, collégiales & conventuelles; il suffisoit qu'il en apparût par instrument signé du greffier & notaires desdites églises en la forme & manière qu'ont accoutumé instrumenter lesdits greffiers & notaires, contenant la réception desdits pourvus.

Quant aux autres bénéfices, dont la réception n'appartient point aux chapitres & collèges; comme prieurés & autres, l'édit exigeoit beaucoup plus de solemnités. Il en indique plusieurs qu'il semble laisser au choix des résignataires : « la prise de » possession d'iceux sera faite devant notaires & » témoins, & la publication d'icelle suivant ladite » règle de chancellerie, *de publicandis*, au prône » de l'église paroissiale desdits bénéfices, ou aux » places ordinaires où sont leurs jurisdictions, ou » aux sièges royaux & présidiaux, ou aux jours » de marché où il y aura affluence de peuple, » ou à l'assemblée que pourra faire l'exécuteur de » ladite bulle, des paroissiens & marguilliers » d'icelles, ou par notification & insinuation faite » aux ordinaires, collateurs ou patrons, & nomi-» nateurs, ou à leurs vicaires & autres officiers, » au lieu archiépiscopal, épiscopal, prieuré, & » principal lieu du bénéfice dont dépend ledit » bénéfice ainsi résigné, de leurs susdites provi-» sions & prises de possession; leur en baillant » copie signée d'un notaire ou de leurs secrétaires » s'ils veulent : de laquelle notification lesdits » pourvus en pourront prendre acte des notaires » qu'ils meneront avec eux, & des secrétaires » desdits ordinaires, si bon leur semble : voulant les » prises de possession autrement faites, être dé-» clarées nulles & clandestines ».

L'édit de 1637 & celui de 1691, ne sont point entrés dans tous ces détails sur les solemnités de la publication de la *résignation.* Aussi la plupart de celles mentionnées dans l'édit de 1550, sont tombées en désuétude. Il suffit aujourd'hui d'avoir pris possession publique & avec les formalités ordinaires (*voyez* POSSESSION), & d'avoir fait insinuer tous les actes qui concourent à former & à compléter le titre du résignataire, pour satisfaire à la règle *de publicandis* & aux ordonnances.

Nous disons une possession publique, car si elle étoit faite secrétement & clandestinement, elle deviendroit inutile, malgré l'insinuation. Non-seulement elle doit être publique, mais encore continue. On a vu des résignataires prendre possession, en faire revêtir l'acte de toutes les formalités nécessaires; & cependant laisser leurs résignans jouir des revenus & exercer les fonctions du bénéfice résigné. Cette manière d'éluder la loi ne réussit pas ordinairement au résignataire, & lorsque le résignant décède, l'ordinaire ne manque pas de conférer le bénéfice comme vacant *per obitum.* Cette collation est confirmée. Ainsi jugé le mardi 26 juin 1736 sur les conclusions de M. Gilbert de Voisins, avocat-général, au profit du sieur Pelletier, pourvu par le collateur ordinaire, de la cure de Sarge, contre Hypolite Pydoux, résignataire de Pierre Pydoux, son frère. Dans cette espèce, la collusion entre le résignant & le résignataire étoit manifeste. Par leurs démarches respectives, on voyoit qu'ils avoient eu intention de laisser le titre du bénéfice incertain, afin d'en assurer la possession au dernier vivant, comme d'un bien héréditaire; c'est précisément l'abus qu'on a voulu proscrire, en adoptant en France la règle *de publicandis*. C'est par les circonstances que ces sortes de questions se décident, & qu'on se détermine à confirmer ou à annuller la *résignation*.

Dumoulin a pensé que, tant que le résignant vivoit, le résignataire pouvoit prendre possession, quel que fût le temps écoulé depuis l'admission de la *résignation*. *Satis est publicationem & possessionis petitionem quandocumque vivo adhuc eodem resignante, & possessionem incumbente, etiam eo infirmo, jamque in extremis laborante dummodo non occultè, sed palam, ita ut publicè nota facta sit in loco beneficii antequam resignans decederet, & ita practicatur, & observatur, & sic etiamsi verba hujus regulæ circa hoc essent obscura, declaratur apud nos, per dictam communem observantiam, à quâ non est recedendum. Reg. de public. resig. n.* 21. Rebuffe a été du même avis, ainsi que beaucoup d'autres canonistes.

M. Louet a embrassé l'opinion contraire. *Contrarium semper existimavi, & verba Molinæi & Rebuffi civiliter esse intelligenda & ad juris rationem limitanda... si ultra triennium liceret resignatario, vivo resignante, possessionem consequi, liceret etiam post decennium, post viginti annos, etiam intra triginti annos; quo tempore vacare non possint beneficia, quod absurdum.* La raison qu'en apporte M. Louet, c'est que ce seroit éluder tout-à-la-fois la règle *de pacificis* & celle *de publicandis*. *Illuderetur regula de pacificis, & regula de publicandis, si triennio titulus beneficii non præscriberetur, si intra sex menses adipiscenda esset possessio; & liceret subtili quadam arte, post triennium, post decem, vel viginti annos id facere, & iis artibus beneficia conservare.* Un arrêt de 1606, rapporté dans la bibliothèque canonique, semble prouver que la jurisprudence du parlement de Paris avoit adopté l'opinion de M. Louet. Elle a été depuis consacrée par l'article 20 de l'édit de 1637, & par l'article 14 de la déclaration de 1646, qui se réunissent à déclarer nulles toutes provisions sur *résignation*, si dans les trois ans de leur date, le résignataire n'a pas pris possession.

Observons ici que la règle *de publicandis* n'a lieu que dans le cas de la mort naturelle, & non pas dans celui de la mort civile. On la considère comme une loi pénale qui ne doit pas être étendue au-delà des cas qui y sont exprimés. Dumoulin a défendu l'opinion contraire. Pie V a voulu ajouter à la règle *etiamsi resignantes vel cedentes civiliter vel naturaliter decesserint*. Mais cette addition n'a pas été reçue en France, & l'on y pense généralement qu'un résignataire peut valablement, après la mort civile du résignant, faire publier la *résignation*, prendre possession du bénéfice & évincer le pourvu par le collateur ordinaire, pourvu toutefois qu'il eût accepté la *résignation* avant la mort civile du résignant, & quand même l'acceptation de la *résignation* seroit postérieure à la mort civile du résignant, les provisions sur cette *résignation* seroient valables, si elles étoient antérieures aux provisions de l'ordinaire. Cela s'applique à toute espèce de mort civile.

Que faut-il faire lorsqu'on éprouve des obstacles à la prise de possession? *Voyez* POSSESSION.

Quelle conduite faut-il tenir lorsque les provisions sont refusées à Rome, ou que l'ordinaire refuse le *visa*. *Voyez* POSSESSION, SIGNATURE, VISA.

Nous avons omis, dans le §. 2 de cet article, d'examiner si un pourvu de deux bénéfices incompatibles, peut résigner en faveur, celui qu'il possédoit lorsqu'il a été pourvu du second. Si la *résignation* est faite & admise pendant l'année qui lui est donnée pour opter, elle est valable: si l'année est expirée, la *résignation* sera encore valable, pourvu qu'un tiers n'ait pas déjà un droit acquis au bénéfice résigné. C'est la conséquence des principes que nous avons exposés sur les *résignations* faites par des pourvus avec la clause *pro cupiente profiteri*, ou par des prévenus de crimes qui font vaquer les bénéfices *ipso jure*. *Voyez* INCOMPATIBILITÉ, PERMUTATION.

Les détails dans lesquels nous avons été obligés d'entrer, & qui laissent cependant encore beaucoup de choses à desirer, prouvent que la matière des *résignations* en faveur est une des plus difficiles de notre législation ecclésiastique. Nous avons cependant beaucoup de loix promulguées à ce sujet. Mais on ne les suit pas toujours à la rigueur, & elles sont encore bien loin d'avoir prévu tous les cas. On est donc contraint de recourir à la jurisprudence des arrêts & aux autorités des canonistes & des commentateurs. Dès-lors, on ne peut marcher qu'entre des écueils; & l'on court toujours les risques du navigateur qui n'a point de boussole. Espérons qu'un jour le législateur nous en fournira une, & que des loix précises réunissant toutes les sages dispositions de celles qui existent déjà, & y ajoutant ce qui peut y manquer, abrégeront les travaux des jurisconsultes, & préviendront les nombreux procès que font naître les *résignations* en faveur. (*M. l'abbé* BERTOLIO, *avocat au parlement.*)

RÉSILIATION, f. f. *en droit*, signifie l'action de résoudre un acte, comme un bail, un contrat de vente. *Voyez* RÉSOLUTION.

RÉSILIER, v. act. signifie *résoudre*, *rescinder*. *Résilier* un contrat ou autre acte, c'est le casser & l'annuller. On disoit anciennement *résilir* pour *résilier*. *Voyez* RESCISION, RÉSOLUTION, RESTITUTION EN ENTIER.

RESIXIÈME, RESIXIÉMEMENT, (*Droit féodal.*) c'est le sixième du droit de lods & vente, dans les lieux où il se perçoit au sixième du prix. Il n'est dû ordinairement que quand la vente est faite francs deniers. Il en est fait mention dans l'article 66 de l'ancienne coutume de Montreuil. *Voyez le glossaire du droit françois.* (*G. D. C.*)

RÉSOLUTION, s. f. ce terme, *en droit*, a plusieurs acceptions. Il signifie quelquefois *décision* d'une question, quelquefois le parti ou la délibération que prend une compagnie ou une personne seule.

Résolution de contrat, est la même chose que *dissolution* ou rescision ; c'est l'anéantissement d'une convention. La loi 25 au digeste *de reg. juris*, porte que la *résolution* d'une convention se fait par les mêmes principes qui l'ont formée. *Voyez* CONTRAT, CONVENTION, RESCISION, RESTITUTION EN ENTIER.

RÉSOLUTOIRE, adj. se dit de ce qui a la vertu de résoudre quelque acte, comme un pacte ou une clause *résolutoire*. *Voyez* CLAUSE RÉSOLUTOIRE.

RESPECTIF, adj. est ce qui se rapporte à chacun, comme des prétentions *respectives*, c'est-à-dire, que chacune des parties a des prétentions contre l'autre. (*A*)

RESPONSIVE, *terme de Pratique*, usité en certains lieux, pour désigner une pièce d'écriture faite en réponse à d'autres. On dit que ces écritures sont *responsives* à celles du..... *Voyez* RÉPONSE. (*A*)

RESPECT, (*Droit féodal.*) en latin barbare, *respectus* ou *respectio*. On a donné ce nom à une certaine redevance dont on trouve beaucoup d'exemples dans le glossaire de du Cange.

Cet auteur ne dit point quelle étoit la nature de ce droit, ni l'origine de sa dénomination. Il paroît qu'on entendoit par-là une sorte de chevage ou de capitation qu'on payoit à l'église, sans doute *par respect* pour le saint auquel elle étoit consacrée.

Ce droit ne paroît guère avoir été connu que dans la Picardie & les provinces voisines ; tous les exemples que du Cange en cite sont relatifs à des églises. L'un de ces titres l'appelle même *synodalis respectus*. Cet auteur rapporte en entier une chartre en forme de transaction, de l'an 1226, faite entre l'évêque & la commune d'Amiens sur la demande de quatre deniers de *respect* que ce prélat vouloit exiger de tous les hommes mariés, qui étoient de la commune de cette ville, & qui étoient inscrits sur le tableau de saint Firmin. Les habitans ayant payé un pot-de-vin de neuf vingts livres parisis, qu'on devoit employer à l'augmentation des revenus de la tréforerie, l'évêque se réduisit à un droit de trois deniers par homme & femme mariés, *pro respectu suo*, payables dans la quinzaine de la fête de saint Firmin, moyennant quoi ils seroient exempts du droit de tonlieu.

On a aussi donné le nom de *respect* à une redevance due pour les terres, & qui paroît avoir le plus souvent consisté dans de menues denrées, telles que le regard. *Voyez* ce mot. Le registre de Philippe-Auguste de M. d'Hérouval, dit dans ce sens : *concedimus 22 lib. reditus & 4 sol. in censibus & in molendinis 16 lib. & in* respectibus *natalis & pascha 17 sol.*

Un autre recueil (*liber ramesiensis*) porte : *sedecim caseos & duas vaccas pingues de terrâ meâ Hichelinge*, pro respectu annuo *eidem ecclesiæ procurari decerno.*

Il paroît encore qu'on a donné le même nom à la redevance que l'église matrice se réservoit sur les églises qui en avoient été détachées. Une chartre de l'an 1093, de Ratbodus, évêque de Noyon, tirée d'un cartulaire de Saint-Bertin, porte : *ecclesiæ S. ad monachorum usum altare de villa quæ calvus mons in vallibus dicitur..... sub personatu perpetuo tenendum concessi, tali quidem conditione, quod unaquâque personâ decedente, aliam prædicti sancti abbates seu monachi Noviomensi episcopo præsentens* (1) *personam, cui ipse episcopus ejusdem altaris personatum commendet : persona verò restituta quinque tantum solidos episcopo seu ejus archidiacono tribuat & uno quoque anno in festivitate S. Remigii* pro respectu altaris sibi commissi *tres ei similiter solidos solvat, & ad eorum synodum celebrandum veniat, sicque ab omni exactione libera permaneat.* (*G. D. C.*)

RESQUEZ. *Voyez* REMAISANCE, *n.* 2.

RESSÉANDISE. *Voyez* RESSÉANTISE.

RESSÉANT, adj. se dit de celui qui a une demeure fixe dans un lieu. Ainsi, quand on demande une caution *resséante*, c'est demander une caution domiciliée dans le lieu.

RESSÉANT DU FIEF, RESSÉANT EN JUSTICE, (*Droit féodal.*) ce sont ceux qui sont domiciliés dans un fief ou dans une justice ; il en est parlé dans quelques-unes de nos coutumes. *Voyez le glossaire du droit françois.*

C'est mal-à-propos que dom Carpentier enseigne qu'on doit entendre par-là des vassaux qui sont obligés à la résidence, & qui ne peuvent changer de domicile, sans l'agrément de leur seigneur. *Voyez* au surplus RESSÉANTISE. (*G. D. C.*)

RESSÉANTISE, (*Droit féodal.*) ce mot, qui se trouve dans le grand coutumier de Normandie, *chap. 61*, & dans l'ancienne coutume du Perche, *chap. 2, art. 12*, signifie littéralement résidence ou domicile. Mais on a aussi donné ce nom à un droit de bourgeoisie que les seigneurs exigeoient pour la protection qu'ils accordoient ou étoient censés accorder à ceux qui venoient résider dans leurs terres.

Un registre du trésor des chartres, cité par du Cange, au mot *Residentia*, sous *Residentes*, donne une idée de l'espèce de contrat que formoit la resséance. Il y est dit, au titre *de Mont-Faucon* ; « on recevra en la reséance de Mont-Faucon, » toutes manières de gens, fors ke chiaus qui sont » serfs de leurs cors, & chiaus qui sont dampné, » ou forbani en aucun lieu pour villain fet. Et si, » dira-t-on a chaus, qui vendront en la reséance » de Mont-Faucon : on vous reçoit en la reséance :

(1) Je pense qu'il faut lire *præsentent*.

» mais prenés garde que vos ne soiés serf de vos » cors, & que vos ne soiés condamnez ne for» bannis pour villain fet, & se vos étiés encom» brez avant que vos venissiez en la *reséantise*, » li rois tant comme il appartient à celui encom» brement, ne vos défendrois pas ».

Ce passage suffit pour prouver que du Cange a mal compris le sens de ce mot, lorsqu'il a dit que la resséance étoit le droit en vertu duquel le seigneur pouvoit assujettir le vassal ou le tenancier à résider dans l'étendue du fief, ou à y avoir une demeure. *Voyez* sur ce dernier droit, les articles LIGE ESTAGE & RESSENTIMENT D'ÉTAGE.

On a dit aussi *réséantise*, *réséandise*, *réséance* dans le même sens, & l'on trouve encore dans nos coutumes le mot *resséant* pour *domicilié*. Le glossaire du droit françois en donne une foule d'exemples. C'est dans ce sens que les coutumes de Bretagne, *art.* 118; de Bar, *art.* 229 & plusieurs autres, disent caution resséante pour désigner une caution résidente sur les lieux.

Au reste, il paroît difficile d'appliquer au droit de bourgeoisie, l'espèce de redevance à laquelle on donne le nom de *réséandise* dans un compte des revenus du comté de Ponthieu, de l'an 1554, cité par dom Carpentier. Il y est dit: « deniers » dus chacun an au jour saint Remy, saint Jehan» Baptiste, *&c. en réséandises de mer & terre*, mon» tans dix livres parisis, qui est payé de trois ans » en trois ans, au terme saint Remy ». (*G. D. C.*)

RESSENTIMENT D'ÉTAGE, (*Droit féodal.*) c'est un droit autorisé par l'article 33 de la coutume du Maine, en vertu duquel le seigneur peut assujettir son sujet à entretenir un édifice dans son tenement. Cette coutume porte: « que le justicier » foncier peut contraindre son sujet à ressentir » d'étage au lieu où il a été anciennement, & » d'étager, sinon qu'il veuille quitter ledit étage; » & sans ce que la mutation soit dommageable » au seigneur de fief, au-dedans de trente ans, » après ledit étage démoli: & n'aura ledit étager » que trois ans de ressentir, après la sentence sur » ce donnée ».

« Le droit de *ressentiment d'étage*, dit M. Bodreau, » a été rayé de la coutume d'Anjou, parce qu'il » est dur & rigoureux; & le sujet en est quitte » en abandonnant au seigneur le lieu sur lequel » se trouve ce bâtiment démoli. (*G. D. C.*)

RESSORT, s. m. *en droit*, a plusieurs acceptions. Il signifie d'abord la subordination d'une justice inférieure envers une justice supérieure, à laquelle on porte les appels des jugemens de la première.

On entend aussi quelquefois par ce terme, une certaine étendue de territoire dont les justices relèvent par appel à la justice supérieure de ce territoire.

Le *ressort* ou voie d'appel ne commença à s'établir que du temps de saint Louis.

Quelques-uns prennent le terme de *ressort* pour l'étendue de pays dans laquelle un juge ou autre officier public peut exercer ses fonctions; mais ceci est le district, que l'on ne doit pas confondre avec le *ressort*.

Un juge peut avoir son district & son *ressort*. Son district est le territoire qui est soumis immédiatement à sa jurisdiction; son *ressort* est le territoire qui ne lui est soumis que pour les appels. Le *ressort* est ordinairement plus étendu que le district, il peut cependant l'être moins, y ayant des justices assez considérables qui n'en ont point, ou fort peu, qui y ressortissent par appel.

Le ministère public, & même les particuliers qui se trouvent y avoir intérêt, peuvent se pourvoir en distraction de *ressort* lorsque par des lettres du prince ou par le fait de quelque particulier, on a donné atteinte au *ressort* de la jurisdiction; & par distraction de *ressort*, on entend souvent dans ce cas, non-seulement la diminution du *ressort* par appel, mais aussi celle du district ou jurisdiction immédiate.

Ressort se prend aussi quelquefois pour jurisdiction & pouvoir, comme quand on dit qu'un juge ne peut juger hors de son *ressort*.

Quelquefois enfin *ressort* est pris pour jugement, & par dernier *ressort* on entend un dernier jugement contre lequel il n'y a plus de voie d'appel. Les cours souveraines jugent en dernier *ressort*. Les présidiaux jugent aussi en dernier *ressort* les causes qui sont au premier chef de l'édit des présidiaux. Il y a encore d'autres juges qui, dans certains cas, jugent en dernier *ressort*.

RESSORT DE MOULIN, (*Droit féodal.*) c'est le droit qu'un cohéritier ou son descendant a d'assujettir à son moulin ceux qui sont sujets à la bannalité de son cohéritier, ou du descendant de celuici, quand le moulin de ce dernier est chommant ou occupé, c'est-à-dire, quand il ne peut pas suffire à tous ses sujets.

La coutume de Bretagne a admis ce droit, qui paroît être une suite des rapports que la juveigneurie conserve entre les copartageans d'un même fief. L'article 371 de cette coutume porte que si l'on a mis dans le lot d'un cohéritier un moulin avec ses moulans, c'est-à-dire, les astreignables à la bannalité, les autres cohéritiers ne pourront faire moulin pour y attirer les sujets qu'on aura mis dans le détroit de son moulin, & que lorsque le lignage sera assez éloigné pour que les descendans de l'aîné & du puîné puissent se marier ensemble, « encore » qu'on ne pût faire preuve que cedit moulin eût » été baillé en partage, il suffira de prouver le » lignage & la possession du district sur les mou» lans. Et ne pourroit le cohéritier ou descendant » ou ayant cause de lui, faisant moulin de nou» veau, retirer à soi lesdits moulans, sinon en » cas de *ressort*, qui est, quand le moulin échu » en partage seroit chommant ou occupé. Auquel » cas celui qui voudroit avoir *ressort* des moulans » bailleroit sûreté & obligation de ne préjudicier

» à l'autre partie au temps à venir, que les moulans ne lui retournent, lorsque son moulin sera « en dû état : si autre convention n'étoit entre » eux ».

Lorsqu'il y a concurrence pour l'exercice de ce droit de *ressort*, le parent du degré le plus proche paroît préférable, suivant l'article 378 de la même coutume.

La coutume de Poitou & quelques autres, admettent une autre sorte de *ressort de moulin*, en faveur du seigneur dominant, quand son vassal n'a pas de moulin dont il puisse se servir pour astreindre ses propres sujets à la bannalité, qui, dans ces coutumes, suit toujours la basse-justice, c'est-à-dire, le fief auquel elle est attachée de plein droit. (*G. D. C.*)

RESSORTISSANT, adj. se dit d'un tribunal qui est dans le ressort d'un autre, c'est-à-dire, dont l'appel va à cet autre tribunal, qui est son supérieur. *Voyez* Appel, District, Jurisdiction, Ressort. (*A*)

RESTAUR, s. m. & par corruption *restor*, ce mot venant du latin *restaurare*, qui signifie *rétablir*, *restituer*, est un ancien terme de pratique qui étoit usité dans la province de Normandie, pour exprimer le recours que quelqu'un a contre son garant ou autre personne qui doit l'indemniser de quelque dommage qu'il a souffert. (*A*)

RESTITUTION, s. f. signifie quelquefois l'action de rendre une chose à celui à qui elle appartient, comme la *restitution* des fruits que le possesseur de mauvaise-foi est obligé de faire au véritable propriétaire. *Restitution* de deniers est lorsqu'on rend une somme que l'on a reçue pour prix d'une vente, cession ou autre acte.

Restitution signifie aussi quelquefois *rétablissement*, comme quand on dit restituer la mémoire d'un défunt en sa bonne fame & renommée.

Restitution *en entier*, ou *rescision*, est un bénéfice que les loix accordent à celui qui a été lésé dans quelque acte où il a été partie, pour le remettre au même état où il étoit avant cet acte, s'il y a juste cause de le faire.

L'usage de ce bénéfice nous vient des loix romaines; mais parmi nous il est sujet à quelques règles particulières.

La *restitution* s'accorde contre des arrêts & jugemens en dernier ressort, soit par voie de requête civile, soit par voie de cassation. *Voyez* Cassation, Requête civile.

La *restitution* contre des actes a lieu quand l'acte n'est pas nul en lui-même, & néanmoins qu'il peut être annullé par quelque cause de *restitution*.

Quoique les loix aient réglé les cas dans lesquels la *restitution* doit être accordée, néanmoins en France elle ne peut être prononcée par le juge, si la partie qui se prétend lésée n'a obtenu des lettres de rescision, dont elle doit demander l'entérinement, lequel dépend toujours de la prudence du juge.

La *restitution en entier* a son effet, non-seulement entre ceux qui ont passé l'acte, mais aussi contre les tiers-possesseurs.

Elle peut être demandée par l'héritier du chef du défunt.

Si c'est un fondé de procuration qui demande la *restitution* sous le nom de son commettant, il faut qu'il soit fondé de procuration spéciale.

Celui qui a ratifié un acte en majorité, n'est plus recevable à demander d'être restitué contre cet acte.

L'effet de la *restitution* est que les deux parties sont remises au même état qu'elles étoient avant l'acte; de manière que celui qui est restitué, doit rendre ce qu'il a reçu.

Si la lésion ne portoit que sur une partie de l'acte, dont le surplus fût indépendant, la *restitution* ne devroit être accordée que contre la partie de l'acte où il y auroit lésion.

La *restitution* doit être demandée dans les dix ans de l'acte; & ce temps, qui a couru du vivant de celui qui a passé l'acte, se compte à l'égard de son héritier; mais si celui-ci étoit mineur, le reste de ce délai ne courroit que du jour de sa majorité.

Quoique l'on se porte plus facilement à relever les mineurs que les majeurs, cependant la minorité n'est pas seule un moyen de *restitution*, il faut que le mineur soit lésé; mais aussi on le relève de toutes sortes d'actes où il souffre la moindre lésion, soit qu'il s'agisse de prêts d'argent ou autres conventions, soit qu'il soit question de l'acceptation d'un legs ou d'une succession, ou que le mineur y ait renoncé; on lui accorde même la *restitution* pour les profits dont il a été privé, pour les demandes qu'il a formées, ou les consentemens qu'il a donnés à son préjudice dans des procès.

Si deux mineurs traitant ensemble, l'un se trouve lésé, il peut demander la *restitution*.

L'autorisation du tuteur n'empêche pas que le mineur n'obtienne la *restitution;* on la lui accorde même contre ce qui a été fait par son tuteur, quand il y a lésion.

Si l'on a vendu un immeuble du mineur sans nécessité ou sans utilité évidente, ou que les formalités n'aient pas été observées, telles que l'estimation préalable, les affiches & publications, le mineur en peut être relevé, quand il ne souffriroit d'autre lésion que celle d'être privé de ses fonds, qui est ce qu'on appelle la *lésion d'affection*.

Les moyens de *restitution* à l'égard des majeurs, sont la force, la crainte, le dol. Il faut pourtant qu'il y ait lésion; mais la lésion seule ne suffit pas.

Néanmoins, dans les partages des successions, la lésion du tiers au quart suffit pour donner lieu à la *restitution*, à cause de l'égalité qui doit régner entre cohéritiers.

Le vendeur peut aussi être restitué contre la vente d'un fonds, s'il y a lésion d'outre-moitié du du juste prix. *Voyez* CRAINTE, DOL, CONTRAT, CONVENTION, LÉSION, MAJEUR, MINEUR, PARTAGE, RESCISION, VENTE. (*A*)

RESTRAINDRE, v. act. (*Gramm. & Jurisprud.*) c'est réduire quelque chose; *restraindre* ses conclusions, c'est retrancher une partie de ce que l'on avoit demandé ou que l'on pouvoit demander. On se *restraint* aussi à une certaine somme pour des dommages & intérêts, *&c.* (*A*)

RESTRICTIF, est ce qui a pour objet de restraindre quelque chose comme une clause *restrictive*, c'est-à-dire, qui restraint l'étendue d'une disposition. (*A*)

RESTRICTION, (*Jurisprud.*) est une clause qui limite l'effet de quelque disposition. (*A*)

RÉTABLIR, (*Gramm. & Jurisp.*) c'est remettre une personne ou une chose dans l'état où elle étoit auparavant. On *rétablit* dans ses fonctions un officier qui étoit interdit; on *rétablit* en sa bonne fame & renommée, un homme qui avoit été condamné injustement à quelque peine qui le notoit d'infamie; on *rétablit* en possession d'un héritage ou autre immeuble, quelqu'un qui en avoit été dépouillé, soit par force ou autrement; on *rétablit* dans un compte un article qui avoit été rayé. *Voyez* RÉTABLISSEMENT. (*A*)

RÉTABLISSEMENT, s. m. (*Gramm. & Jurisp.*) d'une partie ou article de recette, dépense ou reprise dans un compte, & lorsque l'article qui avoit été rayé comme n'étant pas dû, est réformé, remis tel qu'il étoit couché & alloué. (*A*)

RETAIL, (*Droit féodal.*) on appelle ainsi dans la jurisprudence féodale du Poitou, un petit domaine qui ne contient que le quart des terres nécessaires pour occuper une charrue, ou, comme le dit l'article 177 de cette coutume, la moitié d'un quarteron, le quart d'une borderie, & le demi-quart d'une masure. *Voyez* MASURE. (*G.D.C.*)

RETENAIL. *Voyez* RETENUE, *à la fin de l'article.*

RETENIR, *en terme de palais*, se dit lorsqu'un juge *retient* à lui la connoissance d'une cause, instance ou procès qu'il estime être de sa compétence; au lieu que quand il ne se croit pas en droit de *retenir* la cause, instance ou procès, il renvoie les parties devant les juges qui en doivent connoître, ou bien ordonne qu'elles se pourvoiront, si c'est un juge qui lui soit supérieur.

RETENIR PAR PUISSANCE DE FIEF, c'est user du retrait seigneurial. *Voyez* RETRAIT PAR PUISSANCE DE FIEF & RETRAIT SEIGNEURIAL. (*G. D. C.*)

RÉTENTION, s. f. est l'action d'un juge qui retient à lui la connoissance d'une cause, instance ou procès. *Voyez ci-devant* RETENIR. (*A*)

RETENTUM, terme latin que l'on a conservé dans l'usage du palais pour exprimer ce qui est retenu *in mente judicis*, & qui n'est pas exprimé dans le dispositif d'un jugement, ou prononcé en lisant le jugement. Ces sortes de *retentum* ne sont guère usités qu'en matière criminelle; par exemple, lorsqu'un homme est condamné au supplice de la roue, la cour met quelquefois en *retentum*, que le criminel sera étranglé au premier, second, ou troisième coup.

L'usage de ces *retentum* est fort ancien; on en trouve un exemple dans les registres *olim*, en 1310, où il est dit que le parlement condamna un particulier en l'amende de 2000 liv. au profit du roi; mais qu'il fut arrêté *in mente curiæ*, que le condamné n'en paieroit que 1000 liv. *sed intentio curiæ est quod non leventur nisi mille libræ & quod rex quittet residuum.*

Loyseau, en son *traité des offices*, dit que les cours souveraines sont les seules qui peuvent mettre des *retentum* à leurs jugemens; & en effet, l'ordonnance de 1670, *titre 10*, *article 7*, ne permet qu'aux cours de faire des délibérations secrètes pour faire arrêter celui qui est seulement décrété d'assigné pour être ouï, ou d'ajournement personnel. (*A*)

RETENUE, s. f. a *en droit* plusieurs acceptions. Il signifie quelquefois ce que l'on déduit à quelqu'un sur un paiement qu'on lui fait, comme le dixième de *retenue* des gages des officiers.

On dit aussi *brevet de retenue*, pour exprimer la faculté que le roi donne à un officier ou à ses héritiers, de répéter du successeur à l'office une certaine somme, quoique l'office ne soit pas vénal.

RETENUE, signifie quelquefois *retrait*; la *retenue* féodale est le retrait féodal ou seigneurial. *Voyez* RETRAIT.

RETENUE, *ou* chambre *retenue*, au parlement de Toulouse, est la chambre qui tient pendant les vacations; on dit *messieurs de la retenue*, pour dire les *présidens & conseillers de la chambre des vacations.* (*A*)

RETENUE (*droit de*), quelques coutumes locales du Berry, telles que le Chastelet, *art. 31*, & Nançai, *art. 10 & 11*, donnent ce nom au retrait seigneurial. *Voyez ces coutumes dans le recueil* de la Thaumassière, *& dans le coutumier général* de Richebourg.

La coutume générale de Berry, *au titre 3*, celle de Melun, *art. 10 & 11*, disent aussi *retenue d'héritage censuel* ou *féodal*, pour *retrait censuel* ou *féodol.* Ces expressions paroissent assez conformes à la nature des choses & à l'ancien droit des seigneurs; il falloit résigner le domaine mouvant d'eux dans leurs mains, pour pouvoir l'aliéner valablement, & par conséquent ils n'étoient pas des acquéreurs, lorsqu'ils le gardoient pour eux; ils ne faisoient qu'user du droit de *retenue*. *Voyez* le §. 1 de l'article RETRAIT SEIGNEURIAL.

Au reste, les établissemens de saint Louis emploient le mot de *retenue* ou de *retenail*, pour désigner des réserves, des protestations qu'on faisoit dans un acte de procédure, ou dans tout autre acte. (*G. D. C.*)

RETIERCEMENT. *Voyez* RETIERS.

RETIERS, RETIERCEMENT, (*Droit féodal.*) c'est le droit du droit, ou le tiers du tiers, qui étoit dû, suivant l'article 66 de l'ancienne coutume de Montreuil, pour les ventes de domaines roturiers, faites à francs deniers; comme le requart, le requint & le resixième, est dû pour de pareilles ventes, dans d'autres coutumes, où le droit de lods est au quart, au quint ou au sixième, quand la vente est faite sans la clause de francs deniers. *Voyez* DROIT DU DROIT, RELODS, REQUART, REQUINT, RESIXIÈME & VENTEROLLES. (*G. D. C.*)

RETIRER ou RETRAIRE, v. a. signifie exercer l'action de *retrait*, pour avoir un bien que l'on a droit de revendiquer par cette voie. *Voyez* RETRAIT.

RETIRER, se dit aussi en parlant de deniers ou de pièces, il signifie alors, les reprendre des mains dans lesquelles ces deniers ou pièces étoient. (*A*)

RETOUR, s. m. ou droit de *retour*, ou *reversion*, est un droit en vertu duquel les immeubles donnés retournent au donateur quand le donataire meurt sans enfans.

Ce droit est conventionnel ou légal.

Le *retour* conventionnel est celui qui est stipulé par la donation; il peut avoir lieu au profit de toutes sortes de donateurs, parens ou étrangers, selon ce qui a été stipulé, l'étendue de ce droit dépendant en tout des termes de la convention.

Le *retour* légal est celui qui est établi par la loi, il a lieu dans les pays de droit & dans les pays coutumiers; mais il s'y pratique diversement.

SECTION PREMIÈRE.

Du retour dans les pays de droit écrit.

Le *retour* a lieu dans ces provinces, soit par rapport aux donations faites à titre de dot, soit par rapport aux autres espèces de donations.

§. I. *Du retour par rapport à la dot.* Le *retour* de la dot est fondé sur les loix romaines. Il fut d'abord accordé au père, pour la dot profectice, suivant la loi 6. *ff. de jure dotium*, & la loi 4, *cod. soluto matrim.* &c.

On l'accorda aussi ensuite au père pour la donation faite à son fils en faveur de mariage, *l. 2. cod. de bonis quæ liberis.*

Enfin il fut accordé à la mère & à tous les ascendans paternels & maternels, par la loi dernière, *cod. comm. utriusq. jud.*

Un arrêt du parlement de Grenoble, du 14 août 1664, rapporté par Basset, l'a étendu au père naturel, qui a doté sa fille illégitime, lorsqu'elle décède sans enfans.

Ce droit a été accordé aux ascendans donateurs, par deux motifs également justes. L'un est afin que l'ascendant ne souffre pas en même temps la perte de ses enfans & de ses biens. L'autre est la crainte de refroidir les libéralités des parens envers leurs enfans.

Les parens collatéraux ne jouissent du droit de *retour*, que lorsqu'il a été stipulé expressément en leur faveur lors de la constitution de dot: telle est l'opinion de tous les auteurs, & la jurisprudence du parlement de Bordeaux, mais celui de Toulouse en a adopté une contraire, en faveur des frères, des sœurs, des oncles & des tantes. A l'égard des étrangers, la dot par eux donnée ne peut leur retourner sans une stipulation particulière.

Le *retour* a lieu au profit du donateur, soit que l'enfant doté meure pendant le mariage, soit qu'il décède en viduité; mais il n'a lieu que lorsqu'il meurt sans enfans. C'est une maxime reçue dans tous les pays de droit écrit; elle est même décidée pour la Provence par un édit du 14 décembre 1456.

Mais dans le cas où les enfans du donataire décèdent après lui, pendant la vie de l'aïeul donateur, celui-ci peut-il user du droit de *retour* sur les choses qu'il a données?

Cette question se juge diversement dans les différens tribunaux. La jurisprudence du parlement de Dijon est de priver l'aïeul du droit de *retour*, & d'accorder la dot au père ou mère de l'enfant, par droit de succession *ab intestat*.

A Bordeaux, on juge tantôt en faveur de l'aïeul qui a doté contre l'héritier *ab intestat*, tantôt en faveur de celui-ci contre l'aïeul. C'est ce que prouvent différens arrêts rapportés par la Peyrère.

Ferrière, sur la question 157 de Guypape, nous apprend qu'on tient pour maxime à Grenoble, que le *retour* a lieu en faveur de l'aïeul qui a doté, au préjudice du père survivant: cependant on trouve dans Expilly, *chap.* 125, un arrêt qui prononce en faveur du père contre l'aïeul.

Trois arrêts du parlement de Paris, des 10 juin 1611, 12 juillet 1625, & 16 mars 1697, ont jugé pour l'aïeul; un autre du 21 avril 1695 a jugé pour le père.

Le parlement de Toulouse a jugé constamment la question en faveur de l'aïeul, à l'exception néanmoins des lieux où, par coutume locale, le mari gagne la dot constituée à sa femme par donation en contrat de mariage.

Un arrêt de la grand-chambre du parlement de Besançon, du 19 décembre 1610, rapporté par Augeard, a jugé que, dans la comté de Bourgogne, une mère qui a doté sa fille d'une somme mobilière, n'est pas fondée à la prétendre, par droit de *retour*, dans la succession de l'enfant de sa fille, & que le père de l'enfant doit y succéder comme son héritier.

Le parlement d'Aix, par arrêt du premier juin 1646, a déclaré que la dot appartenoit au père, en vertu du statut, à l'exclusion de l'aïeul constituant.

Les Marseillois ont prévenu les difficultés sur cette matière, par un statut particulier. Le *retour* s'opère chez eux, pour la moitié, en faveur de l'aïeul, & le père succède à son fils pour l'autre moitié.

Le *retour* légal, ainsi que nous venons de le voir, n'a lieu en faveur du donateur, que dans le cas où l'enfant doté décède sans enfans; mais il n'en est pas de même du *retour* conventionnel; il ne cesse pas, lorsque la fille dotée laisse des enfans.

L'édit de 1456, cité plus haut, l'a décidé expressément pour la Provence, & il semble qu'on doit en étendre les dispositions aux autres pays de droit écrit, 1°. parce que les contrats sont de droit étroit; 2°. qu'en cette matière la convention paroît devoir produire plus d'effet que la loi, suivant la maxime *expressa nocent, non expressa non nocent*; 3°. que la stipulation du *retour* d'une dot, pour le cas où la fille mourra pendant le mariage, n'excluant pas expressément celui où elle laissera des enfans, est censée, par cela seul, le comprendre dans sa disposition; 4°. que d'ailleurs l'opinion qui fait cesser le *retour* légal par la survivance des enfans de la fille dotée à leur mère, n'est rien moins que conforme aux principes du droit romain, & que, si elle a prévalu dans nos usages, on ne doit pas pour cela l'étendre hors de son espèce précise, & l'appliquer au *retour* conventionnel.

Ce qu'il y a de certain, c'est que la décision de l'édit du 14 décembre 1456 ne peut souffrir aucune difficulté à l'égard du *retour* qui tire toute sa force de la convention; alors, en effet, on ne peut pas objecter que le donateur, en stipulant ce *retour*, a pu avoir l'intention de le régler sur l'usage général qui le fait cesser dans le cas d'enfans, & par conséquent on se trouve dans la nécessité de donner à sa stipulation un effet absolu: aussi Godefroi, sur la loi 31, §. 1, c. *de jure dotium*, établit-il pour maxime, que, quand un étranger est convenu, en donnant une dot, qu'on la lui rendroit, il y a ouverture à la convention dès que la femme est morte, supposé même qu'elle ait laissé des enfans: *quandò extraneus dans dotem, sibi stipulatur eam reddi, ex eâ stipulatione agitur existentibus liberis ex eo matrimonio*. Guypape, question 523, dit la même chose, & assure l'avoir vu juger ainsi plusieurs fois au parlement de Grenoble. Telle est également la doctrine des auteurs du parlement de Toulouse.

§. II. *Du retour par rapport aux donations simples.* L'ancien droit romain n'avoit établi aucun *retour* légal en faveur du donateur pour les donations qui n'avoient pas pour objet une constitution de dot: la novelle 25 l'a établi sur toutes les donations faites par les pères à leurs enfans; mais elle l'a refusé expressément aux mères & aux étrangers. La jurisprudence du parlement de Grenoble a adopté cette disposition de la novelle; mais ceux de Paris, Aix, Bordeaux & Dijon l'ont étendu à la mère & aux ascendans de son côté, & celui de Toulouse l'a même accordé aux parens collatéraux.

La loi 2, c. *de donat. quæ sub modo*, &c. a permis le *retour* conventionnel dans toutes les donations simples: ainsi, lorsque le donateur a stipulé que les biens donnés lui retourneroient après le décès du donataire, on ne distingue pas si celui-ci a laissé des enfans ou non, parce que, dans l'un & l'autre cas, son décès fait ouverture au droit de *retour*, sur-tout si le donateur n'est pas un de ceux en faveur de qui le *retour* légal peut avoir lieu: au reste ce *retour* n'a d'autres règles que les clauses de l'acte par lequel il est stipulé.

Le donataire ne peut aliéner ou disposer des biens qui lui ont été donnés, au préjudice du droit de *retour* conventionnel. En effet, comme il affecte les biens donnés par une clause expresse qui fait partie de la donation, il est clair qu'il doit produire son effet contre tous ceux qui les possèdent, n'importe à quel titre; & c'est ainsi qu'on le juge dans tous les parlemens.

Mais il n'en est pas de même du *retour* légal, quoique cela paroisse conforme aux vrais principes, & que M. le premier président de Lamoignon ait suivi cette opinion dans ses arrêtés, *art. 61, tit. des donations*; &, à cet égard, la jurisprudence n'est point uniforme dans les différens parlemens du royaume.

Dans les pays de droit écrit, du ressort de celui de Paris, le donataire peut non-seulement aliéner à titre onéreux, mais encore disposer, par donations entre-vifs ou à cause de mort, des biens qu'il possède à charge de *retour*. L'auteur du supplément aux observations de Raviot, sur les arrêts de Périer, assure que celui de Dijon a adopté le même usage pour les pays de droit écrit de son ressort.

Dans celui de Provence, on distingue entre les dispositions à titre gratuit, & les aliénations à titre onéreux, & on juge que les premières n'ont aucun effet contre le *retour* légal, mais que les secondes l'emportent sur ce droit.

Les parlemens de Toulouse, Grenoble & Bordeaux accordent le *retour* au donateur, nonobstant toutes dispositions testamentaires ou entre-vifs, faites par le donataire, & de plus résolvent toutes les aliénations.

Mais, si le donateur a consenti à l'aliénation ou disposition faite par le donataire, il ne peut plus par la suite exercer le droit de *retour*, soit en nature, soit en estimation, par la raison qu'il est censé s'en être tacitement départi, en consentant à une aliénation ou donation contraire à son droit.

SECTION II.

Du retour dans les pays coutumiers.

On distingue également dans les pays coutumiers deux sortes de *retour*; l'un qu'on nomme conventionnel, l'autre qui est qualifié de légal.

§. I. *Du retour conventionnel.* Il ne diffère en rien, dans les pays coutumiers, de ce qu'il est dans les pays de droit écrit. Dans les uns comme dans les autres, il dépend des conventions faites entre le donateur & le donataire; &, dans les uns comme dans les autres, ce sont les mêmes principes qui en règlent le sens, & en fixent l'étendue.

§. II. *Du retour légal.* L'ancienneté du *retour* légal en pays coutumier est justifiée par un arrêt rendu sous le règne de saint Louis. Voici de quelle manière il en est parlé dans la conférence des coutumes, page 711 : « par arrêt donné à la Pentecôte 1268, a été jugé que, quand les enfans décèdent sans hoirs procréés de mariage, que le don retourne aux donneurs, & non aux prochains héritiers des donataires ».

Pithou cite aussi cet arrêt sur l'article 141 de la coutume de Troies.

Ainsi, dès l'année 1268, le parlement de Paris jugeoit, en général, que le *retour* devoit avoir lieu au profit des donateurs; mais nous n'oserions assurer que cette jurisprudence se soit soutenue constamment jusqu'à la réformation de la coutume de Paris, qui l'a consacrée. Il paroît, au contraire, qu'elle fut long-temps combattue, peut-être même oubliée. Il n'en est fait mention ni dans les *coutumes notoires & jugées au châtelet de Paris*, ouvrage du quatorzième siècle, ni dans la première rédaction de la coutume de Paris, faite en 1510. On trouve même dans Chopin, *de moribus Parisiorum, titre 3, n. 28*, un arrêt de 1554, qui semble juger contre le droit de *retour*. M. le président le Maître avoit marié Claude le Maître, sa fille, à Claude de Berzieu, & il avoit stipulé, par le contrat de mariage, que, de la somme qu'il lui donnoit en dot, il en seroit employé cinq mille livres en héritages qui lui tiendroient nature de propres. Claude le Maître étant décédée laissant un enfant qui mourut quelques jours après, Geneviève le Maître, sa sœur, prétendit que la somme de cinq mille livres devoit lui appartenir, parce qu'elle avoit été stipulée propre à la donataire & aux siens de son côté & ligne. M. le Maître réclamoit la même somme par droit de *retour*; mais l'arrêt l'adjugea à la sœur de la défunte.

Cependant, dès ce temps même, Dumoulin faisoit tous ses efforts pour ériger le droit de *retour* en loi générale, & pour l'introduire dans tous les pays coutumiers; témoins ses apostilles sur l'article 74 de l'ancienne coutume d'Artois, sur l'article 78 de celle de Valois, & sur l'article 9 du titre 12 de celle de Montargis.

L'opinion de ce grand homme fit, sur les réformateurs de la coutume de Paris, toute l'impression qu'elle méritoit. Après avoir décidé, par l'article 312, que les *propres ne remontent point, & n'y succèdent les père & mère, aïeul ou aïeule*, ils ajoutèrent, article 313, que *toutefois* les père & mère, aïeul ou aïeule *succèdent ès choses par eux données à leurs enfans, décédant sans enfans & descendans d'eux.*

Voilà bien le *retour* légal établi dans la coutume de Paris. On le trouve également écrit dans celles d'Orléans, *article 315*; de Calais, *article 104*; de Vitry, *article 81*; de Noyon, *article 22*; de Laon, *articles 108 & 109*; de Saint-Quentin, *article 42*; de Châlons, *articles 87 & 88*; de Rheims, *articles 27 & 29*; d'Auxerre, *article 241*; de Montargis, *titre 15, article 9*; de Melun, *art. 270*; de Touraine, *article 311*; de Poitou, *art. 275*; du Grand-Perche, *article 156*; de Nivernois, *chapitre 27, article 9*; de Berry, *chap. 19, art 5*; du duché de Bourgogne, *chapitre 7, article 14*; du comté de Bourgogne, *chapitre 3, article 44*; de Saintonge, *article 97*; de Bayonne, *titre 9, art. 2*; de Bourbonnois, *art. 314*; de Cambrésis, *titre 1, article 19*; de Valenciennes, *articles 108 & 109, &c.*

Le concours d'un aussi grand nombre de coutumes en faveur du *retour* porte naturellement à croire qu'il est dans l'esprit général de notre droit commun, & que, par cette raison, il doit être étendu aux coutumes qui n'en parlent pas. C'est en effet ce qu'ont jugé trois arrêts; l'un du 29 avril 1606, pour la coutume de Chauny; les deux autres des 12 août 1597 & 27 mai 1634, pour celle d'Angoumois. Le premier est rapporté par M. le Prêtre, en ses arrêtés de la cinquième; le second & le troisième par l'additionnaire de Vigier.

Il y a cependant quelques loix municipales qui en disposent autrement. Celle du Maine, article 288, porte que les immeubles donnés par un père ou une mère à leurs enfans, *soit par mariage ou autrement*, ne retournent au donateur que pour l'usufruit, quoique le donataire soit mort sans enfans, & que les plus proches parens collatéraux en ont la propriété, chacun en sa ligne.

La coutume d'Anjou, *article 270*, contient absolument la même disposition.

Les chartres générales de Hainaut renferment quelque chose de semblable. *Voyez* DON ABSOLU.

La coutume de Normandie ne parle nullement du droit de *retour*; & l'on devroit, par cette raison, en conclure qu'elle ne l'exclut pas : cependant Basnage doute s'il a lieu dans cette coutume; & l'on convenoit, dans les mémoires faits lors d'un arrêt rendu le 4 mars 1769, qu'il y est tout-à-fait inconnu. Ce qu'il y a de très-certain, c'est que le père ne peut exercer ce droit tant qu'il reste des frères ou des sœurs, des neveux ou des nièces au fils donataire mort sans enfans. Cela résulte de l'article 241, suivant lequel « père & mère, aïeul & aïeule ou autre ascendant, tant qu'il y a aucun descendu de lui vivant, ne peut suc-

» céder à l'un de ses enfans » : & il en a été ainsi jugé par arrêt du parlement de Rouen, du 14 août 1657.

On ne doute pas que les immeubles & les choses réputées telles par la loi, ne soient sujets au droit de *retour*; mais les coutumes & les auteurs sont partagés sur les meubles & effets mobiliers. Les unes ne parlent, relativement au *retour*, que des *héritages donnés*, & cela paroît suffire pour qu'elles soient censées en exclure les meubles; quelques-unes se servent des termes *biens donnés*, qui sont plus susceptibles d'application aux meubles que l'expression *héritage*: cependant il a été jugé au parlement de Paris, en 1616, que le *retour* n'avoit pas lieu pour une donation d'effets mobiliers dans la coutume de Bourbonnois, qui se sert des mots *biens donnés*. D'autres étendent le *retour* aux propres conventionnels, c'est-à-dire, aux meubles réalisés par contrat de mariage; celle de Bayonne soumet expressément les meubles au *retour*, sans exiger pour cela qu'ils soient réalisés; enfin celles de Paris, Orléans & Calais admettent le *retour* pour les choses données par un ascendant. *Voy.* AMEUBLISSEMENT, PROPRE.

La plupart des coutumes n'accordent le *retour* qu'aux ascendans; une seule l'étend aux parens collatéraux, & une autre le communique même aux étrangers. Les premières forment le droit commun pour toutes celles qui ne s'expliquent pas sur cet objet.

Le droit de *retour* des dots, donations & institutions contractuelles donne lieu à une infinité de questions très-épineuses, qu'il seroit trop long d'agiter ici. On peut consulter le traité du droit de *retour* de M. de la Bouviere, & les mots DONATION & DOT.

RETOUR (*fief de*). *Voyez* FIEF DE RETOUR.

RETOURS (*Droit féodal.*) on appelloit ainsi autrefois le droit qu'avoit le seigneur de se retirer dans le fief de son vassal, ou de s'y refugier en temps de guerre ou autrement. *Voyez le Glossarium novum* de dom Carpentier, au mot *Retornare 3*, & l'article JURABLE (*fief*). (*G. D. C.*)

RETRAIT, s. m. (*Droit civil.*) en général, est une faculté introduite par la bienséance, la convention, la coutume, soit de la situation, lorsqu'il s'agit de fonds, soit du domicile du vendeur, lorsqu'il s'agit de meubles & de droits incorporels mobiliers; accordée à une ou plusieurs personnes successivement, de se faire subroger à la place de l'acheteur de la chose sujette à *retrait*, en lui remboursant, dans le temps fixé par la loi, le prix principal, les frais & loyaux coûts légitimement faits à l'occasion de l'achat, & à la charge de requérir cette subrogation dans le temps fixé par la coutume ou par la convention.

Cette définition embrasse toutes les espèces de *retraits*. On en compte plus de vingt; qui feront la matière d'autant de mots particuliers.

RETRAIT *à droit de lettre lue*, terme particulier à la coutume de Normandie, où il désigne la faculté singulière dont jouit, en cette province, l'acquéreur d'un héritage qui a été décrété sur sa personne, après une possession d'an & jour, pour des dettes auxquelles il avoit été hypothéqué dans les mains de son vendeur; faculté qui consiste à pouvoir reprendre le bien sur l'adjudicataire, en lui remboursant le prix & les loyaux coûts de l'adjudication.

C'est ce que porte l'article 471 de cette coutume: le propriétaire ayant possédé par an & jour l'héritage, qui puis après soit décrété pour dettes aînées de son acquisition, il peut s'en clamer à titre de lettre lue, & en remboursant le prix & loyaux coûts dans l'an & jour.

Cet article semble n'exiger, pour pouvoir exercer ce *retrait*, qu'une possession d'an & jour depuis le contrat d'acquisition, soit que la *lecture* en ait été faite, ou non; & Bérault, sur le même texte, cite en effet un arrêt par lequel un acquéreur fut admis à la clameur de lettre lue, quoiqu'il n'eût fait lire son contrat qu'après la saisie-réelle, & par conséquent sans qu'il eût possédé un an & un jour depuis la lecture; car la saisie-réelle dépossède.

Mais cette décision est évidemment contraire à l'esprit de la coutume. Pourquoi se serviroit-elle des mots *clamer à titre de lettre lue*, si la lecture du contrat étoit une formalité indifférente au droit d'exercer ce *retrait*? Ne fait-elle pas au contraire entendre par-là que la *lecture* est le titre, le fondement de cette action? D'ailleurs, l'article 473 suffiroit seul pour écarter là-dessus toute difficulté. Il porte que les parens de l'acquisiteur perdant, sont recevables à se clamer de l'héritage dont il auroit joui par an & jour à titre de lettre lue.

Aussi Bérault lui-même convient-il, sur cet article, qu'il a été mal jugé par l'arrêt dont on vient de parler; & Basnage nous en a conservé un autre du 23 septembre 1643, qui a remis sur ce point la saine jurisprudence en vigueur.

On a demandé si le *retrait à droit de lettre lue* pouvoit être cédé soit par l'acquéreur perdant, soit par ses parens, & il a été jugé pour l'affirmative par un arrêt dont Basnage rapporte toutes les circonstances sans le dater.

Une autre question est de savoir si le mari étant dépossédé, par une saisie-réelle, d'acquêts qu'il avoit faits en bourgage, sa femme ou ses héritiers peuvent, en cas qu'il meure pendant la poursuite des décrets, retirer, à droit de lettre lue, la part que la femme auroit eue dans ces biens sans la dépossession du mari. Basnage rapporte un arrêt qui a jugé pour la négative; mais il trouve beaucoup de difficultés à admettre cette décision. Encore que l'acquêt, dit-il, ne se trouvât plus entre les biens du mari, néanmoins ce droit de lettre lue lui appartenoit, & se pouvoit compter entre ses biens, où par conséquent la femme avoit part comme à un droit réel.

Bérault, sur les articles 329 & 468, fait mention d'un arrêt contraire à celui dont nous venons de parler, & qui, à cet égard, paroît très-exact; mais le même auteur lui prête une autre disposition bien étrange : à l'entendre, cet arrêt a reçu les parens d'une femme qui avoit renoncé à la succession de son mari, à retirer, par *droit de lettre lue*, la part qu'elle auroit eue à ses acquêts. Mais, dit Basnage, il n'y a pas d'apparence que l'on ait jugé de la sorte; car la femme, en conséquence de sa renonciation, n'avoit jamais eu aucun droit aux acquêts de son mari; elle n'y prend part que quand elle se déclare son héritière; il seroit donc étrange que l'on reçût ses parens à retirer un bien où elle n'avoit jamais eu de part. Il n'en est pas de même dans l'autre espèce, où la femme étoit héritière de son mari; & le droit de lettre lue étant quelque chose de réel, puisque l'action, pour retirer un immeuble, est réputée immobilière, on ne pouvoit la priver de profiter de ce droit de lettre lue : aussi Bérault n'estimoit pas que cet arrêt, qui admettoit les héritiers de la femme à retirer la part qu'elle auroit eue, si elle n'avoit renoncé, fût raisonnable. Godefroy, au contraire, approuvoit l'arrêt; mais la jurisprudence a changé sur cette matière.

Le *retrait à droit de lettre lue* a-t-il lieu dans les contrats d'échange & de fief? La jurisprudence a varié sur cette question. Un arrêt du 30 juin 1547 avoit adopté la négative; le contraire fut jugé par un autre du 8 mars 1656 : mais enfin on est revenu à la première opinion, & on l'a érigée en loi par l'article 99 des placités de 1666. Celui qui a acquis par échange ou par fief, ne peut clamer à droit de lettre lue; ce sont les termes de cet article.

Lorsque l'héritage sujet au *retrait de lettre lue* est adjugé pour un seul prix avec d'autres, l'acquéreur perdant peut-il être contraint de prendre le tout? Non; l'article 472 de la coutume l'en dispense formellement. En voici les termes : & combien que l'héritage soit adjugé pour un seul prix avec d'autres, il ne peut être contraint prendre le tout, & ne paiera que la juste valeur de son héritage, eu égard au total du prix de l'enchère.

Il s'étoit introduit dans la pratique un abus qui éludoit presque toujours la faculté accordée par cet article à l'acquéreur perdant. Lorsque l'on avoit enchéri sur plusieurs héritages mis ensemble en décret, & que l'on en avoit obtenu l'adjudication, on faisoit la répartition de son enchère *au profit particulier*, & l'on ne manquoit pas de charger les biens que l'on prévoyoit pouvoir être retirés; mais on a remédié à cet abus, en ordonnant, par plusieurs arrêts, que l'adjudicataire feroit la répartition de son enchère au profit particulier dans l'audience.

On a déjà dit, d'après l'article 473, que les parens de l'acquéreur perdant peuvent, comme lui, retraire à droit de lettre lue l'héritage dont il a été dépossédé par un décret, Basnage observe que ce *retrait* de leur part est une espèce de *retrait* lignager; &, par cette raison, continue-t-il, un arrêt du 16 juillet 1630 a jugé qu'il suffisoit, pour y être admis, d'offrir le remboursement dans l'an & jour, & qu'il n'étoit pas nécessaire de consigner dans le temps fatal, comme au *retrait* conventionnel.

Quelle est, entre les mains du retrayant à droit de lettre lue, la nature de l'héritage qu'il a recouvré par cette voie? Lui est-il propre ou acquêt? Basnage dit que, par arrêt du 3 mars 1645, il fut jugé, contre le sentiment de Bérault, qu'un héritage retiré par l'acquéreur perdant à droit de lettre lue, tient nature de propres quand cet héritage vient de succession; car, étant propre au retrayant à droit de lettre lue, il rentre en sa main avec cette même qualité.

Mais que seroit-ce, si les enfans d'un acquéreur perdant, mort dans l'an & jour du *retrait*, retiroient eux-mêmes l'héritage à droit de lettre lue? Il sembleroit qu'alors ce bien dût leur tenir nature d'acquêt. Ils ne l'ont pas trouvé dans la succession de leur père; il ne leur a pas été transmis à titre successif; ce sont eux-mêmes qui en ont, en quelque sorte, fait l'acquisition : néanmoins, dit Basnage, il faut décider pour eux la même chose que pour les lignagers; la fiction doit opérer pour la vente comme pour le décret; &, puisque les enfans retirant l'acquêt revendu par le père, cet héritage est réputé propre, parce qu'on feint qu'il leur feroit échu à droit successif, & que, par ce moyen, il fût devenu propre; il faut faire valoir la même fiction pour le décret, cessant lequel, les enfans y auroient succédé.

Les raisons qui ont motivé ces décisions, nous conduisent à dire que la femme ne peut rien prétendre dans la propriété d'un immeuble retiré à droit de lettre lue pendant le mariage, lorsque l'acquisition en a été faite auparavant; mais, si le bien est situé en bourgage, on ne peut lui refuser la moitié des deniers qui ont été employés au *retrait*. C'est ce qu'a jugé un arrêt que l'auteur cité rapporte.

RETRAIT *d'argenterie léguée*. Maillart, sur le titre 3 de la coutume générale d'Artois, met au nombre des *retraits* la faculté que la déclaration du 14 décembre 1689, enregistrée au parlement de Paris le 16 du même mois, accorde ou plutôt confirme aux veuves & à quelques autres personnes, de reprendre en nature, & sur le pied de la prisée, l'argenterie qui se trouve soit dans une communauté dissoute, soit dans une succession.

Cette déclaration est conçue en ces termes : voulons, en cas de vente des meubles, faite par autorité de justice, que toute argenterie & vaisselle d'argent, de quelque usage & qualité qu'elle soit, qui sera trouvée dans les meubles du décédé, du saisi ou d'autre sur qui la vente sera faite, soit portée aux hôtels de nos monnoies, pour y être ainsi convertie en espèces, & en être la valeur de l'argent payée sur le pied des tarifs arrêtés en notre cour des monnoies; n'entendons toutefois préjudicier *aux veuves & autres* qui ont droit de prendre des meubles en nature pour la prisée ou autrement, qui pourront exercer leurs droits ainsi qu'ils eussent pu faire avant la présente déclaration.

Le mot *autres*, dont se sert ce dernier article, a servi de prétexte pour introduire au châtelet de Paris un usage contraire à tous les principes. On y admet les héritiers du sang à reprendre, pour des espèces monnoyées, l'argenterie que le défunt a comprise dans un legs universel, & cette pratique a été autorisée par un arrêt de la grand'chambre, du 3 juin 1738, confirmatif de deux sentences des 19 avril & 19 juin 1731. Mais il est sensible qu'elle ne peut être étendue aux autres tribunaux; c'est la conséquence nécessaire de la règle de droit, *quod contra rationem juris introductum est, ad consequentias trahi non debet.* D'abord, il est de maxime que le *retrait* n'a point lieu dans les meubles; c'est même la disposition expresse de la coutume de Paris, *art.* 144. Choses mobilières, porte-t-il, ne chéent en *retrait.* En second lieu, il est de principe que la propriété passe directement de la personne du testateur sur la tête du légataire, & que celui-ci ne tient de l'héritier que la saisine & la possession, & que réguliérement les dispositions désignées sous le nom de *legs* doivent être acquittées en nature.

Retrait *de barre* ou *de cour*, dans la coutume de Bretagne, signifie la revendication qu'un juge fait d'une cause ou procès. *Voyez* les articles 10 & 32.

Retrait *de bienséance* ou *de convenance*, est le droit qu'un de plusieurs copropriétaires qui possédoient un héritage par indivis, a de retirer la portion qui est vendue par son codétenteur.

Ce *retrait* n'a lieu que dans un petit nombre de coutumes qui l'admettent expressément, telles que celles d'Acqs, *tit.* 10, *art.* 17 & 18; Lille, *art.* 19; & la Marche, *art.* 271: c'est une imitation du droit usité en Allemagne, appellé *jus congrui*, suivant lequel il est permis de retirer l'héritage contigu au sien, lorsqu'il est vendu. *Voyez* Math. de Afflictis *decis. neapolit.* 338 & 339; Mynsing. *cent.* 3, *observ.* 5.

Retrait de bestiaux, l'article 1 du titre 6 de la coutume de Labourt, a introduit en cette province une espèce de *retrait* inconnue par-tout ailleurs. Voici comme il est conçu: « si celui qui » baille son bétail à garder, en vend aucun chef » ou plusieurs, celui qui les a en garde les peut » avoir, si bon lui semble, dedans neuf jours, pour » mêmes prix & conditions qu'il a été accordé entre » l'acheteur & vendeur, sauf & réservé que si tel » bétail a été transporté hors des mains d'icelui » garde par l'acheteur ou vendeur, icelui garde » duement certifié de telle vendition, ne le peut » avoir, si auparavant n'a déclaré qu'il le veut » pour le prix ».

L'article 2 ajoute que, « le plus prochain parent, » ou autre de degré en degré, est préféré à ladite » garde dedans iceux neuf jours ».

Retrait de bourgeoisie ou *à titre de bourgeoisie*, est le droit accordé aux bourgeois de certains lieux de se faire subroger en l'achat qu'un autre qu'un bourgeois du lieu a fait d'un fonds situé sous la bourgeoisie. Ce droit est très-ancien. On trouve dans le code Justinien, *liv.* 11, *tit.* 55, une loi des empereurs Léon & Anthemius, qui l'établit en faveur des habitans des *metrocomies*, espèces de capitales de certains arrondissemens de bourgs & de villages. Qu'aucun étranger, porte ce texte, ne puisse rien posséder dans ces villes. Et si quelques habitans veulent aliéner leurs propriétés, qu'ils ne puissent en disposer de quelque manière & par quelque contrat que ce soit, si ce n'est en faveur de leurs concitoyens. Si un étranger s'avisoit d'enfreindre cette défense, & entreprenoit de faire des acquisitions dans ces endroits, les actes qu'il passera à cette fin, demeureront sans effet, & il ne pourra recouvrer que ce qu'il aura réellement payé.

Cette loi est tombée dans une désuétude presque générale. Nous ne connoissons, dans toute l'étendue de la France, que cinq coutumes qui admettent le *retrait* dont il s'agit. Ce sont Hesdin, Fillieures & Langle, en Artois; Bourbourg & Berghes-Saint-Winock, en Flandre.

On demande si les bourgeois forains peuvent exercer cette espèce de *retrait?* La coutume de Hesdin décide pour la négative, en bornant ce droit *aux bourgeois d'icelle ville, y demeurans, ou bien dans, l'ancienne banlieue.* Cette disposition est trop raisonnable pour n'être pas étendue aux autres coutumes. Le *retrait de bourgeoisie* est par lui-même très-odieux, on ne doit pas le favoriser en l'étendant aux personnes qui ne jouissent qu'imparfaitement, & comme à titre de grace, de la qualité à laquelle le droit en est attaché.

Retrait censuel, (*Droit féodal.*) c'est le *retrait* seigneurial des domaines tenus en censives. *Voyez* Retrait seigneurial. (*G. D. C.*)

Retrait *de cohéritier* ou *de compersonnier*, il y en a deux espèces; le premier consiste dans le droit qu'un des cohéritiers a de demander que l'acquisition de quelque chose concernant la succession non encore partagée, faite par un des cohéritiers, soit mise en la masse de la succession, à la charge que l'acquéreur touchera comptant ou prélevera ce qu'il a déboursé à l'occasion de cet achat. Ce *retrait* a lieu en Artois. Il est fondé sur les loix 19, *ff. fam. ercisc.* & 89 §. 4, *ff. de leg.* 1°, & la jurisprudence des arrêts l'a confirmée.

Il a pareillement lieu en Bretagne. *Voyez* Sauvageau sur Dufail, *liv.* 3, *chap.* 159.

Le second *retrait de cohéritier*, est la faculté qu'a un héritier de se faire subroger au lieu & place d'un étranger qui a acquis la part d'un cohéritier du retrayant. Il n'est pas admis par-tout, & n'a été établi que par des considérations particulières, & par des raisons de pure convenance.

Retrait *de communion* ou *à titre de communion*, *de fraresche* ou *fraresseté*, est la faculté que ceux qui possèdent quelque chose en commun, ont de se faire subroger en la portion de cette chose commune vendue par un de leurs consorts. Ce *retrait* a lieu en Artois & dans plusieurs autres coutumes, telles que celles d'Acs, Berg, Bourbourg & Bruges.

Ce *retrait* a pour objet de prévenir les inconvéniens que produit ordinairement la multiplicité des copossesseurs d'un même héritage. Il fut quelque temps en usage chez les Romains. La loi 14, *C. de contrahendâ emptione*, fait mention d'une ordonnance par laquelle il étoit défendu de vendre à d'autres qu'à ses parens ou à ses communiers, *proximis consortibusque*; & elle l'abroge expressément.

Un empereur romain tenta de la faire revivre à l'égard des communiers, par une novelle qui est insérée dans le corps de droit à la suite des novelles de Léon, mais qui probablement ne fut jamais observée.

On trouve dans le livre des fiefs une constitution d'un empereur d'Allemagne, par laquelle il est enjoint à tous ceux qui voudront aliéner une maison, un champ, une vigne ou un autre immeuble, d'offrir d'abord à leurs parens & ensuite à leurs communiers, de le leur vendre à juste prix.

RETRAIT *par consolidation* ou *retrait d'esclèche*, est le droit accordé à un copartageant de se faire subroger en l'achat fait par un non copartageant de la portion de l'immeuble partagé, laquelle est échue au vendeur. Ce *retrait* a lieu en Artois, & dans les coutumes de Lille & d'Armentieres.

A cette définition, qui n'est ni assez claire, ni parfaitement exacte, substituons-en une que justifie l'usage constant & immémorial des villes de Lille & d'Armentieres.

Le *retrait* d'*esclèche* est le droit que les deux coutumes citées accordent à un propriétaire voisin, de reprendre la partie qui a été autrefois démembrée de sa maison, lorsqu'elle est vendue, soit avec la maison voisine, ou séparément.

Pour être admis à ce *retrait*, il faut prouver l'*esclèche* ou démembrement qui en est la base; car rien ne peut les faire présumer.

Suivant l'article 1 du titre 7 de la coutume de Lille, le *retrait* d'esclèche est préféré au *retrait* de *fraresueté* en ce qui est *esclesché*, &, à plus forte raison, au *retrait* lignager.

Les formalités pour parvenir à ce *retrait*, sont prescrites par les articles 2 & 3, & ne different en rien de celle du *retrait* lignager.

L'article 4 porte que *le plus diligent en pareil droit à titre d'esclèche, fait à préférer.*

L'article 5 ajoute que, *celui ayant le plus grand droit à titre d'esclèche*, doit avoir la préférence même sur ceux qui l'ont prévenu.

Suivant l'article 7, celui qui requiert héritage à titre d'esclèche, doit redemander tout l'héritage esclèché.

L'article 8 déclare qu'en matière d'esclèche, est requis que le demandeur, après l'esclèche connue & adjugée, fasse faire priserie de ce qui seroit esclèché par gens en ce connoissans, & icelle faite, fournisse & consigne sous la main de justice ladite priserie en-dedans sept jours & sept nuits, & fasse signifier à l'acheteur pour prendre & recevoir les deniers de ladite priserie.

L'article 13 limite le *retrait* d'esclèche *au cas de vente.*

RETRAIT *de convenance* ou *à droit de bienséance*, ces termes sont synonymes. *Voyez* ci-devant RETRAIT *de bienséance.*

RETRAIT CONVENTIONNEL, est la même chose que la faculté de rachat ou réméré, qui a été stipulée par le contrat en faveur du vendeur, pour pouvoir rentrer dans le bien par lui vendu dans le temps & aux conditions portées par le contrat. *Voyez* RACHAT & RÉMÉRÉ.

RETRAIT COUTUMIER, dans la coutume de Loudunois, est le *retrait* lignager.

RETRAIT COUTUMIER *ou* LOCAL, est aussi une espèce de *retrait* de bourgeoisie qui étoit usité en Alsace. *Voyez* ci-devant RETRAIT DE BOURGEOISIE, & ci-après RETRAIT LOCAL.

RETRAIT DÉBITAL, quelques auteurs, & surtout ceux des Pays-Bas, appellent ainsi la faculté que les loix *per diversas* & *ab Anastasio, C. mandati*, accordent au débiteur dont la dette a été transportée en mains tierces, de se libérer en payant au cessionnaire le prix que celui-ci a compté au créancier.

Il y a bien des observations à faire sur l'usage de ce *retrait*, sur les cas où il a lieu, sur les formalités auxquelles il est subordonné. Mais tout cela est traité au mot TRANSPORT.

RETRAIT DUCAL, est la faculté que l'édit du mois de mai 1711, portant réglement pour les duchés-pairies, donne à l'aîné des mâles descendans en ligne directe de celui en faveur duquel l'érection des duchés-pairies aura été faite, ou à son défaut ou refus, à celui qui le suivra immédiatement, & ensuite à tout autre mâle de degré en degré, de retirer les duchés-pairies des filles qui se trouveront en être propriétaires, en leur remboursant le prix dans six mois, sur le pied du denier vingt-cinq du revenu actuel, & sans qu'ils puissent être reçus en ladite dignité, qu'après en avoir fait le paiement réel & effectif, & en avoir rapporté la quittance. *Voyez* l'article 7 dudit édit, & les mots DUCHÉ & PAIR.

RETRAIT ECCLÉSIASTIQUE, on appelle quelquefois ainsi le rachat que les ecclésiastiques font de leurs biens aliénés, en vertu des édits & déclarations qui leur donnent cette faculté. La dernière déclaration qui leur a permis d'user de cette faculté, est celle du mois de juillet 1702. *Voyez* les mots EGLISE, RACHAT, & le dictionnaire des arrêts de M. Brillon, aux mots *Aliénation*, *Garantie* & *Retrait.*

RETRAIT D'ÉCLÈCHE *ou* D'ÉCLIPSEMENT, est la même

même chose que le *retrait* à titre de consolidation. *Voyez* ci-devant RETRAIT *par consolidation.*

RETRAIT EMPHYTÉOTIQUE, se prend quelquefois pour le *retrait* conventionnel, ou faculté de réméré, qui s'exerce en matière d'emphytéose : quelquefois il se prend pour le *retrait* censuel en général, sur-tout dans les pays de droit écrit, où l'on confond volontiers le bail à cens avec l'emphytéose.

RETRAIT FÉODAL, c'est le *retrait* seigneurial des domaines féodaux. *Voyez* RETRAIT SEIGNEURIAL. (*G. D. C.*)

RETRAIT FEUDAL. *Voyez* RETRAIT FÉODAL & RETRAIT SEIGNEURIAL.

RETRAIT *de frareſche* ou *de frareuseté*, est la même chose que le *retrait de communion* dont nous avons parlé ci-dessus. Car le terme de *frareuseté* employé dans les coutumes de Lille, Armentieres & Comines, est synonyme à *communion.*

Cette espèce de *retrait* diffère de celui d'*esclèche*, en ce que ce dernier a pour objet de réunir à un héritage, la partie qui en a été réellement détachée, & que le copartageant à qui elle étoit échue, a aliénée après l'avoir possédée divisément; au lieu que le but du *retrait de communion* ou *de frareuseté* est de consolider dans la main d'un copropriétaire par indivis, la portion frareuse ou indivise, que son copropriétaire a vendue, avant qu'il se fût opéré un démembrement effectif par le partage.

RETRAIT LÉGAL *ou* COUTUMIER, est celui qui est fondé sur la loi ou la coutume, à la différence de celui qui dérive de la convention. *Voyez* ci-devant RETRAIT COUTUMIER.

RETRAIT LIGNAGER, est un droit accordé aux parens de ceux qui ont vendu quelque héritage propre, de le retirer sur l'acquéreur, en lui remboursant le prix & les loyaux coûts.

On l'appelle en Bretagne *presme* ou *prémesse*, & dans le pays de droit écrit *droit de prélation.*

Les auteurs sont partagés sur son origine; les uns, amateurs de la plus haute antiquité, le font remonter jusqu'à la loi de Moïse, suivant laquelle il y avoit deux sortes de *retrait*, dont l'objet étoit de conserver les biens dans la famille.

L'un étoit le droit général que chacun avoit au bout de cinquante ans de rentrer dans les biens de sa famille qui avoient été aliénés, c'est ce qu'on appelle *le jubilé des Juifs.*

L'autre espèce de *retrait* étoit celui par lequel le parent le plus proche étoit préféré à l'acquéreur qui étoit parent plus éloigné, ou étranger à la famille. Avant de vendre sa terre à un étranger, il falloit l'offrir à un parent. Le vendeur lui-même pouvoit la retirer en rendant le prix.

D'autres croient trouver la source du *retrait lignager* dans les loix des Locriens & des Lacédémoniens, lesquelles notoient d'une infamie perpétuelle, celui qui souffroit que les héritages de ses ancêtres fussent vendus & passassent en une main étrangère, & ne les retiroit point.

Quelques-uns prétendent que notre *retrait lignager* est imité des mœurs des Lombards.

D'autres encore prétendent qu'il dérive du droit de prélation des Romains, appellé dans les constitutions grecques *jus Πρωτιμήσεως.*

Suivant ce droit, qui étoit fort ancien, il étoit permis aux parens, & même aux copropriétaires, de retirer les héritages qui étoient vendus à des étrangers, soit en offrant & payant le prix au vendeur, soit en le rendant à l'acheteur dans l'an & jour.

Ce droit fut abrogé en 395 par les empereurs Gratien, Valentinien, Théodose & Arcade.

Il fut pourtant rétabli, du moins en partie, par les empereurs Léon & Ansthémius; en effet, il est parlé du droit de prélation dans une de leurs constitutions insérée au code, qui défend aux habitans du principal village de chaque canton, de transférer leurs héritages à des étrangers; mais cette constitution est particulière pour ceux qui étoient habitans du même lieu, appellés *convicani.*

Mais le droit qui s'observoit anciennement par rapport au *retrait lignager*, fut rétabli dans son entier par des novelles des empereurs romains Michel & Nicéphore, surnommé *Lecapene*, & par le droit des basiliques. Ces loix portent qu'avant de vendre un immeuble, on devoit en avertir les parens dans l'ordre auquel ils auroient succédé, ensuite ceux avec lesquels l'héritage étoit commun, quoique du reste ils fussent étrangers au vendeur; enfin, les voisins dont l'héritage tenoit de quelque côté à celui que l'on vouloit vendre, afin que dans l'espace de trente jours ils pussent retenir l'héritage en donnant au vendeur le même prix que l'acheteur lui en offroit.

L'empereur Frédéric établit la même chose en Occident l'an 1153.

Ce droit fut aussi adopté dans la loi des Saxons.

Ainsi, l'on peut dire que c'est une loi du droit des gens, commune à presque tous les peuples, & qu'elle a pour objet la conservation des héritages dans les familles, & l'affection que l'on a ordinairement pour les biens patrimoniaux.

Pithou, sur l'article 144 de la coutume de Troye, tient que le *retrait lignager* usité en France, étoit une ancienne coutume des Gaulois, qui s'y est toujours conservée.

Cependant il n'est point fait mention du *retrait lignager* dans les anciennes loix des Francs, telles que la loi salique & la loi ripuaire; il n'en est pas non plus parlé dans les capitulaires de Charlemagne, de Louis-le-Débonnaire & de Charles-le-Chauve, ni dans les anciennes formules, soit de Marculphe ou autres, ni dans les assises de Jérusalem, loix faites par les François en 1099, ni dans les plus anciennes coutumes de France, telles que la loi de Vervin ou de la Bassée, faite sous Henri I, les anciennes coutumes de Lorris en 1170, les loix données en 1212 par Simon, comte de Montfort, aux peuples d'Alby, Beziers, Carcassonne

& autres, ni dans la chartre appellée *la paix de la Fere*, faite par Enguerrand de Coucy.

Balde prétend néanmoins que le *retrait lignager* fut introduit en France du temps de Charlemagne; il se fonde sur ce que la loi des Saxons ordonnoit qu'avant de vendre à un étranger son patrimoine ou propre héritage échu par succession, on l'offrît à son proche parent; mais ce droit se rapporte au droit de prélation qui avoit lieu chez les Romains, plutôt qu'au *retrait lignager*, tel que nous le pratiquons en pays contumier.

Le *retrait lignager* tire plutôt son origine de ce qu'anciennement en France il étoit défendu de vendre à d'autres qu'à ses proches parens son aleu, ou bien patrimonial, il n'étoit permis de disposer librement que de ses acquêts; pour disposer de son aleu, il falloit le consentement de ses héritiers présomptifs.

Cette prohibition de disposer autrement de son aleu avoit lieu dès le commencement de la monarchie, ainsi qu'il paroît par la loi salique; & c'est de-là probablement que s'est formé peu-à-peu le *retrait lignager*.

On en trouve des vestiges dès le onzième siècle, & même dans quelques provinces de France dès le commencement du dixième. C'est ainsi que Guichard de Beaujeu, qui possédoit héréditairement le quart des dîmes du territoire de l'église de Mâcon, les donnant à cette église, ordonna qu'aucun de ses parens ne pût l'inquiéter sur cette dîme, parce qu'avant de la donner, il avoit invité & fait inviter par ses amis son frère Ponce, qui jouissoit d'un autre quart, d'acheter le sien, ce qu'il n'avoit pas voulu faire. Ces sommations ou invitations d'acquérir, ces défenses aux parens d'inquiéter le nouveau possesseur, les confirmations que l'on faisoit quelquefois faire par les parens, annoncent bien que le *retrait lignager* avoit déjà lieu, du moins dans ce pays. On y trouve encore un exemple de pareilles défenses en 1116.

De tout cela l'on peut conclure que le *retrait lignager*, tel que nous le pratiquons, a été introduit, non par aucune ordonnance de nos rois, mais par les mœurs & usages de quelques provinces, & qu'il a été ensuite adopté par les coutumes à mesure qu'elles ont été rédigées par écrit, ce qui commença à se faire dans le onzième siècle.

Les établissemens de saint Louis, rédigés en 1270, font mention du *retrait lignager;* & depuis ce temps il est devenu un droit commun & presque général pour tous les pays coutumiers.

Henri III ordonna, en 1581, que le *retrait lignager* auroit lieu dans tout le royaume; mais cette ordonnance ne fut vérifiée qu'au parlement de Paris, & elle n'a été reçue pour les provinces de droit écrit de son ressort, que dans le Mâconnois & dans l'Auvergne.

Le *retrait lignager* n'a pas lieu dans le Lyonnois, ni dans le Forez, ni dans le parlement de Toulouse, si ce n'est dans le Quercy & le Rouergue; dans le parlement de Dauphiné, il n'a lieu que dans les bailliages de Romans & de Briançon; dans les parlemens de Bordeaux & de Dijon, il n'a lieu que dans les pays de coutume seulement; il a aussi lieu dans le comté de Bourgogne, excepté dans la ville de Besançon & dans son ancien territoire.

Pour ce qui est du pays coutumier, le *retrait* a lieu dans toutes les coutumes; mais il s'y pratique fort diversement, ainsi que nous allons l'expliquer dans les §§. suivans.

§. I. *Des choses qui sont susceptibles du retrait lignager.* Les coutumes se divisent sur ce point en trois classes. Les unes n'assujettissent au *retrait* que les héritages; les autres y soumettent les immeubles, sans distinguer s'ils sont héritages ou non; les troisièmes étendent cette faculté jusqu'à certains meubles & droits personnels.

I. Celles qui ne soumettent au *retrait lignager* que les héritages, sont Paris, Orléans, Calais, Hainaut, Bretagne, & en général toutes celles qui n'ont pas de disposition contraire. La discussion que nous allons en faire, formera un tableau de tout ce qu'il y a sur ce point, dans le droit commun.

Le mot *héritage* est moins étendu que celui *immeuble:* celui-ci est le genre, le premier est l'espèce: l'un désigne tous les immeubles qui sont tels, par leur nature ou par une fiction de la loi; l'autre ne convient qu'aux immeubles, qui tiennent cette qualité de leur nature, c'est-à-dire, aux biens-fonds.

Ainsi, dans les coutumes dont nous parlons, les offices, quoique réputés immeubles, ne sont pas sujets au *retrait lignager.* Il en est de même des rentes constituées, qui ne sont immeubles que par une fiction légale, comme le décide expressément l'article 399 de la coutume d'Orléans. Cependant il faut excepter les coutumes de Saint-Pol, du Hainaut & du chef-lieu de Mons, où les rentes hypothéquées sur des héritages, sont censées en faire partie, & suivre par conséquent pour le *retrait*, les mêmes règles que les héritages.

Non-seulement les héritages dont nous avons un parfait domaine sont sujets au *retrait*, mais même ceux dont nous n'avons qu'une espèce de seigneurie utile; car on ne peut disconvenir que ce droit de seigneurie utile ne soit au moins un droit réel que nous avons dans cet héritage. C'est ce qui a été jugé par arrêt du parlement de Bordeaux, du 28 novembre 1651, rapporté dans les décisions de la Peyrère. Il s'agissoit de savoir si l'on pouvoit exercer le *retrait lignager* sur la vente d'une échope *dont le bail avoit été fait par les maire & jurats*, à titre *de location perpétuelle*, *à la charge de payer annuellement cinquante sous par pied.* L'affirmative a été adoptée sans la moindre difficulté. La coutume de Clermont en Argonne, *chap. 16, art. 17*, décide pareillement qu'héritages baillés à cens perpétuel, s'ils tombent en hoirie & succession, se peuvent retirer quand ils sont aliénés à personnes étranges, par ceux qui les ont eus en succession.

Mais faut-il pour cela que nous possédions incommutablement cette propriété utile? Non; quand nous ne l'aurions que pour un certain temps, après l'expiration duquel la réunion dût s'en faire au domaine direct, elle ne laisseroit pas d'être susceptible du *retrait*; car le but des coutumes, en introduisant ce droit, n'a pas été précisément de *perpétuer* les héritages dans les familles, mais de les y *conserver* aussi long-temps qu'ils peuvent l'être. C'est d'ailleurs ce que décide formellement l'article 149 de la coutume de Paris, conçu en ces termes: *baux à quatre-vingt-dix-neuf ans ou longues années sont sujets à retrait*; ce qui signifie, comme l'expliquent tous les commentateurs, que le droit de propriété utile résultant de ces baux, est *sujet à retrait* lorsqu'il est vendu par l'emphyteute à qui il appartient. On trouve la même disposition dans les coutumes de Normandie, *art. 502*; de Bretagne, *art. 313*; & de Calais, *art. 158*.

Les termes du texte cité, *quatre-vingt-dix-neuf ans*, ne sont pas restrictifs; ils ne sont employés que par forme d'exemple; c'est pourquoi la coutume ajoute *ou longues années*. Ainsi, quoiqu'un bail emphytéotique ne doive pas s'étendre à quatre-vingt-dix-neuf ans, il ne laisse pas de pouvoir être *retrait* par les lignagers de l'emphyteute, lorsque celui-ci l'aliène; la seule condition requise pour cela, est qu'il soit assez long pour que l'on puisse dire qu'il est *à longues années*. Et l'on regarde, suivant les coutumes de Bretagne & de Normandie, comme baux à longues années, ceux qui excèdent neuf ans.

La coutume de Bretagne apporte une limitation fort équitable au droit de *retrait* de ces propriétés utiles réversibles; elle veut qu'elles n'y soient sujettes qu'autant qu'il en reste au moins six ans de durée lorsqu'elles sont vendues; car, dit Pothier, en son *traité du retrait lignager*, l'intérêt de conserver à une famille un héritage pour aussi peu de temps que quatre ou cinq ans, n'est pas assez important pour qu'il puisse donner lieu au *retrait* & à troubler un acquéreur.

Les arrêtés de M. de Lamoignon, *titre des retraits*, *art. 19*, affranchissent les emphytéoses du *retrait*, lorsque le temps qui en reste à courir au moment de la vente, n'excède pas dix ans.

Il y a une coutume dans laquelle les baux à longues années ne sont jamais susceptibles du *retrait* de la part des lignagers des fermiers qui les aliènent; c'est celle de Hainaut.

Les biens tenus en simple engagement sont-ils sujets au *retrait* dans la famille des engagistes? La raison de douter est que la seigneurie utile qu'en ont ceux-ci, n'est limitée à aucun temps; qu'il dépend à tous momens de la personne qui les a engagés, de les reprendre en remboursant la somme pour laquelle s'est fait l'engagement; qu'ainsi on ne fait, en les aliénant, aucun tort absolu à la famille dans laquelle ils existent, & que par conséquent on ne peut plus appliquer le motif qui a fait introduire le *retrait lignager*.

Ces considérations n'ont pas empêché la coutume de Paris d'en disposer autrement. L'article 148 déclare que loges, boutiques, étaux, places publiques achetés du roi & venans à succession, sont sujets à *retrait*, lorsqu'ils sont vendus par l'engagiste. C'est aussi ce qu'a jugé, dans la coutume de Chaumont, un arrêt du 21 janvier 1595, rapporté par Chopin, *de moribus Parisiorum*, *liv. 2*, *tit. 6*, *n. 8*. Le parlement de Bretagne avoit décidé le contraire en 1559 pour les *baux à domaine congéable*, comme on le voit dans le recueil de Dufail, *liv. 3*, *chap. 161*. Mais il a depuis changé de jurisprudence; Bouchel, au mot *Retrait*, en rapporte un arrêt prononcé en robes rouges, le 30 avril 1577, par lequel il a été jugé qu'un lignager peut avoir, par *retrait*, la terre vendue par son parent, laquelle il tenoit seulement à titre de convenant & domaine congéable. La raison en est, que tout droit de seigneurie utile est un droit réel dans l'héritage; que conséquemment il est compris sous le terme général d'*héritage*, & que l'assujettissement de celui-ci au *retrait*, emporte la soumission de celui-là au même droit.

Il résulte du même principe, que les droits de fief, de censive, de champart, de justice, de rente foncière, de dîme inféodée, sont sujets au *retrait lignager*, lorsqu'ils sont vendus par celui à qui ils appartiennent. Ce ne sont, à la vérité, que des choses incorporelles, mais elles existent & s'exercent sur des héritages dont elles sont censées faire partie, & cela seul les rend susceptibles de *retrait*. La coutume de Paris en contient une disposition expresse. Il est loisible (dit-elle, *art. 129*) au parent & lignager du vendeur du côté & ligne dont est échu ledit héritage ou *rente foncière*, de demander & avoir par *retrait lignager* icelui héritage ou *rente*. C'est ce que décident également plusieurs autres coutumes.

Les servitudes réelles sont pareillement des droits qui existent & s'exercent sur les héritages, & par cette raison elles peuvent être retirées lignagérement comme les autres droits fonciers dont on vient de parler. C'est ce que remarque Taisand sur la coutume de Bourgogne, *tit. 10*, *art. 9*. Encore que la coutume, dit-il, ne porte pas que le *retrait* a lieu de vente de servitude réelle, néanmoins la servitude réelle ne laisse pas d'être sujette au *retrait lignager*, *quand le retrayant est possesseur de l'héritage dominant auquel cette servitude est attachée*; car on la regarde comme étant de la même nature & qualité que le fonds, & l'on a égard qu'elle le rend plus utile & plus considérable. Ainsi les arrêts ont jugé qu'elle étoit sujette au *retrait*, de même que le fonds dont elle fait partie, l'un ne pouvant être séparé de l'autre. Il cite à l'appui de cette

Fff 2

doctrine, un arrêt du parlement de Dijon, du 29 mai 1612.

L'usufruit qu'une personne a dans l'héritage d'une autre, est aussi un droit foncier, *jus in re*; néanmoins, lorsqu'un usufruitier vend son droit d'usufruit à un tiers, il n'y a pas lieu au *retrait lignager*, même dans les coutumes où la vente des acquêts y donne ouverture. Cela est fondé sur la nature même de l'usufruit. Tout le monde sait que ce droit est une servitude personnelle, qu'elle est attachée à la personne de l'usufruitier, & n'en peut être séparée. Ainsi, lorsqu'un usufruitier me vend son usufruit, ce n'est point le droit même qu'il me vend, mais l'émolument qui en résulte: il m'autorise bien à recueillir en sa place les fruits qu'il a droit de percevoir, par lui ou par un autre, en vertu de son usufruit; mais le droit de cet usufruit demeure toujours dans sa personne, & par conséquent ne sort pas hors de sa famille; c'est ce que prouve le §. 3, aux institutes *de usufructu*, en déclarant que l'usufruitier ne peut céder son droit à un tiers, *nam cedendo extraneo nihil agit.*

Lorsque c'est le propriétaire qui vend lui-même un droit d'usufruit dans ses héritages, il n'y a pas lieu au *retrait*: c'est ce que décident l'article 147 de la coutume de Paris, l'article 179 de celle d'Etampes, l'article 139 de celle de Dourdan, l'article 168 de celle de Montfort, l'article 226 de celle de Reims, l'article 463 de celle de Bourbonnois, l'article 241 de celle de Sedan; & leurs dispositions doivent être étendues aux coutumes qui ne s'en sont pas expliquées. La raison en est, dit Pothier, que les coutumes n'accordent le *retrait* à la famille du vendeur, que lorsqu'il met son héritage propre hors de la famille par la vente qu'il en fait; mais on ne peut pas dire que par la vente & constitution qu'il fait d'un droit d'usufruit, il mette son héritage propre hors de la famille, puisqu'il en demeure le vrai propriétaire.

La coutume de Melun excepte un cas de cette décision; mais (dit-elle, *art. 133*) si le propriétaire, après avoir vendu l'usufruit, *vend la propriété au même acheteur, le tout sera retrayable.* L'article 453 de la coutume de Bourbonnois dit la même chose, & cette exception est de droit commun. En effet, on présume en ce cas que l'intention des parties a été de ne faire qu'une seule vente du tout, & que c'est en fraude des lignagers qu'on a fait paroître deux ventes. L'établissement de cette présomption est nécessaire, parce que sans cela il y auroit une voie ouverte de frauder les lignagers.

Il y auroit lieu à la même présomption, si, après avoir vendu un héritage avec réserve de l'usufruit, on vendoit cet usufruit à l'acheteur du fonds; & dans ce cas, comme dans le précédent, les deux ventes seroient soumises au *retrait.*

Vaslin & Pothier estiment qu'il faudroit en décider de même dans le cas où l'acheteur de l'usufruit & celui de la propriété pourroient paroître interposés l'un par l'autre, comme si l'un étoit le père, & l'autre le fils ou l'héritier présomptif.

La présomption de fraude dont nous parlons ici, n'auroit pas lieu s'il y avoit un certain intervalle entre la vente de la propriété & celle de l'usufruit. Tous les auteurs sont d'accord là-dessus; mais ils sont partagés relativement à la longueur de cet intervalle. Les uns veulent que l'on ne puisse plus présumer la fraude, quand la seconde vente intervient après l'année de la première; les autres estiment que la présomption doit conserver son effet dans les trois ans. Vaslin, sur la coutume de la Rochelle, l'étend jusqu'à cinq années. La première opinion paroît la plus régulière; on peut la justifier par les dispositions des coutumes qui présument une cession frauduleuse de la part du lignager, lorsqu'il a revendu dans l'année du *retrait*, l'héritage qu'il avoit acquis par cette voie. Néanmoins, dit Pothier, je ne crois pas qu'on dût s'y attacher trop scrupuleusement, & je pense qu'on pourroit présumer la fraude, si la seconde vente intervenoit peu de jours après l'année révolue; car il y a lieu de présumer en ce cas que ce n'est que pour la couvrir que l'on a attendu que l'année fût révolue.

Quoique les coutumes dont il est ici question, n'assujettissent au *retrait* que les héritages & les droits vraiment fonciers, il ne laisse pas d'y avoir, suivant l'opinion commune, une espèce de droits personnels qui y sont également soumis. Ce sont les créances, dont l'objet est de forcer quelqu'un à nous donner un héritage ou un droit réel. Par exemple, dit Pothier, si mon père a acheté un héritage, & est mort avant qu'il lui ait été livré, la créance que j'ai contre le vendeur pour me faire livrer cet héritage, est sujette au *retrait lignager* si je la vends à un étranger; car quoique cette créance ne soit en elle-même qu'un droit incorporel que j'ai contre la personne du vendeur, elle est considérée comme étant déjà par anticipation l'héritage même auquel elle doit se terminer. *Actio judicatur secundùm qualitatem rei ad quam competit.*

Les deniers stipulés propres par contrat de mariage sont, à certains égards, considérés comme des immeubles; mais ils n'ont cette qualité qu'imparfaitement, & d'ailleurs ils ne la tiennent point de leur nature. On ne peut donc absolument les réputer *héritages*, ni par conséquent les assujettir au *retrait*. Les fictions résultantes des conventions, dit Pothier, n'ayant effet que pour le cas pour lequel elles ont été faites, ces stipulations de propres ne peuvent faire regarder ces créances comme immeubles & comme propres pour le cas du *retrait lignager*, n'ayant point été faites pour ce cas.

II. Les coutumes qui soumettent au *retrait* les immeubles, sont de deux espèces. Les unes y assujettissent les immeubles & les choses réputées telles; les autres les immeubles simplement.

Dans la première espèce sont celles de Sens,

& de Meaux, qui permettent d'exercer le *retrait*, non-seulement sur les héritages, mais sur toute chose immeuble ou censée immeuble; d'où Pothier, *dans son traité du retrait lignager*, conclut qu'elles enveloppent dans les choses sujettes à *retrait*, les rentes constituées & les offices. Mais à l'égard de ces derniers, le *retrait* ne peut avoir lieu que pendant que l'acheteur n'est pas encore pourvu; lorsqu'il a été reçu, il ne peut plus être dépossédé par le retrayant, parce qu'alors il tient son office du roi, & que le sceau de ses provisions purge tous les droits que des tiers pouvoient avoir à l'office.

Quoique les deniers stipulés propres dans un contrat de mariage soient réputés immeubles à certains égards, ils ne peuvent être retirés lignagèrement, parce que la fiction qui les fait réputer immeubles, n'a été admise que pour empêcher que ces deniers fussent confondus dans la communauté, & qu'une fiction ne peut s'étendre d'un cas à un autre.

Dans la seconde espèce, on compte la coutume de Normandie, qui déclare retrayables les héritages & autres choses immeubles. Cette disposition ne comprend pas, à la vérité, les rentes constituées, à moins que ce ne soit une rente constituée par le père en faveur du mariage de sa fille, & depuis, devenue foncière après les quarante ans. Mais d'après les articles 463 & 502 de cette coutume, on voit qu'elle a donné à ces mots, *& autres choses immeubles*, un sens beaucoup plus étendu qu'elle n'eût dû naturellement le faire, s'il n'étoit pas entré dans ses vues de favoriser particuliérement le *retrait*. Par le premier de ces articles, les bois de haute-futaie sont sujets à *retrait*, encore qu'ils aient été vendus à la charge d'être coupés, pourvu qu'ils soient sur pied lors de la clameur signifiée : par le second, la vente d'un usufruit, faite à autre qu'au propriétaire, est retrayable.

C'est encore à cause de la faveur que la coutume accorde au *retrait*, que la jurisprudence des arrêts a admis en faveur des enfans des vendeurs, le *retrait* des offices, soit héréditaires, soit domaniaux.

III. On peut regarder comme règle générale, que les meubles ne sont pas sujets à *retrait*; cependant la coutume de Sedan, *art. 244*, porte : semblablement, si aucun vend généralement une succession, ou partie d'icelle, posé qu'il n'y ait que meubles, y aura *retrait*. D'autres coutumes soumettent les meubles au *retrait*, lorsqu'ils sont vendus par un même contrat avec des immeubles. Nous en ferons connoître les dispositions sous le §. 3.

§. II. *Des qualités que doit avoir un immeuble, dans la main de celui qui l'aliène, pour être sujet au retrait.* Les coutumes ont, à cet égard, des dispositions différentes; les unes n'admettent le *retrait* que pour les propres; les autres y assujettissent également les acquêts; quelques-unes gardent le silence sur cette matière.

Les coutumes qui admettent le *retrait* pour les propres seulement, sont celles de Paris, Orléans, Calais, Artois, Hainaut, Boulonnois, Ponthieu, *&c.* Dans ces coutumes, tous les héritages qui ont les qualités requises pour leur imprimer la qualité de propres, sont sujets à *retrait*, lorsqu'ils sont vendus à prix d'argent, ou autre contrat équipollent à vente.

Mais il reste la difficulté de savoir s'il n'y a que les biens réputés propres en succession, qui soient regardés comme tels en fait de *retrait*. L'article 133 de la coutume de Paris porte que, si aucune personne acquiert aucun héritage propre de son parent, du côté & ligne dont il est parent, & qu'il vend ledit héritage, *tel héritage chet en retrait.* La raison de cette jurisprudence est, dit Pothier, que l'héritage ayant une fois fait souche dans la famille, a été affecté envers la famille au droit de *retrait lignager* qui lui a été acquis; c'est pourquoi, quoique cet héritage, quant à toute autre matière, devienne acquêt en la personne de ce parent, il demeure toujours sujet au droit de *retrait lignager* envers sa famille, lorsque lui ou ses successeurs de la famille l'en feront sortir à titre de vente.

Cette disposition de la coutume de Paris a été adoptée par un grand nombre d'autres coutumes, & s'applique à toutes celles qui ont gardé le silence sur cette question.

Presque toutes celles qui l'ont adoptée, ne parlent que du cas où le lignager qui vend un héritage que son vendeur possédoit comme propre, l'a acquis à titre d'achat; mais en doit-il être de même, lorsqu'il l'a acquis à titre de donation ou de legs?

Quelques auteurs ont pensé que non, parce que, disent-ils, la vente faite par un parent à son parent d'un héritage propre à sa famille, donne ouverture au *retrait*, qui n'est empêché dans ce cas, que par la qualité de l'acquéreur; & dès que cet empêchement est ôté par la revente de cet héritage à un étranger, le *retrait* doit renaître. Mais lorsque c'est à titre de donation, qu'un parent a acquis de son parent un héritage propre, ce n'est pas sa qualité qui empêche le *retrait*, mais la nature du titre, & par conséquent le droit de *retrait* est perdu pour toujours pour la famille.

Nonobstant ces raisons, on doit dire que la vente d'un héritage propre, faite par un lignager qui l'avoit acquis précédemment d'un parent, donne lieu au *retrait*, quel que soit le titre auquel il l'a acquis. La raison en est que tant qu'un héritage ne sort pas de la ligne, quelque mutation qu'il y ait, il n'est pas sujet au *retrait*, parce que le *retrait* ne peut s'exercer que quand un propre sort de la ligne, & que tout héritage qui change, mais dans la ligne, conserve la faculté de pouvoir rester dans la ligne. D'ailleurs, il n'est pas vrai que vente faite à un parent ait donné ouverture au *retrait*, qui n'a été empêché que par la qualité de l'acquéreur, & qui doit renaître lorsque cet empêchement est ôté par la revente que cet acheteur en fait hors de sa famille; car, lorsqu'il le revend, ce n'est pas sur la première vente que le droit de *retrait* a lieu, mais sur la seconde: il est donc indifférent quel ait été son titre, puisque ce n'est pas ce titre, mais la seconde vente qui donne ouverture au *retrait*. Telle est l'opinion de M. Pothier, appuyée de la jurisprudence des arrêts. En effet, on en trouve un dans le journal des audiences, du 21 mars 1713, & un autre dans l'additionnaire de Renusson, du 9 novembre 1734, qui ont jugé conformément à ce que nous venons de dire.

Les coutumes de Normandie, de Touraine, de Poitou, d'Angoumois, d'Anjou, du Maine, de Bordeaux, de Saint-Sever, *&c.* admettent le *retrait* pour les acquêts comme pour les propres; mais cette disposition, contraire au droit commun, doit être restreinte aux termes & aux cas prévus par ces coutumes, & on doit suivre littéralement à cet égard ce qu'elles prescrivent.

C'est une question, si, dans les coutumes qui ne disent pas si l'héritage doit être propre, & si le *retrait* a lieu même pour les acquêts, les acquêts sont sujets au *retrait*. On peut dire pour la négative, que le grand nombre des coutumes qui n'accordent le *retrait* que des propres, paroissent former un droit commun, qui doit être observé dans les coutumes qui ne s'en sont pas expliquées. D'un autre côté, pour l'affirmative, on peut dire qu'on ne doit rien suppléer aux coutumes, qu'on ne doit pas par conséquent exiger que les héritages dont elles accordent le *retrait*, soient des propres, lorsqu'il ne paroît pas par le texte de la coutume, qu'elle ait exigé qu'ils eussent cette qualité: c'est l'avis de Grimaudet. On doit, sur cette question, s'informer de l'usage qui s'observe dans la province, *optima legum interpres consuetudo.*

La preuve en effet que cette question ne peut recevoir une solution générale, c'est que la jurisprudence & l'usage l'ont décidée ici d'une façon, & là d'une autre.

§. III. *Les meubles vendus avec un immeuble sont-ils également sujets au retrait?* La coutume de Paris décide que, *choses mobilières ne chéent en retrait*; & tel est le droit commun. Quelques coutumes cependant en disposent autrement, & telles sont celles d'Anjou, du Maine, de Loudunois, de Bourbonnois, *&c.* Mais leur disposition doit être limitée au cas où les choses sujettes à *retrait*, & celles qui devroient en être exemptes, sont vendues par un seul & même prix.

Quelques auteurs, & entre autres M. Pothier, prétendent qu'on doit assujettir au *retrait* les meubles destinés à l'exploitation d'une métairie, comme les cuves, les bestiaux, les ustensiles de labour. Il y a, dit Pothier, une espèce d'intérêt public que ces meubles ne soient pas séparés de la métairie, à l'exploitation de laquelle ils servent, cette séparation étant préjudiciable à la culture des terres. Cette raison d'intérêt public paroît avoir servi de fondement à l'ordonnance des substitutions, *tit. 1, art. 6*, & il peut pareillement servir de fondement à cette décision. Ajoutez que l'acquéreur n'ayant pas ordinairement intérêt de conserver ces meubles, lorsqu'il ne conserve pas la métairie, ce ne seroit que par une mauvaise humeur qu'il en refuseroit le *retrait*.

Ne craignons pas de le dire, il n'y a aucune de ces raisons qui ne se réfute d'elle-même. 1°. La considération de l'intérêt public pourroit bien être un motif suffisant pour faire porter à l'avenir une loi qui déclarât retrayables les meubles servant à l'exploitation des métairies, lorsqu'ils seroient vendus avec les métairies même; mais elle ne peut, dans l'état actuel de la jurisprudence, & d'après les principes de notre droit coutumier, donner seule lieu à une pareille extension du droit de *retrait*. Encore une fois, *choses mobilières ne chéent en retrait*; voilà le cri de nos coutumes, elles parlent en général, elles n'exceptent rien; & dans une matière où l'on s'attache si rigoureusement à leurs termes précis, il y auroit de l'inconséquence de vouloir soustraire à leur disposition, des objets qu'elles en auroient affranchis elles-mêmes si elles en avoient eu l'intention. 2°. L'exemple des substitutions ne prouve rien; il y a une loi qui déclare les meubles destinés aux métairies, passibles de fidéi-commis; il n'y en a point qui les soumette au *retrait*. Loin d'ici l'art de raisonner par inductions; ce n'est point dans les objets où tout est de droit positif, qu'il est permis de l'employer. D'ailleurs, il est constant que l'on peut substituer une universalité de meubles: est-elle pour cela sujette à l'éviction lignagère? 3°. Dès qu'aucune loi n'oblige un acquéreur de délaisser les meubles qu'il a achetés conjointement avec une métairie, peu importe par quels motifs il veut les retenir; il n'appartient à personne de lui en demander compte.

§. IV. *Des actes qui donnent ouverture au retrait lignager.* Les mutations qui donnent ouverture au *retrait lignager* sont la vente à prix d'argent, ou autres contrats équipollens à vente; le contrat à rente viagère; l'échange, quand la soulte excède la moitié de la valeur de l'héritage; la dation en paiement; le bail à rente, ou, comme on dit en Normandie, la fieffe rachetable & non rachetable; le bail emphytéotique; le bail à comptant; l'exponse ou déguerpissement; le délaissement par hypothèque; l'abandonnement de succession; la cession de biens & les décrets qui interviennent en conséquence; l'abonnement ou abournement de fief; le contrat de société; l'ameublissement par contrat de mariage & la donation dans les coutumes de Hainaut & du chef-lieu de Mons; la licitation entre copropriétaires; & anciennement la constitution de rente sur un héritage.

§. V. *A qui le retrait lignager est-il accordé?* C'est un principe général que le *retrait* est accordé par les coutumes à la famille du vendeur. On entend par ce terme, *vendeur*, tout homme qui aliène son héritage, soit par lui-même, soit par le ministère d'un agent qu'il s'est choisi, ou que la loi lui a donné, soit par la main de la justice qui s'en empare sans son consentement.

Comme nous avons plusieurs sortes de parens, de proches, d'éloignés, de paternels, de maternels, & que dans chacune de ces classes, il se trouve des subdivisions de lignes, dont celles-ci nous unissent à certaines personnes, & celles-là à d'autres, il est nécessaire d'entrer dans quelques détails.

En général, la proximité ou l'éloignement de la parenté ne sont d'aucune considération par rapport à la capacité habituelle de retraire. Fût-on au vingtième degré, dit Dumoulin sur la coutume de Paris, on y seroit encore admissible; *licet consanguinei vigesimum gradum excedant, non frustrantur retractu.* C'est aussi ce que décide la coutume de Metz, évêché, *tit. 9, art. 10.*

Cette maxime, qui ne souffre aujourd'hui aucune difficulté, a fait anciennement la matière d'une très-vive controverse. Les docteurs attachés au droit romain, qui bornoit la successibilité au dixième degré de parenté, prétendoient qu'il en devoit être de même du *retrait*, & que l'on ne pouvoit par cette raison l'étendre plus loin; mais insensiblement la restriction apportée par le droit romain au droit de succéder, s'est abolie dans presque tout le royaume, & par-là les parens au-dessus du dixième degré se sont trouvés aussi habiles à retraire que s'ils eussent été plus proches.

Cette jurisprudence n'est cependant pas universellement admise. Dunod, *traité des retraits, chap. 4,* prouve très-clairement que l'on ne doit pas la suivre en Franche-Comté. Notre coutume, dit-il, ne limite pas le droit de *retrait;* elle le donne en général au parent: mais nous n'appellons pas nos parens ceux qui passent le dixième degré. Ce seroit trop exposer les acquisitions, & les rendre trop incertaines, que d'admettre au *retrait* des personnes au-delà de ce degré, dans une coutume qui donne ce droit à tous les parens du vendeur indistinctement; & la loi romaine, qui est le droit commun du comté de Bourgogne, limite au dixième degré le droit de succéder par la parenté; si on l'étend plus loin, ce n'est que quand il s'agit d'exclure le fisc, & M. Grivel cite un arrêt de ce parlement, de l'an 1588, qui a jugé que les parens de la ligne, quand ils passoient le dixième degré, ne succédoient pas au préjudice des plus proches. On ne doit pas, à plus forte raison, les admettre au *retrait*, qui est bien moins favorable que la succession aux biens de ligne.

La coutume de Bretagne restreint encore davantage le droit de *retrait;* elle ne permet pas qu'il passe le neuvième degré. Prémesse est octroyée à tous ceux qui sont du lignage dedans le neuvième degré du ramage dont procède l'héritage. Ce sont les termes de cette loi municipale, *art. 298.*

La coutume de Sens limite le droit de *retrait* au septième degré; voici comme elle s'explique, *art. 46:* qui n'est habile à succéder, il ne vient au *retrait*, & s'il n'est parent dedans le septième degré. C'est ce que portent aussi les coutumes de Normandie, *art. 452*, & de Bar-le-Duc, *art. 159.*

Suivant l'article 434 de celle de Bourbonnois, *retrait lignager* a lieu jusqu'au septième degré exclusivement. L'article 1 du chapitre 31 de la coutume de Nivernois, accorde pareillement le *retrait* jusqu'au sixième degré de consanguinité inclus, & non plus.

Celle de Bragerac est la plus stricte de toutes. Elle décide, *art. 39*, que si aucun vend une chose immeuble, son parent *dans le quart degré* la pourra retraire.

Ces sept coutumes & la jurisprudence de Franche-Comté sont au moins d'accord avec le droit commun, en ce qu'elles admettent au *retrait* tout parent qui se trouve dans le degré auquel elles en ont limité le droit, sans considérer s'il est plus proche ou plus éloigné que d'autres personnes de la même famille; bien différentes en cela de la coutume du chef-lieu de Mons, dont le chapitre 49 n'accorde la faculté de retraire *qu'aux plus proximes qui devront, selon la loi, succéder aux vendeurs ou donateurs.* Ce texte admet cependant deux exceptions; la première, lorsque les plus proches sont en minorité; la seconde, lorsqu'ils sont absens du pays.

Pour se former une juste idée du genre de parenté d'où dépend l'habileté au *retrait*, il faut distinguer deux sortes de coutumes, les unes qui ne soumettent au *retrait* que les propres, les autres qui l'étendent aux acquêts.

Les premières se sous-divisent en quatre espèces; savoir, les coutumes de côté & ligne, les coutumes de simple côté, les coutumes souchères, les coutumes de tronc commun, & les coutumes de simple parenté.

Dans les coutumes de côté & ligne, telles que Paris & une foule d'autres, le droit de *retrait* appartient à la famille du vendeur du côté & ligne d'où procède le propre qui a été vendu, c'est-à-dire, aux parens qui touchent au moins collatéralement à celui par qui l'héritage a été mis dans la famille.

On a vu au mot PATERNA PATERNIS, que la classe de ces coutumes forme le droit commun en matière de succession; il en est de même par rapport au *retrait;* & il n'est pas nécessaire de descendre de l'acquéreur, pourvu que l'on prouve que l'on est de la famille.

Dans les coutumes de simple côté, tous les parens du vendeur du côté d'où procède l'héritage, peuvent en exercer le *retrait*, quand même ils ne seroient pas de la ligne de celui qui en a le premier fait l'acquisition.

Les coutumes souchères, c'est-à-dire, celles qui n'admettent au *retrait* que la postérité de celui qui a mis l'héritage dans la famille, sont Bayonne, *tit. 5, art. 1 & 23;* Melun, *art. 137;* Montargis, *chap. 16, art. 1*; Orléans, *art. 363*; Nivernois, *chap. 26, art. 13*.

On voit par ces deux dernières coutumes qui sont de côté & ligne en succession, que l'on peut être habile à succéder sans être habile à retraire.

Mais, comme on le prouvera ci-après, toute personne inhabile à succéder est régulièrement & par cela seul inhabile à retraire. Ainsi, quoique les coutumes de Mante & de Dourdan, qui sont souchères en succession, ne s'attribuent pas expressément la même qualité pour le *retrait*, on ne laisse pas de la leur donner sur ce point comme sur l'autre. C'est l'observation de Brodeau sur l'article 72 de la première de ces loix. Cette coutume, dit-il, est souchère, & y est requis, tant en *retrait lignager* que succession, être descendu en droite ligne de celui qui a premièrement & originairement acquis l'héritage.

On appelle coutumes de *tronc commun*, celles où les seuls parens habiles à retraire sont ceux qui ont avec le vendeur une souche commune, par laquelle l'héritage a passé. Nous n'en connoissons qu'une de cette espèce; c'est celle de Besançon & de son ancien territoire.

La coutume de Bourgogne donne au simple côté un droit de préférence, mais elle n'en fait pas le fondement de la capacité habituelle de retraire, & on pourroit l'appeller coutume de simple parenté. L'article 4 du titre 10 de cette loi porte que, si l'héritage vendu n'est *retrait* par parent du lignage dont il est mouvant, l'un des parens, de quelque côté que ce soit, le peut retraire dans l'an & jour, si ledit héritage est vendu à homme qui ne soit du lignage.

On ne peut rien de plus singulier que cette disposition. Puisque la coutume ne soumet au *retrait* que les propres, la raison vouloit qu'elle n'accordât ce droit qu'aux héritiers *du lignage*. Aussi Dumoulin la traite-t-il d'injuste; *iniqua consuetudo*, dit-il en sa note sur le texte que l'on vient de transcrire.

Mais cette inconséquence n'est point particulière à la coutume de Bourgogne; celle de Franche-Comté, qui limite pareillement le *retrait* aux propres, l'accorde, *tit. 13, art. 1*, à tous les parens en général; & Dunod, *traité des retraits, chap. 4*, atteste qu'elle s'entend de tous les parens du vendeur indistinctement, quand même ils ne lui seroient pas parens du côté d'où lui est venu l'héritage.

On remarque la même singularité dans la coutume de Luxembourg, *tit. 7, art. 25*, & dans celle de Thionville, *tit. 7, art. 25*.

A l'égard des coutumes qui soumettent les acquêts *au retrait lignager*, la règle générale est que tout parent du vendeur, de quelque ligne ou côté qu'il soit, est habile à retirer les propres comme les acquêts. C'est la disposition expresse de la coutume de Poitou, *art. 336*; d'Angoumois, *art. 64*; de la Rochelle, *art. 32*; de Saintonge au siège de Saint-Jean-d'Angély, *art. 52*; de Saintonge entre Mer & Charente, *art. 36*; de Bordeaux, *art. 4*; d'Acs, *tit. 12, art. 1, 4 & 5*; de Saint-Sever, *tit. 5, art. 1 & 2*; de Bragerac, *art. 39*.

Mais comme il est de principe que l'on n'est habile à retraire qu'autant qu'on l'est à succéder, cette règle n'a pas lieu à l'égard des propres, dans les coutumes qui, en succession, adjugent ces sortes de biens au fisc par préférence aux parens non lignagers. Le *retrait* des acquêts y est, comme ailleurs, accordé à tous les parens, de quelque ligne qu'ils soient; mais celui des propres y est limité aux lignagers de celui qui les a mis dans la famille. C'est l'esprit de l'article 152 de la coutume de Touraine, de l'article 378 de celle du Maine, & de l'article 368 de celle d'Anjou.

La coutume de Normandie, qui est de la même classe, le décide ainsi formellement. Voici ce qu'elle porte, *art. 469 & 470*: les parens paternels peuvent seulement retirer ce qui est du côté paternel, & les maternels ce qui est du côté maternel. — Les acquêts & conquêts immeubles peuvent être retirés, tant par les parens paternels que maternels. Telle est aussi la jurisprudence de Bretagne.

De toutes ces coutumes, celle de Normandie est la plus singulière. Dans les provinces de Bretagne, d'Anjou, du Maine, de Touraine, il suffit, pour retirer un propre, d'être parent, soit paternel, soit maternel, de celui qui l'a mis le premier dans la famille; mais en Normandie, si l'on ne touche à l'acquéreur par les nœuds de l'*agnation*, c'est-à-dire, si on ne lui est parent du côté de son père, on ne peut être admis au *retrait* d'un propre.

Nous venons de dire que la famille du vendeur étoit admise au *retrait lignager*, mais tous les parens y sont-ils admis indistinctement?

C'est un principe établi formellement dans la plupart des coutumes, que qui n'est habile à succéder n'est habile à retraire. De-là cette conséquence que les personnes dont la parenté avec le vendeur n'est pas légitime, ne peuvent être admises au *retrait*. Ainsi, le bâtard ne peut retraire un héritage vendu par ses père ou mère; & son incapacité passe à ses descendans à l'infini, & quoique nés en légitime mariage, ils ne peuvent retirer les biens vendus par ceux avec lesquels ils n'ont qu'une parenté désavouée & flétrie par la loi. Mais s'il a été légitimé, il devient capable de retraire.

Ceux qui ne jouissent point de l'état civil, tels que les religieux-profès, ne peuvent être admis au *retrait lignager*.

Il en est de même des personnes condamnées à une peine qui emporte mort civile.

Il faut aussi ranger sur cette ligne les étrangers qui ne sont pas naturalisés; c'est l'avis de Chopin sur la coutume de Paris, *liv. 2, tit. 6*; de Basnage, *art. 452*; de Pothier, *n. 145*, & de plusieurs autres auteurs. Il est, à la vérité, contredit par Tiraqueau, §. *1, glos. 9, n. 176*; mais il a prévalu dans les tribunaux.

Dunod, *traité des retraits, chap. 4*, dit que le droit

droit d'aubaine n'a pas lieu dans la Franche-Comté, & qu'en conséquence l'on y a admis les parens étrangers au *retrait*, par deux arrêts, l'un de février 1610, l'autre du 30 juin 1625.

On doit, par la même raison, admettre au *retrait* dans tout le royaume, les étrangers avec le souverain desquels le roi a fait des traités portant abolition du droit d'aubaine & établissement d'une successibilité réciproque entre les sujets des deux puissances. Aussi trouvons-nous dans les décisions de M. le Bret, *liv.* 5, §. 15, & dans les arrêts d'Auzanet, *liv.* 1, *chap.* 67, un arrêt du parlement de Paris du 25 février 1613, par lequel il a été jugé qu'un Flamand pouvoit exercer le *retrait* de la terre de Croui, située dans le bailliage d'Amiens.

Les citoyens qui se retirent du royaume & prennent un établissement en pays étranger sans la permission du roi, sont incapables de succéder à leurs parens régnicoles, & par conséquent ne peuvent exercer le *retrait* des biens vendus par ceux-ci.

On dit sans la permission du roi, car avec cette permission l'on peut demeurer en pays étranger sans perdre le droit de *retrait*. Il a même été jugé par arrêt du grand-conseil de Malines, du 19 février 1611, confirmé depuis en révision, que les petits-enfans devoient profiter à cet égard de la grace accordée à leur aïeul, quoiqu'il ne fût pas bien prouvé qu'ils demeurassent avec lui au temps de la vente.

La règle *qui n'est habile à succéder n'est habile à retraire*, ne s'entend, comme l'établit l'article 26 du chapitre 31 de la coutume de Nivernois, que de l'incapacité de succéder, qui est absolue & perpétuelle, ou, comme dit Dumoulin sur l'article 186 de l'ancienne coutume de Paris, *de inhabilitate totius lineæ*. Ainsi, l'enfant exhérédé, & la fille mariée qui est excluse de la succession, soit par la coutume, soit par son contrat de mariage, ne laissent pas d'être habiles au *retrait*. C'est ce qu'a jugé un arrêt du parlement de Rouen du 28 mai 1666, rapporté par Basnage. La raison en est que, quand on dit que qui n'est habile à succéder n'est habile à retraire, cela ne s'entend pas : de sorte qu'il n'y ait que l'héritier présomptif du vendeur qui puisse retraire; mais c'est-à-dire, que celui qui a la qualité requise pour succéder à un propre, en un mot, celui qui est parent du premier acquéreur & du vendeur qui y pouvoit succéder, tout autre empêchement ôté, comme si les plus prochains héritiers étoient morts, celui-là, dis-je, peut retraire, non pas qu'il faille avoir une capacité immédiate de succéder, comme d'être de la ligne.

Dumoulin conclut du même principe, que l'on peut retirer un héritage dont la vente a été faite dans un temps où l'on n'étoit ni né, ni conçu; & il assure, d'après un magistrat, qu'il en a été ainsi jugé par un arrêt qu'il ne date point. C'est probablement celui du mois de mars 1541, que l'on trouve dans Papon, *liv.* 11, *tit.* 7, *n.* 1, ou celui du 9 juin 1558, qui est rapporté avec le précédent par Carondas en ses réponses, *liv.* 9, *chap.* 57. C'est ce qu'a encore décidé un autre arrêt du 9 février 1595, rapporté par Ricard sur l'article 158 de la coutume de Paris. Telle est même la disposition des coutumes de Touraine, *art.* 152; de Vermandois, *art.* 254; de Reims, *art.* 193; de Châlons, *art.* 241; & de Bretagne, *art.* 311.

Le fils de famille peut-il retirer un bien de sa ligne, vendu, soit par son père, soit par un autre parent? L'affirmative ne souffre aucune difficulté dans les pays où le père ne profite pas des acquisitions faites par l'enfant qu'il a sous sa puissance. Il en est de même dans les provinces de droit écrit, lorsque le fils de famille a, de son chef, des biens suffisans pour acquitter le prix du *retrait*; ce qui supposeroit que dans le cas contraire il ne devroit pas être admis au *retrait*, avec d'autant plus de raison, que ce seroit permettre au père d'exercer le *retrait* sous le nom de son fils, puisqu'il profite de toutes les acquisitions faites par son fils.

Mais la jurisprudence des arrêts a adouci cet effet de la puissance paternelle pour le cas du *retrait*; & comme le droit romain y avoit déjà apporté quelque limitation, nos pères ont cru, suivant le sentiment de plusieurs docteurs, pouvoir encore en ajouter une autre, pour les biens que le père avoit mis hors de la famille, que le fils vouloit y faire rentrer. Le parlement de Dijon l'a jugé ainsi par quelques arrêts.... Ce n'est pas (cependant) qu'il ait voulu abroger les loix qui adjugent au père tout ce qui est acquis par le fils; il a cru seulement devoir y apporter une exception pour le cas particulier du *retrait lignager*; & cela par une raison d'équité qui est fort touchante; c'est qu'il ne seroit pas juste de priver le fils d'un droit qui lui est acquis par la coutume, sans qu'il y ait eu de sa faute.

La coutume d'Auvergne en dispose expressément ainsi. Les descendans, soit émancipés ou non, peuvent retraire l'héritage vendu par leur père & mère & ascendans. Telle est aussi la jurisprudence des parlemens de Bordeaux & de Franche-Comté.

La qualité d'héritier du vendeur n'est point un obstacle au *retrait*; l'obligation de garantir que celui-ci contracte en vendant, & qui suit un des droits passifs de sa succession, ne s'étend pas jusqu'au *retrait lignager*. Plusieurs coutumes en ont une disposition expresse.

Celui qui s'est rendu caution pour le vendeur, n'est pas pour cela exclus du *retrait*, parce que le cautionnement ne donne pas à celui qui le contracte la qualité de vendeur, mais l'oblige seulement à une garantie qui ne s'étend pas au *retrait* sans une clause spéciale.

La convention par laquelle un lignager promet de ne pas retraire, opère contre lui une fin de non-recevoir, s'il vouloit exercer le *retrait*. Mais ſa préſence au contrat de vente ne l'en exclut pas, de même qu'un parent n'en ſeroit pas exclus pour avoir reçu, comme notaire, un contrat de vente qui donne ouverture à ce droit.

Mais quel eſt le lignager qu'on doit préférer, lorſque pluſieurs ſe préſentent pour exercer le *retrait?* Il faut diſtinguer s'ils ſont en différens degrés, ou s'ils ſont auſſi proches les uns que les autres.

Dans le premier cas, les coutumes ſe diviſent en deux claſſes. Les unes donnent la préférence au plus proche parent du vendeur, quoiqu'il ait formé ſa demande après le plus éloigné; les autres n'ont point d'égard à la proximité, & préfèrent toujours le plus diligent. Dans le ſecond, lorſqu'il n'y a point de concurrence pour le temps où la demande a été formée, c'eſt ordinairement le plus diligent qui obtient la préférence. Mais lorſque les retrayans ſe trouvent à la fois en parité de degré, & en concurrence de temps, le droit le plus commun eſt de les admettre tous enſemble au *retrait*. Au reſte, il faut ſuivre à cet égard la diſpoſition de la coutume ſous le reſſort de laquelle eſt ſitué l'héritage ſujet à *retrait*.

§. VI. *Sur qui le retrait peut-il être exercé?* En général, on peut dire que le *retrait* peut être exercé ſur tout acquéreur étranger. Mais cette règle reçoit quelques exceptions. 1°. Le roi n'eſt point ſoumis au *retrait* pour les acquiſitions qu'il fait, & Loiſel a fait de cette déciſion une de ſes maximes du droit coutumier. Elle eſt confirmée par la juriſprudence des arrêts, & notamment par celui du 5 août 1762, qui a déclaré la dame de Becquey non-recevable dans ſa demande en *retrait* du duché de Giſors, acquis par le roi de M. le maréchal de Belliſle, par contrat du 18 décembre 1759.

2°. L'on ne peut retirer lignagérement un bien qui a été acheté pour un uſage public. En effet, ſi la loi impérieuſe de la néceſſité publique l'emporte ſur celle qui défend d'obliger un homme à vendre malgré lui, elle doit prévaloir à plus forte raiſon, ſur la faculté de dépouiller un acheteur de l'acquiſition qu'il a faite, & de ſe faire ſubroger en ſa place. Mais lorſque les communautés n'acquièrent pas pour le bien public, elles ſont ſujettes au *retrait* comme les particuliers.

3°. Suivant la diſpoſition de la majeure partie des coutumes, le *retrait lignager* peut être exercé ſur le ſeigneur de qui l'héritage relève, lorſqu'il l'a acquis directement du vendeur, ou qu'il en a fait le *retrait* féodal; mais celle d'Auvergne diſtingue le cas où le ſeigneur a acquis directement de celui où il a retiré féodalement ſur un étranger, & elle décide, dans le premier cas, que le lignager ne peut retraire, en affirmant par celui-ci qu'il a acheté ſans fraude la choſe mouvante de ſon cens. Celles de Franche-Comté & du Hainaut refuſent au lignager le droit d'évincer le ſeigneur, lors même que celui-ci n'a acquis que par *retrait* féodal; & telle eſt la juriſprudence des pays de droit écrit.

Un ſecond axiôme en matière de *retrait*, eſt que *lignager ſur lignager n'a droit de retenue.* Il eſt écrit dans une foule de loix municipales, & dans les inſtitutes coutumières de Loiſel. Il ne ſouffre ni difficulté ni diſtinction dans les coutumes qui, dans le concours de pluſieurs retrayans, donnent la préférence à celui qui a prévenu, & même dans celles qui ne la lui donnent qu'après que le *retrait* a été exécuté à ſon profit.

Mais à l'égard de celles qui ne donnent aucun privilège à la diligence, les ſentimens ſont partagés. Les uns veulent que l'on puiſſe retraire ſur un acquéreur lignager, non-ſeulement lorſque l'on eſt plus proche, mais encore lorſque l'on ſe trouve au même degré que lui; & dans ce dernier cas, diſent ces auteurs, le *retrait* n'a lieu que pour la moitié du bien. La coutume de Normandie a conſacré cette opinion, en décidant, *art. 468 & 476*, que les lignagers ſont reçus au *retrait* ſuivant l'ordre des ſucceſſions.

D'autres conviennent qu'en parité de degré, l'acquéreur lignager doit être à l'abri du *retrait*. De ce nombre eſt la Peyrère, qui rapporte, *lettre R*, *n. 153*, un arrêt du parlement de Bordeaux, du 22 mai 1648, par lequel il fut jugé qu'un frère s'étant rendu adjudicataire des biens de ſon frère, la ſœur ne pouvoit, quoiqu'au même degré que lui, l'évincer de la moitié par la voie du *retrait*. Papon, *liv. 11*, *tit. 7*, *n. 29*, penſe de même, & cite un arrêt ſemblable du parlement de Paris.

Mais ces deux auteurs, & d'autres avec eux, tiennent qu'un lignager plus proche peut retraire ſur un autre plus éloigné, & leur opinion a été confirmée par pluſieurs arrêts. Papon, à l'endroit cité, en rapporte un ſans date, rendu au parlement de Paris, *contre le ſeigneur de Pugny*. Il en eſt intervenu un autre au parlement de Franche-Comté, le 30 mars 1628; Dunod, *chap. 4*, le rapporte comme ayant admis l'oncle au *retrait* d'un héritage vendu au couſin-germain. Duperrier, *tome 2*, *pag. 473*, *édition de 1721*, nous en fournit un troiſième du parlement de Provence, du 3 décembre 1634. C'eſt ce qu'ont auſſi jugé trois ſentences du conſeil d'Artois, des 13 avril 1680, 16 mai 1685, & 26 juillet 1701, rapportées par Brunel à l'endroit cité, *n. 54*.

D'autres enfin enſeignent indiſtinctement que le *retrait* ne peut être exercé ſur un acquéreur lignager, même par des parens plus proches que lui. Leur raiſon eſt que les coutumes ne donnent lieu au *retrait* qu'en cas de vente à un étranger, que dans notre eſpèce le bien ne ſort point de la famille, qu'ainſi il ne peut être queſtion de le retirer.

Ce ſentiment a prévalu ſur les deux autres, au moins dans le reſſort du parlement de Paris. Le journal des audiences nous offre un arrêt du 21 janvier 1625, qui l'a confirmé pour la coutume de Boulonnois, quoiqu'elle porte, en général, que l'on *ſe règle en retrait comme en ſucceſſion*.

Soefve nous en retrace un autre rendu le 18 février 1656, pour la coutume de Poitou, qui est conforme à celle de Boulonnois.

La question s'est représentée en 1726, dans la coutume de la Rochelle. Par arrêt du 22 juillet, la cour, avant faire droit, ordonna le rapport d'un acte de notoriété de la sénéchaussée du lieu. Les officiers de ce siège déclarèrent le 12 novembre suivant, qu'ils n'avoient là-dessus aucune jurisprudence ni usage particuliers. En conséquence, par arrêt du 28 juillet 1727, rapporté par Rousseau de la Combe, rendu sur les conclusions de M. l'avocat-général d'Aguesseau, le marquis de Montandre, parent plus proche de Louise de la Rochefoucault, venderesse, a été déclaré non-recevable au *retrait* de la terre de Bougraine, située en la coutume de la Rochelle, sur le marquis de Surgeres, acquéreur, parent plus éloigné de la venderesse; & il a été ordonné que l'*arrêt seroit lu & publié* en la sénéchaussée de la Rochelle.

§. VII. *Peut-on exercer le retrait lignager pour partie de ce qui est contenu dans un contrat de vente?* Les auteurs établissent unanimement, & il est de droit commun que le lignager habile à retraire tous les héritages vendus par un seul & même contrat, ne peut diviser son action, ni la limiter à une partie, mais qu'il doit retirer tout, & prendre le marché en entier. Les chartres du Hainaut, & la coutume de Bretagne sont les seules qui permettent au lignager de retraire une partie en payant à l'acheteur à l'avenant du prix du marché, & par estimation. La coutume de Bretagne autorise même l'acheteur à requérir que le retrayant jure qu'*il n'en peut plus payer*, *sans mal mettre son état*.

Il n'est pas toujours aisé de discerner si plusieurs héritages vendus ensemble l'ont été par un seul & même contrat de vente ou non. Le principe dont on doit partir à cet égard, est que le contrat de vente est essentiellement composé d'une chose & d'un prix. Ainsi, autant de fois que ces deux objets se trouvent réunis dans un acte qualifié de vente, autant on doit dire qu'il y a de contrats; & par la même raison, si l'acte n'exprime qu'un seul & même prix pour tous les héritages, il n'y a qu'un contrat de vente.

Lorsqu'on a assigné d'abord à chaque héritage un prix séparé, quoiqu'à la fin de l'acte tous ces prix aient été assemblés en une somme, il ne laisse pas d'y avoir autant de contrats de vente que d'héritages.

En est-il de même dans le cas contraire, c'est-à-dire, lorsque l'on a assigné d'abord un seul prix pour tous les héritages compris au marché, & qu'on l'a ensuite réparti par le même acte en différentes sommes qui sont énoncées comme le prix de chaque héritage? Tiraqueau ne met aucune différence entre ce cas & le précédent: il décide que, dans l'un aussi-bien que dans l'autre, il y a autant de ventes que d'héritages, & que le lignager peut n'en retirer qu'une partie. On pourroit dire, il est vrai, que tous les héritages ayant été vendus d'abord pour un seul prix, l'intention des parties a été de ne faire qu'une vente, & que la répartition qui a été faite ensuite sur chaque héritage, n'est qu'une simple ventilation. Mais à moins que des circonstances ou des clauses particulières n'aident & n'amènent, en quelque sorte, cette interprétation, il est plus exact & plus sûr de regarder la distribution du prix comme une preuve du dessein qu'ont eu les parties de faire plusieurs ventes.

Il est deux cas où un acte qui assigne un prix distinct pour chaque héritage, ne laisse pas d'être considéré comme un seul & unique contrat de vente: le premier est lorsque les héritages sont de nature à ne pouvoir être séparés sans que leur valeur en souffre une diminution considérable, & que par cette raison il y a juste sujet de croire que l'acquéreur ne les eût pas achetés les uns sans les autres. On présume alors que les parties, en assignant à chaque héritage des prix différens, n'ont pas pensé à faire plusieurs ventes, mais seulement une ventilation.

Le second cas est lorsqu'un débiteur d'une somme unique & indivise donne en paiement plusieurs héritages, chacun pour différens prix, qui, tous ensemble, montent à la somme due. C'est ce qu'enseignent Tiraqueau, Grimaudet & Pothier. Leur avis est fondé sur l'individuité des paiemens, & la présomption que le créancier en recevant ces héritages, quoique pour différens prix, n'a entendu recevoir qu'un seul & même paiement de toute sa dette.

Une question commune à toutes les espèces où nous venons de voir que le *retrait* ne peut être admis, malgré l'acquéreur, pour partie de ce que contient le contrat, est de savoir s'il n'en faut pas excepter le cas où l'acquéreur a revendu à un tiers quelques-uns des héritages qu'il avoit achetés pour un seul & même prix. Il semble qu'alors on peut ne retirer que ce que l'acquéreur a conservé, ou si l'on se pourvoit contre le tiers-détenteur, limiter le *retrait* à ce qui a été revendu. Ni l'un ni l'autre en effet ne peuvent dire que leur intérêt s'oppose à cette scission, puisqu'ils l'ont eux-mêmes opérée avant le lignager; ils sont donc non-recevables à prétendre qu'ils n'eussent point acheté une partie, & conséquemment à forcer le lignager de retraire tout ou rien.

Lorsque dans un même contrat de vente on a compris des héritages sujets au *retrait*, & d'autres qui n'y sont pas, le retrayant peut-il être forcé à retirer le tout ou rien? Les coutumes varient sur cette question; les unes, & elles forment le droit commun pour les coutumes muettes, autorisent l'acquéreur à délaisser le tout, ou ceux sujets à *retrait* seulement; & dans le cas où il préfère de délaisser le tout, le lignager est forcé de retraire le tout, ou d'abandonner son action. Les autres n'autorisent que le *retrait* des héritages propres, & ne contraignent ni l'acheteur à se dessaisir des autres, ni le lignager à les prendre.

§. VIII. *Du temps où s'ouvre le retrait, & de celui dans lequel il doit être exercé.* Tout contrat qui transfère à un étranger la propriété d'un héritage propre, donne ouverture au *retrait*, dès l'instant qu'il a reçu sa perfection par le consentement des parties. Néanmoins lorsque la vente est conditionnelle, il faut distinguer si la condition est suspensive ou résolutive. Dans le premier cas, le *retrait* ne peut avoir lieu tant que la condition n'est pas remplie, parce que jusqu'alors il n'y a pas de vente : dans le second, la vente est parfaite dès le principe, & par conséquent soumise au *retrait* dès le même instant.

La vente d'un bien d'autrui, faite sans procuration du propriétaire, ne donne ouverture au *retrait* de la part des lignagers de celui-ci, que du jour qu'il l'a ratifiée, parce que c'est seulement à cette époque qu'il est censé avoir vendu & que l'héritage a été mis hors de la famille. Mais il en seroit autrement si l'on avoit vendu le bien d'un tiers en vertu de sa procuration; l'action alors seroit ouverte par le contrat, quoique l'on eût promis, pour plus grande sûreté, de le faire ratifier par le propriétaire, parce qu'en ce cas, la ratification ne seroit que de surabondance.

Lorsqu'un mineur vend un héritage sans y employer les formalités requises, le *retrait* ne laisse pas d'être ouvert du jour du contrat, & il seroit encore censé tel, quand même le mineur, parvenu à l'âge de majorité, ratifieroit expressément la vente. Car, dit Pothier, la nullité de l'aliénation des héritages des mineurs, n'est pas une nullité absolue, mais relative & en faveur du mineur seulement : l'acte n'est nul que dans le cas auquel le mineur, ou ceux qui succèdent à ses droits, jugeroient à propos de s'en plaindre & d'avoir recours aux lettres de rescision; l'acte par lequel il ratifie en majorité, est un acte par lequel il renonce à s'en plaindre; mais ce n'est pas par cet acte, c'est par la vente qu'il a faite de son héritage, qu'il l'a mis hors de sa famille, & c'est cette vente qui donne ouverture au *retrait*, & non la ratification.

Les coutumes varient entre elles sur l'étendue du délai qu'elles accordent pour former l'action en *retrait*, & il faut à cet égard suivre la disposition de celle qui régit l'héritage sujet à *retrait*; la majeure partie le borne à une année.

Mais on demande si le jour duquel on doit commencer à compter cette année, & celui où l'on intente l'action de *retrait*, doivent être compris dans ce terme?

Quelques interprètes tiennent pour maxime, que *dies termini non computatur in termino*; & il paroît que telle étoit l'opinion des rédacteurs des ordonnances de 1667 & 1670, puisque ces loix déclarent, *tit. 2, art. 6, & tit. 17, art. 8*, que dans les délais des assignations on ne doit comprendre ni le jour de l'exploit, ni celui de l'échéance. Mais cette décision, particulière aux ajournemens, ne peut être tirée à conséquence pour les autres matières; c'est pourquoi il nous paroît que l'on doit ici distinguer le jour où finit le délai, d'avec celui où il commence; ou, pour parler le langage des docteurs, le jour du terme *ad quem*, d'avec le jour du terme *à quo*. Le premier est incontestablement compris dans l'année; c'est un principe que les loix 101, *ff. de regulis juris*; 41, *ff. de verborum obligationibus*; & 1, *ff. si quis cautionibus*, mettent dans la plus grande évidence. Il en devroit être de même du second, suivant les loix 132 & 133, *ff. de verborum significatione*; mais, à cet égard, l'usage l'a emporté sur le droit, & il est aujourd'hui constant que dans toutes les matières sur lesquelles il n'y a point de loix spéciales, *dies termini à quo non computatur in termino*. Ainsi, en supposant que l'acte ou la formalité qui fait courir l'an du *retrait*, soit du 1 janvier 1782, on pourra encore retraire le 1 janvier 1783. C'est ce que décident expressément plusieurs coutumes.

Parmi les coutumes qui accordent un an pour retraire, il y en a plusieurs qui ajoutent expressément un jour à ce terme, & disent que le *retrait* doit être formé *dans l'an & jour*. Telles sont Paris, Orléans & Normandie.

Le temps du *retrait* a-t-il donc, dans ces coutumes, un jour de plus que dans celles qui ne donnent littéralement qu'une année? Cette question revient à celle de savoir si, dans les unes, le terme *à quo* doit être exclus du délai, comme on vient de voir qu'il l'est dans les autres. Il y avoit autrefois là-dessus des difficultés; mais depuis long-temps on tient pour maxime que les premières n'ont ajouté un jour à l'année que pour éluder cette question, & que le temps du *retrait* n'y dure pas pour cela plus que dans les secondes. Brodeau, sur l'article 129 de la coutume de Paris, *n. 13*, remarque d'après Pithou sur le 144 de celle de Troyes, que les coutumes disent l'an & jour pour signifier qu'il faut seulement que l'an soit entier, sans y comprendre le jour duquel on commence à compter, soit du contrat ou de l'ensaisinement, & non un autre jour davantage; & que, suivant ce, par arrêt donné en la seconde chambre des enquêtes du mois de novembre 1586 (1), un lignager qui avoit fait ajourner l'acheteur ensaisiné le 17 novembre, le 18 novembre de l'année suivante fut débouté du *retrait* en infirmant la sentence du prévôt de Paris, & jugé que quand l'on parle de l'an & jour, *dies termini computatur in termino*. Cet arrêt a été suivi de plusieurs autres.

Le délai fixé par les coutumes pour faire courir le temps du *retrait*, ne commence à avoir lieu que du jour de l'insinuation du contrat qui y donne

(1) Carondas, sur l'article 130 de la coutume de Paris, date cet arrêt du 6 décembre 1586.

ouverture, ainsi qu'il a été décidé par l'article 26 de l'édit du mois de décembre 1603. Dans les commencemens, on avoit prétendu qu'on ne devoit regarder cette loi que comme un édit bursal, & qu'on pouvoit y contrevenir; mais sa disposition a été adoptée & confirmée par deux arrêts du parlement de Paris, l'un du 21 juin 1720, rapporté dans le journal des audiences, l'autre du 31 mai 1756, rapporté par Denisart.

Mais cette loi ne dispense pas des autres formalités que les différentes coutumes requièrent pour faire courir le temps du *retrait*, qui ne commence à courir qu'après que l'acheteur a satisfait à toutes les formalités, tant à celles requises par l'édit, qu'à celles requises par les coutumes.

Elles se divisent là-dessus en cinq classes. 1°. Les unes n'exigent, pour faire courir le temps du *retrait*, que la formalité de la passation du contrat; 2°. les autres y ajoutent, soit celle de la lecture & publication, soit celle de l'insinuation au greffe, soit celle de la notification à la famille du vendeur; 3°. il en est qui ne font courir le *retrait* que du jour où l'acquéreur a pris la possession réelle & actuelle de l'héritage; 4°. d'autres prennent à cet égard pour époque le jour que l'acquéreur a fait inféoder ou ensaisiner son contrat par le seigneur; 5°. enfin, les coutumes de nantissement comptent du jour que les formalités de vest & devest, de saisine & dessaisine, ou de déshéritance & adhéritance, e trouvent remplies. Il faut, à cet égard, suivre a disposition de chacune d'elles.

Dans les ventes par décret forcé, les coutumes ne sont pas d'accord sur le temps où le *retrait* commence à courir. Les unes le font commencer du jour de l'adjudication; les autres du jour de l'interposition du décret; quelques-unes du jour de la délivrance & scel d'icelui. Il faut se conformer sur cet objet à leurs dispositions particulières. A l'égard des coutumes muettes sur cet article, on doit décider que le *retrait* commence seulement à courir du jour que le décret a été ensaisiné, parce que la seule notoriété d'un contrat ne suffit pas pour faire courir le *retrait*, mais qu'il faut encore l'accomplissement des formalités expressément établies par la loi.

Le *retrait* ne court pas, lorsque les contractans emploient des moyens frauduleux pour dérober à la famille la connoissance du contrat qui y donne ouverture; par exemple, en déguisant une vente sous l'apparence d'un contrat non sujet à *retrait*: lorsque, sans déguiser le contrat, on pratique des manœuvres pour empêcher que la famille n'en soit instruite; par exemple, lorsque le vendeur, dans le seul dessein de cacher la vente, reste en possession de l'héritage, & continue d'en percevoir les fruits, qu'il rend secrétement à l'acheteur: lorsque, pour éloigner les lignagers du *retrait*, on énonce dans le contrat un prix plus haut, que l'héritage n'a été réellement payé par l'acquéreur.

Le procès que l'acheteur a contre le vendeur sur la validité du contrat, ou contre un tiers sur la propriété de l'héritage, ne suspend ni n'arrête le temps du *retrait*; il en est de même du décret forcé. Car, dans ce cas, comme dans le précédent, le lignager qui veut prendre le marché, doit essuyer le procès, qui en est une charge.

La minorité n'est point un obstacle à ce que le *retrait* coure contre le mineur, & il ne peut se faire restituer contre le laps de temps dans lequel il auroit dû l'exercer. Cette maxime n'admet pas même d'exception en faveur du mineur, qui n'a pas eu de tuteur pendant le temps du *retrait*.

Il en est de même des absens; le *retrait* court contre eux, & il n'importe pas même que leur absence ait eu pour cause le service de l'état. La coutume de Bretagne est la seule qui accorde au lignager absent du duché, an & jour après l'information & certification faite des bannies en jugement, pour demander la prémesse.

§. IX. *De la nature de l'action en retrait.* Cette action n'est ni purement personnelle, ni purement réelle. Elle tient de la personnalité, en ce qu'elle naît de l'obligation que la loi forme dans la personne de l'acheteur étranger au moment où il acquiert, de délaisser l'héritage qu'on lui vend, à celui de la famille du vendeur qui voudra prendre le marché aux conditions réglées par la coutume. Elle tient de la réalité, en ce que la loi soumet & affecte spécialement l'héritage acquis par l'étranger, à l'accomplissement de l'obligation dont on vient de parler. Aussi a-t-on vu plus haut que l'acquéreur ne peut transférer cet héritage en mains tierces, si ce n'est sous la charge du *retrait*, & que cette action peut être intentée contre tous ceux à qui l'héritage a passé depuis la vente primitive qui en a été faite hors de la famille.

§. X. *Des formalités de l'action en retrait.* Les formalités du *retrait* étant différentes presque dans chaque coutume, on doit suivre celles de la coutume dans laquelle les héritages sujets à *retrait* sont situés, & non pas celles du lieu où la demande se poursuit.

Pour en donner une idée, on se contentera de rappeller ici briévement celles que présentent la coutume de Paris.

Suivant cette coutume, l'action en *retrait* doit être intentée, & le terme de l'assignation doit échoir dans l'an & jour que le contrat de vente a été ensaisiné, à l'égard des rotures; & pour les héritages tenus en fiefs, du jour de la réception en foi: si c'est un franc-aleu, ou un héritage acquis par le seigneur dans sa propre mouvance ou censive, le temps du *retrait* ne court que du jour que l'acquisition a été publiée en jugement au plus prochain siège royal.

L'assignation doit contenir *offre de bourse, deniers, loyaux-coûts & à parfaire*; il faut que l'huissier ou sergent ait une bourse à la main; mais il n'est pas nécessaire que le prix y soit en entier, il suffit qu'il y ait quelque pièce d'argent.

Ces offres doivent être réitérées à toutes les journées de la cause, c'est-à-dire, dans toutes les procédures faites ou réputées faites en jugement; savoir, en cause principale jusqu'à la contestation en cause inclusivement, & en cause d'appel jusqu'à la conclusion aussi inclusivement.

Si la cause est portée à l'audience, ne fût-ce que par défaut, l'avocat doit avoir en main une bourse avec de l'argent, en réitérer les offres dans les mêmes termes.

Quand l'acquéreur tend le giron, c'est-à-dire, reçoit les offres, ou que le *retrait* est adjugé, le retrayant doit payer à l'acquéreur, ou, à son refus, consigner dans les vingt-quatre heures, après que l'acquéreur aura mis son contrat au greffe, partie présente, ou duement appellée, & qu'il aura affirmé le prix s'il en est requis par l'acquéreur.

Pour que la consignation soit valable, il faut qu'elle soit précédée d'offres réelles, & qu'elle contienne tous les prix en bonnes especes ayant cours. Il faut aussi appeller l'acquéreur pour être présent, si bon lui semble, à la consignation, & que tout soit fait dans les vingt-quatre heures.

Toutes ces formalités sont tellement de rigueur, que celui qui manque à la moindre chose est déchu du *retrait*: *qui cadit à syllaba, cadit à toto*; ce qui a fait croire à quelques auteurs que le *retrait lignager* étoit odieux, comme gênant la liberté du commerce: mais s'il étoit odieux, ces coutumes ne l'auroient pas admis; elles ont seulement voulu empêcher les parens d'en abuser pour vexer l'acquéreur.

Le remboursement des loyaux-coûts doit se faire après qu'ils sont liquidés: ils consistent dans les frais du contrat, les droits seigneuriaux, les labours & semences, les réparations nécessaires.

Le retrayant doit rembourser les droits seigneuriaux en entier, quoique le seigneur ait fait remise d'une partie à l'acquéreur.

Un acquéreur qui est exempt de droits seigneuriaux dans la mouvance du roi, ne laisse pas de les répéter du retrayant, comme s'il les avoit payés, à moins que l'acquéreur & le retrayant ne fussent tous deux privilégiés.

Retrait local *ou* coutumier, est un droit singulier que prétendoient autrefois les habitans d'Alsace, qu'ils faisoient consister dans la faculté de se faire subroger dans l'achat fait dans leur ville par des étrangers, d'effets mobiliers ou de vivres. Ce droit a été proscrit par plusieurs arrêts du conseil souverain de Colmar, rapportés dans le recueil des ordonnances de cette province.

Retrait *de maison vendue pour être démolie*: ce *retrait* singulier n'est connu que dans la coutume de Bayonne. Voici de quelle manière elle en parle, *tit. 5, art. 51, 52 & 53*: si aucun veut acheter maison pour la démolir, le vendeur doit faire crier à son de trompe, que l'acheteur veut acheter ladite maison, afin d'icelle démolir ou abattre, pour en avoir les matières ou autrement. . . . . & si ledit cri fait, il se trouve aucun voisin qui veuille acheter ladite maison, pour la tenir en être & réparer, en ce cas, icelui voisin la peut retenir aux prix & conventions accordés avec l'acheteur, qui la vouloit pour démolir. . . . . & sont tenus les vendeur & acheteur déclarer le vrai prix & conventions par serment, comme dessus a été dit des lignagers.

Retrait de mi-denier, est une espece particulière de *retrait* lignager, établi par la coutume de Paris & par la plupart des autres, qui a lieu après la dissolution de la communauté, lorsque l'un des conjoints, lignager du vendeur, a acquis pendant sa durée un héritage propre de ce même vendeur.

Ce *retrait* a été introduit, parce que dans le cas où les conjoints durant leur mariage acquièrent un héritage propre d'un vendeur, dont l'un d'eux est parent de la ligne, il n'y a pas lieu au *retrait* tant que le mariage subsiste; mais après sa dissolution, la moitié de cet héritage, qui tombe dans le partage du conjoint non lignager, est sujet à *retrait* au profit du conjoint lignager ou de ses héritiers, à l'encontre de l'autre conjoint, ou de ses héritiers qui ne le sont pas.

On appelle ce *retrait de mi-denier*, parce qu'on n'y rembourse que la moitié du prix principal & des loyaux-coûts.

Ce *retrait* n'a lieu qu'en cas d'acquisition faite à prix d'argent ou à rente rachetable, & non en cas que les conjoints aient eu le propre par *retrait*; car en ce cas, l'héritage est fait propre pour le tout au seul conjoint lignager, qui est seulement tenu de rembourser le prix, suivant l'article 139.

Un des héritiers du conjoint lignager ne voulant pas user de ce *retrait*, l'autre peut l'exercer pour le tout.

L'an & jour pour l'exercer ne court que du jour de l'ensaisissement ou inféodation; les formalités sont les mêmes que pour le *retrait* ordinaire.

Il n'a point lieu quand les deux conjoints sont lignagers, ou que le conjoint non lignager a des enfans en ligne.

Ce *retrait* n'est ouvert qu'au décès de l'un des conjoints.

Quand le conjoint lignager ou ses héritiers négligent d'exercer le *retrait*, en ce cas les autres lignagers non copartageans sont admis au *retrait* de la moitié du propre, pourvu qu'ils intentent leur action dans l'an du décès du conjoint lignager. *Voyez* les articles 155, 156 & 157 de la coutume de Paris, & ce que les commentateurs ont dit sur ces articles. (*A*)

On entend en Normandie, par *retrait de mi-denier*, la faculté que l'article 332 de cette coutume accorde au mari & à ses héritiers de retirer la part des conquêts qui ont appartenu en propriété à la femme, en rendant le prix qu'elle a coûté, ensemble des augmentations, dans trois ans, du jour du décès de ladite femme. Cette faculté ne peut se diviser; il faut que le mari ou ses héritiers retirent toute cette part, ou la laissent entière aux héritiers de la femme. Les biens ainsi retirés sont acquêts entre les mains du mari, & en conséquence la seconde femme y a part, lorsque le *retrait* est fait pendant ce second mariage; mais ils sont propres paternels dans la personne des héritiers, parce que le droit en vertu duquel ils les ont retirés, leur est venu à titre successif, & a fait partie de l'hérédité du mari.

Retrait partiaire, usité en Flandres, a lieu quand un des co-propriétaires vend à un étranger sa part de l'effet commun; dans ce cas, l'autre co-propriétaire peut retirer la portion vendue pour la réunir à son tout. Ce *retrait* est le même que ceux de communion, d'esclèche, de frareuseté dont nous avons parlé ci-dessus.

Retrait de préférence est la faculté qu'une personne appellée au *retrait* a de se faire subroger au lieu & place de quelqu'un qui a déjà usé du *retrait* sur la chose vendue, comme quand le *retrait* lignager est préféré au féodal, ou celui-ci au lignager, selon l'usage des différens pays.

Retrait de premesse est le nom que l'on donne au *retrait* lignager dans les coutumes où c'est le plus prochain lignager qui est préféré, car *premesse* signifie *plus prochain*. *Voyez* Premesse.

Retrait public ou *pour l'utilité publique*, est la faculté que le roi, l'église ou les villes ont de se faire subroger dans l'achat, même d'acquérir la propriété d'un héritage limitrophe, ou qui se trouve nécessaire pour les fortifications d'une ville, la construction ou l'agrandissement d'une église, la décoration d'une place, d'une ville, d'une maison royale ou d'un collège.

Cette espèce de *retrait* a été d'usage dans tous les temps & dans tous les pays. L'écriture nous en fournit un exemple: *dixit David ad Ornam: da mihi locum areæ tuæ, ut ædificem in eo altare domino, ità ut in quantum valet argenti accipias, & cesset plaga à populo* (Parallip. lib. 1, chap. 21, vers. 22).

Une ordonnance de Philippe-le-Bel, de l'an 1303, insérée dans l'ancien style du parlement de Paris, *partie 3, titre 45*, §. 47, porte que, *possessores possessionum quas pro ecclesiis aut domibus ecclesiarum parochialium de novo fundandis aut ampliandis infrà villas, non ad superfluitatem, sed ad convenientem necessitatem acquiri contingit, ad eas dimittendas pro justo pretio compelli debent.*

Maillart, sur le titre 3 de la coutume d'Artois, dit que l'article 4 de l'édit de janvier 1607, contraint les comportionnaires des marais qu'on veut dessécher, à en faire vente ou sur le pied des marais voisins, ou de l'estimation.

Un arrêt du 20 novembre 1584, rapporté par M. Louet, *lettre A*, §. 6, a condamné un particulier à vendre un jardin contigu à un cimetière dont l'agrandissement étoit devenu indispensable. La même chose a été jugée par deux autres arrêts des 3 mai 1616 & 21 janvier 1633, cités par Brodeau au même endroit.

Maillart nous apprend encore que, par arrêt du 7 septembre 1640, rendu au rapport de M. Hennequin, à la grand'chambre, les propriétaires & usufruitiers de maisons situées en la rue Clopin, à Paris, furent obligés de les vendre, pour le prix de l'estimation, au collège de Navarre, pour faciliter l'union qui y avoit été faite du collège de Boncourt; mais que cela n'a pas été exécuté.

Boniface, *tom. 1, liv. 5, tit. 2, chap. 6*, rapporte un arrêt du parlement d'Aix, du 26 janvier 1677, qui a décidé que le nombre des habitans d'une paroisse étant augmenté, les marguilliers étoient en droit de prendre, pour agrandir leur église, une chapelle voisine qui appartenoit à des Carmes.

Duperrier & son annotateur nous ont conservé plusieurs arrêts semblables de la même cour, deux entre autres, de janvier 1627 & du 16 avril 1644; & ils ajoutent qu'il y est d'un usage constant, en pareil cas, d'ordonner que le prix de la vente forcée sera augmenté d'un cinquième en sus de la valeur réelle du bien. Cette jurisprudence est pleine d'équité. Il est fâcheux pour un particulier d'être seul obligé de s'exproprier pour le bien public; le juste prix de la chose ne suffit pas pour l'indemniser; en y ajoutant un cinquième en sus, on allège sa perte.

Par arrêt du grand-conseil, du 30 août 1738, inséré dans les arrêts notables imprimés en 1743, *chap. 41*, il a été ordonné, avant faire droit sur la demande que des marguilliers faisoient d'un terrein pour agrandir leur église, que visite seroit faite des lieux, pour constater la suffisance ou insuffisance de l'étendue actuelle de cette église; & conséquemment il a été préjugé que, si elle étoit trop bornée, les propriétaires du terrein demandé par les marguilliers, seroient contraints de le vendre.

La déclaration du 10 mai 1776 ayant mis la ville du Buis dans la nécessité d'acquérir quelque terrein pour former un cimetière, les officiers municipaux de cette ville ont voulu forcer les religieux Dominicains à vendre pour cet objet une portion de leur cimetière ou d'un fonds contigu. Les Dominicains ont opposé qu'il y avoit ailleurs des fonds aussi propres pour cet établissement que celui qu'on vouloit les forcer d'aliéner. Ils ont soutenu que les gens de main-morte ne pouvant plus augmenter leurs propriétés par de nouvelles acquisitions, il n'étoit pas juste de les contraindre à une aliénation qu'ils ne pourroient plus remplacer; tandis qu'on pouvoit s'adresser à d'autres particuliers qui avoient la liberté d'acquérir ailleurs.

Sur cette contestation, arrêt en la grand'chambre du parlement de Grenoble, le 14 juillet 1778, qui a mis les Dominicains hors de cour, a condamné la ville aux dépens, & a enjoint aux officiers municipaux de se procurer un autre cimetière dans le délai de deux mois. Cet arrêt paroît juger que le *retrait d'utilité publique* ne peut être exercé sur des gens de main-morte, tant qu'il reste des fonds également propres à remplir sa fin, appartenans à des particuliers.

RETRAIT PAR PUISSANCE DE FIEF. *Voyez* RETRAIT SEIGNEURIAL.

RETRAIT DE RECONSOLIDATION est la faculté qu'a, en certains endroits, le propriétaire nu d'un immeuble d'en retirer l'usufruit aliéné au profit d'un tiers par l'usufruitier, & cela pour le reconsolider à la propriété.

La coutume de la ville & du chef-lieu de Valenciennes admet expressément ce *retrait* : si un usufructuaire ou viager, (dit-elle, *article 9*) vend ou transporte son viage, le propriétaire le pourra reprendre & retraire pour le même prix en dedans l'an, & se purgeront par serment l'acheteur & le vendeur.

La coutume de Normandie en dispose de même, *article 502* : baux à longues années, faits pour plus de neuf ans, sont retrayables (de la part des lignagers du bailleur), comme aussi est la vente d'un usufruit faite à autre qu'au propriétaire, lequel est préféré à la clameur.

Cogniaux, en sa *pratique du retrait*, *chapitre 9*, *n. 13*, soutient que ces dispositions doivent être étendues aux autres coutumes, n'y ayant rien, dit-il, de plus naturel que de faire reconsolider le droit d'usufruit à la propriété, d'où il est bien souvent détaché, au grand préjudice & à l'intérêt du propriétaire. Cependant cet auteur convient que jamais il n'a *pratiqué ni vu pratiquer* son opinion, & en effet elle est contraire au droit commun. Une raison de convenance ne suffit pas pour introduire un *retrait* ; la loi seule a ce pouvoir, & il n'y a rien, soit dans les loix romaines, soit dans les ordonnances du royaume, soit dans l'esprit général des coutumes, qui tende à faire du *retrait* dont il s'agit, une faculté générale, & un point de droit universel.

Il est même proscrit formellement par la coutume de Namur, *article 45* : sur biens réels vendus par un viager, pour ses lumières tant seulement, n'y aura point de retraite lignagère par le propriétaire non lignager.

Nous avouerons néanmoins qu'il y a dans le recueil de M. Cuvelier, §. *311*, un arrêt du grand conseil de Malines, du 31 août 1613, qui a admis ce *retrait* dans les coutumes du vieux bourg de Gand & de Saint-Pierre de Gand, quoiqu'elles n'en parlent nullement ; mais il paroît que cette décision n'a eu d'autre motif qu'un usage purement local, & que cet usage avoit sa source dans une disposition de ces coutumes qui autorise le *retrait* débital en matière de rentes hypothéquées sur des biens-fonds.

On peut encore appeller *retrait de reconsolidation*, celui qu'introduit l'article 162 de la coutume de Bar-le-Duc : n'y a *retrait* en vente de coupe de bois de haute futaye, taillis ou arbres, n'étoit que telle coupe appartînt pour une fois à aucun, & le fonds à un autre ; auquel cas, si la coupe est vendue, celui à qui appartient le fonds, & non autre, peut retirer ladite coupe, encore qu'il ne soit lignager, en remboursant le prix, frais & loyaux coûts. On trouve la même disposition dans la coutume de Sens, *article 67*.

RETRAIT DE RECOUSSE ou *à titre de recousse* ; est une faculté accordée au saisi de rembourser dans un certain temps celui qui a acheté ses meubles saisis & vendus en justice. Ce *retrait* a lieu dans plusieurs coutumes des Pays-Bas.

Cette faculté est quelquefois stipulée par la vente même. Ainsi, dit Maillart sur la coutume d'Artois, les huissiers d'Artois pratiquent deux sortes de ventes judiciaires des effets mobiliers ; 1°. *à tourne dos*, c'est-à-dire, que l'acheteur est propriétaire incommutable dès le moment que la chose lui a été adjugée, & que l'acheteur a tourné le dos au vendeur ; 2°. à sept jours & sept nuits de rachat, c'est-à-dire, que le saisi peut, dans la huitaine de l'adjudication, retirer la chose saisie & vendue, en remboursant l'acheteur.

On voit par-là que ce *retrait* n'est, à proprement parler, que conventionnel ; car, si le saisi tenoit de la loi même le pouvoir de l'exercer, il ne dépendroit pas d'un huissier de l'en priver, en vendant plutôt d'une manière que de l'autre.

Il y a cependant bien des villes & même des provinces où ce *retrait* a lieu de plein droit.

La coutume de Montreuil porte, *article 51 du style de la prévôté* : l'usage & style sont tels, que, si aucune vente de biens meubles se fait, appartenans à aucun obligé ou condamné, iceux biens par justice ne se doivent vendre qu'à rachat de sept jours & sept nuits, durant lesquels l'obligé ou condamné doit ravoir ses biens, en payant le prix pour lequel ils ont été vendus, & les frais & dépens de la justice.

On trouve la même disposition dans plusieurs autres coutumes de la Flandre. Il paroît même par l'article 69 de l'arrêt de réglement du parlement de Douai, connu sous le nom d'*ordonnance des huissiers*, que tel est le droit commun du ressort de cette cour. Cet article porte que la vente judiciaire des biens meubles & autres ci-dessus spécifiés, sera faite à sept jours & sept nuits de rachat, en la forme accoutumée.

Il y a dans la coutume de Verdun, *titre 14*, *article 5*, quelque chose d'analogue à cet usage : les biens meubles, y est-il dit, pris par exécution, se crient par trois jours consécutifs, & se doivent délivrer par le sergent au plus offrant & dernier enchérisseur, sans autres solemnités ou décret du juge, la quinzaine passée, dans laquelle le débiteur, en payant le principal & les frais de l'exécution, aura ses meubles.

RETRAIT SEIGNEURIAL. On appelle ainsi la faculté accordée aux seigneurs de retirer les domaines situés dans leur mouvance, lorsqu'ils ont été vendus ou aliénés par un acte équipollent à vente.

Ce

Ce droit subsiste avec quelque différence, non-seulement dans les pays coutumiers, mais aussi dans ceux de droit écrit, où il est désigné plus communément sous le nom de *prélation*. On a déjà parlé sous ce mot, de la jurisprudence des pays de droit écrit à cet égard. On va donc s'occuper principalement ici des usages des pays coutumiers, où ce droit est connu plus particuliérement sous le nom de *retrait seigneurial*. On l'y appelle aussi *droit de retenue*, *retenue par puissance de fief*, & plus ordinairement *retrait féodal* & *retrait censuel*, suivant qu'il a pour objet des fiefs ou des rotures.

Cette matière, l'une des plus importantes du droit féodal, mérite d'être examinée avec soin. Pour le faire d'une manière convenable, on va parler ici,

1°. De l'histoire du *retrait seigneurial*.

2°. Des pays où le *retrait seigneurial* est admis.

3°. Des biens qui y sont sujets.

4°. Des contrats qui y donnent ouverture.

5°. De ceux qui peuvent user du *retrait seigneurial*.

6°. Du cas où le seigneur n'a la directe que d'une partie des objets vendus.

7°. De la cession du *retrait seigneurial*.

8°. De la concurrence du *retrait seigneurial* avec le *retrait* lignager.

9°. Du temps dans lequel le *retrait seigneurial* doit être exercé.

10°. De la forme dans laquelle il doit être exercé.

11°. Des fins de non-recevoir qu'on peut opposer au *retrait seigneurial*.

12°. De la répétition du *retrait seigneurial*.

On aura soin de ne traiter que les questions particuliérement relatives au *retrait seigneurial*, en renvoyant au mot *retrait lignager*, la décision de celles qui sont communes aux deux espèces de *retrait*. Il en sera de même des règles communes au *retrait seigneurial* & aux droits de quint & de de lods & ventes, lesquelles sont en très-grand nombre : mais on ne peut guère se dispenser de faire marcher de front ces deux droits & les deux espèces de *retrait* dans ce qu'on a à dire sur l'origine du *retrait seigneurial*.

§. I. *Essai sur l'histoire du retrait seigneurial.* Il y a tout lieu de croire que le *retrait seigneurial* ne tire pas plus son origine des loix romaines que le *retrait* lignager, quoiqu'on voie le droit de prélation établi dans la loi dernière, au code *de jure emphyteutico*, de même qu'on trouve le *retrait* lignager énoncé comme un usage ancien dans une loi du digeste, & aboli par une loi du code. *V.* les loix 16, *ff. de reb. auct. jud. poss.* & 14, *cod. de contrah. empt.*

Le *retrait* lignager n'est presque point connu dans les pays de droit écrit, & l'on verra dans la suite que le *retrait seigneurial* est plus généralement admis pour les fiefs que pour les censives, quoique ces dernières aient évidemment beaucoup plus de rapport aux emphytéoses du droit romain que les fiefs, & qu'on leur donne même ce nom d'emphytéose dans les pays de droit écrit.

Ces deux espèces de *retrait* paroissent tenir immédiatement aux anciennes mœurs des peuples du nord, & aux autres circonstances qui ont produit le droit féodal. Jamais système de législation n'attacha les hommes les uns aux autres & à la chose publique par un plus grand nombre de liens. Les successions, les aliénations & presque toutes les propriétés étoient réglées par le droit public, & non pas par la volonté du possesseur; les biens de chaque particulier, & sa vie même, appartenoient, pour ainsi dire, plus à sa famille qu'à lui; personne n'y pouvoit instituer d'héritier, & l'on n'étoit pas plus libre dans le choix de ses amis que de ses ennemis; il falloit entrer pour tout cela dans les sentimens de la famille; &, si la mort d'un homme pouvoit être expiée, c'étoit en achetant la paix de tous ses parens.

Suivant le chapitre 15 de la loi saxonne, un particulier ne pouvoit pas disposer de ses biens, même par acte entre-vifs, si ce n'est pour s'assurer des alimens, en les aliénant dans l'église ou devant le roi. Ce même code, comme les loix salique & ripuaire, excluoit les filles des successions, parce qu'elles auroient porté les biens dans des maisons étrangères, & qu'elles ne pouvoient pas d'ailleurs s'armer pour les attachemens & les haines de leurs familles.

Encore aujourd'hui un très-grand nombre de nos coutumes excluent les filles des successions, sur-tout dans les familles nobles, qui représentent plus particuliérement les conquérans des Gaules; d'autres les excluent du moins de la succession des fiefs. La coutume même de Paris, qui a tant adouci ces anciens usages, ne leur permet pas de concourir en égal degré avec les mâles, en ligne collatérale. *Voyez l'art. 25, avec la conférence de* Fortin *&* Ricard, *& les notes de* Laurière.

Dans tous les pays coutumiers, les testamens proprement dits sont rejettés; c'est toujours l'héritier légal qui est saisi de la succession. Il faut laisser, même en collatérale, la majeure partie des biens de famille, qu'on appelle *propres*, à ces héritiers; plusieurs coutumes, telles qu'Anjou, Maine & Poitou, défendent même de disposer de ces propres à titre de donation entre-vifs; &, en cas d'aliénation de propres à titre onéreux, ou à leur défaut, elles y subrogent les acquêts, & les meubles à défaut d'acquêts. Celle de Poitou, qui est dans ce cas, permet seulement de donner tous ses biens pour provision de corps, c'est-à-dire, pour sa nourriture; encore oblige-t-elle le donataire, dans ce cas-là, d'offrir aux héritiers présomptifs de garder les propres ou les biens qui leur sont subrogés, en accomplissant les charges de la donation. *Voyez les articles 203 & suivans.*

Enfin la coutume d'Artois & plusieurs autres coutumes de Flandres & de Picardie ne permettent même d'aliéner les propres que pour des besoins urgens, reconnus tels par la famille, ou, comme elles le disent, pour *nécessité jurée*. *Voyez* ce mot.

Le *retrait* lignager, les ensaisinemens, les notifications & les autres formalités prescrites pour faire courir le temps du *retrait*, ont évidemment la même origine que ces loix de successions, ainsi que les *retraits* de bourgeoisie, de communion, de consolidation ou de bienséance, d'éclèche & de fraréuseté. On en retrouve les traces jusques dans la loi des Ripuaires, *tit.* 60, & dans celle des Bourguignons, *tit.* 84, *art.* 2.

Le *retrait seigneurial* tient à un esprit peu différent.

Chacun des états de l'Europe ne formoit, pour ainsi dire, qu'un assemblage de ligues particulières, subdivisées en plus petites associations, telles que le sont encore la meilleure partie de l'Allemagne & de la Suisse. Un royaume étoit composé de duchés & de comtés, qui se divisoient subordinément en vigueries ou vicomtés, en centaines & même en dixaines d'habitations, afin que, dans un pays où les arts & les autres ressources qui facilitent la communication étoient à peine connus, la puissance publique pût parvenir jusqu'aux dernières extrémités de l'empire, sans qu'il cessât de former un seul tout.

Ce plan d'administration, combiné avec les bénéfices qu'Alexandre Sévère institua pour les soldats des frontières, paroît être la source du gouvernement féodal. Lorsque ce système eût jetté des racines profondes, & consolidé l'établissement des seigneuries, qui soumettent autant la terre à la terre que les hommes aux hommes, on ne put pas plus disposer de ses propriétés sans l'agrément des seigneurs, qu'on ne pouvoit le faire sans l'agrément de sa famille. Les fiefs étoient héréditaires, sans être aliénables, & l'on sent effectivement qu'il n'étoit pas indifférent pour les seigneurs d'avoir pour vassaux des étrangers, au lieu de membres d'une famille qu'une longue dépendance avoit accoutumés à servir sous leurs étendards & à suivre leur fortune.

On trouve des exemples d'aliénation des fiefs dès la fin de la seconde race; mais ils ne furent biens communs que sous la troisième, lorsque l'enthousiasme des croisades & le luxe dont on prit alors le goût dans l'empire d'Orient, eurent donné naissance à de nouvelles entreprises & de nouvelles dépenses. On crut pouvoir concilier ces desirs avec la gêne imposée par les usages féodaux, en permettant aux vassaux d'aliéner leurs fiefs à prix d'argent, à condition, par eux, d'acheter l'agrément de leur seigneur, à qui on laissa toujours le droit de prendre le marché pour lui. C'est ainsi que les lods, les quints & requints & les autres droits dus pour les mutations s'établirent, & qu'ils introduisirent avec eux le *retrait* féodal.

Galland dit au chapitre 6 de son ouvrage contre le franc-aleu, que le plus ancien exemple de l'assujettissement aux lods est tiré d'un cartulaire de Marmoutier, pour l'année 1079 : mais les historiens du Languedoc rapportent un échange de 956, où ce droit fut perçu; ils rapportent plusieurs autres exemples de cet assujettissement pour des temps peu postérieurs, & ils en fixent l'époque au commencement du dixième siècle. (*Histoire du Languedoc, tome II, page* 109, *& aux preuves, page* 98.)

Le *retrait* féodal a dû naître un peu plus tard. Les premières ventes ne pouvant se faire qu'avec la permission du seigneur, de qui l'on avoit d'avance obtenu l'agrément, il ne pouvoit pas en être question : ce ne fut probablement que lorsque l'usage des aliénations fut pleinement reçu, & quand on fixa la quotité du droit dû au seigneur pour son agrément, qu'on lui laissa le choix de rejetter le vassal qui se présentoit, en prenant le marché pour lui ou pour une autre personne; c'étoit-là d'ailleurs le remède le mieux approprié aux fraudes qu'on auroit pu commettre, au préjudice des droits de mutation, en lui déclarant un prix inférieur à celui de la vente. La coutume d'Auvergne est la seule de France qui, en admettant le *retrait* censuel, avec les lods & ventes, ait accordé au seigneur le droit de faire mettre aux enchères l'héritage vendu, pour profiter de l'excédent du prix, s'il le trouve trop bas; encore ce droit n'a-t-il lieu que dans un certain nombre de seigneuries de la province. *Voyez* SURJET.

Ce *retrait* étoit une suite si naturelle de l'aliénation des fiefs, qu'il fut admis dans le droit allemand ou italique, comme dans notre droit françois, durant le court espace de temps où ces sortes de biens y furent disponibles, comme on le voit dans les livres des fiefs, où l'on paroît douter néanmoins si ce droit a une origine légitime : *porrò*, y est-il dit, *sive de bonâ consuetudine, sive de pravâ quæramus, concessa erat domino pro æquali pretio redemptio.* (§. 2, *tit.* 9, *lib.* 2, *qualiter olim poterat feudum alienari.*)

Le *retrait* féodal subsistoit long-temps auparavant en France; on le trouve énoncé, comme étant en pleine vigueur, dans les premiers recueils de nos usages féodaux, tels que les assises de Jérusalem, rédigées dans le douzième siècle, les établissemens de Saint-Louis, & les coutumes de Beauvoisis, qui sont du siècle suivant; on le retrouve encore dans une chartre de Thibaut, comte de Champagne, pour l'an 1198. (*Pithou, sur l'art.* 27 *de la coutume de Troyes.*)

Dans les provinces méridionales de la France, & même dans presque toutes celles qui ont été le plus long-temps soumises aux Anglois, la distinction des fiefs & des rotures fut marquée par des caractères moins sensibles, soit que le régime féodal y eût jetté des traces moins profondes, à cause de sa combinaison avec le droit romain, soit qu'on y eût adopté une partie des usages anglois, qui assujettissoient les rotures aux obligations des fiefs, & qui grevoient les fiefs d'une partie des charges des rotures.

Quoi qu'il en soit, les fiefs & les rotures furent assez communément sujets aux mêmes droits, en cas de mutation par vente ou par mort, & même dans plusieurs lieux ils furent également chargés de l'hommage, & sujets à la peine de commise en cas de félonie. Dans ces mêmes pays, l'aliénation des fiefs, & sur-tout leur aliénation partiaire, c'est-à-dire, la sous-inféodation ou l'accensement d'une portion de fiefs, y fut moins gênée, & plus indépendante des seigneurs dominans. Ces accensemens & les abonnemens de fief convertirent souvent une tenure noble en une tenure roturière, & laissèrent même quelquefois douteuse la nature de ces tenures. *Voyez* l'article MAIRIE & FIEFS BOURSIERS.

Ces causes, qui influèrent réciproquement les unes sur les autres, produisirent un nouveau degré de ressemblance entre les fiefs & les rotures. Ils furent également sujets au *retrait seigneurial*, comme ils étoient le plus souvent sujets aux mêmes droits de mutation.

Dans les provinces les plus septentrionales, & sur-tout dans celles qui avoisinent la capitale, la liberté de l'aliénation des fiefs fut grevée des droits de quint & de requint, tandis que les rotures, beaucoup plus étrangères aux seigneurs, ne durent que le douzième du prix de leur aliénation. Par la même raison, elles ne furent point assujetties au *retrait seigneurial*.

Par un motif qui paroît d'abord absolument opposé, quoiqu'il dérive réellement de la même source, le *retrait seigneurial* ne passa qu'après le *retrait* lignager dans la France coutumière, tandis qu'il y fut préféré dans les pays de droit écrit, où le *retrait* lignager est admis, lors du moins que le seigneur l'exerce par lui-même. C'est que le *retrait* lignager est, si l'on peut ainsi parler, une production exotique aux pays de droit écrit, où l'ordre des successions a continué d'être régi par le droit romain, sans admettre la distinction des propres & des acquêts, ni les usages auxquels elle doit son origine. Dans les pays coutumiers, au contraire, où cet ordre successif ne pouvoit pas même être dérangé par les dispositions de dernière volonté, où les biens étoient, pour ainsi dire, substitués à toute la famille, le seigneur ne pouvoit aller qu'après elle, & il ne pouvoit pas se plaindre d'une préférence qui ne tendoit à l'obliger de recevoir pour vassaux que ceux qui pouvoient & qui devoient souvent le devenir naturellement, en suivant l'ordre des successions.

Comme ces droits de lods, de quint, de requint, & de *retrait seigneurial*, étoient très-avantageux aux seigneurs, sans paroître trop onéreux pour leurs vassaux & leurs censitaires, vu qu'il n'y avoit lieu de les exercer qu'en cas d'aliénation; ils ont subi peu de variations dans les derniers siècles. Le droit de requint, qui n'avoit été introduit que pour le cas où l'on chargeoit l'acquéreur de payer personnellement le droit de mutation, a néanmoins été supprimé dans plusieurs coutumes, depuis que cette convention, qui n'étoit d'abord qu'une dérogation au droit commun, a elle-même formé ce droit commun. La jurisprudence des cours a aussi étendu le plus qu'il lui a été possible, la faveur des arrangemens de famille, en exemptant des droits seigneuriaux, & par conséquent du *retrait seigneurial*, tous ceux qui tenoient lieu de partage.

Tout au contraire, les loix qui ont assujetti les échanges aux droits seigneuriaux n'ont pas rendu ces sortes d'actes sujets au *retrait seigneurial*, non-seulement parce que ces loix purement bursales, ne pouvoient pas être étendues d'un cas à un autre, mais aussi parce que le *retrait seigneurial* auroit absolument détruit pour les parties contractantes, le but des échanges, qui mérite la plus grande faveur, & qui ne devroit être gêné par aucunes entraves.

§. II. *Des pays où le retrait seigneurial est admis.* Le *retrait seigneurial* n'est guère connu que dans la France & dans les provinces voisines, telles qu'une partie de la Flandre & la Savoie, *&c.* Dans l'Allemagne, & une grande partie de l'Europe, où l'on suit pour loi les livres des fiefs, le droit féodal ne permet point l'aliénation des fiefs, & les biens non féodaux sont régis par des loix toutes différentes de celles qui règlent nos censives. Il n'est donc pas étonnant que le *retrait seigneurial* y soit rejetté suivant le droit commun. Mais les feudistes allemands & italiens nous apprennent que le *retrait* féodal y est reçu dans les lieux où l'aliénation des fiefs est permise au vassal. Rosenthal assure qu'on doit ainsi le décider dans le cas même où la coutume du lieu excluroit toute sorte de *retrait*. (*Cap. 9, mem. 2, cons. 87, n. 2, p. 872.*)

Cette observation peut s'appliquer aux pays de France qui suivent le droit des fiefs, c'est-à-dire, le droit allemand, tels que l'Alsace. Le *retrait seigneurial* n'y a pas lieu. Il est d'ailleurs presque universellement admis dans les pays de droit écrit, sous le nom de *prélation*. *Voyez* ce mot.

Dans les pays coutumiers, qui ne sont pas du ressort du parlement de Paris, le *retrait seigneurial* est aussi admis généralement pour les fiefs, comme pour les rotures. Il y a même plusieurs coutumes, où, quoique les fiefs soient de danger & ne puissent pas être possédés sans le consentement du seigneur, le *retrait seigneurial* est néanmoins reçu. Telles sont celles de Hainaut, *chap. 95, art. 1, 2 & 3*; de Bar, *tit. 1, art. 4*; de Saint-Mihiel, *tit. 3, art. 4, &c.*

Dans le ressort du parlement de Paris, on distingue entre le *retrait* féodal & le *retrait* censuel. Le *retrait* féodal est universellement admis. La coutume de la ville d'Arras, *art. 49*, est, je crois, la seule exception à cette règle. On y peut ajouter, pour les autres parlemens, celles de Besançon, *art.......*; de la salle de Lille, *art. 65*; & de Limoges, *art. 41*.

Le *retrait* censuel n'est point admis par la coutume de Paris, & par un grand nombre d'autres. On juge, par cette raison, qu'il doit être rejetté dans toutes les coutumes qui n'en font pas mention, quoique celles qui l'admettent régissent un territoire plus étendu que celles même qui n'en parlent pas. Il est d'ailleurs certain que, dans le doute, on doit se décider en faveur de la liberté.

Mais dans les coutumes muettes & dans celles même qui rejettent le *retrait* censuel, les domaines roturiers peuvent y être assujettis par des titres particuliers. Guyot dit qu'on prétend que le chapitre de Sainte-Croix d'Orléans est dans ce cas, mais qu'ayant fait ce qu'il a pu pour le savoir au vrai, il n'a pu en voir les titres. (*Du retrait seigneurial*, *chap. 1*, *n. 8.*)

La faveur de la liberté paroîtroit aussi devoir faire rejetter le *retrait* féodal dans le petit nombre de coutumes qui n'en parlent pas. La question néanmoins souffre beaucoup de difficultés, & je ne sais pas même si elle s'est jamais présentée dans le ressort du parlement de Paris, où l'on ne trouveroit pas, je crois, une seule coutume générale, qui n'admette pas expressément ou le *retrait seigneurial* en général, ou le *retrait* féodal en particulier. Mais il y a plusieurs coutumes de Flandre, telles que Namur, Liège & Tournai, celles de la ville & de l'évêché de Metz, celles de Verdun, de Lorraine & d'Epinal, qui n'en disent rien.

La question a sur-tout été fort agitée dans ces deux dernières coutumes avant que la Lorraine fût réunie à la France. On trouve, dans le répertoire universel, au mot *Retrait féodal*, un extrait très-étendu d'une savante consultation sur cet objet, qui a été délibérée à Paris par MM. Barbin du Cornet, de Lombreuil, Berroyer, Tartarin & Prevost. Indépendamment des principes généraux sur la liberté des aliénations, ces jurisconsultes y soutiennent que le duché de Lorraine étant un état souverain, on ne peut pas en suppléer les loix par celles des états voisins, ni par celles de Bar & de Bassigny, qui sont des terres mouvantes; qu'on ne peut pas non plus les suppléer par la coutume de Saint-Mihiel, qui n'a été rédigée que quatre ans après celle de Lorraine en 1588; que ces trois coutumes de Bar, de Bassigny & de Saint-Mihiel sont des coutumes de danger, & que le *retrait* féodal y étant attaché au droit de commise, il faudroit pour admettre le *retrait* féodal dans le surplus de la Lorraine, y suppléer aussi ce droit de danger ou de commise, que la coutume de Lorraine rejette expressément dans l'article 12 du titre des fiefs. Ils se prévalent du texte de cet article, qui porte que *les fiefs se peuvent vendre & aliéner librement, & que l'acquéreur en peut entrer en possession sans danger de commise*, pour en conclure que cette coutume a bien entendu rejetter le *retrait* féodal. Ils prouvent encore, en rappellant les dispositions très-étendues que cette coutume a sur le *retrait* lignager, le *retrait* conventionnel & le *retrait* du douaire, que ce ne peut pas être par inadvertence qu'on a omis d'y parler du *retrait* féodal, & ils invoquent l'usage du pays qui est, disent-ils, d'accord avec la coutume pour le méconnoître.

Breyé, avocat en la cour souveraine de Lorraine & Barrois, a suivi l'opinion contraire dans son traité du *retrait* féodal, imprimé à Nancy en 1737, où il a discuté cette question de la manière la plus étendue. Il y prouve combien le *retrait* féodal est conforme à la nature des fiefs dans les pays du moins où on les a rendus aliénables & disponibles. Il soutient que les premiers ducs de la Lorraine n'ont possédé cette province qu'en vertu des investitures des empereurs; qu'on l'a considérée pendant plusieurs siècles, comme un grand fief de l'empire; que ce n'est que par la fameuse transaction de Nuremberg, du 26 août 1542, que le duc Antoine en a obtenu l'indépendance; que jusqu'alors elle avoit été sujette aux coutumes & aux constitutions qui régissent les fiefs de l'empire; & que la défense d'aliéner, sans le consentement du seigneur direct, à peine de commise, y étoit observée à la lettre, avant le règne de Charles II.

Breyé rapporte plusieurs exemples de l'exercice de ce droit de commise par les ducs de Lorraine. Il soutient que la libre disposition des fiefs ne s'est établie que par tolérance dans la Lorraine, depuis le règne de Charles II, qui accorda les privilèges les plus exorbitans, & presque l'indépendance à sa noblesse, pour la déterminer à assurer à sa fille Isabelle, la succession de la Lorraine, quoique ce fût un fief masculin. Il ajoute que le *retrait* féodal n'est pas un droit accidentel, mais un droit naturel & substanciel des fiefs, qui doit être sous-entendu dans toutes les coutumes & dans les investitures qui ne le rejettent pas expressément; que c'est conformément à ce principe que Dumoulin, sur l'article 13, *n. 5* de la coutume de Paris, a soutenu que la conservation du *retrait* féodal étoit si favorable, qu'on devoit interpréter largement les coutumes, lorsqu'il s'agissoit de le conserver.

Cette autorité pouvoit paroître peu décisive dans une coutume qui ne dit pas un mot qu'on puisse appliquer au *retrait* féodal, même en usant de l'interprétation la plus large. Mais Breyé soutient que le *retrait* féodal est pour les fiefs, un droit non pas accidentel, mais naturel & substantiel, qui doit être sous-entendu dans toutes les coutumes & les investitures qui ne le rejettent pas expressément. Il observe, d'après cela, qu'on ne pourroit pas opposer l'usage contraire, puisque le *retrait* féodal n'est qu'un droit facultatif, qui ne se perd pas par le non-usage, lors du moins qu'il n'y a pas eu de contradiction. Enfin, il cite des exemples de *retrait* féodal de la part des ducs de Lorraine.

Le premier a, dit-il, été exercé par Léopold I, pour les terres de Berras & de Rennilly, en 1698, l'année même de sa rentrée dans ses états, c'est-à-dire, dans un temps où il n'est guère à croire qu'il ait voulu abuser de son autorité. Le second a eu pour objet le *retrait* féodal de la terre de Saint-Mange, cédée en 1710. Enfin, le troisième & celui qui a fait le plus d'éclat, est le *retrait* du marquisat d'Haroué, cédé en 1720 au prince de Craon, & confirmé par deux arrêts contradictoires; l'un de la cour souveraine de Lorraine, du 17 juin 1720, & l'autre du conseil d'état de son altesse royale, du. . . . . 1730, rendu sur la demande en cassation, formée contre celui de la cour.

Il faut avouer néanmoins que le *retrait* féodal est incontestablement rejetté dans la coutume voisine de l'évêché de Metz, comme on le voit dans le commentaire de M. Dilanges, *tit.* 9, *art.* 2. Il l'est également dans toute la partie du ressort du parlement de Metz, qui est régie par des coutumes muettes à cet égard, telles que sont celles de Lorraine & de Verdun.

Le même magistrat, dans son commentaire sur la coutume de Metz, qui est plus communément connu sous le nom de *commentaire anonyme*, dit que le *retrait* féodal n'a pas lieu dans cette dernière coutume, quoique l'article 9 du titre 3, après avoir rejetté le *retrait* lignager, ajoute que « le seigneur » féodal pourra néanmoins retirer le fief vendu, » si bon lui semble ».

« Il est certain, dit-il, & notoire à Metz, que » de mémoire d'homme, & au-delà, il n'y a eu » aucun acte de *retrait* féodal dans notre coutume: » ce qui provient sans doute de la rareté des fiefs; » car on n'y en connoît que deux ou trois, en» core dépendent-ils de quelques chapitres ou » abbayes. Ainsi, cette disposition au sujet du » *retrait* féodal, doit être regardée comme inutile » & non écrite ».

§. III. *Des biens qui sont sujets au retrait seigneurial.* On a déjà vu que la coutume de Paris & beaucoup d'autres n'admettoient point ce *retrait* pour les domaines roturiers, & qu'on l'observoit ainsi dans les coutumes muettes. Dans toutes ces coutumes, il est évident que pour juger si un bien est sujet ou non au *retrait seigneurial*, il faut commencer par examiner quelle en est la nature, noble ou roturière.

Dans les pays au contraire où le *retrait seigneurial* est admis dans toute son étendue, pour les rotures comme pour les fiefs, tous les domaines y sont sujets, lorsqu'ils sont dans la mouvance d'un seigneur.

Pocquet de Livonière pense même que le *retrait seigneurial* a lieu pour les francs-aleux dans la coutume d'Anjou, d'après les dispositions particulières de l'article 140, qui, après avoir obligé le détenteur de ces sortes de biens à fournir une déclaration au seigneur, ajoute, que « si la terre se vend, ou échange, le seigneur y prendra *ses ventes & autres émolumens de fief* ».

On sent bien qu'une disposition aussi contraire au droit commun ne doit pas être admise hors de cette coutume. On la rejette même dans la coutume du Maine, qui, malgré tous les rapports qu'elle a avec celle d'Anjou, dit expressément dans l'article 153, que « si la terre est vendue ou échangée, le seigneur n'y prendra ventes ou autres émolumens de fief ».

Comme ces deux articles des coutumes d'Anjou & du Maine sont absolument semblables pour tout le reste, & qu'il n'y avoit même autrefois qu'un seul coutumier pour les deux provinces, il est assez probable que la négative aura été supprimée dans la coutume d'Anjou, par l'inadvertence, ou même par la mauvaise foi d'un copiste, & que c'est de-là que procède une disposition si extraordinaire & si opposée à la nature des francs-aleux.

Les domaines incorporels peuvent aussi être sujets au *retrait seigneurial*, lorsqu'ils sont dans la mouvance d'un fief. La coutume de Bretagne dit que ce *retrait* a lieu en cas de vente d'*aucune chose tenue en fief*, & cette expression doit être adoptée dans le droit commun; on doit tenir en général, que le *retrait seigneurial* a lieu pour les mêmes biens, que les droits de quint & de lods & ventes. Ainsi les droits de fief, de censive, de champart, de justice, & de dixme inféodée sont sujet au *retrait seigneurial* lors même qu'ils ne sont attachés à aucune glèbe.

On a fait autrefois beaucoup de difficultés pour les dixmes inféodées, lors du moins qu'elles étoient acquises par l'église. Loisel, dans ses institutes coutumières, livre 3, article 170; l'Hommeau, dans ses maximes du droit françois, & Pithou, dans l'article 74 des libertés de l'église Gallicane, décident tous que *dixme inféodée acquise par l'église, n'est sujette à retrait.*

D'Argentré paroît le premier s'être écarté de cette opinion, dans son commentaire sur la coutume de Bretagne, §. 266, *chap.* 22, *n.* 13; & son sentiment a depuis été suivi par le Grand, sur la coutume de Troyes, *art.* 148, *glos.* 3, *n.* 46; la Thaumassière, dans ses questions, *cent.* 2, *chap.* 33, & du Plessis, dans la 57e de ses consultations. Il suffit, ce semble, de faire attention à la qualification d'*inféodées*, pour résoudre la question en faveur des seigneurs; quand bien même on croiroit que ces dixmes appartenoient originairement à l'église, l'inféodation qui les a rendues patrimoniales les a assujetties au droit commun des fiefs & par conséquent aux droits de quint, de rachat, de saisie-féodale & de *retrait*.

Plusieurs auteurs ont néanmoins fait une distinction, ils pensent que la dixme perd sa nature d'inféodée, si elle est acquise par l'église, c'est-à-dire par la cure du territoire où elle est située, parce qu'on doit alors présumer qu'elle appartenoit originairement à cette église & qu'elle a été usurpée sur elle. On cite quelques arrêts qui l'ont, dit-on, ainsi jugé. Breyé, qui ne s'est pas expliqué bien clairement sur cet objet, paroît même croire que le *retrait* ne peut jamais avoir lieu lorsque la dixme est aliénée en faveur de quelque église que ce soit. L'opinion contraire paroît la plus régulière, comme on peut le voir à la fin de l'article DIXME INFÉODÉE.......

Plusieurs coutumes assujettissent expressément au *retrait lignager*, les servitudes & les rentes foncières. La coutume de Paris qui forme à cet égard le droit commun, le décide ainsi pour les rentes foncières. Quelques coutumes même y assujettissent aussi les rentes constituées, qui devenoient autrefois foncières & inamortissables par la prescription de trente ans.

La question n'est pas aussi nettement décidée pour le *retrait seigneurial*, sur-tout dans les coutumes qui ne l'admettent que pour les fiefs. L'article 87 de la coutume de Paris dit bien « que *de toutes » rentes foncières* non rachetables, vendues à autres » ou délaissées par rachat depuis le premier bail, » *sont dues ventes*, eu égard au prix de la vente, » ou rachat d'icelle rente, tout ainsi que si l'héri- » tage ou partie d'icelui étoit vendu ». Il semble résulter delà que toutes les rentes foncières, sans exception, soit qu'elles aient été réservées sur des fiefs, ou sur des rotures, ne devant que les lods & ventes & non le quint, sont toujours réputées roturières, & par conséquent que le *retrait féodal* n'y peut pas être admis.

On peut dire néanmoins que cet article 87 étant placé sous le titre *des censives*, n'a rapport qu'aux domaines roturiers qu'on est plus dans l'usage de bailler à rente que les fiefs. La coutume de Paris a elle-même reconnu dans plusieurs articles, que les rentes dues par les fiefs n'étoient point des mouvances roturieres, mais de véritables fiefs. L'article 28 porte qu'en cas de saisie féodale, le seigneur n'est pas tenu d'acquitter les rentes, charges ou hypothèques *non-inféodées*, qui ont été constituées sur le fief par son vassal. L'article 59 dit aussi que quand le vassal a baillé son fief à rente sans démission de foi, le seigneur qui le met en sa main, par faute d'homme, n'est point tenu de se contenter de la rente, *pourvu qu'elle ne soit inféodée*.

Il résulte bien au moins de-là que les rentes foncières peuvent être nobles, lorsqu'elles sont assises sur des fiefs, puisqu'elles peuvent être inféodées & comprises dans les aveux du fief, comme les simples cens. (*Voyez* Laurière *sur l'article 59 de la coutume de Paris.*)

L'article 347 de la coutume d'Orléans dit encore expressément que la rente retenue sans démission de foi, se partit entre les héritiers du bailleur & ses ayans cause, comme héritage noble.

Ces deux articles 28 & 29 supposent seulement que le seigneur n'est pas obligé d'inféoder les rentes s'il ne le juge pas à propos; mais lorsqu'il le fait, on ne peut guère douter qu'elles ne soient sujettes au droit de quint & de *retrait* féodal. A plus forte raison doit-on les assujettir au *retrait seigneurial* dans les coutumes qui admettent le *retrait* pour les fiefs & les rotures.

Cette décision paroît même devoir être observée pour les rentes constituées sur les fiefs, dans les coutumes de Flandre, où la formalité de leur nantissement n'a point été abolie. Elles sont effectivement sujettes au relief & aux droits de quint, suivant l'article 6 du chapitre 96, & l'article 1 du chapitre 104 des chartres de Hainaut. Cependant l'article 1 du chapitre 95 les affranchit du *retrait* féodal, quoiqu'elles soient sujettes au *retrait* lignager, suivant les articles 11, 13 & 15 du même chapitre.

Lorsqu'on a compris dans un seul contrat, pour le même prix, plusieurs objets qui sont mouvans de divers seigneurs, ou dont les uns sont sujets au *retrait seigneurial*, & les autres non, comme cela arrive souvent dans le droit commun, où le *retrait seigneurial* n'a pas lieu pour les domaines roturiers, le seigneur ne peut exercer le *retrait* que des héritages qui y sont sujets, & non du surplus de ce qui est compris dans le marché. On le pratique ainsi à Orléans même, dont la coutume, dans l'article 395, donne au lignager le droit de retirer tout ce qui a été vendu par un seul marché avec les héritages de sa ligne. Une disposition si contraire au droit commun ne doit pas recevoir d'extension. (*Pothier*, *des retraits*, *n.* 556.)

§. IV. *Des contrats qui donnent ouverture au retrait seigneurial.* Les règles générales sont encore à-peu-près les mêmes ici pour le *retrait seigneurial* que pour le *retrait* lignager, & les droits de quint & de lods & ventes. Les loix & la jurisprudence y assujettissent tout contrat sonnant & équipollent à vente.

Cette règle reçoit néanmoins quelques exceptions.

1°. Différentes loix ont assujetti les contrats d'échange aux droits seigneuriaux, comme les contrats de vente. Mais ces droits de mutation ne sont point considérés comme des droits seigneuriaux. Ils ont été effectivement établis au profit du roi, dans les mouvances même des seigneurs particuliers, auxquels on a seulement accordé la faculté de les acquérir. On ne peut donc pas conclure de ces droits au *retrait seigneurial* dans les fiefs même où les seigneurs les ont acquis.

Lorsque dans un contrat d'échange il y a soutes ou tournes données de la part de l'une des parties, le contrat est, comme on le voit, mêlé de vente & d'échange. Il n'y a néanmoins lieu au *retrait* lignager, suivant le droit commun, exprimé dans l'article 145 de la coutume de Paris, que lorsque le retour en argent excède la moitié de la valeur de l'héritage donné, sans ce retour. On suit la même règle pour le *retrait seigneurial*, quoique les droits de quint & de lods & ventes soient dus au seigneur, en proportion de la somme donnée en retour, lors même qu'il n'a pas acquis les droits d'échange.

2°. Le principe reçoit une autre exception dans les coutumes qui décident que les ventes par décret ne sont pas sujettes au *retrait*, telles que Touraine, *art.* 18; Loudunois, *chap.* 15, *art.* 3; Orléans, *art. 400.* Cette décision doit être restreinte au *retrait* lignager, & ne doit pas s'étendre au *retrait seigneurial.* La raison de différence, dit encore Pothier, est que le *retrait* lignager n'étant qu'une grace fondée sur la faveur de la conservation des héritages dans les familles, la loi ne fait point de tort aux lignagers en ne leur accordant point cette grace dans les ventes par décret, qu'une autre raison de faveur pour le débiteur saisi porte à exempter du *retrait*, pour faire trouver plus d'enchérisseurs; mais le *retrait seigneurial* n'étant pas une pure grace, mais un droit véritable, la faveur que mérite le débiteur saisi n'est pas une raison suffisante pour priver de leurs droits dans les ventes par décret, ceux à qui ce droit appartient. (*Traité des retraits, n. 559.*)

On peut ajouter que l'exemption du *retrait* lignager est un privilège contraire au droit commun, lequel ne doit pas recevoir d'extension.

§. V. *Des personnes qui peuvent user du retrait seigneurial.* Suivant le droit commun, le *retrait* féodal est accordé à tous les seigneurs de fief; les seigneurs de censive n'ont ce droit que dans les coutumes qui le leur attribuent expressément. Il y a néanmoins quelques coutumes, telles que Blois, *art. 18*; Chartres, *art. 65 & 66*; Châteauneuf en Thimérais, *art. 75 & 76*; Etampes, *art. 27 & 28*; Montargis, *chap. 1, art. 5 & 91*; Orléans, *art. 9*, qui n'accordent le *retrait* féodal qu'aux seigneurs châtelains ou à ceux d'une plus haute dignité. Celle d'Amiens ne l'accorde non plus qu'aux *seigneurs ayant justice & seigneurie*, c'est-à-dire, aux seigneurs des fiefs qui sont réputés nobles, & tenus en plein hommage & en pairie, à la différence des fiefs abrégés ou restreints dont parle l'article 26.

On demande, dans ce dernier cas, quelle est la coutume qu'on doit suivre pour décider si le seigneur peut user du *retrait* féodal, lorsque la terre titrée & le fief qui en relèvent sont régis par deux coutumes différentes. Est-ce la coutume de la seigneurie dominante, ou celle du fief servant?

Guyot décide que c'est celle du fief dominant, parce que le droit d'exercer le *retrait* est une qualité du fief dominant. Jacquet, qui est du même avis, prétend qu'on l'a ainsi jugé par arrêt du 31 août 1758, rendu pour la coutume de Tours.

Pothier est d'une opinion contraire. Il faut, dit-il, distinguer dans un fief les héritages possédés en domaine par le seigneur d'avec les droits incorporels de seigneurie directe sur les héritages qui relèvent du fief dominant. Les uns & les autres ont une nature particulière & des qualités qui leur sont propres. Lors donc qu'on dit que le droit de *retrait* féodal est une des qualités du fief dominant, ce n'est pas du château, ni des autres parties corporelles du fief dominant que l'on entend parler, c'est de ses droits de seigneurie directe & de supériorité féodale sur les héritages qui en relèvent. Or, c'est un principe commun à tous les droits qu'on a sur des héritages, que leur nature & leurs qualités se règlent par la loi du lieu où sont situés les héritages sur lesquels ces droits sont à prendre, & qui sont le *subjectum materiale* desdits droits; donc les fiefs servans étant le *subjectum materiale* de ces droits de directe & de supériorité féodale, & étant la chose sur laquelle ils sont à prendre, c'est la loi du lieu où sont situés les fiefs servans, qui doit régler la nature & les qualités de ces droits de directe & de supériorité féodale, &, par conséquent, qui doit décider si le droit de *retrait* féodal est attaché à ces droits de directe, & qui en doit régler la nature. (*Traité des retraits, n. 563.*)

On peut invoquer à ce sujet les coutumes de Châlons, *art. 224*; de Mantes, *art. 44*; de Reims, *art. 138*; & de Vermandois, *art. 224*, qui décident qu'en matière de droits réels & profits de fief, il se faut régler par la coutume du fonds, & non pas par celle du fief dominant. La coutume de Loudunois dit aussi dans l'article 3 du titre 5, que les domaines & autres choses situées en Loudunois, « sont gouvernés selon les coutumes dudit pays, » posé qu'ils soient tenus d'autres terres & sei- » gneuries étant hors les fins & limites dudit » pays ».

Telle est également la décision de Livonière, *liv. 5, chap. 7.* Mais il faut avouer que les arrêts qu'il cite ne paroissent pas avoir jugé la question.

Il en est de même de l'arrêt de 1758, cité par Jacquet. On voit, dans le compte qu'il en rend sur l'article 34 de la coutume de Tours, & au chapitre 10 de son traité des fiefs, que la question n'y fut pas même agitée; il s'agissoit seulement de savoir si une assignation qui devoit être donnée *dans le fief du seigneur*, pour l'exécution du *retrait*, suivant cet article 34, avoit été donnée à temps. Il n'y avoit point de doute sur la coutume qui devoit servir de règle; l'article 34 est trop précis pour décider que c'est celle du fief en vertu duquel on exerce le *retrait*, & il est sensible, en tout cas, qu'on ne pourroit rien conclure sur le fonds du droit, d'une formalité qui doit toujours se remplir suivant la coutume du lieu où elle se fait.

En mettant à part ces coutumes particulières, le *retrait* féodal est une faculté du droit commun, dont tous les seigneurs doivent jouir, à moins qu'ils n'en soient exclus par une loi expresse, ou par une jurisprudence bien constante qui tienne lieu de loi.

On peut voir au mot PRÉLATION, §. 5, quelles sont les personnes qu'on assimile à cet égard aux seigneurs, & ce que l'on a dit sur le roi, les apanagistes, les engagistes, les ecclésiastiques, les usufruitiers, le mari, pour les biens dotaux & le grevé de substitution. Les principes sont les mêmes pour le *retrait seigneurial* des pays coutumiers, que pour la prélation des pays de droit écrit.

On ajoutera seulement ici quelques observations pour ce qui concerne les usufruitiers, les fermiers & le seigneur suzerain.

I. La coutume de Nivernois, *tit. 1, art. 15*,

& un petit nombre d'autres, refusent le *retrait seigneurial* à l'usufruitier. Mais on convient assez généralement que cette décision ne doit pas s'étendre hors du territoire de ces coutumes. Il faut seulement observer que, suivant le droit commun, l'usufruitier ne peut exercer le *retrait* qu'au refus du propriétaire, & seulement au nom de celui-ci, comme son procureur légal, pour tout ce qui peut tendre à l'amélioration du fief.

Ces restrictions paroissent d'abord contraires à l'usage, qui range le *retrait seigneurial* parmi les fruits de la seigneurie. Mais comme ce droit a été aussi introduit pour empêcher que le seigneur ne fût obligé de recevoir des vassaux qui auroient pu ne lui pas convenir; comme l'exercice du *retrait* & sa durée tiennent à une exhibition & à d'autres formalités qui concernent particuliérement le seigneur, on a pris ce tempérament pour concilier les droits du propriétaire & de l'usufruitier.

Il y a même des auteurs qui refusent absolument le *retrait seigneurial* à l'usufruitier. Tels sont Baquet, des droits de justice, *chap. 12*, *n. 10*, & Guyot, du *retrait seigneurial*, *chap. 9*.

Ce dernier auteur a fait une dissertation très-savante à ce sujet. Il y établit par beaucoup d'autorités, que le principal objet du *retrait seigneurial*, suivant le droit commun, n'est pas de réunir, mais bien d'empêcher qu'on ne donne au seigneur un vassal qui ne lui convienne pas. « Or, ajoute-t-il, » autoriser un usufruitier à retirer féodalement, » même *procuratorio nomine*, comme censé mandataire du seigneur dans tous ses droits, est-ce » remplir l'objet principal du *retrait*? Non certes; » ou il faudra que le seigneur s'incommode pour » évincer l'usufruitier; ou il faudra que, *malgré* » *lui*, il ait l'usufruitier ou son héritier pour vassal, » lorsqu'il auroit mieux aimé avoir l'acquéreur ».

On objecte vainement, continue Guyot, que le *retrait seigneurial* est un fruit. Dumoulin lui-même convient au §. 13, *gl. 1*, *n. 38*, que ce n'en est pas un: *adverte diligenter*, dit-il, *quod jus retractûs feudalis differt à cæteris juribus feudalibus utilibus. Hæc enim sunt in fructu & eorum commoda omnino fructuario cedunt. Secus in jure retractûs, quod non est in fructu nec cedit usufructuario, sed solùm quoad usumfructum rei retractæ.* Les loix romaines définissent l'usufruit, le droit d'user & de jouir des choses d'autrui, sans porter atteinte à leur substance; & l'on convient encore que l'usufruitier n'est pas compris sous le nom de *propriétaire*. Comment donc le réputeroit-on seigneur à l'effet d'exercer le *retrait*?

L'action de quasi-mandat, dit toujours Guyot, que Dumoulin veut accorder à l'usufruitier, ne peut pas s'étendre à cet objet dès que le *retrait* n'est pas proprement au nombre des fruits. Car l'usufruitier n'est le mandataire du seigneur que pour les fruits. Il ne l'est pas pour les actes dominicaux, tels que l'hommage. Si l'article 2 de la coutume de Paris permet à l'usufruitier de saisir à défaut d'homme, en mettant dans la saisie le nom du propriétaire, c'est par un motif d'équité, afin que si le propriétaire est absent, ou connive avec le vassal, l'usufruitier ne soit pas privé du rachat qui lui appartient. Mais cette faveur ne doit pas être étendue au cas du *retrait*, qui est un titre purement lucratif, puisque l'usufruitier a toujours les droits de mutation, soit que le propriétaire exerce ou non le *retrait*. Aussi les auteurs qui ont accordé le *retrait seigneurial* à l'usufruitier sont-ils perpétuellement en contradiction les uns avec les autres, ou avec eux-mêmes.

Dumoulin a cru que le *retrait seigneurial* n'étoit pas cessible, & l'on convient généralement qu'il l'est, suivant le droit commun.

Carondas, sur l'article 20 de la coutume de Paris, tient que l'exercice du *retrait* par l'usufruitier réunit le fief de plein droit au fief dominant, à moins que le propriétaire ne refusât de rembourser l'usufruitier, auquel cas le fief resteroit à l'usufruitier. Il rapporte, dans ses réponses, un arrêt du 23 février 1571, rendu dans l'ancienne coutume, qui a jugé ce dernier point.

Brodeau, qui est d'ailleurs de l'avis de Carondas, dit « que l'usage & la pratique dans la prévôté » de Paris, depuis la réformation de la coutume, » a été que l'usufruitier en son propre & privé » nom; & sans le consentement du propriétaire » même, *eo invito*, peut exercer l'action du *retrait* » féodal, pour jouir de ce fief retiré pendant le » temps de son usufruit ». Il refuse néanmoins à l'usufruitier le droit de céder le *retrait*.

Lemaître pense, au contraire, qu'il peut le céder.

Ferrière, sur le même article, & dans son traité des fiefs, *pag. 498*, n'accorde au seigneur le *retrait*, qu'au refus de l'usufruitier. « Si l'usufruitier, dit-il, » ne veut pas user du *retrait*, le seigneur le peut, » & en ce cas, l'usufruitier ne jouira pas du fief » retiré ».

Pothier pense au contraire avec Dumoulin, que l'usufruitier peut bien exercer le *retrait* à l'insu du seigneur, mais non pas contre son gré, s'il plaît au seigneur de recevoir en foi l'acquéreur, ou si le seigneur veut exercer lui-même le *retrait*. (*Introduction au titre des fiefs de la coutume d'Orléans*, *n. 235*.)

Malgré toutes ces difficultés, l'équité déterminera probablement toujours les magistrats à accorder le *retrait* à l'usufruitier. Il seroit trop aisé, sans cela, de frauder ses droits pour les fiefs qui font ordinairement la partie la plus importante des mouvances des grandes terres; & si le *retrait* féodal de tel ou tel objet n'est pas un fruit, dans la rigueur du terme, le quint & les lods & ventes, les épaves, & tant d'autres objets dont on laisse jouir l'usufruitier d'un fief, n'en sont pas non plus; mais ce sont des émolumens de fief qui doivent entrer dans la jouissance. Aussi Rosenthal & Breyé, d'après lui, ne font-ils aucune difficulté de de décider que l'usufruitier peut user du *retrait* en son nom personnel. (*Du retrait féodal*, *chap.* 5, *quest.* 19.)

Au reste, Guyot lui-même convient que l'usufruitier pourroit exercer le *retrait seigneurial* sans consulter le propriétaire, s'il s'étoit retenu l'usufruit, en aliénant la propriété; & qu'il se fût expressément réservé tous les droits honorifiques & utiles, comme on le fait souvent dans les donations des seigneuries. Cette décision ne peut guère être contestée.

II. La coutume de Bourbonnois, *art.* 474, attribue le *retrait seigneurial* au fermier durant sa ferme, sur les ventes qui ont été faites dans cet intervalle. Elle accorde le même droit à l'acquéreur à faculté de réméré pour un certain temps. « Mais, ajoute » la coutume, ladite ferme finie, ou en rachetant » par ledit vendeur la chose vendue audit titre, » les acheteurs ou fermiers *sont tenus exhiber* aux» dits seigneurs vendeurs, ou qui ont baillé à » ferme, les contrats desdites acquisitions par eux » faites, après laquelle exhibition ils peuvent re» couvrer dedans le temps de trois mois introduits » par la coutume, sur ledit fermier ou acheteur » lesdites choses prises par puissance de fief ou » droit de prélation, en lui rendant le principal » & loyaux-coûts, & en payant les ventes qui » en eussent été dues, si ledit *retrait* de rachat » n'eût été fait, *&c.* ».

La coutume du Maine assure aussi le même droit au fermier, sans l'assujettir à aucune exhibition envers le seigneur. Elle se contente de dire : « qu'après que ladite ferme sera finie, le seigneur » au dedans de l'an & jour prochain ensuivant » pourra recouvrer sur ledit fermier lesdites choses » prises par puissance de fief, en lui rendant le » principal & les ventes; & si ledit seigneur ne » le fait au dedans de l'an & jour, lesdites choses » demeureront à toujours audit fermier & aux » siens; & à semblable du bail & d'une douai» rière, & de tous autres usufruitiers où il en » sera ainsi usé ».

Malicottes pense néanmoins qu'après la ferme expirée, le fermier est tenu de communiquer au seigneur l'acte du *retrait* qu'il a exécuté, faute de quoi l'an & jour du *retrait* ne pourroit pas courir contre lui. M. de Parence, ancien avocat du roi au Mans, & M. Olivier de Saint-Vast paroissent incliner vers l'opinion contraire, lors du moins que le contrat d'acquisition a été exhibé au seigneur. Mais ils conviennent « que dans le cas où » le fermier auroit acquis lui-même s'il n'avoit » point donné connoissance du contrat au sei» gneur, il ne pourroit pas se prévaloir de l'ex» piration de l'an, à partir du jour que le bail a » fini, parce que le seigneur n'a point reçu l'ex» hibition de cet acquêt. Cette distinction, ajoute » M. de Saint-Vast, a été approuvée par MM. Raison » & Maulny, avocats. Jugé ainsi en faveur du » seigneur contre son fermier, par arrêt du 25 » avril 1736, en la deuxième des enquêtes, au » rapport de M. de Rivault, au profit de madame » la comtesse de Serillac ».

La coutume de Bourbonnois ajoute, dans l'article 476, « que si les seigneurs bailleurs acquièrent » pendant ladite ferme, aucune chose mouvant » du censif compris en ladite ferme, ils en doivent » lods & ventes, mais ne peut le fermier prendre » par droit de prélation (c'est-à-dire, de *retrait* » *seigneurial*) s'il n'y a convenance au contraire ».

Au reste, l'attribution du *retrait* faite au fermier dans ces deux coutumes, ne se supplée point dans les autres, pas même dans celle d'Anjou, quels que soient ses rapports avec celle du Maine. C'est mal-à-propos que M. de Saint-Vast prête une opinion contraire à Poquet de Livonière. Ce dernier auteur dit bien qu'on doit suppléer les dispositions de la coutume du Maine dans celle d'Anjou, relativement à l'usufruitier, « tant à cause de la conformité » qu'il y a entre ces deux coutumes, qui s'inter» prètent ordinairement l'une par l'autre, que » parce que la coutume du Maine n'est pas, en » ce point, différente du droit commun ».

Mais il ne veut pas que cette disposition, relativement au fermier, « puisse être étendue aux autres » coutumes qui n'en parlent point, ni même à celle » d'Anjou, si ce n'est avec limitation .... c'est» à-dire, si ce droit n'est nommément exprimé dans » son bail ».

III. Il n'est pas douteux, dans le droit commun, que le seigneur suzerain qui jouit du fief de son vassal à titre de saisie féodale, ne puisse exercer en son nom le *retrait seigneurial* des domaines qui sont dans la mouvance de ce fief. C'est l'opinion de Dumoulin, dont Auzanet sur l'article 54 de la coutume de Paris, & Breyé, *chap.* 5, *quest.* 19 de son traité du *retrait* féodal, se sont mal-à-propos écartés. Comme le fief servant est censé procéder du fief dominant, la saisie féodale en opère la consolidation & la réunion, du moins tant qu'elle dure, & le seigneur peut user de la manière la plus complète de tous les droits qui y sont attachés. Il peut donc opter entre le *retrait seigneurial* & les droits de mutation.

Mais que deviendra le fief ainsi retiré, quand le seigneur aura donné main-levée de la saisie féodale? Dumoulin, sur l'article 55, *gl.* 10, *n.* 44, de la coutume de Paris, avoit décidé que le seigneur dominant ne pourroit pas garder le fief ainsi retiré, parce qu'il seroit contraire au droit des fiefs que le seigneur devînt vassal de son vassal; mais il pensoit que le seigneur pouvoit en disposer comme bon lui sembleroit au profit d'un tiers : *retrahit enim pro se*, disoit-il, *& ad sui; non extranei commodum, quià formalis unio ad feudum immediatum non est de essentiâ retractûs feudalis.*

On suit généralement une autre opinion aujourd'hui, que les qualités de seigneur & de vassal ne paroissent plus incompatibles. On assimile le seigneur à l'usufruitier, & l'on pense communément que le seigneur peut garder l'héritage qu'il a retiré, si son vassal n'aime mieux le reprendre en lui remboursant, outre le principal & les loyaux-coûts qu'il a payés à l'acquéreur & les frais du *retrait*, les droits de mutation qui lui auroient appartenu, s'il n'avoit pas exercé le *retrait*. On peut alléguer pour cette opinion, l'article 1 de la coutume, qui veut que le seigneur jouisse comme un bon père de famille.

Au reste, il ne paroît pas que l'usage du *retrait seigneurial* puisse appartenir au seigneur saisissant dans les coutumes où le *retrait seigneurial* ne peut avoir lieu que pour réunir le domaine retiré au fief dont il est mouvant. A plus forte raison, le seigneur saisissant ne peut-il pas user du *retrait* dans les coutumes qui, comme celle de Lorraine, *tit. 5, art. 5*, ne lui accordent pas le gain des fruits; & il en doit être de même dans le droit commun, lorsque la saisie féodale est du nombre de celles qui n'emportent pas ce gain de fruits.

Enfin, Dumoulin & la plupart des auteurs conviennent que le seigneur dominant ne peut pas exercer le *retrait seigneurial* à raison du fief servant, lorsqu'il en jouit à titre de *retrait*. Pothier est d'un avis contraire. Mais c'est une inadvertence glissée dans le traité posthume des fiefs de cet auteur, *part. 2, chap. 1, art. 4*, §. *3*, que de prêter la même opinion à Guyot.

Il paroîtroit assez naturel de décider cette question sur les mêmes principes que celle de l'usufruit.

§. VI. *Du cas où le seigneur n'a la directe que d'une partie des objets vendus.* Le *retrait seigneurial* est un droit bien plus réel que personnel; lorsque le seigneur n'a la directe que d'une partie des objets vendus, non-seulement il ne peut pas retirer le surplus malgré l'acquéreur, mais on ne peut pas l'obliger à le faire, quoiqu'il soit constant que l'acquéreur n'eût pas voulu acheter l'un sans l'autre.

C'est-là une des différences du *retrait* féodal & du *retrait* lignager; & c'est ce qui a donné lieu à cette règle du droit françois, assez inexactement exprimée, que le *retrait* lignager ne se reconnoît à quartier, mais bien le *retrait seigneurial*. « Quand » plusieurs héritages sont vendus par un même » contrat, & pour un même prix, desquels les » uns sont sujets à *retrait* (lignager), les autres » non, il est au choix de l'acquéreur de délaisser » le tout ou ceux de sa ligne seulement ». Mais dans le *retrait seigneurial*, « le seigneur n'est con- » traignable reprendre ce qui n'est de son fief ». (*Loisel, institutes coutumières, liv. 3, tit. 5*, §. *36 & 37*.)

La raison de cette différence, dit Pothier, est que le *retrait seigneurial* appartenant au seigneur en vertu d'un droit retenu, du moins implicitement par l'inféodation, il ne doit pas être au pouvoir du vassal d'y donner atteinte, & d'en rendre l'exercice plus difficile, en vendant d'autres choses par le même marché avec son fief; au lieu que le *retrait* lignager n'étant accordé que par une pure grace de la loi, cette grace ne doit pas donner atteinte à la liberté naturelle que chacun doit avoir de disposer de ses biens, de la manière que bon lui semble, ni par conséquent empêcher que je ne puisse, pour ma commodité, vendre par un même contrat & pour un même prix mon héritage sujet au *retrait* avec d'autres choses; & l'acquéreur qui ne les auroit pas achetées sans l'héritage qu'on lui retire, doit, pour son indemnité, pouvoir contraindre le retrayant à prendre tout ou rien. (*Traité du retrait, n. 209.*)

Le seigneur qui exerce le *retrait seigneurial* des fiefs relevans d'une certaine seigneurie, n'est pas non plus obligé de retirer le surplus des fiefs compris au même marché relevans des autres seigneuries, quoique toutes ces seigneuries lui appartiennent; car il a autant d'actions de *retrait seigneurial* distinguées les unes des autres, qu'il y a de différentes seigneuries d'où ces différens fiefs relèvent, & il peut exercer l'une de ces actions, & abandonner les autres. Molin. §. 20, *glos. 1, n. 54.*

Il paroît que cela devroit avoir lieu, quand bien même le seigneur auroit reçu ses droits pour l'un des fiefs de sa mouvance, sans faire de protestation pour le *retrait* des autres fiefs. La quittance n'ayant pour objet que l'un des fiefs, ne peut pas plus exempter les autres du *retrait* que du paiement des droits. Poquet de Livonière est, à la vérité, d'un avis contraire, *liv. 5, chap. 10.* Mais l'arrêt du 19 juin 1613, sur lequel il se fonde, ne paroît pas avoir jugé la question, & un arrêt isolé ne devroit assurément pas détruire les règles.

Lorsque le fief d'où relève l'objet vendu appartient indivisément à plusieurs personnes, l'un d'entre eux peut-il opter le *retrait seigneurial*, & l'autre les droits de mutation? & quel doit être l'effet de cette diversité de choix? Les auteurs ont encore été partagés sur ces questions.

Boerius & Chassaneuz pensent que le *retrait seigneurial* ne peut pas avoir lieu, si les seigneurs ne se concilient pas pour l'exercer tous ensemble. (*Ad cons. Burgund. rub. 10, verbo* Retenue, *n. 4.*)

Indépendamment des inconvéniens de l'indivision, que le sentiment contraire autoriseroit, ces auteurs soutiennent que dès qu'il n'y a qu'un seul titre de fief, il n'y a aussi qu'un seul droit de seigneurie directe; que le droit de *retrait*, étant inhérent au fief, appartient plutôt à la seigneurie qu'à la personne des seigneurs; que les coseigneurs ne doivent être considérés que comme un seul & même seigneur; qu'ils ne peuvent pas plus qu'un seul seigneur, investir pour une partie de ce qui se trouve dans leur mouvance, en retenant le surplus; & qu'il ne doit pas dépendre d'eux d'empirer la condition du fief servant, en étendant le droit de *retrait* à chaque portion en particulier. (Molin. §. *13, gl. 1, n. 51.*)

Rosenthal pense au contraire que le coseigneur

peut exercer le *retrait* séparément pour sa portion, sans qu'on puisse l'obliger de prendre le tout. Il ne pourroit pas même, dit-il, le prendre, de concert avec les acquéreurs, sans le consentement de ses coseigneurs. (*Synopsis juris feud. cap. 9, membr. 2, concl. 91, n. 2.*)

Le plus grand nombre des auteurs estime avec Dumoulin, que chaque seigneur peut retirer la portion dont il a la directe, en laissant à l'acquéreur l'option de lui abandonner la totalité du domaine. Cette alternative, en conservant les droits de chaque coseigneur auquel le fait de ces copropriétaires ne doit pas pouvoir nuire, indemnise aussi complettement qu'il est possible l'acquéreur. M. de la Rocheflavin cite, sur cette question, trois arrêts du parlement de Toulouse, dont les deux derniers du moins l'ont décidé de cette manière. Le premier, qui est du 2 avril 1572, a jugé que le seigneur peut prendre la totalité de la chose vendue, en rendant à l'acquéreur le prix principal & les lods qu'il avoit payés à son coseigneur. Le second & le troisième, des 7 avril 1588 & 22 décembre 1601, ont jugé que si l'acquéreur refusoit d'abandonner la totalité du fief, le seigneur pouvoit retirer sa portion en en restituant le prix à l'acquéreur, suivant l'estimation au prorata de la vente. (*Arrêts notables, liv. 5, chap. 13, art. 6, 17 & 18.*)

Pithou cite un arrêt semblable sur l'article 27 de la coutume de Troyes.

§. VII. *De la cession du retrait seigneurial.* Le *retrait* lignager n'est point cessible, parce que c'est un privilège personnel que les coutumes attribuent à la famille du vendeur, ou à certaines branches de cette famille. Au contraire, le *retrait seigneurial* étant un droit réel attaché à la seigneurie qui a la mouvance de l'héritage vendu, il en résulte que l'action en est cessible.

La question a néanmoins fait des difficultés autrefois, & Dumoulin pensoit même que le *retrait seigneurial* n'étoit pas cessible. Mais son opinion est aujourd'hui généralement abandonnée, & avec raison. Le *retrait seigneurial* a été principalement introduit, afin que le seigneur ne fût pas obligé d'admettre un vassal qui ne lui convenoit pas, & pour qu'on ne pût pas frauder les droits qui lui sont dus en cas de vente, par l'expression d'un prix inférieur à la valeur du domaine, & aux véritables conventions des parties; ce but n'auroit été rempli que bien imparfaitement, si le seigneur n'eût pu rejetter l'acquéreur qu'en prenant le marché pour lui-même.

Aussi la jurisprudence est-elle bien constante à ce sujet, du moins dans le ressort du parlement de Paris, & dans tous les autres parlemens des pays coutumiers. Il en faut excepter le parlement de Normandie, qui a rejetté la cession du *retrait* par l'article 116 du réglement de 1666, & dans le ressort même du parlement de Paris, un petit nombre de coutumes, telles que Chartres, *art. 65*; Loudunois, *chap. 17, art. 4*; Montargis, *chap. 1, art. 5*; Tours, *art. 188*; Vitry, *art. 65*, qui n'accordent le droit de *retrait seigneurial* que pour réunir au fief l'héritage vendu.

Quant aux pays de droit écrit, on peut consulter le §. VI de l'article PRÉLATION.

Dans les coutumes du Maine & de Bourbonnois, où le fermier peut exercer le droit de *retrait* en vertu de la coutume seule, on a douté s'il pouvoit céder ce droit. Un arrêt du 26 avril 1636, rendu pour la coutume du Maine, & rapporté par Brodeau sur l'article 20 de Paris, *n. 8*, a jugé qu'il le pouvoit céder, soit qu'il fût exprimé dans son bail, ou qu'il n'eût pas été réservé. Auroux des Pommiers est du même avis sur l'article 474 de la coutume de Bourbonnois. Guyot a cru néanmoins devoir s'écarter de cette décision par deux raisons. « La première est, dit-il, que l'article 410 » de la coutume du Maine ne donne point le » droit de *retrait* au fermier, mais lui permet seu» lement de retirer *au nom* du seigneur comme » présumé son mandataire; ainsi c'est pour le sei» gneur qu'il retire : aussi, après la ferme finie, le » seigneur, en le remboursant dans l'an, recouvre » son fief : or, si ce n'est pas comme ayant le » droit dans son bail qu'il retire, s'il ne l'exerce » pas *pour lui, peut-il le céder?* La seconde, c'est » qu'en le cédant il nuit au seigneur, qui, après » la ferme finie, ne peut plus le recouvrer, sui» vant l'article. Car ce *retrait* étant fait par autre » que par le fermier, au vu du seigneur, c'est » au seigneur à l'empêcher; & s'il ne l'empêche » pas, il est censé ne pas vouloir l'exercer, & » approuver cette cession, au moins est-ce une » question, ou plutôt un procès, qu'on donne au » seigneur. Et je croirois dans les bons principes, » que dans ces coutumes dont la disposition est si » singulière, on ne peut étendre cette disposition, » & permettre à un fermier la cession d'un droit » que la coutume *ne lui donne pas*, & qu'elle ne » lui permet d'exercer qu'*au nom du seigneur*, » pour, par le seigneur, s'il veut rembourser dans » l'an de la ferme finie, retirer ce fief des mains » du fermier ». (*Du retrait seigneurial, chap. 11, n. 2.*)

Ces observations peuvent rendre la question problématique. Ne peut-on pas répondre néanmoins que les coutumes du Maine & de Bourbonnois n'ont attribué le *retrait seigneurial* au fermier, que parce qu'elles ont regardé que c'étoit un droit utile de la seigneurie, & dès-lors, ne doit-il pas avoir le droit d'en disposer comme du surplus des autres objets compris dans sa ferme, dès que ce droit est reconnu cessible? C'est le seul moyen de le lui rendre véritablement aussi avantageux qu'au seigneur, aux droits duquel les coutumes ont entendu le subroger.

§. VIII. *De la concurrence du retrait seigneurial avec le retrait lignager.* Il y a à cet égard, une opposition absolue entre les pays de droit écrit

& les pays coutumiers. Dans les pays de droit écrit, le droit de prélation est incontestablement préférable au *retrait* lignager, lorsque ce dernier y est admis. Dans les pays coutumiers au contraire, le *retrait* lignager est toujours préféré au *retrait* féodal.

On objecteroit vainement que le *retrait* lignager n'étant qu'une grace de la coutume, il devroit céder au *retrait seigneurial*, qui est renfermé dans le droit de directe, qui appartient au seigneur; les loix, lorsqu'elles accordent des graces, étant toujours censées les accorder sans préjudice du droit des tiers. La raison de décider, dit Pothier, est que par la nature de l'inféodation & de l'investiture, le seigneur, en concédant son héritage à titre de fief, ou en recevant en foi un acquéreur, est censé lui concéder le fief pour lui & pour toute sa parenté. C'est pourquoi il ne peut refuser d'en accorder le renouvellement d'investiture à ceux de cette parenté, ni par conséquent exercer sur eux le *retrait* féodal, qui consiste dans le refus d'investiture. (*Traité des retraits*, *n.* 539.)

Par la même raison, lorsque le seigneur a prévenu les lignagers dans l'exercice du *retrait*, ou même lorsqu'il a acheté directement l'héritage, les lignagers peuvent exercer le *retrait* sur lui. Les coutumes de Blois, *art.* 208; de Chartres, *art.* 70; de Montargis, *chap.* 16, *art.* 11 & 18; d'Orléans, *art.* 365, & quelques autres, le décident expressément.

Tout au contraire, si l'acquéreur est lignager du vendeur, le seigneur de fief est exclu du *retrait*, parce que l'héritage n'est point sorti de la famille, & que l'acquéreur, comme lignager, lui seroit préféré, si la chose avoit été vendue à un étranger; la coutume de Poitou le décide expressément dans l'article 346; & c'est-là le droit commun.

L'article 361 de cette coutume décide encore la même chose dans le cas où le mari acquiert, durant le mariage, un héritage des parens & lignagers de sa femme. *Car c'est autant*, dit-il, *que s'il avoit été vendu à ladite femme*, qui peut avoir le domaine ainsi que ses héritiers, par le *retrait* de mi-denier.

Poquet de Livonière pense que cette décision de la coutume de Poitou doit être étendue à toutes les autres, qui n'ont rien de contraire, à cause de l'étroite union qui est entre le mari & la femme, & qui fait qu'un des conjoints jouit des droits de l'autre, suivant la disposition des coutumes d'Anjou, *art.* 396, & du Maine, *art.* 407. Enfin, cet auteur ajoute que le seigneur ne peut pas retirer sur l'étranger qui a des enfans lignagers, c'est-à-dire, nés d'une mère lignagère, qui est prédécédée, parce qu'il y a lieu d'espérer que les héritages acquis retourneront un jour dans la ligne d'où ils sont procédés par la succession du père, qui est naturellement destinée aux enfans.

L'article 156 de la coutume de Paris, dit effectivement, « que quand celui qui n'est en ligne » a des enfans, qui sont en ligne, *retrait* n'a lieu ». M. Tiraqueau prouve aussi, par plusieurs autorités, dans son traité du *retrait* lignager, §. 20, que l'article 361 de la coutume de Poitou, doit être étendu à d'autres cas semblables.

Il est vrai que cet auteur & l'article 156 de la coutume de Paris ne parlent que du *retrait* lignager. Mais la décision doit être suivie à plus forte raison pour le *retrait seigneurial*, qui, comme on vient de le voir, ne marche à cet égard qu'après le *retrait* lignager.

Cette préférence du *retrait* lignager sur le *retrait* féodal, souffre quelques exceptions.

La première auroit lieu, si le seigneur, par le contrat d'inféodation, s'étoit réservé, en cas d'aliénation, la préférence du *retrait* sur les lignagers. Cette clause, qui est l'une des conditions de l'inféodation, forme la loi des parties. Mais le *retrait* que le seigneur exerce est alors un *retrait* conventionnel, plutôt qu'un *retrait seigneurial*, comme Dumoulin l'a établi sur la coutume de Paris, §. *78*, *glos.* 1, *n.* 144 & *suiv.*

Une seconde exception, qui concerne plus proprement le *retrait seigneurial*, a lieu lorsque sur la demande en *retrait* lignager qu'un parent a formée pour les choses de sa ligne, l'acquéreur qui les a acquises avec d'autres biens qui ne sont pas de cette ligne, offre de le connoître au *retrait* pour le tout. Dans ce cas, le seigneur de fief eût exercer le *retrait* pour les choses qui ne sont pas de la ligne du parent auquel elles ont été délaissées. Il doit être préféré au parent, suivant l'avis de du Pineau & de Livonière. Mais ce dernier auteur observe avec raison, qu'on peut bien dire dans cette espèce que le seigneur est préféré au parent, mais non pas le *retrait seigneurial* au *retrait* lignager; « parce que le *retrait* lignager n'a lieu en choses » qui sont de la ligne que par accident, & par » la volonté de l'acquéreur ».

§. IX. *Du temps dans lequel le retrait seigneurial doit être exercé.* L'article 20 de la coutume de Paris, qu'on suit dans les coutumes qui n'ont pas de dispositions contraires, porte que le seigneur doit exercer le *retrait seigneurial* « dans les quarante » jours, après qu'on lui a notifié la vente & exhibé » les contrats, & d'iceux baillé copie ».

L'article 49 de la coutume d'Orléans veut que le seigneur exerce le *retrait* dans les quarante jours depuis les offres de foi. Elle n'oblige l'acheteur, après avoir notifié son acquisition à celui à qui ce droit de *retrait* appartient, qu'à l'assigner pour voir dire qu'il sera tenu d'exercer, si bon lui semble, dans le temps qui lui sera fixé par le juge, le *retrait* qu'il a droit d'exercer, sinon que, faute par lui de l'exercer dans ledit temps, il en demeurera de plein droit déchu pour cette fois.

Les coutumes d'Anjou, *art.* 347, & du Maine, *art.* 359, étendent le temps du *retrait* jusqu'à l'an & jour de la prise de possession, comme le *retrait* lignager; d'autres, comme la coutume de Tours, *art. 34*, limitent le terme de cette action à quinze jours. La coutume de Loudun, *tit. 17*, *art. 1*, n'accorde au seigneur que huit jours, à compter de celui où on lui aura exhibé le contrat, en lui laissant l'original, c'est-à-dire, la grosse, ou le double collationné à l'original, en sa présence ou celle de son juge & procureur. La coutume de Poitou a des dispositions peu différentes dans les articles 23 & 25.

Toutes ces variétés doivent être observées dans le territoire de chaque coutume.

Lorsqu'on a compris dans un seul marché, plusieurs domaines qui ne relèvent pas du même seigneur, ou qui ne sont pas tous sujets au *retrait seigneurial* envers lui; par exemple, si les uns relèvent de lui en fief, & les autres en roture, dans les coutumes où le *retrait* censuel n'est pas admis, il faut nécessairement faire une ventilation pour mettre le seigneur à portée de percevoir ses droits de mutation, ou d'opter le *retrait*. Le terme fatal pour l'exercice de ce droit ne peut donc pas courir jusqu'à ce qu'elle soit faite. *Voyez* au surplus l'article NOTIFICATION.

Suivant le droit commun, lorsque l'acquéreur n'a pas exhibé son contrat ou rempli les autres formalités qui font courir le temps du *retrait seigneurial*, le seigneur peut retirer, dans les trente ans de la date du contrat. C'est la disposition expresse des coutumes d'Anjou, *art. 391*; du Maine, *art. 401*; de Poitou, *art. 26*, & de plusieurs autres. La coutume de Paris même porte, dans l'article 20, que les quarante jours pour le *retrait* féodal, ne courent que du jour de la notification & exhibition du contrat; & comme il s'agit ici d'une charge réelle, que l'acquéreur ne pouvoit pas ignorer, les commentateurs ont conclu de-là qu'à défaut d'exhibition, le temps du *retrait* duroit trente années.

Cependant les coutumes de Tours, *art. 36*, & de Loudun, *tit. 17*, *art. 3*, comprennent le droit de *retrait seigneurial* dans la prescription qu'opère le tenement de dix ans.

Le Proust de Beaulieu, dans son commentaire sur la coutume de Loudun, paroît croire que ce temps de dix années *ne doit être compté que du jour de l'exhibition, ou du jour que le contrat a été notifié au seigneur*. Il invoque à cet égard les règles du droit commun, prescrites par la coutume de Paris.

Livonière & Guyot sont, avec raison, d'un avis contraire; il est évident que le Proust confond ici le délai qui a lieu avant l'exhibition avec celui qui a lieu à défaut d'exhibition. C'est ce dernier qui se prescrit par le tenement de dix ans. Il ne faut donc pas attendre l'exhibition pour le faire courir.

Guyot ajoute que ce tenement court à compter *du jour du contrat*. Mais n'est-il pas plus naturel de dire qu'il ne doit courir qu'à compter du jour où l'acquéreur est entré en possession?

Guyot reconnoît lui-même, d'après Sainxon, qu'il faut excepter le cas de fraude, & qu'il est nécessaire, pour que le tenement ait lieu, que l'acquéreur ait joui publiquement. C'est ce que la coutume de Loudunois indique en disant que le seigneur n'est exclu du *retrait par tenement continuel de sujet, moins de dix ans*.

Au reste, ce tenement de dix années, qui opère la prescription du *retrait*, n'empêche pas que le seigneur ne puisse demander les lods & ventes pendant trente ans, suivant l'article 146 de la coutume de Tours.

Quelle que soit d'ailleurs l'étendue du délai fixé par les coutumes pour l'exercice du *retrait* après l'exhibition, il est bien certain qu'il court contre les personnes privilégiées, telles que l'église, les mineurs, &c. On l'observe ainsi pour toutes ces prescriptions à court terme, qui, sans cela, ne seroient presque d'aucun usage. En est-il de même de la prescription de trente ans, ou de tel autre temps que les coutumes accordent au seigneur à défaut d'exhibition? La question pourroit faire de la difficulté dans ces dernières coutumes, si l'on y suivoit la distinction triviale entre les prescriptions coutumières ou statutaires & les prescriptions légales. On prétend que les premières courent contre les mineurs comme contre les majeurs.

Il est même véritable que le *retrait* lignager se prescrit par trente ans contre toutes sortes de personnes. Les coutumes de Paris, *art. 131*; d'Anjou, *art. 456*; du Maine, *art. 464*; de Poitou, *art. 362*; de Tours, *art. 197*, &c. le décident expressément.

Aussi Poquet de Livonière, *liv. 5*, *chap. 6*, n'a-t-il pas balancé à étendre cette décision au *retrait* féodal. Il suppose que les coutumes qu'on vient de citer le règlent de cette manière. Mais elles ne parlent que du *retrait* lignager, & seulement de la prescription d'an & jour. Il faut en excepter celle du Maine, qui dit en général que la prescription ne court contre les mineurs, *fors en matière de retrait*.

Il y a une raison particulière pour assujettir à la prescription de trente ans, pour le *retrait* lignager, les personnes privilégiées. Comme ce droit appartient à toute la famille, on ne peut pas dire que la minorité de quelques-uns de ses membres doive arrêter la prescription; si cela étoit, l'action de *retrait* lignager pourroit durer des siècles. Mais il n'en est pas ainsi du *retrait seigneurial*; comme il appartient déterminément à telle ou telle personne, il ne paroît pas juste d'en faire courir le délai contre les mineurs. Dumoulin l'a ainsi résolu sur la coutume de Paris, §. 20, *gl. 12*, *n. 11*: *de hac prescriptione* (*tricennariâ*), dit-il, *debent deduci omnia quæ subducuntur de præscriptione tricennaria, puta pupillaris ætas patroni*.

Pothier est du même avis dans son traité des *retraits*, *n. 613*, & j'ai vu des consultations de jurisconsultes éclairés qui le décidoient aussi de cette manière.

§. X. *De la forme dans laquelle le retrait seigneurial doit être exercé.* L'exercice du *retrait seigneurial* n'est point sujet à des formalités particulières comme le *retrait* lignager. Le seigneur peut retirer par voie d'action ou par voie d'exception.

Lorsqu'il retire par action, la demande doit être donnée dans la même forme que les demandes ordinaires. Si l'exploit de demande est déclaré nul pour quelque nullité d'ordonnance, le jugement qui le déclare nul n'emporte pas la déchéance de l'action de *retrait*, & le retrayant est admis à l'intenter par un nouvel exploit, s'il est encore dans le temps de l'intenter : il peut même, sans attendre le jugement, donner un nouvel exploit de demande en déclarant qu'il se désiste du premier. (Pothier, *des retraits*, *n. 591.*)

Par la même raison, les nullités d'exploit dans le *retrait seigneurial* n'ayant aucun trait au fond, doivent être proposées dès l'entrée de l'instance, comme dans les actions ordinaires, suivant l'article 5 du titre 5 de l'ordonnance de 1667, & se couvrent par la litis-contestation; au lieu que dans le *retrait* lignager, elles peuvent être opposées jusqu'au jugement définitif, & même en cause d'appel.

Le *retrait seigneurial* peut aussi s'exercer par forme d'exception. Par exemple, si le seigneur a saisi féodalement à défaut d'homme, & que l'acquéreur lui fasse des offres pour les voir déclarer bonnes & valables, en demandant la main-levée de la saisie, le seigneur peut répondre qu'il entend retenir le domaine par droit de *retrait seigneurial*, en offrant d'indemniser l'acquéreur. C'est même là la manière la plus naturelle d'exercer ce *retrait*, qui n'est, à proprement parler, de la part du seigneur, qu'un refus d'investiture. Voilà pourquoi plusieurs coutumes l'appellent *retenue par puissance de fief*. Celle du Maine en a une disposition expresse dans l'article 429. Il y est dit, « que le sujet qui est devant » son seigneur de fief est vu être en jugement » pour besogner avec lui, & pour ce, peut ledit » seigneur, sans attendre ses plaids ou assises, faire » le *retrait* féodal ».

Cette voie ne paroît pas néanmoins devoir être adoptée dans la coutume d'Anjou, qui dit expressément dans l'article 392, que tout *retrait* doit être fait en jugement.

Les obligations du retrayant, en ce qui concerne le prix, les loyaux-coûts de l'acquisition & les mises dont l'acquéreur doit être remboursé, sont généralement les mêmes dans le *retrait seigneurial*, que dans le *retrait* lignager. Il faut seulement observer que le délai fatal de vingt-quatre heures, ou tel autre terme prescrit par les coutumes pour le remboursement du prix dans le *retrait* lignager, ne peut pas être adopté pour le *retrait seigneurial*, sauf dans les coutumes qui, comme celles d'Anjou, *art. 388*, & du Maine, *art. 398*, décident le contraire. Si l'acquéreur n'élève pas de contestation, il paroît naturel d'exiger que le paiement soit fait dans les quarante jours, ou dans tel autre délai prescrit par la coutume du lieu pour l'exercice du *retrait seigneurial*. Mais lorsqu'il y a eu contestation sur le *retrait*, Brodeau pense que le remboursement doit être fait dans le temps qui sera fixé par le jugement qui adjugera le *retrait*.

Si le domaine a subi successivement plusieurs mutations, sans que le seigneur ait usé du *retrait* ou fait aucun acte qui puisse l'en exclure, Dumoulin décide avec raison sur la coutume de Paris, *gl. 5*, *n. 44*, que le seigneur peut retirer indistinctement sur toutes les ventes qui ont été ainsi faites depuis trente ans, & par conséquent ne rembourser que le prix de la moins chère de toutes. (Pothier, *introduction au titre des fiefs de la coutume d'Orléans*, *n. 579.*)

La Rocheflavin, dans son traité des droits seigneuriaux, *tit. 13*, *chap. 3*, *n. 171*, rapporte un arrêt du 3 août 1594, qui l'a ainsi jugé.

§. XI. *Des fins de non-recevoir qu'on peut opposer au retrait seigneurial.* Il y a des cas où le seigneur n'est plus recevable à exercer le *retrait*, quoiqu'on n'ait pas rempli envers lui les formalités nécessaires, pour en faire courir le délai, ou que ce délai ne soit pas expiré.

L'art. 21 de la coutume de Paris porte que « si » le seigneur féodal a reçu le quint denier à lui dû, » à cause de la vendition du fief mouvant de lui, » *chevi*, (c'est-à-dire composé) ou baillé souf- » france, ledit seigneur féodal ne peut plus retenir » ledit fief, par puissance de fief, pour l'unir & » mettre en sa table, à cause d'icelle vendition ».

Il est effectivement évident que dans les deux premiers cas la perception du quint & la *chevissance*, le seigneur s'est désisté de son droit de *retrait*, qui ne peut pas concourir avec celui du quint, & que dans les autres, il a reconnu l'acquéreur pour son vassal. Cela est vrai, même pour la souffrance, puisqu'elle équipolle à foi tant qu'elle dure, suivant l'article 42 de la coutume de Paris.

Dumoulin avoit cru qu'il falloit en excepter la souffrance qui a lieu en cas de minorité, parce qu'elle est nécessaire & forcée. Le Grand a embrassé la même opinion sur l'article 27 de la coutume de Troyes, *glose 9*, *numéro 9*.

Guyot s'en est écarté & avec raison; car la souffrance qui est due au mineur ayant besoin d'être demandée, quoiqu'elle ne puisse pas être refusée dans les cas ordinaires, le seigneur qui l'accorde au mineur est censé le reconnoître pour vassal; il pouvoit la refuser, en déclarant qu'il vouloit exercer le *retrait*.

La demande que le seigneur feroit du droit de quint l'excluroit du *retrait* s'il avoit une connoissance exacte du contrat, & si l'acquéreur y acquiesçoit. Si l'acquéreur contestoit sur cette demande & refusoit de payer, le seigneur pourroit varier & revenir au *retrait*.

Il en seroit de même si l'acquéreur avoit commis

une fraude pour priver le seigneur du *retrait*; par exemple, s'il avoit reduit le prix du contrat par une contre-lettre faite avec son vendeur : la découverte de cette fraude rendroit le seigneur restituable contre tous les actes approbatifs de la vente qu'il auroit pu faire, même contre la quittance du quint & la réception en foi. (*Molin. ad. conf. Parif.* §. 21, *numéros 4 & 5.*)

Au reste, la coutume de Normandie forme une exception aux règles qu'on vient de tracer : c'est le vendeur qui, dans cette coutume, est chargé de payer le treizième dû au seigneur en cas de vente. L'article 182 porte en conséquence, « que » le seigneur ayant reçu le treizième d'héritage » vendu par son vassal, peut néanmoins le retirer, » en rendant le treizième; mais s'il a reçu le relief » ou la foi & hommage, il ne le peut plus retirer, » d'autant qu'il l'a reconnu à homme & eu pour » agréable; toutefois si l'acheteur s'est chargé du » treizième, & le seigneur l'a reçu de lui, par sa » main ou signé l'endos du contrat de vendition, » il n'est plus reçu à la clameur ».

Cette disposition ne doit point être étendue aux autres coutumes, pas même à celles qui chargent aussi le vendeur de payer les droits de mutation.

On ne peut pas non plus conclure de la fin de non-recevoir qui résulte du paiement du droit de quint, ou des autres droits dus en cas de vente, que le seigneur seroit aussi privé du *retrait* des rotures, dans les coutumes qui l'admettent, s'il avoit reçu le paiement du cens.

La raison de la différence est que le cens est une redevance annuelle dont l'héritage est toujours chargé, quel qu'en soit le possesseur. Il est également dû, soit qu'on jouisse à titre onéreux, lucratif, perpetuel, ou temporaire. Il ne suppose donc pas de propriété dans celui qui le paie, & bien moins encore un titre équipollent à vente.

La réception des droits de mutation ou de l'hommage, & les autres actes qui rendent le seigneur non-recevable dans l'exercice du *retrait*, n'ont même cet effet que lorsque c'est le seigneur en personne, son tuteur, ou son fondé de procuration générale qui les a faits; s'ils ont eu lieu de la part d'autres personnes à son insu, même de la part de ceux qui pouvoient avoir droit au quint, ou qui peuvent recevoir l'hommage; par exemple, si le quint a été payé au fermier, qui en avoit la concession dans son bail, si l'hommage a été reçu par les officiers de la seigneurie, le seigneur peut toujours exercer le *retrait*. Un arrêt célèbre du 10 mars 1717, rapporté au *sixième volume du Journal des Audiences*, l'a ainsi jugé dans ce dernier cas pour madame la princesse de Conty.

Cette règle reçoit néanmoins une exception pour le domaine du roi. La distance qui sépare ici les vassaux de leur seigneur, l'importance & la multiplicité des fonctions publiques dont le souverain est chargé, ne lui permettent guère d'exercer par lui-même celles de seigneur. Ces motifs ont fait établir les bureaux des finances & les administrations des domaines, pour la conservation des droits des fiefs qui lui appartiennent. Dans l'espèce de partage qui attribuoit aux premiers la réception des hommages, des aveux & des autres devoirs du vasselage purement honorifiques & conservatoires, & aux derniers la perception des droits utiles, tels que les quints & autres droits de mutation, on pouvoit douter quand & comment les acquéreurs pourroient faire courir contre le domaine les délais prescrits par les coutumes pour l'exercice du *retrait seigneurial*.

Pour remédier à cet inconvénient, on a introduit une formalité uniforme pour tous les objets mouvans du roi, tant en fief qu'en roture, celle de l'ensaisinement par les administrateurs du domaine. C'est ainsi qu'on interprète l'édit du mois de mai 1710, qui, après avoir prescrit la formalité de l'ensaisinement, ajoute : « voulons que les ac- » quéreurs & nouveaux possesseurs desdits fiefs, » terres, seigneuries & héritages, ne puissent » acquérir aucune prescription qu'à compter du » jour de l'ensaisinement & enregistrement des » titres de leur propriété, ès registres de nosdits » receveurs-généraux des domaines & bois »; Tant que cet ensaisinement n'a pas eu lieu, les acquéreurs sont toujours exposés au *retrait*, même après la réception en foi & tous les autres actes, par lesquels le roi ou ses officiers paroîtroient avoir agréé l'acquéreur. Cela a été ainsi jugé par divers arrêts de toutes les cours.

Un premier du 11 mai 1722 a été rendu au parlement en faveur de la duchesse de Richelieu, qui avoit acquis la principauté de Poix; elle s'en étoit fait ensaisiner par le receveur des domaines d'Amiens, & elle en avoit porté la foi & hommage à la chambre des comptes; le duc de la Trémoille, cessionnaire des droits de *retrait*, lui opposoit assez mal à propos, que cet hommage auroit dû être fait au bureau des finances d'Amiens; il ajoutoit que les lettres de cession du droit de *retrait* avoient une date antérieure à cette foi & hommage, quoiqu'elles eussent été enregistrées postérieurement. La duchesse de Richelieu se prévaloit de son côté, de sa qualité de veuve d'un commandeur des ordres du roi, qui lui attribuoit l'exemption des droits seigneuriaux, d'où elle concluoit à celle du *retrait*; mais elle observoit en même temps que les lettres de don du *retrait* étoient postérieures à l'ensaisinement; & ce moyen eut le succès qu'il devoit avoir pour faire rejetter le *retrait*.

On trouve deux arrêts semblables, rendus par la chambre des comptes, le 21 février 1737 & le 6 septembre 1738; l'un pour la terre de la Chesonnelle en faveur de la veuve Baudouin, l'autre pour la châtellenie de la Guerche, située dans la province du Maine, en faveur du sieur Coupert, contre M. de Vayer, maître des requêtes, qui avoit obtenu du roi la cession du *retrait* à cet égard.

Sur les mêmes principes le parlement a rendu, le 2 août 1749, un arrêt contre le sieur Valet de la Touche, secrétaire du roi, qui, à cause de l'exemption des droits seigneuriaux, attachée alors à sa qualité, avoit cru pouvoir se dispenser de prendre l'ensaisinement pour la terre de Marennes en Saintonge, qu'il avoit acquise dans la mouvance du roi, le 27 octobre 1744. Il en avoit fait la foi & hommage à la chambre des comptes, le 30 avril 1745 : mais le *retrait* n'en fut pas moins adjugé à M. le duc de Richelieu, qui avoit obtenu, le 17 février 1746, des lettres de don de ce droit. Le sieur de la Touche objectoit néanmoins, indépendamment de l'hommage fait à la chambre des comptes, que le roi l'avoit encore agréé pour vassal, en qualité de nouvel acquéreur, par des lettres-patentes du mois d'août 1745.

Un cinquième arrêt est intervenu au conseil, le 21 août 1761, contre le sieur de Betous, à qui le roi avoit cédé le *retrait* de la seigneurie de Panjas, acquise par le sieur de Baylac. Ce dernier demanda au conseil le rapport des lettres de cession ; ses moyens étoient l'ensaisinement de son contrat & la prestation de foi antérieure. L'arrêt ordonna le rapport des lettres, les déclara nulles, & fit défenses au sieur de Betous de s'en servir.

Un sixième arrêt est intervenu au parlement le 16 juillet 1762, sur les conclusions de M. Séguier, avocat-général, en faveur du comte de Langeac, contre le sieur Ribeyre, à qui M. le président de Lamoignon avoit vendu la terre de la Queuilhe, le 20 avril 1761 ; son contrat avoit été ensaisiné le 7 mai suivant, par le receveur des domaines, & il avoit prêté la foi & hommage, le 13, au bureau des finances de Riom : mais le comte de Langeac avoit obtenu des lettres de cession du droit de prélation dès le premier du même mois, qu'il ne présenta à l'enregistrement que le 10 juin. Il exerça le *retrait* par assignation du 9 juillet 1761.

Le sieur Ribeyre soutint que, par l'ensaisinement, le roi étoit réputé l'avoir mis en possession, & que, par la foi & hommage, il l'avoit reconnu pour vassal.

Le comte de Langeac répondoit que l'ensaisinement ne pouvoit nuire au *retrait*; que la foi & hommage avoit été reçue *sans préjudice des droits de sa majesté*.

Le sieur Ribeyre repliquoit avec raison, que cette clause étoit de style, qu'elle n'ajoutoit rien à celle-ci, *sauf le droit du roi en autre chose*. Effectivement l'acte de foi & hommage, rendu par la duchesse de Richelieu en 1722, contenoit les mêmes réserves. Le *retrait* fut néanmoins rejetté dans l'affaire de la duchesse de Richelieu ; il fut admis dans celle du sieur Ribeyre ; la date de l'ensaisinement est la seule différence qui se trouve entre ces deux espèces. Dans la première il étoit antérieur aux lettres de don, il étoit postérieur dans la seconde.

Tous ces arrêts sont rapportés par Jacquet dans son traité des fiefs, *chapitre 10*, & par M. Chabrol dans son commentaire sur la coutume d'Auvergne, *chap. 21, art. 2, sect. 1, p. 41, & sect. 2, p. 60*. Mais ces deux auteurs ne les ont point entendus, puisqu'ils y trouvent de la contradiction. C'est aussi mal-à-propos que ce dernier auteur suppose que la coutume de Saintonge exclut le *retrait féodal*, & qu'on opposa ce moyen lors de l'arrêt de 1749, rendu pour le maréchal de Richelieu. La terre de Marenne est régie non par la coutume de Saintonge, mais par l'*usance* de Saintes, qui n'a force de loi que lorsque les parties en demeurent d'accord, ou lorsqu'elle a été confirmée par divers jugemens, ou constatée par des actes de notoriété. Cette *usance* ne rejette point le *retrait féodal*, mais elle en exclut seulement le roi ; & Bechet observe *que la hauteur suprême du roi pourroit bien la faire mépriser en ce point*.

Quoi qu'il en soit, la même chose vient d'être jugée par un dernier arrêt du conseil dans l'espèce suivante :

Le 7 juillet 1781, le sieur Duhamel avoit acquis le fief du Buisson-Souef dans la coutume de Sens, & avoit payé les lods & ventes, le 6 août suivant, au préposé de l'administration générale des domaines, qui l'avoit ensaisiné. Le sieur Corvisart ayant obtenu, le 19 janvier suivant, des lettres de don du droit de prélation, le sieur Duhamel en demanda le rapport. Sa demande n'étoit fondée que sur ce qu'il avoit été ensaisiné le 6 août 1781, & que la coutume de Sens n'accorde au seigneur, pour l'exercice du *retrait féodal*, que quarante jours, à compter du jour de l'exhibition du contrat. Par arrêt du 23 juin 1783, « le roi étant en son conseil, faisant droit sur » l'instance, sans s'arrêter aux requêtes & deman- » des dudit Corvisart, dont sa majesté l'a débouté, » ayant aucunement égard à celles du sieur Du- » hamel, révoque ces lettres du droit de prélation » accordées par sa majesté audit sieur Corvisart, » le 19 janvier 1782. Veut & entend en consé- » quence sa majesté, qu'elles soient rapportées & » qu'elles demeurent comme nulles & non ave- » nues ».

§. XII. *Des effets du retrait seigneurial*. Les effets du *retrait seigneurial* sont généralement les mêmes que celui du *retrait lignager*, relativement à toutes les parties intéressées. Il a l'effet de libérer l'acquéreur de toutes les obligations qu'il avoit pu contracter par le contrat, soit envers son vendeur, soit envers des tiers, & de charger le seigneur de ces obligations.

Le *retrait seigneurial* ne forme pas plus des propres dans la succession de celui qui l'exerce, que le *retrait lignager*. Il n'en forme pas dans les coutumes même où le *retrait lignager* imprime cette qualité aux domaines retirés, parce qu'il ne tient point à l'ordre des successions, mais à celui des seigneuries.

Tout au contraire, tandis que, suivant le droit commun, le *retrait lignager* forme des propres de communauté, le *retrait seigneurial* ne fait que des conquêts

conquêts dans toutes les coutumes où il est cessible.

Par la même raison, il n'a pas plus d'effet suivant le droit commun, relativement à la seigneurie, qu'une acquisition ; il n'opère la réunion qu'autant qu'il n'y a pas eu de déclaration contraire de la part du seigneur. Il faut seulement observer que, comme ce n'est pas la demande en *retrait*, mais bien l'exécution qui rend le seigneur propriétaire, c'est lors de l'exécution seulement qu'il faut faire la déclaration de non-réunion, dans les coutumes où cette déclaration est nécessaire. C'est l'avis de Guyot, *chap. 4, n. 12*.

Au reste, quelques coutumes s'écartent du droit commun, en ce qu'il règle le *retrait seigneurial* pour la réunion féodale comme les requisitions ordinaires. Ainsi, l'article 118 de la coutume d'Artois n'admet la réunion qu'en cas de *retrait seigneurial*, en la rejettant toutes les fois que le fief dominant & le fief servant se trouvent dans la même main à tout autre titre.

L'article 93 de la coutume de Clermont en Beauvoisis admet aussi la réunion en cas de *retrait seigneurial* seulement ; l'article 94 veut que le fief acquis par le seigneur dans sa mouvance, à tout autre titre que de *retrait*, fasse un fief particulier tenu du seigneur de l'acquéreur, tant qu'il tiendra les deux fiefs dans ses mains.

Plusieurs autres coutumes, telles que Montargis, *tit. 1, art. 49;* Tours, *art. 188*, sans rejetter la réunion dans les autres cas où le seigneur acquiert les domaines qui sont dans sa mouvance, ne lui permettent d'user du *retrait seigneurial* que pour réunir.

§. XIII. *De la répétition de retrait seigneurial.* Le *retrait seigneurial* étant cessible suivant le droit commun, il importe peu à l'acquéreur, lorsque le seigneur l'exerce personnellement, qu'il retire pour lui, ou pour un tiers. Mais il n'en est pas ainsi des coutumes où le *retrait seigneurial* est incessible. Il n'est pas douteux qu'il n'y eût lieu à l'action en répétition de *retrait*, si le seigneur l'exerçoit pour le céder à un tiers au préjudice du *lignager*. La coutume de Tours en a une disposition expresse dans l'article 189 : « le seigneur de fief, y est-il dit, » ne doit prendre par puissance de fiefs les hérita- » ges acquis en son fief, sinon pour les mettre à » son domaine, *& non en fraude de l'acquéreur* pour » les bailler à un autre : & s'il advient qu'il les » veuille prendre par puissance de fief & les bail- » ler à un autre au-dedans de l'an de la prise par » puissance de fief ; en ce cas le premier acquéreur » les pourra ravoir dedans un an après, en ren- » dant les deniers qu'il en a reçus dudit seigneur » de fief, & en lui payant les lods & ventes qui » étoient dus par l'acquéreur ». (*M. Garran de Coulon, avocat au parlement.*)

Retrait de société et de convenance, dans la coutume de Hainaut, *chap. 95, art. 25*, est le droit qu'un de plusieurs associés ou propriétaires a de retirer la portion que son copropriétaire ou coassocié a vendue.

Retrait volontaire, c'est lorsque l'acquéreur tend le giron au retrayant qui n'a commencé son action qu'après l'année de la saisine, & par conséquent hors le temps accordé par la coutume ; pour lors le *retrait* est volontaire, c'est-à-dire, que l'acquéreur s'y est soumis sans y être obligé, & c'est une véritable vente déguisée sous le nom de *retrait*, laquelle ne résout pas les hypothèques des créanciers de l'acheteur, & est sujette aux droits seigneuriaux. *Voyez* Maillart sur Artois, *art. 123, n. 35.* (*A*)

RETRAITE (*fief de*). *Voyez* Fief de retraite.

RETRANCHEMENT *de l'édit des secondes noces*, est la réduction que l'on fait *ad legitimum modum*, des avantages faits par une personne remariée à son second conjoint, lorsque ces avantages excèdent ce que la loi lui permettoit de donner. On les réduit à la part de l'enfant le moins prenant, & l'excédent que l'on en retranche est ce que l'on appelle *le retranchement de l'édit.*

Dans les pays de droit écrit, ce *retranchement* appartient aux seuls enfans du premier lit, *nov. 22, chap. 27.*

Dans les pays de coutume, il se partage également entre les enfans du premier & du second lits. *Voyez* les mots Édits *des secondes noces*, Part d'enfant, Noces (*secondes*). (*A*)

RETRAYANT, part. est celui qui exerce quelque retrait pour revendiquer un bien auquel il a droit par cette voie. *Voyez* Retrait. (*A*)

Retrayans au chateau, (*Droit féodal.*) on appelle ainsi les habitans d'une seigneurie, ou même ceux du voisinage, qui sont obligés de se retirer dans un château, en cas de péril, eux & tous leurs effets, d'y faire guet & garde la nuit, chacun à son tour, s'il y a titre & possession pour cela, & de contribuer avec les seigneurs aux fossés & menus emparemens nécessaires aux maisons fortes.

Ce droit subsiste sur-tout dans les deux Bourgognes. Dans le duché, il tire son origine d'une ordonnance du duc Jean, donnée à Courtrai le dernier août 1408, qui porte qu'en cas de péril, tous sujets & habitans se retireront, eux, leurs vivres, & autres biens aux forteresses *èsquelles ils ont accoutumé de se retirer d'ancienneté*, en leur imposant les obligations dont on vient de parler. Le texte de cette ordonnance est à la suite du commentaire de Taisand.

Le parlement de Dijon a attesté par une délibération du 9 mai 1665, que cette ordonnance s'observoit encore en Bourgogne. Elle se pratique aussi en Franche-Comté. Philippe II, roi d'Espagne, l'interpréta par une déclaration du 3 novembre 1586, qui contient différentes décisions sur cet objet. *Voyez* le recueil de Petremand, *liv. 8, tit. 1 & 2, pag. 329.*

Ce droit ne sert plus guère aujourd'hui qu'à faire contribuer les habitans du voisinage à des réparations de châteaux qui, souvent, ne sont plus des maisons fortes, mais des maisons à la moderne.

Au reste, les justiciables ne sont pas toujours *retrayans* de la seigneurie de leur domicile, soit qu'autrefois ils se soient soumis à se retirer ailleurs, soit que faute de maison forte dans la seigneurie, ils aient contracté l'habitude d'aller dans un château voisin. *Voyez* le traité des seigneuries par Davot & Bannelier, *n. 63 & note 234. Voyez* aussi l'article GUET & GARDE. (*G. D. C.*)

RÉTROACTIF (*effet*). *Voyez* au mot EFFET, l'article *Effet rétroactif.*

RÉTROCESSION, s. f. est l'acte par lequel nous remettons à quelqu'un le droit qu'il nous avoit cédé auparavant. Le preneur à titre de bail fait une *rétrocession*, lorsqu'il remet les biens au bailleur pour être déchargé du paiement des loyers: les acquéreurs & donataires font des *rétrocessions*, lorsqu'ils remettent les biens aux vendeurs ou donateurs acceptans. Il en est de même de tous les objets mobiliers ou immobiliers, qui, par l'effet d'une convention volontaire, retournent dans la main d'où ils étoient sortis.

RÉUNION, s. f. (*Gramm. & Jurisp.*) est l'action de rejoindre deux choses ensemble, comme quand on réunit au domaine du roi quelque héritage ou droit qui en avoit été démembré. *Voyez* DÉMEMBREMENT, UNION.

RÉUNION FÉODALE, c'est le retour du domaine non allodial au fief qui en a la mouvance, & son incorporation avec lui, opérée par la loi ou par le fait de l'homme.

Cette matière est très-importante. On va la traiter dans les huit paragraphes suivans:

1°. De l'origine de nos loix sur la *réunion féodale.*

2°. Des choses qui sont sujettes à la *réunion féodale.*

3°. Des personnes qui peuvent réunir.

4°. Des titres propres à opérer la *réunion féodale.*

5°. De la manière dont se fait la *réunion féodale.*

6°. Des effets de la *réunion.*

7°. De la durée de la *réunion.*

8°. Des effets de la non *réunion.*

§. I. *Origine de nos loix sur la réunion féodale.* Les règles sur la *réunion féodale* sont bien postérieures à l'établissement des fiefs. Il ne pouvoit guère se présenter de difficultés à cet égard, lors même qu'ils furent devenus héréditaires & aliénables, tant qu'ils ne furent assujettis qu'au service personnel, & que les sous-inféodations, bien loin d'être nuisibles au seigneur de celui qui les faisoit, acquéroient à ce seigneur de nouveaux vassaux en en donnant à son vassal immédiat. Quand le fief du vassal immédiat retournoit au seigneur, les sous-inféodations étoient révoquées de plein droit, à moins que le seigneur ne les eût agréées expressément; qu'il ne fût l'héritier de son vassal, ou qu'il ne fût tenu de ses faits par quelque autre cause. (Strykius, *cap. 19*, §. *31.*)

Ce n'est guère que lorsque les profits de fief furent constamment établis pour les mutations, que l'on songea à discuter les questions que pouvoit faire naître la *réunion.* Les seigneurs des grandes terres qui vouloient mettre des bornes à la faculté de sous-inféoder, prétendirent que les arrière-fiefs retournés dans la main de leurs vassaux, devoient être sujets aux restrictions imposées au fief principal. Les vassaux étoient intéressés à soutenir le contraire, pour pouvoir disposer librement de leur fief.

Il paroît que, dès le temps de Beaumanoir, la *réunion* avoit lieu de plein droit, & que son effet étoit perpétuel; c'est ce qu'on voit au chapitre 47 de ses coutumes de Beauvoisis.

Dans d'autres pays, la *réunion* avoit bien lieu de plein droit, à l'effet d'assujettir l'arrière-mouvance aux mêmes charges que le fief immédiat, tant qu'elle restoit dans la main du vassal; mais il pouvoit accenser ou sous-inféoder le domaine ainsi retourné dans sa main. *Voyez* le grand coutumier, *liv. 2, chap. 29, pag. 203.*

Ailleurs on suivit les maximes de notre ancien droit françois sur la possession annale, qui tenoit lieu de l'investiture à certains égards. La *réunion* avoit lieu de plein droit, lorsque le vassal avoit tenu par an & jour le domaine acquis dans sa mouvance. C'est encore la disposition de plusieurs coutumes. *Voyez* la fin du §. IV.

Dans d'autres lieux on prit un autre tempérament; on voulut que la *réunion* ne pût avoir lieu qu'après que le vassal auroit reconnu le seigneur pour le domaine acquis dans sa mouvance, en l'employant dans son aveu; & l'on permit au seigneur d'obliger son vassal à mettre ce domaine hors de ses mains, s'il ne vouloit pas le comprendre dans son aveu.

Dans quelques endroits enfin, où les droits du seigneur étoient, pour ainsi dire, indépendans de l'étendue du fief, on a rejetté la *réunion*, en ne l'admettant de plein droit qu'en cas de retrait seigneurial, parce que le retrait seigneurial n'avoit, dans son origine, d'autre but que de réunir le fonds retiré à la table du seigneur. C'est ainsi qu'on le pratique encore aujourd'hui dans quelques coutumes.

Dans l'ancienne coutume de Paris, où l'on pouvoit se jouer de la totalité de son fief, sans que ce jeu de fief pût nuire, ni servir au seigneur, on crut que les acquisitions faites par le vassal dans sa mouvance, ne devoient pas plus intéresser le seigneur. On pensoit donc que la *réunion* n'avoit lieu qu'autant que l'acquéreur avoit expressément déclaré qu'il entendoit réunir, ou qu'il avoit compris dans son aveu le domaine acquis dans sa mouvance.

Chopin rapporte un arrêt célèbre du 15 mars

1498, qui le juge ainsi, & cette jurisprudence eut même l'approbation de Dumoulin. Elle ne tarda pas néanmoins à être ébranlée. La discussion qui s'éleva lors du procès-verbal de l'ancienne coutume de Paris, sur l'article 183, pour savoir quand le temps du retrait-lignager devoit commencer à courir pour les domaines acquis par un seigneur dans sa mouvance, *& réunis* à sa seigneurie, semble supposer que la *réunion* étoit considérée comme une suite de l'acquisition.

Quoi qu'il en soit, la jurisprudence de la *réunion* de plein droit s'établit bientôt pour la manière de partager ces sortes de biens. Il parut peu convenable de partager roturièrement des biens qui n'étoient plus chargés de cens. Divers arrêts, de 1570, 1579, 1589 & 1599, rendus, soit dans la coutume de Paris, soit dans les coutumes muettes, en ordonnèrent le partage noble. Louet prétend même qu'on l'avoit jugé de cette manière dès 1529. Mais il est contredit à cet égard par son commentateur.

L'article 53 de la nouvelle coutume de Paris ne permet plus de proposer la question dans le droit commun. Il décide que « les héritages acquis par » un seigneur de fief en sa censive, sont réunis » à son fief & censés féodaux, si par exprès le » seigneur ne déclare qu'il veut que les héritages » demeurent en roture ». L'article 135 de la même coutume, porte « que le seigneur qui acquiert » l'héritage tenu de lui, en fief ou en censive, » est réputé être inféodé, ou ensaisiné du jour de » son acquisition publiée en jugement au plus » prochain siège royal ». Mais cette dernière décision n'est relative qu'au retrait lignager, & il s'en faut de beaucoup que ces deux articles aient levé tous les doutes.

§. II. *Des choses qui sont sujettes à la réunion féodale*. Quoique l'article 53 de la coutume de Paris n'ait prononcé la *réunion* que des domaines roturiers, parce qu'il n'a eu pour objet que de régler le partage de ces sortes de biens, cette *réunion* est aussi suivie entre le seigneur & le vassal, pour régler leurs droits respectifs, & on l'applique également aux fiefs que le vassal acquiert dans sa mouvance, & à toutes les dépendances du domaine, nobles ou roturières, qui sont également censées dériver originairement de la concession du vassal.

Lorsque deux fiefs indépendans sont dans la même main, il n'y a point de *réunion* entre eux, quoiqu'ils soient dans la mouvance du même seigneur, parce qu'ils ne sont point censés procéder l'un de l'autre. C'est la décision expresse de quelques coutumes, telles que Melun, *art. 102*, & Clermont en Beauvoisis, *art. 179*. La coutume même de Lorraine paroît le régler ainsi, quoiqu'elle permette de les comprendre dans le même aveu, puisqu'en dispensant le vassal de rendre un aveu détaillé, elle veut néanmoins que les deux fiefs soient distingués. *Voyez* REVERSALES, (*Droit féodal*).

Les coutumes de dépié font une exception à cette règle dans un cas particulier, qui ne fait que la confirmer : lorsque le fief a été dépiécé, si avant le jugement du dépié le vassal acquiert les portions dépiécées, qui, depuis le dépié, formoient autant de fiefs séparés, le tout ne forme plus qu'un seul & même fief, comme auparavant.

Le franc-aleu acquis par le seigneur dans sa justice, ne peut point s'y réunir. C'est mal-à-propos que Chopin, sur la coutume de Paris, *tit. 1, n. 26*; & Brodeau sur Louet, *lettre F, sommaire V, n. 20*, ont enseigné le contraire. Lorsque l'article 68 de la coutume de Paris dit qu'on partage noblement le franc-aleu, *auquel il y a justice, censive, ou fief mouvant de lui*, cela ne doit s'entendre que du franc-aleu, auquel la justice est attachée comme un accessoire qui en dépend.

C'est aussi mal-à-propos que Guyot a voulu faire des distinctions à cet égard entre le franc-aleu noble & le roturier, entre ceux des pays de directe universelle & des pays de franc-aleu, entre ceux qui procèdent de concession, ou qui ne sont fondés que sur la possession. Il est évident que l'indépendance des uns & des autres étant absolue quant à la mouvance, elle doit subsister, dans quelques mains qu'ils se trouvent, & dans celle même du seigneur. La qualité de celui qui le possède ne doit pas en changer la nature.

Telle est au surplus la doctrine de Dumoulin sur la coutume de Paris, §. *1, glos. 5, n. 44*, & de presque tous les autres auteurs. S'il y avoit quelques exceptions à faire à cette règle, ce devroit être plutôt en faveur de ces francs-aleux irréguliers sujets au retrait féodal & aux lods & ventes, dont parlent la coutume d'Anjou dans l'article 140 & Lafonds sur l'article 133 de la coutume de Vermandois.

§. III. *Des personnes qui peuvent réunir*. Puisque la *réunion féodale* incorpore le domaine au fief dont il est mouvant, il s'ensuit qu'il faut être propriétaire de l'un & de l'autre pour réunir.

Cette règle sert à décider une question trop controversée ; si celui qui a l'usufruit du fief & d'un domaine qui en est mouvant, ou l'usufruit de l'un & la propriété de l'autre, peut les réunir ? Il est évident qu'il ne peut pas faire cette *réunion* personnellement. Mais s'il a acquis ou exercé le retrait seigneurial dans la mouvance du fief dont il a l'usufruit, le propriétaire pourra réunir, en exerçant le retrait sur lui, de la manière qu'on a expliqué au mot RETRAIT SEIGNEURIAL.

Il faut en dire autant des acquisitions ou des retraits faits par quelqu'un dans le fief dont il jouit à titre d'engagement, de douaire, de substitution, de garde-noble ou bourgeoise, & même de celles que fait le seigneur suzerain pendant qu'il jouit du fief de son vassal à titre de saisie féodale, ou de rachat.

On doit assimiler aux propriétaires, à l'effet de réunir, tous ceux qui ont l'administration des biens d'autrui, avec pouvoir d'acquérir en son nom, pourvu qu'ils n'excèdent pas leurs pouvoirs. Tels sont les tuteurs. La *réunion* suivra le sort de leur acquisition ; lors même qu'ils ont excédé leur pouvoir, elle sera censée avoir eu lieu dès l'instant de l'acquisition, suivant le droit commun, si le mineur ratifie dans sa majorité. C'est du moins ce qu'on enseigne communément. Mais comme la *réunion* peut être préjudiciable aux mineurs, il semble qu'il doit leur être permis d'insérer la clause de non-*réunion* dans leur ratification, de même qu'ils pourroient ne ratifier que sous d'autres modifications.

On peut appliquer à-peu-près la même distinction à ceux qui ont acquis avec faculté de réméré, un domaine dans la mouvance de leur fief, ou un fief qui a la mouvance sur un de leurs domaines. La *réunion* a lieu de plein droit dans ce cas, suivant le droit commun, mais sous une condition résolutive; elle cessera, si l'on fait usage de la faculté de réméré.

Guyot, qui donne cette décision dans sa dissertation sur la *réunion*, *chap.* 3, *n.* 21 & 24, pense qu'il faut en excepter les coutumes d'Anjou & du Maine, où les ventes à faculté de réméré ne sont considérées que comme des engagemens. Le vendeur & ses héritiers y sont tellement réputés propriétaires du fief, pendant la durée de la faculté, qu'ils sont chargés de faire la foi & hommage au seigneur. Guyot conclut de-là que la *réunion* n'y peut avoir lieu dans ce cas, que du jour où la grace est expirée, quoique ces deux coutumes prononcent la *réunion* de plein droit pour les acquisitions que le seigneur fait dans sa mouvance, ou pour le domaine dont le propriétaire acquiert le fief dominant.

Le même auteur, & Vaslin d'après lui, sur l'article 4, n. 115 de la coutume de la Rochelle, pensent que la *réunion* n'a pas lieu dans le cas où l'un des domaines servant & dominant est possédé à titre de bénéfice d'inventaire, parce que la propriété n'en est pas complette dans la main de l'héritier. Mais comme la prescription peut mettre à couvert de toute demande l'héritier bénéficiaire, il semble qu'on devroit encore lui appliquer la distinction qu'on suit pour l'acquéreur à faculté de réméré.

Il est sensible que le propriétaire partiel d'un fief indivis entre plusieurs personnes, opère la *réunion* des domaines qu'il acquiert dans la mouvance de ce fief, mais proportionnellement à sa portion seulement, quoique Chopin ait cru que la *réunion* avoit lieu pour le tout. L'opinion contraire a été enseignée avec raison par Brodeau, Duplessis, & Guyot, qui prête mal-à-propos un autre sentiment à ces deux auteurs. Ils établissent tous fort bien que les droits de mouvance sont divisibles, au moins intellectuellement.

§. IV. *Des titres propres à opérer la réunion.* Les distributions que les auteurs ont faites de la *réunion* en diverses classes, sont trop inexactes & trop confuses pour qu'on croie devoir s'y arrêter. Il est plus naturel de les rapporter aux six chefs suivans.

I. *Les réunions qui se font en vertu du fief même.* On peut réunir de cette manière à titre de réversion, de retrait seigneurial, de commise, ou de dépié de fief. *Voyez* sur ces trois dernières espèces de *réunion*, les mots RETRAIT SEIGNEURIAL, COMMISE, DÉPIÉ DE FIEF, & DÉVOLUTION FÉODALE.

Quant à la reversion, elle a lieu pour les fiefs ou les domaines que le seigneur a concédés pour un certain nombre de générations ou pour une certaine famille seulement; & dans les autres cas où l'investiture est restreinte à un certain temps, à certaines personnes, ou à certaines conditions. Dans tous ces cas, le domaine se réunit de plein droit au fief dominant, franc & quitte de toutes les charges, servitudes & hypothèques qui auroient pu être imposées par le vassal.

Les *fées tailes* du droit anglois, & la plupart des fiefs du droit italique & allemand qu'on suit en Alsace, sont dans ce cas. On peut encore considérer sous ce point de vue les domaines tenus en apanage, en main-morte, en bordelage. *Voyez* aussi ces différens mots.

II. *La réunion à cause de la justice*, s'opère par la confiscation, la déshérence & la bâtardise, qui est elle-même une espèce de déshérence. Guyot pense, à la vérité, que la *réunion* n'a pas lieu dans ce cas, jusqu'à ce que le vassal ait compris le domaine servant dans son aveu, ou que son héritier l'ait recueilli dans sa succession avec les autres biens, sans faire de déclaration contraire; la raison en est, dit-il, que « dans cette acquisition, » il n'y a rien de la considération du fief, qui » seul opère la *réunion* ». Cet auteur ajoute que la présomption de vouloir réunir au fief manque totalement ici, les cas de déshérence, de bâtardise & de confiscation pour crime ne se prévoyant pas; qu'ôter au seigneur haut-justicier l'occasion de vendre l'objet de la déshérence ou de la confiscation, c'est lui faire courir le risque du jeu excessif, si le fief n'avoit point de domaine, ou s'il n'en avoit presque pas, comme cela peut arriver.

Ces objections paroissent peu solides. Les coutumes, en prononçant la *réunion*, quand le seigneur de fief acquiert dans sa mouvance, n'entendent assurément pas parler uniquement des acquisitions qu'il fait comme seigneur féodal, & dans la vue d'augmenter son fief, puisqu'elles comprennent sous ce nom d'*acquisition*, des titres qui ne procèdent, pour ainsi dire, pas de la volonté du vassal, tels que les donations, les legs, les successions. La confiscation, la déshérence & la bâtardise, qui sont des espèces de successions irrégulières, doivent suivre les mêmes règles. Les risques du jeu de fief n'y sont pas plus à craindre que dans les autres acquisitions qu'on vient d'énoncer. Le vassal y peut tout aussi bien faire une déclaration de non-*réunion*.

III. *La réunion par succession* n'est pas plus défavorable que toutes les autres. C'est donc sans fondement qu'Auzanet, dans ses mémoires, & M. de Lamoignon, dans ses arrêtés, *titre de la réunion, art. 1*, veulent qu'elle ne puisse pas être empêchée par une déclaration contraire.

Une difficulté plus réelle est de décider quand il faut faire cette déclaration. Guyot, *chap. 4, distinction 1, n. 1*, pense qu'elle doit se faire lors de l'acceptation de la succession, s'il n'y a qu'un héritier, & lors du partage, s'il y en a plusieurs. Cet acte de partage est effectivement le seul qui, en attribuant à tel ou tel héritier la propriété de tel ou tel domaine, opère la confusion nécessaire pour la *réunion*.

IV. *La réunion par mariage* est une suite des principes de notre droit qui rendent le mari seigneur à bien des égards, des fiefs de sa femme, en le chargeant du service du fief, & de la probabilité que ces deux fiefs continueront à être dans les mêmes mains, dans celles de la postérité des deux époux. Elle est formellement établie par les articles 207 de la coutume d'Anjou, & 222 de celle du Maine, qui décident que le seigneur aura, dans ce cas, rachat sur le tout, si le cas y advient, & vente si la terre est vendue. Mais, ajoutent les deux coutumes, « en celui cas qu'il y auroit eu con» solidation par mariage, si lesdits mariés décé» doient sans hoirs de leur chair, ou que la ligne » d'eux défaillît, par quoi les choses retournassent » chacune en sa ligne, dont les choses sont par» ties, audit cas, telle consolidation défaudroit, & » retourneroient les choses en leur première » nature ».

On voit que ce n'est point-là un fantôme de *réunion*, une simple confusion de fruits, comme le prétendent Livonnière, *liv. chap. & sect. 2*, & Guyot, d'après lui. C'est seulement une *réunion* résoluble, comme tant d'autres; & Livonière convient lui-même que lorsque les enfans nés du mariage qui l'a opérée se portent héritiers de leurs père & mère, il ne dépend pas d'eux d'empêcher la *réunion* par une déclaration contraire, comme ils pourroient le faire, s'ils recueilloient la succession d'une autre personne. Le fondement de cette décision est que les coutumes ne font cesser la *réunion* que lorsque les deux époux ne laissent pas de descendans pour héritiers. Les autres raisons que donne Livonnière, manquent de solidité.

V. *La réunion durant le mariage* a lieu dans deux cas principaux : lorsque les deux domaines sont également des conquêts de la communauté, ou lorsque l'un des deux domaines formoit un propre de communauté, tandis que l'autre étoit un conquêt.

On convient généralement que dans le premier cas la *réunion* a lieu de plein droit à défaut de déclaration contraire. Dans le second cas, la plupart des auteurs veulent encore que l'on distingue si le propre de communauté appartient à la femme ou au mari. S'il appartient à la femme, on convient assez généralement qu'il ne peut y avoir de *réunion* jusqu'aux opérations qui suivent la dissolution de la communauté, & qu'alors la femme pourra empêcher la *réunion* par une déclaration contraire, quand bien même le conquêt lui écherroit. Mais les auteurs sont fort partagés sur le cas contraire, où le propre de communauté appartient au mari.

Brodeau, sur l'article 53, pense que la *réunion* a lieu de plein droit à défaut de déclaration contraire, lors de l'acquisition, sans que la femme puisse l'empêcher lors du partage de la communauté, même pour la portion à laquelle elle avoit droit dans le conquêt.

Ferrière, sur cet article, & la Lande sur l'article 20 de la coutume d'Orléans, prétendent que la *réunion* n'a lieu jusqu'au partage que pour la portion du mari.

Guyot veut, au chapitre 4, *n. 8*, que l'on se décide sur ce qui arrivera lors de la dissolution de la communauté. Il croit que la *réunion* n'aura pas lieu pour tout ce qui écherra à la femme, parce que le droit indivis qu'elle a dans tous les conquêts de la communauté, est un droit éventuel, qui est déterminé par le partage, à tel ou tel objet; mais il pense aussi que la *réunion* sera censée avoir eu lieu dès l'instant de l'acquisition, pour tout ce qui restera au mari lors de la dissolution, sans qu'il puisse alors faire une déclaration de non-*réunion*.

Peut-être est-il plus conséquent & plus équitable d'attendre dans tous les cas, les opérations qui se feront lors de la dissolution de la communauté, puisque ce sont elles seules qui déterminent les droits des conjoints dans la communauté; Guyot convient lui-même qu'on l'observe ainsi pour le partage des successions; le droit antérieur du mari ne doit pas changer la décision, puisqu'il n'a pas acquis pour lui seul, mais pour sa femme & pour lui, & que l'événement peut seul décider quel sera le propriétaire du conquêt & pour quelle portion.

VI. *La réunion qui se fait en vertu d'un titre particulier d'acquisition*, comprend non-seulement tous les achats faits à prix d'argent, mais aussi tous les titres particuliers, moyennant lesquels la propriété d'un héritage peut passer d'une personne à une autre, tels que sont les donations, les legs, les baux à rente, les échanges.

Il y a une grande diversité à cet égard sur la manière dont nos coutumes considèrent cette espèce de *réunion*. On va s'en occuper dans le §. suivant.

§. V. *De la manière dont s'opère la réunion féodale.* On peut rapporter à six classes, les principales variétés de nos coutumes à ce sujet.

La première classe *est des coutumes qui prononcent une réunion nécessaire sans permettre à l'acquéreur de conserver l'héritage servant & l'héritage dominant dans un état de désunion*. Les coutumes d'Auxerre, *art. 72*; de Bar, *art. 25*; de Bourbonnois, *art. 388 & 389*; de Chaumont, *art. 44*; de Melun, *art. 50*; de Saint-Quentin, *art. 70*; de Sedan, *art. 73*; de Sens, *art. 205*; & de Vitry, *art. 35 & 38*, sont dans ce cas. Elles autorisent seulement le vassal à empêcher la *réunion*, en mettant le domaine servant en d'autres mains.

Guyot a néanmoins prétendu que toutes ces coutumes permettroient d'empêcher la *réunion* par une déclaration contraire. Mais il n'a défendu cette opinion qu'en dénaturant le sens de leurs expressions. Il veut, par exemple, qu'on entende d'une simple convenance ce que disent les coutumes d'Auxerre, de Bar & de Sens. « Il convient que » le vassal tienne ledit arrière-fief en plein fief..... » *ou* qu'il le mette hors sa main pour avoir » homme ». Cette alternative annonce assez, quoi qu'en dise Guyot, qu'il faut indispensablement que le vassal fasse l'un ou l'autre.

Comme ces trois coutumes ne fixent point le temps dans lequel l'option doit être faite, on peut y suivre la disposition de la coutume de Saint-Quentin, qui donne l'an & jour pour cela. Mais il y a lieu de croire qu'on ne tireroit point ce délai à la rigueur, tant que le seigneur n'inquiéteroit point son vassal. On connoît la maxime, *tant que le seigneur dort, le vassal veille*.

Les coutumes de Melun & de Bourbonnois sont encore plus favorables au vassal, puisqu'elles lui permettent dans tous les temps, d'aliéner avec rétention de mouvance, le domaine ainsi réuni. Mais la *réunion* ne s'y fait pas moins nécessairement, puisque la première de ces deux coutumes porte que le vassal « *doit* mettre le domaine hors de ses » mains, pour avoir hommage *ou* l'unir à sa table ». Et que la seconde dit qu'il est *tenu en faire l'hommage au seigneur*, & que ces domaines « sont tenus » en plein fief du seigneur, de qui le premier » fief est mouvant ».

LA SECONDE CLASSE *comprend les coutumes qui prononcent la réunion de plein droit, en permettant néanmoins d'y déroger par une déclaration contraire*. Cette classe, à la tête de laquelle on trouve la coutume de Paris, forme le droit commun. La plupart des commentateurs des coutumes d'Anjou, du Maine & de Poitou, assurent même qu'on doit les ranger dans cette classe, quoiqu'elles disent simplement que les héritages acquis « seront consolidés à la » seigneurie & tenus nuement du suzerain ».

LA TROISIÈME CLASSE *renferme les coutumes muettes*. On y suit la même règle que dans la classe précédente. Le Grand, sur la coutume de Troye, qui est de ce nombre, avoit prétendu que la *réunion* n'y avoit pas lieu. Mais on trouve dans le chapitre 6 du traité des fiefs de Jacquet, deux arrêts qui ont jugé le contraire, les 9 & 29 mai 1748. On peut voir dans cet auteur le plaidoyer de M. Joly de Fleury, qui fit rendre le premier de ces deux arrêts sur ses conclusions.

LA QUATRIÈME CLASSE *contient les coutumes qui prononcent la réunion pour certains biens, ou dans certains cas seulement*. Les coutumes d'Artois, *art. 118*; de Bretagne, *art. 61, 62, 63, 356 & 358*; de Clermont en Beauvoisis, *art. 93 & 95*; de Hainaut, *chap. 102, art. 4*; de Loudun, *tit. 17, art. 4*; de Normandie, *art. 106*; d'Orléans, *art. 18, 19, 20 & 40*; de Tours, *art. 188 & 301*, sont dans cette classe. Mais il y a beaucoup de différence entre ces coutumes.

Celle d'Artois ne permet au vassal de réunir qu'en exerçant le retrait seigneurial. Mais cette *réunion* donne à l'objet réuni toutes les qualités du fief auquel se fait la *réunion*, même pour les successions; ensorte que si le fief est un propre, l'héritage réuni le devient également.

La coutume de Beauvoisis, qui est dans le même cas, veut de plus que le vassal tienne à titre séparé du seigneur dominant, le domaine qu'il a acheté dans sa propre mouvance. Cette coutume a suivi à cet égard la décision générale que Brodeau avoit proposée sur l'article 13 de la coutume de Paris, mais qui n'a point été adoptée dans le droit commun. C'est ce que Guyot n'a point entendu, quand il a soutenu que la coutume de Clermont en Beauvoisis admettoit la *réunion* de plein droit dans tous les cas. Les avocats de ce bailliage ont attesté qu'elle n'avoit lieu qu'en retrait seigneurial, les 22 décembre 1701, 3 janvier, 27 juillet & 26 août 1702. (Maillart *sur Artois, art. 118, n. 21.*)

La coutume de Bretagne fait une distinction entre le seigneur qui acquiert le domaine de son tenancier, & le tenancier qui acquiert le fief de son seigneur. L'article 356 prononce une *réunion* dans le premier cas, en décidant même que le domaine réuni sera partagé dans la succession du vassal, ainsi que les rentes (c'est-à-dire, les devoirs auxquels le fonds réuni étoit sujet) l'eussent été; comme propres, si elles étoient propres, comme acquêts, si c'étoient des acquêts. Dans le second cas, au contraire, l'article 356 veut que ces terres demeurent roturières comme auparavant. Enfin, l'article ajoute que si le tenancier achetoit de son seigneur les devoirs dus sur son domaine, ils ne seroient pas éteints pour cela, « mais qu'il les tien- » droit du seigneur supérieur, qui auroit l'obéis- » sance, rachat & bail, s'il étoit dû pour raison » desdites choses, & aussi les ventes lorsque le » cas y échoiroit ».

D'Argentré nous apprend sur l'article 242 de l'ancienne coutume, que cette différence entre les sujets & leur seigneur n'a été établie que par la jalousie de la noblesse contre le tiers-état, auquel elle a voulu ôter tout moyen d'affranchir leurs domaines de la servitude roturière; j'ignore si l'article 4 du chapitre 102 des chartres de Hainaut, qui fait à-peu-près la même distinction, a la même origine. Mais il est du moins résulté de cette désunion, un bien pour les roturiers; ils sont exempts du franc-fief pour ces mouvances.

Quoi qu'il en soit, il suit de cette disposition de la coutume de Bretagne, que la non-*réunion* y forme une disposition prohibitive qu'on ne pourroit pas détruire par une déclaration contraire.

Réciproquement la *réunion* prononcée dans le cas où c'est le vassal qui acquiert dans sa mouvance, a lieu contre le gré même du vassal, qui ne peut l'empêcher par aucune déclaration. Cela résulte du soin que la coutume de Bretagne a pris d'étendre aux partages même les effets de la *réunion*; & telle est au surplus l'opinion du savant commentateur de l'ancienne coutume, que Dupineau a néanmoins contredit, au chapitre 40 *des disputes de d'Argentré*. Il n'y oppose que les raisons tirées du droit commun; & il est bien extraordinaire que Guyot, qui a fait cette observation, finisse par paroître adopter le sentiment de Dupineau, sous prétexte que la coutume permet au vassal durant trente ans, de désunir & *rebailler* le domaine acquis dans sa mouvance. On a vu que plusieurs coutumes de la première classe laissoient au vassal une faculté semblable, pendant plus ou moins de temps, quoique la *réunion* y fût nécessaire dans ses mains.

La coutume d'Orléans a suivi un autre systême. L'article 20 en est absolument semblable à l'article 53 de la coutume de Paris, qui admet la *réunion* pour les domaines censuels acquis par le vassal dans sa mouvance, à moins qu'il ne déclare le contraire. Mais les articles 18 & 19 proposent une autre règle pour les fiefs.

« Le seigneur féodal, y est-il dit, peut acquérir » le fief que son vassal tient de lui, & le joindre » & unir à son domaine, & n'est tenu en faire » foi & hommage au seigneur de qui il tient son » plein fief. Mais son héritier, ou celui qui aura » cause de lui, en est tenu faire la foi, sans payer » profit de ladite *réunion*; & aussi si le seigneur » de fief va de vie à trépas après que le vassal » aura acheté son arrière-fief, ledit vassal est tenu » faire la foi, tant dudit fief que de l'arrière-fief, » & n'est plus réputé qu'en fief.

» Et s'il le revend, ou met hors de ses mains » par quelque manière que ce soit, après qu'il » en aura fait la foi & hommage, il demeure » plein fief à son seigneur. Mais s'il le vend ou » aliène avant lesdits foi & hommage, faits à » sondit seigneur, icelui arrière-fief sera toujours » tenu en arrière-fief dudit seigneur féodal, selon » qu'il avoit été ».

On a demandé si la *réunion* avoit tellement lieu dans cette coutume & les autres semblables après le décès de l'acquéreur, que son héritier ne puisse plus l'éviter en aliénant le fief servant, même avant la foi & hommage, qu'il doit au seigneur.

Coquille & Guyot se décident pour l'affirmative. Ce dernier auteur se fonde principalement sur ces mots, *sera tenu*, dont la coutume se sert, en parlant de l'héritier, & qui ont, dit-il, une emphase merveilleuse pour nécessiter la *réunion*, sur-tout en le comparant au mot *peut*, qu'elle emploie en parlant de l'acquéreur.

Lalande, l'auteur des notes imprimées en 1711, & Pothier, enseignent unanimement le contraire. Il paroît en effet que la coutume se détermine uniquement pour assurer la *réunion* sur la seule foi & hommage que le vassal fera au seigneur pour l'un & l'autre fief. Mais dire que l'héritier du vassal, ou le vassal lui-même, en cas de mutation du seigneur, sera tenu de comprendre dans son hommage le fief acquis dans sa mouvance, ce n'est pas défendre au vassal de l'aliéner avec rétention de mouvance, avant la prestation de cet hommage.

Telle est aussi la décision de Dumoulin sur l'article 15 de la coutume de Dunois, qui est semblable à cet égard à celle d'Orléans, & de l'Hoste, & la Thaumassière, sur celle de Montargis, *chap. 1, art. 44*, qui est dans le même cas. Ce dernier auteur cite un arrêt conforme, du 11 mai 1630.

C'est plus mal-à-propos encore que Guyot pense que l'acquéreur pourra faire une déclaration de non-*réunion*, quand il y aura lieu à l'hommage par la mutation du seigneur dominant. Il suffit de recourir au texte de la coutume, pour détruire ses objections à cet égard.

L'article 200 de la coutume de Normandie, & l'article 30 du réglement de 1666, ne connoissent la *réunion* de plein droit que lorsque le seigneur exerce le retrait des domaines situés dans sa mouvance. Cette coutume admet néanmoins la *réunion* des acquisitions faites à un autre titre, lorsque le successeur de l'acquéreur les a possédées pendant quarante ans, comme domaine non fieffé, encore qu'il n'y eût pas de *réunion* expresse. Mais la déclaration de réunir n'avanceroit pas la *réunion*.

C'est ainsi que paroissent devoir être entendues les dispositions extraordinaires de la coutume sur cet objet. Mais il y a dans la Normandie, une autre espèce de *réunion* qui y est d'un grand usage. Elle a pour objet les fiefs mouvans du roi ou d'un même seigneur, qui sont situés dans le même bailliage. Au moyen de ce que le droit d'aînesse consiste dans cette province à choisir un fief de la succession, le seigneur qui veut attribuer à l'aîné une terre plus considérable, prend le parti d'en réunir plusieurs. Il faut, pour cela, obtenir des lettres de chancellerie, adressées au parlement ou à la chambre des comptes, qui ne les entérinent qu'après avoir fait constater, par un procès-verbal, que la *réunion* ne peut porter de préjudice aux vassaux.

LA CINQUIÈME CLASSE *est des coutumes où la réunion n'a lieu de plein droit qu'après l'hommage ou le dénombrement rendu par le vassal.* Elle comprend les coutumes de Blois, *art. 66 & 67*; de Châlons, *art. 259*; de Dunois, *art. 15 & 260*; de Montargis, *art. 44 & 45*; & de Nivernois, *chap. 4, art. 30*. Toutes ces coutumes donnent pour toutes les mouvances en général, les mêmes règles que la coutume d'Orléans ne donne que pour les fiefs.

Il faut seulement observer que l'article 66 de la coutume de Blois permet de sous-inféoder de nouveau, *par partage entre cohéritiers*, le fief qui avoit été acquis par leur auteur, sans distinguer si l'hommage en a été fait ou non, tandis que l'article 67 ne permet de l'aliéner avec rétention de mouvance à un étranger qu'avant la foi & hommage. Denis Dupont, plus connu sous le nom de *Pontanus*, conclut de-là avec raison que la sous-inféodation par partage peut avoir lieu, même après l'hommage. C'est-là un de ces restes du droit de parage qui subsistent encore dans la coutume de Blois. Guyot, qui n'a pas soupçonné cet esprit de la coutume, enseigne vainement le contraire, en se fondant sur un arrêt qu'il n'a pas mieux entendu.

Pontanus paroît croire qu'après l'an & jour, la *réunion* est absolument consommée, soit que la foi ait été portée ou non. Il est facile de voir que la coutume ne dit rien de semblable, & que le vassal peut toujours empêcher la *réunion* & sous-inféoder le domaine, tant qu'il n'est point poursuivi par le seigneur, suivant la maxime si connue, *tant que le seigneur dort, le vassal veille.*

L'article 259 de la coutume de Châlons, a une disposition un peu différente de celle de la coutume de Blois. Elle n'a prévu & traité la question de la *réunion* qu'en parlant du retrait féodal, & elle ne la suppose accomplie qu'après que le vassal a compris le fief ainsi retiré dans son dénombrement.

On peut douter si cette dernière coutume ne doit pas s'interpréter par celles de Laon, *art. 260* & de Reims, *art. 222*, qui sont dans la classe suivante, & qui, n'admettant la *réunion* qu'autant que le vassal comprend l'objet acquis dans son dénombrement, prononcent qu'il n'est pas obligé de l'y comprendre.

LA SIXIÈME CLASSE *comprend les coutumes qui rejettent la réunion de plein droit, en permettant néanmoins au vassal de réunir s'il le juge à propos.* Outre les coutumes de Laon & de Reims, dont on vient de parler à la fin de la classe précédente, il paroît qu'on doit mettre dans la classe actuelle, la coutume de Péronne, dont l'article 52 est ainsi conçu : « un seigneur peut tenir le fief dominant & les » fiefs mouvans d'icelui, qui ne sont réunis & » incorporés à la seigneurie principale, sans que, » à l'ouverture dudit fief dominant, le seigneur » dudit fief soit tenu de payer à son supérieur, » aucun droit pour ledit arrière-fief, *sinon que ledit* » *arrière-fief eût été réuni, fait membre & partie de* » *la seigneurie principale du fief dominant* ».

C'est ainsi que cette coutume est interprétée par ses deux commentateurs. Guyot n'a embrassé l'opinion contraire qu'en invoquant les principes du droit commun, qui paroissent étrangers à la coutume de Péronne.

Maillard dit néanmoins sur l'article 118 de la coutume d'Artois, que la *réunion* n'a pas lieu à Péronne à titre non seigneurial, suivant un acte de notoriété, donné par les officiers du bailliage le 24 décembre 1701.

§. V. *Des effets de la réunion.* Dès l'instant de la *réunion*, l'objet uni est tellement identifié à celui auquel il se réunit, qu'il ne forme plus qu'un seul & même fief avec lui, & qu'il participe dans la suite aux mêmes droits & aux mêmes charges, relativement à l'ordre féodal.

On dit *dans la suite* : car dans la coutume de Paris & dans le droit commun, où la *réunion* a lieu de plein droit, la mutation qui la produit n'engendre aucuns profits de fief, à quelque titre qu'elle le fasse. La véritable raison en est que l'attribution de mouvance au seigneur dominant, est postérieure, au moins intellectuellement, à la *réunion*, qui en est la cause. Lors de la mutation, la mouvance appartenoit encore au vassal, qui confondoit ces droits en lui-même.

Quelques auteurs soutiennent néanmoins qu'il est dû des droits au seigneur toutes les fois que le vassal acquiert dans sa mouvance, en vertu d'un titre particulier & étranger à sa mouvance. C'est l'avis de Carondas, de d'Argentré, & la décision des coutumes de Bretagne, *art. 61*, & de Clermont en Beauvoisis, *art. 95*. Mais c'est-là si peu un effet de la *réunion*, que cette dernière coutume dit expressément qu'il n'y a point de *réunion* dans ce cas. Cette décision bizarre ne doit donc pas être suivie hors du ressort des deux coutumes ; on l'élude même le plus souvent dans l'usage, suivant M. de Perchambault, en faisant passer le contrat d'acquisition sous le nom d'un étranger, sur lequel on exerce ensuite le retrait seigneurial.

Par la même raison, il n'est point dû de foi & hommage pour la *réunion*. Le domaine réuni est tenu sous la même foi que le surplus du fief. Le seigneur peut seulement exiger que le vassal l'ajoute à son aveu, si cet aveu avoit été déjà rendu, ou qu'il l'y comprenne s'il ne l'avoit pas encore rendu.

L'objet réuni sera néanmoins sujet à l'avenir envers le seigneur dominant, aux droits de quint, de relief, de saisie féodale, à la commise & aux autres charges du fief dont il fait partie. Il participera même aux charges & aux avantages qui sont étrangers au seigneur dominant, & qui sont une suite du droit public du royaume sur les fiefs, tels que la contribution aux francs-fiefs, lorsque le fief sera possédé par un roturier, & l'exemption des fouages ou des autres tailles imposées sur les biens roturiers. Il se partagera noblement, suivant le droit commun, dans la succession de celui qui a fait la *réunion* & de ses héritiers.

La *réunion* ne change rien d'ailleurs à la nature du domaine réuni, lorsqu'on le considère indépendamment de l'ordre féodal. Les hypothèques & les autres charges qui y avoient été imposées précédemment, subsisteront toujours, à moins que la *réunion* ne soit faite à titre de reversion. Mais dans ce cas, l'extinction des charges est bien moins l'effet de la *réunion* que de la résolution du droit du vassal.

C'est donc avec raison qu'on s'écarte dans l'usage de l'opinion de d'Argentré & d'Aguesseau, qui pensent que la *réunion* opère aussi l'extinction des charges lorsqu'elle se fait à titre de commise.

La *réunion* ne donne point non plus au domaine réuni le caractère de propre, lorsque le fief qui l'opère avoit ce caractère, parce que ces qualités de propres & d'acquêts sont étrangères à l'ordre féodal. Les coutumes d'Artois, de Bretagne, & quelques autres, qui décident le contraire, doivent être resserrées dans leur territoire. Des auteurs pensent même que dans ce cas il est dû une récompense aux héritiers des meubles & acquêts, lorsque le titre qui opère la *réunion* est une acquisition à prix d'argent ou un autre titre semblable.

Enfin, dans les coutumes où les domaines nobles ne se partagent noblement qu'autant qu'ils sont parvenus à la troisième ou quatrième mutation, le domaine réuni ne peut être partagé de cette manière, que lorsqu'il a subi toutes ces mutations, quoique le fief auquel il a été réuni les eût éprouvées long-temps auparavant. *Voyez* TIERCE-FOI.

§. VI. *De la durée de la réunion.* La *réunion* une fois accomplie est perpétuelle de sa nature. Il ne dépend pas plus du vassal qui l'a faite, ou qui l'a laissé faire par la loi, d'y porter atteinte au préjudice du seigneur dominant, que de désunir à son préjudice une portion du corps ancien du fief, qui n'en auroit jamais été séparée jusqu'alors. Mais par la raison contraire, le vassal peut disposer séparément de l'objet réuni, de la même manière qu'il pourroit disposer de toute autre portion de son fief. Cette séparation aura absolument les mêmes effets pour l'un & pour l'autre. On les réglera sur les dispositions que la coutume du lieu a, relativement à l'empirement de fief, au jeu de fief, au dépié, au parage, *&c. Voyez* ces différens mots.

Louet & Brodeau, *lettre F, sommaire 5*, prétendent, à la vérité, que lorsque la roture & le fief qui avoient été réunis passent en diverses mains, ils reprennent leur premier état & leur subordination. Ils citent d'anciens arrêts qui paroissent avoir assujetti la censive ainsi distraite du fief au terrage, ou aux autres charges dont elle étoit tenue autrefois. Mais apparemment que dans l'espèce de ces arrêts, il y avoit des preuves que l'intention des parties avoit été de rétablir ces charges. En tout cas, on trouve deux arrêts contraires du parlement de Toulouse dans les questions notables de d'Olive, *liv. 2, chap. 9.*

Le Grand, sur la coutume de Troyes, a voulu concilier ces deux jurisprudences, en disant que la première étoit bonne pour les pays de directe universelle, & la seconde pour ceux de franc-aleu, tels que sont la plupart des pays de droit écrit. Mais cette distinction a peu de solidité. Il n'est point nécessaire de rétablir ces domaines réunis dans leur ancien état, pour qu'ils soient sujets à la directe & aux devoirs de fief : comme le titre du fief est indivisible, suivant le droit commun du royaume, il s'ensuit que lorsqu'on divise le corps d'un fief en plusieurs parties, le propriétaire de chaque portion doit la foi & hommage & sa part des devoirs auxquels il est sujet, ou même la totalité, dans les coutumes où les devoirs sont solidaires. La *réunion* a consolidé toutes ces parties ensemble de la même manière que si elles eussent toujours fait un seul & même corps de fief.

Beaumanoir rapporte, au chapitre 47 de ses coutumes de Beauvoisis, un jugement qui l'a ainsi décidé, dès il y a plus de cinq siècles. Maillart dit aussi qu'on a jugé que les droits éteints par la *réunion* ne revivoient point par la désunion. Il rapporte à ce sujet un arrêt du 7 septembre 1711, rendu à la première chambre des enquêtes, pour la terre de Linières en Poitou, & suivi d'un autre arrêt de la même chambre, du 11 juillet 1718. (*Coutumes d'Artois, art. 118, n. 22.*)

Cette décision ne doit recevoir d'exception que dans le petit nombre de coutumes qui prononcent expressément le contraire.

Il faut néanmoins observer que la *réunion* une fois consommée, peut cesser avec la cause qui l'a produite. On a déjà vu au §. III que telle étoit la décision des coutumes d'Anjou & du Maine, pour la *réunion* que le mariage opère.

Poquet de Livonière, *traité des fiefs, livre 2, chap. 2*, donne la même décision pour la *réunion* qui a lieu par succession; lorsque le fief & le domaine qui s'y réunit étoient de diverses lignes, si la ligne directe dans laquelle ils étoient confondus vient à manquer, le domaine & le fief retournent aux lignes dont ils procèdent, suivant la règle *paterna paternis*, en reprenant la qualité que chacun d'eux avoit dans l'ordre féodal avant la *réunion*.

C'est-là tout ce qui paroît résulter de l'article 2 du chapitre 10 des chartres de Hainaut, où quelques auteurs ont prétendu mal-à-propos trouver la condamnation de la *réunion*, en cas de concours dans la même personne de biens mouvans l'un de l'autre, & procédant de diverses lignes : « si quelqu'un, » y est-il dit, avoit plusieurs fiefs, les aucuns lui » venant de par son père, & les autres du côté » de sa mère, & l'un d'iceux fiefs fût tenu de » l'autre; celui tenu de l'autre ne sera entendu » incorporé à celui dont il sera mouvant, *au pré-* » *judice du côté dont il viendra*, soit qu'il y ait » génération légitime ou non ».

Cette décision est plus juste & plus équitable que l'opinion de d'Olive & Chopin, qui pensent que la *réunion* ne peut être détruite dans aucun cas, ou que celle de Brodeau, qui veut que la *réunion* cesse toujours dès que les domaines sont passés en diverses mains.

Enfin, la *réunion* peut aussi être détruite par

l'exercice du retrait lignager, du réméré, & des autres droits qui peuvent faire révoquer les aliénations.

§. VII. *Des effets de la non-réunion.* On peut considérer les effets de la non-*réunion* relativement à la mouvance, ou relativement à la succession de celui qui n'a pas réuni.

I. *Quant à la mouvance*, l'effet de la déclaration qui se fait par l'acquéreur pour empêcher la *réunion*, est que la censive ou le fief servant n'étant point incorporés au fief dominant, l'acquéreur tiendra l'un & l'autre séparément sans confusion des anciennes mouvances, & sans que le seigneur suzerain puisse, aux mutations du fief servant, prétendre ses droits sur le domaine non réuni par le vassal.

Quoique l'article 53 de la coutume de Paris ne parle que des rotures, il est certain que la déclaration de non-*réunion* a le même effet pour les domaines nobles, sauf dans les coutumes qui décideroient le contraire.

II. *Quant aux successions*, la déclaration de non-*réunion*, en conservant au domaine acquis sa qualité roturière, fait qu'il continue de se partager comme roture dans la succession de celui qui a empêché la *réunion*.

On doit décider, par la même raison, que lorsque le propriétaire d'une terre titrée a déclaré ne point réunir le domaine qu'il a acquis dans la mouvance de cette terre, ce domaine n'est sujet ni aux avantages, ni aux désavantages de ces sortes de biens. L'aîné ne pourra point prétendre qu'il peut le retenir avec le fief de dignité dont il est mouvant; un mâle collatéral ne pourra point soutenir qu'il est compris dans le retrait ducal, établi par l'édit de 1711.

Tous les commentateurs de la coutume de Paris tiennent, avec raison, que la déclaration faite par l'acquéreur, qu'il n'entend pas réunir, a un effet perpétuel dans sa famille; ensorte que ses héritiers & les héritiers de ses héritiers, ne sont pas obligés de réitérer cette déclaration, lors même que les deux domaines restent dans une seule main.

Guyot n'a enseigné le contraire que parce qu'il a supposé que l'héritier commençoit une nouvelle possession, tandis qu'il est certain qu'il ne fait que continuer celle du défunt. (*M.* GARRAN DE COULON, *avocat au parlement.*)

RÉUNIR A LA TABLE DU SEIGNEUR, (*Droit féodal.*) nos coutumes & nos anciens praticiens emploient cette expression pour *réunir* le fief ou la justice du vassal à la seigneurie dominante, soit à titre de retrait seigneurial, soit à titre de commise ou de confiscation, soit simplement à titre de saisie féodale. (*G. D. C.*)

RÉVÉLATION, s. f. est une déclaration qui se fait pardevant un curé ou vicaire, en conséquence d'un monitoire qui a été publié sur des faits dont on cherchoit à acquérir la preuve par la voie de ce monitoire.

Ces *révélations* n'étant point précédées de la prestation du serment, elles ne forment point une preuve juridique, jusqu'à ce que les témoins aient été répétés devant le juge dans la forme ordinaire de l'information; jusqu'à ce moment elles ne sont regardées que comme de simples mémoires, auxquels les témoins peuvent augmenter ou retrancher.

Tous ceux qui ont connoissance du fait pour lequel le monitoire est obtenu, ne peuvent se dispenser de venir à *révélation* sans encourir la peine de l'excommunication; les impubères même, les ecclésiastiques, les religieux, & toutes personnes en général y sont obligées.

Il faut cependant excepter celui contre lequel le monitoire est publié, ses conseils, tels que les avocats, confesseurs, médiateurs, ses parens ou alliés jusqu'au quatrième degré inclusivement.

Suivant l'article 10, *tit.* 7 de l'ordonnance de 1670, les curés ou vicaires qui ont reçu des *révélations*, sont tenus de les envoyer cachetées au greffe de la jurisdiction où le procès est pendant, & le juge doit pourvoir aux frais du voyage. L'article 11 veut que la partie publique ait communication des *révélations* des témoins, mais on ne doit donner aucune autre connoissance que de leur nom & de leur domicile à la partie civile. *Voyez* MONITOIRE.

REVENCHABLE. *Voyez* FIEF REVENCHABLE.

REVENDICATION, s. f. est l'action par laquelle on réclame une personne ou une chose à laquelle on prétend avoir droit.

Chez les Romains, la *revendication*, appellée *revindicatio*, ou simplement *vindicatio*, étoit une action réelle que l'on pouvoit exercer pour trois causes différentes; savoir, pour réclamer la propriété de la chose, ou pour réclamer une servitude sur la chose d'autrui, ou pour réclamer la chose d'autrui à titre de gage.

La *revendication* de propriété étoit universelle ou particulière; la première étoit celle par laquelle on réclamoit une universalité de biens, comme une hérédité; la seconde étoit celle par laquelle on réclamoit spécialement une chose. Mais l'action en *revendication* n'avoit véritablement lieu que pour les choses particulières; une universalité de biens, telle qu'une succession, se poursuivoit par une autre action, connue en droit sous le nom de *pétition d'hérédité.*

On pouvoit revendiquer toutes les choses qui sont dans le commerce, soit meubles ou immeubles, les animaux, les esclaves, les enfans.

Toute la procédure que l'on observoit dans l'exercice de cette action est expliquée au digeste, *liv.* 6, *titre* 1.

Parmi nous la *revendication* est aussi une action par laquelle on réclame une personne ou une chose.

La *revendication* des personnes a lieu lorsque le souverain réclame son sujet qui a passé sans permission en pays étranger. Le juge ou son procureur d'office peuvent revendiquer leur justiciable, qui s'est soustrait à la jurisdiction. Le juge revendique la cause, c'est-à-dire, demande à un juge supérieur que celui-ci la lui renvoie. L'official peut aussi revendiquer un clerc qui plaide en cour laie, dans une matière qui est de la compétence de l'official. Un supérieur régulier peut aussi revendiquer un de ses religieux qui s'est évadé. *Voyez* ASYLE, SOUVERAIN, SUJET, JURISDICTION, RESSORT, DISTRACTION, OFFICIAL, OFFICIALITÉ, CLERC, COUR LAIE, MOINE, RELIGIEUX, CLOITRE, APOSTAT.

La *revendication* d'une chose est lorsqu'on réclame une chose à laquelle on a droit de propriété, ou qui fait le gage & la sûreté de celui qui la réclame.

Ainsi le propriétaire d'un effet mobilier qui a été enlevé, volé, ou autrement soustrait, le revendique entre les mains du possesseur actuel, encore qu'il eût passé par plusieurs mains.

Lorsque sous les scellés ou dans un inventaire il se trouve quelque chose qui n'appartenoit point au défunt, celui auquel la chose appartient peut la réclamer; c'est encore une espèce de *revendication*.

Enfin, le propriétaire d'une maison qui apprend que son locataire a enlevé ses meubles sans payer les loyers, peut saisir & revendiquer les meubles, afin qu'ils soient réintégrés chez lui pour la sûreté des loyers échus, & même de ceux à échoir.

Toutes ces *revendications* ne sont que des actions qui ne donnent pas droit à celui qui les exerce de reprendre la chose de son autorité privée : il faut toujours que la justice l'ordonne, ou que la partie intéressée y consente. *Voyez* LOCATAIRE, LOYERS, MEUBLES, PROPRIÉTAIRE, SAISIE, SCELLÉ, INVENTAIRE. (*A*)

Il n'y a régulièrement que le propriétaire de la chose qui puisse intenter l'action de *revendication*, d'où il suit que l'acheteur à qui la chose achetée n'a point encore été livrée, ne seroit pas fondé à intenter cette action, parce que la tradition d'une telle chose est nécessaire pour en acquérir la propriété.

Pareillement si vous avez acheté pour vous une chose au paiement de laquelle vous avez employé les deniers que j'avois mis en dépôt chez vous, je ne serai pas fondé à intenter une action en *revendication* de cette chose, quoique acquise de mes deniers : la raison en est, que, n'ayant été acquise ni pour moi ni en mon nom, je n'en suis pas propriétaire.

On peut intenter l'action en *revendication*, quoique la propriété qu'on a de la chose soit imparfaite & qu'on doive la perdre au bout d'un certain temps ou par l'événement de quelque condition. Ainsi le propriétaire d'un héritage chargé d'une substitution, est bien fondé à le revendiquer tandis que la substitution n'est pas ouverte.

Il faut en dire autant de l'emphytéote & de l'engagiste, quoiqu'ils n'aient que le domaine utile & que la propriété directe ne leur appartienne pas.

On peut aussi intenter l'action de *revendication*, quoiqu'on ne soit propriétaire de la chose que pour partie, & même qu'elle ne puisse se diviser qu'intellectuellement & non réellement.

L'action de *revendication* doit être intentée contre celui qui possède la chose; d'où il suit que quand vous trouvez quelqu'un en possession de votre héritage, la demande en *revendication* que vous formez contre lui est valablement formée, quoiqu'il le tienne à ferme d'une autre personne : mais aussi-tôt que ce fermier vous a déclaré qu'il ne possède pas en son nom, vous devez faire assigner son bailleur, dont il est obligé de vous indiquer le nom & la demeure. Il est évident que ce n'est qu'avec ce bailleur que la question sur la propriété de la chose revendiquée peut être traitée & jugée. C'est pourquoi lorsqu'il a pris le fait & cause du fermier, celui-ci, qui avoit été d'abord assigné, doit être mis hors de cause.

Ce que nous venons de dire d'un héritage doit aussi s'appliquer aux choses mobilières. Ainsi quand vous trouvez la chose qui vous appartient entre les mains d'un homme qui ne la tient qu'à titre de dépôt ou de prêt, vous pouvez la faire saisir : mais après qu'il vous a déclaré la personne qui lui a confié en dépôt ou qui lui a prêté la chose, il faut que vous fassiez assigner cette personne pour répondre à votre action de *revendication*.

Lorsque celui contre qui l'action en *revendication* est intentée dénie posséder la chose, il doit intervenir un jugement par lequel on admet le demandeur à prouver que le défendeur a cette possession. Si le premier ne fait pas sa preuve, le second doit être renvoyé des fins de la demande. Mais ce jugement n'empêche pas que celui qui a été ainsi renvoyé ne puisse être de nouveau assigné en *revendication*, si par la suite il devient possesseur de la chose qui a fait l'objet de la première *revendication*.

Il peut arriver que le défendeur, quoiqu'il ne possède pas l'héritage pour lequel il est assigné en *revendication*, soutienne néanmoins le procès, comme s'il étoit possesseur de cet héritage : s'il a contesté par erreur, parce qu'il croyoit être assigné pour un héritage différent de celui qui faisoit l'objet de la *revendication*, & que l'erreur vienne à se découvrir, il ne doit être condamné qu'aux dépens. Mais s'il étoit justifié qu'il n'a contesté que dans la vue d'empêcher le demandeur de connoître le véritable possesseur, afin que celui-ci pût accomplir le temps de la prescription, le défendeur devroit, en ce cas, être condamné aux dommages & intérêts du demandeur, qui, par cette fraude, auroit perdu la propriété de son héritage, faute d'avoir pu interrompre le temps de la prescription contre celui qui le possédoit.

Un propriétaire ne doit user de l'action de *revendication* que quand il a totalement perdu la possession de la chose; car si on le troubloit dans sa possession, ou qu'on le dépossédât par violence, il lui importeroit fort d'intenter l'action en complainte possessoire ou l'action de réintégrande, plutôt que de former une demande en *revendication* : la raison en est, que quand on plaide au pétitoire, il est plus avantageux de posséder la chose qui fait l'objet du procès, que d'être le demandeur, attendu que celui-ci est chargé de prouver son droit de propriété, au lieu que le possesseur n'a rien à prouver, & qu'il est toujours présumé propriétaire jusqu'à ce que le contraire soit suffisamment justifié.

Suivant le droit romain, avant de pouvoir former une demande en *revendication* d'une chose mobiliere, il falloit intenter l'action *ad exhibendum*, qui tendoit à faire représenter la chose, afin que le demandeur pût la revendiquer. Mais cette action n'est point en usage parmi nous. Cependant lorsqu'on veut revendiquer des meubles dont on se prétend propriétaire, on les fait saisir & arrêter par le ministere d'un huissier, entre les mains des personnes qui les ont. C'est ce qu'on appelle *entiercement. Voyez* ce mot.

Lorsqu'on veut former une demande en *revendication* d'un immeuble, celui qui s'en prétend propriétaire, doit faire assigner le possesseur, conclure à ce qu'il soit tenu de le lui délaisser, & désigner, sous peine de nullité, l'héritage qu'il revendique, de maniere que le défendeur ne puisse ignorer la cause pour laquelle il est assigné.

Anciennement, le défendeur pouvoit opposer à l'action de *revendication*, l'exception de *vues & montrées*, en conséquence de laquelle les parties devoient être assignées pour se transporter aux jour & heure fixés par le juge sur le lieu contentieux, où le demandeur étoit obligé de montrer & de faire voir à l'œil au défendeur, le terrein qu'il vouloit revendiquer. Cette exception, qui avoit été établie par l'ordonnance de Philippe VI, de l'an 1334, du roi Jean, de l'an 1353, & de Charles VII, de l'an 1453, & qui ne servoit qu'à occasionner des frais considérables, a été abrogée par l'article 5 du titre 9 de l'ordonnance de 1667.

Lorsque le défendeur s'est reconnu possesseur de l'héritage revendiqué, le procès doit se décider par l'examen des titres respectifs des parties : mais si ceux que le demandeur a produits ne suffisent pas pour justifier qu'il est propriétaire de l'immeuble revendiqué, le défendeur est dispensé d'en produire.

La jouissance de ce dernier ne doit pas être interrompue durant le procès, ni même durant l'appel de la sentence qui le condamne à délaisser l'héritage revendiqué; le demandeur peut seulement empêcher que le possesseur ne dégrade cet héritage, soit en faisant abattre des bois de haute-futaie, soit en démolissant quelque bâtiment, *&c.* Dans le cas de quelque entreprise de cette nature, le demandeur peut obtenir un jugement qui défende au possesseur de continuer, & qui autorise le demandeur à faire arrêter & sequestrer ce qui a pu être abattu jusqu'alors.

Lorsqu'en conséquence de l'action en *revendication*, le défendeur est condamné, par un jugement définitif, à délaisser la chose revendiquée, si c'est un meuble, il doit la rendre sur la premiere sommation qui lui en est faite; sinon le juge autorise le demandeur à la faire saisir par un huissier, & à l'emporter du lieu où elle est.

Si la chose revendiquée est un immeuble, il faut, suivant l'article 1 du titre 27 de l'ordonnance du mois d'avril 1667, que le défendeur en délaisse la possession quinze jours après la signification de l'arrêt ou jugement faite à la personne ou domicile, à peine de deux cens livres d'amende, applicable moitié au roi & moitié au demandeur.

Si, quinzaine après la premiere sommation, le défendeur ne s'est pas conformé à l'arrêt ou jugement, il peut en outre être condamné par corps à délaisser la possession dont il s'agit, & aux dommages & intérêts du demandeur. Telles sont les dispositions de l'article 3 du titre cité.

Lorsque l'héritage est éloigné de plus de dix lieues du domicile du défendeur, l'article 4 veut qu'il soit ajouté au délai dont on vient de parler, un jour pour dix lieues.

Si le défendeur persistoit dans le refus opiniâtre de délaisser l'héritage, le demandeur pourroit obtenir du juge une sentence qui lui permettroit de se mettre, par force, en possession de l'héritage; & pour cet effet, de faire ouvrir les portes par un serrurier, & d'en faire transporter les meubles qui s'y trouveroient, dans le cabaret voisin.

Si le défendeur n'a été condamné à délaisser l'héritage qu'à la charge par le propriétaire de lui rembourser le prix des impenses & améliorations qu'il y a faites, l'article 9 du titre cité veut qu'il ne puisse être contraint au délaissement qu'après ce remboursement. Mais comme ce défendeur pourroit prolonger sa possession en différant de faire liquider ce prix, la même loi a voulu qu'il fît procéder à cette liquidation dans le délai qui doit lui être fixé par l'arrêt ou jugement; sinon le demandeur doit être mis en possession des lieux, en donnant caution de payer les impenses & améliorations quand elles auront été liquidées.

L'article 52 de l'ordonnance de Moulins avoit réglé que le délai dont on vient de parler, n'excéderoit pas l'espace d'un mois; mais l'ordonnance de 1667 l'a laissé à l'arbitrage du juge.

Pour parvenir à la liquidation dont il s'agit, le possesseur doit signifier un acte où sont rapportés les divers objets de dépenses nécessaires ou utiles dont il prétend le remboursement; produire les marchés faits avec les ouvriers, & les quittances des sommes qu'il a payées; nommer un expert pour faire la visite & estimer de combien la valeur de l'héritage est augmentée par ces dépenses, &

sommer le demandeur de nommer pareillement un expert de sa part.

Ce dernier, en répondant à cet acte, nomme de sa part un expert, ou le juge en nomme un pour lui. Quand ces experts ont fait leur rapport, & que les parties ont dit & produit tout ce qu'elles ont jugé à propos, le juge règle en conséquence la somme que le demandeur doit rembourser au défendeur pour ses impenses & améliorations.

Si l'arrêt ou le jugement définitif a condamné le défendeur à restituer les fruits de l'héritage revendiqué, l'article 1 du titre 30 de l'ordonnance de 1667, veut qu'il rende en espèces ceux de la dernière année & ceux des années antérieures, suivant la liquidation qui doit en être faite, eu égard aux quatre saisons & prix commun de chaque année, à moins que le juge n'en ait ordonné ou que les parties n'en soient convenues autrement. *Voyez* FRUITS.

Quand la chose qui a fait l'objet de la demande en *revendication* est un meuble que le défendeur ne peut pas rendre, parce qu'il n'est plus entre ses mains, il doit être condamné aux dommages & intérêts du demandeur, lesquels doivent être appréciés par des experts convenus ou nommés d'office.

Lorsque le défendeur a payé la somme à laquelle montent ces dommages & intérêts, le propriétaire est censé lui avoir cédé, pour cette somme, son droit de propriété dans la chose; ensorte qu'il peut exercer à son profit & à ses risques l'action de *revendication* contre les tiers qui sont en possession de cette chose.

REVENIR A LA TABLE DE L'AINÉ, (*Droit féodal.*) dans les coutumes de Tours & de Loudunois, lorsque les puînés nobles & leurs descendans, ou les roturiers qui partagent noblement, ont fait le partage des fiefs avec leur aîné, s'ils possèdent leur tiers indivisément, ils se succèdent les uns aux autres, en cas de prédécès de l'un d'entre eux sans descendans. Mais s'ils ont partagé leur tiers, l'aîné seul succède au puîné décédé sans enfans ou autres descendans. C'est-là ce que l'article 279 de la coutume de Tours appelle *revenir à la table de l'aîné.* (*G. D. C.*)

REVENTONS, (*Droit féodal.*) c'est la même chose que le *relods* ou le *droit du droit*, qui a lieu en cas de vente faite francs deniers. Ce mot se trouve dans l'article 116 de la coutume de Melun. Celle de Clermont, *art.* 115, dit *reventes* dans le même sens. *Voyez* DROIT DU DROIT, RELODS, REQUART, REQUINT, RESIXIÈME, RETIERS, VENTEROLLES, &c. (*G. D. C.*)

REVENTES. *Voyez* REVENTONS.

REVENU, s. m. est le profit annuel que l'on retire d'une chose, comme les fruits qu'on recueille en nature, le loyer d'une maison, une rente en grains ou en argent, & autre chose semblable. *Voyez* RENTE.

REVERSALES, (*Droit féodal.*) la coutume de Lorraine donne un sens particulier à ce mot dans l'article 6 du titre 5. Les articles 4 & 5 portent « que tous vassaux sont tenus faire foi & hommage & serment de fidélité à monseigneur le » duc.... ou à leurs autres seigneurs féodaux », trois mois après l'interpellation qui leur en a été faite, ou un an après pour ceux qui sont absens du pays, à peine de saisie féodale. L'article 6 ajoute « que lesdites reprises faites, sont données » lettres de la part de S. A. témoignant le devoir » de vassaux, qui, réciproquement doivent donner » *reversales* de ce de quoi ils auront repris ».

Ainsi les *reversales* sont les aveux des vassaux, auxquels on donne ce nom, parce qu'ils ne sont tenus de les fournir qu'après l'acte d'investiture que le seigneur leur a donné. Au reste, ces aveux diffèrent des aveux & dénombremens que les seigneurs peuvent exiger suivant le droit commun du royaume : l'article 6 veut seulement que si les vassaux ont repris d'une ou plusieurs seigneuries distinctes & séparées, ils en fassent une déclaration expresse. Mais il ne les assujettit pas d'ailleurs à en spécifier « les dépendances, sinon en général, » & sans être tenus en donner autre dénombre» ment par le menu, si bon ne leur semble ».

Cette décision procède sans doute de ce que les fiefs de Lorraine n'engendrent aucuns profits; cependant Fabert, malgré ces expressions précises de la fin de l'article 6, n'en soutient pas moins que le vassal doit donner son dénombrement en détail. La raison qu'il en donne, est que c'est son avantage, comme celui du seigneur. Mais cela ne peut pas être un moyen de droit pour assujettir le vassal à cette charge. Ce n'est qu'un motif de prudence. (*G. D. C.*)

RÉVERSIBLE, adj. signifie ce qui doit revenir à quelqu'un. Un bien, une somme sont *réversibles* à quelqu'un, lorsqu'après le décès d'un autre, ou après l'événement de quelque condition, ils doivent rentrer dans sa main. *Voyez* FIDÉI-COMMIS, PROPRE, RETOUR, SUBSTITUTION, SUCCESSION.

RÉVERSION, s. f. est la même chose que le retour ou droit de retour, qu'un donateur a aux biens par lui donnés, lorsque le donataire meurt sans enfans. *Voyez* RETOUR.

REVESTURE *ou* REVÊTURE, (*Droit féodal.*) il paroît qu'on a ainsi nommé autrefois un droit dû pour l'investiture.

Il en est question dans une chartre de l'an 1309, que dom Carpentier cite dans son glossaire, d'après le livre rouge de la chambre des comptes. (*G. D. C.*)

REVÊTISSEMENT, s. m. ce terme, *en droit*, a plusieurs significations. En matière féodale, le *revêtissement* est lorsque le seigneur reçoit le vassal en foi & hommage; & par ce moyen lui donne l'investiture du fief.

Revêtissement, dans quelques coutumes, est le don mutuel & égal qui se fait entre deux conjoints par mariage, par le moyen duquel ils se revêtissent mutuellement de leurs biens.

Revêtissement de lignes, dans la coutume de Lorraine, est la transmission qui se fait par succession des propres aux plus proches parens du côté & ligne d'où ils sont venus. *Voyez* le glossaire de M. de Laurière, au mot *Revêtissement.* (*A*)

RÉVISEUR, s. m. (*Chancell. rom.*) officier de la chancellerie romaine pour les matières bénéficiales ou matrimoniales. Il y a dans la chancellerie de la cour de Rome plusieurs officiers appellés *réviseurs.* Ils mettent au bas des suppliques *expediantur litteræ*, lorsqu'il faut prendre des bulles; & un grand C, quand la matière est sujette à componende. Après avoir revu & corrigé la supplique, ils y mettent la première lettre de leur nom, tout au bas de la marge du côté gauche.

Entre ces *réviseurs*, l'un est appellé *réviseur per obitum*, il dépend du dataire; il a la charge de toutes les vacances *per obitum in patriâ obedientiæ;* il est aussi chargé du soin des suppliques par démission, par privation, & autres, en pays d'obédience, & des pensions imposées sur les bénéfices vacans en faveur des ministres & autres prélats courtisans du palais apostolique. L'autre s'appelle *réviseur des matrimoniales;* il dépend aussi de la daterie, & ne se mêle que des matières matrimoniales. (*D. J.*)

RÉVISION, s. f. (*terme de Pratique.*) est un nouvel examen que l'on fait de quelque affaire pour connoître s'il n'y a point eu erreur, & pour la réformer. Il y a différentes espèces de *révision* que nous allons faire connoître par autant d'articles particuliers.

Révision *d'un compte*, est une nouvelle vérification que l'on en fait; la *révision* finale est lorsqu'après des débats fournis lors du premier examen que l'on a fait du compte, on en réforme les articles suivant les jugemens qui sont intervenus sur les débats, pour procéder ensuite à un calcul juste, & à la clôture du compte. *Voyez* Compte. (*A*)

Révision, *en matière civile*, est une voie de droit usitée en certain pays, au lieu de la requête civile; les *révisions* ont été en usage au parlement de Besançon jusqu'à l'édit du mois d'août 1692, qui les a abolies.

Elles sont encore en usage dans le ressort du parlement de Flandres: un édit du mois de mars 1674 les avoit abrogées, & avoit fait défenses au parlement de les permettre, à peine de nullité & de tous dépens, dommages & intérêts; mais en 1688, Louis XIV cédant aux vœux de tous les pays du ressort de ce parlement, donna un édit qui en permit & régla l'usage.

Révision, *en matière criminelle*, est un nouvel examen d'un procès qui avoit été jugé en dernier ressort; c'est à peu près la même chose que la requête civile, ou plutôt que la voie de cassation en matière civile; il y a néanmoins cette différence entre la *révision* & la requête civile, que dans celle-ci les juges ne peuvent d'abord juger que le rescindant, c'est-à-dire la forme & non le rescisoire qui est le fond, & par la voie de cassation les arrêts ne sont point rétractés, à moins qu'il n'y ait des moyens de forme; au lieu que dans la *révision* les juges peuvent revoir le procès au fond, & absoudre l'accusé en entérinant les lettres de révision par le seul mérite du fond, quand il n'y auroit pas de moyen en la forme.

On ne peut procéder à la *révision* d'un procès sans lettres du prince expédiées en la grande chancellerie; celui qui veut obtenir de telles lettres, doit présenter sa requête au conseil où elle est rapportée; & ensuite, si le conseil le juge à propos, elle est renvoyée aux requêtes de l'hôtel pour avoir l'avis des maîtres des requêtes, dont le rapport se fait aussi au conseil, & sur le tout on décide si les lettres doivent être expédiées; en général on en accorde rarement. L'amiral Chabot, qui avoit été condamné par des commissaires, obtint des lettres de *révision*, & par un arrêt de *révision* rendu au parlement, en 1541, en présence de François I, il fut absous.

L'objet d'une demande en *révision* est la révocation de la condamnation, avec l'absolution des cas qui ont été imposés au condamné, & son rétablissement dans ses biens & sa bonne réputation.

L'erreur de la part du juge, est le principal moyen de *révision* qu'on puisse employer: cette erreur peut être dans le droit ou dans le fait; mais comme l'erreur dans le droit suppose, de la part du juge, une ignorance ou une prévarication qu'on ne présume point dans des juges souverains ou en dernier ressort, c'est proprement sur l'erreur de fait que sont fondées les lettres de *révision.* En effet, l'objet d'une accusation consiste à savoir si un accusé est coupable ou non, & c'est un fait unique, c'est par conséquent l'erreur dans un fait qui peut faire revenir le condamné ou sa famille contre un jugement.

Il y a particulièrement lieu à la *révision*, lorsqu'il y a erreur dans la personne; comme quand il est justifié que celui qu'on croyoit avoir été tué n'est pas mort, ou que l'accusé a été condamné à la place de quelque autre.

La déclaration par laquelle un criminel, condamné au dernier supplice, se reconnoît coupable d'un crime pour lequel un autre accusé a été condamné, peut suffire pour fonder une demande en *révision.* Il en est de même, à plus forte raison, quand, dans le cours d'une procédure criminelle, on vient à découvrir les véritables auteurs d'un crime au sujet duquel un accusé innocent a précédemment été condamné.

Au surplus, quoique l'erreur soit le principal moyen de *révision*, on peut employer de même tous ceux qui peuvent servir à établir l'innocence du condamné. On voit que l'ordonnance du mois de novembre 1479 avoit admis la *révision*, sur le seul fondement du mal jugé.

Ainsi, l'on obtient des lettres de *révision* toutes les fois qu'on articule des faits décisifs qui n'ont point été proposés lors du jugement, ou qu'on justifie que la condamnation a été prononcée sur de faux titres, ou sur les dépositions de faux témoins, ou sur de faux indices, ou que l'innocence de l'accusé se trouve établie de quelque autre manière, ou enfin quand le juge qui a prononcé la condamnation, étoit incompétent pour connoître de l'affaire.

Mais ce seroit en vain que, pour fonder une demande en *révision*, lorsqu'il n'est rien survenu de nouveau depuis le jugement, on allégueroit que les preuves sur lesquelles la condamnation a été prononcée étoient insuffisantes.

Les lettres de *révision* s'obtiennent, tant contre les arrêts que contre les jugemens présidiaux ou prévôtaux, quand ils sont définitifs. Il suit de-là qu'un accusé qui n'a point été jugé définitivement, n'est pas fondé à demander la *révision* de son procès.

Il n'y a que les accusés condamnés qui puissent se pourvoir en *révision*, & cette voie n'est point ouverte à l'accusateur. Ainsi, lorsqu'un accusé a évité la peine qu'il méritoit, il ne peut pas être privé de cet avantage par de nouvelles poursuites. Si la loi 9, *cod. de accusationibus*, défend à un tiers de renouveller l'accusation d'un autre contre quelqu'un qui a été renvoyé absous, à plus forte raison ne doit-on pas admettre le même accusateur à poursuivre de nouveau l'accusé.

Quand une condamnation a été prononcée par contumace, le condamné ne peut pas se pourvoir en *révision*, attendu qu'il a le droit de se faire juger de nouveau, en se mettant en état dans les prisons du siège qui l'a jugé. C'est ce qui résulte, tant de l'article 18 du titre 17, que de l'article 4 du titre 25 de l'ordonnance de 1670.

Quand le condamné est mort, sa femme, ses enfans & même ses autres proches parens & héritiers peuvent aussi demander la *révision*, pour purger sa mémoire. Il y en a divers exemples dans les annales de la jurisprudence.

Comme la voie de *révision* a été établie en faveur de l'innocence, on peut en tout temps, même après trente années, obtenir à cet égard les lettres nécessaires, sans qu'aucune prescription puisse être opposée aux impétrans.

RÉVISION, est aussi un droit que les procureurs ont pour revoir & lire les écritures des avocats; ce droit qui leur a été accordé moyennant finance, a été établi sous prétexte que le procureur devant conduire toute l'affaire, doit lire les écritures des avocats pour se mettre au fait de ce qu'elles contiennent, & voir ce qu'il peut y avoir à faire en conséquence. (*A*)

REVIVRE, s. m. est le nom que l'on donne dans quelques coutumes, à ce qu'on appelle communément *regain*, c'est-à-dire, à la seconde herbe qu'un pré pousse dans la même année. (*A*)

RÉVOCABLE, adj. signifie ce qui peut être *révoqué*; une donation est *révocable* par survenance d'enfans. *Voyez* DONATION & RÉVOCATION. (*A*)

RÉVOCATION, s. f. est l'acte par lequel on en *révoque* un précédent; le prince *révoque* une loi, lorsqu'il y reconnoît quelque inconvénient; on *révoque* une donation, un testament, un legs, un procureur, des offres, une déclaration, un consentement. *Voyez* EDIT, LOI, ORDONNANCE, DONATION, TESTAMENT, CODICILLE, LEGS, PROCUREUR, OFFRES, DÉCLARATION, CONSENTEMENT. (*A*)

RÉVOCATOIRE, adj. signifie *ce qui a l'effet de révoquer*. Ainsi une clause *révocatoire* est celle qui a pour objet de révoquer quelque acte. *Voyez* RÉVOCABLE, RÉVOCATION. (*A*)

REVOUAGE *ou* REVOUIAU, (*Droit féodal.*) on a donné ce nom autrefois à une espèce de loyaux aides, ou taille aux quatre cas, & sur-tout à celle qu'on payoit au seigneur, lorsqu'il faisoit son fils chevalier ou marioit sa fille, ou la faisoit religieuse. On peut voir différens exemples de ce terme dans le *glossarium novum* de dom Carpentier, au mot *Roga 4*. Cet auteur dit qu'il dérive de l'ancien françois *reuver* & *rouver*, prier, qui vient lui-même du latin *rogare*. Cet auteur cite aussi divers exemples de ce dernier mot, & particuliérement celui-ci, qu'il a pris dans des lettres de grace de l'an 1420: « lesquels feussent allez en intention » de *rouver* & requerre à mariage une jeune fille ». (*G. D. C.*)

REWART, s. m. terme dérivé du mot latin *respicere*, qui signifie *regarder*, ou, comme on disoit anciennement en quelque province, *rewarder*. Il désigne à Lille & dans plusieurs villes & villages de la châtellenie de Lille, un officier municipal qui, en matière d'administration & de police, est, ou étoit anciennement considéré comme le chef du corps des échevins. Il est aujourd'hui subordonné au prévôt.

Il y a des villages de la châtellenie de Lille, où la dénomination de *Rewart* ne s'applique qu'aux inspecteurs des marais, ou biens communaux.

REUVER. *Voyez* REVOUAGE.

R H

RHODIEN, LE DROIT, (*Jurisprud. rom.*) *jus rhodium*: c'est ainsi qu'on appelle le code de loix de l'île de Rhodes par rapport aux naufrages, & aux autres événemens fortuits de la navigation. Les loix des Rhodiens en ce genre, étant fondées sur l'équité naturelle, furent généralement observées dans la Méditerranée. Rome en reconnut l'autorité; car on voit que du temps de Jules César & d'Auguste, les jurisconsultes Servius, Ofilius, Labeo & Sabinus, les adoptèrent dans les mêmes cas, sur-tout par rapport à l'article du jet des marchandises sur les côtes, *de jactu mercium*. On sait aussi que les empereurs Claude, Vespasien, Trajan, Adrien & Antonin, confirmerent les mêmes loix des Rhodiens, & qu'ils ordonnèrent qu'on décidât tous les cas du commerce maritime selon ces loix. Il nous reste un fragment grec, *narrationes de legum Rhodiarum confirmatione*, qui se trouve à la tête des *leges nauticæ*. Simon Schardius le fit imprimer *in-8°*. à Bâle, en 1561, & Marquard Freher le publia dans le second tome de son *jus græco romanum*, imprimé à Heidelberg, en 1599, *in-fol.* (*D. S.*)

R I

RIEPE. *Voyez* la fin de l'article RIÉS.

RIÈRE, (*Droit féodal.*) ce mot, qui signifie littéralement *en arrière*, désigne toujours, dans l'ordre féodal, un degré d'infériorité; on l'a quelquefois employé simplement pour indiquer la subordination où sont les vassaux ou les censitaires de leur seigneur. C'est ce qu'on voit bien clairement dans un terrier de la seigneurie de Salornay en Mâconnois, de l'année 1494, qui m'a passé sous les yeux: « ceux qui demeurent ès mètes » dudit fournage & *rière-le-roi*, c'est à savoir ceux » qui sont en la directe du roi ».

Cette expression est encore en usage en Bourgogne, au lieu du mot *devant*, pour les écritures qu'on présente aux juges. Ainsi on dit: « griefs » que mettent *rière* vous nosseigneurs de parlement, &c. ». (*G. D. C.*)

RIÈRE-CAPTE, (*Droit féodal.*) c'est l'arrière-capte. *Voyez* ACAPTE. (*G. D. C.*)

RIÈRE-FIÉ, RIÈRE-FIED & RIÈRE-FIEF, tous ces mots sont synonymes d'*arrière-fief*. *Voyez* ce dernier mot. (*G. D. C.*)

RIÈRE-GUET, ce mot signifie littéralement *arrière-guet*. On l'a employé, tantôt pour désigner une patrouille chargée de faire la ronde & de surveiller le guet, tantôt pour le guet lui-même, & tantôt enfin pour celui qui remplaçoit une personne chargée de faire le guet.

C'est dans ce dernier sens qu'il faut entendre des lettres de grace de l'an 1384, citées par dom Carpentier, au mot *Retro-excubiæ*. On y lit: « Jehan le Roux, qui lors queroit un *rière-guet* à » veiller pour lui ». (*G. D. C.*)

RIÉS, RIETS, *ou* RIEZ, (*Droit féodal.*) on a nommé, & l'on nomme encore dans l'Artois & dans les provinces voisines, *terres à riés* ou *en riés*, des champs laissés en friche. Mais je crois que cela ne s'entend que de ceux qui ont été labourés autrefois, & qu'on a cessé de cultiver, mais dont les sillons ou *raies* paroissent encore. L'article 62 de la coutume d'Artois porte: que si les possesseurs de terres labourables chargées de terrage, « laissent lesdites terres à *riez*, celui ou ceux auxquels ledit droit de terrage appartient, peuvent, » après que lesdites terres auront été trois ans à » *riez*, labourer, ou faire labourer icelles terres, » & les assemencher, & icelles dépouiller; sans » ce que lesdits possesseurs les puissent ravoir en » payant fer & semence, après lesquelles dépouilles, lesdits possesseurs les pourront ravoir, » en le déclarant auxdits ayans ledit droit de terrage, auparavant qu'ils aient commencé à labourer après ladite dépouille ».

Dom Carpentier, au mot *Riesa*, pense qu'on doit entendre dans le même sens le mot *Riépe*, qui se trouve dans une chartre de l'an 1281, laquelle a été donnée par Richard, seigneur de Dompierre, en 1281. Il y est dit: « les riépes » de Montoz où il y a plain & bois, & y a là » sires de Montoz justice & seignorie, & la tierce » & le quart de deme suis lesdites riépes ». Ne seroit-ce point plutôt *les rives d'un bois?* (*G. D. C.*)

RIETS. *Voyez* RIÉS.

RIEZ. *Voyez* RIÉS.

RIGUEUR, *mois de*, (*Droit ecclésiast.*) est un des mois affectés aux gradués, dans lesquels le collateur ordinaire est obligé de conférer le bénéfice qui vient à vaquer, au gradué le plus ancien qui l'a requis. *Voyez* GRADUÉ. (*A*)

RILLIE, (*Droit féodal.*) dom Carpentier cite, au mot *Releyum*, sous *Relevare feudum*, une chartre de Pierre de Chambly, de l'an 1307, où ce mot paroît employé pour *relief*. Il y est dit: « *item* les » *rillies*, les fréziemes, les fourfaitures, &c. ». (*G. D. C.*)

RIPUAIRE (*loi.*) *Voyez* LOI DES RIPUARIENS.

RIVAGE (*droit de*), Ragueau dit fort bien, dans le glossaire du droit françois, que c'est « un » droit dû pour le vin & autres marchandises qui » entrent en l'eau par bateaux ou qui en sortent, » dont est fait mention aux ordonnances de la pré» vôté & échevinage de Paris ».

On trouve une multitude d'exemples de ce droit, au mot *Ripaticum* du glossaire de du Cange. (*G. D. C.*)

RIVERAGE, (*Droit féodal.*) Il ne faut pas confondre ce mot avec celui de *rivage*. Celui de *riverage* désigne le droit d'égage, aiguage (*aquagium*), ou de tiers-lods, qui appartient au seigneur haut-justicier dans le Dauphiné, en cas de vente des fonds arrosés par les ruisseaux de sa seigneurie. *Voyez* le chapitre 58 de l'usage des fiefs de Salvaing de Boissieu, & l'article TIERS-LODS. (*G. D. C.*)

RIVERAIN, s. m. est celui qui possède un héritage ou quelque droit de seigneurie & de justice, ou qui habite sur les bords d'un fleuve, d'une rivière, d'un ruisseau, ou même le long d'une forêt.

Les propriétaires des héritages qui aboutissent aux rivières navigables, sont tenus par l'article 7 du titre 28 de l'ordonnance du mois d'août 1669, de laisser le long des bords vingt-quatre pieds au moins de place en largeur pour chemin royal & trait des chevaux, sans qu'ils puissent planter aucun arbre ni clôture plus près que de trente pieds du côté que les bateaux se tirent, & dix pieds de l'autre bord, à peine de 500 livres d'amende, de de confiscation des arbres, & d'être, les contrevenans, contraints à réparer & remettre les chemins en état, à leurs frais.

L'article 8 du titre 15 défend, à peine de punition exemplaire, aux *riverains* des forêts, d'enlever, sous quelque prétexte que ce soit, les bois abattus dans les laies & tranchées autour des ventes: & l'article 7 du titre 32 déclare ceux qui occupent des maisons, fermes & autres héritages dans l'enclos & à deux lieues des forêts du roi, responsables civilement des délits commis par leurs commis, charretiers, pâtres & domestiques.

RIVIÈRE, s. f. (*Droit public.*) est un assemblage d'eaux qui coulent dans un canal d'une largeur & d'une étendue considérables.

Les *rivières* navigables du royaume appartiennent au roi en pleine propriété, par le seul titre de sa souveraineté, ainsi que tout ce qui se trouve dans leurs lits, comme les îles & îlots, atterrissemens & accroissemens, droits de pêche, péages, passages, ponts, bacs, bateaux, moulins, édifices, & autres choses & droits que ces fleuves & *rivières* produisent.

C'est ce qui résulte, tant de l'article 41 du titre 27 de l'ordonnance des eaux & forêts du mois d'août 1669, que de plusieurs loix postérieures, telles que la déclaration du mois d'avril 1683, celle du mois d'avril 1686, l'édit du mois de décembre 1693, la déclaration du 7 août 1694, & l'édit du mois d'avril 1713.

Il y a une exception à cette règle en faveur des comtes de Lyon. Un arrêt rendu au conseil le 4 septembre 1717, contradictoirement avec l'inspecteur du domaine, & qui a été revêtu de lettres-patentes que le parlement a enregistrées, les a maintenus dans la propriété des *rivières* navigables du comté & des îles qui s'y étoient formées. Cet arrêt & ces lettres-patentes ont, pour cet effet, dérogé aux réglemens antérieurs.

Au reste, il faut observer que les *rivières* navigables ne sont du domaine du roi que depuis l'endroit où elles sont navigables. Henrys rapporte un arrêt du 9 décembre 1651, qui a jugé, conformément à cette règle, que la Loire, au-dessus de Rouane, où elle ne porte point bateau, étoit seigneuriale, & non royale.

On demande si les *rivières* qui ne sont pas navigables appartiennent aux riverains ou aux seigneurs. Loysel, en ses institutes, dit, à ce sujet, que les *rivières* n'appartiennent aux seigneurs que quand elles ont sept pieds de largeur, & que quand elles en ont moins, elles appartiennent aux riverains. Tel est aussi l'avis de Coquille sur la coutume de Nivernois. Mais il paroît qu'on ne peut établir à cet égard aucune règle générale, & que tout dépend du titre & de la possession.

L'article 42 du titre 27 de l'ordonnance des eaux & forêts, a défendu à toutes personnes, soit propriétaires ou engagistes, de faire des moulins, bâtardeaux, écluses, gords, pertuis, murs, plants d'arbres, amas de pierres, de terre ou de fascines, ni aucun autre édifice nuisible au cours de l'eau, à peine d'amende arbitraire & de démolition.

C'est en conformité de cette loi que, par arrêt du 8 novembre 1689, le conseil a ordonné que les particuliers dénommés au procès-verbal dressé par les officiers de la maîtrise de Coucy, le 13 septembre 1688, qui avoient établi des vannes, gords, chaussées, moulins, édifices, pieux, fascines, tas de pierres, *&c.* nuisibles à la navigation de la *rivière* d'Aisne, seroient tenus de les ôter incessamment, sinon qu'il y seroit pourvu à leurs frais, à la diligence du procureur du roi en cette maîtrise.

Par un autre arrêt rendu pour Orléans au parlement de Paris, le 13 juin 1713, la cour a ordonné que les arrêts & réglemens des 27 juillet 1555, 7 septembre 1598, 15 avril 1615, 11 avril 1631, & 3 septembre 1650, seroient exécutés; qu'en conséquence, les meûniers de la *rivière* de Loire seroient tenus de mettre leurs moulins bout-à-bout l'un de l'autre, ensorte que la voie navigable demeurât libre, franche, droite & de la largeur de huit toises au droit fil du cours de l'eau; & il leur a été fait défense de mettre leurs moulins plus près de la ville d'Orléans que le ravelin de Saint-Laurent du côté d'en bas, & la maison des religieuses de Saint-Loup du côté d'en haut, à peine de 500 livres d'amende contre chaque contrevenant, & de répondre des dommages & intérêts auxquels il auroit donné lieu.

Non-seulement les bâtimens nuisibles à la navigation doivent être démolis, comme on vient de le voir, mais encore les moulins, vannes, gords, & autres édifices construits sans une permission du roi. C'est ce qui résulte de l'article 43 du titre 27 de l'ordonnance des eaux & forêts.

L'article 44 défend à toutes personnes de détourner l'eau des *rivières* navigables & flottables, ou d'en affoiblir & altérer le cours par des tranchées, fossés ou canaux, à peine contre les contrevenans d'être punis comme usurpateurs, outre l'obligation de réparer les choses à leurs dépens.

Mais lorsqu'une *rivière* n'est pas navigable, le seigneur sur les terres duquel elle passe, peut en détourner les eaux & s'en jouer à sa volonté, même y faire des bâtardeaux dans l'étendue de son domaine, pourvu qu'il ne nuise point aux propriétaires inférieurs ou supérieurs, & que les eaux soient rétablies avant de sortir de ses terres. C'est ce qu'a jugé un arrêt rendu à la table de marbre de Paris, le 6 septembre 1759, en faveur du sieur Aulas, seigneur de Courtigny, contre les seigneurs de la Plissonière & de la Chapelle.

Deux arrêts rendus au parlement de Dijon, le 1 avril 1720 & le 20 août 1746, ont jugé que des particuliers n'avoient pas le droit de prendre du sable & des pierres dans les *rivières* non navigables, sans la permission du seigneur.

L'article 14 du titre 31 de l'ordonnance des eaux & forêts, défend à toutes personnes de jetter dans les *rivières* aucune chaux, noix vomique, coque de levant, ou autres drogues & appâts, à peine de punition corporelle.

Comme les lins & les chanvres qu'on fait rouir dans l'eau la corrompent, ce qui occasionne la destruction du poisson & rend malades les bestiaux qui boivent de cette eau, plusieurs coutumes ont des dispositions pour prévenir ces inconvéniens. Celle de Normandie porte, *art. 209*, que *roteurs ne peuvent être faits en eau courante; & si aucun veut détourner eau pour en faire, il doit vuider l'eau dudit roteur, ensorte que l'eau d'icelui roteur ne puisse retourner au cours de la rivière.*

L'article 16 du chapitre 103 de la coutume de Hainaut, porte qu'*on ne pourra mettre ni lin, ni chanvre ès* RIVIÈRES *& eaux courantes, sous peine de cinq sous d'amende & de confiscation des lins & chanvres.*

Le chapitre 53 de la coutume de Mons, porte que *nul ne peut mettre lin ni chanvre rouir en rivières courantes, ni en rivières & fossés tapissonnés, sur loix de cinq sous blancs, & le lin ou chanvre acquis au seigneur.*

La coutume d'Amiens, *tit. 11, art. 43*, porte qu'*on ne peut rouir lin, chanvre, & autres choses aux rivières ou marais publics, du haut ou moyen justicier, ni autrement empêcher lesdits marais ou rivières, sans le congé du seigneur, & sans encourir l'amende de 60 sous parisis.*

Par arrêt du 14 décembre 1719, le parlement de Normandie a fait défense à tout particulier de mettre aucun lin ou chanvre rouir dans les *rivières*, marais publics & autres lieux y aboutissant, & d'y jetter aucune ordure ou autre chose qui puisse corrompre les eaux, à peine de confiscation des lins & chanvres, & de 50 livres d'amende.

Le parlement de Bretagne a rendu deux arrêts semblables, les 16 août 1735 & 31 janvier 1757.

Un arrêt du conseil du 26 février 1732, portant réglement pour la *rivière* des Gobelins, a expressément défendu à toutes sortes de personnes de faire rouir des lins & chanvres dans les eaux y affluentes, à peine de 50 livres d'amende, & d'un mois de prison contre chaque contrevenant, pour la première fois; du double pour la seconde, *&c.*

L'article 10 du titre 5 du réglement général des eaux & forêts, donné pour la Lorraine par le duc Léopold, au mois de novembre 1707, contient sur cette matière les dispositions suivantes:

« Et d'autant que l'expérience fait connoître que les chanvres, que la plupart des particuliers, par un usage abusif, mettent dans les *rivières* & ruisseaux poissonneux, sont très-préjudiciables aux poissons; défendons à toutes sortes de personnes d'y en mettre à l'avenir aucun, sous quel prétexte que ce puisse être, à peine de dix francs d'amende pour la première fois, du double pour la seconde, & de plus grande peine en cas de récidive; leur permettons néanmoins de les faire rouir ou mouiller dans les laies reculées & bords des *rivières* navigables, pourvu qu'ils ne nuisent pas à la navigation ».

Par arrêt du parlement de Paris du 29 mai 1743, rendu sur les conclusions de M. Joly de Fleury, avocat-général, il a été jugé qu'un diamant trouvé dans le lit de la *rivière* de Seine par le nommé Guenemont, retenu par le garde de l'orfévrerie & non réclamé, étoit une épave dont la vente seroit faite, pour en être le prix distribué; savoir, un tiers au receveur-général du domaine, un tiers à Guenemont, & l'autre tiers aux orfèvres, conformément aux ordonnances qui leur ont attribué le tiers des épaves de joaillerie & orfévrerie.

Suivant l'article 3 du titre 1 de l'ordonnance des eaux & forêts, toutes les actions concernant les entreprises ou prétentions sur les *rivières* navigables & flottables, tant pour raison de la navigation & flottage, que des droits de pêche, passage, pontonnage, & autres droits, conduite, rupture & loyers de flettes, bacs & bateaux, épaves sur l'eau, construction & démolition d'écluses, gords, pêcherie & moulin, visitation de poisson, tant dans les bateaux que dans les boutiques & réservoirs, & généralement de tout ce qui peut préjudicier à la navigation, charroi & flottage des bois, sont de la compétence des officiers des maîtrises, sans préjudice néanmoins de la jurisdiction des prévôts des marchands, ès villes où ils sont en possession de connoître de tout ou de partie de ces matières, & de celles des officiers des turcies & levées, & autres qui pourroient avoir titre & possession pour en connoître.

Quant aux actions relatives aux *rivières* non navigables ni flottables, & qui ne sont pas du nombre des cas royaux, elles sont de la compétence des simples gruyers & autres juges de seigneurs. Mais lorsqu'il survient une contestation sur la question de savoir si une *rivière* est flottable ou non, c'est aux grands-maîtres & aux officiers des maîtrises à la juger. C'est ce que le conseil a jugé par arrêt du 13 octobre 1722, rendu en faveur de la maîtrise des eaux & forêts de Paris.

RIXE, f. f. *terme de Palais*, qui signifie une querelle, un débat arrivé entre plusieurs personnes, lorsqu'il y a eu des coups de donnés, ou des menaces, ou des injures dites. *Voyez* ACCUSATION, CRIME, DÉLIT, INJURE, PLAINTE. (*A*)

R O

ROAGE, ROAIGE, RODAGE, ROUAGE *ou* ROUAIGE, (*Droit féodal.*) on a ainsi appellé un droit que les voitures à *roues* payoient au seigneur, lorsqu'elles passoient dans les chemins de la seigneurie. On peut en voir une multitude d'exemples dans du Cange, au mot *Rotaticum*, & dans le supplément de dom Carpentier, au mot *Roaigium*. *Voyez* aussi Bacquet, des droits de justice, *chap.* 30, *n.* 22, & les coutumes locales de Berry par la Thaumassière, *pag.* 353.

Au reste le droit de *roage* est dû pour la charrette vuide ou chargée, indépendamment de celui qu'on paie pour les marchandises qui peuvent y être. C'est ce qu'on voit dans les coutumes d'Acs, *tit.* 12, *art.* 5 & 6, & dans celle de Saint-Sever, *tit.* 40, *art.* 5 & 6, qui abolissent ce droit & celui de *bastage*, dû pour les chevaux bâtés. *Voyez* au surplus l'article ROUAGE.

On a aussi nommé autrefois *terre à roaige*, des terres labourables, divisées par *roies* ou *raies*. C'est du moins là ce qui paroît résulter d'une chartre de Philippe-le-Bel, de l'an 1297, qui est au livre rouge de la chambre des comptes, & dont on trouve l'extrait suivant dans dom Carpentier, au mot *Roya* : « champars de quatre-vingt-neuf acres » de terre en *roiage* en neuf ans ». (*G. D. C.*)

RODAGE. *Voyez* ROAGE.

ROGAT, s. m. *terme de Jurisprud. ecclésiast.* qui répond à-peu-près à ce qu'on appelle en cour laie, *commission rogatoire. Voyez* ROGATOIRE.

C'est une prière qu'un official, ou autre juge d'église, fait à un autre, pour qu'il lui soit permis de faire ajourner un sujet d'un autre diocèse, pardevant l'ordinaire du requérant, pour raison d'un mariage commencé avec une personne domiciliée dans le diocèse où il entend le faire ajourner. Celui à qui la lettre ou prière s'adresse, n'est pas obligé d'y déférer.

ROGATOIRE (*commission*), *en terme de Palais*, est la commission qu'un juge adresse à un autre juge qui lui est subordonné. *Voyez* COMMISSION.

ROAIGE. *Voyez* ROAGE & ROUAGE.

ROGNER SON FIEF, c'est le diminuer par un accensement ou une sous-inféodation partiaire. Ragueau cite, au mot *Fief rogne*, un proverbe tiré du style de Liège, *chap.* 25, *art.* 16, qui est ainsi conçu : « qui fief nie ou fief rogne, fief perd ». *Voyez* JEU DE FIEF, DÉPIÉ DE FIEF, DÉVOLUTION FÉODALE. (*G. D. C.*)

ROGO, (*Droit féodal.*) ce mot latin, qui signifie littéralement, *je prie*, *je requiers*, a été employé dans l'article 132 de l'ancienne coutume de Melun, pour désigner le cens quérable. (*G. D. C.*)

ROI DES MERCIERS, c'est le titre que portoit autrefois en France un officier qui étoit considérable, qui veilloit seul sur tout ce qui concernoit le commerce. Quelques-uns en attribuent la création à Charlemagne. On l'appelloit *roi des merciers*, parce qu'alors il n'y avoit que les merciers qui fissent tout le commerce; les autres corps des marchands, qui en ont été tirés, n'ayant été établis qu'assez tard sous les rois de la troisième race.

Ce *roi des merciers* donnoit les lettres de maîtrises & les brevets d'apprentissage, pour lesquels on lui payoit des droits assez forts; il en tiroit aussi de considérables des visites qui se faisoient de son ordonnance & par ses officiers pour les poids & mesures, & pour l'examen de la bonne ou mauvaise qualité des ouvrages & marchandises. Il avoit dans les principales villes de provinces, des lieutenans pour y exercer la même jurisdiction que celle dont il jouissoit dans la capitale.

Les grands abus qui se commettoient dans l'exercice de cette charge, engagèrent François I à la supprimer en 1544. Elle fut rétablie l'année suivante. Henri III la supprima de nouveau en 1581, par un édit qui n'eut point d'exécution, à cause des troubles de la ligue. Enfin, Henri IV, en 1597, supprima le *roi des merciers*, ses lieutenans & officiers, cassant, annullant & révoquant toutes les lettres d'apprentissage ou de maîtrise données par cet officier ou en son nom; défenses à lui d'en expédier à l'avenir, ni d'entreprendre aucune visite, à peine d'être puni, lui & ses officiers, comme faussaire, & de dix mille écus d'amende. Depuis ce temps-là il n'est plus fait mention du *roi des merciers*.

ROI DES VIOLONS, c'est le titre que portoit, avant l'année 1773, le chef de la communauté des maîtres à danser & des joueurs d'instrumens. On l'appelloit aussi *roi & maître des ménétriers & joueurs d'instrumens*.

Jean-Pierre Guignon est le dernier qui ait été pourvu de cet office. Le roi s'étant fait rendre compte des pouvoirs & privilèges généralement attribués à cette charge, & ayant reconnu que l'exercice de ces privilèges nuisoit au progrès de l'art de la musique, il a, par édit du mois de mars 1773, éteint & supprimé la charge *de roi & maître des ménétriers & joueurs d'instrumens, tant hauts que bas du royaume*, vacante par la démission volontaire qu'en avoit faite le sieur Guignon.

Un arrêt du conseil du 13 février 1773, dont l'exécution a été ordonnée par lettres-patentes du 3 avril suivant, avoit, avant la suppression dont on vient de parler, annullé les concessions des charges de lieutenans-généraux & particuliers du *roi des violons*.

ROI DES RIBAUDS. *Voyez* PRÉVÔT DE FRANCE.

ROIAGE. *Voyez* ROUAGE & ROAGE.

ROIERIÈRE, (*Droit féodal.*) on a donné ce nom, suivant dom Carpentier, à la jurisdiction foncière, parce qu'elle s'exerce sur la terre même qu'on divise en raies ou roies pour la labourer. Cet auteur cite l'extrait suivant, tiré du folio 156 du registre *bel* de la chambre des comptes : « lequel » roi (Philippe IV) octroya audit Pierre Baire.... » le villaige de la ville Rasant, avec la forfaiture » ou *roierière*, qui fu maistre Guillaume Brunet ».

Il est certain du moins qu'on a désigné en latin barbare sous le nom de *roya terræ*, la justice foncière. Cela résulte des extraits suivans donnés par le même auteur, d'une sentence arbitrale rendue en 1299, entre l'évêque & le chapitre de Châlons, & d'une chartre de Philippe-le-Bel de l'an 1303. Il y est dit : *de terrâ verò allodiorum de Pongneyo ordinamus, quòd omnimodo jurisdictio temporalis, alta*

& baſſa ad decanum & capitulum tantùm pertineat, exceptâ juriſdictione ſeu cognitione de fundo terræ, quod de raya terræ communiter appellatur.

Omnes alios redditus, quocumque nomine cenſeantur, cum baſſa juſtitiâ omnium mobilium & rayæ terræ, quæ habebamus..... in dicta villanova concedimus. *Voyez* néanmoins l'article RUYER. (*G. D. C.*)

RÔLE, ſ. m. du latin *rotulum*, eſt en général un état de quelque choſe. Ces états ou mémoires ont été appellés *rôles*, parce qu'on les écrivoit anciennement ſur des grandes peaux ou parchemins que l'on rouloit enſuite.

Au palais, on donne ce nom à l'état ou liſte des cauſes qui doivent ſe plaider. On connoît au parlement de Paris pluſieurs eſpèces de *rôles*. L'on appelle *grand rôle*, celui où l'on inſcrit les cauſes qui ſe plaident aux grandes audiences; *petit rôle*, celui où l'on met les cauſes des petites audiences. *Rôles* des provinces ſont ceux où l'on met les appels des bailliages de chaque province qui ſe plaident le lundi & mardi; *rôle* des jeudis, celui où l'on met les cauſes des jeudis. *Rôle* d'après la ſaint Martin; *rôles* de la chandeleur, de Pâques, *&c.* ſont les *rôles* des cauſes qui ſe plaident dans ce temps; *rôle* de relevée, eſt celui des cauſes qui ſe plaident le mardi après-midi; *rôle* de la tournelle, eſt celui des cauſes de la grande audience de la tournelle. *Voyez* l'article PARLEMENT.

RÔLE DES AMENDES, eſt un état contenant les noms & domiciles de ceux qui y ont été condamnés, & les ſommes auxquelles ils ont été condamnés. *Voyez* AMENDE.

RÔLES POUR LA SUBSISTANCE DES PAUVRES, par arrêt du 30 décembre 1740, le parlement de Paris a ordonné qu'il ſeroit fait des *rôles* pour la ſubſiſtance des pauvres dans toutes les paroiſſes de ſon reſſort; & le roi ayant jugé que dans un objet qui tendoit à ſoulager les pauvres, il n'étoit pas convenable que ces *rôles* & les procédures néceſſaires pour les faire exécuter fuſſent aſſujettis à aucun droit, il a été ordonné par un arrêt du conſeil du 20 janvier 1741, que les *rôles* faits pour la ſubſiſtance des pauvres, en exécution de l'arrêt du parlement de Paris, les actes & procédures pour faire exécuter ces *rôles*, les procédures faites pour parvenir à la réduction de cotiſations, & les jugemens qui interviendroient, ſoit devant les premiers juges, ſoit au parlement ſur l'appel, ſeroient faits & rédigés en papier commun & non timbré, & ſeroient exempts des droits de contrôle, de ſceau, & autres, de quelque nature qu'ils puſſent être.

RÔLE DES TAILLES, eſt l'état de répartition de la taille ſur les contribuables de chaque paroiſſe. *Voyez* TAILLES. (*A*)

RÔLES ET RENTIERS, (*Droit féodal.*) il en eſt queſtion dans l'article 74 de la coutume de Bretagne & dans l'article 82 de l'ancienne. Suivant d'Argentré, les *rentiers* ſont ce qu'on appelle ordinairement des *papiers terriers*, où les reconnoiſſances des tenanciers ſont tranſcrites. Les *rôles* ſont des extraits de ces *rentiers* qui contiennent ſeulement les noms des ſujets ou tenanciers, & la quantité de chaque rente qu'ils doivent. C'eſt à-peu-près ce qu'on appelle ailleurs des *cueillerets*, des *papiers cenſaires*, ou *livres terriers*. *Voyez* PAPIERS CUEILLERETS.

Ces *rôles* & *rentiers* ſont aſſujettis à des formalités particulières dans la coutume de Bretagne, ſur-tout dans les ſeigneuries où l'on peut exiger que la recette des redevances dues au ſeigneur ſe faſſe à tour de *rôle* par chacun des ſujets. Mais il n'y a que les ſeigneurs qui ſont en poſſeſſion de faire faire ainſi leur recette, qui puiſſent exiger cette eſpèce de corvée de leurs tenanciers.

Quoi qu'il en ſoit, la diſtinction faite par d'Argentré entre les *rôles* & les *rentiers*, prouve que c'eſt mal-à-propos qu'on lit dans l'édition de la coutume de Bretagne, donnée par M. de la Bigoltière de Perchambaut en 1713, *rôles rentiers*.

Au reſte, les uſages de la Normandie ſur les aîneſſes & les prévôtés, peuvent ſervir à interpréter ceux de la Bretagne ſur les *rôles* & *rentiers*. *Voyez* PRÉVÔTÉ (*ſervice de*), & SERGENTERIE FÉODALE. (*G. D. C.*)

ROMORANTIN (*édit de*), donné en 1560, ſous François II. Cet édit, qui attribue aux évêques la connoiſſance de l'héréſie, & l'interdit aux cours du parlement, ne fut enregiſtré qu'avec peine & avec des modifications par rapport aux laïques, à qui la cour réſerve le droit de ſe pourvoir devant le juge royal. On a prétendu que le chancelier de l'Hôpital n'avoit donné cet édit que pour éviter un bien plus grand mal, qui étoit l'établiſſement de l'inquiſition. *Henault.* (*D. J.*)

ROMPEIZ, ſ. m. *quaſi terræ rumpendæ*, terme de la coutume de Nevers, pour exprimer des terres nouvellement cultivées, dont il n'y avoit ni veſtige, ni mémoire de culture. Nevers, *tit. 12, art. 6. Voyez* Coquille ſur cet article. (*A*)

ROMPTURE, ſ. f. terme uſité dans quelques coutumes des Pays-Bas pour ſignifier la même choſe que *déconfiture*. Le cas de *rompture* eſt lorſqu'il s'agit de diſcuter un héritage du débiteur, qui eſt le ſeul bien qui lui reſte. *Voyez le gloſſaire* de Laurière. (*A*)

RONTEIZ, ſ. m. *quaſi terræ ruptæ*, dans la coutume de Nevers, ſe dit des terres nouvellement défrichées. *Voyez* ROMPEIZ.

ROSIÈRE, ce mot eſt devenu célèbre dans les faſtes de la juriſprudence, depuis que la *Roſière* de Salency a donné lieu à un procès fameux, plaidé par des avocats diſtingués, jugé par le parlement de Paris dans une audience ſolemnelle, à laquelle pluſieurs *pairs du royaume* ont aſſiſté.

Avant de rapporter ici le réglement que le parlement a fait à ce ſujet, nous devons donner à nos lecteurs, une idée de l'inſtitution de la *Roſière*, des motifs ſur leſquels portoit la conteſtation qui s'eſt élevée entre le ſeigneur de Salency & ſes habitans; nous puiserons ces détails dans les deux mémoires que nous avons faits pour la défense de *la vertu couronnée.*

« A une demi-lieue de Noyon, est un petit bourg que l'on nomme *Salency;* ses habitans, différens de nos grossiers villageois, ont conservé jusqu'à présent la touchante simplicité des campagnes; ce ne sont point des mercenaires, esclaves d'un riche fermier & avilis par l'indigence; tous goûtent les douceurs de la propriété; chacun d'eux, attaché à la portion de terre qui lui appartient, la cultive en paix. Les mœurs à Lacédémone n'étoient pas plus pures que ne le sont celles des Salenciens. L'époux chérit sa compagne, soulage la vieillesse de son père, & a l'œil toujours ouvert sur ses enfans.

» Le cultivateur, heureux de son sort, ne cherche point à perdre avec sa raison le souvenir de ses peines; les garçons aspirent tous au bonheur d'épouser la fille vertueuse qui sera couronnée, & pas un d'eux ne projette de séduire les jeunes villageoises, qui ne connoissent que l'amitié & les jeux de l'innocence.

» Une simple couronne de roses, accordée tous les ans à la sagesse, a préservé jusqu'à présent ces heureux habitans, de la corruption presque universelle.

» Saint Médard, évêque de Noyon & seigneur de Salency, qui vivoit du temps de Clovis, voulut que tous les ans on donnât un chapeau de roses & une somme de vingt-cinq livres, à celle des filles de sa terre qui seroit reconnue par les habitans pour être la plus vertueuse: il détacha de ses domaines plusieurs arpens de terre qui forment aujourd'hui ce que l'on nomme le *fief de la rose*, & en affecta le revenu au paiement des vingt-cinq livres & aux frais du couronnement.

» Ce saint prélat eut le bonheur d'entendre la voix publique proclamer *Rosière* l'une de ses sœurs, & de lui donner lui-même le prix glorieux de sa sagesse. On voit encore un tableau placé au-dessus de l'autel de la chapelle de saint Médard, où cet évêque est représenté en habits pontificaux, posant la couronne de roses sur la tête de sa sœur, qui est à genoux & coëffée en cheveux.

» Depuis ce temps, la couronne de roses a toujours été la récompense de la plus sage Salencienne; toutes ont aspiré à l'honneur de la recevoir.

» Outre l'avantage qu'elles retirent d'un témoignage si public de leur vertu, elles ont encore celui de trouver presque toujours un époux dans l'année de leur couronnement; & quel homme ne s'estimeroit pas heureux d'unir sa destinée à celle d'une fille qui auroit été reconnue par tous les habitans du lieu où elle a reçu le jour, pour être la plus modeste, la plus attachée à ses devoirs, la plus respectueuse envers ses parens, & la plus douce avec ses compagnes » ?

» Mais il ne faut pas seulement qu'elle ait ces excellentes qualités, on exige encore que sa famille soit sans reproche; de sorte que la *Rosière*, en obtenant le prix de sa vertu, reçoit celui de l'honnêteté de tous ses parens. C'est toute une famille qui est couronnée sur la tête d'un de ses jeunes rejettons. Il n'y a peut-être pas de noblesse qui puisse être comparée à celle-là.

» Un mois avant le jour de la cérémonie, les habitans de Salency doivent s'assembler pour nommer, en présence des officiers de la justice, trois filles dignes de la rose, & vont ensuite les présenter au seigneur, qui choisit celle des trois qu'il lui plaît de faire couronner. Le dimanche suivant, le curé annonce à tous ses paroissiens quelle est la fille qui a été nommée *Rosière*, le silence de ses jeunes rivales jusqu'au jour de son couronnement, achève de prouver qu'elle en est digne. Il résulte de ce réglement, que ni le seigneur, ni les habitans de Salency ne sont pas précisément les maîtres de faire tomber le choix sur celle qu'il leur plairoit de faire couronner. Ce sont deux pouvoirs très-heureusement combinés, qui concourent, sans se nuire, au but de l'institution: tous les pères de familles sont intéressés à être justes dans la présentation des trois filles, & la faveur du seigneur ne peut récompenser que la sagesse.

» Le jour de saint Médard, l'après-midi, la *Rosière*, dans les habillemens de l'innocence, les cheveux flottans en longues boucles, s'avance au son des instrumens vers le château; elle est suivie de douze jeunes filles qui sont vêtues de blanc comme elle, & menées par douze Salenciens; le seigneur la reçoit dans ses appartemens.

» Lorsque les vêpres commencent à sonner, le seigneur donne la main à la *Rosière*, & la conduit à l'église avec son cortège, jusqu'à un prié-dieu placé au milieu du chœur pour la recevoir. Les jeunes filles & les garçons se rangent à ses côtés, & entendent l'office. Après les vêpres, le clergé se rend en procession à la chapelle de saint Médard. La *Rosière* le suit, menée par le seigneur, & marchant toujours dans le même ordre: l'officiant, après quelques prières, fait sur l'autel la bénédiction du chapeau de roses, qui est garni d'un large ruban bleu à bouts flottans, & orné d'un anneau d'argent, depuis que Louis XIII daigna, à la prière de M. de Belloy, seigneur de Salency, faire donner à la *Rosière* la couronne en son nom: ce fut M. le marquis de Gordes, son premier capitaine des gardes, qui apporta à la sage Salencienne, de la part de sa majesté, un cordon bleu & une bague d'argent.

» Le curé, ou celui qui officie pour lui, avant de placer la couronne sur la tête de la jeune fille, adresse ordinairement un discours à l'assemblée. Quel sujet plus heureux! Ce chapeau de roses qu'il tient, cette jeune fille, dont la vertu va honorer toute une famille; la joie du vieillard, qui mourra content après avoir vu son dernier rejetton couronné; ces douze compagnes, dont les yeux sont attachés sur la *Rosière*, qu'ils regardent en ce jour comme leur reine; cette foule d'étrangers, qui sont accourus de loin pour rendre à la sagesse un hommage plus éclatant; quelle source d'éloquence!

» Après l'office, la *Rosière* est conduite sur une *pièce de terre*, où les vassaux lui offrent des présens champêtres, sans doute pour marquer que la vertu est la souveraine du monde, & que tous les hommes devroient vivre sous son empire.

» En 1766, M. le Pelletier de Morsontaine, intendant de Soissons, s'arrêta, en parcourant sa généralité, à Salency; le bailli, à la réquisition des habitans, le pria de vouloir donner le chapeau de roses à la fille choisie par le seigneur ».

» Cet intendant se fit non-seulement un plaisir de conduire la vertueuse Salencienne à l'autel, il eut encore la générosité de la doter de quarante écus de rente, réversibles, après sa mort, en faveur de toutes les *Rosières*, qui en jouiront chacune pendant une année ».

Après être ainsi remonté à l'origine de la *Rosière*, & avoir exposé ses privilèges & ceux des habitans de Salency, il faut présenter les motifs du procès qui, au lieu d'éteindre ces privilèges, n'a fait que leur donner plus de force & d'éclat.

Le seigneur de Salency, jaloux du droit que ses habitans ont de nommer dans leurs assemblées les trois filles dignes de la rose, & de les lui présenter, voulut leur enlever le précieux avantage de juger la vertu & de concourir à l'honorer. Malheureusement il trouva, en 1773, un syndic assez vil pour entrer dans ses vues. Il refusa d'abord de convoquer l'assemblée des habitans à l'époque où ils se réunissent pour nommer les trois Salenciennes qui doivent être présentées.

Le seigneur profitant de cette inaction involontaire, prit sur lui de nommer *Rosière* la fille d'un de ses habitans, sans qu'il y ait eu ni élection, ni présentation; & pour soutenir son injustice, il appella encore la violence & l'épouvante à son secours; il fit placer à la porte de la chapelle de saint Médard, des cavaliers de maréchaussée, qui en interdirent l'entrée aux habitans, & les repoussèrent avec brutalité, comme pour leur enlever jusqu'à la vue du couronnement..... Qu'on se peigne la douleur de ces honnêtes Salenciens, jusqu'alors accoutumés à suivre, à porter en triomphe leur *Rosière* chérie, en se voyant rejettés indignement de sa présence par des hommes armés, en se sentant repoussés avec mépris par leur seigneur dans la foule des étrangers, qui semblent n'être accourus de si loin que pour être les témoins de leur humiliation.

Les habitans de Salency comprirent que leur privilège alloit s'évanouir, s'ils ne se hâtoient pas de protester contre l'élection de cette *Rosière* qu'ils n'avoient ni nommée, ni présentée, & de faire valoir le droit qu'ils avoient d'entrer dans la chapelle où se fait la cérémonie du couronnement.

Le seigneur, qui ne s'attendoit pas à cette juste réclamation, différa long-temps de répondre à la sommation que lui firent ses habitans de déclarer s'il *entendoit tirer avantage de l'élection qu'il avoit faite à leur insu*. Ils obtinrent, au bailliage royal de Chauni, une sentence par défaut.

Le sieur Danré y forma opposition; la cause s'engagea, & les avocats des parties développèrent leurs moyens en présence du ministère public.

Celui du seigneur soutint, « que de tout temps il avoit le droit de choisir & de nommer, sans le concours des habitans, celle des filles de son village qu'il croyoit la plus digne de recevoir le chapeau de roses; que ce n'étoit que par condescendance, & depuis 1766, qu'il avoit consenti qu'en présence de ses officiers ils choisissent trois filles dont ils lui donneroient les noms ».

» Il osa jetter du ridicule sur l'importance que les Salenciens vouloient donner à la fête de la rose, & sur la pompe dont ils prétendoient l'accompagner ».

» Il qualifia d'*idées chimériques & romanesques*, le vertueux enthousiasme de ces honnêtes habitans pour une institution qui a fixé parmi eux la sagesse que l'on ne rencontre déjà plus dans les villages, où elle s'étoit réfugiée après avoir disparu des villes ».

Il prétendit que le procès-verbal (dressé par les officiers de la justice de Salency lorsque l'intendant y conduisit la *Rosière*) *étoit le seul titre qui fit loi*; & parce que ce procès-verbal porte qu'après la bénédiction du chapeau de roses, la fille à genoux reçut des seigneur & dame la couronne, il en conclut que *c'étoit à lui, & non à l'officiant, à la poser sur la tête de la Rosière*.

L'avocat du roi, qui porta la parole dans cette cause, fit observer qu'on lisoit dans le même procès-verbal, que l'*officiant bénissoit & mettoit le chapeau de roses sur la tête de la jeune fille* qui avoit été choisie par le seigneur, & que par conséquent, si l'intendant avoit, en 1766, effectivement donné le chapeau à la *Rosière*, on devoit regarder cette espèce de couronnement comme un égard extraordinaire que la reconnoissance avoit cru devoir à sa générosité, enfin comme une exception à la règle, à l'usage ancien, constaté par le tableau où saint Médard est représenté en habits pontificaux, mettant une couronne de roses sur la tête de sa sœur.

Le lieutenant-général de Chauni, après avoir entendu les moyens des parties, rendit, le 19 mai dernier, sur les conclusions du ministère public, une sentence dont les dispositions étoient si sages, que le seigneur de Salency crut d'abord devoir y acquiescer : les avocats requirent respectivement *acte de ce que l'un & l'autre adhéroient au réglement provisoire* prononcé à l'audience ; *ce qui leur fut accordé.*

Cependant, par une inconséquence incroyable, le seigneur de Salency osa interjetter appel de cette sentence : « les habitans, disions-nous dans notre premier mémoire, pourroient lui opposer la fin de non-recevoir qui résulte de l'acquiescement dont il lui a été donné acte, de même qu'aux habitans ; mais ils veulent bien le combattre avec les armes du raisonnement.

» Profitons de la supériorité de notre cause, & épargnons à nos lecteurs l'ennui d'une défense trop aride. Après avoir fait passer devant leur imagination les modestes Salenciennes couronnées de fleurs, marchant au son des instrumens, & suivies de jeunes garçons qui s'empressent autour d'elles, ne les attristons pas de l'obscur jargon des plaideurs. Ah! combien le récit des fêtes villageoises & la vue des campagnes sont préférables au sombre palais de Thémis!

» Mais voilà déjà le seigneur de Salency, qui, emporté par son goût processif, y pénètre, y fait entendre sa voix ; il répète ce qu'il a dit devant son premier juge, que ce n'est que par tolérance & depuis 1766, que ses habitans se sont assemblés pour choisir trois filles, & qu'ils les lui ont présentées ».

Cette affaire, d'une nature si différente de celles qui retentissent dans nos tribunaux, avoit excité une si grande sensation, que le parlement de Paris, rappellé de son exil en 1774, ne crut pas pouvoir mieux couronner sa rentrée, que par cette cause si digne de l'intérêt public.

Si les arts, disions-nous dans le second mémoire que nous publiâmes à cette heureuse époque, n'étoient pas les esclaves de l'opulence, ce seroit une vue bien touchante que celle d'une chaumière de Salency, ornée d'une suite de tableaux représentant de jeunes *Rosières* parées d'un cordon bleu, avec tous les attributs de leur couronnement. Ce spectacle vaudroit bien celui d'une galerie qui n'offre à nos regards que les superbes destructeurs du genre humain. Il y a si long-temps que l'on s'enorgueillit de la férocité de ses pères, qu'il seroit bien à souhaiter que l'on commençât à mettre une partie de sa gloire dans la sagesse de sa mère.

Depuis des siècles, les seigneurs de Salency ont vu avec plaisir dans leur terre une institution aussi belle que celle de la fête de la rose ; tous ont cherché à la rendre solemnelle, à lui dônner cette pompe champêtre qui attire la foule & répand plus de gloire sur la *Rosière*. Il n'a pas tenu au père du sieur Danré lui-même, que sa fille ne reçût, comme la sœur de saint Médard, la couronne de roses ; mais elle n'étoit pas née à Salency, & l'empire d'une loi respectable la priva d'une récompense qui étoit sans doute due à l'honnêteté de son cœur.

S'il eût insisté, s'il eût étouffé la loi sous son pouvoir, s'il eût, malgré les justes réclamations des habitans, nommé *Rosière* la demoiselle de Salency, s'il l'eût conduite à l'autel à travers le murmure, s'il eût fait repousser ses vassaux mécontens par des gens armés, le père se fût déshonoré, & la fille auroit à rougir de ce qui fait la gloire des Salenciennes.

Pourquoi la *Rosière* est-elle fière de la couronne qu'elle reçoit? C'est parce qu'elle lui est donnée du consentement de tous les habitans ; c'est parce que tous sont censés avoir dit au seigneur en lui présentant les trois Salenciennes qu'ils ont nommées dans leur assemblée : « voilà trois filles dont la famille est sans tache ; leur ame est également chaste ; elles soulagent la vieillesse de leur père avec le même soin, avec la même tendresse ; elles donnent pareillement à leurs jeunes compagnes l'exemple de la douceur, de la modestie, du travail ; nous voudrions avoir trois couronnes à donner, elles seroient toutes les trois *Rosières ;* mais puisqu'il n'y en a qu'une qui puisse recevoir dans l'année cet honneur, faites-le tomber sur celle des trois qu'il vous plaira d'en illustrer : à la première présentation, si les deux autres continuent de mériter nos suffrages, nous mettrons encore leurs noms sous vos yeux, & nous espérons de votre justice, qu'avec le temps toutes nos filles recevront le signe éclatant de leurs vertus ».

Cette récompense, si ardemment desirée, sera bientôt avilie, méprisée, si le caprice du seigneur en dispose ; si la fille de son bailli, de son fermier, l'obtient, de préférence à la simple villageoise qui n'ose approcher du château. Hélas! que deviendra le prix de la sagesse, si le seigneur qui succédera un jour au sieur Danré, peut dire à la jeune Salencienne qu'il rencontrera moissonnant dans le champ de ses pères : « il ne tient qu'à toi d'être *Rosière*, d'avoir cent quarante-cinq livres cette année, de voir flotter sur ta tête le ruban bleu dont tes compagnes sont si vaines, de marcher, comme elles, précédée de fanfares, suivie de jeunes garçons qui admireront ta beauté & voudront t'avoir pour femme : aime un peu ton seigneur, & tu seras couronnée ».

Dans cette seconde discussion, nous nous attachâmes à prouver, 1°. que les habitans de Salency, pour le droit qu'ils réclamoient de présenter les trois filles sur l'une desquelles devoit tomber le choix du seigneur, avoient le *titre* & la *possession*.

2°. Que le seigneur de Salency étoit tenu de faire les frais du couronnement ; que c'est une charge de sa terre. « Heureuse charge, disions-nous, que celle de couronner, d'embellir la sagesse! Malheur au propriétaire qui ne bénit pas le prédécesseur qui lui a imposé un si doux devoir »!

Le seigneur de Salency, ajoutions-nous, *ne veut pas* que la *Rosière* se place à l'église sur un prié-dieu ; il soutient qu'elle doit être dans son banc ; son imagination ne peut pas s'élever jusqu'à penser que la *Rosière* soit, le jour de son couronnement, plus grande que lui; que c'est la vertu personnifiée que ses habitans couronnent; qu'elle est, ce jour-là, la souveraine de Salency, puisque tous les vassaux *sont tenus de lui faire des offrandes en plein champ*, afin que le ciel, touché d'un hommage aussi solemnellement rendu à la sagesse, fasse descendre l'abondance sur les campagnes où elle est honorée.

Après avoir ainsi consacré notre ministère à la défense de l'institution la plus pure, nous mîmes les privilèges de la *Rosière* sous la protection des magistrats. « Vénérables sénateurs, leur dîmes-nous en finissant, qui vous êtes dévoués avec tant de courage pour la cause publique, à l'exil, à l'humiliation, & qui jouissez aujourd'hui avec tant de modestie de la reconnoissance de la nation & de votre inviolable attachement aux loix; vous conserverez dans tout son éclat cette couronne de roses, à laquelle sont attachées les mœurs des Salenciens, comme la bravoure & la grandeur le furent autrefois chez les Romains à une simple couronne de chêne ».

A l'audience, un avocat aussi célèbre au barreau par ses talens que par son zèle patriotique, (M. Target) partagea la noble tâche que nous nous étions imposée. L'auguste & nombreuse assemblée qui l'écoutoit, fut sur-tout très-touchée de cette apostrophe qui forma la péroraison de son discours. « Sages habitans de la paisible terre que vos vertus fécondent depuis tant de siècles, consolez-vous; vos ames ont été navrées du combat qu'il falloit livrer; un moment plus favorable est proche. Un tribunal cher à la nation va prononcer suivant les vœux de la nation & les vôtres; vos usages vont devenir vos loix. Heureux le peuple à qui l'on peut donner pour règle ses propres mœurs, & ne commander que ce qu'il observe! Vos cérémonies plus connues inspireront plus de respect; à la suite d'une possession de douze cens ans, votre premier titre sera le premier oracle de la justice couronnée, & le triomphe de la sagesse sera lié désormais dans la cérémonie, au triomphe de la loi. Pourriez-vous gémir encore, si, de l'éclat même des contradictions que vous éprouvez, comme d'un germe heureux, pouvoient s'élever & fleurir quelques institutions aussi salutaires que la vôtre; si votre exemple, devenu plus célèbre, réveilloit des imitateurs; si l'étincelle enfin qui brille à Salency, tombant sur quelques ames sensibles, les enflammoit d'une sainte émulation pour la sagesse, & du desir d'en semer l'encouragement? La vertu n'est point jalouse, elle prend part à toutes les douceurs dont elle jouit elle-même : voilà le dernier vœu qui soit digne de vous, & il ne sera pas stérile. Des marches d'un trône soutenu par les mœurs, les grands du royaume sont descendus vers nous; ils se sont assis, pour vous entendre, parmi les ministres consacrés au service de la loi; présage heureux qui vient s'unir encore à votre cause! favorable augure, & de la concorde publique, & des honneurs qui, sous un règne pur, vont s'attacher à la vertu ».

Il est temps de rapporter l'arrêt en forme de réglement qui fut rendu dans cette cause d'une espèce unique & toute nouvelle.

« Art. I. Notredite cour ordonne, relativement à la cérémonie de la rose, établie dans la paroisse de Salency, que la communauté des habitans de Salency s'assemblera chacun an, le premier dimanche de mai, issue de la messe paroissiale, devant les officiers dudit Salency, en un lieu décent & public, dans l'étendue du village de Salency, hors l'enceinte & l'enclos du château, qui sera indiqué par lesdits officiers, pour procéder, à la pluralité des voix, à la nomination des trois filles qui doivent être présentées au seigneur, à l'effet par lui d'en nommer une des trois pour *Rosière*.

» II. Le lieu de l'assemblée sera indiqué au nom desdits officiers, par un sergent de la justice ou autre huissier ou sergent par eux commis, en parlant par lui à haute & intelligible voix, aux syndic & principaux habitans, issue de la messe de paroisse, principale porte d'entrée de l'église dudit lieu.

» III. Les officiers dresseront à l'assemblée procès-verbal de la nomination qui sera faite des trois filles, & le feront signer de ceux desdits habitans qui voudront & pourront le signer, & en sera délivré dans le jour expédition par le greffier au syndic de la communauté, sans qu'il puisse être pris pour la rédaction dudit procès-verbal, aucunes vacations, frais de voyages ou transport de la part desdits officiers.

» IV. L'expédition dudit procès-verbal sera aussi dans le jour présentée par le syndic, assisté de quatre des principaux habitans, des officiers de la justice, s'ils jugent à propos de s'y trouver, audit seigneur de Salency, qui sera tenu de se trouver dans son château, ou y faire trouver personne par lui préposée, & de nommer, ou son préposé par lui, dans huitaine du jour de la présentation, celle des trois filles qu'il choisira pour *Rosière*; & ce par acte signé de lui au bas dudit procès-verbal.

» V. A faute par les officiers de la justice de se transporter ès jour indiqué par l'article 1, & de se conformer pour l'indication du lieu de l'assemblée, à l'article 2, autorise lesdits habitans, par le seul fait de leur absence ou omission de ladite indication, à se réunir en corps de communauté au lieu ordinaire, de tenir les assemblées de la commune pour faire leur choix des trois filles, ainsi qu'ils jugeront à propos, duquel ils feront rédiger procès-verbal par tel notaire qu'ils aviseront, au bas duquel le seigneur de Salency sera tenu de choisir & signer la nomination qu'il fera par lui ou son préposé, de l'une des trois filles pour *Rosière*, de même que si l'assemblée eût été tenue & le procès-verbal rédigé par les officiers de sa justice; si mieux n'aiment lesdits habitans, audit cas d'absence ou omission, se retirer pardevers le lieutenant-général de Chauni, que notredite cour commet à cet effet, & demander son transport à l'effet de convoquer & tenir ladite assemblée, aux lieu, jour & heure qu'il lui plaira leur indiquer, lequel transport, au cas qu'il ait lieu, du consentement dudit lieutenant-général, se fera pareillement sans frais.

» VI. A faute par le seigneur de Salency de se trouver en son château dans huitaine du jour de la présentation, ou d'y faire trouver personne par lui préposée, ou à faute de nommer ladite *Rosière*, les officiers de sa justice, & en leur absence, la communauté des habitans, nommeront la *Rosière* de l'année.

» VII. Nulle fille ne pourra être élue *Rosière*, qu'elle ne soit native, ainsi que ses père & mère, du village de Salency, qu'elle ne soit âgée au moins de dix-huit ans, qu'elle n'ait tenu une conduite irréprochable, & que sa famille ne soit également sans reproches.

» VIII. L'élection faite de la *Rosière*, ainsi qu'il vient d'être dit, sera annoncée le dimanche suivant au prône de la paroisse, & par le syndic à la porte de l'église, en la manière accoutumée.

» IX. Le jour de la fête de saint Médard, le seigneur sera tenu de fournir le chapeau de roses, & de payer ou de faire payer à la *Rosière*, avant le commencement de la cérémonie, les vingt-cinq livres tournois qu'il lui doit.

» X. Dans l'après-midi du même jour, avant les vêpres, la *Rosière*, précédée de tambours & instrumens, si elle juge à propos d'en faire trouver à la cérémonie, suivie dans sa marche de douze jeunes filles à son choix, vêtue d'habillemens blancs, portant en écharpe un ruban bleu, menées par douze jeunes garçons, & escortées d'habitans armés en nombre suffisant pour empêcher le tumulte & maintenir le bon ordre, se rendra au château de Salency, où le seigneur du lieu ou son préposé seront tenus de la recevoir avec son cortège, à l'exception néanmoins des tambours, instrumens & hommes armés, dans un appartement décent du château, pour y attendre l'heure des vêpres; si mieux n'aime le seigneur aller la prendre lui-même au domicile de ses père & mère, ou autres parens.

» XI. Lorsque les vêpres commenceront à sonner à la paroisse, la *Rosière*, conduite par le seigneur, ou, suivant ses offres, par telle autre personne de son état & condition qu'il aura chargée de le représenter, & en leur absence, par le juge du lieu ou autre officier de la justice, s'il juge à propos de s'y trouver, & à leur refus, par le syndic de la paroisse, précédée, suivie & escortée comme dans l'article précédent, se rendra à l'église pour entendre les vêpres sur un prié-dieu placé au milieu du chœur pour la recevoir, aux deux côtés duquel les douze filles & les douze garçons de son cortège se placeront pour entendre l'office.

» XII. Après les vêpres & avant les complies, le clergé se rendra processionnellement à la chapelle de saint Médard, suivi de la *Rosière*, précédée & conduite, suivie & escortée comme dans l'article 10.

» XIII. L'entrée de la chapelle sera ouverte & libre aux syndic & principaux habitans.

» XIV. Après le chant des antiennes & prières ordinaires, le célébrant, qui se sera rendu avec le clergé de la paroisse à ladite chapelle, recevra des mains du seigneur ou de son préposé, le chapeau de roses, garni d'un large ruban bleu à bouts flottans sur le derrière d'icelui, & orné pardevant d'un anneau d'argent, le placera sur l'autel de ladite chapelle, en fera la bénédiction, & adressera à l'assemblée, si bon lui semble, un discours relatif à la cérémonie, en tenant à sa main le chapeau de roses, qu'il placera ensuite sur la tête de la *Rosière*, laquelle le recevra à genoux & au pied de l'autel.

» XV. Le clergé, après avoir entonné les prières accoutumées, reprendra le chemin de l'église, & s'y rendra dans le même ordre que celui qu'il aura tenu pour venir à la chapelle, suivi de la *Rosière*, précédée, conduite, suivie & escortée comme dans l'article 10.

» XVI. A la sortie de l'office, la *Rosière*, précédee, conduite, suivie & escortée comme dans l'article 10, se rendra sur une pièce de terre située à la *Ruelle-Binette*, où lui seront présentés, par les vassaux de la cérémonie, suivant qu'ils y sont obligés, chacun en droit soi, une flèche, un bouquet de fleurs, deux étufs abattoirs, deux étufs blancs, un sifflet de corne, dans lequel sera sifflé trois fois par qui il appartiendra, une table garnie d'une nappe blanche, six serviettes blanches, six assiettes, une salière pleine de sel, un lot de vin clairet, mesure de Noyon, en deux pots d'étain, deux verres, deux couteaux, un demi-lot d'eau fraîche, deux pains blancs d'un sou chacun, un demi-cent de noix, & un fromage de trois sous.

» XVII. Et finalement la *Rosière* sera ramenée, précédée & suivie, conduite & escortée comme dans l'article 10, en sa demeure, où, étant arrivée elle offrira, si bon lui semble, au seigneur ou autre qui l'aura conduite & à son cortège, une collation telle qu'elle avisera.

» Et en ce qui concerne la demande relative au tableau posé en 1772 & étant actuellement sur l'autel de la chapelle de saint Médard, ordonne que ledit tableau sera ôté, sauf aux habitans à le faire placer dans tel lieu de la chapelle qu'ils jugeront à propos, & qu'au lieu & place dudit tableau, en sera mis un nouveau aux frais du seigneur, suivant ses offres, représentant saint Médard en habits pontificaux, mettant le chapeau de roses sur la tête de sa sœur, conformément à celui qui y avoit été placé de toute ancienneté. Ordonne que les termes injurieux répandus dans les requêtes & écritures des parties, seront & demeureront supprimés. Sur le surplus des demandes, fins & conclusions des parties, les met hors de cour. Ordonne que le présent arrêt sera imprimé & affiché par-tout où besoin sera, notamment dans les lieux de Salency, Noyon & Chauni, jusqu'à concurrence de trente exemplaires, aux frais de la partie de *Trousseau* (l'avocat du seigneur), & qu'il sera déposé un exemplaire du présent réglement, tant dans le coffre de la fabrique de la paroisse de Salency, qu'au greffe de ladite justice, & à celui du bailliage de Chauni, pour y avoir recours au besoin. Condamne la partie de *Trousseau* en tous les dépens des causes principales d'appel & demandes. Donné en notredite cour de parlement, le vingt décembre, l'an de grace mil sept cent soixante-quatorze ».

Depuis le jugement de cette affaire, plusieurs seigneurs ont institué dans leurs terres des *Rosières*, à l'exemple de celle de Salency. M. & madame Élie de Beaumont, entre autres, n'ont rien épargné pour rendre, dans leur terre de *Canon* en Normandie, cette cérémonie aussi auguste qu'utile à ses habitans. Ils ne se sont pas bornés à couronner une fille sage, ils ont voulu que plusieurs espèces de vertus, également précieuses, trouvassent dans cet établissement, une récompense qui leur est si rarement accordée. Le bon chef de famille, la bonne mère, le respectable vieillard, partagent alternativement avec la bonne fille, l'honneur du couronnement & la somme de 600 livres qui y est attachée. Il est à desirer que ces institutions, qui font tant d'honneur à leurs créateurs, & qui peuvent avoir une si heureuse influence sur les mœurs, ne fassent pas naître un jour des procès semblables à celui que nous avons eu à défendre. (*Cet article est de M.* DE LA CROIX, *avocat au parlement.*)

ROTAGE, (*Droit féodal.*) dom Carpentier dit, aux mots *Rotagium* & *Rotaticum*, qu'on a donné ce nom latin ou celui de *rotage*, à toute espèce de redevance. Il cite d'abord des textes qui prouvent qu'on a ainsi nommé le droit de *roage*, c'est-à-dire, celui qui étoit dû pour les voitures à *roues*, ou le *rouage*, qui se payoit pour les vins que l'on emmenoit sur de pareilles voitures; & il renvoie au glossaire de du Cange, où l'on en trouve plusieurs autres exemples. Enfin, il cite les mots suivans d'après une chartre de l'an 1451, qui se trouve dans un registre de la ville de Chartres, *le rotage de poulles de Chuisnes.* Mais je pense qu'on doit entendre par ces derniers mots, la même chose que par le *ruy de baston*, c'est-à-dire, le jeu du bâton contre une volaille attachée à un piquet. On nommoit peut-être ainsi ce jeu, parce qu'on faisoit tourner le bâton, soit en le lançant, soit auparavant. *Voyez* RUY DE BASTON. (*G. D. C.*)

ROTE, s. f. (*Droit canon.*) est le nom d'une cour ou jurisdiction établie à Rome. Elle est composée de douze membres, qu'on appelle *auditeurs de rote*, & qui sont choisis dans les quatre nations d'Italie, France, Espagne & Allemagne.

Le nom de *rote* a été donné à ce tribunal, soit parce que les juges y servent tour-à-tour, soit parce que toutes les affaires y roulent successivement, soit, suivant du Cange, parce que le pavé de la chambre étoit autrefois de porphyre & taillé en forme de roue.

Chaque place d'auditeur de *rote* produit environ mille écus par an aux titulaires, & c'est le pape qui les paie. Il leur est défendu, sous peine de censures, de recevoir aucune autre rétribution pour leurs jugemens, même par forme de présent.

Les audiences de la *rote* se tiennent tous les lundis, hors le temps des vacances, qui commencent la première semaine de juillet, & durent jusqu'au 1 d'octobre. La rentrée est annoncée par une nombreuse cavalcade, avec laquelle les deux derniers auditeurs de *rote* se rendent au palais, suivis de tous les officiers de leur tribunal, & de plusieurs gentilshommes que les cardinaux, ambassadeurs, princes & seigneurs romains, envoient pour leur faire cortège; & l'un d'eux prononce une harangue latine sur quelque matière relative aux fonctions du tribunal de la *rote*, & en présence des autres auditeurs qui se sont aussi rendus au palais apostolique. C'est encore un des privilèges des auditeurs de *rote*, de donner le bonnet de docteur en l'un & l'autre droit aux sujets qu'ils en jugent capables. *Voyez* AUDITEURS DE ROTE.

ROTEUR, s. m. *rothorium*, c'est le lieu où l'on fait rouir le chanvre; comme le chanvre corrompt l'eau, plusieurs coutumes & ordonnances ont défendu de faire des *roteurs* en eau courante. *Voyez* la coutume de Normandie, *art. 29;* recueil sur les statuts de Bresse; l'ordonnance de 1669. (*A*)

ROTURE, s. f. *terme de Droit*, est l'état ou condition de quiconque n'est pas compris dans la classe des nobles. *Voyez* NOBLE & NOBLESSE.

Ce mot vient de *ruptura*, qu'on a dit dans la basse latinité pour la culture de la terre. On a appellé de ce nom les personnes non nobles, parce que c'étoient les personnes seulement qu'on employoit à la culture des campagnes. De-là les biens possédés par ces sortes de gens se sont aussi appellés *rotures*, ou *bien de roture.*

Généralement parlant, tout bien de *roture* est dans la censive d'un seigneur, du moins y a-t-il bien peu d'exemples de francs-aleux roturiers.

Toute terre tenue en *roture*, paie un cens; c'est la marque caractéristique de cette sorte de tenure: aussi le cens ne se peut-il pas prescrire, mais seulement sa quotité; & comme pour les ventes de fiefs il est dû des quints & requints, il est dû des lods & ventes pour les ventes de *roture. Voyez* CENS & LODS.

Dans la plupart des coutumes, l'aîné n'a point de préciput sur les biens de *roture. Voyez* AINÉ & PRÉCIPUT.

ROTURIER, *autre terme de Droit*, dérivé du

précédent, se dit, tant des personnes qui vivent dans l'état de roture, que des biens qui sont tenus à titre de roture. *Voyez* ROTURE.

ROTURIER (*fief*). *Voyez* FIEF BOURGEOIS & FIEF NOBLE.

ROTURIER (*manoir*). *Voyez* MANOIR ROTURIER.

ROTURIERS (*biens*), nos coutumes appellent communément ainsi les biens tenus en censive, par opposition aux fiefs, qu'on appelle aussi *biens nobles*. Dans quelques provinces où la taille est réelle, les biens *roturiers* y sont sujets, & non pas les biens nobles. *Voyez* CENS, NOBILITÉ DES FONDS, TAILLE, & *le dictionnaire des finances*. (*G. D. C.*)

ROTURIERE (*maison*). *Voyez* MANOIR ROTURIER.

ROUAGE, ROIAGE & ROUAIGE (*Droit féodal.*) ces mots, qui sont synonymes, ont été pris dans plusieurs acceptions différentes.

1°. On a ainsi nommé un droit seigneurial, qui se prend sur le vin vendu en gros, pour être transporté hors de la seigneurie par charrois; il en est fait mention dans les coutumes de Mantes, *art. 196*; de Senlis, *art. 125*, à la fin du procès-verbal de la coutume de Péronne, dans les ordonnances de la ville de Paris, *&c.*

Chopin, sur la coutume d'Anjou, *liv. 1, ch. 8*, à la fin; Ragueau, dans le glossaire du droit françois, & plusieurs autres auteurs, disent que le droit est dû *avant que la roue tourne*. Mais dom Carpentier cite, au mot *Rotaticum*, le passage suivant, tiré du cartulaire de Lagny, qui prouve que cette règle n'est pas du moins sans exception; « quiconque mène, ou charrie le vin hors la terre » de Laigny, quel qu'il soit, il doit pour chacune roue ung denier tournois pour droit de » *rouaige*, & *dès ce que la roue a fait le premier tour*, » ledit droit est acquis ».

2°. Renauldon observe dans son traité des droits seigneuriaux, *liv. 5, chap. 10*, au mot *Rouage*, que « dans quelques seigneuries, le *rouage* est aussi » dû pour chaque charrette chargée de vin, *qui* » *entre dans la seigneurie*, & que le seigneur d'Ars, » près la Châtre en Berry, a un droit de *rouage* » sur toutes les charrettes chargées de vin, qui » entrent dans la ville de la Châtre ».

3°. On a encore donné ce nom à un droit seigneurial dû par toute espèce de denrées qu'on amène sur des voitures à roues dans la seigneurie: dom Carpentier cite encore, au mot *Rotagium*, l'extrait suivant d'un terrier de Châtillon-sur-Seine: « une servitude que l'on appelle *rouaige*; c'est à » savoir quiconque amène en ladite ville de Châtillon denrées sur char, sur charriot, sur brouette, » la roue doit deux deniers tournois ». *Voyez* ROAGE.

4°. Enfin Ragueau dit, dans le glossaire du droit françois, « qu'en quelques lieux, comme en la » terre & châtellenie de Luri en Berri, il est dû » au seigneur terrageur une gerbe de chaque espèce de bled, de *rouage*, outre le droit de terrage, pour & au lieu du charrois & conduite » du terrage en la grange du seigneur, que les » détenteurs par droit constitué ou prescrit sont » tenus faire ». (*G. D. C.*)

ROUAIGE. *Voyez* ROAGE & ROUAGE.

ROUCHIN. *Voyez* ROUSSIN.

ROUCIN. *Voyez* ROUSSIN.

ROUE, s. f. (*Code criminel.*) est un supplice pour les criminels, dont l'usage est venu d'Allemagne. La peine de la *roue* s'exécute sur un échafaud dressé en place publique, où, après avoir attaché le condamné à deux morceaux de bois disposés en sautoir en forme de croix de saint André, l'exécuteur de la haute-justice lui décharge plusieurs coups de barre de fer sur les bras, les cuisses, les jambes & la poitrine; après quoi il le met sur une petite *roue* de carrosse, soutenue en l'air sur un poteau. Le criminel a les mains & les jambes derrière le dos, & la face tournée vers le ciel pour y expirer dans cet état.

Anciennement, & encore dans quelques pays, le criminel étoit attaché tout d'un coup sur une grande *roue* de charrette, où on lui cassoit les membres.

Quelquefois, pour adoucir la peine, les cours, par un *retentum* qu'ils mettent au bas de l'arrêt, ordonnent que le condamné sera étranglé dans le temps de l'exécution.

Cette peine n'a lieu que pour des crimes atroces: tels que l'assassinat, le meurtre d'un maître par son domestique, le vol de grand chemin, le parricide, le viol.

Les femmes ne sont point condamnées à cette peine, par des raisons de décence & d'honnêteté publique. (*A*)

ROUILLER. *Voyez* ROUILZ.

ROUILZ, (*Droit féodal.*) un compte des revenus de Champagne cité par dom Carpentier, contient le passage suivant: « il (le comte) a » marché, pour raison duquel le sire prend le » *rouilz* des toilles & le pois ».

Cet auteur conclut de-là que le *rouilz* est un droit seigneurial dû pour l'aunage des toiles; lequel tire, dit-il, son nom de ce qu'on les mesuroit avec un bâton rond. Il renvoie en preuve au mot *Rubus 1* du glossaire de du Cange, où l'on voit qu'on donnoit ce dernier nom en Italie à une espèce de poids. Mais il me paroît plus naturel de dire que le *rouilz* étoit ainsi nommé, parce qu'on *dérouloit* & *rouloit* les toiles en les mesurant rapidement sur une table longue, comme on le fait dans quelques villes de France, & particuliérement à Rouen, ou même en les mesurant simplement à l'aune.

Dom Carpentier lui-même nous apprend au mot *Rondelum*, qu'on a dit *reuiller* pour *rouler*, briser les mottes d'un champ avec un rouleau. (*G. D. C.*)

ROUSSILLON, *Ordonnance de*, (*Droit françois.*) cette fameuse ordonnance, donnée par Charles IX, à Lyon en 1564, porte que l'année commencera dans la suite au premier janvier, au lieu qu'elle ne commençoit que le samedi saint après vêpres: le parlement ne consentit à ce changement que vers l'an 1567. Les Romains commençoit aussi l'année au premier janvier, & donnoient les étrennes ce jour-là; & M. du Cange observe qu'en France, dans le temps même où l'année commençoit à Pâques, on ne laissoit pas de donner les étrennes au premier janvier, parce qu'on le regardoit comme le premier jour de l'an, sans doute parce qu'alors le soleil remonte. Par l'article 24 de l'*ordonnance de Roussillon*, les doubles jurisdictions de justice qui ne sont pas royales, sont réduites à une seule, grand avantage pour les particuliers: cet article est conforme à celui de l'ordonnance d'Orléans de 1560, & Philippe de Valois avoit rendu une pareille ordonnance en 1328. *Hénault*. (*D. J.*)

ROUSSIN *ou* ROUCIN DE SERVICE, (*Droit féodal.*) les établissemens de saint Louis & quelques coutumes, telles que Touraine & Loudunois, nomment ainsi les chevaux de service. *Voyez* CHEVAL DE SERVICE & RONSSINAGE. (*G. D. C.*)

ROUTIER (*sergent*). *Voyez* SERGENT.

ROUVER. *Voyez* REVOUAGE.

R U

RU DE BASCON. *Voyez* RUY DE BASTON.

RUAGE, f. m. est un terme qui se trouve dans la coutume de Cambrai, *tit. 11*, *art. 2*, & que Desjaunaux explique comme signifiant usage. *Voyez* le glossaire de Laurière. (*A*)

RUE, f. f. (*Droit public & Police.*) est un chemin pratiqué dans une ville ou un bourg entre les maisons. Les ordonnances, & notamment la déclaration du 16 juin 1693, ont fait défenses, non-seulement de bâtir une maison neuve, mais encore de reconstruire & réparer les murs des maisons qui bordent les *rues* dans les villes & les bourgs, & même dans les villages, avant que la place & l'alignement en aient été marqués par les officiers qui en doivent connoître.

Différentes loix ont défendu d'ouvrir ou percer de nouvelles *rues* dans la ville & fauxbourgs de Paris, sous peine de trois mille livres d'amende, de démolition des ouvrages commencés, & de confiscation des terreins & matériaux, à moins que le roi n'ait accordé des lettres-patentes qui dérogent à la prohibition.

Divers réglemens ont été faits pour prévenir & empêcher l'embarras dans les *rues*, & pour y entretenir la propreté. Il y a, sur cette matière, une ordonnance du roi, du 22 mars 1720. Une ordonnance de police, du 31 juillet 1779, fait défenses d'étaler des marchandises ou denrées dans les *rues* de Paris; une autre, du 8 novembre 1780, pourvoit aux moyens d'y entretenir la propreté. Mais il faut que l'exécution de ces réglemens souffre des difficultés dans la pratique; car les *rues* de Paris ne sont rien moins que propres, & elles sont, pour la plupart, embarrassées par les étalages des colporteurs & revendeuses de denrées. *Voyez* BUREAU DES FINANCES, POLICE, VOIERIE.

RUI. *Voyez* RUY DU BASTON.

RUIZ. *Voyez* RUY DU BASTON.

RURAL (*bien*). Les coutumes d'Acs, *tit. 2*, *art. 1*, *20*, *24 & 26*; de Labourd, *tit. 12*, *art. 3 & 10*; & de Solle, *tit. 27*, *art. 19 & 26*, donnent ce nom au bien roturier, de même que les fors de Béarn appellent *ruraux*, les personnes roturières. Un grand nombre d'anciennes chartres, & quelques coutumes les nomment au contraire *villains*. (*G. D. C.*)

RURAL (*fief*). *Voyez* FIEF RURAL.

RURAUX. *Voyez* RURAL.

RUY *ou* RUI DU BASTON, (*Droit féodal.*) dom Carpentier dit que c'est une redevance en forme de don gratuit, qui se payoit en poules. Il semble croire que ce mot a la même origine que celui de *revouage*.

Ne seroit-ce point plutôt un droit qu'on payoit au seigneur pour ce jeu barbare, qui est encore en usage à Paris, & qui consiste à couper le cou d'une volaille attachée à un piquet, en lui lançant de loin un bâton. Plusieurs des textes cités par dom Carpentier au mot *Rova 1*, semblent l'indiquer.

La chartre de la ville de Loches, de l'an 1412, qu'on trouve au tome 10 des ordonnances du Louvre, *pag. 63*, dit: « si povoit & avoit accoustumé ladite dame d'avoir le *ruy du baston* » aux gelines & poulailles.... le *ruy du baston*, » prise de gelines & poulailles, *&c.* ».

C'est dans le même sens qu'on doit interpréter & corriger la chartre de Joinville, *art. 26*, qui se trouve au tome 4 des mêmes ordonnances, *pag. 298*: « nous..... ne porrons, par quelque » nécessité que ce soit, pranre, ne faire pranre » geline, poulailles, ne avoir *ru de bascon* en ladite » ville ». Dom Carpentier convient lui-même qu'on doit lire ici *ru de baston*.

Cependant le même auteur cite l'extrait suivant d'une chartre de l'an 1331, où le mot *ruiz* pourroit bien avoir le sens qu'il prête à celui de *ruy du baston*: « *item*, disoient encore que des ruiz, » qui à eulx appartenoient, à eulx appartenoit » l'imposition à faire par leur gent & l'exécution » du lever..... Quant aux ruiz, qui audit seigneur & sa femme appartiennent, li maires dudit » priorté sera appelez au faire les deux ruiz, c'est » assavoir aux deux ruiz, qui audit seigneur &

» sa femme appartiennent chacun an, & seront » levé & payé audit seigneur & sa femme par » la main du mayeur dudit priorté ».

Enfin, dom Carpentier rapporte encore cet extrait d'une chartre latine de l'an 1209 : *in omnibus justitiis ejusdem villæ, laudationibus & venditionibus, in theloneo, in minagio, & in* rova hominum, *si aliquando facta fuerit, habebit ipsa medietatem & nos alteram medietatem ruiz. Voyez* au surplus la fin de l'article ROTAGE. (*G. D. C.*)

RUYER, (*Droit féodal.*) ce mot est synonyme de celui de *voyer*. Il dérive de *rue*, comme voyer dérive de voie (*via*). On appelle quelquefois *seigneurie*, ou *justice ruyère*, sur-tout dans l'Artois & les provinces voisines, la jurisdiction vicomtière, qui donne le droit de voierie. On trouve, à la suite des *projets pour la réformation de la coutume d'Artois*, par Brunel, une dissertation importante sur les chemins, sur le droit que les seigneurs réclament d'y planter, & de s'en approprier les arbres, & sur la question si la seigneurie *ruyère* peut se prescrire. (*G. D. C.*)

S, dix-neuvième lettre de notre alphabet; elle servoit à distinguer les monnoies fabriquées à Reims.

SABINIEN, *Voyez* SENATUS - CONSULTE SABINIEN.

SABINIENS, (*Jurisprud. rom.*) on nommoit *Sabiniens*, sous les empereurs romains, les jurisconsultes attachés au parti d'Atteius Capito, qui florissoit sous Auguste. Ce parti tiroit son nom de Mazurius Sabinus, qui vivoit sous Tibère. Ils étoient opposés en plusieurs choses aux *Proculiens*. Ces deux partis régnèrent à Rome jusqu'au temps que les empereurs, privant les jurisconsultes de leur ancienne autorité, décidèrent les affaires selon leur bon plaisir, sans égard aux loix & à leurs interprétations. (*D. S.*)

SACQUAGE (*droit de*), la coutume de Therouane, *art. 7*, dit que ce droit appartient à l'évêque de cette ville. Le glossaire du droit françois nous apprend que c'est un droit de minage, qui se prend sur un sac de grain. Il ne faut donc pas le confondre avec le droit qu'avoient d'autres seigneurs de se faire fournir des sacs pour amener leur bled. *Voyez* du Cange, au mot *Saccus 1*. (*G. D. C.*)

SACERDOTAL, se dit, *en droit*, de ce qui est attaché à la qualité de prêtre. Un bénéfice est *sacerdotal*, quand il doit être desservi par un prêtre; il est *sacerdotal à lege*, quand c'est la loi qui exige que le pourvu ait l'ordre de prêtrise; *fundatione*, quand c'est le titre qui le requiert. *Voyez* BÉNÉFICE. (*A*)

SACRE, s. m. (*Droit public*) est une cérémonie religieuse qui se pratique à l'égard de quelques souverains, & particuliérement de nos rois, & qui a lieu lors de leur couronnement ou solemnelle inauguration. *Voyez* le *dictionnaire d'économie politique & diplomatique*.

SACREMENT, s. m. (*droit canonique*.) Nous laissons au dictionnaire de théologie à traiter du nombre, de la dignité, de la nature, du ministre des *sacremens*, & des dispositions que l'église exige dans ceux qui les reçoivent. Nous nous bornerons à parler ici des droits qui appartiennent aux souverains, & aux juges qui les représentent par rapport à l'administration extérieure des *sacremens*. Nous ne pouvons mieux faire à cet égard que de rapporter la disposition de l'article 34 de l'édit de 1695.

La connoissance, y est-il dit, des causes concernant les *sacremens*, les vœux de religion, l'office divin, la discipline ecclésiastique, & autres purement spirituelles, appartiendra aux juges d'église. Enjoignons à nos officiers, & même à nos cours de parlemens, de leur en laisser & même de leur en renvoyer la connoissance, sans prendre aucune jurisdiction ni connoissance des affaires de cette nature, si ce n'est qu'il y eût appel comme d'abus interjetté en nosdites cours de quelques jugemens, ordonnances ou procédures faites sur ce sujet, ou qu'il s'agit d'une succession, ou autres effets civils, à l'occasion desquels on traiteroit de l'état des personnes décédées, ou de celui de leurs enfans.

Il faut conclure des dispositions de cette loi, que la connoissance des causes concernant les *sacremens*, les vœux de religion, l'office divin & la discipline ecclésiastique, appartient au juges d'église, quand, à l'occasion de ces matières, il n'est question que de cause purement spirituelle; mais s'il est question de quelque objet temporel ou mixte, le magistrat civil doit nécessairement en connoître, comme étant aux droits du souverain; ou s'il n'est même question que de l'exécution des saints canons, il doit également en connoître au nom du roi, en sa qualité de protecteur de l'église.

Il suit de-là, qu'il appartient à l'église de fixer ce qui est de l'essence & de la validité du *sacrement*, de régler non-seulement le culte intérieur, mais encore le culte extérieur & les cérémonies de la religion, de donner les prières dont les fidèles doivent se servir, de leur enseigner tout ce qui appartient à la foi & à la morale; mais cela n'empêche pas que, même dans ces sortes de matières, le prince n'ait, comme protecteur, le droit d'inspection sur ce qui se fait dans l'église, pour faire exécuter ses décrets, prêter son bras à ses ministres pour l'exécution de ses ordonnances, ou même pour en empêcher l'exécution, lorsqu'ils abusent de leur autorité & ne se conforment pas aux règles de l'église. Ainsi, dans tous ces cas, il y a lieu à l'appel comme d'abus, non-seulement des jugemens & ordonnances, mais encore des actes faits par les ecclésiastiques.

Quoique les *sacremens* soient d'institution divine, l'église & les évêques y ont ajouté plusieurs réglemens de discipline. Ce qui est d'institution divine, fait partie de la foi de l'église; mais le souverain, avant d'accepter la discipline qui est d'institution humaine, a droit de l'examiner, & par conséquent de l'adopter ou de la rejetter.

C'est conformément à ces principes, que les canons & les réglemens que l'église juge à propos de faire en matière de discipline, ne peuvent être exécutés qu'avec le concours & le consentement du souverain; & que lorsqu'il a adopté ces réglemens, ils deviennent des loix d'état qu'il lui appartient de faire observer. Tel est le fondement principal du droit en vertu duquel les officiers du souverain peuvent connoître des refus de *sacremens*, enjoindre aux eccléſiaſtiques de les adminiſtrer, & punir les contrevenans.

Cette compétence du ſouverain & de ſes officiers, relativement à l'adminiſtration des *ſacremens*, a été reconnue dans tous les temps, comme le juſtifient nos livres de juriſprudence, & ſingulièrement ceux où l'on a recueilli les preuves des libertés de l'égliſe gallicane.

On peut contrevenir de pluſieurs manières aux loix de l'état dans l'adminiſtration des *ſacremens* : ainſi le prêtre qui révèle la confeſſion d'un pénitent, commet une contravention très-répréhenſible. Il en eſt de même du confeſſeur qui abuſe du *ſacrement* de pénitence pour ſéduire ſa pénitente.

C'eſt auſſi une contravention puniſſable dans un prêtre, lorſqu'il fait injure à celui qui emploie ſon miniſtère, comme quand, en adminiſtrant la communion, il reproche à celui qui ſe préſente, ſa mauvaiſe conduite.

Enfin, le refus public des *ſacremens*, ſur-tout aux moribonds, eſt une injure atroce & un attentat au bon ordre, qui ne doivent pas reſter impunis, à moins que la cauſe du refus ne ſoit légitime. En effet, l'excommunication étant la peine la plus conſidérable que le juge d'égliſe puiſſe prononcer, elle ſuppoſe que celui à qui on refuſe les *ſacremens*, ſur-tout à la mort, eſt coupable d'un crime d'autant plus grave; que l'égliſe eſt ordinairement plus indulgente pour les mourans.

Il eſt clair qu'un refus de ce genre, lorſqu'il eſt injuſte, ne peut être envisagé que comme un délit du nombre de ceux qu'on qualifie de privilégiés. C'eſt même ce qui réſulte de l'article 1 d'un édit du mois de novembre 1549, qui porte que *le ſcandale public & tout autre crime emportant offenſe publique, forment un délit privilégié dont la connoiſſance appartient au juge laïque.* C'eſt pour cela que le miniſtère public peut ſe plaindre d'un refus de *ſacrement*, comme d'un trouble fait à la ſociété. Cela eſt fondé ſur ce que les paſteurs ſont dans l'obligation indiſpenſable d'adminiſtrer les *ſacremens* à ceux qui ne s'en ſont pas rendus indignes.

Il ſuit de-là que, quand un prêtre prétend devoir refuſer les *ſacremens* à une perſonne, il doit exprimer les cauſes de ſon refus, s'il en eſt requis, afin qu'on puiſſe juger ſi elles ſont ſuffiſantes.

Pour rendre légitime un refus de *ſacremens* fait publiquement, il faut le concours de deux conditions; l'une, que le crime qui a occaſionné le refus ſoit public & manifeſte; & l'autre, qu'il ſoit notoire que la perſonne refuſée eſt auteur de ce crime.

Si l'une de ces conditions manque, le refus des *ſacremens* doit être regardé comme un trouble inféré à la poſſeſſion où eſt tout fidèle de les recevoir. C'eſt auſſi une prévarication de la part du paſteur, en ce qu'il ne remplit pas un devoir que les loix lui impoſent. C'eſt encore une diffamation de la perſonne à qui l'on fait éprouver le refus; enfin, c'eſt un trouble de l'ordre public; tous objets ſoumis à la juriſdiction de la puiſſance temporelle.

On ne reconnoît point en France d'excommunication notoire; & l'on y tient pour maxime, qu'on ne peut refuſer les *ſacremens* ni la ſépulture qu'aux excommuniés dénoncés. Ainſi quoiqu'une perſonne ait encouru l'excommunication *ipſo facto*, on ne peut pas néanmoins la traiter en excommunié avant qu'il ait été rendu contre elle une ſentence d'excommunication. C'eſt conformément à cette juriſprudence, qui eſt conſtante parmi nous, que M. Joly de Fleury, avocat-général, ſoutint dans une cauſe jugée à la cour des aides par arrêt du 18 janvier 1701, rapporté au journal des audiences, que l'infamie encourue par le ſeul fait, quoique notoire & publique, n'étoit plus autoriſée dans nos mœurs, & qu'il falloit un jugement qui déclarât infame.

Mais il ne faut pas étendre cette règle à l'évidence de fait, comme l'a très-bien obſervé M. Joly de Fleury, premier avocat général au parlement, dans le réquiſitoire qu'il a fait contre un ouvrage intitulé *réflexions ſur la notoriété de droit & de fait*, que le parlement a fait lacérer & brûler par arrêt du 17 juin 1755. *Voyez* NOTORIÉTÉ.

Il faut, pour autoriſer un refus de *ſacremens*, 1°. que la cauſe qui ſert de fondement à ce refus ſoit un crime réel, & qui ait été reconnu tel par un juge compétent; 2°. qu'il ſoit démontré que la perſonne à laquelle le refus eſt fait, eſt auteur de ce crime; ce qui ſuppoſe une inſtruction judiciaire par laquelle il y a preuve acquiſe contre l'accuſé: d'où il ſuit qu'une action ne peut être regardée comme un crime notoire & qui ait été jugé tel, lorſque dans un grand nombre d'égliſes particulières les *ſacremens* ſont adminiſtrés publiquement à ceux qui ſont connus pour avoir fait cette action.

Pareillement, un paſteur ne peut juger qu'une perſonne a commis un crime, pour raiſon duquel elle doit être privée des *ſacremens*, à moins qu'il n'en ait une preuve juridique; & il ne peut acquérir cette preuve par lui-même; car ce ſeroit de ſa part une entrepriſe répréhenſible, s'il vouloit acquérir une telle preuve par un interrogatoire fait en public: celui qu'il interrogeroit ainſi ne ſeroit point obligé de répondre; & ſon ſilence ne pourroit être regardé comme un aveu du crime qui lui ſeroit imputé.

Les juges ſéculiers étant obligés, par le devoir de leurs charges, de punir les refus injuſtes de *ſacremens*, il faut en conclure qu'ils doivent connoître des cauſes de ces refus, pour décider ſi elles ſont légitimes ou non. En effet, c'eſt à la puiſſance temporelle qu'appartient le ſoin de maintenir la diſcipline de l'égliſe, lorſque cette diſcipline eſt devenue loi de l'état, & de juger de tout ce qui intéreſſe la tranquillité publique.

C'eſt conformément à ce principe que, par arrêt du 5 ſeptembre 1680, le parlement de Paris défendit aux notaires de paſſer des actes par leſquels des parties voudroient se prendre pour mari & pour femme, rendit responsables envers les juges séculiers, les curés, lorsqu'ils refuseroient de conférer le *sacrement* de mariage, & ordonna que les ecclésiastiques qui feroient de pareils refus seroient tenus, quand ils en seroient requis, de donner des actes par écrit contenant les causes de leur refus.

On conçoit d'après cela, que c'est sans aucune sorte de fondement que quelques-uns ont prétendu que les ecclésiastiques n'étoient comptables qu'à Dieu seul, ou du moins à leurs supérieurs ecclésiastiques, de leur conduite dans l'administration des *sacremens*. S'il en étoit ainsi, les personnes qui auroient éprouvé des refus injustes n'auroient aucun moyen pour obtenir la réparation de l'injure qui leur auroit été faite.

Il ne faut d'ailleurs pas croire que quand la puissance temporelle prend connoissance des refus de cette nature, elle entreprenne sur la puissance spirituelle, comme quelques personnes ont osé le dire : le magistrat ne recherche pas quelles étoient les dispositions du particulier qui a éprouvé le refus ; cet objet n'est pas de sa compétence ; il examine seulement si ce particulier étoit un pécheur notoire & connu pour tel dans le temps du refus, & par conséquent si le refus a été légitime ou injuste, pour l'approuver ou le punir.

Ce seroit en vain qu'on objecteroit qu'il n'appartient qu'aux ministres de l'église de juger si les règles générales établies par l'église s'appliquent à telle personne ou à tel cas, ou si elles ne s'y appliquent pas ; il ne faut pas confondre la loi avec l'application de la loi. Le droit d'établir des loix n'appartient qu'à ceux qui en ont reçu le pouvoir ; mais il ne faut que du bon sens, pour juger si la loi doit s'appliquer ou non à tel ou tel cas particulier. Ainsi, quoique les juges d'église soient seuls compétens pour juger si une doctrine est orthodoxe ou hérétique, aussi-tôt qu'ils ont porté leur décision à cet égard, c'est aux juges séculiers qu'appartient la punition de celui qui est coupable d'hérésie. C'est une disposition de l'article 11 du titre 1 de l'ordonnance criminelle du mois d'août 1670.

Au surplus, ce qu'on vient d'établir n'est pas un droit nouveau : dans tous les temps, les juges séculiers ont connu des refus de *sacremens*. Vedel sur Catelan rapporte un arrêt du 21 juillet 1646, par lequel le parlement de Toulouse condamna un curé, pour avoir refusé publiquement la communion à une femme. Par un autre arrêt du 25 juin 1681, le conseil provincial d'Artois condamna le sieur Jacques Blaringhen, curé de Ricamet, à être admonesté, pour avoir causé du scandale en refusant la communion à Martin Plot, son paroissien.

Par un autre arrêt du 8 mai 1712, le parlement de Provence déclara sur un appel comme d'abus, qu'il n'y avoit abus dans une procédure extraordinaire, instruite par le lieutenant-criminel d'Arles, pour un refus public de *sacremens* fait à la dame Dugard de Tarascon, en conséquence duquel le curé & le vicaire qui avoient concerté ce refus, avoient été condamnés par sentence du 17 février 1710, à faire une réparation publique à l'audience, à trois livres d'amende envers le roi, six livres envers la partie, & à tous les dépens : depuis, sur l'appel simple & *à minimâ*, interjetté de cette sentence, tant par la partie civile que par le procureur général, il intervint un second arrêt qui défendit l'entrée des villes d'Aix & de Tarascon au curé & au vicaire, & les condamna à faire une réparation publique à l'audience du juge de Tarascon, à trente livres d'amende envers le roi, à soixante livres envers la partie, & à tous les dépens.

Par arrêt de réglement rendu le 18 avril 1752, le parlement de Paris, toutes les chambres assemblées, a fait défense aux ecclésiastiques de faire aucun acte tendant au schisme, notamment de refuser les *sacremens*, sous prétexte du défaut de représentation d'un billet de confession, ou de déclaration du nom du confesseur, & d'acceptation de la bulle *unigenitus* ; leur a enjoint de se conformer dans l'administration extérieure des *sacremens*, aux canons & réglemens autorisés dans le royaume, & leur a pareillement fait défense de se servir dans leurs sermons, à l'occasion de la bulle *unigenitus*, des termes de novateurs, hérétiques, schismatiques, jansénistes, semipélagiens, ou autre nom de parti, à peine contre les contrevenans d'être poursuivis comme perturbateurs du repos public, & punis suivant la rigueur des ordonnances.

Par un autre arrêt de réglement du 4 septembre de la même année, rendu pareillement toutes les chambres assemblées, la même cour, en recevant le procureur-général du roi appellant comme d'abus des statuts synodaux du diocèse de Sens, recueillis & imprimés à Sens en 1746, ensemble du mandement de l'archevêque de Sens du 25 mars de la même année, qui prescrivoient l'usage des billets de confession pascale, & faisant droit sur ses conclusions, a fait défense à tout ecclésiastique de faire aucun refus public de communion, soit à la sainte table, soit à la mort, sous prétexte de ces statuts synodaux, mandemens ou autres dispositions insérées dans les statuts des diocèses du ressort de la cour, au sujet des billets de confession.

Les parlemens de Bretagne, Normandie, Provence & Toulouse ont rendu des arrêts semblables dans les années 1752, 1753, 1754, & 1756. Les arrêts d'enregistrement de la déclaration du 2 septembre 1754 contiennent des dispositions pareilles, & font défenses de faire aucune innovation dans l'administration extérieure & publique des *sacremens*.

Mais lorsqu'un curé ou vicaire refuse d'administrer les derniers *sacremens* à un malade qui les demande publiquement, le juge laïque peut-il commettre un autre prêtre pour faire cesser le scandale que ce refus occasionne ? La déclaration du 10 juin 1756 a reprouvé ces sortes de commissions, & a réglé règle la conduite qu'on doit tenir à l'égard des refus de *sacremens*.

C'est ainsi que s'exprime l'article 3 : « l'article 34 de l'édit du mois d'avril 1695, sera exécuté selon sa forme & teneur; & en conséquence toutes causes & actions civiles concernant l'administration & le refus des *sacremens*, seront portées devant les juges d'église, exclusivement à tous juges & tribunaux séculiers, auxquels nous enjoignons de leur en faire le renvoi, sauf & sans préjudice de l'appel comme d'abus ; & à l'égard des plaintes & poursuites criminelles en cette matière, elles seront portées devant nos juges ayant la connoissance des cas royaux, & par appel en nos cours, ainsi que devant les juges d'église, chacun en ce qui les concerne & est de leur compétence; savoir, pardevant nos juges pour raison du cas privilégié, & pardevant les juges d'église pour le délit commun; le tout conformément aux ordonnances, sans néanmoins que nos cours & nos juges puissent ordonner, en quelque manière & sous quelque expression que ce soit, que les *sacremens* seront administrés, sauf à nosdites cours & juges à prononcer telle peine qu'il appartiendra contre ceux qui se seroient rendus coupables lors de l'administration & du refus des *sacremens* ».

La grand'chambre du parlement de Paris ayant fait des remontrances à ce sujet le 19 janvier 1757, M. le chancelier lui dit dans la réponse qu'il lui fit au nom du roi le 23 du même mois, que si sa majesté n'avoit pas voulu que ses cours & juges pussent ordonner que les *sacremens* seroient administrés, elle s'étoit proposé en cela de se conformer à l'exemple des rois ses prédécesseurs, qui, par leurs ordonnances, & en dernier lieu par l'édit de 1695, avoient réservé à la jurisdiction ecclésiastique la connoissance des matières spirituelles, & notamment l'administration des *sacremens*; que sa majesté avoit jugé qu'en laissant à ses cours & juges la punition de ceux qui se rendroient coupables par un refus injuste des *sacremens*, & en conservant dans toute son étendue la voie de l'appel comme d'abus contre tous les actes émanés de la puissance ecclésiastique, les officiers dépositaires de son autorité seroient en état de pourvoir suffisamment au maintien du repos public, & de réprimer ceux qui entreprendroient de le troubler. Conformément à cette loi, le parlement de Paris, par arrêt du 15 juillet 1768, a condamné le doyen de Loris-Montargis, pour un refus injuste de *sacremens*, à être banni à perpétuité du royaume, avec confiscation de biens ; & un vicaire de Nemours, à être banni pour neuf ans du ressort de la cour, & en cinquante livres d'amende envers le roi.

SACRILÈGE, f. m. (*Code criminel*) est une action impie par laquelle on profane les choses sacrées.

Dans l'ancien droit romain, on appelloit *sacrilège*, le vol ou larcin des choses sacrées. C'est ce que prouve la loi 4, ff. *ad legem Juliam peculatus & de sacrilegiis*. Mais les empereurs Gratien & Valentinien ont donné beaucoup plus d'étendue au terme de *sacrilège*, & ils ont compris sous ce nom tout crime commis contre la loi de Dieu, soit par ignorance, soit par mépris. *Voyez la loi* 1, *cod. de crimine sacrilegii.*

Suivant le droit canon, il y a trois manières de commettre le *sacrilège*. Ce crime a lieu, 1°. quand on vole une chose sacrée dans un lieu sacré ; 2°. quand on vole une chose sacrée dans un lieu qui n'est pas sacré ; 3°. quand on vole dans un lieu sacré une chose profane, telle qu'un tronc, des chandeliers, des cierges, &c.

Plusieurs jurisconsultes ont adopté cette manière d'envisager le *sacrilège*.

Dans nos mœurs, il y a *sacrilège* toutes les fois qu'il y a profanation des choses saintes ou consacrées à Dieu, soit qu'il y ait en même temps vol, ou qu'il n'y en ait pas.

On entend par choses saintes ou consacrées à Dieu, 1°. les lieux saints, tels que les églises, les monastères, les cimetières, &c. 2°. les sacremens, les cérémonies de l'église, les vases sacrés, & tout ce qui sert au culte divin; 3°. les personnes ecclésiastiques ou religieuses.

Il suit de là, que les vols, les impuretés, & les autres crimes ou délits commis dans une église ou autre lieu saint, sont des *sacrilèges*. Il en est de même de l'action de brûler ou détruire les temples, les images, les autels, *&c.*

C'est pareillement un *sacrilège* que d'employer les choses sacrées à des usages communs ou profanes, au mépris de la religion.

On regarde aussi comme une sorte de *sacrilège*, les irrévérences commises dans les églises, sur-tout pendant la célébration du service divin.

Le crime de *sacrilège* a encore lieu quand on fabrique ou qu'on falsifie des lettres de prêtrise, & qu'en conséquence on célèbre la messe sans avoir le caractère requis à ce sujet.

Les prêtres & les autres ecclésiastiques qui abusent de leurs fonctions pour séduire une pénitente, sont aussi regardés comme coupables de *sacrilège*.

Tout attentat commis contre la personne sacrée du roi est un *sacrilège*.

On regarde encore comme tels, les excès commis contre des personnes consacrées à Dieu, comme les prêtres, les religieuses, &c., & le crime est plus considérable quand l'ecclésiastique est élevé en dignité, comme un évêque, ou que l'attentat a été commis contre un prêtre qui étoit dans ses fonctions sacerdotales.

On met aussi au rang des *sacrilèges*, le rapt d'une religieuse & les habitudes charnelles qu'on a avec elle.

Les loix romaines condamnent au fer, au feu & aux bêtes farouches, selon les circonstances, ceux qui commettent des *sacrilèges*.

Parmi nous, la peine du *sacrilège* dépend des circonstances du crime, du lieu, du temps & de la qualité de l'accusé.

Un édit du mois de juillet 1682 veut que le *sacrilège* joint à la superstition & à l'impiété, soit puni de mort.

Lorsque le *sacrilège* est au premier chef, comme quand on abuse des saintes hosties, ou qu'on les foule aux pieds, on condamne les coupables à l'amende honorable, à avoir le poing coupé, & à être brûlés vifs.

On prononce la même peine contre la profanation des vases sacrés & des fonts baptismaux.

Automne, dans sa conférence du droit françois avec le droit romain, rapporte un arrêt du mois d'août 1503, par lequel un jeune homme fut condamné à avoir le poing coupé & à être brûlé vif, pour avoir, dans l'église de la Sainte-Chapelle de Paris, arraché des mains d'un prêtre l'hostie qu'il venoit de consacrer en célébrant la messe. Imbert, en ses institutions forenses, rapporte un autre arrêt du 10 décembre 1586, qui prononça la même peine contre un nommé Dufour, qui avoit pareillement arraché des mains d'un cordelier l'hostie qu'il avoit consacrée en disant la messe.

On trouve dans la bibliothèque canonique un autre arrêt du 7 septembre 1660, par lequel le parlement de Bordeaux condamna au dernier supplice plusieurs protestans de la ville d'Aymet, pour s'être rendus coupables de plusieurs profanations, en dérision de la messe & des cérémonies de l'église.

On punit souvent de mort ceux qui brisent les images de Dieu, de la Vierge ou des saints, en dérision de la religion. Papon rapporte, dans son recueil, *liv.* 1, *tit.* 2, *n°.* 2, un arrêt par lequel le parlement de Bordeaux condamna le nommé Defus à avoir le poing coupé & la tête tranchée, pour insulte faite à la divinité, en portant plusieurs coups d'épée contre un crucifix. Par un autre arrêt du 21 janvier 1435, que rapporte aussi Papon, le même parlement condamna au fouet un ivrogne qui, d'un coup d'épée, avoit emporté la tête d'un christ. Son ivresse empêcha qu'on ne le condamnât à mort. Par un autre arrêt du 22 décembre 1548, le parlement de Paris condamna le nommé Rochette à être pendu & ensuite brûlé, pour avoir mis en pièces un crucifix & quelques images de saints dans l'église de saint Jullien de Pommiers, en Forez.

On punit de mort, & quelquefois des galères perpétuelles, ou du bannissement perpétuel, selon les circonstances, ceux qui célèbrent la messe sans être prêtres.

Les mêmes peines se prononcent contre les prêtres qui abusent de leurs fonctions pour séduire leurs pénitentes.

Quant au vol d'une chose sacrée, fait dans une église, on le punit ordinairement de mort, sur-tout quand il y a effraction, & l'on prononce la peine du feu quand il y a profanation. Imbert rapporte un arrêt du 18 octobre 1533, par lequel le nommé Charles de Saint-Vincent fut condamné à être pendu, pour avoir volé un ciboire dans l'église de saint Etienne d'Auxerre. Par un autre arrêt du 4 mai 1714, le parlement de Paris condamna un prêtre à faire amende honorable, & à être ensuite brûlé, pour avoir volé des calices & de ciboires: & par autre arrêt du 10 janvier 1781, la même cour a condamné Anastase Morel à faire amende honorable au-devant de la principale porte de l'église cathédrale d'Amiens, ayant écriteau devant & derrière, portant ces mots: *Voleur de vases sacrés avec effraction & profanation*; ensuite à être conduit par l'exécuteur de la haute-justice sur la place du grand marché de la même ville, pour y avoir le poing coupé & ensuite y être brûlé vif.

Suivant l'article premier de la déclaration du 4 mai 1724, ceux qui se trouvent convaincus de vols & de larcins faits dans les églises, *ensemble leurs complices & suppôts*, doivent être condamnés, savoir, les hommes aux galères à temps ou à perpétuité, & les femmes à être flétries d'une marque en forme de la lettre *V*, & renfermées à temps ou pour leur vie dans une maison de force, le tout sans préjudice de la peine de mort, suivant l'exigence des cas.

Les vols d'église, quoique simples, faits par des soldats & autres gens de guerre, doivent être punis de mort, suivant une déclaration du roi, du 27 janvier 1651; la même peine est prononcée par l'ordonnance du premier juillet 1727 concernant les délits militaires.

Les attentats commis contre les prêtres & autres personnes sacrées, doivent être punis d'une peine proportionnée à l'injure & à la qualité de l'offensé. La punition doit, par exemple, être plus considérable, si l'on a maltraité un évêque, que si l'offense a été faite à un simple prêtre.

Le *sacrilège* avec effraction est un cas royal; & si l'effraction est extérieure, il est cas prévôtal. C'est ce qui résulte, tant de l'article 11 du titre premier de l'ordonnance criminelle du mois d'août 1670, que de l'article 5 de la déclaration du 5 février 1731.

SAGE-FEMME, s. f. *Voyez* ACCOUCHEUR, & *les dictionnaires de médecine & de chirurgie.*

SAINTEUR, ou SAINTIER, s. m. (*Droit coutumier*) vieux mot qui se trouve dans la coutume de Hainaut, *chap.* 125, & dans quelques anciennes chartes. Il paroît qu'on appelloit particuliérement *sainteur* ou *saintier* un serf d'église, un oblat, un homme qui, par dévotion, s'étoit fait serf d'un saint ou d'une sainte, patrons de cette église. Pour cet effet le *sainteur* se passoit la corde des cloches au cou, & mettoit sur sa tête, & quelquefois sur l'autel, quelques deniers de chevage, pour marque de sa redevance; voilà une idée folle, & qui tient bien de la barbarie des anciens temps. Comme les servitudes étoient différentes, dit M. de Lauriere, tous ceux qui étoient *sainteurs* ou *saintiers* des églises n'étoient pas serfs main-mortables & mortaillables, ni hommes de corps. Si l'on a dans la suite donné le nom de *sainteur* aux serfs de quelques seigneurs laïques, il y a lieu de croire que ces serfs appartenoient originairement à des églises, à des abbayes, & qu'ils ont passé sous la puissance des ſeigneurs, lorſque ceux-ci, ſous le titre d'*avoués*, ont joui ſur les biens eccléſiaſtiques de certains droits ou redevances, plus ou moins conſidérables, ſuivant la différence des lieux & des temps.

SAINTIER. *Voyez* SAINTEUR.

SAINTIEUX. *Voyez* SAINTEUR.

SAINTRE, *Voyez* CHEINTRE.

SAISIE, ſ. f. (*terme de Procédure*) en général eſt un exploit fait par un huiſſier ou ſergent, par lequel, au nom du roi & de la juſtice, il arrête, & met ſous la main du roi & de la juſtice, des biens ou effets auxquels le ſaiſiſſant prétend avoir droit, ou qu'il fait arrêter pour ſûreté de ſes droits & prétentions.

On ne peut procéder par voie de *ſaiſie* ſur les biens de quelqu'un, qu'en vertu d'une obligation ou condamnation, ou pour cauſe de délit, quaſi-délits, choſe privilégiée, ou qui ſoit équivalent.

Pour ſaiſir il faut être créancier, ſoit de ſon chef, ſoit du chef de celui dont on eſt héritier.

Il y a diverſes eſpèces de *ſaiſies*, ſavoir, pour les meubles, la *ſaiſie* & arrêt, la *ſaiſie* & exécution, la *ſaiſie*-gagerie; & pour les immeubles, la *ſaiſie*-réelle.

Ces différentes ſortes de ſaiſies, & quelques autres qui ſont propres à certains cas, vont être expliquées dans les diviſions ſuivantes.

Il y a pluſieurs choſes qui ne ſont pas ſaiſiſſables, ſavoir :

L'habit dont le débiteur eſt vêtu, ni le lit dans lequel il couche. Mais ſous le nom de lit on comprend ſeulement le bois de lit, la couverture, les draps, le traverſin, le matelas, le lit de plume, la paillaſſe, *&c.* mais non les rideaux, houſſes, bonnes-graces, ciels de lit, tringles, *&c.*

On doit auſſi laiſſer au ſaiſi une vache, trois brebis ou deux chèvres, à moins que la créance ne fût pour le prix de ces beſtiaux.

On ne peut pareillement ſaiſir les armes, chevaux & équipages de guerre des ſoldats & officiers, ni leurs ſoldes, gages & émolumens, à moins qu'on n'en ait obtenu la permiſſion du roi, contre-ſignée par le ſecrétaire d'état au département de la guerre, ou que ce ne ſoit pour le paiement des armes & bagages, enſuite d'une reconnoiſſance faite par le débiteur. *Déclaration de janvier 1660, ordonnance du 20 août 1663, arrêt du conſeil du 19 décembre 1671.*

Les perſonnes conſtituées aux ordres ſacrés ne peuvent être exécutées en leurs meubles deſtinés au ſervice divin, ou ſervans à leur uſage néceſſaire, de quelque valeur qu'ils puiſſent être, ni même en leurs livres qui leur ſeront laiſſés juſqu'à la ſomme de 150 livres. L'ordonnance de Lorraine de 1707 défend auſſi de ſaiſir les livres des gens de lettres, & notamment des juges & avocats. Il ſeroit à ſouhaiter que cette diſpoſition fût ſuivie en France.

Les chevaux, bœufs & autres bêtes de labourage, charrues, charrettes & uſtenſiles ſervans à labourer & cultiver les terres, vignes & prés, ne peuvent être ſaiſis, même pour les deniers du Roi, à peine de nullité, ſi ce n'eſt pour fermages, ou pour le prix de la vente deſdites choſes.

Les diſtributions quotidiennes & manuelles des chanoines & prébendés, les oblations, les ſommes & penſions laiſſées pour alimens, les émolumens des profeſſeurs des univerſités, les bourſes des ſecrétaires du roi, les gages des officiers de la maiſon du roi faiſant le ſervice ordinaire, les appointemens des commis des fermes & autres ſommes qui ſont de même privilégiées, ne peuvent être ſaiſies.

On a agité la queſtion de ſavoir ſi on pouvoit ſaiſir la portion congrue d'un curé; & par arrêt du parlement de Paris, du 24 mai 1703, il a été ordonné que, déduction faite de toutes charges ſur la portion congrue, le créancier toucheroit le tiers du reſtant, juſqu'à l'entier rembourſement de ce qui lui étoit dû, tant en principal, qu'intérêts & frais.

Un arrêt du conſeil, du 21 juillet 1696, défend de ſaiſir les gages des officiers de la maiſon du roi, ſi ce n'eſt pour raiſon de la capitation.

Suivant une déclaration du 14 octobre 1711, on ne peut pas non plus ſaiſir les penſions ou diſtributions des princes, cardinaux, prélats & commandeurs de l'ordre du S. Eſprit, ni les gages, penſions ou diſtributions des officiers du même ordre, à moins que ce ne ſoit en vertu d'une permiſſion du roi.

Comme les épices, vacations & autres émolumens journaliers des juges & autres officiers publics ſont le prix de leur travail; & qu'il eſt de l'intérêt public que la juſtice ſoit rendue, la juriſprudence a établi que ces ſortes de diſtributions quotidiennes ne pourroient être ſaiſies. C'eſt ce qu'atteſtent Loiſeau, la Rocheflavin & Catelan: mais il n'en eſt pas de même des gages de ces officiers, ils peuvent être ſaiſis.

Par arrêt du conſeil du 9 décembre 1690, il a été ordonné que les journées & vacations des grands-maîtres & autres officiers des eaux & forêts ne pourroient être ſaiſies, ſinon pour amendes & autres condamnations prononcées contre ces officiers pour le fait de leurs charges, mais que les gages & chauffages des mêmes officiers pourroient être ſaiſis.

Les honoraires qu'on paie aux auteurs pour les ouvrages qu'ils donnent au public, ne doivent point être ſaiſis. Un arrêt du conſeil du 21 mars 1749, a donné main-levée de la *ſaiſie* faite ſur le ſieur Crébillon entre les mains des comédiens françois, pour le produit d'une tragédie de cet auteur.

Les gages & appointemens des perſonnes attachées aux ſpectacles établis à la ſuite de la cour, ne peuvent être ſaiſis que juſqu'à concurrence du tiers, ſuivant les déclarations du roi des 18 août 1779 & 28 février 1782.

Il eſt défendu par l'article 14 du titre commun de l'ordonnance des fermes, du mois de juillet 1681, de ſaiſir les gages des commis & autres qui ſont employés par les fermiers des droits du roi, & par leurs procureurs ou sous-fermiers, sauf aux créanciers à se pourvoir sur les autres biens de leurs débiteurs.

Et l'article 15 défend à ceux qui ont obtenu des condamnations contre les fermiers ou sous-fermiers des droits du roi, ou qui sont leurs créanciers par obligation ou autrement, de saisir ou arrêter ces droits entre les mains de ceux qui les doivent, à peine contre les saisissans d'être condamnés aux dommages & intérêts des fermiers ou sous-fermiers.

Par arrêt du 16 mars 1675, le parlement de Toulouse a décidé que les émolumens & rétributions journalières des professeurs des universités ne pourroient être saisis, mais qu'on pouvoit saisir leurs gages.

Cette jurisprudence est pareillement établie relativement aux honoraires des professeurs de l'université de Paris: &, par arrêt du 7 mars 1780, le parlement de cette ville a ordonné que, conformément à ce qui se pratiquoit à l'égard de ces professeurs, les honoraires des principaux, professeurs, sous-principaux & maîtres attachés aux collèges situés dans son ressort, ne pourroient être saisis, à moins que ce ne fût pour le paiement des livres, instrumens ou autres objets qui leur sont nécessaires pour remplir les fonctions dont ils sont chargés, relativement à l'éducation de la jeunesse confiée à leurs soins.

Des lettres-patentes du 12 juillet 1634, enregistrées au parlement de Toulouse le 24 janvier suivant, ont défendu de saisir les farines, pain, volailles, gibier, & autres menues denrées servant à la nourriture des familles. La faveur des alimens a donné lieu à ce réglement, qui est conforme à la loi 7, ff. *de pignor. & hypothec.*

Une déclaration du roi du 19 août 1704, enregistrée au parlement le 29 du même mois, a fait défense de saisir les métiers, outils, ustensiles & instrumens servant aux manufactures.

Les marchandises destinées pour l'approvisionnement de Paris, ne peuvent être arrêtées sur les lieux ni en chemin, sous quelque prétexte que ce soit, même de *saisie* faite pour prix de ces marchandises ou de la voiture: nonobstant les *saisies*, ces sortes de marchandises doivent, sous la garde des gardiens établis par les mêmes *saisies*, être conduites à Paris, pour y être vendues & débitées sur les ports, & les deniers de la vente être remis en justice à qui il appartient: c'est pourquoi les saisissans sont tenus d'avancer les frais de garde, sauf à les répéter, sinon les *saisies* doivent être déclarées nulles. Cette jurisprudence est fondée sur l'article 10 du chapitre 2 de l'ordonnance du mois de décembre 1672.

L'article 20 de la déclaration du roi du 24 avril 1703, donnée pour le rétablissement du commerce de la rivière de Loire, a établi des dispositions semblables, relativement aux marchandises embarquées sur cette rivière.

Par une déclaration du 6 février 1732, enregistrée au parlement de Toulouse le 8 mars suivant, le roi a défendu à tous créanciers, même aux collecteurs des tailles & autres impositions dans la province de Languedoc, de saisir & faire saisir les feuilles des mûriers, & à tous huissiers ou sergens de faire, pour raison de ce, aucun exploit, à peine, à l'égard des créanciers, de nullité de la *saisie*, & de tous dépens, dommages & intérêts; & à l'égard des collecteurs, de payer, à la décharge des contribuables, la cote de leurs impositions, & aussi de tous dépens, dommages & intérêts; & contre les huissiers & sergens, d'interdiction, cinq cens livres d'amende, *&c.* sauf auxdits créanciers à saisir, s'ils le jugent à propos, le prix desdites feuilles entre les mains de ceux qui les auront achetées, si le prix n'en a pas été payé comptant.

Il y a des rentes viagères assignées sur l'hôtel-de-ville de Paris qui ne sont pas saisissables, même pour les propres affaires du roi. C'est ce qui résulte de l'article 7 d'un édit du mois de novembre 1740; mais il en est autrement des rentes perpétuelles; & en général de toutes celles qui n'ont pas été déclarées insaisissables par les édits de création.

Suivant l'article 5 du titre 12 de l'ordonnance du mois d'août 1670, les deniers adjugés pour provision en matière criminelle, ne peuvent être saisis en aucun cas.

Il faut pareillement regarder comme insaisissables les choses qui ont été données ou léguées, à la charge qu'elles ne pourroient être saisies. La raison en est, qu'un donateur peut apposer à sa libéralité telle condition qu'il juge à propos. Observez néanmoins que ces sortes de dons deviennent saisissables, relativement aux dettes contractées pour nourriture, logement & vêtemens nécessaires. Cette décision est fondée sur ce qu'on présume que le donateur ayant voulu le plus grand avantage du donataire, a entendu que celui-ci pourroit engager les objets donnés, pour se procurer des alimens & les autres choses nécessaires à la vie.

Il y a certaines règles de bienséance dont on ne doit pas s'écarter en procédant par voie de *saisie* contre les personnes d'un rang distingué. Chenu, dans ses notes sur le recueil des arrêts de Papon, rapporte un arrêt du 9 juillet 1571, par lequel une *saisie* a été déclarée injurieuse à l'égard d'un homme de qualité qu'un sergent avoit fait descendre publiquement de son cheval dans la rue.

Bruneau, dans *son traité des criées*, dit aussi avoir vu juger que le carrosse où étoit un duc & pair, & les chevaux qui le conduisoient, ne pouvoient être exécutés; que main-levée en fut donnée avec dépens, & que les huissiers furent réprimandés pour avoir fait cette exécution.

Par l'article 32 de l'édit du mois de février 1689, il a été défendu à tout huissier & sergent d'exécuter les receveurs des consignations en leurs personnes & en leurs chevaux ou carrosses, sinon en vertu d'un jugement rendu sur un procès-verbal de refus de payer : & l'article 19 de l'édit du mois de juillet 1689, contient une disposition semblable à l'égard des commissaires aux *saisies*-réelles.

Les appels que l'adjudicataire général des fermes peut interjetter des ordonnances ou jugemens des intendans de province, portant main-levée de *saisies* en matière de prohibé, doivent avoir un effet suspensif, nonobstant les dispositions de l'article 2 du titre 8 de la première partie du réglement du conseil du 28 juin 1738. C'est ce qui résulte d'un arrêt rendu au conseil d'état du roi le 24 mars 1781.

SAISIE *plus ample* est une *saisie*-réelle dans laquelle on a compris plus d'immeubles que dans une autre. Il est d'usage que la *saisie*-réelle la plus ample prévaut sur celles qui le sont moins ; c'est-à-dire, que le créancier qui a fait la *saisie* la plus ample, est celui auquel on donne la poursuite de la *saisie*-réelle. (*A*)

SAISIE ET ANNOTATION est celle qui se fait sur les biens des accusés absens. On l'appelle *saisie & annotation*, parce qu'anciennement on mettoit des pannonceaux & autres marques aux héritages saisis. *Voyez* ANNOTATION. (*A*)

SAISIE-ARRÊT est celle que le créancier fait sur son débiteur entre les mains d'un tiers qui doit quelque chose à ce même débiteur, à ce que ce tiers ait à ne se point dessaisir de ce qu'il a en ses mains au préjudice du saisissant.

La *saisie-arrêt* se peut faire sans titre paré, en vertu d'une ordonnance du juge sur requête. Si le créancier est porteur d'un titre exécutoire, il peut saisir & arrêter en vertu de ce titre.

Lorsque la *saisie-arrêt* est faite, & que le créancier veut en poursuivre l'effet, il doit la faire dénoncer au débiteur, & l'assigner pour la voir déclarer valable, & en conséquence ordonner la délivrance des deniers entre les mains du saisissant.

On procède ensuite sur cette demande en la manière ordinaire, tant contre la partie saisie que contre le tiers saisi.

Quand il se trouve plusieurs saisissans sur un même débiteur, ils doivent faire régler à qui d'entre eux les deniers doivent être distribués, ou s'ils doivent les toucher concurremment & au marc la livre. Les procédures qui doivent être faites pour parvenir à ce réglement entre les saisissans, sont ce qu'on appelle communément *instance de préférence & de contribution*.

En général toutes les créances & les effets mobiliers qui sont entre les mains d'un tiers, peuvent être saisis & arrêtés.

Quant aux créances, on ne peut saisir que celles qui sont dues actuellement au débiteur, & non celles dont il n'a pas conservé la propriété. Ainsi vous saisiriez mal-à-propos la somme que votre débiteur auroit transportée, si toutefois le transport avoit été signifié au débiteur de la somme.

Observez néanmoins que si le transport avoit été fait depuis la faillite du cédant, ou dans les dix jours précédens, la signification qui en seroit faite n'empêcheroit pas que les créanciers du cédant ne pussent saisir valablement la créance.

Les choses que nous disons à l'article SAISIE-EXÉCUTION, ne pouvoir être saisies & exécutées, ne peuvent pareillement être l'objet d'une *saisie-arrêt*.

Un tiers saisi doit déclarer s'il est débiteur & à quel titre : s'il a payé en tout ou en partie, ou d'avance, il doit le justifier, & affirmer que ce qu'il déclare est vrai. Ces déclarations & affirmations doivent être faites par le tiers saisi dans la jurisdiction où il est assigné, sans pouvoir demander son renvoi pardevant son juge naturel, parce qu'il n'a aucun intérêt dans la demande, & qu'on le regarde seulement comme un témoin tenu de déposer devant le tribunal où l'affaire est pendante.

Ces sortes d'affirmations se font au greffe par les tiers saisis, & l'on admet le saisissant à prouver le contraire de l'affirmation. Mais si le tiers saisi ne peut pas se transporter au greffe de la jurisdiction, où la demande en validité de la *saisie* est portée, il peut donner sa procuration à un tiers pour affirmer à sa place.

Quand un tiers saisi refuse de faire une affirmation de cette espèce, il est présumé débiteur, & en conséquence on doit le condamner à payer les causes de la *saisie*.

Il faut excepter de cette règle les payeurs des rentes & les autres comptables des deniers publics ; il n'est pas d'usage de les faire affirmer.

Lorsqu'on fait saisir & arrêter des arréages de rentes dues par le roi, ou même les gages des officiers, il faut faire viser les *saisies-arrêts* par les payeurs, c'est-à-dire, les faire inscrire sur leurs registres à l'immatricule du débiteur, & il doit être fait mention de ce *visa* sur l'original de la *saisie* ; sinon les payeurs ne sont point obligés d'avoir égard aux *saisies* où ces formalités n'ont pas été observées.

On doit pareillement faire viser aux bureaux des consignations & des commissaires aux *saisies-réelles*, les originaux des *saisies* & des oppositions faites entre les mains des receveurs des consignations & des commissaires aux *saisies-réelles*.

Cette formalité doit aussi avoir lieu, relativement aux *saisies* des arrérages & capitaux des rentes dues par le clergé. Des lettres-patentes du roi, données le 24 mai 1760, & enregistrées au parlement le 28 juin suivant, portent que le receveur général *ne pourra être contraint d'affirmer en personne, en conséquence des assignations qui lui auront été données, les sommes qu'il devra en sadite qualité de receveur-général ; mais seulement de faire sa déclaration par le ministère d'un procureur, sans qu'on puisse l'assujettir à représenter en original les acquits des sommes par lui payées.*

Les *saisies*, oppositions ou empêchemens à la délivrance des sommes employées dans les états du roi, qu'on expédie pour la distribution des deniers des fermes, remboursement des avances des fermiers, & tous autres remboursemens, charges & dépenses concernant la régie des fermes, doivent de même être visés & paraphés par le receveur-général des fermes, à peine de nullité des exploits non visés pour les saisissans qui demeurent à Paris; à l'égard de ceux qui sont en province, ils doivent remettre leurs pièces entre les mains du directeur de la ferme dans le département duquel les affaires ont lieu.

Le receveur-général des fermes à Paris, & le directeur dans la province, sont tenus de donner leur récépissé des pièces qu'on leur communique, & de les rendre & restituer avec *visa* & paraphe, savoir : le receveur-général à l'expiration de la huitaine, fêtes & dimanches non compris, & le directeur après le délai d'un mois, à compter du jour de la remise, à peine d'y être contraints par toutes voies, & même par corps.

SAISIE-BANNALITÉ. *Voyez* BANNALITÉ.

SAISIE-BRANDON. La *saisie-brandon* est l'acte par lequel un créancier fait mettre sous la main de la justice les fruits pendans par les racines appartenant à son débiteur. Cette *saisie* est appellée *brandon*, parce que, pour faire connoître au public que ces fruits sont sous la main de la justice, on met sur l'héritage où ils sont, des signes appellés *brandons*; ces signes diffèrent selon les lieux. A Paris, ce sont des pieux fichés en terre qu'on entoure d'un bouchon de paille.

Les foins, les grains & toutes les espèces de fruits sur pied sont susceptibles de cette *saisie*.

Quant au temps où la *saisie-brandon* peut avoir lieu, il n'est déterminé par aucune loi générale : il faut se conformer, à cet égard, aux dispositions des différentes coutumes, ou à l'usage, dans le cas où la coutume est restée muette. A Paris, on ne peut pas faire saisir les foins avant le 15 mai, les grains avant la saint Jean, & les vignes avant la Madeleine.

Quand la *saisie-brandon* est faite, on la dénonce au débiteur, avec assignation pour voir déclarer cette *saisie* valable, & ordonner que les choses *saisies* seront vendues sur pied.

Il y a des provinces où il n'est pas d'usage d'assigner le débiteur pour consentir à la main-levée ou à la vente des fruits saisis : on lui signifie seulement la *saisie*, attendu que, dans ces provinces, c'est à la diligence du commissaire établi que doivent se faire toutes les poursuites.

Aucune loi générale n'a prescrit comment on devoit poursuivre la vente des fruits saisis sur pied : au châtelet de Paris, on poursuit ces ventes de deux manières; la première, sur une enchère mise au greffe, contenant les causes de la vente; elle se publie quatre fois, de huitaine en huitaine, si le temps est suffisant; sinon on ne fait que le nombre de publications que le temps permet, & on adjuge lorsqu'il peut y avoir du préjudice à attendre. Cette enchère est précédée d'une affiche que l'on appose à la porte du saisi, à celle de l'église de la paroisse où sont les fruits, & à celle de la jurisdiction où ils doivent se vendre; elle annonce le jour où l'enchère sera mise au greffe & publiée.

Les causes de cette enchère sont, 1°. de payer tous les frais de *saisie*, garde & vente de fruits, dans la huitaine de l'adjudication; 2°. de consigner aussi le prix dans huitaine, sans pouvoir commencer la récolte auparavant. *On peut cependant donner un délai pour payer après la récolte, afin de faciliter la vente; mais à la charge de donner caution du prix dans huitaine, sans pouvoir récolter auparavant*; 3°. que faute par l'adjudicataire de satisfaire aux clauses ci-dessus, après une simple sommation de le faire, il pourra être levé par le poursuivant, aux frais de l'adjudicataire, une grosse en forme exécutoire, de la sentence de l'adjudication, quand même elle auroit été levée par ce dernier; le tout sans qu'il soit besoin de le faire ordonner, & sans que cela puisse empêcher la vente à la folle-enchère.

La seconde manière de poursuivre la vente, consiste à faire publier la *saisie* avec l'enchère, le dimanche à l'issue de la messe paroissiale du lieu où sont les fruits. Cette forme est préférable à la précédente, en ce qu'elle est moins dispendieuse, & que d'ailleurs il n'y a guère que les gens du lieu où sont les fruits qui puissent les porter à leur véritable valeur, attendu qu'ils ont plus de facilité que les autres pour en faire la récolte.

Cette publication se fait de dimanche en dimanche, jusqu'à quatre fois, à moins que la saison de faire la récolte ne soit prochaine, auquel cas on peut ne faire que deux ou même une seule publication.

Lorsque les fruits saisis ne sont pas portés à leur valeur, ou qu'il ne se trouve point d'enchérisseurs, le créancier peut demander la permission d'assigner le débiteur au premier jour, pour voir dire qu'il sera autorisé à faire faire la récolte, engranger les grains, les vendre en gerbes ou faire battre, *&c.* & qu'en cas de défaut de la part du débiteur, la sentence sera exécutée sans attendre la huitaine de l'opposition, attendu que le cas requiert célérité.

SAISIE CENSUELLE, les coutumes appellent cette *saisie*, *arrêt* ou *brandon* : la première de ces deux expressions est assez connue; la seconde l'est beaucoup moins : il faut donc en dire quelque chose.

Les Grecs étoient déjà fort avancés dans les sciences, dans les arts, & même dans le grand art de la législation, qu'ils ne connoissoient pas encore l'hypothèque telle qu'elle est reçue parmi nous. Ils avoient bien admis cette espèce de communication de la propriété entre le débiteur & le créancier, mais ils ne la faisoient pas dériver de la simple convention. Celui qui vouloit l'acquérir étoit obligé de planter sur l'héritage de son débiteur une pièce surmontée d'un bouquet d'herbe ou de quelque autre signe apparent, & l'hypothèque étoit attachée à cette formalité. Tel est l'empire des sens & la foiblesse de l'esprit humain ; il faut aux hommes des siècles de combinaisons pour séparer les idées des objets matériels. Cet usage passa des Grecs aux Romains. Il paroît que, dans les commencemens, les créanciers de Rome, comme ceux d'Athènes, marquèrent d'un signe apparent les héritages qui leur étoient hypothéqués ; les inconvéniens de cet usage se firent enfin sentir ; il tenoit encore trop du simple gage, mais c'étoit toujours un premier pas : on en fit un second, & l'on admit l'hypothèque d'après la simple convention ; alors on défendit aux particuliers d'apposer, de leur autorité privée, des signes de cette espèce aux héritages de leurs débiteurs. Il y en a un titre au code *ut nemini liceat, sine judicis autoritate, signa rebus imponere.* Cet usage ne fut cependant pas, comme l'on voit, entièrement aboli ; il subsista, mais sous l'autorité publique, & il n'eut plus lieu que lorsque les biens du débiteur étoient ce qu'on appelloit *pignora judicialia*, c'est-à-dire, saisis par justice ; alors il étoit permis *vela suspendere & titulos imponere non quidem privatos ; sed vela regia & titulos imperatoris, neque & idem privatâ autoritate, sed imperio magistratûs.* L. 2, C. *ut nemini privatus.*

Ce sont ces dernières formalités, prescrites par les Grecs, perfectionnées par les Romains, que nous pratiquons aujourd'hui. Ce qu'il y a de remarquable, c'est que nous ne sommes parvenus à les adopter qu'après avoir précisément suivi la route qu'avoient tenue ces peuples avant d'y parvenir. L'enfance des sociétés est comme celle des individus ; il y a bien de la différence entre un homme & un homme ; il y en a très-peu entre deux enfans. Les anciens peuples de la Germanie avoient imaginé, comme les Grecs, de marquer d'un signe apparent les héritages sur lesquels ils prétendoient des droits ; ce signe s'appelloit *wifa* ou *gaiffa.* On trouve cette expression souvent employée dans les codes des nations barbares. *Si quis suâ autoritate terram alienam sine publico jussu guiffaverit dicendo quòd sua debeat esse, & posteà non potuerit probare quòd sua sit, &c. Lex Longob. lib. 1 ; tit. 17, §. 8.*

Il paroît que, dans la suite, ce signe (*wifa*) se nomma *brandon* ; cette dernière expression vient de *brand*, vieux mot saxon qui veut dire torche, fallot. C'est de-là que dérive cette manière de parler de la coutume de Bretagne, *esbrandi.* Brandon, suivant du Cange, signifie, dans les auteurs de la basse latinité, *velum seu brandeum quod prædiis obsignatis apponitur* : c'est en effet dans ce sens qu'on le trouve employé dans les anciens titres. Un arrêt de l'an 1275, rapporté dans les registres *olim*, porte : *decanus Nivernensis condamnatus fuit ad emendandum dicto comiti quòd debrandonaverit domum suam in justitiâ comitis sitam, quam comes brandonaverat.* On lit, dans un autre de 1291, *non licebit ei clericorum vel eorum terras brandonare.*

Ainsi l'usage a été en France, comme en Italie, & en Grèce, d'apposer des marques ou signes particuliers, aux héritages sur lesquels on avoit des prétentions. Cet usage a fait place chez les Romains à une police plus éclairée. Sous les empereurs, on ne pouvoit mettre à l'héritage de son débiteur que *vela regia & titulos imperatoris.* Parmi nous, il reste encore des traces de l'ancienne pratique des Grecs & des Lombards : le seigneur saisissant le fonds censuel, peut y apposer des marques particulières, & les brandonner, s'il le juge à propos.

C'est ce qui a fait donner à cette *saisie*, la dénomination de *saisie-brandon.*

Tous ceux qui font saisir les héritages de leurs débiteurs, sont obligés d'y mettre ce qu'on appelle *panonceaux royaux.* Pourquoi, seul en France, le seigneur censuel a-t-il la prérogative de brandonner les héritages comme il lui plaît ? La raison en est facile à saisir ; la coutume donne au seigneur direct une puissance exécutrice, une sorte de jurisdiction sur l'héritage censuel ; & de cette jurisdiction dérive le droit d'imprimer un caractère public aux brandons qu'il juge à propos d'apposer sur le fonds chargé de cens. D'ailleurs, la *saisie* opère une espèce de réunion intermédiaire du domaine utile au domaine direct, & le brandon apposé par le seigneur est, en quelque manière, une prise de possession de l'héritage.

On sait qu'autrefois telle étoit la forme des prises de possession.

« Quoi qu'il en soit, dit Brodeau, le brandon » est le signe & la marque élevée sur un bâton » piqué & fiché en terre, comme d'un bouchon » de paille, d'une torche d'herbes ou de rameaux » d'arbre, ou d'un morceau de linge ou de drap, » selon l'usage de la province, qui dénote que » les fruits pendans par les racines sur l'héritage » chargé & redevable du cens, sont saisis, em» pêchés & arrêtés à la requête du seigneur censier » pour les arrérages dudit cens, afin que personne » n'achète le fonds ni les fruits à son préjudice, » & que le propriétaire ne puisse ignorer la *saisie* » & arrêt du seigneur ». Sur la coutume de Paris, *art. 74, n. 35.*

Il y a, comme l'on voit, trois espèces de *saisies* usitées dans la matière féodale. La *saisie* faute de foi, la *saisie* faute de dénombrement, & la *saisie* faute de paiement de cens. Les deux dernières ont beaucoup d'identité ; la première a bien plus d'étendue, elle rend le seigneur propriétaire des fruits pendant sa durée, c'est une espèce de réunion. La *saisie censuelle*, au contraire, ne fait que suspendre la jouissance du vassal. La raison de cette différence est sensible. Il est juste que la peine soit proportionnée à la faute ; & l'offense est bien plus grave de manquer de porter la foi, que de négliger de payer le cens.

§. I. *Des cas où la saisie censuelle peut être employée.* Cette *saisie* n'a lieu que dans un seul cas, lorsque le seigneur n'est point payé du cens. C'est ce qui résulte de la disposition de la plupart des coutumes : presque toutes disent, comme celle de Paris, que *le seigneur peut procéder par voie d'arrêt ou brandon..... pour les arrérages de cens qui lui sont dus*. Ces derniers mots restreignent formellement la *saisie* au seul cas où il est dû des arrérages de cens. Ainsi le seigneur ne peut pas user de cette voie pour se faire exhiber le contrat de vente d'un héritage censuel. Elle lui est également interdite à l'égard des rentes foncières, quand bien même il en auroit fait une clause expresse du bail à rente, à moins cependant que cette rente ne soit identique avec le cens, & ne forme qu'une seule & même prestation avec lui. Cette décision est appuyée sur ce principe, qui est une des bases de cette matière ; *potestas incipiendi ab executione publici juris est, nec est in commercio privatorum, nec singulis, hoc est privatis concedendum.* Dumoulin, qui traite cette question avec sa profondeur ordinaire, paroît pencher beaucoup en faveur du propriétaire de la rente foncière ; cependant il décide qu'il ne doit pas partager la faculté de saisir avec le seigneur censier. *Periculosum puto novitatem hanc inducere.*

On peut opposer à cette décision le texte de la coutume de Paris & de beaucoup d'autres qui portent : *le seigneur peut saisir les fruits pendans en l'héritage à lui redevable d'aucun cens ou fonds de terre.* Dumoulin répond encore à cette difficulté : *fundus terræ hic pro censu accipitur & alternativè stat pro expositivâ* (m. §. 52, gl. 1) : même décision à l'égard des lods & ventes. Si cependant le seigneur a fait saisir, tant pour ce dernier objet que pour les arrérages du cens, la *saisie* ne sera pas nulle, mais le paiement du cens en opérera la main-levée : & même le vassal pourroit impunément l'enfreindre, si elle n'avoit pour objet que les lods & ventes, pourvu toutefois qu'elle eût été faite de l'autorité privée du seigneur, & non par ordonnance de justice. Dans ce dernier cas, le censitaire seroit obligé de se pourvoir par les voies de droit.

Il y a néanmoins plusieurs coutumes, telles que Blois, Chaumont, Auvergne, Nivernois, qui donnent au seigneur la faculté de saisir, même pour les lods & ventes, & tous les autres droits seigneuriaux. Mais ces coutumes doivent être renfermées dans leur ressort, comme contraires au droit commun du royaume.

La disposition de ces coutumes nous conduit à une question assez intéressante. Le seigneur a reçu le cens, peut-il encore saisir pour les lods & ventes ?

Il est constant qu'après l'investiture, le seigneur du fief ne peut plus saisir féodalement ; d'où il paroît résulter par analogie, que la même faculté doit être interdite au seigneur censier, après la réception du cens. Mais il faut tenir le contraire, parce que la réception du cens n'est rien moins qu'une investiture ; tout est réel dans cette prestation, & le seigneur la reçoit sans être censé connoître la main qui la lui donne.

Simplex receptio census cum debeatur à quocumque possessore, justo vel injusto, habili vel inhabili, non inducit investituram nec approbationem personæ & novæ acquisitionis (m. §. 52, gl. 1, n. 150). Dumoulin ajoute : *amplio etiam si census sit ab illis receptus post exhibitas litteras acquisitionis.*

§. II. *Des personnes qui peuvent saisir.* La douairière, le gardien, en un mot, tous les usufruitiers peuvent saisir censuellement, comme ils peuvent saisir féodalement. Mais, pour que la saisie féodale faite par l'usufruitier soit valable, il faut, aux termes de l'article 2 de la coutume de Paris, *qu'en l'exploit qui sera fait, le nom du propriétaire du fief soit mis & apposé, sommation préalablement faite audit propriétaire.... de faire saisir.* L'usufruitier qui fait saisir censuellement est-il assujetti à la même formalité ? Guyot répond à cette question. « Les auteurs, dit-il, tiennent que l'usufruitier » peut saisir censuellement comme le propriétaire.... » Je tiens ce parti, continue Guyot, parce que, » dans notre cas, il n'est nullement question d'acte » seigneurial *in se*, mais de simples paiemens des » arrérages de la censive reconnue au profit du » seigneur, & qu'en ce cas, ce n'est pas là exercer » le droit du seigneur, mais un acte de simple » créancier d'arrérages, comme effectivement il » l'est au moyen de l'usufruit ».

§. III. *De la forme de la saisie censuelle. Leges & constitutiones de formis executionum jurisdictionalium non habent locum in his patrimonialibus actibus in quibus sufficiunt ea quæ in denunciationibus aut protestationibus extrajudicialibus* (m. §. 52, gl. 1, n. 73). Ce principe domine toute cette matière ; il dérive de cette puissance exécutrice, de cette autorité publique que la loi donne aux seigneurs sur leurs vassaux & censitaires. Il en résulte que les commandemens, & les formalités qui doivent précéder les saisies ordinaires, sont inutiles dans celles-ci ; ensorte que le seigneur peut saisir l'héritage censuel sans interpellation préalable.

La saisie est bonne & valable toutes les fois qu'il est dû au seigneur des arrérages de *cens* ; il n'est pas même nécessaire qu'elle en exprime la quotité. On exige cependant, & avec raison, qu'il désigne très-clairement l'héritage sur lequel tombe la saisie, parce qu'il est très-intéressant que le vassal ne puisse s'y méprendre. Mais, si on dispense le seigneur d'un commandement préalable, on exige de lui très-rigoureusement une notification postérieure. Il faut bien que le censitaire connoisse l'état de son héritage, il faut qu'il ait connoissance de la saisie, pour pouvoir la respecter. S'il ne la connoît pas par la négligence du seigneur, il peut l'enfreindre impunément.

Cette notification doit être faite à personne ou à domicile ; & si le censitaire est absent, ou si l'héritage est abandonné, il faut notifier la saisie aux voisins, ou la faire proclamer aux lieux accoutumés à faire cri public. Mais, si le propriétaire étoit mineur, & destitué de tuteur, dans ce cas, c'est à ses parens que la notification doit être faite.

Le seigneur peut-il saisir de son autorité privée? Dans la rigueur des principes il le peut; mais l'usage contraire a prévalu. Il doit aujourd'hui s'adresser à son juge; & s'il n'en a pas, à celui dans le district duquel il se trouve, en prendre commission à l'effet de saisir, & faire mettre la saisie à exécution par le ministère d'un huissier.

Si le censitaire se pourvoit contre la saisie, soit à raison du défaut de commission, soit pour quelque autre vice, le seigneur peut-il, pendant le cours de l'instance, ou même sur l'appel, saisir de nouveau? Oui, il le peut, malgré la règle qui dit que l'on ne peut rien innover sur l'appel.

Par cette nouvelle saisie, il ne fait aucun préjudice au vassal. *Juris communis executio nullam habet injuriam* : & quant à l'innovation, *non dicitur innovare qui jure communi utitur*.

On vient de dire que, suivant l'usage actuel, le seigneur doit prendre commission du juge à l'effet de saisir; cette commission doit-elle être particulière pour tel héritage & tel censitaire?

Autrefois les commissions particulières étoient inconnues; il suffisoit au seigneur d'avoir une commission générale pour tous les héritages mouvans de sa seigneurie; cet usage changea vers l'an 1525. M. Liset, alors avocat-général, fit proscrire les commissions générales, & une jurisprudence nouvelle s'établit à cet égard. Nous retrouvons cette jurisprudence dans les auteurs qui ont écrit depuis. Ils nous ont transmis, comme une règle de droit, que le seigneur ne peut saisir qu'en vertu d'une commission particulière. Il faut convenir qu'il est bien difficile d'appercevoir le motif de ce changement: est-ce l'intérêt du censitaire? mais il lui importe au contraire de ménager les frais de la saisie, puisqu'il doit les supporter. A-t-on craint qu'une commission générale ne donnât lieu à quelque méprise? mais la généralité de la commission est assez individualisée par l'exploit de saisie, qui, comme on l'a dit, doit contenir un tableau fidèle de la situation & des aboutissans de l'héritage saisi. DUMOULIN, parlant de ces commissions générales sur la coutume de Tours, dit que c'est un usage provenant *de la cupidité d'augmenter les greffes*.

Ce motif seroit effectivement vraisemblable, si ce changement de jurisprudence avoit été l'ouvrage des traitans; mais il est celui des magistrats.

Ces commissions sont-elles annales? Si le seigneur, après en avoir obtenu une générale ou particulière, touché par les remontrances d'un censitaire, néglige d'en faire usage, obligé enfin d'en venir à une saisie, peut-il, après l'année révolue, se servir de cette même commission, ou bien est-il obligé d'en prendre une autre? Dumoulin tient la négative, même dans les coutumes qui défendent au seigneur de saisir sans l'autorité du juge.

In istis actibus & executionibus domanialibus magis simplicitas, veritas & bona fides, quàm scrupulosa formularum subtilitas attenditur.... Si, anno lapso, novâ commissione opus esset, major & novus esset sumptus qui in damnum vassali & censitoris recideret. (m. §. 52, gl. 1, n. 92.). Sur les formalités de la saisie, voyez le traité des fiefs de Dumoulin, art. 1.

§. III. *Des objets qui tombent dans la saisie censuelle.* Cette saisie ne peut frapper que sur l'héritage chargé de *cens*; elle ne peut s'étendre aux autres biens du vassal, encore moins à sa personne; *res rei, non persona personæ subjicitur.*

Il résulte des termes de la coutume de Paris & de beaucoup d'autres, que le seigneur ne peut saisir que les fruits de l'héritage censuel. Cependant s'il avoit saisi le fonds & les fruits, cette circonstance ne vicieroit pas la saisie. Les coutumes ne parlent que des fruits, parce qu'en effet la saisie n'a que les fruits pour objet; mais le fonds en est la véritable cause, & même les fruits ne sont saisissables que parce qu'ils sont attachés au sol. Cette décision est de Dumoulin; mais Guyot tient l'opinion contraire, d'après un arrêt du 11 août 1739. Voici les termes de cet auteur & l'espèce de l'arrêt:

« Dans le général des coutumes, dit Guyot, » le seigneur censier, pour être payé des arrérages » de son *cens*, ne peut user de main-mise, mais » seulement brandonner & saisir les fruits jusqu'à » ce qu'il soit payé, & il ne fait pas les fruits » siens.

» Cette question vient d'être jugée récemment » par la grand'chambre dans la coutume de Senlis, » en interprétation des art. 100, 101, 102, 123, » 248 & 249, qui présentent de l'obscurité ».

» L'article 100 dit que, pour contraindre à exhiber, le seigneur haut-justicier peut saisir les héritages. Les art. 101 & 102 parlent aussi des héritages; l'art. 123, parlant du bas-justicier, dit: *Item, faire arrêter & mettre brandon par faute de cens non payés, commettre commissaires à icelles terres arrêtées.* Les art. 248 & 249, pour paiement des lods & ventes permettent de procéder par arrêt de leur justice (sans distinction de haut ou bas-justicier), sur les héritages; ensorte qu'on pourroit dire que le seigneur féodal, en même temps haut-justicier, pourroit faire saisir les héritages, faute de *cens*.

» Le 23 décembre 1738, commandement fait à la requête de M. Coste de Champeron, président à la cour des aides, à Antoine le Vasseur & consorts, habitans de Pontoise, de passer déclaration, payer vingt-neuf années de censives & les lods & ventes qui pourroient être dus, & à cette fin exhiber leurs titres.

» Sur le refus, *saisie censuelle*, sans qu'il soit parlé des fruits; c'étoient des maisons sises à Pontoise; établissement de commissaires; il falloit une simple *saisie* arrêt entre les mains des locataires;

ou, si la maison n'étoit pas louée, faire une *saisie-gagerie*.

» Assignation au bailliage de Pontoise, pour voir déclarer la *saisie censuelle* bonne & valable.

» A l'audience, M. le président de Champeron fait déclarer qu'il entend soutenir la *saisie censuelle*, comme *saisie* des fonds.

» Le 13 février 1739, sentence contradictoire, laquelle, après la déclaration faite par le procureur de M. de Champeron, qu'il entendoit soutenir la *saisie censuelle*, comme *saisie* faite sur les fonds, on déclare *ladite saisie nulle, & on en fait main-levée avec dépens, sauf à M. de Champeron à se pourvoir par saisie de fruits, ou par action, suivant l'ordonnance* ».

Appel par M. le président de Champeron: M. Gillet étoit son avocat, & M. Regnard, avocat de le Vasseur & consorts.

Arrêt le 11 août 1739, qui met l'appellation au néant, avec amende & dépens.

« Cet arrêt, continue Guyot, juge bien discrétement la question; la cause fut plaidée bien » nettement, & la question bien solidement agitée » par les défenseurs des parties. Cet arrêt juge » que le seigneur n'a pas droit d'user de main-mise » en censive, qu'il ne peut que saisir & arrêter » les loyers, ou les fruits pendans par les racines. » Cet arrêt rejette le sentiment de Dumoulin sur » l'article *hodie* 74 de Paris, gl. 1, n. 41, & de » Brodeau, n. 26 ».

Les carrières, les mines, les garennes, les colombiers suivent la même loi que les étangs, & sont, comme eux, sujets à la *saisie*, lorsqu'ils sont situés sur un fonds censuel. Ainsi un seigneur peut empêcher l'extraction des mines & des pierres, jusqu'à ce qu'il soit servi des arrérages du cens.

Le seigneur, disent les coutumes, peut saisir *les fruits pendans en l'héritage à lui redevable d'aucuns cens.*

Ces expressions donnent lieu à la question de savoir si le seigneur peut saisir les fruits coupés, mais qui sont encore sur l'héritage censuel. Oui, il le peut, & le censitaire ne peut les enlever, pourvu que la *saisie* lui ait été duement notifiée. Cette décision paroît au premier coup-d'œil, contraire à la loi; mais en l'examinant de près, on voit qu'elle est parfaitement dans l'esprit des coutumes. En effet, pourquoi ces mots, *les fruits pendans sur l'héritage?* Parce que la *saisie* des fruits est la voie la plus facile & la plus prompte.

Si les coutumes en avoient connu une autre qui pût faciliter davantage le paiement du cens, elles l'auroient certainement employée. Ces expressions sont donc *ad designationem* plutôt que *ad limitationem*. D'ailleurs, de quoi s'agit-il ici? D'un acte jurisdictionnel qui dérive de la qualité de propriétaire primitif; acte bien différent des exécutions ordinaires, qui mérite toute la faveur & qui doit avoir toute l'extension qu'on peut raisonnablement lui accorder. Enfin, pourquoi, sur quel fondement le censitaire s'éleveroit-il contre cette *saisie?* Il y gagne: si le seigneur eût devancé la coupe, comme il le pouvoit, il l'auroit fait faire par des ouvriers & sous l'inspection de commissaires dont le salaire auroit été à la charge du vassal, & qui certainement auroient exploité avec plus de frais & bien moins de soin & d'économie.

On ne se dissimule pas que cette décision est susceptible de difficultés, & en voici une, entre autres, faite pour en imposer. Le seigneur saisissant le fief mouvant de lui, faute de foi & hommage, ne prend que les fruits pendans par les racines; ceux qui sont coupés appartiennent incontestablement au vassal, & certainement les droits du seigneur féodal sur son fief sont plus anciens, plus étendus que ceux du seigneur censuel sur l'héritage chargé de cens.

Il y a une réponse bien simple à cette difficulté: le seigneur saisissant faute de foi, fait les fruits siens; tout ce qui tombe dans la saisie lui appartient irrévocablement: au contraire, le censitaire ne perd rien, la *saisie* ne fait que suspendre sa jouissance, & tout lui est remis lorsqu'il acquitte les arrérages du cens. Ainsi la saisie féodale étant une peine très-grave, il étoit de l'équité de la resserrer dans les bornes les plus étroites. Il est de la justice de donner une certaine extension à la *saisie censuelle*, qui n'est au contraire qu'une espèce d'interpellation, qu'un moyen très-doux d'exiger un paiement très-légitime.

Il faut cependant bien prendre garde de faire de cette prérogative un instrument de vexation; ensorte que si le seigneur attendoit, pour saisir, l'instant où le censitaire va pour lever les fruits & peut-être pour les livrer à des acquéreurs, une pareille *saisie* annonçant un dessein prémédité de nuire, devroit être déclarée nulle & tortionnaire.

Cette question conduit à une autre.

Si les fruits sont non-seulement coupés, mais engrangés, le seigneur peut-il les saisir?

Il le peut, si la grange est sur un fonds qui soit dans sa censive; autrement il ne peut se pourvoir que par action ordinaire: *aut fructus illi sunt super eodem fundo censuali in quo situm est horreum, & tunc valet impedimentum, secùs si horreum non sit super eâdem terrâ censuali.*

Ces décisions relatives aux fruits coupés & engrangés, sont de Dumoulin; *mais on ne les suit plus*, disent les annotateurs de Duplessis. Guyot pense de même que les fruits, une fois séparés du sol, sont à l'abri de la *saisie censuelle*, quand même ils seroient dans une grange de la censive du seigneur, ou sur le sol qui les a produits.

Si l'héritage & les fruits étoient déjà dans les liens d'une *saisie* ordinaire, le seigneur n'auroit pas moins le droit de saisir; *& omnibus potior erit manus dominica.*

Le seigneur peut-il saisir, si l'héritage censuel

appartient à un mineur dépourvu de tuteur? Un mineur, dans le cas où l'on suppose celui-ci, est l'enfant de la république; il est sous la protection de tous les citoyens, & spécialement sous celle de son seigneur. Néanmoins il faut tenir que le seigneur peut saisir. Tout est réel dans cette matière; le seigneur ne voit que l'héritage; peu lui importent l'âge, l'état, la qualité du propriétaire. Une raison plus décisive, c'est que cette *saisie* ne dépouille pas le mineur, qu'elle ne fait que suspendre sa jouissance, & qu'au moyen de la notification que le seigneur est obligé de faire aux parens du mineur, ceux-ci peuvent parer à tous les inconvéniens, en payant le cens, qui est pour l'ordinaire un objet très-modique.

§. IV. *Des effets de la saisie.* On l'a déjà dit plusieurs fois, tout l'effet de cette *saisie* est de suspendre la jouissance du censitaire; elle ne lui enlève ni la propriété ni même la possession des fruits saisis, & il demeure à cet égard dans les mêmes termes qu'auparavant, à la jouissance près.

Le seigneur doit veiller à la conservation des fruits, ou établir des commissaires à cet effet, & définitivement rendre compte au vassal lorsqu'il obtiendra main-levée. Ces comptes, l'établissement des commissaires, leurs obligations à l'égard de la partie saisie, plusieurs autres questions relatives à cet objet, sont décidées dans le traité des fiefs de Dumoulin.

§. V. *De la main-levée de la saisie censuelle.* Le paiement des arrérages du cens, des frais de la *saisie*, & des lods & ventes, dans les lieux où la coutume permet de saisir pour cet objet, opèrent incontestablement la main-levée de la *saisie*. Cette main-levée est définitive; nulle difficulté à cet égard: mais il y a des cas où le vassal peut demander main-levée provisoire; & c'est ce qui exige quelques développemens.

Le censitaire doit obtenir main-levée provisoire de la *saisie*, 1°. lorsqu'il dénie son seigneur; 2°. lorsqu'il soutient avoir payé le cens; 3°. lorsqu'il prétend avoir eu de justes causes d'ignorer qu'il fût débiteur d'un cens; 4°. lorsque deux seigneurs se prétendent propriétaires du cens.

1°. Lorsqu'un vassal dénie son seigneur, cette dénégation opère à l'instant la main-levée provisoire de la *saisie* féodale: même décision, fondée sur le même motif, en faveur du censitaire. La faculté de saisir dérive de la puissance exécutrice attachée à la qualité de seigneur: lorsque cette qualité est en litige, sa vertu doit demeurer en suspens. Cette main-levée est si absolue, que le prétendu seigneur ne peut même exiger ni caution, ni consignation des arrérages du cens.

2°. Lorsque le censitaire prétend s'être libéré envers le seigneur, il est juste de lui accorder main-levée provisoire de la *saisie*. Dumoulin ajoute qu'il doit consigner les dernières années des arrérages qui lui sont demandés. *Talis est antiqua praxis & observantia à quâ non est recedendum* (m. §. 52, gloss. 1, n. 160). La coutume de Sens en a une disposition, §. 225 & 241.

3°. L'acquéreur & l'héritier d'un héritage censuel étant censés ignorer ce qui s'est passé sous leurs auteurs, peuvent demander & doivent obtenir main-levée provisoire de la *saisie*. Il seroit injuste de les punir d'une ignorance involontaire. Même motif de décider dans le cas où un censitaire auroit fait un voyage de long cours, & auroit laissé l'administration de ses biens entre les mains d'un fondé de pouvoir. Il faudroit lui accorder main-levée provisoire pendant le temps nécessaire pour prendre connoissance de la gestion de son procureur. Les uns & les autres doivent, comme dans le cas précédent, consigner une année de cens. Cette consignation, quoi qu'en dise Dumoulin, n'est cependant pas sans difficulté. *Voyez* l'article 75 de la coutume de Paris.

4°. S'il s'élève un combat de fief entre deux seigneurs, chacun d'eux faisant saisir l'héritage censuel, comme étant dans sa mouvance, le censitaire obtiendra main-levée, en consignant en justice ce qu'il doit d'arrérages. Cette main-levée ne sera que provisoire. Si le censitaire desire qu'elle soit définitive, il peut, ainsi que le vassal, se faire investir par main souveraine.

§. VI. *D'une espèce de saisie particulière pour la ville & banlieue de Paris.* Cette *saisie* se nomme *gagerie*; elle n'a lieu que sur les meubles; comme les autres espèces de *saisie*, elle met l'objet saisi sous la main de la justice. Son caractère spécifique est d'avoir lieu sans déplacement: c'est un droit particulier à la ville & banlieue de Paris; il est établi sur l'article 86 de la coutume. Cet article est conçu en ces termes: « il est loisible » au seigneur censier de la ville & banlieue de » Paris, à défaut de paiement des droits de cens » dont sont chargés les héritages tenus en sa cen» sive, de procéder par voie de simple gagerie, » sur les biens étant ès maisons pour trois années » d'arrérages dudit cens & au-dessous, & est » entendu simple gagerie, quand il n'y a trans» port de meubles ».

Cette saisie est bien différente de celle dont nous avons parlé jusqu'ici. La *saisie censuelle* émane de la propriété primitive, de la puissance exécutrice du seigneur. La *saisie*-gagerie n'émane que de la concession de la loi: le seigneur partage avec le censitaire le domaine chargé de cens; il n'a rien au contraire dans la propriété des meubles que la coutume lui permet de saisir. Enfin le seigneur a une hypothèque foncière & primordiale sur l'héritage chargé de cens, & les meubles ne sont pas même susceptibles de l'hypothèque ordinaire.

Ces différences, si essentielles entre ces deux *saisies*, doivent en apporter dans la manière de les mettre à exécution; il y en a effectivement. En général, le seigneur qui saisit l'héritage censuel, n'est point astreint à toutes les formalités des *saisies*; il peut même, dans la rigueur des principes, saisir de son autorité privée : le seigneur, au contraire, qui fait gager les meubles du censitaire, n'agissant qu'en vertu de la loi seule, doit remplir exactement les formes de la loi. Cependant Dumoulin décide qu'il n'est pas absolument nécessaire que la quotité du cens dû soit spécifiée dans l'acte, qu'il suffit d'en instruire le vassal lorsqu'il offre le paiement. *Non tamen est necesse quantitatem census exprimere, nisi censuarius, hoc petat satisfacere offerens, quia hic textus non requirit, & per se satis solet esse nota* (M. §. 63, n. 11).

De la nécessité où est le seigneur de se conformer, dans ces cas, à toutes les formalités des *saisies* ordinaires, il résulte aussi que la partie saisie refusant de payer, il ne peut procéder à la vente des meubles gagés, qu'après avoir obtenu un jugement, & de la même manière que dans les *saisies*-exécutions.

Quoique la coutume donne au seigneur permission indéfinie de saisir les meubles du censitaire, cependant il ne doit pas envelopper dans la *saisie* les chevaux, les effets précieux, en un mot, tout le mobilier. Il faut qu'il se contente d'objets qui fassent à-peu-près l'équivalent de ce qui lui est dû. L'équité dicte cette restriction ; c'est un gage que la loi met entre les mains du créancier. Il doit y avoir une proportion entre la dette & le gage, & le seigneur doit plus que tout autre à son censitaire, de la bienfaisance, de la justice & de l'humanité.

Cette prérogative n'enlève pas au seigneur l'exercice du droit commun : quoiqu'il ait fait gager les meubles de son censitaire pour les trois dernières années, il peut néanmoins user sur les héritages de la *saisie censuelle* ordinaire ; il peut de même, nonobstant la *saisie*-gagerie, se pourvoir par action pour obtenir le paiement de vingt-neuf années d'arrérages.

Bien entendu que cette gagerie ne peut avoir lieu que sur les meubles garnissant les maisons chargées de cens ; la main-levée provisoire en doit être donnée en consignant les trois dernières années. Ce privilège est, comme on l'a déjà dit, spécial & local pour la ville & banlieue de Paris ; il est fondé sur deux motifs assez raisonnables ; 1°. l'amende n'y a pas lieu pour cens non payés ; & cette gagerie est une sorte d'indemnité accordée au seigneur ; 2°. parce que tous les héritages censuels y sont chargés de maisons qui ne produisent point de fruits, sur-tout lorsqu'elles sont habitées par les propriétaires. (*Article de M. Henrion, avocat au parlement.*)

Saisie et exécution est une *saisie* de meubles meublans, & autres effets mobiliers, tendante à enlever les meubles, & à les faire vendre, pour, sur le prix en provenant, être payé au saisissant ce qui lui est dû.

On ne peut saisir & exécuter sans avoir un titre paré & exécutoire contre celui sur lequel on saisit.

Cette *saisie* doit être précédée d'un commandement. Dans quelques jurisdictions, on exige qu'il soit fait vingt-quatre heures avant la *saisie*. Mais en général il suffit qu'il soit fait avant de procéder à la *saisie*, & on le fait en tête du procès-verbal de *saisie* ; ce qui a été introduit afin que le débiteur ne puisse détourner ses meubles. Au reste il n'est pas nécessaire que la *saisie & exécution* suive de près le commandement ; lorsqu'il a été fait, on procède à la *saisie* lorsqu'on le juge à propos.

Outre les formalités des ajournemens qui doivent être observées dans cette *saisie*, il faut que l'exploit de *saisie* contienne élection du domicile du saisissant dans le lieu où l'on saisit ; & si c'est dans un lieu isolé, il faut élire domicile dans la ville, bourg ou village plus prochain.

Les huissiers & sergens doivent marquer si leur exploit a été fait devant ou après-midi.

Il faut aussi qu'ils soient assistés de deux records, qui doivent signer avec eux l'original & la copie de l'exploit.

Avant d'entrer dans une maison pour saisir, l'huissier doit appeller deux voisins pour y être présens, & leur faire signer son exploit ; &, en cas de refus de leur part de venir ou de signer, il doit en faire mention.

S'il n'y a point de proches voisins, il faut, après la *saisie*, faire parapher l'exploit par le juge le plus prochain.

Quand les portes de la maison sont fermées, & qu'on fait refus de les ouvrir, l'huissier doit en dresser procès-verbal, & se retirer devant le juge du lieu pour se faire autoriser à faire faire ouverture des portes en présence de deux personnes que le juge nomme.

A Paris, on nomme un commissaire pour faire ouverture des portes.

La *saisie* doit contenir le détail de tous les effets qu'elle comprend.

S'il y a des coffres & armoires fermés, & que le débiteur refuse de les ouvrir, l'huissier peut se faire autoriser à les faire ouvrir pour saisir ce qui est dedans ; comme l'huissier doit établir un gardien aux choses saisies, si le débiteur n'en offre pas un solvable, l'huissier peut laisser un de ses records en garnison, ou enlever les meubles & les mettre ailleurs à la garde de quelqu'un. *Voyez* Commissaire & Gardien.

L'huissier est tenu de donner sur le champ au *saisi*, copie de son procès-verbal, ainsi que du nom & du domicile de celui en la garde duquel les choses saisies ont été laissées.

Les meubles saisis ne peuvent être vendus que huitaine après la *saisie*.

Quand les *saisies* sont faites pour choses consistantes en espèce comme des grains, il faut surseoir à la vente des meubles saisis jusqu'à ce que l'on ait apprécié les choses dues.

L'huissier doit signifier au saisi le lieu, le jour & l'heure de la vente, à ce qu'il ait à y faire trouver des enchérisseurs si bon lui semble.

La vente doit se faire au plus prochain marché public, aux jours & heures ordinaires des marchés.

Le gardien doit être assigné pour représenter les meubles, afin que l'huissier les puisse faire enlever & porter au marché. Si le gardien ne les représente pas; on lui fait un commandement de les représenter; & dans le cas où il n'y satisfait pas, on lui donne assignation pour s'y voir condamner par corps, ainsi qu'aux dommages & intérêts envers toutes les parties intéressées.

Les choses saisies doivent être adjugées au plus offrant & dernier enchérisseur, & le prix payé comptant, sinon l'huissier en est responsable.

Le procès-verbal de vente doit faire mention du nom de ceux auxquels les meubles ont été adjugés.

Les diamans, bijoux & vaisselle d'argent ne peuvent être vendus qu'après trois expositions à trois jours de marché différens.

Les deniers provenans de la vente doivent être délivrés par l'huissier au saisissant jusqu'à concurrence de son dû, & le surplus au saisi, ou en cas d'opposition, à qui par justice est ordonné. Quand il y a des oppositions à la vente des effets saisis, on ne peut pas les vendre que le juge ne l'ait ordonné; ainsi le saisissant doit faire assigner les opposans pour obtenir main-levée de leurs oppositions.

Lorsque l'opposition a été formée par la partie saisie, le juge doit ordonner qu'il sera passé outre, à moins que cette partie ne fasse voir la nullité de la *saisie*, ou qu'elle n'est débitrice ni du saisissant ni des autres opposans.

Si l'opposition provient de quelqu'un qui se prétend créancier de la partie saisie, & que cette opposition soit fondée, le juge doit ordonner qu'il sera passé outre à la vente, à la charge de l'opposition: mais si l'opposition n'est pas fondée, le juge doit en débouter celui qui l'a formée, & le condamner aux dépens & même à des dommages & intérêts, tant envers la partie saisie qu'envers les créanciers.

Lorsque l'opposition est formée par un créancier qui se prétend privilégié, le juge doit pareillement ordonner qu'il sera passé outre à la vente des effets, à la charge de l'opposition, & qu'il sera sursis à la délivrance des deniers jusqu'à ce qu'il ait été statué sur le prétendu privilège avec les autres créanciers.

Enfin, lorsque parmi les effets saisis il s'en trouve qu'un tiers réclame comme lui appartenans, le juge doit statuer sur cette revendication avant qu'on puisse passer outre à la vente.

Quand une *saisie* est déclarée nulle pour quelque défaut de formalité, toutes les oppositions formées à cette *saisie* deviennent aussi nulles, attendu qu'étant accessoires à la *saisie* principale, elles ne peuvent subsister sans elle. Une *saisie* est nulle dans la forme, lorsqu'elle est faite sans titre exécutoire, ou que les formalités prescrites par l'ordonnance n'y ont point été observées.

Mais si une *saisie* vient à être déclarée nulle sur le fondement que la partie saisie ne doit rien au saisissant, soit parce que l'obligation se trouve acquittée, ou qu'elle est prescrite, une nullité de cette espèce n'empêche pas que les oppositions ne subsistent, quand d'ailleurs la *saisie* a été faite avec toutes les formalités nécessaires. *Voyez* AJOURNEMENT, CRÉANCIER, DÉBITEUR, EXÉCUTION, EXÉCUTOIRE, TITRE PARÉ, *&c.*

SAISIE FÉODALE, on appelle ainsi la *saisie* du fief servant faite de la part du seigneur dominant, pour contraindre le vassal à faire envers lui le service du fief. Nos coutumes se servent aussi des noms de *saisie-réelle* & de *main mise du seigneur*, au lieu de celui de *saisie féodale*. Elles disent également *prendre en sa main*, *unir à sa table* au lieu de *saisir féodalement*. Ces différentes expressions peuvent aider à former une idée juste de cette espèce de *saisie*.

On va traiter cette matière dans l'ordre suivant:

1°. Origine de notre jurisprudence sur la *saisie féodale*.

2°. Des pays où la *saisie féodale* est admise.

3°. Des choses qui sont sujettes à la *saisie féodale* ou qui peuvent y être comprises.

4°. Des causes pour lesquelles la *saisie féodale* peut avoir lieu.

5°. Des personnes qui peuvent saisir féodalement.

6°. Des formalités de la *saisie féodale*.

7°. De l'infraction de la *saisie féodale* & des procédures qui suivent cette *saisie*.

8°. Des effets de la *saisie féodale*.

9°. De la durée de la *saisie féodale* & de sa fin.

10°. De la *saisie* à défaut de dénombrement ou de lige-étage.

§. I. *De l'origine de la saisie féodale.* La *saisie féodale* est une suite de l'ancienne personnalité des fiefs & de l'état précaire qu'ils avoient autrefois. Il n'en pouvoit guère être question, tant qu'ils n'étoient point héréditaires & bien moins encore lorsque c'étoient des bénéfices amovibles à volonté. Dans ce dernier cas, le seigneur qui pouvoit les reprendre, quand il jugeoit à propos, ne se contentoit pas d'une simple *saisie*, & il devoit en être de même lorsque les fiefs étoient concédés à vie.

Il est d'ailleurs évident que le défaut d'homme, qui est la grande cause de la *saisie féodale*, ne pouvoit pas produire l'ouverture; lorsque le vassal étoit décédé, le fief dont il jouissoit ne subsistoit plus. Il s'étoit réuni dès ce moment même au domaine du seigneur, qui pouvoit le garder en ses mains, ou en disposer comme bon lui sembloit.

L'usage de la recommandation, & les autres causes qui concoururent à rendre les bénéfices héréditaires apportèrent quelque changement à cette ancienne rigueur. Mais l'usage de la *saisie féodale* ne s'indroduisit point encore. A chaque mutation, le fief retournoit de lui-même dans la main du seigneur, sans aucun acte extérieur de sa part. Les fruits lui en étoient acquis de plein droit, lors même qu'il n'étoit pas instruit de l'ouverture du fief, & le vassal ne pouvoit pas s'en mettre en possession avant d'en avoir été investi, à peine de commise.

Si le seigneur refusoit l'investiture, ce n'étoit point une question possessoire qu'on discutoit, c'étoit une question de propriété. On n'examinoit point si la main du seigneur tiendroit, s'il feroit les fruits siens, mais bien si le fief servant lui demeureroit comme partie de son domaine, ou s'il appartiendroit à celui qui se présentoit pour vassal.

C'est ce qu'on entrevoit dans ce passage célèbre de l'épître d'Odon à Robert, roi de France: « *De te, domine mi, valdè miror, qui me tam præpropere causa indiscussa tuo beneficio judicabas indignum; nam si respiciatur ad conditionem generis, daret Dei gratia quod hereditabilis sim, si ad qualitatem beneficii quod mihi dedisti, constat quia non est de tuo fisco, sed de his quæ mihi per tuam gratiam hereditario jure contingunt.* (*Epistol. Ivon. Carnot. cap. 96.*)

Il n'y avoit pas lieu seulement à la commise du fief, lorsque le vassal s'en mettoit en possession, sans avoir reçu l'investiture du seigneur, mais encore lorsqu'il tardoit trop à s'en faire investir. On voit dans les assises de Jérusalem, *chap. 11* & dans les établissemens de S. Louis, *liv. 1, chap. 67*, que si le vassal ne se présentoit pas, le seigneur lui faisoit faire un certain nombre de sommations, & faisoit juger la commise en cas de contumace de sa part. « Li sire, disent les établissemens, li peut » bien regarder par jugement qu'il a le fief perdû, » & ainsi remaint le fief au seigneur ».

Une partie de ces usages subsiste encore dans les coutumes de danger, où la commise a lieu quand le vassal se met en possession du fief, sans en avoir reçu ou requis duement l'investiture, & même dans les pays de droit écrit, où la commise est la peine du vassal qui refuse de venir à l'hommage.

Dans le droit commun, l'aliénabilité des fiefs & l'introduction des droits de mutation qui rendirent le systême féodal presque entiérement fiscal, de militaire qu'il étoit auparavant, paroissent avoir amené avec eux l'adoucissement de la *saisie féodale*, à défaut d'homme. Il ne fut plus permis au seigneur de réunir à perpétuité le fief servant, en cas d'ouverture du fief, mais seulement d'en prendre les fruits, jusqu'à ce que le vassal vînt lui présenter l'hommage & les droits qui lui étoient dus.

Cette espèce de contrainte paroît avoir été en usage dès le temps de S. Louis, pour le paiement des droits seigneuriaux, suivant les établissemens. Beaumanoir en parle comme d'un usage ordinaire: « li sire, dit-il, n'est pas tenû à fere resaisine à » chelui qui doit estre ses houmes, quand il liéve » par défaut d'houmes, car tout che que li sire » peut lever dou fief, ains que il en ait houmes est » sien de son droit ». (*Coutume de Beauvoisis, chap. 2, pag. 19 & 20.*)

On trouve aussi dans la question 162 de *Joannes Galli*, un arrêt de l'an 1388, qui a autorisé une *saisie féodale.*

On voit dans Beaumanoir & dans les auteurs postérieurs, que cette espèce de contrainte pouvoit avoir lieu, non-seulement à défaut d'homme, mais aussi dans tous les autres cas où le seigneur avoit à se plaindre du vassal; mais dans les cas ordinaires, il étoit obligé de ressaisir le vassal, lorsque celui-ci le demandoit & que la *saisie féodale* avoit été faite sans jugement; cette règle ne recevoit d'exception que dans le cas où *la chose étoit hors la main à son homme, ou à celui qui doit être ses hommes*, c'est-à-dire, quand le vassal n'étoit point en hommage, ou même lorsqu'après l'hommage, il faisoit de son fief, ou d'une partie de son fief arrière-fief, *contre coutume, sans le congé de son seigneur.* Dans ces deux cas on répondoit au vassal, qui demandoit la main-levée, que la *saisie* n'avoit point été faite dans sa main.

Quoique la *saisie* à défaut de dénombrement ne pût pas alors avoir lieu, puisque les dénombremens n'étoient point encore en usage, on voit dans ces décisions le fondement de la distinction actuelle, qui subsiste entre la *saisie* à défaut d'homme, & la *saisie* à défaut de dénombrement, par rapport à la perte des fruits.

C'est plus tard encore que s'introduisit cette maxime fameuse, *tant que le seigneur dort, le vassal veille;* maxime qui n'étoit qu'une déduction bien modérée & bien restreinte de cette autre règle de notre droit françois, *le mort saisit le vif, son plus proche héritier habile à lui succéder.* Elle se trouve néanmoins à la page 184 du grand coutumier, qui fut composé sous Charles VI. Il y a lieu de croire qu'on ne l'appliqua d'abord qu'aux héritiers du vassal, & qu'elle s'étendit peu-à-peu aux successeurs à titre particulier. Voilà pourquoi plusieurs de nos coutumes accordent à l'héritier pour porter l'hommage, un délai qu'elles refusent à l'acquéreur.

Une autre cause plus immédiate & plus relative à l'ordre féodal peut encore avoir donné l'idée de ces délais, indépendamment des motifs d'équité qui peuvent la suggérer: l'hommage étant dû par l'ancien vassal au nouveau seigneur, comme il étoit dû par le nouveau vassal à l'ancien seigneur, lorsqu'il y avoit mutation dans le fief dominant, il eût été on ne peut plus dur de faire encourir à l'ancien vassal la perte des fruits, pour un changement qui n'étoit pas de son fait, & que souvent même il pouvoit ignorer. La justice d'un certain délai pour exiger l'hommage dans ce cas, conduisit sans doute à en accorder dans les autres, & sur-tout dans celui de la mutation par mort, qui présentoit à-peu-près les mêmes motifs en faveur du nouveau vassal, que les mutations du seigneur en faveur de l'ancien vassal.

Ces adoucissemens firent perdre insensiblement l'usage des sommations qui se pratiquoient autrefois pour mettre le vassal en demeure en cas de mutation de sa part. La *saisie féodale* étoit toujours considérée comme un retour naturel du fief servant au fief dominant, & c'est par cette raison que plusieurs de nos coutumes disent encore aujourd'hui *saisir & réunir*. Le seigneur pouvoit en user sans aucune formalité, en se mettant de son autorité privée en possession du fief du vassal, ou en envoyant ses gens en recueillir les fruits. Car les sergens des seigneurs n'étoient autrefois rien autre chose que leurs domestiques.

L'intérêt commun du seigneur & du vassal, les querelles que cette espèce de voie de fait pouvoit faire naître, enfin la séparation du fief & de la justice qui a privé les seigneurs de la plupart de leurs prérogatives personnelles, ont fait admettre dans le 16e siècle quelques formalités & une espèce de notification qui pût instruire le vassal de la *saisie*.

Lorsque le vassal étoit absent depuis long-temps, lorsqu'il n'avoit point de domicile connu, ou même quand le propriétaire du fief servant étoit inconnu au seigneur, il étoit d'usage, jusques dans le siècle dernier, d'obtenir en chancellerie des lettres *d'autorisation d'ajournement*, en vertu desquelles on faisoit assigner l'absent ou l'inconnu à trois cris publics, à son dernier domicile pour l'absent, ou en parlant à ses parens ou aux agens de ses affaires, & par affiches sur les lieux pour les personnes inconnues. Coquille en fait la remarque sur *l'art. 8 du titre des fiefs* de la coutume de Nivernois.

La formalité de ces lettres d'autorisation n'est plus usitée depuis que l'ordonnance civile de 1667 a autorisé purement & simplement les ajournemens a cris publics pour les inconnus, & ceux au domicile de M. le procureur-général, pour les absens hors du royaume.

§. II. *Des lieux où la saisie féodale est admise.* Dumoulin dit, dans son apostille sur *l'art. 1* de la coutume de Paris, que la *saisie féodale* est un usage des anciens Francs, qui est a-peu-près suivi, non-seulement dans toutes les Gaules, mais aussi par-delà le Rhin en Allemagne, & par-delà les monts en Lombardie, en Sicile, en Angleterre, & quasi partout où l'usage des fiefs est reçu. Il renvoie à ce sujet à son grand commentaire, §. *1*, *glos. 8*, *quest. 5 in fine*, où je n'ai rien vu qui ait rapport à cela.

Quoi qu'il en soit, il paroît que cet énoncé est trop général. La *saisie féodale* n'est point admise dans les livres des fiefs compilés par les jurisconsultes Milanois. *Voyez le liv. 1*, *tit. 22*; *le liv. 2*, *tit. 24*, §. *1*; *& tit. 26*, §. *1*. Encore aujourd'hui, elle ne se pratique pas, même à défaut d'homme en Allemagne & dans la plupart des pays où les livres des fiefs forment le droit commun. Si le vassal néglige ou refuse, sans des motifs d'excuse convenables, de demander l'investiture au seigneur dans les délais qui lui sont accordés, il encourt la perte de son fief, tant pour lui que pour ses enfans, parce que son refus est alors considéré comme une sorte de félonie, mais cette commise doit être prononcée par un jugement rendu en connoissance de cause, qu'on ne rend qu'à la dernière extrémité; elle ne s'étend pas aux agnats collatéraux du vassal, qui ne peuvent pas être privés de leur droit par son fait. (Rosenthal, *cap. 10*, *concl. 41*, *n. 5*; Fleischer, *cap. 15*, §. *29 & seq.*)

On suit à-peu-près les mêmes règles dans les pays de France, qui sont purement régis par le droit écrit & qui ne ressortissent pas au parlement de Paris. La *saisie féodale* n'y est point connue; le seigneur n'a, pour exiger l'hommage & ses droits de mutation, que la ressource de l'action civile contre le vassal; il pourroit faire prononcer contre lui la peine de la commise, s'il persistoit avec une opiniâtreté trop marquée à le refuser. Mais il est presque impossible que cela se rencontre dans un homme qui est dans son sens, & les magistrats ne la prononceroient que lorsqu'on pourroit effectivement regarder le défaut d'hommage comme un désaveu formel du seigneur.

La *saisie féodale* est néanmoins admise dans les pays de droit écrit qui ont des coutumes particulières, tels que la Bourgogne, la Franche-Comté, la Guienne, *&c.* La plupart des coutumes de ces provinces la prononcent expressément. Il suffit de rapporter ici l'art. 1 du tit. des fiefs de la coutume de Bourgogne-comté, qui est coutume de danger: « le seigneur féodal peut asseoir & mettre sa main » à la chose mouvant de son fief, pour défaut » d'hommage non fait, & fera les fruits siens pen» dant ladite main-mise, & jusqu'à ce que ledit » hommage lui soit fait, ou duement présenté; » sans toutefois, à cause dudit hommage non fait, » pouvoir prétendre droit de commise contre le » vassal ».

Dans les pays même de droit écrit du ressort du parlement de Paris, la *saisie féodale* ne paroît point être en usage, quoique quelques auteurs enseignent le contraire; le seigneur pourroit tout au plus, après le refus & la contumace de vassal, demander à la justice la permission de saisir les fruits, suivant Henris & Bretonnier. Encore cette *saisie* n'emporteroit-elle pas la perte des fruits, de l'aveu de ces auteurs, à moins que la contumace ne fût outrée & que la commise ne fût prononcée en justice en connoissance de cause.

Le domaine du roi forme une exception à cette règle. L'art. 18 de l'édit 1566 porte: « que pour les » droits dépendans du domaine sera & pourra être » en tous lieux & parlemens procédé par *saisie* ».

C'est peut-être faute d'avoir fait cette observation, que Bretonnier dit que dans « le Mâconnois » la *saisie féodale* se pratique assez souvent & qu'elle » emporte perte de fruits. Ce pays, ajoute Bre» tonnier, fait partie de la province de Bourgogne, » les fiefs relèvent presque tous *du roi*, la foi & » hommage se fait à la chambre des comptes de » Dijon; *le procureur-général* de cette chambre est » exact, quand le fief est ouvert, de le faire saisir » féodalement, & de faire ordonner la perte des » fruits » (*Observations sur Henrys*, *liv. 3*, *quest. 1.*)

§. III. *Des choses sujettes à la saisie féodale.* Le nom seul de *saisie féodale* annonce qu'elle ne peut avoir lieu que pour les fiefs. Les domaines roturiers & allodiaux n'y sont pas sujets. Il en est de même des meubles du vassal, de ceux même qui seroient sur le fief. Ils ne peuvent être compris dans la *saisie féodale*, qu'autant qu'ils auroient perdu leur qualité de meubles par l'incorporation au domaine.

Tout au contraire, les dépendances d'un immeuble qui sont devenues meubles, ne peuvent pas être comprises dans la *saisie féodale*. Ainsi, les fruits des héritages, lorsqu'ils sont séparés du sol, & les arrérages de rente échus ne tombent point dans la *saisie*.

Le seigneur ne peut pas même saisir féodalement tous les fiefs de son vassal. Non-seulement il n'a aucun empire sur ceux qui ne sont pas dans sa mouvance immédiate, mais ceux même qui sont dans cette mouvance ne sont pas tous sujets à la *saisie féodale* dans le même temps, soit qu'ils relèvent du même fief, ou de deux fiefs différens appartenans au seigneur. Dans l'un & l'autre cas, le vassal peut avoir été reçu en foi pour l'un des deux fiefs, & non pas pour l'autre. En un mot, la *saisie féodale* ne pouvant avoir lieu qu'à défaut d'homme ou à défaut d'aveu, on ne peut y comprendre que les objets à raison desquels le seigneur n'a pas reçu l'hommage ou l'aveu, ou dispensé de ces devoirs.

Les accessions même, ou les unions qui ont été faites au domaine du fief, ne peuvent pas être comprises dans la *saisie féodale*, lorsqu'elles font partie du domaine sans faire partie du fief. Tels sont les domaines mouvans d'un autre seigneur que le vassal a pu unir à sa terre pour l'exploitation seulement.

Les francs-aleux sont dans le même cas, à moins que le vassal ou ses auteurs ne les eussent unis au fief, en les reportant au seigneur dans leurs aveux.

Il faut en dire encore autant des servitudes que le seigneur a acquises comme simple propriétaire, & non pas comme seigneur d'un tel fief. Le seigneur saisissant ne peut les comprendre dans la *saisie*, & en faire usage personnellement que dans ce dernier cas, parce qu'autrement elles ne font pas partie du fief. Par la même raison, la *saisie féodale* ne comprend ordinairement que le fief mouvant immédiatement du seigneur. Elle peut néanmoins s'étendre sur les arrière-fiefs, s'ils étoient ouverts lors de la *saisie féodale*. Car le seigneur saisissant ayant uni le fief immédiatement tenu de lui, à son propre fief, pour tout le temps de la *saisie féodale*, les mouvances de ce fief immédiat, sont, pendant tout ce temps-là, dans sa directe immédiate. Il peut donc y exercer tous les droits que son vassal avoit sur eux.

Mais dans ce cas-là même, comme les fiefs des arrière-vassaux sont toujours distincts de celui du vassal immédiat, ils ne sont pas compris de plein droit dans la *saisie féodale* de ce fief. Ils sont bien rapprochés d'un degré du fief du seigneur saisissant; mais ils n'en sont rapprochés que par la *saisie* du fief du vassal. Cette *saisie* ne les unit donc pas même momentanément au fief du seigneur. Il est alors dans la même position que son vassal qui auroit besoin d'une *saisie féodale* pour déposséder l'arrière-vassal.

Autre chose seroit si les fiefs des arrière-vassaux eussent été saisis par le vassal immédiat, avant la *saisie* du fief de ce dernier. Dans ce cas, la *saisie* faite par le vassal auroit réuni les arrière-fiefs au sien pour tout le temps de sa *saisie*. La *saisie féodale* que le seigneur supérieur feroit du fief du vassal les comprendroit donc de plein droit.

La *saisie* du fief immédiat comprend aussi les arrière-fiefs que le vassal a créés par le jeu de fief, lorsque le seigneur n'a point approuvé l'inféodation, soit expressément, soit en recevant le dénombrement où le vassal les auroit compris parmi les mouvances de son fief. Il en seroit de même des accensemens faits par le vassal. Ces sous-inféodations, ces accensemens sont étrangers au seigneur dominant, qui peut toujours y exercer les droits résultans de la mouvance immédiate, & qui est censé les exercer lorsqu'il fait une *saisie féodale*, ou tout autre exploit féodal sur le fief de son vassal en général.

§. IV. *Des causes pour lesquelles on peut saisir.* Nos coutumes ne connoissent guère que deux cas où l'on peut saisir féodalement : le défaut d'homme & le défaut de dénombrement. Mais la *saisie* dans ce dernier cas ayant des effets tout particuliers & bien moins redoutables pour le vassal, suivant le droit commun, on traitera tout ce qui le concerne dans un dernier §.

La *saisie à défaut d'homme* a lieu toutes les fois que le seigneur n'a point de vassal pour le fief mouvant de lui, soit que le fief ait un possesseur connu, soit qu'il n'en ait point, soit que ce possesseur n'ait jamais fait l'hommage pour son fief, soit qu'il l'eût déjà fait au prédécesseur du seigneur actuel; s'il l'avoit déjà fait au seigneur actuel, il seroit son *homme*; il ne pourroit donc pas y avoir lieu à la *saisie* à défaut d'homme : mais lorsque l'hommage n'a été fait qu'au précédent seigneur, elle ne couvre point le fief du vassal, qui, n'ayant contracté aucun engagement envers le seigneur actuel, qu'il peut même ne pas connoître, n'est pas effectivement son homme. Elle n'empêche donc pas que la *saisie féodale* ne puisse être faite par le nouveau seigneur. C'est à ce cas-là que Loisel applique le proverbe *à tous seigneurs tous honneurs.*

Les obstacles qui ne permettent pas au vassal de faire l'hommage, tels que l'ignorance où il peut être sur le titre qui lui a transmis la propriété du fief, son absence, sa minorité, une maladie, la prison même, n'empêchent pas que la *saisie féodale* ne puisse avoir lieu; quelques-uns de ces obstacles font seulement, dans le droit commun, que le seigneur ne peut user de la *saisie féodale* qu'après un temps plus ou moins considérable, suivant les coutumes, & que le vassal a le droit de faire demander dans cet intervalle, le délai convenable

pour

pour la cessation de cet obstacle. Ces différentes espèces de délai sont ce qu'on appelle la *souffrance légale* ou *conventionnelle*. *Voyez* SOUFFRANCE.

Il y a néanmoins des coutumes où le seigneur peut incontinent user de la *saisie féodale* à défaut d'homme, soit que l'ouverture provienne du côté du fief servant ou du fief dominant, soit que dans le premier cas, l'ancien vassal ait cessé de l'être en aliénant le fief servant, soit qu'il soit décédé. Mais, dans cette dernière supposition, la *saisie féodale* n'a d'abord qu'une partie de ses effets. Elle n'acquiert les fruits du fief au seigneur qu'un certain temps après la *saisie*. Telle est la disposition de l'article 105 de la coutume de Reims. « Le seigneur, y est-il dit, incontinent après le trépas » de son vassal, peut saisir. Mais si dans les quarante jours après icelui trépas, l'héritier fait ses » offres & se met en devoir, ledit seigneur ne » fait les fruits siens, échus depuis ledit trépas, » ains en doit avoir ledit héritier main-levée, sans » qu'il soit tenu des frais, ni des dépens de la » *saisie* ».

Lorsque le vassal a été reçu à l'hommage du seigneur actuel, celui-ci ne peut plus saisir le fief à défaut d'homme, lors même que le vassal est absent, quelque longue que puisse être cette absence. Comme la foi & hommage est actuellement le seul, ou presque le seul service personnel dont le vassal soit tenu envers le seigneur, il importe peu qu'il soit ou ne soit pas sur le fief, ou à portée du seigneur.

Cette décision seroit véritable, quand bien même on pourroit présumer que le vassal est décédé. Le seigneur ne peut regarder le fief ouvert que lorsqu'il s'est écoulé un intervalle assez considérable pour qu'il y ait presque une impossibilité physique que le vassal soit encore vivant; par exemple, lorsqu'il auroit atteint l'âge de cent ans, s'il étoit encore vivant, ou qu'il se seroit écoulé l'espace de temps fixé par les coutumes ou la jurisprudence pour en faire présumer la mort.

On tient pourtant que si, durant l'absence du véritable propriétaire, un tiers se mettoit en possession du fief, soit à titre d'héritier ou à tout autre titre, le seigneur pourroit saisir féodalement sur le tiers; il pourroit même gagner les fruits qu'il auroit perçus, & du moins ceux qu'il auroit consommés tant qu'il auroit ignoré le défaut de titre valable de la part du détenteur, sauf le recours du propriétaire, en cas de retour contre le détenteur.

Tel est, à peu de chose près, le résultat des décisions de Dumoulin sur la coutume de Paris, §. 7; de Legrand sur l'article 23 de la coutume de Troyes; de Basnage sur l'article 109 de la coutume de Normandie; & de Carondas dans ses réponses, *liv. 4, chap. 79*.

Ce dernier auteur rapporte néanmoins un arrêt du 4 août 1576, qui a condamné un seigneur à restituer les fruits d'une *saisie féodale* faite sur l'un des héritiers présomptifs de l'absent après le partage de ses biens.

Le plus grand nombre des coutumes, & notamment celle de Paris dans l'article 1, portent que le seigneur féodal peut saisir *par faute d'homme, droits & devoirs non faits & non payés*. Doit-on conclure de-là que le seigneur puisse saisir féodalement pour les droits seigneuriaux qui lui sont dus, lors même qu'il a un *homme*, c'est-à-dire, un vassal qui a fait l'hommage? Il faut décider que non, dans la thèse générale. Ainsi, le seigneur qui ne s'est pas fait payer du relief, du droit de quint, ou des autres droits de mutation qui pouvoient lui être dus lorsqu'il a reçu l'hommage de son vassal, ne peut plus exiger ces droits par la voie de la *saisie féodale*. Il doit se pourvoir par action.

Ces mots *faute d'homme, droits & devoirs non faits & non payés*, indiquent seulement que le seigneur peut saisir tout-à-la-fois pour ces différentes causes, lorsque les dernières concourent avec la première; & que dans ce cas, il n'est pas obligé de donner main-levée de la *saisie*, tant qu'on ne fait pas les devoirs & qu'on ne paie pas les droits en faisant l'hommage.

Le seigneur peut même, s'il le juge à propos, en admettant le vassal à l'hommage sans paiement de droits, soit avant, soit depuis la *saisie féodale*, réserver le droit de saisir de nouveau, ou ne donner qu'une main-levée conditionnelle de la *saisie* qu'il a déjà faite, dans le cas où le vassal n'acquitte pas les droits qui lui sont dus dans le temps fixé par la coutume, ou dans tel autre délai dont il sera convenu avec lui. Une convention de cette espèce ne contient rien de contraire aux bonnes mœurs. Elle doit donc être exécutée; elle est même formellement autorisée par la coutume du Grand-Perche, *art. 61*, où Loisel a pris cette règle, *quand argent faut, finaison nulle*.

Il y a néanmoins un cas où plusieurs jurisconsultes pensent que la *saisie féodale* peut avoir lieu sans nouvelle ouverture du fief, lors même que le vassal a été admis en foi, sans aucune réserve. C'est lorsque l'usufruit de la seigneurie dominante appartient à une autre personne qu'au propriétaire. Comme la coutume accorde à l'usufruitier le droit de saisir féodalement au nom du propriétaire, & qu'elle défend à celui-ci de bailler main-levée de la *saisie* tant que les droits ne sont pas payés à l'usufruitier, il a paru conforme à l'esprit de cette loi de ne pas permettre au propriétaire, même avant la *saisie*, de recevoir le vassal en foi au préjudice des droits de l'usufruitier. C'est le sentiment de Ferrière sur la coutume de Paris.

Quelque force que puisse avoir cette induction, la *saisie féodale* mérite si peu de faveur, qu'on doit douter si dans ce cas elle seroit autorisée. La coutume n'a accordé la *saisie* à l'usufruitier que dans un cas particulier, & parce que le fief étoit ouvert.

Il ne peut pas y avoir lieu lorsque le fief n'est plus ouvert. Or, la foi & hommage, en quelque circonstance qu'elle ait été faite, a été faite valablement au propriétaire qui, seul, pouvoit la recevoir.

Plusieurs auteurs pensent que le seigneur ne peut saisir féodalement que pour les droits seigneuriaux qui sont dus pour la dernière mutation, & qu'il doit poursuivre par simple action ceux qui peuvent lui être dus à raison des mutations précédentes. C'est l'avis de Carondas sur l'article 63 de la coutume de Paris, & de Duplessis, *traité des fiefs*, *liv. 5*, *chap. 1*.

Le plus grand nombre des jurisconsultes tient au contraire avec d'Argentré sur l'article 71 de l'ancienne coutume de Bretagne, *n. 6*, que le seigneur peut saisir pour tous les droits qui lui sont dus indistinctement. Loisel en a fait une règle de notre droit françois. « Un seigneur féodal ou censuel, » dit-il, n'est tenu ensaisiner, ni recevoir en foi » le nouvel acquéreur, s'il n'est satisfait aussi des » anciens droits & arrérages à lui dus ». (*Institutes coutumières*, *liv. 4*, *tit. 2*, §. *11*.)

Dumoulin est d'un avis contraire, comme on le verra à la fin de ce §.

Guyot propose une distinction : ou le fief étoit saisi féodalement avant la dernière mutation, ou il ne l'étoit pas. Dans le premier cas, comme le nouveau vassal ne pouvoit pas ignorer qu'il étoit dû des droits du chef de ses auteurs, il faut qu'il les acquitte avant de pouvoir exiger l'investiture. Dans le second, la bonne-foi du vassal doit le mettre à l'abri de la *saisie* pour les droits des mutations antérieures. Il n'est obligé de les acquitter qu'après que le seigneur lui a fait voir qu'ils sont réellement dus. Le seigneur doit les lui prouver & donner un délai, après lequel il peut saisir.

Cette distinction, qui séduit d'abord, pourroit bien néanmoins manquer de justesse : indépendamment de ce qu'un acquéreur peut bien ignorer la *saisie* du fief qu'il acquiert, on ne voit pas pourquoi un fait auquel le seigneur ne participe en aucune sorte, tel que la mutation du vassal par aliénation ou par mort, pourroit priver le seigneur d'un droit de *saisie féodale* que de précédentes mutations lui avoient donné.

Il y a, ce semble, une distinction plus convenable : si les droits anciennement dus provenoient d'une mutation qui donnoit ouverture à la *saisie féodale*, le seigneur doit pouvoir user de cette voie, pour les anciens droits, comme pour les nouveaux, s'il n'y a pas dérogé en recevant en foi l'ancien vassal, sans réserve de la *saisie féodale* pour les droits non payés; mais si les anciens droits ne donnoient point ouverture par eux-mêmes à la *saisie féodale*; par exemple, s'ils ne procédoient pas d'une mutation qui donnât lieu à la foi & hommage, comme les loyaux-aides ou cas impériaux, ou, en supposant qu'ils y donnassent ouverture, si le seigneur y a renoncé en recevant en foi l'ancien vassal sans aucune réserve, la nouvelle mutation ne doit pas faire revivre le droit de *saisie* pour ces anciens droits, à moins que par l'acte de réception en foi, le seigneur n'eût annoncé, de la manière la plus expresse, qu'il ne se désistoit du droit de *saisie féodale* qu'en faveur de ce vassal-là.

La coutume même paroît nous conduire à cette décision, lorsqu'elle exige pour la *saisie féodale* à défaut de droits & devoirs non faits & non payés, le concours du défaut d'homme. On ne peut saisir ou refuser la main-levée d'une *saisie* déjà faite pour raison de droits non payés, que lorsque ces droits pouvoient être exigés par la *saisie féodale*; & ils ne pouvoient pas l'être, s'il n'y avoit pas d'ouverture de fief à leur occasion, ou si cette ouverture avoit été fermée par une réception en foi pure & simple.

Cette application de la coutume peut servir à la décision d'une question sur laquelle les opinions sont également partagées : lorsque le vassal offre la foi & hommage & les devoirs ordinaires dus pour la mutation, si elle est du nombre de celles qui en produisent, suivant la coutume, le seigneur peut-il refuser la main-levée de la *saisie*, sous prétexte que l'usement de la seigneurie, ou les titres particuliers lui assurent des droits exorbitans?

Duplessis pense que le vassal doit avoir main-levée, parce que ces droits extraordinaires n'ayant d'autre origine que les conventions, le seigneur ne doit avoir, pour les exiger, que l'action ordinaire qui résulte des conventions, & que le vassal est bien excusable d'ignorer des droits que le caprice seul a souvent enfantés.

Quelque faveur que puisse mériter le vassal dans ce cas, la justice paroît néanmoins exiger qu'on le condamne : la coutume ne distingue point lorsqu'elle dit que le seigneur peut saisir *à défaut d'homme*, *droits & devoirs non faits & non payés.* Toutes les fois que les droits sont dus pour la mutation, le seigneur peut refuser l'hommage, tant qu'on ne les lui paie pas, parce que ces droits sont une des conditions de l'investiture dont le vassal a besoin; & comme il peut saisir ou refuser la main-levée de la *saisie féodale* déjà faite, tant qu'il n'y aura pas d'homme, il peut user de ces contraintes rigoureuses pour tous les droits qui doivent lui être payés lors de l'admission à l'hommage.

Les droits seigneuriaux, & sur-tout ceux qui sont dus pour l'investiture, sortent de la classe ordinaire des conventions, parce qu'ils sont le titre même en vertu duquel le vassal jouit de son fief. Il n'en peut jouir que sous les restrictions que l'inféodation originaire lui a imposées, & qu'il est censé ne pas ignorer. Elles suivent si peu les règles des autres conventions, que le seigneur a toujours une hypothèque pour ces sortes de charges, lors même qu'il n'a contre le vassal que des aveux ou d'autres titres faits sous seing-privé, sauf les cas de fraude.

A plus forte raison, cette décision doit-elle être admise lorsque les droits extraordinaires réclamés par le seigneur forment l'usement de la seigneurie, & que pour la conserver, il a formé opposition au procès-verbal des coutumes. Ces droits extraordinaires forment alors une espèce de coutume locale, qui déroge à la coutume générale, & qui n'a pas moins d'authenticité qu'elle, puisque les procès-verbaux des coutumes ne sont pas moins partie de ces sortes de loix que le texte même des coutumes. Aussi trouve-t-on dans presque toutes les coutumes de France, des arrêts qui ont autorisé des *saisies féodales* faites pour ces droits extraordinaires de mutation dans de pareilles circonstances. Les marquis de Néelle en ont obtenu plusieurs dans le siècle dernier qui l'ont ainsi jugé pour les usages locaux de cette grande terre, qui s'étend dans les coutumes de Saint-Quentin, Noyon, Péronne & Chauny.

On a déjà dit que le seigneur ne pouvoit pas saisir féodalement pour les droits qui lui sont dus sans mutation de sa part, tels que sont les loyaux-aides ou cas impériaux. Loisel en a fait une règle dans ses institutes coutumières, *liv. 4*, *tit. 3*, §. *53*. On doit venir par action, dit-il, pour loyaux-aides ou chevels.

Laurière remarque néanmoins sur cette règle, que la somme rurale de Bonteillier dit qu'il n'y a point d'action pour le paiement des loyaux-aides. Il ajoute sur le chapitre 101 du premier livre des établissemens de saint Louis, que l'ancienne coutume d'Anjou glosée dit encore mieux que les seigneurs peuvent prendre les fiefs de leurs vassaux; & que tel est aujourd'hui l'usage. Il observe seulement que la *saisie féodale* n'emporte pas la perte de fruits dans ce cas. Il cite à ce sujet le passage suivant du commentaire de Dumoulin sur l'ancienne coutume de Paris, *gl. 1*, *n. 125 : præhensio feudalis, cum lucro fructuum habet tantùm locum pro oneribus ordinariis & approbatis, non etiam pro juribus extraordinariis insolitis & consuetudine incognitis & generalis dispositio non refertur ad extraordinarias prestationes.* Mais ce passage de Dumoulin n'a pas de rapport à la question. Ce grand jurisconsulte y examine, non pas si l'on peut saisir pour les droits extraordinaires, quand le vassal est en hommage, mais si le seigneur qui a saisi par faute d'homme peut refuser main-levée de la *saisie* à défaut de paiement des droits extraordinaires. Il finit même par décider absolument que non : *& sic concludo quod nedum hoc prætextu non potest patronus fructus suos facere, sed nec simplici retentione uti quia vis præhensoria est ad jura strictè & propriè feudalia, scilicet ordinaria & ab ultima renovatione investituræ debita.*

§. V. *Des personnes qui peuvent saisir féodalement.* La *saisie féodale* se faisant *à défaut d'hommes*, ou de *dénombrement*, il ne doit y avoir que celui qui peut exiger l'hommage ou le dénombrement, qui puisse user de la *saisie*. Il suit de-là que, rigoureusement parlant, le droit de *saisie féodale* ne peut pas appartenir à l'usufruitier, lors même que là mutation de vassal donne ouverture à des droits seigneuriaux en sa faveur.

Telle étoit l'opinion de Dumoulin, qui pensoit néanmoins que l'usufruitier pouvoit exercer la *saisie* comme procureur du propriétaire, en vertu de sa qualité seule d'usufruitier, sans qu'il eût besoin de pouvoir particulier pour cela. Mais il paroît qu'on s'écartoit dès-lors de cette opinion dans la pratique. C'est ce qu'on voit dans le commentaire de d'Argentré sur l'ancienne coutume de Bretagne, *art. 76*, *note 4*, *n. 2*, où il saisit cette occasion de critiquer la doctrine de Dumoulin à cet égard : *Quæ sententia*, dit-il, *cum usû recepto & ratione civili refellatur, non est magnopere laborandum in quo hæreat : dicit enim Molinæus, non etiam demonstrat cur inseparabilis ejusmodi actus dici debeat à personâ domini.*

Quoique les raisons qu'on vient de donner répondent assez à la critique de d'Argentré, des motifs d'équité ont néanmoins fait autoriser, sous quelques restrictions lors de la réformation de la coutume de Paris, l'usage attesté par cet auteur. L'article 2 de cette coutume porte : « l'usufruitier d'un fief » peut, *à sa requête*, périls & fortune, faire saisir le » fief, ou fiefs & arrière-fiefs ouverts, mouvans » & dépendans du fief dont il jouit par usufruit, à » faute d'homme, droits, devoirs non faits & non » payés, pourvu qu'en l'exploit qui sera fait, le » nom du propriétaire du fief soit mis & approu- » vé; *sommation toutefois préalablement faite, audit* » *propriétaire*, à sa personne, ou au lieu du fief » dominant, de faire saisir; & ne peut le proprié- » taire bailler main-levée, sinon en payant les » droits audit usufruitier ».

A plus forte raison, le mari pour les fiefs de sa femme, le titulaire d'un bénéfice pour ceux qui en dépendent, le prince dans son apanage, le grevé pour les biens de sa substitution, peuvent-ils user de la *saisie féodale*. Ils ont même le droit de l'exercer personnellement en cette qualité, sans aucune formalité préalable, parce qu'ils sont réputés propriétaires & qu'ils peuvent exiger & recevoir les hommages. La même chose a lieu, suivant quelques coutumes, en faveur des gardiens nobles.

D'Argentré, sur l'article 230 de la coutume de Bretagne, met les douairières, les procureurs, & les simples possesseurs sur le même pied que le mari. *Idem*, dit-il, *de usufructuario, procuratore, tutore, marito, de doaria & simplici possessore.* Mais la douairière n'est qu'une simple usufruitière. Le procureur n'a aucun droit personnel. Il ne peut donc faire la *saisie féodale*, qu'au nom du propriétaire dont il est l'administrateur, & à son profit seul.

Quant au possesseur, il paroît qu'on ne doit entendre par-là que celui qui jouit paisiblement du fief dominant en son nom. Il n'est pas douteux qu'il ne puisse aussi personnellement exercer la *saisie féodale*. Les vassaux n'ont pas le droit de discuter les titres qui fondent sa jouissance; ils s'exposeroient à la commise, en le désavouant. Ils perdroient également les fruits du fief saisi, quand bien même le possesseur seroit en procès avec un tiers sur la propriété & qu'il succomberoit dans la suite. La contestation au pétitoire n'empêche pas le possesseur de jouir du fief contentieux & par conséquent de saisir les fiefs servans lorsqu'ils sont ouverts.

Il faudroit décider le contraire, si la contestation étoit au possessoire. Alors la possession étant incertaine, le vassal doit se faire recevoir en foi par main souveraine, jusqu'au jugement de l'instance. Si le saisissant n'étoit pas en possession du fief, il seroit prudent, de la part du vassal, de dénoncer la *saisie* au possesseur actuel; parce que ce n'est point à lui à juger de la validité des prétentions du saisissant, & que, suivant la rigueur des principes, il s'exposeroit même à la peine de la commise, s'il le désavouoit mal-à-propos.

Il est bien certain que le fermier ordinaire n'a pas le droit de *saisie féodale*. Les coutumes d'Anjou, *art. 126*; & du Maine, *art. 136*, qui, par une dérogation au droit commun, accordent ce droit à la douairière & à l'usufruitier, ne l'attribuent point au simple détenteur, & par conséquent au fermier, auquel elles accordent néanmoins le retrait féodal, & à plus forte raison, les droits seigneuriaux dus pour les mutations, lors même que le bail ne s'en est point expliqué. Aussi tient-on généralement que le fermier ordinaire ne peut, dans aucune coutume, user de *saisie féodale*, lors même que son bail lui assure de la manière la plus complète, tous les droits de mutation, à moins que le bail ne porte une procuration spéciale, à l'effet de saisir féodalement. Encore dans ce cas-là même, ne pourra-t-il exercer la *saisie féodale* que sous le nom du propriétaire. Il peut néanmoins, lorsqu'il n'a pas ce pouvoir spécial, actionner le propriétaire pour l'obliger à saisir féodalement, ou lui céder ses droits à cet égard. Le propriétaire ne peut pas s'en dispenser. Car il s'est engagé à faire jouir le fermier de tous les droits compris dans le bail, & par conséquent à lui procurer tous les moyens nécessaires pour cela. Or, la *saisie féodale* est le moyen le plus efficace pour obtenir le paiement des droits seigneuriaux. Mais dans ce cas-là même les fruits de la *saisie féodale* appartiendroient toujours au seigneur, & non pas au fermier, s'ils ne lui avoient pas été cédés par une clause spéciale, ou par une cession générale des profits de fief. La cession n'en seroit point comprise dans celle des droits de mutation.

Lorsque le bail est à longues années, des jurisconsultes pensent que le preneur peut saisir féodalement en son nom, parce qu'il jouit de tous les droits du propriétaire, & qu'on peut dire même que le bail lui a transmis une véritable propriété. Dumoulin pense du moins qu'il peut exercer la *saisie*, *procuratorio nomine*, sans avoir besoin d'autre pouvoir que l'acte de son bail. Livonière est du même avis dans son traité des fiefs, *liv. 1, chap. 8, sect. 3*.

Laurière est d'une opinion contraire, dans ses notes sur les articles 2 & 109 de la coutume de Paris. Il convient néanmoins que le preneur d'un bail à vie, ou plutôt l'acquéreur à vie pourroit saisir en son nom. Il cite à cette occasion un arrêt du 4 juillet 1724, qui a jugé qu'un acquéreur d'*usufruit & de jouissance à vie*, pouvoit expulser le locataire.

On reconnoît du moins généralement avec Lemaître que le commissaire aux saisies-réelles peut, si la mutation a produit des profits de fief, user de la *saisie féodale*, comme le propriétaire même, lorsqu'il y a eu un bail judiciaire. C'est-là un des effets de ce bail qui dépossède le propriétaire pour mettre le domaine & tout ce qui en dépend sous la main de la justice.

Suivant l'article 79 de la coutume de Clermont en Beauvaisis, un seigneur ne peut saisir le fief de son vassal avant qu'il soit lui-même entré en foi. Loisel, qui étoit de Beauvais, a fait de cette disposition la cinquantième règle de ses institutes coutumières, au titre *des fiefs*. Mais c'est-là un de ces anciens usages de notre droit françois qui ne s'observent plus depuis qu'on a adopté la maxime, *tant que le seigneur dort, le vassal veille.* On regarde le silence du seigneur supérieur, comme une souffrance tacite, lors même que le délai fixé par la coutume pour rendre hommage, est expiré. C'est ce qui a fait dire à Dumoulin, que *vassallus nondum per dominum admissus & investitus non est integrè vassallus, & hoc saltem domino vigilante, & ut verbis nostræ consuetudinis utar feudum ad suam manum revocante.*

La coutume de Nivernois paroît supposer ce pouvoir de saisir dans le vassal non investi, lorsqu'elle dit que si le vassal avoit saisi l'arrière-fief, lors de la *saisie* du sien, les fruits dudit arrière-fief saisi sont & appartiennent audit seigneur du fief médiat, subrogé au lieu de son vassal.

C'est une question plus controversée que celle de savoir si le procureur-fiscal peut faire la *saisie* en son nom de *procureur-fiscal*. Dumoulin a décidé qu'un simple fondé de pouvoirs, & même de pouvoirs généraux, pouvoit le faire : *non est dubium quod sic; quidquid enim procurator, habens sufficiens mandatum nomine domini faciat, ipse dominus facere censetur, etiam verè & propriè quod est intelligendum quantum ad validitatem actus & effectum. . . . ; sufficit mandatum generale aliter non limitatum; quia agitur de simplici administratione & utilitate domini.*

Lemaître, sur la coutume de Paris, *pag. 58*; Duplessis, *traité des fiefs*, *liv. 5*, *chap. 3*, & la plupart des auteurs, sont d'une opinion contraire. Ils citent divers arrêts qui l'ont ainsi jugé. Un premier du 4 octobre 1540, rapporté par Brodeau sur l'article 1 de la coutume de Paris, *n. 16*; un second, qui est au journal des audiences, du 14 février 1661; un troisième, du 16 janvier 1692; enfin un quatrième, du 6 juin 1712, rapporté par Denisart.

Il y a bien lieu de croire que l'opinion de Dumoulin sur les fondés de procuration, même spéciale, seroit rejettée aujourd'hui, que la *saisie féodale* ne peut plus être faite qu'en vertu d'un mandement du juge. Ce mandement ne peut être demandé qu'au nom de la partie elle-même, & accordé qu'à elle, depuis qu'il est reçu qu'*on ne peut plus plaider par procureur*, c'est-à-dire, que les actes même judiciaires ne peuvent plus être faits par le procureur qu'au nom de son commettant. Mais cette règle reçoit une exception dans tout le royaume, pour le roi, & dans les seigneuries, pour les seigneurs. La communication de la puissance publique, qui leur a été faite par la concession de leur justice, les autorise à plaider par procureur. On ne voit pas sous quel prétexte les *saisies féodales*, lors du moins qu'elles se font en vertu du mandement de leur juge, seroient exceptées de cette règle. Tel est au surplus le sentiment des savans annotateurs de Duplessis, de Livonière & de Guyot, *tom. 4, pag. 340.*

Il y a eu des particularités dans quelques-uns des arrêts qu'on rapporte, & l'on peut présumer qu'il en a été de même des autres, dont on ne connoît pas suffisamment l'espèce. Lors de celui de 1661, le procureur-fiscal avoit assigné *au châtelet* en son nom, & il est évident que le seigneur n'y pouvoit pas plaider sous le nom de son procureur-fiscal, comme les annotateurs de Duplessis l'ont fort bien remarqué. Brillon nous apprend aussi au mot *Saisie féodale*, *n. 53*, que l'arrêt de 1690 a été rendu dans la coutume d'Amiens, & que la *saisie féodale* n'avoit pas été précédée de la sommation exigée par cette coutume, puisque l'arrêt ajoute : « sauf au seigneur à obliger le vassal, aux » termes de la coutume d'Amiens, à lui faire la » foi & hommage ».

Aussi trouve-t-on deux arrêts contraires au journal du palais; le premier, du 11 mars 1681, & le second, du 7 mars 1692. J'ai vu divers exemples de *saisies féodales*, faites à la requête du procureur-fiscal, & qui ont été autorisées par des arrêts, sans qu'on eût même songé à proposer comme une nullité, la qualité du saisissant.

§. VI. *Des formalités de la saisie féodale.* On peut ici distinguer les formalités de la *saisie* même, & la notification qui doit en être faite au vassal.

I. *Quant aux formalités de la saisie*, on a vu au §. I, qu'elle n'en exigeoit aucunes autrefois, lors du moins qu'elle étoit faite *par faute d'homme*, à cause d'une mutation de vassal. Le défaut d'hommage ou d'offres qui en tiennent lieu, empêchant que le vassal ne fût réputé en possession à l'encontre du seigneur, celui-ci pouvoit, quand il le jugeoit à propos, prendre les fruits du fief servant, qui étoit réputé ouvert à son égard. Le vassal n'auroit pas pu lui opposer la maxime, *tant que le seigneur dort, le vassal veille*, lors même qu'elle commença à s'établir. Cette maxime pouvoit bien assurer au vassal les fruits qu'il percevoit, tant que le seigneur restoit tranquille. Mais elle ne pouvoit plus lui fournir d'exception, lorsque le seigneur agissoit. Celui-ci pouvoit, à son tour, lui opposer la maxime inverse, *tant que le vassal dort, le seigneur veille.*

La coutume d'Auvergne, *tit. 22, art. 1 & 2*, suppose encore aujourd'hui cette faculté dans le vassal, lorsqu'elle dit, « que toutes les fois qu'un » fief noble est ouvert par aliénation, trépas ou » autre mutation de seigneur féodal ou vassal, le » seigneur féodal peut, *par puissance de fief, entrer* » *en sondit fief* & le mettre en sa main, soit qu'il » ait justice sur icelui, ou non ».

Ces mots, *par puissance de fief*, annoncent que le seigneur n'a besoin pour cela, que de sa qualité; & ceux-ci, *entrer en sondit fief*, prouvent la même chose en indiquant que le fief servant est, dans ce cas, réputé de plein droit la chose du seigneur. L'article suivant confirme tout cela, en ajoutant : « que ledit seigneur féodal peut, *si bon lui semble*, » par confortemain du seigneur justicier, en la » justice duquel est ledit fief, ou du supérieur, » faire affêner sur icelui fief à la confortation & » conservation de son droit & main-mise ».

Telle étoit l'opinion de Dumoulin sur l'ancienne coutume de Paris, *§. 1, gl. 4, n. 11, 15 & 17.*

Les coutumes de Berry, *tit. 5 art. 25;* de Bourbonnois, *art. 368*, & plusieurs autres, ont des expressions semblables. La coutume de Paris même ne présente pas un autre sens, puisqu'elle dit aussi : « que le seigneur féodal, par faute d'homme, » droits & devoirs non faits & non payés, *peut* » *mettre en sa main le fief mouvant de lui*, & icelui » fief exploiter en pure perte, & faire les fruits » siens pendant la main-mise ».

Cependant le respect pour la propriété, que la jouissance du vassal & de ses auteurs ne laisse appercevoir que dans ses mains, l'a emporté sur la rigueur des principes, qui n'attribuent au seigneur qu'un droit abstrait, dont aucun signe extérieur ne manifeste habituellement l'existence. On a considéré d'ailleurs que l'entrée en jouissance du seigneur pouvoit donner matière à beaucoup de difficultés, de surprises & de fraudes même, tant qu'aucun acte n'en constateroit pas la date bien certaine & la réalité. On pouvoit douter encore dans ce cas de l'étendue de cette jouissance quant à son objet; le droit du seigneur ne se manifestant que par des faits extérieurs, tels que la récolte des fruits, le vassal pouvoit soutenir que la saisie ne s'appliquoit qu'aux objets seuls où son exploitation avoit eu lieu. Enfin, à moins que le seigneur ne fît personnellement les exploits du fief; ce qui n'arrive guère, le vassal, ses domestiques, ses fermiers & les ouvriers qu'il employoit n'avoient aucuns moyens pour distinguer ceux qui venoient faire la récolte de la part du seigneur d'avec les brigands qui auroient pu venir le dépouiller. Il étoit même très-possible que le vassal ou ceux qui veilloient à ses biens ne connussent pas plus le seigneur personnellement que ses émissaires.

Toutes ces difficultés, qui pouvoient occasionner des querelles & des excès dangereux, ont fait sentir ici, comme dans tant d'autres points, l'insuffisance de nos loix, & la nécessité d'un exploit juridique, certifié dans la forme ordinaire. La précaution que les seigneurs prenoient souvent de le faire de cette manière pour plus de sûreté, a formé insensiblement un usage général. Quelques coutumes en ont une disposition expresse : celle de Laon, par exemple, porte dans l'article 182, que le seigneur doit faire la *saisie par son sergent, appellés deux hommes de fief ou gens de justice;* celle de Châlons dit aussi dans l'article 188 : « par son » sergent, assisté de témoins, & en cas d'oppo- » sition, la connoissance doit aller pardevant le » juge auquel elle appartient ». Celle de Nivernois porte seulement, dans l'article 9 du chapitre 4, « que la *saisie* de la chose féodale se peut faire » par le sergent du seigneur de fief, posé que ce » soit en justice d'autrui, & doit ledit sergent » demander assistance au seigneur justicier du lieu » où il fait sadite *saisie* ».

De ces dispositions différentes, on a conclu que la *saisie féodale* devoit se faire par un sergent assisté de deux témoins dans la forme ordinaire. On l'observe ainsi généralement, & le texte même de la coutume de Paris indique, en quelque sorte, la nécessité d'un exploit authentique, en disant que le seigneur *peut mettre en sa main le fief mouvant de lui & exploiter.* Elle regarde donc que le fief du vassal est toujours distinct de celui du seigneur, avant la main-mise, que cette main-mise doit précéder la jouissance, & par conséquent qu'il faut la constater pour pouvoir s'en prévaloir en justice. Enfin, l'article 30 paroît encore supposer la nécessité d'un exploit juridique, puisqu'il veut que le seigneur notifie la main-mise au vassal.

Aux motifs judicieux qui ont fait introduire l'usage des procès-verbaux de *saisie*, on auroit pu en ajouter un tout aussi puissant, l'intérêt des praticiens. Il faut avouer que c'est à-peu-près le seul qu'on puisse alléguer pour l'usage où l'on est de faire précéder d'une commission les *saisies féodales.* Cette formalité semble devoir être d'autant moins nécessaire, que la *saisie féodale*, à la différence de la *saisie* réelle, met le domaine sous la main du saisissant, & non pas sous celle de la justice.

La coutume de Blois exige néanmoins cette formalité lorsqu'elle dit que le seigneur peut faire exploiter son fief « par la commission de son juge, » s'il a justice, sinon par son supérieur ayant justice ».

L'article 38 suppose aussi la nécessité de cette commission. Les coutumes de Loudun, *chap. 1, art. 14*, & de Tours, *art. 18 & 19*, l'exigent également.

J'ignore si la même disposition se trouve dans d'autres coutumes; il est certain du moins que le plus grand nombre ne l'exige pas. Aussi Dumoulin a-t-il dit sur la coutume de Paris, que le seigneur pouvoit saisir, sans avoir recours au juge, parce que ces mots de l'article 1, *le seigneur peut saisir,* s'adressent au seigneur personnellement, & non pas à son juge.

On peut ajouter à cette observation, qu'il est bien reconnu dans le droit commun, que par la *saisie féodale*, le domaine est mis dans la main du seigneur, & non pas dans celles de la justice. Tout au contraire, il semble que dans les trois coutumes qui exigent une commission, la *saisie* met le fief sous la main de la justice. Celle de Blois dit que le seigneur peut *faire-exploiter.* Celles de Tours & de Loudun disent aussi, « qu'il doit icelles choses *faire* exploiter, lever » & gouverner sous sa main, *par commissaires* étant » de sa justice, *& commis par icelle*, & dont ledit » seigneur sera responsable ». Ces mots *faire exploiter par commissaires commis par sa justice*, prouvent que les deux coutumes ne se servent de cette expression *gouverner sous sa main*, que parce que les justices étant patrimoniales en France, les commissaires étant nommés par les juges du seigneur, sont censés l'être par lui-même, du moins à l'effet de le rendre garant de leur gestion. Mais il n'en est pas moins vrai que c'est sous la main de la justice, & non pas sous sa propre main, que sont les biens saisis, puisqu'il ne peut pas les exploiter personnellement.

Cependant les dispositions de ces coutumes ont été érigées en droit commun par l'usage du barreau. Il faut avouer que l'autorité de Dumoulin même peut y avoir concouru, parce qu'après avoir décidé la question dans le point de droit il a ajouté cette observation surabondante, qu'il seroit plus honnête au seigneur, *civilius*, de prendre une commission du juge.

On a même été plus loin. Les coutumes de Tours & de Loudun portent que le seigneur ne peut saisir *par commission générale;* & l'on a encore étendu cette règle aux autres coutumes, quoique Dumoulin se fût récrié contre cet abus: « c'est, » dit-il, ici une erreur provenant de cupidité » d'augmenter les greffes, comme j'ai prouvé sur » la coutume de Paris, §. *51, 52, n. 109 & autres* » *suivans* ». Cependant cette disposition a été conservée lors de la réformation de la coutume de Tours, & l'on a encore, en quelque sorte, érigé cette règle locale en règle du droit commun; ensorte qu'on trouveroit à peine un auteur depuis Dumoulin qui n'en ait enseigné la nécessité.

Il faut même avouer que cette pratique est très-ancienne. Dumoulin convient qu'il y a *quelques arrêts du parlement* qui ont proscrit des commissions générales. M. le premier président Lemaître, dans son traité de la foi & hommage, qui est à la fin de son traité des criées, *chap. 6*, en rapporte un arrêt du 13 mai 1530, entre Me Augustin de Thou, avocat au parlement, & François de Mouceau, chevalier, seigneur de Saint-Cyr, par lequel *commission générale pour saisir tous fiefs ouverts, est réprouvée, & défendu à tous juges d'exercer pareilles commissions.*

M. Lemaître fonde cette décision sur l'ordonnance de 1512, *art.* 40, qui interdit à tous juges de délivrer aucunes lettres *de debitis* ou sauve-gardes générales.

Le roi seul est excepté de cette règle. On peut saisir les fiefs qui sont dans sa mouvance, en vertu de commissions générales, & on le fait tous les jours.

Enfin, ce qui est bien étrange, toutes ces formalités ont été étendues aux coutumes qui autorisent le plus expressément le seigneur à saisir de sa propre autorité. Rigaltius atteste l'usage pour la coutume d'Auvergne dans son traité *de præscript. Arver. pag.* 64. M. Chabrol paroît aussi l'adopter dans son nouveau commentaire sur cette coutume.

M. Ducher en dit autant sur l'article 368 de la coutume de Bourbonnois. Boucheul enseigne la même chose sur l'article 82 de la coutume de Poitou, qui laisse au seigneur l'alternative « *de* » *saisir & mettre en sa main*, ou faire saisir par » son sergent ou officier, les héritages, droits » & choses immeubles étant en son fief ». Il ajoute même que c'est l'un des points de l'arrêt du 9 décembre 1595, rendu pour cette coutume. Mais il paroît par ce que dit Boucheul lui-même sur l'article 91, *n.* 13, & par le compte qu'on trouve de cet arrêt dans le recueil des arrêtés de la cinquième chambre des enquêtes par M. Leprestre, qu'il a seulement jugé que la *saisie féodale* n'emporte point la perte des fruits, si elle n'est suivie d'établissement de commissaire.

On s'écarte aujourd'hui de ce préjugé dans l'usage, & la décision que Boucheul y ajoute seroit également contraire aux principes particuliers de la coutume de Poitou. Le mandement du juge est si peu dans l'esprit de cette coutume pour les exploits, que le seigneur fait faire par son propre juge, qu'elle n'en exige pas même pour la demande en retrait lignager, quelque rigoureuses qu'en soient les formalités, lorsqu'on en fait faire les offres par le sergent ordinaire de la jurisdiction.

On convient du moins généralement aujourd'hui qu'il n'est pas nécessaire que la commission du juge soit scellée. Cette formalité n'est requise que pour les jugemens & les ordonnances du juge royal: Guyot rapporte deux arrêts qui l'ont ainsi jugé le 5 septembre 1740, & le 23 août 1741.

Il est presque inutile de dire que la *saisie* devant contenir une *main-mise*, c'est-à-dire, l'appréhension du fief de la part du seigneur ou son entrée en possession, elle doit être faite sur les lieux; on n'exige pas, à la vérité, qu'elle se fasse dans le principal manoir du fief, c'est un égard que le seigneur a pour son vassal, & qui pouvoit, dans des siècles de violence, prévenir quelquefois des querelles. Il suffit que l'huissier se transporte sur une portion du fief. Une déclaration de *saisie*, faite hors du fief, quand bien même on la signifieroit en parlant à la personne du vassal, ne vaudroit pas plus qu'un procès-verbal de *saisie*-réelle ou d'exécution mobilière fait de cette manière. M. Leprestre rapporte un arrêt conforme du 22 décembre 1608. (*Troisième centurie, ch.* 49.)

Cette règle ne peut s'appliquer qu'aux fiefs corporels qui ont un domaine plus ou moins étendu. Mais il y a des fiefs incorporels, ou *fiefs en l'air*, qui consistent ordinairement dans des cens, des rentes seigneuriales, & même dans des mouvances nobles, & qui se sont probablement formés par l'aliénation de la totalité de l'ancien domaine du fief. Cette aliénation totale n'a été prohibée que par l'article 51 de la nouvelle coutume de Paris.

On a demandé comment la *saisie féodale* de ces sortes de fief devoit être faite. Chopin pense qu'il faut se transporter sur les héritages dont la mouvance & les droits qui y sont dus, constituent le fief en l'air, en prenant pour règle les anciens dénombremens du fief : *ad tollendam rei ambiguitatem consulito æri beneficii catalogum, qui antea patrono editus fuerit. Ut statim ac verbis generalibus tale præhensum sit beneficium, apparitor se conferat insub beneficiarias ædes, ac fundos singulos, horumque possessoribus in re præsenti interdicat ne justa dominica quæ ex iis postmodum percipi debeant, alio exsolvant quàm superiori patrono.* (Chopin, *in consuet. and. part.* 1, *cap.* 2, *tit.* 5, *n.* 7.)

Dumoulin pense au contraire qu'il suffit de déclarer au vassal qu'on entend saisir le fief qui lui appartient & les droits qui y sont attachés. Il ajoute même que le seigneur peut faire cette dénonciation personnellement, soit de vive voix, soit par lettre ou par un messager. La raison qu'il en donne, c'est que ce fief repose uniquement dans les mains du vassal. S'il conseille de notifier la *saisie* aux détenteurs des héritages grevés de droits envers le vassal, c'est une précaution sage pour empêcher que les débiteurs ne paient entre les mains du vassal; mais elle n'influe pas sur la validité de la *saisie*, qui donnera toujours au seigneur le droit d'exiger la restitution des fruits de la part de son vassal.

Quelque ingénieuse que puisse être cette théorie, elle ne me paroît pas conforme aux principes. Le domaine direct qui constitue les fiefs en l'air dont on vient de parler, est, à la vérité, un être purement incorporel, mais il a pour assiette & pour base la glèbe des domaines qui en relèvent. C'est, si l'on peut ainsi parler, une ame qui tient au corps de ces domaines d'une manière inséparable, ou plutôt une partie indivisible de cette glèbe que le vassal s'y est retenue, jusqu'à due concurrence pour le paiement de ses droits.

Tel est le résultat que la métaphysique des loix semble nous offrir. Si de ces considérations abstraites on descend à nos loix & à nos usages, la question paroît décidée sans retour. L'article 349 de la coutume de Paris dit expressément que la *saisie*-réelle des rentes foncières doit être faite en la même forme que celle des héritages sujets auxdites rentes. Les coutumes d'Orléans, de Calais, ont des dispositions semblables, & l'on ne voit pas pourquoi il faudroit mettre une différence à cet égard entre le domaine direct des rentes foncières & celui qui constitue la plupart des fiefs en l'air.

Quoi qu'il en soit, la dernière jurisprudence s'est même écartée de l'arrêt de 1595, qui exige l'établissement des commissaires dans la *saisie féodale* pour le gain des fruits. Duplessis est à-peu-près le seul auteur, depuis près de deux siècles, qui ait tenu à cette formalité. Il se fonde sur l'article 31 de la coutume de Paris, qui, en parlant de la durée de la *saisie féodale*, dit qu'après trois ans les commissaires demeurent déchargés. Mais on peut entendre cette dernière disposition de la *saisie* à défaut d'aveu, qui exige l'établissement d'un commissaire, suivant l'article 9, ou même des commissaires que le seigneur a pu établir dans la *saisie* par faute d'homme. Car le seigneur est bien le maître d'en établir, s'il le juge à propos, quoiqu'on ne puisse pas l'obliger à le faire. Chopin, sur la coutume d'Anjou, *liv.* 2, *part.* 2, *chap.* 1, *tit.* 1, *n.* 4, cite même un arrêt du 9 décembre 1584, qui a jugé qu'après l'établissement des commissaires, le seigneur pouvoit les renvoyer, pour jouir par ses mains. Tous les autres commentateurs de la coutume de Paris sont du même avis. En effet, l'établissement du commissaire dans les *saisies*-réelles n'est nécessaire que parce que la *saisie* n'est pas au profit du saisissant seul. Le créancier saisissant doit en compter à la partie saisie & aux opposans. Mais le seigneur ne doit aucun compte à personne.

Il y a néanmoins quelques coutumes, telles que celles de Tours & de Loudun, qui exigent cet établissement de commissaires.

Au reste, la *saisie féodale* doit être revêtue de toutes les formalités requises pour la validité des exploits. L'édit du contrôle qui a affranchi les exploits ordinaires de la formalité des records, n'en a point dispensé ceux des *saisies féodales*, du moins dans les coutumes qui l'exigent ainsi. La déclaration du 20 mars 1671, s'est expliquée ainsi sur ce point : « sans néanmoins dispenser les exploits » de *saisie féodale* des autres formalités de témoins » & records prescrites par les coutumes & anciennes » ordonnances ».

Bourjon assure même qu'un arrêt rendu en la grand'chambre, le 10 juillet 1741, sur les conclusions de M. l'avocat-général Gilbert, l'a ainsi jugé pour la coutume de Paris, qui ne parle pas de cette formalité. (*Droit commun*, *titre des fiefs*, *chap.* 11, *pag.* 1, *n.* 38).

Il paroît néanmoins que dans cette espèce, l'on n'opposoit à la *saisie féodale*, d'autres vices que le défaut de records, & que M. l'avocat-général soutint même que les records n'étoient pas nécessaires dans les exploits de *saisie féodale*.

II. *La notification de la saisie au vassal* est prescrite par plusieurs coutumes qui forment le droit commun. Celle de Paris indique que cette formalité a pour objet de prévenir l'infraction de la *saisie féodale*. L'article 29 condamne effectivement le vassal à restituer les fruits de celle qui est venue à sa connoissance. C'est après cela que l'article 30 ajoute : « & *pourtant* ledit seigneur féodal est » tenu faire notifier la main-mise à son vassal ; » au principal manoir de son fief, du moins à » celui qui tient ledit fief, ou laboure les terres » d'icelui, ou par publication générale au prône » de l'église paroissiale dudit lieu saisi, & faire » enregistrer au greffe de la justice du lieu ».

On pourroit conclure de-là que la notification de la *saisie féodale* n'est point absolument nécessaire pour la validité de la *saisie féodale*, & que les fruits en sont acquis, sans cela, au seigneur lorsqu'il les a perçus sans trouble. On convient néanmoins assez généralement aujourd'hui, que cette notification est requise à peine de nullité. Brodeau le dit nettement sur l'article 30.

Comme la mention de l'enregistrement se trouve à la fin de l'article, on a douté si elle se rapportoit aux deux cas de la notification, au manoir du vassal & de la notification au prône, ou seulement à ce dernier cas. Le plus grand nombre des auteurs adopte cette dernière opinion qui a aussi été accueillie par un arrêt du 11 mars 1681, rapporté au journal du palais.

C'est en particulier le sentiment de Ricard, de Lemaître, des annotateurs de Duplessis sur la coutume de Paris ; de Livonière, *traité des fiefs*, *liv.* 1, *chap.* 8 ; & de Guyot, *traité de la saisie féodale*, *sect.* 4.

Brodeau & Duplessis pensent au contraire que l'enregistrement est nécessaire dans les deux cas. Il faut avouer que, malgré l'autorité de l'arrêt de 1681, & de tant d'auteurs, cette opinion est la seule conforme au texte de la coutume. L'article 30 porte que « le vassal *est tenu faire notifier* la » main-mise à son vassal, au principal manoir,... » ou par publication au prône, *& faire enregistrer* » *au greffe* ». Il est clair que ces derniers mots ne sont point régis par la conjonctive *ou*, qui les précède immédiatement, mais par ces mots, *est tenu*. Tout ce qui est dans l'intermédiaire n'est qu'une explication de la notification à laquelle la formalité de l'enregistrement est une addition générale, au lieu d'être seulement une addition au cas de la publication au prône.

La coutume porte que l'enregistrement doit être fait *au greffe de la justice du lieu*. Un auteur moderne dit que « la désignation de ce greffe ne » laisse point d'équivoque,.... que c'est à celui » du lieu, c'est-à-dire, *à celui de la justice dont le* » *fief saisi relève immédiatement*, soit que cette justice » soit royale, ou seigneuriale », (*Théorie des matières féodales*, *tome* 2, *p.* 266.)

Cette décision manque d'exactitude dans deux points,

points. Les fiefs ne relèvent que des fiefs. Ils ne relèvent jamais de la justice dans l'étendue de laquelle ils sont situés. Il est vrai que cette justice est souvent attachée au fief du seigneur. Mais elle est aussi bien souvent attachée au fief du vassal; & dans ce cas, il n'est pas douteux que l'enregistrement ne doive être fait au greffe de cette justice-là, qui est véritablement la justice ordinaire du lieu, & non pas au greffe de la justice du seigneur dominant. La coutume explique d'une manière incontestable dans ce même article ce qu'elle entend par ce mot *lieu*. Elle dit que la publication se fera au prône de l'église paroissiale *dudit lieu saisi*. C'est donc la justice du lieu saisi, & non pas celle du fief dont il relève, qu'elle entend par-là désigner.

Au reste, un arrêt de la cour des aides du 3 juin 1699, a jugé que la formalité de l'enregistrement n'étoit nécessaire que dans les coutumes où elle est expressément ordonnée.

§. VII. *De l'infraction de la saisie féodale, & des procédures qui peuvent suivre cette saisie.* On appelle *bris* ou infraction de la *saisie féodale*, tout empêchement de fait par lequel le vassal prive le seigneur de la perception des fruits du fief saisi.

La peine de cette entreprise varie suivant les coutumes. Un très-grand nombre prononcent une amende plus ou moins forte indépendamment de la restitution des fruits. Suivant l'article 69 de la coutume d'Anjou, cette amende est de 60 liv. pour le roturier, & arbitraire pour le vassal noble. La même distinction se retrouve jusques dans les coutumes de Beauvoisis par Beaumanoir.

La coutume de Paris ne prononce point d'autre peine que la restitution des fruits; mais cette peine peut être beaucoup plus grave qu'elle ne le paroît au premier coup-d'œil. Le seigneur n'est pas obligé d'accorder main-levée, quelques offres qu'on lui fasse d'ailleurs des droits & devoirs qui lui étoient dus, tant qu'on ne lui a pas restitué les fruits ainsi perçus à son préjudice. *Non tenetur*, dit Dumoulin, *vassallum recipere, nec oblationibus acquiescere, nisi etiam negligens vassallus fructus offerat & restituat à tempore prehensionis* (§. 19, n°. 1). C'est la disposition de quelques coutumes telles que celle de Péronne, qui dit expressément que *jusqu'à ce le vassal n'aura main-levée*. Il y a une raison bien décisive pour cela : c'est que le défaut de paiement des droits se cumule avec la faute d'homme pour autoriser le seigneur à refuser la main-levée. Or les fruits échus depuis la *saisie*, sont devenus de véritables droits du seigneur.

Si même il y avoit eu des voies de fait & des violences marquées exercées par le vassal, le juge pourroit le condamner à une amende, ou aux dommages-intérêts du seigneur, suivant les circonstances. C'est encore la décision de Dumoulin sur le même article, *n.* 2. *Quod si nedum contemnat, sed vim faciat commissariis, meritò ultrà restitutionem fructuum mulctandus est.*

Ces décisions paroissent devoir être étendues au cas où le vassal a empêché le seigneur de faire la récolte des fruits, quoiqu'il ne les ait pas perçus lui-même.

Lorsque la *saisie* est vicieuse & nulle, soit en la forme, soit au fond, le vassal peut-il du moins l'enfreindre impunément, ou faut-il nécessairement qu'il en fasse prononcer la nullité en justice? Dumoulin ne fait pas de difficulté d'adopter cette dernière opinion. Il veut que toute audience soit déniée au vassal, jusqu'à l'entier rétablissement des objets saisis : *non debebit*, dit-il, *audiri, nec admitti ad proponendum nec prosequendum aliquas causas oppositionis vel appellationis, donec occupata & oblata restituerit, & redintegrata sit seu repleta manus domini.*

Brodeau, sur l'article 29, d'après Dumoulin, dans le style du parlement, *part.* 71, *chap.* 106, rapporte un arrêt conforme du 19 juillet 1556, entre le duc de Longueville & l'archevêque de Sens.

C'est la conséquence de cette règle *spoliatus ante omnia restituendus.*

La *saisie* met le seigneur en possession du fief du vassal, & l'infraction est un trouble qu'il faut réparer avant tout. C'est sur ce fondement que l'article 23 du chapitre 1 de la coutume de Loudunois permet au seigneur de prendre dans ce cas la voie de la complainte, ou, comme le dit cette coutume, celle de l'applégement.

On peut se pourvoir contre la *saisie* par la voie de l'opposition qui doit être portée devant le juge ordinaire du lieu, c'est-à-dire, devant celui qui a permis la *saisie* par son mandement, puisqu'il est d'usage constant d'en obtenir un. Le seigneur peut aussi y faire assigner le vassal, qui enfreint la saisie, ou toute autre personne qui y mettroit quelque empêchement. Cela auroit lieu quand bien même le juge qui auroit donné la commission seroit celui du seigneur. On sait que, suivant l'ordonnance de 1667, les juges des seigneurs peuvent connoître des causes de leur domaine, pourvu que le fonds du droit ne soit pas contesté.

Dumoulin pensoit que, dans les cas ordinaires, le vassal ne pouvoit se pourvoir contre la *saisie* que par la voie de l'appel. En effet, dit-il, ou cette *saisie* est faite de l'autorité du seigneur seul, & alors il est évident que l'on ne peut en interjetter appel, parce qu'on ne peut appeller que de ce qui est émané d'un juge : ou la *saisie* est faite de l'autorité du juge; &, dans ce cas-là même, le vassal n'a encore que la voie de l'opposition; semblable en cela à un débiteur dont les biens sont exécutés en vertu d'une ordonnance de justice, dont l'appel, s'il en interjette, doit être converti en opposition; & même le vassal est moins dans le cas de l'appel que ce débiteur, parce que la *saisie féodale*, même celle faite de l'autorité du juge, ne met point le fief sous la main de la justice, mais en celle du seigneur saisissant.

Plusieurs auteurs enseignent la même chose, & la coutume de Tours, qui dans l'article 18 donne le choix de l'appel, ou de l'opposition pour la *saisie* des choses roturières, paroît rejetter l'appel pour celle des fiefs. Mais Dumoulin convient lui-même que le vassal peut prendre la voie de l'appel dans trois cas; le premier si la commission du juge à l'effet de saisir est générale & sans désignation du fief (1); le second lorsque la commission à l'effet de saisir est émanée d'un juge incompétent; le troisième, si la saisie est évidemment & intrinséquement nulle, ou faite à main armée & d'une manière outrageuse. Le vassal étant privé de la jouissance des fruits, il a le plus grand intérêt que la validité ou la nullité de la *saisie* soit promptement décidée; il lui importe donc de ne point procéder devant le juge ordinaire, sur-tout si c'est celui du seigneur saisissant, lequel pour lui complaire, pourroit retard le jugement de l'opposition.

Ces réflexions sont on ne peut plus judicieuses, & comme elles peuvent s'appliquer du plus ou moins à toute *saisie* qu'on prétend être nulle, elles détruisent presque entiérement la règle de Dumoulin. Aussi ces sortes d'appel sont-ils favorablement reçus dans l'usage. On en accueille tous les jours qui sont même interjettés directement de la jurisdiction du seigneur au parlement, *omisso medio*.

Le même Dumoulin fait une distinction qui est plus généralement suivie, pour les dommages-intérêts du vassal, contre le seigneur saisissant, lorsque la *saisie* est annullée : il n'en accorde que dans le cas où la *saisie* a été faite sans cause; il les refuse lorsqu'elle est nulle par un vice de forme. C'est ainsi qu'il s'en explique dans son commentaire sur l'article 1 de la coutume de Paris. Il répète la même chose dans son apostille sur l'article 76 de la coutume de Blois. *Non debet sumptus, nec damna, nec interesse, si ex justâ causâ manum minus solemniter injecit.*

M. Louet adopte cette distinction; mais Brodeau remarque dans ses additions sur cet auteur que le vassal doit se pourvoir par simple action & non par la complainte, qui ne peut pas avoir lieu contre le seigneur (*Lettre 5, sommaire 20*).

On vient de voir que le seigneur pouvoit au contraire prendre cette voie, parce que c'est à lui que la saisine appartient relativement au vassal, lorsque celui-ci n'est pas en foi. On a conclu de-là que la *saisie* devoit tenir durant la contestation sur sa validité. C'est-là le sens de l'axiome *le seigneur plaide toujours les mains garnies.* Cette règle reçoit trois exceptions : 1°. lorsque le vassal déclare qu'il ne reconnoît point le saisissant pour son seigneur; il obtient main-levée provisoire de la *saisie*, & il jouit des fruits jusqu'au jugement définitif. *Voyez* DÉSAVEU.

2°. L'injustice & la nullité de la *saisie* peuvent être assez évidentes pour engager le juge à en prononcer sur le champ la main-levée.

3°. Enfin si le seigneur est un dissipateur reconnu, le juge doit ordonner que le vassal jouira par provision. Toutes ces décisions sont de Dumoulin.

§. VIII. *Des effets de la saisie féodale.* La *saisie féodale* réunit le fief saisi au fief dominant tant qu'elle dure; mais cette réunion n'est pas perpétuelle de sa nature. Elle ne doit durer que jusqu'à l'accomplissement des devoirs dont le vassal est chargé. Elle ne détruit pas même les obligations personnelles que la féodalité produit entre les parties.

Il suit de-là plusieurs conséquences qui donnent la clef de toutes les questions de cette matière.

I. Le seigneur a la jouissance la plus complète, mais il n'a qu'une simple jouissance. Il a les mains liées dans tout ce qui a rapport à la propriété. Il est donc au-dessus d'un simple usufruitier. Outre la perception des fruits naturels, industriels & civils, il a l'exercice de tous les droits domaniaux & honorifiques attachés au fief saisi. Il peut se faire porter la foi par ses arrière-vassaux, qui relèvent en plein fief, du fief saisi: saisir féodalement leurs fiefs, & en exercer le retrait féodal. S'il y a quelque droit de justice ou de patronage attaché au fief saisi, il doit jouir des honneurs qui y sont attachés, nommer aux offices qui se trouvent vacans & présenter aux bénéfices. Cette présentation est même mise par la jurisprudence actuelle, au nombre des simples fruits.

Par la même raison, le seigneur saisissant peut contraindre les gens de main-morte qui ont acquis des héritages mouvans en fief ou en censive du fief saisi, à en vuider leurs mains, soit qu'ils les aient acquis avant ou depuis la *saisie*.

II. La jouissance du seigneur saisissant est même plus complette que celle du mari, du bénéficier, ou de tout autre quasi-propriétaire. Elle l'est plus à certains égards que celle du propriétaire. L'article 28 de la coutume de Paris porte: « que durant » le temps de sadite main-mise & qu'il tient le » fief en sa main il n'est tenu de payer & acquitter » les rentes, charges hypothéquées, non inféodées, » constituées sur icelui par son vassal ».

De même si le vassal a baillé son fief à rente sans démission de foi, le seigneur peut néanmoins jouir des domaines par ses mains: « s'il y a des » terres emblavées, dit l'article 59, ledit seigneur » peut, si bon lui semble, prendre les gagnages » de ladite terre, en rendant les seurs, labours,

(1) Cela est assez peu conséquent avec ce que Dumoulin a dit sur les motifs qui avoient fait proscrire ces commissions générales, & Dumoulin ajoute d'ailleurs ici que le juge supérieur, en déclarant la commission nulle, doit laisser subsister la *saisie*, parce que le seigneur avoit le droit de saisir de son autorité privée. On voit que dans ce systême, l'appel & le jugement qui y seroient droit, seroient absolument frustratoires.

» & semences, & n'est tenu ledit seigneur se contenter de prendre la rente, pourvu qu'elle ne » soit inféodée ».

III. Le seigneur, n'ayant qu'une jouissance temporaire, ne peut pas en abuser, en dégradant le fief saisi. L'article 1 de la coutume lui impose la charge d'en user comme un bon pére de famille.

IV. Par une suite des égards auxquels le lien de la féodalité assujettit, le seigneur ne peut pas déposséder le fermier : « si de bonne-foi & sans » fraude, dit l'article 56, le fief a été baillé à » loyer ou moisson, par son vassal en tout ou » partie; le seigneur doit se contenter de la rede» vance due par le fermier ou preneur, pour ce » qui est baillé à ferme, & pour le surplus, le » peut exploiter par ses mains, en rendant les » labours, semences & frais de ce qu'il exploite, » ou met en ses mains ».

On l'observe ainsi dans le droit commun.

L'article 76 du chap. 1 de la coutume de Montargis paroît supposer au contraire que le seigneur n'est point obligé de se contenter du prix de ferme. Il porte « que le seigneur ne pourra prendre ne » lever lesdits fruits, sinon en payant les frais » industriaux & semence du laboureur au métayer; » & de ses autres intérêts & dommages aura re» cours contre le vassal ou autre, par la faute » duquel il souffrira lesdits intérêts & dommages, » si ledit laboureur & métayer a signifié & fait à » savoir en temps dû ledit saisissement audit vassal » son maître ».

Par la même raison, suivant l'article 58, « si » le vassal tient en ses mains son fief, & ne l'a » baillé à ferme, ou moisson, & il est exploité » par le seigneur dominant, ledit seigneur domi» nant doit avoir les caves, greniers, granges, éta» bles, pressoirs & celliers, qui sont au principal » manoir & basse-cour, servant pour recueillir » & garder les fruits, & aussi portion du logis » pour se loger, quand il y voudra aller, pour » cueillir & conserver les fruits, *sans toutefois » déloger son vassal*, femme, enfans & famille y » demeurans & habitans : & si le fief consiste en » une maison seule, si elle est louée par le vassal, » doit le seigneur se contenter du louage; & si » elle n'est louée, il prendra le loyer au dire de » de gens à ce connoissans ».

Les égards auxquels cet article assujettit le seigneur envers le vassal pour le logement sont une faveur accordée par la nouvelle coutume. Dumoulin avoit dit sur l'ancienne que le seigneur pouvoit expulser le vassal pour se loger lui-même, lors du moins que c'étoit par mauvaise intention qu'il refusoit de rendre les devoirs.

Quoi qu'il en soit, la restriction de l'article 56 à cet égard, est encore une règle du droit commun, qui a été insérée dans la nouvelle coutume sur la jurisprudence qui subsistoit alors. Lalande, sur l'article 73 de la coutume d'Orléans, rapporte deux arrêts qui ont jugé avant la réformation que le seigneur saisissant ne pouvoit pas déloger son vassal.

§. IX. *De la durée de la saisie féodale, & de sa fin.* Suivant la nature des choses, la *saisie féodale* devroit durer autant que la cause qui l'a produite, c'est-à-dire, jusqu'à ce que le vassal eût satisfait à ses obligations. Si néanmoins le seigneur n'avoit point fait suite de la *saisie féodale* & que le vassal eût continué de jouir, le droit du seigneur, pour la restitution des fruits saisis, se réduiroit à une simple action qui, de sa nature seroit sujette à la prescription de trente ans, sauf au seigneur à procéder à une nouvelle *saisie féodale*, si le vassal n'avoit point encore satisfait à ses obligations dans ce long intervalle. *Contrà prehensionem feudalem*, dit Dumoulin, *prescribitur per triginta annos, & post illud tempus, vassallus, qui fructus collegit, nonobstante prehensione ad eos restituendos cogi non potest* (§. 29, *n.* 5).

Dumoulin remarque plusieurs arrêts qui l'ont ainsi jugé. Mais peu de temps après l'impression de son commentaire, l'ordonnance de Roussillon faite en 1563, décida dans l'article 15 « que l'ins» tance intentée, bien qu'elle soit contestée, si » par laps de trois ans elle est discontinuée, n'aura » aucun effet de perpétuer, ou proroger l'action; » ains aura la prescription son cours, comme si » ladite instance n'avoit été formée ni introduite, » & sans qu'on puisse prétendre ladite prescription » avoir été interrompue ».

On applique cette espèce de prescription à la *saisie féodale*; l'art. 31 de la nouvelle coutume de Paris dit en conséquence, « qu'elle doit être » renouvellée de trois ans en trois ans; autre» ment n'a effet que pour trois ans & pour l'ave» nir demeurent les commissaires déchargés ».

La raison qu'en donne M. Louet, « c'est qu'on » ne peut nier que telle *saisie* ne soit acte judi» ciaire, instance sujette à péremption ». Quoique cette raison ne soit pas sans réplique, le peu de faveur de ces sortes de contraintes a fait admettre cette décision, qui a été étendue à toutes les coutumes qui n'ont point de dispositions contraires. Le même auteur rapporte un arrêt du 26 novembre 1588, qui l'a ainsi jugé dans la coutume de Clermont en Beauvoisis (*Lettre S, sommaire 14*).

La prescription qui a lieu par trois ans contre la *saisie féodale* est si peu d'ailleurs une péremption, qu'après les trois ans même, elle est toujours valable pour le passé, quoiqu'elle cesse pour l'avenir; & que non-seulement les fruits perçus par le seigneur, ou par les commissaires qu'il a établis, lui sont valablement acquis, mais qu'il peut toujours demander au vassal, pendant 30 ans, la restitution de ceux qu'il a levés, en enfreignant la *saisie féodale*. C'est le résultat du texte même de la coutume. La *saisie*, y est-il dit, n'a effet que *pour trois ans*, & *pour l'avenir* demeurent les commissaires déchargés.

Louet l'a expressément reconnu : « ce qui est » de particulier, dit-il, outre les péremptions, » c'est que la *saisie féodale*, bien qu'elle ne soit » pas renouvellée après trois ans, est toujours » valable pour trois ans, quelque péremption qu'il » y ait, tellement que l'on peut dire que ce n'est » pas une vraie péremption, mais que cela se » juge *ad instar peremptionum* ».

C'est mal-à-propos que Ferrière enseigne le contraire dans son commentaire sur l'*art. 31*, *n. 10*.

Quand il y a contestation sur la *saisie féodale*, & que la procédure n'est point discontinuée pendant trois ans, il n'est pas besoin de la renouveller durant la contestation, quelque longue que puisse en être la durée; il n'y a pas plus de péremption d'instance dans ce cas, qu'il n'y en auroit contre toute autre procédure. Cela a été ainsi jugé au profit du cardinal de Gondy, contre le seigneur de Luzarches, par un arrêt célèbre du 28 mars 1600, qui est rapporté par Brodeau & d'autres commentateurs de la coutume de Paris. J'ai vu beaucoup d'arrêts semblables rendus dans ce siècle & dans le siècle dernier : & c'est ainsi sans doute qu'il faut entendre l'arrêt du 7 septembre 1605, rapporté par Pithou sur l'article 22 de la coutume de Troyes, sur ces mots *tant que ladite main-mise dure*, & par Ferrière, sur l'article 31 de la coutume de Paris, comme contraire à ce dernier article. Cet arrêt, en confirmant une sentence du bailli de Troyes, a jugé que les fruits de la tierce-partie de la terre de Loge-pont-Belin, mouvant de Ville-Bertain, appartiendroient à la dame le Marrat depuis le jour de la *saisie* faite en 1585, jusqu'au 16 juillet 1595, que la foi & hommage avoit été faite, quoique la *saisie* n'eût point été renouvellée de trois ans en trois ans ; on peut « vraisemblablement dire qu'il y avoit eu instance » d'opposition en l'espèce dudit arrêt, laquelle ins- » tance empêche la prescription, tant qu'elle dure ». (Legrand, sur Troyes, *art. 22*, *gl. 5*, *n. 2*.)

La coutume de Poitou a une disposition particulière à ce sujet.

Suivant l'article 87, « les *saisies* sont annales ; » c'est-à-dire, si le seigneur justicier ou son séné- » chal ou son sergent a saisi aucune chose, *la » main-mise dure toujours*; mais celui qui a exploité » ne sera tenu de rétablir, sinon ce qu'il aura pris » & levé depuis un an auparavant ledit ajourne- » ment sur ce baillé contre lui ».

Une enquête par turbes, rapportée par Lelet, a confirmé cet article, en en fixant le véritable sens. On y déclare que « quand le seigneur de » fief a saisi le fief de son vassal faute de foi & » hommage, & continué d'en prendre & lever » les fruits par ses mains ou de ses commissaires » établis par baux judiciaires faits, ils tombent en » perte au profit du seigneur, & lui sont acquis » jusqu'à hommage fait, & qu'en ce cas la *saisie » féodale* n'est point annuelle ; mais que si ladite » *saisie* avoit été intermise & discontinuée par » quelques années, comme avoit été ladite *saisie » féodale*; en ce cas, la *saisie* étoit annale, & ne » devoit avoir effet de perte de fruits, que pour les » années qu'elle avoit été continuée par bail judi- » ciaire ou jouissance actuelle faite par ladite partie » saisissante...... ensorte que le vassal qui aura » pris les fruits durant ladite intermission & dis- » continuation de *saisie féodale*, ne sera point tenu » de les rétablir, sinon ceux de l'année précédente » l'ajournement à lui donné pour le rétablissement » des fruits, ou pour les voir déclarer tombés en » perte ».

Le même auteur rapporte deux arrêts conformes, du dernier août 1591, & 14 octobre 1595.

Les *saisies féodales* sont encore annales dans un autre sens en Normandie, suivant l'article 111. Mais après la *saisie* du fief, le seigneur peut poursuivre la réunion du fief saisi à son propre fief; & dès que cette réunion a été prononcée en justice, elle dure jusqu'à ce que le vassal, qui est toujours reçu, même après trente ans, & cent ans, à purger sa demeure, se mette en règle. On peut consulter sur les formalités de cette procédure, le traité des fiefs de M. de la Tournerie, *liv. 1*, *chap. 9*, §. 5.

Outre la prescription de trois ans, ou d'un an, admise par les coutumes qu'on vient de citer, la *saisie féodale* cesse par la réception en foi; cela auroit lieu, quand bien même, outre la foi & hommage, il seroit dû des droits de mutation que le vassal n'auroit point acquittés en faisant l'hommage. Le seigneur ne pourroit pas même, dans ce cas, faire une nouvelle *saisie* pour ces droits ; il ne peut plus se pourvoir contre son vassal, que par la voie d'action, à moins qu'il n'eût fait des réserves de la *saisie féodale*. *Voyez le* §. 4.

La souffrance, qui tient lieu d'hommage tant qu'elle dure, fait aussi cesser la *saisie féodale*, à moins qu'il n'y ait eu de semblables réserves. Mais elle n'empêche pas que le seigneur ne puisse renouveller la *saisie*, après l'expiration du délai qu'il a accordé, quand bien même il ne s'en feroit pas expressément réservé la faculté. *Voyez* SOUFFRANCE.

Les offres de foi & hommage, lorsqu'elles sont valables, & par conséquent lorsqu'on y joint les droits de mutation qui peuvent être dus, font aussi cesser la *saisie féodale*, puisqu'elles purgent la demeure du vassal, & qu'elles ont d'ailleurs la même force que la réception en foi.

Cette règle reçoit une exception dans la coutume de Hainaut & dans la châtellenie de Lille : la condition des vassaux y est beaucoup plus dure : le seigneur qui a fait saisir, jouit non-seulement tant que le vassal ne s'est pas présenté pour porter la foi & hommage, mais encore après la foi rendue, aussi long-temps que le vassal a été négligent depuis l'année révolue, que la coutume lui accordoit pour s'acquitter du devoir féodal : s'il a tardé pendant six ans, la *saisie féodale* dure pendant tout ce temps. Ce sont-là les dispositions des anciennes chartres du Hainaut, *chap.* 76; de la nouvelle, *chap.* 103; des coutumes de Lessines, *tit.* 8, *art.* 10, & de la salle de Lille, *tit.* 1, *art.* 37. Cela ne s'observe pas néanmoins lorsque la mutation provient du chef du seigneur. (*Chartres du Hainaut*, *chap.* 103, *art.* 5.)

Lorsqu'il y a combat de fief entre plusieurs seigneurs, le vassal, sans être obligé d'en reconnoître aucun, doit obtenir main-levée en se faisant recevoir par main-souveraine, pourvu que le vassal consigne les droits utiles, s'il en est dû. Cette consignation seroit nécessaire, quand bien même le vassal auroit précédemment payé les droits de fief à l'un des deux seigneurs, parce que le combat de fief ne permet pas de savoir s'ils appartenoient à celui qui les a reçus. *Voyez* MAIN-SOUVERAINE.

Dumoulin ajoute ici deux cas singuliers où la *saisie féodale* s'éteint d'elle-même, & sans la participation du seigneur ni du vassal: premièrement, lorsque l'ouverture est arrivée par la mort civile du vassal, & qu'il obtient des lettres qui le remettent entièrement dans son premier état; secondement, lorsqu'un tiers, après avoir dépossédé le véritable vassal duement investi, vient à être dépossédé lui-même par ce vassal. Si le seigneur avoit fait saisir sur ce dernier possesseur, la *saisie* s'anéantit de plein droit, toutefois avec perte de fruits au profit du saisissant.

Enfin on a vu, au §. VII, que le vassal pouvoit avoir main-levée provisoire de la *saisie féodale* dans quelques autres cas; mais cette main-levée provisoire n'est confirmée définitivement qu'autant que la *saisie féodale* auroit été vicieuse dans la forme ou au fond.

§. X. *De la saisie faute de dénombrement ou de lige-étage, &c.* Les coutumes d'Anjou & du Maine sont, je crois, les seules qui admettent la *saisie* à défaut d'acquittement du devoir de lige-étage, & cette *saisie* y a les mêmes effets que celle à défaut d'homme pour la perte des fruits. Cela n'est point extraordinaire, puisque le défaut de service est, en quelque sorte, un défaut d'homme, en rendant illusoires les obligations contractées par l'hommage fait au seigneur. *Voyez* LIGE-ÉTAGE.

Les mêmes coutumes accordent aussi au seigneur le droit de *saisie*, mais sans perte de fruits, à défaut de cheval de service. *Voyez* les coutumes d'Anjou, *art.* 177, & du Maine, *art.* 195.

Quant à la *saisie* faute de dénombrement, il y a beaucoup de variétés dans nos coutumes relativement au temps où elle peut être faite. *Voyez* les articles AVEU & SOUFFRANCE.

Les coutumes ne sont pas non plus uniformes sur les effets de cette *saisie*; celles de Cambrai, *tit.* 1, *art.* 46, & de Poitou, *art.* 85, la font marcher à-peu-près sur le même pied que la *saisie* à défaut d'homme, en lui faisant emporter la perte des fruits. Mais elles veulent pour cela qu'il y ait eu un jugement de condamnation rendu contre le vassal. Celle de Poitou le dit nettement: « quand » le sujet est condamné *par jugement*, à bailler son » aveu & dénombrement par écrit dans aucun » temps, & s'il ne les baille & ne fournit à la » condamnation, le seigneur peut prendre les fruits » du fief, sans en faire recréance, & échéent en » perte ».

Ce jugement diffère de la commission ou mandement qu'on est dans l'usage d'exiger pour la *saisie* à défaut d'homme. Celui-ci n'est qu'une simple ordonnance que le juge rend à la requisition du seigneur sans aucune procédure. La sentence qu'on peut obtenir à défaut de dénombrement, doit être précédée d'une assignation donnée au vassal; elle doit donc être rendue contradictoirement ou par défaut contre lui.

Les coutumes de Chaumont, *art.* 9, & de Troyes, *art.* 30, font aussi gagner les fruits au seigneur, mais seulement après l'an de la *saisie* duement signifiée au vassal, ses procureurs ou receveurs du fief saisi. Celle de Sedan, *art.* 68, donne le même droit au seigneur, si le vassal ne donne pas son dénombrement après six mois.

Dans le droit commun, la *saisie* faute de dénombrement n'emporte pas la perte des fruits. L'art. 9 de la coutume de Paris porte, « que si le vassal » ne baille son dénombrement dedans quarante » jours après qu'il aura été reçu par son seigneur » en foi & hommage, icelui seigneur peut saisir » le fief & y mettre commissaires jusqu'à ce que » ledit dénombrement lui ait été baillé; mais il » ne fait les fruits siens, & en doit rendre compte » le commissaire après icelui dénombrement baillé ».

Le défaut de dénombrement produit si naturellement le droit de saisir sans perte de fruits, que dans les coutumes même où l'on peut saisir avec perte de fruits, après un jugement, le seigneur peut aussi saisir avant le jugement, sans néanmoins que la *saisie* ainsi faite puisse emporter la perte des fruits, lorsqu'elle est suivie de jugement. Tel est le résultat & la conciliation des articles 85, 91 & 135 de la coutume de Poitou, dont ces deux derniers articles autorisent la *saisie* avant le jugement. Constant & Filleau rapportent deux arrêts des années 1602 & 1676, qui l'ont ainsi jugé.

Ce dernier arrêt est aussi rapporté au tome 3 du journal des audiences, *liv.* 10, *chap.* 17.

La *saisie* à défaut de dénombrement, lors surtout qu'elle n'emporte point la perte des fruits, ne réunit point le fief saisi à celui du seigneur saisissant, tant qu'elle dure, comme la *saisie* à défaut d'hommage. Elle n'attribue donc pas au seigneur les droits honorifiques, ni en général tous ceux qui résultent de l'ouverture des arrière-fiefs, puisque ces droits ne sont qu'une suite de cette réunion & de l'ouverture du fief servant. Le vassal peut donc, pendant la *saisie*, investir ses propres vassaux, ou les contraindre, soit par la *saisie féodale*, soit autrement, à remplir leurs obligations envers lui. La *saisie* faute de dénombrement n'est qu'un stimulant que la coutume accorde au seigneur pour mettre des bornes à la négligence que le vassal pourroit avoir pour le fournissement de son aveu.

C'est par la même raison que la coutume assujettit le seigneur à établir un commissaire dans ce cas. Il doit rendre un compte des fruits à son vassal, après que celui-ci aura satisfait à son obligation.

Dumoulin, sur l'article 9 de la coutume de Paris, paroît croire que le seigneur n'est pas garant de la gestion du commissaire. Presque tous les auteurs enseignent aujourd'hui le contraire. Quelques-uns ont voulu néanmoins distinguer le cas où le commissaire avoit été établi par le sergent du seigneur saisissant, ou par celui d'une autre jurisdiction royale ou seigneuriale. Ils ne voudroient rendre le seigneur garant que dans le premier cas. Mais le peu de faveur des *saisies féodales* a fait rejetter cette distinction; Carondas, qui l'a proposée, rapporte lui-même un arrêt contraire, du 17 mars 1582.

On adopteroit sans doute plus facilement la distinction de Billecocq, qui dit : « que si le commissaire est suspect au vassal, il peut demander qu'il en soit mis un autre; & en ce cas, le seigneur n'en est pas garant ». (*Traité des fiefs, liv. 7, chap. 22, sect. 3.*)

La *saisie* à défaut de dénombrement fait cesser de plein droit la *saisie féodale*, sans qu'il soit besoin d'en obtenir la main-levée, quelque défectueux qu'il puisse être, sauf au seigneur à le blâmer dans la forme ordinaire.

La coutume dit effectivement que le seigneur peut saisir le fief *jusqu'à ce que le dénombrement lui ait été baillé*, & l'on doit restreindre dans des bornes étroites des contraintes aussi rigoureuses. Il seroit d'ailleurs à craindre, si l'on décidoit autrement, que des seigneurs ne vexassent leurs vassaux sous prétexte du moindre blâme, qui peut donner lieu à des contestations de longue durée.

Quelques coutumes prononcent contre le vassal, outre la *saisie*, une amende plus ou moins forte. Le seigneur a droit de la retenir, avec les frais de la *saisie*, sur le compte des fruits qu'il doit au vassal. Telles sont celles de Blois, *art. 103 & 104*; de Châteauneuf, *art. 34, &c.* D'autres coutumes disent que le vassal obtient main-levée de la *saisie*, en payant les frais raisonnables. Mais il y a lieu de croire que lorsqu'il y a eu des fruits perçus par le commissaire, il suffiroit au vassal d'offrir la compensation des frais sur les fruits.

D'autres coutumes encore n'accordent la main-levée au vassal que pour les objets de son aveu que le seigneur n'a point blâmés. Telles sont celles de Châlons, *art. 206*; de Grand-Perche, *art. 44*; de Laon, *art. 25*; de Péronne, *art. 62*; & de Senlis, *art. 252*. Ces dispositions peuvent entraîner beaucoup d'inconvéniens; & bien loin de les étendre à d'autres coutumes, il seroit juste dans ces coutumes même de condamner le seigneur aux dommages-intérêts du vassal, s'il y perpétuoit la *saisie* pour quelques objets, par des blâmes déplacés. (*M.* GARRAN DE COULON, *avocat au parlement.*)

SAISIE-GAGERIE est une simple *saisie* de meubles meublans qui se fait, soit par le seigneur censier pour les arrérages de cens à lui dus, soit par le propriétaire d'une maison pour ses loyers, soit par le créancier d'une rente foncière pour les arrérages de sa rente. *Voyez* GAGERIE. (*A*)

SAISIE MOBILIAIRE est celle par laquelle on n'arrête qu'un effet mobilier; telles sont toutes les *saisies* & arrêts de sommes de deniers, de grains, fruits & revenus, & autres effets mobiliers, les *saisies* gageries, les *saisies* & exécutions de meubles, à la différence de la *saisie*-réelle, qui est une *saisie* immobiliaire, parce qu'elle a pour objet le fond même d'un immeuble. *Voyez* SAISIE & ARRÊT, SAISIE-EXÉCUTION, SAISIE-GAGERIE, SAISIE-RÉELLE. (*A*)

SAISIE ET OPPOSITION est la même chose que *saisie & arrêt*. *Voyez* ARRÊT & SAISIE-ARRÊT. (*A*)

SAISIE PAR PUISSANCE DE FIEF. C'est la *saisie* du seigneur, ainsi nommée parce que le seigneur la fait en vertu de l'autorité que sa qualité lui attribue. Cette dénomination comprend tant la *saisie* féodale que la *saisie* censuelle. (*G. D. C.*)

SAISIE-RÉELLE est un exploit par lequel un huissier saisit & met sous la main de la justice un héritage ou autre immeuble fictif, tel que des cens & rentes foncières ou constituées dans les pays où elles sont réputées immeubles, des offices, *&c.*

Il y a même certains meubles que l'on saisit réellement, tels que les vaisseaux & moulins sur bateaux.

On n'use point au contraire de *saisie-réelle* pour les biens qui ne sont immeubles que par stipulation.

On appelle cette saisie *réelle*, parce qu'elle a pour objet un fonds, & pour la distinguer des *saisies* mobiliaires qui n'attaquent que les meubles, les effets mobiliers ou les fruits.

On confond quelquefois la *saisie-réelle* avec les criées & le décret, quoique ce soient trois choses différentes; la *saisie-réelle* est le premier acte pour parvenir à l'adjudication par décret; les criées sont des formalités subséquentes, & le décret est la fin de la *saisie-réelle*.

Quelquefois aussi par le terme de *saisie-réelle* on entend toute la poursuite, savoir la *saisie* même, les criées, le décret, & toute la procédure qui se fait pour y parvenir.

Chez le Romains, on usoit de subhastations, qui ressembloient assez à nos *saisies-réelles*. *Voyez* SUBHASTATION.

La *saisie-réelle* est donc le premier exploit que l'on fait pour parvenir à une vente par décret, soit volontaire ou forcée.

Toute *saisie-réelle* doit être précédée d'un commandement recordé, & doit être faite en vertu d'un titre paré.

L'huissier qui procède à une *saisie-réelle*, doit, suivant les dispositions de l'édit de Henri II, du 3 septembre 1551, se transporter sur les lieux où les biens qu'il veut saisir sont situés, exprimer dans son exploit l'année, le jour & le temps où il a été fait; si c'est avant ou après midi; l'obligation en vertu de laquelle il fait les poursuites; le commandement qui a été fait au débiteur; le domicile réel du créancier & celui qu'il a élu, si le bien est situé ailleurs que dans le lieu de son domicile réel; le domicile élu par le même créancier au lieu où la *saisie-réelle* doit être poursuivie; la justice où doivent se faire les poursuites; le commissaire établi; les deux témoins qui ont été présens à la *saisie*; leurs noms, leurs surnoms & leurs professions. Ces témoins doivent en outre signer l'acte de *saisie* qu'il faut faire contrôler dans les délais fixés par les réglemens, à peine de nullité.

Dans le corps de l'exploit, l'huissier ou sergent dit qu'il a saisi l'immeuble réellement, actuellement & de fait, & qu'il l'a mis sous la main du roi & de la justice, pour, à faute de paiement de la somme due au saisissant, être vendu par decret & autorité de justice, en telle jurisdiction, au plus offrant & dernier enchérisseur, en la manière accoutumée. Si le saisissant a droit de *committimus*, & qu'il veuille s'en servir, on fait mention dans la saisie, de la date du *committimus* en vertu duquel on veut faire porter le décret aux requêtes du palais ou à celles de l'hôtel: en ce cas, on donne copie du *committimus*, avec l'exploit de signification de la saisie. Il y a des coutumes où le saisissant doit nommer un domicile à la partie saisie, sauf à elle à en choisir un autre par la suite, si elle le trouve à propos. Quant à la déclaration des fonds saisis, il y a une grande différence entre les fiefs & les rotures.

Par rapport au fief, il suffit, suivant l'édit de Henri II, de saisir réellement le principal manoir, ses appartenances & dépendances, & les droits seigneuriaux, attendu qu'il seroit difficile au saisissant de recouvrer des aveux par lesquels il pourroit être en état d'expliquer en quoi consistent les domaines & les droits seigneuriaux.

Pour ce qui est de la décision de la question, si on est obligé de faire une mention expresse de la justice dans l'exploit de la *saisie-réelle*, il faut distinguer les dispositions des coutumes. Dans quelques-unes, les fiefs & la justice n'ont rien de commun; de sorte que le fief peut être sans justice. Dans ces coutumes, il faut faire une mention expresse de la justice; autrement elle ne seroit point comprise dans la *saisie-réelle*, puisqu'elle n'y est point regardée comme une dépendance du fief. Dans d'autres coutumes, comme celle de Bretagne, la justice est inhérente au fief; ainsi on peut se dispenser d'en faire mention dans la *saisie-réelle* du fief dont elle est une dépendance.

Il faut aussi faire une distinction entre les coutumes, pour savoir si le fief servant qui appartient au même propriétaire que le dominant, est compris dans la *saisie-réelle* du principal manoir & des appartenances & dépendances du fief dominant; car il y a des coutumes où la réunion du fief servant se fait de plein droit au fief dominant, à moins qu'il n'y ait une déclaration expresse du propriétaire de l'un & de l'autre, faite dans le temps même qu'il a acquis la propriété du fief servant, que ce n'est point son intention de réunir les deux fiefs. D'autres coutumes décident que la réunion ne se fait que quand il y a une déclaration expresse de la part du propriétaire, qu'il veut réunir ces deux fiefs; ou quand il a compris dans un aveu rendu au seigneur supérieur, le fief servant, comme ne faisant plus qu'un seul fief avec le fief dominant. Dans la coutume de Nevers, le fief servant n'est réuni au fief dominant, que quand le propriétaire a possédé l'un & l'autre pendant un an & un jour, sans déclaration expresse ou tacite qu'il veut les posséder séparément. Ce n'est que quand le fief servant se trouve réuni au fief dominant par la disposition de la coutume qui le régit, que la *saisie-réelle* du principal manoir du fief dominant comprend le bien & les droits qui composoient auparavant le fief servant. Il en est de même des censives; on n'est point obligé de les saisir en particulier, & d'en marquer les tenans & les aboutissans, quand elles ont été une fois réunies au fief aux termes de la coutume où les héritages sont situés.

Lorsque le roi a réuni plusieurs fiefs pour les ériger en fiefs de dignité sous le titre de duché, de comté, de marquisat ou de baronnie, & que les lettres d'érection ont été enregistrées, tous ces fiefs ensemble n'en font plus qu'un seul; il suffit de faire saisir réellement le principal manoir auquel est attaché le titre du fief de dignité, & ses dépendances.

On demande si le fief ayant été démembré, de sorte que le propriétaire ait fait un autre arrière-fief de son domaine, la partie du fief démembré est comprise dans la *saisie-réelle* du principal manoir & de ses dépendances? Il n'y a point de doute que dans les coutumes où le démembrement de fief est autorisé, la partie du domaine démembré, qui est devenue arrière-fief, n'est point comprise dans la *saisie-réelle* du principal manoir dont elle est un fief séparé. Il en est de même quand le seigneur suzerain a approuvé le démembrement, même dans les coutumes qui ne permettent point au vassal de démembrer son fief sans le consentement du seigneur. Mais il y a plus de difficulté à l'égard des coutumes qui défendent absolument tout démembrement de fief, en cas que le seigneur ne l'ait point approuvé; car cette portion de fief démembré y est tellement regardée comme partie du fief principal, que la *saisie* féodale du fief principal comprend le nouvel arrière-fief, & que, quand le relief est dû pour le fief principal, on le doit payer pour la partie qui en a été démembrée. Cependant, lorsqu'on examine avec quelque attention l'esprit de la disposition de ces coutumes, on voit que ces défenses de démembrer les fiefs n'ont été faites que par rapport aux seigneurs & pour ce qui concerne les droits seigneuriaux; de sorte que ces démembremens ne nuisent point au seigneur direct, qui doit jouir de ses droits de la même maniere que si le fief n'avoit point été démembré. Mais à l'égard des autres personnes, les fiefs sont purement patrimoniaux; on peut en faire des arriere-fiefs ou les donner en censive, & les diviser par-là du corps du fief, de sorte que la portion démembrée n'est point comprise dans la *saisie-réelle* du manoir principal, quand le propriétaire a en sa faveur une possession légitime avant que le principal manoir soit saisi réellement.

Comme le patronage attaché au fief est censé en faire une partie, & qu'il passe toujours de droit avec la propriété du fonds, il est compris, dans la *saisie* du principal manoir, comme une dépendance du fief.

Si le fief est incorporel, comme ceux que l'on appelle *fiefs en l'air*, qui ne consistent qu'en droits dûs au propriétaire de ces fiefs, soit par un seigneur, soit par des vassaux ou des censitaires, il suffit de saisir ce fief, & de distinguer en général les fonds sur lesquels les droits qui en dépendent sont assis.

Dans la *saisie* d'un franc-aleu noble qui a justice, fief ou censive, il suffit de saisir le principal manoir, les circonstances & les dépendances; car l'article premier de l'édit de 1551 permet cette espèce de *saisie* générale, non seulement pour les fiefs, mais encore pour les seigneuries. Or, sous ce terme de seigneuries, on comprend toute espèce de terre qui donne à celui qui en est propriétaire, l'autorité sur les personnes, par rapport à la justice, ou le domaine direct sur les fonds qui en sont tenus, soit en fiefs, soit en censives, & par conséquent les francs-aleux qui ont justice, fiefs ou censives.

La coutume de Normandie permet de saisir réellement le principal manoir des biens-nobles, sans entrer dans le détail des domaines & des droits du fief. Mais celui qui fait saisir est tenu, dans l'acte même de la *saisie*, de mettre un prix sur le fief & sur toutes ses parties, par une seule somme; ce qui tient lieu de l'estimation des fiefs saisis, qui se faisoit autrefois en Normandie par les nobles, les vassaux, les ouvriers & les artisans. Cette coutume oblige encore le saisissant à mettre au greffe, après la *saisie*, la déclaration des terres, des bâtimens, des bois, des rentes & des autres appartenances & dépendances du fief saisi. On fait ensuite assigner la partie pour prendre communication de cet état dans quarante jours, & pour déclarer s'il y a quelques droits qui aient été omis, ou si l'on en a compris quelques-uns qui n'appartiennent point à la terre. Si, après l'adjudication, il se trouvoit quelque portion de rente seigneuriale, ou du domaine, ou de quelque autre droit, omise, la portion omise demeureroit au saisi, à moins que l'adjudicataire ne voulût la retenir, en payant la valeur sur le pied du denier vingt. C'est la peine que cette coutume prononce contre la partie saisie qui a négligé de prendre communication de la déclaration du fief, ou d'y faire ajouter ce qui avoit été omis.

Pour ce qui est des rotures, la coutume de Normandie veut que par l'acte de la *saisie*, le saisissant mette un prix sur chaque pièce d'héritage, en une somme à une fois payer, ou en rentes rachetables, & que l'on marque dans l'exploit les tenans & les aboutissans. L'édit de 1551 n'oblige point à mettre le prix aux différentes parties des héritages roturiers saisis, mais de les déclarer & de les spécifier par le menu dans l'acte de *saisie* par tenans & aboutissans. Le motif de cette ordonnance est de faire connoître à ceux qui voudroient acquérir, la qualité & la quantité des biens saisis, afin qu'ils puissent être portés à leur juste valeur, & que l'exécution de l'adjudication ne donne point lieu à de nouveaux procès.

Quand on saisit en même temps un fief & des rotures sur le débiteur, il suffit de saisir le principal manoir du fief & ses dépendances; mais il faut déclarer les rotures par tenans & aboutissans, même dans le cas où les rotures seroient enclavées dans les terres tenues en fief, & où les propriétaires les auroient affermées avec la seigneurie: la raison en est, que ce bail général ne change point la nature de chaque partie de bien, & ne fait point que la roture devienne partie du fief. Toute partie d'un domaine roturier qui n'est point déclarée dans la *saisie-réelle* par tenans & aboutissans, n'est point censée saisie & n'appartient point à l'adjudicataire. Tournet rapporte sur cela un arrêt de réglement qui fait défense aux juges d'autoriser le décret des terres roturières, *pour être vendues selon qu'elles se comportent.*

Les coutumes de Paris, d'Orléans & de Calais disent que les criées d'une rente foncière doivent se faire de la même manière que se feroient les criées des héritages sujets à la rente. Il suit de-là, que pour saisir réellement une rente foncière, il faut que l'huissier se transporte dans la maison ou sur l'héritage qui doit la rente; qu'il marque en général le fief & ses dépendances, si la rente est due sur un fief, & qu'il déclare en détail les rotures avec leurs tenans & aboutissans, si ce sont des terres roturières qui sont chargées de la rente.

Comme les rentes constituées sur les particuliers n'ont point de situation, quoiqu'elles soient réputées immeubles dans la plupart des coutumes, on les saisit réellement, & l'on signifie la *saisie* au débiteur, avec défenses de la racheter ou de vuider ses mains du principal, ni même des arrérages échus ou à écheoir. On ne spécifie point dans la *saisie* les fonds hypothéqués pour la sûreté de la rente, parce que ces sortes d'obligations sont purement personnelles, & que l'hypothèque sur les fonds n'est que subsidiaire.

La *saisie* des rentes sur l'hôtel-de-ville se signifie au payeur, pour empêcher que les créanciers de la rente ne reçoivent au préjudice de la *saisie*, & au au greffier conservateur des hypothèques, pour valoir opposition au sceau des lettres de ratification.

Quant à la *saisie*-réelle d'un office, il faut, suivant l'édit du mois de février 1683, la faire enregistrer au greffe du lieu d'où dépend l'office, & où s'en fait la principale fonction, quand même l'adjudication seroit poursuivie dans une autre jurisdiction. On la signifie également à la partie saisie, au garde des rôles de la chancellerie, pour valoir opposition au sceau, & au payeur des gages, lorsqu'il y en a d'attribués à l'office saisi pour valoir *saisie-arrêt*.

Si le greffier refusoit d'enregistrer la *saisie* réelle de l'office après une sommation, on pourroit faire rendre un jugement contre lui, qui lui enjoindroit de faire l'enregistrement, à peine de tous dépens, dommages & intérêts, même d'interdiction, si la jurisdiction avoit le pouvoir d'interdire le greffier du siège où se fait l'exercice de l'office saisi.

Quoique l'édit de Henri II n'oblige point de signifier la *saisie-réelle* à la partie, il est néanmoins d'usage de faire faire cette signification par un huissier accompagné de deux témoins. Cet usage est fondé sur ce qu'il est à propos de faire connoître au débiteur qu'il n'a plus le droit de disposer des choses saisies; & qu'il ne doit point troubler dans l'exercice de ses fonctions, le commissaire établi pour en faire la régie.

La *saisie-réelle* n'étant point une action, mais une exécution en vertu d'un titre, elle devroit naturellement durer pendant trente années : cependant, comme elle ne se fait que pour parvenir à une adjudication en justice, & que l'on y marque le juge devant lequel les procédures doivent être faites, plusieurs ont cru qu'on pouvoit en regarder l'exploit comme une espèce d'instance sujette à péremption par la discontinuation de procédures pendant trois ans. C'est ce qui a donné lieu à deux dispositions de l'ordonnance de 1629, dont l'une porte en général, que *les saisies d'héritage, discontinuées pendant trois ans, n'auront effet*; l'autre que *toutes instances & criées périssent par la discontinuation de trois ans, nonobstant l'établissement de commissaires*. Cette règle doit être exécutée dans tous les parlemens où l'ordonnance de 1629 a été enregistrée de la manière dont s'enregistroient alors les édits & les déclarations. M. Catelan dit qu'il l'a vu ainsi juger plusieurs fois, & en particulier le 11 février 1679, en la grand'chambre du parlement de Toulouse où l'ordonnance de 1629 & l'arrêt d'enregistrement furent mis sur le bureau.

Mais cette ordonnance ayant été lue & publiée au parlement de Paris, sans que le parlement eût la liberté d'y mettre des modifications, comme on le pratiquoit alors, elle n'y fut point observée, & l'on continua d'y suivre l'ancienne jurisprudence au sujet de la péremption des *saisies*. On trouve cette jurisprudence bien expliquée dans Brodeau sur Louet; cet auteur rapporte un arrêt du dernier janvier 1586, suivant lequel une *saisie-réelle* doit être périmée par une discontinuation de poursuites pendant trois ans, quand il n'y a point eu d'établissement de commissaires & de baux judiciaires faits en conséquence. D'un autre côté, il cite trois arrêts, le premier du parlement séant à Tours, le second du 8 janvier 1602, & le troisième du 18 mai 1631, par lesquels on a jugé que quand la *saisie-réelle* a été suivie de l'établissement de commissaire & de baux judiciaires, elle ne tombe point en péremption, & dure pendant trente années. Pour fixer cette jurisprudence, le parlement régla par le troisième article de ses arrêtés du 28 mars 1692, que *les saisies-réelles & les instances des criées des terres, héritages & autres immeubles, ne tomberoient en péremption lorsqu'il y auroit établissement de commissaires & baux faits en conséquence.*

La distinction que l'on fait au parlement de Paris, entre la simple *saisie-réelle* qui n'est pas suivie de baux judiciaires, & celle où ces baux ont été faits, est fondée sur le principe du droit romain, que toute prescription est interrompue par une possession de l'immeuble obligé & hypothéqué à la dette. Ainsi la justice possédant pour le créancier qui a saisi, la péremption, qui est une espèce de prescription, ne peut courir contre lui.

Il suit de cet usage du parlement de Paris, que si un créancier avoit fait saisir réellement le bien de son débiteur quelques jours avant que la dette fût prescrite, & qu'il eût ensuite laissé passer trois ans sans faire aucune poursuite & sans qu'il y eût des baux judiciaires, la *saisie-réelle* étant périmée, ne produiroit aucun effet, & que la dette même seroit prescrite, parce que toute poursuite périmée ne peut, suivant l'article premier du réglement du 28 mars 1692, proroger l'action ni interrompre la prescription. Mais si, dans le cas de la *saisie - réelle* faite immédiatement avant que la créance fût prescrite, on avoit fait des baux judiciaires dans le cours des trois années, à compter du jour de la *saisie*, l'action du créancier seroit prorogée de même que si la prescription avoit été interrompue par un titre nouvel du débiteur.

Ce que l'on vient de dire de l'effet de la discontinuation de poursuites pendant trois années, quand il n'y a point de baux judiciaires, n'a lieu que dans le cas où la péremption n'est pas couverte par la partie saisie : car si l'on fait par son ordre quelque procédure depuis que la péremption a été acquise, on ne peut plus s'en prévaloir, comme le prouve l'article 4 du réglement de 1692.

La jurisprudence du parlement de Rouen est fort singulière sur cette matière; car l'article 547 de la coutume de Normandie veut que l'exploit de la *saisie-réelle* soit fait dans l'an & jour de la sommation de payer. De-là on a conclu que, dans cette coutume, l'action de la *saisie-réelle* est annale, & qu'à quelque point que la procédure en ait été portée, elle périt par le défaut de continuation de poursuites pendant une année. Cependant s'il intervient dans le cours de la procédure quelque arrêt interlocutoire, tels que sont ceux qui confirment des diligences d'un décret, la *saisie-réelle* ne périt que par le défaut de procédures pendant trois années. Il y auroit de l'inconvénient en ce cas, disent les jurisconsultes de Normandie, de faire durer pendant trente années l'action qui résulte d'un arrêt, tandis que rien n'empêche le saisissant de continuer ses poursuites. La péremption annale de la *saisie-réelle* n'est point acquise dès qu'il y a des procédures, quand même ces procédures ne seroient point de nature à pouvoir arrêter les poursuites de la *saisie-réelle*. Basnage rapporte plusieurs arrêts pour établir chacun de ces usages particuliers.

Maillart observe qu'en Artois la *saisie-réelle* périt lorsqu'on en discontinue les poursuites pendant une année. Il cite là-dessus le placard du 8 juillet 1531, suivant lequel toute procédure commencée par une commission ou par un exploit, qui n'est point appointée, devient nulle quand on a laissé passer une année sans la poursuivre.

Il y a plusieurs coutumes qui décident que l'appel de la *saisie-réelle* n'en suspend point l'effet. Telle est la disposition de l'article 41 du titre des exécutions de la coutume de Nevers, qui dit que *les criées seront poursuivies, nonobstant oppositions & appellations quelconques; & si aucuns s'opposent ou appellent*, porte l'article 443 de la coutume du Poitou, *le sergent fera & accomplira tous les cris*. Quoique la coutume de Paris n'ait point de disposition pareille à celle que l'on vient de rapporter, la même règle y est observée, comme le justifie un acte de notoriété du 2 mars 1686, où l'on atteste que, selon l'ancien usage du châtelet, lorsqu'il y a appel interjetté des *saisies-réelles* & des criées, on passe outre aux criées des choses saisies, jusqu'au congé d'adjuger inclusivement; le même acte de notoriété porte que presque toutes les adjudications qui se font au châtelet sont de cette nature, & qu'elles ont toujours été confirmées par les arrêts du parlement, & notamment par celui du 22 août 1676, rendu sur l'intervention des officiers du châtelet.

Il y a des cas où les créances de la partie saisie peuvent demander que la procédure de la *saisie-réelle* ne soit point poursuivie, afin que les biens de leurs débiteurs ne soient pas consommés en frais. Ce droit appartient à celui qui, ayant acquis les biens avant la *saisie-réelle*, en a employé le prix à payer des créanciers privilégiés ou premiers en hypothèque. Le même droit peut être exercé par le premier créancier qui a acquis la terre, pour être payé de ce qu'on lui devoit. En effet, comme le créancier saisissant ne peut espérer de tirer aucun fruit de l'adjudication faite en justice, dont le prix doit être absorbé par celui qui a acquis avant la *saisie*, il est évident que ces procédures n'auroient d'autre objet que de consommer en frais une partie des biens au préjudice des créanciers: la justice ne doit point autoriser les procédures qui n'ont pour principe qu'une intention de nuire, sans espérance de profit pour celui qui les fait. L'intérêt est la mesure des actions, & dès que l'on n'a point d'intérêt dans une procédure, on n'est point recevable à la suivre. C'est sur ce principe que le jurisconsulte Marcien décide en la loi *creditor*, 12, ff, *qui potiores in pignore vel hypothecâ habeantur*, que si un créancier qui est le premier en hypothèque, est en possession du fonds qui étoit hypothéqué à sa créance, un créancier postérieur ne peut exercer contre lui l'action hypothécaire.

Mais pour que ce premier créancier acquéreur du fonds, ou un autre acquéreur subrogé aux plus anciens créanciers, puisse faire arrêter le cours des procédures de la *saisie-réelle*, il faut qu'il justifie que les créanciers postérieurs n'en tireroient aucun profit, sur le fondement que le bien a été vendu à sa juste valeur. C'est pourquoi nous voyons que par arrêt rendu au parlement de Paris le 16 juillet 1691, on a ordonné qu'une maison dont le prix devoit être employé à payer les plus anciens créanciers du vendeur, & qui depuis avoit été saisie réellement, seroit estimée, & que l'estimation ayant été faite & rapportée, on ordonna par un arrêt du 14 juillet 1692, que le contrat de vente seroit exécuté. Il seroit encore plus court que l'acquéreur demandât, qu'en cas que le créancier saisissant s'obstinât à poursuivre, il fût condamné à le rembourser de ce qui lui seroit dû, ou de ce qu'il auroit payé aux plus anciens créanciers, ou bien qu'il donnât caution, que l'héritage sera porté si haut, que l'acquéreur se trouvera indemnisé; car en ce cas les derniers créanciers ne peuvent dire que la vente ait été faite en fraude & au préjudice des droits qui leur étoient acquis.

Ce tempérament d'équité a paru si juste au parlement de Rouen, qu'il en a fait l'article 138 du réglement de 1666; il porte, que celui qui a acquis les héritages avant qu'ils eussent été saisis par décret, peut demander le paiement des dettes qu'il a acquittées, antérieures à celles pour lesquelles la *saisie* est requise, ou obliger le saisissant de donner caution de les faire payer en exemption du treizième & frais du décret.

Ces règles d'équité sont suivies en Lorraine.

Quand la loi permet d'hypothéquer un fonds à plusieurs créanciers, ce n'est que sous la condition tacite que les derniers créanciers n'auront de droit sur ce fonds qu'après que ceux qui les précèdent en ordre d'hypothèque seront payés; on ne leur fait donc point de tort, quand on ne leur permet point de se venger sur un fonds qui n'a pu leur être engagé que sous la condition, qui n'existe point, que les créanciers antérieurs seroient remplis.

Par une suite de ces mêmes principes d'équité, un premier créancier qui voit que le bien qui faisoit sa sûreté est saisi réellement, & qu'une partie de ce bien peut être absorbée en frais, peut demander qu'il lui soit adjugé pour le prix auquel il sera estimé par des experts. Henrys rapporte six arrêts qui l'ont ainsi jugé en faveur des plus anciens créanciers; le premier est du 8 janvier 1646; le second du 19 janvier 1647, les quatre autres sont des années 1647, 1648 & 1649; mais pour que le créancier puisse se rendre ainsi adjudicataire suivant l'estimation, il faut qu'il offre, 1°. de rembourser les créanciers antérieurs, s'il y en a; 2°. de laisser les héritages aux autres créanciers, à condition de le payer, ou de les faire porter à un si haut prix, qu'il puisse être payé de ce qui lui est dû, tant en principal & intérêts, que frais & dépens.

Quand plusieurs créanciers ont fait saisir réellement les biens de leur débiteur, il arrive souvent des contestations entr'eux pour savoir qui demeurera poursuivant. C'est la date des *saisies-réelles* qui doit servir de moyen de décision dans ces sortes de contestations; car, suivant l'ancienne maxime de notre droit françois, *saisie sur saisie ne vaut*; la première *saisie* l'emporte sur les suivantes, qui doivent être converties en oppositions : mais depuis l'établissement des commissaires aux *saisies-réelles*, ce n'est point celui qui a fait faire le premier exploit de *saisie* qu'on regarde comme le premier saisissant; on préfère celui qui a le premier fait enregistrer la *saisie-réelle*, parce que la première *saisie* enregistrée est celle qui a eu la première quelque effet; c'est pourquoi la seconde ne doit pas même être enregistrée, si on la présente au bureau où la première a été portée; cependant si la seconde est beaucoup plus ample que la première, c'est-à-dire, si l'on y a compris beaucoup plus de biens, l'usage est de donner la poursuite au second saisissant, & de convertir la première *saisie* en opposition, quoique la seconde *saisie* n'ait point été enregistrée la première; le second saisissant devient en ce cas le premier, par rapport aux biens que le plus diligent n'avoit point fait saisir; & ce seroit multiplier les frais inutilement, que de faire faire des poursuites & des procédures différentes, pour parvenir à l'adjudication des biens saisis; il vaut donc mieux joindre ces saisies, & donner la préférence pour la poursuite à celui dont la *saisie* est plus ample.

Lorsqu'il y a lieu de craindre des intelligences entre la partie qui a fait une *saisie-réelle* plus ample, & la partie saisie, on ordonne que le premier saisissant demeurera poursuivant, en remboursant celui qui a fait la seconde *saisie*. C'est l'espèce de l'arrêt rendu au rapport de M. de Vienne, le 7 septembre 1713, contre un fils qui demandoit la poursuite de la *saisie-réelle* des biens de son père, sous prétexte que la *saisie* qu'il avoit faite étoit plus ample que celle du premier saisissant.

Si celui qui est chargé de la poursuite de la *saisie-réelle* vient à donner main-levée, un autre créancier opposant peut se faire subroger à la poursuite; en ce cas tout opposant est censé saisissant; c'est le plus diligent qui est alors préféré : il en est de même si le poursuivant néglige de faire continuer les procédures, soit parce qu'il se trouve hors d'état d'avancer les frais, soit par pure négligence, soit par collusion avec la partie saisie. *Voyez* COLLOCATION, CRIÉES, DÉCRET, PRÉFÉRENCE,

SAISIE DU SEIGNEUR. *Voyez* SAISIE PAR PUISSANCE DE FIEF, SAISIE FÉODALE, SAISIE CENSUELLE.

SAISIE VERBALE étoit la *saisie* féodale, que dans la coutume d'Angoumois le simple seigneur du fief qui n'a point de sergens, ni autres officiers, & n'a seulement que justice foncière, faisoit sous son seing privé & le scel de ses armes pour la faire signifier par un sergent emprunté. *Voyez* la *coutume d'Angoumois*, *titre 1*, *art. 2*; & Vigier *sur cet article*. (*A*)

SAISINES & DÉSAISINE (*Droit de*), c'est un droit que le nouvel acquéreur d'un héritage roturier paie au seigneur pour en obtenir l'ensaisinement.

Il en est question dans un grand nombre de coutumes, & particuliérement dans celle de Paris, qui contient à cet égard des dispositions au moins inexactes. L'art. 73 porte que le seigneur peut poursuivre l'acquéreur « afin d'apporter & exhiber les » lettres d'acquisition d'icelui héritage si aucunes y » en a, *pour être payé des droits de* vente, *saisines* & » amende ».

Il suit de là que le seigneur peut exiger ce droit de *saisines*. Cependant l'art. 82 décide « que ne » prend *saisine* qui ne veut; mais si on prend *saisine*, » sera payé 12 deniers parisis pour la *saisine* ».

Cette dernière décision est celle qu'il faut suivre. L'ensaisinement ne peut même être d'aucune utilité à l'acquéreur, à moins que la qualité du domaine dans la main de son auteur & la nature de l'acte de vente ne l'exposent au *retrait* lignager : car alors le délai d'an & jour pour exercer le *retrait* ne court qu'à compter de l'ensaisinement.

Il y a néanmoins des coutumes, telles que Clermont en Beauvoisis, *art. 114*; où le seigneur peut exiger ce droit d'ensaisinement à peine de 60 s. d'amende. La formalité de l'ensaisinement a aussi beaucoup d'autres avantages dans les coutumes de nantissement. *Voyez* DÉVOIRS DE LOI, DÉSAISINE, NANTISSEMENT, *&c.* (*G. D. C.*)

SAISINE & TENURES. La coutume de Tournai, *tit. 9*, *art. 7* & suivans, donne ce nom à la *saisie* que le créancier d'une rente foncière fait de l'héritage qui en est chargé, à défaut de paiement, pour obtenir d'en être envoyé en possession. Cette coutume prescrit à cet égard des formalités particulières, qu'on peut consulter dans le *tit. 9* (*G. D. C.*)

SAISISSANT, adj. est le créancier qui a fait une *saisie* sur son débiteur. Dans les saisies mobilières, le premier saisissant est préféré aux autres, à moins qu'il n'y ait déconfiture. *Voyez* CONTRIBUTION, CRÉANCIER, DETTE, SAISIE. (*A*)

SALAGE, (*Droit féodal.*) on appelloit ainsi un droit que certains seigneurs percevoient sur les bateaux de sel passant en leurs terres. *Voyez* du Cange & le *glossarium novum* de dom Carpentier, au mot *Salagium 1*. (*G. D. C.*)

SALAIRE, f. m. est la récompense, ou le paiement d'un travail, ou d'un service; les *salaires* dus à un ouvrier, lorsqu'ils n'excèdent pas la somme de mille livres, sont mis au rang des matières sommaires par l'ordonnance de 1667. Les contestations qui s'élèvent sur la quotité du *salaire*, doivent se décider par une estimation d'experts, à moins que le juge n'apprécie lui-même ce qui peut être dû, selon les circonstances & la nature de l'ouvrage. *Voyez* OUVRIER.

SALIQUE. *Voyez* LOI SALIQUE.

SALLE, (*Droit féodal.*) on a ainsi appellé autrefois les cours ou tribunaux de quelques seigneuries. *Voyez* dom Carpentier au mot *Sala* 1, & la coutume de la *Salle* de Lille. (*G. D. C.*)

SALVAGE, (*Droit féodal.*) on a employé ce mot, 1°. pour sauve-garde; 2°. pour désigner le droit attribué à ceux qui sauvent les marchandises d'un vaisseau échoué. *Voyez* du Cange, aux mots *Salva gardia* & *Salvagium* 1. (*G. D. C.*)

SALVAGE (*lettres de*), ce sont des lettres de sauvage-garde. (*G. D. C.*)

SALVATIONS, s. f. plur. est un terme de pratique, par lequel on entend certaines écritures qui sont faites en repliques à des réponses à griefs, à des réponses à causes & moyens d'appel, à des contredits de production, & à des contredits de production nouvelle.

On les appelle *salvations*, parce que l'objet de ces écritures est de sauver les premières écritures, c'est-à-dire, de soutenir les moyens qu'elles renferment. *Voyez* APPOINTEMENT. (*A*)

SALVETÉ, (*Droit féodal.*) on a ainsi nommé un territoire, un certain district, une jurisdiction, ou même un village qui y étoit soumis. *Voyez* du Cange, au mot *Salvitas*, & les articles SAUVATIER & SAUVEMENT. (*G. D. C.*)

SATERIE, on a dit ce mot pour *sergenterie féodale*. *Voyez* ce dernier mot, & dom Carpentier, au mot *Satelles*. (*G. D. C.*)

SAUF, *terme de pratique*, qui sert à exprimer la réserve & exception que l'on fait de quelque chose, comme quand on dit *sauf à se pourvoir*, c'est-à-dire, qu'on réserve à se pourvoir. (*A*)

SAUF-CONDUIT, s. m. (*Droit civil.*) est le nom qu'on donne à des lettres émanées de l'autorité publique, par lesquelles on permet à quelqu'un d'aller en quelque endroit, d'y séjourner un certain temps, & de s'en retourner librement, sans crainte d'être arrêté.

Le roi pouvant, comme législateur, suspendre l'exécution de loix quand il a des raisons d'intérêt public pour le faire, accorde seul le *sauf-conduit* aux débiteurs contre lesquels il y a des contraintes par corps. Quand on est employé au service de l'état, on peut obtenir un *sauf-conduit*: on en accorde aussi aux personnes qui ne peuvent pas payer leurs dettes, parce que l'état leur doit. Il y a encore d'autres cas qui autorisent à demander un *sauf-conduit*; tel est celui où un négociant a perdu par un naufrage une partie de sa fortune, ou a eu ses effets consumés par un incendie, ou pillés par l'ennemi, *&c.*

Le *sauf-conduit* se demande par un mémoire que l'on remet au secrétaire d'état dans le département duquel se trouve le demandeur.

Par arrêt rendu au conseil d'état du roi le 27 janvier 1781, sa majesté a ordonné que les *saufs-conduits* qui pourroient être accordés aux marchands bouchers, n'auroient aucun effet à l'égard des dettes contractées par ces bouchers envers les fermiers de la caisse des marchés de Sceau & de Poissy, & les marchands forains pour raison des marchandises qui leur auroient été vendues dans ces marchés. En conséquence, sa majesté a autorisé tant ce fermier que ces marchands forains, à poursuivre l'effet des contraintes qu'ils pourroient avoir obtenues contre ces mêmes bouchers, nonobstant toutes significations du *sauf-conduit*, ou autres surséances générales ou particulières.

Dans le droit de gens, on appelle *sauf-conduit* la liberté accordée à quelqu'un des ennemis d'aller & de venir en sûreté. *Voyez le dictionnaire d'économie polit. & diplom.*

SAUNELAGE, c'est la même chose que *salage*. *Voyez* ce dernier mot, & du Cange, au mot *Saunaria* sous *Salinaria*. (*G. D. C.*)

SAUVATIER, (*Droit féodal.*) c'est l'habitant d'une salveté, ou celui qui paie le droit de sauvement. *Voyez* SALVETÉ & SAUVEMENT. (*G. D. C.*)

SAUVE-GARDE, s. f. On entend par lettres de *sauve-garde*, celles que le roi donne quelquefois à ceux qui réclament sa protection particulière contre des oppressions ou vexations qu'ils redoutent de la part de gens plus puissans qu'eux: par ces lettres le roi mande au premier huissier ou sergent sur ce requis, de conserver & maintenir le suppliant dans ses biens, possessions & droits contre ceux qui voudroient l'y troubler.

Ces lettres doivent être publiées & signifiées à qui il appartient; celui qui les a obtenues peut même en faire afficher des copies avec panonceaux royaux aux portes de ses maisons & héritages.

Il y a des *sauve-gardes* accordées pour la personne en quelque lieu qu'elle aille & d'autres pour les maisons & biens, afin qu'il n'y soit fait aucun dommage.

Il est parlé de ces *sauve-gardes* dans plusieurs coutumes & dans le recueil des ordonnances de la troisième race; on y trouve un grand nombre de lettres de *sauve-garde* accordées à des abbayes ou à des églises.

L'infraction de *sauve-garde* placée dans l'ordre des cas royaux par l'édit de Cremieu étoit autrefois puni de mort. *Infraction de sauve-garde & d'assurance jurée par la coutume de France*, dit Loysel, *mérite la mort.* La nouvelle jurisprudence a modéré cette peine, c'est aux juges qu'il appartient aujourd'hui de l'arbitrer. Elle est, suivant les circonstances, ou corporelle ou pécuniaire.

Article de M. Boucher d'Argis, *conseiller au châtelet, des académies de Rouen, Châlons-sur-Marne, &c.*

SAUVELAGE, c'est la même chose que *salvage*. *Voyez* ce mot. (*G. D. C.*)

SAUVEMANT. *Voyez* Sauvement.

SAUVEMENT *ou* Sauvemant, (*Droit féodal.*) c'est un droit dû à plusieurs seigneurs pour l'entretien des murs d'une ville ou d'un château, où ses sujets sont censés trouver leur sûreté, ou, comme le dit un arrêt du conseil, du 9 mars 1582, qui l'adjuge au comte de Rethelois, *à la charge de sauver ses sujets de gendarmes étrangers.*

Ce droit est connu dans le Nivernois, la Champagne, les deux Bourgognes, le Dauphiné, la Savoie, *&c.* Dans le Dauphiné, il consiste le plus souvent dans le vingtième de la récolte du bled & du vin, & on l'appelle communément par cette raison, *droit de vingtain.* Dans d'autres provinces, c'est une redevance déterminée en grains, en argent, ou en diverses denrées. Du Cange, au mot *Salvamentum*, rapporte l'extrait d'une chartre de Guillaume, comte de Nivernois, de l'an 1165. On y voit que ce droit se payoit par feu; mais que si la maison n'étoit pas habitée, & que les terres qui en dépendoient fussent néanmoins cultivées, il étoit dû seulement la moitié du droit. *Voyez* Vingtain, Salveté & Sauvatier. (*G. D. C.*)

SAUVENIEZ, (*Droit féodal.*) Il paroît que ce mot a été employé pour *sauvement* dans un traité fait en 1281, entre la maison de Beaujeu & le chapitre d'Auxerre. *Voyez* dom Carpentier, au mot *Salvamentum* 1. (*G. D. C.*)

S C

SCANDALE DES GRANDS, *scandalum magnatum*, est un terme de droit, par lequel on entend une injure ou offense faite à un personnage considérable, comme un prince, un prélat, un magistrat, ou autres grands officiers, en semant contre eux des médisances ou calomnies, d'où naissent la discorde & les débats entr'eux & ceux qui leur sont subordonnés, au mépris, & souvent au détriment de leur autorité.

On appelle aussi *scandalum magnatum* un ordre qu'on obtient en ce cas pour avoir des dommages ou intérêts contre le calomniateur, ou tel autre auteur du *scandale.*

SCANTINIA, loi, (*Droit rom.*) La loi *Scantinia* avoit été faite contre une certaine débauche que les loix n'ont jamais pu bannir de l'Italie. Il en est parlé dans la lettre de Cicéron. Cœlius lui mande: « venez au plutôt, vous trouverez bien ici de quoi » rire; vous y verrez Drusus juger les affaires qui ont » rapport à la loi *Scantinia* ». Ce Drusus étoit un débauché, qui fut prêteur en 703, & qui avoit exercé toutes sortes de violences dans le temps qu'il étoit tribun avec Vatinius. (*D. J.*)

SCEAU, *ou* SCEL, s. m. (*Droit public.*) est une lame de métal, ordinairement de figure ronde ou ovale, dans laquelle sont gravées en creux, la figure, les armoiries, la devise d'un roi, d'un prince, d'un état, d'un corps, d'une communauté, d'un seigneur particulier, & dont on fait des empreintes avec de la cire sur un papier ou parchemin pour le rendre authentique.

On appelle aussi *sceau*, cette empreinte que l'on appose à un acte, soit pour le rendre plus authentique, soit pour lui donner l'exécution parée.

On disoit autrefois *scel* au lieu de *sceau*, présentement on ne se sert plus du terme de *scel* que quand il est joint à quelque autre terme qui en caractérise l'espèce particulière, comme *scel* du châtelet, *&c.* & autres exemples que l'on verra ci-après au mot Scel.

Anciennement les *sceaux* ou cachets tenoient lieu de signature; présentement le *sceau* ne peut tenir lieu de signature ni dans les actes privés, ni dans les actes publics.

Les *sceaux* dont on use parmi nous sont de plusieurs sortes; savoir, le *scel* royal, le *scel* seigneurial, le *scel* ecclésiastique, le *sceau* municipal, & le *scel* privé.

Chacun de ces *sceaux* se subdivise en plusieurs espèces.

Par exemple, pour le *scel* royal, il y a le grand & le petit *sceau*, pour les grande & petite chancelleries; le *scel* présidial, le *scel* de justice, pour les jugemens; le *scel* aux contrats ou *scel* des notaires, pour les contrats & obligations; chacune de ces différentes espèces de *sceaux* sera expliquée ci-après au mot Scel.

Quelquefois par le terme de *sceau* on entend la séance où les lettres sont scellées. Cette séance est réputée une audience publique où l'on tient registre de ce qui se passe; & il y a plusieurs édits & déclarations qui y ont été publiés & registrés, le *sceau* tenant en la grande chancellerie.

Ce qui concerne le grand & le petit *sceau*, la fonction de garde-des-*sceaux*, & discipline des grandes & petites chancelleries, a été expliqué ci-devant aux mots Chancelier, Chancellerie & Garde-des-sceaux.

Nous nous bornerons à parler des formalités que l'on suit au conseil du *sceau.*

Le jour où ce conseil doit tenir pour le prochain *sceau* est ordinairement indiqué à la fin de la séance de chaque *sceau*, il est présidé par M. le chancelier ou M. le garde-des-*sceaux*, lorsque le roi ne le tient pas en personne.

Le roi n'assiste au conseil du *sceau*, que dans le cas où les charges de chancelier & de garde-des-*sceaux* sont vacantes, ou que les titulaires sont empêchés de faire leurs fonctions par des raisons majeures, ainsi qu'il est arrivé en 1757, lorsque M. de Machaut eut donné la démission de son office de garde-des-*sceaux*.

A cette époque le roi commit six conseillers d'état pour l'examen des lettres & expéditions, qui doivent être présentées au *sceau*, pour y assister, & y présenter ceux qui demanderoient à être pourvus des offices dont la nomination appartient au garde-des-*sceaux*, & donner les lettres de nomination, subdélégation & commission.

Suivant le réglement du 26 février 1757, le roi choisit au commencement de chaque quartier six maîtres des requêtes pour assister avec les conseillers d'état à l'assemblée, où l'on examine les lettres & expéditions, y rapporter les lettres conjointement avec les conseillers au grand-conseil, & le grand rapporteur qui est de service au *sceau*.

Les six conseillers d'état ont séance & voix délibérative au *sceau*; ils sont assis selon leur rang; les maîtres des requêtes & le grand rapporteur sont debout autour du fauteuil de S. M.

Les secrétaires du roi sont tenus de porter aux maîtres des requêtes, aux conseillers au grand-conseil, & au grand rapporteur de service, la surveille du *sceau*, les lettres de justice dans lesquelles il doit être fait mention du nom de celui qui en a fait le rapport, & elles sont par lui signées en queue.

Le *sceau* commence par la présentation des lettres dont le grand-audiencier est chargé; les maîtres des requêtes, les conseillers au grand-conseil, & le grand rapporteur, font ensuite le rapport des lettres qui les concernent, après quoi le garde des rôles présente les provisions des officiers, & le conservateur des hypothèques les lettres de ratification des rentes sur les revenus du roi. Les secrétaires du roi font ensuite lecture des lettres de grace qu'ils ont dressées, lesquelles sont communiquées aux conseillers d'état & maîtres des requêtes avant la tenue du *sceau*, & sont lesdites lettres délibérées par les conseillers d'état & maîtres des requêtes présens au *sceau*, & résolues par S. M.

Les conseillers d'état & maîtres des requêtes nommés par S. M. pour assister au *sceau*, s'assemblent la surveille du jour que le roi a indiqué pour la tenue du *sceau* chez le doyen du conseil, ou, en son absence, chez l'ancien des conseillers d'état, pour faire l'examen des lettres de grace, rémission, abolition, & pardon, & de toutes autres lettres de nature à être rapportées par les maîtres des requêtes & grand rapporteur, qui doivent être présentées au *sceau*.

Le grand-audiencier de quartier, le garde des rôles, & le conservateur des hypothèques y font les fonctions de leur charge à l'ordinaire, & sont placés debout après le dernier conseiller d'état de chaque rang; le scelleur ensuite proche le coffre des *sceaux*, & le contrôleur au bout de la table en la maniere accoutumée.

Les procureurs syndics & secrétaires du roi ont entrée chaque jour de *sceau*, ainsi que ceux qui sont députés pour y assister, & ils sont placés de même que les autres officiers de la chancellerie, derrière le siège des conseillers d'état.

Enfin le procureur-général de requêtes de l'hôtel & général des grande & petite chancelleries a aussi entrée au *sceau*, & prend place derrière les maîtres des requêtes.

Telle est la forme observée quand le roi tient les *sceaux* en personne. Mais lorsqu'il est présidé par M. le chancelier, ou M. le garde-des-*sceaux*, les conseillers d'état n'y assistent pas: ce conseil alors n'est ordinairement composé que de deux maîtres de requêtes ordinaires de l'hôtel du roi, de deux grands rapporteurs ordinaires en la grande chancellerie de France, du procureur du roi des requêtes de l'hôtel, qui est procureur-général des grande & petite chancelleries de France; du grand audiencier de France de quartier; du contrôleur général de l'audience de la grande chancellerie, de quartier; du garde des rôles des offices de France, de quartier; du conservateur des hypothèques sur les rentes assignées sur les domaines du roi, de quartier; du trésorier général des émolumens du *sceau* de la grande chancellerie, du scelleur de quartier; des procureurs-syndics & anciens officiers de la compagnie des conseillers-secrétaires du roi, maison, couronne de France & de ses finances; & des secrétaires du roi de la même compagnie, de service au *sceau*; de deux huissiers ordinaires du roi en la grande chancellerie de France; du chauffecire ordinaire, du fourrier ordinaire, du cirier de semestre, du porte-coffre de semestre, & du messager ordinaire de la grande chancellerie & suite du grand-conseil.

Tous ces officiers se rendent chez M. le garde-des-*sceaux* le jour indiqué pour la tenue du *sceau*, & remplissent les fonctions de leurs offices, ainsi qu'il suit:

Les conseillers du roi en ses conseils, maîtres des requêtes ordinaires de son hôtel, servent en la grande chancellerie chaque jour du *sceau*, au nombre de deux, savoir, l'ancien & le nouveau de chaque quartier, de service au conseil; ils rapportent, assis, les lettres en réglement de juges, les évocations & autres lettres de justice dont ils sont chargés, & ils donnent leur avis sur les lettres de rémission qui sont présentées au *sceau*.

Les grands rapporteurs & correcteurs des lettres de la grande chancellerie de France servent au *sceau* pendant toute l'année, & ont rang après les maîtres des requêtes; ils font les rapports comme eux, étant assis, & donnent aussi leurs avis sur les lettres de rémission.

Le procureur du roi des requêtes de l'hôtel est procureur-général de la grande chancellerie de France & de toutes les autres chancelleries du royaume; il siège au *sceau* immédiatement après les grands rapporteurs; il est chargé de l'exécution des réglemens faits pour les chancelleries, & d'empêcher qu'il ne se commette aucun abus & désordre dans ces chancelleries; il donne ses conclusions en toutes matières concernant le *sceau*; il a été maintenu dans tous ces droits par l'arrêt du conſeil d'état du roi du premier ſeptembre 1666, & lettres-patentes données en conſéquence.

Les maîtres des requêtes & grands rapporteurs font les rapports des lettres dont ils ſont chargés, après que le grand-audiencier a fait ſon rapport; ils aſſiſtent au *ſceau* en robe, ainſi que le procureur général de la grande chancellerie, & ils ſe tiennent debout lorſque c'eſt le roi qui préſide au *ſceau*.

Les grands-audienciers de France ſont au nombre de quatre; ils ſervent par quartier au *ſceau*, & font debout le rapport des lettres dont ils ſont chargés, qui ſont les édits & déclarations, lettres d'annobliſſement, de légitimation, de naturalité, de réhabilitation; les abolitions, rétabliſſemens, affranchiſſemens, amortiſſemens, privilèges, exemptions, dons, expéditions de finances, commiſſions ſur arrêts, & généralement tout ce qui s'expédie dans les bureaux des ſecrétaires d'état, & qui a beſoin d'être revêtu du *ſceau*; ils font auſſi au *ſceau* les lectures & publications des édits & déclarations, & les enregiſtrent ſur les regiſtres de l'audience de France. Le grand-audiencier eſt placé au *ſceau* devant M. le garde-des-*ſceaux*.

Les contrôleurs-généraux de l'audience de la grande chancellerie de France, ſont au nombre de quatre; ils ſervent par quartier au *ſceau*: leurs fonctions ſont de veiller à ce qu'on ne ſcelle point de lettres qui n'ont pas été préſentées à M. le garde-des-*ſceaux*, & d'empêcher qu'on les retire du *ſceau* ſans être taxées. Le contrôleur eſt placé près du coffre dans lequel on met les expéditions du *ſceau* pour être taxées.

La première création des offices des grands-audienciers & des contrôleurs-généraux de l'audience de la grande chancellerie de France, ſe perd dans l'antiquité; ces officiers font les informations de vie & mœurs des grands officiers de la grande chancellerie de France, ainſi que des gardes-des-*ſceaux*, audienciers, contrôleurs, ſecrétaires & payeurs des gages de toutes les autres chancelleries du royaume; ce ſont eux qui taxent toutes les lettres & expéditions qui ſont ſcellées au *ſceau*.

Les gardes des rôles des offices de France ſont au nombre de quatre, à la nomination de M. le garde-des-*ſceaux*; leurs fonctions ſont de préſenter les lettres de proviſions de tous les offices de juſtice, police & finances du royaume, ainſi que les duplicata, ſurvivances, commiſſions du grand *ſceau* pour exercer des offices, lettres de relief d'adreſſe & de ſurannation concernant les offices ſeulement, & les lettres de ratification concernant les greffes & autres offices domaniaux, & de veiller à la conſervation des droits des créanciers, au moyen des oppoſitions qui ſe forment en leurs mains, & dont ils doivent charger les proviſions pour être ſcellées à la charge de ces oppoſitions, à peine d'être reſponſables en leur nom des événemens que peut occaſionner cette omiſſion; ce ſont eux qui étendent le *ſoit montré* que M. le garde-des-*ſceaux* met ſur les proviſions pour faire les informations de vie & mœurs des officiers qui ſe préſentent pour être reçus dans quelque office de chancellerie. Le garde des rôles eſt placé au *ſceau* immédiatement à côté de M. le garde-des-*ſceaux*.

Les conſervateurs des hypothèques ſont au nombre de quatre, à la nomination de M. le garde-des-*ſceaux*; ils ont été créés par édit du mois de mars 1673; ils ſervent par quartier: leurs fonctions ſont de préſenter au *ſceau* les lettres de ratifications de la vente des rentes & augmentations de gages, aſſignées ſur les domaines du roi, tailles, gabelles, aides, entrées, décimes, dons gratuits & autres revenus du roi, & de veiller à la conſervation des droits des créanciers, au moyen des oppoſitions qui ſe font en leurs mains, & dont ils doivent charger les lettres de ratification, pour être ſcellées à la charge de ces oppoſitions, à peine d'être reſponſables en leur nom des événemens que peut occaſionner cette omiſſion. Le conſervateur des hypothèques eſt placé au *ſceau* à côté du grand-audiencier.

Le tréſorier général ancien, alternatif & triennal des émolumens du *ſceau* de la grande chancellerie de France & des autres chancelleries du royaume, a été créé par édit du mois de décembre 1655; il eſt à la nomination de M. le garde-des-*ſceaux*: ſes fonctions ſont de recevoir les droits des lettres, ſelon la taxe qui en eſt faite; ſon office n'eſt point regardé comme comptable, ainſi que l'édit du mois de décembre 1637 & la déclaration du roi du 22 février 1673, portant réglement général pour la grande chancellerie, l'ont déclaré.

Les grands-audienciers, contrôleurs-généraux de l'audience, garde des rôles, conſervateurs des hypothèques, & tréſorier du *ſceau*, ſont qualifiés du titre de *conſeiller du roi en ſes conſeils*, *ſecrétaire de ſa majeſté*, *maiſon*, *couronne de France & de ſes finances*; ils jouiſſent de tous les privilèges des ſecrétaires du roi, & ont le droit de dreſſer & ſigner toutes les lettres & expéditions de la grande chancellerie; ils aſſiſtent au *ſceau* en habit noir, manteau & rabat; aux grandes cérémonies, ils accompagnent M. le garde-des-*ſceaux*, & ils ſont vêtus de robes de velours noir à doubles manches, avec des toques de velours noir & cordon d'or.

Les conſeillers-ſecrétaires du roi, maiſon, couronne de France & de ſes finances, forment une compagnie de trois cens officiers, dont le roi eſt le chef: ils ont droit d'aſſiſter au *ſceau*, d'expédier & de ſigner toutes les lettres de chancellerie; ils font le rapport des lettres de grace, rémiſſion ou pardon. Ils ſont au *ſceau* en habit noir, manteau & rabat; ils accompagnent M. le garde-des-*ſceaux* dans les grandes cérémonies, & ils ſont vêtus de robes de ſatin noir à doubles manches, avec des toques de velours noir & cordon d'or.

Les ſcelleurs héréditaires de la grande chancellerie de France ſont au nombre de quatre; ces offices ont été créés par le roi ſaint Louis, qui en gratifia les quatre enfans d'Yvon de la Choue &

de Thérèse sa femme, en considération de ce qu'il avoit été nourri par ladite femme la Choue; ils servent par quartier, tant en la grande chancellerie qu'en celle près le parlement de Paris. Le jour du *sceau* ils se rendent dans le cabinet de M. le garde-des-*sceaux*, & prennent le coffre des *sceaux*, qu'ils portent devant lui dans la salle du *sceau;* ils scellent toutes les expéditions de la grande chancellerie; ils jouissent de tous les privilèges des secrétaires du roi, excepté la signature; ils servent au *sceau* en habit noir, l'épée au côté: aux grandes cérémonies, ils accompagnent M. le garde-des-*sceaux*, & ils sont vêtus d'habits de satin violet, avec des manteaux de velours de même couleur, & des toques de velours noir à cordon d'or. Lorsque les *sceaux* sont refaits, ce qui arrive à l'avénement de chaque roi à la couronne, les vieux *sceaux*, après avoir été rompus, sont donnés aux scelleurs, à qui ils appartiennent.

On se sert de deux sortes de *sceaux* pour sceller; l'un qu'on appelle le *grand sceau*, où le roi est représenté assis en son trône, le sceptre & la main de justice en ses mains; & l'autre, qu'on nomme le *sceau-dauphin*, où le roi est représenté à cheval & armé, ayant un écu pendu au cou, dans lequel sont empreintes les armes écartelées de la France & du Dauphiné, le tout dans un champ semé de fleurs-de-lys & de dauphins: le grand *sceau* a son contre-scel, dans lequel est gravé l'écusson de France; & le *sceau-dauphin* a aussi son contre-scel, dans lequel sont empreintes les armes de France & du Dauphiné; ayant pour support un ange. On se sert de ces *contre-sceaux* pour attacher à la pièce principale celles qu'il est nécessaire d'y joindre. Le *sceau-dauphin* sert pour sceller toutes les expéditions du Dauphiné, pour lesquelles on emploie de la cire rouge, excepté, pour les édits & autres chartres, qui sont scellés en cire verte avec ce *sceau*. On scelle avec le *grand-sceau* en cire jaune presque toutes les expéditions de la chancellerie, excepté les édits, lettres de rémission & autres lettres intitulées *à tous présens & à venir*, qui sont scellés avec ce *sceau* en cire verte, avec lacs de soie rouge & verte.

Les huissiers ordinaires du roi en la grande chancellerie de France sont au nombre de quatre à la nomination de M. le garde-des-*sceaux*: il y a différentes époques de la création de ces officiers, dont la première remonte à l'édit du roi Louis XI, donné à Jargeau le pénultième jour d'octobre 1473, portant création d'un huissier ordinaire pour servir auprès de M. le chancelier, tant à la grande chancellerie de France qu'au grand-conseil; ils servent deux auprès de la personne de M. le garde-des-*sceaux*, chaque jour de *sceau*, & ils l'accompagnent dans toutes les cérémonies, portant masses à côté de lui; leur habillement, les jours de *sceau*, est le même que celui des officiers de la grande chancellerie, l'habit noir, le manteau & le rabat, avec une chaîne d'or ornée de trois fleurs-de-lys qu'ils portent au cou; aux cérémonies ordinaires, ils ont des robes de soie noire, à manches pendantes, avec une toque de velours noir à cordon d'or; & aux grandes cérémonies, ils sont vêtus d'habits de taffetas violet & de robes de velours violet à doubles manches; leurs fonctions sont de veiller à ce qui se passe dans la salle du *sceau;* il y en a un qui se met derrière le fauteuil de M. le garde-des-*sceaux*, pour être à portée de prendre ses ordres, & l'autre a soin de ne laisser entrer ni souffrir en la salle de la chancellerie, durant le *sceau*, autres personnes que les officiers de la chancellerie: lorsque le roi tient le *sceau*, ils servent tous les quatre; ce sont eux qui font les publications, ventes & adjudications des offices qui se poursuivent au *sceau;* ils ont le droit de faire seuls, avec les huissiers des conseils du roi, toutes les significations qui se font à M. le chancelier ou à M. le garde-des-*sceaux*, entre les mains des gardes des rôles & des conservateurs des hypothèques, pour raison d'oppositions & des main-levées desdites oppositions; c'est aussi à eux de former les oppositions sur les offices dépendans des ordres du roi, entre les mains de MM. les chanceliers desdits ordres; ils signifient toutes les procédures qui se font dans les conseils du roi & dans les commissions ordinaires & extraordinaires desdits conseils, & ils ont le droit exclusif, avec les huissiers des conseils, de mettre à exécution dans la ville & fauxbourgs de Paris, & lieux où se tiennent lesdits conseils seulement, tous les arrêts & jugemens qui en émanent, lors même qu'il a été expédié une commission du grand-*sceau*, & ce à peine de nullité des procédures faites par d'autres huissiers. Ils sont exempts du droit de contrôle pour tous les actes qu'ils font, & de se faire assister de témoins; privilège dans lequel ils ont été maintenus par édit du mois de mai 1704.

Le chauffe-cire ordinaire de la grande-chancellerie de France & des autres chancelleries du royaume, est un officier à la nomination de M. le garde-des-*sceaux*, dont les fonctions sont de préparer la cire & de la présenter au scelleur; il jouit du droit de commettre à l'exercice de chauffe-cire dans les chancelleries près les cours supérieures du royaume, dans lequel droit il a été maintenu par arrêt du conseil d'état privé du roi, le 28 mai 1759.

Le fourrier ordinaire de la grande-chancellerie, est un officier à la nomination des grands-audienciers de France, qui a droit d'entrer au *sceau*, & dont les fonctions sont d'asseoir les logemens des officiers de la chancellerie dans les voyages du roi, attendu que la grande chancellerie suit sa majesté.

Les ciriers sont des officiers à la nomination des grands-audienciers de France, qui ont droit d'entrer au *sceau;* ils servent par semestre; leurs fonctions sont de fournir la cire pour le *sceau*, & de la faire préparer dans une pièce voisine de la salle où se tient le *sceau*.

Les

Les porte-coffres sont des officiers à la nomination des grands-audienciers de France, qui ont droit d'entrer au *sceau*; ils servent par semestre; leurs fonctions sont de faire porter, chaque jour de *sceau*, les coffres dans lesquels le contrôleur-général de l'audience de la grande-chancellerie met les expéditions du *sceau* qui doivent être taxées: ce sont eux qui sont chargés de faire porter les avertissemens pour le jour du *sceau*, chez tous les officiers qui doivent y assister.

Le messager ordinaire de la grande-chancellerie de France & suite du grand-conseil, est un officier à la nomination de M. le garde-des-*sceaux*, qui a droit d'entrer au *sceau*; ses fonctions sont de porter au *sceau* les arrêts, commissions & autres expéditions émanées du grand-conseil, pour les faire sceller du grand-*sceau*, conformément aux lettres-patentes du roi François I, du 11 décembre 1569, à l'ordonnance de M. le chancelier d'Aligre du 26 novembre 1625, & à l'arrêt du conseil d'état du roi du 8 septembre 1670, qui ordonnent que les arrêts, commissions & autres expéditions émanées dudit grand-conseil, ne pourront être scellés qu'en la grande-chancellerie de France.

Les chauffe-cire, ciriers, porte-coffres & messager servent au *sceau* en habit noir sans épée.

On appelle *petit-sceau*, le *sceau* qu'on appose aux lettres qui se délivrent dans les chancelleries établies près les différentes cours du royaume. La manière dont il se tient est expliquée aux mots CHANCELLERIE *près les cours*, & GARDE-DES-SCEAUX *des chancelleries près les cours*.

Ce qui concerne la tenue du *sceau* dans les présidiaux est expliqué au mot GARDE-DES-SCEAUX *des chancelleries présidiales*.

Les fonctions des gardes-des-*sceaux* dans les jurisdictions royales, & des gardes-des-*sceaux* aux contrats, sont aussi expliquées aux mots GARDES-DES-SCEAUX *des jurisdictions royales*, & GARDES-DES-SCEAUX *aux contrats*.

Les autres usages qui ont rapport, soit au scel ecclésiastique, ou au scel seigneurial, & autres scels particuliers, sont expliqués ci-après au mot SCEL.

SCÉDULE, s. f. signifie parmi nous, toute promesse, billet ou autre écrit fait de main privée.

Cependant ce terme se prend aussi, en quelques occasions, pour l'exploit ou rapport de l'huissier. *Voyez* ci-après SCÉDULE ÉVOCATOIRE.

Ce terme vient du latin *scheda*, lequel, chez les Romains, s'entendoit de la première note ou mémoire que le notaire prenoit d'un acte qu'on vouloit passer. Cette première note ne faisoit aucune foi en justice, elle ne tenoit point lieu de minute; c'est pourquoi, parmi nous, l'on a donné le nom de *scédules* aux promesses & billets sous seing-privé.

« *Cédules* & obligations, dit la coutume de Paris, » *art. 89*, faites pour sommes de deniers, marchandises ou autres choses mobilières, sont censées & réputées meubles.

» *Cédule* privée, dit l'article 107, qui porte promesse de payer, emporte hypothèque du jour de la confession, ou reconnoissance d'icelle faite en jugement ou pardevant notaires, ou que par jugement elle soit tenue pour confessée, ou du jour de la dénégation en cas que par après elle soit vérifiée ».

SCÉDULE, est aussi un acte que les procureurs donnent au greffier pour constater leur présentation, ou pour faire expédier les défauts & congés qui se prennent au greffe. *Voyez* CONGÉ, DÉFAUT, PRÉSENTATION.

SCÉDULE ÉVOCATOIRE, est un exploit tendant à faire évoquer une affaire pour cause de parenté ou alliance. *Voyez* ÉVOCATION. (*A*)

SCEL, s. m. (*Droit public.*) est la même chose que *sceau*. L'ancien terme de *scel* s'est encore conservé pour désigner avec un surnom particulier, les différentes espèces de *sceaux*. *Voyez* les articles suivans.

SCEL DES APANAGES, est le *scel* particulier des princes de la maison royale qui ont un apanage, & dont leur chancelier ou garde-des-sceaux scelle toutes les lettres qui s'expédient pour les personnes & lieux de l'apanage. *Voyez* au mot GARDE-DES-SCEAUX, l'article GARDE-DES-SCEAUX DES APANAGES.

SCEL ATTRIBUTIF DE JURISDICTION, est celui qui a le privilège d'attirer devant le juge auquel il appartient, toutes les contestations qui naissent pour l'exécution des actes & jugemens passés sous le *scel*; tel est le *scel* du châtelet de Paris, qui attire à sa jurisdiction de tous les endroits du royaume; tels sont aussi ceux d'Orléans & de Montpellier, ceux des chancelleries de Bourgogne, & quelques autres dont le privilège est plus ou moins étendu. *Voyez* SCEL DU CHATELET.

SCEL AUTHENTIQUE, peut s'entendre en général de tout *sceau* public qui est apposé à quelque acte ou jugement; mais on entend plus ordinairement par *scel authentique*, le *scel* public d'une justice seigneuriale dont on scelle les jugemens & contrats passés dans cette justice. On l'appelle *authentique*, pour le distinguer du *scel* royal & des sceaux privés, ou des particuliers, lesquels ne sont pas exécutoires. Quelquefois, pour éviter toute équivoque, on l'appelle *scel authentique & non royal*. La distinction de ces deux sceaux est établie dans les anciennes ordonnances, notamment dans celle de Charles VIII, de l'an 1493, *art. 54*; & dans celle de François I, de l'an 1539, *art. 65 & 96*; la coutume de Paris, *art. 165*, porte que les obligations passées sous *scel authentique* & non royal, sont exécutoires sur les biens meubles & immeubles de l'obligé, pourvu qu'au jour de l'obligation passée, les parties obligées fussent demeurantes au lieu où l'obligation est passée. *Voyez* Brodeau, & les autres commentateurs sur cet article.

Scel aux causes, est celui dont on se sert pour les jugemens, & qui est différent du *scel* aux contrats. On apposoit aussi ce *scel* aux causes, à des *vidimus* de lettres-patentes, pour leur donner plus d'authenticité : on en trouve un exemple dans un *vidimus* de l'an 1345, rapporté dans le troisième tome des ordonnances du Louvre, *pag. 167*, « en » témoin des choses dessusdites, nous avons mis à » ce *vidimus* notre *scel* aux causes ». *Voyez* ci-après Scel aux contrats & Scel aux jugemens.

Scel de la chancellerie, est le *scel* dont on use dans les différentes chancelleries. Il y a en France deux sortes de *scels* ou *sceaux de chancellerie*, qu'on appelle le *grand* & le *petit-sceau*; le grand-sceau est celui qu'on appose aux lettres qui se délivrent en la grande-chancellerie, le petit-sceau est celui qu'on appose aux lettres qui se délivrent dans les chancelleries établies près les différentes cours du royaume, & près des présidiaux. Il y a aussi le contre-*scel* de la chancellerie. *Voyez* Contre-scel.

Scel des chancelleries de Bourgogne. *Voyez* au mot Chancellerie, l'article Chancelier de Bourgogne.

Scel du chatelet, on sous-entend *de Paris*, est un sceau royal dont on use au châtelet pour sceller les jugemens émanés de ce tribunal, & les actes reçus par les notaires au châtelet, afin de rendre ces jugemens ou actes exécutoires, ou du moins de rendre plus authentiques ceux qui ne sont pas de nature à emporter exécution parée, tels que les légalisations, & autres actes qui ne renferment aucune condamnation ni obligation liquide.

Du temps que la prévôté de Paris étoit donnée à ferme, le prévôt avoit son sceau particulier, comme les autres magistrats, dont il scelloit tous les actes émanés de la jurisdiction contentieuse ou volontaire, & cela seul les rendoit authentiques sans autre signature.

Mais lorsque le roi eut séparé la prévôté de Paris des fermes de son domaine, & qu'il l'eut donnée en garde à Etienne Boileau, alors cette jurisdiction ayant le roi même pour prévôt, ses actes commencèrent d'être scellés du sceau royal.

C'est de-là que cet ancien *scel du châtelet* avoit conservé la figure des sceaux de saint Louis, & de quelques-uns des rois ses successeurs; ce sceau n'étoit chargé que d'une seule fleur-de-lis fleuronnée de deux petits trèfles, telle qu'on en voit au bas des chartres ou lettres de ces princes; c'étoit le contre-*scel* de leur chancellerie, c'est-à-dire, celui qui étoit apposé au revers du grand-sceau; ils s'en servoient aussi pour leur sceau privé.

Ces deux sceaux furent donc d'abord parfaitement conformes; mais sous le règne du roi Jean, les trèfles qui étoient dans le *scel du châtelet*, furent changés en deux petites fleurs-de-lis, sortant du cœur de la fleur principale; on mit autour pour légende ces mots : *sigillum præpositurœ parisiensis*; & l'on ajouta un grenetis autour de la légende.

Cet usage souffrit quelque changement en conséquence de l'édit de Charles IX du mois de juin 1568, appellé communément l'*édit des petits sceaux*. Jusques-là les *sceaux* des justices royales étoient compris dans les fermes du domaine du roi; les fermiers commettoient à l'exercice; le châtelet de Paris avoit seul son scelleur en titre d'office : Charles IX par son édit créa un semblable officier dans les autres justices royales, & ordonna que ces officiers scelleroient d'un *sceau* aux armes de France, tous les contrats, sentences & autres actes portant contraintes ou exécutions.

Le scelleur du châtelet, quoique établi long-temps avant cet édit, y fut soumis comme les autres scelleurs, l'édit étant généralement pour tout le royaume; ensorte que tous contrats, sentences & autres actes qui devoient produire quelque contrainte ou exécution, furent dès ce moment scellés au châtelet comme dans les autres jurisdictions royales, d'un *sceau* à trois fleurs-de-lis.

Néanmoins on conserva encore l'usage de l'ancien *sceau* empreint d'une seule fleur-de-lis fleuronnée de deux petites, comme un monument précieux de l'antiquité & des prérogatives du châtelet; mais l'usage en fut limité aux adjudications par décret & aux légalisations, parce que l'édit des petits *sceaux* ne faisoit point mention de ces actes.

Il faut pourtant observer par rapport à cet ancien *sceau*, que dans les actes qui en portent l'empreinte depuis l'édit de 1568 jusqu'en 1696, la fleur-de-lis se trouve accompagnée de deux autres figures, l'une qui représente des tours, & l'autre d'un écusson chargé d'un chevron accompagné en chef de trois têtes d'oiseau arrachées & en pointe d'un rameau d'arbre. On n'a pu découvrir l'origine de ces armes. M. de la Mare conjecture que c'étoient celles de quelqu'un des scelleurs, & que les tours ne furent mises de l'autre côté que pour les accompagner.

Quoi qu'il en soit, cet ancien *sceau* n'est plus d'usage depuis l'édit de 1696, qui a établi le *sceau* chargé de trois fleurs-de-lis.

Le *scel du châtelet* étoit autrefois unique, c'est-à-dire, qu'il n'y avoit d'autre *scel* royal dans tout le royaume que ce *scel* avec celui de la chancellerie; c'est pourquoi il étoit aussi universel, & l'on s'en servoit en l'absence du grand *sceau* pour sceller les lettres de la grande chancellerie.

Firmin de Coquerel, évêque de Noyon, étant sur le point de faire un voyage de long cours, Philippe de Valois fit expédier des lettres-patentes le 4 janvier 1348, pour régler la manière dont on en useroit pendant l'absence du grand *sceau*. Elles portent commission à Pierre de Hangets & Fouques Bardoul pour sceller du *scel du châtelet* toutes lettres qui leur seroient présentées & qu'ils jugeroient devoir être scellées pendant l'absence du chancelier, comme cela s'étoit déjà pratiqué en d'autres occasions.

Le roi Jean se servit du même *scel* au commencement de son règne pour la conservation des privilèges du clergé : *datum*, est-il dit à la fin, *Parisiis in parlamento nostro, die 23 novembris anno domini 1350, sub sigillo castelleti nostri parisiensis, in absentiâ majoris.* Le traité fait par le même roi & par le dauphin son fils avec Amédée, comte de Savoye, le 5 janvier 1354, fut aussi scellé du même *scel* pour l'absence du grand.

Charles, dauphin de Viennois, duc de Normandie, & régent du royaume, en usa aussi pendant l'absence du roi Jean son père, pour les ordonnances qu'il fit au mois de mars 1356, & pour des lettres qu'il accorda à divers particuliers.

Le roi, de retour d'Angleterre, scella encore de ce même *scel*, en l'absence du grand, des lettres qu'il accorda aux marchands de marée, aux mois d'avril 1361 ; un réglement pour le guet, du 6 mars 1363 ; les statuts des teinturiers, du mois d'octobre 1369, & plusieurs autres lettres.

Le *scel du châtelet*, par un droit royal qui lui est particulier, est attributif de jurisdiction, & attire de tout le royaume au châtelet, à l'exclusion de tous autres juges, toutes les actions qui naissent des actes scellés de ce *scel*.

Lorsque Philippe le long, par son édit du mois de janvier 1319, unit à son domaine tous les *sceaux* des jurisdictions qui s'exerçoient en son nom, tous les juges des jurisdictions royales furent en droit de se servir de *sceaux* aux armes du roi ; ils prirent de-là occasion de méconnoître le privilège du *scel du châtelet*, & de refuser de renvoyer à ce tribunal les affaires qui s'élevoient pour l'exécution des actes passés sous ce *scel* ; mais la question fut décidée en faveur du châtelet par quatre arrêts solemnels des 31 décembre 1319, 13 mars, & de la S. Martin 1331 & 1350.

Ce même privilège fut confirmé par des lettres de Charles V du 8 février 1367, & par d'autres lettres de Charles VII & de Louis XI des 6 octobre 1447, & 25 juin 1473 ; & encore depuis, contre le parlement de Normandie, par trois arrêts du conseil, des 1 juin 1672, 3 juillet 1673, & 12 mai 1684.

Il est donc certain que le *scel du châtelet* est attributif de jurisdiction, mais il reste encore à savoir dans quels cas ce privilège a lieu ?

A cet égard, la maxime est que ce privilège a lieu toutes les fois que l'action se trouve fondée sur une obligation personnelle qui résulte d'un acte passé sous le *scel du châtelet* ; ainsi il produit son effet, non seulement entre les parties qui ont contracté & leurs héritiers, mais encore à l'égard de toutes les personnes qui les représentent.

Par exemple, que le créancier d'une rente créée, ou d'une obligation passée sous le *scel du châtelet*, transporte ses droits à un tiers, le cessionnaire pourra poursuivre le débiteur au châtelet de Paris, de même qu'auroit fait le cédant. Il en seroit de même du légataire ou du créancier qui exerce les droits de son débiteur.

Mais l'attribution cesse dès que l'action est dirigée contre un tiers, parce qu'il n'y a plus d'obligation personnelle, du moins qui dérive du contrat ; de-là vient que le détenteur de l'héritage hypothéqué ne peut être traduit hors de sa jurisdiction, en vertu de ce privilège, quoique l'on ait conclu personnellement contre lui à une restitution de fruits, parce que cette obligation personnelle dérive de la jouissance, & non de la convention.

C'est encore une maxime que le privilège est réciproque & a son effet, tant en défendant qu'en demandant. Un des contractans assigné devant son juge naturel en exécution d'un acte passé sous le *scel du châtelet*, peut, contre le droit commun, décliner sa propre jurisdiction pour demander son renvoi au châtelet.

Mais la difficulté seroit de savoir si le défendeur n'ayant point décliné, le juge d'attribution seroit en droit de revendiquer la cause ; il semble d'abord qu'on doit conclure contre la négative, parce que les parties ne font que suivre le droit commun ; néanmoins le privilège étant réel, & n'étant pas donné aux personnes, mais au *scel* de la jurisdiction, il ne dépend pas des parties d'y donner atteinte, & le juge ne doit pas avoir moins de liberté de réclamer, que chaque partie de se pourvoir devant lui.

Divers arrêts, un entre autres du 10 juillet 1739, ont jugé que le *sceau* du châtelet n'étoit point attributif de jurisdiction contre le bailliage du palais. Il n'a pareillement point d'effet dans les affaires dont la connoissance est attribuée à la connétablie. *Voyez* SCEL D'ORLÉANS.

SCEL COMMUN, c'est le *scel* de la communauté, ou des villes.

SCEL AUX CONTRATS, est celui que les notaires garde-*scels*, apposent aux grosses, ou expéditions des contrats, pour les rendre exécutoires. *Voyez* GARDES-DES-SCEAUX AUX CONTRATS.

SCEL DES CONSULS, est celui dont on use dans les jurisdictions consulaires ; il est empreint de trois fleurs-de-lis, avec ces mots autour, *sceau de la jurisdiction des juges & consuls de Paris* ; il y en a de semblables dans les autres jurisdictions consulaires. *Voyez* le recueil concernant la jurisdiction des consuls.

On entend aussi quelquefois par *scel des consuls*, celui dont usent les consuls de France, résidans dans les échelles du levant & autres. *Voyez* CHANCELIER DES CONSULS & CONSULS.

CONTRE-SCEL. *Voyez* ci-devant à la lettre C, le *mot* CONTRE-SCEL.

SCEL DELPHINAL, étoit celui dont usoient les dauphins de Viennois ; on entend aussi par-là celui dont le roi use pour les expéditions qui concernent cette province, lequel est écartelé de

France & de Dauphiné. On scelle pour cette province en cire rouge.

SCEL ECCLÉSIASTIQUE, est celui dont usent les juges ecclésiastiques, pour les jugemens & ordonnances qu'ils rendent, & les notaires apostoliques pour les actes qu'ils reçoivent. Ce *scel* est authentique, mais il n'emporte ni exécution parée ni hypothèque, parce que les juges d'église n'ont point de territoire réel, & que leur jurisdiction ne s'étend que sur les personnes qui sont leurs justiciables, & non sur les biens.

SCEL DES FOIRES, étoit celui qui étoit donné au juge conservateur des privilèges des foires, pour sceller ses jugemens, & pour sceller les actes qui se passoient en temps de foire, & sous l'autorité & le privilège des foires; tel étoit le *scel* des foires de Brie & de Champagne; tel est encore le *scel* des foires de Lyon, dont la conservation de la même ville est dépositaire. *Voyez* CONSERVATION & FOIRES.

SCEL GRAND, est l'empreinte du *grand sceau*, c'est-à-dire du *scel* de la grande chancellerie. *Voy.* SCEAU.

SCEL AUX JUGEMENS, est celui qui est donné aux jurisdictions royales pour sceller leurs jugemens; on l'appelle ainsi pour le distinguer du *scel* aux contrats. *Voyez* SCEL AUX CONTRATS.

SCEL DES JUIFS, étoit celui dont ils usoient autrefois en France, pour les obligations faites à leur profit; la raison pour laquelle ils avoient un *sceau* particulier, est que suivant leur loi ils ne pouvoient se servir des figures d'hommes empreintes, gravées ou peintes; mais Louis VIII, en 1227, ordonna qu'à l'avenir ils n'auroient plus de *scel* particulier.

SCEL DE MONTPELLIER, ou *petit scel de Montpellier*, est un *scel* particulier donné à cette ville par S. Louis, pour faciliter le commerce de la province de Languedoc; il est attributif de jurisdiction, comme celui du châtelet; la cour du petit *scel de Montpellier* connoît des contrats passés sous ce *scel*; ses privilèges sont de pouvoir saisir en même temps la personne & les biens du débiteur, de ne recevoir ses défenses qu'après qu'il a consigné la somme demandée, de ne souffrir aucune exception dilatoire, mais seulement celle du paiement de la dette, ou la convention de ne la point demander, ou la fausseté de l'acte; il fut dressé à cet effet un style particulier, qui s'observe encore exactement; la cour du petit *scel* fut d'abord établie à Montpellier, puis transférée à Aiguemorte, & enfin remise à Montpellier, où elle est restée; elle est composée d'un juge, d'un lieutenant & d'un greffier; il y avoit d'autres lieutenans répandus par tout le royaume, qui en 1490 furent réduits aux lieux de leur premier établissement, savoir; Pezenas, Carcassonne, Clermont, Toulouse, Alby, Villefranche, Mendes, Villeneuve-les-Auvergnes, le Pont S. Esprit, le Puy, Lyon, Saint-Flour, Paris, Usez, Gignac & Tulles; ils n'avoient d'autre pouvoir que de faire arrêter les débiteurs, & en cas de contestation, ils renvoyoient devant le juge, de sorte que la contrainte par corps ayant été abrogée par l'ordonnance de 1667, ces lieutenans sont demeurés sans jurisdiction ni fonction. *Voyez l'état de la France*, de Boulainvillers, *tom. VIII.*

SCEL DES NOTAIRES, ou *scel aux contrats*, est celui qui est destiné à sceller les actes des notaires; à Paris, ils sont garde-*scel* & scellent eux-mêmes leurs actes.

SCEL DES OBLIGATIONS, est la même chose que *scel* aux contrats.

SCEL D'ORLÉANS, est celui dont on se sert au châtelet d'Orléans; ce *scel* est attributif de jurisdiction, ce privilège y est fondé sur une possession immémoriale, confirmée par un grand nombre d'arrêts qu'on peut voir dans Bornier, en ses notes sur la coutume d'Orléans, *art. 463*.

SCEL PENDANT, est celui qui est attaché aux lettres avec des lacs de soie ou de parchemin, à la différence de certains *sceaux* ou cachets qui sont appliqués sur les lettres mêmes.

PETIT SCEL, *ou* PETIT SCEAU, est celui dont on use dans les chancelleries près les cours.

On appelle aussi *petit scel*, le *sceau* des actes judiciaires émanés des jurisdictions royales, dont les droits font partie de la régie des domaines, & dont la formalité est remplie par les commis de cette régie, en mettant seulement sur les actes & jugemens, un certificat portant qu'ils ont été scellés, & que le droit a été acquitté. Nous ne nous arrêterons pas sur cet objet qui appartient plus à la finance qu'à la jurisprudence.

SCEL PRÉSIDIAL, est celui dont on se sert dans les présidiaux pour sceller les jugemens, & dans les chancelleries présidiales pour sceller les lettres qui s'y expédient. *Voyez* CHANCELLERIE PRÉSIDIALE, & PRÉSIDIAL.

SCEL PRIVÉ, est celui qui n'est point public ni authentique; c'est le *sceau* ou cachet d'un particulier qui n'a point de caractère pour avoir un *scel*.

SCEL PROPRE, est le *sceau* ou cachet dont chacun a coutume d'user pour ses expéditions particulières.

SCEL PROVENÇAL, est celui dont usoient les comtes de Provence, & dont le roi use encore dans les lettres qu'il donne pour cette province, elles sont scellées en cire rouge.

SCEL PUBLIC, est opposé à *scel privé*; tout *scel* royal & authentique, soit ecclésiastique ou seigneurial, est un *scel public*.

SCEL A QUEUE PENDANT, est celui qui est attaché aux lettres par le moyen d'une queue de parchemin qui est prise dans le *sceau*.

SCEL DE LA RÉGENCE, est celui dont les régens du royaume usoient autrefois, pendant le temps de leur administration; ils ne se servoient point du *scel* du roi, mais de leur *scel* propre, que l'on appelloit alors *scel de la régence*; présentement quand il arrive une régence, on continue toujours à se servir du *scel* du roi.

SCEL DE LA RIGUEUR *de Nismes*, ou de quelque autre jurisdiction semblable, est celui qui donne droit de contraindre ceux qui ont contracté sous ce *scel*, suivant les rigueurs ou forces des conventions de cette cour. *Voyez ci-après* SCEL RIGOUREUX.

SCEL RIGOUREUX, est celui qui donne droit d'exécution parée & de contrainte, contre celui qui s'est obligé sous la rigueur de ce *scel*, non seulement sur ses biens, mais aussi sur sa personne; à Nismes il y a un juge des conventions qui a *scel* royal authentique & rigoureux; il connoît des conventions faites & passées aux forces & rigueurs de sa cour, aux fins de contraindre les débiteurs à payer par saisie & vente de leurs biens, & détention de leurs personnes, pourvu qu'ils s'y soient soumis; & que la somme soit au moins de dix livres. *Voyez* le style de Nismes de l'an 1659, & le *gloss.* de M. de Laurière au mot *Rigueur.*

SCEL DU SECRET, *ou* SCEL SECRET, étoit proprement le petit *sceau* ou cachet du roi; il étoit porté par un des chambellans; toutes les lettres qui devoient être scellées du grand *sceau*, devoient d'abord être examinées par deux maîtres des requêtes, puis scellées du *scel du secret*, après quoi le chancelier y apposoit le grand *sceau.* M. de Laurière croit que le *scel secret* étoit la même chose que le *scel* privé ou particulier, que le *scel* privé du prince, qui étoit beaucoup plus petit que le grand *sceau*, est le même qu'on a appellé depuis *contre-scel.*

Il est aussi parlé en quelques endroits du *scel secret* des juges, c'est-à-dire, de leur *scel privé. Voyez le recueil des ordonnances de la première race, tom. I & II.*

SCEL SEIGNEURIAL, est celui du seigneur haut justicier, dont on scelle les jugemens émanés des jurisdictions, & les actes reçus par ses notaires; ce *scel* est public & authentique, & a le même effet que le *scel* royal, pourvu qu'il ne soit appliqué qu'à des actes passés dans la jurisdiction; on l'appelle quelquefois *scel authentique*, pour le distinguer du *scel* royal.

SCEL VACANT, c'est lorsqu'il n'y a point de garde-des-*sceaux*, & que le roi tient lui-même le *sceau.*

SCEL DES VILLES, *ou* SCEL COMMUN, est celui dont les officiers municipaux font apposer à leurs expéditions qu'ils veulent rendre publiques & authentiques.

SCELLÉ, s. m. (*terme de Pratique*) est l'apposition d'un sceau sur les effets de quelqu'un pour la conservation de ces mêmes effets, & pour l'intérêt d'un tiers.

Dans les justices seigneuriales le *scellé* est aux armes du seigneur; mais les officiers ne peuvent pas l'apposer sur les effets du seigneur; cela n'appartient qu'aux officiers royaux. Dans les justices royales il est aux armes du roi.

Le *scellé* se met sur les coffres, cabinets, & portes des chambres où sont les effets, par le moyen d'une bande de papier qui est attachée aux deux bouts par des sceaux ou cachets en cire rouge, de manière que cette bande de papier couvre les serrures & empêche d'ouvrir les portes & autres lieux fermés sur lesquels le *scellé* est apposé.

Quelquefois pour empêcher que le *scellé* apposé à une porte extérieure ne soit endommagé par inadvertence ou autrement, on le couvre d'une plaque de taule attachée avec des clous.

L'usage des *scellés* nous vient des Romains; il en est parlé dans le code Théodosien, *l. ult. de administrat. tut.* & dans le code de Justinien, en la loi *scimus*, au code *de jure deliberandi.*

Plusieurs de nos coutumes ont aussi quelques dispositions sur le fait des *scellés*, telles que celles de Clermont, Sens, Sedan, Blois, Bretagne, Auvergne, Bourbonnois, Anjou & Maine.

Mais la plupart des règles que l'on suit en cette matière, ne sont fondées que sur les ordonnances, arrêts & réglemens.

C'est au juge du lieu à apposer le *scellé*, à moins qu'il n'y ait des commissaires en titre, comme au châtelet de Paris, où cette fonction est réservée aux commissaires au châtelet.

Il y a néanmoins des cas où le *scellé* est apposé par d'autres officiers, par une suite de la jurisdiction qu'ils ont sur certaines personnes. Par exemple, c'est le parlement qui appose le *scellé* chez les princes du sang; la chambre des comptes est en droit de l'apposer chez les comptables dont les comptes ne sont pas apurés; & si le *scellé* étoit déjà apposé par les officiers ordinaires, ceux de la chambre des comptes sont en droit de le croiser.

Croiser le scellé, c'est en apposer un second pardessus le premier, de manière qu'on ne peut lever le premier sans lever auparavant le second; & dans le cas où le premier *scellé* est ainsi croisé, on assigne ceux qui l'ont apposé pour être présens à la levée des deux *scellés* & venir reconnoître le leur.

Les officiers du châtelet de Paris peuvent, par droit de suite, apposer le *scellé* par tout le royaume, pourvu que le défunt ait eu son principal domicile à Paris.

Les commissaires des pauvres du grand bureau de Paris ont, exclusivement à tout autre officier, le droit d'apposer les *scellés* & de faire les inventaires après le décès des pauvres qui sont à l'aumône de ce bureau.

Le prévôt de la prévôté de l'hôtel a droit d'apposer le *scellé* après le décès des personnes attachées à la suite du roi, ou à celles de la reine & de la famille royale, & décédées pendant le temps de leur service; mais ce droit ne peut être exercé que sur les effets trouvés dans les logemens occupés par ces personnes *pour le temps de leur service seulement*: car si ces personnes étoient décédées, même pendant le temps de leur service, dans des maisons qui leur appartinssent, ou qu'elles eussent louées pour un temps plus long que celui de leur service, l'apposition de *scellé* seroit de la compétence du juge ordinaire, attendu que ces maisons ne seroient pas comprises, en pareil cas, dans la jurisdiction du prévôt de l'hôtel.

Le bailli du palais peut, lorsque le défunt a son domicile principal dans sa jurisdiction, aller apposer le *scellé* dans les autres endroits situés dans l'étendue du ressort du châtelet; & réciproquement les commissaires du châtelet peuvent apposer le *scellé* par suite, dans le territoire du bailliage du palais. C'est ce que porte l'article 2 d'un édit du mois d'octobre 1712, servant de réglement entre les officiers du châtelet de Paris & ceux du bailliage du palais.

Le titre 29 de l'ordonnance du roi, du 1 mars 1768, règle ce qui doit être observé relativement aux *scellés* & inventaires des officiers des états-majors des places & autres.

Le *scellé* peut être apposé en différens cas, savoir:

1°. Après le décès du débiteur, à la requête d'un créancier, pourvu que celui-ci soit fondé en titre, & pour une somme certaine, ou bien pour réclamer des choses prêtées ou données au défunt en nantissement.

L'usage du châtelet de Paris est que quand le corps du défunt n'est plus présent, on ne peut faire apposer le *scellé* qu'en vertu de requête & ordonnance du juge.

On doit demander l'apposition du *scellé* aussi-tôt après le décès du défunt, ou du-moins dans les premiers jours qui suivent; car si l'on attendoit plus long-temps, le *scellé* deviendroit inutile, puisqu'il ne pourroit plus constater l'état où les choses étoient au temps du décès.

2°. La veuve, pour sûreté de ses reprises & conventions, ou les héritiers, pour empêcher qu'il ne soit rien détourné, peuvent faire mettre le *scellé*; l'exécuteur testamentaire peut aussi le requérir.

3°. Les créanciers peuvent le faire mettre du vivant même de leur débiteur en cas d'absence, faillite, ou banqueroute, ou emprisonnement pour dettes.

4°. Le procureur du roi ou le procureur-fiscal, si c'est dans une justice seigneuriale, peuvent le faire apposer sur les biens d'un défunt, au cas qu'il y ait des héritiers mineurs n'ayant plus ni père ni mère, & dépourvus de tuteur & de curateur. Il en est de même, quand il est question de l'intérêt du roi, de l'église & du public; comme lorsqu'il s'agit des successions des curés, marguilliers, notaires, ou autres saisis de minutes, registres, titres d'église, ou autre chose de pareille nature.

Enfin, le *scellé* peut être apposé en matière criminelle sur les effets volés ou recelés, & même sur les effets de l'accusé, quand le juge présume qu'on y trouvera des preuves servant à la conviction du crime.

Ceux qui requièrent l'apposition du *scellé* doivent expliquer l'intérêt qu'ils ont à le faire; il y en a même qui sont obligés de prouver cet intérêt, tels que l'exécuteur testamentaire, les créanciers du défunt, *&c.*

On doit remettre à l'officier qui appose le *scellé*, les clefs des coffres, commodes, armoires, bureaux & tiroirs fermant à clef, pour empêcher qu'on ne puisse y fouiller. Cet officier ne doit faire aucune description des choses qui y sont; le *scellé* apposé sur les ouvertures suffit pour les conserver.

Le sceau qu'on emploie pour les *scellés* doit être public, & l'on regarde comme tel le sceau royal ou celui de la justice seigneuriale du lieu: un sceau gravé d'un chiffre ou d'un écusson privé, ne doit pas être employé à cet usage, parce que s'il venoit à se perdre, on ne pourroit plus vérifier, lors de la levée du *scellé*, si les empreintes qui sont sur la cire sont celles que l'officier a appliquées. Cependant les commissaires de Paris ont été maintenus, par une déclaration du 2 mai 1713, dans l'usage d'apposer le *scellé* avec des cachets gravés à leurs armes: mais on a très-bien observé qu'il seroit à propos pour rendre ces cachets authentiques, que l'empreinte en fût déposée au greffe.

Quand un officier se présente pour apposer le *scellé*, & qu'il trouve les portes de la maison fermées, sans qu'on veuille les lui ouvrir, il doit, s'il n'a pas caractère pour en ordonner l'ouverture, observer ce que prescrit, pour les saisies & exécutions, l'article 5 du titre 33 de l'ordonnance de 1667, & en conséquence se retirer avec la personne qui requiert l'apposition du *scellé*, pardevant le juge du lieu, pour faire ordonner l'ouverture des portes par un serrurier en présence du commissaire.

Mais si, lorsque l'officier est entré dans la maison, il se présente quelqu'un qui s'oppose à l'apposition du *scellé*, il faut, s'il a caractère pour prononcer sur cette opposition, qu'il décide provisoirement, après avoir oui les parties, s'il fera ou non l'apposition des *scellés*, ou s'il la restreindra à certains meubles & effets. Quand l'officier n'a point de caractère pour décider, comme lorsque c'est un commissaire, il doit en référer au juge du lieu, pour faire ordonner ce qui convient; & pour empêcher que, dans l'intervalle du référé, on ne détourne les effets du défunt, l'officier doit laisser garnison dans la maison pour y veiller, jusqu'à ce que le juge ait statué sur l'obstacle formé contre l'apposition du *scellé*.

Lorsque le commissaire a statué sur l'opposition qu'il en sera référé au lieutenant-civil, il doit se transporter chez ce magistrat, qui, après avoir oui son rapport & les parties, rend une ordonnance relative aux circonstances. Cette ordonnance se rédige sur le procès-verbal même du commissaire. La décision du juge, dans ce cas, doit être sommaire, & ne statuer que provisoirement; car sur le fond il doit renvoyer les parties à l'audience, conformément à un arrêt de réglement du 1 février 1694.

Les circonstances principales où l'on est fondé à s'opposer à une apposition de *scellé*, se rencontrent, 1°. lorsque le défunt n'a eu aucun droit aux choses sur lesquelles on veut apposer le *scellé*.

2°. Quand l'officier qui se présente pour faire cette opération, est sans caractère à cet égard.

3°. Quand il y a déjà un *scellé* valablement requis & apposé, & que la partie qui en requiert un second, n'a aucun droit pour faire croiser le premier.

4°. Lorsqu'il y a un inventaire fait, & qu'il n'y a point de continuation de communauté.

5°. Quand celui qui veut faire apposer le *scellé* est sans intérêt à cet égard.

6°. Quand on fait cesser le droit de la personne qui demande l'apposition de *scellé*.

Le *scellé* étant établi pour conserver les effets de la succession, on ne doit le lever que quand on est en état de procéder à l'inventaire.

Un arrêt de réglement du 18 juillet 1733, porte qu'à l'avenir il ne pourra être procédé à un inventaire que trois jours francs après les enterremens faits publiquement, à peine de nullité. Cette règle est établie afin que ceux qui ont des droits sur une succession, aient le temps d'être instruits du décès, & de se présenter à l'inventaire pour faire valoir leurs prétentions. Mais cette disposition ne s'applique qu'aux cas où rien ne presse; car s'il étoit instant de lever le *scellé* plutôt, comme dans un cas d'incendie & autre où il y auroit du péril en la demeure, le juge pourroit, sur la requête d'une partie, ordonner cette levée, quoique les délais ne fussent point écoulés; c'est ce qu'autorise une autre disposition de l'arrêt qu'on vient de citer.

La levée du *scellé* peut être requise par toute partie intéressée; mais il n'y a que les successeurs universels du défunt, tels que ses héritiers ou légataires universels, qui soient fondés à demander que le *scellé* soit levé sans inventaire, ou description; la raison en est que, succédant à l'universalité des biens & des charges, on ne risque rien de lever les *scellés* sans inventaire, & de leur laisser prendre les effets, puisque leur titre les leur donne. Au reste, pour que des successeurs universels puissent obtenir la levée du *scellé* sans inventaire: il faut le concours de plusieurs conditions: 1°. il faut que tous les successeurs universels & ceux qui ont des droits sur la succession adhèrent à la demande; car la résistance d'un seul rend la description nécessaire: en effet, l'inventaire étant une précaution établie en faveur des uns & des autres, on ne peut l'omettre que de leur consentement.

2°. Il est nécessaire que ceux qui demandent la levée du *scellé*, sans description, soient majeurs; la raison en est qu'en se chargeant, sans état préalable, des effets du défunt, ils font acte d'héritier, & s'obligent par-là indéfiniment à ses dettes.

3°. La qualité de majeur est pareillement nécessaire dans ceux dont le consentement est requis pour qu'on puisse lever le *scellé* sans description.

On commet ordinairement pour la levée des *scellés*, le commissaire qui les a apposés, à moins qu'il n'y ait quelque empêchement, tel que l'absence, la récusation, une maladie, *&c.* Cet usage est fondé sur ce que le commissaire peut mieux connoître qu'un autre s'il n'y a point eu de dérangement dans les bandes de papiers sur lesquelles sont appliqués les *scellés*, *&c.* C'est par cette raison que sur l'appel qu'un élu, commis pour apposer des *scellés*, avoit interjetté d'une ordonnance qui commettoit un autre élu pour lever les *scellés*, la cour des aides ordonna, par arrêt du 19 mars 1698, qu'à l'avenir les *scellés* qui auroient été mis par un officier du ressort de cette cour, ne pourroient être reconnus que par lui, sinon en cas d'absence, maladie, récusation, *&c.*

Lorsque le temps indiqué par l'ordonnance de l'officier qui doit lever le *scellé*, est arrivé, il se rend, ainsi que les parties intéressées, au lieu où sont les *scellés*. On commence par faire mention dans le procès-verbal, de la comparution des parties, lorsqu'elles se présentent. Si quelqu'une d'elles ne comparoît pas en personne, ni par le ministère d'un fondé de procuration, on donne défaut contre elle, & l'on requiert le ministère public de la représenter.

Il est d'usage au châtelet, que celui qui requiert la levée d'un *scellé* soit assisté d'un procureur; mais les autres parties peuvent comparoir sans procureur; c'est ce que prouve un acte de notoriété du premier février 1754. Au reste, les parties ont coutume de se faire assister d'un de ces officiers.

Observez cependant que, dans les successions collatérales, chaque héritier ne seroit pas fondé à se faire assister par un procureur à la levée des *scellés*; il ne doit y en avoir qu'un seul pour chaque ligne; & s'il survenoit un différend entre les héritiers d'une ligne sur le choix du procureur qu'elle a droit de nommer, ce seroit le plus ancien des procureurs choisis par tous les héritiers de cette ligne, qui occuperoit aux frais de la succession; c'est encore ce qui est attesté par l'acte de notoriété qu'on vient de citer.

Quand il s'agit d'une succession directe, chaque héritier venant à cette succession de son chef, peut se faire assister d'un procureur à la levée des *scellés*, aux frais de la succession; mais si des petits-enfans ne venoient que par représentation de leur père ou de leur mère, ils ne pourroient avoir qu'un seul procureur pour leur branche.

Les créanciers opposans au *scellé* ne peuvent pas, chacun en particulier, faire assister aux frais de la succession leur procureur, à la levée des *scellés*; il ne peut y avoir qu'un seul de ces officiers pour tous les créanciers.

La déclaration du 30 juillet 1715, concernant les *scellés* apposés à Paris, & dans le ressort du châtelet, veut que lorsqu'en cas de faillite, les créanciers ne sont pas d'accord sur le seul procureur qui peut occuper pour eux, ce procureur soit nommé par le lieutenant-civil, sans qu'il puisse y en assister d'autres.

Ce magistrat a coutume de nommer en pareille circonstance le procureur le plus ancien en réception, tant pour les *scellés* apposés dans le cas de faillite qu'après décès. Néanmoins l'ancien procureur qui se présenteroit pour un créancier dont le titre ne seroit que chirographaire, n'excluroit pas le procureur moins ancien qui seroit porteur d'un titre authentique, telle qu'une sentence, un arrêt, ou un acte passé devant notaires.

Les opposans en sous-ordre n'ont pas droit de faire assister leurs procureurs à la levée des *scellés* apposés chez le débiteur de leurs débiteurs; telle est la jurisprudence du châtelet.

Quand le choix des procureurs des parties est réglé, elles peuvent faire, par le ministère de ces officiers, les requisitions, observations & protestations qu'elles croient nécessaires.

C'est sur le procès-verbal de levée de *scellé* qu'on nomme les officiers qui doivent faire la prisée & l'inventaire, tels que les notaires, huissiers-priseurs, experts, *&c.*

Lorsque les parties ne sont point d'accord à cet égard, la contestation doit se décider comme toutes les autres qui surviennent relativement à l'inventaire dans le cours du *scellé*, c'est-à-dire, sur le champ & par provision, si c'est un juge qui procède à la levée des *scellés;* ou par la voie du référé, si l'officier qui lève les *scellés* n'a pas caractère pour juger.

Quand tout est disposé pour procéder à la prisée & à l'inventaire, le commissaire examine si les *scellés* n'ont pas été altérés, brisés ou falsifiés; s'il trouve qu'on ait commis quelque délit de cette espèce, il doit en faire mention dans son procès-verbal sur le champ, & constater le corps du délit, en exprimant l'état dans lequel les *scellés* se sont trouvés, les interpellations qu'il a faites à celui qui les a eus en garde & à ceux qui ont demeuré dans la maison pendant qu'ils étoient apposés, & les autres choses qu'il a jugé à propos de faire pour parvenir à la découverte des coupables & des circonstances de leur crime.

Le bris de *scellé* est un délit qui doit être poursuivi par la voie extraordinaire; c'est pourquoi un arrêt rendu au parlement de Paris le 7 mai 1732, a infirmé une sentence par laquelle le lieutenant-criminel du châtelet avoit, sans décret ni interrogatoire, renvoyé à l'audience sur une accusation de corruption de domestiques pour rompre des *scellés;* il auroit fallu, attendu le titre de l'accusation, décréter l'information, pour parvenir à connoître les personnes contre lesquelles la plainte avoit été rendue, sans que leurs noms y fussent exprimés.

Raviot, sur la coutume de Bourgogne, *quest.* 250, *n.* 37, dit qu'on doit présumer que le bris de *scellé* a eu lieu *pour spolier la succession*, à moins qu'il n'y ait preuve du contraire; c'est ce que le parlement de Dijon, ajoute l'auteur cité, a jugé contre une veuve, *quoiqu'il n'y eût aucune preuve qu'elle eût spolié ou profité de la spoliation.*

Si le commissaire trouve les *scellés* sains & entiers, il l'atteste, & les lève successivement, en exprimant sommairement dans son procès-verbal à quoi chaque vacation a été employée, & entre les mains de qui les effets inventoriés sont restés.

SCELLEUR, s. m. est un officier qui appose le sceau aux lettres de chancellerie.

Il y a aussi dans plusieurs tribunaux un *scelleur* en titre qui appose le sceau de la jurisdiction aux jugemens que l'on veut rendre exécutoires. *Voyez* SCEAU. (*A*)

SCHOLARITÉ, s. f. *ou* SCOLARITÉ, est l'état de celui qui étudie dans une université. Quelquefois par le terme *scholarité* on entend les privilèges attachés à cet état.

Ces privilèges sont de plusieurs sortes, tels que celui d'être dispensés de la résidence pour les bénéfices; l'exemption du droit d'aubaine, accordée aux écoliers étrangers par Louis Hutin, en 1315, & autres privilèges semblables, qui sont en si grand nombre que Rebuffe en compte jusqu'à 180.

Ces privilèges tirent leur origine de ceux que les empereurs avoient accordés aux étudians, & qu'ils avoient coutume de confirmer dès qu'ils étoient élevés à l'empire.

Mais quand on parle du droit ou privilège de *scholarité* simplement, on entend communément le droit que les écoliers jurés, étudiant actuellement depuis six mois dans une université, ont de ne pouvoir être distraits, tant en demandant qu'en défendant, de la jurisdiction des juges de leurs privilèges, si ce n'est en vertu d'actes passés avec des personnes domiciliées hors la distance de 60 lieues de la ville où l'université est établie.

Ils ne peuvent néanmoins en user à l'égard des cessions & transports qui auroient été par eux acceptés, ni à l'égard des saisies & arrêts faits à leur requête, si ce n'est en la forme qui est ordonnée pour les *committimus.*

Ceux qui ont régenté pendant 20 ans dans les universités, jouissent aussi du même privilège tant qu'ils continuent de faire leur résidence actuelle dans l'université.

Ce privilège de *scholarité* tire son origine des lettres de Philippe de Valois, du 31 mars 1340, & a été confirmé spécialement par Louis XII au mois d'août 1498, par François I au mois d'avril 1515, Louis XIII au mois de janvier 1629, & par Louis XIV au mois d'août 1669, *titre 4 des committimus.*

Les clercs des procureurs ne jouissent pas du privilège de *scholarité.* *Voyez* ECOLIER, ETUDES, GRADUÉS, PROFESSEUR, RÉGENT SEPTENAIRE, UNIVERSITÉ. (*A*)

SCHOLASTICI, f. m. (*Jurisp. rom.*) c'étoient comme des assesseurs, des avocats consultans, dont se servoient les gouverneurs & intendans des provinces dans l'exercice de leur charge. Ils dressoient leur avis sur les requêtes, & les infirmoient ou les appuyoient par les principes de droit. (*D. J.*)

SCIENDUM de la chancellerie, est une instruction pour les officiers de la chancellerie, tant au sujet de leurs droits particuliers, que pour ceux de la chancellerie, & pour la forme qu'ils doivent donner aux actes qui s'y expédient. L'ancien *sciendum* étoit en latin tel qu'on le voit dans les *additions* de Joly *sur Girard.* On croit qu'il fut rédigé pour la première fois en 1339; d'autres disent en 1394; d'autres en 1415. Il y a apparence qu'il a été réformé plusieurs fois, à mesure que l'usage avoit changé. Le commissaire de la Mare, en son savant *traité de la police, tom. I, liv. I, tit. 12, ch. x*, §. 2, parle de l'ancien rôle, ou *sciendum de la chancellerie*, qui contenoit tous ceux qui avoient droit de *committimus*; il dit que ce rôle s'étant trouvé perdu, le roi ordonna qu'il en seroit fait un nouveau, ce qui fut exécuté le 9 février 1621; que ce nouveau *sciendum*, conforme à l'ancien & qui le confirme, contient l'énumération de ceux qui ont droit de *committimus*. On peut voir le *sciendum* qui est à la fin des styles de chancellerie, entre autres celui de du Sault, *édition de 1666.* (*A*)

SCLOUDAGE, (*Droit féodal.*) dom Carpentier soupçonne qu'on appelloit ainsi autrefois une redevance due pour le droit d'écluse, ou bien un droit payé par les fabricans & les marchands de clous. Cet auteur cite en preuve au mot *Sclusia*, l'extrait suivant du compte des revenus de Namur, tiré du registre de la chambre des comptes de Lille, appellé *le papier aux aisselles*, *folio 79*, *verso*: « encore à li cuens à Namur le *scloudage*.... se » vaut par un XXX lib. ». (*G. D. C.*)

SCRIPTEUR, f. m. *scriba*, en la chancellerie romaine est un officier du premier banc qui écrit les bulles qui s'expédient en original gothique. Ce sont aussi ces officiers qui taxent les graces; ils sont du nombre des officiers du registre; il en est parlé dans l'*hist. ecclésiast.* de M. de Fleury, *liv. L.* (*A*)

SCRUTIN, f. m. du latin *scrutinium*, qui signifie *recherche*, est une maniere de recueillir les suffrages, sans que l'on sache de quel avis chacun a été.

Il se fait par le moyen de billets cachetés ou pliés que chacun met dans un vase ou boëte, ou par des boules diversement colorées, qui sont des signes d'approbation ou d'exclusion.

Les meilleures élections sont celles qui se font par la voie du *scrutin*, parce que les suffrages sont plus libres que quand on opine de vive voix. *Voyez* ELECTION. (*A*)

SE

SÉANCE, f. f. *terme de pratique*, qui se dit du temps pendant lequel une compagnie de juges, ou autre compagnie réglée, est assemblée pour travailler aux affaires.

On appelle *séance des prisonniers*, ou simplement *séance*, une audience de faveur que le parlement accorde cinq fois l'année, dans les prisons de la conciergerie, & au parc civil du châtelet, pour juger les demandes en liberté que forment les prisonniers détenus pour dettes.

Ces demandes se jugent sommairement après une plaidoirie verbale. Les arrêts rendus à cet égard par défaut, ne sont pas susceptibles d'opposition, & s'exécutent sans que le prisonnier soit obligé d'attendre la huitaine de la signification, comme cela se pratique dans toute autre affaire où il est intervenu arrêt par défaut.

Quand le parlement tient la *séance* au châtelet, le lieutenant-civil, le lieutenant-général de police, le lieutenant-criminel de robe-longue & celui de robe-courte, le prévôt général de la maréchaussée de l'île de France, & le procureur du roi, se placent dans le banc des gens du roi, & les commissaires au châtelet dans l'enceinte du barreau, aux places qu'ils ont coutume d'occuper aux audiences.

Les consuls se rendent aussi à la *séance*; ils vont attendre le parlement sur le pont-au-change, & le suivent jusqu'au châtelet, où ils se placent au-dessous des commissaires.

A la fin de cette *séance*, la cour, sur le requisitoire d'un substitut du procureur-général, rend un arrêt qui renvoie le surplus des causes devant les juges auxquels la connoissance en appartient.

La cour des aides de Paris tient aussi des *séances* qui ont les mêmes objets que celles dont on vient de parler. *Voyez* PRISON.

SECONDES NOCES. *Voyez* NOCES (*secondes*).

SECRÉTAIRE, f. m. signifie en général celui qui aide à quelqu'un à faire ses expéditions, comme lettres, extraits, & autres opérations.

Il y a plusieurs sortes de *secrétaires*, dont l'état & les fonctions sont fort différens les uns des autres. *Voyez les articles suivans.* (*A*)

SECRÉTAIRE *d'ambassade*, est une personne que l'on met auprès d'un ambassadeur pour écrire les dépêches qui regardent sa négociation.

Il y a une très-grande différence entre un *secrétaire d'ambassade* & un *secrétaire* d'ambassadeur; ce dernier est un domestique ou un homme de la maison de l'ambassadeur, au lieu qu'un *secrétaire d'ambassade* est un ministre du prince même. *Voyez* AMBASSADEUR.

SECRÉTAIRE DU CONSEIL est celui qui tient la plume au conseil du roi. Ces *secrétaires* sont de deux sortes; les uns qu'on appelle *secrétaires des finances*, qui tiennent la plume au conseil royal des finances; les autres, qu'on appelle *secrétaires & greffiers du conseil privé*, qui tiennent la plume au conseil privé ou des parties : les uns & les autres sont au nombre de quatre, & servent par quartier. *Voyez* CONSEIL DU ROI.

SECRÉTAIRE D'ÉTAT est un des officiers de la couronne, qui fait au roi le rapport des affaires d'état de son département, & qui reçoit directement du roi ses ordres & commandemens, en conséquence desquels il expédie les arrêts, lettres-patentes, & autres lettres closes, les arrêts, mandemens, brevets, & autres dépêches nécessaires.

L'office de *secrétaire d'état* a quelque rapport avec l'office de ceux que les Romains appelloient *magistri sacrorum scriniorum* : ce terme *scrinium* pris à la lettre, signifie *escrin*, *coffret* ou *cassette* destinée à garder les choses précieuses & secrètes; mais en cette occasion il signifie *portefeuille* ou *registre*.

Il y avoit chez les Romains quatre offices différens appellés *scrinia palatina ;* savoir, *scrinia memoriæ*, *epistolarum*, *libellorum & dispositionum*. Ceux qui exerçoient ces quatre différens emplois étoient appellés *magistri scriniorum ;* ce qui pourroit se rapporter aux différens départemens des *secrétaires d'état*, qui sont aussi présentement au nombre de quatre. Mais il paroît que l'on peut plutôt comparer les *secrétaires d'état* à ces officiers appellés *tribuni notarii seu tribuni notariorum*, qui formoient le premier collège des notaires, & dont l'emploi étoit d'expédier les édits du prince & les dépêches de ses finances. *Voyez le gloss.* de Ducange.

Au commencement de la troisième race, le chancelier réunissoit en sa personne les fonctions des *secrétaires d'état*, & même en général de tous les notaires & *secrétaires* du roi; il rédigeoit lui-même les lettres qu'il scelloit.

Frère Guerin, évêque de Senlis, étant devenu chancelier en 1223, & ayant infiniment relevé la dignité de cette charge, il abandonna aux clercs ou notaires du roi, qu'on a depuis appellés *secrétaires du roi*, l'expédition des lettres.

Ceux-ci ayant l'honneur d'approcher du roi, devinrent à leur tour plus considérables. Il y en eut trois que le roi distingua des autres & qui furent nommés *clercs du secret*, comme qui diroit *secrétaires du cabinet ;* car anciennement, suivant la remarque de Pasquier, le cabinet du roi s'appelloit *secretum* ou *secretarium*, pour exprimer que c'étoit le lieu où l'on parloit des affaires les plus secrettes. Les clercs du *secré* ou *secret* furent donc ainsi appellés, parce qu'ils furent employés à l'expédition des affaires les plus secrètes; c'est de-là que les *secrétaires d'état* tirent leur origine.

Philippe-le-Bel déclara en 1309, qu'il y auroit près de sa personne trois clercs du *secré*, & vingt-sept clercs ou notaires sous eux.

Dechalles, en son *dictionnaire de justice*, au mot *Secrétaire*, cite une ordonnance de Philippe-le-Long, de l'an 1316, où il y a, dit-il, un article des notaires suivant le roi, qui en marque trois; & qui nous apprend que la qualité de *secrétaire* n'étoit qu'une adjonction à celle de notaire, pour marquer la différence de leurs fonctions, & que le notaire-*secrétaire* étoit celui qui travailloit aux dépêches secrètes & particulières du roi; que le notaire du conseil étoit celui qui en tenoit les registres, & le notaire du sang celui qui étoit employé aux affaires criminelles pour les graces & les remissions, enfin que l'on appelloit simplement *notaires* ceux dont l'emploi étoit de faire les expéditions ordinaires du sceau.

Ce que dit Dechalles de la qualité de *secrétaire*, jointe à celle de *notaire du roi*, est exacte; mais on ne fait du reste où il a pris cette étendue ordonnance de 1316; elle ne se trouve point dans le recueil des ordonnances imprimées au Louvre.

Cet auteur a peut-être voulu parler d'une ordonnance de Philippe-le-Long, du mois de décembre 1320; il y en a deux de cette même date qui concernent les notaires; la première parle des notaires non-poursuivans, ce qui suppose qu'il y en avoit d'autres qui étoient à la suite du conseil pour en faire les expéditions; c'est ce que confirme encore la seconde ordonnance, dans laquelle, *article 7*, Philippe V dit : « *Pourceque les notaires* » *qui seront aucunes fois loin avecques nous hors de* » *Paris, avec notre chancelier, ou avec aucun de* » *nos gens qui ont pouvoir de commander*..... ne » pourront pas bailler chaque mois leur cédule » des lettres qu'ils auront faites par les semaines » aux personnes, si, comme dessus est dit, ils » seront tenus par leur serment à les bailler au » plus tôt qu'ils pourront trouver les personnes » dessusdites ».

Depuis ce temps les clercs du roi furent distingués de ceux qui étoient simplement notaires du roi, quoique ces clercs fussent toujours tirés du corps des notaires; c'est ainsi que dans une déclaration de Philippe de Valois, du premier juin 1334, ce prince dit, *nos clercs*, *notaires & plusieurs autres nos officiaux*.

Philippe de Valois avoit en 1343 sept *secrétaires* & soixante-quatorze notaires, ainsi qu'il paroît par les registres de la chambre des comptes; on y trouve aussi la preuve que les clercs du secret avoient dès-lors changé de nom, & qu'ils avoient pris le titre de *secrétaires des finances*.

Néanmoins dans plusieurs ordonnances postérieures, nos rois les nomment simplement nos *secrétaires*.

Philippe de Valois en eut sept; le roi Jean, par son ordonnance de l'an 1361, réduisit le nombre de ses *secrétaires* & notaires à cinquante-neuf, sans spécifier combien il y avoit de *secrétaires ;* il paroît néanmoins qu'il en avoit douze, suivant une ordonnance dont il sera parlé ci-après.

Le nombre en fut même porté jusqu'à dix-huit par Charles V, étant régent du royaume, lequel en cette qualité ordonna, le 27 janvier 1359, qu'en l'office des notaires il y auroit dorénavant cinquante notaires seulement, y compris les *secrétaires, desquels*, dit-il, *pour certaines causes nous avons* retenus en leursdits offices de *secrétaires* jusqu'au nombre de dix-huit, dont les douze ont été faits par MONSIEUR (le roi Jean), & les six par nous; il déclare ensuite qu'il ne nommera plus de *secrétaire* jusqu'à ce qu'ils soient réduits au nombre de six.

Ainsi, suivant cette ordonnance, les *secrétaires* du roi ou de ses commandemens appellés auparavant *clercs du secret*, avoient en même temps la qualité de *notaires du roi*, au lieu que ceux qui étoient simplement notaires du roi n'étoient pas alors qualifiés de *secrétaires du roi*, comme ils l'ont été depuis & le sont encore présentement.

C'est ce que confirme encore une ordonnance de Charles V, du 9 mars 1365, portant confirmation de la confrairie des clercs, *secrétaires* & notaires du roi, & différens réglemens pour ce collège; on pourroit croire d'abord que ces trois qualités, *clercs, secrétaires & notaires du roi* étoient toutes communes à chacun des membres de ce collège.

Mais en lisant avec attention cette ordonnance, on voit que la confrairie étoit composée de deux sortes d'officiers, savoir des clercs ou *secrétaires* du roi, & des autres notaires; qu'ainsi les *secrétaires* n'étoient pas alors les mêmes que les notaires, qu'il n'y a au plus que le titre de *clerc* qui leur fût commun; encore est-il probable que ce titre étoit joint spécialement à celui de *secrétaire* des commandemens, d'autant que ceux-ci étoient d'abord appellés les *clercs du secret*, & que de cette dénomination on fit insensiblement celle de *clercs-secrétaires*, & par abréviation celle de *secrétaire* simplement.

La dénomination de *secrétaire du roi* étoit tellement affectée alors au *secrétaire* des commandemens, que dans le registre D de la chambre des comptes, *fol. 75 v°.* il est fait mention d'une ordonnance donnée en 1361, qui réduisoit le nombre des *secrétaires* du roi pour ladite année à onze seulement; ce qui ne peut convenir qu'aux *secrétaires* des commandemens qui étoient retenus pour le conseil, & non pas aux autres notaires qui étoient alors au nombre de cinquante-neuf. De ces onze *secrétaires*, il y en avoit huit ordinaires qui avoient entrée dans le conseil, & trois extraordinaires.

Dans un réglement que Charles V fit pour les finances le 13 novembre 1372, il est dit entre autres choses, *art. 7*, qu'il plaît au roi que toutes lettres de don soient signées par MM. Pierre Blanchet, Yves Daven, Jean Tabary, ses *secrétaires*, & non par autres, & que si on apportoit lettres de don signées par autre *secrétaire*, que M. le chancelier ne les scelle point.

Cet article paroît supposer que le roi avoit encore plus de quatre *secrétaires*, mais qu'il n'y en avoit que quatre pour les finances.

Il y en avoit cinq l'année suivante, suivant un autre réglement que Charles V fit le 6 décembre 1373. Deux de ces cinq *secrétaires* étoient du nombre de ceux qui sont nommés dans le réglement de 1372: du reste, l'*article* 8 de celui de 1373 est conforme à l'*article* 7 du présent réglement.

L'*article* 9 du réglement de 1373 porte que le chancelier commandera de par le roi, & fera jurer à ses *secrétaires* qu'ils entendent diligemment aux lettres que le roi leur *commandera* touchant les finances; qu'ils ne les fassent point plus fortes que le roi ne leur commandera, & n'y mettent aucun *nonobstant*, &c. si le roi ne le leur commande exprès. Ce terme de *commandement*, qui est encore répété un peu plus loin, est peut-être ce qui a fait donner aux *secrétaires* des finances le titre de *secrétaires des commandemens*.

Charles VI, dans des lettres du 13 juillet 1381, *art. 6*, ordonne pour ses *secrétaires* ses amés & féaux maîtres, Pierre Blanchet, Yves Darian, Jean Tabari, Jean Blanchet, Thiebault Hocié, Jehan de S. Loys, Hugues Blanchet, Jacques Duval, Macé Freron, Jehan de Crepy, Pierre Couchon & Pierre Manhac, il est bien visible qu'il ne s'agit encore là que des *secrétaires* des finances; en effet il ajoute qu'aucun de ses autres *secrétaires* ne pourra faire ou signer des lettres *touchant don ou finance*.

Ces termes aucun de *nos autres secrétaires* font connoître que le titre de *secrétaire* étoit alors commun aux autres notaires du roi que l'on appelloit ordinairement *notaires-secrétaires du roi*; au lieu que les *secrétaires* des finances portoient simplement le titre de *secrétaire* du roi ou des finances.

Dans d'autres lettres du 12 février 1387, Charles VI fixe de même à douze le nombre de ses *secrétaires* à gages servans par mois, & il dit que ces douze *secrétaires* signeront seuls les lettres sur le fait des finances. Il déclara que la signature des lettres royaux n'appartiendroit qu'à ces douze *secrétaires*, & ceux du parlement & de la chambre des comptes, à un autre qu'il nomme, lequel devoit servir en la compagnie du chancelier.

Charles VI fit une ordonnance le 7 janvier 1400, par laquelle il régla entre autres choses, qu'à ses conseils il y auroit dix de ses *secrétaires* qui auroient les gages de *secrétaires* & non autres; il nomme ces dix *secrétaires*, & en désigne six en particulier pour signer. Sur le fait de signer, il leur défend à tous très-étroitement de signer aucunes lettres, si elles ne leur sont par lui commandées, & à ceux qui signeront sur le fait des finances, qu'ils n'en signent aucune de cette espèce, si elles ne sont passées & à eux commandées par le roi étant assis en son conseil & à l'ouïe de ses conseillers qui y seront. Il ordonne enfin qu'à chacun de ses conseils il ne demeure que deux de ces dix *secrétaires*, savoir un civil & un criminel.

Il fit encore une autre ordonnance le 7 janvier 1407, par laquelle, au lieu de dix *secrétaires* qu'il avoit nommés par la précédente pour être à ses conseils, il ordonna qu'il y en auroit treize, lesquels y sont nommés chacun par leur nom & surnom; il leur réitère les défenses de signer aucunes lettres touchant les finances, si elles ne sont passées & à eux commandées par le roi séant en son conseil & à l'oüie de ses conseillers; il réitère pareillement qu'à chaque conseil il n'y aura que deux de ses *secrétaires*, un civil & l'autre criminel. Cette distinction fait connoître que l'on jugeoit autrefois des affaires criminelles dans le conseil du roi.

Au mois de mai 1413, Charles VI fit une ordonnance portant qu'à l'avenir, pour servir dans ses conseils, il n'y auroit que huit *secrétaires* qui serviroient quatre ensemble de mois en mois: que des quatre qui serviroient chaque mois, il n'y en auroit qu'un qui signeroit sur le fait des finances; il est dit que ces huit *secrétaires* seront élus bons, diligens & suffisans en latin & en françois par le chancelier, en appellant avec lui des gens du conseil en nombre compétent. Charles VI renouvelle aussi la défense qu'il avoit déja faite à ses *secrétaires* de signer aucunes lettres de finance, à moins que ce ne fût du commandement du roi.

Il déclare encore par cette même ordonnance, qu'en se conformant à celle de ses prédécesseurs, il ne recevra dorénavant aucunpour son *secrétaire*, si premiérement il n'est notaire du nombre & ordonnance ancienne.

On a vu que dans le nombre des *secrétaires* du roi retenus pour le conseil, il n'y en avoit plus que deux qui eussent le pouvoir de signer les lettres en fait de dons & finances.

Le nombre de ces *secrétaires* des finances fut fixé à cinq par le même prince, ainsi qu'on l'apprend du mémorial H de la chambre des comptes, du 15 août 1418, conformément à un édit de la même année, par lequel il créa le collège des cent cinquante-neuf clercs-notaires de la chancellerie, & réduisit les *secrétaires* des finances aux cinq personnes y dénommées, lesquelles signeront, est-il dit, lettres en finance, & portant adresse aux gens tenant le parlement & gens des comptes.

Charles VI établit de nouveaux *secrétaires* pour signer en finance; & par une ordonnance du 25 octobre 1443, il leur enjoignit de faire apparoir à la chambre des comptes de leur pouvoir; c'est de-là qu'ils y faisoient enregistrer leurs lettres de provision, & qu'ils inscrivoient deux signatures au registre du greffe de ladite chambre, l'une avec grille, l'autre sans grille; il s'en trouve nombre depuis 1567, jusqu'au mois de juin 1672; les autres ont négligé de le faire.

On ne trouve que trois *secrétaires* qui aient servi le roi Louis XI pendant tout son règne. Comme il étoit méfiant, il employoit souvent le premier notaire qu'il rencontroit. Ce fut de son temps, en 1487, que les *secrétaires* des finances commencèrent à contresigner les lettres signées par le roi, comme cela s'est toujours pratiqué depuis.

Charles VIII confirma les *secrétaires* des finances. Ce fut sous son règne que Florimond Robertet, premier du nom, acquit tant de créditdans sa charge de *secrétaire;* quelques-uns l'appellent *le père des secrétaires d'état*, parce qu'il commença à donner à cet emploi le degré d'élévation où il est maintenant; il continua les mêmes fonctions sous Louis XII & François I, & fut toujours maître des plus grandes affaires.

Enfin Henri II fixa le nombre des *secrétaires* d'état, & les réduisit à quatre, par ses lettres-patentes du 14 septembre 1547, sous le titre de *conseillers & secrétaires de ses commandemens & finances:* ces quatre *secrétaires* furent Guillaume Dochetel, Côme Clausse, Claude de l'Aubespine & Jean du Thier. Il leur attribua par les mêmes lettres le droit d'expédier seuls, & à l'exclusion des *secrétaires* du roi, toutes les dépêches d'état, suivant le département qu'il assigna à chacun, afin qu'ils fissent leurs fonctions avec plus d'ordre & d'exactitude.

Ce ne fut que sous Charles IX, en 1560, qu'ils commencèrent à signer pour le roi. Ce jeune prince étoit fort vif dans ses passions; & Villeroi lui ayant présenté plusieurs fois des dépêches à signer dans le temps qu'il vouloit aller jouer à la paume: signez, mon père, lui dit-il, signez pour moi: eh bien, mon maître, reprit Villeroi, puisque vous me le commandez, je signerai. *Hénaut.*

Du temps de Henri III, en 1559, lorsqu'on fit à Cateau-Cambresis un traité de paix avec l'Espagne, les François ayant remarqué que les ministres du roi d'Espagne affectoient de se qualifier *ministres d'état*, M. de l'Aubespine, *secrétaire* des commandemens & finances du roi, qui signa pour lui ce traité, fut aussi qualifié *secrétaire d'état;* c'est depuis ce temps que les *secrétaires* des commandemens & finances ont pris le titre de *secrétaire d'état*, & qu'ils ont laissé le titre de *secrétaires des finances* aux autres *secrétaires* du roi qui portent ce nom.

Jusqu'en 1588, les *secrétaires d'état* avoient prêté serment entre les mains du chancelier ou du garde-des-sceaux; mais Henri III voulut qu'un nouveau pourvu de cette charge prêtât le serment immédiatement entre ses mains: ce qui s'est depuis toujours pratiqué de même.

Du temps de la régence de M. le duc d'Orléans, il y eut un édit du mois de janvier 1716, qui supprima l'un des offices de *secrétaire d'état* dont étoit encore pourvu M. de Voisin, quoi qu'il fût chancelier de France dès 1714. Cet édit fut regiſtré le 8 février ſuivant. A la fin de ſeptembre 1718, les offices de *ſecrétaire* d'état furent mis au nombre de cinq, dont les deux derniers n'étoient que par commiſſion.

Ces charges ſont devenues ſi conſidérables, que les conſeillers d'état ſe tiennent honorés d'y parvenir. Sous Henri II, le connétable de Montmorenci, le duc de Nevers, le duc de Guiſe & quelques autres grands, remplirent ces fonctions. Guillard, *Hiſt. du conſeil*, *p.* 126.

Les autres maiſons qui ont fourni le plus de *ſecrétaires* d'état, ſont celles de Brulart, le Tellier, Loménie, Colbert, & ſur-tout celle de Phelypeaux qui en a fourni juſqu'à dix, & ce qui eſt encore remarquable par rapport à la quatrième charge, c'eſt que depuis 1621 juſqu'en 1777, elle a toujours été poſſédée par des perſonnes du nom de *Phelypeaux*.

On a déjà obſervé que les *ſecrétaires d'état* étoient obligés d'être pourvus d'un office de *ſecrétaire* du roi; le collège des *ſecrétaires* du roi obtint en conſéquence, en 1633, un arrêt contre M. de Savigny, *ſecrétaire d'état*, qui lui ordonna de ſe faire pourvoir dans ſix mois d'une de leurs charges; cet uſage n'a été changé qu'en 1727, à l'occaſion de M. Chauvelin, garde-des-ſceaux & *ſecrétaire d'état* ayant le département des affaires étrangères, lequel fut le premier diſpenſé d'être *ſecrétaire* du roi: ce qui fut étendu en même temps à tous les autres *ſecrétaires d'état*.

Les *ſecrétaires d'état* ont préſentement, par leur brevet, le titre de *ſecrétaires d'état* des commandemens & finances de ſa majeſté; néanmoins, en parlant d'eux, on ne les déſigne communément que par le titre de *ſecrétaires d'état*. Le roi les qualifie de ſes *amés & féaux*.

Leurs places n'étoient autrefois que de ſimples commiſſions; mais, depuis 1547, elles ont été érigées en titre d'office.

Ces offices donnent la nobleſſe tranſmiſſible au premier degré, & même la qualité de *chevalier* à ceux qui n'auroient pas d'ailleurs ces prérogatives.

Les *ſecrétaires d'état* ſont officiers de plume & d'épée; ils entrent chez le roi & dans ſes conſeils, dans leurs habits ordinaires, & l'épée au côté.

Leurs fonctions ſont auſſi honorables qu'elles ſont importantes, puiſqu'ils ſont admis dans la confiance du prince pour les affaires les plus ſecretes: ce ſont eux qui dreſſent les différens traités de paix & de guerre, d'alliance, de commerce & autres négociations; ils les ſignent au nom du roi, les conſervent dans leur dépôt, & en délivrent des expéditions authentiques.

Ce ſont eux pareillement qui dreſſent & qui expédient les lettres des dons & brevets, les lettres de cachet & autres dépêches du roi.

Les *ſecrétaires d'état* ont chacun leur département. Louis XI les avoit fixés par un réglement du 11 mars 1626; mais il a été fait depuis bien des changemens, & les départemens des *ſecrétaires d'état* ne ſont point attachés fixement à leur office; ils ſont diſtribués ſelon qu'il plaît au roi.

Le *ſecrétaire d'état* qui a le département des affaires étrangères, a auſſi ordinairement celui des penſions & expéditions qui en dépendent, les dons, brevets & penſions autres que des officiers de guerre ou des étrangers pour les provinces de ſon département.

Celui qui a le département de la marine a auſſi de même ordinairement tout ce qui y a rapport, comme les fortifications de mer, le commerce maritime, les colonies françoiſes, avec toutes les penſions & expéditions qui en dépendent.

Celui qui a le département de la guerre, a en même temps le taillon, les maréchauſſées, l'artillerie, les fortifications de terre, les penſions, dons & brevets des gens de guerre, tous les états-majors, à l'exception des gouverneurs-généraux, des lieutenans-généraux & des lieutenans de roi des provinces qui ne ſont pas de ſon département, les haras du royaume & les poſtes.

Enfin le quatrième *ſecrétaire d'état* a ordinairement pour ſon département la maiſon du roi, le clergé, les affaires générales de la religion prétendue réformée, l'expédition de la feuille des bénéfices, les œconomats, les dons & brevets autres que des officiers de guerre ou des étrangers pour les provinces de ſon département.

Pour ce qui eſt des provinces & généralités du royaume, elles ſont diſtribuées à-peu-près également aux quatre *ſecrétaires d'état*.

Les dépêches que le roi envoie dans chacune de ces provinces, ſont expédiées par le *ſecrétaire d'état* qui a cette province dans ſon état. Toutes les lettres & mémoires que ces provinces ou les villes qui en dépendent, adreſſent au roi, doivent paſſer par les mains du *ſecrétaire d'état* qui les a dans ſon département, & les députés des parlemens & autres cours ſouveraines, des états généraux, des provinces ou des villes ſont conduits à l'audience du roi par le *ſecrétaire d'état* qui a dans ſon département la province ou ville d'où vient la députation.

Anciennement les *ſecrétaires d'état* avoient chacun pendant trois mois de l'année l'expédition de toutes les lettres, dons & bénéfices que le roi accordoit pendant ce temps; préſentement chacun expédie les dépêches qui ſont pour les affaires & provinces de ſon département.

Le *ſecrétaire d'état* des affaires étrangères eſt miniſtre, & en cette qualité il a entrée & ſéance dans tous les conſeils du roi: c'eſt lui qui rapporte au conſeil d'état ou des affaires étrangères toutes les affaires de cette nature qui ſe préſentent à examiner.

Le roi accorde auſſi ordinairement au bout d'un certain temps aux autres *ſecrétaires d'état* le titre de *miniſtre*, en les faiſant appeller au conſeil d'état.

Les *ſecrétaires d'état* ont tous entrée au conſeil des dépêches, quand même ils n'auroient pas la qualité de ministre. Anciennement les dépêches s'expédioient ordinairement dans la forme d'un simple travail particulier dans le cabinet du roi, auquel chaque *secrétaire d'état* rendoit compte debout des affaires de son département. Ils ne prenoient séance devant le roi que lorsque sa majesté assembloit un conseil pour les dépêches; mais depuis long-temps les dépêches s'expédient dans la séance du conseil appellée *conseil des dépêches. Voyez ci-devant* CONSEIL DU ROI.

Le *secrétaire d'état* qui a le département du commerce, assiste au conseil royal du commerce.

Dans tous les conseils où les *secrétaires d'état* ont entrée, ils ont l'honneur d'être assis en présence du roi, de même que les autres personnes du conseil.

Le rang des *secrétaires d'état* dans les conseils du roi, où ils ont entrée & séance, se règle suivant l'ordre de leur réception, ou selon les autres dignités dont ils sont revêtus, lorsqu'ils y prennent séance.

Les résolutions prises dans les conseils du roi, sont recueillies par chaque *secrétaire d'état* pour les affaires de son département; chacun d'eux fait aussi dans son département l'expédition des lettres & autres actes émanés du roi pour tout ce qui est signé en commandement.

Les *secrétaires d'état* sont en possession immémoriale de recevoir les contrats de mariage des princes & princesses du sang, qui sont passés en présence du roi; ces contrats sont aussi authentiques que s'ils étoient reçus par un notaire, & produisent les mêmes effets, notamment pour l'hypothèque, ce qui a été confirmé par une déclaration du 21 avril 1692, registrée le 30 du même mois, qui veut que ces contrats soient exécutés; qu'ils portent hypothèque du jour de leur date, & qu'ils aient en toutes choses la même force & vertu que s'ils avoient été reçus par des notaires; que la minute en demeure entre les mains de celui des *secrétaires d'état* qui les aura reçus, lequel en pourra délivrer des expéditions; & néanmoins, pour la commodité des parties, il est dit qu'il en sera déposé une copie par lui signée par collation chez un notaire, qui en pourra délivrer des expéditions, comme s'il en avoit reçu la minute.

Les dépôts des *secrétaires d'état* ne sont conservés de suite, que depuis le temps de M. Colbert; ils sont placés dans le vieux Louvre.

Par l'édit du mois de décembre 1694, il fut créé quatre offices de commis des *secrétaires d'état*; mais ces offices furent supprimés. (*A*)

SECRÉTAIRE DE JUGE. Le *secrétaire de juge* est l'homme à qui les procureurs ou les parties remettent les pièces sur lesquelles un magistrat doit faire son rapport, soit à l'audience, soit à *la chambre*. Cet homme est censé chargé de rédiger l'extrait de ces différentes pièces, pour le faire passer ensuite sous les yeux du juge auquel il est attaché.

Il existe au palais plusieurs sortes de *secrétaires*; le conseiller le moins occupé en a un; les avocats-généraux en ont souvent deux; le procureur-général est obligé d'en avoir plusieurs. Les substituts ne croient pas pouvoir s'en passer, & enfin les *secrétaires* qui appartiennent à des magistrats laborieux, ont eux-mêmes des sous-*secrétaires* qui ne leur laissent guère d'autres soins que celui de recevoir les offrandes qui s'accroissent en raison de la magnificence, de la crainte, ou de l'ardeur du plaideur.

Il s'élève souvent entre lui & son adversaire une lutte de générosité qui tourne au profit de celui qui a toujours des mains pour recevoir, & qui fait sur-tout consister sa discrétion à ne jamais laisser entrevoir que ces dons soient superflus.

Il paroît, au premier coup-d'œil, assez indifférent qu'un juge ait ou n'ait pas de *secrétaire*; mais lorsqu'on vient à reconnoître que ce *secrétaire* n'est point un scribe docile qui écrit sous la dictée de son maître, mais un homme important, qui, en lisant les pièces d'un procès, les apprécie, qui en transcrit ce que bon lui semble & écarte celles qu'il juge inutiles; qui, après avoir pesé les moyens exposés par les défenseurs des parties, finit par donner son avis, qu'il soumet, il est vrai, à la censure de son supérieur, alors on commence à sentir combien il est intéressant pour les plaideurs, que le choix du juge soit tombé sur un homme exact dans ses extraits, auquel la probité donne le courage de lire toutes les pièces produites, qui ait de la justesse dans l'esprit, qui sache discerner ce qui a véritablement trait à l'affaire, d'avec ce qui lui est étranger, qui soit en état de saisir les moyens respectifs des parties; parce qu'il est possible que le rapporteur, ajoutant une trop grande confiance aux extraits que lui présente ce subalterne, se dispense de relire les pièces dont il a fait mention, de rechercher s'il n'en a point oublié, & ne finisse par adopter légèrement l'opinion à laquelle il a su le conduire.

On se récrie tous les jours, & plus que jamais, contre l'existence des *secrétaires*, contre les abus qui naissent de l'idée que l'on a de leur influence dans les affaires. Des juges très-équitables n'ont pas cessé, pour cela, d'en avoir; il faut donc croire qu'il leur seroit presque impossible de s'en passer; mais ils apportent la plus grande attention à écarter les inconvéniens qui peuvent résulter de ce secours indispensable. D'abord ils donnent des appointemens à leur *secrétaire*, afin qu'il soit à leurs gages, & non à ceux des plaideurs: ils se rendent si accessibles aux parties & à leurs défenseurs, il leur indiquent de si bonne-foi le temps où ils pourront les entendre utilement, qu'il paroît superflu de gagner leurs subalternes. Ce n'est point l'affaire du plus riche qui passe la première à leur rapport; c'est la plus ancienne, ou celle dont le retard feroit le plus nuisible. Lorsqu'ils se disposent à s'en instruire, ils s'en font apporter toutes les pièces, les vérifient, lisent ensuite les demandes principales, en transcrivent ou en dictent tous les points, ne négligent rien pour connoître parfaitement tous les moyens opposés de part & d'autre, & si les titres invoqués par les parties sont favorables ou défavorables à l'une d'elles. Au lieu d'être guidés dans leur travail par leur *secrétaire*, ce sont eux qui dirigent le sien; ce qui est beaucoup plus naturel & infiniment plus sûr.

Lorsque les plaideurs se présentent devant eux, ces juges évitent de leur dire: *voyez mon secrétaire*, *remettez cela à mon secrétaire*, dans la crainte qu'ils ne croient que ce *secrétaire* est un personnage essentiel à leur affaire. S'ils ne lui défendent pas de recevoir des procureurs ce que ceux-ci sont dans l'usage de donner, c'est parce qu'ils sont persuadés que cette défense seroit absolument inutile & ne feroit que rendre le don plus caché; mais ils lui recommandent expressément de ne rien exiger, & font tout ce qui dépend d'eux pour convaincre toutes les parties qu'il n'a aucune influence sur leur rapport, & qu'il ne peut pas même l'accélérer: il n'y a pas de meilleur moyen que celui-là pour rendre les présens très-rares & très-peu onéreux aux parties.

Si ces juges n'ont pas tous la très-bonne habitude de faire eux-mêmes leurs extraits ou de les dicter à leur *secrétaire*, ils relisent avec tant d'exactitude (& les pièces à la main) ceux qu'on a faits; ils relèvent si sagement les fautes de discernement, & si sévèrement celles de négligence ou d'infidélité, que bientôt ils n'en trouvent plus de semblables.

Un juge intègre & délicat ne peut pas trop se hâter de congédier un *secrétaire* inexact ou infidèle, parce qu'il l'expose tous les jours à la ruine ou au déshonneur; & en effet, le magistrat auquel un plaideur a le droit de reprocher la perte de son procès par une suite de sa confiance aveugle dans le travail de son *secrétaire*, n'a qu'un parti à prendre, s'il a de la probité; c'est de réparer de sa fortune le dommage qu'il a occasionné, en se reposant sur un autre d'un soin qui lui étoit personnel. Je ne crois pas, au contraire, qu'il soit tenu à cet acte de justice, si, après avoir apporté tous ses soins à la recherche des moyens respectifs, & employé toutes les facultés de son esprit pour présenter un rapport exact & ouvrir une opinion conforme à l'équité, il a, par une fatalité trop ordinaire, omis de rendre compte d'une pièce essentielle ou d'un fait décisif; alors sa faute est plus celle de l'homme que celle du juge, & il n'y en a point qui soit assez riche pour pouvoir réparer les funestes suites de toutes les erreurs qu'il a commises dans le cours d'une longue vie: il lui suffit donc, pour être tranquille avec lui-même, de pouvoir se dire: je n'ai cherché que la vérité & la justice; mes yeux ont lu tout ce qui m'a semblé devoir m'y conduire; ce que je cru nécessaire d'entendre, je l'ai recueilli avec soin: si j'ai été trompé, que celui qui ne peut pas l'être vienne prendre ma place, je la lui cède sans regret.

Un *secrétaire*, quelque honnête qu'il soit, n'attachera autant d'importance que le juge même à faire rendre un jugement équitable, parce qu'il ne peut pas avoir l'enthousiasme de l'équité au même degré que le magistrat. On ne peut attendre du premier qu'une exactitude servile; tandis qu'il doit sortir de l'ame de l'autre une sublime sévérité de justice.

Les *secrétaires* de rapporteurs, s'ils sont infidèles, sont encore plus dangereux que ceux des avocats-généraux, parce que le rapport que fait le juge est secret; ni les parties, ni leur défenseur ne savent s'il altère un fait, s'il dissimule une pièce, s'il omet un moyen, au lieu qu'à l'audience, les avocats présens peuvent, après que le ministère public a conclu, relever rapidement les erreurs qui sont préjudiciables à leurs cliens, & ramener l'attention des juges sur le véritable point de la cause. On voit tous les jours de semblables fautes relevées par l'heureuse assurance des avocats; aussi les *secrétaires* d'avocats-généraux, qui prévoient & craignent ces repliques impétueuses, apportent-ils une attention plus sévère dans leur travail: souvent, il est vrai, ils ne font que colorer avec plus d'adresse la partialité qu'une des parties a trouvé le moyen de leur inspirer.

C'est sur-tout dans les causes où un homme pauvre a pour adversaire un homme riche, dans celles où un citoyen obscur lutte contre un homme puissant, qu'un juge doit redoubler de soins & de surveillance sur le travail de son *secrétaire*. Il doit être bien assuré que la défense de l'homme riche sera présentée dans le jour le plus favorable, que ses torts seront adoucis autant qu'il aura été possible de le faire: mais le pauvre qui n'aura pu donner que quelques foibles espérances attachées au succès de ses demandes, s'il n'a un droit bien lumineux, s'il n'a essuyé un tort bien palpable, bien révoltant, court le risque d'être immolé à l'indifférence qu'il inspire. Les nuages que son adversaire a su répandre resteront; heureux encore si on ne les rend pas plus épais!

J'ai dit plus haut que le juge ne pouvoit trop recommander à son *secrétaire* de ne rien exiger des parties pour son travail; mais j'insiste pour qu'il lui fasse les plus expresses défenses de rien recevoir de celles qui sont indigentes, jusqu'à ce que ces prétendus droits soient juridiquement établis & passent en taxe.

Combien d'affaires portées au palais, dont l'objet n'est pas de plus de cent écus, coûtent plus du double en faux-frais! N'est-il pas de l'humanité des juges d'étouffer, autant qu'il dépend d'eux, de semblables abus? N'est-ce pas une espèce de honte pour la justice, qu'un homme sensé doive souffrir un dommage assez considérable, plutôt que d'en demander la réparation, par la raison qu'en l'obtenant elle lui seroit plus onéreuse encore que la perte qu'il endure?

Au nombre des faux-frais qui retombent sur le plaideur qui a gagné sa cause, il faut principalement compter ce qu'il a été obligé de donner aux différens *secrétaires* à qui ses pièces ont été remises; je dis *différens*, parce qu'il arrive souvent qu'avant qu'une affaire soit rapportée ou qu'une cause soit portée à l'audience, le juge ou l'avocat-général a passé d'une *chambre* à une autre : alors le *secrétaire* rend les pièces; mais il ne croit pas devoir faire au plaideur l'affront de lui rendre l'argent qu'il en a reçu; d'ailleurs, à l'entendre, son travail étoit déjà achevé : il résulte de cet événement inattendu, qu'il faut disposer en sa faveur un nouvel agent qui ne manque pas d'observer qu'il ne doit pas souffrir d'un changement dont il n'est pas la cause.

Des liaisons d'intérêts, d'amitié ou de parenté, peuvent aussi déterminer souvent les *secrétaires* à retarder le jugement d'une affaire, ou à le précipiter avant que son instruction soit complette; à admettre une pièce qui n'a pas été produite juridiquement, sans même la communiquer aux parties adverses qui auroient pu la détruire. En voilà plus qu'il n'en faut pour faire sentir combien il seroit à souhaiter que les *secrétaires* restassent inconnus & aux parties & aux procureurs; que les magistrats ne leur confiassent que le travail dont ils ne pourroient pas absolument se charger; ils en connoîtroient mieux les affaires soumises à leur rapport, ils préviendroient bien des connivences, bien des surprises funestes; & les foiblesses d'un ame mercenaire que l'intérêt ou de petites considérations maîtrisent, n'influeroient plus sur les oracles de la justice. Dans plusieurs parlemens du royaume, & entre autres dans celui de Rouen, les magistrats, à l'exception du premier président, n'ont point de *secrétaires* en titre; c'est une charge & un danger de moins pour les plaideurs. Ne dirons-nous rien de ces *secrétaires* attachés aux présidens, qui, par la prééminence de leur rang, ont le droit de faire *le rôle* des audiences, c'est-à-dire, de placer les causes dans l'ordre où elles doivent être appellées; c'est dans les mains de ces *secrétaires* que retombent tous les placets présentés pour obtenir l'audience; il arrive de-là que ces subalternes sont les maîtres de rejetter tous les placets des plaideurs obscurs qui n'ont pas pris les moyens de les intéresser; moyens toujours honteux, toujours injustes, qui ne sont favorables qu'à l'intrigue des solliciteurs & à la médiocrité des défenseurs : cette justice, qui doit, dit-on, être pour tout le monde, n'est plus alors que pour les riches ou pour ceux qui, par leur consistance personnelle, sont faits pour attirer sur eux l'attention de chefs auxquels ils s'adressent directement.

Il y auroit sans doute un moyen certain de remédier à ces abus dont on se plaint depuis trop longtemps; il faut espérer qu'il n'échappera pas à la sagacité des magistrats auxquels on ne doit jamais imputer aucune de ces partialités si au-dessous de leur auguste caractère, & qui se perpétuent toujours à leur insu.

A Dieu ne plaise que nous ayons l'intention de faire croire qu'il n'existe pas au palais des *secrétaires* dignes de la confiance dont les magistrats auxquels ils sont attachés les honorent; notre zèle ne nous aveuglera jamais au point d'envelopper dans la même proscription tous ceux que des considérations particulières ont pu déterminer à embrasser un état qui exige du discernement, de l'intelligence, & qui seroit une ressource honnête contre le besoin, s'il étoit toujours rempli avec délicatesse.

Nous devons même déclarer que parmi les *secrétaires* dont les circonstances nous ont quelquefois rapprochés, nous en avons connu qui nous ont paru animés par des sentimens très-désintéressés, & être doués d'un esprit juste; mais ils ne sont pas en assez grand nombre pour contre-balancer le mal qui résulte de la confiance qu'ont usurpée les autres, & qui forme une des calamités des plaideurs. (*Cet article est de M. DELACROIX, avocat au parlement.*)

SECRÉTAIRE DU ROI, est un officier établi pour signer les lettres qui s'expédient dans les grandes & petites chancelleries, & pour signer les arrêts & mandemens émanés des cours souveraines.

Au commencement de la monarchie, celui qui scelloit les lettres s'appelloit *référendaire du roi* ou *référendaire du palais.*

Comme il ne pouvoit suffire à expédier seul toutes les lettres, on lui donna des aides qui reçurent différens noms; on les appella *amanuenses*, *notarii*, *palatini*, *scriptores*, *aulici scribæ*, *clerici regii*, *cancellarii*; & en françois, clercs, notaires & *secrétaires du roi.*

Valentinien est le premier que l'on connoisse pour avoir fait la fonction de notaire & *secrétaire du roi*; c'étoit sous Childebert roi de Paris : il collationna la chartre de donation faite à l'abbaye de S. Vincent-lès-Paris, à présent S. Germain-des-prés, rapportée par Aimoin, *l. II*, à la fin de laquelle il y a *ego Valentinianus, notarius & amanuensis recognovi.*

Baudin & Charisigile sont nommés par Grégoire de Tours, *référendaires du roi* Clotaire; Flave & Licère, du roi Gontran; Signon & Theutère, du roi Sigebert; Charimère, Gallomagne & Othon, du roi Childebert; & le père Mabillon rapporte un arrêt du temps de Clovis III, auquel il est dit qu'assistèrent les référendaires, qui sont nommés au nombre de quatre.

Ce fut apparemment pour se distinguer de ces simples référendaires, que celui qui portoit l'anneau royal, & qui étoit préposé au-dessus d'eux, prit le titre *de summus palatii referendarius*; c'est ainsi qu'est qualifié Robert en l'année 670, en la vie de S. Lambert, évêque de Lyon.

Ces mêmes référendaires étoient aussi appellés *cancellarii regales*, titre qu'on leur avoit donné à l'instar des chanceliers qui étoient près des empereurs romains, ainsi appellés, parce qu'ils travailloient *intra cancellos*, c'est-à-dire, dans une enceinte fermée de barreaux; usage qui s'est encore conservé dans la chancellerie du palais où les officiers

officiers travaillent dans une enceinte fermée de grilles de fer.

C'est aussi de-là que, sous la seconde race, quand le grand référendaire changea ce titre en celui de chancelier, il prit le surnom d'archichancelier ou grand-chancelier, *summus cancellarius*, pour se distinguer des simples chanceliers, représentés aujourd'hui par les *secrétaires du roi*; & ce titre de grand-chancelier fut en usage jusqu'à ce que les notaires du roi quittèrent le titre de chancelier, lequel, depuis Beaudouin, qui fut chancelier de France sous Henri I, demeura affecté par excellence à celui qui étoit préposé au-dessus des notaires du roi.

Grégoire de Tours, *c. xxviij*, fait mention d'un nommé Claude, qui étoit un des chanceliers, *Claudius quidam ex cancellariis regalibus.*

Ces chanceliers écrivoient de leur main les lettres, & étoient indifféremment qualifiés *notaires* ou *notaires du roi*; c'est ainsi que la chartre de dotation du monastère de Flavigny, diocèse d'Autun, porte *scriptum per manum Haldofredi notarii, &c.* & le moine Jonas, en la vie de S. Eustase, abbé de Luxeuil, dit qu'*Agrestinus quidam Theodorici regis notarius fuerat.*

Sous Chilpéric I, il n'est fait mention que d'un seul référendaire & d'un *secrétaire*; il est parlé de celui-ci dans une chartre de ce prince, pour S. Lucien de Beauvais : *ego Ultritus palatinus scriptor recognovi.*

Ansbert, qui fut archevêque de Rouen, & grand référendaire sous Clotaire II, avoit d'abord été notaire du roi, suivant qu'il est dit par Andrade, en la vie de ce prélat, *cœpit esse aulicus scriba.*

Sous Dagobert I on trouve différentes chartres signées par Godefroy, Landry, Ursin, Gerard & Henry, qui n'étoient que de simples notaires du roi, qui signoient en l'absence du grand référendaire : *ego notarius ad vicem obtuli, recognovi, subscripsi.*

Dans un titre de Charles Martel, maire du palais, l'an du roi Thierry, le notaire du roi est qualifié *clericus Aldo clericus jussus à domino meo Carolo scripsi & subscripsi.*

Sous la seconde race de nos rois, le titre de chancelier & celui de notaire furent donnés indifféremment aux *secrétaires du roi*; c'est pourquoi le grand chancelier, qui étoit leur chef, prit aussi le titre d'archinotaire.

Les notaires de ces temps sont qualifiés *regiæ dignitatis notarius,*

Hincmar, archevêque de Reims, qui écrivoit vers le milieu du XVe siècle, dit que le grand-chancelier avoit sous lui des personnes prudentes, intelligentes & fidelles, qui écrivoient les mandemens du roi avec beaucoup de désintéressement, & gardoient fidellement les secrets qui y étoient confiés : *cui (apocrisiario) sociabatur summus cancellarius qui à secretis olim appellabatur, erantque illis subjecti & intelligentes prudentes ac fideles viri qui præcepta regia absque immoderatâ cupiditate & venalitate scriberent, & secreta illis fideliter custodirent.* Telle est l'idée qu'il nous donne de ceux qui faisoient la fonction de notaires & *secrétaires du roi.*

Dans un titre de l'église de Cambray, du temps de Charles le simple, un de ses secrétaires, nommé *Gozlinus*, est qualifié *adnotator ad vicem... summi cancellarii recognovit. Miræus* rapporte une chartre de l'an 919, où ce même Gozlin est appellé *notarius ad vicem.*

On trouve du temps de Philippe I, un nommé *Gislebert*, *secrétaire du roi*, qualifié dans quelques chartres *regius notarius*, & dans d'autres *clericus.*

Une chartre de l'an 1128 pour S. Martin des Champs, fait mention d'Algrin, notaire du roi, *Algrinus notarius relegendo subscripsi*: dans une autre chartre de l'an 1137, qui est au registre croisé, il est qualifié *Algrinus à secretis nostris*: cet Algrin fut depuis élevé à la dignité de chancelier.

La chancellerie ayant vaqué pendant les années 1172 & suivantes, jusques & compris 1177, c'étoit un des notaires du roi qui signoit les chartres en ces termes, *Petrus notarius vacante cancellariâ suscripsit.*

On tient communément que ce fut frère Guerin, évêque de Senlis, nommé *chancelier* en 1223, qui abandonna totalement les fonctions du secrétariat aux clercs notaires du roi, se réservant seulement l'inspection sur eux.

Dans Mathieu Pâris, à l'an 1250, ils sont qualifiés *clerici regii*, & dans d'autres endroits, *clerici Franciæ.*

Une ordonnance de S. Louis, du mois de février 1254, les appelle *clerici* simplement, le roi défendant aux clercs ou à leurs écrivains de prendre pour les lettres-patentes plus de six deniers, & pour les lettres clauses plus de quatre.

Depuis ce temps les *secrétaires du roi* se trouvent qualifiés tantôt de clercs du roi simplement, tantôt clercs notaires, tantôt notaires de France, ou notaires du roi, & ensuite notaires *secrétaires du roi*, & enfin le titre de *secrétaire du roi* a depuis long-temps prévalu, & est le seul qui leur est demeuré.

Il paroît néanmoins qu'il y avoit anciennement quelque différence entre les notaires du roi & les *secrétaires*: tous les *secrétaires du roi* étoient notaires; mais tous les notaires du roi n'avoient pas le titre de *secrétaires*, & n'en faisoient pas les fonctions. On entendoit alors par clercs notaires du roi en général, tous ceux qui écrivoient, collationnoient & signoient les lettres de chancellerie & les arrêts des cours; au lieu que par *secrétaires du roi*, on n'entendoit que ceux qui étoient *à secretis*, c'est-à-dire, ceux qui étoient employés pour l'expédition des lettres les plus secrètes : ceux-ci, qui approchoient le plus de la personne du roi, & qui étoient honorés de sa confiance, ayant acquis par-là un plus haut degré de considération, furent distingués des autres clercs & notaires, & surnommés clercs *du secré*, *du secret*; c'est la première origine des *secrétaires* d'état, & c'est de-là que ces officiers devoient toujours être pourvus d'un office de *secrétaire du roi*; le premier qui en fut dispensé fut M. Chauvelin, *secrétaire* d'état en 1728, lequel fut depuis garde-des-sceaux.

Les *secrétaires* du conseil & des finances ont aussi été tirés du corps des notaires & *secrétaires du roi*, entre lesquels il n'y en avoit qu'un petit nombre, qui étoit retenu pour servir au conseil, comme six, dix, douze, treize, plus ou moins, selon que ce nombre fut fixé en divers temps.

Quant au nombre des *secrétaires du roi*, on a déjà vu que, dans l'origine, les chanceliers qui sont représentés par les *secrétaires du roi*, n'étoient qu'au nombre de quatre; & les anciennes ordonnances disent qu'ils avoient été établis à l'instar des quatre évangélistes, en l'honneur desquels leur confrairie étoit établie en l'église des Célestins de Paris.

Mais ce nombre s'accrut peu-à-peu; on en trouve cinq différens sous Philippe I, treize dans un état de la maison de Philippe-le-Bel de l'an 1285; ce même prince fit un réglement en 1309, portant qu'il y auroit trois clercs *du secré*, & vingt-sept clercs & notaires.

Le *sciendum* de la chancellerie que quelques-uns croient avoir été rédigé en 1319, d'autres en 1394, d'autres en 1413 ou 1415, porte que le nombre des notaires & *secrétaires du roi* étoit alors de 67.

Sous le roi Jean, ils étoient au nombre de cent quatre; la délibération qu'ils firent en 1359 pour l'établissement de leur confrairie aux Célestins, est signé de cent quatre notaires & *secrétaires*.

Ce prince ne supprima aucun de leurs offices, mais par un réglement qu'il fit le 7 décembre 1361, il déclara que pour la charge de sa rançon, il ne pouvoit donner des gages à tous, & fit une liste composée seulement de cinquante-neuf de ses *secrétaires* & notaires, pour servir continuellement & prendre gages & bourses, déclarant qu'il manderoit les autres quand il lui plairoit; mais Charles V réduisit absolument le nombre de ses notaires *secrétaires* à cinquante-neuf, ordonnant que les Célestins par lui fondés feroient le soixantième, & qu'ils auroient une bourse comme les *secrétaires du roi*.

Cependant plusieurs personnes, par importunité ou autrement, obtinrent les uns les bourses de clerc-notaire seulement, & les autres les gages & manteaux, divisant ainsi l'office en deux parties, de manière que le nombre de ces officiers étoit augmenté de près du tiers, ce qui faisoit environ quatre-vingts.

Charles VI son fils, par une ordonnance du 19 octobre 1406, les réduisit au nombre ancien de soixante, y compris les Célestins; il les réduisit encore au même nombre par son ordonnance du 2 août 1418.

Au commencement de son avénement à la couronne, Louis XI avoit créé plusieurs offices de *secrétaires du roi*, mais il les supprima par son édit du mois de juillet 1465, & les réduisit au nombre ancien de soixante, y compris les Célestins; & par un autre édit du mois de novembre 1482, il confirma le même nombre, avec cette différence seulement, qu'il déclara que lui & ses successeurs rois seroient à perpétuité chefs dudit collège, & que la première bourse seroit pour sa majesté.

Les *secrétaires du roi*, maison couronne de France & de ses finances, qu'on appelle aussi *secrétaires du roi* en la grande chancellerie ou *secrétaires du roi* du grand collège, obtinrent du roi Jean, au mois de mars 1350, la permission d'établir entre eux une confrairie en l'honneur des quatre évangélistes, & de bâtir une église en tel lieu qu'ils jugeroient à-propos : dans ces lettres ils sont qualifiés de collège des notaires de France; Charles V les qualifie de vénérable collège; ils furent érigés en collège par le roi Jean, au mois de mars 1350, laquelle érection a depuis été confirmée par nombre d'autres édits, déclarations & lettres-patentes.

Ce collège en comprend présentement six autres, c'est-à-dire que l'on a réuni dans un seul corps ou collège, des *secrétaires du roi* de six créations & classes différentes; savoir, le collège ancien des cent vingt, le collège des cinquante-quatre, le collège des cinquante-six, le collège des cent vingt des finances, le collège des vingt de Navarre, & le collège des quatre-vingts.

On entend par collège ancien, les cent vingt qui sont de plus ancienne création, desquels il y en a soixante qu'on appelloit *boursiers*, & soixante autres que l'on appelloit *gagers*.

Des soixante boursiers, vingt sont surnommés *grands* qui sont les plus anciens, vingt moyens qui suivent, & qui sont les derniers des soixante boursiers.

Les soixante gagers furent créés à la prière des soixante boursiers; ils furent appellés *gagers*, parce qu'ils n'avoient que des gages & ne prenoient point de bourses, mais présentement tous les *secrétaires du roi* ont chacun une bourse & des gages.

Henri II, par édit de novembre 1554, augmenta cet ancien collège de quatre-vingts *secrétaires du roi* pour faire le nombre de deux cens; mais ces nouveaux offices furent supprimés par édit du mois de décembre 1556.

Le second collège appellé *des cinquante-quatre*, parce qu'il étoit composé de ce nombre, fut créé par édit de Charles IX du mois de septembre 1570, portant création de quarante nouveaux offices, & par des lettres du 22 septembre suivant portant rétablissement de quatorze autres *secrétaires du roi*, qui avoient été privés de leurs offices pour cause de religion.

Le troisième collège appellé *des soixante-six*, fut

composé d'officiers créés à diverses fois ; savoir, vingt-six par édit de septembre 1587, & de quelques autres qui avoient été créés, tant par le roi Henri III, que par le duc de Mayenne ; ils furent tous unis en un même collège par Henri le Grand en 1608 ; on y a joint les quarante-six créés par édit de Louis XIII au mois d'octobre 1641, ce qui fait en tout 112.

Le quatrième collège appellé *des six vingts* des finances fut créé à trois fois ; savoir, vingt-six par Henri IV, dix par Louis XIII en 1605, & quatre-vingt-quatre encore par Louis XIII en 1635.

Le cinquième collège appellé *des vingt* de Navarre, fut créé & établi au mois de décembre 1602 par le roi Henri IV, qui les amena en France avec la couronne de Navarre ; c'étoient ses *secrétaires*, lorsqu'il n'étoit encore que roi de Navarre.

Le nombre des *secrétaires du roi* fut réduit à deux cent quarante qui furent choisis dans les cinq collèges, & unis en un seul & même collège sans distinction, par édit du mois d'avril 1672.

Il en fut créé soixante par édit du mois de mars 1691, & cinquante par édit du mois de février 1694 ; mais par édit du mois de décembre 1697, il en fut supprimé cinquante, & le nombre total réduit à trois cens.

Au mois de mars 1704, le roi augmenta le nombre de quarante ; par un autre édit du mois de juillet 1724, le feu roi les réduisit à deux cent quarante ; mais il en créa soixante au mois d'octobre 1727, ainsi il y en a aujourd'hui trois cens.

Habits. Anciennement le roi leur fournissoit des manteaux qui leur ont été depuis payés en argent.

Louis XI ordonna en 1482, que quand ils feroient leur service, ils seroient vêtus honnêtement selon leur état, sans porter habits dissolus, & qu'ils porteroient leurs écritoires honnêtement, comme eux & leurs prédécesseurs. Il leur défendit aussi de jouer à des jeux défendus, de mener une vie déshonnête, & de se trouver en compagnie & lieux dissolus, sur peine d'en être griévement punis & repris.

Charles IX, par ses lettres du 15 février 1583, portant réglement pour les *habits*, ordonna que les notaires & *secrétaires* de la maison & couronne de France pourroient porter soie, ainsi que les autres gentilshommes, tant d'épée que de robe longue.

Réception. Philippe de Valois, par des lettres du 18 avril 1342, ordonna que les notaires qui étoient alors, ne prendroient aucuns gages jusqu'à ce qu'ils eussent été examinés par le parlement, pour voir s'ils étoient suffisans pour faire lettres tant en latin qu'en françois, & que le parlement eût fait rapport au roi de leur suffisance, & que dorénavant ils ne feroient aucuns notaires qu'ils n'eussent été examinés par le chancelier, pour voir de même s'ils étoient capables de faire lettres tant en latin qu'en françois.

Ils sont reçus après information de leurs vie & mœurs.

La déclaration du 7 juillet 1586 défend de recevoir en ces offices aucune personne faisant trafic & marchandise, banque, ferme ou autre négociation méchanique.

Fonctions. L'édit du mois de novembre 1482 dit qu'ils ont été établis pour loyaument rédiger par écrit, & approuver par signature & attestation en forme due, toutes les choses solemnelles & authentiques, qui par le temps advenir seroient faites, commandées & ordonnées par les rois, soit livres, registres, conclusions, délibérations, loix, constitutions, pragmatiques-sanctions, édits, ordonnances, consultations, chartres, dons, concessions, octrois, privilèges, mandemens, commandemens, provisions de justice ou de grace, & aussi pour faire signer & approuver, par attestation de signature, tous les mandemens, chartres, expéditions quelconques faites en leurs chancelleries, tant devers les chanceliers de France qu'ailleurs, quelque part que lesdites chancelleries soient tenues, comme aussi pour enregistrer les délibérations, conclusions, arrêts, jugemens, sentences & prononciations des rois ou de leur conseil, des cours de parlement, & autres usans sous les rois d'autorité & jurisdiction souveraine, & généralement toutes lettres closes & patentes & autres choses quelconques touchant les faits & affaires des rois de France & de leur royaume, pays & seigneuries.

Ce même édit porte qu'ils ont été institués pour être présens & perpétuellement appellés ou aucuns d'eux, pour écrire & enregistrer les plus grandes & spéciales & secrètes affaires du roi, pour servir autour de lui & dans ses conseils, pour accompagner les chanceliers de France, être & assister ès chancelleries, quelque part qu'elles soient tenues, assister aux grands-conseils, ès cours de parlement, en l'échiquier de Normandie, dans les chambres des comptes, justice souveraine des aides, requêtes de l'hôtel & du palais, en la chambre du trésor & aux grands jours, pour y écrire & enregistrer tous les arrêts, jugemens & expéditions qui s'y font ; tellement que nul ne pourra être greffier du grand-conseil ni d'aucunes des cours de parlement & autres cours souveraines, chambres des comptes, requêtes de l'hôtel ni du trésor, qu'ils ne soient du nombre des clercs-notaires & *secrétaires* du roi.

L'édit du mois de janvier 1566, porte qu'ils seront envoyés avec les gouverneurs des provinces, chefs d'armées, ambassadeurs, & généraux des finances, pour donner avis au roi de tout ce qui se passera, & faire à l'entour d'eux toutes les expéditions nécessaires.

Il est aussi ordonné par ce même édit qu'on leur donnera les mémoires nécessaires & les gages pour écrire l'histoire du royaume, selon leur institution.

Ils ne pouvoient anciennement vaquer à aucune autre fonction, & ceux qui servoient quelque autre prince sans permission du roi, perdoient leurs bourses.

Ils ont la faculté de rapporter toutes sortes de lettres dans les chancelleries.

Eux seuls peuvent signer ce qui est commandé par le roi, & arrêté dans les conseils & cours souveraines.

Bourses. De tout temps les *secrétaires* du roi ont eu des bourses, c'est-à-dire, une part de l'émolument du sceau. Il y en avoit anciennement quelques-uns qui étoient seulement à gages & à manteaux : présentement, outre les gages & manteaux, ils ont chacun une bourse.

Ces bourses sont de trois sortes ; savoir, les grandes pour les vingt premiers, y compris le roi, les moyennes pour les vingt suivans, & les petites pour les vingt autres.

Honneurs & privilèges. L'édit du mois de novembre 1482 dit que nos rois les ont retenus pour être de leur hôtel & famille, & pour leurs officiers ordinaires, domestiques & commensaux ; qu'ils leur ont donné plusieurs beaux, grands & notables privilèges, franchises & libertés ; & spécialement que pour les honorer davantage, ils ont ordonné qu'eux & leurs successeurs, chacun en son temps, fût du nombre & chef du collège des *secrétaires du roi*, & en conséquence ils ont l'honneur d'avoir le roi inscrit le premier sur leur liste.

Ils sont des plus anciens commensaux de la maison du roi : des lettres du mois d'avril 1320 prouvent qu'ils avoient dès-lors des gages, droit de manteaux, & qu'on leur payoit la nourriture de leurs chevaux.

En qualité de commensaux, ils ont leurs causes personnelles, possessoires & hypothécaires commises aux requêtes de l'hôtel ou aux requêtes du palais, à leur choix.

En matière criminelle, ils ne peuvent être jugés que par le chancelier de France qui est le conservateur de leurs privilèges, ou par le parlement. Néanmoins, par arrêt du conseil du 27 octobre 1574 & lettres-patentes du 13 avril 1576 & 18 septembre 1578, arrêt & déclaration du 27 novembre 1598, lettres du 4 mars 1646, sa majesté attribue au grand-conseil la connoissance de toutes les infractions à leurs privilèges.

Ils assistent à l'*entour* de la personne des rois avec le chancelier dans les conseils du roi, aux chancelleries, & dans les cours de parlement & autres cours souveraines.

Aux états tenus à Tours en 1467, ils étoient assis au-dessous des princes du sang, du connétable, du chancelier & des archevêques & évêques. Ils étoient assis aux états de Blois en 1588, au nombre de dix-huit représentans les autres, sur un banc placé en face de celui de la noblesse, & à ceux de Paris en 1614.

Leurs offices sont perpétuels pour la vie de chacun d'eux, & ne sont impétrables que par mort, résignation ou forfaiture déclarée telle par le chancelier, les maîtres des requêtes appellés ou joints, ou par le parlement.

Ceux qui résignent à leurs fils ou gendres, continuent de jouir des privilèges.

Les veuves jouissent des mêmes privilèges que leurs maris, tant qu'elles restent en viduité.

Le roi Charles VIII, par des lettres du mois de février 1484, déclare que les *secrétaires du roi* étoient tous réputés nobles & égaux aux barons ; il les anoblit en tant que besoin seroit, eux, leurs enfans, & postérité ; il les déclare capables de recevoir tous ordres de chevalerie, & d'être élevés à toutes sortes d'honneurs, comme si leur noblesse étoit d'ancienneté & au-delà de la quatrième génération.

Les lettres de Charles IX du mois de janvier 1566, leur accordent du sel pour la provision de leur maison.

Elles leur accordent le titre de conseiller du roi, entrée dans les cours, & séance à l'audience au banc des autres officiers & au-dessus de tous.

Il est dit dans ces mêmes lettres, que quand les cours marcheront en corps, les *secrétaires* y pourront être après les greffiers, selon l'ordre de leur réception, comme étant du corps de ces cours, en tant que greffiers-nés.

Les lettres du mois de mai 1572 permettent à ceux qui ont servi vingt ans, de résigner leurs offices sans payer finance, ni être sujets à la règle des quarante jours. Au bout de ce temps on leur donne des lettres d'honneur. Et par déclaration du 27 mars 1598, ils furent exceptés de la révocation générale des survivances. Leurs offices ont été déclarés exempts de toutes saisies, criées, subhastations & adjudications, par déclaration du 9 janvier 1600. Ils se vendent pardevant M. le chancelier.

Ils assistèrent au nombre de vingt-six, & accompagnèrent le chancelier en l'ordre accoutumé, à l'entrée du roi de Pologne en la ville de Paris en 1573.

Ils sont dispensés de résidence.

Exemptions. Ils ne peuvent être contraints de vuider leurs mains des fiefs qu'ils possèdent, & sont exempts de tous droits de francs-fiefs & nouveaux acquêts, & de toutes les taxes qui ont été en certains temps imposées pour supplément de finance des engagemens du domaine & droits domaniaux, confirmation de l'allodialité, franc-bourgage & franche-bourgeoisie. Ils ont pareillement été déclarés exempts des taxes mises sur les aisés. Ils jouissoient de tous droits de lods & ventes, & autres droits seigneuriaux, pour ce qu'ils vendoient ou acquéroient dans la mouvance du roi, pour toutes leurs terres nobles ou roturières tenues du domaine du roi engagé ou aliéné, soit qu'ils les retirassent par *retrait* lignager sur un premier acquéreur ou autrement, tant en vendant qu'en achetant, nonobstant toutes coutumes contraires: mais par arrêt du conseil du 20 mai 1771, ce privilège a été révoqué.

Ils sont dispensés du service du ban & arrière-ban, ost & chevauchée, milice bourgeoise, d'y envoyer aucun autre pour eux, & de contribuer à la solde des gens de guerre.

Ils sont exempts, leurs fermiers, métayers & jardiniers, du logement & ustensiles des gens de guerre, même des mousquetaires & de tous autres, & défenses sont faites aux maréchaux & fourriers des logis du roi, de marquer ni faire marquer leur logis, soit dans leurs maisons de ville ou des champs; & de contribuer à aucuns frais ni impositions mises & à mettre concernant les armées, artillerie & gens de guerre, fortifications ou démolitions de forteresses.

Ils sont exempts de tous droits d'acquits & de coutume: ils le sont aussi, de temps immémorial, des droits de péage, passage, fonlieu, travers, chaussée, coutumes, & autres, pour leurs bleds & autres grains, vins, animaux, bois & autres provisions qu'ils font, & pour ce qu'ils pourroient faire entrer par eau ou par terre à Paris, pour la provision de leurs maisons: ils sont même exempts des droits de péage appartenans à des seigneurs particuliers.

De tous droits de quatrième, huitième, & autres droits d'aides pour le vin de leur crû.

Ils sont exempts pour leurs personnes & biens, de toutes tailles réelles ou personnelles, dons, aides de villes, entrées, issues, barrages, pied-fourché, octrois, emprunts, & autres subsides mis & à mettre, même de ceux qui seroient imposés sur les exempts:

De tous droits de gabelles:

Des droits du scel du châtelet de Paris, & de tous droits de sceau de leurs obligations héréditaires & mobiliaires, du droit de greffe, des insinuations & notification des contrats.

Ils ne paient aussi aucun émolument pour les arrêts, sentences & expéditions faits pour eux ou en leurs noms dans toutes les cours & jurisdictions du royaume; & sont exempts des droits des receveurs des épices & parties d'icelles, des droits de consignation, des droits d'immatricule & greffes de l'hôtel de ville de Paris; du paiement des droits de contrôleurs, des productions & garde-sacs, tiers-référendaires, contrôleurs des dépens, droit de boues.

Exempts des offices de quartenier, dixainier, cinquantainier, ni de faire le service, ou d'envoyer quelqu'un à leur mandement, ni d'aucuns d'eux pour faire le guet & garde.

Ceux qui sont pourvus de bénéfices, excepté les évêchés ou abbayes, sont exempts du paiement des décimes.

Ils sont exempts des frais faits aux entrées des rois dans les villes:

Des tutèles, & curatèles (déclaration du 23 décembre 1594.)

Privilèges, confirmation. Leurs privilèges ont été confirmés par édits, déclarations & lettres-patentes des mois de juillet 1465, novembre 1482, décembre 1518, septembre 1549, mars & janvier 1565, janvier 1566, 24 décembre 1573, avril 1576, 29 mars 1577, janvier 1583, juin 1594, 27 mai 1607, avril 1619, 21 juin 1659, avril 1672, 13 décembre 1701, mars 1704 & plusieurs autres. (*A*)

SECRÉTAIRERIE, s. f. c'est le lieu où sont déposés tous les actes expédiés par les secrétaires d'état, comme brevets, dépêches, lettres de cachet, traités d'alliance, de paix & de commerce; traités de mariage des rois & des princes, arrêts du conseil d'en-haut, & généralement toutes les minutes des affaires importantes de l'état. (*D. J.*)

SECRÉTARIAT, s. m. se prend quelquefois pour la place ou fonction de secrétaire; quelquefois aussi l'on entend par-là le dépôt des actes qui sont conservés par le secrétaire de quelque officier public, tels que les dépôts des quatre secrétaires d'état, le *secrétariat* du gouvernement, celui de l'intendance, celui d'un évêché ou archevêché. On lève des expéditions & extraits des actes qui sont dans ces *secrétariats. Voyez* DÉPÔT & SECRÉTAIRE. (*A*)

SÉCULARISATION, s. f. (*Droit can.*) est l'action de rendre séculier un religieux, une communauté, un bénéfice régulier. C'est ce qui fait qu'on distingue les *sécularisations* en personnelles & en réelles; les premières ont rapport aux personnes des religieux, les autres aux bénéfices reguliers: on peut appeller mixtes, celles par lesquelles on sécularise en même temps un monastère & les religieux qui le composent.

La *sécularisation* personnelle se fait ou par dispense du pape pour des causes légitimes, ou par la nomination à un bénéfice dont les fonctions sont toutes séculières; mais aucun autre bénéfice que l'épiscopat ne sécularise un religieux; après la cérémonie de son sacre, il est dispensé de la règle qu'il avoit embrassée.

C'est une maxime reçue en France, que le religieux sécularisé ne succède point à ses parens dans le royaume, quoique ses parens puissent lui succéder.

A l'égard des *sécularisations* de certains bénéfices, ou de tout un corps, communauté ou monastère, elles ne peuvent se faire que par le concours des deux puissances, parce que l'ordre public y est intéressé. Suivant les formalités observées le plus ordinairement, le chapitre qui demande d'être sécularisé obtient un brevet par lequel sa majesté lui permet de faire instance auprès de sa sainteté pour passer de l'état régulier à l'état séculier; lorsque les bulles ont été obtenues & fulminées, le chapitre obtient du roi d'autres lettres-patentes par lesquelles sa majesté confirme ce qui a été fait, & le tout doit être enregistré dans les cours.

La bulle de *sécularisation* est considérée en France comme la règle du nouvel état des églises sécularisées, lorsque dans cette bulle il n'y a rien de contraire aux maximes & aux usages du royaume; cette règle a lieu en matière de bénéfices contre les pourvus par mort, & sur les autres genres de vacance, excepté néanmoins contre les brévetaires du roi, soit en régale, soit de serment de fidélité ou de joyeux avénement, & contre les indultaires : on distingue à leur égard si la *sécularisation* a été faite avant ou depuis l'établissement de ces brevets. On juge dans le premier cas, qu'ils sont obligés de se conformer aux conditions portées par la *sécularisation*; mais on décide dans le second, que le pape ou le chapitre n'a pu apposer à la *sécularisation*, des conditions qui leur sont préjudiciables & qui en restreignent l'effet.

Nonobstant le sentiment de plusieurs canonistes, si l'exemption & les autres priviléges que les chapitres prétendoient, étant reguliers, ne leur sont pas conservés par une clause expresse, ils rentrent à cet égard dans le droit commun, qui les soumet à l'évêque; il y a lieu de présumer en ce cas que ces priviléges leur avoient été accordés en faveur de la régularité.

Les lettres patentes du roi & l'arrêt d'enregistrement des bulles de *sécularisation* portent entre autres clauses celle-ci : *à la charge que les religieux profès qui sont à présent dans ladite abbaye, ne pourront prétendre aucun droit ni portion des successions de leurs parens en quelque sorte & matière que ce soit, ni faire aucunes acquisitions; si ce n'est pour donner & aumôner à ladite église.*

La *sécularisation* d'une abbaye, *tam in capite quàm in membris*, quoique faite par bulles, revêtue de lettres-patentes enregistrées, ne comprend pas les prieurés conventuels qui en dépendent; & quoique le prieuré conventuel ait été jugé séculier par arrêt, le supérieur de l'abbaye ne laisse pas d'être en droit de s'en plaindre, d'interjetter appel comme d'abus, de former opposition à l'arrêt d'enregistrement, & de relever tous les vices de la *sécularisation*, pour faire juger régulier & conventuel le bénéfice dépendant.

Le parlement de Paris l'a ainsi jugé par arrêt du mois de juin 1709, relativement au prieuré de saint Romain, dépendant de l'abbaye d'Ainay. Cet arrêt est au journal des audiences, *tom. 5, liv. 9, chap. 26.*

Dans le temps que les dogmes de Luther & des réformateurs furent adoptés par un grand nombre de princes d'Allemagne, un de leurs premiers soins fut de s'emparer des biens des évêques, des abbés & des moines, qui étoient situés dans leurs états. L'empereur Charles-Quint n'ayant pu venir à bout de réduire les protestans, ni de faire restituer à l'église les biens qui en avoient été démembrés, lassé d'avoir fait une guerre longue & sans succès, il convint que chacun des princes protestans demeureroit en possession des terres ecclésiastiques dont il s'étoit emparé, & que ces biens seroient sécularisés, c'est-à-dire, ôtés aux gens d'église. L'Allemagne ayant été déchirée par une guerre de trente ans, sous le regne de Ferdinand II & de ses successeurs, on fut encore obligé de recourir à des *sécularisations* pour satisfaire les parties belligérantes : en conséquence, par le traité de Westphalie, qui rendit la paix à l'Allemagne, on sécularisa un grand nombre d'évêchés & d'abbayes en faveur de plusieurs princes protestans qui ont continué à jouir de ces biens jusqu'à ce jour, malgré les protestations des papes qui ne vouloient point donner les mains à de pareils arrangemens.

Par une déclaration du 3 septembre 1780, enregistrée au parlement le 5 du même mois, le roi a déterminé la manière dont il doit être pourvu aux bénéfices qui dépendent des abbayes ou prieurés conventuels sécularisés.

SÉCULARISÉ, adj. se dit de ce qui est rendu au siècle : un moine *sécularisé*, est celui qui est restitué contre ses vœux, & remis dans son premier état. Une église ou maison *sécularisée*, est celle à laquelle on a ôté le caractère d'église ou maison réguliere, en transférant ailleurs les réguliers qui y étoient attachés, ou en les sécularisant. *Voyez* SÉCULARISATION. (*A*)

SÉCULIER, s. m. (*Gram. Jurisprud.*) se dit de tout ce qui appartient au siecle, c'est-à-dire, à l'état civil & politique.

Un *séculier* est toute personne qui n'est point engagée dans l'état de régulier; on entend quelquefois par-là un laïque : un prêtre *séculier*, est celui qui n'est ni religieux ni chanoine régulier.

Un bénéfice *séculier*, est celui qui n'est point affecté à des réguliers. *Voyez* BÉNÉFICE.

Le bras *séculier*, c'est la puissance de la justice temporelle.

De même la jurisdiction *séculière*, est la justice temporelle; on la nomme ainsi par opposition à la jurisdiction ecclésiastique. (*A*)

SÉCURITÉ DE PAIX, (*terme de Jurisprudence angloise*), est une commission adressée au schérif, en faveur de ceux qui sont menacés de mort ou de quelque accident, contre les personnes qui leur font ces menaces; elle émane de la chancellerie. *Voyez* SCHÉRIF.

SÉDUCTION, s. f. (*Jurisp. Gramm.*) est une tromperie artificieuse, que l'on emploie pour abuser quelqu'un, & le faire consentir à quelque acte ou démarche contraire à son honneur ou à ses intérêts.

La *séduction* d'une fille, ou d'un fils de famille, est regardée comme un rapt. *Voyez* RAPT.

La *séduction* des témoins est appellée plus communément *subornation*. *Voyez* SUBORNATION. (*A*)

SEGNORAGE. Ce mot est synonyme de *seigneurie*, *Voyez* du Cange au mot *Signoraticum* sous *Senior.*

SEGORAGE, *Voyez* SÉGRÉAGE.

SEGRAIRIE, s. f. (*Eaux & Forêts*) du latin *segregare*, signifie la portion d'un bois commun que l'on met à part pour un seigneur, lors de l'exploitation ou vente que l'on en fait; ou le droit qu'il prend dans le prix à proportion de ce droit. Dans un compte de l'an 1337, on trouve *seggregia seu tertia de expletis forestarum.* On voit par-là que ce droit de *segrairie* étoit du tiers de l'exploitation; ainsi c'étoit la même chose que ce que l'on appelle encore en Normandie & ailleurs, *droit de tiers.*

Quelques-uns confondent le droit de *grairie* avec celui de *segrairie*; & en effet, l'ordonnance des eaux & forêts, *tit. 10*, parle dans l'intitulé de ce titre des bois tenus en grairie, *segrairie*; & néanmoins dans le corps du titre il n'est point parlé des bois tenus en *segrairie*, ni même en aucun autre endroit de l'ordonnance.

Cependant le droit de grairie est pris en plusieurs occasions pour un droit que le roi perçoit sur les bois d'autrui, à cause de la justice qu'il a sur ces bois, en quoi il diffère du droit de *segrairie*, qui se dit d'un bois possédé par indivis & en commun, soit avec le roi, soit avec des particuliers.

On pourroit aussi regarder comme un droit de *segrairie*, *quasi segregata agri pars*, le triage ou tiers-lot, que *l'art.* 4 du *tit.* 25 de l'ordonnance de 1669 donne au seigneur dans les bois communaux; cet article portant que si les bois sont de la concession gratuite des seigneurs, sans charge d'aucun cens, redevance, prestation ou servitude, le tiers en pourra être séparé & distrait à leur profit, en cas qu'ils le demandent, & que les deux autres suffisent pour l'usage de la paroisse.

Suivant *l'art. 1, tit. 13* de l'ordonnance du mois d'août 1669, la connoissance de tous les procès concernant le fonds & propriété des bois du roi, & de ceux tenus en gruerie, grairie & *segrairie*, appartient aux officiers des maîtrises. *Voyez* les *glossaires* de Ducange & de Lauriere, aux mots *Segrayer* & *Secretarius*; & les *articles* BOIS, DANGER, FORÊT, EAUX & FORÊTS, GRAIRIE, GRUERIE, GRUAGE, & SEGRAYER. (*A*)

SEGRAYER, f. m. (*Eaux & Forêts*) est le seigneur qui a droit pour une portion dans un bois commun, soit dans l'exploitation ou dans le prix de la vente.

On entend aussi quelquefois par *segrayer*, celui qui fait la recette de ce droit pour le roi, ou pour quelque autre seigneur. *Voyez* le *glossaire* de M. de Lauriere, au mot *Segrayer*; SEGRAIRIE. (*A*)

SEGRÉAGE, *ou* SEGRÉAIGE, (*Droit féodal*) c'est un droit connu dans plusieurs des provinces, particuliérement dans celles des environs de la Loire. Il en est fait mention dans les coutumes locales que le seigneur de l'isle Savary réclama dans le procès-verbal des coutumes de Tours.

« Le seigneur, y est-il dit, a droit de *segrëiage*, » depuis la paroisse de Trange par-delà la rivière » d'Yndre, jusques à la garenne de la forêt de » Loches, comme ledit droit s'étend, poursuit, & » comporte tant en long qu'en large, & en a joui » lui & ses prédécesseurs de tous temps d'ancien- » neté & la justice & connoissance concernant ledit » droit de *segréaige* ».

Mornac donne l'explication de ce droit dans le *gloss.* du droit françois. « Le droit de *segréage*, dit-il, est » tel que de tous bois situez & vendus ès fiefs sis en » la coutume locale de l'isle Savary, est dû au sei- » gneur de fief par les vassaux & sujets le cin- » quième denier de la somme à laquelle lesdits bois » auront été vendus, & auparavant que les couper » est dû le dépri; voire auparavant que les exposer » en vente, le propriétaire est tenu le déclarer au- » dit seigneur de fief, ou à ses officiers, & le prix » qui lui en aura été offert. Il y a même un office » de *segrayer* & receveur des droits dus au roi sur » aucuns bois de la généralité de Tours, & entre » autres sur la forêt de Belle-poule; j'en ai vu le » titre ».

Mornac ajoute que ce droit est ainsi appellé *à segregando*, comme chose mise à part pour le seigneur, ainsi qu'il a appris d'un grand procès pendant en la cour entre M. Barentin, seigneur des terres de Belle-rurière, Madpire & Monnaye, & la veuve du procureur du roi de Tours, dans lequel il avoit écrit.

Au reste, ce droit n'est pas uniforme par-tout. Du Cange, au mot *Secretarius 3*, cite un extrait du compte des baillis de France, qui porte le *segréage* au tiers de l'exploitation. Un arrêt du conseil du 1 avril 1710, qui déclare sujets au droit de *segrairie* les bois de la commanderie d'Amboise, & permet la vente des anciens balivaux qui y avoient été abattus, ordonne aussi que le tiers du prix de cette vente pour le droit de *segrairie* sera remis au receveur des domaines & bois de Touraine, pour en compter comme des autres deniers de sa charge, & que les deux autres tiers seront remis au receveur de l'ordre de Malte. *Voyez le traité historique de la souveraineté du roi, chap. 8, n. 12.*

Ce droit a, comme on le voit, le plus grand rapport à celui de *tiers & danger. Voyez ce mot & les articles* GRUERIE & GRAIRIE. (*G. D. C.*)

SEGRÉAIGE. *Voyez* SEGRÉAGE.

SEIGNEUR. A qui appartient la qualité de *seigneur* de telle ou telle paroisse? Quels sont les droits attachés à cette qualité? Voilà les points que nous nous proposons d'examiner.

Nous ne parlerons que des droits utiles: à l'égard des autres, on les trouve sous le mot *Droits honorifiques.*

La qualité de *seigneur* est atachée au droit de haute-justice; comme la haute-justice sur un territoire peut appartenir à plusieurs, il y a dans chaque bourg ou village autant de *seigneurs* qu'il y a de personnes qui ont droit d'y faire exercer la justice.

Cependant chacun d'eux n'a pas la faculté de se qualifier *seigneur* de la paroisse indéfiniment & *sine addito.* Cette prérogative appartient exclusivement à un seul. A l'égard des autres, il ne leur est pas même toujours permis de se qualifier co-*seigneurs* ou *seigneurs* en partie. Il y a des cas où ils sont restreints à la dénomination de *seigneur de tel fief assis dans telle paroisse.*

A cet égard on fait une distinction très-importante; la justice est commune & indivise entre tous les *seigneurs*, ou bien chacun d'eux a sa justice distincte & séparée.

Dans le premier cas la qualité de *seigneur sine addito* appartient à celui qui a la principale portion de la seigneurie, & les autres ont le droit de se qualifier *co-seigneurs* ou *seigneurs* en partie.

Dans le second, la qualité de *seigneur* de la paroisse est déférée exclusivement à celui qui a la haute-justice sur le sol de l'église paroissiale. Il est *seigneur* de la paroisse; les autres eussent-ils également haute-justice, ne sont que *seigneurs* dans la paroisse.

Cette distinction entre le *seigneur de* la paroisse & le *seigneur dans* la paroisse renferme toute la théorie de cette matière. Elle se réduit, comme on vient de l'annoncer, à deux propositions. 1°. Le *seigneur*, sur la justice duquel l'église paroissiale est située, peut seul se qualifier *seigneur* de la paroisse. 2°. Le *seigneur* qui n'a pas l'église sous sa justice, quelles que soient d'ailleurs les prérogatives & l'étendue de sa seigneurie, restreint à la qualité de *seigneur dans* la paroisse, ne peut pas même se qualifier *co-seigneur* ou *seigneur* en partie.

Il n'existe sur cette matière ni loix ni réglemens positifs : nous n'avons que des auteurs & des arrêts. On va voir ces deux genres d'autorité, les seuls qu'il soit possible d'invoquer, se réunir en faveur de notre assertion.

De Roye, dans son excellent traité du droit de patronage, s'exprime à cet égard d'une manière qui ne laisse rien à desirer. *Semper quidem ille dicitur senior qui in suo senioratu constructam habet parochialem ecclesiam, eique præ cæteris debentur honores, Liv. 2, ch. 4, n. 9.* A l'égard de ceux qui n'ont pas l'église paroissiale sous leur justice, quoiqu'ils aient dans leur territoire haute, moyenne & basse-justice, *qui omnimodam jurisdictionem habent in quadam villa in qua non sit ecclesia.* Non-seulement cet auteur ne leur donne pas la qualité de *seigneur* du lieu, mais il les réduit à ce que l'on appelle les petits honneurs, *minores habeant honores.*

« Le *seigneur* du lieu où l'église est bâtie, dit » Guyot, *tom. 7, p. 50*, est le vrai, le seul vrai » *seigneur* du lieu ».

Il seroit inutile de citer un plus grand nombre d'auteurs; passons aux arrêts, ce sont les meilleurs guides dans une matière sur laquelle la puissance législatrice ne s'est pas expliquée.

Guyot a pris soin de recueillir ces arrêts. Il en rapporte un grand nombre épars dans les différens arrêtistes; dans ce nombre il y en a plusieurs très-récens. En voici quelques-uns.

La justice de Menneville en Artois est partagée entre le comte de Mailly & l'abbé de Samert, les deux seigneuries ont également la dénomination de la paroisse; celle du comte de Mailly, comme celle de l'abbaye, porte le nom de Menneville.

Le 7 août 1730, le comte de Mailly somma le curé de déclarer par quelle raison il cessoit de le recommander aux prières nominales. Le curé répondit que, jusqu'en 1704, il avoit, à l'exemple de ses prédécesseurs, recommandé le comte de Mailly *comme seigneur de cette paroisse*, mais qu'alors l'abbé de Samert avoit exigé cette recommandation: à quoi il avoit satisfait.

Assignation de la part du comte de Mailly au curé, à l'effet d'être recommandé aux prières nominales, sentence adjudicative de ses conclusions.

L'abbé de Samert interjetta appel de cette sentence, & demanda, 1°. la jouissance exclusive des honneurs de l'église; 2°. qu'il soit fait défenses au comte de Mailly de se qualifier *seigneur* de Menneville.

Le comte de Mailly se défendoit, 1°. par la possession antérieure à 1704; 2°. par le fait certain qu'il avoit dans Menneville haute, moyenne & basse-justice; 3°. il produisoit un décret de l'année 1604, qui annonçoit *son manoir tenant au presbytère;* d'où se concluoit que ses auteurs avoient donné le fonds sur lequel l'église étoit construite; 4°. sa qualité de seigneur direct du cimetière à raison duquel les habitans lui payoient une redevance annuelle. Mais, dit Guyot, la justice du comte de Mailly n'étoit pas la *haute-justice de l'église.* L'arrêt fait défense *audit de Mailly de se qualifier seigneur de Menneville.* Cet arrêt est du 25 janvier 1735. Guyot, qui le rapporte, étoit le défenseur de l'abbé de Samert. Il connoissoit conséquemment toutes les circonstances.

Un arrêt plus récent, de la grand-chambre, du 21 juin 1743, a jugé de même: voici le fait. Me Nivelle, ancien bâtonnier des avocats, avoit un fief à Paisy, qui est un membre de la baronnie de Villemort, nommé Lamothe-Paisy. Il prétendit être seigneur de Paisy : troublé par M. le duc d'Estissac, baron de Villemort, il avoit obtenu sentence aux requêtes du palais le 21 juillet 1740, confirmée par arrêt du 25 avril 1742, qui le maintenoit.

François Armand de la Rochefoucault, duc d'Estissac, baron de Villemort, se pourvut au pétitoire aux requêtes du palais, où intervint sentence le 20 janvier 1743, en faveur de M. le duc d'Estissac, pour qui plaidoit Me de Beaubois.

Appel par Me Nivelle : arrêt par défaut obtenu par M. le duc d'Estissac : opposition par Me Nivelle. Le moyen de M. d'Estissac étoit, qu'étant baron de Villemort, il étoit le seul *haut-justicier* de Paisy. Voici l'arrêt qui, en infirmant la sentence, fait un jugement nouveau.

« Notredite cour reçoit Nivelle opposant à » l'arrêt par défaut; faisant droit au principal, a » mis & met l'appellation & ce dont est appel au » néant, émandant, maintient la partie de Beau» bois dans le droit qui lui appartient à cause de

» sa

» sa baronnie de Villemont, de se dire & qualifier » *seigneur de Paisy*: fait défense audit Nivelle de » le troubler dans ledit droit, & de prendre à » l'avenir la qualité de *seigneur de Paisy*: ordonne » que cette qualité sera rayée des actes où ledit » Nivelle l'a prise, sauf audit Nivelle à se dire » *seigneur* du fief de Lamothe-Paisy, circonstances » & dépendances, conformément à son décret du » 3 septembre 1664 ».

Voilà un arrêt qui juge bien nettement que la qualité de *seigneur* du village n'appartient qu'au haut-justicier de la paroisse.

Pareil arrêt du vendredi 23 août 1748, en la première des enquêtes, au rapport de M. le Boindre.

La terre & seigneurie de Longvillers, coutume d'Amiens, est possédée par le sieur Tillette, & par les dames abbesse & religieuses de l'abbaye de Bertaucourt. Le sieur Tillette a dans sa mouvance & justice l'*église*, une petite partie du village, & la majeure partie du terroir.

Les religieuses ont la majeure partie du village, *entre autres* le *presbytère*, les *maisons* vis-à-vis de l'église, les trois quarts de la rue où est le sieur de Tillette; il tient d'elles plusieurs choses; elles ont dans l'enceinte du village un chef-lieu, où les officiers tiennent leurs audiences, & font tous les actes appartenans à *hauts-justiciers*.

Cette terre fut vendue par Raoult de Cromont en 1303.

Le sieur de Tillette ayant rendu son aveu, il y eut blâme.

Sentence du 15 juillet 1734, dont l'appel étoit au parlement, qui le condamnoit à servir nouvel aveu aux dames de Bertaucourt, *à cause de leur seigneurie de partie de Longvillers.*

Appel par le sieur Claude Tillette d'Offinicourt, comme *seigneur principal de Longvillers.*

Au parlement, demande du sieur de Tillette, en émendant que défenses soient faites auxdites abbesse & religieuses de se qualifier *dames en partie de Longvillers.*

Les dames de Bertaucourt prétendoient qu'ayant dans leur haute-justice & mouvance la majeure partie du village, le presbytère, la maison devant l'église, & leur fief *portant le nom du village*, devoient avoir la qualité de *dames en partie de Longvillers.*

L'arrêt met l'appellation & ce au néant, en ce que l'on a donné aux religieuses la qualité de dames en partie de Longvillers; émendant quant à ce, ordonne que les religieuses ne pourront prendre d'autre qualité que celle de dames d'un fief & seigneurie de Longvillers, sis au village & territoire de Longvillers.

Le surplus concerne des droits de censive, & autres que les religieuses prétendoient.

Cet arrêt juge encore bien nettement, 1°. que pour prendre la qualité de *seigneur*, ou *seigneur en partie* de la paroisse, il ne suffit pas d'avoir un fief & haute-justice *dans* la paroisse; qu'il faut avoir ou la haute-justice, ou portion *de la* haute-justice *de* la paroisse, parce que c'est la première & la véritable justice de la paroisse.

2°. Que ce n'est pas assez que le fief que l'on a dans la paroisse, *porte le nom du village*. Et cela est conforme aux précédens arrêts des 21 juillet 1645, & 26 janvier 1735.

Les prérogatives attachées à la qualité de *seigneur* universel d'une paroisse, du moins les principales, sont au nombre de trois.

Le *seigneur* universel a le droit, 1°. d'exercer tous les actes de jurisdiction & de police générale; 2°. d'exiger une déclaration de tous ceux qui possèdent soit en fief, soit en aleu, dans la circonscription du territoire, lors même que ces fiefs ont toute justice, & que la justice & le fief ne relèvent pas du *seigneur* territorial; 3°. de se dire & qualifier *seigneur* justicier ou féodal de toutes les parties que les autres *seigneurs* ne justifient pas être sous leur directe ou sous leur justice.

La première de ces trois prérogatives est assurée aux *seigneurs* par un arrêt dont voici l'espèce.

Une sentence du châtelet du 20 décembre 1664 avoit maintenu la dame de Rivière en la possession des terres & seigneuries de Vaux-la-reine & Comblaville, & en la haute-justice, moyenne & basse desdits lieux; & fait défenses aux sieur & dame de Lacroix de l'y troubler, sauf à eux de prendre à l'avenir la qualité de *seigneur* & dame de Meneshy, sis au lieu de Comblaville, & de faire exercer leur justice haute, moyenne & basse dans l'étendue dudit fief, sur leurs hôtes & justiciables, ainsi qu'ils avoient accoutumé, *sans néanmoins que les officiers de ladite justice pussent en aucune façon faire messiers, donner taux, poids & mesures, ni autrement s'entremettre en l'exercice de voyerie & police, laquelle appartiendroit aux officiers seuls de la justice de la dame Rivière dans l'étendue, tant dudit Comblaville, que dudit fief de Meneshy* ..... à laquelle dame Rivière appartiendront aussi les droits honorifiques dans ladite église de Comblaville; par arrêt du 5 août 1667 le parlement a confirmé cette sentence. On trouve cet arrêt dans le tome 7 des œuvres de Guyot.

Quant à la seconde prérogative, elle sort de la qualité de *seigneur* universel.

Une seigneurie qui couvre l'universalité du territoire donne naturellement à celui qui en est revêtu le droit de demander à tous ceux qui possèdent dans sa circonscription, le titre de leur propriété.

Cette décision, quant aux francs-aleux même avec justice, n'a jamais donné matière au doute le plus léger. Par quelle raison y en auroit-il davantage relativement aux seigneuries particulières, lors même qu'elles ne relèvent pas du *seigneur* universel? Aussi voit-on que les jurisconsultes n'élèvent à cet égard aucune espèce de difficulté. Tous ceux qui ont discuté la question, la décident de la manière la plus tranchante.

Aufanet, fur les articles 1 & 73 de la coutume de Paris, qui autorifent le *feigneur* féodal & cenfier à faifir fur les vaffaux & cenfitaires, s'exprime ainfi : « outre la manière de procéder » contenue en cet article 1 & en l'article 73, » il y a une troifième manière de procédure qui a » été permife par les arrêts au *feigneur* jufticier & » cenfier d'un territoire, qui eft de faire appeller » en juftice les *feigneurs* particuliers prétendans » droit de cenfives (dans l'étendue de fa terre) » pour rapporter leurs titres, & s'infcrire dans » les regiftres des déclarations faites au profit dudit » *feigneur* & dans fon terrier, *fans que ledit feigneur* » *foit tenu de bailler aucune communication de fa part*, » comme l'univerfalité de fon territoire étant fuffi- » fante pour l'établiffement de fon action. Jugé » par arrêt donné en l'audience de la grand- » chambre le 15 mars 1605, plaidant Talon & » Roi au profit de M. de Mefmes, *feigneur* de » Roiffy, contre M. de Bragelonne ».

Tronçon, fur l'article 73 de la même coutume de Paris, parlant de cet arrêt, dit « que le *feigneur* » de Roiffy en France, qui a haute, moyenne » & baffe-juftice en fa terre, avoit fait appeller » M. de Bragelonne, confeiller en la cour, en » exhibition des contrats en vertu defquels il » prétendoit 15 livres de cenfives; que M. de » Bragelonne difoit que fon fief fitué à Roiffy, en » vertu duquel il jouiffoit defdites cenfives, *ne* » *relevoit & ne dépendoit point de la terre & feigneurie* » *de Roiffy* (le fief n'ayant rien de commun avec la » juftice); que néanmoins par arrêt de l'audience » du 18 mars 1605, le fieur de Bragelonne fut » condamné à exhiber fon contrat, en vertu duquel » il jouiffoit defdites cenfives, à caufe que ledit » fief étoit fitué dans l'étendue de la haute-juftice ».

Guyot, qui, *tome 4, pag. 435*, rapporte cet arrêt, & le récit qu'en fait Tronçon, dit que l'efpèce, telle qu'elle eft rapportée par cet auteur, « *va à* » *confirmer ce que lui-même a dit que le haut-jufticier* » *peut fe faire donner des déclarations par tous ceux* » *qui poffèdent quelque chofe dans fa haute-juftice*, » *fiefs, francs-aleux roturiers ou cenfives* ». Et page 437, le même auteur ajoute : « fi c'étoit comme » *feigneur* haut-jufticier que le *feigneur* de Roiffy » agiffoit..... ce feigneur avoit pu exiger une » déclaration fèche du fief, & la juftification que » M. de Bragelonne en étoit en bonne poffeffion, » *parce que comme haut-jufticier il a les biens vacans*, » *& il faut contre lui, comme contre le feigneur féodal*, » *titre & poffeffion* ».

Cette deuxième prérogative une fois établie, la troifième eft fans aucune efpèce de difficulté. Les loix ne difpofent pas en vain; toutes les actions légales ont une fin, un objet, un intérêt quelconque. Le droit qui appartient au *feigneur* univerfel de demander à tous ceux qui poffèdent dans fon enclave, une déclaration, un compte de l'étendue, de la nature & des titres de leur propriété, ne peut donc pas être un droit ftérile. Effectivement il ne l'eft pas; il eft même très-avantageux. Ces déclarations à la main, le *feigneur* univerfel, comme *magiftrat propriétaire du territoire*, diftribue à chacun ce qui lui appartient, vérifie & détermine les bornes de chaque propriété, & s'il fe trouve quelques parties fur lefquelles les *feigneurs* particuliers foient dans l'impuiffance d'adapter des titres, ces objets continuent de faire partie de fon domaine ou de relever de fa directe.

Telle eft la troifième prérogative attachée à la qualité de *feigneur* univerfel; elle eft fingulièrement fondée fur cette grande maxime de Dumoulin, *habens territorium limitatum in certo jure fibi competente eft fundatus in eodem jure in qualibet parte ejufdem territorii*.

Si ce n'étoit pas un étalage fuperflu d'ajouter des autorités à celle de Dumoulin, nous dirions que telle étoit la jurifprudence dès le temps de Mafuer. *Item*, dit cet ancien auteur, *omnia quæ funt in territorio feu diftrictu alicujus domini cenfentur effe de fuo fundo, dominio etiam de fuâ jurifdictione*.

Enfin, un arrêt du 31 juillet 1769, vient de confacrer tous ces principes, toutes les conféquences que nous en tirons. Cet arrêt, l'un des plus folemnels que l'on connoiffe, fait époque dans la jurifprudence féodale & par l'importance des queftions qu'il décide, & par la manière dont les intérêts des parties ont été refpectivement défendus.

Le territoire de Sucy en Brie, compofé de plus de quatre mille arpens de terre, eft partagé en quinze ou vingt feigneuries particulières.

Celle du chapitre de Paris eft bornée à cinq cens feize arpens; mais il a la haute-juftice & la directe fur le fol de l'églife paroiffiale; à ce titre il prétendoit la qualité & les prérogatives de *feigneur* univerfel de la paroiffe.

A l'égard de cette qualification, MM. de Lalive ne portoient pas leur vue jufqu'à l'en dépouiller. Leur prétention fe réduifoit à la partager avec lui. Fondés fur l'étendue & la décoration de leur feigneurie, ils réclamoient la qualité de co-*feigneur*.

Quant aux prérogatives attachées à la feigneurie univerfelle, MM. de Lalive n'en conteftoient point l'exiftence; ils fe bornoient à en détourner l'application. Rien de commun, difoient-ils, pas le moindre rapport entre la feigneurie du chapitre & les nôtres. Nos fiefs ne relèvent pas de fon fief; notre juftice ne reffortit pas à fa juftice. Comment fe pourroit-il que des feigneuries auffi indépendantes fuffent fubordonnées l'une à l'autre? Par quel étrange renverfement d'idées veut-on que l'un des moindres fiefs du territoire ait la prééminence fur des feigneuries beaucoup plus confidérables?

Enfin, MM. de Lalive diftinguoient le territoire paroiffial & le territoire féodal; qu'importe, difoient-ils, que nos fiefs foient dans la paroiffe de Sucy? ils ne font pas enclavés dans le fief du chapitre.

Ces différens moyens ont échoué contre le fait que le chapitre a la haute-justice sur le sol de l'église paroissiale de Sucy, & que les fiefs de MM. de Lalive sont sur le territoire de cette paroisse : voici le dispositif de l'arrêt.

Par une première disposition, il maintient & garde « les doyen, chanoines & chapitre de » l'église de Paris dans le droit & possession de » prendre seuls la qualité indéfinie de *seigneurs* » de Sucy en Brie, & des droits honorifiques » attachés à ladite qualité : fait défenses auxdits » de Lalive de les y troubler, & de prendre la » qualité de *seigneurs* en partie de Sucy, sauf à eux » à se qualifier *seigneurs* des fiefs de Larcher, » du Breuil, de Paisy, & autres qui peuvent leur » appartenir dans l'étendue du bourg, territoire » & paroisse de Sucy, avec cette addition, *sis à* » *Sucy*; sauf pareillement à eux à se qualifier *sei-* » *gneurs* du fief de Sucy, aussi avec cette addition, » *sis à Sucy* ».

Les qualités ainsi réglées, il n'étoit plus question que d'en déterminer les effets; à cet égard l'arrêt porte : *condamne lesdits de Lalive à fournir auxdits du chapitre, en leur qualité de seigneurs hauts-justiciers de Sucy, une déclaration sèche des domaines, droits de fief & de justice qu'ils prétendent avoir dans le bourg, territoire & paroisse dudit Sucy, & d'en communiquer les pièces auxdits du chapitre.*

Une troisième disposition est conçue dans les termes suivans : *fait défenses auxdits de Lalive d'exercer aucuns droits de justice, haute, moyenne & basse, dans l'étendue du bourg, territoire & paroisse de Sucy; sauf à eux à exercer les droits de justice qui peuvent être attachés aux différens fiefs à eux appartenans dans l'étendue dudit bourg, territoire & paroisse de Sucy, & dans l'étendue desdits fiefs seulement.*

Fait pareillement défenses auxdits de Lalive d'établir aucuns officiers dans l'étendue dudit bourg, territoire & paroisse de Sucy, & de s'entremettre aucunement dans l'exercice de la police & voierie, dans ledit bourg, territoire & paroisse de Sucy.

On voit par ces arrêts, que nous avons aujourd'hui sur ce point une jurisprudence fixe & certaine; mais les choses n'ont pas toujours été de même.

Le régime féodal né du hasard au sein de la barbarie, est, comme personne ne l'ignore, le résultat des évènemens, bien plus que des combinaisons de la prudence. Aussi dans l'origine, point de loix écrites. Les méditations des jurisconsultes se portèrent d'abord sur les droits utiles, & depuis environ deux siècles nous avons à cet égard des règles assez fixes. Il n'en a pas été de même des prérogatives honorifiques; Dumoulin avoit négligé, ou, si l'on veut, dédaigné de s'en occuper. Privés des lumières de ce grand homme, ceux qui ont écrit depuis ont de même négligé cette partie du droit féodal, ou n'ont donné sur ce point que des notions peu satisfaisantes. La jurisprudence elle-même a long-temps flotté dans une espèce d'incertitude, & peut-être n'y a-t-il pas quarante ans qu'il est irrévocablement établi que la seigneurie universelle d'un territoire, la qualification de *seigneur sine addito* appartient exclusivement à celui qui a la haute-justice sur le sol de l'église paroissiale. Très-récemment encore les sieurs de Lalive se prétendoient en droit de se qualifier *seigneurs* de Suzi, du moins en partie, quoiqu'il fût très-bien constaté que l'église paroissiale étoit sous la justice du chapitre de Notre-Dame, & cette prétention étoit défendue par les jurisconsultes les plus distingués du barreau. Ce procès commencé en 1662, n'a été jugé, comme on vient de le voir, qu'en 1769.

Si nous rétrogradons de quelques années, nous voyons la question s'élever entre M. le duc d'Estissac & Me Nivelle, avocat au parlement.

Propriétaire d'un fief considérable sis à Paisy, Me Nivelle étoit en possession, tant par lui que par ses auteurs, de se qualifier seigneur de cette paroisse, quoiqu'il n'eût pas la justice sur le sol de l'église. Troublé dans cette possession par M. le duc d'Estissac, à qui cette justice appartenoit, il intenta complainte. Tel étoit le caractère, le nombre & l'ancienneté des actes possessoires qu'il produisit, qu'il fut maintenu dans sa possession par sentence de MM. des requêtes du palais, confirmée par arrêt du 25 avril 1742.

M. le duc d'Estissac s'étant ensuite pourvu au pétitoire, le principe prévalut : arrêt du 21 juin 1743 qui le maintient dans le droit de se qualifier seigneur de Paisy, & ordonne que cette qualité sera rayée de tous les actes où Me Nivelle l'avoit prise.

Ce sont ces arrêts & quelques autres dont les dates sont également récentes, qui ont enfin imprimé une sanction inaltérable au principe qui donne la qualité de *seigneur sine addito*, à celui qui a la haute-justice sur le sol de l'église paroissiale.

Auparavant, c'est-à-dire, jusques vers le milieu du siècle, on pensoit communément que le propriétaire de la haute-justice sur une partie considérable du territoire, pouvoit s'en qualifier *seigneur*. Loiseau nous assure que tel étoit l'usage de son temps; & nous voyons en 1743 un avocat au parlement tellement persuadé de la certitude de cette opinion, qu'il n'hésite pas de la défendre dans les tribunaux, & de courir les risques d'un procès considérable.

Si telle étoit la situation des esprits au sein même de la capitale, que l'on juge quelle étoit l'opinion régnante dans les provinces éloignées : au moral comme au physique, la lumière ne se propage que graduellement; dans les provinces on pensoit donc, & peut-être dans plusieurs pense-t-on encore aujourd'hui que sans considérer la situation de l'église paroissiale, la justice sur une grande partie du territoire attribue la qualité au *seigneur*.

De ces observations il résulte que dans les actes relatifs aux seigneuries, on doit fréquemment trouver la qualité de *seigneur sine addito*, donnée à des personnes qui n'avoient pas la haute-justice sur le sol de l'église paroissiale. Mais on voit que ces qualifications ne prouvent absolument rien, qu'il faut les mettre à l'écart comme l'effet de l'ignorance & de l'erreur; & même que la possession immémoriale si puissante par elle-même, est ici sans aucune espèce d'efficacité.

Me Nivelle étoit en possession de s'attribuer cette qualité, puisqu'il a été maintenu au possessoire. Plusieurs autres également condamnés par des jugemens que Guyot a recueillis dans le septième tome de ses œuvres, avoient le même avantage, & produisoient des actes anciens dans lesquels ils étoient qualifiés *seigneurs sine addito.* Tous ces actes possessoires ont été comptés pour rien, parce que cette qualité de *seigneur* est attachée à un fait, à l'exercice de la haute-justice sur le sol de l'église, & que rien ne peut prévaloir sur la vérité des faits.

Le *seigneur* haut-justicier du sol de l'église seroit donc bien fondé à répondre à celui qui lui opposeroit des actes dans lesquels ses auteurs ont pris la qualité de *seigneur sine addito* : ces actes prouvent, & rien de plus, que vos auteurs étoient dans l'usage de se qualifier *seigneurs* de leur paroisse; mais alors tous ceux qui, comme vous, avoient la haute-justice sur une grande partie du territoire, se croyoient en droit de prendre cette qualification, & la prenoient en effet. Cette erreur si long-temps & si universellement répandue, vient enfin d'être dissipée; maintenant c'est un principe affermi par une jurisprudence inébranlable que, sans égard à la possession, aux énonciations des titres, à la haute-justice sur le sol de l'église, est exclusivement attachée la qualité de *seigneur sine addito.* Vous n'établissez pas que cette partie du territoire est sous votre justice : la qualité de *seigneur* de la paroisse ne vous appartient donc pas. Vous n'êtes donc que seigneur dans la paroisse. (*Article de* HENRION, *avocat au parlement*).

SEIGNEUR DU BAN. (*Droit féodal.*) On appelle *ban* un certain territoire, ou l'étendue d'une seigneurie, & *seigneur du ban*, le *seigneur* de ce territoire. Ce terme est sur-tout en usage en Lorraine & dans les pays voisins. (*G. D. C.*)

SEIGNEUR BLAYER. On appelle ainsi le *seigneur* qui a droit de blairie dans sa terre. *Voyez* BLAIRIE. (*G. D. C.*)

SEIGNEUR BORDELIER, *ou* BOURDELIER, (*Droit féodal.*) c'est celui auquel appartient le droit de *Bordelage. Voyez* ce mot. (*G. D. C.*)

SEIGNEUR CENSABLE. *Voyez* SEIGNEUR CENSIER.

SEIGNEUR CENSIER, *ou* CENSUEL, est celui qui a donné un héritage, à la charge d'un cens, & auquel le paiement de ce cens est dû. (*A*)

SEIGNEUR DIRECT, *ou* FÉODAL, est celui duquel un héritage relève, soit en fief ou en censive. *Voyez* SEIGNEUR FÉODAL, FONCIER, DIRECTE & SEIGNEURIE. (*A*)

SEIGNEUR DOMINANT, est celui dont un fief relève directement & immédiatement. On l'appelle ainsi par opposition au vassal qui est appellé *seigneur* du fief servant. *Coutume de Paris, art. 51 & 58.* (*A*)

SEIGNEUR DOMANIER, c'est le propriétaire, ou celui qui a le domaine utile, par opposition au *seigneur* direct. (*G. D. C.*)

SEIGNEUR DROITURIER. (*Droit féodal.*) dom Carpentier dit au mot *dominus directarius* sous *dominus 11*, qu'on entend par-là le véritable & légitime *seigneur;* peut-être ce terme est-il seulement synonyme de *seigneur direct.* Il se trouve dans des lettres de Charles V, de l'an 1372, rapportées au tome 5 des ordonnances du Louvre, *p. 472.* Il y est dit que Girard de Ventadour a reconnu ce prince *son souverain & droiturier seigneur.* (*G. D. C.*)

SEIGNEUR EMPHYTÉOTIQUE, *ou* EMPHITEUTIQUE. (*Droit féodal.*) Comme on appelle les cens *emphytéoses* dans les pays de droit écrit, on donne le nom de *seigneur emphytéotique* au *seigneur* de censive. (*G. D. C.*)

SEIGNEUR ENTREMOYEN, (*Droit féodal.*) c'est un *seigneur* intermédiaire entre le propriétaire & le *seigneur* suzerain, ou le roi. *Voyez* du Cange, au mot *Dominus intermediarius* sous *Dominus 6.* (*G.D. C.*)

SEIGNEUR FÉODAL, *ou* FEUDAL, *ou* SEIGNEUR DE FIEF, est celui qui tient un héritage en fief.

On entend souvent par ce terme le *seigneur* dominant, relativement au vassal. (*A*)

SEIGNEUR FONCIER, *ou* TRÈS-FONCIER, est celui qui a la plus ancienne redevance foncière sur un héritage. *Voyez* la coutume d'Orléans, *art. 214, 217;* Lamarche, *art. 134;* Loyseau, *du déguerpissement, liv. 1, chap. 5, n. 11.* (*A*)

SEIGNEUR HAUT-JUSTICIER, est celui qui tient en fief une haute-justice. *Voyez* JUSTICE & JURISDICTION. (*A*)

SEIGNEUR TRÈS-FONCIER. *Voyez* SEIGNEUR FONCIER.

SEIGNEUR DE PRIN-FIEF. *Voyez* PRIN-FIEF.

SEIGNEUR PROPRIÉTAIRE, est celui qui a le domaine utile, par opposition au seigneur direct. (*G. D. C.*)

SEIGNEUR SUBALTERNE, est le *seigneur* justicier autre que le roi, duquel il est inférieur & vassal, ou arrière-vassal, & ressortit en la jurisdiction royale. *Voyez* la coutume de Berry, *tit. 2, art. 14, 21, 35; tit. 5, art. 28, 55; tit 6, art. 6; tit. 9, art. 10; art. 3.* (*A*)

SEIGNEUR TAILLABLIER, (*Droit-féodal*) c'est le *seigneur* qui a le droit de taille. *Voyez* TAILLE-SEIGNEURIALE & les articles 413 & suivans de la coutume de Bourbonnois. (*G. D. C.*)

SEIGNEUR VICOMTIER, *quasi vicecomitis*, c'est celui qui a la moyenne justice; c'est ainsi qu'il est appellé dans les coutumes de Ponthieu, Artois, Amiens, Montreuil, Beauquesne, Vimeu, Saint-Omer, Lille, Hesdin, *&c.* (*A*) *Voyez* VICOMTE.

SEIGNEUR VOYER, (*Droit féodal*) c'est le *seigneur* qui a le droit de voierie. (*G. D. C.*)

SEIGNEURAGE. (*Droit féodal*) Ce mot se trouve pour *seigneurie* dans une charte de Garnier, abbé de Corbie, de l'an 1300. *Voyez* dom Carpentier au mot *Segniorivum* (*G. D. C.*)

SEIGNEURIABLE. (*Droit féodal*) On a dit autrefois ce mot pour *seigneurial*. *Voyez* le glossarium novum de dom Carpentier, au mot *Complanatum*. (*G. D. C.*)

SEIGNEURIAGE, s. m. (*Monnoie*) se dit en général de tout droit qui appartient au seigneur à cause de sa seigneurie, mais ce terme n'est guère usité que pour exprimer le droit qui appartient au roi sur la fonte & fabrication des monnoies.

Ce droit, que la plupart des souverains lèvent sur les monnoies qu'ils font fabriquer, étoit inconnu aux Romains; on ne prenoit même pas sur leurs monnoies les frais de fabrication; l'état les payoit. Ainsi, lorsqu'un particulier portoit une livre d'or fin à la monnoie, il recevoit 72 sous d'or fin, qui pesoient une livre.

Depuis Pepin, qui prenoit pour droit de *seigneuriage* la vingt-deuxième partie de 12 onces, on ne voit pas à quel taux ce droit a été réglé sous ses successeurs jusqu'à saint Louis.

Ce prince régla les droits de *seigneuriage* & de brassage à la seizième partie du prix du marc d'argent, & ceux de l'or à proportion.

Le roi Jean prenoit trois livres pour le *seigneuriage* & les frais de fabrication de chaque marc d'or. Mais il paroit, par une ordonnance donnée sur la fin de son règne, qu'il se départit du droit de *seigneuriage*. Il dit dans cette ordonnance, en parlant des monnoies, *qu'elles avoient été mises à si convenable & si juste prix, qu'il n'y prenoit aucun profit, lequel il pouvoit prendre s'il lui plaisoit; mais vouloit qu'il demeurât au peuple.*

Autrefois, quand nos rois manquoient d'argent, ils affoiblissoient leurs monnoies pour subvenir à leurs besoins & à ceux de l'état. Charles VI déclare dans une de ses ordonnances, qu'il est obligé d'en venir à cet expédient, *pour résister à notre adversaire d'Angleterre, & obvier à sa damnable entreprise ..... attendu que de présent nous n'avons aucun autre revenu de notre domaine dont nous nous puissions aider.*

Les grandes guerres que les successeurs de saint Louis eurent à soutenir contre les Anglois, les obligèrent souvent de pratiquer ce dangereux moyen pour avoir de l'argent. Charles VII, dans la grande nécessité de ses affaires, poussa l'affoiblissement si loin, & leva un si gros droit sur les monnoies, qu'il retenoit les trois quarts d'un marc d'argent pour son droit de *seigneuriage* & pour les frais de la fabrication; il prenoit encore un plus gros droit sur le marc d'or. Ce prince ayant chassé les Anglois du royaume, rétablit l'ordre dans ses monnoies.

Sous Louis XIII, le droit de *seigneuriage* étoit de six livres par marc d'or, & de 10 sous 1 obole par marc d'argent; dans la suite, ce droit fut fixé à 7 livres 10 sous par marc d'or.

Sous Louis XIV, on cessa, pendant quelque temps, de lever ce droit; la perception en fut interrompue par une déclaration du 18 mars 1679: malgré l'augmentation considérable du prix du marc d'or & d'argent, sa majesté voulut bien le remettre. Alors l'or & l'argent, soit qu'ils fussent convertis en monnoie ou non, étoient de même valeur, parce qu'on ne prenoit rien ni pour le droit de *seigneuriage* du roi, ni pour les frais de la fabrication des monnoies; de sorte que celui qui portoit un marc d'argent fin à la monnoie, y recevoit un marc d'argent fin en espèce.

Voici ce qui donna lieu à cette libéralité. On voyoit dans le commerce quantité de pistoles d'Espagne & d'écus fort légers; on décria toutes ces espèces & toutes les monnoies étrangères: il fut ordonné de les porter aux monnoies, où elles furent converties en louis d'or & en louis d'argent, aux frais du roi; de façon que les propriétaires reçurent en poids & en titre la même somme qu'ils avoient portée.

Le droit fut rétabli en 1689 par édit du mois de décembre, regîtré en la cour des monnoies le 15 du même mois.

Pour savoir quel est le droit de *seigneuriage* que le roi prend sur les espèces fabriquées en exécution de l'édit du mois de janvier 1726, il faut se rapeller que le marc d'or fin, c'est-à-dire de 24 karats, est fixé à 740 livres 9 sous un denier $\frac{1}{11}$, & que les louis sont au titre de 21 karats $\frac{3}{4}$ le remède pris; ils ont par conséquent 2 karats $\frac{1}{4}$ de moins que les 24 karats; en divisant les 740 livres 9 sous 1 denier par 24, pour savoir à combien monte le karat de fin, on trouve que ce karat de fin vaut 30 livres 17 sous; partant, les 2 karats $\frac{1}{4}$ de fin qui manquent aux louis, font la somme de 69 livres 8 sous 3 deniers, qui semble être ce que le roi prend sur chaque marc de louis, tant pour les frais de fabrication que pour son droit de *seigneuriage*; mais, suivant l'édit de 1726, ces louis d'or étant de 30 au marc, il faut multiplier les 24 par 30; on trouvera que l'on paie 720 livres le marc d'or à 21 karats $\frac{3}{4}$, qui est beaucoup plus que la valeur intrinsèque; car le marc des louis ne vaut que 671 livres 10 deniers; ensorte que pour aller jusqu'à 720 livres, qui est la valeur que le roi a donnée aux 30 louis, il y a 48 livres 19 sous 2 deniers de différence que le roi prend effectivement, tant pour les frais de fabrication que pour son droit de *seigneuriage*.

Quant aux écus de six livres, pour savoir quel droit de *seigneuriage* le roi prend sur ces espèces, il faut connoître l'évaluation du marc d'argent fin, c'est-à-dire à 12 deniers, laquelle est de 51 livres 3 sous 3 deniers; & comme l'on sait que ces écus ont cours pour 6 livres, en cherchant combien il en entre au marc, on trouve qu'il faut 8 écus &

3 dixièmes d'écu pour composer le marc; il résulte de-là, que le marc des écus est donné au public pour 49 livres 16 sous, ce qui est au-de-là de la valeur; car n'étant qu'à 10 deniers 22 grains, leur valeur intrinsèque n'est que de 46 livres 14 sous 5 deniers; partant, pour aller à 49 livres 16 sous, qui est la valeur qu'il a plu au roi de leur donner, il y a 3 livres 5 sous 6 deniers $\frac{1}{2}$, qui est ce que le roi prend par marc d'écus, tant pour frais de fabrication que pour son droit de *seigneuriage*; ce qui se prouve ainsi: il faut diviser les 51 livres 3 sous 3 deniers, qui est le prix de l'évaluation, par 12, pour savoir ce que vaut le denier de fin; par ce calcul, on trouve qu'il vaut 4 livres 5 sous 3 deniers, qu'il faut diminuer de 51 livres 3 sous 3 deniers; à quoi ajoutant 4 sous pour les 2 grains qui manquent des 11 deniers, cela fait en tout 4 livres 9 sous 3 deniers qu'il faut soustraire de celle de 51 livres 3 sous 3 deniers; partant, restera 46 livres 14 sous 5 deniers, qui est la valeur intrinsèque du marc des écus à 10 deniers 22 grains.

Il paroît, par l'état des revenus portés au trésor royal, qui est annexé au compte rendu au roi par M. Necker, directeur général des finances, au mois de janvier 1781, que le droit de *seigneuriage* produit annuellement au roi cinq cens mille livres.

SEIGNEURIAL, (*Droit féodal.*) se dit de ce qui appartient au seigneur ou à la seigneurie, comme un manoir *seigneurial*, un droit *seigneurial*, le retrait *seigneurial*. *Voyez* SEIGNEUR, SEIGNEURIE. (*A*)

SEIGNEURIAUX, (*Droits*) *Voyez* DROITS SEIGNEURIAUX.

SEIGNEURIE. *Voyez* SEIGNEUR.

SEIGNEURIE DIRECTE. *Voyez* SEIGNEUR DIRECT.

SEING, s. m. (*Gram. & Jurisprud.*) du latin *signum*, signifie en général *marque*.

Anciennement le terme de *seing*, *signum*, se prenoit pour le sceau ou cachet particulier, dont chacun usoit pour sceller & adopter les actes qu'il passoit; ce *seing* ou sceau tenoit alors lieu de signature.

Depuis que l'usage de l'écriture est devenu plus commun, & que les signatures manuelles ont été substituées à l'apposition des sceaux ou cachets, on a souvent entendu par *seing* la souscription que quelqu'un fait d'un acte, & pour distinguer ce *seing* de l'apposition du sceau, on l'a appellé *seing manuel*.

Les *seings* ou signatures n'ont pas toujours été formés du nom entier de la personne & en toutes lettres suivies: au lieu de signature, l'on usoit de monogrammes, espèce de hiéroglyphes qui rassembloient toutes les lettres du nom. *Voyez* le *gloss.* de Ducange, au mot *Monogramma*.

Les personnes qui ne savent pas écrire, au lieu de *seing*, font encore une croix ou autre marque, ce qui ne forme qu'une preuve fort imparfaite.

J'ai vu un acte souscrit par l'impression d'une signature gravée en bois; cette marque étoit plus facile à reconnoître qu'une croix ou autre marque aussi simple.

On distingue deux sortes de *seing*, le *seing* public & le *seing* privé; le premier est authentique, l'autre ne l'est point, & n'a point de date certaine. *Voyez* AUTHENTIQUE, ACTE, SIGNATURE, SOUSCRIPTION. (*A*)

SEING, dans quelques anciennes ordonnances, signifie *marqué*, *poinçon* ou *cachet*. Par exemple, dans l'ordonnance de Philippe-le-Bel, du mois de janvier 1313, *art. 10*, il est dit que dans chaque ville où il y aura orfèvre, il y doit avoir un *seing* propre pour seigner les ouvrages qui y seront faits, qui sera gardé par deux prud-hommes établis à cet effet, & qu'un *seing* ne doit point ressembler à l'autre. (*A*)

SEL. (*Droit féodal.*) Suivant le droit commun des pays de main-morte, les serfs ou main-mortables ne se succèdent point entre eux, quelque proches parens qu'ils puissent être, à moins qu'ils ne vivent en commun. L'habitation séparée, en dissolvant la communauté, détruit aussi l'habileté à succéder. C'est ce qu'on a voulu exprimer par ce proverbe du droit féodal: *le feu, le sel & le pain partent l'homme morte-main*.

Le sens de cette règle est donc que les main-mortables sont réputés, partis ou divisés, lorsque le feu, le sel & le pain ne sont plus communs entre eux, quand même ils demeureroient dans la même maison. C'est ce qu'explique fort bien la coutume du Bourgogne-comté, *chap. 15*, *art. 17*: « la coutume par laquelle on dit que le feu & le pain partent l'homme de morte-main, est entendue quand les gens de morte-main font leurs dépenses chacun à sa charge & séparément l'un de l'autre, supposé qu'ils demeurent en une même maison ».

Au reste, il y a des coutumes où cette regle ne s'applique qu'aux meubles & conquêts de la communauté; d'autres où elle s'applique même aux propres. La coutume de la Marche est dans le premier cas, & celle de Nivernois dans le second.

Enfin cette dernière coutume ne permet pas aux main-mortables, ainsi séparés, de se réunir sans le consentement du seigneur, pour s'entre-succéder. *Voyez* le titre des servitudes personnelles, *art. 9*, *10*, *13 & 14*.

La coutume de la Marche, au contraire, *art. 155*, leur permet de renouer la communauté, quant aux meubles seulement. *Voyez* les institutes de Loisel, avec les notes de Laurière, *liv. 1*, *tit. 1*, §. 76. (*G. D. C.*)

SÉLERAGE, SCELLERAGE *ou* CELLERAGE, (*Droit féodal.*) on a donné ce nom à un droit dû au seigneur sur les vins quand ils sont mis au cellier. *Voyez* du Cange & Laurière dans leurs glossaires. (*G. D. C.*)

SELLETTE, s. f. (*Code criminel.*) est un petit siège de bois, sur lequel l'accusé doit être assis lorsqu'il subit le dernier interrogatoire, lorsque les conclusions du ministère public tendent à peine afflictive; cela se pratique ainsi, tant en première instance que sur l'appel : au lieu que dans les premiers interrogatoires l'accusé doit être seulement debout, tête nue, en présence du juge qui l'interroge. Quand les conclusions ne tendent pas à peine afflictive, l'accusé subit le dernier interrogatoire debout derrière le barreau, & non sur la *sellette*. Les curateurs & interprètes de l'accusé sont interrogés derrière le barreau, & non sur la *sellette*, quand même les conclusions tendroient à peine afflictive.

SEMAINIER, *Voyez* HEBDOMADIER.

SEMEÉ. (*Droit féodal.*) Les fors de Bearn écrits dans le langage du pays, *rubrique 49 de casses & pesquées*, (c'est-à-dire, de chasses & pêches) *art. 3*, nomment ainsi la partie d'un animal pris à la chasse, qu'on doit donner au seigneur.

Il est dit que, « lorsqu'on doit payer *semeé*, si c'est » d'un porc, ou d'une truie sauvage, on paiera le » quartier de devant; si c'est un cerf ou un che» vreuil, on paiera le quartier droit de derrière, » quoiqu'on n'en payât pas anciennement des che» vreuils. Mais que le chef seigneur & les autres » nobles du pays l'ont exigé, & ont de présent la » coutume de le prendre ».

J'ignore d'où vient ce mot *semeé*, à moins que ce ne soit de l'Espagnol *semeja*, qui signifie une pièce, un échantillon de quelque chose. *Voyez* le dictionnaire castillan de l'académie espagnole. *Voyez* aussi les articles NUMBLE & PALLERON DE PORC. (*G. D. C.*)

SEMESTRE, s. m. *en terme de palais*, est le service que les officiers de certains tribunaux font seulement pendant six mois : les officiers du grand-conseil, ceux de la chambre des comptes de Paris, & de la cour des monnoies servent par *semestre*. Il y a aussi quelques parlemens qui sont *semestres*, c'est-à-dire, où les officiers servent de même par *semestre*. Quand il s'agit d'enregistrement, d'ordonnances, édits ou déclarations, ou de quelque affaire qui intéresse toute la compagnie, on assemble les deux *semestres*, c'est-à-dire toute la compagnie. (*A*)

SÉMINAIRE, s. m. (*Droit canon.*) on entend ordinairement par ce terme une maison destinée à élever les jeunes clercs, pour les former aux connoissances & aux fonctions qui conviennent à l'état ecclésiastique.

Il y a cependant aussi des *séminaires* où les clercs ne sont pas élevés, mais où ils doivent seulement demeurer quelque temps pour se préparer à recevoir les ordres; d'autres encore qui sont des maisons de retraite pour des ecclésiastiques âgés ou infirmes; d'autres enfin où l'on forme des sujets pour les missions étrangères.

Ces différentes sortes de *séminaires* jouissent tous des mêmes privilèges.

Les plus anciens sont sans contredit ceux qui furent institués pour élever les jeunes clercs, & qu'on appelle communément *les petits séminaires*; leur origine en France remonte très-haut, puisque le concile de Bazas, tenu en 529, parle de leur utilité; mais il est à croire que les *séminaires*, dont parle ce concile, n'étoient autres que les écoles qu'il y avoit de tout temps dans toutes les églises cathédrales & dans les principaux monastères, lesquelles pouvoient en effet être regardées comme des *séminaires*, n'y ayant guère alors que ceux qui se destinoient à l'état ecclésiastique qui fréquentassent ces écoles, & qui s'adonnassent à l'étude des lettres.

A ces écoles, qui furent ruinées par les désordres du dixième siècle, succédèrent les universités & les collèges particuliers; la plupart des évêques se reposèrent de l'instruction de leurs clercs sur les régens des collèges pour les premières études, & sur les docteurs des universités pour la théologie & le droit canon.

Mais on trouva que c'étoit une occasion de dissipation pour les jeunes clercs d'aller étudier dans les collèges avec les écoliers laïques, & que pendant ce temps ils ne faisoient aucune fonction ecclésiastique; on crut qu'il étoit plus convenable de les élever en particulier, & ce fut ce qui donna lieu à l'établissement des petits *séminaires*.

Le concile de Trente, *sess. 23, c. 18 de reform.* ordonne que dans chaque diocèse ou province il soit établi un ou plusieurs *séminaires*, où l'on reçoive de jeunes gens nés en légitime mariage, âgés de douze ans au moins & qui se disposent à l'état ecclésiastique, pauvres & riches indifféremment; si ce n'est que les riches paieront leur pension, & que les pauvres seront nourris gratuitement.

Pour la dotation & entretien de ces *séminaires*, le concile permet de lever une contribution sur les bénéfices du diocèse, sans qu'aucun ordre s'en puisse exempter, à l'exception des mendians & des chevaliers de Malte, laquelle contribution sera réglée par l'évêque assisté de deux chanoines de son église; il permet aussi l'union des bénéfices.

Enfin il oblige les écolâtres des chapitres à enseigner les jeunes clercs dans ces *séminaires*, ou à nommer, de l'agrément de l'évêque, quelqu'un à leur place, pour s'acquitter de cette fonction.

L'assemblée de Melun, en 1679, s'est conformée au réglement du concile de Trente, auquel elle a ajouté plusieurs articles touchant le gouvernement des *séminaires*.

Les conciles provinciaux de Rouen, de Reims, de Bordeaux, de Tours, de Bourges, d'Aix & de Toulouse, ont aussi reçu ce réglement, & y ont ajouté différentes explications.

Cependant la discipline de l'église de France n'est pas conforme en plusieurs chefs au réglement du concile de Trente.

Il est d'abord constant que l'on ne peut établir aucun *séminaire* en France sans lettres-patentes du roi; c'est un point décidé par l'édit du mois d'août 1749.

On devoit, suivant le concile, élever les enfans dans le *séminaire* depuis l'âge de douze ans jusqu'à ce qu'ils eussent reçu les ordres sacrés; au lieu que dans la plupart des diocèses de France on oblige seulement ceux qui se présentent aux ordres à passer une ou deux années dans le *séminaire* ; & même en quelques diocèses, on se contente d'un temps plus court, & que les clercs fassent une retraite au *séminaire* avant que de recevoir les ordres mineurs, le soudiaconat, le diaconat & la prêtrise.

Le gouvernement des *séminaires* en France dépend de la prudence de l'évêque, qui leur donne des statuts tels qu'il les croit convenables. On ne l'oblige point de prendre l'avis de deux chanoines de sa cathédrale. Il peut en confier la conduite aux personnes, ou aux communautés séculières ou régulières qu'il estime les plus capables pour les bien gouverner. Dans le cas où il juge plus convenable de confier cette direction à une communauté, celle-ci ne peut se prévaloir de l'administration qu'elle a gérée, pour prétendre s'approprier les biens donnés ou unis en faveur, ou en vue des *séminaires.*

Pour ce qui est de la dotation des *séminaires*, elle peut se faire, soit par la fondation ou par des donations postérieures, soit par des unions de bénéfices, soit par imposition sur les biens ecclésiastiques du diocèse.

L'évêque procède à cette imposition avec les syndics & députés aux bureaux des décimes de leur diocèse.

L'ordonnance de Blois enjoint aux évêques d'établir des *séminaires* dans leur diocèse, d'aviser à la forme qui sera la plus propre selon les circonstances, & de pourvoir à la dotation d'iceux par union de bénéfices, assignations de pension ou autrement; c'est aussi la disposition de l'édit de Melun, de l'ordonnance de 1629, & de la déclaration du 15 décembre 1698; celle-ci ordonne l'établissement des *séminaires* dans les diocèses où il n'y en a point, & des maisons particulières pour l'éducation des jeunes clercs pauvres, depuis l'âge de douze ans.

Les bénéfices dont le revenu n'excède pas 600 liv. sont exceptés de la contribution pour les *séminaires* par l'ordonnance de 1629 ; les cures sont aussi exemptes, de même que les dixmes inféodées

Les évêques, leurs grands-vicaires & archidiacres peuvent enjoindre aux curés & autres ecclésiastiques de se retirer pour quelque temps dans un *séminaire*, pour y reprendre l'esprit de leur état; & ces ordonnances sont exécutoires, nonobstant oppositions ou appellations. C'est une des dispositions de la déclaration du 15 décembre 1698. (*A*)

SEMINIAUX (*Pains*), ce mot se trouve dans une ancienne coutume d'Amiens, manuscrite. Elle entend par-là des pains de fleurs de farine. On a dit *seminel* dans le même sens. *Voyez* du Cange, au mot *seminellus* ; & Laurière au mot *seminiaux.* (*G. D. C.*)

SEMI-PRÉBENDÉ, s. m. (*Droit can.*) est celui qui n'a qu'une demi-prébende. Il y a dans certaines églises des chanoines *semi-prébendés* ; ce qui vient ou de ce que certaines prébendes ont été divisées en deux pour multiplier le nombre des titres dans une église, ou de ce que la fondation de ces *semi-prébendes* a été seulement de la moitié des autres prébendes. Il y a aussi dans quelques églises des bénéficiers-prébendés, & d'autres *semi-prébendés*, qui n'ont pas le titre de *chanoines. Voyez* CANONICAT, CHANOINE, PRÉBENDE, PRÉBENDÉ. (*A*)

SEMI-PREUVE, s. f. (*en terme de pratique*) est une preuve qui n'est pas pleine & entière; une preuve imparfaite ; telle est celle qui résulte de la déposition d'un seul témoin ; celle qui résulte de la comparaison d'écriture ; celle qui résulte d'une écriture sous seing-privé, d'un indice, ou d'une présomption. Le testament de mort d'un criminel ne fait aussi qu'une *semi-preuve. Voyez* INDICE, PRÉSOMPTION, PREUVE. (*A*)

SEMY-DROIT. (*Droit-féodal.*) ce mot se trouve dans l'article 1 de l'ancienne coutume de Touraine, qui le traduit elle-même par celui de *basse-justice* ; la nouvelle dit *basse-voirie, ou basse-justice.* La très-ancienne coutume rédigée à Langetz en 1460, portoit *femy-droict.* Le chapitre premier y est intitulé « de droit de basse-justice, qui est appellée basse-» voirie, autrement *femy-droict* ».

Le mot de *faymi-droit* est aussi employé pour désigner la basse-justice dans les coutumes de la Basse-Navarre & particuliérement dans celles de Sole, *tit.* 2, *art.* 6 & 8 ; *titre* 10, *art.* 2, & *tit.* 18, *art.* 1. (*G. D. C.*)

SENAGE, (*Droit féodal.*) ce mot se trouve dans l'extrait suivant d'une charte de l'an 1262, tirée d'un cartulaire de l'abbaye de Corbie : « les entrées & » les issues de Forcheville, & de tout le terroir & » forages & cambages & senages, *&c.* ». Dom Carpentier soupçonne avec beaucoup de vraisemblance que le *senage* est le droit dû pour mettre une enseigne ; cela doit sur-tout s'entendre des enseignes qui indiquent la vente des vins ; telles que les bouchons aux cabarets, comme les noms de forage & de cambage, qui sont des droits sur les vins, l'indiquent. *Voyez* le glossaire de cet auteur, au mot *Senale*, celui de du Cange, au mot *Signale* 2, & SERCHEL. (*G. D. C.*)

SÉNAT, s. m. (*Droit public.*) se dit dans les républiques du conseil public, chargé de l'administration de l'état. Sous ce point de vue, ce mot se trouvera traité dans le *dictionnaire d'économie polit. & diplom.*

Il existe à Strasbourg deux jurisdictions intitulées, l'une le *grand*, l'autre le *petit sénat* : la première est composée de trente citoyens, dont dix doivent être gentilshommes, & les vingt autres bourgeois. Elle est présidée par le prêteur royal ; elle connoît avec le conseil en exercice, & le prêteur en quartier, des affaires civiles & criminelles ; les civiles y sont jugées à la charge de l'appel à la chambre des treize, les criminelles y sont traitées définitivement. La seconde est formée par vingt-deux juges, dont six sont tirés du corps des nobles, & seize des tribus d'artisans ; elle n'a de compétence que pour les affaires civiles peu importantes ; les appels de ses jugemens sont portés à la chambre des treize.

SENATUS-CONSULTE,

SENATUS-CONSULTE, s. m. (*Jurisprudence romaine.*) est le nom qu'on donnoit aux décrets du sénat.

Nous n'entrerons ici dans aucun détail sur la forme des assemblées du sénat romain, & sur l'autorité accordée à ses décrets, soit dans les temps de la république, soit sous les empereurs. Nous nous bornerons à donner connoissance de quelques *senatus-consultes*, dont les dispositions ont été insérées dans le corps de droit, & sont suivies dans nos provinces de droit écrit, & même dans quelques pays coutumiers.

SENATUS-CONSULTE MACÉDONIEN, déclare nuls les prêts faits à un enfant sous puissance paternelle, tant à son égard qu'à l'égard de son père. *Voyez* MACÉDONIEN.

SENATUS-CONSULTE ORFICIEN. La loi des douze tables n'avoit établi que deux ordres d'héritiers *ab intestat.* Elle appelloit en premier lieu les *héritiers siens*, c'est-à-dire, les enfans soumis à la puissance paternelle, dans le temps du décès du père; à leur défaut elle appelloit les *agnats*, c'est-à-dire, les parens du défunt qui lui étoient conjoints par le sexe viril, & qui étoient restés dans la famille civile. De-là il s'ensuivoit que la mère ne pouvoit recueillir la succession *ab intestat* de ses enfans, ni ceux-ci lui succéder, puisqu'ils n'avoient, ni l'un ni l'autre, les qualités requises par la loi des douze tables pour avoir droit à leurs successions mutuelles.

Cette loi injuste, & contraire à l'ordre indiqué par la nature, a subsisté long-temps. Ce n'est que sous l'empire de Claude, que la mère a commencé à être appellée au partage de la succession de ses enfans. *Voyez* SENATUS-CONSULTE TERTULLIEN. Mais les enfans n'ont joui de l'avantage de succéder à leur mère, que peu après, & vers l'an 930 de Rome.

A cette époque, le sénat rendit un décret, appellé *orficien*, du nom de l'un des consuls, par lequel il défère la succession légitime de la mère, soit ingénue, soit affranchie, à tous ses enfans, même à ceux qui seroient en puissance d'autrui, & qui les préfère à tous les parens de la mère, soit consanguins, soit agnats.

Sous le nom d'enfans, ce *senatus-consulte* comprend non-seulement les petits-enfans, mais même les enfans naturels, qu'il appelloit également à la succession de leur mère, à moins qu'elle ne fût d'une famille illustre, ou qu'elle n'eût des enfans légitimes.

Comme cette loi appelloit nommément la mère & ses enfans à leurs successions mutuelles, & s'étoit servi de leur qualité naturelle pour les désigner, ils pouvoient se succéder les uns aux autres, après avoir perdu, par l'émancipation ou l'adoption, les qualités qui constituoient la famille civile; telles que celle d'héritiers siens.

Nous suivons en France les dispositions de ce *senatus-consulte*; la mère ainsi que le père sont appellés à la succession de leurs enfans, & réciproquement les enfans succèdent à leur mère comme à leur père. Nous avons seulement restraint ce droit, par rapport aux enfans naturels, à celui d'obtenir des alimens sur la succession de leur mère. *Voyez* ADULTÉRIN, BATARD.

SENATUS-CONSULTE TERTULLIEN. Nous avons dit sous le mot *senatus-consulte Orficien*, que la loi des douze tables n'appelloit pas la mère à la succession de ses enfans décédés avant elle; le prêteur, dans le temps de la république, pour corriger & modifier la rigueur de la loi, admit la mère & les enfans à demander réciproquement la possession des biens laissés *ab intestat*, en qualité de cognats, & au troisième ordre d'héritiers, après ceux qu'on appelloit *siens*, & les agnats.

L'empereur Claude essaya le premier d'introduire à cet égard une jurisprudence nouvelle; il appella la mère à la succession de ses enfans, dans le second rang d'héritiers. Mais le système de la succession agnatique étoit tellement enraciné, que cette faculté de succéder à la mère, fut plutôt un privilège qu'un droit, puisqu'elle ne fut accordée qu'à celles qui étoient mères de quatre enfans.

Sous l'empire d'Adrien, le *senatus-consulte Tertullien* régla définitivement la manière dont les mères seroient appellées à la succession de leurs enfans, quelles personnes concourroient avec elles, ou les excluroient. Il ne fut rien statué en faveur de l'aïeule, mais seulement de la mère; & même le *senatus-consulte* n'accorde le droit de succéder qu'à celle qui avoit donné le jour à trois enfans, si elle étoit de condition libre, ou à quatre, si elle étoit affranchie. Mais il le lui donne dans le cas même où elle seroit encore soumise à la puissance paternelle.

On préféroit à la mère, 1°. les enfans du défunt, qui étoient en son pouvoir, ou qui en tenoient la place, soit qu'ils fussent au premier degré, ou à un autre plus éloigné; 2°. les frères consanguins du défunt: 3°. le père du défunt, mais non l'aïeul ou le bisaïeul, lorsque ceux-ci se présentoient concurremment avec la mère.

Lorsque le défunt n'avoit laissé que des sœurs consanguines, la mère succédoit conjointement avec elles; mais s'il y avoit des frères & des sœurs, les sœurs succédoient avec leurs frères, à l'exclusion de la mère.

Justinien introduisit un nouveau droit, il ordonna que la mère seroit préférée à tous les héritiers légitimes dans la succession de son enfant, soit qu'elle en eût eu plusieurs, soit qu'elle n'eût engendré que celui-là. Il n'admit avec elle que les frères & sœurs du défunt, tant consanguins qu'utérins. Il statua que s'il n'y avoit que des sœurs, elles n'auroient toutes ensemble qu'une moitié de la succession, & la mère l'autre moitié, & que s'il y avoit un ou plusieurs frères, la mère, les frères & sœurs du défunt auroient chacun une portion virile.

Par la novelle 118 il a été réglé que la mère & les frères germains excluroient les frères & sœurs parens du défunt par un seul côté, & que la mère & les frères germains partageroient par égales portions; que les enfans des frères germains viendroient par représentation de leurs pères, concurremment avec la mère, s'il existoit d'autres frères germains, qu'autrement ils seroient exclus par la mère. Que le droit de succéder accordé à la mère, appartiendroit aussi à la grand-mère, & en remontant, à défaut de père & de mère du défunt, & autres ascendans plus proches.

Nous suivons, dans les pays de droit écrit, la disposition de la novelle. Charles IX avoit ordonné par l'édit des mères, qu'elles succéderoient seules en propriété aux meubles & acquêts de leurs enfans, à l'exclusion des frères & sœurs même germains, & qu'elles n'auroient que l'usufruit de la moitié des propres; mais après bien des réclamations & interprétations locales, cet édit a été révoqué en 1729. *Voyez* EDIT DES MERES.

En pays coutumier la jurisprudence varie. Suivant la coutume de Paris, lorsqu'un défunt n'a pas laissé de descendans, la mère succède avec le père, aux meubles, acquêts & conquêts immeubles. Au défaut de la mère & du père, on admet l'aïeule avec l'aïeul, & ainsi de suite. La mère est exclue, comme tous les autres ascendans, de la succession des propres, à moins que ce propre n'ait été donné par elle à son enfant, & que cet enfant n'ait pas d'enfans. La mère succède pour l'usufruit seulement, aux immeubles que le défunt a acquis de son père prédécédé, qui les possédoit comme conquêts: parce que ces immeubles venus en ligne directe au défunt, sont propres naissans dans sa personne. Quand un acquêt, dans la succession d'un fils, est devenu propre au petit-fils, & que ce petit-fils décède sans enfans & sans frères ni sœurs, l'aïeule succède en pleine propriété à ce propre pour le tout, si elle est seule, & pour moitié, s'il y a un aïeul. *Coutume de Paris, articles 311, 312, 313, 314 & 315.*

SENATUS-CONSULTE VELLÉIEN, est un décret du sénat de Rome, qui annulloit les obligations contractées par les femmes pour autrui, & qui refusoit à leurs créanciers toute action personnelle. Cette jurisprudence a été introduite sous les empereurs. Auguste avoit défendu par un édit, aux femmes de se cautionner pour leurs maris: Claude renouvella cette disposition par une loi semblable. Dans la suite, le sénat, sur les représentations du consul Velleius Victor, annulla toutes les obligations des femmes qui s'obligeroient pour autrui.

Le motif de ce décret a été l'ignorance des femmes dans les affaires, & leur facilité naturelle à obéir à la voix de la séduction; mais il faut observer que l'obligation des femmes n'étoit pas nulle de plein droit; le *senatus-consulte* leur accorde seulement une exception pour rendre sans effet la demande du créancier auquel elles se sont obligées pour un autre.

Le bénéfice du *Velléien* n'étant accordé qu'à la bonne foi & à la simplicité de la femme surprise, il lui est dénié lorsqu'elle a employé le dol & la fraude pour faire recevoir son obligation. Il cesse également, lorsqu'elle a reçu le prix de son cautionnement; qu'elle s'est obligée pour une cause nécessaire, & qui lui est commune; qu'elle a pris en jugement le fait & cause de celui pour lequel elle s'oblige; qu'elle s'est obligée solidairement au paiement d'une dot promise; qu'elle a ratifié deux ans après sa date, une obligation qu'elle avoit souscrite en majorité; qu'elle s'est obligée pour la rançon ou les alimens de son père, de son mari, de ses enfans, ou même pour les tirer d'une prison où ils auroient été constitués, soit pour dette civile, soit pour un crime qui peut entraîner une peine afflictive ou infamante; qu'elle a renoncé, en connoissance de cause, au bénéfice du *senatus-consulte.*

La disposition de cette loi n'est plus observée que dans les provinces de droit écrit. Il paroît, par un arrêt de réglement du parlement de Paris, du 29 juillet 1595, qu'elle formoit autrefois le droit commun du royaume. Mais un édit de Henri IV, du mois d'août 1606, a dérogé à toute cette législation romaine, & déclaré valable les obligations que les femmes auroient souscrites pour un tiers.

Cet édit a été d'abord enregistré au parlement de Paris, & il est exécuté dans tout son ressort, sauf dans le Poitou, l'Auvergne & la Marche, dont les coutumes défendent aux femmes de s'obliger pour leurs maris.

Il a été ensuite enregistré au parlement de Bourgogne le 7 août 1609.

Une déclaration de 1683, enregistrée au parlement de Bretagne le 23 décembre de la même année, a ordonné l'exécution dans son ressort de l'édit de 1606.

Un édit du mois de novembre 1703, enregistré au parlement de Franche-Comté le 3 janvier suivant, rappelle la disposition de l'édit de 1606, & prononce la validité des obligations des femmes.

Le parlement de Normandie a reçu, de temps immémorial, le *Velléien*, qui y est encore observé dans toute sa rigueur, nonobstant l'édit de 1606, que ce tribunal souverain n'a jamais enregistré.

C'est en conséquence de cet usage, que par arrêt sur délibéré, du 25 octobre 1766, recueilli par Denisart, la femme Lallemand, domiciliée à Coutances en Normandie, a été relaxée de la demande du sieur Heleine, porteur d'une obligation notariée qu'elle avoit souscrite à son profit conjointement avec son mari.

SÉNÉCHAL, s. m. SÉNÉCHAUSSÉE, s. f. (*Droit public.*) *sénéchal* est un officier dont les fonctions ont été différentes selon les temps; ce terme est principalement usité dans les provinces de droit écrit, & il signifie aujourd'hui le premier officier de la justice.

SÉNÉCHAUSSÉE est la jurisdiction du *sénéchal*, & l'étendue de sa jurisdiction.

Il paroît que, dans l'origine, le *sénéchal* étoit le plus ancien officier d'une maison, lequel en avoit le gouvernement.

Il y en avoit non-seulement chez les rois & les grands, mais même chez les particuliers.

Mais on en distinguoit deux sortes, les petits ou communs, & les grands.

Les premiers étoient ceux qui avoient l'intendance de la maison de quelque particulier.

Les grands-*sénéchaux* étoient ceux qui étoient chez les princes, ils avoient l'intendance de leur maison en général, & singuliérement de leur table; ce qui leur fit donner le titre de *dapifer*: ils étoient à cet égard ce qu'on appelle aujourd'hui *grand-maître de la maison* chez les princes, ou *maître-d'hôtel* chez les autres seigneurs: mais les grands-*sénéchaux* ne portoient les plats que dans les grandes cérémonies, comme au couronnement du roi, ou aux cours plénières; & hors ces cas, cette fonction étoit laissée aux *sénéchaux* ordinaires.

Le grand-*sénéchal* ne portoit même que le premier plat; & l'on voit en plusieurs occasions qu'il servoit à cheval: l'intendance qu'ils avoient de la maison du prince, comprenoit l'administration des finances, ce qui les rendoit comptables.

Ils avoient en outre le commandement des armées, & c'étoient eux qui portoient à l'armée & dans les combats la bannière du roi, ce qui rendoit cette place fort considérable.

Sous la première race de nos rois, les *sénéchaux* étoient du nombre des grands du royaume; ils assistoient aux plaids du roi, & souscrivoient les chartes qu'il donnoit. On trouve des exemples qu'il y en avoit quelquefois deux en même temps.

Il y en avoit aussi sous la seconde & la troisième race. Ils sont nommés dans les actes après le comte ou maire du palais, & avant tous les autres grands officiers.

La dignité de *maire du palais* ayant été éteinte, celle de grand-*sénéchal* de France prit la place. Ce grand-*sénéchal* avoit sous lui un autre *sénéchal*, qu'on appelloit simplement *sénéchal de France*. Le dernier qui remplit la place de *grand-sénéchal* fut Thibaut dit le Bon, comte de Blois & de Chartres sous Louis VII; il mourut en 1191.

Toutes les chartes données par nos rois jusqu'en 1262, font mention qu'il n'y avoit point de grand-*sénéchal*, *dapifero nullo*, comme si cette charge n'eût pas encore été éteinte, mais seulement vacante; quoi qu'il en soit, celle de grand-maître de la maison du roi paroît lui avoir succédé.

Enfin l'une des principales fonctions du grand-*sénéchal* étoit celle de rendre la justice aux sujets du prince, & en cette qualité il étoit préposé au-dessus de tous les autres juges.

Les souverains qui possédoient les provinces de droit écrit avoient chacun leur *sénéchal*; celui d'Aquitaine avoit sous lui trois sous-*sénéchaux* qui étoient ceux de Saintonge, de Quercy & du Limosin.

Lorsque ces provinces ont été réunies à la couronne, leur premier officier de justice a conservé le titre de *sénéchal*; au lieu que dans les pays de coutume nos rois ont établi des baillis, dont la fonction répond à celle de *sénéchal*.

Quelques-uns prétendent que les *sénéchaux* de province & les baillis n'étoient au commencement que de simples commissaires que le roi envoyoit dans les provinces, pour voir si la justice étoit bien rendue par les prévôts, vicomtes & viguiers. Quoi qu'il en soit, sous la troisième race ils étoient érigés en titre d'*office*; & depuis Louis XI, n'étant plus révocables, ils travaillèrent à se rendre héréditaires.

Ils ont toujours été officiers d'épée, & ont, comme les baillis d'épée, le commandement des armes; mais on ne leur a laissé que la conduite du ban & de l'arrière-ban, on leur a aussi ôté le maniement des finances, on leur a aussi donné des lieutenans de robe-longue, pour rendre la justice en leur nom. Ils choisissoient eux-mêmes ces lieutenans jusqu'en 1491; présentement il ne leur reste plus, de même qu'aux baillis, que la séance à l'audience & l'honneur que les sentences & contrats passés sous le scel de la sénéchaussée sont intitulés de leur nom.

Les comtes d'Anjou, les ducs de Normandie & d'Aquitaine, & autres grands seigneurs, ont aussi eu leurs *sénéchaux*; cette place étoit même héréditaire dans certaines familles nobles.

On donne aussi le nom de *sénéchal* à un officier de robe longue, chef d'une justice subalterne. Il y en a de deux sortes, les *sénéchaux* royaux & les *sénéchaux* seigneuriaux. L'office & les fonctions des *sénéchaux* royaux répondent à celles des lieutenans-généraux des bailliages, celles des *sénéchaux* seigneuriaux à celles des baillis des justices seigneuriales. *Voyez* BAILLI, BAILLIAGE. (*A*)

SENHOR, c'est la même chose que *seigneur*. *Voyez* ce mot; & du Cange, au mot *Senhoria 2*. (*G. D. C.*)

SENTENCE, s. f. (*terme de Procédure.*) est le jugement que rend un juge non-souverain, sur une cause, instance, ou procès.

Le juge prononce la *sentence*, le greffier la rédige par écrit, & en délivre des expéditions aux parties.

Une *sentence* d'audience n'a que deux parties, savoir les qualités & le dispositif; celle de rapport a de plus le vu des pièces qui est entre les qualités & le dispositif. *Voyez* DISPOSITIF & QUALITÉ.

L'appel d'une *sentence* en suspend l'exécution, à moins qu'elle ne soit exécutoire par provision, auquel cas le juge supérieur peut, s'il y a lieu, accorder des défenses d'exécuter la *sentence*. *Voyez* APPEL, DÉFENSE, EXÉCUTION PROVISOIRE.

Sentence arbitrale, est celle qui est rendue par un ou plusieurs arbitres. *Voyez* ARBITRE.

Sentence d'audience, est celle que le juge rend sur une cause, & qu'il prononce à l'audience.

Sentence contradictoire, est celle qui est rendue sur la plaidoirie respective des parties, ou de leurs défenseurs.

Sentence par défaut, est celle qui est donnée contre une partie qui ne comparoît point, ou qui refuse de défendre, ou qui ne se présente pas pour plaider.

Sentence définitive, est celle qui décide le fond des contestations.

Sentence sur délibéré, est celle qui est rendue sur une affaire d'audience, après que le juge en a délibéré.

Sentence par forclusion. Voyez FORCLUSION.

Sentence interlocutoire, est celle qui, avant faire droit sur le fond, ordonne quelque chose de préalable.

Sentence au premier ou au second chef de l'édit, est celle qui est rendue dans un présidial, & qui juge une cause dont l'objet n'excède pas le premier ou le second chef de l'édit des présidiaux. *Voyez* PRÉSIDIAL, EDIT DES PRÉSIDIAUX.

Sentence préparatoire, est celle qui ordonne quelques instructions, avant d'en venir au fond, comme de satisfaire à des exceptions, de fournir des défenses, *&c.*

Sentence présidiale, est celle qui est rendue par un présidial, & singuliérement celle qui y est rendue au second chef de l'édit des présidiaux; on l'appelle ainsi pour la distinguer de celle qui est rendue au premier chef, où le présidial prononce par jugement dernier.

Sentence provisoire, est celle qui ordonne quelque chose qui doit s'exécuter par provision.

Sentence de rapport, est celle qui est rendue sur une instruction par écrit, & sur le rapport qu'un des juges en fait en présence des autres. *Voyez* APPOINTEMENT, RAPPORTEUR.

Un juge ne peut réguliérement rien changer à une *sentence* qu'il a prononcée, ni la rétracter ou réformer. C'est la disposition des loix 2 & 3 *c. de sent. quæ ex parte*, & d'un grand nombre d'arrêts des différens parlemens du royaume. Un du 2 juillet 1777, rendu au parlement de Paris, sur les conclusions de M. l'avocat-général Séguier, ordonne que les *sentences* rendues à l'audience, seront transcrites sur le plumitif, telles qu'elles auront été prononcées, sans qu'il soit permis à aucun des juges d'en altérer ou réformer la moindre clause, à moins qu'il ne se soit glissé quelque erreur dans la rédaction, auquel cas on doit procéder à la réformation, du consentement de tous les juges; & en cas de division entre eux, on doit se pourvoir en la cour.

Quelques auteurs prétendent qu'une *sentence*, qui n'est pas encore mise au greffe, peut être corrigée par le juge, pourvu que ce ne soit pas dans sa substance, mais seulement par rapport à des incidens. Mais il est plus conforme aux principes de dire qu'une *sentence* arrêtée par la chambre, ne peut être réformée, quoiqu'elle n'ait point été signée, à moins qu'il n'y ait productions nouvelles faites par les parties, auquel cas les mêmes juges qui ont assisté à la première *sentence* doivent aussi assister à la seconde.

Il y a, pour les arrêts, des formes de prononciation, qui ne peuvent être employées dans les *sentences*. Par exemple, lorsqu'une cour fait droit sur l'appel d'une *sentence*, si elle la confirme, elle *met l'appellation au néant;* si elle l'infirme, elle *met l'appellation & ce au néant*, *émendant*, prononce par jugement nouveau: mais un juge inférieur ne peut s'arroger ces formules; il faut, en prononçant sur un appel, qu'il se borne à dire qu'il a été *bien jugé & mal appellé*, ou *bien appellé & mal jugé.*

Jean le Coq nous apprend, *part.* 5, *quest.* 247, que l'official de Reims ayant mis un *ajournement au néant*, son ordonnance fut cassée par arrêt. Fevret, *liv.* 7, *chap.* 3, dit qu'en 1602 l'official de la primatie de Lyon usa de la même formule, en faisant droit sur l'appel d'une *sentence* de l'official de Tours; mais que, par arrêt du 12 août de la même année, le parlement de Paris déclara qu'il avoit été mal & abusivement prononcé, & défendit à tous juges ecclésiastiques de plus prononcer de la sorte. Il n'y a qu'un tribunal excepté de cette règle, c'est le conseil provincial d'Artois: ce qui vient sans doute de ce qu'il est supérieur en plusieurs matières, & que ses membres jouissent de tous les privilèges des compagnies souveraines.

Les juges inférieurs ne peuvent user dans leurs *sentences* des termes, *pour certaines causes & considérations à ce nous mouvans:* ces termes n'appartiennent qu'aux cours souveraines, ainsi que ceux, *sans tirer à conséquence.*

En matière criminelle, les cours ne donnent d'autre motif aux condamnations qu'elles prononcent, que l'énonciation vague & indéterminée des *cas résultans du procès;* mais aussi cette manière de prononcer n'appartient qu'à elles. Il y a dans le code criminel de Serpillon plusieurs arrêts des parlemens de Paris & de Dijon, qui en interdisent l'usage aux juges inférieurs. *Voyez* JUGEMENT.

SÉPARATION, f. f. signifie en général l'action par laquelle on met une personne ou une chose à part d'avec une autre.

Nous connoissons en droit trois espèces de *séparations:* deux regardent les gens mariés, la première est la *séparation* de biens, la seconde est la *séparation* de corps: la troisième espèce est la *séparation* des biens de l'héritier d'avec ceux du défunt.

SÉPARATION DE BIENS, est lorsque deux conjoints par mariage jouissent chacun de leurs biens divisément & à part.

Il y en a deux espèces. L'une se fait avant le mariage, & on l'appelle vulgairement *séparation contractuelle*, parce qu'elle est stipulée par le contrat qui précède la bénédiction nuptiale. Son effet est d'empêcher que le mariage n'établisse une communauté entre les futurs conjoints. Dans ce cas on autorise la femme à toucher ses revenus, & à payer pension à son mari.

La seconde *séparation de biens* s'opère pendant le mariage, & rompt par conséquent la communauté, que l'union des deux époux avoit établie entre eux. On la nomme communément *séparation judiciaire*, parce qu'elle ne peut régulièrement avoir lieu que par l'effet d'un jugement rendu en bonne forme.

§. I. *De la séparation de biens contractuelle.* Il ne faut pas confondre la *séparation de biens* contractuelle avec la clause d'exclusion de communauté stipulée dans un contrat de mariage. Cette clause déclare seulement la femme non commune en biens; son effet est de l'exclure du droit de demander partage dans les biens acquis par son mari pendant la durée du mariage. Mais elle n'a pas pour cela l'administration de ses biens, le mari a seul le droit d'en jouir pour soutenir les charges du mariage.

La *séparation de biens* non-seulement exclut la communauté entre le mari & la femme, mais elle accorde encore à la femme le droit de jouir elle-même de ses biens. Comme ses effets sont les mêmes que ceux de la *séparation* judiciaire, nous les détaillerons sous le §. II.

La *séparation de biens* contractuelle n'a pas besoin d'être publiée au siége de la justice du domicile des conjoints, ni d'être insérée dans un tableau exposé dans un lieu public, à moins qu'elle n'en ait été stipulée dans les contrats de marchands grossiers ou détailleurs & des banquiers. L'ordonnance de 1673 les oblige à remplir cette formalité. Il faut également, en Normandie, qu'elle soit inscrite avec les noms, surnoms & demeures des époux, dans un tableau affiché au greffe du tabellionage de chaque ville ou district.

Les conjoints ne peuvent pas, en se séparant de biens par leur contrat de mariage, se réserver la faculté de rétablir la communauté quand il leur plaira. Cette stipulation ouvriroit la porte aux avantages indirects.

La *séparation de biens* ne dispense la femme, ni de l'obligation de demeurer dans la maison de son mari, ni de celle de contribuer aux charges du mariage. Mais elle l'affranchit du relief, qui, dans un grand nombre de coutumes, est dû pour la mutation par mariage

§. II. *De la séparation de biens judiciaire.* L'idée de cette *séparation* de biens paroît avoir été puisée dans les loix romaines. Elles accordoient à la femme le droit de répéter sa dot, lorsque l'indigence du mari la mettoit en péril pendant le mariage, c'est-à-dire, lorsque celui-ci paroissoit évidemment n'avoir pas assez de biens pour la garantir & en assurer le recouvrement. Or, comme dans nos mœurs, tous les biens qu'une femme apporte en mariage sont réputés dotaux, il a fallu leur appliquer la disposition que le droit romain renferme sur la dot, & lui donner la faculté de séparer ses biens de ceux de son mari, lorsqu'elle est exposée à les perdre en les laissant plus long-temps en commun.

Pour que la femme soit reçue à demander cette *séparation*, il n'est pas nécessaire que le mari soit insolvable : de quoi en effet lui serviroit alors un pareil remède? Mais aussi il faut qu'il commence à le devenir d'une manière sensible, & que le mauvais état de ses affaires donne lieu de craindre qu'il ne le devienne de plus en plus.

Il est même de principe que le défaut de fortune de la part du mari, n'est pas un motif de *séparation*, lorsque les biens dont la femme a le droit de demander la restitution lors de la dissolution de la communauté, sont en sûreté; quand, par exemple, ces biens consistent en fonds de terre ou en maisons. La femme alors n'a point à craindre que le mari entame sa fortune, puisqu'il ne peut, sans qu'elle y consente, ni aliéner ni hypothéquer ces héritages; & sa demande en *séparation* ne peut être écoutée tant que son mari fournit honnêtement à sa dépense, & qu'il y a sûreté pour la répétition de ce qui lui est dû.

Pour donner lieu à la *séparation*, faut-il que le mauvais état des affaires du mari soit arrivé par sa faute & par sa mauvaise conduite ? Brillon rapporte un arrêt du 11 août 1718, qu'il semble présenter comme un préjugé pour l'affirmative. Mais deux circonstances tirent cet arrêt de la thèse générale. D'abord, les dépenses que la femme reprochoit au mari avoient été faites dans des emplois publics & pour le service du roi. En second lieu, le mari prouvoit que, par l'effet d'une demande en continuation de communauté qu'il avoit formée contre son beau-père, il lui étoit dû plus qu'il ne devoit lui-même, soit pour l'emploi des deniers dotaux, soit pour payer les créanciers étrangers.

Du reste, Pothier, *dans son traité de la communauté*, décide en thèse, que les pertes survenues au mari par ces événemens fâcheux auxquels la prudence, la sagesse & les lumières des hommes ne peuvent parer, donnent lieu à la *séparation* de biens, comme si elles provenoient absolument de sa mauvaise administration; & en effet les loix romaines, citées plus haut, ne distinguent point. La demande de la femme ne peut pas même, dans de telles circonstances, être regardée comme défavorable.

Une accusation capitale formée contre le mari & suivie d'un décret de prise de corps, est-elle une cause légitime de *séparation* de biens? Raviot sur Perrier, *quest. 251, n. 64*, rapporte un arrêt du parlement de Dijon du 10 juillet 1696, qui juge qu'elle ne l'est pas. La raison de décider, dit-il, est que la dot de la femme ne périclite point encore; le décret de prise de corps contre un accusé ne fait pas sa condamnation; l'accusateur n'eſt point ſon créancier, ce n'eſt que par le jugement qu'il peut le devenir, & pour lors la femme qui périclite eſt en droit de ſe faire ſéparer, ſi les biens du mari ſont abſorbés par les adjudications de frais, de dommages, d'intérêts & autres peines pécuniaires.

Une femme qui n'a apporté aucune dot à ſon mari, peut-elle demander la *ſéparation?* La négative ſemble réſulter du principe que le péril de la dot eſt le ſeul fondement légal de ces ſortes de demandes. Cependant Pothier décide le contraire. Une femme, dit-il, qui n'a apporté aucune dot, peut avoir un talent qui lui en tienne lieu, comme lorſqu'elle eſt une habile couturière, une excellente brodeuſe, *&c.* Si cette femme a un mari diſſipateur, tous les gains qu'elle fait de ſon talent, entrant dans la communauté, ne ſervent qu'à fournir aux débauches de ſon mari, ou ſont la proie de ſes créanciers; la femme a donc intérêt d'obtenir la *ſéparation* de biens, pour ſe conſerver à l'avenir les gains qu'elle peut faire de ſon talent.

Il n'y a que la femme qui puiſſe demander la *ſéparation de biens*, & le mari n'y ſeroit pas recevable, parce qu'il a ſeul en ſa libre diſpoſition tous les biens de la communauté. On trouve cependant dans les actions forenſes de Peleus, *liv. 5, action 28*, & dans la bibliothèque de Bouchel, article *ſéparation*, un arrêt du parlement de Paris du 27 février 1602, qui a confirmé une *ſéparation* prononcée ſur la demande du mari, parce que ſa femme avoit un procès; mais il eſt à remarquer que la ſentence n'étoit attaquée que par les adverſaires de la femme; & que la ſéparation ne fut accordée que *pour bonnes & juſtes conſidérations à cela mouvant:* ce qui marque aſſez que cet arrêt ne doit pas être tiré à conſéquence.

La *ſéparation de biens judiciaire* exige le concours de pluſieurs formalités. L'article 198 de la coutume d'Orléans les a preſque toutes renfermées dans ce peu de paroles: les *ſéparations* de biens d'entre homme & femme conjoints par mariage, ſe doivent faire avec connoiſſance de cauſe & information préalablement faite par les juges des lieux où demeureront ceux qui requerront leſdites *ſéparations;* & ne ſeront leſdites *ſéparations* déclarées valables, ſinon que les ſentences d'icelles aient été publiées en jugement à jour ordinaire, le juge ſéant, & enregiſtrées en la juriſdiction dudit juge, & exécutées ſans fraude.

Il eſt aiſé de concevoir, d'après cette diſpoſition, quelle doit être la marche d'une femme qui veut ſe faire ſéparer de biens juridiquement.

Elle doit commencer par préſenter au juge du domicile de ſon mari, ou à celui de ſon privilège, s'il a droit de *committimus*, une requête expoſitive des ſujets qu'elle a de demander la *ſéparation*, & contenant des concluſions préciſes à ce qu'il plaiſe au juge l'autoriſer à en former la demande. En Normandie la femme eſt obligée de prendre des lettres de chancellerie.

Sur cette requête, le juge porte ſon ordonnance d'autoriſation; & ſi la femme eſt mineure, il lui nomme en même temps un curateur ſous l'autorité duquel elle devra procéder.

En vertu de l'ordonnance dont on vient de parler, la femme doit aſſigner ſon mari devant le juge, pour voir ordonner la *ſéparation.*

On eſt dans l'uſage au châtelet de Paris, en donnant cette aſſignation, de faire ſaiſir, arrêter, & gager les meubles du mari à la requête de la femme. M. le lieutenant-civil accorde pour cela une permiſſion particulière. Cet uſage a également lieu en Bourgogne. Mais cette ſaiſie n'eſt pas néceſſaire dans les autres provinces. Au reſte, la permiſſion de ſaiſir ne doit pas être accordée indiſtinctement à toutes les femmes qui ſe pourvoient en *ſéparation.* Il faut, pour l'obtenir, des commencemens de preuves, ou au moins une eſpèce de notoriété du dérangement du mari.

Lorſque le mari s'eſt préſenté ſur l'aſſignation & a fourni ſes défenſes; ſi le juge trouve les faits de diſſipation & de dérangement, articulés par la femme, aſſez graves pour motiver une *ſéparation* de biens, il doit ordonner qu'il en ſera fait preuve par celle-ci, tant par titres que par témoins, ſauf au mari la preuve contraire.

Cet appointement à faire preuve n'eſt cependant pas toujours eſſentiel; il peut ſe rencontrer des circonſtances aſſez frappantes pour faire ſentir la néceſſité de la *ſéparation* de biens, ſans qu'il ſoit beſoin d'enquêtes. Si l'ordonnance de 1670 permet de juger les procès criminels ſans information, lorſqu'il y a d'ailleurs des preuves ſuffiſantes du crime, on peut de même, & à plus forte raiſon, parvenir à une *ſéparation* de biens, ſans faire entendre des temoins.

Le parlement de Dijon eſt dans l'uſage d'exiger que les preuves de diſſipation & de dérangement qui ſervent de baſe à la demande en *ſéparation* de biens, ſoient faites contradictoirement avec les créanciers du mari, leſquels doivent pour cet effet être mis en cauſe. Ce que l'uſage a introduit en Bourgogne eſt une loi pour la Normandie. Un arrêt de réglement du parlement de Rouen du 30 août 1555, ordonne que les créanciers ſeront appellés ſur l'entérinement des lettres de *ſéparation*, pour l'accepter ou contredire pour leur intérêt.

La pratique des parlemens de Dijon & de Rouen entraîne ſans doute quelquefois des longueurs & beaucoup de frais; mais elle a un avantage ſur celle des autres tribunaux, où l'on ne regarde pas la préſence des créanciers comme néceſſaire pour prononcer une *ſéparation* de biens qui puiſſe avoir effet contre eux. Cet avantage eſt, que ſi les créanciers & le mari conviennent des faits de diſſipation articulés par la femme, la *ſéparation* peut être valablement prononcée ſans preuve ultérieure.

La femme qui demande la *ſéparation des biens* doit renoncer à la communauté, autrement l'acceptation qu'elle en feroit, feroit préſumer qu'il n'y a pas eu de dissipation de la part de son mari.

Lorsque la sentence de *séparation* est portée, il faut, suivant l'article cité de la coutume d'Orléans, la faire publier en jugement *à jour ordinaire, le juge séant.*

Pothier observe que cette disposition est bornée aux sentences rendues en procès par écrit, & que celles prononcées à l'audience sur la plaidoirie des avocats ou procureurs, n'ont pas besoin d'autre publication.

Il ajoute que la publication devant se faire *à jour ordinaire*, elle ne pourroit pas être valablement faite à une audience extraordinaire que le juge auroit accordée, mais qu'il en est autrement des audiences qui se tiennent réguliérement à certains jours, pendant le temps des vacations, pour l'expédition des affaires provisoires, parce que ce sont des audiences tenues *à jour ordinaire.*

La nécessité de publier les sentences de *séparation* n'est pas de droit commun. Quelques coutumes exigent cette formalité. Mais dans la plupart des autres provinces du royaume, on donne toujours une certaine publicité à la sentence de *séparation*, en la faisant insinuer au bureau dans l'étendue duquel le mari est domicilié. Cette formalité est prescrite par les articles 4 & 12 de l'édit du mois de décembre 1703, & par l'article 1 de la déclaration du 19 juillet 1704. Denisart dit qu'on ne doit point la regarder comme bursale, parce qu'elle a pour objet de rendre la *séparation* publique: il cite à ce sujet un acte de notoriété des avocats du Mans, du 29 avril 1624; mais il est à remarquer que le défaut d'insinuation n'annulle pas la *séparation*, & empêche seulement qu'elle n'ait son effet jusqu'à ce que le jugement qui la prononce soit insinué.

Ce n'est pas assez que la *séparation* soit valablement ordonnée, ni même publiée; il faut encore, suivant l'article 224 de la coutume de Paris, l'article 198 de celle d'Orléans, & l'article 82 des arrêtés de M. de Lamoignon, qu'elle soit *exécutée sans fraude.* Autrement elle seroit nulle, & ne produiroit aucun effet même entre le survivant & les héritiers du prédécédé, ainsi qu'il a été jugé par arrêt du 30 mai 1712, rapporté dans le dictionnaire de Brillon.

L'exécution d'une sentence de *séparation* consiste, de la part de la femme, à se faire rendre sa dot, ou du moins à faire des poursuites pour la recouvrer, & à ne pas les abandonner.

Le moyen le plus sûr & le plus ordinaire pour prévenir toute contestation avec les créanciers, est de faire procéder publiquement à la vente des meubles & effets du mari, & de les adjuger à la femme. Par-là, elle devient propriétaire de tout ce qui se trouve dans la maison matrimoniale; les créanciers du mari ne peuvent y rien réclamer par la suite, & elle en tient compte sur les droits dont elle a à poursuivre le recouvrement.

Il nous reste à examiner quel est le juge sous l'autorité duquel doivent être remplies toutes les formalités que l'on vient de passer en revue. On a déjà dit que c'est réguliérement celui du domicile du mari; mais il y a plusieurs sortes de juges domiciliaires: il y en a d'ecclésiastiques, il y en a de royaux, il y en a de non royaux.

Quant aux juges d'église, il est décidé depuis long-temps qu'ils ne peuvent pas connoître des *séparations* de biens.

Mais de savoir si ces matières sont exclusivement réservées aux jurisdictions qui ont la connoissance des cas royaux, sous le ressort immédiat des parlemens, ou des conseils supérieurs, c'est une question sur laquelle les sentimens & les usages sont partagés.

Peut-on former une demande en *séparation* de biens devant le prévôt de Paris, sous prétexte que le contrat de mariage a été passé sous le scel du châtelet, quoique le mari soit domicilié dans une autre province? Il y a dans le dictionnaire de Brillon, *art. séparation, n. 8*, un arrêt du 17 juillet 1710, qui a jugé pour l'affirmative, en très-grande connoissance de cause.

Les conjoints ont le droit de se remettre en communauté, quoiqu'ils aient été séparés de biens par sentence du juge, & qu'ils aient vécu long-temps dans cet état. Mais la *séparation* ne peut être détruite que par le consentement de tous les deux, qui doit être manifesté d'une manière authentique.

Dans le cas de la *séparation* de corps, la seule cohabitation le constate d'une manière légale & publique: il seroit inutile alors d'exiger d'autre preuve. Mais lorsque les époux ne sont séparés que de biens, comme la cohabitation subsiste ou au moins doit subsister, & qu'elle peut seule causer la confusion des meubles & effets, sans intention de rétablir la communauté, il n'y a qu'une déclaration précise & authentique qui puisse faire cesser la *séparation.* L'article 88 des arrêtés de M. de Lamoignon y est formel. C'est aussi ce qu'ont jugé plusieurs arrêts, & c'est le sentiment de Pothier *en son traité de la communauté*, & des meilleurs auteurs.

Le premier effet de la *séparation de biens* est de dissoudre la communauté, d'où il résulte clairement que tout ce que chacun des conjoints séparés acquiert est pour son compte seul. Il suit encore de-là, que la femme est autorisée à demander ses reprises matrimoniales & le remploi de ses propres. Mais elle ne peut pas exiger son douaire, son préciput & ses autres droits de survie. La raison en est, que ces avantages ne lui sont accordés par la loi, ou par son contrat de mariage, que dans le cas du prédécès de son mari, & que les stipulations faites pour une circonstance ne doivent pas être étendues à une autre.

Cette jurisprudence a eu bien de la peine à s'établir; anciennement le parlement de Paris ne faisoit point de difficulté d'adjuger à la femme séparée le même douaire qu'à la veuve; dans la suite il l'a réduite à un demi-douaire; & enfin par arrêt du 24 mars 1684, il a établi sur ce point les vrais principes.

L'usage du demi-douaire a encore lieu dans le Hainaut. Les coutumes de Nivernois, Maine & Normandie donnent à la femme séparée un véritable & plein douaire. Au reste, il est de règle par-tout, que si la femme séparée n'a pas de quoi vivre, son mari est tenu de lui fournir des alimens; & dans le cas inverse, elle est obligée de nourrir son mari.

Le second effet de la *séparation* ordonnée par justice, est que la femme peut seule, sans l'autorisation de son mari, faire tous actes d'administration, & même ester en jugement: mais elle ne peut, sans une autorisation spéciale de son mari, ou par justice à son refus, faire aucun acte qui emporte aliénation. Il existe cependant quelques coutumes qui permettent indéfiniment à la femme séparée de biens de contracter & d'aliéner, comme si elle n'avoit jamais été soumise à l'autorité maritale. Telles sont celles de Montargis, de Dunois & de Sedan: telle est aussi la jurisprudence des Pays-Bas. La coutume de Normandie autorise la femme séparée de biens, à vendre & hypothéquer ses biens-meubles, ainsi que les immeubles qu'elle a acquis depuis, sans permission du juge, & sans l'avis & consentement de son mari.

La *séparation de biens* peut être ordonnée en cas de démence du mari, quoiqu'il n'y ait point de dissipation de sa part.

On demande si elle peut être faite volontairement, & sans connoissance de cause, par le seul consentement des conjoints? Tous les auteurs conviennent qu'elle peut avoir lieu, mais qu'elle ne peut être opposée par la femme aux créanciers de son mari; elle n'a même aucun effet entre les conjoints ou leurs héritiers, lorsqu'il y a de justes présomptions, qu'elle n'a pas été volontaire de la part de la femme, ou qu'elle a été concertée pour déguiser un avantage que l'un des conjoints vouloit faire à l'autre contre la prohibition de la loi.

Séparation de corps et d'habitation, ou *séparation à thoro*, est un jugement qui ordonne que deux conjoints par mariage auront à l'avenir chacun leur habitation séparée.

Chez les Grecs & les Romains, lorsqu'il y avoit quelque cause pour laquelle les conjoints ne pouvoient plus demeurer ensemble, il y avoit la voie du divorce qui, dans certains temps & dans certains cas, étoit ouverte à la femme comme au mari, dans d'autres au mari seulement.

L'effet du divorce étoit d'opérer absolument la dissolution du mariage, une désunion réelle, entière & parfaite, de remettre les conjoints dans leur premier état, de leur rendre toute l'étendue de leur liberté, tellement qu'il étoit libre à chacun d'eux de se remarier.

Le divorce étoit encore autorisé en certains cas du temps de Justinien; mais parmi nous l'on tient, suivant le droit canon, que le divorce n'est qu'une désunion fictive, imparfaite, qui relâche la chaîne sans la briser; que le mariage est un lien indissoluble, lequel étant une fois valablement contracté ne peut plus être dissous, *quoad fœdus & vinculum*; & quoique les auteurs latins qui parlent des *séparations de corps & d'habitation* se servent souvent du terme *divortium* en parlant de ces sortes de *séparations*, cela ne doit pas s'entendre du divorce proprement dit, lequel n'est point admis parmi nous, *quoad fœdus & vinculum*, mais seulement *quoad thorum & habitationem*.

Il n'y a guère que la femme qui demande d'être séparée de corps & de biens, parce qu'étant sous la puissance de son mari, elle ne peut régulièrement le quitter sans y être autorisée par justice.

Il y a cependant quelques exemples que des maris ont demandé d'être séparés de leurs femmes à cause de leur violence ou autres déportemens; mais ces exemples sont rares & ne sont pas dans les vrais principes; la femme qui se conduit mal envers son mari ne doit pas pour cela être délivrée de sa puissance, le mari peut faire ordonner que sa femme sera renfermée dans un couvent.

La *séparation de corps* ne doit être ordonnée que pour des causes graves: ainsi la diversité d'humeur, & même les petites altercations qui peuvent survenir entre mari & femme ne sont pas des causes suffisantes de *séparation*.

Les causes pour lesquelles la femme peut demander sa *séparation*, sont:

1°. Les sévices & mauvais traitemens; mais il faut qu'ils soient considérables: *cap. xiij extr. de restitut. spoliat.* Des injures ni des menaces ne sont pas ordinairement une cause suffisante; cependant entre personnes d'une condition relevée, les juges pourroient y avoir plus d'égard, parce que pour ces sortes de personnes, des injures sont aussi sensibles que de mauvais traitemens pour des gens ordinaires.

2°. Si le mari est convaincu d'avoir attenté à la vie de sa femme.

3°. S'il vit dans la débauche, & qu'il y ait du danger pour sa femme.

4°. S'il accuse sa femme d'adultère, ou autres faits graves contre l'honneur, & qu'il y succombe.

5°. La folie & la fureur du mari, lorsqu'elles donnent lieu d'appréhender pour la vie de la femme.

6°. S'il a conçu contre sa femme une haine capitale.

L'honneur du mariage exige que la demande en *séparation* ne se poursuive que par la voie civile, & non par la voie extraordinaire, à moins que ce ne fût pour une cause capitale, comme si le mari avoit voulu faire assassiner sa femme.

Tous les auteurs conviennent que le juge d'église est compétent pour connoître de la demande en en *séparation de corps*, pourvu qu'il n'y ait aucun intérêt temporel mêlé dans la contestation; mais comme on ne manque point de demander en même temps la *séparation* de biens, comme une suite nécessaire de la *séparation de corps*, on porte ordinairement ces sortes de demandes devant le juge laïque.

La *séparation* ne doit être ordonnée que sur des preuves suffisantes, soit par écrit, s'il y en a, ou résultant d'une enquête ou information.

Lorsque la femme a obtenu sa *séparation*, le mari ne peut l'obliger de retourner avec lui, quelques offres qu'il fasse de la traiter maritalement.

Lorsqu'au contraire la femme est déboutée de sa demande, on la condamne à retourner avec son mari, auquel on enjoint de la traiter maritalement; mais en ce cas on permet, quand les juges n'adoptent pas la demande en *séparation*, à la femme de se retirer, pendant un certain temps, dans un couvent où son mari a la liberté de la voir, afin que les esprits irrités aient le temps de se calmer.

La *séparation* de corps & de biens exclut les conjoints de pouvoir se succéder en vertu du titre *unde vir & uxor;* ce droit de succession réciproque n'ayant été accordé que pour honorer, en la personne du survivant, la mémoire d'un mariage bien concordant.

Si les mari & femme qui ont été séparés de corps & de bien se remettent ensemble, l'effet de la *séparation* cesse, même pour les biens, & toutes choses sont rétablies au même état qu'elles étoient auparavant la *séparation*. *Voyez* CONJOINTS, DIVORCE, DISSOLUTION, MARIAGE. (*A*)

SÉPARATION DE BIENS D'UNE SUCCESSION, est un jugement qui ordonne que les biens de l'héritier seront séparés de ceux du défunt.

Cette *séparation* a lieu lorsque l'on craint que les biens du défunt ou de l'héritier ne soient pas suffisans pour payer les créanciers de l'un & de l'autre.

Suivant le droit romain, il n'étoit permis qu'aux créanciers du défunt de la demander, afin d'être payés sur ses biens par préférence aux créanciers de l'héritier, soit qu'ils fussent antérieurs ou postérieurs en date.

Mais en France les créanciers de l'héritier peuvent aussi demander la *séparation* des biens de leur débiteur d'avec ceux du défunt, pourvu que l'héritier n'ait pas encore reconnu la dette, ou que le titre n'ait pas été déclaré exécutoire contre lui.

Cette *séparation* chez les Romains devoit être demandée dans les cinq ans; mais parmi nous l'action dure trente ans. (*A*)

SEPTAINE, (*Droit féodal.*) ce mot désigne la banlieue, ou le territoire de la prévôté de Bourges; mais on n'est pas d'accord sur son origine. Quelques auteurs, comme Chomeau, dans son *Histoire de Berry*, *liv. 6*, *chap. 3*; veulent que le mot de *septaine* ait été fait *à septimania, vel à septem pagis;* d'autres *à septimo milliario.*

La Thaumassière, dans ses notes sur les privilèges de Dun-le-Roi, entre ses anciennes coutumes de Berry, *part. 1*, *chap. 56*, est d'avis que ces étymologies sont fausses & vaines, & que l'opinion de ceux qui font venir *septaine à septis* est plus probable, parce qu'on dit *septa templi*, *domorum monasterii*, *civitatis*. *Voyez* l'article *Septum* dans le *Glossarium novum* de dom Carpentier.

Chopin adopte la même étymologie, dans ses notes sur l'article 35 de la coutume d'Anjou. Elle est aussi approuvée par Ragueau.

Cependant Laurière ajoute que, comme les extraits des chartres rapportées sur le mot *quinte*, prouvent que ce nom a été donné aux banlieues de plusieurs villes de Poitou, parce qu'elles étoient de *cinq mille pas*, le mieux seroit peut-être de dire que la banlieue de Bourges a été appellée *septaine*, parce qu'elle étoit de *sept mille pas*. *Voyez* DEX & QUINTE. (*G. D. C.*)

SEPTENAIRE, *ou* RÉGENT SEPTENAIRE, est celui qui a professé pendant sept ans dans l'université de Paris.

Les *régens septenaires* ont pour les bénéfices un privilège qui consiste en ce qu'ils sont préférés dans les mois de rigueur à tous les gradués nommés, excepté aux docteurs en théologie, lesquels concourent avec eux.

Pour jouir de ce privilège, les *régens septenaires* doivent avoir leur *quinquennium*.

En cas de concurrence entre plusieurs professeurs *septenaires* de différentes facultés, le plus ancien gradué est préféré.

Ceux qui ont été principaux d'un collège célèbre & de plein exercice pendant sept années entières, & sans interruption, ont le même privilège.

Le privilège des *septenaires* a lieu contre tous les gradués, même des autres universités, & pour des bénéfices, même situés hors du diocèse de Paris.

Du reste, comme ce privilège est contre le droit commun, il ne reçoit point d'extension; il a cependant lieu dans les universités de Caën & de Reims. *Voyez* GRADE, GRADUÉ.

SEPTENE, c'est la même chose que *septaine*. *Voyez* ce mot & le Glossaire de dom Carpentier, au mot *septena 4*. (*G. D. C.*)

SEPTERÉE, c'est une mesure de terres usitée dans plusieurs provinces, & qui varie suivant les lieux. Il y a une remarque importante à faire à cet égard dans la coutume de Poitou.

L'art. 289 fixe les préclotures du préciput *à trois septerées, prise chacune septerée, pour charge de cheval.*

L'art. 290 dit aussi que si le fief n'avoit point d'hôtel noble, ou manoir, « soit pour le seigneur ou le » métayer, aura l'aîné le chef d'hommage au lieu » destiné pour ledit hôtel, avec une *septerée* de » terre au lieu de préclot ure ».

On entend ordinairement à Poitiers la quantité de huit boisseaux par une *septerée:* comme néanmoins les huit boisseaux de Poitiers ne pèsent pas

300 livres, mais seulement 150 livres, ou à-peu-près; on est dans l'usage de compter les *septerées* doubles, attendu que l'art. 289 dit que chaque *septerée* est prise pour charge de cheval, & que, suivant l'art. 190, la charge d'un cheval est de 300 livres pesant. « Les appréciateurs, dit Filleau, » en fait de partage, ont accoutumé de régler » lesdites trois *septerées* coutumières à raison de six, » selon l'estimation ordinaire de huit boisseaux, » pour chacune *septerée*, parce qu'il faut deux *sep-* » *terées* de huit boisseaux chacun, pour en faire une » qui revienne à la charge de cheval, qui est de » 300 livres pesant ».

Cette singularité provient sans doute de ce que le préciput de l'aîné aura été réglé originairement suivant l'usage d'une partie de la province où le boisseau aura été à-peu-près double de celui de Poitiers. *Voyez* le §. 1 de l'art. EMPIREMENT DE FIEF. (*G. D. C.*)

SÉPULTURE, (*Droit naturel, civil & canon.*) on entend en général par *sépulture* dans le droit naturel, les derniers devoirs rendus aux morts, soit qu'on enterre leurs corps, soit qu'on les brûle; car tout dépend ici de la coutume qui détermine la manière d'honorer la mémoire du défunt.

Le droit de *sépulture* est fondé sur la loi de l'humanité, & en quelque façon même sur la justice. Il est de l'humanité de ne pas laisser des cadavres humains pourrir, ou livrés en proie aux bêtes. C'est un spectacle affreux aux vivans; & il leur en proviendroit un dommage réel par l'infection de l'air. Ainsi les personnes les plus indifférentes sont obligées par cette seule raison de donner elles-mêmes la *sépulture* aux morts, lorsqu'il n'y a point de gens, de parens ou d'amis à portée de leur rendre ce dernier devoir. Que si l'on empêche les parens ou les amis de s'en acquitter, on leur fait une injure. On augmente la douleur qu'ils ressentent de la perte d'une personne qui leur étoit chère, on leur ôte la consolation de lui rendre ce qu'ils regardent comme un devoir. C'est sur ce pied-là que la chose a été envisagée de tout temps parmi les nations qui n'ont pas été plongées dans la barbarie. C'est aussi en partie là-dessus que sont fondées les loix qui privent de la *sépulture* ceux qui ont commis de très-grands crimes; car elles se proposent autant de rendre chacun soigneux de détourner de tels crimes ses enfans, ses parens, ses amis, que d'intimider le criminel.

Mais en refusant la *sépulture* à quelqu'un, ne viole-t-on point en quelque manière envers lui l'humanité & la justice? M. Thomasius & quelques autres ne le croient pas, parce que le mort ne sent point l'outrage qu'on fait à son cadavre; cependant ce n'est pas toujours assez pour être lésé, de sentir l'offense que l'on nous fait; on fait du tort à un insensé, quoiqu'il ne comprenne pas le préjudice qu'on lui cause. Après tout, les raisons qui se tirent de l'injure faite aux vivans, suffisent pour en inférer que la *sépulture* refusée malicieusement, fournit un juste sujet de vengeance aux parens ou amis du défunt, & que les loix même de la guerre ne s'étendent pas jusqu'à refuser la *sépulture* aux morts de l'armée ennemie; c'étoit là du moins l'idée de Platon, & à son autorité on peut ajouter celles que Grotius cite en assez grand nombre, *liv.* 2, *chap.* 19. (*D. J.*)

Les curés peuvent refuser la *sépulture* ecclésiastique aux hérétiques séparés de l'église, & aux personnes qui ont été nommément & juridiquement excommuniées; mais il ne leur suffiroit pas d'alléguer que le défunt a encouru une excommunication prononcée par une loi ecclésiastique. Par exemple, le quatrième concile de Latran prononce, contre les personnes qui ne satisfont pas au devoir paschal, la peine d'excommunication & de privation de la *sépulture* ecclésiastique; un curé qui se serviroit de ce prétexte pour refuser la *sépulture*, y seroit justement contraint, parce que les dispositions de ce concile, ainsi que toutes les excommunications, appellées en droit *latæ sententiæ*, ne sont suivies en France, que quand la peine a été appliquée par ceux qui ont jurisdiction pour cet effet; c'est ce qui a été jugé au parlement de Paris le 19 mars 1755, contre le curé de Saint-Vrain.

Une déclaration du 9 avril 1736 ordonne que ceux auxquels la *sépulture* ecclésiastique n'est point accordée, soient inhumés en vertu d'une ordonnance du juge de police des lieux, rendue sur les conclusions du procureur du roi, ou de celui des hauts-justiciers; qu'il y soit fait mention du jour du décès, du nom & de la qualité de la personne décédée; qu'elle soit enregistrée dans un registre particulier, dont on délivrera des extraits aux parties intéressées. Les juges ne peuvent prendre aucun droit pour ces ordonnances, quand même il leur seroit offert volontairement, à moins qu'en matière criminelle, il n'y ait des pièces jointes à la requête portant demande de faire inhumer. C'est la disposition des articles 8 & 10 de l'édit de mars 1673, qui a été renouvellée par un arrêt du 29 mai 1781, rendu au parlement de Paris sur le requisitoire de M. le procureur-général. *Voyez* CADAVRE, CIMETIÈRE, DROITS HONORIFIQUES, INHUMATION.

SEQUESTRATION, f. f. (*terme de Pratique*) est l'action de mettre des revenus ou autres choses en sequestre.

On entend aussi quelquefois par ce terme l'action de détourner des deniers, des papiers ou autres choses, pour en ôter la connoissance & se les approprier. *Voyez ci-après* SEQUESTRE.

SEQUESTRE, f. m. *en droit*, est une personne préposée pour recevoir & garder comme en dépôt, des deniers, & autres choses qui sont en litige jusqu'à ce que la justice ait décidé à qui les choses sequestrées doivent appartenir.

Le *sequestre* diffère du gardien ou commissaire, en ce que celui-ci est établi à une saisie, au lieu que le *sequestre* est établi à des biens & revenus, quoique non saisis.

Les nominations de *sequestre* se font ordinairement en justice, sur la demande des parties, ou d'office par le juge lorsqu'il y a lieu. Les parties peuvent néanmoins convenir entre elles à l'amiable d'un *sequestre*.

On l'ordonne d'office principalement dans les matières de complainte, soit civile, soit bénéficiale, lorsque les parties n'ont pas un droit plus apparent l'une que l'autre. On l'ordonne à la requisition des parties, lorsqu'il y a plusieurs prétendans droit à la propriété d'une chose, sans que l'une ni l'autre ait la possession annale en sa faveur, & puisse faire usage de l'action possessoire.

L'ordonnance de 1667, *tit.* 19, a réglé ce qui doit être observé dans la nomination des *sequestres*, & leurs fonctions.

Les parties doivent concourir également à la nomination du *sequestre*, en présence d'un juge. C'est par cette raison que le jugement qui l'ordonne, doit nommer en même temps le commissaire devant lequel les parties seront appellées, & seront tenues de procéder & prescrire le temps dans lequel il faudra qu'elles comparoissent. Si elles se présentent devant le commissaire au jour indiqué, on procède de concert à la nomination du *sequestre* : si l'une des parties ne comparoît pas, ou que, comparoissant, elle refuse de convenir d'un *sequestre*, le juge en nomme un d'office, à moins que, eu égard aux circonstances, il ne juge à propos de donner un nouveau délai. L'ordonnance l'y autorise, pourvu que ce nouveau délai ne soit pas plus long que de huitaine.

Le *sequestre* nommé doit être solvable, relativement à l'administration dont il est chargé ; & comme il ne pourroit commodément vaquer à cette administration, s'il étoit trop éloigné du lieu où sont situées les choses sequestrées, il doit y être résidant, ou du moins en être proche. C'est pourquoi lorsque les choses saisies sont trop éloignées les unes des autres pour qu'un même *sequestre* puisse les régir toutes commodément, on nomme différens *sequestres*. Mais comme la multiplication des *sequestres* occasionne de nouveaux frais, on ne doit s'y prêter que lorsqu'elle est absolument nécessaire. La coutume de Berry veut qu'il n'y ait qu'un *sequestre*, si les biens ne sont éloignés que de six lieues l'un de l'autre.

Dans la nomination du *sequestre*, on ne doit envisager que l'intérêt des parties & le bien de la justice; c'est pourquoi il est défendu au juge de donner cette commission à aucun de ses parens ou alliés jusqu'au degré de cousin-germain inclusivement, à peine de nullité, de cent livres d'amende, & de répondre, en son nom, des dommages & intérêts des parties, dans le cas d'insolvabilité du *sequestre*.

Quand le *sequestre* est nommé, il faut le faire assigner pour prêter serment devant le juge, à quoi il peut être contraint par amende ou par saisie de ses biens, si toutefois il n'a aucune excuse suffisante pour se dispenser d'accepter la commission. Cette jurisprudence est fondée sur ce que la fonction de *sequestre* est une charge publique qu'on est obligé de remplir quand on n'a aucun titre d'exemption à cet égard.

Après la prestation du serment, le *sequestre* doit être mis en possession des choses confiées à sa garde. Cela se fait par le ministère d'un huissier, qui, pour constater la mise en possession, doit en dresser un procès-verbal, contenant une déclaration spéciale & détaillée de toutes les choses sequestrées.

Ce procès-verbal ne fait foi qu'autant qu'il est signé du *sequestre*, ou du moins il doit y être fait mention de l'interpellation que l'huissier lui a faite de signer, & de la cause de son refus. L'omission de ces formalités opéreroit non-seulement la nullité du procès-verbal, mais elle mettroit encore l'huissier dans le cas d'être condamné en cinquante livres d'amende au profit de celui qui poursuit l'établissement du *sequestre*, & à tous dépens, dommages & intérêts. D'ailleurs, comme les procès-verbaux de cette sorte sont du nombre des exploits importans dont il est essentiel de ne point laisser les huissiers seuls maîtres, l'abrogation générale des records & l'établissement du contrôle ne dispensent point les huissiers de se faire assister, dans ces cas paticuliers, de deux témoins sachant signer, lesquels doivent signer le procès-verbal, après que déclaration y a été faite des noms, surnoms, qualité, domicile & vacations de ces témoins.

Lorsque les choses sequestrées consistent en quelque jouissance, le *sequestre* doit en poursuivre promptement le bail judiciaire, après avoir appellé toutes les parties intéressées. Ce qui a lieu, lorsqu'il n'y en a pas de conventionnel, ou qu'il a été fait en fraude & à vil prix.

Au moment de l'adjudication du bail, le *sequestre* est obligé d'en faire arrêter les frais sur le champ par le juge, sans qu'il puisse les faire taxer séparément, à peine de perdre ces frais & de vingt livres d'amende.

Les réparations ou autres impenses nécessaires aux lieux sequestrés, ne peuvent être faites que par autorité de justice, les parties duement appellées ; autrement elles tombent en pure perte à ceux qui les ont fait faire. Il est d'ailleurs défendu aux *sequestres*, sous peine de vingt livres d'amende & de tous dépens, dommages & intérêts, de se rendre adjudicataires de ces réparations.

Si aucun empêche par violence l'établissement ou l'administration du *sequestre*, ou la levée des fruits, il perd le droit qu'il eût pu prétendre sur les fruits par lui pris & enlevés, lesquels appartiennent incommutablement à l'autre partie; il doit être en outre condamné en trois cens livres d'amende envers le roi ; & l'autre partie doit être mise en possession des choses contentieuses, sans préjudice des poursuites extraordinaires qui pourront être faites par les procureurs-généraux ou les procureurs du roi sur les lieux, contre celui qui a fait la violence.

Comme on n'ordonne le *sequestre* que dans le cas où la justice pense qu'aucune des parties litigantes ne doit avoir la possession provisoire, il est défendu aux parties de prendre, directement ni indirectement, le bail des choses sequestrées.

Les sentences qui ordonnent les *sequestres*, soit qu'elles aient été rendues par des juges royaux ou seigneuriaux, s'exécutent par provision, nonobstant l'appel & sans y préjudicier.

Les *sequestres* demeurent déchargés de plein droit pour l'avenir, aussi-tôt que les contestations d'entre les parties ont été définitivement jugées; mais ils sont obligés de rendre compte de leur commission pour le passé.

Ceux qui ont fait établir un *sequestre* doivent faire vuider leurs différends dans le cours de trois années, à compter du jour de l'établissement du *sequestre*; autrement, les *sequestres* demeurent déchargés de plein droit, sans qu'il leur faille d'autre décharge; à moins toutefois que le *sequestre* n'ait été continué par le juge en connoissance de cause.

Le devoir du *sequestre* en général, est d'administrer les biens & revenus dont il est chargé, comme un bon père de famille, & de rendre compte de sa commission à qui par justice il est ordonné. *Voyez* COMMISSAIRE, GARDIEN.

SERCHEL. Ce mot se trouve dans un arrêt du parlement du 25 mai 1466, concernant les droits sur les vins vendus à Corbie, & dont du Cange rapporte l'extrait suivant au mot *Circulagium*: *ratione jurium & deveriorum sequentium, scilicet foragii, thelonei & serchelli, gallicè* forage, tonnelieu & serchel *nuncupatorum: quæ jura pro vino per eos in quadam domo venditos debentur.*

Il y a lieu de croire que le *serchel* est la même chose que le droit de cerceau ou de cerclage, qu'on payoit pour annoncer la vente du vin par la suspension d'un cercle ou cerceau. Une ordonnance de l'an 1415, tirée du registre 170, *chap. 1*, porte: « *item* nul ne fera taverne ou vendra vin à détail » en la ville de Paris sans mettre cerceau, afin » que ladite ville ne puisse être fraudée de ses » droits, tant de celui dessus dit & de criages & » célerage, comme d'autres ».

Une chartre de l'an 1448, tirée du cartulaire 23 de l'abbaye de Corbie, dit aussi: « en possession & saisine de cœuillir, & être payés par les personnes vendant du vin *pour l'enseigne, que on dit chersel* mis au-dehors des maisons ou lieux là où ils avoient vendu ledit vin deux sols tournois». (*G. D. C.*)

SERF, s. m. (*Gramm. & Jurisprud.*) du latin *servus*, est une personne assujettie à certains droits & devoirs serviles envers son seigneur. L'état des *serfs* est mitoyen entre celui de la liberté & de l'esclavage.

Chez les Romains il y avoit des esclaves qui étoient dans une dépendance absolue de leur maître.

Il y en avoit aussi de semblables en France, sous la première & la seconde race de nos rois.

Mais ces servitudes personnelles furent abolies peu à peu sous la seconde race de nos rois, ou du moins elles furent mitigées; & comme il y avoit chez les Romains certains esclaves qui étoient attachés à la culture d'un fonds particulier, & que l'on appelloit *adscriptitios seu additos glebæ*, lesquels cultivoient le fond à leur volonté, moyennant qu'ils rendoient à leur maître, tous les ans, une certaine quantité de bled & autres fruits; de même aussi en France la plupart des habitans de la campagne étoient *serfs*, c'est-à-dire, attachés à certains fonds dont ils ne pouvoient être séparés.

Les bâtards & les aubains étoient *serfs* du roi.

Vers le commencement de la troisième race, nos rois affranchirent plusieurs communautés d'habitans, auxquelles ils donnèrent des chartres de commune, ou permission de s'assembler. Louis Hutin & Philippe-le-Bel affranchirent tous les *serfs* de leur domaine, moyennant finance.

Le roi donnoit quelquefois à certains *serfs* en particulier, des lettres par lesquelles ils étoient réputés bourgeois du roi, & cessoient d'être *serfs*.

Les seigneurs donnoient aussi de semblables lettres à leurs *serfs*, au moyen desquelles ils étoient réputés bourgeois de ces seigneurs.

Cependant plusieurs seigneurs ne consentirent point à l'affranchissement de leurs *serfs*; de sorte qu'il est resté des vestiges de cette espèce de servitude dans les provinces régies par le droit écrit, & dans quelques-unes de nos coutumes, telles que Bourgogne, Bourbonnois, Nivernois & quelques autres.

L'usage de ces différentes provinces & coutumes n'est pas uniforme par rapport aux *serfs*.

Dans quelques pays les hommes sont *serfs* de corps, c'est-à-dire, que leur personne même est *serve*, indépendamment de leurs biens; ils ne peuvent se délivrer de la servitude, même en abandonnant tout à leur seigneur, lequel peut revendiquer en tous lieux; c'est pourquoi on les appelle *serfs de corps & poursuite*.

Mais *voyez*, à l'article MAIN-MORTE, l'édit de 1779.

En d'autres pays les *serfs* ne sont réputés tels qu'à cause des héritages qu'ils tiennent du seigneur à cette condition: ces sortes de *serfs* sont ceux que l'on appelle *main-mortables* ou *mortaillables*.

Les *serfs* deviennent tels en plusieurs manières, savoir; 1°. par la naissance, l'enfant né dans un lieu main-mortable suit la condition du père; 2°. par convention, lorsqu'un homme franc va demeurer en lieu de main-morte, & y prend un meix ou tenement; 3°. par le domicile annal en un lieu main-mortable, & le paiement qu'une personne franche fait au seigneur des droits dus au seigneur par ses main-mortables; 4°. par le mariage à l'égard des Francs; car lorsqu'une femme franche se marie à un homme *serf* & de main-morte, pendant la vie de son mari elle est réputée de même condition que lui.

Les droits que les seigneurs ont sur leurs *serfs* sont différens, selon les pays; ils dépendent de la coutume ou usage du lieu, & des titres des seigneurs; c'est pourquoi l'on ne parlera ici que de ceux qui sont les plus ordinaires; encore ne se trouvent-ils pas toujours réunis en faveur du seigneur.

Un des premiers effets de cette espèce de servitude est que le *serf* ne peut entrer dans l'état de cléricature sans le consentement de son seigneur.

Par rapport aux femmes, le seigneur a le droit de for-mariage, qui consiste en ce que le seigneur prend les héritages que la femme, serve de corps, a dans le lieu de main-morte, lorsqu'elle va se marier ailleurs.

Les héritages assis en un lieu de main-morte sont réputés de même condition que les autres, s'il n'y a titre ou usance au contraire.

Les *serfs* ne peuvent vendre & aliéner leurs héritages main-mortables qu'aux gens de la seigneurie & de même condition, & non à des personnes franches, ni d'autre seigneur, si ce n'est du consentement du seigneur, ou qu'il y ait usance ou parcours.

Ils ne peuvent pareillement disposer de leurs biens meubles & héritages par testament ni ordonnance de dernière volonté, sans le consentement de leur seigneur, *vivunt liberi, moriuntur ut servi*.

Quant aux successions, les *serfs* main-mortables ne se succèdent les uns aux autres qu'au cas qu'ils demeurent ensemble & soient en communauté de biens; & à défaut de parens communs, le seigneur succède à son main-mortable.

La communion ou communauté une fois rompue entre les *serfs* main-mortables, ils ne peuvent plus se réunir sans le consentement de leur seigneur.

Si le *serf* s'absente, le seigneur peut pourvoir à la culture de ses héritages, afin que les droits soient payés; mais le main-mortable peut réclamer l'héritage, pourvu qu'il vienne dans les dix ans.

Quelque favorable que soit la liberté, le *serf* ne peut prescrire la franchise & la liberté contre son seigneur, par quelque laps de temps que ce soit.

Le témoignage des *serfs* main-mortables n'est pas reçu pour leurs seigneurs. *Voyez* les coutumes d'Auvergne, Bourgogne, Bourbonnois, Nivernois, Berry, Vitri, la Marche, & les commentateurs; le glossaire de du Cange au mot *Servus*, celui de Laurière au mot *Serf*, & les mots CORVÉE, ESCLAVE, MAIN-MORTABLE, MORTAILLE, MORTAILLABLE, SERVITUDE. (*A*)

Voyez aussi l'article SEL (*Droit féodal.*), & le savant traité de Potgiesser *de statu servorum*.

SERF ABONNÉ, est celui qui a composé de la taille avec son seigneur & n'est pas taillable à volonté; il est parlé de ces sortes de *serfs* dans les coutumes locales d'Azay-le-Féron, de Buzançois, de Bauche, de Saint-Genou, de Mézières en Touraine, & de Saint-Cyran en Brenne. (*A*)

SERF COUTUMIER: on répute tel, dans la coutume de la Marche, quiconque doit à son seigneur par chacun an, à cause d'aucun héritage, argent à trois tailles payables à trois termes, avoine & geline. *Voyez* la dissertation de M. de Laurière sur le tenement, *ch.* 4; & son glossaire au mot *Serf*. (*A*)

SERF. (*Héritage.*) On entend généralement par là les héritages sujets à la main-morte. *Voyez* MAIN-MORTE.

Mais cette expression d'*héritage serf* se prend en une acception particulière, dans la coutume de la Marche. Cette coutume distingue l'héritage *serf* de l'héritage mortaillable. L'héritage *serf* est, selon l'article 124, celui pour lequel il est dû au seigneur laïque dont il est tenu, *argent à trois tailles payables à trois termes, avoine & geline chacun an*; & si ce même héritage est transféré à l'église avec les charges, il cesse d'être *serf*, & il devient mortaillable.

Tout héritage *serf* est mortaillable ou main-mortable, parce qu'il retourne au seigneur par main-morte ou mortaille, c'est-à-dire, au défaut d'hoirs communs, comme il est décidé par l'article 152 de cette coutume; mais tout héritage mortaillable n'est pas *serf*: l'héritage mortaillable est de meilleure condition que le *serf*, parce que le mortaillable relevant de l'église, il ne peut devoir ce qui fait ou constitue l'héritage *serf*, c'est-à-dire, la taille aux quatre cas, qui est due au seigneur laïque, 1°. quand il marie sa fille en premières noces; 2°. quand il se fait chevalier; 3°. quand il fait le voyage d'outre-mer pour visiter la terre sainte; & 4°. lorsqu'il est prisonnier de guerre pour le service de son supérieur.

Laurière, dans son glossaire, fait, à cette occasion, la remarque suivante: l'homme tenant héritage *serf* ne peut porter témoignage pour son seigneur, qui est souvent un homme violent & passionné; mais le mortaillable peut porter témoignage pour l'église, ou le bénéficier, qui est réputé plus juste.

Anciennement les *serfs* ne pouvoient pas être témoins en jugement; mais nos rois accordèrent à plusieurs églises que leurs *serfs* pourroient rendre témoignage. *Voyez analecta Mabillonii, tome 2, p. 563*, & l'article DOUBLE D'AOUT. (*G. D. C.*)

SERF, (*homme.*) *Voyez* SERF.

SERF NATUREL. (*Droit féodal.*) On a ainsi nommé autrefois celui qui naissoit dans l'état de servage, par opposition à celui qui devenoit *serf* en venant demeurer dans une terre de servitude, ou autrement. *Voyez* NAIF. (*G. D. C.*)

SERFS PISSENEZ, (*Droit féodal.*) *quasi pejor natus*; on appelle ainsi en Nivernois les bâtards des *serfs*; c'est ainsi que M. de Laurière explique ce terme en son glossaire.

SERF TAILLABLE. *Voyez* TAILLABLE.

SERGEANTIE, s. f. (*Grammaire & Jurisprudence.*) On dit tenir *en sergeantie*, & *tenir en grande* ou *petite sergeantie*. Tenir en grande *sergeantie*, c'est tenir du roi, pour faire service en personne, comme porter sa bannière, sa lance, son épée, à son couronnement, même à son ost, être son maréchal, *&c.* Tenir en petite *sergeantie*, c'est tenir une terre du roi à condition de lui donner chaque année quelque chose d'usage en guerre, comme un arc, une épée, une lance, des éperons, un cheval, des gantelets, *&c.*

Voyez les tenures de Littleton, les termes de la Ley, *&c.*

SERGENT, s. m. est un officier établi pour faire toutes sortes d'exploits judiciaires & extrajudiciaires, & pour mettre à exécution les jugemens & mandemens de justice.

Pasquier & Ménage ont, avec raison, repris Cujas d'avoir voulu dériver ce mot de *cæsarianus*, ainsi qu'il fait sur la loi *defensionis 7*, au code *de jure fisci*.

Ce terme vient du latin *serviens*, qui signifie *servant*, parce que les *sergens* sont en effet les ministres de la justice, & qu'ils exécutent ses ordres & mandemens.

Du latin *serviens* on a fait par corruption *servjens* & en françois *servjens*, *serjens*, *sergent*. On trouve quelquefois écrit *serregens*; ce qui a fait croire à quelques-uns que ce terme venoit de ce que les *sergens* faisoient serrer les files des gens de guerre; d'autres ont cru que cela venoit de ce que les *sergens* serrent les gens, c'est-à-dire, emprisonnent ceux qui sont condamnés par corps ou décrétés; mais c'est par corruption que l'on a écrit *serregens* pour *sergens*, & la véritable étymologie de *sergent* vient, comme on l'a dit, du latin *serviens*, & de ce que les *sergens* sont les ministres de la justice.

Présentement presque tous les *sergens* se sont attribué le titre d'*huissier-sergent* ou d'*huissier* simplement, quoique le titre d'*huissier* ne convienne véritablement qu'à ceux d'entre les *sergens* qui sont préposés à la garde de l'huis ou porte de l'auditoire.

Le titre de *serviens* ou *sergent* leur étoit commun anciennement avec tous les nobles qui servoient à la guerre sous les chevaliers. *Armiger*, *scutarius* ou *serviens* étoient termes synonymes; les écuyers étoient appellés *servientes*, parce qu'ils servoient les chevaliers, portoient leur écu: & comme anciennement il falloit être chevalier pour rendre la justice, il ne faut pas s'étonner si ceux qui exécutoient les mandemens de justice, furent appellés *servientes* de même que les écuyers; d'autant mieux qu'il y avoit des *sergens* de l'épée ou du plaid de l'épée qui étoient établis singuliérement pour exécuter par les armes les mandemens de justice. Ces sortes de *sergens* faisoient alors ce que font aujourd'hui les archers. Ils étoient quelquefois préposés à la garde des châteaux qui n'étoient pas sur la frontière, & alloient en guerre sous les châtelains, comme on voit dans l'ancienne chronique de Flandre, & au *liv.* I de Froissart, *chap. 19.*

Le service des écuyers étoit néanmoins différent de celui des *sergens* de justice. Et quoique les *sergens* tant à pied qu'à cheval, aient été armés, & aient eu solde pour le service militaire, leur service & leur rang étoient moindres que celui des écuyers; c'est pourquoi les sergens ou massiers du roi furent appellés *sergens d'armes*, pour les distinguer des *sergens* ordinaires, & parce qu'ils étoient pour la garde du corps du roi; ils pouvoient pourtant aussi faire sergenterie par tout le royaume, c'est-à-dire exploiter. Mais Charles V, en 1376, leur défendit de mettre à exécution les mandemens de justice qui étoient adressés à tous *sergens* en général: le service des armes & celui de la justice étant deux choses distinctes.

Il y avoit deux sortes de *sergens* pour la justice: les uns royaux, les autres pour les justices seigneuriales.

Le nombre des uns & des autres étoit devenu si excessif, & ils s'étoient rendus tellement à charge au peuple, qu'on les appelloit *mangeurs*, parce qu'ils vivoient à discrétion chez ceux chez lesquels on les avoit mis en garnison. Le peuple demanda en 1351 que le nombre de ces officiers fût réduit; & en conséquence le roi Jean ordonna qu'il n'y en auroit plus que quatre dans les endroits où il y en avoit vingt, & ainsi des autres endroits à proportion.

Au commencement, les salaires des *sergens*, quand ils alloient en campagne, se payoient par journées, & non pas par exploits. Les *sergens* à cheval n'avoient que 3 sols par jour, & les *sergens* à pied 18 deniers; les uns ni les autres ne pouvoient prendre davantage, quelque grand nombre d'ajournemens qu'ils donnassent dans différentes affaires & pour différentes parties; leur salaire fut depuis augmenté, & néanmoins encore réglé à tant par jour.

Ils ne pouvoient autrefois exploiter, sans être revêtus de leurs manteaux bigarrés, & sans avoir à la main leur verge ou bâton dont ils touchoient légérement ceux contre lesquels ils faisoient quelque exploit. Ce bâton étoit semé de fleurs-de-lis peintes. Leur casaque ou habit appellé dans les ordonnances *arnesium*, étoit chargé des armes du roi ou autre seigneur, de l'autorité duquel ils étoient commis dans les villes. Les *sergens* royaux portoient sur leurs casaques les armes du roi en haut, & celles de la ville en bas.

Une des obligations des *sergens* étoit de prêter main-forte à justice, & d'aller au secours de ceux qui crioient à l'aide.

Les *sergens* sont encore regardés comme le bras de la justice; c'est pourquoi François Ier, averti d'un excès, quoique léger, fait à un simple *sergent*, porta le bras en écharpe, à ce que content nos annales, disant qu'on l'avoit blessé à son bras droit.

Il n'est pas permis en effet d'excéder les *sergens* faisant leurs fonctions.

Anciennement les assignations ne se donnoient que verbalement; c'est pourquoi les *sergens* n'avoient pas besoin alors d'être lettrés. Ils certifioient les juges des ajournemens qu'ils avoient donnés pour comparoître devant eux.

L'ordonnance de Philippe-le-Bel, en 1301, leur défendit de faire aucuns ajournemens sans commission du juge, ce qui n'est plus observé; c'est pourquoi l'on dit communément que les huissiers ont leurs commissions dans leurs manches.

Ils étoient autrefois obligés de se faire assister de deux records; ce qui ne s'observe plus depuis l'édit du contrôle, sinon en certains exploits de rigueur. *Voyez* EXPLOIT, HUISSIER, RECORD. (*A*)

SERGENS *des aides, tailles & gabelles*, étoient ceux qui étoient destinés à faire les exploits nécessaires pour le recouvrement des aides ou droits du roi qui étoient anciennement tous compris sous le nom général d'*aides*, & auxquels on ajouta depuis les tailles & gabelles pour lesquelles ces *sergens* faisoient aussi les poursuites nécessaires. Les *sergens* des aides sont les mêmes que l'on a depuis appellés *huissiers des tailles. Voyez* HUISSIER. Les *sergens* ou huissiers des élections, & ceux des greniers à sel ont succédé à ceux des aides & gabelles.

SERGENT APPARITEUR. On donnoit autrefois aux *sergens* le titre d'*appariteur*, ou de *sergent* indifféremment, & quelquefois tous les deux ensemble, comme termes synonymes. En effet, dans une ordonnance du mois d'octobre 1358, ils sont appellés *servientes* seu *apparitores*.

Présentement, par le terme de *sergent appariteur*, on entend ordinairement celui qui fait les fonctions d'appariteur ou huissier dans une officialité ou autre tribunal ecclésiastique. *Voyez* APPARITEUR.

SERGENS ARCHERS, *ou plutôt* ARCHERS SERGENS EXTRAORDINAIRES; il y en avoit douze au châtelet de Paris. *Voyez* la *déclaration du 8 avril 1555*.

SERGENS D'ARMES étoient les massiers que le roi avoit pour la garde de son corps. Philippe Auguste les institua pour la garde de sa personne: ils étoient gentilshommes; & à la bataille de Bouvines, où ils combattirent vaillamment, ils firent vœu, en cas de victoire, de faire bâtir une église en l'honneur de sainte Catherine; & saint Louis, à leur prière, fonda l'église de sainte Catherine-du-Val-des-Ecoliers, possédée à présent par les chanoines réguliers de sainte Geneviève.

Quoiqu'ils fussent gens de guerre, ils étoient aussi officiers de justice, & pouvoient, en certains cas, venir à la chambre des comptes avec des armes; ils pouvoient faire l'office de sergenterie dans tout le royaume, & ils avoient la faculté d'exploiter par-tout; ils étoient gagés du roi, & exempts de toutes tailles & subsides; ils n'avoient d'autres juges que le roi & son connétable, même en défendant; leur office étoit à vie, à moins qu'ils ne fussent destitués pour forfaiture; tellement que la mort du roi ne leur faisoit pas perdre leur office, comme cela avoit lieu pour tous les autres officiers. On leur donnoit ordinairement la garde des châteaux qui étoient sur la frontière, sans qu'ils eussent d'autres gages que ceux attachés à leur masse. Ceux qui demeuroient près du roi, prenoient leurs gages, robes & manteaux pour le temps qu'ils avoient servi en l'hôtel; ils furent ensuite assignés sur le trésor, par une ordonnance de Philippe VI, de l'an 1342. Une autre ordonnance de l'an 1285, pour l'hôtel du roi & de la reine, titre *de fourrière*, porte « *item, sergens d'armes* » trente, lesquels seront à court sans plus, deux » huissieurs d'armes & huit autres *sergens* avec, & » mangeront à court, & porteront toujours leurs » carquois plein de carreaux, & ne se pourront » partir de court sans congé ». Philippe VI en fixa le nombre à cent en 1342. Charles V étant régent du royaume, les réduisit au nombre de six en 1359, & leur défendit de tenir ensemble deux offices; il leur défendit aussi en 1376 de mettre à exécution les mandemens de justice adressés à tous *sergens* en général, autre étant le service des armes & celui de la justice. On trouve aussi au registre *olim* un arrêt du 12 septembre qui casse des lettres de Bertrand du Guesclin, connétable, ou de son lieutenant, par lesquelles il prétendoit avoir droit de jurisdiction sur les *sergens d'armes*.

SERGENT BAILLIAGER est celui qui sert près d'un bailliage, qui a droit d'instrumenter dans le ressort d'icelui. *Voyez* Imbert, *pag. 4*; & Boucheul *sur Poitou, tome 2, pag. 722, n. 9*.

SERGENT BALLIAL, (*Droit féodal.*) c'est le *sergent* bailliager, c'est-à-dire, le principal *sergent* de la jurisdiction, ou *sergent* audiencier. Il en est question dans les articles 10 & 11 du titre 2 de la coutume de Château-neuf, locale de Berry. Il y est dit que l'assiette, ou répartition de la taille annuelle & de la subvention aux quatre cas doit être faite par quatre prud'hommes de la bourgeoisie, « qui à ce faire appelleront le juge dudit » Château-neuf, ou le *sergent* juré, appellé autre- » ment *sergent ballial, &c.* ». Ces *sergens* avoient une espèce de jurisdiction sommaire dans bien des pays. (*G. D. C.*)

SERGENT BATONNIER. On donna ce nom aux *sergens* qui portoient des bâtons ou verges, dont ils touchoient ceux contre lesquels ils faisoient quelque exploit. Bouthillier fait mention d'un *sergent bâtonnier* de la ville de Tournay; il en est aussi parlé dans la coutume de Valenciennes, *art. 3, 8, 10 & 11*.

SERGENT BLAVIER est celui des habitans d'une paroisse qui est établi pour la garde des bleds & autres grains. C'est la même chose que *messier* ou *sergent* messilier, *messium custos*. La coutume d'Auxerre l'appelle *sergent blavier*.

SERGENS CHATELAINS; il y a en Poitou, & dans quelques autres provinces de France, des *sergens* héréditaires qui sont appellés *châtelains* ou *sergens châtelains*, & qui tiennent leurs offices en fief. Loyseau, en son *traité des offices, liv. 2, chap. 2, n. 50*, tient que c'étoient jadis les gardes & concierges des châteaux; & en effet, suivant des ordonnances des 18 & 28 juillet, & 16 novembre 1318, on voit que la garde des châteaux étoit donnée à des *sergens* d'armes, qui étoient obligés de les garder sans autres gages que ceux de leur masse.

SERGENT AU CHATELET ou *du châtelet*, est un *sergent* établi pour faire le service au châtelet de Paris, & pour exploiter dans l'étendue de cette jurisdiction, suivant le pouvoir qui lui est attribué.

Nous avons dit, sous le mot HUISSIER, qu'il y avoit au châtelet de Paris cinq sortes d'huissiers ou *sergens*: savoir, les huissiers audienciers, les six *sergens* ou huissiers fieffés, les douze *sergens* de la douzaine, les *sergens* à cheval, & les *sergens* à verge ou à pied: que ces cinq classes ont été réduites à quatre par la réunion des *sergens fieffés* & des *sergens de la douzaine* aux huissiers-priseurs établis par édit de février 1691.

Les *sergens fieffés* paroissent être les plus anciens de tous, & les premiers *sergens* établis pour le service du châtelet; ils furent surnommés *fieffés*, parce que leur office fut érigé en fief du temps que l'on inféoda la plupart des offices. La déclaration du mois de juin 1544, confirmative de leurs privilèges, dit que les quatre *sergens fieffés* du châtelet ont été créés de très-grande ancienneté.

Du temps de la ligue, il en fut créé un cinquième, & depuis encore un autre; de sorte qu'ils sont présentement au nombre de six.

Ces six offices sont présentement du corps des huissiers-commissaires-priseurs vendeurs de biens-meubles; ils ont toujours eu le privilège d'exploiter sans demander *permission*, *placet*, *visa*, ni *pareatis*.

Mais ils n'avoient autrefois le pouvoir d'exploiter que dans la ville, fauxbourgs, banlieue, prévôté & vicomté de Paris. François Ier, par sa déclaration du mois de juin 1544, en les confirmant dans tous leurs droits & privilèges, leur accorda en outre d'exercer leurs offices par tout le royaume; & d'y faire tous exploits de justice, & exécuter tous jugemens & mandemens, tant du roi que des chancelleries, parlemens, & autres juges quelconques.

Les plus anciens après les huissiers fieffés, sont les *sergens de la douzaine*, ainsi appellés, parce qu'ils sont seulement au nombre de douze. Ils furent institués par saint Louis, qui les tira du corps des *sergens* à verge, & leur donna 18 livres 5 sols parisis de gages. Ils portoient sur leurs habits douze petites bandes de soie blanche, rouge & verte.

La première fois qu'il en soit parlé, est en 1288; ainsi que le remarque M. Brusselles.

Ils étoient, comme on vient de le dire, du corps des *sergens* à verge ou à pied. En effet, l'ordonnance de Philippe-le-Bel, du mois de novembre 1302, portant réglement pour les officiers du châtelet, dit qu'il y aura quatre-vingt *sergens* à pied, & les douze de la douzaine, & non plus; que chacun donnera de plège ou caution vingt livres, & aura armures suffisantes pour soi, qui seront examinées par le prévôt de Paris, & par deux autres personnes qui sont nommées.

Cette même ordonnance porte, *art. 8*, que les *sergens de la douzaine* seront ôtés à présent, & que le prévôt, selon ce qu'il verra que nécessité sera, fera garder la ville, jusqu'à ce qu'il en soit autrement ordonné.

On voit par-là que ces *sergens de la douzaine* étoient destinés pour la garde de la ville: cet article au reste semble se contredire avec l'article 2; aussi M. de Laurière remarque-t-il qu'il n'est pas dans le registre du trésor des chartres.

Le même prince, par son ordonnance du 12 juin 1309, confirmative de celle qu'avoient faite Guillaume de Haugest, trésorier, & Pierre le Feron, garde de la prévôté de Paris, touchant les officiers & les *sergens* du châtelet, dit qu'il y aura quatre-vingt-dix *sergens* à pied, dans le nombre desquels douze *sergens de la douzaine* seront pris & élus comme il plaira au prévôt de Paris qui sera pour lors en place, & que douze *sergens* seront changés tous les deux mois.

On voit par-là que ces *sergens de la douzaine* étoient dès-lors à la nomination du prévôt de Paris, comme sa garde ordinaire, qu'il choisissoit par détachement dans le corps des *sergens* à pied.

François Ier, par des lettres de 1529, ordonna qu'ils porteroient un hocqueton argenté à une salamandre, qui étoit lors sa devise, & une hallebarde, pour accompagner le prévôt de Paris. Il leur donna les mêmes franchises & privilèges qu'aux archers de ville, & accorda au sieur de Villebert, lors prévôt de Paris, la nomination de ces gardes; ce qui fut confirmé par une déclaration du 27 décembre 1551. Les prévôts de Paris jouissent encore de ce droit, & les *sergens de la douzaine* leur doivent une certaine somme à chaque mutation de prévôt, mais ils prennent des provisions du roi.

Girard, dans ses observations sur le *traité des offices* de Joly, *titre des sergens de la douzaine*, dit qu'outre les treize-vingt *sergens* à verge, il y en a une petite troupe que l'on appelle les *sergens de la douzaine*, qui ne sont que douze, qui ont leur confrairie distincte & séparée des autres; que cela vient de ce qu'au prévôt de Paris appartient la force des armes, comme premier chef militaire de la ville de Paris, pour la manutention de laquelle il avoit été par nos rois ordonné qu'il y auroit douze personnes comme domestiques du prévôt de Paris, qui lui feroient perpétuelle assistance; que pour cette cause ils sont pourvus de leurs offices par le roi sur la nomination du prévôt de Paris; que par leur institution ils doivent porter le hocqueton & la hallebarde, comme archers de ville; qu'aussi sont-ils gagés & salariés de 25 livres tournois pour l'entretien de leur hocqueton, que le prévôt de Paris est tenu de leur donner lorsqu'ils sont pourvus & reçus.

Le même auteur ajoute que ces *sergens* font toutes sortes d'exploits dans la ville, fauxbourgs & banlieue de Paris, comme les *sergens* à verge du châtelet, sans qu'ils soient tenus de faire aucun service au châtelet, ni assister les juges ni les commissaires lorsqu'ils exercent leurs charges, non plus que les *sergens* fieffés du châtelet; qu'ils ne reconnoissent que

que le prevôt de Paris, lequel ils sont tenus d'assister avec leurs hoquetons & hallebardes lorsqu'il va au châtelet tenir le siége, & aux cérémonies publiques.

Qu'aux pompes funèbres des rois, il y en a quatre seulement qui accompagnent le prévôt de Paris avec des robes de deuil qui leur sont données comme aux autres officiers du roi.

Enfin Girard remarque que ces officiers ne pouvoient faire prisées ni ventes, & qu'ils n'étoient point reçus à payer le droit annuel, non plus que les commensaux de la maison du roi.

Les *sergens* de la douzaine obtinrent de Henri II, des lettres-patentes en forme d'édit, du mois de mai 1558, portant que les *sergens* de la douzaine pourroient faire tous exploits & informations, non-seulement en la ville, fauxbourgs & banlieue de Paris, mais aussi par toute la ville, prévôté, & vicomté de Paris, & anciens ressorts d'icelle, ainsi que faisoient & avoient accoutumé de faire les autres *sergens* à verge fieffés, & autres, sans qu'ils fussent tenus de demander assistance, placet, visa, ni pareatis.

Mais les *sergens* à verge & à cheval, ayant formé opposition à l'entérinement desdites lettres, les huissiers de la douzaine furent déboutés de l'effet d'icelles, par arrêt du premier juillet 1560.

Les *sergens* de la douzaine obtinrent encore le 7 octobre 1575, des lettres en forme de déclaration, portant qu'ils jouiroient de pareil pouvoir & priviléges que les 120 *sergens* à verge, priseurs, vendeurs au châtelet, prévôté & vicomté de Paris, unis en un seul corps avec 40 autres *sergens* à verge, priseurs-vendeurs audit châtelet.

Mais les *sergens* à verge s'étant encore opposés à l'entérinement de ces lettres, par arrêt du 6 juin 1587, les *sergens* de la douzaine furent déboutés de l'effet de ces lettres, avec défenses à eux de faire aucune prisée ou vente de biens meubles en la ville, banlieue, prévôté & vicomté de Paris, de faire aucuns exploits ou actes de justice hors la ville & banlieue, à peine de nullité, & de s'entremettre d'aller aux barrières avec les *sergens* à verge, ni de se qualifier de *sergens à verge, du nombre de la douzaine au châtelet, prévôté & vicomté de Paris, priseurs & vendeurs de biens*, mais seulement *sergens de la douzaine du châtelet de Paris.*

Ils ont néanmoins été maintenus dans le droit de faire les mêmes fonctions que les *sergens* à cheval & à verge du châtelet, par deux arrêts du conseil des 29 mars & 12 juin 1677. Ils sont présentement réunis avec les huissiers-priseurs.

Les *sergens à cheval* du châtelet de Paris ont été institués pour faire leur service à cheval dans la prévôté & vicomté de Paris, pour tenir la campagne sûre, & pour exploiter dans l'étendue de la prévôté & vicomté, mais hors la banlieue qui forme les limites du district des *sergens* à pied ou à verge.

On ignore quel étoit d'abord le nombre des *sergens* du châtelet, soit à cheval ou à pied; on trouve seulement que Philippe-le-Bel, par son ordonnance du mois de novembre 1302, fixa le nombre de ces *sergens à cheval* à 80; qu'en 1309, il fut réduit à 60; qu'en 1321, Philippe-le-Long les remit à 98. Le nombre total des *sergens* du châtelet s'étoit néanmoins accrû jusqu'à 700; mais en 1327, Philippe de Valois réduisit les *sergens à cheval* à 80. Le nombre en étant depuis beaucoup augmenté, Charles V, par édit du 8 juin 1369, les réduisit à 220.

Chacun d'eux devoit donner caution jusqu'à la somme de 100 livres, de bien & loyalement sergenter; ils devoient avoir un bon cheval à eux, & des armes suffisantes, lesquelles devoient être examinées par le prévôt de Paris, & deux autres personnes à ce commises.

Philippe-le-Bel reçut en 1309, plaintes de la part du peuple sur la grande multitude & oppressions des *sergens à cheval* & à pied du châtelet de Paris, pour les grandes extorsions qu'ils faisoient; à quoi il pourvût par son ordonnance du 20 avril de ladite année.

Il diminua, comme on l'a dit, le nombre des *sergens*, & ordonna que tous *sergens* de cheval & de pied, seroient demeurans en la ville de Paris, & que nul n'iroit hors la ville sans impétrer commandement du prévôt de Paris, ou de son lieutenant, ou des auditeurs.

La journée de ces *sergens* fut réglée à six sols parisis.

Les *sergens à cheval* & à pied étoient alors la seule garde qu'il y eût le jour dans Paris; c'est pourquoi cette ordonnance porte que toutes les fois que l'on criera *à la justice le roi*, qu'ils viendront tous sans délai, & que quand le roi viendra à Paris ou s'en ira, ils s'approcheront du prévôt de Paris pour faire ce qui leur sera commandé; que toutes les fois qu'il y aura feu en la ville, ou quelque assemblée commune, ils s'assembleront devers le prévôt; & que si quelqu'un empêche le droit du roi, ils le feront savoir au prévôt ou à son lieutenant.

Philippe-le-Long, par son ordonnance de 1321, dit que d'ancienneté il avoit toujours été accoutumé que les *sergens à cheval* ne devoient point sergenter dans la banlieue de Paris, ni ceux de pied hors la banlieue, sinon en cas de nécessité: il ordonna que cet ordre ancien seroit observé.

Suivant l'édit de leur création du 8 juin 1369, & les lettres-patentes & ordonnances rendues en leur faveur au mois d'août 1492, décembre 1543, 20 novembre 1566, mai 1582, juin 1603, 13 juin 1617 & 1644, confirmés tant par arrêts du conseil privé, que du parlement, des 4 mars 1600, 10 mai 1603, 24 avril 1621, 4 mars & 17 avril 1622, de l'année 1648, 2 janvier 1665, & autres postérieurs, ils ont non-seulement la faculté d'exploiter dans toute l'étendue du royaume, mais encore celle de mettre à exécution toutes sentences, jugemens, arrêts, & autres actes, de quelques juges qu'ils soient émanés ; & de faire leur résidence où bon leur semble ; de mettre le scel du châtelet à exécution exclusivement à tous autres huissiers, & de faire dans toutes les villes & lieux du royaume les ventes de meubles à l'exception de la ville de Paris, où il y a des huissiers-priseurs en titre.

Ils ont leurs causes commises au châtelet, tant en matière civile que criminelle.

Les derniers édits ont attribué aux *sergens à cheval* le titre d'*huissiers-sergens à cheval.*

L'édit du mois de février 1705 avoit ordonné qu'ils ne feroient qu'une seule & même communauté avec les *sergens* à verge ; mais par une déclaration du mois de novembre suivant, les deux communautés ont été séparées comme elles l'étoient précédemment.

Les *sergens à verge* ou *à pied*, qu'on appelle présentement *huissiers-sergens à verge*, étoient dans l'origine les seuls qui faisoient le service dans le tribunal & dans la ville, fauxbourgs & banlieue.

Ils étoient obligés de demeurer dans la ville, & être toujours prêts à s'assembler auprès du prévôt : mais il ne leur étoit pas permis d'aller deux ensemble.

Ils se tenoient ordinairement appuyés sur la barrière qui étoit au-devant du châtelet, pour être prêts au premier ordre du juge ou requisitoire des parties ; dans la suite on leur construisit en différens quartiers de Paris, différens corps-de-garde qui conservèrent le nom des *barrières des sergens.*

Le nombre de ces *sergens* qui étoit devenu excessif, fut réduit en 1321 à 133 ; en 1327 à 120 ; depuis il fut augmenté jusqu'à onze-vingt ou 220.

Anciennement ils ne pouvoient exploiter hors de la banlieue de Paris ; en 1543, on donna à 85 d'entr'eux le pouvoir d'exploiter dans toute la prévôté & vicomté ; & en 1550, on leur accorda à tous le même pouvoir ; & enfin on leur a donné à tous le pouvoir d'exploiter par tout le royaume, comme les *huissiers à cheval.*

Ils faisoient autrefois les prisées de meubles, mais présentement elles se font par les huissiers-priseurs, qui ont été tirés de leur corps. (*A*)

SERGENS DES CHEFS SEIGNEURS, étoient ceux qui étoient commis par des seigneurs à la justice desquels ressortissoit quelque justice inférieure ; ils ne pouvoient faire aucune dénonciation dans les justices des seigneurs inférieurs ; de même qu'il n'étoit pas permis à ceux des justices inférieures d'en faire dans les justices des chefs-seigneurs, ainsi qu'il est dit dans une ordonnance de saint Louis, de l'an 1268 ou 1269.

SERGENT CHEVALIER, est un titre que prenoient autrefois les *sergens* à cheval, ce qui venoit sans doute de ce que dans les anciennes ordonnances ces sortes de *sergens* sont nommés *equites servientes* ; quelques-uns d'entre eux prennent encore abusivement ce titre de *chevalier* ; mais en justice, lorsqu'on y fait attention, on leur défend de prendre cette qualité.

SERGENS A CHEVAL, sont des *sergens* institués pour faire leur service à cheval. L'objet de leur institution a été qu'il y eût des *sergens* en état d'exécuter les mandemens de justice, dans les lieux les plus éloignés, ce que ne pouvoient faire les *sergens* à pied, ou du moins aussi promptement. *Voyez* ce qui est dit ci-devant des *sergens à cheval* à l'article des SERGENS DU CHATELET.

SERGENS CHEVAUCHEURS étoient des gardes des eaux & forêts, créés par édit du mois d'août 1572, pour visiter à cheval les forêts du roi. Plusieurs furent supprimés par édit du mois d'avril 1667 ; le reste fut supprimé en vertu de l'ordonnance de 1669, *tit. 20*, *art. 3* & en leur place on établit d'autres gardes à cheval, sous le titre de *gardes généraux.*

SERGENS COLLECTEURS, on donna d'abord ce nom à certains *sergens* royaux, qui furent institués dans les paroisses par l'édit du 23 octobre 1581, pour exploiter & faire les contraintes à la requête des collecteurs, fermiers & autres commis & députés à la recette des aides, tailles & autres droits du roi. Ces *sergens* étoient, comme on voit, les mêmes que ceux qu'on appelloit *sergens des aides, tailles & gabelles.*

On a depuis donné le nom de *sergent collecteur*, à l'officier qui, dans chaque maîtrise des eaux & forêts ou gruerie, étoit chargé de la collecte ou recette des amendes qui sont prononcées au profit du roi, pour raison des délits commis en matière d'eaux & forêts. Ils devoient avoir un rôle, y emmarger ce qu'ils recevoient, & en donner quittance ; & faute par eux de poursuivre, ils étoient garans de leur négligence. *Voyez* COLLECTEUR DES AMENDES.

SERGENT CRIEUR JURÉ, est celui qui est établi pour faire les cris & proclamations publics.

Il y a au châtelet de Paris un *sergent crieur juré*, & un trompette juré, à l'instar desquels il y en a eu d'établis ès villes où il y a bailliages & sénéchaussées.

Le *sergent crieur* du châtelet de Paris, est incorporé & uni au corps des *sergens* à verge.

Henri III en créa dans chaque siège royal de la province d'Anjou, par édit du mois de février 1581.

SERGENS DANGEREUX, (*Droit féodal.*) ainsi appellés parce qu'ils ont été institués pour conserver le droit du roi dans les forêts où il a droit de tiers & danger, c'est-à-dire, droit de dixième, ou dans lesquelles il a simplement droit de danger. Ils furent révoqués par ordonnance de Charles VII, de l'an 1413, *art. 238* ; on les recréa de nouveau par un édit de Henri II, de l'an 1552, *&c.* Mais ils ont encore été révoqués par l'ordonnance de Charles IX, en 1563 ; & par celle des eaux & forêts de 1669. *Voyez* Terrien, *liv. 13, chap. 11, n. 3.* (*A. & G. D. C.*)

SERGENS DE LA DOUZAINE. *Voyez* ce qui en est dit ci-devant à l'article des SERGENS DU CHATELET DE PARIS.

SERGENT DE L'ÉPÉE *ou* DU PLAIT DE L'ÉPÉE

ad placitum ensis ; c'étoient ceux qui exécutoient par la force, & même par les armes, les mandemens de justice. Suivant le *chap.* 5 de l'ancienne coutume de Normandie, voici quel étoit l'office de ces *sergens.* « Sous les vicomtes, dit cette coutume, sont » les *sergens de l'épée*, qui doivent tenir les vues, & » faire les semonces & les commandemens des assi- » ses, & faire tenir ce qui y est jugé, & délivrer par » droit les namps qui sont prins, & doivent avoir » onze deniers par chacune vûe qui est soutenue, & » aussi de chacun namps qu'ils délivrent, & pour ce » sont-ils appellés *sergens de l'épée ;* car ils doivent » justicier vertueusement à l'épée & aux armes tous » les malfaiteurs, & tous ceux qui sont diffamés » d'aucun crime & les fuitifs ; & pour ce furent-ils » établis principalement, afin que ceux qui sont » paisibles, soient par eux tenus en paix, & les » malfaiteurs fussent punis par la roideur de justice, » & par eux doivent être accomplis les offices de » droit. Les bédeaux, dit ce même texe, sont men- » dres *sergens*, qui doivent prendre les namps, & » faire les offices qui ne sont pas si honnêtes, » & les mendres semonces ». On voit par-là que les *sergens de l'épée* avoient sous eux d'autres *sergens.* L'ordonnance du 20 avril 1309 dit que les *sergens du plait de l'épée* donnèrent plège suffisant pour eux & pour leurs sous-*sergens*, de loyaument sergenter & répondre de leurs faits. La charte aux Normands, porte que nul *sergent de l'épée* ne pourra faire exercer son office par un autre sous peine de le perdre ; dans d'autres lettres, datées du 22 juillet 1315, où le *sergent de l'épée* est nommé *serviens noster spade*, il est dit qu'il ne pourra louer son office à personne. (*A*)

SERGENS EXTRAORDINAIRES *des lieutenans-criminels*, étoient des *sergens* qui furent établis outre les *sergens* ordinaires du tribunal, pour faire le service auprès du lieutenant-criminel, & faire tous exploits en matière criminelle seulement. Ils furent institués par Henri II en 1552. Ces offices ont depuis été supprimés & réunis aux autres offices de *sergens* & huissiers ordinaires. (*A*)

SERGENT FÉAL, c'est la même chose que *sergent féodé. Voyez* SERGENTERIE NOBLE. (*G. D. C.*)

SERGENT FÉODÉ, SERGENT DE FIEF, *ou* SERGENT FIEFFÉ. C'est celui qui tient à titre de fief l'office de *sergent. Voyez* SERGENTERIE NOBLE. (*G. D. C.*)

SERGENT FERMIER étoit celui qui tenoit à ferme un office de sergenterie; ce qui fut défendu par les ordonnances : il en est parlé dans la coutume de Bretagne, *art. 674.*

SERGENS DES FOIRES DE CHAMPAGNE ET DE BRIE, étoient ceux qui étoient établis par le juge conservateur de ces foires, pour exécuter ses mandemens, & les actes passés sous le scel de ces foires. Le nombre en étoit si excessif, que Philippe-le-Long, par des lettres du mois de juin 1317, les réduisit à 140, 120 à cheval, & 20 à pied. (*A*)

SERGENT FORESTIER est celui qui est préposé à la garde des bois & forêts du roi ; ces sortes des *sergens* sont présentement appellés *sergens à garde. Voyez* SERGENS A GARDE. (*A*)

SERGENT FRANC est un garde que certains seigneurs ont pour la conservation de leurs bois, ou pour la prise & la garde des bestiaux trouvés en délit. *Voyez le glossaire* de M. de Laurière. (*A*)

SERGENS A GARDE, ce sont ceux qui sont préposés à la garde des forêts du roi; ils ne peuvent faire aucuns exploits que pour le fait des eaux & forêts, & chasses de sa majesté.

Ces offices sont fort anciens. Suivant l'ordonnance de Philippe-le-Long, de l'an 1318, ils n'étoient mis & institués qu'à la délibération du grand-conseil, dans les endroits où ils étoient jugés nécessaires. Depuis, par édit d'août 1526, & autres édits postérieurs, il en fut établi en divers lieux pour la garde & conservation des forêts du roi. Les maîtres des eaux & forêts ne laissoient pas d'en établir où ils jugeoient à propos, à l'exemple des baillis & sénéchaux ; mais ce droit leur fut ôté par l'article 45 de l'ordonnance de 1549, & il n'y a que le roi qui les puisse instituer ; mais ils peuvent être destitués par les grands-maîtres, lesquels peuvent commettre en leur lieu, en cas de prévarication. *Voyez* GARDE DES BOIS.

SERGENT GARDE-PÊCHE, est un *sergent* des eaux & forêts, établi dans une maîtrise ou gruerie, pour veiller à la conservation des eaux & pêches sur les fleuves & rivières dans l'étendue de son district. Ces *sergens* sont pour les eaux & la pêche, ce que les *sergens* à garde sont pour les bois. *Voyez* les *tit.* 12 & 31 de l'ordonnance de 1669.

SERGENT-GARDIEN, étoit celui qui étoit chargé de veiller à la conservation de quelque lieu qui étoit sous la sauve-garde du roi. Tous les lieux qui étoient sous la sauve-garde royale avoient des *sergens* royaux pour gardiens particuliers ; on peut voir à ce sujet les différentes lettres de sauve-garde qui sont rapportées dans le recueil des ordonnances de la troisième race.

SERGENS DE GARNISON, dans les anciennes ordonnances sont ceux que l'on établit en garnison chez les parties saisies, pour les contraindre de payer.

SERGENS-GÉNÉRAUX, étoient des *sergens* royaux qui avoient le pouvoir d'instrumenter, non pas seulement dans le district d'une justice royale, mais dans toute l'étendue d'une province ; il y en avoit en Normandie qui furent supprimés par une ordonnance du roi Jean, du 5 avril 1350.

SERGENT A LOI, *serviens ad legem*, est un titre usité en Angleterre, pour exprimer un grade que l'on acquiert en jurisprudence, & qui est le seul grade connu en ce genre, les titres de *bachelier*, de *licencié* & de *docteur*, n'y étant point usités.

Ce titre se confère avec beaucoup de solemnité & de dépense ; c'est un degré pour monter aux plus hautes dignités : pour l'acquérir, il faut avoir étudié les loix au moins pendant seize ans ; ce sont proprement des docteurs en droit qui exercent la profession d'avocat & de jurisconsulte, avec de certaines distinctions au-dessus des simples avocats.

Il y a ordinairement en Angleterre, six *sergens* du roi *à loi* & deux en Irlande. Il y a d'autres *sergens à loi* communs; il y en a ordinairement vingt en Angleterre, & deux en Irlande; il peut y en avoir davantage.

Les *sergens* du roi peuvent travailler pour toutes personnes autres que le roi.

Les *sergens* communs peuvent travailler contre tous. *Voyez* le *glossaire* de Ducange au mot *Servientes ad legem*.

SERGENS LOUVETIERS, c'étoient des *sergens* des forêts du roi, établis singuliérement pour donner la chasse aux loups, & pour faire devant les maîtres & gruyers leur rapport des prises qu'ils auroient faites; il en est encore parlé dans le réglement des eaux & forêts du mois de mai 1592, *art. 32*.

SERGENT MAITRE, est la même chose que *gruyer* ou *verdier*. Selon Saint-Yon, dans son *traité des eaux & forêts*, gruyer, forestier, verdier, segrayer, châtelain, concierge, *sergent* maître, maître-garde, n'est qu'un même office, ayant même fonction, pouvoir, jurisdiction & connoissance première des délits qui se commettent ès forêts jusqu'à 60 sols, appellé diversement selon les lieux, en quoi Ragueau s'est mépris dans son indice sur le mot *verdier*, où il suppose que le verdier est en plus grande charge que le *sergent* maître, & aussi qu'il connoît des amendes coutumières; car il ne connoît que des amendes légales jusqu'à 60 sols, c'est-à-dire de celles qui sont taxées par les ordonnances, lesquelles amendes légales Ragueau a apparemment entendu par le terme de *coutumier*. *Voyez* la note de M. de Laurière *sur le tome 1 des ordonnances*, *pag. 464*.

SERGENT MAITRE *ou* SERGENT GARDE DES MÉTIERS. *Voyez* SERGENT DES MÉTIERS.

SERGENT A MASSE, *serviens ad clavam*; c'est le titre que prenoient & que prennent encore certains huissiers qui, dans leur institution, portoient des *masses*; il en est parlé dans la coutume du Hainaut, qui les appelle *sergens à masse d'argent* au bailliage d'Amiens. Il y a huit *sergens à masse* à la justice civile.

SERGENT MESSIER *ou* SERGENT MESSILIER, *messium custos*, est un des habitans d'une paroisse qui est commis par le juge pour la garde des moissons; on les appelle ailleurs *sergens blaviers*.

SERGENT DES MÉTIERS, étoient ceux qui avoient la garde & l'inspection sur les personnes d'un certain état & métier; on les appelloit aussi *sergens & gardes* ou *sergens maîtres* d'un tel métier: il est parlé dans une ordonnance du mois de mai 1360, des *sergens* & maîtres de la draperie, ou *sergens* & gardes de ce métier; c'est de-là que les gardes & jurés des communautés d'arts & métiers tirent leur origine.

SERGENT DES MORTE-MAINS. Il en est question au chapitre 74 des anciennes chartres de Hainaut. On y voit qu'ils avoient été établis pour exploiter dans chaque district de la recette des morte-mains, & pour y veiller aux droits du comte de Hainaut. *Voyez* aussi les *chap. 83 & 84* des mêmes chartres. (*G. D. C.*)

SERGENS DE L'ORDONNANCE DES FOIRES DE CHAMPAGNE ET DE BRIE. *Voyez* SERGENS DES FOIRES DE CHAMPAGNE ET DE BRIE.

SERGENT DE LA PAIX, dans la coutume de Valenciennes, *art. 138*, sont les *sergens* des jurisdictions ordinaires; ils sont ainsi appellés, parce que dans le pays l'auditoire du juge dont ils sont les ministres est appellé *maison de paix*.

SERGENT DU PARLOIR AUX BOURGEOIS, étoient ceux qui exécutoient les mandemens ou commissions du bureau de la ville de Paris appellé anciennement le *parloüer aux bourgeois*; ces *sergens* jouissoient des mêmes privilèges que les archers & arbalestriers de la ville de Paris; excepté seulement pour les fortifications & réparations de la ville, pour l'arrière-ban & pour la rançon du roi. *Voyez l'ordonnance de Louis XI, du mois de novembre 1465*.

SERGENT DU PETIT SCEL DE MONTPELLIER, étoient ceux qui servoient près la cour *du petit scel de Montpellier*; ils étoient obligés de comparoître en personne à Montpellier tous les ans le jour de la S. Louis; il en est parlé dans l'ordonnance de Charles VIII, du 28 décembre 1490.

SERGENT A PIED *ou* A VERGE, est celui qui, par son institution, doit faire le service à pied, soit auprès du juge, soit dans l'étendue de la jurisdiction, à la différence des *sergens* à cheval qui ont été institués pour faire le service à cheval. *Voyez* ce qui est dit ci-devant des *sergens à verge*, à l'article des SERGENS DU CHATELET DE PARIS.

SERGENT DU PLAIT DE L'ÉPÉE, *seu ad placitum ensis*, étoit la même chose que *sergent* de l'épée. *Voyez* ci-devant SERGENT DE L'ÉPÉE.

SERGENT PRAIRIER, (*Droit féodal.*) c'est un *sergent* établi à la garde des prairies. *Voyez* dom Carpentier au mot *Serviens pratarius*. (*G. D. C.*)

SERGENT PRÉVÔTAIRE, en la coutume de Mehun-sur-Eure, en Berry, est le *sergent* du prévôt.

SERGENT DE QUERELLE: on donnoit autrefois ce nom au *sergent* qui faisoit les actes dans le cas de duels; on l'appelloit ainsi par opposition au titre de *sergent de la paix* ou *de paix*, que l'on donnoit à ceux qui faisoient le service de *sergens* dans le tribunal, ou qui faisoient les autres exploits en matière contentieuse.

Dans la coutume de Normandie, *art. 63*, le *sergent de la querelle* est le *sergent* ordinaire de l'action ou du lieu où le différend des parties est pendant. *Voyez* Berault sur cet article.

SERGENS ROUTIERS *ou* TRAVERSIERS, étoient des gardes des eaux & forêts, créés par l'article 21 de l'édit de janvier 1583, dont les fonctions étoient de visiter & traverser les forêts, routes & chemins d'icelles; plusieurs furent supprimés par édit du mois d'avril 1667, le reste fut supprimé par l'ordonnance de 1669, *tit. 10*, *art. 3*, & en leur place on établit des gardes généraux à cheval. *Voyez* GARDE DES BOIS.

SERGENT DU ROI *ou* SERGENT ROYAL, est celui qui a été institué par le roi. Les vieux praticiens disent que *sergent à roi est pair à comte*; ce qui vient de ce qu'anciennement un pair ne pouvoit être assigné que par ses pairs; de sorte qu'un comte ne pouvoit être semons ou ajourné que par un autre comte: mais comme dans la suite on se relâcha de ce cérémonial & que les pairs furent assignés par un simple huissier royal, ainsi que cela fut pratiqué en 1470 à l'égard du duc de Bourgogne accusé de crime d'état; cette nouvelle forme de procéder fit dire que *sergent à roi* ou *du roi*, étoit pair à comte. *Voyez* Loisel en ses *institutes*, *tit. des personnes*, *n. 31*.

SERGENT ROYAL, est celui qui tient ses provisions du roi: l'institution des *sergens royaux* est presque aussi ancienne que la monarchie; au commencement ils étoient choisis par les baillifs ou les sénéchaux: ce qui devoit se faire en pleine assise.

Les baillifs & sénéchaux pouvoient aussi les destituer, quoiqu'ils eussent des lettres du roi: ils étoient responsables des sujets qu'ils avoient nommés aux places vacantes.

Les *sergens royaux* avoient néanmoins dès-lors des provisions du roi, pour lesquelles ils payoient au roi un droit: Philippe-le-Long & Charles-le-Bel leur firent payer une finance, & le roi ordonna que le nombre en seroit fixé.

Ils étoient obligés de donner caution, & d'exercer leur office en personne; s'ils le louoient à un autre, ils s'exposoient à le perdre; ils avoient cependant des substituts, car si le roi donnoit une sergenterie à quelqu'un qui ne vouloit pas l'exercer, son substitut ne devoit être reçu que comme les *sergens*, avec le conseil de dix ou douze personnes, & en donnant caution, quand même celui dont ils remplissoient la place, en auroit donné une.

Ils ne pouvoient ajourner sans ordre des juges, ni faire aucune exécution en des lieux éloignés sans commission.

Pour ce qui est de leur district, ils ne pouvoient sergenter généralement dans tout un bailliage; mais chacun d'eux seulement dans une châtellenie ou prévôté.

Eux seuls avoient droit de faire toutes exécutions pour les dettes du roi; mais ils ne pouvoient pas contraindre les sujets des seigneurs à les faire porteurs de leurs lettres, sous prétexte qu'elles étoient passées sous le scel royal.

Ils pouvoient être arrêtés par ordre des seigneurs, s'ils alloient faire de nuit des exécutions dans leurs justices.

Il leur étoit défendu en général d'exercer leur office dans les terres des seigneurs qui avoient haute & basse-justice, sinon dans le cas du ressort ou dans les autres cas qui appartiennent au roi, suivant le droit & la coutume, & alors ils ne pouvoient exploiter sans un mandement du juge royal, dans lequel fût contenu le cas royal.

Il ne leur étoit pas non plus permis d'établir leur domicile dans les terres des seigneurs hauts-justiciers ou des prélats, à moins qu'ils n'y fussent nés, ou qu'ils n'y fussent mariés: ils ne pouvoient même en ces deux cas y faire aucune fonction de leur office, même dans les cas de ressort, & dans les cas royaux; & ils étoient soumis à la jurisdiction tant spirituelle que temporelle des prélats & des seigneurs, en tout ce qui ne concernoit pas la fonction de leur office.

Outre les *sergens* des justices royales, il y avoit encore d'autres *sergens* pour le service du roi; chaque receveur des deniers du roi pouvoit avoir deux *sergens* à ses ordres; s'il en avoit besoin d'un plus grand nombre, il devoit se servir de ceux du bailliage. C'est probablement là l'origine des *sergens* ou huissiers des tailles. Louis Hutin permit aussi au collecteur des décimes dans la province de Reims de créer des *sergens* & de les révoquer. (*A*)

SERGENT SEIGNEURIAL *ou* SUBALTERNE, est un *sergent* non royal, commis par un seigneur pour exploiter dans sa justice. *Voyez* SERGENT ROYAL.

SERGENT (*simple*), cette qualité est donnée par les anciennes ordonnances aux *sergens* des forêts, pour les distinguer des maîtres *sergens*, qui étoient la même chose que les verdiers ou châtelains. *Voyez* l'ordonnance de Philippe de Valois, du 29 mai 1346.

SERGENT (*sous-*), étoient des *sergens* inférieurs, qui étoient commis par un *sergent* fieffé. *Voyez ci-devant* SERGENT FIEFFÉ.

SERGENT DES TAILLES. *Voyez ci-devant* SERGENT DES AIDES, TAILLES & GABELLES.

SERGENT TRAVERSIER. *Voyez ci-devant* SERGENT ROUTIER, & GARDE DES BOIS.

SERGENT A VERGE, est un *sergent* qui fait le service à pied: on a donné à ces *sergens* le surnom de *sergens à verge*, parce que dans leur institution ils étoient obligés de porter une verge ou bâton semé de fleurs-de-lis, pour marque de l'autorité de justice en vertu de laquelle ils agissent. Ils touchoient de cette verge ou baguette ceux contre lesquels ils faisoient quelque exploit. *Voyez* ce qui est dit ci-devant des *sergens à verge*, à l'*article* des SERGENS DU CHATELET. (*A*)

SERGENTERIE NOBLE, *ou* SERGENTIE INFÉODÉE. On appelle ainsi les offices de sergens qui sont inféodés. Ils sont très-communs dans l'Angoumois, le Poitou, l'Anjou, le Maine, le Perche, *&c.* & dans les autres pays qui ont autrefois été sous la domination des Anglois, sur-tout en Normandie. Cependant il n'en est question dans aucune de ces coutumes, à l'exception de cette dernière. L'article 630 porte: « que les *sergenteries nobles* ayant domaine, fieffé ou non » fieffé, doivent être décrétées selon la forme & » la manière usitée pour les autres terres nobles; » & s'il n'y a domaines, les diligences & criées » seront faites à la paroisse du principal exercice

» de la *sergenterie*, comme pour les autres offices » venaux ».

Il paroît aussi que c'est principalement aux *sergenteries nobles* que s'applique l'article 157 de la même coutume. Il y est dit : « que les dignités ou » offices tenus en fief, sans fonds, ou glèbes » doivent hommage & non relief ». Cette exemption de relief est une prérogative particulière de ces sortes de fiefs.

Les propriétaires des *sergenteries* ne les exercent point ordinairement par eux-mêmes. Ils en louent l'exercice à des commis, à-peu-près comme on le fait pour les greffes, qui sont dans la main des particuliers. Mais suivant l'article 16 du réglement de 1666, « le propriétaire de la » *sergenterie* est garant des cautions reçues par ceux » qu'il a commis pour l'exercer, encore que par » le bail, commission ou acte de réception, il » soit porté qu'ils ne pourront recevoir aucune » caution, dont il sera néanmoins quitte, en aban- » nant la *sergenterie* ».

Ainsi la garantie du propriétaire de la *sergenterie* est une garantie réelle plutôt qu'une garantie personnelle, s'il est permis de s'expliquer ainsi.

Par la même raison les propriétaires ne sont pas garans de leurs commis lorsqu'ils exploitent hors de la *sergenterie*, ou hors des bornes marquées par leur bail. Les commentateurs de la coutume de Normandie assurent même que la jurisprudence du parlement de Rouen est de ne point les rendre garans du faux commis par les préposés. On trouve des arrêts qui l'ont ainsi jugé dans Berault & M. Roupnel de Chenilly. Un dernier arrêt de grand-chambre du 21 mars 1710, cité par M. Houard dans le dictionnaire du droit Normand au mot *Sergenterie*, a jugé la même chose, en confirmant une sentence qui avoit déchargé Guillaume Filleul, propriétaire d'un office de sergent-priseur-vendeur à Valognes, des dommages-intérêts demandés contre lui pour deux faux procès-verbaux de rebellion que Guillaume Creuilly à qui il avoit fait bail de sa *sergenterie* avoit commis.

Enfin on ne peut avoir de recours contre le propriétaire de la *sergenterie*, qu'après avoir discuté son commis. *Voyez les mêmes auteurs.*

Les *sergenteries nobles*, dit M. du Cauroy de la Croix, dans le répertoire universel, étoient la récompense militaire des premiers guerriers, qui conquirent la Normandie.

Leurs anciennes fonctions étoient de maintenir par la force des armes & de conserver le droit de la justice dans toute sa splendeur ; c'est pourquoi ils ont été appellés *sergens nobles du plé-de-l'épée, ou sergens de la querelle.*

Les privilèges des sergens nobles consistoient autrefois au pouvoir d'assister, de donner leurs avis, & d'avoir séance honorable aux assises de l'échiquier, qu'eux seuls pouvoient semoncer ou convoquer : ils jugeoient provisoirement les affaires ordinaires, recevoient les plaintes, faisoient les informations, citoient & ajournoient toute personne devant le duc ou les juges de l'échiquier.

Les assises de Jérusalem, citées par du Cange au mot *Servientes inféodati* portent : « que toutes » manières de gens peuvent bien fié de sergent » acheter par l'assise & l'usage du royaume de » Jérusalem, mais que ils soient tels que ils aient » vois & respons en court, & qu'ils puissent » faire ce que fié doit de homage & de service ».

Les fonctions actuelles des sergens nobles de Normandie, ont été fixées par le titre 13 du réglement du parlement de cette province, revêtu de lettres-patentes le 18 juin 1769.

L'article premier maintient & confirme les propriétaires des seigneuries nobles dans tous leurs droits & privilèges. Les articles 4 & 5 autorisent ces propriétaires ou leurs fermiers, de faire, chacun dans le district de leur *sergenterie*, conjointement avec les huissiers des jurisdictions ordinaires, & à l'exclusion de tout huissier de jurisdiction extraordinaire, tous les exploits qui concernent la jurisdiction ordinaire, ou qui se font en vertu des mandemens & sentences des juges ordinaires, soit par saisie de meubles, soit par saisie d'immeubles, tels que décrets, suites & diligences d'iceux ; toutes les saisies d'héritage, significations de clameurs & retraits lignagers, féodaux, & à titre de lettre lue, ou conventionnels, & exécution de contrats, cédules, obligations passées devant les tabellions ou notaires du district de leur seigneurie, & généralement toutes sortes d'actes pour causes civiles ou criminelles, personnelles ou réelles.

L'article 6 leur accorde la concurrence avec tous les autres huissiers & sergens ayant droit de le faire & d'exploiter par tout le royaume, pour tous les actes généralement quelconques qui ne concernent pas la jurisdiction ordinaire, les significations des sentences & jugemens qui émanent des autres jurisdictions, ensemble les actes concernant le fait des tailles, aides, subsistances & gabelles, lettres-patentes, édits, déclarations, lettres de chancellerie, arrêts & jugemens des cours souveraines dedans ou dehors de la province, même des requêtes de l'hôtel & du palais, & toutes lettres de *committimus*.

Enfin, l'article 7 fait défenses à tous huissiers, même à ceux du châtelet de Paris & aux sergens royaux de s'ingérer directement ou indirectement de faire aucun des actes spécialement réservés par les articles 4 & 5. Ces dispositions ne sont que le résultat de la jurisprudence constatée par une multitude d'arrêts, qu'on peut voir dans le dictionnaire des domaines, & dans d'autres recueils. *Voyez* aussi le traité des fiefs de M. de la Tournerie, *chap. 10, sect. 2, §. 1.*

Au reste, il paroît résulter de l'article 21 de la coutume de Bretagne, & des chapitres 9 & 206 de la très-ancienne coutume de cette province ; que les sergens féodés étoient obligés de faire tous les exploits *gratis*, même pour les particuliers. C'est par cette raison qu'ils ont presque toujours des domaines & une portion considérable dans les redevances & les autres droits de la seigneurie dont ils dépendent : ces attributions leur tenoient lieu de gages & de salaires. Mais la plupart ne sont plus tenus aujourd'hui de faire *gratis* que les exploits de fief pour le seigneur.

L'article 87 de la coutume de Senlis parle aussi des sergens fieffés. Il y est dit « qu'il y a » aucunes mairies royales, comme la mairie de » Montataire, Saint-Quéux & autres en matière » de sergens fieffés, & n'est pas grande chose, & » les seigneurs subalternes ressortissent à ladite » assise ; & il n'y a autres sergens que ceux que » y commet le sergent fieffé par privilège qu'il » a ; c'est à savoir, deux à cheval, & un à verge, » qui sont institués par le bailli de Senlis ou son » lieutenant, & sont réputés sergens royaux ».

Il y a aussi quatre offices de sergens fieffés au châtelet. *Voyez* le recueil de Girard & Joly, *p. 1624*, & aux additions.

Les fonctions des sergens nobles, & leurs droits ne sont réglés par aucune loi dans les autres provinces. Ils consistent le plus souvent dans la perception des droits de terrage & autres droits d'une châtellenie, ou d'une autre terre, desquelles les sergens nobles ont une portion plus ou moins forte, & dans l'obligation de faire ou faire faire les poursuites nécessaires, pour cette recette. Quelques-uns sont aussi tenus de prêter main-forte pour l'exécution des criminels ; j'ai même vu l'aveu d'un de ces fiefs auquel la charge de les exécuter est expressément portée, au moyen de quoi le sergent noble doit jouir des dépouilles du criminel.

Ces espèces d'inféodations se sont continuées presque jusqu'à ces derniers temps. On trouve dans les aveux récens de la seigneurie de Breuil-le-bon à la châtellenie de Champ-deniers, « 12 » deniers de cens sur les maisons & appartenances » de défunt Jacques Durand qui lui fut donné » & légué par l'ordonnance & testament de défunt » René de Marconnai, pour faire l'état de sergent » à la seigneurie de Breuil-le-bon, & sur les » hommes, teneurs & sujets d'icelle, & ce par » hérédité au premier né mâle sortis & issus de » la lignée de Jacques Durand, pour icelui état » exercer suivant la coutume du pays ».

Enfin on peut en quelque sorte rapporter aux *sergenteries nobles*, les obligations de divers vassaux envers des seigneurs laïques ou ecclésiastiques. J'ai vu un aveu de l'an 1410, rendu par les seigneurs de Tachainville à l'évêché de Chartres, qui contient les deux articles suivans : « *item* le droit de » laver la veille des grands pasques, la châsse de » l'église N. D. de Chartres, & pour ce me doit » mondit seigneur livrer & bailler un pot de vin » blanc & un pot de vin vermeil pour ladite châsse » laver & le chevecier de ladite église une touaille » ouvrée, pour icelle châsse essuyer & nul autre (ne » doit) y mettre la main que moi, & s'il y chet » aucunes pierres (c'est-à-dire, des pierres précieu- » ses qui sont à la châsse) elles sont miennes.

» *Item* me doit mondit seigneur, quand j'ai fait » l'office dessus dit, quatre pots de vin pour » mon dîner & douze miches, telles comme » mondit seigneur prend pour sa bouche, le vin » dessus dit prins du vin du clos l'évêque ».

Ces deux articles sont précédés & suivis de beaucoup d'autres qui énoncent un domaine considérable, plusieurs mouvances & le droit de haute, moyenne & basse-justice. L'aveu finit dans les termes suivans : « & toutes lesquelles » choses je tiens & advoue à tenir dudit révé- » rend père, (l'évêque de Chartres) à une foi & » hommage, & ne doit service, ni rachat *fors* » *l'office de ladit chasse laver & essuyer*, comme dessus » est dit ». *Voyez* au surplus OFFICES INFÉODÉS. (*M. Garran de Coulon, avocat au parlement.*)

SERGENTIE. *Voyez* SERGENTERIE NOBLE.

SERGENTISE. (*Droit féodal.*) On appelle ainsi communément en Poitou & dans les pays voisins les *sergenteries nobles*. *Voyez* ce mot & du Cange au mot *Sergentaria* sous *serviens*. (*G. D. C.*)

SERMENT, s. m. est une invocation que l'on fait de quelque chose de saint, pour attester d'une manière plus forte ce que l'on dit, ou pour s'obliger plus efficacement d'observer quelque chose.

Les plus anciens exemples que l'on trouve de *sermens*, sont ceux d'Abraham au roi de Sodome & au roi Abimelech, celui d'Eliéser à Abraham, & celui de Jacob à Laban.

Le *serment* devroit être une cérémonie superflue, si tous les hommes étoient bien persuadés que l'on ne doit jamais s'écarter de la vérité ni de son devoir ; mais comme on a malheureusement reconnu qu'il n'y en a que trop qui s'en écartent, on a introduit l'appareil du *serment*, dans la vue de contenir par-là ceux qui seroient disposés à s'oublier.

Anciennement en France on employoit en toute occasion la formalité du *serment*, comme dans les contrats & autres affaires civiles.

Au concile de Clermont en 1095, il fut ordonné que tout homme au-dessus de douze ans jureroit de garder les articles donnés aux gens de guerre par l'archevêque de Bourges entre les mains de son évêque, & que l'on ne seroit reçu à la foi d'aucun fief sans renouveller son *serment*. C'est ainsi que les juges d'église commencèrent à s'attribuer la connoissance de toutes sortes d'affaires temporelles, même entre les laïques, sous prétexte que la foi du *serment* avoit été violée.

En quelques endroits les nobles prétendoient n'être point assujettis à la formalité du *serment* comme les roturiers, & que leur parole suffisoit. On en trouve un exemple au terrier de Chassagne, où Gilles d'Arlos reconnut, en 1358, une vigne, promettant de bonne-foi, & sans faire aucun *serment*, suivant (est-il dit) la coutume des nobles, de déclarer les cens & servis lorsqu'il verroit le contrat qu'il n'avoit pas.

Présentement toutes personnes sont obligées de prêter *serment* quand le cas y échet, excepté le roi, qui cependant prête *serment* à son sacre.

La reine ne prête pas non plus de *serment* en justice. Lorsque la reine, femme de Charles VII, fut interrogée par le chancelier Juvenal des Ursins, pour l'information que l'on fit sur les calomnies répandues contre la dauphine qui venoit de mourir, elle ne fit point de *serment*.

Lorsque les princes du sang sont dans le cas de prêter *serment* en justice, c'est-à-dire de faire une affirmation, ils la font en l'hôtel du juge.

Les évêques jouissent aussi de cette prérogative.

Le *serment* est ou déféré d'office par le juge, ou déféré par la partie, & ordonné par le juge. *Voyez* SERMENT SUPPLÉTIF, & SERMENT DÉCISOIRE.

On prête aussi *serment* de dire vérité, avant de subir interrogatoire. *Voyez* INTERROGATOIRE.

Lorsqu'on est reçu dans un office ou fonction publique, on prête *serment*. *Voyez* OFFICE, RÉCEPTION.

La forme de prêter le *serment* pour les laïques, est de lever la main droite, laquelle doit être nue & non gantée. Une personne étant incommodée de la main droite, on lui fit lever la main gauche. Les ecclésiastiques qui sont dans les ordres sacrés, mettent la main *ad pectus*.

Lorsque celui qui doit faire une affirmation est incommodé ou absent, ou qu'il est retenu par quelque autre empêchement, il peut donner procuration à un tiers d'affirmer pour lui. *Voyez* AFFIRMATION.

SERMENT D'ALLEGEANCE, est un *serment* usité en Angleterre, par lequel on condamne & on abjure l'opinion de ceux qui admettent une puissance supérieure au roi, de quelque nature qu'elle soit. *Hist. des révolutions d'Anglet. tom. III, liv. II, p. 409.*

SERMENT PAR L'AME. Louis VIII jura en 1209 une convention par l'ame de son père vivant, pour lequel il stipuloit. *Lettres hist. sur le parlement, tome II, p. 100.*

SERMENT DE CALOMNIE, *juramentum calumniæ*, étoit un *serment* que les plaideurs prêtoient chez les Romains, pour attester à la justice qu'ils agissoient de bonne-foi, & qu'ils croyoient être bien fondés l'un dans sa demande, l'autre dans sa défense.

Celui qui refusoit de prêter *serment* perdoit sa cause.

Ce *serment* a été reçu par le droit canonique, comme on le voit, *liv. II des décrets, tit. vij.*

Il s'étoit en conséquence introduit dans le royaume, & il y a quelques anciennes ordonnances qui prescrivent tant au demandeur qu'au défendeur, de le faire sur les saints évangiles.

Mais il y a long-temps que l'usage en est aboli; on a craint sans doute que cette formalité ne fit faire beaucoup de parjures.

La seule chose qui soit restée de cet usage, est le *serment* que les avocats & procureurs prêtent à leur réception, & qu'ils réitèrent chaque année, même dans quelques tribunaux deux fois l'an: on le leur faisoit autrefois prêter au commencement de chaque cause; mais comme cela prenoit trop de temps, on s'est contenté de leur faire prêter ce *serment* à leur réception, & à chaque rentrée du siège.

SERMENT CORPOREL. On appelloit ainsi celui qui se fait dans la foi & hommage simple par le vassal en levant la main, à la différence de celui que le vassal lige fait en touchant les évangiles. *Voyez* les *articles* 137 & 138 de la coutume d'Anjou; & les 148, 149 & 150 de la coutume du Maine.

SERMENT DÉCISOIRE, est celui qui est prêté en justice après avoir été déféré par une partie à l'autre.

On l'appelle *décisoire*, parce qu'il décide la contestation sans retour. Celui auquel sa partie adverse défère le *serment*, est constitué juge dans sa propre cause.

Ce *serment* a tant de force, qu'après qu'il est prêté on n'est plus recevable à faire rétracter le jugement qui a été rendu en conséquence.

On peut seulement révoquer le consentement que l'on a donné pour déférer le *serment*, les choses étant encore entières.

Pour ce qui est du *serment* déféré d'office par le juge à l'une des parties, l'autre est toujours recevable à faire preuve du contraire.

Le *serment décisoire* ne peut être demandé au débiteur qui oppose la fin de non-recevoir résultante du laps de cinq ans, pour les arrérages de rente constituée. *Voyez* les loix 2, 34 & 40, *ff. de jure jurando.*

SERMENT DÉFÉRÉ, est celui qu'une partie est autorisée à faire par ordonnance du juge, soit du consentement de la partie, soit que le juge l'ordonne de son propre mouvement. Au premier cas, c'est-à-dire, quand une partie l'a déféré à l'autre, on l'appelle *serment décisoire*.

SERMENT SUR LES ÉVANGILES, est celui que l'on prête, la main posée sur le livre des évangiles, pour marquer que l'on jure par la parole de Dieu contenue dans ce livre. Présentement on ne fait pas jurer sur le livre entier des évangiles, mais seulement sur l'évangile de Saint-Jean, qui se dit à la fin de la messe.

SERMENT DE FIDÉLITÉ, est un *serment* solemnel que le sujet fait à son prince, ou le vassal à son seigneur, par lequel il s'oblige de lui être toujours fidèle.

Nos rois ont droit de l'exiger de tous leurs sujets. On l'exigeoit autrefois au commencement de chaque règne. La confiance légitime que nos rois ont en leurs peuples fait qu'ils n'ont conservé cet usage que pour leurs vassaux & pour ceux des seigneurs, & aussi à l'égard des évêques, lesquels doivent prêter ce *serment*, à leur avénement au siége épiscopal, soit comme étant vassaux de la couronne, soit à cause qu'ils acquièrent une jurisdiction spirituelle dont on craint qu'ils n'abusent.

Le *serment de fidélité* dû par les vassaux à leur seigneur est simple ou lige.

Le simple est celui qui se fait pour les fiefs simples & non liges.

Le lige est celui qui se fait pour les fiefs liges. *Voyez* FIEF LIGE, SIMPLE, & FOI ET HOMMAGE.

Les serfs & gens de main-morte prêtent aussi le *serment de fidélité* à leurs seigneurs.

Le *serment de fidélité* des évêques est en ces termes : « je jure le très-saint & sacré nom de » Dieu, sire, & promets à votre majesté, que » je lui serai, tant que je vivrai, fidèle sujet & » serviteur, & que je procurerai son service & » le bien de son état de tout mon pouvoir ; que » je ne me trouverai en aucun conseil, dessein » ni entreprise au préjudice d'iceux ; & s'il en » vient quelque chose à ma connoissance, je le » ferai savoir à votre majesté. Ainsi me soit Dieu » en aide & ses saints évangiles ».

Les évêques sont obligés de prendre des lettres du roi pour cette prestation de *serment*, & de les faire registrer en la chambre des comptes. *Voyez* BREVET *de serment de fidélité*, EVÊQUE, RÉGALE.

SERMENT A JUSTICE, c'est le *serment* qu'un officier public a prêté en justice. On dit qu'il a *serment à justice*, pour signifier que ses actes sont foi jusqu'à inscription de faux.

SERMENT *IN LITEM*, seu *jus-jurandum in litem*, est celui qui est déféré à une partie par le juge sur l'estimation d'une chose, pour la restitution de laquelle il y a procès lorsque les autres preuves manquent, & sur-tout lorsqu'il y a eu fraude de la part du défendeur, & qu'il a supprimé les actes qui auroient servi de preuve.

Ce *serment* a lieu principalement dans les contrats de bonne-foi, comme dans le commodat, le dépôt, la restitution de la dot, le compte de tutèle, le partage de la communauté.

On joint ordinairement cette preuve à celle de la commune renommée.

Mais on ne laisse pas à la partie la liberté d'évaluer à son gré la chose dont il s'agit ; le juge y met d'abord une valeur, sur laquelle il défère ensuite le *serment*. *Voyez* le titre ff. *de in litem jurejur.*

SERMENT LA MAIN MIS AU PIZ, signifioit dans le langage ancien le *serment* qui se prête par les ecclésiastiques. La main mise *ad pectus* sur la poitrine.

SERMENT EN PLAIDS, c'est le *serment décisoire*, ou le *serment in litem*.

SERMENT RÉFÉRÉ, est lorsqu'une partie, à laquelle son adversaire ou le juge a déféré le *serment*, refuse de le faire, & offre elle-même de s'en rapporter au *serment* de son adversaire.

SERMENT SUR DES RELIQUES : c'étoit autrefois la coutume de jurer sur les reliques des saints, & singuliérement sur le tombeau des Martyrs, d'où est encore restée la coutume observée dans l'église de Paris, que les licenciés de l'université vont prêter le *serment* sur l'autel de S. Denis.

L'histoire nous apprend que quelques princes, pour éluder la force du *serment*, le prêtoient sur un reliquaire vuide, comme s'il étoit permis de se jouer ainsi de la religion du *serment*.

SERMENT SUPPLÉTIF, est celui qui est déféré par le juge, pour servir de supplément aux autres preuves, qui ne sont pas assez fortes, comme quand on décharge une partie, en affirmant par elle quelque fait ; ou qu'on adjuge au demandeur ses conclusions, en affirmant de même par lui quelque fait. *Voyez* AFFIRMATION & SERMENT DÉFÉRÉ.

SERMENT DE SUPRÉMATIE, est un *serment* usité en Angleterre, par lequel on reconnoît que le roi est chef de l'église dans ses états. *Hist. des révolutions d'Anglet. tom. III, liv. XI, p. 409.*

SERMENT DU TEST, ainsi appellé, comme par abréviation du latin *testimonii*, est un *serment* usité en Angleterre, par lequel on atteste la religion que l'on professe.

Il fut ajouté en 1672 aux *sermens* d'allégeance & de suprématie. Il ne consistoit alors qu'à abjurer la présence réelle de Jésus-Christ dans l'eucharistie : on y a depuis ajouté une abjuration de l'invocation des saints, du sacrifice de la messe, & une renonciation au parti du prétendant. Personne ne peut avoir aucun emploi d'église, de robe, ou d'épée, qu'il n'ait prêté ce *serment*. *Hist. des révolut. d'Angl. tom. III, liv. II, p. 409.*

SERMENT PAR LA TÊTE ET LES CHEVEUX DE DIEU, étoit très-commun chez les Romains : il fut défendu par Justinien. *Voyez* la *dissertat.* de M. Massieu *sur les sermens. Mémoires de l'academ. des Inscriptions, tom. I, p. 279.*

SERMENT VILAIN. On appelloit ainsi anciennement les juremens de ceux qui prenoient à témoin quelque chose déshonnête, ou qui blasphémoient le saint nom de Dieu. *Voyez les ordonnances de la troisième race, tom. II.* (*A*)

SERMENTÉ, adj. se disoit dans l'ancien style, pour exprimer quelqu'un qui avoit serment à justice. *Voyez* JURÉ & SERMENT. (*A*)

SEROIGNIE. (*Droit féodal.*) Ce mot se trouve pour *seigneurie* dans une ancienne chartre. *Voyez* dom Carpentier au mot *Segnhoria*. (*G. D. C.*)

SERTES. (*Droit féodal.*) Ce mot qui est synonyme de *service*, est en usage dans plusieurs provinces pour désigner le paiement des devoirs dus au seigneur, ou même l'accomplissement des autres charges dont un domaine est chargé envers lui.

On voit dans le *Glossarium novum* de dom Carpentier, qu'on a aussi appellé *serte* le temps du service d'un domestique. (*G. D. C.*)

SERVAGE, *ou* SERVAIGE, (*Droit féodal.*) On a ainsi appellé une espèce particulière de droit de main-morte dû par des serfs : un compte des domaines du comté de Ponthieu, de l'an 1478, contient l'extrait suivant, cité par dom Carpentier, au mot *Servagium*. « Recepte des *servaiges*, qui se » paient au jour N. D. de septembre, & est assa» voir que ceux qui sont serfs quand ils se ma» rient, doivent 5 sous parisis, & à leur trépas » 5 sous, & avec ce doivent chacun an un » denier, & ceux qui sont défaillans des choses » dessus dites pour chacune fois doivent amende » de 60 sous ». (*G. D. C.*)

SERVANT, adj. se dit, *en droit*, de ce qui est sujet envers quelqu'un, ou qui sert à quelque chose.

Le fief *servant* est le fief du vassal relativement au fief du seigneur dont il relève, qu'on appelle le *fief dominant*. *Voyez* FIEF DOMINANT & FIEF SERVANT.

On appelle pièce *servant* à conviction, celle qui est propre à confondre l'accusé.

Une requête *servant* d'avertissement, de griefs, de causes, & moyens d'appel, de contredits ou de salvations, est celle qui est faite & employée pour en tenir lieu. (*A*)

SERVE. *Voyez* SERF, & MAIN-MORTE.

SERVICE. (*Droit féodal.*) C'est ainsi qu'on désigne les obligations, & sur-tout les devoirs personnels dont les vassaux & même les censitaires sont tenus envers leur seigneur. (*G. D. C.*)

SERVICE DE CHEVAL. (*Droit féodal.*) Il en est question dans l'ancienne coutume de Normandie, & il ne faut pas le confondre avec le cheval de service, comme l'a fait Ragueau au mot *Cheval*. Le cheval de *service* étoit un cheval de guerre, sans cavalier, que le vassal fournissoit à son seigneur, en cas de mutation. On a entendu au contraire par *service de cheval* l'obligation où étoit le vassal d'aller servir son seigneur à cheval. Mais la coutume de Normandie a pris ce mot dans une acception particulière, pour une espèce de corvée.

C'est dans ce sens que Terrien, après avoir parlé des fiefs nobles, dit « que les autres fiefs » qui sont descendus des fiefs chevels, soit de » baronnie, fiefs de haubert, ou membres de » haubert, pour ce qu'ils en ont été extraits » par vavassories, ou par acres & masures, sont » fiefs vilains ou roturiers, submis aux fiefs nobles » par vil *service*, que la coutume appelle *sommage* » & *service de cheval*, pour ce que tel *service* se fait » à sac & à somme : ou par rentes seigneuriales, » avec droits & devoirs seigneuriaux : que les » autres coutumes de ce royaume appellent *cens*, » & droits censuels, & celui duquel le fief est » tenu, seigneur censier ». (*G. D. C.*)

SERVICE DE CHEVALIER, (*Droit féodal.*) c'est le *service* que les vassaux étoient obligés de faire à cheval. Les fiefs de haubert dans la Normandie étoient tenus à ce *service*. *Voyez* les notes de Laurière dans le glossaire du droit françois sur le mot *Fief de Haubert*. (*G. D. C.*)

SERVICE DE CORPS. (*Droit féodal.*) On appelloit ainsi autrefois le *service* que les vassaux devoient faire en personne à leur seigneur. *Voyez* le glossaire de du Cange, au mot *Servitium corporis*. (*G. D. C.*)

SERVICE DE COUR, (*Droit féodal.*) c'est la même chose que le *service* du plaid, c'est-à-dire, l'obligation où le vassal a été & est encore aujourd'hui dans quelques coutumes, d'assister aux séances de la jurisdiction de son seigneur. *Voyez* le glossaire du droit françois sous ce mot, le §. 1 de l'article JUSTICE DES SEIGNEURS, & l'article HOMME DE FIEF. (*G. D. C.*)

SERVICE DIVIN (*tenure par*). On peut donner à l'église de deux manières ; sous la condition de servir les droits & devoirs féodaux, ou uniquement à la charge de prier pour le donateur.

Les donations de cette seconde espèce peuvent être de deux sortes. Le donateur se contente d'imposer à l'église l'obligation de prier pour lui, ou il exprime & spécifie les prières qu'il exige.

Quoiqu'il paroisse assez indifférent que le donateur se soit réservé des prières en général, ou bien telle ou telle prières ; cette nuance cependant met entre ces deux espèces de donations une différence très-notable.

La première seule constitue la *tenure par aumône* ; la seconde s'appelle *tenure par service divin*.

La raison de cette différence est sensible. Une aumône ne peut être franche que lorsque le donateur ne l'a grevée d'aucune charge. L'obligation de prier en général n'en est pas une ; du moins ce n'est pas une charge de la donation, mais un acte de reconnoissance de la part du donataire, une obligation naturelle & à laquelle il auroit été assujetti quand même le donateur ne lui en auroit pas fait une loi. Mais la condition de dire telles prières pour tel jour de l'année, est une espèce de servitude imposée sur l'église.

Ce devoir déterminé est tellement une espèce de servitude, que, quoique purement spirituel dans son objet, on le regarde comme temporel quant à sa prestation ; & qu'à défaut par l'église de le remplir, le seigneur est autorisé à saisir féodalement : au lieu qu'il n'a que la ressource illusoire de réclamer auprès du supérieur ecclésiastique, lorsqu'il n'a imposé à l'église que l'obligation vague de prier pour lui.

De cette faculté de saisir à défaut de prestation des prières déterminées, dérive une conséquence notable. C'est que le fief donné à la charge du *divin service*, conserve sa nature féodale entre les mains du donataire. En effet, de droit commun, les fiefs seuls sont assujettis à la saisie, faute de droits & devoirs.

La définition de la tenure par *service divin* sort

naturellement de ces notions. Donner un fief à la charge d'être tenu par *service divin*, c'est subroger des prières déterminées aux droits & devoirs féodaux. C'est une espèce d'abonnement de fief.

Ainsi plus d'hommage, plus de relief pour le seigneur donateur. Cependant comme le fief donné ne perd pas sa nature féodale, que l'essence des choses est inaltérable, que la féauté ou fidélité est de l'essence du fief, l'église doit la féauté au seigneur.

Tel est donc le résultat des donations par *service divin*. L'objet demeure fief, & l'église le possède comme tel. Mais uniquement sous quatre conditions, à la charge de la féauté, de certaines prières, de la saisie féodale & d'un aveu, ou reconnoissance aux mutations des titulaires ou des époques périodiques.

Nous disons que le fief tenu par *service divin* est affranchi de la foi & hommage. Mais un fief peut-il exister sous l'obligation de porter la foi? Oui: cette formalité n'est que de la nature du fief, la fidélité seule en constitue l'essence. *Feudum in solâ fidelitate consistit*. Et cette fidélité ou féauté, l'église, comme nous venons de le dire, la doit au seigneur.

La tenure par *service divin*, & les effets de cette espèce de tenure ainsi définis & développés, il ne nous reste plus qu'à justifier ces notions par des autorités. Mais on en cherche vainement dans les écrits de nos jurisconsultes. Il n'en est aucun qui ait approfondi la nature de ces sortes de fiefs. La plupart paroissent n'en avoir pas même eu l'idée.

Cependant puisque cette tenure existe, il faut bien qu'elle soit assujettie à des règles. Et ces règles, dont l'ensemble & la réunion ne peuvent être que l'ouvrage des jurisconsultes, doivent avoir été recueillis par quelques-uns d'eux. On les trouve en effet dans ce que nous appellons les auteurs *anglo-normands*, c'est-à-dire, ceux qui ont rédigé les loix & les usages françois portés & naturalisés en Angleterre par Guillaume-le-Conquérant; & de ces différens auteurs, c'est Littleton qui a le plus approfondi & le mieux développé ce qui concerne cette espèce de tenure. C'est donc sur lui qu'il faut principalement porter nos regards. Voici comme il s'exprime dans ses institutes, *sect. 137*; pour plus de facilité c'est la traduction de M. Houard que nous allons transcrire.

« Si un abbé ou un prieur tient d'un seigneur » par quelque *service divin* qui soit spécifié, tel que » celui de chanter une messe chaque vendredi » de la semaine pour les ames des donateurs, ou » de dire un *placebo* ou un *dirige* à certain jour » de l'année, ou de fournir un prêtre pour chanter » une messe, *&c.* ou de distribuer cent deniers à » cent pauvres en un certain temps; en ces différens » cas, *lorsque le service imposé n'est pas rempli, le sei-* » *gneur peut rentrer dans son fonds, &c.* parce que » ce *service* est une condition dont la tenure avouée » par l'abbé ou le prieur est garant, *& qu'ils doi-* » *vent féauté au seigneur pour cette tenure* & les autres » devoirs stipulés lors de l'inféodation. Cette » tenure n'est donc pas en *franche-aumône*, mais » tenure par *service divin*. Ainsi, dès que, par la » cession de quelque fonds, l'église est assujettie » à un *service* fixe & déterminé, cette cession ne » constitue point une tenure en franche-aumône ».

Ce texte renferme & justifie toutes les notions que nous venons de donner de la tenure par *service divin*. On y voit:

1°. Que cette tenure diffère de la franche-aumône, en ce que le fief est grevé de prières déterminées, & que c'est cette circonstance qui forme son caractère spécifique.

2°. Qu'à défaut par l'église d'acquitter les prières réservées, le seigneur n'en est pas réduit à recourir au supérieur ecclésiastique, qu'il peut se faire justice à lui-même, & saisir féodalement.

3°. Que pour les fiefs ainsi tenus par *service divin*, il n'est dû *que féauté au seigneur, & les autres devoirs stipulés lors de l'inféodation*.

Le seigneur, forcé de se contenter de cette reconnoissance métaphysique que l'on appelle *féauté*, ne peut donc pas exiger l'hommage; en un mot, il ne peut demander que cette féauté & les devoirs stipulés par l'acte de donation.

Nous venons de dire que ce qui concerne le fief tenu par *service divin* avoit échappé à nos jurisconsultes. Cependant Livonière en parle, mais d'une manière si vague, & qui annonce si peu de connoissance de cette espèce de tenure, qu'à peine peut-on le mettre au nombre de ceux qui s'en sont occupés. Voici ce qu'il en dit, traité des fiefs, page 338:

« La question de savoir si les bénéficiers qui » relèvent à la charge du *divin service* seulement, » sont obligés de payer le rachat, seroit sus- » ceptible d'une longue discussion: mais pour la » trancher en un mot, nous estimons, suivant l'avis » de M. du Pineau en ses observations sur l'ar- » ticle 112 de notre coutume, & l'usage du pré- » sidial de cette ville, confirmé par plusieurs » sentences, que cette clause en *service divin* » seulement insérée dans les aveux, ne porte » exemption que des droits extraordinaires qui » sont des accidens du fief, comme les *services* » & les rentes, mais n'exempte pas du rachat qui » est de la substance ou de la nature du fief, & » une suite nécessaire de la foi & hommage ».

Livonière a raison de dire qu'il tranche la difficulté; mais n'auroit-il pas mieux fait de la discuter? Il cite du Pineau dans ses observations sur l'article 112, & du Pineau n'examine pas la question; conséquemment il ne la décide pas. Cet auteur dit, & rien de plus, qu'un prieur de l'Anjou qui tenoit d'un seigneur de fief *à foi & hommage & divin service seulement*, devoit, outre l'hommage, le droit de rachat, comme étant une suite naturelle de l'obligation de porter la foi.

Cette décision est juste. Mais, comme l'on voit, ce n'est pas du *divin service*, mais de l'hommage que du Pineau fait dériver le rachat. Ce qu'il dit est donc sans application au cas où l'église ne doit que le *divin service*.

Un seigneur qui donne à la charge de prières déterminées peut, sans doute, se réserver aussi l'hommage; & s'il le fait, il a le rachat. Mais s'il se contente d'imposer à l'église telles ou telles prières, nous pensons avec les auteurs anglo-normands, les seuls qui aient approfondi la nature de cette espèce de tenure, que les prières sont subrogées à l'hommage & au relief, en un mot à tous les droits & devoirs ordinaires.

Cette décision que les fiefs tenus à *divin service*, sont affranchis de l'hommage & du relief, est consacrée par un arrêt du 27 juillet 1663.

Dans une copie de cet arrêt que nous avons sous les yeux, nous lisons: que le procureur-fiscal de la baronnie de Lucé avoit saisi féodalement, faute d'hommage & droits non payés, les domaines des prieurés de Tresson, Saint-Vincent du Loir, chapelle de Valenciennes, & autres réunis à la mense conventuelle de l'abbaye de Saint-Vincent du Mans; que les religieux appellans de cette saisie en demandoient main-levée, sur le motif *que de temps immémorial lesdits prieurés dont étoit question relevoient & avoient toujours relevé de ladite seigneurie de Lucé en garde & ressort, & à la rétribution du service divin seulement, & non féodalement, ni à foi & hommage qui n'avoit jamais été fait par aucun titulaire desdits prieurés*; enfin que la princesse de Carignan & la duchesse de Nemours, dames de Lucé, concluoient à ce que la saisie fût déclarée bonne & valable.

Arrêt sur les conclusions de M. le procureur-général, qui *met les appellations & ce dont a été appellé au néant; émendant, faisant droit sur la requête desdits religieux, abbé & couvent de Saint-Vincent, du 12 février audit an 1661, a fait & fait main-levée desdites saisies féodales faites à la requête du procureur-fiscal de ladite baronie de Lucé, sur le revenu des prieurés de Tresson, Saint-Vincent, du Lorouer, Thoiré & Vallemières, faute de foi & hommage; déclare iceux prieurés être exempts de la foi & hommage, & être seulement à la garde & ressort de ladite baronnie de Lucé & rétribution du divin service, à la charge de deux charrois l'année pour ledit prieuré de Tresson, & aussi de deux charrois l'année pour ledit prieuré de Saint-Vincent du Loir, sans dommages & intérêts; ordonne que les commissaires & sequestres établis au régime des revenus desdits prieurés, vuideront leurs mains en celles desdits religieux; ce faisant, en demeureront bien & valablement déchargés. (Article de M. Henrion, avocat en parlement.)*

SERVITUDE, s. f. ce terme, *en droit*, a plusieurs significations. Il se dit, en général, de l'état d'une personne ou d'un héritage qui est assujetti à certains devoirs ou services envers une autre personne, ou envers un autre héritage. Il signifie aussi & le droit d'exiger ces sortes de services & de devoirs, & l'obligation de les rendre; ce qui fait distinguer les *servitudes* en actives & passives: elles sont actives dans la personne qui a droit de les exercer sur un autre ou sur son héritage, & passives à l'égard de la personne ou héritage qui les doivent.

Il y a deux sortes de *servitudes*, soit actives, soit passives, les unes personnelles, les autres réelles. Les *servitudes* réelles sont celles qui assujettissent un héritage à une certaine chose envers un autre héritage: les personnelles sont de deux sortes, l'une qui met une personne dans la dépendance servile d'une autre; la seconde qui est imposée sur des fonds pour l'usage de quelques personnes, tels que l'usufruit, l'usage & l'habitation. Cette dernière espèce de *servitude* est qualifiée de mixte, parce qu'elle est partie personnelle & partie réelle, étant due à une personne sur un héritage.

La première espèce de *servitude* personnelle regarde les esclaves, les serfs, & gens main-mortables. *Voyez* Esclave, Esclavage, Main-mortable, Serf.

Nous entendons ici par le mot *servitude*, l'assujettissement d'un héritage à une personne ou à un autre héritage; & ce n'est que sous ce rapport que nous en traitons.

Pour comprendre la nature de cette espèce de *servitude*, il faut la considérer relativement à celui qui la doit, ou relativement à celui à qui elle est due.

La *servitude*, de la part de celui qui la doit, ne consiste qu'à *souffrir* que celui à qui elle est due se serve de la chose conformément à l'objet de la *servitude*, ou à s'abstenir de ce que celui à qui elle est due a droit d'empêcher qu'il n'y fasse. De la part de celui à qui la *servitude* est due, elle consiste dans le droit d'user de la chose d'autrui, ou d'empêcher qu'il ne s'y fasse quelque chose de contraire à l'espèce de *servitude* qu'il y a.

De ce que l'on vient de dire de l'essence de la *servitude*, considérée relativement à celui qui la doit, il suit nécessairement qu'il n'y a aucune *servitude* qui puisse obliger le propriétaire du fonds servant à y faire quelque chose. La raison en est que la *servitude*, dans la personne qui la doit, ne consiste qu'à souffrir telle ou telle chose, ou à s'abstenir de telle ou telle autre dans son domaine, conformément à la loi 15, ff. *de servitutibus*.

Il est encore de l'essence de la *servitude*, qu'elle ait pour objet le fonds d'autrui: on ne peut pas dire, par exemple, que le droit de passage, de vue, *&c.* sur son propre fonds, soit une *servitude*, parce que ce droit est confondu dans la pleine propriété que chacun a de son domaine. Ce principe sert à expliquer une question très-controversée du droit romain; savoir, s'il est vrai que les *servitudes* ne sont pas au nombre de nos biens, & néanmoins qu'elles ne sont pas hors de ces mêmes biens, *servitutes, nec in bonis, nec extrà bona esse.*

Les *servitudes* sont incontestablement au nombre de nos biens, lorsqu'elles sont établies en notre faveur sur le fonds d'autrui. Mais celles que nous pouvons établir en faveur d'autrui sur notre propre fonds, ne sont pas un objet que l'on puisse compter séparément parmi nos biens, quoiqu'elles en dérivent.

On dit communément que toutes les *servitudes* sont individues, à l'exception de l'usufruit. Mais quoique cette règle soit assez généralement vraie, les raisons qu'en donnent bien des auteurs, ne sont guère satisfaisantes. Cæpolla dit, par exemple, au *chap.* 10, d'après beaucoup d'autres docteurs, que toutes les autres *servitudes*, tant réelles que personnelles, se mesurent sur les besoins de la personne ou de l'héritage à qui elles sont dues, & que ces besoins ne sont pas susceptibles de division; tandis que chaque portion de l'usufruit, prise séparément, apporte une utilité relative à la proportion qu'elle a avec le tout.

Il n'est pas toujours vrai d'abord que les autres *servitudes* se mesurent sur les besoins de la personne ou de l'héritage à qui elles sont dues. Il est fort possible que j'établisse sur une maison un droit d'aqueduc, de puisage, *&c.*, qui soit déterminé à une certaine quantité & qui excède les besoins de ma maison, ou qui n'y suffise pas, ensorte que je sois obligé de me pourvoir d'un autre côté pour obtenir ce qui me manque.

Cette différence dérive donc de la nature même des *servitudes*, qui est telle qu'on ne peut presque jamais les diviser. Mais toutes les fois que l'objet de la *servitude* peut être divisé, la règle n'a plus lieu. Le droit de puisage, par exemple, qui appartient à une maison pour cinquante seaux par jour, peut fort bien être divisé, si la maison elle-même est divisible, & rien n'empêchera que si cette maison est partagée en deux, chacune de ces deux maisons n'ait un droit égal ou inégal dans ce puisage, selon les conventions de l'acte de partage.

La *servitude* diffère de l'obligation, en ce qu'elle donne à celui à qui elle appartient, un droit réel dans l'héritage d'autrui, tandis que l'obligation ne donne un droit que contre la personne obligée.

Il y a plus de rapport entre les *servitudes* & les devoirs seigneuriaux. En effet, quoique les devoirs seigneuriaux, tels que les redevances annuelles, les corvées même, consistent, de la part de celui qui les doit, à donner ou à faire quelque chose, & que les *servitudes* au contraire ne consistent qu'à souffrir quelque chose, ou à s'abstenir de quelque chose; cependant, comme les fonds sont ici assujettis à un autre fonds, on donne aussi quelquefois le nom de *servitudes* à ces devoirs; mais il n'en résulte pas moins que la nature des uns & des autres est fort différente.

§. I. *Des différentes espèces de servitudes en général.* On doit considérer principalement dans les *servitudes*, leur fondement, la propriété du droit qui en résulte, leur objet, la durée de leur effet, leur apparence extérieure, & la nature du fonds pour lequel elles sont établies. Ces divers rapports indiquent six divisions principales des *servitudes*.

1°. Quant à leur fondement, les *servitudes* peuvent être établies par le droit même, tant naturel que civil, ou seulement par des conventions ou autres actes du fait des particuliers; dans le premier cas, elles sont *légales* & assez souvent nécessaires; dans le second, elles sont accidentelles, & on les nomme *contractuelles*, parce qu'elles sont le plus communément établies par des conventions.

2°. Quant à la propriété du droit qui en résulte, les *servitudes* peuvent avoir été établies en faveur de quelqu'un seulement, ou en faveur d'un domaine même, quel qu'en soit le possesseur. Considérées sous ce point de vue, elles sont ou *personnelles* ou *réelles*; quelques auteurs, ainsi que nous l'avons remarqué, les appellent *mixtes* dans le premier cas, pour les distinguer de la *servitude* qui est due aux personnes par les personnes même.

3°. Quant à leur objet, on distingue les *servitudes* en *affirmatives* & en *négatives*. Les *servitudes* affirmatives sont celles en vertu desquelles le propriétaire d'un fonds est tenu d'y souffrir certaines choses. Les *servitudes* négatives sont celles qui obligent seulement le propriétaire de l'héritage servant à n'y point faire quelque chose.

4°. Quant à leur apparence extérieure, il y a des *servitudes* qu'on apperçoit dès qu'on considère une maison avec quelque attention; ce sont des *servitudes visibles*; il y en a qui n'ont aucun caractère d'apparence à l'extérieur; ce sont les *servitudes cachées*.

5°. Quant à la durée de leur effet, il y a des *servitudes* dont l'effet agit perpétuellement sur l'héritage servant; on les appelle *continues*. D'autres n'ont d'effet que par intervalle, ce sont les *discontinues*. Il y en a d'autres enfin qu'on nomme *quasi continues*, parce que l'ouvrage qu'on a fait pour les établir, peut exister un jour, quoique leur effet soit interrompu.

6°. Quant à la nature du domaine pour lequel elles sont établies, il y a des domaines qui sont principalement destinés à l'habitation, & qui tiennent par conséquent plus de la nature des domaines de ville, que de celle des domaines de campagne. Les *servitudes* qui y sont attachées sont par cette raison appellées *urbaines*. Lors au contraire que le fonds auquel elles sont dues, est principalement destiné à l'exploitation qui est l'objet ordinaire des biens de campagne, ces *servitudes* sont appellées *rustiques*.

Comme les *servitudes* légales dérivent toutes des rapports que la nécessité des choses ou le droit naturel & l'utilité publique, ou le droit politique, ont établi entre voisins, on en traitera particulièrement sous le mot VOISINAGE. Il suffira d'en donner ici une idée très-succinte.

La nature même a assujetti les fonds voisins à de certaines *servitudes* les uns envers les autres. Ainsi les lieux inférieurs sont assujettis aux lieux supérieurs, dont ils sont obligés de recevoir les eaux & les autres inconvéniens qui peuvent résulter de leur situation.

Indépendamment de ces *servitudes* que la nature a établies, il en est qui subsistent aussi de plein droit, mais qui ne sont introduites que par les loix civiles, & qui varient suivant la diversité des statuts qui régissent les différens lieux. On doit mettre dans cette classe les réglemens par lesquels on a restreint les vues entre voisins à une certaine hauteur, ou à une certaine direction.

Les *servitudes* contractuelles, qui sont proprement l'objet de cet article, sont en très-grand nombre. On peut même en imaginer à l'infini; telles sont les *servitudes* de chemin ou de passage, de puisage, de prise d'eau ou d'aqueduc, d'égout & de vue, hors les cas autorisés par les coutumes, *&c.*

Il ne faut pas prendre ce terme de *contractuelles* à la rigueur, comme si les *servitudes* à qui on donne ce nom, tiroient nécessairement leur origine d'une convention. On peut aussi en établir par jugement, par testament, par prescription, dans un grand nombre de pays, & par la simple destination du père de famille, dans les pays qui rejettent l'acquisition des *servitudes* par prescription. Mais on les appelle contractuelles, parce que toutes ces *servitudes* s'établissent le plus communément par convention.

Les loix romaines définissent fort bien les *servitudes* que nous avons appellées *mixtes*, en disant que ce sont celles où un fonds est assujetti à une personne, *quandò prædium servit personæ.* Elles n'en ont reconnu que trois sortes, l'usufruit, l'usage & l'habitation. *Voyez* ces trois mots.

Les *servitudes* réelles, que l'on appelle aussi proprement *servitudes* prédiales, sont celles qui sont dues par un fonds à un autre fonds. Il y en a deux espèces; les unes ont lieu sur le sol, les autres sur la superficie.

Les *servitudes* superficielles sont celles qui n'ont rapport qu'à la surface, & qui peuvent être imposées uniquement par celui qui a droit à la superficie: les *servitudes* du sol sont celles qui affectent le fonds même, & qui ne peuvent être imposées que par le possesseur du fonds, lorsque le sol & la superficie ne sont pas dans la même main.

Toutes les *servitudes* sont, à proprement dire, négatives en les considérant relativement au fonds qui les doit, puisqu'elles n'obligent jamais le propriétaire à y rien faire. Mais on donne plus particuliérement ce nom, comme on l'a vu, à celles qui empêchent le propriétaire du fonds servant d'y faire certaines choses. Les *servitudes* affirmatives, au contraire, l'obligent à souffrir qu'un autre y fasse quelque chose.

Toutes les *servitudes* personnelles ou mixtes sont des *servitudes* affirmatives. Il en est de même de la plupart de celles des *servitudes* réelles qui sont contractuelles. Mais il y en a quelques-unes qui sont véritablement négatives, telles que celles de ne pas élever ses murs au-delà d'une certaine hauteur, de ne pas nuire à des vues, *&c.* Il en est de même du plus grand nombre des *servitudes* légales, établies par les usages ou les coutumes des différentes provinces. Telles sont les règles qui défendent d'établir des fourneaux & des cheminées, des fosses d'aisance, des puits, *&c.* dans une certaine distance du fonds voisin, & beaucoup d'autres dont on parlera plus particuliérement à l'article VOISINAGE.

Les *servitudes* visibles, ou, comme on les appelle en droit, *patentes*, sont, suivant les jurisconsultes, celles qui paroissent aux yeux & subsistent continuellement par elles-mêmes, sans de nouveaux faits, après qu'elles ont été établies. Telles sont les *servitudes* de jour, d'égout; les *servitudes* cachées, ou *latentes*, ne paroissent, au contraire, que quand on les exerce par un fait particulier. Tels sont les droits de chemin, de puisage, *&c.*

Cette distinction est plutôt des interprètes du droit romain, que de ce droit lui-même. On ne doit pas cependant la négliger, puisqu'on en fait aussi usage dans notre droit françois, comme on le verra dans la suite.

On confond ordinairement les *servitudes* continues avec les *servitudes* visibles, parce que toutes ces dernières *servitudes* ont un effet non interrompu, tant qu'elles subsistent. Par la raison contraire, on confond les *servitudes* discontinues avec les *servitudes* cachées, parce que ces *servitudes* n'ont ordinairement qu'un effet interrompu. Mais il y a bien des *servitudes* dont l'effet agit toujours, quoiqu'il ne soit pas sensible aux yeux comme *servitude.* Ainsi la *servitude* de ne pouvoir pas élever sa maison ou un mur de clôture au-delà d'une certaine hauteur, ne peut guère être mise au nombre des *servitudes* visibles, puisque lorsqu'une maison n'est pas fort élevée, on ne peut pas juger à l'œil si les limites de cette hauteur sont la suite d'une *servitude*, ou de la volonté seule du propriétaire, qui n'a pas jugé à propos de porter ces édifices à une plus grande élévation.

Cette division des *servitudes* doit donc être distinguée de la précédente. Il y a d'ailleurs des *servitudes* qui tiennent le milieu entre les continues & les discontinues; on les appelle par cette raison *quasi continues.*

Les *servitudes* continues sont donc celles qui ont une cause actuellement agissante, & dont les effets ne sont point interrompus dans l'ordre ordinaire des choses, comme les *servitudes* de saillie, de vue, de ne pas élever sa maison au-delà d'une certaine hauteur.

L'on appelle *quasi continues*, les *servitudes* dont la cause (ou l'ouvrage que l'on a fait pour les établir) subsiste toujours, bien que l'effet en soit souvent interrompu. Telles sont les *servitudes* de gouttière, d'égout, *&c.* La continuité de la cause de ces *servitudes*, ou de l'ouvrage qu'on a fait pour les établir, fait qu'on les rapporte assez souvent aux *servitudes* continues; car, quoiqu'elles n'en soient pas à la rigueur, comme elles subsistent par elles-mêmes, & sans qu'il soit besoin d'aucun nouveau fait depuis leur établissement, on ne peut pas les confondre avec les *servitudes* dont l'exercice n'a lieu que lorsque celui à qui elles sont dues en manifeste l'existence par quelque fait qui y soit relatif.

Ce sont-là proprement les *servitudes discontinues.* Elles consistent donc, non-seulement à n'exiger aucun ouvrage durable qui en laisse subsister la trace, lors même que leur usage n'a pas lieu, mais encore à exiger l'action de l'homme pour qu'il ait lieu. Telles sont les *servitudes* de puisage, de passage & d'abreuvoir.

Il faut néanmoins observer qu'il y a beaucoup de confusion à cet égard dans nos livres, & que les loix même y contribuent quelquefois. Mais cette distinction des *servitudes* continues, quasi-continues & discontinues, est très-importante dans notre droit pour régler la prescription des *servitudes*, comme on le verra bientôt.

La dernière & la plus importante division des *servitudes* est celle qu'on en fait en *servitudes urbaines* & *servitudes rustiques* ou *rurales.* Comme ces sortes de *servitudes* tirent leur nom de l'héritage dominant, il faut savoir quels sont les héritages que les Romains appelloient *urbains*, & ceux qu'ils appelloient *rustiques*, si l'on veut connoître quelle espèce de *servitude* doit être rangée dans chacune de ces deux classes.

Il paroît qu'il n'y avoit pas plus d'uniformité sur ce point que sur bien d'autres entre les jurisconsultes. Neratius vouloit qu'on donnât aux héritages le nom de leur situation, & qu'on appellât *urbains*, ceux qui étoient à la ville, & *rustiques*, ceux qui étoient à la campagne. Cette distinction, qui paroît si simple, fut néanmoins abandonnée, & avec raison, par les autres jurisconsultes. Ils pensèrent qu'on devoit régler en droit le nom des héritages, du moins quant aux *servitudes*, sur leur destination; ensorte qu'on nommoit *héritages urbains*, ceux qui servoient principalement à l'habitation, & *héritages rustiques*, ceux qui étoient destinés à être exploités; d'où l'on doit conclure qu'il y a souvent des héritages urbains à la campagne & des héritages rustiques à la ville; & qu'il en est de même des *servitudes.*

Les principales *servitudes* urbaines, énoncées dans le corps de droit romain, sont les douze suivantes: *oneris ferendi, tigni immittendi, projiciendi, protegendi, stillicidii vel fluminis recipiendi, vel non recipiendi, altiùs tollendi vel non tollendi, luminum, ne luminibus officiatur, cloacæ, &c.* (*l.* 2, *l.* 3, *l.* 4, ff. *de serv. urb. præd.* §. 1, *instit. de Servit. prædiorum*).

La *servitude oneris ferendi* obligeoit celui qui la devoit, à soutenir sur son pilier ou sur son mur le poids du bâtiment de son voisin. Assez souvent on stipuloit dans cette *servitude*, que le propriétaire du pilier ou du mur seroit obligé de l'entretenir & de le refaire lorsque cela seroit nécessaire: mais cette convention particulière n'étoit pas une suite de la *servitude.*

La *servitude tigni immittendi* assujettissoit le voisin à souffrir que les matériaux, & principalement les poutres ou les solives de la maison voisine portassent sur son mur. Il falloit une *servitude* exprès pour cela chez les Romains, parce que les murs de clôture n'étoient pas mitoyens à Rome même, où chaque maison étoit isolée, afin de prévenir les incendies. Néron, sous le règne duquel elle en essuya un terrible, défendit de nouveau cet usage commun des murs, qui fut ensuite autorisé par les Antonins. Les droits de voisinage n'étoient donc pas les mêmes par-tout; & c'est ce qui explique des loix qui paroissent opposées sur les *servitudes.*

La *servitude projiciendi* consistoit à avancer une partie d'un édifice sur la maison voisine, sans l'y appuyer néanmoins. Nos balcons & certaines galeries peuvent donner une idée de cette *servitude*, qui est proscrite dans beaucoup de coutumes.

La *servitude protegendi* différoit peu de la précédente, avec laquelle on la confond néanmoins quelquefois; elle consistoit à faire avancer une partie de son toit sur la maison voisine.

La *servitude stillicidii vel fluminis recipiendi*, obligeoit à recevoir sur son terrein, les eaux d'un bâtiment voisin. Celle *non recipiendi* obligeoit au contraire à laisser couler ses eaux chez son voisin, sans pouvoir les détourner pour son usage. Heineccius observe fort bien que l'on appelloit *flumen*, l'eau recueillie dans une gouttière qui en versoit beaucoup à la fois, & *stillicidium*, celle qui tomboit naturellement des toits goutte à goutte.

La *servitude altiùs non tollendi* avoit pour objet d'empêcher le voisin d'élever sa maison au-delà d'une certaine hauteur. Il n'est pas aussi facile d'expliquer en quoi consistoit la *servitude altiùs tollendi.* La loi 11, *ff. de servit. præd. urb.* dit que celui qui voudroit masquer les jours de ses voisins, ou faire quelque chose à leur désavantage, doit savoir qu'il est obligé de se conformer à l'ancienne structure des édifices, *formam ac statum antiquorum ædificiorum custodire debere*: de-là on a conclu qu'il y avoit des réglemens qui défendoient d'élever les bâtimens au-delà d'une certaine hauteur, & de les approcher trop près de ceux du voisin, & on a supposé qu'il dépendoit néanmoins du voisin de renoncer à ces loix, comme il dépend, parmi nous, de renoncer à celles qui défendent des vues d'une certaine espèce sur la maison voisine; & qu'on appelloit *servitude altiùs tollendi*, celle qui permettoit de surhausser sa maison; & *luminibus officiendi*, celle qui autorisoit le voisin à rapprocher sa maison. Cette interprétation est la plus vraisemblable de toutes celles qu'on a données sur la *servitude altiùs tollendi*. Quant aux *servitudes luminum & ne luminibus officiatur*, la première consistoit dans le droit d'ouvrir des fenêtres sur son voisin, & la seconde à l'empêcher de les obscurcir par ses propres ouvrages.

La *servitude prospectus* donnoit le droit d'avoir vue sur la maison du voisin ; & celle *ne prospectui officiatur*, autorisoit à l'empêcher de rien faire qui pût borner la vue d'une autre maison. Cette *servitude* étoit bien plus gênante que celle de ne pas élever sa maison, ou de ne pas nuire aux jours de la maison voisine, *altiùs non tollendi & ne luminibus officiatur*. Elle ne permettoit pas même d'avoir un jardin d'ornement (*viridarium*) sur son toit.

La *servitude cloacæ* étoit très-importante. On sait que Tarquin-le-superbe avoit fait construire des égouts ou cloaques admirables sous les rues de Rome. Lorsque cette ville eut été détruite par les Gaulois, on la reconstruisit sans suivre l'ancien plan, ensorte que les cloaques, qui ne passoient autrefois que sous les rues & les places publiques, se trouvèrent sous les maisons des particuliers, comme on le voit à la fin du livre 5 de Tite-Live. Ceux dont les maisons étoient à quelque distance de ces cloaques, trouvoient leur avantage à faire de petits égouts qui s'y déchargeoient ; & souvent on stipuloit de son voisin le droit de mener cet égout par sa maison.

Les *servitudes* rustiques sont plus faciles à entendre. Il y avoit d'abord le droit de passage, dont on distinguoit trois espèces, selon qu'on y pouvoit aller à pied ou à cheval, ou y faire passer une voiture. La première espèce s'appelloit *iter*, la seconde *actus*, & la troisième *via*. Cæpolla suppose mal à propos que la première donnoit le droit d'aller dans une chaise traînée par deux chevaux. La seconde espèce ne le donnoit même pas. Le texte seul des institutes *princ. de servit. præd.* indique nettement le contraire. Il faut remarquer au surplus que ces *servitudes*, comme plusieurs des suivantes, peuvent être tantôt rustiques, tantôt urbaines, selon qu'elles se rapportent à des terres ou des édifices.

Deux autres *servitudes* rustiques bien communes avoient pour objet de conduire de l'eau par un canal, de l'héritage de son voisin, dans le sien, ou simplement d'y puiser de l'eau ou d'y abreuver ses bestiaux. C'étoient-là les trois *servitudes*, *aquæ ductus*, *aquæ haustus*, & *pecoris ad aquam appulsus*.

On pouvoit enfin établir des *servitudes* rustiques pour jouir du droit de pacage, de celui de prendre du sable, &c. Les noms seuls de ces *servitudes* en indiquent le caractère.

On a établi aussi parmi nous des *servitudes* semblables à celles dont on vient de parler, ou peu différentes. Celles de puisage, de prise d'eau, d'égout, de gouttière, de passage, de vues, &c., sont les plus communes. Il seroit inutile de parler ici de chacune d'elles, parce que les règles particulières qu'elles peuvent avoir, trouveront leur place dans les paragraphes suivans, ou sont détaillées aux mots MUR, PATURAGE, USAGE, VOISINAGE, VUE, &c.

§. II. *Des personnes qui peuvent ou ne peuvent pas constituer des servitudes*. Puisque les *servitudes* diminuent les droits ou la liberté de l'héritage servant, il faut avoir un caractère qui autorise à y faire ces altérations, pour qu'elles soient valables ; d'où il suit que, dans la règle générale, il n'y a que le propriétaire qui puisse établir des *servitudes* durables sur son fonds, & qu'il est même nécessaire pour cela qu'il soit maître de ses actions.

Ainsi tous ceux dont les biens sont sous l'administration d'autrui, comme les mineurs, les insensés, les interdits pour quelque cause que ce soit, ne peuvent pas établir de *servitude* sur leurs héritages. Les tuteurs & les curateurs ne le peuvent pas non plus, car ils n'ont aucun droit réel dans les héritages de leurs pupilles ; ils n'en ont que la simple administration.

Il n'en est pas tout-à-fait de même du père qui jouit des biens de son fils en vertu de la puissance paternelle, des père & mère & des autres parens qui jouissent de ces mêmes biens en vertu de la garde noble & bourgeoise, du seigneur qui a la garde seigneuriale, de la veuve douairière, du bénéficier, de l'engagiste, & généralement de tous ceux qui ont un droit d'usufruit, soit à vie, soit limité à telle & telle circonstance, ou à une certaine époque. Ils peuvent en établir pour le temps de leur jouissance.

On a prétendu qu'on ne pouvoit pas établir de *servitude* sur *servitude* ; *servitutem servitutis esse non posse*. Mais cet axiome, comme tant d'autres, est faux à bien des égards, & ne nous apprend rien dans les cas où il est véritable.

Il est certain que, dans la thèse générale, les *servitudes*, qui sont des droits incorporels, ne peuvent guère s'établir sur d'autres *servitudes*. Mais lorsque cela peut se faire, pourquoi n'admettroit-on pas une *servitude* qui seroit établie sur une autre *servitude* ? Si j'ai stipulé, par exemple, en qualité de propriétaire d'une maison voisine de la vôtre, que vous seriez tenu de me laisser tirer un pouce cube d'eau de votre source, rien n'empêche que je ne puisse abandonner une partie de cette eau au propriétaire de la maison qui est au-delà de la mienne. A plus forte raison, le grevé de substitution, l'emphytéote, le superficiaire, qui ont plus qu'un simple usufruit, peuvent-ils imposer toutes les *servitudes* qui ne détériorent pas le fonds, pour tout le temps de leur jouissance. Le grevé de substitution peut même en établir de perpétuelles, qui auront un effet durable si la substitution devient caduque.

Depuis que les fiefs sont devenus patrimoniaux, le vassal a pu, sans contredit, y établir des *servitudes* ; mais elles s'éteignent dans le cas où le fief retourne au seigneur par l'extinction de la famille à à laquelle il a été concédé, comme cela a lieu dans la plupart des fiefs d'Alsace, qui sont régis par les livres des fiefs.

L'acquéreur sous faculté de réméré, celui qui est sujet au retrait, soit féodal, soit lignager, & généralement tous ceux qui n'ont qu'une propriété résoluble, peuvent néanmoins imposer des *servitudes* sur les domaines qu'ils possèdent à ce titre; mais ces *servitudes* cessent avec leur propriété.

Il en est de même encore du débiteur dont le domaine est hypothéqué. Rien n'empêche qu'il n'y puisse établir une *servitude;* mais ses créanciers auront une action hypothécaire contre l'acquéreur de la *servitude*, comme contre tout autre acquéreur d'une partie des biens de leur débiteur.

Celui qui n'a que la nue propriété d'un héritage dont un autre a l'usufruit, peut aussi y imposer des *servitudes*, pourvu qu'elles n'aient lieu qu'après l'expiration de l'usufruit. Celui même dont l'héritage est grevé de quelque *servitude* que ce soit, peut en imposer de nouvelles, soit de la même espèce, soit d'une autre, dès qu'elles ne préjudicient point aux droits de celui qui avoit déjà une première *servitude*.

Lorsque l'usufruitier consent que la *servitude* imposée par le propriétaire ait son effet au temps même de l'usufruit, il n'est pas douteux que l'acquéreur de la *servitude* n'ait une propriété & une possession de la *servitude* aussi complette que s'il l'avoit acquise de celui qui réunit en lui seul la propriété & l'usufruit.

Lorsqu'un fonds appartient par indivis à plusieurs co-propriétaires, on ne peut, pour l'ordinaire, en assujettir aucune partie à une *servitude*, sans le consentement de tous. Cela est une suite de l'indivisibilité des *servitudes*. Mais, dans le cas où la *servitude* est divisible, comme cela a lieu pour l'usufruit, rien n'empêche que chaque co-propriétaire n'en constitue sur sa portion indivise.

De même, lorsqu'un co-propriétaire a imposé une *servitude* indivisible par sa nature, comme elles le sont presque toutes, la *servitude* aura lieu si les co-propriétaires accordent aussi le même droit. Il faut même remarquer que le co-propriétaire qui a consenti le premier à l'établissement de la *servitude*, d'un droit de passage, par exemple, ne peut pas empêcher de son chef que le concessionnaire en jouisse, quoique ses co-propriétaires n'aient pas donné leur consentement. La bonne-foi, qui doit présider à toutes les conventions, ne lui permet pas d'opposer ce défaut de consentement.

Le possesseur de bonne-foi peut imposer une *servitude* sur le fonds dont il jouit. Mais il est clair qu'une telle *servitude* ne pourra tenir au préjudice du propriétaire, qu'autant que l'acquéreur en aura joui le temps suffisant pour la prescrire, & qu'il aura lui-même été de bonne-foi; auquel cas il est tout-à-fait inutile que celui qui a concédé la *servitude* le fût aussi.

§. III. *De ceux qui peuvent acquérir des servitudes.* Tous ceux qui peuvent constituer des *servitudes* sur leurs fonds, peuvent, à plus forte raison, y en acquérir. Il y a même beaucoup de personnes qui ne peuvent pas constituer des *servitudes*, & qui peuvent néanmoins en acquérir.

Tous les propriétaires, ceux même qui n'ont que la nue propriété, tandis qu'un autre a l'usufruit, le peuvent. Il en est de même des administrateurs des biens d'autrui, tels que les tuteurs & curateurs, les fondés de procuration, *&c.*, parce que l'acquisition d'une *servitude* tend au bénéfice de l'héritage dominant. Cela doit s'entendre néanmoins pour les administrateurs du bien d'autrui, en telle sorte que l'acquisition de la *servitude* ne soit pas faite à un prix qui excède sa valeur, & dans le cas seulement où elle est véritablement utile au fonds dominant. Car si elle n'y procuroit qu'un simple agrément, celui dont on a géré les affaires pourroit ne pas agréer l'acquisition qui en auroit été faite à titre onéreux.

§. IV. *Des choses sur lesquelles on peut imposer des servitudes.* On peut établir des *servitudes* sur toutes sortes de fonds appartenans aux particuliers. On peut même en établir sur la superficie d'une maison. Rien n'empêche, par exemple, que le propriétaire de la surface d'un édifice n'y accorde un droit de passage.

On peut même établir des *servitudes* sur un édifice qui n'est pas encore construit, par exemple, s'engager à ne pas l'élever au-delà d'une certaine hauteur, à en diriger les eaux sur la maison voisine, ou tout au contraire.

Quoique la nature des *servitudes* ne permette pas d'ordinaire qu'on puisse en établir d'autres sur elles, & que les loix romaines même le décident ainsi, lorsque la chose est possible & qu'il n'en résulte aucun préjudice contre celui qui a concédé la première *servitude*, il dépend de celui à qui elle appartient, d'y en imposer une autre, en se renfermant dans les bornes de ses droits. Rien n'empêche, par exemple, que je ne m'engage envers mon voisin à ne pas laisser couler ailleurs que dans son fonds les eaux que je tire du vôtre à titre de *servitude* d'aqueduc. La raison doit ici prévaloir sur les textes du droit.

Lorsqu'une chose est commune à plusieurs personnes, on ne peut pas y acquérir de *servitude* sans avoir le consentement de tous les copropriétaires, comme on l'a déjà dit.

La loi 6, §. 3, ff. *commun. prœd.*, porte que, si de deux maisons, l'une m'appartient en propre & l'autre en commun, je ne puis imposer aucune *servitude* sur l'une au profit de l'autre. Au contraire, la loi 30, §. 1, ff. *de servitut.*, dit que si j'acquiers une partie du fonds qui me doit ou à qui je dois une *servitude*, elle ne sera pas éteinte par la confusion, parce qu'une *servitude* peut être retenue en partie.

Les interprètes du droit romain tâchent de sauver ces contradictions, en disant qu'il faut plus pour établir une *servitude* que pour la retenir. Mais une raison si vague ne prouve rien ici. Il n'y a aucune incompatibilité à ce que je convienne avec mon copropriétaire, que la maison commune sera assujettie à l'autre, ou lui devra une *servitude*; ce ne sera point à la vérité une *servitude* pour la partie qui m'appartient, si l'on suit la rigueur du droit; mais l'établissement n'en vaudra pas moins comme *servitude* pour la partie qui appartient à mon co-propriétaire, & comme arrangement de commodité pour celle qui m'appartient.

Il y a des *servitudes naturelles* auxquelles les lieux publics sont assujettis de plein droit. Tels sont le passage, les vues, l'écoulement des eaux qui ont lieu sur les rues, les chemins, les ponts, les places publiques, *&c.* Mais le souverain restreint quelquefois ces *servitudes* dans de certaines bornes, & peut même les défendre entiérement. Il y a, par exemple, des ponts & des chemins où l'on ne peut faire passer des voitures qu'avec une charge déterminée; il y a des jardins publics où les propriétaires même des maisons voisines n'ont pas droit d'ouvrir un passage ou des vues sans la permission du souverain. On n'a pas le droit de puisage dans certaines pièces d'eau qui sont uniquement pour la décoration.

Il faut suivre, à cet égard, les loix de police de chaque endroit, & lorsqu'elles sont muettes, observer les règles qui résultent de la destination de ces lieux. Il est clair que les particuliers ne peuvent pas y imposer les *servitudes* qui pourroient les rendre moins avantageux ou moins agréables au public, sauf au souverain à déroger à ces règles quand il juge à propos.

La loi 1, au digeste *de servitutibus prædiorum urbanorum*, dit, avec raison, qu'on ne peut pas établir la *servitude* de faire porter ses poutres, ses gouttières, ou telle autre partie de son édifice, sur une rue, pour les placer sur la maison voisine, parce que l'espace qui est entre le ciel & la voie publique doit être libre. Cependant on voit dans bien des villes, & à Paris même, différentes arcades qui supportent des bâtimens au-dessus de la rue; & ces édifices ne peuvent pas être critiqués, lorsqu'ils subsistent depuis un temps immémorial. Ils peuvent avoir une cause très-légitime, & provenir de ce que le terrein au-dessus duquel sont ces arcades ne formoit point une rue autrefois. On a toléré ces bâtimens, en faveur de ce que les propriétaires ont fourni le sol pour y percer la rue.

§. V. *Quelles servitudes on peut établir.* En général, on peut établir telles *servitudes* que l'on jugera à propos, pourvu qu'elles ne soient pas prohibées par les loix tant naturelles que civiles, ou par les obligations antérieures. Il dérive plusieurs conséquences de ce principe, qui ne paroît pas susceptible d'exceptions.

I. Comme le droit naturel ne nous permet pas de gêner la liberté des autres, même par des conventions, sans qu'il en résulte aucun avantage pour nous, & que l'intérêt du demandeur est le fondement nécessaire de toutes les actions qu'il voudroit intenter; il suit de-là qu'un propriétaire ne peut pas stipuler de son voisin, des *servitudes* qui ne sont d'aucune utilité ou agrément prochain ou éloigné. La loi 15, *in principio*, ff. *de servitut.* déclare nulle par cette raison la stipulation en vertu de laquelle on obligeroit quelqu'un à ne pas passer sur son héritage, ou à ne pas s'y arrêter.

La loi 8, §. 6, au digeste *si servit. vindicet.* porte sans doute sur le même fondement; elle dit qu'on ne peut pas interdire à quelqu'un le droit de faire aller chez lui une légère fumée, ou le lui permettre, de même qu'on ne peut ni interdire ni accorder à personne le droit de faire du feu, de s'asseoir & de se laver. Mais on peut stipuler de son voisin, qu'il n'établira point un four à chaux, une fonte de suifs ou d'autres atteliers de cette espèce qu'on tolère dans bien des villes, & qui néanmoins sont fort importuns. Les réglemens de police de plusieurs villes qui prohibent de plein droit ces établissemens hors d'un certain quartier, montrent assez combien il seroit déraisonnable, dans les autres villes, d'empêcher les particuliers de stipuler de pareilles *servitudes* à leur profit.

Les conventions des hommes sont quelque chose de si sacré, & dont l'exécution est si importante au bien de la société, qu'il faut être bien sûr que celui qui en réclame l'exécution n'y a aucun intérêt pour la lui refuser. Le jurisconsulte Labeo dit même dans la loi 17, ff. *de servit.* qu'on peut établir une *servitude* inutile sur un fonds, en le vendant. La raison qu'il en donne, c'est qu'il est permis de posséder des choses qui ne sont d'aucune utilité, mais de pur agrément: ainsi on peut stipuler une *servitude* pour fournir de l'eau à une cascade ou à des bassins.

II. Il est important d'observer qu'en matière de *servitude*, plus encore que dans toute autre, toutes les loix conçues dans des termes négatifs ne sont pas prohibitives, & n'empêchent pas qu'on ne puisse y déroger par des conventions particulières. Ainsi quand l'article 202 de la coutume de Paris porte qu'on ne peut faire vues droites sur son voisin, ni sur places à lui appartenantes, s'il n'y a six pieds de distance entre ladite vue & l'héritage du voisin, & ne peut avoir bées de côté, s'il n'y a deux pieds de distance; cet article n'empêche pas qu'on ne puisse acquérir du voisin le droit de vues, sans observer ces règles.

Tout au contraire il y a des loix relatives aux bâtimens, auxquelles il n'est pas permis de déroger à titre de *servitude*, quoiqu'elles soient conçues en termes simplement dispositifs. Ainsi, l'on ne peut pas stipuler de son voisin qu'il n'aura pas de puits dans une maison de ville, au moins dans celles qui sont bien policées, & particulièrement dans la ville de Paris, depuis les ordonnances de police qui ordonnent à chaque particulier d'avoir dans sa maison un puits avec corde, poulie & seau, quoiqu'elles ne contiennent aucune prohibition.

La règle que l'on doit suivre à cet égard, est d'examiner si la loi qui ordonne ou défend quelque chose dans les édifices, a rapport à l'intérêt public, ou seulement à celui des particuliers. Dans le premier cas, il n'est pas permis d'y déroger à titre de *servitude;* dans le second, ceux pour qui la loi a été établie peuvent renoncer au bénéfice introduit en leur faveur.

III. Lorsqu'on a accordé un droit de *servitude* à quelqu'un, il n'est pas permis d'en accorder un autre à un tiers, si la concession portoit quelque préjudice au droit du premier. Mais lorsque la nouvelle *servitude* ne préjudicie point à la première, on peut en accorder successivement plusieurs, quand même elles auroient absolument le même objet; car il y a des droits qui peuvent servir à plusieurs fonds à la fois. Par exemple, le droit de vue sur une cour, ceux de passage, de décharge d'eau, de puisage & d'aqueduc, peuvent servir en même temps à plusieurs maisons, pourvu toutefois que l'aqueduc ou la source fournissent de l'eau suffisamment. La loi 2, §. 1 & 2, ff. *de servitut. præd. rust.* permet même dans ce cas, d'accorder ce droit à plusieurs pour le même lieu, le même jour & la même heure; mais cela doit toujours recevoir les restrictions qui sont relatives à l'intérêt du premier concessionnaire & de tous les autres dans l'ordre de leur concession. La loi 14, au même titre, dit néanmoins qu'on ne pourroit accorder une *servitude* d'aqueduc sur le même endroit où l'on auroit accordé un droit de passage. Ce qui doit s'entendre du cas seulement où le conduit de l'aqueduc rendroit le passage moins utile ou moins commode.

IV. De ce que les *servitudes* doivent être de quelque utilité au propriétaire de l'héritage dominant, il suit qu'elles ont lieu d'ordinaire sur des fonds qui y sont limitrophes; & l'on décide communément par cette raison, qu'il est nécessaire que l'héritage servant & l'héritage dominant soient voisins l'un de l'autre. Mais, pour admettre cette règle, on doit donner au mot de *voisinage* une étendue proportionnée à l'objet de la *servitude.*

Je puis, par exemple, stipuler le droit de prendre du bois pour mon chauffage, & à plus forte raison pour mes édifices, dans des forêts qui sont situées à une très-grande distance de ma maison, & il peut en être de même du droit de pacage, de l'abreuvage des bestiaux, & de plusieurs autres *servitudes*, selon les circonstances. On trouve beaucoup de détails à cet égard dans les auteurs: mais la raison en dit plus sur cet objet que toutes les loix & les jurisconsultes du monde.

On observera seulement qu'il y a des cas où une *servitude* inutile & caduque au temps de son établissement, peut devenir valable & utile dans la suite. Si je stipule, par exemple, le droit de vue, d'aqueduc, *&c.*, de quelqu'un dont l'héritage est séparé du mien par celui d'un tiers, la *servitude* ne me sera d'aucun usage, si ce tiers ne m'accorde pas le même droit, ou si sa maison fait un obstacle à cette vue. Mais si la maison du tiers est détruite, ou s'il consent que l'aqueduc passe dans son héritage, il est clair que la première *servitude* aura tout son effet.

Tout au contraire, une *servitude* utile dans le temps de son établissement, peut devenir inutile dans la suite. Lors, par exemple, que j'ai stipulé d'un voisin non immédiat, qu'il ne pourroit pas faire tel ouvrage chez lui qui nuiroit à mes vues, si le voisin immédiat fait une plantation ou construit un édifice qui masque entièrement ces vues, la *servitude* que j'ai stipulée devient inutile pour moi; l'équité naturelle exige dans ce cas, que je ne puisse pas empêcher le propriétaire de l'héritage servant, d'en disposer comme bon lui semblera, tant que l'obstacle intermédiaire subsistera, pourvu qu'il consente que la *servitude* ait son entier effet dans le cas où l'état des lieux intermédiaires n'y feroit plus d'obstacle.

V. On peut parmi nous établir des *servitudes* conditionnelles ou pour un certain temps seulement, & mettre à la constitution telles clauses qu'on jugera convenables, pourvu qu'il n'y ait rien de contraire aux loix qui concernent l'intérêt public.

§. VI. *Des différentes manières dont les servitudes peuvent s'établir.* Nous ne suivons pas dans nos usages les distinctions admises par le droit romain sur l'établissement des *servitudes.* On peut les constituer ou acquérir, sous telles clauses & conditions que l'on juge convenables. On peut cependant réduire à cinq les moyens principaux qui peuvent les établir. Ce sont, 1°. la loi; 2°. les jugemens & les décrets; 3°. une disposition légitime du propriétaire, faite par un acte entre-vifs ou par testament; 4°. la destination du père de famille; 5°. la prescription.

On traitera particulièrement des *servitudes* établies par la loi, au mot VOISINAGE.

I. La loi 22, §. 3, au digeste *familiæ ercifcundæ*, porte que le juge peut, en procédant au partage, imposer quelque *servitude* sur une portion au profit de l'autre; mais que si un héritage est adjugé purement & simplement, sans qu'il ait été question de *servitude*, il ne peut plus en imposer en adjugeant à un second héritier un autre héritage. *Sed si purè alii adjudicaverit fundum, alium adjudicando amplius servitutem imponere non poterit.*

Cette dernière décision ne devroit pas s'observer parmi nous, du moins si tous les lots avoient été fixés & adjugés par un seul & même jugement, comme il est d'usage. Toutes les dispositions qui y sont contenues, ne sont qu'un tout dont les différentes parties se rapportent les unes aux autres, & il est fort indifférent que le juge ait commencé par établir la *servitude* en parlant du premier lot, si elle est clairement énoncée dans la disposition qui concerne le second.

La loi 18, *ff. communi dividendo*, est plus raisonnable. Elle porte qu'un arbitre ne pourroit pas, en partageant une succession, constituer de *servitude* sur un fonds héréditaire, au profit d'un fonds étranger à la succession, parce que son pouvoir ne s'étend pas au-delà de l'objet qui a été soumis à sa décision. Si néanmoins les deux parties intéressées consentoient à cet établissement, rien n'empêcheroit qu'il ne fût valable.

Cependant il peut y avoir des cas autres que le partage, où le juge pourroit imposer des *servitudes* sur un fonds. Par exemple, si j'ai un héritage qui est de toutes parts entouré par le vôtre, vous devez m'y accorder le droit de passage, en vous indemnisant; & si vous ne le faites pas volontairement, je puis vous y faire condamner en justice. On verra au mot VOISINAGE, dans quels cas le juge peut établir ces sortes de *servitudes*.

Le décret est ordinairement regardé comme un titre d'acquisition translatif de propriété; lors donc qu'un droit de *servitude* est nommément exprimé dans la saisie-réelle & dans la procédure, sans que le propriétaire de l'héritage prétendu servant s'y soit opposé, l'adjudicataire peut-il prétendre la *servitude* en vertu de son décret seul?

Cette question a été diversement résolue par les auteurs. Mais le plus grand nombre des jurisconsultes décident que le décret n'est point un titre capable de faire acquérir les *servitudes*, soit par lui-même, soit par la possession qui l'a suivi, dans les coutumes qui rejettent la prescription, parce que le décret ne transmet le domaine à l'adjudicataire qu'avec les droits que le saisi y avoit, & que *nulle servitude sans titre*.

L'article 269 de la coutume de Bretagne permet néanmoins l'appropriance des *servitudes* par les bannies, qui tiennent lieu dans cette province des décrets volontaires.

II. On peut imposer parmi nous les *servitudes* par toutes sortes d'actes, soit entre-vifs, soit testamentaires. On peut les établir par des partages faits à l'amiable, lorsqu'en divisant une succession, on stipule un droit de vue, de passage, *&c.* au profit de l'une des deux maisons, soit qu'on suive en cela la destination du père de famille, soit qu'on s'en écarte ou qu'on y ajoute.

Les testateurs peuvent de même léguer leurs domaines, en y réservant quelque *servitude* au profit de leur héritier ou d'un tiers, ou laisser ces domaines à leurs héritiers, en les grevant de *servitudes* au profit de quelque personne que ce soit.

Il suffit, pour la validité d'une *servitude*, que le fonds sur lequel on l'établit & l'espèce de la *servitude* soient désignés de manière à ne pas s'y méprendre, sur-tout dans les testamens, où l'on se règle plutôt sur l'intention du testateur que sur la rigueur des termes. S'il survient quelques difficultés sur la manière dont la *servitude* doit être exercée, le juge les réglera, si les parties ne peuvent pas se concilier.

La loi 7, *princ. commun. præd.*, porte que celui qui fait la tradition de l'une de deux maisons qui lui appartiennent, doit exprimer l'espèce de *servitude* qu'il y veut retenir. La raison qu'elle en donne, c'est que si l'on disoit en général que la maison est assujettie à celle qu'on réserve, on pourroit dire, ou que la constitution de la *servitude* ne vaut rien, parce que l'on ne peut savoir quelle espèce de *servitude* a été exceptée, ou que la maison vendue doit supporter toutes sortes de *servitudes*.

Les réformateurs de la coutume de Paris ont été beaucoup plus loin, & peut-être trop loin, dans l'art. 215. Quand un père de famille, y est-il dit, met hors ses mains, partie de sa maison, il doit spécialement déclarer quelles *servitudes* il remet sur l'héritage qu'il met hors des mains, ou quelles il constitue sur le sien; & *les faut nommément & spécialement déclarer, tant pour le droit, grandeur, hauteur, mesure, qu'espèce de servitude.* Autrement, toutes constitutions générales de *servitudes*, sans les déclarer comme dessus, ne valent. Les coutumes d'Orléans, *art.* 227, & de Calais, *art.* 201, ont des dispositions semblables. On trouve à-peu-près la même décision dans le grand coutumier, *liv.* 2, à la fin du chapitre 38. La plupart des commentateurs de la coutume de Paris, Lalande & Pothier sur celle d'Orléans, supposent que tous ces articles s'observent à la lettre. Tel est aussi le sentiment de des Godets dans ses notes sur l'article 215 de la coutume de Paris. Mais Goupy est d'un avis absolument contraire à celui de des Godets dans ses notes sur cet auteur.

Auzanet dans ses mémoires, & M. de Lamoignon dans ses arrêtés, font une distinction qui paroît fort raisonnable. Ils conviennent bien que l'énonciation des *servitudes* occultes ou cachées doit se faire comme la coutume l'exige; mais pour les *servitudes* apparentes, ils jugent inutile d'obliger le vendeur de les déclarer, puisqu'elles sont assez connues à l'inspection des lieux.

Au reste, cette désignation est plutôt nécessaire pour les temps à venir & pour les héritiers des contractans, que pour les temps prochains de la vente & pour les contractans eux-mêmes, surtout si les *servitudes* étoient dues à la maison aliénée. Si donc il étoit manifeste qu'on eût entendu comprendre dans la vente d'une maison, faite par le propriétaire de la maison voisine, des *servitudes* qui y subsistoient déjà comme arrangement de propriétaire, le vendeur ne seroit pas fondé à les contester, sous prétexte que l'acte n'en feroit pas mention; l'acquéreur auroit le droit, même après la vente, de les faire constater par un procès-verbal contradictoire avec le vendeur, & s'il s'y refusoit, de le faire assigner pour y être condamné, si mieux il n'aimoit voir entériner les lettres de rescision qu'on pourroit prendre contre la vente, sur le fondement du dol qui résulteroit de ces circonstances. Ce tempérament, dicté par l'équité, a été adopté par un arrêt qui est rapporté dans le recueil de Rousseau de Lacombe, au mot *Servitudes*, *sect. 2*, *n. 3*.

Lorsqu'il est dit dans un acte de partage, ou dans tout autre acte relatif à deux maisons contiguës, qu'un mur de séparation demeurera dans l'état qu'il est, ou même qu'il sera élevé jusqu'à une certaine hauteur, il ne résulte point de-là une *servitude* qui puisse empêcher l'un des voisins de l'élever davantage, s'il le juge à propos; tout ce qu'on peut conclure de cette clause, c'est que chaque voisin peut contraindre l'autre à élever & à entretenir le mur jusqu'à cette hauteur, mais non pas au-delà. Pour que la *servitude* eût lieu, il faudroit que l'acte portât que le mur resteroit perpétuellement dans cet état, sans qu'il pût être exhaussé par l'une ou l'autre des parties.

III. La destination d'un père de famille, c'est-à-dire, la disposition & l'arrangement qu'il a fait dans une ou plusieurs maisons pour sa commodité, ou pour satisfaire sa fantaisie, ne forment pas de *servitude* tant que les deux héritages appartiennent au même maître; & le service que l'un tire de l'autre, comme lorsqu'une maison a une vue ou un égout sur l'autre, n'est pas *servitude*, *quia res sua nemini servit*, l. 26, ff. *de V. S. pr.*; c'est *destination de père de famille*. Mais si par la suite ces maisons viennent à appartenir à différens maîtres, soit par l'aliénation que le propriétaire feroit de l'une de ces deux maisons, ou par le partage qui se fera entre ses héritiers, le service que l'une de ces maisons tire de l'autre, qui étoit *destination de père de famille*, lorsqu'elles appartenoient à un même maître, devient un droit de *servitude* que le propriétaire de cette maison a sur la maison voisine de qui la sienne tire ce service, sans qu'il soit besoin que par l'aliénation qui a été faite de l'une de ces deux maisons, ou par le partage, cette *servitude* ait été expressément constituée; la raison est, que la maison qui a été aliénée est censée l'avoir été en l'état qu'elle se trouvoit, & pareillement que lorsqu'elles ont été partagées, elles sont censées l'avoir été telles & en l'état qu'elles se trouvoient, & par conséquent l'une comme ayant la vue, l'égout, *&c.* sur l'autre, & l'autre comme souffrant cette vue, cet égout, *&c.*; ce qui suffit pour établir la *servitude*. C'est ce qu'enseignent l'art. 216 de la coutume de Paris, & les coutumes d'Orléans, Calais & Metz. Mais celui qui prétend un droit de *servitude* sur la maison voisine, en conséquence d'une destination de père de famille, doit, si le voisin disconvient de cette destination, en avoir la preuve par écrit, & il n'est pas admis à la preuve par témoins: par exemple, s'il s'agit d'un droit de *servitude* de vue ou d'égout, il doit avoir la preuve littérale que la fenêtre & l'égout appartenoient au même maître; ce qui peut s'établir par le marché par écrit qui auroit été fait pour la construction, par les quittances des ouvriers, ou par quelque acte qui contiendroit une description de ces maisons, dans laquelle la fenêtre ou l'égout seroient énoncés.

On voit, par ce que nous venons de dire, que les articles 215 & 216 de la coutume de Paris, 227 & 228 de celle d'Orléans, contiennent deux dispositions différentes. Le premier de ces articles exige que dans un acte d'aliénation le père de famille spécifie, de manière à ne pas s'y méprendre, les *servitudes* qu'il voudroit avoir le droit de constituer à l'avenir sur celle dont il fait l'aliénation. Le second décide que, si ces *servitudes* existoient déjà lorsque les deux maisons étoient dans ses mains (sinon comme *servitudes*, au moins comme destination de père de famille), il suffit pour les conserver, soit par lui-même ou par l'acquéreur quand il a vendu une des deux maisons, soit par ses héritiers ou ses légataires lorsqu'ils en font le partage, qu'il y ait une preuve par écrit de l'existence de ces arrangemens de famille, pour qu'ils forment de véritables *servitudes*, quand bien même il n'en seroit rien dit dans le contrat, le testament ou le partage, qui a mis les deux maisons dans des mains différentes.

La règle qui exige la preuve par écrit de la destination du père de famille, reçoit néanmoins une première exception dans le cas où le propriétaire de la maison voisine conviendroit de cette destination. Elle en reçoit une seconde dans le cas où les écrits qui la prouvent ont été perdus, par incendie, ruine, ou autre accident semblable. On peut être admis à prouver que ces écrits ont existé, par des témoins qui les auroient vus & lus.

Les autres coutumes contiennent des dispositions différentes sur la destination du père de famille. On peut les rapporter à trois classes principales. La première comprend les coutumes qui l'admettent sans preuve par écrit, en cas de partage seulement. La seconde comprend celles qui l'admettent dans tous les cas, sans exiger la preuve par écrit; & la troisième enfin comprend les coutumes muettes.

Les coutumes de la première classe sont celles de Loudunois, de Touraine & de Normandie. Celle de Loudunois dit: vues & agouts (c'est-à-dire égouts) de maisons, par quelque temps qu'ils aient été maintenus, ne portent point de saisine, sinon que, par paction faite entre les parties, l'une soit tenue de porter l'agout de l'autre, ou *qu'en partage & division faits d'aucunes choses communes, dont l'une chose sert à l'autre, y a aucunes vues ou agouts desdites choses partagées; audit cas lesdites vues & agouts demeurent en l'état qu'ils étoient au temps desdits partages, sinon qu'expressément soit dit le contraire, en faisant lesdits partages & divisions ; chap. 21, art. 1.*

La coutume de Touraine, après avoir proscrit la possession, même centenaire, ajoute : sinon que par paction faite entre les parties, l'un soit tenu porter l'esgout, ou souffrir la vue de l'autre, ou que par partage & division faite d'aucunes choses communes, l'une serve à l'autre, èsquels cas demeureront en leur état, *si par ledit partage n'est dit au contraire. Art. 212.*

Enfin, la coutume de Normandie dit aussi : En faisant partage ou division entre cohéritiers ou personniers de choses communes, dont l'une partie sert à l'autre, les vues & égouts demeurent comme ils sont lors du partage, *si par les lods & partages, il n'est expressément dit du contraire. Art. 607.*

Ces derniers mots prouvent assez qu'il n'est point nécessaire que le partage fasse mention des *servitudes*, pourvu qu'il ne les exclue pas nommément, & qu'il soit prouvé que les deux maisons ont appartenu au même propriétaire dans l'état que supposent ces *servitudes*.

Les coutumes de la seconde sont celles de Dourdan, *art. 72;* Etampes, *art. 73;* Melun, *art. 189;* Montfort-l'Amaury, *art. 84;* Reims, *art. 350;* & Sédan, *art. 379.*

Ces coutumes disent simplement, comme l'ancienne coutume de Paris, que *disposition & destination de père de famille vaut titre.* Elles ont été toutes rédigées ou réformées dans leur état actuel depuis 1556 jusqu'en 1568, c'est-à-dire, trente ou quarante ans avant la réformation de la coutume de Paris. Cette circonstance & la prohibition des ordonnances sur la preuve testimoniale, ont fait douter si l'on ne devoit pas y suppléer l'addition faite dans l'article 216 de cette dernière coutume, qu'il falloit que la destination *fût ou eût été par écrit.*

Champy sur la coutume de Melun ; Lamy sur celle d'Étampes ; Thourette sur celle de Montfort-l'Amaury, & Buridan sur celle de Reims, pensent le contraire. Thourette dit *qu'il l'a ainsi soutenu pour le nommé Rousseau, contre son frère, laboureur à Epernon ;* mais il ne dit point ce que cette contestation est devenue. Lamy dit également qu'*il l'a ainsi soutenu* pour une *servitude* d'égout entre deux hôtelleries, en la prévôté d'Etampes, où l'affaire avoit été appointée & ensuite abandonnée. Il ajoute l'avoir fait juger pour Jean Guistard, contre Me Pierre Adrien, par sentence de la prévôté, confirmée par autre du bailliage du mois d'août 1698, dont il n'y a pas eu d'appel.

Buridan se contente de dire, que *si l'on y requiert l'écriture, ce ne sera chose équipollente, mais véritablement un titre.*

Ces décisions sont fondées principalement sur la jurisprudence des arrêts, qui ont jugé, depuis la réformation même de la coutume de Paris, que la destination du père de famille n'avoit pas besoin d'être écrite dans l'ancienne coutume. D'où l'on conclut qu'on doit observer la même jurisprudence dans ces six coutumes, & *admettre que la construction des lieux, pendant un temps immémorial, tient lieu de titre ;* parce qu'on ne doit pas étendre la rigueur de la loi au-delà de ses termes ; & qu'il est à présumer que si les rédacteurs de ces coutumes eussent entendu exiger la destination par écrit, ils n'auroient pas manqué de l'insérer dans leurs cahiers ; ne l'ayant point fait, leur silence à cet égard forme une preuve qu'ils ont entendu admettre la destination du père de famille purement & simplement.

Ce raisonnement n'est pas décisif à beaucoup près ; & d'abord, quand il seroit reconnu que les coutumes peuvent déroger aux ordonnances dans ces matières, l'ordonnance de Moulins, qui la première a défendu d'admettre la preuve par témoins en matière civile au-delà de cent livres, est de l'année 1566, & toutes les coutumes de cette classe, à l'exception de celle de Sédan, ont été réformées quelques années auparavant. Il n'est donc pas prouvé que la disposition de ces coutumes puisse être opposée à l'article 54 de cette ordonnance, quand on admettroit que les dispositions des coutumes rédigées postérieurement pourroient prévaloir sur cette loi.

L'argument tiré de la jurisprudence des arrêts rendus depuis la réformation, pour des *servitudes* qui existoient auparavant sans titre, en vertu de la destination du père de famille, paroît beaucoup plus concluant, sur-tout s'il étoit constant que quelques-unes de ces *servitudes* eussent été établies depuis l'ordonnance de Moulins.

Il faut faire, je crois, une distinction : lorsqu'il est constaté par un partage que les deux maisons ont appartenu au même propriétaire, & qu'on ne rapporte pas la preuve par écrit que l'établissement des *servitudes* est postérieur au partage, elles doivent subsister, sans qu'il soit besoin même de recourir à la preuve testimoniale. La présomption naturelle est alors que les lieux existoient dans l'état où ils sont, dès le temps du partage, & il est sur-tout incontestable que ce partage, joint à la disposition de la coutume, forme un commencement de preuve par écrit, qui suffiroit, aux termes des ordonnances, pour faire admettre la preuve testimoniale. Mais s'il n'y a pas de preuve écrite de la réunion des deux maisons dans la même main, l'admission de la preuve testimoniale de ce fait & de la destination du père de famille paroîtroit contraire aux ordonnances.

A plus forte raison ne doit-on pas dire indéfiniment, que *la construction des lieux pendant un temps immémorial, tient lieu de titre.* Cela ne doit être admis que dans le cas où il est prouvé par titre que les deux maisons ont appartenu au même propriétaire, puisque c'est cette copropriété seule qui peut faire admettre la présomption de la destination du père de famille ; & dans ce cas-là, il suffit que la construction des lieux ne soit pas prouvée postérieure à la séparation des deux maisons.

Le plus grand nombre des coutumes de France n'ayant aucune disposition sur cet objet, on a douté si l'on y devoit admettre la destination du père de famille, ou la rejetter. Pour l'y faire admettre, on peut dire que la destination du père de famille est une preuve tirée de la raison même; qu'elle se trouve consignée dans plusieurs loix romaines, comme dans la coutume de Paris, qui forme le droit commun des pays coutumiers en matière de *servitudes*; enfin, qu'il n'est pas présumable qu'un homme souffre pendant vingt & trente ans, des vues, des portes & des fenêtres sur sa maison, s'il n'y étoit obligé.

On peut dire au contraire que les *servitudes* étant extrêmement défavorables, il n'est pas vraisemblable qu'on eût oublié d'exprimer la destination du père de famille dans ces coutumes, si l'on eût voulu qu'elle eût été suffisante pour les y acquérir.

Loisel, dans ses institutes, au titre des *servitudes*, règle 12, a inséré la maxime que *destination du père de famille vaut titre*. Mais elle ne doit s'entendre, dans les coutumes muettes, que des cas où la destination du père de famille est contractée par écrit, conformément à l'article 216 de la coutume de Paris. La destination apparente, & même une possession postérieure ne suffisent pas pour établir une *servitude*, si cette destination n'est pas prouvée par écrit; & telle est la jurisprudence des arrêts.

IV. On demande si les *servitudes* peuvent s'acquérir par prescription? Pour résoudre cette question avec exactitude, il faut distinguer entre les provinces de droit écrit, & celles qui sont régies par le droit coutumier.

Des provinces de droit écrit. Il est inutile d'entrer ici dans tous les détails de la jurisprudence romaine sur l'établissement des *servitudes* par la prescription; il suffit de remarquer que, dans le dernier état du droit romain, les *servitudes* se prescrivent avec titre, par dix ans entre présens, & par vingt ans entre absens; & qu'elles se prescrivent par trente ans sans titre, contre les uns & les autres. Mais cette disposition n'est pas suivie uniformément dans les parlemens de droit écrit; ensorte qu'il est nécessaire, pour connoître la jurisprudence de chacun d'eux, d'en parler en particulier.

Parlement d'Aix. La prescription de dix & vingt ans avec titre & bonne foi, est reçue au parlement de Provence, & on y admet aussi la prescription de trente ans sans titre. Mais la jurisprudence a établi plusieurs distinctions entre les différentes sortes de *servitudes*, quant à la prescription.

Les *servitudes* négatives se prescrivent par trente ans, à compter seulement du jour de la prohibition.

Les *servitudes* discontinues ne s'y acquièrent que par la possession immémoriale. La prescription trentenaire, quoique précédée de contradiction, ne seroit pas suffisante, à moins qu'il ne fût intervenu quelque jugement provisionnel qui eût passé en définitif par le laps de trente ans.

Quant aux *servitudes* continues, on y distingue encore celles qui ont une cause continue, mais sans ouvrage fait de main d'hommes dans le fonds servant, d'avec celles qui ont besoin, pour être établies, de quelque ouvrage fait de main d'hommes dans le fonds d'autrui. Les unes & les autres s'acquièrent par la prescription; mais il faut incontestablement trente ans au moins pour acquérir les premières.

Les secondes, c'est-à-dire, les *servitudes* continues, avec ouvrages faits de main d'hommes dans le fonds d'autrui, se prescrivent par dix & vingt ans, lorsque l'ouvrage a été fait au vu & au su du propriétaire. Mais pour peu que la publicité ne soit pas bien établie, on regarde que la possession de dix & vingt ans n'ôte pas par elle-même le soupçon de la clandestinité; & qu'elle ne suffit pas pour acquérir la prescription.

Parlement de Besançon. Suivant les lettres-patentes données pour la rédaction de la coutume du comté de Bourgogne ou Franche-Comté, on doit juger toutes les causes, questions & procès qui surviendront dans ledit comté, selon l'ordonnance & disposition du droit civil, pour les cas non énoncés dans la coutume, en rejettant toute autre coutume. La coutume de cette province n'a aucune disposition sur les *servitudes*; mais comme l'article 5 porte, que *toutes prescriptions d'héritages ou dette du temps, ou terme de trente ans & au-dessus, sont réduits à icelui temps & terme de trente ans*, on a jugé avec raison que les *servitudes*, qui sont des accessoires des héritages, sont sujets à la même loi. L'usage de la Franche Comté est donc, qu'on ne peut acquérir ni perdre aucunes *servitudes* par moins de trente ans.

Cette prescription de trente ans suffit pour acquérir les *servitudes* visibles ou continues, telles que celles de jour, d'égout, d'appui, d'aqueduc de gouttière, *&c.* qui subsistent par un exercice continuel, *actû aut habitu.*

Quant aux *servitudes* discontinues, qui ne paroissent que lorsqu'on les exerce, comme les droits de passage, de parcours, de pâturage, usage, puisage, abreuvoir, ceux de tirer de la chaux, du sable & autres choses semblables; l'usage de la Franche-Comté est qu'il faut un temps immémorial pour les prescrire, lors même qu'on a un titre. La raison qu'en donne Dunod, c'est que la possession immémoriale, qui est desirée en Franche-Comté pour acquérir les *servitudes* discontinues, ne peut être suppléée que par titre capable de les constituer; que le titre qui vient *à non domino*, ne peut pas avoir cet effet, puisqu'on ne le donne pas à la possession de trente & quarante ans; que ce n'est pas tant par la prescription que le temps immémorial acquiert les *servitudes*, que par la constitution du droit, *non tam præscriptæ quam à jure constitutæ, per tempus im-*

memoriale videntur, quia in iis nec possessio vera adest, nec continuatio possessionis.

Cette prescription immémoriale est admise sans difficulté même pour le droit d'usage, de quelque nature qu'il soit. Lalaure, *liv. 2, chap. 4*, en rapporte deux arrêts remarquables, dont M. le procureur-général du parlement de Besançon lui a fait délivrer des copies vidimées, & où les prétendans droit d'usage n'avoient aucune preuve par écrit.

Parlement de Bordeaux. Dans tout le ressort de ce parlement, on suit presque en tout point les principes du droit romain sur la prescription des *servitudes.* On ne prescrit néanmoins sans titre les *servitudes* discontinues, que par trente ans, à compter du jour de la contradiction. Autrement, & si l'on ne prouve pas la contradiction, la prescription immémoriale y est nécessaire. C'est ce qui résulte des décisions 62 & 77 de la Peyrère, & d'une lettre adressée en 1757 par M. le procureur-général de ce parlement à Me Lalaure, qui la cite au *liv. 2, chap. 5* de son traité.

Il faut observer qu'il y a dans le ressort du parlement de Bordeaux neuf à dix coutumes, dont quelques-unes ont des dispositions particulières sur la prescription des *servitudes;* par exemple:

Celle de Limoges, *art. 38*, dit « que l'on ne prescrit point les égouts & stillicides des maisons, ni autres *servitudes*, par quelque laps de temps que ce soit, en la terre d'autrui, si celui qui prétend ladite *servitude* sur autrui n'a titre ou quelque signe équipollent à titre. Celle de Bayonne porte, *art. 1*, que prescription, de quelque temps que ce soit, n'a lieu en *servitudes* urbaines ou rustiques, ains faut que celui qui prétend avoir *servitude*, en fasse apparoir par titre ».

La coutume de Soles, *art. 2*, porte qu'on n'acquiert aucune *servitude* par quelque laps de temps que ce soit, même de 30 ou de 41 ans, ou autre long temps selon ladite coutume, en place vuide & en champ non labouré ni fermé. Mais comme, suivant *l'art. 1* du titre des prescriptions de la même coutume, il n'y a moindre prescription que de 41 ans accomplis pacifiques, il s'ensuit que toute autre *servitude* que celles ci-dessus énoncées, peut s'y acquérir par 41 ans, sans aucune distinction.

Parlement de Dijon. Le ressort du parlement de Bourgogne est régi par le droit romain, dans tous les points qui n'ont pas été réglés par la coutume particulière de cette province. Cette coutume n'a aucune disposition sur la matière des *servitudes. L'art. 2 du tit. 13* porte seulement, qu'on ne peut avoir usage en bois & rivière bannale d'autrui, ni droit pétitoire ou possessoire, par quelque laps de temps qu'on en ait joui, sans en avoir titre ou payer redevance. Mais les droits d'usage suivent presque par-tout des règles bien différentes de celles des autres *servitudes.*

La coutume de Bourgogne n'a pas même de disposition sur la prescription en général, d'où il sembleroit résulter qu'il n'y a aucune difficulté à y suivre le droit romain pour celle des *servitudes.* Il y en a néanmoins de très-considérables.

L'embarras est venu d'un article des cahiers dressés pour l'interprétation de la coutume. On sait que ces cahiers sont d'un très-grand poids, quoiqu'ils n'aient aucune autorité légale. Or, l'article unique du chap. 15 de ces cahiers, qui est le dernier de tous, porte que, de toutes choses prescriptibles, toutes prescriptions sont uniformes & réduites à 30 ans.

Les auteurs qui ont écrit sur la coutume de Bourgogne, ont adopté des opinions différentes. Mais il paroît par un grand nombre d'arrêts, postérieurs à l'année 1711, qu'en matière de *servitude*, la possession trentenaire sans titre est admise dans les pays coutumiers du ressort de ce parlement contre les laïques, & celle de 40 ans contre les ecclésiastiques; & que dans les pays qui sont purement régis par le droit écrit, on en suit les principes relativement aux prescriptions, lorsqu'il s'agit de vraies *servitudes*, & non pas de simples actes de familiarité & de tolérance.

Quoique la Bresse & le Bugey soient du ressort du parlement de Bourgogne, ils ne sont pas néanmoins sujets à la coutume de Bourgogne. Ces pays, qui appartenoient autrefois au duc de Savoie, ont, par cette raison, des statuts & des usages particuliers, suivant lesquels on y distingue les *servitudes* continues d'avec les discontinues. Les premières seules s'acquièrent par la prescription trentenaire sans titre; les secondes ne s'acquièrent que par la possession immémoriale. C'est ce qui paroît établi par cinq arrêts rapportés par Lalaure, *liv. 2, chap. 7.*

Parlement de Grenoble. Bretonnier observe avec raison, dans ses questions alphabétiques, au mot *Prescription*, qu'on n'en admet pas de moindre que celle de trente ans dans le Dauphiné. Quant aux *servitudes* en particulier, on y distingue d'abord les *servitudes* urbaines & les *servitudes* rustiques: par rapport aux *servitudes* urbaines, on suit les loix romaines pour les cas qu'elles ont prévus, en n'y admettant toutefois que la prescription de trente ans: mais lorsque ces loix gardent le silence, on a recours à la coutume de Paris, dont on suit bien des dispositions; par exemple, l'article 200 pour les vues & fenêtres.

A l'égard des *servitudes* rustiques, les continues s'y prescrivent par trente ans, & les discontinues par la possession immémoriale, lorsqu'il n'y a pas de titre.

Guypape prétend néanmoins que la prescription de trente ans sans titre est admise pour la *servitude* de chemin, selon la disposition du droit.

Parlement de Paris. Les provinces de Lyonnois, Forez & Beaujolois, sont soumises au droit écrit, quoique situées dans le ressort du parlement de Paris, & il en est de même d'une partie de l'Auvergne: cependant quelques jurisconsultes ont voulu y introduire la maxime *nulle servitude sans titre*, contenue dans la coutume de Paris.

Brodeau, sur l'article 186 de cette coutume, n° 8, assure même « qu'on le pratique de notoriété dans la ville de Lyon & autres pays circonvoisins de droit écrit, où l'on suit la décision du présent article, qui rejette la prescription centenaire, sans titre par écrit ou autre preuve littérale, & qu'on l'a ainsi jugé par plusieurs arrêts.

Mais suivant l'extrait d'une lettre du 22 juillet 1758, rapportée par Lalaure, qui lui a été adressée par l'un des premiers magistrats de la sénéchaussée & cour des monnoies de Lyon, après avoir été communiquée à sa compagnie; il paroît qu'on y suit l'article 186 de la coutume de Paris pour les *servitudes* urbaines, mais que les *servitudes* rurales se prescrivent suivant le droit romain.

Lalaure observe qu'on en doit excepter les *servitudes* d'aqueduc & d'égout incorporé, qui, dit-il, se prescrivent par trente ans, parce que les constructions qu'il faut faire ne peuvent guère avoir été faites sans le consentement du propriétaire du fonds, & que ces sortes de *servitudes* peuvent même être considérées comme un droit de propriété, suivant la note de Dumoulin sur l'article 230 de la coutume de Blois.

La jurisprudence qui s'observe en Lyonnois sur les *servitudes*, est aussi adoptée dans la principauté de Dombes, qui ressortit au parlement de Paris depuis sa réunion à la couronne, mais qui auparavant avoit, comme on le sait, un parlement particulier & un conseil souverain. Les *servitudes* rustiques s'y prescrivent indistinctement par trente ans contre les laïques, & quarante ans contre l'église. Quant aux *servitudes* urbaines, on est dans l'usage d'y suivre la coutume de Paris.

Parlement de Pau. Ce parlement a dans son ressort la province de Béarn & la Basse-Navarre, qui suivent des loix différentes à cet égard. La coutume de Béarn, au titre des prescriptions, *art.* 4, veut que pour celle des *servitudes* on suive *le droit commun*, c'est-à-dire le droit écrit.

Quant à la Basse-Navarre, l'article 8 du titre 15 de la coutume, dit que les *servitudes*, tant continues que discontinues, se prescrivent par une jouissance paisible avec titre & bonne-foi par dix ans entre présens, & vingt ans entre absens. L'article 9 porte qu'on ne prescrit les unes & les autres sans titre, que par une possession immémoriale; & l'article 22 ajoute, que par quelque laps de temps que ce soit, de trente & quarante ans, & même par la possession immémoriale, on ne peut acquérir de *servitude* sans titre en terre ou place vuide appartenant au seigneur, & que, quelque temps qu'on ait passé avec des bestiaux dans un champ non clos ni cultivé, le propriétaire pourra le faire labourer, cultiver & fermer à son profit & comme bon lui semblera.

Parlement de Toulouse. L'on n'admet au parlement de Toulouse la prescription de dix & vingt ans, que pour l'hypothèque; mais la propriété ne s'acquiert que par trente ans. Ce principe est aussi admis pour les *servitudes* continues. Fromental, dans ses décisions de droit, au mot *Servitude*, rapporte un arrêt du 4 mai 1714, qui l'a ainsi jugé pour le droit de vue.

A l'égard des *servitudes* discontinues, qui ne peuvent s'exercer que par le fait de l'homme, elles ne peuvent s'acquérir dans le ressort de ce parlement que par titre ou possession immémoriale. On se fonde pour cela sur la loi 3, §. 4, ff. *de aquâ quot & æst.* qui dit que la possession immémoriale d'une prise d'eau tient lieu de titre.

Quant aux *servitudes* négatives, elles ne se prescrivent qu'à compter du jour de la défense; ce qui est très-juste.

Conseil de Colmar. L'Alsace est régie par le droit écrit, sauf en ce qui est décidé par les usages locaux & les loix particulières à cette province; mais on y suit en général le droit écrit pour la prescription des *servitudes*. On y distingue néanmoins les *servitudes* continues d'avec les discontinues. Les premières se prescrivent par dix ans entre présens, & vingt ans entre absens. Quant aux *servitudes* discontinues, la jurisprudence du conseil supérieur est d'exiger, pour leur établissement, ou un titre, ou une possession immémoriale. Cette jurisprudence est conforme à celle de la chambre impériale, attestée par Mynsinger, *cent.* 4, *observ.* 33.

Des pays coutumiers. Il y a une diversité presque infinie dans nos coutumes sur l'établissement des *servitudes* par prescription : les unes rejettent cette manière d'acquérir une *servitude* : les autres l'admettent pour certaines sortes de *servitudes* seulement : les troisièmes l'admettent pour toutes sortes de *servitudes* : quelques-unes sont muettes sur cet objet. Chacune de ces espèces de coutumes se subdivise en plusieurs classes.

Les coutumes, qui rejettent l'établissement des servitudes par prescription, peuvent se diviser en trois classes : la première contient *celles qui rejettent toute servitude sans titre, comme la coutume de Paris.* La seconde a pour objet *celles qui, en rejettant la prescription, n'énoncent qu'un certain nombre de servitudes, sans s'expliquer sur les autres.* La troisième enfin comprend *celles qui rejettent la prescription des servitudes, à moins que la possession n'ait été précédée de contradiction.*

Première classe. Coutumes qui rejettent toutes les servitudes sans titre. L'article 186 de la coutume de Paris porte, que droit de *servitude* ne s'acquiert par longue jouissance, quelle qu'elle soit, sans titre, encore que l'on en ait joui par cent ans; mais la liberté se peut acquérir contre le titre de *servitude*, par trente ans entre âgés & non privilégiés. Cette décision se trouve dans une ordonnance donnée par Charles VIII en 1495, dont l'article 5 porte, qu'*aucun droit ne pouvoit être acquis sans titre spécial, faisant mention de la servitude.*

Les coutumes de Bayonne, *tit.* 1, *art.* 1; Calais, *art.* 172; Cambray, *tit.* 17, *art.* 6; Clermont en Beauvoisis, *art.* 216; Crépy, *art.* 124; Dourdan, art. 63; la ville de Lille, *chap. 6*, *tit. 9*; Limoges, *art. 38*; Montfort-l'Amaury, *art. 85*; Orléans, *art. 155*, *225*, *248*, *251* & *253*; Sédan, *art. 278* & *294*; Tournay, *chap. 22*, *art. 1*, & Troies, *art. 61*, ont des dispositions conformes.

Toutes ces coutumes ne s'expliquent pas dans les mêmes termes. L'on a déjà parlé des coutumes de Bayonne & de Limoges, en rendant compte de la jurisprudence du parlement de Bordeaux. Celles d'Auxerre, Calais, Dourdan, Montfort-l'Amaury, Paris & Tournai, sont les seules qui excluent nommément la prescription centenaire. D'autres énoncent la possession immémoriale; d'autres enfin, comme celle d'Orléans, disent simplement que la prescription n'a pas lieu *par quelque laps de temps que ce soit*.

Plusieurs auteurs, tels que Pothier sur cette dernière coutume, pensent que la possession centenaire n'est point exclue par ces mots *quelque laps de temps que ce soit*. Cela est conforme, dit Pothier, à la doctrine de Dumoulin, qui enseigne en son conseil 26, *n. 24 & 25*, que la possession centenaire a la force de titre, & n'est jamais censée exclue par une loi prohibitive, ni par quelques termes que ce soit. Pothier ajoute néanmoins que, quelque puissantes que soient la raison de Dumoulin & les autorités dont on pourroit l'appuyer, on auroit peut-être aujourd'hui de la peine à réussir à établir une *servitude* sans titre par la seule possession centenaire, parce que la nouvelle jurisprudence incline beaucoup à interpréter les autres coutumes par celle de Paris. Brodeau sur l'article 186 de la coutume de Paris, & la plupart des nouveaux commentateurs sont de ce dernier avis. On trouve même dans la cent. 2 de le Prêtre un arrêt du 4 mai 1570, qui l'a ainsi jugé pour un droit de vues, contre les Blancs-Manteaux.

On peut remarquer enfin, pour terminer ce qui concerne cette question, que presque toutes les coutumes qui excluent la prescription *par quelque laps de temps que ce soit*, ajoutent expressément qu'elle n'est pas suffisante sans titre. Legrand, sur l'article 63 de la coutume de Troies en conclut, non sans quelque raison, que ces mots montrent évidement que le titre est du tout nécessaire pour acquérir par prescription les *servitudes*, & que c'est l'intention de la coutume, suivant les auteurs, nonobstant qu'elle n'ait pas ajouté, encore qu'on en ait joui par cent ans, comme la coutume de Paris, article 186.

Il faut en excepter néanmoins les coutumes de Lille, de Limoges, de Sédan & de Tournai. Celle de Lille porte, que possession & prescription n'ont point lieu pour cours d'eau, vues ou autres *servitudes*, entre circonvoisins, s'il n'en appert par lettres *ou autrement duement*. La coutume de Limoges dit, si l'on a titre *ou quelque signe équipollent à titre*, celle de Sédan porte, sans titre *ou chose équipollent à titre*; enfin, celle de Tournai dit, s'il n'est fondé de justes titres, dont il est tenu de faire apparoir duement par lettres passées devant lesdits échevins, ou autrement suffisamment.

Il ne faut pas croire que ces coutumes aient entendu par-là autoriser la prescription des *servitudes* visibles; elles veulent seulement que certains signes puissent tenir lieu de titres pour certaines sortes de *servitudes*, de la même manière que la coutume de Paris, dans l'article 214, & presque toutes les autres indiquent des signes de mitoyenneté ou d'exclusion de mitoyenneté dans les murs de clôture.

Ces signes de *servitude* peuvent varier suivant les lieux. On doit à cet égard s'en rapporter aux usages & aux coutumes de chaque endroit. Par exemple, la coutume de Tournai a quelques dispositions à ce sujet au titre des héritages. L'article 6 dit que des corbeaux désignent que celui du côté duquel ils sont, a droit d'héberge audit mur, & d'asseoir ses poutres sur les corbeaux, mais non de les enter dans le mur. L'article 7 ajoute, que celui qui n'a que ce droit d'héberge, est sujet de recevoir les eaux du voisin à qui le mur appartient, si son héritage est à ce apt & disposé.

Plusieurs auteurs proposent une exception à la règle *nulle servitude sans titre*, pour les égouts incorporés qui ne tombent pas seulement sur le fonds du voisin, mais qui sont bâtis dans son héritage ou qui y sont appuyés. Ils pensent qu'on peut les acquérir sans titre par prescription; c'est la décision de Dumoulin sur l'article 230 de la coutume de Blois. Coquille est du même avis sur la coutume de Nivernois, *chap. 10*, *art. 2*. Chopin sur l'ancienne coutume de Paris, *liv. 1*, *tit. 4*, & Ferrière sur *l'ar. 186* de la nouvelle, admettent aussi cette distinction.

Cependant des Godets, dans ses notes sur l'art. 186 de la coutume de Paris, *n. 7 & 8* rejette absolument cette distinction, & décide qu'il faut nécessairement avoir des titres valables, pour que les égouts soient réputés *servitudes*. Il n'excepte de cette règle « que les aqueducs publics dans les villes, & » les petites rivières & ruisseaux en campagne, » qui servent à écouler les eaux de tout un pays, » lesquels passent quelquefois sur différens hé» ritages, & auxquels chacun de ces héritages a » droit de faire écouler ses eaux, sans que les au» tres en puissent empêcher ».

Cette exception ne peut pas être contestée, parce qu'elle a pour objet des *servitudes* légales, comme on le verra au mot Voisinage. Quant au sentiment de des Godets sur les autres sortes d'égouts, il faut avouer qu'il paroît le plus conforme aux décisions de notre droit coutumier. Plusieurs des coutumes qui ont adopté la maxime *nulle servitude*, énoncent en propres termes les *égouts*. Quelques-unes même ne nomment que cette espèce de *servitude* & une ou deux autres. Cependant aucune n'a songé à distinguer les différentes sortes d'égouts; ce qui semble annoncer qu'elles ont entendu les comprendre toutes dans leurs dispositions.

S'il s'agissoit néanmoins d'un égout voûté & édifié sous la maison du voisin, & dont l'ouvrage fût bien apparent, la possession immémoriale le feroit sans doute confirmer. C'est alors plutôt propriété que *servitude*, comme le dit Bourjon, *tom. 2, liv. 4, tit. 1, chap. 1, sect. 3.*

Il faut bien prendre garde au surplus que les coutumes de cette classe, & toutes celles qui admettent la maxime *nulle servitude sans titre*, n'entendent pas néanmoins rejetter toute sorte de prescription. C'est ce que Pothier établit fort bien dans son introduction au titre des *servitudes* de la coutume d'Orléans, *n. 9.* Si le possesseur, dit-il, de l'héritage voisin, qui passoit pour en être le propriétaire, sans l'être effectivement, m'a accordé sur cet héritage un droit de *servitude*, ce possesseur n'ayant pu me donner un droit dans une chose dans laquelle il n'en avoit pas lui même, je n'en acquiers aucun; mais j'acquiers au moins *causam usucapiendi.* Car si, en vertu de ce titre, j'use *pendant trente ans* (1), du droit de *servitude*, j'acquerrai le droit par la prescription. Ma possession n'est pas, en ce cas, destituée de titre, puisque je possède en vertu d'un titre d'acquisition, *ab eo quem bonâ fide credebam dominum esse*, & ma possession ne peut passer pour une tolérance, puisque j'use du droit de *servitude* en ce cas, *tanquàm justè existimans me jus servitutis habere.* Le Grand est du même avis sur l'article 61 de la coutume de Troies.

Duplessis, *liv. 1*, observe aussi que la *servitude* ayant été prescrite pour la libération contre le titre, elle se peut réacquérir par la prescription de 30 ans, à cause de l'ancien titre, parce que cette dernière possession n'est pas tant une prescription qu'une présomption qu'on n'a pas voulu tirer avantage de la première, mais exécuter de bonne-foi le titre.

Deuxième classe. Coutumes qui, en rejettant toute prescription, ne parlent que de quelques servitudes, sans s'expliquer sur les autres. Ces coutumes sont celles d'Auxerre, *art. 100* & *114*; Bassigny, *art. 180* & *187*; Blois, *art. 230*; Chartres, *art. 80*; Châteauneuf, *art. 95*; Dreux, *art. 68*; Etampes, *art. 72*; Gerberoy, *art. 81*; la Gorgue, *art. 50*; Loudunois, *chap. 21, art. 1*; Melun, *art. 188*; Montargis, *tit. 10, art. 1*; Normandie, *art. 608*; Noyon, *art. 32*; Péronne, *art. 212*; Senlis, *art. 268*; Sens, *art. 98*; Touraine, *art. 212*; Troies, *art. 61*; Valois, *art. 124*; & Verdun, *tit. 15, art. 3.*

Toutes ces coutumes ne sont pas conçues dans les mêmes termes. Celle d'Auxerre ne nomme que *les vues & égouts sur l'héritage d'autrui* dans l'article 100, & le droit de passage dans l'article 114. La coutume de Montargis est dans le même cas. Celles de Chartres & de Château-Neuf ne parlent que des *vues ou fenêtres*; celles de Bassigny, Blois, Dreux, Gerberoy, Loudun, Senlis, Sens & Touraine, n'énoncent que les *vues & égouts.* La coutume de Valois dit, *en matière de vues, égouts & glassouères*; (2) la Gorgue ne parle que des *gouttières, issues d'eau, piscine ou ressort, tombans ou courans sur, parmi ou au travers de l'héritage de son voisin*; la coutume de Melun dit, *droit de vues, égouts & autres semblables servitudes de maisons & édifices*; celle de Normandie, *droitures de servitudes de vues, égouts de maison & autres choses semblables*; celle de Noyon, *vues, égouts, enclaves, & autres édifices secrets*; celle de Péronne ne parle non plus que des *vues, égouts, entrées, issues & enclavures*; celle de Troies dit: ceux auquels appartiennent *héritages, maisons, places ou édifices à Troies*, joignans & contigus les uns aux autres, n'acquièrent l'un sur l'autre aucune *servitude* ni possession de porter & soutenir *toutes vues d'huis, fenêtres ou passages* les unes sur les autres, par quelque temps qu'ils aient permis ou souffert les choses devant dites, si ce n'étoit que de ce eût titre exprès; enfin, la coutume de Verdun nomme *les servitudes tant d'égout d'eau, chinées, vues & chemins sur fonds d'autrui.*

Les auteurs ont été partagés sur le point de savoir si les décisions de ces différentes coutumes devoient s'entendre de toutes les *servitudes* en général, ou de toutes les *servitudes* urbaines seulement, ou même uniquement de celles de ces *servitudes* qui sont littéralement exprimées dans le texte.

On convient assez généralement que les expressions de ces coutumes ont eu pour objet toutes les *servitudes* urbaines, lors même qu'elles se contentent d'énoncer une ou deux de ces *servitudes*, sans y ajouter aucuns termes généraux, comme ont fait les coutumes de Melun, de Normandie & de Noyon; mais il s'en faut de beaucoup que les auteurs soient également d'accord sur l'extension qu'on voudroit faire de cette disposition aux *servitudes* rustiques, lors du moins que les coutumes ne désignent aucune de ces *servitudes.*

Pallu sur la coutume de Touraine, & le Grand sur l'article 61 de la coutume de Troies, *glos. 1, n. 7* & *8*, soutiennent que cette extension ne doit point avoir lieu, parce que l'imprescriptibilité des *servitudes* est contraire au droit commun, & que l'énonciation d'un objet semble de plein droit porter l'exclusion des autres. Mais les jurisconsultes les plus estimés pensent qu'il ne faut pas conclure de la disposition de ces coutumes sur les *servitudes* urbaines, qu'aucune ait entendu exclure de la loi de l'imprescriptibilité, les *servitudes* rurales: il s'ensuit seulement qu'elles n'ont entendu rien prononcer sur cet objet, soit que les rédacteurs de ces coutumes n'aient point songé aux *servitudes* rurales, soit qu'ils n'eussent pas d'usage bien constant à cet égard.

Il est important de remarquer en effet que nos coutumes ne sont point des codes complets de législation, où l'on ait entendu régler tous les objets du droit civil; ce sont de simples recueils des points sur lesquels il y avoit une pratique & des usages bien avérés. Lors donc qu'une coutume ne parle que d'un point relativement à la prescription, on ne doit pas croire qu'elle en excepte tous les autres,

(1) Pothier dit ici *trente ans*, parce que la coutume d'Orléans n'admet pas de prescription plus courte.

(2) Ce mot signifie des fosses d'aisance.

mais seulement qu'elle a entendu ne pas les décider. Ainsi, les coutumes qui n'ont déclaré imprescriptibles que les *servitudes* urbaines, ou les plus communes d'entre elles, n'ont point supposé prescriptibles les *servitudes* rurales. Elles ont laissé la décision de ce qui les concernoit au droit commun des pays coutumiers.

D'après cela, la question ne peut pas être embarrassante. On sait que presque toutes les additions qui ont été faites à la coutume de Paris, lors de la réformation, ont eu pour objet les usages du droit commun que la dernière jurisprudence avoit consacrés : or, le droit commun en pays coutumiers est que les *servitudes* ne peuvent se prescrire sans titre, ainsi que l'observe Dumoulin, sur l'article 80 de l'ancienne coutume de Paris.

Au reste, le sentiment que nous suivons sur cette question est même adopté hors du ressort du parlement de Paris. Bérault, sur l'article 608 de la coutume de Normandie, rapporte un arrêt du parlement de Rouen, du dernier mars 1607, qui juge que cet article doit s'appliquer à toutes sortes de *servitudes*, soit urbaines, soit rustiques ; & Basnage en rapporte un autre du 13 juin 1611, rendu en forme de réglement, qui a jugé la même chose.

Troisième classe. Coutumes qui rejettent la prescription des servitudes, à moins que la possession n'ait été précédée de contradiction. Ces coutumes sont celles de Bar, *art. 171* & *179* ; de Berry, *tit. 11*, *art. 1, 2, 3 & 4* ; & Meaux, *art. 75*.

L'article 171 de la coutume de Bar porte que vues & égouts ne se peuvent acquérir sur l'héritage d'autrui, par prescription ou longue jouissance, quelle qu'elle soit, s'il n'y a titre. L'article 179 ajoute, tolérance d'aucun qui a souffert à autrui avoir vue, égout, ou échellage en son héritage, ne peut acquérir jouissance contre lui sans titre, comme dit est, *sinon qu'il l'ait voulu empêcher ou contredire*, & que, nonobstant son empêchement ou contradiction, celui qui avoit eu auparavant lesdites vues, égouts ou échellages, en eût joui depuis paisiblement au vu & au su de son voisin ; car en ce cas il pourroit prescrire lesdites *servitudes* par trente ans après ledit empêchement ou contradiction.

L'article 75 de la coutume de Meaux est absolument semblable à ce dernier article. Quoique ces deux coutumes ne parlent que des vues, égouts & échellages, il paroît qu'on a entendu comprendre toutes les *servitudes* tant urbaines que rustiques dans ces dispositions. C'est le sentiment de le Paige sur l'article 171 de la coutume de Bar, qui assure que tel est l'usage, & qu'il en a fait donner un acte de notoriété en la prévôté de Bar, le 12 juin 1699. Outre que ces coutumes ne parlent que des *servitudes* les plus fréquentes, elles s'éloignent si peu du droit commun, qu'il n'est pas étonnant qu'on ait étendu leurs dispositions à toutes les *servitudes*.

La coutume de Berry est dans le même cas que les deux autres de cette classe. L'article 1 porte en général, qu'on ne peut acquérir de *servitude par elles occultes* ; l'article 2 dit que droits de vues & égouts ne peuvent être prescrits sur la maison ou héritage du voisin, par quelque laps de temps que ce soit, *si ce n'est qu'il y eût eu contradiction expresse & formelle*, dès & depuis laquelle la prescription de ladite *servitude* pourroit être commencée & parfaite par le laps & espace de trente ans continuels & consécutifs. L'article 3 dit la même chose du droit de passage. L'article 4 en dit autant pour les *vues & égouts en mur mitoyen.*

Les détails de ces trois derniers articles ont pour objet les *servitudes* les plus familières & les plus marquées ; d'où l'on doit conclure, à plus forte raison, que cette décision doit s'appliquer à toutes les autres *servitudes* que la coutume n'a pas exprimées. C'est l'avis de la Thaumassière en sa préface sur l'article 11 de ses nouveaux commentaires sur la coutume de Berry.

On a demandé quelle est l'espèce de contradiction qu'exigent ces trois coutumes : il est bien certain qu'il ne peut pas être question de défenses verbales, sur-tout depuis les ordonnances qui ont rejetté la preuve par témoins, en matière civile, au-delà de cent livres. La Thaumassière sur l'article 2 de sa coutume, d'après Boerius, *quest. 319*, & sur l'ancienne coutume, *tit. 3*, *art. 5*, dit *qu'il faut entendre le tout de la contradiction judicielle.* Bobé, sur l'article 75 de la coutume de Meaux, dit aussi que les défenses doivent être faites judiciairement.

Les coutumes qui admettent l'établissement des servitudes par prescription, pour certaines sortes de servitudes seulement, peuvent se diviser en quatre classes. La première comprend *les coutumes qui admettent la prescription des servitudes en général, en ne la rejettant que pour les places vuides & terreins non clos.* La seconde, *celles qui la rejettent pour les servitudes urbaines seulement* ; la troisième *celles qui ne la rejettent que pour les servitudes de ville* ; & la quatrième enfin, *celles qui admettent la prescription des servitudes non connues, en la rejettant pour les servitudes connues.*

Première classe. Coutumes qui admettent la prescription des servitudes en général, en ne la rejettant que sur les places vuides & terreins non enclos. Ces coutumes sont celles de Bretagne, *art. 269, 282* & *393* ; Bourbonnois, *art. 519* ; Gorze, *tit. 14*, *art. 38* ; Nivernois, *chap. 10*, *art. 2*, & *tit. 17*, *art. 9* & *10* ; & Saint-Mihiel, *tit. 10*, *art. 4, 5* & *6*.

Toutes les coutumes de cette classe ne sont pas semblables : la coutume de Bretagne, *art. 282*, porte en général que droiture & seigneurie est acquise à celui qui a paisiblement & notoirement joui sans titre, par lui, ses prédécesseurs ou auteurs dont il a cause, par l'espace & laps de quarante ans, laquelle prescription aura lieu contre mineurs, absens, communautés, même entre frères & sœurs pour leurs partages.

Ainsi tous les droits immobiliers s'acquièrent en Bretagne par la prescription de quarante ans sans titre, contre toutes sortes de personnes indistinctement. L'article 393 met une limitation à cette faculté pour les terres non closes, dans les termes suivans : si aucun veut clorre ses terres, prés, landes, ou autres terres décloses, où plusieurs aient accoutumé d'aller & venir & faire pâturer, justice doit voir borner & diviser les chemins par le conseil des sages, au mieux que faire se pourra pour l'utilité publique, & laisser au parsus clorre lesdites terres, nonobstant longue tenue d'y aller & venir & faire pâturer durant qu'elles étoient décloses.

L'imprescriptibilité du droit d'usage & de passage n'a donc pas lieu indistinctement sur tous les domaines, mais seulement sur ceux qui ne sont pas clos ; encore l'article 393 autorise-t-il la justice à y conserver les passages nécessaires (*à diviser les chemins par le conseil des sages.*)

L'article 519 de la coutume de Bourbonnois porte qu'aucuns en place vuide, soit *in urbano fundo vel rustico*, par quelque laps de temps que ce soit, n'acquièrent droit de *servitude*, possession & saisine. . . . ., sinon qu'il y eût titre au contraire, ou qu'ès choses dessus dites, y eût contradiction, & après icelle, jouissance de 30 ans. Le reste de l'article fait l'application de la règle aux *servitudes* d'égout ou évier & passage.

L'article 2 du titre 10 de la coutume de Nivernois a une disposition absolument semblable ; & Coquille observe qu'on ne doit point en étendre la disposition aux héritages qui sont clos & employés à quelque usage par le propriétaire. Seront notés, dit-il, les mots *place vuide*, pour montrer qu'autrement seroit si c'étoit une place close, ou servant ordinairement à quelque usage spécial. Car ce qui se fait ès places vuides, ne servant à usage particulier, est souvent négligé par le propriétaire ou enduré par familiarité, & en nul de ces cas n'y a possession ni prescription.

L'article 509 de la même coutume de Bourbonnois ajoute qu'on ne peut avoir égouts & ozines (c'est-à-dire tuyaux de privés), au moyen desquels les eaux & immondicités puissent cheoir ou prendre conduit au puits ou cave de son voisin, auparavant édifiés, sinon qu'il y ait titre exprès au contraire. Pothier fait observer qu'on ne doit point étendre ce que dit l'article 519 sur la disposition trentenaire, au cas de l'article 509, *comme disposant en un cas de plus grande importance.* Ce dernier point est effectivement un réglement de police.

Enfin la prescription trentenaire de l'article 519 ne doit être admise que sous les limitations énoncées dans l'article 23 pour les choses prescriptibles en général. Elle n'a donc lieu que par quarante ans contre l'église, & elle ne court pas contre les mineurs. La même restriction doit s'appliquer à toutes les autres coutumes qui n'ont pas de dispositions contraires.

La règle générale que l'article 2 du chapitre 10 de la coutume de Nivernois a donnée sur la prescription *des servitudes*, souffre une exception relativement au droit d'usage, tant pour le pâturage que pour la coupe des bois. Suivant l'*art. 10 du chap. 17*, la jouissance dudit droit de *servitude*, ou usage par temps immémorial, *etiam* sans titre ou paiement de redevance, équipolle à titre & vaut en pétitoire & possessoire. L'article précédent dit même que la possession de ce droit avec paiement de redevance, suffit pour être maintenu au possessoire.

La coutume de Gorze en Lorraine, qui admet la prescription de vingt ans vingt jours pour les immeubles en général, fait beaucoup de distinction pour les *servitudes* dans le titre 14. L'article 38 porte en général, que *droit de servitude sans titre, par quelque laps de temps que ce soit, ne se peut acquérir en place vuide ou héritage non clos.* L'article 39 applique cette décision aux droits de gouttières ou égouts, vues & passages, en y rejettant expressément la prescription de *vingt ans vingt jours ou plus long-temps en place vuide.*

» L'article 40 ajoute, que le droit de *servitude* » discontinue sur le fonds d'autrui, ne s'acquiert, » s'il n'y a titre ou possession de temps immé- » morial, & l'article 41 dit enfin, que *servitude* » de prendre jour sur l'héritage d'autrui, ne se » prescrit non plus par quelque laps de temps que » ce soit ».

La coutume de Saint-Mihiel, dans la même province, a dans le titre 10, *art. 4 & 5*, des dispositions absolument semblables aux art. 38, 39 & 40 de celle de Gorze. Mais l'art. 6 met une limitation à ce qui concerne le droit de vues. *Servitude* de jour, y est-il dit, ne se peut prescrire par quelque laps de temps que ce soit, n'est doncques qu'il y ait en la fenêtre battes & assiettes de ventillions, ou grilles & araignées du dehors de la fenêtre, qui sont marques & *servitudes* de jour, ou bien qu'il y ait titre & constitution.

Il faut donc dire dans ces deux coutumes, qu'on n'admet aucune sorte de prescription pour les *servitudes* sur place vuide ; qu'il en est de même des *servitudes* de jour, sauf l'exception des titres muets dont parle la coutume de Saint-Mihiel ; que les *servitudes* discontinues peuvent s'acquérir par la possession immémoriale ; d'où l'on doit conclure que les autres sortes de *servitudes* sur les terreins clos, s'acquièrent par le temps ordinaire de la prescription admise pour les immeubles, c'est-à-dire, par vingt ans vingt jours.

Seconde classe. Coutumes qui rejettent la prescription des servitudes urbaines, en admettant celle des servitudes rurales. Ces coutumes, qu'il ne faut pas confondre avec celles de la classe suivante, sont Audenarde, *rubrique 11, art. 4, 5 & 6;* Clermont en Clermontois, *chap. 14, art. 5;* Courtrai, *rubrique 11, art. 2 & 3;* Furnes, *tit. 36, art. 2 & 3;* Gand, *rubrique 18, art. 1, 2, 4 & 17;* Rousselaer, *rubrique 18, art. 1, 2 & 3.*

Toutes ces coutumes sont absolument uniformes pour ce qui concerne les *servitudes* urbaines. Toutes ont presque littéralement à cet égard la même disposition que l'article 6 de la coutume d'Audenarde, qu'il suffira de rapporter ici. En voici les termes : « Des *servitudes* urbaines qui tombent dans, sur, ou à cause des maisons, ou par l'entreprise d'un autre, comme la vue de fenêtres, lucarnes, gouttières, d'avoir cours de l'eau, ruisseaux, ou autres semblables choses, *il n'y en échet point de prescription par le laps de temps sans titre; mais il en est fait appointement & enseignement, de l'avis des arpenteurs, par les échevins, après la visite, suivant les marques, les documens & les lettres qu'il y en a* ».

Quant aux *servitudes* rurales, les mêmes coutumes admettent toutes la distinction des *servitudes* continues & des *servitudes* discontinues. L'article 4 de la coutume d'Audenarde dit : « l'on acquiert dans la ville la franchise, & dans la châtellenie, contre les personnes privées, le droit des *servitudes* rurales, continuelles & simples, où le fait de l'homme n'est point nécessaire, comme de courant d'eau & autres semblables, par possession paisible & de bonne-foi, *de trente ans même sans titre, & contre l'église, le prince, la ville & la commune, dans les quarante ans*, excepté les absens du pays & les mineurs ».

L'article 5 ajoute : « à l'égard des *servitudes* rurales discontinuelles, où le fait de l'homme concourt, comme d'avoir un chemin ou une voie à pied, à cheval, ou en charriot, par l'héritage, ou l'eau de quelqu'un avec des bestiaux ou autrement, de pouvoir aller quérir, par le fonds de quelqu'un, de l'eau, du sable, de l'argille, ou semblables choses, *la prescription de telles servitudes restera & sera réglée selon la disposition du droit écrit & commun* ».

L'article 2 de la coutume de Courtray, l'article 1 de la coutume de Gand, & les articles 1 & 2 de la coutume de Rousselaer sont semblables, mot pour mot, à ces deux articles de la coutume d'Audenarde. La coutume de Furnes, article 2, s'explique aussi de la même manière pour les *servitudes* rurales continues; mais quant aux *servitudes* rurales discontinues, elle ajoute qu'*elles seront prescrites par le temps de quarante ans, sauf la bonne-foi, comme ci-dessus*.

Il en est de même de la coutume de Gand, qui a de plus deux dispositions de droit commun dans les articles 4 & 17. L'article 4 n'admet la prescription des *servitudes* négatives qu'après la contradiction, & l'article 17 la rejette expressément à l'égard de ceux qui *taillent, rognent, diminuent & creusent le mur d'autrui du côté contraire & clandestinement*.

Troisième classe. Coutumes qui rejettent la prescription des servitudes dans les villes & fauxbourgs, en l'admettant pour la campagne. Ces coutumes sont celles d'Anjou, *art.* 449, 450 & 454; de Mantes, *art.* 94, & de Reims, *art.* 350. Il faut bien se garder de les confondre avec celles de la classe précédente, puisque celles-ci distinguent les *servitudes* urbaines d'avec les *servitudes* rustiques, en se réglant sur la nature des *servitudes* même, tandis que celles de la classe actuelle se règlent sur la situation des lieux, en rejettant la prescription des *servitudes* rurales dans les villes, & en admettant celles des *servitudes* urbaines dans les campagnes.

Voici le texte de la coutume de Mantes : « ès » villes de Mantes & de Meulan, fort de Meu» lan & fauxbourgs d'icelles, droit de vues, égouts » & *toutes autres servitudes ne s'acquièrent par prescrip*» *tion* de longue jouissance, quelle qu'elle soit, » sans titre & fût de cent ans & plus, & *hors les*» *dites villes & fauxbourgs s'acquièrent par prescription* » *de droit écrit* ».

La coutume de Reims dit absolument la même chose de *tous droits de servitudes*.

Des termes si clairs ne laissent aucune difficulté pour ce qui concerne les *servitudes* des villes qui en sont l'objet; mais il s'en est élevé sur la disposition qui concerne celles des campagnes. Buridan, sur l'article 350 de la coutume de Reims, *n. 8*, distingue à cet égard les *servitudes* continues & discontinues. Les premières, dit-il, s'acquièrent par la possession de dix & vingt ans avec un titre, & de trente ans sans titre. Mais on exige la prescription centenaire ou immémoriale pour les *servitudes* discontinues, soit pures, réelles, ou bien mixtes, qui ne peuvent se conserver sans le ministère de l'homme, comme, par exemple, de passer dans le fonds de son voisin pour aller au sien, d'aller puiser à son puits, de charrier en quelques saisons de l'année dans l'héritage d'autrui, comme lors des fanaisons des foins, de passer dans les vignes de son voisin, de mener son bétail pâturer la seconde herbe du pré d'autrui, *&c.*

Mais cette opinion doit céder au texte des coutumes, qui n'a assurément rien de déraisonnable, & il faut se régler, pour les *servitudes* de campagne, sur les principes qu'on a exposés ci-dessus, en parlant de la jurisprudence des pays de droit écrit, sauf les restrictions que la jurisprudence du parlement peut avoir adoptées pour les pays de droit écrit qui sont dans son ressort.

Les dispositions de la coutume d'Anjou présentent des difficultés plus embarrassantes. L'article 449 dit d'abord en général, que *servitudes aucunes sont ruraux, autres de villes & de cité*; que quant aux *servitudes* ruraux, comme d'avoir sentier ou voie par le domaine d'autrui, à pied, à cheval, à charrettes & à bêtes, mener boire à l'étang ou vivier d'autrui, ou pour autres causes, comme bêcher terres, arène ou sablon au fonds d'autrui, ou autres semblables; elles se prescrivent *par trente ans continuels*. L'article 450 rejette au contraire la prescription, non pas des *servitudes* urbaines absolument, mais *des servitudes des maisons voisines en bonnes villes & fauxbourgs, comme de vues, goutières, privaisis, toulz, canaux & autres débats qui surviennent touchant servitudes*. Enfin, l'article 454 dit en général, que les *servitudes* réelles *qui ont cause continue*, comme d'amener & faire venir eau courante d'aucune fontaine vive en autre lieu, par aucun ruisseau ou canau, sont acquises par dix ans continuels, *comme les personnelles; mais que les servitudes* qui ont *cause discontinue*, *comme d'agout de maisons*, d'aller & venir à charrettes, ou à pied, ou à cheval par le fonds d'autrui, ou telles autres *servitudes* semblables, *s'acquièrent par trente ans & non moins, s'il n'y a titre, comme dit est*.

Il paroît, d'après l'article 450, que cet article 454 est relatif aux *servitudes*, tant urbaines que rustiques, des domaines situés hors les villes & fauxbourgs régis par la coutume d'Anjou.

Cependant Pocquet de Livonnière, en sa première observation sur l'article 449 de la coutume d'Anjou, prétend que cette coutume s'est conformée aux principes du droit dans les articles 449 & 450 en mettant les *servitudes* de voie, de sentier, *&c.*, au rang des *servitudes* rurales, & celles de vues, de gouttières, *&c.* au rang des *servitudes* urbaines, parce que ces premières sont ordinairement attachées à des héritages champêtres, & que ces dernières sont plus souvent dues à des édifices destinés pour l'habitation ou pour la commodité des hommes; ensorte qu'il suppose que les articles 449 & 450 adoptent la distinction des *servitudes* urbaines & rustiques.

Chopin sur la coutume de Paris, *liv. 1*, *tit. 4*, & Dupineau sur l'article 449 de celle d'Anjou, pensent au contraire que la coutume se règle sur la situation des fonds dans les villes & fauxbourgs, pour rejetter la prescription, suivant ces premiers mots de l'article 450, *en débats de servitude de maisons en bonne ville & fauxbourgs*. Il est à remarquer, dit Dupineau, que la même distinction n'est pas parmi nous entre les *servitudes* urbaines & rustiques, que par le droit romain, dans lequel c'est la matière qui fait l'héritage urbain ou rustique, par notre droit, *c'est le lieu*.

Il paroît que c'est-là le véritable sens de la coutume. L'article 449, en disant d'abord en général, que *servitudes aucunes sont ruraux, autres de ville & de cité*, fait dejà présumer que par le terme de *servitudes ruraux*, il n'entend pas les *servitudes* rurales, suivant la dénomination du droit romain, c'est-à-dire, celles qui concernent des fonds destinés à la culture, mais seulement des *servitudes* relatives aux domaines de campagne, quelle que soit leur destination, puisqu'il les met en opposition avec les *servitudes de ville & de cité*.

L'article 450 confirme cette idée. Il n'y est pas question des *servitudes* urbaines, mais *des servitudes des maisons voisines en bonnes villes & fauxbourgs*. Ces derniers mots sur-tout indiquent nettement qu'il n'est pas question des édifices de tout le ressort de la coutume, mais seulement des édifices qui sont situés dans les villes qui méritent véritablement ce nom, & dans leurs dépendances (*dans les bonnes villes & fauxbourgs*). Si la coutume d'Anjou eût voulu déclarer imprescriptibles toutes les *servitudes* urbaines & les *servitudes* urbaines seulement, elle ne se fût pas servi d'une expression si évidemment exclusive de toutes les *servitudes* des fonds situés à la campagne.

Aussi la coutume du Maine, qui est si souvent conforme à celle d'Anjou, & qui ne faisoit même autrefois qu'une seule coutume avec elle, mais qui a suivi sur cet objet un systême différent, a-t-elle employé d'autres termes dans l'article 462, qui correspond à l'article 450 de la coutume d'Anjou. Elle porte, que la prescription ne court point *en débats de servitudes de maisons voisines en bonnes villes ET VILLAGES*.

Enfin, l'article 454 de la coutume d'Anjou, après avoir déclaré prescriptibles par dix ans les *servitudes* continues, ajoute que les *servitudes* discontinues, *comme d'agouts de maisons*, *&c.* s'acquièrent par trente ans & non moins, *s'il n'y a titre, comme dit est*. Ces mots d'*agouts de maison* énoncent évidemment une *servitude* urbaine, & ceux-ci *s'acquièrent par trente ans, s'il n'y a titre comme dit est*, ne peuvent se rapporter qu'aux *servitudes* dénommées dans l'article 449, qui sont effectivement déclarées prescriptibles par trente ans sans titre. Suivant l'opinion de Pocquet de Livonnière, il y auroit deux contradictions dans la fin de l'article 454, puisqu'il mettroit au nombre des *servitudes* prescriptibles, les égouts de maisons, qui sont évidemment des *servitudes* urbaines que l'article 450 déclareroit imprescriptibles, & qu'il renverroit, pour ces *servitudes* urbaines, à l'article 449, qui ne parleroit que des *servitudes* rustiques.

Il faut donc en revenir à dire que la coutume d'Anjou déclare imprescriptibles toutes les *servitudes* de ville indistinctement dans l'article 450; qu'elle déclare prescriptibles par trente ans sans titre, toutes les *servitudes* de campagne, aussi indistinctement, dans l'article 449; & qu'enfin, dans l'article 454, elle admet le tenement ou prescription de dix ans avec un titre pour celles des *servitudes* de campagne seulement qui sont continues, en excluant de ce privilège celles qui sont discontinues, à l'égard desquelles elle ne reçoit que la prescription trentenaire.

Le même Pocquet de Livonnière prétend que, suivant la dernière jurisprudence, on tient pour maxime en Anjou, qu'on ne peut acquérir par prescription sans titre, le droit de chemin par l'héritage d'autrui, pour l'exploitation d'un domaine, auquel l'on peut aller par un autre chemin, quoique plus difficile & plus long. Il cite à cette occasion trois arrêts des 20 juin 1654, 24 août 1659 & 31 août 1669, avec une sentence de la sénéchaussée d'Angers. Mais il suffit de voir l'espèce de ces jugemens dans Livonnière, pour se convaincre qu'ils n'ont rien décidé de semblable.

Quatrième classe. Coutumes qui n'admettent la prescription que des servitudes connues, en la rejettant pour les servitudes non connues. Ces coutumes sont celles d'Epinal, *tit. 10*, *art. 6*, & de Lorraine, *tit. 14*, *art. 4*.

La coutume d'Epinal porte: « égouts ne autres *servitudes*, par actes occultes & latens, *non connus au voisin*, ne se peuvent prescrire par quelque laps de temps que ce soit; si les actes de la jouissance lui en sont *patens & cogneus*, peuvent être prescrits par vingt-un ans, en la forme dont son voisin se trouvera en avoir joui ».

La coutume de Lorraine est littéralement semblable, si ce n'est qu'elle n'admet que la prescription de trente ans, au lieu de celle de vingt-un ans. La distinction admise par ces coutumes n'est pas précisément celle des *servitudes* visibles & cachées, dont on a parlé ci-dessus. C'est moins sur l'apparence même des *servitudes* que les coutumes d'Epinal & de Lorraine se décident pour en admettre la prescription, que sur la connoissance effective que le propriétaire de l'héritage prétendu servant peut en avoir : il paroît donc qu'elles imposent à celui qui réclame une *servitude*, l'obligation de prouver que le voisin en a eu connoissance, & qu'en cas d'une absence continuelle, par exemple, elles rejetteroient la prescription de la *servitude* la plus apparente, à moins qu'on ne constatât que le voisin a été averti de l'ouvrage qui l'établissoit. Ces coutumes ont suivi en cela l'opinion de quelques docteurs qui ont établi la même distinction dans leurs gloses.

Les coutumes qui admettent la prescription pour toutes sortes de servitudes, se divisent en trois classes principales : la première classe comprend *les coutumes qui admettent la prescription de toutes les servitudes indistinctement par la possession immémoriale* : la seconde, *celles où le temps de la prescription est différent, suivant les diverses sortes de servitudes* : la troisième enfin comprend *les coutumes où toutes les servitudes indistinctement se prescrivent par le même temps que les autres immeubles*.

Première classe. Coutumes qui admettent la prescription de toutes les servitudes indistinctement par la possession immémoriale. Ces coutumes sont celles de Berghes-Saint-Winock, *rub. 14, art. 3, & rub. 15, art. 1*; Bruges, *tit. 22, art. 1*; Douai, *chap. 9, art. 2*; Grand-Perche, *art. 216*; & Orchies, *chap. 8, art. 3*.

Toutes ces coutumes prononcent si clairement la prescription de toutes sortes de *servitudes* par la possession immémoriale, & l'exclusion de toute autre espèce de prescription à cet égard, qu'il seroit inutile de s'y arrêter.

Seconde classe. Coutumes où le temps de la prescription est différent, suivant les diverses sortes de servitudes. On doit mettre dans cette classe les coutumes d'Alost, *rub. 9, art. 1, 2 & 3, & rub. 16, art. 2*; Amiens, *art. 160, 161 & 165*; Assenède, *rub. 12, art. 2*; Bouchautes, *rub. 15, art. 2*; Marsal, *art. 81*; Metz, évêché, *tit. 16, art. 5*; & Metz, ville & cité, *tit. 13, art. 1, 2 & 19*.

Toutes ces coutumes, à l'exception de celle d'Amiens, ont principalement distingué les *servitudes* continues & discontinues. La coutume d'Amiens distingue, au contraire, les *servitudes* visibles & cachées. L'article 165 porte, que « nul ne peut acquérir possession ou prescrire *servitude* contre son voisin, en choses occultes & secrètes, s'il n'y a titre ou possession de quarante ans ».

Quant aux *servitudes* visibles & apparentes, elles se prescrivent dans le même temps que tous les autres immeubles. On y suit la disposition des articles 160 & 161, qui admettent la prescription de dix & vingt ans avec un titre, & celle de trente ans sans titre, pour les héritages & *droits réels*.

Quoique les autres coutumes de cette classe distinguent également entre les *servitudes* continues & discontinues, elles n'ont pas toutes la même décision. Celle d'Alost exige trente ans pour la prescription des *servitudes* rurales continuelles : pour toutes les autres, elle s'en rapporte à la disposition du droit écrit.

La coutume d'Assenède admet la prescription de trente ans pour les *servitudes continuelles ou égales*, & celle de cinquante ans pour les *discontinuelles*.

Dans celle de Bouchautes, *les continuelles ou simples* se prescrivent par trente ans ; *mais celles que l'on nomme discontinuelles, ne se prescrivent que par un temps immémorial.* Il ne peut guère y avoir de difficulté sur le sens de ces deux coutumes.

Celles de Marsal, & de Metz, évêché, ne se sont pas expliquées d'une manière aussi précise. Elles ne parlent pas des *servitudes* continues ; mais elles disent seulement que « droit de *servitude* discontinue sur le fonds d'autrui, ne peut s'acquérir, s'il n'y a titre ou possession de temps immémorial ».

Les dispositions de ces coutumes sur la prescription en général, suppléent à leur silence sur celle des *servitudes* continues en particulier. L'article 78 de celle de Marsal, & l'article 1 du titre 16 de celle de Metz, admettent la prescription des héritages, ou *autres choses prescriptibles* par trente ans, entre présens ou absens ; mais l'article 82 de celle de Marsal, & l'article 6 du titre 16 de celle de Metz, ajoutent qu'on ne peut prescrire la *servitude* de prendre jour sur l'héritage d'autrui, par quelque laps de temps que ce soit, s'il n'y a en la fenêtre pattés ou assiettes de ventillons, ou grilles & araignées du dehors, qui sont marques de ladite *servitude*, ou bien qu'il n'y ait titre de constitution.

La coutume de Metz, ville & cité, présente des difficultés d'une autre espèce. L'article 1 du titre 13 porte d'abord en général, que la *servitude* s'acquiert par celui qui en a joui paisiblement par vingt ans vingt jours, au vu & au su d'un tiers, c'est-à-dire, entre présens.

L'article 2 ajoute : le droit de passage, pâturage, *conduit d'eau*, égouts & autres *servitudes dont l'usage* n'est continuel, ne s'acquiert sur l'héritage d'autrui, s'il n'y a titre ou jouissance paisible de vingt ans vingt jours, *depuis la contradiction* du seigneur ou propriétaire, par le moyen de laquelle ce droit a été prescrit.

Le commentateur anonyme de la coutume de Metz assure que la prescription immémoriale n'est point exclue par l'article 2, pour le cas où la possession n'auroit pas été précédée de contradiction. Lalaure adopte aussi cette décision. Il observe à ce sujet qu'il est assez juste d'appliquer cette maxime

à

à toutes les coutumes dans lesquelles le titre n'est pas absolument essentiel pour acquérir les *servitudes*, parce que la possession immémoriale a bien plus de force que toutes les autres possessions, & que, selon Dumoulin, elle a presque autant de force que le titre même, & qu'elle fait présumer que les choses ont eu un commencement légitime, exempt de toute suspicion de fraude. Ces deux auteurs citent un arrêt du 28 juin 1725, qui l'a ainsi jugé pour un droit de vain pâturage, au profit d'un particulier. Mais cette règle reçoit une exception, lorsque la possession est contraire à des titres ou à des droits qui en tiennent lieu.

L'article 19 de la même coutume dit que nul n'est tenu de porter *les eaux ou égouts* de son voisin, s'il n'en appert par titre ou possession suffisante. Cet article semble d'abord contraire à l'article 2, qui met *les conduits d'eau & égouts* au nombre des *servitudes* discontinues & imprescriptibles, tant qu'il n'y a pas eu de contradiction.

On pourroit dire à la rigueur, que l'article 19 peut se rapporter à cette prescription; mais dans ce cas, cet article seroit au moins inutile. Le commentateur propose une conciliation très-raisonnable de ces deux articles. L'article 2, dit-il, n'a eu en vue que les égouts destinés à l'écoulement des eaux sales, qui sortent ou que l'on jette des cuisines, écuries ou autres endroits des maisons, & qui forment une *servitude* tout-à-fait incommode. L'article 19, au contraire, est relatif aux eaux pluviales, que l'on appelle en droit *jus stillicidii*; cette sorte d'égout est mise, en droit, au nombre des *servitudes* continues, parce que, quoiqu'il ne pleuve pas toujours, les chenaux, gouttières, égouts ou autres tuyaux servant à l'écoulement des eaux de pluie, paroissent & existent. Coquille, sur la coutume de Nivernois, *tit.* 10, *art.* 2, & Dumoulin sur celle de Blois, *art.* 230, distinguent ces deux espèces d'égouts; & c'est ainsi qu'on l'observe à Metz.

Troisième classe. Coutumes où l'on acquiert les servitudes par la prescription ordinaire. Ces coutumes sont celles d'Artois, *art.* 72; Auvergne, *chap.* 17, *art.* 1, 2, 3 & 4; Béarn, *rubricâ de præscriptionibus*, *art.* 4; Boulogne-sur-Mer, *art.* 120; Châlons, *art.* 144; Chauny, *art.* 69; la Gorgue, *art.* 43 & 45; Nieuport, *rub.* 15, *art.* 9; Ponthieu, *art.* 115; Saint-Omer, bailliage, *art.* 21; Saint-Omer, ville & échevinage, *art.* 30; Toul, *art.* 107; Valenciennes, *art.* 93; Vermandois, *art.* 145.

Toutes ces coutumes ne sont pas d'accord sur le temps nécessaire pour la prescription; mais elles le règlent toutes sur celui qu'elles exigent pour les autres matières réelles, & la plupart n'ont qu'un seul & même article pour la prescription de ces matières en général, & celles des *servitudes* en particulier.

La coutume de Ponthieu est celle qui adopte la prescription la plus courte. Elle n'exige que vingt ans *entre gens lais & non privilégiés, présens ou absens.*

La coutume de Valenciennes exige vingt ans entre présens, & trente ans entre absens.

Les coutumes de Saint-Omer, bailliage & ville, disent simplement que les *servitudes* se peuvent acquérir, soit par titre, *soit par possession suffisante à prescription.* Ces coutumes ne fixent point le temps nécessaire à la prescription; mais comme elles sont locales de la coutume d'Artois, où la prescription est de vingt ans entre présens, trente ans entre absens, & quarante ans contre l'église; c'est aussi là la règle qu'il faut y suivre en matière de *servitude.*

Il en est de même de la coutume de Toul, qui porte simplement, que les *servitudes* urbaines & rustiques s'acquièrent par la prescription. On doit se régler sur l'article 137, qui fixe la prescription à trente années contre les laïques, & quarante années contre l'église.

Les coutumes d'Auvergne, de Châlons, de la Gorgue & de Vermandois, admettent aussi la prescription trentenaire; cela ne doit néanmoins s'entendre que des majeurs & autres personnes capables de poursuivre leurs droits. C'est la décision de l'article 3 de la coutume d'Auvergne.

Il faut observer au surplus que dans la coutume d'Auvergne, la prescription de trente ans a lieu contre l'église même, parce que l'article 1 du titre des prescriptions porte expressément, qu'il n'y a qu'une seule prescription qui est de trente ans, à laquelle toutes autres prescriptions, soient greigneurs ou moindres, sont réduites. L'article 44 de la coutume de la Gorgue exige au contraire une possession de quarante ans contre l'église; & c'est le droit commun.

La coutume de Béarn porte simplement: *En prescription de servitudes si à gardat lo dret comun*, c'est-à-dire le droit écrit.

La coutume de Nieuport veut aussi que toutes prescriptions de *servitudes*, soit continues ou discontinues, soient reglées selon la disposition du droit écrit & commun.

On a cru devoir mettre dans cette classe les coutumes d'Artois & de Boulogne-sur-Mer, quoiqu'elles ne parlent pas nommément de la prescription des *servitudes.* Mais l'article 72 de la première admet la prescription de vingt ans entre présens, de trente ans entre absens, & de quarante ans contre l'église, *pour les héritages, droits réels ou personnels, corporels ou incorporels, à titre ou sans titre*; & Maillard comprend avec raison les *servitudes* sous ces termes généraux. Il rapporte trois arrêts des 13 mars 1691, 2 juin 1706, & 22 juillet 1722, qui l'ont ainsi jugé.

L'article 120 de la coutume de Boulonnois admet la prescription de vingt ans entre présens & absens, *pour chose mobile ou immobile, droit corporel ou incorporel, avec ou sans titre*; & Babel dit aussi que la prescription a été admise plusieurs fois par *des sentences confirmées par arrêts, pour un droit de passage.*

L'on a mis à plus forte raison dans cette classe la coutume de Châlons, parce que l'article 144 porte que vues & égouts & autres *servitudes* se prescrivent par trente ans, encore que le possesseur n'eût titre.

De l'établissement des servitudes par prescription dans les coutumes muettes. Les jurisconsultes ont été on ne peut plus partagés sur la question de savoir quelle règle on devoit suivre dans les coutumes qui n'ont rien décidé sur la prescription des *servitudes*.

Plusieurs pensent qu'on y doit admettre les principes du droit romain, qu'ils interprètent suivant la doctrine des auteurs qu'ils ont consultés. D'autres proposent de recourir à la coutume la plus voisine de celle qui n'a aucune disposition sur la prescription des *servitudes*, ou à celles qui ont à peu près les mêmes dispositions. Mais cet expédient, qui ne leveroit pas toutes les difficultés, est sujet à bien des objections; & les raisons qui peuvent déterminer à suivre cette règle dans d'autres matières, ne peuvent guère être adoptées ici.

Il faut distinguer dans les coutumes, les matières sur lesquelles elles ont des dispositions, & qui tiennent, pour ainsi dire, essentiellement à leur systême, & celles dont elles ne disent rien. Dans les premières, qui comprennent d'ordinaire les matières féodales, les successions, les retraits, &c. il est très-sage d'interpréter une coutume obscure en quelque point, par les usages des lieux, & par les dispositions même des coutumes voisines, ou de celles qui ont le même esprit. Mais lorsqu'il s'agit d'un objet isolé & dont un très-grand nombre de coutumes ne disent rien, tel que sont les *servitudes*, la loi d'une coutume voisine, ou de celle dont l'esprit général est le même, ne peut guère tirer à conséquence. On peut en voir un exemple frappant dans ce qu'on a dit ci-dessus sur les coutumes d'Anjou & du Maine, qui sont très-voisines & très-ressemblantes.

Il paroît donc plus sûr ici, dans la nécessité où l'on est de prendre un parti, de se régler sur ce qui a été décidé par la coutume de Paris, qui contient à cet égard les règles les plus sages que l'expérience & les lumières des magistrats qui ont éclairé la réformation, aient pu trouver sur les *servitudes*. C'est l'opinion de plusieurs commentateurs. Ils proposent néanmoins une limitation à cette règle générale; c'est que des actes énonciatifs d'une *servitude* visible, accompagnés d'une possession paisible & connue depuis un temps immémorial, suffisent, comme supplétifs au titre primordial, pour faire maintenir dans l'usage & l'exercice de la *servitude*.

§. VII. *Comment on doit user de la servitude.* On doit tâcher de concilier, dans l'usage de la *servitude*, le plus grand avantage de l'héritage dominant, & la moindre incommodité de l'héritage servant, en se renfermant dans l'objet de la *servitude*, & dans les limites que le titre qui l'a établie y peut avoir mises. Ce principe, qui est dicté par la justice, sert à résoudre cette question si fort controversée par les auteurs, *à qui, du propriétaire de l'héritage servant, ou de celui de l'héritage dominant, il appartient de déterminer ce que le titre constitutif de la servitude a laissé indécis sur la manière d'user de ce droit*; par exemple, de fixer le lieu du passage qui a été accordé indéfiniment dans un domaine pour aller à un autre.

Lorsque le titre constitutif de la *servitude* n'attribue pas expressément l'option, soit au débiteur, soit au propriétaire de la *servitude*, & que les parties ne veulent pas déterminer à l'amiable le lieu qui seroit trouvé le plus convenable pour le passage, il ne doit appartenir ni à l'un, ni à l'autre, & c'est au juge à régler cette difficulté. Mais lorsque le lieu du passage est une fois déterminé, il ne dépend ni de l'une ni de l'autre des parties de le changer sans le gré de l'autre.

Lorsque le titre de l'établissement d'une *servitude* active n'en borne point l'exercice à un certain temps, il y a des cas où l'équité indique néanmoins la nécessité de limiter ce droit indéfini à de certaines heures; par exemple, s'il s'agit du droit de puisage dans la cour du voisin, on ne doit pas avoir la liberté d'y aller la nuit.

Basnage, sur l'article 621 de la coutume de Normandie, pense qu'il n'en est pas ainsi du droit de passage, parce que, dit-il, l'on a besoin de passer à toute heure. Cependant Mornac, sur la loi 13, *ff. de servitutibus*, cite un arrêt du 16 février 1618, qui a réglé que le passage d'une maison seroit ouvert depuis six heures du matin jusqu'à neuf heures du soir, de la S. Remi à Pâques, & depuis quatre heures du matin jusqu'à dix heures du soir, de Pâques à la S. Remi. Tous les commentateurs de la coutume de Paris adoptent cette décision, qui pourroit souffrir bien des modifications, suivant les circonstances.

Le droit de *servitude* comprend nécessairement tous les accessoires qui sont nécessaires pour l'exercer. Si donc il est besoin d'entrer chez vous pour faire usage de mon droit de puisage; si, pour conduire l'eau que vous m'avez accordée dans votre fonds, il faut y creuser un canal, dans tous ces cas & les autres semblables, j'ai le droit de passer chez vous, & d'y faire faire tous les ouvrages qu'exige la nature de ma *servitude*: mais il ne dépend pas du propriétaire de l'héritage dominant de faire dans la *servitude* une fois établie, des changemens qui l'augmentent ou la rendent plus incommode. Ainsi, il ne peut surcharger un mur, élargir un passage, & avancer le bord d'un toit dont le voisin doit recevoir les eaux.

Cette décision, que Domat a puisée dans les loix romaines, peut souffrir néanmoins des exceptions, lorsque le titre constitutif de la *servitude* donne un droit indéfini. Ainsi, par exemple, lorsque j'ai le droit d'avoir des vues telles que je le voudrois sur votre maison, & d'appuyer mes poutres & solives sur vos murs, je puis agrandir mes fenêtres, les multiplier même, & placer de nouvelles poutres & solives dans votre muraille, s'il en est besoin, pour les changemens que je veux faire dans ma maison. Mais, dans tous les cas, c'est au propriétaire de la *servitude* à faire les dépenses nécessaires pour l'établissement ou l'entretien de sa *servitude*, à moins qu'on ne fût convenu expressément du contraire.

Si le fonds asservi souffre quelque dommage par une suite naturelle de la *servitude*; comme si un héritage est inondé par un torrent où la *servitude* d'une prise d'eau donne ouverture; si un toit est endommagé par la chûte d'une pluie extraordinaire qui s'écoule du toit de l'héritage dominant, le propriétaire de la *servitude* ne sera pas tenu de ces sortes de dommages.

Le possesseur de l'héritage, à qui la *servitude* est due, dit fort bien Pothier, sur le titre 13 de la coutume d'Orléans, *n.* 4, ne peut s'en servir que pour l'héritage à qui elle est due : par exemple, si j'ai acquis le droit de tirer de la marne de votre héritage pour marner le mien, je ne puis en tirer pour marner d'autres héritages, pas même des terres acquises depuis la constitution de la *servitude*, & que j'aurois unies au domaine à qui la *servitude* est due; car je ne peux, par mon fait & par cette union, qui n'est qu'une simple destination, aggraver la *servitude*. Il en seroit autrement des terres qui seroient accrues à mon héritage par alluvion; car cette union est une union naturelle, & ces terres sont véritablement partie de l'héritage à qui la *servitude* est due.

Si néanmoins j'ai un droit de prise d'eau, il dépend de moi de faire de cette eau l'usage qu'il me plaît, & même de la concéder à titre de *servitude* à mon voisin, quand elle est une fois venue sur mon héritage, pourvu que je n'en prenne que la quantité dont j'ai besoin, ou celle qui m'est accordée par le titre de la *servitude*. C'est le résultat de la loi 16, ff. *de aquâ quotid. & æst.*

§. VIII. *De l'extinction des servitudes.* On peut consulter sur les différentes manières dont les *servitudes* s'éteignoient dans le droit romain, la partie 8 du traité de Davezan. Il suffira d'indiquer ici celles de ces manières qui sont en usage parmi nous, tant en pays de droit écrit qu'en pays coutumiers. On peut en compter neuf principales; ce sont, 1°. la résolution du droit de celui qui a établi la *servitude*; 2°. la résolution du droit de celui à qui elle étoit due; 3°. la ruine de la chose qui doit la *servitude*; 4°. celle de la chose à qui elle est due; 5°. l'abandon de la chose qui doit la *servitude*; 6°. la renonciation volontaire de celui à qui la *servitude* est due; 7°. le décret forcé; 8°. la confusion; 9°. la prescription.

I. *La résolution du droit de celui qui a établi la servitude*, la fait cesser lorsque cette résolution arrive par une cause ancienne & antérieure à l'établissement de la *servitude*; car personne ne peut accorder plus de droit à autrui sur son héritage, qu'il n'y en a lui-même. Ainsi, les *servitudes* établies par celui qui n'avoit acquis l'héritage asservi que sous la faculté de réméré, s'éteignent de plein droit, si le vendeur fait usage de cette faculté. Il en est de même des cas où celui qui a imposé la *servitude* est évincé par le retrait féodal ou lignager.

Il faut décider le contraire dans le cas du déguerpissement, parce qu'il ne se fait point en vertu d'une cause ancienne & nécessaire. Telle est la décision de Loiseau, dans son traité du déguerpissement, *liv.* 6, *chap.* 3, *n.* 3.

II. *La résolution du droit de celui à qui la* servitude *est due*, la fait éteindre dans plusieurs cas. Cela a lieu sur-tout lorsque la *servitude* n'a été établie que pour un certain temps, ou jusqu'à tel événement; car ces modifications peuvent être mises aux *servitudes*, & on les toléroit à Rome même, quoiqu'elles fussent opposées aux principes rigoureux du droit.

On peut rapporter encore ici l'extinction des *servitudes personnelles*, par la mort de celui à qui elles étoient dues.

III. *La ruine de la chose qui doit la servitude*, la fait aussi cesser de plein droit. Les loix romaines ajoutent que la *servitude* renaîtroit, si la chose qui devoit la *servitude* étoit rétablie. Ainsi, lorsque le pré sur lequel j'avois un droit de pâcage est desséché, après avoir été long-temps inondé; lorsqu'une source, où j'avois le droit de puisage, reparoît, après avoir été tarie durant quelques années, ma *servitude* est rétablie de plein droit. Si néanmoins la chose qui doit la *servitude* étoit ruinée durant un espace de temps suffisant pour opérer la prescription, il seroit plus prudent de former, contre le propriétaire de l'héritage asservi, une demande en renouvellement du titre. Cette précaution seroit inutile, s'il n'y avoit qu'une partie du fonds d'inondée, parce qu'en exerçant la *servitude* sur la partie qui subsisteroit, on la conserveroit sur la totalité.

Lorsqu'on a l'usufruit d'une maison qui est ruinée ou incendiée, le droit d'usufruit ne revit point. On donne communément des raisons assez foibles de cette décision des loix romaines; la véritable est que l'usufruit d'une maison a plus pour objet l'édifice tel qu'il étoit, que le sol même.

IV. *La ruine de la chose à qui la* servitude *est due*, produit à peu près le même effet. Lorsque la chose peut être rétablie, la *servitude* est plutôt suspendue qu'elle n'est éteinte; & elle continue après le rétablissement, pourvu néanmoins qu'il ne soit pas fait de manière à rendre la *servitude* plus dure qu'elle n'étoit auparavant. C'est la décision de la loi 20, §§. 2 & 4, ff. *de servit. præd. urb.* Mais c'est dans ce cas sur-tout qu'il est important de faire renouveller le titre de la *servitude*, pour la conserver, si le fonds à qui elle est due restoit dans un état qui ne permît pas de l'exercer durant le temps suffisant pour acquérir la prescription, puisqu'on pourroit reprocher au propriétaire de n'avoir pas fait rétablir son fonds pendant un si long espace de temps.

V. *L'abandon de la chose sujette à la servitude*, l'éteint de plein droit, quelle qu'en soit la nature. Si l'on ne cite ordinairement sur cette espèce de libération que la servitude *oneris ferendi*, c'est que les loix romaines n'ont parlé que de ce cas-là, qui étoit d'un usage assez fréquent à Rome, où le propriétaire de l'héritage asservi avoit souvent contracté l'obligation d'entretenir & de reconstruire, en cas de besoin, le mur ou le pilier qui soutenoit l'édifice de son voisin.

VI. *La remise de la servitude* faite par le propriétaire du fonds dominant, éteint la *servitude*, lorsque ce propriétaire a le droit de disposer de ses immeubles. La remise peut être expresse ou tacite. Cette dernière a lieu, lorsque le propriétaire du fonds dominant permet au propriétaire du fonds servant quelque chose qui est contraire à la *servitude*; par exemple, s'il lui permet d'exhausser sa maison, quoiqu'elle fût assujettie à la *servitude* de ne pouvoir être élevée. Mais comme personne n'est présumé facilement renoncer à ses droits, il faut que le fait permis par le voisin soit bien directement contraire à l'essence de la *servitude* établie, pour qu'on puisse en présumer la remise totale. Ainsi, en suivant l'exemple dont on vient de parler, lorsque je permets à mon voisin d'élever son bâtiment d'une ou deux toises de plus, la *servitude* subsiste toujours pour la hauteur qui est au-delà de cette élévation. Lorsqu'une *servitude* réelle appartient à plusieurs propriétaires, il faut que la remise soit faite par tous, pour que la *servitude* soit éteinte; car la *servitude* est communément un droit indivisible, qui ne peut s'éteindre ni s'acquérir pour partie. Mais quoique la remise faite par l'un des copropriétaires n'éteigne pas la *servitude*, elle a du moins cet effet, qu'elle le rend, lui & ses héritiers, non-recevables à réclamer ce droit.

VII. La loi 23, §. 2, *ff. de serv. præd. rust.* dit que si l'héritage servant ou l'héritage dominant sont vendus par autorité de justice (*publicantur*), les *servitudes* subsistent dans les deux cas, parce que chaque héritage est adjugé tel qu'il se comporte (*cum suâ conditione*).

La partie de cette loi, qui est relative à la vente du domaine servant, ne s'observe pas dans tous les cas parmi nous.

L'article 12 de l'édit de 1551 sur les criées, dit au contraire « que tous héritages criés seront adjugés à la charge des droits & devoirs seigneuriaux, frais & mises desdites criées, & *des charges réelles & foncières*, qui seront contenues ès jugemens de discussion »: d'où il suit que *les charges réelles & foncières*, parmi lesquelles on met les *servitudes*, pour lesquelles on n'aura pas formé d'opposition, seront purgées par le décret.

La jurisprudence a néanmoins fait une exception très-considérable en faveur des *servitudes* visibles & apparentes, telles que sont les vues & égouts: quoiqu'on ne se soit point opposé pour ces sortes de *servitudes*, le décret ne les purge point, parce que leur évidence a mis l'adjudicataire à portée de ne pas les ignorer.

L'arrêt du 6 mai 1587, rapporté par Mornac & Chopin, a été rendu pour servir de réglement: mais la nécessité de s'opposer pour les *servitudes* non visibles, est si certaine, que Brodeau sur M. Louet cite un arrêt du mois d'août 1621, qui a jugé que la moitié d'une maison sujette à un droit de passage, ayant été décrétée sans opposition, le droit entier de la *servitude* étoit perdu, quoique l'autre moitié eût été adjugée à titre de licitation.

D'Héricourt, & la plupart des auteurs, confondent ici les *servitudes* discontinues avec les *servitudes* visibles: mais l'on a fait voir ci-dessus, *n. 1*, qu'elles devoient être distinguées; & il est sensible, par exemple, qu'un droit de passage dans une cour ou dans un autre fonds qui seroit indiqué par une porte à la maison voisine, ne seroit point purgé par le décret, parce que c'est une *servitude* visible, quoique ce ne soit pas une *servitude* continue. Thibault rapporte, dans son traité des criées & décrets, *tome 1*, *chap. 8*, §. *3*, *n. 12*, un arrêt du parlement de Dijon qui l'a ainsi jugé le 21 janvier 1706, en faveur des religieux de Mont-Cénis.

On trouve dans M. Bouguier, *lettre S*, *n°. 3*, un autre arrêt par lequel il a été jugé qu'un décret n'avoit point dépouillé le voisin d'une cave acquise sous la maison décrétée, vingt-cinq ans avant le décret, quoique le voisin ne s'y fût pas opposé. Mais il est clair que cette cave étoit moins une *servitude* qu'un droit de propriété, pour la conservation duquel il n'étoit pas besoin d'opposition, dès que la propriété n'en étoit pas comprise nommément dans les criées. C'est la remarque de Bourjon, *liv. 4*, *tit. 1*, *chap. unique*, *sections 2 & 3*.

Il n'est nécessaire de former opposition au décret pour la conservation des *servitudes* cachées, que lorsque le décret n'en fait pas mention. En effet, lorsque les *servitudes* sont spécifiquement exprimées dans la saisie, les criées & l'adjudication, il est clair que cette opposition seroit inutile, puisqu'elle ne pourroit avoir d'autre objet que la conservation de ces mêmes charges, que l'adjudication conserveroit.

Le décret volontaire ne purgeoit point la propriété. Ce principe, que l'on révoquoit en doute autrefois, est généralement avoué aujourd'hui. Suivant plusieurs auteurs, il ne purgeoit pas même les *servitudes*: mais il est bien certain que les lettres de ratification ne les purgent pas. L'article 7 de l'édit de 1771 ne parle que des hypothèques & privilèges.

La jurisprudence du parlement de Paris, sur la nécessité de l'opposition aux décrets forcés, afin de conserver les *servitudes* non visibles, est admise dans les autres parlemens, soit des pays coutumiers, soit des pays de droit écrit, malgré la décision contraire du droit romain. Cependant plusieurs auteurs assurent que pour conserver les *servitudes* occultes en Normandie, il n'est pas nécessaire de former opposition au décret, parce que dans cette province il ne purge que les droits & actions hypothécaires. C'est la décision de Basnage, sur l'article 578, & de Pesnelle, sur les articles 546 & 607 de la coutume de Normandie : mais ce dernier auteur convient qu'on est assez dans l'usage de former des oppositions.

VIII. Les *servitudes* s'éteignent par la confusion, lorsque l'héritage servant & l'héritage dominant viennent dans les mains du même maître : car, bien que l'héritage qui avoit le droit de *servitude*, continue de tirer de l'autre la même commodité qu'il avoit auparavant, ce n'est plus droit de *servitude*, c'est destination de père de famille.

Lorsque je n'acquiers la propriété de l'un des deux héritages que sous une condition résolutive, l'événement de la condition résout la confusion même, parce qu'en vertu de la résolution je ne suis plus censé avoir été propriétaire de l'un & de l'autre. Ainsi, lorsque j'ai acquis l'héritage servant sous la clause de réméré, l'exercice du réméré fait revivre ma *servitude*, qui étoit plutôt suspendue qu'éteinte dans ce cas. Il en est de même si j'en suis évincé à titre de retrait, soit féodal, soit lignager, ou quand je suis forcé de déguerpir ou de délaisser l'une des deux maisons par hypothèque. Ainsi encore, lorsque j'ai recueilli l'héritage servant dans une succession, à la charge d'en faire la délivrance à un légataire, quoique le legs n'empêche pas que je ne sois saisi de l'hérédité au moment du décès du testateur, je conserverai la *servitude* lors de la délivrance du legs.

IX. La prescription, qui tend à libérer des *servitudes*, est beaucoup plus favorable dans notre droit françois que celle qui tend à les faire acquérir. Il n'y a à cet égard que des différences peu considérables entre les pays de droit écrit & les pays coutumiers, & dans les différentes coutumes entre elles.

Il est certain que toutes les *servitudes* s'effacent par la prescription ; mais il faut faire une distinction entre les *servitudes* affirmatives, qui consistent à laisser faire quelque chose dans l'héritage servant, & les *servitudes* négatives, qui obligent seulement le propriétaire de l'héritage servant à s'abstenir de quelque chose.

Les *servitudes* affirmatives s'éteignent *non utendo*, sans aucun fait de la part du propriétaire de l'héritage servant, & par cela seul que le propriétaire de l'héritage dominant, ni personne de sa part n'a usé, pendant le temps nécessaire, de son droit de *servitude*. Mais lorsque les *servitudes* affirmatives consistent dans un ouvrage permanent sur le fonds du voisin, elles ne se prescrivent pas, tant qu'il subsiste des traces de cet ouvrage; & ainsi, les simples trous faits dans le mur du voisin pour y placer des poutres & solives, conservent le droit de cette *servitude*. Quant aux *servitudes* négatives, il faut que ceux qui les doivent en acquièrent la liberté par quelque fait de leur part : par exemple, dans la servitude *altiùs non tollendi*, le temps de la prescription ne court que du jour où la maison asservie a été exhaussée plus haut que la *servitude* ne le permettoit.

La plupart des auteurs attribuent aux *servitudes* rurales indistinctement, ce que l'on vient de dire sur les *servitudes* affirmatives, & aux *servitudes* urbaines, ce que l'on a dit sur les *servitudes* négatives, parce qu'effectivement la plupart des *servitudes* rurales sont affirmatives, & consistent à faire quelque chose, tandis que la plupart des *servitudes* urbaines sont négatives. Cette règle peut néanmoins recevoir des exceptions.

Quoique les *servitudes* soient généralement indivisibles pour la libération comme pour l'acquisition, il y a néanmoins des cas où cette libération peut être prescrite en partie. On peut aussi prescrire contre l'usage des *servitudes* pour une certaine partie du jour seulement : c'est la décision des loix romaines même.

Le droit romain n'a établi aucune différence entre la libération des *servitudes* & celle des autres droits par la prescription. Il suit de-là que dans les pays de droit écrit elles peuvent être éteintes par la prescription de dix ans entre présens, & de vingt ans entre absens avec un titre, & par trente ans sans titre, dans tous les pays qui admettent ces sortes de prescriptions. Mais on doit suivre à cet égard les modifications que la jurisprudence de chaque parlement peut avoir apportées aux décisions du droit romain. Ainsi, dans le ressort du parlement de Grenoble, les *servitudes*, comme tout autre droit, ne peuvent être éteintes que par la prescription trentenaire. Il en est de même du parlement de Besançon.

Lorsque les coutumes ne se sont point expliquées sur le temps de la prescription des *servitudes* en particulier, il paroît naturel d'y suivre celui qui y est déterminé pour la prescription en général.

Plusieurs loix romaines décident que lorsque la *servitude* est établie pour n'être exercée que de mois en mois, ou d'année en année, on doit doubler le temps de la prescription. Quelques auteurs ont douté si cela devoit s'entendre uniquement de la prescription de dix ans, ou de toutes les prescriptions. Cæpolla, *chapitre 24*, ne fait pas de difficulté d'étendre cette règle à la prescription de vingt ans. Ce sentiment est le plus conforme au texte des loix qui ne font aucune distinction. Mais comme la prescription trentenaire ne distingue point entre présens ou absens, il paroît conforme à l'esprit des loix de ne point doubler le temps de cette dernière espèce de prescription, quoique Ferrière n'ait pas fait difficulté d'exiger soixante ans dans ce cas-là.

C'est un axiôme de droit, que la prescription ne court pas contre celui qui ne peut agir; d'où il suit que celle des *servitudes* n'a pas lieu, lorsqu'elles ne peuvent pas être exercées. La loi 18, §. 2, *ff. quemadmodùm servit. amitt.* décide sur ce fondement, que si mon voisin, après m'avoir accordé le droit d'appuyer mes poutres sur un bâtiment qu'il projette, ne construit pas son édifice, il ne peut pas m'opposer la prescription, quand bien même *le temps réglé pour l'acquérir* se seroit écoulé, parce qu'il ne peut pas m'opposer le non usage d'une *servitude*, quand il ne m'a pas mis à même d'en user.

La loi suivante ajoute, qu'il en seroit de même si je laissois passer le temps nécessaire pour prescrire, sans faire le conduit d'un cours d'eau que j'aurois retenu sur un héritage en le vendant; mais que si j'avois fait le conduit de l'eau sans en faire usage, mon droit seroit prescrit.

Lalaure observe que la dernière partie de cette loi ne doit point être adoptée, tant que l'ouvrage fait pour la *servitude* subsistera sur le fonds qui y est sujet, & qu'elle est contraire à la loi 20, *princ. ff. de servit. præd. urb.* qui dit que les trous que l'on a faits dans le mur pour y placer des poutres, conservent le droit de les y appuyer, lors même que les poutres n'y sont plus. Mais on peut critiquer avec plus de fondement encore la première partie de cette loi. Lorsque je néglige volontairement d'établir une *servitude* dont j'ai le droit, je suis assurément bien dans le même cas que celui qui, après avoir commencé à user de son droit, le laisse prescrire par sa négligence. Je dois donc être sujet à la prescription comme lui.

Le titre récognitif de la *servitude*, que celui à qui elle est due se feroit passer par celui qui la doit, empêche la prescription de courir, lors même qu'on n'en fait aucun usage. Il est très-inutile de se faire donner ces reconnoissances, lorsqu'on est à portée de faire un fréquent usage des *servitudes* affirmatives, afin de prévenir les contestations qu'on pourroit élever sur le fondement d'une prétendue prescription. La jouissance qu'on fait par autrui de la *servitude*, empêche la prescription de courir, comme si on l'eût faite soi-même. La *servitude* est à cet égard dans le même cas que les autres biens. Mais comme elle est toujours ou presque toujours indivisible, relativement à l'héritage dominant, on ne peut pas opposer la prescription contre quelques-uns des copropriétaires de cet héritage; seulement, dans le droit romain, où la prescription couroit contre le mineur, mais où il avoit le privilège de s'en faire restituer, le mineur relevoit le majeur dans ce cas, suivant la loi 10 *pr. ff. quemadmodùm servit. amitt.* & parmi nous, où la prescription n'a pas lieu contre les mineurs, celle des *servitudes* ne court pas contre les majeurs qui ont un fonds commun avec lui.

§. IX. *De la garantie des* servitudes *& contre les* servitudes. Celle des *servitudes* personnelles ou mixtes qui peuvent être aliénées par les propriétaires, sont sujettes à la garantie. Mais les *servitudes* réelles ne peuvent guère s'aliéner sans le fonds auquel elles sont dues, & deviennent à la charge de l'acquéreur du fonds qui les doit, lors même qu'elles n'ont pas été déclarées.

Lorsqu'elles sont *visibles & subsistantes*, il n'est pas besoin de les déclarer à l'acquéreur, & le vendeur ne lui doit à cet égard aucune garantie: leur apparence extérieure empêche qu'il ne puisse raisonnablement prétendre qu'il les a ignorées: il a dû s'en appercevoir, en visitant la maison avant de l'acheter. Un arrêt du 26 août 1756, cité par Denisart, l'a ainsi jugé au profit de la demoiselle Duru, contre M. l'abbé de la Varenne, conseiller au parlement.

Lorsque le vendeur n'a pas déclaré les *servitudes* cachées qui subsistent sur l'héritage vendu, plusieurs auteurs pensent que l'acquéreur peut seulement agir en dommages-intérêts contre le vendeur; d'autres pensent, au contraire, que l'acquéreur peut, en ce cas, demander la résiliation de la vente.

Il faut avouer qu'il y a beaucoup de confusion dans les loix romaines que l'on cite communément sur cet objet parmi nous; cela doit dépendre des circonstances.

Stockmans, qui a traité cette question dans sa décision 27, dit qu'on l'a jugée en faveur de l'acquéreur, à la charge par lui d'affirmer que, s'il eût eu connoissance de la *servitude*, il n'auroit point songé à l'acquisition. Il s'agissoit dans cette affaire d'un conduit de latrines qui traversoit une partie assez considérable de la maison, & qui y répandoit beaucoup de mauvaise odeur. Stockmans a soin d'observer qu'on ne devroit pas déférer cette affirmation à l'acquéreur, pour des *servitudes* de peu d'importance, à moins que l'héritage n'eût été expressément vendu *franc & quitte de toutes charges.*

§. X. *Des actions & de la procédure relatives aux servitudes.* On distingue, d'après le droit romain, deux sortes d'actions relatives aux *servitudes*, les actions *confessoires* & les actions *négatoires*. L'action confessoire est celle par laquelle celui qui prétend un droit de *servitude*, conclut contre celui qui le trouble dans l'usage qu'il en veut faire, à ce que l'héritage y soit déclaré sujet, & qu'il soit fait défense au défendeur de l'y troubler. L'action négatoire est celle par laquelle le propriétaire d'un héritage qu'on prétend sujet à quelque *servitude*, demande que son héritage soit déclaré franc de cette *servitude*, & qu'il soit fait défense à celui qui la prétend d'en user. On conclut aussi à la démolition des ouvrages qu'on peut avoir faits pour établir la *servitude*, & à des dommages-intérêts, suivant les circonstances.

Cujas, *tractatu 9 ad Africanum*, pense que c'est toujours au demandeur à faire la preuve dans cette matière comme dans toutes les autres, soit qu'il s'agisse d'établir une *servitude*, ou de la faire rejetter; & il faut avouer que la loi 15, ff. *de novi* oper. nunciat. est assez conforme à cette opinion. Le plus grand nombre des autres auteurs, & Pothier, dans son introduction au titre 9 de la coutume d'Orléans, *n. 11*, décident au contraire, que c'est à celui qui prétend un droit de *servitude*, à le prouver, suivant la maxime *incumbit onus probandi ei qui dicit*. Ce sentiment paroît le plus sûr, au moins dans les pays où la *servitude* sans titre est admise : mais dans ceux où la prescription de ces sortes de droits est reçue, Guypape, *quest. 38*, propose de décharger celui qui prétend le droit de *servitude*, d'en faire la preuve, si l'adversaire reconnoît qu'il en a la possession.

On convient bien aussi généralement que la complainte peut être intentée pour & contre la *servitude* dans les pays où ce droit est prescriptible. En est-il de même des pays où *la maxime nulle servitude sans titre* est admise ? Duplessis, dans son traité des actions ; Bourjon, *liv. 6*, *tit. 4*, *chap. 1*, *n. 27* ; & Lacombe, dans son recueil civil, au mot *Complainte*, *n. 9*, pensent qu'elle n'est point admise en matière de *servitude*. Ils se fondent pour cela sur la nécessité du titre exigé par l'article 186 de la coutume de Paris.

Brodeau, sur l'article 96 de cette coutume, *n. 4* ; Ferrière, dans ses notes sur l'article 97 ; Lange, dans son praticien, *liv. 3*, *chap. 5*, pensent au contraire que la nécessité du titre n'est pas un obstacle à la complainte, puisqu'on peut en donner copie dans l'exploit de demande, pour prouver que la possession est qualifiée. C'est aussi l'avis de Pothier, dans son traité posthume de la procédure civile, *part. 2*, *chap. 3*, *art. 1*, §. 2. Cet auteur ne dit pas même précisément qu'il soit nécessaire de produire un titre, mais seulement qu'il faut qu'il paroisse qu'on soit en possession de la *servitude*, comme usant *du droit* de cette *servitude*.

Les *servitudes* sont incontestablement des actions réelles. Cependant on les considère comme mixtes dans ce qui concerne la compétence des juges de privilège ou de committimus.

On a beaucoup agité autrefois la question, si les présidiaux pouvoient juger des questions de *servitude* en dernier ressort. On doit tenir aujourd'hui qu'ils en peuvent connoître, lorsque le demandeur aura déclaré évaluer ou restreindre sa demande à la somme de deux mille livres, ou lorsque le défendeur aura prouvé que la valeur de la *servitude* n'excède pas deux mille livres. C'est la décision des articles 5 & 6 de l'édit du mois d'août 1777, & de l'article 2 de la déclaration du 29 août 1778. Il est clair qu'on doit comprendre les *servitudes* sous le nom *des droits incorporels* dont parlent ces loix.

SERVIVI, terme latin qui s'est conservé longtemps dans l'usage des chancelleries, pour exprimer l'attestation que chaque officier de chancellerie devoit donner à l'audiencier, du temps qu'il avoit servi, soit au conseil, soit au parlement, à la chancellerie du palais ou ailleurs. Ces sortes d'attestations furent ainsi appellées, parce qu'étant autrefois rédigées en latin, comme tous les actes de justice, elles commençoient par ce mot *servivi*. *Voyez* le *sciendum* de la chancellerie. (*A*)

SESTERAGE, SESTERLAGE, SETERLAGE, SETRELLAGE, SEXTELAGE, SEXTELLAGE, SEXTERAGE, STELLAGE, *ou* STRELAGE. (*Droit féodal.*) Tous ces mots, qui sont synonymes, paroissent être des dérivés de celui de *sextier* ou *septier*, qui désigne une sorte de mesure de grains. Ils indiquent un droit de leude ou de minage dû pour le mesurage des grains.

Galland dit, dans le glossaire du droit françois, « qu'il se voit au cartulaire du prieuré de Doncheri, que le prieur de Donchéri a, & à lui » appartient un droit seigneurial dans la ville de » Donchéri, nommé & appellé *sextélage*, c'est à » savoir, de chaque sextier de tous grains qui sont » vendus en ladite ville de Donchéri ; deux écuélées » dudit grain, dont les douze écuélées valent un » quartel à la mesure à bled, & quatre quartels » valent un sestier ».

On peut voir d'autres exemples des différentes manières d'exprimer ce droit dans le glossaire de du Cange, aux mots *Sexteragium* & *Sexterlagium*, sous *Sextariaticum*, & dans celui de dom Carpentier, au mot *Sextairagium* & *Sextayragium*.

Comme on a aussi nommé *sestrée*, *sexterie* ou *septerée* une espèce de mesure de terre, on peut douter si l'on n'a point appellé *sexterage* un droit de terrage ou une redevance en grains. On pourroit le soupçonner, d'après l'extrait suivant d'une chartre de Jean, comte de Soissons, rapportée dans un vidimus de Jakes, évêque de Soissons, de l'an 1239. « De rechief, j'octroy (al abbé & con- » vent de S. Legier de Soissons) que quand je ven- » deray mon *sesterage* de Soissons, que cil à cui » je le venderay, face féauté à l'église devant dite » de la dîme que elle a de blé, ou de deniers & » *sesterage*, & si je fais cueillir par mon serjant, » il leur fera féauté aussi ».

Lauriere, qui rapporte cet extrait dans son glossaire, dit d'abord que c'est un droit dû sur chaque sestier de bled. Il ajoute ensuite, « que c'est peut- » être le même droit qui est appellé *stelage* dans » une autre chartre de Jean, comte de Soissons, » de l'an 1260, en faveur de l'église de S. Crespin- » en-Chaye, rapportée par Melchior Regnault, dans » ses preuves de l'histoire de Soissons, fol. 19 & » 20 ». (*G. D. C.*)

SESTERLAGE. *Voyez* SESTERAGE.

SETERLAGE. *Voyez* SESTERAGE.

SETRELLAGE. *Voyez* SESTERAGE.

SEUAGE, *ou* SEAGE. Ce mot se trouve dans le *glossarium novum* de dom Carpentier, au mot *Sedes navium*, sous *Sedes 4*, & non pas dans le glossaire de Ducange, comme l'annonce le glossaire françois de dom Carpentier lui même. Il paroît synonyme de *siège de nef*, par quoi l'on entendoit un droit dû par les vaisseaux pour leur station dans un port.

Une chartre de l'an 1321 porte : « *Item* mue » le rente que lidiz religieux avoient.... en haule » de Saint-Walery, pour les *séages* & le merquier » des nés. » Un compte des revenus de Ponthieu, » de l'année 1554, dit aussi : « des profits & » revenus des averaiges & *seuages* des nefs, *&c.* » (*G. D. C.*)

SEURE. Ce mot se trouve dans une chartre de l'an 1301, tirée du livre rouge de la chambre des comptes, fol. 137 v°. col. 1. Il y est dit : « les marées le roi, si comme s'en levet la *seure*, » o tout le droit de la *seure*, c'est assavoir ronsi » cher & peescher ».

Cet extrait se trouve dans le *glossarium novum* de dom Carpentier, qui présume que le mot *seure* désigne un droit dû pour la faculté d'arroser ses prés, en y introduisant l'eau par différens canaux.

On a dit effectivement *sewer*, en latin barbare *seware*, pour arroser. On a aussi nommé *sewyère* ou *sewiere* le canal de décharge d'un étang ou d'un moulin. Dom Carpentier dit que c'est le canal qui conduit l'eau au moulin. *Voyez* le glossaire de cet auteur, au mot *Seware Seweria*, & *Gota*.

Il y a deux rivières en Poitou qui portent le nom de *Seure* ou *Sevre*, la sevre nantoise, & la sevre niortaise. (*G. D. C.*)

SEUWIÈRE, *Voyez* SEURE.

SEWIRE, *Voyez* SEURE.

SEUWYÈRE, *Voyez* SEURE.

SÉVICES, du latin *sævitia*, est un terme usité au palais, pour exprimer les traitemens inhumains que l'on fait souffrir à quelqu'un.

On joint ordinairement ensemble les termes de *sévices* & *mauvais traitemens*, quoique celui de *sévices* soit le plus fort.

Pour ordonner la séparation de corps entre mari & femme, il faut qu'il y ait des *sévices* de la part du mari; ces *sévices* se mesurent à la qualité des personnes, à leur éducation, & à leur manière ordinaire de vivre; entre gens de basse condition, il faut des faits plus graves qu'entre gens qui ont plus de sentiment & de délicatesse. *Voyez* SÉPARATION. (*A*)

SEXTE, (*Jurispr. canon.*) est la collection des décrétales, faites par ordre du pape Boniface VIII. On l'appelle *sexte*, parce qu'elle est intitulée, *liber sextus decretalium*, comme si c'étoit un sixième livre des décrétales qui ont été recueillies par Grégoire IX en cinq livres; cependant cette collection de Boniface VIII, contient elle-même cinq livres : la manière de citer cette collection est de dire *in sexto*.

Cette collection comprend les constitutions des papes, publiées depuis celle de Grégoire IX; savoir, celles du même Grégoire, d'Innocent IV, Alexandre IV, Urbain IV, Grégoire X, Nicolas III, Clément IV, & Boniface VIII, par l'ordre duquel cette compilation fut faite.

Boniface VIII employa à ce travail Guillaume de Mandegot, archevêque d'Embrun; Berenger de Fredol, évêque de Beziers; & Richard de Sienne, qu'il nomma depuis cardinal en 1298; ce livre fut publié le 3 mars à la fin de l'an 1298, c'est-à-dire en 1299, avant Pâques.

Le *sexte* ne fut point reçu en France, & il n'est permis ni de l'enseigner dans les écoles, ni de le citer au barreau, à cause des démêlés qu'il y eut entre Boniface VIII & Philippe-le-Bel.

On a joint à la suite du texte & dans le même volume, les clémentines & les extravagantes de Jean XXII & les extravagantes communes. *Voyez* DROIT CANON, DÉCRET, DECRÉTALES.

SEXTELAGE. *Voyez* SESTERAGE.

SEXTELLAGE. *Voyez* SESTERAGE.

SEXTERAGE. *Voyez* SESTERAGE.

SEXTERÉE DE TERRE. Ce mot se trouve dans la coutume de Troy, que la Thaumassière a recueillie parmi les anciennes coutumes du Berry. On y voit que c'est une mesure contenant huit boisselées. (*G. D. C.*)

S I

SIÈGE DE NEFS. On a ainsi appellé un droit de station dû par les bâtimens qui faisoient quelque séjour dans un port.

Ce droit a sur-tout été connu dans l'Angleterre, la Normandie & la Picardie. Il en est question dans les coutumes de la vicomté de l'Eau, à Rouen, & dans plusieurs textes cités par du Cange, au mot *Sedes navium*, sous *Sedes 4*. (*G. D. C.*)

SIEURIE. (*Droit féodal.*) Ce mot se trouve dans une chartre de Jean, comte d'Anjou, de l'an 1282, rapportée à la page 112 de l'histoire de la maison de Sablé : « avons, y est-il dit, ce jour baillé.... » à messire Henri de Craon, notre gendre, & à » Anne, notre fille, la propriété & la *sieurie* de » Rochefort ».

Dom Carpentier, qui rapporte cet extrait au mot *Signoria*, pense, avec beaucoup de vraisemblance, que *sieurie* est synonyme de *seigneurie*. Il ne feroit pas impossible néanmoins qu'on eût entendu par là la simple propriété. Loiseau pense du moins que le mot *sieur* vient de *sien*, & qu'il signifie *propriétaire*. *Voyez* le traité des seigneuries, *chap. 11*, *n°. 6*.

SIGNACE. *Voyez* SIGNANCE.

SIGNANCE, SIGNACE & SINGNANCE. Ces mots se trouvent employés dans deux chartres, dont l'extrait se trouve dans le *glossarium novum* de dom Carpentier; la première, qui est de l'an 1281, & tirée du cartulaire de Saint-Etienne d'Auxerre, porte : « la *singnance* des mareschaussées, » vingt-trois sols neuf deniers maille ».

La seconde porte : « lesquiex (dix livres) il » disoit avoir accoutumé panre..... avec les cou- » tumes dessusdites à Courgenay...., pour cause » des

» des *signaces* desdites coutumes, ... dîme, ter» rage, coustumes, *signances*, corvées, &c. »

Dom Carpentier pense que ces mots désignent les suites & dépendances d'un droit. (*G. D. C.*)

SIGNANDAIRE, s. m. *terme de pratique* par lequel on entend quelqu'un qui sait & peut signer, ou qui a signé. Dans les actes importans, tels que les testamens, donations, criées, il faut des témoins *signandaires*, c'est-à-dire qui signent effectivement les actes, & non de ceux qui déclarent qu'ils ne le savent ou ne peuvent signer. *Voyez* SIGNATURE & TÉMOIN. (*A*)

SIGNATURE, s. f. est la souscription d'un acte, ou l'apposition du nom de quelqu'un au bas de cet acte, mise de sa propre main.

Anciennement, du temps que l'usage des lettres étoit fort négligé, on ne signoit point les actes; au lieu de *signature*, on mettoit son sceau ou cachet.

Les notaires signoient bien leurs actes, mais ordinairement les parties ne signoient pas avec eux; c'est pourquoi l'ordonnance d'Orléans en 1562, *art. 84*, leur enjoignit de faire signer les parties & les témoins instrumentaires. Ce qui fut renouvellé par l'ordonnance de Blois en 1579, *art. 165*.

Il y a des actes sous *signature* authentique, d'autres sous *signature* privée ou sous seing-privé, ce qui est la même chose.

La *signature* des parties, des témoins, & des officiers publics, dont les actes doivent être souscrits, est ce qui donne la perfection à l'acte; jusque-là, & tant qu'il manque quelqu'une des *signatures* nécessaires, l'acte est imparfait.

Dans les jugemens rendus à l'audience, c'est la prononciation qui en fixe la date; mais dans les procès par écrit, c'est la *signature* du juge ou du greffier. *Voyez* ACTE, JUGEMENT, NOTAIRE, SCEAU, SEING, TÉMOIN, TESTAMENT, *&c.* (*A*)

SIGNATURE DE COUR DE ROME, est une réponse du pape au bas d'une supplique, par laquelle il accorde à l'impétrant la grace ou le bénéfice qu'il lui demande.

En matière de bénéfice, cette *signature* tient lieu de provisions, excepté pour les bénéfices consistoriaux ou chefs de communauté, pour lesquels une simple *signature* ne suffit pas, étant nécessaire d'obtenir des bulles.

Sous le terme de *signature*, on entend non-seulement la *signature* proprement dite, mais aussi la supplique ou un acte au bas duquel elle est apposée, lequel prend son nom de la *signature* qui est au bas.

La *signature* contient les clauses, dérogations & dispenses, sous lesquelles la grace ou le bénéfice sont accordés, avec la commission pour l'exécuter.

Toute *signature* ou réponse à une supplique qui porte dispense ou provision de dignité dans une cathédrale ou collégiale, prieurés conventuels, canonicats de cathédrale, doit être signée par le pape même, qui répond par ces mots, *fiat ut petitur*; les autres *signatures* sont données par un officier de la chancellerie romaine, appellé *préfet de la signature de grace*, qui répond la supplique en ces termes : *Concessum ut petitur, in præsentiâ D. N. papæ.*

La date de la *signature* se prend ordinairement du jour que la supplique a été mise entre les mains du dataire, & non pas seulement du jour qu'elle a été répondue.

Il est d'usage en France que les *signatures* originales de cour de Rome y font foi, pourvu qu'elles soient vérifiées par un certificat de deux expéditionnaires.

Ces *signatures* suffisent pour prendre possession des bénéfices ordinaires, pour lesquels il ne faut pas de bulles.

Il y a trois sortes de *signatures*; l'une en forme gracieuse; l'autre *in formâ dignum antiquâ*, la troisième *in formâ dignum novissimâ*, dont on trouvera l'explication sous le mot *Provision de cour de Rome.* (*A*)

SIGNATURE AUTHENTIQUE, qu'on appelle aussi *signature publique*, est celle qui est émanée d'un officier public; & qui fait foi en justice, sans qu'il soit besoin de la faire reconnoître. *Voyez* SIGNATURE PRIVÉE. (*A*)

SIGNATURE DE JUSTICE, est une *signature* de cour de Rome donnée sur quelque matière de jurisdiction contentieuse, dans l'assemblée des officiers préposés pour cet effet, appellée aussi la *signature de justice*; telles sont les commissions, délégations, rescrits, & autres actes qui sont adressés aux tribunaux où se rend la justice.

SIGNATURE ORIGINALE, c'est celle qui est écrite de la main même de celui dont elle contient le nom, à la différence des *signatures* qui sont copiées d'une main étrangère, & seulement par forme de mention des vraies *signatures*.

SIGNATURE PRIVÉE, est celle qui émane d'une personne privée, c'est-à-dire qui n'a point de caractère public.

Ces sortes de *signatures* ne font point foi en justice, jusqu'à ce qu'elles y soient reconnues. (*A*)

SIGNATURE PUBLIQUE. *Voyez* SIGNATURE AUTHENTIQUE.

SIGNERIE, (*Droit féodal.*) c'est une espèce de droit de sceau ou de signature, qui faisoit partie des droits de greffe des seigneurs. (*G. D. C.*)

SIGNIFICATION, s. f. (*terme de pratique.*) est un acte par lequel on notifie quelque chose à une autre personne.

Les *significations* sont faites par les huissiers & sergens; les unes se font à personne ou domicile; les autres de procureur à procureur.

On signifie à personne, quand on notifie à la personne même ce que l'on a à lui dire; à domicile, lorsque l'huissier se transporte au domicile de la personne, pour y notifier ce dont il s'agit.

Avant de faire mettre un jugement à exécution, on doit le signifier à la partie condamnée, pour qu'elle s'y soumette d'elle-même, & évite les frais de contrainte. Si elle a eu un procureur pour la défendre, le jugement doit lui être signifié en premier lieu.

Si le procureur de la partie condamnée vient à décéder, à être interdit, ou à quitter, ensorte que le jugement ne puisse lui être signifié, il suffit de faire la *signification* au domicile de la partie, sans qu'il soit nécessaire d'attendre qu'elle ait constitué un nouveau procureur.

Quand il y a plusieurs parties en cause, le jugement ne doit être signifié qu'aux parties qui ont un intérêt opposé à celui de la partie qui fait la *signification*.

Au surplus, soit que l'on signifie le jugement de procureur à procureur, ou qu'on le signifie à personne ou domicile de la partie, & qu'on veuille l'attaquer pour en faire réformer les dispositions, il ne faut faire la *signification* qu'avec protestation de se pourvoir. C'est en conformité de cette règle, que, par arrêt du 13 août 1765, le parlement de Paris a déclaré non-recevable dans son appel, une partie qui avoit signifié sans réserve le jugement dont elle se plaignoit. *Voyez* AJOURNEMENT, EXPLOIT, HUISSIER, PROCUREUR.

SIMENEAULX. *Voyez* SIMENIAUX.

SIMENEL. *Voyez* SIMENIAUX.

SIMENIAUX (*pains*). Suivant le glossaire du droit françois, ce mot se trouve dans l'ancienne coutume d'Amiens manuscrite, pour désigner des pains de fleur de farine. On les appelle en latin-barbare *seminelli*, & ce dernier mot dérive lui-même du latin *simila*, dont Pline & d'autres auteurs se sont servis pour exprimer de la fleur de farine.

On a dit aussi *pains simonneaulx*, *simeneaulx*, ou *symeniax*, *pain simenel* ou *simonnel*, dans le même sens, ou pour désigner des échaudés. *Voyez* du Cange & dom Carpentier, au mot *Siminellus*. (*G. D. C.*)

SIMONIE, s. f. (*Droit canon.*) est une convention illicite, par laquelle on donne ou l'on reçoit une récompense pour quelque chose de spirituel. Ce crime est commis par ceux qui trafiquent des choses sacrées, ou des bénéfices; qui vendent les sacremens, la nomination & collation des bénéfices, l'entrée en religion.

Le mot *simonie* vient du nom de *Simon le magicien*, qui vivoit du temps des apôtres, & qui vouloit acheter d'eux à prix d'argent le pouvoir de faire des miracles.

On distingue trois sortes de *simonies*; la réelle, la mentale, & la conventionnelle.

La *simonie réelle* est un pacte réciproque & mutuellement exécuté, par lequel une chose spirituelle est donnée pour un prix temporel. Par cette *chose spirituelle*, il faut entendre non-seulement ce qui est purement spirituel, comme les sacremens, mais encore ce qui y est annexé, comme les fonctions ecclésiastiques, les bénéfices, *&c.*; de même par un *prix temporel*, on entend non-seulement l'argent, mais encore les services rendus pour obtenir la chose spirituelle.

La *simonie mentale* a lieu quand on livre une chose spirituelle pour un prix temporel, sans avoir fait aucune convention extérieure.

La *simonie conventionnelle* consiste dans la vente & l'achat d'une chose spirituelle, sans que cette chose ou le prix ait été livré de part & d'autre. Cette *simonie* se subdivise en *pure conventionnelle*, & en *mixte*. Elle est pure conventionnelle, lorsqu'aucun des contractans n'a livré ce qu'il a promis, & elle est mixte, quand l'un des deux a rempli sa promesse.

Suivant les canons, & particuliérement la décision de Paul II, *cap. cum detestabile, extravag. commun. de Simoniâ*, tous ceux qui participent directement ou indirectement à la *simonie*, ou comme médiateurs, ou comme parties principales, encourent l'excommunication par le seul fait. De plus, celui qui a été ordonné par *simonie* est suspens de plein droit des fonctions de l'ordre qu'il a reçu, & celui qui a obtenu un bénéfice par cette voie, est privé par le seul fait de tout le droit qu'il pourroit prétendre sur le bénéfice, & ne peut plus être pourvu d'aucun autre bénéfice avant d'avoir obtenu l'absolution de son crime. Les simoniaques ne peuvent pas même s'aider de la possession triennale.

Cependant ces peines, quoique prononcées par les canons, & encourues de plein droit, ne dépossèdent point par elles-mêmes le bénéficier coupable; elles rendent seulement le bénéfice impétrable: mais pour déposséder le bénéficier, il faut qu'elles aient été déclarées encourues par une sentence, après conviction légale. Dans ce cas, le coupable est censé avoir perdu tout droit au bénéfice dès l'instant où le crime a été commis, ou du moins aussi-tôt qu'un dévolutaire a intenté action contre lui.

Quand la cause de *simonie* est portée en jugement, & que le juge trouve que les peines prononcées par le droit canon sont insuffisantes, il condamne en outre le coupable à une amende, ou à quelque autre peine infamante, selon les circonstances.

Quoiqu'il soit défendu en général de rien exiger pour l'administation des sacremens & autres choses spirituelles, & pour la collation des bénéfices, néanmoins les loix ecclésiastiques & civiles autorisent les ministres de l'église à recevoir pour leur subsistance certaines rétributions pour les messes, pour les mariages, sépultures, pour les provisions des bénéfices, *&c.*

Il est aussi permis à certaines communautés qui ne sont pas suffisamment fondées, de recevoir des dots pour l'entrée en religion. *Voyez* DOT & RELIGIEUX.

La *simonie* se couvre de tant de détours, qu'il

est souvent difficile de la prouver, d'autant même que l'on n'en admet pas la preuve par témoins, à moins qu'il n'y ait un commencement de preuve par écrit; mais elle n'en est pas moins criminelle.

Lorsqu'un ecclésiastique a un droit acquis à un bénéfice, il peut, sans aucune *simonie*, payer une somme qu'on exige de lui, pour se rédimer des vexations qui l'empêchent de prendre possession de ce bénéfice. Cette décision est fondée sur ce qu'il ne s'agit plus d'un prix temporel donné pour une chose spirituelle, puisqu'on en avoit le droit entiérement acquis.

Mais une pension sur un bénéfice peut-elle être vendue sans *simonie*? Cette question s'est présentée récemment au parlement de Paris dans l'espèce suivante:

Le 17 mars 1765, le feu roi conféra en régale à l'abbé de Polignac le prieuré de saint Martin de Leyrat. La collation fut grevée d'une pension de quinze cens livres, en faveur de Charles Gabrielli, jeune clerc âgé d'onze ans. Celui-ci, pressé par des besoins urgens, passa, le 21 février 1773, un contrat par lequel il vendit sa pension à la dame le Cointe. En vertu de ce titre, elle s'adressa à l'abbé de Polignac pour toucher la pension qu'elle avoit acquise; mais cet abbé refusa de la satisfaire. Sur ce refus, elle fit saisir les revenus du prieuré de Leyrat. L'abbé de Polignac forma une demande en main-levée de cette saisie, mit en cause le clerc Gabrielli, & conclut à ce que la vente qu'il avoit faite à la dame le Cointe fût déclarée nulle & simoniaque, & la pension éteinte.

Le clerc pensionnaire ne comparut point au châtelet; mais la dame le Cointe y prétendit qu'une pension ecclésiastique étoit commerçable comme tous les objets purement temporels & profanes. Ce moyen fut accueilli; & en conséquence, sentence intervint le 12 août 1774, qui, sans avoir égard à la demande de l'abbé de Polignac, dont il fut débouté, déclara la saisie faite à la requête de la dame le Cointe, bonne & valable.

Sur l'appel de cette sentence, l'abbé de Polignac soutint, avec succès, qu'une pension ecclésiastique étant annexée au spirituel, ne pouvoit être vendue sans *simonie*, & que la vente en opéroit l'extinction. En conséquence, le parlement rendit, le 7 avril 1775, un arrêt qui infirma la sentence du châtelet, déclara la vente simoniaque & la pension éteinte; & faisant droit sur les conclusions du procureur-général du roi, fit défenses de faire à l'avenir de pareils actes.

Suivant la jurisprudence actuelle, on n'est point admis à prouver la *simonie*, à moins qu'on n'ait un commencement de preuve par écrit. Cette règle doit particuliérement être observée à l'égard d'un dévolutaire, parce qu'il doit avoir prêtes toutes les preuves de la vacance qui donne lieu au dévolut, avant de l'obtenir. C'est ce qui résulte de divers arrêts, dont un du 18 mars 1679 a été rendu au parlement de Paris en faveur du sieur Dupuys, contre le sieur Thomazet, & est rapporté au journal du palais; un autre du premier février 1695 est rapporté par Duperrai dans son traité de l'état des ecclésiastiques; & un autre du 28 avril 1725, rendu sur les conclusions de M. d'Aguesseau, avocat-général, a déclaré abusive une sentence de l'official de Lyon, par laquelle il avoit été permis à un particulier d'informer de faits de *simonie*: mais comme ces faits étoient graves, l'arrêt réserva au promoteur de rendre plainte & de faire informer.

On peut conclure de cette dernière disposition, que, quoiqu'un dévolutaire ne doive point être admis à prouver la *simonie* par témoins, à moins qu'il n'ait un commencement de preuve par écrit, le promoteur peut rendre plainte de faits simoniaques, & être admis à en faire la preuve testimoniale, sans qu'il lui faille un commencement de preuve par écrit.

L'article 21 de l'ordonnance de Blois enjoint aux archevêques & aux évêques de procéder sévérement contre les ecclésiastiques coupables de *simonie*, & de prononcer contre eux les peines portées par les canons; & la même loi enjoint pareillement aux baillis & sénéchaux de procéder contre les laïques qui sont complices de ce crime.

Il paroît résulter de cette disposition, que les juges royaux ne peuvent connoître du crime de *simonie* qu'entre des laïques. Cependant ils peuvent en connoître entre ecclésiastiques, lorsque la *simonie* est objectée pour défense, & que l'accusation en est intentée incidemment dans une complainte en matière bénéficiale. C'est ce que le parlement de Paris a jugé par arrêt du 14 mars 1731.

Au surplus, les juges laïques qui connoissent incidemment de la *simonie* contre un ecclésiastique, ne peuvent déclarer le coupable inhabile à posséder à l'avenir aucun bénéfice, ni déclarer vacans les bénéfices dont il a été pourvu, autres que ceux à l'égard desquels la *simonie* a été commise.

Il n'y a que le pape qui puisse dispenser de la *simonie* volontaire; mais l'évêque peut dispenser de celle qui a été commise à l'insu du pourvu, après néanmoins que celui-ci a donné sa démission pure & simple entre les mains de l'évêque.

Quand la *simonie* est occulte, il faut se pourvoir à la pénitencerie de Rome ou pardevers l'évêque; mais quand elle est volontaire & notoire, il faut se pourvoir à la daterie de Rome.

La dispense doit être adressée à l'évêque du lieu où est le bénéfice.

Quant aux fruits perçus, le confesseur en peut faire remise en tout ou partie, selon la dispense & la pauvreté du bénéficier.

Si celui-ci a ignoré la *simonie* commise par un tiers, sa desserte & sa bonne-foi peuvent l'exempter de la restitution, au moins de la plus grande partie.

Mais dans quelque cas que ce soit, le pourvu par *simonie* doit faire une démission pure & simple entre les mains du collateur ordinaire, sauf à obtenir de nouvelles provisions, si le collateur juge à propos de lui en accorder.

On dit communément que la confidence est la fille de la *simonie*. *Voyez* CONFIDENCE.

SIMONNEAULX. *Voyez* SIMENIAUX.

SIMONNEL. *Voyez* SIMENIAUX.

SIMPLE CENS. *Voyez* CENS SIMPLE *non accordable*.

SIMPLE FOI. *Voyez le* §. 1 *de l'art.* FOI & HOMMAGE, & *l'art.* HOMMAGE PLAIN.

SIMPLE HOMMAGE. *Voyez le* §. 1 *de l'art.* FOI & HOMMAGE, & *l'art.* HOMMAGE PLAIN.

SIMPLE *pacte*, promesse, contrat, ou engagement qui n'est point motivé par rapport à la valeur reçue au temps du paiement, &c. & qui ne donne point d'action en justice. *Voyez* CONTRAT, CONVENTION, PACT, &c.

SIMPLE *propriété*, que les loix romaines appellent nue *propriété*, est celle du propriétaire à qui le fonds de l'héritage appartient, tandis qu'un autre en a l'usufruit. Elle est opposée à *pleine propriété*. *Voyez* PLEINE PROPRIÉTÉ, USUFRUIT.

SIMPLE *voirie*. *Voyez* VOIRIE (*simple*).

SIMULATION, s. f. ce mot vient du latin *simul*. Il indique, suivant cette étymologie, le concert ou l'intelligence de deux ou plusieurs personnes pour donner à une chose l'apparence d'une autre. En droit, on nomme *simulé*, un acte, ou la clause d'un acte qui n'est pas sincère, & dans ce sens, la *simulation* est tout déguisement frauduleux introduit dans un acte.

Denisart dit que la *simulation* est si ressemblante au dol, *qu'elle n'en diffère qu'en ce que le dol personnel n'est ordinairement que l'ouvrage de l'un des contractans*, au lieu que la *simulation* est presque toujours l'ouvrage de plusieurs. Il est bien vrai que l'objet de la *simulation* est le plus souvent de tromper les autres hommes; & sous ce point de vue, elle est comprise sous le nom général de *fraude*; elle n'en diffère que comme l'espèce du genre. Il faut, pour l'opérer, le concours de plusieurs contractans qui soient d'intelligence pour tromper des tiers ou les magistrats, tandis que la fraude se fait bien souvent par l'un des contractans seuls, au préjudice de l'autre. Mais il y a aussi des *simulations* qui ne sont pas frauduleuses: il y en a même qui sont autorisées par les loix ou la jurisprudence; & peut-être ne trouveroit-on pas un seul pays où ces sortes de *simulations* n'aient été en usage pour transférer la propriété des biens, & pour l'assurer aux acquéreurs.

Les stipulations aquiliennes, les émancipations, suivant l'ancien droit romain, & une quantité d'autres actes n'étoient que des *simulations*. On fait un très-grand usage de ces fictions dans le droit anglois. On peut voir à ce sujet, ce que dit Blackstone des *fines* & des *common recoveries*, dans son analyse des loix d'Angleterre, *liv.* 2, *chap.* 16, & dans ses commentaires sur les mêmes loix, *liv.* 2, *chap.* 26. Les reconstitutions des rentes dues par le roi, les ventes par *nécessité jurée*, usitées en Flandres, en Artois & en Ponthieu, ne sont guère autres choses que des *simulations* légales, & la plupart des procédures qui servoient de base aux décrets volontaires, étoient dans le même cas.

On peut dire en général, que toutes ces *simulations* indiquent un vice dans la législation où elles sont admises, & la nécessité d'un nouveau réglement qui remplisse le même objet d'une manière plus conforme à la vérité & à la sainteté des loix.

Presque toutes les autres *simulations* qui sont du ressort de la jurisprudence, sont frauduleuses. Elles ont communément pour objet d'éviter l'effet d'une loi prohibitive, le paiement de quelque imposition ou de quelque droit seigneurial, les réclamations des créanciers de l'un des contractans, ou de ceux qui ont des droits quelconques sur ses biens. Ainsi les personnes qui ne peuvent pas en avantager une autre, font une donation ou un legs simulé à un tiers qui s'est engagé à en restituer l'objet à la personne prohibée; un acquéreur déguise la vente qui lui est faite, sous la forme d'un bail à cens ou rente, d'un échange, d'une donation, pour éviter le paiement des droits seigneuriaux ou les retraits. Les usuriers pallient, sous différentes formes, les prêts usuraires que la loi leur défend de faire.

Il n'est pas besoin de s'inscrire en faux contre un acte suspect de *simulation*; cette voie n'est nécessaire que dans le cas d'un contrat falsifié, qui diffère entièrement d'un contrat simulé. C'est ce qu'a fort bien remarqué Dumoulin sur l'article 3 du chapitre 31 de la coutume de Nivernois, où il dit, en parlant d'une vente dont un retrayant soupçonne le prix moindre que celui qui est exprimé dans le contrat: *nec tenebitur instrumentum arguere de falso, quia aliud merum falsum, aliud simulatio.* Mais on se pourvoit contre un acte simulé par une simple demande à ce qu'il soit déclaré tel.

Lorsque la *simulation* d'un acte est opposée par des tiers dont elle tend à frauder les droits, il n'est pas douteux que la preuve par témoins en doit être reçue. L'existence d'un acte, quelque authentique qu'il soit, ne prouve rien autre chose contre des tiers, si ce n'est qu'il a été passé; mais il n'en établit point la sincérité. D'Argentré, sur l'article 269 de la coutume de Bretagne, traite d'insensée (*stulta*) l'opinion de ceux qui regardoient la question comme problématique, en se fondant sur l'article 54 de l'ordonnance de Moulins, qui défend de recevoir la preuve par témoins *outre le contenu au contrat, ni sur ce qui seroit allégué avoir été dit ou convenu avant icelui, lors ou depuis.*

Ce jurisconsulte ajoute, sur l'article 270, que les contrats simulés ne sont pas proprement des contrats; *colorem habent*, dit-il énergiquement, *substantiam verò nullam; nulla quippè conventio initur, nullus contractus agitur, sed fingitur.* Balde dit aussi (*ad liv.* 1, *cod. plus valet quod agitur*, & *liv.* 4, *cod. mandati*) *quod hujusmodi contractus est tanquàm corpus sine animâ, & dicitur coloratus, depictus, extrinsecùs apparens, intrinsecùs nihil habens.* Il assure même qu'une tradition simulée ne transfère point la possession.

Les plus éclairés de nos jurisconsultes sont du même avis ; & Dumoulin le décide ainsi sur le §. 23 de la coutume de Paris, *gloss. 2, n. 19.* L'on trouve dans Brodeau sur Louet, *lettre T, sommaire VII*, deux arrêts des années 1607 & 1619, qui ont admis la preuve par témoins de la *simulation* d'un contrat d'échange au profit de ceux qui prétendoient exercer le retrait du fonds qui en étoit l'objet, comme étant une vente déguisée. Du Rousseaud de Lacombe rapporte dans le recueil des arrêts & réglemens notables imprimés en 1743, un arrêt du 16 avril 1738, qui a admis la preuve par témoins de la soustraction d'une contre-lettre par laquelle on disoit que les motifs expliqués dans l'acte étoient simulés. Tous nos recueils contiennent des arrêts semblables.

Tel paroît être le sentiment de Pothier, *traité des obligations, n. 766.* La défense de la preuve testimoniale, dit-il, contre & outre le contenu aux actes, ne regarde que les personnes qui y ont été parties, qui doivent s'imputer d'y avoir laissé comprendre ce qui y est compris, & de ne s'être pas fait donner une contre-lettre, ou d'avoir omis quelque chose de ce qui devoit y être compris. Mais cette défense ne peut concerner les tiers, en fraude desquels on pourroit énoncer dans les actes des choses contraires à la vérité de ce qui s'est passé ; car rien ne pouvant être imputé à ces tiers, on ne doit pas leur refuser la preuve testimoniale de la fraude qui leur est faite, n'ayant pas été en leur pouvoir d'en avoir une autre.

Lorsqu'il n'y a ni preuve par écrit ni preuve testimoniale de la *simulation*, ceux dont on a voulu frauder les droits peuvent aussi la prouver par de simples présomptions. Les interprètes du droit, qui ont voulu tout dire & tout épuiser, ont tenté de déterminer combien il falloit de présomptions, & quel caractère elles devoient avoir pour faire une preuve suffisante dans cette matière. Cæpolla donne beaucoup de détails là-dessus dans son traité. Il regarde comme des présomptions d'un grand poids, des pactes insolites apposés dans des contrats, des conventions extrêmement avantageuses à l'une des parties, & particuliérement le prix d'une vente qui n'a aucun rapport avec la valeur de la chose vendue ; les précautions que les contractans ont prises pour tenir un acte long-temps caché.

On peut voir d'autres détails dans Menochius *de præsumptionibus.*

Danty, dans ses additions sur Boiceau, *chap. 8, n. 57*, prétend, d'après ces auteurs, que les présomptions de fraude & de *simulation* peuvent se réduire à six principales. La première est, dit-il, la qualité des personnes qui disposent, quand la loi leur a défendu de contracter ensemble, ou quand elle a attaché aux dispositions qu'elles peuvent faire, certaines solemnités qu'elles n'ont pas observées, par exemple, entre le mari & la femme, le pupille & son tuteur, *&c.* La seconde est la qualité de certaines dispositions ou conventions que la loi a spécialement défendues à ces sortes de personnes, comme les donations entre-vifs entre conjoints durant le mariage ; la troisième est la qualité des choses dont elle leur a interdit la disposition, comme celle des propres par testament au-delà du quint ; la quatrième, la qualité des clauses de la disposition, quand elles sont insolites ou équivoques ; la cinquième, quand ces personnes contractent dans un temps auquel il leur est expressément défendu de contracter par la loi ; la sixième, quand il paroît manifestement par les autres circonstances du fait, que l'acte est simulé ou frauduleux, afin d'en faire retomber l'effet sur un tiers qui n'y a point été appellé.

Mais les trois premières espèces de ces prétendues présomptions, & la cinquième, sont plutôt des moyens de nullité que des indices de *simulation*, & la dernière n'est que l'assemblage de toutes les présomptions que l'on peut alléguer pour prouver la *simulation* d'un acte.

Le même auteur examine, au nombre suivant, quel nombre de présomptions est nécessaire pour juger si un contrat est simulé ou frauduleux. La plupart, dit-il, demeurent d'accord que, quand il s'en rencontre trois conformes entre elles, si elles sont considérables par elles-mêmes, & essentielles au fait qu'il s'agit de découvrir, & notamment si la loi les a marquées expressément, telles que sont celles ci-dessus exprimées, elles doivent suffire pour faire une preuve entière de la *simulation.*

Cependant Danty ajoute avec raison, que la loi n'ayant point fixé ce nombre, cela dépend toujours de la prudence du juge, qui peut mieux connoître que personne, par la qualité du fait, ce qu'il en doit déterminer ; & qu'il ne suffit pas que plusieurs présomptions se rencontrent ensemble, si ces présomptions de fraude sont combattues par d'autres aussi fortes, qui puissent faire présumer la bonne-foi des contractans ; parce que le dol ne peut se prouver que par des indices manifestes, suivant la loi 6, au code *de probat. & præsump.* & non par des présomptions vagues & incertaines, ou qui peuvent avoir un sens tout opposé à celui qu'on leur donne.

Enfin, dit cet auteur, puisque l'on est obligé de s'en rapporter à des présomptions, lorsque la preuve par écrit ou la preuve testimoniale viennent à manquer ; puisque c'est sur ces présomptions qu'elle se détermine, il s'ensuit qu'elle regarde les présomptions comme des témoins. On doit donc y exiger les mêmes qualités que celles que la loi requiert dans la déposition des témoins, pour y ajouter une créance entière. Or, la première qualité d'une déposition est qu'elle doit être grave & précise, c'est-à-dire, que le témoin doit précisément déposer du fait principal qu'il s'agit de prouver, & non pas d'une circonstance particulière, qui n'ait pas une liaison nécessaire avec le fait en question. La seconde est qu'une déposition doit être claire & juste, c'est-à-dire, sans équivoque ni variation; ensorte que si elle présente de l'obscurité ou un double sens, ou si elle est démentie d'ailleurs par quelque circonstance manifeste du fait, elle perd toute sa force. La troisième est que cette déposition ne doit pas être unique, & qu'elle doit être soutenue tout au moins par la déposition d'un autre témoin également forte & convaincante.

Ainsi, continue Danty, pour qu'une présomption puisse déterminer le juge, il faut que cette présomption de *simulation* ou de fraude, qu'on oppose contre le contrat, soit soutenue par d'autres présomptions, & que ces présomptions aient de la liaison les unes aux autres, de telle sorte qu'elles ne se démentent point, & que l'une naisse en quelque façon de l'autre; car plusieurs présomptions légères de fraude ne doivent être d'aucune considération, parce que ce n'est pas de leur nombre qu'il faut tirer certitude, c'est de leur vraisemblance & de leur conformité entre elles. Enfin, une seule présomption, quelque forte qu'elle puisse être, quand ce n'est pas une de celles appellées *juris & de jure*, ne doit jamais déterminer le juge contre un acte par écrit, qui, ayant pour lui l'autorité & le sceau de la loi, mérite toute la créance qu'exigeroit la vérité même.

On peut ajouter à ces réflexions, que dans une matière si indéterminée, la même règle ne peut pas servir pour toutes les espèces de *simulation*. Il faut, par exemple, des preuves plus graves pour établir la *simulation* lorsque c'est l'une des parties contractantes qui l'allègue, que lorsqu'elle est opposée aux contractans par des tiers; & lorsqu'il s'agit d'une *simulation* qui seroit dans le cas d'être poursuivie criminellement, telle qu'une usure énorme, que lorsqu'on ne plaide que pour des intérêts civils, par exemple, sur la vérité d'un legs adressé à telle ou telle personne, sur le déguisement d'un contrat équipollent à vente en une autre sorte de contrat, *&c.* Trop de jurisconsultes ont enseigné le contraire. Mais la voix de la raison & de l'humanité, l'honneur & l'état des citoyens veulent que là où la condamnation est plus grave, on exige des preuves moins incertaines.

L'autorité des arrêts est on ne peut plus légère pour ce qui concerne les présomptions propres à prouver la *simulation*. Ce n'est pas seulement parce que les arrêtistes ne sont pas toujours informés d'une infinité de circonstances qui ont pu déterminer les magistrats, mais aussi parce que le concours des mêmes circonstances se rencontre très-rarement dans deux affaires différentes, & que la qualité des parties, leur état, leurs liaisons, leur fortune & beaucoup d'autres points semblables peuvent avoir beaucoup d'influence sur l'opinion des juges. Il y a néanmoins des matières où la *simulation* est si commune & s'opère si souvent de la même manière, que les loix même ont adopté certaines circonstances, comme formant des présomptions de droit pour la *simulation*. On peut en voir des exemples aux mots FRAUDE NORMANDE, JEU DE FIEF, *&c.*

La *simulation*, de même que toutes les espèces de fraude, peut quelquefois retomber sur ceux qui en sont les auteurs, ou qui y ont contribué; & l'on a douté dans ce cas, si ceux à qui l'on oppose l'acte simulé, pour en prendre droit contre eux pouvoient se défendre en alléguant la *simulation* de l'acte. Plusieurs jurisconsultes décident que non. Ils se fondent pour cela sur les textes de droit, qui disent que personne ne peut invoquer sa propre turpitude pour sa défense.

D'autres jurisconsultes pensent au contraire, que la *simulation* peut être opposée par l'un des contractans, du moins par forme d'exception, parce que, suivant les loix même, on peut alléguer sa propre turpitude dans ce dernier cas.

Il est facile de voir qu'une règle générale entraîneroit bien des abus. Il faut donc distinguer les différentes personnes qui se font un moyen de l'acte simulé, & les diverses preuves qu'on peut donner de la *simulation*. Si la *simulation* d'un contrat est prouvée par un autre acte du fait des mêmes parties, il n'est pas douteux qu'on ne puisse opposer ce dernier acte au premier. *Voyez* néanmoins au mot CONTRE-LETTRE, les exceptions que cette décision peut recevoir. Mais lorsque l'un des contractans oppose à l'autre la *simulation* d'un acte, sans en avoir la preuve dans une contre-lettre, il ne doit s'en prendre qu'à lui-même de ne s'être pas assuré une preuve par écrit qu'il pouvoit se procurer; la présomption est donc alors pour la vérité de l'acte, & l'on doit suivre à la rigueur les loix qui défendent d'admettre la preuve par témoins *contre & outre le contenu aux actes*, s'il n'y a un commencement de preuve par écrit.

C'est ainsi qu'on l'observe particuliérement en France, lorsque le créancier qui a donné quittance, prétend qu'il n'a pas été payé, ou que le débiteur prétend qu'il n'a pas reçu l'argent énoncé dans sa reconnoissance. Cependant cette règle reçoit quelques modifications dans plusieurs parlemens & dans quelques coutumes. On y distingue les actes authentiques, de ceux sous signature privée; & ceux qui portent que la numération des espèces a été faite devant notaires, d'avec ceux qui portent simplement une reconnoissance que la somme a été payée. *Voyez* dans l'article EXCEPTION, ce que l'on a dit de *l'exception d'argent non compté*. Mais dans tous les cas, rien n'empêche que celui qui prétend que l'acte est simulé, ne défère le serment à son adversaire sur la sincérité de l'acte.

Si néanmoins, comme cela peut arriver, on opposoit à l'acte dont l'un des contractans demande l'exécution ; des vices de dol, de violence ou d'usure, la preuve testimoniale devroit être admise sans difficulté, non pas du chef de la *simulation*, mais de celui du vice que la *simulation* a eu pour objet de couvrir. Il en est de même lorsqu'on soutient qu'une reconnoissance causée pour argent prêté, ou pour toute autre cause légitime, procède du concubinage ou d'une autre cause prohibée par les loix. Dans tous ces cas, ce n'est pas simplement la *simulation* dont on admet la preuve, mais la contravention aux loix prohibitives, qui doivent l'emporter, parce qu'elles sont fondées sur des motifs d'intérêt public.

Lorsqu'enfin la *simulation* est opposée par l'un des contractans à des tiers qui veulent se prévaloir de l'acte, tel qu'il est conçu, il faut presque toujours avoir la preuve complette par écrit de la *simulation* de l'acte, c'est-à-dire, une contre-lettre. Il faut de plus que la contre-lettre soit de même date que le contrat, ou d'une date antérieure, & que cette date soit constatée par un acte authentique ou du moins par le contrôle. Une contre-lettre sous signature privée, qui ne seroit pas contrôlée, ne suffiroit pas; car les actes sous seing-privé, pouvant être antidatés, ne font pas foi de leur date contre des tiers.

Pothier le décide ainsi, *traité des retraits*, *n.* 118; & dans *son introduction à la coutume d'Orléans*, cet auteur ajoute que lorsqu'on exerce le retrait en vertu d'un acte qui porte l'apparence d'une vente, l'acquéreur ne peut pas opposer lui-même la *simulation* de son contrat d'acquisition, parce qu'il exciperoit du droit d'autrui; mais cela doit s'entendre du cas où la vente simulée ne couvriroit pas un autre contrat qui transféreroit la propriété à l'acquéreur, puisqu'en opposant la *simulation* dans ce dernier cas, il exciperoit de son propre droit. *Voyez* CONFIDENCE, CONTRE-LETTRE, DÉCEPTION, DOL, FRAUDE, FRAUDE-NORMANDE, INDICES, NÉCESSITÉ-JURÉE, PRÉSOMPTION, PREUVE, SIMONIE, TITRE-COLORÉ, USURE, &c.

SINGNANCE, *Voyez* SIGNACE.

SIRE, (*Droit féodal.*) ce mot a été autrefois employé pour *seigneur*. Il se trouve souvent en cette acception dans la somme rurale, & c'est delà qu'on a fait notre mot *Messire*. Une chartre de l'an 1292, qui est au livre noir 2 de S. Vulphran d'Abbeville, *folio* 139, porte: « je Jehanne, dame » de Fontaines-seur-Soume; le vente devant dite, » en le fourme & en le maniére que devant est » dit & expressé, voeil, gré, otri & conferme, » comme *sires* ». On a particuliérement attribué cette dénomination aux héritiers de certaines grandes maisons; & c'est dans ce sens qu'on a dit les *sires de Beaujeu*, *de Joinville*, &c. On l'a ensuite réservée à ceux qui s'étoient fait recevoir chevaliers, & le mot *Sir* est encore aujourd'hui le titre caractéristique des chevaliers en Angleterre.

Loiseau dit, mais, comme à son ordinaire, sans en donner de preuves, « que lorsque les vassaux » des ducs & des comtes prirent le titre de barons, » les barons de France qui restoient, pour se dis» tinguer d'eux, prirent un autre titre & se qua» lifiérent *sires*, comme les *sires* de Bourbon, » Beaujeu, Coucy, Montmorency, & autres : » possible, tâchant par cette appellation de partici» per aux droits de souveraineté. Et toutefois, ajoute » Loiseau, entre les grands seigneurs, je n'ai point » compté ces *sires*, parce que je n'en connois » plus à présent auxquels cette qualité appartienne » vraiement ». (*Des seigneuries*, *chap.* 7, *n.* 39).

Quoi qu'il en soit, le mot *sire* est aujourd'hui un titre d'honneur qu'on ne donne en France qu'au roi seul, lors du moins qu'on s'en sert d'une manière absolue, & sans autre dénomination en lui parlant. Mais il y a encore des provinces où l'on emploie ce mot, en le faisant suivre du nom de la personne, pour caractériser certains officiers, tels que les *juges & consuls* des marchands. *Voyez* au surplus le dictionnaire étymologique de Ménage, du Cange & dom Carpentier, aux mots *Siriaticus* & *Dominus*. (*G. D. C.*)

SIRIMANAGE. *Voyez* CIRIMANAGE.

SISE. (*Droit féodal.*) On a dit ce mot autrefois dans nos provinces méridionales, pour désigner une espèce de péage, un droit *assis* sur certains objets. (*G. D. C.*)

SIXIÈME. (*Droit féodal.*) Les anciennes chartres de Hainaut parlent *d'un droit de douzième*, *sixième & centième*. Il paroît qu'on doit entendre par-là une sorte de chevage. C'est, dit Ragueau, un droit dû au comte de Hainaut, chacun an par plusieurs manans du pays, à savoir par l'homme douze deniers, & par la femme six deniers, en signe de la servitude, de laquelle ils ont été affranchis, ayant été faits bourgeois du seigneur souverain. (*G. D. C.*)

SIXTE. (*Droit féodal.*) La coutume d'Angoumois, *art.* 12, dit *la sixte partie du prix*, pour désigner le sixième qui est dû aux seigneurs dans cette coutume, à titre de lods & ventes, ou, comme elle le dit encore, de *ventes & honneurs*. (*G. D. C.*)

S O

SOCAGE. (*Droit féodal.*) C'est ainsi qu'on a nommé une tenure roturière très-commune en Angleterre.

Le *socage*, dans sa signification la plus générale & la plus étendue, paroît désigner une tenure par un service certain & déterminé. C'est dans ce sens que les anciens auteurs le mettent toujours en opposition à la tenure par chevalerie, ou service de chevalier, dont les charges étoient précaires & incertaines. *Voyez* Bracton, *liv.* 2, *chap.* 16, §. 9; & le Fleta, *liv.* 3, *chap.* 14, §. 9.

Littleton dit aussi qu'on nomme tenure en *socage*, celle où le tenant est sujet à un service fixe, qui tient lieu de tous les autres, ensorte qu'il ne doit aucun service de chevalier. Il ajoute en conséquence, que tout ce qui n'est pas tenure en chevalerie est tenure en *socage*, ou, comme le dit Finch, une tenure non militaire.

Le feu chevalier Blackstone distingue deux espèces de *socages;* le libre *socage*, où les services sont tout-à-la-fois certains & honorables, & le *vilain socage*, où les services, quoique certains, sont d'une nature basse & avilissante. (*Commentaries on the laws of england, book 2, chapt. 6.*)

Les *termes de la Ley* en distinguent trois espèces; le *socage en franche tenure*, où le tenancier doit pour tout service la féauté, & une rente annuelle; le *socage d'ancienne tenure*, dont les devoirs sont déterminés suivant l'ancienne coutume du manoir, à laquelle les tenanciers peuvent toujours ramener leur seigneur, en vertu du bref *Monstraverunt*, lorsqu'il demande des droits excessifs; enfin, le *socage en basse tenure*, où, quoique les tenanciers possèdent par ancien domaine, ils ne peuvent pas alléguer l'ancienne coutume du manoir, ni obtenir le bref *Monstraverunt.*

On voit que le *socage d'ancienne tenure* peut, suivant sa nature, être rapporté au libre *socage*, ou au vilain *socage.* Quoi qu'il en soit, les teneurs en libre *socage*, qu'on appelloit *liberi sokemanni*, jouissoient d'un grand nombre de privilèges au-dessus des autres teneurs roturiers. On voit, dans *les termes de la Ley*, au mot *Sockmans*, qu'ils étoient exempts de péage & des droits de laide par tout le royaume, de l'entretien des ponts & des murs, même des taxes & tailles, à moins que le roi ne taxât l'ancien domaine, comme il le pouvoit, y est-il dit, à son plaisir pour de grandes causes. Ils étoient également exempts des droits de garde, de mariage, d'aides loyaux, de première saisine, & des autres charges des fiefs. La tenure en *socage* étoit si peu avilissante, que les services qu'on reconnoît avoir une nature & une origine militaire (tels que l'escuage, qui équivaloit au service de chevalier, tant qu'il étoit incertain), changeoient de nom & de nature, dès qu'ils devenoient certains, & s'appelloient *socages*, comme on le voit dans Littleton, §. 98 & 120. Les tenures en *socage* avoient même une telle supériorité sur les tenures par chevalerie, que sous Edouard I & Charles II, on jugea que c'étoit faire la chose la plus utile pour les tenanciers que de réduire la tenure par service de chevalier en tenure en *socage.*

C'est-là du moins ce que dit encore le chevalier Blackstone, qui n'a peut-être pas ici distingué d'une manière assez précise, les temps les plus anciens & les temps modernes.

Quoi qu'il en soit, cet habile magistrat conclut de-là qu'on doit croire avec Somner que la dénomination de *socage* dérive du terme saxon *soc*, qui signifie liberté ou privilège, plutôt que du latin barbare *soca*, qui signifie charrue, comme on le croit ordinairement d'après Littleton & d'autres jurisconsultes. Ces auteurs supposent, dit-il, vainement que la tenure en *socage* étoit originairement chargée de corvées relatives à la culture ou au labourage, puisque Littleton lui-même convient que c'est tenir en *socage*, que de tenir à la charge de la seule féauté, sans aucune rente : il y a donc lieu de croire que la tenure en *socage* est un reste de l'ancienne liberté saxonne : aussi convient-on généralement qu'on doit ranger dans cette sorte de tenure celle qui subsiste si communément dans le comté de Kent, & qu'on appelle par cette raison *Gavelkind.* Or, il est bien certain que cette dernière tenure n'a reçu aucune altération par la conquête des Normands.

Cependant Glanville, Littleton, Blackstone lui-même, conviennent que la tenure en bourgage, qui est connue en Normandie, ne diffère point de celle en *socage* : mais on peut répondre que les Normands ont introduit l'une sur le modèle de l'autre.

Il est certain du moins que dans ces derniers temps la tenure en *socage* a, pour ainsi dire, absorbé toutes les autres espèces de tenure en Angleterre, depuis que le statut 12, *chap.* 24, de Charles II a aboli les droits de garde royale & seigneuriale, de première saisine, de mariage, de loyaux-aides, d'hommage, de service de chevalier, *&c.* en déclarant que toutes les tenures seroient désormais converties en libre & commun *socage*, à l'exception des tenures par franche-aumône, par extrait du terrier (*by copyhold*), & des services honorables de la grande sergenterie.

On a même quelquefois donné le nom de tenure en *socage* à la franche-aumône : c'est ce qu'on voit dans Skenée *de verborum significatione*, p. 153. *Sokmanria*, y est-il dit, *sive socagium est quoddam genus tenendi terras, scilicet, cum quidam liberè infeodatur sine ullo servitio, custodia, auxilio, maritagio, & solvit domino debitum, quod vocatur*, petite serjantie, *vel cum tenet terras suas nomine burgagii, aut in libera eleemosinâ. Voyez* SOKEMANRIA.

Sir William Blackstone ajoute : « que ce statut » de Charles II a été une plus grande acquisition » pour la propriété civile d'Angleterre, que la » grande chartre elle-même, puisque celle-ci a con» servé aux tenures militaires toute leur vigueur, » en élagant les rameaux, *luxuriants*, qu'ils pro» duisoient, tandis que le statut de Charles II, en » arrachant l'arbre même, a détruit tout d'un coup » la racine & les branches ».

La justesse de cette observation saute aux yeux : mais il n'est peut-être pas hors de propos de rappeller à ceux qui voudroient qu'on suivît le même exemple dans un royaume voisin, cette belle remarque du législateur des nations : « les Anglois, » pour favoriser la liberté, ont ôté toutes les puis» sances intermédiaires qui formoient leur monar» chie. Ils ont bien raison de conserver cette li» berté; s'ils venoient à la perdre, ils seroient un » des peuples les plus esclaves de la terre ». *Esprit des loix, liv. 2, chap. 4.* (*M.* GARRAN DE COULON, *Avocat au Parlement.*)

SOCE. (*Droit féodal.*) Dom Carpentier dit, dans son

son glossaire françois, que c'est une sorte de redevance. Il renvoie, pour le prouver, au mot *Soca* 4 du glossaire de du Cange, où je n'ai rien trouvé de semblable. On y voit seulement qu'on a appellé, en latin barbare *soca*, une franchise, une liberté, & le droit de suite. *Voyez* SOCAGE.

Au reste, on a dit *soce* pour associé, *socius*. *Voyez* du Cange sous ce dernier mot. (*G. D. C.*)

SOCIÉTÉ, s. f. (*Droit naturel, public & civil.*) signifie en général une union de plusieurs personnes pour quelque objet qui les rassemble.

Sous ce rapport, la plus ancienne de toutes les *sociétés* est celle du mariage, qui est d'institution divine.

Chaque famille forme une *société* naturelle dont le père est le chef.

Plusieurs familles réunies dans une même ville, bourg ou village, forment une *société* plus ou moins considérable, selon le nombre de ceux qui la composent, lesquels sont liés entre eux par leurs besoins mutuels & par les rapports qu'ils ont les uns aux autres; cette union est ce qu'on appelle *société civile* ou *politique*; & dans ce sens tous les hommes d'un même pays, d'une même nation & même du monde entier, composent une *société* universelle.

Outre ces *sociétés* générales, il se forme encore dans un même état, dans une même ville, ou autre lieu, diverses *sociétés* particulières; les unes relatives à la religion, qu'on appelle *communautés & congrégations*, *ordres religieux*; les autres relatives aux affaires temporelles, telles que les communautés d'habitans, les corps de ville; d'autres relatives à l'administration de la justice, telles que les compagnies établies pour rendre la justice; d'autres relatives aux arts & aux sciences, telles que les universités, les collèges, les académies, & autres *sociétés* littéraires; d'autres encore relativement à des titres d'honneur, telles que les ordres royaux & militaires; enfin d'autres qui ont rapport aux finances, ou au commerce, ou à d'autres entreprises.

Mais nous entendons ici particuliérement par le mot *société*, une convention par laquelle deux ou plusieurs personnes mettent en commun, entre eux, tous leurs biens, ou une partie, en quelque commerce, ouvrage, ou autre affaire, pour en partager les profits, ou en supporter la perte en commun, chacun selon ses fonds, ou suivant ce qui est réglé par le traité de *société*.

Sous cette acception, le contrat de *société* est synallagmatique, puisque chacune des parties y est obligée envers les autres: il est aussi au rang des contrats commutatifs, attendu que chacune des parties contractantes entend recevoir autant qu'elle donne. Il est de son essence que chacune des parties mette quelque chose dans la *société*, soit de l'argent, soit des effets, soit son travail; & que les parties se proposent de faire un bénéfice dans lequel chacun des contractans puisse espérer d'avoir part, à raison de sa mise dans la *société*. D'où il suit que si, par l'acte de *société*, on étoit convenu que la totalité du bénéfice appartiendroit à l'un des contractans, sans que l'autre y pût rien prétendre, la convention seroit nulle, comme évidemment injuste.

C'est cette sorte de convention que les jurisconsultes romains ont appellée *société léonine*, par allusion à la fable du lion, qui, ayant fait une convention de *société* avec d'autres animaux pour aller à la chasse, s'empara seul de toute la proie.

Aucune *société* ne peut être contractée que pour un objet honnête & licite, & elle ne doit rien contenir de contraire à l'équité & à la bonne-foi. Du reste elle est susceptible de toutes les clauses & conditions licites. Mais pour la former il faut le consentement de tous les associés. C'est par cette raison qu'on peut avoir quelque chose en commun, sans être pour cela associé. Tels sont par exemple des cohéritiers & des colégataires.

On distingue dans le commerce trois sortes de *sociétés*; savoir, les *sociétés* en nom collectif, les *sociétés* en commandite, & les *sociétés* anonymes, & inconnues.

Une *société* en nom collectif est celle qui a lieu entre deux ou plusieurs négocians pour faire en commun un certain commerce au nom de tous les associés. Tous les actes de cette *société* se passent sous le nom des associés qui l'ont contractée, soit que ces noms soient exprimés chacun en particulier, soit qu'on les exprime collectivement, en signant, par exemple, *un tel & compagnie*.

Une *société* en commandite est celle qu'un marchand contracte avec un particulier pour un commerce qui doit être fait au nom seul du marchand, & auquel l'autre contractant contribue seulement d'une certaine somme d'argent, sous la condition qu'il aura dans le bénéfice une certaine part, telle que la moitié, un quart, un sixième, *&c.*, & qu'il supportera une pareille part dans la perte, sans toutefois qu'en cas de perte il puisse être obligé au-delà du fonds qu'il a mis dans la *société*.

Une *société* anonyme ou inconnue, qu'on appelle aussi *compte en participation*, est celle qui a lieu entre deux personnes qui conviennent d'avoir part dans une négociation qui doit être faite par l'une d'elles en son nom seul. Par exemple, vous trouvez à l'Orient une certaine quantité de sucre, de café ou d'autres marchandises que vous avez dessein d'acheter pour les revendre; comme vous n'avez pas les fonds nécessaires pour faire seul cet achat, vous écrivez à un ami pour lui proposer d'y prendre part avec vous: il vous répond qu'il accepte la proposition, & qu'il vous fera parvenir les fonds nécessaires pour sa part; en conséquence vous faites la négociation seul en votre nom: c'est une *société* anonyme; dans laquelle vous êtes le seul associé connu, & votre ami l'associé inconnu.

Il y a aussi une sorte de *société* anonyme qu'on appelle *momentanée*, qui a lieu quand des acheteurs qui se trouvent à une vente de meubles, conviennent d'être réciproquement de part de tous les achats que chacun d'eux fera, & qu'il en sera fait une masse après la vente, pour être le tout partagé entre eux.

La *société* anonyme ressemble à la *société* en commandite, en ce que dans l'une & dans l'autre il n'y a que l'un des associés qui contracte & qui s'oblige envers les créanciers de la *société* : l'autre associé, qui est associé inconnu dans les *sociétés* anonymes, de même que l'associé en commandite, n'y sont obligés qu'envers leur associé principal.

Ces *sociétés* diffèrent en ce que, dans la *société* anonyme, l'associé inconnu est tenu indéfiniment, pour la part qu'il a dans la *société*, d'acquitter son associé des dettes qu'il a contractées pour la *société*, au lieu que l'associé en commandite n'en est tenu que jusqu'à concurrence de la somme qu'il a mise en *société*.

Les six premiers articles du titre 4 de l'ordonnance du commerce, du mois de mars 1673, ont assujetti les actes de *société* à certaines formalités.

La principale consiste en ce que l'acte de *société* doit être rédigé par écrit, soit pardevant notaire, soit sous signature privée. On ne peut admettre aucune preuve par témoins contre les dispositions que renferme cet acte, ni contre ce qu'on pourroit alléguer avoir été convenu antérieurement ou postérieurement à ce qui est écrit.

Le législateur a ensuite ordonné que l'acte de *société* seroit enregistré par extrait au greffe de la jurisdiction consulaire, s'il y en avoit une sur le lieu, sinon au greffe de l'hôtel-de-ville ou de la jurisdiction ordinaire, & que cet extrait seroit inséré dans un tableau exposé à la vue du public, afin que chacun pût être instruit des différentes *sociétés* qui se contractent, des noms de ceux qui s'associent, de la durée des *sociétés*, &c., & qu'on pût conséquemment contracter avec les associés en pleine connoissance de cause. Mais quoique ces formalités aient été prescrites sous peine de nullité, & qu'elles aient eu pour fondement un motif d'utilité publique évident, tel que celui d'obvier aux fraudes, en empêchant qu'en cas de faillite de quelqu'un des associés, les autres associés ne puissent éviter de payer les dettes de la *société*, elles sont tombées en désuétude, & ne s'observent plus. C'est ce qu'atteste l'auteur des notes sur Bernier, ainsi que tous les commentateurs de l'ordonnance du commerce. C'est aussi ce que prouve un acte de notoriété donné par la conservation de Lyon, le 9 mars 1729.

Les clauses les plus ordinaires qui ont lieu dans les contrats de *société*, concernent ou le temps auquel doit commencer & finir la *société*, ou l'administration de la *société*, ou la part que chacun des associés doit avoir dans le profit & dans la perte, ou la récompense que doivent avoir ceux des associés dont la mise en *société* est plus considérable que celle des autres.

On doit exprimer le temps où la *société* doit commencer : cependant on peut le faire dépendre d'une condition. Vous pouvez, par exemple, contracter avec quelqu'un une *société* de commerce, avec stipulation qu'elle ne commencera que quand vous serez établi à Rouen.

Lorsque le temps que doit durer la *société* n'est point exprimé, les parties sont censées s'être associées pour tout le temps de leur vie.

Lorsque par le contrat les associés confient à l'un d'entre eux l'administration des affaires de la *société*, ils peuvent étendre ou limiter leur confiance comme ils le jugent à propos.

Quand les parties ne se sont pas expliquées sur l'étendue du pouvoir d'administrer qu'elles ont confié, ce pouvoir contient, relativement aux affaires de la *société*, ce qu'a coutume de renfermer la procuration générale que des particuliers donnent à quelqu'un pour administrer leurs biens : en effet, celui qui a l'administration des affaires d'une *société*, est comme le procureur-général de ses associés : en conséquence, il peut faire tous les actes & traités relatifs aux affaires de la *société*, tels que recevoir ce que doivent les débiteurs de la *société*, & en donner quittance, faire les poursuites nécessaires pour obtenir le paiement de ce qui est dû à la *société*, acquitter les dettes dont elle est chargée, traiter avec ouvriers employés pour le service de la *société*, acheter les choses dont elle a besoin, & vendre celles qui sont destinées à être vendues, mais non la maison acquise pour faire le siège du commerce, ni même les meubles destinés à rester dans cette maison, tels que les métiers, les cuves & autres ustensiles de commerce.

Le pouvoir de l'associé administrateur ne s'étend pas non plus jusqu'au droit de transiger sur les procès de la *société*, sans l'avis de ses associés, & encore moins jusqu'à la liberté de disposer par donation, des effets de la *société*. Cependant les donations de bienséance & ordinaires ne lui sont pas interdites : il peut, par exemple, sans consulter ses associés, faire les remises ordinaires à ceux qui doivent des lods & ventes ou autres profits seigneuriaux, comme les seigneurs sont dans l'usage de le faire ; il peut donner des étrennes & autres petites gratifications, dans les cas où l'on a coutume d'en donner ; il peut pareillement accéder à un contrat d'attermoiement qui contient des remises faites à un débiteur en faillite, attendu que ces remises se font bien plutôt par principe d'économie, pour ne pas tout perdre, que dans l'intention de donner.

Quoique nous ayons dit que le pouvoir de l'associé qui, par le contrat, a été établi administrateur des affaires de la société, est égal au pouvoir d'un homme qui a une procuration générale pour administrer les affaires de quelque autre personne ; il y a néanmoins entre ces deux administrateurs une différence remarquable. Le pouvoir du second étant révocable selon la nature du mandat, il peut bien faire à l'insu de ceux qui lui ont donné la procuration, tous les actes dépendans de l'administration qu'ils lui ont confiée; mais il ne peut rien faire contre leur volonté, lorsqu'ils la lui ont notifiée: au contraire, le pouvoir d'administrer, accordé à l'associé par le contrat de *société*, étant une des conditions de ce contrat, il ne peut pas être révoqué tant que la *société* dure: ainsi cet associé peut faire, même contre la volonté des autres associés, tous les actes qui dépendent de son administration, pourvu que ce soit sans fraude & pour le bien de la *société*.

Il en seroit différemment, si le pouvoir d'administrer n'avoit été accordé à l'un des associés que par un acte postérieur au contrat de *société*: cet associé ne seroit alors qu'un simple mandataire qui seroit révocable & ne pourroit rien faire contre le gré de ses associés.

Si par le contrat on a attribué à plusieurs associés l'administration des affaires communes, & que cette administration ait été partagée entre eux; que l'un, par exemple, ait été préposé pour acheter les marchandises, & l'autre pour les vendre, chacun d'eux ne peut faire que les actes relatifs à la partie d'administration qui lui a été confiée. Mais s'il n'y a point eu de partage de l'administration, chacun peut faire valablement sans l'autre tous les actes concernant l'administration de la *société*, à moins qu'il n'ait été stipulé que l'un ne pourroit rien faire sans le concours de l'autre.

Il est assez ordinaire dans les *sociétés*, que chacun des associés ait une part égale dans les profits & dans la perte; mais quand l'intention des contractans n'est pas de partager la *société* par portions égales, on doit régler par le contrat de *société* la part que chacun doit avoir tant dans le fonds de la *société* que dans les profits & les pertes.

On peut convenir, par exemple, qu'en récompense de son industrie & de son travail, l'un des associés ne supportera rien dans la perte que la *société* pourra souffrir, si elle vient à ne pas réussir.

On peut aussi évaluer à une certaine somme le prix du travail d'un tel associé, & stipuler qu'il la prélevera avant le partage sur le fonds de la *société*.

Comme chaque associé n'a le droit de disposer des effets de la *société* que jusqu'à concurrence de la part qu'il y a, il faut en conclure qu'il peut bien, sans le concours de ses associés, associer un tiers à sa part; mais qu'il ne peut pas, sans leur consentement, associer ce tiers à la *société*. C'est ce qui résulte de cette règle de droit, *socius socii mei non est meus socius*. D'où il suit que si, après avoir contracté une *société* avec vous, je prends un tiers pour associé, & que ce tiers vienne à faire quelque bénéfice provenant des effets de la *société*, il n'en devra compte qu'à moi qui me le suis associé, & non à vous qui n'êtes point son associé. C'est ce que décide la la loi 21, D. *pro soc.* Vous pourrez seulement exiger que je tienne compte à la *société* de ce que j'en aurai tiré pour mettre entre les mains de ce tiers.

Si ce tiers que je me suis associé a causé quelque dommage par sa faute à la *société* que j'ai avec vous, ce sera contre moi & non contre lui que vous aurez action pour la réparation de ce dommage.

Dans les *sociétés* de commerce en nom collectif, chaque associé est tenu solidairement des dettes de la *société*. C'est ce qui est établi par l'article 7 du titre 4 de l'ordonnance du commerce.

Cette disposition est une exception au principe général de droit, suivant lequel les personnes qui contractent ensemble une obligation, sont censées ne l'avoir contractée chacune que pour leur part, à moins qu'elles n'aient expressément déclaré qu'elles la contractoient solidairement.

On a introduit cette exception en faveur du commerce, afin que les marchands en *société* eussent un crédit plus étendu. Elle est aussi fondée sur ce que, suivant les principes du droit françois, les commerçans qui sont associés, sont considérés comme étant les préposés les uns des autres pour les affaires de la *société*. Or, on sait qu'un préposé, en contractant, oblige solidairement tous ses associés.

Pour qu'une dette soit censée dette de la *société*, & que chaque associé y soit obligé solidairement, il faut, en premier lieu, qu'elle ait été contractée par quelqu'un qui ait eu le pouvoir d'obliger tous ses associés; & en second lieu, qu'elle ait été contractée au nom de la *société*.

Un associé n'a ce pouvoir que quand ses associés lui ont donné expressément ou tacitement l'administration des affaires de la *société*, ou que la personne qui a contracté avec lui, a été fondée à croire qu'il avoit cette administration. Sans cela la dette qu'il a contractée n'oblige les autres associés que jusqu'à concurrence de ce que la *société* en a profité.

L'ordonnance du commerce a déterminé quand une dette doit être censée contractée au nom de la *société*. C'est, dit l'article 4 du titre 7, lorsque l'associé ajoute à sa signature, qu'il signe *pour la compagnie*, & non autrement.

Lorsque la dette a été contractée au nom de la *société*, tous les associés y sont obligés, quand même la somme due auroit été employée aux affaires particulières de l'associé qui l'a empruntée. Le créancier qui a son billet signé *& compagnie*, peut demander son paiement à tous les associés, comme si ses deniers avoient été employés au profit de la *société*. Les associés doivent s'imputer de s'être unis avec un associé infidèle.

Comme dans les *sociétés* en commandite il n'y a que l'associé principal, & dans les *sociétés* anonymes, l'associé connu, qui fasse seul & en son nom les contrats de la *société*, il faut en conclure qu'il n'y a que cet associé seul qui s'oblige, & que les associés en commandite ni les associés inconnus ne peuvent être recherchés par les créanciers avec lesquels l'associé principal ou connu a contracté: mais ils sont tenus d'indemniser cet associé pour la part qu'ils ont chacun dans la *société*; savoir, l'associé anonyme, indéfiniment, & l'associé en commandite jusqu'à concurrence du fonds qu'il a mis dans la *société*.

Le contrat de *société* établit entre les associés diverses obligations respectives, qui donnent lieu à l'action appellée en droit *pro socio*, que chaque associé peut exercer selon les circonstances.

Ces obligations consistent principalement, 1°. en ce que chaque associé doit mettre en *société* ce qu'il a promis d'y apporter; 2°. en ce qu'il doit faire raison à ses associés de ce qu'il a tiré du fonds commun pour ses affaires particulières; 3°. en ce qu'il est tenu de réparer le dommage qu'il a occasionné par sa faute à la *société*.

Lorsque les choses qu'un associé a promis de mettre dans la *société* sont des corps certains & déterminés, & que ces choses viennent à périr sans la faute de cet associé & avant qu'il ait été constitué en demeure de remplir son obligation, la perte tombe sur la *société*. C'est une suite de la règle *res perit domino*. C'est ce que rendra sensible l'exemple suivant.

Je me suis associé avec vous pour faire un commerce de bled en détail, & par l'acte passé entre nous, j'ai mis en *société* cinquante setiers de bled que j'avois dans mon grenier: de votre côté, vous avez promis de faire porter dans mon grenier une pareille quantité de setiers de bled provenant de la ferme que vous faites exploiter, & que j'ai reconnu être dans les greniers de cette ferme. Il est ensuite arrivé que le tonnerre est tombé sur votre ferme, qui a été incendiée avec le bled, avant que je vous eusse mis en demeure de le faire porter dans mon grenier. On ne peut douter, dans ce cas, que cette perte ne doive être supportée par la *société*, puisque le bled incendié par force majeure lui appartenoit, & par conséquent que vous ne soyez quitte de l'obligation que vous aviez contractée.

Mais il en seroit différemment si, avant l'accident, je vous avois mis en demeure, par une sommation judiciaire, de remplir votre obligation; il est évident qu'en ce cas vous seriez seul tenu de la perte, puisqu'elle n'auroit eu lieu que faute par vous d'avoir fait conduire le blé dans le temps où vous auriez été sommé de le faire.

Quand la chose qu'un associé a promis de mettre en *société* produit des fruits, il est non-seulement débiteur de cette chose, mais encore de tous les fruits qu'il en a perçus depuis qu'elle a dû être mise en *société*. C'est ce qui résulte de la loi 38, §. 9, ff. *de usur. in societatibus fructus communicandi sunt.*

Si la chose que l'associé a promis de mettre en *société* est une somme d'argent, il en doit les intérêts à compter du jour que les associés l'ont mis en demeure de remplir son obligation.

Lorsqu'un associé a tiré quelque chose du fonds commun, une somme d'argent, par exemple, pour l'employer à ses affaires particulières, il doit la rapporter à la masse commune, & par conséquent il en est débiteur envers la *société*, ainsi que des intérêts. C'est ce que décide la loi 1, §. 1, *ff. de usur. socius si pecuniam communem invaserit vel in suos usus converterit, omnimodo, etiam morâ non interveniente, præstabuntur usuræ.*

Chaque associé devant réparer le dommage qu'il a occasionné par sa faute à la *société*, il doit être considéré comme débiteur de la *société*, jusqu'à concurrence du montant de l'estimation de ce dommage. Mais quelle est l'espèce de faute qui peut l'assujettir à réparer ce dommage? C'est la faute ordinaire, & non la faute la plus légère. On ne peut exiger de lui que les soins dont il est capable & qu'il apporte à ses propres affaires; s'il n'a pas les vues aussi étendues qu'il le faudroit pour faire prospérer les affaires communes, c'est à ses associés à s'imputer de l'avoir admis parmi eux; & on ne doit pas le rendre responsable d'un défaut de succès, parce qu'il n'a pas eu la prévoyance qu'ont dans leurs affaires les plus habiles pères de famille. C'est ce qui résulte de la loi 72, ff. *pro soc. culpa non ad exactiorem diligentiam, redigenda est; sufficit enim talem diligentiam communibus rebus adhibere qualem suis rebus adhibere solet, quia qui parum diligentem sibi socium acquirit, de se queri debet.*

Lorsqu'un associé a déboursé des deniers pour les affaires de la *société*, ou qu'il a contracté pour elle quelques obligations, il doit en être indemnisé par ses associés.

Il doit pareillement être indemnisé des risques qu'il a courus & du préjudice qu'il a éprouvé, lorsqu'il étoit une suite nécessaire de sa gestion, attendu que le bénéfice de cette gestion devant être pour la *société* seule, il est juste qu'elle en supporte le dommage.

Ce que nous venons de dire a donné lieu, chez les jurisconsultes romains, à la question de savoir si l'un des associés ayant été blessé par des esclaves qu'il vouloit empêcher de prendre la fuite, lorsqu'il les conduisoit à la foire pour les vendre au profit de la *société*, étoit fondé à demander que ses associés l'indemnisassent des frais de pansemens & médicamens occasionnés par sa blessure? Labéon, chef de l'école des Proculéiens, soutenoit la négative, sur le fondement que ces frais n'avoient point eu lieu pour les affaires de la *société*, qui n'en avoit été que la cause occasionnelle.

Julien, au contraire, qui étoit de l'école des

Sabiniens, soutenoit l'affirmative ; il se fondoit sur ce que le risque couru par l'associé étoit un risque inséparable de la conduite des esclaves, & qu'il n'avoit couru ce risque que pour les affaires de la *société*. Ce sentiment a prévalu.

C'est sur le même fondement que la loi 52, §. 4, *ff. pro soc.* décide que si un associé, voyageant pour les affaires de la *société*, a été attaqué par des voleurs qui l'ont volé & ont blessé ses domestiques, la *société* doit l'indemniser de ce qu'on lui a volé, & de ce qu'il a payé pour faire guérir ses domestiques.

Remarquez toutefois que la *société*, ne devant être tenue que des risques qui sont inséparables de la gestion de ses affaires, l'indemnité à laquelle elle est obligée dans l'espèce qu'on vient de rapporter, ne peut pas être étendue au-delà du vol de ce qu'il étoit nécessaire que l'associé portât avec lui pour son voyage. Il suit de-là que, si l'associé a porté avec lui plus d'argent qu'il ne lui en falloit pour remplir son objet, la *société* ne lui doit aucune indemnité pour le vol de ce superflu.

Les obligations qui résultent du contrat de *société*, donnent lieu à l'action *pro socio*, que chaque associé a contre ses associés pour faire exécuter ce qui est convenu.

Cette action ne peut être exercée relativement au partage du fonds de la *société*, que quand la *société* se dissout ; & c'est en cela que la loi dit, *actione solvitur societas* ; mais on peut l'exercer, relativement aux autres objets, tandis que la *société* dure. On peut, par exemple, exiger que celui des associés qui retient tous les bénéfices faits par la *société*, en fasse part à ses associés, *&c.*

Il est particulier à l'action *pro socio*, qu'en quelque circonstance qu'elle soit intentée, chacune des parties litigantes peut demander que la cause & les parties soient renvoyées devant des arbitres, pour régler toutes leurs contestations relativement à la *société* contractée entre elles. Cette jurisprudence a été introduite afin que les contestations pussent être terminées promptement & sommairement. En conséquence, l'article 9 du titre 4 de l'ordonnance du commerce, veut que dans tous les actes de *société*, les contractans stipulent qu'ils se soumettront à des arbitres pour faire décider les contestations qui pourront survenir entre eux. Le législateur a regardé cette clause comme si essentielle, qu'il a ordonné qu'en cas d'omission elle seroit suppléée : c'est pourquoi il a autorisé tout associé à nommer un arbitre en cas de contestation, & à obliger ses associés d'en nommer de leur part, sinon & à leur refus, à en faire nommer d'office pour eux par le juge des lieux.

Si l'un des arbitres vient à mourir ou à s'absenter pour long-temps, l'article 10 du titre cité veut que la partie qui l'a nommé en nomme un autre à sa place, ou le juge à son refus.

Quand les arbitres sont divisés d'opinion, ils peuvent, sans le consentement des associés, nommer un sur-arbitre ; & s'ils ne sont pas d'accord sur ce point, le juge en doit nommer un. C'est ce qui résulte de l'article 11.

L'article 12 veut que les arbitres puissent juger sur les pièces & mémoires qui leur ont été remis, sans aucune formalité de justice, & nonobstant l'absence de quelqu'une des parties.

Les sentences rendues par ces arbitres doivent, suivant l'article 13, être homologuées à la jurisdiction consulaire, s'il y en a une dans le lieu, sinon dans la jurisdiction ordinaire, soit qu'elle soit royale ou seigneuriale.

Une *société* peut se terminer de différentes manières.

1°. Lorsqu'elle a été contractée pour un temps limité, elle finit de plein droit quand ce temps est expiré.

2°. La *société* finit aussi, quand la négociation qui y a donné lieu se trouve consommée, ou que la chose qui en étoit l'objet n'existe plus : par exemple, si nous sommes associés pour acheter en Bourgogne cent queues de vin, avec projet de les vendre à Paris, il est clair que notre *société* sera terminée aussi-tôt que le vin sera vendu.

Pareillement, si nous sommes associés pour acheter ensemble un cheval, afin de nous en servir alternativement, il est évident que si le cheval vient à périr, il n'y aura plus de *société*.

3°. La *société*, soit indéfinie ou contractée pour un temps limité, finit de plein droit par la mort de l'un des associés.

La *société* ainsi dissoute, produit les deux effets suivans : le premier, que l'héritier, en succédant à la part qu'avoit le défunt, au temps de sa mort, dans les biens de la *société*, ne succède pas aux droits de la *société* pour l'avenir ; d'où il suit, que si, postérieurement à la mort d'un des associés, l'autre associé a fait un marché avantageux, l'héritier du défunt n'y peut prétendre aucune part ; & dans le cas où le marché se trouve désavantageux, il ne doit lui en résulter aucun préjudice.

Le second effet de la dissolution de la *société* par mort, consiste en ce qu'elle se trouve dissoute, même entre les associés survivans, à moins que par le contrat on ne soit convenu du contraire. C'est ce que porte la loi 65, *par.* 9, *ff. D. tit.*

Cette décision est fondée sur ce que les qualités personnelles de chaque associé entrent en considération dans le contrat de *société*. Il suit de-là, qu'on ne doit pas être obligé de rester dans une *société* où l'on peut n'être entré qu'à cause des qualités personnelles de l'associé qui est venu à mourir.

4°. La *société* se dissout pareillement, par la faillite de l'un des associés.

5°. Enfin, la *société* se dissout par le consentement mutuel des associés.

Mais on demande si l'un d'eux peut la dissoudre par sa seule volonté, en notifiant à ses associés qu'il n'entend plus à l'avenir rester en *société* ?

On doit à cet égard distinguer entre les *sociétés* contractées sans aucune limitation de temps, & celles qui l'ont été pour un temps limité.

Quant aux premières, un seul associé peut dissoudre la *société*, en notifiant à ses associés qu'il ne veut plus rester en *société :* mais il faut que sa renonciation à la *société* soit de bonne-foi, & qu'elle ne soit pas faite à contre-temps.

Il n'y auroit point de bonne-foi dans cette renonciation, si l'associé ne l'avoit faite que dans la vue de s'approprier à lui seul le profit que les associés s'étoient proposés de faire en contractant la *société*.

Par exemple, deux marchands contractent une *société* pour acheter ensemble les vins d'un seigneur sur lesquels il y a du bénéfice à faire; & avant qu'ils aient été achetés pour le compte de la *société*, l'un d'eux notifie à l'autre qu'il n'entend plus rester en *société ;* ensuite il achète les vins pour son compte particulier, afin d'avoir seul le bénéfice : il est clair qu'une telle renonciation est de mauvaise foi; c'est pourquoi elle n'empêche pas que l'acheteur ne soit obligé de faire part du bénéfice à son associé. Mais il en seroit autrement, si l'un des associés n'avoit renoncé au marché qu'à cause qu'il en étoit dégoûté ; sa renonciation s'étant faite tandis que les choses étoient encore entières, elle est de bonne-foi & valable, & son associé n'a rien à prétendre contre lui. C'est ce que décide le jurisconsulte Paul, *loi 65*, *par. 4*.

La renonciation seroit faite à contre-temps, si les choses n'étoient plus entières, & qu'il fût de l'intérêt de la *société* d'attendre un temps plus favorable pour consommer la négociation qui a fait l'objet de la *société*.

Lorsqu'une *société* a été contractée pour un temps limité, les associés sont censés être convenus qu'ils ne pourroient pas la dissoudre, à moins qu'ils n'eussent pour cela quelque juste sujet.

Mais lorsque ce juste sujet a lieu, la renonciation qu'un associé fait signifier à ses associés est valable, & dissout la *société*. Cette règle doit être observée, quand même il y auroit dans le contrat de *société* une clause expresse, portant que les associés ne pourroient se désister de la *société* avant le temps fixé. Pomponius a remarqué qu'une telle clause étoit superflue, attendu que quand elle n'auroit pas été insérée au contrat, l'un des associés ne pourroit pas renoncer à la *société* avant le temps, s'il n'en avoit pas un juste sujet, & que s'il en avoit un, la clause n'empêcheroit pas que sa renonciation ne fût valable.

Un associé a un juste sujet de renoncer à la *société* avant le temps fixé, lorsque son associé n'exécute pas les conditions de la *société*, ou qu'il est prouvé qu'il tient une mauvaise conduite dans la gestion des affaires de la *société*, ou qu'étant affligé de quelque infirmité habituelle, il ne peut pas vaquer aux opérations dont il est chargé, *&c.*

Lorsque la renonciation à la *société* peut donner lieu à quelque différend, l'associé qui l'a faite doit prudemment en faire prononcer la validité par le juge. La raison en est que si, postérieurement à sa renonciation, les associés à qui elle a été notifiée viennent à faire des pertes, ils pourront opposer au renonçant le défaut de sa renonciation, & que si elle est jugée faite de mauvaise foi ou à contre-temps, il supportera sa part dans ces pertes; au lieu que si, depuis la renonciation, la *société* vient à faire des gains, le renonçant n'y pourra rien prétendre, parce qu'il est non-recevable à soutenir lui-même la nullité de sa renonciation, & à en opposer les défauts.

Quand la *société* est dissoute, chacun des précédens associés est fondé à demander à ses associés, ou à leurs héritiers, qu'il soit procédé entre eux au compte & partage des choses communes.

Celui qui intente la demande en partage doit l'intenter contre tous ses associés ou leurs héritiers : s'il ne l'avoit intentée que contre un seul, celui-ci seroit fondé à demander par exception, que le demandeur eût à mettre en cause tous les autres, le partage devant avoir lieu entre tous les intéressés.

Avant de procéder au partage, il convient de compter de ce que chacun doit à la communauté à partager, & de ce qui lui est dû par cette communauté.

Après ce compte, on forme la masse ou l'état détaillé des différentes choses dont la communauté est composée; ensuite on prélève les dettes, chacun se rembourse de ses avances, & l'on partage ensuite les profits, s'il y en a.

SOCQUET, *Voyez* SOQUET.

SODOMIE, *ou* PÉDÉRASTIE, s. f. (*Code crim.*) La nature bienfaisante a voulu que les deux sexes, entraînés par une impulsion commune, sentissent le besoin irrésistible de se réunir, que ce besoin fût un plaisir, & même la source de la reproduction humaine. Conçoit-on le délire d'un sentiment contraire ! Il existe cependant, & il existe avec des différences ; il s'est perpétué jusqu'à nous d'âge en âge, & ce vice, imbécille & grossier, opéreroit infailliblement l'anéantissement de la société entière, s'il étoit possible que sa contagion devînt générale.

L'histoire sacrée nous atteste que le ciel punit, par un embrasement miraculeux, deux villes entières livrées à ces excès honteux. Lacédémone elle-même, qui le croiroit ! Lacédémone, l'une des villes les plus célèbres de l'ancienne Grèce, l'émule d'Athènes, la patrie de tant de grands hommes, étoit tellement souillée de ce crime, que Lycurgue, son législateur, se crut obligé d'ordonner que les femmes y marcheroient nues, pour rappeller les hommes au sentiment de la nature. Quel contraste avec la loi de Minos, qui, voulant empêcher qu'il ne naquît trop d'enfans en Crète (1), ordonna certaines séparations entre les

(1) Aristot. Polit. *lib. 2*, *cap. 8*; œuvres de Bayle, *tom. 3*, *p. 281*.

gens mariés, & permit la pédérastie comme un dédommagement des privations qu'il imposoit!

Chez les Romains, & parmi nous, la pédérastie a toujours été mise au rang des crimes les plus graves.

Les crimes contre nature sont de plusieurs espèces : on distingue la pédérastie ou la *sodomie*, la masturbation & la bestialité.

La pédérastie ou la *sodomie*, est le crime de tout homme avec un homme, de toute femme avec une femme, & même d'un homme avec une femme, lorsque, par une débauche inconcevable, ils ne se servent point des voies ordinaires de la génération.

La bestialité, le plus révoltant & le plus dégoûtant de tous les crimes contre les mœurs, est celui qui se commet par la copulation d'un homme avec une bête, ou d'une bête avec une femme.

La masturbation est le libertinage solitaire de tout homme ou de toute femme. *Voyez* MASTURBATION.

Nous ne traiterons dans cet article que de la pédérastie. La loi *cum vis* 31, au code *de adult.* prononce que ceux qui se rendront coupables de pédérastie, seront punis des peines les plus graves. *Cum vir nubit in fœminam viris porrecturam. Quid cupiatur ubi sexus perdidit locum! Ubi scelus est id quod non proficit scire, ubi venus mutatur in alteram formam, ubi amor quæritur nec videtur. Jubemus insurgere leges, armari jura gladio ultore, ut exquisitis pœnis subdantur infames qui sunt vel futuri sunt rei.*

Le commentateur de cette loi observe avec raison : *lex ista tractat de quodam turpissimo stupro. Et est materia hujus legis turpissima, tamen per elegantia verba tradita est, quod laudabiliter fecit imperator.*

L'incertitude que laissent les loix romaines sur les peines applicables à ce crime, a été fixée par notre jurisprudence.

On trouve dans Papon un arrêt qu'il ne date point, mais qui fut exécuté un premier février, par lequel Nicolas Dadon de Nussi-Saint-Front, qui avoit été recteur de l'université de Paris peu de temps auparavant, fut condamné, pour *sodomie*, à être pendu & brûlé avec son procès.

« Deux femmes, suivant le même auteur, se » corrompant l'une l'autre ensemble sans mâles, » sont punissables à la mort, & est ce délit bou» grerie contre nature...... & de ce furent ac» cusées Françoise de l'Estage & Catherine de la » Maniere; contre elles il y eut témoins, mais » pour autant qu'ils étoient valablement repro» chés, on ne put les condamner à la mort, » & seulement pour la gravité du délit, furent » prinses les dépositions pour indices, & sur ce » lesdites femmes condamnées à la question par » le sénéchal de Landes ».

Par arrêt du 7 juin 1750, Bruneau Lenoir & Jean Diot ont été condamnés à être brûlés pour crime du même genre.

Par arrêt confirmatif de sentence du châtelet de Paris, rendu en la chambre des vacations du parlement de Paris, le 10 octobre 1783, « Jacques» François Paschal a été déclaré duement atteint » & convaincu de s'être livré aux excès de la » débauche la plus criminelle envers un commis» sionnaire âgé de quatorze ans, qu'il avoit attiré » dans sa chambre; & irrité par sa résistance, de » l'avoir assassiné, en lui portant un grand nombre » de coups de couteau, tant sur la tête que sur » les reins & dans le dos, lesquels coups ont mis » & mettent encore la vie dudit commissionnaire » en danger. Pour réparation de quoi ledit Jacques» François Paschal a été condamné à faire amende » honorable au-devant de la principale porte de » l'église de Paris, où il seroit conduit par l'exé» cuteur de la haute-justice, dans un tombereau, » nuds pieds, nue tête & en chemise, tenant en » ses mains une torche ardente du poids de deux » livres, ayant la corde au col, & écriteau de» vant & derrière, portant ces mots : *débauché » contre nature & assassin*; & là, étant à genoux, » dire & déclarer à haute & intelligible voix, &c. » &c. &c. de-là mené dans le même tombereau » à la place de Grève, pour y avoir les bras, » jambes, cuisses & reins rompus vifs par l'exé» cuteur de la haute-justice, de suite jetté dans » un bûcher ardent, & ses cendres jettées au vent, » &c. &c. »

Nous ne terminerons point cet article sans revenir sur une erreur dans laquelle nous sommes tombés en rédigeant le mot *pédérastie*, qu'on trouve au répertoire universel de jurisprudence publié par M. Guyot; nous y avons fait remonter la jurisprudence sur la peine du crime contre nature, jusqu'au temps des établissemens de S. Louis. Nous avons été induits à le penser, d'après le texte du chapitre 85 de ces établissemens, que nous avions trouvé dans le code pénal, mais qui n'y est pas fidellement transcrit : le voici tel qu'on le lit dans le recueil des ordonnances du Louvre, & dans l'édition particulière que M. l'abbé de Saint-Martin, conseiller au châtelet, vient d'en donner; il est intitulé : *de pugnir mescreant & herite*; & il est ainsi conçu : *se aucuns est souspeconneux de bouguerie, la justice laye le doit prendre & envoyer à l'évesque, & se il en estoit prouvez, l'en le doit ardoir, & tuit li mueblé sont au baron. En au tele manière doit-on ouvrer d'ome herite, puisqu'il en soit prouvez, & tuit si mueble sont au prince ou au baron, selon droit escrit en décretales & titre des significations de paroles, & chapitre* SUPER QUIBUSDAM, *& coutume si accorde.*

Le texte que nous avions lu dans le code pénal portoit *bougrerie* au lieu de *bouguerie*; & quoique ces deux mots aient la même origine & les mêmes significations (1), le premier cependant, ayant une

(1) Dom Carpentier, auteur du supplément au glossaire de du Cange, renvoie du mot *Bouguerie* à celui de *Bulgari*; & voici ce qu'on y lit : « *Bulgari, heretici qui*

acception plus généralement reçue, ne laissoit matière à aucune équivoque, & nous avions cru devoir, sans hésiter, l'appliquer au crime contre nature : mais nous sommes redevables à M. l'abbé de Saint-Martin d'une interprétation plus juste du mot *bouguerie* dans les circonstances où il a été employé par le législateur. Nous ne pouvons mieux faire que de réformer notre opinion sur la sienne, que nous allons rapporter, en commençant par la traduction qu'il a donnée du chapitre 85 des établissemens.

« Si quelqu'un est soupçonné d'incrédulité, la » justice laie le doit prendre & livrer à l'évêque; » & s'il en est convaincu, il sera condamné au » feu, & ses meubles confisqués au profit du baron. » On observera la même chose à l'égard des hé- » rétiques, lorsqu'ils seront convaincus d'hérésie, » & leurs meubles appartiendront au seigneur ou » au baron de qui ils relèvent, suivant le droit » écrit aux décrétales, titre des significations de » paroles, au chap. *super quibusdam* : la coutume » y est conforme ».

Pour justifier la traduction du mot *bouguerie* par celui *d'incrédulité*, M. l'abbé de Saint-Martin ajoute en note : « il y a dans le texte *bouguerie*, & plu- » sieurs entendent par ce mot le crime contre » nature. Si l'on fait attention au titre & à la suite » du chapitre, il sera facile de se convaincre qu'il » n'est point du tout question ici d'autres crimes » que d'incrédulité & d'hérésie. Le titre porte : » *de pugnir mescreant & herite* ; & dans le chapitre » il est dit qu'il faut le renvoyer à l'évêque. Or, » il étoit d'usage de renvoyer à l'évêque les in- » crédules & les hérétiques, pour les examiner » sur leur doctrine ; chose qui, dans ces temps » d'ignorance, n'auroit pu être remise entre les » mains des juges laïques. On ne voit pas pour- » quoi on auroit dû renvoyer à l'évêque celui » qu'on auroit accusé du crime contre nature ; » le jugement & la condamnation d'un pareil cri- » minel n'appartenoient qu'aux juges séculiers, *&c.*

Nous avons trouvé nous-mêmes des preuves qui viennent à l'appui de l'opinion de M. l'abbé de Saint-Martin. Le quatrième article d'une ordonnance de S. Louis, donnée à Paris au mois d'avril 1228, en faveur des églises & contre les hérétiques du pays de Languedoc, *&c.* porte que les barons, les baillis du roi, & tous ses sujets, auront soin de purger le pays d'hérétiques, qu'ils les chercheront, & que quand ils les auront trouvés, ils les livreront aux ecclésiastiques pour en faire ce qu'ils devront. *Statuimus & mandamus ut barones terræ & bajuli nostri, & subditi nostri presentes & futuri solliciti sint & intenti terram purgare hereticis, & heretica feditate, & præcipientes quod prædicta diligenter investigare studeant & fideliter invenire, & cum eos invenerint, presentent sine moræ dispendio, personis ecclesiasticis superiùs memoratis, ut eis presentibus, de errore heresis comdempnatis, omni odio, prece & pretio, honore, gratiâ & honore post positis, de ipsis festinanter faciant quod debebunt.*

» *vulgò* albigenses. Adde : *quorum heresis* borguezie *appellatur*, in chron. S. Dion. lib. 3, chap. 14, *quant li evesque ot la borguezie entendu*, *&c. dicti præterea* bulgari, *puerorum corruptores : unde* bougeronner, *cum pueris rem habere*, in litt. remiss. an. 1477, ex reg. 206, chartoph. reg. chap. 1115, fut rapporté & estoit commune *renommée*, que icelui *Lombart bougeronnoit*, *ou s'efforçoit bougeronner aucuns des enfans qui gardoient avec lui aux champs le bestail* ».

Il paroît aussi qu'autrefois on punissoit de mort non-seulement l'hérésie, mais même l'incrédulité. En 1588 le parlement de Paris condamna un nommé Guitel à être pendu pour crime d'athéisme. Celui de Toulouse, en 1618, condamna un Italien qui nioit l'existence de Dieu, à faire amende honorable, nud en chemise, la torche au point, à être traîné sur une claie, à avoir la langue coupée, & à être brûlé vif.

Il résulte de toutes ces observations, que le mot *bouguerie*, employé dans le chapitre 85 des établissemens de S. Louis, doit plutôt se traduire par celui d'incrédulité, qu'il ne doit s'entendre du crime contre nature. (*Cet article est de M.* BOUCHER D'ARGIS, *conseiller au châtelet, des académies de Rouen, Châlons-sur-Marne, &c.*)

SŒUR, s. f. (*Droit naturel & civil.*) est une personne du sexe féminin, qui est issue des mêmes père & mère, ou de même père ou de même mère qu'une autre personne, mâle ou femelle dont on parle ; car la qualité de *sœur* peut être relative à deux *sœurs*, ou à une *sœur* & un frère.

La *sœur germaine* est celle qui est issue des mêmes père & mère que son frère ou sa *sœur*. On appelle *sœur consanguine*, celle qui est issue de même père seulement ; *sœur utérine* est celle qui est née de même mère, mais non pas de même père. *Voyez* FRÈRE. (*A*)

SOIGNANTAGE. *Voyez* la fin de l'article SOIGNE.

SOIGNE, SOIGNÉE, SOIGNIE, SOUGNE, SOUGNIE & SEIGNIE. (*Droit féodal.*) On a appellé *soigne ou soignée* une chandelle ou une bougie, & dom Carpentier soupçonne qne c'est ce qui a fait aussi appeller *soignée* ou *soignie* une redevance qui se payoit originairement en cire ou en chandelle, & dont on aura ensuite étendu le nom à toute espèce de redevance. On lit dans la vie de S. Louis, par Joinville, *p. 135*, de l'imprimerie royale : « jeta » sa touaille..... au chief de la paielle de fer, » là où la *soigne* la royne ardoit, & quand ele » fu alée coucher..... la chandelle ardit tant que » le feu se prist en la touaille ».

Des lettres de grace, de l'an 1398, emploient ce mot dans les deux sens. Il y est dit : « laquelle » *soignée* vault trois aschins d'avoine, un septier » de vin, deux *soignées* de cire..... sur chacun » feu de la ville de Vrevin ».

Il est certain du moins qu'on a donné cette dénomination à une espèce de taille, & à une sorte de corvées. Une déclaration de l'an 1330, qui se trouve au cartulaire de S. Pierre de Gand, *chap. 18*, porte : « chacune maison à Anay, là ù on » fait fu, ly doit au jour S. Remy ung desnier » pour *sougnie* ».

Un compte des revenus du comté de Namur, de l'an 1265, dit aussi : « & si a li cuens le *soi-* » *gnie* à la S. Remy, c'est à cascun fu de le ville, » deux festiers d'avenne & une ghelinne ».

Un aveu de l'an 1320, tiré d'un cartulaire de S. Médard de Soissons, offre un exemple de ce mot employé pour un droit de corvée très-étendu. « Ledit prieur (de Donchery), y est-il dit, & sei- » gneur de Marancourt, ont un droit seigneurial » appellé *sougnies*, qui est tel ; c'est à savoir que » tous ceux qui sont possessans & dettenteurs de » certaines maisons & héritages situez & assis audit » Dunchery, & semblablement tous les habitans » & manans des villes de Vrignese, Villette, & » Dons sont tenus & redevables dudit droit de » *sougnies*, ainsi que en après sera déclaré ; c'est » à savoir de labourer, cultiver & semer bien » suffisamment chacun an trois pièces de terres » arrables appartenans audit prieur..... & sont » tenus de cier & faucher les dépouilles d'icelles » terres chacun an, selon les royes & labeurs » dont elles sont chargées, tant en bled comme » en avoine, & de les mener & attasser à la » grange dudit prieur, & sont tenus de nettoyer » ledit bled & avoine des chardons & yeulles qui » y sont, &c. »

Le mot *soignie* a été aussi pris pour le droit de gîte ou de procuration. Une chartre de l'an 1331 porte : « *item*, disoient li diz sires de Chaunay & » sa femme, qu'ils devoient avoir trois *seignies* de » chacun an sur ledit priorté de Virien, pour » chascune *seignie* trois jours eulz, leurs gent & » leurs chevaulx au *soignement* dudit priorté ».

Il semble résulter de ces derniers mots, que celui de *soignie*, du moins dans cette dernière acception & sans doute dans la précédente, dérive du mot *soignie*. On a dit effectivement en latin barbare *soniare*, pour héberger, recevoir chez soi. *Voyez* du Cange & dom Carpentier *sous ce mot*.

Enfin, le mot *soignies* a quelquefois désigné une redevance due par une église à une autre. On en voit un exemple dans l'extrait suivant d'une chartre de Marguerite, comtesse de Flandres, de l'an 1269 : « *dicta verò ecclesia S. Solini singulis annis tenebatur* » *dicto domino cameracensi episcopo specialiter pro dicta* » *ecclesia S. Gaugerici in dimidio modio avenæ &* » *tribus solidis alborum pro quodam redditu qui vulgo* » soignia *nuncupatur*, *solvenda tempore synodali*, *&* » *in anno bissextili ipsa* soignia *duplicatur*. (*G. D. C.*)

SOIGNÉE. *Voyez* SOIGNE.

SOIGNIE. *Voyez* SOIGNE.

SOKEMANRIE, (*Droit féodal.*) c'est une terre tenue en socage. « *Sokemanrie*, dit Britton, sount » terre & tenemens, qui ne sount mie tenus par » fée de chevalier, ne par grandes serjanries, ne » par petites, nées par simples services, si coume » terres enfraunches par nous, ou nos prédé- » cesseurs, dans nos inciennes demeures ». *Voyez* le passage de Skenée, rapporté dans l'article SOCAGE. (*G. D. C.*)

SOLAGE, SOLAIGE & SOLATGE. (*Droit féodal.*) Le mot *solaige* est employé par la coutume d'Auvergne pour désigner un sol, un terroir.

On a aussi autrefois donné ce nom, & les deux autres, à une espèce de droit dû par la terre.

Il a donc à-peu-près la même origine & la même signification que ceux d'*agrier*, de *champart* & de *terrage* : mais il paroît avoir désigné communément une redevance en argent, telle que le cens, plutôt qu'une portion des fruits.

Une ancienne notice, dressée sous Isus, évêque de Toulouse, & rapportée par Catel, dans l'histoire de Languedoc, porte : *& in hoc fevo dedit illis totam siglicem & totum milium & totum ballagium & decimum de sextaratis*, *boerium & retrodecimum & retrocole*, *totoque* solage *& senescalliam*, &c.

Une chartre de l'an 1277 porte aussi : *tres solidos de*, solage, *vel quartam partem de las gresas..... & duos solidos de* solage, *& quindecim solidos de mesatge*, &c.

Une autre chartre de l'an 1406, qui est au fol. 128 verso du registre des fiefs du comté de Poitou à la chambre des comptes, dit enfin : « je Jehan » Chauveron, chevalier..... advouhe tenir.... » XXIV sols de rente ès *solatges* de Duisac ».

On pourroit croire aussi que ce mot a désigné un droit dû sur les aires où l'on bat le bled. Un registre de S. Cybard d'Angoulême porte : *habeat in feodo suo præpositali lescols & lebales*, *& les* solages *juste & mensurate sine ullo ingenio*.

On lit encore au cartulaire de Mâcon, fol. 220, v°. *Bernardus Blancus Werpivit dictæ ecclesiæ jus ariæ* (areæ) *quod vulgo* solagium *vocant*.

Enfin, une enquête de l'an 1220, rapportée au tome 1 de l'histoire de Dauphiné, par Valbonnais, *page 129*, *col. 1*, porte : item, *Dom. Comes habet apud Avalonem*, *in dominico*, *corvatam ad capellam albam continentem 18 jornalia terræ*, *in quibus mistrales capiunt 4 gerbas & crientas & solagium*. *Voyez* du Cange & dom Carpentier aux mots *Solagge*, *Solagium & Solatge*. (*G. D. C.*)

SOLAIGE. *Voyez* SOLAGE.

SOLATGE. *Voyez* SOLAIGE.

SOLEMNEL, adj. se dit *en droit* de ce qui est revêtu des formes les plus authentiques.

Un acte *solemnel* est celui qui est passé devant un officier public, avec le nombre des témoins requis.

Quelquefois, pour rendre un acte encore plus *solemnel*, on y fait intervenir certaines personnes dont la considération donne plus de foi & de poids à l'acte.

On entend quelquefois par testament *solemnel*

tout testament reçu par un officier public, à la différence du testament olographe qui est écrit de main-privée. *Voyez* ACTE, FORMALITÉ, FORME, TESTAMENT. (*A*)

SOLIDAIRE, adj. se dit *en droit* de ce qui emporte une obligation de payer la totalité d'une dette commune à plusieurs personnes; l'obligation est *solidaire*, quand chacun des obligés peut être contraint pour le tout. Il en est de même d'un cautionnement *solidaire*, c'est-à-dire, lorsque l'on a stipulé que chacune des cautions sera tenue pour le tout. *Voyez* SOLIDITÉ. (*A*)

SOLIDAIREMENT, adv. signifie le droit que l'on a de contraindre chacun de plusieurs co-obligés à acquitter seul pour le tout une dette commune, sauf son recours contre ses co-obligés pour leur part & portion. *Voyez* SOLIDITÉ. (*A*)

SOLIDITÉ, s. f. est l'obligation dans laquelle est chacun des co-obligés d'acquitter intégralement l'engagement qu'ils ont contracté.

Dans quelques provinces on dit *solidarité*, expression qui paroît plus juste & moins équivoque que le terme de *solidité*.

Ce n'est pas que le paiement puisse être exigé autant de fois qu'il y a de co-obligés solidairement; l'effet de la *solidité* est seulement que l'on peut s'adresser à celui des co-obligés que l'on juge à propos, & exiger de lui le paiement de la dette en entier, sans qu'il puisse en être quitte en payant sa part personnelle, sauf son recours contre ses co-obligés pour répéter de chacun d'eux leur part & portion qu'il a payée en leur acquit.

La *solidité* a lieu ou en vertu de la loi, ou en vertu de la convention. Il y a néanmoins des cas où la *solidité* a lieu de plein droit entre les débiteurs d'un même objet, quoiqu'elle n'ait été ni stipulée, ni exprimée.

Ainsi, l'obligation que contractent plusieurs tuteurs qui se chargent d'une même tutèle, est solidaire, quoiqu'elle n'ait point été exprimée. Nous n'avons pas admis, au moins dans les pays coutumiers, les bénéfices d'ordre & de discussion que les loix romaines accordoient aux tuteurs qui n'avoient pas géré la tutèle, sur les biens de ceux qui avoient géré.

Il en est de même de l'obligation que contractent plusieurs personnes qui se chargent de quelque administration publique, comme des fabriciens, des administrateurs d'hôpitaux, des jurés & syndics des communautés des marchands ou artisans, *&c.* à moins qu'il n'y ait quelque usage contraire.

Lorsque deux huissiers-priseurs procèdent à une même vente de meubles, comme cela arrive souvent à Paris, ils répondent solidairement du prix, quoique l'ancien reçoive seul les deniers.

La *solidité* a pareillement lieu entre des associés qui contractent une obligation pour le fait de leur commerce. Ceux qui mettent leur aval sur des lettres-de-change, sur des promesses d'en fournir, sur des ordres ou des acceptations, sur des billets de change ou autres actes de pareille qualité concernant le commerce, sont aussi obligés solidairement avec les tireurs, prometteurs, endosseurs & accepteurs, quoique la *solidité* n'y soit point stipulée.

Ceux qui ont concouru à un délit, sont tous obligés solidairement à la réparation, sans pouvoir opposer aucune exception de discussion ni division. L'article 30 du titre commun de l'ordonnance des fermes, du mois de juillet 1681, veut que les condamnations contre deux ou plusieurs personnes, relativement à un même fait de fraude, soient solidaires, tant pour la confiscation & amende, que pour les dépens.

La *solidité* des débiteurs peut encore résulter d'un testament, & elle a lieu contre les héritiers ou autres successeurs d'un testateur, quand il les a expressément chargés de la prestation d'un legs.

Un des principaux effets de la *solidité* consiste en ce que le créancier peut s'adresser à celui des débiteurs solidaires qu'il juge à propos, pour en exiger la totalité de sa créance : c'est une suite de ce que chaque débiteur solidaire est débiteur du total. Un second effet consiste en ce que les poursuites dirigées par le créancier contre l'un des débiteurs solidaires, ne libère pas les autres, tandis qu'il n'est pas payé : c'est pourquoi il peut cesser de poursuivre celui qui a poursuivi le premier, & agir contre les autres, ou, s'il veut, les poursuivre tous en même temps.

L'interpellation faite à l'un des débiteurs solidaires, interrompt la prescription contre tous les autres, suivant la *loi fin. cod. de duobus reis* : c'est encore une suite de ce que chacun de ces débiteurs est débiteur du total. *Voyez* CAUTION, OBLIGATION, PAIEMENS, *&c.*

SOLLICITATIONS, s. f. On entend, *au palais*, par le mot *sollicitations*, les prières, les instances, les très-fortes recommandations employées auprès d'un juge, non pas pour qu'il donne une décision conforme à l'équité, mais favorable à la cause que l'on défend & que l'on protège.

Ces sortes de *sollicitations*, qui ne devroient être qu'à charge aux juges auxquels elles font perdre un temps précieux, ont quelquefois malheureusement un effet plus funeste, celui de faire pencher la balance du côté du crédit, de l'intimité & de la séduction.

Combien les idées que la fable nous a données de la justice, sont différentes de celles que la vérité nous présente! On nous a peint cette souveraine, dont l'empire s'étend sur la discorde, sur les troubles, les divisions, tenant toujours les humains à une distance respectueuse de son trône, prêtant seulement une oreille attentive à leurs demandes, & aux raisons dont elles étoient appuyées, ne soulevant jamais pour aucune des parties le bandeau étendu sur ses yeux, & qui étoit si épais, qu'elle ne pouvoit connoître si le plaideur, conduit aux pieds de son tribunal, étoit riche ou pauvre, s'il étoit puissant ou misérable ; si la femme qui imploroit son équité avoit des charmes ou étoit décrépite.

La vérité nous montre au contraire la justice sous les traits de la simple humanité, découvrant indistinctement tout ce qui l'approche, sujette aux impressions de la vanité, de l'amour, de la colère & de l'intérêt, vivant familiérement avec les hommes, sur la fortune & la vie desquels elle prononce, se plaisant au milieu des amusemens frivoles, regardant la fonction qui la distingue comme une tâche laborieuse, comme une charge pesante.

Il résulte de cette différence, qu'autant la justice de la fable étoit inaccessible aux *sollicitations*, autant celle de la vérité leur donne un facile accès, & on ne peut pas se dissimuler que l'équité ne souffre beaucoup de cette disparité. Dans les affaires d'intérêt, les *sollicitations* devroient être bannies, parce qu'elles sont injurieuses aux juges. En effet, que veut ce plaideur qui assiège sans cesse la porte des magistrats? Est-ce justice? il n'a pas besoin de la demander, elle lui appartient de droit. Est-ce faveur? les juges ne peuvent pas lui en accorder sans faire tort à son adversaire, & sans éluder la loi dont ils ne sont que les echos. Se présente-t-il à eux dans l'intention seulement de les entretenir de sa cause? Si elle a été mise en rapport, elle est exposée dans les écritures, dans les mémoires qu'il a produits. Si elle se plaide, son défenseur en développera les moyens à l'audience : c'est donc supposer que les juges se permettront de prononcer sans avoir examiné les pièces de son procès, ou qu'ils ne donneront point leur attention à son avocat. Enfin, doit-il leur dire autre chose que ce qui a été écrit, ou que ce qui sera avancé à l'audience? Mais comme il n'y a pas là de contradicteur, qui sait s'il n'en impose pas? & quelle foi peut-on ajouter à un homme qui dit dans le secret du cabinet ce qu'il n'a pas osé déclarer en présence ou sous les yeux de son adversaire? Si les *sollicitations* sont presque toujours importunes vis-à-vis d'un juge équitable & attentif, elles sont souvent très-dangereuses vis-à-vis d'un autre, qui, distrait ou assoupi, ne recueille point ce qui se dit à l'audience, ou qui se dispense de lire & de comparer les mémoires instructifs qui lui ont été remis; elles font perdre au premier des momens qu'il emploieroit utilement; mais elles forment du second un instrument de dommage & d'injustice.

Si j'avois l'honneur d'être magistrat, je recevrois bien froidement ces personnages importans qui viennent vous annoncer qu'ils prennent le plus vif intérêt à la cause d'un homme qui est leur ami, leur parent, & qui a certainement le bon droit pour lui. Eh! qu'importe d'abord qu'il soit votre ami, votre parent? qu'est-ce que cela peut faire à une question soumise à la justice? Sa partie adverse n'a-t-elle pas aussi des amis, des parens? Faudra-t-il donner gain de cause à celle qui en a en plus grand nombre ou de plus qualifiés? Connoissez-vous parfaitement l'affaire à laquelle vous prenez intérêt? Avez-vous découvert quelques *moyens* décisifs qui aient été omis par les défenseurs de votre ami? dans ce cas, allez les lui communiquer, & qu'il les produise. Si vous n'avez rien de nouveau à m'apprendre, si vous ne jugez de l'affaire dont vous m'entretenez que sur des apparences, sur des *oui-dire*, il y a à parier que j'en sais plus que vous, & que vous ne me ferez pas changer d'opinion, à moins qu'elle ne soit si flottante, si peu appuyée sur l'équité, que les plus légères considérations ne l'entraînent.

Les hommes les plus honnêtes ne sont pas assez réservés sur les *sollicitations ;* ils ne font pas assez attention qu'ils courent le risque, en obtenant ce qu'ils sollicitent, de faire commettre une injustice, d'étouffer la loi sous le poids du crédit & de l'amitié; qu'alors ils deviennent les complices du juge foible qu'ils ont séduit, & sont, ainsi que lui, tenus par l'empire de l'honneur & de la probité, à restituer ce qu'ils ont enlevé au plaideur contre lequel ils se sont réunis. Si l'on se pénétroit plus qu'on ne le fait de cette vérité, on seroit moins ardent à solliciter dans des affaires, de la justice desquelles on n'a pas la plus forte certitude.

Je ne veux pas cependant interdire aux plaideurs la douceur de voir leur juge & de s'entretenir avec lui. Il y a même des affaires où cela est absolument nécessaire; mais il faut que ce soit moins pour lui parler que pour lui répondre, moins pour l'étourdir d'observations presque toujours inutiles, que pour attendre qu'il nous fasse part de ses doutes, & lui donner alors des éclaircissemens qui écartent ses préventions, & qui le mettent à même de saisir la cause sous son véritable point de vue.

Il y auroit aussi de la cruauté à empêcher, dans les affaires criminelles, les parens d'un accusé, de solliciter une prompte justice, de faire leurs efforts pour obtenir des adoucissemens en faveur du coupable, ou un triomphe complet en faveur de l'innocence humiliée. Ce sont tous les membres d'un même corps souffrant, qui tâchent de sauver celui qui est le plus en danger, & dont les douleurs se font sentir à tous.

Dans les affaires criminelles, les juges ne peuvent jamais être plus sévères que la loi; mais il est des circonstances où ils peuvent être moins rigoureux qu'elle, en interprétant son esprit, qui est moins d'affliger le coupable que de prévenir le crime. D'ailleurs, il est beaucoup d'ordonnances de la rigueur desquelles on s'est heureusement relâché par respect pour la vie & l'honneur des hommes, dont on a senti davantage le prix à mesure qu'on s'est éloigné de la barbarie des siècles reculés. La loi ne s'explique que d'une manière contre un délit; mais ce délit peut être accompagné de circonstances imprévues, qui le rendent plus ou moins punissable : il faut donc que le juge, sur-tout celui qui juge souverainement, soit dans les affaires criminelles en quelque sorte législateur, non pas pour aggraver la peine prononcée par la loi (on ne peut pas trop insister sur cette distinction), mais souvent pour l'adoucir. Or, comment s'opposer à ce qu'un accusé, ou tous ceux qui lui tiennent par les liens du sang & de l'amitié, sollicitent l'indulgence & l'humanité de l'arbitre de leur honneur?

Il y a ici une observation importante à faire; c'est qu'il est bien permis de contribuer de toutes ses facultés à sauver son parent, son ami, du supplice ou de l'infamie, parce que la nature & le sentiment de l'amitié, & même l'intérêt personnel, nous portent à lui rendre ce service: mais il est contre la probité de le lui rendre aux dépens d'un autre qui n'est pas coupable. Ainsi, par exemple, en supposant que le sentiment de l'honneur, de l'amitié, m'autorise à faire tous mes efforts pour persuader aux juges que mon frère, que mon ami n'est pas l'auteur d'un meurtre, quoique j'aie la conviction qu'il l'a commis; si deux accusés sont arrêtés pour raison de ce meurtre, & qu'il soit constant que l'un des deux est criminel, je ne peux ni ne dois détourner le glaive de la justice de dessus la tête de mon frère ou de mon ami, dont le crime m'est connu, parce que j'immolerois un innocent pour sauver un coupable, & qu'aucun sentiment ne peut rendre excusable une aussi cruelle injustice.

Je n'ai donc, en pareil cas, d'autre parti à prendre que celui de sauver, s'il m'est possible, les deux accusés, ou de m'enfoncer dans le silence & l'obscurité jusqu'au moment où les juges auront reconnu le vrai coupable; alors je tâcherai de jetter un voile sur l'horreur de son crime, & d'obtenir sa grace de la bonté du souverain.

Les *sollicitations* qui ont pour objet d'empêcher que celui auquel on s'intéresse ne paie de forts dommages & intérêts à la personne qui a souffert un tort considérable, sont très-injustes. Aidez votre ami, votre parent de votre fortune; s'il est ruiné, ouvrez-lui votre maison, & persuadez-lui qu'elle est la sienne: mais ne vous montrez pas sensible aux dépens d'un autre, que vous privez d'une partie de ce qui lui est dû, & qu'il auroit reçu sans vos funestes instances.

Il y a cependant un point de vue sous lequel les *sollicitations* peuvent avoir quelque utilité; c'est en ce qu'elles rapprochent les parties des juges, & mettent ceux-ci à même de tirer la vérité de leur bouche, ou de simplifier des faits que la cupidité de quelques officiers de justice a étendus & multipliés avec un art bien vil & bien odieux: mais que conclure de cela? qu'un abus en a rendu un autre tolérable.

On ne peut pas trop le répéter; si les procédures ne renfermoient jamais que ce qu'il est important de connoître; si les défenseurs des parties, au lieu de se perdre dans de vagues raisonnemens, au lieu d'entasser citations sur citations, arrêts sur arrêts, se piquoient de présenter les faits avec précision, & de donner à leurs moyens plus de nerf que d'étendue; s'ils admettoient de bonne-foi les principes qu'ils ne peuvent pas contester raisonnablement; s'ils dédaignoient le honteux avantage de faire perdre aux juges le vrai point de la question, en les en éloignant insensiblement; enfin, s'ils procédoient toujours logiquement dans leurs attaques comme dans leurs défenses, les juges prendroient facilement une si juste idée de l'affaire sur laquelle ils auroient à prononcer, que tous les discours des parties seroient absolument inutiles.

Une des raisons qui devroient faire proscrire les *sollicitations*, c'est qu'il arrive souvent que de deux parties qui plaident contradictoirement, l'une est à même de solliciter ses juges en personne, tandis que l'autre ne peut leur parler; ainsi, dans le cas où les *sollicitations* seroient utiles à celui qui les emploieroit, les plaideurs éloignés auroient un désavantage certain, & ne combattroient pas à armes égales contre ceux qui seroient dans le lieu où doit se rendre le jugement qu'ils attendent.

Les parties ont la faculté de choisir, chacune de leur côté, des défenseurs qui aient à-peu-près le même degré de lumières, de probité: mais elles n'ont pas celle de se rendre également éloquentes, persuasives vis-à-vis de leurs juges, d'avoir pour elles des solliciteurs du même poids, de la même importance. Les *sollicitations* détruisent donc nécessairement cet équilibre dans lequel doit toujours être la balance de la justice, avant que les raisons & les titres des parties y aient été déposés.

En voilà plus qu'il n'en faut pour faire sentir le danger des *sollicitations* dans les affaires d'intérêt, & le seul cas où elles doivent être tolérées dans les affaires criminelles: mais, quoi qu'il en soit, nous ne nous flattons pas de les arrêter. Tant que les hommes seront jugés par des hommes semblables à eux, ils emploieront toujours avec quelque succès les *sollicitations*, & il n'en faut pas davantage pour qu'elles aient toujours lieu. L'intérêt du plaideur le conduit à solliciter, & la vanité du juge se complaît souvent dans les *sollicitations*. Il aime à se voir prié, pressé par des hommes considérables, par des femmes aimables, qui, de toutes les espèces de solliciteurs, forment la plus dangereuse.

Il est une classe d'hommes qui ne vivent que de *sollicitations*, & dont l'état est d'être solliciteurs: quoiqu'ils ne jouissent pas d'une très-grande considération, ils ne laissent pas de persuader à ceux qui les emploient & qui les paient, qu'ils leur sont très-nécessaires, qu'ils ont la plus grande influence sur le jugement. Il faut avouer que ces sortes de gens, que l'intérêt mène d'études en études, de cabinets en cabinets, de greffes en greffes, sont quelquefois très à redouter, par les moyens qu'ils savent employer vis-à-vis des subalternes pour les corrompre ou pour les abuser.

Les magistrats, fatigués de les voir dans toutes les affaires, les reçoivent souvent avec humeur, avec dédain: mais ils ne se rebutent point; leur objet est de gagner de l'argent, de paroître utiles; & pourvu qu'ils arrivent à leur but, peu leur importe l'effet de leurs importunités.

Nous n'avons pas cru devoir parler ici d'une autre espèce de *sollicitation* indirecte, aussi dangereuse pour le plaideur qui se permettroit de la tenter, que pour le magistrat qui en seroit ébranlé ; je veux parler de celle qui a pour objet de corrompre son juge sous l'apparence de le solliciter. En prenant des voies cachées, elle arrive quelquefois à son but ; mais il est bien rare qu'elle ose même suivre sa marche oblique dans des cours où la réputation d'honneur & de probité s'étend sur les membres qui y siègent. Il y a quelques années qu'une affaire très-célèbre a prouvé l'inutilité & le danger de ces sortes de *sollicitations*, qui auroient les plus terribles conséquences, si la vertu & la probité des magistrats ne les étouffoient pas, même avant leur naissance (*Article de M.* DE LA CROIX, *avocat au parlement.*)

SOLLICITEUR, *ou* SOLLICITEUR DE PROCÈS, est celui qui donne ses soins à la poursuite d'une cause, instance ou procès qui concerne un tiers.

Les *solliciteurs* de procès, c'est-à-dire ceux qui font profession de suivre des procès pour autrui, sont regardés d'un œil peu favorable, non pas qu'il y ait rien de prohibé dans cette gestion, mais parce que souvent ils abusent de leurs connoissances & de leurs talens pour vexer les parties, & quelquefois pour acquérir eux-mêmes des droits litigieux. *Voyez* SOLLICITATIONS.

SOLLICITEUR DES RESTES. On nommoit autrefois ainsi celui qui étoit chargé de poursuivre les comptables pour les débets de leurs comptes : on l'appelle présentement *contrôleur des restes. Voyez* CHAMBRE DES COMPTES, *& le mot* CONTRÔLEUR-GÉNÉRAL DES RESTES. (*A*)

SOLVABILITÉ, s. f. est la puissance où quelqu'un est de payer & acquitter ce qu'il doit, c'est-à-dire, lorsqu'il a assez de biens pour le faire. *Voyez* SOLVABLE & INSOLVABILITÉ. (*A*)

SOLVABLE, adj. à *solvendo*, est celui qui est en état de payer, qui a de quoi répondre d'une dette. Un gardien *solvable* est celui qui a de quoi répondre des meubles laissés à sa garde. Ce terme est opposé à celui d'*insolvable. Voyez* SOLVABILITÉ. (*A*)

SOLUTION, s. f. ce terme a plusieurs acceptions. Si on le prend dans le sens du mot latin *solutio*, dont il a été formé, il signifie paiement : mais plus souvent il se prend pour *décision*, comme quand on dit la *solution* d'une question ; quelquefois enfin il signifie *cessation* de quelque chose, comme dans les procès-verbaux des chirurgiens, lorsqu'en parlant d'une plaie ils disent qu'il y a *solution* de continuité, pour exprimer que les chairs sont ouvertes & séparées.

SOMAGE, *ou* SOMMAGE. (*Droit féodal.*) Ce mot est indiqué dans nos glossaires, comme ayant plusieurs acceptions. 1°. Il se trouve au chapitre 34 du grand coutumier de Normandie. La glose l'explique de la manière suivante : « & par ce mot, » service de cheval, sont entendus villains ser» vices, qui se font à sac & à somme, lesquels on » appelle communément *sommages*, &c. ».

Ainsi, le *sommage* est une espèce de corvée, qui consiste à voiturer des denrées sur un cheval de somme. On peut en voir une multitude d'exemples au mot *Summaria*, & à la plupart des autres mots qui sont sous celui de *Sagma* dans du Cange.

2°. Du Cange dit, au mot *Somegia*, qu'on a donné ce nom à une redevance, qui consistoit dans une somme de bled, ou d'autres grains. Une chartre de Philippe, roi de France, de l'an 1210, porte : « *Idem etiam Savaricus detinet sibi census suos, & » venditiones, & quosdam reditus, qui* somegiæ *vo» cantur, & avenam, & captagia hominum & fæmi» narum suarum, qui reditus cum una* somegiarum *» in festo B. Remigii persolverentur, deinde secunda »* somegia *in vicesimâ die natalis domini, & tertia in » octabis resurrectionis dominicæ ei similiter persolventur, » caponum etiam suorum in crastino natalis domini perci» piet solutionem; unaquæque vero* somegiarum *quatuor » denarios bonæ monetæ valet* ».

3°. Le glossaire du droit françois, & du Cange, au mot *Somagium*, disent que la coutume de Lorraine, *titre 8, art. 3*, met le *sommage* au nombre des droits des seigneurs fonciers : mais le texte de cette coutume porte *chommage*. Il y est dit que « le seigneur foncier est capable de.... rouage, » chommage & adjustement de poids & mesures ».

Fabert dit, dans une de ses notes, que « ce » mot *chommage* est exposé par les suivans, à sa» voir que c'est une espèce d'adjustement de poids » & de mesures ». (*G. D. C.*)

SOMEY, (*Droit féodal.*) c'est la corvée d'une bête de somme, due au seigneur pour porter sa vendange, ou pour d'autres usages. Une chartre de l'an 1309, rapportée au tome 1 de l'histoire de Dauphiné, *page 86, col. 2*, porte : « *item habet » dominus in dicto mandamento quinque* somey *& di» midium, & duas partes unius* somey; *& isti* somey *» percipiuntur in hunc modum : quicumque debet dictum »* somey, *debet charreagiare in vindemiis ubicumque » dominus vult, vinum suum reponere in dicto manda» mento, cum asino suo, basto & barralibus & corda » ipsius per unam diem* ».

L'enquête de Moras, faite en 1269 dans la même province, dit aussi : « *Int. Si debent domino operam, » manoperam corvatam &* somey? *Resp. Quod non, » nisi* somey, *videlicet illi de burgo & de castro, qui » habent bestias portantes debent mutuare ipsas ante » nativitatem domini annuatim semel per unam diem* ». (*G. D. C.*)

SOMMAGE. *Voyez* SOMAGE.

SOMMAICHE. (*Droit féodal.*) Un aveu de la terre de Villemanauche, de l'an 1530, donne l'explication de ce droit : « *item*, y est-il dit, ladite » demoiselle a aussi la moitié du droit de subjec» tion & *sommaiche*, qui est toutes les fois & » quantes fois qu'il lui plaira envoyer l'un de ses » hommes & sujets dudit Villemanosche faire mes» sage, porter lettres ou autrement, est tenu d'y

» aller chacun en son tour en degré, pouveu qu'il » puisse aller & venir entre deux soleils, & en » rendre la réponse ».

On peut voir d'autres exemples de ce droit extraordinaire dans le glossaire de dom Carpentier, aux mots *Summagium* sous *Sagma*, *Ales* 1, & *Servitium litterarum*.

Au reste, le mot *sommaiche* a la même origine que celui de *sommage*; il dérive de *somma*, qui signifie *charge*. (*G. D. C.*)

SOMMAIGE. *Voyez* SOMAGE.

SOMMAIRE, adj. se dit de ce qui est bref, & dont l'expédition est prompte : les matières *sommaires* sont celles dont l'objet est léger, & dont l'instruction est simple & prompte. *Voyez* CAUSE, MATIÈRE SOMMAIRE. (*A*)

SOMMATION, s. f. (*terme de Procédure.*) est un acte par lequel on interpelle quelqu'un de dire ou faire quelque chose.

Les huissiers font des *sommations* de payer, de remettre des pièces, *&c.*

Les procureurs font des *sommations* de donner copie de pièces, de fournir de défenses, de satisfaire à un réglement, de venir plaider, *&c.*

Lorsque les juges, qui ne prononcent pas en dernier ressort, refusent ou négligent de juger un procès qui est en état, ils peuvent être sommés de le faire; & tout huissier ou sergent qui en est requis doit faire à cet égard les *sommations* nécessaires, à peine d'interdiction. Ces *sommations* se font de huitaine en huitaine, à l'égard des juges qui ressortissent nuement aux cours souveraines, & de trois jours en trois jours à l'égard des autres. Elles se font au domicile des juges, ou au greffe de leur jurisdiction, en parlant au greffier ou au commis du greffe. Elles doivent être conçues en termes qui ne blessent point le respect dû aux juges.

SOMMATION PRÉPARATOIRE A DÉCRET, est le nom qu'on donne en Normandie à la *sommation* qu'un créancier fait à son débiteur de payer, avant de pouvoir passer à la saisie-réelle de ses immeubles.

Cette *sommation* est prescrite par l'article 546 de la coutume; elle est de rigueur, & doit être faite à la personne ou domicile de l'obligé; elle doit contenir trois chefs; le premier, la demande ou commandement de payer une chose certaine & liquide, comme une somme d'argent, ou une certaine quantité de grains ou autre espèce, dont l'appréciation peut être faite après la saisie comme auparavant; la seconde, l'interpellation pour le refus de payer, de donner ou indiquer des biens-meubles exploitables & suffisans pour le paiement de la chose demandée; la troisième, la déclaration que, faute de paiement, le requérant entend se pourvoir par saisie en décret, des biens immeubles appartenans ou ayant appartenu au débiteur, en quelque lieu qu'ils soient assis & situés; & qu'à cet effet, l'exploit vaudra *sommation préparatoire à décret*.

Il faut en outre que cette *sommation* soit conforme aux autres exploits, c'est-à-dire, qu'elle contienne le jour, le mois, l'année, l'heure d'avant ou d'après-midi; les nom, surnom & demeure du requérant, ainsi que ceux de l'huissier ou sergent qui la fait, avec la jurisdiction où il est reçu & immatriculé, & ceux du débiteur : qu'elle soit faite en la présence de deux témoins âgés chacun de plus de vingt ans, desquels il faut employer les noms, surnoms, vacations & demeures, & qu'elle soit signée d'eux & de l'instrumentaire, tant sur le registre que sur l'original & la copie, & que ces trois actes fassent mention de ces signatures : qu'elle soit contrôlée comme les exploits : qu'elle contienne copie de la pièce obligatoire : qu'elle soit faite à la personne ou au domicile de l'obligé.

SOMMATION RESPECTUEUSE, est un acte fait par deux notaires, ou par un notaire, en présence de deux témoins, par lequel, au nom d'un enfant, ils requièrent ses père & mère, ou l'un d'eux, de consentir au mariage de cet enfant.

On appelle ces sortes de *sommations respectueuses*, parce qu'elles doivent être faites avec décence, & sans appareil de justice : c'est pourquoi l'on y emploie le ministère des notaires & non celui des huissiers.

Ces *sommations* ne peuvent être faites qu'en vertu d'une permission du juge royal, laquelle s'accorde sur requête; l'objet de ces *sommations* de la part de l'enfant, est de se mettre à couvert de l'exhérédation que ses père & mère pourroient prononcer contre lui, s'il se marioit sans leur consentement.

Mais pour que ces *sommations* produisent cet effet, il faut que l'enfant soit en âge de les faire, & qu'il ait trente ans, si c'est un garçon, ou vingt-cinq ans, si c'est une fille.

L'enfant, qui demande la permission de faire des *sommations respectueuses*, doit joindre à sa requête son extrait baptistaire, afin que le juge puisse connoître s'il a l'âge compétent pour prendre cette voie.

L'enfant qui consent de courir les risques de l'exhérédation, peut se marier à vingt-cinq ans, sans requérir le consentement de ses père & mère.

L'arrêt de réglement du 27 juillet 1692, rapporté dans le journal des audiences, n'a pas prescrit le nombre des *sommations* qui doivent être faites : mais l'usage est d'en faire trois. Ce nombre a été d'ailleurs ordonné par arrêt de réglement rendu au parlement de Toulouse le 26 juin 1723.

SONNER. (*Droit féodal.*) Plusieurs coutumes emploient ce mot pour *équivaloir* : ainsi, elles disent qu'un contrat est *sonnant* & équipollent à vente, pour désigner qu'il rentre dans la classe des contrats de vente : elles disent encore que les droits de quint pour les fiefs, & de lods & ventes pour les rotures, sont dus en cas de contrat de vente, *ou qui le sonne*, c'est-à-dire, en cas de contrat de la même nature. (*G. D. C.*)

SONRIER, GRAND, (*Dign. d'abbaye*) nom qu'on donne, dans l'abbaye de Remiremont, au receveur-général & administrateur des droits seigneuriaux. Le grand prévôt, le chancelier, & le grand *sonrier*, doivent chacun deux écus sols, le premier jour de l'an, à la doyenne de l'abbaye de Remiremont; il y a aussi une des chanoinesses de cette abbaye qui a le titre de *sonrière* (*D. J.*)

SONTISE. On trouve ce mot dans une chartre donnée en 1276, par Jean, comte de Châlons, & rapportée dans les preuves de l'histoire d'Auxerre, *page 65*. Il paroît dériver de *son* ou *sien*, & signifier la propriété ou la seigneurie. Cette chartre porte : « ottroyons aux devant dites nonains, que ciles » paisiblement se puissent acroistre des-cy-en-avant » tojors mes, sans contredit, au tote nostre *sontise* » de Saint-Gervais, mais que ce ne soit en noz fiez » & en noz rière-fiez, jusqu'à vint livres de terre » à parisis ». (*G. D. C.*)

SOQUET, SOCQUET, *ou* SOUQUET, (*Droit féodal & municipal.*) Ce mot se trouve expliqué dans des lettres de Louis XI, de 1472, qui se trouvent au fol. 236 du registre de la sénéchaussée de Beaucaire. « Les habitans de Beaucaire, qui, par octroi » de nous, leur a été puis aucun temps en ça » octroyé qu'ils puissent cueillir & lever une laide » appellée *le soquet*, ou appetissement de mesure » de vins qui se vend en détail en ladite ville de » Beaucaire & territoire d'icelle; c'est à savoir cinq » pichiex pour chacun barral de vin, qui se monte » à la septième partie d'icelui barral ».

Dans d'autres lettres du 12 mai 1431, données par le roi à la ville de Sommes, ce droit est aussi appellé *souquet*, ou diminution de la pinte du vin vendu en détail dans cette ville & les fauxbourgs, & il y est dit que cette diminution étoit de la huitième partie. Sur chaque muids de vin amené en la ville & fauxbourgs, pour y être vendu, on prenoit 10 sols, & les sommes devoient être employées à la réfection du pont.

C'est sur des textes semblables, sans doute, que Galland s'est fondé, pour dire, dans le glossaire du droit françois, que le *souquet* est à Montauban l'équivalent du vin.

Au reste, il y a des exemples du droit de *soquet* perçu sur d'autres denrées, soit par les villes, soit par les seigneurs, quoiqu'il se levât le plus ordinairement sur les vins. Des lettres du roi Jean, de l'an 1361, rapportées au tome 3 des ordonnances du louvre, *page 498*, portent : « *impunè » & liberè impositiones suas si quas habent, barragia, » sizas, soquotos vini, farinæ, vel similia, jam eis per » nos dudum.... concessa vel donata levare & exigere » possint* ». (*G. D. C.*)

SORCELLERIE, s. f. *Voyez* MAGIE, SORTILÈGE.

SORT, s. m. On entend, *en droit*, par ce terme, le hasard produit dans les partages; après avoir formé les lots, ils se distribuent ou par choix, ou par convention, ou enfin on les tire au *sort*. Dans ce dernier cas, on fait autant de petits billets qu'il y a de lots, & l'on écrit sur l'un *premier lot*, & sur l'autre *second lot*, & ainsi des autres. On mêle ensuite ces billets après les avoir pliés ou roulés, & on les fait tirer l'un après l'autre, un pour chaque héritier, suivant l'ordre de progéniture; & selon le billet qui échet, on écrit dans le partage que le *premier lot est advenu à un tel*, *le second à un tel*. *Voyez* LOT & PARTAGE. (*A*)

SORTILÈGE, s. m. (*Code criminel.*) On entend par ce terme tout maléfice qui se fait par l'opération du diable. Le *sortilège* est compris dans ce qu'on appelle en général *magie* : mais il a particuliérement pour objet de nuire aux hommes, soit en leurs personnes, soit en leurs bestiaux, plantes & fruits de la terre.

Nous avons dit, sous le mot *Magie*, ce qu'un homme raisonnable doit penser des prétendus devins, magiciens, sorciers, faiseurs de pronostics & diseurs de bonne aventure, & nous avons fait voir qu'ils n'étoient que des escrocs, des fourbes & des fripons. Il nous reste à parler ici des peines que les loix ont prononcées contre ce crime.

La loi de Moïse condamnoit à mort ceux qui en étoient convaincus. Le droit canonique prononce l'excommunication & les autres censures contre ceux qui usent de *sortilège*. On trouve dans le code, au titre *de malef. & mathem.* que la moindre peine étoit la déportation, que souvent elle étoit plus atroce, & qu'on condamnoit les coupables de *sortilège*, tantôt à être exposés aux bêtes, tantôt à être brûlés vifs ou crucifiés, quelquefois à être mis dans un vase plein de pointes, ou à être décapités.

Nous avons conservé long-temps la peine du feu contre ceux qu'on accusoit de *sortilège* & de maléfice : mais depuis que la raison a commencé à faire des progrès, on n'admet plus dans les tribunaux du royaume les simples accusations de sorcellerie. En 1672, le parlement de Rouen avoit fait arrêter un grand nombre de bergers, & autres gens accusés d'être sorciers : mais un arrêt du conseil, du 26 avril de la même année, enjoignit de relâcher tous ces accusés.

Au reste, pour savoir ce que l'on pense en France des sorciers, enchanteurs & devins, il faut lire l'édit du mois de juillet 1682. L'exécution des ordonnances des rois nos prédécesseurs, porte le préambule de cet édit, contre ceux qui se disent devins, magiciens & enchanteurs, ayant été négligée depuis long-temps, & ce relâchement ayant attiré, des pays étrangers dans notre royaume, plusieurs de ces imposteurs, il seroit arrivé que, sous prétexte d'horoscope & de divinations, & par le moyen des prestiges, des opérations, des prétendues magies & autres illusions semblables, dont cette sorte de gens ont accoutumé de se servir, ils auroient surpris diverses personnes ignorantes ou crédules, qui s'étoient insensiblement engagées avec eux en passant des vaines curiosités aux superstitions, & des superstitions aux impiétés & aux sacrilèges; &, par une funeste suite d'engagemens, ceux qui se sont le plus abandonnés à la conduite de ces séducteurs, se seroient portés à cette extrémité criminelle, d'ajouter la maléficie & le poison aux impiétés & aux sacrilèges, pour obtenir l'effet des promesses desdits séducteurs, & pour l'accomplissement de leurs méchantes prédictions. Ces pratiques étant venues à notre connoissance, nous aurions employé tous les soins possibles pour en faire cesser & pour arrêter, par des moyens convenables, les progrès de ces détestables abominations : & bien qu'après la punition qui a été faite des principaux auteurs & complices de ces crimes, nous dussions espérer que ces sortes de gens seroient pour toujours bannis de nos états, & nos sujets garantis de leurs surprises; néanmoins comme l'expérience du passé nous a fait connoître combien il est dangereux de souffrir les moindres abus qui portent au crime de cette qualité, & combien il est difficile de les déraciner, lorsque, par la dissimulation ou par le nombre des coupables, ils sont devenus crimes publics; ne voulant d'ailleurs rien omettre de ce qui peut être de la plus grande gloire de Dieu & de la sûreté de nos sujets, nous avons jugé nécessaire de renouveller les anciennes ordonnances, & de prendre encore, en y ajoutant de nouvelles précautions, tant à l'égard de tous ceux qui usent de maléfices & de poison, que de ceux qui, sous la vaine profession de devins, magiciens, sorciers ou autres noms semblables, condamnés par les loix divines & humaines, infectent & corrompent l'esprit des peuples par leurs discours & pratiques, & par la profanation de ce que la religion a de plus saint.

En conséquence il est ordonné, par l'article premier de cette loi, que toutes personnes se mêlant de deviner, & se disant devins ou devineresses, aient à vuider incessamment le royaume, à peine de punition corporelle.

L'article 2 défend toutes pratiques superstitieuses de fait, par écrit ou par parole, soit en abusant des termes de l'écriture sainte ou des prières de l'église, soit en disant ou en faisant des choses qui n'ont aucun rapport aux causes naturelles; & veut que ceux qui se trouveront les avoir enseignées, ensemble ceux qui les auront mises en usage, & qui s'en seront servis pour quelque fin que ce puisse être, soient punis exemplairement & suivant l'exigence des cas.

L'article 3 veut que s'il se trouve à l'avenir des personnes assez méchantes pour ajouter la superstition & le sacrilège à l'impiété, sous prétexte d'opération de prétendue magie, ou autre prétexte de pareille qualité, celles qui s'en trouveront convaincues soient punies de mort.

SORTIR *en terme de Pratique*, signifie *avoir*, *tenir* ou *produire*, comme quand on dit qu'un jugement *sortira* effet, c'est-à-dire, aura son exécution.

Dans les contrats de mariage, où l'on fait des stipulations de propres, après avoir fixé la mise en communauté, on dit que le surplus *sortira* nature de propres, c'est-à-dire, tiendra nature de propres. *Voyez* PROPRE. (*A*)

SOSMES, *ou* SOSMIS. (*Droit féodal.*) Les fors de Béarn, *rubrique 1, art. 20 & 21*, & *rubrique 52*, emploient ce mot, pour désigner les sujets d'un seigneur, littéralement ceux qui lui sont *soumis*. (*G. D. C.*)

SOTIGES. (*Droit féodal.*) Ce mot se trouve dans des lettres de Thibault, comte de Champagne, de l'an 1264, qui sont rapportées au tome 5 des ordonnances du Louvre, *page 390*. Il y est dit : « toutes les bourgoisies & les *sotiges* de cette ville, » & les yssuës desdites choses ».

Dom Carpentier, au mot *Sonneia* de son *Glossarium novum*, soupçonne qu'il faut lire dans ce passage *soignies* au lieu de *sotiges*, ou du moins entendre par ce dernier mot la même chose, c'est-à-dire, le droit de procuration. (*G. D. C.*)

SOUBHOSTE. *Voyez* SOUS-HÔTE.

SOUBSAIDE. *Voyez* SOUS-AIDE.

SOUBSDIC. *Voyez* SOUDIC.

SOUBSESTABLIS. Beaumanoir, dans ses coutumes de Beauvoisis, *chap. 4, page 32*, se sert de ce mot pour désigner des subrogés de fondés de procuration, littéralement des subdélégués. « Quand » il est contenu, dit-il, en la procuration que le » procureur puist fere autres procureurs, fere le » puet & chaus appelle-l'en *soubsestablis* ». (*G. D. C.*)

SOUBSFIÉVER. *Voyez* SOUSFIÉVER.

SOUBSJOUVEIGNEURIE. *Voyez* SURJOUVEIGNEURIE.

SOUCHE, f. f. pris dans le sens littéral, signifie le *tronc d'un arbre*; on emploie ce terme dans un sens figuré en matière de généalogies & de propres, pour désigner celui qui est l'auteur commun de plusieurs personnes : on le compare à la *souche* ou tronc d'un arbre, dont ces autres personnes sont les branches : on appelle donc *souche* ou tige commune celui duquel sont issues d'autres personnes.

Les immeubles qui n'ont pas encore été transmis par succession, ne forment que des acquêts, quand ils ont passé du père au fils, ou d'un collatéral à un autre par voie de succession, on dit qu'ils ont fait *souche*, parce que le défunt est regardé comme la *souche* d'où procède l'héritage qui devient propre. *Voyez* PROPRE & COUTUME SOUCHÈRE.

Succéder par *souches*, *in stirpes*, c'est lorsque plusieurs personnes viennent par représentation d'un défunt, & ne prennent tous ensemble que ce qu'il auroit pris, au lieu que ceux qui succèdent par tête, prennent chacun *jure suo* leur portion virile. *Voyez* REPRÉSENTATION, SUCCESSION, PARTAGE.

SOUCHÈRE, adj. se dit d'une coutume où, pour succéder aux propres, & pour être admis au retrait lignager, il faut être descendu de celui

qui

qui a mis l'héritage dans la famille. *Voyez* COUTUME SOUCHÈRE, & *les mots* COTÉ, LIGNE, PROPRE, RETRAIT LIGNAGER, SOUCHE. (*A*)

SOUCHETAGE, s. m. (*Eaux & Forêts.*) se dit de la descente que font les officiers des eaux & forêts, pour rechercher & reconnoître les souches des bois coupés.

Les adjudicataires étant déclarés par la loi responsables des délits qui se trouvent commis aux environs de leurs ventes, il étoit juste qu'il leur fût permis de faire procéder à la reconnoissance des délits antérieurs à leur exploitation : en conséquence, l'article 50 du titre 15 de l'ordonnance du mois d'août 1669 porte : » qu'avant de faire exploiter les ventes, les marchands pourront faire procéder au *souchetage* pardevant le maître particulier, en présence du garde-marteau & du sergent à garde, par deux experts, desquels l'un sera nommé par notre procureur de la maîtrise, & l'autre de leur part, dont il sera dressé procès-verbal, sans frais ni droits, à peine de concussion, à la réserve des journées des soucheteurs, qui seront taxées par le maître, & payées par le collecteur des amendes, dans lequel procès-verbal seront employées le nombre des souches qui auront été trouvées, leur qualité & grosseur, & demeurera au greffe de la maîtrise, pour y avoir recours & s'en servir lors du récolement ».

Après l'exploitation de la vente, on doit, suivant l'article 3 du titre 16, procéder à un nouveau *souchetage* : pour cet effet, le procureur du roi & l'adjudicataire doivent nommer chacun un soucheteur; & si le marchand refuse d'en nommer un, celui que le procureur du roi a nommé doit procéder seul au nouveau *souchetage*, & son rapport doit être réputé contradictoire.

L'article 4 veut que le *souchetage* se fasse aux environs, & dans les réponses des ventes, en présence des marchands, s'ils y veulent assister, du procureur du roi, du garde-marteau & du sergent à garde, qui doivent dresser leurs procès-verbaux, contenant les détails des souches trouvées, & les délits commis pendant l'exploitation, arbre par arbre, avec mention de leur qualité, nature, essence, âge & grosseur, & fait défenses au soucheteur d'en omettre aucun, à peine de restitution du quadruple de ceux qu'il n'auroit pas rapportés.

Suivant l'article 5, les procès-verbaux du second *souchetage* doivent être répétés & confrontés sur ceux du premier, & la différence marquée par le menu & en détail; à l'effet de quoi doivent être représentés tous les procès-verbaux de décharge faits pour les marchands & leurs facteurs, afin de remarquer les délits dont ils n'ont pas été valablement déchargés.

SOUDAN. *Voyez* SOUDIC.

SOUDÉE, *ou* SOULDÉE, s. f. terme usité anciennement pour dire *la valeur d'un sou*, comme on peut voir dans les statuts donnés par S. Louis aux boulangers, dans lesquels sont détaillés les jours de fêtes auxquels il ne leur est pas permis de cuire du pain; la contravention à ce réglement étoit punie par une amende de six deniers, & la confiscation de deux *soudées* de pain pour chaque fournée, c'est-à-dire autant de pain qu'il s'en donnoit alors pour la valeur de deux sous. *Voyez le traité de la police, tome 1, liv. 2, tit. 8, chap. 5.* (*A*)

SOUDICH. *Voyez* SOUDIC.

SOUDIC, *ou* SOUDICT, (*Droit féodal.*) c'est le titre du possesseur d'une espèce de fief de dignité, dont il est parlé dans l'article 75 de la coutume de Bordeaux.

Ragueau, qui n'explique point ce terme, écrit *soudic* dans le glossaire du droit françois, d'après Froissart qui parle du *soudic* de l'Estrade dans son histoire, *liv. 4, chap. 18.* On lit *cendict* dans un manuscrit en vélin de la coutume de Bordeaux, cité par MM. de la Mothe dans leur commentaire. Suivant ces auteurs, la dignité de *soudict* « est la » même que celle de *soudan*. Les anciennes » chartres ne font mention que de deux; le *soudict* » de l'Estrade & le *soudict* de Latrau; les derniers » seigneurs de Mont-ferrant portoient encore le » nom de *soudans* de Latrau ». (*Voyez* Ferron, *pag. 225*; Autom. *n. 12*; Villaret, histoire de France, *tom. 10, pag. 407.*)

Du Cange & dom Carpentier, au mot *Syndicus*, indiquent ou rapportent une multitude d'extraits de titres, ou d'historiens relatifs aux *soudics*, ou soudans de ces deux terres.

Mais ils ne nous apprennent pas quelles doivent être les prérogatives d'un *soudic*; la coutume & ses commentateurs ne le disent pas non plus : on voit seulement que l'article 75, qui parle aussi des comtes, captaux, vicomtes & barons, sans rien dire des châtelains, place les *soudicts* après tous les autres. Du Cange pense que les *soudicts* étoient originairement de véritables syndics, qui ont usurpé les seigneuries de l'Estrade & de Latrau, dont ils avoient simplement l'administration, comme les ducs & les comtes ont rendu héréditaires celles des provinces & des villes. Mais Ragueau a proscrit d'avance cette prétendue analogie entre nos syndics de village & les *soudics*. Cette singularité même qu'il n'en existe que dans deux endroits, suffit pour la faire rejetter. (*G. D. C.*)

SOUDURE. (*Droit romain*) La *soudure* fait dans le droit romain un objet de question qui a partagé tous les jurisconsultes; parce que comme ils ont cru qu'on ne pouvoit pas séparer les métaux, par exemple, l'or du cuivre, ou que la *soudure* produisoit un vrai mélange des deux matières soudées ensemble, ils ont établi, que des deux choses jointes ensemble, la moindre étoit acquise au maître de la plus grande.

Quelques-uns d'eux ont distingué deux sortes de *soudure*, l'une qui se fait avec une matière de même genre que les deux corps soudés ensemble; l'autre qui se fait avec une matière de différente nature. Ils appellent la première *ferruminatio*, &

l'autre *plumbatura*. Suivant l'idée de ces jurisconsultes, la première sorte de *soudure* confond les deux corps soudés ensemble, de manière que le tout demeure par droit d'accession au propriétaire de la plus grosse, ou de la plus considérable partie, quand même elle viendroit ensuite à être séparée de la moindre ; comme si un bras soudé à une statue d'or, se détachoit. Que si les deux parties étoient égales, ensorte que l'une ne pût être regardée comme une accessoire de l'autre ; alors, disent-ils, aucun des deux propriétaires ne pourroit s'approprier le tout, & chacun demeureroit maître de sa portion.

D'un autre côté, quand deux pièces d'argent, par exemple, sont soudées avec du plomb, ou que l'on soude ensemble deux pièces de différent métal, ce qu'on appelloit *plumbatura;* ces mêmes jurisconsultes vouloient qu'en ce cas, il n'y eût point de mêlange, & qu'ainsi les deux corps soudés demeurassent chacun à leur maître, soit que l'un se trouve plus ou moins considérable que l'autre.

Mais on ne voit aucun fondement solide de cette différence; car deux pièces d'argent soudées ensemble avec de l'argent, demeurent aussi distinctes l'une de l'autre, que si elles étoient soudées avec du plomb, ou si une pièce de fer étoit soudée avec une pièce d'argent.

Après tout, il ne faut pas s'étonner que les décisions des jurisconsultes romains soient si peu nettes sur cette matière. En effet, ce n'est point par des idées physiques ou métaphysiques, ni même par la destination, l'usage, ou le prix des choses mêlées ensemble, qu'on doit décider les questions sur l'accessoire. *Voyez* ACCESSION, ACCESSOIRE (*D. J.*)

SOUFFERTE, *ou* SUFFERTE. (*Droit féodal.*) C'est une espèce d'indemnité, ou de second lods ajouté au premier, qu'on doit au seigneur lorsqu'il *souffre* qu'un homme franc achète un héritage taillable ou tout au contraire que l'homme taillable acquierre un héritage franc.

Ce droit est connu dans la Savoie & les pays voisins. Gaspard Bailly lui a consacré le *chap.* 4 de son traité *des laods*. La *sufferte* est due, dit-il, toutes les fois que le fonds n'est pas de la condition de l'acheteur, & ce outre les laods, tellement qu'il faut payer double laods en ce cas.

« Il faut remarquer en premier lieu, ajoute » Bailly, que la *sufferte* ne se doit payer qu'une » fois, & ce par le premier acheteur, achetant un » fonds qui n'est de la condition.

» En second lieu, que le fonds taillable ne » perd la taillabilité imposée, encore qu'il soit » possédé par un homme franc qui en ait payé » la *sufferte*, & retient sa condition.

» Le mot de *Sufferte* est un mot barbare, duquel il n'est parlé dans le droit; mais il est seulement en usage parmi nous dans les reconnoissances ».

Revel, dans ses usages de Bresse; le président Bouhier, en traitant *des main-mortes* de Bourgogne ; Davot dans le même traité, & dans celui *des seigneuries* à l'usage de Bourgogne, & Guyot qui a aussi parlé de ce droit d'après Bailly, dans sa dissertation sur le quint & les lods & ventes, disent *soufferte*. Mais Bailly a dit *sufferte*, du moins dans l'édition d'Annecy que j'ai sous les yeux.

Suivant les auteurs qui ont parlé des usages de Bresse, la *soufferte* est une indemnité de l'échute, qui n'a lieu que par convention entre le seigneur & le possesseur de fonds taillables. Elle se règle communément au sixième. Les fonds n'en sont pas affranchis à perpétuité, mais pour le temps qu'ils seront entre les mains du possesseur actuel & de sa famille ; ensorte que si on les vend à un étranger, cette mutation fera revivre la taillabilité. (*G. D. C.*)

SOUFFRANCE. (*Droit féodal.*) On entend par-là un délai que la loi, ou le seigneur accorde au vassal pour la prestation des devoirs dont il est tenu, & sur-tout pour celle de la foi & hommage.

Cette définition annonce que la *souffrance* n'a lieu que pour les fiefs & non pas pour les rotures. La coutume de Normandie, où les rotures ont beaucoup de rapport avec les fiefs, où les fiefs même peuvent devenir rotures par les partages, forme une exception à cette règle. L'article 198 porte « que le seigneur féodal doit aussi donner » *souffrance* au tuteur pour les terres-roturières » appartenantes aux mineurs, jusqu'à ce qu'ils, » ou l'un d'eux, soit en âge pour présenter aveu, » en baillant par le tuteur déclaration desdits hé» ritages & charges d'iceux, avec les noms & » âges des mineurs, & payant les rentes ».

Cette partie de droit féodal est très-importante à cause du droit de saisie que la plupart des coutumes accordent au seigneur, lorsque le vassal néglige de remplir ses obligations. Voici l'ordre dans lequel on va la traiter.

1°. Des diverses sortes de *souffrance*.

2°. Des *souffrances* légales.

3°. Des *souffrances* conventionnelles-légales.

4°. Des personnes qui peuvent demander la *souffrance*.

5°. Des personnes auxquelles la *souffrance* peut être demandée & qui peuvent l'accorder.

6°. Comment la *souffrance* doit être demandée?

7°. Des effets de la *souffrance*.

8°. De la fin de la *souffrance*.

§. I. *Des diverses espèces de souffrance*. Le plus grand nombre des auteurs d'après Dumoulin, sur l'article 27 de l'ancienne coutume de Paris, distinguent deux espèces de *souffrances;* la *souffrance* légale, qui n'est rien autre chose que le délai accordé de plein droit au vassal, sans qu'il ait besoin de la demander, & la *souffrance* conventionnelle, qui n'a lieu que lorsqu'elle est demandée. Ils subdivisent cette *souffrance* conventionnelle en deux espèces ; la *souffrance* nécessaire que le seigneur ne peut pas refuser, quand on la lui demande, par exemple, en cas de minorité ; & la *souffrance* volontaire que le seigneur accorde par faveur à son vassal sans qu'il y soit obligé.

Le même Dumoulin sur l'article 41 donne aussi le nom *souffrance* légale à la *souffrance* nécessaire, & c'est même la seule *souffrance* légale, suivant quelques auteurs. D'autres ont encore fait d'autres distinctions.

Si l'on veut se former des idées bien nettes à cet égard, il faut nécessairement distinguer trois espèces de *souffrance* : 1°. celles qui ont lieu de plein droit, & qui consistent dans les délais que les coutumes accordent au nouveau vassal pour rendre son hommage. 2°. Les *souffrances* conventionnelles-légales, dont le vassal ne jouit pas sans les demander, mais que le seigneur n'a pas le droit de lui refuser, telles que celles qui ont lieu en minorité. 3°. Enfin, les *souffrances* purement conventionnelles que le seigneur accorde de son plein gré pour favoriser son vassal.

On ne dira rien de particulier sur cette dernière espèce de *souffrance* : elle est réglée par la convention seule qui en contient la concession ; mais on va donner quelques détails sur les deux premières espèces de *souffrance* dans les deux paragraphes suivans. C'est sur-tout de la *souffrance* conventionnelle-légale qu'on entend parler, quand on nomme la *souffrance* sans autre spécification.

On pourroit ajouter à toutes ces espèces de *souffrance* la *souffrance* tacite, qui a lieu quand le seigneur ne fait point usage de ses droits, suivant cette maxime : *tant que le seigneur dort le vassal veille.* Mais comme ce n'est là qu'une simple tolérance, dont le seigneur peut se départir quand il juge à propos, & qui n'assure aucun délai au vassal, on renverra sur cet objet à ce qui en est dit au mot VASSAL.

§. II. *Des souffrances légales.* La *souffrance* légale peut avoir lieu dans plusieurs cas. Pour ne rien confondre à cet égard, il faut en distinguer quatre principaux : la mutation de vassal causée par mort ; la même mutation causée par aliénation ; la mutation du seigneur, & le concours de la mutation du seigneur & du vassal.

PREMIER CAS. *Mutation par mort du vassal.* Cette *souffrance* est fondée sur l'article 7 de la coutume de Paris, qui forme le droit commun. « Le seigneur » féodal, y est-il dit, ne peut saisir le fief mouvant » de lui & l'exploiter en pure perte, jusques à » quarante jours après le trépas du vassal ».

Ce délai se trouve jusques dans le style du parlement, par du Breuil, *part. 1, tit. 28,* §. 7. Dumoulin dit qu'on l'a donné à l'héritier, parce que c'est le délai ordinaire qui lui est laissé pour délibérer s'il doit accepter la succession ou y renoncer. Brodeau ajoute que c'est aussi le temps ordinaire qui est accordé au seigneur & au vassal pour l'exercice de leurs droits respectifs. (*Commentaire sur l'art. 7, n. 11.*)

On a douté si, depuis que les délais de trois mois pour faire inventaire, & de quarante jours pour délibérer, ont été autorisés par l'ordonnance, l'héritier n'en doit pas jouir pour la prestation de l'hommage. Mais ceux même qui ont élevé cette question, tels qu'Auzanet, paroissent plutôt desirer que la jurisprudence proroge jusques-là la *souffrance* de droit, qu'ils ne décident que cette prorogation a lieu. Pothier propose un tempérament qui paroît tout à la fois bien sage & bien juridique. Il veut que la *souffrance* légale ne puisse durer que les quarante jours réglés par la coutume, mais que le vassal puisse en demander la prorogation, & que le seigneur ne puisse pas la refuser, tant que durent les délais de l'ordonnance. (*Traité des fiefs, part. 1, chap. 1,* §. 7.)

Le même auteur, d'après Dumoulin, Chassaneuz, Duplessis, le Maître, & d'autres commentateurs de la coutume de Paris, décident néanmoins que si le décès du vassal n'avoit pas pu être connu de ses héritiers, par exemple, s'il étoit décédé dans un pays éloigné de leur demeure, la *souffrance* légale doit être censée prorogée jusqu'à ce qu'ils aient pu être instruits du décès ; ensorte que si le seigneur, mieux informé qu'eux, avoit fait une saisie après l'expiration des quarante jours, il seroit tenu de restituer les fruits qu'il auroit perçus jusqu'au temps où les héritiers présomptifs auroient pu avoir connoissance du décès.

Lorsqu'il y avoit lieu à la saisie féodale, avant le décès du vassal, pour des mutations antérieures, l'héritier du dernier mort, doit-il jouir du délai de quarante jours pour faire la foi & hommage si la saisie n'a point été faite avant le décès ? Dumoulin sur le §. *4. n. 21*, & le §. *7. n. 38* de la coutume de Paris, décide que non.

Le Maître & Bourjon sont du même avis. Dumoulin & le Maître ajoutent même que lorsque l'héritier du vassal décède dans les quarante jours, l'héritier de cet héritier n'aura d'autre délai pour porter la foi, que le nombre de jours qui restoient à son auteur pour s'acquitter de ce devoir. Les raisons qu'en donne ce jurisconsulte, sont que le droit de la saisie féodale ne naît pas de la demeure du vassal, mais bien de la vacance du fief servant ; que ce droit affectant la chose & non la personne, on doit uniquement considérer le temps depuis lequel le fief est ouvert, depuis quand il y a faute d'homme, & non pas depuis quand le propriétaire actuel du fief y a succédé ; enfin, que lorsque la coutume dit que le seigneur peut saisir quarante jours après le trépas du vassal, cela doit s'entendre après le trépas de celui qui est en foi, celui qui n'y est pas n'étant pas proprement vassal.

Ces raisons, quoique fondées sur l'ancienne rigueur du droit féodal, ne peuvent plus être admises aujourd'hui puisqu'elles tendroient à prouver que le seigneur peut, dans tous les cas, user de la saisie féodale incontinent après le décès du vassal, sans attendre le délai accordé par nos coutumes. Ce délai modifie nécessairement le droit de saisie féodale qui appartient au seigneur ; & comme il a été introduit en faveur de l'héritier du vassal, c'est la personne du vassal, & non pas la vacance du fief, qu'il faut considérer, lorsqu'il est question de fixer les cas où le délai doit avoir lieu.

C'est ce que Pothier a aussi enseigné : le délai accordé par la coutume, est, dit-il, un délai personnel au vassal, fondé sur l'humanité que le seigneur doit avoir pour lui ; chaque nouveau vassal doit donc en jouir. C'est mal-à-propos que Dumoulin dit que ces termes des coutumes, *quarante jours après le trépas du vassal*, doivent s'entendre du trépas de celui qui a été reçu en foi, celui qui n'y a pas été reçu n'étant pas vassal. Il paroît au contraire que les coutumes donnent ce nom de vassal au propriétaire du fief servant, quoiqu'il n'ait pas porté la foi, comme lorsqu'elles disent que le seigneur qui a saisi ne peut déloger son vassal.

Pothier observe néanmoins qu'il en seroit autrement, si le seigneur avoit usé de son droit & saisi féodalement après l'expiration du délai ; l'héritier de cet héritier qui trouveroit le fief en la main du seigneur, n'auroit, dit-il, aucun nouveau délai ; car la coutume s'est contentée de défendre au seigneur de saisir féodalement dans les quarante jours après le trépas du vassal. Il ne peut pas le déposséder par une saisie, pendant le délai qui lui est accordé ; mais lorsque c'est le seigneur qui se trouve lui-même en possession, il ne peut être dépossédé & obligé de donner main-levée de sa saisie, que par des offres.

Dumoulin avoit enseigné sur le §. 25 de l'ancienne coutume de Paris, que la veuve devoit avoir le même délai que l'héritier pour porter la foi & hommage. Brodeau en dit autant sur l'art. 7, *n. 10*, mais Ferrière observe que cela ne peut plus avoir lieu depuis la réformation de la coutume qui dispense la femme de la foi & hommage, comme du relief, pour les fiefs de la communauté qui tombent dans son lot.

Cette décision peut néanmoins être utile dans quelques coutumes, & même dans celle de Paris, en certains cas, lors, par exemple, que le mari n'avoit pas rendu l'hommage des fiefs qui sont depuis échus à sa veuve.

Au reste, il y a des coutumes où le seigneur, incontinent après le trépas de son vassal, peut faire saisir le fief tenu de lui ; « mais si, dans les quarante jours après icelui trépas, l'héritier fait ses » offres & se met en devoir, ledit seigneur ne fait » les fruits siens échus depuis ledit trépas, ains en » doit avoir ledit héritier main-levée, sans qu'il » soit tenu des frais, ne des dépens de la saisie ».

Tels sont les termes de *l'art. 105* de la coutume de Reims. Il y en a quelques autres de conformes.

Dans ces coutumes, la saisie reste comme en suspens durant les quarante jours ; elle ne produit aucun effet si le vassal porte la foi dans cet intervalle ; mais s'il manque à cette obligation, elle donne le gain des fruits au seigneur, à compter du jour même où elle a été faite.

L'article 368 de la coutume de Bourbonnois est plus favorable au vassal ; il permet au seigneur de saisir le fief quarante jours après le décès du vassal, mais il ne lui accorde les fruits que quarante autres jours après la saisie.

On doit ajouter que d'autres coutumes prolongent le délai de la *souffrance* légale au-delà des quarante jours. Il seroit inutile de détailler ici leurs variétés à cet égard.

SECOND CAS, *Mutation du vassal par aliénation.* La coutume de Paris & la plupart de celles de France n'accordent aucune *souffrance* aux tiers acquéreurs. Dumoulin a conclu delà qu'on ne pouvoit pas leur appliquer la disposition de *l'art. 7* de la coutume qui ne parle que de l'héritier du défunt. On peut voir dans son commentaire avec combien de force il présente les raisons sur lesquelles il fonde une opinion, qui paroît si naturelle & si conforme aux principes. Elle a été embrassée par quelques coutumes, telles que Chaumont, *art. 18* ; Montargis, *art. 93*, & Orléans, *art. 43*. Cette dernière coutume porte : « que quand le seigneur » quarante de fief, n'a point d'homme, parce » que son vassal a vendu, transporté ou autrement » aliéné son héritage tenu en fief, ledit seigneur » peut *incontinent* saisir ledit héritage & l'exploiter, » & fait les fruits siens, *&c.*

Cependant l'opinion contraire a prévalu universellement aujourd'hui. Il paroît même qu'on le pratiquoit ainsi dans l'étendue de la coutume de Paris, long-temps avant qu'elle eût été rédigée par écrit. L'article 134 des coutumes notoires du Châtelet le décide de cette manière ; & on retrouve la même règle dans l'article 193 des décisions de Jean Desmares.

Tronçon, sur l'article 7 de la coutume de Paris, cite un arrêt du 25 janvier 1617, qui l'a ainsi jugé dans la coutume de Meaux, quoiqu'elle n'accorde le délai de quarante jours qu'à l'héritier du vassal, & que, dans ce cas-là même, l'article 128 se contente de dire que si le seigneur saisit avant ce terme, *il ne fait les fruits siens, & sera reçu l'héritier dans lesdits quarante jours, en faisant & payant ses droits & devoirs, &c.*

Gilles Bry, sur la coutume du Perche, *art. 34*, rapporte un arrêt rendu, *lui plaidant*, dans la coutume de Montfort, qui a déclaré nulle une saisie féodale faite vingt-six jours après l'adjudication de la terre & seigneurie du Perray.

Brodeau, Auzanet, Ferrière, & la plupart des commentateurs de la coutume de Paris citent les mêmes arrêts, ou suivent l'opinion qu'ils ont autorisée. Elle a aussi été adoptée par quelques coutumes, telles qu'Anjou, *art. 102* ; Maine, *art. 115*, & Melun, *art. 22*, qui accordent à l'acquéreur le même délai qu'à l'héritier. La décision de cette dernière coutume est d'autant plus remarquable, qu'elle permet au seigneur, dans l'article 78, de faire saisir le fief mouvant de lui, *si-tôt que le vassal est mort*, en conservant seulement les fruits à l'héritier, s'il fait la foi & hommage dans les quarante jours.

Le Grand, sur la coutume de Troyes, dont l'article 28 permet aussi au seigneur de saisir incontinent après l'acquisition, observe que cette coutume doit être restreinte dans son territoire, & que les seigneurs féodaux en usent plus civilement & ne procèdent à la saisie qu'après les quarante jours.

Ce dernier auteur observe encore, d'après Dumoulin & d'Argentré, que dans ces coutumes même il n'est pas tellement permis au seigneur de se prévaloir de leur rigueur, qu'on ne laisse au vassal le temps nécessaire pour aller au lieu où le fief dominant est situé, parce que le contrat de fief impose au seigneur des égards & des devoirs de bienveillance envers le vassal, & que les obligations de faire quelque chose en certain lieu, renferment implicitement le temps nécessaire pour y aller. *Hoc tempus vi ipsâ inest obligationi* (*L. 41*, §. *1*, *ff. de V. O.*)

Pothier ajoute, dans son traité des fiefs, *chap. 1*, §. *7*, que ce temps nécessaire pour se rendre au fief dominant n'est pas celui dans lequel on pourroit y aller, en faisant une diligence extraordinaire, par exemple, en courant la poste. C'est aussi la décision de la *loi 137*, §. *2*, *ff. de V. O.* D'autres loix romaines estimoient le temps nécessaire pour aller quelque part, à raison de vingt milles par jour. Nos ordonnances sur les délais des assignations, & nos réglemens sur les taxes de voyages, suivent à-peu-près la même règle.

TROISIÈME CAS. *Mutation du seigneur.* Il n'y a point de différence à cet égard, entre la mutation par mort, ou par aliénation. Mais la *souffrance* que le vassal a dans ce cas, est très-différente de celle qu'il a dans les deux précédens. « La règle générale est tracée dans l'art. 65 de la coutume de Paris. Quand « un fief, y est-il dit, vient de nouvel par succession, » acquisition ou autrement, à aucune personne, le » nouveau seigneur ne peut empêcher ni mettre » en sa main les fiefs qui sont tenus de lui, jusqu'à » ce qu'il ait fait faire les proclamations & significations que ses vassaux lui viennent faire la » foi & hommage dedans quarante jours; & ce » fait, lesdits quarante jours passés, si lesdits vassaux ne se présentent, il peut saisir & exploiter les fiefs tenus & mouvans de lui, & » faire les fruits siens, pourvu toutefois que ladite proclamation & signification ait été faite; » c'est à savoir, quant aux fiefs étant ès duchés, » comtés, baronnies & châtellenies dont ils sont » mouvans par proclamation, à son de trompe & » cri public, par trois jours de dimanche ou de » marché, si marché y a; & quant aux fiefs » étant hors desdits duchés, comtés, baronnies & » châtellenies dont ils sont mouvans par signification faite au vassal, à sa personne ou au lieu du » fief, s'il y a manoir, ou au procureur dudit vassal, si aucun y a, sinon au prône de l'église » paroissiale dudit lieu, en jour de dimanche ou » autre jour solemnel ».

La coutume d'Orléans & quelques autres permettent dans ce cas, au nouveau seigneur de faire une saisie féodale du fief de son vassal, au lieu de sommation, mais à la charge que cette saisie n'aura l'effet que d'une sommation pendant les quarante jours qu'elles accordent au vassal, pour porter la foi.

Dans ces dernières coutumes, si le seigneur a une fois saisi, la saisie profitera à son successeur, quand bien même le seigneur qui a saisi seroit mort avant les quarante jours. On objecteroit vainement que, suivant la coutume, la saisie ne vaut que sommation pendant ces quarante jours. Car c'est seulement quant aux effets, qu'elle ne vaut que sommation, en ce qu'elle ne fait point gagner les fruits au seigneur, qui est obligé de les rendre au vassal lorsqu'il vient à la foi; mais elle n'en est pas moins une vraie saisie féodale, qui réunit pour un temps le fief servant au fief dominant; elle donne par conséquent la possession au seigneur, qui, l'ayant une fois acquise, la transmet à son héritier, & en cela elle est totalement différente d'une sommation.

Autre chose seroit de la sommation ou des proclamations faites dans la coutume de Paris; elles ne pourroient servir de rien à l'héritier, ou au successeur du seigneur, quelque cession qu'il pût lui faire de ses droits. L'hommage que le seigneur avoit requis par les sommations est, comme le dit Dumoulin, *aliquid personalissimum*. L'hommage qui est dû au successeur, est un hommage semblable à la vérité; mais ce n'est pas le même hommage. Il est dû à cet héritier *ex propriâ personâ*, en tant qu'il se trouve le seigneur de fief, & non pas *ex personâ defuncti*. Les sommations qui ont été faites par le défunt ne peuvent donc pas lui être utiles, ni constituer les vassaux en demeure de rendre l'hommage qu'ils doivent à cet héritier, parce qu'elles ont été faites pour un autre hommage que celui qui lui est dû.

Les sommations & les saisies qui en tiennent lieu, ont néanmoins cela de commun, qu'elles se font aux dépens du seigneur, si le vassal vient à la foi dans les quarante jours.

QUATRIÈME CAS. *Mutation du seigneur & du vassal.* Le concours de ces deux cas sembleroit devoir autoriser le seigneur à user de saisie féodale, soit incontinent après l'acquisition dans les coutumes qui le permettent, soit après les quarante jours qui suivent la mutation de vassal dans les autres coutumes. Car s'il ne peut pas user de la saisie sans sommation ou publication, pour la mutation qui procède de son chef, il peut le faire pour celle qui procède du chef de son vassal. Ce sont là deux droits distincts, & non pas opposés, qui peuvent concourir ensemble & qui ne doivent pas se détruire mutuellement. Cependant le petit nombre des coutumes qui se sont expliquées à cet égard, ne font courir le délai de quarante jours dans le concours de ces deux cas, qu'à compter du jour de la sommation ou des publications. Telles sont les coutumes de Berry, *tit. 5, art. 35*; d'Orléans, *art. 64*, & de Montargis, *tit. 1, art. 16*.

Cette dernière coutume porte, que « de quelque côté que la foi faille, *du côté du vassal* ou » des deux, le seigneur de fief ne peut exploiter » le fief de son vassal pour faute de foi non faite, » sans sommation ou empêchement dudit fief » duement signifié, qui vaut sommation ».

Il est manifeste qu'il s'est glissé une faute dans ces mots du texte, *du côté du vassal*. L'article 19 dit expressément, « que si la foi faut *du côté du* » *vassal*, en icelui cas, le seigneur du fief, quel » qu'il soit, *sans sommation*, peut saisir l'héritage » de lui tenu en fief ». On doit donc substituer ces mots *du côté du seigneur* à ceux-ci *du côté du vassal*, dans l'article 16. C'est ainsi que la Thaumassière l'a entendu. L'Hoste prétend, à la vérité, qu'on doit suivre la lettre de l'article 16, parce que ces mots *du vassal* sont dans l'original. Mais il convient lui-même qu'il y a apparence qu'ils s'y sont glissés par mégarde, au lieu des mots *du seigneur*.

§. III. *Des souffrances conventionnelles-légales*. La *souffrance* conventionnelle-légale est, comme on l'a déjà annoncé, celle qui, sans avoir lieu de plein droit, ne peut pas être refusée par le seigneur, lorsqu'elle lui est demandée. Elle est due non-seulement en cas de minorité du vassal, mais aussi en cas d'autre empêchement de sa part. On peut y ajouter celui où des créanciers, ou d'autres tiers intéressés, peuvent l'obtenir sur le refus fait par le vassal, d'offrir la foi & hommage.

PREMIER CAS. *Minorité du vassal*. Il ne s'agit pas ici de la minorité de 25 ans, qui est la minorité légale pour régler l'état ordinaire de la personne, dans presque toute la France, mais de la minorité féodale, qui cesse presque par-tout beaucoup plutôt. L'article 41 de la coutume de Paris qui forme le droit commun, à cet égard, porte » que si tous » les enfans, auxquels appartient un fief, sont » mineurs & en tutèle, le seigneur féodal est » tenu de leur bailler *souffrance*, ou à leur tuteur, » jusqu'à ce qu'ils, ou l'un d'eux, soit en âge pour » faire ladite foi & hommage, pour laquelle faire » le fils est réputé âgé de vingt ans, & la fille » à l'âge de quinze ans accomplis ».

Quoique la coutume parle ici des enfans mineurs *& en tutèle*, il ne faut pas croire qu'il n'y ait pas lieu à la *souffrance*, lorsque les mineurs sont émancipés avant l'âge requis pour la majorité féodale. Le surplus de l'article 41 l'établit, en disant que les garçons ne sont réputés âgés pour faire la foi, qu'à l'âge de vingt ans, & les filles à celui de quinze.

On doit suivre cette règle dans le cas même où l'émancipation auroit eu lieu par mariage. La coutume de Melun le dit expressément dans l'article 34, qui est ainsi conçu: « si un fils & une fille non » âgés se marient ensemble, le mariage ne leur » peut attribuer âge pour tenir leurs fiefs ».

Cet article ajoute: « toutefois il suffit que l'un » d'eux soit âgé pour tenir tous leursdits fiefs »; d'où il suit, que si le mari n'a pas la majorité féodale, & que la femme l'ait, le mari mineur peut autoriser sa femme majeure de la majorité féodale, à l'effet de porter la foi non-seulement pour les fiefs d'elle, mais aussi pour ceux du mari. On sent bien que cette disposition ne doit pas être suivie hors du ressort de la coutume de Melun. Mais dans toutes les coutumes, le mari peut faire la foi pour les biens appartenant à sa femme mineure, comme il la fait pour ceux qui appartiennent à sa femme majeure.

L'article 41 n'a prévu que le cas où *tous les enfans sont mineurs*. Lorsqu'il y a un frère majeur & des sœurs mineures, le frère peut couvrir le fief, en portant la foi pour ses sœurs, lors du moins qu'elles ne sont pas mariées, puisque l'art. 35 l'y autorise indistinctement pour ses sœurs non mariées, majeures ou non.

Bacquet, *des droits de justice, chap. 14, n. 39*; Duplessis & Auzanet, sur la coutume de Paris, pensent également que l'aîné majeur peut porter la foi pour ses frères mineurs. Les coutumes de parage & quelques autres le décident expressément, pour le cas même où les puînés sont majeurs. *Voyez* PARAGE, §. 2 & 3. Mais ces dispositions exorbitantes ne doivent pas être étendues hors du ressort de ces coutumes. C'est la décision de Brodeau & du plus grand nombre des auteurs. Il faut donc dans ce cas-là que l'aîné demande *souffrance* pour ses puînés. *Voyez la fin du* §. IV.

SECOND CAS. *Autres empêchemens du vassal*. La demande de la *souffrance* que l'on fait au nom du mineur n'est pas seulement fondée sur l'incapacité où il est de faire le service du fief, mais aussi sur celle où il se trouve de contracter des engagemens. Il résulte delà une grande différence entre l'empêchement causé par bas-âge & les autres empêchemens. Dans le premier, le mineur ne peut pas autoriser personne à contracter les obligations du vasselage en son nom. Aussi dans le petit nombre des coutumes qui chargent le tuteur ou le gardien d'offrir la foi, cet hommage est-il rendu par le tuteur ou le gardien en vertu de cette qualité seule, & pour lui personnellement, sans aucun pouvoir de la part du mineur, qui doit rendre lui-même hommage quand il a atteint la majorité féodale. Dans toutes les autres coutumes, la *souffrance* doit être demandée sans aucune alternative.

Lors au contraire que le vassal est majeur, les obstacles qui peuvent l'empêcher de rendre personnellement l'hommage, ne peuvent pas influer sur la capacité qu'il a de contracter. C'est par cette raison qu'on doit laisser dans ce cas au seigneur l'alternative d'accorder *souffrance*, ou de recevoir l'hommage offert par un fondé de procuration du vassal. L'article 67 de la coutume de Paris porte en conséquence, « que le seigneur féodal n'est tenu, *si bon » ne lui semble*, de recevoir la foi & hommage de » son vassal, s'il n'est en personne, si ledit vassal » n'a excuse suffisante, auquel cas d'excuse suffi- » sante, est tenu le recevoir par procureur, si » mieux n'aime ledit seigneur bailler *souffrance* & » attendre que l'excuse cesse ».

Il faudroit sans doute excepter de cette règle le cas où le vassal seroit en démence. Il seroit naturel alors d'autoriser son curateur à demander la *souffrance* purement & simplement, puisque l'insensé ne peut substituer personne pour faire l'hommage en son nom.

La coutume de Paris ne spécifie point quelles sont les excuses suffisantes pour dispenser le vassal de faire personnellement l'hommage. La coutume de Berry, *tit. 5, art. 19*, énonce celles *de prison, griève maladie ou autres suffisantes*. Celles de Montargis, *tit. 1, art. 79*, ajoute à ces deux causes l'*inimitié capitale*. Celles d'Anjou, *art. 224*, & du Maine, *art. 234*, disent, « si le vassal n'est furieux, insensé, ou sur- » pris de telle maladie, vieillesse ou impotence, » qu'il ne puisse aller ni venir au lieu où il doit » ledit hommage ». Celle de Blois porte, dans *l'art. 57*: « si le vassal n'est vieil, valétudinaire, ou ab- » sent, pour la cause publique ou ancien, de quoi » ne puisse convenablement aller devers son sei- » gneur, lui faire la foi & hommage ».

Tous ces obstacles doivent être reçus comme des excuses suffisantes dans les autres coutumes, & l'on y doit donner la *souffrance* généralement à tous ceux qui ne pourroient pas aller faire hommage en personne sans courir des risques, ou sans nuire à l'exercice des charges ou des emplois publics dont ils sont revêtus. M. Louet, *lettre F, sommaire 8*, cite deux arrêts dont un a été rendu *pour lui en son nom*, lesquels ont défendu à des conseillers au parlement de désemparer ladite cour, en ordonnant qu'ils seroient reçus à faire hommage par procureur, si mieux n'aimoit le seigneur leur bailler surséance jusqu'à la première commodité.

Divers auteurs citent des arrêts semblables, & il y a lieu de croire que l'absence pour des causes privées, par exemple, celle d'un commerçant pour ses affaires, suffiroit pour lui faire obtenir *souffrance*, quoique la coutume de Blois ne parle que de l'absence pour cause publique. On peut invoquer à cet égard l'édit de 1783, concernant la reddition des foi & hommages dues au roi. Il suppose que l'hommage peut être offert par procureur, en cas d'absence, sans distinction. *Voyez le* §. VI.

On est un peu plus sévère pour les inimitiés entre le seigneur & le vassal. Comme cette excuse annonce une défiance injurieuse de son honneur, des légers différends, & des contestations civiles, portés dans les tribunaux, ne seroient pas suffisans dans les cas ordinaires pour autoriser le vassal à demander *souffrance*, quoiqu'ils suffisent le plus souvent pour aliéner les esprits. Un arrêt du 24 février 1652 a condamné François de Labories à rendre hommage en personne au seigneur de Cappony, dans son château de Fougerolles, nonobstant les procès qui subsistent entre eux : « la saisie » féodale, du 16 juillet 1649, tenant sans perte » de fruits jusques après ledit temps d'un mois ex- » piré ; &, à faute de faire ladite foi & hommage » par ledit de Labories, dans ledit temps & icelui » passé, a déclaré & déclare la perte des fruits en- » courue au profit dudit de Cappony jusqu'à ce » que ledit de Labories ait satisfait ». (*Henrys*, *tom. 2, liv. 3, quest. 1.*)

Cet arrêt est d'autant plus remarquable qu'il a été rendu pour le Forez, où la saisie féodale est presque inconnue, comme dans la plupart des pays de droit écrit.

TROISIÈME CAS. *Intérêt des créanciers ou d'autres personnes.* Ce dernier cas est une faveur que l'équité a fait introduire contre la rigueur des principes. Tant que le fief appartient au vassal & qu'aucun obstacle ne l'empêche de le desservir, c'est à lui seul à rendre l'hommage au seigneur. Mais il arrivoit souvent que le seigneur s'entendoit avec le vassal, pour priver ses créanciers par une feinte saisie féodale des fruits du fief qu'ils avoient saisi réellement, & dans tous les cas, le vassal ruiné s'intéressoit peu à une saisie féodale, qui ne le dépouilloit pas plus que la saisie réelle.

Cet inconvénient portoit atteinte à la patrimonialité même des fiefs, qui donne au vassal le droit de les hypothéquer & de les engager envers ses créanciers comme de les aliéner. On n'a pas tardé de sentir la nécessité d'y porter remède. Dumoulin sur l'article 55 de l'ancienne coutume de Paris, *n. 17*, remarque un arrêt du 20 juin 1538, qui a autorisé des créanciers à établir un curateur pour porter la foi, si le vassal n'y satisfaisoit pas dans un mois. Tournet en remarque un autre du 9 août 1552; Bacquet, traité des droits de justice, *chap. 14, n. 25*, & Brodeau d'après lui, en citent plusieurs, qui ont tous été rendus dans l'ancienne coutume.

L'article 34 de la nouvelle coutume de Paris, a fait de ces décisions une règle générale. Il y est dit que le curateur ou le commissaire établi à la requête des créanciers à un fief saisi, peut faire la foi & hommage au seigneur féodal, au refus du vassal, pour obtenir main-levée de la saisie féodale.

La coutume d'Orléans, *art. 4*, autorise seulement le commissaire à demander *souffrance* au seigneur pour obtenir main-levée de la saisie féodale.

La décision de ces deux coutumes doit s'observer par-tout, parce qu'elles ont été rédigées d'après la jurisprudence qui étoit déjà établie.

Depuis l'établissement des commissaires aux saisies-réelles, ce sont eux qui font ou font faire par leurs fondés de procuration la foi & hommage pour les fiefs qui sont confiés à leur régime. Il dépend du seigneur de les recevoir en foi, ou de les refuser, en leur donnant *souffrance* pendant la saisie-réelle, conformément à l'article 4 de la coutume d'Orléans ; & c'est ce qui se pratique le plus communément.

Ces mots de l'article 34 de la coutume de Paris, *au refus du vassal*, annoncent qu'il faut constater son refus avant de le faire représenter par le commissaire aux saisies-réelles. Mais il n'est pas nécessaire d'obtenir contre lui un jugement, comme l'enseigne Auzanet. Il suffit de le constituer en demeure par une simple sommation. C'est le sentiment de Duplessis ; la coutume de Berry, *tit. 9, art. 82* & *83*, ne donne au vassal que quinze jours pour faire hommage, après la signification de la saisie féodale.

Duplessis ajoute qu'il n'est pas même besoin d'attendre, pour faire offrir l'hommage par le commissaire, qu'il y ait eu une saisie féodale de la part du seigneur. Cette décision doit être suivie, quoique l'article 34 de la coutume de Paris ne parle de l'établissement du commissaire que *pour obtenir la main-levée de la saisie féodale* ; autrement les créanciers se trouveroient exposés à perdre les fruits par une saisie féodale que le seigneur pourroit faire faire à la veille de la récolte.

Lalande, sur l'article 4 de la coutume d'Orléans, pense que la *souffrance* finit par la mort du commissaire ; Pothier est d'un avis contraire. « C'est, » dit-il, au général des créanciers, qui ne meurt » pas, que la *souffrance* est accordée, & non au » commissaire, qui ne fait qu'interposer son mi» nistère pour la demander ».

Cette décision pourroit souffrir plus de difficulté dans la coutume de Paris, où le commissaire est autorisé à faire la foi & hommage.

Lorsqu'il y a des fiefs dans une succession vacante, les créanciers peuvent faire établir un commissaire de la même manière, pour faire la foi & hommage ou obtenir *souffrance*. L'article 24 de la coutume d'Artois en a une disposition expresse.

Par la même raison, l'usufruitier, le gardien noble, la douairière & généralement tous ceux qui jouissent du fief, doivent être admis à demander la *souffrance* dans toutes les coutumes qui les autorisent à rendre hommage. Il paroît même juste de leur accorder cette faveur dans les autres coutumes sur le refus du propriétaire. Les coutumes d'Anjou, *art. 126*, & du Maine, *art. 134*, le décident expressément. On peut même invoquer dans la coutume de Paris, *l'art. 2*, qui autorise l'usufruitier à faire saisir le fief servant, en cas d'ouverture, sur le refus du propriétaire.

§. IV. *Des personnes qui peuvent demander la souffrance.* L'article 58 de la coutume de Paris autorise expressément le tuteur à demander la *souffrance* pour ses pupilles. Il autorise aussi les mineurs même à la demander, puisqu'il porte, que « si tous les enfans auxquels appartient aucun fief, » sont mineurs & en tutèle, le seigneur est tenu » de *leur* bailler *souffrance*, ou *à leur tuteur* ». La raison qu'en donnent Dumoulin, Brodeau & les autres commentateurs, c'est que, par la disposition du droit commun, le pupille peut valablement faire, sans l'autorité de son tuteur, tous les actes qui tendent à faire sa condition meilleure.

Pothier observe, au *chap. 3, §. 7*, qu'il en est autrement de la femme en puissance de mari. Lorsqu'elle n'est pas autorisée, elle est inhabile aux actes même qui auroient pour objet de rendre sa condition meilleure ; c'est pourquoi la requisition qu'elle feroit d'être reçue à *souffrance*, étant nulle par défaut d'autorisation, le seigneur ne seroit pas obligé de l'accorder. On peut ajouter que la saisie féodale n'emporte que la perte des fruits, sur lesquels la femme n'a aucuns droits durant le mariage. On sent bien néanmoins qu'il en seroit autrement s'il s'agissoit de biens paraphernaux, ou d'une femme séparée de biens.

Lorsque c'est le tuteur qui demande la *souffrance*, au nom du mineur, est-il nécessaire qu'il se présente lui-même au seigneur ou au chef-lieu dominant ? Brodeau, Tronçon, Fortin, Ricard & le Maître pensent qu'il y est obligé. La raison sur laquelle ils se fondent, est qu'un tuteur n'est qu'un procureur, & que, de droit commun, un procureur n'en peut substituer un autre ; que la foi & hommage ne peuvent se faire par procureur, & que la *souffrance*, qui en tient lieu, & qui est équipollente à foi, est sujette aux mêmes règles : ils citent un arrêt du 23 janvier 1596, qui l'a ainsi jugé.

Les autres commentateurs de la coutume se déterminent pour l'opinion contraire, qui est aussi suivie par Guyot, *chap. 6 de ses observations sur la foi & hommage* ; par Pothier & Lalande sur la coutume d'Orléans, *art. 65*. « Il y a, dit ce dernier » auteur, une raison manifeste de différence entre » la prestation de foi & la *souffrance*, d'autant que la » première requiert une soumission personnelle » & promesse d'hommage & de fidélité ; la se» conde emporte seulement un délai de faire la » foi, en attendant que les mineurs soient suffi» samment âgés ».

On peut ajouter à ces raisons, que les procureurs légaux, tels que les tuteurs, peuvent, dans une quantité de circonstances, se faire substituer par des fondés de procuration de leur part, comme on le pratique journellement. « Enfin, quand on » dit que *souffrance vaut foi*, c'est une façon de » parler figurée ; qui n'emporte pas une conven» tion entière, mais qui marque seulement l'effet » de la *souffrance*, qui a cela de commun avec la » foi & hommage, qu'elle empêche que le sei» gneur ne puisse saisir le fief servant tant qu'elle » dure ; & en cela il en est comme de ce proverbe » vulgaire : *qui a terme ne doit rien* ».

Cette dernière observation se trouve dans le compte rendu au journal du palais, d'un arrêt du 21 juin 1673, qui accorda la main-levée d'une saisie que la mère, tutrice d'un mineur, avoit fait demander par un sergent.

La coutume d'Orléans, *art. 34*, autorise même les simples parens & amis des mineurs qui n'ont pas de tuteurs, à demander *souffrance;* « & en » défaut de tuteur & curateur, y est-il dit, est » tenu ledit seigneur bailler ladite *souffrance* à l'un » des parens desdits mineurs, ou autre à ce commis » par justice, qui pour eux la demandera ».

La coutume d'Etampes dit aussi que « si lesdits » non âgés n'avoient tuteur ou gardien dans les » quarante jours, l'un de leurs parens ou autres de » ceux qui sont capables à être leurs gardiens ou » tuteurs, peuvent pour eux demander *souffrance* » au seigneur féodal, allant pour cet effet sur le » lieu dominant ».

On voit que cette coutume n'exige pas même l'autorisation par justice des parens ou amis, & l'on doit conclure de-là que la coutume d'Orléans ne l'exige pas non plus pour les parens, mais seulement pour les autres personnes qu'on choisiroit pour cet objet. Enfin les coutumes d'Anjou & du Maine, quelque sévères qu'elles soient d'ailleurs contre les mineurs, leur accordent une *souffrance* légale tant qu'ils sont dépourvus de tuteurs ou de curateurs. *Voyez* DÉPORT DE MINORITÉ.

A plus forte raison doit-on reconnoître que le frère aîné peut demander la *souffrance* pour ses frères mineurs, dans les coutumes même qui ne l'autorisent pas expressément à rendre hommage pour eux, quoique Brodeau enseigne le contraire sur l'art. 41, n. 14. Cet auteur a suivi des sentimens plus équitables, en soutenant au n. 18, que les procureurs du roi ou du seigneur sont parties capables pour demander la *souffrance* au nom des mineurs qui sont destitués de tuteur ou de curateur, parce que c'est à eux à prendre la défense des pupilles & des mineurs.

§. V. *Des personnes à qui la souffrance peut être demandée & qui peuvent l'accorder.* Il faut ici distinguer entre la *souffrance* purement conventionnelle, & la *souffrance* légale-conventionnelle. Quant à la *souffrance* légale, elle n'a pas besoin d'être demandée.

La *souffrance* conventionnelle-légale est un simple acte de forme que tous les administrateurs, & les procureurs même *omnium bonorum*, peuvent accorder.

Dumoulin décide la même chose pour les juges des seigneurs. On peut invoquer à ce sujet les coutumes d'Anjou, du Maine, de Poitou & autres qui le décident ainsi en cas d'absence du seigneur, & l'article 4 de l'édit de Cremieu, qui accorde aux baillis & sénéchaux la connoissance des lettres de *souffrance* qui sont prises par les vassaux du roi.

A plus forte raison, les tuteurs, curateurs ou gardiens nobles & bourgeois des mineurs peuvent-ils accorder les *souffrances* prononcées par les loix. Il en est de même des mineurs de vingt-cinq ans, qui ont la majorité coutumière. Mais Dumoulin limite cette dernière décision au cas où ils n'auroient point de curateur.

Il n'en est pas ainsi des *souffrances* conventionnelles. Comme elles ne peuvent pas être exigées, & qu'elles portent atteinte aux droits du seigneur, il n'y a que lui ou son fondé de procuration spéciale qui puisse les accorder, lors du moins qu'il est majeur. Celle que son juge, ou son fondé de procuration générale accorderoit, ne produiroit pas plus d'effet que le silence du seigneur. Elle ne l'empêcheroit pas d'user de la saisie féodale, avant l'expiration de la *souffrance*.

Si le vassal étoit mineur, son tuteur, ou son curateur pourroit accorder la *souffrance* durant le temps de son administration, sur-tout s'il s'agissoit d'une mutation qui n'emportât point de profit. Car aucune loi ne l'obligeant à user de la saisie féodale, il lui doit être permis de faire, par un acte exprès, ce qu'il pourroit faire par une tolérance prolongée.

C'est une question si la majorité qui autorise le seigneur à donner *souffrance*, doit s'entendre d'une majorité féodale, ou de celle de vingt-cinq ans. Plusieurs auteurs se déterminent pour cette dernière opinion.

Peut-être doit-on distinguer ici comme dans tant d'autres cas. Il paroît difficile de refuser au seigneur, qui a la majorité féodale, le droit d'accorder la *souffrance* légale-conventionnelle, & même la *souffrance* purement conventionnelle, lorsque la mutation pour laquelle on la demande n'emporte aucun profit, ou lorsque les profits qu'elle avoit produits ont été acquittés. Mais il y auroit de l'inconvénient à lui accorder ce droit s'il s'agissoit d'une mutation emportant profits, & que ces profits n'eussent pas été payés, ou offerts. La *souffrance* qu'il accorderoit dans ce cas, tendroit à le priver de la saisie féodale, qui est la contrainte la plus propre à lui en faire obtenir le paiement.

§. VI. *Comment la souffrance doit être accordée & demandée.* La requisition de la *souffrance* n'est point assujettie à des formalités particulières. Il suffit qu'il en soit dressé un acte par un officier public. Il est d'usage, & plus décent de la faire demander par des notaires. Mais l'arrêt du 23 juin 1673, rapporté au §. IV, a jugé qu'elle pouvoit se requérir par le ministère d'un huissier. Du Rousseaud de la Combe, dans son recueil de jurisprudence civile, cite un arrêt conforme, du 9 mai 1741.

Lorsque la *souffrance* se demande par un fondé de procuration, comme il est d'usage dans presque tous les autres cas que celui de la minorité, la procuration, dit Auzanet, sur l'article 67 de la coutume de Paris, doit contenir les causes de l'excuse & l'affirmation du vassal qu'elles sont véritables; mais il n'est point nécessaire d'y joindre des certificats ou actes judiciaires pour en constater la vérité.

L'édit du mois de mai 1783 portant réglement pour la reddition des foi & hommages par les vassaux du domaine, se contente d'exiger que, dans le cas où pour cause d'absence, ou de légitime empêchement, l'hommage est porté à S. M. par un fondé de procuration, la procuration soit duement légalisée & jointe à l'acte d'hommage.

Lors néanmoins que la *souffrance* est demandée pour des mineurs, l'art. 41 de la coutume de Paris, & plusieurs autres coutumes veulent qu'on déclare leur nom & leur âge à chacun. Cette formalité a pour objet d'instruire le seigneur du temps où la *souffrance* devra cesser pour chacun d'eux.

Suivant le droit commun, on n'est pas obligé d'aller demander la *souffrance* ailleurs qu'au principal manoir où se font les foi & hommages & tous les autres actes concernant le fief, ni d'aller chercher le seigneur en son domicile ordinaire, qui pourroit être très-éloigné du fief. Dans les coutumes qui obligent le vassal d'aller faire la foi & hommage dans l'étendue de la seigneurie, de la châtellenie, ou de la province, telles que sont les coutumes de Poitou, *art. 35*, & de Bordeaux, *art. 44*, il paroît assez naturel de suivre ici la même règle que pour la foi & hommage.

La plupart des auteurs enseignent que dans les coutumes même où la foi & hommage ne peut se faire régulièrement qu'au chef-lieu du fief, la *souffrance* peut être demandée, soit au domicile du seigneur, soit à sa personne où qu'on le trouve, parce que la *souffrance* est un fait plus personnel que réel. Mais comme le vrai domicile du seigneur pour les actes féodaux est le chef-lieu du fief, la requisition à ce chef-lieu est la plus régulière.

La requisition de la *souffrance*, comme les offres de foi & hommage, doit être accompagnée de l'offre des profits de fief dus au seigneur; autrement il n'est pas obligé de l'accorder. Cette *souffrance* diffère en cela de la *souffrance* de droit, qui donne au vassal un délai pour le paiement des profits aussi bien que pour la foi & hommage. Coquille, sur le *tit. 4*, *art. 64* de la coutume de Nivernois, en donne pour raison, que le paiement, à la différence de la foi & hommage, peut se faire par un tiers comme par le débiteur même. Brodeau observe aussi que le seigneur ne doit pas souffrir de préjudice dans ses droits par une circonstance qui lui est étrangère.

La coutume de Melun, *art. 35*, porte « qu'au » refus du seigneur, pourront les baillistres & » tuteurs se pourvoir pardevant le juge royal, à » ce que ledit seigneur féodal soit à ce faire con» traint ». La Thaumassière, *liv. 1* de ses décisions, *chap. 31*, dit que cette disposition doit être suivie dans la coutume de Berry, comme étant fondée en raison.

La coutume de la Rochelle, *art. 8*, a une disposition peu différente, & plusieurs auteurs ont enseigné en conséquence, que le refus de la *souffrance* étoit un cas royal. Mais aucune loi n'a étendu la disposition de ces coutumes hors de leur ressort; quoi qu'il en soit, il suffit, suivant le droit commun, de demander la *souffrance* en cas de minorité, sans qu'il soit nécessaire de l'obtenir du seigneur, ou de la faire prononcer en jugement.

§. VII. *Des effets de la souffrance.* Toutes les espèces de *souffrance* équipollent à foi tant qu'elles durent. Cette décision, consignée dans l'article 42 de la coutume de Paris, se trouve dans une quantité d'autres coutumes, & se supplée dans toutes celles qui n'en disent rien. Il suit de ce principe, comme Dumoulin l'a fort bien prouvé sur le §. 27, *n. 5*, 1°. que le seigneur ne peut saisir féodalement le fief de son vassal, tant que la *souffrance* doit durer; 2°. que cette *souffrance*, ou la demande qui en est faite dans les cas où elle ne peut être refusée, opère de plein droit la main-levée de la saisie féodale qui auroit pu avoir été faite auparavant.

Pontanus, sur l'article 64 de la coutume de Blois, observe néanmoins que le seigneur peut user de saisie féodale, nonobstant la *souffrance*, s'il est survenu de nouvelles causes de saisie féodale depuis la concession, ou la demande de la *souffrance*. Auzanet, sur l'art. 42 de la coutume de Paris, prétend au contraire que la *souffrance* vaut aussi pour les mutations futures sans qu'il soit besoin de l'accorder de nouveau.

Vaslin, sur la coutume de la Rochelle, *art. 5*, *chap. 1*, *n. 69*, dit que « cette décision est bonne en » cas de *souffrance* donnée pour cause de minorité, » parce que le seigneur étant instruit de l'âge des » mineurs, doit savoir que l'excuse dure encore; » mais que si la *souffrance* forcée ou volontaire est » pour quelque autre cause dont le seigneur puisse » ignorer la durée, il est naturel de conclure que » la *souffrance* doit être demandée de nouveau, » sans quoi le seigneur peut saisir ».

Carondas, le Grand, & Dumoulin même décident encore que la *souffrance* empêche que la prescription trentenaire ne coure contre les seigneurs pour les profits de fiefs qui étoient échus lorsqu'elle a été accordée; mais comme le seigneur peut du moins poursuivre par action, durant la *souffrance*, le paiement de ce qui lui est dû, rien ne paroît devoir empêcher le cours de la prescription trentenaire contre le seigneur.

Dumoulin, §. *27*, *n. 9*; Brodeau, sur l'article 42 de la coutume de Paris; le Grand, sur l'article 27 de celle de Troies, *n. 8* & *9*; M. le Maître, en son traité des régales, *chap. 8*; M. Servin, *tom. 1*, *plaid. 4*; & Meslé, au *chap. 15* du traité des minorités, *n. 37*, attestent unanimement que la *souffrance* ne ferme point la régale. M. le Maître cite deux arrêts du 24 juillet 1406 & du 20 juillet 1430, qui l'ont ainsi jugé. On trouve un arrêt conforme du 1er juillet 1628 au tome 4 du journal des audiences.

Meslé, traité des minorités, *chap. 15*, *n. 38*; Auzanet, sur la coutume de Paris, & Vaslin sur celle de la Rochelle, *art. 5*, *chap. 1*, *n. 69*, disent que la *souffrance* vaut non-seulement pour tous les fiefs qui appartiennent aux mineurs dans le temps qu'elle est accordée, mais aussi pour tous ceux qui peuvent leur écheoir dans la suite.

Il est évident que cela ne peut s'appliquer qu'aux

fiefs qui sont mouvans du même seigneur. Mais dans ce cas-là même la décision peut souffrir de la difficulté. Pothier doute même si la *souffrance* accordée à plusieurs frères mineurs qui possèdent un fief par indivis, s'étend aux portions auxquelles ils se succèdent les uns aux autres. « La *souffrance* qui » est accordée à tous ces frères, dit-il, est une » *souffrance* qui est accordée à chacun d'eux en » particulier, qui est personnelle à chacun d'eux; » d'où il suit qu'elle ne peut comprendre que ce » que chacun avoit lorsqu'elle a été demandée, » & non pas ce qui lui est échu par la succession » des autres ». Mais comme la foi est indivisible, il ne paroît pas nécessaire de la réitérer, lorsqu'on possède une plus grande partie du fief pour lequel on l'a rendue; & puisque la *souffrance* tient lieu de foi, il semble qu'elle doit suivre la même règle.

§. VIII. *De la fin de la souffrance.* La *souffrance* qui a été accordée pour un certain temps, finit par l'expiration de ce temps. Lorsqu'elle a été accordée pour quelque empêchement passager, sans préfixion de temps, elle finit par la cessation de cet empêchement. Si elle a été accordée à des créanciers pour un fief saisi réellement, elle finit par l'adjudication définitive qui en est faite par décret. Pothier observe néanmoins dans son traité des fiefs, *chap. 1*, §. *7*, « que lorsque le seigneur » s'est fait nommer un homme vivant & mourant, » la *souffrance* qu'il a accordée expire par la mort » de cet homme, qui tient lieu d'un homme de » fief, & qu'il peut saisir jusqu'à ce qu'on lui en » présente un autre, avec l'offre du profit dû pour » la mutation; mais que s'il a négligé d'en faire » nommer un, la *souffrance* n'expirera point par la » mort du curateur ».

La *souffrance* accordée à des mineurs, finit de plein droit à leur majorité féodale. Lorsqu'elle est accordée à plusieurs mineurs, elle expire pour la portion que chacun a dans le fief, à mesure qu'ils atteignent cette majorité. Le seigneur, dans ce dernier cas, n'a donc droit de saisir que la portion de celui ou de ceux qui sont devenus majeurs, s'ils ne se présentent pas pour lui rendre hommage lorsqu'ils ont atteint leur majorité. Un arrêt du 17 mars 1603, rapporté par Bouguer, *lettre S*, *n. 4*, l'a ainsi jugé.

Les fonctions de curateur au ventre cessent dès que l'enfant est né. Bacquet conclut de-là au *chap. 14* de son traité des droits de justice, *n. 34*, que lorsque la *souffrance* a été demandée par ce curateur, le tuteur que l'on nomme à l'enfant nouveau-né, doit demander une nouvelle *souffrance* au seigneur, en lui payant les droits qui peuvent être dus, & en lui déclarant son nom & son âge.

Cet auteur donne la même décision au *n. 37*, pour le cas où la garde noble finit avant la majorité féodale de ceux pour lesquels la *souffrance* a été demandée.

Ferrière qui a adopté la première de ces deux décisions dans sa compilation sur l'article 31, rejette avec raison la dernière qu'il a fort bien réfutée: « quand la *souffrance*, dit-il, est demandée » au seigneur par le gardien, ce n'est pas pour » sa jouissance, mais pour les mineurs, & à cause » de leur minorité, jusqu'à ce qu'ils soient par- » venus à la majorité féodale, de même que quand » le tuteur demande *souffrance*, il ne la demande pas » pour le temps qu'il administrera sa tutèle; & » quoique le tuteur décède avant la majorité » féodale des mineurs, & qu'il leur en soit créé » un autre, on ne peut pas dire que le second ou » autre tuteur soit tenu de demander une nou- » velle *souffrance*, parce que celle qui a été ac- » cordée a été baillée aux mineurs jusqu'à ce qu'ils » soient en âge de faire en personne la foi & » hommage, & il n'importe pas par qui elle soit » demandée, soit par le tuteur ou le gardien ».

Meslé enseigne la même chose dans son traité des minorités, *chap. 15*, *n. 42*. On pourroit même dire qu'il n'est point nécessaire de demander une nouvelle *souffrance* pour l'enfant, lorsque le curateur au ventre l'a déjà demandée, & qu'il suffit d'offrir au seigneur les droits qui peuvent lui être dus, en lui signifiant les nom & sur-nom de l'enfant & l'époque de sa naissance, puisque l'enfant pour qui l'on avoit donné *souffrance* est le même que celui qui vient de naître. (*M. Garran de Coulon*), *avocat au parlement.*

SOUGIÉ. *Voyez* Sujet.

SOUGNE. *Voyez* Soigne.

SOUGNIE. *Voyez* Soigne.

SOULAGE, Soulaige, Solage, Solaige, & Sollaige, (*Droit féodal.*) Les trois premiers de ces mots ne sont bien incontestablement qu'un seul & même terme, qu'on trouve écrit de toutes ces manières dans nos coutumes & dans les anciens titres. Mais ce terme a deux significations qui semblent néanmoins indiquer également un rapport avec le *sol* ou la terre.

Nos coutumes l'emploient d'abord pour signifier un fonds, un terrein bon ou mauvais. Les anciennes coutumes de Bourbonnois, disent, en parlant de l'assiette de terre, *pag. 39* de l'édition jointe à la bibliothèque des coutumes, « *item*, un » œuvre de pré en bon *soulaige* & franc & bon » foin se assist pour cinq sols tournois...; *item*, » quand n'est point en bon *soulaige*, se assist par » estimation ».

Les coutumes locales de Vichi, qui sont à la fin du procès-verbal des coutumes de Bourbonnois, disent *solaige*; celles d'Auvergne, *tit. 13*, *art. 62* & suivant, disent *solage* dans le même sens.

Le droit de *soulage* se trouve énoncé dans différens titres de la province d'Augoumois, qui n'en donnent pas l'explication. Il y a lieu de croire qu'il signifie, comme ceux de *terrage*, *champart*, *agrier*, &c. une portion dans les fruits du *sol*, ou peut-être les ballayures des grains après qu'ils ont été battus. Un registre de l'abbaye de Saint-Cybard (ou Eparchius) cité par Ducange au mot

Solage, porte au *fol. 23*, *habent in feodio suo præpofitali*, l'efcols & les balles & les *solage*, *juftè & menfuratè fine ullo ingenio*.

Cet auteur au même mot, & au mot *Retrocale*, cite, d'après Catel, dans fon hiftoire de Languedoc, le paffage fuivant d'une ancienne notice, faite fous Iflus, évêque de Touloufe, *& in hoc fevo dedit illis totam figlicem & totum balagium, & decimum de fexaratis, boerium & retrodecimum & retrocale, totoque fullage & fenefcalliam*. (*G. D. C.*)

SOULLAIS, (*Droit feodal.*) ce mot fe trouve dans deux aveux de la feigneurie de Tachainville, au duché de Chartres, des années 1510 & 1684. Il y eft dit : « *item*, certaines droitures anciennement nommées *foullais* & corvées, qui étoient eftimées valoir chacun an 60 fols tournois, lefquelles font de préfent inconnues & de nulle valeur ».

Ce droit auroit-il quelques rapports avec celui de *foulage*, ou *folæge*. *Voyez* SOULAGE. (*G. D. C.*)

SOUMISSION, f. f. (*en terme de Pratique.*) eft une déclaration par laquelle on s'engage à faire quelque chofe, ou l'on confent que quelque chofe foit faite.

Ainfi l'on fe foumet aux rigueurs d'un tribunal, comme de la confervation de Lyon.

On fait fes *foumiffions* pour un office, pour une ferme, ou quelque autre exploitation ou entreprife, en confignant une fomme ou en faifant une déclaration que l'on s'oblige de payer. *Voyez* CONSIGNATION, OFFRES, OBLIGATION, PAIEMENT. (*A*)

SOUMISSION (*cours des*), eft un tribunal établi depuis long-temps en Provence, pour connoître des obligations & contrats, appellés *commiffionnés*, parce que les parties fe font foumifes à la rigueur de cette jurifdiction, ou expreffément, ou généralement, en s'obligeant à toutes cours.

M. Julien, dans fon nouveau commentaire fur les ftatuts de Provence, *tom. 2*, nous apprend que les comtes de Provence avoient établi dans la ville d'Aix un magiftrat qui étoit appellé le préfident de la chambre rigoureufe, parce que, fans avoir obtenu un jugement, on y procédoit par des faifies fur les biens & par l'emprifonnement des débiteurs, & qu'il y avoit des peines qui leur étoient impofées.

Par édit de la réformation de la juftice en Provence, de l'année 1535, l'office de préfident de la chambre rigoureufe fut fupprimé, & la jurifdiction en fut attribuée au fénéchal & à fes lieutenans ; & dans la fuite le roi Henri II, par fon édit du mois de mars 1554, érigea un lieutenant-général & un affeffeur au fiège d'Aix, & un lieutenant-particulier & un affeffeur aux autres fièges de la province, pour connoître des caufes des *foumiffions*, leurs circonftances & dépendances, ainfi que faifoit le préfident de la chambre.

Dans la jurifdiction des *foumiffions*, on procède par faifie, fans avoir obtenu un jugement : le titre de l'obligation eft confidéré comme une condamnation à laquelle la partie elle-même s'eft foumife. Toutefois cette faifie n'eft qu'une affurance provifionnelle, & ne produit pas le même effet que la faifie faite en vertu d'un jugement.

Ces faifies fe font en vertu de *lettres de clameur* qu'expédient les greffiers des *foumiffions*, qui ne peuvent en accorder fur des contrats reçus par des notaires étrangers, ou par notaires non royaux. Ces lettres reffemblent affez aux lettres de *debitis*, qu'on obtient dans les autres provinces aux chancelleries établies près les parlemens & les préfidiaux.

L'ordonnance du mois d'octobre 1535, donnée pour la Provence, titre des *foumiffions*, *& comme l'on doit y procéder*, article 2, porte que *l'on ne pourra recevoir aucune clameur, fans voir l'inftrument obligatoire paffé à la rigueur du fcel, reçu, figné, tabellionné & expédié par nos notaires, auxquels fera dit que lefdits débiteurs s'obligent fous le fcel rigoureux de Provence*, *&c.* M. Julien prétend que, fuivant les ftatuts auxquels cette ordonnance n'a point dérogé, l'obligation générale à toutes cours fuffit & comprend celle des *foumiffions*.

C'eft pardevant le lieutenant des *foumiffions* dans le reffort duquel le débiteur a fon domicile, qu'on doit fe pourvoir, parce qu'il s'agit d'une action perfonnelle pour laquelle le défendeur doit être affigné devant fon juge, fuivant la règle *actor fequitur forum rei* ; il n'y a point ici de fceau attributif de jurifdiction, comme eft celui du châtelet de Paris. Le juge de ce fiège ne peut connoître des inftances de bénéfice d'inventaire, non plus que des inftances d'ordre entre créanciers ; de forte que s'il y a une demande formée devant lui entre un créancier & le débiteur, foit pour faire reconnoître la dette, foit pour en fixer le temps, il peut prononcer fur cela, & il doit enfuite renvoyer le créancier devant le juge ordinaire, pour être colloqué à fa place dans l'ordre.

Dans les contrats foumiffionnés, le débiteur, en obligeant fes biens, obligeoit fa perfonne, & fe foumettoit à la contrainte par corps. Mais il n'eft plus permis aux parties de la ftipuler, & aux juges, même à ceux des *foumiffions*, de l'ordonner que dans les cas exceptés par l'ordonnance de 1667, qui a abrogé cette formalité rigoureufe.

Le créancier peut fe pourvoir devant le juge des *foumiffions*, pour demander l'exécution d'un acte fous feing-privé, pourvu qu'il le faffe auparavant reconnoître devant notaire ; & comme tout eft rigoureux au fiège des *foumiffions*, le réglement du 1er octobre 1665 fait défenfes aux parties & procureurs d'y avoir recours pour des fommes audeffous de douze fous, & aux juges de le permettre, & aux autres officiers d'y concourir, à peine de nullité & de cent livres.

On a introduit dans ce tribunal une peine pécuniaire, nommée la *latte*, pour punir la demeure

& la chicane des débiteurs obligés par des actes soumissionnés. L'étymologie de ce mot vient du mot latin *ferre, quasi ad principem pecunia lata...* D'où il suit que c'est un droit régalien.

Il y a la latte simple & la latte triple. La première est due au roi ou à ses fermiers par la seule clameur & la demande faite par le créancier pardevant le lieutenant des *soumissions*. Elle est acquise, quoique le débiteur avoue la dette & prenne condamnation. (Il ne devoit pas laisser au créancier la peine de lui demander sa dette qu'il falloit payer au terme préfix.)

La latte triple, ou latte niée (également due au roi), a lieu quand le débiteur dénie la demande. M. Julien assimile ce droit de latte au droit de *reclain*, connue dans plusieurs coutumes, & dont parle le glossaire du droit françois, en ces termes : *reclain est plainte faite en jugement, lorsque le débiteur obligé sous le scel royal, rompt sa promesse, & doit amende au roi.*

Le droit de latte est payé à raison de la somme portée par la demande : il est de neuf deniers pour chaque florin, le florin étant de douze sous, & le sou de douze deniers ; la latte triple est par conséquent de vingt-sept deniers pour chaque florin. Il y a lieu d'être surpris, observe M. Julien, qu'un droit si rigoureux se soit établi par la coutume sous les anciens comtes de Provence ; il en revient peu d'avantage pour les finances du prince, & c'est une charge accablante pour de pauvres débiteurs.

Il n'est point dû de latte dans les procès criminels pour des injures verbales ou réelles.

Suivant le statut, la latte simple est due par la seule demande ; elle peut être exigée après trois mois ; la latte triple ne peut être exigée qu'après l'an : ce délai d'une année est donné pour faire juger l'instance ; si elle n'étoit point jugée dans ce délai, la latte triple est payée par moitié : si l'instance est jugée, & qu'il n'y ait point d'appel de la sentence, la latte triple est exigée du débiteur, s'il est condamné au paiement de la somme demandée ; du demandeur, s'il est débouté de sa demande ; & s'il y a appel, & que l'appel ne soit vuidé dans l'an, la latte triple est exigée, la moitié du demandeur, la moitié du défendeur. Il en est de même si les parties transigent. Si le défendeur est condamné, il doit payer toute la latte, tant la latte simple que la latte triple ; & si le demandeur est débouté de sa demande, tout ce que le défendeur a payé pour droit de latte, lui doit être restitué par le demandeur.

La latte est due, soit que la demande soit bien ou mal fondée ; mais elle n'est point due, si la demande est évidemment nulle, comme si elle est formée en vertu d'un contrat non soumissionné, ou pour une somme au-dessous de douze sous. Elle n'est pas due non plus si la demande a pour objet des choses pies, des cens, services, loyers de maisons, salaire de personnes ou bétail.... Elle n'est due qu'à cause des demandes d'une somme d'argent, parce que c'est un droit rigoureux & pénal, qui ne reçoit point d'extension, & lorsque ces demandes sont formées devant le juge des *soumissions* : le droit ne seroit pas dû si ces mêmes demandes avoient été portées devant les juges ordinaires, excepté dans les cas de banqueroute, absence & fuite du débiteur ou enlévement de meubles, s'il y a eu des contraintes & des saisies ordonnées dans le cours de ces instances par ces juges ordinaires.

Les habitans d'Aix, Arles, Marseille, & de plusieurs autres villes de Provence, sont exempts du droit de latte.

Il est dû au fermier du lieu du domicile du débiteur, & non du lieu du contrat ou des exécutions, & au fermier du temps où la demande a été formée. Mais il n'a point de privilége pour être payé de son droit sur les biens d'un débiteur qui sont en direction, & il doit attendre la fin de la discussion.

SOUQUET. *Voyez* SOQUET.

SOURAIN. Dom Carpentier dit dans son glossaire françois, que ce mot a été employé autrefois pour *souverain* ou *supérieur*. Il renvoie en preuve au mot *supranus* de son *glossarium novum*, où l'on ne trouve point celui de *sourain*. (*G. D. C.*)

SOURCENS, SOURCENSIER, (*Droit féodal.*) Ces mots ont été employés dans quelques coutumes de Picardie ou d'Artois pour ceux de *surcens* & *surcensier*. (*G. D. C.*)

SOUS-ACASEMENT, (*Droit féodal.*) ce mot se trouve dans l'article 101 de la coutume de Bordeaux & dans quelques autres coutumes du ressort du même parlement. Il est synonyme de *sous-accensement*, comme *accasement* est synonyme d'*accensement*. C'est proprement un arrentement fait par le censitaire. « Le *sous-acasement*, disent MM. de la » Mothe, dans leur commentaire sur la coutume » de Bordeaux, est l'imposition d'une seconde rente » de la part du tenancier sur le fonds qui lui a été » donné à cens ; ce qui fait que quelques-uns ap» pellent ce nouveau devoir, *sur-cens*, mais im» proprement, car le sur-cens est seigneurial, » étant imposé par le seigneur direct à la suite du » cens ; au lieu que la rente seconde établie par » le *sous-acasement* est purement roturière, de façon » qu'elle n'emporte ni lods & ventes, ni seigneu» rie directe au profit de celui qui l'a établie : aussi » l'appelle-t-on, en bien des endroits, *rente morte* » ou *rente seiche* ». (*Acs, art. 87.*)

Pour distinguer la rente imposée par le *sous-acasement* de la rente directe, qui est seigneuriale & qu'on appelle particuliérement *foncière* dans les pays de droit écrit, on la nomme *rente seconde*, ou foncière ou *rente arrière-foncière*. Cette rente a néanmoins quelques caractères au-dessus des rentes foncières du droit commun des pays coutumiers, tel qu'on l'observe dans le ressort du parlement de Paris : 1°. elle n'est pas plus sujette à la prescription que le cens ou la rente directe ; ainsi jugé, disent encore MM. de la Mothe, par divers arrêts insérés dans la Peyrère ou ses apostilles, *lettre S*, *n. 55* & *57*. Pareil arrêt en 1713, au rapporte de M. Combabessouze, en première, au profit du collège de la Treizaine, du chapitre Saint-Seurin-lez-Bordeaux, contre le sieur Bezin, avocat. Le barreau a attesté la même chose le 1er septembre 1721, sous le syndicat de MM. Saint-Martin & le Doulx (Dussaut, Usance de Saintes, *art. 48*, *pag. 234*.)

2°. Cette rente n'est point purgée par le décret, *v. l'apostille de la Peyrère*, *loco citato*, & l'arrêt de 1713. Ce point fut certifié par le parquet le 7 septembre 1748, & l'avoit été par le barreau, le 20 juin même année, en exécution d'un arrêt du parlement de Paris, du 12 mars 1746, rendu entre les sieurs de Bastide & Lavergne des Farges; autre *attestation* conforme du 20 juin 1758. MM. Dubouilh & Merignac, syndics. (*G. D. C.*)

SOUS-AFFÉAGER, c'est la même chose qu'*afféager*. *Voyez* ce mot & Hevin sur l'arrêt 133 de Frain, *n. 3*. (*G. D. C.*)

SOUS-AGE, f. m. est l'âge de minorité qui est au-dessous de la majorité, qui est appellé dans quelques coutumes l'*âge par excellence*, comme étant l'âge parfait requis par la loi. *Voyez* AGE & AGÉ, MAJEUR, MAJORITÉ, MINEUR, MINORITÉ, EMANCIPATION, BÉNÉFICE D'AGE. (*A*)

SOUS-AIDE, (*Droit féodal.*) c'est un droit que le vassal immédiat doit à son seigneur quand celui-ci paie le droit d'aide-chevel au seigneur suzerain.

M. le Royer de la Tournerie a confondu ce mot avec celui d'*aide de relief*. « *Sous-aide* est, dit-il, un droit que le seigneur servant, qui a payé » le droit de relief, prétend avoir sur ses vassaux » roturiers, pour l'aider à relever son fief vers le seigneur qui le paie sur le pied d'un demi-relief, » à raison d'un sou six deniers pour le premier » acre, & de six deniers pour les autres; ce qui » s'induit de l'article 164 ». (*Traité des fiefs*, *liv. 1*, *chap. 10*, *sect. 2*, §. 2.)

Il y a ici plusieurs erreurs : 1°. la quotité de l'aide de relief, dont parlent les articles cités de la coutume de Normandie, n'est point déterminée par cette coutume. La coutume du comté d'Eu la fixe à la moitié de la somme que le vassal seroit obligé de payer pour son fief. *Voyez* les articles 28, 29, 30 & 31. Basnage atteste sur l'article 164 de la coutume de Normandie, qu'on y suit le même usage; M. le Royer de la Tournerie en dit lui-même autant dans son commentaire sur cet article.

2°. Le droit de *sous-aide* est, comme on vient de le dire, tout-à-fait différent de l'aide de relief. Il n'en est point question dans la nouvelle coutume de cette province, mais seulement au chapitre 35 de l'ancienne coutume qu'on connoît sous le nom de grand coutumier de Normandie. Ce chapitre parle uniquement des aides-chevels, ou loyaux-aides, & voici tout ce qu'on y trouve sur les aides-chevels : « l'on doit savoir que s'aucun » fief-chevel est divisé par parties de cousins, » chacun personnier doit être tenu en sa partie » pour chef seigneur. Et si doit avoir de ses hommes les chevels-aides. Et outre doit l'en savoir » que les soubz-tenans qui ont seigneur moyen » entre eux & le chef seigneur, ne doivent pas » payer au chef seigneur aide. Mais ils doivent » aider à celui de qui ils tiennent un à un, & payer » l'aide au chef seigneur. Et cet aide est appellé » *soubz-aide* & doit être fait par demi-aide chevel ».

Ainsi la *sous-aide* est la moitié de l'aide-chevel. Elle a lieu dans le même cas & se paie au même seigneur par les tenanciers de ses vassaux. L'ancien coutumier en vers françois, que M. Houard a joint à son dictionnaire de droit Normand, dit aussi au *chap. 47*, que quand un fief chevel est divisé par lignage, chaque co-partageant doit payer le chevel-aide au chef-seigneur. Il ajoute ensuite :

Les soubz-tenans ne doivent mye
Payer au chefs seigneurs aye; (ou aide)
Mais à l'autre moyen signeur,
De l'aide due au greigneur
Doivent ils payer *sous-aide*
Par demi-cheval paie. (*G. D. C.*)

SOUSCRIPTION, f. f. est l'apposition d'une signature au-dessous d'un écrit. Souscrire une promesse ou billet, c'est le signer. *Voyez* SIGNATURE.

On appelle encore *souscription*, l'argent qu'on donne d'avance, ou qu'on s'engage de donner pendant le cours de l'impression d'un livre, pour s'en procurer un exemplaire. On donne le même nom à la reconnoissance qu'un libraire donne à celui qui souscrit.

Par l'article 17 du réglement arrêté au conseil d'état du roi, le 28 février 1723, sa majesté veut qu'il ne puisse être proposé au public aucun ouvrage par *souscription* que par un libraire ou imprimeur, qui sera garant des *souscriptions* envers le public en son propre & privé nom; & que les deniers qui seront reçus pour les *souscriptions* ne puissent être remis en d'autres mains qu'en celles des libraires ou imprimeurs au nom desquels se feront les *souscriptions*, & qu'ils en demeurent responsables envers les souscrivans.

Un libraire ou imprimeur ne peut proposer aucune *souscription* sans en avoir obtenu la permission de M. le garde-des-sceaux. C'est une disposition de l'article 19 du réglement qu'on vient de citer : & suivant l'arrêt du conseil, du 10 avril 1725, cette permission doit être écrite sur la feuille appellée *prospectus*, qui doit contenir les conditions proposées par le libraire aux souscripteurs, soit pour le prix des livres & le temps de leur livraison, soit pour la qualité du papier & des caractères qu'il veut employer. Cette feuille imprimée doit d'ailleurs être déposée, avec la permission en original, & enregistrée en la chambre syndicale, avec la soumission du libraire de s'y conformer.

Le libraire ou imprimeur qui manque à remplir quelque condition d'une *souscription*, doit être condamné envers les souscripteurs à la restitution du double de ce qu'il a reçu, & à une amende arbitraire, suivant la qualité du délit. Mais comme il est juste que les souscripteurs soient également engagés envers le libraire pour retirer leurs exemplaires, divers arrêts du conseil ont ordonné qu'ils les retireroient dans le délai de six mois ou d'un an, passé lequel temps les *souscriptions* demeureroient nulles & de nul effet.

Il est défendu d'introduire & débiter dans le royaume les livres imprimés en France & contrefaits chez l'étranger, & de recevoir à cet égard aucune *souscription*.

SOUS-DOYEN, est celui qui est immédiatement après le doyen d'une compagnie. *Voyez* DOYEN.

SOUS-ÉTABLIS, ce sont des procureurs que d'autres procureurs subrogent à leur place. Beaumanoir, *chap.* 4, *pag.* 32: « quant il est contenu » en la procuration que le procureur puist fere » autres procureurs, fere le puet & chaus appelle- » l'en *Sous-établis*, *&c.* ». (*G. D. C.*)

SOUS-FIÉVER, (*Droit féodal.*) c'est sous-inféoder, ou bailler une partie de son fief en arrière-fief. *Voyez* le glossaire du droit françois au mot *Sous-fiéver*. (*G. D. C.*)

SOUS-LOCATAIRE, s. m. est celui auquel le principal locataire d'une maison ou autre héritage a donné lui-même à loyer quelque portion de ce qu'il tenoit du propriétaire.

Le *sous-locataire* est différent du cessionnaire du bail, en ce que le cessionnaire doit payer au propriétaire, au lieu que le *sous-locataire* paie au principal locataire.

L'article 162 de la coutume de Paris, permet néanmoins au propriétaire de saisir les meubles des *sous-locataires*; mais ceux-ci en ont main-levée en payant le loyer de leur occupation.

En fait de fermes, on appelle *sous-fermier*, ce qu'en fait de bail à loyer on appelle *sous-locataire*. *Voyez* BAIL A LOYER, FERME, LOCATAIRE, PRINCIPAL LOCATAIRE.

SOUS-ORDRE, est un ordre particulier qui se fait en second entre les créanciers particuliers d'un créancier colloqué dans l'ordre principal, qui ont formé opposition sur lui en *sous-ordre*, c'est-à-dire, pour se venger sur ce qui peut lui revenir, au cas qu'il soit colloqué utilement dans l'ordre. *Voyez* CRÉANCIER, DÉCRET, OPPOSITION & SAISIE RÉELLE. (*A*)

SOUS-RACHAT, (*Droit féodal.*) c'est le *rachat* de l'arrière-fief qui appartient au seigneur suzerain, lorsqu'il a lieu pendant qu'il jouit du fief de son vassal à titre de *rachat*. *Voyez* l'article 366 de la coutume de Bretagne. (*G. D. C.*)

SOUSTRACTION, s. f. (*en terme de Jurisprud.*) est l'action d'ôter & enlever frauduleusement une chose du lieu où elle devroit être.

C'est principalement pour les papiers que l'on a détournés, que l'on se sert de ce terme; cela s'appelle une *soustraction de pièces*.

Soustraction d'une minute d'un notaire, c'est l'enlèvement qui est fait de cette minute.

Soustraction de pièces dans une production, c'est lorsque l'on retire frauduleusement d'une production quelque cote ou quelque pièce d'une cote que l'on a intérêt de supprimer. *Voyez* DIVERTISSEMENT, ENLÈVEMENT, RECELÉ, SUPPRESSION. (*A*)

SOUTE, s. f. ou, comme on écrivoit autrefois, *soulte*, *quasi solutio*, est ce que l'on donne pour solder un partage ou un échange.

Quand un lot se trouve plus fort qu'un autre, on le charge d'une *soute* en argent envers l'autre lot, pour rendre les choses égales.

De même dans un échange, quand l'héritage donné d'une part à titre d'*échange*, est plus fort que celui qui est donné en contre-échange, on charge celui qui a l'héritage le plus fort de payer une *soute* à celui qui a le plus foible.

Dans les partages, la *soute* suit la nature du partage, c'est-à-dire, que quand il n'est point dû de droits seigneuriaux pour l'héritage que l'on a dans son lot, il n'en est pas dû non plus pour l'héritage ou portion que l'on conserve moyennant une *soute*.

Dans les échanges, au contraire, la portion d'héritage pour laquelle on paie une *soute*, est réputée acquise par contrat de vente, & sujette aux mêmes droits que l'on paie en cas de vente. *Voyez* DROITS SEIGNEURIAUX, ECHANGE, PARTAGE. (*A*)

SOUTENEMENS, s. m. pl. (*terme de Pratique.*) sont des écritures fournies au soutien d'un compte, l'oyant compte fournit ses débats contre le compte, & le rendant compte pour réponse aux débats, fournit ses *soutenemens*. *Voyez* COMPTE, DÉBATS, OYANT, RENDANT. (*A*)

SOUVERAIN (*en terme de Pratique.*) est un titre donné à certains tribunaux, comme aux conseils *souverains*, aux cours *souveraines*; ce qui ne signifie pas que ces juges aient une autorité *souveraine* qui leur soit propre, mais qu'ils exercent la justice au nom du *souverain*.

A la table de marbre, on appelle *tenir le souverain*, lorsque les commissaires du parlement viennent y tenir l'audience, pour y juger en dernier ressort.

De même aux requêtes de l'hôtel, les maîtres des requêtes, étant au nombre de sept, jugent au *souverain* certaines causes dont ils sont juges en dernier ressort. *Voyez* CONSEIL SOUVERAIN, COUR SOUVERAINE, MAITRE DES REQUÊTES, REQUÊTES DE L'HÔTEL. (*A*)

SOUVERAIN. (*Droit féodal.*) Ce mot désigne quelquefois le suzerain, c'est-à-dire, un seigneur supérieur, celui qui a des arrière-vassaux, ou des tenanciers, dans sa mouvance immédiate.

On a dit aussi *souveraineté* dans le même sens. *Voyez* SUZERAIN, SOUVERAIN FIEFFEUX, & MAIN SOUVERAINE. (*G. D. C.*)

SOUVERAIN FIEFFEUX. (*Droit féodal.*) La coutume de Meaux, *art.* 154, donne ce nom au roi, parce qu'il est le véritable seigneur suzerain des fiefs du royaume. *Voyez* SOUVERAIN. (*G. D. C.*)

SOUVERAINE (*main*). *Voyez* MAIN SOUVERAINE.

SOUVERAINETÉ. *Voyez* SOUVERAIN.

SOUVERAINNITÉ. (*Droit féodal.*) Ce mot se trouve pour *souveraineté*, c'est-à-dire, *suzeraineté*, & jurisdiction supérieure, dans des lettres de l'an 1370, au tome 5 des ordonnances du Louvre, *p. 368.* (*G. D. C.*)

SPÉCIAL, adj. se dit de ce qui se réfère singuliérement à un certain objet. Ce terme est ordinairement opposé à *général*; une procuration est générale ou *spéciale*; celle qui est générale, est pour faire toutes les affaires du constituant; la procuration *spéciale* n'est que pour une certaine affaire; on dit de même une autorisation *spéciale*, une clause *spéciale*. (*A*)

SPÉCIFICATION, s. f. est ce qui désigne l'espèce d'une chose, ce qui sert à expliquer que l'on a eu en vue singuliérement telle & telle chose; comme quand on lègue tous ses meubles & effets mobiliers, & que l'on explique que l'argent comptant sera compris dans ce legs : c'est une *spécification* que l'on fait par rapport à l'argent. *Voyez ci-devant* SPÉCIAL. (*A*)

SPOLIATION, s. f. est l'action de dépouiller quelqu'un de quelque chose, comme de ses papiers, de son argent, de ses meubles & autres effets. La *spoliation* d'une hoirie est lorsqu'on enlève d'une succession le tout ou partie des effets qui la composoient, ce qui est appellé en droit *crimen expilatæ hereditatis*. *Voyez* DIVERTISSEMENT, ENLEVEMENT, RÉCÉLÉ, VOL. (*A*)

STAGE, s. m. (*Droit ecclés.*) est une résidence actuelle & exacte que chaque nouveau chanoine doit faire dans son église pendant six mois ou un an, selon les statuts du chapitre, lorsqu'il a pris possession, pour pouvoir jouir des honneurs & des revenus de sa prébende.

Le temps du *stage* dépend des statuts du chapitre; il y a même quelques chapitres où les nouveaux chanoines ne sont point assujettis au *stage*, dans les chapitres où il a lieu, les conseillers de cour souveraine en sont dispensés. *Voyez* Brillon, *au mot* STAGE, & *les mots* CANONICAT, CHANOINE, CHAPITRE, RÉSIDENCE. (*A*)

STATUT, s. m. est un terme générique qui comprend toutes sortes de loix & de réglemens.

Chaque disposition d'une loi est un *statut*, qui permet, ordonne ou défend quelque chose.

Il y a des *statuts* généraux, il y en a de particuliers; les premiers sont des loix générales qui obligent tous les sujets : les *statuts* particuliers sont des réglemens faits pour une seule ville, pour une seule église ou communauté, soit laïque, soit ecclésiastique, séculière ou régulière : chaque corps d'arts & métiers a ses *statuts* : les ordres réguliers, hospitaliers & militaires en ont aussi.

Un des points les plus difficiles à bien démêler dans la jurisprudence, c'est de déterminer la nature & le pouvoir des *statuts*, c'est-à-dire, en quel cas la loi doit recevoir son application.

En général, les coutumes sont réelles, *clauduntur territorio*; cependant on est souvent embarrassé à déterminer quel *statut* ou coutume on doit suivre pour la décision d'une contestation. Souvent le *statut* du domicile se trouve en concurrence avec les différens *statuts* de la situation des biens, avec celui du lieu où l'acte a été passé, du lieu où l'exécution s'en fait; & pour connoître le pouvoir de chaque *statut*, & celui d'entre eux qui doit prévaloir, il faut d'abord distinguer deux sortes de *statuts*, les uns personnels, les autres réels.

Les *statuts* personnels sont ceux qui ont principalement pour objet la personne, & qui ne traitent des biens qu'accessoirement; tels sont ceux qui regardent la naissance, la légitimité, la liberté, les droits de cité, la majorité, la capacité ou incapacité de s'obliger, de tester, d'ester en jugement, *&c.*

Les *statuts* réels sont ceux qui ont pour objet principal les biens, & qui ne parlent de la personne que relativement aux biens; tels sont ceux qui concernent les dispositions que l'on peut faire de ses biens, soit entre-vifs ou par testament.

Quelques auteurs distinguent une troisième espèce de *statuts*, qu'ils appellent *mixtes*; savoir, ceux qui concernent tout-à-la-fois la personne & les biens; mais de cette manière la plupart des *statuts* seroient mixtes, n'y ayant aucune loi qui ne soit faite pour les personnes, & aussi presque toujours par rapport aux biens. A dire vrai, il n'y a point de *statuts* mixtes, ou du moins qui soient autant personnels que réels; car il n'y a point de *statut* qui n'ait un objet principal; cet objet est réel ou personnel, & détermine la qualité du *statut*.

Le *statut* du domicile règle l'état de la personne, & sa capacité ou incapacité personnelle; il règle aussi les actions personnelles, les meubles & effets mobiliers, en quelque lieu qu'ils se trouvent situés de fait.

Le pouvoir de ce *statut* du domicile s'étend partout pour ce qui est de son ressort; ainsi, celui qui est majeur, selon la loi de son domicile, est majeur par-tout.

Le *statut* de la situation des biens, en règle la qualité & la disposition.

Quand le *statut* du domicile, & celui de la situation, sont en contradiction l'un avec l'autre, s'il s'agit de l'état & capacité de la personne, c'est le *statut* du domicile qui doit prévaloir; s'il s'agit de la disposition des biens, c'est la loi de leur situation qu'il faut suivre.

Si plusieurs *statuts* réels se trouvent en concurrence, chacun a son effet pour les biens qu'il régit.

En matière d'actes, c'est le *statut* du lieu où on les passe qui en règle la forme.

Mais il y a certaines formalités qui servent à habiliter la personne, telles que l'autorisation du mari à l'égard de la femme; celles-là se règlent par le le *statut* du domicile, comme touchant la capacité personnelle; d'autres sont de la substance de la disposition même, telles que la tradition & l'acceptation dans les donations; & celles-ci se règlent par le *statut* du lieu où sont les biens dont on dispose.

Enfin, dans l'ordre judiciaire, on distingue deux sortes de *statuts*, ceux qui concernent l'instruction, & ceux qui touchent la décision : pour les premiers, *litis ordinatoria*, on suit la loi du lieu où l'on plaide; pour les autres, *litis decisoria*, on suit la loi qui régit les personnes ou leurs biens, selon que l'un ou l'autre est l'objet principal de la contestation.

Quelques *statuts* sont seulement négatifs, d'autres prohibitifs, d'autres prohibitifs-négatifs.

Le *statut* simplement négatif, est celui qui déclare qu'une chose n'a pas lieu, mais qui ne défend pas de déroger à sa disposition, comme quand une coutume dit que la communauté de biens n'a pas lieu entre conjoints, & qu'elle ne défend pas de l'établir.

Le *statut* prohibitif est celui qui défend de faire quelque chose, comme la coutume de Normandie, *art. 33*, qui porte que quelque accord ou convenance qui ait été fait par contrat de mariage, & en faveur d'icelui, les femmes ne peuvent avoir plus grande part aux conquêts faits par le mari, que ce qui leur appartient par la coutume, à laquelle les contractans ne peuvent déroger.

Le *statut* est prohibitif-négatif lorsqu'il déclare qu'une chose n'a pas lieu, & qu'il défend de déroger à sa disposition : on confond souvent le *statut* prohibitif avec le prohibitif-négatif.

Quand le *statut* prononce quelque peine contre les contrevenans, on l'appelle *statut pénal*. *Voyez* LOI PÉNALE & PEINE. (*A*).

STELAGE. *Voyez* SESTERAGE.

STELLAGE. *Voyez* SESTERAGE.

STELLERAGE, (*Droit féodal.*) Des lettres de l'an 1405, rapportées au tome 9 des ordonnances du Louvre, *pag. 704*, portent: « toutes les rentes, » revenues, cens, admendes, forfaitures, criages » & *scellerages*, *&c.* ».

Plus bas on lit *cellerages*, en parlant du même droit.

Dom Carpentier prétend, dans son *glossarium novum*, que ce sont-là deux fautes, & qu'il faut lire *stellerages* ou *scesterages*, au lieu de *scellerages* & *cellerages*; il se fonde uniquement sur quelques chartres qui ont donné le nom de *sesterage*, ou des noms approchans, au droit de laide ou de mesurage des grains. Il cite particuliérement l'extrait suivant d'une chartre de Philippe de Valois, de l'an 1336 : « plusieurs domaines, revenues, redevances & » coustumes que nous avons en ladite ville (de » Péronne).... c'est à savoir tout ce qu'on ap- » pelloit la *justice* & le *sèterlage*, *&c.* ».

Mais, 1°. ce dernier texte, ni aucun de ceux que cite dom Carpentier, n'emploie précisément ce mot de *stellerages* ou *scesterages*.

2°. Plusieurs anciens monumens de notre droit, & particuliérement un ancien praticien manuscrit, cité par Choppin, sur le chapitre 8 de la coutume d'Anjou, à la fin, parlent, au contraire, d'un droit de *sellerage* ou *cellerage*, qu'on doit au seigneur quand le vin est mis au *cellier*. Rien n'empêche qu'on n'entende d'un droit de cette espèce, ce que disent les lettres de 1405, au lieu de l'entendre d'un droit de layde.

3°. Cette interprétation si naturelle, si conforme à la lettre du texte, qu'on ne doit pas supposer corrompu sans nécessité, paroît de plus en plus décisive, si l'on fait attention que les lettres de 1405 joignent le mot de *cellerage* ou *scellerage*, à celui de *criage*, qui a désigné lui-même un droit analogue à celui de *cellerage*; le criage est en effet un droit dû au seigneur pour le cri ou la publication du vin qu'on vend en détail. On peut en voir des preuves multipliées dans le glossaire de du Cange, au mot *Crida*, & dans celui de dom Carpentier lui-même, aux mots *Cridatio* & *Criagium*. Il suffira de citer ici l'extrait suivant d'une chartre de 1289, tirée d'un cartulaire de saint Jean de la Vallée : « chacun tavernier » de la devant dite terre de Saint-Nicolas, est tenu » de nous rendre & poïer chacun an, pour chacun » tonneau que il vent en l'an, maille pour *criage*, » & nous sommes tenus de faire crier leur vin à » leur requête ».

4°. Enfin, d'anciens textes, & même des textes cités par dom Carpentier, au mot *Celeragium*, joignent encore immédiatement ces droits de cellerage & de criage. Un arrêt de l'an 1407, dit effectivement : *cum Johannes Quinement & Johannes de Berdines, Parisius commorantes, firmam cridagii & celeragii..... appretiassent*, *&c.* Une ordonnance de 1405, porte aussi : *item* nul ne fera taverne, » ou vendra vin à détail, en la ville de Paris, » sans mettre cerceau, afin que ladite ville ne » puisse estre fraudée de ses droits, tant de celui » dessus dit, *& de criages & célérages*, comme » d'autres. *Voyez* SERCHEL. (*G. D. C.*)

STELLIONAT, s. m. (*Droit civil & criminel.*) est un nom générique, sous lequel les loix romaines ont compris toutes les espèces de fraude & de tromperies qui peuvent se commettre dans les conventions, & auxquelles la loi n'avoit pas donné de désignation particulière.

Le *stellionat* est mis par les loix au nombre des crimes, & a été ainsi nommé d'un certain lésard, appellé *stellio*, remarquable par son extrême finesse & par la variété de ses couleurs, parce que ceux qui commettent ce crime emploient toutes sortes de détours & de subtilités pour cacher leur fraude.

Entre les différentes manières de commettre ce crime, on en remarque six des plus usitées dont les loix romaines font mention.

La première est lorsque quelqu'un vend ou engage la même chose à deux personnes en même temps.

La seconde est du débiteur qui engage ou donne en paiement à ses créanciers une chose qu'il sait ne lui pas appartenir.

La troisième est le cas de celui qui soustrait ou altère des effets qui étoient obligés à d'autres.

La quatrième est lorsque quelqu'un collude avec un autre au préjudice d'un tiers.

La cinquième est du marchand qui donne une marchandise pour une autre, ou qui en substitue une de moindre qualité à celle qu'il a déjà vendue ou échangée.

La sixième enfin est lorsque quelqu'un fait sciemment une fausse déclaration dans un acte.

Ainsi, suivant le droit romain, le *stellionat* ne se commettoit pas seulement dans les conventions, mais encore par le seul fait & sans qu'il fût besoin d'une déclaration expresse.

Mais parmi nous on ne répute stellionataire que celui qui fait une déclaration frauduleuse dans un contrat, soit en vendant comme sien un héritage qui ne lui appartient pas ou qui est substitué, soit en déclarant comme franc & quitte de toutes charges, un fonds qui se trouve déjà hypothéqué à d'autres; ce crime peut conséquemment se commettre, non-seulement dans les ventes & obligations, mais aussi dans les constitutions de rente.

Chez les Romains ce crime étoit puni d'une peine extraordinaire. Quand le *stellionat* étoit joint au parjure, on condamnoit le coupable aux mines, si c'étoit un homme de vile naissance, & à la rélégation ou interdiction de son emploi, si c'étoit une personne constituée en dignité.

Parmi nous il est rare que ce crime soit poursuivi extraordinairement, à moins qu'il ne soit accompagné de circonstances de fraude extrêmement graves; les peines ne se prononcent que par la voie civile.

Les plus ordinaires sont, 1°. que le stellionataire peut être contraint au remboursement du prix de la vente, ou au rachat de la vente : *ordonnance de 1629*. 2°. Il peut y être contraint par corps, même les septuagénaires, qui, dans les autres, cas ne sont pas sujets à cette contrainte pour dettes purement civiles : *ordonnance de 1667*. 3°. On ne reçoit point le stellionataire au bénéfice de cession.

Les femmes étoient aussi autrefois sujettes aux mêmes peines, lorsqu'en s'obligeant avec leurs maris elles déclaroient leurs biens francs & quittes, quoiqu'ils ne le fussent pas : mais l'édit du mois de juillet 1680, a affranchi dans ce cas les femmes de l'emprisonnement, & les a seulement assujetties au paiement solidaire des dettes auxquelles elles se sont obligées avec leurs maris, par saisie & vente de leurs biens.

Il y a néanmoins trois cas où les femmes sont contraignables par corps pour *stellionat*; le premier est lorsqu'il procède de leur fait seulement : *ordonnance de 1667*. Le second, lorsqu'elles sont marchandes publiques, & qu'elles font un commerce séparé de celui de leurs maris : *Paris*, *article 235*. Le troisième est lorsqu'elles sont séparées de biens d'avec leurs maris, ou que par leurs contrats de mariage elles se sont réservé l'administration de leurs biens.

Au reste, notre usage s'accorde avec le droit romain, en ce que la peine de ce crime cesse, 1°. lorsqu'avant contestation en cause, le stellionataire offre de dédommager celui qui se plaint (ce qui n'a pas lieu néanmoins dans le cas du vol ou rapine.) 2°. Lorsque celui qui se plaint est lui-même complice de la fraude, ne pouvant en ce cas dire qu'on l'a trompé. *Voyez* DÉCLARATION, FAUX, CONTRAT DE CONSTITUTION, RENTE, VENTE. (*A*)

STELLIONATAIRE, s. m. est celui qui a commis un stellionat. *Voyez* STELLIONAT.

STIPULATION, s. f. du mot latin *stipulatio*, est une forme particulière, par laquelle on fait promettre à celui qui s'oblige de donner ou faire quelque chose.

Les jurisconsultes tirent l'étymologie de ce mot du latin *stipulum*, qui est la même chose que *firmum*: de *stipulum* on a fait *stipulatio*, parce que c'est la *stipulation* qui affermit les conventions, & leur donne de la force.

D'autres font venir *stipulation* de *stips*, qui signifie une *pièce de monnoie*, parce que les *stipulations* ne se faisoient guère qu'à propos de quelques sommes pécuniaires.

Isidore fait dériver ce mot de *stipula*, qui signifie un brin de paille; parce que, selon lui, les anciens, quand ils se faisoient quelque promesse, tenoient chacun par un bout un brin de paille qu'ils rompoient en deux parties, afin qu'en les rapprochant cela servît de preuve de leurs promesses.

Mais cet auteur est le seul qui fasse mention de cette cérémonie, & il n'est pas certain que les *stipulations* n'eussent lieu que dans les promesses pécuniaires, comme Festus & Varron le prétendent; il est plus probable que *stipulatio* est venu de *stipulum*.

La *stipulation* étoit dans le droit romain, un assemblage de termes consacrés pour former cette manière d'obligation. On l'appelloit souvent *interrogatio*, parce que le stipulant, c'est-à-dire, celui au profit de qui l'on s'obligeoit, interrogeoit l'autre : *Mœvi, spondesne dare decem*; & *Mœvius*, qui étoit le promettant, répondoit *spondeo*; ou bien, s'il s'agissoit de faire quelque chose, l'un disoit, *facies ne*, &c. l'autre répondoit, *faciam; fide jubes*, *fide jubeo*, & ainsi des autres conventions.

Ces *stipulations* étoient de plusieurs sortes, les unes conventionnelles, d'autres judicielles, d'autres prétoriennes, d'autres communes; mais ces distinctions ne sont plus d'aucune utilité parmi nous; ceux qui voudront s'en instruire plus à fond, peuvent consulter Gregorius Tolosanus, *liv. 24*, *chap. 1*, *le quarante-cinquième livre du digeste*, & *le huitième du Code*.

Dans toutes ces *stipulations*, il falloit interroger & répondre soi-même : c'est de-là qu'on trouve dans les loix cette maxime, *alteri nemo stipulari potest*.

Mais ces formules captieuses furent supprimées par l'empereur Léon ; & dans notre usage, on n'entend autre chose par le terme de *stipulation*, que les *clauses* & *conditions* que l'on exige de celui qui s'oblige envers un autre ; & comme on peut aujourd'hui s'obliger pour autrui, à plus forte raison peut-on stipuler quelque chose au profit d'autrui. *Voyez* CONTRAT, CONVENTION, CLAUSE, OBLIGATION, PACTE. (*A*)

STOKAIGE, (*Droit féodal.*) Ce mot se trouve dans les deux passages suivans du compte des revenus de Namur, tiré du registre de la chambre des comptes de Lille, intitulé *le papier aux aisselles* : « encor a li cuens à Templous de tos les hommes... » soient lai, clerc, ou prestre, deux deniers de » *stokaige* ».

« Encor i a li cuens le *stokaige* de chascun keruïer » (charretier), deux deniers, & de chascun mano» vrier, un denier à Noël ».

Dom Carpentier, qui cite ces deux extraits, au mot *Stocagium*, observe que le *stokaige* n'est pas la même chose que ce *stocagium*. Le *stocagium* est, dit-il, l'arrachement des arbres & des *souches*. Le *stokaige* paroît être au contraire un cens ou une redevance due sur les maisons, comme l'*estocaige*, dont parle du Cange au mot *Stoc*.

Les deux extraits qu'on vient de rapporter ne favorisent pas cette interprétation. Ils prouvent que, quelle que puisse être l'origine du mot *stokaige*, il désigne, non pas une redevance due sur les maisons, mais un devoir personnel, une espèce de capitation.

Quant à l'estocage dont parle du Cange au mot *Stoc*, ce n'est pas non plus un cens dû sur les maisons, mais uniquement un droit dû pour leur aliénation. On voit d'ailleurs dans cet auteur qu'on a appellé *estocage*, en latin barbare *estocagium*, soit l'arrachement des souches, & ce que l'on payoit pour le faire faire, soit un droit d'usage dans les bois, ou d'autres droits encore.

Il est possible que la dénomination de tous ces derniers droits ait la même origine. Le mot *stoc* signifioit autrefois une souche, une branche d'arbre, un pieu; encore aujourd'hui les Flamands l'emploient pour désigner un bâton ; & c'est de-là qu'est dérivée notre expression d'*estoc & ligne*.

On a donc d'abord appellé *stocage* ou *estocage*, l'arrachement des bois & le droit d'usage, sur-tout celui de les essarter, d'en ôter les souches & les racines. Deux chartres citées par du Cange au mot *Estochagium*, portent : *forestarius* estochagium *suum in nemore accipiat. Famuli nemora custodient & suum* estochagium.... *inter se divident*.

Un compte du domaine d'Etampes, cité par le même auteur, au mot *Stoc*, dit aussi : « recepte » d'*estoquaige* de secs bois versez & estouponnez ».

Enfin, une chartre de 1332, tirée d'un registre de saint Médard de Soissons, ordonne le partage d'une coupe de bois entre le prieur de cette église, & le propriétaire du bois de Roquant, & elle ajoute, que le prieur paiera l'estocage (*estocagium*).

On voit encore dans du Cange qu'on a donné le même nom à un droit dû par ceux qui plaçoient leurs filets sur des perches ou des pieux. Un compte des revenus de Ponthieu, de l'an 1478, porte : « recepte d'*estoquages*, qu'on dit eschielles, » où plusieurs mariniers souloient mettre leurs » rets ».

C'est probablement par la même raison qu'on a nommé *estocage* un droit de mutation dû au seigneur dans une petite partie du Boulonnois pour la vente des maisons, soit parce que ces maisons étoient bâties en bois, ou que l'ensaisinement s'en faisoit par la tradition d'un bâton. Un compte des domaines de Desvre (ou Desvrene) de l'an 1396, est ainsi intitulé : « de la recepte d'*estoquages* escheux » à ladite baillie de Jean Chobame, pour l'*estocaige* » de sa maison séant à Desvre, à l'encoste du flos, » que il vendit à Jacques, *&c.* quatre deniers ».

Ce droit d'*estocage* subsiste encore à Desvrenes, suivant l'article 3 de la coutume locale de ce bourg ; il y est dit, « que par ladite coutume, il n'est dû » relief, ni vente, réservé quatre deniers qui se » dit *estogaige* pour les chefs metz, si vendu est ; » autrement ne doit point d'*estogaige*, & le faut » payer le jour de la vente, à peine de 60 sous » parisis ». (*G. D. C.*)

STRELAGE. *Voyez* SESTERAGE.

STUPRE, s. m. (*Jurisprud.*) on entend par *stupre* toute copulation illégitime entre personnes libres, filles, garçons & femmes veuves.

Le *stupre* est un crime contre les mœurs & contre l'ordre social, puisque son effet est d'empêcher, ou au moins de retarder, souvent même de détruire des unions licites, dont il naîtroit des citoyens utiles à la patrie. L'état peut-il, en effet, compter parmi ses enfans & ses ressources, ces malheureuses victimes de la débauche, dont la foule gonfle tous les ans nos hôpitaux ; ces infortunés, dont les uns périssent presque en y entrant, dont les autres meurent à la fleur de leur âge des suites du venin contagieux qui circuloit dans leurs veines au moment même de leur naissance, & s'y étoit introduit avec la vie, & dont le surplus est condamné à n'exister que dans l'opprobre & la misère ?

Nous n'examinerons point ici quelle fut la politique des nations policées qui adoptèrent le concubinage, non pas à la vérité dans le sens que nous donnons aujourd'hui à ce mot, mais sous la forme de la polygamie ; on aura peine à croire qu'il ait pu être autorisé de nos jours par un monarque européen ; ce fait extraordinaire nous est cependant attesté par l'auteur de l'histoire naturelle de l'Islande & du Groenland, &c. *tome premier*, & est rapporté par celui d'un ouvrage intitulé de l'homme & de la femme, considérés physiquement dans l'état du mariage, *tome 2*, *pag. 14*. Voici comment s'exprime ce dernier : « une maladie » contagieuse ayant fait périr en 1707 une grande

» partie des habitans de l'Islande, le roi de Danemarck, à qui cette isle appartient, prévoyant » l'extinction totale des Islandois, fit une ordonnance, par laquelle, pour engager ses sujets à » passer en Islande, il autorisa les filles de cette » isle à faire jusqu'à six bâtards, sans porter atteinte » à leur réputation. Cette ordonnance eut son » plein effet, & ces bonnes filles montrèrent tant » de zèle à repeupler leur patrie, qu'on fut bientôt » obligé de révoquer une loi qui avoit été si bien » accueillie, & même de statuer une peine de la » nature du crime, que la pudeur, dit M. Anderson, m'empêche de nommer, & qui même est » en quelque façon incroyable.

Quoique le *stupre* soit, ainsi que nous l'avons dit ci-dessus, un crime dans l'ordre moral & dans l'ordre social, il n'est cependant puni d'aucune peine en France, & le ministère public n'a aucun droit de le poursuivre; il en résulte cependant une action en dommages & intérêts au profit de la fille qui prétend & qui prouve avoir été séduite; ces dommages & intérêts doivent être arbitrés suivant l'âge, la fortune & la qualité des personnes, suivant les circonstances du déshonneur de la femme, & des suites qu'il a eu.

Si le *stupre* a donné lieu à la naissance de quelques enfans, on condamne encore l'homme qui est reconnu pour le père à se charger de leur nourriture & entretien, en les faisant élever dans la religion catholique, apostolique & romaine, & à constituer un fonds pour leur dot. *Voyez* BATARDS & CONCUBINAGE.

Ceux qui vivent en mauvais commerce, ou qui y ont vécu, ne peuvent s'avantager l'un l'autre; & cette prohibition entraîne la nullité des dons qu'ils pourront s'être faits. (*Cet article est de M.* BOUCHER D'ARGIS, *Conseiller au Châtelet, des académies de Rouen, Châlons-sur-Marne, &c.*)

STYLE, s. m. *en terme de pratique*, signifie la manière dont on a coutume de rédiger les actes; les notaires ont leur *style*, c'est-à-dire, un certain ordre de discours, de certaines expressions qui leur sont propres. Il y a des clauses de *style*, c'est-à-dire, qui se trouvent ordinairement dans tous les actes de même espèce; quelques-unes de ces clauses ne sont que de *style*, sans rien ajouter aux conventions, comme le promettant, obligeant, renonçant des notaires qui seroient sous-entendus, quand même on ne les auroit pas exprimés.

Le *style* judiciaire est la forme que l'on suit pour l'instruction & pour les jugemens dans les tribunaux; autrefois chaque tribunal avoit son *style* particulier; l'ordonnance de 1667 a eu pour objet de rendre par-tout la procédure uniforme; on avoit même dessein de faire des formules imprimées pour toutes sortes d'actes, afin de rendre par-tout le *style* uniforme; mais les difficultés que l'on trouva dans l'exécution de ce projet le firent abandonner, & l'on se contenta de vendre le papier qui étoit destiné à contenir ces formules, que l'on timbre en tête d'une fleur-de-lis; telle fut l'origine du papier & du parchemin timbré, dont l'usage commença en France en 1673.

Malgré les précautions que les ordonnances ont prises pour rendre par-tout le *style* uniforme, il subsiste encore bien des différences dans le *style* de la plupart des tribunaux.

Nous avons plusieurs *styles* anciens & nouveaux, qui sont des instructions sur la manière de procéder dans chaque tribunal; tels sont l'ancien *style* du parlement, qui est dans les œuvres de Dumoulin, les *styles* civil, criminel & du conseil, de Gauret; le *style* de Gastier; le *style* du châtelet, *&c. Voyez* FORME, FORMULES, ORDRE JUDICIAIRE, PAPIER TIMBRÉ, PROCÉDURE. (*A*)

S U

SUBALTERNE, adj. s'entend de celui qui est subordonné à quelqu'un qui lui est inférieur. C'est dans cette acception qu'on dit, dans l'ordre des justices, un *juge subalterne*, une *jurisdiction*, un *siège*, une *justice subalterne*, pour signifier un juge, une jurisdiction, un siège, une justice qui est audessous d'un autre.

SUBDÉLÉGATION, s. f. (*Droit public & civil.*) est en général l'action par laquelle celui qui est délégué pour faire quelque chose, délègue lui-même quelqu'un pour le faire en tout ou en partie à sa décharge.

On entend par *subdélégation*, la fonction du subdélégué, le temps pendant lequel il l'exerce, quelquefois enfin l'étendue de son département. On applique particulièrement parmi nous le terme de *subdélégation* à la jurisdiction & aux fonctions de ceux auxquels les commissaires départis dans les provinces confient une partie de leur administration dans l'étendue d'un certain canton. *Voyez* DÉLÉGUÉ, COMMISSAIRE DÉPARTI, INTENDANT, SUBDÉLÉGUÉ. (*A*)

SUBDÉLÉGUÉ, est en général celui que le délégué a commis pour faire à sa place quelqu'une de ses fonctions.

On entend ordinairement par *subdélégué*, une personne que l'intendant ou commissaire départi dans une province commet dans chaque ville ou bourg de son département, pour y exécuter les ordres & mandemens qu'il lui adresse, pour y faire exécuter les ordres du roi, veiller à tout ce qui intéresse son service, & qui est de la compétence de l'intendant, & lui en rendre compte.

La dénomination de *subdélégué* convient d'autant mieux à cette espèce d'officiers, que les intendans de province sont eux-mêmes des commissaires & délégués du conseil, à qui il est permis de subdéléguer une partie de leurs fonctions.

Un édit du mois d'avril 1704 avoit créé les *subdélégués* en titre d'office, pour recevoir, chacun dans son département, les requêtes adressées à l'intendant de la généralité, & les lui renvoyer avec son avis : mais ces offices ont été supprimés par un autre édit du mois d'août 1715, & les *subdélégués* sont aujourd'hui révocables *ad nutum* par les intendans. *Voyez* INTENDANT, SUBDÉLÉGATION.

SUBHASTATION, s. f. (*terme de Pratique.*) est la vente d'un ou plusieurs héritages d'un débiteur, qui se fait au banc de cour de la justice des lieux où les héritages sont situés, après qu'ils ont été publiés & criés trois jours consécutifs audit banc de cour, & après la troisième & dernière de ces criées.

Ces ventes ont été ainsi appellées, parce qu'elles tirent leur origine des ventes judicielles usitées chez les Romains, qui se faisoient *sub hastâ*; on plantoit une pique au lieu où la vente se faisoit à l'encan, pour marque de l'autorité; car cette vente ne se faisoit qu'en vertu d'une ordonnance du préteur.

Les *subhastations* sont usitées dans quelques provinces, comme Bresse, Bugey, Gex, & Valromey; elles ont été confirmées dans cet usage par des lettres-patentes de novembre 1602, & par des déclarations des 3 juillet & 6 décembre 1702.

On observe peu de formalités dans ces sortes de ventes. Toutes les enchères s'y reçoivent sans ministère de procureur : à la troisième criée, on adjuge le bien au plus offrant & dernier enchérisseur; on dresse un procès-verbal de l'adjudication, & cet acte transfère la propriété à l'adjudicataire, en telle sorte que les fruits du bien subhasté lui appartiennent du jour qu'il lui a été adjugé.

L'objet de ces *subhastations* est le même que celui de la vente par décret; mais elles ne purgent pas les hypothèques : c'est pourquoi les oppositions à fin de distraire, de charge, ou de conserver, ne sont pas nécessaires : mais on y voit souvent des oppositions à fin d'annuller, quand il y a des nullités dans la forme ou dans le fonds.

Lorsque celui dont le bien est subhasté a été condamné par le juge à payer, il ne peut être admis à proposer ses moyens de nullité, qu'il n'ait auparavant consigné en deniers la somme pour laquelle il a été exécuté, & une somme convenable pour les intérêts, s'il en est dû. C'est ce qu'observe Collet, sur les statuts de Bresse : mais la consignation n'est pas nécessaire quand un tiers, qui n'est pas le débiteur, débat la *subhastation*, ou que ce débiteur soutient que la dette est acquittée.

Les statuts de Bresse accordent, aux personnes dont les biens ont été subhastés, le droit de retirer les biens dans les six mois, en remboursant à l'acquéreur le prix principal & les frais. Ces six mois ne commencent à courir que du jour que l'adjudicataire a fait signifier à la partie subhastée, ses lettres de mise en possession du bien vendu par *subhastation*.

SUBJET. *Voyez* SUJET.

SUBJECTION (*Droit de*), c'est la même chose que le droit de sommage, ou *sommaiche*; celui qu'a un seigneur de faire porter ses lettres par ses sujets. *Voyez* SOMMAICHE. (*G. D. C.*)

SUBORNATION, s. f. (*Code crim.*) séduction par laquelle on engage quelqu'un à faire quelque chose contre son devoir.

Ce terme est principalement usité pour exprimer la corruption des témoins que l'on engage à certifier ou déposer quelque chose contre la vérité.

Ce délit est punissable en raison des conséquences qu'il peut avoir, & qui sont toujours en proportion du chef de demande, ou des chefs d'accusation.

On peut suborner des témoins dans les affaires civiles comme dans les affaires criminelles, parce que, dans les affaires civiles, il arrive souvent que le juge fait précéder son jugement d'une enquête, & le fait dépendre de la déposition des témoins.

Il y a donc, dans tous les cas, toujours un crime à faire déposer à un témoin ce qui est contraire à la vérité, puisque c'est tendre un piège à la justice & lui faire prononcer une décision opposée à ses principes d'équité.

Le subornateur, dans une demande d'intérêt, fait de la justice un instrument de spoliation & de vol; il la contraint d'employer ses mains pures à la rapine, pour l'enrichir aux dépens d'un autre qui ne lui doit rien.

Dans une demande en séparation de corps, formée par une femme, souvent plus tourmentée du desir de l'indépendance, qu'incommodée de la chaîne du mariage, plus occupée de se réunir à l'objet de son nouvel amour, qu'obligée de s'éloigner de celui qui a le droit de s'opposer à cette criminelle réunion, la *subornation* rend la justice complice de ses égaremens, en lui faisant relâcher les nœuds sacrés du mariage, & faciliter ceux du vice & de l'adultère.

Mais ce crime est bien plus punissable lorsqu'il a pour objet de charger un innocent des apparences du crime, & de le faire traîner au tribunal de la sévère loi, soit pour qu'elle le frappe de son glaive, soit pour qu'elle le fasse descendre dans une servitude flétrissante, soit pour qu'elle le bannisse de la société comme un être impur.

Combien ce crime a d'effets funestes ! Il commence par corrompre des hommes foibles, & en fait des parjures; il transforme les juges, établis pour effrayer le crime, en fléaux de l'innocence; il livre le juste à la mort ou à l'infamie; & il expose ceux qui ont été séduits par lui, à mourir victimes de sa séduction, si le ciel permet que leur mensonge soit découvert.

Il n'est pas nécessaire que le subornateur ait réussi à faire effectivement déposer le faux, pour qu'il soit envisagé comme coupable & puni comme tel; il suffit qu'il l'ait tenté.

On peut pareillement être un subornateur & puni comme tel, quand bien même on n'engageroit des témoins à ne déposer que ce qui seroit réellement arrivé, mais dont ils n'auroient pas été témoins. Ainsi, par exemple, j'ai été volé par un homme que je connois ; j'étois seul & sans armes ; il étoit armé & soutenu par des complices : il a fallu céder à la force, & lui remettre ce que j'avois d'argent & d'effets précieux. J'ai le plus grand intérêt à ce qu'il soit condamné à me restituer ce qu'il m'a pris ; je m'adresse à des amis, à des serviteurs qui ont confiance dans mes paroles, qui savent que je suis incapable de calomnier qui que ce soit : je leur raconte ce qui vient de m'arriver ; je leur détaille toutes les circonstances du vol qui m'a été fait ; ils voient la vérité sur le bord de mes lèvres ; ils partagent ma peine, mon indignation : je leur exprime mon embarras. J'étois seul, leur dis-je ; la justice ne peut pas ajouter foi à ma simple déposition : rien ne prouvera que cet argent qui m'a été pris, m'appartienne plutôt qu'à celui qui s'en est emparé ; & à l'égard de mes effets, il les a donnés à d'autres que je ne connois point. Si quelqu'un pouvoit m'avoir entendu appeller du secours, si un autre avoit seulement vu le brigand s'enfuir, je serois écouté, mon argent me seroit restitué, & le vol ne seroit pas impuni. Plusieurs de ceux auxquels je parle, partageant mes regrets, s'écrient : mais ne pourrions-nous pas déclarer que nous avons vu de loin le voleur, & s'enfuir ? Quel mal y auroit-il ? Nous ne chargerions pas un innocent, & ce seroit un coquin de moins à craindre pour la société. Reconnoissant de cette offre généreuse, je n'ai pas la prudence de la rejetter ; je rends plainte contre le coupable ; il est à l'instant décrété de prise de corps, conduit en prison : on fait assigner différens particuliers, du nombre desquels sont ceux qui m'ont montré tant de zèle ; ils déposent ce qu'ils sont convenus de déclarer : *on les récolle* ; ils persistent dans leurs dépositions : on les confronte ; l'accusé paroît hardiment devant eux, soutient qu'il ne m'a rien volé, qu'il n'est pas même entré dans ma maison ; qu'ils sont des imposteurs s'ils disent l'avoir vu. Les témoins sont un peu déconcertés de son assurance : il entrevoit leur incertitude, il en devient plus audacieux, il les accable de questions. Par quel endroit me suis-je introduit ? quelle heure étoit-il ? quel habit avois-je ? de quel côté me suis-je enfui ? Un témoin balbutie, se trouble ; l'accusé, qui démêle le mensonge, rend plainte en *subornation*.... Voilà tout-à-coup la procédure qui étoit suivie contre lui, interrompue : l'accusateur, les témoins deviennent à leur tour des accusés. Pressés par le juge, les derniers se coupent, & finissent par avouer qu'ils n'ont vu ni le vol ni le voleur, mais que, frappés du récit que je leur ai fait, & convaincus que j'étois incapable de leur en imposer, ils n'ont pas cru commettre un crime en appuyant la vérité de leurs témoignages. Cet aveu, qui établit la preuve d'une *subornation* active de ma part, & passive de la leur, nous enveloppe tous dans un jugement affreux ; tandis que s'il ne survient point d'autres indices contre le premier accusé, il sort, quoique coupable, triomphant de la prison, enrichi de dommages & intérêts auxquels nous avons été condamnés envers lui. Mais quand même la preuve de son vol seroit venue depuis frapper les regards de la justice, & auroit justifié les témoins & moi, nous n'en serions pas moins criminels & punissables, pour avoir voulu étayer la vérité par le mensonge.

La supposition que nous venons de faire n'est pas denuée de vraisemblance. J'ai vu, dit Jousse dans son *traité de matières criminelles*, « au présidial » d'Orléans, en 1746, condamner deux particuliers, l'un aux galères à perpétuité, l'autre, qui » étoit une fille, à être renfermée dans une » maison de force, pour avoir, sur leurs dépositions, » fait condamner un accusé à mort pour vol avec » effraction extérieure & violence publique, auquel vol ils disoient avoir été présens, ce qui fut » trouvé faux ; & néanmoins il fut prouvé d'ailleurs » & même avant la condamnation de ces deux » témoins, que le particulier condamné à mort » étoit véritablement l'auteur du vol ».

La peine des subornateurs & des subornés, même en matière d'intérêt, peut aller jusqu'à la mort. Par édit de François I, du mois de mars 1531 ; par ordonnances du mois d'octobre 1535, & de Henri III de 1585, il est déclaré « que tous ceux qui » seront atteints & convaincus d'avoir fait & passé » faux contrats, & porté faux témoignage en justice, soit en matière civile ou criminelle, ensemble les subornateurs desdits faux témoins » seront exécutés à mort, tel que les juges l'arbitreront selon l'exigence des cas ».

Cette loi qui, au premier coup-d'œil, paroît très-sévère lorsqu'elle porte sur des témoins subornés qui n'ont déposé que dans des affaires d'intérêt, ne l'est pourtant pas plus que celle qui condamne à mort un voleur qui dépouille les passans sur les grands chemins. Car n'est-ce pas un acte de violence & d'injustice, bien public, bien authentique, que de faire enlever à un homme ce qui lui appartient légitimement, en jurant ou en faisant jurer à la justice qu'il le doit à un autre ? Trois hommes de mauvaise foi qui s'entendent ensemble, l'un pour demander une somme qui ne lui est pas due, deux autres pour affirmer qu'ils la lui ont vu déposer, ne sont-ils pas aussi dangereux que trois brigands qui réunissent leurs forces pour obliger un voyageur à leur donner sa bourse ? Il est souvent même plus facile d'échapper aux derniers, ou de les vaincre, que de triompher des premiers. Néanmoins il est bien rare, ou, pour mieux dire, il n'arrive jamais de condamner à mort les faux témoins & les subornateurs dans les affaires civiles. Imbert, *liv.* 3, *chap.* 2, rapporte un arrêt du 2 septembre 1595, qui condamne Noël Lebret à faire amende honorable *in figuris*, au fouet & en cinq ans de bannissement, pour avoir corrompu quelques témoins dans une affaire civile.

L'ordonnance de 1667 a sagement prévenu l'effet

de la *subornation* en matière d'intérêt, en déclarant par l'article 11 du titre 20, *que la preuve par témoins ne pourra être proposée ni reçue pour une somme plus forte que celle de cent livres.* Mais il y a des exceptions à cette règle, dont la *subornation* peut abuser, telles que celle qui est relative au dépôt fait entre les mains d'un hôte ou d'une hôtesse, dont la preuve peut être établie par témoins, quoique ce dépôt excède plus de cent francs.

La *subornation* ne se rencontre que trop souvent dans les affaires qui portent sur des demandes en interdiction, ou sur des demandes en séparation de corps; & elle est très-punissable, puisqu'elle enlève souvent à l'homme, victime de ses machinations, l'usage de ses facultés, son état, la libre disposition de sa fortune, & le fait descendre dans la classe des inutiles & des insensés.

Combien de fois n'a-t-on pas vu des parens avides, & même des enfans, dénoncer injustement un oncle, un père comme un imbécille, un dissipateur, & faire entendre des témoins corrompus, qui attestoient de fausses dissipations, des dépenses chimériques, ou des traits de démence inventés?

Certainement si la justice eût reconnu la fraude & l'intelligence qui régnoient entre les témoins & les dénonciateurs, elle les eût punis sévérement.

Les femmes qui ont formé leur demande en séparation, ne sont, pour la plupart, si téméraires dans les faits de vexation, de fureur, qu'elles articulent contre leur mari, que l'inconstance ou le dégoût transforment à leurs regards en des objets odieux, que parce qu'elles se flattent que si elles peuvent être admises à la preuve, des serviteurs, des ouvriers que l'intérêt attache à leur sort, se prêteront à attester les mauvais traitemens qu'elles ont inventés.

Cette *subornation*, si elle étoit découverte, exposeroit la subornatrice & les témoins à une punition sévère; & elle mérite d'autant moins l'indulgence de la justice, que son effet est de mettre les magistrats dans la nécessité de séparer deux êtres que la mort seule sembloit pouvoir désunir, & de les condamner à la stérilité, ou du moins à ne produire que des enfans illégitimes.

Combien, au fond, ne résulte-t-il pas d'inconvéniens de cette espèce de *subornation*, que les gens du monde regardent comme assez indifférente! 1°. calomnie affreuse de la part de la femme contre le père de ses enfans; 2°. parjure des témoins corrompus, qui, sous la foi du serment, attestent à la justice des faits dont le récit leur a été suggéré; 3°. jugement injuste, & en quelque sorte flétrissant, contre le mari; 4°. tous les enfans qui auroient pu naître des époux séparés, perdus pour la société & ensevelis dans la crainte du déshonneur.

Nous, qui ne cesserons de faire des vœux pour que le législateur, en s'occupant de réformer nos loix criminelles, veuille bien prendre conseil de son cœur, apporter quelques adoucissemens à la sévérité des peines, nous réclamerons toujours l'exécution des loix rigoureuses qui existent contre les faux témoins & leurs corrupteurs, parce qu'ils sont les fléaux les plus dangereux que l'intégrité & la vertu aient à redouter.

Toutes les fois que le juge, dans le cours de l'instruction, découvre des traces de *subornation*, il doit, sans attendre que l'accusé rende plainte en *subornation*, la faire rendre par le ministère public, & instruire sur cette plainte qui reste disjointe du procès, par la raison que la *subornation* n'est pas, pour nous servir des termes du palais, un fait justificatif, mais un fait péremptoire. Cela a été jugé ainsi par arrêt du 6 avril 1675, rapporté au journal des audiences, contre un médecin de Paris qui avoit rendu plainte de mauvais traitemens qu'il disoit avoir reçus. Les témoins produits donnèrent lieu à les soupçonner de corruption. Le procureur du roi en forma une accusation incidente; &, par sentence du 20 octobre 1674, il fut ordonné *qu'avant faire droit au principal, le procès seroit instruit contre les témoins*; & le tout ayant été joint, il intervint sentence le 19 janvier 1675, confirmée par l'arrêt ci-dessus, qui renvoya les principaux accusés absous, & condamna les témoins au fouet.

Dans une autre affaire criminelle au châtelet de Paris, un témoin étant devenu suspect par ses variations, il fut rendu plainte contre lui pour raison de *subornation*. Le lieutenant-criminel joignit cette plainte au fond; mais y ayant eu appel de ce jugement de jonction, la cour, par arrêt du 18 mars 1712, infirma la sentence, permit d'informer de la *subornation*, & ordonna que le lieutenant-criminel seroit mandé.

Il faut pourtant observer que dans le cas où un accusé qui ne seroit pas poursuivi à la requête d'une partie civile, contre lequel il existeroit des preuves certaines de son crime, rendroit de son chef & sans être appuyé de l'intervention du ministère public, une plainte vague en *subornation*, cette plainte seule n'arrêteroit pas l'instruction. Il a même été jugé par arrêt du 7 septembre 1726, que dans les procès qui s'instruisent à la requête d'une partie civile, lorsque la *subornation* ne paroît tomber que sur quelque témoin, & qu'il y en a un grand nombre d'autres intacts & auxquels on ne reproche point d'avoir été corrompus, le procès doit être suivi: la raison de cette distinction est sensible. Si une accusation quelconque n'est appuyée que de la déposition de deux ou trois témoins qui paroissent subornés, il est essentiel d'éclaircir le fait de la *subornation*, avant de statuer sur l'accusation principale, parce que s'il vient à être reconnu que ces deux ou trois témoins ont été subornés, leurs témoignages s'anéantissent en faveur de l'accusé: les juges courroient donc le risque de rendre une sentence de condamnation nulle, puisqu'elle ne porteroit plus que sur une plainte dénuée de preuves. Mais si, au contraire, six témoins déposant conformément à ce qui est énoncé dans cette plainte, un seul d'entre eux est accusé d'avoir été suborné, & qu'il ne s'élève aucun reproche, aucun soupçon de *subornation* contre les autres, les juges peuvent continuer l'instruction, parce qu'ils sont assurés que le jugement qu'ils rendront portera sur une base certaine & légale.

La *subornation* peut se faire de différentes manières; par des motifs de crainte ou d'espérance, soit en menaçant le témoin de lui faire perdre son emploi, sa fortune; de le faire périr sous les coups, s'il ne dépose pas telle & telle chose; ou soit en lui donnant ou promettant de l'argent, ou en le flattant de l'espoir de l'avancer. Peu importe le choix des moyens employés par le subornateur; ils sont tous réprouvés & le rendent également punissable; mais ils peuvent quelquefois rendre plus excusable celui qui y succombe. Ainsi un faux témoin qui a été réellement déterminé à faire sa déclaration par la crainte très-raisonnable, très-fondée de perdre la vie, ou même d'être plongé dans la misère, mérite plus de pitié, plus d'indulgence que l'homme indépendant, qui, pour gagner quelque argent, s'est présenté hardiment à la justice, & a déposé tout ce qu'on a voulu lui faire dire. Selon Julius Clarus, ff. *falsum in supplem.* n°. 278, & Farinacius, quæst. 67, n°. 63, *le témoin qui dépose faux par crainte & par violence, ne doit pas être puni de la peine du faux.*

La *subornation* n'est que trop facile de la part du supérieur vis-à-vis de son inférieur, ou d'un homme qui vit dans sa dépendance; & voilà pourquoi, excepté dans des cas très-particuliers, suivant nos ordonnances, on n'a presque aucun égard à la déposition des parens, des donataires, des domestiques de l'accusateur.

Le subornateur ne cesse pas d'être envisagé comme tel par la loi, quoique le témoin qu'il a voulu corrompre ait résisté à la séduction, & ait rendu hommage à la vérité: mais le sentiment des criminalistes est qu'il soit moins puni, parce que sa *subornation* n'a point causé de préjudice. Il seroit, à notre avis, bien plus dans le cas de l'indulgence & du pardon, s'il n'avoit pas voulu faire usage des témoins qu'il auroit d'abord subornés, parce qu'on pourroit attribuer cette retenue à un repentir volontaire & qui lui est personnel; au lieu que l'hommage que rend à la vérité le témoin qu'il a suborné, lui étant étranger & étant contraire à sa volonté, il ne devroit pas adoucir en sa faveur la disposition rigoureuse de la loi.

Il y a une autre sorte de *subornation* qui est souvent employée par l'accusé, par ses parens, par ses amis. Celle-là n'a pas pour objet de faire parler des témoins, mais de les faire taire. Elle leur suggère un mensonge négatif. Elle est bien moins criminelle que l'autre, puisqu'elle ne tend pas à faire périr un innocent; son but est seulement de sauver un coupable. Elle est, par cette raison, moins dangereuse. Mais comme dans les affaires civiles elle peut beaucoup nuire au demandeur; & que dans les affaires criminelles elle peut compromettre l'accusateur & l'exposer à des dommages & intérêts, celui qui se l'est permise doit être condamné en proportion du tort qui auroit pu en résulter si elle eût eu son effet.

Le 9 mai 1737, le parlement rendit un arrêt par lequel il condamna les nommés Louis Vinaut, Jean Gatelier, Jacques le Jeune, & Jacques Dumont, comme faux témoins, à être blâmés & en trois livres d'amende. Par le même arrêt, le sieur Pinault du Champ-Riche fut condamné, par contumace, aux galères, pour avoir engagé un particulier à déposer en sa faveur; mais s'étant depuis *mis en état*, il fut seulement, par un autre arrêt contradictoire, condamné au bannissement pour trois ans & en trois livres d'amende.

Quoique dans les accusations de crimes qui emportent peine de mort, les subornateurs & les faux témoins dussent, suivant la plus sage des loix & celle qui est la plus conforme à la nature, périr du même supplice qu'ils auroient fait subir à la victime de leur calomnie, la jurisprudence varie à cet égard, & n'est pas aussi constante qu'on le croiroit. Papon, *liv. 23, tit. 5*, rapporte un arrêt qui condamna seulement le sieur de Chambon au bannissement hors du royaume, pour avoir faussement & calomnieusement accusé le sieur Morisse d'avoir tué un particulier: par le même arrêt, on voit qu'il avoit suborné des témoins pour soutenir son accusation. Certainement si Morisse eût succombé sous cette horrible machination, il auroit au moins été condamné à être pendu. Son criminel accusateur dut donc rendre grace aux magistrats d'avoir bien voulu lui conserver la vie?

En 1708, le nommé Thibault rendit plainte contre sa femme en adultère. Pour parvenir à la faire condamner, il imagina de déterminer un nommé Héricot à se présenter au récolement & confrontation des témoins, sous le nom de Jean le Grand, qui avoit été entendu dans l'information faite chez le commissaire. Il engagea plusieurs témoins, entre autres un nommé Piperot, à faire de fausses dépositions.

Le 21 mai 1708, le parlement confirma la sentence du châtelet qui avoit condamné Thibault à faire amende honorable à l'audience du parc civil, nu en chemise, la corde au cou, tenant en ses mains une torche ardente, & à servir sur les galères l'espace de trois ans; Héricot à faire également amende honorable & en trois ans de galères, & Piperot à assister à l'exécution, & au bannissement pour cinq ans de la ville de Paris.

Un arrêt plus connu, & qui est d'une juste sévérité, est celui qui fut rendu le 7 février 1755 dans l'affaire de Pierrefitte. Le nommé du Francey accusa Roi de Pierrefitte, d'avoir voulu l'assassiner. Pour donner à son accusation l'effet terrible qu'il s'en promettoit, il suborna deux témoins qui déposèrent contre l'accusé, & qui persistèrent au récolement dans leur déposition. Heureusement pour Roi de Pierrefitte, qu'il parvint, à la confrontation, à toucher le plus jeune des témoins, & à lui faire faire l'aveu de la *subornation*. Du Francey fut condamné à être rompu vif. Le témoin qui avoit soutenu le mensonge à la confrontation eût le même sort. Les juges regrettèrent de ne pouvoir sauver la vie à celui qui avoit découvert la machination & empêché que le sang de l'innocent ne fût répandu. Mais l'article 11 du titre 15 de l'ordonnance de 1670, qui porte, *que les témoins qui, depuis le récolement, rétracteront leurs dépositions ou les changeront dans des circonstances essentielles, seront punis comme faux témoins*, les réduisit à la dure nécessité de ne faire qu'adoucir son supplice en le condamnant à être pendu.

Nous ferons, relativement à cet article de l'ordonnance, une réflexion qui mérite de fixer l'attention du chef de la justice. Il est bien clair que l'intention du législateur a été que des témoins qui auroient fait une fausse déposition, qui auroient persisté dans cette fausse déposition au récolement, & qui, par cette calomnie constante, auroient compromis d'abord la liberté, ensuite l'honneur & la vie d'un accusé, ne fussent pas impunis, par la raison qu'ils se seroient rétractés postérieurement.

Mais si, d'un côté, il est juste que leur mensonge obstiné soit châtié, n'est-il pas, de l'autre, à craindre qu'une fois qu'ils ont eu le malheur de persister dans leur mensonge au récolement, ils ne résistent ensuite au remords qu'ils pourroient avoir par une juste frayeur de perdre la vie s'ils se rétractoient? car enfin, s'ils disent alors la vérité, ils sont assurés de mourir. La fermeté & le courage dans le mensonge leur sont donc en quelque sorte devenus nécessaires, puisque leur conservation en dépend? Cette conséquence, dont le subornateur a eu grand soin de les pénétrer, pour les endurcir à la confrontation, & qui peut être si funeste à l'accusé, déterminera sans doute un jour le législateur à apporter quelques modifications à l'article que nous avons cité.

Comme on ne peut pas trop effrayer les subornateurs de témoins, nous allons encore mettre ici sous leurs yeux un exemple de sévérité plus récent. Le 6 août 1763, Pierre Heu ayant conçu le projet de faire périr le nommé Flahaut, l'accusa d'avoir commis nuitamment plusieurs assassinats sur le grand chemin. Il parvint à engager Claude Carbonnier à seconder son accusation; heureusement la fausseté en ayant été découverte, Pierre Heu fut condamné à être rompu vif; Claude Carbonnier, qui n'avoit pas déposé d'une manière positive, fut seulement condamné à faire amende honorable, à assister à l'exécution du conspirateur, & à neuf ans de galères.

Plus la *subornation* est par elle-même criminelle, moins elle doit se présumer aisément, plus le juge auquel elle est dénoncée doit apporter de prudence & de sagacité dans l'examen de l'accusation. Il doit sur-tout se défier des apparences & sonder les motifs. Par exemple, un accusateur qui engage, qui presse des témoins de déposer dans l'affaire qui se suit à sa requête, ne doit pas être regardé comme un subornateur, quand même il auroit vu les témoins, qu'il auroit conféré avec eux, qu'il leur auroit même promis de l'argent ou des dédommagemens pour les déterminer à aller déposer, à n'omettre aucune des circonstances qui les auroient frappés & qu'il auroit rappellées à leur souvenir, si toutefois il n'avoit rien exigé de contraire à ce qu'ils auroient vu ou entendu, parce que son intention n'auroit point été de tromper la justice, mais au contraire de l'éclairer complétement sur des faits qu'il lui importoit de prouver. Tout le risque qu'il courroit, seroit celui de voir récuser ses témoins; si l'accusé découvroit qu'ils eussent reçu de l'argent avant de déposer, ou même depuis leur déposition, parce qu'ils deviendroient alors suspects & même reprochables. Voilà pourquoi il est plus prudent à une partie civile, de ne faire qu'indiquer à la justice les témoins qu'elle croit en état d'appuyer les faits contenus dans sa plainte, de ne les point voir, de se confier aveuglément à leur mémoire & à leur véracité. Nous ne pouvons pas trop le répéter, on n'est réellement un subornateur, on ne doit être puni comme tel, que lorsqu'on incite quelqu'un à faire ou à dire un faux, dans le dessein de nuire à un autre.

Il y a des cas où le subornateur est moins criminel que le suborné; ce sont ceux où il est intéressé pour sa propre conservation à faire altérer un fait dont la connoissance lui seroit funeste. Le témoin qu'il a corrompu dans ce dessein, n'ayant pas un intérêt aussi naturel à tromper la justice, est plus coupable que lui lorsqu'il se rend parjure, puisque, *selon Julius Clarus*, falsum in supplem. n°. 258 & 262, *celui qui dépose faux pour sa défense, ou dans une cause où il a intérêt, devient excusable, & ne doit pas être puni de la peine ordinaire de faux*. Celui qui, par le même motif, engage un autre homme à déposer faux, mérite donc aussi de l'indulgence, mais il ne faut pas que ce soit dans une cause où il ne soit question que de conserver de l'argent; il faut qu'il ait un puissant intérêt à défendre, tel que sa vie, son honneur & l'existence de ses enfans. Alors ce grand & puissant motif excuse jusqu'à un certain point sa fraude aux yeux de la justice, & modère infiniment la peine qu'il a encourue.

De ce qu'un témoin a fait une fausse déposition, il ne seroit pas juste d'en conclure qu'il a été suborné par la partie civile; car il peut se faire que, par des motifs de haine, de vengeance ou d'intérêt personnel, il se soit déterminé à aggraver sa déposition, ou à la charger de faux.

Selon plusieurs criminalistes, les témoins subornés font preuve contre celui qui les a corrompus, s'ils déclarent que ce dernier les a subornés. Papon, *liv. 22, tit. 13*, observe avec raison, que deux témoins de cette espèce sont trop suspects pour devoir déterminer les juges à condamner, sur leur seule déclaration, celui qu'ils accusent de *subornation*.

Une affaire récente, & qui a eu une grande célébrité, va fournir une preuve de cette vérité.

En 1778, les frères Biaggi furent convaincus d'avoir commis un assassinat en Corse; mais ils avoient des complices, & les soupçons se portèrent sur un nommé Sanvito, leur parent.

Le sieur Abbatuni, lieutenant-colonel du régiment provincial de Corse, reçut l'ordre de son commandant d'aller sur les lieux faire des informations relatives à la part que pouvoit avoir *Sanvito*, dans l'assassinat dénoncé à la justice.

Un nommé Dominique se fit annoncer chez le sieur Abbatuni, & déclara qu'il venoit déposer de ce qu'il savoit sur les auteurs & complices du meurtre commis par les Biaggi; l'après-midi du même jour, *Antoine Macconi* vint pour faire une pareille déclaration.

Le sieur Abbatuni, après avoir observé à ces deux témoins que c'étoit devant le juge qu'ils devoient aller faire leur déclaration, eut le malheur d'avoir égard à la représentation qu'ils lui firent du danger qu'ils prétendoient courir en allant de leur propre mouvement chez le juge.

En conséquence, cet officier, pour remplir la mission que lui avoit donnée son chef, prit note de leur déclaration, l'envoya au commandant & au procureur du roi d'*Ajaccio*, pour que ces deux témoins fussent assignés en déposition.

Ces témoins, ainsi que d'autres, furent assignés & déposèrent conformément à la note envoyée par le sieur Abbatuni. Mais Antoine se rétracta au récolement, & Dominique, après la confrontation. Ni l'un ni l'autre n'accusèrent d'abord le sieur Abbatuni de *subornation*. La sentence du premier juge condamna Dominique au carcan, & Antoine à assister à l'exécution.

L'affaire ayant été portée au conseil supérieur de Corse, le curé de Guittera, oncle de Sanvito, parvint à déterminer les deux témoins à charger le sieur Abbatuni de les avoir subornés, par l'entremise d'un soldat de son régiment, & sur ces deux seules dépositions il fut condamné au fouet, à la marque & à neuf ans de galères. Ce qu'il y eut de plus terrible dans ce jugement, c'est qu'il fut exécuté.

Du milieu de son esclavage honteux, ce gentilhomme fit entendre sa justification, & adopter ses moyens de cassation contre l'arrêt du conseil supérieur de Corse; ce jugement fut cassé, & l'affaire renvoyée au parlement d'Aix, qui, le 17 juillet 1786, rendit l'honneur au sieur Abbatuni, & condamna le curé de Guittera, chef de la *subornation*, à être pendu en effigie. Les témoins subornés n'échappèrent à la même peine, que parce que la mort les frappa après leur rétractation devant le parlement d'Aix. Depuis ce dernier arrêt le monarque a réparé autant qu'il a dépendu de sa puissance, les malheurs du sieur Abbatuni, en le réintégrant dans son grade de lieutenant-colonel, & en lui faisant compter ses appointemens à compter du jour où ses services militaires avoient été suspendus.

Mais, comme nous le disons dans le mémoire que nous avons fait pour ce malheureux gentilhomme, les juges du conseil de Corse devoient-ils le condamner sur la déclaration des deux témoins, tels qu'Antoine & Dominique, qui s'étoient rencontrés parjures, en rétractant leurs dépositions? Dominique, qui avoit persisté dans la sienne jusqu'à la confrontation, ne devoit-il pas être à leurs yeux, un homme indigne de toute croyance?

Boërius & Farinacius sont d'avis, que quoiqu'une partie ait suborné des témoins en sa faveur dans le cours du procès, elle n'est pas pour cela déchue du droit qu'elle pouvoit avoir, si d'ailleurs ce droit étoit fondé sur d'autres preuves. Cela est juste au fond; mais il nous semble qu'elle mériteroit bien de le perdre dans le cas où la *subornation* seroit complétement démontrée; & si on ne l'en prive pas, c'est parce qu'elle doit être punie d'une autre manière. (*Cet article est de M.* DE LA CROIX, *avocat au parlement.*)

SUBREPTICE, adj. SUBREPTION, s. f. (*termes de Pratique & de Chancellerie.*) On appelle *subreptice* la concession qui est faite à quelqu'un sur un faux exposé; & *subreption*, la fausseté de l'exposé en vertu duquel on obtient cette concession. *Subripere*, dit le Lexicon Calvini, *nostris usurpatur, pro eo quod est per mendacem narrationem aliquid extorquere & quasi furari. Hinc subreptio pro impetratione quæ fit à principe per falsam rei narrationem, & subreptitia diplomata ac litteræ, quæ ad falsam alicujus suggestionem concessa sunt. Voyez* OBREPTION.

La concession faite sur un faux exposé doit être révoquée toutes les fois que le fait faussement exposé a pu la déterminer. Il y a cependant des énoncés faux, que l'usage a, pour ainsi dire, autorisés dans l'impétration des bénéfices en cour de Rome, afin d'éviter les taxes trop onéreuses de la chancellerie romaine. C'est par cette raison que dans les suppliques présentées au pape pour obtenir un bénéfice qui n'est pas consistorial, & à la nomination du roi, on affirme qu'il n'est pas d'un revenu au-delà de vingt-quatre ducats. *Voyez* LETTRES DE CHANCELLERIE, PROVISION.

SUBROGATEUR, s. m. est l'ancien créancier qui en subroge un nouveau en son lieu & place, aux droits qu'il avoit contre son débiteur. *Voyez ci-après* SUBROGATION. (*A*)

SUBROGATION, s. f. est lorsqu'une personne succède & entre au lieu & place d'un autre pour exercer ses droits; ou, lorsqu'une chose prend la place d'une autre, & est réputée de même nature & qualité, & sujette aux mêmes charges.

La *subrogation* n'est qu'une fiction ; & comme les fictions légales sont de droit étroit, elles ne peuvent être établies que par la loi, ou par des conventions que la loi autorise. Ce principe s'applique dans toute son étendue à la *subrogation*.

Celle des choses comme des personnes a lieu, soit qu'il s'agisse d'une universalité de biens, ou seulement de droits particuliers.

Quand il s'agit d'universalité de biens & de droits universels, la *subrogation* se fait indistinctement, soit des personnes l'une à l'autre, soit des choses, & elle a toujours lieu de plein droit ; elle est naturelle, & conforme au droit commun.

Telle est la *subrogation* qui s'opère de l'héritier au lieu & place du défunt : telle est aussi celle qui a lieu en fait d'universalité de biens, lorsque l'héritier grevé de fidéi-commis a vendu quelque bien de succession, & en a employé le prix à l'acquisition d'autres héritages.

En fait de droits particuliers, il y a aussi *subrogation* tant des personnes que des choses : mais elle n'a lieu que dans les cas exprimés par la loi ou par la convention.

La *subrogation* d'une chose a lieu, 1°. suivant les coutumes de Paris, Orléans & Rouen, pour les rentes des mineurs, rachetées pendant leur minorité. Les deniers de rachat, ou leur remploi, sont censés, jusqu'à leur majorité, être de même nature & qualité d'immeubles qu'étoient les rentes rachetées. Il en est de même des deniers résultans de la vente de leurs propres.

2°. Suivant l'article 143 de la coutume de Paris, & la disposition d'un grand nombre d'autres coutumes, un acquêt donné en contre-échange d'un propre, devient propre par *subrogation*.

3°. Les rentes foncières, constituées au profit du propriétaire, lors de la cession qu'il fait d'un héritage par bail à rente, sont subrogées de plein droit dans la personne du bailleur, aux fonds qu'elles représentent, & dont elles sont le prix. Il n'y a même pas, à cet égard, de différence entre les rentes seigneuriales & les rentes surcensières, ainsi qu'il a été décidé par un arrêt du parlement de Paris, de Pâques 1592, rapporté par Renusson.

La *subrogation* d'une personne à une autre, en fait de droits particuliers, a lieu dans plusieurs cas ; savoir, pour les bénéfices litigieux, pour les décrets d'immeubles, pour les hypothèques & privilèges de créances.

Les canonistes appellent *subrogation* la succession d'un ecclésiastique aux droits litigieux d'un bénéficier décédé pendant le cours d'un procès. Il en est parlé dans la règle de la chancellerie romaine *de subrogandis litigatoribus* : mais comme elle n'est pas reçue en France, nous ne parlerons pas de cette espèce de *subrogation* : d'ailleurs, nous en avons parlé sous le mot LITIGE.

En matière de décrets d'immeubles, lorsque le poursuivant criées, par négligence ou appointement, ou intelligence avec celui sur lequel on crie, est négligent de poursuivre le procès des criées, l'un des opposans peut se faire subroger en sa place, en lui payant les frais des criées faites, dont en la fin il se fait payer sur les biens saisis, & le premier poursuivant est tenu de lui remettre les procès-verbaux de saisie & de criées. *Voyez* CRIÉE, DÉCRET, SAISIE-RÉELLE.

Quoique dans les deux espèces dont nous venons de parler, il y ait véritablement *subrogation* d'une personne à une autre, cependant le terme de *subrogation* est plus usité pour exprimer la manière dont un créancier prend la place d'un autre, & succède à ses privilèges & hypothèques.

Cette *subrogation* s'opère de deux manières ; l'une en vertu de la loi, l'autre en vertu d'une stipulation expresse. La première est appellée *légale*, & a lieu de plein droit ; l'autre est appellée *conventionnelle*.

La *subrogation*, soit légale ou conventionnelle, a lieu en plusieurs cas différens.

Le premier est celui de la cession, transport ou délégation au profit d'un autre. *Voyez* CESSION, DÉLÉGATION, MANDEMENT, TRANSPORT.

Le second est lorsqu'un créancier hypothécaire rembourse un créancier antérieur à lui, ou même des créanciers postérieurs, pour empêcher qu'ils ne consomment en frais les biens de leur débiteur commun. Il est subrogé de plein droit à leurs hypothèques, sans qu'il ait besoin de stipuler aucune *subrogation* : mais un créancier chirographaire n'a pas le même droit.

Le troisième cas est celui du tiers-acquéreur qui paie les dettes du vendeur, au moyen de quoi il est subrogé aux hypothèques des créanciers qu'il paie : mais cette *subrogation* n'a son effet que sur l'immeuble acquis, & non sur les autres biens du vendeur.

Le quatrième cas est lorsque l'héritier bénéficiaire, ou le curateur aux biens vacans, paient les dettes de la succession, ils sont subrogés de plein droit aux créanciers qu'ils ont payés.

Le cinquième cas est celui des co-obligés, cautions & co-héritiers, qui sont contraints de payer pour autrui, soit par le moyen de l'action personnelle, soit par le moyen de l'action hypothécaire. Ils ne sont pas, à la vérité, subrogés de plein droit ; mais ils peuvent obliger les créanciers qu'ils paient de consentir la *subrogation*, ou, à leur refus, se faire subroger par justice : la loi leur permet même de refuser leur paiement jusqu'à ce que la *subrogation* ait été accordée, & leur donner pour cela une exception appellée en droit *exceptio cedendarum actionum*.

Le réglement du parlement de Paris, de 1690, porte, que pour succéder & être subrogé aux actions, droits, hypothèques & privilèges d'un ancien créancier sur les biens de tous ceux qui sont obligés à la dette, ou de leurs cautions, & pour avoir droit de les exercer ainsi, & en la manière que les créanciers l'auroient pu faire, il suffit que les deniers du nouveau créancier soient fournis à l'un des débiteurs, avec stipulation faite par acte passé devant notaire, qui précède le paiement, ou qui soit de même date; que le débiteur emploiera les deniers au paiement de l'ancien créancier; que celui qui les prête sera subrogé aux droits du créancier, & que dans la quittance ou dans l'acte qui en tiendra lieu, lesquels seront aussi passés pardevant notaire, il soit fait mention que le remboursement a été fait des deniers fournis à cet effet par le nouveau créancier, sans qu'il soit besoin que la *subrogation* soit consentie par l'ancien créancier, ni par les autres débiteurs & cautions, ou qu'elle soit ordonnée en justice.

Le réglement du parlement de Rouen, de 1666, *art. 132*, porte que l'obligation du plège (ou caution) est éteinte quand la dette est payée par le principal obligé, lequel néanmoins peut subroger celui qui a baillé les deniers pour acquitter les dettes à l'hypothèque d'icelle, sur ses biens seulement, & non sur ceux du plège. *Voyez* CAUTION, CRÉANCIER, CO-OBLIGÉ, DÉBITEUR, HYPOTHÈQUE, PRIVILÈGE, TRANSPORT. (*A*)

SUBROGÉ, adj. & subst. (*en terme de Pratique*) est celui qui est au lieu & place d'une autre personne, ou qui est en ses droits.

Un conseiller est *subrogé* à un autre, lorsqu'on le nomme rapporteur d'un procès en son lieu & place. *Voyez* SUBROGATEUR.

Un créancier est *subrogé* à un autre, lorsque celui-ci lui cède ses droits & actions. *Voyez* SUBROGATION. (*A*)

SUBROGÉ TUTEUR, qu'on nomme aussi *curateur à l'inventaire*, est celui qui est nommé pour veiller à la conservation des droits des mineurs, pour assister à l'inventaire, & y servir de légitime contradicteur, lorsque celui des père & mère qui est survivant est tuteur de ses enfans mineurs.

On nomme en ce cas un *subrogé tuteur*, à cause que les mineurs ont des intérêts à discuter avec leur tuteur ou tutrice. Sa nomination se fait de la même manière que celle du tuteur, en conséquence d'un avis de parens; il doit prêter serment, à peine de nullité de l'inventaire qui seroit fait avec lui.

La fonction du *subrogé tuteur* ne consiste qu'à assister à l'inventaire. *Voyez* CURATÈLE, CURATEUR, INVENTAIRE, MINEUR, TUTÈLE, TUTEUR.

SUBSIDIAIRE, adj. se dit, *en terme de Palais*, de ce qui n'a lieu que comme un dernier recours, une dernière ressource.

L'hypothèque *subsidiaire* est celle que l'on accorde, en certains cas, sur des biens, qui naturellement ne devoient pas y être sujets, & au défaut de recours sur d'autres biens, telle que celle de la femme pour sa dot sur les biens substitués. *Voyez* HYPOTHÈQUE & SUBSTITUTION.

Les conclusions *subsidiaires* sont celles que l'on prend pour le cas où l'on n'obtient pas l'adjudication des premières conclusions.

Les moyens *subsidiaires* sont ceux que l'on fait valoir dans le cas où ceux que l'on a proposés les premiers ne réussiroient pas.

On se sert aussi de l'adverbe *subsidiairement*, pour signifier ce qui est demandé ou employé au défaut d'une autre chose. (*A*)

SUBSTITUT, s. m. (*Droit public.*) est un officier établi pour en remplacer un autre en cas d'absence, maladie ou autre empêchement.

On confondoit anciennement le titre de *substitut* avec celui de lieutenant, & on donnoit l'un ou l'autre indifféremment à tous ceux qui remplaçoient quelque officier public, soit juge ou autre officier de justice.

L'ordonnance du 23 mars 1302 porte, *art. 22*, que les sénéchaux, baillis, viguiers, vicomtes, juges, & autres officiers de justice, exerceront leurs offices en personne, & qu'ils ne pourront commettre en leur place des *substituts* ou des lieutenans, qu'en cas de nécessité, comme en cas de maladie, ou qu'ils aillent au conseil; que dans ces sortes de cas ils prendront pour *substituts* des personnes du pays, sages & éclairées, qui ne seront pas avocats, ou surchargés d'affaires, ni liés avec un trop grand nombre d'amis; qu'ils seront responsables, selon droit & raison, du fait de leurs *substituts*, & que ceux-ci prêteront serment de bien faire leur devoir.

Présentement on ne donne le titre de *substitut* qu'aux officiers établis pour aider le procureur-général ou le procureur du roi dans leurs fonctions. Les procureurs au parlement ont aussi des *substituts*. (*A*)

SUBSTITUTS DU PROCUREUR-GÉNÉRAL DU ROI, anciennement il n'en avoit point d'ordinaire, & en commettoit seulement dans les occasions où cela étoit nécessaire. On trouve dans les registres du parlement, sous la date du 14 novembre 1390, que M. Sureau, procureur-général, ayant demandé la permission de s'absenter, la cour, en le lui permettant, lui ordonna de laisser un *substitut* pour l'expédition des affaires.

La fonction de ces *substituts* ne duroit pas plus que la cause pour laquelle ils avoient été commis.

Dans la suite, le procureur-général commit plusieurs *substituts* pour l'aider dans ses fonctions, & ceux-ci devinrent ordinaires. En effet, lorsque le parlement fut transféré à Poitiers, M. Angevin, procureur-général, eut l'attention de destituer ceux de ses *substituts* qui ne purent le suivre. La portion du parlement qui étoit retenue à Paris par les Anglois, commit M. le Tue, avocat-général, pendant l'absence de M. Angevin, pour exercer l'office de ladite *procure*.

Lorsque la place de procureur-général venoit à vaquer par le décès de celui qui en étoit pourvu, la cour confirmoit les *substituts* qu'il s'étoit choisis;

& les commettoit pour en remplir les fonctions pendant la vacance.

Les choses demeurèrent en cet état jusqu'au mois de mai 1586, que les *substituts* du procureur-général furent créés en titre d'office dans toutes les cours souveraines, comme ils sont encore présentement.

Au parlement de Paris, ils sont aujourd'hui au nombre de quinze. Ils ont réuni à leur corps la charge d'avocat-général aux requêtes du palais, qu'ils exercent par celui d'entre eux qui est commis à cet effet.

Il y en a aussi dans la plupart des autres cours, mais le nombre n'en est pas par-tout égal.

Toutes leurs fonctions sont renfermées dans deux objets; l'un, de soulager le procureur-général dans ses fonctions, comme de lui faire au parquet le rapport des instances, dans lesquelles il doit donner ses conclusions; l'autre, de le remplacer dans le cas où il ne peut vaquer par lui-même à l'expédition des affaires dont il est chargé.

Le procureur-général qualifie aussi de ses *substituts* les procureurs du roi des siéges du ressort de la cour; on en trouve un exemple dès 1344, dans l'ordonnance de Philippe de Valois, du mois de juillet de ladite année, & en cas d'empêchement de leur part, il commet des *substituts* pour les remplacer, lorsqu'ils n'en ont point; mais dans leur siége, & dans tous autres actes, les procureurs du roi doivent être qualifiés de ce titre de procureur du roi, & non de celui de *substituts* du procureur-général. (*A*)

SUBSTITUTS DES PROCUREURS DU ROI. Anciennement les procureurs du roi n'avoient pas la faculté de se nommer des *substituts* pour exercer leurs fonctions, même en leur absence ou autre empêchement; cela n'appartenoit qu'au procureur-général. L'article 158 de l'ordonnance de Blois, défendit aux procureurs du roi de commettre aucuns *substituts* en leur place, quand les avocats du roi seroient présens.

L'édit du mois de mai 1586 avoit créé en titre d'office, non-seulement des *substituts* des procureurs-généraux des cours, mais aussi de tous les procureurs du roi dans les siéges inférieurs, pour faire toutes les fonctions des procureurs du roi en leur absence, négligence ou empêchemens; & pour assister & être adjoints aux juges en tous actes de justice, où on avoit coutume de prendre un adjoint.

Mais ces offices n'ayant point été établis dans plusieurs des siéges inférieurs, & la plus grande partie de ceux qui avoient été levés, étant depuis restés vacans aux parties casuelles, Louis XIV, par un autre édit du mois d'avril 1696, créa de nouveau en titre d'offices, dans chaque bureau, des trésoriers de France, siéges présidiaux, bailliages, fénéchaussées, tables de marbre & siéges des eaux & forêts, maréchaussées, amirautés, prévôtés, vigueries, châtellenies, vicomtés, élections, greniers à sel, & autres justices royales, ordinaires & extraordinaires, tel nombre de ces *substituts* des avocats & procureurs du roi qui seroit réglé, outre ceux d'ancienne création, qui étoient pour lors remplis & exercés, pour, en l'absence des avocats du roi, porter la parole en l'audience, & en l'absence du procureur du roi, donner des conclusions par écrit en toutes affaires sujettes à communication, & faire toutes les fonctions des avocats & procureurs du roi en leur absence, négligence ou légitime empêchement, ensemble pour jouir des autres prérogatives qui leur sont accordées par les édits & réglemens.

Ces droits & prérogatives consistent dans la jouissance de tous les privilèges & exemptions dont jouissent les officiers des siéges auxquels ils sont attachés; dans le droit d'avoir rang & séance dans les cérémonies publiques & autres, après les avocats & procureurs du roi; dans la faculté de postuler, plaider, & écrire dans les affaires où le ministère public n'est pas intéressé, même de plaider couverts, comme gradués, à la charge de se placer à la barre des avocats, suivant l'ordre de leur matricule; dans le droit de faire les fonctions de juge, de tenir le siége en l'absence des autres juges, & des avocats & procureurs du roi, dans les affaires où le roi ou le public n'ont point d'intérêt; de porter la parole aux audiences, en l'absence des avocats & procureur du roi. C'est ce qui résulte de l'édit de 1696, & de plusieurs arrêts & réglemens intervenus au parlement de Paris, & notamment d'un arrêt du 7 août 1779, rendu en faveur du *substitut* du procureur du roi au bailliage de Bourges.

SUBSTITUTS DES PROCUREURS AU PARLEMENT. Avant que les procureurs fussent en titre d'office, on entendoit par *substitut* d'un procureur celui que le fondé de procuration substituoit en son lieu & place.

Mais depuis long-temps les réglemens ont obligé les procureurs de nommer chacun pour leurs *substituts* deux de leurs confrères. L'arrêt du 23 juillet 1664, en prescrivant l'observation des anciens arrêts & réglemens, ordonne que, suivant iceux, tous procureurs reçus en la cour, qui n'ont pas nommé des *substituts*, seront tenus dans trois jours de mettre au greffe des présentations les actes contenant nomination chacun de deux *substituts*, pour les représenter & recevoir les significations au palais en cas d'absence ou de maladie, à peine contre les contrevenans de 24 liv. parisis d'amende, & d'être rayés de la matricule; leur fait défenses de signer pour autres procureurs que leurs *substituts*, à peine de faux & de pareille amende. (*A*)

SUBSTITUTION, s. f. (*Droit civil.*) est définie par les jurisconsultes romains, l'institution d'un second, troisième, ou autre héritier, pour recueillir au défaut d'un autre héritier ou après lui.

Cette définition annonce que le nom de *substitution* est commun à deux sortes de dispositions.

L'une est celle par laquelle un testateur, ayant institué un héritier, & craignant qu'il ne puisse ou ne veuille l'être, en nomme un autre pour recueillir l'hoirie au défaut du premier : c'est ce que l'on appelle *substitution vulgaire*.

L'autre sorte de disposition & *substitution* est celle qui fait passer les biens à un second héritier, après le premier qui les a recueillis : cette espèce de *substitution*, qu'on appelle *fidei-commissaire*, est plus connue en droit sous le nom de *fidei-commis* simplement.

Néanmoins, dans notre usage, on se sert également du terme de *substitution*, pour désigner les *fidei-commis*, & les *substitutions vulgaires* : on les distingue seulement l'une de l'autre, en appellant les fidéi-commis *substitutions fidéi-commissaires*.

Les règles de la *substitution* vulgaire sont expliquées ci-après à l'*article* SUBSTITUTION VULGAIRE. Celle-ci est beaucoup plus simple que l'autre.

Les loix romaines contiennent une infinité de dispositions, au sujet des *substitutions* fidéi-commissaires, & la jurisprudence des différens parlemens, qui n'étoit pas uniforme sur cette matière, a été fixée par l'ordonnance du mois d'août 1741. Comme cette loi ne laisse pas d'être fort étendue, nous ne ferons ici l'analyse que de ses principales dispositions.

Toutes personnes capables de disposer de leurs biens, peuvent faire des *substitutions* fidéi-commissaires dans les pays où elles sont en usage. L'ordonnance, en s'exprimant ainsi, respecte la disposition des coutumes qui excluent les *substitutions*. On en compte jusqu'à dix; savoir, Bourbonnois, la Marche, Auvergne, Sedan, Montargis, Bassigny, Nivernois, Bretagne, Normandie & Hainaut.

Les biens immeubles, de leur nature, peuvent être chargés de *substitution*, encore qu'ils fussent réputés meubles à certains égards par la loi de la situation.

Les offices peuvent aussi être chargés de *substitution*, ainsi que les rentes constituées, soit que la loi qui les régit, les répute meubles ou immeubles.

Les effets mobiliers sont censés compris dans la *substitution*, lorsqu'elle est apposée à une disposition universelle, ou faite par forme de quotité; à moins qu'il n'en ait été autrement ordonné; dans le premier cas, il en faut faire emploi; mais ils ne peuvent être chargés d'une *substitution* particulière, que l'auteur de la *substitution* n'ait expressément ordonné qu'il en sera fait emploi.

Mais les bestiaux & ustensiles servant à faire valoir les terres, sont toujours censés compris dans la *substitution* des terres, sans qu'on soit tenu de vendre ces effets, ni d'en faire emploi; il suffit de les faire estimer, afin que l'on en rende d'une égale valeur lors de la restitution du fidéi-commis.

Les meubles meublans d'un château ou maison, peuvent aussi être compris dans la *substitution*, même avec clause de les conserver en nature; mais on ne peut substituer avec cette clause aucuns autres effets mobiliers, que les meubles dont il vient d'être parlé, & les bestiaux & ustensiles dont on a parlé dans l'article précédent.

Les *substitutions* apposées aux donations entre-vifs, n'ont d'effet pour les effets mobiliers, qu'en cas qu'on en ait annexé à la minute de la donation, un état signé des parties, contenant une estimation, le tout à peine de nullité de la *substitution* pour les meubles.

Le donataire de meubles avec *substitution*, doit en faire emploi.

Les *substitutions* faites par contrat de mariage, ou par donation entre-vifs, étant acceptées, ne peuvent plus être révoquées ni augmentées, diminuées ou changées, même du consentement du donataire, & s'il renonce à la donation, la *substitution* sera ouverte au profit des appellés.

Il en est de même par rapport aux institutions & *substitutions* contractuelles qui sont également irrévocables, soit entre nobles ou roturiers.

Les biens donnés par contrat de mariage, ou par donation entre-vifs, sans charge de *substitution*, ne peuvent en être chargés par une disposition postérieure, encore que ce fût une donation du père à ses enfans, que la *substitution* comprît expressément les biens donnés, & qu'elle fût faite en faveur des enfans ou descendans du donateur ou du donataire.

Lorsque la donation ou l'institution contractuelle a été faite à la charge de remettre les biens donnés à celui que le donateur ou le donataire voudra choisir, celui qui sera élu ne pourra, sous prétexte de l'élection faite en sa faveur, être chargé d'aucune *substitution*.

Quand le contrat de mariage, ou la donation, contiendroit une réserve par le donateur, de charger dans la suite de *substitution* les biens par lui donnés, cette réserve est de nul effet depuis l'ordonnance.

Il faut pourtant excepter le cas où le donateur feroit une nouvelle libéralité avec charge de *substitution*, auquel cas le donataire acceptant la nouvelle libéralité, ne pourroit plus diviser les deux dispositions, ni renoncer à la seconde, pour s'en tenir à la première.

Les enfans qui ne sont pas expressément appellés à la *substitution*, mais seulement mis dans la condition, sans être chargés de restituer à d'autres, ne sont, en aucun cas, regardés comme étant dans la disposition, encore qu'ils soient dans la condition en qualité de mâles, que la condition soit redoublée, que les grevés soient obligés de porter les nom & armes de l'auteur de la *substitution*, & qu'il ait été défendu de distraire la quarte trébellianique, ou qu'il se trouve des conjectures tirées d'autres circonstances, telles que la noblesse & la coutume de la famille, ou la qualité & la valeur des biens substitués, ou autres présomptions auxquelles on n'a aucun égard.

Les appellés à une *substitution*, dont le droit n'a pas été ouvert avant leur décès, n'en transmettent point l'espérance à leurs enfans ou descendans, encore que la *substitution* soit faite en ligne directe par des ascendans, & qu'il y ait d'autres substitués appellés à la même *substitution* après ceux qui seront décédés, & leurs enfans ou descendans.

La représentation n'a point lieu dans les *substitutions*, soit en directe ou en collatérale, & soit que les appellés le soient collectivement, ou désignés en particulier, suivant l'ordre de leur parenté avec l'auteur de la *substitution*, à moins qu'il n'ait expressément ordonné que la représentation auroit lieu, ou que la *substitution* seroit déférée suivant l'ordre des successions légitimes.

Dans les *substitutions* où les filles sont appellées à défaut de mâles, elles viennent dans l'ordre réglé par la *substitution*, & si cet ordre n'y est pas réglé, les plus proches du dernier possesseur des biens, les recueillent, à quelque degré de parenté qu'elles soient de l'auteur de la *substitution*, & encore qu'il y eût d'autres filles qui en fussent plus proches, ou d'une branche aînée.

Dans les *substitutions* faites au cas que le grevé décède sans enfans, ce cas sera censé arrivé, lorsque au jour du décès du grevé il n'y aura aucuns enfans légitimes & capables des effets civils, sans qu'on ait égard à l'existence des enfans naturels, même légitimés, si ce n'est par mariage subséquent, ni à l'existence des enfans morts civilement pour quelque cause que ce soit.

La *substitution* est ouverte par la mort civile du grevé.

La condition de se marier sera censée avoir manqué; & celle de ne se point marier (dans le cas où elle peut être valable), sera censée accomplie, lorsque la personne à qui la condition étoit imposée, aura fait profession religieuse.

Dans tout testament autre que le militaire, la caducité de l'institution emporte celle de la *substitution* fidéi-commissaire, si ce n'est qu'il y ait clause codicillaire.

La renonciation de l'héritier légataire ou donataire grevé, ne peut nuire au substitué, lequel, en ce cas, prend la place du grevé; de même si le premier substitué renonce, le second prend sa place.

Celui qui est appellé à une *substitution* fidéicommissaire, peut y renoncer lorsqu'elle est ouverte à son profit, ou même auparavant; mais en ce dernier cas, la renonciation doit, à peine de nullité, être faite en minute devant notaires, avec le grevé, ou avec le substitué appellé après celui qui renonce.

L'exhérédation prononcée par les pères ou mères, ne prive point les enfans déshérités, des biens qu'ils doivent recueillir en vertu de *substitutions* faites par leurs ascendans ou autres, à moins que l'auteur de la *substitution* ne l'eût ainsi ordonné, ou qu'ils ne fussent incapables de toute succession, aux termes de la loi.

Toutes *substitutions*, par quelque acte qu'elles soient faites, & en quelques termes qu'elles soient conçues, ne s'étendent qu'à deux degrés, outre l'institution, & ce conformément à l'ordonnance d'Orléans; celles qui sont antérieures à cette ordonnance, s'étendent jusqu'à quatre degrés, suivant l'ordonnance de Moulins.

Dans les provinces où les *substitutions* avoient été étendues par l'usage jusqu'à quatre degrés, outre l'institution, la restriction à deux degrés n'a lieu que depuis la publication de la nouvelle ordonnance des *substitutions*.

Il y a cependant encore quelques provinces où les *substitutions* n'ont point été restraintes à un certain nombre de degrés, & à l'usage desquelles il n'a pas encore été dérogé.

Les degrés de *substitutions* se comptant par têtes & non par souches ou génération, chaque personne qui recueille l'effet de la *substitution* est comptée pour un degré.

Le substitué n'est point saisi de plein droit, & ne gagne les fruits que du jour de la délivrance consentie à son profit, ou du jour de la demande.

La restitution anticipée du fidéi-commis, ne peut nuire aux créanciers du grevé, ni à ceux qui auroient acquis de lui.

En cas d'insuffisance des biens libres, les femmes ont une hypothèque subsidiaire sur les biens substitués, tant pour le fonds ou capital de la dot, que pour les fruits ou intérêts.

On observe la même chose en faveur de la femme & des enfans, tant pour le douaire que pour l'augment de dot, ou autre gain de noces, qui en tient lieu; & si le douaire ou autre gain est préfix, cette hypothèque n'a lieu que jusqu'à concurrence du coutumier ou légal.

La femme n'a point d'hypothèque subsidiaire sur les biens substitués, pour le préciput, les bagues & joyaux, & autres libéralités semblables, ni pour son deuil.

Elle n'en a point non plus pour le remploi de ses propres biens dotaux qui ont été aliénés de son consentement, ni pour les dettes auxquelles elle s'est obligée volontairement.

La femme ne peut exercer son hypothèque subsidiaire contre les enfans d'un mariage antérieur au sien, lorsque ce sont eux qui recueillent la *substitution*.

Les dispositions concernant l'hypothèque subsidiaire ont lieu, soit que la *substitution* ait été faite par un collatéral, ou même par un étranger, pourvu que ce soit en faveur des enfans du grevé, ou en faveur d'un autre, en cas que le grevé décède sans enfans.

Les adjudications par décret ne purgent point les *substitutions* publiées & enregistrées, encore que le substitué eût un droit ouvert avant le decret, & même avant la saisie-réelle, & qu'il n'ait point formé d'opposition, si ce n'est que le décret fût pour dette de l'auteur de la *substitution*, ou autres dettes antérieures.

Après le décès de celui qui a fait une *substitution* universelle ou particulière, il doit être procédé dans les formes ordinaires à l'inventaire des biens de la succession, à la requête de l'héritier institué & légitime, ou du légataire universel; & ce dans le temps de l'ordonnance; & s'il ne le fait pas, celui qui doit recueillir les biens substitués est tenu dans un mois après d'y faire procéder; & faute de ce, l'inventaire sera fait à la requête du procureur du roi.

Il doit être fait par un notaire royal, en présence du premier substitué, s'il est majeur, ou de son tuteur ou curateur, s'il est mineur & interdit; ou du syndic ou administrateur, si la *substitution* est au profit d'une église, hôpital ou communauté.

On doit procéder à la vente des meubles par affiches & enchères.

L'emploi des deniers doit être fait d'abord au paiement des dettes, & le surplus en fonds de terre, maisons, rentes foncières ou constituées.

Toutes *substitutions* fidéi-commissaires faites entre-vifs, ou à cause de mort, doivent être publiées en jugement l'audience tenant, & enregistrées au greffe du siège où la publication en est faite, & ce à la diligence du grevé de *substitution*.

La publication & l'enregistrement des *substitutions*, doivent être faits au siège royal ressortissant nuement au parlement ou conseil supérieur dans l'étendue ou le ressort duquel l'auteur de la *substitution* avoit son domicile au jour de l'acte qui la contient, ou au jour de son décès, si c'est par une disposition à cause de mort, & aussi dans les sièges de la même qualité où les biens substitués seront situés.

Si ce sont des rentes sur le roi, sur les villes, états ou sur le clergé, ou bien des offices, la publication & l'enregistrement se font dans les sièges de la même qualité, tant du lieu où les rentes se paient, ou dans lequel se fait l'exercice de ces offices, que du lieu du domicile de l'auteur de la *substitution*.

Les actes d'emploi doivent aussi être publics & registrés au siège royal du lieu où sont les biens.

La publication & l'enregistrement doivent être faits dans six mois, à compter de l'acte s'il est entre-vifs, & du jour du décès, si c'est une disposition à cause de mort.

La *substitution* étant duement publiée & registrée, a effet même contre les créanciers & tiers-acquéreurs du jour de sa date, ou du jour du décès, si la *substitution* est faite par acte à cause de mort.

On peut cependant faire publier & enregistrer les *substitutions* après les six mois; mais en ce cas elles n'ont effet contre les créanciers & tiers-acquéreurs, que du jour de l'enregistrement.

Le défaut de publication & d'enregistrement ne peut être suppléé par aucun autre acte, ni aucune circonstance, & peut être opposé à toutes sortes de personnes, même aux mineurs, églises, communautés; & sauf le recours de ceux-ci contre leurs tuteurs, & autres administrateurs.

Les donataires, héritiers, légataires de celui qui a fait la *substitution*, ni les donataires, héritiers & légataires de ceux-ci, ne peuvent opposer aux substitués le défaut de publication & d'enregistrement de la *substitution*.

Le grevé, ou celui qui prend sa place, ne peut se mettre en possession des biens, qu'en vertu d'une ordonnance du juge royal.

Toutes contestations concernant les *substitutions* fidéi-commissaires, doivent être portées au siège royal, ressortissant nuement au parlement ou conseil supérieur. *Voyez* FIDÉI-COMMIS. (*A*)

SUBSTITUTION ABRÉGÉE, est de deux sortes; l'une qu'on appelle *bréviloque* ou *réciproque*, l'autre qu'on appelle *compendieuse*. *Voyez ci-après* SUBSTITUTION BRÉVILOQUE, SUBSTITUTION COMPENDIEUSE.

SUBSTITUTION BRÉVILOQUE: cette dénomination, dans quelques provinces, comme au parlement de Toulouse, est synonyme de *substitution réciproque*; on l'appelle *bréviloque*, parce que le testateur, en disant qu'il substitue deux personnes réciproquement l'une à l'autre, simplifie & abrége sa disposition, en évitant de faire deux *substitutions* ensuite l'une de l'autre. *Voyez* SUBSTITUTION RÉCIPROQUE.

SUBSTITUTION CADUQUE, est celle qui ne peut avoir lieu, soit par le prédécès de l'appellé à la *substitution*, soit par quelque autre événement prévu par le testateur, & dans le cas duquel il n'a pas voulu que la *substitution* eût lieu.

SUBSTITUTION COMMUNE, est la même chose que la vulgaire. *Voyez ci-après* SUBSTITUTION VULGAIRE.

SUBSTITUTION COMPENDIEUSE, est celle qui se fait en termes généraux propres pour comprendre toutes les espèces de *substitutions* qui peuvent être appliquées à sa disposition. Lorsqu'un père en instituant son fils, veut *qu'après sa mort*, ou *en cas de mort*; ou *en quelque temps qu'il meure*, un tel lui soit substitué, cette énonciation générale forme une *substitution compendieuse*.

Elle est ainsi appellée, comme qui diroit *abrégée*, parce qu'en peu de paroles elle comprend toutes les espèces de *substitutions*; de sorte qu'elle est valable, soit que le fils décède avant le père, soit qu'il décède après avoir recueilli sa succession, mais en âge de pupillarité, soit enfin qu'il décède en âge de puberté, après avoir recueilli la succession du père: au premier cas la *substitution* sera vulgaire, & le substitué n'aura que les biens du père, & les aura sans aucune diminution. Au second cas, elle sera pupillaire, & le substitué aura les

les biens du père & du fils. Au troisième elle sera fidéi-commissaire, & le substitué n'aura les biens du père, qu'en déduisant les quartes falcidie & trébellianique.

SUBSTITUTION CONDITIONNELLE, est celle qui n'est faite que sous condition, & en cas que tel événement arrive ou n'arrive pas; par exemple, si la *substitution* est faite, en cas que l'héritier ne se marie pas, ou s'il n'a point d'enfant ou d'enfans mâles, *&c.* l'événement du cas prévu par le testateur, rend la *substitution* caduque.

SUBSTITUTION CONTRACTUELLE, est celle qui est faite par contrat entre-vifs, à la différence des autres *substitutions* qui sont faites par testament ou codicille: la *substitution* directe ne peut pourtant, en général, se faire que par testament; mais comme les contrats de mariage sont susceptibles de toutes sortes de clauses, on y peut aussi faire toutes sortes de *substitutions*, soit directes ou fidéi-commissaires. *Voyez* INSTITUTION CONTRACTUELLE.

SUBSTITUTION CONVENTIONNELLE, est la même chose que *substitution contractuelle*.

SUBSTITUTION DIRECTE, est ainsi appellée, parce qu'elle se faisoit en termes semblables à ceux de l'institution qualifiés en droit de termes directs, *verbis directis*, selon la formule des loix, *hæres esto*. Elle fait passer les biens, droits & actions immédiatement, & comme des mains du testateur en celles du substitué, sans que le premier héritier ait recueilli. On en compte de trois sortes, la vulgaire ou commune, la pupillaire & l'exemplaire, ou quasi pupillaire: elle est opposée à la *substitution* fidéi-commissaire, qui ne transmet les biens au substitué que par l'entremise & les mains de l'héritier institué. *Voyez* SUBSTITUTION COMMUNE, VULGAIRE, EXEMPLAIRE, PUPILLAIRE, FIDÉI-COMMISSAIRE.

SUBSTITUTION DOUBLE *ou* RÉCIPROQUE. *Voyez ci-après* SUBSTITUTION RÉCIPROQUE.

SUBSTITUTION ÉTEINTE est celle qui a fini en la personne du dernier grevé de la *substitution*, ou par l'événement de la condition sous laquelle elle étoit faite. *Voyez* SUBSTITUTION OUVERTE.

SUBSTITUTION EXEMPLAIRE *ou* JUSTINIENNE, *ou quasi* PUPILLAIRE, est celle qui se fait par les père & mère à leur enfant, qui est en fureur ou démence, au cas qu'il ne revienne point en son bon sens.

On l'appelle *justinienne*, parce qu'elle a été introduite par Justinien en la loi *humanitatis, cod. de impuberum & aliis substit.*

On lui donne aussi le nom de *quasi pupillaire*, parce qu'elle a été introduite à l'*instar* de la *substitution* pupillaire.

Comme elle est fondée sur un motif d'humanité, la mère peut aussi bien que le père faire une telle *substitution*.

Elle comprend tous les biens qui peuvent advenir à l'enfant, tant qu'il est en démence.

Lorsque l'enfant qui est furieux ou en démence a des enfans ou des frères & sœurs, le père doit les lui substituer ou du moins l'un d'entre eux, & non pas un étranger.

Cette *substitution* n'a lieu qu'en pays de droit écrit.

SUBSTITUTION FIDÉI-COMMISSAIRE, autrement *fidéi-commis*, est celle qui ne transmet les biens au substitué, que par l'intremise & les mains de l'héritier institué pour ne les recueillir que successivement & après lui, à la différence de la *substitution* vulgaire qui est faite pour avoir lieu au profit du substitué, au cas que l'institué ne veuille ou ne puisse pas recueillir l'effet de l'institution. *Voyez* FIDÉI-COMMIS & SUBSTITUTION VULGAIRE.

SUBSTITUTION FINIE, est lorsque la *substitution* cesse d'avoir lieu, & que les biens substitués sont libres en la personne de celui qui a droit de les posséder. *Voyez* SUBSTITUTION ÉTEINTE & SUBSTITUTION OUVERTE.

SUBSTITUTION GRADUELLE, est celle où les héritiers présomptifs sont appellés à titre de *substitution* de degré en degré, c'est-à-dire, suivant l'ordre naturel de succéder. *Voyez* SUBSTITUTION LINÉALE & SUBSTITUTION MASCULINE.

SUBSTITUTION GRADUELLE, RETARDÉE. *Voyez ci-après* SUBSTITUTION RETARDÉE.

SUBSTITUTION INDIRECTE *ou* OBLIQUE, est la même chose que *substitution fidéi-commissaire. Voyez ci-devant* SUBSTITUTION FIDÉI-COMMISSAIRE.

SUBSTITUTION JUSTINIENNE, est la même chose que la *substitution exemplaire*, que le père peut faire à ses enfans étant en démence, elle fut aussi surnommée *justinienne*, parce qu'elle fut introduite par l'empereur Justinien par la loi *humanitatis* au code *de impub. & aliis substitut.*

SUBSTITUTION LINÉALE, est celle qui est faite suivant l'ordre des lignes, c'est-à-dire sans intervertir l'ordre de succéder dans chaque ligne, & où les parens d'une autre ligne ne sont appellés, qu'au défaut de celle qui a le droit le plus prochain.

SUBSTITUTION LITTÉRAIRE & FORMELLE, est celle qui est expressément ordonnée par le testateur ou le donateur. *Voyez* SUBSTITUTION EXPRESSE.

SUBSTITUTION MASCULINE, est celle qui est faite en faveur des mâles seulement, ou dans laquelle les mâles sont toujours appellés par préférence aux femelles.

SUBSTITUTION OBLIQUE *ou* INDIRECTE, est la même chose que *substitution fidéi-commissaire. Voyez ci-devant* FIDÉI-COMMISSAIRE.

SUBSTITUTION OFFICIEUSE, est celle qui est faite pour assurer les alimens au grevé, & le fonds du bien à ses enfans, & empêcher par ce moyen que les biens ne soient la proie des créanciers du grevé; on l'appelle plus communément *exhérédation officieuse. Voyez* EXHÉRÉDATION.

SUBSTITUTION OUVERTE, est lorsque l'appellé est saisi du droit de recueillir la *substitution*, soit par le décès du grevé, soit par l'échéance de la condition. *Voyez* SUBSTITUTION ÉTEINTE.

SUBSTITUTION PARTICULIÈRE, est celle qui ne comprend qu'un ou plusieurs corps certains des biens du testateur ou donateur, & non l'universalité de ses biens, ni une certaine portion ou quotité, comme la moitié, le tiers, le quart, *&c. Voyez* SUBSTITUTION & TRÉBELLIANIQUE.

SUBSTITUTION PERPÉTUELLE, est celle qui est faite pour avoir lieu à perpétuité & à l'infini, autant que la *substitution* peut s'étendre. En France, les *substitutions* sont réduites à deux degrés, non compris l'institution; on appelle néanmoins *perpétuelles* celles qui sont faites à l'infini, pour avoir lieu jusqu'à ce que le nombre de degrés fixé par les ordonnances soit rempli. *Voyez* SUBSTITUTION FIDÉI-COMMISSAIRE & SUBSTITUTION GRADUELLE.

SUBSTITUTION PRÉCAIRE *ou* FIDÉI-COMMISSAIRE, est celle qui se fait, non en termes impératifs comme la *substitution* directe, mais en termes de prière, & par laquelle les biens ne se transfèrent pas directement en la personne du substitué; mais passent ordinairement en la personne du premier institué, à la charge de les rendre au substitué; c'est pourquoi elle est désignée plus souvent en droit par le terme de *restitution* & de *fidéi-commis*, que par celui de *substitution*.

Justinien, par sa constitution au code *communia de legat. & fideic.* a supprimé la différence des paroles dont on usoit dans la *substitution* directe & dans la précaire, de manière qu'il est indifférent présentement que le testateur exprime sa volonté en termes directs & impératifs, ou en termes obliques, précaires & fidéi-commissaires.

Mais la différence qui étoit entre la *substitution* directe & la précaire ou fidéi-commissaire, subsiste toujours quant au fond, en ce que dans la *substitution* directe le substitué prend les biens directement du testateur, au lieu que dans la *substitution précaire* ou *fidéi-commissaire*, il les prend des mains du grevé.

Mais, comme on n'est plus obligé de se servir de termes *précaires* pour ces sortes de *substitutions*, on les appelle plus communément *substitutions fidéi-commissaires*: il y a cependant encore des pays où l'on se sert quelquefois du terme de *substitution précaire* pour désigner la *substitution fidéi-commissaire*, comme à Bordeaux. *Voyez* FIDÉI-COMMIS & SUBSTITUTION FIDÉI-COMMISSAIRE.

SUBSTITUTION PRÉSUMÉE. *Voyez* SUBSTITUTION TACITE.

SUBSTITUTION PUPILLAIRE, est celle que le testateur fait pour son enfant impubère, au cas que cet enfant décède avant d'être parvenu à l'âge où l'on peut tester; c'est une extension de la puissance paternelle; c'est pourquoi elle n'a lieu qu'en pays de droit écrit & ne peut être faite que par le père ayant son enfant en sa puissance: il ne peut étendre cette *substitution* au-delà de la puberté. Il peut substituer ainsi à l'un de ses enfans, sans le faire à l'égard des autres.

Cette *substitution* est expresse ou tacite, expresse lorsqu'elle est écrite; la tacite a lieu en vertu de la loi, lorsque le père a fait une *substitution* vulgaire à son fils; on présume qu'il a aussi eu intention de lui substituer le même héritier, au cas que cet enfant décède avant l'âge de puberté. *Voyez* au digeste le tit. *de vulg. & pupill. substit.*

SUBSTITUTION QUASI PUPILLAIRE, est la même que la *substitution exemplaire*; c'est celle qui se fait à un majeur furieux & imbécille. *Voyez* ci-devant SUBSTITUTION EXEMPLAIRE.

SUBSTITUTION RÉCIPROQUE, est celle par laquelle deux personnes sont appellées l'une au défaut de l'autre, comme si le testateur dit: « j'institue » Jean & Jacques; & au défaut de chacun d'eux, » ses enfans; & au défaut de l'un & de ses en» fans, ce sera l'autre, ou à son défaut les siens ». *Voyez* SUBSTITUTION BRÉVILOQUE.

SUBSTITUTION RETARDÉE, *ou* GRADUELLE RETARDÉE, est celle où, pour prolonger indirectement le fidéi-commis d'un degré, on nomme pour héritier le petit-fils, ne laissant au père qu'un simple usufruit. *Voyez* les traités de M. Davot, sur le droit françois, *tom. 5, pag. 574.*

SUBSTITUTION SIMPLE, est une *substitution* fidéi-commissaire où le fidéi-commis ne doit opérer qu'une fois, à la différence de la *substitution* graduelle où il opère successivement au profit de plusieurs personnes l'une après l'autre. *Voyez* SUBSTITUTION GRADUELLE.

SUBSTITUTION TACITE, est celle, qui, quoique n'étant point écrite, s'ensuit néanmoins de la disposition, soit par une présomption légale & de droit, soit par une présomption tirée des termes du testament ou de la donation; il y a des cas où l'on admet une *substitution* vulgaire, tacite & quelquefois aussi une pupillaire tacite.

SUBSTITUTION UNIVERSELLE, est celle qui comprend tous les biens du testateur ou donateur, ou même seulement une portion ou quotité, ne fût-ce qu'un douzième, un vingtième; & la quarte trébellianique ne se prend que sur la *substitution* fidéi-commissaire universelle.

SUBSTITUTION VULGAIRE *ou* COMMUNE, est celle par laquelle le testateur ou donataire institue un second héritier au défaut du premier, pour empêcher que la première institution ne soit caduque. Cette seconde institution se fait pour avoir lieu seulement dans le cas où le premier institué ne sera pas héritier, soit qu'il ne veuille pas l'être, ou qu'il ne le puisse; ce qui renferme le cas du prédécès, & toute autre incapacité & le refus.

On peut substituer de même un troisième héritier au défaut du second, & même plusieurs autres.

Quand le premier institué se porte héritier, la *substitution vulgaire* devient caduque, & ainsi du troisième ou quatrième héritier, quand le précédent accepte.

On peut substituer de même à un légataire.

Cette sorte de *substitution* a lieu principalement dans les pays de droit écrit & autres, où les institutions d'héritier sont nécessaires pour la validité du testament; mais dans les pays coutumiers où les institutions d'héritier ne valent que comme des legs universels, les *substitutions vulgaires* ne se pratiquent que pour subroger le substitué au lieu de l'institué, au cas que celui-ci ne veuille ou ne puisse recueillir l'institution ou legs fait à son profit. *Voyez* au dig. le *tit. de vulg. & pupill. substit.* (*A*)

SUBURBICAIRES, adj. ce mot signifie les provinces qui appartenoient au vicariat de Rome, qui ont été ainsi appellées *suburbicaires*, *quasi sub urbe positæ*, ainsi que le démontre le P. Sirmond; & par une suite on a appellé aussi *églises suburbicaires*, celles qui étoient renfermées dans le vicariat de Rome. Cependant Saumaise & quelques autres auteurs resserrent les provinces & les églises *suburbicaires* dans des bornes beaucoup plus étroites; ils prétendent que l'on ne doit donner ce nom qu'aux provinces qui étoient aux environs de Rome, dans la distance de cent milles; d'autres ont donné dans un autre excès, & se sont efforcés de prouver que, par le terme de *provinces suburbicaires*, on entendoit toutes les provinces soumises à l'empire romain, ou du moins celles qui étoient comprises sous ce qu'on appelle *occident*. Telle est l'opinion de Schelstrate & de Léon Allatius; mais M. Dupin, partisan de l'opinion du P. Sirmond, a démontré l'erreur des deux autres opinions, & a prouvé solidement que le titre de *suburbicaire* étoit donné aux provinces & églises comprises dans le vicariat de Rome. (*A*)

SUBVENTION, (*Droit féodal.*) la coutume de Châteauneuf, locale de celle de Berry, donne ce nom à la taille aux quatre cas. L'article 11 du titre 2 de cette coutume entre, à cet égard, dans des détails curieux, soit pour les cas où ce droit est dû, soit pour en régler la perception, soit pour déterminer quels sont les seigneurs auxquels il appartient.

Les quatre cas sont, « quand ledit seigneur sera » fait nouveau chevalier, quiconque soit ou sera, » quand il mariera sa première fille, soit l'aînée » ou autre, quand il sera prisonnier en guerre, » & sera racheté, pourvu toutefois que ladite » guerre ne soit civile ». La coutume ajoute que le seigneur ne pourra exiger chacun des quatre cas, qu'une fois en sa vie.

La *subvention* doit être assise suivant les facultés des bourgeois de Châteauneuf, comme la taille annuelle, par quatre prudhommes en présence du sergent ballial. *Voyez* SERGENT BALLIAL.

La contribution la plus forte ne doit pas passer cent sous tournois, ni la moins forte être au-dessous de douze deniers. Enfin, on règle « que s'il y » a plusieurs & divers seigneurs, lesdits bourgeois » sont tenus subvenir à chacun desdits cas; une » fois seulement en sa vie, au fur de la portion » que chacun desdits seigneurs aura en ladite seigneurie, comme si un seigneur a la moitié en » ladite seigneurie, il prendra la moitié desdits » cent sous tournois ou autre somme en rabaissant; & s'il a la tierce partie de ladite seigneurie, » il prendra semblablement la tierce partie de la » dite *subvention*, & ainsi conséquemment des » autres portions en la manière dessusdite ». (*G. D. C.*)

SUCCESSEUR, s. f. (*Droit civil.*) est celui qui remplace quelqu'un; c'est un terme générique qui comprend différentes sortes de personnes qui succèdent à des titres & à des objets différens.

Un héritier est un *successeur* à titre universel, mais tout *successeur* n'est pas héritier.

On peut être *successeur* d'un défunt ou d'une personne vivante.

Les légataires universels & particuliers sont des *successeurs* à un défunt, l'un à titre universel, l'autre à titre particulier; mais ils ne sont pas héritiers.

Un donataire entre-vifs, est un *successeur* à l'égard de son donataire, quant aux biens donnés.

Celui qui est pourvu d'un bénéfice, au lieu & place d'un autre, est le *successeur* du précédent titulaire, quant au bénéfice.

L'acquéreur d'un office est le *successeur* de son prédécesseur: dans les offices de procureur & de notaire, celui qui a acheté l'office & la pratique, s'appelle *successeur à l'office & pratique. Voyez* BÉNÉFICE, HÉRITIER, LEGS, OFFICE, PRATIQUE, SUCCESSION. (*A*)

SUCCESSIF, adj. est ce qui est relatif à une succession, comme titre *successif*, droit *successif. Voyez* SUCCESSION. (*A*)

SUCCESSION, s. f. (*Droit naturel & civil.*) en général, est la manière dont quelqu'un entre en la place d'un autre, ou recueille ses biens & ses droits avec leurs charges.

On succède à une personne vivante ou décédée, dans un office, dans un bénéfice.

On peut aussi succéder aux biens, droits & charges d'une personne vivante, soit par donation, vente, échange, transport, subrogation ou autrement.

Mais l'on entend plus ordinairement par le terme de *succession*, la transmission des biens, droits & charges d'un défunt en la personne de ses héritiers.

On entend aussi par *succession* ou *hérédité*, la masse des biens, droits & charges qu'une personne laisse après sa mort. Nous avons traité de cette universalité des biens sous le mot HÉRÉDITÉ; il nous reste à considérer le terme de *succession*, comme transmission des droits du défunt.

Les *successions* aux biens & droits d'un defunt sont légitimes ou testamentaires; on appelle légitimes, ou *ab intestat*, celles qui dérivent de la loi seule; & testamentaires, celles qui sont fondées sur le testament du défunt. *Voyez* TESTAMENT.

On appelle *héritier*, celui qui recueille une *succession* en vertu de la loi, ou qui est institué héritier par testament. On appelle *légataire*, celui qui recueille une *succession* en tout ou en partie par testament, mais à titre de legs, & non à titre d'institution d'héritier.

Nous avons expliqué sous le mot HÉRITIER, quelles sont les personnes qui peuvent transmettre leur *succession*, & celles qui peuvent succéder. Il nous reste à traiter de l'ordre dans lequel les *successions* se défèrent, de leur ouverture, de leur acceptation, répudiation & acquisition, de leur partage, des rapports qui y ont lieu, de leurs effets & des obligations qui en résultent, des dettes & des différentes charges qui sont attachées aux *successions*, & des *successions* irrégulières.

SECTION PREMIÈRE.

De l'ordre dans lequel les successions sont déférées.

De tous les parens habiles à succéder, les premiers que la loi appelle, & à qui elle donne une préférence exclusive, sont les enfans & descendans du défunt; après eux viennent régulièrement les père, mère, ou autres ascendans, tantôt seuls, tantôt avec certains collatéraux; au défaut de descendans & d'ascendans, les parens de la ligne collatérale sont appellés à recueillir la *succession*.

§. I. *De la succession des descendans.* Dans l'ancien droit romain, la qualité d'enfant n'étoit rien en matière de *succession*, si elle n'étoit jointe à celle de *sien*, c'est-à-dire, si le fils ou la fille ne se trouvoit sous la puissance de l'ascendant au moment de son décès. Cette jurisprudence a été successivement modifiée par les édits du préteur & par différens sénatus-consultes. Justinien, par la novelle 118, a entièrement aboli l'ancienne jurisprudence, & y a substitué un ordre de succéder, conforme aux loix de la nature.

Suivant cette dernière loi, tous les enfans mâles & femelles, émancipés ou soumis à la puissance paternelle, doivent également partager la *succession* de leur père, mère, ou autre ascendant.

Nous avons adopté cet ordre de succéder, ensorte que les descendans d'un défunt sont appellés à sa *succession* avant & exclusivement à tous les parens des autres lignes, la priorité du degré conservée entre eux; c'est-à-dire, que le fils est appellé à la *succession* de son père avant ses enfans, qui sont les petits-enfans du défunt, ceux-ci avant les arrière-petits-enfans, & ainsi de suite.

Cependant, lorsque le défunt a eu plusieurs fils ou filles, dont quelqu'un l'a prédécédé, les enfans du prédécédé le représentent à l'effet de succéder tous ensemble à sa place, & de prendre tous ensemble la part qu'il auroit eue avec les autres fils ou filles du défunt. *Voyez* REPRÉSENTATION.

Les coutumes ont donné quelques atteintes au droit que la novelle accorde aux enfans de succéder également aux biens de leurs ascendans. Les unes ne reconnoissent qu'un héritier, qui est toujours l'aîné; les autres, sans tout donner à l'aîné, lui accordent des avantages plus ou moins considérables : celles-ci excluent les filles mariées, ou même en célibat, lorsqu'elles se trouvent en concurrence avec les mâles : celles-là distinguent les enfans des divers lits, & font dépendre leurs droits successifs du mariage dont ils sont nés. *Voyez* AINESSE, HÉRITIER, LÉGITIME, PRÉCIPUT, QUINT NATUREL, DÉVOLUTION COUTUMIÈRE, RAPPEL A SUCCESSION.

§. II. *De la succession des ascendans.* A défaut, ou au refus de tous les descendans du défunt, sa *succession* est déférée à ses parens de la ligne ascendante. Mais il y a à cet égard beaucoup de variété entre les pays de droit écrit & les pays coutumiers, & même entre les dispositions des coutumes.

Les pays de droit écrit règlent la *succession* des ascendans par rapport à leurs enfans, par les novelles 118 & 127. La novelle 118 porte : si le défunt ne laisse point d'héritiers descendans, & que son père, sa mère ou d'autres ascendans lui survivent, nous voulons que ceux-ci soient préférés à tous les parens collatéraux, hors les frères germains, ainsi qu'il sera déclaré ci-après. S'il se trouve plusieurs ascendans, on préférera les plus proches, sans distinguer les mâles d'avec les femelles, ni ceux du côté paternel d'avec ceux du côté maternel. S'ils sont au même degré, la *succession* se partagera entre eux également, de manière cependant que les ascendans du côté paternel, en quelque nombre qu'ils soient, en prendront la moitié, & que l'autre moitié appartiendra aux ascendans du côté maternel, n'importe combien il s'en trouvera. Et si avec les ascendans, concourent des sœurs ou des frères-germains du défunt, ils seront admis à succéder en même temps qu'eux; de manière que si c'est le père ou la mère, la *succession* sera partagée par têtes, & ceux-ci prendront, ainsi que les frères, chacun leur portion virile. Mais en ce cas, le père n'aura aucun droit à l'usufruit des biens qui seront échus, soit à son fils, soit à sa fille; parce que au lieu de cet usufruit, nous lui donnons par ces présentes un droit de *succession*, & par suite, une propriété. Voulant au surplus qu'il n'y ait aucune différence entre toutes ces personnes que nous appellons à l'hérédité, soit qu'elles soient mâles ou femelles, soit qu'elles tirent d'un mâle ou d'une femelle leur parenté au défunt, soit enfin que celui-ci ait été en puissance de père ou émancipé lors de son décès.

Il n'est point parlé dans ce texte du cas où l'un des frères du défunt seroit prédécédé & auroit laissé des enfans. Mais la novelle 127 a suppléé à son silence, en statuant que dans ce cas le fils ou la fille du frère prédécédé représenteront leur père.

Ces deux novelles laissent plusieurs difficultés indécises. 1°. Elles ne disent pas si les biens de l'enfant décédé doivent se partager confusément entre le père & la mère, ou si le premier doit avoir les biens paternels; & la seconde, ceux du côté maternel. Le Brun, *liv. 1, chap. 5, sect. 1*, assure que plusieurs embrassent ce dernier parti, & lui-même paroît l'approuver. Mais on ne voit pas sur quoi peut être fondée cette opinion. Les deux novelles parlent en général; elles ne font aucune distinction des biens ni des lignes dont ils peuvent venir; conséquemment on ne doit pas non plus distinguer.

2°. La novelle 118 décide bien que le frère-germain concourant avec le père & la mère, prendra un tiers de la *succession*, & que les deux tiers restans appartiendront, l'un au premier, & l'autre à la deuxième; mais il ne parle pas du concours du frère-germain avec les aïeuls. Par exemple, un défunt a laissé pour héritiers un aïeul paternel, un aïeul & une aïeule maternels, & un frère. Faut-il, dans cette espèce, donner un tiers de l'hérédité à l'aïeul paternel, un tiers aux deux ascendans maternels, pour le répartir entre eux, & un tiers au frère-germain? Ou ne doit-on pas plutôt, en se conformant, autant qu'il est possible, aux dispositions de la novelle 118, borner le frère à un quart, parce qu'il n'est appellé que par têtes, & donner les trois autres quarts aux divers ascendans, pour les diviser entre eux par souches, parce que en effet la novelle veut indistinctement qu'ils partagent de cette manière? Il y a, en faveur de cette dernière opinion, un arrêt du parlement de Toulouse de l'an 1599, qui est rapporté par Mainard, *liv. 5, chap. 93*. Cette jurisprudence y est encore suivie, ainsi que de Serres l'atteste en ses institutions au droit françois, *liv. 3, tit. 1*. Mais on juge le contraire au parlement de Bordeaux, suivant la Peyrère, *lettre S, n. 260*, & l'auteur des maximes journalières, *art. Succession, n. 2*.

3°. La novelle 127 appelle, comme nous l'avons dit, les neveux du défunt, concurremment avec ses frères & ses ascendans; mais elle ne dit rien des petits-neveux: que faut-il donc décider à leur égard? Serres, à l'endroit cité, met en principe, qu'ils ne peuvent pas succéder avec les ascendans & les frères du défunt..... attendu même qu'en la *succession* collatérale, la représentation n'a point lieu au-delà des frères & des enfans des frères.

4°. Mais les neveux seroient-ils admis avec les ascendans, s'il ne se trouvoit point de frère ou de sœur qui concourût avec eux? Le Brun décide que non. La novelle 127, dit-il, n'a corrigé la novelle 118, qu'en ce que celle-ci ne donnoit point le droit de représentation au neveu, quand il y avoit des frères & des ascendans concurremment; mais bien quand il venoit en concurrence avec des frères seulement; ce qui est marqué expressément dans la préface de cette novelle 127.... Ainsi, dans le chapitre 1, elle présuppose ce même cas de concours des ascendans des frères & du neveu, & établit, en corrigeant la novelle 118, que dorénavant dans ce même concours des ascendans, des frères & du neveu, celui-ci sera admis. Malgré ces raisons, on assure que divers arrêts du parlement de Paris ont jugé en faveur du neveu concourant seul avec les ascendans; mais en même temps on convient qu'il a toujours été exclus aux parlemens de Toulouse & de Bordeaux.

Tels sont les principaux points du droit écrit sur la *succession* des ascendans à leurs enfans. Voyons maintenant quelles sont, sur le même objet, les dispositions de nos coutumes.

On conçoit aisément qu'elles doivent être fort variées; aussi en distinguons-nous jusqu'à douze espèces.

1°. La coutume de Paris, celle d'Orléans & un très-grand nombre d'autres, appellent les ascendans seuls & sans concours des frères ni des sœurs, à la *succession* des meubles & acquêts du défunt, qu'ils partagent entre eux par têtes. *Voyez* REPRÉSENTATION. A l'égard des propres, ils en sont régulièrement exclus; mais il est bien des cas où ils y ont droit. *Voyez* PATERNA PATERNIS & RÉVERSION.

2°. La coutume d'Anjou, *art. 270*, défère au père & à la mère la *succession* des meubles, & ne leur donne dans les immeubles qu'un droit d'usufruit. Elle traite encore plus mal les aïeuls, car elle les exclut de tout.

3°. La coutume d'Angoumois, *art. 86 & 87*, donne les meubles aux ascendans, & les immeubles propres ou acquêts, aux collatéraux; mais à défaut de ceux-ci, elle laisse tout aux ascendans.

4°. Dans la coutume de Saintes, *art. 97*, les meubles appartiennent au père & à la mère par préciput, & les acquêts se partagent entre eux & les frères ou sœurs.

5°. Il y a trois coutumes qui ont adopté en partie les dispositions du chapitre 2 de la novelle 118; ce sont Bourbonnois, Bourgogne, & Ribemont en Vermandois.

La première décide, *art. 314*; que « les ascendans ne sont héritiers & ne succèdent à leurs descendans en directe ligne, réservé les pères & mères, aïeuls ou aïeules, paternels ou maternels respectivement, lesquels ou l'un d'eux, après le décès de l'autre, succèdent à leurs enfans *ès biens meubles & aux acquêts* faits par leursdits enfans décédés, *avec leurs autres frères ou sœurs ou leurs enfans par égale portion*: & s'il n'y a frères ou sœurs-germains, ou enfans descendans d'eux, lesdits père ou mère, aïeul ou aïeule des susdits, sont entièrement héritiers desdits meubles & conquêts, & en forcluent les frères & sœurs utérins & paternels, & autres parens: & sont lesdits père & mère, ou en défaut d'eux, l'aïeul ou aïeule, chacun un chef, & lesdits frères & sœurs-germains, chacun un autre, & les enfans desdits frères ou sœurs-germains un chef seulement, posé qu'ils fussent plusieurs ».

Cet article déroge, comme on voit, à la novelle 118 en deux points; le premier, en ce qu'il exclut le bisaïeul du droit de succéder à son arrière-petit-fils; le second, en ce qu'en accordant ce droit aux père & mère, aïeul & aïeule, il en limite l'exercice aux meubles & acquêts.

Ce même article décide trois des questions que nous avons agitées plus haut sur le sens de la novelle 118, par rapport au concours des frères & des neveux avec les ascendans.

D'abord, il déclare que les *descendans* des frères doivent être admis dans ce concours; & comme le mot *descendans* s'entend aussi bien des petits-fils que des enfans du premier degré, il est clair qu'il ne donne pas aux petits-neveux l'exclusion que la novelle 118 prononce implicitement à leur désavantage.

En second lieu, il fait concourir les neveux & petits-neveux avec les ascendans, soit qu'il se trouve des frères ou qu'il n'y en ait pas.

Enfin, dans le cas du concours avec les frères ou enfans des frères, il admet le partage par têtes entre les aïeuls comme entre les père & mère.

La coutume de Bourgogne restreint également aux meubles & acquêts, le droit de succéder qu'elle accorde aux ascendans. Mais du reste elle est plus conforme à l'esprit de la novelle 118 que la coutume de *Bourbonnois*. Voici ce qu'elle porte, *ch. 7, art. 14 :* & au regard des autres biens-meubles & acquêts faits par lesdits enfans, leurs père & mère y succéderont avec leurs frères & sœurs, & les enfans desdits frères & sœurs, & non autres, *& selon forme de droit.*

La coutume de Ribemont en Vermandois s'explique à-peu-près de même, si ce n'est qu'elle étend jusqu'aux petits-neveux le droit que la novelle 118 accorde aux neveux de concourir avec leurs ascendans & leurs oncles. Voici comme elle est conçue, *art. 47 :* les père, mère, aïeul ou aïeule, ou autres ascendans, succèdent ès biens-meubles, acquêts & conquêts immeubles de leurs enfans, neveux & arrière-neveux étant décédés sans hoirs procréés de leurs corps avec leurs autres enfans, neveux & arrière-neveux.

On a demandé si les termes *avec leurs autres enfans* désignoient tous les frères du défunt indistinctement; ou si, conformément à la novelle 118, il falloit en restreindre le sens aux frères-germains. Par arrêt du 17 avril 1636, rapporté dans le recueil de Bardet, *tom. 2, liv. 5, chap. 17*, il a été jugé que les frères-germains étoient seuls appellés par ces termes.

6°. La coutume d'Auvergne, titre des *Successions, art. 3*, donne aux ascendans les immeubles & les meubles, *autrement avenus que par hoirie ab intestat.* On reconnoît dans cette restriction l'esprit d'une autre disposition de cette coutume, qui affecte les meubles au côté & ligne dont ils procèdent.

7°. La coutume de Bayonne est là-dessus fort singulière. Elle porte, *tit. 12, art. 10 & 11*, qu'en défaut des descendans, ès biens acquis par le décédé sans faire testament, succède *en la moitié* de tels biens celui des père ou mère qui sont en vie, ou tous les deux par égales parties, s'ils sont en vie au temps du décès de l'enfant acquérant, *& l'autre moitié est exposée pour l'ame du défunt*, les frères & sœurs du défunt totalement exclus.

8°. Le comté de Vaudemont a un usage plus singulier encore. Les père & mère n'y succèdent pas même aux meubles de leurs enfans; c'est ce qui a été jugé après enquête par turbes, par arrêt du parlement de Metz, du 13 décembre 1672, rapporté au journal du palais.

9°. Il y a plusieurs coutumes qui, en admettant les père & mère à la *succession* des meubles & acquêts, établissent entre eux un ordre de préférence pour les fiefs de cette dernière qualité, parce qu'il est dans leurs principes de donner toujours les biens féodaux aux mâles, à l'exclusion des femelles qui ne les précèdent pas en degré; telles sont Artois, *art. 98 & 107;* Hainaut, *chap. 92, art. 1;* Cambrai, *tit. 1, art. 20, &c.*

10°. La coutume d'Acs contient quelque chose de semblable; mais elle y ajoute certaines particularités; elle veut, *tit. 2, art. 23*, que dans les acquêts *nobles ou situés ès lieux où le mâle succède, la femelle excluse*, l'ascendant mâle plus proche succède, & qu'en défaut de mâle, la plus proche des femelles ascendantes succède universellement. L'article 24 ajoute que dans les biens *ruraux*, acquis par le défunt ès lieux où tous ceux qui sont en pareil degré succèdent, les ascendans en droite ligne, tous ceux qui sont en pareil degré, succèdent par têtes; & s'ils ne sont en pareil degré, le plus proche desdits ascendans succède. L'article 25 déclare que dans les cas où l'ascendant mâle exclut la femelle, il est dû à celle-ci une légitime *ès biens acquis par son fils, ou en héritage ou en argent, au choix du succédant.* L'article 26 porte, que si le défunt a laissé des frères ou des sœurs, ils seront admis avec les ascendans, *comme le droit commun veut*, gardée toutefois la distinction & différence que la coutume fait entre héritages nobles ou autres, assis ès lieux où le mâle exclut la femelle ès biens ruraux assis en autres lieux.

11°. Dans la coutume de la châtellenie de Lille, *tit. 2, art. 54*, le père succède aux meubles à l'exclusion de la mère, & l'aïeul à l'exclusion de l'aïeule du même côté : mais s'il y a grand-père d'un côté, & grand-mère de l'autre, ils succèdent chacun par moitié.

A l'égard des acquêts, l'article 2 du même titre veut que les collatéraux en excluent les ascendans.

12°. La coutume de Normandie exclut les ascendans, *tant qu'il y a aucun descendu d'eux vivant.* Ce sont les termes de l'article 241. Ainsi le père ne peut succéder au préjudice d'un frère même utérin: c'est ce qu'a jugé un arrêt du 17 décembre 1649, rapporté par Basnage, *tom. 1, pag. 523* de la dernière édition. Mais suivant l'article 242, les père & mère excluent les oncles & tantes à la *succession* de leurs enfans. La raison en est, que l'oncle ne descend pas du père, & n'est conséquemment pas compris à son égard dans le nombre de ceux à qui l'article 241 accorde la préférence sur les ascendans. Par la raison contraire, les oncles & tantes qui descendent de l'aïeul, succèdent à son exclusion. L'article 242 le décide expressément ainsi, & sa disposition a été confirmée par un arrêt du 10 juillet 1742.

A l'égard des ascendans entre eux, l'article 325 porte que le père préfère la mère en la *succession* des meubles, acquêts & conquêts de leurs fils ou filles, & la mère préfère les aïeuls ou aïeules paternels ou maternels. Les articles 326 & 327 ajoutent que l'aïeul paternel préfère le maternel en ladite *succession*, & que l'aïeule paternelle préfère l'aïeul & l'aïeule maternels.

13°. Dans la coutume de Toulouse, le père & les collatéraux paternels excluent la mère de la *succession* de son fils. Notre parlement, dit M. de Catellan, *liv. 2, chap. 65*, a restreint autant qu'il a cru le pouvoir, la rigueur de ce statut. Ses arrêts ne souffrent pas que cette exclusion s'étende aux biens qui sont sis hors du gardiage; & la mère, suivant le droit commun, succède *ab intestat* aux biens de son fils qui sont hors de ce district. Dans les cas favorables, nous donnons une plus grande étendue à l'autorité de notre coutume, & elle comprend toute la viguerie, c'est-à-dire, tout le territoire du viguier, juge royal ordinaire; mais dans ce cas-ci, nous resserrons cette coutume dans les bornes du gardiage, territoire beaucoup moins étendu, dépendant de l'autorité des capitouls, à l'exclusion de tous autres officiers populaires.

§. III. *De la succession des collatéraux.* La règle générale pour l'ordre de la *succession* des collatéraux, est que les parens les plus proches y viennent ensemble, & excluent ceux qui sont dans un degré plus éloigné.

Mais cette règle souffre exception de six manières différentes : 1°. par le droit de représentation; 2°. par le privilège du double lien; 3°. par la maxime *paterna paternis;* 4°. par la *fente* des meubles & acquêts en deux lignes; 5°. par les prérogatives de l'aînesse; 6°. par celles de la masculinité.

De ces six exceptions, les cinq premières ont été suffisamment développées aux mots REPRÉSENTATION, DOUBLE LIEN, PATERNA PATERNIS & AÎNÉ. Il reste à parler de la sixième.

Les mâles ont, dans les *successions* dont il s'agit, deux sortes de privilèges sur les femelles; l'un est de droit commun, l'autre est particulier à quelques coutumes.

Le premier est celui qui a pour objet les fiefs : en *succession* ou hoirie en ligne collatérale en fief, les femelles n'héritent point en pareil degré. C'est la disposition de la coutume de Paris, *art. 25*, & d'une infinité d'autres. On a traité au mot REPRÉSENTATION le plus grand nombre des questions qu'elle peut faire naître.

Nous venons de dire qu'elle est de droit commun; mais cette règle a ses exceptions comme toutes les autres.

La coutume d'Auxerre, *art. 52*, porte qu'en *succession* collatérale succèdent les mâles & les femelles étant en pareil degré, aux fiefs par égale portion.

La coutume du Grand-Perche, *art. 157*, distingue les fiefs propres des fiefs acquêts; & elle veut que dans les premiers, les mâles excluent les femelles; mais que dans les autres les femelles succèdent également avec les mâles.

Dans la coutume de Troies, les *successions* des nobles sont les seules dans lesquelles les mâles excluent les femelles des fiefs : entre roturiers, ces biens se partagent sans prérogative de sexe; c'est ce que prouve l'article 15 de cette coutume, combiné avec le titre sous lequel il est placé; & c'est ce que l'on justifioit lors d'un arrêt du 26 mai 1637, inséré dans le recueil de Bardet, par un arrêt rendu en 1622, & par un acte de notoriété du bailliage de Troies.

L'autre privilège dont nous avons à parler, a pour objet ou les meubles & les rotures tout ensemble, ou les rotures seulement; mais les coutumes qui l'admettent ne sont pas en grand nombre, ni même d'accord entre elles; ce sont celles de la châtellenie de Lille, du chef-lieu de Mons, d'Acs & de Normandie.

La coutume de la châtellenie de Lille porte, *tit. 2, art. 26*, qu'héritages cotiers patrimoniaux succèdent, en défaut de descendans, aux prochains parens en ligne collatérale du trépassé, du lez & côté dont ils procèdent, les mâles excluant les femelles en pareil degré. *Voyez* l'article DEMI-SELLAGE.

La coutume du chef-lieu de Mons, *chap. 2*, donne au frère une double part contre sa sœur dans la *succession* des *main-fermes* ou rotures de leur frère décédé.

Dans la coutume d'Acs, il est certains cantons où l'*aîné mâle succède universellement*; c'est ce que porte l'article 27 du titre 2 de cette coutume.

La coutume de Normandie est la plus favorable de toutes à la masculinité; elle porte, *art. 248*, qu'en *succession* de propres, tant qu'il y a mâles ou descendans des mâles, les femelles ou descendans des femelles ne peuvent succéder, soit en ligne directe ou collatérale.

Par l'article 309, qui ne concerne que les meubles & acquêts, les frères excluent les sœurs, & les descendans des frères excluent les descendans des sœurs étant en pareil degré.

L'article 314 déclare que le frère de père ou de mère seulement préfère les sœurs de père & de mère.

L'article 317 veut qu'*en ladite succession* il y ait *représentation de sexe*, & qu'en conséquence *les descendans des frères préfèrent les descendans des sœurs étant en pareil degré*.

On voit, par ces dispositions, que la coutume de Normandie considère moins dans la préférence dont il s'agit, le sexe de l'héritier collatéral qui se trouve appellé à une *succession*, que celui de l'auteur de la tige dont il descend. Cet esprit éclate encore dans l'article 328, suivant lequel les sœurs utérines du père, comme tantes paternelles de leurs neveux & nièces, excluent des meubles & acquêts de ceux-ci, les oncles & tantes maternels. On a prétendu en conséquence de cet article, qu'un oncle utérin devoit exclure la tante-germaine de la *succession* des meubles & acquêts de son neveu; mais ce système a été proscrit par arrêt du 22 mars 1678, rapporté dans le commentaire de Basnage.

Denisart nous a conservé un arrêt du parlement de Paris qui décide une question fort remarquable sur le privilège des mâles en Normandie. Il s'agissoit de savoir si ce privilège n'a lieu que quand le chef de la tige est un mâle, & si en conséquence il doit s'évanouir lorsque la tige a pour chef une femelle. La cour a adopté la négative par un arrêt rendu le 2 juillet 1759, en la deuxième chambre des enquêtes, au rapport de M. de Beze de Lis. Dans cette espèce, tous les prétendans droit à la *succession* du sieur Auger de Memont, descendoient d'Anne Auger sa tante: Anne Auger avoit eu des enfans mâles & des filles; les descendans des filles prétendoient succéder avec les descendans des mâles: tous étoient au même degré; l'arrêt, en confirmant la sentence du bailliage de Rumigny en Vermandois, qui avoit confirmé celle de Bogny-Martinzart, n'admit que les descendans des mâles à la *succession*.

SECTION II.

De l'ouverture des successions: comment elles s'acceptent, s'acquièrent & se répudient.

§. I. *De l'ouverture des successions.* Il y a ouverture à la *succession* d'une personne par sa mort naturelle, par sa profession solemnelle dans une religion approuvée, &, dans les pays où la confiscation n'a pas lieu, par sa condamnation à une peine capitale.

1°. Lorsque l'instant de la mort naturelle est constaté, il ne peut y avoir de difficulté sur l'époque précise où s'est ouverte la *succession* du défunt; mais des événemens singuliers le couvrent quelquefois de nuages, & alors il faut que les présomptions de la loi suppléent aux preuves des faits.

C'est ce qui arrive principalement dans deux cas; l'un où deux personnes habiles à se succéder réciproquement sont mortes ensemble; l'autre où un homme est disparu tout-à-coup, sans que l'on ait découvert depuis aucune trace de son existence, ni le moindre indice de sa mort. *Voyez* ABSENT, MORT.

2°. La profession religieuse dépouille celui qui la fait de tous ses droits, de toutes ses possessions, de toutes ses propriétés; elle ne peut par conséquent manquer de donner ouverture à la *succession*. *Voyez* PROFESSION MONASTIQUE.

3°. A l'égard de la condamnation à une peine capitale, pour savoir en quel pays elle ouvre la *succession* du condamné en faveur de ses parens, & de quel instant on doit dater cette ouverture, *voyez* CONFISCATION & MORT CIVILE.

Une *succession*, dès l'instant de son ouverture, c'est-à-dire dès l'instant de la mort du défunt, est acquise de plein droit à l'héritier, *etiam ignoranti*, & *non tamen invito*; car s'il renonce, elle sera censée ne lui avoir jamais été acquise: au reste, lorsqu'il l'accepte, elle est censée lui être acquise dès l'instant de la mort du défunt, même pour les parts qui lui sont accrues par les renonciations de ses co-héritiers, lesquels sont censés l'avoir répudiée dans le même instant qu'elle leur a été déférée, & avoir donné lieu dans le même instant à l'accroissement de leurs portions au profit de leurs co-héritiers.

Pareillement lorsque tous les héritiers du plus prochain degré renoncent, & que ceux du degré subséquent l'acceptent, elle est censée acquise à ceux-ci dès l'instant de la mort du défunt, par l'effet rétroactif qu'on donne à la renonciation de ceux du degré précédent, & à l'acceptation de ceux du degré subséquent.

§. II. *De l'acceptation des successions.* L'acceptation d'une *succession*, est la déclaration que fait celui à qui elle est déférée, de la volonté qu'il a d'être héritier.

L'acceptation renferme une obligation envers les créanciers & les légataires de la *succession*, & par cette raison, il n'y a que ceux qui peuvent s'obliger, qui peuvent accepter par eux-mêmes les *successions* qui leur sont déférées. Les interdits, les femmes sous puissance de mari, qui ne sont pas autorisées soit par lui, soit par le juge, ne peuvent accepter.

Lorsque celui à qui la *succession* est déférée, est mort sans s'être expliqué s'il entendoit ou non l'accepter, ses héritiers ou autres successeurs universels peuvent l'accepter de son chef. S'il avoit laissé des héritiers à différens biens, parmi lesquels les uns voulussent l'acceptation, les autres qui auroient des intérêts différens voulussent la renonciation, il faudroit entrer dans l'examen du parti le plus avantageux au défunt, à qui la *succession* a été déférée, & le faire prévaloir.

Ceux à qui une *succession* est déférée, ou leurs successeurs, peuvent l'accepter non-seulement par eux-mêmes, mais encore par le ministère d'un fondé de procuration spéciale, d'un tuteur ou d'un curateur.

Nul ne peut accepter valablement une *succession*, non-seulement avant qu'elle soit ouverte, mais même depuis son ouverture, avant qu'il en ait connoissance,

connoissance, & que c'est à lui à qui elle est déférée; mais depuis, il est toujours à temps de pouvoir l'accepter, tant qu'il ne l'a pas répudiée. Mais il faut observer, que quoiqu'une personne ait répudié une *succession*, ses créanciers qui prétendent que sa répudiation a été faite en fraude de leurs créances, peuvent nonobstant sa renonciation, être admis à exercer ses droits dans cette succession. *Voyez* ACCEPTATION D'UNE SUCCESSION, BÉNÉFICE D'INVENTAIRE, HÉRITIER.

§. III. *De la renonciation aux successions.* Il n'y a que ceux à qui une *succession* est déférée, qui puissent la répudier; c'est pourquoi un mari ne peut, sans sa femme, renoncer à une *succession* échue à sa femme, quoiqu'elle eût dû tomber entiérement dans sa communauté. Il auroit bien eu le droit de disposer sans sa femme de tout l'émolument de cette *succession*, si elle eût été acceptée, mais il ne peut sans elle disposer de la qualité d'héritière, qui est quelque chose de personnel à sa femme. C'est pourquoi sa femme, nonobstant la renonciation faite par le mari seul, qui est nulle, peut, après la dissolution de son mariage, ou même durant le mariage, en se faisant autoriser par le juge, accepter la *succession*. L'émolument tombera dans la communauté, qui ne sera tenue des dettes de cette *succession*, que jusqu'à concurrence de l'émolument.

Ceux à qui une *succession* est déférée, peuvent la répudier par eux-mêmes ou par procureur, fondé de leur procuration spéciale, lorsqu'ils sont capables de disposer de leurs biens : lorsqu'ils ne le sont pas, leurs tuteurs ou curateurs peuvent renoncer pour eux, mais pour plus grande précaution, ils se font ordinairement autoriser par un avis de parens homologué par le juge. Les héritiers ou autres successeurs universels de celui à qui une *succession* a été déférée, & qui est mort sans avoir pris aucune qualité, peuvent aussi la répudier de son chef, comme ils peuvent l'accepter.

La renonciation à une *succession*, se fait par acte devant notaire, ou par un acte au greffe, ou par une déclaration faite en justice, dont le juge donne acte.

Excepté les contrats de mariage, dans lesquels la jurisprudence a admis les renonciations aux *successions* futures, aucun ne peut valablement répudier une *succession*, qu'après qu'elle lui a été déférée, suivant cette règle : *quod quis si velit habere, non potest, id repudiare non potest. L. 174, §. 1, ff. de R. J.* Il faut de plus que celui qui la répudie, sache qu'elle lui est déférée, & que c'est à lui à qui elle déférée. Au reste, on est toujours à temps de répudier une *succession*, tant qu'on ne l'a point acceptée.

Celui qui a répudié une *succession*, perd la faculté qu'il avoit de l'accepter, & il ne peut plus y revenir que par la voie de la restitution, dans les cas où elle peut être accordée, comme pour cause de minorité.

Cette répudiation a un effet rétroactif au temps de l'ouverture de la *succession*, & la part qui étoit déférée au renonçant, est censée dès ce temps accroître à ses co-héritiers, & lorsqu'il n'a pas de co-héritiers, être dès ce temps dévolue & acquise à ceux du degré suivant, lorsqu'ils veulent bien l'accepter.

Quoique par la renonciation de tous ceux qui sont appellés en premier lieu à une *succession*, elle soit déférée aux parens du degré suivant, néanmoins tant qu'ils ne l'ont pas acceptée, les créanciers peuvent la faire déclarer vacante, & y faire créer un curateur, sans être obligés d'attendre que ceux du degré suivant se soient expliqués, sauf à eux à l'accepter quand bon leur semblera, & en ce cas à se faire rendre compte par le curateur.

§. IV. *Des délais pour prendre qualité.* L'ordonnance de 1667, accorde aux héritiers présomptifs d'un défunt, un délai de trois mois pour s'instruire des forces de la *succession*, par un inventaire des meubles, titres & enseignemens qui en dépendent, & ce délai court depuis que la mort du défunt, qui a donné ouverture à la *succession*, a été connue dans le public. Elle leur accorde un second délai de quarante jours pour délibérer s'ils accepteront ou répudieront la *succession*, & ce délai court du jour que l'inventaire a été achevé, s'il l'a été avant l'expiration du premier délai de trois mois, sinon il court du jour de l'expiration du délai de trois mois dans lequel il a dû l'être.

Les créanciers peuvent bien, avant que ces délais soient expirés, arrêter les biens de la *succession*; ils peuvent également donner demande contre les héritiers présomptifs ; mais ces héritiers peuvent aussi leur opposer l'exception, qu'ils sont dans les délais que l'ordonnance leur accorde. Cette exception arrête l'effet de la demande, & empêche que le créancier ne puisse la poursuivre, ni obtenir aucune condamnation, avant qu'ils soient expirés. Cependant les intérêts de la somme demandée courent du jour de la demande, parce que le créancier souffre du retard que l'héritier apporte à son paiement, & que les délais pour délibérer que la loi lui accorde, sont une grace & une faveur, qui ne doivent porter aucun préjudice au créancier.

Le juge peut quelquefois proroger les délais accordés par l'ordonnance, lorsque la grande étendue d'une *succession* les rend insuffisans. Hors ce cas, l'héritier assigné doit, incontinent après l'expiration des délais, ou défendre aux demandes données contre lui, ou rapporter une renonciation, sinon il doit être condamné comme héritier. Cependant si le jugement de condamnation n'est pas souverain & contradictoire, il peut sur l'appel qu'il en interjettera, ou sur l'opposition qu'il y formera, rapporter sa renonciation, & se faire en conséquence décharger de la condamnation; mais il doit supporter les frais & dépens jusqu'au rapport de sa rénonciation, parce qu'il les a occasionnés par sa demeure.

Lorsqu'il n'y a pas lieu à l'appel ou à l'opposition, contre le jugement de condamnation, l'héritier en renonçant ne peut éviter de payer celui au profit duquel la condamnation a été rendue, mais il peut toujours renoncer vis-à-vis des autres créanciers de la *succession*, qui ne peuvent lui opposer le jugement qui l'a condamné comme héritier, & dans lequel ils n'étoient pas parties, suivant cette règle de droit : *res inter alios judicata, aliis nec prodest nec nocet.*

SECTION III.

Du partage des successions, & des rapports qui y ont lieu.

§. I. *De l'action de partage.* L'état de communauté de biens, est un état qui ne peut pas subsister toujours, & qui exige un partage. De-là naît l'obligation que chacun des héritiers contracte envers ses co-héritiers, de partager les biens d'une *succession* qui leur est échue, lorsqu'il en sera requis; & de cette obligation dérive l'action aux fins de partage, que chacun des héritiers peut intenter contre ses co-héritiers.

Si le défunt avoit ordonné que ses héritiers ne pourroient se provoquer à partage, ou si les héritiers étoient convenus de ne s'y jamais provoquer, telle ordonnance & telle convention seroient de nul effet, comme contraires à la nature de l'état de communauté de biens. *Nulla in æternum societatis communio est*, dit la loi 70, *ff. pro socio.* Mais les héritiers peuvent convenir que le partage sera différé pendant un certain temps limité; par exemple, jusqu'à la majorité de quelqu'un des héritiers, ou jusqu'à la décision d'un procès.

Tant que les héritiers & leurs successeurs possèdent en commun les biens de la *succession*, l'action de partage, ou le droit qu'a chacun des héritiers de demander le partage, ne peut jamais se prescrire, parce que cette action naît de la nature même de la communauté, qui exige toujours le partage. Mais elle se prescrit comme toutes les autres actions, lorsqu'un héritier a joui seul & séparément, pendant le temps nécessaire pour la prescription, des biens dont on lui demande le partage.

Un mineur, ou son tuteur pour lui, peut, aussi bien qu'un majeur, demander le partage des meubles d'une *succession*; mais il ne peut provoquer ses co-héritiers à un partage définitif des immeubles; il peut seulement en demander un provisionnel, par lequel chacun des cohéritiers jouiroit séparément du lot qui lui écherroit, jusqu'au partage définitif. La raison est que les mineurs ne peuvent aliéner, ni disposer de quelque manière que ce soit, par acte entre-vifs, du fonds de leurs immeubles : or, quoiqu'un partage définitif des immeubles d'une *succession* ne soit pas dans notre jurisprudence une vraie aliénation, il est au moins une disposition que le co-héritier fait de ses immeubles, puisque, par le partage, il restreint le droit universel & illimité qu'il avoit pour sa part dans tous les immeubles de la *succession*, à ceux qui lui échéent dans son lot.

Quoique le mineur ne puisse pas provoquer au partage définitif, il peut y être provoqué par son co-héritier majeur. La raison de différence est que le partage, de la part de celui qui le provoque, est une disposition volontaire, puisqu'il ne tenoit qu'à lui de ne le pas demander, & qu'elle est nécessaire de la part de celui qui est provoqué : or, les loix n'interdisent aux mineurs que les aliénations & les dispositions volontaires de leurs immeubles, & non les nécessaires.

§. II. *Des objets de l'action de partage.* La division des biens est le principal, mais n'est pas le seul objet de l'action de partage; elle embrasse aussi les raisons que les cohéritiers ont à se faire respectivement les uns aux autres : c'est ce qu'on appelle le compte mobilier qui précède le partage.

Chacun des cohéritiers doit faire raison à ses cohéritiers, 1°. de ce qu'il devoit au défunt; 2°. du prix des meubles dont il s'est rendu adjudicataire à la vente; 3°. de ce qu'il a reçu des débiteurs de la *succession*; 4°. du dommage qu'il a causé par sa faute dans les choses dépendantes de la *succession* : mais à cet égard les loix ne le chargent que de la faute légère, *de levi culpâ, l. 25, §. 16, ff. fam. ercisc.*

Nous venons de dire que chaque cohéritier doit tenir compte à ses cohéritiers de ce qu'il a reçu des débiteurs de la *succession*. Cependant si l'un d'eux, n'étant pas chargé du recouvrement des dettes, a déclaré, par la quittance qu'il a donné au débiteur, qu'il n'entendoit recevoir que sa portion, il n'est pas obligé d'en faire raison à ses cohéritiers, quoiqu'ils ne puissent plus recevoir la leur du débiteur, parce que depuis il est devenu insolvable. Ils doivent s'imputer de n'avoir pas été aussi vigilans que lui.

Chaque cohéritier a également le droit de se faire faire raison par ses cohéritiers de ce qui lui étoit dû par le défunt, & de tout ce qu'il a mis utilement pour la *succession*, soit pour en acquitter les dettes ou autres charges, soit pour la culture des héritages, soit pour les réparations des bâtimens qui en dépendent.

Le partage ne pouvant se faire sans une estimation préalable des biens qui sont à partager, cette estimation est un objet de l'action de partage. Lorsque tous les héritiers sont majeurs, elle peut se faire à l'amiable : mais lorsque l'un d'entre eux est mineur, elle doit se faire par des experts nommés par le juge, qui doivent prêter serment.

Les rapports sont aussi un des objets de l'action de partage. Nous renvoyons à cet égard au mot RAPPORT A SUCCESSION.

§. III. *Des effets du partage, & des obligations qui en résultent.* Les partages ne sont pas regardés dans notre jurisprudence comme des titres d'acquisition, mais comme des actes qui n'ont d'autre effet que de déterminer la part de chacun des cohéritiers; qui, avant le partage, étoit indéterminée, aux choses qui échéent à ce cohéritier par son lot de partage.

Suivant ce principe, chaque héritier est censé avoir succédé seul directement au défunt, dans toutes les choses échues en son lot, & n'en rien tenir de ses cohéritiers, & il est pareillement censé n'avoir succédé à aucune autre chose qu'à ce qui lui est échu dans son lot. En conséquence, les partages ne donnent ouverture à aucun profit, & les créanciers particuliers de chaque héritier ne peuvent prétendre aucune hypothèque que sur les biens échus au lot de leur débiteur, ceux qui échéent à ses cohéritiers étant censés ne lui avoir jamais appartenu. D'où il suit que les créanciers particuliers d'un héritier, ayant intérêt qu'il tombe dans le lot de leur débiteur des biens sur lesquels ils puissent se venger, peuvent intervenir pour lui au partage, lorsqu'il est encore à faire.

Les obligations qui résultent du partage sont, 1°. celles qui résultent du compte mobilier dont on a parlé dans le §. précédent; 2°. celles qui résultent des retours du partage; 3°. la garantie que les cohéritiers se doivent réciproquement.

Comme on ne peut pas toujours diviser les biens d'une *succession* en des lots qui soient parfaitement égaux, lorsqu'un lot se trouve plus fort, on le charge d'un retour envers le lot qui est plus foible, pour les égaler. Ce retour consiste dans une rente, ou dans une somme de deniers.

Lorsqu'il consiste dans une rente, c'est-à-dire, lorsqu'il est porté par le partage qu'un tel lot, comme plus fort, sera chargé de tant de rente envers un autre, cette rente est une rente foncière, & une charge réelle des héritages compris dans ce lot, dont les arrérages commencent à courir du jour que l'héritier est entré en jouissance du lot qui en est chargé. Celui à qui ce retour est dû a, pour ce retour, tous les privilèges des seigneurs de rentes foncières, & celui qui en est chargé n'est tenu de cette rente que tant qu'il possède les héritages compris dans le lot qui en est chargé, ou quelque partie d'iceux; & il peut s'en libérer, en les déguerpissant, à moins que le partage ne contînt la clause de fournir & faire valoir la rente créée pour le retour. Il en seroit autrement, si le retour étoit réglé par le partage à une somme d'argent, pour le prix de laquelle le débiteur du retour auroit incontinent, & par l'acte même de partage, constitué une rente; cette rente seroit une dette personnelle, qui ne diffère pas des autres rentes constituées.

Lorsque le retour consiste dans une somme d'argent, pour le prix de laquelle il n'a pas été constitué de rente, cette somme est exigible, soit dans les termes convenus par le partage, soit incontinent, s'il n'en a été accordé aucun: mais dans l'un & l'autre cas, les intérêts de cette somme courent de plein droit, & sans qu'il soit besoin d'en faire aucune demande, du jour que l'héritier est entré en jouissance du lot chargé de ce retour.

Il y a lieu à la garantie réciproque des cohéritiers, toutes les fois que l'un d'eux est obligé de délaisser quelqu'une des choses comprises dans le lot qui lui est échu, ou est empêché de jouir de quelqu'un des droits compris audit lot, ce qui s'appelle *éviction*. Dans ces cas, tous ses cohéritiers sont tenus, chacun pour sa part héréditaire, de le dédommager de la diminution que son lot en souffre, sa part demeurant confuse sur lui.

Pour qu'une éviction donne lieu à cette garantie, il faut, 1°. qu'elle procède d'une cause qui existoit dès le temps du partage, comme lorsqu'un cohéritier a été obligé de délaisser un héritage échu en son lot, parce qu'il n'appartenoit pas à la *succession*, ou parce qu'il ne lui appartenoit que pour un temps, ou jusqu'à l'échéance d'une certaine condition: mais si l'éviction procède d'une cause nouvelle, survenue depuis le partage, il n'y a pas lieu à la garantie; par exemple, si depuis le partage on m'a pris quelque morceau de terre pour faire un grand chemin, ou si le roi a supprimé un office, ou quelque autre droit échu en mon lot.

Il faut, 2°. que ce ne soit pas par sa faute que l'héritier ait souffert l'éviction: par exemple, si, par sa faute, il a perdu la possession de quelque partie d'héritage échue en son lot, dans laquelle il auroit pu se maintenir, s'il ne l'avoit pas perdue; ou si, n'ayant pas sommé en cause ses cohéritiers, il a été condamné à délaisser un héritage échu en son lot, faute par lui d'opposer un moyen de prescription dont il auroit pu se défendre.

Il faut, 3°. que ce soit une éviction du risque de laquelle l'héritier n'ait pas été chargé par le partage. Mais la simple connoissance qu'il auroit eu que la chose étoit sujette à cette éviction, ne l'exclut pas du droit de garantie.

C'est aussi une espèce d'éviction qui donne lieu à la garantie, lorsque l'un des cohéritiers est obligé de souffrir, sur un héritage échu en son lot, quelque charge réelle dont il n'a pas été chargé par le partage, quoiqu'il en eût connoissance. Il y a néanmoins certaines charges qui ne donnent pas lieu à la garantie, quoique non exprimées dans le partage, ni connues de l'héritier; telle est celle des droits seigneuriaux ordinaires: car, la règle *nulle terre sans seigneur* ayant lieu parmi nous, cette charge est toujours sous-entendue: telle est encore la charge des servitudes visibles.

Outre la garantie ordinaire dont nous venons de parler, qui a lieu pour toutes les choses qui nous tombent en partage, & qu'on appelle *garantie de droit*, il y a une garantie qui est particulière aux rentes, & qu'on appelle *garantie de fait*: elle a lieu lorsqu'une rente, tombée au lot de l'un des héritiers, devient caduque, par l'insolvabilité & la discussion des biens du débiteur, quelque longtemps qu'il se soit écoulé depuis le partage, à moins qu'on n'ait limité, par l'acte de partage, la durée de cette garantie, ce qu'il est très-à-propos de faire.

Cette garantie oblige les héritiers, & leurs successeurs, chacun pour leur part, à indemniser l'héritier qui a souffert la perte, en lui continuant, chacun pour leur portion, la rente à la place du débiteur insolvable, la sienne confuse. Cette garantie n'a pas lieu néanmoins, lorsque la rente est devenue caduque par la faute de l'héritier qui en a laissé périr les hypothèques, ou par la prescription, ou en manquant de s'opposer à des décrets.

Les biens de la *succession*, échus au lot de chaque héritier, sont affectés à toutes les obligations résultantes du partage dont est tenu cet héritier, par privilège à tous les créanciers particuliers de cet héritier, quoique antérieurs au partage; parce que, n'ayant ces biens qu'à la charge des obligations qui naissent du partage, il n'a pu les hypothéquer que sous cette condition à ses propres créanciers, & qu'il n'a pu leur donner plus de droit qu'il n'en a lui-même. Ce privilège a lieu quand même le partage auroit été fait sous signature privée; car il naît de la nature même du partage : mais les biens particuliers de l'héritier ne sont hypothéqués aux obligations du partage, que lorsqu'il a été passé devant notaire, & cette hypothèque n'a aucun privilège.

Section IV.

Des charges des successions.

Les charges des *successions* sont les dettes du défunt, les frais funéraires, les legs, les frais d'inventaire, de partage & de licitation.

§. I. *Des dettes.* Lorsque le défunt ne laisse qu'un seul heritier, il est tenu des dettes pour le total, lorsqu'ils sont plusieurs, chacun d'eux en est tenu pour la part pour laquelle il est héritier. Cette obligation des héritiers de payer les dettes du défunt est fondée, non-seulement sur le motif que les dettes sont une charge des biens, mais sur ce qu'un héritier est essentiellement le successeur à tous les droits actifs & passifs du défunt, & par conséquent à toutes ses obligations & à toutes ses dettes.

De-là il suit, 1°. que lorsque le passif de la *succession* excède l'actif, ils sont tenus de leur part du passif, au-delà des forces de la part de l'actif à laquelle ils succèdent, à moins qu'ils ne fussent héritiers sous bénéfice d'inventaire; 2°. que lorsqu'un héritier partage les biens de la *succession* avec des légataires universels, il est tenu des dettes vis-à-vis les créanciers, non-seulement pour la part qu'il a au partage des biens, mais, ou pour le total, s'il est unique héritier, ou pour la part pour laquelle il est héritier, sauf son recours contre les donataires ou légataires universels; 3°. que l'héritier qui a cédé à quelqu'un ses droits successifs, ne laisse pas, nonobstant cette cession, de continuer d'être tenu des dettes vis-à-vis des créanciers, sauf son recours contre son cessionnaire pour en être acquitté; car cette cession ne lui fait pas perdre sa qualité d'héritier qui l'y rend obligé.

L'héritier de l'héritier est, pour la part pour laquelle il succède à cet héritier, tenu des dettes dont étoit tenu cet héritier, & de la même manière que lui.

Le cessionnaire des droits successifs est tenu des dettes comme en est tenu l'héritier son cédant; c'est-à-dire, même au-delà des forces de la *succession* qui lui est cédée; car, prenant à ses risques par cette cession, les droits successifs qui lui sont cédés, il est obligé d'acquitter son cédant de tout. Il est même tenu de lui faire raison de ce qui lui étoit dû par le défunt, quoiqu'il se soit fait confusion & extinction de cette dette par l'acceptation de la *succession*. Car de même que l'héritier cédant doit faire raison à son cessionnaire de tout l'émolument qu'il a eu de la *succession*, de même le cessionnaire doit faire raison à l'héritier son cédant, de tout ce que le cédant a mis pour la *succession*, & de tout ce qu'il en a coûté au cédant pour être héritier, & dans cette prestation réciproque, on doit comprendre la créance que l'héritier avoit contre le défunt, dont il a fait confusion en acceptant la *succession*.

Quoiqu'un cessionnaire de droits successifs ne soit proprement tenu des dettes de la *succession*, que vis-à-vis son cédant, les créanciers de la *succession* peuvent néanmoins agir directement contre lui, pour éviter le circuit inutile du recours que l'héritier cédant auroit contre lui.

Lorsqu'une *succession*, échue à l'un des conjoints par mariage, est tombée dans leur communauté, cette communauté est, à cet égard, comme un cessionnaire de droits successifs; sauf néanmoins que si c'est une femme qui a accepté une *succession*, par autorité de justice, au défaut de l'autorisation de son mari, la communauté dans laquelle les biens sont tombés, n'est tenue des dettes que jusqu'à concurrence de l'actif de la *succession* dont elle profite : une femme ne pouvant, sans le fait de son mari, engager la communauté au-delà de ce qu'elle profite.

Les légataires & donataires universels sont aussi tenus des dettes, ou pour le total, s'ils sont légataires ou donataires du total, ou pour la part des biens dont ils sont donataires ou légataires. Mais comme ils n'en sont tenus que par la raison que les dettes sont une charge des biens qui leur ont été légués ou donnés, ils n'en sont pas tenus au-delà de l'émolument qu'ils reçoivent, & ils peuvent s'en décharger en abandonnant les biens. C'est en quoi ils diffèrent des héritiers.

Les légataires particuliers ne sont pas ordinairement tenus des dettes, mais ils peuvent quelquefois en être tenus indirectement; car n'étant pas permis au testateur de léguer au-delà de ce qui reste à son héritier, les dettes payées, si les legs particuliers excédoient ce qui lui reste, ils devroient souffrir retranchement jusqu'à due concurrence; & s'ils avoient été payés en entier, l'héritier ou les créanciers, comme exerçant à cet égard les droits de l'héritier, en auroient la répétition jusqu'à due concurrence.

Lorsque le legs est d'un corps certain, & qu'il y a des héritiers à différentes espèces de biens, l'héritier de l'espèce de biens dans laquelle est la chose léguée, & qui est seule grevée de ce legs, peut en retrancher ce qui lui manque, pour acquitter la portion de dettes dont l'espèce de biens à laquelle il succède, est chargée; & ce légataire n'a aucun recours contre les héritiers aux autres espèces de biens, quand même ils auroient plus qu'il ne leur faut pour acquitter la part dont ils sont tenus des dettes; car ce ne sont pas eux qui sont chargés du legs envers lui.

Suivant l'esprit de l'ancien droit françois, on regardoit les dettes mobilières d'une personne, comme une charge de ses seuls biens mobiliers, & les coutumes ont suivi ce principe dans plusieurs matières, telles que la garde-noble, la communauté, le douaire, *&c.* Mais en matière de *succession*, elles ont suivi un principe différent.

A l'exception des dettes de corps certains, qui existoient dans la *succession*, lors de son ouverture, qui ne sont dues que par ceux qui y succèdent, toutes les autres dettes d'un défunt, tant celles de sommes exigibles que de rentes passives, sont réputées charges de tous ses biens, & non d'aucune espèce particulière: en conséquence, les différens héritiers, ou successeurs universels qui succèdent à ces différentes espèces de biens, sont tenus chacun de toutes les dettes du défunt pour une part proportionnée à celle qu'ils ont dans la masse générale de l'actif de la *succession.* On ne considère à cet égard, ni l'origine, ni la cause de la dette.

L'héritier aux propres est tenu pour sa part de ce que le défunt devoit pour le prix d'un acquêt, quoiqu'il ne succède pas à cet acquêt, & l'héritier aux acquêts, qui y succède seul, n'est tenu de cette dette que pour la même part pour laquelle il est tenu de toutes les autres dettes de la *succession.* Par la même raison, s'il étoit dû quelque chose pour les frais de labours & de semences faites dans l'année sur un héritage propre, l'héritier aux propres, quoiqu'il profite seul des fruits qui se trouvent pendans par les racines, lors de l'ouverture de la *succession*, n'est tenu néanmoins de cette dette que pour la même part pour laquelle il est tenu de toutes les autres.

Les rentes foncières dont sont chargés les héritages du défunt, ne sont dettes de sa *succession* que pour les arrérages qui en ont couru jusqu'à sa mort; celui qui succède à l'héritage qui en est chargé, est seul tenu de les continuer à l'avenir; néanmoins, si le défunt avoit contracté l'obligation de les fournir & faire valoir, elle feroitu ne obligation de sa personne, dont tous ses héritiers seroient tenus. Mais comme elle n'est que subsidiaire à l'obligation de l'héritage, elle ne les oblige à la prestation de la rente qu'en cas d'insuffisance de l'héritage qui en est chargé. Mais il ne faut pas confondre avec les rentes foncières, celles qui sont constituées avec un assignat spécial sur un certain héritage. Cet assignat n'empêche pas qu'elles ne soient dettes du défunt, & qu'en conséquence tous les héritiers n'en soient tenus.

Chaque espèce particulière de biens qui compose la masse générale des biens du défunt, étant chargée d'une portion de dettes, en même raison qu'est cette espèce de biens au total de l'actif de la *succession*, l'héritier qui succède à cette espèce de biens, est tenu de toute cette portion de dettes, quoiqu'il ne recueille pas toutes les choses dont cette espèce de biens est composée, parce que le défunt a disposé de plusieurs de ces choses, par des legs singuliers.

Comme ce n'est qu'après la liquidation de la *succession* qu'on peut connoître pour quelle part de dettes doit être tenu chacun des héritiers qui succède à chaque différente espèce de biens, & que les créanciers ne sont pas obligés d'attendre la fin de cette liquidation, ils peuvent, en attendant, exiger de chacun des héritiers, sa portion virile des dettes, sauf à ceux-ci, lorsque la *succession* sera liquidée, à se faire raison entre eux de ce qu'ils auroient de plus ou de moins.

Cette répartition des dettes sur les différentes espèces de biens, ne peut jamais avoir lieu dans les *successions* des pères & mères, & autres ascendans. Ainsi, quoique l'aîné ait une plus grande portion dans les biens nobles que les autres enfans, il n'est tenu des dettes que pour la même portion que chacun de ces cohéritiers. Ce qu'il a de plus qu'eux n'est regardé que comme un prélegs légal. Cette décision a lieu quand bien même la dette seroit pour le prix du manoir noble auquel l'aîné succède seul. Mais elle souffre limitation, lorsque la légitime des puînés se trouve entamée.

Lorsque la dette est indivisible, telle qu'est celle qu'auroit contractée un architecte pour construire une maison, chacun de ses héritiers ou successeurs universels est débiteur du total, ne pouvant pas être débiteur d'une partie d'une chose qui n'est pas susceptible de division, & par cette raison, l'on peut demander à chacun d'eux la construction totale de la maison. Mais s'ils ne peuvent satisfaire à cette obligation, & que le créancier soit obligé de les faire condamner en ses dommages & intérêts, chacun d'eux en sera tenu pour la part dont il est héritier; car l'obligation des dommages & intérêts, en laquelle l'obligation principale s'est convertie, n'étant pas indivisible, comme l'étoit la première, les héritiers qui ne sont pas débiteurs solidaires, n'en peuvent être tenus chacun que pour la part dont il est héritier.

Les créanciers hypothécaires d'une *succession*, outre l'action personnelle qu'ils ont contre des cohéritiers ou successeurs universels du défunt, pour la part dont il sont tenus personnellement des dettes de la *succession*, ont encore l'action hypothécaire contre ceux d'entre eux qui en possèdent quelque immeuble.

§. II. *Des frais funéraires, d'inventaire, &c.* Les autres charges de *successions* sont les frais funéraires, de scellés, d'inventaire & de partage, & les legs. *Voyez* LEGS.

Tous les héritiers des différentes espèces de biens sont tenus des frais funéraires pour la même part, pour laquelle ils sont tenus des dettes. Les créanciers de ces frais peuvent demander le total de ce qui leur est dû par ces frais, à celui qui les a commandé en son nom de les faire, quoiqu'il ne soit héritier qu'en partie, ou même qu'il ne soit pas héritier, ou qu'il ait renoncé à la *succession*. Mais il a son recours contre les autres héritiers qui en sont tenus, & pour ce recours il a un privilège sur les biens de *succession* avant tous les autres créanciers. *Voyez* FRAIS FUNÉRAIRES.

Les frais d'inventaire sont une charge des *successions* qui paroît ne devoir concerner que ceux des héritiers, ou autres successeurs universels, qui succèdent au mobilier. Les héritiers aux propres n'en doivent être tenus que pour la partie de l'inventaire qui concerne la description des titres de leurs propres ; mais les scellés ayant pour objet la conservation des titres, aussi bien que celle des meubles, les héritiers aux propres doivent y contribuer.

Lorsqu'il y a différens héritiers à différentes espèces de biens, les frais de partage de chaque espèce de biens, & ceux qui se font pour y parvenir, doivent être supportés par les seuls héritiers qui y succèdent : mais l'acte de liquidation de la part que chacun des héritiers doit porter dans les dettes, doit se faire aux frais de tous les héritiers.

SECTION V.

Des successions irrégulières.

On peut distinguer jusqu'à huit espèces de *successions* irrégulières.

I. On a vu à l'article QUARTE DU CONJOINT PAUVRE, qu'il y a dans les pays de droit écrit quelques provinces où le conjoint survivant peut, en certain cas, obliger les héritiers, soit directs, soit collatéraux du prédécédé, de lui abandonner une portion de son hérédité.

II. Les loix romaines, & notamment l'édit du préteur, *undè vir & uxor*, déclarent le conjoint survivant, héritier du prédécédé qui n'a point de parens habiles à recueillir sa *succession*.

Cette jurisprudence est observée dans tous les pays de droit écrit. Plusieurs de nos coutumes l'ont aussi adoptée en terme exprès : telles sont particuliérement Poitou, *art.* 299, & Berry, *tit.* 19, *art.* 8 : mais d'autres la rejettent formellement. Telles sont Bourbonnois, *art.* 328 ; Hainaut, *chap.* 124, *art.* 5, *&c.* La plupart sont muettes sur ce point ; & de-là naît la question de savoir comment on doit interpréter leur silence.

Il est d'abord certain que le conjoint survivant ne peut succéder au préjudice du fisc, dans les coutumes où celui-ci exerce le droit de déshérence sur les propres de ligne faillie, à l'exclusion des parens non lignagers. On sent en effet que c'est ici le cas de la règle *si vinco vincentem te, à fortiori te vinco.* Car le conjoint ne peut en aucun cas exclure les parens ; & puisque les parens sont eux-mêmes exclus par le seigneur, il faut bien que le seigneur l'emporte sur lui. C'est ce qui a été jugé dans la coutume du Maine par arrêt du 2 août 1618, rapporté par Brodeau, *lettre F*, §. 22, & dans celle de Normandie, par arrêt du 30 juillet 1620, qu'on trouve dans Basnage. *Voyez* DÉSHÉRENCE.

Dans les autres coutumes, rien n'empêche d'admette la *succession undè vir & uxor*, & elle est effectivement reçue depuis long-temps, ainsi que l'attestent tous nos auteurs françois.

Peleus, *liv.* 4, *act.* 19, en rapporte un arrêt du 7 septembre 1600, rendu dans la coutume de Montargis. Il s'agissoit de savoir si une seconde femme pouvoit succéder à celui qui l'avoit épousée en deuxièmes noces. La cour a jugé pour l'affirmative.

On a douté si l'on pouvoit appliquer cette jurisprudence au cas où le prédécédé étoit bâtard. Mais un arrêt du 23 mai 1630, rapporté dans le journal des audiences, a tranché la difficulté, en jugeant que la veuve d'un bâtard excluoit le roi.

Le droit qu'a le survivant de succéder à défaut de parens au prédécédé, est un des effets civils du mariage ; c'est pourquoi il ne peut l'avoir, si le mariage, quoique valablement contracté, est privé des effets civils ; tel qu'est celui qui a toujours été tenu secret jusqu'à la mort ; celui qui a été contracté *in extremis* entre personnes qui avoient eu un mauvais commerce, celui qui a été contracté entre le ravisseur & la personne ravie, quoique remise en liberté.

Au contraire, dans les cas où la loi accorde les effets civils à un mariage quoique nul, à cause de la bonne-foi des parties qui l'ont contracté, ou de l'une d'elles, comme lorsqu'une femme, sur des attestations en bonne forme de la mort de son mari, qui néanmoins étoit vivant, a de bonne-foi épousé un autre homme, ou lorsqu'une fille a épousé un homme qu'on ignoroit être engagé dans les ordres sacrés : dans ces cas, & autres semblables, la partie qui étoit de bonne-foi peut succéder à l'autre, à défaut de parens ; mais celle qui étoit de mauvaise foi ne peut succéder à l'autre, *cum nemo ex suo delicto jus sibi quærere possit.*

Il n'est pas douteux qu'une femme judiciairement convaincue d'adultère, doit être jugée indigne de cette *succession*, dans le cas du prédécès de son mari sans parens, de même qu'elle est privée de tous ses avantages matrimoniaux; mais si elle prédécède, son mari, à défaut de parens, peut lui succéder, car il demeure toujours son mari.

Un mari doit pareillement être jugé indigne de la *succession* de sa femme qui a été séparée de lui pour causes de sévices. Mais s'il prédécède, sa femme peut, à défaut de parens, lui succéder; & c'est sans aucune raison que le Brun lui refuse ce droit.

Cette *succession undè vir & uxor*, est une vraie *succession* qui ne diffère en rien des autres, si ce n'est en ce que les héritages qui en adviennent n'ont pas la qualité de propres. Au reste, le survivant qui succède à ce titre au prédécédé, est un vrai héritier, & il est, de même qu'un parent, saisi de tous les droits actifs & passifs du défunt dès l'instant de sa mort.

III. Les seigneurs hauts-justiciers succèdent par droit de déshérence à ceux qui meurent *intestats*, & sans héritiers quelconques. Ils prennent à ce titre non-seulement les immeubles qui sont situés sur le territoire de leur justice, mais même les meubles qui s'y trouvent, & il n'est pas nécessaire que le défunt soit né dans leur territoire, ni qu'il y meure, ou qu'il y soit domicilié. *Voyez* DÉSHÉRENCE.

IV. Le religieux qui décède n'a point d'autre héritier que son monastère. *Voyez* CÔTE-MORTE & PÉCULE. Si cependant il étoit décoré de la dignité épiscopale, ses parens lui succéderoient.

V. La cinquième espèce de *succession* irrégulière est celle du seigneur à son main-mortable. *Voyez* ÉCHUTE & MAIN-MORTE.

VI. La sixème est celle du roi ou du seigneur haut-justicier au criminel, condamné à une peine qui emporte CONFISCATION. *Voyez ce mot.*

VII. La septième est celle du roi à un étranger du royaume qui décède dans ses états. *Voyez* AUBAINE.

VIII. La huitième est celle du roi ou du seigneur au BATARD. *Voyez ce mot.* Parmi les questions traitées sous ce mot, il en est une de la plus grande importance; qui vient encore de se renouveller; c'est de savoir s'il est absolument nécessaire que le bâtard soit né, ait demeuré & soit mort dans l'étendue de la haute-justice d'un seigneur, pour que celui-ci puisse réclamer sa *succession*.

Cette question s'est élevée dans la coutume de Paris. La demoiselle de Prémard, bâtarde, étoit domiciliée & avoit le siège de sa fortune dans la capitale. Elle avoit aussi une maison de campagne à la Villette, dont les prêtres de Saint-Lazare sont seigneurs hauts-justiciers. Après sa mort, arrivée en 1780, une sentence de la chambre du domaine a adjugé sa *succession* au roi, à titre de bâtardise. Les officiers de ce tribunal ayant été, par suite, apposer les scellés dans la maison de campagne de la demoiselle de Prémard, les prêtres de Saint-Lazare s'y sont rendus opposans, pour la conservation des droits à eux appartenans, à titre de déshérence, sur les meubles & fonds délaissés par la demoiselle de Prémard, dans l'étendue de leur seigneurie, conformément à l'article 167 de la coutume. Ils ont en même-temps formé opposition à la sentence de la chambre du domaine, portant adjudication de ladite *succcession* au roi seulement, en ce qui concerne l'immeuble. Une sentence du domaine du 28 septembre 1780, a débouté les prêtres de Saint-Lazare de leur opposition, & ceux-ci s'en sont rendus appellans.

Le point de droit a été discuté & approfondi dans des mémoires imprimés de M. Babille pour les prêtres de Saint-Lazare, & de M. Bazin pour le domaine.

De la part des prêtres de Saint-Lazare, on a soutenu que le droit de bâtardise n'est qu'un droit seigneurial ordinaire, l'attribut, la conséquence & l'un des fruits, entre les mains des seigneurs, de leurs hautes-justices, qui, quoiqu'émanées du roi, *le grand fieffeux* & le souverain justicier de son royaume, n'en ont pas moins été par lui valablement concédées à ses sujets, avec leurs fiefs, terres & seigneuries auxquelles ces hautes-justices sont annexées, pour tenir & posséder le tout en pleine patrimonialité héréditaire, à foi & hommage du roi, & les exercer sous son autorité & à la charge du ressort, avec tous les honneurs, droits & émolumens appartenans aux hauts-justiciers.

Dans l'origine de la monarchie françoise, il n'y avoit aucune différence entre les bâtards & les légitimes; ils succédoient tous également à l'hérédité de leurs pères & mères, ainsi que l'histoire nous l'apprend, sous la première & la seconde races de nos rois. Hugues Capet est le premier qui ait établi en France que les bâtards *nec genus nec gentem habent*.

A cette époque, les biens des bâtards décédant sans enfans légitimes & sans avoir testé, sont devenus des épaves, des biens vacans, des *successions* tombées en déshérence, qui ont été dévolues à ceux à qui appartenoient ces sortes d'*échoites*, c'est-à-dire, aux seigneurs hauts-justiciers, comme ayant dans leurs territoires *bona vacantia quæ nullius sunt*. L'article 167 de la coutume de Paris en a fait une disposition expresse: « quand le propriétaire, possesseur d'aucun héritage, va de vie à » trépas, sans hoirs apparens, le haut-justicier en » la justice duquel les héritages sont assis, peut & » lui est loisible iceux héritages vacans & non » occupés saisir & mettre en sa main ».

En vertu de cet article, les seigneurs hauts-justiciers ont, sans contredit, à Paris, par droit de déshérence, les *successions* de ceux qui, mourant sans héritiers, laissent des meubles ou immeubles assis dans l'étendue de leurs hautes-justices. Or, les *successions* des bâtards ne sont constamment qu'une espèce particulière, dont les autres *successions* par déshérence sont le genre & y doivent être conprises de plein droit, à moins qu'il n'y ait une loi spéciale qui les en tire par forme d'exception : or il n'existe ni loi ni raison d'exception; des loix précises au contraire adjugent ces *successions* aux seigneurs. Le chapitre 65 du livre des établissemens de saint Louis décide formellement que la *succession* des bâtards appartient aux seigneurs. Une ordonnance de Philippe-le-Bel, de 1301, le décide également.

A l'égard des coutumes, on les distingue en trois classes : la première donne le droit de bâtardise au roi; la seconde le donne aux seigneurs hauts-justiciers, dans la concurrence des trois cas : savoir, que le bâtard y soit né, y ait demeuré & y soit décédé; la troisième classe est celle des coutumes muettes sur cet article; & de ce nombre est celle de Paris.

Après avoir cité les loix, les prêtres de Saint-Lazare ont rapporté l'autorité des jurisconsultes qui décident la question en faveur des seigneurs hauts-justiciers, & qui sont, Dumoulin, Loiseau dans son traité des seigneuries, *chap. 12, n. 109*; d'Argentré sur l'*art. 446*, de l'ancienne coutume de Bretagne; Chopin sur Paris, *liv. 1, tit. 3, n. 22*, & dans son traité du domaine, *liv. 1, tit. 10, n. 3*; Loisel dans ses institutes coutumières, *liv. 1, tit. 1, règle 47*; Coquille dans son institut au droit françois, *titre des bâtards*; la Thaumassière, sur l'article 29 du titre des *successions* de la coutume de Berri; Pocquet de Livonnières, *traité des fiefs, liv. 6, chap. 4*; Lebrun, *traité des successions, liv. 1, chap. 1, sect. 4, n. 7*; Carondas, sur l'*art. 167*; Brodeau sur le même article; Duplessis, *titre des fiefs, liv. 8, chap. 1*; le Maître, *tit. 8, chap. 4*; enfin Bourjon, *tit. 1, liv. 2, chap. 4*.

M. Bazin, pour l'administration du domaine, a établi de son côté, que le droit de bâtardise est un droit royal, *jus regis*, un droit de la couronne & de la souveraineté, *jus regni*; que c'est ainsi que tous les feudistes & domanistes les plus accrédités l'ont toujours défini; que le droit de succéder aux bâtards mourans sans enfans, qui appartient au roi, est une conséquence naturelle & nécessaire du droit exclusif qu'il a de légitimer les bâtards, de même que de naturaliser les étrangers.

Il est bien vrai que nos rois se sont relâchés d'une partie de leurs droits, & ont admis les seigneurs à partager les biens des bâtards dans la concurrence fortuite des trois cas; mais on ne doit pas en induire que c'est une reconnoissance forcée du droit successible des seigneurs; c'est une simple modification du droit inhérent à la couronne, une pure tolérance ou grace accordée. Mais il est toujours vrai de dire en point de droit, que les seigneurs sont exclus de prétendre aucune chose dans les biens des bâtards, à moins qu'ils ne réunissent le concours des trois cas, qui sont la naissance, le domicile & le décès du bâtard dans l'etendue de leur justice.

Les titres du roi pour le droit de bâtardise, sont, 1°. la souveraineté; 2°. le texte des ordonnances qui décident qu'à lui seul appartiennent les biens des bâtards dans quelque justice qu'il décèdent, dont la dernière est celle de Charles VI, enregistrée en l'année 1386, au greffe, tant de la chambre des comptes que du trésor, rapportée par Bacquet & l'auteur du grand coutumier; les instructions sur l'explication du droit de bâtardise, des années 1540, 1551 & 1565, que Bacquet assure avoir trouvées à la chambre des comptes; enfin, un dernier titre en faveur du roi, est la fameuse consultation demandée par Charles IX à la chambre du trésor, en mars 1572, & rapportée dans les opuscules de Loisel.

L'administrateur du domaine a réfuté aussi les moyens des appellans, tirés de la distinction des coutumes, en disant que les coutumes ne sont pas des loix à opposer au roi, parce qu'elles n'ont de force & d'empire que sur les peuples qui y sont assujettis, sans pouvoir jamais être d'aucun poids vis-à-vis du souverain, qui peut bien, par son approbation & l'autorisation donnée aux coutumes, en former des loix obligatoires pour des sujets coutumiers, mais n'en sauroit faire dériver d'obligation qui lui soit personnelle, & qui puisse soumettre le domaine de sa couronne à un statut purement municipal.

Cette défense à eu tout le succès qu'en attendoient les administrateurs du domaine. Par arrêt du 2 août 1782, au rapport de M. l'abbé Pommier, la cour a confirmé la sentence, & décidé par conséquent la question en faveur du roi.

SUCCESSION ABANDONNÉE *ou* VACANTE, est celle qui n'est réclamée par aucun héritier ni par aucune autre personne qui prétende y avoir droit au défaut des héritiers. On dit plus ordinairement *succession vacante*. *Voyez ci-après* SUCCESSION VACANTE.

SUCCESSION AB INTESTAT, ainsi nommée par abréviation du latin *ab intestato*, comme qui diroit *quæ ab intestato defertur*, est celle qui est déférée par la loi lorsque le défunt est mort *intestat*, c'est-à-dire sans avoir disposé des biens par testament ou autre disposition à cause de mort. *Voyez ci-devant le mot* SUCCESSION.

SUCCESSION DES AFFRANCHIS, étoit celle qui étoit déférée au patron, à l'effet de recueillir les biens de celui qui avoit été autrefois son esclave, & qu'il avoit affranchi.

Les règles que l'on observoit pour cette *succession*, sont expliquées aux institutes, *liv. 3, tit. 8. Voyez* AFFRANCHI & ESCLAVE.

SUCCESSION DES ACQUÊTS, est celle qui comprend les biens acquêts; elle comprend aussi ordinairement les meubles, mais cela dépend de la disposition des coutumes. *Voyez* ACQUÊTS, SUCCESSION MOBILIAIRE; PROPRES, SUCCESSION DES PROPRES.

SUCCESSION DES AGNATS, *agnatorum*, étoit celle qui étoit déférée par la loi des douze tables aux parens paternels, *agnati*, au défaut des héritiers

siens

liens, & à l'exclusion des *cognati* ou parens du côté maternel.

Mais peu après l'on admit aussi les cognats, & Justinien ayant enfin supprimé la différence que l'on faisoit entre les *agnats* & les cognats, voulut qu'ils fussent tous admis également selon la proximité de leur parenté avec le défunt. *Voyez* la *loi des douze tables*; la *nov. 18*, *chap. 3*; la *nov. 118*, *chap. 4*, *les instit. liv. 3*, *tit. 2*, & SUCCESSION DES COGNATS.

SUCCESSION ANCIENNE, veut dire l'ancien patrimoine des biens propres. La coutume de Normandie se sert de ce terme en ce sens, *art. 240.* On en trouve plusieurs autres exemples dans les coutumes. *Voyez* ACQUÊTS, HÉRITAGE, PATRIMOINE, PROPRES.

SUCCESSION ANOMALE *ou* IRRÉGULIÈRE, est celle qui est déférée à quelqu'un contre le cours ordinaire des *successions*; telles sont les *successions* des seigneurs par droit de deshérence, bâtardise; la *succession* du fisc par droit de confiscation.

SUCCESSION ANTICIPÉE, est celle dont on commence à jouir d'avance; c'est ainsi que l'on qualifie quelquefois les donations qui sont faites aux enfans par leurs père & mère en avancement d'hoirie. *Voyez* AVANCEMENT D'HOIRIE, DONATION, HOIR, HÉRÉDITÉ, SUCCESSION.

SUCCESSION APPRÉHENDÉE, du latin *apprehendere* qui signifie *prendre*, est celle dont on a déjà pris *possession*.

SUCCESSION ASCENDANTE, est l'ordre suivant lequel les ascendans succèdent à leurs enfans, & autres descendans qui meurent sans postérité. *Voyez* SUCCESSION DESCENDANTE, SUCCESSION DIRECTE, SUCCESSION EN LIGNE DIRECTE.

SUCCESSION BÉNÉFICIAIRE *ou* PAR BÉNÉFICE D'INVENTAIRE, est celle que l'héritier n'accepte que sous le bénéfice d'inventaire, c'est-à-dire sous condition de n'être point tenu des dettes au-delà du contenu en l'inventaire. *Voyez* BÉNÉFICE D'INVENTAIRE, DETTES, HÉRITIER, INVENTAIRE.

SUCCESSION EN CAUX, est celle qui est reglée par la coutume locale du bailliage de Caux, pour les biens régis par ladite coutume. *Voyez la coutume de Normandie*, *à la fin.*

SUCCESSION DES COGNATS, étoit celle des parens du côté maternel appellés *cognati*, lesquels anciennement ne succédoient point en vertu de la loi avec les agnats ou parens paternels, mais seulement à leur défaut, & en vertu de l'édit du préteur; mais depuis, la distinction des agnats & des cognats a été supprimée. *Voyez* SUCCESSION DES AGNATS.

SUCCESSION COLLATÉRALE, est celle qui passe du défunt à un héritier collatéral, c'est-à-dire, qui n'est ni de ses ascendans ni de ses descendans, & qui n'est son parent que *à latere*. *Voyez* COLLATÉRAL, & *ci-devant* le *mot* SUCCESSION.

SUCCESSION CONTRACTUELLE, est celle dont l'ordre est réglé non par la loi, mais par un contrat ou donation entre-vifs; telles sont les institutions & substitutions contractuelles. *Voyez* DONATION, INSTITUTION CONTRACTUELLE & SUBSTITUTION CONTRACTUELLE.

SUCCESSION COUTUMIÈRE, est celle qui est déférée, non selon la disposition de droit, mais réglée par la disposition de quelque coutume. *Voyez* Berault *sur la coutume de Normandie*, *tom. 1*, *pag. 510*, *col. 2.*

SUCCESSION DESCENDANTE, est celle qui est déférée en descendant aux enfans ou petits-enfans du défunt, selon la proximité de leur dégré. *Voyez* SUCCESSION ASCENDANTE & SUCCESSION DIRECTE.

SUCCESSION DÉFÉRÉE, c'est-à-dire, que la loi donne à quelqu'un. *Voyez* SUCCESSION DÉVOLUE.

SUCCESSION DES PROPRES, est celle qui comprend les propres ou biens anciens & patrimoniaux du défunt; on la distingue de la *succession* des meubles & acquêts, parce que celle-ci appartient au plus proche parent, au lieu que la *succession* des propres paternels & maternels appartient à l'héritier qui en est le plus proche du côté où les propres sont échus au défunt. *Voyez* HÉRITIER, LIGNE, PROPRES.

SUCCESSION DÉVOLUE *ou* DÉFÉRÉE; ces termes sont souvent synonymes, si ce n'est que par le terme *dévolue* on entend plus particuliérement celle qui d'un héritier a passé à un autre. *Voyez* HÉRITIER, RENONCIATION, SUCCESSION, SUCCESSION DÉFÉRÉE.

SUCCESSION DIRECTE *ou* EN LIGNE DIRECTE, est celle qui passe en droite ligne du défunt à son héritier, comme du père au fils ou petit-fils, ou autre descendant, ou du fils ou petit-fils, au père ou aïeul, ou autre ascendant. *Voyez* SUCCESSION ASCENDANTE & DESCENDANTE, SUCCESSION COLLATÉRALE.

SUCCESSION DIRECTE ASCENDANTE, est celle qui passe en droite ligne des descendans aux ascendans.

SUCCESSION DIRECTE DESCENDANTE, est celle qui passe en droite ligne des ascendans aux descendans. *Voyez* SUCCESSION DIRECTE & COLLATÉRALE.

SUCCESSION DROITE *pour* DIRECTE en l'ancienne coutume de Normandie. *Voyez* TERRIEN & SUCCESSION DIRECTE.

SUCCESSION DU FISC, est lorsque le fisc succède au défaut d'héritier par droit de déshérence ou par droit de confiscation. *Voyez* DÉSHÉRENCE, CONFISCATION, FISC.

SUCCESSION ÉCHUE, est celle qui est tombée ou dévolue à quelqu'un: une *succession* échue est différente d'une *succession* future, en ce que l'héritier a un droit acquis à la première, au lieu qu'il n'a qu'une espérance casuelle aux *successions* futures.

SUCCESSION EN DROITE LIGNE, est la même chose que *succession en ligne directe*.

On entend aussi quelquefois par-là ce qui est échu par *succession* immédiate à quelqu'un, quoiqu'en ligne collatérale, ou même par legs fait à un étranger ; c'est une expression impropre en ce sens. *Voyez* SUCCESSION DIRECTE.

SUCCESSION EN PROPRE ; la coutume de Normandie se sert de ce terme pour exprimer la *succession* aux biens propres & ancien patrimoine, tant en directe que collatérale. *Voyez l'article 235 & suivant.*

SUCCESSION FÉODALE, est celle par laquelle un fief est échu à l'héritier. On entend aussi souvent par-là, l'ordre que les coutumes ont établi pour succéder aux fiefs.

SUCCESSION FIDÉI-COMMISSAIRE, est celle que l'héritier ne recueille que par forme de fidéi-commis, c'est-à-dire, à la charge de la rendre à un autre héritier, soit de son vivant ou après sa mort, suivant les conditions apposées au fidéi-commis. *Voyez* FIDÉI-COMMIS, HÉRITIER, SUBSTITUTION, & SUCCESSION FIDUCIAIRE.

SUCCESSION FIDUCIAIRE, est la même chose que *succession fidéi-commissaire ;* c'est celle que l'héritier est chargé de rendre à un autre. *Voyez* FIDÉI-COMMIS & SUBSTITUTION.

SUCCESSION FUTURE, est celle qui n'est pas encore échue, mais que l'on peut espérer de recueillir un jour à venir.

L'héritier présomptif ne peut pas en général disposer des *successions futures*, parce que *viventis non est hæreditas ;* il y a néanmoins des cas où l'on peut renoncer à une *succession future. Voyez* RENONCIATION A SUCCESSION FUTURE.

SUCCESSION JACENTE, du latin *jacere*, est la même chose que *succession abandonnée* ou *vacante.*

SUCCESSION IMMOBILIAIRE, est celle qui comprend les immeubles du défunt, tels que les maisons, terres, rentes, offices & droits réels ; on distingue quelquefois la *succession immobiliaire* de la *succession mobiliaire*, parce que dans certaines coutumes, l'héritier des meubles & celui des immeubles ne sont pas toujours le même : en quelques lieux la *succcession* mobiliaire doit acquitter l'immobiliaire des dettes.

SUCCESSION INDIVISE, est celle qui n'est point encore partagée entre les héritiers & autres qui peuvent y avoir droit, tels que la veuve du défunt, les donataires & légataires. *Voyez* PARTAGE & SUCCESSION.

SUCCESSION IRRÉGULIÈRE. *Voyez* SUCCESSION ANOMALE.

SUCCESSION LÉGITIME, est celle qui est dévolue à quelqu'un par le seul bénéfice de la loi, sans aucune disposition de l'homme ; la loi des douze-tables en distinguoit de deux sortes, celle des héritiers siens, & celle des agnats ; depuis, tous les enfans & petits-enfans furent mis au rang des héritiers siens, & les cognats furent mis au rang des agnats.

La novelle 118 introduisit trois ordres de *successions légitimes ;* le premier est celui des descendans ; le deuxième est celui des ascendans ; & le troisième est celui des collatéraux.

La *succession* des enfans à leur mère, & celle de la mère aux enfans, étoit aussi une *succession légitime* déjà introduite par les *senatus-consultes* Tertylien & Orphitien. *Voyez* SUCCESSION *AB INTESTAT* ; HÉRITIER-SIEN, COGNATS, AGNATS, MÈRE, SUCCESSION DES MÈRES ; & aux *institutes*, le *titre de hæredit. quæ ab intestato deferuntur.*

SUCCESSION LUCTUEUSE, *luctuosa*, est celle qui défère aux père, mère, & à leur défaut aux autres ascendans en remontant, les biens de leurs enfans & petits-enfans décédés sans postérité. Cette sorte de *succession* est appellée *luctueuse*, parce qu'elle est contre l'ordre de nature, suivant lequel les enfans doivent succéder aux père & mère, & non les père & mère à leurs enfans. *Voyez* aux *institutes*, *liv. 3*, *tit. 4.*

SUCCESSION MAIN-MORTABLE, est celle d'une personne de main-morte qui est déférée au seigneur de la main-morte. *Voyez* MAIN-MORTABLE, MAIN-MORTE.

SUCCESSION MATERNELLE, est celle qui provient à l'héritier, soit de la mère directement, soit du côté maternel. *Voyez* SUCCESSION PATERNELLE.

SUCCESSION DES MÈRES, est celle par laquelle les enfans viennent à la *succession* de leur mère décédée, & réciproquement la mère vient à la *succession* de ses enfans décédés sans postérité.

Par l'ancien droit romain, la conjonction féminine étoit si peu considérée, que les enfans ne succédoient point à leur mère ni la mère à ses enfans. Le sénatus-consulte Orphitien appelle les enfans à la *succession de la mère*, & le Tertylien les mères à la *succession* de leurs enfans.

L'édit de Charles IX, donné à Saint-Maur au mois de mai 1567, appellé communément l'*édit des mères*, règle que les mères seroient réduites à l'usufruit des biens paternels avec la propriété des meubles & acquêts qui n'en faisoient pas partie ; mais cet édit a été revoqué par un autre édit du mois d'août 1729, qui a ordonné que les *successions des mères* à leurs enfans seroient réglées suivant les loix romaines, comme elles l'étoient avant l'édit de Saint-Maur.

Voyez aux *institutes*, *les titres de S. C. Orphitiano & Tertylliano*, & le mot *Senatus-consulte.*

SUCCESSION DES MEUBLES ET ACQUÊTS, est celle qui comprend le mobilier du défunt & les immeubles par lui acquis.

Les coutumes règlent diversement la *succession des meubles & acquêts* & ses charges : l'usage le plus général est que cette *succession* appartient au plus proche parent sans distinction de côté ni ligne, à la différence de la *succession* des propres, laquelle est déférée suivant l'ordre de proximité dans la ligne de laquelle vient le propre. *Voyez* ACQUÊTS,

MEUBLES, PROPRES, QUINT, SUCCESSION MOBILIAIRE.

SUCCESSION MISÉRABLE, *successio miserabilis*, étoit chez les Romains une manière d'acquérir en propriété des biens à titre universel; elle avoit lieu lorsqu'un homme libre se vendoit lui-même, tous ses biens étoient acquis à celui qui avoit acheté sa personne.

De même aussi lorsqu'une femme libre qui avoit commerce avec un esclave ne s'en abstenoit point après trois sommations, tous ses biens étoient acquis au maître de l'esclave.

Mais ces sortes de *successions* furent abolies, l'une par l'empereur Justinien, l'autre par l'empereur Léon, surnommé le *sage*. *Voyez* aux *institutes*, *liv. 3*, *tit. 3*.

SUCCESSION MOBILIAIRE, est celle qui comprend le mobilier du défunt; on comprend cependant quelquefois aussi sous ce terme la *succession* des acquêts, parce qu'elle suit communément le même sort que celle des meubles; mais il faut consulter là-dessus chaque coutume, cette matière étant réglée diversement. *Voyez* ACQUÊTS, MEUBLES, MOBILIER, HÉRITIERS DES MEUBLES, PROPRES, SUCCESSION DES MEUBLES & ACQUÊTS.

SUCCESSION NOBLE, est celle qui se partage noblement entre les héritiers; la qualité de la *succession* dépend en quelques coutumes de celle des biens: les *successions nobles* sont celles des fiefs & francs-aleux nobles, lesquels se partagent toujours noblement, même entre roturiers. Tel est l'usage à Paris, & dans le plus grand nombre des coutumes: dans celles d'Anjou & Maine, la qualité des *successions* dépend de celle des personnes & non des biens: cependant la *succession* d'un noble dévolue à des héritiers roturiers, se partage noblement pour la première fois; il en est de même des biens hommagés qui sont tombés en tierce foi, ils se partagent noblement entre roturiers. *Voyez* FIEF, FOI (*tierce*), NOBLE, PARTAGE, & les *coutumes d'Anjou & Maine*, *titre des partages*, & Dupineau *sur Anjou*.

SUCCESSION OBÉRÉE, est celle qui est chargée de dettes & autres charges. *Voyez* CHARGES, DETTES, LEGS.

SUCCESSION OUVERTE, est celle qui est échue à quelqu'un par le décès de celui *de cujus bonis*: on dit figurément la *succession* est *ouverte*, comme si l'entrée en étoit ouverte par le décès du défunt. *Voyez* SUCCESSION ÉCHUE.

SUCCESSION PATERNELLE, est celle qui est échue à l'héritier par le décès de son père, ou autre ascendant du côté paternel; on l'appelle ainsi pour la distinguer de ce qui est échu du côté maternel. *Voyez ci-devant* SUCCESSION MATERNELLE.

SUCCESSION PRÉTORIENNE, étoit celle qui étoit déférée, non par la loi, mais en vertu de l'édit du préteur, dans les cas où l'on n'étoit pas appellé par la loi; telle étoit la *succession* des cognats, avant que Justinien les eût assimilés en tout aux agnats. *Voyez ci-devant* SUCCESSION DES AGNATS, & SUCCESSION DES COGNATS.

SUCCESSION PAR REPRÉSENTATION, est lorsque l'héritier ne vient pas à la *succession* de son chef, mais comme représentant son père ou sa mère prédécédés, qui auroient été en parité de degré pour succéder avec les co-héritiers du représentant. *Voyez* REPRÉSENTATION.

SUCCESSION RÉPUDIÉE, est celle à laquelle un héritier a renoncé. *Voyez* HÉRITIER, RENONCIATION, SUCCESSION.

SUCCESSION ROTURIÈRE, est celle qui n'est composée que de biens tenus en roture, ou qui se partagent roturiérement entre les héritiers, soit nobles ou roturiers. *Voyez ci-devant* SUCCESSION NOBLE.

SUCCESSION PAR SOUCHES, *in stirpes*, est celle où plusieurs personnes sorties d'une même souche ou tronc viennent entre elles pour une même portion par représentation de leur père, mère, aïeul ou aïeule qui étoit en même degré que les autres héritiers. *Voyez ci-devant* REPRÉSENTATION, & *ci-après* SUCCESSION PAR TÊTES.

SUCCESSION PAR TÊTES, *in capita*, est opposée à celle qui se fait par souches, *in stirpes*; les héritiers qui succèdent par têtes sont ceux qui viennent de leur chef à la *succession*, & non par représentation d'une personne décédée; on dit qu'ils succèdent par têtes, parce qu'ils sont comptés chacun pour une tête dans la *succession*, au lieu que ceux qui viennent par représentation ne sont comptés tous ensemble que pour une tête. *Voyez ci-devant* REPRÉSENTATION & SUCCESSION PAR SOUCHES.

SUCCESSION PAR TIGES, est la même chose que *succession* par souches. *Voyez ci-devant* REPRÉSENTATION & SUCCESSION PAR SOUCHES.

SUCCESSION PAR VENTE SOLEMNELLE, étoit un moyen d'acquérir usité chez les Romains, par lequel tous les biens d'un débiteur caché, & qui ne se défendoit pas, ou qui étoit condamné & ne satisfaisoit pas au bout de trente jours, étoient vendus de l'autorité du préteur, & acquis à l'acheteur, à condition de satisfaire aux créanciers.

Mais depuis que tous les jugemens furent rendus extraordinaires, on supprima ces sortes de ventes, & il fut permis aux créanciers de posséder les biens de leurs débiteurs, & de les faire vendre de l'autorité du magistrat. *Voyez aux Inst. liv. III*, *le titre 13*, & le *mot* CRÉANCIER, DÉBITEUR, DETTE, GAGE, HYPOTHÈQUE.

SUCCESSION TESTAMENTAIRE, est celle qui est déférée, non par la loi ou la coutume, mais en vertu d'un testament ou codicille, ou autre disposition à cause de mort, à la différence de la *succession ab intestat*, qui est déférée par la loi. *Voyez* SUCCESSION *AB INTESTAT*.

SUCCESSION VACANTE, est celle qui n'est réclamée par aucun héritier, ni par aucune autre personne, au défaut des héritiers.

Lorsque l'on a quelque action à diriger contre une *succession vacante*, on fait créer un curateur à cette *succession*, lequel représente l'héritier; mais sans être tenu personnellement des dettes & charges de la *succession*; il est seulement obligé de rendre compte de ce qu'il peut avoir touché. *Voyez* CURATEUR A LA SUCCESSION VACANTE.

SUCCESSION *UNDÈ VIR ET UXOR*, ainsi appellée parce qu'elle a lieu en vertu de l'édit *undè vir & uxor*, est une *succession* particulière introduite originairement par le droit romain, & observée présentement par-tout le royaume, en vertu de laquelle le survivant des conjoints par mariage succède au prédécédé à l'exclusion du fisc.

Pour que cette *succession* ait lieu, il faut que le prédécédé n'ait laissé ni descendans, ni ascendans, ni collatéraux capables de lui succéder.

Cette *succession* a lieu, non-seulement en cas de déshérence, mais aussi quand le prédécédé est bâtard ou aubain, même naturalisé, s'il ne laisse aucun héritier.

Cet usage est fondé sur ce que le fisc succède toujours le dernier, *fiscus post omnes*, il ne succède point tant qu'il y a quelque autre personne qui a quelque titre pour lui être préféré. *Voyez* au digeste le titre *undè vir & uxor*. (*A*)

SUFFRAGANT, s. m. *suffraganeus*, (*Droit civil & canon.*) signifie en général celui qui a droit de suffrage dans une assemblée.

On donne principalement ce titre aux évêques, relativement à leur métropolitain, parce que, suivant l'ancienne discipline de l'église, ils avoient le droit de concourir à son élection, & d'y donner leur suffrage; parce qu'étant appellés à son synode, ils y ont droit de suffrage; ou bien parce qu'ils ne peuvent être consacrés sans son suffrage ou consentement.

Chaque métropolitain a ses évêques *suffragans*; par exemple l'archevêque de Paris a pour *suffragans* les évêques de Chartres, de Meaux, d'Orléans & de Blois.

L'appel des sentences rendues par les officiaux des évêques *suffragans* se relève pardevant l'official du métropolitain. *Voyez* ARCHEVÊQUE, EVÊQUE, MÉTROPOLITAIN, SYNODE. (*A*)

SUFFRAGE, s. m. se prend, *en droit*, pour la voix ou avis que l'on donne dans une assemblée où on délibère sur quelque chose. En toute délibération, les *suffrages* doivent être libres dans les tribunaux. Les *suffrages* uniformes de deux proches parens, savoir du pere & du fils, de deux frères, de l'oncle & du neveu, du beau-père & du gendre, & celui de deux beaux-frères, ne sont comptés que pour un. C'est le président de l'assemblée qui recueille les *suffrages*; les conseillers donnent leur *suffrage* de vive voix. Quand il s'agit d'une élection par scrutin, on donne quelquefois les *suffrages* par écrit.

Sur la manière de compter les *suffrages* uniformes, *voyez* l'édit du mois d'août 1669, celui du mois de janvier 1681, la déclaration du 25 août 1708, & celle du 30 septembre 1728. *Voyez* aussi les *mots* DÉLIBÉRATION, OPINION, PARTAGE D'OPINIONS, VOIX. (*A*)

SUGGESTION, s. f. signifie, dans le sens littéral, l'action d'insinuer, d'instruire, d'inspirer, de faire ressouvenir, de conseiller. C'est dans cette acception que ce terme est pris dans la loi 2, §. 2, *ff. ubi pup. educ. deb. loi* 1, §. 21, *ff. de quæst.*, *loi* 5, *ff. de V. S. loi* 5, *c. de solut.* Mais dans notre jurisprudence il est toujours pris en mauvaise part, lorsqu'il s'applique aux actes de libéralité, tels que les donations & testamens; & dans ces cas il signifie les insinuations frauduleuses & captieuses, employées pour surprendre le donateur ou testateur.

Nous disons les insinuations frauduleuses, parce qu'en effet il y a différentes manières de solliciter une libéralité, & toutes ne sont pas réprouvées par les loix. La loi 70, *ff. de hæred. instit.* approuve même expressément les institutions testamentaires qui sont provoquées par des affections mutuelles: la loi 5, *ff. si quis aliq. test. prohib.* ne fait pas un crime au mari de provoquer en sa faveur les dernières volontés de sa femme, par les démonstrations de la tendresse maritale. Ainsi, l'on doit tenir pour constant que la seule *suggestion*, capable de vicier un acte de libéralité, est celle qui porte un caractère de dol, de fraude & d'artifice: c'est ce que fait entendre la coutume de Berri, *tit.* 18, *art.* 8 & 18, lorsqu'en désignant les vices qui peuvent infecter un testament, ou autre ordonnance de dernière volonté, elle met les *suggestions* au même rang que les inductions, dol, fraude & fausseté.

Mais comment peut-on reconnoître & prouver cette *suggestion*? En général, on sent que cela n'est point aisé. La loi la présume cependant en plusieurs cas. Toute disposition faite par un mineur au profit de son tuteur ou curateur, par un novice au profit de son monastère, par une pénitente au profit de son confesseur, par un homme au profit de sa concubine, est, sans autre preuve, regardée comme le fruit de la *suggestion*. Hors ces cas, rien de plus difficile que de découvrir & de mettre au grand jour les traces que la *suggestion* peut laisser après elle. Elle n'agit, dit M. Cochin, que par des routes obscures, &, pour ainsi dire, souterraines; elle se masque avec art, non-seulement aux yeux du public, mais même aux yeux de celui qu'elle enchaîne & opprime, & il en suit les impressions sans s'en appercevoir.

La *suggestion* est donc non-seulement une fraude, mais encore la plus déliée & la plus adroite de toutes les fraudes; & de-là naît presque toujours la difficulté de la démontrer parfaitement. Mais c'est cette difficulté même qui rend la loi plus indulgente sur la nature & le genre des preuves qui indiquent la *suggestion*.

Selon les règles du droit & le sens commun, dit Coquille, sur l'article 40 du chapitre 4 de la coutume de Nivernois, la fraude ne peut être prouvée que par conjectures, & ne seroit pas fraude si elle n'étoit occulte. Dumoulin établit la même chose sur l'article 33 de l'ancienne coutume de Paris, *glos. 2, n. 23*, & il nous montre en même temps la route qui conduit à la découverte de la fraude. Il faut, dit-il, commencer par une discussion exacte de tous les faits, *quod consistit in circonstantiis*, & la meilleure règle est de considérer ce qui a précédé & suivi les actes argués de fraude; *imprimis quæ præcedunt vel quæ sequuntur sunt spectanda*.

On pressent bien par-là de quelle nature doivent être les faits de *suggestion* pour opérer la nullité d'un testament. Il faut qu'il en résulte que la volonté écrite du testateur est contraire à sa propre raison; qu'il n'a fait telle ou telle disposition que parce qu'il y a été forcé par l'obsession d'autrui, par une foiblesse marquée, & dont les preuves ont éclaté au dehors; qu'il n'y a eu que cette obsession qui a été l'unique cause de ses dispositions, & que si cette obsession n'avoit pas eu lieu, il en auroit fait de toutes contraires; en un mot, il faut que le testament contienne une volonté entiérement opposée à celle qu'il avoit dans le cœur, & que le dol, la fraude & l'artifice dont on s'est servi pour le séduire, soient l'unique raison qui ait pu le déterminer.

De-là la conséquence, qu'il ne suffit pas de demander vaguement à prouver la *suggestion*, pour y être reçu: il faut pour cela articuler des faits concluans, graves, précis & circonstanciés. C'est la doctrine de tous les auteurs, & la décision d'une foule d'arrêts.

Mais dans quelles circonstances doit-on admettre la preuve des faits qui ont toutes ces qualités? L'ancienne jurisprudence n'étoit pas bien constante sur ce point; une infinité de jurisconsultes & de magistrats étoient persuadés que l'on ne pouvoit, sans s'inscrire en faux, arguer de *suggestion* un testament revêtu de toutes les formes légales. L'énonciation du notaire, que l'acte avoit été dicté par le testateur de sa pure & libre volonté, & sans *suggestion*, leur paroissoit un obstacle invincible à l'admission d'une preuve dénuée du secours de l'inscription de faux.

D'un autre côté, la preuve testimoniale avoit aussi ses partisans; Ricard, Ferrière, M. d'Aguesseau, soutenoient fortement qu'elle devoit être admise.

Ce choc d'opinions introduisit dans la jurisprudence une incertitude qui ouvrit un champ vaste aux compilateurs d'arrêts: enfin, la raison a vaincu le préjugé, &, par l'article 47 de l'ordonnance de 1735, on a permis aux héritiers *ab intestat* d'alléguer & de prouver la *suggestion*, sans recourir à l'inscription de faux: pourquoi? Parce qu'en ce point, dit le grand magistrat que nous venons de citer, le notaire n'est qu'un témoin instrumentaire; il est à la vérité honoré de la confiance de la loi, & dépositaire de la foi publique; mais toutes ces grandes qualités ne lui sont données que pour rendre un témoignage fidèle de ce qui se passe entre les parties, & non pour le rendre juge de la liberté & des motifs de leurs dispositions.

La question de droit ne souffre donc plus de difficulté; il ne s'agit maintenant que de fixer les cas où l'on doit en appliquer la décision.

Les seuls où, suivant quelques auteurs, on peut avoir égard aux faits de *suggestion* qui ont vraiment le caractère qu'ils doivent avoir pour faire casser un testament, sont ceux où il en existe des preuves, ou au moins des commencemens de preuve par écrit; & jamais on ne peut tirer parti de ces faits, lorsqu'ils n'ont pour base que des dépositions de témoins.

Mais cette opinion nous paroît contraire aux principes. En effet, l'ordonnance de 1667, *tit. 20, art. 2 & 3*, détermine les matières qui doivent être prouvées par écrit, & elle ne permet, par rapport à elles, la preuve par témoins, que lorsqu'il y a un commencement de preuve par écrit. D'ailleurs, aucune loi n'exige de preuve écrite des faits de *suggestion*. L'article 47 de l'ordonnance de 1735 n'en dit pas un mot, & on ne peut invoquer, pour suppléer à son silence, l'article 54 de l'ordonnance de Moulins: car cette loi est bornée au cas où l'on veut *traiter ou disposer de toutes choses excédant la valeur de cent livres*. Cette disposition n'embrasse, comme l'on voit, que les testamens & les contrats; elle ne s'étend point jusqu'aux faits, parce qu'ils ne se rédigent pas par écrit, & par conséquent elle ne peut empêcher la preuve testimoniale de la *suggestion*.

Si une personne venoit dire que le défunt a fait en sa faveur une disposition générale de tous ses biens, & qu'elle en offrît la preuve par témoins, à la bonne heure, on ne devroit pas l'écouter: mais ce n'est point là ce que prétend un héritier qui attaque un testament de *suggestion*. Saisi par la loi, par la règle *le mort saisit le vif*, d'une succession que la voix de la nature lui défère, & dont on cherche à le dépouiller par un acte de dernière volonté, il veut se maintenir dans sa possession légale; &, pour y parvenir, il détaille toutes les circonstances qui ont précédé, accompagné & suivi la confection de cet acte: ces circonstances font, pour ainsi dire, toucher au doigt & à l'œil les manœuvres du spoliateur de la succession; il demande à en faire preuve: en quoi cela blesse-t-il l'ordonnance de Moulins? Il ne s'agit pas de prouver que le défunt n'a pas fait un testament, mais que le testament que l'on présente comme son ouvrage est celui de la fraude.

Les quasi-contrats, les délits, les faits de dol ou de violence qui ont donné l'être à un acte, se prouvent par témoins sans commencement de preuve écrite. Par la même raison, la *suggestion*, qui est, comme on l'a déjà dit, non-seulement une fraude, mais la plus déliée & la plus adroite de toutes les fraudes, peut être prouvée par témoins, sans commencement de preuve par écrit.

Si quelques auteurs ont pensé qu'il falloit, en cette matière, un commencement de preuve par écrit pour rendre la preuve testimoniale admissible, leur opinion n'est point une loi, elle est contraire à l'esprit de la loi même, & il suffit, pour la détruire, de lui opposer l'autorité de M. d'Aguesseau en son plaidoyer 39. Il y a, dit-il, deux exceptions à la défense de la preuve testimoniale, prononcée par les ordonnances de Moulins & de 1667 : « l'une est écrite dans la dernière de ces » loix, *lorsqu'il y aura un commencement de preuve* » *par écrit*; l'autre est enseignée unanimement par » tous les docteurs, par tous ceux qui ont com» menté ces ordonnances; tous admettent la preuve » par témoins dans le cas de fraude ».

Ce magistrat s'explique d'une manière encore plus précise dans son plaidoyer 58. « On a agité » autrefois, dit-il, la question de savoir si l'or» donnance de Moulins avoit lieu pour les faits » par lesquels on pouvoit attaquer les testamens : » *post magnas dubitationes, perpetua & constans testa*» *torum sententia per testes admitti.* — Deux raisons. » 1°. La loi n'a été faite que pour les faits dont » on peut avoir preuve par écrit; ainsi, celui qui » ne s'est point procuré cette preuve, doit s'im» puter à lui-même sa négligence : mais la loi n'a » jamais prétendu réduire les hommes à l'impos» sible : or, comme celui qui se plaint de la *sug*» *gestion* n'a pu obliger celui qu'il accuse de lui » en fournir une preuve par écrit, il est absolu» ment hors de l'esprit de l'ordonnance de Mou» lins, *&c.* — 2°. Par-tout où il y a du crime mêlé, » *cessat lex, non est malitiis hominum indulgendum;* » & la loi n'a garde de favoriser les crimes, en » retranchant de la société la seule voie par la» quelle ils peuvent être connus ».

La jurisprudence des cours souveraines est conforme à ces principes. Soefve rapporte deux arrêts des 12 janvier 1655 & 11 janvier 1656, par lesquels le parlement n'a fait aucune difficulté d'admettre la preuve par témoins des faits de *suggestion*. On en trouve un semblable du 13 août 1700, dans le journal des audiences. Le parlement de Paris a confirmé cette jurisprudence, par un arrêt du 9 mai 1780, qui déclare nul, du chef de *suggestion*, le testament fait par le sieur de Silvécane, Américain, au profit du sieur Tranel, Marchand à Amiens, quoique l'on n'opposât à celui-ci que des faits graves à la vérité, mais seulement justifiés par témoins. L'espèce & les circonstances de cet arrêt sont rapportées dans tous les papiers publics, & notamment dans le journal de Bouillon, juillet 1780, seconde quinzaine.

Raviot, en ses observations sur Perrier, *quest. 161*, rapporte un arrêt du parlement de Dijon, du 29 juillet 1629, qui a pareillement admis la preuve par témoins de faits de *suggestion* allégués contre un testament; & il en rend cette raison sur la question 212 : « la preuve de la mauvaise *sug*» *gestion*, c'est-à-dire, de celle qui se fait *malis* » *artibus*, peut être faite par témoins, parce qu'il » s'agit d'un dol personnel, dont il est toujours » permis d'acquérir la vérité par toutes les voies » que la justice autorise; une semblable *suggestion* » est une espèce de subornation; ordinairement » le mensonge & la calomnie s'en mêlent : un » parent successible en impose à celui qui doit être » son cohéritier, & le fait passer pour ce qu'il » n'est pas dans l'esprit du testateur : c'est-là une » tromperie & une *suggestion* condamnable, bien » différente de celle qui, sans employer la ma» lice ni la perfidie, se fait par prières, ou par » le mérite & l'attrait des services ».

Quelques auteurs prétendent que les faits de *suggestion* ne sont pas recevables contre un testament olographe. On conçoit bien qu'ils ne doivent pas être admis aussi aisément dans le cas d'un pareil acte, que lorsqu'il s'agit d'un testament fait devant notaires : mais les déclarer absolument inadmissibles, c'est aller trop loin. Le dol & la fraude ne sont pas des moyens moins efficaces pour annuller les testamens olographes, quoique écrits, datés & signés par les testateurs, que les autres testamens, puisque rien n'empêche que l'esprit du testateur n'ait pu être ménagé par des artifices, au point de lui faire écrire des dispositions suggérées : mais il faut toujours en revenir à cette règle, que les dispositions qu'il a couchées étant l'effet de la ruse & de l'artifice, & n'étant pas fondée sur sa volonté libre & dégagée de toute impression étrangère, elle n'est pas moins nulle que si le testateur ne l'avoit pas écrite, tout comme on ne laisse pas de casser des conventions frauduleuses & compliquées de dol, quoique celui des contractans qui les attaque les ait écrites & signées de sa main.

La plupart des coutumes prennent le mot de *suggestion* dans un sens différent de celui sous lequel nous venons d'en parler. Celle de Poitou, par exemple, veut qu'un testament, pour être valable, soit dicté & nommé par le testateur, sans *suggestion* de personne, & que mention en soit faite audit testament.

Cette espèce de *suggestion* n'est pas une insinuation, une persuasion artificieuse employée pour capter la bienveillance du testateur. C'est une simple interrogation faite au testateur par celui qui rédige le testament, ou par une autre personne, pour savoir de lui s'il veut léguer une telle chose à un tel. Elle a été proscrite par les coutumes, parce qu'elles ont supposé qu'une disposition faite sur l'interrogation d'un tiers, n'avoit pas son fondement dans la volonté libre du testateur, & qu'un testament, pour être valable, devoit être nommé & dicté du pur mouvement du testateur, sans que personne la lui eût inspirée, ou l'eût interrogé s'il le vouloit ainsi.

D'après le texte de la plupart des coutumes, il étoit absolument nécessaire de faire mention expresse dans le testament, qu'il avoit été dicté par le testateur, sans *suggestion*; & l'omission de cette formalité rendoit le testament nul : mais elle n'est plus aujourd'hui de rigueur; l'article 23 de l'ordonnance de 1735 déclare qu'il ne sera plus nécessaire à l'aven r de se servir précisément de ces termes : *dicté*, *nommé*, *lu & relu*, *sans* suggestion, *ou autres requis par les coutumes ou statuts*, & qu'il suffit de se servir des termes équivalens, pourvu qu'ils annoncent clairement que le testateur a dicté lui-même ses volontés.

Cependant comme l'ordonnance oblige la personne publique qui reçoit un testament à écrire les dernières volontés du testateur, telles qu'il les dictera, il est évident qu'elle n'a point abrogé le fond même de la disposition des coutumes, qui rejettent les testamens faits sur l'interrogation d'un tiers, mais seulement la nécessité de faire mention dans le testament qu'il a été fait sans *suggestion*, ensorte que tout testament fait par *suggestion*, considérée comme interrogat, ne peut être valable.

SUICIDE, s. m. (*Code crimin.*) est le crime que commettent ceux qui se tuent eux-mêmes.

Chez les Romains, l'action de ceux qui s'ôtoient la vie par simple dégoût, à la suite de quelque perte ou autre événement fâcheux, étoit regardée comme un trait de philosophie & d'héroïsme; ils n'étoient sujets à aucune peine, & leurs héritiers leur succédoient.

Ceux qui se défaisoient ou qui avoient tenté de le faire par l'effet de quelque aliénation d'esprit, n'étoient point réputés coupables, ce qui a été adopté par le droit canon & aussi dans nos mœurs.

Si le *suicide* étoit commis à la suite d'un autre crime, soit par l'effet du remords, soit par la crainte des peines, & que le crime fût capital, & de nature à mériter le dernier supplice ou la déportation, les biens du *suicide* étoient confisqués, ce qui n'avoit lieu néanmoins qu'en cas que le criminel eût été poursuivi en jugement, ou qu'il eût été surpris en flagrant délit.

Lorsque le *suicide* n'avoit point été consommé, parce qu'on l'avoit empêché, celui qui l'avoit tenté étoit puni du dernier supplice, comme s'étant jugé lui-même, & aussi parce que l'on craignoit qu'il n'épargnât pas les autres; ces criminels étoient réputés infames pendant leur vie, & privés de la sépulture après leur mort.

Suivant les établissemens de S. Louis, de l'année 1270, la confiscation des meubles doit avoir lieu contre ceux qui se sont homicidés eux-mêmes. En voici les termes : *se il advenoit que aucuns hons se pendît ou noyât, ou s'occît en aucune manière, li meubles seroient au baron, & aussi ceux de la femme.*

L'article 586 de l'ancienne coutume de Bretagne, & le 531ᵉ de la nouvelle, portent, que *si aucun se tue à son escient, il doit être pendu & traîné comme meurtrier.*

Aujourd'hui on condamne les cadavres de ceux qui se sont homicidés eux-mêmes à être traînés sur une claie, la face contre terre, & ensuite à être pendus par les pieds; & on les prive de la sépulture.

Mais il faut observer qu'on ne punit que ceux qui se tuent de sang-froid, & avec un usage entier de la raison, & par la crainte du supplice. Ainsi, on ne prononce aucune peine contre ceux qui se tuent étant en démence, ou même qui sont sujets à des égaremens d'esprit.

Bretonnier, dans ses observations sur Henrys, dit qu'au parlement de Toulouse on suit la distinction portée par le droit romain, qui distinguoit ceux qui se tuoient dans la crainte du supplice dû à leur crime, d'avec ceux qui se donnoient la mort par impatience, ou par ennui de la vie, ou par excès de fureur & de folie; & il ajoute que la loi punit les premiers, mais qu'elle excuse les autres.

La constitution de Charles V, de l'année 1551, renferme une disposition entiérement conforme à la distinction dont on vient de parler. Cet article porte, que si une personne, étant accusée en justice de faits pour lesquels, en cas de conviction, elle seroit punie en son corps & en ses biens, vient à se tuer elle-même, dans la crainte de subir le supplice qu'elle auroit mérité, ses héritiers seront privés de sa succession, qui doit être confisquée au profit des seigneurs à qui la confiscation appartient : mais que si cette personne n'a point agi par ce motif, & qu'elle se trouve seulement dans le cas d'avoir mérité une simple punition corporelle, ou qu'elle se soit portée à cette extrémité par l'effet d'une maladie de corps, de mélancolie, de foiblesse, ou de quelque autre infirmité semblable, ses héritiers succéderont à ses biens, sans qu'on puisse alléguer aucun usage ou coutume contraire.

Dans le doute, on présume toujours que celui qui s'est tué, l'a fait plutôt par folie ou par chagrin, qu'en conséquence de quelque crime commis, à moins qu'on ne prouve le contraire.

Lorsque le procès qu'on fait à la mémoire de quelqu'un peut être instruit & jugé en peu de temps, on conserve le cadavre, pour rendre l'exemple de la punition plus frappant : mais si quelque raison, telle que l'odeur infecte que répand le cadavre, empêche de le garder, on remplit l'esprit de la loi, en faisant le procès à la mémoire du coupable. *Ordonnance du mois d'août 1670, tit. 22, art. 2.*

SUIT-COUTUME. (*Droit féodal.*) Ducange dit sous le mot, *secta 3* de son *glossarium novum*, qu'on donne ce nom en Angleterre à l'obligation de suivre les plaids de son seigneur, & qu'on a dit dans le même sens *secta consueta* ou *secta custumariorum*, en latin barbare. Il cite en preuve le *liv. 2, chap. 71*, §. 15 du Fleta, où l'on trouve seulement le mot *secta custumariorum*. (*G. D. C.*)

SUITE, s. f. *en terme de Palais*, signifie la continuation ou la poursuite d'une chose.

Suivre le barreau, c'est le fréquenter, y assister.

Être à la *suite* de la cour ou du conseil, c'est se tenir auprès & à ses ordres.

Faire *suite* d'une demande ou procédure, c'est continuer les poursuites commencées.

Suite de bêtes, dans la coutume de Berri & autres, c'est proprement une revendication que fait celui qui a donné du bétail à cheptel, lorsqu'il est vendu à son insu par le preneur.

Suite se prend quelquefois pour le croît du bétail : on dit *croît* & *suite*. La coutume de Touraine, *art. 100*, dit que ceux qui ont droit de faultrage & préage, avec faculté de mettre dans les prés dont ils jouissent des vaches & bêtes chevalines avec leur *suite*, n'y peuvent mettre que le croît & *suite* de l'année seulement, c'est-à-dire, les veaux & poulains de l'année.

Suite de dîme, ou *dîme de suite*. *Voyez* DIME.

Suite par hypothèque, est lorsqu'en vertu de l'hypothèque on poursuit le détenteur d'un bien qui est hypothéqué à une créance. On dit communément que les meubles n'ont pas de *suite* par hypothèque, c'est-à-dire, que quand ils sont déplacés du lieu où on les avoit donnés en nantissement, on ne les peut pas saisir entre les mains d'un tiers, si ce n'est en cas de banqueroute ou par droit de revendication. *Voyez l'article* 270 de la coutume de Paris.

Droit de suite du châtelet de Paris, est un droit particulier, en vertu duquel lorsqu'un commissaire du châtelet de Paris a apposé le scellé, il doit être par lui apposé par droit de *suite* dans tous les lieux où il peut se trouver des effets du défunt, & l'inventaire doit être fait de même par les notaires du châtelet, ou par ceux des lieux auxquels les officiers du châtelet délivrent des commissions à cet effet.

Ce droit de *suite* n'a été établi par aucune loi précise; il paroît tirer son origine de ce qu'anciennement le scel du châtelet étoit unique & universel pour tout le royaume; on s'en servoit même, au défaut du grand, pour sceller les actes de chancellerie.

Ce scel étant exécutoire dans toute l'étendue du royaume, il est naturel que les officiers du châtelet ayant commencé à instrumenter en vertu de ce sceau, continuent de le mettre à exécution dans tous les lieux où il y a occasion de le faire.

Ce droit de *suite* résulte d'ailleurs de l'indivisibilité de la matière, & l'on argumente pour cela du titre du code *ubi de hæreditate agatur*, & des interprétations que les docteurs lui ont donné, tantôt en fixant la compétence du juge par le lieu où se trouvent les choses héréditaires ou la plus grande partie, tantôt par le lieu du domicile du défunt, ce qui doit sur-tout avoir lieu en France, où les meubles suivent le domicile du défunt pour la manière d'y succéder.

Quoi qu'il en soit des motifs qui ont pu faire introduire cet usage, il est certain qu'il a été autorisé par plusieurs réglemens; il l'est implicitement par un édit du mois de décembre 1477, qui donne pour motif d'une nouvelle création de commissaires-examinateurs, que le roi avoit recouvré par ses conquêtes plusieurs duchés, comtés, villes, châteaux, seigneuries & possessions, ce qui donnoit, est-il dit, beaucoup plus d'étendue à la jurisdiction du châtelet, tant à cause des privilèges de l'université qu'autrement; motif qui suppose que les commissaires peuvent apposer le scellé dans tout le royanme par droit de *suite*.

Ce même droit a été autorisé par divers arrêts. Mais pour qu'il ait lieu, il faut que les personnes qui décèdent à Paris, y soient domiciliées : si elles meurent dans cette ville, lorsqu'elles ont leur domicile ailleurs, il n'y a pas lieu au droit de *suite*. C'est ce qui a été jugé par deux arrêts du parlement de Paris, des 23 janvier 1715 & 4 mars 1757, en faveur des officiers d'Etampes, & de ceux de Montfort l'Amaury, contre le châtelet de Paris.

L'auteur du *recueil des réglemens sur les scellés & inventaires*, *liv. 2*, *chap. 9*, prétend que ce droit de *suite* n'est point particulier aux offices du châtelet, qu'il ne résulte que de l'indivisibilité du scellé & de l'inventaire; il prétend même que divers arrêts qu'il rapporte, ont mis des bornes à ce privilège, mais il est certain que les officiers du châtelet ont pour eux la possession. *Voyez le traité de la police* par de la Mare, *tom. 1*, *liv. 1*, *tit. 12*, & le *style du châtelet*.

Quelques autres officiers jouissent aussi du droit de *suite* pour les scellés, comme messieurs de la chambres des comptes sur les biens des comptables, en quelque endroit du royaume que ces biens soient situés; mais c'est moins en vertu d'un privilège attaché à leur sceau, qu'en conséquence de leur jurisdiction qui s'étend par-tout sur les biens des personnes qui sont leurs justiciables. *Voyez* ATTRIBUTION, COMPÉTENCE, PRIVILÈGE. (*A*)

SUITE DE BOURGEOIS. *Voyez* SUITE. (*Droit féodal*).

SUITE DE SERFS. *Voyez* SUITE. (*Droit féodal.*)

SUITE, (*Droit féodal.*) on a ainsi nommé le droit de poursuite, ou de revendication que les seigneurs prétendoient sur leurs serfs, ou sur leurs bourgeois, lorsqu'ils étoient allé demeurer hors de leur seigneurie. Ces droits de *suite*, & sur-tout celui de *suite* des serfs ont été supprimés par le bel édit des mains-mortes. *Voyez* MAIN-MORTE. (*G. D. C.*)

SUITE DE REILHAGE. *Voyez* REILHE.

SUIVRE, (*Droit féodal.*) cet un axiome célèbre de notre droit, qu'en lieu & condition de main-morte, l'enfant suit la condition du père. Mais cet axiome, comme beaucoup d'autres, n'est pas, à beaucoup près, observé par-tout, & n'a pas eu lieu dans tous les temps; c'est ce que Laurière a fort bien développé dans sa règle 25 sur le titre 1 des institutes de Loisel.

Par la loi salique, dit-il, si une personne *franche* épousoit une personne de *condition servile*; celle-

celle des deux qui étoit franche, devenoit *serve;* ce qui n'avoit néanmoins lieu que quand la personne *franche* avoit eu connoissance, *avant le mariage*, de la condition de l'autre, ou quand en ayant eu connoissance après le mariage, elle ne s'étoit point fait séparer.

Tel étoit encore l'usage en France, sous nos premiers rois de la troisième race, ainsi que nous l'apprenons d'Yves, évêque de Chartres, dans son épître 242.

Puisque dans ces mariages le franc suivoit toujours la condition du serf, il est évident que leurs enfans devoient naître serfs, à moins que les maîtres ne se fussent départis de leurs droits; ce qu'ils faisoient quelquefois, comme l'on peut voir dans la formule 29, du second livre de Marculfe.

Mais ce droit, qui réduisoit en servitude celui des mariés qui étoit franc, ayant été aboli, & les mariages des franches personnes avec les serves ayant été enfin approuvés, la question fut de savoir quelle condition leurs enfans suivroient. Et comme le droit canonique avoit décidé qu'ils suivroient la condition de la mère, *cap. 1, extrà, de natis ex libero ventre*, cette jurisprudence fut reçue dans quelques-unes de nos coutumes, comme dans celle de Troyes, *art. 8*; de Bar, *art. 12*, & de Meaux.

En d'autres, comme en Bourgogne, duché & comté, on suivit la règle du droit civil, par laquelle, en légitime mariage, les enfans suivent la condition *du père;* car c'est ainsi qu'il faut lire, & non pas *du pire*, comme quelques-uns se le sont imaginés, parce que dans ces coutumes, les femmes suivant la condition de leurs maris, les enfans n'en ont point d'autre à suivre que celle de leurs pères. *Voyez* la coutume de Bourgogne duché, *chap. 9, art. 3, 7, & 8;* de Bourgogne comté, *art. 87, 91*, & Fortescue, *cap. 42, de laudibus legum Angliæ.*

Mais en Bourbonnois & dans le Nivernois, on a décidé que le pire emporteroit le bon; c'est-à-dire, qu'en mariage inégal de franc & de serve, les enfans suivroient le côté serf, qui est le pire; ce qui a été pris de l'ancien droit romain canonisé par Gratien, *causâ 32, q. 4, canone 19 : liberi dicti, qui ex libero sunt matrimonio orti, nam filii ex libero & ancillâ servilis conditionis sunt, semper enim qui nascitur deteriorem partem sumit.*

Les mêmes variations & les mêmes variétés, ont lieu à cet égard dans l'Allemagne, le Danemarc, la Grande-Bretagne & la Savoie. On peut en voir des preuves dans le grand ouvrage de Potgiesser, *de statu servorum, lib. 2, cap. 2, §, 44, & sequent.* & dans le traité des taillables de Gaspard Bailly, *chap. 7.* (*G. D. C.*)

SUJET. (*Droit féodal.*) Nos anciens praticiens, tels que Desfontaines dans son conseil à la reine Blanche, *chap. 1, §. 2, & chap. 2, §. 2;* Bouteiller, dans sa somm. *liv. 1, tit. 86;* & quelques-unes même de nos coutumes, telles que Poitou, *art. 132*, donnent ce nom aux vassaux, ou aux censitaires des seigneurs, & sur-tout à leurs justiciables. On doit appliquer ici l'observation de Loiseau: « combien, qu'à parler tout-à-fait proprement, le » sujet ne soit que du roi, auquel seul devroit » résider le seigneurie, c'est-à-dire, la puissance » publique en propriété: mais tout ainsi que l'exer- » cice de la puissance publique, est par nécessité » communiqué aux magistrats, & comme par abus » (qui toutesfois est désormais prescrit & estably) » la propriété de cette puissance publique est com- » muniquée aux seigneurs justiciers; aussi par une » relation nécessaire, ce mot de *sujet* leur est-il » referé en tant qu'ils représentent & tiennent la » place du roi en leurs justices, qui est propre- » ment ce qu'a dit l'apostre, *subditi estote regi tanquam* » *præcellenti & ducibus tanquam ab eo missis* ». (*Traité des seigneuries, chap. 11, n. 4.* (*G. D. C.*)

SUMAGE, *ou* SUMATGE, (*Droit féodal.*) c'est le droit de sommage, ou le service qu'un vassal doit à son seigneur avec des bêtes de somme. (*G. D. C.*)

SUMATGE. *Voyez* SUMAGE.

SUMPTUM, s. m. *terme de chancellerie romaine*, qui signifie une *copie collationnée*, que les maîtres du registre des suppliques délivrent d'une signature insérée dans leurs registres, au bas de laquelle ils mettent de leur main *sumptum ex registro supplicationum apostolicarum, collationatum per me n...... ejusdem registri magistrum.* (*A*)

SUPERCESSION, on appelle arrêts de *supercessions*, les arrêts du conseil d'état qui déchargent les comptables.

SUPERFICIE, s. f. On entend (*en droit*) par *superficie*, ce qui se construit, édifie, ou plante sur le sol, comme une maison, un moulin, des arbres. La maxime en droit est que, *superficies solo cedit*, c'est-à-dire que celui qui a le sol a le dessus, & que le bâtiment construit sur un fond appartient au propriétaire du fond, sauf à tenir compte à celui qui a bâti de ce dont le fond a été amélioré par la construction du bâtiment. *Voyez aux institutes, liv. 2, tit. 1, §. 30 & suiv.* (*A*)

SUPÉRIEUR, s. m. est celui qui est élevé au-dessus des autres, comme le *supérieur* d'une communauté. *Voyez* CONGRÉGATION, COMMUNAUTÉ, COUVENT, MONASTÈRE, ORDRE. Les cours *supérieures* sont les mêmes qu'on appelle *cours souveraines. Voyez* COUR, CONSEIL. Juge *supérieur*, est celui devant lequel se relève l'appel du juge inférieur. *Voyez* APPEL, JUGE, JURISDICTION, RESSORT. (*A*)

SUPERSÉDER, v. n. du latin *supersedere*, signifie en terme de pratique surseoir la continuation de quelque acte, ou procédure. *Voyez* SURSÉANCE. (*A*)

SUPPLIQUE, s. f. se dit de tout acte qui contient quelque supplication ou requisition faite à un supérieur. On s'en sert plus particuliérement pour signifier les requêtes par lesquelles on demande en cour de Rome, ou à la légation, des bénéfices ou autres graces, & les requisitions que font les gradués aux recteurs des universités à l'effet d'avoir des lettres de nomination.

Tous les faits énoncés dans une *supplique* doivent être véritables, sinon la *supplique* est nulle.

La *supplique* pour les provisions de bénéfices en cour de Rome doit exprimer les titres & les qualités de l'impétrant; s'il est simple clerc ou dans les ordres sacrés; s'il a des degrés, & en quelle faculté; la nature du bénéfice pour lequel il demande des provisions, s'il est simple, ou à charge d'ames, sujet à résidence ou non; le diocèse où il est situé; le genre de vacance du bénéfice; s'il est demandé par prévention, permutation, résignation en faveur, ou de quelque autre manière, ou pour quelque genre de vacance que ce puisse être.

Les correcteurs & reviseurs de la chancellerie romaine ajoutent quelquefois dans les *suppliques*, des clauses contraires à nos libertés; mais on n'y fait attention que dans les bulles sujettes à l'enregistrement.

Dans les universités, on appelle *supplique*, la requisition qu'un gradué fait au recteur pour avoir sa nomination, à l'effet d'obtenir un bénéfice en vertu de ses grades. *Voyez* GRADUÉ.

Enfin, l'on appelle encore *supplique*, la démarche que fait un candidat qui supplie dans quelque faculté pour y subir un examen ou autre acte.

SUPPLICE, f. m. (*Droit public & criminel*) peine corporelle, plus ou moins douloureuse, plus ou moins atroce.

Un dictionnaire des divers *supplices*, pratiqués chez tous les peuples du monde, feroit frémir la nature; c'est un phénomène inexplicable que l'étendue de l'imagination des hommes en fait de barbarie & de cruauté.

Gouverner par la force des *supplices*, c'est vouloir faire faire aux supplices ce qui n'est pas en leur pouvoir, je veux dire, de donner des mœurs. Les *supplices* retranchent bien de la société un citoyen qui ayant perdu ses mœurs, viole les loix; mais si le monde, ou si la plus grande partie d'un état a perdu ses mœurs, les *supplices* les rétablissent-ils? Ils arrêteront, je l'accorde, plusieurs conséquences du mal général, mais ils ne corrigeront pas ce mal.

La vue des Perses dans leurs sages établissemens, au rapport de Xénophon, étoit d'aller au-devant du mal, persuadés qu'il vaut bien mieux s'appliquer à prévenir les fautes qu'à les punir; & au lieu que dans les autres états on se contente d'établir des punitions contre les méchans, ils tâchoient de faire ensorte que parmi eux il n'y eût point de méchans. *Voyez* PEINE. (*D. J.*)

SUPPOSER, v. act. (*Gramm. & Jurisprud.*) signifie quelquefois admettre une chose pour un moment & par forme d'hypothèse: quelquefois *supposer* signifie mettre par fraude une chose au lieu d'une autre, comme *supposer* un nom, un testament, un enfant. *Voyez* SUPPOSITION. (*A*)

SUPPOSITION, f. f. (*Droit civil.*) est lorsque l'on met une chose au lieu d'une autre. Il y a *supposition*, lorsqu'on donne un nom pour un autre, losqu'on présente un testament ou autre acte, ou une signature qui n'est pas valable.

La *supposition* de faits, est lorsque l'on met en avant des faits inventés; celle de personnes est lorsqu'une personne s'annonce pour une autre, dont elle prend le nom pour abuser quelqu'un, ou commettre quelqu'autre fraude. Toute *supposition* est un délit, qui est puni selon les circonstances.

SUPPOSITION DE PART, (*Code criminel.*) sorte de crime de faux qui se commet de plusieurs manières.

Ce crime a lieu, 1°. quand une femme qui a feint une grossesse, donne pour enfant de son mari l'enfant d'une autre femme.

2°. Quand une femme substitue un enfant quelconque à celui dont elle est accouchée.

3°. Quand un père & une mère qui n'ont point d'enfant en adoptent un auquel ils prétendent avoir donné naissance.

4°. Quand des étrangers donnent à un père & à une mère un autre enfant que celui qui est issu de leur mariage.

L'action ou *supposition de part* ne doit être intentée que par les parens qui y ont intérêt. C'est ce que décide la loi 30, *par. de partu supposito, ff. ad l. Corn. de falsis.*

Quand le mari & la femme sont vivans, leurs héritiers présomptifs ne peuvent pas intenter cette action. Le parlement de Paris l'a ainsi jugé en faveur de Gabriel Gibond, par arrêt du 18 juin 1638, rapporté au journal des audiences. C'est aussi ce qu'on doit induire d'un arrêt rendu au parlement de Provence le 28 juin 1672.

Par un autre arrêt du 14 février 1713, rapporté au journal des audiences, il a été jugé qu'on ne pouvoit accuser une femme de *supposition* d'enfant, quand elle rapportoit un extrait baptistaire en bonne forme, signé du père, & que la preuve du contraire n'étoit pas admissible.

Le crime de *supposition de part* se punit, comme le faux, avec plus ou moins de sévérité, selon les circonstances; & la femme convaincue de ce crime doit toujours être privée de son douaire & des avantages provenans de la libéralité de son mari.

Par arrêt du parlement de Paris du 5 juin 1666, Marie Bigorreau, femme Bouclière, a été condamnée à être pendue & étranglée, pour avoir soutenu faussement qu'elle étoit la mère de l'enfant dont la comtesse de Saint-Gérard étoit accouchée.

Par autre arrêt rendu au même parlement, sur l'appel d'une sentence du châtelet, le 11 mars 1730, Barbe-Françoise Digard des Mellettes, veuve de Claude-Ferdinand de Piquet de Molien, âgée de trente ans, atteinte & convaincue de *supposition de part* neuf mois après la mort de son mari, a été condamnée à faire amende honorable, & à être bannie à perpétuité du ressort de la cour,

& des deux provinces de Bourgogne. L'arrêt l'a en outre déclarée déchue de ses reprises & conventions matrimoniales. La servante de cette femme a été, pour cause de complicité, condamnée à un bannissement de neuf ans, après avoir assisté à l'amende honorable de sa maîtresse.

Par un autre arrêt du 17 décembre 1657, la femme du sieur Guillon & sa sœur ont été condamnées à faire amende honorable & à un bannissement de neuf ans pour *supposition de part.*

SUPPRESSION, s. f. signifie en général l'anéantissement de quelque chose.

La *suppression* d'une charge est lorsqu'on en éteint le titre.

Suppression d'une communauté ou confrairie, c'est lorsqu'on l'anéantit & qu'on défend aux membres qui la composoient, de s'assembler.

Suppression d'une pièce, est lorsqu'on la détourne pour en dérober la connoissance.

On entend aussi par *suppression* d'un écrit, la condamnation qui est faite de quelque écrit ou de certains termes qui sont dangereux pour le public, ou injurieux à quelque particulier.

Suppression d'un fait, c'est la réticence de ce fait. (*A*)

SUPPRESSION DE PART, (*Code criminel.*) est lorsqu'une fille ou femme cache la naissance de son enfant, ou le fait périr aussi-tôt qu'il est né, soit en le suffoquant, soit en le jettant dans un puits, rivière, cloaque ou autre endroit, pour en dérober la connoissance au public.

La loi *penult. cod. ad leg. corn. de sicariis*, qui est de l'empereur Valentinien, déclare ceux qui sont convaincus d'avoir fait périr l'enfant, sujets à la peine capitale.

Les ordonnances de nos rois prononcent aussi la peine de mort contre les mères coupables de ce crime.

L'édit de Henri II du mois de février 1566, veut même que toute femme qui aura celé sa grossesse soit réputée avoir homicidé son enfant, & qu'elle soit punie de mort. Il est enjoint aux curés de publier cet édit au prône tous les trois mois. *Voyez* ACCOUCHEMENT, ENFANT, EXPOSITION, GROSSESSE, PART. (*A*)

SURANNATION (*lettres de*), s. f. (*terme de Procédure.*) on entend par *surannation*, le laps de temps de plus d'une année qui s'est écoulé depuis l'obtention de certaines lettres de chancellerie. Les lettres de *surannation* sont celles que le roi accorde pour valider d'autres lettres qui sont surannées. Cet usage, qui s'est conservé dans les chancelleries, vient de ce que autrefois, chez les Romains, toutes les commissions étoient annales.

SURANNÉ, adj. terme de chancellerie, dont on se sert pour désigner des lettres dont la date remonte à plus d'une année; on dit que ces lettres sont surannées, pour dire qu'elles sont au-dessus d'un an. Les lettres surannées ne peuvent plus servir, à moins que le roi n'accorde d'autres lettres pour les valider, qu'on appelle *lettres de surannation.*

SURARBITRE, s. m. (*terme de Palais.*) est celui qui est choisi pour départager les arbitres: on peut prendre pour *surarbitres* tous ceux que l'on prend pour arbitres; mais ordinairement on observe de prendre pour *surarbitre* quelqu'un qui soit, ou plus qualifié que les arbitres, ou au moins de rang, d'âge & de considération égale; on peut prendre un ou plusieurs *surarbitres*; on les choisit ordinairement en nombre impair, afin qu'il n'y ait point de partage. *Voyez* ARBITRAGE, ARBITRE, GREFFIER DES ARBITRAGES, SENTENCE ARBITRALE. (*A*)

SURCENS, s. m. (*Gramm. & Jurispr.*) est un second cens qui est ajouté au premier: c'est pourquoi on l'appelle aussi *croît de cens* ou *augmentation de cens.*

Il diffère du chef cens, en premier lieu, en ce que celui-ci est ordinairement très-modique, & imposé, moins pour le profit, que pour marque de la seigneurie; au lieu que le *surcens* est ordinairement plus considérable que le cens, & est établi pour tenir lieu du produit de l'héritage.

Le *surcens* est seigneurial ou simplement foncier.

Il est seigneurial, lorsqu'il est dû au seigneur censuel, outre le cens; & dans ce cas même il n'a pas les privilèges du cens, il n'emporte pas lods & ventes, il se purge par décret faute d'opposition.

Le *surcens* simple foncier, est la rente non-seigneuriale imposée sur le fonds, par le propriétaire, depuis le bail à cens. *Voyez* RENTE FONCIÈRE, BAIL A RENTE, CENS, CENSIVE, FIEF. Brodeau sur Paris, *titre des censives.* (*A*)

Le *surcens* n'a pas toujours été aussi bien distingué d'avec le cens, qu'il l'est aujourd'hui, & l'on a douté long-temps s'il étoit permis au censitaire d'en imposer sur son héritage; quelques coutumes le défendent même encore aujourd'hui. Celle d'Auvergne dit dans l'*art. 24 du chap. 21*, « que cens » sur cens, n'a point de lieu, sans le consentement » du seigneur direct, & est commis & confisqué *le* » *surcens & autre charge annuelle*, assise sur l'héritage » tenu à cens, audit seigneur direct, en faisant » faire justice de ladite commise & non autre- » ment ».

L'article 5 du titre 29, repète « que cens sur » cens est confisqué au profit du seigneur direct ».

L'*art. 17 du chap. 17* ajoute seulement, que, « combien que cens, surcens n'ait lieu, par la cou- » tume du pays; toutefois ledit *surcens* se peut » prescrire par ledit laps & espace de trente ans; » mais la directe seigneurie demeure & appartient » au seigneur direct ».

M. Chabrol, qui joint à de très-grandes connoissances une longue expérience, &, pour ainsi dire, toute une vie employée à l'étude de sa coutume, a fait beaucoup d'efforts, sur le premier & le dernier de ces trois articles, pour établir qu'ils ne doivent point s'entendre du simple bail à rente foncière; mais seulement d'un nouveau bail à cens emportant directe, fait par le censitaire. Il convient néanmoins que Prohet les a entendus dans le premier sens, & qu'il a cru que la coutume défendoit de bailler son héritage à rente, parce que cela diminueroit les lods & ventes, & qu'il n'est pas raisonnable, que le seigneur rentrant dans son héritage par droit de retrait, le reprenne avec la charge d'une nouvelle rente.

Suivant M. Chabrol, ce n'est point là l'esprit de la coutume: en se servant du mot de *cens*, lorsqu'elle parle du *surcens*, en disant que le second cens est confisqué *au premier seigneur direct*, elle annonce qu'il y a une stipulation de seigneurie directe dans le second bail, comme dans le premier, dans le bail à *surcens*, comme dans le bail à cens. La coutume de Paris, qui forme le droit commun, décide dans l'*art. 87*, que la vente de la rente foncière, imposée sur le fonds censuel, produit des lods & ventes au seigneur direct. Ainsi le motif que Prohet donne à son opinion, est sans fondement, & ces lods & ventes compensent la diminution de ceux qui lui sont dus, lorsque l'héritage chargé de la rente est vendu.

L'interprétation de M. Chabrol est, à ce qui paroît, suivie dans l'usage, parce qu'elle est la plus favorable au commerce & à la liberté; il convient néanmoins que cet usage n'a été autorisé que par trois sentences, dont la dernière a souffert beaucoup de difficultés, & qui toutes ont été attaquées par appel, sans qu'on sache l'événement de l'appel. Quoi qu'il en soit, il est difficile de croire que ce soit le véritable sens de la coutume. Lorsqu'on a établi pour les *surcens*, l'usage qu'elle a confirmé, l'on ne distinguoit point aussi précisément qu'on le fait aujourd'hui, les *cens* & *les rentes foncières*. Ces deux termes, ainsi que celui d'emphitéose étoient synonimes; ils désignoient indifféremment toute espèce de rente due au bailleur d'un héritage par le preneur, & cette rente étoit toujours censée emporter la directe, parce que les loix romaines qu'on avoit amalgamées avec notre droit féodal, dès avant le règne de S. Louis, attribuoient une directe au bailleur dans le bail à emphitéose. On donnoit même le nom de cens aux rentes constituées, & ces rentes, qui devenoient irrachetables, & véritablement foncières, au bout de trente ans, emportoient aussi la directe lorsqu'elles formoient la première charge due par l'héritage. Beaumanoir, & presque tous nos praticiens, donnent pour unique caractère au francaleu, celui de n'être chargé d'aucune redevance.

« L'on appelle aleuz, ce que l'en tient sans faire » nule redevance à nului ». (*Coutume de Beauvoisis, chap. 24, p. 123. Voyez aussi la note de la Thaumassiere*).

La même décision se retrouve dans la coutume de la Marche, *art. 406*, & même dans celle de Bourbonnois, l'une des coutumes de France le plus incontestablement allodiale: il y est dit dans l'*art. 492*, « que la première rente constituée sur aucun héri» tage allodial, s'appelle rente foncière & emporte » droit de directe seigneurie & de lods & ventes ».

Il est remarquable que ces deux coutumes entourent celle d'Auvergne. Dans les pays de droit écrit, sur-tout dans ceux du parlement de Bordeaux, qui touchent aussi à l'Auvergne, on appelle encore aujourd'hui les cens *emportant directe*, rentes foncières. Dans la Marche, dans le Limousin & dans l'Auvergne même, on dit aussi *fondalité*, pour seigneurie directe. Enfin les articles 74 & 121 de la coutume de Paris, emploient indifféremment les mots *cens* & *fonds de terre*, pour désigner la redevance emportant directe. Les commentateurs de cette coutume, & sur-tout Brodeau, citent une multitude de titres semblables; qui disent aussi *seigneur foncier*, *seigneurie foncière*, pour *seigneur* & *seigneurie censuels*.

Dans la Franche-Comté, au contraire, & dans la Bretagne, on appelle encore aujourd'hui *cens*, les simples rentes. Lorsque cette confusion subsistoit, il étoit très-difficile de connoître au bout de quelque temps, quelle étoit la redevance originaire, & par conséquent quelle étoit celle qui emportoit la directe. M. Chabrol lui-même, parle de plusieurs contestations où l'on a eu de la peine à distinguer le véritable cens, le cens originaire. Il cite d'après Henrys, une espèce où la mouvance fut partagée entre deux seigneurs, à cause de l'impossibilité où l'on étoit de faire cette distinction.

Ce jugement n'étoit pas aussi étrange que le trouve M. Chabrol: il est conforme à un ancien usage remarqué par le Grand, sur l'article 156 de la coutume de Troyes, & par la Thaumassiere, titre 6, article 31; on y voit que le partage des lods & ventes fut réglé par une transaction de l'an 1302, entre les chanoines de Sainte-Geneviève & Mathieu de Montmorency, pour un héritage qu'il tenoit d'eux à titre de cens, & qu'il vouloit bailler à *surcens*. La coutume de Troyes ordonne ce partage, lorsque le seigneur consent à l'imposition du *surcens*, & la Thaumassiere trouve *cette disposition très-équitable*.

On sent d'ailleurs que les baux à rente privoient les seigneurs des droits de mutation, qu'ils auroient eu si le domaine eût été aliéné par vente, ou par un contrat équipollent à vente, & qu'ils en rendoient l'aliénation plus difficile à l'avenir. Il n'est donc pas étonnant qu'ils aient fait tous leurs efforts pour faire rejetter les *surcens* & les baux à rente faits par leur censitaires, quelle que fût la nature de la rente qu'ils imposoient. Il ne l'est pas que l'opinion la plus conforme à leurs intérêts, ait été admise dans les provinces où cette confusion étoit la plus marquée.

Nos plus anciens praticiens ne permettent pas

de douter du véritable esprit de notre droit françois à cet égard : Beaumanoir dit au *chap 24* de ses coutumes de Beauvoisis, « qu'on ne peut vendre ne donner de nouvel *surcens*, sur héritage » qui ne le doit de long-temps, sans le seigneur du » lieu ». La raison qu'il en donne, est qu'on chargeoit les héritages si excessivement, qu'on abandonnoit les maisons sans les réparer, & les autres héritages sans les cultiver. La Thaumassiere cite aussi deux sentences de 1230 & 1245, qui constatent qu'on observoit dès-lors la prohibition d'imposer un *surcens*.

La coutume de Bourbonnois dit expressément dans les art. 333 & 334, « que *sur la censive*, & » sur le chef-fief d'aucun seigneur, l'on ne peut » *vendre rentes, ni icelle surcharger*, sans la volonté » du seigneur du cens, ou du seigneur du chef-» fief, & qui le fait de fait, la rente & surcharge » sera ôtée & l'héritage déchargé, » à moins que le seigneur n'ait laissé lever la rente, ou la surcharge, continuellement pendant trente ans, après la notification qui lui en aura été faite.

La coutume de Nivernois, *tit. 5*, *art. 12*, porte que, « cens sur cens ne peut-être mis au pré- » judice du premier seigneur censier, & si de fait » il y est mis, le contrat est nul ».

Les coutumes d'Auxerre, *art. 114*; de Berry, *tit. 6*, *art. 31*; de Blois, *art. 127*; de Bourgogne, *art. 114*; d'Etampes, *art. 55*; d'Orléans, *art. 122*, & de Troyes, *art. 56*, ont la même disposition. Ce seroit un subterfuge bien inutile, que de dire avec la plupart des commentateurs & la nouvelle coutume d'Auxerre, *art. 98*, que ces coutumes n'entendoient prohiber que l'imposition d'un second cens emportant directe; car il est évident que dans cette supposition la nullité de la convention étoit si nécessairement résultante de la nature des choses, qu'il étoit absolument inutile de l'exprimer.

Le passage de Beaumanoir s'applique évidemment aux rentes foncières, comme aux rentes seigneuriales ; & la sentence de 1245, citée par la Thaumassiere, porte en général, que *consuetudo talis erat in partibus illis, quod rei censuali non poterat onus imponi sine censualis domini volontate.*

La coutume de Bourbonnois, qui a tant de rapport avec celle d'Auvergne, ne laisse pas non plus le moindre prétexte aux équivoques. Elle défend les assignats ou constitutions de rentes sur les rotures & sur le chef-lieu du fief, & même généralement toutes les surcharges qu'on pourroit y imposer.

C'est encore dans le même esprit que la coutume de Bordeaux, quoique moins rigoureuse, porte dans l'*art. 101*, « que *quand par la baillette* » *sera dit que le tenancier ne pourra sous-acaser*, » (c'est-à-dire, sous-bailler le fonds), icelui te- » nancier ne pourra imposer rente annuelle sur le » fief ».

Enfin la coutume d'Auvergne, après avoir dit dans l'*art. 24* du *chap. 21*, que cens sur cens n'a point de lieu sans le consentement du seigneur direct, ajoute que le seigneur direct confisque à titre de commise le *surcens & autres charges annuelles*. La prohibition de la coutume est donc générale. Elle s'étend à toute espèce de charge que le censitaire voudroit imposer sur son héritage ; & c'est faire dire à la coutume ce qu'elle ne dit point, que de borner la confiscation aux prestations seigneuriales, telles que les percières, avec droit de directe, comme le prétend M. Chabrol.

La disposition même de l'*art. 17* du *chap. 17*, dont argumente ce jurisconsulte, présente une conséquence toute contraire à celle qu'il en tire. Il y est dit, « que combien que cens sur cens n'ait » lieu, ... toutefois ledit *surcens* se peut prescrire... » Mais la directe seigneurie demeure & appar- » tient au seigneur direct ». La prescription dont parle cet article, n'a donc pas pour objet une redevance emportant directe, puisque la directe reste toujours au seigneur originaire. La prescription qui valide l'imposition du *surcens*, contre la prohibition de la coutume, porte donc sur une rente foncière, & c'est bien aussi par conséquent l'imposition de cette rente, qui est l'objet de la prohibition de la coutume. Enfin M. Chabrol, reconnoît, qu'au temps où Prohet écrivoit, on « ne se doutoit pas encore en Auvergne, que » la vente de la rente foncière produisît des droits » de mutation; & qu'on y trouva beaucoup de diffi- » culté, lorsqu'au commencement de ce siècle, » des sentences adjugèrent pour la première fois » les lods & ventes de l'aliénation d'une rente » foncière, conformément à la coutume de Paris, » qui cependant étant ajoutée à la réformation, » d'après la jurisprudence des arrêts, faisoit une » loi générale ». Le motif allégué par Prohet a donc pu servir de fondement à la prohibition de la coutume dans le temps où elle a été rédigée, puisque l'article 87 de la coutume de Paris, qui accorde au seigneur les lods & ventes sur la vente de la rente foncière, n'étoit pas encore inséré dans cette coutume, qui n'a été réformée que long-temps après. (*M. GARRAN DE COULON, Avocat au parlement.*)

SURCENS VIAGER. La coutume de Reims appelle ainsi la redevance qu'on paie pour un bail à rente viagère. L'article 37 porte que « l'héritage pris à » *surcens* perpétuel ou viager & à temps, est ac- » quêt au preneur ». (*G. D. C.*)

SURCENSE. Ragueau dit, dans le glossaire du droit françois, que ce mot, dont il ne donne point l'explication, mais qu'il paroît supposer synonyme de *surcens*, se trouve dans l'article 145 de la coutume de Boulonnois. Ceux de surcens & surcensier se trouvent seulement dans l'article 144. *Voyez* SURCENS & SURCENSIER. (*G. D. C.*)

SURCENSIER. On appelle ainsi celui qui tient à titre de surcens ou de rente foncière. *Voyez* la coutume de Boulonnois, *art. 46 & 144*, & les autres coutumes citées dans le glossaire du droit françois. (*G. D. C.*)

SURCHARGE, f. f. (*Gram. & Jurisp.*) eft une charge ou redevance impofée outre & pardeffus une autre fur un héritage. Le cens eft la première charge fur un héritage cenfuel, le furcens ou la rente foncière eft une *furcharge*.

Mais on entend ordinairement par *furcharge* l'augmentation qui fe trouve faite au cens ou à la rente feigneuriale, fans que l'on en voie la caufe. Si l'on fait reconnoître deux fols de cens au lieu d'un, ou bien qu'avec le cens ordinaire on faffe reconnoître d'autres preftations qui n'étoient point accoutumées, ce font des *furcharges*.

Pour connoître s'il y a *furcharge*, il faut remonter au titre primitif ou à la plus ancienne reconnoiffance.

SURCOTTIER. Ce mot eft fynonyme de *furcenfier*, comme ceux de *cotier* & de *cotterie* font fynonymes de *cenfuel* & de *roture*, ou *tenure cenfuelle*. L'article 46 de la coutume de Boulonnois, imprimé dans toute fa pureté au premier volume du coutumier de Richebourg, porte : « fi les héritages font baillez par le cottier en furcottière au feigneur féodal, de qui font tenues les terres, eft dû par le *furcottier*, ou furcenfier, pour relief, pareille fomme qu'il doit de furcens, & qu'il eft tenu de payer au rentier ou cottier par chacun an, s'il n'appert d'autre relief par convention & paction fpéciale ».

Ce texte eft imprimé d'une manière très-vicieufe dans le coutumier de Picardie. Il y eft dit : « que fi les héritages font baillez par le cottier *ou furcottier* au feigneur féodal, *&c.* », la fubftitution de ces mots *ou furcottier*, à ceux-ci *en furcottière*, & le défaut de virgule immédiatement après, préfentent un fens abfolument louche. Celui du coutumier de Richebourg eft on ne peut plus clair. Il affure au feigneur féodal, en cas de mutation par le *furcottier* ou furcenfier, un relief égal à la furcotrière ou furcens. (*G. D. C.*)

SURCOTTIÈRE. *Voyez* SURCOTTIER.

SURESCHEUR. Dom Carpentier dit qu'on a donné ce nom au mari qui eft co-héritier avec les frères de fa femme. Cet auteur fe fonde uniquement pour cela, fur ce qu'on a appellé *ferorge*, *ferour*, ou *ferourge*, en latin barbare *fororgius*, le mari de la fœur, & fur des lettres de grace de l'an 1477, où il eft dit : « Jehan & Guillaume de Mazeirolle & autres *furefcheurs*, *&c.* » Ce texte & ce rapprochement ne paroiffent point décififs ; peut-être doit-on lire dans les lettres *frerefcheurs*, ou *frarecheurs*. On fait qu'on a appellé & qu'on appelle encore ainfi dans la coutume de Poitou les co-héritiers ou co-propriétaires. *Voyez* du Cange au mot *Fraternitas*. (*G. D. C.*)

SURFONCIÈRE (*rente*), eft celle qui eft impofée fur un héritage après la première rente foncière. *Voyez* CENS, RENTE FONCIÈRE.

SUR-FONCIÈRE. ARRIÈRE-FONCIÈRE.

SUR-INDICT, (*Droit féodal.*) Ce mot dérivé du latin *fuperindictus*, eft fynonyme, de fur-impofé. Il fe trouve dans l'article 129 de la coutume de la Marche. Il y eft dit que les ferfs font fujets à la taille aux quatre cas. La coutume ajoute : « & peut être impofée ladite taille, fur lefdits hommes tenans ferfvement à volonté raifonnable, felon la faculté de leurs biens, par le juge dudit feigneur, s'il eft jufticier, finon par le feigneur même, en fignifiant à fes hommes pardevant leur juge ordinaire ou autre compétent l'impoft fait, à ce que, s'ils font *fur-indicts* ou exceffivement impofés, ladite taille foit reduite & modérée *arbitrio boni viri*, & s'il eft prifonnier des ennemis, eft le cas réitérable. (*G. D. C.*)

SURINSTITUTION, f. f. *en matière bénéficiale*, fignifie une inftitution faite fur une autre. Par exemple, fi Pierre eft admis & inftitué dans un bénéfice fur un titre, & que Paul foit admis & inftitué fur la préfentation d'un autre. *Voyez* INSTITUTION.

SURINTENDANT, f. m. (*Droit public.*) eft un titre ufité en France en divers temps & pour différentes charges dans lefquelles il marque la première fupériorité.

Le cardinal de Richelieu prit le titre de *furintendant de la navigation & du commerce de France*, parce que le titre d'amiral, dont la charge avoit toujours été remplie par des militaires du premier ordre, n'auroit pu lui convenir.

Le *furintendant des finances* étoit un officier qui avoit le maniement & la direction de toutes les finances ou revenus du roi. Ce titre fut fupprimé en 1661, après la difgrace de Fouquet. Les fonctions & l'autorité du *furintendant* appartiennent aujourd'hui au contrôleur-général des finances.

On appelle *furintendante de la maifon de la reine*, la dame qui a la première charge de la maifon de la reine.

SURJURER, ancien terme de notre droit. Autrefois, quand un criminel tâchoit de s'excufer par fon propre ferment ou par celui d'un ou de plufieurs témoins, on lui oppofoit quelquefois le ferment d'un plus grand nombre : or, cette manière de le convaincre par une contre-information, s'appelloit *furjurer*. *Voyez* PURGATION, SERMENT.

SUR-JUVEIGNEURIE, SOUS-JOUVEIGNEURIE, *ou* SOUR-JOUVEIGNEURIE, (*Droit féodal.*) c'eft une efpèce de fous-parage connu en Bretagne. Dans cette province les puînés tiennent en *juveigneurie d'aîné*, c'eft-à-dire en parage, la portion de fief qui leur a été donnée par leur aîné. Mais fi l'un d'eux ou de leurs defcendans, tant que dure la *juveigneurie* d'aîné, donne à fes propres puînés une portion de fa terre à tenir auffi de lui comme juveigneur d'aîné, cette *juveignerie* fubordonnée à la première, fera une *four-jouveignerie*, ou *fous-juveigneurie* ; ou enfin, comme le difent d'autres textes, une *fur-juveigneurie*. *Voyez* les articles 251 & 260 de la coutume de Bretagne ; d'Argentré fur l'article 56 de l'ancienne coutume & le gloffaire du droit françois. (*G. D. C.*)

SURMESURE, f. f. (*Eaux & Forêts.*) fignifie ce qui fe trouve au-delà des ventes ordinaires réglées à une certaine quantité d'arpens; fuivant la poffibilité de chaque forêt.

L'article 10 du titre 15 de l'ordonnance des eaux & forêts du mois d'août 1669, porte que l'arpenteur ne pourra, fous quelque prétexte que ce foit, comprendre dans le triage d'une vente une plus grande ni une moindre quantité d'arpens que celle qui lui aura été prefcrite par le grand-maître; enforte que le plus ou le moins ne puiffe excéder un arpent fur vingt, & ainfi à proportion, à peine d'interdiction & d'amende arbitraire, telle que le grand-maître aura jugé à propos de la régler. Si l'arpenteur vient à tomber jufqu'à trois fois dans la même erreur, il doit, fuivant le même article, être interdit & déclaré incapable de faire la fonction d'arpenteur.

Lorfque par les procès-verbaux de réarpentage il fe trouve de la *furmefure*, le marchand doit être condamné à la payer à proportion du prix principal & des charges de la vente qui lui a été faite, fans qu'il foit permis de faire en efpèces compenfation de la *furmefure* avec le manque de mefure. C'eft ce qui réfulte de l'article 8 du titre 7 de l'ordonnance citée.

Suivant un arrêt du confeil du 19 novembre 1701, la *furmefure* dans les ventes des bois des eccléfiaftiques doit être payée fur le même pied que dans les bois du roi.

SURSÉANCE, f. f. (*terme de Pratique.*) fignifie fufpenfion, délai accordé à ceux qui font obligés de payer quelque dette, ou de faire quelque chofe; temps pendant lequel une affaire eft furfife.

Les lettres de répit & celles d'état, qu'on accorde en chancellerie, contiennent des claufes de *furféance*.

Les arrêts & fentences qui portent défenfes d'exécuter les jugemens d'un juge inférieur, portent *furféance* à toute pourfuite. Ces *furféances* font levées en connoiffance de caufe par le juge qui les a accordées.

L'ordonnance des eaux & forêts du mois d'août 1669, *tit. 13*, *art. 2*, défend expreffément, fous peine d'interdiction & d'amende arbitraire, aux officiers des tables de marbre & autres juges en dernier reffort, de furfeoir l'exécution des jugemens rendus pour délits, malverfation, confifcation & deftitution dont il peut être interjetté appel. Mais nous obferverons que ces difpofitions ne peuvent pas être étendues à toutes fortes de jugemens.

Il eft vrai que les officiers des tables de marbre, les juges en dernier reffort, même les cours de parlement, ne peuvent furfeoir ni empêcher l'exécution des fentences d'inftruction, rendues par les grands-maîtres & les officiers des maîtrifes, pourvu que le cas foit réparable en définitif, ainfi qu'il réfulte de l'article 6 du titre 14, de divers arrêts du confeil, & de l'article 49 de l'édit du mois de mai 1716.

Il eft pareillement vrai que les tables de marbre ni même les cours de parlement ne peuvent furfeoir ni empêcher l'exécution des fentences définitives des grands-maîtres, qui n'excèdent pas deux cens livres en principal, ou vingt livres de rente, ni celles des maîtres particuliers, qui n'excèdent pas la fomme de cent livres ou dix livres de rente. Cela eft fondé fur l'article 7 titre 14 de l'ordonnance des eaux & forêts.

Il eft encore vrai que, conformément à l'article 3 du même titre, les juges fupérieurs ne peuvent furfeoir ni empêcher l'exécution des fentences du premier juge, quand les délais accordés par l'ordonnance pour relever & faire juger les appellations, font expirés.

Mais ce feroit une erreur, de croire que l'appel n'a point d'effet fufpenfif relativement à l'exécution des fentences définitives, autres que celles dont on vient de parler, & que les juges fupérieurs ne font pas fondés à empêcher cette exécution, lorfque les délais pour faire juger les appellations ne font pas expirés.

SURSIS, f. m. & adj. Quand on dit un *furfis* fimplement, ce mot fignifie la même chofe que *furféance*. On dit un jugement *furfis*, pour fignifier que l'exécution en eft fufpendue, différée.

SUR-SOUTE. Ce mot eft une efpèce de pléonafme, tel qu'il y en a dans prefque toutes les langues. Il fe trouve dans l'article 15 du titre 14 de la coutume de Berry. On y nomme ainfi la *foute* que l'on donne dans le contrat d'échange, pour compenfer la plus valeur de l'un des deux héritages. (*G. D. C.*)

SURVENANCE, f. f. fe dit, *en droit*, de tout événement fur lequel on n'avoit aucune raifon de compter. Une donation eft révocable par *furvenance* d'enfans.

SURVIE, f. f. *en droit*, eft l'action de furvivre plus long-temps qu'un autre.

La *furvie* eft une condition fous-entendue dans les inftitutions d'héritier & de légataire.

Les donations de *furvie* font celles qui ne doivent avoir lieu au profit du donataire, qu'au cas qu'il furvive au donateur. *Voyez* DONATION.

Les gains de *furvie* font des gains nuptiaux, qui dépendent de la même condition. *Voyez* GAINS NUPTIAUX. (*A*)

SURVIVANCE, f. f. (*Droit public.*) eft le droit que le roi ou quelque autre feigneur accorde à quelqu'un de fuccéder à une charge, & de l'exercer lorfqu'elle deviendra vacante.

Loifeau, en fon *traité des offices*, *l. 1*, *ch. 12*, diftingue quatre fortes de *furvivances*.

La première, qu'il appelle fimple, eft quand on réfigne l'office pour en jouir par le réfignataire au cas qu'il furvive le réfignant.

La feconde eft la *furvivance* reçue, où le réfignataire eft reçu & inftallé dès le moment de la résignation; de manière qu'après le décès du résignant il n'a pas besoin de nouvelle réception ni installation.

La troisième est la *survivance* jouissante, c'est-à-dire, celle avec laquelle on accorde dès-à-présent au survivancier l'exercice par concurrence avec le résignant.

La quatrième, qu'on appelle *survivance en blanc*, est celle où le nom du résignataire est laissé en blanc; de manière qu'on peut la remplir du nom de telle personne que l'on juge à propos; ce qui empêche l'office de vaquer par mort.

De cette dernière espèce ont été les *survivances* accordées par les édits de 1568, 1574, 1577 & 1586, qu'on appelle les *édits des survivances*, qui attribuoient cette *survivance* en finançant le tiers-denier de la valeur de l'office, même avec la clause de regrès dans les résignations faites au fils ou au gendre de l'officier, & encore avec la clause d'ingrès ou accès; savoir, que si l'officier qui avoit financé laissoit un fils mineur, il succéderoit à l'office & y seroit reçu étant en âge, & cependant que l'office seroit exercé par commission.

Telle étoit aussi la *survivance* attribuée par l'édit du 12 décembre 1604, appellé vulgairement l'*édit de Paulet*, du moins à l'égard des officiers non sujets à suppression; & à l'égard des autres, quoique ce ne fût qu'une dispense des quarante jours qui devoient s'écouler entre la résignation & la mort; cependant, comme il suffisoit d'avoir passé procuration en blanc pour résigner, ce que les officiers n'omettoient point, c'étoit en effet une *survivance* en blanc qui se renouvelloit tous les ans. *Voyez* ANNUEL, CHARGE, OFFICE. (*A*)

On tient pour maxime, qu'un seigneur peut bien accorder la *survivance* des offices dont il a la nomination, mais qu'il ne peut pas insérer dans les lettres de *survivance*, que le survivancier pourra remplacer le titulaire, en cas d'absence ou autre empêchement. La raison en est, qu'un seigneur ne peut pas conférer à deux personnes l'exercice qui n'appartient qu'à une seule, & d'ailleurs il n'a pas le droit d'augmenter le nombre de ses officiers, sans une permission expresse du roi.

SURVIVANCIER, s. m. est celui qui a obtenu la survivance d'un office ou autre place, pour l'exercer après le décès de celui qui en est actuellement pourvu. *Voyez* SURVIVANCE.

SUSPENS, adj. du latin *suspensus*, est celui qui a encouru la peine de la suspense, c'est-à-dire, que l'on a suspendu de quelques fonctions. *Voyez* SUSPENSE, SUSPENSION.

SUSPENSE, s. f. (*Droit canonique.*) est une censure ecclésiastique, par laquelle un clerc qui a commis quelque faute considérable, est puni par la privation de l'exercice de son ordre ou de son office, ou de l'administration de son bénéfice; c'est-à-dire, de ce qui regarde la jouissance ou la perception des fruits qui y sont attachés, soit en tout ou en partie, soit pour un temps, soit pour toujours. Cependant lorsque la *suspense* doit être pour toujours, il est plus à propos de procéder par la déposition.

Avant que les revenus de l'église fussent séparés, & que les bénéfices fussent érigés en titre, la *suspense ab ordine* emportoit la suspension de percevoir les fruits qui dépendoient de l'exercice de l'ordre : ainsi on ignoroit cette distinction de *suspense à beneficio*.

On distingue aujourd'hui trois sortes de *suspenses*; celle de l'ordre, celle de l'office, & celle du bénéfice.

La première prive des fonctions actuelles des ordres que l'on a reçus; la seconde, de l'exercice de la jurisdiction & de toutes les autres fonctions qui appartiennent à un clerc, à raison de quelque bénéfice ou de quelque charge ecclésiastique; la troisième le prive des fruits, tant de ceux que l'on appelle *gros* & *dîmes*, que de ceux qui consistent en distribution & en offrandes, comme aussi des autres avantages qui sont attachés à ce bénéfice ou à cette charge.

La *suspense* est ou totale, ou partielle. Si elle est totale, elle le prive tout-à-la-fois de l'exercice de son ordre, & de son office, & de son bénéfice.

La partielle, au contraire, ne prive que de l'exercice de l'ordre, ou seulement du bénéfice, ou de l'ordre clérical.

Ces deux sortes de *suspenses* sont l'une & l'autre une pure peine, parce qu'elles n'ont pour objet principal que la punition du crime de celui sur qui elles tombent.

Elle doit être exprimée par le droit, ou prononcée par le supérieur légitime. Dans le premier cas, on l'appelle *canonis* ou *à jure*; dans le second, *judicis* ou *ab homine*.

Lorsque la *suspense* est sans addition, ou, comme on dit, sans queue, elle est censée totale.

Une *suspense* d'un ordre supérieur, *ab ordine superiore tantùm*, n'a pas d'effet à l'égard des ordres inférieurs. Aussi un prêtre suspens de la célébration de la messe, peut licitement exercer les fonctions de diacre & de sous-diacre. Tel est l'ancien usage de l'église, qui, dans plusieurs conciles, réduisoit les prêtres, en punition de leurs fautes, aux simples exercices des ordres inférieurs.

La *suspense* d'un ordre inférieur a, au contraire, son effet à l'égard des fonctions de l'ordre supérieur; de sorte qu'un ecclésiastique suspens du diaconat, ne peut exercer aucun ordre supérieur; autrement il encourt l'irrégularité; ce qui est fondé sur cette règle de droit : *cui non licet quod minus est, nec ei licere debet quod est majus*, sur-tout lorsqu'il ne peut exercer l'ordre supérieur, sans faire quelque acte de l'ordre inférieur, comme de lire l'épitre ou l'évangile à la messe, qui sont des fonctions propres au sous-diaconat & au diaconat.

Polman pense qu'un prêtre suspens du diaconat seulement, peut exercer les fonctions de la prêtrise qui

qui n'y ont point de rapport; qu'ainsi il peut prêcher, administrer le baptême solemnel, la pénitence, la communion & l'extrême-onction.

La *suspense* étant attachée à la personne, elle suit celui qui l'a encourue, en quelque diocèse qu'il se retire. Le concile d'Antioche menace de peines très-sévères l'évêque qui permet au suspens d'exercer dans son diocèse les fonctions des ordres sur lesquels porte la *suspense* prononcée par son évêque.

Celui qui a été déclaré suspens *à beneficio*, l'est, par cette raison à l'égard des bénéfices qu'il possède dans un autre diocèse, parce que ce bénéficier étant sujet, à raison de son domicile, de l'évêque qui l'a déclaré suspens, & cette *suspense* étant attachée à la personne, suivant la remarque ci-dessus, il n'a pas plus de droit d'administrer les bénéfices qu'il a en d'autres diocèses, que ceux qu'il a dans le diocèse où il réside.

Il faut observer, comme une conséquence de ces principes, que comme la résignation suppose nécessairement un droit au bénéfice, le bénéficier suspens ne peut, selon les canons, résigner ni permuter, vu qu'il ne le peut, sans exercer un droit de l'usage dont il est privé par la *suspense*; mais il faut pour cela qu'il y ait un jugement définitif. Jusqu'à ce jugement, il peut résigner & même disposer des fruits, s'il n'y a contre lui qu'une sentence dont il soit appellant.

Un ecclésiastique devient suspens *ipso jure*, principalement dans neuf circonstances.

La première, lorsqu'il se fait ordonner sous le titre d'un faux bénéfice, ou sous un titre patrimonial feint. Il faut cependant observer que ceci ne s'entend que des diocèses où les évêques ont statué cette peine, & non pas à l'égard des autres, la bulle *romani pontificis* n'étant pas reçue dans le royaume.

La seconde, lorsque l'on reçoit les ordres avant l'âge requis, ou hors le temps prescrit par les canons, ou sans le démissoire de l'évêque.

La troisième, en recevant un ordre sacré avant d'avoir reçu l'autre ordre sacré qui lui est inférieur, comme le diaconat avant le sous-diaconat, ou la prêtrise avant le diaconat.

De même ceux qui, étant frappés de l'excommunication ou coupables de simonie, reçoivent quelque ordre.

La quatrième, en recevant dans un même jour plusieurs ordres sacrés.

La cinquième, lorsqu'un clerc substitue à sa place à l'examen une autre personne, & se fait ensuite ordonner.

La sixième, en se faisant ordonner par un évêque que l'on sait être excommunié, suspens ou interdit dénoncé.

La septième, en recevant les ordres d'un évêque qui s'est démis de son évêché.

La huitième, en recevant un ordre après avoir contracté mariage, sans distinguer si le mariage a été consommé.

La neuvième, lorsqu'un prêtre séculier célèbre un mariage ou donne la bénédiction nuptiale à des personnes d'une autre paroisse, sans la permission du curé ou de l'évêque des contractans.

Au surplus, les cas où la *suspense* est encourue par le droit sont presque infinis. Il n'y a point d'abus ou de mépris des fonctions ecclésiastiques, qui ne soit puni par une *suspense* proportionnée à la nature de la faute. Mais le cas ne peut être arbitraire; il faut qu'il soit spécifié par les canons ou par les statuts du diocèse. Sur quoi il faut examiner ce qui a été dit au mot CENSURE.

Outre la peine qu'encourent ceux qui violent *la suspense de l'exercice des ordres*, outre ce qui regarde purement le for inférieur, ils encourent encore l'irrégularité.

Il n'en est pas de même de la *suspense de la jurisdiction contentieuse*; elle n'est pas punie de l'irrégularité, parce qu'un clerc qui n'a reçu aucun ordre peut l'exercer.

Il en est de même de ceux qui, étant suspens *à beneficio*, ne laissent pas d'en percevoir les fruits & d'en passer des baux.

On voit qu'il y a une distinction à faire entre la *suspense* de l'ordre & la *suspense* de la jurisdiction. Cette distinction naît de la différence qu'il y a, suivant le droit, entre l'ordre & la jurisdiction.

Celui qui est suspens de l'un n'est pas censé l'être de l'autre, parce qu'en matière canonique les peines sont odieuses, & par conséquent ne peuvent souffrir d'extension; & l'on doit tenir pour principe, que celui qui est suspens *ab ordine*, n'est jamais censé l'être *à juridictione*, *& vice versâ*. Il faut cependant excepter le cas où la jurisdiction est nécessairement attachée à la fonction de l'ordre, comme elle l'est dans le sacrement de pénitence, laquelle par conséquent un prêtre suspens *ab ordine* ne peut pas exercer: ainsi un évêque suspens *ab ordine* ne peut célébrer pontificalement, ni conférer les ordres, ni consacrer les églises ni les autels, parce que ces fonctions appartiennent à la puissance de l'ordre; mais il peut exercer les actes de jurisdiction épiscopale; c'est-à-dire, présenter aux bénéfices, conférer ceux qui sont à sa collation, approuver les confesseurs, prononcer la *suspense*, l'interdit, l'excommunication, & en absoudre au for extérieur seulement, ces fonctions étant des actes de jurisdiction, & non pas des actes d'ordre.

Si, au contraire, il a été déclaré suspens *à juridictione* seulement, il peut exercer toutes les fonctions qui sont de la puissance de l'ordre, sans pouvoir en exercer aucune de celles qui ne lui appartiennent qu'à raison de sa jurisdiction; sur quoi on observe, 1°. qu'un évêque suspens *à pontificalibus*, ne peut célébrer *cum apparatu pontificali*, quoiqu'il le puisse autrement; c'est-à-dire, sans aucune cérémonie pontificale & de la même manière que les prêtres ont coutume de célébrer, sans mitre, sans *pallium*, ni aucun autre ornement propre aux évêques. On cite pour exemple celui de l'évêque de Nantes, déposé comme simoniaque au concile de Reims, sous le pontificat de Léon IX, & à qui les pères permirent d'exercer seulement l'office de prêtre; 2°. qu'il ne peut conférer la confirmation ni aucun ordre, ni consacrer les églises, les autels, pas même les calices.

On voit par cet exemple célèbre, que les premières puissances de l'église sont soumises à cette censure; mais il faut observer qu'aucune *suspense* ne peut tomber sur un évêque, à moins qu'il ne soit expressément nommé.

L'ignorance qui n'est ni affectée ni coupable, excuse de toute censure, & par conséquent exempte de la *suspense*. On ne distingue pas si cette ignorance est de fait ou de droit. Ainsi un ecclésiastique étranger à un diocèse, en violant les statuts qui ne sont pas d'usage dans le sien, n'est pas exposé à subir cette peine. Les canonistes en donnent pour raison, que l'on n'encourt jamais cette censure sans en avoir été au moins averti auparavant, l'église n'ayant eu en vue que de punir les contumaces; & plusieurs papes, entre autres Innocent III & Innocent IV, ont établi pour maxime, que la monition doit précéder la censure.

Quant à ceux qui ont droit de la prononcer, tous ceux qui ont droit d'excommunier ont celui de suspendre. Sur quoi l'on observe qu'il est bien des prélats qui peuvent suspendre & ne peuvent excommunier.

On tient en général, que les chapitres, les supérieurs réguliers, les abbesses, les archidiacres, les archiprêtres, & même les doyens ruraux, peuvent ordonner des *suspenses* momentanées, au lieu qu'il n'y a que l'évêque qui ait droit de prononcer l'excommunication.

On conteste aux curés le droit de prononcer la *suspense* contre les clercs de leurs paroisses.

La forme de la sentence démontre que le délit qui donne lieu à la *suspense* doit être prouvé; il faut que cette sentence énonce en avoir une entière conviction. *Quia constat te commisisse..... à..... te suspendimus.*

Tout ecclésiastique à qui le bruit public attribue un crime qui mérite la déposition, doit être suspendu jusqu'à ce qu'il se soit justifié: ainsi le décret de prise-de-corps & le décret d'ajournement-personnel font encourir cette peine; mais elle cesse par la conversion de ces décrets en celui d'assigné pour être oui.

Nous avons observé plus haut que le mépris de la *suspense*, marqué par la continuation à faire, pendant la *suspense*, les fonctions dont elle prononce la privation, doit être puni par l'excommunication majeure; elle l'est quelquefois *ipso jure*, & entraîne toujours l'*irrégularité*. Mais on verra par les principes qui ont été posés à ce mot, qu'elle doit être prononcée par un jugement.

La *suspense* finit par l'absolution qui s'accorde sur la satisfaction de la part de celui qui l'a encourue, par le laps du temps pour lequel la *suspense* a été portée; par la cessation & par la révocation, & même par la dispense.

Toutes les fois que la durée de la *suspense* qui s'encourt par le seul fait, est laissée à la volonté du supérieur, la *suspense* finit quand il permet les fonctions défendues par la *suspense*.

Il y a plusieurs *suspenses* réservées au pape, dont on trouve les espèces dans les corps de droit canonique, *cap. 35 X. de tempor. ordin. 10 de apost. 2 ne clerici vel monac. &c.*

SUSPENSIF, adj. *en terme de Palais*, est ce qui a l'effet de suspendre l'exécution d'un jugement. En général, l'appel n'est pas simplement dévolutif, il est aussi *suspensif*, excepté dans le cas où le jugement est exécutoire par provision. *Voyez* APPEL, EXÉCUTION, DÉFENSES, JUGEMENT, MATIÈRE SOMMAIRE, PROVISION, SENTENCE RROVISOIRE. (*A*)

SUSPENSION, s. f. *en droit*, signifie quelquefois cessation, interruption, comme quand on dit qu'il y a eu cessation de poursuites.

Quelquefois *suspension* signifie *interdiction*; c'est ainsi que les défenses que les cours font aux officiers inférieurs, portent ordinairement la clause *à peine de suspension de leurs charges. Voyez* INTERDICTION.

En matière canonique, on dit plutôt *suspense* que *suspension. Voyez* SUSPENSE. (*A*)

SUZERAINETÉ. (*Droit féodal.*) Ce mot indique une directe ou une jurisdiction médiate.

On appelle *seigneur suzerain*, celui qui a la *suzeraineté* sur un fief ou sur une roture. Plusieurs auteurs ont néanmoins donné d'autres sens au mot *suzeraineté*: il est donc important de déterminer les différentes acceptions dans lesquelles il a été pris, avant d'exposer les droits des seigneurs suzerains.

Pour remplir ces deux objets, on va traiter ici, 1°. des différentes acceptions du mot *suzeraineté*, & de ceux qui y sont relatifs.

2°. Des droits de justice résultans de la *suzeraineté*.

3°. Du droit de bannalité de moulin, que quelques coutumes attribuent au suzerain.

4°. Des acquisitions faites par le seigneur suzerain dans la mouvance de ses vassaux.

5°. Des droits du seigneur suzerain durant la saisie féodale.

6°. Enfin, des autres droits attachés à la *suzeraineté*.

§. I. *Des diverses acceptions du mot* suzeraineté, *& de ceux qui y sont relatifs*. Loiseau, dans son traité des seigneuries, *chap. 1, n. 82*, se sert du terme de *suzeraineté* pour désigner le second degré des seigneuries, c'est-à-dire, les seigneuries particulières, qui ont été, dit-il, usurpées sur la seigneurie suprême ou la souveraineté. Il a fallu, ajoute Loiseau, forger un mot exprès pour exprimer ce droit de seigneurie, & l'appeller *suzeraineté*, mot qui est aussi étrange comme cette espèce de seigneurie est absurde. Le même auteur prétend, au chapitre 4, n. 1, que cette dénomination est celle que nos coutumes ont suivie.

Cette acception du mot *suzeraineté* paroît avoir été adoptée par quelques autres auteurs, & particuliérement par M. le président Hénaut, dans les remarques séparées qu'il a jointes à son histoire de la seconde race. Cependant ce terme ne paroît point offrir ce sens dans nos coutumes ; & Loiseau lui-même, dans le cours de son ouvrage, abandonne le mot de *suzeraineté* pour désigner, par celui de *seigneurie*, la réunion de la directe & de la justice dans la même main. Il le pratique même de cette manière dans le surplus du chapitre 4, quoiqu'il l'ait intitulé : *des seigneuries suzeraines ou subalternes*.

Brussel, dans son livre sur les usages des fiefs, pendant les onze, douze, treize & quatorzième siècles, appelle *suzerain* tout seigneur dominant, lorsqu'il le considère dans cette qualité, & relativement à ses vassaux immédiats. C'est ainsi qu'il dit, au *livre 2, chap. 5*, « que lorsque le roi possédoit quelque terre relevant de ses sujets, il » étoit tenu de faire acquitter, par un ou par plusieurs nobles, selon le plus ou le moins d'importance de cette terre, les devoirs & les services dont elle étoit chargée vers le suzerain ».

On trouve ce mot employé dans le même sens aux chapitres 4 & 6 du même livre, & généralement dans tout l'ouvrage, ainsi que dans beaucoup d'autres auteurs. Brussel se sert du mot *haut-seigneur*, ou de celui de *haut-suzerain*, pour indiquer le seigneur qui a la mouvance médiate, ou le dominant du seigneur dominant. On peut en voir particuliérement des exemples au commencement du quinzième chapitre du livre 11.

Celles de nos coutumes qui se sont servies du mot *suzerain*, entendent néanmoins unanimement par-là le seigneur médiat, ou le seigneur dominant du dominant, lorsqu'il s'agit de directe ; & lorsqu'il s'agit de jurisdiction, le seigneur qui connoît des causes d'appel, & à la justice duquel ressortit la jurisdiction de première instance. C'est ce que l'on peut voir dans une foule d'articles des coutumes d'Anjou, de Loudunois, du Maine, de Poitou, de Touraine, *&c*.

L'article 108 de cette dernière coutume dit, « que » les seigneurs *suzerains* peuvent, pour leur intérêt, & la conservation de leurs droits, faire » interrompre au dedans de quarante ans la possession des gens d'église, ou autres tenans à mainmorte, qui ont acquis dedans les fiefs de leurs » vassaux, & leur faire vuider leurs mains ».

Les articles 69 de la coutume d'Anjou, & 79 de celle du Maine, qualifient de juges *suzerains* les juges d'appel. Les coutumes de Tours, *art. 31*, & de Loudunois, *tit. 1, art. 27*, en disent autant ; le Proust observe, sur cette dernière coutume, que « le juge suzerain, est à dire celui qui est *par-dessus* » le juge du bas-justicier, qui est une qualité qui » vient de ce mot *sus*, pour dire qui est supérieur ».

C'est dans ce dernier sens que le plus grand nombre des auteurs entend les mots *suzerain* & *suzeraineté*, & l'on ne voit pas ce qu'il a de plus étrange que tant d'autres mots de notre jurisprudence françoise, que les usages des fiefs ont fait adopter : le mot même de *souverain* a une origine tout aussi barbare.

Les coutumes de Poitou, d'Anjou, du Maine, & quelques autres, emploient aussi le mot de *chef-seigneur*, dans le même sens que celui de suzerain. D'anciens auteurs, & ceux du droit anglo-normand en particulier, disent *seigneur par amount*. Beaumanoir a dit aussi *seigneur par-dessus*, ou *seigneur souverain*. *Voyez* les coutumes de Beauvoisis, *chapitre 62, page 321*.

Le mot *suzerain* a pour corrélatifs, dans sa véritable acception, ceux *d'arrière-vassal*, *sous-vassal & vavasseur*, comme celui de *suzeraineté* répond à ceux d'*arrière-fief*, *sous-fief & vavassorie*. On doit néanmoins observer que ce dernier terme a une signification moins précise : mais il désigne toujours une tenure d'un ordre inférieur. *Voyez* VAVASSEUR.

§. II. *Des droits de justice résultans de la suzeraineté*. Les coutumes d'Anjou, *art. 62*, & du Maine, *art. 71*, permettent aux comtes, vicomtes & barons de donner haute-justice, moyenne & basse à aucuns de leurs vassaux, & en retenir le ressort & *suzeraineté*. Quoique cette disposition ne s'observe plus, parce qu'elle contrarie directement les maximes actuelles de notre droit public, suivant lequel la concession des jurisdictions appartient au roi seul, l'ancien usage sur lequel elle est fondée a extrêmement multiplié les degrés de jurisdictions dans ces deux coutumes, & c'est-là sans doute la raison pourquoi les droits des seigneurs suzerains, relativement à la justice, y sont exposés d'une manière si détaillée.

L'article 1 contient le principe général de cette matière. « Et est à entendre, y est-il dit, que de » tous les cas & droits déclarés en chacun degré, » dont la connoissance appartient aux suzerains, » les inférieurs n'ont aucune connoissance, s'il » n'est expressément déclaré : mais au contraire, » les suzerains en jurisdiction ont la connoissance » de toutes matières qu'ont & sont fondés leurs » inférieurs ».

Dupineau, sur ces mots, *ont la connoissance en toutes matières*, observe que « les suzerains connoissent non-seulement en leur nuèce, c'est-à-dire, dans leur jurisdiction immédiate, mais dans tout leur territoire, détroit & ressort, cumulativement avec leurs inférieurs, & par prévention en première instance, sauf le renvoi au cas de l'article 65 ».

Cet article 65, indiqué par Dupineau, explique

en particulier comment la prévention a lieu au profit des seigneurs suzerains. « Premiérement, y » est-il dit, le roi, comme duc d'Anjou, a ressort » & *suzeraineté* sur les sujets dudit pays, tant en » cas d'appel qu'autrement; aussi ont les comtes, » vicomtes, barons, châtelains, & autres seigneurs » de fief, chacun en leur regard. Et outre lesdits » ducs d'Anjou, comtes, vicomtes, barons, sei- » gneurs châtelains & autres, de degré en degré, » ont, par prévention, la connoissance de tous » cas criminels & civils, en toutes actions civiles, » réelles & personnelles, sur leurs vassaux & les » sujets de leurs vassaux, jusqu'à ce que litis-con- » testation soit faite, *pour laquelle les parties soient* » *appointées en faits contraires & en enquêtes.* A la- » quelle contestation, *& non plus tôt*, si le vassal » ou autre inférieur, dont les choses desquelles » est question sont sujettes, si c'est matière réelle, » & si c'est matière personnelle, non criminelle, » si le défendeur est étager dudit vassal, & icelui » vassal, ou son procureur requiert la cour, renvoi » & obéissance de la cause, elle lui sera rendue, » avec les parties ajournées, pour procéder en » icelle cause, en la cour dudit vassal; & si à » requérir ledit renvoi, se trouvent assemblement » le seigneur immédiat des choses dont est ques- » tion, & son suzerain, ledit seigneur immédiat » y sera préféré, pourvu qu'il ait telle justice qu'il » soit fondé de connoître d'icelle cause, & en » celui cas que ledit seigneur immédiat ou pro- » cureur pour lui ne seroit trouvé à requérir ledit » renvoi, & seroit rendue à son seigneur suze- » rain, ledit seigneur immédiat la pourra aller » requérir en la cour de sondit seigneur suzerain » à la contestation. Toute-voie en cause d'appel, » relevé ou anticipé en cour suzeraine, *omisso medio*, » ledit seigneur immédiat relaissé en aura le renvoi » avant la contestation, s'il le requiert; aussi le » peut requérir la partie intimée ou anticipée ».

La coutume du Maine a les mêmes dispositions dans les articles 74 & 75 : elles sont, pour la plupart, assez conformes au droit commun.

Les articles 66 de la coutume d'Anjou, & 76 de celle du Maine, veulent même que les juges suzerains renvoient d'office, avant contestation en cause, les petites causes personnelles de 20 sols tournois & au-dessous, devant les juges châtelains ou autres juges subalternes, « si l'on connoît qu'il » y ait officiers résidans esdites châtellenies, suffi- » sans pour administrer justice, à moins que les » juges suzerains, sommairement & de plein, ne » vuident leurs questions & procès ».

Ces coutumes ajoutent, « que si l'on connoît » que malicieusement iceux demandeurs aient fait » ajourner de loin les défendeurs pour petites ma- » tières, comme de 20 sols tournois & au-dessous, » ledit juge suzerain pourra, pour réprimer telle » vexation & travail de sujets, condamner tel » demandeur en amende & dépens, & faire ce » renvoi comme dessus, pardevant tel juge qu'il » verra être à faire ».

Mais on voit, dans le procès-verbal sur cet article, que plusieurs seigneurs & gens d'église se plaignirent des inconvéniens que la prévention entraînoit dans ces petites causes, & que les commissaires qui présidoient à la réformation renvoyèrent l'article à la décision du parlement, en ordonnant néanmoins que du contenu audit article, l'on en useroit ainsi que l'on avoit accoutumé: « c'est-à-dire, dit Dupineau, que, sans avoir » égard à la quantité des sommes, ni à la dis- » tance des lieux, il dépendroit de la discrétion » des juges, ou de renvoyer la cause cessant la » requisition du juge inférieur, ou de la retenir & » juger, parce que cet article étoit nouvellement » proposé sans exemple & sans fondement de » droit. S'étant encore mue une contestation entre » M. le duc de Montpensier, baron de Mirebeau, » & les juges royaux de Saumur, notre siège pré- » sidial intervenant & joint, il a été ainsi jugé » par arrêt du parlement de Paris, du 4 août 1618; » & certes l'anticipation des degrés de jurisdiction » est très-commode & très-utile au menu peuple ».

Les coutumes d'Anjou, *art. 79*, & du Maine, *art. 90*, énoncent certains cas « esquels le suze- » rain ne rend point la cour, ni les causes à son » vassal, soit baron, châtelain ou autres, ni sem- » blablement les barons à leurs hommes & sujets », c'est-à-dire, à leurs vassaux.

Ces cas sont, « l'empêchement de chemin péa- » geau, de délit fait en grand chemin, quand, » par prévention, le suzerain en a entrepris la » connoissance; d'avoir mesuré à fausse aune ou » fausse mesure; de dénoncemens criminels faits » par le blessé en la cour du suzerain, selon la » forme dessus déclarée (dans l'art. 71); en ma- » tière d'hypothèque universelle, quand il est » question de rentes ou arrérages d'icelles, & que » les hypothèquées sont en diverses jurisdictions ».

Les articles 75 de la coutume d'Anjou, & 86 de celle du Maine, en disent autant, en toutes matières réelles & possessoires, « si les choses dont » sera question entre les parties sont assises en plu- » sieurs & diverses jurisdictions, comme dudit » vassal & d'autre seigneur ».

Les articles 71 & 81 de ces mêmes coutumes décident la même chose pour tous les crimes graves, tels que le meurtre, le larcin, l'incendie, le viol, le ravissement, l'amputation de membres, *&c.*; & cette décision est très-régulière.

Au reste, la prévention a bien lieu dans tous ces cas en faveur du juge supérieur: mais cela même suppose que le juge inférieur est aussi compétent pour en connoître, lorsqu'il en a été saisi le premier. C'est sur ce fondement qu'un arrêt du 28 août 1722, rendu par expédient, par M. de Lamoignon, avocat-général, a renvoyé au siège de Conlie l'instance concernant la succession du sieur Cheveau, bailli de ce lieu, lequel y étoit décédé ; l'arrêt infirma l'ordonnance du lieutenant-général du Mans, qui avoit fait défense aux parties de procéder à Conlie. (*Olivier de S. Vast, sur l'article 90 de la coutume du Maine.*)

L'article 81 de la coutume d'Anjou, & l'article 92 de celle du Maine, permettent néanmoins de faire évoquer la demande devant le juge suzerain, « de » clamer de cour inférieure en cour suzeraine, » en matière de retrait, pour icelui connoître, à » ce que les deniers de l'acquéreur ne soient re- » tardés, & non en autres cas » : les articles 406 & 407 décident la même chose.

Mais cela ne peut avoir lieu qu'autant que les assises du suzerain se tiennent avant celles du seigneur immédiat, & le défendeur ne peut pas demander cette évocation, s'il veut contester le retrait. (*Voyez les commentateurs sur ces différens articles.*)

Enfin, le seigneur suzerain est encore le juge des justiciables de ses vassaux, pour toute espèce de causes, lorsqu'ils sont exempts par appel de la jurisdiction de ces vassaux. *Voyez* EXEMPTION PAR APPEL.

L'article 197 de la coutume d'Anjou décide que ceux qui abusent de leur justice, s'ils en sont repris ou atteints par leurs suzerains, ils la perdent, & est dévolue à celui de qui ils la tiennent. Cette disposition se trouve dans le livre des fiefs : mais il faudroit que l'abus fût bien grave, pour qu'on pût prononcer une pareille peine.

L'article 198 ajoute en conséquence : « & si les- » dits vassaux, ayant la justice & punition des » délinquans, souffrent & tolèrent les délinquans » fréquenter & conserver en leurs territoires & » jurisdictions, sans faire poursuite & diligence de » les corriger, ils & leurs officiers en seront re- » pris, & sera procédé, par leur suzerain, à la » déclaration de perdition d'icelle justice, ou au- » trement punis de leur défaut & négligence, selon » l'exigence des cas ; & si pour leur négligence » convenoit que les officiers de la justice suze- » raine envoyassent gens pour prendre tels délin- » quans, ce sera aux dépens d'iceux vassaux ».

La coutume du Maine dit à peu près la même chose dans l'article 213 : mais depuis les dernières ordonnances rendues sur la poursuite des crimes, il ne peut plus guère y avoir lieu à employer ces peines contre les seigneurs négligens ou leurs juges. *Voyez* PRÉVENTION.

Quoi qu'il en soit, Dupineau observe que l'on doit entendre par ce mot de suzerain le juge devant lequel ressortit la jurisdiction du seigneur qui demande la confiscation. « Cela doit être entendu, » dit-il, que le seigneur immédiat doit poursuivre » la commise de la justice devant le suzerain mé- » diat, & non pas dans sa jurisdiction, dans la- » quelle il ne peut pas demander la confiscation ».

Les articles 191 de la coutume d'Anjou, & 209 de celle du Maine, portent effectivement en général, que nul seigneur, fors le prince, ne peut conclure en sa cour à confiscation de fief.

Au reste, les suites de cette prévention des juges supérieurs dans les coutumes d'Anjou & du Maine, ont rendu sans exercice la plupart des jurisdictions inférieures de ces deux provinces.

§. III. *Du droit de bannalité de moulin, que quelques coutumes attribuent au suzerain.* Dans la plupart des coutumes qui attribuent sans titre la bannalité de moulin au simple seigneur du fief en vertu de la jurisdiction foncière, lorsqu'il n'a pas de moulin bannal, ou que son moulin n'est pas en état convenable, les sujets ne sont pas pour cela exempts de la bannalité : mais ils doivent aller au moulin du seigneur suzerain. Telles sont les dispositions des coutumes d'Anjou, *art.* 16; Bretagne, *art.* 375; Lodunois, *tit.* 1, *art.* 5; la Marche, *art.* 315; Maine, *art.* 16; & Touraine, *art.* 9.

Pour que le seigneur suzerain puisse astreindre les sujets de son vassal à aller à son moulin, il faut que ce moulin ait toutes les qualités que les coutumes exigent dans les moulins bannaux des seigneurs immédiats. Il faut même que les sujets soient domiciliés dans la banlieue de ce moulin, comme ils doivent l'être dans celle du seigneur immédiat, pour être sujets à la bannalité : « car les sujets, » disent les coutumes d'Anjou & du Maine, ne » sont tenus d'aller moudre au moulin de leur sei- » gneur, dont ils sont sujets *par ressort*, nuement » ou autrement, si ledit moulin n'est dans la lieue » de leur demeure ».

Les articles 38 & 40 de la coutume de Poitou, & l'article 38 de la coutume de Bretagne, ont des dispositions semblables.

Lorsque le seigneur immédiat, qui n'a pas de moulin en état, a deux suzerains, l'un pour la directe, & l'autre pour la justice, quel est celui qui doit jouir de la bannalité ? Dupineau, sur l'article 16 de la coutume d'Anjou, ne balance pas à décider que ce doit être le seigneur justicier, en se fondant sur le mot *par ressort*, employé par cette coutume. « La coutume, dit-il, n'a pas dit *par* » *moyen*, comme dans l'article 16 (où il est ques- » tion de mouvance), mais *par ressort*; d'où il » résulte que ce droit, comme les autres droits » bannaux, appartient aux seigneurs à cause de » leur justice, & non à cause de leur fief; car » le ressort est la connoissance suzeraine ou droit » d'appel, comme dit Dumoulin sur la coutume » de Bourbonnois, *art.* 1; & c'est dans ce sens » qu'il est pris ci-dessous dans les articles 48, 62, » 65, 221 & 382 ».

Les commentateurs de la coutume de Poitou ont unanimement adopté l'opinion opposée, comme on peut le voir dans les commentaires de Constant, *glose* 1; de Lelet & de Boucheul, *n.* 3 & 4, *sur l'art.* 38. Ces mots *par ressort*, dit ce dernier auteur, « ne doivent pas s'entendre du seigneur su- » zerain justicier, mais bien du seigneur suzerain » féodal..... parce que ce sont des droits féo-

» daux, & qui sont dus à cause du fief, non à » cause de la justice, si ce n'est foncière, qui n'est » rien autre chose que la feodalité même. *Fief & » justice* n'ont rien de commun ».

La coutume de Bretagne paroît autoriser cette opinion. L'article 375 porte : « qu'il appartient au » prochain seigneur avoir & retirer les moutes des » hommes de ses vassaux, au cas qu'iceux vassaux » n'auroient moulin pour moudre ».

L'article suivant ajoute : « que nul n'est sujet » à aller moudre au moulin d'autrui, s'il n'est son » mansionner, en propre fief, ou arrière-fief, ou » à moulin commun en société, *&c.* »

L'article 379 a des dispositions semblables, & la coutume de Poitou emploie indifféremment les expressions de *seigneur de fief*, ou *seigneur bas-justicier*, en parlant du droit de bannalité, comme on peut le voir dans l'art. 38 & 40.

Il paroît donc que toutes ces coutumes ne font dépendre le droit de bannalité de la basse-justice, qu'autant qu'elle est réunie à la directe, en un mot, qu'elles l'attribuent à la jurisdiction foncière : or, cette jurisdiction suivant toujours le fief, le seigneur suzerain l'a sur les sujets de son vassal, dans tous les cas où ce vassal ne l'a pas lui-même, parce que la jurisdiction foncière de son vassal est censée provenir de sa concession ; qu'elle retourneroit à son fief comme le fief même de son vassal, en cas de retrait féodal, de commise, *&c.* & qu'il peut l'exercer dans tous les cas où il est subrogé aux droits de son vassal, par exemple, dans ceux de saisie féodale & de relief.

Au surplus, Brodeau observe, avec raison, sur l'article 71 de la coutume de Paris, *n. 13*, que ce droit de bannalité de moulin n'a pas lieu en faveur du seigneur suzerain, dans les coutumes qui n'en parlent pas.

On ne peut pas même le prétendre dans celles qui attribuent de plein droit la bannalité au seigneur de fief, avec la jurisdiction foncière, sans qu'il ait besoin de titre ou de possession.

L'article 6 de la coutume de S. Jean d'Angely, qui est dans ce cas, dit expressément, que si le seigneur n'a moulin, « le roturier peut aller moudre » son bled où bon lui semblera, sans encourir au» cune amende ou autre peine » ; & cette disposition doit s'observer dans les autres coutumes qui sont dans le même cas ; telles que celle d'Angoumois, *art. 29*.

Il en doit être ainsi de la bannalité du four, dans les coutumes même dont on vient de parler, où celle de moulin va au suzerain par dévolution. C'est la remarque de Boucheul, sur l'article 46 de la coutume de Poitou, *n. 12*. Quoique la bannalité du four y ait aussi lieu de plein droit en faveur des seigneurs qui ont la jurisdiction foncière, l'annotateur d'Harcher dit la même chose au chapitre 11, sect. 2, §. 2.

§. IV. *Des acquisitions faites par le seigneur suzerain dans la mouvance de ses vassaux.* La subordination où les règles de la féodalité mettent le vassal envers son seigneur, a long-temps fait croire que celui-ci ne pouvoit pas acquérir des domaines mouvans de son vassal, & qu'il ne pouvoit pas même retenir ceux qui lui échéoient à quelque titre que ce fût dans cette mouvance.

Cette jurisprudence a même été défendue il n'y a pas plus de deux siècles, par Dumoulin & Coquille, parce qu'il leur paroissoit mal-séant que le seigneur dominant fût vassal ou tenancier de son propre vassal. Enfin, elle est autorisée par deux de nos coutumes, celle d'Anjou, *art. 287*, & celle du Maine, *art. 303* : elles permettent, dans ce cas, au vassal de faire contraindre son seigneur, par la justice du suzerain, à mettre la chose hors de ses mains, ou à lui donner un homme qu'il puisse justicier ; « & est au choix du vassal de prendre » homme, ou de faire mettre au seigneur ladite » chose hors de ses mains ».

Dans les autres coutumes, le seigneur suzerain, quelque éminent qu'il soit, peut acquérir des fiefs ou des rotures dans son arrière-mouvance, en quelque degré que ce soit, à la charge d'en faire la foi & hommage à son vassal ou arrière-vassal, ou de lui rendre une déclaration roturière. Il ne lui suffiroit même pas d'offrir un homme vivant, mourant & confisquant ; il lui faudroit nécessairement offrir la foi & hommage, s'il vouloit conserver le domaine. L'art. 390 de la coutume de Bourbonnois le décide ainsi : cet article en excepte seulement le duc de Bourbonnois, à qui il permet de bailler pour ce homme vivant, mourant & confisquant.

§. V. *Des droits du seigneur suzerain durant la saisie-féodale.* Les principes généraux de cette matière ont été exposés au mot SAISIE-FÉODALE, §. VIII. On y a vu que le seigneur suzerain étoit réputé seigneur immédiat des arrière-vassaux, tant que duroit la saisie-féodale. Il ne s'agit que de donner quelques développemens à ce principe.

Si, durant la saisie-féodale, il échet des droits de relief, quints, ventes & autres droits dus au fief saisi, par les arrière-mouvances du seigneur qui a fait la saisie, il est bien certain qu'ils font partie des fruits de sa main-mise, & qu'ils appartiennent au seigneur suzerain.

Mais on demande si ces droits appartiennent au seigneur suzerain quand il ne s'en est pas fait payer avant la main-levée de la saisie-féodale ; l'affirmative ne pourroit guère souffrir de difficulté, quand bien même le seigneur n'auroit fait aucune poursuite à raison de ces droits. Les droits, dit fort bien Duplessis, sont dus pour la mutation dès qu'elle est arrivée, & non pas pour l'investiture. Ils appartiennent donc au seigneur dès que la mutation a eu lieu, quoiqu'il n'ait fait aucune diligence pour en obtenir le paiement. (*Traité des fiefs, liv. 5, chap. 4, sect. 2.*)

On convient assez généralement de la justesse de cette décision. Mais on a prétendu qu'il n'en devoit pas être de même pour le relief, dont l'article 49 de la coutume de Paris ne fixe le commencement qu'*au jour des offres acceptées ou valablement faites par le vassal*, des trois choses dont l'option est attribuée au seigneur par l'article 47.

Duplessis n'en décide pas moins que le relief doit toujours appartenir au seigneur qui jouissoit du fief dominant, lorsque la mutation qui y a donné ouverture a eu lieu. Ce droit est, dit-il, pleinement acquis par la seule mutation, & ce que la coutume dit des offres & de leur acceptation, pour régler le temps auquel l'année de jouissance doit commencer, ne concerne que la manière de percevoir le relief, & non pas l'échéance de ce droit. Le relief n'est point au nombre des fruits naturels qui ne s'acquièrent que par leur séparation du sol. C'est un fruit civil, qui est acquis par la seule ouverture, suivant l'arrêt du 5 août 1600, rapporté par Louet, *lettre R*, *n. 4*, qui l'a ainsi jugé au profit d'un fermier, quoiqu'il ne fût échu que le dernier jour de son bail.

Duplessis convient néanmoins que le seigneur suzerain, pour éviter un procès, fera sagement de prendre ce relief d'arrière-fief en argent & non point en essence de fruits, afin d'en consommer tout le droit dans le temps de la saisie-féodale, & qu'il n'y ait plus à y revenir. Il ajoute même que le suzerain peut, dès qu'il voit l'ouverture de l'arrière-fief arrivée, sans attendre que l'on vienne faire des offres, signifier à l'arrière-vassal qu'il accepte le dire de preud'hommes. Alors, dit-il, il est certain qu'il ne peut plus rester l'ombre de difficulté, puisque le droit du suzerain a été non-seulement acquis, mais encore consommé en son temps. *Voyez* néanmoins ce que l'on dira du *rachat rencontré* au paragraphe suivant.

On finira ce qui concerne les droits du seigneur suzerain durant la saisie, par quelques décisions de Dumoulin.

Lorsque les vassaux doivent un droit de joyeux avénement aux mutations de leur dominant, ce droit, si le cas arrive pendant la saisie, appartient au seigneur suzerain. Mais il n'y peut rien prétendre, si au lieu d'être exigible à mutation de seigneur, le droit ne doit être payé que lorsqu'il fait son entrée solemnelle dans son château. (*Dumoulin*, §. *37*, *gloss. 4*, *n. 2 & suiv.*)

Si l'arrière-vassal confisque son fief, en déniant la mouvance, ou en commettant quelque félonie contre son seigneur suzerain, pendant la saisie du fief dont il relève, cet arrière-fief ne se réunit pas à celui dont il relève, mais appartient en toute propriété au seigneur saisissant; parce que c'est à lui que l'injure a été faite, & que c'est par conséquent lui seul qui doit profiter de la réparation.

J'ajouterai seulement qu'il paroît juste dans ce cas de laisser la mouvance du fief commis au vassal. Si pendant la saisie le seigneur dominant trouve un trésor dans le fief saisi, il ne peut en conserver que la moitié, que les loix attribuent à l'inventeur; à l'égard de l'autre moitié, dit Dumoulin, elle appartient au vassal, qui, nonobstant la saisie, est le seul propriétaire du fonds sur lequel le trésor a été trouvé; le seigneur est même obligé de rendre la moitié appartenante au vassal, à l'instant, sans pouvoir en conserver la jouissance pendant la durée de sa saisie, parce que ce trésor n'est ni un fonds ni un fruit du fief. (*Ibid. gloss. 10*, *n. 38 & suiv.*)

§. VI. *Des droits du seigneur suzerain durant le relief.* Le relief étant une année de jouissance du fief, lorsqu'on le perçoit en nature, il comprend tous les fruits de cette année & par conséquent les droits de relief, de lods & ventes, de quint & autres droits de mutation auxquels les mouvances du fief servant sont sujettes durant l'année du relief de ce fief. Le seigneur suzerain a donc le droit de les percevoir. Auzanet & quelques autres auteurs sont à la vérité d'un avis contraire. Mais cette opinion qui n'a aucun motif raisonnable est abandonnée dans l'usage. Plusieurs coutumes même admettent expressément cette espèce de *sous-relief*, sous le nom de *rachat de rencontre*, ou *rachat rencontré.*

Dumoulin pense que ce *sous-relief* appartient en entier au seigneur suzerain, quoiqu'il ne s'ouvre qu'après l'année de jouissance commencée, ou même vers la fin de cette année. La raison qu'il en donne c'est que ce droit étant acquis à l'instant de l'ouverture qui y donne lieu, doit appartenir nécessairement à celui qui est le maître des fruits à l'instant de la mutation.

Duplessis, *traité des fiefs*, *liv. 4*, *chap. 2*; Guyot, dans ses observations sur le relief, *chap. 13*, & presque tous les autres ont suivi l'opinion de Dumoulin. Cependant plusieurs coutumes qui ont prévu ce cas, décident expressément que les fruits du rachat rencontré ne seront perçus par le suzerain que pendant la durée du rachat du fief principal. « Et si, durant l'année du rachat, échet aucun » rachat d'aucune terre tenue à l'hommage de la » terre qui est tenue en rachat, ledit seigneur » féodal, qui lève ledit rachat, en jouira, tant » comme l'année du premier rachat durera & non » plus, & s'appelle *rachat rencontré.* (Coutumes » d'Anjou, *art. 123*, & du Maine, *art. 133* ».)

L'article 164 de la coutume de Poitou est tout aussi précis. Il y est dit « que le seigneur qui tenoit » ledit premier rachat, levera par rencontre de » rachat ledit fief du vassal de son vassal, à savoir, » les fruits & levées qui en obviendront durant son- » dit premier rachat; car ledit rachat fini, le suc- » cesseur du feu vassal parachevera de lever ledit » second rachat jusqu'au commencement dudit » rachat ».

Cependant on a cru, dans cette dernière coutume même, que si le rachat de l'arrière-fief étoit arrivé avant l'ouverture de celui du fief principal, le traité que le vassal auroit fait pour le rachat de l'arrière-fief, préjudicieroit au seigneur suzerain; ensorte que si le vassal venoit à mourir peu de temps après ce traité & l'ouverture du sous-rachat, le seigneur suzerain ne pourroit rien y prétendre;

parce que lors de l'ouverture du rachat, le sous-rachat n'étoit plus dans les biens du vassal, qui en avoit disposé auparavant & sans fraude, n'ayant pas pu prévoir la mutation survenue depuis.

C'est l'opinion de Filleau & de Constant, qui citent un arrêt conforme, rendu en l'année 1609 pour la coutume de Poitou, au profit du sieur du Bellai, contre madame la duchesse de la Trémouille.

Comme néanmoins la coutume de Poitou n'attribue au seigneur suzerain, que le commencement du rachat des arrière-fiefs qui éprouvent une mutation durant l'année du rachat du fief dont ils relèvent, il paroîtroit conforme à l'esprit de cette coutume, comme à l'équité, de laisser au seigneur suzerain la fin du rachat des arrière-fiefs qui n'ont été ouverts que peu auparavant la mutation arrivée dans le fief principal. Le vassal ne doit pas plus pouvoir préjudicier à ses droits en traitant de ces rachats, que le suzerain ne pourroit le faire en faisant de pareils traités, lorsque les rachats des arrière-fiefs échéent durant l'année du rachat du principal fief. Telle paroît être l'opinion de Boucheul, qui n'a néanmoins donné que des raisons assez obscures à cet égard.

Il est certain du moins qu'on ne suit pas la même règle pour les droits de mutation à une fois payer, qui arrivent par mort, dans les coutumes même qui n'attribuent au suzerain qu'une partie du rachat de rencontre. Ils appartiennent pour le tout au suzerain, lorsqu'ils sont payables dans le temps de sa jouissance. Ils sont dus au contraire au vassal, s'ils sont payables avant la jouissance du suzerain, ou même à la fin de l'année qui suit la mort du vassal, & qui termine la jouissance du suzerain. C'est la décision des articles 166, 167, 168, 169, 172, 173 & 174 de la coutume de Poitou pour les devoirs abonnés & les plects de morte-main, qui sont dus à l'instant de la mutation, & pour les chevaux de service & chevaux traversans, qui sont dus au bout de l'an.

Quelque étendus que soient les droits du seigneur suzerain sur les arrière-fiefs, pendant qu'il jouit du fief-servant à titre de relief, Dumoulin décide qu'il ne peut pas en exercer le retrait féodal. Le vassal, dit-il, peut dès qu'il est investi en exercer le retrait, qui d'ailleurs n'est mis au nombre des fruits qu'au profit de celui qui est le véritable propriétaire du fief auquel il appartient.

Cette décision n'est pas universellement admise. *Voyez* Retrait seigneurial, §. IV.

Le même Dumoulin accorde néanmoins sans difficulté au seigneur suzerain le droit d'user de la saisie-féodale & d'exercer le surplus des actes domaniaux sur les arrière-fiefs, ouverts durant l'année du relief, quoiqu'il refuse ce droit de saisie des mouvances à l'usufruitier. Il exige seulement pour cela que le suzerain agisse en qualité de seigneur dominant & direct, comme il en a, dit-il, le droit, parce qu'il réunit pendant le relief la jouissance du domaine utile à la propriété du domaine direct, tandis que l'usufruitier ne jouit de la chose d'autrui qu'à titre particulier, qui le laisse toujours étranger à la chose.

Au reste, suivant le droit commun, le seigneur suzerain n'est pas plus obligé d'entretenir les abonnemens de relief, ou d'autres droits, faits par son vassal, lorsqu'il jouit de son fief à titre de saisie-féodale, ou de relief, s'il ne les a pas inféodés, qu'il ne seroit tenu de toutes les suites des jeux de fief qu'il peut avoir faits. Mais il ne faut pas étendre cette décision à la coutume de Poitou, comme l'a fait Harcher & son annotateur, *chap. 3, sect. 7*, §. 4. Dans cette coutume & dans toutes celles de dépié, les abonnemens doivent tenir au préjudice du seigneur, comme les sous-inféodations & les accensemens, lorsqu'ils n'excèdent pas les bornes prescrites par la coutume.

§. VII. *Des autres droits du seigneur suzerain.* Il seroit impossible de faire une énumération bien exacte de ces droits; on va se contenter de parcourir ceux qu'on a eu occasion de remarquer.

Lorsque la mouvance d'un fief est contestée entre deux seigneurs qui relèvent du même suzerain, le vassal à qui chacun demande la foi & hommage, peut se faire investir par le suzerain, après avoir fait sommation aux deux contendans de s'y trouver. Tel étoit l'ancien usage en cette matière; mais aujourd'hui l'on recourt presque toujours au roi, en sa qualité de souverain fieffeux de son royaume; on obtient des lettres de chancellerie, portant commission au juge royal de donner l'investiture. *Voyez* Main souveraine.

Les coutumes d'Anjou, *art. 6*, & du Maine, *art. 9*, permettent au suzerain d'exiger une déclaration en gros de ses arrière-mouvances. Après avoir réglé la manière dont les aveux & les déclarations doivent être rendus en détail aux seigneurs immédiats, ces articles ajoutent, en parlant du suzerain: « aussi pourra contraindre *les* » *sujets prochains & immédiats de ses hommes de foi*, » de déclarer en gros & non par le menu, leurs » obéissances de fief par moyen; mais des autres » moyens plus lointains n'y peuvent être con- » traints à faire telles déclarations & obéissances » *à leurs dépens* ».

Il résulte de ces derniers mots, que le seigneur peut même exiger ces déclarations en gros pour les arrière-mouvances de ses vassaux, pourvu qu'il en offre les frais.

Dupineau observe d'après *Jacobus à Sancto Georgio*, que le suzerain ne pourra pas obliger les arrière-vassaux à lui faire hommage & prêter le serment de fidélité. Il ajoute, « qu'il ne pourra pas » même exercer la justice foncière qui est donnée » pour les droits & devoirs féodaux, mais la » justice ordinaire qu'il peut exercer par droit de » prévention, autant que la coutume le lui per- » met ».

Cette décision peut souffrir de la difficulté. Il est naturel de croire que le seigneur, en concédant le le fief de ses vassaux, y a retenu tout ce qui étoit nécessaire pour l'exercice des droits que la coutume lui conserve même après les diminutions de fief que ses vassaux auront pu faire. Les coutumes le supposent bien ici, lorsqu'elles disent que le suzerain pourra *contraindre* ses arrière-vassaux à rendre cette déclaration. La justice ordinaire qu'il auroit à titre de prévention, ne rempliroit pas cet objet, puisque tous les seigneurs de fief n'ont pas le droit de ressort sur leurs vassaux, quoique cela soit le plus ordinaire, & que le vassal pourroit faire cesser cette prévention, en revendiquant ses hommes à la contestation en cause, suivant l'article 65. Or, il ne seroit pas décent que le seigneur retournât plaider à la justice de son vassal pour y obtenir une déclaration.

Enfin, un dernier droit du seigneur suzerain & l'un des plus importans parmi ceux qui lui appartiennent, est l'aptitude qu'il a de devenir seigneur immédiat de ses arrière-vassaux, non-seulement dans les cas où le fief intermédiaire se réunit à sa table, mais aussi dans divers autres cas.

Ainsi lorsque son vassal a manqué essentiellement aux devoirs de loyauté & de protection dont il étoit tenu envers ses propres vassaux, la perte de sa directe qui peut être prononcée contre lui ne libère ses vassaux qu'envers lui seul; elle ne rompt pas le lien féodal qui subsistoit entre eux & le seigneur suzerain; elle détruit seulement l'obstacle qui empêchoit l'exercice immédiat de sa directe, & le seigneur *suzerain* devient par-là seigneur immédiat, *sublato medio*.

Dans les coutumes de dépié, il y a une autre espèce de dévolution de mouvance bien plus fréquente au profit du seigneur suzerain. (*Voyez* l'art. DÉVOLUTION FÉODALE). Mais dans ces mêmes coutumes & dans celles de parage, la directe immédiate se change aussi très-souvent en suzeraineté. *Voyez* les articles DÉPIÉ, EMPIREMENT DE FIEF & PARAGE.

Il y a même des cas où le même seigneur peut être tout à la fois seigneur suzerain & seigneur immédiat du même fief sous différens respects. Marqueraie remarque sur l'article 65 de la coutume d'Anjou, « qu'il a vu un seigneur de Crissé, supé» rieur (c'est-à-dire *suzerain*), de la Foratière par » le moyen du seigneur de Vezins, auquel sieur » de Crissé le sieur de Foratière devoit hommage » lige, & au sieur de Vezins hommage simple ».

Ainsi le sieur de Crissé étoit tout à la fois le seigneur suzerain du sieur de la Foratière pour l'hommage simple, & son seigneur immédiat pour l'hommage lige. Quelque étrange que puisse paroître ce partage de mouvance, il est cependant d'un usage commun en Bretagne, où il forme deux classes particulières de fief, sous le nom de *juveigneurie en parage & ramage*, & de *juveigneurie sans parage*. Dans l'un & l'autre cas, le juveigneur est tenu de faire hommage, suivant l'article 334 & 335, tant au seigneur suzerain qu'au seigneur dominant. *Voyez* JUVEIGNEUR. (*M. GARRAN DE COULON, avocat au parlement.*)

S Y

SYMENIAX. *Voyez* SIMENIAUX.

SYNALLAGMATIQUE, adj. se dit, *en droit*, de ce qui est obligatoire des deux côtés; il s'entend des actes passés entre deux personnes qui contractent des engagemens mutuels, à la différence de certains actes qui n'obligent qu'une personne envers une autre : ainsi le contrat de louage est un acte *synallagmatique*, parce qu'il oblige le bailleur à faire jouir le preneur, & celui-ci à payer le prix du louage, à la différence d'une promesse, ou billet, qui n'oblige que le débiteur envers le créancier.

Il doit rester minute des actes *synallagmatiques* qu'on passe devant notaires, ou si on les délivre en brevet, il faut en remettre un à chaque partie intéressée, & y faire mention que chaque partie a reçu le sien. Si ces actes se passent sous seing-privé, on doit les faire doubles, triples ou quadruples, selon le nombre des parties intéressées; autrement ils ne produiroient aucun effet. *Voyez* CONTRAT, ENGAGEMENT, OBLIGATION, PROMESSE.

SYNDIC, s. m. *en matière de Gouvernement & de Commerce*, est un officier chargé des affaires d'une ville ou d'une communauté; c'est lui qui convoque les assemblées, & qui fait les représentations au ministère & au magistrat, *&c.* suivant l'exigence des cas.

Ce mot dérive du latin *syndicus*, ou plutôt du grec *syndicos*, qui signifie la même chose.

Le *syndic* est chargé de répondre de la conduite du corps; il fait & reçoit les mémoires qui regardent les affaires ou les intérêts de la communauté; il contrôle & corrige les actions & les fautes des particuliers qui dépendent de la communauté, ou du moins il les fait blâmer ou réprimander dans les assemblées publiques. Dans le fond, le *syndic* est en même temps l'agent & le censeur de la communauté. La plupart des compagnies de Paris & d'autres villes, comme les universités & les communautés des arts & métiers, ont leur *syndic*, aussi-bien que la plupart des villes de Provence & de Languedoc.

On appelle aussi *syndic*, celui qui est chargé de solliciter une affaire commune, & où il est intéressé lui-même; comme il arrive en particulier dans les directions où il se trouve plusieurs créanciers d'un même débiteur qui a fait banqueroute, ou qui est mort insolvable.

Les premiers magistrats de la ville de Genève, s'appellent *syndics*; il y en a quatre pour chaque année; le premier préside au conseil des vingt-cinq, qui est le conseil principal de la ville, & où l'on décide de toutes les affaires, tant civiles que politiques : les quatre *syndics* élus ne peuvent revenir en charge qu'au bout de quatre ans ; de sorte que le syndicat roule entre seize personnes, que l'on choisit toujours dans le nombre de ceux qui composent le conseil des vingt-cinq.

Syndic est aussi le nom que le roi Louis XIV a accordé par les arrêts de son conseil d'état pour l'érection des chambres particulieres de commerce dans quelques villes de son royaume aux marchands, négocians ou autres qui composent lesdites chambres. Ceux de Rouen sont appellés *syndics du commerce de la province de Normandie* : à Lille, simplement *syndics de la chambre de commerce* : dans les autres villes ce sont des députés ou directeurs. *Voyez* CHAMBRE DE COMMERCE.

On donne encore le nom de *syndics* aux ecclésiastiques élus par les députés du clergé de chaque diocèse, pour la défense des droits du clergé dans les chambres diocésaines. L'article 50 de l'édit du mois d'avril 1695, veut que ces *syndics* soient reçus dans les bailliages, sénéchaussées & autres siéges royaux, & même dans les cours de parlement, à poursuivre comme parties principales ou intervenantes, les affaires qui regardent la religion, le service divin, ainsi que l'honneur & la dignité des personnes ecclésiastiques qui les ont nommés.

SYNGRAPHE, s. m. (*Droit rom.*) nom que les Romains donnoient aux billets, promesses & obligations qu'ils faisoient quand ils empruntoient de l'argent.

Le *syngraphe* étoit scellé de l'anneau du débiteur, où étoit gravé son cachet ; c'est dans ce sens que l'affranchi de Trimalcion, qui querelle si vivement Ascylte & Giton, leur dit : « allons sur la bourse » emprunter de l'argent ; tu verras, si l'on n'a pas » de la confiance en cet anneau, quoiqu'il ne soit » que de fer ». *Voyez* Pline, *l.* 33, *c.* 1. (*D. J.*)

SYNODAL, adj. se dit de ce qui est relatif au synode, comme un statut *synodal*, une ordonnance *synodale*, c'est-à-dire, qui est émanée du synode. *Voyez* SYNODE.

SYNODATIQUE, adj. (*Droit canon.*) est le droit que les curés & les abbés qui sont obligés d'assister aux synodes des évêques, étoient tenus de leur payer : on l'appelle *synodatique*, parce qu'il se payoit ordinairement dans le synode ; & cathédratique, parce qu'il se payoit *pro honore cathedræ*.

Hincmar, archevêque de Reims, reprend plusieurs évêques qui convoquoient de fréquens synodes pour percevoir plus souvent ce droit.

Quelques-uns prétendent que ce droit est le même que celui qu'on appelloit *circada* ; mais d'autres tiennent que celui-ci est le même que le droit de procuration.

Quoi qu'il en soit de l'identité de ces deux droits, l'usage des *synodatiques* est très-ancien dans l'église.

Le concile de Braga, en 572, en parle comme d'un usage déja ancien qui l'autorise.

Ce réglement fut confirmé au septieme concile de Tolede, en 646.

Gratien, dans son décret, rapporte plusieurs décisions des conciles & des papes sur cette matiere.

Suivant un capitulaire de Charles-le-Chauve, en 844, il étoit au choix de l'évêque de percevoir le droit en denrées ou en argent.

Quelques évêques l'ayant voulu augmenter, le concile de Châlons-sur-Saône, en 813, leur défendit de le faire.

Le pape Honoré III écrivant à l'évêque d'Assise, confond le cathédratique & le *synodatique*, & le met au nombre des droits dus à l'évêque dans les églises soumises à sa jurisdiction ; il fixe ce droit à deux sols, qui se payoient sur le pied que la monnoie étoit lorsque le droit avoit été établi, à moins qu'il n'y eût quelque accord au contraire.

Suivant ce qu'en dit Innocent III, ce droit n'étoit pas par-tout le même, & se payoit ailleurs qu'au synode.

Le concile de Bourges, en 1584, ordonna que le droit de cathédratique & autres seroient payés par tous ecclésiastiques sans distinction, à peine d'excommunication, & autres poursuites extraordinaires.

Le paiement en fut aussi ordonné par l'assemblée de Melun, en 1579.

Dans les derniers siecles, ce droit ayant été contesté à plusieurs évêques, la perception en a été négligée dans plusieurs diocèses.

Dans l'assemblée du clergé de 1602, ce droit fut réclamé par l'évêque d'Autun ; & en 1605 le clergé fit des remontrances pour la conservation de ce droit & autres, qu'on refusoit de payer aux évêques. Le roi répondit qu'il vouloit qu'ils leur fussent conservés ; mais qu'ils se contenteroient de ce que leur attribuoit l'article 20 de l'ordonnance de Blois.

M. Bignon, portant la parole le 23 février 1637, ne traita pas favorablement le *synodatique* ; il établit que les curés devoient assister au synode, mais qu'ils n'étoient tenus de payer pour cela aucune chose. *Voyez* les mémoires du clergé. (*A*)

SYNODE, s. m. (*Droit canon.*) signifie en général une *assemblée de l'église*.

Quelquefois le terme de *synode* est pris pour une assemblée de l'église universelle ou concile écuménique, quelquefois pour un concile national ou provincial. *Voyez* CONCILE.

Il y a plusieurs sortes de *synodes*.

Synode de l'archidiacre, est la convocation que l'archidiacre fait devant lui de tous les curés de la campagne dans le diocèse de Paris ; il se tient le mercredi d'après le second dimanche de Pâques.

Synode de l'archevêque, est celui que tient l'archevêque dans son diocèse propre, comme chaque évêque dans le sien. *Voyez* SYNODE ÉPISCOPAL.

Synode du grand-chantre, est celui que le chantre de la cathédrale tient pour les maîtres & maîtresses d'école.

Synode diocésain, est celui auquel sont convoqués

tous les curés & autres ecclésiastiques d'un même diocèse. *Voyez* ci-après SYNODE ÉPISCOPAL.

Synode épiscopal ou *de l'évêque*, est la même chose que *synode diocésain*; l'objet de ces assemblées est de faire quelques réglemens & quelques réformations pour conserver la pureté des mœurs.

Les conciles d'Orléans & de Vernon ordonnent la convocation des *synodes* tous les ans, & que tous les prêtres, même les abbés, seront tenus d'y assister.

Le concile de Trente ordonne aussi la tenue du *synode* diocésain tous les ans, auquel doivent assister les exempts, qui ne sont point sous chapitres généraux, & tous ceux qui sont chargés du gouvernement des églises paroissiales, ou autres séculières, même annexes.

Ces assemblées se faisoient anciennement deux fois l'année, au mois de mai, & aux calendes de novembre. La manière de les tenir n'est pas uniforme : chaque diocèse a ses usages à cet égard, & il faut s'y conformer, ainsi que le prescrit le concile de Bordeaux de 1584.

Les curés des paroisses qui dépendent des abbayes & ordres exempts, ne sont pas dispensés d'assister au *synode* de l'évêque, n'étant pas exempts de sa jurisdiction.

Le réglement de l'assemblée de Melun, en 1579, ordonne aux curés qui viennent au *synode*, de déférer à l'évêque le nom de leurs paroissiens coupables de crimes publics, afin que le *synode* y pourvoie. *Voyez* les mémoires du clergé.

On traite dans les *synodes* ce qui concerne le gouvernement du diocèse, la réformation des mœurs, & la discipline.

Quand les statuts synodaux contiennent des réglemens qui peuvent intéresser l'ordre public, ils ne font loi en France que quand ils ont été enregistrés dans les cours, ou qu'ils ont été revêtus de lettres-patentes duement enregistrées. S'ils renfermoient quelque chose de contraire aux loix de l'église ou de l'état, le ministère public peut les faire réformer par la voie de l'appel comme d'abus.

Synode national, est celui qui comprend le clergé de toute une nation. *Voyez* CONCILE NATIONAL.

Synode de l'official, est celui que tient l'official, où il convoque tous les curés de la ville, fauxbourgs & banlieue à Paris : ce *synode* se tient le lundi de *quasimodo*.

Synode provincial. *Voyez* CONCILE PROVINCIAL.

Synode des religionnaires. Les églises prétendues réformées avoient leurs *synodes* pour entretenir leur discipline : il y en avoit de nationaux & de provinciaux. Le *synode* de Dordrecht, pour la condamnation des Arminiens, est un des plus fameux. Les assemblées de l'église anglicane s'appelloient aussi du nom de *synode*. (*A*)

SYNODE (*convocation d'un*), (*Droit politique.*) La plupart des auteurs du droit civil & politique, estiment que c'est au roi qu'appartient le droit de convoquer les *synodes*, d'en confirmer les décisions, & de faire tout ce que les empereurs ont fait autrefois, & que les évêques de leur temps ont reconnu qu'ils avoient droit de faire.

Il paroît que les princes chrétiens ont seuls le droit de convoquer des *synodes*, par l'histoire des conciles généraux assemblés de leur temps, & par l'exemple de ceux qui se sont tenus dans la suite sous différens empereurs. Il paroît encore, par l'histoire, qu'ils ont le droit d'examiner, de revoir, d'approuver & de casser leurs décisions. On sait sur quel ton Constantin écrivit au concile de Tyr. « Vous tous qui avez tenu le concile de Tyr, » rendez-vous auprès de moi, sans délai, pour » y faire voir en ma présence, la justice du ju- » gement que vous avez rendu; *auprès de moi*, » dis-je, à qui vous ne sauriez refuser la qualité » de *fidèle serviteur de Dieu* ». Socrate, *hist. eccles. l. 1, c. 34.* Il est certain qu'on pouvoit refuser à Constantin la qualité qu'il s'arroge de *fidèle serviteur de Dieu*; mais en qualité d'empereur, on ne pouvoit lui refuser le droit de convoquer le concile, & de juger sa conduite.

Ainsi, lorsque les princes convoquent le clergé en *synode*, le clergé est, 1°. obligé de s'assembler; 2°. il n'est pas en droit de s'assembler de sa propre autorité, si le prince ne le convoque. Ces deux propositions sont prouvées, 1°. par la loi de Dieu, confirmée par les loix de tous les peuples; 2°. par des exemples avant J. C. & dans l'église judaïque, non-seulement depuis le temps de Moïse jusqu'à celui des Macchabées, mais encore après J. C. depuis Constantin jusqu'au-delà du dixième siècle, par les conciles généraux, & par les conciles nationaux & provinciaux, assemblés pendant tout cet espace de temps, sous les empereurs & sous les rois.

Les loix païennes déclarèrent illégitimes toutes celles qui se tenoient sans les ordres de l'autorité souveraine, quoiqu'elles fussent ἱερῶν ὁσίων ἕνεκα, dit Solon; sous prétexte de religion, *sub pretextu religionis*, disent les loix romaines. Les empereurs chrétiens n'ont jamais affoibli ce droit; au contraire, ils lui ont donné plus de force & d'étendue. Il se trouva à Nicée trois cens & dix-huit évêques, entre lesquels il n'y en eut aucun qui refusât de venir quand Constantin les convoqua, comme n'étant pas légitimement convoqués; aucun dans ce premier concile ne déclara qu'il falloit faire renoncer Constantin à ses droits prétendus, & lui représenter de ne plus se mêler des assemblées & des affaires ecclésiastiques.

Il résulte de cet exemple & de plusieurs autres, que l'église n'a d'autre droit de s'assembler en *synode*, que celui qu'elle tire de la permission du prince chrétien; que, quand le *synode* est assemblé, il ne sauroit décréter, ou conclure sur quelque matière de dogme ou de discipline que ce soit, qu'autant que cela agrée au souverain; que le prince peut ratifier ou annuller tous les actes du *synode*, & suspendre l'exécution de toutes, ou quelques-unes de ses ordonnances. Qu'enfin, l'autorité des actes synodaux, dépend entiérement du monarque, & qu'aucun *synode* n'a le droit de se séparer sans son acquiescement.

En un mot, les plus savans politiques soutiennent que l'autorité civile doit s'étendre sur les affaires ecclésiastiques comme sur les civiles; & c'est-là, dit Grotius, une des principales prérogatives du souverain; mais en même temps, ajoute-t-il, la raison & le christianisme nous enseignent que chaque particulier doit jouir du droit de suivre le *dictamen* de sa conscience; & que la non conformité avec la religion dominante, ne doit priver personne d'aucun droit naturel, ni d'aucun droit civil. (*D.J.*)

SYNODIES, *ou* RENTES SYNODALES, *terme de Droit*, à présent inusité, aussi-bien que la chose qu'il signifioit, étoient des rentes pécuniaires que chaque curé payoit à l'évêque ou à l'archidiacre, dans le cours des visites qu'ils faisoient vers le temps de Pâques.

Ces rentes s'appelloient *synodales*, parce qu'on les payoit ordinairement dans les synodes, & qu'autrefois les évêques avoient coutume de faire leurs visites, & de tenir leurs synodes diocésains en même temps. On appelloit aussi ces rentes *procurations*. *Voyez* PROCURATION.

SYNODIQUE, (*Jurisp.*) se dit de ce qui est émané du synode, comme une lettre *synodique*, ou lettre circulaire qu'un concile écrivoit aux prélats absens, aux églises, ou en général aux fidèles, pour les instruire de ce qui s'étoit passé dans le concile, & le leur notifier. On trouve de ces lettres *synodiques* dans la collection des conciles. (*A*)

T, Vingtième lettre de l'alphabet françois, est employé dans nos monnoies pour désigner celles qui se fabriquent à Nantes.

TABELLION, TABELLIONAGE, s. m. (*Droit public.*) *Tabellion* est un officier public qui expédie les contrats, testamens, & autres actes passés entre les parties. Le *tabellionage* est la charge & fonction de *tabellion*.

On confond quelquefois le terme de *tabellion* avec celui de notaire, sur-tout dans les campagnes, où les notaires des seigneurs sont communément appellés *tabellions*. Cependant, ces termes *notaire* & *tabellion*, pris chacun dans leur véritable signification, ne sont point synonymes, & le terme de *tabellion* n'a point été introduit pour désigner des notaires d'un ordre inférieur aux notaires royaux, qui résident dans les grandes villes.

Le terme de *tabellion* vient du latin *tabula, seu tabella*, qui, dans cette occasion, signifioit ces tablettes enduites de cire dont on se servoit autrefois au lieu de papier. On appella chez les Romains *tabularius seu tabellio*, l'officier qui gardoit les actes publics; il exerçoit en même temps la fonction de greffier; c'est pourquoi les termes de *scribæ* & de *tabularii* sont presque toujours conjoints dans les textes du droit, & souvent pris indifféremment l'un pour l'autre.

Les *tabellions* romains faisoient même, à certains égards, la fonction de juges, tant envers les parties, qu'envers leurs procureurs, & il n'y avoit point d'appel de leurs jugemens; ainsi que le remarque Cassiodore en sa formule des notaires.

Les notaires, qui n'étoient alors que les clercs ou les aides des *tabellions*, recevoient les conventions des parties, qu'ils rédigeoient en simples notes abrégées; & les contrats dans cette forme n'étoient point obligatoires ni parfaits jusqu'à ce qu'ils eussent été écrits en toutes lettres, & mis au net, *in purum seu in mundum redacti*, ce qui se faisoit par les *tabellions*.

Ces officiers ne signoient point ordinairement la note ou minute de l'acte; ils ne le faisoient que pour les parties qui ne savoient pas signer.

Quand le notaire avoit fait la grosse ou expédition au net, il la délivroit sur le champ à la partie sans être tenu de la faire enregistrer préalablement, ni même de conserver la note ou minute, laquelle n'étoit plus regardée que comme le projet de l'acte.

Mais ce qu'il faut encore remarquer, c'est que les contrats ainsi reçus par les notaires, & expédiés par les *tabellions*, ne faisoient pas à Rome une foi pleine & entière, jusqu'à ce qu'ils eussent été vérifiés par témoins ou par comparaison d'écritures; c'est pourquoi, pour s'exempter de la difficulté de faire cette vérification, on les insinuoit & publioit *apud acta*.

En France les juges se servoient anciennement de leurs clercs pour greffiers & pour notaires; ces clercs recevoient en présence du juge les actes de jurisdiction contentieuse; & en son absence, mais néanmoins sous son nom, les actes de jurisdiction volontaire.

Dans toutes les anciennes ordonnances jusqu'au temps de Louis XII, les greffiers sont communément appellés *notaires*, aussi bien que les *tabellions*, & la fonction de greffiers & *tabellions* y est confondue, comme n'étant qu'une seule & même charge.

Les greffes & *tabelliones* étoient communément donnés à ferme; & dans ces temps anciens, les notaires faisoient les minutes des actes, les remettoient ensuite aux *tabellions* pour en délivrer les expéditions.

Dans la suite les deux fonctions ont été réunies. Un édit de François I, du mois de novembre 1542, nous appprend que les *notaires-tabellions* ne pouvoient suffire au service du public, sur-tout dans les endroits éloignés de leur domicile, & qu'ils commettoient des personnes pour y recevoir les actes. Cet inconvénient détermina ce prince à établir des notaires en titre d'office, en laissant aux *tabellions* le droit de grossoyer les actes que les notaires auroient reçus; en conséquence il érigea les clercs des *tabellions* en titre d'office, & en fit un office séparé de celui du maître, voulant qu'en chaque siège royal où il y avoit un *tabellion*, il y eût un certain nombre de notaires, au lieu des clercs ou substituts que le *tabellion* avoit auparavant; & que dans les lieux où il y avoit plusieurs notaires, il y eût en outre un *tabellion*: on attribua aux notaires le droit de recevoir les minutes d'actes, & aux *tabellions* le droit de les mettre en grosse.

L'exécution de cette loi, qui avoit été suspendue en quelques endroits, fut ordonnée par un autre édit du mois de janvier 1584, sauf & réservé ès terres des sieurs hauts-justiciers qui ont droit de tabellionage, & qui ont accoutumé d'en jouir jusqu'à présent.

Mais par un nouvel édit du mois de mai 1597, registré au parlement le 21 du même mois, Henri IV réunit au domaine tous les offices de notaires royaux du royaume, même dans l'étendue des domaines tenus à titre d'apanage ou d'engagement: il unit à ces offices les droits des *tabellions* & garde-notes, & il ordonna la vente & aliénation de ces offices, pour être à l'avenir les pourvus nommés *notaires garde-notes & tabellions héréditaires*, avec pouvoir de grossoyer & faire, chacun en droit soi, les expéditions de tous les actes par eux faits & passés.

Cette loi n'ayant pas eu par tout sa pleine & entière exécution, il y a été suppléé par un édit de Louis XV, du mois de février 1761, enregistré au parlement le 10 avril suivant.

Par cet édit, le roi veut que tous les tabellionages qui subsistent dans l'étendue de ses justices & domaines, soit qu'il en soit en possession, ou qu'ils soient engagés, soient & demeurent supprimés, à compter du jour de la publication de son édit, & que leurs fonctions soient & demeurent réunies à perpétuité à celles des notaires royaux, chacun dans son arrondissement.

Que les minutes des actes passés par lesdits notaires ou par ceux auxquels ils auroient succédé, & qui se trouveront ès mains desdits *tabellions*, soient remises aux greffes des bailliages, sénéchaussées ou autres jurisdictions royales dans le ressort desquels ils ont été établis; & les greffiers tenus de s'en charger au pied d'un état sommaire qui en sera dressé par le principal officier de chacun desdits sièges, en présence de ses procureurs : que lesdites minutes soient délivrées à chacun desdits notaires, ou aux successeurs auxdits offices, lesquels seront tenus de se charger desdites minutes, chacun en droit soi, & d'en donner décharge auxdits greffiers au pied d'un état sommaire qui en sera dressé en la forme ci-dessus mentionnée; & à l'égard des minutes qui auroient été reçues par des notaires qui ne seroient pas connus, qu'elles demeurent déposées esdits greffes, pour en être délivré telles grosses & expéditions qu'il appartiendra, par les greffiers desdis sièges, le tout jusqu'à ce qu'elles aient été réclamées par lesdits notaires ou leurs successeurs à leurs offices.

Que la remise desdites minutes soit faite à la requête de ses procureurs esdits sièges, & à la poursuite & diligence desdits notaires, dans un mois pour tout délai, à compter du jour de la publication portée par l'article premier du présent édit; le roi fait défenses auxdits *tabellions* de faire aucune fonction desdits offices, à compter du jour de ladite publication, à peine de nullité & de tous dommages & intérêts : & pour être procédé à l'indemnité due à ceux qui jouissoient desdits *tabellionages* supprimés, il ordonna que, dans un mois, ils seront tenus de remettre leurs titres ès mains du sieur contrôleur-général de ses finances, pour y être par lui pourvu en notre conseil, ainsi qu'il appartiendra. Cet édit a néanmoins excepté de la suppression les *tabellions* créés dans l'étendue des terres de l'apanage de M. le duc d'Orléans, & ceux qui existent dans l'étendue du ressort du parlement de Flandre & du pays d'Artois; & il n'a pas dérogé aux droits que peuvent avoir les seigneurs d'établir des *tabellions* dans l'étendue de leur seigneurie.

On entend par *droit de tabellionage*, le droit de créer des notaires & *tabellions*; ce droit n'appartient qu'au roi, & les seigneurs ne peuvent en établir dans leurs justices qu'autant qu'ils ont ce droit par leurs titres, & que la concession est émanée du roi.

On donne quelquefois le nom de *tabellion* aux notaires des seigneurs, comme pour les distinguer des notaires royaux, quoiqu'ils aient les mêmes fonctions, chacun dans leur district. *Voyez* NOTAIRE.

TABLE ABBATIALE, (*Jurisprud. canon.*) est un droit dû en quelques lieux à la mense de l'abbé par les prieurs dépendans de son abbaye. *Voyez* le *diction. des arrêts* de Brillon, au mot ABBÉ, *n. 107.* (*A*)

TABLE DE CUIVRE, (*Jurisprud. rom.*) *æs, table* sur laquelle on gravoit chez les Romains la loi qui avoit été reçue. On affichoit cette *table* dans la place publique; & lorsque la loi étoit abrogée, on ôtoit l'affiche, c'est-à-dire, cette *table*. De-là ces mots *fixit legem*, *atque refixit*. Ovide déclare que dans l'âge d'or, on n'affichoit point des paroles menaçantes gravées sur des *tables* d'airain.

Nec verba minantia fixo
Ære ligabantur.

Dans la comédie de *Trinummus* de Plaute, un plaisant dit qu'il vaudroit bien mieux graver les noms des auteurs des mauvaises actions, que les édits.

TABLE DE MARBRE, (*Droit public.*) est un nom commun à trois jurisdictions de l'enclos du palais, savoir la connétablie, l'amirauté & le siège de la réformation générale des eaux & forêts. Chacune de ces jurisdictions, outre son titre particulier, se dit être au siège de la *table de marbre* du palais à Paris.

L'origine de cette dénomination vient de ce qu'anciennement le connétable, l'amiral & le grand-maître des eaux & forêts tenoient en effet leur jurisdiction sur une grande *table de marbre* qui occupoit toute la largeur de la grand'salle du palais; le grand chambrier y tenoit aussi ses séances.

Cette *table* servoit aussi pour les banquets royaux. Du Tillet, en son *recueil des rangs des grands de France*, *pag. 97*, dit que le dimanche 16 juin 1549, le roi Henri II fit son entrée à Paris; que le soir fut fait en la grand'salle du palais le souper royal; que ledit seigneur fut assis au milieu de la *table de marbre*.

Cette *table* fut détruite lors de l'embrasement de la grand'salle du palais, qui arriva sous Louis XIII, en 1618.

Outre la *table de marbre* dont on vient de parler, il y avoit dans la cour du palais la pierre de marbre, que l'on appelloit aussi quelquefois *la table de marbre*. Quelques-uns ont même confondu ces deux *tables* l'une avec l'autre.

Mais la pierre de marbre étoit différente de la *table de marbre*, & par sa situation, & par son objet. La pierre de marbre étoit au pied du grand degré du palais. Elle existoit encore du temps du roi Jean en 1359. Elle servoit à faire les proclamations publiques. Elles se faisoient pourtant aussi quelquefois sur la *table de marbre* en la grand'salle du palais. *Voyez* le *recueil des ordonnances de la troisième race, tome 3, pag. 347, aux notes.*

Quand on parle de *la table de marbre* simplement, on entend la jurisdiction des eaux & forêts qui y tient son siège. Elle connoît par appel des sentences des maîtrises du ressort. Les commissaires du parlement viennent aussi y juger en dernier ressort les matières de réformation. *Voyez* Eaux & Forêts.

Comme il n'y avoit autrefois qu'un seul grand-maître des eaux & forêts, il n'y avoit pareillement qu'un siège de la *table de marbre*; dans la suite on en a créé plusieurs autres près des parlemens du royaume, mais pour les eaux & forêts seulement. Elles ont été créées à l'instar de celle de Paris; elles furent supprimées par édit du mois de février 1704, qui créa, au lieu de ces jurisdictions, une chambre de réformation des eaux & forêts en chaque parlement; mais par différens édits postérieurs, plusieurs de ces *tables de marbre* ont été rétablies: celle de Paris, par un édit du mois de mai de la même année; celle de Bordeaux par un édit de juillet 1705. Celle de Paris avoit été supprimée par un édit du mois de juin 1771, & sa jurisdiction attribuée aux tribunaux établis à la place du parlement; mais elle a été rétablie, avec les mêmes attributions dont elle jouissoit auparavant, par un autre édit du mois de juillet 1775.

Suivant l'article 1er du titre 13 de l'ordonnance des eaux & forêts du mois d'août 1669, les officiers des *tables de marbre* ont le droit de connoître de toutes sortes de procès, tant civils que criminels, concernant le fond & la propriété des eaux & forêts, isles & rivières appartenant au roi, bois tenus en gruerie, grairie, ségrairie, tiers & danger, apanage, usufruit, engagement & par indivis, & des procès qui leur sont portés ou envoyés par les grands-maîtres des eaux & forêts de leurs départemens, à la charge néanmoins de l'appel aux parlemens dans les cas sujets à l'appel.

L'article 2 détermine les cas d'appel qui appartiennent aux *tables de marbre* en matière d'eaux & forêts; ces cas sont l'appel des sentences émanées des maîtrises royales, & celui des sentences rendues par les juges seigneuriaux en matiere d'eaux & forêts.

C'est mal à propos qu'en plusieurs occasions les *tables de marbre* ont voulu tirer des dispositions dont on vient de parler, la conséquence qu'elles avoient la prévention sur les maîtrises, sur les gruyers & sur les juges des seigneurs, pour connoître en première instance des matières énoncées dans l'article 1er du titre cité; elles se fondoient sur ce que l'article 2 ne leur donnoit pas à cet égard une exclusion formelle; mais elles auroient dû faire attention que les anciennes ordonnances auxquelles il n'avoit pas été dérogé sur l'objet dont il s'agit, avoient accordé la première instance aux maîtrises, en même temps qu'elles avoient attribué l'appel aux *tables de marbre*.

En effet, on voit que l'ordonnance du mois de décembre 1543 permet aux particuliers & communautés de poursuivre leurs droits, causes & actions, à l'encontre des délinquans, coupables & entrepreneurs sur iceux, & les prétendans droits, tant sur le fonds d'iceux, qu'usages, pardevant les maîtres particuliers ou leurs officiers en première instance, & par appel & ressort pardevant le grand-maître en son siège de la *table de marbre*.

L'ordonnance du mois d'octobre 1570, confirmée par la déclaration du 16 février 1602, attribue la première instance aux maîtrises, & l'appel aux *tables de marbre*.

Il est pareillement établi par un arrêt du conseil du mois de juillet 1603, que la première instance pour délits appartient aux maîtrises, & qu'elle n'est attribuée aux *tables de marbre* que quand elles procèdent à quelque réformation; ce qui suppose toujours une commission ou subdélégation.

Les *tables de marbre*, entre autres celles de Paris & de Metz, avoient cru trouver des preuves de leur droit de connoître en première instance, dans des lettres de M. le chancelier & de M. le contrôleur-général, des années 1683 & 1684, qui en effet leur marquoient qu'ils pouvoient exercer une telle jurisdiction. Mais ces ministres ajoutoient en même temps, qu'elles ne devoient user que modérément de cette faculté, & seulement lorsque les maîtrises négligeroient de faire leur devoir.

Ces lettres n'étoient donc ni la reconnoissance ni l'attribution d'un droit; aussi voit-on qu'un arrêt du conseil du 20 octobre de la dernière année, qu'on vient de citer, défendit à la *table de marbre* de Dijon de connoître en première instance d'aucune cause civile ou criminelle concernant les eaux & forêts. La même chose a été jugée par plusieurs autres arrêts du conseil des 10 octobre 1687, 3 mars 1702 & 18 décembre 1703.

Une contestation sur un fait de chasse ayant été portée par deux particuliers à la *table de marbre* de Paris, au préjudice de la maîtrise de Saint-Germain-en-Laye, le conseil rendit un arrêt le 14 juin 1729, par lequel il cassa toute la procédure de la *table de marbre*, & lui fit défense, ainsi qu'aux juges en dernier ressort, de connoître en première instance des matières d'eaux & forêts, pêche & chasse, à peine de nullité des procédures & de cent livres d'amende contre les procureurs contrevenans, & renvoya le tout à la maîtrise de Saint-Germain en première instance.

Comme juges d'appel, les *tables de marbre* n'ont pas le droit de modérer les amendes prononcées selon l'ordonnance, ni de suspendre les instructions des affaires, non plus que l'exécution de ce qu'ont ordonné les maîtrises, quand les cas sont réparables en définitive. C'est ce qui résulte, tant de l'article 2 déjà cité du titre 13 de l'ordonnance de

1669, que de l'édit du mois de mai 1716, & de divers arrêts du conseil.

Un de ces arrêts du 17 décembre 1686 a cassé un jugement de la *table de marbre* de Dijon, qui avoit modéré une amende à laquelle les habitans de Damery avoient été condamnés par la maîtrise de Châlons, & a ordonné que les sentences rendues en conformité de l'ordonnance de 1669 & des arrêts du conseil, seroient confirmées par les *tables de marbre*.

Par un autre arrêt du 5 septembre 1693, le conseil a renvoyé à la maîtrise de Saint-Dizier l'instruction de l'affaire concernant les dégradations faites dans les bois de cette communauté, que le maire avoit portée au parlement de Paris, & que cette cour avoit retenue.

Par un arrêt du 29 mai 1703, le conseil a défendu à la *table de marbre* de Paris de surseoir l'exécution des sentences pour délits, abus, malversations, destitutions & confiscations, quand les cas seroient réparables en définitive.

Ces défenses ont été renouvellées par un autre arrêt du conseil du 21 avril 1705, au sujet de deux sentences de la maîtrise de Moulins dont la *table de marbre de Paris* avoit voulu arrêter l'exécution. Il s'agissoit de ventes de bestiaux saisis en délit.

Les appellations interjettées des jugemens des grands-maîtres ou des *tables de marbre*, doivent être relevées & jugées dans les cours de parlement en la manière ordinaire, lorsque les objets dont il s'agit ne sont pas de la compétence des juges établis pour juger en dernier ressort au siège de la *table de marbre*.

Cette compétence s'étend aux appellations des jugemens rendus sur le fait d'usage, abus, délits & malversations commises dans les eaux & forêts, soit qu'il y ait lieu à la peine de mort ou à d'autres punitions. C'est ce qui résulte tant des articles 3 & 5 du titre 13 de l'ordonnance de 1669, que de la déclaration du roi du 13 septembre 1711.

Il est nécessaire d'observer que quand il y a appel d'un jugement rendu dans une maîtrise touchant le fonds des bois & forêts du roi, & de ceux qui sont tenus en gruerie, grairie, ségrairie, tiers & danger, indivis, apanage, engagement ou usufruit, il peut être porté directement au parlement du ressort, sans passer par le degré de la *table de marbre*. C'est ce que porte l'article 4 du titre 13 de l'ordonnance de 1669. Cette loi est fondée sur ce que les parlemens sont les conservateurs nés des domaines de la couronne.

Suivant l'article 6 du même titre, les grands-maîtres peuvent assister à toutes les audiences, jugemens, réglemens & délibérations qui se font aux sièges des *tables de marbre*: ils y président en l'absence des juges en dernier ressort; ils y ont voix délibérative, & tous les actes, sentences & jugemens qui s'y rendent, doivent être intitulés des noms & qualités de ces officiers, soit qu'ils soient présens ou absens.

Quand les *tables de marbre* jugent en dernier ressort, les grands-maîtres n'y ont séance qu'après le dernier des conseillers de la grand'chambre du parlement.

L'article 7 laisse aux procureurs du roi des maîtrises la liberté de poursuivre sur les lieux pardevant les officiers des eaux & forêts, ou de faire assigner pardevant les grands-maîtres ou au siège de la *table de marbre*, les communautés ou particuliers auxquels ils peuvent imputer d'avoir entrepris ou usurpé sur les eaux, rivières, bois & forêts qui appartiennent au roi, ou dans lesquels sa majesté prétend quelque droit. Mais, en cas pareil, les *tables de marbre* doivent renvoyer toute instruction aux officiers de la maîtrise la plus prochaine, sans qu'elles puissent la retenir ni commettre aucun de leurs officiers pour instruire & faire descente sur les lieux.

On voit par ces dispositions, que le procureur du roi peut se pourvoir de trois manières différentes. Mais il faut observer qu'il ne peut faire usage de celle qui l'autorise à poursuivre pardevant le grand-maître, que quand cet officier est en réformation, attendu que ce n'est que dans ce cas qu'il a une jurisdiction personnelle & particulière.

Il est défendu par l'article 8 aux lieutenans & officiers des *tables de marbre*, d'entreprendre aucune réformation, à moins qu'ils n'aient été commis par le roi ou par le grand-maître. Cependant lorsque le cas requiert célérité, & que le grand-maître est éloigné de plus de dix lieues du siège où le désordre a été commis, la même loi les autorise à faire l'instruction après avoir pris l'attache du grand-maître, & à rendre les jugemens interlocutoires; mais ils ne peuvent procéder au jugement définitif, qu'en présence du grand-maître. Cette attache est une commission qui s'expédie au greffe de la *table de marbre* sous le nom du grand-maître, dont le consentement est toujours présumé relativement à tout ce qui requiert célérité pour le service du roi.

Les *tables de marbre* ne peuvent pas non plus décréter sur simples procès-verbaux ou informations faites par des huissiers ou sergens, ni donner ou adresser leurs commissions à d'autres qu'aux officiers des maîtrises, ou aux juges royaux dans les lieux où il n'y a point de siège des eaux & forêts, à peine de nullité, & de répondre des dommages & intérêts des parties. C'est ce que porte l'article 9.

Les officiers des *tables de marbre* ne peuvent pareillement pas, lorsqu'il y a lieu de décréter ou assigner sur le rapport des charges, procès-verbaux ou informations des officiers commis, obliger les parties de comparoître pardevant eux, pour être ouis & être procédé aux récolemens & confrontations. Ils sont tenus de renvoyer à l'officier qui a informé; ou s'il y a cause de suspicion ou de récusation, à quelque autre officier de la plus prochaine maîtrise, pour faire le procès jusqu'au jugement définitif inclusivement, à peine de nullité

&

& de dépens, dommages & intérêts des parties. Telles sont les dispositions de l'article 10.

Les maîtres particuliers, lieutenans, procureurs du roi & garde-marteaux des maîtrises, doivent, suivant l'article 11, être reçus aux sièges des *tables de marbre*, information préalablement faite de leurs vie & mœurs sur les lieux, par le grand-maître ou autres officiers des eaux & forêts par lui commis. La même loi veut que chaque officier paie pour tous frais de réception, épices & vacations, une somme de trente-quatre livres; savoir, douze livres pour les juges, huit livres pour le procureur du roi, pareille somme pour le greffier, & six livres pour les huissiers; & elle défend très-expressément aux officiers des *tables de ma bre* de prendre plus grande somme, & de recevoir aucun présent, sous quelque prétexte que ce soit, à peine de concussion.

Les lieutenans-généraux, les lieutenans-particuliers, les avocats & les procureurs du roi des *tables de marbre* doivent être reçus au parlement; ces sièges reçoivent les autres officiers qui y sont attachés.

C'est le lieutenant-général de la *table de marbre*, qui, après le grand-maître, tient le premier rang.

Par arrêt du 7 septembre 1737, le parlement de Paris a fait défense aux officiers de la *table de marbre* de prononcer aucun *veniat* contre les officiers des maîtrises. Cette décision est fondée sur ce que les *tables de marbre* n'étant que des juges d'appel, & non des cours souveraines, les officiers inférieurs ne leur doivent aucun compte de leur conduite; ce qui fait l'objet du *veniat*. Il n'y a que les cours souveraines qui puissent exiger un pareil compte, & qui soient par conséquent en droit de donner des *veniat*.

Par un autre arrêt rendu au conseil d'état du roi le 16 mai 1780, il a été fait défense à tout procureur de relever ailleurs qu'au siège de la *table de marbre*, les appels des sentences rendues, tant dans les maîtrises des eaux & forêts, que dans les grueries seigneuriales, soit que les appels aient été qualifiés comme de juge incompétent, déni de renvoi, ou autrement, à peine de trois cens livres d'amende, & d'interdiction.

TABLE, (*Droit féodal.*) ce mot a été pris autrefois & s'emploie même encore quelquefois aujourd'hui pour désigner la recette de la seigneurie, ou le domaine même du seigneur. C'est ainsi que quelques coutumes disent *mettre à sa table, unir à sa table*, pour réunir à une seigneurie le domaine qui en est mouvant, soit par union perpétuelle, telle qu'en produit une acquisition, & sur-tout le retrait seigneurial, soit par une union passagère, telle que la saisie féodale ou censuelle. C'est dans le premier sens que l'article 21 de la coutume de Paris dit que le seigneur qui a reçu le droit de quint dû pour la vente d'un fief, chévi, ou baillé souffrance, « ne peut plus retenir ledit fief par » puissance de fief, pour l'unir & mettre en sa » *table* à cause d'icelle vendition ».

La coutume d'Artois dit aussi, dans l'article 20, que si l'on ne paie pas les reliefs des fiefs ou des cotteries & mains-fermes dans le délai de la coutume, « ils reviennent de plein droit à la *table* du » seigneur dont ils sont tenus, qui a droit de régaler, » prendre & appliquer à son profit, les profits » d'iceux ». Elle ajoute, dans l'article 25, que le seigneur ne peut demander aucunes rentes pour les années de sa jouissance, « lorsqu'il jouit d'aucuns » héritages tenus de lui, comme réunis à sa *table* » & au gros de son fief, par faute d'homme, serment de fidélité, droits & devoirs non faits, » ou pour rentes non payées ».

Quelques auteurs ont prétendu que le mot *table*, pris dans cette acception, étoit synonyme de *catalogue* ou *état* d'une terre, & que *mettre à sa table*, c'étoit comprendre le domaine réuni dans la liste des biens qui composent le fief dominant. Mais cette expression a une toute autre origine, qui est bien expliquée dans le grand coutumier, *liv. 4, chap. 5, pag. 529*. Il y est dit d'abord que le seigneur de censive a la justice foncière, en vertu de laquelle il peut lever une amende à défaut de paiement du cens ou du champart. On ajoute ensuite: « & peut avoir ledit seigneur de censive, » sergent pour exécuter sur son fonds & siège » d'une forme ou d'une *table*, pour recevoir ses » cens, *&c.* ».

Voyez du Cange & dom Carpentier aux mots *Mensa* & *Tabula 13*, & le glossaire du droit françois aux mots *Table* & *Unir*. *Voyez* aussi RÉUNION FÉODALE. (*G. D. C.*)

TACHE, (*Droit féodal.*) c'est la même chose que *tasque*, c'est-à-dire, le droit de champart ou de terrage. *Voyez* TASQUE & dom Carpentier au mot *Tasca 2*. (*G. D. C.*)

TACHIBLE, *ou* TAHIBLE, (*Droit féodal.*) ce mot signifie *sujet à la tâche*, c'est-à-dire, au champart. *Voyez* du Cange & dom Carpentier au mot *Tachiabilis*, & l'article TACHE. (*G. D. C.*)

TAHIBLE. *Voyez* TACHIBLE.

TAILLABLE, (*Droit féodal.*) ce mot, dans son acception la plus étendue, comprend tout ce qui est sujet à la taille seigneuriale, & sur-tout à la taille annuelle. Dans plusieurs provinces, il désigne particuliérement les main-mortables.

On traitera dans l'article TAILLE, (*Droit féodal.*) de ce qui concerne l'assiette & le paiement de la taille due au seigneur. On va se contenter d'offrir ici quelques idées sur l'origine des *taillables*-francs & main-mortables, & sur la distinction qui subsiste entre les uns & les autres.

Quelle que soit parmi nous l'origine de la main-morte; soit qu'elle provienne du colonage des Romains, comme l'ont prétendu tant d'auteurs; soit qu'elle ne soit que la continuation de cet esclavage domestique, propre aux Gaulois, aux anciens Germains, aux autres peuples du Nord, & qui tient peut-être plus qu'aucune autre institution européenne, à la nature du climat; soit enfin qu'elle dérive de l'établissement particulier des Lètes, entre le Rhin, le Danube & le Necker, & de l'introduction des fiefs, comme vient de l'imaginer l'auteur *de l'état civil des personnes & de la condition des terres dans les Gaules*, il paroît certain que la taille seigneuriale, & sur-tout la taille annuelle, est une suite de ce droit de main-morte.

La taille seigneuriale ne procède point effectivement du cens & des autres charges établies par les Romains, puisqu'elle ne forme le droit commun d'aucun des pays qui sont régis par leurs loix; puisque les impôts qui y subsistoient sous leur domination, étoient fixes au temps des Francs. On ne peut pas dire non plus qu'elle procède, du moins immédiatement, de cet établissement, puisqu'il ne changea rien à la condition des Gaulois, & que dès les plus anciens temps ç'a été l'une des prérogatives les plus constantes de tous les peuples du Nord, qui ont renversé l'empire romain, de ne pouvoir pas être imposés arbitrairement par leurs chefs, & de ne payer, dans les besoins de l'état, que des dons gratuits, & les aides qu'ils avoient eux-mêmes consenties.

Ce beau privilège, qui est l'un des signes les plus caractéristiques, & peut-être la mesure la plus sûre de la liberté politique, ne pouvoit pas être réclamé par les main-mortables. On a vu au mot MAIN-MORTE, que, comme tous les autres serfs, ils n'avoient rien en propre; que tout ce qu'ils acquéroient étoit à leur seigneur; & qu'il n'y avoit entre eux & lui d'autre juge que Dieu, suivant l'expression trop énergique de Desfontaines. Un pareil droit, si l'on peut donner le nom de *droit* à un renversement si positif des loix naturelles, supposoit non-seulement la faculté de lever sur eux des tailles à volonté, ou plutôt cette levée des tailles ne paroît être elle-même qu'un adoucissement de l'ancienne dureté de la main-morte. Ç'a été l'un des premiers pas que ceux qui y étoient sujets ont faits vers la liberté. Il étoit plus avantageux pour les main-mortables, qu'on ne les soumît qu'à des impositions payables à des époques fixes, & tarifées, tant bien que mal, suivant leurs facultés, que de pouvoir arbitrairement prendre tout ce qui leur appartenoit quand & comme le seigneur le jugeroit à propos.

Il n'est pas facile de déterminer d'une manière bien précise l'époque de cette révolution. Comme toutes les autres qui se sont faites dans l'état ancien des personnes & des biens, sous la constitution féodale, elle n'a point été établie par une loi précise; elle s'est insensiblement introduite par un usage à qui sa longue durée a donné la force de loi, ainsi que cela est arrivé à nos coutumes & aux droits particuliers des seigneuries. Les besoins nouveaux & les moyens de les satisfaire que fit naître l'enthousiasme des croisades, paroissent en être les principales sources. Il ne paroît pas en avoir été question avant le onzième siècle. On trouve, à la vérité, dans le second volume de l'histoire de Bretagne de dom Lobineau, une chartre où il est fait mention de *taille* & d'*aide* pour la ville de Redon. Mais en supposant que ce titre soit bien authentique, il ne paroît pas y être question d'une charge annuelle. Peut-être même ne doit-on aussi appliquer qu'à des secours extraordinaires, les chartres du onzième siècle qui parlent des *tailles*, & particuliérement de celle de Rainold, évêque de Reims, citée par du Cange, où il est dit: *& wirpivit exactiones quas tallias vulgò vocant, quas in villa S. Remigii exercebat.*

Il est certain du moins que les tailles annuelles étoient déjà connues dans le douzième siècle, & que des seigneurs les abonnèrent dès ce temps-là. Chantereau Lefebvre rapporte deux chartres des années 1179 & 1190, données par Henri I, comte de Champagne. La première exempte à toujours des tailles les habitans de Meaux. La seconde abonne à perpétuité la taille des habitans de Provins & de toute la châtellenie, à une somme de 600 livres par an.

Il seroit, je crois, difficile de trouver des titres qui fissent mention de tailles annuelles avant ce temps-là; c'est à cette époque que les rois perçurent les premières tailles, qu'ils ne levoient alors que dans leurs domaines. Les seigneurs en firent autant dans les leurs. Mais ces tailles, lorsqu'elles étoient générales, n'étoient que des subsides passagers, concédés gratuitement par les peuples, ou levés pour la guerre d'outre-mer, quelquefois en vertu de bulles des papes. Encore aujourd'hui, les principaux revenus du roi d'Espagne consistent dans une portion des dîmes que de pareilles bulles lui ont accordée, & dans le droit de croisade qu'il perçoit pour la permission de manger des œufs & du laitage dans le carême.

C'est donc dans les chartres d'affranchissement ou de communes, que les habitans des villes, des bourgs & des villages obtinrent de leurs seigneurs dans le même temps, qu'il faut chercher l'origine des tailles seigneuriales qui se perçoivent annuellement. Dans presque toutes ces chartres, les seigneurs se réservèrent des tailles abonnées à une somme fixe, ou des tailles à volonté raisonnable. *Voyez* TAILLE ABONNÉE, (*Droit féodal.*) & TAILLE A VOLONTÉ, (*Droit féodal.*)

On ne tarda pas à s'appercevoir que ces affranchissemens étoient plus avantageux aux seigneurs même que l'ancienne servitude. Cette découverte, & l'on doit l'avouer, la ferveur de la dévotion de ces temps-là, les firent extrêmement multiplier, & obligèrent même les seigneurs, qui ne crurent pas les devoir accorder, de mettre du moins des bornes, & une espèce de règle dans l'état des mains-mortables. Leur succession fut assurée à leurs parens, sous différentes modifications. Ils purent même disposer de leurs biens, soit entre-vifs, soit pour cause de mort, sous des conditions plus ou moins onéreuses, suivant les lieux. Enfin, ils purent contracter, & les seigneurs ne purent leur succéder par droit d'échûte, qu'à la charge de payer leurs dettes. *Voyez* l'article MAIN-MORTE.

Les ecclésiastiques qui avoient plus de lumières, & sans doute aussi plus d'humanité que les seigneurs laïques, furent, à ce qu'il paroît, des premiers à faire cette découverte, & à en faire sentir les heureux effets à leurs main-mortables. Dans la plupart de leurs terres, les serfs jouirent d'un sort plus doux que les serfs des laïques, & de quelques privilèges au-dessus d'eux. Ils pouvoient ester en témoignage & combattre en jugement, comme les hommes libres. Encore aujourd'hui, dans la coutume de la Marche, où les mains-mortables des ecclésiastiques sont connus sous un nom particulier, sous celui de *mortaillables*, ils ont presque toutes les prérogatives des personnes franches, du moins durant leur vie. *Voyez* DOUBLE D'AOUT & QUESTE COURANT.

En 1347, Hugues de Vienne, archevêque de Besançon, & seigneur de Gy, dont dépend Bucey, affranchit cette terre, & les motifs qu'il donna de cet affranchissement contiennent tout ce qu'on a dit depuis de plus raisonnable pour prouver les désavantages que la main-morte apporte aux seigneurs même. Il y expose, 1°. « que lorsque sa » seigneurie sera affranchie, les voisins & les » étrangers éloignés viendront s'y établir, & y » marieront volontiers leurs enfans, ce qu'ils refusoient de faire auparavant à cause de la main-» morte.

» 2°. Que vu la fertilité du terrein & la beauté » du climat, la seigneurie se peuplera considérablement dès que l'affranchissement de la main-» morte sera public; de sorte que sans faire souffrir les habitans en aucune manière, la justice » & les menus droits du seigneur vaudront mieux » que maintenant les gros.

» 3°. Que, pris égard à la fécondité des terri-» toires de Gy & de Bucey, les terres vacantes » & en friche seront cultivées lorsque la main-» morte sera éteinte, ce qui augmentera & mul-» tipliera les droits du seigneur.

» 4°. Que les habitans de Gy s'enrichiront & » accroîtront les revenus de la seigneurie par une » population plus nombreuse & une meilleure » culture.

» 5°. Que les mains-mortables négligent de » travailler, parce qu'ils travaillent pour autrui; » que par cette raison ils dégradent leurs fonds, » & se mettent peu en peine de ce qui restera » après leur mort; mais qu'ils agiront bien diffé-» remment quand ils seront assurés que leurs biens » passeront à leurs proches.

» 6°. Que les échûtes de main-morte, quand » elles arrivent au seigneur, sont presque toujours » de peu de valeur.

» 7°. Que si les habitans étoient riches, ils » feroient des contrats plus considérables, chose » dont le seigneur profiteroit ». (*De l'état civil des personnes & de la condition de la terre dans les Gaules, liv. 5, part. 5, chap. 10, & aux preuves, n. 126*).

L'auteur qui rapporte le préambule de cette chartre observe que l'événement a justifié ces vues. « Gy est, dit-il, aujourd'hui une ville aussi im-» portante que plusieurs capitales des bailliages » royaux de la province, & Bucey est peut-être » le plus gros village de la Franche-Comté; on » voit dans l'un & dans l'autre beaucoup de gens » aisés, & même riches, des commerçans & des » artisans nombreux; pour rendre Gy & Bucey à » leur état ancien, il ne faudroit qu'y rétablir la » main-morte ». Cette observation paroît bien plus juste que celles du président Bouhier & de Fréminville sur la prétendue utilité de la main-morte.

Quoi qu'il en soit, la taille est si bien une des suites du droit de main-morte, que dans plusieurs provinces, particuliérement dans le Bourbonnois, la Savoie, & dans les pays qui dépendoient autrefois de la Savoie, tels que la Bresse & le Bugey, les mots de *taillables* & de *main-mortables* sont ordinairement synonymes, & que dans beaucoup d'autres on appelle aussi les *main-mortables*, du nom de *mortaillables*, qui est évidemment composé des mots de *main-mortable* & *taillable*. Gaspard Bailly a même donné le titre *des taillables*, à l'ouvrage qu'il a fait sur la main-morte, & dans lequel il ne parle néanmoins que de l'état des mains-mortables, sans traiter de la taille à laquelle ils sont sujets.

On auroit tort de conclure de-là que l'assujettissement à la taille annuelle est aujourd'hui une preuve de servitude. Il y a tout lieu de croire que c'est un reste d'une servitude originaire dans les seigneuries où elle est établie. Mais cela même suppose que le plus souvent la taille est une suite de l'affranchissement des personnes & des biens, comme on vient de le voir, & il y a probablement des terres où ce droit a été usurpé dans les derniers siècles, comme il y en a des exemples pour la main-morte même.

Ces usurpations seroient bien communes, si l'on appliquoit aux tailles annuelles, ce que Froissard dit au volume 3, *chap.* 50 de son histoire: « les » seigneurs se forment sur autre condition & ma-» nière qu'ils ne faisoient pour lors, & trouvent » pour le présent plus grande chevance que ne » faisoient leurs prédécesseurs du temps passé; car » ils taillent leurs peuples à volonté, & du temps » passé, ils n'osoient fors de leurs rentes & re-» venus ».

Quoi qu'il en soit, le mot *taillable* n'est point synonyme de celui de *main-mortable*, suivant le droit commun. Dans les pays même, tels que le Bourbonnois, la Bresse & le Bugey, où il en est ordinairement synonyme, il ne l'est pas toujours. « Ce terme, dit Bannelier, étant seul dans les » terriers & autres titres des contrées en question, » soit qu'il porte sur la personne ou sur les fonds, » désigne communément la main-morte & l'échûte.

» Il faut qu'il y ait quelque autre terme dans le » même titre, pour en tempérer le sens, & le res- » treindre à une simple prestation pécuniaire sans » main-morte ni échûte ». (*Note 66 sur le traité des main-mortables de Davot, art. 5*). *Voyez* TAILLABLE ADMODÉRÉ, TAILLABLE SIMPLE. (*M. GARRAN DE COULON, avocat au Parlement.*)

TAILLABLE A VOLONTÉ. *Voyez* TAILLE A VOLONTÉ & TAILLABLE ADMODÉRÉ.

TAILLABLE ADMODÉRÉ, (*Droit féodal.*) c'est une expression usitée dans les terriers de Bresse & du Bugey. Mais on n'est pas d'accord sur le sens qu'elle présente. Les uns veulent qu'elle désigne une taille abonnée, qui seroit le rachat de l'échûte. D'autres que ce soit une taille à volonté, tempérée, adoucie, modérée, & moins forte que la taille ordinaire à volonté & miséricorde; mais qui n'en conserveroit pas moins les caractères, dont le plus important est de produire l'échûte.

D'anciens arrêts semblent favoriser cette dernière interprétation. Mais dans la suite, on a reconnu que c'étoit une question de fait, & d'usage local. Un arrêt de 1688, rapporté par M. le président Bouhier, *tom. 2, pag. 425*, ordonna un préparatoire, en vertu duquel il y eut un acte de notoriété qui déclara « que les mots de *taille fixe* » & *admodérée* n'emportoient pas la vraie taillabilité & main-morte ». Ce qui fut jugé par l'arrêt définitif de 1682, que donne M. Bouhier, *pag. 426, n. 55*.

Pour concilier l'une & l'autre jurisprudence, ce magistrat présente la distinction entre le cas où le terme d'*admodéré* porte sur la personne, & le cas où il porte sur les biens : ensorte que l'homme *taillable admodéré* seroit un homme d'échûte, & non l'héritage reconnu de cette condition : c'est-à-dire, que le terme d'*admodéré* signifieroit *taille abonnée* dans la taillabilité réelle, & non en celle de corps. Cependant Revel, en sa rem. 35, traitant de cette taillabilité personnelle & de corps, exclut l'échûte, quand l'homme s'est reconnu *taillable admodéré* : ce qu'il répète sous la question 17, où il en fait une sorte de maxime en ces termes : *le taillable admodéré n'est point homme de main-morte*. Ne seroit-ce point aussi une question de fait & d'usage local? *Voyez* Bailly, des main-mortes, *ch. 2, n. 14*.

Dans le procès jugé par l'arrêt de 1725, dont on cite l'un des chefs au mot *Taillable simple*, la sentence avoit débouté le seigneur de Longes de l'échûte qu'il prétendoit sur des fonds reconnus *taillables admodérés*. Il n'y en eut point d'appel à cet égard, quoiqu'il y en eût pour d'autres chefs; ce qui découvre que l'interprétation du terme d'*admodéré* autorisée par la sentence, étoit notoire au pays : & c'est le sens que Revel y attribue. C'est donc un tempérament & une admodération qui retranche & exclut l'échûte.

Un dernier arrêt du 23 août 1749, dont on parle au même article, au sujet d'un préparatoire qui s'y trouve ordonné, prononce à l'avant-dernier chef, la confirmation d'une sentence qui déchargeoit les héritiers de Claude Desbats, de l'échûte & main-morte prétendue par M. de la Poype sur l'article 23 d'une reconnoissance faite en 1642.

Cette reconnoissance portoit, à cet égard, l'énonciation suivante : « *item*, des biens *taillables admo-* » *dérés*.... sous le servis de..... avec tailles ». Le servis étoit fixé, la taille ne l'étoit pas : d'où le seigneur concluoit qu'elle étoit simplement modérée & ne laissoit pas d'être une taille à volonté. On lui opposoit qu'au premier article de la même reconnoissance, après ces termes, *hommes liges taillables admodérés*, se trouvoient ceux-ci, *sans aucune condition de main-morte* : non que la main-morte fût prétendue en ce chef, mais pour en conclure que la clause influoit sur tous les articles; ce qui ne toucha point les magistrats. Cela est si vrai, qu'il y eut d'autres articles de la même reconnoissance, qui ne contenoient que le seul terme de *taillable*, & furent assujettis à l'échûte : particuliérement l'article 5 prouve que la clause *sans aucune condition, &c.* n'influoit pas sur tous les articles.

Ainsi, cet arrêt a jugé que le terme d'*admodéré* modifie celui de *taillable*, & qu'il exclut la main-morte & la taillabilité réelle, que demandoit le seigneur, quoique le titre, en fixant les servis, ne fixe point les tailles qu'il énonce également.

Bannelier, qui donne tous ces détails au n. 10 de sa note 66 sur le traité des mains-mortables de Davot, observe que pour décider ces sortes de questions, il faut discuter exactement toutes les clauses & les termes des titres, & consulter ensuite la possession; mais que dans le doute on doit se déterminer contre la main-morte, tant à cause de la faveur de la liberté, qu'à cause des soupçons d'usurpation que ces sortes de droits laissent toujours. *Voyez* TAILLABLE SIMPLE. (*G. D. C.*)

TAILLABLE ADMOISSONNÉ, (*Droit féodal.*) ce mot est en usage dans la Bresse & le Bugey. Il n'y désigne qu'un corvéable sujet à travailler pour le seigneur, lors de ses moissons, ou autres récoltes, *&c.* Ainsi cette espèce de taillabilité n'emporte ni l'échûte, ni la main-morte. *Voyez* Bannelier, sur le traité des main-mortes de Davot, *note 66, n. 12*, & les articles TAILLABLE ADMODÉRÉ, TAILLABLE SIMPLE. (*G. D. C.*)

TAILLABLE HAUT ET BAS. *Voyez* TAILLE HAUT ET BAS.

TAILLABLE (*héritage*), c'est l'héritage assujetti à la taille, & dans quelques pays, celui qui est sujet à la main-morte. *Voyez* l'article TAILLABLE. (*G. D. C.*)

TAILLABLE (*homme*), c'est l'homme sujet à la taille, & dans quelques pays, le main-mortable. *Voyez* les articles TAILLABLE & TAILLE, (*Droit féodal*). (*G. D. C.*)

TAILLABLE (*serf*), cette expression est, en général, synonyme de *main-mortable*, ou *mortail-*

lable. Elle désigne évidemment un serf sujet à la taille. Il en est parlé dans les coutumes locales de Châtillon-sur-Indre & de Fromenteau, locales de Touraine.

Celle de Fromenteau porte simplement que, « le seigneur a droit d'avoir hommes & femmes » serfs de taille abonnée & autrement, comme » les autres seigneurs étant en la temporalité de » Touraine & en la spiritualité de Berry ».

Celle de Châtillon-sur-Indre contient une modification remarquable au droit des seigneurs. Il y est dit que « le roi, à cause de son châtel & » châtellenie (de Châtillon-sur-Indre), a droit » d'hommes, lesquels il privilégie en telle ma- » nière, que, posé qu'en plusieurs seigneuries dudit » bailliage étant en la temporalité de Touraine & » au diocèse de Bourges, les seigneurs, barons, » châtelains & autres seigneurs ayant hommes & » femmes serfs *taillables*, selon ce qu'ils ont accou- » tumé d'en user, & tels hommes ou femmes serfs » *taillables* se font hommes du roi, & s'ils estoient » excessivement taillez de taille à volonté par leur » seigneur, il loist au roi ou à ses officiers audit » lieu de Chastillon, au refus que le seigneur » duquel ils sont serfs ne les voudroit modérer » raisonnablement, corriger & diminuer lesdites » tailles ainsi excessivement faites, & s'étend ledit » droit ès seigneuries de Buzançois, Maisières, » Saint-Genoust, Cléon, Argy & autres seigneu- » ries circonvoisines ». (*G. D. C.*)

Taillable simple, (*Droit féodal.*) quoique le mot de *taillable* emporte ordinairement l'idée d'un main-mortable dans la Bresse & le Bugey, on doit juger différemment de ceux qui sont qualifiés dans les terriers & dans les autres titres de *taillables simples.* Ils ne sont sujets qu'à une taille abonnée, sans échûte ni for-mariage, ni les autres charges de la main-morte.

Il en est de même des *taillables de taille fixe*, ou *de taille abonnée*; l'abonnement est réputé le rachat de l'échûte & des droits de main-morte.

En est-il de même encore des *taillables avec corvées*, ou *avec servis & corvées?* Un arrêt du 7 août 1725, entre le sieur Charbonnier & le sieur Compain, paroissoit l'avoir ainsi jugé. Cependant la question s'étant depuis renouvellée, on a douté si les clauses particulières des titres n'auroient pas donné lieu à l'arrêt; & l'on a cru devoir ici, comme dans tant d'autres cas, prendre pour règle l'usage des lieux. Un nouvel arrêt, du 23 août 1749, rendu au rapport de M. de la Mare, en la chambre de la tournelle, entre M. de la Poype, comte de Serrières, & les héritiers de Claude des Bots, a ordonné, « sans préjudice de toutes fins & ex- » ceptions & des preuves résultantes du procès; » que le sieur de la Poype feroit preuve, tant par » écrit que par témoins.... qu'en Bresse, & no- » tamment dans le territoire de Marmont & lieux » circonvoisins, les articles des terriers reconnus » être des biens *taillables avec servis, tailles &* » *corvées volontaires ou à volonté & miséricorde* : ou » des biens *taillables avec servis, tailles & corvées* : ou » des biens *taillables avec servis, tailles, corvées,* » *lods & ventes*, sont héritages de main-morte fai- » sant échûte au profit dudit seigneur; sauf aux » intimés la preuve contraire ».

Ce sont-là les observations de Bannelier dans sa note 66 sur le traité des mains-mortes de Davot. Quoiqu'il n'y parle que des *taillables* de Bresse & de Bugey, on peut les appliquer aux autres pays où ce mot de *taillable* indique un main-mortable. Il n'est pas néanmoins sans exemple que la taille abonnée subsiste avec la main-morte. La coutume locale de Fromenteau en Touraine le suppose évidemment. *Voyez* l'article Taillable (*serf*). (*G. D. C.*)

TAILLABLIER, (*Droit féodal.*) ce mot a été employé dans la coutume de Bourbonnois, *art. 413, 415, 416 & 417*, pour désigner, tant celui qui est sujet à la taille, que le seigneur qui la perçoit. (*G. D. C.*)

TAILLE, s. f. est une imposition que le roi ou quelque autre seigneur lève sur ses sujets.

Elle a été ainsi nommée du latin *talea*, & par corruption *tallia*, parce qu'anciennement l'usage de l'écriture étant peu commun, l'on marquoit le paiement des *tailles* sur de petites bûchettes de bois appellées *taleæ*, sur lesquelles on faisoit avec un couteau de petites *tailles*, fentes ou coches pour marquer chaque paiement. Cette bûchette étant refendue en deux, celui qui recevoit la *taille* en gardoit un côté pardevers lui, & donnoit l'autre au redevable; & lorsqu'on vouloit vérifier les paiemens, on rapprochoit les deux petits morceaux de bois l'un de l'autre, pour voir si les *tailles* ou coches se rapportoient sur l'un comme sur l'autre; de manière que ces *tailles* ou bûchettes étoient comme une espèce de charte-partie.

Ces bûchettes, qui furent elles-mêmes appellées *tailles*, étoient semblables à celles dont se servent encore les boulangers pour marquer les fournitures du pain qu'ils font à crédit à leurs pratiques ordinaires, & c'est sans doute de-là qu'on les nommoit anciennement *talemarii* ou *talemelarii*, & en françois *talemeliers.*

La *taille* étoit aussi appellée *tolta* ou *levée*, du latin *tollere.* Les anciennes chartres se servent souvent de ces termes *talliam vel toltam*, & quelquefois *maletoltam*, à cause que cette levée paroissoit onéreuse, d'où l'on a donné le nom de *maltotiers* à ceux qui sont chargés de la levée des impôts publics.

La *taille* est royale ou seigneuriale : celle qui se paie au roi est sans doute la plus ancienne; & il y a lieu de croire que la *taille* seigneuriale ne fut établie par les seigneurs sur leurs hommes, qu'à l'imitation de celle que le roi levoit sur ses sujets.

L'origine de la taille royale est fort ancienne; on tient qu'elle fut établie pour tenir lieu du service militaire que tous les sujets du roi devoient faire en personne ; nobles, ecclésiastiques, roturiers, personne n'en étoit exempt.

On convoquoit les roturiers ou vilains lorsque l'on avoit besoin de leur service, & cette convocation se nommoit *halbannum seu heribannum*, herban ou arrière-ban; & ceux qui ne comparoissoient pas, payoient une amende qu'on appelloit le *hauban*.

Les nobles faisant profession de porter les armes, & les ecclésiastiques étant aussi obligés de servir en personne à cause de leurs fiefs, ou d'envoyer quelqu'un à leur place, n'étoient pas dans le cas de payer une contribution ordinaire pour le service militaire ; & c'est de-là que vient l'exemption de *taille* dont jouissent encore les nobles & les ecclésiastiques.

Les roturiers au contraire, qui, par état, ne portoient point les armes, ne servoient qu'extraordinairement, lorsqu'ils étoient convoqués ; & ce fut pour les dispenser du service militaire que l'on établit la *taille*, afin que ceux qui ne contribueroient pas de leur personne au service militaire, y contribuassent au moins de leurs deniers pour fournir aux frais de la guerre.

On attribue communément l'établissement des *tailles* à S. Louis ; elles sont cependant beaucoup plus anciennes. Pierre Louvet, médecin, en son histoire de la ville de Beauvais, rapporte une chartre de l'an 1060, par laquelle il paroît que la *taille* étoit déjà établie, puisqu'il est parlé d'une décharge qui fut donnée de plusieurs coutumes injustes, savoir la *taille* & autres oppressions, *talliam videlicet & alias oppressiones*.

La plus ancienne ordonnance qui fasse mention de la taille, est celle de Philippe-Auguste en 1190, appellée communément *le testament de Philippe-Auguste*. Elle défend à tous les prélats & vassaux du roi de faire aucune remise de la *taille* ou tolte, tant que le roi sera outre-mer au service de Dieu ; & comme la *taille* n'étoit point encore alors ordinaire ni perpétuelle, & qu'on la levoit seulement pour les besoins extraordinaires de l'état, il y a grande apparence que celle dont il est parlé dans ce testament, avoit été imposée à l'occasion du voyage que Philippe-Auguste se disposoit à faire outre-mer.

Les seigneurs levoient quelquefois des *tailles* non pour eux, mais pour le roi. Les prélats en levoient en trois cas ; 1°. pour l'ost ou la chevauchée du roi ; 2°. pour le pape ; 3°. pour la guerre que leur église avoit à soutenir.

Lorsque la *taille* se levoit pour l'ost du roi, elle duroit peu, parce que le ban qui étoit la convocation & assemblée des nobles & ecclésiastiques pour le service militaire, ne duroit alors que 40 jours.

En général, les nobles & ecclésiastiques non mariés & non marchands ne payoient point de *taille*.

Les clercs mariés payoient la moitié de ce qu'ils auroient payé s'ils n'eussent pas été clercs.

Les nobles & les clercs contribuoient même en certains lieux ou pour certains biens, suivant des lettres du mois d'avril 1331, pour la sénéchaussée de Carcassonne, dans lesquelles il est dit que les nobles & ecclésiastiques avoient coutume ailleurs de contribuer aux *tailles* & collectes pour les maisons & lieux qu'ils habitoient.

On exempta aussi de la *taille* quelques autres personnes, telles que ceux qui étoient au service du roi, les baillis royaux, les ouvriers de la monnoie.

Les bourgeois & même les vilains ne pouvoient aussi être imposés à la *taille* la première année qu'ils s'étoient croisés ; mais si la *taille* avoit été assise avant qu'ils se fussent croisés, ils n'en étoient affranchis que pour la seconde année, à moins qu'il ne se fît quelque levée pour l'armée : ce qui fait connoître que l'imposition qui se faisoit pour l'ost & chevauchée du roi, étoit alors différente de la *taille*.

C'est ce que l'on trouve dans une ordonnance de Philippe Auguste, de l'an 1214, touchant les croisés, où ce prince dit encore qu'ils ne sont pas exempts de l'ost & de la chevauchée, soit qu'ils aient pris la croix avant ou après la convocation.

Suivant cette même ordonnance, quand un croisé possédoit des terres sujettes à la *taille*, il en payoit la *taille* comme s'il n'étoit pas croisé : ce qui fait voir qu'il y avoit dès-lors deux sortes de *taille*, l'une personnelle, qui étoit une espèce de capitation dont les croisés étoient exempts ; l'autre réelle, qui étoit due pour les maisons & terres taillables, c'est-à-dire, roturières ; les gentilshommes même payoient la *taille* pour une maison de cette espèce, lorsqu'ils ne l'occupoient pas par eux-mêmes.

La *taille* fut levée par S. Louis en 1248, à l'occasion de la croisade qu'il entreprit pour la terre sainte : mais ce n'étoit encore qu'une imposition extraordinaire.

Les lettres de ce prince, du mois d'avril 1250, contenant plusieurs réglemens pour le Languedoc, portent que les *tailles* qui avoient été imposées par le comte de Montfort, & qui peu après avoient été levées au profit du roi, tandis qu'il occupoit en paix ce pays, demeureroient dans le même état où elles avoient été imposées, & que s'il y avoit eu quelque chose d'ajouté, il seroit ôté :

Que si dans certains lieux il y avoit eu des confiscations considérables au profit du roi, la *taille* seroit diminuée à proportion, jusqu'à ce que les héritages confisqués parvinssent à des gens taillables.

Il y est encore dit que dans les lieux où il n'y auroit plus de *taille*, les anciens droits qui étoient dus dans le pays d'Alby, & qui avoient cessé d'être payés depuis l'imposition des *tailles*, seront confisqués ; qu'à l'égard des *tailles* de Calvison & autres lieux des environs de Nismes & des places qui avoient été mises dans la main du roi, & qui ſervoient aux uſages publics, on en compoſeroit ſuivant ce qui ſeroit juſte.

Le roi permettoit quelquefois aux communes ou villes & bourgs érigés en corps & communautés, de lever ſur elles-mêmes des *tailles* autant qu'il en falloit pour payer leurs dettes ou les intérêts qui en étoient échus.

Les Juifs levoient auſſi quelquefois ſur eux des *tailles* pour leurs affaires communes.

S. Louis fit un réglement pour la manière d'aſſeoir & de lever la *taille* : nous en avons déjà parlé au mot ELECTION.

La *taille* n'étoit pas encore perpétuelle ſous le roi Jean, en 1358, puiſque Charles V, ſon fils, en qualité de lieutenant du royaume, promit que moyennant l'aide qui venoit d'être accordée par les états, toutes *tailles* & autres impoſitions ceſſeroient.

Dans une ordonnance du roi Jean lui-même, du 20 avril 1363, faite en conſéquence de l'aſſemblée des trois états de la ſénéchauſſée de Beaucaire & de Niſmes, il eſt parlé des charges que les peuples de ce pays avoient ſouffertes & ſouffroient tous les jours par le fait des *tailles* qui avoient été impoſées tant pour la rançon de ce prince, que pour l'expulſion des ennemis, & pour les gages des gens d'armes & autres dépenſes.

Les autres cas pour leſquels le roi levoit la *taille*, étoient pour la chevalerie de ſon fils aîné, pour le mariage de ſes filles. Ces *tailles* ne ſe levoient que dans les domaines du roi.

Dans ces mêmes occaſions, les vaſſaux du roi tailloient auſſi leurs ſujets pour payer au roi la ſomme dont ils devoient contribuer ; & ordinairement ils trouvoient bénéfice ſur ces levées.

Ce ne fut qu'en 1445, ſous le règne de Charles VII, que la *taille* fut rendue annuelle, ordinaire & perpétuelle. Elle ne montoit alors qu'à 1800000 liv. & la cote de chacun étoit ſi modique, que l'on s'empreſſoit à qui en paieroit davantage.

Depuis ce temps les *tailles* ont été augmentées par degré, & quelquefois diminuées : elles montent préſentement à une ſomme très-excédente.

La *taille* eſt perſonnelle ou plutôt mixte, c'eſt-à-dire, qu'elle s'impoſe ſur les perſonnes à raiſon de leurs biens. En quelques provinces, comme en Languedoc, elle eſt réelle : ce ſont les biens qui la doivent.

Dans les pays où la *taille* eſt perſonnelle, elle n'eſt due que par les roturiers : les nobles & les eccléſiaſtiques en ſont exempts. Il y a encore beaucoup d'autres perſonnes qui en ſont exemptes, ſoit en vertu de quelque office, commiſſion ou privilège particulier.

L'édit du mois de novembre 1666 veut que tous ſujets taillables qui ſe marieront avant ou dans leur vingtième année, ſoient exempts de *tailles* juſqu'à ce qu'ils aient vingt-cinq ans : mais l'arrêt d'enregiſtrement porte que ceux qui contracteront mariage en la vingt-unième année de leur âge & au-deſſous, & qui prendront des fermes, ſeront taillables, à proportion du profit qu'ils y feront.

Le grand âge n'exempte point de la *taille*.

Le montant général de la *taille*, & des autres impoſitions acceſſoires, telles que taillon, crue, uſtenſile, cavalier, quartier d'hiver, capitation, eſt arrêté tous les ans au conſeil du roi ; on y fixe auſſi la portion de ces impoſitions que chaque généralité doit ſupporter.

Il ſe fait enſuite deux départemens de ces impoſitions, l'un général, l'autre particulier.

Ce département général ſe fait ſur chaque élection par les tréſoriers de France en leur bureau, en conſéquence du brevet ou commiſſion qui leur eſt adreſſé par le roi. L'intendant préſide au bureau, & après avoir oui le rapport de celui qui a fait les chevauchées, on expédie, en préſence de l'intendant, les attaches & ordonnances qui contiennent ce que chaque élection doit porter de *taille*.

Le département particulier ſur chaque paroiſſe ſe fait auſſi par l'intendant, avec celui des tréſoriers de France qui eſt député à cet effet, & trois des préſidens & élus nommés & choiſis par l'intendant ; on appelle à ce département le procureur du roi, le receveur des *tailles* & le greffier de l'élection.

Cette répartition faite, l'intendant & les officiers de l'élection adreſſent des mandemens aux maires & échevins, ſyndics & habitans de chaque paroiſſe, par leſquels il leur notifie que la paroiſſe eſt impoſée à une telle ſomme pour le principal de la *taille*, crues & impoſitions y jointes.

Ce mandement porte auſſi que cette ſomme ſera, par les collecteurs nommés à cet effet, répartie ſur les habitans, levée par les collecteurs, & payée ès mains du receveur des *tailles* en exercice, en quatre paiemens égaux ; le premier, au premier décembre ; le ſecond, au premier février ; le troiſième, au dernier avril ; le quatrième, au premier octobre.

Ces rôles ſe font ordinairement dans le mois de novembre.

On y impoſe auſſi 6 deniers pour livre de la *taille*, attribués aux collecteurs pour leur droit de collecte, & une certaine ſomme pour le droit de ſcel, ſuivant le tarif.

Quand il y a quelque rejet à faire ſur la paroiſſe, on ajoute la ſomme au rôle des *tailles*, en vertu d'ordonnance de l'intendant.

Les taxes d'office ſont marquées dans le mandement qui eſt adreſſé aux collecteurs, & doivent être par eux employées dans le rôle ſans aucune diminution, ſi ce n'eſt qu'il fût ſurvenu depuis quelque diminution dans les facultés du taillable.

Ceux qui, étant taxés d'office, ſe prétendent ſurchargés, doivent ſe pourvoir par oppoſition devant l'intendant.

On ne doit pas comprendre dans les rôles des *tailles* les eccléſiaſtiques pour les biens d'égliſe qu'ils possèdent, les nobles vivant noblement, les officiers des cours supérieures, ceux du bureau des finances, ceux de l'élection qui ont domicile ou résidence dans le ressort d'icelle, & tous les officiers & privilégiés dont les privilèges n'ont point été révoqués ou suspendus.

Les gens d'église, nobles vivant noblement, officiers de cour supérieure & secrétaires du roi, ne peuvent faire valoir qu'une seule ferme du labour de quatre charrues à eux appartenante; les autres privilégiés une ferme de deux charrues seulement.

Les habitans qui vont demeurer d'une paroisse dans une autre, doivent le faire signifier aux habitans en la personne du syndic, avant le premier octobre, & faire dans le même temps leur déclaration au greffe de l'élection dans laquelle est la paroisse où ils vont demeurer.

Nonobstant ces formalités, ceux qui ont ainsi transféré leur domicile, sont encore imposés pendant quelque temps au lieu de leur ancienne demeure, savoir, les fermiers & laboureurs pendant une année, & les autres contribuables pendant deux, au cas que la paroisse dans laquelle ils auront transféré leur domicile soit dans le ressort de la même élection, & si elle est d'une autre, les laboureurs continueront d'être imposés pendant deux années, & les autres contribuables pendant trois années.

Ceux dont les privilèges ont été révoqués, qui transfèrent leur domicile dans des villes franches, abonnées ou tarifiées, sont compris pendant dix ans dans le rôle du lieu où ils avoient auparavant leur domicile.

Les habitans qui veulent être imposés dans le lieu de leur résidence pour tout ce qu'ils possèdent ou exploitent en diverses paroisses, doivent en donner leur déclaration au greffe de l'élection avant le premier septembre de chaque année.

Les rôles sont écrits sur papier timbré avec une marge suffisante pour y écrire les paiemens.

Aussi-tôt que le rôle est fait, les collecteurs doivent le porter, avec le double d'icelui, à l'officier de l'élection qui a la paroisse dans son département, pour être par lui vérifié & rendu exécutoire.

Lorsqu'il est ainsi vérifié, il doit être lu par les collecteurs à la porte de l'église, à l'issue de la messe paroissiale, le premier dimanche ou jour de fête suivant.

Ceux qui, étant cotisés à l'ordinaire, se prétendent surchargés, doivent se pourvoir devant les officiers de l'élection : mais le rôle est toujours exécutoire par provision. *Voyez* AIDE, COLLECTEUR, COTTE, ELECTION, & *le Dictionnaire des finances au mot* TAILLE.

TAILLE, (*Droit féodal.*) Les seigneurs perçoivent deux espèces de *tailles*, qu'il faut bien distinguer; la *taille* annuelle, & la *taille* extraordinaire, qui ne se lève que dans certaines occasions.

On ne parlera ici que de la *taille* annuelle : on traitera de la *taille* extraordinaire au mot TAILLE AUX QUATRE CAS, qui est celui dont on se sert le plus communément pour la désigner.

On a déjà vu, au mot TAILLABLE, que la *taille* annuelle paroît dériver des chartres d'affranchissement accordées aux main-mortables, & des adoucissemens que l'exemple & la coutume apportèrent à ce droit dans les seigneuries même où la main-morte fut conservée : on y a examiné quel étoit le véritable sens de ce mot *taillable*, dans quels cas il étoit synonyme de *main-mortable*. Il ne s'agit plus ici que de traiter ce qui est relatif à l'assiette & au paiement de ce droit.

On va donc examiner ici, 1°. si la *taille* est réelle, personnelle ou mixte; 2°. comment elle doit être imposée; 3°. ce qui concerne la manière de la payer.

§. I. *La* taille *est-elle réelle, personnelle ou mixte?* Il semble d'abord qu'il n'y a pas de difficulté à décider avec Laurière, « qu'il y a des *tailles* seigneuriales, qui sont réelles, ou dues à raison » des fonds, & d'autres qui sont personnelles, » c'est-à-dire, qui s'imposent sur le chef des personnes ». (*Notes sur les Institutes de Loisel, liv. 6, tit. 6*, §. 2.)

Davot dit aussi « qu'il y a des *tailles* réelles & » même personnelles..... mais que les seigneurs » n'en peuvent lever qu'en vertu de titres faits » entre eux & leurs justiciables, ou possesseurs » des héritages situés dans leurs seigneuries ». *Traité des seigneuries, art. 5*, §. *276*.

Cependant plusieurs jurisconsultes d'un grand mérite, tels que Collet & le président Bouhier, prétendent que la *taille* est toujours une prestation personnelle ou mixte, qui n'est due sur les héritages que par les taillables domiciliés dans la jurisdiction du seigneur des héritages à raison desquels on veut l'asseoir.

La *taille* est, disent-ils, un droit régalien, que les seigneurs ont acquis, comme tant d'autres, par les circonstances qui leur ont fait partager la souveraineté : ce n'est point un droit de fief & de servitudes, puisque les propriétaires d'aleux, & ceux même qui ne possédoient rien, la payoient comme les autres; en un mot, puisqu'elle portoit indistinctement sur tous les sujets de la seigneurie, & que les hommes libres en étoient grevés. La preuve en est consignée dans les monumens qui nous restent de ces temps-là; elle est littéralement écrite dans la très-ancienne coutume de Bourgogne, qu'on peut juger au style être du commencement du quatorzième siècle, temps auquel ces *tailles* se percevoient le plus généralement. L'article 143 de cette coutume, parlant de la *subvention de monseigneur le duc*, porte : « l'homme taillable & justiciable d'autre seigneur ne paie rien au duc ». Cet article ajoute : « & si mondit seigneur a part » en la justice, la subvention se fera toute : mais » monseigneur ne levera que la moitié pour la » moitié qu'il y a ». La *taille*, la subvention, étoient

étoient donc un droit de justice, puisqu'on ne la payoit qu'au seigneur justicier, puisque sa portion, dans le produit de la *taille*, étoit relative à celle qu'il avoit dans cette même justice. Aussi voyons-nous dans les coutumes qui se sont expliquées sur cet objet, qu'on ne pouvoit être contraint à payer la *taille* qu'à un seul seigneur, au lieu qu'on tenoit sous plusieurs des héritages censuels & main-mortables : preuve que cette *taille* n'avoit rien de commun ni avec la main-morte, ni même avec la directe.

En 1569, la coutume de Bourgogne fut réformée pour la dernière fois. Les droits des personnes & des choses y sont mieux classés : on y parle des taillables, non pas comme dans les autres, sous le titre *de la main-morte*, mais sous le premier, dont la rubrique est : *des justices & droits appartenans aux seigneurs hauts-justiciers.* Les magistrats qui ont présidé à cette rédaction connoissoient mieux que personne la *taille* & ses différens attributs, puisqu'elle étoit plus commune en Bourgogne que par-tout ailleurs : ils la mettent, comme l'on voit, au nombre *des droits de la haute-justice.*

Les anciennes & nouvelles ordonnances de nos rois sur les *tailles* générales qu'ils lèvent dans le royaume, indiquent la même chose. Le concile de Latran, de l'an 1176, défend aux évêques, dans le chapitre 4, de surcharger leurs sujets de *tailles* ni d'autres exactions, *ne subditos suos* talliis *& exactionibus episcopi gravari præsumant.* On ne voit aucune coutume qui ait mis la *taille* au rang des charges réelles. Quelques-unes au contraire, comme Bourbonnois, *art. 189, 190 & 195*, disent précisément qu'elle est personnelle, & qu'elle s'impose *sur le chef & la personne ;* d'autres, comme Nivernois, *chap. 8, art. 3*, donnent à entendre qu'elle est mixte, en déclarant qu'elle s'impose « sur le » corps des taillables & sur leurs meix ; & que » si pourtant ils n'en ont point, il n'est pas moins » loisible au seigneur de les imposer sur leurs corps » seulement ».

Il résulte de-là que les forains ne doivent pas y être imposés, encore qu'ils aient des héritages dans l'étendue de la seigneurie à qui ce droit appartient. La chose fut ainsi décidée par un arrêt du parlement de Paris, du 5 juillet 1651 : c'est aussi le sentiment de M. Bernard Martin, dans ses mémoires manuscrits sur la coutume de Bourgogne ; il dit l'avoir vu juger de même par une sentence des requêtes du palais, en faveur de plusieurs particuliers du village de Tarrot, qui avoient des fonds dans celui de Giroles, contre l'abbé de S. Martin d'Autun, seigneur de Giroles.

Davot reconnoît lui-même que les *tailles* réelles sont des redevances annuelles affectées sur les héritages, & qui sont fixées par titre, soit sur tous les héritages d'une seigneurie en général, ou en particulier sur des corps d'héritages séparément ; que celles-ci sont de même espèce que les autres charges foncières dues au seigneur, ensorte que ce n'est qu'improprement que le nom de *tailles* leur est donné, à moins qu'elles ne puissent varier, & être plus ou moins fortes dans un temps que dans un autre, à la volonté raisonnable des seigneurs.

Enfin Loisel dit, dans ses institutes, *liv. 6, tit. 6*, §. *8*, « que noble n'est tenu de payer *taille*, ni » faire viles corvées à son seigneur, mais le servir » en guerre & autres actes de noblesse ».

Dunod de Charnage dit bien, dans ses observations sur la coutume de Bourgogne, *tit. des cens, n. 10*, « que les *tailles* sont communément réelles, » & imposées à proportion de ce que chacun des » taillables a d'héritages dans la seigneurie, au » moyen de l'également qui s'est fait entre les » sujets qui sont obligés de répartir entre eux la » *taille* abonnée, à moins qu'il n'en ait été con- » venu ou usé autrement : mais cela peut encore » s'entendre d'une *taille* mixte ou personnelle- » réelle ».

Il n'est pas douteux néanmoins qu'il y a dans diverses seigneuries des *tailles* purement réelles, qui sont dues par l'héritage, & que ses détenteurs ne peuvent pas se dispenser d'acquitter, où que soit leur domicile, & quelle que soit leur qualité. On en trouve même la preuve dans nos coutumes : celle d'Auvergne, après avoir déclaré, dans l'article 15 du titre 17, que le droit de *tailles* & corvées dues à volonté est imprescriptible, à moins qu'il n'y ait contradiction, ajoute, dans l'article suivant, « qu'au regard des *tailles*, charrois, cor- » vées & manœuvres certains dus sur héritages, » se prescrivent par ledit laps de trente ans ».

Masuer, que l'on peut regarder comme le premier compilateur des usages d'Auvergne, parle au titre *de possessorio, n. 12*, de tenanciers taillables à merci & volonté. *Si tenementarius est taillabilis* à merci *& voluntate.* Basmaison suppose aussi que les *tailles* & corvées à merci peuvent être dues sur héritages certains. Enfin, il y a dans plusieurs provinces, & particulièrement dans la Lorraine, la Champagne, & le pays Messin, des droits qui ont beaucoup de rapport à la *taille*, & qu'on connoît sous le nom d'*assise*, *bichet*, *charruage*, &c. La jurisprudence du parlement de Paris est de les réputer des charges réelles, quoiqu'ils paroissent dériver de la concession des bourgeoisies, comme les droits de jurée. On peut en voir des preuves dans les additions de Bechefer à la bibliothèque de Bouchel, & dans la nouvelle collection de Denisart, au mot *Assises.* Il y a eu depuis divers arrêts conformes.

Aussi Laurière a-t-il observé, sur la règle ci-dessus citée de Loisel, « qu'elle n'étoit véritable que » lorsque les *tailles* ou les corvées étoient person- » nelles ; mais que si elles étoient réelles, ou » dues à cause des fonds, les nobles ou les pri- » vilégiés qui possèdent ces fonds doivent payer » les *tailles* ou l'évaluation des corvées, ou donner » un homme qui les fasse ».

Quant à ce qu'on dit sur l'origine de la *taille*,

& sa distinction d'avec le droit de main-morte, *voyez l'article* TAILLABLE.

§. II. *Comment la* taille *doit-elle être imposée?* L'imposition de la *taille* seigneuriale étoit autrefois entièrement arbitraire, & cela n'étoit pas extraordinaire, puisqu'elle n'étoit guère due que par les main-mortables dont tous les biens & la personne même étoient à la disposition absolue de leur seigneur. La plupart de nos coutumes, & les titres des seigneuries, supposent encore la même chose, quant à la *taille* seigneuriale. La coutume de Troyes dit expressément, dans l'article 3, qu'il y a des hommes *taillables envers leur seigneur de* taille *à volonté*. La coutume d'Auvergne en dit autant dans l'article 15 du titre 17. Celle de Bourbonnois dit aussi « que la *taille* est à volonté imposable, & » que le seigneur la peut croître & diminuer selon » les facultés des biens de celui qui la doit ».

On doit entendre de la même manière ce que la coutume de Bourgogne, *art. 104*, & celle de Franche-comté, *art. 101*, disent des gens de condition main-mortable, *taillables hauts & bas*.

On a vu, au mot *taillable*, que les chartres d'affranchissement & de main-morte ont commencé à donner des bornes à cette faculté illimitée dans plusieurs seigneuries. Des conventions semblables, & l'usage ancien, ont produit le même effet dans des terres de main-morte. Dans les seigneuries même où il n'y a ni traité, ni possession qui fixe la *taille* à une certaine somme, le caprice du seigneur n'est plus la règle de cette imposition.

La coutume de Nivernois, *chap. 8*, *art. 1*, dit « qu'homme & femme de condition servile sont » taillables par le seigneur, *à volonté raisonnable*, » une fois l'an ».

La coutume de Chaumont, *art. 3*, dit aussi « qu'ils » sont taillables envers leur seigneur à volonté » raisonnable ». M. le président Bouhier remarque fort bien que cette modification se supplée dans toutes les autres coutumes, de l'aveu de tous les commentateurs : c'est ainsi qu'il faut entendre ce que dit la coutume de Bourbonnois sur l'accroissement & la diminution de ce droit.

De Laistre, sur la coutume de Chaumont; Auroux des Pommiers, & M. Ducher, sur la coutume de Bourbonnois, prétendent même que le droit de *taille* à volonté a été aboli par l'article 23 de l'ordonnance de Moulins, & par l'article 275 de celle de Blois, qui ont défendu de lever sur les peuples aucune somme de deniers sans permission du roi, portée par une commission expresse.

Mais ces défenses ne sont faites qu'aux gouverneurs des provinces & officiers royaux, & non aux seigneurs; quand les ordonnances ont parlé de ces derniers, elles leur ont seulement défendu d'exiger de leurs hommes aucunes exactions indues & autres que celles « dont les sujets sont rede- » vables de droit, & où ils peuvent être con- » traints par justice ».

Différens arrêts, dont quelques-uns sont postérieurs aux ordonnances de Moulins & de Blois, ont effectivement confirmé ce droit aux seigneurs.

C'est ce que le parlement de Toulouse a jugé plus d'une fois, comme on peut le voir dans Cambolas, *liv. 3*, *chap. 21*; & c'est sans doute sur le même fondement que celui de Paris, par son arrêt du 23 mai 1633, décida contre les habitans de Bengy en Berri, que leur seigneur n'étoit pas obligé d'obtenir des lettres d'assiette pour imposer sur eux une pareille *taille*, & qu'il pourroit convenir les refusans pour ce regard pardevant son juge.

Au reste, la coutume de Nivernois est la seule de nos coutumes générales qui règle la manière dont la répartition de la *taille* doit être faite. L'article 2 du chapitre 8 porte : « que pour imposer » la *taille* susdite, le seigneur ou ses commis doi- » vent appeller deux ou trois preud'hommes, tels » que bon leur semblera, de la paroisse ou village » où sont demeurans lesdits hommes & femmes, » pour entendre d'eux & soi informer sommaire- » ment & sans forme judicielle, des facultés des- » dits hommes & femmes : pour selon ce qui se » trouvera, croître ou diminuer raisonnablement » la *taille* desdits taillables ».

La coutume de Château-neuf, locale de Bourges, porte aussi, dans l'article 3 du titre 1, que « quant » aux serfs non abonnés, l'homme serf, ou serve, » tenant feu & lieu, est tenu payer & bailler à » son seigneur à deux termes, Noël & S. Jean- » Baptiste, par chacun an, une *taille* serfve à vo- » lonté raisonnable, qui sera faite & imposée par » rôle, sur lesdits serfs & serfves tenant feu & » lieu, à l'arbitrage du seigneur & du bailli des- » dites seigneuries, ou son lieutenant, en la pré- » sence ou sur ce prins l'avis du procureur-fiscal, » du sergent baillial desdites seigneuries, du pré- » vost fermier des émendes & greffier, & de deux » ou trois hommes de condition servile, qui peu- » vent savoir & connoître les biens & facultés » desdits hommes & femmes serviles, eu égard » aux moyens & facultés du serf ou serfve tail- » lables que l'on impose à la *taille* ».

D'autres coutumes, locales de la même province, ont des dispositions conformes.

Deux arrêts du parlement de Bourgogne, des 28 juin 1565 & 13 janvier 1569, semblent néanmoins supposer qu'il n'y a que la répartition de la *taille*, & non pas l'assiette générale, que les habitans aient le droit de discuter. Le premier de ces arrêts, en maintenant l'abbé de S. Benigne de Dijon dans le droit de tailler les habitans d'Echirey à volonté, ajoute seulement que la somme de la *taille* faite par lui ou par ses commis, « seroit dé- » noncée à ces habitans pour la faire égaler & » départir sur eux par le maître de la chambre » (c'est-à-dire, le chambrier) de ladite abbaye, » appellés quatre prudhommes qui seroient par » eux choisis & par leur avis ».

Le second arrêt, en assurant un droit semblable

au chapitre de Saint-Denis-de-Vergy sur les habitans de Chambœuf, ordonne qu'après la signification qui leur seroit faite de la somme à laquelle ils auroient été imposés, « ils seroient tenus de » départir & égaler cette somme entre eux & les » autres tenanciers des héritages taillables, & d'en » faire un rôle qui seroit signé d'un notaire royal, » lequel ils seroient tenus de faire bon & garantir, » & qui seroit délivré au receveur du chapitre, » pour se faire payer des sommes qui y seroient » contenues ».

Mais un autre arrêt, en maintenant le prieur de Saint-Léger au droit d'imposer par ses commis les habitans d'Estervaux, chacun au haut & bas & à volonté par un billet qu'il leur enverroit, leur réserve à se pourvoir par supplication, remontrances & tous les autres moyens de justice en ce qu'ils voudroient dire que la *taille* imposée sur eux est excessive.

On a vu, au mot TAILLABLE (*serf*), que le roi, en sa qualité de seigneur de Châtillon-sur-Indre, pouvoit aussi modérer la *taille* excessive que les seigneurs mettroient sur leurs serfs. Cette prérogative du roi forme aujourd'hui le droit commun, & l'appel d'une surtaxe seroit incontestablement reçu dans tous les tribunaux.

Au reste, Coquille, après avoir demandé quel pied l'on doit prendre pour fonder l'arbitrage des prudhommes, pense qu'il faut enquérir quelle épargne le serf peut faire par chacun an, & sur cette épargne, proportionner la *taille* pour une certaine quotité, qui peut être un dixième, tel que le droit des Lévites sur le peuple d'Israël, & le tribut que les Romains levoient sur les peuples conquis.

Cette imposition donne lieu à peu de contestations aujourd'hui. Outre qu'elle est abonnée dans la plupart des seigneuries, le même auteur remarque que « si d'ancienneté les *tailles* étoient de » bon revenu aux seigneurs qui étoient seuls à » prendre, de présent que les *tailles* du roi sont » en ordinaire & excessivement crues, les rois » prennent tant qu'il n'y a rien de reste pour les » seigneurs ».

§. III. *Du paiement de la taille seigneuriale.* On a déjà vu que les seigneurs ne sont point obligés d'obtenir des lettres d'assiette pour le paiement de la *taille* & des autres droits qu'ils imposent sur leurs serfs ou sur leurs bourgeois. Ils peuvent convenir les refusans pardevant leurs juges, comme pour droits seigneuriaux & domaniaux, suivant l'arrêt du 23 mai 1633, rendu au profit du chapitre de l'église de Bourges, contre les habitans de Bengy. Enfin, ils peuvent procéder par exécution pour la dernière année de la *taille*, par vertu du rôle signé du greffier, ou autre à ce commis, suivant les coutumes du châtelet, *art. 3*; de Linières, *art. 9*, & de Nançay, *art. 6*. *Voyez* la Thaumassière, dans ses coutumes locales de Berry, *part. 1, chap. 7, pag. 9 & 10.*

Les coutumes ne parlent que de la dernière année. Les années précédentes peuvent-elles au moins être demandées par action ? On tient assez généralement la négative, & Loisel en a fait une de ses règles de droit françois. « Corvées, *tailles*, » guet, garde & quêtes n'ont point de suite & ne » tombent point en arrérages ». (*Institutes coutumières, liv. 6, tit. 6, §. 10.*)

Il faudroit décider autrement s'il s'agissoit d'une *taille* réelle, due sur un fonds. Elle jouit alors des prérogatives des cens. C'est du moins la distinction que fait l'article 22 du titre 25 de la coutume d'Auvergne.

Quant au droit même de la *taille*, on tient assez généralement qu'il est imprescriptible de la part des redevables. La raison qu'on en donne est que c'est un droit seigneurial & de pure faculté.

Dunod soutient au contraire « que les *tailles* » extraordinaires, particuliérement lorsqu'elles ont » été personnelles, qu'il y a eu occasion d'en user » sans qu'on l'ait fait, & qu'il y a des cens sur » les héritages, se perdent par la prescription de » quarante ans, ou du moins d'un temps immé- » morial; ce qui est bien juste, si elles peuvent » être acquises par cette voie, comme on le sup- » pose ».

« Il est constant d'ailleurs, ajoute Dunod, que » les droits seigneuriaux extraordinaires qui ne sont » ni de l'essence, ni de la nature du fief ou de la » justice, sont prescriptibles; & il me paroît qu'on » ne peut pas dire avec fondement, comme je l'ai » souvent entendu soutenir, que ce soit un droit » de faculté, parce que le seigneur a une action » pour l'exiger, & qu'on doit supposer venir d'une » convention; autrement il seroit encore moins » légitime ».

Cependant Dunod reconnoît lui-même que, « par arrêt rendu au parlement de Besançon, à » la tournelle, au rapport de M. Marlier, le 15 » mars 1729, entre M. le marquis de Brossia & » la communauté de Neufblanc, une *taille* due » annuellement par cette communauté en corps, » & une autre *taille* affectée sur chaque maison » du lieu, ont été jugées dues, quoiqu'on ne les » eût ni exigées, ni fait reconnoître depuis plus » de cent ans. Les raisons qui paroissent avoir » déterminé la cour dans ce cas, sont que ces *tailles* » avoient été subrogées à la main-morte réelle & » personnelle, dont le territoire de Neufblanc » avoit été affecté (il en constoit par le titre d'as- » franchissement produit au procès), & qu'il n'y » avoit d'autres cens sur les maisons ni sur les » héritages du territoire, quoique les lods y fussent » dus, & que les habitans ne les contestassent pas. » On a donc regardé ces *tailles* comme un cens » seigneurial, imprescriptible par lui-même, con- » servé par la prestation des lods, qui en sont un » accessoire, & subrogé à un droit qui n'étoit pas » sujet à la prescription, d'autant que les habitans » de Neufblanc jouissant de la franchise, il étoit

» bien juste qu'ils continuassent à payer ce qu'ils » avoient promis en échange & par réciprocité. » Ces raisons, dit toujours Dunod, font croire » que l'arrêt ne devroit pas être tiré à conséquence » en d'autres circonstances ». (*M. Garran de Coulon, avocat au parlement.*)

Taille a discrétion. *Voyez* Taille a volonté.

Taille a merci. *Voyez* Taille a volonté.

Taille a miséricorde. *Voyez* Taille a volonté.

Taille a volonté, *ou* a discrétion, a merci, *ou* a miséricorde, *ad bene placitum*, (*Droit féodal.*) c'est une *taille* serve que le seigneur lève annuellement sur ses hommes; on l'appelle *taille à volonté*, non pas que le seigneur soit le maître de la lever autant de fois que bon lui semble, mais parce que dans l'origine, le seigneur faisoit son rôle aussi fort & aussi léger qu'il le vouloit; présentement il se fait *arbitrio boni viri*, & selon la possibilité. *Voyez* la Peyrère, *lett. 2, n. 8.* (*A*) *Voyez* le §. II de l'article Taille, (*Droit féodal*).

Taille abonnée, est celle qui est fixée pour toujours à une certaine somme.

L'abonnement est, en général, pour une province en particulier, pour une ville, bourg ou village.

Ces abonnemens se font en considération de la finance qui a été payée au roi pour l'obtenir.

Il y a des *tailles* seigneuriales qui ont été abonnées de même avec les seigneurs.

Pour l'abonnement de la *taille* royale, on obtient des lettres en la grande chancellerie, par lesquelles, pour les causes qui y sont exprimées, sa majesté décharge un tel pays ou un tel lieu de toutes *tailles* moyennant la somme de... qui sera payée par chacun an, au moyen de quoi, dans les commissions qui sont adressées pour faire le département des *tailles*, il est dit qu'un tel pays ou lieu ne sera taxé qu'à la somme de.... pour son abonnement. (*A*)

Taille abournée, est la même que *taille abonnée* ou *jugée*. (*A*)

Taille annuelle, est celle qui se lève chaque année, à la différence de certaines *tailles* seigneuriales qui ne se lèvent qu'en certains cas & extraordinairement. *Voyez* Taille aux quatre cas. (*A*)

Taille ès cas impériaux, étoit celle que les dauphins du Viennois levoient, comme plusieurs autres seigneurs, en certains cas. On l'appelloit ainsi, parce qu'apparemment les dauphins tenoient ce droit des empereurs, & on lui donnoit ce surnom pour la distinguer de la *taille* serve ou mortaille. *Voyez l'Histoire du Dauphiné*, par M. de Valbonay.

Taille coutumière, (*Droit féodal.*) est celle qu'en vertu d'un ancien usage on a accoutumé de percevoir en certains temps de l'année. Ces *tailles* sont ainsi nommées dans plusieurs anciennes chartres, notamment dans la chartre de commune de la ville de Laon, en 1128. Les termes ordinaires étoient à la Toussaint, à Noël, à Pâques & à la S. Jean; quelquefois la *taille coutumière* ne se levoit que trois fois l'an; savoir, en août, Noël & Pâques. *Voyez* la coutume de Bourbonnois, *art. 202.* (*A*). *Voyez* Taille, (*Droit féodal.*) §. 3.

Taille domiciliaire, est la même chose que *taille* personnelle. On donne indifféremment ces deux noms à la *taille* que l'on paie au lieu de son domicile.

Taille franche *ou* libre, (*Droit féodal.*) est une *taille* seigneuriale qui ne rend point la personne serve, quoiqu'elle soit imposée sur son chef. Cette *taille* franche est due dans les cas portés par la coutume, ou fixés par l'usage ou la convention par l'homme franc, ou tenant héritage en franchise à devoir d'argent. *Voyez* la coutume de Bourbonnois, *art. 189;* celle de la Marche, *art. 69 & 132*, & les mots Mortaille, Taille serve & Taille mortaille (*A*).

Voyez aussi l'article Taillable.

Taille générale. *Voyez* Taille & Taille aux quatre cas.

Taille haut et bas, (*Droit féodal.*) Dans la coutume du duché de Bourgogne, est la *taille* aux quatre cas, qui se lève sur les taillables haut & bas, c'est-à-dire, tant sur les vassaux & autres tenanciers libres, que sur les serfs & main-mortables. *Voyez* le chapitre 10 de cette coutume, *art. 97.* (*A*)

Taille jugée, *ou* abonnée, est la même chose. *Voyez* Taille abonnée.

Taille jurée, (*Droit féodal.*) Ragueau dit, dans le glossaire du droit françois, que c'est une espèce de *taille* qui se paie sans enquérir de la valeur des biens des habitans, dont est fait mention ès arrêts de Paris du 26 mai & premier juin 1403.

Cet auteur ajoute qu'elle est aussi appellée *taille & jurée*, dans un arrêt du dernier mai 1477. Il paroît résulter de-là que c'est la même chose que le droit de bourgeoisie ou de jurée. *Voyez* Jurée. (*G. D. C.*)

Taille de marchands, est le nom qu'on donne à un morceau de bois fendu en deux, sur lequel sont marquées, par une coupure qui s'étend sur les deux parties, les livraisons qu'un marchand détailleur fait journellement à un particulier.

Le marchand & le particulier tiennent chacun une partie de ce morceau de bois; celle qui est entre les mains du premier s'appelle proprement la *taille*; l'autre se nomme *échantillon* ou *contre-taille*.

Lorsque le marchand fait des fournitures au particulier, il joint ensemble les deux parties du morceau de bois, & il y forme, avec un couteau, un chiffre qui désigne la quantité de ce qu'il fournit.

Les *tailles* tiennent lieu d'écritures pour certains marchands détailleurs ; elles font, dit Pothier, une espèce de preuve littérale de la quantité des marchandises fournies, lorsque celui à qui elles ont été fournies représente l'échantillon pour le joindre à la *taille*. M. Winantz assure, en sa décision 136, que le conseil souverain de Brabant est dans l'usage de les assimiler aux registres des gros marchands.

Ne pourroit-on pas aller plus loin, & dire qu'un registre ne doit pas faire autant de foi qu'une *taille* rapprochée de son échantillon ? En effet, un marchand peut écrire sur son registre tout ce qui lui plaît ; le bourgeois à qui il a fait des fournitures n'a pas de moyen pour l'en empêcher. Il n'en est pas de même d'une *taille* ; le marchand n'y écrit rien qu'en présence du bourgeois, & il n'y peut rien ajouter en son absence, parce que celui-ci le confondroit par la représentation de son échantillon.

Mais que doit-on décider, lorsque l'échantillon n'est pas représenté? C'est ce que va nous apprendre la coutume de Tournai, *article 14 de l'ampliation*. « Par le style des cours laies, y est-il dit, quand » quelque personne fait demande de quelque somme » de deniers, à cause de quelconque sorte de mar- » chandise que ce soit, livrée *sur taille*, que le » demandeur faisant sa demande, fait exhibition de » sa *taille*, requérant que l'ajourné exhibe la *contre-* » *taille* ; en ce cas le rée est ajourné, si avant qu'il » ait la *contre-taille* de celle exhibée, est tenu à en » faire exhibition ; à défaut de quoi faire, la *taille* » par le demandeur exhibée est tenue pour vérifiée, » & ce fait, tel demandeur est par après seulement » tenu à vérifier le prix ».

Il a été jugé, par sentence des échevins de Douai, du 23 avril 1779, rendue entre la veuve Grard, & les héritiers de M. de Calonne de Merchin, que dans le cas de cet article, la *taille* représentée par un marchand ne forme pas une présomption assez violente du non-paiement des fournitures qui y sont portées, pour écarter la prescription biennale établie par le placard de Charles-Quint en 1540, & qu'alors le bourgeois doit être renvoyé, en affirmant qu'il a acquitté ces fournitures. La veuve Grard soutenoit qu'au moins elle devoit être admise au serment supplétif, ou à la preuve testimoniale du non-paiement : elle n'a point été écoutée.

TAILLE ÈS CAS ACCOUTUMÉS, c'est la *taille* seigneuriale due dans les cas déterminés par la coutume ou par les titres du seigneur. *Voyez* TAILLE AUX QUATRE CAS. (*A*)

TAILLE LIBRE *ou* FRANCHE. *Voyez ci-devant* TAILLE FRANCHE.

TAILLE MORTAILLE, (*Droit féodal.*) *tributum mortalium*, est celle que le seigneur lève sur ses hommes de corps & de condition servile ; savoir, la *taille* une fois l'an, soit à la volonté du seigneur, ou selon quelque abonnement, & la mortaille au décès seulement de l'homme serf sur ses biens par lui délaissés, soit qu'il ait des enfans ou non (*A*)

TAILLE DU PAIN ET DU VIN, *tallia panis & vini*, étoit une levée qui se faisoit sur le pain & le vin en nature, au profit du roi ou autre seigneur.

Suivant une chartre de Philippe-Auguste, de 1215, pour la ville d'Orléans, il est dit que cette levée seroit faite depuis deux ans.

Louis VIII accorda, en 1225, aux chanoines de l'église de Paris, que la *taille* du pain & du vin, qui avoit coutume de se lever à Paris tous les trois ans, seroit levée par eux dans toute leur terre de Garlande, & dans le cloître S. Benoît, depuis le commencement des moissons, & depuis le commencement des vendanges, jusqu'à la S. Martin d'hiver, & que depuis cette fête jusqu'à Pâques le roi auroit ladite *taille*, excepté sur les propres bleds & vins des chanoines, & autres personnes privilégiées.

Le roi levoit néanmoins les *tailles* sur les terres de certains seigneurs, & même de quelques églises, comme il paroît par une chartre de Philippe-le-Hardi, de l'an 1273, pour l'église de S. Merry de Paris, laquelle chartre porte que le roi aura dans toute la terre de cette église, & sur ses hôtes, le droit de dan, le guet, la *taille*, ost & chevauchée, la *taille* du pain & du vin, *talliam panis & vini*, les mesures, la justice, *&c.*

Dans une délibération de la chambre des comptes de Paris, devers l'an 1320, il est dit qu'il seroit à propos que le roi fît refondre tous les vieux tournois & parisis qui étoient usés ; que le roi est tenu de les tenir en bon point ou état, *car il en a la* taille *du pain & du vin de sa terre*, &c. On voit par-là que cette *taille* étoit donnée au roi pour la fonte des monnoies. *Voyez le glossaire* de du Cange, au mot *Tallia*, & Sauval, *aux preuves*, *p. 72 & 77*. (*A*)

TAILLE AUX QUATRE CAS, (*Droit féodal.*) c'est une *taille* extraordinaire que les seigneurs ont droit de lever dans les cas réglés par la coutume, ou par les titres de la seigneurie.

On va traiter ce qui concerne cette matière dans l'ordre suivant.

1°. Des différentes dénominations de cette *taille*.

2°. De l'origine de ce droit.

3°. Des lieux où il est admis.

4°. Des cas où il peut être exigé.

5°. Si les cas sont réitérables.

6°. Des personnes à qui est due cette *taille*.

7°. De celles qui la doivent.

8°. De la quotité du droit.

9°. De la manière dont il se perçoit.

10°. De sa durée & de sa prescription.

§. I. *Des différentes dénominations de la taille aux quatre cas*. La dénomination de *taille aux quatre cas*, qui est connue dans le plus grand nombre des provinces, ne pouvoit pas être reçue dans toutes, puisqu'il y en a où la *taille* n'a lieu que dans deux ou trois cas. L'Anjou & le Maine sont de ce nombre. La *taille* n'y a lieu que dans les trois cas, de chevalerie, de mariage de la fille aînée, & de rançon. On l'y nomme *doublage*, parce qu'elle consiste dans le double du cens annuel.

Il en est de même de la Touraine, du Loudunois & de la Normandie. En Artois, elle n'est due que pour la chevalerie & le mariage.

Il y a au contraire des pays, tels que la plupart de ceux du droit écrit, où la *taille* est souvent due dans un plus grand nombre de cas.

Dans plusieurs des coutumes même où la *taille* s'étend aux quatre cas, elle n'en a pas moins des dénominations particulières. Celle de Poitou la nomme *loyaux aides*. Celle de Bourgogne, *droit d'indire*, ou simplement *aide*. Celle de Normandie, qui, comme on vient de le dire, n'admet que trois cas, lui donne également ce dernier nom, qui étoit aussi usité dans le même sens en Angleterre.

La même coutume donne à la *taille* le nom d'*aide-chevel*, c'est-à-dire, *aide en chef*, ou *aide principal*, par opposition aux sous-aides, que les tenanciers du vassal lui paient aussi pour l'aider à payer l'aide-chevel au chef-seigneur.

La coutume de Bourbonnois nomme ce droit indifféremment *quête* ou *taille aux quatre cas*. Le nom de *quête* est effectivement usité dans une partie du royaume pour désigner la *taille seigneuriale*. *Voyez* QUÊTE, (*Droit féodal*).

Quelques auteurs disent qu'on appelle la *taille casuelle*, droit de *muage* dans le Forez. Mais ce mot y a communément une autre signification. *Voyez* Guyot, *traité des fiefs*, *tome 5*, *seconde partie*, *chap. 1*, *n. 3*, & l'article MUAGE.

Dans quelques seigneuries, on appelle ce même droit *coutumes volontaires*, ou droit de complaisance.

En Dauphiné, on le nomme *cas impériaux*; ce même terme, ou celui de *taille impériale*, est aussi usité en Provence. M. Salvaing pense que ces deux dernières dénominations proviennent, soit de ce que deux des cas usités dans ces pays du temps de nos ancêtres étoient *prò exercitu*, & *prò corredo imperatoris*, soit de ce que la levée en a été concédée par les empereurs qui ont été souverains du Dauphiné & de la Provence, soit enfin *quòd imperantur subditis à domino*.

Les dénominations les plus exactes, sont celles d'*aides* ou de *tailles casuelles*, qui peuvent convenir à tous les pays & à tous les cas.

§. II. *De l'origine de la taille aux quatre cas.* M. Salvaing & M. Chabrol disent que la *taille* casuelle a été établie par les seigneurs, à l'exemple des patrons romains, qui recevoient des aides de leurs cliens, soit pour le mariage de leurs filles, quand ils n'avoient pas suffisamment de quoi les doter, soit pour leur propre rançon, ou celle de leurs enfans, lorsqu'ils étoient tombés en captivité chez l'ennemi, comme on le voit au livre 2 de Denys d'Halicarnasse.

Il y a lieu de croire que les seigneurs n'ont pris de renseignemens que de leur avidité, lorsqu'ils se sont fait payer ces droits moitié gré, moitié force. La bienveillance des peuples envers quelques seigneurs, ou leur dévotion envers l'église, leur aura fait d'abord accorder de légers dons gratuits dans certaines circonstances. On voit dans une transaction de 1185, entre l'évêque de Laon & ses hommes, que les prélats levoient dès-lors la *taille* sur leurs sujets, en trois cas; l'un pour host ou la chevauchée du roi; le second pour les besoins du pape, & le troisième pour les guerres particulières qu'ils avoient à soutenir. Mais la guerre d'outre-mer paroît sur-tout avoir familiarisé les esprits à la *taille* casuelle. Comme le transport seul des troupes exigeoit des dépenses extraordinaires que les querelles intestines des seigneurs ne pouvoient jamais occasionner, l'autorité temporelle & spirituelle se réunirent pour faire un devoir aux peuples d'accorder des secours aux princes & aux seigneurs qui partoient pour la Terre-sainte. On eut des motifs tout aussi propres à faire impression, lors de la captivité des chefs, qui fut trop souvent la suite de ces imprudentes entreprises.

Bientôt les nouveaux besoins que le luxe des Grecs & de l'Orient fit connoître aux peuples septentrionaux, rendirent ces secours nécessaires dans toutes les occasions d'éclat, telles que l'admission à la chevalerie & le mariage des filles; & c'est ainsi que les quatre cas les plus ordinairement admis par nos coutumes s'introduisirent presque à la fois. Les querelles des empereurs contre les papes leur servirent de prétexte pour en imaginer un cinquième, & même un sixième pour la guerre ou le passage de l'empereur. Ces derniers cas étoient si généralement admis dans l'empire & dans celles de nos provinces méridionales qui en dépendoient alors, qu'on y dénomma cette espèce de *taille* passagère, *cas impériaux*, comme on vient de le voir.

Quoiqu'on trouve des exemples d'aide & de *tailles* avant le douzième & le treizième siècle, dans du Cange & dans d'autres auteurs, ces exemples sont peu fréquens.

C'est à cette époque que la *taille aux quatre cas* se répandit presque dans toute l'Europe. On croit que saint Louis fut le premier de nos rois qui leva des *tailles* générales. Les princes voisins & les grands vassaux de la couronne en firent autant. Des statuts de Provence de l'an 1235, en parlent sous le titre de *Quêtes* (*cap. de questis*). Les cas y sont les mêmes dont fait mention Pierre Antibolus, dans son traité *de muneribus*, qui se trouve dans les archives de la chambre des comptes de Provence. Ce sont, 1°. un seul voyage du comte de Provence vers l'empereur sans armes; 2°. toutes les fois qu'à la réception de l'empereur il iroit vers lui avec armes; 3°. la chevalerie de lui ou de son fils aîné; 4°. le voyage d'outre-mer avec armes; 5°. le mariage de sa fille, ou de ses filles. (Julien, *sur les statuts de Provence. Des Tailles*, *n. 11*).

L'usage de ces *tailles* extraordinaires étoit déjà si bien établi du temps de saint Louis, qu'on douta même si le seigneur suzerain ne pouvoit pas les imposer sur ses arrière-vassaux pendant l'année du relief. Ce prince prononça pour la négative par l'article 4 de son ordonnance de 1335.

Il paroît néanmoins qu'à cette époque, & longtemps après même, on regardoit que ces aides ne dépendoient que de l'honnêteté & de la courtoisie des vassaux. Non-seulement Bracton, jurisconsulte anglois du treizième siècle, le décide ainsi, *lib. 2*, *tit. 1*, *cap. 16*, §. *8*: *auxilia*, dit-il, *fiunt de gratiâ & non de jure*, *cùm dependeant ex gratia tenentium & non ad voluntatem dominorum.* Mais on trouve le même langage dans Bouteillier, conseiller au parlement sous Charles VI. *Voyez* la somme rurale, *liv. 1*, *chap. 86*.

Tout au contraire, Guillaume Durant, surnommé *Speculator*, qui vivoit l'an 1280, spécifie six cas où le seigneur peut tailler ses vassaux & les contraindre au paiement. Il donne même la forme de la requête que le seigneur doit présenter pour cela. (*Tit. de feudis*, §. *quoniam & seq.*)

On peut concilier ces différens auteurs, en supposant, comme il est probable, que la *taille* casuelle s'introduisit plutôt dans certains pays que dans d'autres. On va voir qu'il en est encore aujourd'hui beaucoup où elle n'est pas reçue sans titre.

§. III. *Des lieux où la taille casuelle est admise.* Dans le grand nombre des coutumes générales de France, il y en a du moins douze ou quinze qui autorisent la *taille aux quatre cas*, pour tout leur territoire. Ce sont les coutumes d'Artois, *art. 38*; d'Anjou, *art. 128 & suiv.* d'Auvergne, *chap. 15*, *art. 1 & 2*; de Boulonnois, *art. 21*; de Bourgogne-Duché, *art. 4*; de Bourgogne-Comté, *art. 4*; de Bourbonnois, *art. 344 & suiv.* de Bretagne, *art. 82*; de Doulens, *art. 2*; de Lille, *art. 70*; de la Marche, *art. 128 & suiv.* de Loudunois, *ch. 8*, *art. 2, 3, 6, 8, 10*; *& chap. 14*, *art. 17*; du Maine, *art. 138 & suiv.* de Normandie, *art. 168 & suiv.* de Ponthieu, *art. 77*; & de Touraine, *art. 88*, *&c.*

Dans toutes ces coutumes, il ne faut point de titre pour exiger la *taille* casuelle. Il suffit d'y avoir une seigneurie & des vassaux. Il faut seulement observer que la coutume de la Marche n'y assujettit que les main-mortables; & par conséquent qu'elle n'y est pas admise dans les terres où la main-morte est inconnue, & même dans les seigneuries où la main-morte est connue, pour la partie qui en est affranchie. *Voyez* néanmoins l'exception de l'article 130.

Quelque vaste que soit le territoire régi par les coutumes qu'on vient de dénommer, comme le droit de *taille* casuelle est fort onéreux, elles ne forment point le droit commun. Il faut donc décider que dans les autres coutumes & dans les pays de droit écrit, les seigneurs ne peuvent pas prétendre la *taille* casuelle sans un titre en bonne forme. C'est le sentiment de Pastour, *juris feud. lib. 3*, *tit. 14*; d'Henrys, *tom. 2*, *liv. 3*, *quest. 67*; & de Bretonnier sur la question 68, *n. 7*. La seule possession, même d'un temps immémorial, ne seroit pas suffisante. Il y a cependant des auteurs qui l'ont admise. C'est l'avis de Boérius, *décis. 126*, *n. 4*; de Ferrerius, sur la question 57 de Guypape; d'Olive, *liv. 2*, *chap. 7*; de la Peyrère, *lettre F*, *n. 62*. Mais le sentiment contraire est le plus juste; car, quoique régulièrement la possession immémoriale tienne lieu de titre & le suppose, cette règle ne peut s'étendre à un cas qui se présente rarement; des actes qui ne sont point successifs, qui n'ont point de suite, & souvent arrachés par l'autorité du seigneur sur ses vassaux, ne doivent pas paroître suffisans; ils n'ont ni cette suite, ni cette continuité qui constitue la vraie possession. (Julien, *sur les statuts de Provence*, *tom. 1*, *pag. 10*).

Tel paroît être aussi l'avis de Boutaric, *ch. 10*, *n. 181*; & de la Touloubre, *tom. 2*, *tit. 13*, §. *2*. Mais ce dernier auteur ajoute, avec raison, que les reconnoissances suppléent ici, comme pour les autres droits, le titre primordial.

§. IV. *Des cas où la taille est due.* Les quatre cas les plus communément admis par les coutumes, sont le voyage d'outre-mer, la rançon, la chevalerie, & le mariage des filles. Les coutumes d'Anjou & du Maine, de Touraine, de Loudunois & de Normandie, ne comptent même que trois cas en omettant celui du voyage d'outre-mer.

Les coutumes d'Artois, de Boulonnois & de Doulens les réduisent à deux, la chevalerie du seigneur, & le mariage de sa fille.

Tout au contraire, les titres particuliers des seigneuries, sur-tout dans les pays de droit écrit, augmentent souvent le nombre de ces cas. Mais ils les diminuent aussi quelquefois. On voit dans Salvaing que dans le Dauphiné, les cas sont réglés par les titres. Le seigneur de Todure, dit-il, en avoit trois, qui ont été réduits à un seul; savoir, au mariage des filles, taxé à cent livres, par transaction du 7 avril 1619, passée entre Gabriel de Montchenu & les habitans de Todure. Quelques-uns en ont quatre, plusieurs six.

Une transaction faite entre le baron de Sassenage & les consuls de quatre paroisses du Bas-Sassenage, le 14 mars 1468, mais relative à une plus ancienne, énonce, outre les quatre cas ordinaires; l'acquisition d'une terre & le passage de l'empereur. Durant, nommé le *Speculator*, sur le titre 233 *de feudis*, & après lui Guypape, *quest. 57*, font aussi mention de six cas; mais au lieu du voyage outre-mer, ils y ajoutent *corredum imperatoris*; c'est-à-dire, le passage de l'empereur.

Les terriers de quelques seigneuries en énoncent sept. On en verra un exemple, en parlant du cas de la naissance d'un enfant. Peut-être y a-t-il des seigneuries où ces cas sont encore plus multipliés.

Lorsque les titres ne marquent pas nommément les cas où la *taille* est due, on restreint le droit du seigneur dans les coutumes qui n'ont pas de disposition à cet égard, aux quatre cas ordinaires. On l'observe également ainsi dans les pays de droit écrit. *Voyez* Boutaric & la Touloubre.

Si les titres en indiquent cinq, M. de Catelan, *liv. 3, chap. 16*, dit que l'on ajoute aux cas ordinaires, celui de l'acquisition d'une terre.

Un arrêt du 24 mai 1658, cité par M. de Catelan, *liv. 3, chap. 16*, a jugé que la *taille* ne pouvoit être exigée qu'aux quatre cas, quoique les titres du seigneur la lui attribuassent *ad omnimodam voluntatem*. La Touloubre approuve fort cette décision.

Ferrière, sur Guypape, *quest. 57*, rapporte au contraire un arrêt du 22 mai 1602, qui a jugé que, dans ces circonstances, un seigneur ne pouvoit être restreint aux quatre cas; il ajoute néanmoins que le seigneur étoit tenu d'en user modérément. C'est ce qui paroît plus conforme aux bonnes règles, puisqu'il n'est pas juste de renfermer le seigneur dans un nombre de cas déterminés, lorsqu'il a si ouvertement stipulé qu'il seroit le maître de régler quand & dans quelles occasions il prétendoit exiger le droit de *taille*.

C'est l'observation de Sudre sur Boutaric, *ch. 10, n. 4*. L'opinion contraire tendroit, comme l'a fort bien dit M. Chabrol, à confondre la *taille* annuelle, ou *taille* à volonté, avec la *taille aux quatre cas*. Cependant Bretonnier, sur Henrys, *tom. 2, liv. 3, quest. 23*, rapporte un arrêt du 26 mai 1671, qui condamna les habitans de Grézieux en Forez, à payer la *taille aux quatre cas*, quoique par les reconnoissances, les habitans se fussent simplement dit *taillables*; peut-être, dit M. Chabrol, y avoit-il quelques preuves de possession ou autres titres qui expliquoient le terrier, ou qu'il ne se payoit point de *taille* annuelle; car le mot *taille* ne peut pas emporter les deux espèces de *tailles*, si le titre n'appuie cette extension; & dans le doute, il ne faut pas aggraver la condition des justiciables; aussi, la même question s'étant rencontrée pour la seigneurie de Cauzan, le parlement ordonna la preuve que, sous le nom de *justiciable & taillable*, on entendoit un homme sujet à la *taille aux quatre cas*; & quoiqu'en exécution de cet interlocutoire on eût produit l'arrêt de Grézieux, le parlement y trouva tant de difficulté, dit Bretonnier, qu'il conseilla aux parties de s'accommoder.

M. Chabrol observe néanmoins lui-même que dans la partie d'Auvergne régie par le droit écrit, la qualité de *taillable*, donnée aux censitaires, n'indique ordinairement que la *taille aux quatre cas*; & les expressions de la coutume de la Marche, qui en est voisine, peuvent favoriser cette opinion. Cet auteur ajoute aussi qu'on doit entendre la même *taille* pour tous ces cas, lorsque les titres parlent de la *taille* à usage de chevalier.

Après ces notions générales, il est temps de traiter ce qui concerne chacun des différens cas, en commençant par ceux qui sont ordinairement compris sous le nom des *quatre cas*, tels qu'on les a désignés au commencement de ce §.

PREMIER CAS. *Voyage outre-mer.* La Touloubre & la plupart des auteurs disent que ce cas n'a plus lieu depuis que l'on est guéri de l'épidémie des croisades. Le voyage à la Terre-sainte, dit le président Bouhier, *chap. 59, n. 159*, ne suffiroit pas sans objet de guerre.

Cela n'est pas néanmoins vrai rigoureusement. La plupart des coutumes accordent l'aide, non pas précisément pour la guerre contre les infidèles, mais pour le voyage d'outre-mer, que l'on faisoit autrefois très-communément par dévotion; & le prétexte même de cette guerre fut de faciliter aux chrétiens, & sur-tout aux chrétiens d'Europe, le pélerinage à la Terre-sainte. Les coutumes d'Auvergne, *chap. 25, art. 2*; de Bourbonnois, *art. 344*; & celle de la Marche, *art. 128*, disent: *quand il va en voyage d'outre-mer pour visiter la Terre-sainte*. On peut même conclure de ces expressions, qu'une guerre contre les infidèles, qui auroit un tout autre objet, ne pourroit pas donner lieu à la levée de la *taille*.

SECOND CAS. *Rançon.* Le cas de la délivrance du seigneur est exprimé dans le livre des fiefs, *quæ fuit prima causa amittendi beneficii, cap. unic. §. item si delator*. Suivant le droit commun, ce cas n'a pas lieu en France, quand le seigneur est détenu prisonnier pour crime ou pour dette, comme il fut jugé contre le seigneur de Gimel, par arrêt du parlement de Bordeaux, allégué par Boérius, *décis. 128, n. 8*.

Ce cas n'a donc lieu que quand le seigneur est pris en guerre au service du roi. Les coutumes d'Anjou, *art. 128*, & du Maine, *art. 138*, disent: « pour la délivrance de son corps, quand il auroit » été pris en la guerre du roi, notre sire, ou » de son prince naturel en ce royaume ».

Celle de Touraine, *art. 85*, porte: « quand il » est prisonnier des ennemis de la foi ou du » royaume ».

Celle de Normandie restreint encore plus ce cas. Elle ne l'accorde que « pour racheter le corps » du seigneur, quand il est pris en guerre, faisant » le service qu'il doit au roi *à cause de son fief* ».

Il a été jugé en conséquence, par arrêt de l'échiquier tenu à Rouen l'an 1366, rapporté par Berault, que celui qui est prisonnier de guerre en prenant solde du roi, ne doit pas avoir aide de rançon, s'il n'est pris en faisant le service qu'il doit à cause de son fief.

Enfin, la coutume de Bretagne n'assujettit les vassaux

vassaux à contribuer pour la rançon que quand les meubles du seigneur ne peuvent suffire.

Mais si les titres parlent indifféremment de la délivrance du seigneur, comme celui de la baronnie de Sassenage, *pro ipso domino redimendo si per quemcumque seu quoscumque*, Salvaing estime que les vassaux doivent l'aide au seigneur, quand il seroit pris en quelque guerre étrangère qui n'intéresseroit pas la couronne. Tel paroît être le véritable sens de cet auteur, que Sudre, sur Boutaric, n'a pas bien saisi.

Quant aux guerres civiles, le même Salvaing dit que l'aide n'en est pas due, à moins que le seigneur ne fût pris tenant le parti du roi. Salvaing cite, à cette occasion, la loi *si quis ingenuam*, §. *in civilibus*, *ff. de captivis & postliminio reversis*; mais cette loi décide indistinctement que *in iis non sunt jura captivitatis & postliminii*. Chopin, sur la coutume de Paris, *liv. 1*, *tit. 3*, *n. dernier*, cite néanmoins un arrêt du 23 octobre 1596, qui condamna les habitans de Cebazat près Riom, à payer la *taille* à leur seigneur, qui avoit été fait prisonnier pendant les guerres civiles.

M. Chabrol observe que ce seigneur étoit royaliste. Dans la Rocheflavin on trouve un arrêt semblable, rendu en faveur du vicomte de Turenne.

M. Chabrol pense aussi que si un sujet du roi étoit fait prisonnier dans une guerre des alliés de la France, où, avec l'agrément du roi, il auroit accepté de l'emploi, il ne semble pas qu'on pût lui refuser la *taille* pour sa rançon. Mais, quoiqu'il invoque, pour donner de la faveur à son opinion, les talens militaires & précoces du marquis de la Fayette, cette extension peut souffrir de la difficulté dans une matière qui est de droit étroit.

Au reste, Bretonnier a fort bien remarqué que ce cas est à-peu-près inusité aujourd'hui, qu'on ne paie plus de rançon pour les prisonniers de guerre; on les échange, & quand il y a du retour, c'est le roi qui le paie. (*Observations sur Henrys*, *tom. 1*, *liv. 3*, *quest. 68*, *n. 16*). *Voyez* néanmoins Sudre, sur Boutaric.

Quelque dure que soit la captivité chez les Algériens & les autres nations barbaresques, on convient aussi que la *taille* ne pourroit pas être demandée dans ce cas, si le seigneur y avoit été fait prisonnier sans porter dans ce moment les armes au service de l'état. Il faudroit le décider ainsi, quand bien même le seigneur auroit été en route pour visiter la Terre sainte, sauf dans les seigneuries dont les titres font une mention expresse de ce dernier cas.

TROISIÈME CAS. *Chevalerie*. On sait que le titre de chevalier se conféroit autrefois de la manière la plus solemnelle. Le plus souvent, cette cérémonie étoit précédée & suivie de tournois & de festins, comme on peut le voir dans nos anciens romans & dans les mémoires de Sainte-Palaye. Les grandes dépenses que ces fêtes entraînoient nécessairement, servirent de prétexte à l'introduction de l'aide pour chevalerie.

Salvaing cite, à cette occasion, des privilèges accordés aux gentilshommes de la baronnie de Bressieu par les anciens seigneurs, & confirmés le 4 mars 1353, qui portent que lorsque les nobles seront faits chevaliers, & qu'ils marieront leurs fils ou leurs filles, il leur sera permis de prendre des poules, moyennant six deniers pour chacune.

Depuis que l'usage de la collation de l'ancienne chevalerie a cessé, on y a substitué pour la levée de la *taille* casuelle, la promotion aux ordres du roi.

L'ordre de saint Louis ne donne pas néanmoins ce droit, quoique, étant une récompense militaire, il ait le plus d'analogie avec l'ancienne chevalerie, soit parce que le nombre de ceux qui le reçoivent est très-multiplié, quoiqu'il ne le soit pas plus que celui des anciens chevaliers, puisque, suivant Froissard, il s'en trouva plus de quatre mille à la journée de Viron-Fosse, en 1339, soit parce que ce n'est pas le premier ordre du roi.

L'ordre de saint Michel ne procure pas non plus ce privilège depuis qu'il a perdu son ancien lustre. Cela est universellement reconnu aujourd'hui. (*Boutaric & son annotateur*, *n. 17*). On trouve néanmoins un arrêt du 23 mai 1632, qui a permis à Balthazar de la Roue, seigneur d'Usson, sur les confins d'Auvergne & du Forez, de lever la *taille* pour sa promotion à l'ordre de saint Michel. (Henrys, *tom. 2*, *liv. 3*, *quest. 25*).

C'est donc l'ordre du Saint-Esprit qui donne à présent le droit de lever la *taille* à ceux qui en sont décorés, quoique ce ne soit pas un ordre militaire. Bretonnier, Salvaing, Boutaric, le président Bouhier, & tous les auteurs le reconnoissent. M. Ducher, sur l'article 344 de la coutume de Bourbonnois, cite un arrêt du conseil du 6 juin 1767, qui l'a ainsi jugé.

On convient encore assez généralement que l'ordre de Malte, ou ceux des princes étrangers, ne peuvent pas autoriser la levée de la *taille*. Le président Faber, *c. de jure emphyt. defin. 5*, rapporte néanmoins un arrêt du sénat de Chambéry, par lequel l'aide fut adjugé au baron de Creissiac, qui avoit été fait chevalier par un autre que par son prince naturel.

M. Julien dit aussi qu'il a vu une transaction entre le seigneur & la communauté de Cabris, faite le 21 février 1707, par laquelle ce droit fut accordé au seigneur pour la réception d'un fils chevalier de Malte.

Enfin, la Touloubre cite une consultation de M. de Cormis, où il atteste que des arrêts du parlement de Provence ont adjugé ce droit dans le cas où les enfans étoient reçus chevaliers de Malte. Mais il ajoute qu'il ne connoît aucun de ces arrêts, & que dans une autre consultation de M. Pazzeri, très-versé dans les matières féodales, il a trouvé la maxime générale adoptée, c'est-à-dire, l'exclusion de l'ordre de Malte. M. Julien dit aussi que s'il y a des exemples autres que celui qu'il cite, ils ont leur fondement dans des titres particuliers.

Il ne faut donc pas dire avec Harcher, *chap. 3*, *sect. 8*, §. 7, que le droit est dû indistinctement « quand le seigneur est fait chevalier des ordres » du roi & de saint Lazare ».

Il faut même avouer que, suivant le droit commun du royaume, la *taille* n'est exigible que pour l'ordre de chevalerie conféré au seigneur lui-même. C'est ainsi que le décident les coutumes d'Anjou, *art. 128*; du Maine, *art. 138*, & quelques autres, qui forment le droit commun. La coutume de Bretagne, *art. 83*, l'accorde néanmoins au seigneur quand il est fait chevalier, & aussi son fils aîné. Mais hors de cette coutume, ou de celles qui auroient des dispositions semblables, il faudroit une disposition expresse dans les titres, pour pouvoir étendre ce cas à la chevalerie des enfans. Une transaction passée en 1264, entre les seigneurs & les habitans d'Oraison, contient une disposition semblable, & paroît même étendre ce cas encore plus loin. Il y est dit : *si aliquis eorum* (*dominorum*), *vel suorum*, *vel hæredum miles factus fuerit*. (*Jurisprudence féodale de Provence & de Languedoc*, *tome 1*, *tit. 13*, §. 4, *8 & 9*).

QUATRIÈME CAS. *Mariage*. Ce cas est le plus fréquent aujourd'hui, & celui qui présente le plus de difficultés.

Et d'abord les coutumes ne sont pas d'accord sur les mariages qui donnent lieu à l'aide. Celles d'Anjou, *art. 128*, & du Maine, *art. 138 & 139*, l'accordent au seigneur « pour le mariage de *sa* » *fille aînée*, *emparagée noblement* ».

Celles de Tours, *art. 90*, & de Loudunois, *chapitre 8*, *art. 3*, disent : « pour le premier mariage » de *sa fille aînée par lui*, & non par la mère, » *mariée*, encore qu'elle fût seule ».

Celles de Normandie, *art. 169*, & de Poitou, *art. 188*, parlent simplement du mariage de *la fille aînée* du seigneur.

Celle de Bourbonnois porte simplement, dans l'article 344, « quand il marie *sa fille* en premières » noces ».

Celles de Bourgogne-duché, *art. 4*, & de Bourgogne-comté, *art. 54*, disent aussi : « pour mariage » d'une fille *tant seulement* ».

Celle de Bretagne, *art. 82*, dit pareillement : « quand le seigneur marie *l'une de ses filles*.... & » n'a cette aide fors pour l'une de ses filles ».

Tout au contraire, la coutume d'Auvergne dit : « quand il marie *ses filles* en premières noces ».

Suivant le droit commun, il n'y a que le premier mariage de la fille aînée qui donne lieu à la *taille*. Il faudroit que le seigneur eût des titres qui énonçassent les filles en général, comme le fait la coutume d'Auvergne, pour qu'on pût l'exiger au mariage de chacune d'elles. On peut voir la question traitée avec beaucoup d'érudition, dans le chapitre 49 de l'usage des fiefs de Salvaing, qui la décide de cette manière.

Cependant on trouve dans le journal du palais de Toulouse, un arrêt du 12 septembre 1735, qui jugea que la *taille* étoit due pour le mariage de trois filles de M. le prince de Soubise. La Touloubre, *tome 2*, *tit. 11*, *n. 6 & 7*, fait de cet arrêt une règle générale. Peut-être M. le prince de Soubise avoit-il des titres particuliers.

On convient aussi assez communément que l'aide ne peut être exigée que pour le premier mariage, soit parce que les autres mariages se font d'ordinaire avec moins de solemnité, soit parce que la dot qui a servi à marier les filles lors de leurs premières noces, doit aussi servir pour les secondes. Enfin, les *tailles* casuelles étant nécessairement onéreuses, doivent plutôt être restreintes qu'étendues. La Touloubre en convient lui-même.

Il est plus difficile de décider si la restriction des coutumes d'Anjou & du Maine, sur le mariage noble, & celle des coutumes de Tours & de Loudunois, sur la nécessité que le mariage soit fait par le père, doivent être observées hors de leur territoire. On verra au §. VI, que les deux dernières coutumes n'accordent le droit d'aide qu'aux seigneurs nobles, mais l'esprit de notre droit commun paroît aujourd'hui contraire. *Voyez* le §. VI.

Il paroît aussi que l'aide du mariage n'a été accordée qu'au père seul, pour lui donner le moyen de fournir aux dépenses de la noce, & de doter sa fille. On sait que, dans le temps où les *tailles* casuelles ont été établies, il étoit très-difficile de se procurer de l'argent comptant, & qu'il étoit autrefois d'usage que les filles emparagées noblement par le père fussent exclues de sa succession. Ce droit subsiste encore dans la plupart des coutumes où ces *tailles* sont autorisées. Il n'est pas extraordinaire que les seigneurs aient demandé des secours à leurs vassaux dans ces circonstances : mais les mêmes motifs ne se rencontrent plus, lorsque la fille n'a pas été mariée du vivant de son père ; elle peut au moins demander la légitime dans sa succession. Il n'y a donc pas de raison pour prétendre l'aide dans ce cas : aussi la coutume d'Auvergne dit-elle, dans l'article 4 du chapitre 25, « que si les filles sont mariées en la maison du » père, sans dot particulière constituée, ledit seigneur ne peut, pour raison dudit mariage, tailler » ses sujets ». La *taille* est une *aide*, dit à ce sujet M. Chabrol : le père, qui ne constitue pas de dot, n'a pas besoin d'aide pour la payer.

Lors même que le père est décédé, après avoir fixé la dot de sa fille par son testament, ou par le contrat de mariage de ses autres enfans, il n'est point dû de *taille*, si la fille s'en contente : c'est du moins la décision de M. Chabrol, pour la coutume d'Auvergne. « Le mariage, dit-il, n'ayant pas été célébré pendant la vie du père, il n'a pas eu de dot à payer. Prohet en rapporte une sentence rendue en la sénéchaussée d'Auvergne, qu'il ne date pas : c'est le sentiment de d'Argentré sur la coutume de Bretagne, & de Chassaneuz sur celle de Bourgogne. Le parlement de Bordeaux l'a jugé contre le comte de Carmain, par un arrêt qui est rapporté par Boërius & Papon : ce dernier paroît supposer que le frère avoit doté sa sœur pendant la vie de son père; Salvaing est d'un avis contraire, dans le cas où la terre, à raison de laquelle l'aide est due, proviendroit des père & mère, & il rapporte un arrêt du sénat de Chambéry, tiré de Chopin, qui l'a jugé : mais on ne peut pas étendre ainsi la disposition de notre coutume, non-seulement parce qu'en cette matière elle seroit plutôt susceptible de restriction, mais encore parce que la même cause ne s'y rencontre point. Le frère qui marie ses sœurs les dote aux dépens de leur portion héréditaire, & non de ses biens propres & personnels; & puisqu'il ne lui en coûte rien du sien, il ne peut donc pas demander que ses justiciables l'aident à payer; il acquiert les droits successifs de sa sœur; & s'il croit cette acquisition trop onéreuse, il n'a qu'à lui donner partage ».

On vient de voir que Salvaing est d'un avis contraire : ce magistrat ajoute qu'il en est de même si la terre est échue au frère par succession maternelle, parce que le même droit est dû à la mère à raison de son fief pour mariage de sa fille, suivant Boërius, *décision 127*, & Bérault, sur l'article 169 de la coutume de Normandie.

D'Olive & Boutaric, *chap. 10*, *n. 10*, sont à-peu-près du même avis : mais Sudre a cru devoir s'en écarter. Cette opinion est, dit-il, contraire à tous les monumens que nous avons de cet usage, & qui ne parlent que des pères & des filles : elle est contraire encore à l'objet qui a fait introduire cet usage. Le père exige un droit de *taille* de ses emphytéotes, parce qu'en dotant sa fille, il ne fait qu'exercer un acte de piété, dont on a cru que les sujets & les censitaires, que leur qualité attache à la famille du seigneur, devoient prendre une partie sur leur compte : mais le frère qui marie sa sœur lui paie une dette qui est ou sa légitime, ou ce que le père lui a légué en mourant. Un héritier peut-il demander que quelque autre le dédommage en tout ou partie, du paiement qu'il fait d'une dette ?

Sudre prétend néanmoins que la mère peut exiger ce droit dans ses terres, quoiqu'elle ne soit pas tenue de contribuer à la dot de ses enfans, si elle y contribue volontairement & par un motif de piété. C'est ainsi, dit-il, que la question a été jugée par un arrêt du parlement de Paris de l'année 1532, qui est rapporté par Bouchel, & dans les notes de M. Gueret sur M. Leprêtre.

Cette décision peut souffrir des difficultés, dans les pays & dans les cas où la mère n'est pas tenue de doter sa fille.

Salvaing convient du moins, contre l'opinion de Boërius, que la fille héritière d'une terre ne peut pas demander l'aide à ses vassaux pour son propre mariage. C'est effectivement l'une des règles de Loisel, « que loyaux-aides ne passent aux filles, » ores qu'elles soient dames du fief ». (*Institutes coutumières*, *liv. 4*, *tit. 4*, §. 5.)

Il y a néanmoins des seigneuries dont les titres contiennent la stipulation de la *taille*, dans le cas du mariage des filles & sœurs, *pro filiis & sororibus maritandis*. Il n'est pas douteux qu'on ne doive alors s'y conformer, lorsque les titres sont valables.

M. Chabrol reconnoît même que si le père a marié & doté sa fille, & qu'il soit mort avant de demander la *taille*, son fils aura le même droit, pourvu qu'il agisse dans le temps utile; le droit est, dit-il, acquis par le mariage, & par la constitution de dot promise à la fille par son père : ainsi, l'action du seigneur passe aux héritiers avec le surplus de la succession. On l'a jugé ainsi, par une sentence de la sénéchaussée d'Auvergne, du 4 février 1655, au rapport de M. Arnoux; elle a été notée par Me Marie, & c'est le sentiment de Chassaneuz, *tit. 1*, §. 4.

Sudre sur Boutaric, *chap. 10*, *n. 11*, est d'un avis contraire : la demande n'en est jamais, dit-il, permise à l'héritier, soit que le père ait déjà payé la dot, soit qu'il ne l'ait pas payée, & ce droit est même perdu par le père vivant, s'il a payé la dot sans avoir requis la *taille*.

On a beaucoup agité la question de savoir si la *taille* est due pour le mariage des petites-filles. Dans la coutume d'Auvergne, où le mariage de toutes les filles y donne ouverture, « le principe du titre » 12 de la coutume, dit M. Chabrol, semble conduire à l'affirmative : l'article 25 exclut les filles » mariées par l'aïeul, ou pendant la vie de l'aïeul. » Dumoulin observe que, par les usages du pays, » les enfans n'ont, pendant la vie de leur père, » que de simples jouissances : si donc l'aïeul dote » sa petite-fille, l'esprit de la coutume, & ses motifs, conduisent à dire qu'il peut demander un » aide à ses justiciables; d'ailleurs, les loix décident » en foule, que sous le nom d'enfant, les petits-» enfans sont compris.

» Une transaction passée en 1570, entre Amblard, » seigneur de Dienne, en pays de droit écrit, & » ses justiciables, assujettit les habitans à payer la » *taille*, en cas que le seigneur marie les filles de » son fils, & ce droit est réglé à deux années de » cens ».

D'autres commentateurs de cette coutume sont d'un avis contraire pour le droit commun même.

Le président Bouhier & Boërius soutiennent que l'aïeul peut demander *taille* pour le mariage de sa petite-fille. D'Argentré est du même avis pour la dot constituée à la fille *ex filia*, & ne dit rien de la fille du fils. Boërius restreint sa décision aux filles du fils aîné, & M. Bouhier excepte le cas où il y a eu déjà une fille mariée par le père.

Il y a plus de difficulté à décider si la *taille* est due, quand la fille âgée de vingt-cinq ans se marie contre le gré de son père, en lui faisant des sommations respectueuses. Plusieurs coutumes semblent l'exclure dans ce cas, en ne l'accordant que quand *le père marie sa fille.*

La question a aussi été fort controversée pour les filles naturelles. Boërius, *décision 127, n. 19*, assure que l'usage commun de la France est d'accorder la *taille* pour les bâtardes; & Papon dit, en général, que c'étoit la jurisprudence des parlemens, pour les bâtardes nées de personnes libres: mais il faut observer que dans les anciens temps on mettoit peu de différence entre les bâtards nés de personnes libres & les enfans légitimes. On doit résoudre aujourd'hui qu'indistinctement la *taille* ne peut être exigée dans ce cas, & cette prétention sembleroit même indécente. Les loix ne comprennent pas ordinairement les bâtardes sous le nom de *filles*. On l'observe ainsi dans la coutume même d'Auvergne, qui permet au père de les instituer héritières par contrat de mariage, au préjudice des héritiers légitimes. C'est le sentiment de Rigaltius, d'Aymon, & de M. Chabrol sur cette coutume; de Chopin, de d'Argentré, de Salvaing & de Boutaric, pour le droit commun. Corras, dans ses résolutions de droit, *chap. 44*, rapporte un arrêt du parlement de Toulouse, qui l'a ainsi jugé.

CINQUIÈME CAS. *Entrée en religion.* Plusieurs auteurs, tels que Boërius, *décision 126, n. 12*; Rat, sur l'art. 188 de la coutume de Poitou; Jabely, sur la coutume de la Marche, *art. 128*; & Ferriere, sur la question 57 de Guypape, ont voulu assimiler ce cas à celui du mariage: mais Chassaneuz, sur la coutume de Bourgogne, *tit. 1*, §. *4*; Rebuffe, sur les ordonnances, *liv. 3, tit. 15*; Bérault, sur la coutume de Normandie, *art. 169*; Chabrol, sur celle d'Auvergne, *art. 2, sect. 2*; Boucheul, sur la coutume de Poitou, *art. 188, n. 32*; & Salvaing, *chap. 149*, ont rejetté sans difficulté cette comparaison, que Coras traite de ridicule. *Risû porrò digni sunt*, dit-il, *qui consuetudinem hanc protendunt ad filiam quæ monachismum profitetur, ducto argumento de carnali ut aiunt matrimonio ad spirituale: neque enim monachismi lex rationem haberi vult in alterius detrimentum, & juri, naturæque repugnans hæc consuetudo frænanda est & coërcenda.*

D'Argentré, sur la coutume de Bretagne, *art. 87, n. 6*, dit aussi que cette comparaison du mariage charnel & du mariage spirituel, ne porte que sur une induction inepte & sur des argumens futiles. On peut encore consulter à cet égard Couturier de Fournoüe, qui a réfuté cette opinion avec beaucoup de force sur l'article 129 de la coutume de la Marche.

Cependant Guyot trouve la question douteuse; & Salvaing rapporte un arrêt du parlement de Grenoble, du 13 juin 1652, par lequel les habitans de la Chapelle en Val-Gaudemar ont été condamnés à doubler les rentes pour la profession en religion de l'une de ses filles: mais j'ai su, ajoute-t-il, du rapporteur, qu'il étoit d'avis contraire, & que l'arrêt ne passa que d'une voix. Terrien, au chapitre des *aides-chevels*, rapporte un arrêt de l'échiquier, qui a jugé le contraire dès l'année 1245.

On doit observer néanmoins qu'il y a plusieurs terriers où la *taille* est stipulée en cas d'ingrès de la fille en religion; tel est celui de Montbrun, dans la province d'Auvergne, suivant M. Chabrol. Cet auteur ajoute que la même clause se trouve dans la transaction passée en 1370 entre le seigneur de Dienne & ses justiciables.

Fromental, dans ses décisions, *page 694*, atteste que la jurisprudence du parlement de Toulouse est toujours pour accorder la *taille* dans le cas même où la fille est entrée en religion *gratis*.

L'arrêt rendu en faveur de M. le prince de Soubise, le 12 septembre 1735, dont on a parlé sous le cas du *mariage*, accorda effectivement le droit pour l'entrée en religion d'Armande-Charlotte de Rohan. Il y a plusieurs autres arrêts de la même cour, l'un du 20 octobre 1693, pour le comte de Chadenac; un autre du 19 juillet 1713, pour le marquis d'Espinchal; un troisième du 18 juillet 1716, pour le sieur de Chambaut. (*La Touloubre, tome 2, tit. 13*, §. *7*.) Malgré tous ces arrêts, Boutaric & Sudre son annotateur, n'ont pas laissé de rejetter, de la manière la plus décidée, cette extension.

SIXIÈME CAS. *Prise de possession du bénéfice.* Ce cas est exprimé dans les terriers de plusieurs seigneuries ecclésiastiques; d'autres donnent la *taille* à l'évêque quand il est sacré, ou quand il va au concile. (*Guyot, chap. 5, n. 5.*)

Le cas de la prise de possession du bénéfice est même autorisé par l'article 188 de la coutume de Poitou. *Voyez* le §. VI.

C'est une espèce de droit de joyeux avénement auquel le dixième cas, pour l'acquisition d'une terre, a quelques rapports.

SEPTIÈME CAS. *Naissance d'un enfant.* Ce cas est quelquefois exprimé dans les terriers des pays de droit écrit. D'Olive, *liv. 2, chap. 6*, rapporte un arrêt du 22 mai 1631, rendu au profit du seigneur de Corbières, qui, par ses titres, avoit le droit de *taille* en sept cas différens; savoir, aux cas ordinaires, & de plus, en cas de guerre, d'acquisition de terres & de couches de sa femme.

Ferrière sur Guypape, *quest. 57*, rapporte un arrêt semblable du 11 septembre 1559, qui a adjugé le droit de *taille* dans le cas de la naissance d'un fils ou d'une fille.

On ne voit pas ce que ce droit a de plus indécent que les autres, ni qu'il tienne plus de la puissance immodérée des anciens seigneurs, ainsi que le prétend Guyot, *chap. 3, n. 21*, qui veut qu'on le rejette comme inutile, & ne pouvant appartenir qu'à des rois & princes souverains, *quelque titre qu'il y ait.*

HUITIÈME CAS. *Guerre.* Ce cas n'est guère connu que dans les pays qui ont été autrefois sous la domination de l'empereur, comme le Dauphiné, où l'empereur est aujourd'hui représenté par le roi. L'arrêt rendu contre les habitans de la Chapelle en Val-Gaudemar, dont on a parlé sous le cas de l'*entrée en religion*, les condamne à payer l'aide au seigneur pour le service qu'il avoit fait à l'arrière-ban. *Voyez* aussi l'arrêt de 1631, dont on a parlé sous le cas précédent.

Salvaing observe que ce cas a beaucoup de rapport avec le droit que les feudistes appellent *hostenditias*, & qui est ainsi défini : *lib. 4 feudorum*, tit. 49. *Hostenditiæ dicuntur adjutorium quod faciunt dominis romam cum rege in hostem pergentibus vassalli.* On trouve des droits semblables dans les terriers de plusieurs seigneuries : mais en général le vassal doit le service de sa personne à la guerre, & non pas une contribution pécuniaire. *Voyez* Ost & Chevauchée.

Quelques terriers de la province d'Auvergne attribuent nommément la *taille* au seigneur dans le cas de la guerre contre les infidèles. Tel est celui de Montvallat. Il porte : *prò transfretatione marina contrà Saracenos & inimicos fidei catholicæ* : mais on voit que ce cas n'est guère qu'une restriction du cas général du voyage d'outre-mer, comme l'observe M. Chabrol.

Neuvième cas. *Passage de l'empereur.* Ce cas se trouve encore quelquefois dans les terriers de la Provence & du Dauphiné ; on l'exprimoit autrefois en latin par les termes suivans : *prò corredo imperatoris.* Il étoit fondé sur ce que les seigneurs étoient obligés de se rendre à la cour de l'empereur, lors de son passage, pour le servir. Salvaing observe que le roi, n'exigeant plus des seigneurs le même devoir, l'aide n'est plus due, pour ce cas-là, aux seigneurs même qui en ont des titres précis.

Dixième cas. *Acquisition d'une terre.* Ce cas est assez commun dans les pays de droit écrit. Le comte de Grignan fut maintenu dans un pareil droit contre la communauté de Sales, par un arrêt du parlement de Provence, du 30 mai 1759, au rapport de M. de Mons. Par une transaction du 24 juillet 1637, & les reconnoissances générales de cette communauté, elle étoit soumise aux cas impériaux, l'un desquels consistoit à payer au seigneur de Sales, vingt-cinq florins, toutes les fois qu'il acquéroit quelques nouvelles terres. M. du Muy, seigneur de Grignan, ayant acquis cinq terres, fit commandement à la communauté de payer vingt-cinq florins pour chacune d'elles. La communauté s'opposa au commandement. Il y eut une contestation sur beaucoup d'autres objets, qui fut portée au parlement. M. Julien, qui défendit le comte de Grignan dans cette affaire, observe que la communauté passa condamnation sur le droit de vingt-cinq florins pour chaque terre acquise.

On a décidé la même question un peu différemment en la sénéchaussée de Riom : il s'agissoit de savoir si le seigneur de Montfort, près Chaudesaigues, dont les terriers portoient qu'en cas d'acquisition de cens, rentes, terres ou chevances excédant quarante livres, ses emphytéotes lui paieroient le double du cens en deniers, pouvoit demander autant de droits qu'il avoit fait d'acquisitions ; elles montoient à dix ou douze depuis peu d'années. Par sentence du 18 février 1616, au rapport de M. Forget, on ne lui adjugea qu'un seul droit pour toutes les acquisitions d'une seule année : on jugea en même temps que le droit étoit dû indistinctement pour toute sorte d'acquisition en fief ou roture. Il seroit, je crois, dangereux de tirer à conséquence cette dernière décision, qui paroît avoir été motivée par les expressions des titres.

On peut voir une multitude d'autres exemples semblables dans Ferrières, sur Guypape, *quest. 57, n. 1* ; Salvaing, *chap. 49* ; le président Bouhier, *chap. 59, n. 50 & suiv.* Guyot, *observations sur la taille aux quatre cas*, *chap. 2, n. 20.* Mais il ne faut pas croire, avec ce dernier auteur, que le parlement de Paris rejette indistinctement ce cas, lorsque les seigneurs ont des titres, ni qu'il soit admis sans titre dans les parlemens de droit écrit. On y a seulement jugé quelquefois que c'est-là le cinquième cas, lorsque les titres font mention de cinq cas, sans en donner l'explication.

La coutume de Bretagne veut aussi que si le seigneur achète ou retire une terre de son *presme*, c'est-à-dire, de son lignage, ses sujets lui paient d'avance une année des redevances qu'ils doivent ; la même coutume accorde quelques autres privilèges de ce genre au seigneur.

§. V. *Si les cas sont réitérables, & des cas de rencontre.* C'est une des règles de Loisel « que le » cas de rançon est réitérable, les autres non ». (*Liv. 4, tit. 5, §. 55*).

La coutume de Bourbonnois a suivi la même règle dans l'article 344, & c'est aussi l'esprit de l'article 3 du titre 25 de la coutume d'Auvergne ; cet article porte : « que les deux derniers cas » (ceux de prison & de mariage des filles en » premières noces), sont réitérables, & les autres » non ». D'après le texte même de l'article 2, qui ne parle que du mariage des filles *en premières noces*, il est évident que le cas du mariage n'est point réitérable pour la même fille.

Les coutumes de Loudunois, *chap. 8, art. 3*, & de Touraine, *art. 92*, rejettent au contraire la réitération de tous les cas indistinctement.

Lorsque les titres ou la coutume ne contiennent pas de disposition à cet égard, on doit suivre cette dernière décision. On voit dans Masuer, *de Tailliis, n. 6*, que dans la province même d'Auvergne, le cas de rançon n'étoit pas réitérable de son temps. C'est une faveur établie contre l'ancien droit, parce que le même seigneur peut être plusieurs fois pris par les ennemis.

A plus forte raison, les autres cas ne sont-ils pas plus réitérables dans les coutumes muettes, & dans les pays de droit écrit, que dans les coutumes que l'on vient de citer. Le père n'est pas tenu de redoter sa fille en secondes noces, quand bien même elle auroit perdu sa dot par l'insolvabilité de son mari; & la loi *boves*, §. *hoc sermone*, *ff. de V. O.* porte que ces mots *quand la fille sera mariée*, doivent s'entendre des premières noces. *Hoc sermone dum nupta erit primæ nuptiæ significantur.* L'ordre de chevalerie ne s'est jamais conféré plusieurs fois, & il en est de même aujourd'hui de l'ordre du Saint-Esprit. A l'égard du pélerinage de la Terre-sainte, dit M. Chabrol, si le zèle du seigneur est assez fervent pour l'engager à en faire plusieurs, il est juste qu'il remplisse l'objet de cette nouvelle dévotion à ses frais.

Telle est aussi la décision de Salvaing & de Sudre sur Boutaric, pour les pays de droit écrit.

L'article 133 ou 131 de la coutume de la Marche (suivant les éditions), porte: « que le seigneur » peut lever en une même année ladite *taille* pour » plusieurs desdits cas, s'ils échéent en une même » année, pourvu qu'elles soient imposées sur lesdits » hommes raisonnablement & *deducto ne egeant* ».

Les coutumes de Touraine, *art. 92*, & de Loudunois, *chap. 8*, *art. 3*, disent, au contraire, « que si les deux ou trois cas adviennent en une » année, ledit seigneur peut lever lesdites aides » par diverses années en suivant l'une l'autre; » mais qu'il ne les peut lever toutes en une » année, ni plus d'une en sa vie pour chacun » desdits cas ».

Les coutumes d'Auvergne, *chap. 25*, *art. 12*; de Bourbonnois, *art. 347*, & de Poitou, *art. 189*; ont des dispositions semblables. Les motifs d'équité qui ont fait introduire cette disposition dans ces coutumes, doivent la faire regarder comme une règle du droit commun. C'est l'avis de Salvaing, qui observe que le parlement de Dauphiné l'a ainsi jugé par l'arrêt de la Chapelle en Val-Gaudemar, quoique les cas fussent échus en diverses années.

Guyot pense même, à la fin de ses observations sur la *taille aux quatre cas*, que lorsque plusieurs cas arrivent dans une même année, ils doivent se confondre l'un dans l'autre, comme quelques coutumes le décident pour le rachat de rencontre. *Voyez* au §. précédent, ce qu'on a dit du DIXIÈME CAS.

Les coutumes d'Amiens, *art. 189*; d'Artois, *art. 38*; de Bapaume, *art. 4*; de Boulonnois, *art. 21*; & de Ponthieu, *art. 76*, vont encore plus loin. Elles rejettent la réitération du droit pour deux cas différens pendant la vie du même seigneur: « il peut & lui loit (dit cette dernière cou» tume) une fois en sa vie, soit à sa fille aînée » marier, soit à son fils aîné faire chevalier, ou » pour racheter son corps de prison pour la guerre » de son prince, & auquel il lui plaît de l'un des » dessusdits, prendre, lever & avoir droit d'aide » sur ses tenans ».

§. VI. *De ceux à qui la taille aux quatre cas est due.* Les coutumes d'Auvergne, de Loudunois & de Touraine sont à-peu-près les seules qui contiennent quelques dispositions à cet égard. Celles de Loudunois, *chap. 8*, *art. 10*, & de Touraine, *art. 93*, décident que *le loyal-aide est dû à noble & non roturier, & que ledit droit ne peut être cédé, donné & transporté, ni donné à ferme.*

Prosst de Beaulieu, sur la coutume de Loudunois, en donne pour raison, « que les cas pour » lesquels les loyaux-aides sont dus, ne peuvent » pas convenir aux roturiers, comme pour l'ordre » de chevalerie, pour la rançon, ayant été pris » par les infidèles en guerre. Car ce sont rencontres » de gens nobles, & non de rotturière condition ». Quel que soit le poids de ces raisons, on ne tient pas moins dans le droit commun, que le seigneur noble ou roturier peut également jouir du droit de *taille*, parce que c'est un profit de justice ou de fief. (Bretonnier sur Henrys, *liv. 3*, *qu. 68*; Sudre, sur Boutaric, *chap. 10*, *n. 23*; Chabrol, *&c.*)

On a cru aussi autrefois qu'un seigneur riche ne devoit point être admis à exiger ces sortes de contributions. François Marc, *part. 2*, *quest. 65*, rapporte un arrêt du parlement de Dauphiné, qui l'a ainsi jugé, & Salvaing cite une multitude d'autorités conformes à la fin du chapitre 49. Mais il convient lui-même « que l'usage de la France est » contraire, comme étant un droit appartenant au » seigneur par la coutume ou par la convention, » quelque bien qu'il ait, ni plus ni moins que ses » autres droits seigneuriaux ».

Sudre, sur Boutaric, dit absolument la même chose.

Cependant, l'article 84 de la coutume de Bretagne ne permet de lever l'aide pour la rançon qu'autant que *les meubles du seigneur ne peuvent pas suffire* pour cela.

A l'égard des seigneurs ecclésiastiques, la Rocheflavin, *traité des droits seigneuriaux*, *chap. 7*, *art. 4*, prétend que la pratique du royaume est de ne pas les admettre à exercer le droit de *taille*. La coutume de la Marche paroît avoir autorisé cette maxime par la distinction qu'elle a mise entre les serfs des laïques, & les mortaillables des ecclésiastiques. *Voyez* DOUBLE D'AOUT & QUÊTE COURANT.

L'article 188 de la coutume de Poitou ne s'éloigne pas beaucoup de cette distinction; quoiqu'il admette les quatre cas ordinaires en faveur des laïques, il ajoute: « qu'où ledit seigneur seroit » homme d'église, lesdits loyaux-aides lui doivent » être payés, quand premièrement il entre dans » son bénéfice, & non autrement ».

D'Argentré, sur la coutume de Bretagne, dit seulement qu'il y a des cas, tel que celui du mariage des filles, qui ne conviennent point aux seigneurs ecclésiastiques; mais que comme parmi les cas énoncés par les titres, ou même dans le nombre de quatre, que l'usage commun a adoptés, il y en a qui peuvent leur convenir, tel que le voyage d'outre-mer, la promotion au premier ordre de chevalerie, & la nécessité de payer une rançon aux ennemis de l'état, il ne doute pas que dans ces circonstances le droit de *taille* ne soit dû aux seigneurs ecclésiastiques. Le droit d'arrière-capte, qu'ils perçoivent dans beaucoup de seigneuries, a quelques rapports avec celui qui est exprimé dans la coutume de Poitou. *Voyez* le §. IV. SIXIÈME CAS.

On a demandé si nos rois ont le droit de *taille aux quatre cas*. Il est bien certain qu'ils en ont joui autrefois. Un arrêt de l'an 1270, adjugea la *taille* au roi pour le mariage d'une fille, & la chevalerie de son fils aîné, contre les habitans de Bourges, d'Issoudun & de Dun-le-Roi. Philippe-le-Bel la demanda pour le mariage d'Isabelle, sa seconde fille, avec le roi d'Angleterre; & on voit dans la collection des ordonnances de la troisième race, que le même prince envoya un mandement au sénéchal de Saintonge, le 1 décembre 1313, pour lever l'aide, à raison de ce que le prince, son fils aîné, avoit été fait chevalier.

On trouve d'autres exemples dans Maillart, sur l'article 38 de la coutume d'Artois, & dans du Cange.

Henri IV, en 1609, & Louis XIII, en 1643, firent lever la *taille* dans le royaume pour la chevalerie des dauphins. Mais Guyot, *chap. 5, n. 5*, observe que nos rois ne lèvent plus ces sortes de *taille*. M. Chabrol prouve fort bien qu'il n'y a point de traces que l'aide de chevalerie des dauphins ait été levée en 1609 & 1643 dans la province d'Auvergne, dont la coutume ne l'attribue au seigneur que pour sa propre chevalerie, & non pas pour celle de son fils, & « qu'en supposant » le contraire, ce seroit une extension qu'on auroit » donnée aux droits de nos rois contre leur vo- » lonté; toujours subordonnée à la loi qu'ils ont » faite ou autorisée eux-mêmes ».

Le même auteur décide que les engagistes du domaine ne peuvent pas jouir de la *taille aux quatre cas*, du moins depuis l'édit de 1715 & les derniers réglemens, qui les réduisent aux fruits des héritages, aux cens & rentes, & droits de lods des héritages roturiers.

On a voulu aussi refuser la *taille* de mariage pour la dot de sa fille, à la mère qui est propriétaire d'une terre, sous prétexte qu'elle n'est pas tenue de contribuer à la dot de ses enfans. C'est la disposition de la coutume de Touraine, *art. 90;* mais un arrêt du parlement de Paris de 1532, rapporté par Bouchel & par Gueret, dans ses notes sur le Prestre, lui a adjugé ce droit. On peut voir plus de détails sur cet objet dans M. Chabrol. *Voyez* le §. IV. QUATRIÈME CAS.

Suivant l'article 11 du titre 25 de la coutume d'Auvergne, « s'il y a deux ou plusieurs seigneurs » justiciers en haute-justice, & à l'un d'eux ad- » viennent les quatre cas ou l'un d'iceux, il peut » prendre le profit & émolument desdits cas, pour » la part & portion qu'il est seigneur tant seule- » ment ».

Il faudroit dire la même chose, quand bien même la seigneurie seroit possédée solidairement par plusieurs seigneurs. Chacun d'eux ne peut lever la *taille* que pour une part proportionnée au nombre de ses co-propriétaires. (Chassaneuz, §. 4, *gl. 2;* Sudre sur Boutaric, *chap. 10, n. 21.*)

L'article 9 du même titre de la coutume d'Auvergne, porte que « la douairière, ou celui qui est » usufructuaire d'une seigneurie où il y a haute- » justice, ont droit & faculté de mettre ou im- » poser ladite *taille*, & jouir des droits & revenus » d'icelle durant le temps de l'usufruit & douaire, » tellement, qu'ils font venir les cas en leurs per- » sonnes, & non le propriétaire ».

L'article 10 ajoute : « & quant ès cas qui ne peu- » vent tomber en la personne de la douairière ou » usufructuaire, qui adviennent constant & durant » l'usufruit ou douaire, le propriétaire ne les peut » tailler, ni aussi l'usufructuaire ou douairière, ains » demeurent lesdits cas au profit des sujets en » haute-justice ».

La plupart des commentateurs de la coutume de Bourgogne accordent aussi le droit de *taille* à l'usufruitier, & le parlement de cette province a suivi leur doctrine par quatre arrêts des années 1556, 1566, 1610 & 1658, qui sont rapportés par Bouvot & Taisand. Le Prestre, qui est du même avis, rapporte, dans sa seconde centurie, *chap. 102*, un arrêt du parlement de Paris, du 30 avril 1605, qui a jugé que le mari pouvoit exiger la *taille* dans les terres dotales de sa femme.

Mais il est évident que ce dernier arrêt n'a point préjugé la question. Le mari est beaucoup plus qu'un simple usufruitier; il est *le maître de la dot*, & la terre dotale doit, suivant le cours ordinaire des choses, passer aux héritiers de son nom.

Masuer, d'Argentré, Salvaing, Boucheul, Guyot & Sudre, soutiennent au contraire que ce droit ne passe point à l'usufruitier. On peut voir les raisons qu'en donnent Guyot & ce dernier auteur sur Boutaric, *chap. 10, n. 21.* « Les cas du droit de *taille*, » dit-il fort bien, ne consistant qu'en des événe- » mens qui regardent la personne ou la famille du » seigneur, il s'ensuit qu'ils ne peuvent se vérifier » dans la personne & la famille de l'usufruitier ». D'ailleurs, la *taille* casuelle, suivant la dénomination même d'un grand nombre de coutumes, n'est qu'une *aide*, qui ne peut être due au seigneur que par suite des liaisons qui unissent les seigneurs & leurs sujets, ou leurs vassaux, & ces liens ne subsistent pas à l'égard de l'usufruitier. Maillart, qui est pour l'usufruitier, sur l'article 38 de la coutume d'Artois, *n. 3*, ajoute néanmoins qu'on dit que le contraire a été jugé contre la douairière de Wimy.

L'article 13 du titre 25 de la coutume d'Auvergne dit encore que « l'acheteur de seigneurie, ayant » droit de haute-justice sous faculté de rachat, peut,

» pendant icelui temps de rachat, tailler les sujets » en haute-justice de ladite seigneurie, quant ès » cas advenans en sa personne pendant ledit temps » de remeré & non le vendeur ».

Enfin, l'article 14 dit aussi « que le mari, pendant le mariage, comme seigneur des biens dotaux de sa femme, doit jouir de ladite *taille ès quatre cas* sur les hommes & sujets de sadite femme » en haute-justice, les cas advenans en la personne » dudit mari, & chacun d'iceux ».

On vient de voir qu'il ne falloit pas confondre le mari avec le simple usufruitier : il seroit difficile de lui refuser le droit de *taille* pour les biens dotaux.

Il faut dire à-peu-près la même chose de l'acquéreur à faculté de réméré. Il est véritablement propriétaire, quoiqu'il le soit sous une faculté résoluble. Sudre dit néanmoins, au n°. 22, qu'on doit y apporter ce tempérament, de ne le considérer que comme une même personne avec son vendeur, ensorte qu'il ne pourra pas percevoir les cas qui ont été déjà exercés par son vendeur durant la vie de ce dernier.

Si le seigneur n'exige point la *taille* dans un des cas où il y est autorisé par la coutume, M. Chabrol pense que ses créanciers ne pourront pas le faire contraindre à la percevoir à leur profit, ou à souffrir qu'ils la fassent lever eux-mêmes, sous prétexte que le don tacite qui résulte de sa négligence est en fraude de leurs droits. « Ils n'ont pas dû, » dit-il, compter sur une telle casualité, en contractant avec leur débiteur : si le seigneur en » avoit fait un don exprès à ses justiciables, cette » remise, qui seroit mobiliaire, ne pourroit pas » avoir de suite par hypothèque. Un don tacite » ne peut pas avoir plus d'effet en faveur des créanciers : le droit du seigneur est une faculté personnelle, dont il peut user ou ne pas user; nul » ne peut le contraindre à l'exercer malgré lui : » les créanciers ne pourroient se plaindre de la remise d'un droit de lods, faite par leur débiteur : » il y a moins de difficulté pour la *taille* qui est » rigoureuse ».

§. VII. *Des personnes qui doivent la taille.* Nos loix se sont peu expliquées à cet égard. L'article 6 du titre 25 de la coutume d'Auvergne porte seulement : « ne pourront être taillés, à cause de ladite » *taille*, pupilles, pauvres femmes veuves & misérables personnes mendians leur vie, & ne font » nombre de taillables ».

Quelque précise que cette exemption puisse paroître pour les pupilles & les veuves, on a douté s'ils ne pouvoient pas être imposés dans la coutume même d'Auvergne, lorsqu'ils sont à leur aise. On ne doit pas tant, dit M. Chabrol, considérer la question, relativement au seigneur pour qui cette exemption ne fait perdre que de modiques rétributions, que relativement aux justiciables entre eux ; parce que, suivant l'article 5, « la *taille* est » due par chacun desdits sujets resséans, *le fort portant le foible*, à raison de 30 sols pour feu » & au-dessous, qui doivent être égalés par lesdits » sujets ». D'après cette disposition, il pourroit se faire qu'une veuve ou une pupille dût supporter le quart, la moitié même de l'imposition ; & si on ne les comprend pas, il en arrivera une surcharge considérable pour les autres. Il faut même observer que le mot *pauvre* est placé entre ceux de *pupilles* & de femmes *veuves*, & il peut s'y appliquer, d'autant qu'il est parlé ensuite de *misérables & mendians* : ce qui comprend certainement les pauvres. Quand donc la coutume a parlé des pauvres nommément, elle a entendu rapporter cette expression, ou aux femmes veuves, *pauvres femmes veuves*, ou aux *pupilles pauvres* : il n'y a pas de virgule dans les éditions de 1510 & de 1515 ; il est vrai qu'il n'y en a pas non plus entre les mots *veuves*, & ceux qui suivent, *misérables personnes*. André d'Apchon applique ce terme *pauvres* aux *femmes veuves* : il est d'avis que les pupilles ne peuvent être imposés en aucun cas, mais que les veuves doivent l'être, si elles ne sont pas pauvres.

Malgré toutes ces observations, le texte de la coutume d'Auvergne paroît trop précis pour y assujettir les pupilles & les veuves à la *taille*. Cette exception des veuves & des orphelins est très-conforme d'ailleurs à notre ancien droit françois. Presque tous les titres qui font mention des droits de chevage, d'assises, de jurée, & des autres *tailles* franches, si connues dans la Champagne, la Lorraine, & les provinces voisines, en exemptent expressément ces deux classes de personnes, ou le diminuent beaucoup à leur égard.

Cela ne pourroit pas être néanmoins une raison suffisante pour les exempter dans les coutumes muettes, ou dans les seigneuries dont les titres n'en ont pas de disposition expresse : tel est le sentiment du président Bouhier, dans ses observations sur la coutume de Bourgogne, *chap. 59, n. 144.*

L'une des règles de Loisel exempte le noble des *tailles* & des viles corvées. Masuer, *titre 38, n. 17*, déclare également que les nobles, les ecclésiastiques & les forains en sont exempts. Basset, *tom. 1, liv. 3, chap. 2, n. 14*, rapporte un arrêt du parlement de Grenoble, du 8 mars 1652, qui l'a ainsi jugé. C'est aussi l'avis de Taisand, sur l'article 4 de la coutume de Bourgogne, & de Salvaing, en son usage des fiefs. Ce dernier auteur dit que tel est l'usage en Dauphiné ; mais que la question étoit alors pendante au parlement, dont il falloit attendre la décision.

Tout au contraire d'Argentré, sur l'article 87 de la coutume de Bretagne, *n. 4*, le président Bouhier, *chap. 59, n. 140 & suivans*, croient que les nobles & les privilégiés sont sujets à la *taille* seigneuriale.

Il est évident que la question doit se décider par une distinction. Si la *taille* est personnelle, les privilégiés & les forains en sont exempts : ils sont tenus d'y contribuer, si elle est réelle ; & c'est-là l'une l'une des différences qui subsiste entre la *taille* seigneuriale annuelle, & la *taille aux quatre cas*, comme on peut le voir dans l'usage des fiefs de Salvaing, *chap. 59*. Il y a même des coutumes, telles qu'Artois, *art. 38*; Normandie, *art. 168*, & Poitou, *article 188*, où la *taille* casuelle est mise à la charge des fiefs seulement.

Mais il n'est pas toujours facile de juger si la *taille* est personnelle ou réelle. Elle est bien incontestablement personnelle dans les coutumes qui, comme celle d'Auvergne, *tit. 25, art. 5 & suivans*, la fixent à 30 sols, ou à telle autre somme par chaque feu, quoiqu'elle s'y répartisse ensuite proportionnellement aux facultés. Elle est tout aussi certainement réelle dans les coutumes où elle consiste dans le doublage des cens annuels : telles sont celles d'Anjou, *art. 128*; de Bretagne, *art. 82*; de Loudunois, *chap. 8, art. 3*; de la Marche, *art. 130*; du Maine, *art. 138*; de Poitou, *art. 188*; de Touraine, *art. 191*.

Il paroît également naturel de la réputer personnelle dans les lieux où elle est une dépendance de la justice, & réelle dans ceux où elle est une suite de la directe : tel paroît être l'avis de Guyot, *chap. 1*.

La bibliothèque du droit françois de Bouchel, au mot *taille*, rapporte deux arrêts qui ont assuré le droit de *taille* à des seigneurs de fief qui n'avoient point de justice.

Ainsi, quoique la *taille* soit généralement personnelle dans la coutume d'Auvergne, & que l'article 1 du titre 25 l'attribue effectivement au seigneur haut-justicier sur *ses hommes resséans & sujets dans sa haute-justice*, on doit la réputer réelle dans la partie de cette province située entre le Cher & la Sioule, où, suivant l'article 15, elle est due *au seigneur direct, & pour raison de la directe*.

La raison de cet usage local provient probablement de ce que cette contrée de l'Auvergne est voisine de la province de la Marche, où la *taille* est réelle : c'est l'observation de Prohet.

Il ne faut pas néanmoins toujours croire que la simple énonciation du droit de *taille* dans une reconnoissance indique la réalité du droit. M. Chabrol, sur l'article 7 du titre 25 de la coutume d'Auvergne, rapporte en détail l'espèce d'un arrêt du 18 août 1762, qui l'a ainsi jugé contre M. le duc de Randans, au profit du sieur de Boulier & consorts, en confirmant une sentence de la sénéchaussée de Riom. M. le duc de Randans réunissoit les deux qualités de seigneur haut-justicier & de seigneur direct dans sa terre. Il avoit droit de *taille* sur les domiciliés dans sa justice, en vertu de la coutume seule : mais les sieurs de Boulier & consorts n'habitoient point dans la terre de Randans : ils auroient pu d'ailleurs se prétendre exempts de la *taille*, en leur qualité de gentilshommes, quand bien même leur domicile auroit été à Randans. Ils possédoient seulement des héritages dans la justice de Maulmont, qui est un membre de la terre de Randans; & ces héritages étoient tenus à cens de M. le duc de Randans, selon un terrier où ils avoient été reconnus avec l'expression *d'usage de chevalier* : sur ce fondement, M. le duc de Randans leur demanda le double cens, suivant ce qui se pratique à l'égard du seigneur direct, lorsqu'il a le droit de *taille*; il disoit qu'elle lui appartenoit comme seigneur direct, & que la coutume donnoit, en cet article, au seigneur haut-justicier, (qui avoit d'ailleurs, par droit constitué, la *taille aux quatre cas*) l'option de percevoir 30 sols par feu, ou *ce qui* lui étoit constitué. Il concluoit de-là que la *taille* lui étoit due à raison de la directe, le seigneur qui a la justice n'étant pas moins en droit de la stipuler pour raison du fonds qu'il concède, que le simple seigneur de fief; que la *taille* demandée n'avoit rien de commun avec celle que la justice emporte; qu'il étoit égal que les reconnoissances fussent en faveur d'un seigneur haut-justicier & direct à la fois, ou au profit d'un seigneur direct seulement; que comme on ne pouvoit pas contester le double cens à un seigneur simplement direct qui n'auroit pas la justice, on ne pouvoit pas plus le contester à celui qui réunissoit la justice, parce qu'il n'étoit pas moins seigneur direct; qu'il faisoit abstraction, dans cette partie, de sa qualité de seigneur justicier; qu'il étoit même possible que la directe qui étoit actuellement réunie avec la justice, en fût séparée autrefois; que la directe de Randans s'étendoit hors de la justice, & que puisque dans cette partie, le seigneur de cette terre avoit droit de demander la *taille*, & ce à raison du double cens, il devoit en être de même dans l'enclave de la justice.

Les sieurs Boulier & consorts soutenoient au contraire que, suivant Basmaison, sur l'article 75 du titre 1, lorsque le cens est reconnu au seigneur haut-justicier avec la clause *d'usage de chevalier*, il ne jouit de la *taille* qu'à raison de la haute-justice & non de la directe, l'intention du justiciable n'ayant pas été de doubler la prestation; que, suivant cet auteur, si un simple seigneur direct a fait reconnoître le cens *à usage de chevalier*, la *taille aux quatre cas* lui est due, sauf à en régler la fixation; mais que le seigneur haut-justicier, dont les cens sont reconnus *à usage de chevalier*, n'acquiert pas en cela un droit plus considérable; que si actuellement quelques-uns des détenteurs attaqués par M. le duc de Randans, n'habitoient pas la justice, *ceux qui avoient passé les reconnoissances étoient justiciables; & en s'obligeant à payer le cens* à usage de chevalier, *ils n'avoient entendu s'obliger qu'à la* taille *que la justice emportoit*; qu'une pareille reconnoissance, faite au seigneur haut-justicier, n'attribuoit pas d'autre *taille* que celle due à la justice.

Quoique M. Chabrol paroisse faire de la décision de cet arrêt une règle générale, il me semble qu'on ne peut le concilier avec la coutume, qu'autant qu'il auroit jugé que les reconnoissances rendues par les justiciables avoient mal-à-propos confondu les héritages tenus dans la simple directe du duc de Rendans, avec ceux qui étoient tout à la fois dans sa directe & dans sa justice. Les magistrats auront cru sans doute que la clause de l'*usage de chevalier* ne devoit s'appliquer qu'aux derniers, quoiqu'elle fût conçue en termes généraux & sans exception. Autrement l'arrêt seroit contraire au texte de la coutume qui dit dans l'*art. 8* du *tit. 25* que « celui qui prétend avoir ladite *taille* esdits *quatre* » *cas* par droit constitué, comme par reconnois» sance ou terrier, *sans être seigneur haut-justicier*, » ne peut demander que ce qui lui est constitué ». Il est évident que M. le duc de Rendans n'étoit pas le seigneur haut-justicier relativement aux héritages dont il s'agissoit, quoiqu'il le fût dans la majeure partie de sa terre.

Les distinctions qu'on vient de présenter pour juger de la personnalité, ou de la réalité du droit de *taille*, paroissent plus nettes que celles proposées par Sudre dans ses notes sur le chap. 10 de Boutaric. Il faut, dit-il, observer que le droit de *taille* peut avoir deux origines, l'inféodation des biens, ou l'usage pratiqué par les anciens vassaux de faire des présens à leurs seigneurs. Il faut supposer encore, comme je l'établirai en parlant des corvées, que les droits établis dans une seigneurie sont censés descendre du bail primitif, ou des affranchissemens qui tiennent lieu du premier bail, quand ils se trouvent exprimés dans des titres destinés à conserver la mémoire des droits du fief, tels que des reconnoissances & des terriers, & qu'il ne paroît pas des terriers plus anciens, dans lesquels ces droits ne soient pas compris. Qu'au contraire ces droits sont censés avoir pris origine dans la simple possession, s'ils ne sont point compris dans les titres du fief, ou si étant compris dans quelqu'un des terriers récens, il y en a de plus anciens dans lesquels ils ne se trouvent pas.

C'est sur ces deux idées que Sudre fonde la réalité, ou la personnalité du droit de *taille*. C'est un droit réel, dit-il, s'il en est fait mention dans ce qui paroît des plus anciens titres du fief, parce qu'alors ce droit est censé descendre du bail primitif des biens, ou de ces affranchissemens par lesquels les conditions des baux primitifs ont été réformées. Mais si le seigneur est réduit à ne s'appuyer que de la possession, soit que le droit de *taille* ne paroisse stipulé dans aucun terrier, soit qu'il y en ait de plus anciens dans lesquels il n'en soit point parlé; dans ce cas, le droit doit être déclaré personnel, sans distinguer si c'est comme seigneur du fief, ou comme seigneur de justice, que le seigneur & ses prédécesseurs ont été dans l'usage de le lever, parce que c'est sur les personnes qu'ils ont possédé, que c'est aux personnes même que leur possession s'est rapportée.

On peut critiquer la base même de cette distinction. La *taille* ne doit point être admise, sauf dans les coutumes qui l'autorisent de plein droit, en vertu de la seule possession. C'est ce que Boutaric lui-même a fort bien établi au n°. 18 du chap. 10. Il faut au moins des titres énonciatifs pour cela. On devroit même la proscrire si les titres les plus anciens n'en faisoient pas mention, à moins qu'on ne vît la cause de cette surcharge dans les nouveaux terriers. Enfin, il y a beaucoup de titres d'affranchissement, ou de reconnoissance dans lesquels on voit que la *taille* est un droit personnel, quoiqu'on présume plus facilement qu'elle est réelle.

§. VII. *De la quotité de la* taille *aux quatre cas*. La plupart des coutumes qui font mention de la *taille*, règlent aussi le pied sur lequel elle doit être perçue lorsqu'elle n'est pas abonnée par les titres particuliers de la seigneurie. Le plus grand nombre de celles où elle est réelle doublent le cens l'année où elle se perçoit, en fixant aussi de manière ou d'autre le droit dû pour les fiefs, dans les coutumes où ils y sont sujets.

La coutume d'Anjou, *art. 128* & suivans, dit que le devoir se double jusqu'à la somme de vingt-cinq sols tournois & au-dessous, mais non pas au-dessus, « & que si cens, service & rente sont dus pour » raison d'une même chose, le cens & le service » se pourront doubler & non la rente ». Et comme les fiefs sont communément abonnés à des devoirs annuels dans cette même coutume, les deux articles suivans ajoutent que le vassal paiera aussi le double du devoir annuel à son seigneur, ou, s'il n'y en a pas, une somme de vingt-cinq sols que la coutume lui permet d'exiger à son tour de ses propres vassaux.

La coutume d'Artois qui n'admet l'aide que pour les fiefs, règle ce droit dans l'article 38 comme un relief sans chambellage.

Celle d'Auvergne, où la *taille* est personnelle de droit commun, dit dans l'article 5 du titre 25 « qu'elle est due par chacun desdits sujets resséans, » le fort portant le foible, à raison de trente sols » pour feu, & au-dessous, qui doivent être égalés » par lesdits sujets quand ils en sont requis ». Mais l'article 7 ajoute « que c'est au choix du seigneur » de prendre à raison de trente sols pour feu, qui » sont dus pour raison de haute-justice, ou ce qui » lui en est constitué ».

L'article suivant n'attribue au seigneur non haut-justicier que ce qui lui est constitué par reconnoissance ou terrier; enfin l'article 15 la règle au double cens en deniers tant seulement, entre les rivières de Cher & Sioule, où la *taille* est due à cause de la directe.

La coutume de Boulonnois, *art. 21*, est semblable à celle d'Artois.

Celle de Bourbonnois double les *tailles* personnelles en faveur du roi comme duc de Bourbonnois, *tant seulement*, sauf dans les lieux qui ont des abonnemens particuliers. A l'égard des seigneurs particuliers, l'article 349 porte « qu'ils en useront » selon leurs droits, qu'ils avoient auparavant la » publication de ces présentes ».

La coutume de Bourgogne n'a point de dispostion sur cet objet. L'usage est d'y doubler non-seulement le revenu des droits de *taille*, mais aussi celui des corvées & redevances ordinaires, sans que les sujets soient tenus de payer l'aide en espèce, mais en argent seulement, selon l'estimation de l'année courante.

La coutume de la Marche où la *taille* est aussi réelle, dit dans l'article 130 « que la *taille* peut être » imposée sur lesdits hommes tenans servement, » à volonté raisonnable, selon la faculté de leurs » biens, par le juge dudit seigneur s'il est justi- » cier, sinon par le seigneur même, en signifiant » à ses hommes pardevant leur juge ordinaire ou » autre compétent l'impôt par lui fait à ce que, » s'ils sont surindicts ou excessivement imposés, » ladite *taille* soit réduite & modérée *arbitrio boni* » *viri*, & s'il est prisonnier des ennemis, est le cas » réitérable ». Mais quant aux hommes francs, ou tenant héritage en franchise à devoir d'argent, c'est aussi une année de ce devoir, « & s'il ne doit » point de devoir, il ne doit rien de la *taille aux* » *quatre cas* ».

La coutume de Loudunois, *chap. 8*, *art. 7* & *8* admet aussi le doublage du devoir annuel, mais seulement dans le cas où il ne passe pas vingt sols tournois. Car alors il ne double pas. Dans le cas même du doublement, les devoirs en bled, volaille ou autres ne doivent point être exigés en nature, mais seulement en argent, suivant l'estimation. Quant aux fiefs, l'aide consiste dans le tiers du service annuel s'il en est dû un, sinon dans le septième du revenu du fief.

La coutume du Maine, article 138 & suivans, est absolument semblable à celle d'Anjou.

Celle de Normandie, où l'aide n'a lieu que pour les fiefs, ne contient aucune disposition sur la fixation de ce droit. Basnage dit qu'on doit le régler sur le même pied que l'aide de relief, c'est-à-dire, à la moitié du relief.

L'article 189 de la coutume de Poitou porte l'aide à la quatrième partie d'une année du fief. Elle ne s'explique point sur les rotures, qui n'y sont pas communément sujettes dans cette province. On ne doit donc pas, comme l'ont fait Constant & Boucheul, étendre la fixation faite par cet article, lorsqu'elles sont tenues au droit de loyaux-aides. Le doublage du cens forme le droit commun.

La coutume de Touraine, *art. 54*, est conforme à celle de Loudunois quant aux cens & rentes inféodés, c'est-à-dire, pour les devoirs roturiers. Elle ajoute de plus que les rentes roturières ne doivent aucune aide, « & sont dites rentes roturières, qui » sont acquises, ou prises par puissance de fief, par » le seigneur en son fief. » Quant aux fiefs, le même article porte « que quand les loyaux-aides » non abonnés échéent, ils se lèvent sur ceux qui » tiennent à hommage & service annuel, c'est à » savoir la tierce partie d'icelui devoir ou service, » & la quinzième partie du revenu du fief d'une » année outre ledit service. Et s'il n'y a service » annuel, les loyaux-aides se lèvent à la valeur » du cinquième du revenu du fief pour l'année » qu'ils échéent, sur le droit dudit vassal & non » du laboureur ».

Le doublage des cens est aussi admis dans la majeure partie de la Guienne, suivant Boërius, & même dans presque tous les pays de droit écrit. Il faut pourtant convenir que cette jurisprudence, qui paroît trop rigoureuse à M. Salvaing, n'y a pas toujours été suivie. Ferrière, sur Guypape, rapporte divers arrêts des années 1491, 1555 & 1558, où les juges se sont rendus les arbitres de cette redevance, & l'ont fixée à une somme certaine. Boneton, sur la même question, rapporte un arrêt du parlement de Grenoble de l'année 1642, qu'il dit avoir pris le même parti. Mais dans le cours du dix-septième siècle, les parlemens crurent ne pouvoir mieux faire que de se ranger à cette règle du doublement de la censive, que recommandoient tous les auteurs, & que la plupart des coutumes avoient accueillie. C'est depuis ce temps-là qu'ont été rendus les arrêts de 1652 & 1693, que rapporte M. de Catellan; l'arrêt que rapporte M. de Boissieu, & un arrêt du parlement de Bordeaux du 18 avril 1628, qui est rapporté par l'auteur des notes sur Lapeyrère.

M. Chabrol remarque aussi dans son commentaire sur le tit. 25, *art. 3*, *sect. 7*, que le doublage du cens est l'usage le plus ordinaire dans la partie de la province régie par le droit écrit.

On excepte néanmoins deux cas. Le premier, lorsqu'il est dit par les titres, que le droit de *taille* sera abonné par des experts. Et le second, lorsque la censive est démesurément grande. M. de Catellan rapporte un arrêt de l'année 1695, qui a jugé dans le premier cas, que le seigneur, sur la requête des emphytéotes, ou les emphytéotes sur la requête du seigneur, ne pouvoient éviter d'être réglés par des experts. Il y a un autre arrêt du 22 mai 1631, rapporté par M. Dolive, qui a jugé dans le second cas d'une censive démesurément grande, que les emphytéotes étoient en droit de demander une imposition plus modérée.

Sudre propose avec raison une troisième exception, qui a lieu dans le cas où les titres de la seigneurie règlent la *taille* à la volonté du seigneur. La Rocheflavin rapporte trois arrêts des années 1555, 1558 & 1602, qui ont jugé qu'en ce cas le seigneur est le maître de déterminer la *taille* qu'il prétend imposer, sauf à recourir à des experts, s'il n'en usoit pas avec équité. (*Des droits seigneuriaux*, *chap. 7*, *art. 6.*)

§. IX. *De la manière dont la* taille *casuelle se perçoit.* Il ne peut pas y avoir de difficulté à cet égard dans les pays où la *taille* est réelle, lorsqu'elle est réglée par la coutume, les titres ou l'usage. Elle se perçoit alors comme toutes les autres redevances.

Mais dans les pays où la *taille* est personnelle, ou même dans ceux où elle est réelle, mais abonnée à tant par la communauté en général, ou imposable à volonté, la manière de faire l'imposition est, comme on le sent bien, un objet important. L'art. 5 du tit. 25 de la coutume d'Auvergne porte à cet égard que la *taille* doit être égalée le fort portant le foible « par les sujets quand ils en sont requis, ou » en leur refus, par les officiers du seigneur justicier, appellé pour faire nombre convenable, » d'iceux sujets ».

D'après cette disposition de la coutume d'Auvergne, il est clair que le seigneur ne peut faire procéder à la répartition par ses officiers que sur le refus des habitans. On peut voir dans M. Chabrol, *art. 2, sect. 2*, plus de détails sur la manière dont cette répartition doit être faite.

Cet auteur observe d'après le président Bouhier, qu'autrefois les seigneurs étoient dans l'usage d'adresser aux habitans des lettres-patentes pour la faire. La coutume de Châteauneuf, locale de Berry, *tit. 2, art. 11*, veut que la répartition se fasse par quatre jurés, en présence du juge, ou du sergent ballial.

Dans les pays de servitude, & généralement dans tous les lieux où la *taille* est imposable à volonté, on doit suivre une autre règle. Le seigneur & ses officiers sont les premiers juges du taux de la *taille*, sauf aux imposés à prendre les voies de droit, s'ils se croient surtaxés. C'est ce que dit l'article 130 de la coutume de la Marche, dont on a vu le texte au paragraphe précédent.

On trouve dans Salvaing des arrêts qui ont modéré ce droit contre des seigneurs qui en prétendoient d'excessifs.

Couturier de Fournoue fait à cet égard des réflexions très-sages. Il observe qu'il seroit bien nécessaire d'avoir une base certaine, qui pût prévenir les contestations que l'avidité des seigneurs & l'opiniâtreté des sujets peuvent occasionner. « Il » semble, dit-il, que la coutume ait dicté là-dessus » une voie par la disposition de l'article 132, qui » veut que la *taille aux quatre cas* imposée sur l'homme franc, ou tenant des biens en directe franche, » ne puisse être portée qu'à la même somme de » deniers & argent de rente, qu'il doit au seigneur; » & de-là on pourroit conclure & arbitrer, que la » *taille aux quatre cas* imposée sur les hommes serfs » seroit de la même quantité & valeur des rentes » & droits courans de servitude que les possessions » des biens serfs doivent annuellement. On a souvent proposé ce tempérament que nous croirions raisonnable, & même on prétend qu'il y » a eu à cet égard une espèce de préjugé par rapport au seigneur de Mornais; mais l'arrêt n'a » pas été rendu public, & il a pu être rendu sur des » circonstances particulières & hors de la thèse générale ». *Voyez* la fin du §. VIII.

§. X. *De la durée & de la prescription de la* taille *casuelle.* Il faut ici distinguer le fonds du droit des arrérages. Quant au fonds du droit, tous les auteurs conviennent qu'il est imprescriptible de la part des vassaux ou des censitaires, soit parce que c'est un droit seigneurial, soit parce que ce n'est qu'une simple faculté qu'il dépend du seigneur d'exercer ou de ne pas exercer.

Cette imprescriptibilité est formellement prononcée par la coutume d'Auvergne, *tit. 17, art. 9*; & Lelet, sur l'article 188 de la coutume de Poitou, rapporte un arrêt du parlement de Bourgogne, qui a jugé contre la prescription, quoique le seigneur eût laissé passer, sans rien exiger, les cas prescrits par la coutume.

L'annotateur d'Harcher a proposé une distinction qui se retrouve aussi dans d'Espeisses, d'Argentré & Guyot. Si le droit est, dit-il, écrit dans la coutume, il est imprescriptible. D'Argentré l'a ainsi décidé en faveur du baron de Vitry, quoiqu'il fût personnellement un des redevables. Dans les coutumes où il faut titre, le droit se prescrit après contradiction. (*Traité des fiefs, chap. 8, sect. 8*, §. 5).

La coutume de Poitou paroît être dans ce dernier cas. Elle n'admet point le droit de loyaux-aides indéfiniment, mais seulement contre ceux dont les fiefs sont tenus à cette charge. « Aussi, y est-il dit, » *plusieurs* desdits hommages sont tenus à certains » devoirs abonnés & aux loyaux devoirs & aides, » lesquels le vassal, qui ainsi tient, doit faire à son » seigneur, c'est à savoir quand il est fait chevalier, *&c.* ». C'est par cette raison que Boucheul veut que la prescription puisse y avoir lieu, sans qu'il soit besoin de contradiction. Mais dans les coutumes même qui établissent les *tailles* casuelles de plein droit pour tout leur territoire, on ne voit pas pourquoi la prescription ne courroit pas en faveur des vassaux après contradiction. Ces coutumes n'établissent qu'une présomption légale en faveur de ce devoir, & cette présomption peut être détruite par des preuves contraires. Aussi l'article 29 de la coutume de Bourbonnois, où la *taille aux quatre cas* est de droit commun, porte-t-il que « droit » de *taille aux quatre cas*, charrois, manœuvres & » *tailles* personnelles ne se prescrivent sinon depuis » la contradiction, après laquelle la prescription » commence ».

Plusieurs auteurs ont prétendu que les seigneurs pouvoient eux-mêmes prescrire ce droit contre leurs vassaux par la prescription immémoriale. Sudre sur Boutaric a donné dans cette erreur, que Guyot a fort bien réfutée dans ses observations sur la *taille aux quatre cas, chap. 6.* Il rapporte un arrêt de 1474, qui l'a ainsi jugé; il allègue aussi un autre arrêt, qui ne paroît pas néanmoins avoir jugé la question.

Tel est au surplus l'avis de d'Olive, Salvaing & Bretonnier. Mais on a déjà remarqué, qu'en rejettant la prescription, ce n'étoit pas rejetter la possession immémoriale, lorsqu'elle ne faisoit que suppléer les titres qui n'existoient pas, & sur-tout si elle est établie par les terriers & les reconnoissances des redevables, qui tiennent lieu à cet égard, comme à tant d'autres, du titre constitutif. *Voyez la fin du* §. VII.

Quant aux arrérages, il seroit bien à desirer que la prescription en fût acquise par un terme très-court. Ce droit n'est assurément pas plus favorable que les terrages dont les arrérages se prescrivent annuellement. « Après un certain temps, dit fort » bien M. Chabrol, ne peut-on pas présumer d'un » côté, que le seigneur en a voulu faire don à ses » habitans ? de l'autre, comment, après un certain » temps, parvenir à une répartition juste, telle que » la coutume le desire ? La *taille* doit être impo-» sée sur les *habitans* actuels, sur les sujets *resserans*, » disent les articles 1 & 4 ; mais ceux qui étoient » habitans lors de l'échéance du cas, peuvent ne » plus exister vingt-neuf ans après, ou parce qu'ils » sont décédés, ou parce qu'ils ont transporté leur » domicile ailleurs; s'ils ont laissé un héritier, il » peut avoir son domicile dans un autre lieu ; » enfin, les facultés des contribuables peuvent avoir » augmenté ou diminué, & c'est néanmoins rela-» tivement aux facultés actuelles de chaque habi-» tant que l'imposition doit se faire ». (*Tit. 25*, *art. 2*, *sect. 7*.)

Cependant la coutume d'Auvergne, qui, lors de la réformation, a réduit la prescription des arrérages du cens à trois ans, a laissé dans l'article 10 du titre 17, les *profits des cas à venir prescriptibles par le laps de trente ans* seulement.

La coutume de Bourbonnois a du moins réduit ce terme à dix ans dans l'article 30.

Quelques auteurs & particuliérement Sudre sur Boutaric, *n. 13*, pensent que si le seigneur n'a point demandé la *taille* de son vivant, il est censé en avoir fait la remise, & que ses héritiers ne peuvent pas demander le droit dans le temps utile. Le long espace de temps qu'ont exigé les coutumes paroissent écarter cette présomption de remise. Bouchenl sur l'article 189, *n. 26*, & M. Chabrol ne font pas de doute que l'action ne passe à l'héritier.

Ne pourroit-on pas dire néanmoins que la *taille* est un privilège personnel à celui qui l'exerce, du moins dans le droit commun, & que si l'on ne peut pas présumer qu'il en ait fait la remise, personne ne peut non plus la demander de son chef. C'est sur ce fondement que les coutumes de Tours & de Loudun déclarent la *taille aux quatre cas* absolument incessible. *Voyez* la fin du §. VI.

On convient, du moins assez généralement, que si le seigneur ne demandoit la *taille* qu'après la mort de sa fille, qu'il auroit dotée sans rien demander, il seroit non-recevable dans sa prétention. C'est l'avis de Guyot, *chap. 3*, *n. 15*, qui rapporte un jugement conforme, mais rendu de concert, sur une pareille demande, en 1743, aux requêtes du palais. (*M. Garran de Coulon*, *avocat au parlement.*)

Taille a usage de chevalier, (*Droit féodal.*) C'est une espèce de *taille* aux quatre cas, qui est fort commune dans la province d'Auvergne : mais elle ne peut avoir lieu sans titre. Elle appartient d'ordinaire au seigneur direct, à la différence de la *taille* aux quatre cas, que la coutume attribue au seigneur haut-justicier. *Voyez* Taille aux quatre cas, & le commentaire de M. Chabrol, sur le titre 25 de la coutume d'Auvergne, *art. 2*, *sect. 7*, & *art. 7 & 8*. (*G. D. C.*)

Taille casuelle. *Voyez* Taille aux quatre cas.

Taille de poursuite, est la *taille* serve qui se lève sur le main-mortable, en quelque lieu qu'il se transporte. *Voyez* la coutume de Troyes. (*A*) *Voyez* aussi les articles Main-morte & Poursuite.

Taille personnelle, est celle qui s'impose sur les personnes à proportion de leurs facultés ; elle est opposée à la *taille* réelle, qui est due par les biens, abstraction faite de la qualité des personnes. La *taille personnelle* a lieu dans dix-sept généralités. *Voyez* Taille. (*A*)

Taille personnelle. (*Droit féodal.*) Il en est question dans l'article 39 de la coutume de Bourbonnois, qui la déclare prescriptible, mais seulement à compter du jour de la contradiction. Il y a des *tailles personnelles* ordinaires, & d'autres qui sont casuelles. *Voyez* le §. I de l'article Taille, (*Droit féodal.*) & le §. VII de l'article Taille aux quatre cas. (*G. D. C.*)

Taille raisonnable, *ou* a volonté raisonnable. *Voyez* Taille a volonté.

Taille serve, (*Droit féodal.*) est celle qui ne se lève que sur les personnes de condition serve, & qui les rend mortaillables ou main-mortables. *Voyez* Main-morte, Mortaille, Taille franche, & les coutumes de Bourbonnois, *art. 189*, & la Marche, *art. 96 & 132*. (*A*)

TAILLÉE, (*Droit féodal.*) ce mot, qui a été autrefois usité en Poitou, est synonyme de *taille*. On peut en voir la preuve dans du Cange, au mot *Tallea* sous *Tallia 8*. Il se trouve aussi dans l'ancienne coutume de Poitou, *art. 83* ; la nouvelle coutume, dans l'article 103, y a substitué celui de *taille*.

TAILLER. Ce mot signifie tantôt imposer le droit de *taille* en général de la part du seigneur, tantôt en faire la répartition sur chacun des taillables en particulier. (*G. D. C.*)

TAILLEUR FIEFFÉ. Ragueau dit, dans le glossaire du droit françois, qu'on a ainsi nommé, à Poitiers & ailleurs, celui qui tenoit en foi & hommage du roi, l'autorité de tailler les monnoies de France. *Voyez* Offices inféodés. (*G. D. C.*)

TAILLIF, (*Droit féodal.*) ce mot se trouve pour celui de *taillable* dans une chartre de l'an 1375, rapportée par dom Lobineau, *tome 2* de son histoire de Bretagne, *col. 1640*. (*G. D. C.*)

TAILLIS, s. m. (*Eaux & Forêts.*) est le terme dont on se sert pour désigner une certaine étendue de bois, réglée en coupes ordinaires de 10, 15, 20 ou 25 ans, suivant les ordonnances ou les coutumes sous lesquelles elle est située.

Les coupes de bois *taillis* sont comptées au

nombre des fruits naturels : ainsi elles appartiennent à l'usufruitier, & le mari peut en disposer pendant la communauté, sans être obligé à récompense : c'est ce qui résulte des dispositions de différentes coutumes, telles que celles de Nivernois, d'Anjou, du Maine, de Vitry, de Meaux, d'Amiens, de Cambrai, *&c.*

Le Brun, dans son traité de la communauté, Carondas & plusieurs autres jurisconsultes, observent que le produit des *taillis* coupés après la mort de l'un des conjoints, doit se partager entre le survivant & les héritiers du défunt, proportionnément au temps que la communauté a duré. Cette jurisprudence est d'ailleurs établie par plusieurs coutumes, telles que celles de Laon & de Châlons.

Pareillement, le produit des bois *taillis* dépendans d'un bénéfice, qui n'ont été en âge d'être coupés qu'après la mort du titulaire, doit se partager entre ses héritiers & le successeur, proportionnément au temps que le défunt a joui du bénéfice.

Les coutumes de Paris, de Normandie, de Melun, de Châlons, *&c.* décident que le bois *taillis*, coupé ou sur le point d'être coupé, est une chose mobilière que le créancier peut faire saisir & vendre, sans qu'il faille procéder par voie de décret.

Plusieurs coutumes, telles que celles de Paris, d'Orléans, de Sens, de Mantes, de Troies, de Berry, *&c.* attribuent une portion dans le produit des bois *taillis*, au seigneur qui a choisi la jouissance de la terre pendant l'année pour son droit de rachat.

Les bois *taillis* qui tombent en coupe ordinaire durant la saisie féodale, appartiennent en entier au seigneur saisissant ; mais il n'y peut rien prétendre quand ils ne sont pas en coupe. Telle est l'opinion de Duplessis, de Chopin & de Brodeau. C'est aussi ce que décident plusieurs coutumes, telles que celles de Melun, de Laon, de Châlons, de Tours, d'Orléans, de Grand-Perche, de Blois, de Berry, *&c.*

Lorsque, durant le terme accordé pour exercer l'action de retrait, l'acquéreur abat des bois *taillis* qui ne sont pas en âge d'être coupés, il doit en restituer la valeur au retrayant. Différentes coutumes, telles que celles de Bourbonnois, de Melun, de Sens, de Clermont, *&c.* ont des dispositions précises à cet égard. *Voyez* BALIVEAU, BOIS, *&c.*

TALAIGE, (*Droit féodal.*) il en est question dans plusieurs titres cités par dom Carpentier au mot *Tallia 8 ;* on peut croire que c'est la même chose que le droit de taille seigneuriale. L'une de ces chartres, qui est de l'an 1321, porte : « li » *talaige*, les coutumes, li tonlieu & li foraige » que li cuens avoit ».

Une autre, qui est de l'an 1319, porte : *item valet* talagium *& focagium xviij libras turon. annui reditus.* Enfin, une autre de l'an 1202, met ce droit au nombre des dépendances d'une terre de la manière suivante : *in terris cultis & incultis, aquis, pascuis, pratis, nemoribus, molendinis, furnis,* talagiis, *introïtibus, exitibus, mortuis manibus, theloneo, censis, &c.* (*G. D. C.*)

TALH. La coutume de Béarn, *tit. de Bocages, art. 3*, parle de la *servitude de talh & dalh.* C'est, dit Laurière, le droit de couper & prendre du bois dans une forêt. *Talh & dalh* sont les instrumens dont on se sert pour couper les bois. (*G. D. C.*)

TALION, s. m. (*Droit naturel, civil & criminel.*) *talio*, loi du *talion*, *lex talionis*, est celle qui prononçoit contre le coupable la peine du *talion*, *pæna reciproca*, c'est-à-dire, qu'il fût traité comme il avoit traité son prochain.

Le traitement du *talion* est la vengeance naturelle, il semble que l'on ne puisse taxer la justice d'être trop rigoureuse, lorsqu'elle traite le coupable de la même manière qu'il a traité les autres, il semble aussi que ce soit un moyen plus sûr pour contenir les malfaiteurs.

Plusieurs jurisconsultes ont pourtant regardé le *talion* comme une loi barbare, & contraire au droit naturel ; Grotius entre autres, prétend qu'elle ne doit avoir lieu ni entre particuliers, ni d'un peuple à l'autre ; il tire sa décision de ces belles paroles d'Aristide : « ne seroit-il pas absurde de justifier » & d'imiter ce que l'on condamne en autrui » comme une mauvaise action » ?

Cependant la loi du *talion* a son fondement dans les livres sacrés ; on voit en effet dans l'Exode, que Moïse étant monté avec Aaron sur la montagne de Sinaï, Dieu, après lui avoir donné le décalogue, lui ordonna d'établir sur les enfans d'Israël plusieurs loix civiles, du nombre desquelles étoit la loi du *talion.*

Il est dit, *chap. 21*, que si deux personnes ont eu une rixe ensemble, & que quelqu'un ait frappé une femme enceinte, & l'ait fait avorter, sans lui causer la mort, il sera soumis au dommage tel que le mari le demandera, & que les arbitres le jugeront ; que si la mort de la femme s'est ensuivie, en ce cas Moïse condamne à mort l'auteur du délit ; qu'il rende ame pour ame, dent pour dent, œil pour œil, main pour main, pied pour pied, brûlure pour brûlure, plaie pour plaie, meurtrissure pour meurtrissure.

On trouve aussi dans le Lévitique, *chap. 24*, que celui qui aura fait outrage à quelque citoyen, sera traité de même, fracture pour fracture, œil pour œil, dent pour dent.

Dieu dit encore à Moïse, suivant le Deutéronome, *chap. 16*, que quand quelqu'un sera convaincu de faux témoignage, que les juges lui rendront ainsi qu'il pensoit faire à son frère ; tu ne lui pardonneras point; dit le Seigneur; mais tu demanderas ame pour ame, œil pour œil, dent pour dent, main pour main, pied pour pied.

Il semble néanmoins que la peine du *talion* doive s'étendre dans une proportion géométrique plutôt qu'arithmétique, c'est-à-dire, que l'objet de la loi soit moins de faire souffrir au coupable précisément le même mal qu'il a fait, que de lui faire supporter une peine égale, c'est-à-dire, proportionnée à son crime; & c'est ce que Moïse lui-même semble faire entendre dans le Deutéronome, *chap.* 25, où il dit que si les juges voient que celui qui a péché soit digne d'être battu, ils le feront jetter par terre & battre devant eux selon son mesfait, *pro mensurâ peccati erit & plagarum modus.*

Jésus-Christ prêchant au peuple sur la montagne (suivant saint Mathieu, *chap.* 5,) dit: vous avez entendu que l'on vous a dit œil pour œil, dent pour dent; mais moi je vous dis de ne point résister au mal; & que si quelqu'un vous frappe sur la joue droite, de lui tendre la gauche; mais il paroît que cette doctrine eut moins pour objet de réformer les peines que la justice temporelle infligeoit, que de réprimer les vengeances particulières que chacun se croyoit mal-à-propos permises, suivant la loi du *talion*, n'étant réservé qu'à la justice temporelle de venger les injures qui sont faites à autrui, & à la justice divine de les punir dans l'autre vie.

Il est encore dit dans l'Apocalypse, *chap.* 13, que celui qui aura emmené un autre en captivité, ira lui-même; que celui qui aura occis par le glaive, sera occis de même; mais ceci se rapporte plutôt à la justice divine qu'à la justice temporelle.

Les Grecs, à l'exemple des Juifs, pratiquèrent aussi la loi du *talion*.

Par les loix de Solon, la peine du *talion* avoit lieu contre celui qui avoit arraché le second œil à un homme qui étoit déjà privé de l'usage du premier, & le coupable étoit condamné à perdre les deux yeux.

Aristote écrit que Rhadamante, roi de Lycie, fameux dans l'histoire par sa sévérité, fit une loi pour établir la peine du *talion* qui lui parut des plus justes; il ajoute que c'étoit aussi la doctrine des Pythagoriciens.

Charondas, natif de la ville de Catane en Sicile, & qui donna des loix aux habitans de la ville de Thurium, rebâtie par les Sybarites dans la grande Grèce, y introduisit la loi du *talion;* il étoit ordonné: *si quis cui oculum eruerit oculum reo pariter eruito;* mais cette loi fut réformée, au rapport de Diodore de Sicile, à l'occasion d'un homme déjà borgne, auquel on avoit crevé le bon œil qui lui restoit; il représenta que le coupable auquel on se contenteroit de crever un œil, seroit moins à plaindre que lui qui étoit totalement privé de la vue; qu'ainsi la loi du *talion* n'étoit pas toujours juste.

Les décemvirs qui formèrent la loi des douze-tables, prirent quelque chose des loix de Solon par rapport à la peine du *talion*, dans le cas d'un membre rompu; ils ordonnèrent que la punition seroit semblable à l'offense, à moins que le coupable ne fit un accommodement avec sa partie, *si membrum rupit, ni cum eo pacit, talio esto:* d'autres lisent, *si membrum rupit, ut cum eo pacit, talio esto.*

Lorsqu'il s'agissoit seulement d'un os cassé, la peine n'étoit que pécuniaire, ainsi que nous l'apprend Justinien, dans ses institutes, *tit. de injur.* §. 7. On ne sait pas à quelle somme la peine étoit fixée.

Cette portion de la loi des douze-tables est rappellée par Cicéron, *de legibus;* par Festus, sous le mot *talionis;* par le jurisconsulte Paul, *receptarum sentent. liv.* 5, *tit.* 4, & autres jurisconsultes.

Il paroît néanmoins que chez les Romains la loi du *talion* n'étoit pas suivie dans tous les cas indistinctement; c'est pourquoi Sextus-Cæcilius dans Aulugelle, *liv.* 20, dit que toutes les injures ne se réparent pas avec vingt-cinq as d'airain; que les injures atroces, comme quand on a rompu un os à un enfant ou à un esclave, sont punies plus sévèrement, quelquefois même par la loi du *talion;* mais avant d'en venir à la vengeance permise par cette loi, on proposoit un accommodement au coupable; & s'il refusoit de s'accommoder, il subissoit la peine du *talion;* si au contraire il se prêtoit à l'accommodement, l'estimation du dommage se faisoit.

La loi du *talion* fut encore en usage chez les Romains long-temps après la loi des douze-tables, au moins dans les cas où elle étoit admise; en effet, Caton, cité par Priscien, *liv.* 4, parloit encore de son temps de la loi du *talion*, comme étant alors en vigueur, & qui donnoit même au cousin du blessé le droit de poursuivre la vengeance: *si quis membrum rupit, aut os fregit, talione proximus agnatus ulciscitur.*

On ne trouve pas cependant que la loi des douze-tables eût étendu le droit de vengeance jusqu'au cousin de l'offensé; ce qui a fait croire à quelques auteurs, que Caton parloit de cette loi par rapport à quelque autre peuple que les Romains.

Mais l'opinion de Théodore Marsilius, qui est la plus vraisemblable, est que l'usage dont parle Caton, tiroit son origine du droit civil.

Les jurisconsultes romains ont en effet décidé que le plus proche agnat ou cousin du blessé, pouvoit poursuivre au nom de son parent, qui étoit souvent trop malade ou trop occupé pour agir lui-même. On chargeoit aussi quelquefois le cousin de la poursuite du crime, de crainte que le blessé, emporté par son ressentiment, ne commençât par se venger, sans attendre que le coupable eût accepté ou refusé un accommodement.

Au reste, il y a toute apparence que la peine du *talion* ne se pratiquoit que bien rarement; car le coupable ayant le choix de se soustraire à cette peine par un dédommagement pécuniaire, on conçoit aisément que ceux qui étoient dans le cas du *talion*, aimoient mieux racheter la peine en argent, que de se laisser mutiler ou estropier.

Cette loi ne pouvoit donc avoir lieu que pour les gens absolument misérables, qui n'avoient pas le moyen de se racheter en argent; encore n'en trouve-t-on pas d'exemple dans les historiens.

Il en est pourtant encore parlé dans le code théodosien, *tit. de exhibendis reis*, & au titre *de accusationibus*. On peut voir Jacques Godefroy, sur la loi 7 de ce titre, *formule 29*.

Ce qui est de certain, c'est que long-temps avant l'empereur Justinien, la loi du *talion* étoit tombée en désuétude, puisque le droit du prêteur appellé *jus honorarium*, avoit établi que le blessé feroit estimer le mal par le juge; c'est ce que Justinien nous apprend dans ses institutes, *liv. 4, tit. 4 de injur. §. 7.* La peine des injures, dit-il, suivant la loi des douze-tables, pour un membre rompu, étoit le *talion*, pour un os cassé il y avoit des peines pécuniaires selon la grande pauvreté des anciens. Les interprètes prétendent que ces peines pécuniaires avoient été imposées comme étant alors plus onéreuses.

Justinien observe que, dans la suite, les prêteurs permirent à ceux qui avoient reçu quelque injure, d'estimer le dommage, & que le juge condamnoit le coupable à payer une somme plus ou moins forte, suivant ce qui lui paroissoit convenable: que la peine des injures qui avoit été introduite par la loi des douze-tables, tomba en désuétude: que l'on pratiquoit dans les jugemens celle qui avoit été introduite par le droit honoraire des prêteurs, suivant lequel l'estimation de l'injure étoit plus ou moins forte, selon la qualité des personnes.

Il y a pourtant certains cas dans lesquels les loix romaines paroissent avoir laissé subsister la peine du *talion*, comme pour les calomniateurs; celui qui se trouvoit convaincu d'avoir accusé quelqu'un injustement, étoit puni de la même peine qu'auroit subi l'accusé, s'il eût été convaincu du crime qu'on lui imputoit; il n'y avoit qu'un seul cas où l'accusateur fût exempt de cette peine, c'est lorsqu'il avoit été porté à intenter l'accusation par une juste douleur pour l'offense qu'il avoit reçue dans sa personne ou dans celle de ses proches. *Voyez* au code la loi dernière *de accusation.* & la dernière du titre *de calomniat.*

Les prévaricateurs subissoient aussi la peine du *talion*, *l. ab. imp. ff. de prævar.*

Il en étoit de même dans quelques autres cas qui sont remarqués au digeste *quod quisque juris*, *&c.*

Le droit canon se conformant à la pureté de l'évangile, paroît avoir rejetté la loi du *talion*, ainsi qu'il résulte du canon *hæc autem vita 20, quæst. 4* du canon *quod debetur, 14 quæst. 1* du canon *sex differentiæ, causè 23, quæst. 3*; mais ce que ces canons improuvent, & singuliérement le dernier, ce sont les vengeances particulières. Nous ne parlons ici que de ce qui appartient à la vindicte publique.

Ricard, roi des Wisigots, dans le sixième livre des loix des Wisigots, *tit. 4, chap. 3*, ordonne que la peine du *talion* soit subie par le coupable, de manière qu'il ait le choix ou d'être fouetté de verges, ou de payer l'estimation de l'injure, suivant la loi ou l'estimation faite par l'offensé.

La peine du *talion* avoit aussi lieu anciennement en France en matière criminelle. On en trouve des vestiges dans la chartre de commune de la ville de Cerny, dans le Laonnois, de l'an 1184, *quòd si reus inventus fuerit, caput pro capite, membrum pro membro reddat, vel ad arbitrium majoris & juratorum, pro capite aut membri qualitate dignam persolvet redemptionem.*

Il en est aussi parlé dans la chartre de commune de la Fere de l'an 1207, rapportée par la Thomassière, dans ses coutumes de Berry, dans les coutumes d'Arques de l'an 1231, dans les archives de l'abbaye de S. Bertin, dans la 51e lettre d'Yves de Chartres.

Guillaume le Breton rapporte qu'après la conquête de la Normandie, Philippe Auguste fit une ordonnance pour établir la peine du *talion* dans cette province: qu'il établit des champions, afin que dans tout combat qui se feroit pour vuider les causes *de sang*, il y eût, suivant la loi du *talion*, des peines égales, que le vaincu, soit l'accusateur ou l'accusé, fût condamné par la même loi à être mutilé ou à perdre la vie; car auparavant c'étoit la coutume chez les Normands, que si l'accusateur étoit vaincu dans une cause de sang, il en étoit quitte pour payer une amende de soixante sols; au lieu que si l'accusé étoit vaincu, il étoit privé de tous ses biens, & subissoit une mort honteuse: ce qui ayant paru injuste à Philippe Auguste, fut par lui abrogé, & il rendit à cet égard les Normands semblables aux Francs: ce qui fait connoître que la peine du *talion* avoit alors lieu en France.

Les établissemens faits par saint Louis en 1270, *liv. 1, chap. 3*, contiennent une disposition sur le *talion*. Si tu veux, est-il dit, appeller de meurtre, tu seras oui; mais il convient que tu te lies à souffrir telle peine comme tes adversaires souffriroient, s'ils en étoient atteints, selon droit écrit en digeste. Il paroît que l'on a eu en vue la loi dernière *de privatis delictis*, qui ne parle pourtant pas clairement du *talion*.

Le *chap. 2 du livre II* de ces mêmes établissemens, parle aussi de la dénonciation ou avertissement que la justice devoit donner à celui qui se plaignoit de quelque meurtre. La justice, dit cette ordonnance, lui doit dénoncer *la peine qui est dite ci-dessus*; ce que l'on entend du *talion*.

Cette

Cette peine a été abrogée dans quelques coutumes, comme on voit dans celle de Hainaut, *chap. 15*.

On tient même communément, que la loi du *talion* est présentement abolie en France; & il est certain en effet que l'on n'observe plus depuis long-temps cette justice grossière & barbare, qui faisoit subir à tous accusés indistinctement le même traitement qu'ils avoient fait subir à l'accusateur. L'on n'ordonne plus que l'on crevera un œil, ni que l'on cassera un membre à celui qui a crevé l'œil ou cassé un membre à un autre; on fait subir à l'accusé d'autres peines proportionnées à son crime.

Il est cependant vrai de dire que nous observons encore la loi du *talion* pour la proportion des peines que l'on inflige aux coupables.

On observe même encore strictement cette loi dans certains crimes des plus graves; par exemple, tout homme qui tue, selon nos loix, mérite la mort; les incendiaires des églises, villes & bourgs sont condamnés au feu.

Les princes usent encore entre eux en temps de guerre du droit de représailles, qui est proprement une espèce de justice militaire qu'ils se font, conformément à la loi du *talion*. *Voyez* REPRÉSAILLES. (*A*)

A parler en général, la loi du *talion* qui veut que l'on fasse souffrir au coupable le même mal qu'il a fait, ne peut être suivie dans les sociétés civiles.

I. La peine du *talion* n'alloit pas au-delà du mal que la personne offensée avoit souffert en son corps; & cette peine n'auroit pu avoir lieu dans plusieurs crimes. Tels sont l'adultère, la fornication & les autres conjonctions illicites, le crime de lèse-majesté, la médisance, les injures, la calomnie, les empoisonnemens, les actes des faussaires, la supposition d'enfans, l'avortement, le plagiat, les brigues, l'inceste, le sacrilège, l'éloignement des bornes d'un voisin, le violement des tombeaux, le stellionat, la prévarication.

II. Quand on supposeroit un cas où la juste mesure de la peine fût de traiter le coupable de la même manière qu'il auroit traité les autres, ne pourroit-on pas faire la même objection que faisoit le philosophe Phavorinus, dans une dispute avec le jurisconsulte Sextus-Cœcilius, rapportée par Aulugelle.

Le philosophe soutient que la loi du *talion* blesse l'humanité, & qu'elle est inutile, parce qu'il est impossible de l'exécuter; que cette loi ne permettant de blesser personne que sur un principe d'égalité, il falloit, pour y satisfaire, faire une blessure entièrement semblable à celle que l'on avoit reçue, mais qu'il paroissoit bien difficile qu'un homme cassât un bras, par exemple, de la même manière dont le sien auroit été cassé par hasard. Le jurisconsulte répond qu'il n'y a aucune injustice dans cette loi. Premiérement, par cette maxime du droit naturel, qu'on ne doit pas faire à autrui ce qu'on ne voudroit pas souffrir soi-même; & en second lieu, par la condition dont cette loi modère la condamnation qu'elle porte, puisque ce n'est que contre ceux qui ne veulent pas transiger qu'elle doit être exécutée: *Si membrum rupit, ni pacit, talio esto*. Il répond à l'impossibilité de l'exécution qui lui est opposée, qu'elle n'est pas telle qu'on la suppose; parce que la loi demande seulement *eùndem animum, eundemque impetum in eâdem parte corporis rumpendi*. Il remarque que rarement cette peine étoit exécutée, parce que ceux qui ne vouloient pas souffrir, en étoient quittes pour payer des dommages & intérêts arbitrés par le juge. Mais le philosophe ne pouvoit-il pas répliquer qu'en ce cas la peine n'étoit point proportionnée au crime? Le jurisconsulte ne faisoit donc pas cesser la première objection que j'ai énoncée; & il ne faisoit pas cesser non plus les deux que je vais encore rapporter.

III. Il y a plusieurs délits par rapport auxquels la peine du *talion* seroit trop rigoureuse, si on l'établissoit sans avoir égard à la différence des personnes & sans distinguer s'il y a eu de la malice ou simplement de l'imprudence dans l'action. Supposons, par exemple, qu'un homme de condition ait donné un soufflet à un porte-faix pour qui l'affront est léger; permettra-t-on au porte-faix de rendre le soufflet à l'homme de condition? Supposons encore qu'un homme donnant un soufflet à quelqu'un, lui crevât un œil, sans en avoir eu le dessein, avec une bague qu'il auroit au doigt, dont le diamant seroit taillé en pointe, le condamneroit-on aussi à avoir un œil crevé?

IV. La peine du *talion* seroit trop légère pour certains crimes, à cause de la différence des lieux, des temps, & de quelques autres circonstances. Il n'est pas juste que celui qui fait du mal à autrui, de propos délibéré, ne souffre qu'autant de mal qu'il en a causé. Il est contre l'équité naturelle que le coupable n'ait pas plus à craindre que l'innocent. Seroit-ce d'ailleurs pourvoir suffisamment à la sûreté des hommes, que d'établir des loix qui laissassent les gens de bien exposés à des insultes plus fâcheuses que les peines dont on menace les méchans? Ceux-ci ne trouveroient-ils pas un grand avantage dans l'espérance de n'être pas découverts, ou de prendre la fuite, ou d'échapper par quelque voie à la sévérité de la justice? Il est des crimes dont l'exécution commencée est punie aussi rigoureusement que l'exécution pleine & entière, comme cela se voit dans la loi des Juifs au sujet des faux témoignages, & dans celle des Romains contre ceux qu'on auroit vus allant armés pour tuer quelqu'un; mais un crime achevé mérite une plus grande punition que celui qui n'est pas commencé. Comme il n'y a point de plus grande peineque la mort, on a été obligé d'en demeurer là, & l'on a ajouté, pour quelques cas, des tourmens ou une ignominie que l'on a crus plus propres à frapper l'imagination des hommes, que l'idée simple de la mort.

TALLONAGE. C'est, dit Barraud, sur la coutume de Poitou, *tit. 1, chap. 29*, un droit qui se lève & prend de chaque pipe de vin qu'on vend à la foire de Saint-Gervais, qui sont quatre jallons de vin, faisant quatre quartes de ladite mesure. Peut-être faut-il lire *jallonage* au lieu de *tallonage*. (*G. D. C.*)

TANTE, s. f. (*Droit naturel & civil.*) terme relatif, par lequel on désigne la sœur du père ou de la mère de quelqu'un. La *tante* paternelle ou sœur du père est appellée en droit *amita*; la *tante* maternelle, ou sœur de la mère. *matertera*. La grande *tante* est la sœur de l'aïeul ou l'aïeule de quelqu'un; on l'appelle la *grande tante*, parce qu'elle est *tante* du père ou de la mère de celui dont il s'agit; cette qualité est relative à celle de petit-neveu ou petite-nièce. Il y a grande-*tante* paternelle & grande-*tante* maternelle.

Dans la coutume de Paris, la *tante* comme l'oncle succède à ses neveux & nièces avant les cousins-germains; elle concourt comme l'oncle avec le neveu du défunt qui n'a point laissé de frères ni de sœurs. *Paris, art. 338 & 339.* (*A*)

TARIF, s. m. est le nom par lequel on désigne toute loi qui fixe la quotité de certains droits.

Il y a des *tarifs* pour les droits appartenans aux greffiers, procureurs, notaires & autres officiers: il y en a qui marquent le prix de certaines denrées; d'autres fixent les droits d'entrée, de sortie, de passage, *&c.* que chaque marchandise doit payer.

TASCHE, (*Droit féodal.*) on a ainsi nommé quelquefois le droit de tasque. (*G. D. C.*)

TASQUE, (*Droit féodal.*) c'est le nom qu'on donne en Provence au droit de champart ou de terrage. *Voyez* l'article TERRAGE & la jurisprudence de la Touloubre sur les matières féodales, *tom. 2, tit. 16.* (*G. D. C.*)

TAULA, (*Droit féodal.*) ce mot se trouve dans les §. 57 & 60 des anciennes coutumes de Bordeaux que MM. de la Mothe ont mises en tête de leur commentaire. Il y signifie une maison noble; il y a encore, disent MM. de la Mothe, deux maisons nobles appellées *Taula du luc*, & à Bordeaux, *la Taula, & maison noble de Beguey*, qui sépare les rues d'Enfer & du Cerf-volant.

Ce mot signifie littéralement une table. *Voyez* TABLE, (*Droit féodal.*) (*G. D. C.*)

TAUREAU BANNIER. *Voyez* TOR & VER.

TAUX DU ROI, *en terme de Pratique*, signifie le denier auquel le roi fixe les arrérages des rentes perpétuelles, & les intérêts des sommes qui en peuvent produire.

Ce *taux* est présentement au denier vingt, & il n'est pas permis au particulier de l'excéder, parce que cette fixation est de droit public. *Voyez* ARGENT, ARRÉRAGES, DENIER, INTÉRÊT, RENTE.

TAVERNAGE, (*Droit féodal.*) il en est question dans le grand coutumier de Normandie, *ch. 16*, & dans plusieurs titres.

On voit dans le coutumier normand que c'étoit une amende que payoit le cabaretier lorsqu'il contrevenoit aux réglemens, & sur-tout quand il vendoit le vin au-dessus du taux réglé par le juge ou le seigneur. Mais on a aussi donné le même nom à un droit que les seigneurs se faisoient payer pour la permission de vendre vin & de le crier. Un tableau des droits du comte de Savoie de l'an 1309, rapporté au tome 1 de l'histoire de Dauphiné, par Valbonnois, *pag. 86*, porte: *item habet ibidem dominus* tabernagium *& gridagium quæ valent ad firmam per annum, ut nunc quatuor libras; & dominus debet tradere & administrare exemplar mensurarum.*

On a dit aussi *tavernerie* dans le même sens. *Voyez* dom Carpentier au mot *Tabernario*. (*G. D. C.*)

TAVERNERIE. *Voyez* la fin de l'article TAVERNAGE.

TAXATEUR, s. m. signifie, en général, celui qui taxe quelque chose, qui l'évalue, qui y met le prix. En terme de Pratique, on appelle *taxateurs* de dépens des procureurs-tiers, qui taxent & règlent les taux des dépens entre leurs confrères. Ils ont été créés en 1635, ensuite supprimés, puis rétablis en 1689. *Voyez* DÉPENS, PROCUREUR, TAXE, TIERS-RÉFÉRENDAIRE. (*A*)

TAXE, s. f. signifie la fixation d'une chose, & en général c'est un réglement fait par autorité publique, pour fixer le prix de certaines choses. Ce terme désigne plusieurs objets.

On appelle *taxe* ou *cote d'office* l'imposition que les élus ou l'intendant mettent sur certains taillables, tels que les officiers & bourgeois, à la différence des *taxes* ordinaires, qui sont faites par les collecteurs. *Voyez* TAILLE.

Taxe sèche, est une espèce d'amende à laquelle on condamne ceux qui sont convaincus du crime de péculat. *Voyez* PÉCULAT.

Taxe des dépens, est la liquidation ou l'évaluation & fixation des dépens adjugés à une partie contre l'autre. Pour parvenir à cette *taxe*, le procureur de la partie qui a obtenu la condamnation de dépens, fait signifier au procureur adverse sa déclaration de dépens; le procureur défendant met ses apostilles en marge de la déclaration, pour faire rayer ou modérer les articles qu'il croit en être susceptibles; le procureur-tiers arrête & fixe les articles.

Les dépens ainsi taxés, on en délivre un exécutoire.

Quelquefois le défendeur interjette appel de la *taxe*, & même de l'exécutoire, si c'est devant un juge inférieur. *Voyez* COMMISSAIRE AU CHATELET, DÉPENS, EXÉCUTOIRE, FRAIS, PROCUREURS, RÉFÉRENDAIRE, TIERS. (*A*)

TAXEMENT, (*Droit féodal.*) dom Carpentier dit que « c'est un droit seigneurial à titre de la » protection qu'accorde le seigneur ». Il confond ce mot avec celui de *tensement*, auquel il paroît néanmoins n'avoir qu'une ressemblance littérale, qui ne tire pas toujours à conséquence pour le sens. Il paroît plus naturel de croire que le tauxement est un droit dû sur la vendange ou le vin, tel que celui de complant, ou plutôt le droit de terceau : cela résulte des textes cités par dom Carpentier lui-même, au mot *Taussamentum*. Le premier, qui est le livre du pitancier de saint Germain-des-Prés, dit : *triginta modia vini pro tauxamento & quindecim solidi Paris.* Le second, qui est une chartre de l'an 1312, tirée du cartulaire de saint Martin de Pontoise, porte : « *item*, trente-six » sestiers & demi de vin chacun an de *taxement* » sur les vignes ci-dessous dénommées ». *Voyez* néanmoins TENSEMENT. (*G.D.C.*)

SUPPLÉMENT.

SAPIN, f. m. SAPINIÈRE, f. f. (*Eaux & Forêts.*) On appelle *sapinière* un bois planté en *sapins*, ou dans lequel l'espèce du *sapin* domine sur celles du chêne, du hêtre & autres ; on en trouve une très-grande quantité dans les montagnes des Pyrénées, dans celles qui séparent l'Alsace & la Lorraine, & dans la province de Franche-Comté.

La nature du *sapin* est bien différente de celle des autres bois. L'expérience a appris que les jeunes *sapins* ne croissent pas lorsqu'ils ont été frappés des rayons du soleil, & qu'ils ne peuvent pousser qu'à l'ombre des grands arbres dont ils sont entourés. C'est par cette raison qu'on a introduit dans les *sapinières* un aménagement différent de celui des autres forêts.

Les bois essence de chênes, hêtres, ormes, charmilles, *&c.* s'aménagent ou en coupes ordinaires de taillis, qu'on abat à l'âge de 10, 15, 20, 25 & 30 ans, ou en coupes de futaie aménagée à 100, 120, 150 ans, ou même à plus long terme. Lorsqu'on exploite, soit un taillis, soit un bois de haute-futaie, on coupe tout à tire & aire, sous la réserve seulement du nombre des baliveaux prescrit par les réglemens.

Cet usage est conforme à la bonne administration des bois : par ce moyen les souches poussent de nouveaux jets, & présentent bientôt un taillis renaissant : les baliveaux conservés produisent des semences que les vents dispersent, qui repeuplent les places vuides, & qui croissent à l'ombre des rejets des taillis, & des baliveaux.

Mais il n'en est pas de même des *sapins*. Le toc d'un *sapin* coupé, loin de donner un rejetton, pourrit très-promptement ; ainsi abattre à tire & aire une *sapinière*, c'est la détruire entiérement, & faire en un instant une place vuide d'un bois de haute-futaie. Pour obvier à cet inconvénient & faciliter l'accroissement des jeunes *sapins*, les réglemens autorisent les propriétaires à abattre les *sapins* en *jardinant*, c'est-à-dire épars çà & là & non de suite ; mais ils exigent que l'arbre ait au moins trois pieds de tour, à ce moyen le propriétaire d'une *sapinière* en retire un revenu annuel, & conserve en même temps le fonds d'une futaie.

On suit cette forme d'aménagement tant pour les forêts de *sapins* qui appartiennent au roi, que pour celles des communautés laïques & ecclésiastiques ; toutes s'exploitent en *jardinant*. Il est cependant vrai qu'on a désigné un quart de réserve dans quelques *sapinières* appartenant à des gens de main-morte ; mais le but de cette réserve n'est pas d'en permettre la vente entière lorsque tous les *sapins* auront atteint leur grosseur naturelle. L'exploitation s'en fait également en *jardinant* ; l'intention du gouvernement a été seulement d'assurer aux communautés une ressource pour des besoins urgens ; les trois quarts de leurs bois leur sont abandonnés pour subvenir à leurs nécessités ordinaires.

Par tout ce que nous venons de dire, on voit que le *sapin* est censé bois de haute-futaie, & en conséquence les propriétaires des *sapinières* ne peuvent faire abattre des arbres sans en avoir fait la déclaration au greffe de la maîtrise des lieux, conformément à l'ordonnance de 1669. Cette jurisprudence est confirmée par trois arrêts du conseil des 29 mars 1695, 12 mars 1702, & 30 janvier 1725, qui font défenses à tous particuliers de couper des *sapins* ou autres arbres de futaie, avant qu'ils aient été vus par les officiers des maîtrises, ou avant d'en avoir fait la déclaration, à peine de 3000 livres d'amende, & de confiscation des bois abattus.

La qualité de futaie que le *sapin* acquiert avant d'être coupé, a donné lieu à une question intéressante, lors du partage de la communauté qui avoit eu lieu entre M. le maréchal de Lorge & sa femme : mesdames de Choiseul & de Ligneville, héritières de madame la maréchale, prétendoient forcer les héritiers de son mari de leur payer le remploi de tous les *sapins* qu'il avoit fait couper dans les *sapinières* de madame la maréchale ; elles appuyoient leur demande sur ce que les *sapinières* étoient des propres, que les arbres de futaie font partie du fonds, & que toute aliénation de propres donne lieu à une demande de remploi.

Les héritiers du mari répondoient que les coupes de *sapins*, faites en *jardinant*, étoient un fruit, un revenu annuel des *sapinières*, qu'elles devoient être assimilées aux taillis dont les coupes sont réglées annuellement, qu'en coupant des *sapins* épars au-dessus de trois pieds de tour, loin de détériorer une *sapinière*, on la conserve ; & qu'au moyen de cette forme d'exploitation, elle se trouve de même valeur & de même produit, & contenir toujours à-peu-près le même nombre de pieds d'arbres, & d'un âge au-dessus de vingt, quarante, soixante & peut-être même cent ans.

Comme les *sapinières* sont communes en Franche-Comté, l'on a consulté sur cette question MM. Seguin & Courvoisier, avocats de Besançon : ils ont été d'avis que l'action de remploi ne pouvoit être exercée par mesdames de Choiseul & de Ligneville ; qu'à la vérité il n'y avoit aucun arrêt du parlement de Besançon sur cette espèce, mais que dans les liquidations des communautés conjugales, on n'y a jamais prétendu que le mari fût obligé au remploi des *sapins* qu'il avoit coupés suivant l'usage, sans fraude & sans excès. Cette consultation est conforme aux principes, & doit être suivie dans tous les cas semblables.

ADDITION aux articles NOTAIRES & SCEL DU CHATELET.

DEPUIS l'impression des articles *Notaire* & *Scel des châtelets* de Paris & d'Orléans, le parlement a jugé une contestation élevée entre les *notaires* de ces deux villes sur les fonctions & les droits respectifs de leurs charges : nous croyons devoir en rendre compte, parce qu'elle intéresse tous les *notaires* du royaume.

Le sieur Cousin, trésorier de France à Orléans, y est décédé le 16 août 1783 : lorsqu'il fut question de procéder à l'inventaire de ses biens meubles & immeubles, la dame Bouilleror, sa seule & unique héritière, a requis Me Lefebvre, *notaire* à Paris, qui s'est transporté à cet effet à Orléans : les légataires universels & l'exécuteur testamentaire ont requis de leur côté Me Gabart, *notaire* à Orléans. Le dernier prétendit procéder à la confection de l'inventaire conjointement avec le *notaire* de Paris. Mais comme cette concurrence devenoit impraticable sous plusieurs points de vue, elle a donné lieu à une instance provisoire, dans laquelle les *notaires* d'Orléans & de Paris sont intervenus. Un arrêt du 6 septembre 1783, rendu sur les productions respectives, a ordonné que l'inventaire seroit fait par le *notaire* de Paris, sauf à l'exécuteur testamentaire à nommer, s'il le jugeoit à propos, un autre *notaire* de Paris pour y procéder conjointement avec celui requis par l'héritière.

La contestation s'est ensuite engagée au fond entre les deux communautés. M. le duc d'Orléans s'est rendu partie intervenante à l'effet de soutenir les droits des *notaires* de son apanage ; le procureur du roi au châtelet de Paris est pareillement intervenu pour appuyer les prérogatives des *notaires* attachés à son siège.

L'affaire présentoit deux questions principales : la première, si les *notaires* d'Orléans, qui peuvent instrumenter par tout le royaume, le peuvent également à Paris ; la seconde, si les *notaires* d'Orléans doivent être admis à le faire conjointement avec ceux de Paris : & de cette dernière est née la question subsidiaire, si dans le cas d'impossibilité de concours entre les *notaires* des deux villes, ceux de Paris peuvent exclure ceux d'Orléans, même dans la ville d'Orléans.

Les *notaires* d'Orléans soutenoient qu'ils avoient été créés par le même édit & à l'instar de ceux de Paris ; que ce fait étoit prouvé par les ordonnances de Philippe-le-Bel, de janvier & de mars 1302 ; que François Ier, dans une déclaration du 6 août 1544, avoit dit & répété plusieurs fois qu'ils étoient établis & qu'ils avoient été érigés à l'instar des *notaires* de Paris ; qu'il y avoit une parité complète entre le prévôt, le châtelet & le *scel* d'Orléans d'une part, & le prévôt, le châtelet & le *scel* de Paris, d'autre part ; que dans plusieurs circonstances, ils avoient reçus du souverain les mêmes témoignages honorables que les *notaires* de Paris ; que par l'arrêt du conseil, ou déclaration du 14 octobre 1597, ils avoient été dispensés, comme ceux de Paris ; de la réunion au domaine, des offices de tous les *notaires*, ordonnée par un édit de Henri IV du mois de mai précédent, en payant l'hérédité ; qu'ils étoient en possession d'instrumenter à Paris ; & ils rapportoient à cet égard deux actes de foi & hommage, en 1650 ; un acte de délivrance de legs, en 1688 ; un acte de ratification, reçu à Paris en 1743, d'un partage fait à Orléans ; une procuration, en 1779 ; un acte d'adhésion à un contrat d'union, en 1781 ; enfin douze autres actes reçus à Paris par des *notaires* d'Orléans, depuis le mois de juillet 1765 jusqu'en mars 1784.

Les *notaires* d'Orléans, en s'en rapportant à la prudence de la cour sur la possibilité ou impossibilité de concours entre deux *notaires* de corps différens, prétendoient que dans le cas où cette concurrence seroit jugée impossible, il étoit nécessaire que le *notaire* d'Orléans restât seul, lorsqu'il s'agiroit d'actes passés dans cette ville, de même que le *notaire* de Paris instrumenteroit seul, lorsqu'il s'agiroit d'actes à passer dans cette ville ; parce que, disoient-ils, il étoit juste que la préférence fût accordée à l'officier qui joignoit au privilège la circonstance de la territorialité, sur celui qui ne pouvoit invoquer en sa faveur que son privilège : mais que dans le cas de concurrence sur un territoire étranger aux *notaires* des deux villes, on devoit suivre l'ancienneté de la réception, ou le vœu de celles des parties, qui, suivant le réglement, a la préférence pour la nomination.

Les *notaires* de Paris soutenoient au contraire, que leur création étoit bien antérieure à celle des *notaires* d'Orléans ; qu'ils avoient été établis par S. Louis en 1254, ou tout au moins en 1270 ; que les *notaires* d'Orléans ne plaçoient eux-mêmes leur établissement qu'en 1302, mais que cette époque étoit fausse, parce que des deux ordonnances de cette année, l'une du mois de janvier étoit absolument inconnue & n'avoit pu être produite par les *notaires* d'Orléans, & que celle du mois de mars ne concernoit en rien les offices de *notaires* ; qu'enfin les *notaires* d'Orléans reconnoissoient eux-mêmes l'antériorité de ceux de Paris, puisqu'ils avouoient n'avoir été créés qu'à leur *instar*.

Ils ajoutoient que le droit d'instrumenter par tout le royaume n'étoit pas un privilège qui leur eût été accordé lors de leur création, mais que c'étoit une émanation des prérogatives du *sceau* universel du châtelet de Paris, qui n'avoit pu être l'objet d'une concession particulière ; que sous le règne de S. Louis, les jurisdictions étoient encore données à ferme, & que les actes qui s'y passoient n'étoient scellés que du *sceau* particulier du prévôt, viguier ou autre juge; ensorte que ce *sceau* n'étoit connu que dans l'étendue de son territoire : mais que ce prince ayant donné au châtelet de Paris un *sceau* royal, son authenticité étoit devenue naturellement universelle, par le droit commun & sans concession particulière; qu'il étoit de fait incontestable que les officiers du châtelet avoient été long-temps seuls en possession de cette prérogative; & que dès l'instant qu'ils avoient été possesseurs du *scel* royal, les *notaires* attachés à ce tribunal avoient eu le droit de recevoir des actes dans toute l'étendue du royaume, d'autant plus qu'à cette époque, ils étoient seuls *notaires* royaux.

A l'appui de ces assertions, ils invoquoient les lettres de Philippe-le-Bel des années 1300, 1311, &c. Une ordonnance de Charles VII, du 1er décembre 1437, le sentiment de tous les historiens & l'énoncé du grand coutumier de France : & delà ils concluoient que les *notaires* d'Orléans ne pouvoient établir aucune identité de création avec eux, & que le droit d'instrumenter hors de leur ressort, dans lequel les premiers s'étoient maintenus, leur étoit autrefois commun avec tous les *notaires* royaux, qui, d'après l'ordonnance de Philippe-le-Bel en 1304, permettoit à tous les *notaires* royaux de recevoir toutes espèces d'actes dans les autres endroits du royaume, par lesquels ils passeroient, ou dans lesquels ils se trouveroient par hasard, en les assujettissant néanmoins à établir leur résidence dans un lieu fixe & certain.

Ils répondoient à la possession dans laquelle les *notaires* d'Orléans prétendoient être d'instrumenter à Paris, que tous les actes qu'ils en rapportoient avoient été passés clandestinement, qu'ils étoient d'ailleurs de la plus mince espèce, qu'ils auroient pu être passés sous signature privée, & qu'aucun d'eux n'emportoit hypothèque. Ils opposoient encore à cette possession une sentence provisoire du châtelet de Paris du 18 août 1621, rendue entre les *notaires* de Paris & d'Orléans, par laquelle il avoit été jugé que les *notaires* d'Orléans nommés par les parties, & par sentence de leur bailliage, pour procéder à l'inventaire des biens du sieur Descures, n'avoient pas le droit de le continuer à Paris, & par laquelle le lieutenant-civil avoit nommé d'office deux *notaires* de Paris, & sur le fond avoit appointé les parties.

A l'égard de la concurrence des *notaires* des deux villes, soit dans les villes de Paris & d'Orléans, soit sur un territoire étranger, les *notaires* de Paris soutenoient que le systême de ceux d'Orléans étoit inadmissible, qu'ils avoient titres & possession pour empêcher tout *notaire* étranger de recevoir aucun acte dans la ville & banlieue de Paris; que ce point avoit été formellement décidé contre les *notaires* d'Orléans par la sentence du 18 août 1621, à laquelle ceux-ci avoient acquiescé par un silence de plus de 160 ans.

Qu'en territoire étranger à la jurisdiction du châtelet de Paris, ils ne pouvoient compromettre leur ministère avec aucuns *notaires*, quels qu'ils puissent être; qu'ils étoient même fondés dans le privilège particulier d'exclure les *notaires* des lieux, quand bien même ils ne seroient requis que par une seule des parties intéressées : que ce privilège étoit tellement constant, qu'il avoit été confirmé autant de fois qu'on avoit voulu lui porter atteinte, & notamment par un arrêt rendu en forme de réglement, le 9 mai 1736, sur les conclusions de M. Gilbert; par un second arrêt, du 31 janvier 1770, intervenu sur les conclusions de M. Barentin, dans une contestation entre les *notaires* & le chapitre de l'église à Paris; par un troisième, du 23 mars 1782, rendu contre les *notaires* de Versailles & ceux de la prévôté de l'hôtel.

D'après ces moyens respectifs, la cour, par arrêt du 22 mai 1787, a maintenu & gardé les *notaires* au châtelet de Paris dans le droit & possession exclusifs, de pouvoir instrumenter seuls, dans toute l'étendue de la ville, fauxbourgs & banlieue de Paris : fait défenses aux *notaires* d'Orléans, & à tous autres *notaires* de quelques lieux qu'ils soient, d'y troubler les *notaires* au châtelet de Paris, à peine de nullité des actes qu'ils recevroient, de restitution des émolumens, de tous dépens, dommages & intérêts, & de 3000 liv. d'amende pour chaque contravention.

Maintient & garde pareillement les *notaires* au châtelet de Paris dans le droit & possession de se transporter, quand ils en seront requis, dans toutes les villes du royaume, sans exception, notamment à Orléans, & aussi dans les maisons royales, ou réputées telles, pour y recevoir & passer, à l'exclusion des *notaires* d'Orléans, & de tous autres, tous actes dépendans de leurs offices, & d'y procéder à la confection des inventaires, quand ils n'en seroient requis que par l'une des parties intéressées, conformément aux arrêts de réglement, notamment à celui du 9 mai 1736.

Ordonne que toutes les fois que les *notaires* au châtelet de Paris seront requis & se présenteront, les *notaires* au châtelet d'Orléans, & tous autres *notaires*, seront tenus de se retirer, sans que sous aucun prétexte quelconque, les *notaires* au châtelet d'Orléans & tous autres, puissent procéder à la confection desdits actes, à peine de nullité, de restitution des émolumens, & de tous dépens, dommages & intérêts.

Déclare l'arrêt provisoire, du 6 septembre 1783, définitif : déclare pareillement le présent arrêt commun avec M. le duc d'Orléans & le procureur du roi au châtelet de Paris, en permet l'affiche tant à Paris qu'à Orléans, & par-tout ailleurs où besoin sera; & condamne M. le duc d'Orléans & les *notaires* au châtelet d'Orléans, chacun à leur égard, en tous les dépens.

FIN DU TOME SEPTIÈME.

De l'Imprimerie de STOUPE, rue de la Harpe. 1787.

www.ingramcontent.com/pod-product-compliance
Lightning Source LLC
Chambersburg PA
CBHW060542280326
41932CB00011B/1378

* 9 7 8 2 0 1 2 5 2 6 0 0 6 *